독일 · EU
정보소비자 법전

오윤식 편역

독일 · EU
정보소비자 법전

머리말

바야흐로 '데이터(data) 시대'에 접어들었다. 혹자는 데이터는 '21세기의 원유'라고 말하기도 하고, 데이터야말로 우리가 숨쉬는 공기와 같다고 말해지기도 한다. 데이터가 경제의 신성장(新成長) 동력(動力)으로 작용하는 새로운 경제의 경향을 '데이터기반 경제(data-driven economy; datengesteuerte Ökonomie)'라고 칭해지기도 한다. 이처럼 데이터의 중요성이 점차 부각되고 있는데, 이는 ICT(information and communications technology)의 비약적 발전으로 추동되고 있다고 해도 과언이 아니다.

이러한 정보통신기술(ICT)의 발전은 우리에게 새로운 도전과제도 던져주고 있다. ICT의 발전은 '빅데이터(Big Data)'나 여러 사물에 정보통신기술이 융합되어 실시간으로 데이터를 인터넷으로 주고받는 기술인 '사물인터넷(IoT)'의 출현을 가져왔고, 이 빅데이터 또는 사물인터넷은 수많은 데이터 내지 정보의 수집·집적이나 그 이용 또는 이전에 기반하고 있는데, 이는 '프라이버시(privacy)'나 '개인정보자기결정권(Das Recht auf informationelle Selbstbestimmung)'에 새로운 도전을 낳고 있다. 정보주체가 모르는 사이에 자신에 관한 어마어마한 양의 데이터 내지 정보가 생산되어 처리되는 현상 자체가 정보주체에 있어서는 그리 달가운 일은 아니다. 데이터 또는 정보의 생산, 처리 또는 유통에 있어 정보주체의 자기결정권이 침해될 우려가 커지고 프라이버시 또한 침해될 우려가 커지기에 그러한 것이다. 하지만 이와 같은 우려가 있다고 해서, 빅데이터, 사물인터넷, 인공지능(AI) 등 새로운 과학기술의 발전과 이를 통한 경제성장을 막을 수도 없거니와 그래서도 안 된다. 산업적·경제적 측면에서는 자유로운 데이터 내지 정보의 생산, 처리 및 유통이 강하게 요청될 수밖에 없고, 이는 데이터기반 경제의 활성화를 위한 필수적 요청사항이기 때문이다.

이처럼 자유로운 데이터의 생산과 유통이 강조되면서 개인정보보호 법제에서도 새로운 도전과제에 직면하게 되었다. 대표적으로 정보주체는 특정한 목적을 정해서 개인정보의 수집·이용에 대하여 동의를 하게 되고, 이러한 '특정한 목적에 적극적(積極的)으로 부합하는 범위 내'에서만 개인정보의 수집 내지 이용이 엄격하게 구속되는 체제로 개인정보보호 법체계가 구성되어 있었는데(이른바 '목적구속의 원칙; Zweckbindungsprinzip'), 이는 방대한 양의 데이터 또는 정보의 생산 및 유통에 기반한 빅데이터 또는 사물인터넷이 새로운 경제성장 동력의 총아(寵兒)로 각광받는 시대에는 근본적으로 맞지 않는 양상임이 ICT의 비약적 발전에 의해 드러나게 되었다. 이러한 개인정보의 목적구속의 원칙을 고집하게 되면, 데이터기반 경제에 필요불가결한, 방대한 양의 데이터 내지 정보의 이용 또는 유통에 장애가 생길 수밖에 없기에, 그 원칙은 새롭게 수정될 필요가 있고, 이는 '목적합치성의 원칙'(Zweckvereinbarkeitsprinzip)을 낳게 되었다. 즉 정보주체가 동의한 '목적에 소극적(消極的)으로 어긋나지 않는 범위 내'에서 개인정보를 다소 자유롭게 이용 또는 유통할 수 있는 원칙으로 변용된 것이다.

위와 같은 개인정보보호에 있어 변용(變容)은 데이터 또는 정보 이용의 산업화 내지 경제화를 고려한 이른바 정보통신망법을 비롯한 '데이터 3법'을 통하여 우리 법제에서도 이미 수용된 바 있다(우리 「개인정보보호법」 제15조 제3항, 「신용정보의 보호 및 이용에 관한 법률」 제32조 제6항 참조). 이러한 입법의 변화에 크게 영향을 끼친 것이 본서(本書)에서 번역한 유럽연합의 「개인정보보호기본법」(GDPR; Datenschutz-Grundverordnung)이다. 유럽연합은 '개인정보보호'와 '데이터 또는 정보의 산업적·경제적 이용'의 조화를 도모하기 위하여 오랫동안 고민하고 연구한 결과, 2016년 4월 「개인정보보호기본법」을 채택하였고, 이 법은 2018년 5월 25일부터 시행되었다. 또한 유럽연합은 「개인정보가 아닌 데이터의 유럽연합 내의 자유로운 이동을 위한 체제에 관한 2018년 11월 14일 유럽연합 의회 및 이사회 (EU) 2018/1807 법

(法)」을 채택하였고, 이는 2019년 5월부터 시행되고 있다.

이처럼 유럽연합은 개인정보보호 법제에 있어 선도적인 역할을 수행하고 있는데, 본서는 이러한 흐름을 살펴보는 데 일조하기 위하여 관련 유럽연합의 3개 법규를 번역하였고, 이러한 유럽연합 법제의 강한 영향을 받고 있는 독일의 「연방개인정보보호법」(Bundesdatenschutzgesetz)을 번역하였다. 나아가, 우리의 「정보통신망법」, 「전기통신기본법」 및 「전기통신사업법」을 아우르는 법으로 볼 수 있는 독일의 「전기통신법」(Telekommunikationsgesetz)과, 오로지 전기통신망을 통한 신호의 전송에 해당하는 '전기통신역무', '전기통신에 기반한 서비스'(telekommunikationsgestützte Dienste)나 주간(州間)방송협약(Rundfunkstaatsvertrag)에 따른 '방송'(Rundfunk)을 제외한, 일체의 전기적 정보서비스 및 통신서비스(elektronische Informations- und Kommunikationsdienste)에 관하여 규율하는 「전기정보통신서비스법」(Telemediengesetz)을 번역하였다. 또한 본서는, 우리 사회연결망에서의 이른바 '가짜뉴스의 유통의 차단 내지 제한'에 중요한 시사점이 될 수 있는 「사회연결망에서의 법집행 개선에 관한 법률」(Gesetz zur Verbesserung der Rechtsdurchsetzung in sozialen Netzwerken), 인터넷에서 누구에게나 안전하고 기밀이 유지되며 증명할 수 있는 상거래를 보장하는 전기통신플랫폼에 기반한 서비스를 제공하는 안심메일에 관하여 규율하는 「안심메일법」(De-Mail-Gesetz), 정보통신의 이용에 있어 개인정보보호와 프라이버시 보호에 관하여 규율하기 위하여 제정되어 2021년 12월 1일부터 시행되는 「전기통신 및 전기정보통신서비스에서의 정보보호 및 사생활보호에 관한 법률」(Gesetz über den Datenschutz und den Schutz der Privatsphäre in der Telekommunikation und bei Telemedien)도 담고 있다.

소비자보호에 있어 큰 범주(範疇)를 이루는 것이 개인정보보호이다. 정보통신서비스나 통신단말기 등의 이용 과정에서 생산되거나 처리되는 개인정보 등 정보 귀속주체(data subjects; betroffene Personen)로서의 '정보소비자'(information consumers; Informationsverbraucher)는 자신의 개인정보 등에 대하여 합당하게 보호받기를 원하지만, 이는 앞서 본 바와 같이 큰 도전에 직면한 것이 현실이다. '개인정보보호'와 '데이터 혹은 정보의 산업적·경제적 이용'이라는 길항관계(拮抗關契)에 놓여 있는 이러한 시대에 있어 본서가 소중한 길잡이가 되기를 소망해 본다.

끝으로 졸고를 멋진 책으로 출판해 주신 박노일 피앤씨미디어 대표님과 심성보 편집이사님께 특별히 감사의 말씀을 드리고자 한다.

2021년 가을이 물씬 느껴지는 길목에서

편저자 씀

Inhaltsverzeichnis

VERORDNUNG (EU) 2016/679 DES EUROPÄISCHEN PARLAMENTS UND DES RATES vom 27. April 2016 zum Schutz natürlicher Personen bei der Verarbeitung personenbezogener Daten, zum freien Datenverkehr und zur Aufhebung der Richtlinie 95/46/EG (Datenschutz-Grundverordnung)

(Text von Bedeutung für den EWR)

차 례

「개인정보 처리시 자연인의 보호(Schutz natürlicher Personen bei der Verarbeitung), 자유로운 정보이동(freien Datenverkehr)와, 95/46/EG호 입법지침의 폐지에 관한 2016년 4월 27일 유럽연합 의회 및 이사회 (EU) 2016/679호 법(法)」(개인정보보호기본법)

(유럽경제권에 관한 내용)

RICHTLINIE (EU) 2016/680 DES EUROPÄISCHEN PARLAMENTS UND DES RATES vom 27. April 2016 zum Schutz natürlicher Personen bei der Verarbeitung personenbezogener Daten durch die zuständigen Behörden zum Zwecke der Verhütung, Ermittlung, Aufdeckung oder Verfolgung von Straftaten oder der Strafvollstreckung sowie zum freien Datenverkehr und zur Aufhebung des Rahmenbeschlusses 2008/977/JI des Rates

「범죄의 예방(豫防), 수사(捜査), 적발(摘發) 또는 기소(起訴)나 형집행의 목적 그리고 자유로운 정보이동(freien Datenverkehr) 및 유럽연합이사회 2008/977/JI호 기본결정의 실효(失效)(Aufhebung des Rahmenbeschlusses)를 위한, 관할 관청의 개인정보 처리시의 자연인의 보호(Schutz natürlicher Personen)에 관한 2016년 4월 27일 유럽연합 의회 및 이사회 (EU) 2016/680호 입법지침」

VERORDNUNG (EU) 2018/1807 DES EUROPÄISCHEN PARLAMENTS UND DES RATES vom 14. November 2018 über einen Rahmen für den freien Verkehr nicht-personenbezogener Daten in der Europäischen Union (Text von Bedeutung für den EWR)

Bundesdatenschutzgesetz (BDSG)

「개인정보가 아닌 데이터의 유럽연합 내의 자유로운 이동을 위한 체제에 관한 2018년 11월 14일 유럽연합 의회 및 이사회 (EU) 2018/1807 법(法)」
(유럽경제권에 관한 내용)

연방개인정보보호법(Bundesdatenschutzgesetz, BGBl. I S. 1858)

Telekommunikationsgesetz

전기통신법(BGBl. I S. 2274)

Telemediengesetz (TMG)

전기정보통신서비스법(BGBl. I S. 2099)

Gesetz über den Datenschutz und den Schutz der Privatsphäre in der Telekommunikation und bei Telemedien (Telekommunikation–Telemedien–Datenschutz–Gesetz – TTDSG)

전기통신 및 전기정보통신서비스에서의 정보보호 및 사생활보호에 관한 법률
(전기통신·전기정보통신서비스 정보보호법; BGBl. I S. 2099)

Gesetz zur Verbesserung der Rechtsdurchsetzung in sozialen Netzwerken (Netzwerkdurchsetzungsgesetz – NetzDG)

De-Mail-Gesetz

사회연결망에서의 법집행 개선(改善)에 관한 법률
(네트워크법집행법; BGBl. I S. 1436)

안심메일법(BGBl. I S. 1858).

참고문헌

독독사전: https://de.wiktionary.org/wiki/Wiktionary

네이버 어학사전(독한사전/영한사전/국어사전): https://dict.naver.com

독영사전: https://www.dict.cc

독영사전: https://www.linguee.de

법률영어사전: 임홍근·이태희, 법문사, 2007년

법률한영사전: 임홍근, 법문사, 2010년

영문법령표준용어집: 한국법제연구원 법제정보센터, 2005년

독일 법령용어집: 한국법제연구원, 2008년 등.

「개인정보 처리시 자연인의 보호(Schutz natürlicher Personen bei der Verarbeitung), 자유로운 정보이동(freien Datenverkehr)와, 95/46/EG호 입법지침의 폐지에 관한 2016년 4월 27일 유럽연합 의회 및 이사회 (EU) 2016/679호 법(法)」

(개인정보보호기본법)

VERORDNUNG (EU) 2016/679 DES EUROPÄISCHEN PARLAMENTS UND DES RATES vom 27. April 2016 zum Schutz natürlicher Personen bei der Verarbeitung personenbezogener Daten, zum freien Datenverkehr und zur Aufhebung der Richtlinie 95/46/EG

(Datenschutz-Grundverordnung)

VERORDNUNG (EU) 2016/679 DES EUROPÄISCHEN PARLAMENTS UND DES RATES vom 27. April 2016 zum Schutz natürlicher Personen bei der Verarbeitung personenbezogener Daten, zum freien Datenverkehr und zur Aufhebung der Richtlinie 95/46/EG (Datenschutz-Grundverordnung) (Text von Bedeutung für den EWR)

https://eur-lex.europa.eu/legal-content/DE/TXT/?uri=celex%3A32016R0679

DAS EUROPÄISCHE PARLAMENT UND DER RAT DER EUROPÄISCHEN UNION —
gestützt auf den Vertrag über die Arbeitsweise der Europäischen Union, insbesondere auf Artikel 16,
auf Vorschlag der Europäischen Kommission,
nach Zuleitung des Entwurfs des Gesetzgebungsakts an die nationalen Parlamente,
nach Stellungnahme des Europäischen Wirtschafts- und Sozialausschusses (ⓐ),
nach Stellungnahme des Ausschusses der Regionen (ⓑ),
gemäß dem ordentlichen Gesetzgebungsverfahren (ⓒ),
in Erwägung nachstehender Gründe:

(1) Der Schutz natürlicher Personen bei der Verarbeitung personenbezogener Daten ist ein Grundrecht. Gemäß Artikel 8 Absatz 1 der Charta der Grundrechte der Europäischen Union (im Folgenden "Charta") sowie Artikel 16 Absatz 1 des Vertrags über die Arbeitsweise der Europäischen Union (AEUV) hat jede Person das Recht auf Schutz der sie betreffenden personenbezogenen Daten.

(2) Die Grundsätze und Vorschriften zum Schutz natürlicher Personen bei der Verarbeitung ihrer personenbezogenen Daten sollten gewährleisten, dass ihre Grundrechte und Grundfreiheiten und insbesondere ihr Recht auf Schutz personenbezogener Daten ungeachtet ihrer Staatsangehörigkeit oder ihres Aufenthaltsorts gewahrt bleiben. Diese Verordnung soll zur Vollendung eines Raums der Freiheit, der Sicherheit und des Rechts und einer Wirtschaftsunion, zum wirtschaftlichen und sozialen Fortschritt, zur Stärkung und zum Zusammenwachsen der Volkswirtschaften innerhalb des Binnenmarkts sowie zum Wohlergehen natürlicher Personen beitragen.

(3) Zweck der Richtlinie 95/46/EG des Europäischen Parlaments und des Rates (ⓓ) ist die Harmonisierung der Vorschriften zum Schutz der Grundrechte und Grundfreiheiten natürlicher Personen bei der Datenverarbeitung sowie die Gewährleistung des freien Verkehrs personenbezogener Daten zwischen den Mitgliedstaaten.

(4) Die Verarbeitung personenbezogener Daten sollte im Dienste der Menschheit stehen. Das Recht auf Schutz der personenbezogenen Daten ist kein uneingeschränktes Recht; es muss im Hinblick auf seine gesellschaftliche Funktion gesehen und unter Wahrung des Verhältnismäßigkeitsprinzips gegen andere Grundrechte abgewogen werden. Diese Verordnung steht im Einklang mit allen Grundrechten und achtet alle Freiheiten und Grundsätze, die mit der Charta anerkannt wurden und in den Europäischen Verträgen

「개인정보 처리시 자연인의 보호(Schutz natürlicher Personen bei der Verarbeitung), 자유로운 정보이동(freien Datenverkehr)와, 95/46/EG호 입법지침의 폐지에 관한 2016년 4월 27일 유럽연합 의회 및 이사회 (EU) 2016/679호 법(法)[1]」(개인정보보호기본법[2)3)4)]) (유럽경제권에 관한 내용[5)])

2016년 5월 4일의 통합 최신 형식

유럽연합 의회 및 이사회[6)] —
「유럽연합 운영조약[7)]」, 특히 그 제16조에 근거하여,
유럽연합집행위원회의 제안에 기하여,
각 회원국의 의회로의 입법 초안의 송부(送付) 후(ⓐ),
유럽경제사회위원회의 의견제시에 좇아(ⓑ),
지역위원회[8)]의 의견제시에 좇아(ⓒ),
공식 입법절차에 따라
다음과 같은 입법이유를 밝힌다:

(1) 개인정보 처리에 있어 자연인의 보호(Der Schutz natürlicher Personen bei der Verarbeitung personenbezogener Daten[9)])는 기본권이다. 누구든지 「유럽연합 기본권헌장」(Charta der Grundrechte der Europäischen Union)(이하 '기본권헌장') 제8조 제1항과 「유럽연합 운영조약」(AEUV) 제16조 제1항에 따라 자신에 관한 개인정보보호(個人情報保護)의 권리(das Recht auf Schutz der sie betreffenden personenbezogenen Daten)를 향유한다.

(2) 자연인의 개인정보 처리시 그 자연인의 보호에 관한 원칙 및 규정(Die Grundsätze und Vorschriften)은, 자연인의 기본권 및 자유, 특히 개인정보보호에 관한 자신의 권리가 자신의 국적이나 거주지에 상관없이 존중된다는 점을 보장해야 한다. 본 법(法)은, '자유, 안보 및 사법(司法)의 분야에서의 성취'와 '경제동맹의 성취'(Vollendung eines Raums der Freiheit, der Sicherheit und des Rechts und einer Wirtschaftsunion), 경제·사회적 진보, 유럽연합단일시장 내 국민경제의 강화 및 동반성장(Stärkung und zum Zusammenwachsen der Volkswirtschaften innerhalb des Binnenmarkts) 그리고 자연인의 복리(福利)(Wohlergehen natürlicher Personen)에 이바지해야 한다.

(3) 「유럽연합 의회 및 이사회 95/46/EG호 입법지침[10)]」(ⓓ)의 목적은, 개인정보 처리시 자연인의 기본권 및 자유의 보호(Schutz der Grundrechte und Grundfreiheiten natürlicher Personen bei der Datenverarbeitung)에 관한 규정의 조화와 회원국 간의 개인정보의 자유로운 이동의 보장(die Gewährleistung des freien Verkehrs personenbezogener Daten zwischen den Mitgliedstaaten)에 있다.

(4) 개인정보 처리는 인류에 대한 봉사를 위해 행해져야(im Dienste der Menschheit stehen) 한다. 개인정보보호의 권리는 무제한의 권리가 아니다; 그 권리는 권리의 사회적 기능의 관점에서(im Hinblick auf seine gesellschaftliche Funktion) 고려해야만 하고 다른 기본권에 대한 비례원칙의 준수하에(unter Wahrung des Verhältnismäßigkeitsprinzips gegen andere Grundrechte) 형량해야만 한다. 본 법(法)은 모든 기본권과 조화를 유지하고 기본권헌장에서 승인되고 유럽연합의 조약들에서 명시된 모든 자유(自由) 및 원칙(原則)

verankert sind, insbesondere Achtung des Privat- und Familienlebens, der Wohnung und der Kommunikation, Schutz personenbezogener Daten, Gedanken-, Gewissens- und Religionsfreiheit, Freiheit der Meinungsäußerung und Informationsfreiheit, unternehmerische Freiheit, Recht auf einen wirksamen Rechtsbehelf und ein faires Verfahren und Vielfalt der Kulturen, Religionen und Sprachen.

(5) Die wirtschaftliche und soziale Integration als Folge eines funktionierenden Binnenmarkts hat zu einem deutlichen Anstieg des grenzüberschreitenden Verkehrs personenbezogener Daten geführt. Der unionsweite Austausch personenbezogener Daten zwischen öffentlichen und privaten Akteuren einschließlich natürlichen Personen, Vereinigungen und Unternehmen hat zugenommen. Das Unionsrecht verpflichtet die Verwaltungen der Mitgliedstaaten, zusammenzuarbeiten und personenbezogene Daten auszutauschen, damit sie ihren Pflichten nachkommen oder für eine Behörde eines anderen Mitgliedstaats Aufgaben durchführen können.

(6) Rasche technologische Entwicklungen und die Globalisierung haben den Datenschutz vor neue Herausforderungen gestellt. Das Ausmaß der Erhebung und des Austauschs personenbezogener Daten hat eindrucksvoll zugenommen. Die Technik macht es möglich, dass private Unternehmen und Behörden im Rahmen ihrer Tätigkeiten in einem noch nie dagewesenen Umfang auf personenbezogene Daten zurückgreifen. Zunehmend machen auch natürliche Personen Informationen öffentlich weltweit zugänglich. Die Technik hat das wirtschaftliche und gesellschaftliche Leben verändert und dürfte den Verkehr personenbezogener Daten innerhalb der Union sowie die Datenübermittlung an Drittländer und internationale Organisationen noch weiter erleichtern, wobei ein hohes Datenschutzniveau zu gewährleisten ist.

(7) Diese Entwicklungen erfordern einen soliden, kohärenteren und klar durchsetzbaren Rechtsrahmen im Bereich des Datenschutzes in der Union, da es von großer Wichtigkeit ist, eine Vertrauensbasis zu schaffen, die die digitale Wirtschaft dringend benötigt, um im Binnenmarkt weiter wachsen zu können. Natürliche Personen sollten die Kontrolle über ihre eigenen Daten besitzen. Natürliche Personen, Wirtschaft und Staat sollten in rechtlicher und praktischer Hinsicht über mehr Sicherheit verfügen.

(8) Wenn in dieser Verordnung Präzisierungen oder Einschränkungen ihrer Vorschriften durch das Recht der Mitgliedstaaten vorgesehen sind, können die Mitgliedstaaten Teile dieser Verordnung in ihr nationales Recht aufnehmen, soweit dies erforderlich ist, um die Kohärenz zu wahren und die nationalen Rechtsvorschriften für die Personen, für die sie gelten, verständlicher zu machen.

(9) Die Ziele und Grundsätze der Richtlinie 95/46/EG besitzen nach wie vor Gültigkeit, doch hat die Richtlinie nicht verhindern können, dass der Datenschutz in der Union unterschiedlich gehandhabt wird, Rechtsunsicherheit besteht oder in der Öffentlichkeit die Meinung weit verbreitet ist, dass erhebliche Risiken für den Schutz natürlicher Personen bestehen, insbesondere im Zusammenhang mit der Benutzung des Internets. Unterschiede beim Schutzniveau für die Rechte und Freiheiten von natürlichen Personen im Zusammenhang mit der Verarbeitung personenbezogener Daten in den Mitgliedstaaten, vor allem beim Recht auf Schutz dieser Daten, können den unionsweiten freien Verkehr solcher Daten behindern. Diese Unterschiede im Schutzniveau können daher ein Hemmnis für die unionsweite Ausübung von Wirtschaftstätigkeiten darstellen, den Wettbewerb verzerren und die Behörden an der

특히 사생활, 거주 및 통신의 존중, 개인정보보호, 사상·양심·종교의 자유, 표현의 자유, 정보의 자유[11] (Informationsfreiheit), 영업의 자유(unternehmerische Freiheit), 효과적 법적구제에 대한 권리, 공정한 절차에 관한 권리 및 문화·종교·언어의 다양성에 관한 권리(Recht auf einen wirksamen Rechtsbehelf und ein faires Verfahren und Vielfalt der Kulturen, Religionen und Sprachen)를 존중한다.

(5) 유럽연합단일시장 작동의 결과로서의 경제·사회적 통합(Die wirtschaftliche und soziale Integration als Folge eines funktionierenden Binnenmarkts)은, 개인정보의 국경을 초월하는 이동의 분명한 증가를 가져왔다. 자연인, 연합회, 기업을 포함하여 공공행위자 및 민간행위자(öffentlichen und privaten Akteuren) 간의 개인정보의 유럽연합 차원의 교류는 증가했다. 유럽연합법은 회원국의 당국(當局)에게 회원국이 자신의 의무를 준수하거나 다른 회원국의 당국(當局)을 위해 임무를 수행하도록(damit sie ihren Pflichten nachkommen oder für eine Behörde eines anderen Mitgliedstaats Aufgaben durchführen können) 협력하고 개인정보를 이전하는 의무를 지우고 있다.

(6) 급속한 과학기술 발전 및 글로벌화로 인해 개인정보보호에 있어 새로운 도전에 직면해 있다. 개인정보의 수집 및 교류의 정도는 인상적으로 증가했다. 기술은 민간기업과 관청[12]이 자신의 활동 범위 내에서 전례가 없는 범위의 개인정보를 이용하도록(dass private Unternehmen und Behörden im Rahmen ihrer Tätigkeiten in einem noch nie dagewesenen Umfang auf personenbezogene Daten zurückgreifen) 해주었다. 자연인도 점차 정보를 전 세계적으로 또 공공연하게 이용하게 하고 있다. 기술은 경제생활 및 사회생활을 변화시켰고 또한 높은 정보보호 수준을 보장하면서 유럽연합 내의 개인정보의 이동과, 제3국 및 국제기구로의 정보이전을 보다 촉진했을 것이다(dürfte den Verkehr personenbezogener Daten innerhalb der Union sowie die Datenübermittlung an Drittländer und internationale Organisationen noch weiter erleichtern, wobei ein hohes Datenschutzniveau zu gewährleisten ist).

(7) 이러한 발전은, 유럽연합 내 개인정보보호 영역에서 확실하고 보다 일치되며 확실하게 시행(施行)할 수 있는 법체계(einen soliden, kohärenteren und klar durchsetzbaren Rechtsrahmen)를 필요로 하는데, 이는 유럽연합단일시장에서 추가적 성장을 가능하게 하기 위하여 디지털경제가 강하게 필요로 하는 신뢰기반을 조성하는 것이 아주 중요하기 때문이다. 자연인은 자신의 개인정보에 관한 통제력을 보유해야 한다. 자연인, 경제계 및 국가는 법적·실무적 관점에서 보안의 강화를 유지해야 한다.

(8) 본 법(法)으로 회원국법 규정의 상세한 규율이나 그 제한이 규정되는 경우에 회원국은, 이것이 그 법적용통일성을 확보하고 회원국의 법규정을 그 적용을 받는 자가 보다 쉽게 이해하는 데에(um die Kohärenz zu wahren und die nationalen Rechtsvorschriften für die Personen, für die sie gelten, verständlicher zu machen) 필요한 범위 내에서, 본 법(法)의 일부규정을 자신의 회원국법에 수용할 수 있다.

(9) 95/46/EG호 입법지침의 목표 및 원칙은 여전히 유효하고, 다만 그 입법지침은 개인정보보호가 유럽연합 내에서 상이하게 취급되거나 법적규율 차이가 존재하는 것을 막을 수 없으며, 특히 인터넷 이용과 관련하여 자연인의 보호에 대한 중대한 위험이 존재한다는 의견이 일반인들 사이에 폭넓게 전파된 것(in der Öffentlichkeit die Meinung weit verbreitet ist, dass erhebliche Risiken für den Schutz natürlicher Personen bestehen, insbesondere im Zusammenhang mit der Benutzung des Internets)을 막을 수 없다. 회원국 내 개인정보 처리에 관련한, 자연인의 권리 및 자유에 대한 보호수준에 있어서의 차이, 무엇보다도 이러한 정보의 보호에 관한 권리에 있어서의 차이로 인해 그러한 정보의 유럽연합 차원의 자유로운 이동이 저해될 수 있다. 그러므로 보호수준에서의 이러한 차이는 유럽연합 차원의 경제활동 수행에 대한 장애가 될 수 있으며 경쟁을 왜곡할 수 있고, 당국이 유럽연합법에 따라 그에 부과된 의무의 이행하는

Erfüllung der ihnen nach dem Unionsrecht obliegenden Pflichten hindern. Sie erklären sich aus den Unterschieden bei der Umsetzung und Anwendung der Richtlinie 95/46/EG.

(10) Um ein gleichmäßiges und hohes Datenschutzniveau für natürliche Personen zu gewährleisten und die Hemmnisse für den Verkehr personenbezogener Daten in der Union zu beseitigen, sollte das Schutzniveau für die Rechte und Freiheiten von natürlichen Personen bei der Verarbeitung dieser Daten in allen Mitgliedstaaten gleichwertig sein. Die Vorschriften zum Schutz der Grundrechte und Grundfreiheiten von natürlichen Personen bei der Verarbeitung personenbezogener Daten sollten unionsweit gleichmäßig und einheitlich angewandt werden. Hinsichtlich der Verarbeitung personenbezogener Daten zur Erfüllung einer rechtlichen Verpflichtung oder zur Wahrnehmung einer Aufgabe, die im öffentlichen Interesse liegt oder in Ausübung öffentlicher Gewalt erfolgt, die dem Verantwortlichen übertragen wurde, sollten die Mitgliedstaaten die Möglichkeit haben, nationale Bestimmungen, mit denen die Anwendung der Vorschriften dieser Verordnung genauer festgelegt wird, beizubehalten oder einzuführen. In Verbindung mit den allgemeinen und horizontalen Rechtsvorschriften über den Datenschutz zur Umsetzung der Richtlinie 95/46/EG gibt es in den Mitgliedstaaten mehrere sektorspezifische Rechtsvorschriften in Bereichen, die spezifischere Bestimmungen erfordern. Diese Verordnung bietet den Mitgliedstaaten zudem einen Spielraum für die Spezifizierung ihrer Vorschriften, auch für die Verarbeitung besonderer Kategorien von personenbezogenen Daten (im Folgenden "sensible Daten"). Diesbezüglich schließt diese Verordnung nicht Rechtsvorschriften der Mitgliedstaaten aus, in denen die Umstände besonderer Verarbeitungssituationen festgelegt werden, einschließlich einer genaueren Bestimmung der Voraussetzungen, unter denen die Verarbeitung personenbezogener Daten rechtmäßig ist.

(11) Ein unionsweiter wirksamer Schutz personenbezogener Daten erfordert die Stärkung und präzise Festlegung der Rechte der betroffenen Personen sowie eine Verschärfung der Verpflichtungen für diejenigen, die personenbezogene Daten verarbeiten und darüber entscheiden, ebenso wie — in den Mitgliedstaaten — gleiche Befugnisse bei der Überwachung und Gewährleistung der Einhaltung der Vorschriften zum Schutz personenbezogener Daten sowie gleiche Sanktionen im Falle ihrer Verletzung.

(12) Artikel 16 Absatz 2 AEUV ermächtigt das Europäische Parlament und den Rat, Vorschriften über den Schutz natürlicher Personen bei der Verarbeitung personenbezogener Daten und zum freien Verkehr solcher Daten zu erlassen.

(13) Damit in der Union ein gleichmäßiges Datenschutzniveau für natürliche Personen gewährleistet ist und Unterschiede, die den freien Verkehr personenbezogener Daten im Binnenmarkt behindern könnten, beseitigt werden, ist eine Verordnung erforderlich, die für die Wirtschaftsteilnehmer einschließlich Kleinstunternehmen sowie kleiner und mittlerer Unternehmen Rechtssicherheit und Transparenz schafft, natürliche Personen in allen Mitgliedstaaten mit demselben Niveau an durchsetzbaren Rechten ausstattet, dieselben Pflichten und Zuständigkeiten für die Verantwortlichen und Auftragsverarbeiter vorsieht und eine gleichmäßige Kontrolle der Verarbeitung personenbezogener Daten und gleichwertige Sanktionen in allen Mitgliedstaaten sowie eine wirksame Zusammenarbeit zwischen den Aufsichtsbehörden der einzelnen Mitgliedstaaten gewährleistet. Das reibungslose Funktionieren des Binnenmarkts erfordert, dass der freie Verkehr personenbezogener Daten in der Union nicht aus Gründen des Schutzes natürlicher

것을 저해(沮害)할 수 있다. 이러한 차이는 95/46/EG호 입법지침의 시행 및 적용 차이에서 기인하는 것으로 설명된다.

(10) 자연인에 대한 균일(均一)하고 높은 수준의 개인정보보호를 보장하기 위하여 또 유럽연합 내 개인정보 이동에 대한 장애물을 제거하기 위하여(die Hemmnisse für den Verkehr personenbezogener Daten in der Union zu beseitigen) 이러한 정보의 처리시 자연인의 권리 및 자유에 대한 보호수준은 모든 회원국에서 동등해야 한다. 개인정보 처리시 자연인의 기본권 및 자유의 보호에 관한 규정은 유럽연합 차원에서 동등해야 하고 통일적으로 적용되어야 한다. 공익(公益)에 관련되거나 개인정보처리자에게 부여된 공적 권한의 행사를 위해 행해지는(die im öffentlichen Interesse liegt oder in Ausübung öffentlicher Gewalt erfolgt, die dem Verantwortlichen übertragen wurde) 법적 의무 이행 또는 임무 수행을 위한 개인정보 처리와 관련하여 회원국은, 본 법(法)의 적용이 보다 상세하게 규정된 회원국의 법규정을 유지하고 도입할 가능성을 지녀야 한다. 95/46/EG호 입법지침의 시행을 위한 개인정보보호에 관한 일반적이고도 동등한 법규정과 더불어, 회원국은 보다 특별한 규정을 필요로 하는 영역에서 보다 해당 부문에 특유한 법규정을 가질 수 있다(gibt es in den Mitgliedstaaten mehrere sektorspezifische Rechtsvorschriften in Bereichen, die spezifischere Bestimmungen erfordern). 또한 본 법(法)은 회원국에게 개인정보 특수유형의 처리(이하 '민감정보; sensible Daten')도 포함하여 자신의 규정의 상세규율(詳細規律)에 대한 여지(den Mitgliedstaaten zudem einen Spielraum für die Spezifizierung ihrer Vorschriften, auch für die Verarbeitung besonderer Kategorien von personenbezogenen Daten)를 제공한다. 이와 관련하여 본 법(法)은, 개인정보 처리를 적법하게 해 주는 요건의 상세한 규율을 포함하여 특별한 처리상황의 세부요건이 규정된(in denen die Umstände besonderer Verarbeitungssituationen festgelegt werden) 회원국의 법규정(Rechtsvorschriften der Mitgliedstaaten)을 배제하지 아니한다.

(11) 유럽연합차원의 개인정보의 효과적 보호는, 정보주체의 권리의 강화 및 상세한 규정과 개인정보를 처리하고 이에 대하여 결정하는 자의 의무의 강화를 필요로 하고, 또한 회원국에서 개인정보보호에 관한 규정의 준수의 감시와 보상에서 동일한 권한과 그 침해의 경우에 있어 동일한 제재(gleiche Befugnisse bei der Überwachung und Gewährleistung der Einhaltung der Vorschriften zum Schutz personenbezogener Daten sowie gleiche Sanktionen im Falle ihrer Verletzung)를 필요로 한다.

(12) 「유럽연합 운영조약」 제16조 제2항(Artikel 16 Absatz 2 AEUV)에 기하여 유럽연합 의회 및 이사회는 개인정보 처리시 자연인의 보호와 그러한 정보의 자유로운 이동에 관한 규정(規定)을 제정(制定)할 권한을 갖는다.

(13) 유럽연합 내의 자연인에 대한 동등한 수준의 개인정보보호가 보장되고 유럽연합단일시장 내 개인정보의 자유로운 이동을 저해할 수도 있는 차이를 제거하도록 하기 위하여(Damit in der Union ein gleichmäßiges Datenschutzniveau für natürliche Personen gewährleistet ist und Unterschiede, die den freien Verkehr personenbezogener Daten im Binnenmarkt behindern könnten, beseitigt werden), 소기업과 중소기업을 포함하여 경제참가자에 대하여 법적안정성과 투명성(Rechtssicherheit und Transparenz)을 제공하고, 모든 회원국 내 자연인에게 동일한 보호수준의 강제집행할 수 있는 권리를 제공하며, 개인정보처리자와 수탁처리자에 대한 동일한 의무 및 권한을 제공하며, 모든 회원국 내에서의 개인정보 처리에 대한 동등한 감시와 동등한 제재와 개별 회원국의 감독관청들 간[13]들 간의 효과적 협력을 보장하는(eine gleichmäßige Kontrolle der Verarbeitung personenbezogener Daten und gleichwertige Sanktionen in allen Mitgliedstaaten sowie eine wirksame Zusammenarbeit zwischen den Aufsichtsbehörden der einzelnen Mitgliedstaaten gewährleistet) 법(法)이 필요하다. 유럽연합단일시장의 원활한 작동(Das reibungslose

Personen bei der Verarbeitung personenbezogener Daten eingeschränkt oder verboten wird. Um der besonderen Situation der Kleinstunternehmen sowie der kleinen und mittleren Unternehmen Rechnung zu tragen, enthält diese Verordnung eine abweichende Regelung hinsichtlich des Führens eines Verzeichnisses für Einrichtungen, die weniger als 250 Mitarbeiter beschäftigen. Außerdem werden die Organe und Einrichtungen der Union sowie die Mitgliedstaaten und deren Aufsichtsbehörden dazu angehalten, bei der Anwendung dieser Verordnung die besonderen Bedürfnisse von Kleinstunternehmen sowie von kleinen und mittleren Unternehmen zu berücksichtigen. Für die Definition des Begriffs "Kleinstunternehmen sowie kleine und mittlere Unternehmen" sollte Artikel 2 des Anhangs zur Empfehlung 2003/361/EG der Kommission (ⓔ) maßgebend sein.

(14) Der durch diese Verordnung gewährte Schutz sollte für die Verarbeitung der personenbezogenen Daten natürlicher Personen ungeachtet ihrer Staatsangehörigkeit oder ihres Aufenthaltsorts gelten. Diese Verordnung gilt nicht für die Verarbeitung personenbezogener Daten juristischer Personen und insbesondere als juristische Person gegründeter Unternehmen, einschließlich Name, Rechtsform oder Kontaktdaten der juristischen Person.

(15) Um ein ernsthaftes Risiko einer Umgehung der Vorschriften zu vermeiden, sollte der Schutz natürlicher Personen technologieneutral sein und nicht von den verwendeten Techniken abhängen. Der Schutz natürlicher Personen sollte für die automatisierte Verarbeitung personenbezogener Daten ebenso gelten wie für die manuelle Verarbeitung von personenbezogenen Daten, wenn die personenbezogenen Daten in einem Dateisystem gespeichert sind oder gespeichert werden sollen. Akten oder Aktensammlungen sowie ihre Deckblätter, die nicht nach bestimmten Kriterien geordnet sind, sollten nicht in den Anwendungsbereich dieser Verordnung fallen.

(16) Diese Verordnung gilt nicht für Fragen des Schutzes von Grundrechten und Grundfreiheiten und des freien Verkehrs personenbezogener Daten im Zusammenhang mit Tätigkeiten, die nicht in den Anwendungsbereich des Unionsrechts fallen, wie etwa die nationale Sicherheit betreffende Tätigkeiten. Diese Verordnung gilt nicht für die von den Mitgliedstaaten im Rahmen der Gemeinsamen Außen- und Sicherheitspolitik der Union durchgeführte Verarbeitung personenbezogener Daten.

(17) Die Verordnung (EG) Nr. 45/2001 des Europäischen Parlaments und des Rates (ⓕ) gilt für die Verarbeitung personenbezogener Daten durch die Organe, Einrichtungen, Ämter und Agenturen der Union. Die Verordnung (EG) Nr. 45/2001 und sonstige Rechtsakte der Union, die diese Verarbeitung personenbezogener Daten regeln, sollten an die Grundsätze und Vorschriften der vorliegenden Verordnung angepasst und im Lichte der vorliegenden Verordnung angewandt werden. Um einen soliden und kohärenten Rechtsrahmen im Bereich des Datenschutzes in der Union zu gewährleisten, sollten die erforderlichen Anpassungen der Verordnung (EG) Nr. 45/2001 im Anschluss an den Erlass der vorliegenden Verordnung vorgenommen werden, damit sie gleichzeitig mit der vorliegenden Verordnung angewandt werden können.

(18) Diese Verordnung gilt nicht für die Verarbeitung von personenbezogenen Daten, die von einer natürlichen Person zur Ausübung ausschließlich persönlicher oder familiärer Tätigkeiten und somit ohne Bezug zu einer beruflichen oder wirtschaftlichen Tätigkeit vorgenommen wird. Als persönliche oder

Funktionieren des Binnenmarkts)은, 유럽연합 내 자유로운 개인정보의 이동은 개인정보 처리시 자연인의 보호를 이유로 제한되거나 금지되지 않는다는 점을 요구한다. 소기업과 중소기업의 특별한 상황을 고려하기 위하여 본 법(法)은 250명 미만의 직원을 고용한 조직의 기록 관리에 관한 다른 규율(eine abweichende Regelung hinsichtlich des Führens eines Verzeichnisses für Einrichtungen, die weniger als 250 Mitarbeiter beschäftigen)을 포함한다. 게다가 유럽연합의 조직 및 기관, 회원국 그리고 회원국의 감독관청은, 본 법(法)의 적용에 있어 소기업 및 중소기업의 특별한 필요를 고려하도록 요구받는다. "소기업(小企業) 및 중소기업(中小企業)"의 개념의 정의에 대하여(Für die Definition des Begriffs "Kleinstunternehmen sowie kleine und mittlere Unternehmen")「유럽연합집행위원회 2003/361/EG호의 권고」 부록(ⓔ) 제2조[14]가 적용된다.

(14) 본 법(法)으로 부여되는 보호는 자연인의 개인정보 처리에 있어 그 국적 또는 거주지에 상관없이(ungeachtet ihrer Staatsangehörigkeit oder ihres Aufenthaltsorts) 적용되어야 한다. 본 법(法)은, 법인의 이름, 법형식 또는 연락정보를 포함하여(einschließlich Name, Rechtsform oder Kontaktdaten der juristischen Person), 법인의 개인정보 처리, 특히 법인(法人)으로 설치된 기업(企業)의 개인정보 처리에 대하여는 적용하지 아니한다.

(15) 규정의 잠탈(潛脫)이라는 중대한 위험을 회피하기 위하여(Um ein ernsthaftes Risiko einer Umgehung der Vorschriften zu vermeiden), 자연인의 보호는 기술중립적이어야 하고 또 적용된 기술에 종속되어서는 아니된다. 개인정보가 파일링시스템에 담겨 있거나 담으려고 하는 경우에(wenn die personenbezogenen Daten in einem Dateisystem gespeichert sind oder gespeichert werden sollen), 자연인의 보호는 개인정보의 수동적 처리뿐만 아니라 개인정보의 자동적 처리에 대해서도 적용되어야 한다. 특정한 기준에 따라 체계화되지 아니한, 파일, 파일모음 및 그 표지(Akten oder Aktensammlungen sowie ihre Deckblätter)는 본 법(法)의 적용범위에 속하지 아니한다.

(16) 본 법(法)은, 예컨대 국가안보에 관련된 활동과 같은, 유럽연합법 적용범위에 속하지 아니한 활동에 관련된, 기본권 및 자유 보호 문제와, 정보 자유로운 교류 문제에 대하여는 적용하지 아니한다. 본 법(法)은 회원국이 유럽연합의 공동의 대외정책 및 안보정책의 범위 내에서 행한 개인정보 처리에 대하여(für die von den Mitgliedstaaten im Rahmen der Gemeinsamen Außen- und Sicherheitspolitik der Union durchgeführte Verarbeitung personenbezogener Daten) 적용하지 아니한다.

(17) 「유럽연합 의회 및 이사회 45/2001호 법(法)」(ⓕ)은, '유럽연합의 기관(機關), 조직(組織), 사무소(事務所) 및 대리인(代理人)'에 의한 개인정보 처리에 대하여(für die Verarbeitung personenbezogener Daten durch die Organe, Einrichtungen, Ämter und Agenturen der Union) 적용한다. (EG) 45/2001호 법(法)과 개인정보의 이러한 처리를 규율하는 유럽연합의 기타 법규는 본 법(法)상의 원칙 및 규정(die Grundsätze und Vorschriften der vorliegenden Verordnung)에 맞게 조정되어야 하고 본 법(法)의 관점에서 적용되어야 한다. 유럽연합 내 개인정보보호의 영역에서의 확실하고 일치되는 법체계(法體系; Rechtsrahmen)를 보장하기 (EG) 45/2001호 법(法)의 필요한 조정은, 그 법(法)이 본 법(法)과 함께 동시에 적용되도록 하기 위하여(damit sie gleichzeitig mit der vorliegenden Verordnung angewandt werden können) 본 법(法)의 제정 후에(im Anschluss an den Erlass der vorliegenden Verordnung) 행해져야 한다.

(18) 자연인이 오로지 개인적 활동이나 가사활동의 수행을 위하여 행해지고 또 직업활동 또는 경제활동과 무관하게 행해진 개인정보 처리에 대하여는 적용하지 아니한다. 서신교환의 관리나 주소록의 관리나 사회적 네트워크의 이용과 그러한 활동의 일환인 온라인 활동의 이용(die Nutzung sozialer Netze und

familiäre Tätigkeiten könnte auch das Führen eines Schriftverkehrs oder von Anschriftenverzeichnissen oder die Nutzung sozialer Netze und Online-Tätigkeiten im Rahmen solcher Tätigkeiten gelten. Diese Verordnung gilt jedoch für die Verantwortlichen oder Auftragsverarbeiter, die die Instrumente für die Verarbeitung personenbezogener Daten für solche persönlichen oder familiären Tätigkeiten bereitstellen.

(19) Der Schutz natürlicher Personen bei der Verarbeitung personenbezogener Daten durch die zuständigen Behörden zum Zwecke der Verhütung, Ermittlung, Aufdeckung oder Verfolgung von Straftaten oder der Strafvollstreckung, einschließlich des Schutzes vor und der Abwehr von Gefahren für die öffentliche Sicherheit, sowie der freie Verkehr dieser Daten sind in einem eigenen Unionsrechtsakt geregelt. Deshalb sollte diese Verordnung auf Verarbeitungstätigkeiten dieser Art keine Anwendung finden. Personenbezogene Daten, die von Behörden nach dieser Verordnung verarbeitet werden, sollten jedoch, wenn sie zu den vorstehenden Zwecken verwendet werden, einem spezifischeren Unionsrechtsakt, nämlich der Richtlinie (EU) 2016/680 des Europäischen Parlaments und des Rates (ⓖ) unterliegen. Die Mitgliedstaaten können die zuständigen Behörden im Sinne der Richtlinie (EU) 2016/680 mit Aufgaben betrauen, die nicht zwangsläufig für die Zwecke der Verhütung, Ermittlung, Aufdeckung oder Verfolgung von Straftaten oder der Strafvollstreckung, einschließlich des Schutzes vor und der Abwehr von Gefahren für die öffentliche Sicherheit, ausgeführt werden, so dass die Verarbeitung von personenbezogenen Daten für diese anderen Zwecke insoweit in den Anwendungsbereich dieser Verordnung fällt, als sie in den Anwendungsbereich des Unionsrechts fällt.

In Bezug auf die Verarbeitung personenbezogener Daten durch diese Behörden für Zwecke, die in den Anwendungsbereich dieser Verordnung fallen, sollten die Mitgliedstaaten spezifischere Bestimmungen beibehalten oder einführen können, um die Anwendung der Vorschriften dieser Verordnung anzupassen. In den betreffenden Bestimmungen können die Auflagen für die Verarbeitung personenbezogener Daten durch diese zuständigen Behörden für jene anderen Zwecke präziser festgelegt werden, wobei der verfassungsmäßigen, organisatorischen und administrativen Struktur des betreffenden Mitgliedstaats Rechnung zu tragen ist. Soweit diese Verordnung für die Verarbeitung personenbezogener Daten durch private Stellen gilt, sollte sie vorsehen, dass die Mitgliedstaaten einige Pflichten und Rechte unter bestimmten Voraussetzungen mittels Rechtsvorschriften beschränken können, wenn diese Beschränkung in einer demokratischen Gesellschaft eine notwendige und verhältnismäßige Maßnahme zum Schutz bestimmter wichtiger Interessen darstellt, wozu auch die öffentliche Sicherheit und die Verhütung, Ermittlung, Aufdeckung und Verfolgung von Straftaten oder die Strafvollstreckung zählen, einschließlich des Schutzes vor und der Abwehr von Gefahren für die öffentliche Sicherheit. Dies ist beispielsweise im Rahmen der Bekämpfung der Geldwäsche oder der Arbeit kriminaltechnischer Labors von Bedeutung.

(20) Diese Verordnung gilt zwar unter anderem für die Tätigkeiten der Gerichte und anderer Justizbehörden, doch könnte im Unionsrecht oder im Recht der Mitgliedstaaten festgelegt werden, wie die Verarbeitungsvorgänge und Verarbeitungsverfahren bei der Verarbeitung personenbezogener Daten durch Gerichte und andere Justizbehörden im Einzelnen auszusehen haben. Damit die Unabhängigkeit der Justiz bei der Ausübung ihrer gerichtlichen Aufgaben einschließlich ihrer Beschlussfassung unangetastet bleibt, sollten die Aufsichtsbehörden nicht für die Verarbeitung personenbezogener Daten durch Gerichte im Rahmen ihrer justiziellen Tätigkeit zuständig sein. Mit der Aufsicht über diese Datenverarbeitungsvorgänge sollten besondere Stellen im Justizsystem des Mitgliedstaats betraut werden

Online-Tätigkeiten im Rahmen solcher Tätigkeiten)도 개인적 활동이나 가사활동으로 볼 수 있다. 하지만 본 법(法)은 그러한 개인적 활동 또는 가사활동을 위한 개인정보 처리 수단을 제공하는(die die Instrumente für die Verarbeitung personenbezogener Daten für solche persönlichen oder familiären Tätigkeiten bereitstellen) 개인정보처리자 또는 수탁처리자에 대하여는 적용한다.

(19) 공공의 안녕에 대한 위험(危險)로부터의 보호나 그 위해의 방지를 포함하여(einschließlich des Schutzes vor und der Abwehr von Gefahren für die öffentliche Sicherheit) 범죄의 예방, 수사(Ermittlung[15])), 적발 또는 기소의 목적을 위하거나 형집행의 목적을 위한(zum Zwecke der Verhütung, Ermittlung, Aufdeckung oder Verfolgung von Straftaten oder der Strafvollstreckung), 관할 관청(官廳)의 개인정보 처리시 자연인의 보호와, 이러한 정보의 자유로운 이동은 유럽연합법규로 규율된다. 그러므로 본 법(法)은 이러한 유형의 정보처리활동에 대하여는 적용되지 아니한다. 하지만 본 법(法)에 따라 관청이 처리한 개인정보는, 그것이 위와 같은 목적으로 처리되는 경우에, 특별한 유럽연합의 법규, 즉 「유럽연합 의회 및 이사회 (EU) 2016/680호 입법지침」(ⓖ)의 적용을 받는다. 회원국은 (EU) 2016/680호 입법지침상의 관할 관청(官廳)에, 공공의 안녕에 대한 위험(危險)로부터의 보호이나 그 위험의 방지를 포함하여범죄의 예방, 수사, 적발 또는 기소의 목적을 위하거나 형집행의 목적을 위하여 반드시 수행된다고 할 수 없는 임무를, 그 밖의 목적을 위한 개인정보 처리가 유럽연합법의 적용범위에 포함되는 범위 내에서 본 법(法)의 적용범위에 포함되도록(so dass die Verarbeitung von personenbezogenen Daten für diese anderen Zwecke insoweit in den Anwendungsbereich dieser Verordnung fällt, als sie in den Anwendungsbereich des Unionsrechts fällt) 위탁할 수 있다.

본 법(法)의 적용범위에 속하는 목적을 위한, 이러한 관청의 개인정보 처리에 관련하여, 회원국은 본 법(法)의 규정 적용의 조정을 위하여 보다 특별한 규정을 유지하거나 도입할 수 있다. 이러한 관할 당국은 문제가 되는 회원국의 합헌적(合憲的), 조직적(組織的) 및 행정적(行政的) 구조를 고려하면서, 그러한 규정에서 그 밖의 목적을 위한 개인정보 처리를 위한 요건(die Auflagen für die Verarbeitung personenbezogener Daten durch diese zuständigen Behörden für jene anderen Zwecke)을 상세하게 규정할 수 있다. 그 제한이 민주사회에서, 공공의 안녕에 대한 위험(危險)로부터의 보호이나 그 위험(危險)의 방지를 포함하여(einschließlich des Schutzes vor und der Abwehr von Gefahren für die öffentliche Sicherheit) 범죄의 예방, 수사, 적발 및 기소 또는 형집행도 포함되는(wozu auch die öffentliche Sicherheit und die Verhütung, Ermittlung, Aufdeckung und Verfolgung von Straftaten oder die Strafvollstreckung zählen), 특정한 중대한 이익의 보호를 위한 필요하고도 비례적 처분에 해당하는 경우에는, 본 법(法)이 민간 기관에 의한 개인정보 처리에 적용되는 범위 내에서 본 법(法)은, 회원국이 법규정에 기하여 특정한 요건하에서 몇몇 권리의무를 제한할 수 있도록 규정한다. 이는 예컨대 자금세탁 방지에 대한 대처 체제나 법의학연구소 활동 체제와 관련된다(Dies ist beispielsweise im Rahmen der Bekämpfung der Geldwäsche oder der Arbeit kriminaltechnischer Labors von Bedeutung).

(20) 본 법(法)은 특히 법원 또는 그 밖의 사법당국의 활동에 대하여 적용되지만, 법원 또는 그 밖의 사법당국의 개인정보 처리시의 처리작업 및 처리절차가 구체적으로 어떻게 되어야 하는지가(wie die Verarbeitungsvorgänge und Verarbeitungsverfahren bei der Verarbeitung personenbezogener Daten durch Gerichte und andere Justizbehörden im Einzelnen auszusehen haben), 유럽연합법 또는 회원국법으로 규율될 수 있다. 법원의 의사결정을 포함하여 법원의 임무 수행에 있어 사법의 독립성이 침해되지 않도록 하기 위하여(Damit die Unabhängigkeit der Justiz bei der Ausübung ihrer gerichtlichen Aufgaben einschließlich ihrer Beschlussfassung unangetastet bleibt), 감독관청은 사법활동의 일환으로 하는 법원의 개인정보 처리를 관할해서는 아니된다. 이러한 정보처리작업에 관한 감독은 회원국의 사법제도 내의 특

können, die insbesondere die Einhaltung der Vorschriften dieser Verordnung sicherstellen, Richter und Staatsanwälte besser für ihre Pflichten aus dieser Verordnung sensibilisieren und Beschwerden in Bezug auf derartige Datenverarbeitungsvorgänge bearbeiten sollten.

(21) Die vorliegende Verordnung berührt nicht die Anwendung der Richtlinie 2000/31/EG des Europäischen Parlaments und des Rates (ⓗ) und insbesondere die der Vorschriften der Artikel 12 bis 15 jener Richtlinie zur Verantwortlichkeit von Anbietern reiner Vermittlungsdienste. Die genannte Richtlinie soll dazu beitragen, dass der Binnenmarkt einwandfrei funktioniert, indem sie den freien Verkehr von Diensten der Informationsgesellschaft zwischen den Mitgliedstaaten sicherstellt.

(22) Jede Verarbeitung personenbezogener Daten im Rahmen der Tätigkeiten einer Niederlassung eines Verantwortlichen oder eines Auftragsverarbeiters in der Union sollte gemäß dieser Verordnung erfolgen, gleich, ob die Verarbeitung in oder außerhalb der Union stattfindet. Eine Niederlassung setzt die effektive und tatsächliche Ausübung einer Tätigkeit durch eine feste Einrichtung voraus. Die Rechtsform einer solchen Einrichtung, gleich, ob es sich um eine Zweigstelle oder eine Tochtergesellschaft mit eigener Rechtspersönlichkeit handelt, ist dabei nicht ausschlaggebend.

(23) Damit einer natürlichen Person der gemäß dieser Verordnung gewährleistete Schutz nicht vorenthalten wird, sollte die Verarbeitung personenbezogener Daten von betroffenen Personen, die sich in der Union befinden, durch einen nicht in der Union niedergelassenen Verantwortlichen oder Auftragsverarbeiter dieser Verordnung unterliegen, wenn die Verarbeitung dazu dient, diesen betroffenen Personen gegen Entgelt oder unentgeltlich Waren oder Dienstleistungen anzubieten. Um festzustellen, ob dieser Verantwortliche oder Auftragsverarbeiter betroffenen Personen, die sich in der Union befinden, Waren oder Dienstleistungen anbietet, sollte festgestellt werden, ob der Verantwortliche oder Auftragsverarbeiter offensichtlich beabsichtigt, betroffenen Personen in einem oder mehreren Mitgliedstaaten der Union Dienstleistungen anzubieten. Während die bloße Zugänglichkeit der Website des Verantwortlichen, des Auftragsverarbeiters oder eines Vermittlers in der Union, einer E-Mail-Adresse oder anderer Kontaktdaten oder die Verwendung einer Sprache, die in dem Drittland, in dem der Verantwortliche niedergelassen ist, allgemein gebräuchlich ist, hierfür kein ausreichender Anhaltspunkt ist, können andere Faktoren wie die Verwendung einer Sprache oder Währung, die in einem oder mehreren Mitgliedstaaten gebräuchlich ist, in Verbindung mit der Möglichkeit, Waren und Dienstleistungen in dieser anderen Sprache zu bestellen, oder die Erwähnung von Kunden oder Nutzern, die sich in der Union befinden, darauf hindeuten, dass der Verantwortliche beabsichtigt, den Personen in der Union Waren oder Dienstleistungen anzubieten.

(24) Die Verarbeitung personenbezogener Daten von betroffenen Personen, die sich in der Union befinden, durch einen nicht in der Union niedergelassenen Verantwortlichen oder Auftragsverarbeiter sollte auch dann dieser Verordnung unterliegen, wenn sie dazu dient, das Verhalten dieser betroffenen Personen zu beobachten, soweit ihr Verhalten in der Union erfolgt. Ob eine Verarbeitungstätigkeit der Beobachtung des Verhaltens von betroffenen Personen gilt, sollte daran festgemacht werden, ob ihre Internetaktivitäten nachvollzogen werden, einschließlich der möglichen nachfolgenden Verwendung von Techniken zur Verarbeitung personenbezogener Daten, durch die von einer natürlichen Person ein Profil erstellt wird, das insbesondere die Grundlage für sie betreffende Entscheidungen bildet oder anhand dessen ihre

별기관으로, 특히 본 법(法)의 규정의 준수를 보장해야 하고, 법관, 검사가 본 법(法)에서 파생된 자신의 의무를 보다 잘 인식하게 하며 그러한 정보처리작업에 관한 이의가 처리해야 하는 특별기관에 위탁될 수 있다.

(21) 본 법(法)은 「유럽연합 의회 및 이사회 2000/31/EG호 입법지침(ⓗ)」의 적용에 영향을 미치지 아니하고, 순수한 중개업무제공자의 책임에 관한, 그 입법지침 제12조 내지 제15조의 규정에 영향을 미치지 아니한다. 위 입법지침은, 그것이 회원국들 간의 정보사회서비스의 자유로운 이동을 보장함으로써(indem sie den freien Verkehr von Diensten der Informationsgesellschaft zwischen den Mitgliedstaaten sicherstellt) 유럽연합단일시장이 원활하게 작동하도록 이바지한다.

(22) 유럽연합 내의 개인정보처리자 또는 수탁처리자의 영업소의 활동의 범위 내의 일체의 개인정보는, 그 처리가 유럽연합의 내부 또는 외부에서 이루어지는지를 불문하고, 본 법(法)에 좇아 행해져야 한다. 영업소는 고정시설에 의한 활동의 효과적이고도 실질적 수행(die effektive und tatsächliche Ausübung einer Tätigkeit durch eine feste Einrichtung)을 전제로 한다. 그러한 시설의 법형식(Rechtsform)은, 고유한 법인격을 가진 영업소 또는 자회사에 해당하는지를 불문하고(gleich, ob es sich um eine Zweigstelle oder eine Tochtergesellschaft mit eigener Rechtspersönlichkeit handelt), 이 점에 있어 결정적인 것이 아니다.

(23) 본 법(法)에 따라 보장된 보호가 자연인에게서 박탈되지 않도록 하기 위하여, 유럽연합 내에 있는 정보주체에 대한 개인정보 처리로, 유럽연합 내에 영업소를 두지 않은 개인정보처리자 또는 수탁처리자에 의한 처리는, 이러한 정보주체에게 유상(有償) 또는 무상으로 물품 또는 용역을 제공하기 위한 경우에는(wenn die Verarbeitung dazu dient, diesen betroffenen Personen gegen Entgelt oder unentgeltlich Waren oder Dienstleistungen anzubieten) 본 법(法)의 적용을 받아야 한다. 이러한 개인정보처리자 또는 수탁처이가가 유럽연합 내에 있는 정보주체에세 물품 또는 용역을 제공하는지 여부의 결정은, 개인정보처리자 또는 수탁처리자가 유럽연합의 1개 또는 다수의 회원국의 정보주체에게 제공하려고 하는지가 명백한지에 따라(ob der Verantwortliche oder Auftragsverarbeiter offensichtlich beabsichtigt, betroffenen Personen in einem oder mehreren Mitgliedstaaten der Union Dienstleistungen anzubieten) 결정되어야 한다. 유럽연합 내의 해당 개인정보처리자, 수탁처리자 또는 중개인의 웹사이트의 순수한 이용가능성이나 이메일주소, 그 밖의 연락정보의 순수한 이용가능성이나 개인정보처리자가 영업소를 둔 제3국에서 일반적으로 사용되는 언어의 사용이 이에 대한 충분한 근거가 되지 못하는 경우에, 이러한 언어에 의한 물품 또는 용역을 주문할 가능성과 더불어(in Verbindung mit der Möglichkeit, Waren und Dienstleistungen in dieser anderen Sprache zu bestellen) 1개 또는 수개의 회원국에서 사용되는 언어 또는 통화의 사용과 같은 그 밖의 요소나, 유럽연합 내에 있는 고객 또는 이용자의 언급은 개인정보처리자가 유럽연합 내의 자에게 물품 또는 용역을 제공하려 한다는 점(dass der Verantwortliche beabsichtigt, den Personen in der Union Waren oder Dienstleistungen anzubieten)을 징표할 수 있다.

(24) 유럽연합 내에 있는 정보주체의 개인정보 처리로, 유럽연합 내에 영업소를 두지 않은 개인정보처리자 또는 수탁처리자에 의한 처리는, 이것이 이러한 정보주체의 행위를 감시하기 위한 경우에는(wenn sie dazu dient, das Verhalten dieser betroffenen Personen zu beobachten), 그 행위가 유럽연합 내에서 행해지는 범위 내에서 본 법(法)의 적용을 받아야 한다. 정보주체에 대한 행위의 감시의 정보처리활동이 유효한지 여부(Ob eine Verarbeitungstätigkeit der Beobachtung des Verhaltens von betroffenen Personen gilt)는, 특히 자연인에 관한 결정에 대한 토대를 마련하거나 자연인의 개인적 선호(選好), 행태 또는 습관을 분석하고 예측하게 해주는, 자연인에 대한 프로필을 제공하는 기술로, 개인정보 처리를 위한 기술의 연속적 이용 가능성을 포함하여(einschließlich der möglichen nachfolgenden Verwendung von Techniken

persönlichen Vorlieben, Verhaltensweisen oder Gepflogenheiten analysiert oder vorausgesagt werden sollen.

(25) Ist nach Völkerrecht das Recht eines Mitgliedstaats anwendbar, z. B. in einer diplomatischen oder konsularischen Vertretung eines Mitgliedstaats, so sollte die Verordnung auch auf einen nicht in der Union niedergelassenen Verantwortlichen Anwendung finden.

(26) Die Grundsätze des Datenschutzes sollten für alle Informationen gelten, die sich auf eine identifizierte oder identifizierbare natürliche Person beziehen. Einer Pseudonymisierung unterzogene personenbezogene Daten, die durch Heranziehung zusätzlicher Informationen einer natürlichen Person zugeordnet werden könnten, sollten als Informationen über eine identifizierbare natürliche Person betrachtet werden. Um festzustellen, ob eine natürliche Person identifizierbar ist, sollten alle Mittel berücksichtigt werden, die von dem Verantwortlichen oder einer anderen Person nach allgemeinem Ermessen wahrscheinlich genutzt werden, um die natürliche Person direkt oder indirekt zu identifizieren, wie beispielsweise das Aussondern. Bei der Feststellung, ob Mittel nach allgemeinem Ermessen wahrscheinlich zur Identifizierung der natürlichen Person genutzt werden, sollten alle objektiven Faktoren, wie die Kosten der Identifizierung und der dafür erforderliche Zeitaufwand, herangezogen werden, wobei die zum Zeitpunkt der Verarbeitung verfügbare Technologie und technologische Entwicklungen zu berücksichtigen sind. Die Grundsätze des Datenschutzes sollten daher nicht für anonyme Informationen gelten, d.h. für Informationen, die sich nicht auf eine identifizierte oder identifizierbare natürliche Person beziehen, oder personenbezogene Daten, die in einer Weise anonymisiert worden sind, dass die betroffene Person nicht oder nicht mehr identifiziert werden kann. Diese Verordnung betrifft somit nicht die Verarbeitung solcher anonymer Daten, auch für statistische oder für Forschungszwecke.

(27) Diese Verordnung gilt nicht für die personenbezogenen Daten Verstorbener. Die Mitgliedstaaten können Vorschriften für die Verarbeitung der personenbezogenen Daten Verstorbener vorsehen.

(28) Die Anwendung der Pseudonymisierung auf personenbezogene Daten kann die Risiken für die betroffenen Personen senken und die Verantwortlichen und die Auftragsverarbeiter bei der Einhaltung ihrer Datenschutzpflichten unterstützen. Durch die ausdrückliche Einführung der “Pseudonymisierung” in dieser Verordnung ist nicht beabsichtigt, andere Datenschutzmaßnahmen auszuschließen.

(29) Um Anreize für die Anwendung der Pseudonymisierung bei der Verarbeitung personenbezogener Daten zu schaffen, sollten Pseudonymisierungsmaßnahmen, die jedoch eine allgemeine Analyse zulassen, bei demselben Verantwortlichen möglich sein, wenn dieser die erforderlichen technischen und organisatorischen Maßnahmen getroffen hat, um — für die jeweilige Verarbeitung — die Umsetzung dieser Verordnung zu gewährleisten, wobei sicherzustellen ist, dass zusätzliche Informationen, mit denen die personenbezogenen Daten einer speziellen betroffenen Person zugeordnet werden können, gesondert aufbewahrt werden. Der für die Verarbeitung der personenbezogenen Daten Verantwortliche, sollte die befugten Personen bei diesem Verantwortlichen angeben.

(30) Natürlichen Personen werden unter Umständen Online-Kennungen wie IP-Adressen und Cookie-Kennungen, die sein Gerät oder Software-Anwendungen und -Tools oder Protokolle liefern, oder sonstige Kennungen wie Funkfrequenzkennzeichnungen zugeordnet. Dies kann Spuren hinterlassen, die

zur Verarbeitung personenbezogener Daten, durch die von einer natürlichen Person ein Profil erstellt wird), 자연인의 인터넷활동이 추적되는지 여부에 따라 좌우된다.

(25) 예컨대 어느 회원국의 외교사절(外交使節) 또는 영사관처럼(z. B. in einer diplomatischen oder konsularischen Vertretung eines Mitgliedstaats), 회원국법이 국제법에 좇아 적용되는 경우에는, 본 법(法)은 유럽연합에 영업소를 두지 않은 개인정보처리자에 대해서도 적용되어야 한다.

(26) 개인정보보호 원칙은, 식별되었거나 식별할 수 있는 자연인에 관련된 모든 정보에 적용되어야 한다. 가명처리가 이뤄진 개인정보, 자연인의 추가 정보의 사용으로 귀속될 수 있는 개인정보는 식별할 수 있는 자연인에 관한 정보로 간주되어야 한다. 어느 자연인이 식별할 수 있는지 여부를 결정하기 위해서는, 예컨대 추출(抽出)과 같은, 그 자연인을 직접적으로 또는 간접적으로 식별하기 위해 개인정보처리자 또는 그 밖의 자가 합리적으로 사용하는 것이 상당한(die von dem Verantwortlichen oder einer anderen Person nach allgemeinem Ermessen wahrscheinlich genutzt werden, um die natürliche Person direkt oder indirekt zu identifizieren, wie beispielsweise das Aussondern) 모든 수단을 고려해야 한다. 수단을 자연인의 식별을 위해 합리적으로 사용하는 것이 상당한지 여부의 결정에 있어, 처리 당시에 이용할 수 있는 과학기술과, 과학기술의 발전을 고려하면서 식별 비용, 식별에 필요한 시간소모와 같은 일체의 객관적 요소가 고려되어야 한다. 그러므로 개인정보보호 원칙은 익명정보, 즉 식별되었거나 식별할 수 있는 자연인에 관련되지 않는 정보나 정보주체를 식별할 수 없거나 더 이상 식별할 수 없는 방식으로 익명처리가 된 개인정보(d.h. für Informationen, die sich nicht auf eine identifizierte oder identifizierbare natürliche Person beziehen, oder personenbezogene Daten, die in einer Weise anonymisiert worden sind, dass die betroffene Person nicht oder nicht mehr identifiziert werden kann)에 대하여는 적용해서는 아니된다. 따라서 본 법(法)은, 통계목적 또는 연구목적을 위한 경우도 포함하여(auch für statistische oder für Forschungszwecke) 그러한 익명정보의 처리에 영향을 미치지 아니한다.

(27) 본 법(法)은 사망자의 개인정보에 대하여는 적용하지 않는다. 회원국은 사망자의 개인정보 처리에 대한 규정을 규율할 수 있다.

(28) 개인정보의 가명처리[16]의 적용은 정보주체에 대한 위험을 감소시킬 수 있고, 그 개인정보보호의무 준수에 있어 개인정보처리자와 수탁처리자에게 도움이 될 수 있다. 본 법(法)상의 "가명처리"의 명확한 규율(Durch die ausdrückliche Einführung der "Pseudonymisierung" in dieser Verordnung)로 다른 개인정보보호조치를 배제하려고 하는 것은 아니다.

(29) 특정한 정보주체의 개인정보를 귀속되도록 할 수 있는 추가정보가 별도로 보관된다는 점을 보장하면서(wobei sicherzustellen ist, dass zusätzliche Informationen, mit denen die personenbezogenen Daten einer speziellen betroffenen Person zugeordnet werden können, gesondert aufbewahrt werden), 각 처리에 대하여 본 법(法)의 시행을 보장하기 위하여 개인정보처리자가 필요한 기술적·관리적 조치를 취한 경우에는, 개인정보 처리시 가명처리 적용을 촉진하기 위하여 일반적 분석만을 허용하는 가명처리조치가 동일한 개인정보처리자에게 가능해야 한다. 개인정보 처리의 책임자(Der für die Verarbeitung der personenbezogenen Daten Verantwortliche)는 자신에 소속된 권한보유자(die befugten Personen)를 표시해야 한다.

(30) 자연인은, 상황에 따라서는, IP주소, 쿠키식별자(Cookie-Kennungen)와 같은 온라인식별자로, 그 장치, 애플리케이션, 툴,[17] 프로토콜을 제공하는(die sein Gerät oder Software-Anwendungen und -Tools oder Protokolle liefern) 온라인식별자나, 전파식별(電波識別)태그와 같은 기타 식별자(識別子)에 귀속될 수 있

insbesondere in Kombination mit eindeutigen Kennungen und anderen beim Server eingehenden Informationen dazu benutzt werden können, um Profile der natürlichen Personen zu erstellen und sie zu identifizieren.

(31) Behörden, gegenüber denen personenbezogene Daten aufgrund einer rechtlichen Verpflichtung für die Ausübung ihres offiziellen Auftrags offengelegt werden, wie Steuer- und Zollbehörden, Finanzermittlungsstellen, unabhängige Verwaltungsbehörden oder Finanzmarktbehörden, die für die Regulierung und Aufsicht von Wertpapiermärkten zuständig sind, sollten nicht als Empfänger gelten, wenn sie personenbezogene Daten erhalten, die für die Durchführung — gemäß dem Unionsrecht oder dem Recht der Mitgliedstaaten — eines einzelnen Untersuchungsauftrags im Interesse der Allgemeinheit erforderlich sind. Anträge auf Offenlegung, die von Behörden ausgehen, sollten immer schriftlich erfolgen, mit Gründen versehen sein und gelegentlichen Charakter haben, und sie sollten nicht vollständige Dateisysteme betreffen oder zur Verknüpfung von Dateisystemen führen. Die Verarbeitung personenbezogener Daten durch die genannten Behörden sollte den für die Zwecke der Verarbeitung geltenden Datenschutzvorschriften entsprechen.

(32) Die Einwilligung sollte durch eine eindeutige bestätigende Handlung erfolgen, mit der freiwillig, für den konkreten Fall, in informierter Weise und unmissverständlich bekundet wird, dass die betroffene Person mit der Verarbeitung der sie betreffenden personenbezogenen Daten einverstanden ist, etwa in Form einer schriftlichen Erklärung, die auch elektronisch erfolgen kann, oder einer mündlichen Erklärung. Dies könnte etwa durch Anklicken eines Kästchens beim Besuch einer Internetseite, durch die Auswahl technischer Einstellungen für Dienste der Informationsgesellschaft oder durch eine andere Erklärung oder Verhaltensweise geschehen, mit der die betroffene Person in dem jeweiligen Kontext eindeutig ihr Einverständnis mit der beabsichtigten Verarbeitung ihrer personenbezogenen Daten signalisiert. Stillschweigen, bereits angekreuzte Kästchen oder Untätigkeit der betroffenen Person sollten daher keine Einwilligung darstellen. Die Einwilligung sollte sich auf alle zu demselben Zweck oder denselben Zwecken vorgenommenen Verarbeitungsvorgänge beziehen. Wenn die Verarbeitung mehreren Zwecken dient, sollte für alle diese Verarbeitungszwecke eine Einwilligung gegeben werden. Wird die betroffene Person auf elektronischem Weg zur Einwilligung aufgefordert, so muss die Aufforderung in klarer und knapper Form und ohne unnötige Unterbrechung des Dienstes, für den die Einwilligung gegeben wird, erfolgen.

(33) Oftmals kann der Zweck der Verarbeitung personenbezogener Daten für Zwecke der wissenschaftlichen Forschung zum Zeitpunkt der Erhebung der personenbezogenen Daten nicht vollständig angegeben werden. Daher sollte es betroffenen Personen erlaubt sein, ihre Einwilligung für bestimmte Bereiche wissenschaftlicher Forschung zu geben, wenn dies unter Einhaltung der anerkannten ethischen Standards der wissenschaftlichen Forschung geschieht. Die betroffenen Personen sollten Gelegenheit erhalten, ihre Einwilligung nur für bestimme Forschungsbereiche oder Teile von Forschungsprojekten in dem vom verfolgten Zweck zugelassenen Maße zu erteilen.

(34) Genetische Daten sollten als personenbezogene Daten über die ererbten oder erworbenen genetischen Eigenschaften einer natürlichen Person definiert werden, die aus der Analyse einer biologischen Probe der betreffenden natürlichen Person, insbesondere durch eine Chromosomen, Desoxyribonukleinsäure

다. 이는, 특히 고유식별자와 서버에 착신되는 그 밖의 정보를 결합함으로써(insbesondere in Kombination mit eindeutigen Kennungen und anderen beim Server eingehenden Informationen) 자연인의 프로필(Profile)를 만들어 그 자연인을 식별하는 데 이용될 수 있는 흔적을 남길 수 있다.

(31) 세무당국 및 관세당국, 금융조사기관, 독립적 행정관청이나 유가증권시장의 규제 및 감독을 관할하는 금융시장당국(unabhängige Verwaltungsbehörden oder Finanzmarktbehörden, die für die Regulierung und Aufsicht von Wertpapiermärkten zuständig sind)과 같이, 법적 의무에 기하여 자신의 공식 직무 수행을 위하여 개인정보를 제공받는 관청(官廳)은, 공중의 이익을 위하여 유럽연합법 또는 회원국법에 따른 개별적 조사업무 수행을 하는 데 필요한(die für die Durchführung — gemäß dem Unionsrecht oder dem Recht der Mitgliedstaaten — eines einzelnen Untersuchungsauftrags im Interesse der Allgemeinheit erforderlich sind) 개인정보를 수령하는 경우에는, 수령인으로 보아서는 아니된다. 관청이 한 공개 요구는, 이유를 기재하여 간헐적으로 언제나 서면으로 행해져야 하고(Anträge auf Offenlegung, die von Behörden ausgehen, sollten immer schriftlich erfolgen, mit Gründen versehen sein und gelegentlichen Charakter haben), 그 신청은 파일링시스템 전체에 관련되거나 파일링시스템의 결합을 초래해서는 아니된다. 위와 같은 관청(官廳)의 개인정보 처리는 그 처리에 적용되는 개인정보보호규정을 준용해야 한다.

(32) 동의는, 가령 전자적 방법으로 행해질 수 있는 서면의사표시 방식이나 구두의사표시 방식과 같이, 정보주체가 자신에 관한 개인정보 처리에 동의했다는 점을 명확하게 보여주는 것으로, 그 정보제공에 기반한, 구체적인 임의의(mit der freiwillig, für den konkreten Fall, in informierter Weise und unmissverständlich bekundet wird, dass die betroffene Person mit der Verarbeitung der sie betreffenden personenbezogenen Daten einverstanden ist) 적극적 행동의 방식으로 행해져야 한다. 가령, 인터넷사이트 방문시 체크박스에 대한 표시, 정보사회서비스에 대한 기술적 설정의 선택이나, 정보주체가 각각의 맥락에서 예정된, 자신의 개인정보 처리에 대한 동의를 분명하게 나타내는 기타 의사표시 또는 행위에 의해 이는 이뤄질 수 있다. 그러므로 '침묵, 이미 표시된 체크박스나 정보주체의 부작위'(Stillschweigen, bereits angekreuzte Kästchen oder Untatigkeit der betroffenen Person)는 동의를 의미하지 않는다. 그 동의는 동일한 목적으로 행해진 일체의 정보처리작업에 적용되어야 한다(Die Einwilligung sollte sich auf alle zu demselben Zweck oder denselben Zwecken vorgenommenen Verarbeitungsvorgänge beziehen). 처리가 수개의 목적을 위한 경우에는 이러한 모든 처리목적에 동의가 주어져야 한다. 정보주체가 동의에 관한 전자적 방법을 요구받는 경우에, 그 요구는 분명하고 간결하며 또한 동의를 받아야 하는 서비스의 불필요한 중단 없이 행해져야만(die Aufforderung in klarer und knapper Form und ohne unnötige Unterbrechung des Dienstes, für den die Einwilligung gegeben wird, erfolgen) 한다.

(33) 때로는 과학적 조사 목적이라는 개인정보 처리 목적(der Zweck der Verarbeitung personenbezogener Daten für Zwecke der wissenschaftlichen Forschung)은 개인정보 수집 당시에 완전히 표시되지 않을 수 있다. 그러므로 이것이 승인된 과학적 연구의 윤리적 표준의 준수하에 행해지는 경우에 정보주체가 특정한 영역을 위한 과학적 조사에 대한 동의를 하도록 허락되어야 한다. 정보주체는 달성하려는 목적에 의해 허용된 범위 내에서 특정한 과학분야 또는 과학프로젝트 일부에 한하여 자신의 동의를 할 수 있도록(ihre Einwilligung nur für bestimme Forschungsbereiche oder Teile von Forschungsprojekten in dem vom verfolgten Zweck zugelassenen Maße zu erteilen) 기회를 부여받아야 한다.

(34) 유전자정보(Genetische Daten)는, 문제가 되는 자연인의 선천적 또는 후천적으로 얻은 유전적 특징에 관한 개인정보로서, 정보주체에 대한 생물학적 시료(試料)의 분석, 특히 염색체 분석, 데옥시리보핵산(核酸; DNA)분석 또는 리보핵산(核酸; RNA) 분석[eine Chromosomen, Desoxyribonukleinsäure (DNS)- oder

(DNS)- oder Ribonukleinsäure (RNS)-Analyse oder der Analyse eines anderen Elements, durch die gleichwertige Informationen erlangt werden können, gewonnen werden.

(35) Zu den personenbezogenen Gesundheitsdaten sollten alle Daten zählen, die sich auf den Gesundheitszustand einer betroffenen Person beziehen und aus denen Informationen über den früheren, gegenwärtigen und künftigen körperlichen oder geistigen Gesundheitszustand der betroffenen Person hervorgehen. Dazu gehören auch Informationen über die natürliche Person, die im Zuge der Anmeldung für sowie der Erbringung von Gesundheitsdienstleistungen im Sinne der Richtlinie 2011/24/EU des Europäischen Parlaments und des Rates (ⓘ) für die natürliche Person erhoben werden, Nummern, Symbole oder Kennzeichen, die einer natürlichen Person zugeteilt wurden, um diese natürliche Person für gesundheitliche Zwecke eindeutig zu identifizieren, Informationen, die von der Prüfung oder Untersuchung eines Körperteils oder einer körpereigenen Substanz, auch aus genetischen Daten und biologischen Proben, abgeleitet wurden, und Informationen etwa über Krankheiten, Behinderungen, Krankheitsrisiken, Vorerkrankungen, klinische Behandlungen oder den physiologischen oder biomedizinischen Zustand der betroffenen Person unabhängig von der Herkunft der Daten, ob sie nun von einem Arzt oder sonstigem Angehörigen eines Gesundheitsberufes, einem Krankenhaus, einem Medizinprodukt oder einem In-Vitro-Diagnostikum stammen.

(36) Die Hauptniederlassung des Verantwortlichen in der Union sollte der Ort seiner Hauptverwaltung in der Union sein, es sei denn, dass Entscheidungen über die Zwecke und Mittel der Verarbeitung personenbezogener Daten in einer anderen Niederlassung des Verantwortlichen in der Union getroffen werden; in diesem Fall sollte die letztgenannte als Hauptniederlassung gelten. Zur Bestimmung der Hauptniederlassung eines Verantwortlichen in der Union sollten objektive Kriterien herangezogen werden; ein Kriterium sollte dabei die effektive und tatsächliche Ausübung von Managementtätigkeiten durch eine feste Einrichtung sein, in deren Rahmen die Grundsatzentscheidungen zur Festlegung der Zwecke und Mittel der Verarbeitung getroffen werden. Dabei sollte nicht ausschlaggebend sein, ob die Verarbeitung der personenbezogenen Daten tatsächlich an diesem Ort ausgeführt wird. Das Vorhandensein und die Verwendung technischer Mittel und Verfahren zur Verarbeitung personenbezogener Daten oder Verarbeitungstätigkeiten begründen an sich noch keine Hauptniederlassung und sind daher kein ausschlaggebender Faktor für das Bestehen einer Hauptniederlassung. Die Hauptniederlassung des Auftragsverarbeiters sollte der Ort sein, an dem der Auftragsverarbeiter seine Hauptverwaltung in der Union hat, oder — wenn er keine Hauptverwaltung in der Union hat — der Ort, an dem die wesentlichen Verarbeitungstätigkeiten in der Union stattfinden. Sind sowohl der Verantwortliche als auch der Auftragsverarbeiter betroffen, so sollte die Aufsichtsbehörde des Mitgliedstaats, in dem der Verantwortliche seine Hauptniederlassung hat, die zuständige federführende Aufsichtsbehörde bleiben, doch sollte die Aufsichtsbehörde des Auftragsverarbeiters als betroffene Aufsichtsbehörde betrachtet werden und diese Aufsichtsbehörde sollte sich an dem in dieser Verordnung vorgesehenen Verfahren der Zusammenarbeit beteiligen. Auf jeden Fall sollten die Aufsichtsbehörden des Mitgliedstaats oder der Mitgliedstaaten, in dem bzw. denen der Auftragsverarbeiter eine oder mehrere Niederlassungen hat, nicht als betroffene Aufsichtsbehörden betrachtet werden, wenn sich der Beschlussentwurf nur auf den Verantwortlichen bezieht. Wird die Verarbeitung durch eine Unternehmensgruppe vorgenommen, so sollte die Hauptniederlassung des

Ribonukleinsäure (RNS)-Analyse]이나 이와 동등한 정보를 얻을 수 있는 기타 요소 분석에서 취득한 개인정보로서 정의되어야 한다.

(35) 「유럽연합 의회 및 이사회 2011/24/EU호 입법지침」(ⓘ)상의 보건의료서비스의 등록 또는 제공 도중에(im Zuge der Anmeldung für sowie der Erbringung von Gesundheitsdienstleistungen) 자연인에 대하여 수집된, 자연인에 관한 일체의 정보가, 즉 ⅰ) 건강상 목적을 위하여 자연인을 고유하게 식별하기 위하여 자연인에 배정된 '번호, 기호 또는 표지'(Nummern, Symbole oder Kennzeichen), ⅱ) 유전자 데이터와 생물학적 시료(試料)에서 기인한 것을 포함하여(auch aus genetischen Daten und biologischen Proben) 신체일부(Körperteils) 또는 신체물질(körpereigenen Substanz)의 검사(檢査; Prüfung) 또는 검진(檢診; Untersuchung)에서 유래한 '정보', ⅲ) 데이터 출처에 상관없이, 즉, 그것들이 의사 또는 기타 의료계종사자(sonstigem Angehörigen eines Gesundheitsberufes), 병원, 의료기기[18](醫療機器; Medizinprodukt)나 체외진단테스트(In-Vitro-Diagnostikum)에서 유래한 것인지를 불문하고(unabhängig von der Herkunft der Daten, ob sie nun von einem Arzt oder sonstigem Angehörigen eines Gesundheitsberufes, einem Krankenhaus, einem Medizinprodukt oder einem In-Vitro-Diagnostikum stammen), 가령, 정보주체의 질병, 장애(Behinderungen), 질병위험(Krankheitsrisiken), 병력(病歷; Vorerkrankungen), 임상진료(臨床診療; klinische Behandlungen), 생리학적(生理學的) 상태 또는 생체의학적(生體醫學的) 상태에 관한 정보가 이에 포함된다.

(36) 개인정보처리자의 유럽연합 내 본점(Die Hauptniederlassung des Verantwortlichen in der Union)은 유럽연합 내에 있는 주사무소지(主事務所地)이어야만 하고, 다만 개인정보 처리의 목적 및 수단에 관한 결정이 유럽연합 내에 있는 개인정보처리자의 기타 영업소에서 이뤄지는 경우는 그러하지 아니하다; 이러한 경우에 그러한 기타 영업소를 본점으로 본다. 유럽연합 내에 있는 개인정보처리자의 본점을 결정하는 데에 객관적 기준이 사용되어야 한다; 이 경우 그 기준은, 고정시설을 통한, 그 처리의 목적 및 수단에 관한 주요 결정이 이뤄지는 관리활동의 효과적이고도 실질적 수행이 된다(ein Kriterium sollte dabei die effektive und tatsächliche Ausübung von Managementtätigkeiten durch eine feste Einrichtung sein, in deren Rahmen die Grundsatzentscheidungen zur Festlegung der Zwecke und Mittel der Verarbeitung getroffen werden). 이 경우 개인정보 처리가 실질적으로 이러한 장소에서 행해지는지 여부는 결정적 기준이 아니다. 개인정보 처리 또는 정보처리활동에 관한 기술적 수단 및 방법의 존재 및 사용(Das Vorhandensein und die Verwendung technischer Mittel und Verfahren zur Verarbeitung personenbezogener Daten oder Verarbeitungstätigkeiten)은 그것만으로는 본점의 근거가 되지 않으므로 본점의 존재에 대한 결정적 요소가 아니다. 수탁처리자의 본점은 유럽연합 내에 있는 자신의 주사무소지(主事務所地)이어야 하고, 만일 유럽연합에 본점(本店)을 두지 않은 경우에는 핵심적 그 정보처리활동이 유럽연합 내에서 행해지는 장소(der Ort, an dem die wesentlichen Verarbeitungstätigkeiten in der Union stattfinden)이어야 한다. 개인정보처리자뿐만 아니라 수탁처리자도 관련된 경우에(Sind sowohl der Verantwortliche als auch der Auftragsverarbeiter betroffen) 개인정보처리자가 자신의 본점을 둔 회원국의 감독관청은 '주무소관감독관청(主務所管監督官廳)'(zuständige federführende Aufsichtsbehörde)이 되지만, 수탁처리자의 감독관청은 소관감독관청(所管監督官廳; betroffene Aufsichtsbehörden)으로 보고 이러한 감독관청은 본 법(法)이 규율하는 협력절차에 참가해야 한다. 의안이 그 개인정보처리자에만 관련된 경우에는 어떤 경우라도, 수탁처리자가 1개의 또는 수개의 영업소를 둔 회원국 또는 회원국들의 감독관청은 소관감독관청(所管監督官廳; betroffene Aufsichtsbehörden)으로 보지 아니한다. 기업집단에 의해 그 정보처리활동이 행해지는 경우에(Wird die Verarbeitung durch eine Unternehmensgruppe vorgenommen) 지배기업의 본점을 기업집단의 본점으로 보고, 다만 처리의 목적 및 수단이 기타 기업에 의해 정해지는

herrschenden Unternehmens als Hauptniederlassung der Unternehmensgruppe gelten, es sei denn, die Zwecke und Mittel der Verarbeitung werden von einem anderen Unternehmen festgelegt.

(37) Eine Unternehmensgruppe sollte aus einem herrschenden Unternehmen und den von diesem abhängigen Unternehmen bestehen, wobei das herrschende Unternehmen dasjenige sein sollte, das zum Beispiel aufgrund der Eigentumsverhältnisse, der finanziellen Beteiligung oder der für das Unternehmen geltenden Vorschriften oder der Befugnis, Datenschutzvorschriften umsetzen zu lassen, einen beherrschenden Einfluss auf die übrigen Unternehmen ausüben kann. Ein Unternehmen, das die Verarbeitung personenbezogener Daten in ihm angeschlossenen Unternehmen kontrolliert, sollte zusammen mit diesen als eine "Unternehmensgruppe" betrachtet werden.

(38) Kinder verdienen bei ihren personenbezogenen Daten besonderen Schutz, da Kinder sich der betreffenden Risiken, Folgen und Garantien und ihrer Rechte bei der Verarbeitung personenbezogener Daten möglicherweise weniger bewusst sind. Ein solcher besonderer Schutz sollte insbesondere die Verwendung personenbezogener Daten von Kindern für Werbezwecke oder für die Erstellung von Persönlichkeits- oder Nutzerprofilen und die Erhebung von personenbezogenen Daten von Kindern bei der Nutzung von Diensten, die Kindern direkt angeboten werden, betreffen. Die Einwilligung des Trägers der elterlichen Verantwortung sollte im Zusammenhang mit Präventions- oder Beratungsdiensten, die unmittelbar einem Kind angeboten werden, nicht erforderlich sein.

(39) Jede Verarbeitung personenbezogener Daten sollte rechtmäßig und nach Treu und Glauben erfolgen. Für natürliche Personen sollte Transparenz dahingehend bestehen, dass sie betreffende personenbezogene Daten erhoben, verwendet, eingesehen oder anderweitig verarbeitet werden und in welchem Umfang die personenbezogenen Daten verarbeitet werden und künftig noch verarbeitet werden. Der Grundsatz der Transparenz setzt voraus, dass alle Informationen und Mitteilungen zur Verarbeitung dieser personenbezogenen Daten leicht zugänglich und verständlich und in klarer und einfacher Sprache abgefasst sind. Dieser Grundsatz betrifft insbesondere die Informationen über die Identität des Verantwortlichen und die Zwecke der Verarbeitung und sonstige Informationen, die eine faire und transparente Verarbeitung im Hinblick auf die betroffenen natürlichen Personen gewährleisten, sowie deren Recht, eine Bestätigung und Auskunft darüber zu erhalten, welche sie betreffende personenbezogene Daten verarbeitet werden. Natürliche Personen sollten über die Risiken, Vorschriften, Garantien und Rechte im Zusammenhang mit der Verarbeitung personenbezogener Daten informiert und darüber aufgeklärt werden, wie sie ihre diesbezüglichen Rechte geltend machen können. Insbesondere sollten die bestimmten Zwecke, zu denen die personenbezogenen Daten verarbeitet werden, eindeutig und rechtmäßig sein und zum Zeitpunkt der Erhebung der personenbezogenen Daten feststehen. Die personenbezogenen Daten sollten für die Zwecke, zu denen sie verarbeitet werden, angemessen und erheblich sowie auf das für die Zwecke ihrer Verarbeitung notwendige Maß beschränkt sein. Dies erfordert insbesondere, dass die Speicherfrist für personenbezogene Daten auf das unbedingt erforderliche Mindestmaß beschränkt bleibt. Personenbezogene Daten sollten nur verarbeitet werden dürfen, wenn der Zweck der Verarbeitung nicht in zumutbarer Weise durch andere Mittel erreicht werden kann. Um sicherzustellen, dass die personenbezogenen Daten nicht länger als nötig gespeichert werden, sollte der Verantwortliche Fristen für ihre Löschung oder regelmäßige Überprüfung vorsehen. Es sollten alle

경우에는 그러하지 아니하다(es sei denn, die Zwecke und Mittel der Verarbeitung werden von einem anderen Unternehmen festgelegt).

(37) 기업집단은 지배기업과 이에 종속된 기업으로 이뤄지는데, 여기서 지배기업은, 예컨대 소유권관계, 금전적 자본참가, 해당 기업에 적용되는 규정이나 개인정보보호규정을 시행하게 할 수 있는 권한에 기하여(aufgrund der Eigentumsverhältnisse, der finanziellen Beteiligung oder der für das Unternehmen geltenden Vorschriften oder der Befugnis, Datenschutzvorschriften umsetzen zu lassen) 지배기업 이외의 나머지 기업에 대한 지배적 영향력을 행사할 수 있는 기업을 말한다. 개인정보 처리가 그의 결합기업의 통제를 받는 기업(Ein Unternehmen, das die Verarbeitung personenbezogener Daten in ihm angeschlossenen Unternehmen kontrolliert)은 그 결합기업과 더불어 "기업집단"으로 본다.

(38) 아동은 자신의 개인정보에 있어 특별한 보호를 누릴 가치가 있는데, 이는 아동은 개인정보 처리시의 문제가 되는 위험, 결과, 안전성확보조치 및 자신의 권리를 덜 자각할 수 있기 때문이다(da Kinder sich der betreffenden Risiken, Folgen und Garantien und ihrer Rechte bei der Verarbeitung personenbezogener Daten möglicherweise weniger bewusst sind). 그러한 특별한 보호는 특히 아동의 개인정보를 광고목적 또는 성향프로필·이용자분석프로필의 작성목적(für die Erstellung von Persönlichkeits- oder Nutzerprofil)으로 사용하는 것, 아동에 직접적으로 제공되는 서비스 이용시 아동의 개인정보 수집에 적용된다. 후견적 책임을 부담하는 자의 동의는 아동에게 직접적으로 제공되는 예방서비스 또는 상담서비스와 관련하여 필요하지 않다.

(39) 모든 개인정보 처리는 적법하게 또 공정하게 이뤄져야 한다. 자연인에 관한 개인정보가 수집되고 사용되고 열람되고 다른 방식으로 처리되는지 또한 어느 범위에서 개인정보가 처리되었고 향후 처리될 것인지가(in welchem Umfang die personenbezogenen Daten verarbeitet werden und künftig noch verarbeitet werden) 자연인에 대하여 투명해야 한다. 투명성 원칙(Der Grundsatz der Transparenz)에 따라 모든 정보와 이러한 개인정보 처리에 관한 통지는 쉽게 접근할 수 있고 이해하기 쉬우며 명확하고 간명한 언어로 이뤄질 것이 요구된다. 이러한 원칙은 특히 개인정보처리자의 신원, 처리의 목적에 관련되고, 정보주체인 자연인에 관한 공정하고 투명한 처리와, 정보주체인 자연인에 관한 개인정보의 확인 및 정보제공을 보장하는(die eine faire und transparente Verarbeitung im Hinblick auf die betroffenen natürlichen Personen gewährleisten, sowie deren Recht, eine Bestätigung und Auskunft darüber zu erhalten, welche sie betreffende personenbezogene Daten verarbeitet werden) 기타 정보에 관련된다. 자연인에게 개인정보 처리에 관한 위험, 규정, 안전성확보조치 및 권리에 관하여 알려야 하고 자연인이 이에 관한 자신의 권리를 어떻게 행사할 수 있는지에 관하여 설명을 해야 한다. 특히 개인정보가 처리되는 특정한 목적은 분명하고도 적법해야 하며 개인정보 수집 당시에 결정되어야(zum Zeitpunkt der Erhebung der personenbezogenen Daten feststehen) 한다. 개인정보는 처리되는 목적에 적절해야 하고 또 관련성이 있어야 하며 그 처리목적에 필요한 정도로 제한되어야 한다(Die personenbezogenen Daten sollten für die Zwecke, zu denen sie verarbeitet werden, angemessen und erheblich sowie auf das für die Zwecke ihrer Verarbeitung notwendige Maß beschränkt sein). 이는 특히 개인정보 저장기간은 반드시 필요한 최소기간(auf das unbedingt erforderliche Mindestmaß)으로 제한되어야 한다는 것을 필요로 한다. 개인정보는 그 처리 목적이 다른 수단으로 합리적으로 달성될 수 없는 경우에 한하여 처리될 수 있을 것이다. 개인정보가 필요한 것보다 장기로 저장되지 않도록 보장하기 위하여 개인정보처리자는 그 삭제기간과 정기적 심사기간(Fristen für ihre Löschung oder regelmäßige Überprüfung)을 규정해야 한다. 부정확한 개인정보는 삭제되고 정정되도록 합리적 제반 조치가 취해져야 한다. 무권한자가 개인정보에 대하여 접근할 수 없고

alle vertretbaren Schritte unternommen werden, damit unrichtige personenbezogene Daten gelöscht oder berichtigt werden. Personenbezogene Daten sollten so verarbeitet werden, dass ihre hinreichend gewährleistet ist, wozu auch gehört, dass Unbefugte keinen Zugang zu den Daten haben und weder die Daten noch die Geräte, mit denen diese verarbeitet werden, benutzen können.

(40) Damit die Verarbeitung rechtmäßig ist, müssen personenbezogene Daten mit Einwilligung der betroffenen Person oder auf einer sonstigen zulässigen Rechtsgrundlage verarbeitet werden, die sich aus dieser Verordnung oder — wann immer in dieser Verordnung darauf Bezug genommen wird — aus dem sonstigen Unionsrecht oder dem Recht der Mitgliedstaaten ergibt, so unter anderem auf der Grundlage, dass sie zur Erfüllung der rechtlichen Verpflichtung, der der Verantwortliche unterliegt, oder zur Erfüllung eines Vertrags, dessen Vertragspartei die betroffene Person ist, oder für die Durchführung vorvertraglicher Maßnahmen, die auf Anfrage der betroffenen Person erfolgen, erforderlich ist.

(41) Wenn in dieser Verordnung auf eine Rechtsgrundlage oder eine Gesetzgebungsmaßnahme Bezug genommen wird, erfordert dies nicht notwendigerweise einen von einem Parlament angenommenen Gesetzgebungsakt; davon unberührt bleiben Anforderungen gemäß der Verfassungsordnung des betreffenden Mitgliedstaats. Die entsprechende Rechtsgrundlage oder Gesetzgebungsmaßnahme sollte jedoch klar und präzise sein und ihre Anwendung sollte für die Rechtsunterworfenen gemäß der Rechtsprechung des Gerichtshofs der Europäischen Union (im Folgenden "Gerichtshof") und des Europäischen Gerichtshofs für Menschenrechte vorhersehbar sein.

(42) Erfolgt die Verarbeitung mit Einwilligung der betroffenen Person, sollte der Verantwortliche nachweisen können, dass die betroffene Person ihre Einwilligung zu dem Verarbeitungsvorgang gegeben hat. Insbesondere bei Abgabe einer schriftlichen Erklärung in anderer Sache sollten Garantien sicherstellen, dass die betroffene Person weiß, dass und in welchem Umfang sie ihre Einwilligung erteilt. Gemäß der Richtlinie 93/13/EWG des Rates (ⓙ) sollte eine vom Verantwortlichen vorformulierte Einwilligungserklärung in verständlicher und leicht zugänglicher Form in einer klaren und einfachen Sprache zur Verfügung gestellt werden, und sie sollte keine missbräuchlichen Klauseln beinhalten. Damit sie in Kenntnis der Sachlage ihre Einwilligung geben kann, sollte die betroffene Person mindestens wissen, wer der Verantwortliche ist und für welche Zwecke ihre personenbezogenen Daten verarbeitet werden sollen. Es sollte nur dann davon ausgegangen werden, dass sie ihre Einwilligung freiwillig gegeben hat, wenn sie eine echte oder freie Wahl hat und somit in der Lage ist, die Einwilligung zu verweigern oder zurückzuziehen, ohne Nachteile zu erleiden.

(43) Um sicherzustellen, dass die Einwilligung freiwillig erfolgt ist, sollte diese in besonderen Fällen, wenn zwischen der betroffenen Person und dem Verantwortlichen ein klares Ungleichgewicht besteht, insbesondere wenn es sich bei dem Verantwortlichen um eine Behörde handelt, und es deshalb in Anbetracht aller Umstände in dem speziellen Fall unwahrscheinlich ist, dass die Einwilligung freiwillig gegeben wurde, keine gültige Rechtsgrundlage liefern. Die Einwilligung gilt nicht als freiwillig erteilt, wenn zu verschiedenen Verarbeitungsvorgängen von personenbezogenen Daten nicht gesondert eine Einwilligung erteilt werden kann, obwohl dies im Einzelfall angebracht ist, oder wenn die Erfüllung eines Vertrags, einschließlich der Erbringung einer Dienstleistung, von der Einwilligung abhängig ist, obwohl diese Einwilligung für die Erfüllung nicht erforderlich ist.

개인정보도, 이를 처리하는 장치도 이용할 수 없다는 점을 포함하여(wozu auch gehört, dass Unbefugte keinen Zugang zu den Daten haben und weder die Daten noch die Geräte, mit denen diese verarbeitet werden, benutzen könne), 개인정보는 그 적절한 보안성 및 기밀성(Sicherheit und Vertraulichkeit)이 보장되도록 처리되어야 한다.

(40) 그 처리가 적법하게 되도록 하기 위하여 개인정보는 정보주체의 동의를 얻거나(mit Einwilligung der betroffenen Person), 특히 그것이 개인정보처리자가 적용받는 법적 의무의 이행을 위하거나 정보주체가 그 계약당사자인 계약의 이행을 위하여 필요하거나 그것이 정보주체의 요구에 따라 행해지는 계약 전의 조치의 이행을 위하여 필요하다는 점에 기한 경우를 포함하여, 본 법(法)에서 파생되거나, - 본 법(法)에서 이에 관하여 언급할 때마다(wann immer in dieser Verordnung darauf Bezug genommen wird) - 기타 유럽연합법이나 회원국법에서 파생된 허용된 기타 법적 근거(sonstigen zulässigen Rechtsgrundlage)에 기하여 처리되어야만 한다.

(41) 본 법(法)에서 법적 근거나 입법조치가 언급되는 경우에 이는 반드시 의회가 채택한 입법행위(einen von einem Parlament angenommenen Gesetzgebungsakt)가 필요한 것은 아니다; 당해 회원국의 헌법적 질서에 따른 요구사항(Anforderungen gemäß der Verfassungsordnung des betreffenden Mitgliedstaats)은 이에 영향을 받지 아니한다. 그럼에도 그러한 법적 근거 또는 입법조치는 명료하고도 상세해야 하며 그 적용은 그 수범자(受範者; Rechtsunterworfenen)가 유럽사법재판소(Gerichtshof der Europäischen Union) 및 유럽인권재판소(Europäischer Gerichtshof für Menschenrechte)의 판결에 따라 예측할 수 있어야만 한다.

(42) 그 처리가 정보주체의 동의를 얻어 행해지는 경우에 개인정보처리자는 해당 정보주체가 그 정보처리작업에 관한 자신의 동의를 부여했다는 점을 증명할 수 있어야 한다. 특히 다른 사안에서 서면에 의한 의사표시를 함에 있어, 안전성확보조치에 의하여 정보주체가 자신의 동의를 하고 어느 범위에서 그 동의를 하는지를 안다는 점이 보장되어야 한다. 개인정보처리자가 사전에 마련한 동의의사표시는, 「유럽연합이사회 93/13/EWG호 입법지침」(ⓙ)에 따라 이해하기 쉽고 쉽게 접근할 수 있는 형식에 의하여 명료하고 간결한 언어로 제공되어야 하며, 또한 남용적 조항을 가지고 있지 않아야 한다. 정보주체가 그 동의 상황을 인식할 수 있도록 하기 위하여 정보주체는 최소한 정보처리자가 누구인지, 개인정보가 어떤 목적으로 처리되는지를 알아야 한다. 정보주체가 진지하고 자유로운 선택권을 가지고 있어, 불이익을 받지 않고서 동의를 거부하거나 이를 철회할 수 있는 경우에 한하여 정보주체가 임의로 동의한 것으로 본다(Es sollte nur dann davon ausgegangen werden, dass sie ihre Einwilligung freiwillig gegeben hat, wenn sie eine echte oder freie Wahl hat und somit in der Lage ist, die Einwilligung zu verweigern oder zurückzuziehen, ohne Nachteile zu erleiden).

(43) 그 동의가 임의로 행해졌다는 점을 보장하기 위하여, 정보주체와 개인정보처리자간에 명백한 불균형(Ungleichgewicht)이 존재하거나, 특히 개인정보처리자가 관청(官廳)에 해당하고, 특정한 사안에서 제반 사정을 참작했을 때 '그 동의가 임의로 행해진 것이 아니다'는 개연성이 있는(insbesondere wenn es sich bei dem Verantwortlichen um eine Behörde handelt, und es deshalb in Anbetracht aller Umstände in dem speziellen Fall unwahrscheinlich ist, dass die Einwilligung freiwillig gegeben wurde) 특별한 경우에 있어, 그 동의는 유효한 법적 근거를 제공하지 못한다. 이것이 개별사안에서 적절함에도 다른 개인정보 처리작업에 대하여 동의가 별도로 행해질 수 없는 경우나, 그 동의가 계약의 이행을 위해 필요하지 않음에도, 용역의 제공을 포함하여 계약의 이행이 이러한 동의에 좌우되는 경우에는 그 동의는 임의로 행해진 것으로 보지 아니한다.

(44) Die Verarbeitung von Daten sollte als rechtmäßig gelten, wenn sie für die Erfüllung oder den geplanten Abschluss eines Vertrags erforderlich ist.

(45) Erfolgt die Verarbeitung durch den Verantwortlichen aufgrund einer ihm obliegenden rechtlichen Verpflichtung oder ist die Verarbeitung zur Wahrnehmung einer Aufgabe im öffentlichen Interesse oder in Ausübung öffentlicher Gewalt erforderlich, muss hierfür eine Grundlage im Unionsrecht oder im Recht eines Mitgliedstaats bestehen. Mit dieser Verordnung wird nicht für jede einzelne Verarbeitung ein spezifisches Gesetz verlangt. Ein Gesetz als Grundlage für mehrere Verarbeitungsvorgänge kann ausreichend sein, wenn die Verarbeitung aufgrund einer dem Verantwortlichen obliegenden rechtlichen Verpflichtung erfolgt oder wenn die Verarbeitung zur Wahrnehmung einer Aufgabe im öffentlichen Interesse oder in Ausübung öffentlicher Gewalt erforderlich ist. Desgleichen sollte im Unionsrecht oder im Recht der Mitgliedstaaten geregelt werden, für welche Zwecke die Daten verarbeitet werden dürfen. Ferner könnten in diesem Recht die allgemeinen Bedingungen dieser Verordnung zur Regelung der Rechtmäßigkeit der Verarbeitung personenbezogener Daten präzisiert und es könnte darin festgelegt werden, wie der Verantwortliche zu bestimmen ist, welche Art von personenbezogenen Daten verarbeitet werden, welche Personen betroffen sind, welchen Einrichtungen die personenbezogenen Daten offengelegt, für welche Zwecke und wie lange sie gespeichert werden dürfen und welche anderen Maßnahmen ergriffen werden, um zu gewährleisten, dass die Verarbeitung rechtmäßig und nach Treu und Glauben erfolgt. Desgleichen sollte im Unionsrecht oder im Recht der Mitgliedstaaten geregelt werden, ob es sich bei dem Verantwortlichen, der eine Aufgabe wahrnimmt, die im öffentlichen Interesse liegt oder in Ausübung öffentlicher Gewalt erfolgt, um eine Behörde oder um eine andere unter das öffentliche Recht fallende natürliche oder juristische Person oder, sofern dies durch das öffentliche Interesse einschließlich gesundheitlicher Zwecke, wie die öffentliche Gesundheit oder die soziale Sicherheit oder die Verwaltung von Leistungen der Gesundheitsfürsorge, gerechtfertigt ist, eine natürliche oder juristische Person des Privatrechts, wie beispielsweise eine Berufsvereinigung, handeln sollte.

(46) Die Verarbeitung personenbezogener Daten sollte ebenfalls als rechtmäßig angesehen werden, wenn sie erforderlich ist, um ein lebenswichtiges Interesse der betroffenen Person oder einer anderen natürlichen Person zu schützen. Personenbezogene Daten sollten grundsätzlich nur dann aufgrund eines lebenswichtigen Interesses einer anderen natürlichen Person verarbeitet werden, wenn die Verarbeitung offensichtlich nicht auf eine andere Rechtsgrundlage gestützt werden kann. Einige Arten der Verarbeitung können sowohl wichtigen Gründen des öffentlichen Interesses als auch lebenswichtigen Interessen der betroffenen Person dienen; so kann beispielsweise die Verarbeitung für humanitäre Zwecke einschließlich der Überwachung von Epidemien und deren Ausbreitung oder in humanitären Notfällen insbesondere bei Naturkatastrophen oder vom Menschen verursachten Katastrophen erforderlich sein.

(47) Die Rechtmäßigkeit der Verarbeitung kann durch die berechtigten Interessen eines Verantwortlichen, auch eines Verantwortlichen, dem die personenbezogenen Daten offengelegt werden dürfen, oder eines Dritten begründet sein, sofern die Interessen oder die Grundrechte und Grundfreiheiten der betroffenen Person nicht überwiegen; dabei sind die vernünftigen Erwartungen der betroffenen Person, die auf ihrer Beziehung zu dem Verantwortlichen beruhen, zu berücksichtigen. Ein berechtigtes Interesse könnte

(44) 개인정보 처리가 어느 계약의 이행 또는 예정된 체결에 필요한 경우에는(wenn sie für die Erfüllung oder den geplanten Abschluss eines Vertrags erforderlich ist) 그 처리는 적법한 것으로 본다.

(45) 개인정보처리자에 의한 처리가 개인정보처리자에게 귀속된 법적 의무에 기하여 행해지거나 그 처리가 공익(公益) 또는 공적 권한의 수행을 위한 임무 수행에 필요한 경우에, 이를 위해 유럽연합법상 또는 회원국법상의 근거가 존재해야만 한다. 본 법(法)으로 개별적 각 처리에 대하여 특정한 법률이 요구되지 아니한다. 개인정보처리자에 의한 처리가 개인정보처리자에게 귀속된 법적 의무에 기하여 행해지거나 그 처리가 공익(公益) 또는 공적 권한의 수행을 위한 임무 수행을 위해 필요한 경우에, 하나의 법률이 여러 정보처리작업에 대한 근거로 충분할 수 있다(Ein Gesetz als Grundlage für mehrere Verarbeitungsvorgänge kann ausreichend sein). 마찬가지로 어떤 목적으로 개인정보가 처리되어도 되는지가 유럽연합법 또는 회원국법에 규율되어야 한다. 또한 개인정보 처리의 적법성의 규율에 관한 본 법(法)의 일반적 요건이 그러한 법에서 구체화될 수 있고, 개인정보처리자를 어떻게 규정하는지, 어떤 유형의 개인정보가 처리되는지, 어떤 정보주체가 관련되었는지, 개인정보가 어떤 법주체(法主體; Einrichtungen)에게 공개되는지, 개인정보가 어떤 목적으로 얼마간 저장되어도 되는지, 그 처리가 적법하게 또 공정하게 이뤄지도록 보장하기 위한 그 밖의 어떤 조치가 취해져야 하는지가 그러한 법에서 규율될 수 있다. 마찬가지로, 공익(公益)에 관련되거나 공적 권한의 수행을 위해 행해지는 임무를 수행하는 개인정보처리자가, 어느 관청 또는 공법상 그 밖의 자연인 또는 법인에 포함되거나, 공중보건, 사회보장 또는 보건의료급부의 관리와 같은 보건 목적을 포함하여 공익에 의해 정당화는 되는 경우에, 예컨대 직업조합와 같은 사법상의 자연인 또는 법인에 해당하는지 여부(ob es sich bei dem Verantwortlichen, der eine Aufgabe wahrnimmt, die im öffentlichen Interesse liegt oder in Ausübung öffentlicher Gewalt erfolgt, um eine Behörde oder um eine andere unter das öffentliche Recht fallende natürliche oder juristische Person oder, sofern dies durch das öffentliche Interesse einschließlich gesundheitlicher Zwecke, wie die öffentliche Gesundheit oder die soziale Sicherheit oder die Verwaltung von Leistungen der Gesundheitsfürsorge[19], gerechtfertigt ist, eine natürliche oder juristische Person des Privatrechts, wie beispielsweise eine Berufsvereinigung, handeln sollte)가 유럽연합법 또는 회원국법으로 규율되어야 한다.

(46) 개인정보 처리가 정보주체 또는 그 밖의 자연인의 생명유지에 필수적인 이익을 보호하는 데 필요한 경우에는(um ein lebenswichtiges Interesse der betroffenen Person oder einer anderen natürlichen Person zu schützen) 그 처리는 또한 적법한 것으로 본다. 그 처리가 그 밖의 법적 근거에 근거하지 않는 것이 명백한 경우에(wenn die Verarbeitung offensichtlich nicht auf eine andere Rechtsgrundlage gestützt werden kann) 한하여 개인정보는, 원칙적으로 다른 자연인의 생명유지에 필수적인 이익에 기하여 처리될 수 있어야 한다. 몇몇 유형의 처리는 중대한 공익(公益)상 근거뿐만 아니라 정보주체의 생명유지에 필수적인 이익을 위한 것일 수 있다; 예컨대, 감염병 및 그 확산의 감시를 포함하여(einschließlich der Überwachung von Epidemien und deren Ausbreitung) 인도적 목적으로 그 처리가 필요하거나 특히 자연재해나 인간에 의해 야기된 재해와 같은 인도적 긴급상황에서(in humanitären Notfällen insbesondere bei Naturkatastrophen oder vom Menschen verursachten Katastrophen) 그 처리가 필요할 수 있다.

(47) 그 처리의 적법성은, 정보주체의 이익 또는 기본권 및 자유가 (그 처리보다) 우월하지 않는 한, 개인정보가 공개되어도 되는 어느 개인정보처리자를 포함하여 어느 개인정보처리자의 정당한 이익이나 제3자의 정당한 이익에 근거할 수 있다; 이 경우 개인정보처리자와의 그 관련성에 근거한(die auf ihrer Beziehung zu dem Verantwortlichen beruhen), 정보주체의 합리적 기대는 고려해야 한다. 예컨대, 정보주체와 개인정보처리자 간에 유의미하고 적절한 관계가 있는 경우, 예를 들어, 정보주체가 개인정보 처리

beispielsweise vorliegen, wenn eine maßgebliche und angemessene Beziehung zwischen der betroffenen Person und dem Verantwortlichen besteht, z. B. wenn die betroffene Person ein Kunde des Verantwortlichen ist oder in seinen Diensten steht. Auf jeden Fall wäre das Bestehen eines berechtigten Interesses besonders sorgfältig abzuwägen, wobei auch zu prüfen ist, ob eine betroffene Person zum Zeitpunkt der Erhebung der personenbezogenen Daten und angesichts der Umstände, unter denen sie erfolgt, vernünftigerweise absehen kann, dass möglicherweise eine Verarbeitung für diesen Zweck erfolgen wird. Insbesondere dann, wenn personenbezogene Daten in Situationen verarbeitet werden, in denen eine betroffene Person vernünftigerweise nicht mit einer weiteren Verarbeitung rechnen muss, könnten die Interessen und Grundrechte der betroffenen Person das Interesse des Verantwortlichen überwiegen. Da es dem Gesetzgeber obliegt, per Rechtsvorschrift die Rechtsgrundlage für die Verarbeitung personenbezogener Daten durch die Behörden zu schaffen, sollte diese Rechtsgrundlage nicht für Verarbeitungen durch Behörden gelten, die diese in Erfüllung ihrer Aufgaben vornehmen. Die Verarbeitung personenbezogener Daten im für die Verhinderung von Betrug unbedingt erforderlichen Umfang stellt ebenfalls ein berechtigtes Interesse des jeweiligen Verantwortlichen dar. Die Verarbeitung personenbezogener Daten zum Zwecke der Direktwerbung kann als eine einem berechtigten Interesse dienende Verarbeitung betrachtet werden.

(48) Verantwortliche, die Teil einer Unternehmensgruppe oder einer Gruppe von Einrichtungen sind, die einer zentralen Stelle zugeordnet sind können ein berechtigtes Interesse haben, personenbezogene Daten innerhalb der Unternehmensgruppe für interne Verwaltungszwecke, einschließlich der Verarbeitung personenbezogener Daten von Kunden und Beschäftigten, zu übermitteln. Die Grundprinzipien für die Übermittlung personenbezogener Daten innerhalb von Unternehmensgruppen an ein Unternehmen in einem Drittland bleiben unberührt.

(49) Die Verarbeitung von personenbezogenen Daten durch Behörden, Computer-Notdienste (Computer Emergency Response Teams — CERT, beziehungsweise Computer Security Incident Response Teams — CSIRT), Betreiber von elektronischen Kommunikationsnetzen und -diensten sowie durch Anbieter von Sicherheitstechnologien und -diensten stellt in dem Maße ein berechtigtes Interesse des jeweiligen Verantwortlichen dar, wie dies für die Gewährleistung der Netz- und Informationssicherheit unbedingt notwendig und verhältnismäßig ist, d.h. soweit dadurch die Fähigkeit eines Netzes oder Informationssystems gewährleistet wird, mit einem vorgegebenen Grad der Zuverlässigkeit Störungen oder widerrechtliche oder mutwillige Eingriffe abzuwehren, die die Verfügbarkeit, Authentizität, Vollständigkeit und Vertraulichkeit von gespeicherten oder übermittelten personenbezogenen Daten sowie die Sicherheit damit zusammenhängender Dienste, die über diese Netze oder Informationssysteme angeboten werden bzw. zugänglich sind, beeinträchtigen. Ein solches berechtigtes Interesse könnte beispielsweise darin bestehen, den Zugang Unbefugter zu elektronischen Kommunikationsnetzen und die Verbreitung schädlicher Programmcodes zu verhindern sowie Angriffe in Form der gezielten Überlastung von Servern ("Denial of service"-Angriffe) und Schädigungen von Computer- und elektronischen Kommunikationssystemen abzuwehren.

(50) Die Verarbeitung personenbezogener Daten für andere Zwecke als die, für die die personenbezogenen Daten ursprünglich erhoben wurden, sollte nur zulässig sein, wenn die Verarbeitung mit den Zwecken,

자의 고객 또는 직원인 경우(wenn die betroffene Person ein Kunde des Verantwortlichen ist oder in seinen Diensten steht)에 정당한 이익이 있을 수 있다. 어떤 경우에도, 정보주체가 개인정보 수집시를 기준으로 그 수집이 이뤄지는 상황을 고려하여 처리가 그러한 목적으로 행해질 것인지를 합리적으로 예견할 수 있는지 여부에 대한 심사도 포함하여(wobei auch zu prüfen ist, ob eine betroffene Person zum Zeitpunkt der Erhebung der personenbezogenen Daten und angesichts der Umstände, unter denen sie erfolgt, vernünftigerweise absehen kann, dass möglicherweise eine Verarbeitung für diesen Zweck erfolgen wird), 정당한 이익의 존재를 특별히 신중하게 형량해야 할 것이다. 특히 정보주체가 추가처리를 전혀 예상하지 못한 것이 합리적인 상황에서 개인정보가 처리되는 경우에는 정보주체의 이익 및 기본권이 개인정보처리자의 이익보다 우월할 것이다. 법규정을 통하여 관청(官廳)의 개인정보 처리에 대한 법적 근거를 마련할 의무가 입법자에게 있기 때문에(Da es dem Gesetzgeber obliegt, per Rechtsvorschrift die Rechtsgrundlage für die Verarbeitung personenbezogener Daten durch die Behörden zu schaffen), 이러한 법적 근거는 자신의 임무 수행 도중에 그 처리를 행하는 관청(官廳)의 처리에 대하여는 적용하지 아니한다. 또한 사술의 방지를 위해 반드시 필요한 범위 내의 개인정보 처리(Die Verarbeitung personenbezogener Daten im für die Verhinderung von Betrug unbedingt erforderlichen Umfang)는 각각의 개인정보처리자의 정당한 이익에 해당한다. 직접광고 목적으로 하는 개인정보 처리는 정당한 이익을 위한 처리(ine einem berechtigten Interesse dienende Verarbeitung)로 볼 수 있다.

(48) 중앙 조직에 소속된 기업집단 또는 단체집단의 일부인 개인정보처리자(Verantwortliche, die Teil einer Unternehmensgruppe oder einer Gruppe von Einrichtungen sind, die einer zentralen Stelle zugeordnet)는, 고객 및 직원[20](Beschäftigte)의 개인정보 처리를 포함하여 기업집단 내에서 내부적 관리 목적을 위하여 개인정보를 이전할 정당한 이익을 가질 수 있다. 제3국에 있는 기업으로 기업집단 내에서 개인정보를 이전[21]하는 것의 기본원칙(Die Grundprinzipien für die Übermittlung personenbezogener Daten innerhalb von Unternehmensgruppen an ein Unternehmen in einem Drittland)은 영향을 받지 아니한다.

(49) 관청(官廳), 컴퓨터긴급대응팀(Computer Emergency Response Teams; CERT; 예컨대 컴퓨터보안사고대응팀; CSIRT)의 개인정보 처리와, 전기통신망운영자 및 전기통신역무운영자, 보안기술제공자 및 보인서비스제공자의 개인정보 처리는, 이것이 통신망보안 및 정보보안의 확보에 꼭 필요하고 비례적인 범위 내에서, 다시 말하여 저장되거나 이전된 개인정보의 효용성, 신뢰성, 무결성 및 기밀성과, 통신망 또는 정보시스템을 통해 제공되거나 이용할 수 있는 서비스로, 개인정보와 관련된 서비스의 보안을 침해하는, '장애', '불법 침입' 또는 '부정(不正) 침입'을 규정된 신뢰성 수준으로 막아줌으로써 통신망 또는 정보시스템의 능력이 확보되는 범위 내에서(d.h. soweit dadurch die Fähigkeit eines Netzes oder Informationssystems gewährleistet wird, mit einem vorgegebenen Grad der Zuverlässigkeit Störungen oder widerrechtliche oder mutwillige Eingriffe abzuwehren, die die Verfügbarkeit, Authentizität, Vollständigkeit und Vertraulichkeit von gespeicherten oder übermittelten personenbezogenen Daten sowie die Sicherheit damit zusammenhängender Dienste, die über diese Netze oder Informationssysteme angeboten werden bzw. zugänglich sind, beeinträchtigen), 각각의 개인정보처리자의 정당한 이익에 해당한다. 예컨대, 전기통신망에 대한 무권한자의 접근과 악성코드의 전파를 방지하고 서버에 대한 의도적 과부하 방식의 공격('서비스거부'공격; "Denial of service"-Angriffe), 컴퓨터통신시스템 및 전기통신시스템에 대한 피해를 막아주는 것은 그러한 정당한 이익에 해당한다.

(50) 개인정보가 당초 수집된 목적 이외의 다른 목적을 위한 개인정보 처리(Die Verarbeitung personenbezogener Daten für andere Zwecke als die, für die die personenbezogenen Daten ursprünglich

für die die personenbezogenen Daten ursprünglich erhoben wurden, vereinbar ist. In diesem Fall ist keine andere gesonderte Rechtsgrundlage erforderlich als diejenige für die Erhebung der personenbezogenen Daten. Ist die Verarbeitung für die Wahrnehmung einer Aufgabe erforderlich, die im öffentlichen Interesse liegt oder in Ausübung öffentlicher Gewalt erfolgt, die dem Verantwortlichen übertragen wurde, so können im Unionsrecht oder im Recht der Mitgliedstaaten die Aufgaben und Zwecke bestimmt und konkretisiert werden, für die eine Weiterverarbeitung als vereinbar und rechtmäßig erachtet wird. Die Weiterverarbeitung für im öffentlichen Interesse liegende Archivzwecke, für wissenschaftliche oder historische Forschungszwecke oder für statistische Zwecke sollte als vereinbarer und rechtmäßiger Verarbeitungsvorgang gelten. Die im Unionsrecht oder im Recht der Mitgliedstaaten vorgesehene Rechtsgrundlage für die Verarbeitung personenbezogener Daten kann auch als Rechtsgrundlage für eine Weiterverarbeitung dienen. Um festzustellen, ob ein Zweck der Weiterverarbeitung mit dem Zweck, für den die personenbezogenen Daten ursprünglich erhoben wurden, vereinbar ist, sollte der Verantwortliche nach Einhaltung aller Anforderungen für die Rechtmäßigkeit der ursprünglichen Verarbeitung unter anderem prüfen, ob ein Zusammenhang zwischen den Zwecken, für die die personenbezogenen Daten erhoben wurden, und den Zwecken der beabsichtigten Weiterverarbeitung besteht, in welchem Kontext die Daten erhoben wurden, insbesondere die vernünftigen Erwartungen der betroffenen Person, die auf ihrer Beziehung zu dem Verantwortlichen beruhen, in Bezug auf die weitere Verwendung dieser Daten, um welche Art von personenbezogenen Daten es sich handelt, welche Folgen die beabsichtigte Weiterverarbeitung für die betroffenen Personen hat und ob sowohl beim ursprünglichen als auch beim beabsichtigten Weiterverarbeitungsvorgang geeignete Garantien bestehen.

Hat die betroffene Person ihre Einwilligung erteilt oder beruht die Verarbeitung auf Unionsrecht oder dem Recht der Mitgliedstaaten, was in einer demokratischen Gesellschaft eine notwendige und verhältnismäßige Maßnahme zum Schutz insbesondere wichtiger Ziele des allgemeinen öffentlichen Interesses darstellt, so sollte der Verantwortliche die personenbezogenen Daten ungeachtet der Vereinbarkeit der Zwecke weiterverarbeiten dürfen. In jedem Fall sollte gewährleistet sein, dass die in dieser Verordnung niedergelegten Grundsätze angewandt werden und insbesondere die betroffene Person über diese anderen Zwecke und über ihre Rechte einschließlich des Widerspruchsrechts unterrichtet wird. Der Hinweis des Verantwortlichen auf mögliche Straftaten oder Bedrohungen der öffentlichen Sicherheit und die Übermittlung der maßgeblichen personenbezogenen Daten in Einzelfällen oder in mehreren Fällen, die im Zusammenhang mit derselben Straftat oder derselben Bedrohung der öffentlichen Sicherheit stehen, an eine zuständige Behörde sollten als berechtigtes Interesse des Verantwortlichen gelten. Eine derartige Übermittlung personenbezogener Daten im berechtigten Interesse des Verantwortlichen oder deren Weiterverarbeitung sollte jedoch unzulässig sein, wenn die Verarbeitung mit einer rechtlichen, beruflichen oder sonstigen verbindlichen Pflicht zur Geheimhaltung unvereinbar ist.

(51) Personenbezogene Daten, die ihrem Wesen nach hinsichtlich der Grundrechte und Grundfreiheiten besonders sensibel sind, verdienen einen besonderen Schutz, da im Zusammenhang mit ihrer Verarbeitung erhebliche Risiken für die Grundrechte und Grundfreiheiten auftreten können. Diese personenbezogenen Daten sollten personenbezogene Daten umfassen, aus denen die rassische oder ethnische Herkunft hervorgeht, wobei die Verwendung des Begriffs “rassische Herkunft” in dieser Verordnung nicht bedeutet, dass die Union Theorien, mit denen versucht wird, die Existenz

erhoben wurden)는, 이 처리가 개인정보가 당초 수집된 목적과 합치하는 경우에 한하여 허용된다. 이러한 경우에 개인정보 수집에 대한 법적 근거 이외의 별도의 다른 법적 근거가 필요하지 않다. 그 처리가, 공익(公益)에 관련되거나 개인정보처리자에게 부여된 공적 권한의 행사를 위해 행해지는 임무 수행에 필요한 경우에, 유럽연합법 또는 회원국법으로 추가처리를 (당초 목적에) 합치하고 적법한 것으로 간주하게 해 주는(für die eine Weiterverarbeitung als vereinbar und rechtmäßig erachtet wird) 그 임무 및 목적을 정하고 구체화할 수 있다. 공익(公益)에 속하는 자료보관목적을 위하거나 과학적 또는 역사적 연구 목적을 위하거나 통계목적을 위한 추가처리는, (당초 목적에) 합치하고 적법한 정보처리작업으로 본다(sollte als vereinbarer und rechtmäßiger Verarbeitungsvorgang gelten). 유럽연합법 또는 회원국법에 규정된, 개인정보 처리의 법적 근거(Die im Unionsrecht oder im Recht der Mitgliedstaaten vorgesehene Rechtsgrundlage für die Verarbeitung personenbezogener Daten)는 추가처리에 대한 법적 근거로도 기능할 수 있다. 추가처리 목적이 개인정보가 당초 수집된 목적과 부합하는지 여부를 결정하기 위하여 개인정보처리자가 당초의 처리의 적법성에 대한 제반 요구사항을 준수하며(nach Einhaltung aller Anforderungen für die Rechtmäßigkeit der ursprünglichen Verarbeitung), 특히 개인정보가 수집된 목적과, 계획하는 추가처리 목적 간의 관련성이 있는지 여부, 개인정보가 어떤 맥락에서 수집되었는지 여부, 특히 개인정보처리자와의 관련성에 기한 것으로, 이러한 개인정보의 추가적 사용에 관한 정보주체의 합리적 기대, 개인정보가 어떤 성질에 해당하는지, 계획하는 추가처리가 정보주체에 대하여 어떤 결과를 가져오는지 그리고 당초의 정보처리작업뿐만 아니라 추가정보처리작업에 적합한 안전성확보조치가 있는지 여부(um welche Art von personenbezogenen Daten es sich handelt, welche Folgen die beabsichtigte Weiterverarbeitung für die betroffenen Personen hat und ob sowohl beim ursprünglichen als auch beim beabsichtigten Weiterverarbeitungsvorgang geeignete Garantien bestehen)를 심사해야 한다.
정보주체가 자신의 동의를 했거나 그 처리가 유럽연합법 또는 회원국법으로, 민주사회에서 특히 일반적 공익(公益)에 속하는 중대한 목표를 보호하기 위한 필수적이고 비례적 조치에 해당하는(was in einer demokratischen Gesellschaft eine notwendige und verhältnismäßige Maßnahme zum Schutz insbesondere wichtiger Ziele des allgemeinen öffentlichen Interesses darstellt) 법에 근거하는 경우에, 개인정보처리자는 그 목적합치 여부를 불문하고 개인정보를 추가적으로 처리해도 된다. 어떤 경우에도, 본 법(法)에서 규정된 원칙이 적용되고, 특히 정보주체에게 이러한 다른 목적과, 반대권을 포함하여 자신의 권리(ihre Rechte einschließlich des Widerspruchsrechts)에 관하여 알린다는 점이 보장되어야 한다. 있을 수 있는 범죄 또는 공공의 안녕에 대한 위협에 대한 개인정보처리자의 진술과, 동일한 범죄 또는 공공의 안녕에 대한 동일한 위협과 관련이 있는(die im Zusammenhang mit derselben Straftat oder derselben Bedrohung der öffentlichen Sicherheit stehen) 개개 사안들 또는 여러 사안들에서, 관련 개인정보를 관할 당국에 제공하는 것은 개인정보처리자의 정당한 이익으로 본다. 하지만 개인정보처리자의 정당한 이익을 위한 개인정보의 그러한 제공이나 그 추가처리는, 법적, 직업적 또는 기타 구속력 있는 비밀유지의무에 합치하지 않는 경우에는(wenn die Verarbeitung mit einer rechtlichen, beruflichen oder sonstigen verbindlichen Pflicht zur Geheimhaltung unvereinbar ist) 허용되지 아니한다.

(51) 그 성질상 기본권 및 자유에 대하여 특히 민감한 개인정보는 특별한 보호를 향유할 가치가 있는데, 이는 그 처리와 관련하여 기본권 및 자유에 중대한 위험이 발생할 수 있기 때문이다. 이러한 개인정보는 인종적(人種的) 또는 민족적(民族的) 출신(出身)이 나타나는 개인정보를 포괄하는데, 이로써 본 법(法)상 "인종적(人種的) 출신(出身)"의 개념의 사용이, 유럽연합이 별도의 인종(人種)의 존재(存在)를 정하려는 이론(理論)을 수용(受容)하려는 것을 의미하지 않는다(wobei die Verwendung des Begriffs "rassische Herkunft" in dieser Verordnung nicht bedeutet, dass die Union Theorien, mit denen versucht wird, die

verschiedener menschlicher Rassen zu belegen, gutheißt. Die Verarbeitung von Lichtbildern sollte nicht grundsätzlich als Verarbeitung besonderer Kategorien von personenbezogenen Daten angesehen werden, da Lichtbilder nur dann von der Definition des Begriffs "biometrische Daten" erfasst werden, wenn sie mit speziellen technischen Mitteln verarbeitet werden, die die eindeutige Identifizierung oder Authentifizierung einer natürlichen Person ermöglichen. Derartige personenbezogene Daten sollten nicht verarbeitet werden, es sei denn, die Verarbeitung ist in den in dieser Verordnung dargelegten besonderen Fällen zulässig, wobei zu berücksichtigen ist, dass im Recht der Mitgliedstaaten besondere Datenschutzbestimmungen festgelegt sein können, um die Anwendung der Bestimmungen dieser Verordnung anzupassen, damit die Einhaltung einer rechtlichen Verpflichtung oder die Wahrnehmung einer Aufgabe im öffentlichen Interesse oder die Ausübung öffentlicher Gewalt, die dem Verantwortlichen übertragen wurde, möglich ist. Zusätzlich zu den speziellen Anforderungen an eine derartige Verarbeitung sollten die allgemeinen Grundsätze und andere Bestimmungen dieser Verordnung, insbesondere hinsichtlich der Bedingungen für eine rechtmäßige Verarbeitung, gelten. Ausnahmen von dem allgemeinen Verbot der Verarbeitung dieser besonderen Kategorien personenbezogener Daten sollten ausdrücklich vorgesehen werden, unter anderem bei ausdrücklicher Einwilligung der betroffenen Person oder bei bestimmten Notwendigkeiten, insbesondere wenn die Verarbeitung im Rahmen rechtmäßiger Tätigkeiten bestimmter Vereinigungen oder Stiftungen vorgenommen wird, die sich für die Ausübung von Grundfreiheiten einsetzen.

(52) Ausnahmen vom Verbot der Verarbeitung besonderer Kategorien von personenbezogenen Daten sollten auch erlaubt sein, wenn sie im Unionsrecht oder dem Recht der Mitgliedstaaten vorgesehen sind, und — vorbehaltlich angemessener Garantien zum Schutz der personenbezogenen Daten und anderer Grundrechte — wenn dies durch das öffentliche Interesse gerechtfertigt ist, insbesondere für die Verarbeitung von personenbezogenen Daten auf dem Gebiet des Arbeitsrechts und des Rechts der sozialen Sicherheit einschließlich Renten und zwecks Sicherstellung und Überwachung der Gesundheit und Gesundheitswarnungen, Prävention oder Kontrolle ansteckender Krankheiten und anderer schwerwiegender Gesundheitsgefahren. Eine solche Ausnahme kann zu gesundheitlichen Zwecken gemacht werden, wie der Gewährleistung der öffentlichen Gesundheit und der Verwaltung von Leistungen der Gesundheitsversorgung, insbesondere wenn dadurch die Qualität und Wirtschaftlichkeit der Verfahren zur Abrechnung von Leistungen in den sozialen Krankenversicherungssystemen sichergestellt werden soll, oder wenn die Verarbeitung im öffentlichen Interesse liegenden Archivzwecken, wissenschaftlichen oder historischen Forschungszwecken oder statistischen Zwecken dient. Die Verarbeitung solcher personenbezogener Daten sollte zudem ausnahmsweise erlaubt sein, wenn sie erforderlich ist, um rechtliche Ansprüche, sei es in einem Gerichtsverfahren oder in einem Verwaltungsverfahren oder einem außergerichtlichen Verfahren, geltend zu machen, auszuüben oder zu verteidigen.

(53) Besondere Kategorien personenbezogener Daten, die eines höheren Schutzes verdienen, sollten nur dann für gesundheitsbezogene Zwecke verarbeitet werden, wenn dies für das Erreichen dieser Zwecke im Interesse einzelner natürlicher Personen und der Gesellschaft insgesamt erforderlich ist, insbesondere im Zusammenhang mit der Verwaltung der Dienste und Systeme des Gesundheits- oder Sozialbereichs, einschließlich der Verarbeitung dieser Daten durch die Verwaltung und die zentralen nationalen

Existenz verschiedener menschlicher Rassen zu belegen, gutheißt). 사진의 처리는 원칙적으로 개인정보의 특수한 범주의 처리로 보지 않는데, 이는 자연인의 고유한 식별(識別; Identifizierung) 또는 본인확인(Authentifizierung)을 가능하게 하는 특별한 수단에 의해 처리되는 경우에 한하여 사진은 "생체측정정보(生體測定情報)"라는 개념 정의로 이해될 수 있기 때문이다. 그러한 개인정보[22]는 처리되어서는 아니되고, 다만 그 처리는 본 법(法)에서 명시한 특별한 경우에는 허용되고, 이 경우 법적 의무의 준수 또는 공익(公益)을 위한 임무의 수행이나 개인정보처리자에게 부여된 공적 권한의 행사가 가능하도록(damit die Einhaltung einer rechtlichen Verpflichtung oder die Wahrnehmung einer Aufgabe im öffentlichen Interesse oder die Ausübung öffentlicher Gewalt, die dem Verantwortlichen übertragen wurde, möglich ist) 본 법(法)의 규정의 적용을 조정하기 위하여 회원국법으로 특별한 개인정보보호규정이 규정될 수 있다는 점을 고려해야 한다. 그러한 처리에 대한 특정한 요구사항 이외에도(Zusätzlich zu den speziellen Anforderungen an eine derartige Verarbeitung), 일반 원칙과 본 법(法)상의 그 밖의 규정은, 특히 적법한 처리에 대한 요건에 대하여 적용한다. 이러한 특수한 범주의 개인정보 처리에 대한 일반적 금지에 대한 예외는, 무엇보다도 정보주체의 명시적 동의나 특정한 필요의 경우, 특히 기본권의 수행을 옹호하는 특정한 사단(社團) 또는 재단(財團)의 합법적 활동의 범위 내에서 그 처리가 이뤄지는 경우(unter anderem bei ausdrücklicher Einwilligung der betroffenen Person oder bei bestimmten Notwendigkeiten, insbesondere wenn die Verarbeitung im Rahmen rechtmäßiger Tätigkeiten bestimmter Vereinigungen oder Stiftungen vorgenommen wird, die sich für die Ausübung von Grundfreiheiten einsetzen)에 상세하게 규정되어야 한다.

(52) ① 특수한 범주(範疇)의 개인정보 처리에 대한 금지의 예외가, 개인정보와 그 밖의 기본권의 보호를 위한 적합한 안전성확보조치를 조건으로 하여, 유럽연합법 또는 회원국법에 규정되는 경우에도(wenn sie im Unionsrecht oder dem Recht der Mitgliedstaaten vorgesehen sind, und — vorbehaltlich angemessener Garantien zum Schutz der personenbezogenen Daten und anderer Grundrechte —), ②-ⅰ) 그러한 예외가 공익(公益)에 의하여 정당화되는 경우에도, ②-ⅱ) 특히 노동법의 영역과, 연금을 포함하여 사회보장법의 영역에서의 개인정보 처리와, 보건의 확보 및 감시와 보선상 경고(警告)를 위한 개인정보 처리, 감염병 및 그 밖의 심각한 보건상 위험(危險)의 예방 또는 감시를 위한(zwecks Sicherstellung und Überwachung der Gesundheit und Gesundheitswarnungen, Prävention oder Kontrolle ansteckender Krankheiten und anderer schwerwiegender Gesundheitsgefahren) 개인정보 처리의 경우에도, 그러한 예외는 허용되어야 한다. 그러한 예외는 공중보건의 확보, 보건의료서비스(Leistungen der Gesundheitsversorgung)의 관리와 같은 보건상 목적을 위하여 설정될 수 있고, 특히 이러한 예외에 의하여 사회적 의료보험시스템상의 급부의 결제절차(決濟節次)의 품질 및 비용효과가 보장되어야 하는 경우나, 그 처리가 공익(公益)에 속하는 자료보관목적, 과학적 또는 역사적 연구목적 또는 통계목적을 위한 경우에도 설정될 수 있다. 또한 그러한 개인정보 처리가, '재판절차', '행정절차'나 '재판 이외의 분쟁해결절차'에서 법적 청구권을 증명, 행사 또는 방어하는 데 필요한 경우에도(wenn sie erforderlich ist, um rechtliche Ansprüche, sei es in einem Gerichtsverfahren oder in einem Verwaltungsverfahren oder einem außergerichtlichen Verfahren, geltend zu machen, auszuüben oder zu verteidigen) 그러한 처리는 예외적으로 허용되어야 한다.

(53) 보다 강한 보호를 받아야 하는 특수한 범주의 개인정보가, 각 자연인과 사회 전체의 이익을 위한 보건 관련 목적의 달성을 위해 필요하고, 특히 ⅰ) 보건의료제도 또는 사회보장제도의 품질관리, 행정정보제공 및 전국적·지역적인 보편적 감독(Qualitätskontrolle, Verwaltungsinformationen und der allgemeinen nationalen und lokalen Überwachung des Gesundheitssystems oder des Sozialsystems), ⅱ) 보건의료급부, 사회복지와 국경을 초월한 보건서비스의 연속성 보장(Gewährleistung der Kontinuität

Gesundheitsbehörden zwecks Qualitätskontrolle, Verwaltungsinformationen und der allgemeinen nationalen und lokalen Überwachung des Gesundheitssystems oder des Sozialsystems und zwecks Gewährleistung der Kontinuität der Gesundheits- und Sozialfürsorge und der grenzüberschreitenden Gesundheitsversorgung oder Sicherstellung und Überwachung der Gesundheit und Gesundheitswarnungen oder für im öffentlichen Interesse liegende Archivzwecke, zu wissenschaftlichen oder historischen Forschungszwecken oder statistischen Zwecken, die auf Rechtsvorschriften der Union oder der Mitgliedstaaten beruhen, die einem im öffentlichen Interesse liegenden Ziel dienen müssen, sowie für Studien, die im öffentlichen Interesse im Bereich der öffentlichen Gesundheit durchgeführt werden. Diese Verordnung sollte daher harmonisierte Bedingungen für die Verarbeitung besonderer Kategorien personenbezogener Gesundheitsdaten im Hinblick auf bestimmte Erfordernisse harmonisieren, insbesondere wenn die Verarbeitung dieser Daten für gesundheitsbezogene Zwecke von Personen durchgeführt wird, die gemäß einer rechtlichen Verpflichtung dem Berufsgeheimnis unterliegen. Im Recht der Union oder der Mitgliedstaaten sollten besondere und angemessene Maßnahmen zum Schutz der Grundrechte und der personenbezogenen Daten natürlicher Personen vorgesehen werden. Den Mitgliedstaaten sollte gestattet werden, weitere Bedingungen — einschließlich Beschränkungen — in Bezug auf die Verarbeitung von genetischen Daten, biometrischen Daten oder Gesundheitsdaten beizubehalten oder einzuführen. Dies sollte jedoch den freien Verkehr personenbezogener Daten innerhalb der Union nicht beeinträchtigen, falls die betreffenden Bedingungen für die grenzüberschreitende Verarbeitung solcher Daten gelten.

(54) Aus Gründen des öffentlichen Interesses in Bereichen der öffentlichen Gesundheit kann es notwendig sein, besondere Kategorien personenbezogener Daten auch ohne Einwilligung der betroffenen Person zu verarbeiten. Diese Verarbeitung sollte angemessenen und besonderen Maßnahmen zum Schutz der Rechte und Freiheiten natürlicher Personen unterliegen. In diesem Zusammenhang sollte der Begriff “öffentliche Gesundheit” im Sinne der Verordnung (EG) Nr. 1338/2008 des Europäischen Parlaments und des Rates (ⓚ) ausgelegt werden und alle Elemente im Zusammenhang mit der Gesundheit wie den Gesundheitszustand einschließlich Morbidität und Behinderung, die sich auf diesen Gesundheitszustand auswirkenden Determinanten, den Bedarf an Gesundheitsversorgung, die der Gesundheitsversorgung zugewiesenen Mittel, die Bereitstellung von Gesundheitsversorgungsleistungen und den allgemeinen Zugang zu diesen Leistungen sowie die entsprechenden Ausgaben und die Finanzierung und schließlich die Ursachen der Mortalität einschließen. Eine solche Verarbeitung von Gesundheitsdaten aus Gründen des öffentlichen Interesses darf nicht dazu führen, dass Dritte, unter anderem Arbeitgeber oder Versicherungs- und Finanzunternehmen, solche personenbezogene Daten zu anderen Zwecken verarbeiten.

(55) Auch die Verarbeitung personenbezogener Daten durch staatliche Stellen zu verfassungsrechtlich oder völkerrechtlich verankerten Zielen von staatlich anerkannten Religionsgemeinschaften erfolgt aus Gründen des öffentlichen Interesses.

(56) Wenn es in einem Mitgliedstaat das Funktionieren des demokratischen Systems erfordert, dass die politischen Parteien im Zusammenhang mit Wahlen personenbezogene Daten über die politische Einstellung von Personen sammeln, kann die Verarbeitung derartiger Daten aus Gründen des öffentlichen

der Gesundheits- und Sozialfürsorge und der grenzüberschreitenden Gesundheitsversorgung)이나, iii) 보건 및 보건상 경고의 확보 및 감시(Sicherstellung und Überwachung der Gesundheit und Gesundheitswarnungen)를 위한 행정당국 및 중앙보건의료관청의 이러한 정보의 처리, iv) 공익(公益)에 속하는 자료보관목적, 과학적 또는 역사적 연구목적이나 통계목적을 위한 행정당국 및 중앙보건의료관청의 그 정보의 처리(이 경우 이들 목적은 공익(公益)에 속하는 목적에 기여해야만 하는 유럽연합 또는 회원국의 법규정에 근거한 목적임), v) 공중보건 분야의 공익(公益)을 위하여 행해지는 연구 목적을 위한 행정당국 및 중앙보건의료관청의 그 정보의 처리를 포함하여, 보건영역 또는 사회보장영역의 서비스 및 제도의 관리와 관련하여(im Zusammenhang mit der Verwaltung der Dienste und Systeme des Gesundheits- oder Sozialbereichs) 필요한 경우에 한하여, 그러한 개인정보는 보건의료관련 목적으로 처리되어야 한다. 그러므로 본 법(法)은 특수한 범주의 개인정보인 건강정보의 처리에 대한 일치된 요건을 특정한 필요에 관련하여 마련해야 하고, 특히 이러한 정보의 처리가 법적 의무에 따라 직업상 비밀을 적용받는 자의 보건의료관련 목적으로 이뤄지는 경우에 그와 같이 마련해야 한다. 유럽연합법 또는 회원국법으로 자연인의 기본권 및 개인정보 보호를 위한 특별하고도 적절한 조치를 규정해야 한다. 유전자정보, 생체측정정보 또는 건강정보의 처리에 관한, 제한을 포함하여 추가적 요건(weitere Bedingungen — einschließlich Beschränkungen — in Bezug auf die Verarbeitung von genetischen Daten, biometrischen Daten oder Gesundheitsdaten)을 유지하거나 도입하는 것은 회원국에 허용되어야 한다. 그럼에도 그러한 정보의 국경을 초월하는 처리에 대한 위와 같은 요건을 적용한다면(falls die betreffenden Bedingungen für die grenzüberschreitende Verarbeitung solcher Daten gelten), 이는 유럽연합 내에서의 개인정보의 자유로운 이동을 침해하지 않는다.

(54) 정보주체의 동의 없이도 특수한 범주의 개인정보를 처리하는 것이 공중보건 분야의 공익(公益)상의 이유에서(Aus Gründen des öffentlichen Interesses in Bereichen der öffentlichen Gesundheit) 필요불가결할 수 있다. 이러한 처리에 대하여는 자연인의 권리 및 자유의 보호를 위한 적절하고도 특별한 조치를 적용해야 한다. 「유럽연합 의회 및 이사회 (EG) 1338/2008호 법(法)」ⓚ상의 "공중보건"의 개념은 이러한 관점에서 해석되어야 하고, 이러한 관점에서, 질환상태 및 장애를 포함하여 건강상태(den Gesundheitszustand einschließlich Morbidität und Behinderung), 이러한 건강상태에 영향을 미치는 결정요인(die sich auf diesen Gesundheitszustand auswirkenden Determinanten), 의료서비스에 대한 수요(den Bedarf an Gesundheitsversorgung[23])), 의료서비스에 배정된 자원(die der Gesundheitsversorgung zugewiesenen Mittel), 의료서비스의 공급, 의료서비스에 대한 보편적 접근(die Bereitstellung von Gesundheitsversorgungsleistungen und den allgemeinen Zugang zu diesen Leistungen)과, 의료서비스의 경비 및 자금지원(die entsprechenden Ausgaben und die Finanzierung) 그리고 질환상태의 원인(die Ursachen der Mortalitä)과 같은 건강에 관련한 제반 요소가 그 공중보건에 포함되어야 한다. 공익(公益)상의 이유에 기한 건강정보의 그러한 처리는, 제3자, 무엇보다도 사용자, 보험회사, 금융회사가 그러한 개인정보를 다른 목적으로 처리하는 것을 야기해서는 아니된다.

(55) 국가가 승인한 종교공동체의 헌법상 또는 국제법상의 목표를 위한(zu verfassungsrechtlich oder völkerrechtlich verankerten Zielen von staatlich anerkannten Religionsgemeinschaften), 국가기관에 의한 개인정보 처리도 공익(公益)상의 이유에서 행해진다.

(56) 어느 회원국에서 민주주의제도의 운영상 정당(政黨)이 선거와 관련하여 사람들의 정치적(政治的) 견해(見解)에 관한 개인정보(im Zusammenhang mit Wahlen personenbezogene Daten über die politische Einstellung von Personen)를 수집(收集)하는 것이 필요한 경우에, 적합한 안전성확보조치를 규정하는

Interesses zugelassen werden, sofern geeignete Garantien vorgesehen werden.

(57) Kann der Verantwortliche anhand der von ihm verarbeiteten personenbezogenen Daten eine natürliche Person nicht identifizieren, so sollte er nicht verpflichtet sein, zur bloßen Einhaltung einer Vorschrift dieser Verordnung zusätzliche Daten einzuholen, um die betroffene Person zu identifizieren. Allerdings sollte er sich nicht weigern, zusätzliche Informationen entgegenzunehmen, die von der betroffenen Person beigebracht werden, um ihre Rechte geltend zu machen. Die Identifizierung sollte die digitale Identifizierung einer betroffenen Person — beispielsweise durch Authentifizierungsverfahren etwa mit denselben Berechtigungsnachweisen, wie sie die betroffene Person verwendet, um sich bei dem von dem Verantwortlichen bereitgestellten Online-Dienst anzumelden — einschließen.

(58) Der Grundsatz der Transparenz setzt voraus, dass eine für die Öffentlichkeit oder die betroffene Person bestimmte Information präzise, leicht zugänglich und verständlich sowie in klarer und einfacher Sprache abgefasst ist und gegebenenfalls zusätzlich visuelle Elemente verwendet werden. Diese Information könnte in elektronischer Form bereitgestellt werden, beispielsweise auf einer Website, wenn sie für die Öffentlichkeit bestimmt ist. Dies gilt insbesondere für Situationen, wo die große Zahl der Beteiligten und die Komplexität der dazu benötigten Technik es der betroffenen Person schwer machen, zu erkennen und nachzuvollziehen, ob, von wem und zu welchem Zweck sie betreffende personenbezogene Daten erfasst werden, wie etwa bei der Werbung im Internet. Wenn sich die Verarbeitung an Kinder richtet, sollten aufgrund der besonderen Schutzwürdigkeit von Kindern Informationen und Hinweise in einer dergestalt klaren und einfachen Sprache erfolgen, dass ein Kind sie verstehen kann.

(59) Es sollten Modalitäten festgelegt werden, die einer betroffenen Person die Ausübung der Rechte, die ihr nach dieser Verordnung zustehen, erleichtern, darunter auch Mechanismen, die dafür sorgen, dass sie unentgeltlich insbesondere Zugang zu personenbezogenen Daten und deren Berichtigung oder Löschung beantragen und gegebenenfalls erhalten oder von ihrem Widerspruchsrecht Gebrauch machen kann. So sollte der Verantwortliche auch dafür sorgen, dass Anträge elektronisch gestellt werden können, insbesondere wenn die personenbezogenen Daten elektronisch verarbeitet werden. Der Verantwortliche sollte verpflichtet werden, den Antrag der betroffenen Person unverzüglich, spätestens aber innerhalb eines Monats zu beantworten und gegebenenfalls zu begründen, warum er den Antrag ablehnt.

(60) Die Grundsätze einer fairen und transparenten Verarbeitung machen es erforderlich, dass die betroffene Person über die Existenz des Verarbeitungsvorgangs und seine Zwecke unterrichtet wird. Der Verantwortliche sollte der betroffenen Person alle weiteren Informationen zur Verfügung stellen, die unter Berücksichtigung der besonderen Umstände und Rahmenbedingungen, unter denen die personenbezogenen Daten verarbeitet werden, notwendig sind, um eine faire und transparente Verarbeitung zu gewährleisten. Darüber hinaus sollte er die betroffene Person darauf hinweisen, dass Profiling stattfindet und welche Folgen dies hat. Werden die personenbezogenen Daten bei der betroffenen Person erhoben, so sollte dieser darüber hinaus mitgeteilt werden, ob sie verpflichtet ist, die personenbezogenen Daten bereitzustellen, und welche Folgen eine Zurückhaltung der Daten nach sich ziehen würde. Die betreffenden Informationen können in Kombination mit standardisierten Bildsymbolen bereitgestellt werden, um in leicht wahrnehmbarer, verständlicher und klar nachvollziehbarer Form einen aussagekräftigen Überblick über die beabsichtigte Verarbeitung zu vermitteln. Werden die Bildsymbole

경우에, 그러한 개인정보의 처리는 공익(公益)상의 이유에서 허용될 수 있다.

(57) 개인정보처리자가 자신이 처리한 개인정보에 기하여 자연인을 식별할 수 없는 경우에, 그 개인정보처리자는 단지 본 법(法)의 규정의 준수를 위하여 해당 정보주체를 식별하기 위한 추가 정보를 취득할 의무를 져서는 아니된다. 물론 그 개인정보처리자는, 정보주체가 자신의 권리를 행사하기 위하여 제시한 추가 정보를 수령하는 것은 거부해서는 아니된다. 그 식별에는, 예컨대, 정보주체가 개인정보처리자에 의해 제공되는 온라인서비스에 접속하기 위해 사용하는 것과 동일한 '권한증명'에 의한 '본인확인절차'에 의한 (beispielsweise durch Authentifizierungsverfahren etwa mit denselben Berechtigungsnachweisen, wie sie die betroffene Person verwendet, um sich bei dem von dem Verantwortlichen bereitgestellten Online-Dienst anzumelden) 정보주체의 디지털식별이 포함된다.

(58) 투명성의 원칙에 따라 공중(公衆) 또는 정보주체에게 제공된 정보는 상세하고 쉽게 접근할 수 있으며 이해하기 쉽고 또 명료하고 간결한 언어로 작성되고, 적당한 경우 시각적 요소가 추가적으로 사용될 것이 요구된다. 이러한 정보는, 예컨대, 웹사이트에서 그 정보가 공중에게 제공되는 경우처럼 전자방식으로 제공될 수도 있다. 이는, 특히 대규모의 참가인들과 이를 위해 필요한 기술의 복잡성으로 인하여, 가령 인터넷상에서의 광고처럼, 정보주체가 자신에 관한 개인정보가 수집되는지 여부, 누구에 의해 그 정보가 수집되는지, 어떤 목적을 위하여 그러한 정보가 수집되는지(ob, von wem und zu welchem Zweck sie betreffende personenbezogene Daten erfasst werden)를 인식하고 이해하는 것이 어렵게 된 상황에 적용된다. 아동에 대하여 그 처리가 행해지는 경우에 아동의 특별한 보호필요성에 기하여 정보제공과 언급은 아동이 이를 이해할 수 있을 정도로 명료하고 간결한 언어로(in einer dergestalt klaren und einfachen Sprache erfolgen, dass ein Kind sie verstehen kann) 행해져야 한다.

(59) 특히 정보주체가 무상으로 특히, 개인정보에 대한 접근과 그 정보의 정정 또는 삭제(Zugang zu personenbezogenen Daten und deren Berichtigung oder Löschung)를 요구하고, 해당하는 경우, 이(에 대한 권리)를 획득하거나 자신의 반대권을 행사할 수 있는 것을 보장하는 메커니즘을 포함하여, 정보주체에게 본 법(法)에 좇아 그에게 귀속되는 권리의 행사를 촉진하는 방안이 규정되어야 한다. 그러므로 개인정보처리자가, 특히 개인정보가 전자적 방법으로 처리되는 경우에 그 요구를 전자적 방법으로 제기할 수 있는 점도 보장해야 한다. 개인정보처리자는 정보주체의 그 요구에 대하여 지체 없이, 늦어도 1개월 이내에 답변할 의무를 지고 필요하면 자신이 그 요구를 왜 거부하는지에 관하여(warum er den Antrag ablehnt) 이유를 제시할 의무를 져야 한다.

(60) 공정하고 투명한 처리의 원칙에 따라 정보주체에게 그 정보처리작업의 존재와 그 목적에 관하여 정보를 알릴 것이 요구된다. 개인정보처리자는 정보주체에게, 개인정보가 처리되는 구체적 상황 및 전후사정을 고려했을 때 공정하고 투명한 처리를 보장하는 데에 필요한(die unter Berücksichtigung der besonderen Umstände und Umständen, unter denen die personenbezogenen Daten verarbeitet werden, notwendig sind, um eine faire und transparente Verarbeitung zu gewährleisten) 일체의 추가 정보를 제공해야 한다. 또한 개인정보처리자는 정보주체에게 프로파일링이 행해진다는 것과, 이것이 어떤 결과를 가져오는지(dass Profiling stattfindet und welche Folgen dies hat)에 관하여 안내해야 한다. 또한 해당 정보주체에게서 개인정보를 수집하는 경우에, 정보주체는 자신이 개인정보를 제공할 의무가 있는지 여부, 개인정보의 부제공(不提供; Zurückhaltung)이 어떤 결과(結果)를 가져올 것인지에 관하여 정보를 제공받아야 한다. 쉽게 알아볼 수 있고 이해하기 쉬우며 분명하게 읽을 수 있는 방식으로, 계획하는 처리에 관한 중요한 사항이 있는 개관을 전달하기 위하여 문제가 되는 정보는 표준 그림문자와 함께(mit standardisierten Bildsymbolen) 제공될 수 있다. 그림문자(die Bildsymbole)가 전자방식으로 표현되는

in elektronischer Form dargestellt, so sollten sie maschinenlesbar sein.

(61) Dass sie betreffende personenbezogene Daten verarbeitet werden, sollte der betroffenen Person zum Zeitpunkt der Erhebung mitgeteilt werden oder, falls die Daten nicht von ihr, sondern aus einer anderen Quelle erlangt werden, innerhalb einer angemessenen Frist, die sich nach dem konkreten Einzelfall richtet. Wenn die personenbezogenen Daten rechtmäßig einem anderen Empfänger offengelegt werden dürfen, sollte die betroffene Person bei der erstmaligen Offenlegung der personenbezogenen Daten für diesen Empfänger darüber aufgeklärt werden. Beabsichtigt der Verantwortliche, die personenbezogenen Daten für einen anderen Zweck zu verarbeiten als den, für den die Daten erhoben wurden, so sollte er der betroffenen Person vor dieser Weiterverarbeitung Informationen über diesen anderen Zweck und andere erforderliche Informationen zur Verfügung stellen. Konnte der betroffenen Person nicht mitgeteilt werden, woher die personenbezogenen Daten stammen, weil verschiedene Quellen benutzt wurden, so sollte die Unterrichtung allgemein gehalten werden.

(62) Die Pflicht, Informationen zur Verfügung zu stellen, erübrigt sich jedoch, wenn die betroffene Person die Information bereits hat, wenn die Speicherung oder Offenlegung der personenbezogenen Daten ausdrücklich durch Rechtsvorschriften geregelt ist oder wenn sich die Unterrichtung der betroffenen Person als unmöglich erweist oder mit unverhältnismäßig hohem Aufwand verbunden ist. Letzteres könnte insbesondere bei Verarbeitungen für im öffentlichen Interesse liegende Archivzwecke, zu wissenschaftlichen oder historischen Forschungszwecken oder zu statistischen Zwecken der Fall sein. Als Anhaltspunkte sollten dabei die Zahl der betroffenen Personen, das Alter der Daten oder etwaige geeignete Garantien in Betracht gezogen werden.

(63) Eine betroffene Person sollte ein Auskunftsrecht hinsichtlich der sie betreffenden personenbezogenen Daten, die erhoben worden sind, besitzen und dieses Recht problemlos und in angemessenen Abständen wahrnehmen können, um sich der Verarbeitung bewusst zu sein und deren Rechtmäßigkeit überprüfen zu können. Dies schließt das Recht betroffene Personen auf Auskunft über ihre eigenen gesundheitsbezogenen Daten ein, etwa Daten in ihren Patientenakten, die Informationen wie beispielsweise Diagnosen, Untersuchungsergebnisse, Befunde der behandelnden Ärzte und Angaben zu Behandlungen oder Eingriffen enthalten. Jede betroffene Person sollte daher ein Anrecht darauf haben zu wissen und zu erfahren, insbesondere zu welchen Zwecken die personenbezogenen Daten verarbeitet werden und, wenn möglich, wie lange sie gespeichert werden, wer die Empfänger der personenbezogenen Daten sind, nach welcher Logik die automatische Verarbeitung personenbezogener Daten erfolgt und welche Folgen eine solche Verarbeitung haben kann, zumindest in Fällen, in denen die Verarbeitung auf Profiling beruht. Nach Möglichkeit sollte der Verantwortliche den Fernzugang zu einem sicheren System bereitstellen können, der der betroffenen Person direkten Zugang zu ihren personenbezogenen Daten ermöglichen würde. Dieses Recht sollte die Rechte und Freiheiten anderer Personen, etwa Geschäftsgeheimnisse oder Rechte des geistigen Eigentums und insbesondere das Urheberrecht an Software, nicht beeinträchtigen. Dies darf jedoch nicht dazu führen, dass der betroffenen Person jegliche Auskunft verweigert wird. Verarbeitet der Verantwortliche eine große Menge von Informationen über die betroffene Person, so sollte er verlangen können, dass die betroffene Person präzisiert, auf welche Information oder welche Verarbeitungsvorgänge sich ihr Auskunftsersuchen

경우에 그것은 기계해독이 가능해야(maschinenlesbar[24]) 한다.

(61) 정보주체에 관한 개인정보가 처리된다는 점(Dass sie betreffende personenbezogene Daten verarbeitet werden)은 정보주체에게 그 수집 당시에나, 만일 그 개인정보가 해당 정보주체에게서 아니라 그 밖의 출처에서 취득된 것이라면 구체적 개별사안에 따라 정해지는 적절한 기간 내에 통지되어야 한다. 개인정보가 적법하게 그 밖의 수령자에게 공개되어도 되는 경우에 정보주체는 이러한 수령자에 대한 개인정보 최초의 공개시에 그에 관하여 정보를 제공받아야 한다. 개인정보처리자가 정보가 수집된 목적 이외의 다른 목적으로 개인정보를 처리하려고 하는 경우에(Beabsichtigt der Verantwortliche, die personenbezogenen Daten für einen anderen Zweck zu verarbeiten als den, für den die Daten erhoben wurden), 그 개인정보처리자는 정보주체에게 추가처리 전에 이러한 다른 목적에 관한 정보와 그 밖의 필요한 정보를 제공해야 한다. 다양한 출처를 이용해서 해당 개인정보가 어디에서 유래한 것인지를 정보주체에게 알릴 수 없을 경우에는, 그 알림은 보편적(普遍的) 방법으로 행해져야 한다(so sollte die Unterrichtung allgemein gehalten werden).

(62) 하지만 해당 정보주체가 그 정보를 이미 가지고 있는 경우, 개인정보의 저장 또는 공개가 법규정으로 명시적으로 규정된 경우, 정보주체에 대한 알림이 불가능한 것으로 증명된 경우 또는 그에 과도한 비용이 발생하는 경우(wenn sich die Unterrichtung der betroffenen Person als unmöglich erweist oder mit unverhältnismäßig hohem Aufwand verbunden ist)에는 정보를 제공할 의무는 발생하지 아니한다. 공익(公益)에 관련된 자료보관목적, 과학적 또는 역사적 연구목적이나 통계목적을 위한 그 처리가, 특히 후자에 해당할 수 있을 것이다. 이 경우 정보주체의 수, 개인정보의 연령 또는 어떤 적합한 안전성확보조치(die Zahl der betroffenen Personen, das Alter der Daten oder etwaige geeignete Garantien)가 판단근거로서 고려되어야 한다.

(63) 정보주체는 자신에 관하여 수집된 개인정보에 대한 접근권(Auskunftsrecht[25])을 향유해야 하고, 해당 처리의 적법성을 인식한 다음 이를 확인하기 위하여(um sich der Verarbeitung bewusst zu sein und deren Rechtmäßigkeit überprüfen zu können) 이러한 권리를 쉽게 적절한 간격으로 행사할 수 있다. 자신의 고유한 건강관련정보, 예컨대, 진단(診斷; Diagnosen), 진찰결과(診察結果; Untersuchungsergebnisse), 주치의(主治醫) 소견(所見)(Befunde der behandelnden Ärzte) 그리고 진료 또는 침습행위에 관한 사항과 같은 정보가 담긴 자신의 진료기록부(診療記錄簿; Patientenakten)상의 정보에 관한 정보주체의 접근권(接近權)이 이에 포함된다. 그러므로 각 정보주체는, 특히 어떤 목적으로 개인정보가 처리되고, 가능하다면, 개인정보가 얼마동안 저장되며 개인정보의 수령인이 누구이며, 어떤 로직(Logik)에 따라 개인정보의 자동적 처리가 행해지며, 적어도 프로파일링에 기하여 정보가 처리되는 경우에는 그러한 처리가 어떤 결과를 가져올 수 있는지(nach welcher Logik die automatische Verarbeitung personenbezogener Daten erfolgt)에 관하여 알 권리와 정보를 제공받을 권리를 향유한다. 가능하다면, 개인정보처리자는 보안시스템에 대한 원격접근(Fernzugang)으로, 정보주체가 자신의 개인정보에 대한 직접적 접근을 할 수 있는 원격접근을 제공할 수 있어야 한다. 이러한 권리는 타인의 권리 및 자유, 가령 사업비밀(Geschäftsgeheimnisse) 또는 지식재산권(Rechte des geistigen Eigentums)과 특히 소프트웨어저작권(das Urheberrecht an Software)을 침해해서는 아니된다. 그럼에도 이로 인하여 정보주체에 대하여 모든 정보제공이 거부되는(dass der betroffenen Person jegliche Auskunft verweigert wird) 결과를 초래해서는 아니된다. 개인정보처리자가 정보주체에 관한 대량의 정보를 처리하는 경우에, 그 개인정보처리자는, 자신이 정보주체에게 정보를 제공하기 전에, 정보주체의 정보제공요구가 어떤 정보 또는 정보처리작업에 관련된 것인지를 밝히도록(dass die betroffene Person präzisiert, auf welche Information oder welche Verarbeitungsvorgänge sich ihr

bezieht, bevor er ihr Auskunft erteilt.

(64) Der Verantwortliche sollte alle vertretbaren Mittel nutzen, um die Identität einer Auskunft suchenden betroffenen Person zu überprüfen, insbesondere im Rahmen von Online-Diensten und im Fall von Online-Kennungen. Ein Verantwortlicher sollte personenbezogene Daten nicht allein zu dem Zweck speichern, auf mögliche Auskunftsersuchen reagieren zu können.

(65) Eine betroffene Person sollte ein Recht auf Berichtigung der sie betreffenden personenbezogenen Daten besitzen sowie ein "Recht auf Vergessenwerden", wenn die Speicherung ihrer Daten gegen diese Verordnung oder gegen das Unionsrecht oder das Recht der Mitgliedstaaten, dem der Verantwortliche unterliegt, verstößt. Insbesondere sollten betroffene Personen Anspruch darauf haben, dass ihre personenbezogenen Daten gelöscht und nicht mehr verarbeitet werden, wenn die personenbezogenen Daten hinsichtlich der Zwecke, für die sie erhoben bzw. anderweitig verarbeitet wurden, nicht mehr benötigt werden, wenn die betroffenen Personen ihre Einwilligung in die Verarbeitung widerrufen oder Widerspruch gegen die Verarbeitung der sie betreffenden personenbezogenen Daten eingelegt haben oder wenn die Verarbeitung ihrer personenbezogenen Daten aus anderen Gründen gegen diese Verordnung verstößt. Dieses Recht ist insbesondere wichtig in Fällen, in denen die betroffene Person ihre Einwilligung noch im Kindesalter gegeben hat und insofern die mit der Verarbeitung verbundenen Gefahren nicht in vollem Umfang absehen konnte und die personenbezogenen Daten — insbesondere die im Internet gespeicherten — später löschen möchte. Die betroffene Person sollte dieses Recht auch dann ausüben können, wenn sie kein Kind mehr ist. Die weitere Speicherung der personenbezogenen Daten sollte jedoch rechtmäßig sein, wenn dies für die Ausübung des Rechts auf freie Meinungsäußerung und Information, zur Erfüllung einer rechtlichen Verpflichtung, für die Wahrnehmung einer Aufgabe, die im öffentlichen Interesse liegt oder in Ausübung öffentlicher Gewalt erfolgt, die dem Verantwortlichen übertragen wurde, aus Gründen des öffentlichen Interesses im Bereich der öffentlichen Gesundheit, für im öffentlichen Interesse liegende Archivzwecke, zu wissenschaftlichen oder historischen Forschungszwecken oder zu statistischen Zwecken oder zur Geltendmachung, Ausübung oder Verteidigung von Rechtsansprüchen erforderlich ist.

(66) Um dem "Recht auf Vergessenwerden" im Netz mehr Geltung zu verschaffen, sollte das Recht auf Löschung ausgeweitet werden, indem ein Verantwortlicher, der die personenbezogenen Daten öffentlich gemacht hat, verpflichtet wird, den Verantwortlichen, die diese personenbezogenen Daten verarbeiten, mitzuteilen, alle Links zu diesen personenbezogenen Daten oder Kopien oder Replikationen der personenbezogenen Daten zu löschen. Dabei sollte der Verantwortliche, unter Berücksichtigung der verfügbaren Technologien und der ihm zur Verfügung stehenden Mittel, angemessene Maßnahmen — auch technischer Art — treffen, um die Verantwortlichen, die diese personenbezogenen Daten verarbeiten, über den Antrag der betroffenen Person zu informieren.

(67) Methoden zur Beschränkung der Verarbeitung personenbezogener Daten könnten unter anderem darin bestehen, dass ausgewählte personenbezogenen Daten vorübergehend auf ein anderes Verarbeitungssystem übertragen werden, dass sie für Nutzer gesperrt werden oder dass veröffentliche Daten vorübergehend von einer Website entfernt werden. In automatisierten Dateisystemen sollte die Einschränkung der Verarbeitung grundsätzlich durch technische Mittel so erfolgen, dass die

Auskunftsersuchen bezieht) 요구할 수 있다.

(64) 개인정보처리자는, 정보제공을 요구하는 정보주체의 신원(身元)을 확인하기 위한 합리적 제반 수단을 사용해야 하고, 특히 온라인서비스의 제공의 경우와 온라인식별자의 경우에는(insbesondere im Rahmen von Online-Diensten und im Fall von Online-Kennungen) 그러해야 한다. 개인정보처리자는, 단지 있을 수 있는 정보제공요구에 대응하기 위한 목적만을 위하여 저장해서는 아니된다.

(65) 정보주체의 개인정보 보유(Speicherung)가 본 법(法)이나, 개인정보처리자가 적용받는, 유럽연합법 또는 회원국법에 위반하는 경우에는 정보주체는 자신에 관한 개인정보에 대한 정정요구권(ein Recht auf Berichtigung)과 "잊을 권리(Recht auf Vergessenwerden)"를 향유해야 한다. 특히, 개인정보가 수집되거나 그 밖에 처리 목적에 관련하여 개인정보가 더 이상 필요하지 않은 경우, 정보주체가 해당 처리에 관한 자신의 동의를 철회하는 경우, 정보주체에 관한 개인정보의 처리에 대한 반대가 제출된 경우나 정보주체의 개인정보 처리가 그 밖의 이유에서 본 법(法)에 위반되는 경우(Widerspruch gegen die Verarbeitung der sie betreffenden personenbezogenen Daten eingelegt haben oder wenn die Verarbeitung ihrer personenbezogenen Daten aus anderen Gründen gegen diese Verordnung verstößt)에는, 정보주체가 자신의 개인정보가 삭제되어 더 이상 처리되지 않도록 요구하는 청구권을 향유해야 한다. 정보주체가 아동일 때 자신의 동의를 한 경우, 그 처리로 발생한 위험(危險)를 충분히 예견할 수 없는 경우, 또는 개인정보, 특히 인터넷에 저장된 개인정보가 나중에 삭제되기를 원하는 경우(die personenbezogenen Daten — insbesondere die im Internet gespeicherten — später löschen möchte)에 이러한 권리는 특히 중요하다. 정보주체가 자신이 더 이상 아동이 아닌 경우에도 이러한 권리를 행사할 수 있어야 한다. 그럼에도 이것이 자유로운 표현 및 정보에 관한 권리의 행사하는 데에 필요하거나, 법적 의무의 이행에 필요하거나, 공익(公益)에 관련되거나 개인정보처리자에게 부여된 공적 권한의 행사를 위한 임무 수행으로, 공중 보건의 분야에서의 공익(公益)상의 이유에 기한 임무 수행(für die Wahrnehmung einer Aufgabe, die im öffentlichen Interesse liegt oder in Ausübung öffentlicher Gewalt erfolgt, die dem Verantwortlichen übertragen wurde, aus Gründen des öffentlichen Interesses im Bereich der öffentlichen Gesundheit)에 필요하거나, 공익(公益)에 속하는 자료보관목적, 과학적 또는 역사적 연구목적이나 통계목적에 필요하거나 법적청구권의 증명(Geltendmachung), 행사 또는 방어에 필요한 경우에는 그 개인정보의 추가적(追加的) 보유는 적법한 것이다.

(66) 네크워크 내(im Netz[26])에서의 "잊을 권리"를 강화하기 위하여, 개인정보를 공개한 개인정보처리자가, 그 개인정보를 처리하고 있는 개인정보처리자에게 그 개인정보에 대한 모든 링크(Links)나 그 개인정보의 사본 또는 복제본을 삭제하도록(alle Links zu diesen personenbezogenen Daten oder Kopien oder Replikationen der personenbezogenen Daten zu löschen) 통지하는 것을 통하여 삭제요구권이 확대되어야 한다. 이 경우 개인정보처리자는 이용할 수 있는 과학기술과 자신이 보유하는 수단을 고려하여, 이러한 개인정보를 처리한 개인정보처리자에게 정보주체의 요구에 관하여 알리기 위하여(um die Verantwortlichen, die diese personenbezogenen Daten verarbeiten, über den Antrag der betroffenen Person zu informieren), 기술적 조치를 포함하여(auch technischer Art) 적절한 조치를 취해야 한다.

(67) 선택된 개인정보가 일시적으로 다른 처리시스템으로 이전되는 것, 그 정보가 이용자에게 차단되는 것이나 게재된 개인정보가 일시적으로 웹사이트에서 차단되는 것(dass sie für Nutzer gesperrt werden oder dass veröffentliche Daten vorübergehend von einer Website entfernt werden)은 개인정보 처리의 제한 방법에 해당한다. 자동화된 파일링시스템에서 그 처리의 제한은 원칙적으로, 개인정보를 어떤 식으로든지 추가적으로 처리할 수 없고 변경할 수 없는(dass die personenbezogenen Daten in keiner Weise

personenbezogenen Daten in keiner Weise weiterverarbeitet werden und nicht verändert werden können. Auf die Tatsache, dass die Verarbeitung der personenbezogenen Daten beschränkt wurde, sollte in dem System unmissverständlich hingewiesen werden.

(68) Um im Fall der Verarbeitung personenbezogener Daten mit automatischen Mitteln eine bessere Kontrolle über die eigenen Daten zu haben, sollte die betroffene Person außerdem berechtigt sein, die sie betreffenden personenbezogenen Daten, die sie einem Verantwortlichen bereitgestellt hat, in einem strukturierten, gängigen, maschinenlesbaren und interoperablen Format zu erhalten und sie einem anderen Verantwortlichen zu übermitteln. Die Verantwortlichen sollten dazu aufgefordert werden, interoperable Formate zu entwickeln, die die Datenübertragbarkeit ermöglichen. Dieses Recht sollte dann gelten, wenn die betroffene Person die personenbezogenen Daten mit ihrer Einwilligung zur Verfügung gestellt hat oder die Verarbeitung zur Erfüllung eines Vertrags erforderlich ist. Es sollte nicht gelten, wenn die Verarbeitung auf einer anderen Rechtsgrundlage als ihrer Einwilligung oder eines Vertrags erfolgt. Dieses Recht sollte naturgemäß nicht gegen Verantwortliche ausgeübt werden, die personenbezogenen Daten in Erfüllung ihrer öffentlichen Aufgaben verarbeiten. Es sollte daher nicht gelten, wenn die Verarbeitung der personenbezogenen Daten zur Erfüllung einer rechtlichen Verpflichtung, der der Verantwortliche unterliegt, oder für die Wahrnehmung einer ihm übertragenen Aufgabe, die im öffentlichen Interesse liegt oder in Ausübung einer ihm übertragenen öffentlichen Gewalt erfolgt, erforderlich ist. Das Recht der betroffenen Person, sie betreffende personenbezogene Daten zu übermitteln oder zu empfangen, sollte für den Verantwortlichen nicht die Pflicht begründen, technisch kompatible Datenverarbeitungssysteme zu übernehmen oder beizubehalten. Ist im Fall eines bestimmten Satzes personenbezogener Daten mehr als eine betroffene Person tangiert, so sollte das Recht auf Empfang der Daten die Grundrechte und Grundfreiheiten anderer betroffener Personen nach dieser Verordnung unberührt lassen. Dieses Recht sollte zudem das Recht der betroffenen Person auf Löschung ihrer personenbezogenen Daten und die Beschränkungen dieses Rechts gemäß dieser Verordnung nicht berühren und insbesondere nicht bedeuten, dass die Daten, die sich auf die betroffene Person beziehen und von ihr zur Erfüllung eines Vertrags zur Verfügung gestellt worden sind, gelöscht werden, soweit und solange diese personenbezogenen Daten für die Erfüllung des Vertrags notwendig sind. Soweit technisch machbar, sollte die betroffene Person das Recht haben, zu erwirken, dass die personenbezogenen Daten direkt von einem Verantwortlichen einem anderen Verantwortlichen übermittelt werden.

(69) Dürfen die personenbezogenen Daten möglicherweise rechtmäßig verarbeitet werden, weil die Verarbeitung für die Wahrnehmung einer Aufgabe, die im öffentlichen Interesse liegt oder in Ausübung öffentlicher Gewalt — die dem Verantwortlichen übertragen wurde, — oder aufgrund des berechtigten Interesses des Verantwortlichen oder eines Dritten erforderlich ist, sollte jede betroffene Person trotzdem das Recht haben, Widerspruch gegen die Verarbeitung der sich aus ihrer besonderen Situation ergebenden personenbezogenen Daten einzulegen. Der für die Verarbeitung Verantwortliche sollte darlegen müssen, dass seine zwingenden berechtigten Interessen Vorrang vor den Interessen oder Grundrechten und Grundfreiheiten der betroffenen Person haben.

(70) Werden personenbezogene Daten verarbeitet, um Direktwerbung zu betreiben, so sollte die betroffene

weiterverarbeitet werden und nicht verändert werden können) 그러한 기술적 수단에 의해 행해져야 한다. 개인정보 처리가 제한되어 있다는 사실(Auf die Tatsache, dass die Verarbeitung der personenbezogenen Daten beschränkt wurde)은 그러한 시스템에서 분명하게 표시되어야 한다.

(68) 또한 정보주체는, 자동화된 수단[27]에 의한 개인정보 처리의 경우에 자신의 개인정보에 관한 통제를 제고하기 위하여(eine bessere Kontrolle über die eigenen Daten zu haben), 자신이 개인정보처리자에게 제공한 자신에 관한 개인정보를 체계적이고 통상적으로 사용되며 기계 해독(解讀)이 가능하고 상호호환이 되는 포맷[28]으로(in einem strukturierten, gängigen, maschinenlesbaren und interoperablen Format) 수령하고 이를 다른 개인정보처리자에게 이전할 권리를 갖는다. 개인정보처리자는 데이터이동(移動)을 가능하게 하는, 상호호완이 되는 포맷을 개발하도록 장려되어야 한다. 이러한 권리는, 정보주체가 개인정보 제공에 대하여 동의를 했거나(wenn die betroffene Person die personenbezogenen Daten mit ihrer Einwilligung zur Verfügung gestellt hat) 그 처리가 계약을 이행하는 데 필요한 경우에 적용된다. 그 처리가 정보주체의 동의나 계약 이외의 다른 법적 근거에 기하여 행해지는 경우에는 이는 적용되지 아니한다. 그러한 권리는 공적 임무 수행 도중에 개인정보를 처리하는 개인정보처리자에 대해서는 물론 행사되어서는 아니된다(Dieses Recht sollte naturgemäß nicht gegen Verantwortliche ausgeübt werden, die personenbezogenen Daten in Erfüllung ihrer öffentlichen Aufgaben verarbeiten). 그러므로 그 처리가, 개인정보처리자가 적용받는 법적 의무의 이행하는 데 필요하거나, 공익(公益)에 관련된 임무나 개인정보처리자에게 부여된 공적 권한의 행사를 위하여 행해지는 임무의 수행에 필요한 경우에는 적용하지 아니한다. 자신에 관한 개인정보를 이전하거나 수령할 정보주체의 권리(Das Recht der betroffenen Person, sie betreffende personenbezogene Daten zu übermitteln oder zu empfangen)로 인해 개인정보처리자가 기술적으로 호환되는 데이터처리시스템을 채택하거나 유지할 의무가 발생되지 아니된다. 어떠한 한 개인정보세트의 경우에 2명 이상의 정보주체가 관련된 때에는(Ist im Fall eines bestimmten Satzes personenbezogener Daten mehr als eine betroffene Person tangiert), 개인정보수령권으로 인해 본 법(法)에 따른 다른 정보주체의 기본권 및 자유가 영향을 받아서는 아니된다. 또한 이러한 권리로 정보주체의 자신의 개인정보삭제요구권과 본 법(法)에 따른 이러한 권리의 제한(das Recht der betroffenen Person auf Löschung ihrer personenbezogenen Daten und die Beschränkungen dieses Rechts gemäß dieser Verordnung)은 영향은 받지 아니하고 특히, 그러한 권리는 정보주체에 관련되고 정보주체가 계약의 이행을 위해 제공한 개인정보는, 이러한 개인정보가 그 계약의 이행하는 데 필요한 범위에서 또 그러한 동안에(soweit und solange diese personenbezogenen Daten für die Erfüllung des Vertrags notwendig sind)는 삭제된다는 것을 의미하지 않는다. 기술적으로 가능한 범위 내에서 정보주체는 개인정보가 어느 개인정보처리자에게서 다른 개인정보처리자에게 직접 이전되도록 하게 할 권리를 향유한다.

(69) 해당 처리가, ⅰ) 공익(公益)에 관련된 임무 수행에 필요하거나, ⅱ) 개인정보처리자에게 부여된 공적 권한 행사를 위하여 행해지는 임무 수행에 필요하거나, 또는 ⅲ) 개인정보처리자 또는 제3자의 정당한 이익에 기하여 필요하기 때문에, 개인정보가 적법하게 처리될 수 있는 경우에, 각 정보주체는 그럼에도 불구하고 자신의 특별한 사정에서 생겨난 개인정보의 처리에 대하여 반대할(Widerspruch gegen die Verarbeitung der sich aus ihrer besonderen Situation ergebenden personenbezogenen Daten einzulegen) 권리를 향유해야 한다. 해당 개인정보처리자는, 자신의 우월하고 정당한 이익이 정보주체의 이익 또는 기본권 및 자유보다 우선하다는 점(dass seine zwingenden berechtigten Interessen Vorrang vor den Interessen oder Grundrechten und Grundfreiheiten der betroffenen Person haben)을 밝혀야만 한다.

(70) 개인정보가 직접광고를 하기 위하여 처리되는 경우에 정보주체는, 언제든지 무상으로 그 개인정보가

Person jederzeit unentgeltlich insoweit Widerspruch gegen eine solche — ursprüngliche oder spätere — Verarbeitung einschließlich des Profilings einlegen können, als sie mit dieser Direktwerbung zusammenhängt. Die betroffene Person sollte ausdrücklich auf dieses Recht hingewiesen werden; dieser Hinweis sollte in einer verständlichen und von anderen Informationen getrennten Form erfolgen.

(71) Die betroffene Person sollte das Recht haben, keiner Entscheidung — was eine Maßnahme einschließen kann — zur Bewertung von sie betreffenden persönlichen Aspekten unterworfen zu werden, die ausschließlich auf einer automatisierten Verarbeitung beruht und die rechtliche Wirkung für die betroffene Person entfaltet oder sie in ähnlicher Weise erheblich beeinträchtigt, wie die automatische Ablehnung eines Online-Kreditantrags oder Online-Einstellungsverfahren ohne jegliches menschliche Eingreifen. Zu einer derartigen Verarbeitung zählt auch das "Profiling", das in jeglicher Form automatisierter Verarbeitung personenbezogener Daten unter Bewertung der persönlichen Aspekte in Bezug auf eine natürliche Person besteht, insbesondere zur Analyse oder Prognose von Aspekten bezüglich Arbeitsleistung, wirtschaftliche Lage, Gesundheit, persönliche Vorlieben oder Interessen, Zuverlässigkeit oder Verhalten, Aufenthaltsort oder Ortswechsel der betroffenen Person, soweit dies rechtliche Wirkung für die betroffene Person entfaltet oder sie in ähnlicher Weise erheblich beeinträchtigt. Eine auf einer derartigen Verarbeitung, einschließlich des Profilings, beruhende Entscheidungsfindung sollte allerdings erlaubt sein, wenn dies nach dem Unionsrecht oder dem Recht der Mitgliedstaaten, dem der für die Verarbeitung Verantwortliche unterliegt, ausdrücklich zulässig ist, auch um im Einklang mit den Vorschriften, Standards und Empfehlungen der Institutionen der Union oder der nationalen Aufsichtsgremien Betrug und Steuerhinterziehung zu überwachen und zu verhindern und die Sicherheit und Zuverlässigkeit eines von dem Verantwortlichen bereitgestellten Dienstes zu gewährleisten, oder wenn dies für den Abschluss oder die Erfüllung eines Vertrags zwischen der betroffenen Person und einem Verantwortlichen erforderlich ist oder wenn die betroffene Person ihre ausdrückliche Einwilligung hierzu erteilt hat. In jedem Fall sollte eine solche Verarbeitung mit angemessenen Garantien verbunden sein, einschließlich der spezifischen Unterrichtung der betroffenen Person und des Anspruchs auf direktes Eingreifen einer Person, auf Darlegung des eigenen Standpunkts, auf Erläuterung der nach einer entsprechenden Bewertung getroffenen Entscheidung sowie des Rechts auf Anfechtung der Entscheidung. Diese Maßnahme sollte kein Kind betreffen.

Um unter Berücksichtigung der besonderen Umstände und Rahmenbedingungen, unter denen die personenbezogenen Daten verarbeitet werden, der betroffenen Person gegenüber eine faire und transparente Verarbeitung zu gewährleisten, sollte der für die Verarbeitung Verantwortliche geeignete mathematische oder statistische Verfahren für das Profiling verwenden, technische und organisatorische Maßnahmen treffen, mit denen in geeigneter Weise insbesondere sichergestellt wird, dass Faktoren, die zu unrichtigen personenbezogenen Daten führen, korrigiert werden und das Risiko von Fehlern minimiert wird, und personenbezogene Daten in einer Weise sichern, dass den potenziellen Bedrohungen für die Interessen und Rechte der betroffenen Person Rechnung getragen wird und mit denen verhindert wird, dass es gegenüber natürlichen Personen aufgrund von Rasse, ethnischer Herkunft, politischer Meinung, Religion oder Weltanschauung, Gewerkschaftszugehörigkeit, genetischer Anlagen oder Gesundheitszustand sowie sexueller Orientierung zu diskriminierenden Wirkungen oder zu Maßnahmen kommt, die eine solche Wirkung haben. Automatisierte Entscheidungsfindung und Profiling auf der

직접광고에 관련되는 범위 내에서, 프로파일링을 포함하여 당초의 그러한 처리나 나중의 그러한 처리에 대하여 반대할 수 있어야 한다. 정보주체는 구체적으로 그러한 권리에 대하여 안내를 받아야 한다; 이러한 안내는 이해하기 쉽고 다른 정보와 구분되는 형식으로(in einer verständlichen und von anderen Informationen getrennten Form) 행해져야 한다.

(71) 정보주체는, 조치를 포함할 수 있는 결정, 즉 정보주체에 관련된 개인의 측면(側面)의 평가를 위한 결정으로, 어떤 인간의 관여도 없는, 온라인 여신신청 또는 온라인 채용절차의 자동 거부와 같이(wie die automatische Ablehnung eines Online-Kreditantrags oder Online-Einstellungsverfahren ohne jegliches menschliche Eingreifen), 오로지 자동화된 처리에 근거하고 정보주체에 대한 '법적 효과를 발생'시키거나 이와 유사하게 중대하게 정보주체에 영향을 끼치는 결정을 적용받지 않을 권리를 향유해야 한다. 자연인에 관한 '개인적 측면(側面)'을 평가하는 '모든 형태의 자동화된 개인정보 처리', 특히 정보주체의, 근무실적(Arbeitsleistung), 경제적 상태(wirtschaftlichen Lage), 건강, 개인적 선호(persönlichen Vorlieben) 또는 관심사(Interessen), 신용도(Zuverlässigkeit), 행태, 체류장소(Aufenthaltsorte) 또는 장소이동(Ortswechsel)에 관한 측면의 분석 또는 예측하기 위한 '모든 형태의 자동화된 개인정보 처리'에 해당하는 "프로파일링"도, 정보주체에게 법적 효과를 발생시키거나 정보주체에게 이와 유사하게 중대하게 영향을 끼치는 경우에 범위 내에서 그러한 처리에 속한다. 유럽연합의 기관 또는 회원국 감독기구의 규정, 표준 및 권고에 따라, 사기 또는 조세포탈을 감시하고 방지하며 개인정보처리자가 제공한 서비스의 보안 및 신뢰도를 보장하기 위한 경우도 포함하여, 이것이 해당 개인정보처리자에 적용되는 유럽연합법 또는 회원국법이 명시적으로 허용된 경우나, 이것이 정보주체와 개인정보처리자 간의 계약의 체결 또는 이행에 필요한 경우 또는 정보주체가 이에 관하여 명시적으로 동의를 한 경우에(wenn dies für den Abschluss oder die Erfüllung eines Vertrags zwischen der betroffenen Person und einem Verantwortlichen erforderlich ist oder wenn die betroffene Person ihre ausdrückliche Einwilligung hierzu erteilt hat)는 프로파일링을 포함하여 그 자동화된 처리에 근거한 의사결정(Entscheidungsfindung)은 허용된다. 어떤 경우라도, 정보주체에 대한 특별한 알림, 사람의 직접개입요구권, 정보주체 자신의 의견진술권, 관련 평가 후 취해진 결정에 대한 설명요구권 그리고 결정취소요구권을 포함하여(einschließlich der spezifischen Unterrichtung der betroffenen Person und des Anspruchs auf direktes Eingreifen einer Person, auf Darlegung des eigenen Standpunkts, auf Erläuterung der nach einer entsprechenden Bewertung getroffenen Entscheidung sowie des Rechts auf Anfechtung der Entscheidung), 적절한 안전성확보조치(angemessenen Garantien)가 그러한 처리에 갖춰져야 한다. 이러한 것들은 아동에 관한 것이어서는 아니된다.

개인정보가 처리되는 구체적 상황 및 배경(Rahmenbedingungen[29]))을 고려했을 때, 정보주체에게 공정하고 투명한 처리를 보장해 주기 위하여, ①) 해당 개인정보처리자는 프로파일링에 대한 적합한 수학적 또는 통계적 절차를 사용해야 하고, ②-ⅰ) 특히 부정확한 개인정보를 가져오는 요소가 시정되고 오류의 위험이 최소화되도록(dass Faktoren, die zu unrichtigen personenbezogenen Daten führen, korrigiert werden und das Risiko von Fehlern minimiert wird) 적절하게 보장해 주고, ②-ⅱ) 정보주체의 이익 및 권리에 대한 잠재적 위협을 고려하는 방법으로 개인정보의 보안을 확보해 주며, ②-ⅲ) 인종, 민족적 출신, 정치적 견해, 종교 또는 세계관, 노동조합소속, 유전적 형질 또는 건강상태 그리고 성적지향에 기하여 자연인에 대한 차별적 효과에 이르거나 그러한 차별적 효과가 있는 조치에 이르는 것을 방지해 주는(mit denen verhindert wird, dass es gegenüber natürlichen Personen aufgrund von Rasse, ethnischer Herkunft, politischer Meinung, Religion oder Weltanschauung, Gewerkschaftszugehörigkeit, genetischer Anlagen oder Gesundheitszustand sowie sexueller Orientierung zu diskriminierenden Wirkungen oder zu Maßnahmen kommt, die eine solche Wirkung haben), 기술적·관리적[30]) 조치를 취해야 한다. 특수한 범

주의 Grundlage besonderer Kategorien von personenbezogenen Daten sollten nur unter bestimmten Bedingungen erlaubt sein.

(72) Das Profiling unterliegt den Vorschriften dieser Verordnung für die Verarbeitung personenbezogener Daten, wie etwa die Rechtsgrundlage für die Verarbeitung oder die Datenschutzgrundsätze. Der durch diese Verordnung eingerichtete Europäische Datenschutzausschuss (im Folgenden "Ausschuss") sollte, diesbezüglich Leitlinien herausgeben können.

(73) Im Recht der Union oder der Mitgliedstaaten können Beschränkungen hinsichtlich bestimmter Grundsätze und hinsichtlich des Rechts auf Unterrichtung, Auskunft zu und Berichtigung oder Löschung personenbezogener Daten, des Rechts auf Datenübertragbarkeit und Widerspruch, Entscheidungen, die auf der Erstellung von Profilen beruhen, sowie Mitteilungen über eine Verletzung des Schutzes personenbezogener Daten an eine betroffene Person und bestimmten damit zusammenhängenden Pflichten der Verantwortlichen vorgesehen werden, soweit dies in einer demokratischen Gesellschaft notwendig und verhältnismäßig ist, um die öffentliche Sicherheit aufrechtzuerhalten, wozu unter anderem der Schutz von Menschenleben insbesondere bei Naturkatastrophen oder vom Menschen verursachten Katastrophen, die Verhütung, Aufdeckung und Verfolgung von Straftaten oder die Strafvollstreckung — was auch den Schutz vor und die Abwehr von Gefahren für die öffentliche Sicherheit einschließt — oder die Verhütung, Aufdeckung und Verfolgung von Verstößen gegen Berufsstandsregeln bei reglementierten Berufen, das Führen öffentlicher Register aus Gründen des allgemeinen öffentlichen Interesses sowie die Weiterverarbeitung von archivierten personenbezogenen Daten zur Bereitstellung spezifischer Informationen im Zusammenhang mit dem politischen Verhalten unter ehemaligen totalitären Regimen gehört, und zum Schutz sonstiger wichtiger Ziele des allgemeinen öffentlichen Interesses der Union oder eines Mitgliedstaats, etwa wichtige wirtschaftliche oder finanzielle Interessen, oder die betroffene Person und die Rechte und Freiheiten anderer Personen, einschließlich in den Bereichen soziale Sicherheit, öffentliche Gesundheit und humanitäre Hilfe, zu schützen. Diese Beschränkungen sollten mit der Charta und mit der Europäischen Konvention zum Schutz der Menschenrechte und Grundfreiheiten im Einklang stehen.

(74) Die Verantwortung und Haftung des Verantwortlichen für jedwede Verarbeitung personenbezogener Daten, die durch ihn oder in seinem Namen erfolgt, sollte geregelt werden. Insbesondere sollte der Verantwortliche geeignete und wirksame Maßnahmen treffen müssen und nachweisen können, dass die Verarbeitungstätigkeiten im Einklang mit dieser Verordnung stehen und die Maßnahmen auch wirksam sind. Dabei sollte er die Art, den Umfang, die Umstände und die Zwecke der Verarbeitung und das Risiko für die Rechte und Freiheiten natürlicher Personen berücksichtigen.

(75) Die Risiken für die Rechte und Freiheiten natürlicher Personen — mit unterschiedlicher Eintrittswahrscheinlichkeit und Schwere — können aus einer Verarbeitung personenbezogener Daten hervorgehen, die zu einem physischen, materiellen oder immateriellen Schaden führen könnte, insbesondere wenn die Verarbeitung zu einer Diskriminierung, einem Identitätsdiebstahl oder -betrug, einem finanziellen Verlust, einer Rufschädigung, einem Verlust der Vertraulichkeit von dem Berufsgeheimnis unterliegenden personenbezogenen Daten, der unbefugten Aufhebung der Pseudonymisierung oder anderen erheblichen wirtschaftlichen oder gesellschaftlichen Nachteilen führen

개인정보에 기한, 자동화된 의사결정 및 프로파일링은 특정한 요건하에서만(nur unter bestimmten Bedingungen) 허용되어야 한다.

(72) 프로파일링은 개인정보 처리에 있어, 가령 처리에 대한 법적 근거나 개인정보보호원칙과 같은 본 법(法)의 규정을 적용받는다. 본 법(法)에 의해 설치된 유럽연합개인정보보호위원회[31](Der durch diese Verordnung eingerichtete Europäische Datenschutzausschuss)(이하 '유럽정보보호위원회')은 이와 관련하여 가이드라인(Leitlinien)을 발령할 수 있다.

(73) 이것이 민주사회에서 무엇보다도, ①- ⅰ) 자연재해 또는 인간에 의해 야기된 재해에서의 인간의 생존 보호, ⅱ) 범죄의 예방, 적발 또는 기소나 형집행(이에는 공공의 안녕에 대한 위험으로부터 보호와 그 위해의 방지도 포함됨), ⅲ) 규제를 받는 직업에서의 직업표준윤리에 대한 위반의 예방, 적발 및 소추, ⅳ) 일반적 공익(公益)상의 이유에서 기한 공적등록부의 관리, ⅴ) 이전의 전제체제하에서의 정치적 행태에 관한 특수한 정보의 제공을 위한, 자료보관목적의 개인정보의 추가처리(die Weiterverarbeitung von archivierten personenbezogenen Daten zur Bereitstellung spezifischer Informationen im Zusammenhang mit dem politischen Verhalten unter ehemaligen totalitären Regimen)가 포함되는, 공공의 안녕을 유지하는 데에 필수적이고 또 비례적인 범위 내에서, 또한 ② 또한 가령, 중요한 경제적 또는 재정적 이익과 같은, 유럽연합 또는 회원국의 일반적 공익(公益)에 속하는 기타 중대한 목표를 지키거나, ③ 사회보장, 공중보건과 인도적 지원의 분야를 포함하여 정보주체와 타인의 권리 및 자유를 보호하는 데에 필수적이고 비례적인 범위 내에서(zum Schutz sonstiger wichtiger Ziele des allgemeinen öffentlichen Interesses der Union oder eines Mitgliedstaats, etwa wichtige wirtschaftliche oder finanzielle Interessen, oder die betroffene Person und die Rechte und Freiheiten anderer Personen, einschließlich in den Bereichen soziale Sicherheit, öffentliche Gesundheit und humanitäre Hilfe, zu schützen), 특정한 원칙에 관한 제한(制限), 정보제공을 받을 권리[32](des Rechts auf Unterrichtung), 개인정보에 대한 접근권, 개인정보의 정정 또는 삭제의 요구권 또는 데이터이동권에 대한 각 제한(制限)과, 프로파일링의 작성에 기한 결정에 대한 반대권, 정보주체에 대한 개인정보 침해에 관한 통지에 대한 반대권, 그리고 이와 관련된 개인정보처리자의 어떤 의무에 대한 반대권에 대한 각 제한(制限)을 유럽연합법 또는 회원국법으로 규정할 수 있다. 이러한 제한들은 기본권헌장과 부합해야 하고 인권 및 자유의 보호에 관한 유럽연합조약과 부합해야 한다.

(74) 개인정보처리자가 행하거나 그 이름으로 행해지는, 각각의 개인정보 처리에 대한 개인정보처리자의 책임과 의무가 규정되어야 한다. 특히 개인정보처리자는 적절하고 효과적인 조치를 취해야만 하고, 그 정보처리활동이 본 법(法)에 부합하고 그 조치도 효과적다는 점을 증명할 수 있어야 한다. 이 경우 개인정보처리자는, 해당 처리의 성질, 범위, 배경 및 목적과, 자연인의 권리 및 자유에 대한 위험(die Art, den Umfang, die Umstände und die Zwecke der Verarbeitung und das Risiko für die Rechte und Freiheiten natürlicher Personen)을 고려해야 한다.

(75) 다양한 발생가능성 및 중대성(重大性; Schwere)를 지닌, 자연인의 권리 및 자유에 대한 위험은, 신체적, 재산적 또는 비재산적 손해(immateriellen Schaden)를 초래할 수도 있는 개인정보 처리에서 발생할 수 있고, 특히 ⅰ) 그 처리가 차별, 신원(身元)의 도용 또는 편취(Identitätsdiebstahl oder -betrug), 금전적 피해, 명예훼손, 직업상 비밀을 적용받는 개인정보에 대한 기밀성 침해, 가명처리의 무단 폐지 또는 그 밖의 경제적 또는 사회적 중대한 불이익을 초래할 수 있는 경우나, ⅱ) 정보주체가 자신의 권리 및 자유를 박탈당하거나 자신에 관한 개인정보에 대한 통제권(統制權)을 행사하지 못하는 경우(wenn die betroffenen Personen um ihre Rechte und Freiheiten gebracht oder daran gehindert werden, die sie betreffenden

kann, wenn die betroffenen Personen um ihre Rechte und Freiheiten gebracht oder daran gehindert werden, die sie betreffenden personenbezogenen Daten zu kontrollieren, wenn personenbezogene Daten, aus denen die rassische oder ethnische Herkunft, politische Meinungen, religiöse oder weltanschauliche Überzeugungen oder die Zugehörigkeit zu einer Gewerkschaft hervorgehen, und genetische Daten, Gesundheitsdaten oder das Sexualleben oder strafrechtliche Verurteilungen und Straftaten oder damit zusammenhängende Sicherungsmaßregeln betreffende Daten verarbeitet werden, wenn persönliche Aspekte bewertet werden, insbesondere wenn Aspekte, die die Arbeitsleistung, wirtschaftliche Lage, Gesundheit, persönliche Vorlieben oder Interessen, die Zuverlässigkeit oder das Verhalten, den Aufenthaltsort oder Ortswechsel betreffen, analysiert oder prognostiziert werden, um persönliche Profile zu erstellen oder zu nutzen, wenn personenbezogene Daten schutzbedürftiger natürlicher Personen, insbesondere Daten von Kindern, verarbeitet werden oder wenn die Verarbeitung eine große Menge personenbezogener Daten und eine große Anzahl von betroffenen Personen betrifft.

(77) Anleitungen, wie der Verantwortliche oder Auftragsverarbeiter geeignete Maßnahmen durchzuführen hat und wie die Einhaltung der Anforderungen nachzuweisen ist, insbesondere was die Ermittlung des mit der Verarbeitung verbundenen Risikos, dessen Abschätzung in Bezug auf Ursache, Art, Eintrittswahrscheinlichkeit und Schwere und die Festlegung bewährter Verfahren für dessen Eindämmung betrifft, könnten insbesondere in Form von genehmigten Verhaltensregeln, genehmigten Zertifizierungsverfahren, Leitlinien des Ausschusses oder Hinweisen eines Datenschutzbeauftragten gegeben werden. Der Ausschuss kann ferner Leitlinien für Verarbeitungsvorgänge ausgeben, bei denen davon auszugehen ist, dass sie kein hohes Risiko für die Rechte und Freiheiten natürlicher Personen mit sich bringen, und angeben, welche Abhilfemaßnahmen in diesen Fällen ausreichend sein können.

(78) Zum Schutz der in Bezug auf die Verarbeitung personenbezogener Daten bestehenden Rechte und Freiheiten natürlicher Personen ist es erforderlich, dass geeignete technische und organisatorische Maßnahmen getroffen werden, damit die Anforderungen dieser Verordnung erfüllt werden. Um die Einhaltung dieser Verordnung nachweisen zu können, sollte der Verantwortliche interne Strategien festlegen und Maßnahmen ergreifen, die insbesondere den Grundsätzen des Datenschutzes durch Technik (data protection by design) und durch datenschutzfreundliche Voreinstellungen (data protection by default) Genüge tun. Solche Maßnahmen könnten unter anderem darin bestehen, dass die Verarbeitung personenbezogener Daten minimiert wird, personenbezogene Daten so schnell wie möglich pseudonymisiert werden, Transparenz in Bezug auf die Funktionen und die Verarbeitung personenbezogener Daten hergestellt wird, der betroffenen Person ermöglicht wird, die Verarbeitung personenbezogener Daten zu überwachen, und der Verantwortliche in die Lage versetzt wird, Sicherheitsfunktionen zu schaffen und zu verbessern. In Bezug auf Entwicklung, Gestaltung, Auswahl und Nutzung von Anwendungen, Diensten und Produkten, die entweder auf der Verarbeitung von personenbezogenen Daten beruhen oder zur Erfüllung ihrer Aufgaben personenbezogene Daten verarbeiten, sollten die Hersteller der Produkte, Dienste und Anwendungen ermutigt werden, das Recht auf Datenschutz bei der Entwicklung und Gestaltung der Produkte, Dienste und Anwendungen zu berücksichtigen und unter gebührender Berücksichtigung des Stands der Technik sicherzustellen, dass die Verantwortlichen und die Verarbeiter in der Lage sind, ihren Datenschutzpflichten nachzukommen. Den Grundsätzen des Datenschutzes durch Technik und durch datenschutzfreundliche Voreinstellungen sollte

personenbezogenen Daten zu kontrollieren), iii) 인종적 또는 민족적 출신, 정치적 견해, 종교적 또는 세계관적 확신이나 노동조합소속이 드러나는 개인정보와, 유전자정보, 건강정보나 성생활, 형사유죄판결 및 범죄 또는 이와 관련된 보안처분에 관련된 정보가 처리되는 경우(wenn personenbezogene Daten, aus denen die rassische oder ethnische Herkunft, politische Meinungen, religiöse oder weltanschauliche Überzeugungen oder die Zugehörigkeit zu einer Gewerkschaft hervorgehen und genetische Daten, Gesundheitsdaten oder das Sexualleben oder strafrechtliche Verurteilungen und Straftaten oder damit zusammenhängende Sicherungsmaßregeln betreffende Daten verarbeitet werden), iv) 개인의 측면이 평가되는 경우, 특히 근무실적(Arbeitsleistung), 경제적 상태, 건강, 개인적 선호(persönlichen Vorlieben) 또는 관심사(Interessen), 신용도(Zuverlässigkeit), 행태, 체류장소(Aufenthaltsorte) 또는 장소이동(Ortswechsel)에 관한 사항이 개인 프로필을 작성하거나 이용하기 위하여 분석되거나 예측되는 경우, v) 보호받은 만한 자연인의 정보, 특히 아동에 관한 정보가 처리되는 경우나, vi) 그 처리가 대량의 개인정보와 또 다수의 정보주체에 관련된 경우에 그러한 위험이 발생할 수 있다.

(77) 개인정보 처리가 또는 수탁처리자가 어떻게 적절한 조치를 시행해야 하는지에 관한 '지침'과, 요구사항의 준수가 어떻게 증명되어야 하는지에 관한 '지침', 특히 해당 처리로 발생하는 위험의 평가(die Ermittlung des mit der Verarbeitung verbundenen Risikos), 원인, 성질, 발생가능성 및 중대성(重大性)에 관련한 위험의 평가와, 위험을 완화하기 위한 모범적 업무처리방식의 규정(die Festlegung bewährter Verfahren für dessen Eindämmung)에 관련된 '지침'은, 특히 유럽정보보호위원회의 승인된 '개인정보준칙[33](Verhaltensregeln)' 형식, 승인된 '인증절차(genehmigten Zertifizierungsverfahren)' 형식, '가이드라인' 형식이나 개인정보보호책임자의 '지시(指示; Hinweisen)'의 형식으로 마련될 수 있다. 또한 유럽정보보호위원회는 자연인의 권리 및 자유에 대한 고위험을 발생시키지 않는 것으로 인정되는 정보처리작업에 대한 지침을 제정할 있고, 또한 이러한 경우에 어떤 시정조치가 충분할 수 있는지를 지시할 수 있다.

(78) 개인정보 처리와 관련하여 성립한 자연인의 권리 및 자유를 보호하기 위하여, 적절한 기술적·관리적 조치(geeignete technische und organisatorische Maßnahmen)가 본 법(法)의 요구사항을 충족하도록 하여(damit die Anforderungen dieser Verordnung erfüllt werden) 취해질 필요가 있나. 본 법(法)의 준수를 증명할 수 있게 하기 위하여 개인정보처리자는 내부정책을 정한 다음, 특히 기술과 디폴트에 의한 개인정보보호 원칙[den Grundsätzen des Datenschutzes durch Technik (data protection by design) und durch datenschutzfreundliche Voreinstellungen (data protection by default)]을 충족시키는 조치를 취해야 한다. 무엇보다도 개인정보 처리가 최소화되고, 개인정보가 가능한 한 신속하게 가명처리되며 개인정보의 기능 및 처리와 관련한 투명성이 확보되며, 정보주체에게 해당 개인정보를 감시하도록 권한을 부여하며(der betroffenen Person ermöglicht wird, die Verarbeitung personenbezogener Daten zu überwachen), 개인정보처리자의 보안기능의 마련 및 개선을 가능하게 하는 것(der Verantwortliche in die Lage versetzt wird, Sicherheitsfunktionen zu schaffen und zu verbessern)이 그러한 조치에 해당한다. 상품, 서비스 및 애플리케이션의 생산자는, 개인정보 처리에 근거하거나 혹은 그 임무 수행을 위하여 개인정보를 처리하는, 애플리케이션, 서비스 및 상품의 개발(開發; Entwicklung), 설계(設計; Gestaltung), 선택(選擇; Auswahl) 및 이용(利用; Nutzung)에 관련하여, 상품, 서비스 및 애플리케이션의 개발과, 개발시 개인정보보호의 권리를 참작하고 기술 수준을 적절하게 고려하여 개인정보처리자, 프로세서[34](Verarbeiter)가 자신의 개인정보보호의무를 이행하는 것(das Recht auf Datenschutz bei der Entwicklung und Gestaltung der Produkte, Dienste und Anwendungen zu berücksichtigen und unter gebührender Berücksichtigung des Stands der Technik sicherzustellen, dass die Verantwortlichen und die Verarbeiter in der Lage sind, ihren Datenschutzpflichten nachzukommen)을 보장하도록 장려되어야 한다. 기술, 디폴트에 의한 개인정보보호

auch bei öffentlichen Ausschreibungen Rechnung getragen werden.

(79) Zum Schutz der Rechte und Freiheiten der betroffenen Personen sowie bezüglich der Verantwortung und Haftung der Verantwortlichen und der Auftragsverarbeiter bedarf es — auch mit Blick auf die Überwachungs- und sonstigen Maßnahmen von Aufsichtsbehörden — einer klaren Zuteilung der Verantwortlichkeiten durch diese Verordnung, einschließlich der Fälle, in denen ein Verantwortlicher die Verarbeitungszwecke und -mittel gemeinsam mit anderen Verantwortlichen festlegt oder ein Verarbeitungsvorgang im Auftrag eines Verantwortlichen durchgeführt wird.

(80) Jeder Verantwortliche oder Auftragsverarbeiter ohne Niederlassung in der Union, dessen Verarbeitungstätigkeiten sich auf betroffene Personen beziehen, die sich in der Union aufhalten, und dazu dienen, diesen Personen in der Union Waren oder Dienstleistungen anzubieten — unabhängig davon, ob von der betroffenen Person eine Zahlung verlangt wird — oder deren Verhalten, soweit dieses innerhalb der Union erfolgt, zu beobachten, sollte einen Vertreter benennen müssen, es sei denn, die Verarbeitung erfolgt gelegentlich, schließt nicht die umfangreiche Verarbeitung besonderer Kategorien personenbezogener Daten oder die Verarbeitung von personenbezogenen Daten über strafrechtliche Verurteilungen und Straftaten ein und bringt unter Berücksichtigung ihrer Art, ihrer Umstände, ihres Umfangs und ihrer Zwecke wahrscheinlich kein Risiko für die Rechte und Freiheiten natürlicher Personen mit sich oder bei dem Verantwortlichen handelt es sich um eine Behörde oder öffentliche Stelle. Der Vertreter sollte im Namen des Verantwortlichen oder des Auftragsverarbeiters tätig werden und den Aufsichtsbehörden als Anlaufstelle dienen. Der Verantwortliche oder der Auftragsverarbeiter sollte den Vertreter ausdrücklich bestellen und schriftlich beauftragen, in Bezug auf die ihm nach dieser Verordnung obliegenden Verpflichtungen an seiner Stelle zu handeln. Die Benennung eines solchen Vertreters berührt nicht die Verantwortung oder Haftung des Verantwortlichen oder des Auftragsverarbeiters nach Maßgabe dieser Verordnung. Ein solcher Vertreter sollte seine Aufgaben entsprechend dem Mandat des Verantwortlichen oder Auftragsverarbeiters ausführen und insbesondere mit den zuständigen Aufsichtsbehörden in Bezug auf Maßnahmen, die die Einhaltung dieser Verordnung sicherstellen sollen, zusammenarbeiten. Bei Verstößen des Verantwortlichen oder Auftragsverarbeiters sollte der bestellte Vertreter Durchsetzungsverfahren unterworfen werden.

(81) Damit die Anforderungen dieser Verordnung in Bezug auf die vom Auftragsverarbeiter im Namen des Verantwortlichen vorzunehmende Verarbeitung eingehalten werden, sollte ein Verantwortlicher, der einen Auftragsverarbeiter mit Verarbeitungstätigkeiten betrauen will, nur Auftragsverarbeiter heranziehen, die — insbesondere im Hinblick auf Fachwissen, Zuverlässigkeit und Ressourcen — hinreichende Garantien dafür bieten, dass technische und organisatorische Maßnahmen — auch für die Sicherheit der Verarbeitung — getroffen werden, die den Anforderungen dieser Verordnung genügen. Die Einhaltung genehmigter Verhaltensregeln oder eines genehmigten Zertifizierungsverfahrens durch einen Auftragsverarbeiter kann als Faktor herangezogen werden, um die Erfüllung der Pflichten des Verantwortlichen nachzuweisen. Die Durchführung einer Verarbeitung durch einen Auftragsverarbeiter sollte auf Grundlage eines Vertrags oder eines anderen Rechtsinstruments nach dem Recht der Union oder der Mitgliedstaaten erfolgen, der bzw. das den Auftragsverarbeiter an den Verantwortlichen bindet und in dem Gegenstand und Dauer der Verarbeitung, Art und Zwecke der Verarbeitung, die Art der

원칙은 공개입찰에서도 고려되어야 한다.

(79) 감독관청의 감시조치 및 기타 조치를 포함하여, 정보주체의 권리 및 자유를 보호와 개인정보처리자와 수탁처리자의 책임 및 의무에 관련하여(Zum Schutz der Rechte und Freiheiten der betroffenen Personen sowie bezüglich der Verantwortung und Haftung der Verantwortlichen und der Auftragsverarbeiter), 어느 개인정보처리자가 그 처리목적 및 처리수단을 다른 개인정보처리자와 공동으로 정하거나 정보처리작업이 어느 개인정보처리자의 위탁에 의하여 수행되는 경우를 포함하여, 그것은 본 법(法)에 의한 책임의 분명한 귀속을 필요로 한다.

(80) 유럽연합 내에 체류하고 있는 정보주체와 관련된 그 정보처리활동으로, 정보주체가 대가지급을 요구받았는지를 불문하고 이러한 자들에게 유럽연합 내에서 물품 또는 용역을 제공하기 위한 것이거나 유럽연합 내에서 행해지는 한 그러한 자의 행위를 감시하기 위한 그 정보처리활동을 하는, 유럽연합 내에 영업소를 두지 않은 모든 개인정보처리자 및 수탁처리자는 대리인을 지정해야 하고, 다만 ⅰ) 그 정보처리활동이 간헐적으로 행해지는 경우, ⅱ) 대규모의 특수한 범주의 개인정보 처리나 형사유죄판결 및 범죄에 관한 개인정보 처리를 포함하지 않아 그 성질, 배경, 범위 및 목적을 고려했을 때 자연인의 권리 및 자유에 관한 위험성을 야기할 가능성이 거의 없는 경우(schließt nicht die umfangreiche Verarbeitung besonderer Kategorien personenbezogener Daten oder die Verarbeitung von personenbezogenen Daten über strafrechtliche Verurteilungen und Straftaten ein und bringt unter Berücksichtigung ihrer Art, ihrer Umstände, ihres Umfangs und ihrer Zwecke wahrscheinlich kein Risiko für die Rechte und Freiheiten natürlicher Personen mit sich)나, ⅲ) 개인정보처리자가 관청 또는 공공기관(öffentliche Stelle[35]))에 해당하는 경우에는 그리하지 아니하다. 그 대리인은 개인정보처리자 또는 수탁처리자의 이름으로 활동해야 하고 감독관청에 대하여 연락담당자로서 기능해야 한다. 개인정보처리자 또는 수탁처리자는 대리인을 명시적으로 지정해야 하고 본 법(法)에 따라 자신에게 귀속된 의무와 관하여 대리를 하도록(an seiner Stelle zu handeln) 서면으로 위임을 해야 한다. 그러한 대리인의 지정은 개인정보처리자 또는 수탁처리자의 본 법(法)의 기준에 따른 책임과 의무에 영향을 미치지 아니한다. 그러한 대리인은 개인정보처리자 또는 수탁처리자의 위임에 따른 자신의 임무를 수행해야 하고, 특히 본 법(法)의 준수를 보장해야 하는 조치와 관련하여 소관감독관청과 협력해야 한다. 개인정보처리자 또는 수탁처리자의 그 규정의 위반의 경우에 지정된 대리인은 강제집행절차의 적용을 받아야 한다(Bei Verstößen des Verantwortlichen oder Auftragsverarbeiters sollte der bestellte Vertreter Durchsetzungsverfahren unterworfen werden).

(81) 수탁처리자가 개인정보처리자의 이름으로 행하는 처리에 관한 본 법(法)의 요구사항이 준수되도록 하기 위하여(Damit die Anforderungen dieser Verordnung in Bezug auf die vom Auftragsverarbeiter im Namen des Verantwortlichen vorzunehmende Verarbeitung eingehalten werden), 어느 수탁처리자에게 정보처리활동을 위탁하려고 하는 개인정보처리자는, 특히 전문지식, 신뢰성 및 자원에 관련하여(insbesondere im Hinblick auf Fachwissen, Zuverlässigkeit und Ressourcen), 처리의 보안성도 포함하여, 본 법(法)의 요구사항을 충족하는 기술적·관리적 조치를 취하는 데에 대한 충분한 안전성확보조치를 제공하는 수탁처리자만을 이용해야 한다. 수탁처리자가 한, 승인된 개인정보준칙 또는 인증절차의 준수는 개인정보처리자의 의무 이행을 증명하기 위한 요소로 이용될 수 있다. 수탁처리자에 의한 처리의 수행은, 수탁처리자와 개인정보처리자를 연결해 주고, 또 처리의 대상 및 기간, 처리의 성질 및 목적, 개인정보의 성질과 정보주체의 범주가 정해지는 계약이나 유럽연합법 또는 회원국법에 따른 그 밖의 그러한 법률행위에 기하여 행해져야 하고, 그러한 계약이나 기타 법률행위(Rechtsinstruments)에서, 예정된 처리에 있어서의 수탁처리자의 특별한 임무 및 의무와, 정보주체의 권리(權利) 및 자유(紫楡)에 대한 위험(危險)

personenbezogenen Daten und die Kategorien von betroffenen Personen festgelegt sind, wobei die besonderen Aufgaben und Pflichten des Auftragsverarbeiters bei der geplanten Verarbeitung und das Risiko für die Rechte und Freiheiten der betroffenen Person zu berücksichtigen sind. Der Verantwortliche und der Auftragsverarbeiter können entscheiden, ob sie einen individuellen Vertrag oder Standardvertragsklauseln verwenden, die entweder unmittelbar von der Kommission erlassen oder aber nach dem Kohärenzverfahren von einer Aufsichtsbehörde angenommen und dann von der Kommission erlassen wurden. Nach Beendigung der Verarbeitung im Namen des Verantwortlichen sollte der Auftragsverarbeiter die personenbezogenen Daten nach Wahl des Verantwortlichen entweder zurückgeben oder löschen, sofern nicht nach dem Recht der Union oder der Mitgliedstaaten, dem der Auftragsverarbeiter unterliegt, eine Verpflichtung zur Speicherung der personenbezogenen Daten besteht.

(82) Zum Nachweis der Einhaltung dieser Verordnung sollte der Verantwortliche oder der Auftragsverarbeiter ein Verzeichnis der Verarbeitungstätigkeiten, die seiner Zuständigkeit unterliegen, führen. Jeder Verantwortliche und jeder Auftragsverarbeiter sollte verpflichtet sein, mit der Aufsichtsbehörde zusammenzuarbeiten und dieser auf Anfrage das entsprechende Verzeichnis vorzulegen, damit die betreffenden Verarbeitungsvorgänge anhand dieser Verzeichnisse kontrolliert werden können.

(83) Zur Aufrechterhaltung der Sicherheit und zur Vorbeugung gegen eine gegen diese Verordnung verstoßende Verarbeitung sollte der Verantwortliche oder der Auftragsverarbeiter die mit der Verarbeitung verbundenen Risiken ermitteln und Maßnahmen zu ihrer Eindämmung, wie etwa eine Verschlüsselung, treffen. Diese Maßnahmen sollten unter Berücksichtigung des Stands der Technik und der Implementierungskosten ein Schutzniveau — auch hinsichtlich der Vertraulichkeit — gewährleisten, das den von der Verarbeitung ausgehenden Risiken und der Art der zu schützenden personenbezogenen Daten angemessen ist. Bei der Bewertung der Datensicherheitsrisiken sollten die mit der Verarbeitung personenbezogener Daten verbundenen Risiken berücksichtigt werden, wie etwa — ob unbeabsichtigt oder unrechtmäßig — Vernichtung, Verlust, Veränderung oder unbefugte Offenlegung von oder unbefugter Zugang zu personenbezogenen Daten, die übermittelt, gespeichert oder auf sonstige Weise verarbeitet wurden, insbesondere wenn dies zu einem physischen, materiellen oder immateriellen Schaden führen könnte.

(84) Damit diese Verordnung in Fällen, in denen die Verarbeitungsvorgänge wahrscheinlich ein hohes Risiko für die Rechte und Freiheiten natürlicher Personen mit sich bringen, besser eingehalten wird, sollte der Verantwortliche für die Durchführung einer Datenschutz-Folgenabschätzung, mit der insbesondere die Ursache, Art, Besonderheit und Schwere dieses Risikos evaluiert werden, verantwortlich sein. Die Ergebnisse der Abschätzung sollten berücksichtigt werden, wenn darüber entschieden wird, welche geeigneten Maßnahmen ergriffen werden müssen, um nachzuweisen, dass die Verarbeitung der personenbezogenen Daten mit dieser Verordnung in Einklang steht. Geht aus einer Datenschutz-Folgenabschätzung hervor, dass Verarbeitungsvorgänge ein hohes Risiko bergen, das der Verantwortliche nicht durch geeignete Maßnahmen in Bezug auf verfügbare Technik und Implementierungskosten eindämmen kann, so sollte die Aufsichtsbehörde vor der Verarbeitung konsultiert werden.

(85) Eine Verletzung des Schutzes personenbezogener Daten kann — wenn nicht rechtzeitig und

을 고려해야 한다. 개인정보처리자와 수탁처리자는, 자신들이 개별 계약이나, 유럽연합집행위원회가 직접 제정하거나, 아니면 법적용통일성추구절차에 따라 감독관청이 직접 제정한 후 유럽연합집행위원회가 채택한(die entweder unmittelbar von der Kommission erlassen oder aber nach dem Kohärenzverfahren von einer Aufsichtsbehörde angenommen und dann von der Kommission erlassen wurden) 표준계약조항을 사용할 것인지 여부를 결정할 수 있다. 수탁처리자가 적용받는, 유럽연합법 또는 회원국 법에 따라 개인정보저장의무가 발생하지 않는 한(sofern nicht nach dem Recht der Union oder der Mitgliedstaaten, dem der Auftragsverarbeiter unterliegt, eine Verpflichtung zur Speicherung der personenbezogenen Daten besteht), 개인정보처리자의 이름에 의한 처리 종료 후(Nach Beendigung der Verarbeitung im Namen des Verantwortlichen) 수탁처리자는 개인정보를 개인정보처리자의 선택(選擇)에 좇아 반환(返還)하거나 아니면 삭제(削除)해야 한다.

(82) 본 법(法)의 준수를 증명하기 위하여 개인정보처리자 또는 수탁처리자는 자신이 책임지는(die seiner Zuständigkeit unterliegen) 정보처리활동의 기록을 관리해야 한다. 모든 개인정보처리자 및 수탁처리자는 그러한 정보처리활동이 그러한 기록에 기하여 감시될 수 있도록(damit die betreffenden Verarbeitungsvorgänge anhand dieser Verzeichnisse kontrolliert werden können) 감독관청과 협력하고 그 요구가 있는 경우에 관련 기록을 그 감독관청에 제출할 의무를 져야 한다.

(83) 보안을 유지하고 본 법(法)에 위반하는 처리를 방지하기 위하여(Zur Aufrechterhaltung der Sicherheit und zur Vorbeugung gegen eine gegen diese Verordnung verstoßende Verarbeitung) 개인정보처리자 또는 수탁처리자는 해당 처리로 발생하는 위험을 조사하고 가령 암호화 같은 위험완화 조치(Maßnahmen zu ihrer Eindämmung, wie etwa eine Verschlüsselung)를 취해야 한다. 이러한 조치는, 기술 수준과 실행비용을 고려하여(unter Berücksichtigung des Stands der Technik und der Implementierungskosten) 기밀성을 포함하여 그 처리로 발생하는 위험(den von der Verarbeitung ausgehenden Risiken)과 보호되는 개인정보의 성질에 적절한 보호수준을 보장해야 한다. 실행비용을 평가함에 있어(Bei der Bewertung der Datensicherheitsrisiken), 개인정보 처리로 발생하는 가령, 이전, 저장 또는 기타 방법으로 처리된 개인정보의 비의도적(非意圖的) 또는 불법적인, 파기, 분실(紛失; Verlust), 변경(變更; Veränderung), 무단공개 또는 무단접근(unbefugte Offenlegung von oder zum unbefugter Zugang)과 같은 위험을 고려해야 하고, 특히 이것이 신체적, 재산적 또는 비재산적 손해(physischen, materiellen oder immateriellen Schaden)를 야기하는 경우에는 고려해야 한다.

(84) 해당 정보처리활동으로 자연인에 대한 권리 및 자유에 대한 고위험이 야기될 가능성이 상당한 경우에 본 법(法)의 준수의 제고(提高)를 위하여 개인정보처리자는, 특히 이러한 위험의 원인, 성질, 특수성 및 중대성을 평가해 주는 개인정보보호 영향평가의 실시에 대하여(für die Durchführung einer Datenschutz-Folgenabschätzung) 책임을 져야 한다. 개인정보 처리가 본 법(法)에 부합한다는 점을 증명하기 위하여 어떤 적절한 조취가 취해져야만 하는지를 결정할 때에(wenn darüber entschieden wird, welche geeigneten Maßnahmen ergriffen werden müssen, um nachzuweisen, dass die Verarbeitung der personenbezogenen Daten mit dieser Verordnung in Einklang steht), 그 예측 결과를 고려해야 한다. 개인정보보호 영향평가에 의할 때 정보처리활동으로 개인정보처리자가 이용할 수 있는 기술과 실행비용에 관한 적절한 조치로(durch geeignete Maßnahmen in Bezug auf verfügbare Technik und Implementierungskosten) 방지할 수 없는 고위험이 발생할 것으로 드러나는 경우에는 해당 처리 전에 감독관청과 협의해야 한다.

(85) 이에 적시에 또는 적절하게 대응하지 못하면, 개인정보 침해로 인해, 가령 자신의 개인정보에

angemessen reagiert wird — einen physischen, materiellen oder immateriellen Schaden für natürliche Personen nach sich ziehen, wie etwa Verlust der Kontrolle über ihre personenbezogenen Daten oder Einschränkung ihrer Rechte, Diskriminierung, Identitätsdiebstahl oder -betrug, finanzielle Verluste, unbefugte Aufhebung der Pseudonymisierung, Rufschädigung, Verlust der Vertraulichkeit von dem Berufsgeheimnis unterliegenden Daten oder andere erhebliche wirtschaftliche oder gesellschaftliche Nachteile für die betroffene natürliche Person. Deshalb sollte der Verantwortliche, sobald ihm eine Verletzung des Schutzes personenbezogener Daten bekannt wird, die Aufsichtsbehörde von der Verletzung des Schutzes personenbezogener Daten unverzüglich und, falls möglich, binnen höchstens 72 Stunden, nachdem ihm die Verletzung bekannt wurde, unterrichten, es sei denn, der Verantwortliche kann im Einklang mit dem Grundsatz der Rechenschaftspflicht nachweisen, dass die Verletzung des Schutzes personenbezogener Daten voraussichtlich nicht zu einem Risiko für die persönlichen Rechte und Freiheiten natürlicher Personen führt. Falls diese Benachrichtigung nicht binnen 72 Stunden erfolgen kann, sollten in ihr die Gründe für die Verzögerung angegeben werden müssen, und die Informationen können schrittweise ohne unangemessene weitere Verzögerung bereitgestellt werden.

(86) Der für die Verarbeitung Verantwortliche sollte die betroffene Person unverzüglich von der Verletzung des Schutzes personenbezogener Daten benachrichtigen, wenn diese Verletzung des Schutzes personenbezogener Daten voraussichtlich zu einem hohen Risiko für die persönlichen Rechte und Freiheiten natürlicher Personen führt, damit diese die erforderlichen Vorkehrungen treffen können. Die Benachrichtigung sollte eine Beschreibung der Art der Verletzung des Schutzes personenbezogener Daten sowie an die betroffene natürliche Person gerichtete Empfehlungen zur Minderung etwaiger nachteiliger Auswirkungen dieser Verletzung enthalten. Solche Benachrichtigungen der betroffenen Person sollten stets so rasch wie nach allgemeinem Ermessen möglich, in enger Absprache mit der Aufsichtsbehörde und nach Maßgabe der von dieser oder von anderen zuständigen Behörden wie beispielsweise Strafverfolgungsbehörden erteilten Weisungen erfolgen. Um beispielsweise das Risiko eines unmittelbaren Schadens mindern zu können, müssten betroffene Personen sofort benachrichtigt werden, wohingegen eine längere Benachrichtigungsfrist gerechtfertigt sein kann, wenn es darum geht, geeignete Maßnahmen gegen fortlaufende oder vergleichbare Verletzungen des Schutzes personenbezogener Daten zu treffen.

(87) Es sollte festgestellt werden, ob alle geeigneten technischen Schutz- sowie organisatorischen Maßnahmen getroffen wurden, um sofort feststellen zu können, ob eine Verletzung des Schutzes personenbezogener Daten aufgetreten ist, und um die Aufsichtsbehörde und die betroffene Person umgehend unterrichten zu können. Bei der Feststellung, ob die Meldung unverzüglich erfolgt ist, sollten die Art und Schwere der Verletzung des Schutzes personenbezogener Daten sowie deren Folgen und nachteilige Auswirkungen für die betroffene Person berücksichtigt werden. Die entsprechende Meldung kann zu einem Tätigwerden der Aufsichtsbehörde im Einklang mit ihren in dieser Verordnung festgelegten Aufgaben und Befugnissen führen.

(88) Bei der detaillierten Regelung des Formats und der Verfahren für die Meldung von Verletzungen des Schutzes personenbezogener Daten sollten die Umstände der Verletzung hinreichend berücksichtigt werden, beispielsweise ob personenbezogene Daten durch geeignete technische Sicherheitsvorkehrungen

관한 통제력의 사실 또는 자신의 권리의 제한, 차별, 신원(身元)의 도용 또는 편취(Identitätsdiebstahl oder-betrug), 금전적 피해(finanzielle Verluste), 가명처리의 무단 해제(unbefugte Aufhebung der Pseudonymisierung), 명예훼손(Rufschädigung), 직업상 비밀을 적용받는 개인정보에 대한 기밀성 침해(Verlust der Vertraulichkeit von dem Berufsgeheimnis unterliegenden Daten)나 그 밖의 경제적 또는 사회적 중대한 불이익과 같은, 자연인인 정보주체에 대한 신체적, 재산적 또는 비재산적 손해(immateriellen Schaden)가 초래될 수 있다. 그러므로 개인정보처리자가 개인정보 침해를 인지하게 되자마자 그는 감독관청에 지체 없이, 가능하다면 그 위반을 인지한 후 72시간 이내에 개인정보 침해에 관하여 알려야 하고, 다만 개인정보처리자가, 증명책임부담원칙에 따라(im Einklang mit dem Grundsatz der Rechenschaftspflicht) 개인정보 침해가 자연인의 권리 및 자유에 대한 위험을 초래하지 않을 것으로 예상된다는 점(dass die Verletzung des Schutzes personenbezogener Daten voraussichtlich nicht zu einem Risiko für die persönlichen Rechte und Freiheiten natürlicher Personen führt)을 증명할 수 있는 경우에는 그러하지 아니하다. 이러한 보고의무가 72시간 이내에 행해질 수 없는 경우에 그 지체 사유에 대하여 감독관청에 진술해야만 하고, 그 정보제공은 부적절한 추가 지연 없이 순차적(順次的)으로 이뤄져야 한다.

(86) 이러한 개인정보 침해가 자연인에 대한 권리 및 자유에 대한 고위험을 초래하는 할 것으로 예상되는 경우에 해당 개인정보처리자는, 정보주체가 필요한 조처를 취할 수 있도록 하기 위하여(damit diese die erforderlichen Vorkehrungen treffen können) 그에게 지체 없이 개인정보 침해에 대해 통지해야 한다. 이러한 통지는 개인정보호 위반의 성질에 대한 기술과 이러한 위반의 발생할 수 있는 악영향(eine Beschreibung der Art der Verletzung des Schutzes personenbezogener Daten sowie an die betroffene natürliche Person gerichtete Empfehlungen zur Minderung etwaiger nachteiliger Auswirkungen dieser Verletzung)을 감소하기 위하여 정보주체인 자연인에 대하여 한 권고를 포함해야 한다. 정보수제에 내한 그러한 통지는 언제나 가능한 한 합리적으로 또 감독관청과 긴밀하게 협의하고(in enger Absprache mit der Aufsichtsbehörde) 또 감독관청이나 예컨대 형사관청(刑事官廳; Strafverfolgungsbehörden)과 같은 다른 관할(管轄) 관청이 발령한 지시(Weisungen)에 좇아 신속하게 행해져야 한다. 예컨대 직접적 손해의 위험을 완화하기 위하여 정보주체는 즉시 통지를 받아야 하지만, 계속적 또는 이와 유사한 개인정보 침해에 대한 적절한 조치를 취하는 것이 중요한 경우에는(wenn es darum geht, geeignete Maßnahmen gegen fortlaufende oder vergleichbare Verletzungen des Schutzes personenbezogener Daten zu treffen) 그보다 장기의 통지기간이 정당화될 수 있다.

(87) 개인정보 침해가 발생했는지 여부를 즉각적으로 결정하고, 또 감독관청 및 정보주체에 즉시 알리기 위하여 하여 일체의 적절한 기술적 보호조치 및 관리적 조치가 취해졌는지 여부가 결정되어야 한다. 그 통지가 즉시 행해졌는지 여부를 결정함에 있어, 개인정보 위반의 성질 및 중대성 그 위반의 결과와 정보주체 대한 악영향(die Art und Schwere der Verletzung des Schutzes personenbezogener Daten sowie deren Folgen und nachteilige Auswirkungen für die betroffene Person)을 고려해야 한다. 관련 통보로 인해 본 법(法)에서 정해진 감독관청의 임무 및 권한에 따라 그 감독관청의 개입(Tätigwerden der Aufsichtsbehörde)이 행해질 수 있다(Die entsprechende Meldung kann zu einem im Einklang mit ihren in dieser Verordnung festgelegten Aufgaben und Befugnissen führen).

(88) 개인정보 침해의 통보에 대한 양식 및 절차의 상세한 규율에 있어(Bei der detaillierten Regelung des Formats und der Verfahren für die Meldung von Verletzungen des Schutzes personenbezogener Daten), 예컨대, 개인정보가 신원(身元)편취 또는 다른 형태의 개인정보오용의 가능성을 효과적으로 낮추는

geschützt waren, die die Wahrscheinlichkeit eines Identitätsbetrugs oder anderer Formen des Datenmissbrauchs wirksam verringern. Überdies sollten solche Regeln und Verfahren den berechtigten Interessen der Strafverfolgungsbehörden in Fällen Rechnung tragen, in denen die Untersuchung der Umstände einer Verletzung des Schutzes personenbezogener Daten durch eine frühzeitige Offenlegung in unnötiger Weise behindert würde.

(89) Gemäß der Richtlinie 95/46/EG waren Verarbeitungen personenbezogener Daten bei den Aufsichtsbehörden generell meldepflichtig. Diese Meldepflicht ist mit einem bürokratischen und finanziellen Aufwand verbunden und hat dennoch nicht in allen Fällen zu einem besseren Schutz personenbezogener Daten geführt. Diese unterschiedslosen allgemeinen Meldepflichten sollten daher abgeschafft und durch wirksame Verfahren und Mechanismen ersetzt werden, die sich stattdessen vorrangig mit denjenigen Arten von Verarbeitungsvorgängen befassen, die aufgrund ihrer Art, ihres Umfangs, ihrer Umstände und ihrer Zwecke wahrscheinlich ein hohes Risiko für die Rechte und Freiheiten natürlicher Personen mit sich bringen. Zu solchen Arten von Verarbeitungsvorgängen gehören insbesondere solche, bei denen neue Technologien eingesetzt werden oder die neuartig sind und bei denen der Verantwortliche noch keine Datenschutz-Folgenabschätzung durchgeführt hat bzw. bei denen aufgrund der seit der ursprünglichen Verarbeitung vergangenen Zeit eine Datenschutz-Folgenabschätzung notwendig geworden ist.

(90) In derartigen Fällen sollte der Verantwortliche vor der Verarbeitung eine Datenschutz-Folgenabschätzung durchführen, mit der die spezifische Eintrittswahrscheinlichkeit und die Schwere dieses hohen Risikos unter Berücksichtigung der Art, des Umfangs, der Umstände und der Zwecke der Verarbeitung und der Ursachen des Risikos bewertet werden. Diese Folgenabschätzung sollte sich insbesondere mit den Maßnahmen, Garantien und Verfahren befassen, durch die dieses Risiko eingedämmt, der Schutz personenbezogener Daten sichergestellt und die Einhaltung der Bestimmungen dieser Verordnung nachgewiesen werden soll.

(91) Dies sollte insbesondere für umfangreiche Verarbeitungsvorgänge gelten, die dazu dienen, große Mengen personenbezogener Daten auf regionaler, nationaler oder supranationaler Ebene zu verarbeiten, eine große Zahl von Personen betreffen könnten und — beispielsweise aufgrund ihrer Sensibilität — wahrscheinlich ein hohes Risiko mit sich bringen und bei denen entsprechend dem jeweils aktuellen Stand der Technik in großem Umfang eine neue Technologie eingesetzt wird, sowie für andere Verarbeitungsvorgänge, die ein hohes Risiko für die Rechte und Freiheiten der betroffenen Personen mit sich bringen, insbesondere dann, wenn diese Verarbeitungsvorgänge den betroffenen Personen die Ausübung ihrer Rechte erschweren. Eine Datenschutz-Folgenabschätzung sollte auch durchgeführt werden, wenn die personenbezogenen Daten für das Treffen von Entscheidungen in Bezug auf bestimmte natürliche Personen im Anschluss an eine systematische und eingehende Bewertung persönlicher Aspekte natürlicher Personen auf der Grundlage eines Profilings dieser Daten oder im Anschluss an die Verarbeitung besonderer Kategorien von personenbezogenen Daten, biometrischen Daten oder von Daten über strafrechtliche Verurteilungen und Straftaten sowie damit zusammenhängende Sicherungsmaßregeln verarbeitet werden. Gleichermaßen erforderlich ist eine Datenschutz-Folgenabschätzung für die weiträumige Überwachung öffentlich zugänglicher Bereiche, insbesondere mittels optoelektronischer

적절한 기술적 보안조처에 의해 보호되었는지 여부와 같은, 침해의 사정을 충분히 고려해야 한다. 게다가 개인정보 침해 상황에 대한 조사가 그 조기 공개에 의해 불필요하게 방해될 수도 있는(in denen die Untersuchung der Umstände einer Verletzung des Schutzes personenbezogener Daten durch eine frühzeitige Offenlegung in unnötiger Weise behindert würde) 경우에는 그러한 규율 및 절차는 형사관청의 정당한 이익을 고려해서 마련되어야 한다.

(89) 95/46/EG호 입법지침에 따라 개인정보 처리는 감독관청에 대한 보편적 통지의무가 존재했었다. 이러한 통지로 관료적 및 재정적 비용이 발생했고, 그럼에도 반드시 개인정보보호 개선이 되는 것이 아니었다(hat dennoch nicht in allen Fällen zu einem besseren Schutz personenbezogener Daten geführt). 그래서 동일한 보편적인 그 통지의무가 폐지되고 그 대신에 처리의 성질, 범위, 배경 및 목적으로 인하여 자연인에 대한 권리 및 자유에 대한 고위험을 야기할 가능성이 있는(die aufgrund ihrer Art, ihres Umfangs, ihrer Umstände und ihrer Zwecke wahrscheinlich ein hohes Risiko für die Rechte und Freiheiten natürlicher Personen mit sich bringen), 동일한 유형의 정보처리작업을 규율하는 효율적인 절차 및 메커니즘으로 대체되었다. 특히 새로운 과학기술이 사용되거나 개인정보처리자가 개인정보보호 영향평가를 전혀 수행하지 않았거나(bei denen neue Technologien eingesetzt werden oder die neuartig sind und bei denen der Verantwortliche noch keine Datenschutz-Folgenabschätzung durchgeführt hat) 또는 최초의 처리 이래 경과한 시간으로 인하여 개인정보보호 영향평가가 필수적으로 된 그러한 정보처리작업은 그러한 유형의 정보처리작업에 속한다.

(90) 이러한 경우에 개인정보처리자는, 그 처리 전에 처리의 성질, 범위, 배경 및 목적을 고려했을 때(unter Berücksichtigung der Art, des Umfangs, der Umstände und der Zwecke der Verarbeitung) 그러한 고위험의 특별한 발생가능성 및 중대성, 해당 위험의 원인의 평가를 가능하게 해 주는 개인정보보호 영향평가를 실행해야 한다. 이러한 영향평가는 특히 이러한 위험을 방지해 주고, 개인정보보호를 보장해 주며 본 법(法)의 준수를 증명해 주는(durch die dieses Risiko eingedämmt, der Schutz personenbezogener Daten sichergestellt und die Einhaltung der Bestimmungen dieser Verordnung nachgewiesen werden soll), 조치, 안전성확보조치 및 절차를 다뤄야만 한다.

(91) 이는 특히 지역적, 국가적 또는 국가적 수준에서 대량의 개인정보를 처리하기 위한 것이고, 또 다수의 사람에 영향을 미칠 수도 있으며, 예컨대 그 처리의 민감성으로 인하여 고위험이 야기될 가능성이 있고(— beispielsweise aufgrund ihrer Sensibilität — wahrscheinlich ein hohes Risiko mit sich bringen), 당시의 최신 기술수준에 따라 새로운 과학기술이 대규모로 사용되는(bei denen entsprechend dem jeweils aktuellen Stand der Technik in großem Umfang eine neue Technologie eingesetzt wird) 대규모의 정보처리작업에 대하여 적용하고, 또한 정보주체의 권리 및 자유에 대한 고위험을 야기할 수 있는 그 밖의 정보처리작업에 대하여 특히 이러한 정보처리작업이 정보주체의 권리행사를 어렵게 하는 경우에 있어서의 그 밖의 처리과정에 대하여 적용해야 한다. 이러한 정보의 프로파일링에 기한 자연인의 개인의 측면의 체계적이고도 광범위한 평가 후(後)나, 특수한 범주의 개인정보, 생체측정정보 또는 형사유죄판결 및 범죄와 이에 관한 보안처분에 관한 정보의 처리 후(後)에(im Anschluss an die Verarbeitung besonderer Kategorien von personenbezogenen Daten, biometrischen Daten oder von Daten über strafrechtliche Verurteilungen und Straftaten sowie damit zusammenhängende Sicherungsmaßregeln), 특정한 자연인에 관련한 의사결정에 대한 개인정보가 처리되는 경우에도 개인정보보호 영향평가는 시행되어야 한다. 공중이 이용할 수 있는 장소의 대량감시(大量監視; die weiträumige Überwachung), 특히 광전자기기(光電子器機)에 의한 대량감시나(insbesondere mittels optoelektronischer Vorrichtungen), 특히 처리가 정보주체의

Vorrichtungen, oder für alle anderen Vorgänge, bei denen nach Auffassung der zuständigen Aufsichtsbehörde die Verarbeitung wahrscheinlich ein hohes Risiko für die Rechte und Freiheiten der betroffenen Personen mit sich bringt, insbesondere weil sie die betroffenen Personen an der Ausübung eines Rechts oder der Nutzung einer Dienstleistung bzw. Durchführung eines Vertrags hindern oder weil sie systematisch in großem Umfang erfolgen. Die Verarbeitung personenbezogener Daten sollte nicht als umfangreich gelten, wenn die Verarbeitung personenbezogene Daten von Patienten oder von Mandanten betrifft und durch einen einzelnen Arzt, sonstigen Angehörigen eines Gesundheitsberufes oder Rechtsanwalt erfolgt. In diesen Fällen sollte eine Datenschutz-Folgenabschätzung nicht zwingend vorgeschrieben sein.

(92) Unter bestimmten Umständen kann es vernünftig und unter ökonomischen Gesichtspunkten zweckmäßig sein, eine Datenschutz-Folgenabschätzung nicht lediglich auf ein bestimmtes Projekt zu beziehen, sondern sie thematisch breiter anzulegen — beispielsweise wenn Behörden oder öffentliche Stellen eine gemeinsame Anwendung oder Verarbeitungsplattform schaffen möchten oder wenn mehrere Verantwortliche eine gemeinsame Anwendung oder Verarbeitungsumgebung für einen gesamten Wirtschaftssektor, für ein bestimmtes Marktsegment oder für eine weit verbreitete horizontale Tätigkeit einführen möchten.

(93) Anlässlich des Erlasses des Gesetzes des Mitgliedstaats, auf dessen Grundlage die Behörde oder öffentliche Stelle ihre Aufgaben wahrnimmt und das den fraglichen Verarbeitungsvorgang oder die fraglichen Arten von Verarbeitungsvorgängen regelt, können die Mitgliedstaaten es für erforderlich erachten, solche Folgeabschätzungen vor den Verarbeitungsvorgängen durchzuführen.

(94) Geht aus einer Datenschutz-Folgenabschätzung hervor, dass die Verarbeitung bei Fehlen von Garantien, Sicherheitsvorkehrungen und Mechanismen zur Minderung des Risikos ein hohes Risiko für die Rechte und Freiheiten natürlicher Personen mit sich bringen würde, und ist der Verantwortliche der Auffassung, dass das Risiko nicht durch in Bezug auf verfügbare Technologien und Implementierungskosten vertretbare Mittel eingedämmt werden kann, so sollte die Aufsichtsbehörde vor Beginn der Verarbeitungstätigkeiten konsultiert werden. Ein solches hohes Risiko ist wahrscheinlich mit bestimmten Arten der Verarbeitung und dem Umfang und der Häufigkeit der Verarbeitung verbunden, die für natürliche Personen auch eine Schädigung oder eine Beeinträchtigung der persönlichen Rechte und Freiheiten mit sich bringen können. Die Aufsichtsbehörde sollte das Beratungsersuchen innerhalb einer bestimmten Frist beantworten. Allerdings kann sie, auch wenn sie nicht innerhalb dieser Frist reagiert hat, entsprechend ihren in dieser Verordnung festgelegten Aufgaben und Befugnissen eingreifen, was die Befugnis einschließt, Verarbeitungsvorgänge zu untersagen. Im Rahmen dieses Konsultationsprozesses kann das Ergebnis einer im Hinblick auf die betreffende Verarbeitung personenbezogener Daten durchgeführten Datenschutz-Folgenabschätzung der Aufsichtsbehörde unterbreitet werden; dies gilt insbesondere für die zur Eindämmung des Risikos für die Rechte und Freiheiten natürlicher Personen geplanten Maßnahmen.

(95) Der Auftragsverarbeiter sollte erforderlichenfalls den Verantwortlichen auf Anfrage bei der Gewährleistung der Einhaltung der sich aus der Durchführung der Datenschutz-Folgenabschätzung und der vorherigen Konsultation der Aufsichtsbehörde ergebenden Auflagen unterstützen.

권리 행사나 그의 서비스 또는 계약의 이행(der Nutzung einer Dienstleistung bzw. Durchführung eines Vertrags)을 저지하거나, 대규모로 또 체계적으로 행해져서, 소관감독관청에 견해에 의할 때(nach Auffassung der zuständigen Aufsichtsbehörde) 정보주체의 권리 및 자유에 대한 고위험을 야기할 가능성이 있는 그 밖의 일체의 작업에 대한 대량감시에 대한 개인정보보호 영향평가는 마찬가지로 필요하다. 그 처리가 환자 또는 의뢰인의 개인정보에 관련되고 각각의 의사, 기타 의료계종사자 또는 변호사에 의해 행해지는 경우에는(wenn die Verarbeitung personenbezogene Daten von Patienten oder von Mandanten betrifft und durch einen einzelnen Arzt, sonstigen Angehörigen eines Gesundheitsberufes oder Rechtsanwalt erfolgt), 개인정보 처리는 광범위한 것으로 보지 않는다. 이러한 경우에 개인정보보호 영향평가가 의무적으로 요구되는 것(zwingend vorgeschrieben sein)은 아니다.

(92) 예컨대, 관청 또는 공공기관이 공동의 애플리케이션 또는 처리플랫폼(eine gemeinsame Anwendung oder Verarbeitungsplattform)을 만들고자 하는 경우나, 수인의 개인정보처리자가 공동의 경제분야 전체, 특정한 시장부문 또는 대중적인 수평적 활동에 대한 공동의 애플리케이션 또는 처리플랫폼을 도입하고자 하는 경우처럼, 특정한 상황 및 경제적 여건 하에서는, 개인정보보호영향평가가 특정한 하나의 프로젝트만에 적용되는 것이 아니라 주제와 관련하여 보다 폭넓게 적용되는 것(eine Datenschutz-Folgenabschätzung nicht lediglich auf ein bestimmtes Projekt zu beziehen, sondern sie thematisch breiter anzulegen)이 합리적이고 경제적일 수 있다.

(93) 관청 또는 공공기관이 자신의 임무를 수행하거나 문제의 정보처리작업이나 문제가 되는 일련의 정보처리작업(das den fraglichen Verarbeitungsvorgang oder die fraglichen Arten von Verarbeitungsvorgängen)을 규율하는 것의 근거가 되는 회원국법의 제정을 계기로, 회원국은 정보처리작업 전(前)에 그러한 영향평기를 실시하는 것이 필요한 것으로 볼 수 있다.

(94) 개인정보보호 영향평가에서 위험을 감소하기 위한 안전성확보조치, 보안조처 및 메커니즘의 오류가 있을 경우 그 처리가 자연인에 대한 권리 및 자유에 대한 고위험을 야기할 수 있을 것으로 나타났는데, 개인정보처리자가 그 위험을 이용할 수 있는 과학기술과 시행비용에 관한 합리적 수단으로 방지할 수 없는 것으로 생각하는(ist der Verantwortliche der Auffassung, dass das Risiko nicht durch in Bezug auf verfügbare Technologien und Implementierungskosten vertretbare Mittel eingedämmt werden kann) 경우에, 정보처리활동 개시 전에 감독관청과 협의를 해야 한다. 그러한 고위험이, 자연인에 대한 피해나 그의 권리 및 자유에 대한 방해도 야기할 수 있는(die für natürliche Personen auch eine Schädigung oder eine Beeinträchtigung der persönlichen Rechte und Freiheiten mit sich bringen können), 특정한 처리 성질과 그러한 처리의 범위 및 빈도로 발생할 가능성이 있다. 감독관청은 정해진 기간 내에 협의요구에 응해야 한다. 물론 감독관청이 이러한 기간 내에 대응하지 않을지라도 감독관청은, 정보처리작업을 금지하는 권한을 포함하여(was die Befugnis einschließt, Verarbeitungsvorgänge zu untersagen) 본 법(法)에서 정해진 자신의 임무 및 권한에 따라(entsprechend ihren in dieser Verordnung festgelegten Aufgaben und Befugnissen) 개입할 수 있다. 이러한 협의도중에 문제가 되는 개인정보 처리와 관련하여 실시된, 개인정보보호 영향평가의 결과가 감독관청에 제출될 수 있다; 이는 특히 자연인의 권리 및 자유에 대한 위험을 완화하기 위하여 계획한 조치에 대하여(für die zur Eindämmung des Risikos für die Rechte und Freiheiten natürlicher Personen geplanten Maßnahmen) 적용한다.

(95) 수탁처리자는 개인정보보호 영향평가의 실시와 감독관청과의 사전협의(der vorherigen Konsultation der Aufsichtsbehörde)에서 발생한 의무의 준수의 보장에 있어 필요한 경우 개인정보처리자를 그 요구가 있는 경우 지원해야 한다.

(96) Eine Konsultation der Aufsichtsbehörde sollte auch während der Ausarbeitung von Gesetzes- oder Regelungsvorschriften, in denen eine Verarbeitung personenbezogener Daten vorgesehen ist, erfolgen, um die Vereinbarkeit der geplanten Verarbeitung mit dieser Verordnung sicherzustellen und insbesondere das mit ihr für die betroffene Person verbundene Risiko einzudämmen.

(97) In Fällen, in denen die Verarbeitung durch eine Behörde — mit Ausnahmen von Gerichten oder unabhängigen Justizbehörden, die im Rahmen ihrer justiziellen Tätigkeit handeln –, im privaten Sektor durch einen Verantwortlichen erfolgt, dessen Kerntätigkeit in Verarbeitungsvorgängen besteht, die eine regelmäßige und systematische Überwachung der betroffenen Personen in großem Umfang erfordern, oder wenn die Kerntätigkeit des Verantwortlichen oder des Auftragsverarbeiters in der umfangreichen Verarbeitung besonderer Kategorien von personenbezogenen Daten oder von Daten über strafrechtliche Verurteilungen und Straftaten besteht, sollte der Verantwortliche oder der Auftragsverarbeiter bei der Überwachung der internen Einhaltung der Bestimmungen dieser Verordnung von einer weiteren Person, die über Fachwissen auf dem Gebiet des Datenschutzrechts und der Datenschutzverfahren verfügt, unterstützt werden Im privaten Sektor bezieht sich die Kerntätigkeit eines Verantwortlichen auf seine Haupttätigkeiten und nicht auf die Verarbeitung personenbezogener Daten als Nebentätigkeit. Das erforderliche Niveau des Fachwissens sollte sich insbesondere nach den durchgeführten Datenverarbeitungsvorgängen und dem erforderlichen Schutz für die von dem Verantwortlichen oder dem Auftragsverarbeiter verarbeiteten personenbezogenen Daten richten. Derartige Datenschutzbeauftragte sollten unabhängig davon, ob es sich bei ihnen um Beschäftigte des Verantwortlichen handelt oder nicht, ihre Pflichten und Aufgaben in vollständiger Unabhängigkeit ausüben können.

(98) Verbände oder andere Vereinigungen, die bestimmte Kategorien von Verantwortlichen oder Auftragsverarbeitern vertreten, sollten ermutigt werden, in den Grenzen dieser Verordnung Verhaltensregeln auszuarbeiten, um eine wirksame Anwendung dieser Verordnung zu erleichtern, wobei den Besonderheiten der in bestimmten Sektoren erfolgenden Verarbeitungen und den besonderen Bedürfnissen der Kleinstunternehmen sowie der kleinen und mittleren Unternehmen Rechnung zu tragen ist. Insbesondere könnten in diesen Verhaltensregeln — unter Berücksichtigung des mit der Verarbeitung wahrscheinlich einhergehenden Risikos für die Rechte und Freiheiten natürlicher Personen — die Pflichten der Verantwortlichen und der Auftragsverarbeiter bestimmt werden.

(99) Bei der Ausarbeitung oder bei der Änderung oder Erweiterung solcher Verhaltensregeln sollten Verbände und oder andere Vereinigungen, die bestimmte Kategorien von Verantwortlichen oder Auftragsverarbeitern vertreten, die maßgeblichen Interessenträger, möglichst auch die betroffenen Personen, konsultieren und die Eingaben und Stellungnahmen, die sie dabei erhalten, berücksichtigen.

(100) Um die Transparenz zu erhöhen und die Einhaltung dieser Verordnung zu verbessern, sollte angeregt werden, dass Zertifizierungsverfahren sowie Datenschutzsiegel und -prüfzeichen eingeführt werden, die den betroffenen Personen einen raschen Überblick über das Datenschutzniveau einschlägiger Produkte und Dienstleistungen ermöglichen.

(101) Der Fluss personenbezogener Daten aus Drittländern und internationalen Organisationen und in Drittländer und internationale Organisationen ist für die Ausweitung des internationalen Handels und der

(96) 감독관청과의 협의는, 예정된 처리의 본 법(法)과의 합치를 보장해야 하고 특히 그 처리로 정보주체에 발생한 위험을 방지하기(insbesondere das mit ihr für die betroffene Person verbundene Risiko einzudämmen) 위하여, 개인정보 처리가 규정된 입법조치 또는 규율조치의 마련 도중에도(auch während der Ausarbeitung von Gesetzes- oder Regelungsvorschriften) 행해져야 한다.

(97) 법원이나 사법활동의 일환으로 행위하는 독립적 사법당국을 제외하고, 관청(官廳)의 처리가 민간 부문에서, 정기적·체계적인 정보주체에 대한 감시를 대규모로 필요로 하는 정보처리활동이 핵심활동에 해당하는(dessen Kerntätigkeit in Verarbeitungsvorgängen besteht, die eine regelmäßige und systematische Überwachung der betroffenen Personen in großem Umfang erfordern) 개인정보처리자에 의해 행해지는 경우나, 특수한 범주의 개인정보나 형사유죄판결 및 범죄에 관한 개인정보의 광범위한 처리가 개인정보처리자 또는 수탁처리자의 핵심활동에 해당하는 경우에, 그 개인정보처리자 또는 수탁처리자는, 본 법(法)상 규정의 내부적 준수에 대한 감시에 있어 개인정보보호법 및 개인정보보호절차의 분야에서 전문지식을 보유한(die über Fachwissen auf dem Gebiet des Datenschutzrechts und der Datenschutzverfahren verfügt) 추가적 1명의 지원을 받아야 한다. 민간 부문에서 개인정보처리자의 핵심활동은 자신의 주된 활동에 관련된 것이고, 부수적 활동으로서 개인정보 처리에 관련된 것은 아니다(Im privaten Sektor bezieht sich die Kerntätigkeit eines Verantwortlichen auf seine Haupttätigkeiten und nicht auf die Verarbeitung personenbezogener Daten als Nebentätigkeit). 필요한 전문지식 수준은, 특히 수행되는 개인정보 처리작업과, 개인정보처리자 또는 수탁처리자가 처리하는 개인정보에 대해 필요한 보호에 따라 정해져야 한다. 그러한 개인정보보호책임자는, 자신이 개인정보처리자의 직원인지 아닌지 여부를 불문하고 자신의 의무 및 임무를 완전히 독립적으로 수행(unabhängig davon, ob es sich bei ihnen um Beschäftigte des Verantwortlichen handelt oder nicht)할 수 있어야 한다.

(98) 특정한 부문에서 행해지는 처리의 특수성과 소기업 및 중소기업의 특별한 요구를 고려하면서(wobei den Besonderheiten der in bestimmten Sektoren erfolgenden Verarbeitungen und den besonderen Bedürfnissen der Kleinstunternehmen sowie der kleinen und mittleren Unternehmen Rechnung zu tragen ist), 본 법(法)의 효과적인 적용을 촉진하기 위하여, 특수한 범주의 개인정보처리자들 또는 수탁처리자들을 대표하는 단체 또는 그 밖의 연합회가 본 법(法)의 범위 내에서 개인정보준칙을 마련하도록 장려되어야 한다. 특히 그 처리로 자연인에 대한 권리 및 의무에 대해 발생할 가능성이 있는 위험을 고려하면서 이러한 개인정보준칙으로 개인정보처리자 또는 수탁처리자의 의무(die Pflichten der Verantwortlichen und der Auftragsverarbeiter)가 정해질 수 있다.

(99) 특수한 범주의 개인정보처리자들 또는 수탁처리자들을 대표하는 단체 및 그 밖의 연합회는, 그러한 개인정보준칙의 제정, 개정 또는 확대에 있어, 가능한 한 정보주체도 포함하여 관련 이해관계자들(die maßgeblichen Interessenträger)과 협의해야 하고 이 협의시 자신이 수령한 의견개진과 견해(die Eingaben und Stellungnahmen, die sie dabei erhalten, berücksichtigen)를 고려해야 한다.

(100) 투명성을 제고하고 본 법(法)의 준수를 개선하기 위하여, 정보주체가 해당 상품 및 서비스에 관한 신속한 평가를 하는 것을 가능하게 해 주는(die den betroffenen Personen einen raschen Überblick über das Datenschutzniveau einschlägiger Produkte und Dienstleistungen ermöglichen) 인증절차와 그러한 개인정보보호표시 및 개인정보마크가 도입되도록 자극되어야 한다.

(101) 제3국 및 국제기구에서 제3국 및 국제기구로의 개인정보 이동(Der Fluss personenbezogener Daten aus Drittländern und internationalen Organisationen und in Drittländer und internationale Organisationen)

internationalen Zusammenarbeit notwendig. Durch die Zunahme dieser Datenströme sind neue Herausforderungen und Anforderungen in Bezug auf den Schutz personenbezogener Daten entstanden. Das durch diese Verordnung unionsweit gewährleistete Schutzniveau für natürliche Personen sollte jedoch bei der Übermittlung personenbezogener Daten aus der Union an Verantwortliche, Auftragsverarbeiter oder andere Empfänger in Drittländern oder an internationale Organisationen nicht untergraben werden, und zwar auch dann nicht, wenn aus einem Drittland oder von einer internationalen Organisation personenbezogene Daten an Verantwortliche oder Auftragsverarbeiter in demselben oder einem anderen Drittland oder an dieselbe oder eine andere internationale Organisation weiterübermittelt werden. In jedem Fall sind derartige Datenübermittlungen an Drittländer und internationale Organisationen nur unter strikter Einhaltung dieser Verordnung zulässig. Eine Datenübermittlung könnte nur stattfinden, wenn die in dieser Verordnung festgelegten Bedingungen zur Übermittlung personenbezogener Daten an Drittländer oder internationale Organisationen vorbehaltlich der übrigen Bestimmungen dieser Verordnung von dem Verantwortlichen oder dem Auftragsverarbeiter erfüllt werden.

(102) Internationale Abkommen zwischen der Union und Drittländern über die Übermittlung von personenbezogenen Daten einschließlich geeigneter Garantien für die betroffenen Personen werden von dieser Verordnung nicht berührt. Die Mitgliedstaaten können völkerrechtliche Übereinkünfte schließen, die die Übermittlung personenbezogener Daten an Drittländer oder internationale Organisationen beinhalten, sofern sich diese Übereinkünfte weder auf diese Verordnung noch auf andere Bestimmungen des Unionsrechts auswirken und ein angemessenes Schutzniveau für die Grundrechte der betroffenen Personen umfassen.

(103) Die Kommission darf mit Wirkung für die gesamte Union beschließen, dass ein bestimmtes Drittland, ein Gebiet oder ein bestimmter Sektor eines Drittlands oder eine internationale Organisation ein angemessenes Datenschutzniveau bietet, und auf diese Weise in Bezug auf das Drittland oder die internationale Organisation, das bzw. die für fähig gehalten wird, ein solches Schutzniveau zu bieten, in der gesamten Union Rechtssicherheit schaffen und eine einheitliche Rechtsanwendung sicherstellen. In derartigen Fällen dürfen personenbezogene Daten ohne weitere Genehmigung an dieses Land oder diese internationale Organisation übermittelt werden. Die Kommission kann, nach Abgabe einer ausführlichen Erklärung, in der dem Drittland oder der internationalen Organisation eine Begründung gegeben wird, auch entscheiden, eine solche Feststellung zu widerrufen.

(104) In Übereinstimmung mit den Grundwerten der Union, zu denen insbesondere der Schutz der Menschenrechte zählt, sollte die Kommission bei der Bewertung des Drittlands oder eines Gebiets oder eines bestimmten Sektors eines Drittlands berücksichtigen, inwieweit dort die Rechtsstaatlichkeit gewahrt ist, der Rechtsweg gewährleistet ist und die internationalen Menschenrechtsnormen und -standards eingehalten werden und welche allgemeinen und sektorspezifischen Vorschriften, wozu auch die Vorschriften über die öffentliche Sicherheit, die Landesverteidigung und die nationale Sicherheit sowie die öffentliche Ordnung und das Strafrecht zählen, dort gelten. Die Annahme eines Angemessenheitsbeschlusses in Bezug auf ein Gebiet oder einen bestimmten Sektor eines Drittlands sollte unter Berücksichtigung eindeutiger und objektiver Kriterien wie bestimmter Verarbeitungsvorgänge

은 국제 무역 및 국제 협력의 확대를 위해 필요불가결하다. 이러한 정보이동의 증가로 개인정보보호에 관한 새로운 도전과 요구사항(neue Herausforderungen und Anforderungen)이 생겨났다. 하지만 본 법(法)으로 유럽연합 전역에서 보장되는 자연인에 대한 보호수준은 유럽연합에서 제3국에 있는 개인정보처리자, 수탁처리자 또는 그 밖의 수령인이나 국제기구로 개인정보를 이전할 경우에 약화되어서는 아니되고, 또한 어느 제3국 또는 국제기구에서 동일한 제3국이나 다른 제3국이나, 동일한 국제기구나 다른 국제기구에 있는 개인정보처리자 또는 수탁처리자에게로 개인정보가 이전하는 경우에도(wenn aus einem Drittland oder von einer internationalen Organisation personenbezogene Daten an Verantwortliche oder Auftragsverarbeiter in demselben oder einem anderen Drittland oder an dieselbe oder eine andere internationale Organisation weiterübermittelt werden) 마찬가지이다. 어느 경우에도 제3국 및 국제기구로의 그러한 개인정보이전은 본 법(法)을 엄격하게 준수하는 경우에 한하여 허용된다. 제3국 또는 국제기구로의 개인정보 이전에 관하여 본 법(法)에서 정해진 요건(die in dieser Verordnung festgelegten Bedingungen zur Übermittlung personenbezogener Daten an Drittländer oder internationale Organisationen)이, 본 법(法)의 나머지 규정의 준수를 조건으로(vorbehaltlich der übrigen Bestimmungen dieser Verordnung), 개인정보처리자 또는 수탁처리자에 의해 충족되는 경우에 한하여 개인정보 이전은 행해질 수 있다.

(102) 정보주체 대한 적합한 안전성확보조치를 포함하여(einschließlich geeigneter Garantien für die betroffenen Personen), 유럽연합과 제3국 간의 개인정보 이전에 관한 국제조약은 본 법(法)에 의하여 영향을 받지 아니한다. 국제법상 조약이 본 법(法)뿐만 아니라 유럽연합법의 그 밖의 규정에 영향을 미치지 않고 또 정보주체의 기본권에 대한 적절한 보호수준을 포함하는 한(sofern sich diese Übereinkünfte weder auf diese Verordnung noch auf andere Bestimmungen des Unionsrechts auswirken und ein angemessenes Schutzniveau für die Grundrechte der betroffenen Personen umfassen), 회원국은 제3국 또는 국제기구로의 개인정보 이전을 포함하는 그러한 조약을 체결할 수 있다.

(103) 유럽연합집행위원회는, 유럽연합 전체에 효력을 미치는 것으로 하여 특정한 제3국, 제3국의 지역 또는 특정한 부문이나 국제기구가 적절한 개인정보보호수준을 제공하고 있는 것으로 결정할 수 있고, 또한 같은 방식으로, 그러한 보호수준을 제공할 수 있는 것으로 여겨지는 제3국 또는 국제기구에 관련하여(in Bezug auf das Drittland oder die internationale Organisation, das bzw. die für fähig gehalten wird, ein solches Schutzniveau zu bieten) 유럽연합 전체에서 법적안정성을 조성하고 통일적 법적용을 보장하고 있는 것으로 결정할 수 있다. 이러한 경우에 개인정보는 추가적 동의[36](Genehmigung)가 없더라도 이러한 국가 또는 국제기구로 이정될 수 있다. 유럽연합집행위원회는, 제3국 또는 국제기구에 그 이유를 제시하는 명시적 의사표시를 한 후 그러한 결정을 철회하는 결정도 할 수 있다.

(104) 유럽연합집행위원회는 제3국이나 제3국의 어느 지역 또는 어떤 부문의 평가에 있어, 특히 인권보호가 포함되는 유럽연합의 근본가치에 따라(In Übereinstimmung mit den Grundwerten der Union, zu denen insbesondere der Schutz der Menschenrechte zählt), 어느 정도로 거기서, 법의 지배가 확보되고 재판청구권이 확보되며 국제적 인권법규범 및 인권법기준이 준수되며, 공공의 안녕(die öffentliche Sicherheit), 국가방위(die Landesverteidigung) 및 국가안보(die nationale Sicherheit), 공공질서(die öffentliche Ordnung)와 형법에 관한 규정도 포함하여 어떤 일반 규정 및 부문에 특유한 규정(allgemeinen und sektorspezifischen Vorschriften)이 거기서 적용되는지를 고려해야 한다. 제3국의 어느 지역 또는 특정한 어느 부문에 관한 적합성결정[37]을 하는 것은, 해당 제3국에서의, 특정한 정보처리작업, 적용 가능한 법규범의 적용범위 및 적용되는 법규정(wie bestimmter Verarbeitungsvorgänge und des Anwendungsbereichs

und des Anwendungsbereichs anwendbarer Rechtsnormen und geltender Rechtsvorschriften in dem Drittland erfolgen. Das Drittland sollte Garantien für ein angemessenes Schutzniveau bieten, das dem innerhalb der Union gewährleisteten Schutzniveau der Sache nach gleichwertig ist, insbesondere in Fällen, in denen personenbezogene Daten in einem oder mehreren spezifischen Sektoren verarbeitet werden. Das Drittland sollte insbesondere eine wirksame unabhängige Überwachung des Datenschutzes gewährleisten und Mechanismen für eine Zusammenarbeit mit den Datenschutzbehörden der Mitgliedstaaten vorsehen, und den betroffenen Personen sollten wirksame und durchsetzbare Rechte sowie wirksame verwaltungsrechtliche und gerichtliche Rechtsbehelfe eingeräumt werden.

(105) Die Kommission sollte neben den internationalen Verpflichtungen, die das Drittland oder die internationale Organisation eingegangen ist, die Verpflichtungen, die sich aus der Teilnahme des Drittlands oder der internationalen Organisation an multilateralen oder regionalen Systemen insbesondere im Hinblick auf den Schutz personenbezogener Daten ergeben, sowie die Umsetzung dieser Verpflichtungen berücksichtigen. Insbesondere sollte der Beitritt des Drittlands zum Übereinkommen des Europarates vom 28. Januar 1981 zum Schutz des Menschen bei der automatischen Verarbeitung personenbezogener Daten und dem dazugehörigen Zusatzprotokoll berücksichtigt werden. Die Kommission sollte den Ausschuss konsultieren, wenn sie das Schutzniveau in Drittländern oder internationalen Organisationen bewertet.

(106) Die Kommission sollte die Wirkungsweise von Feststellungen zum Schutzniveau in einem Drittland, einem Gebiet oder einem bestimmten Sektor eines Drittlands oder einer internationalen Organisation überwachen; sie sollte auch die Wirkungsweise der Feststellungen, die auf der Grundlage des Artikels 25 Absatz 6 oder des Artikels 26 Absatz 4 der Richtlinie 95/46/EG erlassen werden, überwachen. In ihren Angemessenheitsbeschlüssen sollte die Kommission einen Mechanismus für die regelmäßige Überprüfung von deren Wirkungsweise vorsehen. Diese regelmäßige Überprüfung sollte in Konsultation mit dem betreffenden Drittland oder der betreffenden internationalen Organisation erfolgen und allen maßgeblichen Entwicklungen in dem Drittland oder der internationalen Organisation Rechnung tragen. Für die Zwecke der Überwachung und der Durchführung der regelmäßigen Überprüfungen sollte die Kommission die Standpunkte und Feststellungen des Europäischen Parlaments und des Rates sowie der anderen einschlägigen Stellen und Quellen berücksichtigen. Die Kommission sollte innerhalb einer angemessenen Frist die Wirkungsweise der letztgenannten Beschlüsse bewerten und dem durch diese Verordnung eingesetzten Ausschuss im Sinne der Verordnung (EU) Nr. 182/2011 des Europäischen Parlaments und des Rates (①) sowie dem Europäischen Parlament und dem Rat über alle maßgeblichen Feststellungen Bericht erstatten.

(107) Die Kommission kann feststellen, dass ein Drittland, ein Gebiet oder ein bestimmter Sektor eines Drittlands oder eine internationale Organisation kein angemessenes Datenschutzniveau mehr bietet. Die Übermittlung personenbezogener Daten an dieses Drittland oder an diese internationale Organisation sollte daraufhin verboten werden, es sei denn, die Anforderungen dieser Verordnung in Bezug auf die Datenübermittlung vorbehaltlich geeigneter Garantien, einschließlich verbindlicher interner Datenschutzvorschriften und auf Ausnahmen für bestimmte Fälle werden erfüllt. In diesem Falle sollten Konsultationen zwischen der Kommission und den betreffenden Drittländern oder internationalen

anwendbarer Rechtsnormen und geltender Rechtsvorschriften in dem Drittland)과 같은 분명하고 객관적인 기준을 고려하여 행해져야 한다. 제3국은, 특히 개인정보가 한 또는 여러 특정한 부문에서 처리되는 경우에, 유럽연합 내에서 보장되는 보호수준과 본질적으로 동등한 적절한 보호수준을 갖춘 안전성확보조치를 제공해야 한다. 제3국은 특히 효과적이고 독립적인 개인정보보호 감독을 보장해야 하고 또 회원국의 개인정보보호관청과 협력에 대한 메커니즘(Mechanismen für eine Zusammenarbeit mit den Datenschutzbehörden der Mitgliedstaaten)을 마련해야 하며, 정보주체에게 효과적이고 강제집행할 수 있는 권리와 효과적인 행정상 법적구제 및 법원을 통한 법적구제(wirksame und durchsetzbare Rechte sowie wirksame verwaltungsrechtliche und gerichtliche Rechtsbehelfe)를 인정해야 한다.

(105) 유럽연합집행위원회는, 제3국 또는 국제기구가 부담하게 된 국제적 의무와 함께 제3국 또는 국제기구의 양자체제 또는 지역체제에 참여(der Teilnahme des Drittlands oder der internationalen Organisation an multilateralen oder regionalen Systemen)로 인하여 특히 개인정보보호와 관련하여 발생한 의무와, 이러한 의무들의 이행을 고려해야 한다. 특히 「개인정보의 자동적 처리에 있어 인권의 보호와, 이와 관련한 추가 의정서에 관한 1981년 1월 28일 유럽경제공동체이사회 협약」(Übereinkommen des Europarates vom 28. Januar 1981 zum Schutz des Menschen bei der automatischen Verarbeitung personenbezogener Daten und dem dazugehörigen Zusatzprotokoll)에 대한 제3국의 가입이 고려되어야 한다. 유럽연합집행위원회는, 제3국 또는 국제기구에서의 보호수준을 평가하는 경우에(wenn sie das Schutzniveau in Drittländern oder internationalen Organisationen bewertet) 유럽정보보호위원회과 협의해야 한다.

(106) 유럽연합집행위원회는, 제3국의 보호수준이나 제3국의 어느 지역 또는 특정한 어느 부문이나 국제기구에서의 보호수준에 관한 결정의 작용(die Wirkungsweise von Feststellungen zum Schutzniveau)을 감시해야 한다; 그 위원회는 95/46/EG호 입법지침 제25조 제6항 또는 제26조 제4항에 기하여 발령된 결정의 작용도 감시해야 한다. 유럽연합집행위원회는 그 적합성결정에서 그 결정 작용의 정기적 심사에 대한 메커니즘(einen Mechanismus für die regelmäßige Überprüfung von deren Wirkungsweise)을 명시해야 한다. 이러한 정기적 심사는 당해 제3국 또는 국제기구와 협의하여(in Konsultation mit dem betreffenden Drittland oder der betreffenden internationalen Organisation) 행해져야 하고 그 제3국 또는 국제기구에서의 일체의 관련 동향(allen maßgeblichen Entwicklungen in dem Drittland oder der internationalen Organisation)을 고려해야 한다. 유럽연합집행위원회는 그 감시와 정기적 심사의 진행 목적을 위하여(Für die Zwecke der Überwachung und der Durchführung der regelmäßigen Überprüfungen) 이사회 견해 및 결론과, 그 밖의 관련 기관 및 출처의 견해 및 결론(die Standpunkte und Feststellungen)을 고려해야 한다. 유럽연합집행위원회는, 적절한 기간 내에 후자(後者)의 결정의 작용(die Wirkungsweise der letztgenannten Beschlüss)을 평가해야 하고, 본 법(法)에 의해 설치된, 「유럽연합 의회 및 이사회 (EU) 182/2011호 법(法)」(①)상의 유럽정보보호위원회, 유럽연합의회 및 유럽연합이사회에 일체의 관련 결론(alle maßgeblichen Feststellungen)을 보고해야 한다.

(107) 유럽연합집행위원회는 제3국, 제3국의 어느 지역 또는 특정한 어느 부문이나 국제기구가 적절한 개인정보보호수준을 더 이상 제공하지 않는 것으로 결정할 수 있다. 그러므로 이러한 제3국 또는 국제기구로의 개인정보 이전(Die Übermittlung personenbezogener Daten an dieses Drittland oder an diese internationale Organisation)은 금지되어야 하고, 다만 기업의 구속력 있는 개인정보보호규칙을 포함하여(einschließlich verbindlicher interner Datenschutzvorschriften), 적합한 안전성확보조치를 조건으로 하는 개인정보이전(die Datenübermittlung vorbehaltlich geeigneter Garantien)에 관한 본 법(法)상의 요구사항, 또는 특정한 상황에 대한 예외(例外)에 관한 본 법(法)상의 요구사항(要求事項)이 충족(充足)된 경우에는

Organisationen vorgesehen werden. Die Kommission sollte dem Drittland oder der internationalen Organisation frühzeitig die Gründe mitteilen und Konsultationen aufnehmen, um Abhilfe für die Situation zu schaffen.

(108) Bei Fehlen eines Angemessenheitsbeschlusses sollte der Verantwortliche oder der Auftragsverarbeiter als Ausgleich für den in einem Drittland bestehenden Mangel an Datenschutz geeignete Garantien für den Schutz der betroffenen Person vorsehen. Diese geeigneten Garantien können darin bestehen, dass auf verbindliche interne Datenschutzvorschriften, von der Kommission oder von einer Aufsichtsbehörde angenommene Standarddatenschutzklauseln oder von einer Aufsichtsbehörde genehmigte Vertragsklauseln zurückgegriffen wird. Diese Garantien sollten sicherstellen, dass die Datenschutzvorschriften und die Rechte der betroffenen Personen auf eine der Verarbeitung innerhalb der Union angemessene Art und Weise beachtet werden; dies gilt auch hinsichtlich der Verfügbarkeit von durchsetzbaren Rechten der betroffenen Person und von wirksamen Rechtsbehelfen einschließlich des Rechts auf wirksame verwaltungsrechtliche oder gerichtliche Rechtsbehelfe sowie des Rechts auf Geltendmachung von Schadenersatzansprüchen in der Union oder in einem Drittland. Sie sollten sich insbesondere auf die Einhaltung der allgemeinen Grundsätze für die Verarbeitung personenbezogener Daten, die Grundsätze des Datenschutzes durch Technik und durch datenschutzfreundliche Voreinstellungen beziehen. Datenübermittlungen dürfen auch von Behörden oder öffentlichen Stellen an Behörden oder öffentliche Stellen in Drittländern oder an internationale Organisationen mit entsprechenden Pflichten oder Aufgaben vorgenommen werden, auch auf der Grundlage von Bestimmungen, die in Verwaltungsvereinbarungen — wie beispielsweise einer gemeinsamen Absichtserklärung -, mit denen den betroffenen Personen durchsetzbare und wirksame Rechte eingeräumt werden, aufzunehmen sind. Die Genehmigung der zuständigen Aufsichtsbehörde sollte erlangt werden, wenn die Garantien in nicht rechtsverbindlichen Verwaltungsvereinbarungen vorgesehen sind.

(109) Die dem Verantwortlichen oder dem Auftragsverarbeiter offenstehende Möglichkeit, auf die von der Kommission oder einer Aufsichtsbehörde festgelegten Standard-Datenschutzklauseln zurückzugreifen, sollte den Verantwortlichen oder den Auftragsverarbeiter weder daran hindern, die Standard-Datenschutzklauseln auch in umfangreicheren Verträgen, wie zum Beispiel Verträgen zwischen dem Auftragsverarbeiter und einem anderen Auftragsverarbeiter, zu verwenden, noch ihn daran hindern, ihnen weitere Klauseln oder zusätzliche Garantien hinzuzufügen, solange diese weder mittelbar noch unmittelbar im Widerspruch zu den von der Kommission oder einer Aufsichtsbehörde erlassenen Standard-Datenschutzklauseln stehen oder die Grundrechte und Grundfreiheiten der betroffenen Personen beschneiden. Die Verantwortlichen und die Auftragsverarbeiter sollten ermutigt werden, mit vertraglichen Verpflichtungen, die die Standard-Schutzklauseln ergänzen, zusätzliche Garantien zu bieten.

(110) Jede Unternehmensgruppe oder jede Gruppe von Unternehmen, die eine gemeinsame Wirtschaftstätigkeit ausüben, sollte für ihre internationalen Datenübermittlungen aus der Union an Organisationen derselben Unternehmensgruppe oder derselben Gruppe von Unternehmen, die eine gemeinsame Wirtschaftstätigkeit ausüben, genehmigte verbindliche interne Datenschutzvorschriften anwenden dürfen, sofern diese sämtliche Grundprinzipien und durchsetzbaren Rechte enthalten, die geeignete Garantien für die Übermittlungen beziehungsweise Kategorien von Übermittlungen

그러하지 아니한다. 이러한 경우에 유럽연합집행위원회와 그러한 제3국 또는 국제기구 간의 협의가 규정되어야 한다. 유럽연합집행위원회는 제3국 또는 국제기구에 그 이유를 적시에(frühzeitig) 통지해야 하고 그 상황의 시정(是正)을 위한 협의를 개시해야 한다.

(108) 적합성결정이 없는 경우에 개인정보처리자 또는 수탁처리자는, 제3국에서 발생한 개인정보호보호의 하자에 대한 보상(als Ausgleich für den in einem Drittland bestehenden Mangel an Datenschutz)을 정보주체의 보호에 대한 적합한 안전성확보조치로 마련해야 한다. 기업의 구속력 있는 개인정보보호규칙이나 유럽연합집행위원회 또는 감독관청이 채택한 표준정보보호조항이나 감독관청이 인가한 계약조항을 이용한다는 것이 이러한 적합한 안전성확보조치가 될 수 있다. 이러한 안전성확보조치로 개인정보보호 요건(die Datenschutzvorschriften)[38]과 유럽연합 내의 처리에 적절한 방식(die Rechte der betroffenen Personen auf eine der Verarbeitung innerhalb der Union angemessene Art und Weise)에 대한 정보주체의 권리가 존중된다는 점이 보장되어야 한다; 유럽연합 또는 제3국에서의, 효과적인 행정상 법적구제 또는 법원을 통한 법적구제에 대한 권리와 손해배상청구권의 행사의 권리를 포함하여(einschließlich des Rechts auf wirksame verwaltungsrechtliche oder gerichtliche Rechtsbehelfe[39] sowie des Rechts auf Geltendmachung von Schadenersatzansprüchen in der Union oder in einem Drittland), 정보주체의 강제집행할 수 있는 권리와 효과적인 법적구제의 이용가능성에 대하여도 또한 같다. 그 안전성확보조치는 특히 개인정보 처리원칙에 대한 일반 원칙의 준수와, 기술과 정보보호친화적인 디폴트에 의한 개인정보보호 원칙에 관련되어야 한다. 개인정보이전은, 예컨대 공동의 양해각서(Absichtserklärung)와 같은, 정보주체에게 강제집행할 수 있고 효과적인 권리를 인정해 주는 행정협정(行政協定)에 기재된 조항에 근거한 경우를 포함하여(auch auf der Grundlage von Bestimmungen, die in Verwaltungsvereinbarungen — wie beispielsweise einer gemeinsamen Absichtserklärung —, mit denen den betroffenen Personen durchsetzbare und wirksame Rechte eingeräumt werden, aufzunehmen sind), 관청 또는 공공기관에서 제3국에 있는, 대응하는 의무 또는 임무를 가진 관청 또는 공공기관이나 국제기구로 행해져도 된다. 법적 구속력이 있는 행정협정에 안전성확보조치가 규정된 경우에는 관할 관청의 승인은 행해진 것이다.

(109) 개인정보처리자 또는 수탁처리자가 유럽연합집행위원회 또는 감독관청이 정한 표준개인정보조항을 이용할 가능성에 의하여, 유럽연합집행위원회 또는 감독관청이 제정한 표준개인정보보호조항과 간접적으로도 직접적으로도 모순되지 않거나 정보주체의 기본권 및 자유에 영향을 끼치지 않는 한(solange diese weder mittelbar noch unmittelbar im Widerspruch zu den von der Kommission oder einer Aufsichtsbehörde erlassenen Standard-Datenschutzklauseln stehen oder die Grundrechte und Grundfreiheiten der betroffenen Personen beschneiden), 개인정보처리자 또는 수탁처리자가 예컨대 해당 수탁처리자와 다른 수탁처리자 간의 계약과 같은 다수의 계약들에서도 표준개인정보조항을 사용하는 것 뿐만 아니라, 이에 추가적 조항 또는 안전성확보조치를 부가적으로 사용하는 것(noch ihn daran hindern, ihnen weitere Klauseln oder zusätzliche Garantien hinzuzufügen)가 저지되어서는 아니된다. 개인정보처리자와 수탁처리자가 표준개인정보보호조항을 보충하는 계약상 의무에 의하여 추가적 안전성확보조치를 제공하는 것이 권장된다.

(110) 승인된 기업의 구속력 있는 개인정보보호규칙이 그 이전 또는 개인정보 이전의 범주에 대한 승인된 안전성확보조치를 제공하는, 모든 기본원칙들과 강제집행할 수 있는 권리들을 포함하는 한, 공동의 경제활동에 종사하는, 모든 기업집단 또는 일단의 기업들(Jede Unternehmensgruppe oder jede Gruppe von Unternehmen)은, 유럽연합 내에서 공동의 경제활동에 종사하는(die eine gemeinsame Wirtschaftstätigkeit ausüben), 동일한 기업집단 또는 일단의 기업들에 속하는 조직으로 행하는 국제 개인정보이전에 대하여

personenbezogener Daten bieten.

(111) Datenübermittlungen sollten unter bestimmten Voraussetzungen zulässig sein, nämlich wenn die betroffene Person ihre ausdrückliche Einwilligung erteilt hat, wenn die Übermittlung gelegentlich erfolgt und im Rahmen eines Vertrags oder zur Geltendmachung von Rechtsansprüchen, sei es vor Gericht oder auf dem Verwaltungswege oder in außergerichtlichen Verfahren, wozu auch Verfahren vor Regulierungsbehörden zählen, erforderlich ist. Die Übermittlung sollte zudem möglich sein, wenn sie zur Wahrung eines im Unionsrecht oder im Recht eines Mitgliedstaats festgelegten wichtigen öffentlichen Interesses erforderlich ist oder wenn sie aus einem durch Rechtsvorschriften vorgesehenen Register erfolgt, das von der Öffentlichkeit oder Personen mit berechtigtem Interesse eingesehen werden kann. In letzterem Fall sollte sich eine solche Übermittlung nicht auf die Gesamtheit oder ganze Kategorien der im Register enthaltenen personenbezogenen Daten erstrecken dürfen. Ist das betreffende Register zur Einsichtnahme durch Personen mit berechtigtem Interesse bestimmt, sollte die Übermittlung nur auf Anfrage dieser Personen oder nur dann erfolgen, wenn diese Personen die Adressaten der Übermittlung sind, wobei den Interessen und Grundrechten der betroffenen Person in vollem Umfang Rechnung zu tragen ist.

(112) Diese Ausnahmen sollten insbesondere für Datenübermittlungen gelten, die aus wichtigen Gründen des öffentlichen Interesses erforderlich sind, beispielsweise für den internationalen Datenaustausch zwischen Wettbewerbs-, Steuer- oder Zollbehörden, zwischen Finanzaufsichtsbehörden oder zwischen für Angelegenheiten der sozialen Sicherheit oder für die öffentliche Gesundheit zuständigen Diensten, beispielsweise im Falle der Umgebungsuntersuchung bei ansteckenden Krankheiten oder zur Verringerung und/oder Beseitigung des Dopings im Sport. Die Übermittlung personenbezogener Daten sollte ebenfalls als rechtmäßig angesehen werden, wenn sie erforderlich ist, um ein Interesse, das für die lebenswichtigen Interessen — einschließlich der körperlichen Unversehrtheit oder des Lebens — der betroffenen Person oder einer anderen Person wesentlich ist, zu schützen und die betroffene Person außerstande ist, ihre Einwilligung zu geben. Liegt kein Angemessenheitsbeschluss vor, so können im Unionsrecht oder im Recht der Mitgliedstaaten aus wichtigen Gründen des öffentlichen Interesses ausdrücklich Beschränkungen der Übermittlung bestimmter Kategorien von Daten an Drittländer oder internationale Organisationen vorgesehen werden. Die Mitgliedstaaten sollten solche Bestimmungen der Kommission mitteilen. Jede Übermittlung personenbezogener Daten einer betroffenen Person, die aus physischen oder rechtlichen Gründen außerstande ist, ihre Einwilligung zu erteilen, an eine internationale humanitäre Organisation, die erfolgt, um eine nach den Genfer Konventionen obliegende Aufgabe auszuführen oder um dem in bewaffneten Konflikten anwendbaren humanitären Völkerrecht nachzukommen, könnte als aus einem wichtigen Grund im öffentlichen Interesse notwendig oder als im lebenswichtigen Interesse der betroffenen Person liegend erachtet werden.

(113) Übermittlungen, die als nicht wiederholt erfolgend gelten können und nur eine begrenzte Zahl von betroffenen Personen betreffen, könnten auch zur Wahrung der zwingenden berechtigten Interessen des Verantwortlichen möglich sein, sofern die Interessen oder Rechte und Freiheiten der betroffenen Person nicht überwiegen und der Verantwortliche sämtliche Umstände der Datenübermittlung geprüft hat. Der Verantwortliche sollte insbesondere die Art der personenbezogenen Daten, den Zweck und die Dauer der

그러한 개인정보보호규칙을 적용해도 된다.

(111) 개인정보이전은 특정한 요건하에서, 즉 정보주체가 자신의 명시적 동의를 한 경우나, 그 이전이 간헐적으로 행해지고 계약의 범위 내에서 필요하거나, 규제관청 절차를 포함하여 재판절차, 행정적 절차 또는 재판 이외의 분쟁해결절차인지를 불문하고(sei es vor Gericht oder auf dem Verwaltungswege oder in außergerichtlichen Verfahren, wozu auch Verfahren vor Regulierungsbehörden zählen), 법적청구권을 행사하는 데 필요한 경우에 허용된다. 게다가 개인정보 이전이 유럽연합법 또는 회원국법으로 정해진 중대한 공익을 지키는 데 필요하거나, 법규정으로 규율된 것으로, 공중이나 정당한 이익을 가진 사람들이 열람할 수 있는 등록부에 기하여 행해지는 경우(wenn sie aus einem durch Rechtsvorschriften vorgesehenen Register erfolgt, das von der Öffentlichkeit oder Personen mit berechtigtem Interesse eingesehen werden kann)에는 그 이전은 허용된다. 후자의 경우에 그러한 이전은 등록부에 포함된 개인정보의 전체 또는 범주 전체에 미쳐서는 아니된다. 그러한 등록부가 정당한 이익을 가진 사람들의 열람을 위한 것인 경우에(Ist das betreffende Register zur Einsichtnahme durch Personen mit berechtigtem Interesse bestimmt), 이러한 사람들의 요구에 있는 경우에 한하여 또는 이러한 사람들이 해당 정보(情報)의 수령인(受領人)인 경우에 한하여 정보주체의 이익(利益) 및 기본권(基本權)을 충분하게 고려하면서 그 정보이전이 행해져야 한다.

(112) 특히 가령 경쟁당국, 세무당국 또는 세관당국 간(zwischen Wettbewerbs-, Steuer- oder Zollbehörden)의 국제적 개인정보교환, 금융감독당국 간의 그러한 개인정보교환이나, 감염병의 경우 전파경로조사의 경우나 스포츠에서 도핑의 감소 또는 제거를 위해 필요한 경우와 같이, 사회보장담당기관 또는 공중보건 담당기관 간이(zwischen für Angelegenheiten der sozialen Sicherheit oder für die öffentliche Gesundheit zuständigen Diensten) 그러한 개인정보교환을 위해 필요한 경우와 같이, 공익상의 중대한 이유에 기하여 필요한 개인정보이전에 대하여 이러한 예외는 적용되어야 한다. 또한 개인정보이전이 정보주체 또는 타인의 신체의 완전성 또는 생명을 포함하여 생명유지에 필수적인 이익을 위해 핵심적 이익을 보호하는 데 필요하나 정보주체가 자신의 동의를 할 수 없는(die betroffene Person außerstande ist, ihre Einwilligung zu geben) 경우에 그러한 개인정보이전은 적법한 것으로 간주된다. 적합성결정이 없는 경우에, 공익상의 중대한 이유에 기한(aus wichtigen Gründen des öffentlichen Interesses), 특정한 범주의 개인정보의 제3국 또는 국제기구로의 이전의 제한을 유럽연합법 또는 회원국법에 구체적으로 규정할 수 있다. 회원국은 그러한 규정을 유럽연합집행위원회에 통지해야 한다. 신체상 또는 법적 이유에 기하여 자신의 동의를 할 수 없는 정보주체에 대한, 국제인도기구(國際人道機構; eine internationale humanitäre Organisation)로의 모든 개인정보이전으로, 제네바협정에 따른 임무를 수행하거나(um eine nach den Genfer Konventionen obliegende Aufgabe auszuführen), 무력충돌시 적용될 수 있는 국제인도법(humanitären Völkerrecht)을 준수하기 위하여(um dem in bewaffneten Konflikten anwendbaren humanitären Völkerrecht nachzukommen) 행해지는 개인정보이전은, 공익상의 중대한 이유에서 필요한 것이나 정보주체의 생명유지에 필수적인 이익에 관련된 것으로(im lebenswichtigen Interesse der betroffenen Person liegend) 볼 수 있다.

(113) 반복적으로 행해지지 않은 것으로 볼 수 있고 제한된 수의 정보주체에만 관련된 개인정보이전은, 정보주체의 그 이익 또는 권리 및 자유가 우월하지 않고 개인정보처리자가 개인정보이전의 제반사정(sämtliche Umstände der Datenübermittlung)을 평가한 경우에, 개인정보처리자의 우월하고 정당한 이익을 보호하기 위하여도 허용된다. 개인정보처리자는 특히 개인정보의 성질, 예정한 처리의 목적 및 기간, 정보출처국(出處國), 관련 제3국 및 최종목적지국의 상황(die Situation im Herkunftsland, in dem

vorgesehenen Verarbeitung, die Situation im Herkunftsland, in dem betreffenden Drittland und im Endbestimmungsland berücksichtigen und angemessene Garantien zum Schutz der Grundrechte und Grundfreiheiten natürlicher Personen in Bezug auf die Verarbeitung ihrer personenbezogener Daten vorsehen. Diese Übermittlungen sollten nur in den verbleibenden Fällen möglich sein, in denen keiner der anderen Gründe für die Übermittlung anwendbar ist. Bei wissenschaftlichen oder historischen Forschungszwecken oder bei statistischen Zwecken sollten die legitimen gesellschaftlichen Erwartungen in Bezug auf einen Wissenszuwachs berücksichtigt werden. Der Verantwortliche sollte die Aufsichtsbehörde und die betroffene Person von der Übermittlung in Kenntnis setzen.

(114) In allen Fällen, in denen kein Kommissionsbeschluss zur Angemessenheit des in einem Drittland bestehenden Datenschutzniveaus vorliegt, sollte der Verantwortliche oder der Auftragsverarbeiter auf Lösungen zurückgreifen, mit denen den betroffenen Personen durchsetzbare und wirksame Rechte in Bezug auf die Verarbeitung ihrer personenbezogenen Daten in der Union nach der Übermittlung dieser Daten eingeräumt werden, damit sie weiterhin die Grundrechte und Garantien genießen können.

(115) Manche Drittländer erlassen Gesetze, Vorschriften und sonstige Rechtsakte, die vorgeben, die Verarbeitungstätigkeiten natürlicher und juristischer Personen, die der Rechtsprechung der Mitgliedstaaten unterliegen, unmittelbar zu regeln. Dies kann Urteile von Gerichten und Entscheidungen von Verwaltungsbehörden in Drittländern umfassen, mit denen von einem Verantwortlichen oder einem Auftragsverarbeiter die Übermittlung oder Offenlegung personenbezogener Daten verlangt wird und die nicht auf eine in Kraft befindliche internationale Übereinkunft wie etwa ein Rechtshilfeabkommen zwischen dem ersuchenden Drittland und der Union oder einem Mitgliedstaat gestützt sind. Die Anwendung dieser Gesetze, Verordnungen und sonstigen Rechtsakte außerhalb des Hoheitsgebiets der betreffenden Drittländer kann gegen internationales Recht verstoßen und dem durch diese Verordnung in der Union gewährleisteten Schutz natürlicher Personen zuwiderlaufen. Datenübermittlungen sollten daher nur zulässig sein, wenn die Bedingungen dieser Verordnung für Datenübermittlungen an Drittländer eingehalten werden. Dies kann unter anderem der Fall sein, wenn die Offenlegung aus einem wichtigen öffentlichen Interesse erforderlich ist, das im Unionsrecht oder im Recht des Mitgliedstaats, dem der Verantwortliche unterliegt, anerkannt ist.

(116) Wenn personenbezogene Daten in ein anderes Land außerhalb der Union übermittelt werden, besteht eine erhöhte Gefahr, dass natürliche Personen ihre Datenschutzrechte nicht wahrnehmen können und sich insbesondere gegen die unrechtmäßige Nutzung oder Offenlegung dieser Informationen zu schützen. Ebenso kann es vorkommen, dass Aufsichtsbehörden Beschwerden nicht nachgehen oder Untersuchungen nicht durchführen können, die einen Bezug zu Tätigkeiten außerhalb der Grenzen ihres Mitgliedstaats haben. Ihre Bemühungen um grenzüberschreitende Zusammenarbeit können auch durch unzureichende Präventiv- und Abhilfebefugnisse, widersprüchliche Rechtsordnungen und praktische Hindernisse wie Ressourcenknappheit behindert werden. Die Zusammenarbeit zwischen den Datenschutzaufsichtsbehörden muss daher gefördert werden, damit sie Informationen austauschen und mit den Aufsichtsbehörden in anderen Ländern Untersuchungen durchführen können. Um Mechanismen der internationalen Zusammenarbeit zu entwickeln, die die internationale Amtshilfe bei der Durchsetzung von Rechtsvorschriften zum Schutz personenbezogener Daten erleichtern und sicherstellen, sollten die

betreffenden Drittland und im Endbestimmungsland)을 고려해야 하고, 자연인 개인정보 처리와 관련하여 자연인의 기본권 및 자유를 보호하기 위한 적합한 안전성확보조치를 규정해야 한다. 개인정보이전에 대한 다른 이유가 적용될 수 없는 나머지 경우에 한하여(nur in den verbleibenden Fällen) 이러한 이전은 허용된다. 과학적 또는 역사적 연구목적이나 통계목적의 경우(Bei wissenschaftlichen oder historischen Forschungszwecken oder bei statistischen Zwecken)에 지식의 성장에 관한 정당한 사회의 기대(die legitimen gesellschaftlichen Erwartungen in Bezug auf einen Wissenszuwachs)를 고려해야 한다. 개인정보처리자는 감독관청과 정보주체에게 그 정보이전에 대하여 알려야(die Aufsichtsbehörde und die betroffene Person von der Übermittlung in Kenntnis setzen) 한다.

(114) 제3국에 있는 개인정보보호수준에 대한 적합성에 관한 유럽연합집행위원회의 결정이 없는 일체의 경우에, 개인정보처리자 또는 수탁처리자는, 정보주체가 계속적으로 기본권과 안전성확보조치를 누리도록 하기 위하여(damit sie weiterhin die Grundrechte und Garantien genießen können) 그 정보주체에게 유럽연합 내 그 개인정보 처리에 관하여 강제집행할 수 있고 효과적인 권리를 본 법(法)에 따른 개인정보이전 후에 인정해 주는 해법을 이용해야 한다.

(115) 몇몇 회원국들은 회원국의 관할권을 적용받는(die der Rechtsprechung der Mitgliedstaaten unterliegen) 자연인 또는 법인의 정보처리활동을 직접적으로 규율하려고 하는 법률, 명령 및 기타 법규를 제정한 바 있다. 이에는, 개인정보처리자 또는 수탁처리자가 개인정보의 이전 또는 공개를 요구하는 것의 근거이지만, 가령, 요청하는 제3국과 유럽연합 또는 회원국 간의 사법공조협약과 같은 시행 중인 국제협약에 근거하지 않은(die nicht auf eine in Kraft befindliche internationale Übereinkunft wie etwa ein Rechtshilfeabkommen zwischen dem ersuchenden Drittland und der Union oder einem Mitgliedstaat gestützt sind) 제3국 법원의 판결 또는 행정기관의 결정이 포함될 수 있다. 그러한 제3국의 영토 밖에서의 이러한 법률, 법(法) 및 기타 법규의 적용은 국제법에 위반할 수 있고 본 법(法)에 의해 유럽연합에서 보장된, 자연인의 보호에 반할 수 있다. 그러므로 개인정보이전은, 제3국의로의 개인정보이전에 대한 본 법(法)의 요건이 준수되는 경우에 한하여 허용되어야 한다. 무엇보다도 그 공개가, 유럽연합법이나 정보처리자가 적용받는 회원국법에서 승인된 중대한 공익상 이유에서 필요한 경우가 이에 해당할 수 있다(Dies kann unter anderem der Fall sein, wenn die Offenlegung aus einem wichtigen öffentlichen Interesse erforderlich ist, das im Unionsrecht oder im Recht des Mitgliedstaats, dem der Verantwortliche unterliegt, anerkannt ist).

(116) 개인정보가 유럽연합 이외의 다른 국가로 이전되는 경우에(Wenn personenbezogene Daten in ein anderes Land außerhalb der Union übermittelt werden), 자연인이, 특히 그 개인정보의 불법적 이용 또는 공개로부터(gegen die unrechtmäßige Nutzung oder Offenlegung dieser Informationen) 자신을 보호할 수 있는 개인정보보호의 권리를 행사할 수 없게 되는 한층 높아진 위험(eine erhöhte Gefahr)이 발생한다. 마찬가지로 감독관청이 회원국의 국경 밖에서의 활동에 관련된(die einen Bezug zu Tätigkeiten außerhalb der Grenzen ihres Mitgliedstaats haben) 불만을 처리할 수 없고 그러한 조사를 시행할 수 없는 일이 발생하게 된다. 국경을 초월하는 협력을 위한 감독관청의 노력은 충분하지 않은 예방권한 및 구제권한, 일관성 없는 법제도와 자원부족과 같은 실무적 장애물에 의해서도(auch durch unzureichende Präventiv- und Abhilfebefugnisse, widersprüchliche Rechtsordnungen und praktische Hindernisse wie Ressourcenknappheit) 저해될 수 있다. 개인정보보호에 관한 법규정의 시행시의 국제적 행정공조(die internationale Amtshilfe[40])를 촉진하고 이를 보장하는, 국제적 협력매커니즘(Mechanismen der internationalen Zusammenarbeit)을 발전시키기 위하여, 유럽연합집행위원회와 감독관청은 정보를 교환해

Kommission und die Aufsichtsbehörden Informationen austauschen und bei Tätigkeiten, die mit der Ausübung ihrer Befugnisse in Zusammenhang stehen, mit den zuständigen Behörden der Drittländer nach dem Grundsatz der Gegenseitigkeit und gemäß dieser Verordnung zusammenarbeiten.

(117) Die Errichtung von Aufsichtsbehörden in den Mitgliedstaaten, die befugt sind, ihre Aufgaben und Befugnisse völlig unabhängig wahrzunehmen, ist ein wesentlicher Bestandteil des Schutzes natürlicher Personen bei der Verarbeitung personenbezogener Daten. Die Mitgliedstaaten sollten mehr als eine Aufsichtsbehörde errichten können, wenn dies ihrer verfassungsmäßigen, organisatorischen und administrativen Struktur entspricht.

(118) Die Tatsache, dass die Aufsichtsbehörden unabhängig sind, sollte nicht bedeuten, dass sie hinsichtlich ihrer Ausgaben keinem Kontroll- oder Überwachungsmechanismus unterworfen werden bzw. sie keiner gerichtlichen Überprüfung unterzogen werden können.

(119) Errichtet ein Mitgliedstaat mehrere Aufsichtsbehörden, so sollte er mittels Rechtsvorschriften sicherstellen, dass diese Aufsichtsbehörden am Kohärenzverfahren wirksam beteiligt werden. Insbesondere sollte dieser Mitgliedstaat eine Aufsichtsbehörde bestimmen, die als zentrale Anlaufstelle für eine wirksame Beteiligung dieser Behörden an dem Verfahren fungiert und eine rasche und reibungslose Zusammenarbeit mit anderen Aufsichtsbehörden, dem Ausschuss und der Kommission gewährleistet.

(120) Jede Aufsichtsbehörde sollte mit Finanzmitteln, Personal, Räumlichkeiten und einer Infrastruktur ausgestattet werden, wie sie für die wirksame Wahrnehmung ihrer Aufgaben, einschließlich derer im Zusammenhang mit der Amtshilfe und Zusammenarbeit mit anderen Aufsichtsbehörden in der gesamten Union, notwendig sind. Jede Aufsichtsbehörde sollte über einen eigenen, öffentlichen, jährlichen Haushaltsplan verfügen, der Teil des gesamten Staatshaushalts oder nationalen Haushalts sein kann.

(121) Die allgemeinen Anforderungen an das Mitglied oder die Mitglieder der Aufsichtsbehörde sollten durch Rechtsvorschriften von jedem Mitgliedstaat geregelt werden und insbesondere vorsehen, dass diese Mitglieder im Wege eines transparenten Verfahrens entweder — auf Vorschlag der Regierung, eines Mitglieds der Regierung, des Parlaments oder einer Parlamentskammer — vom Parlament, der Regierung oder dem Staatsoberhaupt des Mitgliedstaats oder von einer unabhängigen Stelle ernannt werden, die nach dem Recht des Mitgliedstaats mit der Ernennung betraut wird. Um die Unabhängigkeit der Aufsichtsbehörde zu gewährleisten, sollten ihre Mitglieder ihr Amt integer ausüben, von allen mit den Aufgaben ihres Amts nicht zu vereinbarenden Handlungen absehen und während ihrer Amtszeit keine andere mit ihrem Amt nicht zu vereinbarende entgeltliche oder unentgeltliche Tätigkeit ausüben. Die Aufsichtsbehörde sollte über eigenes Personal verfügen, das sie selbst oder eine nach dem Recht des Mitgliedstaats eingerichtete unabhängige Stelle auswählt und das ausschließlich der Leitung des Mitglieds oder der Mitglieder der Aufsichtsbehörde unterstehen sollte.

(122) Jede Aufsichtsbehörde sollte dafür zuständig sein, im Hoheitsgebiet ihres Mitgliedstaats die Befugnisse auszuüben und die Aufgaben zu erfüllen, die ihr mit dieser Verordnung übertragen wurden. Dies sollte insbesondere für Folgendes gelten: die Verarbeitung im Rahmen der Tätigkeiten einer Niederlassung des Verantwortlichen oder Auftragsverarbeiters im Hoheitsgebiet ihres Mitgliedstaats, die

야 하고, 또한 그 권한 수행과 관련이 있는(die mit der Ausübung ihrer Befugnisse in Zusammenhang stehen) 활동에 있어 호혜(互惠)의 원칙에 좇아 또 본 법(法)에 따라(nach dem Grundsatz der Gegenseitigkeit und gemäß dieser Verordnung) 제3국의 관할 당국과 협력해야 한다.

(117) 자신의 임무 및 권한을 완전히 독립적으로 수행할 권한을 갖는, 회원국의 감독관청의 설치는 개인정보 처리시의 자연인의 보호 중 핵심적(核心的) 구성부분(ein wesentlicher Bestandteil des Schutzes natürlicher Personen bei der Verarbeitung personenbezogener Daten)이다. 이것이 헌법적, 조직적 및 행정적 구조에 부합하는 한(wenn dies ihrer verfassungsmäßigen, organisatorischen und administrativen Struktur entspricht), 회원국은 2개 이상의 감독관청을 설치할 수 있어야 한다.

(118) 그 감독관청은 독립적이라는 사실은, 그 감독관청이 자신의 경비지출과 관련하여 통제메커니즘 또는 감시메커니즘(Kontroll- oder Überwachungsmechanismus)의 적용을 받지 않는다거나, 사법심사(gerichtlichen Überprüfung)를 받을 수 없다는 것을 의미하지는 않는다.

(119) 한 회원국이 수개의 감독관청을 설치하는 경우에, 그 회원국은 법제도[41](Rechtsvorschriften)에 의해 이러한 감독관청들이 법적용통일성추구절차(Kohärenzverfahren)에 효과적으로 참가하도록 보장한다. 특히 이러한 회원국은 이러한 절차에서 이러한 관청들의 효과적인 참가를 위한 중앙연락담당기관으로서 역할을 수행하고(die als zentrale Anlaufstelle für eine wirksame Beteiligung dieser Behörden an dem Verfahren fungiert) 다른 감독관청, 유럽정보보호위원회 및 유럽연합집행위원회와의 신속하고 원활한 협력을 보장하는 하나의 감독관청을 지정해야 한다.

(120) 모든 감독관청은, 유럽연합 전역에 있는 다른 감독관청과의 행정공조 및 협력에 관련된 것을 포함하여 자신의 효과적인 임무 수행하는 데에 필수적인 재원(財源; Finanzmitteln), 인력(人力; Personal), 업무공간(Räumlichkeiten) 및 인프라(Infrastruktur)를 갖춰야 한다. 모든 감독관청은, 주예산(州豫算) 전체의 일부이거나 국가예산의 일부(gesamten Staatshaushalts oder nationalen Haushalts)일 수 있는, 별도의 공식적 연간예산(einen eigenen, öffentlichen, jährlichen Haushaltsplan)을 보유해야 한다.

(121) 감독관청의 고위성원(高位成員)[42] 또는 고위성원(高位成員)들에 대한 일반적 요구사항은, 각 회원국의 법규정으로 규정되어야 하고 특히 이러한 고위성원은, 투명한 절차를 통해, 즉, 정부(政府; Regierung), 정부의 한 구성원(eines Mitglieds der Regierung), 의회(議會; Parlament) 또는 한 의원(議院[43]; einer Parlamentskammer)의 제청에 기하여 회원국의 의회, 정부 또는 정부수반(Staatsoberhaupt)에 의해 임명되거나, 아니면 회원국법에 따라 그 임명을 위임받은 어느 독립적 기구에 의해 임명되도록 규정되어야 한다. 감독관청의 독립성을 확보하기 위하여 감독관청의 고위성원은 자신의 직무(職務; Amt)을 정직하게 수행해야 하고, 자신의 직무상의 임무에 합치하지 않는 일체의 행위를 해서는 아니되고, 그 근무시간 중에 자신의 직무에 합치하지 않는 그 밖의 유상 또는 무상의 활동에 종사할 수 없다(während ihrer Amtszeit keine andere mit ihrem Amt nicht zu vereinbarende entgeltliche oder unentgeltliche Tätigkeit ausüben). 감독관청은, 자신이 직접 선발하거나 회원국의 법에 따라 설치된 독립적 기구가 선발하고 감독관청의 고위성원의 지휘만을 받는(das ausschließlich der Leitung des Mitglieds oder der Mitglieder der Aufsichtsbehörde unterstehen sollte) 고유한 인력(eigenes Personal)을 보유해야 한다.

(122) 모든 감독관청은, 자신이 속한 회원국의 영토에서 본 법(法)에 따라 자신에 부여된 권한을 행사하고 그러한 임무를 수행하는 것을 담당해야 한다. 이는 특히 다음의 경우에 적용한다: i) 감독관청의 회원국의 영토에 있는, 개인정보처리자나 수탁처리자의 영업소 활동의 일환으로 하는 그 처리, ii) 공익을 위해 행위하는 관청 또는 민간기관의 개인정보 처리, iii) 감독관청이 속한 영토 내에 있는 정보주체에 대해

Verarbeitung personenbezogener Daten durch Behörden oder private Stellen, die im öffentlichen Interesse handeln, Verarbeitungstätigkeiten, die Auswirkungen auf betroffene Personen in ihrem Hoheitsgebiet haben, oder Verarbeitungstätigkeiten eines Verantwortlichen oder Auftragsverarbeiters ohne Niederlassung in der Union, sofern sie auf betroffene Personen mit Wohnsitz in ihrem Hoheitsgebiet ausgerichtet sind. Dies sollte auch die Bearbeitung von Beschwerden einer betroffenen Person, die Durchführung von Untersuchungen über die Anwendung dieser Verordnung sowie die Förderung der Information der Öffentlichkeit über Risiken, Vorschriften, Garantien und Rechte im Zusammenhang mit der Verarbeitung personenbezogener Daten einschließen.

(123) Die Aufsichtsbehörden sollten die Anwendung der Bestimmungen dieser Verordnung überwachen und zu ihrer einheitlichen Anwendung in der gesamten Union beitragen, um natürliche Personen im Hinblick auf die Verarbeitung ihrer Daten zu schützen und den freien Verkehr personenbezogener Daten im Binnenmarkt zu erleichtern. Zu diesem Zweck sollten die Aufsichtsbehörden untereinander und mit der Kommission zusammenarbeiten, ohne dass eine Vereinbarung zwischen den Mitgliedstaaten über die Leistung von Amtshilfe oder über eine derartige Zusammenarbeit erforderlich wäre.

(124) Findet die Verarbeitung personenbezogener Daten im Zusammenhang mit der Tätigkeit einer Niederlassung eines Verantwortlichen oder eines Auftragsverarbeiters in der Union statt und hat der Verantwortliche oder der Auftragsverarbeiter Niederlassungen in mehr als einem Mitgliedstaat oder hat die Verarbeitungstätigkeit im Zusammenhang mit der Tätigkeit einer einzigen Niederlassung eines Verantwortlichen oder Auftragsverarbeiters in der Union erhebliche Auswirkungen auf betroffene Personen in mehr als einem Mitgliedstaat bzw. wird sie voraussichtlich solche Auswirkungen haben, so sollte die Aufsichtsbehörde für die Hauptniederlassung des Verantwortlichen oder Auftragsverarbeiters oder für die einzige Niederlassung des Verantwortlichen oder Auftragsverarbeiters als federführende Behörde fungieren. Sie sollte mit den anderen Behörden zusammenarbeiten, die betroffen sind, weil der Verantwortliche oder Auftragsverarbeiter eine Niederlassung im Hoheitsgebiet ihres Mitgliedstaats hat, weil die Verarbeitung erhebliche Auswirkungen auf betroffene Personen mit Wohnsitz in ihrem Hoheitsgebiet hat oder weil bei ihnen eine Beschwerde eingelegt wurde. Auch wenn eine betroffene Person ohne Wohnsitz in dem betreffenden Mitgliedstaat eine Beschwerde eingelegt hat, sollte die Aufsichtsbehörde, bei der Beschwerde eingelegt wurde, auch eine betroffene Aufsichtsbehörde sein. Der Ausschuss sollte — im Rahmen seiner Aufgaben in Bezug auf die Herausgabe von Leitlinien zu allen Fragen im Zusammenhang mit der Anwendung dieser Verordnung — insbesondere Leitlinien zu den Kriterien ausgeben können, die bei der Feststellung zu berücksichtigen sind, ob die fragliche Verarbeitung erhebliche Auswirkungen auf betroffene Personen in mehr als einem Mitgliedstaat hat und was einen maßgeblichen und begründeten Einspruch darstellt.

(125) Die federführende Behörde sollte berechtigt sein, verbindliche Beschlüsse über Maßnahmen zu erlassen, mit denen die ihr gemäß dieser Verordnung übertragenen Befugnisse ausgeübt werden. In ihrer Eigenschaft als federführende Behörde sollte diese Aufsichtsbehörde für die enge Einbindung und Koordinierung der betroffenen Aufsichtsbehörden im Entscheidungsprozess sorgen. Wird beschlossen, die Beschwerde der betroffenen Person vollständig oder teilweise abzuweisen, so sollte dieser Beschluss von der Aufsichtsbehörde angenommen werden, bei der die Beschwerde eingelegt wurde.

영향을 끼치는 정보처리활동이나, ⅳ) 유럽연합 내에 영업소를 두지 않은 개인정보처리자 또는 수탁처리자의 정보처리활동(Verarbeitungstätigkeiten, die Auswirkungen auf betroffene Personen in ihrem Hoheitsgebiet haben, oder Verarbeitungstätigkeiten eines Verantwortlichen oder Auftragsverarbeiters ohne Niederlassung in der Union), 다만 이러한 처리활동은 자신이 속한 영토 내에 주소를 둔 정보주체를 대상하는 경우에 한한다(sofern sie auf betroffene Personen mit Wohnsitz in ihrem Hoheitsgebiet ausgerichtet sind). 이는, 어느 정보주체의 이의에 대한 심리(die Bearbeitung von Beschwerden einer betroffenen Person), 본 법(法)의 적용에 관한 조사의 수행과, 개인정보 처리와 관련한 위험, 규정, 안전성 확보조치 및 권리에 관한 공중에 대한 정보제공의 제고(提高)도 포함한다.

(123) 감독관청은, 자연인을 그 개인정보 처리와 관련하여 보호하고 유럽연합단일시장에서의 개인정보의 자유로운 이동을 촉진하기 위하여, 본 법(法)상의 규정의 적용을 감독해야 하고 또 유럽 전체에서의 그 법(法)의 통일적 적용을 기여해야 한다. 이러한 목적을 위하여 감독관청들은, 행정공조의 제공 또는 그러한 협력에 관한 회원국 간의 협정의 필요 없이(ohne dass eine Vereinbarung zwischen den Mitgliedstaaten über die Leistung von Amtshilfe oder über eine derartige Zusammenarbeit erforderlich wäre), 상호간에 또 유럽연합집행위원회와 협력해야 한다.

(124) ⅰ) 유럽연합 내에 있는 어느 개인정보처리자 또는 수탁처리자의 영업소의 활동에 관련하여 개인정보 처리가 행해지고 그 개인정보처리자 또는 수탁처리자가 2개 이상의 회원국에 영업소를 두거나, ⅱ) 유럽연합 내에 있는 개인정보처리자 또는 수탁리자의 유일한 1개 영업소의 활동에 관련된 처리활동이 2개 이상의 회원국에 있는 정보주체에 대하여 중대한 영향을 끼치거나, 그 처리활동이 그러한 영향을 끼칠 것으로 예상되는 경우에는, 그 정보처리자 또는 수탁처리자의 본점이나 그 개인정보처리자 또는 수탁처리자의 유일한 그 영업소를 관할하는 감독관청은 주무소관감독관청[44](主務소所管監督官廳; federführende Behörde)으로서 역할을 수행한다. 그 '주무소관감독관청'은 '다른 소관감독관청(所管監督官廳)'과 협력해야 하는데, 이는 개인정보처리자 또는 수탁처리자가 그 관계관청이 속한 회원국의 영토에 영업소를 두거나, 그 처리가 정보주체가 속한 회원국의 영토 내에 주소를 둔 정보주체에 대하여 중대한 영향을 끼치거나(weil der Verantwortliche oder Auftragsverarbeiter eine Niederlassung im Hoheitsgebiet ihres Mitgliedstaats hat, weil die Verarbeitung erhebliche Auswirkungen auf betroffene Personen mit Wohnsitz in ihrem Hoheitsgebiet hat), 또는 이의가 그 관계관청에 접수되었기 때문이다.[45] 정보주체가 그러한 회원국에 주소를 두지 않았을지라도, 이의를 접수받은 감독관청도 소관감독관청(betroffene Aufsichtsbehörde)이 된다. 유럽정보보호위원회는, 가이드라인의 제정에 관한 자신의 임무 범위 내에서 본 법(法)의 적용에 관한 모든 문제에 대하여, 특히 결정에 있어, 문제되는 처리가 2개 이상의 회원국에 있는 정보주체에 대하여 영향을 끼치는지 여부와, 무엇이 관련성이 있고 타당한 이의를 구성하는지(ob die fragliche Verarbeitung erhebliche Auswirkungen auf betroffene Personen in mehr als einem Mitgliedstaat hat und was einen maßgeblichen und begründeten Einspruch darstellt)를 고려해야 하는 기준(基準)에 관한 가이드라인을 제정(制定)할 수 있다.

(125) 주무소관감독관청은, 본 법(法)에 따라 자신에게 부여된 권한을 행사하는 근거가 되는 조치에 관한 구속력 있는 결정을 발령할 권한을 갖는다. 이러한 주무소관감독관청은 주무소관감독관청으로서의 자격에 기하여 의사결정과정에 있어 소관감독관청(所管監督官廳)들의 긴밀한 참여 및 조정(調整)을 보장해야(für die enge Einbindung und Koordinierung der betroffenen Aufsichtsbehörden im Entscheidungsprozess sorgen) 한다. 정보주체의 이의 전부 또는 일부를 기각하는 결정을 하는 경우에는 이러한 결정은 이의를 접수받은 감독관청이 받아들여야 한다.

(126) Der Beschluss sollte von der federführenden Aufsichtsbehörde und den betroffenen Aufsichtsbehörden gemeinsam vereinbart werden und an die Hauptniederlassung oder die einzige Niederlassung des Verantwortlichen oder Auftragsverarbeiters gerichtet sein und für den Verantwortlichen und den Auftragsverarbeiter verbindlich sein. Der Verantwortliche oder Auftragsverarbeiter sollte die erforderlichen Maßnahmen treffen, um die Einhaltung dieser Verordnung und die Umsetzung des Beschlusses zu gewährleisten, der der Hauptniederlassung des Verantwortlichen oder Auftragsverarbeiters im Hinblick auf die Verarbeitungstätigkeiten in der Union von der federführenden Aufsichtsbehörde mitgeteilt wurde.

(127) Jede Aufsichtsbehörde, die nicht als federführende Aufsichtsbehörde fungiert, sollte in örtlichen Fällen zuständig sein, wenn der Verantwortliche oder Auftragsverarbeiter Niederlassungen in mehr als einem Mitgliedstaat hat, der Gegenstand der spezifischen Verarbeitung aber nur die Verarbeitungstätigkeiten in einem einzigen Mitgliedstaat und nur betroffene Personen in diesem einen Mitgliedstaat betrifft, beispielsweise wenn es um die Verarbeitung von personenbezogenen Daten von Arbeitnehmern im spezifischen Beschäftigungskontext eines Mitgliedstaats geht. In solchen Fällen sollte die Aufsichtsbehörde unverzüglich die federführende Aufsichtsbehörde über diese Angelegenheit unterrichten. Nach ihrer Unterrichtung sollte die federführende Aufsichtsbehörde entscheiden, ob sie den Fall nach den Bestimmungen zur Zusammenarbeit zwischen der federführenden Aufsichtsbehörde und anderen betroffenen Aufsichtsbehörden gemäß der Vorschrift zur Zusammenarbeit zwischen der federführenden Aufsichtsbehörde und anderen betroffenen Aufsichtsbehörden (im Folgenden "Verfahren der Zusammenarbeit und Kohärenz") regelt oder ob die Aufsichtsbehörde, die sie unterrichtet hat, den Fall auf örtlicher Ebene regeln sollte. Dabei sollte die federführende Aufsichtsbehörde berücksichtigen, ob der Verantwortliche oder der Auftragsverarbeiter in dem Mitgliedstaat, dessen Aufsichtsbehörde sie unterrichtet hat, eine Niederlassung hat, damit Beschlüsse gegenüber dem Verantwortlichen oder dem Auftragsverarbeiter wirksam durchgesetzt werden. Entscheidet die federführende Aufsichtsbehörde, den Fall selbst zu regeln, sollte die Aufsichtsbehörde, die sie unterrichtet hat, die Möglichkeit haben, einen Beschlussentwurf vorzulegen, dem die federführende Aufsichtsbehörde bei der Ausarbeitung ihres Beschlussentwurfs im Rahmen dieses Verfahrens der Zusammenarbeit und Kohärenz weitestgehend Rechnung tragen sollte.

(128) Die Vorschriften über die federführende Behörde und das Verfahren der Zusammenarbeit und Kohärenz sollten keine Anwendung finden, wenn die Verarbeitung durch Behörden oder private Stellen im öffentlichen Interesse erfolgt. In diesen Fällen sollte die Aufsichtsbehörde des Mitgliedstaats, in dem die Behörde oder private Einrichtung ihren Sitz hat, die einzige Aufsichtsbehörde sein, die dafür zuständig ist, die Befugnisse auszuüben, die ihr mit dieser Verordnung übertragen wurden.

(129) Um die einheitliche Überwachung und Durchsetzung dieser Verordnung in der gesamten Union sicherzustellen, sollten die Aufsichtsbehörden in jedem Mitgliedstaat dieselben Aufgaben und wirksamen Befugnisse haben, darunter, insbesondere im Fall von Beschwerden natürlicher Personen, Untersuchungsbefugnisse, Abhilfebefugnisse und Sanktionsbefugnisse und Genehmigungsbefugnisse und beratende Befugnisse, sowie — unbeschadet der Befugnisse der Strafverfolgungsbehörden nach dem Recht der Mitgliedstaaten — die Befugnis, Verstöße gegen diese Verordnung den Justizbehörden zur

(126) 그 결정은 주무소관감독관청과 소관감독관청이 공동으로 합의되어 행해져야 하고 개인정보처리자 또는 수탁처리자의 본점 또는 유일한 영업소를 그 대상으로 해야 하며(an die Hauptniederlassung oder die einzige Niederlassung des Verantwortlichen oder Auftragsverarbeiters gerichtet sein), 그 개인정보처라자 또는 수탁처리자를 구속한다. 개인정보처리자 또는 수탁처리자는 본 법(法)의 준수를 보장하고, 또 주무소관관청이 개인정보처리자 또는 수탁처리자의 본점에 유럽연합 내의 정보처리활동에 관하여 통지한(der der Hauptniederlassung des Verantwortlichen oder Auftragsverarbeiters im Hinblick auf die Verarbeitungstätigkeiten in der Union von der federführenden Aufsichtsbehörde mitgeteilt wurde) 결정의 집행을 보장하기 위하여 필요한 조치를 취해야 한다.

(127) 주무소관감독관청으로서 역할을 수행하지 않는 모든 감독관청들은, 개인정보처리자 또는 수탁처리자가, 예컨대, 한 회원국의 특정한 고용상황에 있는 직원들의 개인정보 처리가 문제되는 경우처럼 (beispielsweise wenn es um die Verarbeitung von personenbezogenen Daten von Arbeitnehmern[46]) im spezifischen Beschäftigungskontext eines Mitgliedstaats geht), 특정한 처리의 대상이 유일한 한 회원국에서의 활동에만 또 그 한 회원국에 있는 정보주체에만 관련된, 2개 이상의 회원국에 영업소들을 둔 경우에 그 지역 사안으로(in örtlichen Fällen) 이를 관할해야 한다. 그러한 지역사안에서 그 감독관청은 지체 없이 주무소관감독관청에 이러한 문제에 관하여(über diese Angelegenheit) 알려야 해야 한다. 주무소관감독관청은 그 알림 후에 자신이, 주무소관감독관청과 다른 소관감독관청 간의 협력에 관한 규정에 좇아, 또 주무소관감독관청과 다른 소관감독관청 간의 협력에 관한 법(法)에 따라(nach den Bestimmungen zur Zusammenarbeit zwischen der federführenden Aufsichtsbehörde und anderen betroffenen Aufsichtsbehörden gemäß der Vorschrift zur Zusammenarbeit zwischen der federführenden Aufsichtsbehörde und anderen betroffenen Aufsichtsbehörden)(이하 '협력 및 법적용통일성추구 절차'; Verfahren der Zusammenarbeit und Kohärenz) 그 사안을 처리할 것인지 여부, 아니면 그와 같이 알린 감독관청이 그 사안을 지역적 수준에서 처리해야 할 것인지 여부를 결정한다. 이 경우 주무소관감독관청은, 그 개인정보처리자 또는 수탁처리자가, 결정이 그 개인정보처리자 또는 수탁처리자에 대하여 효과적으로 집행되도록 하기 위하여 자신들에게 알린 감독관청이 속한 회원국에 영업소를 둔 것인지 여부를 고려해야 한다. 주무소관감독관청이 그 사건을 직접 처리하기로 결정하는 경우에 개인정보처리자 또는 수탁처리자에게 알린 감독관청은, 주무소관감독관청이 그 결정안의 마련에 있어 협력 및 법적용통일성추구절차 내에서 최대한 고려해야 하는(dem die federführende Aufsichtsbehörde bei der Ausarbeitung ihres Beschlussentwurfs im Rahmen dieses Verfahrens der Zusammenarbeit und Kohärenz weitestgehend Rechnung tragen sollte) 결정안을 제출할 기회를 갖는다.

(128) 관청 또는 민간기관의 그 처리가 공익을 위하여 행해지는 경우에(wenn die Verarbeitung durch Behörden oder private Stellen im öffentlichen Interesse erfolgt) 주무소관감독관청과 협력 및 법적용통일성추구 절차에 관한 규정은 적용하지 아니한다. 이러한 경우 관청 또는 민간기관이 자신의 본점을 둔 회원국의 감독관청은 본 법(法)에 따라 부여된 그 권한을 행사할 자격이 있는 '유일한 소관감독관청'(die einzige Aufsichtsbehörde)이 되어야 한다.

(129) 유럽 전역에서 본 법(法)의 통일적 감시 및 시행을 보장하기 위하여 각 회원국의 감독관청은 동일한 임무와 효과적 권한을 가져야 하는데, 그 중에서 특히 자연인의 이의제기의 경우에 조사권한, 구제(救濟)권한, 제재권한, 승인권한 및 협의권한(Untersuchungsbefugnisse, Abhilfebefugnisse und Sanktionsbefugnisse und Genehmigungsbefugnisse und beratende Befugnisse)과, 회원국의 법에 따른 형사관청의 권한인지를 불문하고, 본 법(法)에 대한 위반을 사법당국에 알려 재판절차를 개시할 권한(sowie

— unbeschadet der Befugnisse der Strafverfolgungsbehörden nach dem Recht der Mitgliedstaaten — die Kenntnis zu bringen und Gerichtsverfahren anzustrengen. Dazu sollte auch die Befugnis zählen, eine vorübergehende oder endgültige Beschränkung der Verarbeitung, einschließlich eines Verbots, zu verhängen. Die Mitgliedstaaten können andere Aufgaben im Zusammenhang mit dem Schutz personenbezogener Daten im Rahmen dieser Verordnung festlegen. Die Befugnisse der Aufsichtsbehörden sollten in Übereinstimmung mit den geeigneten Verfahrensgarantien nach dem Unionsrecht und dem Recht der Mitgliedstaaten unparteiisch, gerecht und innerhalb einer angemessenen Frist ausgeübt werden. Insbesondere sollte jede Maßnahme im Hinblick auf die Gewährleistung der Einhaltung dieser Verordnung geeignet, erforderlich und verhältnismäßig sein, wobei die Umstände des jeweiligen Einzelfalls zu berücksichtigen sind, das Recht einer jeden Person, gehört zu werden, bevor eine individuelle Maßnahme getroffen wird, die nachteilige Auswirkungen auf diese Person hätte, zu achten ist und überflüssige Kosten und übermäßige Unannehmlichkeiten für die Betroffenen zu vermeiden sind. Untersuchungsbefugnisse im Hinblick auf den Zugang zu Räumlichkeiten sollten im Einklang mit besonderen Anforderungen im Verfahrensrecht der Mitgliedstaaten ausgeübt werden, wie etwa dem Erfordernis einer vorherigen richterlichen Genehmigung. Jede rechtsverbindliche Maßnahme der Aufsichtsbehörde sollte schriftlich erlassen werden und sie sollte klar und eindeutig sein; die Aufsichtsbehörde, die die Maßnahme erlassen hat, und das Datum, an dem die Maßnahme erlassen wurde, sollten angegeben werden und die Maßnahme sollte vom Leiter oder von einem von ihm bevollmächtigten Mitglied der Aufsichtsbehörde unterschrieben sein und eine Begründung für die Maßnahme sowie einen Hinweis auf das Recht auf einen wirksamen Rechtsbehelf enthalten. Dies sollte zusätzliche Anforderungen nach dem Verfahrensrecht der Mitgliedstaaten nicht ausschließen. Der Erlass eines rechtsverbindlichen Beschlusses setzt voraus, dass er in dem Mitgliedstaat der Aufsichtsbehörde, die den Beschluss erlassen hat, gerichtlich überprüft werden kann.

(130) Ist die Aufsichtsbehörde, bei der die Beschwerde eingereicht wurde, nicht die federführende Aufsichtsbehörde, so sollte die federführende Aufsichtsbehörde gemäß den Bestimmungen dieser Verordnung über Zusammenarbeit und Kohärenz eng mit der Aufsichtsbehörde zusammenarbeiten, bei der die Beschwerde eingereicht wurde. In solchen Fällen sollte die federführende Aufsichtsbehörde bei Maßnahmen, die rechtliche Wirkungen entfalten sollen, unter anderem bei der Verhängung von Geldbußen, den Standpunkt der Aufsichtsbehörde, bei der die Beschwerde eingereicht wurde und die weiterhin befugt sein sollte, in Abstimmung mit der zuständigen Aufsichtsbehörde Untersuchungen im Hoheitsgebiet ihres eigenen Mitgliedstaats durchzuführen, weitestgehend berücksichtigen.

(131) Wenn eine andere Aufsichtsbehörde als federführende Aufsichtsbehörde für die Verarbeitungstätigkeiten des Verantwortlichen oder des Auftragsverarbeiters fungieren sollte, der konkrete Gegenstand einer Beschwerde oder der mögliche Verstoß jedoch nur die Verarbeitungstätigkeiten des Verantwortlichen oder des Auftragsverarbeiters in dem Mitgliedstaat betrifft, in dem die Beschwerde eingereicht wurde oder der mögliche Verstoß aufgedeckt wurde, und die Angelegenheit keine erheblichen Auswirkungen auf betroffene Personen in anderen Mitgliedstaaten hat oder haben dürfte, sollte die Aufsichtsbehörde, bei der eine Beschwerde eingereicht wurde oder die Situationen, die mögliche Verstöße gegen diese Verordnung darstellen, aufgedeckt hat bzw. auf andere Weise darüber informiert wurde, versuchen, eine gütliche Einigung mit dem Verantwortlichen zu

Gerichtsverfahren anzustrengen)을 들 수 있다. 금지를 포함하여 일시적 또는 최종적 처리의 제한을 선언할 권한(die Befugnis zählen, eine vorübergehende oder endgültige Beschränkung der Verarbeitung, einschließlich eines Verbots, zu verhängen)도 이에 속한다. 회원국은 본 법(法)의 범위 내의 개인정보보호에 관한 그 밖의 임무를 정할 수 있다. 감독관청의 권한은 유럽연합법과 회원국법에 좇은 적절한 절차보장에 따라 공평하고 올바르게 적절한 기간 내에 행사되어야 한다. 특히 본 법(法)의 준수의 보장에 관한 모든 조치는 적절하고 필요하며 비례적이어야 하며, 이 경우 각각의 자에 대하여 악영향을 끼칠 수 있는 개별적 조치를 취하기 전에 각각의 개별사안의 제사정을 고려하여 모든 자를 심문할 권리를 존중해야 하고(wobei die Umstände des jeweiligen Einzelfalls zu berücksichtigen sind, das Recht einer jeden Person, gehört zu werden, bevor eine individuelle Maßnahme getroffen wird, die nachteilige Auswirkungen auf diese Person hätte, zu achten ist), 당사자에 대한 과도한 비용 및 지나친 불편은 회피해야 한다. 업무공간 접근에 관련한 조사권한(Untersuchungsbefugnisse im Hinblick auf den Zugang zu Räumlichkeiten)은, 가령 법관의 사전(事前) 승인에 대한 요구사항과 같은, 유럽연합법의 절차법상의 특별한 요구사항에 따라(im Einklang mit besonderen Anforderungen im Verfahrensrecht der Mitgliedstaaten) 행사되어야 한다. 법적 구속력이 있는 감독관청의 모든 조치는 서면으로 발령되어야 하고 분명하고 명료해야 한다; 그 조치를 발령한 감독관청과 조치가 발령된 날짜는 명시되어야 하고, 그 조치에 감독관청장이나 그의 수권을 받은 감독관청의 고위성원(高位成員)이 서명을 해야 하며(die Maßnahme sollte vom Leiter oder von einem von ihm bevollmächtigten Mitglied der Aufsichtsbehörde unterschrieben sein), 그 조치에 대한 이유와 효과적인 법적구제(Rechtsbehelf)에 대한 권리에 대한 안내(案內)가 포함되어야 한다. 이는 회원국의 절차법에 따른 추가적 요구사항을 배제하지 않는다(Dies sollte zusätzliche Anforderungen nach dem Verfahrensrecht der Mitgliedstaaten nicht ausschließen). 구속력 있는 결정의 발령은 감독관청이 속한 회원국에서 사법심사를 받을 수 있다는 것(Der Erlass eines rechtsverbindlichen Beschlusses setzt voraus, dass er in dem Mitgliedstaat der Aufsichtsbehörde, die den Beschluss erlassen hat, gerichtlich überprüft werden kann)을 의미한다.

(130) 이의가 접수된 감독관청이 주무소관감독관청(主務所管監督官廳)이 아닌 경우에(Ist die Aufsichtsbehörde, bei der die Beschwerde eingereicht wurde, nicht die federführende Aufsichtsbehörde), 주무소관감독관청은, 협력과 법적용통일성추구에 관한 본 법(法)의 규정에 따라 이의가 접수된 소관감독관청과 긴밀하게 협력해야 한다. 이러한 경우에 주무소관감독관청은, 법적 효과를 발생시키는 조치, 특히 범칙금 부과의 경우에(bei Maßnahmen, die rechtliche Wirkungen entfalten sollen, unter anderem bei der Verhängung von Geldbußen), 이의를 접수받은 소관감독관청으로, 주무소관감독관청과 협의하여(in Abstimmung mit der zuständigen Aufsichtsbehörde) (이의 접수받은) 소관감독관청이 속한 회원국의 영토에서 조사를 시행할 권한을 여전히 갖는 소관감독관청의 견해를 최대한 고려해야 한다.

(131) 다른 감독관청이 개인정보처리자 또는 수탁처리자의 정보처리활동에 대한 주무소관감독관청으로서 역할을 수행해야 하지만(Wenn eine andere Aufsichtsbehörde als federführende Aufsichtsbehörde für die Verarbeitungstätigkeiten des Verantwortlichen oder des Auftragsverarbeiters fungieren sollte), 이의를 접수받거나 있을 수 있는 위반을 적발한 회원국에 있는 개인정보처리자 또는 수탁처리자의 정보처리활동만이 이의 구체적 대상이나 있을 수 있는 위반에 관련되고, 또한 해당 문제가 다른 회원국에 있는 정보주체에 대하여 중대한 영향을 끼치지 않거나 않을 것인(die Angelegenheit keine erheblichen Auswirkungen auf betroffene Personen in anderen Mitgliedstaaten hat oder haben dürfte) 경우에, 이의를 접수받거나, 본 법(法)에 대한 있을 수 있는 위반에 해당하는 상황을 적발하거나 그에 대하여 그 밖의 방식으로 정보를 제공받은 감독관청은 해당 개인정보처리자와 원만한 합의를 이루도록(eine gütliche Einigung mit dem

wahrnehmen. Dies sollte auch Folgendes umfassen: die spezifische Verarbeitung im Hoheitsgebiet des erzielen; falls sich dies als nicht erfolgreich erweist, sollte sie die gesamte Bandbreite ihrer Befugnisse Befugnis, Verstöße gegen diese Verordnung den Justizbehörden zur Kenntnis zu bringen und Mitgliedstaats der Aufsichtsbehörde oder im Hinblick auf betroffene Personen im Hoheitsgebiet dieses Mitgliedstaats; die Verarbeitung im Rahmen eines Angebots von Waren oder Dienstleistungen, das speziell auf betroffene Personen im Hoheitsgebiet des Mitgliedstaats der Aufsichtsbehörde ausgerichtet ist; oder eine Verarbeitung, die unter Berücksichtigung der einschlägigen rechtlichen Verpflichtungen nach dem Recht der Mitgliedstaaten bewertet werden muss.

(132) Auf die Öffentlichkeit ausgerichtete Sensibilisierungsmaßnahmen der Aufsichtsbehörden sollten spezifische Maßnahmen einschließen, die sich an die Verantwortlichen und die Auftragsverarbeiter, einschließlich Kleinstunternehmen sowie kleiner und mittlerer Unternehmen, und an natürliche Personen, insbesondere im Bildungsbereich, richten.

(133) Die Aufsichtsbehörden sollten sich gegenseitig bei der Erfüllung ihrer Aufgaben unterstützen und Amtshilfe leisten, damit eine einheitliche Anwendung und Durchsetzung dieser Verordnung im Binnenmarkt gewährleistet ist. Eine Aufsichtsbehörde, die um Amtshilfe ersucht hat, kann eine einstweilige Maßnahme erlassen, wenn sie nicht binnen eines Monats nach Eingang des Amtshilfeersuchens bei der ersuchten Aufsichtsbehörde eine Antwort von dieser erhalten hat.

(134) Jede Aufsichtsbehörde sollte gegebenenfalls an gemeinsamen Maßnahmen von anderen Aufsichtsbehörden teilnehmen. Die ersuchte Aufsichtsbehörde sollte auf das Ersuchen binnen einer bestimmten Frist antworten müssen.

(135) Um die einheitliche Anwendung dieser Verordnung in der gesamten Union sicherzustellen, sollte ein Verfahren zur Gewährleistung einer einheitlichen Rechtsanwendung (Kohärenzverfahren) für die Zusammenarbeit zwischen den Aufsichtsbehörden eingeführt werden. Dieses Verfahren sollte insbesondere dann angewendet werden, wenn eine Aufsichtsbehörde beabsichtigt, eine Maßnahme zu erlassen, die rechtliche Wirkungen in Bezug auf Verarbeitungsvorgänge entfalten soll, die für eine bedeutende Zahl betroffener Personen in mehreren Mitgliedstaaten erhebliche Auswirkungen haben. Ferner sollte es zur Anwendung kommen, wenn eine betroffene Aufsichtsbehörde oder die Kommission beantragt, dass die Angelegenheit im Rahmen des Kohärenzverfahrens behandelt wird. Dieses Verfahren sollte andere Maßnahmen, die die Kommission möglicherweise in Ausübung ihrer Befugnisse nach den Verträgen trifft, unberührt lassen.

(136) Bei Anwendung des Kohärenzverfahrens sollte der Ausschuss, falls von der Mehrheit seiner Mitglieder so entschieden wird oder falls eine andere betroffene Aufsichtsbehörde oder die Kommission darum ersuchen, binnen einer festgelegten Frist eine Stellungnahme abgeben. Dem Ausschuss sollte auch die Befugnis übertragen werden, bei Streitigkeiten zwischen Aufsichtsbehörden rechtsverbindliche Beschlüsse zu erlassen. Zu diesem Zweck sollte er in klar bestimmten Fällen, in denen die Aufsichtsbehörden insbesondere im Rahmen des Verfahrens der Zusammenarbeit zwischen der federführenden Aufsichtsbehörde und den betroffenen Aufsichtsbehörden widersprüchliche Standpunkte zu dem Sachverhalt, vor allem in der Frage, ob ein Verstoß gegen diese Verordnung vorliegt, vertreten,

Verantwortlichen zu erzielen) 시도해야 한다; 이것이 필요하지 않은 것으로 증명되는 경우에, 감독관청은 자신의 모든 권한 일체(die gesamte Bandbreite ihrer Befugnisse)를 행사해야 한다. 이는 다음도 포함한다: ⅰ) 감독관청이 속한 회원국의 영토에서의 특정한 처리나, 이러한 회원국의 영토 내에 있는 정보주체에 관한 그 처리; ⅱ) 물품 또는 용역의 제공으로, 감독관청이 속한 회원국의 영토 내에 있는(im Hoheitsgebiet des Mitgliedstaats der Aufsichtsbehörde) 정보주체를 특별히 그 대상으로 하는 제공의 범위 내의 그 처리; ⅲ) 회원국법에 따른 관련 법적 의무를 고려해서 평가되어야만 하는 처리(eine Verarbeitung, die unter Berücksichtigung der einschlägigen rechtlichen Verpflichtungen nach dem Recht der Mitgliedstaaten bewertet werden muss)를 말한다.

(132) 공중(公衆)을 그 대상으로 하는, 감독관청의 인식제고활동(Auf die Öffentlichkeit ausgerichtete Sensibilisierungsmaßnahmen der Aufsichtsbehörden)은, 소기업 및 중소기업을 포함하여(einschließlich Kleinstunternehmen sowie kleiner und mittlerer Unternehmen) 개인정보처리자 및 수탁처리자 그리고 자연인을 그 대상으로 하는 특별한 조치를 포함해야 한다.

(133) 그 감독관청들은, 유럽연합단일시장에 내 본 법(法)의 통일적 적용 및 시행이 보장되도록 자신의 임무수행에 있어 상호간에 지원을 해야 하고, 행정공조(行政共助)를 제공해야 한다. 행정공조를 요청한 어느 감독관청(Eine Aufsichtsbehörde, die um Amtshilfe ersucht hat)은, 행정공조요청의 접수 후 1개월 이내에 행정공조를 요청받은 감독관청에게서 이에 대한 응답을 수령하지 못한 경우에, 잠정조치(暫定措置; einstweilige Maßnahme)를 발령할 수 있다.

(134) 모든 감독관청은 필요하면 다른 감독관청의 공동의 조치에 참가해야 한다. 그 요청을 받은 감독관청은 일정한 기간 내에 그 요구에 대한 응답(應答)을 해야만 한다.

(135) 유럽연합 전역에서의 본 법(法)의 통일적 적용을 확보하기 위하여, 감독기관들 간의 협력을 위한, 통일적 법적용의 확보를 위한 절차('법적용통일성추구절차'; Kohärenzverfahren)가 도입되어야 한다. 이러한 절차는 특히 어느 감독관청이, 정보처리작업에 관한 법적 효과를 발생시키는 조치로, 다수의 회원국에 있는 상당한 수의 정보주체에 대하여 중대한 영향을 끼치는 조치를 발령하고자 하는 경우에 적용되어야 한다. 또한 어느 소관감독관청이나 유럽연합집행위원회가 해당 문제가 법적용통일성추구절차에서 다뤄지도록 요구하는 경우에 그 절차(wenn eine betroffene Aufsichtsbehörde oder die Kommission beantragt, dass die Angelegenheit im Rahmen des Kohärenzverfahrens behandelt wird)는 적용되어야 한다. 이러한 절차는, 유럽연합집행위원회가 「유럽연합 운영조약」에 따른 자신의 권한을 수행하기 위하여 취할 수 있는 다른 조치(andere Maßnahmen, die die Kommission möglicherweise in Ausübung ihrer Befugnisse nach den Verträgen trifft)에 영향을 미치지 아니한다.

(136) 법적용통일성추구절차의 적용에 있어, 유럽정보보호위원회는, 그 구성원의 과반수로 법적용통일성추구절차를 적용하도록 결정하거나, 어느 다른 소관감독관청이나 유럽연합집행위원회가 그 절차 적용을 요구하는 경우에, 정해진 기간 내에 의견을 제시해야 한다. 감독관청들 간의 분쟁에 있어 법적 구속력 있는 결정을 발령한 권한도 유럽정보보호위원회에 부여되어야 한다. 유럽정보보호위원회는 이러한 목적을 위하여, 해당 감독관청들이 특히 주무소관감독관청과 소관감독관청 간 협력 절차 내에서, 무엇보다도 본 법(法)에 대한 위반이 있는지 여부의 문제의 경우와 같이, 사안의 당부(當否)(Sachverhalt)에 대하여 상충하는 견해를 주장하는(in denen die Aufsichtsbehörden insbesondere im Rahmen des Verfahrens der Zusammenarbeit zwischen der federführenden Aufsichtsbehörde und den betroffenen Aufsichtsbehörden widersprüchliche Standpunkte zu dem Sachverhalt, vor allem in der Frage, ob ein Verstoß gegen diese

Verordnung grundsätzlich mit einer Mehrheit von zwei Dritteln seiner Mitglieder rechtsverbindliche Beschlüsse erlassen.

(137) Es kann dringender Handlungsbedarf zum Schutz der Rechte und Freiheiten von betroffenen Personen bestehen, insbesondere wenn eine erhebliche Behinderung der Durchsetzung des Rechts einer betroffenen Person droht. Eine Aufsichtsbehörde sollte daher hinreichend begründete einstweilige Maßnahmen in ihrem Hoheitsgebiet mit einer festgelegten Geltungsdauer von höchstens drei Monaten erlassen können.

(138) Die Anwendung dieses Verfahrens sollte in den Fällen, in denen sie verbindlich vorgeschrieben ist, eine Bedingung für die Rechtmäßigkeit einer Maßnahme einer Aufsichtsbehörde sein, die rechtliche Wirkungen entfalten soll. In anderen Fällen von grenzüberschreitender Relevanz sollte das Verfahren der Zusammenarbeit zwischen der federführenden Aufsichtsbehörde und den betroffenen Aufsichtsbehörden zur Anwendung gelangen, und die betroffenen Aufsichtsbehörden können auf bilateraler oder multilateraler Ebene Amtshilfe leisten und gemeinsame Maßnahmen durchführen, ohne auf das Kohärenzverfahren zurückzugreifen.

(139) Zur Förderung der einheitlichen Anwendung dieser Verordnung sollte der Ausschuss als unabhängige Einrichtung der Union eingesetzt werden. Damit der Ausschuss seine Ziele erreichen kann, sollte er Rechtspersönlichkeit besitzen. Der Ausschuss sollte von seinem Vorsitz vertreten werden. Er sollte die mit der Richtlinie 95/46/EG eingesetzte Arbeitsgruppe für den Schutz der Rechte von Personen bei der Verarbeitung personenbezogener Daten ersetzen. Er sollte aus dem Leiter einer Aufsichtsbehörde jedes Mitgliedstaats und dem Europäischen Datenschutzbeauftragten oder deren jeweiligen Vertretern gebildet werden. An den Beratungen des Ausschusses sollte die Kommission ohne Stimmrecht teilnehmen und der Europäische Datenschutzbeauftragte sollte spezifische Stimmrechte haben. Der Ausschuss sollte zur einheitlichen Anwendung der Verordnung in der gesamten Union beitragen, die Kommission insbesondere im Hinblick auf das Schutzniveau in Drittländern oder internationalen Organisationen beraten und die Zusammenarbeit der Aufsichtsbehörden in der Union fördern. Der Ausschuss sollte bei der Erfüllung seiner Aufgaben unabhängig handeln.

(140) Der Ausschuss sollte von einem Sekretariat unterstützt werden, das von dem Europäischen Datenschutzbeauftragten bereitgestellt wird. Das Personal des Europäischen Datenschutzbeauftragten, das an der Wahrnehmung der dem Ausschuss gemäß dieser Verordnung übertragenen Aufgaben beteiligt ist, sollte diese Aufgaben ausschließlich gemäß den Anweisungen des Vorsitzes des Ausschusses durchführen und diesem Bericht erstatten.

(141) Jede betroffene Person sollte das Recht haben, bei einer einzigen Aufsichtsbehörde insbesondere in dem Mitgliedstaat ihres gewöhnlichen Aufenthalts eine Beschwerde einzureichen und gemäß Artikel 47 der Charta einen wirksamen gerichtlichen Rechtsbehelf einzulegen, wenn sie sich in ihren Rechten gemäß dieser Verordnung verletzt sieht oder wenn die Aufsichtsbehörde auf eine Beschwerde hin nicht tätig wird, eine Beschwerde teilweise oder ganz abweist oder ablehnt oder nicht tätig wird, obwohl dies zum Schutz der Rechte der betroffenen Person notwendig ist. Die auf eine Beschwerde folgende Untersuchung sollte vorbehaltlich gerichtlicher Überprüfung so weit gehen, wie dies im Einzelfall angemessen ist. Die Aufsichtsbehörde sollte die betroffene Person innerhalb eines angemessenen

vorliegt, vertreten) 경우처럼, 명확하게 규정된 사안에서, 원칙적으로 그 구성원의 2/3의 다수결로 법적 구속력 있는 결정을 발령해야 한다.

(137) 특히 정보주체의 권리의 실현에 대한 중대한 장애가 임박한 경우에 정보주체의 권리 및 자유를 보호하기 위한 긴급한 행위필요성이 인정될 수 있다. 따라서 어느 감독관청은 최대 3개월의 유효기간을 정해서(mit einer festgelegten Geltungsdauer von höchstens drei Monaten) 자신이 속한 영토에서 충분한 이유가 기재된 잠정조치(hinreichend begründete einstweilige Maßnahmen)를 발령할 수 있어야 한다.

(138) 그 법적용통일성추구절차의 적용은, 그 적용이 강행적으로 규정된 경우에는(in den Fällen, in denen sie verbindlich vorgeschrieben ist), 법적 효과를 발생시키는 감독관청의 조치의 적법성에 대한 요건(eine Bedingung für die Rechtmäßigkeit einer Maßnahme einer Aufsichtsbehörde)이 된다. 국경을 초월한 관련성이 있는 그 밖의 경우에는(In anderen Fällen von grenzüberschreitender Relevanz), 주무소관감독관청과 소관감독관청 간의 협력절차(協力節次)가 적용되게 되고 소관감독관청은, 법적용통일성추구절차를 이용하지 않고서(ohne auf das Kohärenzverfahren zurückzugreifen) 양자수준이나 다자수준에서(auf bilateraler oder multilateraler Ebene) 행정공조를 제공할 수 있고 공동의 조치를 시행할 수 있다.

(139) 본 법(法)의 통일적 적용을 제고하기 위하여 유럽정보보호위원회는 유럽연합의 독립적 기관으로 설치되어야 한다. 유럽정보보호위원회가 자신의 목표를 달성할 수 있도록 그 위원회는 법인격을 보유해야 한다. 유럽정보보호위원회는 그 위원장에 의해 대표되어야 한다. 유럽정보보호위원회는 95/46/EG호 입법지침에 의해 설치된, 개인정보 처리시 자연인의 권리 보호를 위한 워킹그룹(die mit der Richtlinie 95/46/EG eingesetzte Arbeitsgruppe für den Schutz der Rechte von Personen bei der Verarbeitung personenbezogener Daten)을 대체해야 한다. 유럽정보보호위원회는 각 회원국의 감독관청청장 및 유럽연합 정보보호책임관 또는 그 각 직무대리인으로 구성된다. 유럽연합집행위원회는 표결권 없이 유럽정보보호위원회의 논의(Beratungen)에 참여해야 하고, 유럽연합정보보호책임관(der Europäische Datenschutzbeauftragte)은 특별한 투표권을 가져야 한다. 유럽정보보호위원회는, 특히 제3국 또는 국제기구에서의 보호수준에 관하여 유럽연합집행위원회와 협의를 하고 유럽연합 내의 감독관청들의 협력을 증진하는 것을 포함하여, 유럽연합 전역에서의 본 법(法)의 통일적 적용에 기여해야 한다. 유럽정보보호위원회는 독립적으로 자신의 임무수행을 행해야 한다(Der Ausschuss sollte bei der Erfüllung seiner Aufgaben unabhängig handeln).

(140) 유럽정보보호위원회는 유럽연합개인정보보호책임관이 제공하는 사무국(einem Sekretariat)의 지원을 받아야 한다. 본 법(法)에 따라 유럽정보보호위원회에 부여된 임무의 수행에 참가하는, 개인정보보호책임에 소속된 직원(Das Personal des Europäischen Datenschutzbeauftragten)은, 오로지 유럽정보보호위원회 위원장의 지시에 좇아 이러한 임무를 수행해야 하고 이러한 보고를 해야 한다.

(141) 각 정보주체는, 특히 자신의 통상거소가 있는 회원국의 유일한 감독관청에 이의를 제기할 권리를 향유해야 하고, 또한 정보주체가 본 법(法)에 따른 자신의 권리가 침해된 것으로 보는 경우, 또는 이것이 정보주체의 권리를 보호하기 위하여 필요함에도 감독관청이 이의에 기하여 조치를 취하지 않거나, 이의 전부 또는 일부를 기각 또는 각하하거나 이에 대해 부작위하는 경우(wenn die Aufsichtsbehörde auf eine Beschwerde hin nicht tätig wird, eine Beschwerde teilweise oder ganz abweist[47]) oder ablehnt oder nicht tätig wird, obwohl dies zum Schutz der Rechte der betroffenen Person notwendig ist)에, 그는 기본권헌장 제47조에 따라 법원을 통한 효과적인 법적구제를 제기할 권리를 향유해야 한다. 이의 후에 행해지는 조사는, 법원의 심사를 조건으로 하여, 개별사안별로 적절한 범위 내에서 폭넓게 행해져야 한다. 감독관청은

Zeitraums über den Fortgang und die Ergebnisse der Beschwerde unterrichten. Sollten weitere Untersuchungen oder die Abstimmung mit einer anderen Aufsichtsbehörde erforderlich sein, sollte die betroffene Person über den Zwischenstand informiert werden. Jede Aufsichtsbehörde sollte Maßnahmen zur Erleichterung der Einreichung von Beschwerden treffen, wie etwa die Bereitstellung eines Beschwerdeformulars, das auch elektronisch ausgefüllt werden kann, ohne dass andere Kommunikationsmittel ausgeschlossen werden.

(142) Betroffene Personen, die sich in ihren Rechten gemäß dieser Verordnung verletzt sehen, sollten das Recht haben, nach dem Recht eines Mitgliedstaats gegründete Einrichtungen, Organisationen oder Verbände ohne Gewinnerzielungsabsicht, deren satzungsmäßige Ziele im öffentlichem Interesse liegen und die im Bereich des Schutzes personenbezogener Daten tätig sind, zu beauftragen, in ihrem Namen Beschwerde bei einer Aufsichtsbehörde oder einen gerichtlichen Rechtsbehelf einzulegen oder das Recht auf Schadensersatz in Anspruch zu nehmen, sofern dieses im Recht der Mitgliedstaaten vorgesehen ist. Die Mitgliedstaaten können vorsehen, dass diese Einrichtungen, Organisationen oder Verbände das Recht haben, unabhängig vom Auftrag einer betroffenen Person in dem betreffenden Mitgliedstaat eine eigene Beschwerde einzulegen, und das Recht auf einen wirksamen gerichtlichen Rechtsbehelf haben sollten, wenn sie Grund zu der Annahme haben, dass die Rechte der betroffenen Person infolge einer nicht im Einklang mit dieser Verordnung stehenden Verarbeitung verletzt worden sind. Diesen Einrichtungen, Organisationen oder Verbänden kann unabhängig vom Auftrag einer betroffenen Person nicht gestattet werden, im Namen einer betroffenen Person Schadenersatz zu verlangen.

(143) Jede natürliche oder juristische Person hat das Recht, unter den in Artikel 263 AEUV genannten Voraussetzungen beim Gerichtshof eine Klage auf Nichtigerklärung eines Beschlusses des Ausschusses zu erheben. Als Adressaten solcher Beschlüsse müssen die betroffenen Aufsichtsbehörden, die diese Beschlüsse anfechten möchten, binnen zwei Monaten nach deren Übermittlung gemäß Artikel 263 AEUV Klage erheben. Sofern Beschlüsse des Ausschusses einen Verantwortlichen, einen Auftragsverarbeiter oder den Beschwerdeführer unmittelbar und individuell betreffen, so können diese Personen binnen zwei Monaten nach Veröffentlichung der betreffenden Beschlüsse auf der Website des Ausschusses im Einklang mit Artikel 263 AEUV eine Klage auf Nichtigerklärung erheben. Unbeschadet dieses Rechts nach Artikel 263 AEUV sollte jede natürliche oder juristische Person das Recht auf einen wirksamen gerichtlichen Rechtsbehelf bei dem zuständigen einzelstaatlichen Gericht gegen einen Beschluss einer Aufsichtsbehörde haben, der gegenüber dieser Person Rechtswirkungen entfaltet. Ein derartiger Beschluss betrifft insbesondere die Ausübung von Untersuchungs-, Abhilfe- und Genehmigungsbefugnissen durch die Aufsichtsbehörde oder die Ablehnung oder Abweisung von Beschwerden. Das Recht auf einen wirksamen gerichtlichen Rechtsbehelf umfasst jedoch nicht rechtlich nicht bindende Maßnahmen der Aufsichtsbehörden wie von ihr abgegebene Stellungnahmen oder Empfehlungen. Verfahren gegen eine Aufsichtsbehörde sollten bei den Gerichten des Mitgliedstaats angestrengt werden, in dem die Aufsichtsbehörde ihren Sitz hat, und sollten im Einklang mit dem Verfahrensrecht dieses Mitgliedstaats durchgeführt werden. Diese Gerichte sollten eine uneingeschränkte Zuständigkeit besitzen, was die Zuständigkeit, sämtliche für den bei ihnen anhängigen Rechtsstreit maßgebliche Sach- und Rechtsfragen zu prüfen, einschließt. Wurde eine Beschwerde von einer Aufsichtsbehörde abgelehnt oder abgewiesen, kann der Beschwerdeführer Klage bei den Gerichten desselben Mitgliedstaats erheben.

정보주체에게 적절한 기간 내에 이의의 경과 및 결과에 관하여 알려야 한다. 추가적 조사나 다른 감독관청과의 협의가 필요한 경우에 정보주체는 중간상태에 관하여 정보를 제공받아야 한다. 각 감독관청은, 가령, 다른 의사연락수단의 배제하지 않은 채 전자적 방법으로 작성할 수 있는 이의양식의 제공과 같은(wie etwa die Bereitstellung eines Beschwerdeformulars, das auch elektronisch ausgefüllt werden kann, ohne dass andere Kommunikationsmittel ausgeschlossen werden), 이의의 제출(提出)을 촉진하는 조치를 취해야 한다.

(142) 본 법(法)에 따른 자신의 권리가 침해된 것으로 보는 정보주체는, 이것이 회원국의 법에 규정된 한, 회원국법에 따라 설치된, 그 정관상의 목적이 공익에 관련되고 개인정보보호 영역에서 활동하는, 비영리(非營利)의 단체(團體 Einrichtungen), 조직(組織; Organisationen) 또는 협회(協會; Verbände)에 정보주체의 이름으로 감독관청에 대한 이의 또는 법원을 통한 법적구제를 제기하는 것을 위임할 권리를 갖거나, (직접) 손해배상청구권을 행사할 권리를 갖는다. 회원국은, 이러한 단체, 조직 또는 협회가 정보주체의 권리가 본 법(法)에 부합하지 않는 처리로 침해된 것으로 보는 근거를 갖는 경우에(wenn sie Grund zu der Annahme haben, dass die Rechte der betroffenen Person infolge einer nicht im Einklang mit dieser Verordnung stehenden Verarbeitung verletzt worden sind), 그들이 그러한 회원국에 있는 정보주체의 위임에 상관없이 고유한 이의를 제기할 권리를 갖는 것으로, 또 법원을 통한 효과적인 법적구제에 대한 권리를 갖는 것으로 규정할 수 있다. 이러한 단체, 조직 또는 협회가 정보주체의 위임에 상관없이 정보주체의 이름으로 손해배상을 청구하는 것이 허용된다(Diesen Einrichtungen, Organisationen oder Verbänden kann unabhängig vom Auftrag einer betroffenen Person nicht gestattet werden, im Namen einer betroffenen Person Schadenersatz zu verlangen).

(143) 모든 자연인 또는 법인은 「유럽연합 운영조약」 제263조상의 요건하에 유럽정보보호위원회의 결정 취소의 소(eine Klage auf Nichtigerklärung eines Beschlusses des Ausschusses)를 법원에 제기할 권리를 갖는다. 이러한 결정의 취소를 구하는 소관감독관청은 그러한 결정의 수령인(受領人)으로서 제263조에 따른 그 통지시로부터 2개월 이내에 소를 제기해야만 한다. 유럽정보보호위원회의 결정이 개인정보처리자, 수탁처리자 또는 이의제기인에 직접적으로 또 개별적으로 영향을 미치는 경우에는, 이러한 사들은 동조약 제263조에 따라 유럽정보보호위원회의 웹사이트에 문제되는 결정의 게재시로부터 2개월 이내에(binnen zwei Monaten nach Veröffentlichung der betreffenden Beschlüsse auf der Website des Ausschusses) 취소의 소를 제기할 수 있다. 「유럽연합 운영조약」에 따른 이러한 권리에도 불구하고 모든 자연인 또는 법인은, 개별국가의 관할 법원에 이러한 자들에 대하여 효과를 발생시키는(der gegenüber dieser Person Rechtswirkungen entfaltet) 감독관청의 결정에 관하여 법원을 통한 효과적인 법적구제에 대한 권리를 향유해야 한다. 그러한 결정은 특히 감독관청의 조사권한, 구제권한 및 승인권한의 행사(die Ausübung von Untersuchungs-, Abhilfe- und Genehmigungsbefugnissen durch die Aufsichtsbehörde)나 이의의 각하 또는 기각(Ablehnung oder Abweisung von Beschwerden)에 관한 것이다. 그럼에도 법원을 통한 효과적인 법적구제에 대한 권리는 감독관청의 의견제시 또는 권고와 같은 감독관청의 법적으로 구속력이 없는 조치는 포함하지 아니한다. 어느 감독관청에 대한 소송은 그 감독관청의 본점이 있는 회원국의 법원에서 개시되어야 하고(Verfahren gegen eine Aufsichtsbehörde sollten bei den Gerichten des Mitgliedstaats angestrengt werden) 이러한 회원국의 절차법에 따라 진행되어야 한다. 이러한 법원은, 그 법원에 계속 중인 쟁송에 관한 일체의 사실문제 및 법적문제에 대해 심사할 재판권을 포함하는(was die Zuständigkeit, sämtliche für den bei ihnen anhängigen Rechtsstreit maßgebliche Sach- und Rechtsfragen zu prüfen, einschließt) 제한받지 않는 재판권을 갖는다. 이의가 감독관청에 의해 각하되거나 기각된 경우에 이의제기자는 동일한 회원국의 법원에 소를 제기할 수 있다.

Im Zusammenhang mit gerichtlichen Rechtsbehelfen in Bezug auf die Anwendung dieser Verordnung können einzelstaatliche Gerichte, die eine Entscheidung über diese Frage für erforderlich halten, um ihr Urteil erlassen zu können, bzw. müssen einzelstaatliche Gerichte in den Fällen nach Artikel 267 AEUV den Gerichtshof um eine Vorabentscheidung zur Auslegung des Unionsrechts — das auch diese Verordnung einschließt — ersuchen. Wird darüber hinaus der Beschluss einer Aufsichtsbehörde zur Umsetzung eines Beschlusses des Ausschusses vor einem einzelstaatlichen Gericht angefochten und wird die Gültigkeit des Beschlusses des Ausschusses in Frage gestellt, so hat dieses einzelstaatliche Gericht nicht die Befugnis, den Beschluss des Ausschusses für nichtig zu erklären, sondern es muss im Einklang mit Artikel 267 AEUV in der Auslegung des Gerichtshofs den Gerichtshof mit der Frage der Gültigkeit befassen, wenn es den Beschluss für nichtig hält. Allerdings darf ein einzelstaatliches Gericht den Gerichtshof nicht auf Anfrage einer natürlichen oder juristischen Person mit Fragen der Gültigkeit des Beschlusses des Ausschusses befassen, wenn diese Person Gelegenheit hatte, eine Klage auf Nichtigerklärung dieses Beschlusses zu erheben — insbesondere wenn sie unmittelbar und individuell von dem Beschluss betroffen war -, diese Gelegenheit jedoch nicht innerhalb der Frist gemäß Artikel 263 AEUV genutzt hat.

(144) Hat ein mit einem Verfahren gegen die Entscheidung einer Aufsichtsbehörde befasstes Gericht Anlass zu der Vermutung, dass ein dieselbe Verarbeitung betreffendes Verfahren — etwa zu demselben Gegenstand in Bezug auf die Verarbeitung durch denselben Verantwortlichen oder Auftragsverarbeiter oder wegen desselben Anspruchs — vor einem zuständigen Gericht in einem anderen Mitgliedstaat anhängig ist, so sollte es mit diesem Gericht Kontakt aufnehmen, um sich zu vergewissern, dass ein solches verwandtes Verfahren existiert. Sind verwandte Verfahren vor einem Gericht in einem anderen Mitgliedstaat anhängig, so kann jedes später angerufene Gericht das Verfahren aussetzen oder sich auf Anfrage einer Partei auch zugunsten des zuerst angerufenen Gerichts für unzuständig erklären, wenn dieses später angerufene Gericht für die betreffenden Verfahren zuständig ist und die Verbindung von solchen verwandten Verfahren nach seinem Recht zulässig ist. Verfahren gelten als miteinander verwandt, wenn zwischen ihnen eine so enge Beziehung gegeben ist, dass eine gemeinsame Verhandlung und Entscheidung geboten erscheint, um zu vermeiden, dass in getrennten Verfahren einander widersprechende Entscheidungen ergehen.

(145) Bei Verfahren gegen Verantwortliche oder Auftragsverarbeiter sollte es dem Kläger überlassen bleiben, ob er die Gerichte des Mitgliedstaats anruft, in dem der Verantwortliche oder der Auftragsverarbeiter eine Niederlassung hat, oder des Mitgliedstaats, in dem die betroffene Person ihren Aufenthaltsort hat; dies gilt nicht, wenn es sich bei dem Verantwortlichen um eine Behörde eines Mitgliedstaats handelt, die in Ausübung ihrer hoheitlichen Befugnisse tätig geworden ist.

(146) Der Verantwortliche oder der Auftragsverarbeiter sollte Schäden, die einer Person aufgrund einer Verarbeitung entstehen, die mit dieser Verordnung nicht im Einklang steht, ersetzen. Der Verantwortliche oder der Auftragsverarbeiter sollte von seiner Haftung befreit werden, wenn er nachweist, dass er in keiner Weise für den Schaden verantwortlich ist. Der Begriff des Schadens sollte im Lichte der Rechtsprechung des Gerichtshofs weit auf eine Art und Weise ausgelegt werden, die den Zielen dieser Verordnung in vollem Umfang entspricht. Dies gilt unbeschadet von Schadenersatzforderungen aufgrund

본 법(法)의 적용에 관한 법원을 통한 법적구제와 관련하여, 이러한 문제에 대해 판결을 선고하기 위하여 그 문제에 대해 (유럽사법재판소의) 재판이 필요한 것으로 판단한 개별국가 법원은, 유럽사법재판소에 본 법(法)을 포함하여 유럽연합법의 해석에 관한 선결적(先決的) 재판에 회부할 수 있거나, 「유럽연합 운영조약」 제267조[48]에 따른 경우에는 유럽사법재판소에 본 법(法)을 포함하여 유럽연합법의 해석에 관한 선결적(先決的) 재판에 회부해야만 한다.[49] 게다가 유럽정보보호위원회의 결정의 시행에 관한 감독관청의 결정의 취소의 소(訴)가 개별국가의 법원에 제기되었는데 유럽정보보호위원회의 결정의 유효성에 관한 문제가 제기된 경우에는, 개별국가의 법원은 감독관청의 결정을 취소할 수 있는 것으로 볼 수 있더라도 유럽정보보호위원회의 결정을 취소할 권한을 갖는 것이 아니라, 「유럽연합 운영조약」 제267조에 따라 유럽연합사법재판소에서 (유럽정보보호위원회의 결정의) 유효성의 문제를 다루도록 해야 한다. 자연인 또는 법인이 그 결정의 취소의 소를 제기할 기회가 가졌던 경우, 특히 자연인 또는 법인이 그 결정에 직접적으로 개별적으로 관련되지만, 「유럽연합 운영조약」 제263조에 따른 기간 내에 이러한 기회를 이용하지 않은 경우(insbesondere wenn sie unmittelbar und individuell von dem Beschluss betroffen war −, diese Gelegenheit jedoch nicht innerhalb der Frist gemäß Artikel 263 AEUV genutzt hat)에는 개별국가의 법원은 그러한 자연인 또는 법인의 요구가 있더라도 유럽사법재판소에서 유럽정보보호위원회의 결정의 유효성의 문제에 대하여 다루게 해서는 아니된다.

(144) 감독관청의 결정에 다루는 법원이, 동일한 정보처리에 관한 소송, 가령 동일한 개인정보처리자 또는 수탁처리자의 처리에 관한 '동일한 소송물(訴訟物)'이나 동일한 청구권으로 인한 '동일한 소송물'에 관한 소송이 다른 회원국의 관할 법원에 계속 중인 것으로 추정되는 것(dass ein dieselbe Verarbeitung betreffendes Verfahren — etwa zu demselben Gegenstand in Bezug auf die Verarbeitung durch denselben Verantwortlichen oder Auftragsverarbeiter oder wegen desselben Anspruchs — vor einem zuständigen Gericht in einem anderen Mitgliedstaat anhängig ist)에 대한 근거를 기지고 있는 경우에, 그 법원은 그러한 유사소송이 존재한다는 점을 확인하기 위하여 다른 회원국 법원과 접촉을 개시해야 한다. 유사소송이 다른 회원국의 법원에 계속 중인 경우에 나중에 사건을 접수받은 각 법원은, 나중에 사건을 접수받은 법원이 그러한 소송에 대해 관할권을 갖고 그러한 유사소송 간의 병합이 그 회원국의 법에 따라 허용되는 때에는, 그 소송절차를 중지하거나 당사자의 신청에 따라 먼저 사건을 접수받은 법원을 위하여 관할권이 없는 것으로 선언할 수 있다. 그 소송들 간에 밀접한 관련성이 있어, 분리된 소송에서 상호 모순되는 재판이 행해지는 것을 방지하기 위하여 공동의 심리 및 재판이 요구되는 것으로 보는 경우에는 소송들 상호 간에 유사성이 있는 것으로 본다.

(145) 개인정보처리자 또는 수탁처리자에 대한 소송의 경우, 원고가 개인정보처리자 또는 수탁처리자가 영업소를 둔 회원국이나 정보주체가 자신의 거소를 둔 회원국의 법원에 제소하는지 여부(ob er die Gerichte des Mitgliedstaats anruft, in dem der Verantwortliche oder der Auftragsverarbeiter eine Niederlassung hat, oder des Mitgliedstaats, in dem die betroffene Person ihren Aufenthaltsort hat)는 그 원고에 달려 있다; 개인정보처리자가 고권적 권한의 행사를 한, 회원국의 어느 관청인 경우에는 그러하지 아니하다.

(146) 개인정보처리자 또는 수탁처리자는 어느 자에게 본 법(法)에 위반되는 처리로 인해 발생한 손해를 배상해야 한다. 개인정보처리자 또는 수탁처리자는, 그 손해에 대하여 전해 책임이 없다는 점을 증명하는 경우(wenn er nachweist, dass er in keiner Weise für den Schaden verantwortlich ist) 자신의 책임으로부터 면책된다. 손해의 개념은 유럽사법재판소의 판결에 따라 본 법(法)의 목표에 완전히 상응하는 방법으로 넓게 해석해야 한다. 유럽연합법 또는 회원국법의 다른 규정에 대한 위반으로 인한 손해배상채권에 상관없이 이는 적용한다. 본 법(法)의 기준에 따라 제정된 위임법규 및 집행법규 그리고 본 법(法)의

von Verstößen gegen andere Vorschriften des Unionsrechts oder des Rechts der Mitgliedstaaten. Zu einer Verarbeitung, die mit der vorliegenden Verordnung nicht im Einklang steht, zählt auch eine Verarbeitung, die nicht mit den nach Maßgabe der vorliegenden Verordnung erlassenen delegierten Rechtsakten und Durchführungsrechtsakten und Rechtsvorschriften der Mitgliedstaaten zur Präzisierung von Bestimmungen der vorliegenden Verordnung im Einklang steht. Die betroffenen Personen sollten einen vollständigen und wirksamen Schadenersatz für den erlittenen Schaden erhalten. Sind Verantwortliche oder Auftragsverarbeiter an derselben Verarbeitung beteiligt, so sollte jeder Verantwortliche oder Auftragsverarbeiter für den gesamten Schaden haftbar gemacht werden. Werden sie jedoch nach Maßgabe des Rechts der Mitgliedstaaten zu demselben Verfahren hinzugezogen, so können sie im Verhältnis zu der Verantwortung anteilmäßig haftbar gemacht werden, die jeder Verantwortliche oder Auftragsverarbeiter für den durch die Verarbeitung entstandenen Schaden zu tragen hat, sofern sichergestellt ist, dass die betroffene Person einen vollständigen und wirksamen Schadenersatz für den erlittenen Schaden erhält. Jeder Verantwortliche oder Auftragsverarbeiter, der den vollen Schadenersatz geleistet hat, kann anschließend ein Rückgriffsverfahren gegen andere an derselben Verarbeitung beteiligte Verantwortliche oder Auftragsverarbeiter anstrengen.

(147) Soweit in dieser Verordnung spezifische Vorschriften über die Gerichtsbarkeit — insbesondere in Bezug auf Verfahren im Hinblick auf einen gerichtlichen Rechtsbehelf einschließlich Schadenersatz gegen einen Verantwortlichen oder Auftragsverarbeiter — enthalten sind, sollten die allgemeinen Vorschriften über die Gerichtsbarkeit, wie sie etwa in der Verordnung (EU) Nr. 1215/2012 des Europäischen Parlaments und des Rates (ⓜ) enthalten sind, der Anwendung dieser spezifischen Vorschriften nicht entgegenstehen.

(148) Im Interesse einer konsequenteren Durchsetzung der Vorschriften dieser Verordnung sollten bei Verstößen gegen diese Verordnung zusätzlich zu den geeigneten Maßnahmen, die die Aufsichtsbehörde gemäß dieser Verordnung verhängt, oder an Stelle solcher Maßnahmen Sanktionen einschließlich Geldbußen verhängt werden. Im Falle eines geringfügigeren Verstoßes oder falls voraussichtlich zu verhängende Geldbuße eine unverhältnismäßige Belastung für eine natürliche Person bewirken würde, kann anstelle einer Geldbuße eine Verwarnung erteilt werden. Folgendem sollte jedoch gebührend Rechnung getragen werden: der Art, Schwere und Dauer des Verstoßes, dem vorsätzlichen Charakter des Verstoßes, den Maßnahmen zur Minderung des entstandenen Schadens, dem Grad der Verantwortlichkeit oder jeglichem früheren Verstoß, der Art und Weise, wie der Verstoß der Aufsichtsbehörde bekannt wurde, der Einhaltung der gegen den Verantwortlichen oder Auftragsverarbeiter angeordneten Maßnahmen, der Einhaltung von Verhaltensregeln und jedem anderen erschwerenden oder mildernden Umstand. Für die Verhängung von Sanktionen einschließlich Geldbußen sollte es angemessene Verfahrensgarantien geben, die den allgemeinen Grundsätzen des Unionsrechts und der Charta, einschließlich des Rechts auf wirksamen Rechtsschutz und ein faires Verfahren, entsprechen.

(149) Die Mitgliedstaaten sollten die strafrechtlichen Sanktionen für Verstöße gegen diese Verordnung, auch für Verstöße gegen auf der Grundlage und in den Grenzen dieser Verordnung erlassene nationale Vorschriften, festlegen können. Diese strafrechtlichen Sanktionen können auch die Einziehung der durch die Verstöße gegen diese Verordnung erzielten Gewinne ermöglichen. Die Verhängung von

규정을 상세하게 규정(規定)하기 위한 회원국의 법규정(法規定)에 부합하지 않는(die nicht mit den nach Maßgabe der vorliegenden Verordnung erlassenen delegierten Rechtsakten und Durchführungsrechtsakten und Rechtsvorschriften der Mitgliedstaaten zur Präzisierung von Bestimmungen der vorliegenden Verordnung im Einklang steht) 처리도 본 법(法)에 부합하지 않는 처리에 속한다. 정보주체는 입은 손해에 대한 완전하고도 효과적인 손해배상을 받아야 한다. 개인정보처리자 또는 수탁처리자가 동일한 처리에 참가한 경우에(Sind Verantwortliche oder Auftragsverarbeiter an derselben Verarbeitung beteiligt), 각 개인정보처리자 또는 수탁처리자는 손해 전체에 대해 책임을 부담한다. 하지만 각 개인정보처리자 또는 수탁처리자가 회원국법의 기준에 따라 동일한 소송에 참가하는 경우에는 그들은, 정보주체가 입은 손해(損害)에 대하여 완전하고도 효과적인 손해배상을 받는 것이 보장되는 한(sofern sichergestellt ist, dass die betroffene Person einen vollständigen und wirksamen Schadenersatz für den erlittenen Schaden erhält), 자신들이 처리로 발생한 책임을 져야 하는 책임의 관계에 있어 비례적으로 책임을 부담할 수 있다. 전액을 손해배상을 한 각 개인정보처리자 또는 수탁처리자는 그후 동일한 처리에 참가한 다른 개인정보처리자 또는 수탁처리자에 대한 구상절차(求償節次)를 진행할 수 있다(kann anschließend ein Rückgriffsverfahren gegen andere an derselben Verarbeitung beteiligte Verantwortliche oder Auftragsverarbeiter anstrengen).

(147) 재판권에 관한 특별규정, 특히 개인정보처리자 또는 수탁처리자에 대한 손해배상을 포함하여 법원을 통한 법적구제에 관한 소송과 관한(insbesondere in Bezug auf Verfahren im Hinblick auf einen gerichtlichen Rechtsbehelf einschließlich Schadenersatz gegen einen Verantwortlichen oder Auftragsverarbeiter) 특별 규정이 본 법(法)에 포함되어 있는 범위 내에서, 「유럽연합 의회 및 이사회 (EU) 1215/2012호 법(法)」(ⓜ)에 포함된 바와 같은 재판권에 관한 일반 규정(die allgemeinen Vorschriften)은 이러한 특별 규정의 적용에 반하지 않는다.

(148) 본 법(法)의 위반에 있어 본 법(法) 규정의 보다 일관성 있는 시행을 위하여 감독관청이 본 법(法)에 따라 취한 적절한 조지 이외에 추가로 또는 그러한 조치에 갈음하여(zusätzlich zu den geeigneten Maßnahmen, die die Aufsichtsbehörde gemäß dieser Verordnung verhängt, oder an Stelle solcher Maßnahmen) 범칙금을 포함한 제재가 취해져야 한다. 사소한 위반의 경우나, 부과할 범칙금이 자연인에 대한 과도한 부담을 초래할 것으로 예상되는 경우에 범칙금에 갈음하여 경고(警告; Verwarnung)가 행해질 수 있다. 하지만 다음과 같은 것들이 상응하는 책임에 고려된다: 위반의 성질, 중대성 및 기간, 위반의 고의성(vorsätzlichen Charakter des Verstoßes), 발생한 손해를 경감하기 위한 조치, 책임의 정도 또는 종전의 각 위반, 감독관청이 어떻게 위반을 인지하게 되었는지 하는 방식(方式)(der Art und Weise, wie der Verstoß der Aufsichtsbehörde bekannt wurde), 개인정보처리자 또는 수탁처리자에게 명령된 조치에 대한 준수, 개인정보준칙의 준수 그리고 책임을 가중하거나 완화하는 그 밖의 일체의 사정(jedem anderen erschwerenden oder mildernden Umstand). 범칙금을 포함하여 제재의 부과에 대하여, 효과적인 권리구제와 공정한 절차에 대한 권리를 포함하여(einschließlich des Rechts auf wirksamen Rechtsschutz[50] und ein faires Verfahren) 유럽연합법 및 기본권헌장상의 일반 원칙(allgemeinen Grundsätzen des Unionsrechts und der Chart)에 부합하는 적절한 절차보장이 행해져야 한다.

(149) 회원국은, 본 법(法)에 기하여 그 한계 내에서 제정된 회원국법의 규정에 대한 위반도 포함하여 본 법(法) 위반에 대한 형법상 제재를 정할 수 있다. 이러한 형법상 재제로 본 법(法) 위반으로 취득한 이익의 몰수도(auch die Einziehung der durch die Verstöße gegen diese Verordnung) 가능할 수 있다. 하지만 그러한 회원국법의 규정에 대한 형법상 재제의 부과(Die Verhängung von strafrechtlichen Sanktionen für

strafrechtlichen Sanktionen für Verstöße gegen solche nationalen Vorschriften und von verwaltungsrechtlichen Sanktionen sollte jedoch nicht zu einer Verletzung des Grundsatzes "ne bis in idem", wie er vom Gerichtshof ausgelegt worden ist, führen.

(150) Um die verwaltungsrechtlichen Sanktionen bei Verstößen gegen diese Verordnung zu vereinheitlichen und ihnen mehr Wirkung zu verleihen, sollte jede Aufsichtsbehörde befugt sein, Geldbußen zu verhängen. In dieser Verordnung sollten die Verstöße sowie die Obergrenze der entsprechenden Geldbußen und die Kriterien für ihre Festsetzung genannt werden, wobei diese Geldbußen von der zuständigen Aufsichtsbehörde in jedem Einzelfall unter Berücksichtigung aller besonderen Umstände und insbesondere der Art, Schwere und Dauer des Verstoßes und seiner Folgen sowie der Maßnahmen, die ergriffen worden sind, um die Einhaltung der aus dieser Verordnung erwachsenden Verpflichtungen zu gewährleisten und die Folgen des Verstoßes abzuwenden oder abzumildern, festzusetzen sind. Werden Geldbußen Unternehmen auferlegt, sollte zu diesem Zweck der Begriff "Unternehmen" im Sinne der Artikel 101 und 102 AEUV verstanden werden. Werden Geldbußen Personen auferlegt, bei denen es sich nicht um Unternehmen handelt, so sollte die Aufsichtsbehörde bei der Erwägung des angemessenen Betrags für die Geldbuße dem allgemeinen Einkommensniveau in dem betreffenden Mitgliedstaat und der wirtschaftlichen Lage der Personen Rechnung tragen. Das Kohärenzverfahren kann auch genutzt werden, um eine kohärente Anwendung von Geldbußen zu fördern. Die Mitgliedstaaten sollten bestimmen können, ob und inwieweit gegen Behörden Geldbußen verhängt werden können. Auch wenn die Aufsichtsbehörden bereits Geldbußen verhängt oder eine Verwarnung erteilt haben, können sie ihre anderen Befugnisse ausüben oder andere Sanktionen nach Maßgabe dieser Verordnung verhängen.

(151) Nach den Rechtsordnungen Dänemarks und Estlands sind die in dieser Verordnung vorgesehenen Geldbußen nicht zulässig. Die Vorschriften über die Geldbußen können so angewandt werden, dass die Geldbuße in Dänemark durch die zuständigen nationalen Gerichte als Strafe und in Estland durch die Aufsichtsbehörde im Rahmen eines Verfahrens bei Vergehen verhängt wird, sofern eine solche Anwendung der Vorschriften in diesen Mitgliedstaaten die gleiche Wirkung wie die von den Aufsichtsbehörden verhängten Geldbußen hat. Daher sollten die zuständigen nationalen Gerichte die Empfehlung der Aufsichtsbehörde, die die Geldbuße in die Wege geleitet hat, berücksichtigen. In jeden Fall sollten die verhängten Geldbußen wirksam, verhältnismäßig und abschreckend sein.

(152) Soweit diese Verordnung verwaltungsrechtliche Sanktionen nicht harmonisiert oder wenn es in anderen Fällen — beispielsweise bei schweren Verstößen gegen diese Verordnung — erforderlich ist, sollten die Mitgliedstaaten eine Regelung anwenden, die wirksame, verhältnismäßige und abschreckende Sanktionen vorsieht. Es sollte im Recht der Mitgliedstaaten geregelt werden, ob diese Sanktionen strafrechtlicher oder verwaltungsrechtlicher Art sind.

(153) Im Recht der Mitgliedstaaten sollten die Vorschriften über die freie Meinungsäußerung und Informationsfreiheit, auch von Journalisten, Wissenschaftlern, Künstlern und/oder Schriftstellern, mit dem Recht auf Schutz der personenbezogenen Daten gemäß dieser Verordnung in Einklang gebracht werden. Für die Verarbeitung personenbezogener Daten ausschließlich zu journalistischen Zwecken oder zu wissenschaftlichen, künstlerischen oder literarischen Zwecken sollten Abweichungen und Ausnahmen von bestimmten Vorschriften dieser Verordnung gelten, wenn dies erforderlich ist, um das Recht auf Schutz

Verstöße gegen solche nationalen Vorschriften)와 행정법상의 제재의 부과는 유럽사법재판소가 해석해 온 일사부재리(一事不再理)의 원칙의 위반(Verletzung des Grundsatzes “ne bis in idem”, wie er vom Gerichtshof ausgelegt worden ist)을 초래해서는 아니된다.

(150) 본 법(法) 위반시의 행정법상 제재를 통일하고 그 제재에 보다 많은 효과를 부여하기 위하여 각 감독관청은, 범칙금을 부과할 권한을 갖는다. 그 위반과 관련 범칙금의 한도 그리고 그 설정기준은 본 법(法)으로 정해져야 하는 반면, 이러한 범칙금은 각 개별사안에서 모든 특별한 상황을 고려하여 특히 위반의 성질, 중대성 및 기간과 위반의 결과, 본 법(法)에서 파생한 의무의 준수를 보장하기 위하여 취해진 조치, 그리고 방지하거나 경감해야 하는 위반의 결과(insbesondere der Art, Schwere und Dauer des Verstoßes und seiner Folgen sowie der Maßnahmen, die ergriffen worden sind, um die Einhaltung der aus dieser Verordnung erwachsenden Verpflichtungen zu gewährleisten und die Folgen des Verstoßes abzuwenden oder abzumildern)를 고려하여 소관감독관청에 의해 규정되어야 한다. 기업에 범칙금이 부과되는 경우에 「유럽연합 운영조약」 제101조, 제102조상의 기업의 개념은 이러한 목적으로 이해되어야 한다. 범칙금이 기업이 아닌 자에게 부과되는 경우에는 감독관청은, 범칙금에 대한 적절한 금액을 고려함에 있어 문제되는 회원국의 일반적 소득수준, 그 자의 경제상황(dem allgemeinen Einkommensniveau in dem betreffenden Mitgliedstaat und der wirtschaftlichen Lage der Personen)을 고려해야 한다. 법적용통일성추구절차는 범칙금의 통일적 적용을 촉진하기 위하여도(Das Kohärenzverfahren kann auch genutzt werden, um eine kohärente Anwendung von Geldbußen zu fördern) 이용될 수 있다. 회원국은 관청(官廳)에 대하여 범칙금이 부과될 수 있는지, 얼마나 부과될 수 있는지를 정할 수 있어야 한다. 감독관청이 이미 범칙금을 부과했거나 경고를 했을지라도 감독관청은 다른 권한을 행사하거나 본 법(法)에 따른 다른 제재를 부과할 수 있다.

(151) 덴마크와 에스토니아의 법규정에 따르면, 본 법(法)에 규정된 범칙금은 허용되지 아니한다. 범칙금에 관한 규정은, 그러한 적용은 이러한 회원국에서 감독관청이 부과한 범칙금과 동등한 효과를 갖는 한, 덴마크에서는 관할 그 회원국의 법원에 의해 형벌로, 에스토니아에서는 경범죄의 절차의 범위 내에서 감독관청에 의해 형벌로 부과되도록(dass die Geldbuße in Dänemark durch die zuständigen nationalen Gerichte als Strafe und in Estland durch die Aufsichtsbehörde im Rahmen eines Verfahrens bei Vergehen verhängt wird) 적용될 수 있다. 그러므로 그 회원국의 관할 법원은, 범칙금 부과를 시작한 감독관청의 권고를 고려해야 한다. 어떤 경우에도 범칙금(犯則金)은 효과적이고 비례적이며 위하력(威嚇力)을 갖어야 한다.

(152) 본 법(法)이 행정법상 제재와 조화되지 않거나, 그 밖의 경우, 예컨대 본 법(法)에 대한 중대한 위반시 본 법(法)이 필요한 경우에, 회원국은 효과적이고 비례적이며 위하력(威嚇力)을 갖는 제재를 규율하는(die wirksame, verhältnismäßige und abschreckende Sanktionen vorsieht) 규정을 적용해야 한다. 이러한 제제가 형법의 성질 혹은 행정법의 성질을 갖는지 여부(ob diese Sanktionen strafrechtlicher oder verwaltungsrechtlicher Art sind)는 회원국의 법으로 규율되어야 한다.

(153) 언론인, 학자, 예술가 및(또는) 작가에 의한 경우를 포함하여 자유로운 표현과 정보자유에 관한 규정(die Vorschriften über die freie Meinungsäußerung und Informationsfreiheit, auch von Journalisten, Wissenschaftlern, Künstlern und/oder Schriftstellern)은 본 법(法)에 따른 개인정보보호의 권리(Recht auf Schutz der personenbezogenen Daten)와 부합하게 회원국의 법으로 규정되어야 한다. 그 적용이 개인정보보호의 권리와, 기본권헌장 제11조에서 보장된 표현 자유과 정보자유에 관한 권리와 일치시키기는 데 필요한 경우에, 본 법(法)상의 특정한 규정에 대한 다른 규율(Abweichungen) 및 예외(例外)는 오로지

der personenbezogenen Daten mit dem Recht auf Freiheit der Meinungsäußerung und Informationsfreiheit, wie es in Artikel 11 der Charta garantiert ist, in Einklang zu bringen. Dies sollte insbesondere für die Verarbeitung personenbezogener Daten im audiovisuellen Bereich sowie in Nachrichten- und Pressearchiven gelten. Die Mitgliedstaaten sollten daher Gesetzgebungsmaßnahmen zur Regelung der Abweichungen und Ausnahmen erlassen, die zum Zwecke der Abwägung zwischen diesen Grundrechten notwendig sind. Die Mitgliedstaaten sollten solche Abweichungen und Ausnahmen in Bezug auf die allgemeinen Grundsätze, die Rechte der betroffenen Person, den Verantwortlichen und den Auftragsverarbeiter, die Übermittlung von personenbezogenen Daten an Drittländer oder an internationale Organisationen, die unabhängigen Aufsichtsbehörden, die Zusammenarbeit und Kohärenz und besondere Datenverarbeitungssituationen erlassen. Sollten diese Abweichungen oder Ausnahmen von Mitgliedstaat zu Mitgliedstaat unterschiedlich sein, sollte das Recht des Mitgliedstaats angewendet werden, dem der Verantwortliche unterliegt. Um der Bedeutung des Rechts auf freie Meinungsäußerung in einer demokratischen Gesellschaft Rechnung zu tragen, müssen Begriffe wie Journalismus, die sich auf diese Freiheit beziehen, weit ausgelegt werden.

(154) Diese Verordnung ermöglicht es, dass bei ihrer Anwendung der Grundsatz des Zugangs der Öffentlichkeit zu amtlichen Dokumenten berücksichtigt wird. Der Zugang der Öffentlichkeit zu amtlichen Dokumenten kann als öffentliches Interesse betrachtet werden. Personenbezogene Daten in Dokumenten, die sich im Besitz einer Behörde oder einer öffentlichen Stelle befinden, sollten von dieser Behörde oder Stelle öffentlich offengelegt werden können, sofern dies im Unionsrecht oder im Recht der Mitgliedstaaten, denen sie unterliegt, vorgesehen ist. Diese Rechtsvorschriften sollten den Zugang der Öffentlichkeit zu amtlichen Dokumenten und die Weiterverwendung von Informationen des öffentlichen Sektors mit dem Recht auf Schutz personenbezogener Daten in Einklang bringen und können daher die notwendige Übereinstimmung mit dem Recht auf Schutz personenbezogener Daten gemäß dieser Verordnung regeln. Die Bezugnahme auf Behörden und öffentliche Stellen sollte in diesem Kontext sämtliche Behörden oder sonstigen Stellen beinhalten, die vom Recht des jeweiligen Mitgliedstaats über den Zugang der Öffentlichkeit zu Dokumenten erfasst werden. Die Richtlinie 2003/98/EG des Europäischen Parlaments und des Rates (ⓝ) lässt das Schutzniveau für natürliche Personen in Bezug auf die Verarbeitung personenbezogener Daten gemäß den Bestimmungen des Unionsrechts und des Rechts der Mitgliedstaaten unberührt und beeinträchtigt diesen in keiner Weise, und sie bewirkt insbesondere keine Änderung der in dieser Verordnung dargelegten Rechte und Pflichten. Insbesondere sollte die genannte Richtlinie nicht für Dokumente gelten, die nach den Zugangsregelungen der Mitgliedstaaten aus Gründen des Schutzes personenbezogener Daten nicht oder nur eingeschränkt zugänglich sind, oder für Teile von Dokumenten, die nach diesen Regelungen zugänglich sind, wenn sie personenbezogene Daten enthalten, bei denen Rechtsvorschriften vorsehen, dass ihre Weiterverwendung nicht mit dem Recht über den Schutz natürlicher Personen in Bezug auf die Verarbeitung personenbezogener Daten vereinbar ist.

(155) Im Recht der Mitgliedstaaten oder in Kollektivvereinbarungen (einschließlich 'Betriebsvereinbarungen') können spezifische Vorschriften für die Verarbeitung personenbezogener Beschäftigtendaten im Beschäftigungskontext vorgesehen werden, und zwar insbesondere Vorschriften über die Bedingungen, unter denen personenbezogene Daten im Beschäftigungskontext auf der Grundlage

언론목적이나 학술적, 예술적 또는 문학적 목적(ausschließlich zu journalistischen Zwecken oder zu wissenschaftlichen, künstlerischen oder literarischen Zwecken)을 위한 개인정보 처리에 대하여 적용한다. 특히 이는, 시청각영역과, 뉴스자료실 및 언론자료실의 영역에서의 개인정보 처리(處理)에 대하여(insbesondere für die Verarbeitung personenbezogener Daten im audiovisuellen Bereich sowie in Nachrichten- und Pressearchiven) 적용한다. 그러므로 회원국은 이러한 기본권들 사이의 형량을 위해 필요한 다른 규율과 예외를 규정(Regelung der Abweichungen und Ausnahmen erlassen, die zum Zwecke der Abwägung zwischen diesen Grundrechten notwendig sind) 하기 위한 입법조치를 취해야 한다. 회원국은, 일반 원칙, 정보주체의 권리, 개인정보처리자 및 수탁처리자, 제3국 또는 국제기구로의 개인정보 이전, 독립적 감독관청, 협력과 법적용통일성 그리고 특별한 개인정보 처리상황에 관한 그러한 다른 규율 및 예외를 규정해야 한다. 이러한 다른 규율 또는 예외가 회원국별로 상이한 경우에(Sollten diese Abweichungen oder Ausnahmen von Mitgliedstaat zu Mitgliedstaat unterschiedlich sein) 개인정보처리자가 적용받는 회원국법은 적용한다. 민주사회에서의 표현의 자유의 중요성을 고려하기 위하여 이러한 자유에 관련된 언론과 같은 개념(Begriffe wie Journalismus, die sich auf diese Freiheit beziehen)은 폭넓게 해석(解釋)해야만 한다.

(154) 본 법(法)으로, 본 법(法)의 적용시 공문서(amtlichen Dokumenten)에 대한 공중의 접근의 원칙이 고려하는 점이 가능해진다. 공중의 공문서에 대한 접근은 공익으로 간주된다. 관청(官廳) 또는 공공기관이 보유하는 문서상의 개인정보는, 이것이 이들이 적용받는 유럽연합법 또는 회원국의 법에 규정되어 있는 한(sofern dies im Unionsrecht oder im Recht der Mitgliedstaaten, denen sie unterliegt, vorgesehen ist), 이러한 관청(官廳) 또는 공공기관(dieser Behörde oder Stelle)에 의해 공식적으로 공개될 수 있어야 한다. 이러한 법규정은, 공중의 공문서에 대한 접근과 공공부문의 정보에 대한 추가적 이용(den Zugang der Öffentlichkeit zu amtlichen Dokumenten und die Weiterverwendung von Informationen des öffentlichen Sektors)을 개인정보호보호권과 일치시켜야 하고 따라서 본 법(法)에 따른 개인정보보호의 권리와의 필수적 일치(die notwendige Übereinstimmung mit dem Recht auf Schutz personenbezogener Daten gemäß dieser Verordnung)를 규율할 수 있어야 한다. 관청(官廳) 및 공공기관에 대한 언급은 이러한 맥락에서 공중의 문서에 접근에 관한 각 회원국의 법에 의해 규정된, 관청(官廳) 전체이나 기타 기관 전체(sämtliche Behörden oder sonstigen Stellen)를 포함해야 한다. 「유럽연합 의회 및 이사회 2003/98/EG호 입법지침」(ⓝ)은, 유럽연합법 및 회원국법의 규정에 따른 개인정보보호에 관한 자연인의 보호수준에 영향을 미치지 아니하고 전혀 이를 방해하지 아니하며, 또한 그 입법지침은 특히 본 법(法)에 명시된 권리의무를 변경하지 아니한다(sie bewirkt insbesondere keine Änderung der in dieser Verordnung dargelegten Rechte und Pflichten). 특히 위 지침은, 회원국의 접근규정에 따라 개인정보보호의 이유에서 접근할 수 없거나 제한적으로만 접근할 수 있는(die nach den Zugangsregelungen der Mitgliedstaaten aus Gründen des Schutzes personenbezogener Daten nicht oder nur eingeschränkt zugänglich sind) 문서나, 이러한 규정에 따라 접근할 수 있는 문서 일부로, 그 추가적 이용이 개인정보 처리에 관한 자연인의 보호에 관한 법에 합치하지 않는 것으로 규정된(bei denen Rechtsvorschriften vorsehen, dass ihre Weiterverwendung nicht mit dem Recht über den Schutz natürlicher Personen in Bezug auf die Verarbeitung personenbezogener Daten vereinbar ist) 개인정보를 포함하는 문서 일부에 적용한다.

(155) 유럽연합법으로 또는 사업협정을 포함하는 집단협약으로[Im Recht der Mitgliedstaaten oder in Kollektivvereinbarungen (einschließlich 'Betriebsvereinbarungen')] 고용상황에서 직원의 개인정보 처리에 대한 특별 규정이 규정될 수 있고, 특히, 개인정보가 직원의 동의에 기하여 고용상황에서 처리될 수 있게 해 주는 요건에 관한 규정과, 채용 목적, 법규정 또는 집단협약으로 정해진 의무의 이행을 포함하

der Einwilligung des Beschäftigten verarbeitet werden dürfen, über die Verarbeitung dieser Daten für Zwecke der Einstellung, der Erfüllung des Arbeitsvertrags einschließlich der Erfüllung von durch Rechtsvorschriften oder durch Kollektivvereinbarungen festgelegten Pflichten, des Managements, der Planung und der Organisation der Arbeit, der Gleichheit und Diversität am Arbeitsplatz, der Gesundheit und Sicherheit am Arbeitsplatz sowie für Zwecke der Inanspruchnahme der mit der Beschäftigung zusammenhängenden individuellen oder kollektiven Rechte und Leistungen und für Zwecke der Beendigung des Beschäftigungsverhältnisses.

(156) Die Verarbeitung personenbezogener Daten für im öffentlichen Interesse liegende Archivzwecke, zu wissenschaftlichen oder historischen Forschungszwecken oder zu statistischen Zwecken sollte geeigneten Garantien für die Rechte und Freiheiten der betroffenen Person gemäß dieser Verordnung unterliegen. Mit diesen Garantien sollte sichergestellt werden, dass technische und organisatorische Maßnahmen bestehen, mit denen insbesondere der Grundsatz der Datenminimierung gewährleistet wird. Die Weiterverarbeitung personenbezogener Daten zu im öffentlichen Interesse liegende Archivzwecken, zu wissenschaftlichen oder historischen Forschungszwecken oder zu statistischen Zwecken erfolgt erst dann, wenn der Verantwortliche geprüft hat, ob es möglich ist, diese Zwecke durch die Verarbeitung von personenbezogenen Daten, bei der die Identifizierung von betroffenen Personen nicht oder nicht mehr möglich ist, zu erfüllen, sofern geeignete Garantien bestehen (wie z. B. die Pseudonymisierung von personenbezogenen Daten). Die Mitgliedstaaten sollten geeignete Garantien in Bezug auf die Verarbeitung personenbezogener Daten für im öffentlichen Interesse liegende Archivzwecke, zu wissenschaftlichen oder historischen Forschungszwecken oder zu statistischen Zwecken vorsehen. Es sollte den Mitgliedstaaten erlaubt sein, unter bestimmten Bedingungen und vorbehaltlich geeigneter Garantien für die betroffenen Personen Präzisierungen und Ausnahmen in Bezug auf die Informationsanforderungen sowie der Rechte auf Berichtigung, Löschung, Vergessenwerden, zur Einschränkung der Verarbeitung, auf Datenübertragbarkeit sowie auf Widerspruch bei der Verarbeitung personenbezogener Daten zu im öffentlichen Interesse liegende Archivzwecken, zu wissenschaftlichen oder historischen Forschungszwecken oder zu statistischen Zwecken vorzusehen. Im Rahmen der betreffenden Bedingungen und Garantien können spezifische Verfahren für die Ausübung dieser Rechte durch die betroffenen Personen vorgesehen sein — sofern dies angesichts der mit der spezifischen Verarbeitung verfolgten Zwecke angemessen ist — sowie technische und organisatorische Maßnahmen zur Minimierung der Verarbeitung personenbezogener Daten im Hinblick auf die Grundsätze der Verhältnismäßigkeit und der Notwendigkeit. Die Verarbeitung personenbezogener Daten zu wissenschaftlichen Zwecken sollte auch anderen einschlägigen Rechtsvorschriften, beispielsweise für klinische Prüfungen, genügen.

(157) Durch die Verknüpfung von Informationen aus Registern können Forscher neue Erkenntnisse von großem Wert in Bezug auf weit verbreiteten Krankheiten wie Herz-Kreislauferkrankungen, Krebs und Depression erhalten. Durch die Verwendung von Registern können bessere Forschungsergebnisse erzielt werden, da sie auf einen größeren Bevölkerungsanteil gestützt sind. Im Bereich der Sozialwissenschaften ermöglicht die Forschung anhand von Registern es den Forschern, entscheidende Erkenntnisse über den langfristigen Zusammenhang einer Reihe sozialer Umstände zu erlangen, wie Arbeitslosigkeit und Bildung mit anderen Lebensumständen. Durch Register erhaltene Forschungsergebnisse bieten solide,

여 근로계약의 이행 목적, 관리 목적, 노동의 계획 및 조직의 목적(der Planung und der Organisation der Arbeit), 직장에서의 평등과 다양성 확보 목적, 직장에서의 산업안전보건 목적(der Gesundheit und Sicherheit am Arbeitsplatz)을 위하거나 고용과 관련된 개인적 또는 집단적 권리 및 급부의 행사 목적이나 '직원관계'의 종료의 목적을 위한(Zwecke der Inanspruchnahme der mit der Beschäftigung zusammenhängenden individuellen oder kollektiven Rechte und Leistungen und für Zwecke der Beendigung des Beschäftigungsverhältnisses[51]) 개인정보 처리에 관한 규정이 그와 같이 규정될 수 있다.

(156) 공익에 속하는 자료보관목적이나 과학적 또는 역사적 연구목적이나 통계목적을 위한 개인정보 처리(Die Verarbeitung personenbezogener Daten für im öffentlichen Interesse liegende Archivzwecke, zu wissenschaftlichen oder historischen Forschungszwecken oder zu statistischen Zwecken)는 정보주체의 권리 및 자유에 대한 적절한, 본 법에 따른 안전성확보조치를 적용받아야 한다. 이러한 안전성확보조치로 특히 정보최소화 원칙(der Grundsatz der Datenminimierung)이 보장되는 기술적·관리적 조치가 행해진다는 점(dass technische und organisatorische Maßnahmen bestehen)이 보장된다. 공익에 속하는 자료보관목적이나 과학적 또는 역사적 연구목적이나 통계목적을 위한 개인정보 추가처리는, 예컨대 개인정보의 가명처리와 같은 적합한 안전성확보조치가 행해지는 경우에, 개인정보처리자가 이러한 목적이 개인정보의 식별이 가능하지 않거나 더 이상 가능하지 않은 개인정보 처리에 의해 달성되는 것이 가능한지 여부에 대하여 심사를 한(wenn der Verantwortliche geprüft hat, ob es möglich ist, diese Zwecke durch die Verarbeitung von personenbezogenen Daten, bei der die Identifizierung von betroffenen Personen nicht oder nicht mehr möglich ist, zu erfüllen) 후 비로소 행해진다. 회원국은, 공익에 속하는 자료보관목적이나 과학적 또는 역사적 연구목적이나 통계목적을 위한 개인정보 처리에 관한 적합한 안전성확보조치를 규율해야 한다. 특정한 요건하에서 또 정보주체에 대한 적합한 안전성확보조치를 조건으로, 정보제공[52] 요건에 관한 상세한 규율 및 예외와, 정정요구권, 삭제요구권, 잊힐 권리, 처리제한요구권, 데이터이동권(Präzisierungen und Ausnahmen in Bezug auf die Informationsanforderungen sowie der Rechte auf Berichtigung, Löschung, Vergessenwerden, zur Einschränkung der Verarbeitung, auf Datenübertragbarkeit) 그리고 공익에 속하는 자료보관목적이나 과학적 또는 역사적 연구목적이나 통계목적을 위한 개인정보 처리에 있어서의 반대권이 회원국에서 허용되어야 한다. 그러한 요건 및 안전성확보조치의 일환으로, 정보주체의 이러한 권리들의 행사를 위한 특별한 절차와, 비례성 및 필요성의 원칙에 관련하여 개인정보 처리의 최소화를 위한 기술적·관리적 조치(technische und organisatorische Maßnahmen zur Minimierung der Verarbeitung personenbezogener Daten im Hinblick auf die Grundsätze der Verhältnismäßigkeit und der Notwendigkeit)가, 이것이 그 특별한 처리로 달성하려는 목적을 고려하였을 때 적절한 한, 규정될 수 있다. 과학적 목적을 위한 개인정보 처리는, 예컨대 임상시험(臨床試驗; klinische Prüfungen)과 같은 관련 다른 법규정으로도(auch anderen einschlägigen Rechtsvorschriften, beispielsweise für klinische Prüfungen, genügen) 충분하다.

(157) 레지스트리[53] 기한 정보의 결합으로(Durch die Verknüpfung von Informationen aus Registern) 연구자는 큰 가치를 지닌, 새로운 지식으로, 심장혈관계질환, 암 및 우울증과 같은 광범위하게 퍼진 질병에 관한 지식을 얻을 수 있다. 레지스트리가 보다 큰 인구비율에 근거하기 때문에(da sie auf einen größeren Bevölkerungsanteil gestützt sind) 이의 사용으로 연구결과의 개선을 이룰 수 있다. 사회학(社會學)의 영역에서 레지스트리에 기한 연구는 연구자가 여러 사회조건들의 장기적 관련성에 관한 중요한 지식(entscheidende Erkenntnisse über den langfristigen Zusammenhang einer Reihe sozialer Umstände)을 얻게 해 준다. 레지스트리로 얻은 연구결과는 학문에 근거한 정책상의 조치의 입안 및 실행에 관한 토대(Basis für die Erarbeitung und Umsetzung wissensgestützter politischer Maßnahmen)를 제공하

hochwertige Erkenntnisse, die die Basis für die Erarbeitung und Umsetzung wissensgestützter politischer Maßnahmen darstellen, die Lebensqualität zahlreicher Menschen verbessern und die Effizienz der Sozialdienste verbessern können. Zur Erleichterung der wissenschaftlichen Forschung können daher personenbezogene Daten zu wissenschaftlichen Forschungszwecken verarbeitet werden, wobei sie angemessenen Bedingungen und Garantien unterliegen, die im Unionsrecht oder im Recht der Mitgliedstaaten festgelegt sind.

(158) Diese Verordnung sollte auch für die Verarbeitung personenbezogener Daten zu Archivzwecken gelten, wobei darauf hinzuweisen ist, dass die Verordnung nicht für verstorbene Personen gelten sollte. Behörden oder öffentliche oder private Stellen, die Aufzeichnungen von öffentlichem Interesse führen, sollten gemäß dem Unionsrecht oder dem Recht der Mitgliedstaaten rechtlich verpflichtet sein, Aufzeichnungen von bleibendem Wert für das allgemeine öffentliche Interesse zu erwerben, zu erhalten, zu bewerten, aufzubereiten, zu beschreiben, mitzuteilen, zu fördern, zu verbreiten sowie Zugang dazu bereitzustellen. Es sollte den Mitgliedstaaten ferner erlaubt sein vorzusehen, dass personenbezogene Daten zu Archivzwecken weiterverarbeitet werden, beispielsweise im Hinblick auf die Bereitstellung spezifischer Informationen im Zusammenhang mit dem politischen Verhalten unter ehemaligen totalitären Regimen, Völkermord, Verbrechen gegen die Menschlichkeit, insbesondere dem Holocaust, und Kriegsverbrechen.

(159) Diese Verordnung sollte auch für die Verarbeitung personenbezogener Daten zu wissenschaftlichen Forschungszwecken gelten. Die Verarbeitung personenbezogener Daten zu wissenschaftlichen Forschungszwecken im Sinne dieser Verordnung sollte weit ausgelegt werden und die Verarbeitung für beispielsweise die technologische Entwicklung und die Demonstration, die Grundlagenforschung, die angewandte Forschung und die privat finanzierte Forschung einschließen. Darüber hinaus sollte sie dem in Artikel 179 Absatz 1 AEUV festgeschriebenen Ziel, einen europäischen Raum der Forschung zu schaffen, Rechnung tragen. Die wissenschaftlichen Forschungszwecke sollten auch Studien umfassen, die im öffentlichen Interesse im Bereich der öffentlichen Gesundheit durchgeführt werden. Um den Besonderheiten der Verarbeitung personenbezogener Daten zu wissenschaftlichen Forschungszwecken zu genügen, sollten spezifische Bedingungen insbesondere hinsichtlich der Veröffentlichung oder sonstigen Offenlegung personenbezogener Daten im Kontext wissenschaftlicher Zwecke gelten. Geben die Ergebnisse wissenschaftlicher Forschung insbesondere im Gesundheitsbereich Anlass zu weiteren Maßnahmen im Interesse der betroffenen Person, sollten die allgemeinen Vorschriften dieser Verordnung für diese Maßnahmen gelten.

(160) Diese Verordnung sollte auch für die Verarbeitung personenbezogener Daten zu historischen Forschungszwecken gelten. Dazu sollte auch historische Forschung und Forschung im Bereich der Genealogie zählen, wobei darauf hinzuweisen ist, dass diese Verordnung nicht für verstorbene Personen gelten sollte.

(161) Für die Zwecke der Einwilligung in die Teilnahme an wissenschaftlichen Forschungstätigkeiten im Rahmen klinischer Prüfungen sollten die einschlägigen Bestimmungen der Verordnung (EU) Nr. 536/2014 des Europäischen Parlaments und des Rates (◎) gelten.

고, 수많은 사람들의 생활의 질을 개선하고 사회서비스의 효율성을 개선할 수 있는, 탄탄하고 가치가 높은 지식을 제공한다. 그래서 과학적 연구목적을 위한 개인정보는 과학적 연구(硏究)의 촉진(Erleichterung)을 위하여(Zur Erleichterung der wissenschaftlichen Forschung) 처리될 수 있고, 이 경우 그 개인정보는 유럽연합법 또는 회원국법으로 정한 적절한 요건 및 안전성확보조치를 적용받는다(wobei sie angemessenen Bedingungen und Garantien unterliegen, die im Unionsrecht oder im Recht der Mitgliedstaaten festgelegt sind).

(158) 본 법(法)은 자료보관목적을 위한 개인정보 처리에 대하여도 적용되나, 다만 이 경우 본 법(法)이 사망자에 대하여 적용되어서는 안 된다는 점에 유념해야 한다(wobei darauf hinzuweisen ist, dass die Verordnung nicht für verstorbene Personen gelten sollte). 공익 기록을 관리하는(die Aufzeichnungen von öffentlichem Interesse führen) 관청(官廳) 또는 공공기관이나 그러한 민간기관은, 유럽연합법 또는 회원국법에 따라, 법적으로 일반적 공익을 위한 지속적 가치[54]의 기록(Aufzeichnungen von bleibendem Wert für das allgemeine öffentliche Interesse)을 취득하고 보존하고, 평가하며, 분류하며, 기술하고, 알리고, 장려하며, 전파하며 또 이에 대한 접근을 제공할 법적 의무를 진다. 또한 예컨대, 이전 전제체제하의 정치적 행태(dem politischen Verhalten unter ehemaligen totalitären Regimen), 집단학살(集團虐殺; Völkermord), 반인도범죄(反人道犯罪; Verbrechen gegen die Menschlichkeit), 특히 홀로코스트(Holocaust)와 전쟁범죄(Kriegsverbrechen)에 관한 특수한 정보에 관한 자료보관목적을 위한 개인정보가 추가로 처리되는 것이 회원국에서 허용되도록 규정되어야 한다.

(159) 본 법(法)은 과학적 연구목적을 위한 개인정보 처리에도 적용한다. 본 법(法)상의 과학적 연구목적을 위한 개인정보 처리는 폭넓게 해석되어야 하고, 예컨대 과학기술의 발전(die technologische Entwicklung), 논증(die Demonstration), 기초연구(die Grundlagenforschung), 응용연구(die angewandte Forschung)과 민간의 자금지원을 받은 연구(die privat finanzierte Forschung)를 위한 처리를 포함한다. 게다가 그 처리는 「유럽연합 운영조약」 제179조 제1항에 규정된, 유럽연합연구지역[55]을 창설하기 위한 목표(dem in Artikel 179 Absatz 1 AEUV festgeschriebenen Ziel, einen europäischen Raum der Forschung zu schaffen)을 고려해야 한다. 과학적 연구목적은 공중보건 영역에서의 공익을 위해 수행된(die im öffentlichen Interesse im Bereich der öffentlichen Gesundheit durchgeführt werden) 연구도 포함한다. 과학적 연구목적을 위한 개인정보 처리의 특수성을 충족시키기 위하여(Um den Besonderheiten der Verarbeitung personenbezogener Daten zu wissenschaftlichen Forschungszwecken zu genügen) 특히 개인정보의 공표 또는 기타 공개에 관하여 특별한 요건은 과학적 목적의 맥락에서 적용된다. 특히 보건분야에서의 과학적 연구결과가 정보주체의 이익을 위한 추가 조치에 대한 근거를 제공하는 경우(Geben die Ergebnisse wissenschaftlicher Forschung insbesondere im Gesundheitsbereich Anlass zu weiteren Maßnahmen im Interesse der betroffenen Person), 본 법(法)의 일반 규정은 이러한 조치에 대하여 적용된다.

(160) 본 법(法)은 역사적 연구목적을 위한 개인정보 처리에도 적용한다. 역사적 연구와 계보학 분야의 연구도 (auch historische Forschung und Forschung im Bereich der Genealogie) 이에 포함되고, 이 경우 본 법(法)은 사망자에 대하여 적용되어서는 안 된다는 점에 유념해야 한다(wobei darauf hinzuweisen ist, dass diese Verordnung nicht für verstorbene Personen gelten sollte).

(161) 임상시험의 범위 내의 과학적 연구활동에 참여에 대한 동의 목적에 대하여(Für die Zwecke der Einwilligung in die Teilnahme an wissenschaftlichen Forschungstätigkeiten im Rahmen klinischer Prüfungen) 「유럽연합 의회 및 이사회 (EU) 536/2014호 법(法)」(ⓞ)의 관련 규정도 적용된다.

(162) Diese Verordnung sollte auch für die Verarbeitung personenbezogener Daten zu statistischen Zwecken gelten. Das Unionsrecht oder das Recht der Mitgliedstaaten sollte in den Grenzen dieser Verordnung den statistischen Inhalt, die Zugangskontrolle, die Spezifikationen für die Verarbeitung statistischen Inhalt, die Zugangskontrolle, die Spezifikationen für die Verarbeitung personenbezogener personenbezogener Daten zu statistischen Zwecken und geeignete Maßnahmen zur Sicherung der Rechte und Freiheiten der betroffenen Personen und zur Sicherstellung der statistischen Geheimhaltung bestimmen. Unter dem Begriff "statistische Zwecke" ist jeder für die Durchführung statistischer Untersuchungen und die Erstellung statistischer Ergebnisse erforderliche Vorgang der Erhebung und Verarbeitung personenbezogener Daten zu verstehen. Diese statistischen Ergebnisse können für verschiedene Zwecke, so auch für wissenschaftliche Forschungszwecke, weiterverwendet werden. Im Zusammenhang mit den statistischen Zwecken wird vorausgesetzt, dass die Ergebnisse der Verarbeitung zu statistischen Zwecken keine personenbezogenen Daten, sondern aggregierte Daten sind und diese Ergebnisse oder personenbezogenen Daten nicht für Maßnahmen oder Entscheidungen gegenüber einzelnen natürlichen Personen verwendet werden.

(163) Die vertraulichen Informationen, die die statistischen Behörden der Union und der Mitgliedstaaten zur Erstellung der amtlichen europäischen und der amtlichen nationalen Statistiken erheben, sollten geschützt werden. Die europäischen Statistiken sollten im Einklang mit den in Artikel 338 Absatz 2 AEUV dargelegten statistischen Grundsätzen entwickelt, erstellt und verbreitet werden, wobei die nationalen Statistiken auch mit dem Recht der Mitgliedstaaten übereinstimmen müssen. Die Verordnung (EG) Nr. 223/2009 des Europäischen Parlaments und des Rates (ⓟ) enthält genauere Bestimmungen zur Vertraulichkeit europäischer Statistiken.

(164) Hinsichtlich der Befugnisse der Aufsichtsbehörden, von dem Verantwortlichen oder vom Auftragsverarbeiter Zugang zu personenbezogenen Daten oder zu seinen Räumlichkeiten zu erlangen, können die Mitgliedstaaten in den Grenzen dieser Verordnung den Schutz des Berufsgeheimnisses oder anderer gleichwertiger Geheimhaltungspflichten durch Rechtsvorschriften regeln, soweit dies notwendig ist, um das Recht auf Schutz der personenbezogenen Daten mit einer Pflicht zur Wahrung des Berufsgeheimnisses in Einklang zu bringen. Dies berührt nicht die bestehenden Verpflichtungen der Mitgliedstaaten zum Erlass von Vorschriften über das Berufsgeheimnis, wenn dies aufgrund des Unionsrechts erforderlich ist.

(165) Im Einklang mit Artikel 17 AEUV achtet diese Verordnung den Status, den Kirchen und religiöse Vereinigungen oder Gemeinschaften in den Mitgliedstaaten nach deren bestehenden verfassungsrechtlichen Vorschriften genießen, und beeinträchtigt ihn nicht.

(166) Um die Zielvorgaben dieser Verordnung zu erfüllen, d. h. die Grundrechte und Grundfreiheiten natürlicher Personen und insbesondere ihr Recht auf Schutz ihrer personenbezogenen Daten zu schützen und den freien Verkehr personenbezogener Daten innerhalb der Union zu gewährleisten, sollte der Kommission die Befugnis übertragen werden, gemäß Artikel 290 AEUV Rechtsakte zu erlassen. Delegierte Rechtsakte sollten insbesondere in Bezug auf die für Zertifizierungsverfahren geltenden Kriterien und Anforderungen, die durch standardisierte Bildsymbole darzustellenden Informationen und die Verfahren für die Bereitstellung dieser Bildsymbole erlassen werden. Es ist von besonderer

(162) 본 법(法)은 통계목적을 위한 개인정보 처리에 대해서도 적용한다. 유럽연합법 또는 회원국법으로 본 법(法)의 한도 내에서, 통계 내용, 접근관리, 통계목적을 위한 개인정보 처리에 대한 명세(明細)(den Daten zu statistischen Zwecken)와, 정보주체의 권리 및 자유를 보장하기 위한 적절한 조치, 그리고 통계적 비밀유지 확보를 위한 적절한 조치(geeignete Maßnahmen zur Sicherung der Rechte und Freiheiten der betroffenen Personen und zur Sicherstellung der statistischen Geheimhaltung)를 규정해야 한다. 통계목적의 개념은, 통계 조사의 수행과 통계 결과의 작성을 위해 필요한 개인정보의 모든 수집활동 및 처리(jeder für die Durchführung statistischer Untersuchungen und die Erstellung statistischer Ergebnisse erforderliche Vorgang der Erhebung und Verarbeitung personenbezogener Daten)를 의미한다. 이러한 통계 결과는 과학적 연구목적을 포함하여 여러 목적으로 추가로 사용될 수 있다. 통계목적과 관련하여 보면, 개인정보가 아니라 총계적(總計的) 데이터가 통계목적을 위한 처리 결과가 되고(die Ergebnisse der Verarbeitung zu statistischen Zwecken keine personenbezogenen Daten, sondern aggregierte Daten sind), 이러한 결과 또는 개인정보는 각 자연인에 대한 조치 또는 결정을 위해 사용되어서는 안 된다는 점(diese Ergebnisse oder personenbezogenen Daten nicht für Maßnahmen oder Entscheidungen gegenüber einzelnen natürlichen Personen verwendet werden)이 전제된다.

(163) 유럽연합 및 회원국의 통계청이 유럽연합의 공식통계와 회원국의 공식통계를 작성하기 위하여(zur Erstellung der amtlichen europäischen und der amtlichen nationalen Statistiken) 수집한 기밀정보는 보호되어야 한다. 유럽연합 통계는 「유럽연합 운영조약」 제338조 제2항에서 명시된 통계 원칙과 일치하여 개발되고 작성되며 보급되어야 하는 반면, 회원국의 통계는 회원국의 법에도 부합해야만 한다(wobei die nationalen Statistiken auch mit dem Recht der Mitgliedstaaten übereinstimmen müssen). 「유럽연합 의회 및 이사회 (EG) 223/2009호 법(法)」(ⓟ)은 유럽연합 통계의 기밀성에 관한 보다 상세한 규정(genauere Bestimmungen zur Vertraulichkeit europäischer Statistiken)을 포함한다.

(164) 개인정보처리자 또는 수탁처리자에게서 개인정보나 그 업무공간에 대한 접근권을 얻는 감독관청의 권한에 관련하여(Hinsichtlich der Befugnisse der Aufsichtsbehörden, von dem Verantwortlichen oder vom Auftragsverarbeiter Zugang zu personenbezogenen Daten oder zu seinen Räumlichkeiten zu erlangen), 회원국은, 이것이 개인정보보호의 권리와 직업상 비밀의 보호의무를 일치하게 하는 데 필요한 범위 내에서, 본 법(法)의 한도 내에서 직업상 비밀 보호이나 그 밖의 이와 동등한 비밀유지의무를 법규정으로 규정할 수 있다. 이것이 유럽연합법에 기하여 필요한 경우에 이는 직업상 비밀에 관한 규정의 제정에 관한 회원국의 기존 의무(die bestehenden Verpflichtungen der Mitgliedstaaten zum Erlass von Vorschriften über das Berufsgeheimnis)에 영향을 미치지 아니한다.

(165) 본 법(法)은, 「유럽연합 운영조약」 제17조에 따라 회원국에 있는 교회, 종교단체 또는 종교공동체(Kirchen und religiöse Vereinigungen oder Gemeinschaften in den Mitgliedstaaten)가 누리는 지위를 현행 헌법규정에 좇아 존중하고 이에 영향을 미치지 아니한다.

(166) 본 규정의 목적, 즉 자연인의 기본권 및 자유와, 특히 자연인의 개인정보보호의 권리를 보호하고 유럽연합 내의 개인정보 자유로운 이동을 보장하는 목표를 달성하기 위하여 유럽연합집행위원회는 「유럽연합 운영조약」 제290조에 따라 법규를 제정할 권한을 부여받아야 한다. 위임법규는 특히 인증절차에 적용되는 기준 및 요구사항, 표준그림문자로 표현되는 정보와 이러한 그림문자의 제공에 관한 절차(die durch standardisierte Bildsymbole darzustellenden Informationen und die Verfahren für die Bereitstellung dieser Bildsymbole)에 관하여 제정되어야 한다. 유럽연합집행위원회가 준비작업 중에 전문가(專門家) 수준(水準)의 협의(協議)를 포함하여 적절한 협의를 하는 것은 무척이나 중요하다.

Bedeutung, dass die Kommission im Zuge ihrer Vorbereitungsarbeit angemessene Konsultationen, auch auf der Ebene von Sachverständigen, durchführt. Bei der Vorbereitung und Ausarbeitung delegierter Rechtsakte sollte die Kommission gewährleisten, dass die einschlägigen Dokumente dem Europäischen Parlament und dem Rat gleichzeitig, rechtzeitig und auf angemessene Weise übermittelt werden.

(167) Zur Gewährleistung einheitlicher Bedingungen für die Durchführung dieser Verordnung sollten der Kommission Durchführungsbefugnisse übertragen werden, wenn dies in dieser Verordnung vorgesehen ist. Diese Befugnisse sollten nach Maßgabe der Verordnung (EU) Nr. 182/2011 des Europäischen Parlaments und des Rates ausgeübt werden. In diesem Zusammenhang sollte die Kommission besondere Maßnahmen für Kleinstunternehmen sowie kleine und mittlere Unternehmen erwägen.

(168) Für den Erlass von Durchführungsrechtsakten bezüglich Standardvertragsklauseln für Verträge zwischen Verantwortlichen und Auftragsverarbeitern sowie zwischen Auftragsverarbeitern; Verhaltensregeln; technische Standards und Verfahren für die Zertifizierung; Anforderungen an die Angemessenheit des Datenschutzniveaus in einem Drittland, einem Gebiet oder bestimmten Sektor dieses Drittlands oder in einer internationalen Organisation; Standardschutzklauseln; Formate und Verfahren für den Informationsaustausch zwischen Verantwortlichen, Auftragsverarbeitern und Aufsichtsbehörden im Hinblick auf verbindliche interne Datenschutzvorschriften; Amtshilfe; sowie Vorkehrungen für den elektronischen Informationsaustausch zwischen Aufsichtsbehörden und zwischen Aufsichtsbehörden und dem Ausschuss sollte das Prüfverfahren angewandt werden.

(169) Die Kommission sollte sofort geltende Durchführungsrechtsakte erlassen, wenn anhand vorliegender Beweise festgestellt wird, dass ein Drittland, ein Gebiet oder ein bestimmter Sektor in diesem Drittland oder eine internationale Organisation kein angemessenes Schutzniveau gewährleistet, und dies aus Gründen äußerster Dringlichkeit erforderlich ist.

(170) Da das Ziel dieser Verordnung, nämlich die Gewährleistung eines gleichwertigen Datenschutzniveaus für natürliche Personen und des freien Verkehrs personenbezogener Daten in der Union, von den Mitgliedstaaten nicht ausreichend verwirklicht werden kann, sondern vielmehr wegen des Umfangs oder der Wirkungen der Maßnahme auf Unionsebene besser zu verwirklichen ist, kann die Union im Einklang mit dem in Artikel 5 des Vertrags über die Europäische Union (EUV) verankerten Subsidiaritätsprinzip tätig werden. Entsprechend dem in demselben Artikel genannten Grundsatz der Verhältnismäßigkeit geht diese Verordnung nicht über das für die Verwirklichung dieses Ziels erforderliche Maß hinaus.

(171) Die Richtlinie 95/46/EG sollte durch diese Verordnung aufgehoben werden. Verarbeitungen, die zum Zeitpunkt der Anwendung dieser Verordnung bereits begonnen haben, sollten innerhalb von zwei Jahren nach dem Inkrafttreten dieser Verordnung mit ihr in Einklang gebracht werden. Beruhen die Verarbeitungen auf einer Einwilligung gemäß der Richtlinie 95/46/EG, so ist es nicht erforderlich, dass die betroffene Person erneut ihre Einwilligung dazu erteilt, wenn die Art der bereits erteilten Einwilligung den Bedingungen dieser Verordnung entspricht, so dass der Verantwortliche die Verarbeitung nach dem Zeitpunkt der Anwendung der vorliegenden Verordnung fortsetzen kann. Auf der Richtlinie 95/46/EG beruhende Entscheidungen bzw. Beschlüsse der Kommission und Genehmigungen der Aufsichtsbehörden bleiben in Kraft, bis sie geändert, ersetzt oder aufgehoben werden.

위임법규의 준비 및 마련에 있어 유럽연합집행위원회는, 관련 문서가 유럽연합의회와 유럽연합이사회에 동시에 또 적시에 적절한 방법으로 제공된다는 점(dass die einschlägigen Dokumente dem Europäischen Parlament und dem Rat gleichzeitig, rechtzeitig und auf angemessene Weise übermittelt werden)을 보장해야 한다.

(167) 본 법(法)의 시행에 대한 통일적 요건을 보장하기 위하여 유럽연합집행위원회는, 이것이 본법(法)에 규정된 경우에 시행권한을 부여받아야 한다. 이러한 권한은 「유럽연합 의회 및 이사회 (EU) 182/2011호 법(法)」의 기준에 좇아 행사되어야 한다. 이와 관련하여 유럽연합집행위원회는 소기업 및 중소기업에 대한 특별한 조치(besondere Maßnahmen für Kleinstunternehmen sowie kleine und mittlere Unternehmen)를 고려해야 한다.

(168) 개인정보처리자와 수탁처리자 간의 그리고 수탁처리자들 간의 계약에 대한 표준계약조항; 개인정보준칙; 기술표준과 인증절차; 제3국, 제3국의 어느 지역 또는 부문이나 국제기구에서의 개인정보보호수준의 적합성에 대한 요구사항(Anforderungen an die Angemessenheit des Datenschutzniveaus in einem Drittland, einem Gebiet oder bestimmten Sektor dieses Drittlands oder in einer internationalen Organisation); 표준개인정보보호조항; 기업의 구속력 있는 개인정보보호규칙에 관련한 개인정보처리자, 수탁처리자 및 감독관청 간의 정보교환을 위한 양식 및 절차(Formate und Verfahren für den Informationsaustausch zwischen Verantwortlichen, Auftragsverarbeitern und Aufsichtsbehörden im Hinblick auf verbindliche interne Datenschutzvorschriften), 행정공조 그리고 감독관청들 간, 감독관청과 유럽정보보호위원회 간의 전자정보교환을 위한 조처에 관한 집행법규의 제정에 대하여 심사절차에 적용되어야 한다.

(169) 존재하는 증거에 의해 어느 제3국, 그 제3국의 어느 지역 또는 특정 부문이나 국제기구가 적절한 보호수준을 보장하지 않는 것으로 확인되고, 이것이 상당한 급박성이라는 사유에서 필요한(dies aus Gründen äußerster Dringlichkeit erforderlich ist) 경우에는 유럽연합집행위원회는 즉시 적용되어야 하는 집행법규를 제정해야 한다.

(170) 본 법(法)의 목적, 즉 자연인에 대한 동등한 개인정보보호수준의 보장과, 유럽 내의 개인정보의 자유로운 이동이 회원국에 의해 충분하게 실현될 수 없고, 오히려 조치의 범위 또는 효력으로 인하여 유럽연합수준에서 보다 잘 실현될 수 있기 때문에, 유럽연합은 「유럽연합에 관한 조약」[56] 제5조에서 규정된 보충성원칙에 따라 조치를 취할 수 있다[kann die Union im Einklang mit dem in Artikel 5 des Vertrags über die Europäische Union (EUV) verankerten Subsidiaritätsprinzip tätig werden]. 동일한 조항상의 비례원칙에 따라(Entsprechend dem in demselben Artikel genannten Grundsatz der Verhältnismäßigkeit) 본 법(法)은 이러한 목적의 달성에 필요한 정도를 넘어서 적용되지 아니한다.

(171) 95/46/EG호 입법지침은 본 법(法)에 의해 폐지된다. 본 법(法)의 적용 당시에 이미 시작된 처리(Verarbeitungen, die zum Zeitpunkt der Anwendung dieser Verordnung bereits begonnen haben)는 본 법(法)의 시행시로부터 2년 이내에 본 법(法)과 일치되어야 한다. 해당 처리가 95/46/EG호 입법지침에 따라 동의에 근거한 경우에, 이미 한 동의의 방식이 본 법(法)에 부합해서 개인정보처리자가 본 법(法)의 적용 이후에도 처리를 계속할 수 있는 때에는 정보주체가 그에 대한 자신의 동의를 새롭게 하는 것은 요구되지 아니한다. 95/46/EG호 입법지침에 기한, 유럽연합집행위원회의 결정 또는 결의와 감독관청의 승인(Auf der Richtlinie 95/46/EG beruhende Entscheidungen bzw. Beschlüsse der Kommission und Genehmigungen der Aufsichtsbehörden)은, 이것이 변경(變更)되거나 대체(代替)되거나 폐지(廢止)될 때까

(172) Der Europäische Datenschutzbeauftragte wurde gemäß Artikel 28 Absatz 2 der Verordnung (EG) Nr. 45/2001 konsultiert und hat am 7. März 2012 (ⓠ) eine Stellungnahme abgegeben.

(173) Diese Verordnung sollte auf alle Fragen des Schutzes der Grundrechte und Grundfreiheiten bei der Verarbeitung personenbezogener Daten Anwendung finden, die nicht den in der Richtlinie 2002/58/EG des Europäischen Parlaments und des Rates (ⓡ) bestimmte Pflichten, die dasselbe Ziel verfolgen, unterliegen, einschließlich der Pflichten des Verantwortlichen und der Rechte natürlicher Personen. Um das Verhältnis zwischen der vorliegenden Verordnung und der Richtlinie 2002/58/EG klarzustellen, sollte die Richtlinie entsprechend geändert werden. Sobald diese Verordnung angenommen ist, sollte die Richtlinie 2002/58/EG einer Überprüfung unterzogen werden, um insbesondere die Kohärenz mit dieser Verordnung zu gewährleisten —

HABEN FOLGENDE VERORDNUNG ERLASSEN:

지 유효하게 된다.

(172) 유럽연합정보보호책임관과 (EG) 45/2001호 법(法)(ⓠ) 제28조 제2항에 따라 협의하였고 그는 2012년 3월 7일에 의견을 제시했다.

(173) 본 법(法)은, 개인정보 처리시의 기본권 및 자유의 보호에 관한 일체의 문제로, 개인정보처리자의 의무와 자연인의 권리(權利)를 포함하여(einschließlich der Pflichten des Verantwortlichen und der Rechte natürlicher Personen), 「유럽연합 의회 및 이사회 2002/58/EG호 입법지침」(ⓡ)에서 규정되지 않은 의무로, 동일한 목적을 추구하는(die dasselbe Ziel verfolgen) 의무의 적용을 받지 않는 문제(問題)에 대하여 적용된다. 본 법(法)과 2002/58/EG호 입법지침 간의 관계를 명확하게 하기 위하여 그 지침은 본 법(法)에 상응하여 수정되어야 한다(sollte die Richtlinie entsprechend geändert werde). 본 법(法)이 채택되자마자 2002/58/EG호 입법지침은 특히 본 법(法)과의 일치성을 보장하기 위하여(um insbesondere die Kohärenz mit dieser Verordnung zu gewährleisten) 심사를 받아야 한다.

다음과 같은 법(法)이 제정되었다:

KAPITEL I Allgemeine Bestimmungen

Artikel 1 Gegenstand und Ziele

(1) Diese Verordnung enthält Vorschriften zum Schutz natürlicher Personen bei der Verarbeitung personenbezogener Daten und zum freien Verkehr solcher Daten.

(2) Diese Verordnung schützt die Grundrechte und Grundfreiheiten natürlicher Personen und insbesondere deren Recht auf Schutz personenbezogener Daten.

(3) Der freie Verkehr personenbezogener Daten in der Union darf aus Gründen des Schutzes natürlicher Personen bei der Verarbeitung personenbezogener Daten weder eingeschränkt noch verboten werden.

Artikel 2 Sachlicher Anwendungsbereich

(1) Diese Verordnung gilt für die ganz oder teilweise automatisierte Verarbeitung personenbezogener Daten sowie für die nichtautomatisierte Verarbeitung personenbezogener Daten, die in einem Dateisystem gespeichert sind oder gespeichert werden sollen.

(2) Diese Verordnung findet keine Anwendung auf die Verarbeitung personenbezogener Daten

a) im Rahmen einer Tätigkeit, die nicht in den Anwendungsbereich des Unionsrechts fällt,

b) durch die Mitgliedstaaten im Rahmen von Tätigkeiten, die in den Anwendungsbereich von Titel V Kapitel 2 EUV fallen,

c) durch natürliche Personen zur Ausübung ausschließlich persönlicher oder familiärer Tätigkeiten,

d) durch die zuständigen Behörden zum Zwecke der Verhütung, Ermittlung, Aufdeckung oder Verfolgung von Straftaten oder der Strafvollstreckung, einschließlich des Schutzes vor und der Abwehr von Gefahren für die öffentliche Sicherheit.

(3) Für die Verarbeitung personenbezogener Daten durch die Organe, Einrichtungen, Ämter und Agenturen der Union gilt die Verordnung (EG) Nr. 45/2001. Die Verordnung (EG) Nr. 45/2001 und sonstige Rechtsakte der Union, die diese Verarbeitung personenbezogener Daten regeln, werden im Einklang mit Artikel 98 an die Grundsätze und Vorschriften der vorliegenden Verordnung angepasst.

(4) Die vorliegende Verordnung lässt die Anwendung der Richtlinie 2000/31/EG und speziell die Vorschriften der Artikel 12 bis 15 dieser Richtlinie zur Verantwortlichkeit der Vermittler unberührt.

Artikel 3 Räumlicher Anwendungsbereich

(1) Diese Verordnung findet Anwendung auf die Verarbeitung personenbezogener Daten, soweit diese im Rahmen der Tätigkeiten einer Niederlassung eines Verantwortlichen oder eines Auftragsverarbeiters in der Union erfolgt, unabhängig davon, ob die Verarbeitung in der Union stattfindet.

(2) Diese Verordnung findet Anwendung auf die Verarbeitung personenbezogener Daten von betroffenen Personen, die sich in der Union befinden, durch einen nicht in der Union niedergelassenen Verantwortlichen oder Auftragsverarbeiter, wenn die Datenverarbeitung im Zusammenhang damit steht

a) betroffenen Personen in der Union Waren oder Dienstleistungen anzubieten, unabhängig davon, ob von diesen betroffenen Personen eine Zahlung zu leisten ist;

b) das Verhalten betroffener Personen zu beobachten, soweit ihr Verhalten in der Union erfolgt.

(3) Diese Verordnung findet Anwendung auf die Verarbeitung personenbezogener Daten durch einen nicht in der Union niedergelassenen Verantwortlichen an einem Ort, der aufgrund Völkerrechts dem

제1장 총칙

제1조 규율대상과 목표

① 본 법(法)은 개인정보 처리시의 자연인의 보호에 관한 규정과 그러한 개인정보의 자유로운 이동에 관한 규정을 포함한다.

② 본 법(法)은 자연인의 기본권 및 자유 그리고 특히 자연인의 개인정보보호의 권리(insbesondere deren Recht auf Schutz personenbezogener Daten)를 보호한다.

③ 유럽연합 내 개인정보의 자유로운 이동은 개인정보 처리시의 자연인의 보호를 이유로 제한되어서도 금지되어서도 아니된다.

제2조 사항적(事項的) 적용범위

① 본 법(法)은 전부 또는 일부가 자동화된 개인정보 처리(die ganz oder teilweise automatisierte Verarbeitung personenbezogener Daten)와, 파일링시스템에 담겨 있거나 담으려고 하는 개인정보의 수동화된 처리에 대하여 적용한다.

② 본 법(法)은 다음 각 목의 개인정보 처리에 대하여는 적용하지 아니한다,

a) 유럽연합법의 적용범위에 포함되지 않는 활동 내의 개인정보 처리,

b) 「유럽연합에 관한 조약」 제5장 제2절의 적용범위에 속하는 활동의 범위 내의 회원국의 개인정보 처리,

c) 오로지 개인적 활동이나 가사활동의 수행을 위한 자연인의 개인정보 처리,

d) 공공의 안녕에 대한 위험(危險)로부터의 보호와 그 위험(危險)의 방지를 포함하여(einschließlich des Schutzes vor und der Abwehr von Gefahren für die öffentliche Sicherheit), 범죄의 예방, 수사, 적발 및 기소나 형집행의 목적을 위한 관하 관청(官廳)에 의한 개인정보 처리.

③ 유럽연합의 기관(機關), 조직(組織), 사무소(事務所) 및 대리인(代理人)에 의한 개인정보 처리에 대하여(für die Verarbeitung personenbezogener Daten durch die Organe, Einrichtungen, Ämter und Agenturen der Union) (EG) 45/2001호 법(法)을 적용한다. 이러한 개인정보 처리를 규율하는 (EG) 45/2001호 법(法)과 그러한 유럽연합의 기타 법규는, 제98조에 따라 본 법(法)의 원칙 및 규정에 맞게 조정된다.

④ 본 법(法)은 2000/31/EG호 입법지침의 적용과 특히 중개서비스제공자의 책임(Verantwortlichkeit der Vermittler)에 관한 그 입법지침 제12조 내지 제15조의 규정에 영향을 미치지 아니한다.

제3조 공간적(空間的) 적용범위

① 본 법(法)은, 그 처리가 유럽연합 내에서 행해지는지를 불문하고(unabhängig davon, ob die Verarbeitung in der Union stattfindet), 유럽연합 내에 있는 개인정보처리자 또는 수탁처리자의 어느 영업소의 활동의 일환으로 행해지는 범위 내에서 개인정보 처리에 대하여 적용한다.

② 본 법(法)은, 다음 각 목의 경우에, 유럽연합에 영업소를 두지 않은 개인정보처리자 또는 수탁처리자에 의한, 유럽연합 내에 있는 정보주체의 개인정보 처리에 대하여 적용한다.

a) 그 처리가, 정보주체가 대가를 지급해야 하는지를 불문하고 유럽연합 내에 있는 정보주체에게 물품 또는 용역을 제공하는 것과 관련이 있는 경우;

b) 정보주체의 행위가 유럽연합에서 행해지는 한(soweit ihr Verhalten in der Union erfolgt) 그 정보주체의 행위를 감시하는 것과 관련이 있는 경우.

③ 본 법(法)은 유럽연합에 영업소를 두지 않은 개인정보처리자가 국제법에 기하여 회원국법의 적용을 받는(der aufgrund Völkerrechts dem Recht eines Mitgliedstaats unterliegt) 장소서 하는 개인정보 처리에

Recht eines Mitgliedstaats unterliegt.

Artikel 4 Begriffsbestimmungen

Im Sinne dieser Verordnung bezeichnet der Ausdruck:

1. "personenbezogene Daten" alle Informationen, die sich auf eine identifizierte oder identifizierbare natürliche Person (im Folgenden "betroffene Person") beziehen; als identifizierbar wird eine natürliche Person angesehen, die direkt oder indirekt, insbesondere mittels Zuordnung zu einer Kennung wie einem Namen, zu einer Kennnummer, zu Standortdaten, zu einer Online-Kennung oder zu einem oder mehreren besonderen Merkmalen, die Ausdruck der physischen, physiologischen, genetischen, psychischen, wirtschaftlichen, kulturellen oder sozialen Identität dieser natürlichen Person sind, identifiziert werden kann;
2. "Verarbeitung" jeden mit oder ohne Hilfe automatisierter Verfahren ausgeführten Vorgang oder jede solche Vorgangsreihe im Zusammenhang mit personenbezogenen Daten wie das Erheben, das Erfassen, die Organisation, das Ordnen, die Speicherung, die Anpassung oder Veränderung, das Auslesen, das Abfragen, die Verwendung, die Offenlegung durch Übermittlung, Verbreitung oder eine andere Form der Bereitstellung, den Abgleich oder die Verknüpfung, die Einschränkung, das Löschen oder die Vernichtung;
3. "Einschränkung der Verarbeitung" die Markierung gespeicherter personenbezogener Daten mit dem Ziel, ihre künftige Verarbeitung einzuschränken;
4. "Profiling" jede Art der automatisierten Verarbeitung personenbezogener Daten, die darin besteht, dass diese personenbezogenen Daten verwendet werden, um bestimmte persönliche Aspekte, die sich auf eine natürliche Person beziehen, zu bewerten, insbesondere um Aspekte bezüglich Arbeitsleistung, wirtschaftliche Lage, Gesundheit, persönliche Vorlieben, Interessen, Zuverlässigkeit, Verhalten, Aufenthaltsort oder Ortswechsel dieser natürlichen Person zu analysieren oder vorherzusagen;
5. "Pseudonymisierung" die Verarbeitung personenbezogener Daten in einer Weise, dass die personenbezogenen Daten ohne Hinzuziehung zusätzlicher Informationen nicht mehr einer spezifischen betroffenen Person zugeordnet werden können, sofern diese zusätzlichen Informationen gesondert aufbewahrt werden und technischen und organisatorischen Maßnahmen unterliegen, die gewährleisten, dass die personenbezogenen Daten nicht einer identifizierten oder identifizierbaren natürlichen Person zugewiesen werden;
6. "Dateisystem" jede strukturierte Sammlung personenbezogener Daten, die nach bestimmten Kriterien zugänglich sind, unabhängig davon, ob diese Sammlung zentral, dezentral oder nach funktionalen oder geografischen Gesichtspunkten geordnet geführt wird;
7. "Verantwortlicher" die natürliche oder juristische Person, Behörde, Einrichtung oder andere Stelle, die allein oder gemeinsam mit anderen über die Zwecke und Mittel der Verarbeitung von personenbezogenen Daten entscheidet; sind die Zwecke und Mittel dieser Verarbeitung durch das Unionsrecht oder das Recht der Mitgliedstaaten vorgegeben, so kann der Verantwortliche beziehungsweise können die bestimmten Kriterien seiner Benennung nach dem Unionsrecht oder dem Recht der Mitgliedstaaten vorgesehen werden;
8. "Auftragsverarbeiter" eine natürliche oder juristische Person, Behörde, Einrichtung oder andere Stelle, die personenbezogene Daten im Auftrag des Verantwortlichen verarbeitet;

대하여 적용한다.

제4조 정의규정

본 법(法)에서 용어는 다음과 같다:

1. “개인정보”는 식별되었거나 식별될 수 있는 자연인(이하 ‘정보주체’; betroffene Person)에 관련된 일체의 정보를 말한다; 직접적으로 또는 간접적으로 식별될 수 있거나, 특히 이름과 같은 식별자(識別子), 식별번호, 위치정보, 온라인식별자이나 이러한 자연인의 신체적, 생리적, 유전적, 정신적, 경제적, 문화적 또는 사회적 정체성의 요소가 되는(die Ausdruck der physischen, physiologischen, genetischen, psychischen, wirtschaftlichen, kulturellen oder sozialen Identität dieser Person sind) 한 또는 여러 특수한 표지의 귀속(歸屬)에 의해(mittels Zuordnung zu einer Kennung) 식별될 수 있는 있는 자연인은 식별할 수 있는 것으로 본다;
2. “처리”는, 수집(蒐集; Erheben), 기록(記錄; Erfassen), 구성(構成; Organisation), 배열(配列; Ordnen), 저장(貯藏; Speicherung), 수정(修正; Anpassung) 또는 변경(變更; Veränderung), 판독(判讀; Auslesen), 검색(檢索; Abfragen), 사용(使用; Verwendung), 이전에 의한 공개(die Offenlegung durch Übermittlung), 유포(流布)나 다른 형태의 이용제공(eine andere Form der Bereitstellung), 정렬(整列; Abgleich), 결합(結合; Verknüpfung,), 제한(制限; Einschränkung), 삭제(削除; Löschen) 또는 파기(破棄; Vernichtung)와 같은, 자동화된 수단에 의한 것인지 여부에 상관없이, 개인정보 또는 일련의 개인정보들에 대하여 수행된 모든 작업 또는 일련의 작업;
3. “처리의 제한”은, 저장된 개인정보의 장래의 처리를 제한할 목적으로 한 그 정보에 대한 표시를 말한다;
4. “프로파일링”은, 자연인에 관한 특정한 개인적 측면(側面)을 평가하기 위하여, 특히 이러한 자연인의 근무실적(Arbeitsleistung), 경제적 상태(wirtschaftlichen Lage), 건강, 개인적 선호(persönlichen Vorlieben), 관심사(Interessen), 신용도(Zuverlässigkeit), 행태, 체류장소(Aufenthaltsorte) 또는 장소이동(Ortswechsel)의 측면을 분석하거나 예측하기 위하여 개인정보가 활용되는 처리로, 개인정보의 모든 형태(形態)의 자동화된 처리를 말한다[57];
5. “가명처리”는, 추가 정보를 사용하지 않는다면(ohne Hinzuziehung zusätzlicher Informationen) 그 개인정보가 더 이상 특정한 정보주체에 귀속될 수 없도록 하는 개인정보 처리를 말하고, 그러한 추가 정보가 별도로 보관되고, 그 개인정보가 식별되었거나 식별될 수 있는 자연인에 귀속되지 않도록 하는 기술적·관리적 조치가 적용되는(technischen und organisatorischen Maßnahmen unterliegen, die gewährleisten, dass die Daten keiner betroffenen Person zugewiesen werden können) 경우에 한한다;
6. “파일링시스템(Dateisystem)”은, 그 집합물을 집중화하여 또는 분산화하여 관리하는지 혹은 기능적 또는 지리적 기준에 따라 배열하여 관리하는지에 상관없이, 특정한 기준에 따라 접근할 수 있는, 일체의 체계화된 개인정보 집합물(Sammlung)을 말한다;
7. “개인정보처리자”는 단독으로 또는 제3자와 공동으로 개인정보 처리 목적 및 수단에 관하여 결정을 하는, 자연인, 법인, 관청(官廳), 단체[58](Einrichtung) 또는 기타 기관[59](andere Stelle)를 말한다; 이러한 처리의 목적 및 수단이 유럽연합법 또는 회원국법에 의해 규정된 경우에 개인정보처리자 또는 그 지정에 대한 구체적 기준(der Verantwortliche beziehungsweise können die bestimmten Kriterien seiner Benennung)은 유럽연합법 또는 회원국법으로 규정될 수 있다;
8. “수탁처리자는” 개인정보처리자의 위임을 받아 개인정보를 처리하는, 자연인, 법인, 관청, 단체(Einrichtung) 또는 그 밖의 기관(andere Stelle)을 말한다;

9. “Empfänger” eine natürliche oder juristische Person, Behörde, Einrichtung oder andere Stelle, der personenbezogene Daten offengelegt werden, unabhängig davon, ob es sich bei ihr um einen Dritten handelt oder nicht. Behörden, die im Rahmen eines bestimmten Untersuchungsauftrags nach dem Unionsrecht oder dem Recht der Mitgliedstaaten möglicherweise personenbezogene Daten erhalten, gelten jedoch nicht als Empfänger; die Verarbeitung dieser Daten durch die genannten Behörden erfolgt im Einklang mit den geltenden Datenschutzvorschriften gemäß den Zwecken der Verarbeitung;
10. “Dritter” eine natürliche oder juristische Person, Behörde, Einrichtung oder andere Stelle, außer der betroffenen Person, dem Verantwortlichen, dem Auftragsverarbeiter und den Personen, die unter der unmittelbaren Verantwortung des Verantwortlichen oder des Auftragsverarbeiters befugt sind, die personenbezogenen Daten zu verarbeiten;
11. “Einwilligung” der betroffenen Person jede freiwillig für den bestimmten Fall, in informierter Weise und unmissverständlich abgegebene Willensbekundung in Form einer Erklärung oder einer sonstigen eindeutigen bestätigenden Handlung, mit der die betroffene Person zu verstehen gibt, dass sie mit der Verarbeitung der sie betreffenden personenbezogenen Daten einverstanden ist;
12. “Verletzung des Schutzes personenbezogener Daten” eine Verletzung der Sicherheit, die, ob unbeabsichtigt oder unrechtmäßig, zur Vernichtung, zum Verlust, zur Veränderung, oder zur unbefugten Offenlegung von beziehungsweise zum unbefugten Zugang zu personenbezogenen Daten führt, die übermittelt, gespeichert oder auf sonstige Weise verarbeitet wurden;
13. “genetische Daten” personenbezogene Daten zu den ererbten oder erworbenen genetischen Eigenschaften einer natürlichen Person, die eindeutige Informationen über die Physiologie oder die Gesundheit dieser natürlichen Person liefern und insbesondere aus der Analyse einer biologischen Probe der betreffenden natürlichen Person gewonnen wurden;
14. “biometrische Daten” mit speziellen technischen Verfahren gewonnene personenbezogene Daten zu den physischen, physiologischen oder verhaltenstypischen Merkmalen einer natürlichen Person, die die eindeutige Identifizierung dieser natürlichen Person ermöglichen oder bestätigen, wie Gesichtsbilder oder daktyloskopische Daten;
15. “Gesundheitsdaten” personenbezogene Daten, die sich auf die körperliche oder geistige Gesundheit einer natürlichen Person, einschließlich der Erbringung von Gesundheitsdienstleistungen, beziehen und aus denen Informationen über deren Gesundheitszustand hervorgehen;
16. “Hauptniederlassung”

a) im Falle eines Verantwortlichen mit Niederlassungen in mehr als einem Mitgliedstaat den Ort seiner Hauptverwaltung in der Union, es sei denn, die Entscheidungen hinsichtlich der Zwecke und Mittel der Verarbeitung personenbezogener Daten werden in einer anderen Niederlassung des Verantwortlichen in der Union getroffen und diese Niederlassung ist befugt, diese Entscheidungen umsetzen zu lassen; in diesem Fall gilt die Niederlassung, die derartige Entscheidungen trifft, als Hauptniederlassung;

b) im Falle eines Auftragsverarbeiters mit Niederlassungen in mehr als einem Mitgliedstaat den Ort seiner Hauptverwaltung in der Union oder, sofern der Auftragsverarbeiter keine Hauptverwaltung in der Union hat, die Niederlassung des Auftragsverarbeiters in der Union, in der die Verarbeitungstätigkeiten im Rahmen der Tätigkeiten einer Niederlassung eines Auftragsverarbeiters hauptsächlich stattfinden, soweit der Auftragsverarbeiter spezifischen Pflichten aus dieser Verordnung

9. “수령인”은, 개인정보가 공개되는, 자연인, 법인, 관청, 단체(Einrichtung) 또는 그 밖의 기관(andere Stelle)을 말하고, 이들이 제3자에 해당하는지 여부를 불문한다. 그럼에도 유럽연합법 또는 그 밖의 법규정에 따른 특정한 조사위탁의 일환으로 개인정보를 수령할 수 있는 관청(Behörden, die im Rahmen eines bestimmten Untersuchungsauftrags nach dem Unionsrecht oder anderen Rechtsvorschriften möglicherweise personenbezogene Daten erhalten)은 수령인으로 보지 아니한다; 위와 같은 관청의 이러한 개인정보 처리는 처리 목적에 따른 현행 개인정보보호규정에 좇아 이뤄진다;
10. “제3자”는, 자연인, 법인, 관청, 단체(Einrichtung) 또는 그 밖의 기관(andere Stelle)을 말하고, 정보주체, 개인정보처리자, 수탁처리자 및 개인정보처리자 또는 수탁처리자의 직접적 책임하에서(unter der unmittelbaren Verantwortung des Verantwortlichen oder des Auftragsverarbeiters) 개인정보를 처리할 권한을 가진 자들은 제외한다;
11. “동의”는, 특정한 사안에 있어, 정보주체가 자신에 관한 개인정보 처리에 동의했다는 점을 보여주면서, 정보제공에 기반한, 명확하게 임의로 행한 의사표시로, 진술 또는 그 기타 적극적 행동 형태(abgegebene Willensbekundung in Form einer Erklärung oder einer sonstigen eindeutigen bestätigenden Handlung)에 의한 일체의 의사표시를 말한다;
12. “개인정보 침해”는, 이전 또는 저장되거나 그 밖의 방식으로 처리된 개인정보에 대한, 비의도적(非意圖的)인 또는 불법적인, 파기(Vernichtung), 분실(紛失; Verlust), 변경(變更; Veränderung), 무단공개 또는 무단접근(unbefugten Offenlegung von oder zum unbefugten Zugang)을 초래하는 보안 침해를 말한다;
13. “유전자정보”는 자연인의 선천적(先天的)이거나 후천적(後天的)인 유전적 형질(形質)에 관한 개인정보로, 자연인의 생리(生理; Physiologie) 또는 건강에 관한 명확한 정보를 제공하는 것으로, 특히 해당 자연인의 생물학적 시료(試料)의 분석에서 얻어진(die aus der Analyse einer biologischen Probe der Person gewonnen wurden) 개인정보를 말한다;
14. “생체측정정보(生體測定情報)”는, 안면(顔面)이미지정보나 지문정보Gesichtsbilder oder daktyloskopische Daten)의 같이, 자연인의 신체적, 생리적 또는 행동양식상의 특징(verhaltenstypischen Merkmalen)에 관한 개인정보로, 자연인의 명확한 식별을 가능하게 하거나 확인해 주는, 특수한 기술적 절차를 통해 얻어진 개인정보를 말한다;
15. “건강정보”는, 보건의료서비스의 제공을 포함하여, 자연인의 신체적 또는 정신적 건강에 관련되고 자연인의 건강상태에 관한 정보가 드러나는(aus denen Informationen über deren Gesundheitszustand hervorgehen) 개인정보를 말한다;
16. “본점(本店)”은,

a) 2개 이상의 회원국에 영업소를 둔 ‘개인정보처리자’의 경우에는, 유럽연합 내에 있는 그 개인정보처리자의 주사무소지(主事務所地)(den Ort seiner Hauptverwaltung in der Union)를 말하고, 다만 개인정보의 처리의 목적 및 수단에 관한 결정이 유럽연합 내에 있는 개인정보처리자의 다른 영업소에서 이뤄지고 이러한 영업소가 이러한 결정을 시행할 권한을 갖는(diese Niederlassung ist befugt, diese Entscheidungen umsetzen zu lassen) 경우에는 그러하지 아니하다; 이러한 경우 그러한 결정을 하는 영업소를 본점으로 본다;

b) 2개 이상의 회원국에 영업소를 둔 ‘수탁처리자’의 경우에는, 유럽연합 내에 있는 그 수탁처리자의 주사무소지(主事務所地)(den Ort seiner Hauptverwaltung in der Union)를 말하고, 수탁처리자가 유럽연합 내에 주사무소를 두지 않은 경우에는 정보처리활동이 수탁처리자의 영업소 활동의 일환으로 주로 행해지는, 유럽연합 내에 있는 수탁처리자의 영업소를 말하고, 다만 수탁처리자가 본 법(法)에 기한 특별한 의무를 부담하는 경우에 한한다(soweit der Auftragsverarbeiter spezifischen Pflichten aus dieser unterliegt;

17. "Vertreter" eine in der Union niedergelassene natürliche oder juristische Person, die von dem Verantwortlichen oder Auftragsverarbeiter schriftlich gemäß Artikel 27 bestellt wurde und den Verantwortlichen oder Auftragsverarbeiter in Bezug auf die ihnen jeweils nach dieser Verordnung obliegenden Pflichten vertritt;
18. "Unternehmen" eine natürliche und juristische Person, die eine wirtschaftliche Tätigkeit ausübt, unabhängig von ihrer Rechtsform, einschließlich Personengesellschaften oder Vereinigungen, die regelmäßig einer wirtschaftlichen Tätigkeit nachgehen;
19. "Unternehmensgruppe" eine Gruppe, die aus einem herrschenden Unternehmen und den von diesem abhängigen Unternehmen besteht;
20. "verbindliche interne Datenschutzvorschriften" Maßnahmen zum Schutz personenbezogener Daten, zu deren Einhaltung sich ein im Hoheitsgebiet eines Mitgliedstaats niedergelassener Verantwortlicher oder Auftragsverarbeiter verpflichtet im Hinblick auf Datenübermittlungen oder eine Kategorie von Datenübermittlungen personenbezogener Daten an einen Verantwortlichen oder Auftragsverarbeiter derselben Unternehmensgruppe oder derselben Gruppe von Unternehmen, die eine gemeinsame Wirtschaftstätigkeit ausüben, in einem oder mehreren Drittländern;
21. "Aufsichtsbehörde" eine von einem Mitgliedstaat gemäß Artikel 51 eingerichtete unabhängige staatliche Stelle;
22. "betroffene Aufsichtsbehörde" eine Aufsichtsbehörde, die von der Verarbeitung personenbezogener Daten betroffen ist, weil

    a) der Verantwortliche oder der Auftragsverarbeiter im Hoheitsgebiet des Mitgliedstaats dieser Aufsichtsbehörde niedergelassen ist,

    b) diese Verarbeitung erhebliche Auswirkungen auf betroffene Personen mit Wohnsitz im Mitgliedstaat dieser Aufsichtsbehörde hat oder haben kann oder

    c) eine Beschwerde bei dieser Aufsichtsbehörde eingereicht wurde;
23. "grenzüberschreitende Verarbeitung" entweder

    a) eine Verarbeitung personenbezogener Daten, die im Rahmen der Tätigkeiten von Niederlassungen eines Verantwortlichen oder eines Auftragsverarbeiters in der Union in mehr als einem Mitgliedstaat erfolgt, wenn der Verantwortliche oder Auftragsverarbeiter in mehr als einem Mitgliedstaat niedergelassen ist, oder

    b) eine Verarbeitung personenbezogener Daten, die im Rahmen der Tätigkeiten einer einzelnen Niederlassung eines Verantwortlichen oder eines Auftragsverarbeiters in der Union erfolgt, die jedoch erhebliche Auswirkungen auf betroffene Personen in mehr als einem Mitgliedstaat hat oder haben kann;
24. "maßgeblicher und begründeter Einspruch" einen Einspruch gegen einen Beschlussentwurf im Hinblick darauf, ob ein Verstoß gegen diese Verordnung vorliegt oder ob beabsichtigte Maßnahmen gegen den Verantwortlichen oder den Auftragsverarbeiter im Einklang mit dieser Verordnung steht, wobei aus diesem Einspruch die Tragweite der Risiken klar hervorgeht, die von dem Beschlussentwurf in Bezug auf die Grundrechte und Grundfreiheiten der betroffenen Personen und gegebenenfalls den freien Verkehr personenbezogener Daten in der Union ausgehen;
25. "Dienst der Informationsgesellschaft" eine Dienstleistung im Sinne des Artikels 1 Nummer 1

Verordnung),

17. "대리인"은, 개인정보처리자 또는 수탁처리자가 제27조에 따라 서면으로 지정한, 유럽연합 내에 영업소를 둔 자연인 또는 법인으로, 본 법(法)에 따라 개인정보처리자 또는 수탁처리자가 각각 부담하는 의무와 관련하여(in Bezug auf die ihnen jeweils nach dieser Verordnung obliegenden Pflichten) 그들을 대리하는 자연인 또는 법인을 말한다;
18. "기업"은, 그 법형식(Rechtsform)을 불문하고 경제활동에 종사하는 자연인 또는 법인을 말하고, 법(法)적으로 경제활동에 종사하는(die regelmäßig einer wirtschaftlichen Tätigkeit nachgehen) 인적결사체 또는 연합회를 포함한다;
19. "기업집단"은, 어느 지배기업(einem herrschenden Unternehmen)과 그 지배기업의 종속기업(den von diesem abhängigen Unternehmen)으로 구성되는 집단을 말한다;
20. "기업의 구속력 있는 개인정보보호규칙"은, 회원국의 영토 내에 영업소를 둔 개인정보처리자 또는 수탁처리자가, 공동으로 경제활동에 종사하는 동일한 기업집단 또는 일단의 기업들에 속한, 한 또는 여러 제3국에 있는 개인정보처리자 또는 수탁처리자(an einen Verantwortlichen oder Auftragsverarbeiter derselben Unternehmensgruppe oder derselben Gruppe von Unternehmen, die eine gemeinsame Wirtschaftstätigkeit ausüben, in einem oder mehreren Drittländern)에로의 개인정보의 이전 또는 어느 범주의 이전에 관련하여 그 준수 의무를 부담하는 개인정보보호 정책(Maßnahmen zum Schutz personenbezogener Daten)을 말한다;
21. "감독관청"은, 어느 회원국이 제51조에 따라 설치한 독립적(獨立的) 국가기관(unabhängige staatliche Stelle)을 말한다;
22. "소관감독관청(betroffene Aufsichtsbehörde)은", 다음 각 목의 이유로 인하여 개인정보 처리에 관련된 감독관청을 말한다,

    a) 개인정보처리자 또는 수탁처리자(der Verantwortliche oder der Auftragsverarbeiter)가 그 감독관청이 속한 회원국의 영토에 영업소를 두었다는 이유,

    b) 그 처리가 그 감독관청이 속한 회원국에 주소를 둔 정보주체에 중대한 영향을 미치거나 미칠 수 있는 이유,

    c) 그 감독관청에 이의가 접수되었다는 이유;
23. "국경을 초월하는 처리"는 다음 각 목 중 어느 한 경우를 말한다,

    a) 2개 이상의 회원국 영업소를 둔(wenn der Verantwortliche oder Auftragsverarbeiter in mehr als einem Mitgliedstaat niedergelassen ist), 유럽연합 내에 있는 어느 개인정보처리자 또는 수탁처리자의 영업소의 활동의 일환으로서 2개 이상의 회원국(會員國)에서 행해지는 개인정보 처리(eine Verarbeitung personenbezogener Daten),

    b) 유럽연합 내에 있는 개인정보처리자 또는 수탁처리자의 각 영업소의 활동의 일환으로 행해지는 개인정보 처리로, 다만 2개 이상의 회원국에 있는 정보주체에 중대한 영향(erhebliche Auswirkungen auf betroffene Personen)을 미치거나 미칠 수 있는 처리;
24. "관련성이 있고 타당한 이의제기"는, 본 법(法)에 대한 위반이 있는지 여부나, 개인정보처리자 또는 수탁처리자에 대한 의도하는 조치가 본 법(法)에 부합하는지 여부(ob beabsichtigte Maßnahmen gegen den Verantwortlichen oder den Auftragsverarbeiter im Einklang mit dieser Verordnung steht)에 관한 의안에 대한 이의제기를 말하고, 여기서 정보주체의 기본권 및 자유에 관한 의안으로 제기되는 위험의 의미가 이러한 이의에서 분명하게 나타나고, 또한 해당하는 경우 유럽연합 내 개인정보의 자유로운 이동에 관한 의안으로 제기되는 위험의 의미가 이러한 이의에서 분명하게 나타난다.
25. "정보사회서비스"는 「유럽연합 의회 및 이사회 (EU) 2015/1535호 입법지침」(ⓢ) 제1조 제1호 b목

Buchstabe b der Richtlinie (EU) 2015/1535 des Europäischen Parlaments und des Rates (ⓢ);

26. "internationale Organisation" eine völkerrechtliche Organisation und ihre nachgeordneten Stellen oder jede sonstige Einrichtung, die durch eine zwischen zwei oder mehr Ländern geschlossene Übereinkunft oder auf der Grundlage einer solchen Übereinkunft geschaffen wurde.

KAPITEL II Grundsätze

Artikel 5 Grundsätze für die Verarbeitung personenbezogener Daten

(1) Personenbezogene Daten müssen

a) auf rechtmäßige Weise, nach Treu und Glauben und in einer für die betroffene Person nachvollziehbaren Weise verarbeitet werden ("Rechtmäßigkeit, Verarbeitung nach Treu und Glauben, Transparenz");

b) für festgelegte, eindeutige und legitime Zwecke erhoben werden und dürfen nicht in einer mit diesen Zwecken nicht zu vereinbarenden Weise weiterverarbeitet werden; eine Weiterverarbeitung für im öffentlichen Interesse liegende Archivzwecke, für wissenschaftliche oder historische Forschungszwecke oder für statistische Zwecke gilt gemäß Artikel 89 Absatz 1 nicht als unvereinbar mit den ursprünglichen Zwecken ("Zweckbindung");

c) dem Zweck angemessen und erheblich sowie auf das für die Zwecke der Verarbeitung notwendige Maß beschränkt sein ("Datenminimierung");

d) sachlich richtig und erforderlichenfalls auf dem neuesten Stand sein; es sind alle angemessenen Maßnahmen zu treffen, damit personenbezogene Daten, die im Hinblick auf die Zwecke ihrer Verarbeitung unrichtig sind, unverzüglich gelöscht oder berichtigt werden ("Richtigkeit");

e) in einer Form gespeichert werden, die die Identifizierung der betroffenen Personen nur so lange ermöglicht, wie es für die Zwecke, für die sie verarbeitet werden, erforderlich ist; personenbezogene Daten dürfen länger gespeichert werden, soweit die personenbezogenen Daten vorbehaltlich der Durchführung geeigneter technischer und organisatorischer Maßnahmen, die von dieser Verordnung zum Schutz der Rechte und Freiheiten der betroffenen Person gefordert werden, ausschließlich für im öffentlichen Interesse liegende Archivzwecke oder für wissenschaftliche und historische Forschungszwecke oder für statistische Zwecke gemäß Artikel 89 Absatz 1 verarbeitet werden ("Speicherbegrenzung");

f) in einer Weise verarbeitet werden, die eine angemessene Sicherheit der personenbezogenen Daten gewährleistet, einschließlich Schutz vor unbefugter oder unrechtmäßiger Verarbeitung und vor unbeabsichtigtem Verlust, unbeabsichtigter Zerstörung oder unbeabsichtigter Schädigung durch geeignete technische und organisatorische Maßnahmen ("Integrität und Vertraulichkeit").

(2) Der Verantwortliche ist für die Einhaltung des Absatzes 1 verantwortlich und muss dessen Einhaltung nachweisen können ("Rechenschaftspflicht").

Artikel 6 Rechtmäßigkeit der Verarbeitung

(1) Die Verarbeitung ist nur rechtmäßig, wenn mindestens eine der nachstehenden Bedingungen erfüllt ist:

a) Die betroffene Person hat ihre Einwilligung zu der Verarbeitung der sie betreffenden personenbezogenen Daten für einen oder mehrere bestimmte Zwecke gegeben;

상의 서비스를 말한다;

26. "국제기구"는, 국제법상의 기구(機構; Organisation)와 그에 소속된 기관(ihre nachgeordneten Stellen)과, 양자조약(兩者條約) 또는 다자조약(多者條約)에 의해 설립되거나 그러한 조약에 기하여 설립된 기타 일체의 조직(Einrichtung)을 말한다.

제2장 원칙

제5조 개인정보 처리의 원칙

① 개인정보는,

a) 적법하게(auf rechtmäßige Weise) 또 공정하게 정보주체에 대해 투명한 방법으로 처리되어야만 한다('적법성, 신의성실에 좇은 처리, 투명성'; "Rechtmäßigkeit, Verarbeitung nach Treu und Glauben, Transparenz");

b) 정해지고 분명하며 정당한 목적으로(für festgelegte, eindeutige und legitime Zwecke) 수집되어 이러한 목적에 합치하지 않는 방식으로(in einer mit diesen Zwecken nicht zu vereinbarenden Weise) 추가로 처리되어서는 아니된다; 공익에 속하는 자료보관목적을 위하거나 과학적 또는 역사적 연구목적이나 통계목적을 위한 추가처리는 제89조 제1항에 따라 당초의 목적에 합치하는 것으로 본다('목적구속성'; Zweckbindung);

c) 그 목적에 적합하고 그에 관련되며(erheblich) 처리 목적에 필요한 정도로 제한되어야만 한다('Datenminimierung'; 정보최소화);

d) 사실이 정확해야 하며 필요하면 최신 상태로 유지되어야만 한다; 그 처리 목적에 관련하여 부정확한 개인정보를 지체 없이 삭제하고 정정하기 위한 일체의 적절한 조치가 취해져야 한다('정확성'; Richtigkeit);

e) 이를 수집한 목적에 필요한 기간만큼 정보주체의 식별(die Identifizierung der betroffenen Personen)을 가능하게 해 주는 형태로 저장되어야만 한다; 개인정보가 정보주체의 권리 및 자유를 보호하기 위하여 본 법(法)에 따라 요구되는 적절한 기술적·관리적 조치의 집행을 조건으로(vorbehaltlich der Durchführung geeigneter technischer und organisatorischer Maßnahmen), 오로지 공익에 속하는 자료보관목적이나 과학적 또는 역사적 연구목적이나 통계목적만을 위하여(ausschließlich für im öffentlichen Interesse liegende Archivzwecke oder für wissenschaftliche und historische Forschungszwecke oder für statistische Zwecke) 제89조 제1항에 따라 처리되는 범위 내에서 그 개인정보는 그러한 기간보다 장기로 저장되어도 된다('저장제한': Speicherbegrenzung).

f) 무단처리(無斷處理) 또는 불법처리(不法處理), 예상치 못한, 분실, 파괴 또는 손상(unbeabsichtigtem Verlust, unbeabsichtigter Zerstörung oder unbeabsichtigter Schädigung)으로부터 보호를 포함하여 적절한 기술적·관리적 조치로 개인정보의 적절한 보안이 보장되는 방식으로 처리되어야만 한다('무결성 및 기밀성'; Integrität und Vertraulichkeit).

② 개인정보처리자는 제1항의 준수에 대하여 책임을 지고 제1항의 준수를 증명할 수 있어야만 한다('증명책임'; Rechenschaftspflicht).

제6조 처리의 적법성

① 다음 요건들 중 1개 이상을 충족한 경우에(wenn mindestens eine der nachstehenden Bedingungen erfüllt ist) 한하여 그 처리는 적법하다:

a) 정보주체가 한 또는 여러 특정한 목적을 위한(für einen oder mehrere bestimmte Zwecke), 자신에 관한 개인정보 처리에 대한 동의를 한 경우:

b) die Verarbeitung ist für die Erfüllung eines Vertrags, dessen Vertragspartei die betroffene Person ist, oder zur Durchführung vorvertraglicher Maßnahmen erforderlich, die auf Anfrage der betroffenen Person erfolgen;

c) die Verarbeitung ist zur Erfüllung einer rechtlichen Verpflichtung erforderlich, der der Verantwortliche unterliegt;

d) die Verarbeitung ist erforderlich, um lebenswichtige Interessen der betroffenen Person oder einer anderen natürlichen Person zu schützen;

e) die Verarbeitung ist für die Wahrnehmung einer Aufgabe erforderlich, die im öffentlichen Interesse liegt oder in Ausübung öffentlicher Gewalt erfolgt, die dem Verantwortlichen übertragen wurde;

f) die Verarbeitung ist zur Wahrung der berechtigten Interessen des Verantwortlichen oder eines Dritten erforderlich, sofern nicht die Interessen oder Grundrechte und Grundfreiheiten der betroffenen Person, die den Schutz personenbezogener Daten erfordern, überwiegen, insbesondere dann, wenn es sich bei der betroffenen Person um ein Kind handelt.

Unterabsatz 1 Buchstabe f gilt nicht für die von Behörden in Erfüllung ihrer Aufgaben vorgenommene Verarbeitung.

(2) Die Mitgliedstaaten können spezifischere Bestimmungen zur Anpassung der Anwendung der Vorschriften dieser Verordnung in Bezug auf die Verarbeitung zur Erfüllung von Absatz 1 Buchstaben c und e beibehalten oder einführen, indem sie spezifische Anforderungen für die Verarbeitung sowie sonstige Maßnahmen präziser bestimmen, um eine rechtmäßig und nach Treu und Glauben erfolgende Verarbeitung zu gewährleisten, einschließlich für andere besondere Verarbeitungssituationen gemäß Kapitel IX.

(3) Die Rechtsgrundlage für die Verarbeitungen gemäß Absatz 1 Buchstaben c und e wird festgelegt durch

a) Unionsrecht oder

b) das Recht der Mitgliedstaaten, dem der Verantwortliche unterliegt.

Der Zweck der Verarbeitung muss in dieser Rechtsgrundlage festgelegt oder hinsichtlich der Verarbeitung gemäß Absatz 1 Buchstabe e für die Erfüllung einer Aufgabe erforderlich sein, die im öffentlichen Interesse liegt oder in Ausübung öffentlicher Gewalt erfolgt, die dem Verantwortlichen übertragen wurde. Diese Rechtsgrundlage kann spezifische Bestimmungen zur Anpassung der Anwendung der Vorschriften dieser Verordnung enthalten, unter anderem Bestimmungen darüber, welche allgemeinen Bedingungen für die Regelung der Rechtmäßigkeit der Verarbeitung durch den Verantwortlichen gelten, welche Arten von Daten verarbeitet werden, welche Personen betroffen sind, an welche Einrichtungen und für welche Zwecke die personenbezogenen Daten offengelegt werden dürfen, welcher Zweckbindung sie unterliegen, wie lange sie gespeichert werden dürfen und welche Verarbeitungsvorgänge und -verfahren angewandt werden dürfen, einschließlich Maßnahmen zur Gewährleistung einer rechtmäßig und nach Treu und Glauben erfolgenden Verarbeitung, wie solche für sonstige besondere Verarbeitungssituationen gemäß Kapitel IX. Das Unionsrecht oder das Recht der Mitgliedstaaten müssen ein im öffentlichen Interesse liegendes Ziel verfolgen und in einem angemessenen Verhältnis zu dem verfolgten legitimen Zweck stehen.

(4) Beruht die Verarbeitung zu einem anderen Zweck als zu demjenigen, zu dem die personenbezogenen Daten erhoben wurden, nicht auf der Einwilligung der betroffenen Person oder auf einer Rechtsvorschrift

b) 그 처리가, 그 계약당사자가 정보주체인 계약의 이행을 위해 필요하거나 정보주체의 요구에 따라 행해지는(die auf Anfrage der betroffenen Person erfolgen) 계약 전(前)의 조치의 이행을 위해(zur Durchführung vorvertraglicher Maßnahmen) 필요한 경우;

c) 그 처리가 개인정보처리자가 적용받는 법적 의무(Erfüllung einer rechtlichen Verpflichtung)를 이행하는 데 필요한 경우;

d) 정보주체 또는 다른 자연인의 생명유지에 필수적인 이익(lebenswichtige Interessen der betroffenen Person oder einer anderen natürlichen Perso)을 보호하는 데 필요한 경우;

e) 공익에 관련되거나, 개인정보처리자에게 부여된 공적 권한의 행사를 위해 행해지는 임무의 이행에 필요한 경우;

f) 개인정보보호를 필요로 하는 정보주체의 이익이나 기본권 및 자유(die Interessen oder Grundrechte und Grundfreiheiten)가 우월하지 않는 때, 특히 정보주체가 아동인 때에(insbesondere dann, wenn es sich bei der betroffenen Person um ein Kind handelt) 그 처리가 개인정보처리자 또는 제3자의 정당한 이익의 보호하는 데 필요한 경우.

제1소항 f목(Unterabsatz 1 Buchstabe f)은 관청의 임무 수행을 위해 행해진 처리에 대하여는 적용하지 아니한다.

② 회원국은, 제9장에 따른 다른 특별한 처리상황을 위한 경우를 포함하여(einschließlich für andere besondere Verarbeitungssituationen gemäß Kapitel IX), 적법하게 또 공정하게 행해지는 처리를 보장하기 위하여 처리에 대한 요구사항과 기타 조치에 대한 요구사항을 보다 상세하게 규정함으로써, 제1항 c목, e목의 이행을 위한 처리와 관련하여(in Bezug auf die Verarbeitung zur Erfüllung von Absatz 1 Buchstaben c und e) 본 법(法)의 적용의 조정을 위한 특별한 규정을 유지(維持)하거나 도입(導入)할 수 있다.

③ 제1항 c목, e목에 따른 처리에 대한 법적 근거(Die Rechtsgrundlage für die Verarbeitungen gemäß Absatz 1 Buchstaben c und e)는

a) 유럽연합법 또는

b) 개인정보처리자가 적용받는 회원국의 법으로 규정된다.

처리 목적은 이러한 법적 근거로 규정되어야만하거나, 제1항 e목에 따른 처리와 관련하여 공익에 관련되거나 개인정보처리자에게 부여된 공적 권한의 행사를 위하여(in Ausübung öffentlicher Gewalt) 행해지는 임무 수행을 위하여(für die Erfüllung einer Aufgabe) 필요한 것이어야만 한다. 이러한 법적 근거는, 본 법(法)의 규정의 적용의 조정을 관한 특별 규정, 특히 제9장에 따른 그 밖의 특별한 처리상황에 대한 조치와 같은, 적법하게 또 공정하게 행해지는 처리를 보장하기 위한 조치를 포함하여, ⅰ) 개인정보처리자의 처리의 적법성에 대한 규율에 관한 어떠한 일반적 요건이 적용되는지, ⅱ) 어떤 유형의 개인정보가 처리되는지, ⅲ) 어떤 정보주체가 관련된 것인지, ⅳ) 어떤 법주체(法主體; Einrichtungen)에게 또 어떤 목적을 위하여 개인정보가 공개되어도 되는지, ⅴ) 개인정보에 어떤 목적구속성을 적용되는지, ⅵ) 어느 기간동안에 저장되어도 되는지(welche Personen betroffen sind, an welche Einrichtungen und für welche Zwecke die personenbezogenen Daten offengelegt werden dürfen, welcher Zweckbindung sie unterliegen, wie lange sie gespeichert werden dürfen), ⅶ) 어떤 정보처리작업 및 정보처리절차가 적용될 수 있는지에 관한 규정을 포함할 수 있다. 유럽연합법 또는 회원국법은 공익에 속하는 목적에 부합해야만(ein im öffentlichen Interesse liegendes Ziel verfolgen) 하고 달성하려는 합법적 목적과 적절한 관계에 있어야만(in einem angemessenen Verhältnis zu dem verfolgten legitimen Zweck stehen) 한다.

④ 개인정보가 수집된 목적 이외의 다른 목적을 위한 처리(die Verarbeitung zu einem anderen Zweck als zu demjenigen, zu dem die personenbezogenen Daten erhoben wurden)가, 정보주체 동의에 근거하지

der Union oder der Mitgliedstaaten, die in einer demokratischen Gesellschaft eine notwendige und verhältnismäßige Maßnahme zum Schutz der in Artikel 23 Absatz 1 genannten Ziele darstellt, so berücksichtigt der Verantwortliche — um festzustellen, ob die Verarbeitung zu einem anderen Zweck mit demjenigen, zu dem die personenbezogenen Daten ursprünglich erhoben wurden, vereinbar ist — unter anderem

a) jede Verbindung zwischen den Zwecken, für die die personenbezogenen Daten erhoben wurden, und den Zwecken der beabsichtigten Weiterverarbeitung,

b) den Zusammenhang, in dem die personenbezogenen Daten erhoben wurden, insbesondere hinsichtlich des Verhältnisses zwischen den betroffenen Personen und dem Verantwortlichen,

c) die Art der personenbezogenen Daten, insbesondere ob besondere Kategorien personenbezogener Daten gemäß Artikel 9 verarbeitet werden oder ob personenbezogene Daten über strafrechtliche Verurteilungen und Straftaten gemäß Artikel 10 verarbeitet werden,

d) die möglichen Folgen der beabsichtigten Weiterverarbeitung für die betroffenen Personen,

e) das Vorhandensein geeigneter Garantien, wozu Verschlüsselung oder Pseudonymisierung gehören kann.

Artikel 7 Bedingungen für die Einwilligung

(1) Beruht die Verarbeitung auf einer Einwilligung, muss der Verantwortliche nachweisen können, dass die betroffene Person in die Verarbeitung ihrer personenbezogenen Daten eingewilligt hat.

(2) Erfolgt die Einwilligung der betroffenen Person durch eine schriftliche Erklärung, die noch andere Sachverhalte betrifft, so muss das Ersuchen um Einwilligung in verständlicher und leicht zugänglicher Form in einer klaren und einfachen Sprache so erfolgen, dass es von den anderen Sachverhalten klar zu unterscheiden ist. Teile der Erklärung sind dann nicht verbindlich, wenn sie einen Verstoß gegen diese Verordnung darstellen.

(3) Die betroffene Person hat das Recht, ihre Einwilligung jederzeit zu widerrufen. Durch den Widerruf der Einwilligung wird die Rechtmäßigkeit der aufgrund der Einwilligung bis zum Widerruf erfolgten Verarbeitung nicht berührt. Die betroffene Person wird vor Abgabe der Einwilligung hiervon in Kenntnis gesetzt. Der Widerruf der Einwilligung muss so einfach wie die Erteilung der Einwilligung sein.

(4) Bei der Beurteilung, ob die Einwilligung freiwillig erteilt wurde, muss dem Umstand in größtmöglichem Umfang Rechnung getragen werden, ob unter anderem die Erfüllung eines Vertrags, einschließlich der Erbringung einer Dienstleistung, von der Einwilligung zu einer Verarbeitung von personenbezogenen Daten abhängig ist, die für die Erfüllung des Vertrags nicht erforderlich sind.

Artikel 8 Bedingungen für die Einwilligung eines Kindes in Bezug auf Dienste der Informationsgesellschaft

(1) Gilt Artikel 6 Absatz 1 Buchstabe a bei einem Angebot von Diensten der Informationsgesellschaft, das einem Kind direkt gemacht wird, so ist die Verarbeitung der personenbezogenen Daten des Kindes rechtmäßig, wenn das Kind das sechzehnte Lebensjahr vollendet hat. Hat das Kind noch nicht das sechzehnte Lebensjahr vollendet, so ist diese Verarbeitung nur rechtmäßig, sofern und soweit diese Einwilligung durch den Träger der elterlichen Verantwortung für das Kind oder mit dessen Zustimmung erteilt wird.

Die Mitgliedstaaten können durch Rechtsvorschriften zu diesen Zwecken eine niedrigere Altersgrenze vorsehen, die jedoch nicht unter dem vollendeten dreizehnten Lebensjahr liegen darf.

않거나, 민주사회에서 제23조 제1항상의 목표를 보호하기 위한 필요하고 비례적인 처분에 해당하는(die in einer demokratischen Gesellschaft eine notwendige und verhältnismäßige Maßnahme zum Schutz der in Artikel 23 Absatz 1 genannten Ziele darstellt), 유럽연합법 또는 회원국법의 규정에 근거하지 않는 경우에, 개인정보처리자는, 다른 목적을 위한 처리가 개인정보가 당초의 수집된 목적에 합치하는지 여부를 결정하기 위하여, 특히 다음 각 목을 고려한다,

a) 그 개인정보가 수집된 목적과 계획하는 추가처리의 목적(Zwecken der beabsichtigten Weiterverarbeitung) 간의 모든 관련성(Verbindung)

b) 개인정보가 수집된 전후사정, 특히 정부주체와 개인정보처리자 간의 관계의 전후사정(den Zusammenhang),

c) 개인정보의 유형, 특히 제9조에 따른 특수한 범주의 개인정보가 처리되는지 여부 또는 제10조에 따른 형사유죄판결 및 범죄에 관한 정보(personenbezogene Daten über strafrechtliche Verurteilungen und Straftaten gemäß Artikel 10)가 처리되는지 여부,

d) 계획하는 추가처리의 정보주체에 대해 있을 수 있는 결과,

e) 암호화 또는 가명처리(Verschlüsselung oder Pseudonymisierung)가 포함될 수 있는 적합한 안전성 확보조치의 존재 여부.

제7조 동의에 대한 요건

① 처리가 동의에 근거하는 경우에 개인정보처리자는 정보주체가 개인정보 처리에 동의했다는 점을 증명할 수 있어야만 한다.

② 정보주체의 동의가 다른 사실관계에도 관련된 서면의 의사표시에 의해 행해지는 경우(Erfolgt die Einwilligung der betroffenen Person durch eine schriftliche Erklärung, die noch andere Sachverhalte betrifft)에, 다른 사실관계와 명확하게 구분되도록(dass es von den anderen Sachverhalten klar zu unterscheiden ist) 동의 요구는 명료하고 간명한 언어로 된, 이해하기 쉽고 접근하기 쉬운 방식으로 행해져야만 한다.

③ 정보주체는 자신의 동의를 언제든지 철회할 권리를 갖는다. 동의의 철회로 동의에 기하여 철회시까지 행해진 처리의 적법성이 영향받지 아니한다. 정보주체는 동의를 하기 전에 그에 관하여 정보를 제공받는다. 동의의 철회는 동의의 부여와 같이 분명하게 행해져야만 한다(Der Widerruf der Einwilligung muss so einfach wie die Erteilung der Einwilligung sein).

④ 동의가 임의로 행해졌는지를 판단함에 있어(Bei der Beurteilung, ob die Einwilligung freiwillig erteilt wurde), 무엇보다도 서비스 제공을 포함하여(einschließlich der Erbringung einer Dienstleistung) 계약의 이행이, 그 계약의 이행을 위해 필요하지 않는 개인정보 처리에 대한 동의에 좌우되는지 여부가 그러한 사정에서 최대한 고려되어야 한다.

제8조 정보사회서비스에 관한 아동의 동의 요건

① 아동에게 직접 이뤄지는 정보사회서비스 제공에 있어, 제6조 제1항 a목을 적용하는 경우에, 해당 아동이 만 16세에 도달한 때에는 아동의 개인정보 처리는 적법한 것이다. 그 아동이 만 16세에 도달하지 못한 경우에, 이러한 동의가 그 아동에 대한 후견책임의 주체에 의해 행해지거나 그 아동의 동의를 얻어 행해지는 경우에 그러한 범위 내에서(sofern und soweit diese Einwilligung durch den Träger der elterlichen Verantwortung für das Kind oder mit dessen Zustimmung erteilt wird)만 이러한 처리는 적법(適法)한 것이다.

회원국은 이러한 목적에 관한 법규정보다 낮은 연령한도를 규정할 수 있지만, 그 연령한도는 만 13세 미만의 연령에 미달해서는 아니된다.

(2) Der Verantwortliche unternimmt unter Berücksichtigung der verfügbaren Technik angemessene Anstrengungen, um sich in solchen Fällen zu vergewissern, dass die Einwilligung durch den Träger der elterlichen Verantwortung für das Kind oder mit dessen Zustimmung erteilt wurde.

(3) Absatz 1 lässt das allgemeine Vertragsrecht der Mitgliedstaaten, wie etwa die Vorschriften zur Gültigkeit, zum Zustandekommen oder zu den Rechtsfolgen eines Vertrags in Bezug auf ein Kind, unberührt.

Artikel 9 Verarbeitung besonderer Kategorien personenbezogener Daten

(1) Die Verarbeitung personenbezogener Daten, aus denen die rassische und ethnische Herkunft, politische Meinungen, religiöse oder weltanschauliche Überzeugungen oder die Gewerkschaftszugehörigkeit hervorgehen, sowie die Verarbeitung von genetischen Daten, biometrischen Daten zur eindeutigen Identifizierung einer natürlichen Person, Gesundheitsdaten oder Daten zum Sexualleben oder der sexuellen Orientierung einer natürlichen Person ist untersagt.

(2) Absatz 1 gilt nicht in folgenden Fällen:

a) Die betroffene Person hat in die Verarbeitung der genannten personenbezogenen Daten für einen oder mehrere festgelegte Zwecke ausdrücklich eingewilligt, es sei denn, nach Unionsrecht oder dem Recht der Mitgliedstaaten kann das Verbot nach Absatz 1 durch die Einwilligung der betroffenen Person nicht aufgehoben werden,

b) die Verarbeitung ist erforderlich, damit der Verantwortliche oder die betroffene Person die ihm bzw. ihr aus dem Arbeitsrecht und dem Recht der sozialen Sicherheit und des Sozialschutzes erwachsenden Rechte ausüben und seinen bzw. ihren diesbezüglichen Pflichten nachkommen kann, soweit dies nach Unionsrecht oder dem Recht der Mitgliedstaaten oder einer Kollektivvereinbarung nach dem Recht der Mitgliedstaaten, das geeignete Garantien für die Grundrechte und die Interessen der betroffenen Person vorsieht, zulässig ist,

c) die Verarbeitung ist zum Schutz lebenswichtiger Interessen der betroffenen Person oder einer anderen natürlichen Person erforderlich und die betroffene Person ist aus körperlichen oder rechtlichen Gründen außerstande, ihre Einwilligung zu geben,

d) die Verarbeitung erfolgt auf der Grundlage geeigneter Garantien durch eine politisch, weltanschaulich, religiös oder gewerkschaftlich ausgerichtete Stiftung, Vereinigung oder sonstige Organisation ohne Gewinnerzielungsabsicht im Rahmen ihrer rechtmäßigen Tätigkeiten und unter der Voraussetzung, dass sich die Verarbeitung ausschließlich auf die Mitglieder oder ehemalige Mitglieder der Organisation oder auf Personen, die im Zusammenhang mit deren Tätigkeitszweck regelmäßige Kontakte mit ihr unterhalten, bezieht und die personenbezogenen Daten nicht ohne Einwilligung der betroffenen Personen nach außen offengelegt werden,

e) die Verarbeitung bezieht sich auf personenbezogene Daten, die die betroffene Person offensichtlich öffentlich gemacht hat,

f) die Verarbeitung ist zur Geltendmachung, Ausübung oder Verteidigung von Rechtsansprüchen oder bei Handlungen der Gerichte im Rahmen ihrer justiziellen Tätigkeit erforderlich,

g) die Verarbeitung ist auf der Grundlage des Unionsrechts oder des Rechts eines Mitgliedstaats, das in angemessenem Verhältnis zu dem verfolgten Ziel steht, den Wesensgehalt des Rechts auf Datenschutz wahrt und angemessene und spezifische Maßnahmen zur Wahrung der Grundrechte und

② 위와 같은 경우에 개인정보처리자는 이용할 수 있는 기술을 고려하여(unter Berücksichtigung der verfügbaren Technik) 그 동의가 해당 아동에 대한 후견적 책임의 주체의 동의에 의해 행해졌거나 그 아동의 동의를 얻어 행해졌다는 사실을 확인하기 위한 합리적 노력을 기울인다.

③ 제1항은, 가령 아동에 관한 계약의 유효성(Gültigkeit), 체결(Zustandekommen) 또는 법률효과(Rechtsfolgen)에 관한 규정과 같은 회원국의 일반적 계약법(das allgemeine Vertragsrecht der Mitgliedstaaten)에 영향을 미치지 아니한다.

제9조 특수한 범주의 개인정보 처리

① 인종적 또는 민족적 출신, 정치적 견해, 종교적 또는 세계관적 확신이나 노동조합소속이 드러나는 개인정보 처리와, 자연인의 명확한 식별을 위한 유전자정보 및 생체측정정보나 자연인의 건강정보, 성생활 정보 또는 성적지향정보(die Verarbeitung von genetischen Daten, biometrischen Daten zur eindeutigen Identifizierung einer natürlichen Person, Gesundheitsdaten oder Daten zum Sexualleben oder der sexuellen Orientierung einer natürlichen Person)의 처리는 금지된다.

② 제1항은 다음 각 목의 경우에 적용하지 아니한다:

a) 정보주체가 한 또는 여러 가지로 정해진 목적을 위한 위와 같은 개인정보 처리에(in die Verarbeitung der genannten personenbezogenen Daten für einen oder mehrere festgelegte Zwecke) 명시적으로 동의를 한 경우, 다만 제1항에 따른 금지가 유럽연합법 또는 회원국법에 따라 정보주체의 동의에 의하여 소멸하지 않는 경우에는 그러하지 아니하다,

b) 그 처리가 개인정보처리자 또는 정보처리자가 노동법 또는 사회보장법이나 사회보호법에 기하여 얻은 자신의 권리(die ihm bzw. ihr aus dem Arbeitsrecht und dem Recht der sozialen Sicherheit und des Sozialschutzes erwachsenden Rechte)를 행사하고 이와 관련한 자신의 의무를 이행할 수 있도록 하기 위하여 필요한 경우, 다만 이것이 정보주체의 기본권 및 이익에 대한 적합한 안전성확보조치를 규정한, 유럽연합법 또는 회원국법이나 그러한 회원국법에 따른 집단협약(Kollektivvereinbarung)에 따라 허용된 범위 내에서 한함,

c) 그 처리가 자연인 또는 다른 자연인의 생명유지에 필수적인 이익을 보호하기 위하여 필요한데 정보주체가 신체적 또는 법적 이유에 기하여 자신의 동의를 할 수 없는(und die betroffene Person ist aus körperlichen oder rechtlichen Gründen außerstande, ihre Einwilligung zu geben) 경우,

d) 그 처리가, 정치적, 세계관적 또는 종교적으로 설립된 비영리의 재단, 사단 또는 기타 조직이나 노동조합에 의해 설립된 비영리의 재단, 사단 또는 기타 조직에 의한 적합한 안전성확보조치에 근거하여(auf der Grundlage geeigneter Garantien durch eine politisch, weltanschaulich, religiös oder gewerkschaftlich ausgerichtete Stiftung, Vereinigung oder sonstige Organisation ohne Gewinnerzielungsabsicht) 그 합법적 활동의 범위 내에서 행해지고 또 그 처리가 해당 조직의 회원 또는 전 회원에만 관련되거나 그 활동목적에 관련하여 그 조직과 정기적 접촉을 유지하는 자에만 관련되고 개인정보가 정보주체의 동의 없이는 대외적으로 공개되지 않는다는 요건하에서 행해지는 경우,

e) 그 처리가 정보주체가 공개한 것이 명백한(die die betroffene Person offensichtlich öffentlich gemacht hat) 개인정보에 관련된 경우,

f) 그 처리가 법적청구권의 증명(Geltendmachung), 행사 또는 방어를 위해 필요하거나 법원의 사법활동의 범위 내의 행위에 필요한 경우,

g) 그 처리가, 달성하려는 목적과 적절한 관계에 있고, 개인정보보호의 권리의 본질적 내용을 보호하며 정보주체의 기본권·자유를 보호하기 위한 적절한 특별한 조치를 규정하는(Wesensgehalt des Rechts auf Datenschutz wahrt und angemessene und spezifische Maßnahmen zur Wahrung der

Grundrechte

Interessen der betroffenen Person vorsieht, aus Gründen eines erheblichen öffentlichen Interesses erforderlich,

h) die Verarbeitung ist für Zwecke der Gesundheitsvorsorge oder der Arbeitsmedizin, für die Beurteilung der Arbeitsfähigkeit des Beschäftigten, für die medizinische Diagnostik, die Versorgung oder Behandlung im Gesundheits- oder Sozialbereich oder für die Verwaltung von Systemen und Diensten im Gesundheits- oder Sozialbereich auf der Grundlage des Unionsrechts oder des Rechts eines Mitgliedstaats oder aufgrund eines Vertrags mit einem Angehörigen eines Gesundheitsberufs und vorbehaltlich der in Absatz 3 genannten Bedingungen und Garantien erforderlich,

i) die Verarbeitung ist aus Gründen des öffentlichen Interesses im Bereich der öffentlichen Gesundheit, wie dem Schutz vor schwerwiegenden grenzüberschreitenden Gesundheitsgefahren oder zur Gewährleistung hoher Qualitäts- und Sicherheitsstandards bei der Gesundheitsversorgung und bei Arzneimitteln und Medizinprodukten, auf der Grundlage des Unionsrechts oder des Rechts eines Mitgliedstaats, das angemessene und spezifische Maßnahmen zur Wahrung der Rechte und Freiheiten der betroffenen Person, insbesondere des Berufsgeheimnisses, vorsieht, erforderlich, oder

j) die Verarbeitung ist auf der Grundlage des Unionsrechts oder des Rechts eines Mitgliedstaats, das in angemessenem Verhältnis zu dem verfolgten Ziel steht, den Wesensgehalt des Rechts auf Datenschutz wahrt und angemessene und spezifische Maßnahmen zur Wahrung der Grundrechte und Interessen der betroffenen Person vorsieht, für im öffentlichen Interesse liegende Archivzwecke, für wissenschaftliche oder historische Forschungszwecke oder für statistische Zwecke gemäß Artikel 89 Absatz 1 erforderlich.

(3) Die in Absatz 1 genannten personenbezogenen Daten dürfen zu den in Absatz 2 Buchstabe h genannten Zwecken verarbeitet werden, wenn diese Daten von Fachpersonal oder unter dessen Verantwortung verarbeitet werden und dieses Fachpersonal nach dem Unionsrecht oder dem Recht eines Mitgliedstaats oder den Vorschriften nationaler zuständiger Stellen dem Berufsgeheimnis unterliegt, oder wenn die Verarbeitung durch eine andere Person erfolgt, die ebenfalls nach dem Unionsrecht oder dem Recht eines Mitgliedstaats oder den Vorschriften nationaler zuständiger Stellen einer Geheimhaltungspflicht unterliegt.

(4) Die Mitgliedstaaten können zusätzliche Bedingungen, einschließlich Beschränkungen, einführen oder aufrechterhalten, soweit die Verarbeitung von genetischen, biometrischen oder Gesundheitsdaten betroffen ist.

Artikel 10 Verarbeitung von personenbezogenen Daten über strafrechtliche Verurteilungen und Straftaten

Die Verarbeitung personenbezogener Daten über strafrechtliche Verurteilungen und Straftaten oder damit zusammenhängende Sicherungsmaßregeln aufgrund von Artikel 6 Absatz 1 darf nur unter behördlicher Aufsicht vorgenommen werden oder wenn dies nach dem Unionsrecht oder dem Recht der Mitgliedstaaten, das geeignete Garantien für die Rechte und Freiheiten der betroffenen Personen vorsieht, zulässig ist. Ein umfassendes Register der strafrechtlichen Verurteilungen darf nur unter behördlicher Aufsicht geführt werden.

Artikel 11 Verarbeitung, für die eine Identifizierung der betroffenen Person nicht erforderlich ist

(1) Ist für die Zwecke, für die ein Verantwortlicher personenbezogene Daten verarbeitet, die

Identifizierung der betroffenen Person durch den Verantwortlichen nicht oder nicht mehr erforderlich, so und Interessen der betroffenen Person vorsieht) 유럽연합법 또는 회원국법에 근거하여 중대한 공익상의 이유에서 필요한 경우,

h) 그 처리가, 의료서비스 또는 산업의학(産業醫學)의 목적을 위하여, 직원의 근로능력 판단을 위하여, 사회보장분야 또는 보건분야 내의 의료진단, 원호(援護) 또는 진료를 위하여 또는 보건분야 또는 사회보장분야 내의 제도 및 서비스의 관리를 위하여(für die medizinische Diagnostik, die Versorgung oder Behandlung im Gesundheits- oder Sozialbereich oder für die Verwaltung von Systemen und Diensten im Gesundheits- oder Sozialbereich) 유럽연합법 또는 회원국법에 근거하여 필요하거나, 의료계종사자와 계약에 기하여 또 제3항상의 요건 및 안전성확보조치를 조건으로 하여 필요한 경우,

i) 그 처리가, 국경을 초월하는 심각한 보건상 위험(危險)로부터의 보호와 같은, 공중보건 분야의 공익(公益)의 사유에 기하여, 또는 의료서비스, 의약품(Arzneimitteln) 및 의료기기(Medizinprodukt)의 보다 높은 품질수준 및 안전수준의 확보를 위하여, 정보주체의 권리 및 자유 보호를 위한 적절하고도 특별한 조치, 특히 직업상 비밀유지를 규정한(das angemessene und spezifische Maßnahmen zur Wahrung der Rechte und Freiheiten der betroffenen Person, insbesondere des Berufsgeheimnisses, vorsieht) 유럽연합법 또는 회원국법에 근거하여 필요한 경우,

j) 그 처리가, 제89조 제1항에 따른, 공익에 속하는 자료보관목적, 과학적 내지 역사적 연구목적 또는 통계목적을 위하여(für im öffentlichen Interesse liegende Archivzwecke, für wissenschaftliche oder historische Forschungszwecke oder für statistische Zwecke gemäß Artikel 89 Absatz 1), 달성하려는 목적과 적절한 관계에 있고, 개인정보보호의 권리의 본질적 내용을 보호하며 정보주체의 기본권 및 자유를 보호하기 위한 적절하고 특별한 조치를 규정하는 유럽연합법 또는 회원국법에 근거하여(auf der Grundlage des Unionsrechts oder des Rechts eines Mitgliedstaats) 필요한 경우.

③ 이러한 개인정보가 전문인력에 의해 또는 그 전문인력의 책임하에 처리되고 그 전문인력이 유럽연합법 또는 회원국법이나 회원국의 관할기관의 규정에 따라 직업상 비밀을 적용받는 경우나, 마찬가지로 유럽연합법 또는 회원국법이나 회원국의 관할기관에 따라 직업상 비밀을 적용받은 다른 자에 의해서 그 처리가 행해지는 경우(wenn die Verarbeitung durch eine andere Person erfolgt, die ebenfalls nach dem Unionsrecht oder dem Recht eines Mitgliedstaats oder den Vorschriften nationaler zuständiger Stellen einer Geheimhaltungspflicht unterliegt)에는, 제1항상의 개인정보는 제2항 h상의 목적으로 처리되어도 된다.

④ 회원국은, 유전자정보, 생체측정정보 또는 건강정보의 처리에 관한 범위 내에서(soweit die Verarbeitung von genetischen, biometrischen oder Gesundheitsdaten betroffen ist) 제한을 포함하여 추가 요건을 도입하거나 유지할 수 있다.

제10조 형사유죄판결 및 범죄에 관한 개인정보 처리행위

형사유죄판결 및 범죄와 이와 관련된 보안처분(strafrechtliche Verurteilungen und Straftaten oder damit zusammenhängende Sicherungsmaßregeln)에 관한, 제6조 제1항에 기한 개인정보 처리는, 관청의 감독하에서만(nur unter behördlicher Aufsicht) 행해질 수 있거나, 이것이 정보주체의 권리 및 자유에 대한 적합한 안전성확보조치를 규정한 유럽연합법 또는 회원국법에 기하여 허용된 경우에 한하여 행해질 수 있다. 형사유죄판결의 포괄적 등록부(Ein umfassendes Register der strafrechtlichen Verurteilungen)는 관청의 감독하에서만 작성될 수 있다.

제11조 정보주체의 식별이 필요하지 않는 처리

① 개인정보처리자가 개인정보를 처리하는 목적이 개인정보처리자에 의한 정보주체의 식별을 요구하지 않거나 더 이상 요구하지 않는 경우에, 개인정보처리자는 단지 본 법(法)을 준수하기 위하여(zur bloßen

ist dieser nicht verpflichtet, zur bloßen Einhaltung dieser Verordnung zusätzliche Informationen aufzubewahren, einzuholen oder zu verarbeiten, um die betroffene Person zu identifizieren.

(2) Kann der Verantwortliche in Fällen gemäß Absatz 1 des vorliegenden Artikels nachweisen, dass er nicht in der Lage ist, die betroffene Person zu identifizieren, so unterrichtet er die betroffene Person hierüber, sofern möglich. In diesen Fällen finden die Artikel 15 bis 20 keine Anwendung, es sei denn, die betroffene Person stellt zur Ausübung ihrer in diesen Artikeln niedergelegten Rechte zusätzliche Informationen bereit, die ihre Identifizierung ermöglichen.

KAPITEL III Rechte der betroffenen Person

Abschnitt 1 Transparenz und Modalitäten

Artikel 12 Transparente Information, Kommunikation und Modalitäten für die Ausübung der Rechte der betroffenen Person

(1) Der Verantwortliche trifft geeignete Maßnahmen, um der betroffenen Person alle Informationen gemäß den Artikeln 13 und 14 und alle Mitteilungen gemäß den Artikeln 15 bis 22 und Artikel 34, die sich auf die Verarbeitung beziehen, in präziser, transparenter, verständlicher und leicht zugänglicher Form in einer klaren und einfachen Sprache zu übermitteln; dies gilt insbesondere für Informationen, die sich speziell an Kinder richten. Die Übermittlung der Informationen erfolgt schriftlich oder in anderer Form, gegebenenfalls auch elektronisch. Falls von der betroffenen Person verlangt, kann die Information mündlich erteilt werden, sofern die Identität der betroffenen Person in anderer Form nachgewiesen wurde.

(2) Der Verantwortliche erleichtert der betroffenen Person die Ausübung ihrer Rechte gemäß den Artikeln 15 bis 22. In den in Artikel 11 Absatz 2 genannten Fällen darf sich der Verantwortliche nur dann weigern, aufgrund des Antrags der betroffenen Person auf Wahrnehmung ihrer Rechte gemäß den Artikeln 15 bis 22 tätig zu werden, wenn er glaubhaft macht, dass er nicht in der Lage ist, die betroffene Person zu identifizieren.

(3) Der Verantwortliche stellt der betroffenen Person Informationen über die auf Antrag gemäß den Artikeln 15 bis 22 ergriffenen Maßnahmen unverzüglich, in jedem Fall aber innerhalb eines Monats nach Eingang des Antrags zur Verfügung. Diese Frist kann um weitere zwei Monate verlängert werden, wenn dies unter Berücksichtigung der Komplexität und der Anzahl von Anträgen erforderlich ist. Der Verantwortliche unterrichtet die betroffene Person innerhalb eines Monats nach Eingang des Antrags über eine Fristverlängerung, zusammen mit den Gründen für die Verzögerung. Stellt die betroffene Person den Antrag elektronisch, so ist sie nach Möglichkeit auf elektronischem Weg zu unterrichten, sofern sie nichts anderes angibt.

(4) Wird der Verantwortliche auf den Antrag der betroffenen Person hin nicht tätig, so unterrichtet er die betroffene Person ohne Verzögerung, spätestens aber innerhalb eines Monats nach Eingang des Antrags über die Gründe hierfür und über die Möglichkeit, bei einer Aufsichtsbehörde Beschwerde einzulegen oder einen gerichtlichen Rechtsbehelf einzulegen.

⑤ Informationen gemäß den Artikeln 13 und 14 sowie alle Mitteilungen und Maßnahmen gemäß den Artikeln 15 bis 22 und Artikel 34 werden unentgeltlich zur Verfügung gestellt. Bei offenkundig

Einhaltung dieser Verordnung) 정보주체를 식별하기 위한 추가 정보를 보관, 취득 또는 처리할 의무를 부담하지 아니한다.

② 제11조 제1항에 따른 경우에 개인정보처리자는 자신이 정보주체를 식별할 수 없다는 점을 증명할 수 있는 경우에, 그는 가능하면 정보주체에게 이에 관하여 알린다. 이러한 경우에 제15조 내지 제20조를 적용하지 아니하고, 다만 정보주체가 본조에서 명시된 자신의 권리를 행사하기 위하여(zur Ausübung ihrer in diesen Artikeln niedergelegten Rechte) 자신의 식별을 가능하게 해 주는 추가 정보를 제공하는 경우에는 그러하지 아니하다.

제3장 정보주체의 권리

제1절 투명성과 방식

제12조 정보주체의 권리 행사를 위한 투명한 정보제공, 통지 및 방식(Transparente Information, Kommunikation und Modalitäten)

① 개인정보처리자는, 정보주체에게 상세하고 투명하며, 이해가 쉬우며 쉽게 접근할 수 있는 형식에 의하여 명료하고 간결한 언어로(in präziser, transparenter, verständlicher und leicht zugänglicher Form in einer klaren und einfachen Sprache) 제13조 또는 제14조에 따른 일체의 정보제공과, 해당 처리에 적용되는(die sich auf die Verarbeitung beziehen), 제15조 내지 제22조 또는 제24조에 따른 일체의 통지를 하기 위한 적절한 조치를 취한다; 이는 특히 아동을 그 대상으로 하는 정보에 대하여 적용한다. 그 정보제공은 서면으로 또는 그 밖의 방식으로, 해당하는 경우 전자적 방법으로도 행해진다. 정보주체의 신원이 다른 방식으로 증명된 때에 정보주체가 요구하는 경우(Falls von der betroffenen Person verlangt), 정보제공은 구두로 행해진다.

② 개인정보처리자는 정보주체에게 제15조 내지 제22조에 따른 그 권리행사를 촉진한다. 제11조 제2항의 경우에 개인정보처리자는, 자신이 정보주체를 식별할 수 없었다는 점(dass er nicht in der Lage ist, die betroffene Person zu identifizieren)을 소명(疏明)한 때(wenn er glaubhaft macht, dass er nicht in der Lage ist, die betroffene Person zu identifizieren)에 한하여 제15조 내지 제22조에 따른 그 권리의 행사에 기하여 조치를 취하는 것을 거부할 수 있다.

③ 개인정보처리자는 정보주체의 요구가 있는 경우 그에게 지체 없이, 다만 어떤 경우라도 그 요구 도달시로부터 1개월 이내(unverzüglich, in jedem Fall aber innerhalb eines Monats nach Eingang des Antrags)에 제15조 내지 제22조에 기하여 취해야 할 조치에 관한 정보를 제공한다. 이것이 요구의 복잡성과 그 수를 고려했을 때 필요한 경우에는 이러한 기간은 2개월이 추가로(um weitere zwei Monate) 연장될 수 있다. 개인정보처리자는 정보주체에게 그 요구 도달시로부터 1개월 이내에 그 연장 이유와 함께(zusammen mit den Gründen für die Verzögerung) 기간연장에 관하여 알린다. 정보주체가 전자적 방법으로 요구를 하는 경우에는 그가 달리 언급하지 않은 때에는 가능한 한(nach Möglichkeit) 그 정보주체에게 전자방식으로 알린다.

④ 개인정보처리자가 정보주체의 요구에 기하여 조치를 취하지 않는 경우에는(Wird der Verantwortliche auf den Antrag der betroffenen Person hin nicht tätig), 그 정보처리자는 정보주체에게 지체 없이, 다만 요구접수시로부터 1개월 이내에 '이에 관한 이유'와 감독관청에 이의를 제기하거나 법원에 법적구제를 제기할 수 있는 가능성에 관하여 알린다.

⑤ 제13조 내지 제14조에 따른 정보제공과 제15조 내지 제22조에 따른 일체의 통지(通知) 및 조치는 무료로 행해진다. 이유 없음이 명백하거나 특히 잦은 반복신청, 즉 정보주체의 지나친 요구의 경우(Bei unbegründeten oder — insbesondere im Fall von häufiger Wiederholung — exzessiven Anträgen einer betroffenen Person kann der Verantwortliche entweder

a) ein angemessenes Entgelt verlangen, bei dem die Verwaltungskosten für die Unterrichtung oder die Mitteilung oder die Durchführung der beantragten Maßnahme berücksichtigt werden, oder

b) sich weigern, aufgrund des Antrags tätig zu werden.

Der Verantwortliche hat den Nachweis für den offenkundig unbegründeten oder exzessiven Charakter des Antrags zu erbringen.

(6) Hat der Verantwortliche begründete Zweifel an der Identität der natürlichen Person, die den Antrag gemäß den Artikeln 15 bis 21 stellt, so kann er unbeschadet des Artikels 11 zusätzliche Informationen anfordern, die zur Bestätigung der Identität der betroffenen Person erforderlich sind.

(7) Die Informationen, die den betroffenen Personen gemäß den Artikeln 13 und 14 bereitzustellen sind, können in Kombination mit standardisierten Bildsymbolen bereitgestellt werden, um in leicht wahrnehmbarer, verständlicher und klar nachvollziehbarer Form einen aussagekräftigen Überblick über die beabsichtigte Verarbeitung zu vermitteln. Werden die Bildsymbole in elektronischer Form dargestellt, müssen sie maschinenlesbar sein.

(8) Der Kommission wird die Befugnis übertragen, gemäß Artikel 92 delegierte Rechtsakte zur Bestimmung der Informationen, die durch Bildsymbole darzustellen sind, und der Verfahren für die Bereitstellung standardisierter Bildsymbole zu erlassen.

Abschnitt 2 Informationspflicht und Recht auf Auskunft zu personenbezogenen Daten

Artikel 13 Informationspflicht bei Erhebung von personenbezogenen Daten bei der betroffenen Person

(1) Werden personenbezogene Daten bei der betroffenen Person erhoben, so teilt der Verantwortliche der betroffenen Person zum Zeitpunkt der Erhebung dieser Daten Folgendes mit:

a) den Namen und die Kontaktdaten des Verantwortlichen sowie gegebenenfalls seines Vertreters;

b) gegebenenfalls die Kontaktdaten des Datenschutzbeauftragten;

c) die Zwecke, für die die personenbezogenen Daten verarbeitet werden sollen, sowie die Rechtsgrundlage für die Verarbeitung;

d) wenn die Verarbeitung auf Artikel 6 Absatz 1 Buchstabe f beruht, die berechtigten Interessen, die von dem Verantwortlichen oder einem Dritten verfolgt werden;

e) gegebenenfalls die Empfänger oder Kategorien von Empfängern der personenbezogenen Daten und

f) gegebenenfalls die Absicht des Verantwortlichen, die personenbezogenen Daten an ein Drittland oder eine internationale Organisation zu übermitteln, sowie das Vorhandensein oder das Fehlen eines Angemessenheitsbeschlusses der Kommission oder im Falle von Übermittlungen gemäß Artikel 46 oder Artikel 47 oder Artikel 49 Absatz 1 Unterabsatz 2 einen Verweis auf die geeigneten oder angemessenen Garantien und die Möglichkeit, wie eine Kopie von ihnen zu erhalten ist, oder wo sie verfügbar sind.

(2) Zusätzlich zu den Informationen gemäß Absatz 1 stellt der Verantwortliche der betroffenen Person zum Zeitpunkt der Erhebung dieser Daten folgende weitere Informationen zur Verfügung, die notwendig sind, um eine faire und transparente Verarbeitung zu gewährleisten:

a) die Dauer, für die die personenbezogenen Daten gespeichert werden oder, falls dies nicht möglich

offenkundig unbegründeten oder — insbesondere im Fall von häufiger Wiederholung — exzessiven Anträgen einer betroffenen Person) 정보처리자는,

a) 알림 또는 통지나 신청한 조치의 시행을 위한 행정비용을 고려한 적절한 수수료(ein angemessenes Entgelt)를 요구할 수 있거나,

b) 아니면, 그 요구에 기하여 조치를 취하는 것을 거부할 수 있다.

개인정보처리자는 이유 없음이 명백하거나 요구의 과도한 성질에 대한(für den offenkundig unbegründeten oder exzessiven Charakter des Antrags) 증명책임을 부담한다.

⑥ 개인정보처리자가 제15조 내지 제21조에 따라 요구를 하는 자연인의 신원에 대한 정당한 의심(begründete Zweifel)을 갖는 경우에, 그 개인정보처리자는 제11조에도 불구하고 정보주체의 신원 확인에 필요한 추가 정보를 요구할 수 있다.

⑦ 제13조 내지 제14조에 따라 정보주체에게 제공해야 하는 정보는, 쉽게 알아볼 수 있고 이해하기 쉬우며 명료하게 읽을 수 있는 형식으로, 계획하는 처리에 관한 중요한 사항이 있는 개관(einen aussagekräftigen Überblick über die beabsichtigte Verarbeitung)을 전달하기 위하여 표준 그림문자와 함께 제공된다. 그림문자가 전자방식으로 표현된 경우에는 이는 기계 해독(解讀)이 가능해야(maschinenlesbar)만 한다.

⑧ 유럽연합집행위원회는 그림문자로 표현되어야 하는 정보의 규율과, 표준 그림문자의 제공에 관한 절차(der Verfahren für die Bereitstellung standardisierter Bildsymbole)의 규율에 관한 위임법규(delegierte Rechtsakte)를 제정할 권한을 제92조에 따라 부여받는다.

제2절 정보제공의무와 개인정보에 대한 접근권

제13조 정보주체로부터 개인정보 수집시 정보제공의무

① 개인정보가 정보주체로부터 수집되는 경우에 개인정보처리자는 정보주체에게 그 정보수집 당시에 다음 각 목 사항을 알린다:

a) 개인정보처리자의 이름 및 연락정보, 해당하는 경우 대리인의 이름 및 연락정보;

b) 해당하는 경우 개인정보보호책임자의 연락정보;

c) 개인정보가 처리되어야 하는 목적과 그 처리에 대한 법적 근거(die Rechtsgrundlage für die Verarbeitung);

d) 그 처리가 제6조 제1항 f목에 근거하는 경우에 개인정보처리자나 제3자가 달성하려는 정당한 이익(die berechtigten Interessen);

e) 해당하는 경우 개인정보 수령인과 그 범주;

f) 해당하는 경우 개인정보가 제3국 또는 국제기구로 이전하려는 개인정보처리자의 의도와 유럽연합집행위원회의 적합성결정의 존부(存否)(das Vorhandensein oder das Fehlen eines Angemessenheitsbeschlusses der Kommission)나, 제46조 또는 제47조나 제49조 제1항 제2소항의 경우에 적합하거나 적합한 안전성확보조치에 대한 언급과, 개인정보 사본을 취득하는 수단과 이에 접근할 수 있는 곳에 대한 언급(einen Verweis auf die geeigneten oder angemessenen Garantien und die Möglichkeit, wie eine Kopie von ihnen zu erhalten ist, oder wo sie verfügbar sind).

② 제1항에 따른 정보 이외에 추가적으로, 개인정보처리자는 정보주체에게 그 정보수집 당시에 공정하고 투명한 처리를 보장하는 데 필요한(die notwendig sind, um eine faire und transparente Verarbeitung zu gewährleisten) 추가적 정보를 제공한다:

a) 개인정보가 저장되는 기간이나 이것이 가능하지 않다면 그 저장기간을 정하는 기준(die Kriterien

ist, die Kriterien für die Festlegung dieser Dauer;

b) das Bestehen eines Rechts auf Auskunft seitens des Verantwortlichen über die betreffenden personenbezogenen Daten sowie auf Berichtigung oder Löschung oder auf Einschränkung der Verarbeitung oder eines Widerspruchsrechts gegen die Verarbeitung sowie des Rechts auf Datenübertragbarkeit;

c) wenn die Verarbeitung auf Artikel 6 Absatz 1 Buchstabe a oder Artikel 9 Absatz 2 Buchstabe a beruht, das Bestehen eines Rechts, die Einwilligung jederzeit zu widerrufen, ohne dass die Rechtmäßigkeit der aufgrund der Einwilligung bis zum Widerruf erfolgten Verarbeitung berührt wird;

d) das Bestehen eines Beschwerderechts bei einer Aufsichtsbehörde;

e) ob die Bereitstellung der personenbezogenen Daten gesetzlich oder vertraglich vorgeschrieben oder für einen Vertragsabschluss erforderlich ist, ob die betroffene Person verpflichtet ist, die personenbezogenen Daten bereitzustellen, und welche mögliche Folgen die Nichtbereitstellung hätte und

f) das Bestehen einer automatisierten Entscheidungsfindung einschließlich Profiling gemäß Artikel 22 Absätze 1 und 4 und — zumindest in diesen Fällen — aussagekräftige Informationen über die involvierte Logik sowie die Tragweite und die angestrebten Auswirkungen einer derartigen Verarbeitung für die betroffene Person.

(3) Beabsichtigt der Verantwortliche, die personenbezogenen Daten für einen anderen Zweck weiterzuverarbeiten als den, für den die personenbezogenen Daten erhoben wurden, so stellt er der betroffenen Person vor dieser Weiterverarbeitung Informationen über diesen anderen Zweck und alle anderen maßgeblichen Informationen gemäß Absatz 2 zur Verfügung.

(4) Die Absätze 1, 2 und 3 finden keine Anwendung, wenn und soweit die betroffene Person bereits über die Informationen verfügt.

Artikel 14 Informationspflicht, wenn die personenbezogenen Daten nicht bei der betroffenen Person erhoben wurden

(1) Werden personenbezogene Daten nicht bei der betroffenen Person erhoben, so teilt der Verantwortliche der betroffenen Person Folgendes mit:

a) den Namen und die Kontaktdaten des Verantwortlichen sowie gegebenenfalls seines Vertreters;

b) zusätzlich die Kontaktdaten des Datenschutzbeauftragten;

c) die Zwecke, für die die personenbezogenen Daten verarbeitet werden sollen, sowie die Rechtsgrundlage für die Verarbeitung;

d) die Kategorien personenbezogener Daten, die verarbeitet werden;

e) gegebenenfalls die Empfänger oder Kategorien von Empfängern der personenbezogenen Daten;

f) gegebenenfalls die Absicht des Verantwortlichen, die personenbezogenen Daten an einen Empfänger in einem Drittland oder einer internationalen Organisation zu übermitteln, sowie das Vorhandensein oder das Fehlen eines Angemessenheitsbeschlusses der Kommission oder im Falle von Übermittlungen gemäß Artikel 46 oder Artikel 47 oder Artikel 49 Absatz 1 Unterabsatz 2 einen Verweis auf die geeigneten oder angemessenen Garantien und die Möglichkeit, eine Kopie von ihnen zu erhalten, oder wo sie verfügbar sind.

(2) Zusätzlich zu den Informationen gemäß Absatz 1 stellt der Verantwortliche der betroffenen Person

für die Festlegung dieser Dauer);

b) 개인정보처리자에 대하여 행사하는, 해당 개인정보에 관한 접근권, 정정요구권 또는 삭제요구권, 처리제한요구권(auf Berichtigung oder Löschung oder auf Einschränkung der Verarbeitung)의 존재나 해당 처리에 대한 그러한 반대권의 존재와, 정보이동권(eines Widerspruchsrechts gegen die Verarbeitung sowie des Rechts auf Datenübertragbarkeit)의 존재;

c) 그 처리가 제6조 제1항 a목 또는 제9조 제2항 a목에 근거하는 경우에, 그 동의에 기하여 철회시까지 행해진 처리의 적법성에 대한 영향 없이(ohne dass die Rechtmäßigkeit der aufgrund der Einwilligung bis zum Widerruf erfolgten Verarbeitung berührt wird) 언제든지 동의를 철회할 수 있는 권리의 존재;

d) 감독관청에 대한 이의제기권의 존재,

e) 개인정보 제공이 법(法)상 또는 계약상 규정되었거나 계약체결에 필요한지 여부나 정보주체가 개인정보를 제공할 의무를 부담하는지 여부, 그 부제공(不提供)이 어떤 결과를 발생시키는지(ob die betroffene Person verpflichtet ist, die personenbezogenen Daten bereitzustellen, und welche mögliche Folgen die Nichtbereitstellung hätte);

f) 제22조 제1항 및 제4항에 따른 프로파일링을 포함하여 자동화된 의사결정의 존재, 이러한(자동화된 의사결정의) 경우에는 적어도 관련 로직에 관한 중요한 정보와, 정보주체에 대한 그러한 처리의 의미 및 예상되는 결과(die Tragweite und die angestrebten Auswirkungen einer derartigen Verarbeitung für die betroffene Person).

③ 개인정보처리자가 개인정보를 수집한 목적 이외의 목적으로 그 개인정보를 추가로 처리하고자 하는 경우에, 그는 정보주체에게 이러한 추가 처리에 앞서 이러한 다른 목적에 관한 정보와 제2항에 따른 관련 다른 모든 정보(Informationen über diesen anderen Zweck und alle anderen maßgeblichen Informationen gemäß Absatz 2)를 제공한다.

④ 정보주체가 이미 해당 정보를 보유하고 있는 경우에는 그러한 범위 내에서 제1항, 제2항 및 제3항은 적용하지 아니한다.

제14조 개인정보가 정보주체에게서 수집되지 않은 경우에 있어(wenn die personenbezogenen Daten nicht bei der betroffenen Person erhoben wurden) 정보제공의무

① 개인정보가 정보주체에게서 수집되지 않는 경우에 개인정보처리자는 그 정보주체에게 다음 각 목 사항을 통지한다:

a) 개인정보처리자의 이름 및 연락정보, 해당하는 경우 대리인의 이름 및 연락정보;

b) 추가적으로 개인정보보호책임자의 연락정보;

c) 개인정보가 처리되어야 하는 목적과 그 처리에 대한 법적 근거(die Rechtsgrundlage für die Verarbeitung);

d) 처리되는 개인정보의 범주;

e) 해당하는 경우 개인정보 수령인과 그 범주;

f) 해당하는 경우 개인정보가 제3국 또는 국제기구로 이전하려는 개인정보처리자의 의도와 유럽연합 집행위원회의 적합성결정의 부존재(das Vorhandensein oder das Fehlen eines Angemessenheitsbeschlusses der Kommission)나, 제46조 또는 제47조나 제49조 제1항 제2소항의 경우에 적합하거나 적절한 안전성 확보조치에 대한 언급과, 개인정보의 사본을 취득하는 수단과 이에 접근할 수 있는 곳에 대한 언급(einen Verweis auf die geeigneten oder angemessenen Garantien und die Möglichkeit, wie eine Kopie von ihnen zu erhalten ist, oder wo sie verfügbar sind).

② 제1항에 따른 정보 이외에 추가적으로 개인정보처리자는 정보주체에게 공정하고 투명한 처리를 보장

die folgenden Informationen zur Verfügung, die erforderlich sind, um der betroffenen Person gegenüber eine faire und transparente Verarbeitung zu gewährleisten:

a) die Dauer, für die die personenbezogenen Daten gespeichert werden oder, falls dies nicht möglich ist, die Kriterien für die Festlegung dieser Dauer;

b) wenn die Verarbeitung auf Artikel 6 Absatz 1 Buchstabe f beruht, die berechtigten Interessen, die von dem Verantwortlichen oder einem Dritten verfolgt werden;

c) das Bestehen eines Rechts auf Auskunft seitens des Verantwortlichen über die betreffenden personenbezogenen Daten sowie auf Berichtigung oder Löschung oder auf Einschränkung der Verarbeitung und eines Widerspruchsrechts gegen die Verarbeitung sowie des Rechts auf Datenübertragbarkeit;

d) wenn die Verarbeitung auf Artikel 6 Absatz 1 Buchstabe a oder Artikel 9 Absatz 2 Buchstabe a beruht, das Bestehen eines Rechts, die Einwilligung jederzeit zu widerrufen, ohne dass die Rechtmäßigkeit der aufgrund der Einwilligung bis zum Widerruf erfolgten Verarbeitung berührt wird;

e) das Bestehen eines Beschwerderechts bei einer Aufsichtsbehörde;

f) aus welcher Quelle die personenbezogenen Daten stammen und gegebenenfalls ob sie aus öffentlich zugänglichen Quellen stammen;

g) das Bestehen einer automatisierten Entscheidungsfindung einschließlich Profiling gemäß Artikel 22 Absätze 1 und 4 und — zumindest in diesen Fällen — aussagekräftige Informationen über die involvierte Logik sowie die Tragweite und die angestrebten Auswirkungen einer derartigen Verarbeitung für die betroffene Person.

(3) Der Verantwortliche erteilt die Informationen gemäß den Absätzen 1 und 2

a) unter Berücksichtigung der spezifischen Umstände der Verarbeitung der personenbezogenen Daten innerhalb einer angemessenen Frist nach Erlangung der personenbezogenen Daten, längstens jedoch innerhalb eines Monats,

b) falls die personenbezogenen Daten zur Kommunikation mit der betroffenen Person verwendet werden sollen, spätestens zum Zeitpunkt der ersten Mitteilung an sie, oder,

c) falls die Offenlegung an einen anderen Empfänger beabsichtigt ist, spätestens zum Zeitpunkt der ersten Offenlegung.

(4) Beabsichtigt der Verantwortliche, die personenbezogenen Daten für einen anderen Zweck weiterzuverarbeiten als den, für den die personenbezogenen Daten erlangt wurden, so stellt er der betroffenen Person vor dieser Weiterverarbeitung Informationen über diesen anderen Zweck und alle anderen maßgeblichen Informationen gemäß Absatz 2 zur Verfügung.

(5) Die Absätze 1 bis 4 finden keine Anwendung, wenn und soweit

a) die betroffene Person bereits über die Informationen verfügt,

b) die Erteilung dieser Informationen sich als unmöglich erweist oder einen unverhältnismäßigen Aufwand erfordern würde; dies gilt insbesondere für die Verarbeitung für im öffentlichen Interesse liegende Archivzwecke, für wissenschaftliche oder historische Forschungszwecke oder für statistische Zwecke vorbehaltlich der in Artikel 89 Absatz 1 genannten Bedingungen und Garantien oder soweit die in Absatz 1 des vorliegenden Artikels genannte Pflicht voraussichtlich die Verwirklichung der Ziele dieser Verarbeitung unmöglich macht oder ernsthaft beeinträchtigt. In diesen Fällen ergreift der Verantwortliche geeignete Maßnahmen zum Schutz der Rechte und Freiheiten sowie der berechtigten

하는 데(um der betroffenen Person gegenüber eine faire und transparente Verarbeitung zu gewährleisten) 필요한 다음 각 목 사항을 제공한다:

a) 개인정보가 저장되는 기간이나 이것이 가능하지 않다면 그 저장기간을 정하는 기준(die Kriterien für die Festlegung dieser Dauer);

b) 그 처리가 제6조 제1항 f목에 근거하는 경우에 개인정보처리자나 제3자가 달성하려는 정당한 이익(die berechtigten Interessen);

c) 개인정보처리자에 대하여 행사하는, 해당 개인정보에 관한 접근권, 정정요구권 또는 삭제요구권, 처리제한요구권(auf Berichtigung oder Löschung oder auf Einschränkung der Verarbeitung)의 존재나 해당 처리에 대한 그러한 반대권의 존재와, 정보이동권(eines Widerspruchsrechts gegen die Verarbeitung sowie des Rechts auf Datenübertragbarkeit)의 존재;

d) 그 처리가 제6조 제1항 a목 또는 제9조 제2항 a목에 근거하는 경우에, 그 동의에 기하여 철회시까지 행해진 처리의 적법성에 대한 영향 없이(ohne dass die Rechtmäßigkeit der aufgrund der Einwilligung bis zum Widerruf erfolgten Verarbeitung berührt wird) 언제든지 동의를 철회할 권리의 존재;

e) 감독관청에 대한 이의제기권의 존재,

f) 개인정보가 어떤 출처에서 유래했는지와, 해당하는 경우 개인정보가 공공연하게 접근할 수 있는 출처에서 유래했는지 여부;

g) 제22조 제1항 및 제4항에 따른 프로파일링을 포함하여 자동화된 의사결정의 존재, 이러한(자동화된 의사결정의) 경우에는 적어도 관련 로직에 관한 중요한 정보와, 정보주체에 대한 그러한 처리의 의미 및 예상되는 결과(die Tragweite und die angestrebten Auswirkungen einer derartigen Verarbeitung für die betroffene Person).

③ 개인정보처리자는 다음 각 목의 시기에 제1항 또는 제2항에 따른 정보를 제공한다,

a) 개인정보 처리의 특별한 사정을 고려하여(unter Berücksichtigung der spezifischen Umstände der Verarbeitung der personenbezogenen Daten) 해당 개인정보 취득시로부터 적절한 기간 내에, 다만 최대 1개월 이내에,

b) 만일 정보주체와의 연락에 관한 개인정보가 처리되어야 하는 경우에 늦어도 정보주체에 대한 최초의 통시시에 또는

c) 만일 다른 수령인에 대한 공개가 예정된 경우에 늦어도 그 최초의 공개시.

④ 개인정보처리자가 개인정보를 취득한 목적 이외의 다른 목적으로 추가로 처리하고자 하는 경우에, 그는 이러한 추가처리에 앞서 정보주체에게 이러한 다른 목적에 관한 정보과 제2항에 따른 관련 다른 모든 정보(Informationen über diesen anderen Zweck und alle anderen maßgeblichen Informationen gemäß Absatz 2)를 제공한다.

⑤ 제1항 내지 제4항은 다음 각 목의 경우에 그러한 범위 내에서 적용하지 아니한다,

a) 정보주체가 해당 정보를 이미 보유하고 경우,

b) 이러한 정보제공이 불가능한 것으로 증명되거나 지나친 비용지출이 필요한 경우; 이는 특히 공익에 관련된 자료보관목적, 과학적 내지 역사적 연구목적 또는 통계목적을 위한(für im öffentlichen Interesse liegende Archivzwecke, für wissenschaftliche oder historische Forschungszwecke oder für statistische Zwecke gemäß Artikel 89 Absatz 1) 처리로, 제89조 제1항상의 요건 및 안전성확보조치를 조건으로 하는(vorbehaltlich der in Artikel 89 Absatz 1 genannten Bedingungen und Garantien) 처리에 대하여 적용하거나, 제89조 제1항상의 의무가 이러한 처리 목표의 달성을 불가능하게 하거나 중대하게 방해할 것으로 예상되는 경우에 적용한다. 이러한 경우에 개인정보처리자는, 공중(公衆)에 대한 이러한 정보의 제공을 포함하여 정보주체의 권리(權利), 자유(自由) 및 정당한 이익을 보호하기 위하여 적절한

Interessen der betroffenen Person, einschließlich der Bereitstellung dieser Informationen für die Öffentlichkeit,

c) die Erlangung oder Offenlegung durch Rechtsvorschriften der Union oder der Mitgliedstaaten, denen der Verantwortliche unterliegt und die geeignete Maßnahmen zum Schutz der berechtigten Interessen der betroffenen Person vorsehen, ausdrücklich geregelt ist oder

d) die personenbezogenen Daten gemäß dem Unionsrecht oder dem Recht der Mitgliedstaaten dem Berufsgeheimnis, einschließlich einer satzungsmäßigen Geheimhaltungspflicht, unterliegen und daher vertraulich behandelt werden müssen.

Artikel 15 Auskunftsrecht der betroffenen Person

(1) Die betroffene Person hat das Recht, von dem Verantwortlichen eine Bestätigung darüber zu verlangen, ob sie betreffende personenbezogene Daten verarbeitet werden; ist dies der Fall, so hat sie ein Recht auf Auskunft über diese personenbezogenen Daten und auf folgende Informationen:

a) die Verarbeitungszwecke;

b) die Kategorien personenbezogener Daten, die verarbeitet werden;

c) die Empfänger oder Kategorien von Empfängern, gegenüber denen die personenbezogenen Daten offengelegt worden sind oder noch offengelegt werden, insbesondere bei Empfängern in Drittländern oder bei internationalen Organisationen;

d) falls möglich die geplante Dauer, für die die personenbezogenen Daten gespeichert werden, oder, falls dies nicht möglich ist, die Kriterien für die Festlegung dieser Dauer;

e) das Bestehen eines Rechts auf Berichtigung oder Löschung der sie betreffenden personenbezogenen Daten oder auf Einschränkung der Verarbeitung durch den Verantwortlichen oder eines Widerspruchsrechts gegen diese Verarbeitung;

f) das Bestehen eines Beschwerderechts bei einer Aufsichtsbehörde;

g) wenn die personenbezogenen Daten nicht bei der betroffenen Person erhoben werden, alle verfügbaren Informationen über die Herkunft der Daten;

h) das Bestehen einer automatisierten Entscheidungsfindung einschließlich Profiling gemäß Artikel 22 Absätze 1 und 4 und — zumindest in diesen Fällen — aussagekräftige Informationen über die involvierte Logik sowie die Tragweite und die angestrebten Auswirkungen einer derartigen Verarbeitung für die betroffene Person.

(2) Werden personenbezogene Daten an ein Drittland oder an eine internationale Organisation übermittelt, so hat die betroffene Person das Recht, über die geeigneten Garantien gemäß Artikel 46 im Zusammenhang mit der Übermittlung unterrichtet zu werden.

(3) Der Verantwortliche stellt eine Kopie der personenbezogenen Daten, die Gegenstand der Verarbeitung sind, zur Verfügung. Für alle weiteren Kopien, die die betroffene Person beantragt, kann der Verantwortliche ein angemessenes Entgelt auf der Grundlage der Verwaltungskosten verlangen. Stellt die betroffene Person den Antrag elektronisch, so sind die Informationen in einem gängigen elektronischen Format zur Verfügung zu stellen, sofern sie nichts anderes angibt.

(4) Das Recht auf Erhalt einer Kopie gemäß Absatz 1b darf die Rechte und Freiheiten anderer Personen nicht beeinträchtigen.

조치(geeignete Maßnahmen zum Schutz der Rechte und Freiheiten sowie der berechtigten Interessen der betroffenen Person)를 취한다.

c) 개인정보처리자가 적용받고 정보주체의 정당한 이익을 보호하기 위한 적절한 조치를 규정한 유럽연합 또는 회원국의 법규정에 의한 취득 또는 공개(die Erlangung oder Offenlegung)가 구체적으로 규정되어 있는 경우,

d) 유럽연합법 또는 회원국법에 따른 개인정보가 정관상의 비밀유지의무를 포함하여(einschließlich einer satzungsmäßigen Geheimhaltungspflicht) 직업상 비밀(Berufsgeheimnis)을 적용받아, 기밀로 처리해야만 하는 경우.

제15조 정보주체의 접근권

① 정보주체는, 개인정보처리자에게 자신에 관한 개인정보가 처리되는지 여부에 관한 확인을 요구할 수 있는 권리를 갖는다; 이러한 경우에 정보주체는 이러한 개인정보에 관한 접근권(接近權)과 다음 각 목에 관한 접근권(接近權)을 갖는다;

a) 처리목적;

b) 처리되는 개인정보의 범주;

c) 특히 제3국에 있는 수령인 또는 국제기구의 경우에(insbesondere bei Empfängern in Drittländern oder bei internationalen Organisationen) 개인정보가 공개되는, 수령인이나 수령인의 범주(die Empfänger oder Kategorien von Empfängern);

d) 가능한 경우 개인정보가 저장되는 예정된 기간이나, 이것이 가능하지 않다면 이러한 기간의 설정에 대한 기준;

e) 정보주체에 관한 개인정보의 정정 또는 삭제의 요구권의 존재나 개인정보처리자에 의한 처리의 제한요구권 또는 이러한 처리에 대한 반대권의 존재(auf Einschränkung der Verarbeitung durch den Verantwortlichen oder eines Widerspruchsrechts gegen diese Verarbeitung);

f) 감독관청에 대한 이의제기권의 존재;

g) 개인정보가 정보주체에게서 수집되지 않는 경우에 그 개인정보 출처에 관한 일체의 이용할 수 있는 정보;

h) 제22조 제1항 및 제4항에 따른 프로파일링을 포함하여 자동화된 의사결정의 존재, 이러한(자동화된 의사결정의) 경우에는 적어도 관련 로직에 관한 중요한 정보와, 정보주체에 대한 그러한 처리의 의미 및 예상되는 결과(die Tragweite und die angestrebten Auswirkungen einer derartigen Verarbeitung für die betroffene Person).

② 개인정보가 제3국 또는 국제기구로(an ein Drittland oder an eine internationale Organisation) 이전되는 경우에 정보주체는 그 이전에 관련하여 제46조에 따른 적합한 안전성확보조치에 관하여 정보를 제공받을 권리를 가져야 한다.

③ 개인정보처리자는 처리의 대상이 된 개인정보의 사본(寫本)을 제공한다. 정보주체가 요구하는 일체의 추가 사본에 대하여 개인정보처리자는 관리비용에 기하여 적절한 수수료(ein angemessenes Entgelt auf der Grundlage der Verwaltungskosten)를 청구할 수 있다. 정보주체가 그 신청을 전자적 방법으로 하는 경우에 그가 달리 언급하지 않은 때에는 그 정보는 통상적으로 사용되는 전자양식으로(die Informationen in einem gängigen elektronischen Format) 제공되어야 한다.

④ 제1항에 따른 사본수령권(Das Recht auf Erhalt einer Kopie gemäß Absatz 1)은 다른 자의 권리 및 자유에 영향을 미쳐서는 안 된다.

Abschnitt 3 Berichtigung und Löschung

Artikel 16 Recht auf Berichtigung

Die betroffene Person hat das Recht, von dem Verantwortlichen unverzüglich die Berichtigung sie betreffender unrichtiger personenbezogener Daten zu verlangen. Unter Berücksichtigung der Zwecke der Verarbeitung hat die betroffene Person das Recht, die Vervollständigung unvollständiger personenbezogener Daten — auch mittels einer ergänzenden Erklärung — zu verlangen.

Artikel 17 Recht auf Löschung ("Recht auf Vergessenwerden")

(1) Die betroffene Person hat das Recht, von dem Verantwortlichen zu verlangen, dass sie betreffende personenbezogene Daten unverzüglich gelöscht werden, und der Verantwortliche ist verpflichtet, personenbezogene Daten unverzüglich zu löschen, sofern einer der folgenden Gründe zutrifft:

a) Die personenbezogenen Daten sind für die Zwecke, für die sie erhoben oder auf sonstige Weise verarbeitet wurden, nicht mehr notwendig.

b) Die betroffene Person widerruft ihre Einwilligung, auf die sich die Verarbeitung gemäß Artikel 6 Absatz 1 Buchstabe a oder Artikel 9 Absatz 2 Buchstabe a stützte, und es fehlt an einer anderweitigen Rechtsgrundlage für die Verarbeitung.

c) Die betroffene Person legt gemäß Artikel 21 Absatz 1 Widerspruch gegen die Verarbeitung ein und es liegen keine vorrangigen berechtigten Gründe für die Verarbeitung vor, oder die betroffene Person legt gemäß Artikel 21 Absatz 2 Widerspruch gegen die Verarbeitung ein.

d) Die personenbezogenen Daten wurden unrechtmäßig verarbeitet.

e) Die Löschung der personenbezogenen Daten ist zur Erfüllung einer rechtlichen Verpflichtung nach dem Unionsrecht oder dem Recht der Mitgliedstaaten erforderlich, dem der Verantwortliche unterliegt.

f) Die personenbezogenen Daten wurden in Bezug auf angebotene Dienste der Informationsgesellschaft gemäß Artikel 8 Absatz 1 erhoben.

(2) Hat der Verantwortliche die personenbezogenen Daten öffentlich gemacht und ist er gemäß Absatz 1 zu deren Löschung verpflichtet, so trifft er unter Berücksichtigung der verfügbaren Technologie und der Implementierungskosten angemessene Maßnahmen, auch technischer Art, um für die Datenverarbeitung Verantwortliche, die die personenbezogenen Daten verarbeiten, darüber zu informieren, dass eine betroffene Person von ihnen die Löschung aller Links zu diesen personenbezogenen Daten oder von Kopien oder Replikationen dieser personenbezogenen Daten verlangt hat.

(3) Die Absätze 1 und 2 gelten nicht, soweit die Verarbeitung erforderlich ist

a) zur Ausübung des Rechts auf freie Meinungsäußerung und Information;

b) zur Erfüllung einer rechtlichen Verpflichtung, die die Verarbeitung nach dem Recht der Union oder der Mitgliedstaaten, dem der Verantwortliche unterliegt, erfordert, oder zur Wahrnehmung einer Aufgabe, die im öffentlichen Interesse liegt oder in Ausübung öffentlicher Gewalt erfolgt, die dem Verantwortlichen übertragen wurde;

c) aus Gründen des öffentlichen Interesses im Bereich der öffentlichen Gesundheit gemäß Artikel 9 Absatz 2 Buchstaben h und i sowie Artikel 9 Absatz 3;

d) für im öffentlichen Interesse liegende Archivzwecke, wissenschaftliche oder historische Forschungszwecke oder für statistische Zwecke gemäß Artikel 89 Absatz 1, soweit das in Absatz 1

제3절 정정과 삭제

제16조 정정요구권

정보주체는, 개인정보처리자에게 자신에 관한 부정확한 개인정보의 정정(die Berichtigung sie betreffender unrichtiger personenbezogener Daten)을 지체 없이 요구할 권리를 갖는다. 처리의 목적을 고려하여 정보주체는, 보충적 의사표시를 하는 것에 의한 경우도 포함하여(auch mittels einer ergänzenden Erklärung) 불완전한 개인정보가 완전하게 되도록 요구할 수 있는 권리를 갖는다.

제17조 삭제요구권('잊을 권리'; "Recht auf Vergessenwerden")

① 정보주체는 개인정보처리자에게 자신에 관한 개인정보가 지체 없이 삭제되도록 요구할 권리를 갖고, 개인정보처리자는, 다음 각 목의 사유 중 어느 사유가 적용되는 한, 그 개인정보를 지체 없이 삭제할 의무를 진다:

a) 개인정보가 수집되거나 기타 방법으로(auf sonstige Weise) 처리된 목적을 위하여 더 이상 필요하지 않게 되었다.

b) 정보주체가 제6조 제1항 a목이나 제9조 제2항 a목에 따른 처리에 근거하는 자신의 동의를 철회했고 그 처리에 대한 다른 형태의 법적 근거가 없다(es fehlt an einer anderweitigen Rechtsgrundlage für die Verarbeitung).

c) 정보주체가 제21조 제1항에 따라 그 처리에 대하여 반대했고 그 처리에 대한 압도적인 정당한 이유(vorrangigen berechtigten Gründe für die Verarbeitung)가 없거나, 정보주체가 제21조 제2항에 따라 그 처리에 대해 반대했다.

d) 개인정보가 불법적으로 처리되었다.

e) 개인정보의 삭제가 개인정보처리자가 적용받는 유럽연합법 또는 회원국법에 따른 법적 의무를 이행하는 데 필요하다.

f) 개인정보가 제8조 제1항에 따른 제공된 정보사회서비스(angebotene Dienste der Informationsgesellschaft)에 관하여 수집되었다.

② 개인정보처리자가 개인정보를 공개했는데 제1항에 따라 그 정보를 삭제할 의무를 지는 경우에, 그 개인정보처리자는, 해당 개인정보를 처리하는 개인정보처리자에게, 그 정보주체가 그러한 개인정보처리자에게 이러한 개인정보에 대한 일체의 링크의 삭제나 이러한 개인정보의 사본 또는 복제본의 삭제를 요구했다는 점(dass eine betroffene Person von ihnen die Löschung aller Links zu diesen personenbezogenen Daten oder von Kopien oder Replikationen dieser personenbezogenen Daten verlangt hat)을 알리기 위하여, 이용할 수 있는 과학기술과 시행비용을 고려하면서, 기술적 조치를 포함하여 적절한 조치(angemessene Maßnahmen, auch technischer Art)를 취한다.

③ 다음 각 목의 범위 내에서 제1항 또는 제2항은 적용하지 아니한다.

a) 해당 처리가 자유로운 표현 및 정보에 관한 권리를 행사하는 데 필요한 범위;

b) 해당 처리가, 개인정보처리자가 적용받는 유럽연합법 또는 회원국법에 따라 그 처리를 요구하는 법적 의무를 이행하거나, 공익에 관련되거나 공적 권한의 행사를 위하여 행해지는 임무로 개인정보처리자에게 부여된 임무(die im öffentlichen Interesse liegt oder in Ausübung öffentlicher Gewalt erfolgt, die dem Verantwortlichen übertragen wurde) 수행을 위해 필요한 범위;

c) 해당 처리가 제9조 제2항 h목, I목 또는 제9조 제3항에 따른 공중보건의 분야의(im Bereich der öffentlichen Gesundheit) 공익상의 이유에 기인하여 필요한 범위;

d) 해당 처리가, 제1항상의 권리에 의하여 이러한 처리 목적의 실현이 불가능해지거나 중대하게 방해받은 것으로 예상되는 경우에 제89조 제1항에 따른, 공익(公益)에 관련된 자료보관목적(im öffentlichen

genannte Recht voraussichtlich die Verwirklichung der Ziele dieser Verarbeitung unmöglich macht oder ernsthaft beeinträchtigt, oder

e) zur Geltendmachung, Ausübung oder Verteidigung von Rechtsansprüchen.

Artikel 18 Recht auf Einschränkung der Verarbeitung

(1) Die betroffene Person hat das Recht, von dem Verantwortlichen die Einschränkung der Verarbeitung zu verlangen, wenn eine der folgenden Voraussetzungen gegeben ist:

a) die Richtigkeit der personenbezogenen Daten von der betroffenen Person bestritten wird, und zwar für eine Dauer, die es dem Verantwortlichen ermöglicht, die Richtigkeit der personenbezogenen Daten zu überprüfen,

b) die Verarbeitung unrechtmäßig ist und die betroffene Person die Löschung der personenbezogenen Daten ablehnt und stattdessen die Einschränkung der Nutzung der personenbezogenen Daten verlangt;

c) der Verantwortliche die personenbezogenen Daten für die Zwecke der Verarbeitung nicht länger benötigt, die betroffene Person sie jedoch zur Geltendmachung, Ausübung oder Verteidigung von Rechtsansprüchen benötigt, oder

d) die betroffene Person Widerspruch gegen die Verarbeitung gemäß Artikel 21 Absatz 1 eingelegt hat, solange noch nicht feststeht, ob die berechtigten Gründe des Verantwortlichen gegenüber denen der betroffenen Person überwiegen.

(2) Wurde die Verarbeitung gemäß Absatz 1 eingeschränkt, so dürfen diese personenbezogenen Daten — von ihrer Speicherung abgesehen — nur mit Einwilligung der betroffenen Person oder zur Geltendmachung, Ausübung oder Verteidigung von Rechtsansprüchen oder zum Schutz der Rechte einer anderen natürlichen oder juristischen Person oder aus Gründen eines wichtigen öffentlichen Interesses der Union oder eines Mitgliedstaats verarbeitet werden.

(3) Eine betroffene Person, die eine Einschränkung der Verarbeitung gemäß Absatz 1 erwirkt hat, wird von dem Verantwortlichen unterrichtet, bevor die Einschränkung aufgehoben wird.

Artikel 19 Mitteilungspflicht im Zusammenhang mit der Berichtigung oder Löschung personenbezogener Daten oder der Einschränkung der Verarbeitung

Der Verantwortliche teilt allen Empfängern, denen personenbezogenen Daten offengelegt wurden, jede Berichtigung oder Löschung der personenbezogenen Daten oder eine Einschränkung der Verarbeitung nach Artikel 16, Artikel 17 Absatz 1 und Artikel 18 mit, es sei denn, dies erweist sich als unmöglich oder ist mit einem unverhältnismäßigen Aufwand verbunden. Der Verantwortliche unterrichtet die betroffene Person über diese Empfänger, wenn die betroffene Person dies verlangt.

Artikel 20 Recht auf Datenübertragbarkeit

(1) Die betroffene Person hat das Recht, die sie betreffenden personenbezogenen Daten, die sie einem Verantwortlichen bereitgestellt hat, in einem strukturierten, gängigen und maschinenlesbaren Format zu erhalten, und sie hat das Recht, diese Daten einem anderen Verantwortlichen ohne Behinderung durch den Verantwortlichen, dem die personenbezogenen Daten bereitgestellt wurden, zu übermitteln, sofern

a) die Verarbeitung auf einer Einwilligung gemäß Artikel 6 Absatz 1 Buchstabe a oder Artikel 9 Absatz 2 Buchstabe a oder auf einem Vertrag gemäß Artikel 6 Absatz 1 Buchstabe b beruht und

b) die Verarbeitung mithilfe automatisierter Verfahren erfolgt.

Interesse liegende Archivzwecke), 과학적 또는 역사적 연구목적이나 통계목적(wissenschaftliche oder historische Forschungszwecke oder für statistische Zwecke)에 필요한 범위,

e) 해당 처리가 법적청구권의 증명, 행사 또는 방어에 필요한 범위.

제18조 처리제한요구권

① 다음 각 목의 어느 요건 충족된 경우에(wenn eine der folgenden Voraussetzungen gegeben ist) 정보주체는 개인정보처리자에게 해당 처리의 제한을 요구할 권리를 갖는다:

a) 정보주체가 개인정보에 관한 정확성에 관하여 이의를 제기하는 경우에는, 개인정보처리자에게 그 개인정보의 정확성을 검증하도록 해 주는 기간 동안에 한하여,

b) 그 처리가 불법적인데, 정보주체가 개인정보의 삭제를 거부하고 그 대신에 개인정보 이용 제한을 요구하는 경우,

c) 개인정보처리자가 그 처리 목적을 위하여 개인정보를 더 이상 필요로 하지 않지만, 정보주체가 법적청구권의 증명, 행사 또는 방어(Geltendmachung, Ausübung oder Verteidigung von Rechtsansprüchen)를 위해 그 개인정보를 필요로 하는 경우,

d) 개인정보처리자의 정당한 이유가 정보주체의 그것에 비하여 우월한지 여부(ob die berechtigten Gründe des Verantwortlichen gegenüber denen der betroffenen Person überwiegen)가 아직 확정되지 않는 동안에 정보주체가 제21조 제1항에 따라 해당 처리에 대하여 반대를 제기한 경우.

② 제1항에 따른 처리가 제한된 경우에 이러한 개인정보는, 그 저장을 제외하고(von ihrer Speicherung abgesehen), 정보주체의 동의가 있어야만 처리되거나 법적청구권의 증명, 행사 또는 방어를 위하거나 다른 자연인 또는 법인의 권리를 보호하기 위해서만 처리되거나, 유럽연합법 또는 회원국법의 중대한 공익상의 이유에 기하여만 처리된다(aus Gründen eines wichtigen öffentlichen Interesses der Union oder eines Mitgliedstaats verarbeitet werden).

③ 제1항에 따른 처리제한을 요구한 정보주체는 그 제한이 소멸되기 전에 개인정보처리자에게서 (그에 관하여) 정보제공을 받는다.

제19조 개인정보의 정정 또는 삭제나 그 처리 제한(der Berichtigung oder Löschung personenbezogener Daten oder der Einschränkung der Verarbeitung)에 관한 통지의무

개인정보처리자는 개인정보를 공개받은 모든 수령인에게 제16조, 제17조 제1항 또는 제18조에 따른, 개인정보의 모든 정정 또는 삭제나 모든 처리 제한에 관하여 통지를 하고, 다만 이것이 불가능한 것으로 증명되거나 그에 과도한 비용이 발생한(ist mit einem unverhältnismäßigen Aufwand verbunden) 경우에는 그러하지 아니하다. 정보주체가 이를 요구하는 경우에는(wenn die betroffene Person dies verlangt) 개인정보처리자는 정보주체에게 이러한 수령인에 관하여 알린다.

제20조 정보이동권(Recht auf Datenübertragbarkeit)

① 다음의 경우에, 정보주체는, 자신이 개인정보처리자에게 제공한 자신에 관한 개인정보[60]를 체계적(體系的)이고 통상적으로 사용되며 기계 해독(解讀)이 가능한 포맷[61]으로 수령할 권리를 갖고, 개인정보를 제공받은 개인정보처리자의 방해 없이(ohne Behinderung durch den Verantwortlichen, dem die personenbezogenen Daten bereitgestellt wurden) 다른 개인정보처리자에게 이러한 개인정보를 이전[62](移轉)할 권리를 갖는다,

a) 그 처리가 제6조 제1항 a목이나 제9조 제2항 a목에 따른 동의에 근거하거나 제6조 제1항 b목에 따른 계약에 근거하고,

b) 그 처리가 자동화된 수단에 의해 행해지는 경우.

(2) Bei der Ausübung ihres Rechts auf Datenübertragbarkeit gemäß Absatz 1 hat die betroffene Person das Recht, zu erwirken, dass die personenbezogenen Daten direkt von einem Verantwortlichen einem anderen Verantwortlichen übermittelt werden, soweit dies technisch machbar ist.

(3) Die Ausübung des Rechts nach Absatz 1 des vorliegenden Artikels lässt Artikel 17 unberührt. Dieses Recht gilt nicht für eine Verarbeitung, die für die Wahrnehmung einer Aufgabe erforderlich ist, die im öffentlichen Interesse liegt oder in Ausübung öffentlicher Gewalt erfolgt, die dem Verantwortlichen übertragen wurde.

(4) Das Recht gemäß Absatz 2 darf die Rechte und Freiheiten anderer Personen nicht beeinträchtigen.

Abschnitt 4 Widerspruchsrecht und automatisierte Entscheidungsfindung im Einzelfall

Artikel 21 Widerspruchsrecht

(1) Die betroffene Person hat das Recht, aus Gründen, die sich aus ihrer besonderen Situation ergeben, jederzeit gegen die Verarbeitung sie betreffender personenbezogener Daten, die aufgrund von Artikel 6 Absatz 1 Buchstaben e oder f erfolgt, Widerspruch einzulegen; dies gilt auch für ein auf diese Bestimmungen gestütztes Profiling. Der Verantwortliche verarbeitet die personenbezogenen Daten nicht mehr, es sei denn, er kann zwingende schutzwürdige Gründe für die Verarbeitung nachweisen, die die Interessen, Rechte und Freiheiten der betroffenen Person überwiegen, oder die Verarbeitung dient der Geltendmachung, Ausübung oder Verteidigung von Rechtsansprüchen.

(2) Werden personenbezogene Daten verarbeitet, um Direktwerbung zu betreiben, so hat die betroffene Person das Recht, jederzeit Widerspruch gegen die Verarbeitung sie betreffender personenbezogener Daten zum Zwecke derartiger Werbung einzulegen; dies gilt auch für das Profiling, soweit es mit solcher Direktwerbung in Verbindung steht.

(3) Widerspricht die betroffene Person der Verarbeitung für Zwecke der Direktwerbung, so werden die personenbezogenen Daten nicht mehr für diese Zwecke verarbeitet.

(4) Die betroffene Person muss spätestens zum Zeitpunkt der ersten Kommunikation mit ihr ausdrücklich auf das in den Absätzen 1 und 2 genannte Recht hingewiesen werden; dieser Hinweis hat in einer verständlichen und von anderen Informationen getrennten Form zu erfolgen.

(5) Im Zusammenhang mit der Nutzung von Diensten der Informationsgesellschaft kann die betroffene Person ungeachtet der Richtlinie 2002/58/EG ihr Widerspruchsrecht mittels automatisierter Verfahren ausüben, bei denen technische Spezifikationen verwendet werden.

(6) Die betroffene Person hat das Recht, aus Gründen, die sich aus ihrer besonderen Situation ergeben, gegen die sie betreffende Verarbeitung sie betreffender personenbezogener Daten, die zu wissenschaftlichen oder historischen Forschungszwecken oder zu statistischen Zwecken gemäß Artikel 89 Absatz 1 erfolgt, Widerspruch einzulegen, es sei denn, die Verarbeitung ist zur Erfüllung einer im öffentlichen Interesse liegenden Aufgabe erforderlich.

Artikel 22 Automatisierte Entscheidungen im Einzelfall einschließlich Profiling

(1) Die betroffene Person hat das Recht, nicht einer ausschließlich auf einer automatisierten Verarbeitung — einschließlich Profiling — beruhenden Entscheidung unterworfen zu werden, die ihr gegenüber rechtliche Wirkung entfaltet oder sie in ähnlicher Weise erheblich beeinträchtigt.

(2) Absatz 1 gilt nicht, wenn die Entscheidung

② 제1항에 따른 그 정보이동권의 행사에 있어 정보주체는, 이것이 기술적으로 가능한 한(soweit dies technisch machbar ist), 해당 개인정보가 어느 개인정보처리자에서 다른 개인정보처리자에게로 직접 이전되도록 요구할 권리를 갖는다.
③ 본조 제1항에 따른 권리의 행사는 제17조에 영향을 미치지 아니한다. 이러한 권리는, 공익에 관련된 임무나, 공적 권한의 행사를 위하여 행해지는(die im öffentlichen Interesse liegt oder in Ausübung öffentlicher Gewalt erfolgt), 개인정보처리자에게 부여된(die dem Verantwortlichen übertragen wurde) 임무의 수행에 필요한 처리에 대하여는 적용하지 아니한다.
④ 제2항에 따른 권리는 다른 자의 권리 및 자유에 영향을 미쳐서는 아니된다.

제4절 반대권과 각각의 자동화된 의사결정

제21조 반대권
① 정보주체는 그 특별한 상황에서 기인한 이유에서 자신에 관한 개인정보 처리로 제6조 제1항 e목 또는 f목에 기하여 행해지는 그 처리에 대하여 언제든지 반대할 권리를 갖는다; 이러한 규정에 기한 프로파일링에 대하여 또한 같다. 개인정보처리자는 그 개인정보를 더 이상 처리하지 못하고, 다만 개인정보처리자가 그 처리를 위한 불가피한 정당한 사유(zwingende schutzwürdige Gründe für die Verarbeitung)로, 정보주체의 이익, 권리 및 자유보다 우월하거나 그 처리가 법적청구권의 증명, 행사 또는 방어(der Geltendmachung, Ausübung oder Verteidigung von Rechtsansprüchen)를 위한 사유를 증명할 수 있는 경우에는 그러하지 아니하다.
② 개인정보가 직접광고를 하기 위하여 처리되는 경우에 정보주체는 그러한 광고의 목적을 위한, 자신에 관한 개인정보의 처리에 대하여 언제든지 반대할 권리를 갖는다; 그러한 직접광고에 관련되는 범위 내의 프로파일링에 대하여도 또한 같다(dies gilt auch für das Profiling, soweit es mit solcher Direktwerbung in Verbindung steht).
③ 정보주체가 직접광고 목적을 위한 처리에 대하여 반대하는 경우에 그 개인정보는 이러한 목적으로 더 이상 처리될 수 없다.
④ 정보주체는, 늦어도 자신에 대한 최초의 통지 당시까지(spätestens zum Zeitpunkt der ersten Kommunikation) 제1항, 제2항상의 권리를 명확하게 안내받아야만 한다: 이러한 안내는 이해하기 쉽고 다른 정보와 구분되는 형식으로 행해져야 한다.
⑤ 정보사회서비스의 이용에 관련하여 정보주체는, 2002/58/EG호 입법지침에도 불구하고 기술시방서(技術示方書)가 사용되는(bei denen technische Spezifikationen verwendet werden) 자동화된 수단에 의하여 자신의 반대권을 행사할 수 있다.
⑥ 정보주체는 특별한 상황에서 기인하는(die sich aus ihrer besonderen Situation ergeben) 이유에서 자신에 관한 개인정보 처리(die sie betreffende Verarbeitung sie betreffender personenbezogener Daten)로, 제89조 제1항에 따른 과학적 또는 역사적 연구목적이나 통계목적으로 행해지는 처리에 대하여 이의를 제기할 권리를 갖되, 다만 그 처리가 공익(公益)에 관련된 임무(任務) 수행에 필요한 경우에는 그러하지 아니하다.

제22조 프로파일링을 포함하여 각각의 자동화된 의사결정
① 정보주체는, 프로파일링을 포함하여 오로지 자동화된 처리에 기한 의사결정으로, 자신에 대한 '법적효과[63)]'를 발생시키거나 유사하게 자신에게 '중대하게 영향을 미치는[64)]' 의사결정을 적용받지 않을 권리를 갖는다.
② 다음 각 목의 경우에는 제1항을 적용하지 아니한다,

a) für den Abschluss oder die Erfüllung eines Vertrags zwischen der betroffenen Person und dem Verantwortlichen erforderlich ist,

b) aufgrund von Rechtsvorschriften der Union oder der Mitgliedstaaten, denen der Verantwortliche unterliegt, zulässig ist und diese Rechtsvorschriften angemessene Maßnahmen zur Wahrung der Rechte und Freiheiten sowie der berechtigten Interessen der betroffenen Person enthalten oder

c) mit ausdrücklicher Einwilligung der betroffenen Person erfolgt.

(3) In den in Absatz 2 Buchstaben a und c genannten Fällen trifft der Verantwortliche angemessene Maßnahmen, um die Rechte und Freiheiten sowie die berechtigten Interessen der betroffenen Person zu wahren, wozu mindestens das Recht auf Erwirkung des Eingreifens einer Person seitens des Verantwortlichen, auf Darlegung des eigenen Standpunkts und auf Anfechtung der Entscheidung gehört.

(4) Entscheidungen nach Absatz 2 dürfen nicht auf besonderen Kategorien personenbezogener Daten nach Artikel 9 Absatz 1 beruhen, sofern nicht Artikel 9 Absatz 2 Buchstabe a oder g gilt und angemessene Maßnahmen zum Schutz der Rechte und Freiheiten sowie der berechtigten Interessen der betroffenen Person getroffen wurden.

Abschnitt 5 Beschränkungen

Artikel 23 Beschränkungen

(1) Durch Rechtsvorschriften der Union oder der Mitgliedstaaten, denen der Verantwortliche oder der Auftragsverarbeiter unterliegt, können die Pflichten und Rechte gemäß den Artikeln 12 bis 22 und Artikel 34 sowie Artikel 5, insofern dessen Bestimmungen den in den Artikeln 12 bis 22 vorgesehenen Rechten und Pflichten entsprechen, im Wege von Gesetzgebungsmaßnahmen beschränkt werden, sofern eine solche Beschränkung den Wesensgehalt der Grundrechte und Grundfreiheiten achtet und in einer demokratischen Gesellschaft eine notwendige und verhältnismäßige Maßnahme darstellt, die Folgendes sicherstellt:

a) die nationale Sicherheit;

b) die Landesverteidigung;

c) die öffentliche Sicherheit;

d) die Verhütung, Ermittlung, Aufdeckung oder Verfolgung von Straftaten oder die Strafvollstreckung, einschließlich des Schutzes vor und der Abwehr von Gefahren für die öffentliche Sicherheit;

e) den Schutz sonstiger wichtiger Ziele des allgemeinen öffentlichen Interesses der Union oder eines Mitgliedstaats, insbesondere eines wichtigen wirtschaftlichen oder finanziellen Interesses der Union oder eines Mitgliedstaats, etwa im Währungs-, Haushalts- und Steuerbereich sowie im Bereich der öffentlichen Gesundheit und der sozialen Sicherheit;

f) den Schutz der Unabhängigkeit der Justiz und den Schutz von Gerichtsverfahren;

g) die Verhütung, Aufdeckung, Ermittlung und Verfolgung von Verstößen gegen die berufsständischen Regeln reglementierter Berufe;

h) Kontroll-, Überwachungs- und Ordnungsfunktionen, die dauernd oder zeitweise mit der Ausübung öffentlicher Gewalt für die unter den Buchstaben a bis e und g genannten Zwecke verbunden sind;

i) den Schutz der betroffenen Person oder der Rechte und Freiheiten anderer Personen;

j) die Durchsetzung zivilrechtlicher Ansprüche.

a) 해당 의사결정이 정보주체와 개인정보처리자 간의 계약의 체결 또는 이행(den Abschluss oder die Erfüllung)에 필요한 경우,

b) 해당 의사결정이 개인정보처리자가 적용받는 유럽연합법 규정 또는 회원국법 규정에 기하여 허용되고 이러한 법규정이 정보주체의 권리, 자유 및 정당한 이익(der Rechte und Freiheiten sowie der berechtigten Interessen der betroffenen Person)을 보호하기 위한 적절한 조치를 포함하는 경우,

c) 정보주체의 명시적 동의를 얻어 행해지는 경우.

③ 제2항 a목 또는 c목상의 경우에 개인정보처리자는 정보주체의 권리, 자유 및 정당한 이익을 보호하기 위한 적절한 조치를 취해야 하는데, 적어도 개인정보처리자 소속 일원(一員)의 인적개입요구권(人的介入要求權), 정보주체 자신의 의견진술권(意見陳述權)과 결정취소요구권(決定取消要求權)(auf Darlegung des eigenen Standpunkts und auf Anfechtung der Entscheidung)이 이에 속한다.

④ 제2항에 따른 의사결정은, 제9조 제2항 a목 또는 g목이 적용되지 않고 정보주체의 권리, 자유 및 정당한 이익을 보호하기 위한 적절한 조치(angemessene Maßnahmen zum Schutz der Rechte und Freiheiten sowie der berechtigten Interessen der betroffenen Person)가 취해지지 않는 경우에 제9조 제1항에 따른 특수한 범주의 개인정보에 근거하여 행해져서는 아니된다.

제5절 제한

제23조 제한

① 그러한 제한이 기본권 및 자유권의 본질적 내용을 존중하고 민주사회에서 다음 각 목을 보장하는 필요한 비례적 조치에 해당하는 한(sofern eine solche Beschränkung den Wesensgehalt der Grundrechte und Grundfreiheiten achtet und in einer demokratischen Gesellschaft eine notwendige und verhältnismäßige Maßnahme darstellt, die Folgendes sicherstellt), 개인정보처리자 또는 수탁처리자가 적용받는 유럽연합법규정 또는 회원국법규정으로 제12조 내지 제22조와, 그 규정이 제12조 내지 제22조에서 규정된 권리의무를 준용하는 제34조 또는 제5조에 따른 권리의무를 입법조치의 방식을 통하여 제한할 수 있다:

a) 국가안보;

b) 국가방위;

c) 공공의 안녕;

d) 공공의 안녕에 대한 위험(危險)로부터의 보호와 그 위험(危險)의 방지를 포함하여 범죄의 예방, 수사, 적발 또는 기소나 형집행;

e) 유럽연합 또는 회원국의 일반적 공익이라는 기타 중대한 목표의 보호, 특히나 가령 통화, 예산 및 조세의 분야와 공중보건 및 사회보장의 분야(etwa im Währungs-, Haushalts- und Steuerbereich sowie im Bereich der öffentlichen Gesundheit und der sozialen Sicherheit)와 같은 유럽연합 또는 회원국의 중대한 경제적 또는 재정적 이익의 보호;

f) 사법부의 독립과 재판절차의 보호;

g) 규제받는 직업의 직업표준윤리에 대한 위반(Verstößen gegen die berufsständischen Regeln reglementierter Berufe)의 예방, 적발, 수사 및 소추;

h) a목 내지 e목상의 목적에 대한 공적 권한의 행사로 지속적으로 또는 일시적으로 발생하는, 감시·점검·규제기능;

i) 정보주체의 보호와 다른 자의 권리 및 자유 보호;

j) 민사청구권의 실현.

(2) Jede Gesetzgebungsmaßnahme im Sinne des Absatzes 1 muss insbesondere gegebenenfalls spezifische Vorschriften enthalten zumindest in Bezug auf

a) die Zwecke der Verarbeitung oder die Verarbeitungskategorien,

b) die Kategorien personenbezogener Daten,

c) den Umfang der vorgenommenen Beschränkungen,

d) die Garantien gegen Missbrauch oder unrechtmäßigen Zugang oder unrechtmäßige Übermittlung;

e) die Angaben zu dem Verantwortlichen oder den Kategorien von Verantwortlichen,

f) die jeweiligen Speicherfristen sowie die geltenden Garantien unter Berücksichtigung von Art, Umfang und Zwecken der Verarbeitung oder der Verarbeitungskategorien,

g) die Risiken für die Rechte und Freiheiten der betroffenen Personen und

h) das Recht der betroffenen Personen auf Unterrichtung über die Beschränkung, sofern dies nicht dem Zweck der Beschränkung abträglich ist.

KAPITEL IV Verantwortlicher und Auftragsverarbeiter

Abschnitt 1 Allgemeine Pflichten

Artikel 24 Verantwortung des für die Verarbeitung Verantwortlichen

(1) Der Verantwortliche setzt unter Berücksichtigung der Art, des Umfangs, der Umstände und der Zwecke der Verarbeitung sowie der unterschiedlichen Eintrittswahrscheinlichkeit und Schwere der Risiken für die Rechte und Freiheiten natürlicher Personen geeignete technische und organisatorische Maßnahmen um, um sicherzustellen und den Nachweis dafür erbringen zu können, dass die Verarbeitung gemäß dieser Verordnung erfolgt. Diese Maßnahmen werden erforderlichenfalls überprüft und aktualisiert.

(2) Sofern dies in einem angemessenen Verhältnis zu den Verarbeitungstätigkeiten steht, müssen die Maßnahmen gemäß Absatz 1 die Anwendung geeigneter Datenschutzvorkehrungen durch den Verantwortlichen umfassen.

(3) Die Einhaltung der genehmigten Verhaltensregeln gemäß Artikel 40 oder eines genehmigten Zertifizierungsverfahrens gemäß Artikel 42 kann als Gesichtspunkt herangezogen werden, um die Erfüllung der Pflichten des Verantwortlichen nachzuweisen.

Artikel 25 Datenschutz durch Technikgestaltung und durch datenschutzfreundliche Voreinstellungen

(1) Unter Berücksichtigung des Stands der Technik, der Implementierungskosten und der Art, des Umfangs, der Umstände und der Zwecke der Verarbeitung sowie der unterschiedlichen Eintrittswahrscheinlichkeit und Schwere der mit der Verarbeitung verbundenen Risiken für die Rechte und Freiheiten natürlicher Personen trifft der Verantwortliche sowohl zum Zeitpunkt der Festlegung der Mittel für die Verarbeitung als auch zum Zeitpunkt der eigentlichen Verarbeitung geeignete technische und organisatorische Maßnahmen — wie z. B. Pseudonymisierung — trifft, die dafür ausgelegt sind, die Datenschutzgrundsätze wie etwa Datenminimierung wirksam umzusetzen und die notwendigen Garantien in die Verarbeitung aufzunehmen, um den Anforderungen dieser Verordnung zu genügen und die Rechte der betroffenen Personen zu schützen.

(2) Der Verantwortliche trifft geeignete technische und organisatorische Maßnahmen, die sicherstellen,

② 제1항상의 모든 입법조치는 특히 해당하는 경우 최소한 다음 각 목에 관한 구체적 규정을 포함해야만 한다,

a) 그 처리의 목적 또는 그 처리의 범주,

b) 개인정보의 범주,

c) 취해진 제한의 범위,

d) 남용이나 불법적 접근 또는 이전을 방지하기 위한 안전성확보조치,

e) 개인정보처리자나 개인정보처리자의 범주에 대한 사항,

f) 각 저장기간과 처리 또는 처리범주의 유형, 범위 및 목적을 고려하여 적용하는 안전성확보조치(die geltenden Garantien),

g) 정보주체의 권리 및 자유에 대한 위험,

h) 그 정보제공이 그 제한 목적에 해롭지 않는 경우에 있어(sofern dies nicht dem Zweck der Beschränkung abträglich ist), 그 제한에 관하여 권리주체가 정보제공을 받을 권리.

제4장 개인정보처리자와 수탁처리자

제1절 일반적 의무

제24조 개인정보처리자의 책임

① 개인정보처리자는, 처리의 성질, 범위, 배경 및 목적(Berücksichtigung der Art, des Umfangs, der Umstände und der Zwecke der Verarbeitung) 그리고 자연인의 권리 및 자유에 대한 위험의 다양한 발생가능성과 중대성을 고려했을 때 그 처리가 본 법(法)에 좇아 행해진다는 점(dass die Verarbeitung gemäß dieser Verordnung erfolgt)을 보장하고 그에 대한 증거를 제출하기 위한 적합한 기술적·관리적 조치(geeignete technische und organisatorische Maßnahmen)를 시행한다. 이러한 조치는 필요한 경우에 검증되고 업데이트된다.

② 이것이 정보처리활동에 대한 적절한 관계에 있는 한, 제1항에 따른 조치는 개인정보처리자에 의한 적합한 개인정보보호조처의 적용(die Anwendung geeigneter Datenschutzvorkehrungen durch den Verantwortlichen)을 포함해야 한다.

③ 제40조에 따라 승인을 받은 개인정보준칙 또는 제42조에 따른 승인된 인증절차의 준수는 개인정보처리자의 의무 이행을 증명하는 데(um die Erfüllung der Pflichten des Verantwortlichen nachzuweisen) 요소로(als Gesichtspunkt) 이용될 수 있다.

제25조 기술설계와 정보보호친화적 디폴트에 의한 개인정보보호

① 기술수준, 실행비용과, 처리의 성질, 범위, 배경 및 목적(des Stands der Technik, der Implementierungskosten und der Art, des Umfangs, der Umstände und der Zwecke der Verarbeitung)을 고려하고 또 처리로 발생하는, 자연인의 권리 및 자유에 대한 위험의 다양한 발생가능성과 그 중대성을 고려하여, 개인정보처리자는, 처리에 대한 수단 설정 당시뿐만 아니라 그 처리 중에도, 가령 정보최소화와 같은 개인정보보호원칙을 효과적으로 시행하고 또 본 법(法)의 요구사항을 충족시키며 정보주체의 권리를 보호하는 데에 필요한 안전성확보조치를 그 처리에 적용하기(die notwendigen Garantien in die Verarbeitung aufzunehmen, um den Anforderungen dieser Verordnung zu genügen und die Rechte der betroffenen Personen zu schützen) 위한 적합한 기술적·관리적 조치, 예컨대 가명처리(Pseudonymisierung)와 같은 조치를 취한다.

② 개인정보처리자는, 그 처리가 각각의 특정한 처리목적에 필요한 개인정보만이 원칙적으로 디폴트에

dass durch Voreinstellung grundsätzlich nur personenbezogene Daten, deren Verarbeitung für den jeweiligen bestimmten Verarbeitungszweck erforderlich ist, verarbeitet werden. Diese Verpflichtung gilt für die Menge der erhobenen personenbezogenen Daten, den Umfang ihrer Verarbeitung, ihre Speicherfrist und ihre Zugänglichkeit. Solche Maßnahmen müssen insbesondere sicherstellen, dass personenbezogene Daten durch Voreinstellungen nicht ohne Eingreifen der Person einer unbestimmten Zahl von natürlichen Personen zugänglich gemacht werden.

(3) Ein genehmigtes Zertifizierungsverfahren gemäß Artikel 42 kann als Faktor herangezogen werden, um die Erfüllung der in den Absätzen 1 und 2 des vorliegenden Artikels genannten Anforderungen nachzuweisen.

Artikel 26 Gemeinsam für die Verarbeitung Verantwortliche

(1) Legen zwei oder mehr Verantwortliche gemeinsam die Zwecke der und die Mittel zur Verarbeitung fest, so sind sie gemeinsam Verantwortliche. Sie legen in einer Vereinbarung in transparenter Form fest, wer von ihnen welche Verpflichtung gemäß dieser Verordnung erfüllt, insbesondere was die Wahrnehmung der Rechte der betroffenen Person angeht, und wer welchen Informationspflichten gemäß den Artikeln 13 und 14 nachkommt, sofern und soweit die jeweiligen Aufgaben der Verantwortlichen nicht durch Rechtsvorschriften der Union oder der Mitgliedstaaten, denen die Verantwortlichen unterliegen, festgelegt sind. In der Vereinbarung kann eine Anlaufstelle für die betroffenen Personen angegeben werden.

(2) Die Vereinbarung gemäß Absatz 1 muss die jeweiligen tatsächlichen Funktionen und Beziehungen der gemeinsam Verantwortlichen gegenüber betroffenen Personen gebührend widerspiegeln. Das wesentliche der Vereinbarung wird der betroffenen Person zur Verfügung gestellt.

(3) Ungeachtet der Einzelheiten der Vereinbarung gemäß Absatz 1 kann die betroffene Person ihre Rechte im Rahmen dieser Verordnung bei und gegenüber jedem einzelnen der Verantwortlichen geltend machen.

Artikel 27 Vertreter von nicht in der Union niedergelassenen Verantwortlichen oder Auftragsverarbeitern

(1) In den Fällen gemäß Artikel 3 Absatz 2 benennt der Verantwortliche oder der Auftragsverarbeiter schriftlich einen Vertreter in der Union.

(2) Die Pflicht gemäß Absatz 1 des vorliegenden Artikels gilt nicht für

a) eine Verarbeitung, die gelegentlich erfolgt, nicht die umfangreiche Verarbeitung besonderer Datenkategorien im Sinne des Artikels 9 Absatz 1 oder die umfangreiche Verarbeitung von personenbezogenen Daten über strafrechtliche Verurteilungen und Straftaten im Sinne des Artikels 10 einschließt und unter Berücksichtigung der Art, der Umstände, des Umfangs und der Zwecke der Verarbeitung voraussichtlich nicht zu einem Risiko für die Rechte und Freiheiten natürlicher Personen führt, oder

b) Behörden oder öffentliche Stellen.

(3) Der Vertreter muss in einem der Mitgliedstaaten niedergelassen sein, in denen die betroffenen Personen, deren personenbezogene Daten im Zusammenhang mit den ihnen angebotenen Waren oder Dienstleistungen verarbeitet werden oder deren Verhalten beobachtet wird, sich befinden.

(4) Der Vertreter wird durch den Verantwortlichen oder den Auftragsverarbeiter beauftragt, zusätzlich zu diesem oder an seiner Stelle insbesondere für Aufsichtsbehörden und betroffene Personen bei

의해 처리되는 것을 보장하는 기술적·관리적 조치를 취한다. 이러한 의무는 수집된 개인정보의 양, 그 개인정보의 처리의 범위, 저장기간과 이에 대한 접근성(den Umfang ihrer Verarbeitung, ihre Speicherfrist und ihre Zugänglichkeit)에 대하여도 또한 같다. 특히 그러한 조치는, 인간의 개입이 없다면 디폴트를 통해 불특정 다수의 자연인이 개인정보에 접근할 수 없다는 점(dass personenbezogene Daten durch Voreinstellungen nicht ohne Eingreifen der Person einer unbestimmten Zahl von natürlichen Personen zugänglich gemacht werden)을 보장해야만 한다.

③ 제42조에 따른 승인된 인증절차(Ein genehmigtes Zertifizierungsverfahren gemäß Artikel 42)는 본조 제1항 또는 제2항상의 요구사항의 충족(die Erfüllung der in den Absätzen 1 und 2 des vorliegenden Artikels genannten Anforderungen)을 증명하기 위한 요소(als Faktor)로 이용될 수 있다.

제26조 공동개인정보처리자

① 둘 또는 그 이상의 개인정보처리자가 '처리목적 및 처리수단'(die Zwecke der und die Mittel)을 공동으로 정하는 경우에 그들은 공동개인정보처리자가 된다. 각각의 개인정보처리자의 임무가 개인정보처리자가 적용받는 유럽연합법규정 또는 회원국법규정으로 규정되지 않는 경우에 그들은 그러한 범위 내에서(sofern und soweit die jeweiligen Aufgaben der Verantwortlichen nicht durch Rechtsvorschriften der Union oder der Mitgliedstaaten, denen die Verantwortlichen unterliegen, festgelegt sind), 자신들 중 누가 본 법(法)에 따른 어떤 의무를 이행할 것인지, 특히 정보주체의 권리에 관하여 그렇게 할 것인지, 그리고 누가 제13조 또는 제14조에 따른 어느 정보제공의무를 이행할 것인지에 관하여 약정으로 투명하게 정한다. 그 약정에서 정보주체에 대한 연락담당자 1인이 지정되어야 한다.

② 제1항에 따른 약정은 공동개인정보처리자의 정보주체에 대한 각각의 실질적 역할과 관계를 적절하게(gebührend) 반영해야만 한다. 그 약정의 핵심적(核心的) 부분(Das wesentliche der Vereinbarung)은 정보주체에게 제공된다.

③ 제1항에 따른 약정의 세부조항에 상관없이(Ungeachtet der Einzelheiten der Vereinbarung gemäß Absatz 1) 정보주체는 본 법(法)의 범위 내에서 자신의 권리를 각각의 공동개인정보처리자에 대하여(bei und gegenüber jedem einzelnen der Verantwortlichen) 행사할 수 있다.

제27조 유럽연합 내에 영업소를 두지 않은 개인정보처리자 또는 수탁처리자의 대리인

① 제3조 제2항의 경우에 개인정보처리자 또는 수탁처리자는 서면으로 유럽연합 내에 있는 1명의 대리인을 지정한다.

② 본 조 제1항에 따른 의무는 다음 각 목에 대하여는 적용하지 아니한다,

a) 간헐적으로 행해지는 처리로서, 제9조 제1항상의 특수한 개인정보범주의 대규모 처리나 제10조상의 형사유죄판결 또는 범죄에 관한 개인정보의 대규모 처리를 포함하지 않는 처리로, 해당 처리의 성질, 범위, 배경 및 목적을 고려했을 때 자연인의 권리(權利) 및 자유(自由)에 대한 위험을 야기하지 않을 것으로 예상되는(unter Berücksichtigung der Art, der Umstände, des Umfangs und der Zwecke der Verarbeitung voraussichtlich nicht zu einem Risiko für die Rechte und Freiheiten natürlicher Personen führt) 처리,

b) 관청 또는 공공기관.

③ 대리인은, 그 개인정보가 제공한 물품 또는 용역과 관련하여 처리되거나 그 행위가 감시되는(deren Verhalten beobachtet wird) 정보주체가 있는, 회원국들 중 어느 회원국(in einem der Mitgliedstaaten)에 영업소를 두어야만 한다.

④ 그 대리인은, 개인정보처리자 또는 수탁처리자 이외에 추가적으로 행위하거나 그들을 대신하여 행위하도록, 특히 본 법(法)의 준수의 보장을 위한 그 처리의 관련한 모든 문제에 있어(bei sämtlichen Fragen im sämtlichen Fragen im Zusammenhang mit der Verarbeitung zur Gewährleistung der Einhaltung dieser Verordnung als Anlaufstelle zu dienen.

(5) Die Benennung eines Vertreters durch den Verantwortlichen oder den Auftragsverarbeiter erfolgt unbeschadet etwaiger rechtlicher Schritte gegen den Verantwortlichen oder den Auftragsverarbeiter selbst.

Artikel 28 Auftragsverarbeiter

(1) Erfolgt eine Verarbeitung im Auftrag eines Verantwortlichen, so arbeitet dieser nur mit Auftragsverarbeitern, die hinreichend Garantien dafür bieten, dass geeignete technische und organisatorische Maßnahmen so durchgeführt werden, dass die Verarbeitung im Einklang mit den Anforderungen dieser Verordnung erfolgt und den Schutz der Rechte der betroffenen Person gewährleistet.

(2) Der Auftragsverarbeiter nimmt keinen weiteren Auftragsverarbeiter ohne vorherige gesonderte oder allgemeine schriftliche Genehmigung des Verantwortlichen in Anspruch. Im Fall einer allgemeinen schriftlichen Genehmigung informiert der Auftragsverarbeiter den Verantwortlichen immer über jede beabsichtigte Änderung in Bezug auf die Hinzuziehung oder die Ersetzung anderer Auftragsverarbeiter, wodurch der Verantwortliche die Möglichkeit erhält, gegen derartige Änderungen Einspruch zu erheben.

(3) Die Verarbeitung durch einen Auftragsverarbeiter erfolgt auf der Grundlage eines Vertrags oder eines anderen Rechtsinstruments nach dem Unionsrecht oder dem Recht der Mitgliedstaaten, der bzw. das den Auftragsverarbeiter in Bezug auf den Verantwortlichen bindet und in dem Gegenstand und Dauer der Verarbeitung, Art und Zweck der Verarbeitung, die Art der personenbezogenen Daten, die Kategorien betroffener Personen und die Pflichten und Rechte des Verantwortlichen festgelegt sind. Dieser Vertrag bzw. dieses andere Rechtsinstrument sieht insbesondere vor, dass der Auftragsverarbeiter

a) die personenbezogenen Daten nur auf dokumentierte Weisung des Verantwortlichen — auch in Bezug auf die Übermittlung personenbezogener Daten an ein Drittland oder eine internationale Organisation — verarbeitet, sofern er nicht durch das Recht der Union oder der Mitgliedstaaten, dem der Auftragsverarbeiter unterliegt, hierzu verpflichtet ist; in einem solchen Fall teilt der Auftragsverarbeiter dem Verantwortlichen diese rechtlichen Anforderungen vor der Verarbeitung mit, sofern das betreffende Recht eine solche Mitteilung nicht wegen eines wichtigen öffentlichen Interesses verbietet;

b) gewährleistet, dass sich die zur Verarbeitung der personenbezogenen Daten befugten Personen zur Vertraulichkeit verpflichtet haben oder einer angemessenen gesetzlichen Verschwiegenheitspflicht unterliegen;

c) alle gemäß Artikel 32 erforderlichen Maßnahmen ergreift;

d) die in den Absätzen 2 und 4 genannten Bedingungen für die Inanspruchnahme der Dienste eines weiteren Auftragsverarbeiters einhält;

e) angesichts der Art der Verarbeitung den Verantwortlichen nach Möglichkeit mit geeigneten technischen und organisatorischen Maßnahmen dabei unterstützt, seiner Pflicht zur Beantwortung von Anträgen auf Wahrnehmung der in Kapitel III genannten Rechte der betroffenen Person nachzukommen;

f) unter Berücksichtigung der Art der Verarbeitung und der ihm zur Verfügung stehenden

Zusammenhang mit der Verarbeitung zur Gewährleistung der Einhaltung dieser Verordnung) 연락담당자로서 감독관청과 정보주체를 위하여 행위하도록 위임을 받는다.

⑤ 개인정보처리자 또는 수탁처리자에 의한 대리인의 지정(Die Benennung eines Vertreters durch den Verantwortlichen oder den Auftragsverarbeiter)은, 개인정보처리자 또는 수탁처리자 자체에 대하여 있을 수 있는 법적 조치에 상관없이 행해진다.

제28조 수탁처리자

① 어느 처리가 개인정보처리자의 위임에 기하여 행해지는 경우에(Erfolgt eine Verarbeitung im Auftrag eines Verantwortlichen), 개인정보처리자는, 적절한 기술적·관리적 조치(geeignete technische und organisatorische Maßnahmen)가 시행되어 해당 처리가 본 법(法)의 요구사항에 따라 행해지고 정보주체의 권리가 보장되는 것에(den Schutz der Rechte der betroffenen Person gewährleistet) 대하여 충분한 안전성확보조치를 제공하는 수탁처리자와만 일한다.

② 수탁처리자는 개인정보처리자의 별도의 또는 일반적 사전(事前) 서면 동의 없이 다른 수탁처리자를 이용할 수 없다. 일반적 서면 동의의 경우에 수탁처리자는 개인정보처리자에게 다른 수탁처리자의 추가나 다른 수탁처리자로의 교체에 관한 계획한 각 변경에 관하여 항상 알리고, 이 경우 개인정보처리자는 그러한 변경에 대하여 이의를 제기할 기회를 갖는다(wodurch der Verantwortliche die Möglichkeit erhält, gegen derartige Änderungen Einspruch zu erheben).

③ 수탁처리자에 의한 처리는, 수탁처리자를 개인정보처리자와 관련하여 연결해 주고, 처리의 대상 및 기간, 처리의 성질 및 목적, 개인정보의 성질, 정보주체의 범주와 개인정보처리자의 권리의무를 규정한(in dem Gegenstand und Dauer der Verarbeitung, Art und Zweck der Verarbeitung, die Art der personenbezogenen Daten, die Kategorien betroffener Personen und die Pflichten und Rechte des Verantwortlichen festgelegt sind), 유럽연합법 또는 회원국법에 따른 계약 또는 기타 법률행위에 기하여 행해진다. 이러한 계약 내지 기타 법률행위는 특히 다음 각 목을 규정한다,

a) 수탁처리자가 자신이 적용받는 유럽연합법 또는 회원국법에 의하여 해당 개인 정보를 처리할 의무를 부담하지 않는 경우에, 개인정보의 어느 제3국 또는 국제기구로의 이전에 관련한 경우도 포함하여(auch in Bezug auf die Übermittlung personenbezogener Daten an ein Drittland oder eine internationale Organisation), 수탁처리자는 개인정보처리자의 개인정보처리자의 문서에 의한 지시에 기해서만 해당 개인정보를 처리한다는 점; 이러한 경우에 수탁처리자는 그러한 법들이 그러한 통지를 중대한 공익상 이유에서 금지하지 않는 한, 그 처리 전에 개인정보처리자에게 이러한 법적 요구사항을 통지한다;

b) 수탁처리자가 개인정보 처리에 관하여 권한을 가진 자가 기밀을 지킬 의무를 부담하거나 적절한 법에 규정된 비밀유지의무를 적용받는다는 것을 보장한다는 점;

c) 수탁처리자가 제32조에 따라 필요한 일체의 조치를 취한다는 점;

d) 수탁처리자가 제1항 또는 제4항상의 요건으로, 다른 어느 수탁처리자의 서비스의 이용에 대한 요건을 준수한다는 점;

e) 수탁처리자가, 제3장상의 정보주체의 권리의무의 행사 요구에 대하여 응답할(Beantwortung von Anträgen auf Wahrnehmung der in Kapitel III genannten Rechte der betroffenen Person) 자신의 의무를 이행하기 위하여 그 처리의 성질을 고려하여 가능한 한 적절한 기술적·관리적 조치로 개인정보처리자를 지원한다는 점,

f) 수탁처리자가 처리(處理)의 성질(性質)과 자신에게 제공된 정보(情報)를 고려하여 제32조 내지 제36조상의 의무의 준수에 있어(bei der Einhaltung der in den Artikeln 32 bis 36 genannten Pflichten) 개인

Pflichten unterstützt;

g) nach Abschluss der Erbringung der Verarbeitungsleistungen alle personenbezogenen Daten nach Wahl des Verantwortlichen entweder löscht oder zurückgibt, sofern nicht nach dem Unionsrecht oder dem Recht der Mitgliedstaaten eine Verpflichtung zur Speicherung der personenbezogenen Daten besteht;

h) dem Verantwortlichen alle erforderlichen Informationen zum Nachweis der Einhaltung der in diesem Artikel niedergelegten Pflichten zur Verfügung stellt und Überprüfungen — einschließlich Inspektionen –, die vom Verantwortlichen oder einem anderen von diesem beauftragten Prüfer durchgeführt werden, ermöglicht und dazu beiträgt.

Mit Blick auf Unterabsatz 1 Buchstabe h informiert der Auftragsverarbeiter den Verantwortlichen unverzüglich, falls er der Auffassung ist, dass eine Weisung gegen diese Verordnung oder gegen andere Datenschutzbestimmungen der Union oder der Mitgliedstaaten verstößt.

(4) Nimmt der Auftragsverarbeiter die Dienste eines weiteren Auftragsverarbeiters in Anspruch, um bestimmte Verarbeitungstätigkeiten im Namen des Verantwortlichen auszuführen, so werden diesem weiteren Auftragsverarbeiter im Wege eines Vertrags oder eines anderen Rechtsinstruments nach dem Unionsrecht oder dem Recht des betreffenden Mitgliedstaats dieselben Datenschutzpflichten auferlegt, die in dem Vertrag oder anderen Rechtsinstrument zwischen dem Verantwortlichen und dem Auftragsverarbeiter gemäß Absatz 3 festgelegt sind, wobei insbesondere hinreichende Garantien dafür geboten werden muss, dass die geeigneten technischen und organisatorischen Maßnahmen so durchgeführt werden, dass die Verarbeitung entsprechend den Anforderungen dieser Verordnung erfolgt. Kommt der weitere Auftragsverarbeiter seinen Datenschutzpflichten nicht nach, so haftet der erste Auftragsverarbeiter gegenüber dem Verantwortlichen für die Einhaltung der Pflichten jenes anderen Auftragsverarbeiters.

(5) Die Einhaltung genehmigter Verhaltensregeln gemäß Artikel 40 oder eines genehmigten Zertifizierungsverfahrens gemäß Artikel 42 durch einen Auftragsverarbeiter kann als Faktor herangezogen werden, um hinreichende Garantien im Sinne der Absätze 1 und 4 des vorliegenden Artikels nachzuweisen.

(6) Unbeschadet eines individuellen Vertrags zwischen dem Verantwortlichen und dem Auftragsverarbeiter kann der Vertrag oder das andere Rechtsinstrument im Sinne der Absätze 3 und 4 des vorliegenden Artikels ganz oder teilweise auf den in den Absätzen 7 und 8 des vorliegenden Artikels genannten Standardvertragsklauseln beruhen, auch wenn diese Bestandteil einer dem Verantwortlichen oder dem Auftragsverarbeiter gemäß den Artikeln 42 und 43 erteilten Zertifizierung sind.

(7) Die Kommission kann im Einklang mit dem Prüfverfahren gemäß Artikel 87 Absatz 2 Standardvertragsklauseln zur Regelung der in den Absätzen 3 und 4 des vorliegenden Artikels genannten Fragen festlegen.

(8) Eine Aufsichtsbehörde kann im Einklang mit dem Kohärenzverfahren gemäß Artikel 63 Standardvertragsklauseln zur Regelung der in den Absätzen 3 und 4 des vorliegenden Artikels genannten Fragen festlegen.

(9) Der Vertrag oder das andere Rechtsinstrument im Sinne der Absätze 3 und 4 ist schriftlich abzufassen, was auch in einem elektronischen Format erfolgen kann.

(10) Unbeschadet der Artikel 82, 83 und 84 gilt ein Auftragsverarbeiter, der unter Verstoß gegen diese

정보처리자를 지원한다는 점;

g) 유럽연합법 또는 회원국법에 따라 개인정보의 저장의무가 성립하지 않는 한, 수탁처리자가 처리급부의 제공 종료 후에(nach Abschluss der Erbringung der Verarbeitungsleistungen) 개인정보처리자의 선택에 좇아(nach Wahl des Verantwortlichen) 일체의 개인정보를 삭제하거나 아니면 이를 반환(返還)한다는 점;

h) 수탁처리자가 개인정보처리자에게 본 조에 명시된 의무의 준수를 증명하는 데 필요한 일체의 정보를 제공하고, 검사를 포함하여 개인정보처리자 또는 개인정보처리자에게서 위임받은 그 밖의 심사인에 의해 수행되는(die vom Verantwortlichen oder einem anderen von diesem beauftragten Prüfer durchgeführt werden) 심사를 가능하게 하거나 이에 조력한다는 점.

수탁처리자가 어느 지시가 본 법(法)이나 유럽연합 또는 회원국의 개인정보보호규정에 위반하는 것으로 보는 경우에, 그 수탁처리자는 개인정보차리자에게 지체 없이 제1소항 h목에 관하여(Mit Blick auf Unterabsatz 1 Buchstabe h) 알린다.

④ 그 수탁처리자가 특정한 정보처리활동을 개인정보처리자의 이름으로 수행하기 위하여 다른 수탁처리자의 서비스를 이용하는 경우에(Nimmt der Auftragsverarbeiter die Dienste eines weiteren Auftragsverarbeiters in Anspruch, um bestimmte Verarbeitungstätigkeiten im Namen des Verantwortlichen auszuführen), 개인정보처리자와 수탁처리자 간의 계약 또는 그 밖의 법률행위로 정해진 동일한 개인정보보호의무가 이러한 다른 수탁처라자에게 계약이나 유럽연합법 또는 해당 회원국법에 따른 그 밖의 법률행위의 방식으로 부과된다. 이 경우 특히 그 처리가 본 법(法)의 요구사항에 따라 행해지되도록 적절한 기술적·관리적 조치가 시행된다는 점에 대한 충분한 안전성확보조치가 제공되어야만 한다. 다른 개인정보처리자가 자신의 개인정보보호의무를 이행하지 않는 경우에, 최초의 수탁처리자가 그 다른 수탁처리자의 의무 준수에 내하여 개인정보처리자에게 책임을 진다(so haftet der erste Auftragsverarbeiter gegenüber dem Verantwortlichen für die Einhaltung der Pflichten jenes anderen Auftragsverarbeiters).

⑤ 제40조에 따른 승인된 개인정보준칙의 준수(Die Einhaltung genehmigter Verhaltensregeln gemäß Artikel 40)나 제42조에 따른 승인된 인증절차의 준수는 본조 제1항 및 제4항상의 충분한 안전성확보조치를 증명하기 위한(um hinreichende Garantien im Sinne der Absätze 1 und 4 des vorliegenden Artikels nachzuweisen) 요소로 이용될 수 있다.

⑥ 개인정보처리자와 수탁처리자 간의 개별 계약에 상관없이, 본 조 제3항 또는 제4항상의 계약 또는 그 밖의 법률행위는, 제42조 또는 제43조에 따라 개인정보처리자 또는 수탁처리자에게 부여된 인증의 구성부분이 될지라도(auch wenn diese Bestandteil einer dem Verantwortlichen oder dem Auftragsverarbeiter gemäß den Artikeln 42 und 43 erteilten Zertifizierung sind), 전부 또는 부분적으로 본 조 제7항 또는 제8항상의 표준계약조항에 근거할 수 있다.

⑦ 유럽연합집행위원회는 본 조 제3항 또는 제4항상의 문제를 규율하기 위하여(zur Regelung der in den Absätzen 3 und 4 des vorliegenden Artikels genannten Fragen) 제87조 제2항에 따른 심사절차에 따라 표준계약조항을 채택할 수 있다.

⑧ 감독관청은 본 조 제3항 또는 제4항상의 문제를 규율하기 위하여(zur Regelung der in den Absätzen 3 und 4 des vorliegenden Artikels genannten Fragen) 제63조에 따른 법적용통일성추구절차에 따라 표준계약조항을 채택할 수 있다.

⑨ 제3항 또는 제4항상의 계약 또는 그 밖의 법률행위는, 전자양식을 포함하여(was auch in einem elektronischen Format erfolgen kann) 서면으로 작성되어야 한다.

⑩ 제82조, 제83조 또는 제84조에도 불구하고 본 법(法)을 위반하여 처리의 목적과 수단을 정한(der unter

Verordnung die Zwecke und Mittel der Verarbeitung bestimmt, in Bezug auf diese Verarbeitung als Verantwortlicher.

Artikel 29 Verarbeitung unter der Aufsicht des Verantwortlichen oder des Auftragsverarbeiters

Der Auftragsverarbeiter und jede dem Verantwortlichen oder dem Auftragsverarbeiter unterstellte Person, die Zugang zu personenbezogenen Daten hat, dürfen diese Daten ausschließlich auf Weisung des Verantwortlichen verarbeiten, es sei denn, dass sie nach dem Unionsrecht oder dem Recht der Mitgliedstaaten zur Verarbeitung verpflichtet sind.

Artikel 30 Verzeichnis von Verarbeitungstätigkeiten

(1) Jeder Verantwortliche und gegebenenfalls sein Vertreter führen ein Verzeichnis aller Verarbeitungstätigkeiten, die ihrer Zuständigkeit unterliegen. Dieses Verzeichnis enthält sämtliche folgenden Angaben:

a) den Namen und die Kontaktdaten des Verantwortlichen und gegebenenfalls des gemeinsam mit ihm Verantwortlichen, des Vertreters des Verantwortlichen sowie eines etwaigen Datenschutzbeauftragten;

b) die Zwecke der Verarbeitung;

c) eine Beschreibung der Kategorien betroffener Personen und der Kategorien personenbezogener Daten;

d) die Kategorien von Empfängern, gegenüber denen die personenbezogenen Daten offengelegt worden sind oder noch offengelegt werden, einschließlich Empfänger in Drittländern oder internationalen Organisationen;

e) gegebenenfalls Übermittlungen von personenbezogenen Daten an ein Drittland oder an eine internationale Organisation, einschließlich der Angabe des betreffenden Drittlands oder der betreffenden internationalen Organisation, sowie bei den in Artikel 49 Absatz 1 Unterabsatz 2 genannten Datenübermittlungen die Dokumentierung geeigneter Garantien;

f) wenn möglich, die vorgesehenen Fristen für die Löschung der verschiedenen Datenkategorien;

g) wenn möglich, eine allgemeine Beschreibung der technischen und organisatorischen Maßnahmen gemäß Artikel 32 Absatz 1.

(2) Jeder Auftragsverarbeiter und gegebenenfalls sein Vertreter führen ein Verzeichnis zu allen Kategorien von im Auftrag eines Verantwortlichen durchgeführten Tätigkeiten der Verarbeitung, die Folgendes enthält:

a) den Namen und die Kontaktdaten des Auftragsverarbeiters oder der Auftragsverarbeiter und jedes Verantwortlichen, in dessen Auftrag der Auftragsverarbeiter tätig ist, sowie gegebenenfalls des Vertreters des Verantwortlichen oder des Auftragsverarbeiters und eines etwaigen Datenschutzbeauftragten;

b) die Kategorien von Verarbeitungen, die im Auftrag jedes Verantwortlichen durchgeführt werden;

c) gegebenenfalls Übermittlungen von personenbezogenen Daten an ein Drittland oder an eine internationale Organisation, einschließlich der Angabe des betreffenden Drittlands oder der betreffenden internationalen Organisation, sowie bei den in Artikel 49 Absatz 1 Unterabsatz 2 genannten Datenübermittlungen die Dokumentierung geeigneter Garantien;

d) wenn möglich, eine allgemeine Beschreibung der technischen und organisatorischen Maßnahmen gemäß Artikel 32 Absatz 1.

Verstoß gegen diese Verordnung die Zwecke und Mittel der Verarbeitung bestimmt) 수탁처리자는, 이러한 처리에 관하여 개인정보처리자로 본다.

第29조 개인정보처리자 또는 수탁처리자의 감독하의 처리

수탁처리자와, 개인정보처리자 또는 그 수탁처리자의 감독하에서 행위하는 모든 자로, 개인정보에 대하여 접근할 수 있는 자는, 개인정보처리자의 지시에 의해서만 이러한 개인정보를 처리할 수 있고, 다만 그들이 유럽연합법 또는 회원국법에 따라 처리할 의무를 부담하는 경우(dass sie nach dem Unionsrecht oder dem Recht der Mitgliedstaaten zur Verarbeitung verpflichtet sind)에는 그러하지 아니하다.

第30조 정보처리활동 기록

① 모든 개인정보처리자와, 해당하는 경우 그 대리인은 그 책임하에 있는(die ihrer Zuständigkeit unterliegen) 모든 정보처리활동(aller Verarbeitungstätigkeiten)의 기록을 관리한다. 이러한 기록은 다음 각 목 전부를 포함한다:

a) 개인정보처리자의 이름 및 연락정보, 해당하는 경우 공동개인정보처리자, 개인정보처리자의 대리인과 개인정보보호책임자의 이름 및 연락정보;

b) 처리의 목적;

c) 정보주체 및 개인정보의 범주(der Kategorien betroffener Personen und der Kategorien personenbezogener Daten)의 기술(記述);

d) 제3국 또는 국제기구에 있는 수령인을 포함하여(einschließlich Empfänger in Drittländern oder internationalen Organisationen), 개인정보가 공개되었거나 장차 공개될 수령인의 범주(die Kategorien von Empfängern);

e) 해당하는 경우에 개인정보의 어느 제3국 또는 어느 국제기구로의 이전(그러한 제3국 또는 해당 국제기구에 대한 정보가 포함됨)과, 제49조 제2소항상의 개인정보이전의 경우에 적합한 안전성확보조치의 문서화(sowie bei den in Artikel 49 Absatz 1 Unterabsatz 2 genannten Datenübermittlungen die Dokumentierung geeigneter Garantien);

f) 가능하다면, 여러 범주의 개인정보 삭제에 대하여 규정된 기간;

g) 가능하다면, 제32조 제1항에 따른 기술적·관리적 조치의 일반적 기술(eine allgemeine Beschreibung der technischen und organisatorischen Maßnahmen).

② 각 수탁처리자와, 해당하는 경우 그 대리인(Jeder Auftragsverarbeiter und gegebenenfalls sein Vertreter)은 개인정보처리자의 위임에 따라 수행된 정보처리활동의 모든 범주에 대한 것으로, 다음 각 목을 포함하는 기록을 관리한다:

a) 수탁처리자의 이름 및 연락정보와, 그 위임에 기하여 수탁처리자가 활동하는 각 개인정보처리자의 이름 및 연락정보와, 해당하는 경우 개인정보처리자 또는 수탁처리자 및 개인정보보호책임자의 대리인(gegebenenfalls des Vertreters des Verantwortlichen oder des Auftragsverarbeiters und eines etwaigen Datenschutzbeauftragten)의 이름 및 연락정보;

b) 각 개인정보처리자의 위임에 기하여 시행되는 처리의 범주;

c) 해당하는 경우 제3국 또는 국제기구로의 개인정보 이전(그러한 제3국 또는 해당 국제기구에 대한 정보가 포함됨)과, 제49조 제2소항상의 개인정보이전의 경우에 적합한 안전성확보조치의 문서화(sowie bei den in Artikel 49 Absatz 1 Unterabsatz 2 genannten Datenübermittlungen die Dokumentierung geeigneter Garantien);

d) 가능하다면, 제32조 제1항에 따른 기술적·관리적 조치의 일반적 기술(eine allgemeine Beschreibung der technischen und organisatorischen Maßnahmen).

(3) Das in den Absätzen 1 und 2 genannte Verzeichnis ist schriftlich zu führen, was auch in einem elektronischen Format erfolgen kann.

(4) Der Verantwortliche oder der Auftragsverarbeiter sowie gegebenenfalls der Vertreter des Verantwortlichen oder des Auftragsverarbeiters stellen der Aufsichtsbehörde das Verzeichnis auf Anfrage zur Verfügung.

(5) Die in den Absätzen 1 und 2 genannten Pflichten gelten nicht für Unternehmen oder Einrichtungen, die weniger als 250 Mitarbeiter beschäftigen, sofern die von ihnen vorgenommene Verarbeitung nicht ein Risiko für die Rechte und Freiheiten der betroffenen Personen birgt, die Verarbeitung nicht nur gelegentlich erfolgt oder nicht die Verarbeitung besonderer Datenkategorien gemäß Artikel 9 Absatz 1 bzw. die Verarbeitung von personenbezogenen Daten über strafrechtliche Verurteilungen und Straftaten im Sinne des Artikels 10 einschließt.

Artikel 31 Zusammenarbeit mit der Aufsichtsbehörde

Der Verantwortliche und der Auftragsverarbeiter und gegebenenfalls deren Vertreter arbeiten auf Anfrage mit der Aufsichtsbehörde bei der Erfüllung ihrer Aufgaben zusammen.

Abschnitt 2 Sicherheit personenbezogener Daten

Artikel 32 Sicherheit der Verarbeitung

(1) Unter Berücksichtigung des Stands der Technik, der Implementierungskosten und der Art, des Umfangs, der Umstände und der Zwecke der Verarbeitung sowie der unterschiedlichen Eintrittswahrscheinlichkeit und Schwere des Risikos für die Rechte und Freiheiten natürlicher Personen treffen der Verantwortliche und der Auftragsverarbeiter geeignete technische und organisatorische Maßnahmen, um ein dem Risiko angemessenes Schutzniveau zu gewährleisten; diese Maßnahmen schließen unter anderem Folgendes ein:

a) die Pseudonymisierung und Verschlüsselung personenbezogener Daten;

b) die Fähigkeit, die Vertraulichkeit, Integrität, Verfügbarkeit und Belastbarkeit der Systeme und Dienste im Zusammenhang mit der Verarbeitung auf Dauer sicherzustellen;

c) die Fähigkeit, die Verfügbarkeit der personenbezogenen Daten und den Zugang zu ihnen bei einem physischen oder technischen Zwischenfall rasch wiederherzustellen;

d) ein Verfahren zur regelmäßigen Überprüfung, Bewertung und Evaluierung der Wirksamkeit der technischen und organisatorischen Maßnahmen zur Gewährleistung der Sicherheit der Verarbeitung.

(2) Bei der Beurteilung des angemessenen Schutzniveaus sind insbesondere die Risiken zu berücksichtigen, die mit der Verarbeitung verbunden sind, insbesondere durch — ob unbeabsichtigt oder unrechtmäßig — Vernichtung, Verlust, Veränderung oder unbefugte Offenlegung von beziehungsweise unbefugten Zugang zu personenbezogenen Daten, die übermittelt, gespeichert oder auf andere Weise verarbeitet wurden.

(3) Die Einhaltung genehmigter Verhaltensregeln gemäß Artikel 40 oder eines genehmigten Zertifizierungsverfahrens gemäß Artikel 42 kann als Faktor herangezogen werden, um die Erfüllung der in Absatz 1 des vorliegenden Artikels genannten Anforderungen nachzuweisen.

(4) Der Verantwortliche und der Auftragsverarbeiter unternehmen Schritte, um sicherzustellen, dass ihnen unterstellte natürliche Personen, die Zugang zu personenbezogenen Daten haben, diese nur auf

③ 제1항 및 제2항상의 기록은 전자양식을 포함하여(was auch in einem elektronischen Format erfolgen kann) 문서로 관리해야 한다.

④ 개인정보처리자 또는 수탁처리자와, 해당하는 경우 개인정보처리자 또는 수탁처리자의 대리인(gegebenenfalls der Vertreter des Verantwortlichen oder des Auftragsverarbeiters)은 감독관청에 요구가 있는 경우 그 기록을 제공한다.

⑤ 기업 또는 조직이 행한 처리가 정보주체의 권리 및 자유에 대한 위험을 야기하지 않고, 그 처리가 가 가끔 행해지는 것이 아니거나, 제9조 제1항에 따른 특수한 개인정보범주의 처리나 제10조상의 형사유죄판결 또는 범죄에 관한 개인정보의 처리를 포함하지 않는(nicht die Verarbeitung besonderer Datenkategorien gemäß Artikel 9 Absatz 1 bzw. die Verarbeitung von personenbezogenen Daten über strafrechtliche Verurteilungen und Straftaten im Sinne des Artikels 10 einschließt) 한, 제1항 및 제2항상의 의무는 250명 미만의 직원을 고용한 기업 또는 조직에 대하여는 적용하지 아니한다,

제31조 감독관청과의 협력

개인정보처리자와 수탁처리자와, 해당하는 경우 그들의 대리인은 그 요구가 있는 경우 자신의 임무 수행에 있어 감독관청과 협력한다.

제2절 개인정보 보안

제32조 처리의 보안

① 기술수준, 실행비용(des Stands der Technik, der Implementierungskosten)과 처리 성질, 범위, 배경 및 목적 그리고 자연인의 권리 및 자유에 대한 위험의 다양한 발생가능성 및 중대성(der unterschiedlichen Eintrittswahrscheinlichkeit und Schwere des Risikos für die Rechte und Freiheiten naturlicher Personen)를 고려하여, 개인정보처리자와 수탁처리자는 그 위험에 적절한 보호수준을 보장하기 위한(um ein dem Risiko angemessenes Schutzniveau zu gewährleisten) 기술적·관리적 조치를 취한다; 이러한 조치는 무엇보다도 다음 각 목을 포함한다:

a) 개인정보의 가명처리 및 암호화;

b) 처리 시스템과 처리 업무(der Systeme und Dienste im Zusammenhang mit der Verarbeitung)의 기밀성, 무결성, 가용성(可用性) 및 복원력(復原力)을 지속적으로 보장하는 능력;

c) 물리적 또는 기술적 사고 발생의 경우에 개인정보의 이용가능성과 개인정보에 대한 접근을 신속하게 복구할 수 있는 능력;

d) 처리의 보안을 확보하기 위한 기술적·관리적 조치의 유효성(der Wirksamkeit der technischen und organisatorischen Maßnahmen)의 정기적 심사, 판단 및 평가에 관한 절차.

② 적절한 보호수준을 판단함에 있어(Bei der Beurteilung des angemessenen Schutzniveaus), 무엇보다도 그 처리로 발생하는 위험, 특히, 이전되거나 저장되거나 그 밖의 방법으로 처리된 개인정보의, 비의도적 또는 불법적인, 파기(Vernichtung), 분실(紛失; Verlust), 변경(變更; Veränderung), 무단공개 또는 무단접근(unbefugten Offenlegung von oder zum unbefugten Zugang)으로 발생(發生)하는 위험(危險)을 고려해야 한다.

③ 제40조에 따른 승인된 개인정보준칙의 준수나 제42조에 따른 승인된 인증절차의 준수는 본조 제1항상의 요구사항의 이행을 증명하기 위한(um die Erfüllung der in Absatz 1 des vorliegenden Artikels genannten Anforderungen nachzuweisen) 요소로 이용될 수 있다.

④ 개인정보처리자와 수탁처리자는, 자신들의 관리하에 있는, 개인정보에 접근할 수 있는 자연인이 개인정보처리자의 지시에 기해서만 개인정보를 처리한다는 점을 보장하기 위한 조치를 취하되, 다만 개인정

Anweisung des Verantwortlichen verarbeiten, es sei denn, sie sind nach dem Recht der Union oder der Mitgliedstaaten zur Verarbeitung verpflichtet.

Artikel 33 Meldung von Verletzungen des Schutzes personenbezogener Daten an die Aufsichtsbehörde

(1) Im Falle einer Verletzung des Schutzes personenbezogener Daten meldet der Verantwortliche unverzüglich und möglichst binnen 72 Stunden, nachdem ihm die Verletzung bekannt wurde, diese der gemäß Artikel 51 zuständigen Aufsichtsbehörde, es sei denn, dass die Verletzung des Schutzes personenbezogener Daten voraussichtlich nicht zu einem Risiko für die Rechte und Freiheiten natürlicher Personen führt. Erfolgt die Meldung an die Aufsichtsbehörde nicht binnen 72 Stunden, so ist ihr eine Begründung für die Verzögerung beizufügen.

(2) Wenn dem Auftragsverarbeiter eine Verletzung des Schutzes personenbezogener Daten bekannt wird, meldet er diese dem Verantwortlichen unverzüglich.

(3) Die Meldung gemäß Absatz 1 enthält zumindest folgende Informationen:

a) eine Beschreibung der Art der Verletzung des Schutzes personenbezogener Daten, soweit möglich mit Angabe der Kategorien und der ungefähren Zahl der betroffenen Personen, der betroffenen Kategorien und der ungefähren Zahl der betroffenen personenbezogenen Datensätze;

b) den Namen und die Kontaktdaten des Datenschutzbeauftragten oder einer sonstigen Anlaufstelle für weitere Informationen;

c) eine Beschreibung der wahrscheinlichen Folgen der Verletzung des Schutzes personenbezogener Daten;

d) eine Beschreibung der von dem Verantwortlichen ergriffenen oder vorgeschlagenen Maßnahmen zur Behebung der Verletzung des Schutzes personenbezogener Daten und gegebenenfalls Maßnahmen zur Abmilderung ihrer möglichen nachteiligen Auswirkungen.

(4) Wenn und soweit die Informationen nicht zur gleichen Zeit bereitgestellt werden können, kann der Verantwortliche diese Informationen ohne unangemessene weitere Verzögerung schrittweise zur Verfügung stellen.

(5) Der Verantwortliche dokumentiert Verletzungen des Schutzes personenbezogener Daten einschließlich aller im Zusammenhang mit der Verletzung des Schutzes personenbezogener Daten stehenden Fakten, von deren Auswirkungen und der ergriffenen Abhilfemaßnahmen. Diese Dokumentation muss der Aufsichtsbehörde die Überprüfung der Einhaltung der Bestimmungen dieses Artikels ermöglichen.

Artikel 34 Benachrichtigung der von einer Verletzung des Schutzes personenbezogener Daten betroffenen Person

(1) Hat die Verletzung des Schutzes personenbezogener Daten voraussichtlich ein hohes Risiko für die persönlichen Rechte und Freiheiten natürlicher Personen zur Folge, so benachrichtigt der Verantwortliche die betroffene Person unverzüglich von der Verletzung.

(2) Die in Absatz 1 genannte Benachrichtigung der betroffenen Person beschreibt in klarer und einfacher Sprache die Art der Verletzung des Schutzes personenbezogener Daten und enthält zumindest die in Artikel 33 Absatz 3 Buchstaben b, c und d genannten Informationen und Maßnahmen.

(3) Die Benachrichtigung der betroffenen Person gemäß Absatz 1 ist nicht erforderlich, wenn eine der folgenden Bedingungen erfüllt ist:

a) der Verantwortliche geeignete technische und organisatorische Sicherheitsvorkehrungen getroffen

보처리자와 수탁처리자가 유럽연합법 또는 회원국법에 따라 그 처리를 할 의무를 부담하는 경우에는 그러하지 아니하다.

제33조 개인정보 침해의 감독관청에 대한 신고

① 개인정보 침해의 경우에 개인정보처리자는 지체 없이, 가능한 한 그 위반을 자신이 인지한 후 72시간 이내에 이러한 위반을 제51조에 따라 소관감독관청에 신고하고, 다만 개인정보 침해로 자연인의 권리 및 자유에 대한 위험이 발생하지 않을 것으로 예상되는 경우에는 그러하지 아니하다(es sei denn, dass die Verletzung des Schutzes personenbezogener Daten voraussichtlich nicht zu einem Risiko für die Rechte und Freiheiten natürlicher Personen führt). 감독관청에 대한 신고가 72시간 이내에 행해지지 않는 경우에, 그 신고에 지체에 대한 이유가 첨부되어야 한다.

② 수탁처리자가 개인정보 침해를 인지한 경우에는 그 수탁처리자는 이러한 위반을 개인정보처리자에게 지체 없이 보고한다.

③ 제1항에 따른 신고에는 최소한 다음 각 호의 정보가 포함된다:

a) 가능하면 정보주체의 범주와 그 대략적 수, 해당 개인정보 데이터세트의 관련 범주와 그 대략적 수(der betroffenen Kategorien und der ungefähren Zahl der betroffenen personenbezogenen Datensätze)를 언급하며 하는, 개인정보 침해의 성질의 기술;

b) 개인정보보호책임자의 이름 및 연락정보나, 추가적 정보를 얻기 위한 기타 연락담당자(Anlaufstelle)의 이름 및 연락정보;

c) 개인정보(個人情報) 침해(侵害)의 가능한 결과(結果)의 기술(eine Beschreibung der wahrscheinlichen Folgen);

d) 개인정보처리자가 취하거나 제안한 조치로 개인정보 침해를 제거하기 위한(zur Behebung der Verletzung des Schutzes personenbezogener Daten) 조치와, 필요하면 그 위반으로 발생할 수 있는 악영향의 완화를 위한 취한 조치.

④ 그 정보가 동시에 제공될 수 없는 경우에 그러한 범위 내에서 개인정보처리자는 과도한 추가적 지체 없이 이러한 정보를 단계적으로(ohne unangemessene weitere Verzögerung schrittweise) 제공할 수 있다.

⑤ 개인정보처리자는, 개인정보 침해와 관련이 있는 제반사실(aller im Zusammenhang mit der Verletzung des Schutzes personenbezogener Daten stehenden Fakten), 그 침해의 영향과, 취한 시정조치를 포함하여 개인정보 침해를 문서로 기록한다. 이러한 문서는 감독관청이 본 조 규정의 준수의 심사하는 것(der Aufsichtsbehörde die Überprüfung der Einhaltung der Bestimmungen dieses Artikels)을 가능하게 해야만 한다.

제34조 개인정보 침해의 피해자인 정보주체(der von einer Verletzung des Schutzes personenbezogener Daten betroffenen Person)에 대한 통지

① 개인정보 침해가 자연인의 개인적 권리 및 자유에 대한 고위험(高危險)(ein hohes Risiko für die persönlichen Rechte und Freiheiten natürlicher Personen)을 초래할 것으로 예상되는 경우에, 개인정보처리자는 정보주체에 지체 없이 그 침해에 대하여 통지한다.

② 제1항상의 정보주체에 대한 통지는 명료하고 간결한 언어로 개인정보 침해의 성질을 기술하고, 최소한 제33조 제3항 b목, c목 또는 d목상의 정보 또는 조치(die in Artikel 33 Absatz 3 Buchstaben b, c und d genannten Informationen und Maßnahmen)를 포함한다.

③ 제1항에 따른 정보주체에 대한 통지는 다음 각 목 요건 중 한 요건이 충족된 경우에는 요구되지 아니한다:

a) 개인정보처리자가 적합한 기술적·관리적 보안조처를 취했고, 이러한 조처가 그 침해에 관련된 개인

hat und diese Vorkehrungen auf die von der Verletzung betroffenen personenbezogenen Daten angewandt wurden, insbesondere solche, durch die die personenbezogenen Daten für alle Personen, die nicht zum Zugang zu den personenbezogenen Daten befugt sind, unzugänglich gemacht werden, etwa durch Verschlüsselung;

b) der Verantwortliche durch nachfolgende Maßnahmen sichergestellt hat, dass das hohe Risiko für die Rechte und Freiheiten der betroffenen Personen gemäß Absatz 1 aller Wahrscheinlichkeit nach nicht mehr besteht;

c) dies mit einem unverhältnismäßigen Aufwand verbunden wäre. In diesem Fall hat stattdessen eine öffentliche Bekanntmachung oder eine ähnliche Maßnahme zu erfolgen, durch die die betroffenen Personen vergleichbar wirksam informiert werden.

(4) Wenn der Verantwortliche die betroffene Person nicht bereits über die Verletzung des Schutzes personenbezogener Daten benachrichtigt hat, kann die Aufsichtsbehörde unter Berücksichtigung der Wahrscheinlichkeit, mit der die Verletzung des Schutzes personenbezogener Daten zu einem hohen Risiko führt, von dem Verantwortlichen verlangen, dies nachzuholen, oder sie kann mit einem Beschluss feststellen, dass bestimmte der in Absatz 3 genannten Voraussetzungen erfüllt sind.

Abschnitt 3 Datenschutz-Folgenabschätzung und vorherige Konsultation

Artikel 35 Datenschutz-Folgenabschätzung

(1) Hat eine Form der Verarbeitung, insbesondere bei Verwendung neuer Technologien, aufgrund der Art, des Umfangs, der Umstände und der Zwecke der Verarbeitung voraussichtlich ein hohes Risiko für die Rechte und Freiheiten natürlicher Personen zur Folge, so führt der Verantwortliche vorab eine Abschätzung der Folgen der vorgesehenen Verarbeitungsvorgänge für den Schutz personenbezogener Daten durch. Für die Untersuchung mehrerer ähnlicher Verarbeitungsvorgänge mit ähnlich hohen Risiken kann eine einzige Abschätzung vorgenommen werden.

(2) Der Verantwortliche holt bei der Durchführung einer Datenschutz-Folgenabschätzung den Rat des Datenschutzbeauftragten, sofern ein solcher benannt wurde, ein.

(3) Eine Datenschutz-Folgenabschätzung gemäß Absatz 1 ist insbesondere in folgenden Fällen erforderlich:

a) systematische und umfassende Bewertung persönlicher Aspekte natürlicher Personen, die sich auf automatisierte Verarbeitung einschließlich Profiling gründet und die ihrerseits als Grundlage für Entscheidungen dient, die Rechtswirkung gegenüber natürlichen Personen entfalten oder diese in ähnlich erheblicher Weise beeinträchtigen;

b) umfangreiche Verarbeitung besonderer Kategorien von personenbezogenen Daten gemäß Artikel 9 Absatz 1 oder von personenbezogenen Daten über strafrechtliche Verurteilungen und Straftaten gemäß Artikel 10 oder

c) systematische umfangreiche Überwachung öffentlich zugänglicher Bereiche.

(4) Die Aufsichtsbehörde erstellt eine Liste der Verarbeitungsvorgänge, für die gemäß Absatz 1 eine Datenschutz-Folgenabschätzung durchzuführen ist, und veröffentlicht diese. Die Aufsichtsbehörde übermittelt diese Listen dem in Artikel 68 genannten Ausschuss.

(5) Die Aufsichtsbehörde kann des Weiteren eine Liste der Arten von Verarbeitungsvorgängen erstellen

정보에 적용된 경우, 특히 가령 암호화와 같이, 개인정보에 대해 접근할 권한을 가지지 못한 모든 자들이 개인정보에 접근할 수 없도록 해 준 조처(insbesondere solche, durch die die personenbezogenen Daten für alle Personen, die nicht zum Zugang zu den personenbezogenen Daten befugt sind, unzugänglich gemacht werden, etwa durch Verschlüsselung)에 의한 경우;

b) 개인정보처리자가, 제1항에 따른 정보주체의 권리 및 자유에 대한 고위험이 더 이상 발생하지 않을 것이라는(aller Wahrscheinlichkeit nach nicht mehr besteht) 점을 후속 조치로(durch nachfolgende Maßnahmen) 보장한 경우;

c) 이로 인해 지나친 경비가 발생하는 경우. 이러한 경우 그 대신에 정보주체에게 이와 유사하게 효과적으로 알려 주는(durch die die betroffenen Personen vergleichbar wirksam informiert werden) 공시(公示) 또는 이와 유사한 조치가 행해져야 한다.

④ 개인정보처리자는 정보주체에게 개인정보 침해에 관하여 아직 통지를 하지 않은 경우에, 감독관청은 그 개인정보 침해로 고위험이 초래될 가능성을 고려하여 개인정보처리자에게 이를 하도록 요구하거나(von dem Verantwortlichen verlangen, dies nachzuholen), 제3항상의 요건 중 어느 요건이 충족되었다는 결정을 할 수 있다(sie kann mit einem Beschluss feststellen, dass bestimmte der in Absatz 3 genannten Voraussetzungen erfüllt sind).

제3절 개인정보보호 영향평가와 사전협의

제35조 개인정보보호 영향평가

① 처리의 방식, 특히 새로운 과학기술을 사용한 처리의 방식(eine Form der Verarbeitung, insbesondere bei Verwendung neuer Technologien)이, 그 처리의 성질, 범위, 배경 및 목적으로 인하여 자연인의 권리 및 자유에 대한 고위험(高危險)을 초래할 것으로 예상되는 경우에, 개인정보처리자는 개인정보보호에 대한 예정된 정보처리작업 결과의 평가를 사전에 시행한다. 유사한 고위험이 있는 여러 유사한 정보처리작업의 분석에 대하여(Für die Untersuchung mehrerer ähnlicher Verarbeitungsvorgänge mit ähnlich hohen Risiken) 유일한 하나의 평가를 행할 수 있다.

② 개인정보처리자는, 개인정보보호 영향평가의 시행에 있어 개인정보보호책임자가 지정되어 있는 경우에 개인정보보호책임자의 조언을 구한다.

③ 제1항에 따른 개인정보보호 영향평가(Eine Datenschutz-Folgenabschätzung gemäß Absatz 1)는 특히 다음 각 목의 경우에 필요하다:

a) 프로파일링을 포함하여 자동화된 처리에 기한, 자연인의 개인적 측면(側面)에 대한 체계적이고도 광범위한 평가(systematische und umfassende Bewertung)로, 자연인에 대한 법적 효과를 발생시키거나 이와 유사하게 자연인에게 중대하게 영향을 끼친다는 결정의 기초를 이루는(die ihrerseits als Grundlage für Entscheidungen dient) 평가;

b) 제9조 제1항에 따른 특수한 범주의 개인정보나 제10조에 따른 형사유죄판결 및 범죄(strafrechtliche Verurteilungen und Straftaten gemäß Artikel 10)에 관한 개인정보의 대규모 처리(umfangreiche Verarbeitung);

c) 공중이 접근할 수 있는 장소의 체계적이고도 광범위한 감시.

④ 감독관청은 제1항에 따라 개인정보보호 영향평가를 실시해야 하는 정보처리작업의 목록을 작성하고 이를 공표한다. 감독관청은 제68조상의 유럽정보보호위원회(dem in Artikel 68 genannten Ausschuss)에 그 목록을 제공한다.

⑤ 또한(des Weiteren) 감독관청은 개인정보보호 영향평가(Datenschutz-Folgenabschätzung)가 필요하지

und veröffentlichen, für die keine Datenschutz-Folgenabschätzung erforderlich ist. Die Aufsichtsbehörde übermittelt diese Listen dem Ausschuss.

(6) Vor Festlegung der in den Absätzen 4 und 5 genannten Listen wendet die zuständige Aufsichtsbehörde das Kohärenzverfahren gemäß Artikel 63 an, wenn solche Listen Verarbeitungstätigkeiten umfassen, die mit dem Angebot von Waren oder Dienstleistungen für betroffene Personen oder der Beobachtung des Verhaltens dieser Personen in mehreren Mitgliedstaaten im Zusammenhang stehen oder die den freien Verkehr personenbezogener Daten innerhalb der Union erheblich beeinträchtigen könnten.

(7) Die Folgenabschätzung enthält zumindest Folgendes:

a) eine systematische Beschreibung der geplanten Verarbeitungsvorgänge und der Zwecke der Verarbeitung, gegebenenfalls einschließlich der von dem Verantwortlichen verfolgten berechtigten Interessen;

b) eine Bewertung der Notwendigkeit und Verhältnismäßigkeit der Verarbeitungsvorgänge in Bezug auf den Zweck;

c) eine Bewertung der Risiken für die Rechte und Freiheiten der betroffenen Personen gemäß Absatz 1 und

d) die zur Bewältigung der Risiken geplanten Abhilfemaßnahmen, einschließlich Garantien, Sicherheitsvorkehrungen und Verfahren, durch die der Schutz personenbezogener Daten sichergestellt und der Nachweis dafür erbracht wird, dass diese Verordnung eingehalten wird, wobei den Rechten und berechtigten Interessen der betroffenen Personen und sonstiger Betroffener Rechnung getragen wird.

(8) Die Einhaltung genehmigter Verhaltensregeln gemäß Artikel 40 durch die zuständigen Verantwortlichen oder die zuständigen Auftragsverarbeiter ist bei der Beurteilung der Auswirkungen der von diesen durchgeführten Verarbeitungsvorgänge, insbesondere für die Zwecke einer Datenschutz-Folgenabschätzung, gebührend zu berücksichtigen.

(9) Der Verantwortliche holt gegebenenfalls den Standpunkt der betroffenen Personen oder ihrer Vertreter zu der beabsichtigten Verarbeitung unbeschadet des Schutzes gewerblicher oder öffentlicher Interessen oder der Sicherheit der Verarbeitungsvorgänge ein.

(10) Falls die Verarbeitung gemäß Artikel 6 Absatz 1 Buchstabe c oder e auf einer Rechtsgrundlage im Unionsrecht oder im Recht des Mitgliedstaats, dem der Verantwortliche unterliegt, beruht und falls diese Rechtsvorschriften den konkreten Verarbeitungsvorgang oder die konkreten Verarbeitungsvorgänge regeln und bereits im Rahmen der allgemeinen Folgenabschätzung im Zusammenhang mit dem Erlass dieser Rechtsgrundlage eine Datenschutz-Folgenabschätzung erfolgte, gelten die Absätze 1 bis 7 nur, wenn es nach dem Ermessen der Mitgliedstaaten erforderlich ist, vor den betreffenden Verarbeitungstätigkeiten eine solche Folgenabschätzung durchzuführen.

(11) Erforderlichenfalls führt der Verantwortliche eine Überprüfung durch, um zu bewerten, ob die Verarbeitung gemäß der Datenschutz-Folgenabschätzung durchgeführt wird; dies gilt zumindest, wenn hinsichtlich des mit den Verarbeitungsvorgängen verbundenen Risikos Änderungen eingetreten sind.

Artikel 36 Vorherige Konsultation

(1) Der Verantwortliche konsultiert vor der Verarbeitung die Aufsichtsbehörde, wenn aus einer

않는 정보처리작업의 유형의 목록을 작성하고 이를 공표한다. 감독관청인 그 목록을 유럽정보보호위원회에 제공한다.

⑥ 그러한 목록이, 다수의 회원국에 있는 정보주체에 대한 물품 또는 용역의 제공이나 그러한 정보주체의 행태의 감시와 관련이 있거나, 유럽연합 내의 개인정보 자유로운 이동에 중대하게 영향을 미칠 수 있는(die den freien Verkehr personenbezogener Daten innerhalb der Union erheblich beeinträchtigen könnten) 정보처리활동을 포함하는 경우에는, 제4항 및 제5항상의 목록의 마련에 앞서(Vor Festlegung der in den Absätzen 4 und 5 genannten Listen), 소관감독관청은 제63조에 따른 법적용통일성추구절차(das Kohärenzverfahren gemäß Artikel 63)를 적용한다.

⑦ 그 영향평가는 최소한 다음 각 목을 포함한다:

a) 계획하는 정보처리활동의 체계적 기술(記述)과 처리의 목적, 해당하는 경우 개인정보처리자가 달성하려는 정당한 이익이 포함됨(gegebenenfalls einschließlich der von dem Verantwortlichen verfolgten berechtigten Interessen);

b) 해당 목적에 관련된 정보처리작업의 필요성 및 비례성(der Notwendigkeit und Verhältnismäßigkeit)의 평가,

c) 제1항에 따른 정보주체의 권리 및 자유에 대한 위험에 대한 평가(eine Bewertung der Risiken für die Rechte und Freiheiten),

d) 안전성확보조치, 보안조처, 그리고 개인정보보호를 보장해 주는 절차로, 정보주체 및 기타 이해관계인의 권리 및 정당한 이익을 고려하면서(wobei den Rechten und berechtigten Interessen der betroffenen Personen und sonstiger Betroffener Rechnung getragen wird), 본 법(法)이 준수되었다는 점에 대한 증거가 제출되는 절차를 포함하여, 해당 위험을 극복하기 위하여 계획한 구제조치(die zur Bewältigung der Risiken geplanten Abhilfemaßnahmen).

⑧ 관련 개인정보처리자 또는 수탁처리자에 의한 제40조에 따른 승인된 개인정보준칙의 준수는, 이들에 의해 시행된 정보처리작업의 영향의 평가에 있어, 특히 개인정보영향평가의 목적을 위하여(bei der Beurteilung der Auswirkungen der von diesen durchgeführten Verarbeitungsvorgänge, insbesondere für die Zwecke einer Datenschutz-Folgenabschätzung) 적절하게 고려해야 한다.

⑨ 개인정보처리자는, 해당하는 경우에 영업적 이익 또는 공익의 보호나 정보처리작업의 보안에 상관없이(unbeschadet des Schutzes gewerblicher oder öffentlicher Interessen oder der Sicherheit der Verarbeitungsvorgänge), 계획한 처리에 관한 정보주체 및 그 대리인의 견해를 구한다.

⑩ 제6조 제1항 c목 또는 e목에 따른 처리가 개인정보처리자가 적용받는 유럽연합법 또는 회원국법상의 법적 근거에 기반하고, 그 법적 근거가 구체적 정보처리작업 또는 정보처리작업들을 규율하며 개인정보보호 영향평가가 이러한 법적 근거의 제정에 관련된 일반적 영향평가의 일환으로 이미 시행된 경우에는, 회원국이 그러한 정보처리활동에 앞서 그러한 영향평가를 실시하는 것이 필요한 것으로 판단한 때(wenn es nach dem Ermessen der Mitgliedstaaten erforderlich ist, vor den betreffenden Verarbeitungstätigkeiten eine solche Folgenabschätzung durchzuführen)에 한하여 제1항 내지 제7항을 적용한다.

⑪ 필요한 경우 개인정보처리자는 그 처리가 개인정보보호영향평가에 따라 시행되었는지 여부를 평가하기 위한(um zu bewerten, ob die Verarbeitung gemäß der Datenschutz-Folgenabschätzung durchgeführt wird) 심사를 시행한다; 해당 정보처리작업으로 발생한 위험에 관하여 변경이 발생한 경우에도 또한 같다.

제36조 사전협의

① 제35조에 따른 개인정보보호 영향평가에서 그 처리가 고위험을 초래할 것으로 나타나는 경우에는

Datenschutz-Folgenabschätzung gemäß Artikel 35 hervorgeht, dass die Verarbeitung ein hohes Risiko zur hätte, sofern der Verantwortliche keine Maßnahmen zur Eindämmung des Risikos trifft.

(2) Falls die Aufsichtsbehörde der Auffassung ist, dass die geplante Verarbeitung gemäß Absatz 1 nicht im Einklang mit dieser Verordnung stünde, insbesondere weil der Verantwortliche das Risiko nicht ausreichend ermittelt oder nicht ausreichend eingedämmt hat, unterbreitet sie dem Verantwortlichen und gegebenenfalls dem Auftragsverarbeiter innerhalb eines Zeitraums von bis zu acht Wochen nach Erhalt des Ersuchens um Konsultation entsprechende schriftliche Empfehlungen und kann ihre in Artikel 58 genannten Befugnisse ausüben. Diese Frist kann unter Berücksichtigung der Komplexität der geplanten Verarbeitung um sechs Wochen verlängert werden. Die Aufsichtsbehörde unterrichtet den Verantwortlichen oder gegebenenfalls den Auftragsverarbeiter über eine solche Fristverlängerung innerhalb eines Monats nach Eingang des Antrags auf Konsultation zusammen mit den Gründen für die Verzögerung. Diese Fristen können ausgesetzt werden, bis die Aufsichtsbehörde die für die Zwecke der Konsultation angeforderten Informationen erhalten hat.

(3) Der Verantwortliche stellt der Aufsichtsbehörde bei einer Konsultation gemäß Absatz 1 folgende Informationen zur Verfügung:

a) gegebenenfalls Angaben zu den jeweiligen Zuständigkeiten des Verantwortlichen, der gemeinsam Verantwortlichen und der an der Verarbeitung beteiligten Auftragsverarbeiter, insbesondere bei einer Verarbeitung innerhalb einer Gruppe von Unternehmen;

b) die Zwecke und die Mittel der beabsichtigten Verarbeitung;

c) die zum Schutz der Rechte und Freiheiten der betroffenen Personen gemäß dieser Verordnung vorgesehenen Maßnahmen und Garantien;

d) gegebenenfalls die Kontaktdaten des Datenschutzbeauftragten;

e) die Datenschutz-Folgenabschätzung gemäß Artikel 35 und

f) alle sonstigen von der Aufsichtsbehörde angeforderten Informationen.

(4) Die Mitgliedstaaten konsultieren die Aufsichtsbehörde bei der Ausarbeitung eines Vorschlags für von einem nationalen Parlament zu erlassende Gesetzgebungsmaßnahmen oder von auf solchen Gesetzgebungsmaßnahmen basierenden Regelungsmaßnahmen, die die Verarbeitung betreffen.

(5) Ungeachtet des Absatzes 1 können Verantwortliche durch das Recht der Mitgliedstaaten verpflichtet werden, bei der Verarbeitung zur Erfüllung einer im öffentlichen Interesse liegenden Aufgabe, einschließlich der Verarbeitung zu Zwecken der sozialen Sicherheit und der öffentlichen Gesundheit, die Aufsichtsbehörde zu konsultieren und deren vorherige Genehmigung einzuholen.

Abschnitt 4 Datenschutzbeauftragter

Artikel 37 Benennung eines Datenschutzbeauftragten

(1) Der Verantwortliche und der Auftragsverarbeiter benennen auf jeden Fall einen Datenschutzbeauftragten, wenn

a) die Verarbeitung von einer Behörde oder öffentlichen Stelle durchgeführt wird, mit Ausnahme von Gerichten, die im Rahmen ihrer justiziellen Tätigkeit handeln,

b) die Kerntätigkeit des Verantwortlichen oder des Auftragsverarbeiters in der Durchführung von Verarbeitungsvorgängen besteht, welche aufgrund ihrer Art, ihres Umfangs und/oder ihrer Zwecke eine

개인정보처리자는 그 위험을 완화하기 위한 조치를 취하지 못하는 한, 그 처리에 앞서 감독관청과 협의(協議)한다.

② 감독관청이, 특히 개인정보처리자가 해당 위험을 충분하게 조사하지 않았거나 이를 충분하게 완화하지 않아, 제1항에 따른 예정된 처리가 본 법(法)에 합치하지 않는 것으로 보는 경우에, 그 감독관청은 협의 요구를 받은 후 8주까지의 기간 내(innerhalb eines Zeitraums von bis zu acht Wochen nach Erhalt des Ersuchens um Konsultation)에 개인정보처리자와, 해당하는 경우 수탁처리자에게 관련 서면 권고(entsprechende schriftliche Empfehlungen)를 제출한 다음, 제58조상의 자신의 권한을 행사할 수 있다. 이러한 기간은 계획한 처리의 복잡성을 고려하여(unter Berücksichtigung der Komplexität der geplanten Verarbeitung) 6주가 추가로 연장될 수 있다. 감독관청은 협의 요구의 도달 후 1개월 이내에 개인정보처리자 또는 해당하는 경우 수탁처리자에게, 그 지체에 대한 이유와 함께(zusammen mit den Gründen für die Verzögerung) 그러한 기간연장에 관하여 알린다. 그 기간은 감독관청이 협의의 목적을 위하여 요구한 정보를 수령할 때까지(bis die Aufsichtsbehörde die für die Zwecke der Konsultation angeforderten Informationen erhalten hat) 정지될 수 있다.

③ 개인정보처리자는 제1항에 따른 협의시에(bei einer Konsultation gemäß Absatz 1) 감독관청에 다음 각 목의 정보를 제공한다:

a) 해당하는 경우 개인정보처리자, 공동개인정보처리자와 그 처리에 참가하는 수탁처리자의 각각의 책임에 관한 사항, 특히 일단의 기업들 내에 그 처리가 있는 경우(bei einer Verarbeitung innerhalb einer Gruppe von Unternehmen)에 그러한 책임에 관한 사항;

b) 계획하는 처리의 목적 및 수단;

c) 본 법(法)에 따라 정보주체의 권리 및 자유를 보호하기 위하여 규정된 조치 및 안전성확보조치(Maßnahmen und Garantien);

d) 해당하는 경우 개인정보보호책임자의 연락정보;

e) 제35조에 따른 개인정보보호 영향평가;

f) 감독관청이 요구한 기타 일체의 정보.

④ 회원국들은 어느 회원국 의회가 채택하는 입법조치(Gesetzgebungsmaßnahmen)나 그러한 입법조치에 근거한, 그 처리에 관한 규율조치에 대한 제안의 마련시(bei der Ausarbeitung eines Vorschlags)에 그 감독관청과 협의한다.

⑤ 제1항에도 불구하고 개인정보처리자는, 사회보장과 공중보건의 목적을 위한 처리를 포함하여 공익에 속하는 임무 수행을 위한 처리에 있어, 회원국의 법으로 감독관청과 협의하고 감독관청의 사전 승인을 구할 의무(die Aufsichtsbehörde zu konsultieren und deren vorherige Genehmigung einzuholen)를 부담할 수 있다.

제4절 개인정보보호책임자

제37조 개인정보보호책임자의 지정

① 개인정보보호책임자와 수탁처리자는 다음 각 목의 경우에는 어떤 경우에도 개인정보보호책임자(Datenschutzbeauftragten) 1인을 지정한다,

a) 그 처리가 관청(官廳) 또는 공공기관에 행해지는 경우, 다만 사법적 활동의 범위 내에서 행위하는 법원을 제외함,

b) 개인정보처리자 또는 수탁처리자의 핵심활동이, 처리 성질, 범위 및(또는) 목적으로 인하여(aufgrund ihrer Art, ihres Umfangs und/oder ihrer Zwecke) 광범위한 정기적 및 체계적인 정보주체에

umfangreiche regelmäßige und systematische Überwachung von betroffenen Personen erforderlich machen, oder

c) die Kerntätigkeit des Verantwortlichen oder des Auftragsverarbeiters in der umfangreichen Verarbeitung besonderer Kategorien von Daten gemäß Artikel 9 oder von personenbezogenen Daten über strafrechtliche Verurteilungen und Straftaten gemäß Artikel 10 besteht.

(2) Eine Unternehmensgruppe darf einen gemeinsamen Datenschutzbeauftragten ernennen, sofern von jeder Niederlassung aus der Datenschutzbeauftragte leicht erreicht werden kann.

(3) Falls es sich bei dem Verantwortlichen oder dem Auftragsverarbeiter um eine Behörde oder öffentliche Stelle handelt, kann für mehrere solcher Behörden oder Stellen unter Berücksichtigung ihrer Organisationsstruktur und ihrer Größe ein gemeinsamer Datenschutzbeauftragter benannt werden.

(4) In anderen als den in Absatz 1 genannten Fällen können der Verantwortliche oder der Auftragsverarbeiter oder Verbände und andere Vereinigungen, die Kategorien von Verantwortlichen oder Auftragsverarbeitern vertreten, einen Datenschutzbeauftragten benennen; falls dies nach dem Recht der Union oder der Mitgliedstaaten vorgeschrieben ist, müssen sie einen solchen benennen. Der Datenschutzbeauftragte kann für derartige Verbände und andere Vereinigungen, die Verantwortliche oder Auftragsverarbeiter vertreten, handeln.

(5) Der Datenschutzbeauftragte wird auf der Grundlage seiner beruflichen Qualifikation und insbesondere des Fachwissens benannt, das er auf dem Gebiet des Datenschutzrechts und der Datenschutzpraxis besitzt, sowie auf der Grundlage seiner Fähigkeit zur Erfüllung der in Artikel 39 genannten Aufgaben.

(6) Der Datenschutzbeauftragte kann Beschäftigter des Verantwortlichen oder des Auftragsverarbeiters sein oder seine Aufgaben auf der Grundlage eines Dienstleistungsvertrags erfüllen.

(7) Der Verantwortliche oder der Auftragsverarbeiter veröffentlicht die Kontaktdaten des Datenschutzbeauftragten und teilt diese Daten der Aufsichtsbehörde mit.

Artikel 38 Stellung des Datenschutzbeauftragten

(1) Der Verantwortliche und der Auftragsverarbeiter stellen sicher, dass der Datenschutzbeauftragte ordnungsgemäß und frühzeitig in alle mit dem Schutz personenbezogener Daten zusammenhängenden Fragen eingebunden wird.

(2) Der Verantwortliche und der Auftragsverarbeiter unterstützen den Datenschutzbeauftragten bei der Erfüllung seiner Aufgaben gemäß Artikel 39, indem sie die für die Erfüllung dieser Aufgaben erforderlichen Ressourcen und den Zugang zu personenbezogenen Daten und Verarbeitungsvorgängen sowie die zur Erhaltung seines Fachwissens erforderlichen Ressourcen zur Verfügung stellen.

(3) Der Verantwortliche und der Auftragsverarbeiter stellen sicher, dass der Datenschutzbeauftragte bei der Erfüllung seiner Aufgaben keine Anweisungen bezüglich der Ausübung dieser Aufgaben erhält. Der Datenschutzbeauftragte darf von dem Verantwortlichen oder dem Auftragsverarbeiter wegen der Erfüllung seiner Aufgaben nicht abberufen oder benachteiligt werden. Der Datenschutzbeauftragte berichtet unmittelbar der höchsten Managementebene des Verantwortlichen oder des Auftragsverarbeiters.

(4) Betroffene Personen können den Datenschutzbeauftragten zu allen mit der Verarbeitung ihrer personenbezogenen Daten und mit der Wahrnehmung ihrer Rechte gemäß dieser Verordnung im Zusammenhang stehenden Fragen zu Rate ziehen.

(5) Der Datenschutzbeauftragte ist nach dem Recht der Union oder der Mitgliedstaaten bei der Erfüllung

대한 감시(umfangreiche regelmäßige und systematische Überwachung von betroffenen Personen)를 필요로 하는 정보처리작업의 수행에 있는 경우,

c) 개인정보처리자 또는 수탁처리자의 핵심활동(die Kerntätigkeit des Verantwortlichen oder des Auftragsverarbeiters)이, 제9조에 따른 특수한 범주의 정보나 제10조에 따른 형사유죄판결 및 범죄에 관한 개인정보의 광범위한 처리에 있는 경우.

② 개인정보보호책임자가 각 영업소에서 쉽게 접근할 수 있는 한, 기업집단은 공동의 개인정보보호책임자를 지정해도 된다.

③ 개인정보보호책임자 또는 수탁처리자가 관청 또는 공공기관에 해당하는 경우에, 자신들의 조직구조(組織構造) 및 규모(規模)를 고려하여(unter Berücksichtigung ihrer Organisationsstruktur und ihrer Größe) 그러한 여러 관청 또는 공공기관에 대하여 공동의 개인정보보호책임자 1인이 지정될 수 있다.

④ 제1항상의 경우 이외의 경우에(In anderen als den in Absatz 1 genannten Fällen) 개인정보처리자, 수탁처리자나 한 범주의 개인정보처리자들 또는 수탁처리자들을 대표하는(die Kategorien von Verantwortlichen oder Auftragsverarbeitern vertreten) 단체 및 그 밖의 연합회는, 개인정보보호책임자 1명을 지정할 수 있다; 이것이 유럽연합법 또는 회원국법에 따라 규정된 경우에, 그들은 개인정보보호책임자 1명을 지정해야만 한다. 개인정보보호책임자는 개인정보보호책임자 또는 수탁처리자를 대표하는 그러한 협회 및 그 밖의 단체를 위하여 행위를 한다.

⑤ 개인정보보호책임자는, 자신의 직업적 자격, 특히 그가 개인정보보호법과 개인정보보호실무의 분야에서 보유하는 전문지식 그리고 제39조상의 임무 수행을 위한 능력에 기하여(auf der Grundlage seiner Fähigkeit zur Erfüllung der in Artikel 39 genannten Aufgaben) 지정된다.

④ 개인정보보호책임자는 개인정보처리자 또는 수탁처리자의 직원일 수 있거나 노무제공계약(Dienstleistungsvertrag[65])에 기하여 자신이 임무를 수행할 수 있다.[66]

⑦ 개인정보처리자 또는 수탁처리자는 개인정보보호책임자의 연락정보를 공표하고 감독관청에 이러한 정보를 통지한다.

제38조 개인정보보호책임자의 지위

① 개인정보처리자와 수탁처리자는, 개인정보보호책임자가 개인정보호와 연관된 일체의 문제(alle mit dem Schutz personenbezogener Daten zusammenhängenden Fragen)에 적절하게 또 적시(適時)에 관여하도록 보장한다.

② 개인정보처리자와 수탁처리자는, 개인정보보호책임자의 임무 수행하는 데 필요한 자원과 개인정보 및 정보처리작업에 대한 접근 그리고 그 전문지식의 보유를 위해 필요한 자원(die zur Erhaltung seines Fachwissens erforderlichen Ressourcen)을 제공함으로써 제39조에 따른 그 개인정보보호책임자의 임무 수행에 있어 그를 지원한다.

③ 개인정보처리자와 수탁처리자는 개인정보보호책임자가 자신의 임무 수행에 있어 이러한 임무 수행에 관련하여 어떠한 지시도 받지 않도록 보장한다. 개인정보보호책임자는 자신의 임무 수행을 이유로 개인정보처리자 또는 수탁처리자에 의해 해임되거나 불이익을 받아서는 아니된다. 개인정보보호책임자는 개인정보처리자 또는 수탁처리자의 최고경영진(der höchsten Managementebene des Verantwortlichen oder des Auftragsverarbeiters)에게 직접 보고한다.

④ 정보주체(Betroffene Personen)는 개인정보 처리와 본 법(法)에 따른 권리의 행사(der Wahrnehmung ihrer Rechte gemäß dieser Verordnung)와 관련된 일체의 문제에 관하여 개인정보보호책임자에게 자문을 구할 수 있다.

⑤ 개인정보보호책임자는 자신의 임무 수행에 있어 유럽연합법 또는 회원국법에 따라 비밀유지 또는 기

seiner Aufgaben an die Wahrung der Geheimhaltung oder der Vertraulichkeit gebunden.

(6) Der Datenschutzbeauftragte kann andere Aufgaben und Pflichten wahrnehmen. Der Verantwortliche oder der Auftragsverarbeiter stellt sicher, dass derartige Aufgaben und Pflichten nicht zu einem Interessenkonflikt führen.

Artikel 39 Aufgaben des Datenschutzbeauftragten

(1) Dem Datenschutzbeauftragten obliegen zumindest folgende Aufgaben:

a) Unterrichtung und Beratung des Verantwortlichen oder des Auftragsverarbeiters und der Beschäftigten, die Verarbeitungen durchführen, hinsichtlich ihrer Pflichten nach dieser Verordnung sowie nach sonstigen Datenschutzvorschriften der Union bzw. der Mitgliedstaaten;

b) Überwachung der Einhaltung dieser Verordnung, anderer Datenschutzvorschriften der Union bzw. der Mitgliedstaaten sowie der Strategien des Verantwortlichen oder des Auftragsverarbeiters für den Schutz personenbezogener Daten einschließlich der Zuweisung von Zuständigkeiten, der Sensibilisierung und Schulung der an den Verarbeitungsvorgängen beteiligten Mitarbeiter und der diesbezüglichen Überprüfungen;

c) Beratung — auf Anfrage — im Zusammenhang mit der Datenschutz-Folgenabschätzung und Überwachung ihrer Durchführung gemäß Artikel 35;

d) Zusammenarbeit mit der Aufsichtsbehörde;

e) Tätigkeit als Anlaufstelle für die Aufsichtsbehörde in mit der Verarbeitung zusammenhängenden Fragen, einschließlich der vorherigen Konsultation gemäß Artikel 36, und gegebenenfalls Beratung zu allen sonstigen Fragen.

(2) Der Datenschutzbeauftragte trägt bei der Erfüllung seiner Aufgaben dem mit den Verarbeitungsvorgängen verbundenen Risiko gebührend Rechnung, wobei er die Art, den Umfang, die Umstände und die Zwecke der Verarbeitung berücksichtigt.

Abschnitt 5 Verhaltensregeln und Zertifizierung

Artikel 40 Verhaltensregeln

(1) Die Mitgliedstaaten, die Aufsichtsbehörden, der Ausschuss und die Kommission fördern die Ausarbeitung von Verhaltensregeln, die nach Maßgabe der Besonderheiten der einzelnen Verarbeitungsbereiche und der besonderen Bedürfnisse von Kleinstunternehmen sowie kleinen und mittleren Unternehmen zur ordnungsgemäßen Anwendung dieser Verordnung beitragen sollen.

(2) Verbände und andere Vereinigungen, die Kategorien von Verantwortlichen oder Auftragsverarbeitern vertreten, können Verhaltensregeln ausarbeiten oder ändern oder erweitern, mit denen die Anwendung dieser Verordnung beispielsweise zu dem Folgenden präzisiert wird:

a) faire und transparente Verarbeitung;

b) die berechtigten Interessen des Verantwortlichen in bestimmten Zusammenhängen;

c) Erhebung personenbezogener Daten;

d) Pseudonymisierung personenbezogener Daten;

e) Unterrichtung der Öffentlichkeit und der betroffenen Personen;

f) Ausübung der Rechte betroffener Personen;

밀유지에 구속된다.

⑥ 개인정보보호책임자는 다른 임무 및 의무(andere Aufgaben und Pflichten)를 수행할 수 있다. 개인정보처리자 또는 수탁처리자는 그러한 임무 및 의무로 이해상충(利害相衝; Interessenkonflikt)이 발생하지 않도록 보장한다.

第39조 개인정보보호책임자의 임무

① 개인정보보호책임자는 최소한 다음 각 목의 임무를 갖는다:

a) 본 법(法)과 유럽연합 또는 회원국의 기타 개인정보보호규정(sonstigen Datenschutzvorschriften der Union bzw. der Mitgliedstaaten)에 따른 자신의 의무를 수행하는 개인정보처리자 또는 수탁처리자와 그러한 직원에 대한 알림 및 상담(Unterrichtung und Beratun);

b) 본 법(法), 유럽연합 또는 회원국의 기타 개인정보보호규정의 준수의 감시와, 책임의 할당(der Zuweisung von Zuständigkeiten), 정보처리작업에 참가하는 직원에 대한 인식제고 및 교육(der Sensibilisierung und Schulung der an den Verarbeitungsvorgängen beteiligten Mitarbeiter) 및 이와 관련한 점검(Überprüfungen)을 포함하여 개인정보보호를 위한 개인정보처리자 또는 수탁처리자의 정책 준수의 감시;

c) 요구가 있는 경우(auf Anfrage) 개인정보보호 영향평가와 제35조에 따른 그 영향평가의 시행의 감시에 관한 상담;

d) 감독관청과의 협력;

e) 제36조에 따른 사전협의를 포함하여 그 처리와 연관된 문제에 있어 감독관청에 대한 연락담당자로서의 활동과, 필요한 경우 기타 일체의 문제에 대한 상담(gegebenenfalls Beratung zu allen sonstigen Fragen).

② 개인정보보호책임자는, 그 처리의 성질, 범위, 배경 및 목적을 고려하면서(wobei er die Art, den Umfang, die Umstände und die Zwecke der Verarbeitung berücksichtigt) 자신의 임무 수행시 정보처리작업으로 발생하는 위험을 적절하게 고려한다.

제5절 개인정보준칙과 인증

第40조 개인정보준칙

① 회원국, 감독관청, 유럽정보보호위원회 및 유럽연합집행위원회는, 각각의 처리분야와 소기업 및 중소기업의 특별한 필요의 특수성에 좇아(nach Maßgabe der Besonderheiten der einzelnen Verarbeitungsbereiche und der besonderen Bedürfnisse von Kleinstunternehmen sowie kleinen und mittleren Unternehmen) 본 법(法)의 적절한 적용에 기여하는 개인정보준칙의 제정을 장려한다.

② 한 범주의 개인정보처리자들 또는 수탁처리자들을 대표하는(die Kategorien von Verantwortlichen oder Auftragsverarbeitern vertreten) 단체 및 그 밖의 연합회는, 예컨대, 다음 각목에 관한 본 법(法)의 적용을 세부적으로 규율하는 개인정보준칙을 마련하고 이를 개정 또는 확대할 수 있다:

a) 공정하고 투명한 처리;

b) 특정한 상황에서(in bestimmten Zusammenhängen)의 개인정보처리자의 정당한 이익;

c) 개인정보 수집;

d) 개인정보의 가명처리;

e) 공중 및 정보주체에 대한 알림;

f) 정보주체의 권리 행사;

g) Unterrichtung und Schutz von Kindern und Art und Weise, in der die Einwilligung des Trägers der elterlichen Verantwortung für das Kind einzuholen ist;

h) die Maßnahmen und Verfahren gemäß den Artikeln 24 und 25 und die Maßnahmen für die Sicherheit der Verarbeitung gemäß Artikel 32;

i) die Meldung von Verletzungen des Schutzes personenbezogener Daten an Aufsichtsbehörden und die Benachrichtigung der betroffenen Person von solchen Verletzungen des Schutzes personenbezogener Daten;

j) die Übermittlung personenbezogener Daten an Drittländer oder an internationale Organisationen oder

k) außergerichtliche Verfahren und sonstige Streitbeilegungsverfahren zur Beilegung von Streitigkeiten zwischen Verantwortlichen und betroffenen Personen im Zusammenhang mit der Verarbeitung, unbeschadet der Rechte betroffener Personen gemäß den Artikeln 77 und 79.

(3) Zusätzlich zur Einhaltung durch die unter diese Verordnung fallenden Verantwortlichen oder Auftragsverarbeiter können Verhaltensregeln, die gemäß Absatz 5 des vorliegenden Artikels genehmigt wurden und gemäß Absatz 9 des vorliegenden Artikels allgemeine Gültigkeit besitzen, können auch von Verantwortlichen oder Auftragsverarbeitern, die gemäß Artikel 3 nicht unter diese Verordnung fallen, eingehalten werden, um geeignete Garantien im Rahmen der Übermittlung personenbezogener Daten an Drittländer oder internationale Organisationen nach Maßgabe des Artikels 46 Absatz 2 Buchstabe e zu bieten. Diese Verantwortlichen oder Auftragsverarbeiter gehen mittels vertraglicher oder sonstiger rechtlich bindender Instrumente die verbindliche und durchsetzbare Verpflichtung ein, die geeigneten Garantien anzuwenden, auch im Hinblick auf die Rechte der betroffenen Personen.

(4) Die Verhaltensregeln gemäß Absatz 2 des vorliegenden Artikels müssen Verfahren vorsehen, die es der in Artikel 41 Absatz 1 genannten Stelle ermöglichen, die obligatorische Überwachung der Einhaltung ihrer Bestimmungen durch die Verantwortlichen oder die Auftragsverarbeiter, die sich zur Anwendung der Verhaltensregeln verpflichten, vorzunehmen, unbeschadet der Aufgaben und Befugnisse der Aufsichtsbehörde, die nach Artikel 55 oder 56 zuständig ist.

(5) Verbände und andere Vereinigungen gemäß Absatz 2 des vorliegenden Artikels, die beabsichtigen, Verhaltensregeln auszuarbeiten oder bestehende Verhaltensregeln zu ändern oder zu erweitern, legen den Entwurf der Verhaltensregeln bzw. den Entwurf zu deren Änderung oder Erweiterung der Aufsichtsbehörde vor, die nach Artikel 55 zuständig ist. Die Aufsichtsbehörde gibt eine Stellungnahme darüber ab, ob der Entwurf der Verhaltensregeln bzw. der Entwurf zu deren Änderung oder Erweiterung mit dieser Verordnung vereinbar ist und genehmigt diesen Entwurf der Verhaltensregeln bzw. den Entwurf zu deren Änderung oder Erweiterung, wenn sie der Auffassung ist, dass er ausreichende geeignete Garantien bietet.

(6) Wird durch die Stellungnahme nach Absatz 5 der Entwurf der Verhaltensregeln bzw. der Entwurf zu deren Änderung oder Erweiterung genehmigt und beziehen sich die betreffenden Verhaltensregeln nicht auf Verarbeitungstätigkeiten in mehreren Mitgliedstaaten, so nimmt die Aufsichtsbehörde die Verhaltensregeln in ein Verzeichnis auf und veröffentlicht sie.

(7) Bezieht sich der Entwurf der Verhaltensregeln auf Verarbeitungstätigkeiten in mehreren Mitgliedstaaten, so legt die nach Artikel 55 zuständige Aufsichtsbehörde — bevor sie den Entwurf der Verhaltensregeln bzw. den Entwurf zu deren Änderung oder Erweiterung genehmigt — ihn nach dem

g) 아동에 대한 알림과 그 보호와, 아동에 대해 후견적 책임의 주체의 동의를 구하는 방식 및 방법(Art und Weise);

h) 제24조, 제25조에 따른 조치 및 절차와 제32조에 따른 처리보안을 위한 조치(die Maßnahmen für die Sicherheit der Verarbeitung gemäß Artikel 32);

i) 개인정보 침해에 대한 감독관청에 대한 신고(Meldung) von Verletzungen des Schutzes personenbezogener Daten an Aufsichtsbehörden)와 그러한 개인정보 침해에 대한 정보주체에 대한 통지(通知),

j) 제3자 또는 국제기구(國際機構)로의 개인정보(個人情報) 이전(die Übermittlung personenbezogener Daten) 또는,

k) 제77조, 제79조에 따른 정보주체의 권리에도 상관없이(unbeschadet der Rechte betroffener Personen gemäß den Artikeln 77 und 79), 그 처리에 관련한 개인정보처리자와 정보주체 간의 분쟁의 해결을 위한 재판 외 분쟁해결절차와 기타 분쟁해결절차.

③ 본 법(法)을 적용받는 개인정보처리자 또는 수탁처리자에 의한 준수 이외에 추가로(Zusätzlich zur Einhaltung durch die unter diese Verordnung fallenden Verantwortlichen oder Auftragsverarbeiter), 제46조 제2항 e목에 따른 제3국 또는 국제기구로의 개인정보 이전의 내의 적합한 안전성확보조치를 제공하기 위하여 본조 제5항에 따라 승인되고 본조 제9항에 따라 일반적으로 효력을 갖는 개인정보준칙은, 제3조에 따라 본 법(法)을 적용받지 않는 개인정보처리자 또는 수탁처리자에 의하여도 준수될 수 있다. 이러한 개인정보처리자 또는 수탁처리자는 계약 또는 구속력 있는 기타 법률행위에 의해(vertraglicher oder sonstiger rechtlich bindender Instrumente), 정보주체의 권리와 관련한 경우도 포함하여(auch im Hinblick auf die Rechte der betroffenen Personen), 적합한 안전성확보조치를 적용할 구속력 있고 강제집행할 수 있는 의무를 부담한다.

④ 본조 제2항에 따른 개인정보준칙은, 제55조 또는 제56조에 따라 관할하는 감독관청의 임무 및 권한에 상관없이(unbeschadet der Aufgaben und Befugnisse der Aufsichtsbehörde, die nach Artikel 55 oder 56 zuständig ist), 제41조 제1항상 기관으로 하여금 개인정보준칙을 적용할 의무를 지는 개인정보처리자 또는 수탁처리자에 의한 개인정보준칙 규정 준수의 의무적 감시(obligatorische Überwachung der Einhaltung ihrer Bestimmungen)를 가능하게 하는 절차를 규정해야만 한다.

⑤ 개인정보준칙을 제정하고자 하거나 현행 개인정보준칙을 개정 또는 확대하고자 하는(die beabsichtigen, Verhaltensregeln auszuarbeiten oder bestehende Verhaltensregeln zu ändern oder zu erweitern), 본조 제2항에 따른 단체 및 그 밖의 연합회는 개인정보준칙의 제정안, 개인정보준칙 개정안 또는 그 확대안을 제55조에 따라 관할하는 감독관청에 제출한다. 감독관청은, 그 개인정보준칙 제정안, 개인정보준칙 개정안 또는 그 확대안이 본 법(法)에 합치하는 여부(ob der Entwurf der Verhaltensregeln bzw. der Entwurf zu deren Änderung oder Erweiterung mit dieser Verordnung vereinbar ist)에 관하여 의견을 제시한 다음, 그 안이 충분한 적합한 안전성확보조치를 제공하는 것으로 보는 경우에는 이러한 개인정보준칙 제정안, 개인정보준칙 개정안 또는 그 확대안을 승인한다.

⑥ 제5항에 따른 의견제시에 의하여 그 개인정보준칙 제정안, 개인정보준칙 개정안 또는 그 확대안이 승인되고 관련 개인정보준칙이 다수의 회원국에서의 정보처리활동에 관련되지 않은 경우에, 감독관청은 개인정보준칙을 등록하고 이를 공표한다(so nimmt die Aufsichtsbehörde die Verhaltensregeln in ein Verzeichnis auf und veröffentlicht sie).

⑦ 개인정보준칙의 안이 다수의 회원국의 정보처리활동에 관련되는 경우에(Bezieht sich der Entwurf der Verhaltensregeln auf Verarbeitungstätigkeiten in mehreren Mitgliedstaaten) 제55조에 따라 관할하는 감독관청은, 그 개인정보준칙 제정안, 개인정보준칙 개정안 또는 그 확대안을 승인하기 전에, 제63조에 따른

Verfahren gemäß Artikel 63 dem Ausschuss vor, der zu der Frage Stellung nimmt, ob der Entwurf der Verhaltensregeln bzw. der Entwurf zu deren Änderung oder Erweiterung mit dieser Verordnung vereinbar ist oder — im Fall nach Absatz 3 dieses Artikels — geeignete Garantien vorsieht.

(8) Wird durch die Stellungnahme nach Absatz 7 bestätigt, dass der Entwurf der Verhaltensregeln bzw. der Entwurf zu deren Änderung oder Erweiterung mit dieser Verordnung vereinbar ist oder — im Fall nach Absatz 3 — geeignete Garantien vorsieht, so übermittelt der Ausschuss seine Stellungnahme der Kommission.

(9) Die Kommission kann im Wege von Durchführungsrechtsakten beschließen, dass die ihr gemäß Absatz 8 übermittelten genehmigten Verhaltensregeln bzw. deren genehmigte Änderung oder Erweiterung allgemeine Gültigkeit in der Union besitzen. Diese Durchführungsrechtsakte werden gemäß dem Prüfverfahren nach Artikel 93 Absatz 2 erlassen.

(10) Die Kommission trägt dafür Sorge, dass die genehmigten Verhaltensregeln, denen gemäß Absatz 9 allgemeine Gültigkeit zuerkannt wurde, in geeigneter Weise veröffentlicht werden.

(11) Der Ausschuss nimmt alle genehmigten Verhaltensregeln bzw. deren genehmigte Änderungen oder Erweiterungen in ein Register auf und veröffentlicht sie in geeigneter Weise.

Artikel 41 Überwachung der genehmigten Verhaltensregeln

(1) Unbeschadet der Aufgaben und Befugnisse der zuständigen Aufsichtsbehörde gemäß den Artikeln 57 und 58 kann die Überwachung der Einhaltung von Verhaltensregeln gemäß Artikel 40 von einer Stelle durchgeführt werden, die über das geeignete Fachwissen hinsichtlich des Gegenstands der Verhaltensregeln verfügt und die von der zuständigen Aufsichtsbehörde zu diesem Zweck akkreditiert wurde.

(2) Eine Stelle gemäß Absatz 1 kann zum Zwecke der Überwachung der Einhaltung von Verhaltensregeln akkreditiert werden, wenn sie

a) ihre Unabhängigkeit und ihr Fachwissen hinsichtlich des Gegenstands der Verhaltensregeln zur Zufriedenheit der zuständigen Aufsichtsbehörde nachgewiesen hat;

b) Verfahren festgelegt hat, die es ihr ermöglichen, zu bewerten, ob Verantwortliche und Auftragsverarbeiter die Verhaltensregeln anwenden können, die Einhaltung der Verhaltensregeln durch die Verantwortlichen und Auftragsverarbeiter zu überwachen und die Anwendung der Verhaltensregeln regelmäßig zu überprüfen;

c) Verfahren und Strukturen festgelegt hat, mit denen sie Beschwerden über Verletzungen der Verhaltensregeln oder über die Art und Weise, in der die Verhaltensregeln von dem Verantwortlichen oder dem Auftragsverarbeiter angewendet werden oder wurden, nachgeht und diese Verfahren und Strukturen für betroffene Personen und die Öffentlichkeit transparent macht, und

d) zur Zufriedenheit der zuständigen Aufsichtsbehörde nachgewiesen hat, dass ihre Aufgaben und Pflichten nicht zu einem Interessenkonflikt führen.

(3) Die zuständige Aufsichtsbehörde übermittelt den Entwurf der Kriterien für die Akkreditierung einer Stelle nach Absatz 1 gemäß dem Kohärenzverfahren nach Artikel 63 an den Ausschuss.

(4) Unbeschadet der Aufgaben und Befugnisse der zuständigen Aufsichtsbehörde und der Bestimmungen des Kapitels VIII ergreift eine Stelle gemäß Absatz 1 vorbehaltlich geeigneter Garantien im Falle einer Verletzung der Verhaltensregeln durch einen Verantwortlichen oder einen Auftragsverarbeiter geeignete

절차에 좇아 이를 그 개인정보준칙 제정안, 개인정보준칙 개정안 또는 그 확대안이 본 법(法)에 합치하는지 여부, 본조 제3항의 경우에 적합한 안전성확보조치를 규정하고 있는지 여부의 문제에 관하여 의견을 제시하는 유럽정보보호위원회에 제출한다.

⑧ 제7항에 따른 의견에 의하여, 그 개인정보준칙 제정안이나 개인정보준칙의 개정안 또는 확대안이, 본 법(法)에 합치되거나 제3항에 따른 경우에 적합한 안전성확보조치를 규정하고 있다는 점이 확인되는 경우에, 유럽정보보호위원회는 자신의 의견을 유럽연합집행위원회에 전달한다(so übermittelt der Ausschuss seine Stellungnahme der Kommission).

⑨ 유럽연합집행위원회는 집행법규의 방식으로(im Wege von Durchführungsrechtsakten), 제8항에 따라 자신에게 전달된 승인된[67] 개인정보준칙이나, 승인된 개인정보준칙 개정 또는 확대(deren genehmigte Änderung oder Erweiterung)가 유럽연합 내에서 일반적 효력을 갖는지를 결정할 수 있다. 이러한 집행법규는 제93조 제2항에 따른 심사절차에 따라 제정된다.

⑩ 유럽연합집행위원회는, 제9항에 따라 일반적 효력이 발생하는 승인된 개인정보준칙이 적절한 방식으로 공표되도록 보장한다.

⑪ 유럽정보보호위원회는 모든 승인된 개인정보준칙이나 승인된 개인정보준칙 개정 또는 확대를 등록하고 이를 적절하게 공표한다.

제41조 승인된 개인정보준칙의 감시

① 제57조 또는 제58조에 따른 소관감독관청의 임무 및 권한에 상관없이, 개인정보준칙이라는 주제에 관한 적절한 전문지식을 보유하고 이러한 목적을 위하여 소관감독관청에 의해 공인받은(die über das geeignete Fachwissen hinsichtlich des Gegenstands der Verhaltensregeln verfügt und die von der zuständigen Aufsichtsbehörde zu diesem Zweck akkreditiert wurde) 기관이 제40조에 따른 개인정보준칙의 준수 감시를 수행한다.

② 다음 각 목을 모두 충족한 경우에 제1항에 따른 기관은 개인정보준칙 준수 감시 목적을 위하여 공인을 받은 수 있다,

a) 그 기관이 소관감독관청이 만족할 정도로 개인정보준칙이라는 주제에 관한 기관의 독립성 및 전문지식을 증명할 것;

b) 그 기관이, 자신이 개인정보처리자 및 수탁처리자가 해당 개인정보준칙을 적용할 수 있는지 여부를 평가하고, 개인정보처리자 및 수탁처리자의 개인정보준칙을 준수를 감시하며 개인정보준칙의 적용을 정기적으로 심사하는 것(die Anwendung der Verhaltensregeln regelmäßig zu überprüfen)을 가능하게 해 주는 절차를 마련할 것;

c) 그 기관이 개인정보준칙의 침해에 관한 이의나, 개인정보처리자 또는 수탁처리자에 의해 그 개인정보준칙이 적용되거나 적용된 방식에 관한 이의를 처리하는 절차 및 체계를 마련하고 이러한 절차 및 구조를 정보주체 및 공중(公衆)에게 공개할 것(diese Verfahren und Strukturen für betroffene Personen und die Öffentlichkeit transparent macht);

d) 그 기관이 자신의 관청의 임무 및 의무가 이해상충을 야기하지 않는다는 점에 대하여 소관감독관청이 만족할 정도로 증명할 것.

③ 소관감독관청은 제1항에 따른 기관의 공인(公認)에 대한 기준안(den Entwurf)을 제63조에 따른 법적용통일성추구절차에 따라 유럽정보보호위원회에 전달한다.

④ 소관감독관청의 임무 및 권한과 제8장의 규정에 상관없이(Unbeschadet der Aufgaben und Befugnisse der zuständigen Aufsichtsbehörde und der Bestimmungen des Kapitels VIII), 제1항에 따른 기관은, 해당 개인정보준칙에서의 개인정보처리자 또는 수탁처리자의 임시적 또는 최종적 배제를 포함하여, 개인정보

Maßnahmen, einschließlich eines vorläufigen oder endgültigen Ausschlusses des Verantwortlichen oder Auftragsverarbeiters von den Verhaltensregeln. Sie unterrichtet die zuständige Aufsichtsbehörde über solche Maßnahmen und deren Begründung.

(5) Die zuständige Aufsichtsbehörde widerruft die Akkreditierung einer Stelle gemäß Absatz 1, wenn die Voraussetzungen für ihre Akkreditierung nicht oder nicht mehr erfüllt sind oder wenn die Stelle Maßnahmen ergreift, die nicht mit dieser Verordnung vereinbar sind.

(6) Dieser Artikel gilt nicht für die Verarbeitung durch Behörden oder öffentliche Stellen.

Artikel 42 Zertifizierung

(1) Die Mitgliedstaaten, die Aufsichtsbehörden, der Ausschuss und die Kommission fördern insbesondere auf Unionsebene die Einführung von datenschutzspezifischen Zertifizierungsverfahren sowie von Datenschutzsiegeln und -prüfzeichen, die dazu dienen, nachzuweisen, dass diese Verordnung bei Verarbeitungsvorgängen von Verantwortlichen oder Auftragsverarbeitern eingehalten wird. Den besonderen Bedürfnissen von Kleinstunternehmen sowie kleinen und mittleren Unternehmen wird Rechnung getragen.

(2) Zusätzlich zur Einhaltung durch die unter diese Verordnung fallenden Verantwortlichen oder Auftragsverarbeiter können auch datenschutzspezifische Zertifizierungsverfahren, Siegel oder Prüfzeichen, die gemäß Absatz 5 des vorliegenden Artikels genehmigt worden sind, vorgesehen werden, um nachzuweisen, dass die Verantwortlichen oder Auftragsverarbeiter, die gemäß Artikel 3 nicht unter diese Verordnung fallen, im Rahmen der Übermittlung personenbezogener Daten an Drittländer oder internationale Organisationen nach Maßgabe von Artikel 46 Absatz 2 Buchstabe f geeignete Garantien bieten. Diese Verantwortlichen oder Auftragsverarbeiter gehen mittels vertraglicher oder sonstiger rechtlich bindender Instrumente die verbindliche und durchsetzbare Verpflichtung ein, diese geeigneten Garantien anzuwenden, auch im Hinblick auf die Rechte der betroffenen Personen.

(3) Die Zertifizierung muss freiwillig und über ein transparentes Verfahren zugänglich sein.

(4) Eine Zertifizierung gemäß diesem Artikel mindert nicht die Verantwortung des Verantwortlichen oder des Auftragsverarbeiters für die Einhaltung dieser Verordnung und berührt nicht die Aufgaben und Befugnisse der Aufsichtsbehörden, die gemäß Artikel 55 oder 56 zuständig sind.

(5) Eine Zertifizierung nach diesem Artikel wird durch die Zertifizierungsstellen nach Artikel 43 oder durch die zuständige Aufsichtsbehörde anhand der von dieser zuständigen Aufsichtsbehörde gemäß Artikel 58 Absatz 3 oder — gemäß Artikel 63 — durch den Ausschuss genehmigten Kriterien erteilt. Werden die Kriterien vom Ausschuss genehmigt, kann dies zu einer gemeinsamen Zertifizierung, dem Europäischen Datenschutzsiegel, führen.

(6) Der Verantwortliche oder der Auftragsverarbeiter, der die von ihm durchgeführte Verarbeitung dem Zertifizierungsverfahren unterwirft, stellt der Zertifizierungsstelle nach Artikel 43 oder gegebenenfalls der zuständigen Aufsichtsbehörde alle für die Durchführung des Zertifizierungsverfahrens erforderlichen Informationen zur Verfügung und gewährt ihr den in diesem Zusammenhang erforderlichen Zugang zu seinen Verarbeitungstätigkeiten.

(7) Die Zertifizierung wird einem Verantwortlichen oder einem Auftragsverarbeiter für eine Höchstdauer von drei Jahren erteilt und kann unter denselben Bedingungen verlängert werden, sofern die einschlägigen Voraussetzungen weiterhin erfüllt werden. Die Zertifizierung wird gegebenenfalls durch die

처리자 또는 수탁처리자에 의한 개인정보준칙의 침해의 경우에 있어 적합한 안전성확보조치를 조건으로 적절한 조치를 취한다. 그 기관은 소관감독관청에 그러한 조치(措置)와 그 조치의 이유(理由)에 관하여 알린다.

⑤ 공인 요건이 충족되지 않았거나 더 이상 충족되지 않은 경우(wenn die Voraussetzungen für ihre Akkreditierung nicht oder nicht mehr erfüllt sind)나 그 기관이 본 법(法)에 합치하는 않는 조치를 취한 경우에는 소관감독관청은 제1항에 따른 기관의 공인을 철회한다.

⑥ 본조는 관청(官廳) 또는 공공기관의 그 처리에 대하여는 적용하지 아니한다.

제42조 인증

① 회원국, 감독관청, 유럽정보보호위원회 및 유럽연합집행위원회는 특히 유럽연합수준에서 개인정보보호 인증절차(datenschutzspezifischen Zertifizierungsverfahren)의 도입과, 정보처리활동시 개인정보처리자 또는 수탁처리자가 본 법(法)을 준수한다는 점을 증명(證明)하기 위한 개인정보보호표시 및 개인정보보호마크(Datenschutzsiegeln und -prüfzeichen)를 도입을 장려한다. 소기업 및 중소기업(中小企業)의 특별한 요구(Den besonderen Bedürfnissen von Kleinstunternehmen sowie kleinen und mittleren Unternehmen)를 고려한다.

② 본 법(法)을 적용받는 개인정보처리자 또는 수탁처리자에 의한 준수를 위한 것 이외에 추가로, 제3조에 따라 본 법(法)을 적용받지 않는 개인정보처리자 또는 수탁처리자가 개인정보의 제3국 또는 국제기구로의 이전 도중에(im Rahmen der Übermittlung personenbezogener Daten an Drittländer oder internationale Organisationen) 제46조 제2항 f목의 기준에 좇아 적합한 안전성확보조치(geeignete Garantien)를 제공했다는 점을 증명하기 위한 개인정보보호 인증절차, 개인정보보호표시 또는 개인정보보호마크도 규정될 수 있다. 이러한 개인정보처리자 또는 수탁처리자는 계약 또는 기타 구속력이 있는 법률행위에 의하여, 정보주체의 권리에 대한 경우도 포함하여, 이러한 적합한 안전성확보조치를 적용할(diese geeigneten Garantien anzuwenden, auch im Hinblick auf die Rechte der betroffenen Personen) 구속력 있고 강제집행할 수 있는 의무를 부담한다.

③ 인증은 자발적인 것이어야만 하고 투명한 절차를 통해 접근할 수 있어야만 한다.

④ 본조에 다른 인증은 본 법(法)의 준수에 대한 개인정보처리자 또는 수탁처리자의 책임을 경감하지 아니하고, 제55조 또는 제56조에 따라 관할하는 감독관청의 임무 및 권한(die Aufgaben und Befugnisse der Aufsichtsbehörden)에 영향을 미치지 아니한다.

⑤ 본조에 따른 인증은, 소관감독관청이 제58조 제3항에 따라 승인하거나 제63조에 따라 유럽정보보호위원회가 승인한 기준에 좇아 제43조에 따른 인증기관이나 소관감독관청에 의하여(durch die Zertifizierungsstellen nach Artikel 43 oder durch die zuständige Aufsichtsbehörde) 부여된다. 유럽정보보호위원회가 그 기준을 승인한 경우에는 이는 공동 인증, 유럽연합 개인정보보호표시(zu einer gemeinsamen Zertifizierung, dem Europäischen Datenschutzsiegel)로 연결될 수 있다.

⑥ 자신이 하는 처리에 대해 인증절차를 적용받는 개인정보처리자 또는 수탁처리자(Der Verantwortliche oder der Auftragsverarbeiter, der die von ihm durchgeführte Verarbeitung dem Zertifizierungsverfahren unterwirft)는 제43조에 따라 인증기관이나 해당하는 경우에 관할 관청에 인증절차의 진행에 필요한 일체의 정보를 제공하고 그들에게 인증절차 수행에 필요한, 자신의 정보처리활동에 대한 접근권(den in diesem Zusammenhang erforderlichen Zugang zu seinen Verarbeitungstätigkeiten)을 부여한다.

⑦ 인증은, 관련 요건이 계속적으로 충족되는 한, 개인정보처리자 또는 수탁처리자에 의하여 최대기간 3년으로(für eine Höchstdauer von drei Jahren) 부여되고 동일한 조건으로 연장될 수 있다. 인증 요건이 충족되지 않았거나 더 이상 충족되지 않는 때에는(wenn die Voraussetzungen für die Zertifizierung nicht

Zertifizierungsstellen nach Artikel 43 oder durch die zuständige Aufsichtsbehörde widerrufen, wenn die Voraussetzungen für die Zertifizierung nicht oder nicht mehr erfüllt werden.

(8) Der Ausschuss nimmt alle Zertifizierungsverfahren und Datenschutzsiegel und -prüfzeichen in ein Register auf und veröffentlicht sie in geeigneter Weise.

Artikel 43 Zertifizierungsstellen

(1) Unbeschadet der Aufgaben und Befugnisse der zuständigen Aufsichtsbehörde gemäß den Artikeln 57 und 58 erteilen oder verlängern Zertifizierungsstellen, die über das geeignete Fachwissen hinsichtlich des Datenschutzes verfügen, nach Unterrichtung der Aufsichtsbehörde — damit diese erforderlichenfalls von ihren Befugnissen gemäß Artikel 58 Absatz 2 Buchstabe h Gebrauch machen kann — die Zertifizierung. Die Mitgliedstaaten stellen sicher, dass diese Zertifizierungsstellen von einer oder beiden der folgenden Stellen akkreditiert werden:

a) der gemäß Artikel 55 oder 56 zuständigen Aufsichtsbehörde;

b) der nationalen Akkreditierungsstelle, die gemäß der Verordnung (EG) Nr. 765/2008 des Europäischen Parlaments und des Rates (ⓣ) im Einklang mit EN-ISO/IEC 17065/2012 und mit den zusätzlichen von der gemäß Artikel 55 oder 56 zuständigen Aufsichtsbehörde festgelegten Anforderungen benannt wurde.

(2) Zertifizierungsstellen nach Absatz 1 dürfen nur dann gemäß dem genannten Absatz akkreditiert werden, wenn sie

a) ihre Unabhängigkeit und ihr Fachwissen hinsichtlich des Gegenstands der Zertifizierung zur Zufriedenheit der zuständigen Aufsichtsbehörde nachgewiesen haben;

b) sich verpflichtet haben, die Kriterien nach Artikel 42 Absatz 5, die von der gemäß Artikel 55 oder 56 zuständigen Aufsichtsbehörde oder — gemäß Artikel 63 — von dem Ausschuss genehmigt wurden, einzuhalten;

c) Verfahren für die Erteilung, die regelmäßige Überprüfung und den Widerruf der Datenschutzzertifizierung sowie der Datenschutzsiegel und -prüfzeichen festgelegt haben;

d) Verfahren und Strukturen festgelegt haben, mit denen sie Beschwerden über Verletzungen der Zertifizierung oder die Art und Weise, in der die Zertifizierung von dem Verantwortlichen oder dem Auftragsverarbeiter umgesetzt wird oder wurde, nachgehen und diese Verfahren und Strukturen für betroffene Personen und die Öffentlichkeit transparent machen, und

e) zur Zufriedenheit der zuständigen Aufsichtsbehörde nachgewiesen haben, dass ihre Aufgaben und Pflichten nicht zu einem Interessenkonflikt führen.

(3) Die Akkreditierung von Zertifizierungsstellen nach den Absätzen 1 und 2 erfolgt anhand der Kriterien, die von der gemäß Artikel 55 oder 56 zuständigen Aufsichtsbehörde oder — gemäß Artikel 63 — von dem Ausschuss genehmigt wurden. Im Fall einer Akkreditierung nach Absatz 1 Buchstabe b des vorliegenden Artikels ergänzen diese Anforderungen diejenigen, die in der Verordnung (EG) Nr. 765/2008 und in den technischen Vorschriften, in denen die Methoden und Verfahren der Zertifizierungsstellen beschrieben werden, vorgesehen sind.

(4) Die Zertifizierungsstellen nach Absatz 1 sind unbeschadet der Verantwortung, die der Verantwortliche oder der Auftragsverarbeiter für die Einhaltung dieser Verordnung hat, für die angemessene Bewertung, die der Zertifizierung oder dem Widerruf einer Zertifizierung zugrunde liegt,

oder nicht mehr erfüllt werden) 그에 해당하면 인증은 제43조에 따른 인증기관에 의하여 또는 관할 감독관청에 의하여 철회된다.

⑧ 유럽정보보호위원회는 일체의 인증절차, 개인정보보호표시 및 개인정보마크를 등록하고 이를 적절한 방법으로 공표한다.

제43조 인증기관

① 제57조, 제58조에 따른 소관감독관청의 임무 또는 권한에 상관없이(Unbeschadet der Aufgaben und Befugnisse der zuständigen Aufsichtsbehörde gemäß den Artikeln 57 und 58), 개인정보보호에 관한 적절한 전문지식을 보유한 인증기관은, 감독관청에 알린 후 자신이 필요하면 제58조 제2항 h목에 따른 자신의 권한을 사용할 수 있게 하기 위하여 인증을 부여하거나 연장한다. 회원국은 이러한 인증기관이 다음의 기관들 중 한 또는 두 기관에 의하여 공인된다는 점(dass diese Zertifizierungsstellen von einer oder beiden der folgenden Stellen akkreditiert werden)을 보장한다:

a) 제55조 또는 제56조에 따른 소관감독관청;

b) EN-ISO/IEC 17065/2012에 부합하는, 「유럽연합 의회 및 이사회 (EG) 765/2008호 법(法)」(ⓣ)에 좇아 또한 감독관청이 제55조 또는 제56조에 따라 정한 추가적 요구사항(den zusätzlichen von der gemäß Artikel 55 oder 56 zuständigen Aufsichtsbehörde festgelegten Anforderungen)에 따라 지정된 회원국의 공인부여기관.

② 제1항에 따른 인증기관(Zertifizierungsstellen nach Absatz 1)은 다음 각 목 모두를 충족한 경우에 한하여 제1항에 따라 공인될 수 있다,

a) 그 기관이 소관감독관청이 만족할 정도로 개인정보준칙이라는 주제에 관한 기관의 독립성 및 전문지식을 증명할 것;

b) 그 기관이, 제42조 제5항에 따른 기준으로, 제55조 또는 제56조에 따른 소관감독관청이 승인하거나 제63조에 따른 유럽정보보호위원회가 승인한(— gemäß Artikel 63 — von dem Ausschuss genehmigt wurden) 기준을 준수할 의무를 부담할 것;

c) 그 기관이 개인정보보호인증, 개인정보보호표시 및 개인정보보호마크의 부여, 정기적 심사 및 철회에 대한 절차를 마련할 것,

e) 그 기관이 인증의 침해에 관한 이의나, 개인정보처리자 또는 수탁처리자에 의해 그 인증이 시행되거나 시행된 방식에 관한 이의를 처리하는 절차 및 체계를 마련하고 이러한 절차 및 체계를 정보주체 및 공중(公衆)에게 공개할 것(diese Verfahren und Strukturen für betroffene Personen und die Öffentlichkeit transparent macht);

e) 그 기관이 자신의 관청의 임무 및 의무가 이해상충을 야기하지 않는다는 점에 대하여 소관감독관청이 만족할 정도로 증명할 것.

③ 제1항 또는 제2항에 따른 인증기관의 공인은, 제55조 또는 제55조에 따른 감독관청이 승인하거나 제63조에 따른 유럽정보보호위원회가 승인한 요구사항 따라 행해진다. 본조 제1항 b목에 따른 공인의 경우에, 이러한 요구사항들이 (EG) 765/2008호 법(法)과, 인증기관의 방법 및 절차가 기술(記述)된 기술 규정에 규정되어 있는(die in der Verordnung (EG) Nr. 765/2008 und in den technischen Vorschriften, in denen die Methoden und Verfahren der Zertifizierungsstellen beschrieben werden, vorgesehen sind) 요구사항을 보충(補充)한다.

④ 제1항에 따른 인증기관은, 개인정보처리자 또는 수탁처리자가 본 법(法)의 준수에 대해 갖는 책임에 상관없이(unbeschadet der Verantwortung, die der Verantwortliche oder der Auftragsverarbeiter für die Einhaltung dieser Verordnung hat), 인증 또는 인증의 철회가 근거한(die der Zertifizierung oder dem

verantwortlich. Die Akkreditierung wird für eine Höchstdauer von fünf Jahren erteilt und kann unter denselben Bedingungen verlängert werden, sofern die Zertifizierungsstelle die Anforderungen dieses Artikels erfüllt.

(5) Die Zertifizierungsstellen nach Absatz 1 teilen den zuständigen Aufsichtsbehörden die Gründe für die Erteilung oder den Widerruf der beantragten Zertifizierung mit.

(6) Die Anforderungen nach Absatz 3 des vorliegenden Artikels und die Kriterien nach Artikel 42 Absatz 5 werden von der Aufsichtsbehörde in leicht zugänglicher Form veröffentlicht. Die Aufsichtsbehörden übermitteln diese Anforderungen und Kriterien auch dem Ausschuss. Der Ausschuss nimmt alle Zertifizierungsverfahren und Datenschutzsiegel in ein Register auf und veröffentlicht sie in geeigneter Weise.

(7) Unbeschadet des Kapitels VIII widerruft die zuständige Aufsichtsbehörde oder die nationale Akkreditierungsstelle die Akkreditierung einer Zertifizierungsstelle nach Absatz 1, wenn die Voraussetzungen für die Akkreditierung nicht oder nicht mehr erfüllt sind oder wenn eine Zertifizierungsstelle Maßnahmen ergreift, die nicht mit dieser Verordnung vereinbar sind.

(8) Der Kommission wird die Befugnis übertragen, gemäß Artikel 92 delegierte Rechtsakte zu erlassen, um die Anforderungen festzulegen, die für die in Artikel 42 Absatz 1 genannten datenschutzspezifischen Zertifizierungsverfahren zu berücksichtigen sind.

(9) Die Kommission kann Durchführungsrechtsakte erlassen, mit denen technische Standards für Zertifizierungsverfahren und Datenschutzsiegel und -prüfzeichen sowie Mechanismen zur Förderung und Anerkennung dieser Zertifizierungsverfahren und Datenschutzsiegel und -prüfzeichen festgelegt werden. Diese Durchführungsrechtsakte werden gemäß dem in Artikel 93 Absatz 2 genannten Prüfverfahren erlassen.

KAPITEL V Übermittlungen personenbezogener Daten an Drittländer oder an internationale Organisationen

Artikel 44 Allgemeine Grundsätze der Datenübermittlung

Jedwede Übermittlung personenbezogener Daten, die bereits verarbeitet werden oder nach ihrer Übermittlung an ein Drittland oder eine internationale Organisation verarbeitet werden sollen, ist nur zulässig, wenn der Verantwortliche und der Auftragsverarbeiter die in diesem Kapitel niedergelegten Bedingungen einhalten und auch die sonstigen Bestimmungen dieser Verordnung eingehalten werden; dies gilt auch für die etwaige Weiterübermittlung personenbezogener Daten durch das betreffende Drittland oder die betreffende internationale Organisation an ein anderes Drittland oder eine andere internationale Organisation. Alle Bestimmungen dieses Kapitels sind anzuwenden, um sicherzustellen, dass das durch diese Verordnung gewährleistete Schutzniveau für natürliche Personen nicht untergraben wird.

Artikel 45 Datenübermittlung auf der Grundlage eines Angemessenheitsbeschlusses

(1) Eine Übermittlung personenbezogener Daten an ein Drittland oder eine internationale Organisation darf vorgenommen werden, wenn die Kommission beschlossen hat, dass das betreffende Drittland, ein Gebiet oder ein oder mehrere spezifische Sektoren in diesem Drittland oder die betreffende internationale Organisation ein angemessenes Schutzniveau bietet. Eine solche Datenübermittlung bedarf keiner

Widerruf einer Zertifizierung zugrunde liegt) 적절한 평가에 대해 책임을 진다. 인증기관이 본조의 요구사항을 충족하는 한, 공인은 최대 5년으로(für eine Höchstdauer von fünf Jahren) 부여되고 동일한 조건으로(unter denselben Bedingungen) 연장될 수 있다.

⑤ 제1항에 따른 인증기관은, 신청된 인증의 부여 또는 철회에 대한 이유(die Gründe für die Erteilung oder den Widerruf der beantragten Zertifizierung)를 소관감독관청에 통지한다.

⑥ 본조 제3항에 따른 요구사항과 제42조 제5항에 따른 요구사항(Die Anforderungen nach Absatz 3 des vorliegenden Artikels und die Kriterien nach Artikel 42 Absatz 5)은 쉽게 접근할 수 있는 방식으로(in leicht zugänglicher Form) 감독관청이 공표한다. 그 감독관청은 이러한 요구사항 및 기준을 유럽정보보호위원회에도 전달한다. 유럽정보보호위원회는 일체의 인증절차 및 개인정보보호표시를 등록하고 이를 적절한 방법으로 공표한다.

⑦ 제8장에도 불구하고 공인 요건이 충족되지 않았거나 더 이상 충족되지 않은 경우나 인증기관이 본 법(法)에 합치하지 않는 조치를 취하는(wenn eine Zertifizierungsstelle Maßnahmen ergreift, die nicht mit dieser Verordnung vereinbar sind) 경우에는 소관감독관청 또는 회원국의 공인부여기관은 제1항에 따른 인증기관에 대한 공인을 철회한다.

⑧ 유럽연합집행위원회는, 제42조 제1항상의 개인정보보호 인증절차에서 고려되어야 하는 요구사항을 규정하기 위한, 제92조에 따른 위임법규 제정할(gemäß Artikel 92 delegierte Rechtsakte zu erlassen) 권한을 부여받는다.

⑨ 유럽연합집행위원회는, 인증절차, 개인정보보호표시 및 개인정보보호마크에 대한 기술적 표준(technische Standards für Zertifizierungsverfahren und Datenschutzsiegel und -prüfzeichen)과 이러한 인증절차, 개인정보보호표시 및 개인정보보호마크의 장려 및 승인에 관한 메커니즘에 대해 규정하는 집행법규를 제정할 수 있다. 이러한 집행법규는 제93조 제2항상의 심사절차에 따라(gemäß dem in Artikel 93 Absatz 2 genannten Prüfverfahren erlassen) 제정된다.

제5장 제3국 또는 국제기구(an Drittländer oder an internationale Organisationen)로의 개인정보의 이전(移轉)

제44조 개인정보이전의 일반적 원칙

이미 처리되었거나 이전 후 제3국 또는 국제기구가 처리해야 하는 개인정보의 모든 이전(Jedwede Übermittlung personenbezogener Daten, die bereits verarbeitet werden oder nach ihrer Übermittlung an ein Drittland oder eine internationale Organisation verarbeitet werden sollen)은, 개인정보처리자 또는 수탁처리자가 본장에 명시된 요건을 준수하고 본 법(法)의 기타 규정을 준수하는 경우에 한하여 허용된다; 해당 제3국 또는 해당 국제기구에 의한, 다른 제3국 또는 국제기구로(an ein anderes Drittland oder eine andere internationale Organisation)의 있을 수 있는 개인정보의 재(再)이전에 대하여도 또한 같다. 본 법(法)에 의해 보장되는, 자연인에 대한 보호수준이 저하되지 않도록 보장하기 위하여(um sicherzustellen, dass das durch diese Verordnung gewährleistete Schutzniveau für natürliche Personen nicht untergraben wird) 본 장의 일체의 규정은 적용되어야 한다.

제45조 적합성결정에 기한 개인정보이전

① 어느 제3국 또는 국제기구로의 개인정보 이전은, 유럽연합집행위원회가 당해 제3국, 이러한 제3국의 한 지역 또는 한 또는 여러 특수 부문이나 해당 국제기구가 적절한 보호수준을 제공한다는(dass das betreffende Drittland, ein Gebiet oder ein oder mehrere spezifische Sektoren in diesem Drittland oder die betreffende internationale Organisation ein angemessenes Schutzniveau bietet) 결정을 한 경우에 행해

besonderen Genehmigung.

(2) Bei der Prüfung der Angemessenheit des gebotenen Schutzniveaus berücksichtigt die Kommission insbesondere das Folgende:

a) die Rechtsstaatlichkeit, die Achtung der Menschenrechte und Grundfreiheiten, die in dem betreffenden Land bzw. bei der betreffenden internationalen Organisation geltenden einschlägigen Rechtsvorschriften sowohl allgemeiner als auch sektoraler Art — auch in Bezug auf öffentliche Sicherheit, Verteidigung, nationale Sicherheit und Strafrecht sowie Zugang der Behörden zu personenbezogenen Daten — sowie die Anwendung dieser Rechtsvorschriften, Datenschutzvorschriften, Berufsregeln und Sicherheitsvorschriften einschließlich der Vorschriften für die Weiterübermittlung personenbezogener Daten an ein anderes Drittland bzw. eine andere internationale Organisation, die Rechtsprechung sowie wirksame und durchsetzbare Rechte der betroffenen Person und wirksame verwaltungsrechtliche und gerichtliche Rechtsbehelfe für betroffene Personen, deren personenbezogene Daten übermittelt werden,

b) die Existenz und die wirksame Funktionsweise einer oder mehrerer unabhängiger Aufsichtsbehörden in dem betreffenden Drittland oder denen eine internationale Organisation untersteht und die für die Einhaltung und Durchsetzung der Datenschutzvorschriften, einschließlich angemessener Durchsetzungsbefugnisse, für die Unterstützung und Beratung der betroffenen Personen bei der Ausübung ihrer Rechte und für die Zusammenarbeit mit den Aufsichtsbehörden der Mitgliedstaaten zuständig sind, und

c) die von dem betreffenden Drittland bzw. der betreffenden internationalen Organisation eingegangenen internationalen Verpflichtungen oder andere Verpflichtungen, die sich aus rechtsverbindlichen Übereinkünften oder Instrumenten sowie aus der Teilnahme des Drittlands oder der internationalen Organisation an multilateralen oder regionalen Systemen insbesondere in Bezug auf den Schutz personenbezogener Daten ergeben.

(3) Nach der Beurteilung der Angemessenheit des Schutzniveaus kann die Kommission im Wege eines Durchführungsrechtsaktes beschließen, dass ein Drittland, ein Gebiet oder ein oder mehrere spezifische Sektoren in einem Drittland oder eine internationale Organisation ein angemessenes Schutzniveau im Sinne des Absatzes 2 des vorliegenden Artikels bieten. In dem Durchführungsrechtsakt ist ein Mechanismus für eine regelmäßige Überprüfung, die mindestens alle vier Jahre erfolgt, vorzusehen, bei der allen maßgeblichen Entwicklungen in dem Drittland oder bei der internationalen Organisation Rechnung getragen wird. Im Durchführungsrechtsakt werden der territoriale und der sektorale Anwendungsbereich sowie gegebenenfalls die in Absatz 2 Buchstabe b des vorliegenden Artikels genannte Aufsichtsbehörde bzw. genannten Aufsichtsbehörden angegeben. Der Durchführungsrechtsakt wird gemäß dem in Artikel 93 Absatz 2 genannten Prüfverfahren erlassen.

(4) Die Kommission überwacht fortlaufend die Entwicklungen in Drittländern und bei internationalen Organisationen, die die Wirkungsweise der nach Absatz 3 des vorliegenden Artikels erlassenen Beschlüsse und der nach Artikel 25 Absatz 6 der Richtlinie 95/46/EG erlassenen Feststellungen beeinträchtigen könnten.

(5) Die Kommission widerruft, ändert oder setzt die in Absatz 3 des vorliegenden Artikels genannten Beschlüsse im Wege von Durchführungsrechtsakten aus, soweit dies nötig ist und ohne rückwirkende Kraft, soweit entsprechende Informationen — insbesondere im Anschluss an die in Absatz 3 des

질 수 있다. 그러한 개인정보이전은 특별한 동의를 필요로 하지 아니한다.

② 유럽연합집행위원회는 제공된 보호수준에 대한 적합성 심사의 경우에 있어(Bei der Prüfung der Angemessenheit des gebotenen Schutzniveaus) 다음 각 목을 고려한다:

a) ⅰ) 법의 지배, ⅱ) 인권 및 기본권의 존중, ⅲ) 다른 어느 제3국 또는 국제기구로의 재(再)이전에 대한 규정을 포함하여 이러한 법규정[68]의 시행(Anwendung), 개인정보보호규정, 직업규정 및 보안규정뿐만 아니라 공공의 안녕, 국방, 국가안보 및 형법과 관청(官廳)의 개인정보에 대한 접근에 관한 것을 포함하여(auch in Bezug auf öffentliche Sicherheit, Verteidigung, nationale Sicherheit und Strafrecht sowie Zugang der Behörden zu personenbezogenen Daten — sowie die Anwendung dieser Rechtsvorschriften, Datenschutzvorschriften, Berufsregeln und Sicherheitsvorschriften einschließlich der Vorschriften für die Weiterübermittlung personenbezogener Daten an ein anderes Drittland bzw. eine andere internationale Organisation), 그러한 국가 또는 국제기구에서 일반적으로 또는 부문적으로 적용되는 관련 법규정, ⅳ) 판례법, ⅴ) 정보주체의 효과적이며 강제집행할 수 있는 권리, ⅵ) 개인정보가 이전된 정보주체를 위한 효과적인 행정상 법적구제와 그러한 법원을 통한 법적구제,

b) 적절한 시행권한을 포함하여 개인정보보호규정의 준수 및 시행과, 정보주체의 권리 행사시 그 정보주체에 대한 지원 및 상담(für die Unterstützung und Beratung der betroffenen Personen bei der Ausübung ihrer Rechte) 그리고 회원국들의 감독관청과의 협력을 담당하는(für die Zusammenarbeit mit den Aufsichtsbehörden der Mitgliedstaaten zuständig sind) 감독관청으로, 당해 제3국에 있는 한 또는 여러 독립적 감독관청의 존재 및 효율적 운영이나, 어느 국제기구의 관할 아래 있는 그와 같은 감독관청의 존재 및 효율적 운영,

c) 당해 제3국 또는 국제기구가 부담하는 국제법상 의무 또는 그 밖의 의무로, 법적 구속력이 있는 조약 또는 법률행위에서 도출되거나 개인정보보호와 관련하여 제3국 또는 국제기구의 다자체제 또는 지역체제의 참여에서 도출되는(aus der Teilnahme des Drittlands oder der internationalen Organisation an multilateralen oder regionalen Systemen insbesondere in Bezug auf den Schutz personenbezogener Daten ergeben) 의무.

③ 보호수준에 대한 적합성 판단(Nach der Beurteilung der Angemessenheit des Schutzniveaus)에 좇아, 유럽연합집행위원회는 집행법규의 방식으로, 어느 제3국, 어느 제3국의 한 지역 또는 한 또는 여러 특수한 부문이나 어느 국제기구가 본조 제2항상의 적절한 보호수준을 제공하는 것(dass ein Drittland, ein Gebiet oder ein oder mehrere spezifische Sektoren in einem Drittland oder eine internationale Organisation ein angemessenes Schutzniveau im Sinne des Absatzes 2 des vorliegenden Artikels bieten)으로 결정할 수 있다. 위임법규에서 최소한 4년마다 실시되는 정기적 심사에 대한 메커니즘으로, 그 제3국 또는 국제기구에서의 관련 일체의 동향이 고려되는(bei der allen maßgeblichen Entwicklungen in dem Drittland oder bei der internationalen Organisation Rechnung getragen wird) 메커니즘이 규정되어야 한다. 위임법규에서 지역적·부문적 적용범위와 해당하는 경우 본조 제2항 b목상의 감독관청 또는 감독관청들이 명시된다. 그 위임법규는 제93조 제2항상의 심사절차에 따라 제정된다.

④ 유럽연합집행위원회는, 제3국 및 국제기구에서의 동향(die Entwicklungen in Drittländern und bei internationalen Organisationen)으로, 본 조 제3항에 따라 발령된 결정(Beschlüsse)의 작용과 95/46/EG호 입법지침 제25조 제6항에 따라 발령된 결정(Feststellungen)의 작용(die Wirkungsweise)에 영향을 미칠 수 있는 동향을 지속적으로 감시한다.

⑤ 유럽연합집행위원회는, 특히 본조 제3항상의 심사 다음에, 어느 제3국, 어느 제3국의 어느 지역 또는 한 또는 여러 특수한 부문이나 어느 국제기구가 본 조항 제2항상의 적절한 보호수준을 더 이상 보장하지 않는다는 점이 관련 정보로 드러나는 경우에, 이것이 필요한 범위 내에서 소급효 없이 위임법규

vorliegenden Artikels genannte Überprüfung — dahingehend vorliegen, dass ein Drittland, ein Gebiet oder ein oder mehrere spezifischer Sektor in einem Drittland oder eine internationale Organisation kein angemessenes Schutzniveau im Sinne des Absatzes 2 des vorliegenden Artikels mehr gewährleistet. Diese Durchführungsrechtsakte werden gemäß dem Prüfverfahren nach Artikel 93 Absatz 2 erlassen.
In hinreichend begründeten Fällen äußerster Dringlichkeit erlässt die Kommission gemäß dem in Artikel 93 Absatz 3 genannten Verfahren sofort geltende Durchführungsrechtsakte.
(6) Die Kommission nimmt Beratungen mit dem betreffenden Drittland bzw. der betreffenden internationalen Organisation auf, um Abhilfe für die Situation zu schaffen, die zu dem gemäß Absatz 5 erlassenen Beschluss geführt hat.
(7) Übermittlungen personenbezogener Daten an das betreffende Drittland, das Gebiet oder einen oder mehrere spezifische Sektoren in diesem Drittland oder an die betreffende internationale Organisation gemäß den Artikeln 46 bis 49 werden durch einen Beschluss nach Absatz 5 des vorliegenden Artikels nicht berührt.
(8) Die Kommission veröffentlicht im Amtsblatt der Europäischen Union und auf ihrer Website eine Liste aller Drittländer beziehungsweise Gebiete und spezifischen Sektoren in einem Drittland und aller internationalen Organisationen, für die sie durch Beschluss festgestellt hat, dass sie ein angemessenes Schutzniveau gewährleisten bzw. nicht mehr gewährleisten.
(9) Von der Kommission auf der Grundlage von Artikel 25 Absatz 6 der Richtlinie 95/46/EG erlassene Feststellungen bleiben so lange in Kraft, bis sie durch einen nach dem Prüfverfahren gemäß den Absätzen 3 oder 5 des vorliegenden Artikels erlassenen Beschluss der Kommission geändert, ersetzt oder aufgehoben werden.

Artikel 46 Datenübermittlung vorbehaltlich geeigneter Garantien

(1) Falls kein Beschluss nach Artikel 45 Absatz 3 vorliegt, darf ein Verantwortlicher oder ein Auftragsverarbeiter personenbezogene Daten an ein Drittland oder eine internationale Organisation nur übermitteln, sofern der Verantwortliche oder der Auftragsverarbeiter geeignete Garantien vorgesehen hat und sofern den betroffenen Personen durchsetzbare Rechte und wirksame Rechtsbehelfe zur Verfügung stehen.
(2) Die in Absatz 1 genannten geeigneten Garantien können, ohne dass hierzu eine besondere Genehmigung einer Aufsichtsbehörde erforderlich wäre, bestehen in

a) einem rechtlich bindenden und durchsetzbaren Dokument zwischen den Behörden oder öffentlichen Stellen,

b) verbindlichen internen Datenschutzvorschriften gemäß Artikel 47,

c) Standarddatenschutzklauseln, die von der Kommission gemäß dem Prüfverfahren nach Artikel 93 Absatz 2 erlassen werden,

d) von einer Aufsichtsbehörde angenommenen Standarddatenschutzklauseln, die von der Kommission gemäß dem Prüfverfahren nach Artikel 93 Absatz 2 genehmigt wurden,

e) genehmigten Verhaltensregeln gemäß Artikel 40 zusammen mit rechtsverbindlichen und durchsetzbaren Verpflichtungen des Verantwortlichen oder des Auftragsverarbeiters in dem Drittland zur Anwendung der geeigneten Garantien, einschließlich in Bezug auf die Rechte der betroffenen Personen, oder

의 방식의 위 조항 제3항상의 결정을 철회하거나 수정하거나 그 적용을 정지한다(widerruft, ändert oder setzt die in Absatz 3 des vorliegenden Artikels genannten Beschlüsse im Wege von Durchführungsrechtsakten aus). 이러한 위임법규는 제93조 제2항에 따른 심사절차에 좇아 제정된다. 상당한 급박성에 대한 충분히 이유가 있는 경우에(In hinreichend begründeten Fällen äußerster Dringlichkeit) 유럽연합집행위원회는 제93조 제3항상의 절차에 따라 즉시 적용되는 집행법규(sofort geltende Durchführungsrechtsakte)를 제정한다.

⑥ 유럽연합집행위원회는, 제5항에 따라 발령된 결정을 가져온 상황을 시정하기 위하여(um Abhilfe für die Situation zu schaffen, die zu dem gemäß Absatz 5 erlassenen Beschluss geführt hat) 그러한 제3국 또는 국제기구와 협의를 개시한다.

⑦ 당해 제3국, 그 제3국의 그 지역 또는 한 또는 여러 특수한 부문이나 그러한 국제기구로의 개인정보 이전(Übermittlungen personenbezogener Daten)으로, 제46조 내지 제49조에 따른 이전은 본조 제5항에 따른 결정에 의하여(durch einen Beschluss nach Absatz 5 des vorliegenden Artikels) 영향을 받지 아니한다.

⑧ 유럽연합집행위원회는, 적절한 보호수준을 보장하지 않고 있거나 더 이상 보장하지 않는 것으로(dass sie ein angemessenes Schutzniveau gewährleisten bzw. nicht mehr gewährleisten) 결정한, 일체의 제3국과 제3국의 모든 지역 및 특수한 부문 그리고 그러한 일체의 국제기구를 유럽연합관보와 자신의 웹사이트에 게재한다.

⑨ 95/46/EG호 입법지침 제25조 제6항에 근거하여 유럽연합집행위원회가 발령한 결정(Von der Kommission auf der Grundlage von Artikel 25 Absatz 6 der Richtlinie 95/46/EG erlassene Feststellungen)이, 본조 제3항 내지 제5항에 따른 심사절차에 따라 발령된 유럽연합집행위원회 결정에 의하여 수정, 내체 또는 폐지될 때끼지 그와 같이 발령한 결정은 효력을 유지한다.

제46조 적합한 안전성확보조치를 조건으로 하는 개인정보이전

① 제45조 제3항에 따른 결정이 없는 경우에 그 개인정보처리자 또는 수탁처리자가 적합한 안전성확보조치를 마련하였고, 정보주체에게 상세집행할 수 있는 권리와 효과적인 법적구제가 귀속되는 한(sofern der Verantwortliche oder der Auftragsverarbeiter geeignete Garantien vorgesehen hat und sofern den betroffenen Personen durchsetzbare Rechte und wirksame Rechtsbehelfe zur Verfügung stehen), 개인정보처리자 또는 수탁처리자는 개인정보를 어느 제3국 또는 국제기구로 이전해도 된다.

② 다음 각 목은, 이에 관한 '감독관청의 특별한 승인' 없이, 제1항상의 적합한 안전성확보조치에 해당한다,

a) 관청들 또는 공공기관들 간(zwischen den Behörden oder öffentlichen Stellen)의 법적으로 구속력이 있고 강제집행할 수 있는 문서(Dokument),

b) 제47조에 따른 기업의 구속력 있는 개인정보보호규칙,

c) 제93조 제2항에 따른 심사절차에 좇아 유럽연합집행위원회가 제정한 표준개인정보보호조항[69] (Standarddatenschutzklauseln),

d) 감독관청이 채택한 것으로, 제93조 제2항에 따른 심사절차에 좇아 유럽연합집행위원회가 승인한 표준개인정보보호조항,

e) 정보주체의 권리에 관한 것을 포함하여(einschließlich in Bezug auf die Rechte der betroffenen Personen), 제3국에 있는 개인정보처리자 또는 수탁처리자가 부담하는, 법적 구속력 있고 강제집행할 수 있는, 안전성확보조치의 적용에 관한 의무와 더불어, 제40조에 따른 승인된 개인정보준칙 (genehmigten Verhaltensregeln gemäß Artikel 40),

f) einem genehmigten Zertifizierungsmechanismus gemäß Artikel 42 zusammen mit rechtsverbindlichen und durchsetzbaren Verpflichtungen des Verantwortlichen oder des Auftragsverarbeiters in dem Drittland zur Anwendung der geeigneten Garantien, einschließlich in Bezug auf die Rechte der betroffenen Personen.

(3) Vorbehaltlich der Genehmigung durch die zuständige Aufsichtsbehörde können die geeigneten Garantien gemäß Absatz 1 auch insbesondere bestehen in

a) Vertragsklauseln, die zwischen dem Verantwortlichen oder dem Auftragsverarbeiter und dem Verantwortlichen, dem Auftragsverarbeiter oder dem Empfänger der personenbezogenen Daten im Drittland oder der internationalen Organisation vereinbart wurden, oder

b) Bestimmungen, die in Verwaltungsvereinbarungen zwischen Behörden oder öffentlichen Stellen aufzunehmen sind und durchsetzbare und wirksame Rechte für die betroffenen Personen einschließen.

(4) Die Aufsichtsbehörde wendet das Kohärenzverfahren nach Artikel 63 an, wenn ein Fall gemäß Absatz 3 des vorliegenden Artikels vorliegt.

(5) Von einem Mitgliedstaat oder einer Aufsichtsbehörde auf der Grundlage von Artikel 26 Absatz 2 der Richtlinie 95/46/EG erteilte Genehmigungen bleiben so lange gültig, bis sie erforderlichenfalls von dieser Aufsichtsbehörde geändert, ersetzt oder aufgehoben werden. Von der Kommission auf der Grundlage von Artikel 26 Absatz 4 der Richtlinie 95/46/EG erlassene Feststellungen bleiben so lange in Kraft, bis sie erforderlichenfalls mit einem nach Absatz 2 des vorliegenden Artikels erlassenen Beschluss der Kommission geändert, ersetzt oder aufgehoben werden.

Artikel 47 Verbindliche interne Datenschutzvorschriften

(1) Die zuständige Aufsichtsbehörde genehmigt gemäß dem Kohärenzverfahren nach Artikel 63 verbindliche interne Datenschutzvorschriften, sofern diese

a) rechtlich bindend sind, für alle betreffenden Mitglieder der Unternehmensgruppe oder einer Gruppe von Unternehmen, die eine gemeinsame Wirtschaftstätigkeit ausüben, gelten und von diesen Mitgliedern durchgesetzt werden, und dies auch für ihre Beschäftigten gilt,

b) den betroffenen Personen ausdrücklich durchsetzbare Rechte in Bezug auf die Verarbeitung ihrer personenbezogenen Daten übertragen und

c) die in Absatz 2 festgelegten Anforderungen erfüllen.

(2) Die verbindlichen internen Datenschutzvorschriften nach Absatz 1 enthalten mindestens folgende Angaben:

a) Struktur und Kontaktdaten der Unternehmensgruppe oder Gruppe von Unternehmen, die eine gemeinsame Wirtschaftstätigkeit ausüben, und jedes ihrer Mitglieder;

b) die betreffenden Datenübermittlungen oder Reihen von Datenübermittlungen einschließlich der betreffenden Arten personenbezogener Daten, Art und Zweck der Datenverarbeitung, Art der betroffenen Personen und das betreffende Drittland beziehungsweise die betreffenden Drittländer;

c) interne und externe Rechtsverbindlichkeit der betreffenden internen Datenschutzvorschriften;

d) die Anwendung der allgemeinen Datenschutzgrundsätze, insbesondere Zweckbindung, Datenminimierung, begrenzte Speicherfristen, Datenqualität, Datenschutz durch Technikgestaltung und durch datenschutzfreundliche Voreinstellungen, Rechtsgrundlage für die Verarbeitung, Verarbeitung besonderer Kategorien von personenbezogenen Daten, Maßnahmen zur Sicherstellung der

f) 정보주체의 권리에 관한 것을 포함하여(einschließlich in Bezug auf die Rechte der betroffenen) 제3국에 있는 개인정보처리자 또는 수탁처리자가 부담하는, 법적 구속력 있고 강제집행할 수 있는, 안전성확보조치의 적용에 관한 의무와 더불어, 제42조에 따른 승인된 인증메커니즘(einem genehmigten Zertifizierungsmechanismus).

③ 특히 다음 각 목(目)도, '관할 관청의 승인을 조건'으로 하여(Vorbehaltlich der Genehmigung durch die zuständige Aufsichtsbehörde), 적합한 안전성확보조치에 해당한다,

a) 개인정보처리자 또는 수탁처리자와, 제3국 또는 국제기구에 있는(im Drittland oder der internationalen Organisation), 개인정보처리자, 수탁처리자 또는 개인정보수령인 간에 체결된 계약조항 또는,

b) 관청들 또는 공공기관들 간의 행정협정에 포함되어 있고 정보주체의 강제집행할 수 있는 효과적인 권리를 포함하는 규정.

④ 본조 제3항에 따른 사안인 경우에 감독관청은 제63조에 따른 법적용통일성추구절차(das Kohärenzverfahren)를 적용한다.

⑤ 어느 회원국 또는 어느 감독관청이 95/46/EG호 입법지침 제26조 제2항에 기하여 행한 승인은, 필요한 경우 이러한 감독관청에 의해 수정, 대체 또는 변경될 때가지 효력을 지닌다. 유럽연합집행위원회가 95/46/EG호 제26조 제4항에 기하여 발령한 결정은, 필요한 경우 본조 제2항에 의해 발령된 유럽연합집행위원회 결정에 의해 수정, 대체 또는 폐지될 때까지 효력을 지닌다(bis sie erforderlichenfalls mit einem nach Absatz 2 des vorliegenden Artikels erlassenen Beschluss der Kommission geändert, ersetzt oder aufgehoben werden).

제47조 기업의 구속력 있는 개인정보보호규칙

① 소관감독관청은 다음 경우에 제63조에 따른 법적용통일성추구절차에 좇아 기업의 구속력 있는 개인정보보호규칙을 승인한다,

a) 그 법(法)이 기업집단 또는 일단의 기업들에 속한 일체의 관련 회원사(會員社)로, 공동의 경제활동에 종사하는 회원사에 대하여 법적으로 구속력이 있고, 적용되며, 이러한 회원사에 의해 시행되고, 또한 그 규칙이 그 회원사의 직원에 대해서도 적용되며,

b) 그 규칙이 정보주체에게 그 개인정보 처리에 관한(in Bezug auf die Verarbeitung ihrer personenbezogenen Daten) 강제집행할 수 있는 권리를 명시적으로 부여하며,

c) 그 규칙이 제2항에서 정한 요구사항을 충족한 경우.

② 제1항에 따른 기업의 구속력 있는 개인정보보호규칙은 최소한 다음 사항(mindestens folgende Angaben)을 포함한다:

a) 공동의 경제활동에 종사하는 기업집단 또는 일단의 기업들의 구성 및 연락정보와, 그 회원사(會員社)의 구조 및 연락정보;

b) 개인정보의 당해 성질, 개인정보 처리의 성질 및 목적, 정보주체의 유형과, 당해 제3국 또는 제3국들(das betreffende Drittland beziehungsweise die betreffenden Drittländer)을 포함하여 관련 개인정보이전 또는 일련의 개인정보이전;

c) 해당 기업의 개인정보보호규칙의 내부적·외부적 법적구속력;

d) 일반적 개인정보보호원칙, 특히 목적구속성, 정보최소화(Datenminimierung), 시한(時限)이 있는 저장기간, 개인정보품질, 기술설계와 정보보호친화적 디폴트에 의한 개인정보보호, 처리에 대한 법적 근거, 특수한 범주의 개인정보 처리, 개인정보보안 확보를 위한 조치(Maßnahmen zur Sicherstellung der Datensicherheit) 그리고 기업의 개인정보보호규칙에 구속되지 않는 기관으로의 재(再)이전에 대한 요

Datensicherheit und Anforderungen für die Weiterübermittlung an nicht an diese internen Datenschutzvorschriften gebundene Stellen;

e) die Rechte der betroffenen Personen in Bezug auf die Verarbeitung und die diesen offenstehenden Mittel zur Wahrnehmung dieser Rechte einschließlich des Rechts, nicht einer ausschließlich auf einer automatisierten Verarbeitung — einschließlich Profiling — beruhenden Entscheidung nach Artikel 22 unterworfen zu werden sowie des in Artikel 79 niedergelegten Rechts auf Beschwerde bei der zuständigen Aufsichtsbehörde beziehungsweise auf Einlegung eines Rechtsbehelfs bei den zuständigen Gerichten der Mitgliedstaaten und im Falle einer Verletzung der verbindlichen internen Datenschutzvorschriften Wiedergutmachung und gegebenenfalls Schadenersatz zu erhalten;

f) die von dem in einem Mitgliedstaat niedergelassenen Verantwortlichen oder Auftragsverarbeiter übernommene Haftung für etwaige Verstöße eines nicht in der Union niedergelassenen betreffenden Mitglieds der Unternehmensgruppe gegen die verbindlichen internen Datenschutzvorschriften; der Verantwortliche oder der Auftragsverarbeiter ist nur dann teilweise oder vollständig von dieser Haftung befreit, wenn er nachweist, dass der Umstand, durch den der Schaden eingetreten ist, dem betreffenden Mitglied nicht zur Last gelegt werden kann;

g) die Art und Weise, wie die betroffenen Personen über die Bestimmungen der Artikel 13 und 14 hinaus über die verbindlichen internen Datenschutzvorschriften und insbesondere über die unter den Buchstaben d, e und f dieses Absatzes genannten Aspekte informiert werden;

h) die Aufgaben jedes gemäß Artikel 37 benannten Datenschutzbeauftragten oder jeder anderen Person oder Einrichtung, die mit der Überwachung der Einhaltung der verbindlichen internen Datenschutzvorschriften in der Unternehmensgruppe oder Gruppe von Unternehmen, die eine gemeinsame Wirtschaftstätigkeit ausüben, sowie mit der Überwachung der Schulungsmaßnahmen und dem Umgang mit Beschwerden befasst ist;

i) die Beschwerdeverfahren;

j) die innerhalb der Unternehmensgruppe oder Gruppe von Unternehmen, die eine gemeinsame Wirtschaftstätigkeit ausüben, bestehenden Verfahren zur Überprüfung der Einhaltung der verbindlichen internen Datenschutzvorschriften. Derartige Verfahren beinhalten Datenschutzüberprüfungen und Verfahren zur Gewährleistung von Abhilfemaßnahmen zum Schutz der Rechte der betroffenen Person. Die Ergebnisse derartiger Überprüfungen sollten der in Buchstabe h genannten Person oder Einrichtung sowie dem Verwaltungsrat des herrschenden Unternehmens einer Unternehmensgruppe oder der Gruppe von Unternehmen, die eine gemeinsame Wirtschaftstätigkeit ausüben, mitgeteilt werden und sollten der zuständigen Aufsichtsbehörde auf Anfrage zur Verfügung gestellt werden;

k) die Verfahren für die Meldung und Erfassung von Änderungen der Vorschriften und ihre Meldung an die Aufsichtsbehörde;

l) die Verfahren für die Zusammenarbeit mit der Aufsichtsbehörde, die die Befolgung der Vorschriften durch sämtliche Mitglieder der Unternehmensgruppe oder Gruppe von Unternehmen, die eine gemeinsame Wirtschaftstätigkeit ausüben, gewährleisten, insbesondere durch Offenlegung der Ergebnisse von Überprüfungen der unter Buchstabe j genannten Maßnahmen gegenüber der Aufsichtsbehörde;

m) die Meldeverfahren zur Unterrichtung der zuständigen Aufsichtsbehörde über jegliche für ein Mitglied der Unternehmensgruppe oder Gruppe von Unternehmen, die eine gemeinsame

구사항(Anforderungen für die Weiterübermittlung an nicht an diese internen Datenschutzvorschriften gebundene Stellen);

e) 그 처리에 관한 정보주체의 권리와, 프로파일링을 포함하여 오로지 자동화된 처리에 근거한 제22조에 따른 결정을 적용받지 않을 권리를 포함하여, 정보주체게 부여된, 이러한 권리를 행사하기 위한 수단(die diesen offenstehenden Mittel zur Wahrnehmung dieser Rechte einschließlich des Rechts, nicht einer ausschließlich auf einer automatisierten Verarbeitung — einschließlich Profiling — beruhenden Entscheidung nach Artikel 22 unterworfen zu werden)과, 제79조에서 명시된, 소관감독관청에 대한 이의제기권 또는 회원국의 관할 법원에 대한 법적구제제기권 그리고 기업의 구속력 있는 개인정보보호정책 위반의 경우에 시정과 해당하는 경우 손해배상을 받을 권리;

f) 어느 회원국에 영업소를 둔 개인정보처리자 또는 수탁처리자가 인수한 책임으로, 유럽연합에 영업소를 두지 않은 기업집단에 속한 당해 회원사의 기업의 구속력 있는 개인정보보호규칙에 대한 어떤 위반에 대한 책임; 개인정보처리자 또는 수탁처리자는, 당해 회원사가 자신이 손해를 발생하게 한 사건에 대하여 책임이 없다는 점을 증명한 경우에(wenn er nachweist, dass der Umstand, durch den der Schaden eingetreten ist, dem betreffenden Mitglied nicht zur Last gelegt werden kann) 한하여 그러한 책임의 전부 또는 일부를 면제받는다;

g) 정보주체가 제13조, 제14조의 규정 이외에 추가로(über die Bestimmungen der Artikel 13 und 14 hinaus), 기업의 구속력 있는 개인정보보호규칙, 특히 본 항 d목, e목 또는 f목상의 사항에 관한 규정에 대하여 정보제공을 받는 방법;

h) 제37조에 따라 지정된 각 개인정보보호책임자의 임무(die Aufgaben jedes gemäß Artikel 37 benannten Datenschutzbeauftragten)나, 공동의 경제활동에 종사하는 기업집단 또는 일단의 기업들 내의 기업의 구속력 있는 개인정보보호규칙의 준수를 감시하고 교육의 감시와 이의의 처리를 다루는(mit der Überwachung der Schulungsmaßnahmen und dem Umgang mit Beschwerden befasst ist) 그 밖의 모든 자 또는 법주체의 임무;

i) 이의절차;

j) 공동의 경제활동에 종사하는 기업집단 또는 일단의 기업들 내에서 존재하는, 기업의 구속력 있는 개인정보보호규칙의 준수를 검증(檢證)하기 위한 절차. 이러한 절차는 개인정보보호검사(Datenschutzüberprüfungen)와 정보주체의 권리보호를 위한 시정조치의 보장에 관한 절차를 포함한다. 이러한 검증 결과(Die Ergebnisse derartiger Überprüfungen)는 h목상의 자 또는 법주체와, 공동의 경제활동에 종사하는 기업집단 또는 일단의 기업들의 지배기업의 '감독이사회'(dem Verwaltungsrat des herrschenden Unternehmens einer Unternehmensgruppe oder der Gruppe von Unternehmen, die eine gemeinsame Wirtschaftstätigkeit ausüben)에 통지되어야 하고 관할 관청의 요구가 있는 경우 그 관청에 제공되어야 한다;

k) 규정 개정의 통보 및 기록의 절차와 감독관청에 대한, 그에 관한 통보(ihre Meldung an die Aufsichtsbehörde);

l) 감독관청과 협력절차(die Verfahren für die Zusammenarbeit mit der Aufsichtsbehörde)로, 공동의 경제활동에 종사하는 기업집단 또는 일단의 기업들에 속한 전체 회원사에 의한 규정의 준수(遵守)를 보장하는 절차, 특히 j상의 조치 검사 결과의 감독관청에 대한 통지(通知)에 의한 그러한 절차(durch Offenlegung der Ergebnisse von Überprüfungen der unter Buchstabe j genannten Maßnahmen gegenüber der Aufsichtsbehörde);

m) 공동의 경제활동에 종사하는(die eine gemeinsame Wirtschaftstätigkeit ausüben) 기업집단 또는 일단의 기업들에 대하여 어느 제3국에서 적용되는 일체의 법규정으로, 기업의 구속력 있는 개인정보보

Wirtschaftstätigkeit ausüben, in einem Drittland geltenden rechtlichen Bestimmungen, die sich nachteilig auf die Garantien auswirken könnten, die die verbindlichen internen Datenschutzvorschriften bieten, und

n) geeignete Datenschutzschulungen für Personal mit ständigem oder regelmäßigem Zugang zu personenbezogenen Daten.

(3) Die Kommission kann das Format und die Verfahren für den Informationsaustausch über verbindliche interne Datenschutzvorschriften im Sinne des vorliegenden Artikels zwischen Verantwortlichen, Auftragsverarbeitern und Aufsichtsbehörden festlegen. Diese Durchführungsrechtsakte werden gemäß dem Prüfverfahren nach Artikel 93 Absatz 2 erlassen.

Artikel 48 Nach dem Unionsrecht nicht zulässige Übermittlung oder Offenlegung

Jegliches Urteil eines Gerichts eines Drittlands und jegliche Entscheidung einer Verwaltungsbehörde eines Drittlands, mit denen von einem Verantwortlichen oder einem Auftragsverarbeiter die Übermittlung oder Offenlegung personenbezogener Daten verlangt wird, dürfen unbeschadet anderer Gründe für die Übermittlung gemäß diesem Kapitel jedenfalls nur dann anerkannt oder vollstreckbar werden, wenn sie auf eine in Kraft befindliche internationale Übereinkunft wie etwa ein Rechtshilfeabkommen zwischen dem ersuchenden Drittland und der Union oder einem Mitgliedstaat gestützt sind.

Artikel 49 Ausnahmen für bestimmte Fälle

(1) Falls weder ein Angemessenheitsbeschluss nach Artikel 45 Absatz 3 vorliegt noch geeignete Garantien nach Artikel 46, einschließlich verbindlicher interner Datenschutzvorschriften, bestehen, ist eine Übermittlung oder eine Reihe von Übermittlungen personenbezogener Daten an ein Drittland oder an eine internationale Organisation nur unter einer der folgenden Bedingungen zulässig:

a) die betroffene Person hat in die vorgeschlagene Datenübermittlung ausdrücklich eingewilligt, nachdem sie über die für sie bestehenden möglichen Risiken derartiger Datenübermittlungen ohne Vorliegen eines Angemessenheitsbeschlusses und ohne geeignete Garantien unterrichtet wurde,

b) die Übermittlung ist für die Erfüllung eines Vertrags zwischen der betroffenen Person und dem Verantwortlichen oder zur Durchführung von vorvertraglichen Maßnahmen auf Antrag der betroffenen Person erforderlich,

c) die Übermittlung ist zum Abschluss oder zur Erfüllung eines im Interesse der betroffenen Person von dem Verantwortlichen mit einer anderen natürlichen oder juristischen Person geschlossenen Vertrags erforderlich,

d) die Übermittlung ist aus wichtigen Gründen des öffentlichen Interesses notwendig,

e) die Übermittlung ist zur Geltendmachung, Ausübung oder Verteidigung von Rechtsansprüchen erforderlich,

f) die Übermittlung ist zum Schutz lebenswichtiger Interessen der betroffenen Person oder anderer Personen erforderlich, sofern die betroffene Person aus physischen oder rechtlichen Gründen außerstande ist, ihre Einwilligung zu geben,

g) die Übermittlung erfolgt aus einem Register, das gemäß dem Recht der Union oder der Mitgliedstaaten zur Information der Öffentlichkeit bestimmt ist und entweder der gesamten Öffentlichkeit oder allen Personen, die ein berechtigtes Interesse nachweisen können, zur Einsichtnahme offensteht, aber nur soweit die im Recht der Union oder der Mitgliedstaaten

호규칙을 제공하는 안전성확보조치에 악영향을 미칠 수 있는(die sich nachteilig auf die Garantien auswirken könnten, die die verbindlichen internen Datenschutzvorschriften bieten) 법규정에 관한 관할 관청에 대한 알림에 관할 절차;

n) 개인정보에 대한 상시적 또는 정기적 접근을 하는 직원에 대한 적절한 개인정보보호교육(geeignete Datenschutzschulungen)

③ 유럽연합집행위원회 개인정보처리자와 수탁처리자 간의 본조상의 기업의 구속력 있는 개인정보보호규칙에 관한 정보교환에 대한 양식과 절차(das Format und die Verfahren für den Informationsaustausch)를 마련한다. 이러한 집행법규(Diese Durchführungsrechtsakte)는 제93조 제2항에 따른 심사절차에 따라 제정된다.

제48조 유럽연합법에 따라 허용되지 않는 이전 또는 공개

개인정보처리자 또는 수탁처리자에 대해 개인정보의 이전 또는 공개를 요구하는, 제3국의 법원의 모든 판결 및 제3국의 행정관청의 모든 결정은, 본장에 따른 이전에 대한 그 밖의 근거에도 불구하고, 가령 요청하는 제3국과 유럽연합 또는 회원국 간의 사법공조협정과 같은 시행 중인 국제조약의 효력에 근거하는 경우(wenn sie auf eine in Kraft befindliche internationale Übereinkunft wie etwa ein Rechtshilfeabkommen zwischen dem ersuchenden Drittland und der Union oder einem Mitgliedstaat gestützt sind)에 한하여 승인되거나 집행된다.

제49조 특정한 경우에 대한 예외

① 제45조 제3항에 따른 적합성결정도, 기업의 구속력 있는 개인정보보호규칙을 포함하여 제46조에 따른 적합한 안전성확보조치도 없는 경우에, 어느 제3국 또는 국제기구로의 개인정보의 이전 또는 일련의 이전(eine Übermittlung oder eine Reihe von Übermittlungen personenbezogener Daten an ein Drittland oder an eine internationale Organisation)은 다음과 같은 요건하에서만 허용된다:

a) 적합성결정도, 적합한 안전성확보조치도 없어, 정보주체가 자신에 대해 발생하는, 그러한 개인정보 이전의 잠재적 위험에 관하여 정보제공을 받은 다음, 제인된 개인정보이전에 대하여 명시적으로 동의를 한 경우,

b) 그 이전이 정보주체와 개인정보 처리 간의 계약의 이행이나 정보주체의 요구에 따라 행해진 계약 전(前)의 조치의 시행(Durchführung von vorvertraglichen Maßnahmen auf Antrag der betroffenen Person)을 위해 필요한 경우,

c) 정보주체의 이익을 위하여(im Interesse der betroffenen Person) 개인정보처리자가 다른 자연인 또는 법인(einer anderen natürlichen oder juristischen Person)과 체결한 계약의 체결 또는 이행(Abschluss oder zur Erfüllung)을 위해 필요한 경우,

d) 그 이전이 공익상의 중대한 사유에 기하여 필요한 경우,

e) 그 이전이 법적청구권의 증명, 행사 또는 방어(Geltendmachung, Ausübung oder Verteidigung)에 필요한 경우,

f) 그 이전이, 정보주체가 신체적 사유나 법적 사유로 인해 자신의 동의를 할 수 없는 한(sofern die betroffene Person aus physischen oder rechtlichen Gründen außerstande ist, ihre Einwilligung zu geben), 정보주체 또는 다른 사람의 생명유지에 필수적인 이익을 위해 필요한 경우,

g) 유럽연합법 또는 회원국법에 따라 공중에 대한 정보제공을 위한 용도로 마련되고 공중 혹은 정당한 이익을 증명할 수 있는 일체의 자가 열람할 수 있도록 공개된 등록부에 기하여 그 이전이 행해지되, 유럽연합법 또는 회원국법에 정해진 열람 요건이 사안별로 정해진 범위 내에서만 행해지는(nur soweit die im Recht der Union oder der Mitgliedstaaten festgelegten Voraussetzungen für die Einsichtnahme

festgelegten Voraussetzungen für die Einsichtnahme im Einzelfall gegeben sind.

Falls die Übermittlung nicht auf eine Bestimmung der Artikel 45 oder 46 — einschließlich der verbindlichen internen Datenschutzvorschriften — gestützt werden könnte und keine der Ausnahmen für einen bestimmten Fall gemäß dem ersten Unterabsatz anwendbar ist, darf eine Übermittlung an ein Drittland oder eine internationale Organisation nur dann erfolgen, wenn die Übermittlung nicht wiederholt erfolgt, nur eine begrenzte Zahl von betroffenen Personen betrifft, für die Wahrung der zwingenden berechtigten Interessen des Verantwortlichen erforderlich ist, sofern die Interessen oder die Rechte und Freiheiten der betroffenen Person nicht überwiegen, und der Verantwortliche alle Umstände der Datenübermittlung beurteilt und auf der Grundlage dieser Beurteilung geeignete Garantien in Bezug auf den Schutz personenbezogener Daten vorgesehen hat. Der Verantwortliche setzt die Aufsichtsbehörde von der Übermittlung in Kenntnis. Der Verantwortliche unterrichtet die betroffene Person über die Übermittlung und seine zwingenden berechtigten Interessen; dies erfolgt zusätzlich zu den der betroffenen Person nach den Artikeln 13 und 14 mitgeteilten Informationen.

(2) Datenübermittlungen gemäß Absatz 1 Unterabsatz 1 Buchstabe g dürfen nicht die Gesamtheit oder ganze Kategorien der im Register enthaltenen personenbezogenen Daten umfassen. Wenn das Register der Einsichtnahme durch Personen mit berechtigtem Interesse dient, darf die Übermittlung nur auf Anfrage dieser Personen oder nur dann erfolgen, wenn diese Personen die Adressaten der Übermittlung sind.

(3) Absatz 1 Unterabsatz 1 Buchstaben a, b und c und sowie Absatz 1 Unterabsatz 2 gelten nicht für Tätigkeiten, die Behörden in Ausübung ihrer hoheitlichen Befugnisse durchführen.

(4) Das öffentliche Interesse im Sinne des Absatzes 1 Unterabsatz 1 Buchstabe d muss im Unionsrecht oder im Recht des Mitgliedstaats, dem der Verantwortliche unterliegt, anerkannt sein.

(5) Liegt kein Angemessenheitsbeschluss vor, so können im Unionsrecht oder im Recht der Mitgliedstaaten aus wichtigen Gründen des öffentlichen Interesses ausdrücklich Beschränkungen der Übermittlung bestimmter Kategorien von personenbezogenen Daten an Drittländer oder internationale Organisationen vorgesehen werden. Die Mitgliedstaaten teilen der Kommission derartige Bestimmungen mit.

(6) Der Verantwortliche oder der Auftragsverarbeiter erfasst die von ihm vorgenommene Beurteilung sowie die angemessenen Garantien im Sinne des Absatzes 1 Unterabsatz 2 des vorliegenden Artikels in der Dokumentation gemäß Artikel 30.

Artikel 50 Internationale Zusammenarbeit zum Schutz personenbezogener Daten

In Bezug auf Drittländer und internationale Organisationen treffen die Kommission und die Aufsichtsbehörden geeignete Maßnahmen zur

a) Entwicklung von Mechanismen der internationalen Zusammenarbeit, durch die die wirksame Durchsetzung von Rechtsvorschriften zum Schutz personenbezogener Daten erleichtert wird,

b) gegenseitigen Leistung internationaler Amtshilfe bei der Durchsetzung von Rechtsvorschriften zum Schutz personenbezogener Daten, unter anderem durch Meldungen, Beschwerdeverweisungen, Amtshilfe bei Untersuchungen und Informationsaustausch, sofern geeignete Garantien für den Schutz personenbezogener Daten und anderer Grundrechte und Grundfreiheiten bestehen,

c) Einbindung maßgeblicher Interessenträger in Diskussionen und Tätigkeiten, die zum Ausbau der

im Einzelfall gegeben sind) 경우.

그 이전이 기업의 구속력 있는 개인정보보호규칙을 포함하여 제45조 또는 제46조의 규정에 근거할 수 없고, 제1소항에 따라 기간이 설정된 사안에 대한 예외가 적용될 수 없는 경우에, 어느 제3국 또는 국제기구로의 이전은, 정보주체의 이익 또는 권리 및 자유가 우월하지 않고, 또한 개인정보처리자가 개인정보이전의 제반사정을 평가한 다음 이러한 평가에 기초하여 개인정보보호와 관련한 적합한 안전성확보조치를 마련한 한(sofern die Interessen oder die Rechte und Freiheiten der betroffenen Person nicht überwiegen, und der Verantwortliche alle Umstände der Datenübermittlung beurteilt und auf der Grundlage dieser Beurteilung geeignete Garantien in Bezug auf den Schutz personenbezogener Daten vorgesehen hat), 그 이전이 반복하여 행해지 않고 제한된 수의 정보주체에만 관련되며 개인정보처리자의 우월하고 정당한 이익을 보호하기 위하여 필요한 경우에 한하여 행해진다. 개인정보처리자는 그 이전에 대하여 감독관청에 알린다. 개인정보처리자는 정보주체에게 그 이전 및 자신의 우월하고 정당한 이익에 관하여 알린다; 이것은 제13조, 제14조에 따라 정보주체에게 알린 정보 이외에 추가로(zusätzlich zu den der betroffenen Person nach den Artikeln 13 und 14 mitgeteilten Informationen) 행해진다.

② 제1항 제1소항 g목에 따른 개인정보이전은 등록부에 포함된 개인정보의 전체나 전체 범주의 그 정보(die Gesamtheit oder ganze Kategorien der im Register enthaltenen personenbezogenen Daten)를 포함해서는 아니된다. 등록부가 정당한 이익을 가진 자에 의한 열람을 위한 것이라면, 그 이전은 이러한 자의 요구에 있는 경우(nur auf Anfrage dieser Personen) 또는 이러한 자가 그 이전의 수령인인 경우(wenn diese Personen die Adressaten der Übermittlung sind)에 한하여 행해질 수 있다.

③ 제1항 제1소항 a목, b목, c목, 제1항 제2소항은 관청(官廳)이 고권적 권한을 행사를 위하여 수행하는 활동에 대하여는 적용하지 아니한다.

④ 제1항 제1소항 d목상의 공익은 개인정보처리자가 적용받는 유럽연합법 또는 회원국법에서 인정되어야만 한다.

⑤ 적합성결정이 없는 경우에(Liegt kein Angemessenheitsbeschluss vor), 특수한 범주의 개인정보의 제3국 또는 국제기구로의 이전의 제한(Beschränkungen der Übermittlung bestimmter Kategorien von personenbezogenen Daten an Drittländer oder internationale Organisationen)은 유럽연합법 또는 회원국법에 공익상의 중대한 사유에 근거하여 구체적으로 규정될 수 있다. 회원국은 유럽연합집행위원회에 이러한 규정을 통지한다.

⑥ 개인정보처리자 또는 수탁처리자는 자신이 행한 평가와 본조 제1항 제2소항상의 적합한 안전성확보조치(die angemessenen Garantien im Sinne des Absatzes 1 Unterabsatz 2 des vorliegenden Artikels)를 제30조에 따른 문서에 기록한다.

제50조 개인정보보호를 위한 국제협력

유럽연합집행위원회와 감독관청은 제3국 및 국제기구와 관련하여(In Bezug auf Drittländer und internationale Organisationen) 다음 각 목을 위한 적절한 조치를 취한다,

a) 개인정보보호에 관한 법규정의 효과적인 시행을 촉진하는 국제협력 메커니즘의 발전(Entwicklung von Mechanismen der internationalen Zusammenarbeit),

b) 개인정보 및 다른 기본권·자유의 보호에 대한 적합한 안전성확보조치가 행해지는 경우에 한하여(sofern geeignete Garantien für den Schutz personenbezogener Daten und anderer Grundrechte und Grundfreiheiten bestehen), 통보, 이의이첩(異議移牒; Beschwerdeverweisungen), 조사공조(調査共助) 및 정보교환을 통한 것을 포함하여, 개인정보보호에 관한 법규정의 시행시의 국제적 행정공조의 제공,

c) 개인정보보호에 관한 법규정의 시행에 있어 국제협력을 구축하기 위한(die zum Ausbau der

internationalen Zusammenarbeit bei der Durchsetzung von Rechtsvorschriften zum Schutz personenbezogener Daten dienen,

d) Förderung des Austauschs und der Dokumentation von Rechtsvorschriften und Praktiken zum Schutz personenbezogener Daten einschließlich Zuständigkeitskonflikten mit Drittländern.

KAPITEL VI Unabhängige Aufsichtsbehörden

Abschnitt 1 Unabhängigkeit

Artikel 51 Aufsichtsbehörde

(1) Jeder Mitgliedstaat sieht vor, dass eine oder mehrere unabhängige Behörden für die Überwachung der Anwendung dieser Verordnung zuständig sind, damit die Grundrechte und Grundfreiheiten natürlicher Personen bei der Verarbeitung geschützt werden und der freie Verkehr personenbezogener Daten in der Union erleichtert wird (im Folgenden "Aufsichtsbehörde").

(2) Jede Aufsichtsbehörde leistet einen Beitrag zur einheitlichen Anwendung dieser Verordnung in der gesamten Union. Zu diesem Zweck arbeiten die Aufsichtsbehörden untereinander sowie mit der Kommission gemäß Kapitel VII zusammen.

(3) Gibt es in einem Mitgliedstaat mehr als eine Aufsichtsbehörde, so bestimmt dieser Mitgliedstaat die Aufsichtsbehörde, die diese Behörden im Ausschuss vertritt, und führt ein Verfahren ein, mit dem sichergestellt wird, dass die anderen Behörden die Regeln für das Kohärenzverfahren nach Artikel 63 einhalten.

(4) Jeder Mitgliedstaat teilt der Kommission bis spätestens 25. Mai 2018 die Rechtsvorschriften, die er aufgrund dieses Kapitels erlässt, sowie unverzüglich alle folgenden Änderungen dieser Vorschriften mit.

Artikel 52 Unabhängigkeit

(1) Jede Aufsichtsbehörde handelt bei der Erfüllung ihrer Aufgaben und bei der Ausübung ihrer Befugnisse gemäß dieser Verordnung völlig unabhängig.

(2) Das Mitglied oder die Mitglieder jeder Aufsichtsbehörde unterliegen bei der Erfüllung ihrer Aufgaben und der Ausübung ihrer Befugnisse gemäß dieser Verordnung weder direkter noch indirekter Beeinflussung von außen und ersuchen weder um Weisung noch nehmen sie Weisungen entgegen.

(3) Das Mitglied oder die Mitglieder der Aufsichtsbehörde sehen von allen mit den Aufgaben ihres Amtes nicht zu vereinbarenden Handlungen ab und üben während ihrer Amtszeit keine andere mit ihrem Amt nicht zu vereinbarende entgeltliche oder unentgeltliche Tätigkeit aus.

(4) Jeder Mitgliedstaat stellt sicher, dass jede Aufsichtsbehörde mit den personellen, technischen und finanziellen Ressourcen, Räumlichkeiten und Infrastrukturen ausgestattet wird, die sie benötigt, um ihre Aufgaben und Befugnisse auch im Rahmen der Amtshilfe, Zusammenarbeit und Mitwirkung im Ausschuss effektiv wahrnehmen zu können.

(5) Jeder Mitgliedstaat stellt sicher, dass jede Aufsichtsbehörde ihr eigenes Personal auswählt und hat, das ausschließlich der Leitung des Mitglieds oder der Mitglieder der betreffenden Aufsichtsbehörde untersteht.

(6) Jeder Mitgliedstaat stellt sicher, dass jede Aufsichtsbehörde einer Finanzkontrolle unterliegt, die ihre Unabhängigkeit nicht beeinträchtigt und dass sie über eigene, öffentliche, jährliche Haushaltspläne

internationalen Zusammenarbeit bei der Durchsetzung von Rechtsvorschriften zum Schutz personenbezogener Daten dienen) 논의 및 활동에 대한 관련 이익관계자들의 참여,

d) 제3국과의 재판관할권의 충돌(einschließlich Zuständigkeitskonflikten mit Drittländern)을 포함하여 개인정보보호를 위한 법규정 및 실무(Praktiken)의 교환 및 문서화의 장려.

제6장 독립적 감독관청

제1절 독립성

제51조 감독관청

① 각 회원국은, 자연인의 기본권 및 자유가 정보처리시 보호되고 개인정보의 유럽연합 내 자유로운 이동을 촉진하기(der freie Verkehr personenbezogener Daten in der Union erleichtert wird) 위하여 한 또는 여러 독립적 행정관청(eine oder mehrere unabhängige Behörden)(이하 "감독관청"; "Aufsichtsbehörde") 이 본 법(法)의 적용의 감시를 관할하는 것으로 규정한다.

② 모든 감독관청은, 유럽연합 전역에서 본 법(法)의 통일적 적용에 기여(寄與)한다(leistet einen Beitrag zur einheitlichen Anwendung dieser Verordnung in der gesamten Union). 이러한 목적을 위하여 감독관청은 상호간에 또 유럽연합집행위원회와 제7장에 따라 협력한다.

③ 어느 회원국에서 2개 이상의 감독관청이 있는 경우에, 이러한 회원국은, 정보보호위위원회에서 이러한 감독관청들을 대표하는 감독관청을 지정하고, 다른 감독관청이 제63조에 따른 법적용통일성추구절차에 대한 규정을 준수하도록(dass die anderen Behörden die Regeln für das Kohärenzverfahren nach Artikel 63 einhalten) 보장하기 위한 절차에 잠가시킨다.

④ 각 회원국은 늦어도 2018년 5월 25일까지 유럽연합집행위원회에 본장에 기하여 제정한 법규정을 통지하고, 또 지체 없이 본 규정의 일체의 후속 개정(folgenden Änderungen)을 통지한다.

제52조 독립성

① 모든 감독관청은 본 법(法)에 따른 자신의 임무 수행 및 권한 행사시(bei der Ausübung ihrer Befugnisse gemäß dieser Verordnung)에 완전히 독립적으로 행동한다.

② 각 감독관청에 속한 고위성원은, 본 법(法)에 따른 자신의 임무 수행 및 권한 행사시(bei der Ausübung ihrer Befugnisse gemäß dieser Verordnung)에 누구로부터의 영향도 직접적이든지 간접적이든지 받지 아니하고, 누구의 지시를 구하지도 받지도 아니한다.

③ 감독관청에 속한 고위성원은, 자신의 직무상의 임무에 합치하지 않는 행위를 해서는 아니되고, 그 근무시간 중에 자신의 직무에 합치하지 않는 유상 및 무상의 일체의 활동(andere mit ihrem Amt nicht zu vereinbarende entgeltliche oder unentgeltliche Tätigkeit)에 종사하지 아니한다.

④ 각 회원국은, 모든 감독관청이 유럽정보보호위원회에서의 행정공조, 협력 및 참여의 범위 내에서 행해지는 것을 포함하여(auch im Rahmen der Amtshilfe, Zusammenarbeit und Mitwirkung im Ausschuss), 자신의 임무 수행 및 권한 행사를 효과적으로 하는 데 필요한 인적·기술적·재정적 자원, 사무공간 및 인프라를 구비하도록 보장한다.

⑤ 각 회원국은, 모든 감독관청이 오로지 당해 감독관청(der Leitung des Mitglieds oder der Mitglieder der betreffenden Aufsichtsbehörde)의 고위성원의 지휘만을 받는 자신의 고유한 인력을 선발하고 보유하도록 보장한다.

⑥ 각 회원국은, 각 감독관청이 자신의 독립성에 영향을 받지 않는 재정통제를 받고, 주예산(州豫算) 전체의 일부이거나 국가예산의 일부(gesamten Staatshaushalts oder nationalen Haushalts)일 수 있는 별도의

verfügt, die Teil des gesamten Staatshaushalts oder nationalen Haushalts sein können.

Artikel 53 Allgemeine Bedingungen für die Mitglieder der Aufsichtsbehörde

(1) Die Mitgliedstaaten sehen vor, dass jedes Mitglied ihrer Aufsichtsbehörden im Wege eines transparenten Verfahrens ernannt wird, und zwar

— vom Parlament,

— von der Regierung,

— vom Staatsoberhaupt oder

— von einer unabhängigen Stelle, die nach dem Recht des Mitgliedstaats mit der Ernennung betraut wird.

(2) Jedes Mitglied muss über die für die Erfüllung seiner Aufgaben und Ausübung seiner Befugnisse erforderliche Qualifikation, Erfahrung und Sachkunde insbesondere im Bereich des Schutzes personenbezogener Daten verfügen.

(3) Das Amt eines Mitglieds endet mit Ablauf der Amtszeit, mit seinem Rücktritt oder verpflichtender Versetzung in den Ruhestand gemäß dem Recht des betroffenen Mitgliedstaats.

(4) Ein Mitglied wird seines Amtes nur enthoben, wenn es eine schwere Verfehlung begangen hat oder die Voraussetzungen für die Wahrnehmung seiner Aufgaben nicht mehr erfüllt.

Artikel 54 Errichtung der Aufsichtsbehörde

(1) Jeder Mitgliedstaat sieht durch Rechtsvorschriften Folgendes vor:

a) die Errichtung jeder Aufsichtsbehörde;

b) die erforderlichen Qualifikationen und sonstigen Voraussetzungen für die Ernennung zum Mitglied jeder Aufsichtsbehörde;

c) die Vorschriften und Verfahren für die Ernennung des Mitglieds oder der Mitglieder jeder Aufsichtsbehörde;

d) die Amtszeit des Mitglieds oder der Mitglieder jeder Aufsichtsbehörde von mindestens vier Jahren; dies gilt nicht für die erste Amtszeit nach 24. Mai 2016, die für einen Teil der Mitglieder kürzer sein kann, wenn eine zeitlich versetzte Ernennung zur Wahrung der Unabhängigkeit der Aufsichtsbehörde notwendig ist;

e) die Frage, ob und — wenn ja — wie oft das Mitglied oder die Mitglieder jeder Aufsichtsbehörde wiederernannt werden können;

f) die Bedingungen im Hinblick auf die Pflichten des Mitglieds oder der Mitglieder und der Bediensteten jeder Aufsichtsbehörde, die Verbote von Handlungen, beruflichen Tätigkeiten und Vergütungen während und nach der Amtszeit, die mit diesen Pflichten unvereinbar sind, und die Regeln für die Beendigung des Beschäftigungsverhältnisses.

(2) Das Mitglied oder die Mitglieder und die Bediensteten jeder Aufsichtsbehörde sind gemäß dem Unionsrecht oder dem Recht der Mitgliedstaaten sowohl während ihrer Amts- beziehungsweise Dienstzeit als auch nach deren Beendigung verpflichtet, über alle vertraulichen Informationen, die ihnen bei der Wahrnehmung ihrer Aufgaben oder der Ausübung ihrer Befugnisse bekannt geworden sind, Verschwiegenheit zu wahren. Während dieser Amts- beziehungsweise Dienstzeit gilt diese Verschwiegenheitspflicht insbesondere für die von natürlichen Personen gemeldeten Verstößen gegen diese Verordnung.

공적인 연간예산(eigene, öffentliche, jährliche Haushaltspläne)을 보유하도록 보장한다.

제53조 감독관청 고위성원에 대한 일반적 요건

① 회원국은, 자신의 감독관청의 각 고위성원이 투명한 절차방식을 통해 다음에 의해 임명되도록 규정한다,

— 의회,

— 정부,

— 국가수반 또는,

— 회원국의 법에 따라 그 임명을 위임받은 독립기구.

② 각 고위성원은 자신의 임무 수행 및 권한 행사를 하는 데 필요한 자격, 경험 및 전문지식(Qualifikation, Erfahrung und Sachkunde), 특히 개인정보보호법 분야에서(im Bereich des Schutzes personenbezogener Daten) 이를 보유해야만 한다.

③ 고위성원의 직무는 당해 회원국법에 따른, 임기만료, 사임 또는 정년도달(verpflichtender Versetzung in den Ruhestand)로 종료된다.

④ 고위성원은 중대비리를 자행하거나 자신의 임무수행에 대한 요건을 더 이상 충족하지 못한 경우에 한하여 자신의 직에서 해임된다.

제54조 감독관청의 설치

① 각 회원국은 법규정으로 다음 각 목을 규정한다:

a) 각 감독관청의 설치;

b) 각 감독관청의 고위성원 임명에 필요한 자격 및 요건(die erforderlichen Qualifikationen und sonstigen Voraussetzungen);

c) 각 감독관청(監督官廳)의 고위성원의 임명(任命)에 대한 규정(規定) 및 절차(die Vorschriften und Verfahren);

d) 최소한 4년의, 각 감독관청의 고위성원의 임기; 감독관청의 독립성 보장을 위하여 임기제 임명이 필요한 경우(wenn eine zeitlich versetzte Ernennung zur Wahrung der Unabhängigkeit der Aufsichtsbehörde notwendig ist)에 이는 고위성원의 일부가 그보다 단기일 수 있는, 2016년 5월 24일 이후의 첫 번째 임기에 대하여는 적용하지 아니한다;

e) 각 감독관청의 고위성원이 연임될 수 있는지 여부, 만일 연임될 수 있다면 몇 회 연임될 수 있는지 하는 문제;

f) 각 감독관청의 고위성원 및 직원의 의무에 관한 요건, 그 의무에 합치하지 않는 근무시간 도중 및 근무시간 후의 행위, 직업활동 및 보수의 금지(die Verbote von Handlungen, beruflichen Tätigkeiten und Vergütungen während und nach der Amtszeit, die mit diesen Pflichten unvereinbar sind)와, 직원관계의 종료에 대한 규정.

② 각 감독관청의 고위성원 및 직원은 유럽연합법 또는 회원국법에 따라 임기(任期) 도중뿐만 아니라 임기 종료 후에도(sowohl während ihrer Amts- beziehungsweise Dienstzeit als auch nach deren Beendigung), 자신의 임무 수행 또는 권한 행사 중에 알게 된 일체의 기밀정보에 대하여(über alle vertraulichen Informationen, die ihnen bei der Wahrnehmung ihrer Aufgaben oder der Ausübung ihrer Befugnisse bekannt geworden sind) 비밀유지를 할 의무를 진다. 임기 중에, 이러한 비밀유지의무는 특히 자연인이 신고한 본 법(法) 위반에 대하여(für die von natürlichen Personen gemeldeten Verstößen gegen diese Verordnung) 적용한다.

Abschnitt 2 Zuständigkeit, Aufgaben und Befugnisse

Artikel 55 Zuständigkeit

(1) Jede Aufsichtsbehörde ist für die Erfüllung der Aufgaben und die Ausübung der Befugnisse, die ihr mit dieser Verordnung übertragen wurden, im Hoheitsgebiet ihres eigenen Mitgliedstaats zuständig.

(2) Erfolgt die Verarbeitung durch Behörden oder private Stellen auf der Grundlage von Artikel 6 Absatz 1 Buchstabe c oder e, so ist die Aufsichtsbehörde des betroffenen Mitgliedstaats zuständig. In diesem Fall findet Artikel 56 keine Anwendung.

(3) Die Aufsichtsbehörden sind nicht zuständig für die Aufsicht über die von Gerichten im Rahmen ihrer justiziellen Tätigkeit vorgenommenen Verarbeitungen.

Artikel 56 Zuständigkeit der federführenden Aufsichtsbehörde

(1) Unbeschadet des Artikels 55 ist die Aufsichtsbehörde der Hauptniederlassung oder der einzigen Niederlassung des Verantwortlichen oder des Auftragsverarbeiters gemäß dem Verfahren nach Artikel 60 die zuständige federführende Aufsichtsbehörde für die von diesem Verantwortlichen oder diesem Auftragsverarbeiter durchgeführte grenzüberschreitende Verarbeitung.

(2) Abweichend von Absatz 1 ist jede Aufsichtsbehörde dafür zuständig, sich mit einer bei ihr eingereichten Beschwerde oder einem etwaigen Verstoß gegen diese Verordnung zu befassen, wenn der Gegenstand nur mit einer Niederlassung in ihrem Mitgliedstaat zusammenhängt oder betroffene Personen nur ihres Mitgliedstaats erheblich beeinträchtigt.

(3) In den in Absatz 2 des vorliegenden Artikels genannten Fällen unterrichtet die Aufsichtsbehörde unverzüglich die federführende Aufsichtsbehörde über diese Angelegenheit. Innerhalb einer Frist von drei Wochen nach der Unterrichtung entscheidet die federführende Aufsichtsbehörde, ob sie sich mit dem Fall gemäß dem Verfahren nach Artikel 60 befasst oder nicht, wobei sie berücksichtigt, ob der Verantwortliche oder der Auftragsverarbeiter in dem Mitgliedstaat, dessen Aufsichtsbehörde sie unterrichtet hat, eine Niederlassung hat oder nicht.

(4) Entscheidet die federführende Aufsichtsbehörde, sich mit dem Fall zu befassen, so findet das Verfahren nach Artikel 60 Anwendung. Die Aufsichtsbehörde, die die federführende Aufsichtsbehörde unterrichtet hat, kann dieser einen Beschlussentwurf vorlegen. Die federführende Aufsichtsbehörde trägt diesem Entwurf bei der Ausarbeitung des Beschlussentwurfs nach Artikel 60 Absatz 3 weitestgehend Rechnung.

(5) Entscheidet die federführende Aufsichtsbehörde, sich mit dem Fall nicht selbst zu befassen, so befasst die Aufsichtsbehörde, die die federführende Aufsichtsbehörde unterrichtet hat, sich mit dem Fall gemäß den Artikeln 61 und 62.

(6) Die federführende Aufsichtsbehörde ist der einzige Ansprechpartner der Verantwortlichen oder der Auftragsverarbeiter für Fragen der von diesem Verantwortlichen oder diesem Auftragsverarbeiter durchgeführten grenzüberschreitenden Verarbeitung.

Artikel 57 Aufgaben

(1) Unbeschadet anderer in dieser Verordnung dargelegter Aufgaben muss jede Aufsichtsbehörde in ihrem Hoheitsgebiet

a) die Anwendung dieser Verordnung überwachen und durchsetzen;

제2절 관할, 임무 및 권한

제55조 관할

① 각 감독관청은 자신이 속한 회원국의 영토에서 본 법(法)에 따라 자신에게 부여된 임무의 수행과 그러한 권한의 행사를 관할한다.

② 관청 또는 민간기관에 의한 처리(die Verarbeitung durch Behörden oder private Stellen)가 제6조 제1항 c목 또는 e목에 기하여 행해지는 경우에 관련 회원국의 감독관청은 이를 관할한다. 이러한 경우에 제56조를 적용하지 아니한다.

③ 감독관청은 법원에 의하여 사법활동의 일환으로 행해지는 처리에 관한 감독(監督)을 관할하지 아니한다.

제56조 주무소관감독관청의 관할

① 제55조에도 불구하고, 개인처리자 또는 수탁처리자의 본점 또는 유일한 영업소가 있는 감독관청은, 제60조에 좇은 절차에 있어, 이러한 개인정보처리자 또는 수탁처리자에 의해 행해지는 국경을 초월하는 정보처리(die von diesem Verantwortlichen oder diesem Auftragsverarbeiter durchgeführte grenzüberschreitende Verarbeitung)에 대한 주무소관감독관청이 된다.[70)]

② 그 대상이 그 감독관청이 속한 회원국에 있는 하나의 영업소에만 연관되거나 그 감독관청이 속한 회원국의 정보주체에 대해서만 중대하게 영향을 미치는 경우에는 제1항과 달리(Abweichend von Absatz 1), 각 감독관청은 자신에게 접수된 이의 또는 본 법(法)에 대한 어떤 위반을 처리하는 것을 관할(管轄)한다.

③ 본조 제2항상의 사안에 있어, 감독관청은 지체 없이 주무소관관청에 이러한 문제에 대하여 통지한다. 그와 같이 알린 때로부터 3주의 기간 내에 주무소관관청은, 자신에 알린 감독관청이 속한 회원국에서 개인정보처리자 또는 수탁처리자가 영업소를 두었는지 여부를 고려하면서(wobei sie berücksichtigt, ob der Verantwortliche oder der Auftragsverarbeiter in dem Mitgliedstaat, dessen Aufsichtsbehörde sie unterrichtet hat, eine Niederlassung hat oder nicht), 제60조에 따른 절차에 좇아 그 사안을 자신이 처리할 것인지 여부를 결정한다.

④ 주무소관관청이 그 사안을 처리하는 것으로 결정하는 경우(Entscheidet die federführende Aufsichtsbehörde, sich mit dem Fall zu befassen)에, 제60조에 따른 절차를 적용한다. 주무소관관청에 알린 감독관청은 결정안 초안을 주무소관감독관청에 제출한다. 주무소관감독관청은 제60조 제3항에 따른 결정초안의 마련시(bei der Ausarbeitung des Beschlussentwurfs nach Artikel 60 Absatz 3) 이러한 초안을 최대한 고려한다.

⑤ 주무소관감독관청이 그 사안을 직접 처리하지 않기고 결정하는 경우(Entscheidet die federführende Aufsichtsbehörde, sich mit dem Fall nicht selbst zu befassen)에, 주무소관감독관청에 알린 감독관청이 제61조, 제62조에 따라 그 사안을 처리한다.

⑥ 주무소관감독관청은, 이러한 개인정보처리자 또는 이러한 수탁처리자가 행한 국경을 초월하는 처리의 문제에 있어, 개인정보처리자 또는 수탁처리자의 유일한 대화상대자(der einzige Ansprechpartner der Verantwortlichen oder der Auftragsverarbeiter)가 된다.

제57조 임무

① 본 법(法)에 명시된 그 밖의 임무에 상관없이(Unbeschadet anderer in dieser Verordnung dargelegter Aufgaben), 각 감독관청은 자신의 영토 내에서,

a) 본 법(法)의 적용을 감시하고 관철해야만 한다;

b) die Öffentlichkeit für die Risiken, Vorschriften, Garantien und Rechte im Zusammenhang mit der Verarbeitung sensibilisieren und sie darüber aufklären. Besondere Beachtung finden dabei spezifische Maßnahmen für Kinder;

c) im Einklang mit dem Recht des Mitgliedsstaats das nationale Parlament, die Regierung und andere Einrichtungen und Gremien über legislative und administrative Maßnahmen zum Schutz der Rechte und Freiheiten natürlicher Personen in Bezug auf die Verarbeitung beraten;

d) die Verantwortlichen und die Auftragsverarbeiter für die ihnen aus dieser Verordnung entstehenden Pflichten sensibilisieren;

e) auf Anfrage jeder betroffenen Person Informationen über die Ausübung ihrer Rechte aufgrund dieser Verordnung zur Verfügung stellen und gegebenenfalls zu diesem Zweck mit den Aufsichtsbehörden in anderen Mitgliedstaaten zusammenarbeiten;

f) sich mit Beschwerden einer betroffenen Person oder Beschwerden einer Stelle, einer Organisation oder eines Verbandes gemäß Artikel 80 befassen, den Gegenstand der Beschwerde in angemessenem Umfang untersuchen und den Beschwerdeführer innerhalb einer angemessenen Frist über den Fortgang und das Ergebnis der Untersuchung unterrichten, insbesondere, wenn eine weitere Untersuchung oder Koordinierung mit einer anderen Aufsichtsbehörde notwendig ist;

g) mit anderen Aufsichtsbehörden zusammenarbeiten, auch durch Informationsaustausch, und ihnen Amtshilfe leisten, um die einheitliche Anwendung und Durchsetzung dieser Verordnung zu gewährleisten;

h) Untersuchungen über die Anwendung dieser Verordnung durchführen, auch auf der Grundlage von Informationen einer anderen Aufsichtsbehörde oder einer anderen Behörde;

i) maßgebliche Entwicklungen verfolgen, soweit sie sich auf den Schutz personenbezogener Daten auswirken, insbesondere die Entwicklung der Informations- und Kommunikationstechnologie und der Geschäftspraktiken;

j) Standardvertragsklauseln im Sinne des Artikels 28 Absatz 8 und des Artikels 46 Absatz 2 Buchstabe d festlegen;

k) eine Liste der Verarbeitungsarten erstellen und führen, für die gemäß Artikel 35 Absatz 4 eine Datenschutz-Folgenabschätzung durchzuführen ist;

l) Beratung in Bezug auf die in Artikel 36 Absatz 2 genannten Verarbeitungsvorgänge leisten;

m) die Ausarbeitung von Verhaltensregeln gemäß Artikel 40 Absatz 1 fördern und zu diesen Verhaltensregeln, die ausreichende Garantien im Sinne des Artikels 40 Absatz 5 bieten müssen, Stellungnahmen abgeben und sie billigen;

n) die Einführung von Datenschutzzertifizierungsmechanismen und von Datenschutzsiegeln und -prüfzeichen nach Artikel 42 Absatz 1 anregen und Zertifizierungskriterien nach Artikel 42 Absatz 5 billigen;

o) gegebenenfalls die nach Artikel 42 Absatz 7 erteilten Zertifizierungen regelmäßig überprüfen;

p) die Kriterien für die Akkreditierung einer Stelle für die Überwachung der Einhaltung der Verhaltensregeln gemäß Artikel 41 und einer Zertifizierungsstelle gemäß Artikel 43 abfassen und veröffentlichen;

q) die Akkreditierung einer Stelle für die Überwachung der Einhaltung der Verhaltensregeln gemäß Artikel 41 und einer Zertifizierungsstelle gemäß Artikel 43 vornehmen;

b) 처리에 관한 위험, 규정, 안전성확보조치 및 권리에 대한 공중(公衆)의 인식을 제고하고 이에 관하여 공중을 계도해야만 한다. 이 경우 아동에 대한 특별한 조치는 특별한 주목을 받는다(Besondere Beachtung finden dabei spezifische Maßnahmen für Kinder);

c) 회원국의 의회, 정부, 그 밖의 기관 및 기구와 그 처리에 관련한 자연인의 권리 및 자유를 위한 입법상 및 행정상 조치에 관하여(über legislative und administrative Maßnahmen zum Schutz der Rechte und Freiheiten natürlicher Personen) 회원국법에 따라 협의해야만 한다;

d) 본 법(法)에 기하여 개인정보처리자와 수탁처리자에게 도출된 의무에 대하여 그들의 인식을 제고해야만 한다;

e) 본 법(法)에 기한 정보주체의 권리 행사에 관한 정보(Informationen über die Ausübung ihrer Rechte aufgrund dieser Verordnung)를 각 정보주체의 요구에 따라 제공해야만 하고 해당하는 경우 이러한 목적을 위하여 다른 회원국의 감독관청과 협력해야만 한다;

f) 정보주체의 이의나 제80조에 따른 기관, 단체 및 협회의 이의를 처리해야만 하고 적절한 범위 내의 이의의 대상을 조사해야만 하며, 그 조사의 경과 및 결과에 관하여 적절한 기간 내에 이의제기인에게 알려야만 하고 특히 다른 감독관청과 추가적인 조사 또는 조정(調整)이 필요한 경우(wenn eine weitere Untersuchung oder Koordinierung mit einer anderen Aufsichtsbehörde notwendig ist) 그와 같이 해야만 한다;

g) 본 입법지침의 통일적 적용 및 시행을 보장하기 위하여 정보교환에 의한 경우를 포함하여(auch durch Informationsaustausch) 다른 감독관청과 협력하고 그 감독관청에 행정공조를 제공하는 것;

h) 다른 감독관청 또는 관청(官廳)의 정보제공에 기한 경우를 포함하여 본 법(法)의 적용에 관한 조사를 시행해야만 한다;

i) 개인정보보호에 영향을 미치는 범위 내에서 관련 동향을 추적조사를 해야만 하고, 특히 정보통신기술 및 업무관행의 동향(insbesondere die Entwicklung der Informations- und Kommunikationstechnologie und der Geschäftspraktiken)을 그와 같이 해야만 한다;

j) 제28조 제8항 및 제46조 제2항 d목상의 표준계약조항(Standardvertragsklauseln)을 제정(制定)해야만 한다;

k) 제35조 제4항에 따라 개인정보보호 영향평가가 시행되어야 하는 처리유형의 목록을 작성하고 관리해야만 한다;

l) 제36조 제2항상의 정보처리작업에 관한 협의를 행해야만 한다;

m) 제40조 제1항에 따른 개인정보준칙의 마련(die Ausarbeitung von Verhaltensregeln)을 장려해야만 하고 제40조 제5항상의 충분한 안전성확보조치를 제공해야만 하는 개인정보준칙에 대하여 의견을 제시하고 그에 대해 승인해야만 한다;

n) 개인정보호인증메커니즘의 도입과 제42조 제1항에 따른 개인정보보호표시 및 개인정보보호마크(Datenschutzsiegeln und -prüfzeichen nach Artikel 42 Absatz 1)의 도입을 장려해야만 하고 제42조 제5항에 따른 인증기준을 승인해야만 한다;

o) 해당하는 경우 제42조 제7항에 따라 행해진 인증을 정기적으로 심사해야만 한다;

p) 제41조에 따른 개인정보준칙의 준수 감시를 위한 기관에 대한 공인 기준(die Kriterien für die Akkreditierung einer Stelle für die Überwachung der Einhaltung der Verhaltensregeln)과 제43조에 따른 인증기관의 공인 기준을 마련하고 공표해야만 한다;

q) 제41조에 따른 개인정보준칙의 준수 감시를 위한 기관에 대한 공인과, 제43조에 따른 인증기관의 공인을 해야만 한다;

r) Vertragsklauseln und Bestimmungen im Sinne des Artikels 46 Absatz 3 genehmigen;

s) verbindliche interne Vorschriften gemäß Artikel 47 genehmigen;

t) Beiträge zur Tätigkeit des Ausschusses leisten;

u) interne Verzeichnisse über Verstöße gegen diese Verordnung und gemäß Artikel 58 Absatz 2 ergriffene Maßnahmen und

v) jede sonstige Aufgabe im Zusammenhang mit dem Schutz personenbezogener Daten erfüllen.

(2) Jede Aufsichtsbehörde erleichtert das Einreichen von in Absatz 1 Buchstabe f genannten Beschwerden durch Maßnahmen wie etwa die Bereitstellung eines Beschwerdeformulars, das auch elektronisch ausgefüllt werden kann, ohne dass andere Kommunikationsmittel ausgeschlossen werden.

(3) Die Erfüllung der Aufgaben jeder Aufsichtsbehörde ist für die betroffene Person und gegebenenfalls für den Datenschutzbeauftragten unentgeltlich.

(4) Bei offenkundig unbegründeten oder — insbesondere im Fall von häufiger Wiederholung — exzessiven Anfragen kann die Aufsichtsbehörde eine angemessene Gebühr auf der Grundlage der Verwaltungskosten verlangen oder sich weigern, aufgrund der Anfrage tätig zu werden. In diesem Fall trägt die Aufsichtsbehörde die Beweislast für den offenkundig unbegründeten oder exzessiven Charakter der Anfrage.

Artikel 58 Befugnisse

(1) Jede Aufsichtsbehörde verfügt über sämtliche folgenden Untersuchungsbefugnisse, die es ihr gestatten,

a) den Verantwortlichen, den Auftragsverarbeiter und gegebenenfalls den Vertreter des Verantwortlichen oder des Auftragsverarbeiters anzuweisen, alle Informationen bereitzustellen, die für die Erfüllung ihrer Aufgaben erforderlich sind,

b) Untersuchungen in Form von Datenschutzüberprüfungen durchzuführen,

c) eine Überprüfung der nach Artikel 42 Absatz 7 erteilten Zertifizierungen durchzuführen,

d) den Verantwortlichen oder den Auftragsverarbeiter auf einen vermeintlichen Verstoß gegen diese Verordnung hinzuweisen,

e) von dem Verantwortlichen und dem Auftragsverarbeiter Zugang zu allen personenbezogenen Daten und Informationen, die zur Erfüllung ihrer Aufgaben notwendig sind, zu erhalten,

f) gemäß dem Verfahrensrecht der Union oder dem Verfahrensrecht des Mitgliedstaats Zugang zu den Geschäftsräumen, einschließlich aller Datenverarbeitungsanlagen und -geräte, des Verantwortlichen und des Auftragsverarbeiters zu erhalten.

(2) Jede Aufsichtsbehörde verfügt über sämtliche folgenden Abhilfebefugnisse, die es ihr gestatten,

a) einen Verantwortlichen oder einen Auftragsverarbeiter zu warnen, dass beabsichtigte Verarbeitungsvorgänge voraussichtlich gegen diese Verordnung verstoßen,

b) einen Verantwortlichen oder einen Auftragsverarbeiter zu verwarnen, wenn er mit Verarbeitungsvorgängen gegen diese Verordnung verstoßen hat,

c) den Verantwortlichen oder den Auftragsverarbeiter anzuweisen, den Anträgen der betroffenen Person auf Ausübung der ihr nach dieser Verordnung zustehenden Rechte zu entsprechen,

d) den Verantwortlichen oder den Auftragsverarbeiter anzuweisen, Verarbeitungsvorgänge gegebenenfalls auf bestimmte Weise und innerhalb eines bestimmten Zeitraums in Einklang mit dieser

r) 제46조 제3항상의 계약조항 및 규정을 승인해야만 한다;

s) 제47조에 따른 기업의 구속력 있는 개인정보보호규칙을 승인해야만 한다;

t) 유럽정보보호위원회의 활동에 조력해야만 한다;

u) 본 법(法)에 대한 위반과, 제58조 제2항에 따라 취해진 조치의 내부 기록(interne Verzeichnisse)을 유지해야만 하고,

v) 개인정보보호에 관한 기타 일체의 임무를 수행해야만 한다.

② 각 감독관청은 다른 의사연락수단의 배제하지 않은 채(ohne dass andere Kommunikationsmittel ausgeschlossen werden) 전자적 방법으로 작성할 수 있는 이의양식의 제공과 같은 조치로 제1항 f목상의 이의의 접수를 촉진한다.

③ 각 감독관청의 임무 수행(Die Erfüllung der Aufgaben jeder Aufsichtsbehörde)은 정보주체, 그리고 해당하는 경우 개인정보보호책임자에게 무료로 행해진다.

④ 이유가 없음이 명백한 요구나 지나침이 명백한 요구의 경우나, 특히 잦은 반복의 경우(Bei offenkundig unbegründeten oder — insbesondere im Fall von häufiger Wiederholung — exzessiven Anfragen)에 감독관청은 행정비용에 기하여 적절한 수수료를 청구할 수 있거나 해당 요구에 기하여 조치를 취하는 것을 거부할 수 있다. 이러한 경우에 감독관청은 요구의 이유 없음이 명백하거나 과도한 특성에 대하여 증명책임을 부담한다.

제58조 권한

① 각 감독관청은, 자신에게 다음 각 목을 허용해 주는 조사권한(sämtliche folgenden Untersuchungsbefugnisse) 일체를 보유(保有)한다,

a) 개인정보처리자, 수탁처리자와 해당하는 경우 개인정보처리자 또는 수탁처리자의 대리인에게 그 임무 수행에 필요한(die für die Erfüllung ihrer Aufgaben erforderlich sind) 일체의 정보를 제공하도록 명령하는 것,

b) 개인정보보호검사의 방식의 조사를 수행하는 것,

c) 제42조 제7항에 따라 행해진 인증의 심사를 수행하는 것,

d) 개인정보처리자 또는 수탁처리자에게 본 법(法)에 대한 위반의 주장(vermeintlichen Verstoß gegen diese Verordnung)에 관하여 안내하는 것,

e) 그 임무수행에 필요한 일체의 개인정보 및 정보에 대한 접근을 개인정보처리자 및 수탁처리자에게서 부여받는 것,

f) 유럽연합의 절차법 또는 회원국의 절차법에 따라 일체의 개인정보 처리시설 및 개인정보 처리장치(einschließlich aller Datenverarbeitungsanlagen und -geräte)를 포함하여 개인정보처리자 및 수탁처리자의 사무소에 대하여 접근하는 것.

② 각 감독관청은, 자신에게 다음 각 목을 허용해 주는 조사권한 일체를 보유(保有)한다,

a) 개인정보처리자 또는 수탁처리자에게 예정된 정보처리작업이 본 법(法)에 위반될 것으로 예상된다는 경고를 하는 것,

b) 개인정보처리자 또는 수탁처리자가 정보처리작업과 관련하여 본 법(法)에 위반한 경우에 그들에게 사전 경고하는 것,

c) 개인정보처리자 또는 수탁처리자에게 정보주체에게 본 법(法)에 따라 귀속된 권리의 행사에 대한 정보주체의 요구를 따르도록 명령하는 것,

d) 해당하는 경우 특정한 방식으로 특정한 기간 내에(auf bestimmte Weise und innerhalb eines bestimmten Zeitraums) 본 법(法)에 맞게 정보처리작업을 하도록 개인정보처리자 또는 수탁처리자에게

Verordnung zu bringen,

e) den Verantwortlichen anzuweisen, die von einer Verletzung des Schutzes personenbezogener Daten betroffenen Person entsprechend zu benachrichtigen,

f) eine vorübergehende oder endgültige Beschränkung der Verarbeitung, einschließlich eines Verbots, zu verhängen,

g) die Berichtigung oder Löschung von personenbezogenen Daten oder die Einschränkung der Verarbeitung gemäß den Artikeln 16, 17 und 18 und die Unterrichtung der Empfänger, an die diese personenbezogenen Daten gemäß Artikel 17 Absatz 2 und Artikel 19 offengelegt wurden, über solche Maßnahmen anzuordnen,

h) eine Zertifizierung zu widerrufen oder die Zertifizierungsstelle anzuweisen, eine gemäß den Artikel 42 und 43 erteilte Zertifizierung zu widerrufen, oder die Zertifizierungsstelle anzuweisen, keine Zertifizierung zu erteilen, wenn die Voraussetzungen für die Zertifizierung nicht oder nicht mehr erfüllt werden,

i) eine Geldbuße gemäß Artikel 83 zu verhängen, zusätzlich zu oder anstelle von in diesem Absatz genannten Maßnahmen, je nach den Umständen des Einzelfalls,

j) die Aussetzung der Übermittlung von Daten an einen Empfänger in einem Drittland oder an eine internationale Organisation anzuordnen.

(3) Jede Aufsichtsbehörde verfügt über sämtliche folgenden Genehmigungsbefugnisse und beratenden Befugnisse, die es ihr gestatten,

a) gemäß dem Verfahren der vorherigen Konsultation nach Artikel 36 den Verantwortlichen zu beraten,

b) zu allen Fragen, die im Zusammenhang mit dem Schutz personenbezogener Daten stehen, von sich aus oder auf Anfrage Stellungnahmen an das nationale Parlament, die Regierung des Mitgliedstaats oder im Einklang mit dem Recht des Mitgliedstaats an sonstige Einrichtungen und Stellen sowie an die Öffentlichkeit zu richten,

c) die Verarbeitung gemäß Artikel 36 Absatz 5 zu genehmigen, falls im Recht des Mitgliedstaats eine derartige vorherige Genehmigung verlangt wird,

d) eine Stellungnahme abzugeben und Entwürfe von Verhaltensregeln gemäß Artikel 40 Absatz 5 zu billigen,

e) Zertifizierungsstellen gemäß Artikel 43 zu akkreditieren,

f) im Einklang mit Artikel 42 Absatz 5 Zertifizierungen zu erteilen und Kriterien für die Zertifizierung zu billigen,

g) Standarddatenschutzklauseln nach Artikel 28 Absatz 8 und Artikel 46 Absatz 2 Buchstabe d festzulegen,

h) Vertragsklauseln gemäß Artikel 46 Absatz 3 Buchstabe a zu genehmigen,

i) Verwaltungsvereinbarungen gemäß Artikel 46 Absatz 3 Buchstabe b zu genehmigen

j) verbindliche interne Vorschriften gemäß Artikel 47 zu genehmigen.

(4) Die Ausübung der der Aufsichtsbehörde gemäß diesem Artikel übertragenen Befugnisse erfolgt vorbehaltlich geeigneter Garantien einschließlich wirksamer gerichtlicher Rechtsbehelfe und ordnungsgemäßer Verfahren gemäß dem Unionsrecht und dem Recht des Mitgliedstaats im Einklang mit der Charta.

명령하는 것

e) 개인정보처리자에 대하여 정보주체에 개인정보 침해(Verletzung des Schutzes personenbezogener Daten)에 대하여 알리도록 명령하는 것

f) 금지를 포함하여 처리의 일시적 또는 최종적 제한(eine vorübergehende oder endgültige Beschränkung der Verarbeitung)을 부과하는 것,

g) 개인정보의 정정 또는 삭제나 제16조, 제17조 또는 제18조에 따른 처리의 제한과, 이러한 개인정보가 제17조 제2항 또는 제19조에 따라 제공되는 수령인에 대하여 그러한 조치에 관하여 알림(die Unterrichtung der Empfänger, an die diese personenbezogenen Daten gemäß Artikel 17 Absatz 2 und Artikel 19 offengelegt wurden, über solche Maßnahmen)을 명령하는 것,

h) 인증에 대한 요건이 충족되지 않고 있거나 더 이상 충족되지 않는 경우(wenn die Voraussetzungen für die Zertifizierung nicht oder nicht mehr erfüllt werden)에 인증을 철회하거나 인증기관에 제42조, 제43조에에 따라 행해진 인증을 철회하도록 명령하는 것이나 인증기관에 인증을 하지 말도록 명령하는 것,

i) 동조상의 조치에 갈음하거나 추가적으로(zusätzlich zu oder anstelle von in diesem Absatz genannten Maßnahmen) 개별사안의 사정에 따라 제83조에 따른 범칙금을 부과하는 것,

j) 제3국 또는 국제기구에 있는 수령인으로의 개인정보 이전의 중지(中止; Aussetzung)를 명령(命令)하는 것.

③ 각 감독관청은, 자신에게 다음 각 목을 허용해 주는 승인권한 및 협의권한 일체(sämtliche folgenden Genehmigungsbefugnisse und beratenden Befugnisse)를 보유(保有)한다,

a) 제36조에 따른 사전협의절차(dem Verfahren der vorherigen Konsultation)에 좇아 개인정보처리자와 협의를 하는 것,

b) 개인정보보호와 관련이 있는 일체의 문제에 관하여, 자발적으로 또는 그 요구에 따라(von sich aus oder auf Anfrage) 회원국의 의회, 회원국의 정부에 대한 의견(Stellungnahmen an das nationale Parlament, die Regierung des Mitgliedstaats)을 제시하거나, 회원국법에 좇아 기타 기구 또는 기관 및 공중(公衆)에 대한 의견을 제시하는 것,

c) 회원국법에서 그러한 사전 동의(同意)가 요구되는 경우(falls im Recht des Mitgliedstaats eine derartige vorherige Genehmigung verlangt wird)에 제36조 제5항에 다른 처리를 승인하는 것,

d) 의견을 제시하고 제40조 제5항에 따른 개인정보준칙의 초안(Entwürfe von Verhaltensregeln)을 승인하는 것,

e) 제43조에 따른 인증기관을 공인하는 것,

f) 제42조 제5항에 따라 인증을 하는 것과 그 인증에 대한 기준(Kriterien für die Zertifizierung)을 승인하는 것,

g) 제28조 제8항, 제46조 제2항 d목에 따른 표준개인정보보호조항(Standarddatenschutzklauseln)을 마련하는 것,

h) 제46조 제3항 a목에 따른 계약조항을 승인하는 것,

i) 제46조 제3항 b목에 따른 행정협정을 승인하는 것,

j) 제47조에 따른 기업의 구속력 있는 개인정보보호규칙을 승인하는 것.

④ 감독관청의 본조에 따라 부여된 권한의 행사(Die Ausübung der der Aufsichtsbehörde gemäß diesem Artikel übertragenen Befugnisse)는, 법원을 통한 효과적인 법적구제와 유럽연합법 및 회원국법에 따른 적절한 절차를 포함하여 적합한 안전성확보조치를 조건으로 기본권헌장에 따라(im Einklang mit der Charta) 행해진다.

(5) Jeder Mitgliedstaat sieht durch Rechtsvorschriften vor, dass seine Aufsichtsbehörde befugt ist, Verstöße gegen diese Verordnung den Justizbehörden zur Kenntnis zu bringen und gegebenenfalls die Einleitung eines gerichtlichen Verfahrens zu betreiben oder sich sonst daran zu beteiligen, um die Bestimmungen dieser Verordnung durchzusetzen.

(6) Jeder Mitgliedstaat kann durch Rechtsvorschriften vorsehen, dass seine Aufsichtsbehörde neben den in den Absätzen 1, 2 und 3 aufgeführten Befugnissen über zusätzliche Befugnisse verfügt. Die Ausübung dieser Befugnisse darf nicht die effektive Durchführung des Kapitels VII beeinträchtigen.

Artikel 59 Tätigkeitsbericht

Jede Aufsichtsbehörde erstellt einen Jahresbericht über ihre Tätigkeit, der eine Liste der Arten der gemeldeten Verstöße und der Arten der getroffenen Maßnahmen nach Artikel 58 Absatz 2 enthalten kann. Diese Berichte werden dem nationalen Parlament, der Regierung und anderen nach dem Recht der Mitgliedstaaten bestimmten Behörden übermittelt. Sie werden der Öffentlichkeit, der Kommission und dem Ausschuss zugänglich gemacht.

KAPITEL VII Zusammenarbeit und Kohärenz

Abschnitt 1 Zusammenarbeit

Artikel 60 Zusammenarbeit zwischen der federführenden Aufsichtsbehörde und den anderen betroffenen Aufsichtsbehörden

(1) Die federführende Aufsichtsbehörde arbeitet mit den anderen betroffenen Aufsichtsbehörden im Einklang mit diesem Artikel zusammen und bemüht sich dabei, einen Konsens zu erzielen. Die federführende Aufsichtsbehörde und die betroffenen Aufsichtsbehörden tauschen untereinander alle zweckdienlichen Informationen aus.

(2) Die federführende Aufsichtsbehörde kann jederzeit andere betroffene Aufsichtsbehörden um Amtshilfe gemäß Artikel 61 ersuchen und gemeinsame Maßnahmen gemäß Artikel 62 durchführen, insbesondere zur Durchführung von Untersuchungen oder zur Überwachung der Umsetzung einer Maßnahme in Bezug auf einen Verantwortlichen oder einen Auftragsverarbeiter, der in einem anderen Mitgliedstaat niedergelassen ist.

(3) Die federführende Aufsichtsbehörde übermittelt den anderen betroffenen Aufsichtsbehörden unverzüglich die zweckdienlichen Informationen zu der Angelegenheit. Sie legt den anderen betroffenen Aufsichtsbehörden unverzüglich einen Beschlussentwurf zur Stellungnahme vor und trägt deren Standpunkten gebührend Rechnung.

(4) Legt eine der anderen betroffenen Aufsichtsbehörden innerhalb von vier Wochen, nachdem sie gemäß Absatz 3 des vorliegenden Artikels konsultiert wurde, gegen diesen Beschlussentwurf einen maßgeblichen und begründeten Einspruch ein und schließt sich die federführende Aufsichtsbehörde dem maßgeblichen und begründeten Einspruch nicht an oder ist der Ansicht, dass der Einspruch nicht maßgeblich oder nicht begründet ist, so leitet die federführende Aufsichtsbehörde das Kohärenzverfahren gemäß Artikel 63 für die Angelegenheit ein.

(5) Beabsichtigt die federführende Aufsichtsbehörde, sich dem maßgeblichen und begründeten Einspruch anzuschließen, so legt sie den anderen betroffenen Aufsichtsbehörden einen überarbeiteten

⑤ 각 회원국은 자신의 감독관청이 본 법(法)에 대한 위반을 사법당국에 알리고(Verstöße gegen diese Verordnung den Justizbehörden zur Kenntnis zu bringen) 필요한 경우 법원의 절차를 개시하거나 본 법(法)의 규정의 시행에 참가(sich sonst daran zu beteiligen, um die Bestimmungen dieser Verordnung durchzusetzen)할 권한을 갖도록 법규정으로 규정한다.

⑥ 각 회원국은, 자신의 감독관청이 제1항, 제2항 및 제3항상의 권한 이외에(neben den in den Absätzen 1, 2 und 3 aufgeführten Befugnissen) 추가 권한을 갖도록 법규정으로 규정한다. 이러한 권한의 행사는 제7장의 효과적인 집행에 영향을 미치지 아니한다.

第59조 활동보고서

각 감독관청은, 신고된 위반의 유형, 제58조 제2항에 따라 취해진 조치의 유형의 목록을 포함할 수 있는, 자신의 활동에 관한 연례보고서(einen Jahresbericht)를 작성한다. 이러한 보고서는 회원국의 의회, 정부 및 회원국법에 따라 정해진 기타 관청에 제공된다. 공중, 유럽연합집행위원회와 유럽정보보호위원회가 그 보고서에 접근할 수 있어야 한다(Sie werden der Öffentlichkeit, der Kommission und dem Ausschuss zugänglich gemacht).

제7장 협력과 법적용통일성추구

제1절 협력

第60조 주무소관감독관청과 그 밖의 소관감독관청(der federführenden Aufsichtsbehörde und den anderen betroffenen Aufsichtsbehörden) 간의 협력

① 주무소관감독관청은 다른 소관감독관청과 본조에 따라 협력하고 이 경우 합의를 날성하기 위해 노력한다(bemüht sich dabei, einen Konsens zu erzielen). 주무소관감독관청과 소관감독관청(Die federführende Aufsichtsbehörde und die betroffenen Aufsichtsbehörden)은 상호간에 모든 관련 정보(alle zweckdienlichen Informationen)를 교환한다.

② 주무소관감독관청은, 특히 다른 회원국에 영업소를 둔 개인정보처리자 또는 수탁처리자에 관한 조치(einer Maßnahme in Bezug auf einen Verantwortlichen oder einen Auftragsverarbeiter, der in einem anderen Mitgliedstaat niedergelassen ist)에 대한 조사 실시(實施)를 위하여 또는 그러한 조치의 실시의 감시를 위하여, 언제든지 다른 소관감독관청에 제61조에 따른 행정공조를 요청할 수 있고, 제62조에 따른 공동의 조치를 시행할 수 있다.

③ 주무소관감독관청은 다른 소관감독관청에 해당 문제에 관련된 정보(die zweckdienlichen Informationen zu der Angelegenheit)를 지체 없이 제공한다. 주무소관감독관청은 소관감독관청에 지체 없이 결정초안을 그 의견제시를 하도록 제출하고 그 견해를 적절하게 고려한다(trägt deren Standpunkten gebührend Rechnung).

④ 다른 소관감독관청이 본조 제3항에 따라 협의를 받은 후 4주 이내에 그 소관감독관청 중 한 소관감독관청이 이러한 결정초안에 대하여 관련성이 있고 타당한 이의를 제기했는데, 주무소관감독관청이 관련성 있고 타당한 이의를 따르지 않거나 그 이의가 관련성이 없거나 정당하지 않은 것으로 보는(schließt sich die federführende Aufsichtsbehörde dem maßgeblichen und begründeten Einspruch nicht an oder ist der Ansicht, dass der Einspruch nicht maßgeblich oder nicht begründet ist) 경우에는, 주무소관감독관청은 해당 문제를 제63조에 따른 법적용통일성추구절차에 회부한다.

⑤ 주무소관감독관청이 관련성이 있고 타당한 이의(dem maßgeblichen und begründeten Einspruch)를 따르고자 하는 경우에, 주무소관감독관청은 다른 소관감독관청에 작업한 수정(修正)된 결정초안(einen

Beschlussentwurf zur Stellungnahme vor. Der überarbeitete Beschlussentwurf wird innerhalb von zwei Wochen dem Verfahren nach Absatz 4 unterzogen.

(6) Legt keine der anderen betroffenen Aufsichtsbehörden Einspruch gegen den Beschlussentwurf ein, der von der federführenden Aufsichtsbehörde innerhalb der in den Absätzen 4 und 5 festgelegten Frist vorgelegt wurde, so gelten die federführende Aufsichtsbehörde und die betroffenen Aufsichtsbehörden als mit dem Beschlussentwurf einverstanden und sind an ihn gebunden.

(7) Die federführende Aufsichtsbehörde erlässt den Beschluss und teilt ihn der Hauptniederlassung oder der einzigen Niederlassung des Verantwortlichen oder gegebenenfalls des Auftragsverarbeiters mit und setzt die anderen betroffenen Aufsichtsbehörden und den Ausschuss von dem betreffenden Beschluss einschließlich einer Zusammenfassung der maßgeblichen Fakten und Gründe in Kenntnis. Die Aufsichtsbehörde, bei der eine Beschwerde eingereicht worden ist, unterrichtet den Beschwerdeführer über den Beschluss.

(8) Wird eine Beschwerde abgelehnt oder abgewiesen, so erlässt die Aufsichtsbehörde, bei der die Beschwerde eingereicht wurde, abweichend von Absatz 7 den Beschluss, teilt ihn dem Beschwerdeführer mit und setzt den Verantwortlichen in Kenntnis.

(9) Sind sich die federführende Aufsichtsbehörde und die betreffenden Aufsichtsbehörden darüber einig, Teile der Beschwerde abzulehnen oder abzuweisen und bezüglich anderer Teile dieser Beschwerde tätig zu werden, so wird in dieser Angelegenheit für jeden dieser Teile ein eigener Beschluss erlassen. Die federführende Aufsichtsbehörde erlässt den Beschluss für den Teil, der das Tätigwerden in Bezug auf den Verantwortlichen betrifft, teilt ihn der Hauptniederlassung oder einzigen Niederlassung des Verantwortlichen oder des Auftragsverarbeiters im Hoheitsgebiet ihres Mitgliedstaats mit und setzt den Beschwerdeführer hiervon in Kenntnis, während die für den Beschwerdeführer zuständige Aufsichtsbehörde den Beschluss für den Teil erlässt, der die Ablehnung oder Abweisung dieser Beschwerde betrifft, und ihn diesem Beschwerdeführer mitteilt und den Verantwortlichen oder den Auftragsverarbeiter hiervon in Kenntnis setzt.

(10) Nach der Unterrichtung über den Beschluss der federführenden Aufsichtsbehörde gemäß den Absätzen 7 und 9 ergreift der Verantwortliche oder der Auftragsverarbeiter die erforderlichen Maßnahmen, um die Verarbeitungstätigkeiten all seiner Niederlassungen in der Union mit dem Beschluss in Einklang zu bringen. Der Verantwortliche oder der Auftragsverarbeiter teilt der federführenden Aufsichtsbehörde die Maßnahmen mit, die zur Einhaltung des Beschlusses ergriffen wurden; diese wiederum unterrichtet die anderen betroffenen Aufsichtsbehörden.

(11) Hat — in Ausnahmefällen — eine betroffene Aufsichtsbehörde Grund zu der Annahme, dass zum Schutz der Interessen betroffener Personen dringender Handlungsbedarf besteht, so kommt das Dringlichkeitsverfahren nach Artikel 66 zur Anwendung.

(12) Die federführende Aufsichtsbehörde und die anderen betroffenen Aufsichtsbehörden übermitteln einander die nach diesem Artikel geforderten Informationen auf elektronischem Wege unter Verwendung eines standardisierten Formats.

Artikel 61 Gegenseitige Amtshilfe

(1) Die Aufsichtsbehörden übermitteln einander maßgebliche Informationen und gewähren einander Amtshilfe, um diese Verordnung einheitlich durchzuführen und anzuwenden, und treffen Vorkehrungen

überarbeiteten Beschlussentwurf)을 그 의견제시를 하도록 제출한다. 수정된 결정초안은 2주 이내에 제4항에 따른 절차를 적용받는다.

⑥ 다른 소관감독관청이, 주무소관감독관청에 의하여 제4항, 제5항에 정해진 기간 내에 제출된 결정초안에 대한 이의(Einspruch gegen den Beschlussentwurf)를 제출지지 않는 경우에, 주무소관감독관청과 다른 소관감독관청은 그 결정안은 합의된 것으로 간주하고 주무소관감독관청과 다른 소관감독관청은 그 안에 구속된다(sind an ihn gebunden).

⑦ 주무소관감독관청은 그 결정을 발령하고(Die federführende Aufsichtsbehörde erlässt den Beschluss) 이를 개인정보처리자의 본점 또는 유일한 영업소에 통지하거나 해당하는 경우 수탁처리자의 본점 또는 유일한 영업소에 통지하고 다른 소관감독관청과 유럽정보보호위원회에 관련 사실 및 이유의 요약을 포함하여(einschließlich einer Zusammenfassung der maßgeblichen Fakten und Gründe) 그러한 결정을 알린다. 이의를 접수받은 감독관청(Die Aufsichtsbehörde, bei der eine Beschwerde eingereicht worden ist)은 이의제기인에게 그 결정에 관하여 알린다.

⑧ 이의가 각하되거나 기각된 경우(Wird eine Beschwerde abgelehnt oder abgewiesen)에, 제7항과 달리, 이의를 접수받은 감독관청아 그 결정을 발령하고 이의제기인에게 이를 통지하며 개인정보처리자에게 이를 알린다.

⑨ 주무소관감독관청과 소관감독관청이 이의의 일부를 기각하거나 각하하고, 이러한 이의의 나머지 일부를 인용하기로 합의를 한 경우에, 해당 사안의 각각의 그러한 부분에 대하여 별도의 결정이 발령된다(so wird in dieser Angelegenheit für jeden dieser Teile ein eigener Beschluss erlassen). 주무소관감독관청은 개인정보처리자에 관한 활동에 관련된 부분에 대한 결정을 발령하고 이를 자신이 속한 회원국의 영토에 있는 개인정보처리자 또는 수탁처리자의 본점 또는 유일한 영업소에 통지하고 이에 관하여 이의제기인에게 알리며, 반면 이의제기인을 관할하는 감독관청은 이러한 이의의 기각 또는 각하에 관련된 부분에 대한 결정을 발령하며, 이의제기인에게 이를 알리며 개인정보처리자 또는 수탁처리자에게 이에 관하여 알린다(während die für den Beschwerdeführer zuständige Aufsichtsbehörde den Beschluss für den Teil erlässt, der die Ablehnung oder Abweisung dieser Beschwerde betrifft, und ihn diesem Beschwerdeführer mitteilt und den Verantwortlichen oder den Auftragsverarbeiter hiervon in Kenntnis setzt).

⑩ 제7항, 제9항에 따른 주무소관감독관청의 결정에 관한 알림에 좇아(Nach der Unterrichtung über den Beschluss der federführenden Aufsichtsbehörde gemäß den Absätzen 7 und 9), 개인정보처리자 또는 수탁처리자는 유럽연합 내에 있는 자신의 모든 영업소의 정보처리활동을 그 결정에 일치시키기 위한(um die Verarbeitungstätigkeiten all seiner Niederlassungen in der Union mit dem Beschluss in Einklang zu bringen) 필요한 조치를 취한다. 개인정보처리자 또는 수탁처리자는 그 결정을 준수하기 위하여 취해진 조치를 주무소관감독관청에 통지한다; 주무소관감독관청은 다른 소관감독관청에 다시 알린다.

⑪ 예외적인 경우로, 소관감독관청이 정보주체의 이익의 보호를 위하여 긴급한 행위필요성이 있다고 보는 것에 대한 근거를 가지고 있는 경우에, 제66조에 따른 긴급절차를 적용한다(so kommt das Dringlichkeitsverfahren nach Artikel 66 zur Anwendung).

⑫ 주무소관감독관청과 다른 소관감독관청은 상호간에 본조에 따라 요구된 정보(情報)를 표준양식을 적용한 전자방식(auf elektronischem Wege unter Verwendung eines standardisierten Formats)으로 제공한다.

제61조 상호행정공조

① 감독관청은 본 법(法)을 통일적으로 시행하고 적용하기 위하여 상호간에, 관련 정보(情報)를 제공하고 행정공조를 행하며, 효율적인 협력을 위한 조치를 취한다. 행정공조는 가령 사전동의 및 사전협의

für eine wirksame Zusammenarbeit. Die Amtshilfe bezieht sich insbesondere auf Auskunftsersuchen und aufsichtsbezogene Maßnahmen, beispielsweise Ersuchen um vorherige Genehmigungen und eine vorherige Konsultation, um Vornahme von Nachprüfungen und Untersuchungen.

(2) Jede Aufsichtsbehörde ergreift alle geeigneten Maßnahmen, um einem Ersuchen einer anderen Aufsichtsbehörde unverzüglich und spätestens innerhalb eines Monats nach Eingang des Ersuchens nachzukommen. Dazu kann insbesondere auch die Übermittlung maßgeblicher Informationen über die Durchführung einer Untersuchung gehören.

(3) Amtshilfeersuchen enthalten alle erforderlichen Informationen, einschließlich Zweck und Begründung des Ersuchens. Die übermittelten Informationen werden ausschließlich für den Zweck verwendet, für den sie angefordert wurden.

(4) Die ersuchte Aufsichtsbehörde lehnt das Ersuchen nur ab, wenn

a) sie für den Gegenstand des Ersuchens oder für die Maßnahmen, die sie durchführen soll, nicht zuständig ist oder

b) ein Eingehen auf das Ersuchen gegen diese Verordnung verstoßen würde oder gegen das Unionsrecht oder das Recht der Mitgliedstaaten, dem die Aufsichtsbehörde, bei der das Ersuchen eingeht, unterliegt.

(5) Die ersuchte Aufsichtsbehörde informiert die ersuchende Aufsichtsbehörde über die Ergebnisse oder gegebenenfalls über den Fortgang der Maßnahmen, die getroffen wurden, um dem Ersuchen nachzukommen. Die ersuchte Aufsichtsbehörde erläutert gemäß Absatz 4 die Gründe für die Ablehnung des Ersuchens.

(6) Die ersuchten Aufsichtsbehörden übermitteln die Informationen, um die von einer anderen Aufsichtsbehörde ersucht wurde, in der Regel auf elektronischem Wege unter Verwendung eines standardisierten Formats.

(7) Ersuchte Aufsichtsbehörden verlangen für Maßnahmen, die sie aufgrund eines Amtshilfeersuchens getroffen haben, keine Gebühren. Die Aufsichtsbehörden können untereinander Regeln vereinbaren, um einander in Ausnahmefällen besondere aufgrund der Amtshilfe entstandene Ausgaben zu erstatten.

(8) Erteilt eine ersuchte Aufsichtsbehörde nicht binnen eines Monats nach Eingang des Ersuchens einer anderen Aufsichtsbehörde die Informationen gemäß Absatz 5, so kann die ersuchende Aufsichtsbehörde eine einstweilige Maßnahme im Hoheitsgebiet ihres Mitgliedstaats gemäß Artikel 55 Absatz 1 ergreifen. In diesem Fall wird von einem dringenden Handlungsbedarf gemäß Artikel 66 Absatz 1 ausgegangen, der einen im Dringlichkeitsverfahren angenommenen verbindlichen Beschluss des Ausschuss gemäß Artikel 66 Absatz 2 erforderlich macht.

(9) Die Kommission kann im Wege von Durchführungsrechtsakten Form und Verfahren der Amtshilfe nach diesem Artikel und die Ausgestaltung des elektronischen Informationsaustauschs zwischen den Aufsichtsbehörden sowie zwischen den Aufsichtsbehörden und dem Ausschuss, insbesondere das in Absatz 6 des vorliegenden Artikels genannte standardisierte Format, festlegen. Diese Durchführungsrechtsakte werden gemäß dem in Artikel 93 Absatz 2 genannten Prüfverfahren erlassen.

Artikel 62 Gemeinsame Maßnahmen der Aufsichtsbehörden

(1) Die Aufsichtsbehörden führen gegebenenfalls gemeinsame Maßnahmen einschließlich gemeinsamer Untersuchungen und gemeinsamer Durchsetzungsmaßnahmen durch, an denen Mitglieder oder

에 대한 요청(beispielsweise Ersuchen um vorherige Genehmigungen und eine vorherige Konsultation), 검사 및 조사의 시행에 대한 요청(um Vornahme von Nachprüfungen und Untersuchungen)과 같은, 특히 정보제공요청과 감독관련 조치에 적용된다.

② 각 감독관청은 지체 없이, 다만 늦어도 그 요청 도달시로부터 1개월 이내에 다른 감독관청의 요청에 응하기 위한 적절한 일체의 조치를 취한다. 특히 조사 시행에 관한 관련 정보의 제공(auch die Übermittlung maßgeblicher Informationen über die Durchführung einer Untersuchung)도 이에 속할 수 있다.

③ 행정공조요청은, 그 요청의 목적 및 이유를 포함하여(einschließlich Zweck und Begründung des Ersuchens) 필요한 일체의 정보를 포함한다. 제공된 정보는 요청받은 목적(目的)을 위해서만 사용(使用)된다.

④ 요청받은 감독관청은 다음 각 목의 경우에 한하여 그 요청을 거부한다,

a) 요청받은 감독관청이 요청받은 대상이나 그 감독관청이 시행해야 하는 조치를 관할하지 아니하는 경우 또는,

b) 그 요청에 응한다면 본 법(法)에 위반되게 되거나(ein Eingehen auf das Ersuchen gegen diese Verordnung verstoßen würde), 요청받은 감독관청이 적용받는 유럽연합법 또는 회원국법에 위반되게 되는 경우.

⑤ 요청받은 감독관청은 요청하는 감독관청에, 그 요청에 응하기 위하여 취한 조치의 결과나 필요하면 그러한 조치의 경과에 관하여(über die Ergebnisse oder gegebenenfalls über den Fortgang der Maßnahmen, die getroffen wurden, um dem Ersuchen nachzukommen) 알린다. 요청받은 감독관청은 요청 거부의 이유(Gründe)를 제4항에 따라 설명한다.

⑥ 요청받은 감독관청은 다른 감독관청이 요청한 정보(情報)를 통상적으로 표준양식을 사용한 전자방식으로(in der Regel auf elektronischem Wege unter Verwendung eines standardisierten Formats) 제공(提供)한다.

⑦ 요청받은 감독관청은 자신이 행정공조에 기하여 취한 조치에 대한 이용료를 청구할 수 없다. 그 감독관청은, 예외적인 경우에 행정공조로 발생한 특별한 경비를 상호간에 상환하기 위한 규칙에 합의할 수 있다.

⑧ 요청받은 감독관청이 다른 감독관청의 요청의 도달시로부터 1개월 이내에 제5항에 따른 정보를 제공하지 않은 경우에, 요청하는 감독관청은 자신이 속한 회원국의 영토 내에서 잠정조치(eine einstweilige Maßnahme im Hoheitsgebiet ihres Mitgliedstaats)를 제55조 제1항에 따라 취할 수 있다. 이러한 경우에 제66조 제1항에 따른 긴급한 행위필요성이 인정되어(In diesem Fall wird von einem dringenden Handlungsbedarf gemäß Artikel 66 Absatz 1 ausgegangen), 긴급절차에서 수용된 구속력 있는, 제66조 제2항에 따른 유럽정보보호위원회 결정이 요구된다.

⑨ 유럽연합집행위원회는, 본조에 따른 행정공조의 방식 및 절차와, 감독관청들 간의 전자정보교환 및 감독관청과 유럽정보보호위원회 간의 전자정보교환 제도(die Ausgestaltung des elektronischen Informationsaustauschs zwischen den Aufsichtsbehörden sowie zwischen den Aufsichtsbehörden und dem Ausschuss), 특히 본조 제6항상의 표준양식을 집행법규의 방식으로마련할 수 있다. 이러한 집행법규는 제93조 제2항상의 심사절차에 의해 제정된다.

제62조 감독관청들의 공동작업

① 감독관청은 해당하는 경우, 공동조사, 공동 시행조치를 포함하여 다른 회원국의 감독관청의 고위성원 또는 직원(職員)이 참가하는(an denen Mitglieder oder Bedienstete der Aufsichtsbehörden anderer

Bedienstete der Aufsichtsbehörden anderer Mitgliedstaaten teilnehmen.

(2) Verfügt der Verantwortliche oder der Auftragsverarbeiter über Niederlassungen in mehreren Mitgliedstaaten oder werden die Verarbeitungsvorgänge voraussichtlich auf eine bedeutende Zahl betroffener Personen in mehr als einem Mitgliedstaat erhebliche Auswirkungen haben, ist die Aufsichtsbehörde jedes dieser Mitgliedstaaten berechtigt, an den gemeinsamen Maßnahmen teilzunehmen. Die gemäß Artikel 56 Absatz 1 oder Absatz 4 zuständige Aufsichtsbehörde lädt die Aufsichtsbehörde jedes dieser Mitgliedstaaten zur Teilnahme an den gemeinsamen Maßnahmen ein und antwortet unverzüglich auf das Ersuchen einer Aufsichtsbehörde um Teilnahme.

(3) Eine Aufsichtsbehörde kann gemäß dem Recht des Mitgliedstaats und mit Genehmigung der unterstützenden Aufsichtsbehörde den an den gemeinsamen Maßnahmen beteiligten Mitgliedern oder Bediensteten der unterstützenden Aufsichtsbehörde Befugnisse einschließlich Untersuchungsbefugnisse übertragen oder, soweit dies nach dem Recht des Mitgliedstaats der einladenden Aufsichtsbehörde zulässig ist, den Mitgliedern oder Bediensteten der unterstützenden Aufsichtsbehörde gestatten, ihre Untersuchungsbefugnisse nach dem Recht des Mitgliedstaats der unterstützenden Aufsichtsbehörde auszuüben. Diese Untersuchungsbefugnisse können nur unter der Leitung und in Gegenwart der Mitglieder oder Bediensteten der einladenden Aufsichtsbehörde ausgeübt werden. Die Mitglieder oder Bediensteten der unterstützenden Aufsichtsbehörde unterliegen dem Recht des Mitgliedstaats der einladenden Aufsichtsbehörde.

(4) Sind gemäß Absatz 1 Bedienstete einer unterstützenden Aufsichtsbehörde in einem anderen Mitgliedstaat im Einsatz, so übernimmt der Mitgliedstaat der einladenden Aufsichtsbehörde nach Maßgabe des Rechts des Mitgliedstaats, in dessen Hoheitsgebiet der Einsatz erfolgt, die Verantwortung für ihr Handeln, einschließlich der Haftung für alle von ihnen bei ihrem Einsatz verursachten Schäden.

(5) Der Mitgliedstaat, in dessen Hoheitsgebiet der Schaden verursacht wurde, ersetzt diesen Schaden so, wie er ihn ersetzen müsste, wenn seine eigenen Bediensteten ihn verursacht hätten. Der Mitgliedstaat der unterstützenden Aufsichtsbehörde, deren Bedienstete im Hoheitsgebiet eines anderen Mitgliedstaats einer Person Schaden zugefügt haben, erstattet diesem anderen Mitgliedstaat den Gesamtbetrag des Schadenersatzes, den dieser an die Berechtigten geleistet hat.

(6) Unbeschadet der Ausübung seiner Rechte gegenüber Dritten und mit Ausnahme des Absatzes 5 verzichtet jeder Mitgliedstaat in dem Fall des Absatzes 1 darauf, den in Absatz 4 genannten Betrag des erlittenen Schadens anderen Mitgliedstaaten gegenüber geltend zu machen.

(7) Ist eine gemeinsame Maßnahme geplant und kommt eine Aufsichtsbehörde binnen eines Monats nicht der Verpflichtung nach Absatz 2 Satz 2 des vorliegenden Artikels nach, so können die anderen Aufsichtsbehörden eine einstweilige Maßnahme im Hoheitsgebiet ihres Mitgliedstaats gemäß Artikel 55 ergreifen. In diesem Fall wird von einem dringenden Handlungsbedarf gemäß Artikel 66 Absatz 1 ausgegangen, der eine im Dringlichkeitsverfahren angenommene Stellungnahme oder einen im Dringlichkeitsverfahren angenommenen verbindlichen Beschluss des Ausschusses gemäß Artikel 66 Absatz 2 erforderlich macht.

Abschnitt 2 Kohärenz

Artikel 63 Kohärenzverfahren

Mitgliedstaaten teilnehmen) 공동작업을 시행한다.
② 개인정보처리자 또는 수탁처리자가 여러 회원국에 있는 영업소를 보유하거나, 정보처리작업이 2개 이상의 회원국에 있는 상당한 수의 정보주체에 대하여 중대한 영향을 끼칠 것으로 예상되는(werden die Verarbeitungsvorgänge voraussichtlich auf eine bedeutende Zahl betroffener Personen in mehr als einem Mitgliedstaat erhebliche Auswirkungen haben) 경우에 이러한 회원국의 감독관청은 공동작업에 참가할 권한을 갖는다. 제56조 제1항 또는 제4항에 따른 소관감독관청은 그 각 회원국의 감독관청을 공동작업에 참가하도록 하고 그 참가에 대한 감독관청의 요청(auf das Ersuchen einer Aufsichtsbehörde um Teilnahme)에 지체 없이 응답한다.
③ 어느 감독관청은 회원국법에 좇아 보조(補助)감독관청의 승인을 얻어 공동작업에 참가한, 보조(補助) 감독관청의 고위성원 또는 직원에게 조사권한을 포함하여 권한을 이양할 수 있거나, 이것이 주무(主務)인 감독관청 속한 회원국법에 따라 허용된 경우(soweit dies nach dem Recht des Mitgliedstaats der einladenden Aufsichtsbehörde zulässig ist) 보조(補助)감독관청의 고위성원 또는 직원으로 하여금 보조(補助)감독관청[71]이 속한 회원국법에 따라 자신의 조사권한을 행사하도록 허용할 수 있다. 이러한 조사권한은 주무(主務)인 감독관청[72]의 고위성원 또는 직원의 지휘하에서만 또 그 임석(臨席)하에서만(nur unter der Leitung und in Gegenwart der Mitglieder oder Bediensteten der einladenden Aufsichtsbehörde) 행사될 수 있다. 보조(補助)감독관청의 고위성원 또는 직원은 주무(主務)인 감독관청이 속한 회원국법을 적용받는다(Die Mitglieder oder Bediensteten der unterstützenden Aufsichtsbehörde unterliegen dem Recht des Mitgliedstaats der einladenden Aufsichtsbehörde).
④ 제1항에 따른 보조(補助)감독관청의 직원이 다른 회원국에 투입되는 경우에, 주무인 감독관청이 속한 회원국은 그 투입이 이뤄지는 영토가 있는 그 회원국법의 기준에 좇아(nach Maßgabe des Rechts des Mitgliedstaats, in dessen Hoheitsgebiet der Einsatz erfolgt) 그 직원 투입시 그 직원이 야기한 일체의 손해에 대한 책임을 포함하여 그 직원의 행위에 대한 책임을 인수한다.
⑤ 손해가 초래된 영토가 있는 회원국은, 자신의 고유한 직원이 손해를 야기한 경우에 그 회원국이 그 손해를 배상해야만 하는 것처럼 위와 같은 손해를 배상한다. 다른 회원국의 영토에서 어느 자에게 손해를 끼친 직원이 속한 보조(補助)감독관청이 있는 회원국(Der Mitgliedstaat der unterstützenden Aufsichtsbehörde, deren Bedienstete im Hoheitsgebiet eines anderen Mitgliedstaats einer Person Schaden zugefügt haben)은 이러한 다른 회원국이 권리자에게 지급한 손해배상의 전액(全額)을 상환한다.
⑥ 제3자에 대한 자신의 권리의 행사에 상관없이 또 제5항을 제외하고 제1항의 경우에 각 회원국은 제4항상의 입은 손해액을 다른 회원국에 행사하는 것(den in Absatz 4 genannten Betrag des erlittenen Schadens anderen Mitgliedstaaten gegenüber geltend zu machen)을 포기할 수 있다.
⑦ 공동작업이 계획되었는데 어느 감독관청이 본조 제2항 제2문에 따른 책임을 1개월 이내에 이행하지 않은 경우에 다른 감독관청은 자신의 회원국(會員國) 내의 잠정조치(eine einstweilige Maßnahme im Hoheitsgebiet ihres Mitgliedstaats)를 제55조에 따라 취할 수 있다. 이러한 경우에 제66조 제1항에 따른 긴급한 행위필요성이 인정되어(In diesem Fall wird von einem dringenden Handlungsbedarf gemäß Artikel 66 Absatz 1 ausgegangen), 긴급절차에서 수용된 구속력 있는, 제66조 제2항에 따른 유럽정보보호위원회 결정(einen im Dringlichkeitsverfahren angenommenen verbindlichen Beschluss des Ausschusses gemäß Artikel 66 Absatz 2)이 요구된다.

제2절 법적용통일성추구

제63조 법적용통일성추구절차

Um zur einheitlichen Anwendung dieser Verordnung in der gesamten Union beizutragen, arbeiten die Aufsichtsbehörden im Rahmen des in diesem Abschnitt beschriebenen Kohärenzverfahrens untereinander und gegebenenfalls mit der Kommission zusammen.

Artikel 64 Stellungnahme Ausschusses

(1) Der Ausschuss gibt eine Stellungnahme ab, wenn die zuständige Aufsichtsbehörde beabsichtigt, eine der nachstehenden Maßnahmen zu erlassen. Zu diesem Zweck übermittelt die zuständige Aufsichtsbehörde dem Ausschuss den Entwurf des Beschlusses, wenn dieser

a) der Annahme einer Liste der Verarbeitungsvorgänge dient, die der Anforderung einer Datenschutz-Folgenabschätzung gemäß Artikel 35 Absatz 4 unterliegen,

b) eine Angelegenheit gemäß Artikel 40 Absatz 7 und damit die Frage betrifft, ob ein Entwurf von Verhaltensregeln oder eine Änderung oder Ergänzung von Verhaltensregeln mit dieser Verordnung in Einklang steht,

c) der Billigung der Kriterien für die Akkreditierung einer Stelle nach Artikel 41 Absatz 3 oder einer Zertifizierungsstelle nach Artikel 43 Absatz 3 dient,

d) der Festlegung von Standard-Datenschutzklauseln gemäß Artikel 46 Absatz 2 Buchstabe d und Artikel 28 Absatz 8 dient,

e) der Genehmigung von Vertragsklauseln gemäß Artikels 46 Absatz 3 Buchstabe a dient, oder

f) der Annahme verbindlicher interner Vorschriften im Sinne von Artikel 47 dient.

(2) Jede Aufsichtsbehörde, der Vorsitz des Ausschuss oder die Kommission können beantragen, dass eine Angelegenheit mit allgemeiner Geltung oder mit Auswirkungen in mehr als einem Mitgliedstaat vom Ausschuss geprüft wird, um eine Stellungnahme zu erhalten, insbesondere wenn eine zuständige Aufsichtsbehörde den Verpflichtungen zur Amtshilfe gemäß Artikel 61 oder zu gemeinsamen Maßnahmen gemäß Artikel 62 nicht nachkommt.

(3) In den in den Absätzen 1 und 2 genannten Fällen gibt der Ausschuss eine Stellungnahme zu der Angelegenheit ab, die ihm vorgelegt wurde, sofern er nicht bereits eine Stellungnahme zu derselben Angelegenheit abgegeben hat. Diese Stellungnahme wird binnen acht Wochen mit der einfachen Mehrheit der Mitglieder des Ausschusses angenommen. Diese Frist kann unter Berücksichtigung der Komplexität der Angelegenheit um weitere sechs Wochen verlängert werden. Was den in Absatz 1 genannten Beschlussentwurf angeht, der gemäß Absatz 5 den Mitgliedern des Ausschusses übermittelt wird, so wird angenommen, dass ein Mitglied, das innerhalb einer vom Vorsitz angegebenen angemessenen Frist keine Einwände erhoben hat, dem Beschlussentwurf zustimmt.

(4) Die Aufsichtsbehörden und die Kommission übermitteln unverzüglich dem Ausschuss auf elektronischem Wege unter Verwendung eines standardisierten Formats alle zweckdienlichen Informationen, einschließlich — je nach Fall — einer kurzen Darstellung des Sachverhalts, des Beschlussentwurfs, der Gründe, warum eine solche Maßnahme ergriffen werden muss, und der Standpunkte anderer betroffener Aufsichtsbehörden.

(5) Der Vorsitz des Ausschusses unterrichtet unverzüglich auf elektronischem Wege

a) unter Verwendung eines standardisierten Formats die Mitglieder des Ausschusses und die Kommission über alle zweckdienlichen Informationen, die ihm zugegangen sind. Soweit erforderlich stellt das Sekretariat des Ausschusses Übersetzungen der zweckdienlichen Informationen zur

유럽연합 전역에서의 본 법(法)의 통일적 적용에 기여하기 위하여 감독관청은 본 절에 규정된 법적용통일성추구절차의 범위 내에서(im Rahmen des in diesem Abschnitt beschriebenen Kohärenzverfahrens) 상호간에 협력하고 또 해당하는 경우 유럽연합집행위원회와 협력한다.

제64조 유럽정보보호위원회의 의견

① 유럽정보보호위원회는 소관감독관청이 다음의 조치를 발령하고자 하는 경우에 의견을 제시한다. 이러한 목적을 위하여 소관감독관청은 다음 각 목의 경우에 유럽정보보호위원회에 결정초안(den Entwurf des Beschlusses)을 제공한다,

a) 그 초안이 제35조 제4항에 따른 개인정보보호 영향평가의 요구사항을 적용받는 정보처리작업의 목록을 채택하기 위한 경우,

b) 그 초안이 개인정보준칙제정안이나 개인정보준칙의 개정안 또는 확대안(Entwurf von Verhaltensregeln oder eine Änderung oder Ergänzung von Verhaltensregeln)이 본 법(法)에 부합하는지 여부에 관한, 제40조 제7항에 따른 문제에 관련된 경우,

c) 그 초안이 제41조 제3항에 따른 기관의 공인이나 제43조 제3항에 따른 인증기관의 공인 기준을 승인하기 위한 것인 경우,

d) 그 초안이 제46조 제2항 d목, 제28조 제8항에 따른 표준개인정보보호조항의 마련(der Festlegung von Standard-Datenschutzklauseln)을 위한 것인 경우,

e) 그 초안이 제46조 제3항 a목에 따른 계약조항의 승인을 위한 것인 경우, 또는

f) 그 초안이 제47조상의 기업의 구속력 있는 개인정보보호규칙의 채택을 위한 것인 경우.

② 각 감독관청, 유럽정보보호위원회 위원장 또는 유럽연합집행위원회위원장은, 의견을 받기 위하여, 특히 소관감독관청이 제61조에 따른 행정공조나 제62조에 따른 공동작업에 관한 의무(den Verpflichtungen zur Amtshilfe gemäß Artikel 61 oder zu gemeinsamen Maßnahmen gemäß Artikel 62)를 이행하지 않는 경우에, 일반적 효력을 지닌 문제 또는 2개 이상의 회원국에 영향을 끼치는 문제가 유럽정보보호위원회에 의해 심사되도록 요구할 수 있다.

③ 제1항, 제2항의 경우에 유럽정보보호위원회는, 유럽정보보호위원회가 이미 동일한 사안에 대하여 의견을 제시하지 않은 경우에, 자신에 제출된 사안에 대하여 의견을 제시한다. 이러한 의견은 8주 이내에 유럽정보보호위원회의 위원들의 단순과반수로 채택된다. 이러한 기간은 사안의 복잡성을 고려하여 6주가 추가로 연장될 수 있다. 그 위원장이 지정한 적절한 기간 내에 이의를 제기하지 않은 위원은, 제5항에 따라 유럽정보보호위원회의 위원들에게 제공된 제1항상의 결정안에 대하여 결정초안에 동의한 것으로 본다(Was den in Absatz 1 genannten Beschlussentwurf angeht, der gemäß Absatz 5 den Mitgliedern des Ausschusses übermittelt wird, so wird angenommen, dass ein Mitglied, das innerhalb einer vom Vorsitz angegebenen angemessenen Frist keine Einwände erhoben hat, dem Beschlussentwurf zustimmt).

④ 감독관청과 유럽연합집행위원회는, 경우에 따라서는 사안의 간명한 기술(einer kurzen Darstellung des Sachverhalts), 결정안, 그러한 조치가 취해져야 하는 근거(der Gründe, warum eine solche Maßnahme ergriffen werden muss), 다른 소관감독청의 견해를 포함하여, 지체 없이 유럽정보보호위원회에 표준양식을 사용한 전자방식으로(auf elektronischem Wege unter Verwendung eines standardisierten Formats) 일체의 관련 정보를 제공한다.

⑤ 유럽정보보호위원회 위원장은 지체 없이,

a) 표준양식을 사용한 전자방식으로, 유럽정보보호위원회 위원들과 유럽연합집행위원회(die Mitglieder des Ausschusses und die Kommission)에게 자신에게 전달된 일체의 관련 정보(情報)에 관하여 알린다. 필요하면, 유럽정보보호위원회의 사무국(das Sekretariat des Ausschusses)은 관련 정보(情報)의 번역

Verfügung und

b) je nach Fall die in den Absätzen 1 und 2 genannte Aufsichtsbehörde und die Kommission über die Stellungnahme und veröffentlicht sie.

(6) Die zuständige Aufsichtsbehörde nimmt den in Absatz 1 genannten Beschlussentwurf nicht vor Ablauf der in Absatz 3 genannten Frist an.

(7) Die in Absatz 1 genannte Aufsichtsbehörde trägt der Stellungnahme des Ausschusses s weitestgehend Rechnung und teilt dessen Vorsitz binnen zwei Wochen nach Eingang der Stellungnahme auf elektronischem Wege unter Verwendung eines standardisierten Formats mit, ob sie den Beschlussentwurf beibehalten oder ändern wird; gegebenenfalls übermittelt sie den geänderten Beschlussentwurf.

(8) Teilt die betroffene Aufsichtsbehörde dem Vorsitz des Ausschusses innerhalb der Frist nach Absatz 7 des vorliegenden Artikels unter Angabe der maßgeblichen Gründe mit, dass sie beabsichtigt, der Stellungnahme des Ausschusses insgesamt oder teilweise nicht zu folgen, so gilt Artikel 65 Absatz 1.

Artikel 65 Streitbeilegung durch den Ausschuss

(1) Um die ordnungsgemäße und einheitliche Anwendung dieser Verordnung in Einzelfällen sicherzustellen, erlässt der Ausschuss in den folgenden Fällen einen verbindlichen Beschluss:

a) wenn eine betroffene Aufsichtsbehörde in einem Fall nach Artikel 60 Absatz 4 einen maßgeblichen und begründeten Einspruch gegen einen Beschlussentwurf der federführenden Behörde eingelegt hat oder die federführende Behörde einen solchen Einspruch als nicht maßgeblich oder nicht begründet abgelehnt hat. Der verbindliche Beschluss betrifft alle Angelegenheiten, die Gegenstand des maßgeblichen und begründeten Einspruchs sind, insbesondere die Frage, ob ein Verstoß gegen diese Verordnung vorliegt;

b) wenn es widersprüchliche Standpunkte dazu gibt, welche der betroffenen Aufsichtsbehörden für die Hauptniederlassung zuständig ist,

c) wenn eine zuständige Aufsichtsbehörde in den in Artikel 64 Absatz 1 genannten Fällen keine Stellungnahme des Ausschusses einholt oder der Stellungnahme des Ausschusses gemäß Artikel 64 nicht folgt. In diesem Fall kann jede betroffene Aufsichtsbehörde oder die Kommission die Angelegenheit dem Ausschuss vorlegen.

(2) Der in Absatz 1 genannte Beschluss wird innerhalb eines Monats nach der Befassung mit der Angelegenheit mit einer Mehrheit von zwei Dritteln der Mitglieder des Ausschusses angenommen. Diese Frist kann wegen der Komplexität der Angelegenheit um einen weiteren Monat verlängert werden. Der in Absatz 1 genannte Beschluss wird begründet und an die federführende Aufsichtsbehörde und alle betroffenen Aufsichtsbehörden übermittelt und ist für diese verbindlich.

(3) War der Ausschuss nicht in der Lage, innerhalb der in Absatz 2 genannten Fristen einen Beschluss anzunehmen, so nimmt er seinen Beschluss innerhalb von zwei Wochen nach Ablauf des in Absatz 2 genannten zweiten Monats mit einfacher Mehrheit der Mitglieder des Ausschusses an. Bei Stimmengleichheit zwischen den Mitgliedern des Ausschusses gibt die Stimme des Vorsitzes den Ausschlag.

(4) Die betroffenen Aufsichtsbehörden nehmen vor Ablauf der in den Absätzen 2 und 3 genannten Fristen keinen Beschluss über die dem Ausschuss vorgelegte Angelegenheit an.

(5) Der Vorsitz des Ausschusses unterrichtet die betroffenen Aufsichtsbehörden unverzüglich über den

본을 제공(提供)하고,

b) 경우에 따라서는 제1항 및 제2항상의 감독관청과 유럽연합집행위원회에 그 의견에 관하여 통지하고, 이를 공표한다.

⑥ 소관감독관청은 제1항상의 결정초안을 제3항상의 기간의 경과 전(vor Ablauf der in Absatz 3 genannten Frist)에는 채택해서는 아니된다.

⑦ 제1항상의 감독관청은 유럽정보보호위원회의 의견을 최대한 고려하고, 유럽정보보호위원회 위원장에게 의견 도달시로부터 2주 이내에, 그 감독관청이 결정초안을 유지하거나 수정할 것인지 여부(ob sie den Beschlussentwurf beibehalten oder ändern wird)를 표준양식을 사용한 전자방식으로 통지한다; 해당하는 경우 그 감독관청은 수정된 결정초안을 제공한다.

⑧ 소관감독관청이 유럽정보보호위원회 위원장에게 본조 제7항상의 기간 내에 관련 이유를 기재하여, 자신이 유럽정보보호위원회 의견을 전부 또는 일부를 따르지 않고자 한다는 점을 통지하는 경우에 제64조 제1항을 적용한다.

제65조 유럽정보보호위원회를 통한 분쟁해결

① 개별사안에서 본 법(法)의 올바르고 통일적 적용을 보장하기 위하여 다음 각 목의 경우에 유럽정보보호위원회는 구속력 있는 결정을 발령한다:

a) 소관감독관청이 제60조 제4항의 경우에 주무소관감독관청의 결정초안에 대한 관련성 있고 타당한 이의를 제기했거나, 주무소관감독관청이 그러한 이의를 관련성이 없거나 정당하지 않은 것으로 보아 기각한 경우(die federführende Behörde einen solchen Einspruch als nicht maßgeblich oder nicht begründet abgelehnt hat). 구속력 있는 결정은 관련성 있고 타당한 이의의 대상인 일체의 사안에 관련되고, 특히 본 법(法) 위반 여부가 있는지 여부의 문제(insbesondere die Frage, ob ein Verstoß gegen diese Verordnung vorliegt)에 관련된다;

b) 소관감독관청 중 어느 소관감독관청이 본점을 관할하는지에 대하여 상충하는 견해(widersprüchliche Standpunkte)가 있는 경우,

c) 소관감독관청이 제64조 제1항상의 경우에 유럽정보보호위원회의 의견을 구하지 않거나 제64조에 따른 유럽정보보호위원회의 의견을 따르지 않는 경우. 이러한 경우 각 소관감독관청 또는 유럽연합집행위원회(jede betroffene Aufsichtsbehörde oder die Kommission)는 그 사안(die Angelegenheit)을 유럽정보보호위원회에 제출할 수 있다.

② 제1항상의 결정은 그 사안을 회부한 때로부터 1개월 이내에 유럽정보보호위원회 위원들의 2/3의 다수결로(mit einer Mehrheit von zwei Dritteln der Mitglieder des Ausschusses) 채택된다. 이러한 기간은 해당 사안 복잡성으로 인하여 1개월이 추가로(wegen der Komplexität der Angelegenheit um einen weiteren Monat) 연장될 수 있다. 제1항상의 결정은 이유가 기재되고 주무소관감독관청과 모든 소관감독관청에 제공되며 이들을 기속한다(ist für diese verbindlich).

③ 유럽정보보호위원회가 제2항상의 기간 내에 결정을 채택할 수 없었던 경우에, 유럽정보보호위원회는 제2항상의 두 번째 개월의 경과 후 2주 이내에 유럽정보보호위원회 위원들의 단순 과반수로(innerhalb von zwei Wochen nach Ablauf des in Absatz 2 genannten zweiten Monats mit einfacher Mehrheit der Mitglieder des Ausschusses) 채택한다. 유럽정보보호위원회 위원들 간의 가부동수(Stimmengleichheit)의 경우에 그 위원장의 투표가 결정한다.

④ 소관감독관청은 제2항 및 제3항상의 기간 경과 전(vor Ablauf der in den Absätzen 2 und 3 genannten Fristen)에 제출된 사안에 관한 결정을 채택하지 못한다.

⑤ 유럽정보보호위원회 위원장은 소관감독관청에 지체 없이 제1항상 결정에 대해 통지한다. 그 위원장은

in Absatz 1 genannten Beschluss. Er setzt die Kommission hiervon in Kenntnis. Der Beschluss wird unverzüglich auf der Website des Ausschusses veröffentlicht, nachdem die Aufsichtsbehörde den in Absatz 6 genannten endgültigen Beschluss mitgeteilt hat.

(6) Die federführende Aufsichtsbehörde oder gegebenenfalls die Aufsichtsbehörde, bei der die Beschwerde eingereicht wurde, trifft den endgültigen Beschluss auf der Grundlage des in Absatz 1 des vorliegenden Artikels genannten Beschlusses unverzüglich und spätestens einen Monat, nachdem der Europäische Datenschutzausschuss seinen Beschluss mitgeteilt hat. Die federführende Aufsichtsbehörde oder gegebenenfalls die Aufsichtsbehörde, bei der die Beschwerde eingereicht wurde, setzt den Ausschuss von dem Zeitpunkt, zu dem ihr endgültiger Beschluss dem Verantwortlichen oder dem Auftragsverarbeiter bzw. der betroffenen Person mitgeteilt wird, in Kenntnis. Der endgültige Beschluss der betroffenen Aufsichtsbehörden wird gemäß Artikel 60 Absätze 7, 8 und 9 angenommen. Im endgültigen Beschluss wird auf den in Absatz 1 genannten Beschluss verwiesen und festgelegt, dass der in Absatz 1 des vorliegenden Artikels genannte Beschluss gemäß Absatz 5 auf der Website des Ausschusses veröffentlicht wird. Dem endgültigen Beschluss wird der in Absatz 1 des vorliegenden Artikels genannte Beschluss beigefügt.

Artikel 66 Dringlichkeitsverfahren

(1) Unter außergewöhnlichen Umständen kann eine betroffene Aufsichtsbehörde abweichend vom Kohärenzverfahren nach Artikel 63, 64 und 65 oder dem Verfahren nach Artikel 60 sofort einstweilige Maßnahmen mit festgelegter Geltungsdauer von höchstens drei Monaten treffen, die in ihrem Hoheitsgebiet rechtliche Wirkung entfalten sollen, wenn sie zu der Auffassung gelangt, dass dringender Handlungsbedarf besteht, um Rechte und Freiheiten von betroffenen Personen zu schützen. Die Aufsichtsbehörde setzt die anderen betroffenen Aufsichtsbehörden, den Ausschuss und die Kommission unverzüglich von diesen Maßnahmen und den Gründen für deren Erlass in Kenntnis.

(2) Hat eine Aufsichtsbehörde eine Maßnahme nach Absatz 1 ergriffen und ist sie der Auffassung, dass dringend endgültige Maßnahmen erlassen werden müssen, kann sie unter Angabe von Gründen im Dringlichkeitsverfahren um eine Stellungnahme oder einen verbindlichen Beschluss des Ausschusses ersuchen.

(3) Jede Aufsichtsbehörde kann unter Angabe von Gründen, auch für den dringenden Handlungsbedarf, im Dringlichkeitsverfahren um eine Stellungnahme oder gegebenenfalls einen verbindlichen Beschluss des Ausschusses ersuchen, wenn eine zuständige Aufsichtsbehörde trotz dringenden Handlungsbedarfs keine geeignete Maßnahme getroffen hat, um die Rechte und Freiheiten von betroffenen Personen zu schützen.

(4) Abweichend von Artikel 64 Absatz 3 und Artikel 65 Absatz 2 wird eine Stellungnahme oder ein verbindlicher Beschluss im Dringlichkeitsverfahren nach den Absätzen 2 und 3 binnen zwei Wochen mit einfacher Mehrheit der Mitglieder des Ausschusses angenommen.

Artikel 67 Informationsaustausch

Die Kommission kann Durchführungsrechtsakte von allgemeiner Tragweite zur Festlegung der Ausgestaltung des elektronischen Informationsaustauschs zwischen den Aufsichtsbehörden sowie zwischen den Aufsichtsbehörden und dem Ausschuss, insbesondere des standardisierten Formats nach Artikel 64, erlassen.

유럽연합집행위원회에 이에 관하여 알린다. 그 결정은 소관감독관청이 제6항상의 최종결정을 통지한 후(nachdem die Aufsichtsbehörde den in Absatz 6 genannten endgültigen Beschluss mitgeteilt hat) 지체 없이 유럽정보보호위원회의 웹사이트에 게재된다.

⑥ 주무소관감독관청나 경우에 따라서는 이의를 접수받은 감독관청은, 지체 없이, 다만 유럽개인정보보위원회가 자신의 결정을 통지 한 후 늦어도 1개월 이내에 본조 제1항상의 결정에 기하여(auf der Grundlage des in Absatz 1 des vorliegenden Artikels genannten Beschlusses) 최종 결정(den endgültigen Beschluss)을 내린다. 주무소관감독관청이나 경우에 따라서는 이의를 접수받은 감독관청은, 유럽정보보호위원회의의 최종 결정이 개인정보처리자 또는 수탁처리자 및 정보주체에 통지된(zu dem ihr endgültiger Beschluss dem Verantwortlichen oder dem Auftragsverarbeiter bzw. der betroffenen Person mitgeteilt wird) 시기를 유럽정보보호위원회에 알린다. 소관감독관청의 최종 결정(Der endgültige Beschluss der betroffenen Aufsichtsbehörden)은 제60조 제7항, 제8항 및 제9항에 따라 채택된다. 최종 결정에서 본조 제1항상의 결정이 언급되고 제1항상의 결정이 제5항에 따라 유럽정보보호위원회의 웹사이트에 게재되는 것(dass der in Absatz 1 des vorliegenden Artikels genannte Beschluss gemäß Absatz 5 auf der Website des Ausschusses veröffentlicht wird)으로 정해진다. 본조 제1항상의 결정(決定)은 최종 결정에 첨부(添附)된다.

제66조 긴급절차

① 이례적인 경우에 어느 소관감독관청은, 정보주체의 권리 및 자유를 보호하기 위하여 긴급한 행위필요성이 있는 것으로 보는 경우에(wenn sie zu der Auffassung gelangt, dass dringender Handlungsbedarf besteht, um Rechte und Freiheiten von betroffenen Personen zu schützen) 제63조, 제64조 또는 제65조에 따른 법적용통일성추구절차나 제60조에 따른 절차와 달리, 최대 3개월의 효력기간이 정해진 것으로, 자신의 영토에서 법적 효력이 발생하는 즉각적 잠정조치(sofort einstweilige Maßnahmen)를 취할 수 있다. 그 감독관청은 지체 없이 다른 소관감독관청, 유럽정보보호위원회와 유럽연합집행위원회에 이러한 조치와 그 조치의 발령의 이유에 관하여 알린다.

② 어느 감독관청이 제1항에 따른 조치를 취했고 긴급하게 최종 조치를 발령해야만 하는 것(dass dringend endgültige Maßnahmen erlassen werden müssen)으로 보는 경우에, 그 감독관청은 이유를 기재하여 긴급절차에서 정보보호위원호의 의견 또는 구속력 있는 결정(eine Stellungnahme oder einen verbindlichen Beschluss des Ausschusses)을 구할 수 있다.

③ 어느 소관감독관청이 긴급한 행위필요성에도 불구하고 정보주체의 권리 및 자유를 보호하기 위한 적절한 조치를 취하지 않은 경우에(wenn eine zuständige Aufsichtsbehörde trotz dringenden Handlungsbedarfs keine geeignete Maßnahme getroffen hat, um die Rechte und Freiheiten von betroffenen Personen zu schützen), 각 감독관청은 긴급한 행위필요성을 포함하여 이유를 기재하여 긴급절차에서 유럽정보보호위원회의 의견을 구하거나 해당하는 경우 구속력 있는 결정을 구할 수 있다.

④ 제64조 제4항, 제65조 제2항과 달리, 의견 또는 구속력 있는 결정(eine Stellungnahme oder ein verbindlicher Beschluss)은 제2항 또는 제3항에 따른 긴급절차에서 2주 이내에 유럽정보보호위원회의 위원들의 단순과반수로 채택된다.

제67조 정보교환

유럽연합집행위원회는, 감독관청들 간의 전자정보교환과 감독관청과 유럽정보보호위원회 간의 정보교환, 특히 제64조에 따른 표준양식에 의한 정보교환(insbesondere des standardisierten Formats nach Artikel 64)의 장치의 정하기 위하여 일반적 범위의 집행법규(Durchführungsrechtsakte von allgemeiner Tragweite)를 제정할 수 있다.

Diese Durchführungsrechtsakte werden gemäß dem Prüfverfahren nach Artikel 93 Absatz 2 erlassen.

Abschnitt 3 Europäischer Datenschutzausschuss

Artikel 68 Europäischer Datenschutzausschuss

(1) Der Europäische Datenschutzausschuss (im Folgenden “Ausschuss”) wird als Einrichtung der Union mit eigener Rechtspersönlichkeit eingerichtet.

(2) Der Ausschuss wird von seinem Vorsitz vertreten.

(3) Der Ausschuss besteht aus dem Leiter einer Aufsichtsbehörde jedes Mitgliedstaats und dem Europäischen Datenschutzbeauftragten oder ihren jeweiligen Vertretern.

(4) Ist in einem Mitgliedstaat mehr als eine Aufsichtsbehörde für die Überwachung der Anwendung der nach Maßgabe dieser Verordnung erlassenen Vorschriften zuständig, so wird im Einklang mit den Rechtsvorschriften dieses Mitgliedstaats ein gemeinsamer Vertreter benannt.

(5) Die Kommission ist berechtigt, ohne Stimmrecht an den Tätigkeiten und Sitzungen des Ausschusses teilzunehmen. Die Kommission benennt einen Vertreter. Der Vorsitz des Ausschusses unterrichtet die Kommission über die Tätigkeiten des Ausschusses.

(6) In den in Artikel 65 genannten Fällen ist der Europäische Datenschutzbeauftragte nur bei Beschlüssen stimmberechtigt, die Grundsätze und Vorschriften betreffen, die für die Organe, Einrichtungen, Ämter und Agenturen der Union gelten und inhaltlich den Grundsätzen und Vorschriften dieser Verordnung entsprechen.

Artikel 69 Unabhängigkeit

(1) Der Ausschuss handelt bei der Erfüllung seiner Aufgaben oder in Ausübung seiner Befugnisse gemäß den Artikeln 70 und 71 unabhängig.

(2) Unbeschadet der Ersuchen der Kommission gemäß Artikel 70 Absatz 1 Buchstabe b und Absatz 2 ersucht der Ausschuss bei der Erfüllung seiner Aufgaben oder in Ausübung seiner Befugnisse weder um Weisung noch nimmt er Weisungen entgegen.

Artikel 70 Aufgaben des Ausschusses

(1) Der Ausschuss stellt die einheitliche Anwendung dieser Verordnung sicher. Hierzu nimmt der Ausschuss von sich aus oder gegebenenfalls auf Ersuchen der Kommission insbesondere folgende Tätigkeiten wahr:

a) Überwachung und Sicherstellung der ordnungsgemäßen Anwendung dieser Verordnung in den in den Artikeln 64 und 65 genannten Fällen unbeschadet der Aufgaben der nationalen Aufsichtsbehörden;

b) Beratung der Kommission in allen Fragen, die im Zusammenhang mit dem Schutz personenbezogener Daten in der Union stehen, einschließlich etwaiger Vorschläge zur Änderung dieser Verordnung;

c) Beratung der Kommission über das Format und die Verfahren für den Austausch von Informationen zwischen den Verantwortlichen, den Auftragsverarbeitern und den Aufsichtsbehörden in Bezug auf verbindliche interne Datenschutzvorschriften;

d) Bereitstellung von Leitlinien, Empfehlungen und bewährten Verfahren zu Verfahren für die Löschung gemäß Artikel 17 Absatz 2 von Links zu personenbezogenen Daten oder Kopien oder

이러한 집행법규는 제3조 제2항에 따른 심사절차에 따라 발령된다.

제3절 유럽연합정보보호위원회

제68조 유럽연합개인정보보호위원회

① 유럽연합개인정보보호위원회(이하 '유럽정보보호위원회')는 법인격을 가진 유럽연합의 기관(als Einrichtung der Union mit eigener Rechtspersönlichkeit)로 설치된다.

② 유럽정보보호위원회는 그 위원장에 의하여 대표된다.

③ 유럽정보보호위원회는 각 회원국의 감독관청장 1인과 유럽연합정보보호책임관 또는 그 각 직무대리인으로 구성된다.

④ 어느 회원국에서 2개 이상의 감독관청이 본 법(法)의 기준에 따라 발령된 규정의 적용 감시를 관할하는 경우에 이러한 회원국의 법규정에 따라(im Einklang mit den Rechtsvorschriften dieses Mitgliedstaats) 공동대리인이 지정된다.

⑤ 유럽연합집행위원회는 투표권 없이 유럽정보보호위원회의 활동 및 회의에 참가할 권한을 갖는다. 유럽연합집행위원회는 대리인 1명을 지정한다. 유럽정보보호위원회 위원장은 유럽정보보호위원회 활동에 관하여 유럽연합집행위원회에 알린다.

⑥ 제65조상의 경우에(In den in Artikel 65 genannten Fällen) 유럽연합정보보호책임관은 유럽연합의 기관(機關), 조직(組織), 사무소(事務所) 및 대리인(代理人)에 적용되고(die für die Organe, Einrichtungen, Ämter und Agenturen der Union gelten) 내용적으로 본 법(法)의 원칙 및 규정에 부합하는 원칙 및 규정에 관련된 결정에서만 투표할 권한을 갖는다.

제69조 독립성

① 유럽정보보호위원회는 자신의 임무 수행(bei der Erfüllung seiner Aufgaben) 또는 권한 행사시에 제70조 및 제71조에 따라 독립적으로 행동한다.

② 제70조 제1항 b목, 제2항에 따른 유럽연합집행위원회의 요청에도 불구하고 유럽정보보호위원회는 자신의 임무 수행(bei der Erfüllung seiner Aufgaben) 또는 권한 행사시에 지시를 구해서도 지시를 받아서도 아니된다.

제70조 유럽정보보호위원회의 임무

① 유럽정보보호위원회는 본 법(法)의 통일적 적용을 보장한다. 이를 위해 유럽정보보호위원회는 자발적으로 또는 경우에 따라서는 유럽연합집행위원회의 요청에 기하여(gegebenenfalls auf Ersuchen der Kommission) 특히 다음 각 목의 활동을 행한다:

a) 제64조 또는 제65조의 경우에 있어 회원국의 감독관청 임무에 상관없이 본 법(法)의 올바른 적용의 감시 및 보장;

b) 본 법(法)의 개정에 관한 어떤 제안을 포함하여 유럽연합 내의 개인정보보호와 관련이 있는(die im Zusammenhang mit dem Schutz personenbezogener Daten in der Union stehen) 모든 문제에 있어 유럽연합집행위원회와 협의;

c) 기업의 구속력 있는 개인정보보호규칙에 관련하여(in Bezug auf verbindliche interne Datenschutzvorschriften) 개인정보처리자들, 수탁처리자들 및 감독관청들 간의 정보교환을 위한 양식 및 절차에 관한 유럽연합집행위원회와의 협의;

d) 공중이 이용 가능한 전기통신역무에서(aus öffentlich zugänglichen Kommunikationsdiensten) 개인정보에 관한 링크나 개인정보의 사본 또는 복제본의 제17조 제2항에 따른 삭제에 대한 가이드라인,

Replikationen dieser Daten aus öffentlich zugänglichen Kommunikationsdiensten;

e) Prüfung — von sich aus, auf Antrag eines seiner Mitglieder oder auf Ersuchen der Kommission — von die Anwendung dieser Verordnung betreffenden Fragen und Bereitstellung von Leitlinien, Empfehlungen und bewährten Verfahren zwecks Sicherstellung einer einheitlichen Anwendung dieser Verordnung;

f) Bereitstellung von Leitlinien, Empfehlungen und bewährten Verfahren gemäß Buchstabe e des vorliegenden Absatzes zur näheren Bestimmung der Kriterien und Bedingungen für die auf Profiling beruhenden Entscheidungen gemäß Artikel 22 Absatz 2;

g) Bereitstellung von Leitlinien, Empfehlungen und bewährten Verfahren gemäß Buchstabe e des vorliegenden Absatzes für die Feststellung von Verletzungen des Schutzes personenbezogener Daten und die Festlegung der Unverzüglichkeit im Sinne des Artikels 33 Absätze 1 und 2, und zu den spezifischen Umständen, unter denen der Verantwortliche oder der Auftragsverarbeiter die Verletzung des Schutzes personenbezogener Daten zu melden hat;

h) Bereitstellung von Leitlinien, Empfehlungen und bewährten Verfahren gemäß Buchstabe e des vorliegenden Absatzes zu den Umständen, unter denen eine Verletzung des Schutzes personenbezogener Daten voraussichtlich ein hohes Risiko für die Rechte und Freiheiten natürlicher Personen im Sinne des Artikels 34 Absatz 1 zur Folge hat;

i) Bereitstellung von Leitlinien, Empfehlungen und bewährten Verfahren gemäß Buchstabe e des vorliegenden Absatzes zur näheren Bestimmung der in Artikel 47 aufgeführten Kriterien und Anforderungen für die Übermittlungen personenbezogener Daten, die auf verbindlichen internen Datenschutzvorschriften von Verantwortlichen oder Auftragsverarbeitern beruhen, und der dort aufgeführten weiteren erforderlichen Anforderungen zum Schutz personenbezogener Daten der betroffenen Personen;

j) Bereitstellung von Leitlinien, Empfehlungen und bewährten Verfahren gemäß Buchstabe e des vorliegenden Absatzes zur näheren Bestimmung der Kriterien und Bedingungen für die Übermittlungen personenbezogener Daten gemäß Artikel 49 Absatz 1;

k) Ausarbeitung von Leitlinien für die Aufsichtsbehörden in Bezug auf die Anwendung von Maßnahmen nach Artikel 58 Absätze 1, 2 und 3 und die Festsetzung von Geldbußen gemäß Artikel 83;

l) Überprüfung der praktischen Anwendung der unter den Buchstaben e und f genannten Leitlinien, Empfehlungen und bewährten Verfahren;

m) Bereitstellung von Leitlinien, Empfehlungen und bewährten Verfahren gemäß Buchstabe e des vorliegenden Absatzes zur Festlegung gemeinsamer Verfahren für die von natürlichen Personen vorgenommene Meldung von Verstößen gegen diese Verordnung gemäß Artikel 54 Absatz 2;

n) Förderung der Ausarbeitung von Verhaltensregeln und der Einrichtung von datenschutzspezifischen Zertifizierungsverfahren sowie Datenschutzsiegeln und -prüfzeichen gemäß den Artikeln 40 und 42;

o) Akkreditierung von Zertifizierungsstellen und deren regelmäßige Überprüfung gemäß Artikel 43 und Führung eines öffentlichen Registers der akkreditierten Einrichtungen gemäß Artikel 43 Absatz 6 und der in Drittländern niedergelassenen akkreditierten Verantwortlichen oder Auftragsverarbeiter gemäß Artikel 42 Absatz 7;

p) Präzisierung der in Artikel 43 Absatz 3 genannten Anforderungen im Hinblick auf die

권고 및 모범적 업무처리방식의 제공;

e) 자발적이거나 유럽정보보호위원회 위원 또는 유럽연합집행위원회의 요청에 기한, 본 법(法)의 적용에 관한 문제의 심사와, 본 법(法)의 통일적 적용의 보장을 위한 가이드라인, 권고, 모범적 업무처리방식의 제공(Bereitstellung von Leitlinien, Empfehlungen und bewährten Verfahren zwecks Sicherstellung einer einheitlichen Anwendung dieser Verordnung);

f) 프로파일링에 기한 제22조 제2항에 따른 의사결정에 대한 기준 및 요건의 상세한 규율에 관한(zur näheren Bestimmung der Kriterien und Bedingungen für die auf Profiling beruhenden Entscheidungen gemäß Artikel 22 Absatz 2), 본 항의 e목에 따른 가이드라인, 권고, 모범적 업무처리방식의 제공;

g) 개인정보 침해에 대한 규율과 제33조 제1항 및 제2항상의 과도한 지연의 규정에 대한 본 항 e목에 따른 가이드라인, 권고 및 모범적 업무처리방식의 제공과, 개인정보처리자 또는 수탁처리자가 개인정보 침해를 신고해야 하는 특별한 상황(zu den spezifischen Umständen, unter denen der Verantwortliche oder der Auftragsverarbeiter die Verletzung des Schutzes personenbezogener Daten zu melden hat)에 대한 본 항 e목에 따른 가이드라인, 권고 및 모범적 업무처리방식의 제공;

h) 개인정보 침해가 제34조 제1항에 따른 자연인에 대한 고위험을 야기할 것으로 예상되는 사정에 관한, 본 항 e목에 따른, 가이드라인, 권고 및 모범적 업무처리방식의 제공(Bereitstellung von Leitlinien, Empfehlungen und bewährten Verfahren gemäß Buchstabe e des vorliegenden Absatzes zu den Umständen);

i) 개인정보처리자 또는 수탁처리자의 기업의 구속력 있는 개인정보보호규칙에 근거한 이전으로, 제47조에 규정된, 개인정보 이전에 대한 기준 및 요구사항(Kriterien und Anforderungen für die Übermittlungen personenbezogener Dat)과, 정보주체의 개인정보보호에 관한, 그 조항에서 규정된 추가적 필수적 요구사항(der dort aufgeführten weiteren erforderlichen Anforderungen zum Schutz personenbezogener Daten der betroffenen Personen)의 상세한 규율을 위한, 본 항 e목에 따른 가이드라인, 권고, 모범적 업무처리방식의 제공;

j) 제49조 제1항에 따른 개인정보 이전에 대한 기준 및 요구사항(Kriterien und Anforderungen für die Übermittlungen personenbezogener Dat)의 상세한 규율을 위한, 본 항 e목에 따른 가이드라인, 권고, 모범적 업무처리방식의 제공;

k) 제58조 제1항, 제2항 또는 제3항에 따른 조치의 적용과, 제83조에 따른 범칙금의 규정(die Festsetzung von Geldbußen gemäß Artikel)에 관한 감독관청에 대한 가이드라인의 마련(Ausarbeitung von Leitlinien für die Aufsichtsbehörden),

l) e목 또는 f목상의 가이드라인, 권고 및 모범적 업무처리방식의 실무적 적용의 심사(Überprüfung der praktischen Anwendung);

m) 자연인이 한, 제54조 제2항에 따른 본 법(法) 위반 신고(die von natürlichen Personen vorgenommene Meldung von Verstößen gegen diese Verordnung gemäß Artikel 54 Absatz 2)에 대한 공동 절차의 마련을 위한, 본 항 e목에 따른 가이드라인, 권고, 모범적 업무처리방식의 제공;

n) 개인정보준칙의 마련과, 제40조 및 제41조에 따른 개인정보보호 인증절차 및 개인정보보호표시·개인정보호마크의 마련의 권장;

o) 인증기관의 공인과 그 기관의 제43조에 따른 정기적 심사, 그리고 제43조에 따른 공인된 기관과 제3국에 영업소, 제42조 제7항에 따른 공인받은 개인정보처리자 또는 수탁처리자(der in Drittländern niedergelassenen akkreditierten Verantwortlichen oder Auftragsverarbeiter gemäß Artikel 42 Absatz 7)에 대한 공적 등록부의 관리;

p) 제42조에 따른 인증기관의 공인에 관한(im Hinblick auf die Akkreditierung von Zertifizierungsstellen

Akkreditierung von Zertifizierungsstellen gemäß Artikel 42;

q) Abgabe einer Stellungnahme für die Kommission zu den Zertifizierungsanforderungen gemäß Artikel 43 Absatz 8;

r) Abgabe einer Stellungnahme für die Kommission zu den Bildsymbolen gemäß Artikel 12 Absatz 7;

s) Abgabe einer Stellungnahme für die Kommission zur Beurteilung der Angemessenheit des in einem Drittland oder einer internationalen Organisation gebotenen Schutzniveaus einschließlich zur Beurteilung der Frage, ob das Drittland, das Gebiet, ein oder mehrere spezifische Sektoren in diesem Drittland oder eine internationale Organisation kein angemessenes Schutzniveau mehr gewährleistet. Zu diesem Zweck gibt die Kommission dem Ausschuss alle erforderlichen Unterlagen, darunter den Schriftwechsel mit der Regierung des Drittlands, dem Gebiet oder spezifischen Sektor oder der internationalen Organisation;

t) Abgabe von Stellungnahmen im Kohärenzverfahren gemäß Artikel 64 Absatz 1 zu Beschlussentwürfen von Aufsichtsbehörden, zu Angelegenheiten, die nach Artikel 64 Absatz 2 vorgelegt wurden und um Erlass verbindlicher Beschlüsse gemäß Artikel 65, einschließlich der in Artikel 66 genannten Fälle;

u) Förderung der Zusammenarbeit und eines wirksamen bilateralen und multilateralen Austauschs von Informationen und bewährten Verfahren zwischen den Aufsichtsbehörden;

v) Förderung von Schulungsprogrammen und Erleichterung des Personalaustausches zwischen Aufsichtsbehörden sowie gegebenenfalls mit Aufsichtsbehörden von Drittländern oder mit internationalen Organisationen;

w) Förderung des Austausches von Fachwissen und von Dokumentationen über Datenschutzvorschriften und -praxis mit Datenschutzaufsichtsbehörden in aller Welt;

x) Abgabe von Stellungnahmen zu den auf Unionsebene erarbeiteten Verhaltensregeln gemäß Artikel 40 Absatz 9 und

y) Führung eines öffentlich zugänglichen elektronischen Registers der Beschlüsse der Aufsichtsbehörden und Gerichte in Bezug auf Fragen, die im Rahmen des Kohärenzverfahrens behandelt wurden.

(2) Die Kommission kann, wenn sie den Ausschuss um Rat ersucht, unter Berücksichtigung der Dringlichkeit des Sachverhalts eine Frist angeben.

(3) Der Ausschuss leitet seine Stellungnahmen, Leitlinien, Empfehlungen und bewährten Verfahren an die Kommission und an den in Artikel 93 genannten Ausschuss weiter und veröffentlicht sie.

(4) Der Ausschuss konsultiert gegebenenfalls interessierte Kreise und gibt ihnen Gelegenheit, innerhalb einer angemessenen Frist Stellung zu nehmen. Unbeschadet des Artikels 76 macht der Ausschuss die Ergebnisse der Konsultation der Öffentlichkeit zugänglich.

Artikel 71 Berichterstattung

(1) Der Ausschuss erstellt einen Jahresbericht über den Schutz natürlicher Personen bei der Verarbeitung in der Union und gegebenenfalls in Drittländern und internationalen Organisationen. Der Bericht wird veröffentlicht und dem Europäischen Parlament, dem Rat und der Kommission übermittelt.

(2) Der Jahresbericht enthält eine Überprüfung der praktischen Anwendung der in Artikel 70 Absatz 1

gemäß Artikel 42), 제43조 제3항상의 요구사항의 상세한 규율;

q) 제43조 제8항에 따른 인증요구사항에 관한 유럽연합집행위원회에 대한 의견 제시(Abgabe einer Stellungnahme für die Kommission);

r) 제12조 제7항에 따른 그림문자에 관한 유럽연합집행위원회에 대한 의견 제시(Abgabe einer Stellungnahme für die Kommission);

s) 그 제3국, 그 제3국에 있는 지역 또는 한 또는 여러 특수한 부문이나 국제기구가 더 이상 적절한 보호수준을 보장하는지 여부에 관한 문제의 결정을 포함하여, 어느 제3국 또는 국제기구에서 제공된 보호수준에 대한 적합성결정에 관한 유럽연합집행위원회에 대한 의견 제시(Abgabe einer Stellungnahme für die Kommission zur Beurteilung der Angemessenheit des in einem Drittland oder einer internationalen Organisation gebotenen Schutzniveaus). 이러한 목적을 위하여 유럽연합집행위원회는 그 제3국 정부, 그러한 지역 또는 특수한 부문 또는 국제기구와의 서신교환을 비롯하여 필요한 일체의 서류를 유럽정보보호위원회에 제공한다;

t) 감독관청의 결정초안(Beschlussentwürfen von Aufsichtsbehörden), 제64조 제2항에 따라 제출된 사안과, 제66조상의 경우를 포함하여 제65조에 따른 구속력 있는 결정의 발령에 대한, 제64조 제1항에 다른 법적용통일성추구절차에서의 의견 제시(Abgabe von Stellungnahmen im Kohärenzverfahren gemäß Artikel 64 Absatz 1);

u) 감독관청들 간의 협력, 양자간·다자간의 효율적 정보교환(eines wirksamen bilateralen und multilateralen Austauschs von Informationen)과 모범적 업무처리방식의 증진;

v) 감독관청들 간의 공동교육프로그램 장려와 인력교류 촉진(Förderung von Schulungsprogrammen und Erleichterung des Personalaustausches zwischen Aufsichtsbehörden)과, 해당하는 경우 제3국 또는 국제기구와의 공동교육프로그램 촉진 및 인력교류 촉진;

w) 개인정보보호규칙 및 개인정보보실무에 관한 전문지식 및 문서에 대한, 전 세계에 있는 개인정보보호감독관청과의 교류의 증진;

x) 제40조 제9항에 따른, 유럽연합 수준에서 마련된 개인정보순칙(den auf Unionsebene erarbeiteten Verhaltensregeln)에 대한 의견 제시;

y) 법적용통일성추구절차에서 취급하는 문제에 관한 감독관청 및 법원의 결정의 공중이 이용 가능한 전자등록부의 관리(Führung eines öffentlich zugänglichen elektronischen Registers der Beschlüsse der Aufsichtsbehörden und Gerichte).

② 유럽연합집행위원회는, 자신이 유럽정보보호위원회에 자문에 요청을 하는 경우에, 사안의 급박성을 고려하여 기간을 명시할 수 있다.

③ 유럽정보보호위원회는 유럽연합집행위원회와 제93조상의 위원회에 자신의 의견, 가이드라인, 권고를 전달하고 이를 공표한다.

④ 유럽정보보호위원회는 해당하는 경우 이해관계자들(interessierte Kreise)과 협의를 하고 이해관계자들에게 적절한 기간 내에 의견을 제시할 기회를 부여한다. 제76조에도 불구하고 정보보호위원회는 협의 결과를 공중에게 공개한다.

제71조 보고

① 유럽정보보호위원회는 유럽연합 내 처리와 해당하는 경우 제3국 및 국제기구에서의 처리시 자연인의 보호에 관한 연례보고서를 작성한다. 그 보고서는 공간되고 유럽 의회 및 이사회와 유럽연합집행위원회에 제공된다.

② 제70조 제1항 l목상의 가이드라인, 권고 및 모범적 업무처리방식의 실무적(實務的) 적용의 심사(eine

Buchstabe l genannten Leitlinien, Empfehlungen und bewährten Verfahren sowie der in Artikel 65 genannten verbindlichen Beschlüsse.

Artikel 72 Verfahrensweise

(1) Sofern in dieser Verordnung nichts anderes bestimmt ist, fasst der Ausschuss seine Beschlüsse mit einfacher Mehrheit seiner Mitglieder.

(2) Der Ausschuss gibt sich mit einer Mehrheit von zwei Dritteln seiner Mitglieder eine Geschäftsordnung und legt seine Arbeitsweise fest.

Artikel 73 Vorsitz

(1) Der Ausschuss wählt aus dem Kreis seiner Mitglieder mit einfacher Mehrheit einen Vorsitzenden und zwei stellvertretende Vorsitzende.

(2) Die Amtszeit des Vorsitzenden und seiner beiden Stellvertreter beträgt fünf Jahre; ihre einmalige Wiederwahl ist zulässig.

Artikel 74 Aufgaben des Vorsitzes

(1) Der Vorsitz hat folgende Aufgaben:

a) Einberufung der Sitzungen des Ausschusses und Erstellung der Tagesordnungen,

b) Übermittlung der Beschlüsse des Ausschusses nach Artikel 65 an die federführende Aufsichtsbehörde und die betroffenen Aufsichtsbehörden,

c) Sicherstellung einer rechtzeitigen Ausführung der Aufgaben des Ausschusses, insbesondere der Aufgaben im Zusammenhang mit dem Kohärenzverfahren nach Artikel 63.

(2) Der Ausschuss legt die Aufteilung der Aufgaben zwischen dem Vorsitzenden und dessen Stellvertretern in seiner Geschäftsordnung fest.

Artikel 75 Sekretariat

(1) Der Ausschuss wird von einem Sekretariat unterstützt, das von dem Europäischen Datenschutzbeauftragten bereitgestellt wird.

(2) Das Sekretariat führt seine Aufgaben ausschließlich auf Anweisung des Vorsitzes des Ausschusses aus.

(3) Das Personal des Europäischen Datenschutzbeauftragten, das an der Wahrnehmung der dem Ausschuss gemäß dieser Verordnung übertragenen Aufgaben beteiligt ist, unterliegt anderen Berichtspflichten als das Personal, das an der Wahrnehmung der dem Europäischen Datenschutzbeauftragten übertragenen Aufgaben beteiligt ist.

(4) Soweit angebracht, erstellen und veröffentlichen der Ausschuss und der Europäische Datenschutzbeauftragte eine Vereinbarung zur Anwendung des vorliegenden Artikels, in der die Bedingungen ihrer Zusammenarbeit festgelegt sind und die für das Personal des Europäischen Datenschutzbeauftragten gilt, das an der Wahrnehmung der dem Ausschuss gemäß dieser Verordnung übertragenen Aufgaben beteiligt ist.

(5) Das Sekretariat leistet dem Ausschuss analytische, administrative und logistische Unterstützung.

(6) Das Sekretariat ist insbesondere verantwortlich für

a) das Tagesgeschäft des Ausschusses,

b) die Kommunikation zwischen den Mitgliedern des Ausschusses, seinem Vorsitz und der

Überprüfung der praktischen Anwendung)와 제65조상의 구속력 있는 결정의 실무적 적용의 심사를 포함한다.

第72조 절차

① 본 법(法)에 달리 정함이 없는 한, 유럽정보보호위원회는 그 위원들 단수과반수로(mit einfacher Mehrheit seiner Mitglieder) 결정을 한다.

② 유럽정보보호위원회는 그 위원들 2/3의 다수결로(mit einer Mehrheit von zwei Dritteln seiner Mitglieder) 자신의 사무규정을 정하고 자신의 운영방식을 규율한다.

第73조 의장단(議長團; Vorsitz)

① 유럽정보보호위원회는 단순과반수로 자신의 구성원들 중에서 위원장 1명과 부위원장 2명(einen Vorsitzenden und zwei stellvertretende Vorsitzende)을 선출한다.

② 의장의 임기와 2명의 부위원장의 임기는 5년이다; 그들에 대한 1회 연임은 허용된다(ihre einmalige Wiederwahl ist zulässig).

第74조 의장단의 임무

① 의장단은 다음 각 목의 임무를 갖는다:

a) 유럽정보보호위원회의 회의 소집과 의사일정의 준비,

b) 제65조에 따른 유럽정보보호위원회 결정의 주무소관감독관청 및 소관감독관청(die federführende Aufsichtsbehörde und die betroffenen Aufsichtsbehörden)에 대한 제공,

c) 유럽정보보호위원회 임무의 적시 수행의 보장, 특히 제63조에 따른 법적용통일성추구절차에 관한 임무의 적시 수행의 보장.

② 유럽정보보호위원회는 위원장과 그 직무대리인 간의 업무 분장(分掌)(die Aufteilung der Aufgaben)을 자신의 사무규정으로 정한다.

第75조 사무국

① 유럽정보보호위원회는, 유럽연합정보보호책임관이 제공하는(das von dem Europäischen Datenschutzbeauftragten bereitgestellt wird) 사무국의 지원을 받는다.

② 사무국은 유럽정보보호위원회 의장단의 지시만을 좇아(ausschließlich auf Anweisung des Vorsitzes des Ausschusses) 자신의 임무를 수행한다.

③ 유럽연합정보보호책임관의 직원으로, 본 법(法)에 따라 유럽정보보호위원회에 부여된 임무의 수행에 참여하는 직원은, 유럽연합정보보호책임관에게 부여된 임무의 수행에 참여하는(das an der Wahrnehmung der dem Europäischen Datenschutzbeauftragten übertragenen Aufgaben beteiligt ist) 직원과는 다른 별도의 보고의무를 적용받는다.

④ 필요하면, 유럽정보보호위원회와 유럽연합정보보호책임관은 본 조의 적용에 관한 합의로, 그 협력의 요건이 규정되고, 본 법(法)에 따라 유럽정보보호위원회에 부여된 임무 수행에 참여하는 유럽연합정보보호책임관의 직원에 대해 적용되는(die für das Personal des Europäischen Datenschutzbeauftragten gilt, das an der Wahrnehmung der dem Ausschuss gemäß dieser Verordnung übertragenen Aufgaben beteiligt ist) 합의를 마련한 후 이를 공표할 수 있다.

⑤ 사무국은 유럽정보보호위원회에 분석적·행정적 지원과 물류(物流) 지원을 제공한다.

⑥ 사무국은 특히 다음 각 목을 책임진다,

a) 유럽정보보호위원회의 일상업무,

b) 유럽정보보호위원회 위원들, 유럽정보보호위원회 의장단 및 유럽연합집행위원회(des Ausschusses,

Kommission,

c) die Kommunikation mit anderen Organen und mit der Öffentlichkeit,

d) den Rückgriff auf elektronische Mittel für die interne und die externe Kommunikation,

e) die Übersetzung sachdienlicher Informationen,

f) die Vor- und Nachbereitung der Sitzungen des Ausschusses,

g) die Vorbereitung, Abfassung und Veröffentlichung von Stellungnahmen, von Beschlüssen über die Beilegung von Streitigkeiten zwischen Aufsichtsbehörden und von sonstigen vom Ausschuss angenommenen Dokumenten.

Artikel 76 Vertraulichkeit

(1) Die Beratungen des Ausschusses sind gemäß seiner Geschäftsordnung vertraulich, wenn der Ausschuss dies für erforderlich hält.

(2) Der Zugang zu Dokumenten, die Mitgliedern des Ausschusses, Sachverständigen und Vertretern von Dritten vorgelegt werden, wird durch die Verordnung (EG) Nr. 1049/2001 des Europäischen Parlaments und des Rates (ⓤ) geregelt.

KAPITEL VIII Rechtsbehelfe, Haftung und Sanktionen

Artikel 77 Recht auf Beschwerde bei einer Aufsichtsbehörde

(1) Jede betroffene Person hat unbeschadet eines anderweitigen verwaltungsrechtlichen oder gerichtlichen Rechtsbehelfs das Recht auf Beschwerde bei einer Aufsichtsbehörde, insbesondere in dem Mitgliedstaat ihres Aufenthaltsorts, ihres Arbeitsplatzes oder des Orts des mutmaßlichen Verstoßes, wenn die betroffene Person der Ansicht ist, dass die Verarbeitung der sie betreffenden personenbezogenen Daten gegen diese Verordnung verstößt.

(2) Die Aufsichtsbehörde, bei der die Beschwerde eingereicht wurde, unterrichtet den Beschwerdeführer über den Stand und die Ergebnisse der Beschwerde einschließlich der Möglichkeit eines gerichtlichen Rechtsbehelfs nach Artikel 78.

Artikel 78 Recht auf wirksamen gerichtlichen Rechtsbehelf gegen eine Aufsichtsbehörde

(1) Jede natürliche oder juristische Person hat unbeschadet eines anderweitigen verwaltungsrechtlichen oder außergerichtlichen Rechtsbehelfs das Recht auf einen wirksamen gerichtlichen Rechtsbehelf gegen einen sie betreffenden rechtsverbindlichen Beschluss einer Aufsichtsbehörde.

(2) Jede betroffene Person hat unbeschadet eines anderweitigen verwaltungsrechtlichen oder außergerichtlichen Rechtbehelfs das Recht auf einen wirksamen gerichtlichen Rechtsbehelf, wenn die nach den Artikeln 55 und 56 zuständige Aufsichtsbehörde sich nicht mit einer Beschwerde befasst oder die betroffene Person nicht innerhalb von drei Monaten über den Stand oder das Ergebnis der gemäß Artikel 77 erhobenen Beschwerde in Kenntnis gesetzt hat.

(3) Für Verfahren gegen eine Aufsichtsbehörde sind die Gerichte des Mitgliedstaats zuständig, in dem die Aufsichtsbehörde ihren Sitz hat.

(4) Kommt es zu einem Verfahren gegen den Beschluss einer Aufsichtsbehörde, dem eine Stellungnahme oder ein Beschluss des Ausschusses im Rahmen des Kohärenzverfahrens vorangegangen ist, so leitet die Aufsichtsbehörde diese Stellungnahme oder diesen Beschluss dem Gericht zu.

seinem Vorsitz und der Kommission) 간의 의사연락,

c) 다른 기관 및 공중과의 의사연락,

d) 내외부(內外部) 의사연락을 위한 전자적 수단의 이용,

e) 관련 정보의 번역,

f) 유럽정보보호위원회 회의의 사전준비 및 후속조치,

g) 감독관청들 간의 분쟁의 해결에 관한 의견 및 결정의 준비, 작성 및 공간(公刊)(die Vorbereitung, Abfassung und Veröffentlichung)과, 유럽정보보호위원회가 채택한 기타 문서(von sonstigen vom Ausschuss angenommenen Dokumenten)의 준비, 작성 및 공간(公刊).

제76조 기밀유지

① 유럽정보보호위원회가 이를 필요한 것으로 보는 경우에 유럽정보보호위원회의 논의는 유럽정보보호위원회의 사무규정에 따라 기밀이다.

② 유럽정보보호위원회 위원들, 감정인 및 제3자의 대리인에게 제출된(die Mitgliedern des Ausschusses, Sachverständigen und Vertretern von Dritten vorgelegt werden) 문서에 대한 접근은 유럽연합 의회 및 이사회 (EG) 1049/2001호 법(法)(ⓤ)에 의하여 규율된다.

제8장 법적구제, 책임 및 제재

제77조 감독관청에 대한 이의제기권

① 각 정보주체가 자신에 관한 개인정보의 처리가 본 법(法)에 위반되는 것으로 보는 경우에 그 각 정보주체는 다른 행정상 법적구제나 다른 법원을 통한 법적구제에 상관없이, 감독관청에 대한 이의제기권을 갖고, 특히 자신의 거소 또는 직장이나 추정적 위반장소가 회원국에 있는(insbesondere in dem Mitgliedstaat ihres Aufenthaltsorts, ihres Arbeitsplatzes oder des Orts des mutmaßlichen Verstoßes) 감독관청에 대한 이의제기권을 갖는다.

② 이의를 접수받은 감독관청은, 제78조에 따른 법원을 통한 법적구제의 가능성을 포함하여(einschließlich der Möglichkeit eines gerichtlichen Rechtsbehelfs nach Artikel 78) 이의제기인에게 이의의 경과 및 결과에 관하여 알린다.

제78조 감독관청을 상대로 한, 법원을 통한 효과적인 법적구제권

① 각 자연인 또는 법인은 다른 행정상 법적구제나 다른 법원을 통한 법적구제에 상관없이(unbeschadet eines anderweitigen verwaltungsrechtlichen oder außergerichtlichen Rechtsbehelfs), 감독관청의 자신에 관한 법적구속력 있는 결정에 대하여 법원을 통한 효과적인 법적구제권을 갖는다.

② 제55조 또는 제56조에 따른 소관감독관청이 이의를 처리하지 않거나(wenn die nach den Artikeln 55 und 56 zuständige Aufsichtsbehörde sich nicht mit einer Beschwerde befasst) 정보주체가 3개월 이내에 제77조에 따라 제기된 이의의 경과 또는 결과를 통지받지 못한 경우에는, 각 정보주체는 다른 행정상 법적구제나 다른 법원을 통한 법적구제에 상관없이, 법원을 통한 효과적인 법적구제권(das Recht auf einen wirksamen gerichtlichen Rechtsbehelf)을 갖는다.

③ 감독관청이 자신의 주소를 둔 회원국의 법원이 감독관청을 상대로 한 소송(Für Verfahren gegen eine Aufsichtsbehörde)을 관할한다.

④ 법적용통일성추구절차 범위 내의 유럽정보보호위원회의 의견 또는 결정에 선행(先行)하는 어느 감독관청의 결정에 대하여 소송이 제기된 경우에, 이러한 그 감독관청이 의견 또는 결정(diese Stellungnahme oder diesen Beschluss)을 법원에 송부한다.

Artikel 79 Recht auf wirksamen gerichtlichen Rechtsbehelf gegen Verantwortliche oder Auftragsverarbeiter

(1) Jede betroffene Person hat unbeschadet eines verfügbaren verwaltungsrechtlichen oder außergerichtlichen Rechtsbehelfs einschließlich des Rechts auf Beschwerde bei einer Aufsichtsbehörde gemäß Artikel 77 das Recht auf einen wirksamen gerichtlichen Rechtsbehelf, wenn sie der Ansicht ist, dass die ihr aufgrund dieser Verordnung zustehenden Rechte infolge einer nicht im Einklang mit dieser Verordnung stehenden Verarbeitung ihrer personenbezogenen Daten verletzt wurden.

(2) Für Klagen gegen einen Verantwortlichen oder gegen einen Auftragsverarbeiter sind die Gerichte des Mitgliedstaats zuständig, in dem der Verantwortliche oder der Auftragsverarbeiter eine Niederlassung hat. Wahlweise können solche Klagen auch bei den Gerichten des Mitgliedstaats erhoben werden, in dem die betroffene Person ihren Aufenthaltsort hat, es sei denn, es handelt sich bei dem Verantwortlichen oder dem Auftragsverarbeiter um eine Behörde eines Mitgliedstaats, die in Ausübung ihrer hoheitlichen Befugnisse tätig geworden ist.

Artikel 80 Vertretung von betroffenen Personen

(1) Die betroffene Person hat das Recht, eine Einrichtung, Organisationen oder Vereinigung ohne Gewinnerzielungsabsicht, die ordnungsgemäß nach dem Recht eines Mitgliedstaats gegründet ist, deren satzungsmäßige Ziele im öffentlichem Interesse liegen und die im Bereich des Schutzes der Rechte und Freiheiten von betroffenen Personen in Bezug auf den Schutz ihrer personenbezogenen Daten tätig ist, zu beauftragen, in ihrem Namen eine Beschwerde einzureichen, in ihrem Namen die in den Artikeln 77, 78 und 79 genannten Rechte wahrzunehmen und das Recht auf Schadensersatz gemäß Artikel 82 in Anspruch zu nehmen, sofern dieses im Recht der Mitgliedstaaten vorgesehen ist.

(2) Die Mitgliedstaaten können vorsehen, dass jede der in Absatz 1 des vorliegenden Artikels genannten Einrichtungen, Organisationen oder Vereinigungen unabhängig von einem Auftrag der betroffenen Person in diesem Mitgliedstaat das Recht hat, bei der gemäß Artikel 77 zuständigen Aufsichtsbehörde eine Beschwerde einzulegen und die in den Artikeln 78 und 79 aufgeführten Rechte in Anspruch zu nehmen, wenn ihres Erachtens die Rechte einer betroffenen Person gemäß dieser Verordnung infolge einer Verarbeitung verletzt worden sind.

Artikel 81 Aussetzung des Verfahrens

(1) Erhält ein zuständiges Gericht in einem Mitgliedstaat Kenntnis von einem Verfahren zu demselben Gegenstand in Bezug auf die Verarbeitung durch denselben Verantwortlichen oder Auftragsverarbeiter, das vor einem Gericht in einem anderen Mitgliedstaat anhängig ist, so nimmt es mit diesem Gericht Kontakt auf, um sich zu vergewissern, dass ein solches Verfahren existiert.

(2) Ist ein Verfahren zu demselben Gegenstand in Bezug auf die Verarbeitung durch denselben Verantwortlichen oder Auftragsverarbeiter vor einem Gericht in einem anderen Mitgliedstaat anhängig, so kann jedes später angerufene zuständige Gericht das bei ihm anhängige Verfahren aussetzen.

(3) Sind diese Verfahren in erster Instanz anhängig, so kann sich jedes später angerufene Gericht auf Antrag einer Partei auch für unzuständig erklären, wenn das zuerst angerufene Gericht für die betreffenden Klagen zuständig ist und die Verbindung der Klagen nach seinem Recht zulässig ist.

Artikel 82 Haftung und Recht auf Schadenersatz

(1) Jede Person, der wegen eines Verstoßes gegen diese Verordnung ein materieller oder immaterieller

제79조 개인정보처리자 또는 수탁처리자를 상대로 한, 법원을 통한 효과적인 법적구제권

① 각 정보주체가 본 법(法)에 기하여 귀속되는 권리가 본 법(法)에 부합하지 않은 자신의 개인정보 처리로 인하여 침해된 것(dass die ihr aufgrund dieser Verordnung zustehenden Rechte infolge einer nicht im Einklang mit dieser Verordnung stehenden Verarbeitung ihrer personenbezogenen Daten verletzt wurden)으로 보는 경우에는, 각 정보주체는 이용 가능한 행정상 법적구제 또는 재판 이외의 법적구제에 상관없이 제77조에 따른 감독관청에 대한 이의제기권을 포함하여, 법원을 통한 효과적인 법적구제권을 갖는다.

② 어느 개인정보처리자 또는 수탁처리자가 영업소를 둔 회원국의 법원이 그 개인정보처리자 또는 수탁처리자에 대한 소송을 관할한다. 그러한 소송은 선택적으로 정보주체가 자신의 거소를 둔 회원국의 법원에도 제기될 수 있고, 다만 개인정보처리자 또는 수탁처리자가 자신의 고권적 권한에 기하여 행위를 한 회원국의 어느 관청인 경우에는 그러하지 아니하다(es sei denn, es handelt sich bei dem Verantwortlichen oder dem Auftragsverarbeiter um eine Behörde eines Mitgliedstaats, die in Ausübung ihrer hoheitlichen Befugnisse tätig geworden ist).

제80조 정보주체의 이익대변(利益代辯)

① 이것이 회원국법에 따라 규정되어 있는 한(sofern dieses im Recht der Mitgliedstaaten vorgesehen ist), 정보주체는, 회원국법에 따라 적법하게 설립되고 그 정관상의 목적이 공익에 관련되고(deren satzungsmäßige Ziele im öffentlichem Interesse liegen) 자연인의 개인정보보호에 관하여 자연인의 권리 및 자유보호의 분야에서 활동하는, 비영리(非營利)의 기관(機關; Einrichtungen), 조직(組織; Organisationen) 또는 연합회(Vereinigung)에 대하여, 정보주체 자신의 이름으로 이의를 제기하며 또 정보주체 자신의 이름으로 제77조, 제78조 또는 제79조상의 권리를 행사하며 정보주체 자신의 이름으로 제82조에 따른 손해배상청구권을 행사하도록 위임할 권리를 갖는다.

② 회원국은, 본 법(法)에 따른 정보주체의 권리의 본 조 제1항상의 각각의 기관, 조직 또는 연합회가 본 법(法)에 따른 정보주체의 권리가 처리로 침해된 것으로 보는 경우(wenn ihres Erachtens die Rechte einer betroffenen Person gemäß dieser Verordnung infolge einer Verarbeitung verletzt worden sind)에 정보주체의 위임에 상관없이(unabhängig von einem Auftrag der betroffenen Person), 이러한 회원국에서 제77조에 따른 소관감독관청에 이의를 제기하고 제78조 또는 제79조에 규정된 권리를 행사할 권리를 갖는 것으로 규정할 수 있다.

제81조 소송절차의 중지

① 어느 회원국의 관할 법원이 동일한 개인정보처리자 또는 수탁처리자의 처리에 관한 '동일한 소송물(訴訟物)(demselben Gegenstand)'에 관한 소송으로, 다른 회원국의 어느 법원에 소송계속중인 소송을 인지하게 된 경우에, 그 법원은 그러한 소송이 존재한다는 것을 확인하기 위하여 다른 회원국의 법원과 접촉을 개시한다.

② 동일한 개인정보처리자 또는 수탁처리자의 처리에 관한 '동일한 소송물(訴訟物)(demselben Gegenstand)'에 관한 소송이 다른 회원국의 법원에 소송계속중인 경우에, 나중에 제소된 각 관할 법원은 소송계속중인 소송을 중지할 수 있다.

③ 위와 같은 소송이 1심에 소송계속중인 경우에, 먼저 제소된 법원이 문제가 되는 소송을 관할하고 소병합(訴併合; die Verbindung der Klagen)이 그 법에 따라 허용되는 때에는 나중에 제소된 각 관할 법원은 당사자의 신청에 따라 관할권이 없는 것으로도 결정할 수 있다

제82조 손해배상청구권과 책임

① 본 법(法) 위반으로 재산적(財産的) 또는 비재산적(非財産的) 손해(ein materieller oder immaterieller

Schaden entstanden ist, hat Anspruch auf Schadenersatz gegen den Verantwortlichen oder gegen den Auftragsverarbeiter.

(2) Jeder an einer Verarbeitung beteiligte Verantwortliche haftet für den Schaden, der durch eine nicht dieser Verordnung entsprechende Verarbeitung verursacht wurde. Ein Auftragsverarbeiter haftet für den durch eine Verarbeitung verursachten Schaden nur dann, wenn er seinen speziell den Auftragsverarbeitern auferlegten Pflichten aus dieser Verordnung nicht nachgekommen ist oder unter Nichtbeachtung der rechtmäßig erteilten Anweisungen des für die Datenverarbeitung Verantwortlichen oder gegen diese Anweisungen gehandelt hat.

(3) Der Verantwortliche oder der Auftragsverarbeiter wird von der Haftung gemäß Absatz 2 befreit, wenn er nachweist, dass er in keinerlei Hinsicht für den Umstand, durch den der Schaden eingetreten ist, verantwortlich ist.

(4) Ist mehr als ein Verantwortlicher oder mehr als ein Auftragsverarbeiter bzw. sowohl ein Verantwortlicher als auch ein Auftragsverarbeiter an derselben Verarbeitung beteiligt und sind sie gemäß den Absätzen 2 und 3 für einen durch die Verarbeitung verursachten Schaden verantwortlich, so haftet jeder Verantwortliche oder jeder Auftragsverarbeiter für den gesamten Schaden, damit ein wirksamer Schadensersatz für die betroffene Person sichergestellt ist.

(5) Hat ein Verantwortlicher oder Auftragsverarbeiter gemäß Absatz 4 vollständigen Schadenersatz für den erlittenen Schaden gezahlt, so ist dieser Verantwortliche oder Auftragsverarbeiter berechtigt, von den übrigen an derselben Verarbeitung beteiligten für die Datenverarbeitung Verantwortlichen oder Auftragsverarbeitern den Teil des Schadenersatzes zurückzufordern, der unter den in Absatz 2 festgelegten Bedingungen ihrem Anteil an der Verantwortung für den Schaden entspricht.

(6) Mit Gerichtsverfahren zur Inanspruchnahme des Rechts auf Schadenersatz sind die Gerichte zu befassen, die nach den in Artikel 79 Absatz 2 genannten Rechtsvorschriften des Mitgliedstaats zuständig sind.

Artikel 83 Allgemeine Bedingungen für die Verhängung von Geldbußen

(1) Jede Aufsichtsbehörde stellt sicher, dass die Verhängung von Geldbußen gemäß diesem Artikel für Verstöße gegen diese Verordnung gemäß den Absätzen 5 und 6 in jedem Einzelfall wirksam, verhältnismäßig und abschreckend ist.

(2) Geldbußen werden je nach den Umständen des Einzelfalls zusätzlich zu oder anstelle von Maßnahmen nach Artikel 58 Absatz 2 Buchstaben a bis h und i verhängt. Bei der Entscheidung über die Verhängung einer Geldbuße und über deren Betrag wird in jedem Einzelfall Folgendes gebührend berücksichtigt:

a) Art, Schwere und Dauer des Verstoßes unter Berücksichtigung der Art, des Umfangs oder des Zwecks der betreffenden Verarbeitung sowie der Zahl der von der Verarbeitung betroffenen Personen und des Ausmaßes des von ihnen erlittenen Schadens;

b) Vorsätzlichkeit oder Fahrlässigkeit des Verstoßes;

c) jegliche von dem Verantwortlichen oder dem Auftragsverarbeiter getroffenen Maßnahmen zur Minderung des den betroffenen Personen entstandenen Schadens;

d) Grad der Verantwortung des Verantwortlichen oder des Auftragsverarbeiters unter Berücksichtigung der von ihnen gemäß den Artikeln 25 und 32 getroffenen technischen und

Schaden)를 입은 모든 자는 개인정보처리자 또는 수탁처리자에 대한 손해배상청구권(Anspruch auf Schadenersatz gegen den Verantwortlichen oder gegen den Auftragsverarbeite)을 갖는다.

② 처리에 참가한 각 개인정보처리자는 본 법(法)에 부합하지 않는 처리로 발생한 손해에 대하여 책임을 진다. 수탁처리자는, 자신에게 특별히 부과된, 본 법(法)상의 자신의 의무를 이행하지 않거나 해당 개인정보처리자의 적법한 지시를 일탈(逸脫)하여 행위를 하거나 그 지시에 반하여 행위를 한(unter Nichtbeachtung der rechtmäßig erteilten Anweisungen des für die Datenverarbeitung Verantwortlichen oder gegen diese Anweisungen gehandelt hat) 경우에 한하여 처리로 야기된 손해(den durch eine Verarbeitung verursachten Schaden)에 대하여 책임을 진다.

③ 개인정보처리자 또는 수탁처리자가 손해를 발생하게 한 사건에 대해 어떤 책임도 없다는 점(dass er in keinerlei Hinsicht für den Umstand, durch den der Schaden eingetreten ist, verantwortlich ist)이 증명된 경우에는, 그들은 제2항에 다른 책임에서 면책된다.

④ 2인 이상의 개인정보처리자 또는 수탁처리자가 동일한 처리에 참가하거나 개인정보처리자 1인뿐만 아니라 수탁처리자 1인도 동일한 처리에 참여하고, 이들이 제2항 또는 제3항에 따라 그 처리로 야기된 손해에 책임을 부담하는 경우에, 정보주체에 대한 효과적인 손해배상이 보장되도록(damit ein wirksamer Schadensersatz für die betroffene Person sichergestellt ist) 각 개인정보처리자 또는 수탁처리자는 손해 전체에 대하여 책임을 진다.

⑤ 제4항에 따른 개인정보처리자 1인 또는 수탁처리자 1인이 입은 손해에 대한 손해배상 전액을 지급한 경우 이러한 개인정보처리자 또는 수탁처리자는 동일한 처리에 참가한 나머지 개인정보처리자 또는 수탁처리자에 대하여 제2항에서 규정된 요건하에서 그 손해에 대한 책임에 대한 그 나머지 자의 비율에 상응하는(der unter den in Absatz 2 festgelegten Bedingungen ihrem Anteil an der Verantwortung für den Schaden entspricht) 손해배상 일부를 구상할 권리를 갖는다.

⑥ 제79조 제2항상 회원국의 법규정에 따라 관할하는 법원은 손해배상청구권의 행사를 위한 재판절차를 담당한다(Mit Gerichtsverfahren zur Inanspruchnahme des Rechts auf Schadenersatz sind die Gerichte zu befassen).

제83조 범칙금 부과에 대한 일반적 요건

① 각 감독관청은, 본 법(法)의 위반에 대한 본 조에 따른 범칙금의 부과(die Verhängung von Geldbußen gemäß diesem Artikel für Verstöße gegen diese Verordnung)가 제5항 또는 제6항에 따라 각 개별사안별로 효과적이며, 비례적이며 또 위하력을 지니도록 보장한다.

② 범칙금은 제58조 제2항 a목 내지 h목, I목에 따른 조치에 갈음하거나 추가적으로(zusätzlich zu oder anstelle von in diesem Absatz genannten Maßnahmen) 개별사안의 사정에 따라 부과된다. 범칙금 부과 여부와 그 액수의 결정에 있어(Bei der Entscheidung über die Verhängung einer Geldbuße und über deren Betrag), 각 개별사안별로 다음 각 목이 적절하게 고려된다.

a) 해당 처리의 성질, 범위 및 목적을 고려한 위반의 성질, 중대성 및 기간과, 처리에 관련된 정보주체의 수 그리고 정보주체가 입은 손해의 정도(der Zahl der von der Verarbeitung betroffenen Personen und des Ausmaßes des von ihnen erlittenen Schadens);

b) 위반의 고의성 또는 과실성;

c) 개인정보처리자 또는 수탁처리자가 취한 조치로, 정보주체에 발생한 손해를 경감하기 위한 모든 조치;

d) 개인정보처리자 또는 수탁처리자가 제25조 제32조에 따라 취한 기술적(技術的)·조직적(組織的) 조치를 고려한, 그들의 책임의 정도(Grad der Verantwortung des Verantwortlichen oder des

organisatorischen Maßnahmen;

e) etwaige einschlägige frühere Verstöße des Verantwortlichen oder des Auftragsverarbeiters;

f) Umfang der Zusammenarbeit mit der Aufsichtsbehörde, um dem Verstoß abzuhelfen und seine möglichen nachteiligen Auswirkungen zu mindern;

g) Kategorien personenbezogener Daten, die von dem Verstoß betroffen sind;

h) Art und Weise, wie der Verstoß der Aufsichtsbehörde bekannt wurde, insbesondere ob und gegebenenfalls in welchem Umfang der Verantwortliche oder der Auftragsverarbeiter den Verstoß mitgeteilt hat;

i) Einhaltung der nach Artikel 58 Absatz 2 früher gegen den für den betreffenden Verantwortlichen oder Auftragsverarbeiter in Bezug auf denselben Gegenstand angeordneten Maßnahmen, wenn solche Maßnahmen angeordnet wurden;

j) Einhaltung von genehmigten Verhaltensregeln nach Artikel 40 oder genehmigten Zertifizierungsverfahren nach Artikel 42 und

k) jegliche anderen erschwerenden oder mildernden Umstände im jeweiligen Fall, wie unmittelbar oder mittelbar durch den Verstoß erlangte finanzielle Vorteile oder vermiedene Verluste.

(3) Verstößt ein Verantwortlicher oder ein Auftragsverarbeiter bei gleichen oder miteinander verbundenen Verarbeitungsvorgängen vorsätzlich oder fahrlässig gegen mehrere Bestimmungen dieser Verordnung, so übersteigt der Gesamtbetrag der Geldbuße nicht den Betrag für den schwerwiegendsten Verstoß.

(4) Bei Verstößen gegen die folgenden Bestimmungen werden im Einklang mit Absatz 2 Geldbußen von bis zu 10 000 000 EUR oder im Fall eines Unternehmens von bis zu 2 % seines gesamten weltweit erzielten Jahresumsatzes des vorangegangenen Geschäftsjahrs verhängt, je nachdem, welcher der Beträge höher ist:

a) die Pflichten der Verantwortlichen und der Auftragsverarbeiter gemäß den Artikeln 8, 11, 25 bis 39, 42 und 43;

b) die Pflichten der Zertifizierungsstelle gemäß den Artikeln 42 und 43;

c) die Pflichten der Überwachungsstelle gemäß Artikel 41 Absatz 4.

(5) Bei Verstößen gegen die folgenden Bestimmungen werden im Einklang mit Absatz 2 Geldbußen von bis zu 20 000 000 EUR oder im Fall eines Unternehmens von bis zu 4 % seines gesamten weltweit erzielten Jahresumsatzes des vorangegangenen Geschäftsjahrs verhängt, je nachdem, welcher der Beträge höher ist:

a) die Grundsätze für die Verarbeitung, einschließlich der Bedingungen für die Einwilligung, gemäß den Artikeln 5, 6, 7 und 9;

b) die Rechte der betroffenen Person gemäß den Artikeln 12 bis 22;

c) die Übermittlung personenbezogener Daten an einen Empfänger in einem Drittland oder an eine internationale Organisation gemäß den Artikeln 44 bis 49;

d) alle Pflichten gemäß den Rechtsvorschriften der Mitgliedstaaten, die im Rahmen des Kapitels IX erlassen wurden;

e) Nichtbefolgung einer Anweisung oder einer vorübergehenden oder endgültigen Beschränkung oder Aussetzung der Datenübermittlung durch die Aufsichtsbehörde gemäß Artikel 58 Absatz 2 oder Nichtgewährung des Zugangs unter Verstoß gegen Artikel 58 Absatz 1.

Auftragsverarbeiters);

e) 개인정보처리자 또는 수탁처리자의 이전에 있었던 관련 어떤 위반;

f) 위반을 시정하고 그 위반의 잠재적 악영향을 경감하기 위한 감독관청과의 협력의 범위(Umfang der Zusammenarbeit mit der Aufsichtsbehörde);

g) 그 위반에 관련된 개인정보의 범주;

h) 해당 위반이 감독관청에 알려진 방법, 특히 개인정보처리자 또는 수탁처리자가 그 위반을 통지했는지 여부, 만일 했다면 어느 범위에서 이를 했는지(insbesondere ob und gegebenenfalls in welchem Umfang der Verantwortliche oder der Auftragsverarbeiter den Verstoß mitgeteilt hat);

i) 동일한 계쟁물에 관련하여(in Bezug auf denselben Gegenstand) 관련 개인정보처리자 또는 수탁처리자에 대하여 제58조 제2항에 따라 이전에 명령된 조치가 (다시) 명령되었던 경우 그러한 조치의 준수 여부;

j) 제40조에 따른 승인된 개인정보준칙이나 제42조에 따른 승인된 인증절차의 준수(genehmigten Zertifizierungsverfahren nach Artikel 42);

k) 직접적 또는 간접적으로 위반으로 취득한 경제적 이익(利益) 또는 회피한 손해(損害)와 같은, 각각의 사안에서 책임을 가중하거나 경감하는 그 밖의 모든 사정.

③ 어느 개인정보처리자 또는 수탁처리자가 동일한 정보처리작업이나 상호 결합된 정보처리작업에 있어(bei gleichen oder miteinander verbundenen Verarbeitungsvorgängen) 고의 또는 과실에 기하여 본 법(法)의 여러 규정을 위반하는 경우에, 범칙금 총액은 가장 심각한 위반에 대한 금액(den Betrag für den schwerwiegendsten Verstoß)를 초과하지 못한다.

④ 다음 각 목의 규정에 대한 위반시(Bei Verstößen gegen die folgenden Bestimmungen) 제2항에 따라, 10,000,000유로 이하의 범칙금이 부과되거나, 기업의 경우 그러한 범칙금이나 그 기업이 전 세계적으로 달성한, 직전 사업연도 연간매출총액의 2% 이하의 범칙금 중에서 보다 많은 금액(je nachdem, welcher der Beträge höher ist)이 부과된다:

a) 제8조, 제11조, 제25 내지 제39조, 제42조 또는 제43조에 따른 개인정보처리자 또는 수탁처리자의 의무 (die Pflichten);

b) 제42조 또는 제43조에 따른 인증기관의 의무;

c) 제41조 제4항에 따른 감시기관의 의무.

⑤ 다음 각 목의 규정에 대한 위반시(Bei Verstößen gegen die folgenden Bestimmungen) 제2항에 따라, 20,000,000유로 이하의 범칙금이 부과되거나, 기업의 경우 그러한 범칙금이나 그 기업이 전 세계적으로 달성한, 직전 사업연도 연간매출총액의 4% 이하의 범칙금 중에서 보다 많은 금액(je nachdem, welcher der Beträge höher ist)이 부과된다:

a) 동의에 대한 요건을 포함하여(einschließlich der Bedingungen für die Einwilligung), 제5조, 제6조, 제7조, 제9조에 따른 처리 원칙;

b) 제12조 내지 제22조에 따른 정보주체의 권리;

c) 제44조 내지 제49조에 따른 어느 제3국 또는 국제기구에 있는 수령인인으로의 개인정보 이전(die Übermittlung personenbezogener Daten);

d) 제9장의 범위 내에서 제정된 회원국의 법규정에 따른 모든 의무(alle Pflichten gemäß den Rechtsvorschriften der Mitgliedstaaten);

e) 제58조 제2항에 따른 감독관청에 의한, 지시의 불이행이나 개인정보이전의 일시적 또는 최종적 제한이나 중지의 불이행이나 제58조 제1항에 대하여 위반하는 접근의 부제공(不提供)(Nichtgewährung des Zugangs unter Verstoß gegen Artikel 58 Absatz 1).

(6) Bei Nichtbefolgung einer Anweisung der Aufsichtsbehörde gemäß Artikel 58 Absatz 2 werden im Einklang mit Absatz 2 des vorliegenden Artikels Geldbußen von bis zu 20 000 000 EUR oder im Fall eines Unternehmens von bis zu 4 % seines gesamten weltweit erzielten Jahresumsatzes des vorangegangenen Geschäftsjahrs verhängt, je nachdem, welcher der Beträge höher ist.

(7) Unbeschadet der Abhilfebefugnisse der Aufsichtsbehörden gemäß Artikel 58 Absatz 2 kann jeder Mitgliedstaat Vorschriften dafür festlegen, ob und in welchem Umfang gegen Behörden und öffentliche Stellen, die in dem betreffenden Mitgliedstaat niedergelassen sind, Geldbußen verhängt werden können.

(8) Die Ausübung der eigenen Befugnisse durch eine Aufsichtsbehörde gemäß diesem Artikel muss angemessenen Verfahrensgarantien gemäß dem Unionsrecht und dem Recht der Mitgliedstaaten, einschließlich wirksamer gerichtlicher Rechtsbehelfe und ordnungsgemäßer Verfahren, unterliegen.

(9) Sieht die Rechtsordnung eines Mitgliedstaats keine Geldbußen vor, kann dieser Artikel so angewandt werden, dass die Geldbuße von der zuständigen Aufsichtsbehörde in die Wege geleitet und von den zuständigen nationalen Gerichten verhängt wird, wobei sicherzustellen ist, dass diese Rechtsbehelfe wirksam sind und die gleiche Wirkung wie die von Aufsichtsbehörden verhängten Geldbußen haben. In jeden Fall müssen die verhängten Geldbußen wirksam, verhältnismäßig und abschreckend sein. Die betreffenden Mitgliedstaaten teilen der Kommission bis zum 25. Mai 2018 die Rechtsvorschriften mit, die sie aufgrund dieses Absatzes erlassen, sowie unverzüglich alle späteren Änderungsgesetze oder Änderungen dieser Vorschriften.

Artikel 84 Sanktionen

(1) Die Mitgliedstaaten legen die Vorschriften über andere Sanktionen für Verstöße gegen diese Verordnung — insbesondere für Verstöße, die keiner Geldbuße gemäß Artikel 83 unterliegen — fest und treffen alle zu deren Anwendung erforderlichen Maßnahmen. Diese Sanktionen müssen wirksam, verhältnismäßig und abschreckend sein.

(2) Jeder Mitgliedstaat teilt der Kommission bis zum 25. Mai 2018 die Rechtsvorschriften, die er aufgrund von Absatz 1 erlässt, sowie unverzüglich alle späteren Änderungen dieser Vorschriften mit.

KAPITEL IX Vorschriften für besondere Verarbeitungssituationen

Artikel 85 Verarbeitung und Freiheit der Meinungsäußerung und Informationsfreiheit

(1) Die Mitgliedstaaten bringen durch Rechtsvorschriften das Recht auf den Schutz personenbezogener Daten gemäß dieser Verordnung mit dem Recht auf freie Meinungsäußerung und Informationsfreiheit, einschließlich der Verarbeitung zu journalistischen Zwecken und zu wissenschaftlichen, künstlerischen oder literarischen Zwecken, in Einklang.

(2) Für die Verarbeitung, die zu journalistischen Zwecken oder zu wissenschaftlichen, künstlerischen oder literarischen Zwecken erfolgt, sehen die Mitgliedstaaten Abweichungen oder Ausnahmen von Kapitel II (Grundsätze), Kapitel III (Rechte der betroffenen Person), Kapitel IV (Verantwortlicher und Auftragsverarbeiter), Kapitel V (Übermittlung personenbezogener Daten an Drittländer oder an internationale Organisationen), Kapitel VI (Unabhängige Aufsichtsbehörden), Kapitel VII (Zusammenarbeit und Kohärenz) und Kapitel IX (Vorschriften für besondere Verarbeitungssituationen) vor, wenn dies erforderlich ist, um das Recht auf Schutz der personenbezogenen Daten mit der Freiheit der Meinungsäußerung und der Informationsfreiheit in Einklang zu bringen.

⑥ 제58조 제2항에 따른 감독관청의 지시의 불이행시 본 조 제2항에 따라, 20,000,000유로 이하의 범칙금이 부과되거나, 기업의 경우 그러한 범칙금이나 그 기업이 전 세계적으로 달성한, 직전 사업연도 연간매출총액의 4% 이하의 범칙금 중에서 보다 많은 금액(je nachdem, welcher der Beträge höher ist)이 부과(賦課)된다:

⑦ 제58조 제2항에 따른 감독관청의 시정권한에 상관없이 각 회원국은, 그러한 회원국에 영업소를 둔 관청 및 공공기관에 대하여 범칙금을 부과할 수 있는지 여부, 어느 범위에서 그와 같이 범칙금을 부과할 수 있는지에 관한 규정을 정할 수 있다.

⑧ 본 조에 따른 감독관청의 권한 행사는, 법원을 통한 효과적인 법적구제와 적법절차를 포함하여(einschließlich wirksamer gerichtlicher 법적구제e und ordnungsgemäßer Verfahren), 유럽연합법 및 회원국법에 따른 적절한 절차보장을 적용받아야만 한다.

⑨ 회원국의 법제도가 범칙금을 규정하지 않는 경우에, 본 조는 범칙금이 소관감독관청에 의하여 개시되고, 회원국의 관할 법원에 의해 부과되는 방식으로 적용될 수 있지만, 이러한 법적구제가 효과적이며 감독관청에 의하여 부과된 범칙금과 동일한 효력을 가진다는 점을 보장되어야 한다(wobei sicherzustellen ist, dass diese Rechtsbehelfe wirksam sind und die gleiche Wirkung wie die von Aufsichtsbehörden verhängten Geldbußen haben). 어떤 경우에도 부과된 범칙금은 효과적이고도 비례적이어야 하며 위하력을 지녀야만 한다. 문제가 되는 회원국은 2018년 5월 25일까지 유럽연합집행위원회에 그 회원국이 본 항에 기하여 제정한 법규정을 통지하고, 또 지체 없이 유럽연합집행위원회에 일체의 후속 개정법률이나 그 규정의 일체의 후속 개정을 통지한다.

제84조 제재

① 회원국은, 본 법(法) 위반에 대한, 특히 제83조에 따른 범칙금을 적용받지 않는 위반에 대한 그 밖의 재제에 관한 규정을 마련하고, 그 적용에 필요한 일체의 조치(alle zu deren Anwendung erforderlichen Maßnahmen)를 취한다. 이러한 제재는 효과적이고도 비례적이어야만 하며 위하력을 지녀야만(abschreckend sein) 한다.

② 각 회원국은 2018년 5월 25일까지 유럽연합집행위원회에 제1항에 기하여 제정한 법규정을 통지하고, 또한 지체 없이 그 규정의 일체의 후속 개정을 통지한다.

제9장 특별한 처리상황에 대한 규정

제85조 정보처리와 표현의 자유 및 정보의 자유

① 회원국은 법규정으로 본 법(法)에 따른 개인정보보호의 권리를, 언론목적을 위한 처리와, 학술적, 예술적 및 문학적 목적을 위한 처리를 포함하여(einschließlich der Verarbeitung zu journalistischen Zwecken und zu wissenschaftlichen, künstlerischen oder literarischen Zwecken) 자유로운 표현의 자유 및 정보의 자유에 일치시킨다.

② 이것이 개인정보보호의 권리와 표현의 자유와 및 정보의 자유를 일치시키기 위해 필요한 경우에, 언론목적이나 학술적, 예술적 및 문학적 목적으로 행해지는 처리에 대하여 회원국은 제2장(원칙; Grundsätze), 제3장(정보주체의 권리; Rechte der betroffenen Person), 제4장(개인정보처리자와 수탁처리자; erantwortlicher und Auftragsverarbeiter), 제5장(개인정보의 제3국 또는 국제기구로의 이전; Übermittlung personenbezogener Daten an Drittländer oder an internationale Organisationen), 제6장(독립적 감독관청; Unabhängige Aufsichtsbehörden), 제7장(협력과 법적용통일성추구; Zusammenarbeit und Kohärenz) 그리고 제9장(특별한 처리상황에 대한 규정; Vorschriften für besondere Verarbeitungssituationen)과 다르게 규정하거나 예외를 규정한다.

(3) Jeder Mitgliedstaat teilt der Kommission die Rechtsvorschriften, die er aufgrund von Absatz 2 erlassen hat, sowie unverzüglich alle späteren Änderungsgesetze oder Änderungen dieser Vorschriften mit.

Artikel 86 Verarbeitung und Zugang der Öffentlichkeit zu amtlichen Dokumenten

Personenbezogene Daten in amtlichen Dokumenten, die sich im Besitz einer Behörde oder einer öffentlichen Einrichtung oder einer privaten Einrichtung zur Erfüllung einer im öffentlichen Interesse liegenden Aufgabe befinden, können von der Behörde oder der Einrichtung gemäß dem Unionsrecht oder dem Recht des Mitgliedstaats, dem die Behörde oder Einrichtung unterliegt, offengelegt werden, um den Zugang der Öffentlichkeit zu amtlichen Dokumenten mit dem Recht auf Schutz personenbezogener Daten gemäß dieser Verordnung in Einklang zu bringen.

Artikel 87 Verarbeitung der nationalen Kennziffer

Die Mitgliedstaaten können näher bestimmen, unter welchen spezifischen Bedingungen eine nationale Kennziffer oder andere Kennzeichen von allgemeiner Bedeutung Gegenstand einer Verarbeitung sein dürfen. In diesem Fall darf die nationale Kennziffer oder das andere Kennzeichen von allgemeiner Bedeutung nur unter Wahrung geeigneter Garantien für die Rechte und Freiheiten der betroffenen Person gemäß dieser Verordnung verwendet werden.

Artikel 88 Datenverarbeitung im Beschäftigungskontext

(1) Die Mitgliedstaaten können durch Rechtsvorschriften oder durch Kollektivvereinbarungen spezifischere Vorschriften zur Gewährleistung des Schutzes der Rechte und Freiheiten hinsichtlich der Verarbeitung personenbezogener Beschäftigtendaten im Beschäftigungskontext, insbesondere für Zwecke der Einstellung, der Erfüllung des Arbeitsvertrags einschließlich der Erfüllung von durch Rechtsvorschriften oder durch Kollektivvereinbarungen festgelegten Pflichten, des Managements, der Planung und der Organisation der Arbeit, der Gleichheit und Diversität am Arbeitsplatz, der Gesundheit und Sicherheit am Arbeitsplatz, des Schutzes des Eigentums der Arbeitgeber oder der Kunden sowie für Zwecke der Inanspruchnahme der mit der Beschäftigung zusammenhängenden individuellen oder kollektiven Rechte und Leistungen und für Zwecke der Beendigung des Beschäftigungsverhältnisses vorsehen.

(2) Diese Vorschriften umfassen angemessene und besondere Maßnahmen zur Wahrung der menschlichen Würde, der berechtigten Interessen und der Grundrechte der betroffenen Person, insbesondere im Hinblick auf die Transparenz der Verarbeitung, die Übermittlung personenbezogener Daten innerhalb einer Unternehmensgruppe oder einer Gruppe von Unternehmen, die eine gemeinsame Wirtschaftstätigkeit ausüben, und die Überwachungssysteme am Arbeitsplatz.

(3) Jeder Mitgliedstaat teilt der Kommission bis zum 25. Mai 2018 die Rechtsvorschriften, die er aufgrund von Absatz 1 erlässt, sowie unverzüglich alle späteren Änderungen dieser Vorschriften mit.

Artikel 89 Garantien und Ausnahmen in Bezug auf die Verarbeitung zu im öffentlichen Interesse liegenden Archivzwecken, zu wissenschaftlichen oder historischen Forschungszwecken und zu statistischen Zwecken

(1) Die Verarbeitung zu im öffentlichen Interesse liegenden Archivzwecken, zu wissenschaftlichen oder historischen Forschungszwecken oder zu statistischen Zwecken unterliegt geeigneten Garantien für die

③ 각 회원국은 유럽연합집행위원회에, 제2항에 따라 제정한 법규정을 통지하고, 또한 지체 없이 일체의 후속 개정법률이나 그 규정의 일체의 후속 개정(alle späteren Änderungsgesetze oder Änderungen dieser Vorschriften)을 통지한다.

第86조 공문서의 처리와 이에 대한 공중의 접근

관청, 공공기관 또는 민간기관(einer Behörde oder einer öffentlichen Einrichtung oder einer privaten Einrichtung)이 공익에 속하는 임무 수행을 위해 보유하고 있는 공문서상의 개인정보는, 공중(公衆)의 그 공문서에 대한 접근을 본 법(法)에 따른 개인정보보호의 권리와 일치시키기 위하여(um den Zugang der Öffentlichkeit zu amtlichen Dokumenten mit dem Recht auf Schutz personenbezogener Daten gemäß dieser Verordnung in Einklang zu bringen), 그러한 관청 또는 기관이 적용받는 유럽연합법 또는 회원국 법에 따른 그 관청 또는 기관에 의해 공개될 수 있다.

第87조 국민 식별번호의 처리

회원국은, 어떤 특별한 요건하에서 국민 식별번호 또는 보편적으로 적용되는 기타 식별자(識別子)(eine nationale Kennziffer oder andere Kennzeichen von allgemeiner Bedeutung)가 처리의 대상이 될 수 있는지를 상세하게 규정할 수 있다. 이러한 경우 국민 식별자 또는 보편적으로 적용되는 기타 식별자는 본 법(法)에 따른, 정보주체의 권리 및 자유에 대한 적합한 안전성확보조치의 준수하에서(nur unter Wahrung geeigneter Garantien)만 사용될 수 있다.

第88조 고용환경에서의 개인정보 처리

① 회원국은, 특히 채용목적, 법규정 또는 집단협약으로 정해진 의무의 이행을 포함하여 근로계약의 이행의 목적이나, 관리목적, 노동의 기획 및 조직의 목적이나 직장에서의 평등 및 다양성 목적, 직장에서의 산업안전보건 목적, 사용자 및 고객의 재산권 보호 목적을 위하여(insbesondere für Zwecke der Einstellung, der Erfüllung des Arbeitsvertrags einschließlich der Erfüllung von durch Rechtsvorschriften oder durch Kollektivvereinbarungen festgelegten Pflichten, des Managements, der Planung und der Organisation der Arbeit, der Gleichheit und Diversität am Arbeitsplatz, der Gesundheit und Sicherheit am Arbeitsplatz, des Schutzes des Eigentums der Arbeitgeber oder der Kunden) 그리고 고용에 연관된 개별적 또는 집단적 권리 및 급부의 행사 목적과, 고용관계의 종료 목적을 위하여 고용환경에서의 직원의 개인정보의 처리에 관한 권리 및 자유 보호의 보장을 위한 특별한 규정을 규율할 수 있다.

② 이러한 규정은, 적절하고도 특별한 조치로, 인간의 존엄, 정보주체의 정당한 이익 및 기본권의 보호하기 한 조치, 특히 처리의 투명성, 공동의 경제활동에 종사하는, 기업집단 또는 일단의 기업들 내의 개인정보 이전(die Übermittlung personenbezogener Daten innerhalb einer Unternehmensgruppe oder einer Gruppe von Unternehmen, die eine gemeinsame Wirtschaftstätigkeit ausüben)과, 직장에서의 감시시스템에 관한 조치를 포함한다.

③ 각 회원국은 2018년 5월 25일까지 유럽연합집행위원회에 제1항에 기하여 제정한 법규정을 통지하고, 또한 지체 없이 이러한 규정의 일체의 후속 개정을 통지한다.

第89조 공익에 속하는 자료보관목적, 과학적 또는 역사적 연구목적이나 통계목적을 위한(zu im öffentlichen Interesse liegenden Archivzwecken, zu wissenschaftlichen oder historischen Forschungszwecken und zu statistischen Zwecken) 처리에 관한 안전성확보조치 및 예외

① 공익에 속하는 자료보관목적, 과학적 또는 역사적 연구목적이나 통계목적을 위한 처리는 본 법(法)에 따른 정보주체의 권리 및 자유에 대한 적합한 안전성확보조치(geeigneten Garantien für die Rechte und

Rechte und Freiheiten der betroffenen Person gemäß dieser Verordnung. Mit diesen Garantien wird sichergestellt, dass technische und organisatorische Maßnahmen bestehen, mit denen insbesondere die Achtung des Grundsatzes der Datenminimierung gewährleistet wird. Zu diesen Maßnahmen kann die Pseudonymisierung gehören, sofern es möglich ist, diese Zwecke auf diese Weise zu erfüllen. In allen Fällen, in denen diese Zwecke durch die Weiterverarbeitung, bei der die Identifizierung von betroffenen Personen nicht oder nicht mehr möglich ist, erfüllt werden können, werden diese Zwecke auf diese Weise erfüllt.

(2) Werden personenbezogene Daten zu wissenschaftlichen oder historischen Forschungszwecken oder zu statistischen Zwecken verarbeitet, können vorbehaltlich der Bedingungen und Garantien gemäß Absatz 1 des vorliegenden Artikels im Unionsrecht oder im Recht der Mitgliedstaaten insoweit Ausnahmen von den Rechten gemäß der Artikel 15, 16, 18 und 21 vorgesehen werden, als diese Rechte voraussichtlich die Verwirklichung der spezifischen Zwecke unmöglich machen oder ernsthaft beeinträchtigen und solche Ausnahmen für die Erfüllung dieser Zwecke notwendig sind.

(3) Werden personenbezogene Daten für im öffentlichen Interesse liegende Archivzwecke verarbeitet, können vorbehaltlich der Bedingungen und Garantien gemäß Absatz 1 des vorliegenden Artikels im Unionsrecht oder im Recht der Mitgliedstaaten insoweit Ausnahmen von den Rechten gemäß der Artikel 15, 16, 18, 19, 20 und 21 vorgesehen werden, als diese Rechte voraussichtlich die Verwirklichung der spezifischen Zwecke unmöglich machen oder ernsthaft beeinträchtigen und solche Ausnahmen für die Erfüllung dieser Zwecke notwendig sind.

(4) Dient die in den Absätzen 2 und 3 genannte Verarbeitung gleichzeitig einem anderen Zweck, gelten die Ausnahmen nur für die Verarbeitung zu den in diesen Absätzen genannten Zwecken.

Artikel 90 Geheimhaltungspflichten

(1) Die Mitgliedstaaten können die Befugnisse der Aufsichtsbehörden im Sinne des Artikels 58 Absatz 1 Buchstaben e und f gegenüber den Verantwortlichen oder den Auftragsverarbeitern, die nach Unionsrecht oder dem Recht der Mitgliedstaaten oder nach einer von den zuständigen nationalen Stellen erlassenen Verpflichtung dem Berufsgeheimnis oder einer gleichwertigen Geheimhaltungspflicht unterliegen, regeln, soweit dies notwendig und verhältnismäßig ist, um das Recht auf Schutz der personenbezogenen Daten mit der Pflicht zur Geheimhaltung in Einklang zu bringen. Diese Vorschriften gelten nur in Bezug auf personenbezogene Daten, die der Verantwortliche oder der Auftragsverarbeiter bei einer Tätigkeit erlangt oder erhoben hat, die einer solchen Geheimhaltungspflicht unterliegt.

(2) Jeder Mitgliedstaat teilt der Kommission bis zum 25. Mai 2018 die Vorschriften mit, die er aufgrund von Absatz 1 erlässt, und setzt sie unverzüglich von allen weiteren Änderungen dieser Vorschriften in Kenntnis.

Artikel 91 Bestehende Datenschutzvorschriften von Kirchen und religiösen Vereinigungen oder Gemeinschaften

(1) Wendet eine Kirche oder eine religiöse Vereinigung oder Gemeinschaft in einem Mitgliedstaat zum Zeitpunkt des Inkrafttretens dieser Verordnung umfassende Regeln zum Schutz natürlicher Personen bei der Verarbeitung an, so dürfen diese Regeln weiter angewandt werden, sofern sie mit dieser Verordnung in Einklang gebracht werden.

(2) Kirchen und religiöse Vereinigungen oder Gemeinschaften, die gemäß Absatz 1 umfassende

Freiheiten der betroffenen Person)를 적용받는다. 특히 정보최소화(Datenminimierung) 원칙의 준수를 확보해 주는 기술적·관리적 조치가 존재한다는 점이 이러한 안전성확보조치에 의해 보장된다. 가명처리도 이러한 조치에 속하는데, 그러한 방식으로 이러한 목적을 달성하는 것이 가능한 경우에 한한다. 정보주체의 식별이 불가능하거나 더 이상 불가능한 추가처리에 의해 이러한 목적이 달성될 수 있는 모든 경우에 그러한 방식으로 이러한 목적은 달성된다(In allen Fällen, in denen diese Zwecke durch die Weiterverarbeitung, bei der die Identifizierung von betroffenen Personen nicht oder nicht mehr möglich ist, erfüllt werden können, werden diese Zwecke auf diese Weise erfüllt).

② 개인정보가 과학적 또는 역사적 연구목적이나 통계목적으로 처리되는 경우에, 본 조 제1항에 따른 요건 및 안전성확보조치를 조건으로, 유럽연합법 또는 회원국법으로, 제15조, 제16조, 제18조 또는 제21조에 따른 권리가 그러한 특별한 목적의 달성을 불가능하게 하거나 그 달성에 중대하게 영향을 끼칠 것으로 예상되고(als diese Rechte voraussichtlich die Verwirklichung der spezifischen Zwecke unmöglich machen oder ernsthaft beeinträchtigen), 그 권리에 대한 예외가 그와 같은 목적의 달성에 필요한 범위 내에서, 그러한 권리에 대한 예외가 규정될 수 있다.

③ 개인정보가 공익에 속하는 자료보관목적으로 처리되는 경우에, 본 조 제1항에 따른 요건 및 안전성확보조치를 조건으로, 유럽연합법 또는 회원국법으로, 제15조, 제16조, 제18조, 제19조, 제20조 또는 제21조에 따른 권리가 그러한 특별한 목적의 달성을 불가능하게 하거나 그 달성에 중대하게 영향을 끼칠 것으로 예상되고(als diese Rechte voraussichtlich die Verwirklichung der spezifischen Zwecke unmöglich machen oder ernsthaft beeinträchtigen), 그 권리에 대한 예외가 그와 같은 목적의 달성에 필요한 범위 내에서, 그러한 권리에 대한 예외가 규정될 수 있다.

④ 제2항 및 제3항상의 처리가 동시에 다른 목적을 위한 처리인 경우에, 이러한 조항들상의 목적을 위한 처리에 대해서만 예외를 적용한다.

제90조 비밀유지의무

① 회원국은, 이것이 개인정보보호의 권리를 비밀업무의무와 일치시키는 데 필요하고 또 비례적인 경우(soweit dies notwendig und verhältnismäßig ist, um das Recht auf Schutz der personenbezogenen Daten mit der Pflicht zur Geheimhaltung in Einklang zu bringen)에는, 유럽연합법 또는 회원국법이나 관할 국가기관이 제정한 의무에 좇아(nach Unionsrecht oder dem Recht der Mitgliedstaaten oder nach einer von den zuständigen nationalen Stellen erlassenen Verpflichtung) 직업상 비밀유지나 이와 동등한 비밀업무의무를 적용받는 개인정보처리자 또는 수탁처리자에 대한 제58조 제1항 e목 또는 f목상의 감독관청의 권한을 규율할 수 있다. 이러한규정은 개인정보처리자 또는 수탁처리자가 그러한 비밀유지의무를 적용받는 활동시에 취득하거나 수집한 개인정보에 대해서만 적용한다.

② 각 회원국은 2018년 5월 25일까지 유럽연합집행위원회에 제1항에 기하여 제정한 법규정을 통지하고, 또한 지체 없이 이러한 규정의 일체의 후속 개정(allen weiteren Änderungen dieser Vorschriften)을 통지한다.

제91조 교회(敎會) 및 종교단체(宗敎團體) 또는 종교공동체의 기존 개인정보보호규칙(Bestehende Datenschutzvorschriften)

① 어느 회원국에 있는 교회나 종교단체 또는 종교공동체가 본 법(法) 시행 당시에(zum Zeitpunkt des Inkrafttretens dieser Verordnung) 자연인 보호에 관한 포괄적 법(法)을 적용하고 있는 경우에 이러한 법(法)은, 본 법(法)에 일치하는 한(sofern sie mit dieser Verordnung in Einklang gebracht werde) 계속적으로 적용된다.

② 제1항에 따라 포괄적 개인정보보호규칙을 적용하고 있는 교회 및 종교단체 또는 종교공동체는 제6장

Datenschutzregeln anwenden, unterliegen der Aufsicht durch eine unabhängige Aufsichtsbehörde, die spezifischer Art sein kann, sofern sie die in Kapitel VI niedergelegten Bedingungen erfüllt.

KAPITEL X Delegierte Rechtsakte und Durchführungsrechtsakte

Artikel 92 Ausübung der Befugnisübertragung

(1) Die Befugnis zum Erlass delegierter Rechtsakte wird der Kommission unter den in diesem Artikel festgelegten Bedingungen übertragen.

(2) Die Befugnis zum Erlass delegierter Rechtsakte gemäß Artikel 12 Absatz 8 und Artikel 43 Absatz 8 wird der Kommission auf unbestimmte Zeit ab dem 24. Mai 2016 übertragen.

(3) Die Befugnisübertragung gemäß Artikel 12 Absatz 8 und Artikel 43 Absatz 8 kann vom Europäischen Parlament oder vom Rat jederzeit widerrufen werden. Der Beschluss über den Widerruf beendet die Übertragung der in diesem Beschluss angegebenen Befugnis. Er wird am Tag nach seiner Veröffentlichung im Amtsblatt der Europäischen Union oder zu einem im Beschluss über den Widerruf angegebenen späteren Zeitpunkt wirksam. Die Gültigkeit von delegierten Rechtsakten, die bereits in Kraft sind, wird von dem Beschluss über den Widerruf nicht berührt.

(4) Sobald die Kommission einen delegierten Rechtsakt erlässt, übermittelt sie ihn gleichzeitig dem Europäischen Parlament und dem Rat.

(5) Ein delegierter Rechtsakt, der gemäß Artikel 12 Absatz 8 und Artikel 43 Absatz 8 erlassen wurde, tritt nur in Kraft, wenn weder das Europäische Parlament noch der Rat innerhalb einer Frist von drei Monaten nach Übermittlung dieses Rechtsakts an das Europäische Parlament und den Rat Einwände erhoben haben oder wenn vor Ablauf dieser Frist das Europäische Parlament und der Rat beide der Kommission mitgeteilt haben, dass sie keine Einwände erheben werden. Auf Veranlassung des Europäischen Parlaments oder des Rates wird diese Frist um drei Monate verlängert.

Artikel 93 Ausschussverfahren

(1) Die Kommission wird von einem Ausschuss unterstützt. Dieser Ausschuss ist ein Ausschuss im Sinne der Verordnung (EU) Nr. 182/2011.

(2) Wird auf diesen Absatz Bezug genommen, so gilt Artikel 5 der Verordnung (EU) Nr. 182/2011.

(3) Wird auf diesen Absatz Bezug genommen, so gilt Artikel 8 der Verordnung (EU) Nr. 182/2011 in Verbindung mit deren Artikel 5.

KAPITEL XI Schlussbestimmungen

Artikel 94 Aufhebung der Richtlinie 95/46/EG

(1) Die Richtlinie 95/46/EG wird mit Wirkung vom 25. Mai 2018 aufgehoben.

(2) Verweise auf die aufgehobene Richtlinie gelten als Verweise auf die vorliegende Verordnung. Verweise auf die durch Artikel 29 der Richtlinie 95/46/EG eingesetzte Gruppe für den Schutz von Personen bei der Verarbeitung personenbezogener Daten gelten als Verweise auf den kraft dieser Verordnung errichteten Europäischen Datenschutzausschuss.

Artikel 95 Verhältnis zur Richtlinie 2002/58/EG

Diese Verordnung erlegt natürlichen oder juristischen Personen in Bezug auf die Verarbeitung in

에서 규정한 요건을 충족하는 한(sofern sie die in Kapitel VI niedergelegten Bedingungen erfüllt) 특별할 수 있는, 독립적 감독관청에 의한 감독을 받는다.

제10장 위임법규와 집행법규

제92조 권한의 부여

① 위임법규 제정권한(Die Befugnis zum Erlass delegierter Rechtsakte)은 본 조에서 규정한 요건하에서 유럽연합집행위원회에 부여된다.

② 제12조 제8항, 제43조 제8항에 따른 위임법규 제정권한은 2016년 5월 24일부터 기간의 정함이 없이 유럽연합집행위원회에 부여된다.

③ 제12조 제8항, 제43조 제8항에 따른 권한부여는 유럽연합의회 또는 유럽연합이사회에 의하여 언제든지 철회될 수 있다. 철회에 관한 결정으로 그 결정에서 명시된 권한의 부여가 종료된다. 그 결정은 유럽연합관보에 그 결정이 게재된 날의 다음날이나 철회에 관한 그 결정에서 명시된 그보다 나중의 날(am Tag nach seiner Veröffentlichung im Amtsblatt der Europäischen Union oder zu einem im Beschluss über den Widerruf angegebenen späteren Zeitpunkt)에 효력이 발생한다. 이미 발효된 위임법규의 효력은 철회에 관한 결정에 의해 영향을 받지 아니한다.

④ 유럽연합집행위원회가 위임법규를 제정하자마자, 유럽연합집행위원회는 이를 동시에 유럽연합의회 및 이사회에 전달한다.

⑤ 제12조 제8항, 제43조 제8항에 따라 제정된 위임법규는, 유럽연합의회도 유럽연합이사회도 그 법규의 유럽연합의회와 유럽연합이사회에로의 전달시로부터 3개월 이내에 이의를 제기하지 않거나, 이러한 기간 경과 전에 유럽연합의회 및 유럽연합이사회 모두 유럽연합집행위원회에 자신들은 이의를 제기하지 않겠다는 통지를 한 경우에 한하여 발효된다. 유럽연합의회 또는 유럽연합이사회의 발의(發議)가 있는 경우(Auf Veranlassung des Europäischen Parlaments oder des Rates) 이러한 기간은 3개월이 추가로 연장(延長)된다

제93조 위원회절차

① 유럽연합집행위원회는 위원회의 지원을 받는다. 이러한 위원회는 (EU) 182/2011호 법(法)상의 위원회를 말한다.

② 본 항이 언급된 경우, (EU) 182/2011호 법(法) 제5조를 적용한다.

③ 본 항이 언급된 경우, (EU) 182/2011호 법(法) 제5조와 연결된 동법(同法) 제8조를 적용한다.

제11장 종결규정

제94조 95/46/EG호 입법지침의 실효

① 95/46/EG호 입법지침은 2018년 5월 25일부터 효력이 있는 것으로 하여 실효된다.

② 폐지된 입법지침에 대한 언급은 본 법(法)에 대한 언급으로 본다. 95/46/EG호 입법지침 제29조에 의하여 설치된, 개인정보 처리시의 개인의 보호를 위한 워킹그룹에 대한 언급(Verweise auf die durch Artikel 29 der Richtlinie 95/46/EG eingesetzte Gruppe für den Schutz von Personen)은, 본 법(法)에 의하여 설치된 유럽연합정보보호위원회에 대한 언급으로 본다.

제95조 2002/58/EG호 입법지침과의 관계

그 자연인 또는 법인이 2002/58/EG호 입법지침에서 특별히 규정된, 동일한 목적을 추구하는 의무를 적용받는 경우에(soweit sie besonderen in der Richtlinie 2002/58/EG festgelegten Pflichten unterliegen, die

öffentlichen Kommunikationsnetzen in der Union keine zusätzlichen Pflichten auf, soweit sie besonderen in der Richtlinie 2002/58/EG festgelegten Pflichten unterliegen, die dasselbe Ziel verfolgen.

Artikel 96 Verhältnis zu bereits geschlossenen Übereinkünften

Internationale Übereinkünfte, die die Übermittlung personenbezogener Daten an Drittländer oder internationale Organisationen mit sich bringen, die von den Mitgliedstaaten vor dem 24. Mai 2016 abgeschlossen wurden und die im Einklang mit dem vor diesem Tag geltenden Unionsrecht stehen, bleiben in Kraft, bis sie geändert, ersetzt oder gekündigt werden.

Artikel 97 Berichte der Kommission

(1) Bis zum 25. Mai 2020 und danach alle vier Jahre legt die Kommission dem Europäischen Parlament und dem Rat einen Bericht über die Bewertung und Überprüfung dieser Verordnung vor. Die Berichte werden öffentlich gemacht.

(2) Im Rahmen der Bewertungen und Überprüfungen nach Absatz 1 prüft die Kommission insbesondere die Anwendung und die Wirkungsweise

a) des Kapitels V über die Übermittlung personenbezogener Daten an Drittländer oder an internationale Organisationen insbesondere im Hinblick auf die gemäß Artikel 45 Absatz 3 der vorliegenden Verordnung erlassenen Beschlüsse sowie die gemäß Artikel 25 Absatz 6 der Richtlinie 95/46/EG erlassenen Feststellungen,

b) des Kapitels VII über Zusammenarbeit und Kohärenz.

(3) Für den in Absatz 1 genannten Zweck kann die Kommission Informationen von den Mitgliedstaaten und den Aufsichtsbehörden anfordern.

(4) Bei den in den Absätzen 1 und 2 genannten Bewertungen und Überprüfungen berücksichtigt die Kommission die Standpunkte und Feststellungen des Europäischen Parlaments, des Rates und anderer einschlägiger Stellen oder Quellen.

(5) Die Kommission legt erforderlichenfalls geeignete Vorschläge zur Änderung dieser Verordnung vor und berücksichtigt dabei insbesondere die Entwicklungen in der Informationstechnologie und die Fortschritte in der Informationsgesellschaft.

Artikel 98 Überprüfung anderer Rechtsakte der Union zum Datenschutz

Die Kommission legt gegebenenfalls Gesetzgebungsvorschläge zur Änderung anderer Rechtsakte der Union zum Schutz personenbezogener Daten vor, damit ein einheitlicher und kohärenter Schutz natürlicher Personen bei der Verarbeitung sichergestellt wird. Dies betrifft insbesondere die Vorschriften zum Schutz natürlicher Personen bei der Verarbeitung solcher Daten durch die Organe, Einrichtungen, Ämter und Agenturen der Union und zum freien Verkehr solcher Daten.

Artikel 99 Inkrafttreten und Anwendung

(1) Diese Verordnung tritt am zwanzigsten Tag nach ihrer Veröffentlichung im Amtsblatt der Europäischen Union in Kraft.

(2) Sie gilt ab dem 25. Mai 2018.

Diese Verordnung ist in allen ihren Teilen verbindlich und gilt unmittelbar in jedem Mitgliedstaat.

Geschehen zu Brüssel am 27. April 2016.

dasselbe Ziel verfolgen) 본 법(法)에 의하여, 유럽연합 내 공중전기통신망상의 공중이 이용 가능한 전기통신역무의 제공과 연관된 처리에 관한 자연인 또는 법인에 대하여 추가적 의무가 부과되지 않는다.

제96조 이미 체결된 조약과의 관계

개인정보의 제3국 또는 국제기구로의 이전을 가져오는 국제조약으로 2016년 5월 24일 전에 회원국에 의해 체결되고 그 날 전에 적용된 유럽연합법에 부합하는(die im Einklang mit dem vor diesem Tag geltenden Unionsrecht stehen) 국제조약은 개정, 대체 또는 해지될 때까지(bis sie geändert, ersetzt oder gekündigt werden) 효력을 갖는다.

제97조 유럽연합집행위원회의 보고

① 2020년 5월 25일까지 또한 그 후에는 매 4년마다(Bis zum 25. Mai 2020 und danach alle vier Jahre) 유럽연합집행위원회는 유럽연합 의회 및 이사회에 본 법(法)의 평가 및 심사에 관한 보고서를 제출한다. 이 보고서는 공표된다.

② 제1항에 따른 평가 및 심사의 일환으로 유럽연합집행위원회는 특히 다음 각 목의 적용 및 작용을 심사한다,

a) 개인정보의 제3국 또는 국제기구로의 이전에 관한 제5장의 적용 및 작용, 특히 본 법(法) 제45조 제3항에 따라 발령된 결정과 95/46/EG호 입법지침 제25조 제6항에 따라 발령된 결정에 관한 적용 및 작용(im Hinblick auf die gemäß Artikel 45 Absatz 3 der vorliegenden Verordnung erlassenen Beschlüsse sowie die gemäß Artikel 25 Absatz 6 der Richtlinie 95/46/EG erlassenen Feststellungen),

b) 협력과 법적용통일성추구에 관한 제9장의 적용 및 작용.

③ 제1항상의 목적을 위하여(Für den in Absatz 1 genannten Zweck) 유럽연합집행위원회는 회원국과 감독관청에 대하여 정보를 요구할 수 있다.

④ 제1항 및 제2항상의 평가 및 심사에 있어, 유럽연합집행위원회는 유럽연합의회, 유럽연합이사회와, 기타 관련 기관 또는 출처(Europäischen Parlaments, des Rates und anderer einschlägiger Stellen oder Quellen)의 견해 및 결정을 고려한다

⑤ 유럽연합집행위원회는 필요하면 본 법(法)의 개정에 관한 적절한 제안을 하고, 이 경우 특히 정보통신기술의 발전양상과 정보사회의 진전양상(die Entwicklungen in der Informationstechnologie und die Fortschritte in der Informationsgesellschaft)을 고려한다.

제98조 개인정보보호에 관한 유럽연합의 기타 법규의 심사

유럽연합집행위원회는 처리시 자연인의 통일적이고도 일관된 보호가 보장되도록 필요하면 개인정보보호에 관한 유럽연합의 기타 법규의 개정에 관한 입법안을 제안한다. 이는, 유럽연합의 기관(機關), 조직(組織), 사무소(事務所) 및 대리인(代理人)에 의한 그러한 정보의 처리시 자연인의 보호(Schutz natürlicher Personen bei der Verarbeitung solcher Daten durch die Organe, Einrichtungen, Ämter und Agenturen der Union)와, 개인정보의 자유로운 이동에 관한 규정에 관련된다.

제99조 발효(發效)와 적용

① 본 법(法)이 그 유럽연합관보에 게재된 날로부터 20일째 되는 날(am zwanzigsten Tag nach ihrer Veröffentlichung im Amtsblatt der Europäischen Union)에 본 법은 발효된다.

② 본 법(法)은 2018년 5월 25일부터 적용된다.

본 법(法)은 그 모든 부분이 구속력이 있고 각 회원국에서 직접적으로 적용된다.

2016년 4월 27일 브뤼셀에서 조인(調印)되다.

Im Namen des Europäischen Parlaments

Der Präsident M. SCHULZ

Im Namen des Rates

Die Präsidentin J.A. HENNIS-PLASSCHAERT

유럽연합의회를 대표하여
의장 **M. SCHULZ**
유럽연합이사회를 대표하여
의장 **J.A. HENNIS-PLASSCHAERT**

(ⓐ) ABl. C 229 vom 31.7.2012, S. 90.

(ⓑ) ABl. C 391 vom 18.12.2012, S. 127.

(ⓒ) Standpunkt des Europäischen Parlaments vom 12. März 2014 (noch nicht im Amtsblatt veröffentlicht) und Standpunkt des Rates in erster Lesung vom 8. April 2016 (noch nicht im Amtsblatt veröffentlicht). Standpunkt des Europäischen Parlaments vom 14. April 2016.

(ⓓ) Richtlinie 95/46/EG des Europäischen Parlaments und des Rates vom 24. Oktober 1995 zum Schutz natürlicher Personen bei der Verarbeitung personenbezogener Daten und zum freien Datenverkehr (ABl. L 281 vom 23.11.1995, S. 31).

(ⓔ) Empfehlung der Kommission vom 6. Mai 2003 betreffend die Definition der Kleinstunternehmen sowie der kleinen und mittleren Unternehmen (C (2003) 1422) (ABl. L 124 vom 20.5.2003, S. 36).

(ⓕ) Verordnung (EG) Nr. 45/2001 des Europäischen Parlaments und des Rates vom 18. Dezember 2000 zum Schutz natürlicher Personen bei der Verarbeitung personenbezogener Daten durch die Organe und Einrichtungen der Gemeinschaft und zum freien Datenverkehr (ABl. L 8 vom 12.1.2001, S. 1).

(ⓖ) Richtlinie (EU) 2016/680 des Europäischen Parlaments und des Rates vom 27. April 2016 zum Schutz natürlicher Personen bei der Verarbeitung personenbezogener Daten durch die zuständigen Behörden zum Zwecke der Verhütung, Aufdeckung, Untersuchung oder Verfolgung von Straftaten oder der Strafvollstreckung sowie zum freien Datenverkehr und zur Aufhebung des Rahmenbeschlusses 2000/383/JI des Rates (siehe Seite 89 dieses Amtsblatts).

(ⓗ) Richtlinie 2000/31/EG des Europäischen Parlaments und des Rates vom 8. Juni 2000 über bestimmte rechtliche Aspekte der Dienste der Informationsgesellschaft, insbesondere des elektronischen Geschäftsverkehrs, im Binnenmarkt ("Richtlinie über den elektronischen Geschäftsverkehr") (ABl. L 178 vom 17.7.2000, S. 1).

(ⓘ) Richtlinie 2011/24/EU des Europäischen Parlaments und des Rates vom 9. März 2011 über die Ausübung der Patientenrechte in der grenzüberschreitenden Gesundheitsversorgung (ABl. L 88 vom 4.4.2011, S. 45).

(ⓙ) Richtlinie 93/13/EWG des Rates vom 5. April 1993 über missbräuchliche Klauseln in Verbraucherverträgen (ABl. L 95 vom 21.4.1993, S. 29).

(ⓚ) Verordnung (EG) Nr. 1338/2008 des Europäischen Parlaments und des Rates vom 16. Dezember 2008 zu Gemeinschaftsstatistiken über öffentliche Gesundheit und über Gesundheitsschutz und Sicherheit am Arbeitsplatz (ABl. L 354 vom 31.12.2008, S. 70).

(ⓛ) Verordnung (EU) Nr. 182/2011 des Europäischen Parlaments und des Rates vom 16. Februar 2011 zur Festlegung der allgemeinen Regeln und Grundsätze, nach denen die Mitgliedstaaten die Wahrnehmung der Durchführungsbefugnisse durch die Kommission kontrollieren (ABl. L 55 vom 28.2.2011, S. 13).

(ⓜ) Verordnung (EU) Nr. 1215/2012 des Europäischen Parlaments und des Rates vom 12. Dezember 2012 über die gerichtliche Zuständigkeit und die Anerkennung und Vollstreckung von Entscheidungen in Zivil- und Handelssachen (ABl. L 351 vom 20.12.2012, S. 1).

(ⓝ) Richtlinie 2003/98/EG des Europäischen Parlaments und des Rates vom 17. November 2003 über die Weiterverwendung von Informationen des öffentlichen Sektors (ABl. L 345 vom 31.12.2003, S. 90).

(ⓞ) Verordnung (EU) Nr. 536/2014 des Europäischen Parlaments und des Rates vom 16. April 2014 über klinische Prüfungen mit Humanarzneimitteln und zur Aufhebung der Richtlinie 2001/20/EG Text

(ⓐ) 2012년 7월 31일 관보 C 229, 90면.
(ⓑ) 2012년 12월 8일 관보 C 391, 127면.
(ⓒ) 2014년 3월 12일 유럽연합의회 견해(아직 관보에 개재되지 않음)과 2016년 4월 8일의 1회 독회(讀會)에서의 유럽연합이사회의 견해(아직 관보에 개재되지 않음). 2016년 4월 14일의 유럽연합의회의 견해(見解).
(ⓓ) 「개인정보 처리시 자연인의 보호와 자유로운 정보이동에 관한(zum Schutz natürlicher Personen bei der Verarbeitung personenbezogener Daten und zum freien Datenverkehr) 1995년 10월 24일 유럽연합 의회 및 이사회 95/46/EG호 입법지침」(ABl. L 281 vom 23.11.1995, S. 31).
(ⓔ) 「소기업 및 중소기업의 정의에 관한 2003년 5월 6일의 유럽연합집행위원회의 권고(C (2003) 1422)」(ABl. L 124 vom 20.5.2003, S. 36).
(ⓕ) 「유럽공동체의 기관 및 기구(durch die Organe und Einrichtungen der Gemeinschaft)의 개인정보 처리시 자연인의 보호와, 자유로운 정보이동에 관한 2000년 12월 18일 유럽연합 의회 및 이사회 (EG) 45/2001호 법(法)」(ABl. L 8 vom 12.1.2001, S. 1).
(ⓖ) 「범죄의 예방, 적발, 수사 또는 기소나 형집행 목적을 위한, 관할 관청의 개인정보 처리시의 자연인의 보호 그리고 자유로운 정보이동 및 유럽연합이사회 2000/383/JI호 기본결정의 실효에 관한(zum freien Datenverkehr und zur Aufhebung des Rahmenbeschlusses 2000/383/JI des Rates) 2016년 4월 27일 유럽연합 의회 및 이사회 (EU) 2016/680호 입법지침」(본 관보 89면을 보라).
(ⓗ) 「유럽연합단일시장 내의 정보사회서비스, 특히 그 전자상거래에 대한 몇 가지 법적 사항(bestimmte rechtliche Aspekte der Dienste der Informationsgesellschaft)에 관한 2000년 6월 8일 유럽연합 의회 및 이사회 2000/31/EG호 입법지침」("전자상거래에 관한 입법지침"; Richtlinie über den elektronischen Geschäftsverkehr)(ABl. L 178 vom 17.7.2000, S. 1).
(ⓘ) 「국경을 초월한 의료서비스에서의 환자의 권리(Patientenrechte in der grenzüberschreitenden Gesundheitsversorgung)의 행사에 관한 2011년 3월 9일 유럽연합 의회 및 이사회 2011/24/EU호 입법지침」(ABl. L 88 vom 4.4.2011, S. 45).
(ⓙ) 「소비자계약에서의 약관조항 남용에 관한 1993년 4월 5일의 유럽연합이사회 93/13/EWG호 입법지침」(ABl. L 95 vom 21.4.1993, S. 29).
(ⓚ) 「직장에서의 공중보건과 건강 및 안전(öffentliche Gesundheit und über Gesundheitsschutz und Sicherheit am Arbeitsplatz)에 관한 유럽공동체통계에 대한 2008년 12월 16일의 유럽연합 의회 및 이사회 (EG) 1338/2008호 법(法)」(ABl. L 354 vom 31.12.2008, S. 70).
(ⓛ)「회원국이 유럽연합집행위원회의 집행권한의 행사(die Wahrnehmung der Durchführungsbefugnisse durch die Kommission)를 통제하는 데 기준이 되는 일반적 규정 및 원칙의 규율(Festlegung der allgemeinen Regeln und Grundsätze)에 관한 2011년 2월 16일의 유럽연합 의회 및 이사회 (EU) 182/2011호 법(法)」(ABl. L 55 vom 28.2.2011, S. 13).
(ⓜ) 「민사·상사사건에 있어서의 법원의 관할과 재판의 승인 및 집행(die gerichtliche Zuständigkeit und die Anerkennung und Vollstreckung von Entscheidungen)에 관한 2012년 12월 12일 유럽연합 의회 및 이사회 (EU) 1215/2012호 법(法)」(ABl. L 351 vom 20.12.2012, S. 1).
(ⓝ) 「공공부문의 정보의 추가사용에 관한 2003년 11월 17일 유럽연합 의회 및 이사회 2003/98/EG호 입법지침」(ABl. L 345 vom 31.12.2003, S. 90),
(ⓞ) 「인체용 의약품의 임상시험(klinische Prüfungen mit Humanarzneimitteln)과, 유럽경제권에 관한 내용의 2001/20/EG호 입법지침 폐지에 관한 2014년 4월 16일 유럽연합 의회 및 이사회 (EU) 536/2014호

von Bedeutung für den EWR (ABl. L 158 vom 27.5.2014, S. 1).

(ⓟ) Verordnung (EG) Nr. 223/2009 des Europäischen Parlaments und des Rates vom 11. März 2009 über europäische Statistiken und zur Aufhebung der Verordnung (EG, Euratom) Nr. 1101/2008 des Europäischen Parlaments und des Rates über die Übermittlung von unter die Geheimhaltungspflicht fallenden Informationen an das Statistische Amt der Europäischen Gemeinschaften, der Verordnung (EG) Nr. 322/97 des Rates über die Gemeinschaftsstatistiken und des Beschlusses 89/382/EWG, Euratom des Rates zur Einsetzung eines Ausschusses für das Statistische Programm der Europäischen Gemeinschaften (ABl. L 87 vom 31.3.2009, S. 164).

(ⓠ) ABl. C 192 vom 30.6.2012, S. 7.

(ⓡ) Richtlinie 2002/58/EG des Europäischen Parlaments und des Rates vom 12. Juli 2002 über die Verarbeitung personenbezogener Daten und den Schutz der Privatsphäre in der elektronischen Kommunikation (Datenschutzrichtlinie für elektronische Kommunikation) (ABl. L 201 vom 31.7.2002, S. 37).

(ⓢ) Richtlinie (EU) 2015/1535 des Europäischen Parlaments und des Rates vom 9. September 2015 über ein Informationsverfahren auf dem Gebiet der technischen Vorschriften und der Vorschriften für die Dienste der Informationsgesellschaft (ABl. L 241 vom 17.9.2015, S. 1).

(ⓣ) Verordnung (EG) Nr. 765/2008 des Europäischen Parlaments und des Rates vom 9. Juli 2008 über die Vorschriften für die Akkreditierung und Marktüberwachung im Zusammenhang mit der Vermarktung von Produkten und zur Aufhebung der Verordnung (EWG) Nr. 339/93 des Rates (ABl. L 218 vom 13.8.2008, S. 30).

(ⓤ) Verordnung (EG) Nr. 1049/2001 des Europäischen Parlaments und des Rates vom 30. Mai 2001 über den Zugang der Öffentlichkeit zu Dokumenten des Europäischen Parlaments, des Rates und der Kommission (ABl. L 145 vom 31.5.2001, S. 43).

법(法)」(ABl. L 158 vom 27.5.2014, S. 1).

(ⓟ) 「유럽연합 통계와, 비밀유지의무를 적용받는 정보(die Übermittlung von unter die Geheimhaltungspflicht fallenden Informationen)의 유럽연합통계청으로의 이전에 관한 유럽연합 의회 및 이사회(EG, Euratom) 1101/2008호 법(法), 유럽공동체 통계에 관한 유럽이사회 (EG) 322/97호 법(法) 그리고 유럽공동체 통계프로그램을 위한 위원회의 설치에 관한 유럽연합이사회의 89/382/EWG, Euratom호 결정(des Beschlusses 89/382/EWG, Euratom des Rates zur Einsetzung eines Ausschusses für das Statistische Programm der Europäischen Gemeinschaften)의 폐지에 관한 2009년 3월 11일 유럽연합 의회 및 이사회 (EG) 223/2009호 법(法)」(ABl. L 87 vom 31.3.2009, S. 164).

(ⓠ) 2012년 6월 30일 관보 C 192., 7면.

(ⓡ) 「전기통신에서의 개인정보 처리(die Verarbeitung personenbezogener Daten)와 사생활의 보호(den Schutz der Privatsphäre)에 관한 2002년 7월 12일 유럽연합 의회 및 이사회 2002/58/EG호 지침」('전기통신에 대한 개인정보보호지침'; Datenschutzrichtlinie für elektronische Kommunikation)(ABl. L 201 vom 31.7.2002, S. 37).

(ⓢ) 「기술 규정과 정보화사회서비스에 대한 규정의 분야(dem Gebiet der technischen Vorschriften und der Vorschriften für die Dienste der Informationsgesellschaft)에서의 정보제공절차에 관한 2015년 9월 9일 유럽연합 의회 및 이사회 (EU) 2015/1535호 입법지침」(ABl. L 241 vom 17.9.2015, S. 1).

(ⓣ) 「상품의 마케팅에 관한 공인 및 시장감시에 대한 요건 규정(die Vorschriften für die Akkreditierung und Marktüberwachung im Zusammenhang mit der Vermarktung von Produkten)과, 유럽연합이사회 (EWG) Nr. 339/93호 법(法)의 폐지에 관한 2008년 7월 9일의 유럽연합 의회 및 이사회 (EG) 765/2008호 법(法)」(ABl. L 218 vom 13.8.2008, S. 30).

(ⓤ) 「공중(公衆)의 유럽연합의회, 유럽연합이사회 및 유럽연합집행위원회의 문서에 대한 접근에 관한 2001년 5월 30일 유럽연합 의회 및 이사회 (EG) 1049/2001호 법(法)」(ABl. L 145 vom 31.5.2001, S. 43).

「범죄의 예방, 수사, 적발 또는 기소나 형집행의 목적 그리고 자유로운 정보이동(freien Datenverkehr) 및 유럽연합이사회 2008/977/JI호 기본결정의 실효(失效)(Aufhebung des Rahmenbeschlusses)를 위한, 관할 관청의 개인정보 처리시의 자연인의 보호에 관한 2016년 4월 27일 유럽연합 의회 및 이사회 (EU) 2016/680호 입법지침」

RICHTLINIE (EU) 2016/680 DES EUROPÄISCHEN PARLAMENTS UND DES RATES vom 27. April 2016 zum Schutz natürlicher Personen bei der Verarbeitung personenbezogener Daten durch die zuständigen Behörden zum Zwecke der Verhütung, Ermittlung, Aufdeckung oder Verfolgung von Straftaten oder der Strafvollstreckung sowie zum freien Datenverkehr und zur Aufhebung des Rahmenbeschlusses 2008/977/JI des Rates

RICHTLINIE (EU) 2016/680 DES EUROPÄISCHEN PARLAMENTS UND DES RATES vom 27. April 2016 zum Schutz natürlicher Personen bei der Verarbeitung personenbezogener Daten durch die zuständigen Behörden zum Zwecke der Verhütung, Ermittlung, Aufdeckung oder Verfolgung von Straftaten oder der Strafvollstreckung sowie zum freien Datenverkehr und zur Aufhebung des Rahmenbeschlusses 2008/977/JI des Rates[73)]

https://eur-lex.europa.eu/legal-content/DE/TXT/HTML/?uri=CELEX:02016L0680-20160504&from=EN#C2-2

DAS EUROPÄISCHE PARLAMENT UND DER RAT DER EUROPÄISCHEN UNION —

gestützt auf den Vertrag über die Arbeitsweise der Europäischen Union, insbesondere auf Artikel 16 Absatz 2,

auf Vorschlag der Europäischen Kommission,

nach Zuleitung des Entwurfs des Gesetzgebungsakts an die nationalen Parlamente,

nach Stellungnahme des Ausschusses der Regionen,

gemäß dem ordentlichen Gesetzgebungsverfahren,

in Erwägung nachstehender Gründe:

「범죄의 예방(豫防), 수사(搜査), 적발(摘發) 또는 기소(起訴)나 형집행의 목적 그리고 자유로운 정보이동(freien Datenverkehr) 및 유럽연합이사회 2008/977/JI호 기본결정의 실효(失效)(Aufhebung des Rahmenbeschlusses)를 위한, 관할 관청의 개인정보 처리시의 자연인의 보호(Schutz natürlicher Personen)에 관한 2016년 4월 27일 유럽연합 의회 및 이사회 (EU) 2016/680호 입법지침」

유럽연합 의회 및 이사회 —
「유럽연합 운영조약」, 특히 그 제16조 제2항에 근거하여,
유럽연합집행위원회의 제안에 기하여,
각 회원국의 의회로의 입법 초안의 송부(送付) 후,
지역위원회의 의견제시에 좇아,
공식 입법절차에 따라
다음과 같은 입법이유를 밝힌다:

** 입법이유 생략

KAPITEL I Allgemeine Bestimmungen

Artikel 1 Gegenstand und Ziele

(1) Diese Richtlinie enthält Bestimmungen zum Schutz natürlicher Personen bei der Verarbeitung personenbezogener Daten durch die zuständigen Behörden zum Zwecke der Verhütung, Ermittlung, Aufdeckung oder Verfolgung von Straftaten oder der Strafvollstreckung, einschließlich des Schutzes vor und der Abwehr von Gefahren für die öffentliche Sicherheit.

(2) Gemäß dieser Richtlinie haben die Mitgliedstaaten

a) die Grundrechte und Grundfreiheiten natürlicher Personen, insbesondere deren Recht auf Schutz personenbezogener Daten, zu schützen und

b) sicherzustellen, dass der Austausch personenbezogener Daten zwischen den zuständigen Behörden in der Union — sofern er nach dem Unionsrecht oder dem Recht der Mitgliedstaaten vorgesehen ist — nicht aus Gründen, die mit dem Schutz natürlicher Personen bei der Verarbeitung personenbezogener Daten verbunden sind, eingeschränkt oder verboten wird.

(3) Diese Richtlinie hindert die Mitgliedstaaten nicht daran, zum Schutz der Rechte und Freiheiten der betroffenen Person bei der Verarbeitung personenbezogener Daten durch die zuständigen Behörden Garantien festzulegen, die strenger sind als die Garantien dieser Richtlinie.

Artikel 2 Anwendungsbereich

(1) Diese Richtlinie gilt für die Verarbeitung personenbezogener Daten durch die zuständigen Behörden zu den in Artikel 1 Absatz 1 genannten Zwecken.

(2) Diese Richtlinie gilt für die ganz oder teilweise automatisierte Verarbeitung personenbezogener Daten sowie für die nichtautomatisierte Verarbeitung personenbezogener Daten, die in einem Dateisystem gespeichert sind oder gespeichert werden sollen.

(3) Diese Richtlinie findet keine Anwendung auf die Verarbeitung personenbezogener Daten

a) im Rahmen einer Tätigkeit, die nicht in den Anwendungsbereich des Unionsrechts fällt,

b) durch die Organe, Einrichtungen, Ämter und Agenturen der Europäischen Union.

Artikel 3 Begriffsbestimmungen

Im Sinne dieser Richtlinie bezeichnet der Ausdruck:

1. "personenbezogene Daten" alle Informationen, die sich auf eine identifizierte oder identifizierbare natürliche Person (im Folgenden "betroffene Person") beziehen; als identifizierbar wird eine natürliche Person angesehen, die direkt oder indirekt, insbesondere mittels Zuordnung zu einer Kennung wie einem Namen, zu einer Kennnummer, zu Standortdaten, zu einer Online-Kennung oder zu einem oder mehreren besonderen Merkmalen, die Ausdruck der physischen, physiologischen, genetischen, psychischen, wirtschaftlichen, kulturellen oder sozialen Identität dieser natürlichen Person sind, identifiziert werden kann;
2. "Verarbeitung" jeden mit oder ohne Hilfe automatisierter Verfahren ausgeführten Vorgang oder jede solche Vorgangsreihe im Zusammenhang mit personenbezogenen Daten wie das Erheben, das Erfassen, die Organisation, das Ordnen, die Speicherung, die Anpassung oder Veränderung, das Auslesen, das Abfragen, die Verwendung, die Offenlegung durch Übermittlung, Verbreitung oder eine andere Form der Bereitstellung, den Abgleich oder die Verknüpfung, die Einschränkung, das Löschen

제I장 총칙

제1조 규율대상과 목적

① 본 입법지침은, 공공의 안녕에 대한 위험으로부터의 보호와 그러한 위험의 방지를 포함하여(einschließlich des Schutzes vor und der Abwehr von Gefahren für die öffentliche Sicherheit), 범죄의 예방, 수사, 적발 및 기소나 형집행 목적을 위한, 관할 관청의 개인정보 처리시의 자연인의 보호에 관한 규정을 포함한다.

② 회원국은 본 입법지침에 따라,

a) 자연인의 기본권 및 자유, 특히 자연인의 개인정보보호권을 보장해야 하고,

b) 유럽연합 내 관할 관청들 간의 개인정보 교류(der Austausch personenbezogener Daten zwischen den zuständigen Behörden in der Union)는, 이것이 유럽연합법 또는 회원국법에 따라 규정되는 한, 개인정보 처리시 자연인의 보호에서 기인하는 사유에서(die mit dem Schutz natürlicher Personen bei der Verarbeitung personenbezogener Daten verbunden sind), 제한 또는 금지되도록 보장한다.

③ 본 입법지침으로 인하여 관할 관청의 개인정보 처리시의 정보주체의 권리 및 자유를 보호하기 위하여 본 입법지침상의 안전성확보조치보다 강력한(die strenger sind als die Garantien[74] dieser Richtlinie) 안전성확보조치를 규정하는 것은 방해받지 아니한다.

제2조 적용범위

① 본 입법지침은 제1조 제1항상의 목적으로 하는(zu den in Artikel 1 Absatz 1 genannten Zwecken) 관할 관청의 개인정보 처리에 대하여 적용한다.

② 본 입법지침은 전부 또는 부분적으로 자동화된 개인정보 처리와, 파일링시스템에 담겨 있거나 담으려고 하는 개인정보의 수동화된 처리(die nichtautomatisierte Verarbeitung personenbezogener Daten)에 대하여 적용한다.

③ 본 입법지침은 다음 각 목의 개인정보 처리에 대하여는 적용하지 아니한다,

a) 유럽연합법의 적용범위에 포함되지 않는 활동 내의 개인정보 처리,

b) '유럽연합의 기관(機關), 조직(組織), 사무소(事務所) 및 대리인(代理人)'에 의한 개인정보 처리.

제3조 정의규정

본 입법지침에서 용어는 다음과 같다:

1. "개인정보"는 식별되었거나 식별될 수 있는 자연인(이하 '정보주체'; betroffene Person)에 관련된 일체의 정보를 말한다; 직접적으로 또는 간접적으로 식별될 수 있거나, 특히 이름과 같은 식별자(識別子), 식별번호, 위치정보, 온라인식별자이나 이러한 자연인의 신체적, 생리적, 유전적, 정신적, 경제적, 문화적 또는 사회적 정체성의 요소가 되는(die Ausdruck der physischen, physiologischen, genetischen, psychischen, wirtschaftlichen, kulturellen oder sozialen Identität dieser Person sind) 한 또는 여러 특수한 표지의 귀속(歸屬)에 의해(mittels Zuordnung zu einer Kennung) 식별될 수 있는 있는 자연인은 식별할 수 있는 것으로 본다;
2. "처리(處理)"는, 수집(蒐集; Erheben), 기록(記錄; Erfassen), 구성(構成; Organisation), 배열(配列; Ordnen), 저장(貯藏; Speicherung), 수정(修正; Anpassung) 또는 변경(變更; Veränderung), 판독(判讀; Auslesen), 검색(檢索; Abfragen), 사용(使用; Verwendung), 이전에 의한 공개(die Offenlegung durch Übermittlung), 유포(流布)나 다른 형태의 이용제공(eine andere Form der Bereitstellung), 정렬(整列; Abgleich), 결합(結合; Verknüpfung,), 제한(制限; Einschränkung), 삭제(削除; Löschen) 또는 파기(破棄; Vernichtung)와 같은[75], 자동화된 수단에 의한 것인지 여부에 상관없이 개인정보 또는 일련

Vernichtung;

3. “Einschränkung der Verarbeitung” die Markierung gespeicherter personenbezogener Daten mit dem Ziel, ihre künftige Verarbeitung einzuschränken;
4. “Profiling” jede Art der automatisierten Verarbeitung personenbezogener Daten, die darin besteht, dass diese personenbezogenen Daten verwendet werden, um bestimmte persönliche Aspekte, die sich auf eine natürliche Person beziehen, zu bewerten, insbesondere um Aspekte bezüglich Arbeitsleistung, wirtschaftliche Lage, Gesundheit, persönliche Vorlieben, Interessen, Zuverlässigkeit, Verhalten, Aufenthaltsort oder Ortswechsel dieser natürlichen Person zu analysieren oder vorherzusagen;
5. “Pseudonymisierung” die Verarbeitung personenbezogener Daten in einer Weise, dass die personenbezogenen Daten ohne Hinzuziehung zusätzlicher Informationen nicht mehr einer spezifischen betroffenen Person zugeordnet werden können, sofern diese zusätzlichen Informationen gesondert aufbewahrt werden und technischen und organisatorischen Maßnahmen unterliegen, die gewährleisten, dass die personenbezogenen Daten nicht einer identifizierten oder identifizierbaren natürlichen Person zugewiesen werden;
6. “Dateisystem” jede strukturierte Sammlung personenbezogener Daten, die nach bestimmten Kriterien zugänglich sind, unabhängig davon, ob diese Sammlung zentral, dezentral oder nach funktionalen oder geografischen Gesichtspunkten geordnet geführt wird;
7. “zuständige Behörde”

   a) eine staatliche Stelle, die für die Verhütung, Ermittlung, Aufdeckung oder Verfolgung von Straftaten oder die Strafvollstreckung, einschließlich des Schutzes vor und der Abwehr von Gefahren für die öffentliche Sicherheit, zuständig ist, oder

   b) eine andere Stelle oder Einrichtung, der durch das Recht der Mitgliedstaaten die Ausübung öffentlicher Gewalt und hoheitlicher Befugnisse zur Verhütung, Ermittlung, Aufdeckung oder Verfolgung von Straftaten oder zur Strafvollstreckung, einschließlich des Schutzes vor und der Abwehr von Gefahren für die öffentliche Sicherheit, übertragen wurde;
8. “Verantwortlicher” die zuständige Behörde, die allein oder gemeinsam mit anderen über die Zwecke und Mittel der Verarbeitung von personenbezogenen Daten entscheidet; sind die Zwecke und Mittel dieser Verarbeitung durch das Unionsrecht oder das Recht der Mitgliedstaaten vorgegeben, so kann der Verantwortliche beziehungsweise können die bestimmten Kriterien seiner Benennung nach dem Unionsrecht oder dem Recht der Mitgliedstaaten vorgesehen werden;
9. “Auftragsverarbeiter” eine natürliche oder juristische Person, Behörde, Einrichtung oder andere Stelle, die personenbezogene Daten im Auftrag des Verantwortlichen verarbeitet;
10. “Empfänger” eine natürliche oder juristische Person, Behörde, Einrichtung oder andere Stelle, denen personenbezogene Daten offengelegt werden, unabhängig davon, ob es sich bei ihr um einen Dritten handelt oder nicht. Behörden, die im Rahmen eines bestimmten Untersuchungsauftrags nach dem Recht der Mitgliedstaaten möglicherweise personenbezogene Daten erhalten, gelten jedoch nicht als Empfänger; die Verarbeitung dieser Daten durch die genannten Behörden erfolgt im Einklang mit den geltenden Datenschutzvorschriften gemäß den Zwecken der Verarbeitung;
11. “Verletzung des Schutzes personenbezogener Daten” eine Verletzung der Sicherheit, die zur Vernichtung, zum Verlust oder zur Veränderung, ob unbeabsichtigt oder unrechtmäßig, oder zur unbefugten Offenlegung von beziehungsweise zum unbefugten Zugang zu personenbezogenen Daten

의 개인정보들에 대하여 수행된 모든 작업 또는 일련의 작업;

3. "처리의 제한"은, 저장된 개인정보의 장래의 처리를 제한할 목적으로 한 그 정보에 대한 표시(表示)를 말한다;
4. "프로파일링"은, 자연인에 관한 특정한 개인적 측면(側面)을 평가하기 위하여, 특히 이러한 자연인의 근무실적(Arbeitsleistung), 경제적 상태(wirtschaftlichen Lage), 건강, 개인적 선호(persönlichen Vorlieben), 관심사(Interessen), 신용도(Zuverlässigkeit), 행태, 체류장소(Aufenthaltsorte) 또는 장소이동(Ortswechsel)의 측면을 분석하거나 예측하기 위하여 개인정보가 활용되는 처리로, 개인정보의 모든 형태(形態)의 자동화된 처리를 말한다;
5. "가명처리"는, 추가 정보를 사용하지 않는다면(ohne Hinzuziehung zusätzlicher Informationen) 해당 개인정보가 더 이상 특정한 정보주체에 귀속될 수 없도록 하는 개인정보 처리를 말하고, 그러한 추가 정보가 별도로 보관되고, 해당 개인정보가 식별(識別)되었거나 식별(識別)될 수 있는 자연인(自然人)에 귀속되지 않도록 하는 기술적·관리적 조치가 적용되는(technischen und organisatorischen Maßnahmen unterliegen, die gewährleisten, dass die Daten keiner betroffenen Person zugewiesen werden können) 경우에 한한다;
6. "파일링시스템(Dateisystem)"은, 그 집합물을 집중화(執中化)하여 또는 분산화(分散化)하여 관리하는지 혹은 기능적 또는 지리적 기준에 따라 배열하여 관리하는지에 상관없이, 특정한 기준에 따라 접근할 수 있는, 일체의 체계화된 개인정보 집합물(Sammlung)을 말한다[76)][77)];
7. "관할 관청"은,

   a) 공공안전에 대한 위험으로부터의 보호나 그러한 위험의 방지를 포함하여(einschließlich des Schutzes vor und der Abwehr von Gefahren für die öffentliche Sicherheit), 범죄의 예방, 수사, 적발 또는 기소나 형집행을 관할하는 어느 국가기관을 말하거나,

   b) 회원국의 법에 의하여, 공공안전에 대한 위험으로부터의 보호나 그러한 위험의 방지를 포함하여(einschließlich des Schutzes vor und der Abwehr von Gefahren für die öffentliche Sicherheit), 범죄의 예방, 수사, 적발 또는 소추나 형집행에 관한 공적 권한 및 고권적 권한의 행사(Ausübung öffentlicher Gewalt und hoheitlicher Befugnisse)를 부여받은 기타 기관 또는 법주체(Einrichtung[78)])를 말한다:
8. "개인정보처리자"는 단독으로 또는 제3자와 공동으로 개인정보 처리 목적 및 수단에 관하여 결정을 하는 관할 관청을 말한다; 이러한 처리의 목적 및 수단이 유럽연합법 또는 회원국법에 의해 규정된 경우에, 개인정보처리자 또는 그 지정에 대한 특정한 구체적 기준은 유럽연합법 또는 회원국법에 따라 규정될 수 있다(so kann der Verantwortliche beziehungsweise können die bestimmten Kriterien seiner Benennung nach dem Unionsrecht oder dem Recht der Mitgliedstaaten vorgesehen werden);
9. "수탁처리자는" 개인정보처리자의 위임을 받아 개인정보를 처리하는, 자연인, 법인, 관청, 단체(Einrichtung) 또는 그 밖의 기관(andere Stelle)을 말한다;
10. "수령인"은, 개인정보가 공개되는, 자연인, 법인, 관청, 단체(Einrichtung) 또는 그 밖의 기관(andere Stelle)을 말하고, 이들이 제3자에 해당하는지 여부를 불문한다. 그럼에도 유럽연합법에 따른 특정한 조사위탁의 일환으로 개인정보를 수령할 수 있는 관청(Behörden, die im Rahmen eines bestimmten Untersuchungsauftrags nach dem Unionsrecht oder anderen Rechtsvorschriften möglicherweise personenbezogene Daten erhalten)은 수령인으로 보지 아니한다; 위와 같은 관청의 이러한 개인정보 처리는 처리 목적에 따른 현행 개인정보보호규정에 좇아 이뤄진다;
12. "개인정보 침해"는, 이전 또는 저장되거나 그 밖의 방식으로 처리된 개인정보에 대한, 비의도적(非意圖的)인 또는 불법적인, 파기(Vernichtung), 분실(紛失; Verlust), 변경(變更; Veränderung), 무단공개 또는 무단접근(unbefugten Offenlegung von oder zum unbefugten Zugang)을 초래하는 보안 침해를

führt, die übermittelt, gespeichert oder auf sonstige Weise verarbeitet wurden;

12. "genetische Daten" personenbezogene Daten zu den ererbten oder erworbenen genetischen Eigenschaften einer natürlichen Person, die eindeutige Informationen über die Physiologie oder die Gesundheit dieser natürlichen Person liefern und insbesondere aus der Analyse einer biologischen Probe der betreffenden natürlichen Person gewonnen wurden;
13. "biometrische Daten" mit speziellen technischen Verfahren gewonnene personenbezogene Daten zu den physischen, physiologischen oder verhaltenstypischen Merkmalen einer natürlichen Person, die die eindeutige Identifizierung dieser natürlichen Person ermöglichen oder bestätigen, wie Gesichtsbilder oder daktyloskopische Daten;
14. "Gesundheitsdaten" personenbezogene Daten, die sich auf die körperliche oder geistige Gesundheit einer natürlichen Person, einschließlich der Erbringung von Gesundheitsdienstleistungen, beziehen und aus denen Informationen über deren Gesundheitszustand hervorgehen;
15. "Aufsichtsbehörde" eine von einem Mitgliedstaat gemäß Artikel 41 eingerichtete unabhängige staatliche Stelle;
16. "internationale Organisation" eine völkerrechtliche Organisation und ihre nachgeordneten Stellen oder jede sonstige Einrichtung, die durch eine zwischen zwei oder mehr Ländern geschlossene Übereinkunft oder auf der Grundlage einer solchen Übereinkunft geschaffen wurde.

KAPITEL II Grundsätze

Artikel 4 Grundsätze in Bezug auf die Verarbeitung personenbezogener Daten

(1) Die Mitgliedstaaten sehen vor, dass personenbezogene Daten

a) auf rechtmäßige Weise und nach Treu und Glauben verarbeitet werden,

b) für festgelegte, eindeutige und rechtmäßige Zwecke erhoben und nicht in einer mit diesen Zwecken nicht zu vereinbarenden Weise verarbeitet werden,

c) dem Verarbeitungszweck entsprechen, maßgeblich und in Bezug auf die Zwecke, für die sie verarbeitet werden, nicht übermäßig sind,

d) sachlich richtig und erforderlichenfalls auf dem neuesten Stand sind; dabei sind alle angemessenen Maßnahmen zu treffen, damit personenbezogene Daten, die im Hinblick auf die Zwecke ihrer Verarbeitung unrichtig sind, unverzüglich gelöscht oder berichtigt werden,

e) nicht länger, als es für die Zwecke, für die sie verarbeitet werden, erforderlich ist, in einer Form gespeichert werden, die die Identifizierung der betroffenen Personen ermöglicht,

f) in einer Weise verarbeitet werden, die eine angemessene Sicherheit der personenbezogenen Daten gewährleistet, einschließlich des Schutzes vor unbefugter oder unrechtmäßiger Verarbeitung und vor unbeabsichtigtem Verlust, unbeabsichtigter Zerstörung oder unbeabsichtigter Schädigung durch geeignete technische und organisatorische Maßnahmen.

(2) Eine Verarbeitung durch denselben oder einen anderen Verantwortlichen für einen anderen der in Artikel 1 Absatz 1 genannten Zwecke als den, für den die personenbezogenen Daten erhoben werden, ist erlaubt, sofern

a) der Verantwortliche nach dem Unionsrecht oder dem Recht der Mitgliedstaaten befugt ist, solche personenbezogenen Daten für diesen anderen Zweck zu verarbeiten, und

말한다;

12. “유전자정보”는, 자연인의 선천적(先天的)이거나 후천적(後天的)인 유전적 형질(形質)에 관한 개인정보로, 자연인의 생리(生理; Physiologie) 또는 건강에 관한 명확한 정보를 제공하는 것으로, 특히 해당 자연인의 생물학적 시료(試料)의 분석에서 얻어진(die aus der Analyse einer biologischen Probe der Person gewonnen wurden) 개인정보를 말한다;
13. “생체측정정보(生體測定情報)”는, 안면(顔面)이미지정보나 지문정보(Gesichtsbilder oder daktyloskopische Daten)와 같이, 자연인의 신체적, 생리적 또는 행동양식상의 특징(verhaltenstypischen Merkmalen)에 관한 개인정보로, 자연인의 명확한 식별을 가능하게 하거나 확인해 주는, 특수한 기술적 절차를 통해 얻어진 개인정보를 말한다;
14. “건강정보”는, 보건의료서비스의 제공을 포함하여, 자연인의 신체적 또는 정신적 건강에 관련되고 자연인의 건강상태에 관한 정보가 드러나는(aus denen Informationen über deren Gesundheitszustand hervorgehen) 개인정보를 말한다;
15. “감독관청”은, 어느 회원국이 제41조에 따라 설치한 독립적(獨立的) 국가기관(unabhängige staatliche Stelle)을 말한다;
16. “국제기구”는, 국제법상의 기구(機構; Organisation)와 그에 소속된 기관(ihre nachgeordneten Stellen)과, 양자조약(兩者條約) 또는 다자조약(多者條約)에 의해 설립되거나 그러한 조약에 기하여 설립된 기타 일체의 조직(Einrichtung)을 말한다.

제2장 원칙

제4조 개인정보 처리에 관한 원칙

① 회원국은, 개인정보가 다음과 같이 되도록 보장한다,

a) 적법하게(auf rechtmäßige Weise) 또 공정하게 처리되도록;

b) 정해지고 분명하며 정당한 목적으로(für festgelegte, eindeutige und legitime Zwecke) 수집되어 이러한 목적에 합치하지 않는 방식으로(in einer mit diesen Zwecken nicht zu vereinbarenden Weise) 처리되지 않도록;

c) 그 처리목적에 상응하고 이를 수집한 목적에 관련되며(maßgeblich) 그러한 목적에 관련하여 지나치지 않도록,

d) 사실이 정확해야 하며 필요하면 최신 상태로 유지되도록(sachlich richtig und erforderlichenfalls auf dem neuesten Stand sind); 이 경우 그 처리 목적에 관련하여 부정확한 개인정보를 지체 없이 삭제하고 정정하기 위한 필요한 일체의 조치를 취해야 한다,

e) 이를 수집한 목적에 필요한 것보다 장기간 정보주체의 식별을 가능하게 해 주는 형태로 저장되지 않도록;

f) 무단처리(無斷處理) 또는 불법처리(不法處理), 예상치 못한, 분실, 파괴 또는 손상으로부터 보호를 포함하여(einschließlich des Schutzes vor unbefugter oder unrechtmäßiger Verarbeitung und vor unbeabsichtigtem Verlust, unbeabsichtigter Zerstörung oder unbeabsichtigter Schädigung) 적절한 기술적·관리적 조치로 개인정보의 적절한 보안이 보장되는 방식으로 처리되도록.

② 개인정보를 수집한 목적으로, 제1조 제1항상의 목적 외의 목적을 위한, 동일한 또는 다른 개인정보처리자에 의한 처리는 다음 각 목의 경우에 허용된다,

a) 개인정보처리자가 유럽연합법 또는 회원국법에 따라 이러한 다른 목적으로 하는 개인정보를 처리할 권한이 있고,

b) die Verarbeitung für diesen anderen Zweck nach dem Unionsrecht oder dem Recht der Mitgliedstaaten erforderlich und verhältnismäßig ist.

(3) Die Verarbeitung durch denselben oder einen anderen Verantwortlichen kann die Archivierung im öffentlichen Interesse und die wissenschaftliche, statistische oder historische Verwendung für die in Artikel 1 Absatz 1 genannten Zwecke umfassen, sofern geeignete Garantien für die Rechte und Freiheiten der betroffenen Personen vorhanden sind.

(4) Der Verantwortliche ist für die Einhaltung der Absätze 1, 2 und 3 verantwortlich und muss deren Einhaltung nachweisen können.

Artikel 5 Fristen für die Speicherung und Überprüfung

Die Mitgliedstaaten sehen vor, dass für die Löschung von personenbezogenen Daten oder eine regelmäßige Überprüfung der Notwendigkeit ihrer Speicherung angemessene Fristen vorzusehen sind. Durch verfahrensrechtliche Vorkehrungen ist sicherzustellen, dass diese Fristen eingehalten werden.

Artikel 6 Unterscheidung verschiedener Kategorien betroffener Personen

Die Mitgliedstaaten sehen vor, dass der Verantwortliche gegebenenfalls und so weit wie möglich zwischen den personenbezogenen Daten verschiedener Kategorien betroffener Personen klar unterscheidet, darunter:

a) Personen, gegen die ein begründeter Verdacht besteht, dass sie eine Straftat begangen haben oder in naher Zukunft begehen werden,

b) verurteilte Straftäter,

c) Opfer einer Straftat oder Personen, bei denen bestimmte Fakten darauf hindeuten, dass sie Opfer einer Straftat sein könnten, und

d) andere Parteien im Zusammenhang mit einer Straftat, wie Personen, die bei Ermittlungen in Verbindung mit der betreffenden Straftat oder beim anschließenden Strafverfahren als Zeugen in Betracht kommen, Personen, die Hinweise zur Straftat geben können, oder Personen, die mit den unter den Buchstaben a und b genannten Personen in Kontakt oder in Verbindung stehen.

Artikel 7 Unterscheidung zwischen personenbezogenen Daten und Überprüfung der Qualität der personenbezogenen Daten

(1) Die Mitgliedstaaten sehen vor, dass bei personenbezogenen Daten so weit wie möglich zwischen faktenbasierten Daten und auf persönlichen Einschätzungen beruhenden Daten unterschieden wird.

(2) Die Mitgliedstaaten sehen vor, dass die zuständigen Behörden alle angemessenen Maßnahmen ergreifen, um zu gewährleisten, dass personenbezogene Daten, die unrichtig, unvollständig oder nicht mehr aktuell sind, nicht übermittelt oder bereitgestellt werden. Zu diesem Zweck überprüft jede zuständige Behörde, soweit durchführbar, die Qualität der personenbezogenen Daten vor ihrer Übermittlung oder Bereitstellung. Bei jeder Übermittlung personenbezogener Daten werden nach Möglichkeit die erforderlichen Informationen beigefügt, die es der empfangenden zuständigen Behörde gestatten, die Richtigkeit, die Vollständigkeit und die Zuverlässigkeit der personenbezogenen Daten sowie deren Aktualitätsgrad zu beurteilen.

(3) Wird festgestellt, dass unrichtige personenbezogene Daten übermittelt worden sind oder die personenbezogenen Daten unrechtmäßig übermittelt worden sind, so ist dies dem Empfänger

b) 이러한 다른 목적으로 하는 처리가 유럽연합법 또는 회원국법에 따라 필요하고 그에 상응(相應)하는 경우.

③ 동일한 또는 다른 개인정보처리자에 의한 처리는, 정보주체의 권리 및 자유를 위한 적합한 안전성확보조치가 행해진 한(sofern geeignete Garantien für die Rechte und Freiheiten der betroffenen Personen vorhanden sind), 공익에 속하는 자료보관과, 제1조 제1항상의 목적을 위한 과학적, 통계적 또는 역사적 처리를 포함한다.

④ 개인정보처리자는 제1항, 제2항 및 제3항을 책임지고 이 조항들의 준수(deren Einhaltung)를 증명할 수 있어야만 한다.

제5조 저장 및 심사의 기간

회원국은 개인정보의 삭제에 대하거나 그 저장의 필요성의 정기적 심사에 대하여 적절한 기간이 규정되도록 보장한다. 절차법상 조처(Durch verfahrensrechtliche Vorkehrungen)로 이러한 기간을 준수하도록 보장해야 한다.

제6조 다른 범주의 정보주체와의 구별

회원국은, 정보주체가 해당하는 경우 가능한 한, 다음의 각 목의 사람과 같은, 다른 범주의 정보주체에 대한 개인정보들(zwischen den personenbezogenen Daten verschiedener Kategorien betroffener Personen)을 구별하도록 보장한다,

a) 어느 자가 범죄를 자행했거나 가까운 장래에 자행할 것으로 보는 데에 대한 타당한 혐의 있는(ein begründeter Verdacht) 사람,

b) 유죄판결을 받은 사람,

c) 범죄의 피해자나, 특정한 사실에 의하여, 어느 자가 범죄의 피해자가 될 수 있다는 점이 드러나는 사람, 그리고

d) 어느 범죄에 대한 수사에 있어 또는 그 후속 형사소송절차에서 증인으로서 고려되는(die bei Ermittlungen in Verbindung mit der betreffenden Straftat oder beim anschließenden Strafverfahren als Zeugen in Betracht kommen) 사람과 같은, 그러한 범죄에 관련된 기타 당사자나, 그 범죄에 대하여 언급할 수 있는 사람이나 a목 또는 b목상의 사람들과 관련이 있거나 연관이 있는 사람.

제7조 개인정보들 간의 구별과, 개인정보 품질에 대한 심사(Überprüfung der Qualität der personenbezogenen Daten)

① 회원국은, 개인정보에 있어 가능한 한 사실에 기반한 정보와 인적 평가에 기반한 정보(auf persönlichen Einschätzungen beruhenden Daten)가 구별되도록 규정한다.

② 회원국은, 관할 관청이 정확하지 않거나 불완전하거나 더 이상 최신의 것이 아닌 개인정보가 이전되거나 제공되지 않는다는 점을 보장하기 위한 적절한 모든 조치를 취하도록 규정한다. 각 관할 관청은, 이러한 목적을 위하여 실행 가능한 범위 내에서(soweit durchführbar), 그 이전 또는 제공에 앞서 개인정보의 품질(die Qualität der personenbezogenen Daten)을 심사한다. 각 개인정보의 이전시 가능한 한, 수령하는 관할 관청이 개인정보의 정확성, 완전성 및 신뢰성과 그 정보의 최신정도를 판단할 수 있게 해 주는(die es der empfangenden zuständigen Behörde gestatten, die Richtigkeit, die Vollständigkeit und die Zuverlässigkeit der personenbezogenen Daten sowie deren Aktualitätsgrad zu beurteilen) 필요한 정보가 첨부된다.

③ 부정확한 개인정보가 이전되거나 개인정보가 부적법하게 이전된 것으로 확인된 경우(Wird festgestellt, dass unrichtige personenbezogene Daten übermittelt worden sind oder die personenbezogenen

unverzüglich mitzuteilen. In diesem Fall ist gemäß Artikel 16 eine Berichtigung oder Löschung oder die Einschränkung der Verarbeitung der personenbezogenen Daten vorzunehmen.

Artikel 8 Rechtmäßigkeit der Verarbeitung

(1) Die Mitgliedstaaten sehen vor, dass die Verarbeitung nur dann rechtmäßig ist, wenn und soweit diese Verarbeitung für die Erfüllung einer Aufgabe erforderlich ist, die von der zuständigen Behörde zu den in Artikel 1 Absatz 1 genannten Zwecken wahrgenommenen wird, und auf Grundlage des Unionsrechts oder des Rechts der Mitgliedstaaten erfolgt.

(2) Im Recht der Mitgliedstaaten, das die Verarbeitung innerhalb des Anwendungsbereichs dieser Richtlinie regelt, werden zumindest die Ziele der Verarbeitung, die personenbezogenen Daten, die verarbeitet werden sollen, und die Zwecke der Verarbeitung angegeben.

Artikel 9 Besondere Verarbeitungsbedingungen

(1) Personenbezogene Daten, die von zuständigen Behörden für die in Artikel 1 Absatz 1 genannten Zwecke erhoben werden, dürfen nicht für andere als die in Artikel 1 Absatz 1 genannten Zwecke verarbeitet werden, es sei denn, eine derartige Verarbeitung ist nach dem Unionsrecht oder dem Recht der Mitgliedstaaten zulässig. Wenn personenbezogene Daten für solche andere Zwecke verarbeitet werden, gilt die Verordnung (EU) 2016/679, es sei denn, die Verarbeitung erfolgt im Rahmen einer Tätigkeit, die nicht in den Anwendungsbereich des Unionsrechts fällt.

(2) Sind nach dem Recht der Mitgliedstaaten zuständige Behörden mit der Wahrnehmung von Aufgaben betraut, die sich nicht mit den für die in Artikel 1 Absatz 1 genannten Zwecke wahrgenommenen Aufgaben decken, gilt die Verordnung (EU) 2016/679 für die Verarbeitung zu diesen Zwecken — wozu auch im öffentlichen Interesse liegende Archivzwecke, wissenschaftliche oder historische Forschungszwecke oder statistische Zwecke zählen —, es sei denn, die Verarbeitung erfolgt im Rahmen einer Tätigkeit, die nicht in den Anwendungsbereich des Unionsrechts fällt.

(3) Die Mitgliedstaaten sehen vor, dass immer dann, wenn nach dem Unionsrecht oder dem Recht der Mitgliedstaaten, dem die übermittelnde zuständige Behörde unterliegt, für die Verarbeitung besondere Bedingungen gelten, die übermittelnde zuständige Behörde den Empfänger der Daten darauf hinweist, dass diese Bedingungen gelten und einzuhalten sind.

(4) Die Mitgliedstaaten sehen vor, dass die übermittelnde zuständige Behörde auf Empfänger in anderen Mitgliedstaaten oder nach Titel V Kapitel 4 und 5 AEUV errichtete Einrichtungen und sonstige Stellen keine Bedingungen nach Absatz 3 anwendet, die nicht auch für entsprechende Datenübermittlungen innerhalb ihres eigenen Mitgliedstaats gelten.

Artikel 10 Verarbeitung besonderer Kategorien personenbezogener Daten

Die Verarbeitung personenbezogener Daten, aus denen die rassische oder ethnische Herkunft, politische Meinungen, religiöse oder weltanschauliche Überzeugungen oder die Gewerkschaftszugehörigkeit hervorgehen, sowie die Verarbeitung von genetischen Daten, biometrischen Daten zur eindeutigen Identifizierung einer natürlichen Person, Gesundheitsdaten oder Daten zum Sexualleben oder der sexuellen Orientierung ist nur dann erlaubt, wenn sie unbedingt erforderlich ist und vorbehaltlich geeigneter Garantien für die Rechte und Freiheiten der betroffenen Person erfolgt und

a) wenn sie nach dem Unionsrecht oder dem Recht der Mitgliedstaaten zulässig ist,

Daten unrechtmäßig übermittelt worden sind)에, 수령인은 이를 지체 없이 통지받아야 한다. 이러한 경우 제16조에 따라 개인정보의 정정 또는 삭제나 그 처리의 제한이 행해진다.

제8조 처리의 적법성

① 회원국은, 해당 처리가 관할 관청이 제1조 제1항상의 목적을 위하여 수행하는(die von der zuständigen Behörde zu den in Artikel 1 Absatz 1 genannten Zwecken wahrgenommenen wird) 임무의 달성하는 데 필요하고 또한 유럽연합법 또는 회원국법에 기하여 행해지는(auf Grundlage des Unionsrechts oder des Rechts der Mitgliedstaaten erfolgt) 경우 그 범위 내에서만 적법한 것으로 규정한다.

② 그 처리를 본 입법지침의 적용범위 내에서 규율하는 회원국법에서 최소한 그 처리의 목표(die Ziele der Verarbeitung), 처리되어야 하는 개인정보와, 그 처리의 목적(die Zwecke der Verarbeitung)이 명시되어야 한다.

제9조 특별한 처리조건

① 관할 관청이 제1조 제1항상의 목적으로 수집하는 개인정보는 제1조 제1항상의 목적 이외의 다른 목적으로 처리되어서는 아니되고, 다만 그 처리가 유럽연합법 또는 회원국법에 따라 허용된 경우에는 그러하지 아니하다. 개인정보가 그러한 다른 목적으로 처리되는 경우에 (EU) 2016/679호 법(法)을 적용하고, 다만 그 처리가 그 유럽연합법의 적용범위에 포함되지 않는 활동의 일환으로 행해지는 경우에는 그러하지 아니하다(es sei denn, die Verarbeitung erfolgt im Rahmen einer Tätigkeit, die nicht in den Anwendungsbereich des Unionsrechts fällt).

② 관할 관청이 회원국법에 따라 제1조 제1항상의 목적을 위하여 수행되는 임무에 부합하지 않는 임무의 수행을 부여받는 경우에, 공익에 속하는 자료보관목적, 과학적 또는 역사적 연구목적이나 통계 목적도 속하는 이러한 목적을 위한 처리에 대하여 (EU) 2016/679호 법(法)을 적용하고, 다만 그 처리가 그 유럽연합법의 적용범위에 포함되지 않는 활동의 일환으로 행해지는 경우에는 그러하지 아니하다(es sei denn, die Verarbeitung erfolgt im Rahmen einer Tätigkeit, die nicht in den Anwendungsbereich des Unionsrechts fällt).

③ 회원국은, 이전하는 관할 관청이 적용받는 유럽연합법 또는 회원국법에 따라 그 처리에 대하여 특별한 조건을 적용하는 경우에는 언제나, 이전하는 관할 관청이 그 개인정보의 수령인에게 이러한 조건이 적용되고 이러한 조건을 준수해야 한다는 점(dass diese Bedingungen gelten und einzuhalten sind)을 안내하도록 규정한다.

④ 회원국은, 독일 이외의 회원국에 있는 수령인이나 「유럽연합 운영조약」 제5장 제4절, 제5절에 따라 설치된 조직 또는 기타 기관(Einrichtungen und sonstige Stellen[79]))에 있는 수령인에게 제3항에 따른 조건으로, 그 조약의 회원국 내에서의 관련 개인정보이전에 대하여 적용하지 못하는 조건을 적용하지 않는 것으로 규정한다.

제10조 특수한 범주의 개인정보 처리

인종적 또는 민족적 출신, 정치적 견해, 종교적 또는 세계관적 확신이나 노동조합소속이 드러나는 개인정보 처리와, 자연인의 명확한 식별을 위한 유전자정보 및 생체측정정보나 건강정보, 성생활정보 또는 성적 지향정보(die Verarbeitung von genetischen Daten, biometrischen Daten zur eindeutigen Identifizierung einer natürlichen Person, Gesundheitsdaten oder Daten zum Sexualleben oder der sexuellen Orientierung einer natürlichen Person)의 처리는, 그것이 반드시 필요하고 정보주체의 권리 및 자유에 대한 적합한 안전성확보조치를 조건으로 행해지며 또한 다음 각 목의 경우에 한하여 허용된다,

a) 그것이 유럽연합법 또는 회원국법에 따라 허용된 경우,

b) der Wahrung lebenswichtiger Interessen der betroffenen oder einer anderen natürlichen Person dient oder

c) wenn sie sich auf Daten bezieht, die die betroffene Person offensichtlich öffentlich gemacht hat.

Artikel 11 Automatisierte Entscheidungsfindung im Einzelfall

(1) Die Mitgliedstaaten sehen vor, dass eine ausschließlich auf einer automatischen Verarbeitung beruhende Entscheidung — einschließlich Profiling —, die eine nachteilige Rechtsfolge für die betroffene Person hat oder sie erheblich beeinträchtigt, verboten ist, es sei denn, sie ist nach dem Unionsrecht oder dem Recht der Mitgliedstaaten, dem der Verantwortliche unterliegt und das geeignete Garantien für die Rechte und Freiheiten der betroffenen Person bietet, zumindest aber das Recht auf persönliches Eingreifen seitens des Verantwortlichen, erlaubt.

(2) Entscheidungen nach Absatz 1 dieses Artikels dürfen nicht auf besonderen Kategorien personenbezogener Daten nach Artikel 10 beruhen, sofern nicht geeignete Maßnahmen zum Schutz der Rechte und Freiheiten sowie der berechtigten Interessen der betroffenen Person getroffen wurden.

(3) Profiling, das zur Folge hat, dass natürliche Personen auf Grundlage von besonderen Datenkategorien nach Artikel 10 diskriminiert werden, ist nach dem Unionsrecht verboten.

KAPITEL III Rechte der betroffenen Person

Artikel 12 Mitteilungen und Modalitäten für die Ausübung der Rechte der betroffenen Person

(1) Die Mitgliedstaaten sehen vor, dass der Verantwortliche alle angemessenen Maßnahmen trifft, um der betroffenen Person alle Informationen gemäß Artikel 13 sowie alle Mitteilungen gemäß den Artikeln 11, 14 bis 18 und 31, die sich auf die Verarbeitung beziehen, in präziser, verständlicher und leicht zugänglicher Form in einer klaren und einfachen Sprache zu übermitteln. Die Übermittlung der Informationen erfolgt in einer beliebigen geeigneten Form, wozu auch die elektronische Übermittlung zählt. Grundsätzlich übermittelt der Verantwortliche die Informationen in derselben Form, in der er den Antrag erhalten hat.

(2) Die Mitgliedstaaten sehen vor, dass der Verantwortliche die Ausübung der den betroffenen Personen gemäß den Artikeln 11 und 14 bis 18 zustehenden Rechte erleichtert.

(3) Die Mitgliedstaaten sehen vor, dass der Verantwortliche die betroffene Person unverzüglich schriftlich darüber in Kenntnis setzt, wie mit ihrem Antrag verfahren wurde.

(4) Die Mitgliedstaaten sehen vor, dass die Informationen gemäß Artikel 13 und alle gemachten Mitteilungen und getroffenen Maßnahmen gemäß den Artikeln 11, 14 bis 18 und 31 unentgeltlich zur Verfügung gestellt werden. Bei offenkundig unbegründeten oder — insbesondere im Fall von häufiger Wiederholung — exzessiven Anträgen einer betroffenen Person kann der Verantwortliche entweder

a) eine angemessene Gebühr verlangen, bei der die Verwaltungskosten für die Unterrichtung oder die Mitteilung oder die Durchführung der beantragten Maßnahme berücksichtigt werden, oder

b) er kann sich weigern, aufgrund des Antrags tätig zu werden.

Der Verantwortliche hat den Nachweis für den offenkundig unbegründeten oder exzessiven Charakter des Antrags zu erbringen.

(5) Hat der Verantwortliche begründete Zweifel an der Identität der natürlichen Person, die den Antrag gemäß den Artikeln 14 oder 16 stellt, so kann er zusätzliche Informationen anfordern, die zur

b) 정보주체 따른 다른 자연인의 생명유지에 필수적인 이익(der Wahrung lebenswichtiger Interessen)을 보호를 위한 경우,

c) 그것이 정보주체가 명확하게 공개한 정보에 관한 경우.

제11조 각각의 자동화된 의사결정

① 회원국은, 프로파일링을 포함하여 오로지 자동화된 처리에 근거한 의사결정으로 정보주체에 악영향을 끼치거나 중대한 영향을 미치는(die eine nachteilige Rechtsfolge für die betroffene Person hat oder sie erheblich beeinträchtigt) 의사결정은 금지되는 되지만, 다만 개인정보처리자가 적용받고 또한 정보주체의 권리 및 자유에 대한 적합한 안전성확보조치를 제공하는 유럽연합법 또는 회원국법에 따라 최소한 개인정보처리자에 속하는 일원(一員)에 대한 인적개입요구권(人的介入要求權)(das Recht auf persönliches Eingreifen seitens des Verantwortlichen)이 허용된 경우에는 그러하지 아니한 것으로 규정한다.

② 본 조 제1항에 따른 의사결정은, 정보주체의 권리, 자유 및 정당한 이익(der Rechte und Freiheiten sowie der berechtigten Interessen der betroffenen Person)을 보호하기 위한 적절한 조치가 취해지지 않는 한, 제10조에 따른, 특수한 범주의 개인정보에 기하여 이뤄져서는 아니된다.

③ 자연인이 제10조에 따른 특수한 정보범주에 기하여 차별은 받는 결과가 초래되는 프로파일링은 유럽연합법에 따라 금지된다.

제3장 정보주체의 권리

제12조 정보주체의 권리 행사를 위한 통지 및 방식

① 회원국은, 개인정보처리자가 정보주체에게 상세하고 이해하기 쉬우며 쉽게 접근할 수 있는 형식에 의하여 명료하고 간결한 언어로(in präziser, verständlicher und leicht zugänglicher Form in einer klaren und einfachen Sprache) 제13조에 따른 일체의 정보제공과 제11조, 제14조 내지 제18조 또는 제31조에 따른, 해당 처리에 관련되는 일체의 통지를 하기 위한 적절한 일체의 조치를 취하도록 규정한다. 그 정보의 제공은, 전자적 제공도 포함하여(wozu auch die elektronische Übermittlung zählt) 임의의 적절한 방식으로 행해진다. 개인정보처리자는 원칙적으로 자신이 요구받은(in der er den Antrag erhalten hat) 동일한 방식으로 정보를 제공한다.

② 회원국은, 개인정보처리자가 제11조 또는 제14 내지 제18조에 따라 정보주체에게 귀속된 권리의 행사를 촉진해 주도록 규정한다.

③ 회원국은, 개인정보처리자가 정보주체에게 지체 없이 그의 요구가 어떻게 처리되었는지를 서면으로 알리도록 규정한다.

④ 회원국은 제13조에 따른 정보제공과 제11조, 제14 내지 제18조 또는 제31조에 따라 행해진 통지 및 취해진 조치를 무료로 제공되도록 규정한다. 이유가 없음이 명백한 정보주체의 요구나 지나침이 명백한 그의 요구의 경우나, 특히 잦은 그의 반복의 경우(Bei offenkundig unbegründeten oder — insbesondere im Fall von häufiger Wiederholung — exzessiven Anträgen einer betroffenen Person)에,

a) 개인정보처리자는 알림 또는 통지나 요구된 조치의 집행에 대한 관리비용(die Verwaltungskosten)을 고려한 적절한 수수료를 청구하거나, 아니면

b) 개인정보처리자는 그 요구에 기하여 조치를 취하는 것을 거부할 수 있다.

개인정보처리자는 그 요구의 이유 없음이라는 명백한 특성이나 그 요구의 과도한 특성에 대한 증거를 제출해야 한다.

⑤ 개인정보처리자가 제14조 또는 제16조에 따라 요구를 한 자연인의 신원에 대한 정당한 의문을 갖는 경우에 그 개인정보처리자는 그 정보주체의 신원(der Identität der betroffenen Person)을 확인하는 데 필

Bestätigung der Identität der betroffenen Person erforderlich sind.

Artikel 13 Der betroffenen Person zur Verfügung zu stellende oder zu erteilende Informationen

(1) Die Mitgliedstaaten sehen vor, dass der Verantwortliche der betroffenen Person zumindest die folgenden Informationen zur Verfügung stellt:

a) den Namen und die Kontaktdaten des Verantwortlichen,

b) gegebenenfalls die Kontaktdaten des Datenschutzbeauftragten,

c) die Zwecke, für die die personenbezogenen Daten verarbeitet werden,

d) das Bestehen eines Beschwerderechts bei der Aufsichtsbehörde sowie deren Kontaktdaten,

e) das Bestehen eines Rechts auf Auskunft und Berichtigung oder Löschung personenbezogener Daten und Einschränkung der Verarbeitung der personenbezogenen Daten der betroffenen Person durch den Verantwortlichen.

(2) Zusätzlich zu den in Absatz 1 genannten Informationen sehen die Mitgliedstaaten durch Rechtsvorschriften vor, dass der Verantwortliche der betroffenen Person in besonderen Fällen die folgenden zusätzlichen Informationen erteilt, um die Ausübung der Rechte der betroffenen Person zu ermöglichen:

a) die Rechtsgrundlage der Verarbeitung,

b) die Dauer, für die die personenbezogenen Daten gespeichert werden oder, falls dies nicht möglich ist, die Kriterien für die Festlegung dieser Dauer,

c) gegebenenfalls die Kategorien von Empfängern der personenbezogenen Daten, auch der Empfänger in Drittländern oder in internationalen Organisationen,

d) erforderlichenfalls weitere Informationen, insbesondere wenn die personenbezogenen Daten ohne Wissen der betroffenen Person erhoben werden.

(3) Die Mitgliedstaaten können Gesetzgebungsmaßnahmen erlassen, nach denen die Unterrichtung der betroffenen Person gemäß Absatz 2 soweit und so lange aufgeschoben, eingeschränkt oder unterlassen werden kann, wie diese Maßnahme in einer demokratischen Gesellschaft erforderlich und verhältnismäßig ist und sofern den Grundrechten und den berechtigten Interessen der betroffenen natürlichen Person Rechnung getragen wird:

a) zur Gewährleistung, dass behördliche oder gerichtliche Untersuchungen, Ermittlungen oder Verfahren nicht behindert werden,

b) zur Gewährleistung, dass die Verhütung, Aufdeckung, Ermittlung oder Verfolgung von Straftaten oder die Strafvollstreckung nicht beeinträchtigt werden,

c) zum Schutz der öffentlichen Sicherheit,

d) zum Schutz der nationalen Sicherheit,

e) zum Schutz der Rechte und Freiheiten anderer.

(4) Die Mitgliedstaaten können Gesetzgebungsmaßnahmen zur Festlegung der Verarbeitungskategorien erlassen, für die einer der Buchstaben des Absatz 3 vollständig oder teilweise zur Anwendung kommt.

Artikel 14 Auskunftsrecht der betroffenen Person

Vorbehaltlich des Artikels 15 sehen die Mitgliedstaaten vor, dass die betroffene Person das Recht hat, von dem Verantwortlichen eine Bestätigung darüber zu erhalten, ob sie betreffende personenbezogene Daten verarbeitet werden; ist dies der Fall, so hat sie das Recht, Auskunft über personenbezogene Daten

요한 추가적 정보(zusätzliche Informationen)를 요구할 수 있다.

제13조 정보주체에게 제공하거나 공여(供與)한 정보(Der betroffenen Person zur Verfügung zu stellende oder zu erteilende Informationen)

① 회원국은, 개인정보처리자가 정보주체에게 최소한 다음 각 목의 정보(die folgenden Informationen)를 제공하도록 보장한다:

a) 개인정보처리자의 이름 및 연락정보,

b) 해당하는 경우 개인정보보호책임자의 연락정보,

c) 해당 개인정보가 처리되는 목적,

d) 감독관청에 대한 이의제기권의 존재와 그 감독관청의 연락정보,

e) 정보주체에 관한 개인정보의 정보제공, 정보삭제 또는 정보처리제한(eines Rechts auf Berichtigung oder Löschung personenbezogener Daten oder Einschränkung der Verarbeitung personenbezogener Daten der betroffenen Person)을 개인정보처리자에게 요구할 권리의 존재.

② 제1항상의 정보 이외에 추가로, 회원국은 특별한 경우에(in besonderen Fällen) 개인정보처리자가 정보주체에게 정보주체의 권리 행사를 가능하게 하는(um die Ausübung der Rechte der betroffenen Person zu ermöglichen) 다음 각 목의 추가 정보(die folgenden zusätzlichen Informationen)를 공여(供與)하도록 규정한다:

a) 그 처리의 법적 근거,

b) 개인정보처리자가 저장되는 기간이나 만일 이것이 불가능한 경우에 이러한 기간 설정에 대한 기준(die Kriterien für die Festlegung dieser Dauer),

c) 해당하는 경우 제3국 또는 국제기구에 있는 수령인을 포함하여(auch der Empfänger in Drittländern oder in internationalen Organisationen) 개인정보 수령인의 범주,

d) 필요하면 추가 정보(weitere Informationen), 특히 정보주체가 알지 못한 채 개인정보가 수집되는 경우 그러한 정보.

③ 회원국은 제2항에 따른 정보주체에 대한 알림 후 그 조치가 민주 사회에서 필요하고 비례적이며 정보주체인 자연인의 기본권 및 정당한 이익을 고려한(wie diese Maßnahme in einer demokratischen Gesellschaft erforderlich und verhältnismäßig ist und sofern den Grundrechten und den berechtigten Interessen der betroffenen natürlichen Person Rechnung getragen wird), 그러한 범위 내에서 또 그러한 기간 동안 연기되거나 제한되거나 금지될 수 있는, 다음 각 목의 입법조치를 취할 수 있다.

a) 관청 또는 법원의 조사, 수사 또는 절차가 방해받지 않도록 보장하는 입법조치,

b) 범죄의 예방, 적발, 수사 또는 기소(die Verhütung, Aufdeckung, Ermittlung oder Verfolgung von Straftaten)나 형집행이 방해받지 않도록 보장하는 입법조치,

c) 공공의 안녕을 보호하기 위한 입법조치,

d) 국가안보를 보호하기 위한 입법조치,

e) 타인의 권리 및 자유를 보호하기 위한 입법조치.

④ 회원국은 제3항의 어느 각 목 중 전부가 또는 일부가 적용되는 처리범주를 정하는 입법조치를 취할 수 있다.

제14조 정보주체의 접근권

제15조를 조건으로 하여 회원국은, 정보주체가 자신에 관한 개인정보가 처리되는지 여부(ob sie betreffende personenbezogene Daten verarbeitet werden)에 관한 확인을 개인정보처리자에게서 받을 권리를 갖도록 보장한다: 이러한 경우에 정보주체는 개인정보에 관한 접근권과 다음 각 목에 관한 접근권을

und zu folgenden Informationen zu erhalten:

a) die Zwecke der Verarbeitung und deren Rechtsgrundlage,

b) die Kategorien personenbezogener Daten, die verarbeitet werden,

c) die Empfänger oder Kategorien von Empfängern, gegenüber denen die personenbezogenen Daten offengelegt worden sind, insbesondere bei Empfängern in Drittländern oder bei internationalen Organisationen,

d) falls möglich die geplante Dauer, für die die personenbezogenen Daten gespeichert werden oder, falls dies nicht möglich ist, die Kriterien für die Festlegung dieser Dauer,

e) das Bestehen eines Rechts auf Berichtigung oder Löschung personenbezogener Daten oder Einschränkung der Verarbeitung personenbezogener Daten der betroffenen Person durch den Verantwortlichen,

f) das Bestehen eines Beschwerderechts bei der Aufsichtsbehörde sowie deren Kontaktdaten,

g) Mitteilung zu den personenbezogenen Daten, die Gegenstand der Verarbeitung sind, sowie alle verfügbaren Informationen über die Herkunft der Daten.

Artikel 15 Einschränkung des Auskunftsrechts

(1) Die Mitgliedstaaten können Gesetzgebungsmaßnahmen erlassen, die zu nachstehenden Zwecken das Recht der betroffenen Person auf Auskunft teilweise oder vollständig einschränken, soweit und so lange wie diese teilweise oder vollständige Einschränkung in einer demokratischen Gesellschaft erforderlich und verhältnismäßig ist und den Grundrechten und den berechtigten Interessen der betroffenen natürlichen Person Rechnung getragen wird:

a) Gewährleistung, dass behördliche oder gerichtliche Untersuchungen, Ermittlungen oder Verfahren nicht behindert werden,

b) Gewährleistung, dass die Verhütung, Aufdeckung, Ermittlung oder Verfolgung von Straftaten oder die Strafvollstreckung nicht beeinträchtigt werden,

c) Schutz der öffentlichen Sicherheit,

d) Schutz der nationalen Sicherheit,

e) Schutz der Rechte und Freiheiten anderer.

(2) Die Mitgliedstaaten können Gesetzgebungsmaßnahmen zur Festlegung der Verarbeitungskategorien erlassen, für die Absatz 1 Buchstaben a bis e vollständig oder teilweise zur Anwendung kommen.

(3) Für die in den Absätzen 1 und 2 genannten Fälle sehen die Mitgliedstaaten vor, dass der Verantwortliche die betroffene Person unverzüglich schriftlich über die Verweigerung oder die Einschränkung der Auskunft und die Gründe hierfür unterrichtet. Dies gilt nicht, wenn die Erteilung dieser Informationen einem der in Absatz 1 genannten Zwecke zuwiderliefe. Die Mitgliedstaaten sehen vor, dass der Verantwortliche die betroffene Person über die Möglichkeit unterrichtet, bei der Aufsichtsbehörde Beschwerde einzulegen oder einen gerichtlichen Rechtsbehelf einzulegen.

(4) Die Mitgliedstaaten sehen vor, dass der Verantwortliche die sachlichen oder rechtlichen Gründe für die Entscheidung dokumentiert. Diese Angaben sind der Aufsichtsbehörde zur Verfügung zu stellen.

Artikel 16 Recht auf Berichtigung oder Löschung personenbezogener Daten und Einschränkung der Verarbeitung

(1) Die Mitgliedstaaten sehen vor, dass die betroffene Person das Recht hat, von dem Verantwortlichen

갖는다:

a) 그 처리의 목적과 처리의 법적 근거,

b) 처리되는 개인정보의 범주,

c) 개인정보가 공개되는 수령인 또는 수령인의 범주(die Empfänger oder Kategorien von Empfängern), 특히 제3국 또는 국제기구에 있는 수령인(insbesondere bei Empfängern in Drittländern oder bei internationalen Organisationen),

d) 가능하다면 개인정보가 저장되는 예정된 기간이나 이것이 불가능하다면 이러한 기간의 설정에 대한 기준(die Kriterien für die Festlegung dieser Dauer),

e) 정보주체에 관한 개인정보의 정보제공, 정보삭제 또는 정보처리제한(eines Rechts auf Berichtigung oder Löschung personenbezogener Daten oder Einschränkung der Verarbeitung personenbezogener Daten der betroffenen Person)을 개인정보처리자에게 요구할 권리의 존재,

f) 감독관청에 대한 이의제기권과 그 감독관청의 연락정보의 존재,

g) 처리의 대상이 된 개인정보에 관한 통지와 그 개인정보의 출처에 관한 이용할 수 있는 일체의 정보(alle verfügbaren Informationen über die Herkunft der Daten).

제15조 접근권의 제한

① 회원국은, 그 조치가 민주 사회에서 필요하고 비례적이며 정보주체인 자연인의 기본권 및 정당한 이익을 고려한(wie diese Maßnahme in einer demokratischen Gesellschaft erforderlich und verhältnismäßig ist und sofern den Grundrechten und den berechtigten Interessen der betroffenen natürlichen Person Rechnung getragen wird) 그러한 범위 내에서 또 그러한 기간 동안에 다음 각 목의 목적을 위하여 정보주체의 접권권을 전부 또는 부분적으로 제한하는 입법조치를 취할 수 있다:

a) 관청 또는 법원의 조사, 수사 또는 절차(Untersuchungen, Ermittlungen oder Verfahren)가 방해받지 않도록 보장하는 입법조치,

b) 범죄의 예방, 적발, 수사 또는 기소(die Verhütung, Aufdeckung, Ermittlung oder Verfolgung von Straftaten)나 형집행이 방해받지 않도록 보장하는 입법조치,

c) 공공의 안녕을 보호하기 위한 입법조치,

d) 국가안보를 보호하기 위한 입법조치,

e) 타인의 권리 및 자유를 보호하기 위한 입법조치.

② 회원국은 제3항 a목 내지 e목 중 전부 또는 일부가 적용되는 처리범주를 정하는 입법조치를 취할 수 있다.

③ 제1항 및 제2항의 경우에 대하여, 회원국은 정보주체에게 지체 없이 정보제공의 거부 또는 제한과 이에 대한 사유에 관하여 서면으로 알리도록 규정한다. 이러한 정보제공이 제1항상의 목적과 배치되는 경우(wenn die Erteilung dieser Informationen einem der in Absatz 1 genannten Zwecke zuwiderliefe)에는 그러하지 아니하다. 회원국은, 개인정보처리자가 감독관청에 이의를 제기하거나 법원을 통한 법적구제를 제기할(bei der Aufsichtsbehörde Beschwerde einzulegen oder einen gerichtlichen Rechtsbehelf einzulegen) 가능성에 관하여 알리도록 규정한다.

④ 회원국은, 개인정보처리자가 해당 결정에 대한 사항적 또는 법적 이유에 대하여 문서로 기록하도록 규정한다. 이러한 정보는 감독관청에 제공되어야 한다.

제16조 개인정보의 정정요구권 또는 삭제요구권(Recht auf Berichtigung oder Löschung personenbezogener Daten)과, 처리제한요구권

① 회원국은, 정보주체가 자신에 관한 부정확한 정보를 개인정보처리자에게 지체 없이 정정을 요구할

unverzüglich die Berichtigung sie betreffender unrichtiger Daten zu verlangen. Unter Berücksichtigung der Zwecke der Verarbeitung sehen die Mitgliedstaaten vor, dass die betroffene Person das Recht hat, die Vervollständigung unvollständiger personenbezogener Daten — auch mittels einer ergänzenden Erklärung — zu verlangen.

(2) Die Mitgliedstaaten verlangen vom Verantwortlichen, personenbezogene Daten unverzüglich zu löschen, und sehen vor, dass die betroffene Person das Recht hat, von dem Verantwortlichen die Löschung von sie betreffenden personenbezogenen Daten unverzüglich zu verlangen, wenn die Verarbeitung gegen die nach den Artikeln 4, 8 und 10 erlassenen Vorschriften verstößt oder wenn die personenbezogenen Daten zur Erfüllung einer rechtlichen Verpflichtung gelöscht werden müssen, der der Verantwortliche unterliegt.

(3) Anstatt die personenbezogenen Daten zu löschen, kann der Verantwortliche deren Verarbeitung einschränken, wenn

a) die betroffene Person die Richtigkeit der personenbezogenen Daten bestreitet und die Richtigkeit oder Unrichtigkeit nicht festgestellt werden kann, oder

b) die personenbezogenen Daten für Beweiszwecke weiter aufbewahrt werden müssen.

Unterliegt die Verarbeitung einer Beschränkung gemäß Unterabsatz 1 Buchstabe a, unterrichtet der Verantwortliche die betroffene Person, bevor er die Beschränkung aufhebt.

(4) Die Mitgliedstaaten sehen vor, dass der Verantwortliche die betroffene Person schriftlich über eine Verweigerung der Berichtigung oder Löschung personenbezogener Daten oder Einschränkung der Verarbeitung und über die Gründe für die Verweigerung unterrichtet. Die Mitgliedstaaten können Gesetzgebungsmaßnahmen erlassen, die zu nachstehenden Zwecken die Pflicht, diese Informationen zur Verfügung zu stellen, teilweise oder vollständig einschränken, soweit diese Einschränkung in einer demokratischen Gesellschaft erforderlich und verhältnismäßig ist und den Grundrechten und den berechtigten Interessen der betroffenen natürlichen Person Rechnung getragen wird:

a) Gewährleistung, dass behördliche oder gerichtliche Untersuchungen, Ermittlungen oder Verfahren nicht behindert werden,

b) Gewährleistung, dass die Verhütung, Aufdeckung, Ermittlungen oder Verfolgung von Straftaten oder die Strafvollstreckung nicht beeinträchtigt werden,

c) Schutz der öffentlichen Sicherheit,

d) Schutz der nationalen Sicherheit,

e) Schutz der Rechte und Freiheiten anderer.

Die Mitgliedstaaten sehen vor, dass der Verantwortliche die betroffene Person über die Möglichkeit unterrichtet, bei der Aufsichtsbehörde Beschwerde einzulegen oder einen gerichtlichen Rechtsbehelf einzulegen.

(5) Die Mitgliedstaaten sehen vor, dass der Verantwortliche die Berichtigung von unrichtigen personenbezogenen Daten der zuständigen Behörde, von der die unrichtigen Daten stammen, mitteilt.

(6) Die Mitgliedstaaten sehen vor, dass in Fällen der Berichtigung, Löschung oder Einschränkung der Verarbeitung nach den Absätzen 1, 2 und 3 der Verantwortliche die Empfänger in Kenntnis setzt und dass die Empfänger die ihrer Verantwortung unterliegenden personenbezogenen Daten berichtigen, löschen oder deren Verarbeitung einschränken.

(von dem Verantwortlichen unverzüglich die Berichtigung sie betreffender unrichtiger Daten zu verlangen) 권리를 갖도록 규정한다. 해당 처리의 목적을 고려하여 회원국은 정보주체가 보충적 진술에 의한 경우를 포함하여(auch mittels einer ergänzenden Erklärung), 불완전한 개인정보를 완전하게 하는 것을 요구할 수 있는 권리를 갖도록 규정한다.

② 해당 처리가 제4조, 제8조 또는 제10조에 따라 제정된 규정에 위반되는 경우나 개인정보가 개인정보처리자가 적용받는 법적 의무의 이행을 위하여 삭제되어야만 하는 경우(wenn die Verarbeitung gegen die nach den Artikeln 4, 8 und 10 erlassenen Vorschriften verstößt oder wenn die personenbezogenen Daten zur Erfüllung einer rechtlichen Verpflichtung gelöscht werden müssen, der der Verantwortliche unterliegt)에는, 회원국은 개인정보처리자에게 개인정보를 지체 없이 삭제하도록 요구하고 또 정보주체가 자신에 관한 개인정보의 삭제를 개인정보처리자에게 지체 없이 요구할 권리를 갖도록 규정한다.

③ 다음 각 목의 경우에, 개인정보를 삭제하는 대신에, 개인정보처리자가 그 개인정보 처리를 제한할 수 있다,

a) 정보주체가 개인정보의 정확성에 대하여 다투고 그 정확성 또는 부정확성을 결정할 수 없는 경우, 또는

b) 해당 개인정보가 증명목적을 위하여 계속적으로 보관되어야만 하는 경우.

해당 처리가 제1소항 a목에 따른 제한을 적용받는 경우(Unterliegt die Verarbeitung einer Beschränkung gemäß Unterabsatz 1 Buchstabe a)에 개인정보처리자는 자신이 그 제한을 없애기 전에 정보주체에 알린다.

④ 회원국은, 정보주체에게 지체 없이 개인정보 정정 또는 삭제 거부나 해당 처리 제한의 거부나 그러한 거부에 대한 사유에 관하여 서면으로 통지하도록 규정한다. 회원국은, 이러한 제한이 민주 사회에서 필요하고 비례적이며 정보주체인 자연인의 기본권 및 정당한 이익을 고려한 범위 내에서(soweit diese Einschränkung in einer demokratischen Gesellschaft erforderlich und verhältnismäßig ist und den Grundrechten und den berechtigten Interessen der betroffenen natürlichen Person Rechnung getragen wird), 다음 각 목의 목적을 위하여 이러한 정보를 제공할 의무를 전부 또는 부분적으로 제한하는 입법조치를 취할 수 있다.

a) 관청 또는 법원의 조사, 수사 또는 절차(Untersuchungen, Ermittlungen oder Verfahren)가 방해받지 않도록 보장하는 입법조치,

b) 범죄의 예방, 적발, 수사 또는 기소(die Verhütung, Aufdeckung, Ermittlung oder Verfolgung von Straftaten)나 형집행이 방해받지 않도록 보장하는 입법조치,

c) 공공의 안녕을 보호하기 위한 입법조치,

d) 국가안보를 보호하기 위한 입법조치,

e) 타인의 권리 및 자유를 보호하기 위한 입법조치.

회원국은, 개인정보처리자가 정보주체에게 감독관청에 이의를 제기하거나 법원을 통한 법적구제를 제기할(bei der Aufsichtsbehörde Beschwerde einzulegen oder einen gerichtlichen Rechtsbehelf einzulegen) 가능성에 관하여 알리도록 규정한다.

⑤ 회원국은, 개인정보처리자가 부정확한 개인정보의 정정을 그 부정확한 개인정보가 유래한 관할 관청에 통지하도록 규정한다.

⑥ 회원국은, 제1항, 제2항 및 제3항에 따른 정정, 삭제 또는 제한의 경우(in Fällen der Berichtigung, Löschung oder Einschränkung der Verarbeitung nach den Absätzen 1, 2 und 3)에 개인정보처리자가 수령인에게 알려 수령인이 자신의 책임에 속하는 개인정보(die ihrer Verantwortung unterliegenden personenbezogenen Daten)를 정정하거나, 삭제하거나 그 처리를 제한하도록 규정한다.

Artikel 17 Ausübung von Rechten durch die betroffene Person und Prüfung durch die Aufsichtsbehörde

(1) In den in Artikel 13 Absatz 3, Artikel 15 Absatz 3 und Artikel 16 Absatz 4 genannten Fällen erlassen die Mitgliedstaaten Maßnahmen, in denen vorgesehen ist, dass die Rechte der betroffenen Person auch über die zuständige Aufsichtsbehörde ausgeübt werden können.

(2) Die Mitgliedstaaten sehen vor, dass der Verantwortliche die betroffene Person über die Möglichkeit unterrichtet, ihr Recht auf Befassung der Aufsichtsbehörde gemäß Absatz 1 auszuüben.

(3) Wird das in Absatz 1 genannte Recht ausgeübt, unterrichtet die Aufsichtsbehörde die betroffene Person zumindest darüber, dass alle erforderlichen Prüfungen oder eine Überprüfung durch die Aufsichtsbehörde erfolgt sind. Die Aufsichtsbehörde hat zudem die betroffene Person über ihr Recht auf einen gerichtlichen Rechtsbehelf zu unterrichten.

Artikel 18 Rechte der betroffenen Person in strafrechtlichen Ermittlungen und in Strafverfahren

Die Mitgliedstaaten können vorsehen, dass die Ausübung der Rechte nach den Artikeln 13, 14 und 16 im Einklang mit dem Recht der Mitgliedstaaten erfolgt, wenn es um personenbezogene Daten in einer gerichtlichen Entscheidung oder einem Dokument oder einer Verfahrensakte geht, die in strafrechtlichen Ermittlungen und in Strafverfahren verarbeitet werden.

KAPITEL IV Verantwortlicher und Auftragsverarbeiter

Abschnitt 1 Allgemeine Pflichten

Artikel 19 Pflichten des Verantwortlichen

(1) Die Mitgliedstaaten sehen vor, dass der Verantwortliche unter Berücksichtigung der Art, des Umfangs, der Umstände und der Zwecke der Verarbeitung sowie der unterschiedlichen Eintrittswahrscheinlichkeit und Schwere der Risiken für die Rechte und Freiheiten natürlicher Personen geeignete technische und organisatorische Maßnahmen umsetzt, um sicherzustellen und den Nachweis dafür erbringen zu können, dass die Verarbeitung in Übereinstimmung mit dieser Richtlinie erfolgt. Diese Maßnahmen werden erforderlichenfalls überprüft und aktualisiert.

(2) Sofern dies in einem angemessenen Verhältnis zu den Verarbeitungstätigkeiten steht, müssen die Maßnahmen gemäß Absatz 1 die Anwendung geeigneter Datenschutzvorkehrungen durch den Verantwortlichen umfassen.

Artikel 20 Datenschutz durch Technikgestaltung und datenschutzfreundliche Voreinstellungen

(1) Die Mitgliedstaaten sehen vor, dass der Verantwortliche unter Berücksichtigung des Stands der Technik, der Implementierungskosten und der Art, des Umfangs, der Umstände und der Zwecke der Verarbeitung sowie der unterschiedlichen Eintrittswahrscheinlichkeit und Schwere der mit der Verarbeitung verbundenen Risiken für die Rechte und Freiheiten natürlicher Personen sowohl zum Zeitpunkt der Festlegung der Mittel für die Verarbeitung als auch zum Zeitpunkt der eigentlichen Verarbeitung geeignete technische und organisatorische Maßnahmen — wie z. B. Pseudonymisierung — trifft, die dafür ausgelegt sind, Datenschutzgrundsätze wie etwa Datenminimierung wirksam umzusetzen und die notwendigen Garantien in die Verarbeitung aufzunehmen, um den Anforderungen dieser Richtlinie zu genügen und die Rechte der betroffenen Personen zu schützen.

제17조 정보주체의 권리의 행사와 감독관청의 심사

제13조 제3항, 제15조 제3항 또는 제16조 제4항의 경우에 회원국은 정보주체의 권리가 관할 감독관청에 대해서도 행사될 수 있는 것(dass die Rechte der betroffenen Person auch über die zuständige Aufsichtsbehörde ausgeübt werden können)으로 규정된 조치를 취한다.

② 회원국은, 개인정보처리자가 정보주체에게 제1항에 따른 감독관청에 자신의 안건회부권을 행사할 가능성에 관하여 알리도록 규정한다.[80)]

③ 제1항상의 권리가 행사되는 경우에 감독관청은 정보주체에게 적어도, 필요한 일체의 심사 또는 재심사가 감독관청에 의하여 행해졌다는 점(dass alle erforderlichen Prüfungen oder eine Überprüfung durch die Aufsichtsbehörde erfolgt sind)에 관하여 알린다. 또한 감독관청은 정보주체에 법원을 통한 그 법적구제권을 알린다.

제18조 범죄수사 및 형사소송절차에서의 정보주체의 권리

범죄수사 또는 형사소송절차에서 처리되는(die in strafrechtlichen Ermittlungen und in Strafverfahren verarbeitet werden) 법원의 재판서(裁判書)나 그러한 증거 또는 사건기록에 있는 개인정보에 해당하는 경우에는, 회원국은 제13조, 제14조 또는 제16조에 따른 권리의 행사는 회원국법에 따라 행해지도록 규정한다.[81)]

제4장 개인정보처리자와 수탁처리자

제1절 일반적 의무

제19조 개인정보처리자의 의무

① 회원국은, 개인정보처리자가, 처리의 성질, 범위, 배경 및 목적(Berücksichtigung der Art, des Umfangs, der Umstände und der Zwecke der Verarbeitung) 그리고 자연인의 권리 및 자유에 대한 위험의 다양한 발생가능성과 그 중대성을 고려했을 때, 그 처리가 본 입법지침에 좇아 행해진다는 점(dass die Verarbeitung in Übereinstimmung mit dieser Richtlinie erfolgt)을 보장하고 그에 대한 증거를 제출하기 위한 적절한 기술적·관리적 조치(geeignete technische und organisatorische Maßnahmen)를 시행하도록 규정한다. 이러한 조치는 필요한 경우에 검증되고 업데이트된다.

② 이것이 정보처리활동에 대한 적절한 관계에 있는 한, 제1항에 따른 조치는 개인정보처리자에 의한 적절한 개인정보보호조처의 적용(die Anwendung geeigneter Datenschutzvorkehrungen durch den Verantwortlichen)을 포함해야 한다.

제20조 기술설계와 정보보호친화적 디폴트에 의한 개인정보보호

① 회원국은, 기술수준, 실행비용과 처리의 성질, 범위, 배경 및 목적(des Stands der Technik, der Implementierungskosten und der Art, des Umfangs, der Umstände und der Zwecke der Verarbeitung)을 고려하고 또 처리로 발생하는, 자연인의 권리 및 자유에 대한 위험의 다양한 발생가능성과 그 중대성을 고려하여, 개인정보처리자가, 처리에 대한 수단 설정 당시뿐만 아니라 그 처리 중에도, 가령 정보최소화와 같은 개인정보보호원칙을 효과적으로 시행하고 또 본 입법지침의 요구사항을 충족시키고 정보주체의 권리를 보호하기 위해 필요한 안전성확보조치를 그 처리에 적용하기(die notwendigen Garantien in die Verarbeitung aufzunehmen, um den Anforderungen dieser Verordnung zu genügen und die Rechte der betroffenen Personen zu schützen) 위한 적절한 기술적·관리적 조치, 예컨대 가명처리(Pseudonymisierung)와 같은 조치를 취하도록 규정한다.

(2) Die Mitgliedstaaten sehen vor, dass der Verantwortliche geeignete technische und organisatorische Maßnahmen trifft, die sicherstellen, dass durch Voreinstellung grundsätzlich nur personenbezogene Daten, deren Verarbeitung für den jeweiligen bestimmten Verarbeitungszweck erforderlich ist, verarbeitet werden. Diese Verpflichtung gilt für die Menge der erhobenen personenbezogenen Daten, den Umfang ihrer Verarbeitung, ihre Speicherfrist und ihre Zugänglichkeit. Solche Maßnahmen müssen insbesondere sicherstellen, dass personenbezogene Daten durch Voreinstellungen nicht ohne Eingreifen der Person einer unbestimmten Zahl von natürlichen Personen zugänglich gemacht werden.

Artikel 21 Gemeinsam Verantwortliche

(1) Die Mitgliedstaaten sehen vor, dass in dem Fall, dass zwei oder mehr Verantwortliche gemeinsam die Zwecke und die Mittel zur Verarbeitung festlegen, sie gemeinsam Verantwortliche sind. Sie legen in einer Vereinbarung in transparenter Form ihre jeweiligen Aufgaben gemäß dieser Richtlinie fest insbesondere was die Wahrnehmung der Rechte der betroffenen Person angeht, und wer welchen Informationspflichten gemäß Artikel 13 nachkommt, sofern und soweit die jeweiligen Aufgaben der Verantwortlichen nicht durch das Unionsrecht oder das Recht der Mitgliedstaaten, denen die Verantwortlichen unterliegen, festgelegt sind. In der Vereinbarung wird eine Anlaufstelle für die betroffenen Personen angegeben. Die Mitgliedstaaten können angeben, welcher der gemeinsam Verantwortlichen als zentrale Anlaufstelle für die betroffenen Personen handeln kann, wenn es um die Ausübung ihrer Rechte geht.

(2) Ungeachtet der Einzelheiten der Vereinbarung gemäß Absatz 1 können die Mitgliedstaaten vorsehen, dass die betroffene Person ihre Rechte im Rahmen der nach dieser Richtlinie erlassenen Vorschriften bei und gegenüber jedem einzelnen der Verantwortlichen geltend machen kann.

Artikel 22 Auftragsverarbeiter

(1) Die Mitgliedstaaten sehen vor, dass in dem Fall, dass eine Verarbeitung im Auftrag eines Verantwortlichen erfolgt, dieser nur mit Auftragsverarbeitern arbeitet, die hinreichende Garantien dafür bieten, dass geeignete technische und organisatorische Maßnahmen so durchgeführt werden, dass die Verarbeitung im Einklang mit den Anforderungen dieser Richtlinie erfolgt und den Schutz der Rechte der betroffenen Person gewährleistet.

(2) Die Mitgliedstaaten sehen vor, dass der Auftragsverarbeiter keinen weiteren Auftragsverarbeiter ohne vorherige gesonderte oder allgemeine schriftliche Genehmigung des Verantwortlichen in Anspruch nimmt. Im Fall einer allgemeinen schriftlichen Genehmigung unterrichtet der Auftragsverarbeiter den Verantwortlichen über jede beabsichtigte Änderung in Bezug auf die Hinzuziehung oder die Ersetzung anderer Auftragsverarbeiter, wodurch der Verantwortliche die Möglichkeit erhält, gegen derartige Änderungen Einspruch zu erheben.

(3) Die Mitgliedstaaten sehen vor, dass die Verarbeitung durch einen Auftragsverarbeiter auf der Grundlage eines Vertrags oder eines anderen Rechtsinstruments nach dem Unionsrecht oder dem Recht der Mitgliedstaaten erfolgt, der bzw. das den Auftragsverarbeiter an den Verantwortlichen bindet und der den Gegenstand und Dauer der Verarbeitung, Art und Zweck der Verarbeitung, die Art der personenbezogenen Daten, die Kategorien betroffener Personen und die Pflichten und Rechte des Verantwortlichen festlegt. Der Vertrag oder das andere Rechtsinstrument sieht insbesondere vor, dass der Auftragsverarbeiter.

② 회원국은, 개인정보처리자가, 그 처리가 각각의 특정한 처리목적에 필요한 개인정보만이 원칙적으로 디폴트에 의해 처리되는 것을 보장하는 기술적·관리적 조치를 취하도록 규정한다. 이러한 의무는 수집된 개인정보의 양, 그 개인정보의 처리의 범위, 저장기간과 이에 대한 접근성(den Umfang ihrer Verarbeitung, ihre Speicherfrist und ihre Zugänglichkeit)에 대하여도 적용된다. 특히 그러한 조치는, 인간의 개입이 없다면 디폴트를 통해 불특정 다수의 자연인이 개인정보에 접근할 수 없다는 점(dass personenbezogene Daten durch Voreinstellungen nicht ohne Eingreifen der Person einer unbestimmten Zahl von natürlichen Personen zugänglich gemacht werden)을 보장해야만 한다.

제21조 공동개인정보처리자

① 회원국은, 둘 또는 그 이상의 개인정보처리자가 처리목적 및 처리수단(die Zwecke der und die Mittel)을 공동으로 정하는 경우에 그들은 공동개인정보처리자가 되는 것으로 규정한다. 그들은, 각각의 개인정보처리자의 임무가 그 개인정보처리자가 적용받는 유럽연합법규정 또는 회원국법규정으로 규정되지 않는 경우에 그러한 어느 범위 내에서(sofern und soweit die jeweiligen Aufgaben der Verantwortlichen nicht durch das Unionsrecht oder das Recht der Mitgliedstaaten, denen die Verantwortlichen unterliegen, festgelegt sind), 본 입법지침에 따른 각각의 자신의 의무, 특히 정보주체의 권리의 행사에 관하여, 그리고 누가 제13조에 따른 어떤 정보제공의무를 이행할 것인지를 약정으로 투명하게 정한다. 그 약정에서 정보주체에 대한 연락담당자 1인이 지정된다. 회원국은, 정보주체의 권리의 행사가 문제되는 경우에(wenn es um die Ausübung ihrer Rechte geht) 공동개인정보처리자 중 누가 정보주체에 대한 중앙연락담당자로 행위할 수 있는지를 지정할 수 있다.

③ 제1항에 따른 약정의 세부조항에 상관없이(Ungeachtet der Einzelheiten der Vereinbarung gemäß Absatz 1) 회원국은, 정보주체가 본 입법지침에 따라 제정된 규정이 범위 내에서 자신의 권리를 공동개인정보처리자 중 각 개인정보처리자에 대하여 행사할 수 있는 것으로 규정할 수 있다.

제22조 수탁처리자

① 회원국은, 어느 처리가 개인정보처리자의 위임에 기하여 행해지는 경우에(in dem Fall, dass eine Verarbeitung im Auftrag eines Verantwortlichen erfolgt), 개인정보처리자가, 적절한 기술적·관리적 조치(geeignete technische und organisatorische Maßnahmen)가 그 처리가 본 입법지침의 요구사항에 따라 행해지고 정보주체의 권리가 보장되도록(den Schutz der Rechte der betroffenen Person gewährleistet) 취해진다는 점에 대한 충분한 안전성확보조치를 제공하는 수탁처리자와만 일하는 것으로 규정한다.

② 회원국은, 수탁처리자가 개인정보처리자의 별도의 또는 일반적 사전(事前) 서면 동의 없이(ohne vorherige gesonderte oder allgemeine schriftliche Genehmigung des Verantwortlichen) 다른 수탁처리자를 이용할 수 없는 것으로 규정한다. 일반적 서면 동의의 경우에 수탁처리자는 개인정보처리자에게 다른 수탁처리자의 추가나 다른 수탁처리자로의 교체에 관한 계획한 각 변경에 관하여 언제나 알리고, 이 경우 개인정보처리자는 그러한 변경에 대하여 이의를 제기할 기회를 갖는다(wodurch der Verantwortliche die Möglichkeit erhält, gegen derartige Änderungen Einspruch zu erheben).

③ 회원국은, 어느 수탁처리자에 의한 처리가, 수탁처리자를 개인정보처리자와 관련하여 연결해 주고 처리의 대상 및 기간, 처리의 성질 및 목적, 개인정보의 유형, 정보주체의 범주와 개인정보처리자의 권리의무(der den Gegenstand und Dauer der Verarbeitung, Art und Zweck der Verarbeitung, die Art der personenbezogenen Daten, die Kategorien betroffener Personen und die Pflichten und Rechte des Verantwortlichen)를 정한, 유럽연합법 또는 회원국법에 따른 계약 또는 기타 법률행위에 기하여(Vertrags oder eines anderen Rechtsinstruments nach dem Unionsrecht oder dem Recht der Mitgliedstaaten) 행해지는 것으로 규정한다. 이러한 계약 또는 기타 법률행위는 특히 다음 각 목을 규정한다.

a) nur auf Weisung des Verantwortlichen handelt,

b) gewährleistet, dass sich die zur Verarbeitung der personenbezogenen Daten befugten Personen zur Vertraulichkeit verpflichtet haben oder einer angemessenen gesetzlichen Verschwiegenheitspflicht unterliegen,

c) den Verantwortlichen mit geeigneten Mitteln dabei unterstützt, die Einhaltung der Bestimmungen über die Rechte der betroffenen Person zu gewährleisten,

d) alle personenbezogenen Daten nach Abschluss der Erbringung der Verarbeitungsleistungen — nach Wahl des Verantwortlichen — zurückgibt bzw. löscht und bestehende Kopien vernichtet, sofern nicht nach dem Unionsrecht oder dem Recht der Mitgliedstaaten eine Verpflichtung zur Speicherung der personenbezogenen Daten besteht,

e) dem Verantwortlichen alle erforderlichen Informationen zum Nachweis der Einhaltung der in diesem Artikel niedergelegten Pflichten zur Verfügung stellt,

f) die in den Absätzen 2 und 3 aufgeführten Bedingungen für die Inanspruchnahme der Dienste eines weiteren Auftragsverarbeiters einhält.

(4) Der Vertrag oder das andere Rechtsinstrument im Sinne von Absatz 3 ist schriftlich abzufassen, was auch in einem elektronischen Format erfolgen kann.

(5) Ein Auftragsverarbeiter, der unter Verstoß gegen diese Richtlinie die Zwecke und Mittel der Verarbeitung bestimmt, gilt in Bezug auf diese Verarbeitung als Verantwortlicher.

Artikel 23 Verarbeitung unter der Aufsicht des Verantwortlichen oder des Auftragsverarbeiters

Die Mitgliedstaaten sehen vor, dass der Auftragsverarbeiter und jede dem Verantwortlichen oder dem Auftragsverarbeiter unterstellte Person, die Zugang zu personenbezogenen Daten hat, diese Daten ausschließlich auf Weisung des Verantwortlichen verarbeiten, es sei denn, dass sie nach dem Unionsrecht oder dem Recht der Mitgliedstaaten zur Verarbeitung verpflichtet sind.

Artikel 24 Verzeichnis von Verarbeitungstätigkeiten

(1) Die Mitgliedstaaten sehen vor, dass jeder Verantwortliche ein Verzeichnis aller Kategorien von Tätigkeiten der Verarbeitung, die seiner Zuständigkeit unterliegen, führt. Dieses Verzeichnis enthält alle der folgenden Angaben:

a) den Namen und die Kontaktdaten des Verantwortlichen, gegebenenfalls des gemeinsam mit ihm Verantwortlichen und eines etwaigen Datenschutzbeauftragten,

b) die Zwecke der Verarbeitung,

c) die Kategorien von Empfängern, gegenüber denen die personenbezogenen Daten offengelegt worden sind oder noch offengelegt werden, einschließlich Empfängern in Drittländern oder internationalen Organisationen,

d) eine Beschreibung der Kategorien betroffener Personen und der Kategorien personenbezogener Daten,

e) gegebenenfalls die Verwendung von Profiling,

f) gegebenenfalls die Kategorien von Übermittlungen personenbezogener Daten an ein Drittland oder an eine internationale Organisation,

g) Angaben über die Rechtsgrundlage der Verarbeitung, einschließlich Übermittlungen, für die die personenbezogenen Daten bestimmt sind,

a) 수탁처리자가 개인정보처리자의 지시에 의하여만 행위한다는 점,

b) 수탁처리자가 개인정보 처리에 관하여 권한을 가진 자가 기밀을 지킬 의무를 부담하거나 적절한 법에 규정된 비밀유지의무를 적용받는다(einer angemessenen gesetzlichen Verschwiegenheitspflicht unterliegen)는 것을 보장다는 점,

c) 수탁처리자가 정보주체의 권리에 관한 규정의 준수를 보장하는 적절한 수단으로 개인정보처리자를 지원한다는 점,

d) 유럽연합법 또는 회원국법에 따라 개인정보의 저장의무가 성립하지 않는 한, 수탁처리자가 처리급부의 제공 종료 후에(nach Abschluss der Erbringung der Verarbeitungsleistungen) 개인정보처리자의 선택에 좇아(nach Wahl des Verantwortlichen) 일체의 개인정보를 반환(返還)하거나 삭제하고 기존 사본을 파기한다는 점,

d) 수탁처리자가 개인정보처리자에게 본 조에 규정된 의무의 준수를 증명하는 데 필요한 일체의 정보를 제공한다는 점,

e) 수탁처리자가 제2항 또는 제3항에 규정된, 다른 수탁처리자의 서비스의 이용에 대한 조건을 준수한다는 점,

f) 수탁처리자가 제2항 및 제3항상의 조건으로, 추가적 수탁처리자의 업무 수행(die Inanspruchnahme der Dienste)에 대한 요건을 준수한다는 점.

④ 제3항의 계약 또는 그 밖의 법률행위는, 전자양식을 포함하여(was auch in einem elektronischen Format erfolgen kann) 서면으로 작성되어야 한다.

⑤ 본 입법지침을 위반하여 처리의 목적과 수단을 정한 어느 수탁처리자는, 이러한 처리에 관하여 개인정보처리자로 본다.

제23조 개인정보처리자 또는 수탁처리자의 감독하의 처리

회원국은, 수탁처리자와, 개인정보처리자 또는 그 수탁처리자의 감독하에서 행위하는 모든 자로, 개인정보에 대하여 접근할 수 있는 자는, 개인정보처리자의 지시에 의해서만 이러한 개인정보를 처리할 수 있고, 다만 그들이 유럽연합법 또는 회원국법에 따라 처리할 의무를 부담하는 경우에는 그러하지 아니하는 것으로 규정한다.

제24조 정보처리활동 기록

① 회원국은, 모든 개인정보처리자가 그 책임하에 있는(die ihrer Zuständigkeit unterliegen) 모든 범주의 정보처리활동의 기록(ein Verzeichnis aller Kategorien von Tätigkeiten der Verarbeitung)을 관리하는 것으로 규정한다. 이러한 기록은 다음 각 목 전부를 포함한다:

a) 개인정보처리자의 이름 및 연락정보, 해당하는 경우 공동개인정보처리자, 개인정보보호책임자의 이름 및 연락정보,

b) 처리의 목적,

c) 제3국 또는 국제기구에 있는 수령인을 포함하여, 개인정보가 공개되었거나 장차 공개될 수령인의 범주(die Kategorien von Empfängern),

d) 정보주체 및 개인정보의 범주의 기술(記述),

e) 해당하는 경우 프로파일링의 사용,

f) 해당하는 경우에 개인정보의 어느 제3국 또는 어느 국제기구로의 이전의 범주(die Kategorien von Übermittlungen personenbezogener Daten),

g) 해당 개인정보에 대하여 의도한 이전을 포함하여(einschließlich Übermittlungen, für die die personenbezogenen Daten bestimmt sind), 해당 개인정보 처리의 법적 근거에 관한 사항,

h) wenn möglich, die vorgesehenen Fristen für die Löschung der verschiedenen Kategorien personenbezogener Daten,

i) wenn möglich, eine allgemeine Beschreibung der technischen und organisatorischen Maßnahmen gemäß Artikel 29 Absatz 1.

(2) Die Mitgliedstaaten sehen vor, dass jeder Auftragsverarbeiter ein Verzeichnis zu allen Kategorien von im Auftrag eines Verantwortlichen durchgeführten Tätigkeiten der Verarbeitung führt, das Folgendes enthält:

a) Name und Kontaktdaten des Auftragsverarbeiters oder der Auftragsverarbeiter, jedes Verantwortlichen, in dessen Auftrag der Auftragsverarbeiter tätig ist, sowie eines etwaigen Datenschutzbeauftragten,

b) die Kategorien von Verarbeitungen, die im Auftrag jedes Verantwortlichen durchgeführt werden,

c) gegebenenfalls Übermittlungen von personenbezogenen Daten an ein Drittland oder an eine internationale Organisation, wenn vom Verantwortlichen entsprechend angewiesen, einschließlich der Identifizierung des Drittlandes oder der internationalen Organisation,

d) wenn möglich, eine allgemeine Beschreibung der technischen und organisatorischen Maßnahmen gemäß Artikel 29 Absatz 1.

(3) Das in den Absätzen 1 und 2 genannte Verzeichnis ist schriftlich zu führen, was auch in einem elektronischen Format erfolgen kann.

Der Verantwortliche und der Auftragsverarbeiter stellen der Aufsichtsbehörde das Verzeichnis auf Anfrage zur Verfügung.

Artikel 25 Protokollierung

(1) Die Mitgliedstaaten sehen vor, dass in automatisierten Verarbeitungssystemen zumindest die folgenden Verarbeitungsvorgänge protokolliert werden: Erhebung, Veränderung, Abfrage, Offenlegung einschließlich Übermittlung, Kombination und Löschung. Die Protokolle über Abfragen und Offenlegungen müssen es ermöglichen, die Begründung, das Datum und die Uhrzeit dieser Vorgänge und so weit wie möglich die Identifizierung der Person, die die personenbezogenen Daten abgefragt oder offengelegt hat, und die Identität des Empfängers solcher personenbezogenen Daten festzustellen.

(2) Die Protokolle werden ausschließlich zur Überprüfung der Rechtmäßigkeit der Datenverarbeitung, der Eigenüberwachung, der Sicherstellung der Integrität und Sicherheit der personenbezogenen Daten sowie für Strafverfahren verwendet.

(3) Der Verantwortliche sowie der Auftragsverarbeiter stellen die Protokolle der Aufsichtsbehörde auf Anforderung zur Verfügung.

Artikel 26 Zusammenarbeit mit der Aufsichtsbehörde

Die Mitgliedstaaten sehen vor, dass der Verantwortliche und der Auftragsverarbeiter auf Anfrage mit der Aufsichtsbehörde bei der Erfüllung ihrer Aufgaben zusammenarbeiten.

Artikel 27 Datenschutz-Folgenabschätzung

(1) Hat eine Form der Verarbeitung, insbesondere bei Verwendung neuer Technologien, aufgrund der Art, des Umfangs, der Umstände und der Zwecke der Verarbeitung voraussichtlich ein hohes Risiko für die Rechte und Freiheiten natürlicher Personen zur Folge, so sehen die Mitgliedstaaten vor, dass der

h) 가능하다면, 여러 범주의 개인정보 삭제에 대하여 규정된 기간(die vorgesehenen Fristen für die Löschung der verschiedenen Kategorien personenbezogener Daten),

i) 가능하다면, 제29조 제1항에 따른 기술적·관리적 조치의 일반적 기술(eine allgemeine Beschreibung der technischen und organisatorischen Maßnahmen).

② 회원국은, 각 수탁처리자가 개인정보처리자의 위임에 따라 수행된 처리활동의 모든 범주(allen Kategorien von im Auftrag eines Verantwortlichen durchgeführten Tätigkeiten der Verarbeitung)에 대한 것으로, 다음 각 목을 포함하는 기록을 관리한다:

a) 수탁처리자의 이름 및 연락정보와, 그 위임에 기하여 수탁처리자가 활동하는 각 개인정보처리자의 이름 및 연락정보와, 해당하는 경우 개인정보책임자의 이름 및 연락정보(sowie eines etwaigen Datenschutzbeauftragten),

b) 각 개인정보처리자의 위임에 기하여 시행되는 처리의 범주,

c) 해당하는 경우, 제3국 또는 국제기구의 확인을 포함하여 개인정보처리자가 그렇게 하도록 명시적으로 지시한 경우(wenn vom Verantwortlichen entsprechend angewiesen) 어느 제3국 또는 국제기구로의 개인정보 이전[82],

d) 가능하다면, 제29조 제1항에 따른 기술적·관리적 조치의 일반적 기술(eine allgemeine Beschreibung der technischen und organisatorischen Maßnahmen).

③ 제1항 및 제2항상의 기록은 전자양식을 포함하여(was auch in einem elektronischen Format erfolgen kann) 문서로 관리해야 한다.

개인정보처리자와 수탁처리자는 그 요구가 있는 경우(auf Anfrage) 감독관청에 그 기록(das Verzeichnis)을 제공한다.

제25조 기록

① 회원국은, 자동화된 처리시스템에서 개인정보처리자와 수탁처리자는 최소한 다음의 정보처리작업을 기록해야 하다: 수집(蒐集), 변경(變更), 검색(檢索), 이전(移轉)을 포함하여 공개(公開), 조합(組合), 삭제, 검색 또는 공개에 관한 기록에 의해, 이러한 작업의 정당한 사유, 날짜 및 시각을 확인하는 것이 가능해야만 하고, 개인정보를 검색하거나 공개하는 자의 신원(die Identität der Person, die die personenbezogenen Daten abgefragt oder offengelegt hat)과, 그 개인정보의 수령인의 신원을 가능한 한 명확하게 확인하는 것이 가능해야만 한다.

③ 그 기록은, 오로지 정보처리의 합법성 심사, 자기감시(der Eigenüberwachung), 개인정보의 무결성 및 보안의 보장(der Sicherstellung der Integrität und Sicherheit der personenbezogenen Daten) 그리고 형사소송절차를 위해서(für Strafverfahren)만 사용될 수 있다.

⑤ 개인정보처리자와 수탁처리자(Der Verantwortliche und der Auftragsverarbeiter)는 그 요구가 있는 경우 감독관청에 그 기록을 제공한다.

제26조 감독관청과의 협력

회원국은, 개인정보처리자와 수탁처리자가 자신의 임무 수행에 있어 그 요구가 있는 경우 감독관청과 협력하는 것으로 규정한다.

제27조 개인정보보호 영향평가

① 처리의 방식, 특히 새로운 과학기술을 사용한 처리의 방식(eine Form der Verarbeitung, insbesondere bei Verwendung neuer Technologien)이, 그 처리의 성질, 범위, 배경 및 목적으로 인하여 자연인의 권리 및 자유에 대한 고위험을 초래할 것으로 예상되는 경우에, 회원국은, 개인정보처리자가 개인정보보호에

Verantwortliche vorab eine Abschätzung der Folgen der vorgesehenen Verarbeitungsvorgänge für den Schutz personenbezogener Daten durchführt.

(2) Die Folgenabschätzung gemäß Absatz 1 trägt den Rechten und den berechtigten Interessen der von der Datenverarbeitung betroffenen Personen und sonstiger Betroffener Rechnung und enthält zumindest eine allgemeine Beschreibung der geplanten Verarbeitungsvorgänge und eine Bewertung der in Bezug auf die Rechte und Freiheiten der betroffenen Personen bestehenden Risiken sowie der geplanten Abhilfemaßnahmen, Garantien, Sicherheitsvorkehrungen und Verfahren, durch die der Schutz personenbezogener Daten sichergestellt und der Nachweis dafür erbracht wird, dass diese Richtlinie eingehalten wird.

Artikel 28 Vorherige Konsultation der Aufsichtsbehörde

(1) Die Mitgliedstaaten sehen vor, dass der Verantwortliche oder der Auftragsverarbeiter vor der Verarbeitung personenbezogener Daten in neu anzulegenden Dateisystemen die Aufsichtsbehörde konsultiert, wenn

a) aus einer Datenschutz-Folgenabschätzung gemäß Artikel 27 hervorgeht, dass die Verarbeitung ein hohes Risiko zur Folge hätte, sofern der Verantwortliche keine Maßnahmen zur Eindämmung des Risikos trifft, oder

b) die Form der Verarbeitung, insbesondere bei Verwendung neuer Technologien, Mechanismen oder Verfahren, ein hohes Risiko für die Rechte und Freiheiten der betroffenen Personen zur Folge hat.

(2) Die Mitgliedstaaten sehen vor, dass bei der Ausarbeitung eines Vorschlags für von einem nationalen Parlament zu erlassende Gesetzgebungsmaßnahmen oder von auf solchen Gesetzgebungsmaßnahmen basierenden Regelungsmaßnahmen, die die Verarbeitung betreffen, die Aufsichtsbehörde konsultiert wird.

(3) Die Mitgliedstaaten sehen vor, dass die Aufsichtsbehörde eine Liste der Verarbeitungsvorgänge erstellen kann, die der Pflicht zur vorherigen Konsultation nach Absatz 1 unterliegen.

(4) Die Mitgliedstaaten sehen vor, dass der Verantwortliche der Aufsichtsbehörde die Datenschutz-Folgenabschätzung gemäß Artikel 27 vorlegt und ihr auf Anfrage alle sonstigen Informationen übermittelt, die sie benötigt, um die Ordnungsgemäßheit der Verarbeitung sowie insbesondere die in Bezug auf den Schutz der personenbezogenen Daten der betroffenen Person bestehenden Gefahren und die diesbezüglichen Garantien bewerten zu können.

(5) Die Mitgliedstaaten sehen vor, dass die Aufsichtsbehörde, wenn sie der Auffassung ist, dass die geplante Verarbeitung gemäß Absatz 1 dieses Artikels gegen die nach dieser Richtlinie erlassenen Vorschriften verstoßen würde, insbesondere weil der Verantwortliche das Risiko nicht ausreichend ermittelt oder nicht ausreichend eingedämmt hat, dem Verantwortlichen und gegebenenfalls dem Auftragsverarbeiter innerhalb eines Zeitraums von bis zu sechs Wochen nach Erhalt des Ersuchens um Konsultation entsprechende schriftliche Empfehlungen unterbreitet und ihre in Artikel 47 genannten Befugnisse ausüben kann. Diese Frist kann unter Berücksichtigung der Komplexität der geplanten Verarbeitung um einen weiteren Monat verlängert werden. Die Aufsichtsbehörde unterrichtet den Verantwortlichen oder gegebenenfalls den Auftragsverarbeiter über eine solche Fristverlängerung innerhalb eines Monats nach Eingang des Antrags auf Konsultation zusammen mit den Gründen für die Verzögerung.

대한 예정된 개인정보 처리작업의 영향평가(eine Abschätzung der Folgen der vorgesehenen Verarbeitungsvorgänge für den Schutz personenbezogener Daten)를 사전에 시행하는 것으로 규정한다.
② 제1항에 따른 영향평가에서, 개인정보 처리의 정보주체와 기타 이해관계인의 권리 및 정당한 이익(Rechten und den berechtigten Interessen der von der Datenverarbeitung betroffenen Personen und sonstiger Betroffener Rechnung)이 고려되고, 또한 적어도 예정된 개인정보 처리작업의 일반적 기술, 정보주체의 권리 및 자유에 대하여 발생하는 위험의 평가, 예정된 구제조치(der geplanten Abhilfemaßnahmen), 안전성확보조치, 보안조처, 개인정보보호를 보장해 주고 본 입법지침이 준수되었다는 점에 대한 증거가 제출되는 절차(Verfahren, durch die der Schutz personenbezogener Daten sichergestellt und der Nachweis dafür erbracht wird, dass diese Richtlinie eingehalten wird)가 포함된다.

第28조 감독관청과의 사전협의

① 회원국은, 다음 각 목의 경우에 개인정보처리자 또는 수탁처리자가 새롭게 도입하는 파일링시스템에서의 개인정보 처리에 앞서(vor der Verarbeitung personenbezogener Daten in neu anzulegenden Dateisystemen) 감독관청과 협의하도록 규정한다,

a) 개인정보처리자가 그 위험의 완화를 위한 조치(Maßnahmen zur Eindämmung des Risikos)를 취하지 않는 한, 제27조에 따른 개인정보보호 영향평가에서 해당 처리가 고위험을 초래할 것으로 드러나는 경우,

b) 처리의 방식, 특히 새로운 과학기술, 메커니즘 또는 절차를 사용한 처리의 방식이 정보주체의 권리 및 자유에 대한 고위험을 초래하는 경우.

② 회원국은, 어느 회원국 의회가 채택하는 입법조치(Gesetzgebungsmaßnahmen)에 대한 제안의 마련이나 그러한 입법조치에 근기한, 그 처리에 관한 규율조치에 대한 제안의 마련시(bei der Ausarbeitung eines Vorschlags)에 그 감독관청과 협의하는 것으로 규정한다.

③ 회원국은, 감독관청이 개인정보 처리작업의 목록으로, 제1항에 따른 사전협의에 관한 의무를 적용받는 목록을 작성할 수 있는 것으로 규정한다.

④ 회원국은, 개인정보처리자가 감독관청에 제27조에 따른 개인정보보호 영향평가를 제출하고 그 요구가 있는 경우 그 감독관청이 처리의 법준수(die Ordnungsgemäßheit der Verarbeitung)와 특히 정보주체의 개인정보 보호에 대하여 발생한 위험(die in Bezug auf den Schutz der personenbezogenen Daten der betroffenen Person bestehenden Gefahren)과 이에 관한 안전성확보조치를 평가하는 데 필요로 하는 기타 일체의 정보를 그 감독관청에 제공하는 것으로 규정한다.

⑤ 회원국은, 감독관청이 자신의 견해에 의할 때, 특히 개인정보처리자가 충분히 그 위험을 조사하지 않았거나 이를 충분히 완화하지 않아서(insbesondere weil der Verantwortliche das Risiko nicht ausreichend ermittelt oder nicht ausreichend eingedämmt hat) 본 조항 제1항에 따른 예정된 처리가 본 입법지침에 따라 제정된 규정에 위반되는 것으로 보는 경우에, 개인정보처리자와, 해당하는 경우 수탁처리자에게 협의 요구 수령시로부터 6주 이내의 기간 내에 관련 서면 권고(entsprechende schriftliche Empfehlungen)를 한 다음, 제47조에 따른 자신의 권한(ihre in Artikel 47 genannten Befugnisse)을 행사할 수 있다. 이러한 기간은 예정된 처리의 복잡성을 고려하여(unter Berücksichtigung der Komplexität der geplanten Verarbeitung) 1개월이 추가로 연장된다. 감독관청은 개인정보처리자 또는 해당하는 경우 수탁처리자에게 협의 요구의 수령시로부터 1개월 이내에 그 연장에 대한 이유와 함께(innerhalb eines Monats nach Eingang des Antrags auf Konsultation zusammen mit den Gründen für die Verzögerung), 그러한 기간연장에 관하여 알린다.

Abschnitt 2 Sicherheit personenbezogener Daten

Artikel 29 Sicherheit der Verarbeitung

(1) Die Mitgliedstaaten sehen vor, dass der Verantwortliche und der Auftragsverarbeiter unter Berücksichtigung des Stands der Technik, der Implementierungskosten und der Art, des Umfangs, der Umstände und der Zwecke der Verarbeitung sowie der unterschiedlichen Eintrittswahrscheinlichkeit und Schwere des Risikos für die Rechte und Freiheiten natürlicher Personen geeignete technische und organisatorische Maßnahmen treffen, um ein dem Risiko angemessenes Schutzniveau zu gewährleisten, insbesondere im Hinblick auf die Verarbeitung besonderer Kategorien personenbezogener Daten im Sinne von Artikel 10.

(2) Die Mitgliedstaaten sehen im Hinblick auf die automatisierte Verarbeitung vor, dass der Verantwortliche oder der Auftragsverarbeiter nach einer Risikobewertung Maßnahmen ergreift, die auf Folgendes ausgelegt sind:

a) Verwehrung des Zugangs zu Verarbeitungsanlagen, mit denen die Verarbeitung durchgeführt wird, für Unbefugte (Anlagenzugangskontrolle),

b) Verhinderung des unbefugten Lesens, Kopierens, Veränderns oder Entfernens von Datenträgern (Datenträgerkontrolle),

c) Verhinderung der unbefugten Eingabe von personenbezogenen Daten sowie der unbefugten Kenntnisnahme, Veränderung und Löschung von gespeicherten personenbezogenen Daten (Speicherkontrolle),

d) Verhinderung der Nutzung automatisierter Verarbeitungssysteme durch Unbefugte mit Hilfe von Einrichtungen zur Datenübertragung (Benutzerkontrolle),

e) Gewährleistung, dass die zur Benutzung eines automatisierten Verarbeitungssystems Berechtigten ausschließlich auf die ihrer Zugriffsberechtigung unterliegenden personenbezogenen Daten Zugriff haben (Datenzugriffskontrolle),

f) Gewährleistung, dass überprüft und festgestellt werden kann, an welche Stellen personenbezogene Daten mit Hilfe von Einrichtungen zur Datenübertragung übermittelt oder zur Verfügung gestellt wurden oder werden können (Übertragungskontrolle),

g) Gewährleistung, dass nachträglich überprüft und festgestellt werden kann, welche personenbezogenen Daten zu welcher Zeit und von wem in automatisierte Verarbeitungssysteme eingegeben worden sind (Eingabekontrolle),

h) Verhinderung, dass bei der Übermittlung personenbezogener Daten sowie beim Transport von Datenträgern die Daten unbefugt gelesen, kopiert, verändert oder gelöscht werden können (Transportkontrolle),

i) Gewährleistung, dass eingesetzte Systeme im Störungsfall wiederhergestellt werden können (Wiederherstellung),

j) Gewährleistung, dass alle Funktionen des Systems zur Verfügung stehen, auftretende Fehlfunktionen gemeldet werden (Zuverlässigkeit) und gespeicherte personenbezogene Daten nicht durch Fehlfunktionen des Systems beschädigt werden können (Datenintegrität).

Artikel 30 Meldung von Verletzungen des Schutzes personenbezogener Daten an die Aufsichtsbehörde

(1) Die Mitgliedstaaten sehen vor, dass im Falle einer Verletzung des Schutzes personenbezogener Daten

제2절 개인정보 보안

제29조 처리의 보안

① 회원국은, 개인정보처리자와 수탁처리자가 기술수준, 실행비용(des Stands der Technik, der Implementierungskosten)과 처리 성질, 범위, 배경 및 목적 그리고 자연인의 권리 및 자유에 대한 위험의 다양한 발생가능성 및 중대성(der unterschiedlichen Eintrittswahrscheinlichkeit und Schwere des Risikos für die Rechte und Freiheiten natürlicher Personen)를 고려하여, 그 위험에 적절한 보호수준을 보장하기 위한(um ein dem Risiko angemessenes Schutzniveau zu gewährleisten), 특히 제10조상의 특수한 범주의 개인정보 처리(die Verarbeitung besonderer Kategorien personenbezogener Daten im Sinne von Artikel 10)에 대하여 보장하기 위한 기술적·관리적 조치를 취하는 것으로 규정한다.

② 회원국은, 자동화된 처리에 대하여(im Hinblick auf die automatisierte Verarbeitung) 개인정보처리자 또는 수탁처리자가 위험평가 후 다음 각 목을 목적으로 하는(die auf Folgendes ausgelegt sind) 조치를 취하는 것으로 규정한다:

a) 처리(處理)를 수행(遂行)하는 처리시설에 대한 무권한자(無權限者)의 접근으로부터의 보호('시설접근통제'; Anlagenzugangskontrolle),

b) 데이터저장매체의 권한(權限) 없는 읽기, 복제(複製), 변경(變更) 또는 삭제(削除)의 방지('데이터저장매체통제'; Datenträgerkontrolle),

c) 개인정보의 무단 입력(unbefugten Eingabe)의 방지와, 저장된 개인정보의 권한 없는, 지득(知得), 변경 및 삭제(der unbefugten Kenntnisnahme, Veränderung und Löschung)의 방지('저장통제'; Speicherkontrolle),

d) 데이터통신기기(通信器機)의 도움에 의한, 무권한자의 자동화된 처리시스템의 이용의 방지('이용자통제'; Benutzerkontrolle),

e) 자동화된 처리시스템의 이용권한자(die zur Benutzung eines automatisierten Verarbeitungssystems Berechtigten)가 그 접근권한을 적용받는 개인정보에만 접근하는 것을 보장하는 것('데이터접근통제'; Zugriffskontrolle),

f) 데이터통신기기(通信器機)의 도움으로 개인정보가 어느 기관으로 이전(移轉)되었거나 제공(提供)되었거나, 이전 또는 제공될 수 있는지가 검증되고 확인되도록 보장하는 것('이전통제'; Übertragungskontrolle),

g) 어떤 개인정보가 어느 시기에 또 누구에 의해 자동화된 처리시스템에(in automatisierte Verarbeitungssysteme) 입력되었는지가 사후적으로 심사되고 결정될 수 있는 점을 보장하는 것('입력통제'; Eingabekontrolle),

h) 개인정보의 이전시 또는 데이터저장매체의 운송시(bei der Übermittlung personenbezogener Daten sowie beim Transport von Datenträgern)에 개인정보가 권한 없는 읽기, 복제, 변경 또는 삭제가 되지 않도록 방지하는 것('운송통제'; Transportkontrolle)

i) 가동된 시스템이 장애시(im Störungsfall)에 원상복구될 수 있다는 점을 보장하는 것('원상복구'; Wiederherstellung)

j) 일체의 시스템의 기능이 작동하고 오작동의 발생이 보고된다는 점('신뢰성'; Zuverlässigkeit)과, 저장된 개인정보가 시스템의 오작동에 의해 손상될 수 없다는 점을 보장하는 것('정보의 무결성'; Datenintegrität).

제30조 개인정보 침해의 감독관청에 대한 신고

① 회원국은, 개인정보 침해의 경우에 개인정보처리자가 지체 없이, 가능한 한 그 위반을 자신이 인지한

der Verantwortliche diese unverzüglich und möglichst binnen 72 Stunden, nachdem ihm die Verletzung bekannt wurde, der Aufsichtsbehörde meldet, es sei denn, dass die Verletzung des Schutzes personenbezogener Daten voraussichtlich nicht zu einem Risiko für die Rechte und Freiheiten natürlicher Personen führt. Erfolgt die Meldung an die Aufsichtsbehörde nicht binnen 72 Stunden, so ist ihr eine Begründung für die Verzögerung beizufügen.

(2) Wenn dem Auftragsverarbeiter eine Verletzung des Schutzes personenbezogener Daten bekannt wird, meldet er diese dem Verantwortlichen unverzüglich.

(3) Die Meldung gemäß Absatz 1 enthält zumindest folgende Informationen:

a) eine Beschreibung der Art der Verletzung des Schutzes personenbezogener Daten, soweit möglich mit Angabe der Kategorien und der ungefähren Zahl der betroffenen Personen, der betroffenen Kategorien personenbezogener Daten und der ungefähren Zahl der betroffenen personenbezogenen Datensätze,

b) Name und Kontaktdaten des Datenschutzbeauftragten oder einer sonstigen Anlaufstelle für weitere Informationen,

c) eine Beschreibung der wahrscheinlichen Folgen der Verletzung des Schutzes personenbezogener Daten,

d) eine Beschreibung der von dem Verantwortlichen ergriffenen oder vorgeschlagenen Maßnahmen zur Behandlung der Verletzung des Schutzes personenbezogener Daten und gegebenenfalls der Maßnahmen zur Abmilderung ihrer möglichen nachteiligen Auswirkungen.

(4) Wenn und soweit die Informationen nicht zur gleichen Zeit bereitgestellt werden können, kann der Verantwortliche diese Informationen ohne unangemessene weitere Verzögerung schrittweise zur Verfügung stellen.

(5) Die Mitgliedstaaten sehen vor, dass der Verantwortliche Verletzungen des Schutzes personenbezogener Daten nach Absatz 1 einschließlich aller im Zusammenhang mit der Verletzung des Schutzes personenbezogener Daten stehenden Fakten, ihrer Auswirkungen und der ergriffenen Abhilfemaßnahmen dokumentiert. Diese Dokumentation ermöglicht der Aufsichtsbehörde die Überprüfung der Einhaltung der Bestimmungen dieses Artikels.

(6) Die Mitgliedstaaten sehen vor, dass, soweit von der Verletzung des Schutzes personenbezogener Daten personenbezogene Daten betroffen sind, die von dem oder an den Verantwortlichen eines anderen Mitgliedstaats übermittelt wurden, die in Absatz 3 genannten Informationen dem Verantwortlichen jenes Mitgliedstaats unverzüglich übermittelt werden.

Artikel 31 Benachrichtigung der von einer Verletzung des Schutzes personenbezogener Daten betroffenen Person

(1) Die Mitgliedstaaten sehen vor, dass, wenn die Verletzung des Schutzes personenbezogener Daten voraussichtlich ein hohes Risiko für die Rechte und Freiheiten natürlicher Personen zur Folge hat, der Verantwortliche die betroffene Person unverzüglich von der Verletzung benachrichtigt.

(2) Die in Absatz 1 dieses Artikels genannte Benachrichtigung der betroffenen Person beschreibt in klarer und einfacher Sprache die Art der Verletzung des Schutzes personenbezogener Daten und enthält zumindest die in Artikel 30 Absatz 3 Buchstaben b, c und d genannten Informationen und Maßnahmen.

(3) Die Benachrichtigung der betroffenen Person gemäß Absatz 1 ist nicht erforderlich, wenn eine der

후 72시간 이내에 감독관청에 신고하고, 다만 개인정보 침해로 자연인의 권리 및 자유에 대한 위험이 발생하지 않을 것으로 예상되는 경우에는 그러하지 아니하는 것으로(es sei denn, dass die Verletzung des Schutzes personenbezogener Daten voraussichtlich nicht zu einem Risiko für die Rechte und Freiheiten natürlicher Personen führt) 규정한다. 감독관청에 대한 신고가 72시간 이내에 행해지지 않는 경우에, 그 신고에 지체에 대한 이유가 첨부되어야 한다.

② 수탁처리자가 개인정보 침해를 인지한 경우에는 그 수탁처리자가 이러한 위반을 개인정보처리자에게 지체 없이 보고한다.

③ 제1항에 따른 신고에는 적어도 다음 각 목의 정보가 포함된다:

a) 가능한 경우 정보주체의 범주와 그 대략적 수, 관련 개인정보 데이터세트의 관련 범주와 그 대략적 수(der betroffenen Kategorien und der ungefähren Zahl der betroffenen personenbezogenen Datensätze)를 언급하며 하는, 개인정보 침해의 성질의 기술(eine Beschreibung der Art der Verletzung des Schutzes personenbezogener Daten),

b) 개인정보보호책임자의 이름 및 연락정보나, 추가적 정보를 얻기 위한 기타 연락담당자(Anlaufstelle)의 이름 및 연락정보,

c) 개인정보(個人情報) 침해(侵害)의 가능한 결과(結果)의 기술(eine Beschreibung der wahrscheinlichen Folgen),

d) 개인정보처리자가 취하거나 제안한 조치로 개인정보 침해에 대응하기 위한(zur Behandlung der Verletzung des Schutzes personenbezogener Daten) 조치와 필요하면 그 위반의 발생할 수 있는 악영향의 완화를 위한 취한 조치.

④ 그 정보가 동시에 제공될 수 없는 경우에 그러한 범위 내에서 개인정보처리자는 부당한 추가적 지체 없이 이러한 정보를 단계적으로(ohne unangemessene weitere Verzögerung schrittweise) 제공(提供)할 수 있다.

⑤ 회원국은, 개인정보처리자가 제1항에 따른 개인정보 침해와 관련이 있는 제반사실(aller im Zusammenhang mit der Verletzung des Schutzes personenbezogener Daten stehenden Fakten), 그 침해의 영향과, 취한 시정조치를 포함하여 개인정보 침해를 문서로 기록하는 것으로 규정한다. 이러한 문서화는 감독관청이 본 조 규정의 준수의 심사하는 것(der Aufsichtsbehörde die Überprüfung der Einhaltung der Bestimmungen dieses Artikels)을 가능하게 한다.

⑥ 회원국은, 다른 회원국의 개인정보처리자에 의해 이전된 개인정보가 해당 개인정보 침해와 관련된 범위 내에서 그 다른 회원국의 개인정보처리자에게 제3항상의 정보가 지체 없이 제공되도록(die in Absatz 3 genannten Informationen dem Verantwortlichen jenes Mitgliedstaats unverzüglich übermittelt werden) 규정한다.

제31조 개인정보 침해의 피해자인 정보주체(der von einer Verletzung des Schutzes personenbezogener Daten betroffenen Person)에 대한 통지

① 회원국은, 개인정보 침해가 자연인의 개인적 권리 및 자유에 대한 고위험(ein hohes Risiko für die persönlichen Rechte und Freiheiten natürlicher Personen)을 초래할 것으로 예상되는 경우에, 개인정보처리자가 정보주체에 지체 없이 그 침해에 대하여 통지하는 것으로 규정한다.

② 제1항상의 정보주체에 대한 통지는 명료하고 간결한 언어로 개인정보 침해의 성질을 기술하고 최소한 제30조 제3항 b목, c목 및 d목상의 정보 및 조치(die in Artikel 33 Absatz 3 Buchstaben b, c und d genannten Informationen und Maßnahmen)를 포함한다.

③ 제1항에 따른 정보주체에 대한 통지는 다음 각 목 요건 중 한 요건이 충족된 경우에는 요구되지 아니

folgenden Bedingungen erfüllt ist:

a) der Verantwortliche hat geeignete technische und organisatorische Sicherheitsvorkehrungen getroffen und diese Vorkehrungen wurden auf die von der Verletzung betroffenen personenbezogenen Daten angewandt, insbesondere solche, durch die die personenbezogenen Daten für alle Personen, die nicht zum Zugang zu den personenbezogenen Daten befugt sind, unzugänglich gemacht werden, etwa durch Verschlüsselung,

b) der Verantwortliche hat durch nachfolgende Maßnahmen sichergestellt, dass das hohe Risiko für die Rechte und Freiheiten der betroffenen Personen gemäß Absatz 1 aller Wahrscheinlichkeit nach nicht mehr besteht,

c) die Benachrichtigung wäre mit einem unverhältnismäßigen Aufwand verbunden. In diesem Fall hat stattdessen eine öffentliche Bekanntmachung oder eine ähnliche Maßnahme zu erfolgen, durch die die betroffenen Personen vergleichbar wirksam informiert werden.

(4) Wenn der Verantwortliche die betroffene Person nicht bereits über die Verletzung des Schutzes personenbezogener Daten benachrichtigt hat, kann die Aufsichtsbehörde unter Berücksichtigung der Wahrscheinlichkeit, mit der die Verletzung des Schutzes personenbezogener Daten zu einem hohen Risiko führt, von dem Verantwortlichen verlangen, dies nachzuholen oder sie kann mit einem Beschluss feststellen, dass bestimmte der in Absatz 3 genannten Voraussetzungen erfüllt sind.

(5) Die Benachrichtigung der betroffenen Person gemäß Absatz 1 dieses Artikels kann unter zu den in Artikel 13 Absatz 3 genannten Voraussetzungen und aus den dort genannten Gründen aufgeschoben, eingeschränkt oder unterlassen werden.

Abschnitt 3 Datenschutzbeauftragter

Artikel 32 Benennung eines Datenschutzbeauftragten

(1) Die Mitgliedstaaten sehen vor, dass der Verantwortliche einen Datenschutzbeauftragten benennt. Mitgliedstaaten können Gerichte und andere unabhängige Justizbehörden im Rahmen ihrer justiziellen Tätigkeit von dieser Pflicht befreien.

(2) Der Datenschutzbeauftragte wird auf der Grundlage seiner beruflichen Qualifikation und insbesondere des Fachwissens benannt, das er auf dem Gebiet des Datenschutzrechts und der Datenschutzpraxis besitzt, sowie auf der Grundlage seiner Fähigkeit zur Erfüllung der in Artikel 34 genannten Aufgaben.

(3) Ein Datenschutzbeauftragter kann für mehrere zuständige Behörden gemeinsam ernannt werden, wobei deren Organisationsstruktur und Größe Rechnung getragen wird.

(4) Die Mitgliedstaaten sehen vor, dass der Verantwortliche die Kontaktdaten des Datenschutzbeauftragten veröffentlicht und der Aufsichtsbehörde mitteilt.

Artikel 33 Stellung des Datenschutzbeauftragten

(1) Die Mitgliedstaaten sehen vor, dass der Verantwortliche sicherstellt, dass der Datenschutzbeauftragte ordnungsgemäß und frühzeitig in alle mit dem Schutz personenbezogener Daten zusammenhängenden Fragen eingebunden wird.

(2) Der Verantwortliche unterstützt den Datenschutzbeauftragten bei der Erfüllung seiner Aufgaben gemäß Artikel 34, indem er die hierfür erforderlichen Ressourcen und den Zugang zu personenbezogenen Daten und Verarbeitungsvorgängen sowie die zur Erhaltung seines Fachwissens erforderlichen

한다:

a) 개인정보처리자가 적절한 기술적·관리적 보안조처를 취했고, 이러한 조처가 그 침해에 관련된 개인정보에 적용된 경우, 특히 가령 암호화와 같이, 개인정보에 대해 접근할 권한을 가지지 못한 모든 자들이 개인정보에 접근할 수 없도록 해 준 조처(insbesondere solche, durch die die personenbezogenen Daten für alle Personen, die nicht zum Zugang zu den personenbezogenen Daten befugt sind, unzugänglich gemacht werden, etwa durch Verschlüsselung)에 의한 경우,

b) 개인정보처리자가, 제1항에 따른 정보주체의 권리 및 자유에 대한 고위험이 아마도 더 이상 발생하지 않을 것이라는(aller Wahrscheinlichkeit nach nicht mehr besteht) 점을 후속 조치로(durch nachfolgende Maßnahmen) 보장한 경우,

c) 이로 인해 지나친 경비가 발생하는 경우. 이러한 경우 그 대신에 정보주체에게 동등하게 효과적으로 알려 주는(durch die die betroffenen Personen vergleichbar wirksam informiert werden) 공시(公示) 또는 이와 유사한 조치가 행해져야 한다.

④ 개인정보처리자는 정보주체에게 개인정보 침해에 관하여 아직 통지를 하지 않은 경우에, 감독관청은 그 개인정보 침해로 고위험이 초래될 가능성을 고려하여 개인정보처리자에게 이를 하도록 요구하거나(von dem Verantwortlichen verlangen, dies nachzuholen), 제3항상의 요건 중 어느 요건이 충족되었다는 결정을 할 수 있다(sie kann mit einem Beschluss feststellen, dass bestimmte der in Absatz 3 genannten Voraussetzungen erfüllt sind).

⑤ 본 조 제1항에 따른 정보주체에 대한 통지는, 제13조 제3항상의 요건하에 또 그 조항상의 이유에 기하여(unter zu den in Artikel 13 Absatz 3 genannten Voraussetzungen und aus den dort genannten Gründen) 연기하거나 제한되거나 이를 하지 않을 수 있다.

제3절 개인정보보호책임자

제32조 개인정보보호책임자의 지정

① 회원국은, 개인정보보호책임자가 개인정보보호책임자(Datenschutzbeauftragten) 1인을 지정하는 것으로 규정한다, 회원국은, 법원과 그 밖의 독립적 사법당국에 대하여 사법활동의 범위 내에서 이러한 의무에서 면제할 수 있다.

② 개인정보보호책임자는, 자신의 직업적 자격, 특히 그가 개인정보보호법과 개인정보보호실무의 분야에서 보유하는 전문지식 그리고 제34조상의 임무 수행을 위한 능력에 기하여(auf der Grundlage seiner Fähigkeit zur Erfüllung der in Artikel 39 genannten Aufgaben) 지정된다.

③ 그 조직구조 및 규모를 고려하여, 개인정보보호책임자 1인이 수개의 관할 관청에 대하여 공동으로 지정될 수 있다.

④ 회원국은, 개인정보처리자가 개인정보보호책임자의 연락정보를 공표하고 감독관청에 이러한 정보를 통지하는 것으로 규정한다.

제33조 개인정보보호책임자의 지위

① 회원국은, 개인정보보호책임자가 개인정보보호와 연관된 일체의 문제(alle mit dem Schutz personenbezogener Daten zusammenhängenden Fragen)에 적절하게 또 적시(適時)에 관여하도록 개인정보처리자에 의해 보장받는 것으로 규정한다.

② 개인정보처리자는, 개인정보보호책임자의 임무 수행하는 데 필요한 자원과 개인정보 및 정보처리작업에 대한 접근 그리고 그 전문지식의 보유를 위해 필요한 자원(die zur Erhaltung seines Fachwissens erforderlichen Ressourcen)을 제공함으로써 제34조에 따른 그 개인정보보호책임자의 임무 수행에 있어

Ressourcen zur Verfügung stellt.

Artikel 34 Aufgaben des Datenschutzbeauftragten

Die Mitgliedstaaten sehen vor, dass der Verantwortliche den Datenschutzbeauftragten mit zumindest folgenden Aufgaben betraut:

a) Unterrichtung und Beratung des Verantwortlichen und der Beschäftigten, die Verarbeitungen durchführen, hinsichtlich ihrer Pflichten nach dieser Richtlinie sowie anderer Datenschutzvorschriften der Union oder der Mitgliedstaaten,

b) Überwachung der Einhaltung dieser Richtlinie, anderer Datenschutzvorschriften der Union oder der Mitgliedstaaten sowie der Strategien des Verantwortlichen für den Schutz personenbezogener Daten einschließlich der Zuweisung von Zuständigkeiten, der Sensibilisierung und Schulung der an Verarbeitungsvorgängen beteiligten Mitarbeiter und der diesbezüglichen Überprüfungen,

c) Beratung — auf Anfrage — im Zusammenhang mit der Datenschutz-Folgenabschätzung und Überwachung ihrer Durchführung gemäß Artikel 27,

d) Zusammenarbeit mit der Aufsichtsbehörde,

e) Tätigkeit als Anlaufstelle für die Aufsichtsbehörde in mit der Verarbeitung zusammenhängenden Fragen, einschließlich der vorherigen Konsultation gemäß Artikel 28, und gegebenenfalls Beratung zu allen sonstigen Fragen.

KAPITEL V Übermittlung personenbezogener Daten an Drittländer oder internationale Organisationen

Artikel 35 Allgemeine Grundsätze für die Übermittlung personenbezogener Daten

(1) Die Mitgliedstaaten sehen vor, dass jedwede von einer zuständigen Behörde vorgenommene Übermittlung von personenbezogenen Daten, die bereits verarbeitet werden oder nach ihrer Übermittlung an ein Drittland oder eine internationale Organisation verarbeitet werden sollen, einschließlich der Weiterübermittlung an ein anderes Drittland oder eine andere internationale Organisation, nur unter Einhaltung der nach Maßgabe anderer Bestimmungen dieser Richtlinie erlassenen nationalen Bestimmungen, zulässig ist, wenn die in diesem Kapitel festgelegten Bedingungen eingehalten werden, nämlich

a) die Übermittlung für die in Artikel 1 Absatz 1 genannten Zwecke erforderlich ist;

b) die personenbezogenen Daten an einen Verantwortlichen in einem Drittland oder einer internationalen Organisation, die eine für die in Artikel 1 Absatz 1 genannten Zwecke zuständige Behörde ist, übermittelt werden;

c) in Fällen, in denen personenbezogene Daten aus einem anderen Mitgliedstaat übermittelt oder zur Verfügung gestellt werden, dieser Mitgliedstaat die Übermittlung zuvor in Einklang mit seinem nationalen Recht genehmigt hat;

d) die Kommission gemäß Artikel 36 einen Angemessenheitsbeschluss gefasst hat oder, wenn kein solcher Beschluss vorliegt, geeignete Garantien im Sinne des Artikels 37 erbracht wurden oder bestehen oder, wenn kein Angemessenheitsbeschluss gemäß Artikel 36 vorliegt und keine geeigneten Garantien im Sinne des Artikels 37 vorhanden sind, Ausnahmen für bestimmte Fälle gemäß Artikel 38 anwendbar sind und

e) im Fall der Weiterübermittlung an ein anderes Drittland oder eine andere internationale

그를 지원한다.

제34조 개인정보보호책임자의 임무

회원국은, 개인정보처리자가 개인정보보호책임자에게 최소한 다음 각 목의 임무를 부여하는 것으로 규정한다:

a) 본 입법지침과 유럽연합 또는 회원국의 기타 개인정보보호규정(anderer Datenschutzvorschriften der Union oder der Mitgliedstaaten)에 따른 자신의 의무와 관련하여 처리를 수행하는 개인정보처리자와 그러한 직원에 대한 알림 및 상담(Unterrichtung und Beratun),

b) 본 입법지침, 유럽연합 또는 회원국의 기타 개인정보보호규정의 준수의 감시와, 책임의 할당(der Zuweisung von Zuständigkeiten), 정보처리작업에 참가하는 직원에 대한 인식제고 및 교육(der Sensibilisierung und Schulung der an den Verarbeitungsvorgängen beteiligten Mitarbeiter) 및 이와 관련한 점검(Überprüfungen)을 포함하여 개인정보보호를 위한 개인정보처리자의 정책 준수의 감시,

c) 요구가 있는 경우(auf Anfrage) 개인정보보호 영향평가와 제27조에 따른 그 영향평가의 시행의 감시에 관한 상담,

d) 감독관청과의 협력,

e) 제28조에 따른 사전협의를 포함하여 그 처리와 연관된 문제에 있어 감독관청에 대한 연락담당자로서의 활동과, 필요한 경우 기타 일체의 문제에 대한 상담(gegebenenfalls Beratung zu allen sonstigen Fragen).

제5장 제3국 또는 국제기구로의 개인정보이전

제35조 개인정보이전의 일반적 원칙

① 회원국은, 다른 어느 제3국 또는 국제기구로의 개인정보의 재(再)이전을 포함하여(einschließlich der Weiterübermittlung an ein anderes Drittland oder eine andere internationale Organisation), 이미 처리되었거나 이전 후 제3국 또는 국제기구가 처리해야 하는 개인정보이전으로, 관할 관청이 행하는 모든 이전은, 본 장에서 규정된 조건, 즉 다음 각 목이 준수되는 경우에 한하여 본 입법지침의 다른 규정에 좇아 제정된 회원국의 규정의 준수(nur unter Einhaltung der nach Maßgabe anderer Bestimmungen dieser Richtlinie erlassenen nationalen Bestimmungen, zulässig ist, wenn die in diesem Kapitel festgelegten Bedingungen eingehalten werden) 하에 허용된다,

a) 그 이전이 제1조 제1항상의 목적(目的)을 위하여(für die in Artikel 1 Absatz 1 genannten Zwecke) 필요할 것;

b) 개인정보가, 어느 제3국에 있는 개인정보처리자나 제1조 제1항상의 목적을 관할하는 관청(die eine für die in Artikel 1 Absatz 1 genannten Zwecke zuständige Behörde ist)인 어느 국제기구에 있는 개인정보처리자에 이전될 것;

c) 개인정보가 다른 회원국에서 이전되거나 제공되는 경우(in Fällen, in denen personenbezogene Daten aus einem anderen Mitgliedstaat übermittelt oder zur Verfügung gestellt werden)에 이러한 회원국이 자신의 회원국법에 따라 사전에 그 이전에 대하여 동의를 했을 것;

d) 유럽연합집행위원회가 제36조에 따라 적합성결정을 하거나, 그러한 결정이 없는 경우에 제37조상의 적합한 안전성확보조치가 제공되었거나 있을 것(geeignete Garantien im Sinne des Artikels 37 erbracht wurden oder bestehen), 아니면 제36조에 따른 적합성결정도 없고 제37조상의 적합한 안전성확보조치도 없는 경우에 제38조에 따른 특정한 경우에 대한 예외가 적용될 수 있을 것, 그리고,

e) 어느 다른 제3국 또는 국제기구에 대한 재(再)이전의 경우(im Fall der Weiterübermittlung an ein

Organisation die zuständige Behörde, die die ursprüngliche Übermittlung durchgeführt hat, oder eine andere zuständige Behörde des gleichen Mitgliedstaats die Weiterübermittlung genehmigt nach gebührender Berücksichtigung sämtlicher maßgeblicher Faktoren, einschließlich der Schwere der Straftat, des Zwecks der ursprünglichen Übermittlung personenbezogener Daten und des Schutzniveaus für personenbezogene Daten in dem Drittland oder der internationalen Organisation, an das bzw. die personenbezogene Daten weiterübermittelt werden.

(2) Die Mitgliedstaaten sehen vor, dass Übermittlungen ohne vorherige Genehmigung durch einen anderen Mitgliedstaat gemäß Absatz 1 Buchstabe c nur dann zulässig sind, wenn die Übermittlung der personenbezogenen Daten erforderlich ist, um eine unmittelbare und ernsthafte Gefahr für die öffentliche Sicherheit eines Mitgliedstaats oder eines Drittlandes oder für die wesentlichen Interessen eines Mitgliedstaats abzuwehren, und die vorherige Genehmigung nicht rechtzeitig eingeholt werden kann. Die Behörde, die für die Erteilung der vorherigen Genehmigung zuständig ist, wird unverzüglich unterrichtet.

(3) Sämtliche Bestimmungen dieses Kapitels werden angewendet, um sicherzustellen, dass das durch diese Richtlinie gewährleistete Schutzniveau für natürliche Personen nicht untergraben wird.

Artikel 36 Datenübermittlung auf der Grundlage eines Angemessenheitsbeschlusses

(1) Die Mitgliedstaaten sehen vor, dass personenbezogene Daten an ein Drittland oder eine internationale Organisation übermittelt werden dürfen, wenn die Kommission beschlossen hat, dass das betreffende Drittland, ein Gebiet oder ein oder mehrere spezifische Sektoren in diesem Drittland oder die betreffende internationale Organisation ein angemessenes Schutzniveau bietet. Eine solche Datenübermittlung bedarf keiner besonderen Genehmigung.

(2) Bei der Prüfung der Angemessenheit des Schutzniveaus berücksichtigt die Kommission insbesondere

a) die Rechtsstaatlichkeit, die Achtung der Menschenrechte und Grundfreiheiten, die in dem betreffenden Land bzw. der betreffenden internationalen Organisation geltenden Vorschriften sowohl allgemeiner als auch sektoraler Art, auch in Bezug auf die öffentliche Sicherheit, die Landesverteidigung, die nationale Sicherheit und das Strafrecht, und der Zugang der Behörden zu personenbezogenen Daten sowie die Durchsetzung dieser Vorschriften, Datenschutzvorschriften, Berufsregeln und Sicherheitsvorschriften einschließlich der Vorschriften für die Weiterübermittlung personenbezogener Daten an ein anderes Drittland bzw. eine andere internationale Organisation, Rechtsprechung sowie wirksame und durchsetzbare Rechte der betroffenen Person und wirksame verwaltungsrechtliche und gerichtliche Rechtsbehelfe für betroffene Personen, deren personenbezogene Daten übermittelt werden,

b) die Existenz und die wirksame Funktionsweise einer oder mehrerer unabhängiger Aufsichtsbehörden in dem betreffenden Drittland oder denen eine internationale Organisation untersteht und die für die Einhaltung und Durchsetzung der Datenschutzvorschriften, einschließlich angemessener Durchsetzungsbefugnisse, für die Unterstützung und Beratung der betroffenen Personen bei der Ausübung ihrer Rechte und für die Zusammenarbeit mit den Aufsichtsbehörden der Mitgliedstaaten zuständig sind, und

c) die von dem betreffenden Drittland bzw. der betreffenden internationalen Organisation eingegangenen internationalen Verpflichtungen oder andere Verpflichtungen, die sich aus rechtsverbindlichen Übereinkünften oder Rechtsinstrumenten sowie aus der Teilnahme des Drittlandes

anderes Drittland oder eine andere internationale Organisation)에, 당초의 이전을 행한 관할 관청이나 동일한 회원국의 다른 관할 관청이 범죄의 중대성, 개인정보이전의 당초 목적, 개인정보가 추가로 이전되는 제3국 또는 국제기구에 있는 개인정보에 대한 보호수준(des Schutzniveaus für personenbezogene Daten in dem Drittland oder der internationalen Organisation)을 포함하여 관련 제반요소를 적절하게 고려한 후(nach gebührender Berücksichtigung sämtlicher maßgeblicher Faktoren) 재(再)이전에 동의(同意)했을 것.

② 회원국은, 제1항 c목에 따른, 다른 어느 회원국의 사전동의 없는 이전은, 해당 개인정보 이전이 어느 회원국 또는 제3국의 공공의 안녕에 대한 직접적이고도 중대한 위험을 저지하거나 어느 회원국의 핵심적 이익을 보호하는 데(um eine unmittelbare und ernsthafte Gefahr für die öffentliche Sicherheit eines Mitgliedstaats oder eines Drittlandes oder für die wesentlichen Interessen eines Mitgliedstaats abzuwehren) 필요하고 또한 사전동의가 적시에 행해질 수 없는 경우에 한하여 허용된다. 사전동의 부여를 관할하는 관청은 지체 없이 정보를 제공받는다.

③ 본 장의 모든 규정은, 본 입법지침에 의하여 보장되는 자연인에 대한 보호수준이 저하되지 않는 점을 보장하도록 적용된다.

제36조 적합성결정에 기한 개인정보이전

① 회원국은, 어느 제3국 또는 국제기구로의 개인정보 이전은, 유럽연합집행위원회가 당해 제3국, 이러한 제3국의 한 지역 또는 한 또는 여러 특수 부문이나 당해 국제기구가 적절한 보호수준을 제공한다는(dass das betreffende Drittland, ein Gebiet oder ein oder mehrere spezifische Sektoren in diesem Drittland oder die betreffende internationale Organisation ein angemessenes Schutzniveau bietet) 결정을 한 경우에 행해질 수 있는 것으로 규정한다. 그러한 개인정보호이전은 특별한 동의를 필요로 하지 아니한다.

② 제공된 보호수준에 대한 적합성 심사의 경우에 있어(Bei der Prüfung der Angemessenheit des gebotenen Schutzniveaus) 유럽연합집행위원회는 다음 각 목을 고려한다:

a) ⅰ) 법의 지배, ⅱ) 인권 및 기본권의 존중, ⅲ) 다른 이느 제3국 또는 국제기구로의 재(再)이전에 대한 규정을 포함하여 이러한 규정[83]의 시행, 개인정보보호규정, 직업규정 및 보안규정뿐만 아니라 공공의 안녕, 국방, 국가안보 및 형법과 관청(官廳)의 개인정보에 대한 접근에 관한 것을 포함하여(auch in Bezug auf die öffentliche Sicherheit, die Landesverteidigung, die nationale Sicherheit und das Strafrecht, und der Zugang der Behörden zu personenbezogenen Daten sowie die Durchsetzung dieser Vorschriften, Datenschutzvorschriften, Berufsregeln und Sicherheitsvorschriften einschließlich der Vorschriften für die Weiterübermittlung personenbezogener Daten an ein anderes Drittland bzw. eine andere internationale Organisation), 당해 국가 또는 국제기구에서 일반적으로 또는 부문적으로 적용되는 규정, ⅳ) 판례법, ⅴ) 정보주체의 효과적이며 강제집행할 수 있는 권리, ⅵ) 개인정보가 이전된 정보주체를 위한 효과적인 행정상 법적구제 및 법원을 통한 법적구제,

b) 당해 제3국에 있는 한 또는 여러 독립적 감독관청의 존재 및 효율적 운영이나, 어느 국제기구를 관할하고(denen eine internationale Organisation untersteht), 또한 적절한 시행권한을 포함하여 개인정보보호규정의 준수 및 시행과, 정보주체의 권리 행사시 그 정보주체에 대한 지원 및 상담 그리고 회원국의 감독관청과의 협력을 책임지는 그러한 독립적 감독관청 존재 및 효율적 운영(die Existenz und die wirksame Funktionsweise),

c) 당해 제3국 또는 국제기구가 부담하는 국제법상 의무 또는 그 밖의 의무로, 법적 구속력이 있는 조약 또는 법률행위에서 도출되거나 특히 개인정보보호와 관련하여 제3국 또는 국제기구의 다자체제 또는 지역체제의 참여에서 도출되는(aus der Teilnahme des Drittlands oder der internationalen

oder der internationalen Organisation an multilateralen oder regionalen Systemen insbesondere in Bezug auf den Schutz personenbezogener Daten ergeben.

(3) Nach der Beurteilung der Angemessenheit des Schutzniveaus kann die Kommission im Wege eines Durchführungsrechtsaktes beschließen, dass ein Drittland beziehungsweise ein Gebiet oder ein oder mehrere spezifische Sektoren in einem Drittland oder eine internationale Organisation ein angemessenes Schutzniveau im Sinne des Absatzes 2 dieses Artikels bietet. In dem Durchführungsrechtsakt wird ein Mechanismus für die regelmäßige Überprüfung vorgesehen, die mindestens alle vier Jahre erfolgt und bei der allen maßgeblichen Entwicklungen in dem Drittland oder der internationalen Organisation Rechnung getragen wird. Im Durchführungsrechtsakt werden der territoriale und der sektorale Anwendungsbereich sowie gegebenenfalls die in Absatz 2 Buchstabe b dieses Artikels genannte Aufsichtsbehörde oder die dort genannten Aufsichtsbehörden angegeben. Der Durchführungsrechtsakt wird gemäß dem in Artikel 58 Absatz 2 genannten Prüfverfahren erlassen.

(4) Die Kommission überwacht fortlaufend die Entwicklungen in Drittländern und internationalen Organisationen, die die Wirkungsweise der nach Absatz 3 erlassenen Beschlüsse beeinträchtigen könnten.

(5) Die Kommission widerruft, ändert oder setzt die in Absatz 3 des vorliegenden Artikels genannten Beschlüsse im Wege von Durchführungsrechtsakten aus, soweit dies nötig ist und ohne rückwirkende Kraft, soweit entsprechende Informationen — insbesondere im Anschluss an die in Absatz 3 des vorliegenden Artikels genannte Überprüfung — dahingehend vorliegen, dass ein Drittland, ein Gebiet oder ein oder mehrere spezifische Sektoren in einem Drittland oder eine internationale Organisation kein angemessenes Schutzniveau im Sinne des Absatzes 2 des vorliegenden Artikels mehr gewährleistet. Diese Durchführungsrechtsakte werden gemäß dem in Artikel 58 Absatz 2 genannten Prüfverfahren oder in äußerst dringlichen Fällen gemäß dem in Artikel 58 Absatz 3 genannten Verfahren erlassen.

In hinreichend begründeten Fällen äußerster Dringlichkeit erlässt die Kommission gemäß dem in Artikel 58 Absatz 3 genannten Verfahren sofort geltende Durchführungsrechtsakte.

(6) Die Kommission nimmt Beratungen mit dem betreffenden Drittland bzw. der betreffenden internationalen Organisation auf, um Abhilfe für die Situation zu schaffen, die zu dem Beschluss nach Absatz 5 geführt hat.

(7) Die Mitgliedstaaten sehen vor, dass Übermittlungen personenbezogener Daten an das betreffende Drittland, an das Gebiet oder einen oder mehrere spezifischen Sektoren in einem Drittland oder an die betreffende internationale Organisation gemäß den Artikeln 37 und 38 durch einen Beschluss nach Absatz 5 nicht berührt werden.

(8) Die Kommission veröffentlicht im Amtsblatt der Europäischen Union und auf ihrer Website eine Liste aller Drittländer beziehungsweise Gebiete und spezifischen Sektoren in einem Drittland und aller internationalen Organisationen, bei denen sie durch Beschluss festgestellt hat, dass diese ein beziehungsweise kein angemessenes Schutzniveau für personenbezogene Daten bieten.

Artikel 37 Datenübermittlung vorbehaltlich geeigneter Garantien

(1) Liegt kein Beschluss nach Artikel 36 Absatz 3 vor, so sehen die Mitgliedstaaten vor, dass eine Übermittlung personenbezogener Daten an ein Drittland oder eine internationale Organisation erfolgen darf, wenn

a) in einem rechtsverbindlichen Instrument geeignete Garantien für den Schutz personenbezogener

Organisation an multilateralen oder regionalen Systemen insbesondere in Bezug auf den Schutz personenbezogener Daten ergeben) 의무.

③ 보호수준에 대한 적합성 판단 후(Nach der Beurteilung der Angemessenheit des Schutzniveaus), 유럽연합집행위원회는 집행법규의 방식으로, 어느 제3국, 어느 제3국의 한 지역 또는 한 또는 여러 특수한 부문이나 어느 국제기구가 본 조 제2항상의 적절한 보호수준을 제공하는 것(dass ein Drittland, ein Gebiet oder ein oder mehrere spezifische Sektoren in einem Drittland oder eine internationale Organisation ein angemessenes Schutzniveau im Sinne des Absatzes 2 des vorliegenden Artikels bieten)으로 결정할 수 있다. 위임법규에서 최소한 4년마다 실시되는 정기적 심사에 대한 메커니즘으로, 그 제3국 또는 국제기구에서의 관련 일체의 동향이 고려되는(bei der allen maßgeblichen Entwicklungen in dem Drittland oder bei der internationalen Organisation Rechnung getragen wird) 메커니즘이 규정된다. 위임법규에서 지역적·부문적 적용범위와 해당하는 경우 본 조 제2항 b목상의 감독관청 또는 감독관청들이 명시된다. 그 위임법규는 제58조 제2항상의 심사절차에 따라 제정된다.

④ 유럽연합집행위원회는, 제3항에 따라 발령된 결정의 작용(die Wirkungsweise)에 영향을 미칠 수 있는, 제3국 및 국제기구에서의 동향을 지속적으로 감시한다.

⑤ 유럽연합집행위원회는, 특히 본 조 제3항상의 심사 다음에, 어느 제3국, 어느 제3국의 한 지역 또는 한 또는 여러 특수한 부문이나 어느 국제기구가 본 조 제2항상의 적절한 보호수준을 더 이상 보장하지 않는다는 점(dass ein Drittland, ein Gebiet oder ein oder mehrere spezifischer Sektor in einem vorliegenden Artikels mehr gewährleistet)이 관련 정보에 의해 드러나는 경우에, 이것이 필요한 범위 내에서 소급효 없이 위임법규의 방식의 위 조항 제3항상의 결정을 철회하거나 수정하거나 그 적용을 정지한다. 이러한 위임법규(Diese Durchführungsrechtsakte)는 제58조 제2항에 따른 심사절차에 좇아 제정되거나, 상당히 급박한 경우에(in äußerst dringlichen Fällen)는 제58조 제3항상의 절차에 좇아 제정(制定)된다.

상당한 급박성에 대한 상당한 이유가 있는 경우에 유럽연합집행위원회는 제58조 제3항상의 절차에 따라 즉시 적용되는 집행법규를 제정한다.

⑥ 유럽연합집행위원회는, 제5항에 따른 결정에 이른 상황을 시정하기 위하여(um Abhilfe für die Situation zu schaffen, die zu dem Beschluss nach Absatz 5 geführt hat) 그 제3국 또는 국제기구와 협의를 개시한다.

⑦ 유럽연합집행위원회는, 당해 제3국, 그 제3국의 지역 또는 한 또는 여러 특수한 부문이나 그러한 국제기구로의 개인정보 이전(Übermittlungen personenbezogener Daten)으로, 제37조 내지 제38조에 따른 이전은 제5항에 따른 결정에 의하여(durch einen Beschluss nach Absatz 5) 영향을 받지 않는 것으로 규정한다.

⑧ 유럽연합집행위원회는, 적절한 보호수준을 보장하지 않고 있거나 더 이상 보장하지 않는다는 점(dass diese ein beziehungsweise kein angemessenes Schutzniveau für personenbezogene Daten bieten)을 결정한, 일체의 제3국과 제3국의 모든 지역 및 특수한 부문 그리고 그러한 일체의 국제기구를 유럽연합관보와 자신의 웹사이트에 게재한다.

제37조 적합한 안전성확보조치를 조건으로 하는 개인정보이전

① 제36조 제3항에 따른 결정(kein Beschluss nach Artikel 36 Absatz 3)이 없는 경우에, 회원국은, 다음 각 목의 경우에, 어느 제3국 또는 국제기구로의 개인정보이전(eine Übermittlung personenbezogener Daten)이 행해져도 되는 것으로 규정한다,

a) 개인정보보호를 위한 적합한 안전성확보조치가 법적구속력이 있는 수단에서(in einem

Daten vorgesehen sind oder

b) der Verantwortliche alle Umstände beurteilt hat, die bei der Übermittlung personenbezogener Daten eine Rolle spielen, und zu der Auffassung gelangt ist, dass geeignete Garantien zum Schutz personenbezogener Daten bestehen.

(2) Der Verantwortliche unterrichtet die Aufsichtsbehörde über Kategorien von Übermittlungen gemäß Absatz 1 Buchstabe b.

(3) Übermittlungen gemäß Absatz 1 Buchstabe b werden dokumentiert und die Dokumentation einschließlich Datum und Zeitpunkt der Übermittlung, Informationen über die empfangende zuständige Behörde, Begründung der Übermittlung und übermittelte personenbezogenen Daten, der Aufsichtsbehörde auf Anforderung zur Verfügung gestellt.

Artikel 38 Ausnahmen für bestimmte Fälle

(1) Falls weder ein Angemessenheitsbeschluss nach Artikel 36 vorliegt noch geeignete Garantien nach Artikel 37 bestehen, sehen die Mitgliedstaaten vor, dass eine Übermittlung oder eine Kategorie von Übermittlungen personenbezogener Daten an ein Drittland oder an eine internationale Organisation nur zulässig ist, wenn die Übermittlung aus einem der folgenden Gründe erforderlich ist

a) zum Schutz lebenswichtiger Interessen der betroffenen Person oder einer anderen Person,

b) zur Wahrung berechtigter Interessen der betroffenen Person, wenn dies im Recht des Mitgliedstaats, aus dem die personenbezogenen Daten übermittelt werden, vorgesehen ist,

c) zur Abwehr einer unmittelbaren und ernsthaften Gefahr für die öffentliche Sicherheit eines Mitgliedstaats oder eines Drittlandes,

d) im Einzelfall für die in Artikel 1 Absatz 1 genannten Zwecke, oder

e) im Einzelfall zur Geltendmachung, Ausübung oder Verteidigung von Rechtsansprüchen im Zusammenhang mit den in Artikel 1 Absatz 1 genannten Zwecken.

(2) Personenbezogene Daten dürfen nicht übermittelt werden, wenn die übermittelnde zuständige Behörde feststellt, dass Grundrechte und Grundfreiheiten der betroffenen Person das öffentliche Interesse an der Übermittlung im Sinne des Absatzes 1 Buchstaben d und e überwiegen.

(3) Übermittlungen gemäß Absatz 1 werden dokumentiert und die Dokumentation einschließlich Datum und Zeitpunkt der Übermittlung, Informationen über die empfangende zuständige Behörde, Begründung der Übermittlung und übermittelte personenbezogene Daten, der Aufsichtsbehörde auf Anforderung zur Verfügung gestellt.

Artikel 39 Übermittlung personenbezogener Daten an in Drittländern niedergelassene Empfänger

(1) Abweichend von Artikel 35 Absatz 1 Buchstabe b und unbeschadet der in Absatz 2 dieses Artikels genannten internationalen Übereinkünfte kann das Unionsrecht oder das Recht der Mitgliedstaaten vorsehen, dass die in Artikel 3 Nummer 7 Buchstabe a genannten zuständigen Behörden im speziellen Einzelfall nur dann personenbezogene Daten direkt an in Drittländern niedergelassene Empfänger übermitteln dürfen, wenn die übrigen Bestimmungen dieser Richtlinie eingehalten werden und alle der folgende Voraussetzungen gegeben sind:

a) Die Übermittlung ist für die Ausübung einer Aufgabe der übermittelnden zuständigen Behörde gemäß dem Unionsrecht oder dem Recht der Mitgliedstaaten für die in Artikel 1 Absatz 1 genannten Zwecke unbedingt erforderlich,

rechtsverbindlichen Instrument) 규정된 경우

b) 개인정보처리자가 개인정보이전시 문제가 된(die bei der Übermittlung personenbezogener Daten eine Rolle spielen) 제반사정을 판단 후 개인정보보호에 관한 적합한 안전성확보조치가 있는 것으로 결론을 내린(zu der Auffassung gelangt ist, dass) 경우.

② 개인정보처리자는 제1항 b목에 따른 그 이전의 범주(Kategorien von Übermittlungen gemäß Absatz 1 Buchstabe b)에 관하여 감독관청에 알린다.

③ 제1항 b목에 따른 이전은 기록되고, 그 기록은, 이전 날짜 및 시간(Datum und Zeitpunkt der Übermittlung), 수령하는 관할 관청에 관한 정보, 이전의 정당한 사유와 이전된 개인정보(Begründung der Übermittlung und übermittelte personenbezogenen Daten)를 포함하여 그 요구가 있는 경우 감독관청에 제공된다.

제38조 특정한 경우에 대한 예외

① 회원국은, 제36조에 따른 적합성결정도 없고 제37조에 따른 적합한 안전성확보조치도 없는 경우(Falls weder ein Angemessenheitsbeschluss nach Artikel 36 vorliegt noch geeignete Garantien nach Artikel 37 bestehen)에, 어느 제3국 또는 국제기구로의 개인정보이전 또는 한 범주의 개인정보이전은, 그 이전이 다음 각 목의 이유에 기하여 필요한 경우에 한하여 허용되는 것으로 규정한다,

a) 정보주체 또는 제3자의 생명유지에 필수적인 이익의 보호를 위하여,

b) 이것[84]이 개인정보를 이전하는 회원국의 법에서 규정되어 있는 한, 정보주체의 정당한 이익의 보호를 위하여,

c) 어느 회원국 또는 제3국의 공공의 안녕에 대한 직접적이고 중대한 위험의 방지(Abwehr einer unmittelbaren und ernsthaften Gefahr für die öffentliche Sicherheit)를 위하여,

d) 개별사안에서 제1조 제1항상의 목적을 위하여,

e) 제1조 제1항상의 목적에 관련된 법적청구권의 증명, 행사 또는 방어(Geltendmachung, Ausübung oder Verteidigung von Rechtsansprüchen)를 위하여.

② 개인정보는, 이전하는 관할 관청이 정보주체의 기본권 및 자유(Grundrechte und Grundfreiheiten der betroffenen Person)가 제1항 d목 또는 e목상의 이전에 대한 공익(das öffentliche Interesse)보다 우월한 것으로 결정하는 경우에는 행해져서는 아니된다.

③ 제1항에 따른 이전은 기록되고, 그 기록은, 이전 날짜 및 시간(Datum und Zeitpunkt der Übermittlung), 수령하는 관할 관청에 관한 정보, 이전의 정당한 사유와 이전된 개인정보(Begründung der Übermittlung und übermittelte personenbezogenen Daten)를 포함하여 그 요구가 있는 경우 감독관청에 제공된다.

제39조 제3국에서 설립한 수령인에 대한 개인정보이전

제35조 제1항 b목과 달리 또 본 조 제2항상의 국제조약에도 불구하고(Abweichend von Artikel 35 Absatz 1 Buchstabe b und unbeschadet der in Absatz 2 dieses Artikels genannten internationalen Übereinkünfte) 유럽연합법 또는 회원국법은 제3조 제7호상의 관할 관청이 본 입법지침의 나머지 규정이 준수되고 다음 각 목의 모든 요건이 충족된 경우(wenn die übrigen Bestimmungen dieser Richtlinie eingehalten werden und alle der folgende Voraussetzungen gegeben sind)에 한하여 특별한 개별사안에서 제3국에서 설립한 수령인에게 직접 개인정보를 이전하는 것으로 규정할 수 있다:

a) 그 이전이, 유럽연합법 또는 회원국법 따라 제1조 제1항상의 목적을 관할하는 이전하는 관할 관청의 임무수행을 하는 데(für die Ausübung einer Aufgabe der übermittelnden zuständigen Behörde) 반드시 필요할 것,

b) die übermittelnde zuständige Behörde stellt fest, dass im konkreten Fall keine Grundrechte und Grundfreiheiten der betroffenen Person das öffentliche Interesse an einer Übermittlung überwiegen,

c) die übermittelnde zuständige Behörde hält die Übermittlung an eine für die in Artikel 1 Absatz 1 genannten Zwecke zuständige Behörde in dem Drittland für wirkungslos oder ungeeignet, insbesondere weil die Übermittlung nicht rechtzeitig durchgeführt werden kann,

d) die für die in Artikel 1 Absatz 1 genannten Zwecke zuständige Behörde in dem Drittland wird unverzüglich unterrichtet, es sei denn, dies ist wirkungslos oder ungeeignet, und

e) die übermittelnde zuständige Behörde teilt dem Empfänger den festgelegten Zweck oder die festgelegten Zwecke mit, für die die personenbezogenen Daten nur dann durch diesen verarbeitet werden dürfen, wenn eine derartige Verarbeitung erforderlich ist.

(2) Eine internationale Übereinkunft im Sinne des Absatzes 1 ist jede in Kraft befindliche bilaterale oder multilaterale internationale Übereinkunft zwischen Mitgliedstaaten und Drittländern im Bereich der justiziellen Zusammenarbeit in Strafsachen und der polizeilichen Zusammenarbeit.

(3) Die übermittelnde zuständige Behörde unterrichtet die Aufsichtsbehörde über die Übermittlungen gemäß diesem Artikel.

(4) Übermittlungen gemäß Absatz 1 werden dokumentiert.

Artikel 40 Internationale Zusammenarbeit zum Schutz personenbezogener Daten

In Bezug auf Drittländer und internationale Organisationen treffen die Kommission und die Mitgliedstaaten geeignete Maßnahmen zur

a) Entwicklung von Mechanismen der internationalen Zusammenarbeit, durch die die wirksame Durchsetzung von Rechtsvorschriften zum Schutz personenbezogener Daten erleichtert wird,

b) gegenseitigen Leistung internationaler Amtshilfe bei der Durchsetzung von Rechtsvorschriften zum Schutz personenbezogener Daten, unter anderem durch Meldungen, Beschwerdeverweisungen, Amtshilfe bei Untersuchungen und Informationsaustausch, sofern geeignete Garantien für den Schutz personenbezogener Daten und anderer Grundrechte und Grundfreiheiten bestehen,

c) Einbindung maßgeblicher Interessenträger in Diskussionen und Tätigkeiten, die zum Ausbau der internationalen Zusammenarbeit bei der Durchsetzung von Rechtsvorschriften zum Schutz personenbezogener Daten dienen,

d) Förderung des Austausches und der Dokumentation von Rechtsvorschriften und Praktiken zum Schutz personenbezogener Daten einschließlich Zuständigkeitskonflikten mit Drittländern.

KAPITEL VI Unabhänge Aufsichtsbehörden

Abschnitt 1 Unabhängigkeit

Artikel 41 Aufsichtsbehörde

(1) Jeder Mitgliedstaat sieht vor, dass eine oder mehrere unabhängige Behörden für die Überwachung der Anwendung dieser Richtlinie zuständig sind, damit die Grundrechte und Grundfreiheiten natürlicher Personen bei der Verarbeitung geschützt werden und der freie Verkehr personenbezogener Daten in der Union erleichtert wird (im Folgenden "Aufsichtsbehörde").

(2) Jede Aufsichtsbehörde leistet einen Beitrag zur einheitlichen Anwendung dieser Richtlinie in der

b) 이전하는 관할 관청이, 구체적 사안에서 정보주체의 기본권 및 자유가 이전에 대한 공익보다 우월하지 않은 것으로 결정할 것,

c) 이전하는 관할 관청이 제3국에 있는, 제1조 제1항상의 목적을 관할하는 관청으로의 이전에 대하여 특히 그 이전이 적시에 행해질 수 없어(insbesondere weil die Übermittlung nicht rechtzeitig durchgeführt werden kann) 무익(無益)하거나 부적절한 것으로 여길 것,

d) 제3국에 있는 제1조 제1항상의 목적을 관할하는 관청이 지체 없이 정보를 제공받을 것, 다만 그 통지가 무익하거나 부적절한 경우에는 그러하지 아니하다.

e) 이전하는 관할 관청(die übermittelnde zuständige Behörde)이 수령인에게, 그러한 처리가 필요한 경우에 한하여 개인정보가 그 이전하는 관청에 의하여 처리될 수 있는 지정된 목적 또는 목적들을 통지할 것.

② 제1항상의 국제조약은, 회원국과 제3국 간의 형사사건에 대한 사법협력 그리고 경찰협력 분야에 있어서의(im Bereich der justiziellen Zusammenarbeit in Strafsachen und der polizeilichen Zusammenarbeit) 시행 중인 모든 양자 또는 다자 국제조약을 말한다.

③ 이전하는 관할 관청은 본 조에 따른 이전에 관하여(über die Übermittlungen gemäß diesem Artikel) 감독관청에 알린다.

④ 제1항에 따른 이전은 기록한다.

제40조 개인정보보호를 위한 국제협력

유럽연합집행위원회와 감독관청은 제3국 및 국제기구와 관련하여(In Bezug auf Drittländer und internationale Organisationen) 다음 각 목을 위한 적절한 조치를 취한다,

a) 개인정보보호에 관한 법규정의 효과적인 시행을 촉진해 주는 국제협력 메커니즘의 발전(Entwicklung von Mechanismen der internationalen Zusammenarbeit),

b) 개인정보 및 다른 기본권·자유의 보호에 대한 적합한 안전성확보조치가 행해지는 경우에 한하여(sofern geeignete Garantien für den Schutz personenbezogener Daten und anderer Grundrechte und Grundfreiheiten bestehen), 통보, 이의이첩(異議移牒; Beschwerdeverweisungen), 조사공조(調査共助) 및 정보교환을 통한 것을 포함하여, 개인정보보호에 관한 법규정의 시행시의 국제적 행정공조의 제공,

c) 개인정보보호에 관한 법규정의 시행에 있어 국제협력을 구축하기 위한(die zum Ausbau der internationalen Zusammenarbeit bei der Durchsetzung von Rechtsvorschriften zum Schutz personenbezogener Daten dienen), 논의 및 활동에 대한 관련 이해관계자들의 참여,

d) 제3국과의 재판관할권의 충돌(einschließlich Zuständigkeitskonflikten mit Drittländern)을 포함하여 개인정보보호를 위한 법규정 및 실무(Praktiken)의 교환 및 문서화의 권장.

제6장 독립적 감독관청

제1절 독립성

제41조 감독관청

① 각 회원국은, 자연인의 기본권 및 자유가 정보처리시 보호되고 개인정보의 유럽연합 내 자유로운 이동을 촉진하기(der freie Verkehr personenbezogener Daten in der Union erleichtert wird) 위하여 한 또는 여러 독립적 행정관청(eine oder mehrere unabhängige Behörden)이 본 입법지침의 적용의 감시를 관할하는 것으로 규정한다(이하 “감독관청”; “Aufsichtsbehörde”).

② 모든 감독관청은, 유럽연합 전역에서 본 입법지침의 통일적 적용에 기여(寄與)한다(leistet einen

gesamten Union. Zu diesem Zweck bedarf es der Zusammenarbeit der Aufsichtsbehörden untereinander sowie mit der Kommission gemäß Kapitel VII.

(3) Die Mitgliedstaaten können vorsehen, dass die gemäß der Verordnung (EU) 2016/679 in den Mitgliedstaaten errichtete Aufsichtsbehörde die in dieser Richtlinie genannte Aufsichtsbehörde ist und die Verantwortung für die Aufgaben der nach Absatz 1 zu errichtenden Aufsichtsbehörde übernimmt.

(4) Gibt es in einem Mitgliedstaat mehr als eine Aufsichtsbehörde, so bestimmt dieser Mitgliedstaat die Aufsichtsbehörde, die diese Behörden im in Artikel 51 genannten Ausschuss zu vertreten hat.

Artikel 42 Unabhängigkeit

(1) Jeder Mitgliedstaat sieht vor, dass jede Aufsichtsbehörde bei der Erfüllung ihrer Aufgaben und der Ausübung ihrer Befugnisse gemäß dieser Richtlinie völlig unabhängig handelt.

(2) Die Mitgliedstaaten sehen vor, dass das Mitglied oder die Mitglieder ihrer Aufsichtsbehörden bei der Erfüllung ihrer Aufgaben und der Ausübung ihrer Befugnisse gemäß dieser Richtlinie weder direkter noch indirekter Beeinflussung von außen unterliegen und dass sie weder um Weisung ersuchen noch Weisungen entgegennehmen.

(3) Die Mitglieder der Aufsichtsbehörden der Mitgliedstaaten sehen von allen mit den Aufgaben ihres Amts nicht zu vereinbarenden Handlungen ab und üben während ihrer Amtszeit keine andere mit ihrem Amt nicht zu vereinbarende entgeltliche oder unentgeltliche Tätigkeit aus.

(4) Jeder Mitgliedstaat stellt sicher, dass jede Aufsichtsbehörde mit den personellen, technischen und finanziellen Ressourcen, Räumlichkeiten und Infrastrukturen ausgestattet wird, die sie benötigt, um ihre Aufgaben und Befugnisse auch im Rahmen der Amtshilfe, Zusammenarbeit und Mitwirkung im Ausschuss effektiv wahrnehmen zu können.

(5) Jeder Mitgliedstaat stellt sicher, dass jede Aufsichtsbehörde ihr eigenes Personal auswählt und hat, das ausschließlich der Leitung des Mitglieds oder der Mitglieder der betreffenden Aufsichtsbehörde untersteht.

(6) Jeder Mitgliedstaat stellt sicher, dass jede Aufsichtsbehörde einer Finanzkontrolle unterliegt, die ihre Unabhängigkeit nicht beeinträchtigt, und dass sie über eigene, öffentliche, jährliche Haushaltspläne verfügt, die Teil des gesamten Staatshaushalts oder nationalen Haushalts sein können.

Artikel 43 Allgemeine Bedingungen für die Mitglieder der Aufsichtsbehörde

(1) Die Mitgliedstaaten sehen vor, dass jedes Mitglied ihrer Aufsichtsbehörden im Wege eines transparenten Verfahrens ernannt wird, und zwar

— vom Parlament;

— von der Regierung;

— vom Staatsoberhaupt oder

— von einer unabhängigen Stelle, die nach dem Recht des Mitgliedstaats mit der Ernennung betraut wird.

(2) Jedes Mitglied muss über die für die Erfüllung seiner Aufgaben und Ausübung seiner Befugnisse erforderliche Qualifikation, Erfahrung und Sachkunde insbesondere im Bereich des Schutzes personenbezogener Daten verfügen.

(3) Das Amt eines Mitglieds endet mit Ablauf der Amtszeit, mit seinem Rücktritt oder verpflichtender Versetzung in den Ruhestand gemäß dem Recht des betroffenen Mitgliedstaats.

(4) Ein Mitglied wird seines Amtes nur enthoben, wenn es eine schwere Verfehlung begangen hat oder

Beitrag zur einheitlichen Anwendung dieser Verordnung in der gesamten Union). 이러한 목적을 위하여 감독관청은 상호간에 또 유럽연합집행위원회와 제7장에 따라 협력한다.
③ 회원국은, (EU) 2016/679호 법(法)에 따라 회원국에서 설치된 감독관청이 본 입법지침상의 감독관청이 되고, 제1항에 따라 설치될 감독관청의 임무에 대한 책임을 인수하는 것(die Verantwortung für die Aufgaben der nach Absatz 1 zu errichtenden Aufsichtsbehörde übernimmt)으로 규정한다.
④ 어느 회원국에서 2개 이상의 감독관청이 있는 경우에, 이러한 회원국은, 제51조상의 정보보호위위원회에서 이러한 감독관청들을 대표해야 하는 감독관청을 지정한다.

제42조 독립성
① 각 회원국은, 모든 감독관청이 본 입법지침에 따른 자신의 임무 수행 및 권한 행사시(bei der Ausübung ihrer Befugnisse gemäß dieser Richtlinie)에 완전히 독립적으로 행동하는 것으로 규정한다.
② 각 회원국은, 자신의 감독관청에 속한 고위성원이, 본 입법지침에 따른 자신의 임무 수행 및 권한 행사시(bei der Ausübung ihrer Befugnisse gemäß dieser Richtlinie)에 누구로부터의 영향도 직접적이든지 간접적이든지 받지 아니하고, 누구의 지시를 구하지도 받지도 아니하는 것(dass sie weder um Weisung ersuchen noch Weisungen entgegennehmen)으로 규정한다.
③ 회원국의 감독관청에 속한 고위성원은, 자신의 직무상의 임무에 합치하지 않는 행위를 해서는 아니되고, 그 근무시간 중에 자신의 직무에 합치하지 않는 유상(有償) 및 무상(無償)의 일체의 활동(andere mit ihrem Amt nicht zu vereinbarende entgeltliche oder unentgeltliche Tätigkeit)에 종사하지 아니한다.
④ 각 회원국은, 모든 감독관청이 유럽정보보호위원회에서의 행정공조, 협력 및 참여의 범위 내에서 행해지는 것을 포함하여(auch im Rahmen der Amtshilfe, Zusammenarbeit und Mitwirkung im Ausschuss), 자신의 임무 수행 및 권한 행시를 효과적으로 하는 데 필요한 인적·기술적·재정적 지원, 사무공간 및 인프라를 구비하도록 보장한다.
⑤ 각 회원국은, 모든 감독관청이 오로지 당해 감독관청(der Leitung des Mitglieds oder der Mitglieder der betreffenden Aufsichtsbehörde)의 고위성원의 지휘만을 받는 자신의 고유한 인력을 선발하고 보유하도록 보장한다.
⑥ 각 회원국은 모든 감독관청이 자신의 독립성에 영향을 받지 않는 재정통제를 받고, 주예산(州豫算) 전체의 일부이거나 국가예산의 일부(gesamten Staatshaushalts oder nationalen Haushalts)일 수 있는 별도의 공적인 연간예산(eigene, öffentliche, jährliche Haushaltspläne)를 보유하도록 보장한다.

제43조 감독관청 고위성원에 대한 일반적 요건
① 회원국은, 자신의 감독관청의 각 고위성원이 투명한 절차방식을 통해 다음에 의해 임명되도록 보장한다,
— 의회,
— 정부,
— 국가수반 또는
— 회원국의 법에 따라 그 임명을 위임받은 독립기구.
② 각 고위성원은 자신의 임무 수행 및 권한 행사를 하는 데 필요한 자격, 경험 및 전문지식(Qualifikation, Erfahrung und Sachkunde), 특히 개인정보보호법 분야에서(im Bereich des Schutzes personenbezogener Daten) 이를 보유해야만 한다.
③ 고위성원의 직무는 당해 회원국법에 따른, 임기만료, 사임(辭任) 또는 정년도달(verpflichtender Versetzung in den Ruhestand)로 종료된다.
④ 고위성원은 중대비리를 자행했거나 자신의 임무수행에 대한 요건을 더 이상 충족하지 못한 경우에

die Voraussetzungen für die Erfüllung seiner Aufgaben nicht mehr erfüllt.

Artikel 44 Errichtung der Aufsichtsbehörde

(1) Jeder Mitgliedstaat sieht durch Rechtsvorschriften Folgendes vor

a) die Errichtung jeder Aufsichtsbehörde,

b) die erforderlichen Qualifikationen und sonstigen Voraussetzungen für die Ernennung zum Mitglied jeder Aufsichtsbehörde,

c) die Vorschriften und Verfahren für die Ernennung des Mitglieds oder der Mitglieder jeder Aufsichtsbehörde,

d) die Amtszeit des Mitglieds oder der Mitglieder jeder Aufsichtsbehörde von mindestens vier Jahren, außer für die erste Amtszeit nach dem 6. Mai 2016, die für einen Teil der Mitglieder kürzer sein kann, wenn eine zeitlich versetzte Ernennung zur Wahrung der Unabhängigkeit der Aufsichtsbehörde notwendig ist,

e) die Frage, ob und — wenn ja — wie oft das Mitglied oder die Mitglieder jeder Aufsichtsbehörde wiederernannt werden können,

f) die Bedingungen im Hinblick auf die Pflichten des Mitglieds oder der Mitglieder und der Bediensteten jeder Aufsichtsbehörde, die Verbote von Handlungen, beruflichen Tätigkeiten und Vergütungen während und nach der Amtszeit, die mit diesen Pflichten unvereinbar sind, und die Regeln für die Beendigung des Beschäftigungsverhältnisses.

(2) Das Mitglied oder die Mitglieder und die Bediensteten jeder Aufsichtsbehörde sind gemäß dem Unionsrecht oder dem Recht der Mitgliedstaaten sowohl während ihrer Amts- beziehungsweise Dienstzeit als auch nach deren Beendigung verpflichtet, über alle vertraulichen Informationen, die ihnen bei der Wahrnehmung ihrer Aufgaben oder der Ausübung ihrer Befugnisse bekannt geworden sind, Verschwiegenheit zu wahren. Während ihrer Amts- beziehungsweise Dienstzeit gilt diese Verschwiegenheitspflicht insbesondere für die von natürlichen Personen gemeldeten Verstöße gegen diese Richtlinie.

Abschnitt 2 Zuständigkeit, Aufgaben und Befugnisse

Artikel 45 Zuständigkeit

(1) Jeder Mitgliedstaat sieht vor, dass jede Aufsichtsbehörde dafür zuständig ist, im Hoheitsgebiet ihres eigenen Mitgliedstaats die ihr gemäß dieser Richtlinie zugewiesenen Aufgaben und übertragenen Befugnisse zu erfüllen bzw. auszuüben.

(2) Jeder Mitgliedstaat sieht vor, dass jede Aufsichtsbehörde nicht für die Aufsicht über die von Gerichten im Rahmen ihrer justiziellen Tätigkeit vorgenommenen Verarbeitungen zuständig ist. Die Mitgliedstaaten können vorsehen, dass ihre Aufsichtsbehörde nicht für die Überwachung der von anderen unabhängigen Justizbehörden im Rahmen ihrer justiziellen Tätigkeit vorgenommenen Verarbeitungen zuständig ist.

Artikel 46 Aufgaben

(1) Jeder Mitgliedstaat sieht vor, dass jede Aufsichtsbehörde in seinem Hoheitsgebiet

a) die Anwendung der nach dieser Richtlinie erlassenen Vorschriften sowie deren Durchführungsvorschriften

한하여 자신의 직에서 해임(解任)된다.

제44조 감독관청의 설치

① 각 회원국은 법규정으로 다음 각 목을 규정한다:

a) 각 감독관청의 설치,

b) 각 감독관청의 고위성원 임명에 필요한 자격 및 요건(die erforderlichen Qualifikationen und sonstigen Voraussetzungen),

c) 각 감독관청(監督官廳)의 고위성원의 임명(任命)에 대한 규정(規定) 및 절차(die Vorschriften und Verfahren),

d) 최소한 4년의, 각 감독관청의 고위성원의 임기, 감독관청의 독립성 보장을 위하여 임기제 임명이 필요한 경우(wenn eine zeitlich versetzte Ernennung zur Wahrung der Unabhängigkeit der Aufsichtsbehörde notwendig ist)에 이는 고위성원의 일부가 그보다 단기일 수 있는, 2016년 5월 24일 이후의 첫 번째 임기에 대하여는 적용하지 아니한다,

e) 각 감독관청의 고위성원이 연임될 수 있는지 여부, 만일 연임(連任)될 수 있다면 몇 회 연임될 수 있는지 하는 문제,

f) 각 감독관청의 고위성원 및 직원(Bediensteten)의 의무에 관한 요건, 그 의무에 합치하지 않는 근무시간 도중 및 근무시간 후의 행위, 직업활동 및 보수의 금지(die Verbote von Handlungen, beruflichen Tätigkeiten und Vergütungen während und nach der Amtszeit, die mit diesen Pflichten unvereinbar sind)와, 직원관계의 종료에 대한 규정.

② 각 감독관청의 고위성원 및 직원(Bediensteten)은, 유럽연합법 또는 회원국법에 따라 임기(任期) 도중뿐만 아니라 임기 종료 후에도(sowohl während ihrer Amts- beziehungsweise Dienstzeit als auch nach deren Beendigung), 자신의 임무 수행 또는 권한 행사 중에 알게 된 일체의 기밀정보에 대하여(über alle vertraulichen Informationen, die ihnen bei der Wahrnehmung ihrer Aufgaben oder der Ausübung ihrer Befugnisse bekannt geworden sind) 비밀유지를 할 의무를 진다. 그 임기 도중에, 이러한 비밀유지의무는 특히 자연인이 신고한 본 입법지침 위반에 대하여(für die von natürlichen Personen gemeldeten Verstößen gegen diese Richtlinie) 적용한다.

제2절 관할, 임무 및 권한

제45조 관할

① 각 회원국은, 모든 감독관청이 자신이 속한 회원국의 영토 내에서(im Hoheitsgebiet ihres eigenen Mitgliedstaats) 본 입법지침에 따라 자신에게, 배정된 임무를 수행하는 것과 부여된 권한을 행사하는 것을 관할하는 것으로 규정한다.

② 각 회원국은, 모든 감독관청이 법원에 의하여 사법활동의 일환으로 행해지는 처리에 관한 감독(監督; Aufsicht)을 관할하지 않는 것으로 규정한다. 회원국은, 자신의 감독관청이 기타 사법당국에 의하여 사법활동의 일환으로 행해지는 처리에 관한 감독(die Überwachung der von anderen unabhängigen Justizbehörden im Rahmen ihrer justiziellen Tätigkeit vorgenommenen Verarbeitungen)을 관할하지 않는 것으로 규정한다.

제46조 임무

① 각 회원국은, 모든 감독관청이 자신의 영토 내에서, 다음 각 목을 하는 것으로 규정한다,

a) 본 입법지침에 따라 제정된 규정의 적용과 그 이행규정(deren Durchführungsvorschriften)을 감시하

überwacht und durchsetzt;

b) die Öffentlichkeit für die Risiken, Vorschriften, Garantien und Rechte im Zusammenhang mit der Verarbeitung sensibilisiert und sie darüber aufklärt;

c) im Einklang mit dem Recht der Mitgliedstaaten das nationale Parlament, die Regierung und andere Einrichtungen und Gremien über legislative und administrative Maßnahmen zum Schutz der Rechte und Freiheiten natürlicher Personen in Bezug auf die Verarbeitung berät;

d) die Verantwortlichen und die Auftragsverarbeiter für die ihnen aus dieser Richtlinie entstehenden Pflichten sensibilisiert;

e) auf Antrag jeder betroffenen Person Informationen über die Ausübung ihrer Rechte aufgrund dieser Richtlinie zur Verfügung stellt und gegebenenfalls zu diesem Zweck mit den Aufsichtsbehörden in anderen Mitgliedstaaten zusammenarbeitet;

f) sich mit Beschwerden einer betroffenen Person oder einer Stelle, einer Organisation oder eines Verbandes gemäß Artikel 55 befasst, den Gegenstand der Beschwerde in angemessenem Umfang untersucht und den Beschwerdeführer innerhalb einer angemessenen Frist über den Fortgang und das Ergebnis der Untersuchung unterrichtet, insbesondere, wenn eine weitere Untersuchung oder Koordinierung mit einer anderen Aufsichtsbehörde notwendig ist;

g) die Rechtmäßigkeit der Verarbeitung gemäß Artikel 17 überprüft und die betroffene Person innerhalb einer angemessenen Frist über das Ergebnis der Überprüfung gemäß Absatz 3 des genannten Artikels unterrichtet oder ihr die Gründe mitteilt, aus denen die Überprüfung nicht vorgenommen wurde;

h) mit anderen Aufsichtsbehörden zusammenarbeitet, auch durch Informationsaustausch, und ihnen Amtshilfe leistet, um die einheitliche Anwendung und Durchsetzung dieser Richtlinie zu gewährleisten;

i) Untersuchungen über die Anwendung dieser Richtlinie durchführt, auch auf der Grundlage von Informationen einer anderen Aufsichtsbehörde oder einer anderen Behörde;

j) maßgebliche Entwicklungen verfolgt, soweit sie sich auf den Schutz personenbezogener Daten auswirken, insbesondere die Entwicklung der Informations- und Kommunikationstechnologie;

k) Beratung in Bezug auf die in Artikel 28 genannten Verarbeitungsvorgänge leistet; und

l) Beiträge zur Tätigkeit des Ausschusses leistet.

(2) Jede Aufsichtsbehörde erleichtert das Einreichen von in Absatz 1 Buchstabe f genannten Beschwerden durch Maßnahmen wie etwa die Bereitstellung eines Beschwerdeformulars, das auch elektronisch ausgefüllt werden kann, ohne dass andere Kommunikationsmittel ausgeschlossen werden.

(3) Die Erfüllung der Aufgaben jeder Aufsichtsbehörde ist für die betroffene Person und für den Datenschutzbeauftragten unentgeltlich.

(4) Bei offenkundig unbegründeten oder — besonders wegen häufiger Wiederholung — exzessiven Anträgen kann die Aufsichtsbehörde eine angemessene Gebühr auf der Grundlage ihrer Verwaltungskosten verlangen oder sich weigern, aufgrund des Antrags tätig zu werden. In diesem Fall trägt die Aufsichtsbehörde die Beweislast dafür, dass der Antrag offensichtlich unbegründet oder exzessiv ist.

Artikel 47 Befugnisse

(1) Jeder Mitgliedstaat sieht durch Rechtsvorschriften vor, dass jede Aufsichtsbehörde über wirksame

고 관철하는 것;

b) 처리에 관한 위험, 규정, 안전성확보조치 및 권리에 대한 공중(公衆)의 인식을 제고하고 이에 관하여 공중을 계도하는 것,

c) 회원국의 의회, 정부, 그 밖의 기관 및 기구와 그 처리에 관련한 자연인의 권리 및 자유를 위한 입법상 및 행정상 조치에 관하여(über legislative und administrative Maßnahmen zum Schutz der Rechte und Freiheiten natürlicher Personen) 회원국법에 따라 협의하는 것;

d) 본 입법지침에 기하여 개인정보처리자와 수탁처리자에게 도출된 의무에 대하여 그들의 인식을 제고하는 것;

e) 본 입법지침에 기한 정보주체의 권리 행사에 관한 정보(Informationen über die Ausübung ihrer Rechte aufgrund dieser Verordnung)를 각 정보주체의 요구에 따라 제공하고 해당하는 경우 이러한 목적을 위하여 다른 회원국의 감독관청과 협력하는 것;

f) 정보주체의 이의나 제55조에 따른 어느 기관, 단체 및 연합회(einer Stelle, einer Organisation oder eines Verbandes gemäß Artikel 55)의 이의를 처리하고 적절한 범위 내의 이의의 대상을 조사하며, 그 조사의 경과 및 결과에 관하여 적절한 기간 내에 이의제기인에게 알리고, 특히 다른 감독관청과 추가적인 조사 또는 조정(調整)이 필요한 경우(wenn eine weitere Untersuchung oder Koordinierung mit einer anderen Aufsichtsbehörde notwendig ist) 그와 같이 하는 것;

g) 제17조에 따른 처리의 적법성을 심사하고 정보주체에게 적절한 기간 내에 제17조 제3항에 따른 심사의 결과(das Ergebnis der Überprüfung gemäß Absatz 3 des genannten Artikels)에 관하여 알리거나 심사가 행해지지 않은 이유를 정보주체에게 알리는 것(ihr die Gründe mitteilt, aus denen die Überprüfung nicht vorgenommen wurde);

h) 본 입법지침의 통일적 적용 및 시행을 보장하기 위하여 정보교환에 의한 경우를 포함하여(auch durch Informationsaustausch) 다른 감독관청과 협력하고 그 감독관청에 행정공조를 제공하는 것;

i) 다른 감독관청 또는 관청(官廳)의 정보제공에 기한 경우를 포함하여 본 입법지침의 적용에 관한 조사를 시행하는 것;

j) 개인정보보호에 영향을 미치는 범위 내에서 관련 동향에 대하여 추적조사를 하고, 특히 정보통신기술 및 업무관행의 동향에 대하여 그와 같이 하는 것;

k) 제28조상의 정보처리작업에 관한 협의를 하는 것;

l) 유럽정보보호위원회의 활동에 조력하는 것.

② 각 감독관청은 다른 의사연락수단의 배제하지 않은 채(ohne dass andere Kommunikationsmittel ausgeschlossen werden) 전자적 방법으로 작성할 수 있는 이의양식의 제공과 같은 조치로 제1항 f목상의 이의의 접수를 촉진한다.

③ 각 감독관청의 임무 수행(Die Erfüllung der Aufgaben jeder Aufsichtsbehörde)은 정보주체와 개인정보보호책임자에게 무료이어야 한다.

④ 이유가 없음이 명백한 요구나 지나침이 명백한 요구의 경우나, 특히 잦은 반복의 경우(Bei offenkundig unbegründeten oder — insbesondere im Fall von häufiger Wiederholung — exzessiven Anfragen)에 감독관청은 행정비용에 기하여 적절한 수수료를 청구할 수 있거나 해당 요구에 기하여 조치를 취하는 것을 거부할 수 있다. 이러한 경우에 감독관청은 요구의 이유 없음이 명백하거나 과도한 특성에 대하여 증명책임을 부담한다.

제47조 권한

① 각 회원국은, 모든 감독관청이 효과적인 조사권한 보유하는 것으로 규정한다. 이러한 권한(Diese

Untersuchungsbefugnisse verfügt. Diese Befugnisse umfassen zumindest die Befugnis, von dem Verantwortlichen und dem Auftragsverarbeiter Zugang zu allen personenbezogenen Daten, die verarbeitet werden, und auf alle Informationen, die zur Erfüllung ihrer Aufgaben notwendig sind, zu erhalten.

(2) Jeder Mitgliedstaat sieht durch Rechtsvorschriften vor, dass jede Aufsichtsbehörde über wirksame Abhilfebefugnisse wie etwa die beispielhaft genannten folgenden verfügt, die es ihr gestatten,

a) einen Verantwortlichen oder einen Auftragsverarbeiter zu warnen, dass beabsichtigte Verarbeitungsvorgänge voraussichtlich gegen die nach dieser Richtlinie erlassenen Vorschriften verstoßen;

b) den Verantwortlichen oder den Auftragsverarbeiter anzuweisen, Verarbeitungsvorgänge, gegebenenfalls auf bestimmte Weise und innerhalb eines bestimmten Zeitraums, mit den nach dieser Richtlinie erlassenen Vorschriften in Einklang zu bringen, insbesondere durch die Anordnung der Berichtigung oder Löschung personenbezogener Daten oder Einschränkung der Verarbeitung gemäß Artikel 16;

c) eine vorübergehende oder endgültige Beschränkung der Verarbeitung, einschließlich eines Verbots, zu verhängen.

(3) Jeder Mitgliedstaat sieht durch Rechtsvorschriften vor, dass jede Aufsichtsbehörde über wirksame Beratungsbefugnisse verfügt, die es ihr gestatten, gemäß dem Verfahren der vorherigen Konsultation nach Artikel 28 den Verantwortlichen zu beraten und zu allen Fragen, die im Zusammenhang mit dem Schutz personenbezogener Daten stehen, von sich aus oder auf Antrag Stellungnahmen an ihr nationales Parlament, ihre Regierung oder im Einklang mit seinem nationalen Recht an sonstige Einrichtungen und Stellen sowie an die Öffentlichkeit zu richten.

(4) Die Ausübung der der Aufsichtsbehörde gemäß diesem Artikel übertragenen Befugnisse erfolgt vorbehaltlich geeigneter Garantien einschließlich wirksamer gerichtlicher Rechtsbehelfe und ordnungsgemäßer Verfahren gemäß dem Unionsrecht und dem Recht des Mitgliedstaats im Einklang mit der Charta.

(5) Jeder Mitgliedstaat sieht durch Rechtsvorschriften vor, dass jede Aufsichtsbehörde befugt ist, Verstöße gegen nach dieser Richtlinie erlassene Vorschriften den Justizbehörden zur Kenntnis zu bringen und gegebenenfalls die Einleitung eines gerichtlichen Verfahrens zu betreiben oder sich sonst daran zu beteiligen, um die nach dieser Richtlinie erlassenen Vorschriften durchzusetzen.

Artikel 48 Meldung von Verstößen

Die Mitgliedstaaten sehen vor, dass die zuständigen Behörden wirksame Vorkehrungen treffen, um vertrauliche Meldungen über Verstöße gegen diese Richtlinie zu fördern.

Artikel 49 Tätigkeitsbericht

Jede Aufsichtsbehörde erstellt einen Jahresbericht über ihre Tätigkeit, der eine Liste der Arten der gemeldeten Verstöße und der Arten der verhängten Sanktionen enthalten kann. Die Berichte werden dem nationalen Parlament, der Regierung und anderen nach dem Recht der Mitgliedstaaten bestimmten Behörden übermittelt. Sie werden der Öffentlichkeit, der Kommission und dem Ausschuss zugänglich gemacht.

KAPITEL VII Zusammenarbeit

Befugnisse)은 적어도 처리되는 일체의 개인정보와 그 임무 수행에 필요한 일체의 정보에 대한 접근을 개인정보처리자 및 수탁처리자에게서(von dem Verantwortlichen und dem Auftragsverarbeiter) 부여받을 권한을 포함한다.

② 각 회원국은, 모든 감독관청이 가령 다음 각 목과 같은, 효과적인 시정권한을 보유하는 것으로 법규정으로 규정한다,

a) 개인정보처리자와 수탁처리자에게 계획한 정보처리작업이 본 입법지침에 따라 제정된 규정에 위반될 것으로 예상된다(dass beabsichtigte Verarbeitungsvorgänge voraussichtlich gegen die nach dieser Richtlinie erlassenen Vorschriften verstoßen)는 경고를 하는 것;

b) 특히 개인정보의 정정 또는 삭제나 제16조에 따른 처리의 제한을 명령하는 것으로(insbesondere durch die Anordnung der Berichtigung oder Löschung personenbezogener Daten oder Einschränkung der Verarbeitung gemäß Artikel 16), 개인정보처리자와 수탁처리자에게 본 규칙에 따라 제정된 규정에 따라 정보처리작업을 수행하도록, 필요한 경우 특정한 방법으로 특정한 기간 내에 이를 수행하도록 명령하는 것,

c) 금지를 포함하여 처리의 임시적 또는 최종적 제한(eine vorübergehende oder endgültige Beschränkung der Verarbeitung)을 선언하는 것.

③ 각 회원국은, 모든 감독관청이 제28조에 따른 사전협의 절차에 따라 개인정보처리자와 협의할 수 있고, 개인정보보호와 관련이 있는 일체의 문제에 관하여 자발적으로 또는 그 요구에 따라(von sich aus oder auf Antrag) 회원국의 의회, 회원국 정부에 대한 의견을 제시하거나, 회원국법에 좇아 기타 단체 또는 기관 및 공중(公衆)에 대한(im Einklang mit seinem nationalen Recht an sonstige Einrichtungen und Stellen sowie an die Öffentlichkeit) 의견을 제시할 수 있게 해 주는 효과적인 협의권한을 보유하는 것으로 법규정으로 규정한다.

④ 감독관청의 본 조에 따라 부여된 권한의 행사(Die Ausübung der der Aufsichtsbehörde gemäß diesem Artikel übertragenen Befugnisse)는, 법원을 통한 효과적인 법적구제와 유럽연합법 및 회원국법에 따른 적절한 절차를 포함하여 적합한 안전성확보조치를 조건으로 기본권헌장에 따라(im Einklang mit der Charta) 행해진다.

⑤ 각 회원국은, 모든 감독관청이 본 입법지침에 따라 제정된 규정에 대한 위반을 사법당국에 알리고 필요한 경우 법원의 절차를 개시하거나 본 입법지침에 따라 제정된 규정의 시행에 참가할(sich sonst daran zu beteiligen, um die nach dieser Richtlinie erlassenen Vorschriften durchzusetzen) 권한을 갖도록 법규정으로 규정한다.

제48조 위반에 대한 신고

회원국은, 관할 관청이 본 입법지침에 대한 위반에 관한 보안이 유지되는 신고(vertrauliche Meldungen)를 제고하는 효과적인 조처를 취하는 것으로 규정한다.

제49조 활동보고서

각 감독관청은, 신고된 위반의 유형과 선언된 제재의 유형의 목록(eine Liste der Arten der gemeldeten Verstöße und der Arten der verhängten Sanktionen)을 포함할 수 있는, 자신의 활동에 관한 연례보고서(einen Jahresbericht)를 작성한다. 이러한 보고서는 회원국의 의회, 정부 및 회원국법에 따라 정해진 기타 관청에 제공된다. 공중, 유럽연합집행위원회와 유럽정보보호위원회가 그 보고서에 접근할 수 있어야 한다(Sie werden der Öffentlichkeit, der Kommission und dem Ausschuss zugänglich gemacht).

제7장 협력

Artikel 50 Gegenseitige Amtshilfe

(1) Jeder Mitgliedstaat sieht vor, dass seine Aufsichtsbehörden einander maßgebliche Informationen übermitteln und Amtshilfe gewähren, um diese Richtlinie einheitlich durchzuführen und anzuwenden, und treffen Vorkehrungen für eine wirksame Zusammenarbeit. Die Amtshilfe bezieht sich insbesondere auf Auskunftsersuchen und aufsichtsbezogene Maßnahmen, beispielsweise Ersuchen um Konsultation oder um Vornahme von Nachprüfungen und Untersuchungen.

(2) Jeder Mitgliedstaat sieht vor, dass jede Aufsichtsbehörde alle geeigneten Maßnahmen ergreift, um dem Ersuchen einer anderen Aufsichtsbehörde unverzüglich und spätestens innerhalb eines Monats nach Eingang des Ersuchens nachzukommen. Dazu kann insbesondere auch die Übermittlung maßgeblicher Informationen über die Durchführung einer Untersuchung gehören.

(3) Amtshilfeersuchen enthalten alle erforderlichen Informationen, einschließlich Zweck und Begründung des Ersuchens. Die übermittelten Informationen werden ausschließlich für den Zweck verwendet, für den sie angefordert wurden.

(4) Die ersuchte Aufsichtsbehörde lehnt das Ersuchen nur ab, wenn

a) sie für den Gegenstand des Ersuchens oder für die Maßnahmen, die sie durchführen soll, nicht zuständig ist oder

b) ein Eingehen auf das Ersuchen gegen diese Richtlinie oder gegen das Unionsrecht verstoßen würde oder gegen das Recht des Mitgliedstaats, dem die Aufsichtsbehörde, bei der das Ersuchen eingeht, unterliegt.

(5) Die ersuchte Aufsichtsbehörde informiert die ersuchende Aufsichtsbehörde über die Ergebnisse oder gegebenenfalls über den Fortgang der Maßnahmen, die getroffen wurden, um dem Ersuchen nachzukommen. Die ersuchte Aufsichtsbehörde erläutert gemäß Absatz 4 die Gründe für die Ablehnung des Ersuchens.

(6) Die ersuchten Aufsichtsbehörden übermitteln die Informationen, um die von einer anderen Aufsichtsbehörde ersucht wurde, in der Regel auf elektronischem Wege unter Verwendung eines standardisierten Formats.

(7) Ersuchte Aufsichtsbehörden verlangen für Maßnahmen, die sie aufgrund eines Amtshilfeersuchens getroffen haben, keine Gebühren. Die Aufsichtsbehörden können untereinander Regeln vereinbaren, um einander in Ausnahmefällen besondere aufgrund der Amtshilfe entstandene Ausgaben zu erstatten.

(8) Die Kommission kann im Wege von Durchführungsrechtsakten Form und Verfahren der Amtshilfe nach diesem Artikel und die Ausgestaltung des elektronischen Informationsaustauschs zwischen den Aufsichtsbehörden sowie zwischen den Aufsichtsbehörden und dem Ausschuss festlegen. Diese Durchführungsrechtsakte werden gemäß dem in Artikel 58 Absatz 2 genannten Prüfverfahren erlassen.

Artikel 51 Aufgaben des Ausschusses

(1) Der mit der Verordnung (EU) 2016/679 eingesetzte Europäische Ausschuss nimmt in Bezug auf Verarbeitungsvorgänge im Anwendungsbereich dieser Richtlinie folgende Aufgaben wahr:

a) Beratung der Kommission in allen Fragen, die im Zusammenhang mit dem Schutz personenbezogener Daten in der Union stehen, einschließlich etwaiger Vorschläge zur Änderung dieser Richtlinie;

b) Prüfung — von sich aus, auf Antrag eines seiner Mitglieder oder auf Ersuchen der Kommission — von die Anwendung dieser Richtlinie betreffenden Fragen und Ausarbeitung von Leitlinien,

제50조 상호행정공조

① 각 회원국은, 자신의 감독관청이 본 입법지침을 통일적으로 시행하고 적용하기 위하여 상호간에, 관련 정보를 제공하고 행정공조를 행하며, 효율적인 협력을 위한 조처를 취하는 것으로 규정한다. 행정공조는 가령 협의에 대한 요청, 검사 및 조사의 시행에 대한 요청(um Vornahme von Nachprüfungen und Untersuchungen)과 같은, 특히 정보제공요청과 감독관련 조치(Auskunftsersuchen und aufsichtsbezogene Maßnahmen)에 적용된다.

② 각 회원국은, 모든 감독관청이 지체 없이, 다만 늦어도 그 요청 도달시로부터 1개월 이내에 다른 감독관청의 요청에 응하기 위한 적절한 일체의 조치를 취하는 것으로 규정한다. 특히 조사 시행에 관한 관련 정보의 제공(auch die Übermittlung maßgeblicher Informationen über die Durchführung einer Untersuchung)도 이에 속할 수 있다.

③ 행정공조요청은, 그 요청의 목적 및 이유를 포함하여(einschließlich Zweck und Begründung des Ersuchens) 필요한 일체의 정보를 포함한다. 제공된 정보는 요청받은 목적(目的)을 위해서만 사용(使用)된다.

④ 요청받은 감독관청은 다음 각 목의 경우에 한하여 그 요청을 거부한다,

a) 요청받은 감독관청이 요청받은 대상이나 그 감독관청이 시행해야 하는 조치를 관할하지 아니하는 경우 또는,

b) 그 요청에 응한다면 본 입법지침 또는 유럽연합법에 위반되게 되거나(ein Eingehen auf das Ersuchen gegen diese Richtlinie oder gegen das Unionsrecht verstoßen würde), 요청받은 감독관청이 적용받는 회원국법에 위반되게 되는 경우.

⑤ 요청받은 감독관청은 요청하는 감독관청에, 그 요청에 응하기 위하여 취한 조치의 결과나 필요하면 그러한 조치의 경과에 관하여(über die Ergebnisse oder gegebenenfalls über den Fortgang der Maßnahmen, die getroffen wurden, um dem Ersuchen nachzukommen) 통고한다. 요청받은 감독관청은 요청 거부의 이유(Gründe)를 제4항에 따라 설명한다.

⑥ 요청받은 감독관청은 다른 감독관청이 요청한 정보(情報)를 통상적으로 표준양식을 사용한 전사방식으로(in der Regel auf elektronischem Wege unter Verwendung eines standardisierten Formats) 제공(提供)한다.

⑦ 요청받은 감독관청은 자신이 행정공조에 기하여 취한 조치에 대한 이용료를 청구할 수 없다. 그 감독관청은, 예외적인 경우에 행정공조로 발생한 특별한 경비를 상호간에 상환하기 위한 규칙에 합의할 수 있다.

⑧ 유럽연합집행위원회는, 본 조에 따른 행정공조의 방식 및 절차와, 감독관청들 간의 전자정보교환 및 감독관청과 유럽정보보호위원회 간의 전자정보교환 제도를 집행법규의 방식으로(im Wege von Durchführungsrechtsakten) 마련할 수 있다. 이러한 집행법규는 제58조 제2항상의 심사절차에 의해 제정된다.

제51조 유럽정보보호위원회의 임무

① (EU) 2016/679호 법(法)에 따라 설치된 유럽연합정보보호위원회는, 본 입법지침의 적용범위 내의 정보처리작업에 관련하여 다음 각 목의 임무를 수행한다:

a) 본 입법지침의 개정에 관한 어떤 제한을 포함하여 유럽연합 내의 개인정보보호와 관련이 있는 모든 문제에 있어 유럽연합집행위원회와 협의;

b) 자발적이거나 유럽정보보호위원회 위원 또는 유럽연합집행위원회의 요청에 기한, 본 입법지침의 적용에 관한 문제의 심사와, 본 입법지침의 통일적 적용의 보장을 위한 가이드라인, 권고, 모범적 업무

Empfehlungen und bewährten Verfahren zwecks Sicherstellung einer einheitlichen Anwendung dieser Richtlinie;

c) Ausarbeitung von Leitlinien für die Aufsichtsbehörden in Bezug auf die Anwendung von Maßnahmen nach Artikel 47 Absätze 1 und 3;

d) Ausarbeitung von Leitlinien, Empfehlungen und bewährten Verfahren gemäß Buchstabe b dieses Unterabsatzes für die Feststellung von Verletzungen des Schutzes personenbezogener Daten und die Festlegung der Unverzüglichkeit im Sinne des Artikels 30 Absätze 1 und 2 und für die konkreten Umstände, unter denen der Verantwortliche und der Auftragsverarbeiter die Verletzung des Schutzes personenbezogener Daten zu melden haben;

e) Ausarbeitung von Leitlinien, Empfehlungen und bewährten Verfahren gemäß Buchstabe b dieses Absatzes in Bezug auf die Umstände, unter denen eine Verletzung des Schutzes personenbezogener Daten voraussichtlich ein hohes Risiko für die Rechte und Freiheiten der natürlichen Personen im Sinne des Artikels 31 Absatz 1 zur Folge hat;

f) Überprüfung der praktischen Anwendung der Leitlinien, Empfehlungen und bewährten Verfahren;

g) Abgabe einer Stellungnahme gegenüber der Kommission zur Beurteilung der Angemessenheit des in einem Drittland, einem Gebiet oder einem oder mehreren spezifischen Sektoren in einem Drittland oder einer internationalen Organisation gebotenen Schutzniveaus sowie zur Beurteilung der Frage, ob ein solches Drittland, das Gebiet, der spezifische Sektor oder die internationale Organisation kein angemessenes Schutzniveau mehr gewährleistet;

h) Förderung der Zusammenarbeit und eines wirksamen bilateralen und multilateralen Austauschs von Informationen und bewährten Verfahren zwischen den Aufsichtsbehörden;

i) Förderung von Schulungsprogrammen und Erleichterung des Personalaustauschs zwischen Aufsichtsbehörden sowie gegebenenfalls mit Aufsichtsbehörden von Drittländern oder mit internationalen Organisationen;

j) Förderung des Austausches von Fachwissen und von Dokumentationen über Datenschutzrecht und -praxis mit Datenschutzaufsichtsbehörden in aller Welt.

In Bezug auf Unterabsatz 1 Buchstabe g stellt die Kommission dem Ausschuss alle erforderlichen Unterlagen zur Verfügung, darunter den Schriftwechsel mit der Regierung des Drittlandes, mit dem Gebiet oder spezifischen Sektor in diesem Drittland oder mit der internationalen Organisation.

(2) Die Kommission kann, wenn sie den Ausschuss um Rat ersucht, unter Berücksichtigung der Dringlichkeit des Sachverhalts eine Frist angeben.

(3) Der Ausschuss leitet seine Stellungnahmen, Leitlinien, Empfehlungen und bewährten Verfahren an die Kommission und an den in Artikel 58 Absatz 1 genannten Ausschuss weiter und veröffentlicht sie.

(4) Die Kommission setzt den Ausschuss von allen Maßnahmen in Kenntnis, die sie im Anschluss an die von ihm herausgegebenen Stellungnahmen, Leitlinien, Empfehlungen und bewährten Verfahren ergriffen hat.

KAPITEL VIII Rechtsbehelfe, Haftung und Sanktionen

Artikel 52 Recht auf Beschwerde bei einer Aufsichtsbehörde

(1) Die Mitgliedstaaten sehen vor, dass jede betroffene Person unbeschadet eines anderweitigen

수행 방식의 마련(Ausarbeitung von Leitlinien, Empfehlungen und bewährten Verfahren zwecks Sicherstellung einer einheitlichen Anwendung dieser Richtlinie);

c) 제47조 제1항과 제3항에 따른 조치의 적용에 관한, 감독관청을 위한 가이드라인의 마련(Ausarbeitung von Leitlinien);

d) 개인정보 침해에 대한 규율과 제30조 제1항 및 제2항상의 과도한 지연의 규정에 대한 본 소항 b목에 따른 가이드라인, 권고 및 모범적 업무처리방식의 마련과, 개인정보처리자 또는 수탁처리자가 개인정보 침해를 신고해야 하는 특별한 상황(für die konkreten Umstände, unter denen der Verantwortliche und der Auftragsverarbeiter die Verletzung des Schutzes personenbezogener Daten zu melden haben)에 대한 본 소항 b목에 따른 가이드라인, 권고 및 모범적 업무처리방식의 제공;

e) 개인정보 침해가 제31조 제1항상의 자연인에 대한 고위험을 야기할 것으로 예상되는(unter denen eine Verletzung des Schutzes personenbezogener Daten voraussichtlich ein hohes Risiko für die Rechte und Freiheiten der natürlichen Personen im Sinne des Artikels 31 Absatz 1 zur Folge hat) 사정에 관한, 본 항 b목에 따른, 가이드라인, 권고 및 모범적 업무처리방식의 마련;

f) 가이드라인, 권고 및 모범적 업무처리방식의 실무적 적용의 심사;

g) 어느 제3국, 어느 제3국에 있는 어느 지역 또는 한 또는 여러 특수한 부문이나 국제기구에서 제공되는 보호수준의 적합성 판단을 위한 유럽연합집행위원회에 대한 의견 제시와, 그러한 제3국, 그 지역 또는 특수한 부문이나 그 국제기구에서 더 이상 적절한 보호수준을 보장하지 않는지 여부에 관한 문제 판단을 위한 유럽연합집행위원회에 대한 의견 제시(Abgabe einer Stellungnahme gegenüber der Kommission);

h) 감독관청들 간의 정보 및 모범석 업무처리방식에 관한 협력의 증진과 그에 관한 양자(兩者) 및 다자(多者)간의 효율적인 교환의 증진;

i) 감독관청들과, 해당하는 경우 감독관청과 제3국 또는 국제기구 간(gegebenenfalls mit Aufsichtsbehörden von Drittländern oder mit internationalen Organisationen)의 교육프로그램의 장려와 인적교류의 촉진(Förderung von Schulungsprogrammen und Erleichterung des Personalaustauschs),

j) 전 세계의 개인정보보호감독관청과 개인정보보호법과 개인정보보호실무에 관한 전문지식과 문서의 교류의 증진.

제1소항 g목에 관련하여 유럽연합집행위원회는 제3국 정부, 제3국에 있는 지역 또는 특수한 부문 또는 국제기구와의 서신교환을 포함하여 유럽정보보호위원회에 필요한 일체의 서류(alle erforderlichen Unterlagen)를 제공한다.

② 유럽연합집행위원회는, 자신이 유럽정보보호위원회에 자문을 요청한 경우에 사안의 긴급성을 고려하여 기간을 정할 수 있다.

③ 유럽정보보호위원회는 유럽연합집행위원회와 제58조 제1항상의 위원회에 자신의 의견, 가이드라인, 권고 및 모범적 업무처리방식을 전달하고 이를 공표한다.

④ 유럽연합집행위원회는 유럽정보보호위원회가 발간한 의견, 가이드라인, 권고 및 모범적 업무처리방식(ie von ihm herausgegebenen Stellungnahmen, Leitlinien, Empfehlungen und bewährten Verfahren) 후에 취한 모든 조치에 관하여 그 유럽정보보호위원회에 알린다.

제8장 법적구제, 책임 및 제재

제52조 감독관청에 대한 이의제기권

① 회원국은, 각 정보주체가 자신에 관한 개인정보의 처리가 본 입법지침에 따라 제정된 규정에 위반되는

verwaltungsrechtlichen oder gerichtlichen Rechtsbehelfs das Recht auf Beschwerde bei einer Aufsichtsbehörde hat, wenn sie der Ansicht ist, dass die Verarbeitung der sie betreffenden personenbezogenen Daten gegen die nach dieser Richtlinie erlassenen Vorschriften verstößt.

(2) Die Mitgliedstaaten sehen vor, dass eine Beschwerde, die nicht bei der gemäß Artikel 45 Absatz 1 zuständigen Aufsichtsbehörde eingereicht wird, von der Aufsichtsbehörde, bei der die Beschwerde eingelegt wird, unverzüglich an die zuständige Aufsichtsbehörde übermittelt wird. Die betroffene Person wird über die Übermittlung unterrichtet.

(3) Die Mitgliedstaaten sehen vor, dass die Aufsichtsbehörde, bei der die Beschwerde eingelegt wurde, auf Ersuchen der betroffenen Person weitere Unterstützung leistet.

(4) Die betroffene Person wird von der zuständigen Aufsichtsbehörde über den Stand und das Ergebnis der Beschwerde einschließlich der Möglichkeit eines gerichtlichen Rechtsbehelfs nach Artikel 53 unterrichtet.

Artikel 53 Recht auf wirksamen gerichtlichen Rechtsbehelf gegen eine Aufsichtsbehörde

(1) Die Mitgliedstaaten sehen vor, dass jede natürliche oder juristische Person unbeschadet eines anderweitigen verwaltungsrechtlichen oder außergerichtlichen Rechtsbehelfs das Recht auf einen wirksamen gerichtlichen Rechtsbehelf gegen einen sie betreffenden rechtsverbindlichen Beschluss einer Aufsichtsbehörde hat.

(2) Jede betroffene Person hat unbeschadet eines anderweitigen verwaltungsrechtlichen oder außergerichtlichen Rechtbehelfs das Recht auf einen wirksamen gerichtlichen Rechtsbehelf, wenn die gemäß Artikel 45 Absatz 1 zuständige Aufsichtsbehörde sich nicht mit der Beschwerde befasst oder die betroffene Person nicht innerhalb von drei Monaten über den Stand oder das Ergebnis der gemäß Artikel 52 erhobenen Beschwerde in Kenntnis gesetzt hat.

(3) Die Mitgliedstaaten sehen vor, dass für Verfahren gegen eine Aufsichtsbehörde die Gerichte des Mitgliedstaats zuständig sind, in dem die Aufsichtsbehörde ihren Sitz hat.

Artikel 54 Recht auf wirksamen gerichtlichen Rechtsbehelf gegen Verantwortliche oder Auftragsverarbeiter

Die Mitgliedstaaten sehen vor, dass jede betroffene Person unbeschadet eines verfügbaren verwaltungsrechtlichen oder außergerichtlichen Rechtsbehelfs einschließlich des Rechts auf Beschwerde bei einer Aufsichtsbehörde gemäß Artikel 52 das Recht auf einen wirksamen gerichtlichen Rechtsbehelf hat, wenn sie der Ansicht ist, dass die Rechte, die ihr aufgrund von nach dieser Richtlinie erlassenen Vorschriften zustehen, infolge einer nicht mit diesen Vorschriften im Einklang stehenden Verarbeitung ihrer personenbezogenen Daten verletzt wurden.

Artikel 55 Vertretung von betroffenen Personen

Die Mitgliedstaaten sehen im Einklang mit dem Verfahrensrecht der Mitgliedstaaten vor, dass die betroffene Person das Recht hat, nach dem Recht eines Mitgliedstaats ordnungsgemäß gegründete Einrichtungen, Organisationen oder Vereinigungen ohne Gewinnerzielungsabsicht, deren satzungsmäßige Ziele im öffentlichen Interesse liegen und die im Bereich des Schutzes der Rechte und Freiheiten von betroffenen Personen in Bezug auf den Schutz ihrer personenbezogenen Daten tätig sind, zu beauftragen, in ihrem Namen eine Beschwerde einzureichen und in ihrem Namen die in den Artikeln 52, 53 und 54 genannten Rechte wahrzunehmen.

것으로 보는 경우에 그 각 정보주체는 다른 행정상 법적구제나 다른 법원을 통한 법적구제에 상관없이(unbeschadet eines anderweitigen verwaltungsrechtlichen oder gerichtlichen Rechtsbehelfs), 감독관청에 대한 이의제기권을 갖는 것으로 규정한다.

② 회원국은, 제45조 제1항에 따른 소관감독관청에 접수되지 않은 이의(eine Beschwerde, die nicht bei der gemäß Artikel 45 Absatz 1 zuständigen Aufsichtsbehörde eingereicht wird)가, 그 이의를 접수받은 감독관청이 지체 없이 그 관할 감독관청에 이첩(移牒)되도록 규정한다. 정보주체는 그 이첩에 관하여 정보제공을 받는다.

③ 회원국은, 이의를 접수받은 감독관청이 정보주체의 요구에 따라 추가적 지원을 제공하는 것으로 규정한다.

④ 이의를 접수받은 감독관청은, 제53조에 따른 법원을 통한 법적구제 가능성을 포함하여(einschließlich der Möglichkeit eines gerichtlichen Rechtsbehelfs nach Artikel 78) 이의제기인에게 이의의 경과 및 결과에 관하여 알린다.

제53조 감독관청을 상대로 한, 법원을 통한 효과적인 법적구제권

① 회원국은, 각 자연인 또는 법인이 다른 행정상 법적구제나 다른 법원을 통한 법적구제에 상관없이(unbeschadet eines anderweitigen verwaltungsrechtlichen oder außergerichtlichen Rechtsbehelfs), 감독관청의 자신에 관한 법적구속력 있는 결정에 대하여 법원을 통한 효과적인 법적구제권을 갖는 것으로 규정한다.

② 제45에 따른 소관감독관청이 이의를 처리하지 않거나 정보주체가 3개월 이내에 제52조에 따라 제기된 이의의 경과 또는 결과를 통지받지 못한 경우(die betroffene Person nicht innerhalb von drei Monaten über den Stand oder das Ergebnis der gemäß Artikel 52 erhobenen Beschwerde in Kenntnis gesetzt hat)에는, 각 정보주체는 다른 행정상 법적구제나 다른 법원을 통한 법적구제에 상관없이, 법원을 통한 효과적인 법적구제권(das Recht auf einen wirksamen gerichtlichen Rechtsbehelf)을 갖는다.

③ 회원국은, 감독관청이 자신의 주소를 둔 회원국의 법원이 감독관청을 상대로 한 소송(Für Verfahren gegen eine Aufsichtsbehörde)을 관할하는 것으로 규정한다.

제54조 개인정보처리자 또는 수탁처리자를 상대로 한, 법원을 통한 효과적인 법적구제권

회원국은, 각 정보주체가 본 입법지침에 따라 제정된 규정에 기하여 귀속되는 권리가 그 규정에 부합하지 않은 자신의 개인정보 처리로 인하여 침해된 것으로 보는 경우에는, 그 각 정보주체는 이용 가능한 행정상 법적구제 또는 재판 이외의 법적구제에 상관없이(unbeschadet eines verfügbaren verwaltungsrechtlichen oder außergerichtlichen Rechtsbehelfs) 제52조에 따른 감독관청에 대한 이의제기권을 포함하여, 법원을 통한 효과적인 법적구제권을 갖는 것으로 규정한다.

제55조 정보주체의 이익대변(利益代辯)

회원국은, 정보주체가, 회원국법에 따라 적법하게 설립되고 그 정관상의 목적이 공익에 관련되고(deren satzungsmäßige Ziele im öffentlichem Interesse liegen) 자연인의 개인정보보호에 관하여 자연인의 권리 및 자유보호의 분야에서 활동하는, 비영리(非營利)의 단체(團體; Einrichtungen), 조직(組織; Organisationen) 또는 협회(Vereinigung)에 대하여, 정보주체 자신의 이름으로 이의를 제기하며 또 정보주체 자신의 이름으로 제52조, 제53조 또는 제54조상의 권리를 행사하도록(in ihrem Namen eine Beschwerde einzureichen und in ihrem Namen die in den Artikeln 52, 53 und 54 genannten Rechte wahrzunehmen) 위임할 권리를 갖는다.

Artikel 56 Recht auf Schadenersatz

Die Mitgliedstaaten sehen vor, dass jede Person, der wegen einer rechtswidrigen Verarbeitung oder einer anderen Handlung, die gegen nach Maßgabe dieser Richtlinie erlassenen nationalen Vorschriften verstößt, ein materieller oder immaterieller Schaden entstanden ist, Recht auf Schadenersatz seitens des Verantwortlichen oder jeder sonst nach dem Recht der Mitgliedstaaten zuständigen Stelle hat.

Artikel 57 Sanktionen

Die Mitgliedstaaten legen fest, welche Sanktionen bei einem Verstoß gegen die nach dieser Richtlinie erlassenen Vorschriften zu verhängen sind, und treffen die zu deren Anwendung erforderlichen Maßnahmen. Die Sanktionen müssen wirksam, verhältnismäßig und abschreckend sein.

KAPITEL IX Durchführungsrechtsakte

Artikel 58 Ausschussverfahren

(1) Die Kommission wird von dem mit Artikel 93 der Verordnung (EU) 2016/679 eingesetzten Ausschuss unterstützt. Dieser Ausschuss ist ein Ausschuss im Sinne der Verordnung (EU) Nr. 182/2011.

(2) Wird auf diesen Absatz Bezug genommen, so gilt Artikel 5 der Verordnung (EU) Nr. 182/2011.

(3) Wird auf diesen Absatz Bezug genommen, so gilt Artikel 8 der Verordnung (EU) Nr. 182/2011 in Verbindung mit deren Artikel 5.

KAPITEL X Schlussbestimmungen

Artikel 59 Aufhebung des Rahmenbeschlusses 2008/977/JI

(1) Der Rahmenbeschluss 2008/977/JI wird mit Wirkung vom 6. Mai 2018 aufgehoben.

(2) Verweise auf den in Absatz 1 genannten aufgehobenen Beschluss gelten als Verweise auf diese Richtlinie.

Artikel 60 Bestehende Unionsrechtsakte

Die besonderen Bestimmungen zum Schutz personenbezogener Daten in Unionsrechtsakten, die am oder vor dem 6. Mai 2016 im Bereich der justiziellen Zusammenarbeit in Strafsachen und der polizeilichen Zusammenarbeit erlassenen Rechtsakten der Union enthalten sind, die die Verarbeitung im Verkehr der Mitgliedstaaten untereinander sowie den Zugang der von den Mitgliedstaaten bestimmten Behörden zu den gemäß den Verträgen errichteten Informationssystemen im Anwendungsbereich dieser Richtlinie regeln, bleiben unberührt.

Artikel 61 Verhältnis zu bereits geschlossenen internationalen Übereinkünften im Bereich der justiziellen Zusammenarbeit in Strafsachen und der polizeilichen Zusammenarbeit

Internationale Übereinkünfte, die die Übermittlung personenbezogener Daten an Drittländer oder internationale Organisationen mit sich bringen, die von den Mitgliedstaaten vor dem 6. Mai 2016 geschlossen wurden und die mit dem vor dem genannten Datum geltenden Unionsrecht vereinbar sind, bleiben in Kraft, bis sie geändert, ersetzt oder gekündigt werden.

Artikel 62 Berichte der Kommission

(1) Bis zum 6. Mai 2022 und danach alle vier Jahre legt die Kommission dem Europäischen Parlament

제56조 손해배상청구권

회원국은, 본 입법지침의 기준에 따라 제정된 회원국의 규정에 위반하는 위법적 정보처리 또는 그 밖의 행위로 인하여 재산적(財産的) 또는 비재산적(非財産的) 손해(ein materieller oder immaterieller Schaden)를 입은 모든 자는, 개인정보처리자나 회원국법에 따른 기타 모든 관할 기관에 대한 손해배상청구권을 갖는 것으로 규정한다.

제57조 제재

회원국은, 본 입법지침에 따라 제정된 규정에 대한 위반의 경우에 어떤 제재가 가해지지에 관하여 규정하고, 또한 그 적용에 필요한 조치를 취한다. 이러한 제재는 효과적이고도 비례적이어야만 하며 위하력을 지녀야만(abschreckend sein) 한다.

제9장 집행법규

제58조 위원회절차

① 유럽연합집행위원회는, (EU) 2016/679호 법(法) 제93에 따라 설치된 위원회의 지원을 받는다. 이러한 위원회는 (EU) 182/2011호 법(法)상의 위원회를 말한다.

② 본 항이 언급된 경우, (EU) 182/2011호 법(法) 제5조를 적용한다.

③ 본 항이 언급된 경우(Wird auf diesen Absatz Bezug genommen), (EU) 182/2011호 법(法) 제5조와 연결된 동법(同法) 제8조를 적용한다.

제10장 종결규정

제59조 2008/977/JI호 기본결정의 실효(失效)

① 2008/977/JI호 기본결정은 2018년 5월 25일부터 효력이 있는 것으로 하여 실효(失效)된다.

② 제1항상의 실효된 결정에 대한 언급(Verweise auf den in Absatz 1 genannten aufgehobenen Beschluss)은 본 입법지침에 대한 언급으로 본다.

제60조 현행(現行) 유럽연합법규

유럽연합법규상의 개인정보보호에 관한 특별한 규정으로, 형사사건에서의 사법협력 분야와 경찰협력의 분야에서 2016년 5월 6일에 제정되거나 그 이전에 제정된 것으로, 회원국 상호간의 교류를 위한 정보처리와, 회원국이 정한 관청의, 본 입법지침의 적용범위 내에서 조약에 따라 설치된 정보제공시스템에 대한 접근(den Zugang der von den Mitgliedstaaten bestimmten Behörden zu den gemäß den Verträgen errichteten Informationssystemen im Anwendungsbereich dieser Richtlinie)을 규율하는 유럽연합법규인 규정은 영향을 받지 아니한다.

제61조 형사사건에서의 사법협력 분야와 경찰협력의 분야에서 이미 체결된 국제조약과의 관계(Verhältnis zu bereits geschlossenen internationalen Übereinkünften)

개인정보의 제3국 또는 국제기구로의 이전을 가져오는 국제조약으로 2016년 5월 24일 전에 회원국에 의해 체결되고 그 날 전에 적용된 유럽연합법에 합치하는(die mit dem vor dem genannten Datum geltenden Unionsrecht vereinbar sind) 국제조약은 개정, 대체 또는 해지될 때까지(bis sie geändert, ersetzt oder gekündigt werden) 효력을 갖는다.

제62조 유럽연합집행위원회의 보고

① 2022년 5월 6일까지 또한 그 후에는 매 4년마다(Bis zum 6. Mai 2022 und danach alle vier Jahre)

und dem Rat einen Bericht über die Bewertung und Überprüfung dieser Richtlinie vor. Die Berichte werden öffentlich gemacht.

(2) Im Rahmen der Bewertungen und Überprüfungen gemäß Absatz 1 prüft die Kommission insbesondere die Anwendung und Wirkungsweise des Kapitels V über die Übermittlung personenbezogener Daten an Drittländer oder internationale Organisationen und vor allem die Beschlüsse nach Artikel 36 Absatz 3 und Artikel 39.

(3) Für die in den Absätzen 1 und 2 genannten Zwecke kann die Kommission Informationen von den Mitgliedstaaten und den Aufsichtsbehörden anfordern.

(4) Bei den in den Absätzen 1 und 2 genannten Bewertungen und Überprüfungen berücksichtigt die Kommission die Standpunkte und Feststellungen des Europäischen Parlaments, des Rates sowie der anderen einschlägigen Stellen und Quellen.

(5) Die Kommission legt erforderlichenfalls geeignete Vorschläge zur Änderung dieser Richtlinie vor und berücksichtigt dabei insbesondere die Entwicklungen in der Informationstechnologie und die Fortschritte in der Informationsgesellschaft.

(6) Bis zum 6. Mai 2019 überprüft die Kommission andere Rechtsakte der Union über die Verarbeitung durch die zuständigen Behörden für die in Artikel 1 Absatz 1 genannten Zwecke, einschließlich der auf der Grundlage von Artikel 60 erlassenen Rechtsakte, um festzustellen, inwieweit eine Anpassung an diese Richtlinie notwendig ist, und um gegebenenfalls die erforderlichen Vorschläge zur Änderung dieser Rechtsakte zu unterbreiten, damit ein einheitliches Vorgehen beim Schutz personenbezogener Daten innerhalb des Anwendungsbereichs dieser Richtlinie gewährleistet ist.

Artikel 63 Umsetzung

(1) Die Mitgliedstaaten erlassen und veröffentlichen bis zum 6. Mai 2018 die Rechts- und Verwaltungsvorschriften, die erforderlich sind, um dieser Richtlinie nachzukommen. Sie teilen der Kommission unverzüglich den Wortlaut dieser Vorschriften mit. Sie wenden diese Vorschriften ab dem 6. Mai 2018 an.

Bei Erlass dieser Vorschriften nehmen die Mitgliedstaaten in den Vorschriften selbst oder durch einen Hinweis bei der amtlichen Veröffentlichung auf diese Richtlinie Bezug. Die Mitgliedstaaten regeln die Einzelheiten der Bezugnahme.

(2) Abweichend von Absatz 1 können die Mitgliedstaaten vorsehen, dass in Ausnahmefällen, in denen dies für die vor dem 6. Mai 2016 eingerichteten automatisierten Verarbeitungssysteme mit einem unverhältnismäßigen Aufwand verbunden ist, diese bis zum 6. Mai 2023 mit Artikel 25 Absatz 1 in Einklang gebracht werden müssen.

(3) Abweichend von Absätzen 1 und 2 dieses Artikels kann ein Mitgliedstaat in außergewöhnlichen Umständen ein automatisiertes Verarbeitungssystem im Sinne des Absatzes 2 dieses Artikels innerhalb einer bestimmten Frist nach Ablauf der in Absatz 2 dieses Artikels genannten Frist mit Artikel 25 Absatz 1 in Einklang bringen, wenn hierdurch sonst schwerwiegende Schwierigkeiten für den Betrieb dieses automatisierten Verarbeitungssystems entstehen würden. Der betreffende Mitgliedstaat begründet gegenüber der Kommission, weshalb diese schwerwiegenden Schwierigkeiten entstehen würden und die Gründe für die bestimmte Frist, innerhalb derer er das automatisierte Verarbeitungssystem mit Artikel 25 Absatz 1 in Einklang bringen wird. Diese Frist muss vor dem 6. Mai 2026 enden.

유럽연합집행위원회는 유럽연합 의회 및 이사회에 본 입법지침의 평가 및 심사에 관한 보고서를 제출한다. 이 보고서는 공표된다.

② 제1항에 따른 평가 및 심사의 일환으로 유럽연합집행위원회는 특히 개인정보의 제3국 또는 국제기구로의 이전에 관한 제5장의 적용 및 작용(die Anwendung und Wirkungsweise des Kapitels V)과, 무엇보다도 제36조 제3항 및 제39조에 따른 결정(die Beschlüsse nach Artikel 36 Absatz 3 und Artikel 39)을 심사한다.

③ 제1항 및 제2항상의 목적을 위하여 유럽연합집행위원회는 회원국과 감독관청에 대하여 정보를 요구할 수 있다.

④ 제1항 및 제2항상의 평가 및 심사에 있어, 유럽연합집행위원회는 유럽연합의회, 유럽연합이사회와, 기타 관련 기관 또는 출처(Europäischen Parlaments, des Rates und anderer einschlägiger Stellen oder Quellen)의 견해 및 결정을 고려한다.

⑤ 유럽연합집행위원회는 필요하면 본 입법지침의 개정에 관한 적절한 제안을 하고, 이 경우 특히 정보통신기술의 발전양상과 정보사회의 진전양상(die Entwicklungen in der Informationstechnologie und die Fortschritte in der Informationsgesellschaft)을 고려한다.

⑥ 2019년 5월 6일까지 유럽연합집행위원회는, 본 입법지침의 적용범위 내의 개인정보보호에 있어 통일적 규율을 보장할 목적으로(damit ein einheitliches Vorgehen beim Schutz personenbezogener Daten innerhalb des Anwendungsbereichs dieser Richtlinie gewährleistet ist), 본 입법지침에 대한 조정이 어느 정도 필요한지를 결정하고 또 필요하면 본 입법지침 개정안을 제출하기 위하여, 제60조에 기하여 제정된 법규를 포함하여 제1조 제1항상의 목적을 위한 관할 관청의 정보처리에 관한 유럽연합의 그 밖의 법규를 심사한다.

제63조 시행

① 회원국은, 2018년 5월 6일까지 본 입법지침을 이행하는 데 필요한 법규(法規) 및 행정규칙을 제정하고 공표한다. 회원국은 유럽연합집행위원회에 이러한 법규 및 행정규칙의 원문(den Wortlaut dieser Vorschriften)을 지체 없이 통지한다. 회원국은 2018년 5월 6일부터 이러한 법규(法規) 및 행정규칙을 적용(適用)한다.

이러한 법규정 및 행정규칙의 제정에 있어 회원국은, 법규정 및 행정규칙 자체에서 또는 관보 게재시의 언급에 의하여(in den Vorschriften selbst oder durch einen Hinweis bei der amtlichen Veröffentlichung) 본 입법지침에 대하여 언급한다. 회원국은 그러한 언급의 상세사항을 규정한다.

② 제1항과 달리 회원국은 2016년 5월 6일 전에 설치된 자동처리시스템에 대하여 과도한 경비가 발생하는 예외적 경우(in Ausnahmefällen, in denen dies für die vor dem 6. Mai 2016 eingerichteten automatisierten Verarbeitungssysteme mit einem unverhältnismäßigen Aufwand verbunden ist)에 이러한 시스템을 2023년 5월 6일까지 제25조 제1항에 부합되도록 규정할 수 있다.

③ 그렇게 하지 않으면[85] 그 자동처리시스템의 운용에 대한 심각한 어려움이 발생할 경우(wenn hierdurch sonst schwerwiegende Schwierigkeiten für den Betrieb dieses automatisierten Verarbeitungssystems entstehen würden)에는, 본 조 제1항 및 제2항과 달리, 회원국은 예외적으로 본 조 제2항상의 자동처리시스템에 대하여 본 조 제2항상의 기간의 경과 후 일정한 기간 내에 제25조 제1항에 부합되게 할 수 있다. 그러한 회원국은 유럽연합집행위원회에 이러한 심각한 어려움이 발생한 이유, 그 자동처리시스템을 제25조 제1항에 부합되게 해야 하는 그 일정한 기간에 대한 이유에 대하여(die Gründe für die bestimmte Frist, innerhalb derer er das automatisierte Verarbeitungssystem mit Artikel 25 Absatz 1 in Einklang bringen wird) 통지한다. 이러한 기간은 2026년 5월 6일 전에 종료해야만 한다.

Artikel 64 Inkrafttreten

Diese Richtlinie tritt am Tag nach ihrer Veröffentlichung im Amtsblatt der Europäischen Union in Kraft.

Artikel 65 Adressaten

Diese Richtlinie ist an die Mitgliedstaaten gerichtet.

Geschehen zu Straßburg am 27. April 2016.

Im Namen des Europäischen Parlaments
Der Präsident M. SCHULZ
Im Namen des Rates
Die Präsidentin J.A. HENNIS-PLASSCHAERT

제64조 발효

본 입법지침이 유럽연합관보에 게재된 된 날에 본 입법지침은 발효된다.

제65조 수범자(受範者)

본 입법지침은 회원국에 대하여 발령된 것이다.

2016년 4월 27일 스트라스부르크에서 조인되다.

유럽연합의회를 대표하여

의장 M. SCHULZ

유럽연합이사회를 대표하여

의장 HENNIS-PLASSCHAERT

「개인정보가 아닌 데이터의 유럽연합 내의 자유로운 이동을 위한 체제에 관한 2018년 11월 14일 유럽연합 의회 및 이사회 (EU) 2018/1807 법(法)」

VERORDNUNG (EU) 2018/1807 DES EUROPÄISCHEN PARLAMENTS UND DES RATES vom 14. November 2018

über einen Rahmen für den freien Verkehr nicht-personenbezogener Daten in der Europäischen Union

VERORDNUNG (EU) 2018/1807 DES EUROPÄISCHEN PARLAMENTS UND DES RATES vom 14. November 2018 über einen Rahmen für den freien Verkehr nicht-personenbezogener Daten in der Europäischen Union (Text von Bedeutung für den EWR)

https://eur-lex.europa.eu/legal-content/DE/TXT/HTML/?uri=CELEX:32018R1807&from=EN

DAS EUROPÄISCHE PARLAMENT UND DER RAT DER EUROPÄISCHEN UNION —

gestützt auf den Vertrag über die Arbeitsweise der Europäischen Union, insbesondere auf Artikel 114,

auf Vorschlag der Europäischen Kommission,

nach Zuleitung des Entwurfs des Gesetzgebungsakts an die nationalen Parlamente,

nach Stellungnahme des Europäischen Wirtschafts- und Sozialausschusses (1),

nach Anhörung des Ausschusses der Regionen,

gemäß dem ordentlichen Gesetzgebungsverfahren (2),

in Erwägung nachstehender Gründe:

「개인정보가 아닌 데이터의 유럽연합 내의 자유로운 이동을 위한 체제에 관한 2018년 11월 14일 유럽연합 의회 및 이사회 (EU) 2018/1807 법(法)」 (유럽경제권에 관한 내용)

유럽연합 의회 및 이사회 —
「유럽연합 운영조약」, 특히 그 제114조에 근거하여,
유럽연합집행위원회의 제안에 기하여,
각 회원국의 의회로의 입법 초안의 송부(送付) 후,
유럽경제사회위원회의 의견제시에 좇아,
지역위원회에 대한 의견 청취 후,
공식 입법절차에 따라
다음과 같은 입법이유를 밝힌다:

** 입법이유 생략

Artikel 1 Gegenstand

Diese Verordnung zielt darauf ab, den freien Verkehr von Daten, die keine personenbezogenen Daten sind, in der Union zu gewährleisten, indem sie Vorschriften über Datenlokalisierungsauflagen, die Verfügbarkeit von Daten für zuständige Behörden und die Übertragung von Daten für berufliche Nutzer festlegt.

Artikel 2 Anwendungsbereich

(1) Diese Verordnung gilt für die Verarbeitung elektronischer Daten, die keine personenbezogenen Daten sind, in der Union, die

a) als eine Dienstleistung für Nutzer erfolgt, die in der Union wohnhaft oder niedergelassen sind, ungeachtet dessen, ob der Diensteanbieter in der Union niedergelassen ist oder nicht; oder

b) von einer natürlichen oder juristischen Person, die in der Union wohnhaft oder niedergelassen ist, für ihren eigenen Bedarf durchgeführt wird.

(2) Bei einem Datensatz, der aus personenbezogenen und nicht-personenbezogenen Daten besteht, gilt diese Verordnung für die nicht-personenbezogenen Daten des Datensatzes. Sind personenbezogene und nicht-personenbezogene Daten in einem Datensatz untrennbar miteinander verbunden, berührt diese Verordnung nicht die Anwendung der Verordnung (EU) 2016/679.

(3) Diese Verordnung gilt nicht für Tätigkeiten, die nicht in den Anwendungsbereich des Unionsrechts fallen.

Diese Verordnung berührt nicht die Rechts- und Verwaltungsvorschriften, die sich auf die interne Organisation der Mitgliedstaten beziehen und die Behörden und Einrichtungen des öffentlichen Rechts im Sinne von Artikel 2 Absatz 1 Nummer 4 der Richtlinie 2014/24/EU die Befugnisse und Zuständigkeiten für die Datenverarbeitung ohne eine vertragliche Vergütung privater Parteien zuteilen, sowie die Rechts- und Verwaltungsvorschriften der Mitgliedstaaten, die die Wahrnehmung dieser Befugnissen und Zuständigkeiten regeln.

Artikel 3 Begriffsbestimmungen

Im Sinne dieser Verordnung gelten folgende Begriffsbestimmungen:

1. “Daten” bezeichnet Daten, die keine personenbezogenen Daten im Sinne des Artikels 4 Nummer 1 der Verordnung (EU) 2016/679 sind;
2. “Verarbeitung” bezeichnet jeden mit oder ohne Hilfe automatisierter Verfahren ausgeführten Vorgang oder jede solche Vorgangsreihe im Zusammenhang mit Daten in elektronischer Form wie das Erheben, das Erfassen, die Organisation, das Ordnen, die Speicherung, die Anpassung oder Veränderung, das Auslesen, das Abfragen, die Verwendung, die Offenlegung durch Übermittlung, Verbreitung oder eine andere Form der Bereitstellung, den Abgleich oder die Verknüpfung, die Einschränkung, das Löschen oder die Vernichtung;
3. “Entwürfe von Vorschriften” bezeichnet Texte, die entworfen worden sind, um sie als allgemeine Rechts- oder Verwaltungsvorschriften zu erlassen, und die sich im Stadium der Ausarbeitung befinden, in dem noch wesentliche Änderungen möglich sind;
4. “Diensteanbieter” bezeichnet eine natürliche oder juristische Person, die Datenverarbeitungsdienste erbringt;
5. “Datenlokalisierungsauflage” bezeichnet eine Verpflichtung, ein Verbot, eine Bedingung, eine

제1조 규율대상

본 법(法)은, '데이터처리 국지화(局地化) 요건'(Datenlokalisierungsauflagen), '관할 관청의 데이터에 대한 접근가능성'(Verfügbarkeit von Daten für zuständige Behörden), '직업적 이용자에 대한 데이터의 이전'(die Übertragung von Daten für berufliche Nutzer)을 규정함으로써 '개인정보가 아닌 데이터'의 자유로운 이동을 유럽연합 내에서 보장하는 것을 목표로 한다.

제2조 적용범위

① 본 법은 개인정보가 아닌(die keine personenbezogenen Daten sind) 전자데이터의 유럽연합 내 처리로, 다음 각 목의 처리에 대하여 적용한다,

a) 서비스제공자가 유럽연합 내에 영업소를 두었는지 여부에 상관없이, 유럽연합 내에 거주하거나 영업소를 둔 이용자에 대한 용역으로서 행해지는 처리, 또는

b) 유럽연합 내에 거주하거나 영업소를 둔 자연인 또는 법인에 의하여 그 자신의 고유한 필요를 위해 수행되는 처리.

② 개인정보와 개인정보가 아닌 데이터로 구성된 데이터세트의 경우 그 데이터세트의 개인정보가 아닌 데이터에 대하여 본 법(法)을 적용한다. 개인정보와 개인정보가 아닌 데이터가 하나의 데이터세트에 불가분적으로 서로 결합되어 있는 경우에, 본 법은 (EU) 2016/679호 법(法)의 적용에 대하여 영향을 미치지 아니한다.

③ 본 법은 유럽연합법이 적용되지 않는(die nicht in den Anwendungsbereich des Unionsrechts fallen) 활동에 대하여 적용하지 아니한다.

본 법은 회원국의 내부조직에 적용되고, 2014/24/EU호 입법지침 제2조 제1항 제4호상의 관청 또는 공법상 기관(die Behörden und Einrichtungen des öffentlichen Rechts im Sinne von Artikel 2 Absatz 1 Nummer 4 der Richtlinie 2014/24/EU)이 사법상의 당사자에 대한 계약상 보수 지급 없이 하는 데이터처리(die Datenverarbeitung ohne eine vertragliche Vergütung privater Parteien)에 대한 권한 및 책임(Zuständigkeiten)을 배정하는 법규[86](法規) 또는 행정규칙(Rechts- und Verwaltungsvorschriften[87]))과, 이러한 권한 및 책임의 행사를 규율하는 회원국의 법규(法規) 또는 행정규칙에 영향을 미치지 아니한다.

제3조 정의규정

본 법(法)에서 다음과 같은 정의규정을 적용한다:

1. "데이터(Daten)"는, (EU) 2016/679호 법(法) 제4조 제1호상의 개인정보(personenbezogenen Daten)가 아닌 데이터를 말한다;
2. "처리"는, 수집(蒐集; Erheben), 기록(記錄; Erfassen), 구성(構成; Organisation), 배열(配列; Ordnen), 저장(貯藏; Speicherung), 수정(修正; Anpassung) 또는 변경(Veränderung), 판독(判讀; Auslesen), 검색(檢索; Abfragen), 사용(Verwendung), 이전에 의한 공개(die Offenlegung durch Übermittlung), 유포(流布)나 다른 형태의 이용제공(eine andere Form der Bereitstellung), 정렬(整列; Abgleich), 결합(Verknüpfung,), 제한(Einschränkung), 삭제(Löschen) 또는 파기(Vernichtung)와 같은, 자동화된 수단에 의한 것인지 여부에 상관없이 전자적 형태의 데이터에 대하여 수행된 모든 작업 또는 일련의 작업;
3. "규정 초안"은 일반적 법규(法規) 또는 행정규칙으로 제정하기 위하여 성안(成案)된 것(die entworfen worden sind, um sie als allgemeine Rechts- oder Verwaltungsvorschriften zu erlassen)으로, 여전히 본질적 변경이 이뤄질 수 있는 준비 단계에 있는 원문을 말한다;
4. "서비스제공자"는 데이터처리서비스를 제공하는(die Datenverarbeitungsdienste erbringt) 자연인 또는 법인을 말한다;
5. "데이터처리 국지화(局地化) 요건"은, 공공조달(公共調達) 분야를 포함하여(im Bereich der Vergabe

Beschränkung oder eine andere Anforderung, die in Rechts- oder Verwaltungsvorschriften eines Mitgliedstaats enthalten ist oder sich aus allgemeinen und einheitlichen Verwaltungspraktiken in einem Mitgliedstaat und Einrichtungen des öffentlichen Rechts, unbeschadet der Richtlinie 2014/24/EU auch im Bereich der Vergabe öffentlicher Aufträge, ergibt und die bestimmt, dass die Datenverarbeitung im Hoheitsgebiet eines bestimmten Mitgliedstaats stattfinden muss, oder die die Verarbeitung von Daten in einem anderen Mitgliedstaat behindert;

6. "zuständige Behörde" bezeichnet eine Behörde eines Mitgliedstaats oder eine andere nach nationalem Recht zur Wahrnehmung hoheitlicher Befugnisse oder zur Ausübung öffentlicher Gewalt ermächtigte Einrichtung, die nach Unionsrecht oder nach nationalem Recht befugt ist, zur Erfüllung ihrer amtlichen Pflichten Zugang zu Daten zu erlangen, die von einer natürlichen oder juristischen Person verarbeitet werden;
7. "Nutzer" bezeichnet eine natürliche oder juristische Person einschließlich einer Behörde oder einer Einrichtung des öffentlichen Rechts, die einen Datenverarbeitungsdienst benutzt oder beauftragt;
8. "beruflicher Nutzer" bezeichnet eine natürliche oder juristische Person, einschließlich einer Behörde oder einer Einrichtung des öffentlichen Rechts, die einen Datenverarbeitungsdienst im Zusammenhang mit ihrer gewerblichen, geschäftlichen, handwerklichen oder beruflichen Tätigkeit bzw. der Erfüllung ihrer Aufgaben benutzt oder beauftragt.

Artikel 4 Freier Datenverkehr in der Union

(1) Datenlokalisierungsauflagen sind unzulässig, es sei denn, sie sind aus Gründen der öffentlichen Sicherheit unter Achtung des Grundsatzes der Verhältnismäßigkeit gerechtfertigt.
Absatz 3 und auf der Grundlage des bestehenden Unionsrechts festgelegte Datenlokalisierungsauflagen bleiben von Unterabsatz 1 dieses Absatzes unberührt.

(2) Die Mitgliedstaaten teilen der Kommission umgehend alle Entwürfe von Vorschriften mit, die neue Datenlokalisierungsauflagen enthalten oder bestehende Datenlokalisierungsauflagen ändern, gemäß den Verfahren, die in den Artikeln 5, 6 und 7 der Richtlinie (EU) 2015/1535 festgelegt sind.

(3) Die Mitgliedstaaten sorgen bis zum 30. Mai 2021 dafür, dass alle bestehenden Datenlokalisierungsauflagen, die durch allgemeine Rechts- und Verwaltungsvorschriften geregelt sind und die nicht mit Absatz 1 des vorliegenden Artikels vereinbar sind, aufgehoben werden.
Ist ein Mitgliedstaat der Ansicht, dass eine bestehende Maßnahme mit einer Datenlokalisierungsauflage mit Absatz 1 des vorliegenden Artikels vereinbar ist und deshalb in Kraft bleiben kann, teilt er der Kommission diese Maßnahme zusammen mit einer Begründung der Aufrechterhaltung bis zum 30. Mai 2021 mit. Unbeschadet Artikel 258 AEUV prüft die Kommission binnen sechs Monaten nach Eingang einer solchen Mitteilung, ob die betreffende Vorschrift mit Absatz 1 des vorliegenden Artikels vereinbar ist, und übermittelt dem betroffenen Mitgliedstaat gegebenenfalls Anmerkungen, gegebenenfalls einschließlich der Empfehlung, die Vorschrift zu ändern oder aufzuheben.

(4) Die Mitgliedstaaten machen die Einzelheiten sämtlicher in ihrem Hoheitsgebiet geltenden, durch allgemeine Rechts- oder Verwaltungsvorschriften geregelten Datenlokalisierungsauflagen über eine nationale einheitliche Online-Informationsstelle öffentlich verfügbar und halten diese Informationen auf dem neuesten Stand oder übermitteln aktualisierte Einzelheiten über alle derartigen Lokalisierungsauflagen an eine zentrale Informationsstelle, die gemäß einem anderen Unionsakt

öffentlicher Aufträge), 2014/24/EU호 입법지침에 상관없이, 회원국의 법규(法規) 또는 행정규칙에 포함되어 있거나, 어느 회원국과 공법상 기관의 일반적·통일적 행정실무에서 유래한(allgemeinen und einheitlichen Verwaltungspraktiken in einem Mitgliedstaat und Einrichtungen des öffentlichen Rechts), '의무, 금지, 조건, 제한 또는 기타 요구사항'으로, 그 데이터처리가 특정 회원국의 영토 내에서 행해져야만 한다고 규율하거나, 그 밖의 어느 회원국에서의 데이터처리를 막는(die die Verarbeitung von Daten in einem anderen Mitgliedstaat behindert) 것을 말한다;

6. "관할 관청"은, 유럽연합법 또는 회원국법에 따라 자신의 직무상 의무의 이행을 위하여(zur Erfüllung ihrer amtlichen Pflichten Zugang) 자연인 또는 법인에 의하여 처리되는 데이터에 대한 접근을 할 권한을 갖는, 어느 회원국의 관청이나, 회원국의 법에 따라 고권적 권한의 행사(Wahrnehmung hoheitlicher Befugnisse) 또는 공적 권한의 행사(Ausübung öffentlicher Gewalt)에 관하여 권한을 부여받은 그러한 기타 기관을 말한다;
7. "이용자"는, 관청 또는 공법상 기관을 포함하여, 데이터처리서비스를 이용하거나 요구하는 자연인 또는 법인을 말한다.
8. "직업적 이용자"는, 관청 또는 공법상 기관을 포함하여, 거래활동, 영업활동, 수공업활 또는 직업활동에 관한 목적 혹은 그 임무의 수행에 관한 목적으로(im Zusammenhang mit ihrer gewerblichen, geschäftlichen, handwerklichen oder beruflichen Tätigkeit bzw. der Erfüllung ihrer Aufgaben) 데이터처리서비스를 이용하거나 요구하는 자연인 또는 법인을 말한다.[88)]

제4조 유럽연합 내의 자유로운 데이터이동

① '데이터처리 국지화(局地化) 요건'은 허용되지 아니하고, 다만 공공의 안녕이라는 이유에서 비례원칙의 준수하에 정당화될 수 있다.

제3항과 현행 유럽연합법에 근거하여 규정된 '데이터처리 국지화(局地化) 요건'은 본 항의 제1소항에 의하여 영향을 받지 아니한다.

② 회원국은, 새로운 '데이터처리 국지화(局地化) 요건'을 포함하거나 현행 '데이터처리 국지화(局地化) 요건'을 개정하는 모든 규정 초안을 (EU) 2015/1535호 입법지침 제5조, 제6조 또는 제7조에 규정되어 있는 절차에 따라 즉각적으로 유럽연합집행위원회에 통지한다.

③ 회원국은, 2021년 5월 30일까지, 일반적 법규(法規) 또는 행정규칙에 의해 규정되어 있고 본 조 제1항에 합치하지 않는(die nicht mit Absatz 1 des vorliegenden Artikels vereinbar sind), 모든 현행 '데이터처리 국지화(局地化) 요건'이 폐지되도록 보장한다.

회원국이, 현행 조치가 본 조 제2항 '데이터처리 국지화 요건'에 부합해서 여전히 효력을 갖는 것으로 보는 경우에 회원국은 2021년 5월 30일까지 유럽연합집행위원회에 그 유지 이유와 함께 이러한 조치에 대하여 통지한다. 「유럽연합 운영조약」제258조에도 불구하고 유럽연합집행위원회는 그러한 통지 도달시로부터 6개월 이내에 당해 규정이 본 조 제1항에 부합하는지 여부를 심사하고 해당 회원국에 필요한 경우 권고를 포함하여 필요한 경우 의견을 제시하여 그 규정을 개정하거나 폐지하도록 전달한다(übermittelt dem betroffenen Mitgliedstaat gegebenenfalls Anmerkungen, gegebenenfalls einschließlich der Empfehlung, die Vorschrift zu ändern oder aufzuheben).

④ 회원국은, 자신의 영토에서 적용되는, 일반적 법규(法規) 또는 행정규칙에 의하여 규율되는 일체의 '데이터처리 국지화 요건'의 세부사항에 대하여, 회원국의 유일한 온라인정보제공소를 통해 공중이 접근할 수 있도록(über eine nationale einheitliche Online-Informationsstelle öffentlich verfügbar) 하고, 최신 상태로(auf dem neuesten Stand) 유지하거나 이러한 일체의 '데이터처리 국지화 요건'에 관한 최신의 세부사항을 다른 유럽연합법규에 따라 설치(設置)된 중앙정보제공소(eine zentrale Informationsstelle)에

eingerichtet wurde

(5) Die Mitgliedstaaten teilen der Kommission die Adresse ihrer in Absatz 4 genannten einheitlichen Informationsstelle mit. Die Kommission veröffentlicht die Verweise auf diese Stellen zusammen mit einer regelmäßig aktualisierten konsolidierten Liste aller Datenlokalisierungsauflagen gemäß Absatz 4, einschließlich zusammenfassender Informationen über diese Auflagen, auf ihrer Website.

Artikel 5 Verfügbarkeit von Daten für zuständige Behörden

(1) Diese Verordnung lässt die Befugnisse der zuständigen Behörden, zur Erfüllung ihrer amtlichen Pflichten, gemäß dem Unionsrecht oder nationalen Recht, Zugang zu Daten zu verlangen oder zu erhalten, unberührt. Der Zugang zuständiger Behörden zu Daten darf nicht mit der Begründung verweigert werden, dass die Daten in einem anderen Mitgliedstaat verarbeitet werden.

(2) Wird einer zuständigen Behörde, die um Zugang zu den Daten eines Nutzers ersucht hat, kein Zugang gewährt, so kann sie, sofern im Unionsrecht oder in internationalen Abkommen kein bestimmter Kooperationsmechanismus für den Datenaustausch zwischen den zuständigen Behörden verschiedener Mitgliedstaaten vorgesehen ist, eine zuständige Behörde in einem anderen Mitgliedstaat nach dem in Artikel 7 festgelegten Verfahren um Amtshilfe ersuchen.

(3) Beinhaltet ein Amtshilfeersuchen die Erlangung des Zugangs zu Räumlichkeiten einer natürlichen oder juristischen Person, einschließlich der Datenverarbeitungsanlagen und -mittel, durch die ersuchte Behörde, so muss ein solcher Zugang im Einklang mit dem Unionsrecht oder dem nationalen Verfahrensrecht stehen.

(4) Die Mitgliedstaaten können in Übereinstimmung mit dem Unionsrecht oder dem nationalen Recht wirksame, verhältnismäßige und abschreckende Sanktionen verhängen, wenn gegen eine Verpflichtung zur Bereitstellung von Daten verstoßen wird.

Im Falle von Rechtsmissbrauch durch einen Nutzer kann ein Mitgliedstaat, sofern dies durch die Dringlichkeit des Zugriffs auf die Daten und unter Berücksichtigung der Interessen der betroffenen Parteien gerechtfertigt ist, streng verhältnismäßige einstweilige Maßnahmen gegen diesen Nutzer ergreifen. Verfügt eine einstweilige Maßnahme die Relokalisierung von Daten, und dauert diese Relokalisierung länger als 180 Tage, ist dies der Kommission innerhalb dieser 180 Tage mitzuteilen. Die Kommission prüft die Maßnahme und beurteilt deren Vereinbarkeit mit dem Unionsrecht schnellstmöglich und trifft, soweit erforderlich, geeignete Maßnahmen. Die Kommission tauscht mit den in Artikel 7 genannten einheitlichen Anlaufstellen der Mitgliedstaaten Informationen über ihre Erfahrungen in dieser Hinsicht aus.

Artikel 6 Übertragung von Daten

(1) Die Kommission fördert und erleichtert die Entwicklung von Verhaltensregeln für die Selbstregulierung auf Unionsebene (im Folgenden “Verhaltensregeln”), um zu einer wettbewerbsfähigen Datenwirtschaft auf der Grundlage der Grundsätze der Transparenz und der Interoperabilität und unter angemessener Berücksichtigung offener Standards beizutragen, wobei unter anderem folgende Aspekte abgedeckt werden:

a) bewährte Verfahren zur Erleichterung des Wechsels des Diensteanbieters und der Übertragung von Daten in einem strukturierten, gängigen, maschinenlesbaren Format, bei Bedarf oder auf Wunsch des Diensteanbieters, der die Daten empfängt, auch in einem offenen Standardformat;

전달한다.

⑤ 회원국은 제4항상의 유일한 정보제공소의 주소를 유럽연합집행위원회에 통지한다. 유럽연합집행위원회는 위와 같은 요건에 관한 요약된 정보를 포함하여 제4항에 따른, 규칙적으로 업데이트한 '모든 데이터처리 국지화 요건'의 통합 목록과 함께 이러한 정보제공소에 대한 링크(Verweise)를 자신의 웹사이트에 게시한다.

제5조 관할 관청의 데이터에 대한 접근가능성

① 본 법은, 유럽연합법 또는 회원국법에 따른, 관할 관청의 직무상 의무의 수행을 위하여 데이터에 대한 접근을 요구하거나 접근을 부여받는 그 관할 관청의 권한에 영향을 미치지 아니한다. 관할 관청의 데이터에 대한 접근은 해당 데이터가 다른 회원국에서 처리된 것(dass die Daten in einem anderen Mitgliedstaat verarbeitet werden) 이라는 이유로 거부되어서는 아니된다.

② 어느 이용자의 데이터에 대한 접근을 요구한 관할 관청에게 그 접근이 허용되지 않은 경우에 관할 관청은, 다른 회원국의 관할 관청 간의 데이터교환에 대한 특정한 협력메커니즘(bestimmter Kooperationsmechanismus für den Datenaustausch zwischen den zuständigen Behörden verschiedener Mitgliedstaaten)이 유럽연합법 또는 국제조약에 규정되지 않는 한, 제7항에 규정된 절차에 따라 다른 회원국의 관할 관청에 행정공조를 요청할 수 있다.

③ 행정공조요청(行政共助要請)이 데이터처리시설 및 데이터처리수단을 포함하여(einschließlich der Datenverarbeitungsanlagen und -mittel) 그 요청받은 관청에 의한, 자연인 또는 법인의 공간에 대한 접근의 취득을 포함하는 경우에, 그러한 접근은 유럽연합법 또는 회원국의 절차법(dem Unionsrecht oder dem nationalen Verfahrensrecht)에 합치해야만 한다.

④ 회원국은, 데이터 제공의무에 위반되는 경우에(wenn gegen eine Verpflichtung zur Bereitstellung von Daten verstoßen wird) 유럽연합법 또는 회원국법에 따라 효과적이고 비례적이며 위하력을 갖는 제재를 가할 수 있다.

이용자의 권리남용의 경우에 회원국은, 이것이 해당 데이터에 대한 접근의 긴급성에 의하여 또 해당 당사자의 이익을 고려하여 정당화되는 한, 그 이용자에 대한 엄격하게 비례적인 잠정조치(streng verhältnismäßige einstweilige Maßnahmen gegen diesen Nutzer)를 취할 수 있다. 잠정조치가 데이터처리의 재국지화(再局地化)을 규정하고 이러한 재국지화(再局地化)이 180일을 초과하여 지속되는 경우에 이는 유럽연합집행위원회에 이러한 180일 이내에 통지되어야 한다. 유럽연합집행위원회는 그 조치를 심사하고 가능한 신속하게 그 조치의 유럽연합법과의 합치성(deren Vereinbarkeit mit dem Unionsrecht)을 판단하고 필요한 경우 적절한 조치를 취한다. 유럽연합집행위원회는 제7항상의 회원국 유일한 연락담당자(mit den in Artikel 7 genannten einheitlichen Anlaufstellen der Mitgliedstaaten)와 이러한 점에 관한 경험에 관한 정보를 교환한다.

제6조 데이터의 이전

① 유럽연합집행위원회는, 특히 다음 각 목의 사항을 포함하는, 투명성의 원칙과 상호운영성에 근거하고 또 개방된 표준을 적절하게 고려하여(auf der Grundlage der Grundsätze der Transparenz und der Interoperabilität und unter angemessener Berücksichtigung offener Standards) 경쟁력 있는 데이터경제에 기여하기 위하여, 유럽연합 수준에서의 자기규제에 대한 행위준칙(이하 '행위준칙'; Verhaltensregeln)의 발전을 장려하고 촉진한다:

a) 데이터를 수령하는 서비스제공자의 필요 또는 요구하는 경우에 개방된 표준양식을 포함하여 서비스제공자의 교체의 촉진과, 체계적이고 통상적으로 사용되며 기계 해독(解讀)이 가능한 포맷에 의한 데이터 이전의 촉진에 관한 모범적 업무처리방식;

b) Vorschriften für Mindestangaben, damit sichergestellt ist, dass berufliche Nutzer vor dem Abschluss eines Datenverarbeitungsvertrags hinreichend genaue, klare und transparente Informationen in Bezug auf die Prozesse, technischen Anforderungen, Fristen und Entgelte erhalten, die für einen beruflichen Nutzer gelten, der zu einem anderen Diensteanbieter wechseln oder Daten in seine eigenen IT-Systeme zurückübertragen möchte;

c) Ansätze für Zertifizierungssysteme, mit denen der Vergleich von Datenverarbeitungsprodukten und -diensten für berufliche Nutzer erleichtert wird, unter Berücksichtigung bestehender nationaler oder internationaler Normen, zur Erleichterung der Vergleichbarkeit dieser Produkte und Dienste. Diese Ansätze können sich unter anderem auf das Qualitätsmanagement, das Informationssicherheitsmanagement, das Betriebskontinuitätsmanagement und das Umweltmanagement beziehen;

d) Kommunikationspläne mit multidisziplinärem Ansatz, um den relevanten Akteuren die Verhaltensregeln nahe zu bringen.

(2) Die Kommission stellt sicher, dass die Verhaltensregeln in enger Zusammenarbeit mit allen relevanten Interessenträgern, einschließlich KMU-Verbänden und Startups sowie Nutzern und Anbietern von Cloud-Diensten, entwickelt werden.

(3) Die Kommission hält die Diensteanbieter dazu an, die Entwicklung der Verhaltensregeln bis zum 29. November 2019 abzuschließen und sie bis zum 29. Mai 2020 wirksam umzusetzen.

Artikel 7 Verfahren für die Zusammenarbeit zwischen den Behörden

(1) Jeder Mitgliedstaat benennt eine einheitliche Anlaufstelle, die bezüglich der Anwendung dieser Verordnung mit den einheitlichen Anlaufstellen der anderen Mitgliedstaaten und mit der Kommission in Verbindung steht. Die Mitgliedstaaten teilen der Kommission die benannten einheitlichen Anlaufstellen und etwaige spätere Änderungen dieser Angaben mit.

(2) Wenn eine zuständige Behörde eines Mitgliedstaats einen anderen Mitgliedstaat gemäß Artikel 5 Absatz 2 um Amtshilfe ersucht, um Zugang zu Daten zu erlangen, so richtet sie einen ordnungsgemäß begründeten Antrag an die einheitliche Anlaufstelle des betreffenden Mitgliedstaats. Der Antrag enthält eine schriftliche Darlegung der Gründe und der Rechtsgrundlagen für das Zugangsbegehren.

(3) Die einheitliche Anlaufstelle ermittelt die jeweils zuständige Behörde ihres Mitgliedstaats und leitet den gemäß Absatz 2 erhaltenen Antrag an diese zuständige Behörde weiter.

(4) Die auf diese Weise ersuchte jeweilige zuständige Behörde muss ohne unangemessene Verzögerung und innerhalb einer der Dringlichkeit des Ersuchens entsprechenden Frist antworten und der nachsuchenden zuständigen Behörde die angeforderten Daten zur Verfügung stellen oder mitteilen, dass sie die Voraussetzungen für die Beantragung von Amtshilfe nach dieser Verordnung für nicht erfüllt hält.

(5) Alle Informationen, die im Zusammenhang mit einem Amtshilfeersuchen und geleisteter Amtshilfe gemäß Artikel 5 Absatz 2 ausgetauscht werden, dürfen nur im Zusammenhang mit den Zwecken des Ersuchens verwendet werden.

(6) Die einheitlichen Anlaufstellen müssen den Nutzern allgemeine Informationen über diese Verordnung bereitstellen, darunter Angaben zu den Verhaltensregeln.

Artikel 8 Bewertung und Leitlinien

(1) Die Kommission übermittelt dem Europäischen Parlament, dem Rat und dem Europäischen

b) 직업적 이용자가, 데이터처리계약의 체결 전에 해당 과정, 기술적 요구사항, 기간 및 대금에 관한 충분히 상세하고 명확하며 투명한 정보로, 다른 서비스제공자로 교체하고자 하거나 데이터를 자기 자신의 정보기술시스템으로 다시 이전하고자 하는(der zu einem anderen Diensteanbieter wechseln oder Daten in seine eigenen IT-Systeme zurückübertragen möchte) 직업적 이용자에 대하여 적용되는 정보를 제공받는다는 점을 보장하는 최소 정보제공 요건;

c) 현행 회원국 규범이나 현행 국제적 규범을 고려한(unter Berücksichtigung bestehender nationaler oder internationaler Normen), 직업적 이용자에 대한 데이터처리 제품 및 상품의 비교를 촉진해 주는 인증시스템으로, 데이터처리 제품 및 서비스의 비교가능성의 촉진을 위한 인증시스템에 대한 접근법; 이러한 접근법에는 특히 품질관리, 정보보안관리, 사업연속성관리 및 환경관리(das Qualitätsmanagement, das Informationssicherheitsmanagement, das Betriebskontinuitätsmanagement und das Umweltmanagement)가 포함될 수 있다;

d) 관련 행위자에 대한 행동준칙의 인식의 제고를 위한(um den relevanten Akteuren die Verhaltensregeln nahe zu bringen), 다학제적(多學制的) 방안을 고려한 알림 지침.

② 유럽연합집행위원회는, 중소기업협회(KMU-Verbänden), 스타트업, 이용자와 클라우드서비스제공자를 포함하여(einschließlich KMU-Verbänden und Startups sowie Nutzern und Anbietern von Cloud-Diensten) 관련 모든 이해관계자와의 긴밀한 협력 속에서 행위준칙이 개발되도록 보장한다.

③ 유럽연합집행위원회는, 서비스제공자가 2019년 11월 29일까지 행위준칙의 개발을 마치고 이를 2020년 5월 29일까지 효과적으로 시행하도록 장려한다.

제7조 관청 간의 협력 절차

① 모든 회원국은, 본 법(法)의 적용과 관련하여 다른 회원국의 유일한 연락담당자와 유럽연합집행위원회에 연락하는 유일한 연락담당자 1인을 지정한다. 그 회원국은 유럽연합집행위원회에 지정된 유일한 연락담당자와 있을 수 있는 그 지정의 추후 변경(die benannten einheitlichen Anlaufstellen und etwaige spätere Änderungen dieser Angaben)을 통지한다.

② 어느 회원국의 관할 관청이 다른 회원국에 제5조 제2항에 따라 데이터에 접근하기 위한 행정공조를 요청하는 경우에, 그 관할 관청은 당해 회원국의 유일한 연락담당자에 대하여 이유를 적은 적식의 신청을 한다. 그 신청은 접근요청에 대한 이유와 법적 근거에 대한 서면에 의한 명시(eine schriftliche Darlegung der Gründe und der Rechtsgrundlagen für das Zugangsbegehren)를 포함한다.

③ 유일한 연락담당자는, 자신이 속한 회원국의 관련 관할 관청을 확인한 다음 제2항에 따라 수령한 신청을 이러한 관할 관청에 이첩한다.

④ 이러한 방식으로 그 요청은 받은 각각의 관할 관청은, 부당한 지체 없이 해당 요청의 긴급성에 상응하는 기간 내에 답변을 해야만 하고 또 그 요청을 한 관할 관청에 요청한 데이터를 제공해야 하거나, 자신이 본 법에 따른 행정공조의 답변에 대한 요건을 충족하지 못한 것으로 본다(dass sie die Voraussetzungen für die Beantragung von Amtshilfe nach dieser Verordnung für nicht erfüllt hält)는 통지를 해야 한다.

⑤ 행정공조요청과, 제5조 제2항에 따라 제공된 행정공조에 관하여 교환된 일체의 정보(Alle Informationen)는 해당 요청의 목적에 관련해서(nur im Zusammenhang mit den Zwecken des Ersuchens)만 이용될 수 있다.

⑥ 유일한 연락담당자는 이용자에게 행위준칙에 관한 정보를 포함하여 본 법에 관한 일반적 정보를 제공해야만 한다.

제8조 평가 및 안내서

① 유럽연합집행위원회는 유럽연합의회, 유럽연합이사회 및 유럽연합경제사회위원회에 늦어도 2022년

Wirtschafts- und Sozialausschuss spätestens am 29. November 2022 einen Bericht über die Bewertung der Anwendung dieser Verordnung, insbesondere hinsichtlich

a) der Anwendung dieser Verordnung, insbesondere auf Datensätze, die aus personenbezogenen und nicht-personenbezogenen Daten bestehen, im Hinblick auf Entwicklungen der Märkte und technologische Entwicklungen, mit denen neue Möglichkeiten zur Entanonymisierung von Daten geschaffen werden könnten,

b) der Umsetzung von Artikel 4 Absatz 1 und insbesondere der Ausnahme aus Gründen der öffentlichen Sicherheit durch die Mitgliedstaaten und

c) der Aufstellung und wirksamen Umsetzung der Verhaltensregeln und der tatsächlichen Bereitstellung von Informationen durch Diensteanbieter.

(2) Die Mitgliedstaaten übermitteln der Kommission alle Informationen, die für die Ausarbeitung des in Absatz 1 genannten Berichts erforderlich sind.

(3) Bis zum 29. Mai 2019 veröffentlicht die Kommission informierende Leitlinien über die Wechselwirkungen der vorliegenden Verordnung und der Verordnung (EU) 2016/679, insbesondere im Hinblick auf Datensätze, die sowohl aus personenbezogenen als auch aus nicht-personenbezogenen Daten bestehen.

Artikel 9 Schlussbestimmungen

Diese Verordnung tritt am zwanzigsten Tag nach ihrer Veröffentlichung im Amtsblatt der Europäischen Union in Kraft.

Die Geltungsdauer dieser Verordnung beginnt sechs Monate nach ihrer Veröffentlichung.

Diese Verordnung ist in allen ihren Teilen verbindlich und gilt unmittelbar in jedem Mitgliedstaat.

Geschehen zu Straßburg am 14. November 2018.

Im Namen des Europäischen Parlaments

Der Präsident

A. TAJANI

Im Namen des Rates

Die Präsidentin

K. EDTSTADLER

11월 29일까지 본 법(法)의 적용의 평가(die Bewertung der Anwendung dieser Verordnung)에 관한 보고서로, 특히 다음 각 목에 관한 보고서를 제출한다.

a) 데이터의 탈익명처리(脫匿名處理)의 새로운 가능성을 제공할 수 있는(mit denen neue Möglichkeiten zur Entanonymisierung von Daten geschaffen werden könnten), 시장의 발전양상 및 기술적 발전양상을 고려한 본 법의 적용, 특히 개인정보와 개인정보가 아닌 데이터로 구성된 데이터세트에 대한 본 법의 적용,

b) 제4조 제1항의 시행과, 회원국에 의한 공공의 안녕이라는 이유(Gründen der öffentlichen Sicherheit)에 기한 예외의 시행, 그리고

c) 행위준칙의 마련과 효과적인 시행 그리고 서비스제공자에 의한 정보의 실제 제공(der tatsächlichen Bereitstellung von Informationen durch Diensteanbieter).

② 회원국은 유럽연합집행위원회에 제1항상의 보고서의 작성에 필요한(die für die Ausarbeitung des in Absatz 1 genannten Berichts erforderlich sind) 일체의 정보를 제공한다.

③ 유럽연합집행위원회는 2019년 5월 29일까지 본 법(法)과 (EU) 2016/679호 법(法)의 상호작용, 특히 개인정보뿐만 아니라 개인정보가 아닌 데이터로 구성된(die sowohl aus personenbezogenen als auch aus nicht-personenbezogenen Daten bestehen) 데이터세트에 관한 상호작용에 관한 정보를 제공하는 안내서를 공간한다.

제9조 종결규정

본 법(法)이 그 유럽연합관보에 게재된 날로부터 20일째 되는 날(am zwanzigsten Tag nach ihrer Veröffentlichung im Amtsblatt der Europäischen Union)에 본 법은 발효된다.

본 법의 적용기간은 본 법의 위와 같은 게재 후 6개월에 개시한다.

본 법(法)은 그 모든 부분이 구속력이 있고 각 회원국에서 직접적으로 적용된다.

2018년 11월 14일 스트라스부르크에서 조인(調印)되다.

유럽연합의회를 대표하여

의장 TAJANI

유럽연합이사회를 대표하여

의장 K. EDTSTADLER

연방개인정보보호법

(BGBl. I S. 1858)

Bundesdatenschutzgesetz

(BSDG)

Bundesdatenschutzgesetz (BDSG)

https://www.gesetze-im-internet.de/bdsg_2018/BJNR209710017.html

Teil 1 Gemeinsame Bestimmungen

Kapitel 1 Anwendungsbereich und Begriffsbestimmungen

§ 1 Anwendungsbereich des Gesetzes

(1) Dieses Gesetz gilt für die Verarbeitung personenbezogener Daten durch

1. öffentliche Stellen des Bundes,
2. öffentliche Stellen der Länder, soweit der Datenschutz nicht durch Landesgesetz geregelt ist und soweit sie
   a) Bundesrecht ausführen oder
   b) als Organe der Rechtspflege tätig werden und es sich nicht um Verwaltungsangelegenheiten handelt.

Für nichtöffentliche Stellen gilt dieses Gesetz für die ganz oder teilweise automatisierte Verarbeitung personenbezogener Daten sowie die nicht automatisierte Verarbeitung personenbezogener Daten, die in einem Dateisystem gespeichert sind oder gespeichert werden sollen, es sei denn, die Verarbeitung durch natürliche Personen erfolgt zur Ausübung ausschließlich persönlicher oder familiärer Tätigkeiten.

(2) Andere Rechtsvorschriften des Bundes über den Datenschutz gehen den Vorschriften dieses Gesetzes vor. Regeln sie einen Sachverhalt, für den dieses Gesetz gilt, nicht oder nicht abschließend, finden die Vorschriften dieses Gesetzes Anwendung. Die Verpflichtung zur Wahrung gesetzlicher Geheimhaltungspflichten oder von Berufs- oder besonderen Amtsgeheimnissen, die nicht auf gesetzlichen Vorschriften beruhen, bleibt unberührt.

(3) Die Vorschriften dieses Gesetzes gehen denen des Verwaltungsverfahrensgesetzes vor, soweit bei der Ermittlung des Sachverhalts personenbezogene Daten verarbeitet werden.

(4) Dieses Gesetz findet Anwendung auf öffentliche Stellen. Auf nichtöffentliche Stellen findet es Anwendung, sofern

1. der Verantwortliche oder Auftragsverarbeiter personenbezogene Daten im Inland verarbeitet,
2. die Verarbeitung personenbezogener Daten im Rahmen der Tätigkeiten einer inländischen Niederlassung des Verantwortlichen oder Auftragsverarbeiters erfolgt oder
3. der Verantwortliche oder Auftragsverarbeiter zwar keine Niederlassung in einem Mitgliedstaat der Europäischen Union oder in einem anderen Vertragsstaat des Abkommens über den Europäischen Wirtschaftsraum hat, er aber in den Anwendungsbereich der Verordnung (EU) 2016/679 des Europäischen Parlaments und des Rates vom 27. April 2016 zum Schutz natürlicher Personen bei der Verarbeitung personenbezogener Daten, zum freien Datenverkehr und zur Aufhebung der Richtlinie 95/46/EG (Datenschutz-Grundverordnung) (ABl. L 119 vom 4.5.2016, S. 1; L 314 vom 22.11.2016, S. 72; L 127 vom 23.5.2018, S. 2) in der jeweils geltenden Fassung fällt.

Sofern dieses Gesetz nicht gemäß Satz 2 Anwendung findet, gelten für den Verantwortlichen oder

연방개인정보보호법(Bundesdaten[89]schutzgesetz, BGBl. I S. 1858)

법률공포일: 2017년 6월 30일
최근 법률개정일: 2021년 6월 23일(BGBl. I S. 1858).

제1편 총칙

제1장 적용범위와 정의규정

제1조 본 법률의 적용범위

① 본 법률은 다음 각 호의 개인정보 처리에 대하여 적용한다,

1. 연방의 공공기관(公共機關),
2. 개인정보보호(Datenschutz)가 주법(州法)으로 규정되지 아니하고 다음 목의 범위 내에 있는 공공기관,
   a) 주의 공공기관이 연방법을 집행하는 범위, 또는
   b) 주의 공공기관이 사법부의 기관으로서(als Organe der Rechtspflege) 활동(活動)하고 그러한 활동이 행정사무(行政事務)에 해당하지 않는 범위(範圍).

민간기관[90]에 대하여는 개인정보 전적인 자동처리 또는 부분적 자동처리와, 파일링시스템에 담겨 있거나 담으려고 하는(die in einem Dateisystem gespeichert sind oder gespeichert werden sollen) 개인정보의 수동화처리에 대하여 본 법률을 적용하고, 다만 그 처리가 자연인에 의해 오로지 개인적 활동이나 가사활동(家事活動)을 수행하기 위하여 이뤄진 경우에는 그러하지 아니하다.

② 개인정보보호에 관한 연방의 다른 법규정은 본 법률 규정보다 우선적으로 적용한다. 그러한 법규정이 본 법률이 적용되는 사실관계를 전혀 규율하지 않거나 배타적(排他的; abschließend)으로 규율하지 않거나 경우에 본 법률의 규정을 적용한다. 법에 규정된 비밀유지의무를 준수할 의무나 법(法)상 규정에 근거하지 않는 직업상 비밀 또는 특별한 공무상 비밀[91]을 준수할 의무는 영향을 받지 아니한다.

③ 본 법률의 규정은, 해당 사실관계의 조사시(bei der Ermittlung des Sachverhalts) 개인정보가 처리되는 범위 내에서 행정절차법의 규정에 우선적으로 적용한다.

④ 본 법률은 공공기관에 대해 적용한다. 다음 각 호의 경우에 민간기관에 대하여(Auf nichtöffentliche Stellen) 적용한다,

1. 개인정보처리자 또는 수탁처리자가 독일 내에서 개인정보를 처리하는 경우,
2. 개인정보 처리가 개인정보처리자 또는 수탁처리자의 독일 내 영업소의 활동(Tätigkeiten einer inländischen Niederlassung des Verantwortlichen oder Auftragsverarbeiters)의 일환(一環)으로 이뤄지는 경우,
3. 개인정보처리자 또는 수탁처리자가 유럽연합회원국의 어느 회원국이나 「유럽경제권에 관한 협약」 가입국 중 그 밖의 어느 가입국(in einem anderen Vertragsstaat des Abkommens über den Europäischen Wirtschaftsraum)에 영업소를 두지 않았지만, 「개인정보 처리시 자연인의 보호, 자유로운 정보이동과, 95/46/EG호 입법지침의 폐지에 관한 2016년 4월 27일 유럽연합 의회 및 이사회 (EU) 2016/679호 법(法)」('개인정보보호기본법)'; Datenschutz-Grundverordnung, ABl. L 119 vom 4.5.2016, S. 1; L 314 vom 22.11.2016, S. 72; L 127 vom 23.5.2018, S. 2]으로, 수시로 개정된[92] 동법(同法)의 적용범위에 포함되는 경우.

본 법률이 제2문에 따라 적용되는 않는 경우에 개인정보처리자 또는 수탁처리자에 대하여 제8조 내지

Auftragsverarbeiter nur die §§ 8 bis 21, 39 bis 44.

(5) Die Vorschriften dieses Gesetzes finden keine Anwendung, soweit das Recht der Europäischen Union, im Besonderen die Verordnung (EU) 2016/679 in der jeweils geltenden Fassung, unmittelbar gilt.

(6) Bei Verarbeitungen zu Zwecken gemäß Artikel 2 der Verordnung (EU) 2016/679 stehen die Vertragsstaaten des Abkommens über den Europäischen Wirtschaftsraum den Mitgliedstaaten der Europäischen Union gleich. Andere Staaten gelten insoweit als Drittstaaten.

(7) Bei Verarbeitungen zu Zwecken gemäß Artikel 1 Absatz 1 der Richtlinie (EU) 2016/680 des Europäischen Parlaments und des Rates vom 27. April 2016 zum Schutz natürlicher Personen bei der Verarbeitung personenbezogener Daten durch die zuständigen Behörden zum Zwecke der Verhütung, Ermittlung, Aufdeckung oder Verfolgung von Straftaten oder der Strafvollstreckung sowie zum freien Datenverkehr und zur Aufhebung des Rahmenbeschlusses 2008/977/JI des Rates (ABl. L 119 vom 4.5.2016, S. 89) stehen die bei der Umsetzung, Anwendung und Entwicklung des Schengen-Besitzstands assoziierten Staaten den Mitgliedstaaten der Europäischen Union gleich. Andere Staaten gelten insoweit als Drittstaaten.

(8) Für Verarbeitungen personenbezogener Daten durch öffentliche Stellen im Rahmen von nicht in die Anwendungsbereiche der Verordnung (EU) 2016/679 und der Richtlinie (EU) 2016/680 fallenden Tätigkeiten finden die Verordnung (EU) 2016/679 und die Teile 1 und 2 dieses Gesetzes entsprechend Anwendung, soweit nicht in diesem Gesetz oder einem anderen Gesetz Abweichendes geregelt ist.

§ 2 Begriffsbestimmungen

(1) Öffentliche Stellen des Bundes sind die Behörden, die Organe der Rechtspflege und andere öffentlich-rechtlich organisierte Einrichtungen des Bundes, der bundesunmittelbaren Körperschaften, der Anstalten und Stiftungen des öffentlichen Rechts sowie deren Vereinigungen ungeachtet ihrer Rechtsform.

(2) Öffentliche Stellen der Länder sind die Behörden, die Organe der Rechtspflege und andere öffentlich-rechtlich organisierte Einrichtungen eines Landes, einer Gemeinde, eines Gemeindeverbandes oder sonstiger der Aufsicht des Landes unterstehender juristischer Personen des öffentlichen Rechts sowie deren Vereinigungen ungeachtet ihrer Rechtsform.

(3) Vereinigungen des privaten Rechts von öffentlichen Stellen des Bundes und der Länder, die Aufgaben der öffentlichen Verwaltung wahrnehmen, gelten ungeachtet der Beteiligung nichtöffentlicher Stellen als öffentliche Stellen des Bundes, wenn

1. sie über den Bereich eines Landes hinaus tätig werden oder
2. dem Bund die absolute Mehrheit der Anteile gehört oder die absolute Mehrheit der Stimmen zusteht.

Andernfalls gelten sie als öffentliche Stellen der Länder.

(4) Nichtöffentliche Stellen sind natürliche und juristische Personen, Gesellschaften und andere Personenvereinigungen des privaten Rechts, soweit sie nicht unter die Absätze 1 bis 3 fallen. Nimmt eine nichtöffentliche Stelle hoheitliche Aufgaben der öffentlichen Verwaltung wahr, ist sie insoweit öffentliche Stelle im Sinne dieses Gesetzes.

(5) Öffentliche Stellen des Bundes gelten als nichtöffentliche Stellen im Sinne dieses Gesetzes, soweit sie als öffentlich-rechtliche Unternehmen am Wettbewerb teilnehmen. Als nichtöffentliche Stellen im Sinne dieses Gesetzes gelten auch öffentliche Stellen der Länder, soweit sie als öffentlich-rechtliche

제21조, 제39조 내지 제44조만을 적용한다.

⑤ 본 법률의 규정은, 유럽연합법이 적용되는 범위 내에서, 특히 수시로 개정된 (EU) 2016/679호 법(法)[93]이 직접적으로 적용되는 범위 내에서 적용하지 아니한다.

⑥ (EU) 2016/679호 법(法) 제2조에 따른 목적으로 하는 처리의 경우에 있어「유럽경제권에 관한 협약」의 가입국은 유럽연합회원국과 동일시된다. 그 밖의 국가는 그러한 점을 고려하여[94] 제3국로 본다(Andere Staaten gelten insoweit als Drittstaaten).

⑦「범죄의 예방(豫防; Verhütung), 수사(搜查; Ermittlung), 적발(摘發; Aufdeckung) 또는 기소(起訴; Verfolgung)나 형집행의 목적을 위한, 관할 관청에 의한 개인정보 처리시의 자연인의 보호, 자유로운 정보교류와, 유럽연합이사회 2008/977/JI 기본결정의 실효(失效)에 관한 2016년 4월 27일 유럽연합 의회 및 이사회 (EU) 2016/680 입법지침」(ABl. L 119 vom 4.5.2016, S. 89) 제1조 제1항에 따른 목적으로 하는 처리의 경우에 있어, 셍겐조약(Schengen-Besitzstand)의 시행, 적용 및 발전에 관련된 국가(die bei der Umsetzung, Anwendung und Entwicklung des Schengen-Besitzstands assoziierten Staaten)는 유럽연합회원국과 동일시된다. 그 밖의 국가는 그러한 점을 고려하여 제3국으로 본다.

⑧ (EU) 2016/679호 법(法)과 (EU) 2016/680호 입법지침의 적용범위 내에 포함되지 않는 활동의 일환으로 하는 공공기관의 개인정보 처리에 대하여(Für Verarbeitungen personenbezogener Daten durch öffentliche Stellen), 본 법률 또는 그 밖의 법률에서 다른 규율(Abweichendes)이 규정되지 않는 범위 내에서 (EU) 2016/679호 법(法)과 본 법률의 제1편 및 제2편을 준용한다.

제2조 정의규정

① '연방의 공공기관(公共機關)'은, 연방에 속한, 관청(官廳), 사법부의 기관(司法府; die Organe der Rechtspflege)이나 공법상 설립된 기타 기관(andere öffentlich-rechtlich organisierte Einrichtungen[95])이나, 연방직할(聯邦直轄)인, 공법상의 사단법인(社團; Körperschaften), 영조물(營造物; Anstalten) 또는 재단[96](財團; Stiftungen)에 속한 공법상 설립된 기타 기관, 그리고 법형식에 상관없이(ungeachtet ihrer Rechtsform) 그 연합회(deren Vereinigungen)를 말한다.[97]

② '주의 공공기관(公共機關)'은, 주(州), 게마인데 또는 게마인데연합(eines Landes, einer Gemeinde, eines Gemeindeverbandes)에 속한, 관청(官廳), 사법부(司法府)의 기관이나 그 밖의 공법상 설립된 기관이나, 주의 감독을 받는 기타 공법상 법인(法人)에 속한 그 밖의 공법상 설립된 기관 그리고 법형식에 상관없이(ungeachtet ihrer Rechtsform) 그 연합회를 말한다.

③ 연방 및 주에 속한 공공기관의 사법(私法)상 연합회(Vereinigungen)로, 공공행정의 임무를 수행하는 연합회는, 다음 각 호의 경우에는 민간기관의 자본참가[98](資本參加)를 불문하고(ungeachtet der Beteiligung nichtöffentlicher Stellen) '연방의 공공기관'으로 본다,

1. 그 협회가 주의 영역을 초과하여 활동하는 경우,
2. 연방에 지분의 절대과반수가 귀속되거나 의결권의 절대과반수가 귀속된 경우.

위 각 호에 해당하지 않는다면, 그러한 협회를 '주의 공공기관'으로 본다.

④ 민간기관(民間機關)은, 제1항 내지 제3항을 적용받지 않는, 사법상의 자연인·법인, 조합(Gesellschaften) 및 그 밖의 인적결사체를 말한다. 민간기관이 공공행정의 고권적(高權的) 임무(hoheitliche Aufgaben der öffentlichen Verwaltung)를 수행하는 경우 그 민간기관은 그 범위 내에서 본 법률의 공공기관(公共機關)이 된다.

⑤ 연방의 공공기관은, 공기업(öffentlich-rechtliche Unternehmen)로서 경쟁에 참여하는 범위 내에서 본 법률상의 민간기관으로 본다. 주(州)의 공공기관도, 공기업으로서 경쟁에 참여하고 연방법을 집행하며 주(州)법에 의해 개인정보보호가 규율(規律)되지 않은(soweit sie als öffentlich-rechtliche Unternehmen am

Unternehmen am Wettbewerb teilnehmen, Bundesrecht ausführen und der Datenschutz nicht durch Landesgesetz geregelt ist.

Kapitel 2 Rechtsgrundlagen der Verarbeitung personenbezogener Daten

§ 3 Verarbeitung personenbezogener Daten durch öffentliche Stellen

Die Verarbeitung personenbezogener Daten durch eine öffentliche Stelle ist zulässig, wenn sie zur Erfüllung der in der Zuständigkeit des Verantwortlichen liegenden Aufgabe oder in Ausübung öffentlicher Gewalt, die dem Verantwortlichen übertragen wurde, erforderlich ist.

§ 4 Videoüberwachung öffentlich zugänglicher Räume

(1) Die Beobachtung öffentlich zugänglicher Räume mit optisch-elektronischen Einrichtungen (Videoüberwachung) ist nur zulässig, soweit sie

1. zur Aufgabenerfüllung öffentlicher Stellen,
2. zur Wahrnehmung des Hausrechts oder
3. zur Wahrnehmung berechtigter Interessen für konkret festgelegte Zwecke

erforderlich ist und keine Anhaltspunkte bestehen, dass schutzwürdige Interessen der betroffenen Personen überwiegen. Bei der Videoüberwachung von

1. öffentlich zugänglichen großflächigen Anlagen, wie insbesondere Sport-, Versammlungs- und Vergnügungsstätten, Einkaufszentren oder Parkplätzen, oder
2. Fahrzeugen und öffentlich zugänglichen großflächigen Einrichtungen des öffentlichen Schienen-, Schiffs- und Busverkehrs

gilt der Schutz von Leben, Gesundheit oder Freiheit von dort aufhältigen Personen als ein besonders wichtiges Interesse.

(2) Der Umstand der Beobachtung und der Name und die Kontaktdaten des Verantwortlichen sind durch geeignete Maßnahmen zum frühestmöglichen Zeitpunkt erkennbar zu machen.

(3) Die Speicherung oder Verwendung von nach Absatz 1 erhobenen Daten ist zulässig, wenn sie zum Erreichen des verfolgten Zwecks erforderlich ist und keine Anhaltspunkte bestehen, dass schutzwürdige Interessen der betroffenen Personen überwiegen. Absatz 1 Satz 2 gilt entsprechend. Für einen anderen Zweck dürfen sie nur weiterverarbeitet werden, soweit dies zur Abwehr von Gefahren für die staatliche und öffentliche Sicherheit sowie zur Verfolgung von Straftaten erforderlich ist.

(4) Werden durch Videoüberwachung erhobene Daten einer bestimmten Person zugeordnet, so besteht die Pflicht zur Information der betroffenen Person über die Verarbeitung gemäß den Artikeln 13 und 14 der Verordnung (EU) 2016/679. § 32 gilt entsprechend.

(5) Die Daten sind unverzüglich zu löschen, wenn sie zur Erreichung des Zwecks nicht mehr erforderlich sind oder schutzwürdige Interessen der betroffenen Personen einer weiteren Speicherung entgegenstehen.

Kapitel 3 Datenschutzbeauftragte öffentlicher Stellen

§ 5 Benennung

(1) Öffentliche Stellen benennen eine Datenschutzbeauftragte oder einen Datenschutzbeauftragten. Dies gilt auch für öffentliche Stellen nach § 2 Absatz 5, die am Wettbewerb teilnehmen.

Wettbewerb teilnehmenBundesrecht ausführen und der Datenschutz nicht durch Landesgesetz geregelt ist) 범위 내에서 본 법률상의 민간기관으로 본다.

제2장 개인정보 처리의 법적 근거

제3조 공공기관에 의한 개인정보 처리

공공기관에 의한 개인정보 처리는, 이것이 개인정보처리자의 관할권에 속하는 임무를 수행하거나 개인정보처리자에 위탁된 공적 권한을 행사하는(in Ausübung öffentlicher Gewalt, die dem Verantwortlichen übertragen wurde, erforderlich ist) 데에 필요한 경우에 허용된다.

제4조 공중이 이용 가능한 공간의 비디오감시

① 시각·전자적 장치(裝置; Einrichtungen[99])에 의한 공중(公衆)이 이용할 수 있는 장소의 관찰('비디오감시'; Videoüberwachung)는, 다음 각 호의 범위 내에서만 허용된다,

1. 그것이 공공기관(öffentlicher Stellen)의 임무수행을 위하여,
2. 그것이 시설관리권(Hausrecht[100])을 행사하기 위하여, 또는
3. 그것이 구체적으로 정해진 목적에 대한 정당한 이익을 행사하기 위하여,

필요하고, 정보주체(情報主體)의 보호받을 이익이 우월하다(dass schutzwürdige Interessen der betroffenen Personen überwiegen)는 판단근거가 없는 범위. 다음 각 호에 대한 비디오감시의 경우에,

1. 특히 스포츠시설, 집회 및 오락 장소, 쇼핑센터 또는 공원과 같이 공중(公衆)이 이용할 수 있는 대면적(大面積)의 시설(Anlagen),
2. 공공 철도·선박·버스교통(öffentlichen Schienen-, Schiffs- und Busverkehrs)의 탈 것[101]과 그러한 교통을 위한, 공중이 이용할 수 있는 대면적의 시설(施設; Einrichtungen),

이러한 곳에 머무는 사람의 생명, 건강 또는 자유의 보호(der Schutz von Leben, Gesundheit oder Freiheit von dort aufhältigen Personen)는 '특히 중대한 이익'으로 본다.

② 관찰의 상황과 개인정보처리자의 이름 및 연락정보는 적절한 조치에 의해 가능한 이른 시기에 알아볼 수 있어야 한다.

③ 제1항에 의해 수집된 자료(Daten)의 저장 또는 사용은, 추구하는 목적의 달성을 위해 필요하고, 정보주체(情報主體)의 보호받을 만한 이익이 우월하다는 판단근거(Anhaltspunkte)가 없는 경우에 허용된다. 제1항 제2문을 준용한다. 그와 같이 수집된 자료는, 국가안보 또는 공공의 안녕에 대한 위험(危險)의 방지(Abwehr von Gefahren)를 위하여 필요하거나 범죄에 대한 기소에 필요한 범위 내에서, 다른 목적으로 추가로 처리될 수 있다.

④ 비디오감시로 수집된 자료(Daten)가 특정인에게 속하는 경우에, (EU) 2016/679호 법(法) 제13조 또는 제14조에 따른, 그 처리에 관하여 정보주체(情報主體)에 대한 정보제공의 의무(die Pflicht zur Information der betroffenen Person)가 성립한다. 본 법률 제32조를 준용한다.

⑤ 위와 같은 자료가 목적 달성을 위해 더 이상 필요하지 않거나 정보주체(情報主體)의 보호받을 이익이 추가적 저장에 배치되는 경우에는 이는 지체 없이 삭제되어야 한다.

제3장 공공기관의 개인정보보호책임자

제5조 지정

① 공공기관은 개인정보보호책임자를 지정한다. 제2조 제5항에 따른 공공기관으로 경쟁에 참여하는 공공기관의 경우에도 또한 같다.

(2) Für mehrere öffentliche Stellen kann unter Berücksichtigung ihrer Organisationsstruktur und ihrer Größe eine gemeinsame Datenschutzbeauftragte oder ein gemeinsamer Datenschutzbeauftragter benannt werden.

(3) Die oder der Datenschutzbeauftragte wird auf der Grundlage ihrer oder seiner beruflichen Qualifikation und insbesondere ihres oder seines Fachwissens benannt, das sie oder er auf dem Gebiet des Datenschutzrechts und der Datenschutzpraxis besitzt, sowie auf der Grundlage ihrer oder seiner Fähigkeit zur Erfüllung der in § 7 genannten Aufgaben.

(4) Die oder der Datenschutzbeauftragte kann Beschäftigte oder Beschäftigter der öffentlichen Stelle sein oder ihre oder seine Aufgaben auf der Grundlage eines Dienstleistungsvertrags erfüllen.

(5) Die öffentliche Stelle veröffentlicht die Kontaktdaten der oder des Datenschutzbeauftragten und teilt diese Daten der oder dem Bundesbeauftragten für den Datenschutz und die Informationsfreiheit mit.

§ 6 Stellung

(1) Die öffentliche Stelle stellt sicher, dass die oder der Datenschutzbeauftragte ordnungsgemäß und frühzeitig in alle mit dem Schutz personenbezogener Daten zusammenhängenden Fragen eingebunden wird.

(2) Die öffentliche Stelle unterstützt die Datenschutzbeauftragte oder den Datenschutzbeauftragten bei der Erfüllung ihrer oder seiner Aufgaben gemäß § 7, indem sie die für die Erfüllung dieser Aufgaben erforderlichen Ressourcen und den Zugang zu personenbezogenen Daten und Verarbeitungsvorgängen sowie die zur Erhaltung ihres oder seines Fachwissens erforderlichen Ressourcen zur Verfügung stellt.

(3) Die öffentliche Stelle stellt sicher, dass die oder der Datenschutzbeauftragte bei der Erfüllung ihrer oder seiner Aufgaben keine Anweisungen bezüglich der Ausübung dieser Aufgaben erhält. Die oder der Datenschutzbeauftragte berichtet unmittelbar der höchsten Leitungsebene der öffentlichen Stelle. Die oder der Datenschutzbeauftragte darf von der öffentlichen Stelle wegen der Erfüllung ihrer oder seiner Aufgaben nicht abberufen oder benachteiligt werden.

(4) Die Abberufung der oder des Datenschutzbeauftragten ist nur in entsprechender Anwendung des § 626 des Bürgerlichen Gesetzbuchs zulässig. Die Kündigung des Arbeitsverhältnisses ist unzulässig, es sei denn, dass Tatsachen vorliegen, welche die öffentliche Stelle zur Kündigung aus wichtigem Grund ohne Einhaltung einer Kündigungsfrist berechtigen. Nach dem Ende der Tätigkeit als Datenschutzbeauftragte oder als Datenschutzbeauftragter ist die Kündigung des Arbeitsverhältnisses innerhalb eines Jahres unzulässig, es sei denn, dass die öffentliche Stelle zur Kündigung aus wichtigem Grund ohne Einhaltung einer Kündigungsfrist berechtigt ist.

(5) Betroffene Personen können die Datenschutzbeauftragte oder den Datenschutzbeauftragten zu allen mit der Verarbeitung ihrer personenbezogenen Daten und mit der Wahrnehmung ihrer Rechte gemäß der Verordnung (EU) 2016/679, diesem Gesetz sowie anderen Rechtsvorschriften über den Datenschutz im Zusammenhang stehenden Fragen zu Rate ziehen. Die oder der Datenschutzbeauftragte ist zur Verschwiegenheit über die Identität der betroffenen Person sowie über Umstände, die Rückschlüsse auf die betroffene Person zulassen, verpflichtet, soweit sie oder er nicht davon durch die betroffene Person befreit wird.

(6) Wenn die oder der Datenschutzbeauftragte bei ihrer oder seiner Tätigkeit Kenntnis von Daten erhält, für die der Leitung oder einer bei der öffentlichen Stelle beschäftigten Person aus beruflichen Gründen

② 여러 공공기관에 대하여(Für mehrere öffentliche Stellen) 그 조직구조 및 규모(unter Berücksichtigung ihrer Organisationsstruktur und ihrer Größe)를 고려하여 공동의 개인정보보호책임자가 지정(指定)될 수 있다.

③ 그 개인정보보호책임자는 자신의 전문적 자격에 기하여, 특히 그가 개인정보보호법 및 개인정보보호 실무의 영역에서 보유하는(das sie oder er auf dem Gebiet des Datenschutzrechts und der Datenschutzpraxis besitzt) 자신의 전문지식에 기하여(insbesondere ihres oder seines Fachwissens) 또 제7조상의 임무를 수행에 관한 자신의 능력에 기하여 선임된다.

④ 개인정보보호책임자는 공공기관의 직원일 수 있거나 노무제공계약[102](Dienstleistungsvertrag)에 기하여 자신의 임무를 수행할 수 있다.

⑤ 공공기관은 개인정보보호책임자의 연락정보를 공표하고 이러한 정보를 연방개인정보보호·정보자유책임관(Bundesbeauftragten für den Datenschutz und die Informationsfreiheit)에 통지한다.

제6조 지위

① 공공기관(Die öffentliche Stelle)은 개인정보보호책임자가 적절하고 조기에 개인정보보호와 관련된 일체의 문제(alle mit dem Schutz personenbezogener Daten zusammenhängenden Fragen)에 관여하도록 보장한다.

② 공공기관은, 제7조에 따른 자신의 임무수행에 대하여 필요한 자원, 개인정보 및 그 정보처리작업에 대한 접근(den Zugang zu personenbezogenen Daten und Verarbeitungsvorgängen)을 허용하고, 자신의 전문지식을 유지하는 데 필요한 자원(die zur Erhaltung ihres oder seines Fachwissens erforderlichen Ressourcen)을 제공함으로써, 그 임무수행에 있어 그 개인정보보호책임자를 지원한다.

③ 공공기관은, 개인정보보호책임자가 자신의 임무를 수행함에 있어 그 임무의 수행에 관련하여 어떤 지시(Anweisungen bezüglich der Ausübung dieser Aufgaben)도 받지 않도록 보장한다. 개인정보보호책임자는 공공기관의 최고경영진(der höchsten Leitungsebene der öffentlichen Stelle)에 직접 보고한다. 개인정보보호책임자는 자신의 임무 수행을 이유로(wegen der Erfüllung ihrer oder seiner Aufgaben) 공공기관에 의해 지정해제[103](指定解除)되거나 불이익을 받아서는 아니된다.

④ 개인정보보호책임자의 지정해제(指定解除)는 민법전 제626조의 준용에 의해서만 허용된다(ist nur in entsprechender Anwendung des § 626 des Bürgerlichen Gesetzbuchs zulässig). 직원관계(Arbeitsverhältnis[104])의 해지[105]는 허용되지 아니하고, 다만 공공기관이 해지기간을 준수하지 않고서 중대한 사유에 기한 해지를 할 수 있는 사정이 있는 경우에는 그러하지 아니하다. 개인정보보호책임자로서 활동 종료 후 1년 이내에 직원관계의 해지는 허용되지 아니하고, 공공기관이 해지기간을 준수하지 않고서 중대한 사유에 기한 해지를 할 수 있는 경우는 그러하지 아니하다(es sei denn, dass die öffentliche Stelle zur Kündigung aus wichtigem Grund ohne Einhaltung einer Kündigungsfrist berechtigt ist).

⑤ 정보주체(情報主體)는 개인정보보호책임자에게 자신의 개인정보 처리와, (EU) 2016/679호 법(法), 본 법률 및 개인정보보호에 관한 기타 법규정(anderen Rechtsvorschriften über den Datenschutz)에 따른 자신의 권리의 행사와 관련이 있는 일체의 문제에 관하여 조언(助言)을 구할 수 있다. 개인정보보호책임자는, 자신이 정보주체(情報主體)에게서 그에 관하여 면제를 받지 않은 범위 내에서(soweit sie oder er nicht davon durch die betroffene Person befreit wird) 정보주체(情報主體)의 신원, 정보주체(情報主體) 신원을 식별할 수 있게 해 주는 사정(Verschwiegenheit über die Identität der betroffenen Person sowie über Umstände, die Rückschlüsse auf die betroffene Person zulassen)에 관하여 비밀유지를 할 의무를 진다.

⑥ 개인정보보호책임자가 자신의 활동 중에 경영진이나 공공기관에 고용된 어느 사람(einer bei der öffentlichen Stelle beschäftigten Person)에게 업무상 사유에 기하여 증언거부권이 귀속되는 개인정보에

ein Zeugnisverweigerungsrecht zusteht, steht dieses Recht auch der oder dem Datenschutzbeauftragten und den ihr oder ihm unterstellten Beschäftigten zu. Über die Ausübung dieses Rechts entscheidet die Person, der das Zeugnisverweigerungsrecht aus beruflichen Gründen zusteht, es sei denn, dass diese Entscheidung in absehbarer Zeit nicht herbeigeführt werden kann. Soweit das Zeugnisverweigerungsrecht der oder des Datenschutzbeauftragten reicht, unterliegen ihre oder seine Akten und andere Dokumente einem Beschlagnahmeverbot.

Fußnote
(+++ § 6 Abs. 4, 5 Satz 2 u. Abs. 6: zur Anwendung vgl. § 38 Abs. 2 +++)

§ 7 Aufgaben

(1) Der oder dem Datenschutzbeauftragten obliegen neben den in der Verordnung (EU) 2016/679 genannten Aufgaben zumindest folgende Aufgaben:

1. Unterrichtung und Beratung der öffentlichen Stelle und der Beschäftigten, die Verarbeitungen durchführen, hinsichtlich ihrer Pflichten nach diesem Gesetz und sonstigen Vorschriften über den Datenschutz, einschließlich der zur Umsetzung der Richtlinie (EU) 2016/680 erlassenen Rechtsvorschriften;
2. Überwachung der Einhaltung dieses Gesetzes und sonstiger Vorschriften über den Datenschutz, einschließlich der zur Umsetzung der Richtlinie (EU) 2016/680 erlassenen Rechtsvorschriften, sowie der Strategien der öffentlichen Stelle für den Schutz personenbezogener Daten, einschließlich der Zuweisung von Zuständigkeiten, der Sensibilisierung und der Schulung der an den Verarbeitungsvorgängen beteiligten Beschäftigten und der diesbezüglichen Überprüfungen;
3. Beratung im Zusammenhang mit der Datenschutz-Folgenabschätzung und Überwachung ihrer Durchführung gemäß § 67 dieses Gesetzes;
4. Zusammenarbeit mit der Aufsichtsbehörde;
5. Tätigkeit als Anlaufstelle für die Aufsichtsbehörde in mit der Verarbeitung zusammenhängenden Fragen, einschließlich der vorherigen Konsultation gemäß § 69 dieses Gesetzes, und gegebenenfalls Beratung zu allen sonstigen Fragen.

Im Fall einer oder eines bei einem Gericht bestellten Datenschutzbeauftragten beziehen sich diese Aufgaben nicht auf das Handeln des Gerichts im Rahmen seiner justiziellen Tätigkeit.

(2) Die oder der Datenschutzbeauftragte kann andere Aufgaben und Pflichten wahrnehmen. Die öffentliche Stelle stellt sicher, dass derartige Aufgaben und Pflichten nicht zu einem Interessenkonflikt führen.

(3) Die oder der Datenschutzbeauftragte trägt bei der Erfüllung ihrer oder seiner Aufgaben dem mit den Verarbeitungsvorgängen verbundenen Risiko gebührend Rechnung, wobei sie oder er die Art, den Umfang, die Umstände und die Zwecke der Verarbeitung berücksichtigt.

Kapitel 4 Die oder der Bundesbeauftragte für den Datenschutz und die Informationsfreiheit

§ 8 Errichtung

(1) Die oder der Bundesbeauftragte für den Datenschutz und die Informationsfreiheit (Bundesbeauftragte) ist eine oberste Bundesbehörde. Der Dienstsitz ist Bonn.

대해 지득(知得)한다면, 개인정보보호책임자와 그의 지휘를 받는 직원에게도(auch der oder dem Datenschutzbeauftragten und den ihr oder ihm unterstellten Beschäftigten) 이러한 권리가 귀속된다. 업무상 사유에 기하여 증언거부권이 귀속된 사람은 이러한 권리의 행사에 관하여 결정하고, 다만 이러한 결정이 예상할 수 있는 시기에 행해질 수 없는 경우(dass diese Entscheidung in absehbarer Zeit nicht herbeigeführt werden kann)에는 그러하지 아니하다. 개인정보보호책임자의 증언거부권의 범위 내에서 그 서류와 그 밖의 문서에 대해 압류금지가 적용된다.

각주
(제6조 제4항, 제5항 제2문, 제6항: 그 적용에 대하여 제38조 제2항을 참조하라)

제7조 임무

① 개인정보보호책임자는 (EU) 2016/679호상의 임무 이외에도 최소한 다음 각 호의 임무(folgende Aufgaben)를 수행할 의무를 부담한다,

1. (EU) 2016/680호 입법지침의 시행을 위해 제정된 법규정을 포함하여 본 법률 또는 개인정보보호에 관한 기타 규정에 따른 자신의 의무에 관련하여(hinsichtlich ihrer Pflichten nach diesem Gesetz und sonstigen Vorschriften über den Datenschutz) 공공기관과, 그 처리를 수행하는 직원에 대한 알림 및 상담;
2. (EU) 2016/680호 입법지침의 시행을 위해 제정된 법규정을 포함하여 본 법률 또는 개인정보보호에 관한 기타 규정의 준수에 대한 감시와, 정보처리작업에 참가하는 직원의 책임(Zuständigkeiten), 인식제고(Sensibilisierung) 및 교육(Schulung)의 배정과 이에 관한 감시(Überprüfungen)를 포함하여 개인정보보호를 위한 공공기관의 전략(der Strategien der öffentlichen Stelle für den Schutz personenbezogener Daten)의 감시;
3. 개인정보보호 영향평가에 관련한 논의와, 본 법률 제67조에 따른 그 실시의 감시(Überwachung ihrer Durchführung gemäß § 67 dieses Gesetzes);
4. 감독관청과의 협력;
5. 본 법률 제69조에 따른 사전협의를 포함하여(einschließlich der vorherigen Konsultation gemäß § 69 dieses Gesetzes) 그 처리와 연관된 문제에 있어 감독관청의 연락담당자로서의 활동, 필요하면 그 기타 일체의 문제에 대한 논의.

법원에서 임명된 개인정보보호책임자의 경우에 이러한 임무는 그 사법활동의 범위 내의 법원의 행위(das Handeln des Gerichts im Rahmen seiner justiziellen Tätigkeit)에 적용되지 아니한다.

② 개인정보보호책임자는 다른 임무 및 의무를 수행할 수 있다. 공공기관은 그러한 임무 및 의무로 이익상충이 발생하지 않도록(dass derartige Aufgaben und Pflichten nicht zu einem Interessenkonflikt führen) 보장한다.

③ 정보보호책임자는, 그 처리의 성질, 범위, 정황 및 목적을 고려하면서(wobei sie oder er die Art, den Umfang, die Umstände und die Zwecke der Verarbeitung berücksichtigt), 자신의 임무수행에 있어 그 정보처리작업으로 발생한 위험(Risiko)을 적절하게 고려한다.

제4장 연방개인정보보호·정보자유책임관

제8조 설치

① 연방개인정보보호·정보자유책임관[106](‘연방개인정보보호책임관’; Bundesbeauftragte)은 최상급연방관청이다. 소재지는 본(Bonn)이다.

(2) Die Beamtinnen und Beamten der oder des Bundesbeauftragten sind Beamtinnen und Beamte des Bundes.

(3) Die oder der Bundesbeauftragte kann Aufgaben der Personalverwaltung und Personalwirtschaft auf andere Stellen des Bundes übertragen, soweit hierdurch die Unabhängigkeit der oder des Bundesbeauftragten nicht beeinträchtigt wird. Diesen Stellen dürfen personenbezogene Daten der Beschäftigten übermittelt werden, soweit deren Kenntnis zur Erfüllung der übertragenen Aufgaben erforderlich ist.

§ 9 Zuständigkeit

(1) Die oder der Bundesbeauftragte ist zuständig für die Aufsicht über die öffentlichen Stellen des Bundes, auch soweit sie als öffentlich-rechtliche Unternehmen am Wettbewerb teilnehmen, sowie über Unternehmen, soweit diese für die geschäftsmäßige Erbringung von Telekommunikationsdienstleistungen Daten von natürlichen oder juristischen Personen verarbeiten und sich die Zuständigkeit nicht bereits aus § 27 des Telekommunikation-Telemedien-Datenschutz-Gesetzes ergibt. Die Vorschriften dieses Kapitels gelten auch für Auftragsverarbeiter, soweit sie nichtöffentliche Stellen sind, bei denen dem Bund die Mehrheit der Anteile gehört oder die Mehrheit der Stimmen zusteht und der Auftraggeber eine öffentliche Stelle des Bundes ist.

(2) Die oder der Bundesbeauftragte ist nicht zuständig für die Aufsicht über die von den Bundesgerichten im Rahmen ihrer justiziellen Tätigkeit vorgenommenen Verarbeitungen.

§ 10 Unabhängigkeit

(1) Die oder der Bundesbeauftragte handelt bei der Erfüllung ihrer oder seiner Aufgaben und bei der Ausübung ihrer oder seiner Befugnisse völlig unabhängig. Sie oder er unterliegt weder direkter noch indirekter Beeinflussung von außen und ersucht weder um Weisung noch nimmt sie oder er Weisungen entgegen.

(2) Die oder der Bundesbeauftragte unterliegt der Rechnungsprüfung durch den Bundesrechnungshof, soweit hierdurch ihre oder seine Unabhängigkeit nicht beeinträchtigt wird.

Fußnote

(+++ § 10 Abs. 1: zur Anwendung vgl. § 12 Abs. 3 +++)

§ 11 Ernennung und Amtszeit

(1) Der Deutsche Bundestag wählt ohne Aussprache auf Vorschlag der Bundesregierung die Bundesbeauftragte oder den Bundesbeauftragten mit mehr als der Hälfte der gesetzlichen Zahl seiner Mitglieder. Die oder der Gewählte ist von der Bundespräsidentin oder dem Bundespräsidenten zu ernennen. Die oder der Bundesbeauftragte muss bei ihrer oder seiner Wahl das 35. Lebensjahr vollendet haben. Sie oder er muss über die für die Erfüllung ihrer oder seiner Aufgaben und Ausübung ihrer oder seiner Befugnisse erforderliche Qualifikation, Erfahrung und Sachkunde insbesondere im Bereich des Schutzes personenbezogener Daten verfügen. Insbesondere muss die oder der Bundesbeauftragte über durch einschlägige Berufserfahrung erworbene Kenntnisse des Datenschutzrechts verfügen und die Befähigung zum Richteramt oder höheren Verwaltungsdienst haben.

(2) Die oder der Bundesbeauftragte leistet vor der Bundespräsidentin oder dem Bundespräsidenten

② 연방개인정보보호책임관에 소속된 공무원(Die Beamtinnen und Beamten der oder des Bundesbeauftragten)은 연방의 공무원이다.
③ 연방개인정보보호책임관은, 이로 인하여 연방개인정보보호책임관의 독립성(die Unabhängigkeit der oder des Bundesbeauftragten)이 침해되지 않은 범위 내에서 연방의 다른 기관에 인사행정 및 인사관리의 임무를 이양(移讓)할 수 있다. 직원의 개인정보는, 이양된 임무를 수행하는 데에 그 정보에 대해 아는 것이 필요한 범위 내에서(soweit deren Kenntnis zur Erfüllung der übertragenen Aufgaben erforderlich ist) 이러한 기관에 제공되어도 된다.

제9조 관할

① 연방개인정보보호책임관은, 연방의 공공기관이 공기업으로서 경쟁에 참여하는 범위 내일지라도 그 공공기관에 관한 감독에 대하여 관할하고, 또한 기업이 통신서비스의 영업적 제공을 위하여 자연인 또는 법인의 정보[107](情報)를 처리하고(soweit diese für die geschäftsmäßige Erbringung von Telekommunikationsdienstleistungen Daten von natürlichen oder juristischen Personen verarbeiten) 또 그 관할권이 전기통신·전기정보통신서비스 정보보호법 제27조에 따라 이미 발생하지 않는 범위 내에서, 그 기업에 관한 감독을 관할한다. 본 장(章)의 규정은, 수탁처리자가 지분의 과반수가 연방에 귀속되거나 의결권의 과반수가 연방에 귀속되는(bei denen dem Bund die Mehrheit der Anteile gehört oder die Mehrheit der Stimmen zusteht) 민간기관이고 또한 수탁처리자의 위임인이 연방의 공공기관인 경우에 그 수탁처리자에 대해서도 적용한다.
② 연방개인정보보호책임관은 연방법원들의 사법활동의 범위 내에서 연방법원들이 행한 처리에 관한 감독을 관할하지 아니한다.

제10조 독립성

① 연방개인정보보호책임관은 자신의 임무 수행시 또 자신의 권한의 행사시(bei der Ausübung ihrer oder seiner Befugnisse) 완전히 독립적으로 행동한다. 연방개인정보보호책임관은 외부의 직접적 영향도 간접적 영향도 받지 아니하고 누구의 지시를 구하지도 않고 받지도 아니한다(ersucht weder um Weisung noch nimmt sie oder er Weisungen entgegen).
② 연방개인정보보호책임관은, 이로 인하여 그 독립성이 침해되지 않는 범위 내에서 연방재정법원에 의한 회계심사(Rechnungsprüfung durch den Bundesrechnungshof)를 받는다.

각주
(제10조 제1항: 그 적용에 대하여 제12조 제3항을 참조하라)

제11조 선임 및 임기

① 연방의회는 연방정부의 제안에 기하여 토론 없이 법률상 연방의회 구성원수의 과반수로 연방개인정보보호책임관을 선출한다. 선출된 자는 연방대통령이 임명한다. 연방개인정보보호책임관은 그 선출 당시에 만 35세에 달해야만 한다. 그는 자신의 임무 수행과 자신의 권한 행사에 필요한 자격, 경험, 특히 개인정보보호의 영역에서의 전문지식(die für die Erfüllung ihrer oder seiner Aufgaben und Ausübung ihrer oder seiner Befugnisse erforderliche Qualifikation, Erfahrung und Sachkunde insbesondere im Bereich des Schutzes personenbezogener Daten)을 보유해야만 한다. 특히 연방개인정보보호책임관은 관련 경력으로 습득한 정보보호법의 지식을 보유해야만 하고 '법관직'의 자격 또는 '고위행정관리직'의 자격(die Befähigung zum Richteramt oder höheren Verwaltungsdienst)을 갖춰야만 한다.
② 연방개인정보보호책임관은 연방대통령 앞에서 다음과 같이 선서한다. "나는 독일 국민의 복리를 위해 헌신하고(dass ich meine Kraft dem Wohle des deutschen Volkes widmen), 독일 국민의 편익을 증진시키

folgenden Eid: "Ich schwöre, dass ich meine Kraft dem Wohle des deutschen Volkes widmen, seinen Nutzen mehren, Schaden von ihm wenden, das Grundgesetz und die Gesetze des Bundes wahren und verteidigen, meine Pflichten gewissenhaft erfüllen und Gerechtigkeit gegen jedermann üben werde. So wahr mir Gott helfe." Der Eid kann auch ohne religiöse Beteuerung geleistet werden.

(3) Die Amtszeit der oder des Bundesbeauftragten beträgt fünf Jahre. Einmalige Wiederwahl ist zulässig.

§ 12 Amtsverhältnis

(1) Die oder der Bundesbeauftragte steht nach Maßgabe dieses Gesetzes zum Bund in einem öffentlich-rechtlichen Amtsverhältnis.

(2) Das Amtsverhältnis beginnt mit der Aushändigung der Ernennungsurkunde. Es endet mit dem Ablauf der Amtszeit oder mit dem Rücktritt. Die Bundespräsidentin oder der Bundespräsident enthebt auf Vorschlag der Präsidentin oder des Präsidenten des Bundestages die Bundesbeauftragte ihres oder den Bundesbeauftragten seines Amtes, wenn die oder der Bundesbeauftragte eine schwere Verfehlung begangen hat oder die Voraussetzungen für die Wahrnehmung ihrer oder seiner Aufgaben nicht mehr erfüllt. Im Fall der Beendigung des Amtsverhältnisses oder der Amtsenthebung erhält die oder der Bundesbeauftragte eine von der Bundespräsidentin oder dem Bundespräsidenten vollzogene Urkunde. Eine Amtsenthebung wird mit der Aushändigung der Urkunde wirksam. Endet das Amtsverhältnis mit Ablauf der Amtszeit, ist die oder der Bundesbeauftragte verpflichtet, auf Ersuchen der Präsidentin oder des Präsidenten des Bundestages die Geschäfte bis zur Ernennung einer Nachfolgerin oder eines Nachfolgers für die Dauer von höchstens sechs Monaten weiterzuführen.

(3) Die Leitende Beamtin oder der Leitende Beamte nimmt die Rechte der oder des Bundesbeauftragten wahr, wenn die oder der Bundesbeauftragte an der Ausübung ihres oder seines Amtes verhindert ist oder wenn ihr oder sein Amtsverhältnis endet und sie oder er nicht zur Weiterführung der Geschäfte verpflichtet ist. § 10 Absatz 1 ist entsprechend anzuwenden.

(4) Die oder der Bundesbeauftragte erhält vom Beginn des Kalendermonats an, in dem das Amtsverhältnis beginnt, bis zum Schluss des Kalendermonats, in dem das Amtsverhältnis endet, im Fall des Absatzes 2 Satz 6 bis zum Ende des Monats, in dem die Geschäftsführung endet, Amtsbezüge in Höhe der Besoldungsgruppe B 11 sowie den Familienzuschlag entsprechend Anlage V des Bundesbesoldungsgesetzes. Das Bundesreisekostengesetz und das Bundesumzugskostengesetz sind entsprechend anzuwenden. Im Übrigen sind § 12 Absatz 6 sowie die §§ 13 bis 20 und 21a Absatz 5 des Bundesministergesetzes mit den Maßgaben anzuwenden, dass an die Stelle der vierjährigen Amtszeit in § 15 Absatz 1 des Bundesministergesetzes eine Amtszeit von fünf Jahren tritt. Abweichend von Satz 3 in Verbindung mit den §§ 15 bis 17 und 21a Absatz 5 des Bundesministergesetzes berechnet sich das Ruhegehalt der oder des Bundesbeauftragten unter Hinzurechnung der Amtszeit als ruhegehaltsfähige Dienstzeit in entsprechender Anwendung des Beamtenversorgungsgesetzes, wenn dies günstiger ist und die oder der Bundesbeauftragte sich unmittelbar vor ihrer oder seiner Wahl zur oder zum Bundesbeauftragten als Beamtin oder Beamter oder als Richterin oder Richter mindestens in dem letzten gewöhnlich vor Erreichen der Besoldungsgruppe B 11 zu durchlaufenden Amt befunden hat.

§ 13 Rechte und Pflichten

(1) Die oder der Bundesbeauftragte sieht von allen mit den Aufgaben ihres oder seines Amtes nicht zu vereinbarenden Handlungen ab und übt während ihrer oder seiner Amtszeit keine andere mit ihrem oder

며 독일 국민의 손해를 방지하며 연방의 기본법 및 법률을 준수하고 옹호하며 나의 의무를 성실하게 이행하고 누구에게나 정의를 행할 것임을 선서합니다. 신이시여 진실로 저를 도우소서". 그 선서는 종교적 선서 없이도 행해질 수 있다(Der Eid kann auch ohne religiöse Beteuerung geleistet werden).

③ 연방개인정보보호책임관의 임기는 5년이다. 1회 연임은 허용된다.

제12조 직무수행관계

① 연방개인정보보호책임관은 본 법률의 기준에 좇아 연방정부와 공법상 직무수행관계를(in einem öffentlich-rechtlichen Amtsverhältnis) 맺는다.

② 그 직무수행관계는 임명장의 교부로써(mit der Aushändigung der Ernennungsurkunde) 개시된다. 임기 만료 또는 사임으로써(mit dem Ablauf der Amtszeit oder mit dem Rücktritt) 직무수행관계가 종료한다. 연방개인정보보호책임관이 중대한 비리(非理; Verfehlung)를 자행했거나 자신의 임무 수행에 대한 요건을 더 이상 충족하지 못한(die Voraussetzungen für die Wahrnehmung ihrer oder seiner Aufgaben nicht mehr erfüllt) 경우에는 연방대통령은 연방의회 의장의 제청(提請)으로 연방개인정보보호책임관을 해임한다. 직무수행관계 종료 또는 해임의 경우(Im Fall der Beendigung des Amtsverhältnisses oder der Amtsenthebung) 연방개인정보보호책임관은 연방대통령이 서명한 증서를 수령한다. 해임은 그 증서의 교부로 효력이 생기게 된다(wird mit der Aushändigung der Urkunde wirksam). 임기 만료로 직무수행관계가 종료한 경우에(Endet das Amtsverhältnis mit Ablauf der Amtszeit) 연방개인정보보호책임관은, 연방의회 의장의 요구가 있는 경우라 후임자 임명시까지 최대 6개월간 직무를 계속 수행한다.

③ 연방개인정보보호책임관이 자신의 직무를 수행할 수 없거나(wenn die oder der Bundesbeauftragte an der Ausübung ihres oder seines Amtes verhindert ist) 그 직무수행관계가 종료하거나 또는 연방개인정보보호책임관이 직무의 계속수행의 의무를 부담하지 않는 경우에는 선임(先任) 공무원은 연방개인정보보호책임관의 권리를 행사한다. 제10조 제1항을 준용한다.

④ 연방개인정보보호책임관은 직무수행관계가 개시된 역월(曆月)의 초부터 직무수행관계가 종료하는 역월(曆月)의 말까지, 제2항 제6문의 경우에는 직무계속 수행이 종료하는 역월의 말까지 보수등급 B 11의 액수의 직무수당(Amtsbezüge in Höhe der Besoldungsgruppe B 11)과, 연방보수법의 부록 Ⅴ의 준용한 가족수당(den Familienzuschlag entsprechend Anlage V des Bundesbesoldungsgesetzes)을 지급받는다. 연방여비법(聯邦旅費法)과 연방이주법(聯邦移徙法)을 준용한다. 그 밖의 경우에 5년의 임기가 연방각료법 제15조 제1항의 4년의 임기를 대신한다(dass an die Stelle der vierjährigen Amtszeit in § 15 Absatz 1 des Bundesministergesetzes eine Amtszeit von fünf Jahren tritt)는 기준하에 연방각료법의 제12조 제6항, 제13조 내지 제20조, 제21조a 제5항을 적용한다. 연방각료법 제15조 내지 제17조, 제21a조 제5항과 연결된 제3문과 달리, 만일 이것이 보다 유리하고 또한 연방개인정보보호책임관이 연방개인정보보호책임관에 선출 직전에 공무원 또는 법관으로서 최소한 '보수등급 B 11'의 도달 전에 상임(常任)의 최종 직(職)(mindestens in dem letzten gewöhnlich vor Erreichen der Besoldungsgruppe B 11 zu durchlaufenden Amt)에 통상적으로 재직했던 경우에는, 연방개인정보보호책임관에 대하여 연방보수법을 준용하여 연금을 수령할 수 있는 근무기간인 임기를 포함하여(unter Hinzurechnung der Amtszeit als ruhegehaltsfähige Dienstzeit in entsprechender Anwendung des Beamtenversorgungsgesetzes) 연금을 산정한다.

제13조 권리의무

① 연방개인정보보호책임관은 자신의 직무에 합치하지 않는 일체의 행위를 해서는 아니되고 그 근무시간 중에 자신의 직에 합치하지 않는 그 밖의 유상 및 무상의 활동에 종사해서는 아니한다. 특히 연방개인정보보호책임관은 자신의 직 이외에 보수를 지급받은 그 밖의 직(職), 영업(營業) 및 직업(職業)에 종사해서는(neben oder der Bundesbeauftragte neben ihrem oder seinem Amt kein anderes besoldetes Amt, kein

seinem Amt nicht zu vereinbarende entgeltliche oder unentgeltliche Tätigkeit aus. Insbesondere darf die Gewerbe und keinen Beruf ausüben und weder der Leitung oder dem Aufsichtsrat oder Verwaltungsrat eines auf Erwerb gerichteten Unternehmens noch einer Regierung oder einer gesetzgebenden Körperschaft des Bundes oder eines Landes angehören. Sie oder er darf nicht gegen Entgelt außergerichtliche Gutachten abgeben.

(2) Die oder der Bundesbeauftragte hat der Präsidentin oder dem Präsidenten des Bundestages Mitteilung über Geschenke zu machen, die sie oder er in Bezug auf das Amt erhält. Die Präsidentin oder der Präsident des Bundestages entscheidet über die Verwendung der Geschenke. Sie oder er kann Verfahrensvorschriften erlassen.

(3) Die oder der Bundesbeauftragte ist berechtigt, über Personen, die ihr oder ihm in ihrer oder seiner Eigenschaft als Bundesbeauftragte oder Bundesbeauftragter Tatsachen anvertraut haben, sowie über diese Tatsachen selbst das Zeugnis zu verweigern. Dies gilt auch für die Mitarbeiterinnen und Mitarbeiter der oder des Bundesbeauftragten mit der Maßgabe, dass über die Ausübung dieses Rechts die oder der Bundesbeauftragte entscheidet. Soweit das Zeugnisverweigerungsrecht der oder des Bundesbeauftragten reicht, darf die Vorlegung oder Auslieferung von Akten oder anderen Dokumenten von ihr oder ihm nicht gefordert werden.

(4) Die oder der Bundesbeauftragte ist, auch nach Beendigung ihres oder seines Amtsverhältnisses, verpflichtet, über die ihr oder ihm amtlich bekanntgewordenen Angelegenheiten Verschwiegenheit zu bewahren. Dies gilt nicht für Mitteilungen im dienstlichen Verkehr oder über Tatsachen, die offenkundig sind oder ihrer Bedeutung nach keiner Geheimhaltung bedürfen. Die oder der Bundesbeauftragte entscheidet nach pflichtgemäßem Ermessen, ob und inwieweit sie oder er über solche Angelegenheiten vor Gericht oder außergerichtlich aussagt oder Erklärungen abgibt; wenn sie oder er nicht mehr im Amt ist, ist die Genehmigung der oder des amtierenden Bundesbeauftragten erforderlich. Unberührt bleibt die gesetzlich begründete Pflicht, Straftaten anzuzeigen und bei einer Gefährdung der freiheitlichen demokratischen Grundordnung für deren Erhaltung einzutreten. Für die Bundesbeauftragte oder den Bundesbeauftragten und ihre oder seine Mitarbeiterinnen und Mitarbeiter gelten die §§ 93, 97 und 105 Absatz 1, § 111 Absatz 5 in Verbindung mit § 105 Absatz 1 sowie § 116 Absatz 1 der Abgabenordnung nicht. Satz 5 findet keine Anwendung, soweit die Finanzbehörden die Kenntnis für die Durchführung eines Verfahrens wegen einer Steuerstraftat sowie eines damit zusammenhängenden Steuerverfahrens benötigen, an deren Verfolgung ein zwingendes öffentliches Interesse besteht, oder soweit es sich um vorsätzlich falsche Angaben der oder des Auskunftspflichtigen oder der für sie oder ihn tätigen Personen handelt. Stellt die oder der Bundesbeauftragte einen Datenschutzverstoß fest, ist sie oder er befugt, diesen anzuzeigen und die betroffene Person hierüber zu informieren.

(5) Die oder der Bundesbeauftragte darf als Zeugin oder Zeuge aussagen, es sei denn, die Aussage würde

1. dem Wohl des Bundes oder eines Landes Nachteile bereiten, insbesondere Nachteile für die Sicherheit der Bundesrepublik Deutschland oder ihre Beziehungen zu anderen Staaten, oder
2. Grundrechte verletzen.

Betrifft die Aussage laufende oder abgeschlossene Vorgänge, die dem Kernbereich exekutiver Eigenverantwortung der Bundesregierung zuzurechnen sind oder sein könnten, darf die oder der Bundesbeauftragte nur im Benehmen mit der Bundesregierung aussagen. § 28 des Bundesverfassungsgerichtsgesetzes bleibt unberührt.

ihrem oder seinem Amt kein anderes besoldetes Amt, kein Gewerbe und keinen Beruf) 아니되고 경영진 또는 영리 기업의 감사이사회 내지 감독이사회(der Leitung oder dem Aufsichtsrat oder Verwaltungsrat eines auf Erwerb gerichteten Unternehmens)에 속해서도 아니되고 연방 및 주의 정부 또는 입법부(立法府)(gesetzgebenden Körperschaft des Bundes)에 속해서도 아니된다. 그는 보수를 받고서 법원 이외의 감정을 해서(gegen Entgelt außergerichtliche Gutachten abgeben)는 아니된다.

② 연방개인정보보호책임관은 자신이 직무와 관련하여 받은(die sie oder er in Bezug auf das Amt erhält) 연방의회 의장(der Präsidentin oder dem Präsidenten des Bundestages)에 선물에 관하여 통지를 해야 한다. 연방하원 의장은 그 선물의 사용에 관하여 결정한다. 그 의장은 절차규정(Verfahrensvorschriften)을 제정할 수 있다.

③ 연방개인정보보호책임관은 연방개인정보보호책임관으로서의 자격에 기하여 자신에게 사실을 고백한(die ihr oder ihm in ihrer oder seiner Eigenschaft als Bundesbeauftragte oder Bundesbeauftragter Tatsachen anvertraut haben) 사람과, 이러한 사실 자체에 대한 증언을 거부할 권리를 갖는다. 연방개인정보보호책임관이 이러한 권리의 행사에 대하여 결정한다는 기준하에 연방개인정보보호책임관의 직원에 대해서도 또한 같다. 연방개인정보보호책임관의 증언거부권의 범위 내에서 서류나 그 밖의 문서의 제출 또는 교부는 연방개인정보보호책임관에게 요구해서는 아니된다.

④ 연방개인정보보호책임관은 자신의 직무수행관계 종료 후에도 자신이 직무상 지득한 사항에 관하여 비밀유지를 할 의무를 진다. 업무교류상의 통지(Mitteilungen im dienstlichen Verkehr)나 공지(公知)의 사실, 그 중요성에 의할 때 비밀유지를 할 필요가 없는(die offenkundig sind oder ihrer Bedeutung nach keiner Geheimhaltung bedürfen) 사실에 대하여는 그러하지 아니하다. 연방개인정보보호책임관은 자신이 그러한 사항에 관하여 법원에서 또는 법원 이외에서 진술하거나 의사를 표할 것인지 여부 어느 범위에서 이를 할 것인지에 관하여 기속재량에 좇아(nach pflichtgemäßem Ermessen) 결정한다; 연방개인정보보호책임관으로 더 이상 재직하지 않은 경우에, 현직(現職)의 연방개인정보보호책임관의 승인을 필요로 한다. 범죄를 신고해야 하는 법(法)상 정당한 의무, 또한 자유민주적 기본질서에 위기(危機)가 있는 경우에, 그 준수에서 벗어날 법(法)상 정당한 의무는 영향을 받지 아니한다. 연방개인정보보호책임관과 그 직원에 대하여 조세법 제93조, 제97조, 제105조 제1항, 제105조 제1항과 연결된 제111조 제5항, 제116조 제1항을 적용하지 아니한다. 세무관청이 그 기소에 대하여 우월한 공익(公益)이 인정되는(an deren Verfolgung ein zwingendes öffentliches Interesse besteht) 조세범죄로 인한 (형사)절차의 진행과 이와 관련된 조세절차의 진행에 대한 지식을 필요로 하는 범위 내에서, 또는 정보제공의무자 또는 그 대리인의 고의적 허위 정보에 해당하는 범위 내에서(soweit es sich um vorsätzlich falsche Angaben der oder des Auskunftspflichtigen oder der für sie oder ihn tätigen Personen handelt) 제5문을 적용하지 아니한다. 연방개인정보보호책임관이 정보보호 위반을 결정한 경우에 연방개인정보보호책임관은 이를 고발(告發)하고 정보주체(情報主體)에게 이에 관하여 알리(diesen anzuzeigen und die betroffene Person hierüber zu informieren) 권한을 갖다.

⑤ 연방개인정보보호책임관은 증인으로서 진술해도 되고, 다만 각 호의 경우에는 그러하지 아니하다,

1. 그 진술이 연방 또는 어느 주(州)의 안녕(安寧)에 대한 불이익을, 특히 독일연방공화국의 안전이나 독일연방공화국의 다른 국가와의 관계에 대한 불이익을 끼칠 수도 있는 경우,
2. 그 진술이 기본법에 위반되는 경우.

그 진술이 진행 중이거나 종료된 연방정부의 집행상의 자기책임의 핵심영역(dem Kernbereich exekutiver Eigenverantwortung der Bundesregierung)에 속하거나 속할 수 있는 과정에 관련된 경우에는 연방개인정보보호책임관은 연방정부와 협의를 한 후에만(nur im Benehmen mit der Bundesregierung) 진술할 수 있다. 연방헌법재판소법 제28조는 영향을 받지 아니한다.

(6) Die Absätze 3 und 4 Satz 5 bis 7 gelten entsprechend für die öffentlichen Stellen, die für die Kontrolle der Einhaltung der Vorschriften über den Datenschutz in den Ländern zuständig sind.

Fußnote
(+++ § 13 Abs. 4 Satz 4 bis 7: zur Anwendung vgl. § 40 Abs. 3 +++)

§ 14 Aufgaben
(1) Die oder der Bundesbeauftragte hat neben den in der Verordnung (EU) 2016/679 genannten Aufgaben die Aufgaben,

1. die Anwendung dieses Gesetzes und sonstiger Vorschriften über den Datenschutz, einschließlich der zur Umsetzung der Richtlinie (EU) 2016/680 erlassenen Rechtsvorschriften, zu überwachen und durchzusetzen,
2. die Öffentlichkeit für die Risiken, Vorschriften, Garantien und Rechte im Zusammenhang mit der Verarbeitung personenbezogener Daten zu sensibilisieren und sie darüber aufzuklären, wobei spezifische Maßnahmen für Kinder besondere Beachtung finden,
3. den Deutschen Bundestag und den Bundesrat, die Bundesregierung und andere Einrichtungen und Gremien über legislative und administrative Maßnahmen zum Schutz der Rechte und Freiheiten natürlicher Personen in Bezug auf die Verarbeitung personenbezogener Daten zu beraten,
4. die Verantwortlichen und die Auftragsverarbeiter für die ihnen aus diesem Gesetz und sonstigen Vorschriften über den Datenschutz, einschließlich den zur Umsetzung der Richtlinie (EU) 2016/680 erlassenen Rechtsvorschriften, entstehenden Pflichten zu sensibilisieren,
5. auf Anfrage jeder betroffenen Person Informationen über die Ausübung ihrer Rechte aufgrund dieses Gesetzes und sonstiger Vorschriften über den Datenschutz, einschließlich der zur Umsetzung der Richtlinie (EU) 2016/680 erlassenen Rechtsvorschriften, zur Verfügung zu stellen und gegebenenfalls zu diesem Zweck mit den Aufsichtsbehörden in anderen Mitgliedstaaten zusammenzuarbeiten,
6. sich mit Beschwerden einer betroffenen Person oder Beschwerden einer Stelle, einer Organisation oder eines Verbandes gemäß Artikel 55 der Richtlinie (EU) 2016/680 zu befassen, den Gegenstand der Beschwerde in angemessenem Umfang zu untersuchen und den Beschwerdeführer innerhalb einer angemessenen Frist über den Fortgang und das Ergebnis der Untersuchung zu unterrichten, insbesondere, wenn eine weitere Untersuchung oder Koordinierung mit einer anderen Aufsichtsbehörde notwendig ist,
7. mit anderen Aufsichtsbehörden zusammenzuarbeiten, auch durch Informationsaustausch, und ihnen Amtshilfe zu leisten, um die einheitliche Anwendung und Durchsetzung dieses Gesetzes und sonstiger Vorschriften über den Datenschutz, einschließlich der zur Umsetzung der Richtlinie (EU) 2016/680 erlassenen Rechtsvorschriften, zu gewährleisten,
8. Untersuchungen über die Anwendung dieses Gesetzes und sonstiger Vorschriften über den Datenschutz, einschließlich der zur Umsetzung der Richtlinie (EU) 2016/680 erlassenen Rechtsvorschriften, durchzuführen, auch auf der Grundlage von Informationen einer anderen Aufsichtsbehörde oder einer anderen Behörde,
9. maßgebliche Entwicklungen zu verfolgen, soweit sie sich auf den Schutz personenbezogener Daten auswirken, insbesondere die Entwicklung der Informations- und Kommunikationstechnologie und der

⑥ 제3항, 제4항 제5문 내지 제7문은, 주(州)에서 개인정보보호에 관한 규정의 준수에 대한 감시를 관할하는 공공기관에 대하여 준용한다.

각주
(제13조 제4항 제4문 내지 제7문: 그 적용에 대하여 제40조 제3항을 참조하라)

제14조 임무

① 연방개인정보보호책임관은 (EU) 2016/679호 법(法)에서 언급된 임무 이외에도(neben den in der Verordnung (EU) 2016/679 genannten Aufgaben) 다음 각 호의 임무를 갖는다,

1. (EU) 2016/680호 입법지침의 시행을 위해 제정된 법규정을 포함하여[einschließlich der zur Umsetzung der Richtlinie (EU) 2016/680 erlassenen Rechtsvorschriften] 본 법률과 개인정보보호에 관한 기타 규정의 적용을 감독하고 실현하는 임무,
2. 아동에 대한 특별한 조치에 특별히 주목하면서, 개인정보 처리와 관련한 위험, 규정, 안전성확보조치 및 권리에 대한 공중(die Öffentlichkeit für die Risiken, Vorschriften, Garantien und Rechte)의 인식을 제고하고 이에 관하여 계도(啓導)하는 임무,
3. 연방의회, 연방참사원, 연방정부와, 그 밖의 기관 및 기구에 개인정보 처리에 관련한 자연인의 권리 및 자유를 위한 입법상 및 행정상 조치에 관하여(über legislative und administrative Maßnahmen zum Schutz der Rechte und Freiheiten natürlicher Personen) 협의하는 임무,
4. (EU) 2016/680호 입법지침의 시행을 위해 제정된 법규정을 포함하여 본 법률과 개인정보보호에 관한 기타 규정에 기하여 개인정보처리자 및 수탁처리자에게 발생한 의무에 관련하여 이들의 인식(認識)을 제고(提高)할 임무,
5. 모든 정보주체(情報主體)의 요구에 따라, (EU) 2016/680호 입법지침의 시행을 위해 제정된 법규정을 포함하여 본 법률 및 개인정보보호에 관한 기타 규정에 기하여 그 정보주체(情報主體)의 권리 행사에 관한 정보를 제공하고 필요하면 독일 이외의 회원국의 감독관청과 이러한 목적을 위하여 협력하는(gegebenenfalls zu diesem Zweck mit den Aufsichtsbehörden in anderen Mitgliedstaaten zusammenzuarbeiten) 임무,
6. 정보주체(情報主體)의 이의나 어느 기관, 조직 또는 단체의 이의를 (EU) 2016/680호 입법지침 제55조에 따라 처리하고, 특히, 추가적 조사나 다른 감독관청과의 조정(調整)이 필요한 경우에(wenn eine weitere Untersuchung oder Koordinierung mit einer anderen Aufsichtsbehörde notwendig ist), 적절한 범위 내에서 이의의 대상을 조사하고 적절한 기간 내에 이의제기자에게 진행상황 및 조사결과(den Beschwerdeführer innerhalb einer angemessenen Frist über den Fortgang und das Ergebnis der Untersuchung zu unterrichten)에 관하여 알릴 임무,
7. (EU) 2016/680호 입법지침의 시행을 위해 제정된 법규정을 포함하여 본 법률 및 개인정보보호에 관한 기타 규정의 통일적 적용 및 시행(die einheitliche Anwendung und Durchsetzung dieses Gesetzes und sonstiger Vorschriften)을 확보하기 위하여, 정보교환에 의한 경우도 포함하여 다른 감독관청과 협력하고 또 그 관청에 행정응원[108]를 제공할 의무,
8. 다른 감독관청 또는 관청의 정보제공에 기한 경우를 포함해서(auch auf der Grundlage von Informationen), (EU) 2016/680호 입법지침의 시행을 위해 제정된 법규정을 포함하여 본 법률 및 개인정보보호에 관한 기타 규정의 조사를 시행할 임무,
9. 이것이 개인정보보호에 영향을 끼치는 범위 내의 중요한 발전양상(maßgebliche Entwicklungen), 특히 정보통신기술(die Entwicklung der Informations- und Kommunikationstechnologie) 및 업무관행의 발

Geschäftspraktiken,

10. Beratung in Bezug auf die in § 69 genannten Verarbeitungsvorgänge zu leisten und
11. Beiträge zur Tätigkeit des Europäischen Datenschutzausschusses zu leisten.

Im Anwendungsbereich der Richtlinie (EU) 2016/680 nimmt die oder der Bundesbeauftragte zudem die Aufgabe nach § 60 wahr.

(2) Zur Erfüllung der in Absatz 1 Satz 1 Nummer 3 genannten Aufgabe kann die oder der Bundesbeauftragte zu allen Fragen, die im Zusammenhang mit dem Schutz personenbezogener Daten stehen, von sich aus oder auf Anfrage Stellungnahmen an den Deutschen Bundestag oder einen seiner Ausschüsse, den Bundesrat, die Bundesregierung, sonstige Einrichtungen und Stellen sowie an die Öffentlichkeit richten. Auf Ersuchen des Deutschen Bundestages, eines seiner Ausschüsse oder der Bundesregierung geht die oder der Bundesbeauftragte ferner Hinweisen auf Angelegenheiten und Vorgänge des Datenschutzes bei den öffentlichen Stellen des Bundes nach.

(3) Die oder der Bundesbeauftragte erleichtert das Einreichen der in Absatz 1 Satz 1 Nummer 6 genannten Beschwerden durch Maßnahmen wie etwa die Bereitstellung eines Beschwerdeformulars, das auch elektronisch ausgefüllt werden kann, ohne dass andere Kommunikationsmittel ausgeschlossen werden.

(4) Die Erfüllung der Aufgaben der oder des Bundesbeauftragten ist für die betroffene Person unentgeltlich. Bei offenkundig unbegründeten oder, insbesondere im Fall von häufiger Wiederholung, exzessiven Anfragen kann die oder der Bundesbeauftragte eine angemessene Gebühr auf der Grundlage der Verwaltungskosten verlangen oder sich weigern, aufgrund der Anfrage tätig zu werden. In diesem Fall trägt die oder der Bundesbeauftragte die Beweislast für den offenkundig unbegründeten oder exzessiven Charakter der Anfrage.

§ 15 Tätigkeitsbericht

Die oder der Bundesbeauftragte erstellt einen Jahresbericht über ihre oder seine Tätigkeit, der eine Liste der Arten der gemeldeten Verstöße und der Arten der getroffenen Maßnahmen, einschließlich der verhängten Sanktionen und der Maßnahmen nach Artikel 58 Absatz 2 der Verordnung (EU) 2016/679, enthalten kann. Die oder der Bundesbeauftragte übermittelt den Bericht dem Deutschen Bundestag, dem Bundesrat und der Bundesregierung und macht ihn der Öffentlichkeit, der Europäischen Kommission und dem Europäischen Datenschutzausschuss zugänglich.

§ 16 Befugnisse

(1) Die oder der Bundesbeauftragte nimmt im Anwendungsbereich der Verordnung (EU) 2016/679 die Befugnisse gemäß Artikel 58 der Verordnung (EU) 2016/679 wahr. Kommt die oder der Bundesbeauftragte zu dem Ergebnis, dass Verstöße gegen die Vorschriften über den Datenschutz oder sonstige Mängel bei der Verarbeitung personenbezogener Daten vorliegen, teilt sie oder er dies der zuständigen Rechts- oder Fachaufsichtsbehörde mit und gibt dieser vor der Ausübung der Befugnisse des Artikels 58 Absatz 2 Buchstabe b bis g, i und j der Verordnung (EU) 2016/679 gegenüber dem Verantwortlichen Gelegenheit zur Stellungnahme innerhalb einer angemessenen Frist. Von der Einräumung der Gelegenheit zur Stellungnahme kann abgesehen werden, wenn eine sofortige Entscheidung wegen Gefahr im Verzug oder im öffentlichen Interesse notwendig erscheint oder ihr ein

전양상을 추적 관찰할 임무,

10. 제69조상의 정보처리작업에 관련한 상담을 제공할 임무,

11. 유럽연합개인정보보호위원회의 활동에 기여할 임무

또한 (EU) 2016/680호 입법지침의 적용범위 내에서 연방개인정보보호책임관은 제60조 따른 임무(任務)를 수행한다.

② 연방개인정보보호책임관은 제1항 제1문 제3호상의 임무를 수행하기 위하여, 개인정보와 관련이 있는 일체의 문제에 대하여 연방의회, 연방의회의 한 위원회, 연방참사원, 연방정부, 기구 및 기관 또는 공중(公衆)에 대하여(sonstige Einrichtungen und Stellen sowie an die Öffentlichkeit)에, 자발적으로 또는 그 요구에 따라(von sich aus oder auf Anfrage) 의견을 제시할 수 있다. 또한 연방의회, 연방의회의 한 위원회 또는 연방정부의 요구가 있는 경우에 연방개인정보보호책임관은, 연방의 공공기관에서의 개인정보보호의 사무 및 사건에 대한 단서(Hinweisen auf Angelegenheiten und Vorgänge des Datenschutzes bei den öffentlichen Stellen des Bundes)에 대해 조사한다.

③ 연방개인정보보호책임관은, 그 밖의 통신수단을 배제하지 않고서 가령, 전자적 방법으로도 기입될 수 있는(das auch elektronisch ausgefüllt werden kann, ohne dass andere Kommunikationsmittel ausgeschlossen werden) 이의서식의 제공과 같은 조치로(Maßnahmen wie etwa die Bereitstellung eines Beschwerdeformulars) 제1항 제1문 제6호상의 이의의 접수를 촉진한다.

④ 연방개인정보보호책임관의 임무 수행은 정보주체(情報主體)에 대하여 무료이다. 이유가 없음이 명백한 요구나 지나침이 명백한 요구의 경우나, 특히 잦은 반복의 경우에 연방개인정보보호책임관은 행정비용에 기하여 적절한 이용료(eine angemessene Gebühr auf der Grundlage der Verwaltungskosten)를 청구할 수 있거나, 그 요구에 기하여 조치를 취하는 것을 거부할 수 있다. 이러한 경우 연방개인정보보호책임관은, 이유 없음이 명백한 요구 특성이나 지나침이 명백한 요구 특성에 대한 증명책임(die Beweislast für den offenkundig unbegründeten oder exzessiven Charakter der Anfrage)을 부담한다.

제15조 활동보고

연방개인정보보호책임관은 자신의 활동에 관한 연례보고서로, (EU) 2016/679호 법(法) 제58조 제2항에 따른 선언된 재제 및 조치를 포함하여 신고된 위반의 유형, 취해진 조치의 유형의 목록(eine Liste der Arten der gemeldeten Verstöße und der Arten der getroffenen Maßnahmen)이 포함될 수 있는 연례보고서를 작성한다. 연방개인정보보호책임관은, 그 보고서(報告書)를 연방의회, 연방참사원 및 연방정부에 제출(提出)하고 일반인, 유럽연합집행위원회 및 유럽연합개인정보보호위원회가 이에 대하여 접근할 수 있도록 한다(macht ihn der Öffentlichkeit, der Europäischen Kommission und dem Europäischen Datenschutzausschuss zugänglich).

제16조 권한

① 연방개인정보보호책임관은 (EU) 2016/679호 법(法)의 적용범위 내에서 동 법(法) 제58조에 따른 권한을 행사한다. 연방개인정보보호책임관이 개인정보 처리에 있어 개인정보보호에 관한 규정 위반 또는 기타 흠결이 있는 것으로(dass Verstöße gegen die Vorschriften über den Datenschutz oder sonstige Mängel bei der Verarbeitung personenbezogener Daten vorliegen) 결론을 내린 경우에, 그는 이를 '법 또는 기술을 관할하는 감독청'(der zuständigen Rechts- oder Fachaufsichtsbehörde)에 통지하고 (EU) 2016/679호 법(法) 제58조 제2항 b목 내지 g목, I목 또는 j목의 권한을 행사하기 전에 개인정보처리자에게 적절한 기간 내에 의견을 제시할 기회를 부여한다. 즉각적 판정이 급박한 위험으로 인하여 필요하거나 공익에 필요한 것으로 보이거나, 그 부여가 우월한 공익에 배치되는 경우에는(wenn eine sofortige Entscheidung

wegen Gefahr im Verzug oder im öffentlichen Interesse notwendig erscheint oder ihr ein zwingendes öffentliches Interesse entgegensteht. Die Stellungnahme soll auch eine Darstellung der Maßnahmen enthalten, die aufgrund der Mitteilung der oder des Bundesbeauftragten getroffen worden sind.
(2) Stellt die oder der Bundesbeauftragte bei Datenverarbeitungen durch öffentliche Stellen des Bundes zu Zwecken außerhalb des Anwendungsbereichs der Verordnung (EU) 2016/679 Verstöße gegen die Vorschriften dieses Gesetzes oder gegen andere Vorschriften über den Datenschutz oder sonstige Mängel bei der Verarbeitung oder Nutzung personenbezogener Daten fest, so beanstandet sie oder er dies gegenüber der zuständigen obersten Bundesbehörde und fordert diese zur Stellungnahme innerhalb einer von ihr oder ihm zu bestimmenden Frist auf. Die oder der Bundesbeauftragte kann von einer Beanstandung absehen oder auf eine Stellungnahme verzichten, insbesondere wenn es sich um unerhebliche oder inzwischen beseitigte Mängel handelt. Die Stellungnahme soll auch eine Darstellung der Maßnahmen enthalten, die aufgrund der Beanstandung der oder des Bundesbeauftragten getroffen worden sind. Die oder der Bundesbeauftragte kann den Verantwortlichen auch davor warnen, dass beabsichtigte Verarbeitungsvorgänge voraussichtlich gegen in diesem Gesetz enthaltene und andere auf die jeweilige Datenverarbeitung anzuwendende Vorschriften über den Datenschutz verstoßen.
(3) Die Befugnisse der oder des Bundesbeauftragten erstrecken sich auch auf
1. von ihrer oder seiner Aufsicht unterliegenden Stellen erlangte personenbezogene Daten über den Inhalt und die näheren Umstände des Brief-, Post- und Fernmeldeverkehrs und
2. personenbezogene Daten, die einem besonderen Amtsgeheimnis, insbesondere dem Steuergeheimnis nach § 30 der Abgabenordnung, unterliegen.
Das Grundrecht des Brief-, Post- und Fernmeldegeheimnisses des Artikels 10 des Grundgesetzes wird insoweit eingeschränkt.
(4) Die öffentlichen Stellen des Bundes sind verpflichtet, der oder dem Bundesbeauftragten und ihren oder seinen Beauftragten
1. jederzeit Zugang zu den Grundstücken und Diensträumen, einschließlich aller Datenverarbeitungsanlagen und -geräte, sowie zu allen personenbezogenen Daten und Informationen, die zur Erfüllung ihrer oder seiner Aufgaben notwendig sind, zu gewähren und
2. alle Informationen, die für die Erfüllung ihrer oder seiner Aufgaben erforderlich sind, bereitzustellen.
Für nichtöffentliche Stellen besteht die Verpflichtung des Satzes 1 Nummer 1 nur während der üblichen Betriebs- und Geschäftszeiten.
(5) Die oder der Bundesbeauftragte wirkt auf die Zusammenarbeit mit den öffentlichen Stellen, die für die Kontrolle der Einhaltung der Vorschriften über den Datenschutz in den Ländern zuständig sind, sowie mit den Aufsichtsbehörden nach § 40 hin. § 40 Absatz 3 Satz 1 zweiter Halbsatz gilt entsprechend.

Fußnote
(+++ § 16 Abs. 4: zur Anwendung vgl. § 40 Abs. 5 u. § 85 Abs. 2 +++)

Kapitel 5 Vertretung im Europäischen Datenschutzausschuss, zentrale Anlaufstelle, Zusammenarbeit der Aufsichtsbehörden des Bundes und der Länder in Angelegenheiten der Europäischen Union

zwingendes öffentliches Interesse entgegensteht) 의견 제시의 기회 부여는 생략될 수 있다. 그 의견에 연방개인정보보호책임관의 통지에 기하여 취해진(die aufgrund der Mitteilung der oder des Bundesbeauftragten getroffen worden sind) 조치의 기술도 포함되어야 한다.

② 연방개인정보보호책임관이 (EU) 2016/679호 법(法) 적용범위 이외의 목적을 위한, 공공기관의 정보처리에 있어, 개인정보의 처리 또는 이용에 있어 본 법률 규정 또는 개인정보보호에 관한 그 밖의 규정에 대한 위반 또는 기타 흠결(Verstöße gegen die Vorschriften dieses Gesetzes oder gegen andere Vorschriften über den Datenschutz oder sonstige Mängel bei der Verarbeitung oder Nutzung personenbezogener Daten)를 확인한 경우에, 그는 이를 연방 최상급행정관청에 이의를 제기하고 자신이 정한 기간 내에 의견을 제시하도록 요구한다. 연방개인정보보호책임관은, 특히 사소하거나 도중에 시정될 수 있는 하자인 경우에는(insbesondere wenn es sich um unerhebliche oder inzwischen beseitigte Mängel handelt) 이의제기를 하지 않을 수 있거나 의견진술를 포기할 수 있다. 의견진술에 연방개인정보보호책임관의 이의에 기하여 취해진 처분의 기술도 포함되어야 한다. 연방개인정보보호책임관은 정보처리책임자에게 계획하는 정보처리작업이 본 법률에 포함되거나 각각의 정보처리에 적용되어야 하는 그 밖의 개인정보보호에 관한 규정에(gegen in diesem Gesetz enthaltene und andere auf die jeweilige Datenverarbeitung anzuwendende Vorschriften über den Datenschutz) 위반될 것으로 예상된다는 점을 경고할 수 있다.

③ 연방개인정보보호책임관의 권한은 다음 각 호에도 미친다,

1. 자신의 감독을 받는 기관이 취득한 개인정보로, 서신교환, 우편교환 및 통신의 내용 및 상세한 사정(den Inhalt und die näheren Umstände des Brief-, Post- und Fernmeldeverkehrs)에 관한 개인정보,
2. 특별한 공무상 비밀, 특히 조세기본법 제30조에 따른 조세비밀(dem Steuergeheimnis nach § 30 der Abgabenordnung)을 적용받는 개인정보.

기본법 제10조의 서신, 우편 및 통신의 비밀의 기본권(Das Grundrecht des Brief-, Post- und Fernmeldegeheimnisses)은 그 범위 내에서 제한된다.

④ 연방의 공공기관은, 연방개인정보보호책임관과 그 직원에게(der oder dem Bundesbeauftragten und ihren oder seinen Beauftragten) 다음 각 호의 의무를 부담한다,

1. 일체의 정보처리설비 및 정보시설장치를 포함하여 사업장부지 및 사무실에 대한 접근(Zugang zu den Grundstücken und Diensträumen, einschließlich aller Datenverarbeitungsanlagen und -geräte)과, 그 임무수행에 필요한 일체의 개인데이터 및 개인정보에 대한 접근을 언제든지 보장할 의무,
2. 그 임무 수행에 필요한 일체의 정보를 제공할 의무.

민간기관에 대하여 제1문 제1호의 의무는 통상적 영업시간 및 업무시간 중에만(nur während der üblichen Betriebs- und Geschäftszeiten) 성립한다.

⑤ 연방개인정보보호책임관은, 주에서 개인정보보호에 관한 규정의 준수에 대한 감시를 관할하는(die für die Kontrolle der Einhaltung der Vorschriften über den Datenschutz in den Ländern zuständig sind) 공공기관과의 협력과, 제40조에 따른 감독관청과의 협력에 노력한다. 제40조 제3항 제1문 둘째 소문(小文)을 준용한다.

각주

(제16조 제4항: 그 적용에 대하여 제40조 제5항, 제85조 제2항을 참조하라)

제5장 유럽정보보호위원회, 중앙연락담당기관 내의 대표, 유럽연합 사무에 있어(in Angelegenheiten der Europäischen Union) 연방 및 주의 감독기관의 협력

§ 17 Vertretung im Europäischen Datenschutzausschuss, zentrale Anlaufstelle

(1) Gemeinsamer Vertreter im Europäischen Datenschutzausschuss und zentrale Anlaufstelle ist die oder der Bundesbeauftragte (gemeinsamer Vertreter). Als Stellvertreterin oder Stellvertreter des gemeinsamen Vertreters wählt der Bundesrat eine Leiterin oder einen Leiter der Aufsichtsbehörde eines Landes (Stellvertreter). Die Wahl erfolgt für fünf Jahre. Mit dem Ausscheiden aus dem Amt als Leiterin oder Leiter der Aufsichtsbehörde eines Landes endet zugleich die Funktion als Stellvertreter. Wiederwahl ist zulässig.

(2) Der gemeinsame Vertreter überträgt in Angelegenheiten, die die Wahrnehmung einer Aufgabe betreffen, für welche die Länder allein das Recht zur Gesetzgebung haben, oder welche die Einrichtung oder das Verfahren von Landesbehörden betreffen, dem Stellvertreter auf dessen Verlangen die Verhandlungsführung und das Stimmrecht im Europäischen Datenschutzausschuss.

§ 18 Verfahren der Zusammenarbeit der Aufsichtsbehörden des Bundes und der Länder

(1) Die oder der Bundesbeauftragte und die Aufsichtsbehörden der Länder (Aufsichtsbehörden des Bundes und der Länder) arbeiten in Angelegenheiten der Europäischen Union mit dem Ziel einer einheitlichen Anwendung der Verordnung (EU) 2016/679 und der Richtlinie (EU) 2016/680 zusammen. Vor der Übermittlung eines gemeinsamen Standpunktes an die Aufsichtsbehörden der anderen Mitgliedstaaten, die Europäische Kommission oder den Europäischen Datenschutzausschuss geben sich die Aufsichtsbehörden des Bundes und der Länder frühzeitig Gelegenheit zur Stellungnahme. Zu diesem Zweck tauschen sie untereinander alle zweckdienlichen Informationen aus. Die Aufsichtsbehörden des Bundes und der Länder beteiligen die nach den Artikeln 85 und 91 der Verordnung (EU) 2016/679 eingerichteten spezifischen Aufsichtsbehörden, sofern diese von der Angelegenheit betroffen sind.

(2) Soweit die Aufsichtsbehörden des Bundes und der Länder kein Einvernehmen über den gemeinsamen Standpunkt erzielen, legen die federführende Behörde oder in Ermangelung einer solchen der gemeinsame Vertreter und sein Stellvertreter einen Vorschlag für einen gemeinsamen Standpunkt vor. Einigen sich der gemeinsame Vertreter und sein Stellvertreter nicht auf einen Vorschlag für einen gemeinsamen Standpunkt, legt in Angelegenheiten, die die Wahrnehmung von Aufgaben betreffen, für welche die Länder allein das Recht der Gesetzgebung haben, oder welche die Einrichtung oder das Verfahren von Landesbehörden betreffen, der Stellvertreter den Vorschlag für einen gemeinsamen Standpunkt fest. In den übrigen Fällen fehlenden Einvernehmens nach Satz 2 legt der gemeinsame Vertreter den Standpunkt fest. Der nach den Sätzen 1 bis 3 vorgeschlagene Standpunkt ist den Verhandlungen zu Grunde zu legen, wenn nicht die Aufsichtsbehörden von Bund und Ländern einen anderen Standpunkt mit einfacher Mehrheit beschließen. Der Bund und jedes Land haben jeweils eine Stimme. Enthaltungen werden nicht gezählt.

(3) Der gemeinsame Vertreter und dessen Stellvertreter sind an den gemeinsamen Standpunkt nach den Absätzen 1 und 2 gebunden und legen unter Beachtung dieses Standpunktes einvernehmlich die jeweilige Verhandlungsführung fest. Sollte ein Einvernehmen nicht erreicht werden, entscheidet in den in § 18 Absatz 2 Satz 2 genannten Angelegenheiten der Stellvertreter über die weitere Verhandlungsführung. In den übrigen Fällen gibt die Stimme des gemeinsamen Vertreters den Ausschlag.

§ 19 Zuständigkeiten

제17조 유럽연합정보보호위원회, 중앙연락담당기관 내의 대표

① 유럽연합정보보호위원회와 중앙연락담당기관에서의 공동의 대표자('공동대표자'; gemeinsamer Vertreter)는 연방개인정보보호책임관이다. 연방참사원은 어느 주의 감독관청의 청장(eine Leiterin oder einen Leiter der Aufsichtsbehörde eines Landes) 1인을 그 공동대표자의 직무대리인('직무대리인'; Stellvertreter)으로 선출한다. 그 임기는 5년이다. 어느 주의 감독관청의 청장으로서 직에서 배제로써(Mit dem Ausscheiden aus dem Amt als Leiterin oder Leiter der Aufsichtsbehörde eines Landes) 동시에 그 직무대리인으로서의 역할도 종료한다. 재선출은 허용된다.

② 공동대표자는, 주가 단독으로 입법권을 갖거나 주(州)의 관청의 설치(Einrichtung[109]) 또는 절차에 영향을 미치는 임무 수행에 관련된 사무에 있어, 그 직무대리인에게 그 요구에 따라 유럽정보보호위원회에서의 협상수행 및 의결권(dem Stellvertreter auf dessen Verlangen die Verhandlungsführung und das Stimmrecht im Europäischen Datenschutzausschuss)을 이양한다.

제18조 연방 및 주의 감독관청과의 협력 절차

① 연방개인정보보호책임관과 주의 감독관청('연방 및 주의 감독관청'; Aufsichtsbehörden des Bundes und der Länder)은, (EU) 2016/679호 법(法)과 (EU) 2016/680호 입법지침의 통일적 적용이라는 목표를 가지고(mit dem Ziel einer einheitlichen Anwendung) 유럽연합의 사무에 있어 협력한다. 연방 및 주의 감독관청은, 독일 이외의 회원국의 감독관청, 유럽연합집행위원회 또는 유럽정보보호위원회에 대한 공동의 의견(Standpunkt)를 제출하기 전의 조기에 상호간에 의견진술을 할 기회를 부여한다. 이러한 목적을 위하여 연방 및 주의 감독관청은 적절한 일체의 정보(alle zweckdienlichen Informationen)를 상호간에 교환한다. 연방 및 주의 감독관청은, 그 사무에 관련된 한, (EU) 2016/679호 법(法) 제85조, 제91조에 따라 설치된 특별감독관청(die nach den Artikeln 85 und 91 der Verordnung (EU) 2016/679 eingerichteten spezifischen Aufsichtsbehörden)에 참가한다.

② 연방 및 주의 감독관청이 공동의 의견에 합의에 도달하지 못하는 범위 내에서, 주무(主務)관청이, 그 관청이 없는 경우에는 공동대표자 및 그 직무대리인(die federführende Behörde oder in Ermangelung einer solchen der gemeinsame Vertreter und sein Stellvertreter)이 각각 공동의 의견을 위한 제안을 한다. 공동대표자와 그 직무대리인이 공동의 의견을 위한 제안에 관하여 합의에 이르지 못한 경우에, 주가 단독으로 입법권을 갖거나 주(州)의 관청의 설치(設置) 또는 절차에 영향을 미치는(die die Wahrnehmung von Aufgaben betreffen, für welche die Länder allein das Recht der Gesetzgebung haben, oder welche die Einrichtung oder das Verfahren von Landesbehörden betreffen) 임무 수행에 관련된 사무에 있어, 그 직무대리인이 공동 의견을 위한 제안에 대하여 결정한다. 제2문 따른 합의가 결여된, 그 이외의 경우에 공동대표자가 의견을 결정한다. 연방 및 주의 감독관청이 단순 과반수로 '다른 의견'을 결정하지 않은 경우에는(wenn nicht die Aufsichtsbehörden von Bund und Ländern einen anderen Standpunkt mit einfacher Mehrheit beschließen) 제1문 내지 제3문에 따라 제출된 의견은 협상의 기초로 삼아야 한다. 연방 및 주는 각각 1표를 갖는다. 기권은 투표수에서 산정하지 않는다.

③ 공동대표자와 그 직무대리인은 제1항 및 제2항에 따른 공동의 의견에 구속되고 이러한 의견을 고려하여 상호간 합의로써 각각의 협상수행을 행한다(legen unter Beachtung dieses Standpunktes einvernehmlich die jeweilige Verhandlungsführung fest). 합의가 이뤄지지 않는 경우에 직무대리인이 제18조 제2항 제2문상의 사무에 있어 추가적 협상수행에 관하여(über die weitere Verhandlungsführung) 결정한다. 그 밖의 경우에 공동대표자가 결정하는 투표권을 갖는다.

제19조 관할

(1) Federführende Aufsichtsbehörde eines Landes im Verfahren der Zusammenarbeit und Kohärenz nach Kapitel VII der Verordnung (EU) 2016/679 ist die Aufsichtsbehörde des Landes, in dem der Verantwortliche oder der Auftragsverarbeiter seine Hauptniederlassung im Sinne des Artikels 4 Nummer 16 der Verordnung (EU) 2016/679 oder seine einzige Niederlassung in der Europäischen Union im Sinne des Artikels 56 Absatz 1 der Verordnung (EU) 2016/679 hat. Im Zuständigkeitsbereich der oder des Bundesbeauftragten gilt Artikel 56 Absatz 1 in Verbindung mit Artikel 4 Nummer 16 der Verordnung (EU) 2016/679 entsprechend. Besteht über die Federführung kein Einvernehmen, findet für die Festlegung der federführenden Aufsichtsbehörde das Verfahren des § 18 Absatz 2 entsprechende Anwendung.

(2) Die Aufsichtsbehörde, bei der eine betroffene Person Beschwerde eingereicht hat, gibt die Beschwerde an die federführende Aufsichtsbehörde nach Absatz 1, in Ermangelung einer solchen an die Aufsichtsbehörde eines Landes ab, in dem der Verantwortliche oder der Auftragsverarbeiter eine Niederlassung hat. Wird eine Beschwerde bei einer sachlich unzuständigen Aufsichtsbehörde eingereicht, gibt diese, sofern eine Abgabe nach Satz 1 nicht in Betracht kommt, die Beschwerde an die Aufsichtsbehörde am Wohnsitz des Beschwerdeführers ab. Die empfangende Aufsichtsbehörde gilt als die Aufsichtsbehörde nach Maßgabe des Kapitels VII der Verordnung (EU) 2016/679, bei der die Beschwerde eingereicht worden ist, und kommt den Verpflichtungen aus Artikel 60 Absatz 7 bis 9 und Artikel 65 Absatz 6 der Verordnung (EU) 2016/679 nach. Im Zuständigkeitsbereich der oder des Bundesbeauftragten gibt die Aufsichtsbehörde, bei der eine Beschwerde eingereicht wurde, diese, sofern eine Abgabe nach Absatz 1 nicht in Betracht kommt, an den Bundesbeauftragten oder die Bundesbeauftragte ab.

Kapitel 6 Rechtsbehelfe

§ 20 Gerichtlicher Rechtsschutz

(1) Für Streitigkeiten zwischen einer natürlichen oder einer juristischen Person und einer Aufsichtsbehörde des Bundes oder eines Landes über Rechte gemäß Artikel 78 Absatz 1 und 2 der Verordnung (EU) 2016/679 sowie § 61 ist der Verwaltungsrechtsweg gegeben. Satz 1 gilt nicht für Bußgeldverfahren.

(2) Die Verwaltungsgerichtsordnung ist nach Maßgabe der Absätze 3 bis 7 anzuwenden.

(3) Für Verfahren nach Absatz 1 Satz 1 ist das Verwaltungsgericht örtlich zuständig, in dessen Bezirk die Aufsichtsbehörde ihren Sitz hat.

(4) In Verfahren nach Absatz 1 Satz 1 ist die Aufsichtsbehörde beteiligungsfähig.

(5) Beteiligte eines Verfahrens nach Absatz 1 Satz 1 sind

1. die natürliche oder juristische Person als Klägerin oder Antragstellerin und
2. die Aufsichtsbehörde als Beklagte oder Antragsgegnerin.

§ 63 Nummer 3 und 4 der Verwaltungsgerichtsordnung bleibt unberührt.

(6) Ein Vorverfahren findet nicht statt.

(7) Die Aufsichtsbehörde darf gegenüber einer Behörde oder deren Rechtsträger nicht die sofortige Vollziehung gemäß § 80 Absatz 2 Satz 1 Nummer 4 der Verwaltungsgerichtsordnung anordnen.

① (EU) 2016/679호 법(法) 제7장에 따른 협력 및 법적용통일성추구 절차[110]에 있어[im Verfahren der Zusammenarbeit und Kohärenz nach Kapitel VII der Verordnung (EU) 2016/679] 어느 주의 주무감독관청(主務監督官廳)은, 정보처리책임자 또는 수탁처리자가 (EU) 2016/679호 법(法) 제4조 제16호상의 본점이나 동 법(法) 제56조 제1항상의 유럽연합 내 유일한 자신의 영업소[seine einzige Niederlassung in der Europäischen Union im Sinne des Artikels 56 Absatz 1 der Verordnung (EU) 2016/679]를 둔 주의 감독관청을 말한다. (EU) 2016/679호 법(法) 제4조 제16호와 연결된 제56조 제1항은 연방개인정보보호책임관의 관할영역에서(Im Zuständigkeitsbereich der oder des Bundesbeauftragten) 내에서 준용한다. 그 주무성(主務性; Federführung)에 관한 합의가 없는 경우에(Besteht über die Federführung kein Einvernehmen) 주무(主務)감독관청의 결정에 대하여 제18조 제2항의 절차(節次)를 준용(準用)한다.
② 정보주체(情報主體)에게서 이의 접수를 받은 감독관청(Die Aufsichtsbehörde, bei der eine betroffene Person Beschwerde eingereicht hat)은 제1항에 따른 주무(主務)감독관청으로, 그러한 감독관청이 없는 경우에는(in Ermangelung einer solchen) 정보처리책임자 또는 수탁처리자가 영업소를 둔(in dem der Verantwortliche oder der Auftragsverarbeiter eine Niederlassung hat) 어느 주의 감독관청으로 이의를 이첩(移牒)한다. 이의가 사항적(事項的) 관할권이 없는 감독관청에 접수된 경우에(Wird eine Beschwerde bei einer sachlich unzuständigen Aufsichtsbehörde eingereicht) 이러한 감독관청은, 제1문에 따른 이첩이 고려되지 않는 한, 이의제기인의 주소가 있는 감독관청으로 이의를 이첩한다. 이첩받은 감독관청은 (EU) 2016/679호 법(法) 제7장의 기준에 따른 감독관청으로서 이의를 접수받은 감독관청으로 간주하고, 동 법(法) 제60조 제7항 내지 제9항, 제65조 제6항에 기한 의무를 준수한다. 연방개인정보보호책임관의 관할영역에서 이의를 접수받은 감독관청은, 제1항에 따른 이첩이 고려되지 않는 한(sofern eine Abgabe nach Absatz 1 nicht in Betracht kommt), 그 이의를 연방개인정보보호책임관으로(an den Bundesbeauftragten oder die Bundesbeauftragte) 이첩한다.

제6장 법적구제

제20조 사법적(司法的) 구제(救濟)

① (EU) 2016/679호 법(法) 제78조 제1항, 제2항과 본 법률 제61조에 따른 권리에 관련하여, 자연인 또는 법인 또는 연방 또는 주의 감독관청들 간의 쟁송(爭訟; Streitigkeiten)에 대하여 행정법상의 절차(der Verwaltungsrechtsweg)를 적용한다. 제1문은 범칙금절차(Bußgeldverfahren)에 대하여는 적용(適用)하지 아니한다.
② 행정법원법을 제3항 내지 제7항의 기준에 좇아 적용한다.
③ 감독관청이 주소를 둔 관할구역을 관할하는 행정법원이 제1항 제1문에 따른 절차에 대하여 토지관할권을 갖는다.
④ 제1항 제1문에 따른 절차에서 감독관청은 소송참가능력을 갖는다.
⑤ 제1항 제1문에 따른 절차의 소송관계인은 다음 각 호를 말한다,
1. 원고 또는 신청인으로서의 자연인 또는 법인,
2. 피고 또는 피신청인으로서의 감독관청.
행정법원법 제63조 제3호, 제4호는 영향을 받지 아니한다.
⑥ 전심절차(前審節次)는 실시되지 않는다.
⑦ 감독관청은 어느 관청 또는 그 관청의 권리주체(Rechtsträger)에 대하여 행정법원법 제80조 제2항 제1문 제4호에 따른 즉시집행(die sofortige Vollziehung)을 명령해서는 아니된다.

§ 21 Antrag der Aufsichtsbehörde auf gerichtliche Entscheidung bei angenommener Rechtswidrigkeit eines Beschlusses der Europäischen Kommission

(1) Hält eine Aufsichtsbehörde einen Angemessenheitsbeschluss der Europäischen Kommission, einen Beschluss über die Anerkennung von Standardschutzklauseln oder über die Allgemeingültigkeit von genehmigten Verhaltensregeln, auf dessen Gültigkeit es für eine Entscheidung der Aufsichtsbehörde ankommt, für rechtswidrig, so hat die Aufsichtsbehörde ihr Verfahren auszusetzen und einen Antrag auf gerichtliche Entscheidung zu stellen.

(2) Für Verfahren nach Absatz 1 ist der Verwaltungsrechtsweg gegeben. Die Verwaltungsgerichtsordnung ist nach Maßgabe der Absätze 3 bis 6 anzuwenden.

(3) Über einen Antrag der Aufsichtsbehörde nach Absatz 1 entscheidet im ersten und letzten Rechtszug das Bundesverwaltungsgericht.

(4) In Verfahren nach Absatz 1 ist die Aufsichtsbehörde beteiligungsfähig. An einem Verfahren nach Absatz 1 ist die Aufsichtsbehörde als Antragstellerin beteiligt; § 63 Nummer 3 und 4 der Verwaltungsgerichtsordnung bleibt unberührt. Das Bundesverwaltungsgericht kann der Europäischen Kommission Gelegenheit zur Äußerung binnen einer zu bestimmenden Frist geben.

(5) Ist ein Verfahren zur Überprüfung der Gültigkeit eines Beschlusses der Europäischen Kommission nach Absatz 1 bei dem Gerichtshof der Europäischen Union anhängig, so kann das Bundesverwaltungsgericht anordnen, dass die Verhandlung bis zur Erledigung des Verfahrens vor dem Gerichtshof der Europäischen Union auszusetzen sei.

(6) In Verfahren nach Absatz 1 ist § 47 Absatz 5 Satz 1 und Absatz 6 der Verwaltungsgerichtsordnung entsprechend anzuwenden. Kommt das Bundesverwaltungsgericht zu der Überzeugung, dass der Beschluss der Europäischen Kommission nach Absatz 1 gültig ist, so stellt es dies in seiner Entscheidung fest. Andernfalls legt es die Frage nach der Gültigkeit des Beschlusses gemäß Artikel 267 des Vertrags über die Arbeitsweise der Europäischen Union dem Gerichtshof der Europäischen Union zur Entscheidung vor.

Teil 2 Durchführungsbestimmungen für Verarbeitungen zu Zwecken gemäß Artikel 2 der Verordnung (EU) 2016/679

Kapitel 1 Rechtsgrundlagen der Verarbeitung personenbezogener Daten

Abschnitt 1 Verarbeitung besonderer Kategorien personenbezogener Daten und Verarbeitung zu anderen Zwecken

§ 22 Verarbeitung besonderer Kategorien personenbezogener Daten

(1) Abweichend von Artikel 9 Absatz 1 der Verordnung (EU) 2016/679 ist die Verarbeitung besonderer Kategorien personenbezogener Daten im Sinne des Artikels 9 Absatz 1 der Verordnung (EU) 2016/679 zulässig

1. durch öffentliche und nichtöffentliche Stellen, wenn sie
   a) erforderlich ist, um die aus dem Recht der sozialen Sicherheit und des Sozialschutzes erwachsenden Rechte auszuüben und den diesbezüglichen Pflichten nachzukommen,

제21조 유럽연합집행위원회의 결정에 대한 위법성을 인정한 경우(bei angenommener Rechtswidrigkeit eines Beschlusses der Europäischen Kommission) 감독관청의 법원 재판의 신청

① 감독관청이, 그 효력이 감독관청의 결정에 있어 문제되는, 유럽연합집행위원회의 적합성결정(Angemessenheitsbeschluss), 표준개인정보보호조항의 승인에 관한 그러한 결정이나 허가된 '개인정보준칙(Verhaltensregeln; 個人情報準則)'의 보편성에 관한 그러한 결정(einen Beschluss über die Anerkennung von Standardschutzklauseln oder über die Allgemeingültigkeit von genehmigten Verhaltensregeln)을 위법한 것으로 보는 경우에, 감독관청은 그 절차를 중단한 다음 법원의 재판을 신청해야 한다.

② 제1항에 따른 절차에 대하여 행정법상의 절차를 적용한다. 행정법원법을 제3항 내지 제6항의 기준에 따라 적용한다.

③ 제1항에 따른 감독관청의 신청에 대하여 연방행정대법원이 1심 및 종국심으로(im ersten und letzten Rechtszug) 재판한다.

④ 제1항에 따른 절차에서 감독관청은 당사자능력을 갖는다. 해당 감독관청은 신청인(Antragstellerin)으로서 제1항에 따른 소송절차에서 참가한다; 행정법원법 제63조 제3호, 제4호는 영향을 받지 아니한다. 연방행정대법원(Das Bundesverwaltungsgericht)은 유럽연합집행위원회에 정해진 기간 내에 의견진술의 기회를 부여할 수 있다.

⑤ 제1항에 따른 유럽연합집행위원회의 결정의 유효성의 심사에 관한 절차가 유럽사법재판소에 계속 중인 경우에, 연방행정대법원은 그 소송절차가 유럽사법재판소의 절차 종료시까지 중지되도록(dass die Verhandlung bis zur Erledigung des Verfahrens vor dem Gerichtshof der Europäischen Union auszusetzen sei) 명령할 수 있다.

⑥ 제1항에 따른 절차에서 행정법원법 제47조 제5항 제1문, 제6항을 적용한다. 연방행정대법원이 제1항에 따른 유럽집행위원회의 결정이 유효한 것으로 심증(心證)을 형성한 경우에 연방행정대법원(das Bundesverwaltungsgericht)은 그 재판에서 이를 확인한다. 그렇지 않은 경우에 행정대법원은, 해당 결정의 유효성(die Frage nach der Gültigkeit des Beschlusses) 문제에 대해 「유럽연합 운영조약」 제267조에 따라 유럽사법재판소에서 재판하도록(dem Gerichtshof der Europäischen Union zur Entscheidung)를 회부한다.

제2편 (EU) 2016/679호 법(法) 제2조에 따른 목적을 위한 처리에 대한 이행규정(Durchführungsbestimmungen)

제1장 개인정보 처리의 법적 근거

제1절 특수한 범주의 개인정보 처리(Verarbeitung besonderer Kategorien personenbezogener Daten)와 그 밖의 목적을 위한 처리

제22조 특수한 범주의 개인정보 처리

① (EU) 2016/679호 법(法) 제9조 제1항과 달리, 동 법(法) 제9조 제1항상의 특수한 범주의 개인정보 처리는 다음의 경우에 허용된다,

1. 공공기관 및 민간기관에 의한 것으로,

a) 그 처리가 사회보장법 및 사회보호법에서 도출되는 권리를 행사하고 이와 관련된 의무를 준수하기 위하여 필요한 경우,

b) zum Zweck der Gesundheitsvorsorge, für die Beurteilung der Arbeitsfähigkeit des Beschäftigten, für die medizinische Diagnostik, die Versorgung oder Behandlung im Gesundheits- oder Sozialbereich oder für die Verwaltung von Systemen und Diensten im Gesundheits- und Sozialbereich oder aufgrund eines Vertrags der betroffenen Person mit einem Angehörigen eines Gesundheitsberufs erforderlich ist und diese Daten von ärztlichem Personal oder durch sonstige Personen, die einer entsprechenden Geheimhaltungspflicht unterliegen, oder unter deren Verantwortung verarbeitet werden,

c) aus Gründen des öffentlichen Interesses im Bereich der öffentlichen Gesundheit, wie des Schutzes vor schwerwiegenden grenzüberschreitenden Gesundheitsgefahren oder zur Gewährleistung hoher Qualitäts- und Sicherheitsstandards bei der Gesundheitsversorgung und bei Arzneimitteln und Medizinprodukten erforderlich ist; ergänzend zu den in Absatz 2 genannten Maßnahmen sind insbesondere die berufsrechtlichen und strafrechtlichen Vorgaben zur Wahrung des Berufsgeheimnisses einzuhalten, oder

d) aus Gründen eines erheblichen öffentlichen Interesses zwingend erforderlich ist,

2. durch öffentliche Stellen, wenn sie

a) zur Abwehr einer erheblichen Gefahr für die öffentliche Sicherheit erforderlich ist,

b) zur Abwehr erheblicher Nachteile für das Gemeinwohl oder zur Wahrung erheblicher Belange des Gemeinwohls zwingend erforderlich ist oder

c) aus zwingenden Gründen der Verteidigung oder der Erfüllung über- oder zwischenstaatlicher Verpflichtungen einer öffentlichen Stelle des Bundes auf dem Gebiet der Krisenbewältigung oder Konfliktverhinderung oder für humanitäre Maßnahmen erforderlich ist

und soweit die Interessen des Verantwortlichen an der Datenverarbeitung in den Fällen der Nummer 1 Buchstabe d und der Nummer 2 die Interessen der betroffenen Person überwiegen.

(2) In den Fällen des Absatzes 1 sind angemessene und spezifische Maßnahmen zur Wahrung der Interessen der betroffenen Person vorzusehen. Unter Berücksichtigung des Stands der Technik, der Implementierungskosten und der Art, des Umfangs, der Umstände und der Zwecke der Verarbeitung sowie der unterschiedlichen Eintrittswahrscheinlichkeit und Schwere der mit der Verarbeitung verbundenen Risiken für die Rechte und Freiheiten natürlicher Personen können dazu insbesondere gehören:

1. technisch organisatorische Maßnahmen, um sicherzustellen, dass die Verarbeitung gemäß der Verordnung (EU) 2016/679 erfolgt,
2. Maßnahmen, die gewährleisten, dass nachträglich überprüft und festgestellt werden kann, ob und von wem personenbezogene Daten eingegeben, verändert oder entfernt worden sind,
3. Sensibilisierung der an Verarbeitungsvorgängen Beteiligten,
4. Benennung einer oder eines Datenschutzbeauftragten,
5. Beschränkung des Zugangs zu den personenbezogenen Daten innerhalb der verantwortlichen Stelle und von Auftragsverarbeitern,
6. Pseudonymisierung personenbezogener Daten,
7. Verschlüsselung personenbezogener Daten,
8. Sicherstellung der Fähigkeit, Vertraulichkeit, Integrität, Verfügbarkeit und Belastbarkeit der Systeme und Dienste im Zusammenhang mit der Verarbeitung personenbezogener Daten, einschließlich der Fähigkeit, die Verfügbarkeit und den Zugang bei einem physischen oder technischen Zwischenfall

b) 그 처리가, 의료서비스의 목적에 필요하거나 직원의 근로능력 판단에 필요하거나, 보건분야 또는 사회보장분야 내의 의료진단, 원호(援護) 또는 진료를 위해 필요하거나, 또는 보건분야 또는 사회보장분야 내의 제도 및 서비스의 관리를 위해 필요하거나(für die Verwaltung von Systemen und Diensten im Gesundheits- und Sozialbereich) 정보주체(情報主體)와 의료계종사자 간의 계약에 기하여 필요하고, 이러한 정보가 의료인력 또는 비밀유지의무를 적용받는 기타 자에 의해 처리되거나 그러한 자들의 책임하에 처리되는 경우,

c) 그 처리가, 국경을 초월하는 심각한 보건상 위험(危險)로부터의 보호와 같은(wie des Schutzes vor schwerwiegenden grenzüberschreitenden Gesundheitsgefahren) 공중보건 분야의 공익(公益)의 사유에서 필요하거나, 의료서비스와 의약품(醫藥品; Arzneimitteln) 및 의료기기(醫療機器; Medizinprodukten)의 보다 높은 품질수준 및 안전수준의 확보를 위해 필요한 경우; 제2항상의 조치에 대한 추가적 조치로 특히 직업상 비밀의 준수에 관한 직업규칙 또는 형법의 요구사항(die berufsrechtlichen und strafrechtlichen Vorgaben zur Wahrung des Berufsgeheimnisses)이 준수되어야 한다.

d) 중대한 공익(公益)의 사유에 기하여 긴급하게 필요한 경우,

2. 공공기관에 의한 것으로,

a) 그 처리가 공공의 안녕에 대한 중대한 위험(危險)를 방지하기 위해 필요한 경우,

b) 그 처리가 공익(公益)에 대한 중대한 불이익을 방지하거나 공익에 대한 중대한 이익(erheblicher Belange des Gemeinwohls)을 보호하기 위하여 불가피하게 필요한 경우,

c) 그 처리가, 국방상의 긴급한 사유나, 위기극복 또는 갈등방지 분야에서의(auf dem Gebiet der Krisenbewältigung oder Konfliktverhinderung) 연방 공공기관의 주를 초월하는 의무 또는 주 사이의 의무 이행의 사유에서 필요한 경우,

다만, 제1호 제d목, 제2호의 경우에는 개인정보 처리에 대한 개인정보처리자의 이익이 정보주체(情報主體)의 이익보다 우월한 범위 내에서 허용된다.

② 제1항의 경우에 정보주체(情報主體)의 이익을 준수하기 위한 적절하고도 특별한 조치(angemessene und spezifische Maßnahmen)를 규정해야 한다. 기술 수준(des Stands der Technik), 처리비용(Implementierungskosten)과, 처리의 성질, 범위, 배경 및 목적을 고려하고 또 다양한 발생가능성(der unterschiedlichen Eintrittswahrscheinlichkeit)과, 그 처리로 인해 발생한, 자연인의 권리 및 자유에 대한 중대성(重大性; Schwere der mit der Verarbeitung verbundenen Risiken für die Rechte und Freiheiten natürlicher Personen)을 고려하여 특히 다음 각 호가 이에 속할 수 있다:

1. 그 처리가 (EU) 2016/679호 법(法)에 따라 행해지도록 보장하는 기술적·관리적 조치(technisch organisatorische Maßnahmen)
2. 개인정보의 입력(入力), 변경(變更) 또는 삭제(削除)가 이뤄지는지 여부, 누구에 의해 그것이 이뤄지는지 여부가 사후적으로 심사될 수 있고 확인될 수 있도록 보장하기 위한 조치,
3. 그 정보처리작업의 참가자에 대한 인식의 제고,
4. 개인정보보호책임자의 지정,
5. 개인정보 처리 기관(機關) 내의 개인정보(個人情報)에 대한 접근 제한(Beschränkung des Zugangs zu den personenbezogenen Daten)과 수탁처리자의 개인정보에 대한 접근 제한,
6. 개인정보의 가명처리(假名處理),
7. 개인정보의 암호화,
8. 물리적 또는 기술적 사고 발생시(bei einem physischen oder technischen Zwischenfall) 신속하게 가용성 및 접근을 복구할 능력을 포함하여, 개인정보 처리에 관한 시스템 및 업무(業務)의 능력(Fähigkeit), 기밀성(Vertraulichkeit), 무결성(無缺性; Integrität), 가용성(Verfügbarkeit), 복원력

rasch wiederherzustellen,

9. zur Gewährleistung der Sicherheit der Verarbeitung die Einrichtung eines Verfahrens zur regelmäßigen Überprüfung, Bewertung und Evaluierung der Wirksamkeit der technischen und organisatorischen Maßnahmen oder

10. spezifische Verfahrensregelungen, die im Fall einer Übermittlung oder Verarbeitung für andere Zwecke die Einhaltung der Vorgaben dieses Gesetzes sowie der Verordnung (EU) 2016/679 sicherstellen.

Fußnote

(+++ § 22 Abs. 2: zur Anwendung vgl. § 26 Abs. 3 +++)

§ 23 Verarbeitung zu anderen Zwecken durch öffentliche Stellen

(1) Die Verarbeitung personenbezogener Daten zu einem anderen Zweck als zu demjenigen, zu dem die Daten erhoben wurden, durch öffentliche Stellen im Rahmen ihrer Aufgabenerfüllung ist zulässig, wenn

1. offensichtlich ist, dass sie im Interesse der betroffenen Person liegt und kein Grund zu der Annahme besteht, dass sie in Kenntnis des anderen Zwecks ihre Einwilligung verweigern würde,
2. Angaben der betroffenen Person überprüft werden müssen, weil tatsächliche Anhaltspunkte für deren Unrichtigkeit bestehen,
3. sie zur Abwehr erheblicher Nachteile für das Gemeinwohl oder einer Gefahr für die öffentliche Sicherheit, die Verteidigung oder die nationale Sicherheit, zur Wahrung erheblicher Belange des Gemeinwohls oder zur Sicherung des Steuer- und Zollaufkommens erforderlich ist,
4. sie zur Verfolgung von Straftaten oder Ordnungswidrigkeiten, zur Vollstreckung oder zum Vollzug von Strafen oder Maßnahmen im Sinne des § 11 Absatz 1 Nummer 8 des Strafgesetzbuchs oder von Erziehungsmaßregeln oder Zuchtmitteln im Sinne des Jugendgerichtsgesetzes oder zur Vollstreckung von Geldbußen erforderlich ist,
5. sie zur Abwehr einer schwerwiegenden Beeinträchtigung der Rechte einer anderen Person erforderlich ist oder
6. sie der Wahrnehmung von Aufsichts- und Kontrollbefugnissen, der Rechnungsprüfung oder der Durchführung von Organisationsuntersuchungen des Verantwortlichen dient; dies gilt auch für die Verarbeitung zu Ausbildungs- und Prüfungszwecken durch den Verantwortlichen, soweit schutzwürdige Interessen der betroffenen Person dem nicht entgegenstehen.

(2) Die Verarbeitung besonderer Kategorien personenbezogener Daten im Sinne des Artikels 9 Absatz 1 der Verordnung (EU) 2016/679 zu einem anderen Zweck als zu demjenigen, zu dem die Daten erhoben wurden, ist zulässig, wenn die Voraussetzungen des Absatzes 1 und ein Ausnahmetatbestand nach Artikel 9 Absatz 2 der Verordnung (EU) 2016/679 oder nach § 22 vorliegen.

§ 24 Verarbeitung zu anderen Zwecken durch nichtöffentliche Stellen

(1) Die Verarbeitung personenbezogener Daten zu einem anderen Zweck als zu demjenigen, zu dem die Daten erhoben wurden, durch nichtöffentliche Stellen ist zulässig, wenn

1. sie zur Abwehr von Gefahren für die staatliche oder öffentliche Sicherheit oder zur Verfolgung von Straftaten erforderlich ist oder
2. sie zur Geltendmachung, Ausübung oder Verteidigung zivilrechtlicher Ansprüche erforderlich ist,

sofern nicht die Interessen der betroffenen Person an dem Ausschluss der Verarbeitung überwiegen.

(復原力; Belastbarkeit)의 확보,

9. 처리의 안전을 보장하기 위해 기술적·관리적 조치의 효과성의 정기적 심사, 측정 및 평가(der Überprüfung, Bewertung und Evaluierung der Wirksamkeit der technischen und organisatorischen Maßnahmen)에 관한 절차의 수립(樹立; Einrichtung),
10. 다른 목적을 위한 이전 또는 처리의 경우에 본 법률 및 (EU) 2016/679호 법(法)의 요구사항의 준수를 보장하는 특별한 절차규정,

각주
(제22조 제2항: 그 적용에 대하여 제26조 제3항을 참조하라)

제23조 공공기관에 의한 목적 외 목적을 위한 처리

① 정보가 수집된 목적 외 목적을 위한, 공공기관의 개인정보 처리는, 다음 각 호의 경우에 허용된다,

1. 그 처리가 정보주체(情報主體)의 이익을 위한 것이고 정보주체가 목적 외 목적을 알면 그 처리에 대한 그 정보주체(情報主體)의 동의가 거부될 것으로 보는 근거가 없다는 점이 명백한 경우,
2. 그 정보의 부적확성에 대한 사실적 판단근거(tatsächliche Anhaltspunkte)가 있어 정보주체에 대한 정보(Angaben)가 심사되어야만 하는 경우,
3. 그 처리가 공익에 대한 중대한 불이익이나 공공의 안녕, 국방 또는 국가안보에 대한 위험(危險)를 방지하기 위하여 필요하거나, 공공복리에 대한 중대한 이익을 보호하기 위하거나 조세·관세수입의 확보를 위하여(zur Sicherung des Steuer- und Zollaufkommens) 필요한 경우,
4. 그 처리가 범죄 또는 질서위반행위에 대한 소추에 필요하거나, 형벌 또는 형법전 제11조 제1항 제8호상의 처분의 집행 또는 시행이나 소년법원법상의 교육처분 또는 훈육처분(Erziehungsmaßregeln oder Zuchtmitteln im Sinne des Jugendgerichtsgesetzes)의 집행 또는 시행이나 범칙금의 집행에 필요한 경우,
5. 그 처리가 타인의 권리에 심각한 피해(schwerwiegenden Beeinträchtigung der Rechte einer anderen Person)를 방지하는 데 필요한 경우,
6. 그 처리가 감독권한 및 감시권한의 행사에 기여하거나 회계심사의 시행이나 개인정보처리자에 대한 조직평가의 시행에 기여하는 경우; 개인정보처리자에 의한 교육목적 및 시험목적을 위한 처리로, 정보주체의 보호받을 만한 이익이 그 목적에 배치되지 않는 범위 내(soweit schutzwürdige Interessen der betroffenen Person dem nicht entgegenstehen)의 처리에도 또한 같다.

② (EU) 2016/679호 법(法) 제9조 제1항상의 개인정보 특수한 범주의 처리로, 정보가 수집된 목적 이외의 목적으로 하는(zu einem anderen Zweck als zu demjenigen, zu dem die Daten erhoben wurden) 처리는, 위와 같은 제1항의 요건과, 동 법(法) 제9조 제2항 또는 본 법률 제22조에 따른 예외구성요건이 있는 경우에는 허용(許容)된다.

제24조 민간기관의 목적 외 목적을 위한 처리

① 정보가 수집된 목적 외의 목적으로 하는, 민간기관의 개인정보 처리는, 다음 각 호의 경우로 정보주체(情報主體)의 그 처리의 배제에 대한 이익(die Interessen der betroffenen Person an dem Ausschluss der Verarbeitung)이 우월하지 않은 한, 허용된다,

1. 그 처리가, 국가안보 또는 공공의 안녕에 대한 위험(危險)를 방지하기 위해 필요하거나 범죄에 대한 기소를 위해 필요한 경우,
2. 그 처리가 민사청구권의 증명(證明), 행사 또는 방어하는 데 필요한 경우,

(2) Die Verarbeitung besonderer Kategorien personenbezogener Daten im Sinne des Artikels 9 Absatz 1 der Verordnung (EU) 2016/679 zu einem anderen Zweck als zu demjenigen, zu dem die Daten erhoben wurden, ist zulässig, wenn die Voraussetzungen des Absatzes 1 und ein Ausnahmetatbestand nach Artikel 9 Absatz 2 der Verordnung (EU) 2016/679 oder nach § 22 vorliegen.

§ 25 Datenübermittlungen durch öffentliche Stellen

(1) Die Übermittlung personenbezogener Daten durch öffentliche Stellen an öffentliche Stellen ist zulässig, wenn sie zur Erfüllung der in der Zuständigkeit der übermittelnden Stelle oder des Dritten, an den die Daten übermittelt werden, liegenden Aufgaben erforderlich ist und die Voraussetzungen vorliegen, die eine Verarbeitung nach § 23 zulassen würden. Der Dritte, an den die Daten übermittelt werden, darf diese nur für den Zweck verarbeiten, zu dessen Erfüllung sie ihm übermittelt werden. Eine Verarbeitung für andere Zwecke ist unter den Voraussetzungen des § 23 zulässig.

(2) Die Übermittlung personenbezogener Daten durch öffentliche Stellen an nichtöffentliche Stellen ist zulässig, wenn

1. sie zur Erfüllung der in der Zuständigkeit der übermittelnden Stelle liegenden Aufgaben erforderlich ist und die Voraussetzungen vorliegen, die eine Verarbeitung nach § 23 zulassen würden,
2. der Dritte, an den die Daten übermittelt werden, ein berechtigtes Interesse an der Kenntnis der zu übermittelnden Daten glaubhaft darlegt und die betroffene Person kein schutzwürdiges Interesse an dem Ausschluss der Übermittlung hat oder
3. es zur Geltendmachung, Ausübung oder Verteidigung rechtlicher Ansprüche erforderlich ist

und der Dritte sich gegenüber der übermittelnden öffentlichen Stelle verpflichtet hat, die Daten nur für den Zweck zu verarbeiten, zu dessen Erfüllung sie ihm übermittelt werden. Eine Verarbeitung für andere Zwecke ist zulässig, wenn eine Übermittlung nach Satz 1 zulässig wäre und die übermittelnde Stelle zugestimmt hat.

(3) Die Übermittlung besonderer Kategorien personenbezogener Daten im Sinne des Artikels 9 Absatz 1 der Verordnung (EU) 2016/679 ist zulässig, wenn die Voraussetzungen des Absatzes 1 oder 2 und ein Ausnahmetatbestand nach Artikel 9 Absatz 2 der Verordnung (EU) 2016/679 oder nach § 22 vorliegen.

Abschnitt 2 Besondere Verarbeitungssituationen

§ 26 Datenverarbeitung für Zwecke des Beschäftigungsverhältnisses

(1) Personenbezogene Daten von Beschäftigten dürfen für Zwecke des Beschäftigungsverhältnisses verarbeitet werden, wenn dies für die Entscheidung über die Begründung eines Beschäftigungsverhältnisses oder nach Begründung des Beschäftigungsverhältnisses für dessen Durchführung oder Beendigung oder zur Ausübung oder Erfüllung der sich aus einem Gesetz oder einem Tarifvertrag, einer Betriebs- oder Dienstvereinbarung (Kollektivvereinbarung) ergebenden Rechte und Pflichten der Interessenvertretung der Beschäftigten erforderlich ist. Zur Aufdeckung von Straftaten dürfen personenbezogene Daten von Beschäftigten nur dann verarbeitet werden, wenn zu dokumentierende tatsächliche Anhaltspunkte den Verdacht begründen, dass die betroffene Person im Beschäftigungsverhältnis eine Straftat begangen hat, die Verarbeitung zur Aufdeckung erforderlich ist und das schutzwürdige Interesse der oder des Beschäftigten an dem Ausschluss der Verarbeitung nicht

② 정보가 수집된 목적 이외의 목적으로 하는 (EU) 2016/679호 법(法) 제9조 제1항상의 특수한 범주의 개인정보 처리(Die Verarbeitung besonderer Kategorien personenbezogener Daten)는, 제1항의 요건과 동 법(法) 제9조 제2항에 따른 예외구성요건이나 본 법률 제22조에 따른 예외구성요건이 있는 경우에는 허용된다.

제25조 공공기관의 정보이전

① 공공기관의 공공기관으로의 개인정보 이전(Die Übermittlung personenbezogener Daten durch öffentliche Stellen an öffentliche Stellen)은, 이것이 이전하는 기관의 관할이나 정보를 이전받는 제3자의 관할권에 속하는 임무 수행을 위하여 필요하고 제23조에 따른 처리가 허용되는 요건이 있는 경우에는 허용된다. 해당 정보를 이전받는 제3자는, 그 정보를 이전받는 목적만을 위해 이를 처리할 수 있다(darf diese nur für den Zweck verarbeiten, zu dessen Erfüllung sie ihm übermittelt werden) 다른 목적을 위한 처리는 제23조의 요건이 있는 경우에만(unter den Voraussetzungen des § 23) 허용된다.

② 공공기관의 민간기관으로의 개인정보 이전(Die Übermittlung personenbezogener Daten durch öffentliche Stellen an nichtöffentliche Stellen)은, 다음 각 호에 해당하고, 제3자가 이전하는 기관에 대하여 해당 정보를 이전받는 목적만을 위해 정보를 처리할(die Daten nur für den Zweck zu verarbeiten, zu dessen Erfüllung sie ihm übermittelt werden) 의무를 지는 경우에만 허용된다,

1. 그 이전이 이전하는 기관의 관할권에 속하는 임무의 이행을 위해 필요하고 제23조에 따른 처리를 허용하는 요건이 존재하는 경우,
2. 해당 정보를 넘겨받은 제3자가 이전되는 정보를 아는 것에 대한 정당한 이익을 밝히는 것이 믿을 만하고 정보주체(情報主體)가 이전의 배제에 대해 보호받을 만한 이익(schutzwürdiges Interesse an dem Ausschluss der Übermittlung)을 갖지 못하는 경우,
3. 법적청구권의 증명(證明), 행사, 방어에 필요한 경우.

다른 목적을 위한 처리는 이전이 제1문에 따라 허용되고 이전하는 기관이 이에 동의한 경우에(wenn eine Übermittlung nach Satz 1 zulässig wäre und die übermittelnde Stelle zugestimmt hat) 허용된다.

③ (EU) 2016/679호 법(法) 제9조 제1항상의 특수한 범주의 개인정보의 이전[Die Übermittlung besonderer Kategorien personenbezogener Daten im Sinne des Artikels 9 Absatz 1 der Verordnung (EU) 2016/679]은, 제1항 또는 제2항과, 동 법(法) 제9조 제2항에 따른 예외구성요건 또는 본 법률 제22조에 따른 예외구성요건이 있는 경우에는 허용된다.

제2절 특수한 처리상황

제26조 직원관계(Beschäftigungsverhältniss) 목적을 위한 개인정보 처리

① 이것이, 직원관계의 성립에 관한 결정을 위해 필요하거나, 직원관계의 성립 후 직원관계의 이행 또는 종료에 필요하거나(nach Begründung des Beschäftigungsverhältnisses für dessen Durchführung oder Beendigung), 법률이나 단체협약, 사업협정 또는 근무협정('집단협약'; Kollektivvereinbarung)에서 파생하는, 직원(職員)의 이익대표기구의 권리의무를 행사 또는 이행에 필요한 경우에는 직원(職員)의 개인정보는 직원관계 목적으로 처리될 수 있다. 증명할 수 있는 사실적 판단근거에 의하여 정보주체(情報主體)가 직원관계 중에 범죄를 자행했다는 혐의(嫌疑)가 인정되는데, 그 적발을 위해 처리(處理)가 필요하고 그 처리를 하지 않는 것에 대한 직원(職員)의 보호받을 만한 이익이 우월하지 아니하고, 특히 (그 처리의) 유형 및 정도가 그러한 계기(契機)에 대하여 비례적인(das schutzwürdige Interesse der oder des Beschäftigten an dem Ausschluss der Verarbeitung nicht überwiegt, insbesondere Art und Ausmaß im Hinblick auf den Anlass nicht unverhältnismäßig sind) 경우에 한하여 범죄(犯罪)의 적발(摘發)을 위해

überwiegt, insbesondere Art und Ausmaß im Hinblick auf den Anlass nicht unverhältnismäßig sind.

(2) Erfolgt die Verarbeitung personenbezogener Daten von Beschäftigten auf der Grundlage einer Einwilligung, so sind für die Beurteilung der Freiwilligkeit der Einwilligung insbesondere die im Beschäftigungsverhältnis bestehende Abhängigkeit der beschäftigten Person sowie die Umstände, unter denen die Einwilligung erteilt worden ist, zu berücksichtigen. Freiwilligkeit kann insbesondere vorliegen, wenn für die beschäftigte Person ein rechtlicher oder wirtschaftlicher Vorteil erreicht wird oder Arbeitgeber und beschäftigte Person gleichgelagerte Interessen verfolgen. Die Einwilligung hat schriftlich oder elektronisch zu erfolgen, soweit nicht wegen besonderer Umstände eine andere Form angemessen ist. Der Arbeitgeber hat die beschäftigte Person über den Zweck der Datenverarbeitung und über ihr Widerrufsrecht nach Artikel 7 Absatz 3 der Verordnung (EU) 2016/679 in Textform aufzuklären.

(3) Abweichend von Artikel 9 Absatz 1 der Verordnung (EU) 2016/679 ist die Verarbeitung besonderer Kategorien personenbezogener Daten im Sinne des Artikels 9 Absatz 1 der Verordnung (EU) 2016/679 für Zwecke des Beschäftigungsverhältnisses zulässig, wenn sie zur Ausübung von Rechten oder zur Erfüllung rechtlicher Pflichten aus dem Arbeitsrecht, dem Recht der sozialen Sicherheit und des Sozialschutzes erforderlich ist und kein Grund zu der Annahme besteht, dass das schutzwürdige Interesse der betroffenen Person an dem Ausschluss der Verarbeitung überwiegt. Absatz 2 gilt auch für die Einwilligung in die Verarbeitung besonderer Kategorien personenbezogener Daten; die Einwilligung muss sich dabei ausdrücklich auf diese Daten beziehen. § 22 Absatz 2 gilt entsprechend.

(4) Die Verarbeitung personenbezogener Daten, einschließlich besonderer Kategorien personenbezogener Daten von Beschäftigten für Zwecke des Beschäftigungsverhältnisses, ist auf der Grundlage von Kollektivvereinbarungen zulässig. Dabei haben die Verhandlungspartner Artikel 88 Absatz 2 der Verordnung (EU) 2016/679 zu beachten.

(5) Der Verantwortliche muss geeignete Maßnahmen ergreifen, um sicherzustellen, dass insbesondere die in Artikel 5 der Verordnung (EU) 2016/679 dargelegten Grundsätze für die Verarbeitung personenbezogener Daten eingehalten werden.

(6) Die Beteiligungsrechte der Interessenvertretungen der Beschäftigten bleiben unberührt.

(7) Die Absätze 1 bis 6 sind auch anzuwenden, wenn personenbezogene Daten, einschließlich besonderer Kategorien personenbezogener Daten, von Beschäftigten verarbeitet werden, ohne dass sie in einem Dateisystem gespeichert sind oder gespeichert werden sollen.

(8) Beschäftigte im Sinne dieses Gesetzes sind:

1. Arbeitnehmerinnen und Arbeitnehmer, einschließlich der Leiharbeitnehmerinnen und Leiharbeitnehmer im Verhältnis zum Entleiher,
2. zu ihrer Berufsbildung Beschäftigte,
3. Teilnehmerinnen und Teilnehmer an Leistungen zur Teilhabe am Arbeitsleben sowie an Abklärungen der beruflichen Eignung oder Arbeitserprobung (Rehabilitandinnen und Rehabilitanden),
4. in anerkannten Werkstätten für behinderte Menschen Beschäftigte,
5. Freiwillige, die einen Dienst nach dem Jugendfreiwilligendienstegesetz oder dem Bundesfreiwilligendienstgesetz leisten,
6. Personen, die wegen ihrer wirtschaftlichen Unselbständigkeit als arbeitnehmerähnliche Personen anzusehen sind; zu diesen gehören auch die in Heimarbeit Beschäftigten und die ihnen Gleichgestellten,

직원(職員)의 개인정보(個人情報)가 처리될 수 있다.

② 직원의 개인정보 처리가 동의에 기하여 행해지는 경우에, 동의의 임의성 판단(die Beurteilung der Freiwilligkeit der Einwilligung)에 있어 특히 직원관계에서 존재하는 직원의 종속성 그리고 동의를 한 사정(die im Beschäftigungsverhältnis bestehende Abhängigkeit der beschäftigten Person sowie die Umstände, unter denen die Einwilligung erteilt worden ist)을 고려해야 한다. 특히 직원이 법적 또는 경제적 이익을 얻게 되거나 사용자 및 직원이 동등한 이익을 추구하는 경우에는 임의성이 있는 것이다. 특수한 상황으로 인해 그 밖의 다른 방식이 적절하지 않는 범위 내에서 그 동의는 서면이나 전자적 방법으로 행해져야 한다. 사용자(Der Arbeitgeber)는 직원에게 개인정보 처리 목적과 (EU) 2016/679호 법(法) 제7조 제3항에 따른 직원의 철회권에 관하여[über den Zweck der Datenverarbeitung und über ihr Widerrufsrecht nach Artikel 7 Absatz 3 der Verordnung (EU) 2016/679] 문면방식(in Textform)으로 알려주어야 한다.

③ 그것이 노동법, 사회보장법, 사회보호법에서 파생한, 권리를 행사하거나 법적 의무의 이행하는 데 필요하고 그 처리를 하지 않은 것에 대한 정보주체(情報主體)의 보호받을 만한 이익이 우월한 것으로 볼 근거가 없는(kein Grund zu der Annahme besteht, dass das schutzwürdige Interesse der betroffenen Person an dem Ausschluss der Verarbeitung überwiegt) 경우에, (EU) 2016/679호 법(法) 제9조 제1항과 달리, 동 법(法) 제9조 제1항상 특수한 범주의 개인정보 처리는 직원관계의 목적을 위하여 허용된다. 특수한 범주의 개인정보 처리에서의 동의에 대해여도 제2항을 적용한다; 이 경우 동의(同意)는 이러한 개인정보에 명시적으로 관련되어야만(muss sich dabei ausdrücklich auf diese Daten beziehen) 한다. 제22조 제2항을 준용(準用)한다.

④ 직원관계의 목적을 위한, 특수한 범주의 직원의 개인정보를 포함하여(einschließlich besonderer Kategorien personenbezogener Daten von Beschäftigten für Zwecke des Beschäftigungsverhältnisses) 개인정보 처리는 집단협약(auf der Grundlage von Kollektivvereinbarungen)에 근거하여 허용된다. 이 경우 교섭당사자는 (EU) 2016/679호 법(法) 제88조 제2항을 준수해야 한다.

⑤ 개인정보처리자는, 특히 (EU) 2016/679호 법(法) 제5조에서 명시된, 개인정보 처리의 원칙(Grundsätze für die Verarbeitung personenbezogener Daten)이 준수되도록 보장하기 위하여 적절한 조치를 취해야만 한다.

⑥ 직원의 이익대표기구에 대한 경영참가권(Beteiligungsrechte)은 영향을 받지 아니한다.

⑦ 특수한 범주의 개인정보를 포함하여 개인정보가 파일링시스템에 담겨 있지 않거나 이를 담으려고 하지 않은 채(ohne dass sie in einem Dateisystem gespeichert sind oder gespeichert werden sollen), 그 개인정보가 직원에 의하여 처리되는 경우에도 제1항 내지 제6항을 적용한다.

⑧ 본 법률상의 직원은 다음 각 호를 말한다:

1. 사용사업주와의 관계가 있는 파견근로자를 포함하여 근로자,
2. 직업교육종사자,
3. 근로생활에 대한 참가에 관한 급부의 참가자와, 직업 적성 또는 노동능력시험의 평가 참가자('재활자'; Rehabilitandinnen und Rehabilitanden)
4. 장애인을 위한 공인 사업장에 고용된 자,
5. 청소년자원봉사법(青少年自願奉仕) 또는 연방자원봉사법(聯邦自願奉仕)에 따른 서비스(Dienst nach dem Jugendfreiwilligendienstegesetz oder dem Bundesfreiwilligendienstgesetz)를 제공하는 봉사자,
6. 그 경제적 종속성으로 인하여(wegen ihrer wirtschaftlichen Unselbständigkeit) 유사노무제공자로 보는 자; 가내노동종사자와 이에 준하는 자(auch die in Heimarbeit Beschäftigten und die ihnen Gleichgestellten)도 이에 포함된다.

7. Beamtinnen und Beamte des Bundes, Richterinnen und Richter des Bundes, Soldatinnen und Soldaten sowie Zivildienstleistende.

Bewerberinnen und Bewerber für ein Beschäftigungsverhältnis sowie Personen, deren Beschäftigungsverhältnis beendet ist, gelten als Beschäftigte.

§ 27 Datenverarbeitung zu wissenschaftlichen oder historischen Forschungszwecken und zu statistischen Zwecken

(1) Abweichend von Artikel 9 Absatz 1 der Verordnung (EU) 2016/679 ist die Verarbeitung besonderer Kategorien personenbezogener Daten im Sinne des Artikels 9 Absatz 1 der Verordnung (EU) 2016/679 auch ohne Einwilligung für wissenschaftliche oder historische Forschungszwecke oder für statistische Zwecke zulässig, wenn die Verarbeitung zu diesen Zwecken erforderlich ist und die Interessen des Verantwortlichen an der Verarbeitung die Interessen der betroffenen Person an einem Ausschluss der Verarbeitung erheblich überwiegen. Der Verantwortliche sieht angemessene und spezifische Maßnahmen zur Wahrung der Interessen der betroffenen Person gemäß § 22 Absatz 2 Satz 2 vor.

(2) Die in den Artikeln 15, 16, 18 und 21 der Verordnung (EU) 2016/679 vorgesehenen Rechte der betroffenen Person sind insoweit beschränkt, als diese Rechte voraussichtlich die Verwirklichung der Forschungs- oder Statistikzwecke unmöglich machen oder ernsthaft beinträchtigen und die Beschränkung für die Erfüllung der Forschungs- oder Statistikzwecke notwendig ist. Das Recht auf Auskunft gemäß Artikel 15 der Verordnung (EU) 2016/679 besteht darüber hinaus nicht, wenn die Daten für Zwecke der wissenschaftlichen Forschung erforderlich sind und die Auskunftserteilung einen unverhältnismäßigen Aufwand erfordern würde.

(3) Ergänzend zu den in § 22 Absatz 2 genannten Maßnahmen sind zu wissenschaftlichen oder historischen Forschungszwecken oder zu statistischen Zwecken verarbeitete besondere Kategorien personenbezogener Daten im Sinne des Artikels 9 Absatz 1 der Verordnung (EU) 2016/679 zu anonymisieren, sobald dies nach dem Forschungs- oder Statistikzweck möglich ist, es sei denn, berechtigte Interessen der betroffenen Person stehen dem entgegen. Bis dahin sind die Merkmale gesondert zu speichern, mit denen Einzelangaben über persönliche oder sachliche Verhältnisse einer bestimmten oder bestimmbaren Person zugeordnet werden können. Sie dürfen mit den Einzelangaben nur zusammengeführt werden, soweit der Forschungs- oder Statistikzweck dies erfordert.

(4) Der Verantwortliche darf personenbezogene Daten nur veröffentlichen, wenn die betroffene Person eingewilligt hat oder dies für die Darstellung von Forschungsergebnissen über Ereignisse der Zeitgeschichte unerlässlich ist.

§ 28 Datenverarbeitung zu im öffentlichen Interesse liegenden Archivzwecken

(1) Abweichend von Artikel 9 Absatz 1 der Verordnung (EU) 2016/679 ist die Verarbeitung besonderer Kategorien personenbezogener Daten im Sinne des Artikels 9 Absatz 1 der Verordnung (EU) 2016/679 zulässig, wenn sie für im öffentlichen Interesse liegende Archivzwecke erforderlich ist. Der Verantwortliche sieht angemessene und spezifische Maßnahmen zur Wahrung der Interessen der betroffenen Person gemäß § 22 Absatz 2 Satz 2 vor.

(2) Das Recht auf Auskunft der betroffenen Person gemäß Artikel 15 der Verordnung (EU) 2016/679 besteht nicht, wenn das Archivgut nicht durch den Namen der Person erschlossen ist oder keine Angaben gemacht werden, die das Auffinden des betreffenden Archivguts mit vertretbarem Verwaltungsaufwand

7. 연방 공무원, 연방 법관, 군인 및 대체복무자(Richterinnen und Richter des Bundes, Soldatinnen und Soldaten sowie Zivildienstleistende).

직원관계의 응시자와 그 직원관계가 종료된 사람(Personen, deren Beschäftigungsverhältnis beendet ist)은 직원으로 본다.

제27조 과학적(科學的) 또는 역사적(歷史的) 연구목적의 개인정보 처리와 통계목적(zu statistischen Zwecken)의 개인정보 처리

① 과학적 또는 역사적 연구목적이나 통계목적으로 그 처리가 필요하고, 개인정보처리자의 그 처리의 이익이 정보주체(情報主體)의 그 정보처리의 배제에 대한 이익보다 압도적으로 우월한 경우에는, (EU) 2016/679호 제9조 제1항과 달리, 동 법(法) 제9조 제1항상의 특수한 범주의 개인정보 처리는 그러한 목적에 대한 동의 없이도 허용(許容)된다. 개인정보처리자는, 정보주체(情報主體)의 이익을 보호하기 위한 적절하고도 특수한 조치를 본 법률 제22조 제2항 제2문에 따라 취한다(Der Verantwortliche sieht angemessene und spezifische Maßnahmen zur Wahrung der Interessen der betroffenen Person gemäß § 22 Absatz 2 Satz 2 vor).

② (EU) 2016/679호 법(法) 제15조, 제16조, 제18조, 제21조에서 규정된 정보주체(情報主體)의 권리는, 이러한 권리가 연구목적 또는 통계목적의 실현을 불가능하게 하거나 중대하게 방해할 것으로 예상되고, 또 연구목적 또는 통계목적의 달성을 위해 그 제한이 필요한 범위 내에서 제한된다. 또한 (EU) 2016/679호 법(法) 제15조에 따른 정보제공에 대한 권리는, 이러한 개인정보가 과학적 연구목적에 필요하고 해당 정보제공에 과도한 경비가 필요하게 된 경우에는(wenn die Daten für Zwecke der wissenschaftlichen Forschung erforderlich sind und die Auskunftserteilung einen unverhältnismäßigen Aufwand erfordern würde) 인정되지 아니한다.

③ 이것이 연구목적 또는 통계목적에 따라 가능하자마자, 본 법률 제22조 제2항상의 조치에 대한 추가적 조치로, (EU) 2016/679호 법(法) 제9조 제1항상의 특수한 범주의 처리된 개인정보는, 과학적 또는 역사적 연구목적 또는 통계목적으로 익명처리되어야 하고, 다만 정보주체(情報主體)의 정당한 이익이 이에 배치되는 경우에는 그러하지 아니하다(es sei denn, berechtigte Interessen der betroffenen Person stehen dem entgegen). 그때까지 특정된 사람이나 특정할 수 있는 사람의 인적 또는 물적 사정에 관한 개별정보를 귀속시킬 수 있게 하는(mit denen Einzelangaben über persönliche oder sachliche Verhältnisse einer bestimmten oder bestimmbaren Person zugeordnet werden können) 표지는 별도로 저장되어야 한다. 연구목적 또는 통계목적에 의해 이것이 필요한 범위 내에서만 그 표지는 개별정보와 결합될 수 있다.

④ 개인정보처리자는, 정보주체(情報主體)가 동의를 하거나 이것이 동시대 사건들에 관한 연구결과의 기술에 필요불가결한(dies für die Darstellung von Forschungsergebnissen über Ereignisse der Zeitgeschichte unerlässlich ist) 경우에 한하여 개인정보를 공표할 수 있다.

제28조 공익(公益)에 속하는 자료보관목적을 위한 개인정보 처리

① (EU) 2016/679호 법(法) 제9조 제1항과 달리, 동 법(法) 제9조 제1항상의 특수한 범주의 개인정보 처리는, 그 처리가 공익(公益)에 속하는 자료보관목적에 필요한 경우에는(wenn sie für im öffentlichen Interesse liegende Archivzwecke erforderlich ist) 허용된다. 개인정보처리자는 본 법률 제22조 제2항 제3문에 따라 정보주체(情報主體)의 이익을 보호하기 위한 적절하고도 특수한 조치(angemessene und spezifische Maßnahmen)를 취한다.

② 보관자료가 정보주체의 이름에 의해 공개되지 않거나, 문제가 되는 보관자료의 검색이 합리적 관리비용으로 가능하게 하는 정보가 제공되지 않은(keine Angaben gemacht werden, die das Auffinden des betreffenden Archivguts mit vertretbarem Verwaltungsaufwand ermöglichen) 경우에는 (EU) 2016/679호

ermöglichen.

(3) Das Recht auf Berichtigung der betroffenen Person gemäß Artikel 16 der Verordnung (EU) 2016/679 besteht nicht, wenn die personenbezogenen Daten zu Archivzwecken im öffentlichen Interesse verarbeitet werden. Bestreitet die betroffene Person die Richtigkeit der personenbezogenen Daten, ist ihr die Möglichkeit einer Gegendarstellung einzuräumen. Das zuständige Archiv ist verpflichtet, die Gegendarstellung den Unterlagen hinzuzufügen.

(4) Die in Artikel 18 Absatz 1 Buchstabe a, b und d, den Artikeln 20 und 21 der Verordnung (EU) 2016/679 vorgesehenen Rechte bestehen nicht, soweit diese Rechte voraussichtlich die Verwirklichung der im öffentlichen Interesse liegenden Archivzwecke unmöglich machen oder ernsthaft beeinträchtigen und die Ausnahmen für die Erfüllung dieser Zwecke erforderlich sind.

§ 29 Rechte der betroffenen Person und aufsichtsbehördliche Befugnisse im Fall von Geheimhaltungspflichten

(1) Die Pflicht zur Information der betroffenen Person gemäß Artikel 14 Absatz 1 bis 4 der Verordnung (EU) 2016/679 besteht ergänzend zu den in Artikel 14 Absatz 5 der Verordnung (EU) 2016/679 genannten Ausnahmen nicht, soweit durch ihre Erfüllung Informationen offenbart würden, die ihrem Wesen nach, insbesondere wegen der überwiegenden berechtigten Interessen eines Dritten, geheim gehalten werden müssen. Das Recht auf Auskunft der betroffenen Person gemäß Artikel 15 der Verordnung (EU) 2016/679 besteht nicht, soweit durch die Auskunft Informationen offenbart würden, die nach einer Rechtsvorschrift oder ihrem Wesen nach, insbesondere wegen der überwiegenden berechtigten Interessen eines Dritten, geheim gehalten werden müssen. Die Pflicht zur Benachrichtigung gemäß Artikel 34 der Verordnung (EU) 2016/679 besteht ergänzend zu der in Artikel 34 Absatz 3 der Verordnung (EU) 2016/679 genannten Ausnahme nicht, soweit durch die Benachrichtigung Informationen offenbart würden, die nach einer Rechtsvorschrift oder ihrem Wesen nach, insbesondere wegen der überwiegenden berechtigten Interessen eines Dritten, geheim gehalten werden müssen. Abweichend von der Ausnahme nach Satz 3 ist die betroffene Person nach Artikel 34 der Verordnung (EU) 2016/679 zu benachrichtigen, wenn die Interessen der betroffenen Person, insbesondere unter Berücksichtigung drohender Schäden, gegenüber dem Geheimhaltungsinteresse überwiegen.

(2) Werden Daten Dritter im Zuge der Aufnahme oder im Rahmen eines Mandatsverhältnisses an einen Berufsgeheimnisträger übermittelt, so besteht die Pflicht der übermittelnden Stelle zur Information der betroffenen Person gemäß Artikel 13 Absatz 3 der Verordnung (EU) 2016/679 nicht, sofern nicht das Interesse der betroffenen Person an der Informationserteilung überwiegt.

(3) Gegenüber den in § 203 Absatz 1, 2a und 3 des Strafgesetzbuchs genannten Personen oder deren Auftragsverarbeitern bestehen die Untersuchungsbefugnisse der Aufsichtsbehörden gemäß Artikel 58 Absatz 1 Buchstabe e und f der Verordnung (EU) 2016/679 nicht, soweit die Inanspruchnahme der Befugnisse zu einem Verstoß gegen die Geheimhaltungspflichten dieser Personen führen würde. Erlangt eine Aufsichtsbehörde im Rahmen einer Untersuchung Kenntnis von Daten, die einer Geheimhaltungspflicht im Sinne des Satzes 1 unterliegen, gilt die Geheimhaltungspflicht auch für die Aufsichtsbehörde.

§ 30 Verbraucherkredite

(1) Eine Stelle, die geschäftsmäßig personenbezogene Daten, die zur Bewertung der Kreditwürdigkeit

법(法)에 따른 정보주체(情報主體)의 접근권은 인정되지 아니한다.

③ 개인정보가 공익(公益)에 속하는 자료보관으로 처리되는 경우에는 (EU) 2016/679 법(法) 제16조에 따른 정보주체(情報主體)의 정정요구권(訂正要求權)은 인정되지 아니한다. 정보주체(情報主體)가 개인정보의 정확성을 다투는 경우에는 그 정보주체(情報主體)에게 반론(反論; Gegendarstellung)의 기회가 인정되어야 한다. 관할 자료보관소는 서류에 반론을 부가(附加)할 의무를 진다(Das zuständige Archiv ist verpflichtet, die Gegendarstellung den Unterlagen hinzuzufügen).

④ (EU) 2016/679호 법(法) 제18조 제1항 a목, b목, d목, 제20조 또는 제21조에 규정된 권리는, 이러한 권리가 공익(公益)에 속하는 자료보관목적의 실현을 불가능하게 하거나 중대하게 방해할 것으로 예상되고, 또 이러한 목적의 달성에 대한 예외가 필요한 범위(die Ausnahmen für die Erfüllung dieser Zwecke erforderlich sind) 내에서 인정되지 아니한다.

제29조 비밀유지의무의 경우에 있어 정보주체(情報主體)의 권리와 감독관청의 권한(aufsichtsbehördliche Befugnisse)

① 그 특성상, 특히 우월한 정당한 제3자의 이익으로 인하여 비밀이 유지되어야만 하는(die ihrem Wesen nach, insbesondere wegen der überwiegenden berechtigten Interessen eines Dritten, geheim gehalten werden müssen) 정보가 의무의 이행에 의하여 공개될 수 있는 경우 그 범위 내에서, (EU) 2016/679호 법(法) 제14조 제5항상의 예외에 대한 추가적 예외로 인정되어 동 법(法) 제14조 제1항 내지 제4항에 따른 정보주체(情報主體)에 대한 정보제공의무가 성립하지 아니한다. (EU) 2016/679호 법(法) 제15조에 따른 정보주체의 접근권[Das Recht auf Auskunft der betroffenen Person gemäß Artikel 15 der Verordnung (EU) 2016/679]은, 법규정상 또는 그 특성상, 특히 우월한 정당한 제3자의 이익으로 인하여 비밀이 유지되어야만 하는 정보가 그 정보제공에 의하여 공개될 수 있는 범위 내에서 인정되지 아니한다. 법규정상 또는 그 특성상, 특히 우월한 정당한 제3자의 이익으로 인하여 비밀이 유지되어야만 하는 정보가 그 통지에 의하여 공개될 수 있는 경우 그 범위 내에서, (EU) 2016/679호 법(法) 제34조 제3항상의 예외의에 대한 추가적 예외로 인정되어, 동 법(法)제34조에 따른 통지의무가 성립하지 아니한다. 제3문에 따른 예외와 달리(Abweichend von der Ausnahme nach Satz 3), 특히 임박(臨迫)한 손해를 고려한 정보주체(情報主體)의 이익이 비밀유지이익에 비하여 우월(優越)한 경우에는(wenn die Interessen der betroffenen Person, insbesondere unter Berücksichtigung drohender Schäden, gegenüber dem Geheimhaltungsinteresse überwiegen) (EU) 2016/679호 법(法) 제34조에 따라 정보주체(情報主體)에게 통지(通知)되어야 한다.

② 의뢰인과 변호사의 관계의 개시 도중 또는 그 관계 도중에 제3자의 정보가 직업적 비밀취급담당자에게 이전된 경우에, 정보주체(情報主體)의 정보제공에 대하 이익이 우월하지 않는 한, (EU) 2016/679호 법(法) 제13조 제3항에 따른, 이전하는 주체의 정보주체(情報主體)에 대한 정보제공의무(die Pflicht der übermittelnden Stelle zur Information der betroffenen Person)는 인정되지 아니한다.

③ (EU) 2016/679호 법(法) 제58조 제1항 e목 및 f목에 따른 감독관청의 조사권한은, 그 권한의 행사가 형법전 제203조 제1조, 제2조a, 제3조상의 자 또는 그 수탁정보처리자의 비밀유지의무에 대한 충돌로 이어지는 범위 내에서(soweit die Inanspruchnahme der Befugnisse zu einem Verstoß gegen die Geheimhaltungspflichten dieser Personen führen würde) 이러한 자에 대하여 인정되지 아니한다. 감독관청이 조사 도중에 제1문상의 비밀유지의무가 적용되는 개인정보를 지득하게 된 경우에는 그 감독관청에 대하여도 비밀유지의무(die Geheimhaltungspflicht auch für die Aufsichtsbehörde)를 적용한다.

제30조 소비자여신(消費者與信)

① 소비자의 신용도 심사에 활용될 수 있는 개인정보를 제공 목적으로 영업적으로 수집하거나 저장하거

von Verbrauchern genutzt werden dürfen, zum Zweck der Übermittlung erhebt, speichert oder verändert, hat Auskunftsverlangen von Darlehensgebern aus anderen Mitgliedstaaten der Europäischen Union genauso zu behandeln wie Auskunftsverlangen inländischer Darlehensgeber.

(2) Wer den Abschluss eines Verbraucherdarlehensvertrags oder eines Vertrags über eine entgeltliche Finanzierungshilfe mit einem Verbraucher infolge einer Auskunft einer Stelle im Sinne des Absatzes 1 ablehnt, hat den Verbraucher unverzüglich hierüber sowie über die erhaltene Auskunft zu unterrichten. Die Unterrichtung unterbleibt, soweit hierdurch die öffentliche Sicherheit oder Ordnung gefährdet würde. § 37 bleibt unberührt.

§ 31 Schutz des Wirtschaftsverkehrs bei Scoring und Bonitätsauskünften

(1) Die Verwendung eines Wahrscheinlichkeitswerts über ein bestimmtes zukünftiges Verhalten einer natürlichen Person zum Zweck der Entscheidung über die Begründung, Durchführung oder Beendigung eines Vertragsverhältnisses mit dieser Person (Scoring) ist nur zulässig, wenn

1. die Vorschriften des Datenschutzrechts eingehalten wurden,
2. die zur Berechnung des Wahrscheinlichkeitswerts genutzten Daten unter Zugrundelegung eines wissenschaftlich anerkannten mathematisch-statistischen Verfahrens nachweisbar für die Berechnung der Wahrscheinlichkeit des bestimmten Verhaltens erheblich sind,
3. für die Berechnung des Wahrscheinlichkeitswerts nicht ausschließlich Anschriftendaten genutzt wurden und
4. im Fall der Nutzung von Anschriftendaten die betroffene Person vor Berechnung des Wahrscheinlichkeitswerts über die vorgesehene Nutzung dieser Daten unterrichtet worden ist; die Unterrichtung ist zu dokumentieren.

(2) Die Verwendung eines von Auskunfteien ermittelten Wahrscheinlichkeitswerts über die Zahlungsfähig- und Zahlungswilligkeit einer natürlichen Person ist im Fall der Einbeziehung von Informationen über Forderungen nur zulässig, soweit die Voraussetzungen nach Absatz 1 vorliegen und nur solche Forderungen über eine geschuldete Leistung, die trotz Fälligkeit nicht erbracht worden ist, berücksichtigt werden,

1. die durch ein rechtskräftiges oder für vorläufig vollstreckbar erklärtes Urteil festgestellt worden sind oder für die ein Schuldtitel nach § 794 der Zivilprozessordnung vorliegt,
2. die nach § 178 der Insolvenzordnung festgestellt und nicht vom Schuldner im Prüfungstermin bestritten worden sind,
3. die der Schuldner ausdrücklich anerkannt hat,
4. bei denen
   a) der Schuldner nach Eintritt der Fälligkeit der Forderung mindestens zweimal schriftlich gemahnt worden ist,
   b) die erste Mahnung mindestens vier Wochen zurückliegt,
   c) der Schuldner zuvor, jedoch frühestens bei der ersten Mahnung, über eine mögliche Berücksichtigung durch eine Auskunftei unterrichtet worden ist und
   d) der Schuldner die Forderung nicht bestritten hat oder
5. deren zugrunde liegendes Vertragsverhältnis aufgrund von Zahlungsrückständen fristlos gekündigt werden kann und bei denen der Schuldner zuvor über eine mögliche Berücksichtigung durch eine

나 변경한 자는, 독일 이외의 유럽연합회원국에 있는 소비대차대주의 정보제공요구(Auskunftsverlangen von Darlehensgebern aus anderen Mitgliedstaaten der Europäischen Union)를 독일 내의 대주의 정보제공요구와 같이 취급해야 한다.

② 소비자와의 소비자소비대차계약 또는 유상신용부여계약의 체결(den Abschluss eines Verbraucherdarlehensvertrags oder eines Vertrags über eine entgeltliche Finanzierungshilfe)을 제1항상의 자의 정보제공으로 거부하는 자는, 소비자에게 지체 없이 이에 관하여 또 얻은 정보에 관하여 알려야 한다. 이로 인하여 공공의 안녕 또는 질서가 위태롭게 될 범위 내에서는(soweit hierdurch die öffentliche Sicherheit oder Ordnung gefährdet würde) 그 통지를 하지 않는다. 제37조는 영향을 받지 아니한다.

제31조 장래행위평가와 신용도심사보고에서의 상거래의 보호

① 자연인과의 계약관계의 성립, 이행 또는 종료에 관한 결정을 목적으로 하는(zum Zweck der Entscheidung über die Begründung, Durchführung oder Beendigung eines Vertragsverhältnisses), 자연인의 특정한 장래의 행태에 관한 개연성수치의 활용('장래행위평가'; Scoring)은, 다음 각 호가 모두 충족된 경우에 한하여 허용된다,

1. 개인정보보호법의 규정이 준수되었을 것,
2. 과학적으로 승인된 수학적·인정된 절차의 기반 위에서 행해진, 개연성수치 산정에 활용된 개인정보(die zur Berechnung des Wahrscheinlichkeitswerts genutzten Daten)가 특정한 행위의 개연성의 산정에 대해 명백하게 중요할 것,
3. 개연성수치의 산정에 대하여(für die Berechnung des Wahrscheinlichkeitswerts) 주소정보만이 활용(活用)된 것,
4. 주소정보의 이용의 경우에 정보주체(情報主體)가 개연성수치 산정 전에 이러한 정보의 예상되는 이용에 관하여(über die vorgesehene Nutzung dieser Daten) 정보를 제공받을 것; 그 정보제공은 문서로 기록되어야 한다.

② 조사기관이 조사한, 자연인의 지불능력 및 지불의사에 관한 개연성수치의 활용(Die Verwendung eines von Auskunfteien ermittelten Wahrscheinlichkeitswerts über die Zahlungsfähig- und Zahlungswilligkeit einer natürlichen Person)은, 채권에 대해 정보를 포함하는 경우에 있어 제1항에 따른 요건이 존재하고, 이행기가 도래했음에도 이행되지 아니한 이행해야 할 급부에 관한 다음 각 호의 채권만이 고려되는 범위 내에서 허용된다,

1. 기판력 있게 선고된 판결이나 가집행할 수 있게 선고된 판결에 의해 확정되거나 민사소송법 제794조에 따른 집행권원이 존재하는 채권,
2. 도산법 제178조에 따라 확정되고 채무자가 심사기일(im Prüfungstermin)에서 다투지 않은 채권,
3. 채무자가 명시적으로 승인한 채권,
4. 다음의 채권,
   a) 채무자에 대하여 채권의 이행기일 도래 후에(nach Eintritt der Fälligkeit der Forderung) 최소한 두 차례 서면으로 최고하고,
   b) 최초의 최고(催告)가 최소한 4주 전에 있었으며,
   c) 채무자가 이전에, 다만 빨라도 최초의 최고에서 행해질 수 있는 고려사항에 관하여 조사기관에 의해 정보를 제공받았으며,
   d) 채무자가 채권을 다투지 않은 채권,
5. 그 채권의 기초가 되는 계약관계가 연체금으로 인하여 기한 없이 해지될 수 있고(deren zugrunde liegendes Vertragsverhältnis aufgrund von Zahlungsrückständen fristlos gekündigt werden kann), 채무

Auskunftei unterrichtet worden ist.
Die Zulässigkeit der Verarbeitung, einschließlich der Ermittlung von Wahrscheinlichkeitswerten, von anderen bonitätsrelevanten Daten nach allgemeinem Datenschutzrecht bleibt unberührt.

Kapitel 2 Rechte der betroffenen Person

§ 32 Informationspflicht bei Erhebung von personenbezogenen Daten bei der betroffenen Person

(1) Die Pflicht zur Information der betroffenen Person gemäß Artikel 13 Absatz 3 der Verordnung (EU) 2016/679 besteht ergänzend zu der in Artikel 13 Absatz 4 der Verordnung (EU) 2016/679 genannten Ausnahme dann nicht, wenn die Erteilung der Information über die beabsichtigte Weiterverarbeitung

1. eine Weiterverarbeitung analog gespeicherter Daten betrifft, bei der sich der Verantwortliche durch die Weiterverarbeitung unmittelbar an die betroffene Person wendet, der Zweck mit dem ursprünglichen Erhebungszweck gemäß der Verordnung (EU) 2016/679 vereinbar ist, die Kommunikation mit der betroffenen Person nicht in digitaler Form erfolgt und das Interesse der betroffenen Person an der Informationserteilung nach den Umständen des Einzelfalls, insbesondere mit Blick auf den Zusammenhang, in dem die Daten erhoben wurden, als gering anzusehen ist,
2. im Fall einer öffentlichen Stelle die ordnungsgemäße Erfüllung der in der Zuständigkeit des Verantwortlichen liegenden Aufgaben im Sinne des Artikels 23 Absatz 1 Buchstabe a bis e der Verordnung (EU) 2016/679 gefährden würde und die Interessen des Verantwortlichen an der Nichterteilung der Information die Interessen der betroffenen Person überwiegen,
3. die öffentliche Sicherheit oder Ordnung gefährden oder sonst dem Wohl des Bundes oder eines Landes Nachteile bereiten würde und die Interessen des Verantwortlichen an der Nichterteilung der Information die Interessen der betroffenen Person überwiegen,
4. die Geltendmachung, Ausübung oder Verteidigung rechtlicher Ansprüche beeinträchtigen würde und die Interessen des Verantwortlichen an der Nichterteilung der Information die Interessen der betroffenen Person überwiegen oder
5. eine vertrauliche Übermittlung von Daten an öffentliche Stellen gefährden würde.

(2) Unterbleibt eine Information der betroffenen Person nach Maßgabe des Absatzes 1, ergreift der Verantwortliche geeignete Maßnahmen zum Schutz der berechtigten Interessen der betroffenen Person, einschließlich der Bereitstellung der in Artikel 13 Absatz 1 und 2 der Verordnung (EU) 2016/679 genannten Informationen für die Öffentlichkeit in präziser, transparenter, verständlicher und leicht zugänglicher Form in einer klaren und einfachen Sprache. Der Verantwortliche hält schriftlich fest, aus welchen Gründen er von einer Information abgesehen hat. Die Sätze 1 und 2 finden in den Fällen des Absatzes 1 Nummer 4 und 5 keine Anwendung.

(3) Unterbleibt die Benachrichtigung in den Fällen des Absatzes 1 wegen eines vorübergehenden Hinderungsgrundes, kommt der Verantwortliche der Informationspflicht unter Berücksichtigung der spezifischen Umstände der Verarbeitung innerhalb einer angemessenen Frist nach Fortfall des Hinderungsgrundes, spätestens jedoch innerhalb von zwei Wochen, nach.

Fußnote

(+++ § 32: zur Anwendung vgl. § 4 Abs. 4 +++)

(+++ § 32 Abs. 2: zur Anwendung vgl. § 85 Abs. 3 +++)

자가 행해질 수 있는 고려사항에 관하여 조사기관에 의하여 정보를 사전에 제공받은 채권.
개연성수치의 산정(Ermittlung)을 포함하여 일반적 개인정보보호법에 따른 신용도심사보고에 관련된 그 밖의 개인정보 처리의 허용요건은 영향을 받지 아니한다.

제2장 정보주체(情報主體)의 권리

제32조 개인정보 수집시 정보주체(情報主體)에 대한 정보제공의무

다음 각 호의 경우에는 (EU) 2016/679 법(法) 제13조 제4항상의 예외에 대한 추가적 예외로 인정되어, 동 법(法) 제13조 제3항에 따른 정보주체에 대한 정보제공의무가 성립하지 아니한다,

1. 계획하는 추가처리에 관한 정보제공이, 아나로그 방식으로 저장된 개인정보로, 개인정보처리자가 그 추가처리를 통해 정보주체(情報主體)와 직접적으로 연락할 수 있는(bei der sich der Verantwortliche durch die Weiterverarbeitung unmittelbar an die betroffene Person wendet) 개인정보의 추가처리에 관련되고, 그 목적이 (EU) 2016/679호 법(法)에 따른 당초의 수집목적에 합치하고, 정보주체와의 연락이 디지털방식으로 행해지지 않으며, 개별사안의 제사정(諸事情)을 고려했을 때, 특히 개인정보가 수집된 정황을 고려했을 때 정보주체(情報主體)의 정보제공에 대한 이익이 사소한 것으로 볼 수 있는 경우,
2. 계획하는 추가처리에 관한 정보제공으로 인해, 공공기관의 경우에 개인정보처리자의 관할에 속하는 임무로, (EU) 2016/679호 법(法) 제23조 제1항 a목 내지 e목상의 임무의 적절한 수행이 위태롭게 되고, 정보를 제공하지 않은 것에 대한 정보처리자의 이익(die Interessen des Verantwortlichen an der Nichterteilung der Information)이 정보주체(情報主體)의 이익보다 우월한 경우,
3. 계획하는 추가처리에 관한 정보제공으로 인해 공공의 안녕 또는 공공질서가 위태롭게 되거나 연방 또는 어느 주의 안녕(安寧)에 불이익을 끼치고, 정보를 제공하지 않은 것에 대한 개인정보처리자의 이익이 정보주체의 이익보다 우월한 경우,
4. 계획하는 추가처리에 관한 정보제공으로 인해 법적 청구권의 증명, 행사 또는 방어가 방해받고, 정보를 제공하지 않은 것에 대한 정보처리자의 이익(die Interessen des Verantwortlichen an der Nichterteilung der Information)이 정보주체(情報主體)의 이익보다 우월한 경우,
5. 계획하는 추가처리에 관한 정보제공으로 인해 공공기관에 대한 보안이 유지되는 정보의 이전(移轉)이 위태롭게 되는 경우.

② 제1항에 따른 기준에 따라 정보주체(情報主體)에게 정보제공을 하지 않은 경우에, (EU) 2016/679호 법(法) 제13조 제1항, 제2항에서 언급된, 공중에 대한 정보제공으로, 상세하고, 투명하며, 이해가 쉬우며, 쉽게 접근할 수 있는 형식에 의하여 명료하고 간결한 언어로(in präziser, transparenter, verständlicher und leicht zugänglicher Form in einer klaren und einfachen Sprache) 하는 정보제공을 포함하여, 개인정보처리자는 정보주체(情報主體)의 침해되는 이익의 보호를 위한 적절한 조치를 취한다. 개인정보처리자는, 어떤 사유에 기하여 자신이 정보제공을 하지 않았는지에 대하여 서면에 기록한다. 제1항 제4호, 제5호의 경우에 제1항, 제2항을 적용하지 아니한다.

③ 제1항의 경우에 일시적 장애로 인하여 통지를 하지 않은 경우에, 개인정보처리자는 그 장애의 중단시로부터 적절한 기간 내, 다만 늦어도 그로부터 2주 내(innerhalb einer angemessenen Frist nach Fortfall des Hinderungsgrundes, spätestens jedoch innerhalb von zwei Wochen)에 처리의 특별한 사정을 고려하여 정보제공의무를 이행한다.

각주

(제32조: 그 적용에 대하여 제4조 제4항을 참조하라)

(제32조 제2항: 그 적용에 대하여 제85조 제3항을 참조하라)

§ 33 Informationspflicht, wenn die personenbezogenen Daten nicht bei der betroffenen Person erhoben wurden

(1) Die Pflicht zur Information der betroffenen Person gemäß Artikel 14 Absatz 1, 2 und 4 der Verordnung (EU) 2016/679 besteht ergänzend zu den in Artikel 14 Absatz 5 der Verordnung (EU) 2016/679 und der in § 29 Absatz 1 Satz 1 genannten Ausnahme nicht, wenn die Erteilung der Information

1. im Fall einer öffentlichen Stelle

a) die ordnungsgemäße Erfüllung der in der Zuständigkeit des Verantwortlichen liegenden Aufgaben im Sinne des Artikels 23 Absatz 1 Buchstabe a bis e der Verordnung (EU) 2016/679 gefährden würde oder

b) die öffentliche Sicherheit oder Ordnung gefährden oder sonst dem Wohl des Bundes oder eines Landes Nachteile bereiten würde

und deswegen das Interesse der betroffenen Person an der Informationserteilung zurücktreten muss,

2. im Fall einer nichtöffentlichen Stelle

a) die Geltendmachung, Ausübung oder Verteidigung zivilrechtlicher Ansprüche beeinträchtigen würde oder die Verarbeitung Daten aus zivilrechtlichen Verträgen beinhaltet und der Verhütung von Schäden durch Straftaten dient, sofern nicht das berechtigte Interesse der betroffenen Person an der Informationserteilung überwiegt, oder

b) die zuständige öffentliche Stelle gegenüber dem Verantwortlichen festgestellt hat, dass das Bekanntwerden der Daten die öffentliche Sicherheit oder Ordnung gefährden oder sonst dem Wohl des Bundes oder eines Landes Nachteile bereiten würde; im Fall der Datenverarbeitung für Zwecke der Strafverfolgung bedarf es keiner Feststellung nach dem ersten Halbsatz.

(2) Unterbleibt eine Information der betroffenen Person nach Maßgabe des Absatzes 1, ergreift der Verantwortliche geeignete Maßnahmen zum Schutz der berechtigten Interessen der betroffenen Person, einschließlich der Bereitstellung der in Artikel 14 Absatz 1 und 2 der Verordnung (EU) 2016/679 genannten Informationen für die Öffentlichkeit in präziser, transparenter, verständlicher und leicht zugänglicher Form in einer klaren und einfachen Sprache. Der Verantwortliche hält schriftlich fest, aus welchen Gründen er von einer Information abgesehen hat.

(3) Bezieht sich die Informationserteilung auf die Übermittlung personenbezogener Daten durch öffentliche Stellen an Verfassungsschutzbehörden, den Bundesnachrichtendienst, den Militärischen Abschirmdienst und, soweit die Sicherheit des Bundes berührt wird, andere Behörden des Bundesministeriums der Verteidigung, ist sie nur mit Zustimmung dieser Stellen zulässig.

Fußnote

(+++ § 33 Abs. 2: zur Anwendung vgl. § 85 Abs. 3 +++)

§ 34 Auskunftsrecht der betroffenen Person

(1) Das Recht auf Auskunft der betroffenen Person gemäß Artikel 15 der Verordnung (EU) 2016/679 besteht ergänzend zu den in § 27 Absatz 2, § 28 Absatz 2 und § 29 Absatz 1 Satz 2 genannten Ausnahmen nicht, wenn

1. die betroffene Person nach § 33 Absatz 1 Nummer 1, 2 Buchstabe b oder Absatz 3 nicht zu informieren ist, oder

제33조 개인정보가 정보주체(情報主體)에게서(bei der betroffenen Person) 수집(蒐集)되지 않은 경우에 있어 정보제공의무

① 다음 각 호의 경우에는 동 법(法) 제14조 제5항과 본 법률 제29조 제1항상의 예외에 추가하여, (EU) 2016/679호 법(法) 제14조 제1항, 제2항, 제4항에 따른, 정보주체에 대한 정보제공의무[Die Pflicht zur Information der betroffenen Person gemäß Artikel 14 Absatz 1, 2 und 4 der Verordnung (EU) 2016/679]가 인정되지 아니한다,

1. 공공기관에 있어,

a) 그 정보제공으로 인하여 개인정보처리자의 관할에 속하는 임무(der in der Zuständigkeit des Verantwortlichen liegenden Aufgaben)로, 2016/679호 법(法) 제23조 제1항 a목 내지 e목상의 임무의 적절한 수행이 위태롭게 되거나,

b) 그 정보제공으로 인하여 공공의 안녕 또는 공공질서가 위태롭게 되거나, 아니면 연방 또는 어느 주의 안녕(安寧)에 불이익을 끼치고,

이로 인하여 정보주체(情報主體)에 대한 정보제공이익이 후퇴해야만 하는 경우,

2. 민간기관에 있어,

a) 정보제공에 대한 정보주체(情報主體)의 정당한 이익이 우월하지 않는 한(sofern nicht das berechtigte Interesse der betroffenen Person an der Informationserteilung überwieg), 그 정보제공이 민사청구권의 증명, 행사 또는 방어에 영향을 끼치거나, 그 처리가 사법상의 청구권에 기한 개인정보를 포함하고 범죄에 의한 손해의 방지를 위한 경우,

b) 그 정보제공과 관련하여 관할 공공기관이 개인정보처리자에 대하여, 그 개인정보에 대한 지득(知得)으로 공공의 안녕 또는 질서(die öffentliche Sicherheit oder Ordnung)를 위태롭게 되거나, 아니면 연방 또는 어느 주의 안녕(安寧)에 불이익를 끼칠 것으로 결정한 경우; 형사기소 목적의 개인정보 처리의 경우에 첫 번째 소문(小文)에 따른 결정은 요구되지 아니한다.

② 제1항의 기준에 따른 정보주체(情報主體)에 대한 정보제공을 하지 않는 경우에, 개인정보처리자는 , (EU) 2016/679호 법(法) 제14조 제1항, 제2항에서 언급된, 공중에 대한 정보제공으로, 상세하고, 투명하며, 이해가 쉬우며, 쉽게 접근할 수 있는 형식에 의하여 명료하고 간결한 언어로(in präziser, transparenter, verständlicher und leicht zugänglicher Form in einer klaren und einfachen Sprache) 하는 정보제공을 포함하여, 정보주체(情報主體)의 정당한 이익을 보호할 적절한 조치를 취한다. 개인정보처리자는, 어떤 사유에 기하여 자신이 정보제공을 하지 않았는지에 대하여 서면에 기록한다.

③ 공공기관이 헌법수호청, 연방해외정보국, 군사정보국로 개인정보를 이전하는 것과, 연방의 안전이 관련되는 범위 내에서 공공기관이 연방국방부 산하의 기타 관청으로 개인정보를 이전하는 것에 정보제공이 관련된 경우에, 이러한 기관의 동의를 얻어야만 그 정보제공은 허용된다.

각주
(제33조 제2항: 그 적용에 대하여 제85조 제3항을 참조하라)

제34조 정보주체(情報主體)의 접근권

① 다음 각 호의 경우에는 본 법 제27조 제2항, 제28조 제2항 또는 제29조 제1항 제2문상의 예외에 대한 추가적 예외로 인정되어, (EU) 2016/679호 법(法) 제15조에 따른 정보주체(情報主體)의 접근권(Das Recht auf Auskunft der betroffenen Person)이 인정되지 아니한다,

1. 정보주체(情報主體)(die betroffene Person)가 제33조 제1항 제1호, 제2호 b목 또는 제3항에 따라 정보를 제공받지 못한 경우,

2. die Daten

a) nur deshalb gespeichert sind, weil sie aufgrund gesetzlicher oder satzungsmäßiger Aufbewahrungsvorschriften nicht gelöscht werden dürfen, oder

b) ausschließlich Zwecken der Datensicherung oder der Datenschutzkontrolle dienen

und die Auskunftserteilung einen unverhältnismäßigen Aufwand erfordern würde sowie eine Verarbeitung zu anderen Zwecken durch geeignete technische und organisatorische Maßnahmen ausgeschlossen ist.

(2) Die Gründe der Auskunftsverweigerung sind zu dokumentieren. Die Ablehnung der Auskunftserteilung ist gegenüber der betroffenen Person zu begründen, soweit nicht durch die Mitteilung der tatsächlichen und rechtlichen Gründe, auf die die Entscheidung gestützt wird, der mit der Auskunftsverweigerung verfolgte Zweck gefährdet würde. Die zum Zweck der Auskunftserteilung an die betroffene Person und zu deren Vorbereitung gespeicherten Daten dürfen nur für diesen Zweck sowie für Zwecke der Datenschutzkontrolle verarbeitet werden; für andere Zwecke ist die Verarbeitung nach Maßgabe des Artikels 18 der Verordnung (EU) 2016/679 einzuschränken.

(3) Wird der betroffenen Person durch eine öffentliche Stelle des Bundes keine Auskunft erteilt, so ist sie auf ihr Verlangen der oder dem Bundesbeauftragten zu erteilen, soweit nicht die jeweils zuständige oberste Bundesbehörde im Einzelfall feststellt, dass dadurch die Sicherheit des Bundes oder eines Landes gefährdet würde. Die Mitteilung der oder des Bundesbeauftragten an die betroffene Person über das Ergebnis der datenschutzrechtlichen Prüfung darf keine Rückschlüsse auf den Erkenntnisstand des Verantwortlichen zulassen, sofern dieser nicht einer weitergehenden Auskunft zustimmt.

(4) Das Recht der betroffenen Person auf Auskunft über personenbezogene Daten, die durch eine öffentliche Stelle weder automatisiert verarbeitet noch nicht automatisiert verarbeitet und in einem Dateisystem gespeichert werden, besteht nur, soweit die betroffene Person Angaben macht, die das Auffinden der Daten ermöglichen, und der für die Erteilung der Auskunft erforderliche Aufwand nicht außer Verhältnis zu dem von der betroffenen Person geltend gemachten Informationsinteresse steht.

§ 35 Recht auf Löschung

(1) Ist eine Löschung im Fall nicht automatisierter Datenverarbeitung wegen der besonderen Art der Speicherung nicht oder nur mit unverhältnismäßig hohem Aufwand möglich und ist das Interesse der betroffenen Person an der Löschung als gering anzusehen, besteht das Recht der betroffenen Person auf und die Pflicht des Verantwortlichen zur Löschung personenbezogener Daten gemäß Artikel 17 Absatz 1 der Verordnung (EU) 2016/679 ergänzend zu den in Artikel 17 Absatz 3 der Verordnung (EU) 2016/679 genannten Ausnahmen nicht. In diesem Fall tritt an die Stelle einer Löschung die Einschränkung der Verarbeitung gemäß Artikel 18 der Verordnung (EU) 2016/679. Die Sätze 1 und 2 finden keine Anwendung, wenn die personenbezogenen Daten unrechtmäßig verarbeitet wurden.

(2) Ergänzend zu Artikel 18 Absatz 1 Buchstabe b und c der Verordnung (EU) 2016/679 gilt Absatz 1 Satz 1 und 2 entsprechend im Fall des Artikels 17 Absatz 1 Buchstabe a und d der Verordnung (EU) 2016/679, solange und soweit der Verantwortliche Grund zu der Annahme hat, dass durch eine Löschung schutzwürdige Interessen der betroffenen Person beeinträchtigt würden. Der Verantwortliche unterrichtet die betroffene Person über die Einschränkung der Verarbeitung, sofern sich die Unterrichtung nicht als unmöglich erweist oder einen unverhältnismäßigen Aufwand erfordern würde.

2. 다음 각 목의 개인정보로, 그 정보제공에 과도한 경비(經費)가 필요하고, 기술적·관리적 조치에 의하여(durch geeignete technische und organisatorische Maßnahmen) 그 밖의 목적(目的)의 정보처리가 불가능한 경우,

a) 그 정보가 법(法)상 또는 정관상의 보관규정에 근거하여(aufgrund gesetzlicher oder satzungsmäßiger Aufbewahrungsvorschriften) 삭제되어서는 안 되는 이유만으로 저장되는 개인정보,

b) 오로지 정보저장 또는 정보보호감시의 목적을 위한 개인정보.

② 정보제공 거부의 사유는 문서로 기록해야 한다. 그 결정을 뒷받침하는 사실상 및 법(法)상 근거의 통지로 인해 정보제공의 거부로 달성하려는 목적이 위태롭게 되는 범위 내에서 정보제공 거부에 대하여 정보주체(情報主體)에게 이유를 제시해야 한다. 정보주체(情報主體)에 대한 정보제공의 목적과 그 준비를 위해 저장된 개인정보(Die zum Zweck der Auskunftserteilung an die betroffene Person und zu deren Vorbereitung gespeicherten Daten)는 이러한 목적만을 위해 또 정보보호감시의 목적만을 위해(nur für diesen Zweck sowie für Zwecke der Datenschutzkontrolle) 처리될 수 있다; 그 밖의 목적을 위한 그 처리는 (EU) 2016/679호 법(法) 제18조의 기준에 따라 제한된다.

③ 정보주체(情報主體)에게 연방의 공공기관에 의해 정보제공이 이뤄지지 않은 경우에, 그 정보는, 각각의 관할 최상급행정관청이 개별사안에서 이로 인하여 연방 또는 주의 안전이 위태롭게 된다는 점을 결정하지 않은 범위 내에서 정보주체(情報主體)의 요구에 따라 연방개인정보보호책임관에게 제공되어야 한다(so ist sie auf ihr Verlangen der oder dem Bundesbeauftragten zu erteilen). 개인정보보호법의 심사 결과에 관한 정보주체(情報主體)에 대한 연방개인정보보호책임관의 통지로 인하여, 그 정보주체(情報主體)가 추가적인 정보제공에 동의하지 않은 한(sofern dieser nicht einer weitergehenden Auskunft zustimmt), 개인정보처리자가 보유한 정보에 관하여 어떤 결론이 도출되도록 허용되어는 아니된다.

④ 공공기관에 의해 자동적으로 처리되지도 않고 수동화되어 처리되지도 않고 파일링시스템에 저장되어 있는 개인정보에 관한 정보주체의 접근권은, 정보주체가 개인정보의 검색을 가능하게 하는 정보를 제공하고 또 그 정보제공에 필요한 경비가 정보주체에 의해 주장되는 정보이익에 대하여 비례적 관계가 있는(der für die Erteilung der Auskunft erforderliche Aufwand nicht außer Verhältnis zu dem von der betroffenen Person geltend gemachten Informationsinteresse steht) 범위 내에서만 인정된다.

제35조 삭제요구권

① 수동화되어 이뤄지는 개인정보 처리의 경우에 삭제가 저장의 특수한 성질상 불가능하거나 과도한 경비를 들여서만 가능하고 정보주체(情報主體)의 삭제에 대한 이익이 사소한 것으로 볼 수 있는 경우에는, (EU) 2016/679호 법(法) 제17조 제3항상의 예외에 대한 추가적 예외로 인정되어, 동 법(法) 제17조 제1항에 따른 개인정보의 삭제에 관한 정보주체(情報主體)의 권리와, 개인정보처리자의 그에 관한 의무[das Recht der betroffenen Person auf und die Pflicht des Verantwortlichen zur Löschung personenbezogener Daten gemäß Artikel 17 Absatz 1 der Verordnung (EU) 2016/679]가 성립하지 아니한다. 이러한 경우에 (EU) 2016/679호 법(法) 제18조에 따른 처리의 제한이 삭제를 대신한다. 개인정보가 불법적(不法的)으로 처리된 경우에 제1문, 제2문을 적용하지 아니한다.

② (EU) 2016/679호 법(法) 제17조 제1항 a목 또는 d목의 경우에 있어, 개인정보처리자가 그 삭제로 보호받을 만한 정보주체(情報主體)의 이익이 침해될 것(dass durch eine Löschung schutzwürdige Interessen der betroffenen Person beeinträchtigt würden)으로 보는 근거를 가지고 있는 동안에 그러한 범위 내에서, (EU) 2016/679호 법(法) 제18조 제1항 b목 또는 c목에 추가적으로, 본 법 제1항 제1문, 제2문을 준용한다. 개인정보처리자는, 그 통지가 불가능한 것으로 증명되지 않거나 과도한 경비가 소요되지 않은 한, 처리의 제한에 관하여 관련자에게 알린다.

(3) Ergänzend zu Artikel 17 Absatz 3 Buchstabe b der Verordnung (EU) 2016/679 gilt Absatz 1 entsprechend im Fall des Artikels 17 Absatz 1 Buchstabe a der Verordnung (EU) 2016/679, wenn einer Löschung satzungsgemäße oder vertragliche Aufbewahrungsfristen entgegenstehen.

§ 36 Widerspruchsrecht

Das Recht auf Widerspruch gemäß Artikel 21 Absatz 1 der Verordnung (EU) 2016/679 gegenüber einer öffentlichen Stelle besteht nicht, soweit an der Verarbeitung ein zwingendes öffentliches Interesse besteht, das die Interessen der betroffenen Person überwiegt, oder eine Rechtsvorschrift zur Verarbeitung verpflichtet.

§ 37 Automatisierte Entscheidungen im Einzelfall einschließlich Profiling

(1) Das Recht gemäß Artikel 22 Absatz 1 der Verordnung (EU) 2016/679, keiner ausschließlich auf einer automatisierten Verarbeitung beruhenden Entscheidung unterworfen zu werden, besteht über die in Artikel 22 Absatz 2 Buchstabe a und c der Verordnung (EU) 2016/679 genannten Ausnahmen hinaus nicht, wenn die Entscheidung im Rahmen der Leistungserbringung nach einem Versicherungsvertrag ergeht und

1. dem Begehren der betroffenen Person stattgegeben wurde oder
2. die Entscheidung auf der Anwendung verbindlicher Entgeltregelungen für Heilbehandlungen beruht und der Verantwortliche für den Fall, dass dem Antrag nicht vollumfänglich stattgegeben wird, angemessene Maßnahmen zur Wahrung der berechtigten Interessen der betroffenen Person trifft, wozu mindestens das Recht auf Erwirkung des Eingreifens einer Person seitens des Verantwortlichen, auf Darlegung des eigenen Standpunktes und auf Anfechtung der Entscheidung zählt; der Verantwortliche informiert die betroffene Person über diese Rechte spätestens zum Zeitpunkt der Mitteilung, aus der sich ergibt, dass dem Antrag der betroffenen Person nicht vollumfänglich stattgegeben wird.

(2) Entscheidungen nach Absatz 1 dürfen auf der Verarbeitung von Gesundheitsdaten im Sinne des Artikels 4 Nummer 15 der Verordnung (EU) 2016/679 beruhen. Der Verantwortliche sieht angemessene und spezifische Maßnahmen zur Wahrung der Interessen der betroffenen Person gemäß § 22 Absatz 2 Satz 2 vor.

Kapitel 3 Pflichten der Verantwortlichen und Auftragsverarbeiter

§ 38 Datenschutzbeauftragte nichtöffentlicher Stellen

(1) Ergänzend zu Artikel 37 Absatz 1 Buchstabe b und c der Verordnung (EU) 2016/679 benennen der Verantwortliche und der Auftragsverarbeiter eine Datenschutzbeauftragte oder einen Datenschutzbeauftragten, soweit sie in der Regel mindestens 20 Personen ständig mit der automatisierten Verarbeitung personenbezogener Daten beschäftigen. Nehmen der Verantwortliche oder der Auftragsverarbeiter Verarbeitungen vor, die einer Datenschutz-Folgenabschätzung nach Artikel 35 der Verordnung (EU) 2016/679 unterliegen, oder verarbeiten sie personenbezogene Daten geschäftsmäßig zum Zweck der Übermittlung, der anonymisierten Übermittlung oder für Zwecke der Markt- oder Meinungsforschung, haben sie unabhängig von der Anzahl der mit der Verarbeitung beschäftigten Personen eine Datenschutzbeauftragte oder einen Datenschutzbeauftragten zu benennen.

③ (EU) 2016/679 법(法) 제17조 제1항 a목의 경우에 정관상 또는 계약상의 보관기간(satzungsgemäße oder vertragliche Aufbewahrungsfristen)이 삭제에 배치되는 때에는, (EU) 2016/679호 법(法) 제17조 제3항 b목에 추가적으로 제1항을 준용한다.

제36조 반대권

(EU) 2016/679호 법(法) 제21조 제1항에 따른 공공기관에 대한 이의제기권은, 그 처리에 대하여 정보주체(情報主體)의 이익보다 우월한 공익(公益)(ein zwingendes öffentliches Interesse)이 인정되거나 법규정에 의해 그 처리가 의무가 된(eine Rechtsvorschrift zur Verarbeitung verpflichtet) 범위(範圍) 내에서 성립하지 아니한다.

제37조 프로파일링을 포함하여 각각의 자동화된 의사결정

① 그 의사결정이 보험계약에 따른 급부이행의 도중에 이뤄지고(wenn die Entscheidung im Rahmen der Leistungserbringung nach einem Versicherungsvertrag ergeht) 또 다음 각 호의 경우에는, 동 법(法) 제22조 제2항 a목 또는 c목상의 예외에 대한 추가적 예외로 인정되어, (EU) 2016/679호 법(法) 제22조 제1항에 따른 권리로, 오로지 자동화된 처리에 기한 의사결정을 적용받지 않을 권리가 성립하지 아니한다,

1. 그 의사결정이 정보주체(情報主體)의 요구에 대하여 허용된 경우,
2. 그 의사결정이 치료행위에 대한 구속적 보수규정의 적용(der Anwendung verbindlicher Entgeltregelungen für Heilbehandlungen)에 근거하고, 정보처리책임자가 그 요구가 완전히 수용되지 않은 경우 정보주체(情報主體)의 정당한 이익을 보호하기 위하여, 최소한 정보처리자에 속하는 일원에 대한 개입요구권, 자신의 견해진술요구과 결정취소요구권이 포함되는(wozu mindestens das Recht auf Erwirkung des Eingreifens einer Person seitens des Verantwortlichen, auf Darlegung des eigenen Standpunktes und auf Anfechtung der Entscheidung zählt) 적절한 조치를 취하는 경우; 정보처리자는, 늦어도 정보주체(情報主體)의 요구가 완전히 수용되지 않을 것이라는 통지의 시기까지 정보주체(情報主體)에게 이러한 권리에 관하여 알린다.

② 제1항에 따른 의사결정은 (EU) 2016/679호 법(法) 제4조 제15호상의 건강정보의 처리(der Verarbeitung von Gesundheitsdaten)에 근거할 수 있다. 개인정보처리자는 제22조 제2항 제2문에 따라 정보주체(情報主體)의 이익(der Interessen der betroffenen Person)을 보호하기 위하여 적절하고도 특수한 조치(angemessene und spezifische Maßnahmen)를 취한다.

제3장 개인정보처리자와 수탁처리자의 의무

제38조 민간기관의 개인정보보호책임자

① 개인정보처리자 또는 수탁처리자가 개인정보의 자동화된 처리를 행하는 20명 이상을 상시적으로 고용하는 것이 통상적인 경우(soweit sie in der Regel mindestens 20 Personen ständig mit der automatisierten Verarbeitung personenbezogener Daten beschäftigen)에, (EU) 2016/679호 법(法) 제37조 제1항 b목의 경우의 추가적 경우로서, 개인정보처리자 또는 수탁처리자는 개인정보보호책임자를 지정한다. 개인정보처리자 또는 수탁처리자가 (EU) 2016/679호 법(法) 제35조에 따른 개인정보보호 영향평가를 적용받는 처리를 하거나, 이전목적이나 익명처리된 이전의 목적으로 또는 시장 및 의견 조사의 목적으로 개인정보를 영업적으로 처리하는(verarbeiten sie personenbezogene Daten geschäftsmäßig zum Zweck der Übermittlung, der anonymisierten Übermittlung oder für Zwecke der Markt- oder Meinungsforschung) 경우에는, 그 개인정보처리자 또는 수탁처리자는 그 처리를 하기 위하여 고용된 자의 숫자를 불문하고 개인정보보호책임자를 지정해야 한다.

(2) § 6 Absatz 4, 5 Satz 2 und Absatz 6 finden Anwendung, § 6 Absatz 4 jedoch nur, wenn die Benennung einer oder eines Datenschutzbeauftragten verpflichtend ist.

§ 39 Akkreditierung

Die Erteilung der Befugnis, als Zertifizierungsstelle gemäß Artikel 43 Absatz 1 Satz 1 der Verordnung (EU) 2016/679 tätig zu werden, erfolgt durch die für die datenschutzrechtliche Aufsicht über die Zertifizierungsstelle zuständige Aufsichtsbehörde des Bundes oder der Länder auf der Grundlage einer Akkreditierung durch die Deutsche Akkreditierungsstelle. § 2 Absatz 3 Satz 2, § 4 Absatz 3 und § 10 Absatz 1 Satz 1 Nummer 3 des Akkreditierungsstellengesetzes finden mit der Maßgabe Anwendung, dass der Datenschutz als ein dem Anwendungsbereich des § 1 Absatz 2 Satz 2 unterfallender Bereich gilt.

Kapitel 4 Aufsichtsbehörde für die Datenverarbeitung durch nichtöffentliche Stellen

§ 40 Aufsichtsbehörden der Länder

(1) Die nach Landesrecht zuständigen Behörden überwachen im Anwendungsbereich der Verordnung (EU) 2016/679 bei den nichtöffentlichen Stellen die Anwendung der Vorschriften über den Datenschutz.

(2) Hat der Verantwortliche oder Auftragsverarbeiter mehrere inländische Niederlassungen, findet für die Bestimmung der zuständigen Aufsichtsbehörde Artikel 4 Nummer 16 der Verordnung (EU) 2016/679 entsprechende Anwendung. Wenn sich mehrere Behörden für zuständig oder für unzuständig halten oder wenn die Zuständigkeit aus anderen Gründen zweifelhaft ist, treffen die Aufsichtsbehörden die Entscheidung gemeinsam nach Maßgabe des § 18 Absatz 2. § 3 Absatz 3 und 4 des Verwaltungsverfahrensgesetzes findet entsprechende Anwendung.

(3) Die Aufsichtsbehörde darf die von ihr gespeicherten Daten nur für Zwecke der Aufsicht verarbeiten; hierbei darf sie Daten an andere Aufsichtsbehörden übermitteln. Eine Verarbeitung zu einem anderen Zweck ist über Artikel 6 Absatz 4 der Verordnung (EU) 2016/679 hinaus zulässig, wenn

1. offensichtlich ist, dass sie im Interesse der betroffenen Person liegt und kein Grund zu der Annahme besteht, dass sie in Kenntnis des anderen Zwecks ihre Einwilligung verweigern würde,
2. sie zur Abwehr erheblicher Nachteile für das Gemeinwohl oder einer Gefahr für die öffentliche Sicherheit oder zur Wahrung erheblicher Belange des Gemeinwohls erforderlich ist oder
3. sie zur Verfolgung von Straftaten oder Ordnungswidrigkeiten, zur Vollstreckung oder zum Vollzug von Strafen oder Maßnahmen im Sinne des § 11 Absatz 1 Nummer 8 des Strafgesetzbuchs oder von Erziehungsmaßregeln oder Zuchtmitteln im Sinne des Jugendgerichtsgesetzes oder zur Vollstreckung von Geldbußen erforderlich ist.

Stellt die Aufsichtsbehörde einen Verstoß gegen die Vorschriften über den Datenschutz fest, so ist sie befugt, die betroffenen Personen hierüber zu unterrichten, den Verstoß anderen für die Verfolgung oder Ahndung zuständigen Stellen anzuzeigen sowie bei schwerwiegenden Verstößen die Gewerbeaufsichtsbehörde zur Durchführung gewerberechtlicher Maßnahmen zu unterrichten. § 13 Absatz 4 Satz 4 bis 7 gilt entsprechend.

(4) Die der Aufsicht unterliegenden Stellen sowie die mit deren Leitung beauftragten Personen haben einer Aufsichtsbehörde auf Verlangen die für die Erfüllung ihrer Aufgaben erforderlichen Auskünfte zu erteilen. Der Auskunftspflichtige kann die Auskunft auf solche Fragen verweigern, deren Beantwortung ihn selbst oder einen der in § 383 Absatz 1 Nummer 1 bis 3 der Zivilprozessordnung bezeichneten

② 제6조 제4항, 제5항 제2문, 제6항을 적용하되, 제6조 제4항은 연방개인정보보호책임관의 지정이 의무적인 경우에 한하여 적용한다.

제39조 공인(公認)

(EU) 2016/679호 법(法) 제43조 제1항 제1문에 따른 인증기관으로서 활동하게 될 권한의 부여는, 독일의 공인부여기관의 공인에 기반한 인증기관에 관한 개인정보보호법의 감독을 관할하는, 연방 또는 주의 감독관청에 의하여 행해진다. 개인정보보호를 본 법률 제1조 제2항 제2문의 적용범위에 포함되는 영역으로 본다는(dass der Datenschutz als ein dem Anwendungsbereich des § 1 Absatz 2 Satz 2 unterfallender Bereich gilt) 기준하에 공인부여기관법(Akkreditierungsstellengesetz) 제2조 제3항 제2문, 제4조 제3항, 제10조 제1항 제1문을 적용한다.

제4장 민간기관에 의한 개인정보 처리에 대한 감독관청

제40조 주의 감독관청

① 주법에 따른 감독관청은, (EU) 2016/679호 법(法)의 적용범위 내에서 민간기관의 개인정보에 관한 규정의 적용을 감독한다.

② 개인정보처리자 또는 수탁처리자가 독일 내 여러 영업소를 둔 경우에, 소관감독관청의 결정에 대하여 (EU) 2016/679호 법(法) 제4조 제16호를 준용한다. 여러 감독관청이 자신에게 관할권이 있는 것으로 또는 관할권이 없는 것으로 보는 경우(Wenn sich mehrere Behörden für zuständig oder für unzuständig halten)나, 그 밖의 사유로 인하여 관할권에 의문이 있는 경우(wenn die Zuständigkeit aus anderen Gründen zweifelhaft ist)에는, 그 감독관청은 제18조 제2항의 기준에 따라 공동으로 결정한다. 행정절차법 제3조 제3항, 제4항을 준용(準用)한다.

③ 감독관청은 자신이 저장한 개인정보를 감독의 목적만을 위해 처리해야 한다; 이 경우 감독관청은 다른 감독관청에 그 개인정보를 이전할 수 있다. 다른 목적을 위한 처리는, (EU) 2016/679호 법(法) 제6조 제4항 이외에 다음 각 호의 경우에 추가로 허용된다,

1. 그 처리가 정보주체(情報主體)의 이익을 위해 행해진다는 점이 명백하고, 정보주체가 다른 목적을 안 경우에 그 처리에 대한 그 정보주체의 동의가 거부될 것으로 볼 근거가 없는 경우,
2. 그 처리가 공익(公益)에 대한 중대한 불이익나 공공의 안녕에 대한 위험(危險)을 방지하기 위하여 필요하거나 공익에 대한 중대한 이익을 보호하기 위하여 필요한 경우,
3. 그 처리가 범죄 또는 질서위반행위의 소추(zur Verfolgung von Straftaten oder Ordnungswidrigkeiten)나, 형벌 또는 형법전 제11조 제1항 제8호상의 처분의 집행 또는 시행이나, 소년법원법상의 교육처분 또는 훈육처분(Erziehungsmaßregeln oder Zuchtmitteln im Sinne des Jugendgerichtsgesetzes)의 집행 또는 시행이나 범칙금의 집행에 필요한 경우,

감독관청이 개인정보보호에 관한 규정 위반을 확인한 경우에(Stellt die Aufsichtsbehörde einen Verstoß gegen die Vorschriften über den Datenschutz fest), 감독관청은, 정보주체(情報主體)에게 이에 관하여 알리고 소추 또는 처벌을 관할하는 그 밖의 기관에 그 위반에 대하여 알리며, 중대한 위반의 경우에 영업법상 처분의 집행을 관할하는 영업감독청(die Gewerbeaufsichtsbehörde zur Durchführung gewerberechtlicher Maßnahmen)에 알릴 권한을 갖는다. 제13조 제4항 제4문 내지 제7문을 준용한다.

④ 감독을 받은 기관과 그 지휘에 관하여 수임받은 자(Die der Aufsicht unterliegenden Stellen sowie die mit deren Leitung beauftragten Personen)는, 감독관청의 요구에 따라 감독관청에 그 임무 수행에 필요한 정보를 제공해야 한다. 정보제공의무자는, 그 답변으로 자기 자신 또는 민사소송법 제383조 제1항 제1호 내지 제3호에 기재된 가족(家族) 중 한 사람이 형사기소(刑事起訴) 위험(危險)이나 질서위반행위에 관한

Angehörigen der Gefahr strafgerichtlicher Verfolgung oder eines Verfahrens nach dem Gesetz über Ordnungswidrigkeiten aussetzen würde. Der Auskunftspflichtige ist darauf hinzuweisen.

(5) Die von einer Aufsichtsbehörde mit der Überwachung der Einhaltung der Vorschriften über den Datenschutz beauftragten Personen sind befugt, zur Erfüllung ihrer Aufgaben Grundstücke und Geschäftsräume der Stelle zu betreten und Zugang zu allen Datenverarbeitungsanlagen und -geräten zu erhalten. Die Stelle ist insoweit zur Duldung verpflichtet. § 16 Absatz 4 gilt entsprechend.

(6) Die Aufsichtsbehörden beraten und unterstützen die Datenschutzbeauftragten mit Rücksicht auf deren typische Bedürfnisse. Sie können die Abberufung der oder des Datenschutzbeauftragten verlangen, wenn sie oder er die zur Erfüllung ihrer oder seiner Aufgaben erforderliche Fachkunde nicht besitzt oder im Fall des Artikels 38 Absatz 6 der Verordnung (EU) 2016/679 ein schwerwiegender Interessenkonflikt vorliegt.

(7) Die Anwendung der Gewerbeordnung bleibt unberührt.

Fußnote

(+++ § 40 Abs. 3 Satz 1: zur Anwendung vgl. § 16 Abs. 5 +++)

Kapitel 5 Sanktionen

§ 41 Anwendung der Vorschriften über das Bußgeld- und Strafverfahren

(1) Für Verstöße nach Artikel 83 Absatz 4 bis 6 der Verordnung (EU) 2016/679 gelten, soweit dieses Gesetz nichts anderes bestimmt, die Vorschriften des Gesetzes über Ordnungswidrigkeiten sinngemäß. Die §§ 17, 35 und 36 des Gesetzes über Ordnungswidrigkeiten finden keine Anwendung. § 68 des Gesetzes über Ordnungswidrigkeiten findet mit der Maßgabe Anwendung, dass das Landgericht entscheidet, wenn die festgesetzte Geldbuße den Betrag von einhunderttausend Euro übersteigt.

(2) Für Verfahren wegen eines Verstoßes nach Artikel 83 Absatz 4 bis 6 der Verordnung (EU) 2016/679 gelten, soweit dieses Gesetz nichts anderes bestimmt, die Vorschriften des Gesetzes über Ordnungswidrigkeiten und der allgemeinen Gesetze über das Strafverfahren, namentlich der Strafprozessordnung und des Gerichtsverfassungsgesetzes, entsprechend. Die §§ 56 bis 58, 87, 88, 99 und 100 des Gesetzes über Ordnungswidrigkeiten finden keine Anwendung. § 69 Absatz 4 Satz 2 des Gesetzes über Ordnungswidrigkeiten findet mit der Maßgabe Anwendung, dass die Staatsanwaltschaft das Verfahren nur mit Zustimmung der Aufsichtsbehörde, die den Bußgeldbescheid erlassen hat, einstellen kann.

§ 42 Strafvorschriften

(1) Mit Freiheitsstrafe bis zu drei Jahren oder mit Geldstrafe wird bestraft, wer wissentlich nicht allgemein zugängliche personenbezogene Daten einer großen Zahl von Personen, ohne hierzu berechtigt zu sein,

1. einem Dritten übermittelt oder
2. auf andere Art und Weise zugänglich macht

und hierbei gewerbsmäßig handelt.

(2) Mit Freiheitsstrafe bis zu zwei Jahren oder mit Geldstrafe wird bestraft, wer personenbezogene Daten, die nicht allgemein zugänglich sind,

법률상의 절차의 위험(危險; Gefahr)에 노출될 수 있는 질문에 대한 정보제공은 거절(拒絶)할 수 있다. 정보제공의무자는 이에 대하여 안내를 받아야 한다.

⑤ 개인정보보호에 관한 규정의 준수에 대한 감독에 대하여 감독관청에게서 수임을 받은 자는, 자신의 임무 수행을 위하여 기관의 부지(敷地) 및 사무소에 출입하고 일체의 정보처리시설 및 정보처리장치에 접급할 수 있는 권한을 갖는다. 그 기관은 그 범위 내에서 수인(受忍)을 할 의무(zur Duldung verpflichtet)를 진다. 제16조 제4항을 준용한다.

⑥ 감독관청은, 개인정보보호책임자의 전형적 필요를 고려하여 그에게 자문을 하고 그를 지원한다. 감독관청은, 개인정보보호책임자가 자신의 임무수행에 필요한 전문지식을 보유하지 않거나 (EU) 2016/679호 법(法) 제38조 제6항의 경우에 심각한 이해상충(利害相衝; ein schwerwiegender Interessenkonflikt)이 있는 때에는 개인정보보호책임자의 지정해제(die Abberufung der oder des Datenschutzbeauftragten)를 요구할 수 있다.

⑦ 영업법의 적용은 영향을 받지 아니한다.

각주

(제40조 제3항 제1문: 그 적용에 대하여 제16조 제5항을 참조하라)

제5장 제재

제41조 범칙금절차와 형사소송절차에 관한 규정의 적용

① 본 법률이 달리 정하지 않는 범위 내에서 (EU) 2016/679호 법(法) 제83조 제4항 내지 제6항에 따른 위반에 대하여 질서위반행위에 관한 법률의 규정을 준용한다. 질서위반행위에 관한 법률 제17조, 제35조, 제36조를 적용하지 아니한다. 질서위반행위에 관한 법률 제68조는, 주일반지방법원이 결정된 범칙금이 100,000유로의 금액을 초과하는 경우에(wenn die festgesetzte Geldbuße den Betrag von einhunderttausend Euro übersteigt) 결정한다는 기준하에 적용한다.

② 본 법률이 달리 정하지 않는 범위 내에서 (EU) 2016/679호 법(法) 제83조 제4항 내지 제6항 따른 위반으로 인한 절차에 대하여 질서위반행위에 관한 법률과, 형사소송절차에 관한 일반 법률, 즉 형사소송법, 법원조직법(der allgemeinen Gesetze über das Strafverfahren, namentlich der Strafprozessordnung und des Gerichtsverfassungsgesetzes)을 준용한다. 질서위반행위에 관한 법률 제56조 내지 제58조, 제87조, 제88조, 제99조, 제100조를 적용하지 아니한다. 질서위반행위에 관한 법률 제69조 제4항 제2문은, 검찰이 범칙금통지를 한 감독관청의 동의를 얻어야만 그 절차를 중단할 수 있다(dass die Staatsanwaltschaft das Verfahren nur mit Zustimmung der Aufsichtsbehörde, die den Bußgeldbescheid erlassen hat, einstellen kann)는 기준하에 적용한다.

제42조 형벌규정

① 이에 관한 권한을 부여받지 않은 채, 그 정(情)을 알면서 일반적으로 접근할 수 없는, 수많은 사람의 개인정보(nicht allgemein zugängliche personenbezogene Daten einer großen Zahl von Personen)에 대해, 다음 각 호의 행위를 하고, 이 때에 영업적으로 행위를 한 자는 3년 이하의 자유형(自由刑) 또는 벌금(罰金)에 처한다,

1. 제3자에게 이전하거나,
2. 그 밖의 방식 또는 방법으로 접근할 수 있게 한 행위.,

② 일반적으로 접근할 수 없는 개인정보를,

1. 이에 관하여 권한을 부여받지 않은 채 처리하거나,
2. 부정한 진술로 사취(詐取)하고,

1. ohne hierzu berechtigt zu sein, verarbeitet oder
2. durch unrichtige Angaben erschleicht

und hierbei gegen Entgelt oder in der Absicht handelt, sich oder einen anderen zu bereichern oder einen anderen zu schädigen.

(3) Die Tat wird nur auf Antrag verfolgt. Antragsberechtigt sind die betroffene Person, der Verantwortliche, die oder der Bundesbeauftragte und die Aufsichtsbehörde.

(4) Eine Meldung nach Artikel 33 der Verordnung (EU) 2016/679 oder eine Benachrichtigung nach Artikel 34 Absatz 1 der Verordnung (EU) 2016/679 darf in einem Strafverfahren gegen den Meldepflichtigen oder Benachrichtigenden oder seine in § 52 Absatz 1 der Strafprozessordnung bezeichneten Angehörigen nur mit Zustimmung des Meldepflichtigen oder Benachrichtigenden verwendet werden.

Fußnote

(+++ § 42: zur Anwendung vgl. § 84 +++)

(+++ § 42 Abs. 4: zur Anwendung vgl. § 65 Abs. 7 u. § 66 Abs. 6 +++)

§ 43 Bußgeldvorschriften

(1) Ordnungswidrig handelt, wer vorsätzlich oder fahrlässig

1. entgegen § 30 Absatz 1 ein Auskunftsverlangen nicht richtig behandelt oder
2. entgegen § 30 Absatz 2 Satz 1 einen Verbraucher nicht, nicht richtig, nicht vollständig oder nicht rechtzeitig unterrichtet.

(2) Die Ordnungswidrigkeit kann mit einer Geldbuße bis zu fünfzigtausend Euro geahndet werden.

(3) Gegen Behörden und sonstige öffentliche Stellen im Sinne des § 2 Absatz 1 werden keine Geldbußen verhängt.

(4) Eine Meldung nach Artikel 33 der Verordnung (EU) 2016/679 oder eine Benachrichtigung nach Artikel 34 Absatz 1 der Verordnung (EU) 2016/679 darf in einem Verfahren nach dem Gesetz über Ordnungswidrigkeiten gegen den Meldepflichtigen oder Benachrichtigenden oder seine in § 52 Absatz 1 der Strafprozessordnung bezeichneten Angehörigen nur mit Zustimmung des Meldepflichtigen oder Benachrichtigenden verwendet werden.

Kapitel 6 Rechtsbehelfe

§ 44 Klagen gegen den Verantwortlichen oder Auftragsverarbeiter

(1) Klagen der betroffenen Person gegen einen Verantwortlichen oder einen Auftragsverarbeiter wegen eines Verstoßes gegen datenschutzrechtliche Bestimmungen im Anwendungsbereich der Verordnung (EU) 2016/679 oder der darin enthaltenen Rechte der betroffenen Person können bei dem Gericht des Ortes erhoben werden, an dem sich eine Niederlassung des Verantwortlichen oder Auftragsverarbeiters befindet. Klagen nach Satz 1 können auch bei dem Gericht des Ortes erhoben werden, an dem die betroffene Person ihren gewöhnlichen Aufenthaltsort hat.

(2) Absatz 1 gilt nicht für Klagen gegen Behörden, die in Ausübung ihrer hoheitlichen Befugnisse tätig geworden sind.

(3) Hat der Verantwortliche oder Auftragsverarbeiter einen Vertreter nach Artikel 27 Absatz 1 der

이 때에 대가(對價)를 위해 행위(行爲)를 하거나, 자신(自身) 또는 제3자에 이익(利益)을 주거나 제3자에게 손해(損害)를 끼칠 목적(目的)으로 행위(in der Absicht handelt, sich oder einen anderen zu bereichern oder einen anderen zu schädigen)를 한 자(者)는 2년 이하의 자유형(自由刑) 또는 벌금(罰金)에 처한다.
③ 위 행위는 고소가 있어야 기소된다. 고소권자는 정보주체(情報主體), 정보처리자, 연방개인정보보호책임관 및 감독관청이다.
④ (EU) 2016/679호 법(法) 제33조에 통보 또는 동 법(法) 제34조 제1항에 따른 통지[Eine Meldung nach Artikel 33 der Verordnung (EU) 2016/679 oder eine Benachrichtigung nach Artikel 34 Absatz 1 der Verordnung (EU) 2016/679]는, 형사소송절차에서 통보의무자 또는 통지의무자나 형사소송법 제52조 제1항에 기재된 그 가족에 대하여 그 통보의무자 또는 통지의무자의 동의를 얻어야만(nur mit Zustimmung des Meldepflichtigen oder Benachrichtigenden) 행해질 수 있다.

각주
(제42조: 그 적용에 대하여 제84조를 참조하라)
(제42조 제4항: 그 적용에 대하여 제65조 제7항, 제66조 제6항을 참조하라)

제43조 범칙금규정
① 고의 또는 과실로 다음 각 호의 행위를 한 자는 질서위반행위를 범한 자이다,
1. 제30조 제1항에 위반하여 정보제공요구를 제대로 처리하지 않은 행위,
2. 제30조 제2항 제1문에 위반하여 소비자에게 정보를 제공하지 않거나, 제대로 제공하지 않거나 불완전하게 제공하거나 또는 적시에 알리지 않은 행위.
② 질서위반행위는 50,000 이하의 범칙금에 처할 수 있다.
③ 관청 및 제2조 제1항상의 기타 공공기관에 대하여(Gegen Behörden und sonstige öffentliche Stellen im Sinne des § 2 Absatz 1) 범칙금을 부과할 수 없다.
④ (EU) 2016/679호 법(法) 제33조에 통보 또는 동 법(法) 제34조 제1항에 따른 통지[Eine Meldung nach Artikel 33 der Verordnung (EU) 2016/679 oder eine Benachrichtigung nach Artikel 34 Absatz 1 der Verordnung (EU) 2016/679]는, 질서위반행위에 관한 법률에 따른 절차에서 통보의무자 또는 통지의무자나 형사소송법 제52조 제1항에 기재된 그 가족에 대하여 그 통보의무자 또는 통지의무자의 동의를 얻어야만(nur mit Zustimmung des Meldepflichtigen oder Benachrichtigenden) 행해질 수 있다.

제6장 법적구제

제44조 정보처리자와 수탁처리자에 대한 소송
① (EU) 2016/679호 법(法)의 적용범위 내의 개인정보보호법에 대한 위반을 원인으로 하거나 거기에 포함된 정보주체(情報主體)의 권리 침해를 원인으로 하는, 개인정보처리자 또는 수탁처리자에 대한 정보주체(情報主體)의 소송 (Klagen der betroffenen Person gegen einen Verantwortlichen oder einen Auftragsverarbeiter)은, 개인정보처리자 또는 수탁처리자의 영업소가 있는 장소를 관할하는 법원에 제기할 수 있다. 제1문에 따른 소송은 정보주체(情報主體)가 자신의 통상거소를 둔 장소를 관할하는 법원에도(auch bei dem Gericht des Ortes erhoben werden, an dem die betroffene Person ihren gewöhnlichen Aufenthaltsort hat) 제기할 수 있다.
② 자신의 고권적 권한의 행사로 활동한(die in Ausübung ihrer hoheitlichen Befugnisse tätig geworden sind) 관청에 대한 소송에 대하여 제1항은 적용하지 아니한다.
③ 정보처리자 또는 수탁처리자가 (EU) 2016/679호 법(法) 제27조 제1항에 따른 대리인을 선임한 경우에

Verordnung (EU) 2016/679 benannt, gilt dieser auch als bevollmächtigt, Zustellungen in zivilgerichtlichen Verfahren nach Absatz 1 entgegenzunehmen. § 184 der Zivilprozessordnung bleibt unberührt.

Teil 3 Bestimmungen für Verarbeitungen zu Zwecken gemäß Artikel 1 Absatz 1 der Richtlinie (EU) 2016/680

Kapitel 1 Anwendungsbereich, Begriffsbestimmungen und allgemeine Grundsätze für die Verarbeitung personenbezogener Daten

§ 45 Anwendungsbereich

Die Vorschriften dieses Teils gelten für die Verarbeitung personenbezogener Daten durch die für die Verhütung, Ermittlung, Aufdeckung, Verfolgung oder Ahndung von Straftaten oder Ordnungswidrigkeiten zuständigen öffentlichen Stellen, soweit sie Daten zum Zweck der Erfüllung dieser Aufgaben verarbeiten. Die öffentlichen Stellen gelten dabei als Verantwortliche. Die Verhütung von Straftaten im Sinne des Satzes 1 umfasst den Schutz vor und die Abwehr von Gefahren für die öffentliche Sicherheit. Die Sätze 1 und 2 finden zudem Anwendung auf diejenigen öffentlichen Stellen, die für die Vollstreckung von Strafen, von Maßnahmen im Sinne des § 11 Absatz 1 Nummer 8 des Strafgesetzbuchs, von Erziehungsmaßregeln oder Zuchtmitteln im Sinne des Jugendgerichtsgesetzes und von Geldbußen zuständig sind. Soweit dieser Teil Vorschriften für Auftragsverarbeiter enthält, gilt er auch für diese.

§ 46 Begriffsbestimmungen

Es bezeichnen die Begriffe:

1. "personenbezogene Daten" alle Informationen, die sich auf eine identifizierte oder identifizierbare natürliche Person (betroffene Person) beziehen; als identifizierbar wird eine natürliche Person angesehen, die direkt oder indirekt, insbesondere mittels Zuordnung zu einer Kennung wie einem Namen, zu einer Kennnummer, zu Standortdaten, zu einer Online-Kennung oder zu einem oder mehreren besonderen Merkmalen, die Ausdruck der physischen, physiologischen, genetischen, psychischen, wirtschaftlichen, kulturellen oder sozialen Identität dieser Person sind, identifiziert werden kann;
2. "Verarbeitung" jeden mit oder ohne Hilfe automatisierter Verfahren ausgeführten Vorgang oder jede solche Vorgangsreihe im Zusammenhang mit personenbezogenen Daten wie das Erheben, das Erfassen, die Organisation, das Ordnen, die Speicherung, die Anpassung, die Veränderung, das Auslesen, das Abfragen, die Verwendung, die Offenlegung durch Übermittlung, Verbreitung oder eine andere Form der Bereitstellung, den Abgleich, die Verknüpfung, die Einschränkung, das Löschen oder die Vernichtung;
3. "Einschränkung der Verarbeitung" die Markierung gespeicherter personenbezogener Daten mit dem Ziel, ihre künftige Verarbeitung einzuschränken;
4. "Profiling" jede Art der automatisierten Verarbeitung personenbezogener Daten, bei der diese Daten verwendet werden, um bestimmte persönliche Aspekte, die sich auf eine natürliche Person beziehen,

는, 그 대리인은 제1항에 따른 민사법원의 소송절차에서의 송달을 수령할(Zustellungen in zivilgerichtlichen Verfahren nach Absatz 1 entgegenzunehmen) 대리권도 수여받은 것으로 본다. 민사소송법 제184조는 영향을 받지 아니한다.

제3편 (EU) 2016/680호 입법지침 제1조 제1항에 따른 목적을 위한 처리에 대한 규정(Bestimmungen für Verarbeitungen)

제1장 적용범위, 정의규정과, 개인정보 처리에 대한 일반적 원칙(allgemeine Grundsätze für die Verarbeitung personenbezogener Daten)

제45조 적용범위

본 편의 규정은, 그러한 공공기관이 그 임무 수행을 위한 목적으로 처리하는 범위 내에서(soweit sie Daten zum Zweck der Erfüllung dieser Aufgaben verarbeiten), 범죄 또는 질서위반행위의 예방, 수사, 적발, 소추 또는 처벌을 관할하는 공공기관(die für die Verhütung, Ermittlung, Aufdeckung, Verfolgung oder Ahndung von Straftaten oder Ordnungswidrigkeiten zuständigen öffentlichen Stellen)에 의한 개인정보 처리에 대하여 적용한다. 이 경우 공공기관은 개인정보처리자로 본다. 제1문상의 범죄의 예방은, 공공의 안녕에 대한 위험(危險)로부터의 보호와 그 위해의 방지(den Schutz vor und die Abwehr von Gefahren für die öffentliche Sicherheit)를 포함한다. 또한 제1문, 제2문은, 형벌의 집행, 형법전 제11조 제1항 제8호상의 처분, 소년법원법상의 교육처분 또는 훈육처분 및 벌금의 집행(執行)을 관할하는 공공기관에 대하여 적용한다. 본 편이 수탁처리자에 대한 규정을 포함하는 범위 내에서 본 편은 수탁처리자에 대하여도 적용한다.

제46조 정의규정

정의는 다음과 같다:

1. “개인정보”는 식별되었거나 식별될 수 있는 자연인(이하 ‘정보주체’; betroffene Person)에 관련된 일체의 정보를 말한다; 직접적으로 또는 간접적으로 식별될 수 있거나, 특히 이름과 같은 식별자(識別子), 식별번호, 위치정보, 온라인식별자의 귀속에 의하거나, 이러한 자연인의 신체적, 생리적, 유전적, 정신적, 경제적, 문화적 또는 사회적 정체성의 요소가 되는(die Ausdruck der physischen, physiologischen, genetischen, psychischen, wirtschaftlichen, kulturellen oder sozialen Identität dieser Person sind) 한 또는 여러 특수한 표지의 귀속(歸屬)에 의하여(mittels Zuordnung zu einer Kennung) 식별될 수 있는 있는 자연인은 식별할 수 있는 것으로 본다;
2. “처리”는, 수집(蒐集; Erheben), 기록(記錄; Erfassen), 구성(構成; Organisation), 배열(配列; Ordnen), 저장(貯藏; Speicherung), 수정(修正; Anpassung), 변경(變更; Veränderung), 판독(判讀; Auslesen), 검색(檢索; Abfragen), 사용(使用; Verwendung), 이전에 의한 공개(die Offenlegung durch Übermittlung), 유포(流布)나 다른 형태의 이용제공, 정렬(整列; Abgleich), 결합(結合; Verknüpfung,), 제한(制限; Einschränkung), 삭제(削除; Löschen) 또는 파기(破棄; Vernichtung)와 같은, 자동화된 수단에 의한 것인지 여부에 상관없이 개인정보에 대하여 수행된 모든 작업 또는 일련의 작업;
3. “처리의 제한”은, 저장된 개인정보의 장래의 처리를 제한할 목적으로 한 그 정보에 대한 표시를 말한다;
4. “프로파일링”은, 어느 자연인에 관한 특정한 개인적 측면(側面)을 평가하기 위하여, 특히 이러한 자연인의 근무실적(Arbeitsleistung), 경제적 상태(wirtschaftlichen Lage), 건강(健康), 개인적 선호(選好)

zu bewerten, insbesondere um Aspekte der Arbeitsleistung, der wirtschaftlichen Lage, der Gesundheit, der persönlichen Vorlieben, der Interessen, der Zuverlässigkeit, des Verhaltens, der Aufenthaltsorte oder der Ortswechsel dieser natürlichen Person zu analysieren oder vorherzusagen;

5. “Pseudonymisierung” die Verarbeitung personenbezogener Daten in einer Weise, in der die Daten ohne Hinzuziehung zusätzlicher Informationen nicht mehr einer spezifischen betroffenen Person zugeordnet werden können, sofern diese zusätzlichen Informationen gesondert aufbewahrt werden und technischen und organisatorischen Maßnahmen unterliegen, die gewährleisten, dass die Daten keiner betroffenen Person zugewiesen werden können;
6. “Dateisystem” jede strukturierte Sammlung personenbezogener Daten, die nach bestimmten Kriterien zugänglich sind, unabhängig davon, ob diese Sammlung zentral, dezentral oder nach funktionalen oder geografischen Gesichtspunkten geordnet geführt wird;
7. “Verantwortlicher” die natürliche oder juristische Person, Behörde, Einrichtung oder andere Stelle, die allein oder gemeinsam mit anderen über die Zwecke und Mittel der Verarbeitung von personenbezogenen Daten entscheidet;
8. “Auftragsverarbeiter” eine natürliche oder juristische Person, Behörde, Einrichtung oder andere Stelle, die personenbezogene Daten im Auftrag des Verantwortlichen verarbeitet;
9. “Empfänger” eine natürliche oder juristische Person, Behörde, Einrichtung oder andere Stelle, der personenbezogene Daten offengelegt werden, unabhängig davon, ob es sich bei ihr um einen Dritten handelt oder nicht; Behörden, die im Rahmen eines bestimmten Untersuchungsauftrags nach dem Unionsrecht oder anderen Rechtsvorschriften personenbezogene Daten erhalten, gelten jedoch nicht als Empfänger; die Verarbeitung dieser Daten durch die genannten Behörden erfolgt im Einklang mit den geltenden Datenschutzvorschriften gemäß den Zwecken der Verarbeitung;
10. “Verletzung des Schutzes personenbezogener Daten” eine Verletzung der Sicherheit, die zur unbeabsichtigten oder unrechtmäßigen Vernichtung, zum Verlust, zur Veränderung oder zur unbefugten Offenlegung von oder zum unbefugten Zugang zu personenbezogenen Daten geführt hat, die verarbeitet wurden;
11. “genetische Daten” personenbezogene Daten zu den ererbten oder erworbenen genetischen Eigenschaften einer natürlichen Person, die eindeutige Informationen über die Physiologie oder die Gesundheit dieser Person liefern, insbesondere solche, die aus der Analyse einer biologischen Probe der Person gewonnen wurden;
12. “biometrische Daten” mit speziellen technischen Verfahren gewonnene personenbezogene Daten zu den physischen, physiologischen oder verhaltenstypischen Merkmalen einer natürlichen Person, die die eindeutige Identifizierung dieser natürlichen Person ermöglichen oder bestätigen, insbesondere Gesichtsbilder oder daktyloskopische Daten;
13. “Gesundheitsdaten” personenbezogene Daten, die sich auf die körperliche oder geistige Gesundheit einer natürlichen Person, einschließlich der Erbringung von Gesundheitsdienstleistungen, beziehen und aus denen Informationen über deren Gesundheitszustand hervorgehen;
14. “besondere Kategorien personenbezogener Daten”

a) Daten, aus denen die rassische oder ethnische Herkunft, politische Meinungen, religiöse oder weltanschauliche Überzeugungen oder die Gewerkschaftszugehörigkeit hervorgehen,

b) genetische Daten,

(persönlichen Vorlieben), 관심사(Interessen), 신용도(Zuverlässigkeit), 행태, 체류장소(Aufenthaltsorte) 또는 장소이동(Ortswechsel)의 측면(側面)을 분석하거나 예측하기 위하여 개인정보가 활용되는 처리로, 개인정보의 모든 형태의 자동화된 처리를 말한다;

5. "가명처리"는, 추가 정보를 사용하지 않는다면 그 개인정보가 더 이상 구체적 정보주체에 귀속될 수 없도록 하는 개인정보 처리를 말하고, 그러한 추가 정보가 별도로 보관되고, 또한 그 개인정보가 식별되었거나 식별될 수 있는 자연인에 귀속되지 않도록 하는 기술적·관리적 조치를 적용받는 경우(technischen und organisatorischen Maßnahmen unterliegen, die gewährleisten, dass die Daten keiner betroffenen Person zugewiesen werden können)에 한한다;
6. "파일링시스템(Dateisystem)"은, 그 집합물을 집중화(集中化)하여 또는 분산화(分散化)하여 관리하는지 혹은 기능적 또는 지리적 기준에 따라 배열하여 관리하는지에 상관없이, 특정한 기준에 따라 접근할 수 있는, 일체의 체계화된 개인정보 집합물(Sammlung)을 말한다;
7. "개인정보처리자"는 단독으로 또는 제3자와 공동으로 개인정보 처리 목적 및 수단(die Zwecke und Mittel der Verarbeitung von personenbezogenen Daten)에 관하여 결정을 하는, 자연인, 법인, 관청, 기관(Einrichtung) 또는 그 밖의 기관(andere Stelle)을 말한다;
8. "수탁처리자는" 개인정보처리자의 위임을 받아 개인정보를 처리하는, 자연인, 법인, 관청, 단체(Einrichtung) 또는 그 밖의 기관(andere Stelle)을 말한다;
9. "수령인"은, 개인정보가 공개되는, 자연인, 법인, 관청, 단체 또는 그 밖의 기관(andere Stelle)을 말하고, 이들이 제3자에 해당하는지 여부를 불문한다; 그럼에도 유럽연합법 또는 그 밖의 법규정에 따른 특정한 조사위탁의 일환으로 개인정보를 수령하는[111] 관청(Behörden, die im Rahmen eines bestimmten Untersuchungsauftrags nach dem Unionsrecht oder anderen Rechtsvorschriften personenbezogene Daten erhalten)은 수령인으로 보지 아니한다; 위와 같은 관청의 이러한 개인정보 처리는 처리 목적에 따른 현행 개인정보보호규정에 따라 이뤄진다.
10. "개인정보 침해"는, 처리된 개인정보에 대한, 비의도적(非意圖的) 또는 불법적인, 파기(unbeabsichtigten oder unrechtmäßigen Vernichtung), 분실(紛失), 변경(變更; Veränderung), 무단공개 또는 무단접근(unbefugten Offenlegung von oder zum unbefugten Zugang)을 초래하는 보안 침해를 말한다;
11. "유전자정보"는 자연인의 선천적(先天的)이거나 후천적(後天的)인 유전적 형질(形質)에 대한 개인정보로, 자연인의 생리(生理; Physiologie) 또는 건강에 관한 분명한 정보, 특히 해당 사람의 생물학적 시료(試料)의 분석에서 얻어진(die aus der Analyse einer biologischen Probe der Person gewonnen wurden) 그러한 정보를 제공하는 개인정보를 말한다;
12. "생체측정정보(生體測定情報)"는, 자연인의 신체적, 생리적 또는 행동양식상의 특징(verhaltenstypischen Merkmalen)에 관한 개인정보로, 자연인의 명확한 식별을 가능하게 하거나 확인해 주는, 특수한 기술적 절차를 통해 얻어진 개인정보를 말하고, 특히 안면이미지정보나 지문정보Gesichtsbilder oder daktyloskopische Daten) 말한다;
13. "건강정보"는, 보건의료서비스의 제공을 포함하여, 자연인의 신체적 또는 정신적 건강에 관련되고 자연인의 건강상태에 관한 정보가 드러나는(aus denen Informationen über deren Gesundheitszustand hervorgehen) 개인정보를 말한다;
14. "특수한 범주의 개인정보[112]"는 다음 각 목의 정보를 말한다,

a) 인종적 또는 민족적 출신, 정치적 견해, 종교적 또는 세계관적 확신이나 노동조합소속이 드러나는 정보

b) 유전자정보,

c) biometrische Daten zur eindeutigen Identifizierung einer natürlichen Person,

d) Gesundheitsdaten und

e) Daten zum Sexualleben oder zur sexuellen Orientierung;

15. "Aufsichtsbehörde" eine von einem Mitgliedstaat gemäß Artikel 41 der Richtlinie (EU) 2016/680 eingerichtete unabhängige staatliche Stelle;
16. "internationale Organisation" eine völkerrechtliche Organisation und ihre nachgeordneten Stellen sowie jede sonstige Einrichtung, die durch eine von zwei oder mehr Staaten geschlossene Übereinkunft oder auf der Grundlage einer solchen Übereinkunft geschaffen wurde;
17. "Einwilligung" jede freiwillig für den bestimmten Fall, in informierter Weise und unmissverständlich abgegebene Willensbekundung in Form einer Erklärung oder einer sonstigen eindeutigen bestätigenden Handlung, mit der die betroffene Person zu verstehen gibt, dass sie mit der Verarbeitung der sie betreffenden personenbezogenen Daten einverstanden ist.

§ 47 Allgemeine Grundsätze für die Verarbeitung personenbezogener Daten

Personenbezogene Daten müssen

1. auf rechtmäßige Weise und nach Treu und Glauben verarbeitet werden,
2. für festgelegte, eindeutige und rechtmäßige Zwecke erhoben und nicht in einer mit diesen Zwecken nicht zu vereinbarenden Weise verarbeitet werden,
3. dem Verarbeitungszweck entsprechen, für das Erreichen des Verarbeitungszwecks erforderlich sein und ihre Verarbeitung nicht außer Verhältnis zu diesem Zweck stehen,
4. sachlich richtig und erforderlichenfalls auf dem neuesten Stand sein; dabei sind alle angemessenen Maßnahmen zu treffen, damit personenbezogene Daten, die im Hinblick auf die Zwecke ihrer Verarbeitung unrichtig sind, unverzüglich gelöscht oder berichtigt werden,
5. nicht länger als es für die Zwecke, für die sie verarbeitet werden, erforderlich ist, in einer Form gespeichert werden, die die Identifizierung der betroffenen Personen ermöglicht, und
6. in einer Weise verarbeitet werden, die eine angemessene Sicherheit der personenbezogenen Daten gewährleistet; hierzu gehört auch ein durch geeignete technische und organisatorische Maßnahmen zu gewährleistender Schutz vor unbefugter oder unrechtmäßiger Verarbeitung, unbeabsichtigtem Verlust, unbeabsichtigter Zerstörung oder unbeabsichtigter Schädigung.

Kapitel 2 Rechtsgrundlagen der Verarbeitung personenbezogener Daten

§ 48 Verarbeitung besonderer Kategorien personenbezogener Daten

(1) Die Verarbeitung besonderer Kategorien personenbezogener Daten ist nur zulässig, wenn sie zur Aufgabenerfüllung unbedingt erforderlich ist.

(2) Werden besondere Kategorien personenbezogener Daten verarbeitet, sind geeignete Garantien für die Rechtsgüter der betroffenen Personen vorzusehen. Geeignete Garantien können insbesondere sein

1. spezifische Anforderungen an die Datensicherheit oder die Datenschutzkontrolle,
2. die Festlegung von besonderen Aussonderungsprüffristen,
3. die Sensibilisierung der an Verarbeitungsvorgängen Beteiligten,
4. die Beschränkung des Zugangs zu den personenbezogenen Daten innerhalb der verantwortlichen Stelle,
5. die von anderen Daten getrennte Verarbeitung,

c) 자연인의 분명한 식별에 관한 생체측정정보,

d) 건강정보,

e) 성생활정보나 성적지향정보(性的指向情報)

15. “감독관청”은, 어느 회원국이 (EU) 2016/680호 입법지침에 따라 설치한 독립적 국가기관 (unabhängige staatliche Stelle)을 말한다;
16. “국제기구”는, 국제법상의 기구(機構; Organisation)와 그에 소속된 기관(ihre nachgeordneten Stellen)과, 양자조약(兩者條約) 또는 다자조약(多者條約)에 의해 설립되거나 그러한 조약에 기하여 설립된 기타 일체의 조직(Einrichtung)를 말한다.
17. “동의”는, 특정한 사안에 있어, 정보주체가 자신에 관한 개인정보 처리에 동의했다는 점을 보여주면서, 정보제공에 기반한, 명확하게 임의로 행한 의사표시로, 진술 또는 그 기타 적극적 행동 형태(abgegebene Willensbekundung in Form einer Erklärung oder einer sonstigen eindeutigen bestätigenden Handlung)에 의한 일체의 의사표시를 말한다.

제47조 개인정보 처리의 일반 원칙

개인정보는,

1. 적법하게 또 공정하게 처리되어야만 하고,
2. 정해진, 분명하고 적법한 목적을 위하여 수집되어야만 하며 이러한 목적에 부합하지 않는 방식으로 처리되어서는 아니되며,
3. 그 처리목적에 부합해야만 하고, 처리목적 달성에 필요해야만 하며, 그 처리가 이러한 목적과 관련성이 있어야만 하고,
4. 사실이 정확해야만 하며 필요하면 업데이트되어야만 하며; 이 경우 그 처리 목적에 관련하여 부정확한(die im Hinblick auf die Zwecke ihrer Verarbeitung unrichtig sind) 개인정보를 지체 없이 삭제하고 정정하기 위한 조치를 취해야만 한다.
5. 이를 수집한 목적에 필요한 것보다 장기간 정보주체의 식별(die Identifizierung der betroffenen Personen)을 가능하게 해 주는 형태로 저장되지 않도록 해야 한다,
6. 개인정보에 대한 적절한 보안이 보장되는 방식으로 처리되어야만 한다; 적절한 기술적·관리적 조치에 의해, 무단 또는 불법적 처리, 예상치 못한, 분실, 파괴 또는 피해(unbeabsichtigtem Verlust, unbeabsichtigter Zerstörung oder unbeabsichtigter Schädigung)로부터 보호하기 위한 방책도 이에 포함된다.

제2장 개인정보 처리의 법적 근거

제48조 특수한 범주의 개인정보 처리

① 특수한 범주의 개인정보 처리는 임무수행에 반드시 필요한 경우에 한하여(wenn sie zur Aufgabenerfüllung unbedingt erforderlich ist) 허용된다.

② 특수한 범주의 개인정보로 처리되는 경우 정보주체의 법익에 대한 적합한 안전성확보조치를 마련해야 한다. 특히 다음 각 호가 적합한 안전성확보조치가 될 수 있다,

1. 정보보안 및 정보보호감시에 대한 특별한 요구사항,
2. 특별한 선별심사기간(選別審査其間)의 설정,
3. 정보처리작업의 참가자에 대한 인식제고,
4. 개인정보처리자 내에서의 개인정보에 대한 접근의 제한,
5. 다른 개인정보와 분리된 처리,

6. die Pseudonymisierung personenbezogener Daten,
7. die Verschlüsselung personenbezogener Daten oder
8. spezifische Verfahrensregelungen, die im Fall einer Übermittlung oder Verarbeitung für andere Zwecke die Rechtmäßigkeit der Verarbeitung sicherstellen.

§ 49 Verarbeitung zu anderen Zwecken

Eine Verarbeitung personenbezogener Daten zu einem anderen Zweck als zu demjenigen, zu dem sie erhoben wurden, ist zulässig, wenn es sich bei dem anderen Zweck um einen der in § 45 genannten Zwecke handelt, der Verantwortliche befugt ist, Daten zu diesem Zweck zu verarbeiten, und die Verarbeitung zu diesem Zweck erforderlich und verhältnismäßig ist. Die Verarbeitung personenbezogener Daten zu einem anderen, in § 45 nicht genannten Zweck ist zulässig, wenn sie in einer Rechtsvorschrift vorgesehen ist.

§ 50 Verarbeitung zu archivarischen, wissenschaftlichen und statistischen Zwecken

Personenbezogene Daten dürfen im Rahmen der in § 45 genannten Zwecke in archivarischer, wissenschaftlicher oder statistischer Form verarbeitet werden, wenn hieran ein öffentliches Interesse besteht und geeignete Garantien für die Rechtsgüter der betroffenen Personen vorgesehen werden. Solche Garantien können in einer so zeitnah wie möglich erfolgenden Anonymisierung der personenbezogenen Daten, in Vorkehrungen gegen ihre unbefugte Kenntnisnahme durch Dritte oder in ihrer räumlich und organisatorisch von den sonstigen Fachaufgaben getrennten Verarbeitung bestehen.

§ 51 Einwilligung

(1) Soweit die Verarbeitung personenbezogener Daten nach einer Rechtsvorschrift auf der Grundlage einer Einwilligung erfolgen kann, muss der Verantwortliche die Einwilligung der betroffenen Person nachweisen können.

(2) Erfolgt die Einwilligung der betroffenen Person durch eine schriftliche Erklärung, die noch andere Sachverhalte betrifft, muss das Ersuchen um Einwilligung in verständlicher und leicht zugänglicher Form in einer klaren und einfachen Sprache so erfolgen, dass es von den anderen Sachverhalten klar zu unterscheiden ist.

(3) Die betroffene Person hat das Recht, ihre Einwilligung jederzeit zu widerrufen. Durch den Widerruf der Einwilligung wird die Rechtmäßigkeit der aufgrund der Einwilligung bis zum Widerruf erfolgten Verarbeitung nicht berührt. Die betroffene Person ist vor Abgabe der Einwilligung hiervon in Kenntnis zu setzen.

(4) Die Einwilligung ist nur wirksam, wenn sie auf der freien Entscheidung der betroffenen Person beruht. Bei der Beurteilung, ob die Einwilligung freiwillig erteilt wurde, müssen die Umstände der Erteilung berücksichtigt werden. Die betroffene Person ist auf den vorgesehenen Zweck der Verarbeitung hinzuweisen. Ist dies nach den Umständen des Einzelfalles erforderlich oder verlangt die betroffene Person dies, ist sie auch über die Folgen der Verweigerung der Einwilligung zu belehren.

(5) Soweit besondere Kategorien personenbezogener Daten verarbeitet werden, muss sich die Einwilligung ausdrücklich auf diese Daten beziehen.

§ 52 Verarbeitung auf Weisung des Verantwortlichen

6. 개인정보의 가명처리,
7. 개인정보의 암호화,
8. 목적 외 목적을 위한 이전 또는 처리의 경우 그 처리의 합법성(die Rechtmäßigkeit der Verarbeitung)을 확보하는 특수한 절차규정.

제49조 목적 외 목적의 개인정보 처리

수집된(zu dem sie erhoben wurden, ist zulässig) 목적 외의 목적을 위한 개인정보 처리는, 그 목적 외 목적이 개인정보처리자가 그 목적으로 개인정보를 처리할 권한을 갖는 제45조상의 목적에 해당하고 이러한 목적의 처리가 필요하고 비례적인(die Verarbeitung zu diesem Zweck erforderlich und verhältnismäßig ist) 경우에 허용된다. 제45조상의 목적이 아닌, 목적 외 목적을 위한 개인정보 처리(Die Verarbeitung personenbezogener Daten zu einem anderen, in § 45 nicht genannten Zweck)는, 법규정에 규정된 경우에 허용된다.

제50조 자료보관목적, 과학적 목적 및 통계목적을 위한 처리

이에 대한 공익이 존재하고 정보주체의 법익에 대한 적절한 보장책이 취해진 경우에는 개인정보는 자료보관상, 과학적 또는 통계적 형태의 제45조상의 목적 범위 내에서 처리될 수 있다. 가능한 즉각적으로 행해지는 개인정보의 익명처리, 제3자의 이에 대한 무단지득(無斷知得)에 대한 조처나 그 공간적 또는 조직적면에서 기타 직업상 임무와 분리된 처리(Vorkehrungen gegen ihre unbefugte Kenntnisnahme durch Dritte oder in ihrer räumlich und organisatorisch von den sonstigen Fachaufgaben getrennten Verarbeitung)는 그러한 안전성확보조치에 해당한다.

제51조 동의

① 개인정보 처리가 법규정 따르거나 동의에 기하여(nach einer Rechtsvorschrift auf der Grundlage einer Einwilligung) 행해질 수 있는 범위 내에서, 개인정보처리자는 정보주체의 동의(die Einwilligung der betroffenen Person)를 증명할 수 있어야만 한다.

② 정보주체의 동의가 다른 사실관계에도 관련된 서면의 의사표시에 의해 행해지는 경우에, 다른 사실관계와 명확하게 구분되도록 동의 요구는 이해하기 쉽고 쉽게 접근할 수 있는 형식에 의하여 명료하고 간결한 언어로 행해져야만(das Ersuchen um Einwilligung in verständlicher und leicht zugänglicher Form in einer klaren und einfachen Sprache so erfolgen) 한다.

③ 정보주체는 자신의 동의를 언제든지 철회할 수 있는 권리를 갖는다. 동의의 철회로 동의에 기하여 철회시까지 행해진 처리의 합법성(die Rechtmäßigkeit der aufgrund der Einwilligung bis zum Widerruf erfolgten Verarbeitung)은 영향을 받지 아니한다. 정보주체는 그 동의를 하기 전에 이에 관하여 안내받아야 한다.

④ 동의는 정보주체의 자유로운 결정에 근거하는 경우에 한하여 유효하다. 동의가 자유롭게 행해졌는지 여부의 판단에 있어(Bei der Beurteilung, ob die Einwilligung freiwillig erteilt wurde), 동의부여의 사정을 고려해야만 한다. 정보주체는 규정된 처리 목적에 관하여 안내받아야 한다. 개별사안의 제사정(諸事情)에 의할 때 이것이 필요하고 정보주체가 이를 요구하는 경우에 정보주체에게 동의의 거부의 효과에 대해서도 안내해야 한다.

⑤ 특수한 범주의 개인정보로 처리되는 범위 내에서 동의는 이러한 정보에 대하 구체적으로 행해져야만 한다.

제52조 정보처리자의 지시에 기한 처리

Jede einem Verantwortlichen oder einem Auftragsverarbeiter unterstellte Person, die Zugang zu personenbezogenen Daten hat, darf diese Daten ausschließlich auf Weisung des Verantwortlichen verarbeiten, es sei denn, dass sie nach einer Rechtsvorschrift zur Verarbeitung verpflichtet ist.

§ 53 Datengeheimnis

Mit Datenverarbeitung befasste Personen dürfen personenbezogene Daten nicht unbefugt verarbeiten (Datengeheimnis). Sie sind bei der Aufnahme ihrer Tätigkeit auf das Datengeheimnis zu verpflichten. Das Datengeheimnis besteht auch nach der Beendigung ihrer Tätigkeit fort.

§ 54 Automatisierte Einzelentscheidung

(1) Eine ausschließlich auf einer automatischen Verarbeitung beruhende Entscheidung, die mit einer nachteiligen Rechtsfolge für die betroffene Person verbunden ist oder sie erheblich beeinträchtigt, ist nur zulässig, wenn sie in einer Rechtsvorschrift vorgesehen ist.

(2) Entscheidungen nach Absatz 1 dürfen nicht auf besonderen Kategorien personenbezogener Daten beruhen, sofern nicht geeignete Maßnahmen zum Schutz der Rechtsgüter sowie der berechtigten Interessen der betroffenen Personen getroffen wurden.

(3) Profiling, das zur Folge hat, dass betroffene Personen auf der Grundlage von besonderen Kategorien personenbezogener Daten diskriminiert werden, ist verboten.

Kapitel 3 Rechte der betroffenen Person

§ 55 Allgemeine Informationen zu Datenverarbeitungen

Der Verantwortliche hat in allgemeiner Form und für jedermann zugänglich Informationen zur Verfügung zu stellen über

1. die Zwecke der von ihm vorgenommenen Verarbeitungen,
2. die im Hinblick auf die Verarbeitung ihrer personenbezogenen Daten bestehenden Rechte der betroffenen Personen auf Auskunft, Berichtigung, Löschung und Einschränkung der Verarbeitung,
3. den Namen und die Kontaktdaten des Verantwortlichen und der oder des Datenschutzbeauftragten,
4. das Recht, die Bundesbeauftragte oder den Bundesbeauftragten anzurufen, und
5. die Erreichbarkeit der oder des Bundesbeauftragten.

§ 56 Benachrichtigung betroffener Personen

(1) Ist die Benachrichtigung betroffener Personen über die Verarbeitung sie betreffender personenbezogener Daten in speziellen Rechtsvorschriften, insbesondere bei verdeckten Maßnahmen, vorgesehen oder angeordnet, so hat diese Benachrichtigung zumindest die folgenden Angaben zu enthalten:

1. die in § 55 genannten Angaben,
2. die Rechtsgrundlage der Verarbeitung,
3. die für die Daten geltende Speicherdauer oder, falls dies nicht möglich ist, die Kriterien für die Festlegung dieser Dauer,
4. gegebenenfalls die Kategorien von Empfängern der personenbezogenen Daten sowie
5. erforderlichenfalls weitere Informationen, insbesondere, wenn die personenbezogenen Daten ohne Wissen der betroffenen Person erhoben wurden.

개인정보처리자 또는 수탁처리자의 감독하에 행위하는 모든 자로 개인정보를 접근하는 자는, 오로지 개인정보처리자의 지시에 좇아 이러한 정보를 처리하고, 다만 그 자가 법규정에 좇아 처리할 의무를 지는 경우에는 그러하지 아니하다.

제53조 정보기밀성

정보처리를 담당하는 자는 개인정보를 무단으로 처리해서는 아니된다(정보기밀성). 그 자는 자신의 활동 개시시에 정보기밀성을 유지할 의무를 진다. 그 정보기밀성은 그 활동의 종료 후에도(auch nach der Beendigung ihrer Tätigkeit) 계속적으로 성립한다.

제54조 자동화된 개별적 결정

① 오로지 자동적 처리에 근거하는 결정으로 정보주체에 대한 불이익한 법률효과가 발생하거나 정보주체의 이익에 중대하게 영향을 끼치는(sie erheblich beeinträchtigt) 결정은, 이것이 법규정에 규정된 경우에 한하여 허용된다.

② 정보주체의 법익 및 정당한 이익의 보호를 위한 적절한 조치(geeignete Maßnahmen zum Schutz der Rechtsgüter sowie der berechtigten Interessen)를 취하지 않는 한, 제1항에 따른 결정은 특수한 범주의 개인정보에 근거해서는 아니된다.

③ 정보주체가 특수한 범주의 개인정보에 기하여(auf der Grundlage von besonderen Kategorien personenbezogener Daten) 차별을 받는 결과를 가져오는 프로파일링은 금지된다.

제3장 정보주체의 권리

제55조 개인정보 처리에 대한 일반적 정보제공

개인정보처리자는 일반적 형태로 누구든지 접근할 수 있는 정보로(für jedermann zugänglich Informationen), 다음 각 호의 정보를 제공해야 한다,

1. 자신이 수행한 처리의 목적,
2. 그 개인정보 처리에 관하여(im Hinblick auf die Verarbeitung ihrer personenbezogenen Daten) 성립된, 정보주체의 접근권, 정정요구권, 삭제요구권 및 처리제한요구권,
3. 개인정보처리자 및 개인정보보호책임자의 이름 및 연락정보,
3. 연방개인정보보호책임관에 이의를 제기할 수 있는 권리,
4. 연방개인정보보호책임관의 연락처.

제56조 정보주체에 대한 통지

① 정보주체에 관련된 개인정보 처리에 관한 정보주체에 대한 통지가 특별한 법규정에서, 특히 비밀조치에서(in speziellen Rechtsvorschriften, insbesondere bei verdeckten Maßnahmen) 규정되거나 명령된 경우에 그 통지는 최소한 다음 사항을 포함해야 한다(so hat diese Benachrichtigung zumindest die folgenden Angaben zu enthalten),

1. 제55조상의 사항,
2. 처리의 법적 근거,
3. 해당 개인정보에 적용되는 저장기간이나, 이것이 불가능하다면 이러한 기간 설정에 대한 기준(die Kriterien für die Festlegung dieser Dauer),
4. 해당하는 경우 개인정보 수령인의 범주,
5. 필요하면, 특히 개인정보가 정보주체가 모르는 채(ohne Wissen der betroffenen Person) 수집된 경우에 추가적 정보제공.

(2) In den Fällen des Absatzes 1 kann der Verantwortliche die Benachrichtigung insoweit und solange aufschieben, einschränken oder unterlassen, wie andernfalls

1. die Erfüllung der in § 45 genannten Aufgaben,
2. die öffentliche Sicherheit oder
3. Rechtsgüter Dritter

gefährdet würden, wenn das Interesse an der Vermeidung dieser Gefahren das Informationsinteresse der betroffenen Person überwiegt.

(3) Bezieht sich die Benachrichtigung auf die Übermittlung personenbezogener Daten an Verfassungsschutzbehörden, den Bundesnachrichtendienst, den Militärischen Abschirmdienst und, soweit die Sicherheit des Bundes berührt wird, andere Behörden des Bundesministeriums der Verteidigung, ist sie nur mit Zustimmung dieser Stellen zulässig.

(4) Im Fall der Einschränkung nach Absatz 2 gilt § 57 Absatz 7 entsprechend.

§ 57 Auskunftsrecht

(1) Der Verantwortliche hat betroffenen Personen auf Antrag Auskunft darüber zu erteilen, ob er sie betreffende Daten verarbeitet. Betroffene Personen haben darüber hinaus das Recht, Informationen zu erhalten über

1. die personenbezogenen Daten, die Gegenstand der Verarbeitung sind, und die Kategorie, zu der sie gehören,
2. die verfügbaren Informationen über die Herkunft der Daten,
3. die Zwecke der Verarbeitung und deren Rechtsgrundlage,
4. die Empfänger oder die Kategorien von Empfängern, gegenüber denen die Daten offengelegt worden sind, insbesondere bei Empfängern in Drittstaaten oder bei internationalen Organisationen,
5. die für die Daten geltende Speicherdauer oder, falls dies nicht möglich ist, die Kriterien für die Festlegung dieser Dauer,
6. das Bestehen eines Rechts auf Berichtigung, Löschung oder Einschränkung der Verarbeitung der Daten durch den Verantwortlichen,
7. das Recht nach § 60, die Bundesbeauftragte oder den Bundesbeauftragten anzurufen, sowie
8. Angaben zur Erreichbarkeit der oder des Bundesbeauftragten.

(2) Absatz 1 gilt nicht für personenbezogene Daten, die nur deshalb verarbeitet werden, weil sie aufgrund gesetzlicher Aufbewahrungsvorschriften nicht gelöscht werden dürfen oder die ausschließlich Zwecken der Datensicherung oder der Datenschutzkontrolle dienen, wenn die Auskunftserteilung einen unverhältnismäßigen Aufwand erfordern würde und eine Verarbeitung zu anderen Zwecken durch geeignete technische und organisatorische Maßnahmen ausgeschlossen ist.

(3) Von der Auskunftserteilung ist abzusehen, wenn die betroffene Person keine Angaben macht, die das Auffinden der Daten ermöglichen, und deshalb der für die Erteilung der Auskunft erforderliche Aufwand außer Verhältnis zu dem von der betroffenen Person geltend gemachten Informationsinteresse steht.

(4) Der Verantwortliche kann unter den Voraussetzungen des § 56 Absatz 2 von der Auskunft nach Absatz 1 Satz 1 absehen oder die Auskunftserteilung nach Absatz 1 Satz 2 teilweise oder vollständig einschränken.

(5) Bezieht sich die Auskunftserteilung auf die Übermittlung personenbezogener Daten an

② 제1항의 경우에 있어, 이를 하지 않는다면[113] 다음 각 호가 위태롭게 되는 범위 내에서 또 그와 같은 동안에, 이러한 위험(危險)의 회피 이익이 정보주체에 대한 정보제공의 이익보다 우월한 때에는(wenn das Interesse an der Vermeidung dieser Gefahren das Informationsinteresse der betroffenen Person überwiegt), 개인정보처리자는 그 통지를 연기할 수 있거나, 제한할 수 있거나 통지하지 않을 수 있다,

1. 제45조상의 임무수행,
2. 공공의 안녕 또는,
3. 제3자의 법익.

③ 그 통지가 헌법수호청, 연방해외정보국, 군사정보국로 개인정보를 이전하는 것에 관련된 경우에 또 연방의 안전에 관련된 범위 내에서 연방국방부의 기타 관청(andere Behörden des Bundesministeriums der Verteidigung)으로 개인정보를 이전하는 것에 그것이 관련된 경우에 이러한 기관의 동의가 있어야만 그 통지는 허용된다.

④ 제2항에 따른 제한의 경우에 제57조 제7항을 준용한다.

제57조 접근권

① 개인정보처리자는 정보주체에게 그 신청에 따라 그 정보주체에 관련된 정보를 처리하는지 여부(ob er sie betreffende Daten verarbeitet)에 관한 정보를 제공해야 한다. 또한 정보주체는 다음 각 호에 관한 접근권을 갖는다,

1. 처리의 대상이 된(die Gegenstand der Verarbeitung sind) 개인정보와, 그 개인정보가 속한 범주(die Kategorie),
2. 정보의 출처에 관한 이용할 수 있는 정보,
3. 처리의 목적과 그 법적 근거,
4. 그 개인정보가 공개되는 상대방이 되는 수령인이나 수령인 범주, 특히 제3국의 수령인이나 국제기구(bei Empfängern in Drittstaaten oder bei internationalen Organisationen)
5. 해당 개인정보에 적용되는 저장기간이나, 이것이 불가능하다면 이러한 기간 설정에 대한 기준(die Kriterien für die Festlegung dieser Dauer),
6. 개인정보처리자의 정보처리에 대한 정정요구권(訂正要求權), 삭제요구권(削除要求權) 또는 처리제한요구권(處理制限要求權)의 성립,
7. 제60조에 따른 권리로, 연방개인정보보호책임관에게 이의를 제기할 수 있는 권리,
8. 연방개인정보보호책임관의 연락처에 관한 사항,

② 제1항은, 개인정보가 법(法)상 보관규정(gesetzlicher Aufbewahrungsvorschriften)에 기하여 삭제될 수 없거나 오로지 정보저장 또는 정보보호감시를 위한 것이어서, 처리되는 개인정보에 대하여는, 그 정보제공에 과도한 경비가 필요하고 적절한 기술적·관리적 조치에 의하여 다른 목적의 처리가 불가능한(eine Verarbeitung zu anderen Zwecken durch geeignete technische und organisatorische Maßnahmen ausgeschlossen ist) 경우에 적용하지 아니한다.

③ 정보주체가 정보검색을 가능하게 하는 정보를 제공하지 않아(die betroffene Person keine Angaben macht, die das Auffinden der Daten ermöglichen, und deshalb), 정보제공에 필요한 경비가 정보주체가 행사하는 정보제공이익에 비례관계에 있지 않은 경우에는 정보제공을 행하지 아니한다.

④ 개인정보처리자는 제56조 제2항의 요건이 있는 경우에 제1항 제1문에 따른 정보제공을 하지 않을 수 있거나 제1항 제2문에 따른 정보제공을 부분적으로 또는 전부 제한할(die Auskunftserteilung nach Absatz 1 Satz 2 teilweise oder vollständig einschränken) 수 있다.

⑤ 그 정보제공이 헌법수호청, 연방해외정보국, 군사정보국으로 개인정보를 이전하는 것에 관련된 경

Verfassungsschutzbehörden, den Bundesnachrichtendienst, den Militärischen Abschirmdienst und, soweit die Sicherheit des Bundes berührt wird, andere Behörden des Bundesministeriums der Verteidigung, ist sie nur mit Zustimmung dieser Stellen zulässig.
(6) Der Verantwortliche hat die betroffene Person über das Absehen von oder die Einschränkung einer Auskunft unverzüglich schriftlich zu unterrichten. Dies gilt nicht, wenn bereits die Erteilung dieser Informationen eine Gefährdung im Sinne des § 56 Absatz 2 mit sich bringen würde. Die Unterrichtung nach Satz 1 ist zu begründen, es sei denn, dass die Mitteilung der Gründe den mit dem Absehen von oder der Einschränkung der Auskunft verfolgten Zweck gefährden würde.
(7) Wird die betroffene Person nach Absatz 6 über das Absehen von oder die Einschränkung der Auskunft unterrichtet, kann sie ihr Auskunftsrecht auch über die Bundesbeauftragte oder den Bundesbeauftragten ausüben. Der Verantwortliche hat die betroffene Person über diese Möglichkeit sowie darüber zu unterrichten, dass sie gemäß § 60 die Bundesbeauftragte oder den Bundesbeauftragten anrufen oder gerichtlichen Rechtsschutz suchen kann. Macht die betroffene Person von ihrem Recht nach Satz 1 Gebrauch, ist die Auskunft auf ihr Verlangen der oder dem Bundesbeauftragten zu erteilen, soweit nicht die zuständige oberste Bundesbehörde im Einzelfall feststellt, dass dadurch die Sicherheit des Bundes oder eines Landes gefährdet würde. Die oder der Bundesbeauftragte hat die betroffene Person zumindest darüber zu unterrichten, dass alle erforderlichen Prüfungen erfolgt sind oder eine Überprüfung durch sie stattgefunden hat. Diese Mitteilung kann die Information enthalten, ob datenschutzrechtliche Verstöße festgestellt wurden. Die Mitteilung der oder des Bundesbeauftragten an die betroffene Person darf keine Rückschlüsse auf den Erkenntnisstand des Verantwortlichen zulassen, sofern dieser keiner weitergehenden Auskunft zustimmt. Der Verantwortliche darf die Zustimmung nur insoweit und solange verweigern, wie er nach Absatz 4 von einer Auskunft absehen oder sie einschränken könnte. Die oder der Bundesbeauftragte hat zudem die betroffene Person über ihr Recht auf gerichtlichen Rechtsschutz zu unterrichten.
(8) Der Verantwortliche hat die sachlichen oder rechtlichen Gründe für die Entscheidung zu dokumentieren.

Fußnote
(+++ § 57 Abs. 7: zur Anwendung vgl. § 56 Abs. 4 u. § 58 Abs. 7 +++)
(+++ § 57 Abs. 8: zur Anwendung vgl. § 58 Abs. 7 +++)

§ 58 Rechte auf Berichtigung und Löschung sowie Einschränkung der Verarbeitung
(1) Die betroffene Person hat das Recht, von dem Verantwortlichen unverzüglich die Berichtigung sie betreffender unrichtiger Daten zu verlangen. Insbesondere im Fall von Aussagen oder Beurteilungen betrifft die Frage der Richtigkeit nicht den Inhalt der Aussage oder Beurteilung. Wenn die Richtigkeit oder Unrichtigkeit der Daten nicht festgestellt werden kann, tritt an die Stelle der Berichtigung eine Einschränkung der Verarbeitung. In diesem Fall hat der Verantwortliche die betroffene Person zu unterrichten, bevor er die Einschränkung wieder aufhebt. Die betroffene Person kann zudem die Vervollständigung unvollständiger personenbezogener Daten verlangen, wenn dies unter Berücksichtigung der Verarbeitungszwecke angemessen ist.
(2) Die betroffene Person hat das Recht, von dem Verantwortlichen unverzüglich die Löschung sie

우에 또 연방의 안전에 관련된 범위 내에서 연방국방부의 기타 관청으로 개인정보를 이전하는 것에 그것이 관련된 경우에 이러한 기관의 동의가 있어야만(nur mit Zustimmung dieser Stellen) 그 통지는 허용된다.

⑥ 개인정보처리자는, 정보제공을 하지 않거나 그 제한에 관하여(über das Absehen von oder die Einschränkung einer Auskunft) 정보주체에게 지체 없이 서면으로 알려야 한다. 이러한 알림으로 제56조 제2항상의 위험(危險)가 발생할 경우에는 그러하지 아니하다. 제1문에 따른 정보제공은 이유를 기재해야 하고, 다만 그 이유의 알림으로 인하여 그 정보제공을 하지 않거나 그 제한으로 달성하려는 목적이 위태롭게 될 경우에는 그러하지 아니하다.

⑦ 정보주체가 제6항에 따라 정보제공을 하지 않거나 그 제한에 관하여 통지를 받은 경우에, 그는 연방개인정보보호책임관에게도 자신의 접근권(ihr Auskunftsrecht auch über die Bundesbeauftragte oder den Bundesbeauftragten)을 행사할 수 있다. 개인정보처리자는, 정보주체에 이러한 가능성과, 그 정보주체가 제60조에 따라 연방개인정보보호책임관에게 이의를 제기하거나 사법적(司法的) 구제(救濟)를 제기할 수 있다는 점에 관하여 알려야 한다. 정보주체가 제1항에 따른 자신의 권리를 행사한 경우에 관할 최상급행정관청이 개별사안에서 이로써 연방 또는 주의 안전이 위태롭게 될 것으로 결정하지 않는 범위 내에서(soweit nicht die zuständige oberste Bundesbehörde im Einzelfall feststellt, dass dadurch die Sicherheit des Bundes oder eines Landes gefährdet würde), 그 정보주체의 요구에 따라 연방개인정보보호책임관에게 알려야 한다. 연방개인정보보호책임관은, 최소한 일체의 필요한 심사가 행해졌고 재심사가 자신에 의해 실시되었다는 점에 관하여 정보주체에게 정보를 제공한다. 이러한 정보제공에 개인정보보호법의 위반이 확인되었는지 여부에 관한 정보가 포함될 수 있다. 연방개인정보보호책임관의 정보주체에 대한 정보제공으로, 그 정보주체(情報主體)가 추가적인 정보제공에 동의하지 않은 한(sofern dieser keiner weitergehenden Auskunft zustimmt), 개인정보처리자가 보유한 정보에 관하여 어떤 결론이 도출되도록 허용되어는 아니된다(darf keine Rückschlüsse auf den Erkenntnisstand des Verantwortlichen zulassen). 개인정보처리자는 자신이 제4항에 따라 정보제공을 하지 않을 수 있거나 제한할 수 있는 범위 내에서만 그 동안에 한하여 그 동의를 거부할 수 있다. 게다가 연방개인정보보호책임관은 정보주체에게 사법적(司法的) 구제권(救濟權)에 관하여(über ihr Recht auf gerichtlichen Rechtsschutz) 알려야 한다.

⑧ 개인정보처리자는 그 결정에 대한 사실적 또는 법적 근거(die sachlichen oder rechtlichen Gründe für die Entscheidung)를 문서로 증명해야 한다.

각주

(제57조 제7항: 그 적용에 대하여 제56조 제4항, 제58조 제7항을 참조하라)

(제57조 제8항: 그 적용에 대하여 제58조 제7항을 참조하라)

제58조 정정요구권, 삭제요구권과 처리제한요구권

① 정보주체는 개인정보처리자에게 지체 없이 자신에 관련된 부정확한 개인정보의 정정을 요구할 수 있는 권리를 갖는다. 특히 진술 또는 판단의 경우에(Insbesondere im Fall von Aussagen oder Beurteilungen) 정확성의 문제가 진술 또는 판단의 내용에 관련되어서는 안 된다. 개인정보의 정확성 또는 부정확성을 확정할 수 없는 경우에(Wenn die Richtigkeit oder Unrichtigkeit der Daten nicht festgestellt werden kann), 정보처리 제한이 정정을 대신한다. 이러한 경우에 개인정보처리자는 정보주체에게 자신이 그 제한을 다시 취소하기 전에 알려야 한다. 또한 정보주체는 이것이 처리목적을 고려해서 적절한 경우에 불완전한 개인정보를 완전하게 하는 것(die Vervollständigung unvollständiger personenbezogener Daten)을 요구할 수 있다.

② 그 처리가 허용되는데, 그 정보에 대해 아는 것이 임무수행에 더 이상 필요하지 않거나 법적 의무의

betreffender Daten zu verlangen, wenn deren Verarbeitung unzulässig ist, deren Kenntnis für die Aufgabenerfüllung nicht mehr erforderlich ist oder diese zur Erfüllung einer rechtlichen Verpflichtung gelöscht werden müssen.

(3) Anstatt die personenbezogenen Daten zu löschen, kann der Verantwortliche deren Verarbeitung einschränken, wenn

1. Grund zu der Annahme besteht, dass eine Löschung schutzwürdige Interessen einer betroffenen Person beeinträchtigen würde,
2. die Daten zu Beweiszwecken in Verfahren, die Zwecken des § 45 dienen, weiter aufbewahrt werden müssen oder
3. eine Löschung wegen der besonderen Art der Speicherung nicht oder nur mit unverhältnismäßigem Aufwand möglich ist.

In ihrer Verarbeitung nach Satz 1 eingeschränkte Daten dürfen nur zu dem Zweck verarbeitet werden, der ihrer Löschung entgegenstand.

(4) Bei automatisierten Dateisystemen ist technisch sicherzustellen, dass eine Einschränkung der Verarbeitung eindeutig erkennbar ist und eine Verarbeitung für andere Zwecke nicht ohne weitere Prüfung möglich ist.

(5) Hat der Verantwortliche eine Berichtigung vorgenommen, hat er einer Stelle, die ihm die personenbezogenen Daten zuvor übermittelt hat, die Berichtigung mitzuteilen. In Fällen der Berichtigung, Löschung oder Einschränkung der Verarbeitung nach den Absätzen 1 bis 3 hat der Verantwortliche Empfängern, denen die Daten übermittelt wurden, diese Maßnahmen mitzuteilen. Der Empfänger hat die Daten zu berichtigen, zu löschen oder ihre Verarbeitung einzuschränken.

(6) Der Verantwortliche hat die betroffene Person über ein Absehen von der Berichtigung oder Löschung personenbezogener Daten oder über die an deren Stelle tretende Einschränkung der Verarbeitung schriftlich zu unterrichten. Dies gilt nicht, wenn bereits die Erteilung dieser Informationen eine Gefährdung im Sinne des § 56 Absatz 2 mit sich bringen würde. Die Unterrichtung nach Satz 1 ist zu begründen, es sei denn, dass die Mitteilung der Gründe den mit dem Absehen von der Unterrichtung verfolgten Zweck gefährden würde.

(7) § 57 Absatz 7 und 8 findet entsprechende Anwendung.

Fußnote

(+++ § 58 Abs. 3 bis 5: zur Anwendung vgl. § 75 Abs. 3 +++)

§ 59 Verfahren für die Ausübung der Rechte der betroffenen Person

(1) Der Verantwortliche hat mit betroffenen Personen unter Verwendung einer klaren und einfachen Sprache in präziser, verständlicher und leicht zugänglicher Form zu kommunizieren. Unbeschadet besonderer Formvorschriften soll er bei der Beantwortung von Anträgen grundsätzlich die für den Antrag gewählte Form verwenden.

(2) Bei Anträgen hat der Verantwortliche die betroffene Person unbeschadet des § 57 Absatz 6 und des § 58 Absatz 6 unverzüglich schriftlich darüber in Kenntnis zu setzen, wie verfahren wurde.

(3) Die Erteilung von Informationen nach § 55, die Benachrichtigungen nach den §§ 56 und 66 und die Bearbeitung von Anträgen nach den §§ 57 und 58 erfolgen unentgeltlich. Bei offenkundig unbegründeten oder exzessiven Anträgen nach den §§ 57 und 58 kann der Verantwortliche entweder eine

이행을 위하여 이러한 정보가 삭제되어야만 하는(diese zur Erfüllung einer rechtlichen Verpflichtung gelöscht werden müssen) 경우에, 정보주체는 개인정보처리자에게 자신에 관련된 정보의 삭제를 지체 없이 요구할 수 있는 권리를 갖는다.

③ 다음 각 호의 경우에 개인정보처리자는 개인정보를 삭제하는 대신에(Anstatt die personenbezogenen Daten zu löschen) 그 처리를 제한할 수 있다,

1. 삭제로 정보주체의 보호받을 만한 이익(schutzwürdige Interessen einer betroffenen Person)이 침해될 것으로 보는 근거가 있는 경우,
2. 제45조의 목적을 위한 절차에서 증명목적을 위한 개인정보(die Daten zu Beweiszwecken)가 계속적으로 보관되어야만 하는 경우,
3. 특수한 방식의 저장으로 인하여 삭제가 불가능하거나 이에 과도한 경비를 들여야만(nur mit unverhältnismäßigem Aufwand) 가능한 경우.

제1문에 따른 그 처리의 경우에 제한된 개인정보는 그 삭제를 방지한(der ihrer Löschung entgegenstand) 목적만으로 처리될 수 있다.

④ 자동화된 파일링시스템의 경우에 기술적으로 처리의 제한이 명확하게 인식되고 다른 목적을 위한 처리(eine Verarbeitung für andere Zwecke)는 추가적 심사(審査) 없이는 불가능하다는 점을 보장(保障)해야 한다.

⑤ 개인정보처리자가 정정을 한 경우에 그는 자신에게 개인정보를 그 전(前)에 이전한 기관에 그 정정을 통지해야 한다. 제1항 내지 제3항에 따른 처리의 정정, 삭제 또는 제한의 경우에(In Fällen der Berichtigung, Löschung oder Einschränkung der Verarbeitung nach den Absätzen 1 bis 3) 개인정보처리자는 해당 개인정보를 이전받은 수령인에게 이러한 조치를 통지를 해야만 한다. 수령인은 개인정보를 정정하거나 삭제하거나 그 처리를 제한해야 한다.

⑥ 개인정보처리자는 정보주체에게 개인정보를 정정 또는 삭제를 하지 않은 것이나 이에 갈음하는 처리의 제한(die an deren Stelle tretende Einschränkung der Verarbeitung)에 관하여 서면으로 알려야만 한다 이러한 정보제공으로 제56조 제2항상의 위험(危險)가 발생할 경우에는 그러하지 아니하다. 제1문에 따른 알림에 그 이유를 기재해야 하고, 다만 이유 기재로 인하여 알림 생략으로 달성하려는 목적이 위태롭게 될 경우에는 그러하지 아니하다(es sei denn, dass die Mitteilung der Gründe den mit dem Absehen von der Unterrichtung verfolgten Zweck gefährden würde).

⑦ 제57조 제7항, 제8항을 준용한다.

각주

(제58조 제3항 내지 제5항: 그 적용에 대하여 제75조 제3항을 참조하라)

제59조 정보주체의 권리 행사의 절차

① 개인정보처리자는, 상세하고 이해가 쉬우며 쉽게 접근할 수 있는 형식에 의하여 명료하고 간결한 언어로 정보주체에게 알려야 한다. 특별한 형식규정을 불문하고 신청의 응답(應答)에 있어(bei der Beantwortung von Anträgen) 원칙적으로 신청에서 선택한 방식(die für den Antrag gewählte Form)을 사용해야 한다.

② 신청에 있어 개인정보처리자는 정보주체에게 제57조 제6항, 제58조 제6항을 불문하고 지체 없이 그 절차에서 행해진 것처럼 그 신청에 관하여 알려야 한다.

③ 제55조에 따른 정보제공, 제56조나 제66조에 따른 통지와, 제57조나 제58조에 따른 신청에 대한 심리는 무료로 행해진다. 제57조 또는 제58조에 따른 이유 없음이 명백하거나 과도한 신청의 경우에 개인정보처리자는 관리비용에 기하여 적절한 이용료를 청구할 수도 있고, 아니면 그 신청에 기하여 조치를 취하

angemessene Gebühr auf der Grundlage der Verwaltungskosten verlangen oder sich weigern, aufgrund des Antrags tätig zu werden. In diesem Fall muss der Verantwortliche den offenkundig unbegründeten oder exzessiven Charakter des Antrags belegen können.

(4) Hat der Verantwortliche begründete Zweifel an der Identität einer betroffenen Person, die einen Antrag nach den §§ 57 oder 58 gestellt hat, kann er von ihr zusätzliche Informationen anfordern, die zur Bestätigung ihrer Identität erforderlich sind.

§ 60 Anrufung der oder des Bundesbeauftragten

(1) Jede betroffene Person kann sich unbeschadet anderweitiger Rechtsbehelfe mit einer Beschwerde an die Bundesbeauftragte oder den Bundesbeauftragten wenden, wenn sie der Auffassung ist, bei der Verarbeitung ihrer personenbezogenen Daten durch öffentliche Stellen zu den in § 45 genannten Zwecken in ihren Rechten verletzt worden zu sein. Dies gilt nicht für die Verarbeitung von personenbezogenen Daten durch Gerichte, soweit diese die Daten im Rahmen ihrer justiziellen Tätigkeit verarbeitet haben. Die oder der Bundesbeauftragte hat die betroffene Person über den Stand und das Ergebnis der Beschwerde zu unterrichten und sie hierbei auf die Möglichkeit gerichtlichen Rechtsschutzes nach § 61 hinzuweisen.

(2) Die oder der Bundesbeauftragte hat eine bei ihr oder ihm eingelegte Beschwerde über eine Verarbeitung, die in die Zuständigkeit einer Aufsichtsbehörde in einem anderen Mitgliedstaat der Europäischen Union fällt, unverzüglich an die zuständige Aufsichtsbehörde des anderen Staates weiterzuleiten. Sie oder er hat in diesem Fall die betroffene Person über die Weiterleitung zu unterrichten und ihr auf deren Ersuchen weitere Unterstützung zu leisten.

§ 61 Rechtsschutz gegen Entscheidungen der oder des Bundesbeauftragten oder bei deren oder dessen Untätigkeit

(1) Jede natürliche oder juristische Person kann unbeschadet anderer Rechtsbehelfe gerichtlich gegen eine verbindliche Entscheidung der oder des Bundesbeauftragten vorgehen.

(2) Absatz 1 gilt entsprechend zugunsten betroffener Personen, wenn sich die oder der Bundesbeauftragte mit einer Beschwerde nach § 60 nicht befasst oder die betroffene Person nicht innerhalb von drei Monaten nach Einlegung der Beschwerde über den Stand oder das Ergebnis der Beschwerde in Kenntnis gesetzt hat.

Kapitel 4 Pflichten der Verantwortlichen und Auftragsverarbeiter

§ 62 Auftragsverarbeitung

(1) Werden personenbezogene Daten im Auftrag eines Verantwortlichen durch andere Personen oder Stellen verarbeitet, hat der Verantwortliche für die Einhaltung der Vorschriften dieses Gesetzes und anderer Vorschriften über den Datenschutz zu sorgen. Die Rechte der betroffenen Personen auf Auskunft, Berichtigung, Löschung, Einschränkung der Verarbeitung und Schadensersatz sind in diesem Fall gegenüber dem Verantwortlichen geltend zu machen.

(2) Ein Verantwortlicher darf nur solche Auftragsverarbeiter mit der Verarbeitung personenbezogener Daten beauftragen, die mit geeigneten technischen und organisatorischen Maßnahmen sicherstellen, dass die Verarbeitung im Einklang mit den gesetzlichen Anforderungen erfolgt und der Schutz der Rechte

는 것을 거절할 수 있다. 이러한 경우에 개인정보처리자는 그 신청이 이유 없음이 명백하거나 과도한 특성에 대하여 증명할 수 있어야만 한다(muss der Verantwortliche den offenkundig unbegründeten oder exzessiven Charakter des Antrags belegen können).

④ 개인정보처리자가 제57조 또는 제58조에 따라 신청을 제기한 정보주체의 신원에 대한 정당한 의심을 갖는 경우에 그는 정보주체에게 그 신원을 확인하는 데 필요한(die zur Bestätigung ihrer Identität erforderlich sind) 추가정보를 요구할 수 있다.

제60조 연방개인정보보호책임관에 대한 이의

① 각 정보주체(Jede betroffene Person)는, 제45조상의 목적을 위한 공공기관의 자신의 개인정보 처리에 있어 그 권리 침해를 당한 것으로 판단한 경우에는 다른 법적구제에도 불구하고(unbeschadet anderweitiger Rechtsbehelfe) 연방개인정보보호책임관에 이의를 제기할 수 있다. 법원이 개인정보를 사법활동의 일환으로 처리하는 범위 내에서(soweit diese die Daten im Rahmen ihrer justiziellen Tätigkeit verarbeitet haben), 법원에 의한 개인정보 처리에 대하여는 적용하지 아니한다. 연방개인정보보호책임관은 이의의 상황 및 결과에 관하여(über den Stand und das Ergebnis der Beschwerde) 알려야 하고 이 경우 제61조에 따른, 사법적(司法的) 구제(救濟)의 가능성에 관하여(auf die Möglichkeit gerichtlichen Rechtsschutzes nach § 61) 안내해야 한다.

② 연방개인정보보호책임관은 자신에 접수된, 독일 이외의 유럽연합회원국 감독관청의 관할에 속하는(die in die Zuständigkeit einer Aufsichtsbehörde in einem anderen Mitgliedstaat der Europäischen Union fällt) 처리에 대한 이의는 지체 없이 그 다른 회원국의 소관감독관청으로 이첩한다. 이러한 경우에 연방개인청보책인관은 해당 정보주체에 ㄱ 이첩(die Weiterleitung)에 관하여 알리고 그 요구에 따라 추가적으로 도움을 제공해야 한다.

제61조 연방개인정보보호책임관의 결정이나 그의 부작위에 대한(bei deren oder dessen Untätigkeit) 권리구제(權利救濟)

① 각 자연인 또는 법인은 다른 법적구제에도 불구하고 연방개인정보보호책임관의 구속적 결정에 대하여 법원에 제소(提訴)할 수 있다.

② 연방개인정보보호책임관이 제60조에 따라 이의를 처리하지 않거나 정보주체에게 이의 접수시로부터 3개월 이내에 이의의 경과 및 결과에 관하여 알리지 않은(die betroffene Person nicht innerhalb von drei Monaten nach Einlegung der Beschwerde über den Stand oder das Ergebnis der Beschwerde in Kenntnis gesetzt hat) 경우에는 제1항은 정보주체를 위하여 준용한다.

제4장 개인정보처리자와 수탁처리자의 의무

제62조 수탁처리

① 개인정보가 개인정보 처리의 위임에 기하여 다른 자 또는 기관에 의해 처리되는 경우에 개인정보처리자는 본 법률의 규정과 개인정보보호에 관한 기타 규정의 준수를 보장한다. 이러한 경우 정보주체의 접근권, 정정요구권, 삭제요구권, 처리제한요구권과 손해배상청구권(Die Rechte der betroffenen Personen auf Auskunft, Berichtigung, Löschung, Einschränkung der Verarbeitung und Schadensersatz)은 개인정보처리자에 대하여 행사되어야 한다.

② 개인정보처리자는, 적절한 기술적·관리적 조치로 그 처리가 법(法)상의 요구사항에 부합하게 행해지고 (dass die Verarbeitung im Einklang mit den gesetzlichen Anforderungen erfolgt) 해당 정보주체의 권리보호를 보장(保障)하는 그러한 수탁처리자에 대해서만(nur solche Auftragsverarbeiter) 개인정보 처리를

der betroffenen Personen gewährleistet wird.

(3) Auftragsverarbeiter dürfen ohne vorherige schriftliche Genehmigung des Verantwortlichen keine weiteren Auftragsverarbeiter hinzuziehen. Hat der Verantwortliche dem Auftragsverarbeiter eine allgemeine Genehmigung zur Hinzuziehung weiterer Auftragsverarbeiter erteilt, hat der Auftragsverarbeiter den Verantwortlichen über jede beabsichtigte Hinzuziehung oder Ersetzung zu informieren. Der Verantwortliche kann in diesem Fall die Hinzuziehung oder Ersetzung untersagen.

(4) Zieht ein Auftragsverarbeiter einen weiteren Auftragsverarbeiter hinzu, so hat er diesem dieselben Verpflichtungen aus seinem Vertrag mit dem Verantwortlichen nach Absatz 5 aufzuerlegen, die auch für ihn gelten, soweit diese Pflichten für den weiteren Auftragsverarbeiter nicht schon aufgrund anderer Vorschriften verbindlich sind. Erfüllt ein weiterer Auftragsverarbeiter diese Verpflichtungen nicht, so haftet der ihn beauftragende Auftragsverarbeiter gegenüber dem Verantwortlichen für die Einhaltung der Pflichten des weiteren Auftragsverarbeiters.

(5) Die Verarbeitung durch einen Auftragsverarbeiter hat auf der Grundlage eines Vertrags oder eines anderen Rechtsinstruments zu erfolgen, der oder das den Auftragsverarbeiter an den Verantwortlichen bindet und der oder das den Gegenstand, die Dauer, die Art und den Zweck der Verarbeitung, die Art der personenbezogenen Daten, die Kategorien betroffener Personen und die Rechte und Pflichten des Verantwortlichen festlegt. Der Vertrag oder das andere Rechtsinstrument haben insbesondere vorzusehen, dass der Auftragsverarbeiter

1. nur auf dokumentierte Weisung des Verantwortlichen handelt; ist der Auftragsverarbeiter der Auffassung, dass eine Weisung rechtswidrig ist, hat er den Verantwortlichen unverzüglich zu informieren;
2. gewährleistet, dass die zur Verarbeitung der personenbezogenen Daten befugten Personen zur Vertraulichkeit verpflichtet werden, soweit sie keiner angemessenen gesetzlichen Verschwiegenheitspflicht unterliegen;
3. den Verantwortlichen mit geeigneten Mitteln dabei unterstützt, die Einhaltung der Bestimmungen über die Rechte der betroffenen Person zu gewährleisten;
4. alle personenbezogenen Daten nach Abschluss der Erbringung der Verarbeitungsleistungen nach Wahl des Verantwortlichen zurückgibt oder löscht und bestehende Kopien vernichtet, wenn nicht nach einer Rechtsvorschrift eine Verpflichtung zur Speicherung der Daten besteht;
5. dem Verantwortlichen alle erforderlichen Informationen, insbesondere die gemäß § 76 erstellten Protokolle, zum Nachweis der Einhaltung seiner Pflichten zur Verfügung stellt;
6. Überprüfungen, die von dem Verantwortlichen oder einem von diesem beauftragten Prüfer durchgeführt werden, ermöglicht und dazu beiträgt;
7. die in den Absätzen 3 und 4 aufgeführten Bedingungen für die Inanspruchnahme der Dienste eines weiteren Auftragsverarbeiters einhält;
8. alle gemäß § 64 erforderlichen Maßnahmen ergreift und
9. unter Berücksichtigung der Art der Verarbeitung und der ihm zur Verfügung stehenden Informationen den Verantwortlichen bei der Einhaltung der in den §§ 64 bis 67 und § 69 genannten Pflichten unterstützt.

(6) Der Vertrag im Sinne des Absatzes 5 ist schriftlich oder elektronisch abzufassen.

(7) Ein Auftragsverarbeiter, der die Zwecke und Mittel der Verarbeitung unter Verstoß gegen diese

위임(委任)할 수 있다.

③ 수탁처리자는, 개인정보처리자의 서면에 의한 사전동의 없이 다른 수탁처리자를 사용해서는 아니된다. 개인정보처리자가 수탁처리자에게 다른 수탁처리자의 사용에 관한 일반적 동의를 부여한 경우에 그 수탁처리자는 개인정보처리자에게 계획하는 일체의 추가(追加) 또는 교체(交替)에 관하여(über jede beabsichtigte Hinzuziehung oder Ersetzung) 알려야 한다. 이러한 경우 개인정보처리자는 그 추가 또는 교체를 금지할 수 있다.

④ 어느 수탁처리자가 다른 수탁처리자는 사용하는 경우에 그 수탁처리자는, 제5항에 따른, 개인정보처리자와의 계약에 기한 동일한 의무(dieselben Verpflichtungen aus seinem Vertrag mit dem Verantwortlichen nach Absatz 5)가 다른 수탁처리자에게 다른 법규정에 기하여 이미 구속력이 없는 범위 내에서 다른 수탁처리에 대하여 자신에게도 적용되는 그러한 의무를 부과해야 한다. 다른 수탁처리자가 이러한 의무를 이행하지 않는 경우에 그에게 위임을 한 수탁처리자는 그 다른 수탁처리자의 의무 준수에 대하여 개인정보처리자에 대하여 책임을 진다.

⑤ 어느 수탁처리자에 의한 처리(Die Verarbeitung durch einen Auftragsverarbeiter)는, 그 수탁처리자를 개인정보처리자에 구속하고 처리의 대상, 기간, 성질 및 목적, 개인정보의 유형, 정보주체의 범주와, 개인정보처리자의 권리의무(die Art der personenbezogenen Daten, die Kategorien betroffener Personen und die Rechte und Pflichten des Verantwortlichen_를 정하는 계약 또는 그 밖의 법률행위에 기하여 행해져야 한다. 그 계약 또는 그 밖의 법률행위(Der Vertrag oder das andere Rechtsinstrument)는 특히 다음을 규정해야 한다,

1. 수탁처리자가 개인정보처리자의 문서에 의한 지시에 기해서만 행위를 한다는 점; 그 수탁처리자가 그 지시가 위법(違法)하다고 판단하는 경우에 그는 개인정보처리자에게 지체 없이 그에 관하여 알려야 한다;
2. 수탁처리자가, 개인정보 처리할 권한이 있는 자(die zur Verarbeitung der personenbezogenen Daten befugten Personen)가 적절한 법(法)상의 비밀유지의무를 적용받지 않는 범위 내에서 기밀성(Vertraulichkeit)을 유지할 의무 있다는 것을 보장하다는 점;
3. 이 경우 수탁처리자가 개인정보처리자에게, 정보주제의 권리에 관한 규정의 준수를 보장할 적절한 수단을 지원을 지원한다는 점;
4. 그 개인정보의 저장에 관한 의무가 법규정에 따라 인정되지 않은 경우에 수탁처리자가 개인정보처리자의 선택에 좇아 처리급부의 이행 완료 후에 일체의 개인정보를 반환하거나 삭제하고 기존 복사본을 파기한다는 점;
5. 수탁처리자가 개인정보처리자에게 일체의 필요한 정보, 특히 제76조에 따라 마련된 기록, 자신의 의무 준수를 증명하기 위하여 제공한다는 점;
6. 수탁처리자가, 개인정보치리자가 수행하거나 개인정보처리자에게서 수임받은 검사인이 수행한 검사를 가능하게 하고 이에 대하여 기여한다는 점;
7. 수탁처리자가 제3항 및 제4항상의 조건으로, 추가적 수탁처리자의 업무 수행(die Inanspruchnahme der Dienste)에 대한 요건을 준수한다는 점;
8. 수탁처리자가 제64조에 따라 필요한 일체의 조치를 취한다는 점;
9. 수탁처리자가, 처리의 성질과 자신에게 제공된 정보를 고려하여(unter Berücksichtigung der Art der Verarbeitung und der ihm zur Verfügung stehenden Informationen) 제64조 내지 제67조, 제69조상의 의무의 준수에 있어 개인정보처리자를 지원한다는 점.

⑥ 제5항상의 계약서는 서면으로 작성되거나 전자적 방법으로 작성되어야 한다.

⑦ 위와 같은 규정에 위반의 경우에(unter Verstoß gegen diese Vorschrift) 처리의 목적 및 수단을 결정한

Verarbeitung als Verantwortlicher.

§ 63 Gemeinsam Verantwortliche

Legen zwei oder mehr Verantwortliche gemeinsam die Zwecke und die Mittel der Verarbeitung fest, gelten sie als gemeinsam Verantwortliche. Gemeinsam Verantwortliche haben ihre jeweiligen Aufgaben und datenschutzrechtlichen Verantwortlichkeiten in transparenter Form in einer Vereinbarung festzulegen, soweit diese nicht bereits in Rechtsvorschriften festgelegt sind. Aus der Vereinbarung muss insbesondere hervorgehen, wer welchen Informationspflichten nachzukommen hat und wie und gegenüber wem betroffene Personen ihre Rechte wahrnehmen können. Eine entsprechende Vereinbarung hindert die betroffene Person nicht, ihre Rechte gegenüber jedem der gemeinsam Verantwortlichen geltend zu machen.

§ 64 Anforderungen an die Sicherheit der Datenverarbeitung

(1) Der Verantwortliche und der Auftragsverarbeiter haben unter Berücksichtigung des Stands der Technik, der Implementierungskosten, der Art, des Umfangs, der Umstände und der Zwecke der Verarbeitung sowie der Eintrittswahrscheinlichkeit und der Schwere der mit der Verarbeitung verbundenen Gefahren für die Rechtsgüter der betroffenen Personen die erforderlichen technischen und organisatorischen Maßnahmen zu treffen, um bei der Verarbeitung personenbezogener Daten ein dem Risiko angemessenes Schutzniveau zu gewährleisten, insbesondere im Hinblick auf die Verarbeitung besonderer Kategorien personenbezogener Daten. Der Verantwortliche hat hierbei die einschlägigen Technischen Richtlinien und Empfehlungen des Bundesamtes für Sicherheit in der Informationstechnik zu berücksichtigen.

(2) Die in Absatz 1 genannten Maßnahmen können unter anderem die Pseudonymisierung und Verschlüsselung personenbezogener Daten umfassen, soweit solche Mittel in Anbetracht der Verarbeitungszwecke möglich sind. Die Maßnahmen nach Absatz 1 sollen dazu führen, dass

1. die Vertraulichkeit, Integrität, Verfügbarkeit und Belastbarkeit der Systeme und Dienste im Zusammenhang mit der Verarbeitung auf Dauer sichergestellt werden und
2. die Verfügbarkeit der personenbezogenen Daten und der Zugang zu ihnen bei einem physischen oder technischen Zwischenfall rasch wiederhergestellt werden können.

(3) Im Fall einer automatisierten Verarbeitung haben der Verantwortliche und der Auftragsverarbeiter nach einer Risikobewertung Maßnahmen zu ergreifen, die Folgendes bezwecken:

1. Verwehrung des Zugangs zu Verarbeitungsanlagen, mit denen die Verarbeitung durchgeführt wird, für Unbefugte (Zugangskontrolle),
2. Verhinderung des unbefugten Lesens, Kopierens, Veränderns oder Löschens von Datenträgern (Datenträgerkontrolle),
3. Verhinderung der unbefugten Eingabe von personenbezogenen Daten sowie der unbefugten Kenntnisnahme, Veränderung und Löschung von gespeicherten personenbezogenen Daten (Speicherkontrolle),
4. Verhinderung der Nutzung automatisierter Verarbeitungssysteme mit Hilfe von Einrichtungen zur Datenübertragung durch Unbefugte (Benutzerkontrolle),
5. Gewährleistung, dass die zur Benutzung eines automatisierten Verarbeitungssystems Berechtigten ausschließlich zu den von ihrer Zugangsberechtigung umfassten personenbezogenen Daten Zugang

수탁처리자는 이러한 처리에 관하여 개인정보처리자로 본다.

제63조 공동의 개인정보처리자

두 또는 여러 개인정보처리자가 처리의 목적 및 수단을 결정한 경우에 이들을 공동의 개인정보처리자로 본다. 공동의 개인정보처리자는, 이것이 이미 법규정에 정해지지 않은 범위 내에서 자신의 각 임무와 개인정보법상 책임을 합의에 의하여 투명한 방식으로(in transparenter Form in einer Vereinbarung) 정해야 한다. 그 합의에서 특히 누가 어떤 정보제공의무를 준수해야 하고 개인정보주체가 어떻게 또 누구에게 자신의 권리를 행사할 수 있는지(wie und gegenüber wem betroffene Personen ihre Rechte wahrnehmen können)가 나타나야만 한다. 관련 합의로 정보주체가 공동의 개인정보처리자 중 누구에게라도 자신의 권리를 행사하는 것(ihre Rechte gegenüber jedem der gemeinsam Verantwortlichen geltend zu machen)을 방해받지 아니한다.

제64조 개인정보 처리의 보안에 대한 요구사항

① 개인정보처리자와 수탁처리자는, 처리의 기술 수준, 집행비용, 성질, 범위, 배경 및 목적과, 처리로 발생하는, 정보주체의 법익에 대한 위험(危險)의 발생가능성 및 중대성(der Eintrittswahrscheinlichkeit und der Schwere der mit der Verarbeitung verbundenen Gefahren für die Rechtsgüter der betroffenen Personen)을 고려하여, 개인정보 처리에 있어 어떤 위험에 적절한 보호수준을 보장하기 위한, 특히 특수한 범주의 개인정보 처리에 관하여 적절한 보호수준을 보장하기 위한(um bei der Verarbeitung personenbezogener Daten ein dem Risiko angemessenes Schutzniveau zu gewährleisten, insbesondere im Hinblick auf die Verarbeitung besonderer Kategorien personenbezogener Daten), 필요한 기술적·관리적 조치를 취해야만 한다. 이 경우 개인정보처리자는 연방정보통신기술보안청(Bundesamtes für Sicherheit in der Informationstechnik)의 관련 기술지침 및 권고를 고려해야 한다.

② 개인정보의 가명처리 및 암호화(die Pseudonymisierung und Verschlüsselung personenbezogener Daten)가 처리목적을 고려했을 때 가능한 범위 내에서, 제1항상의 조치에 특히 그러한 조치가 포함될 수 있다. 제1항에 따른 조치로 인해,

1. 처리 시스템과 처리 업무의 기밀성, 무결성, 가용성 및 복원력이 지속적으로 확보된다는 점이 보장되어야 하고,
2. 물리적 또는 기술적 사고 발생의 경우에 개인정보의 이용가능성과 개인정보에 대한 접근을 신속하게 복구할 수 있다는 점이 보장되어야 한다.

③ 자동화된 처리의 경우에 개인정보처리자와 수탁처리자는 위험평가 후 다음 각 호를 목적으로 하는 조치를 취해야 한다:

1. 처리(處理)를 수행(遂行)하는 처리시설에 대한 무권한자(無權限者)의 접근으로부터의 보호('접근통제'; Zugangskontrolle),
2. 데이터저장매체의 권한(權限) 없는 읽기, 복제(複製), 변경(變更) 또는 삭제(削除)의 방지('데이터저장매체통제'; Datenträgerkontrolle),
3. 개인정보의 무단 입력(unbefugten Eingabe)의 방지와, 저장된 개인정보의 권한 없는, 지득(知得), 변경 및 삭제(der unbefugten Kenntnisnahme, Veränderung und Löschung)의 방지('저장통제'; Speicherkontrolle),
4. 데이터통신기기(通信器機)의 도움에 의한, 무권한자의 자동화된 처리시스템의 이용의 방지('이용자통제'; Benutzerkontrolle),
5. 자동화된 처리시스템의 이용권한자(die zur Benutzung eines automatisierten Verarbeitungssystems Berechtigten)가 그 접근권한에 의해 포함된 개인정보에만 접근하는 것을 보장하는 것('접근통제';

haben (Zugriffskontrolle),

6. Gewährleistung, dass überprüft und festgestellt werden kann, an welche Stellen personenbezogene Daten mit Hilfe von Einrichtungen zur Datenübertragung übermittelt oder zur Verfügung gestellt wurden oder werden können (Übertragungskontrolle),
7. Gewährleistung, dass nachträglich überprüft und festgestellt werden kann, welche personenbezogenen Daten zu welcher Zeit und von wem in automatisierte Verarbeitungssysteme eingegeben oder verändert worden sind (Eingabekontrolle),
8. Gewährleistung, dass bei der Übermittlung personenbezogener Daten sowie beim Transport von Datenträgern die Vertraulichkeit und Integrität der Daten geschützt werden (Transportkontrolle),
9. Gewährleistung, dass eingesetzte Systeme im Störungsfall wiederhergestellt werden können (Wiederherstellbarkeit),
10. Gewährleistung, dass alle Funktionen des Systems zur Verfügung stehen und auftretende Fehlfunktionen gemeldet werden (Zuverlässigkeit),
11. Gewährleistung, dass gespeicherte personenbezogene Daten nicht durch Fehlfunktionen des Systems beschädigt werden können (Datenintegrität),
12. Gewährleistung, dass personenbezogene Daten, die im Auftrag verarbeitet werden, nur entsprechend den Weisungen des Auftraggebers verarbeitet werden können (Auftragskontrolle),
13. Gewährleistung, dass personenbezogene Daten gegen Zerstörung oder Verlust geschützt sind (Verfügbarkeitskontrolle),
14. Gewährleistung, dass zu unterschiedlichen Zwecken erhobene personenbezogene Daten getrennt verarbeitet werden können (Trennbarkeit).

Ein Zweck nach Satz 1 Nummer 2 bis 5 kann insbesondere durch die Verwendung von dem Stand der Technik entsprechenden Verschlüsselungsverfahren erreicht werden.

§ 65 Meldung von Verletzungen des Schutzes personenbezogener Daten an die oder den Bundesbeauftragten

(1) Der Verantwortliche hat eine Verletzung des Schutzes personenbezogener Daten unverzüglich und möglichst innerhalb von 72 Stunden, nachdem sie ihm bekannt geworden ist, der oder dem Bundesbeauftragten zu melden, es sei denn, dass die Verletzung voraussichtlich keine Gefahr für die Rechtsgüter natürlicher Personen mit sich gebracht hat. Erfolgt die Meldung an die Bundesbeauftragte oder den Bundesbeauftragten nicht innerhalb von 72 Stunden, so ist die Verzögerung zu begründen.

(2) Ein Auftragsverarbeiter hat eine Verletzung des Schutzes personenbezogener Daten unverzüglich dem Verantwortlichen zu melden.

(3) Die Meldung nach Absatz 1 hat zumindest folgende Informationen zu enthalten:

1. eine Beschreibung der Art der Verletzung des Schutzes personenbezogener Daten, die, soweit möglich, Angaben zu den Kategorien und der ungefähren Anzahl der betroffenen Personen, zu den betroffenen Kategorien personenbezogener Daten und zu der ungefähren Anzahl der betroffenen personenbezogenen Datensätze zu enthalten hat,
2. den Namen und die Kontaktdaten der oder des Datenschutzbeauftragten oder einer sonstigen Person oder Stelle, die weitere Informationen erteilen kann,
3. eine Beschreibung der wahrscheinlichen Folgen der Verletzung und

Zugriffskontrolle),

6. 데이터통신기기(通信器機)의 도움으로 개인정보가 어느 기관으로 이전(移轉)되었거나 제공(提供)되었거나, 이전 또는 제공될 수 있는지가 검증되고 확인되도록 보장하는 것('이전통제'; Übertragungskontrolle),
7. 어떤 개인정보가 어느 시기에 또 누구에 의해 자동화된 처리시스템에(in automatisierte Verarbeitungssysteme) 입력되거나 변경되는지가 사후적으로 검증되고 확인되도록 보장하는 것('입력통제'; Eingabekontrolle),
8. 개인정보의 이전시 또는 데이터저장매체의 운송시에 개인정보의 기밀성 및 무결성이 보호된다는 점을 보장하는 것('운송통제'; Transportkontrolle),
9. 가동된 시스템이 장애시(im Störungsfall)에 복구될 수 있다는 점을 보장하는 것('복구가능성'; Wiederherstellbarkeit),
10. 일체의 시스템의 기능이 작동하고 오작동의 발생이 보고된다는 점을 보장하는 것('신뢰성'; Zuverlässigkeit),
11. 저장된 개인정보가 시스템의 오작동에 의해 손상될 수 없다는 점을 보장하는 것('정보의 무결성'; Datenintegrität),
12. 위탁에 기해 처리되는 개인정보가 위임인의 지시에 좇아서만 처리될 수 있다는 점을 보장하는 것('위임통제'; Auftragskontrolle),
13. 개인정보가 파괴 또는 분실로부터(gegen Zerstörung oder Verlust) 보호된다는 점을 보장하는 것('이용가능통제'; Verfügbarkeitskontrolle),
14. 수집된 개인정보의 목적과 다르게 분리하여 처리될 수 있다는 점을 보장하는 것('분리가능성'; Trennbarkeit).

제1문 제2호 내지 제5호에 따른 목적은 특히 관련 암호화절차의 기술 수준(dem Stand der Technik entsprechenden Verschlüsselungsverfahren)에 의해 달성될 수 있다.

제65조 개인정보 침해에 관한(Verletzungen des Schutzes personenbezogener Daten) 연방개인정보보호책임관에 대한 신고

① 개인정보처리자는 개인정보 침해를 지체 없이, 가능하면 그 침해를 알게 된 후로부터 72시간 이내에 연방개인정보보호책임관에게 신고해야 하고, 다만 그 침해가 자연인의 법익에 대한 위험(危險)을 초래하지 않을 것으로 예상되는 경우에는 그러하지 아니하다. 연방개인정보보호책임관에 대한 그 신고가 72시간 이내에 행해지지 않은 경우에, 그 지체에 대하여 이유를 제시해야 한다.

② 수탁처리자는 개인정보처리자에게 개인정보의 보호에 대한 침해(eine Verletzung des Schutzes personenbezogener Daten)를 지체 없이 신고해야 한다.

③ 제1항에 따른 신고에 최소한 다음 각 호가 포함되어 한다: 가능한 경우 정보주체의 범주와 그 대략적 수, 관련 데이터세트의 관련 범주와 그 대략적 수를 언급하며 하는, 개인정보 침해의 성질의 기술;

1. 가능한 경우, 정보주체의 범주와 그 대략적인 수에 대한 언급, 개인정보의 관련 범주에 대한 언급과, 관련 개인정보 데이터세트의 대략적인 수에 관한 언급(zu den betroffenen Kategorien personenbezogener Daten und zu der ungefähren Anzahl der betroffenen personenbezogenen Datensätze)을 포함해야 하는 기술로, 개인정보 침해의 성질에 대한 기술,
2. 개인정보보호책임자의 이름 및 연락정보나, 추가(追加) 정보(情報)를 얻을 수 있는 기타 자 및 기관의 이름 및 연락정보,
3. 그 침해의 가능한 결과에 대한 기술,

4. eine Beschreibung der von dem Verantwortlichen ergriffenen oder vorgeschlagenen Maßnahmen zur Behandlung der Verletzung und der getroffenen Maßnahmen zur Abmilderung ihrer möglichen nachteiligen Auswirkungen.

(4) Wenn die Informationen nach Absatz 3 nicht zusammen mit der Meldung übermittelt werden können, hat der Verantwortliche sie unverzüglich nachzureichen, sobald sie ihm vorliegen.

(5) Der Verantwortliche hat Verletzungen des Schutzes personenbezogener Daten zu dokumentieren. Die Dokumentation hat alle mit den Vorfällen zusammenhängenden Tatsachen, deren Auswirkungen und die ergriffenen Abhilfemaßnahmen zu umfassen.

(6) Soweit von einer Verletzung des Schutzes personenbezogener Daten personenbezogene Daten betroffen sind, die von einem oder an einen Verantwortlichen in einem anderen Mitgliedstaat der Europäischen Union übermittelt wurden, sind die in Absatz 3 genannten Informationen dem dortigen Verantwortlichen unverzüglich zu übermitteln.

(7) § 42 Absatz 4 findet entsprechende Anwendung.

(8) Weitere Pflichten des Verantwortlichen zu Benachrichtigungen über Verletzungen des Schutzes personenbezogener Daten bleiben unberührt.

§ 66 Benachrichtigung betroffener Personen bei Verletzungen des Schutzes personenbezogener Daten

(1) Hat eine Verletzung des Schutzes personenbezogener Daten voraussichtlich eine erhebliche Gefahr für Rechtsgüter betroffener Personen zur Folge, so hat der Verantwortliche die betroffenen Personen unverzüglich über den Vorfall zu benachrichtigen.

(2) Die Benachrichtigung nach Absatz 1 hat in klarer und einfacher Sprache die Art der Verletzung des Schutzes personenbezogener Daten zu beschreiben und zumindest die in § 65 Absatz 3 Nummer 2 bis 4 genannten Informationen und Maßnahmen zu enthalten.

(3) Von der Benachrichtigung nach Absatz 1 kann abgesehen werden, wenn

1. der Verantwortliche geeignete technische und organisatorische Sicherheitsvorkehrungen getroffen hat und diese Vorkehrungen auf die von der Verletzung des Schutzes personenbezogener Daten betroffenen Daten angewandt wurden; dies gilt insbesondere für Vorkehrungen wie Verschlüsselungen, durch die die Daten für unbefugte Personen unzugänglich gemacht wurden;
2. der Verantwortliche durch im Anschluss an die Verletzung getroffene Maßnahmen sichergestellt hat, dass aller Wahrscheinlichkeit nach keine erhebliche Gefahr im Sinne des Absatzes 1 mehr besteht, oder
3. dies mit einem unverhältnismäßigen Aufwand verbunden wäre; in diesem Fall hat stattdessen eine öffentliche Bekanntmachung oder eine ähnliche Maßnahme zu erfolgen, durch die die betroffenen Personen vergleichbar wirksam informiert werden.

(4) Wenn der Verantwortliche die betroffenen Personen über eine Verletzung des Schutzes personenbezogener Daten nicht benachrichtigt hat, kann die oder der Bundesbeauftragte förmlich feststellen, dass ihrer oder seiner Auffassung nach die in Absatz 3 genannten Voraussetzungen nicht erfüllt sind. Hierbei hat sie oder er die Wahrscheinlichkeit zu berücksichtigen, dass die Verletzung eine erhebliche Gefahr im Sinne des Absatzes 1 zur Folge hat.

(5) Die Benachrichtigung der betroffenen Personen nach Absatz 1 kann unter den in § 56 Absatz 2 genannten Voraussetzungen aufgeschoben, eingeschränkt oder unterlassen werden, soweit nicht die

4. 개인정보처리자가 침해의 처리에 관하여 취하거나 제안한 조치와, 그 침해의 발생할 수 있는 악영향의 완화를 위한 취한 조치(der getroffenen Maßnahmen zur Abmilderung ihrer möglichen nachteiligen Auswirkungen)에 대한 기술.

④ 제3항에 따른 정보가 신고와 함께 제공될 수 없는 경우에 개인정보처리자는, 가능한 한 빨리 정보를 제출해야 한다.

⑤ 개인정보처리자는 개인정보 침해를 문서로 기록해야 한다. 그 기록에 해당 사건에 관련된 일체의 사실, 그 사건의 영향(alle mit den Vorfällen zusammenhängenden Tatsachen, deren Auswirkungen)과 취해진 시정조치가 포함되어야 한다.

⑥ 개인정보 침해(einer Verletzung des Schutzes personenbezogener Daten)가, 독일 이외의 유럽연합 한 회원국 내에서 어느 개인정보처리자에 의해 이전되거나 어느 개인정보처리자에게로 이전된 개인정보에 관련된 범위 내에서, 제3항상의 정보(die in Absatz 3 genannten Informationen)는 그 조항상의 개인정보보호책임자에게 지체 없이 제공되어야 한다.

⑦ 제42조 제4항을 준용한다.

⑧ 개인정보 침해에 관한 통지에 관한 개인정보처리자의 다른 의무(Weitere Pflichten des Verantwortlichen zu Benachrichtigungen)는 영향을 받지 아니한다.

제66조 개인정보 침해시 정보주체에 대한 통지

① 개인정보 침해가 정보주체의 법익(法益)에 대한 중대한 위험(危險)(eine erhebliche Gefahr für Rechtsgüter betroffener Personen)를 초래할 것으로 예상되는 경우에, 개인정보처리자는 정보주체에게 그 사건에 관하여 지체 없이 통지해야 한다.

② 제1항에 따른 통지에 분명하고 간명한 언어로 개인정보 침해의 성질이 기술되어야 하고, 최소한 제65조 제3항 제2호 내지 제4상의 정보 및 조치(die in § 65 Absatz 3 Nummer 2 bis 4 genannten Informationen und Maßnahmen)가 포함되어야 한다.

③ 다음 각 호의 경우에는 제1항에 따른 통지를 하지 않을 수 있다,

1. 개인정보 처리가 적절한 기술적·관리적 보안조처를 취했고, 이러한 조처가 개인정보 침해에 관련된 개인정보(die von der Verletzung des Schutzes personenbezogener Daten betroffenen Daten)에 대하여 적용된 경우; 특히 무권한자가 개인정보에 대하여 접근하지 못하게 해 주는 암호화와 같은 조처에도 또한 같다;
2. 개인정보처리자가 그 침해 후에 취한 조치로, 아마도(aller Wahrscheinlichkeit nach) 제1항상의 중대한 위험(危險)이 더 이상 발생하지 않을 것이라는 보장을 한 경우;
3. 그 통지로 과도한 경비가 발생할 것인 경우; 이러한 경우 그 대신에 정보주체에게 유사하게 효과적으로 알리는(durch die die betroffenen Personen vergleichbar wirksam informiert werden) 공고 또는 이와 유사한 조치가 행해져야 한다.

④ 개인정보처리자가 정보주체에게 개인정보 침해에 관하여 통지를 하지 않는 경우에, 연방개인정보보호책임관은 자신의 견해에 의할 때(ihrer oder seiner Auffassung nach) 제3항상의 요건이 충족되지 않았다는 점을 공식적으로 결정할 수 있다. 이 경우에 연방개인정보보호책임관은 그 침해로 제1항상의 위험이 초래될 (dass die Verletzung eine erhebliche Gefahr im Sinne des Absatzes 1 zur Folge hat) 가능성을 고려해야 한다.

⑤ 제1항에 따른 정보주체에 대한 통지는 제56조 제2항상의 요건이 있는 경우에, 정보주체의 이익으로, 침해에 의해 발생하는 제1항상의 중대한 위험(危險)에 기한 이익(die Interessen der betroffenen Person aufgrund der von der Verletzung ausgehenden erheblichen Gefahr im Sinne des Absatzes 1)이 우월하지

Interessen der betroffenen Person aufgrund der von der Verletzung ausgehenden erheblichen Gefahr im Sinne des Absatzes 1 überwiegen.

(6) § 42 Absatz 4 findet entsprechende Anwendung.

§ 67 Durchführung einer Datenschutz-Folgenabschätzung

(1) Hat eine Form der Verarbeitung, insbesondere bei Verwendung neuer Technologien, aufgrund der Art, des Umfangs, der Umstände und der Zwecke der Verarbeitung voraussichtlich eine erhebliche Gefahr für die Rechtsgüter betroffener Personen zur Folge, so hat der Verantwortliche vorab eine Abschätzung der Folgen der vorgesehenen Verarbeitungsvorgänge für die betroffenen Personen durchzuführen.

(2) Für die Untersuchung mehrerer ähnlicher Verarbeitungsvorgänge mit ähnlich hohem Gefahrenpotential kann eine gemeinsame Datenschutz-Folgenabschätzung vorgenommen werden.

(3) Der Verantwortliche hat die Datenschutzbeauftragte oder den Datenschutzbeauftragten an der Durchführung der Folgenabschätzung zu beteiligen.

(4) Die Folgenabschätzung hat den Rechten der von der Verarbeitung betroffenen Personen Rechnung zu tragen und zumindest Folgendes zu enthalten:

1. eine systematische Beschreibung der geplanten Verarbeitungsvorgänge und der Zwecke der Verarbeitung,
2. eine Bewertung der Notwendigkeit und Verhältnismäßigkeit der Verarbeitungsvorgänge in Bezug auf deren Zweck,
3. eine Bewertung der Gefahren für die Rechtsgüter der betroffenen Personen und
4. die Maßnahmen, mit denen bestehenden Gefahren abgeholfen werden soll, einschließlich der Garantien, der Sicherheitsvorkehrungen und der Verfahren, durch die der Schutz personenbezogener Daten sichergestellt und die Einhaltung der gesetzlichen Vorgaben nachgewiesen werden sollen.

(5) Soweit erforderlich, hat der Verantwortliche eine Überprüfung durchzuführen, ob die Verarbeitung den Maßgaben folgt, die sich aus der Folgenabschätzung ergeben haben.

§ 68 Zusammenarbeit mit der oder dem Bundesbeauftragten

Der Verantwortliche hat mit der oder dem Bundesbeauftragten bei der Erfüllung ihrer oder seiner Aufgaben zusammenzuarbeiten.

§ 69 Anhörung der oder des Bundesbeauftragten

(1) Der Verantwortliche hat vor der Inbetriebnahme von neu anzulegenden Dateisystemen die Bundesbeauftragte oder den Bundesbeauftragten anzuhören, wenn

1. aus einer Datenschutz-Folgenabschätzung nach § 67 hervorgeht, dass die Verarbeitung eine erhebliche Gefahr für die Rechtsgüter der betroffenen Personen zur Folge hätte, wenn der Verantwortliche keine Abhilfemaßnahmen treffen würde, oder
2. die Form der Verarbeitung, insbesondere bei der Verwendung neuer Technologien, Mechanismen oder Verfahren, eine erhebliche Gefahr für die Rechtsgüter der betroffenen Personen zur Folge hat.

Die oder der Bundesbeauftragte kann eine Liste der Verarbeitungsvorgänge erstellen, die der Pflicht zur Anhörung nach Satz 1 unterliegen.

(2) Der oder dem Bundesbeauftragten sind im Fall des Absatzes 1 vorzulegen:

않은 범위 내에서 연기 또는 제한이 될 수 있거나 이를 하지 않을 수 있다.

⑥ 제42조 제4항을 준용한다.

제67조 개인정보보호 영향평가의 시행

① 처리 방법이, 특히 새로운 기술을 적용한 처리방법이, 그 처리의 성질, 범위, 배경 및 목적으로 인하여(aufgrund der Art, des Umfangs, der Umstände und der Zwecke der Verarbeitung) 정보주체의 법익에 대한 중대한 위험(危險)을 초래할 것으로 예상되는 경우에, 개인정보처리자는 정보주체에 대한 예상되는 정보처리작업의 영향의 평가(eine Abschätzung der Folgen der vorgesehenen Verarbeitungsvorgänge für die betroffenen Personen durchzuführen)를 사전에 시행해야 한다.

② 다수의 유사한 정보처리작업으로, 고도의 유사한 잠재적 위험(危險)이 있는 정보처리작업의 조사에 대하여 공동의 개인정보보호 영향평가를 시행할 수 있다.

③ 개인정보처리자는 연방개인정보보호책임관이 그 영향평가의 시행(der Durchführung der Folgenabschätzung)에 참가하도록 해야 한다.

④ 그 영향평가에서 그 처리에 관련된 정보주체의 권리가 고려되어야 하고 최소한 다음 각 호의 사항(Folgendes)이 포함되어야 한다:

1. 예정된 정보처리작업(geplanten Verarbeitungsvorgänge) 및 처리의 목적의 체계적 기술(eine systematische Beschreibung),
2. 그 처리 목적에 관련한 정보처리작업의 필요성 및 비례성의 평가(eine Bewertung der Notwendigkeit und Verhältnismäßigkeit),
3. 정보주체의 법익에 대한 위험(危險)의 평가,
4. 개인정보보호를 보장하고 법(法)상 요구사항의 준수를 증명해 주는(durch die der Schutz personenbezogener Daten sichergestellt und die Einhaltung der gesetzlichen Vorgaben nachgewiesen werden sollen) 안전성확보조치, 보안조처 및 절차를 포함하여 발생한 위험(危險)을 제거하는 조치.

⑤ 필요하면, 개인정보처리자는, 그 처리가 그 영향평가에서 도출된 기준에 따라 행해지는 여부에 관한 검사를 시행해야 한다.

제68조 연방개인정보보호책임관과의 협력

개인정보처리자는 자신의 임무를 수행함에 있어(bei der Erfüllung ihrer oder seiner Aufgaben) 연방개인정보보호책임과과 협력해야 한다.

제69조 연방개인정보보호책임관의 청문(聽聞)

① 개인정보처리자는 다음 각 호의 경우에, 새롭게 도입하는 파일링시스템을 운용하기 전에 연방개인정보보호책임관의 청문에 응해야 한다,

1. 개인정보처리자가 시정조치를 취하지 않는다면(wenn der Verantwortliche keine Abhilfemaßnahmen treffen würde) 그 처리가 정보주체의 법익에 대한 중대한 위험(危險)을 초래할 것으로 제67조에 따른 개인정보보호 영향평가에서 드러나는 경우,
2. 처리의 방법, 특히 새로운 기술, 기계장치 또는 절차를 적용한 처리의 방법이 정보주체의 법익에 대한 중대한 위험을 초래한 경우,

연방개인정보보호책임관은 정보처리작업의 목록으로, 제1항에 따른 청문의무가 적용되는(die der Pflicht zur Anhörung nach Satz 1 unterliegen) 목록을 작성할 수 있다.

② 연방개인정보보호책임관에게 제1항의 경우에 다음 각 호가 제출되어야 한다:

1. die nach § 67 durchgeführte Datenschutz-Folgenabschätzung,
2. gegebenenfalls Angaben zu den jeweiligen Zuständigkeiten des Verantwortlichen, der gemeinsam Verantwortlichen und der an der Verarbeitung beteiligten Auftragsverarbeiter,
3. Angaben zu den Zwecken und Mitteln der beabsichtigten Verarbeitung,
4. Angaben zu den zum Schutz der Rechtsgüter der betroffenen Personen vorgesehenen Maßnahmen und Garantien und
5. Name und Kontaktdaten der oder des Datenschutzbeauftragten.

Auf Anforderung sind ihr oder ihm zudem alle sonstigen Informationen zu übermitteln, die sie oder er benötigt, um die Rechtmäßigkeit der Verarbeitung sowie insbesondere die in Bezug auf den Schutz der personenbezogenen Daten der betroffenen Personen bestehenden Gefahren und die diesbezüglichen Garantien bewerten zu können.

(3) Falls die oder der Bundesbeauftragte der Auffassung ist, dass die geplante Verarbeitung gegen gesetzliche Vorgaben verstoßen würde, insbesondere weil der Verantwortliche das Risiko nicht ausreichend ermittelt oder keine ausreichenden Abhilfemaßnahmen getroffen hat, kann sie oder er dem Verantwortlichen und gegebenenfalls dem Auftragsverarbeiter innerhalb eines Zeitraums von sechs Wochen nach Einleitung der Anhörung schriftliche Empfehlungen unterbreiten, welche Maßnahmen noch ergriffen werden sollten. Die oder der Bundesbeauftragte kann diese Frist um einen Monat verlängern, wenn die geplante Verarbeitung besonders komplex ist. Sie oder er hat in diesem Fall innerhalb eines Monats nach Einleitung der Anhörung den Verantwortlichen und gegebenenfalls den Auftragsverarbeiter über die Fristverlängerung zu informieren.

(4) Hat die beabsichtigte Verarbeitung erhebliche Bedeutung für die Aufgabenerfüllung des Verantwortlichen und ist sie daher besonders dringlich, kann er mit der Verarbeitung nach Beginn der Anhörung, aber vor Ablauf der in Absatz 3 Satz 1 genannten Frist beginnen. In diesem Fall sind die Empfehlungen der oder des Bundesbeauftragten im Nachhinein zu berücksichtigen und sind die Art und Weise der Verarbeitung daraufhin gegebenenfalls anzupassen.

§ 70 Verzeichnis von Verarbeitungstätigkeiten

(1) Der Verantwortliche hat ein Verzeichnis aller Kategorien von Verarbeitungstätigkeiten zu führen, die in seine Zuständigkeit fallen. Dieses Verzeichnis hat die folgenden Angaben zu enthalten:
1. den Namen und die Kontaktdaten des Verantwortlichen und gegebenenfalls des gemeinsam mit ihm Verantwortlichen sowie den Namen und die Kontaktdaten der oder des Datenschutzbeauftragten,
2. die Zwecke der Verarbeitung,
3. die Kategorien von Empfängern, gegenüber denen die personenbezogenen Daten offengelegt worden sind oder noch offengelegt werden sollen,
4. eine Beschreibung der Kategorien betroffener Personen und der Kategorien personenbezogener Daten,
5. gegebenenfalls die Verwendung von Profiling,
6. gegebenenfalls die Kategorien von Übermittlungen personenbezogener Daten an Stellen in einem Drittstaat oder an eine internationale Organisation,
7. Angaben über die Rechtsgrundlage der Verarbeitung,
8. die vorgesehenen Fristen für die Löschung oder die Überprüfung der Erforderlichkeit der Speicherung der verschiedenen Kategorien personenbezogener Daten und

1. 제67조에 따라 실시된 개인정보보호 영향평가,
2. 해당하는 경우 개인정보처리자, 공동 개인정보처리자, 그 처리에 참가하는 수탁처리자의 각각의 책임에 관한 정보,
3. 계획하는 처리의 목적 및 수단에 관한 정보,
4. 정보주체의 법익(法益)의 보호(保護)를 위하여 취해진 조치 및 안전성확보조치(Maßnahmen und Garantien)에 관한 정보,
5. 개인정보보호책임자의 이름 및 연락정보,

또한 연방개인정보보호책임관에게 그 요구에 따라 일체의 기타 정보로, 처리의 합법성과, 특히 정보주체의 개인정보보호에 관하여 발생한 위험(危險)(insbesondere die in Bezug auf den Schutz der personenbezogenen Daten der betroffenen Personen bestehenden Gefahren)와 이에 관한 안전성확보조치를 평가하기 위해 연방개인정보보호책임관이 필요로 하는 정보가 제공되어야 한다.

③ 만일 연방개인정보보호책임관이, 예정된 처리가 법(法)상 요구사항(Vorgaben)에 위반되는 것으로 판단한다면, 특히 개인정보처리자가 해당 위험에 대하여 충분하게 조사하지 않거나 충분한 시정조치를 취하지 않아서(insbesondere weil der Verantwortliche das Risiko nicht ausreichend ermittelt oder keine ausreichenden Abhilfemaßnahmen getroffen hat) 그렇게 판단하다면, 연방개인정보보호책임관은 개인정보처리자에게, 필요하면 수탁처리자에게 청문 개시시로부터 6주의 기간 이내에 어떤 조치가 추가로 취해져야 하는지에 관한 서면의 권고를 제안할 수 있다. 연방개인정보보호책임관은 예정된 처리가 특별히 복잡한 경우에(wenn die geplante Verarbeitung besonders komplex ist) 이러한 기간에 대하여 1개월을 추가로 연장할 수 있다. 이러한 경우에 연방개인정보보호책임관은 청문의 개시시로부터 1개월 이내에 개인정보처리자에게, 필요하면 수탁처리자에게 그 기간연장에 관하여 알린다.

④ 예정된 처리가 개인정보처리자의 임무수행에 대한 중대한 의미(erhebliche Bedeutung für die Aufgabenerfüllung des Verantwortlichen)를 지녀서 그 처리가 특별히 급박한 경우에, 개인정보처리자는 청문 개시 후로, 제3항 제1문상의 기간이 경과하기 전에(aber vor Ablauf der in Absatz 3 Satz 1 genannten Frist) 그 처리를 시작할 수 있다. 이러한 경우 연방개인정보보호책임관의 권고는 나중에 고려되어야 하고 필요하면 처리의 방식은 그 권고에 따라 조정되어야 한다.

제70조 정보처리활동 기록

① 개인정보처리자는 자신의 책임에 속하는 일체의 범주의 정보처리활동 기록을 작성해야 한다. 이러한 기록은 다음 각 호의 사항을 포함해야 한다:
1. 개인정보처리자, 해당하는 경우 공동의 개인정보처리자의 이름 및 연락정보와, 정보보호책임자의 이름 및 연락정보,
2. 처리의 목적,
3. 개인정보가 공개되었거나 공개(公開)되어야 하는 대상인 수령인(受領人)의 범주(die Kategorien von Empfängern),
4. 정보주체의 범주와 개인정보 범주의 기술,
5. 해당하는 경우 프로파일링의 이용,
6. 해당하는 경우 개인정보를 제3국의 기관 또는 국제기구로(an Stellen in einem Drittstaat oder an eine internationale Organisation) 이전하는 것의 범주,
7. 처리의 법적 근거에 관한 정보,
8. 여러 범주의 개인정보의 삭제 또는 저장의 필요성의 심사에 대한 규정된 기간(die vorgesehenen Fristen),

9. eine allgemeine Beschreibung der technischen und organisatorischen Maßnahmen gemäß § 64.

(2) Der Auftragsverarbeiter hat ein Verzeichnis aller Kategorien von Verarbeitungen zu führen, die er im Auftrag eines Verantwortlichen durchführt, das Folgendes zu enthalten hat:

1. den Namen und die Kontaktdaten des Auftragsverarbeiters, jedes Verantwortlichen, in dessen Auftrag der Auftragsverarbeiter tätig ist, sowie gegebenenfalls der oder des Datenschutzbeauftragten,
2. gegebenenfalls Übermittlungen von personenbezogenen Daten an Stellen in einem Drittstaat oder an eine internationale Organisation unter Angabe des Staates oder der Organisation und
3. eine allgemeine Beschreibung der technischen und organisatorischen Maßnahmen gemäß § 64.

(3) Die in den Absätzen 1 und 2 genannten Verzeichnisse sind schriftlich oder elektronisch zu führen.

(4) Verantwortliche und Auftragsverarbeiter haben auf Anforderung ihre Verzeichnisse der oder dem Bundesbeauftragten zur Verfügung zu stellen.

§ 71 Datenschutz durch Technikgestaltung und datenschutzfreundliche Voreinstellungen

(1) Der Verantwortliche hat sowohl zum Zeitpunkt der Festlegung der Mittel für die Verarbeitung als auch zum Zeitpunkt der Verarbeitung selbst angemessene Vorkehrungen zu treffen, die geeignet sind, die Datenschutzgrundsätze wie etwa die Datensparsamkeit wirksam umzusetzen, und die sicherstellen, dass die gesetzlichen Anforderungen eingehalten und die Rechte der betroffenen Personen geschützt werden. Er hat hierbei den Stand der Technik, die Implementierungskosten und die Art, den Umfang, die Umstände und die Zwecke der Verarbeitung sowie die unterschiedliche Eintrittswahrscheinlichkeit und Schwere der mit der Verarbeitung verbundenen Gefahren für die Rechtsgüter der betroffenen Personen zu berücksichtigen. Insbesondere sind die Verarbeitung personenbezogener Daten und die Auswahl und Gestaltung von Datenverarbeitungssystemen an dem Ziel auszurichten, so wenig personenbezogene Daten wie möglich zu verarbeiten. Personenbezogene Daten sind zum frühestmöglichen Zeitpunkt zu anonymisieren oder zu pseudonymisieren, soweit dies nach dem Verarbeitungszweck möglich ist.

(2) Der Verantwortliche hat geeignete technische und organisatorische Maßnahmen zu treffen, die sicherstellen, dass durch Voreinstellungen grundsätzlich nur solche personenbezogenen Daten verarbeitet werden können, deren Verarbeitung für den jeweiligen bestimmten Verarbeitungszweck erforderlich ist. Dies betrifft die Menge der erhobenen Daten, den Umfang ihrer Verarbeitung, ihre Speicherfrist und ihre Zugänglichkeit. Die Maßnahmen müssen insbesondere gewährleisten, dass die Daten durch Voreinstellungen nicht automatisiert einer unbestimmten Anzahl von Personen zugänglich gemacht werden können.

§ 72 Unterscheidung zwischen verschiedenen Kategorien betroffener Personen

Der Verantwortliche hat bei der Verarbeitung personenbezogener Daten so weit wie möglich zwischen den verschiedenen Kategorien betroffener Personen zu unterscheiden. Dies betrifft insbesondere folgende Kategorien:

1. Personen, gegen die ein begründeter Verdacht besteht, dass sie eine Straftat begangen haben,
2. Personen, gegen die ein begründeter Verdacht besteht, dass sie in naher Zukunft eine Straftat begehen werden,
3. verurteilte Straftäter,
4. Opfer einer Straftat oder Personen, bei denen bestimmte Tatsachen darauf hindeuten, dass sie Opfer

9. 제64조에 따른 기술적·관리적 조치의 일반적 기술.

② 수탁처리자는, 개인정보처리자의 위임에 기하여 수행한 일체의 범주의 처리 목록으로, 다음 각 호가 포함되는 목록을 작성해야 한다:

1. 수탁처리자의 이름 및 연락정보, 수탁처리자에게 활동하도록 위임을 한 각 개인정보처리자와, 필요하면 개인정보보호책임자의 이름 및 연락정보,
2. 필요하면 개인정보를 제3국의 기관 또는 국제기구로(an Stellen in einem Drittstaat oder an eine internationale Organisation) 이전하는 것,
3. 제64조에 따른 기술적·관리적 조치의 일반적 기술.

③ 제1항, 제2항상의 목록은 서면으로 또는 전자적 방법으로 작성되어야 한다.

④ 개인정보처리자와 수탁처리자는 연방개인정보호책임관에게 그 요구(要求)에 따라 자신의 목록(ihre Verzeichnisse)을 제공해야 한다.

제71조 기술구성과 개인정보친화적 디폴트[114]에 의한 개인정보보호

① 개인정보처리자는 처리에 대한 수단의 설정시뿐만 아니라 그 처리 자체시에도(sowohl zum Zeitpunkt der Festlegung der Mittel für die Verarbeitung als auch zum Zeitpunkt der Verarbeitung selbst) 적절한 조치로, 가령 데이터절약과 같은 개인정보보호원칙을 효과적으로 실행하는 데 적절하고(die geeignet sind, die Datenschutzgrundsätze wie etwa die Datensparsamkeit wirksam umzusetzen,) 법(法)상 요구사항(die gesetzlichen Anforderungen)이 준수되고 정보주체의 권리가 지켜지는 조처를 취해야 한다. 이 경우 개인정보처리자는 처리의 기술 수준, 집행비용, 성질, 범위, 정황 및 목적과, 그 처리로 발생하는 정보주체의 법익에 대한 위험(危險)의 발생가능성 및 중대성(die unterschiedliche Eintrittswahrscheinlichkeit und Schwere der mit der Verarbeitung verbundenen Gefahren für die Rechtsgüter der betroffenen Personen)을 고려해야 한다. 특히 개인정보 처리와, 데이터처리시스템의 선택 및 구성(die Verarbeitung personenbezogener Daten und die Auswahl und Gestaltung von Datenverarbeitungssystemen)은, 가능한 한 적은 개인정보를 처리한다는 목적에 맞춰져야 한다. 개인정보는, 이것이 처리목적에 가능한 범위 내에서 가능한 한 빨리(zum frühestmöglichen Zeitpunkt) 익명처리되거나 가명처리되어야 한다.

② 개인정보처리자는, 디폴트로, 원칙적으로 각각의 특정한 처리목적에 필요한(deren Verarbeitung für den jeweiligen bestimmten Verarbeitungszweck erforderlich ist) 개인정보만이 원칙적으로 처리될 수 있다는 점을 보장하는 적절한 관리적·기술적 조치를 취해야만 한다. 이것은 수집된 정보의 양, 그 정보 처리 범위, 그 정보의 저장기간 및 접근성(ihre Speicherfrist und ihre Zugänglichkeit)에 관련된다. 이러한 조치로 인해 특히, 디폴트에 의해 불특정 수의 사람이 개인정보에 자동적 수단으로 접근할 수 없다는 점(dass die Daten durch Voreinstellungen nicht automatisiert einer unbestimmten Anzahl von Personen zugänglich gemacht werden können)이 보장되어야만 한다.

제72조 여러 범주의 정보주체 간의 구별

개인정보처리자는 개인정보 처리에 있어, 다른 범주의 정보주체들 간에 가능한 한 뚜렷하게(so weit wie möglich zwischen den verschiedenen Kategorien betroffener Personen zu unterscheiden) 구별해야 한다. 이는 특히 다음 각 호의 범주에 적용된다:

1. 범죄를 자행했다는 정당한 의심이 가는 사람,
2. 가까운 장래에 범죄를 자행할 것이라는(dass sie in naher Zukunft eine Straftat begehen werden) 정당한 의심이 가는 사람,
3. 유죄판결을 받은 범죄자,
4. 범죄의 피해자나, 특정한 사실에 의해 자신이 범죄의 피해자가 될 수 있다는 것을 암시받는(bei denen

einer Straftat sein könnten, und
5. andere Personen wie insbesondere Zeugen, Hinweisgeber oder Personen, die mit den in den Nummern 1 bis 4 genannten Personen in Kontakt oder Verbindung stehen.

§ 73 Unterscheidung zwischen Tatsachen und persönlichen Einschätzungen

Der Verantwortliche hat bei der Verarbeitung so weit wie möglich danach zu unterscheiden, ob personenbezogene Daten auf Tatsachen oder auf persönlichen Einschätzungen beruhen. Zu diesem Zweck soll er, soweit dies im Rahmen der jeweiligen Verarbeitung möglich und angemessen ist, Beurteilungen, die auf persönlichen Einschätzungen beruhen, als solche kenntlich machen. Es muss außerdem feststellbar sein, welche Stelle die Unterlagen führt, die der auf einer persönlichen Einschätzung beruhenden Beurteilung zugrunde liegen.

§ 74 Verfahren bei Übermittlungen

(1) Der Verantwortliche hat angemessene Maßnahmen zu ergreifen, um zu gewährleisten, dass personenbezogene Daten, die unrichtig oder nicht mehr aktuell sind, nicht übermittelt oder sonst zur Verfügung gestellt werden. Zu diesem Zweck hat er, soweit dies mit angemessenem Aufwand möglich ist, die Qualität der Daten vor ihrer Übermittlung oder Bereitstellung zu überprüfen. Bei jeder Übermittlung personenbezogener Daten hat er zudem, soweit dies möglich und angemessen ist, Informationen beizufügen, die es dem Empfänger gestatten, die Richtigkeit, die Vollständigkeit und die Zuverlässigkeit der Daten sowie deren Aktualität zu beurteilen.

(2) Gelten für die Verarbeitung von personenbezogenen Daten besondere Bedingungen, so hat bei Datenübermittlungen die übermittelnde Stelle den Empfänger auf diese Bedingungen und die Pflicht zu ihrer Beachtung hinzuweisen. Die Hinweispflicht kann dadurch erfüllt werden, dass die Daten entsprechend markiert werden.

(3) Die übermittelnde Stelle darf auf Empfänger in anderen Mitgliedstaaten der Europäischen Union und auf Einrichtungen und sonstige Stellen, die nach den Kapiteln 4 und 5 des Titels V des Dritten Teils des Vertrags über die Arbeitsweise der Europäischen Union errichtet wurden, keine Bedingungen anwenden, die nicht auch für entsprechende innerstaatliche Datenübermittlungen gelten.

§ 75 Berichtigung und Löschung personenbezogener Daten sowie Einschränkung der Verarbeitung

(1) Der Verantwortliche hat personenbezogene Daten zu berichtigen, wenn sie unrichtig sind.

(2) Der Verantwortliche hat personenbezogene Daten unverzüglich zu löschen, wenn ihre Verarbeitung unzulässig ist, sie zur Erfüllung einer rechtlichen Verpflichtung gelöscht werden müssen oder ihre Kenntnis für seine Aufgabenerfüllung nicht mehr erforderlich ist.

(3) § 58 Absatz 3 bis 5 ist entsprechend anzuwenden. Sind unrichtige personenbezogene Daten oder personenbezogene Daten unrechtmäßig übermittelt worden, ist auch dies dem Empfänger mitzuteilen.

(4) Unbeschadet in Rechtsvorschriften festgesetzter Höchstspeicher- oder Löschfristen hat der Verantwortliche für die Löschung von personenbezogenen Daten oder eine regelmäßige Überprüfung der Notwendigkeit ihrer Speicherung angemessene Fristen vorzusehen und durch verfahrensrechtliche Vorkehrungen sicherzustellen, dass diese Fristen eingehalten werden.

§ 76 Protokollierung

(1) In automatisierten Verarbeitungssystemen haben Verantwortliche und Auftragsverarbeiter mindestens

bestimmte Tatsachen darauf hindeuten, dass sie Opfer einer Straftat sein könnten) 자,

5. 특히 증인(證人), 정보제공자(情報提供者)나 제1호 내지 제4호의 자들과 관련 또는 연관이 있는 자와 같은 기타 자.

第73조 사실과 인적 평가 간의 구별

개인정보처리자는 그 처리에 있어, 개인정보가 사실에 근거하는 것인지, 아니면 인적 평가에 근거하는지 여부를 가능한 한 뚜렷하게 구별해야 한다. 개인정보처리자는 이러한 목적을 위하여 이것이 각각의 처리의 범위 내에서 가능하고 적절한 범위 내에서, 인적 평가에 근거하는 판단을 판단으로 표시해야 한다. 또한 어느 기관이 인적 평가에 근거한 판단에 기초한 서류를 관리할 것인지(welche Stelle die Unterlagen führt, die der auf einer persönlichen Einschätzung beruhenden Beurteilung zugrunde liegen)도 알아볼 수 있어야만 한다.

第74조 이전시의 절차

① 개인정보처리자는, 부정확하거나 더 이상 최신 것이 아닌 개인정보가 이전되지 않거나 그렇지 않으면 제공되지 않도록 보장하기 위하여 적절한 조치를 취해야만 한다. 개인정보처리자는 이러한 목적을 위하여 이것이 적절한 비용으로 가능한 범위 내에서 개인정보의 이전 또는 제공 전에 그 정보의 품질을 검사해야 한다. 또한 그는 개인정보의 각 이전시 이것이 가능하고 적절한 범위 내에서, 수령인이 개인정보의 정확성, 무결성(無缺性) 및 신뢰성과 최신성을 판단할 수 있게 해 주는(die es dem Empfänger gestatten, die Richtigkeit, die Vollständigkeit und die Zuverlässigkeit der Daten sowie deren Aktualität zu beurteilen) 정보를 첨부해야 한다.

② 개인정보 처리에 대하여 특별 요건이 적용되는 경우에, 개인정보 이전시 이전하는 기관(die übermittelnde Stelle)은 수령인에게 이러한 요건과 그 요건의 준수의무에 관하여 안내해야 한다. 이러한 안내의무(Die Hinweispflicht)는 그 개인정보에 상응하는 표시를 함(dass die Daten entsprechend markiert werden)으로써 이행될 수 있다.

③ 이전하는 기관은, 독일 이외의 유럽연합회원국 내 수령인과, 「유럽연합 운영조약」 제3편 제5장 제4절, 제5절에 따라 설치된 조직 또는 기타 기관[115](Einrichtungen und sonstige Stellen)에 대하여는 국내의 유사한 개인정보이전(entsprechende innerstaatliche Datenübermittlungen)에 대해서도 적용하지 않는 요건을 적용하지 아니한다.

第75조 개인정보의 정정, 삭제 및 처리제한

① 개인정보처리자는 개인정보가 부정확한 경우에 이를 정정해야 한다.

② 개인정보처리자는 개인정보 처리가 허용되지 않거나 개인정보가 법적 의무의 이행을 위하여 삭제되어야만 하는 경우 또는 자신의 임무수행을 위해(für seine Aufgabenerfüllung) 그 개인정보를 아는 것이 더 이상 필요하지 않는 경우에 그 개인정보를 지체 없이 삭제해야한다.

③ 제58조 제3항 내지 제5항을 준용한다. 개인정보가 부정확하거나 불법적으로 제공되는 경우에 수령인에게 이에 대해서도 통지해야 한다.

④ 법규정에 규정된 최대저장기간 또는 최대삭제기간에도 불구하고(Unbeschadet in Rechtsvorschriften festgesetzter Höchstspeicher- oder Löschfristen), 개인정보처리자는, 개인정보의 삭제 또는 그 저장의 필요성 규칙적인 심사를 위해 적절한 기간을 정해야 하고 절차법적 조처로(durch verfahrensrechtliche Vorkehrungen) 그 기간이 준수되도록 보장해야 한다.

第76조 기록

① 자동화된 처리시스템에서 개인정보처리자와 수탁처리자는 최소한 다음 각 호의 정보처리작업을 기록

die folgenden Verarbeitungsvorgänge zu protokollieren:
1. Erhebung,
2. Veränderung,
3. Abfrage,
4. Offenlegung einschließlich Übermittlung,
5. Kombination und
6. Löschung.

(2) Die Protokolle über Abfragen und Offenlegungen müssen es ermöglichen, die Begründung, das Datum und die Uhrzeit dieser Vorgänge und so weit wie möglich die Identität der Person, die die personenbezogenen Daten abgefragt oder offengelegt hat, und die Identität des Empfängers der Daten festzustellen.

(3) Die Protokolle dürfen ausschließlich für die Überprüfung der Rechtmäßigkeit der Datenverarbeitung durch die Datenschutzbeauftragte oder den Datenschutzbeauftragten, die Bundesbeauftragte oder den Bundesbeauftragten und die betroffene Person sowie für die Eigenüberwachung, für die Gewährleistung der Integrität und Sicherheit der personenbezogenen Daten und für Strafverfahren verwendet werden.

(4) Die Protokolldaten sind am Ende des auf deren Generierung folgenden Jahres zu löschen.

(5) Der Verantwortliche und der Auftragsverarbeiter haben die Protokolle der oder dem Bundesbeauftragten auf Anforderung zur Verfügung zu stellen.

§ 77 Vertrauliche Meldung von Verstößen

Der Verantwortliche hat zu ermöglichen, dass ihm vertrauliche Meldungen über in seinem Verantwortungsbereich erfolgende Verstöße gegen Datenschutzvorschriften zugeleitet werden können.

Kapitel 5 Datenübermittlungen an Drittstaaten und an internationale Organisationen

§ 78 Allgemeine Voraussetzungen

(1) Die Übermittlung personenbezogener Daten an Stellen in Drittstaaten oder an internationale Organisationen ist bei Vorliegen der übrigen für Datenübermittlungen geltenden Voraussetzungen zulässig, wenn
1. die Stelle oder internationale Organisation für die in § 45 genannten Zwecke zuständig ist und
2. die Europäische Kommission gemäß Artikel 36 Absatz 3 der Richtlinie (EU) 2016/680 einen Angemessenheitsbeschluss gefasst hat.

(2) Die Übermittlung personenbezogener Daten hat trotz des Vorliegens eines Angemessenheitsbeschlusses im Sinne des Absatzes 1 Nummer 2 und des zu berücksichtigenden öffentlichen Interesses an der Datenübermittlung zu unterbleiben, wenn im Einzelfall ein datenschutzrechtlich angemessener und die elementaren Menschenrechte wahrender Umgang mit den Daten beim Empfänger nicht hinreichend gesichert ist oder sonst überwiegende schutzwürdige Interessen einer betroffenen Person entgegenstehen. Bei seiner Beurteilung hat der Verantwortliche maßgeblich zu berücksichtigen, ob der Empfänger im Einzelfall einen angemessenen Schutz der übermittelten Daten garantiert.

(3) Wenn personenbezogene Daten, die aus einem anderen Mitgliedstaat der Europäischen Union übermittelt oder zur Verfügung gestellt wurden, nach Absatz 1 übermittelt werden sollen, muss diese

해야 한다:
1. 수집(蒐集),
2. 변경(變更),
3. 검색(檢索)
4. 이전(移轉)을 포함하여 공개(公開),
5. 조합(組合),
6. 삭제
② 검색 또는 공개에 관한 기록에 의해, 이러한 작업의 정당한 사유, 날짜 및 시각을 확인하는 것이 가능해야만 하고, 개인정보를 검색하거나 공개하는 자의 신원(die Identität der Person, die die personenbezogenen Daten abgefragt oder offengelegt hat)과, 그 개인정보의 수령인의 신원을 가능한 한 명확하게 확인하는 것이 가능해야만 한다.
③ 그 기록은, 개인정보보호책임자, 연방개인정보보호책임관 및 정보주체에 의한 정보처리의 합법성 심사, 자기감시(für die Eigenüberwachung), 개인정보의 무결성 및 보안의 보장(für die Gewährleistung der Integrität und Sicherheit der personenbezogenen Daten)과 형사소송절차를 위해서(für Strafverfahren)만 사용될 수 있다.
④ 기록정보는 이를 생산한 해의 다음 년도 말에 삭제해야 한다.
⑤ 개인정보처리자와 수탁처리자(Der Verantwortliche und der Auftragsverarbeiter)는 그 요구가 있는 경우 연방개인정보보호책임관에게 그 기록을 제공해야 한다.

제77조 위반에 대한 보안이 유지되는 신고
개인정보처리자는 자신에게 자신의 책임영역에서 행해진 개인정보보호규정의 위반에 관한 보안이 유지되는 신고가 접수될 수 있도록 보장한다.

제5장 제3국 또는 국제기구로의 개인정보이전

제78조 일반 요건
① 개인정보의 제3국에 있는 기관 또는 국제기구로의 이전은, 개인정보이전에 대해 적용되는 나머지 요건이 충족된 경우에 있어(bei Vorliegen der übrigen für Datenübermittlungen geltenden Voraussetzungen), 다음의 때에만 허용된다,
1. 해당 기관 또는 국제기구가 제45조상의 목적을 관할하고,
2. 유럽연합집행위원회가 (EU) 2016/680호 입법지침 제36조 제3항에 따라 적합성결정(Angemessenheitsbeschluss)을 한 때.
② 개별 사안에서 개인정보보호법상 적절하고 기본적 인권을 보호하는, 개인정보의 취급이 수령인에게서 상당하게 보장되지 않거나(wenn im Einzelfall ein datenschutzrechtlich angemessener und die elementaren Menschenrechte wahrender Umgang mit den Daten beim Empfänger nicht hinreichend gesichert ist), 그렇지 않으면 개별사안에서 정보주체의 우월한 보호받을 만한 이익에 배치되는 경우에는 개인정보의 이전은, 제1항 제2호상의 적합성결정이 존재하고 고려되어야 하는 개인정보이전에 대한 공익에도 불구하고 행해지지 않아야 한다. 개인정보처리자는 수령인이 개별사안에서 이전되는 개인정보의 적절한 보호를 보장하는지 여부(ob der Empfänger im Einzelfall einen angemessenen Schutz der übermittelten Daten garantiert)를 그 판단에서 중요하게 고려해야 한다.
③ 독일 이외의 어느 유럽연합회원국에서 이전되거나 제공되는 개인정보가 제1항에 따라 이전되어야 하는 경우에 그 독일 이외의 회원국의 관할 기관(von der zuständigen Stelle des anderen Mitgliedstaats)

Übermittlung zuvor von der zuständigen Stelle des anderen Mitgliedstaats genehmigt werden. Übermittlungen ohne vorherige Genehmigung sind nur dann zulässig, wenn die Übermittlung erforderlich ist, um eine unmittelbare und ernsthafte Gefahr für die öffentliche Sicherheit eines Staates oder für die wesentlichen Interessen eines Mitgliedstaats abzuwehren, und die vorherige Genehmigung nicht rechtzeitig eingeholt werden kann. Im Fall des Satzes 2 ist die Stelle des anderen Mitgliedstaats, die für die Erteilung der Genehmigung zuständig gewesen wäre, unverzüglich über die Übermittlung zu unterrichten.

(4) Der Verantwortliche, der Daten nach Absatz 1 übermittelt, hat durch geeignete Maßnahmen sicherzustellen, dass der Empfänger die übermittelten Daten nur dann an andere Drittstaaten oder andere internationale Organisationen weiterübermittelt, wenn der Verantwortliche diese Übermittlung zuvor genehmigt hat. Bei der Entscheidung über die Erteilung der Genehmigung hat der Verantwortliche alle maßgeblichen Faktoren zu berücksichtigen, insbesondere die Schwere der Straftat, den Zweck der ursprünglichen Übermittlung und das in dem Drittstaat oder der internationalen Organisation, an das oder an die die Daten weiterübermittelt werden sollen, bestehende Schutzniveau für personenbezogene Daten. Eine Genehmigung darf nur dann erfolgen, wenn auch eine direkte Übermittlung an den anderen Drittstaat oder die andere internationale Organisation zulässig wäre. Die Zuständigkeit für die Erteilung der Genehmigung kann auch abweichend geregelt werden.

§ 79 Datenübermittlung bei geeigneten Garantien

(1) Liegt entgegen § 78 Absatz 1 Nummer 2 kein Beschluss nach Artikel 36 Absatz 3 der Richtlinie (EU) 2016/680 vor, ist eine Übermittlung bei Vorliegen der übrigen Voraussetzungen des § 78 auch dann zulässig, wenn

1. in einem rechtsverbindlichen Instrument geeignete Garantien für den Schutz personenbezogener Daten vorgesehen sind oder
2. der Verantwortliche nach Beurteilung aller Umstände, die bei der Übermittlung eine Rolle spielen, zu der Auffassung gelangt ist, dass geeignete Garantien für den Schutz personenbezogener Daten bestehen.

(2) Der Verantwortliche hat Übermittlungen nach Absatz 1 Nummer 2 zu dokumentieren. Die Dokumentation hat den Zeitpunkt der Übermittlung, die Identität des Empfängers, den Grund der Übermittlung und die übermittelten personenbezogenen Daten zu enthalten. Sie ist der oder dem Bundesbeauftragten auf Anforderung zur Verfügung zu stellen.

(3) Der Verantwortliche hat die Bundesbeauftragte oder den Bundesbeauftragten zumindest jährlich über Übermittlungen zu unterrichten, die aufgrund einer Beurteilung nach Absatz 1 Nummer 2 erfolgt sind. In der Unterrichtung kann er die Empfänger und die Übermittlungszwecke angemessen kategorisieren.

Fußnote

(+++ § 79 Abs. 2: zur Anwendung vgl. § 80 Abs. 3 u. § 81 Abs. 3 +++)

(+++ § 79 Abs. 3: zur Anwendung vgl. § 81 Abs. 3 +++)

§ 80 Datenübermittlung ohne geeignete Garantien

(1) Liegt entgegen § 78 Absatz 1 Nummer 2 kein Beschluss nach Artikel 36 Absatz 3 der Richtlinie (EU) 2016/680 vor und liegen auch keine geeigneten Garantien im Sinne des § 79 Absatz 1 vor, ist

은 이러한 허가에 대하여 사전에 허가한다.
사전 허가 없는 이전은, 그 이전이 어느 국가의 공공의 안녕 또는 어느 회원국의 본질적 이익에 대한 직접적이고도 중대한 위험(危險)를 방지하기 위하여(um eine unmittelbare und ernsthafte Gefahr für die öffentliche Sicherheit eines Staates oder für die wesentlichen Interessen eines Mitgliedstaats abzuwehren) 필요하고 사전 동의를 적시에 얻을 수 없는 경우에 한하여 허용된다. 제2문의 경우에 동의 부여를 관할하는, 독일 이외의 회원국의 기관(die Stelle des anderen Mitgliedstaats)에 지체 없이 그 이전에 관하여 알려야 한다.
④ 제1항에 따라 개인정보를 이전하는 개인정보처리자는, 자신이 이러한 이전에 대하여 사전에 동의를 한 경우에 한하여 적절한 조치에 의해 수령인이 이전받는 개인정보를 다른 제3국 또는 국제기구에 재이전하도록 보장해야 한다. 그 동의 부여에 관한 결정의 경우에 개인정보처리자는 일체의 관련 요소, 특히 범죄의 중대성(die Schwere der Straftat), 당초의 이전의 목적(den Zweck der ursprünglichen Übermittlung), 개인정보를 재이전받는 제3국 또는 국제기구에서 있는 개인정보의 보호수준(insbesondere die Schwere der Straftat, den Zweck der ursprünglichen Übermittlung und das in dem Drittstaat oder der internationalen Organisation, an das oder an die die Daten weiterübermittelt werden sollen, bestehende Schutzniveau für personenbezogene Daten)을 고려해야 한다. 동의는 다른 제3국 또는 국제기구에로의 직접적 이전(移轉)이 허용된 경우에 한하여 행해질 수 있다. 동의 부여의 책임에 대하여는(Die Zuständigkeit für die Erteilung der Genehmigung) 위와 다르게도 규율될 수 있다.

제79조 적합한 안전성확보조치가 있는 경우의 개인정보이전
① 제78조 제1항 제2호에 위반하여 (EU) 2016/680호 입법지침 제36조 제3항에 다른 결정이 없는 경우에 제78조의 나머지 요건이 존재하는 경우에 있어(bei Vorliegen der übrigen Voraussetzungen des § 78) 이전은 다음의 때에도 허용된다,
1. 법적으로 구속력 있는 수단으로(in einem rechtsverbindlichen Instrument) 적절한, 개인정보보호를 위한 안전성확보조치가 취해졌거나,
2. 개인정보처리자가, 그 이전에 중요한 제반사정을 고려했을 때 개인정보보호에 대한 적합한 안전성확보조치가 있는 것으로(dass geeignete Garantien für den Schutz personenbezogener Daten bestehen) 판단한 때.

② 개인정보처리자는 제1항 제2호에 따른 이전을 문서로 기록해야 한다. 그 기록은 이전 시기, 수령인의 신원, 이전 사유와 이전하는 개인정보(die Identität des Empfängers, den Grund der Übermittlung und die übermittelten personenbezogenen)를 포함해야 한다. 그 기록은 연방개인정보보호책임관에게 그 요구에 따라 제공되어야 한다.
③ 개인정보처리자는 연방개인정보보호책임관에게 최소한 연례적으로 제1항 제2호에 따른 판단에 기하여 행해진 이전에 관하여 알려야 한다. 그와 같은 알림에서 개인정보처리자는 수령인과 인적목적을 적절하게 범주화할 수 있다.

각주
(제79조 제2항: 그 적용에 대하여 제80조 제3항, 제81조 제3항을 참조하라)
(제79조 제3항: 그 적용에 대하여 제81조 제3항을 참조하라)

제80조 적합한 안전성확보조치 없는 개인정보이전
① 제78조 제1항 제2호에 위반하여 (EU) 2016/680호 입법지침 제36조 제3항에 따른 결정이 없고, 제79조 제1항상의 적합한 안전성확보조치도 없는 경우에, 제78조의 나머지 요건이 있는 경우에 있어(bei eine

Übermittlung bei Vorliegen der übrigen Voraussetzungen des § 78 auch dann zulässig, wenn die Übermittlung erforderlich ist

1. zum Schutz lebenswichtiger Interessen einer natürlichen Person,
2. zur Wahrung berechtigter Interessen der betroffenen Person,
3. zur Abwehr einer gegenwärtigen und erheblichen Gefahr für die öffentliche Sicherheit eines Staates,
4. im Einzelfall für die in § 45 genannten Zwecke oder
5. im Einzelfall zur Geltendmachung, Ausübung oder Verteidigung von Rechtsansprüchen im Zusammenhang mit den in § 45 genannten Zwecken.

(2) Der Verantwortliche hat von einer Übermittlung nach Absatz 1 abzusehen, wenn die Grundrechte der betroffenen Person das öffentliche Interesse an der Übermittlung überwiegen.

(3) Für Übermittlungen nach Absatz 1 gilt § 79 Absatz 2 entsprechend.

§ 81 Sonstige Datenübermittlung an Empfänger in Drittstaaten

(1) Verantwortliche können bei Vorliegen der übrigen für die Datenübermittlung in Drittstaaten geltenden Voraussetzungen im besonderen Einzelfall personenbezogene Daten unmittelbar an nicht in § 78 Absatz 1 Nummer 1 genannte Stellen in Drittstaaten übermitteln, wenn die Übermittlung für die Erfüllung ihrer Aufgaben unbedingt erforderlich ist und

1. im konkreten Fall keine Grundrechte der betroffenen Person das öffentliche Interesse an einer Übermittlung überwiegen,
2. die Übermittlung an die in § 78 Absatz 1 Nummer 1 genannten Stellen wirkungslos oder ungeeignet wäre, insbesondere weil sie nicht rechtzeitig durchgeführt werden kann, und
3. der Verantwortliche dem Empfänger die Zwecke der Verarbeitung mitteilt und ihn darauf hinweist, dass die übermittelten Daten nur in dem Umfang verarbeitet werden dürfen, in dem ihre Verarbeitung für diese Zwecke erforderlich ist.

(2) Im Fall des Absatzes 1 hat der Verantwortliche die in § 78 Absatz 1 Nummer 1 genannten Stellen unverzüglich über die Übermittlung zu unterrichten, sofern dies nicht wirkungslos oder ungeeignet ist.

(3) Für Übermittlungen nach Absatz 1 gilt § 79 Absatz 2 und 3 entsprechend.

(4) Bei Übermittlungen nach Absatz 1 hat der Verantwortliche den Empfänger zu verpflichten, die übermittelten personenbezogenen Daten ohne seine Zustimmung nur für den Zweck zu verarbeiten, für den sie übermittelt worden sind.

(5) Abkommen im Bereich der justiziellen Zusammenarbeit in Strafsachen und der polizeilichen Zusammenarbeit bleiben unberührt.

Kapitel 6 Zusammenarbeit der Aufsichtsbehörden

§ 82 Gegenseitige Amtshilfe

(1) Die oder der Bundesbeauftragte hat den Datenschutzaufsichtsbehörden in anderen Mitgliedstaaten der Europäischen Union Informationen zu übermitteln und Amtshilfe zu leisten, soweit dies für eine einheitliche Umsetzung und Anwendung der Richtlinie (EU) 2016/680 erforderlich ist. Die Amtshilfe betrifft insbesondere Auskunftsersuchen und aufsichtsbezogene Maßnahmen, beispielsweise Ersuchen um Konsultation oder um Vornahme von Nachprüfungen und Untersuchungen.

(2) Die oder der Bundesbeauftragte hat alle geeigneten Maßnahmen zu ergreifen, um Amtshilfeersuchen

Vorliegen der übrigen Voraussetzungen des § 78), 어느 이전이 다음 각 호에 필요한 경우도 그 이전(移轉)은 허용(許容)된다,

1. 자연인의 생명유지에 필수적인 이익의 보호를 위하여,
2. 정보주체의 정당한 이익의 수호를 위하여,
3. 어느 국가의 공공의 안녕에 대한 중대(重大)하고도 현존(現存)하는 위험의 방지를 위하여,
4. 개별사안에서 제45조상의 목적을 위하여,
5. 개별사안에서 제45조상의 목적에 관련히여(im Zusammenhang mit den in § 45 genannten Zwecken) 법적청구권의 증명, 행사 또는 방어를 위하여.

② 개인정보처리자는, 정보주체의 기본권이 그 이전에 대한 공익보다 우월한 경우에는 제1항에 따른 이전을 하지 않을 수 있다.

③ 제1항에 따른 이전에 대하여 제79조 제2항을 준용한다.

제81조 제3국에 있는 수령인인으로의 기타 개인정보이전

① 개인정보처리자는, 제3국으로의 개인정보이전에 대해 적용하는 나머지 요건이 있는 경우에 있어, 그 기관의 임무 수행을 위해 그 이전이 반드시 필요하고, 다음에 해당하는 때에는, 특별한 개별 사안에서(im besonderen Einzelfall) 개인정보를 제78조 제1항 제1호상의 기관이 아닌, 제3국에 소재한 기관으로 직접 이전할 수 있다,

1. 구체적 사안에서(im konkreten Fall) 정보주체의 기본권(基本權)이 이전에 대한 공익보다 우월하지 아니하고,
2. 제78조 제1항 제1항상의 기관으로의 이전이 무익(無益)하거나 부적절하며, 특히 그 이전이 적시에 시행될 수 없어 그러하며,
3. 개인정보처리자가 수령인에게, 처리의 목적을 통지하고 이전되는 정보는 그 처리가 이러한 목적에 필요한(in dem ihre Verarbeitung für diese Zwecke erforderlich ist) 범위 내에서만 처리된다는 점을 안내한 경우

② 제1항의 경우에 개인정보처리자는, 이것이 쓸모가 있거나 적절한 한, 제78조 제1항 제1호상의 기관에 그 이전에 관하여 알려야 한다.

③ 제1항에 따른 이전에 대하여 제79조 제2항, 제3항을 준용한다.

④ 제1항에 다른 이전의 경우에(Bei Übermittlungen nach Absatz 1) 개인정보처리자는 수령인에 대하여 이전된 개인정보를 자신의 동의가 없는 때(ohne seine Zustimmung)에는 이전받은 목적으로만 처리할 의무를 지우게 한다.

⑤ 형사사건의 사법협력(der justiziellen Zusammenarbeit in Strafsachen)와 경찰협력의 분야에 대한 협약은 영향은 받지 아니한다.

제6장 감독관청들 간의 협력

제82조 상호행정공조(相互行政共助)

① 연방개인정보보호책임관은, 이것이 (EU) 2016/680호 입법지침의 통일적 시행 및 적용에 필요한 범위 내에서 독일 이외의 유럽연합회원국의 개인정보보호감독관청에 정보를 이전하고 행정공조를 제공해야 한다. 그 행정공조는 특히 예컨대 협의요청, 검사 또는 조사의 시행요청과 같은 정보제공요청과 감독관련조치(Auskunftsersuchen und aufsichtsbezogene Maßnahmen, beispielsweise Ersuchen um Konsultation oder um Vornahme von Nachprüfungen und Untersuchungen)에 적용된다.

② 연방개인정보보호책임관은, 지체 없이, 늦어도 행정공조요청 접수시로부터 1개월 이내에 그 행정공조

unverzüglich und spätestens innerhalb eines Monats nach deren Eingang nachzukommen.

(3) Die oder der Bundesbeauftragte darf Amtshilfeersuchen nur ablehnen, wenn

1. sie oder er für den Gegenstand des Ersuchens oder für die Maßnahmen, die sie oder er durchführen soll, nicht zuständig ist oder
2. ein Eingehen auf das Ersuchen gegen Rechtsvorschriften verstoßen würde.

(4) Die oder der Bundesbeauftragte hat die ersuchende Aufsichtsbehörde des anderen Staates über die Ergebnisse oder gegebenenfalls über den Fortgang der Maßnahmen zu informieren, die getroffen wurden, um dem Amtshilfeersuchen nachzukommen. Sie oder er hat im Fall des Absatzes 3 die Gründe für die Ablehnung des Ersuchens zu erläutern.

(5) Die oder der Bundesbeauftragte hat die Informationen, um die sie oder er von der Aufsichtsbehörde des anderen Staates ersucht wurde, in der Regel elektronisch und in einem standardisierten Format zu übermitteln.

(6) Die oder der Bundesbeauftragte hat Amtshilfeersuchen kostenfrei zu erledigen, soweit sie oder er nicht im Einzelfall mit der Aufsichtsbehörde des anderen Staates die Erstattung entstandener Ausgaben vereinbart hat.

(7) Ein Amtshilfeersuchen der oder des Bundesbeauftragten hat alle erforderlichen Informationen zu enthalten; hierzu gehören insbesondere der Zweck und die Begründung des Ersuchens. Die auf das Ersuchen übermittelten Informationen dürfen ausschließlich zu dem Zweck verwendet werden, zu dem sie angefordert wurden.

Kapitel 7 Haftung und Sanktionen

§ 83 Schadensersatz und Entschädigung

(1) Hat ein Verantwortlicher einer betroffenen Person durch eine Verarbeitung personenbezogener Daten, die nach diesem Gesetz oder nach anderen auf ihre Verarbeitung anwendbaren Vorschriften rechtswidrig war, einen Schaden zugefügt, ist er oder sein Rechtsträger der betroffenen Person zum Schadensersatz verpflichtet. Die Ersatzpflicht entfällt, soweit bei einer nicht automatisierten Verarbeitung der Schaden nicht auf ein Verschulden des Verantwortlichen zurückzuführen ist.

(2) Wegen eines Schadens, der nicht Vermögensschaden ist, kann die betroffene Person eine angemessene Entschädigung in Geld verlangen.

(3) Lässt sich bei einer automatisierten Verarbeitung personenbezogener Daten nicht ermitteln, welche von mehreren beteiligten Verantwortlichen den Schaden verursacht hat, so haftet jeder Verantwortliche beziehungsweise sein Rechtsträger.

(4) Hat bei der Entstehung des Schadens ein Verschulden der betroffenen Person mitgewirkt, ist § 254 des Bürgerlichen Gesetzbuchs entsprechend anzuwenden.

(5) Auf die Verjährung finden die für unerlaubte Handlungen geltenden Verjährungsvorschriften des Bürgerlichen Gesetzbuchs entsprechende Anwendung.

§ 84 Strafvorschriften

Für Verarbeitungen personenbezogener Daten durch öffentliche Stellen im Rahmen von Tätigkeiten nach § 45 Satz 1, 3 oder 4 findet § 42 entsprechende Anwendung.

에 응해야 한다.

③ 연방개인정보보호책임관은 다음 각 호의 경우에 한하여 행정공조요청을 거절할 수 있다,

1. 연방개인정보보호책임관이 그 요청의 대상을 관할하지 않거나 자신이 수행해야 하는 조치를 관할하지 않는 경우,
2. 그 요청의 수용(ein Eingehen auf das Ersuchen)이 법규정에 위반되는 경우.

④ 연방개인정보보호책임관은 행정공조요청을 이행하기 위하여, 지원요청을 하는, 독일 이외의 국가의 감독관청(die ersuchende Aufsichtsbehörde des anderen Staates)에 취해진 조치의 결과나 필요하면 그 조치의 경과에 관하여 알려야 한다. 연방개인정보보호책임관은 제3항의 경우에 그 요청 거절 사유를 설명해야 한다.

⑤ 연방개인정보보호책임관은, 독일 이외의 국가의 감독관청이 자신에게 요청한 정보를 통상적으로 전자적 방법으로 또 표준화된 양식(様式)으로(in der Regel elektronisch und in einem standardisierten Format) 제공(提供)해야 한다.

⑥ 연방개인정보보호책임관은, 개별사안에서 발생한 경비(經費)의 상환에 대하여(die Erstattung entstandener Ausgaben) 독일 이외의 다른 국가의 감독관청과 합의를 하지 못한 범위 내에서 무상으로 행정공조요청을 처리해야 한다.

⑦ 연방개인정보보호책임관의 행정공조요청은 일체의 필요한 정보를 포함해야 한다; 특히 그 요청의 목적 및 사유(insbesondere der Zweck und die Begründung des Ersuchens)가 이에 속한다. 그 요청에 기하여 제공한 정보(情報)는, 이를 요청한(zu dem sie angefordert wurden) 목적(目的)만을 위하여 이용될 수 있다.

제7장 책임과 제재

제83조 손해배상과 보상

① 개인정보처리자가, 본 법률이나 그 처리에 대해 적용할 수 있는 그 밖의 규정에 의할 때 위법한 개인정보 처리에 의해 정보주체에게 손해를 끼친 경우에, 개인정보처리자나 그 권리주체는 정보주체에게 손해를 배상할 의무를 진다. 이러한 배상의무는 수동화된 처리의 경우 손해가 정보처리자의 과책에 기인하지 않은 범위 내에서(soweit bei einer nicht automatisierten Verarbeitung der Schaden nicht auf ein Verschulden des Verantwortlichen zurückzuführen ist) 인정되지 아니한다.

② 재산상 손해가 아닌 손해에 대하여(Wegen eines Schadens, der nicht Vermögensschaden ist) 정보주체는 적절한 금전적 배상을 청구할 수 있다.

③ 개인정보의 자동화된 처리에 있어 이에 참가한 여러 개인정보처리자 중 누가 손해를 야기했는지를 확인할 수 없는 경우에는 각 개인정보처리자 또는 그 권리주체(jeder Verantwortliche beziehungsweise sein Rechtsträger)가 책임을 진다.

④ 손해 발생에 정보주체의 과책이 기여한 경우(Hat bei der Entstehung des Schadens ein Verschulden der betroffenen Person mitgewirkt)에는 민법전 제254조를 준용한다.

⑤ 소멸시효에 대하여 불법행위에 대해 적용되는, 민법전의 소멸시효규정(die für unerlaubte Handlungen geltenden Verjährungsvorschriften des Bürgerlichen Gesetzbuchs)을 준용한다.

제84조 형벌규정

제45조 제1문, 제3문, 제4문에 따른 활동의 일환으로 행하는 공공기관의 개인정보 처리에 대하여 제42조를 준용한다.

Teil 4 Besondere Bestimmungen für Verarbeitungen im Rahmen von nicht in die Anwendungsbereiche der Verordnung (EU) 2016/679 und der Richtlinie (EU) 2016/680 fallenden Tätigkeiten

§ 85 Verarbeitung personenbezogener Daten im Rahmen von nicht in die Anwendungsbereiche der Verordnung (EU) 2016/679 und der Richtlinie (EU) 2016/680 fallenden Tätigkeiten

(1) Die Übermittlung personenbezogener Daten an einen Drittstaat oder an über- oder zwischenstaatliche Stellen oder internationale Organisationen im Rahmen von nicht in die Anwendungsbereiche der Verordnung (EU) 2016/679 und der Richtlinie (EU) 2016/680 fallenden Tätigkeiten ist über die bereits gemäß der Verordnung (EU) 2016/679 zulässigen Fälle hinaus auch dann zulässig, wenn sie zur Erfüllung eigener Aufgaben aus zwingenden Gründen der Verteidigung oder zur Erfüllung über- oder zwischenstaatlicher Verpflichtungen einer öffentlichen Stelle des Bundes auf dem Gebiet der Krisenbewältigung oder Konfliktverhinderung oder für humanitäre Maßnahmen erforderlich ist. Der Empfänger ist darauf hinzuweisen, dass die übermittelten Daten nur zu dem Zweck verwendet werden dürfen, zu dem sie übermittelt wurden.

(2) Für Verarbeitungen im Rahmen von nicht in die Anwendungsbereiche der Verordnung (EU) 2016/679 und der Richtlinie (EU) 2016/680 fallenden Tätigkeiten durch Dienststellen im Geschäftsbereich des Bundesministeriums der Verteidigung gilt § 16 Absatz 4 nicht, soweit das Bundesministerium der Verteidigung im Einzelfall feststellt, dass die Erfüllung der dort genannten Pflichten die Sicherheit des Bundes gefährden würde.

(3) Für Verarbeitungen im Rahmen von nicht in die Anwendungsbereiche der Verordnung (EU) 2016/679 und der Richtlinie (EU) 2016/680 fallenden Tätigkeiten durch öffentliche Stellen des Bundes besteht keine Informationspflicht gemäß Artikel 13 Absatz 1 und 2 der Verordnung (EU) 2016/679, wenn

1. es sich um Fälle des § 32 Absatz 1 Nummer 1 bis 3 handelt oder
2. durch ihre Erfüllung Informationen offenbart würden, die nach einer Rechtsvorschrift oder ihrem Wesen nach, insbesondere wegen der überwiegenden berechtigten Interessen eines Dritten, geheim gehalten werden müssen, und deswegen das Interesse der betroffenen Person an der Erteilung der Information zurücktreten muss.

Ist die betroffene Person in den Fällen des Satzes 1 nicht zu informieren, besteht auch kein Recht auf Auskunft. § 32 Absatz 2 und § 33 Absatz 2 finden keine Anwendung.

§ 86 Verarbeitung personenbezogener Daten für Zwecke staatlicher Auszeichnungen und Ehrungen

(1) Zur Vorbereitung und Durchführung staatlicher Verfahren bei Auszeichnungen und Ehrungen dürfen sowohl die zuständigen als auch andere öffentliche und nichtöffentliche Stellen die dazu erforderlichen personenbezogenen Daten, einschließlich besonderer Kategorien personenbezogener Daten im Sinne des Artikels 9 Absatz 1 der Verordnung (EU) 2016/679, auch ohne Kenntnis der betroffenen Person verarbeiten. Für nichtöffentliche Stellen gilt insoweit § 1 Absatz 8 entsprechend. Eine Verarbeitung der personenbezogenen Daten nach Satz 1 für andere Zwecke ist nur mit Einwilligung der betroffenen Person zulässig.

(2) Soweit eine Verarbeitung ausschließlich für die in Absatz 1 Satz 1 genannten Zwecke erfolgt, sind die Artikel 13 bis 16, 19 und 21 der Verordnung (EU) 2016/679 nicht anzuwenden.

제4편 (EU) 2016/679호 법(法) 및 (EU) 2016/680호 입법지침의 적용범위(Anwendungsbereiche) 내에 포함되지 않는 활동(活動)의 일환(一環)으로 하는 처리(處理)에 대한 특칙(Besondere Bestimmungen für Verarbeitungen)

제85조 (EU) 2016/679호 법(法) 및 (EU) 2016/680호 입법지침의 적용범위(Anwendungs-bereiche) 내에 포함되지 않는 일환으로 하는 개인정보 처리

① 그것이 위기 극복 또는 충돌방지의 영역에서 불가피한 국방상 사유에 기인한 자신의 임무 수행이나 연방의 공공기관의 초국가적 또는 다국가적 의무 이행을 위해 필요하거나(wenn sie zur Erfüllung eigener Aufgaben aus zwingenden Gründen der Verteidigung oder zur Erfüllung über- oder zwischenstaatlicher Verpflichtungen einer öffentlichen Stelle des Bundes auf dem Gebiet der Krisenbewältigung oder Konfliktverhinderung), 인도적 조치를 위해 필요한 때에는, 개인정보를 어느 제3국이나 초국가적기관 내지 다국가적기관 또는 국제기구로 이전하는 것으로, (EU) 2016/679호 법(法) 및 (EU) 2016/680호 입법지침의 적용범위(Anwendungsbereiche) 내에 포함되지 않는 활동의 일환으로 이전하는 것은, (EU) 2016/679호 법(法)에 따라 허용된 경우 이외의 경우로 허용된다. 수령인에게 이전되는 정보가 제공된 목적만을 위해 이용될 수 있다는 점을 안내해야 한다.

② (EU) 2016/679호 법(法) 및 (EU) 2016/680호 입법지침의 적용범위 내에 포함되지 않은 활동의 일환으로 하는, 연방국방부의 직무범위 내의 부서(部署)에 의한 정보처리에 대하여, 연방국방부가 개별사안에서 제16조 제4항에서 언급된 의무의 이행이 연방의 안전을 위태롭게 할 것으로 결정하는 범위 내에서 (soweit das Bundesministerium der Verteidigung im Einzelfall feststellt, dass die Erfüllung der dort genannten Pflichten die Sicherheit des Bundes gefährden würde) 제16조 제4항을 적용하지 아니한다

③ (EU) 2016/679호 법(法) 및 (EU) 2016/680호 입법지침의 적용범위 내에 포함되지 않는 활동의 일환으로 하는, 연방의 공공기관의 처리에 대하여, 다음 각 호의 경우에 동 법(法) 제13조 제1항, 제2항에 따른 정보제공의무[Informationspflicht gemäß Artikel 13 Absatz 1 und 2 der Verordnung (EU) 2016/679]는 인정되지 아니한다,

1. 제32조 제1항 제1호 내지 제3호의 경우에 해당하는 경우,
2. 그 의무의 이행에 의하여, 법규정 또는 그 중요성에 따라, 특히 제3자의 우월한 정당한 이익으로 인하여 비밀로 유지되어야만 하는 정보가 공개되고, 그 결과 정보제공에 대한 정보주체의 이익이 후퇴해야만 하는(deswegen das Interesse der betroffenen Person an der Erteilung der Information zurücktreten muss) 경우.

제1문의 경우에 정보주체에게 정보가 제공되지 않아야 하는 경우에, 접근권도 인정되지 아니한다. 제32조 제2항, 제33조 제2항을 적용하지 아니한다.

제86조 국가의 표창 또는 훈장의 목적을 위한 개인정보 처리

① 관할 공공기관뿐만 아니라 다른 공공기관 및 비공공기관은, 정보주체가 이를 알지 못하더라도(auch ohne Kenntnis der betroffenen Person), 표창 또는 훈장의 국가절차의 준비 또는 시행을 위하여 (EU) 2016/679호 법(法) 제9조 제1항상의 특수한 범주의 개인정보를 포함하여, 이를 위해 필요한 개인정보[die dazu erforderlichen personenbezogenen Daten, einschließlich besonderer Kategorien personenbezogener Daten im Sinne des Artikels 9 Absatz 1 der Verordnung (EU) 2016/679]를 처리할 수 있다. 비공공기에 대하여 그 범위 내에서 제1조 제8항을 준용한다. 다른 목적을 위한, 제1문에 따른 개인정보 처리는 정보주체의 동의를 얻어야만 허용된다.

② 처리가 제1항 제1문상의 목적만을 위하여 행해지는 범위 내에서 (EU) 2016/679호 법(法) 제13조 내지 제16조, 제19조, 제21조를 적용하지 아니한다.

(3) Bei der Verarbeitung besonderer Kategorien personenbezogener Daten im Sinne des Artikels 9 Absatz 1 der Verordnung (EU) 2016/679 sieht der Verantwortliche angemessene und spezifische Maßnahmen zur Wahrung der Rechte der betroffenen Person gemäß § 22 Absatz 2 vor.

③ (EU) 2016/679호 법(法) 제9조 제1항상의 특수한 범주의 개인정보 처리의 경우에 개인정보처리자는 제22조 제2항에 따른 정보주체의 권리를 보호하기 위한(zur Wahrung der Rechte der betroffenen Person gemäß § 22 Absatz 2) 적절하고도 특별한 조치를 취한다.

전기통신법

(BGBl. I S. 2274)

Telekommunikationsgesetz

(TKG)

Telekommunikationsgesetz

https://www.gesetze-im-internet.de/tkg_2004/BJNR119000004.html

Teil 1 Allgemeine Vorschriften

§ 1 Zweck des Gesetzes

Zweck dieses Gesetzes ist es, durch technologieneutrale Regulierung den Wettbewerb im Bereich der Telekommunikation und leistungsfähige Telekommunikationsinfrastrukturen zu fördern und flächendeckend angemessene und ausreichende Dienstleistungen zu gewährleisten.

§ 2 Regulierung, Ziele und Grundsätze

(1) Die Regulierung der Telekommunikation ist eine hoheitliche Aufgabe des Bundes.

(2) Ziele der Regulierung sind:

1. die Wahrung der Nutzer-, insbesondere der Verbraucherinteressen auf dem Gebiet der Telekommunikation und die Wahrung des Fernmeldegeheimnisses. Die Bundesnetzagentur fördert die Möglichkeit der Endnutzer, Informationen abzurufen und zu verbreiten oder Anwendungen und Dienste ihrer Wahl zu nutzen. Die Bundesnetzagentur berücksichtigt die Bedürfnisse bestimmter gesellschaftlicher Gruppen, insbesondere von behinderten Nutzern, älteren Menschen und Personen mit besonderen sozialen Bedürfnissen,
2. die Sicherstellung eines chancengleichen Wettbewerbs und die Förderung nachhaltig wettbewerbsorientierter Märkte der Telekommunikation im Bereich der Telekommunikationsdienste und -netze sowie der zugehörigen Einrichtungen und Dienste, auch in der Fläche. Die Bundesnetzagentur stellt insoweit auch sicher, dass für die Nutzer, einschließlich behinderter Nutzer, älterer Menschen und Personen mit besonderen sozialen Bedürfnissen, der größtmögliche Nutzen in Bezug auf Auswahl, Preise und Qualität erbracht wird. Sie gewährleistet, dass es im Bereich der Telekommunikation, einschließlich der Bereitstellung von Inhalten, keine Wettbewerbsverzerrungen oder -beschränkungen gibt,
3. die Entwicklung des Binnenmarktes der Europäischen Union zu fördern,
4. die Sicherstellung einer flächendeckenden gleichartigen Grundversorgung in städtischen und ländlichen Räumen mit Telekommunikationsdiensten (Universaldienstleistungen) zu erschwinglichen Preisen,
5. die Beschleunigung des Ausbaus von hochleistungsfähigen öffentlichen Telekommunikationsnetzen der nächsten Generation,
6. die Förderung von Telekommunikationsdiensten bei öffentlichen Einrichtungen,
7. die Sicherstellung einer effizienten und störungsfreien Nutzung von Frequenzen, auch unter Berücksichtigung der Belange des Rundfunks,
8. eine effiziente Nutzung von Nummerierungsressourcen zu gewährleisten,
9. die Wahrung der Interessen der öffentlichen Sicherheit.

(3) Die Bundesnetzagentur wendet bei der Verfolgung der in Absatz 2 festgelegten Ziele objektive, transparente, nicht diskriminierende und verhältnismäßige Regulierungsgrundsätze an, indem sie unter anderem

전기통신법[116](BGBl. I S. 2274)

법률공포일: 2007년 2월 26일
최근 법률 개정일: 2021년 7월 5일(BGBl. I S. 2274[117])).

제1편 총칙

제1조 법의 목적
본 법률의 목적은, 기술중립적 규제에 의하여 전기통신 영역에서의 경쟁과 효율적인 전기통신기반시설(leistungsfähige Telekommunikationsinfrastrukturen)을 장려하고 적절하고도 충분한 용역(用役; Dienstleistungen)을 광범위하게 보장하는 데에 있다.

제2조 규제, 목표 및 원칙
① 전기통신의 규제는 연방정부의 고권적(高權的; hoheitlich) 임무(任務; Aufgabe)이다.
② 규제의 목표는 다음과 같다:
1. 전기통신 부문에서의 이용자이익의 보호, 소비자이익의 보호와, 통신비밀(Fernmeldegeheimnis[118]))의 보장. 연방망(網)관리청은 정보를 불러오거나 전파할 수 있는 최종이용자의 가능성을 제고하거나 그 선택에 따라 사용 또는 서비스를 이용할 최종이용자의 가능성을 제고한다. 연방망관리청은 특정한 사회적 계층의 필요, 특히 장애인이용자들, 노인들과 특별히 사회적 보호 필요가 있는 사람들의 필요(die Bedürfnisse bestimmter gesellschaftlicher Gruppen, insbesondere von behinderten Nutzern, älteren Menschen und Personen mit besonderen sozialen Bedürfnissen)를 고려한다.
2. 연방차원을 포함하여, 기회가 균등한 경쟁의 확보와, 전기통신역무·전기통신망 및 부속설비·연관서비스의 영역에서 지속적인 경쟁이 있는 전기통신시장의 진흥. 연방망관리청은, 장애인이용자들, 노인들과 특별히 사회적 보호 필요가 있는 사람들을 포함하여 이용자에게 선택, 가격 및 품질과 관련하여 최상의 이용(der größtmögliche Nutzen)이 제공되도록(dass für die Nutzer, einschließlich behinderter Nutzer, älterer Menschen und Personen mit besonderen sozialen Bedürfnissen, der größtmögliche Nutzen in Bezug auf Auswahl, Preise und Qualität erbracht wird) 그 범위 내에서 보장한다. 연방망관리청은, 콘텐츠의 제공을 포함하여(einschließlich Bereitstellung von Inhalten) 전기통신 영역에서 경쟁의 왜곡과 경쟁제한이 없도록 보장한다.
3. 유럽연합단일시장[119])의 발전의 제고(提高),
4. 알맞은 가격에 의한, 도시·주(州)의 구역 내에서 전기통신역무의 광범위하고도 동일한 기본적 공급('보편적 역무'; Universaldienstleistungen)의 확보,
5. 고효율의 차세대(次世代) 공중전기통신망(hochleistungsfähigen öffentlichen Telekommunikationsnetzen der nächsten Generation) 확대의 가속화,
6. 공공시설(公共施設)에서의 전기통신역무의 장려,
7. 방송의 이익의 고려를 포함하여(auch unter Berücksichtigung der Belange des Rundfunks) 주파수의 장애 없는 효율적 이용의 확보
8. 전기통신번호자원(電氣通信番號資源)의 효율적 이용,
9. 공공의 안녕이라는 이익의 보호,

③ 연방망관리청은 제2항에서 규정된 목표의 추구에 있어 특히 다음 각 호를 통하여, 객관적·비차별적·비례적인 명확한 규제원칙(objektive, transparente, nicht diskriminierende und verhältnismäßige Regulierungsgrundsätze)을 적용한다,

1. die Vorhersehbarkeit der Regulierung dadurch fördert, dass sie über angemessene Überprüfungszeiträume ein einheitliches Regulierungskonzept beibehält,
2. gewährleistet, dass Betreiber von Telekommunikationsnetzen und Anbieter von Telekommunikationsdiensten unter vergleichbaren Umständen nicht diskriminiert werden,
3. den Wettbewerb zum Nutzen der Verbraucher schützt und, soweit sachgerecht, den infrastrukturbasierten Wettbewerb fördert,
4. effiziente Investitionen und Innovationen im Bereich neuer und verbesserter Infrastrukturen auch dadurch fördert, dass sie dafür sorgt, dass bei jeglicher Zugangsverpflichtung dem Risiko der investierenden Unternehmen gebührend Rechnung getragen wird, und dass sie verschiedene Kooperationsvereinbarungen zur Aufteilung des Investitionsrisikos zwischen Investoren und Zugangsbegehrenden zulässt, während sie gleichzeitig gewährleistet, dass der Wettbewerb auf dem Markt und der Grundsatz der Nichtdiskriminierung gewahrt werden,
5. die vielfältigen Bedingungen im Zusammenhang mit Wettbewerb und Verbrauchern, die in den verschiedenen geografischen Gebieten innerhalb der Bundesrepublik Deutschland herrschen, gebührend berücksichtigt und
6. regulatorische Vorabverpflichtungen nur dann auferlegt, wenn es keinen wirksamen und nachhaltigen Wettbewerb gibt, und diese Verpflichtungen lockert oder aufhebt, sobald es einen solchen Wettbewerb gibt.

(4) Die Vorschriften des Gesetzes gegen Wettbewerbsbeschränkungen bleiben, soweit nicht durch dieses Gesetz ausdrücklich abschließende Regelungen getroffen werden, anwendbar. Die Aufgaben und Zuständigkeiten der Kartellbehörden bleiben unberührt.

(5) Die hoheitlichen Rechte des Bundesministeriums der Verteidigung bleiben unberührt.

(6) Die Belange des Rundfunks und vergleichbarer Telemedien sind unabhängig von der Art der Übertragung zu berücksichtigen. Die medienrechtlichen Bestimmungen der Länder bleiben unberührt.

§ 3 Begriffsbestimmungen

Im Sinne dieses Gesetzes ist oder sind

1. "Anruf" eine über einen öffentlich zugänglichen Telekommunikationsdienst aufgebaute Verbindung, die eine zweiseitige Sprachkommunikation ermöglicht;
2. "Anwendungs-Programmierschnittstelle" die Software-Schnittstelle zwischen Anwendungen, die von Sendeanstalten oder Diensteanbietern zur Verfügung gestellt werden, und den Anschlüssen in den erweiterten digitalen Fernsehempfangsgeräten für digitale Fernseh- und Rundfunkdienste;

2a. "Auskunftsdienste" bundesweit jederzeit telefonisch erreichbare Dienste, insbesondere des Rufnummernbereichs 118, die ausschließlich der neutralen Weitergabe von Rufnummer, Name, Anschrift sowie zusätzlichen Angaben von Telekommunikationsnutzern dienen. Die Weitervermittlung zu einem erfragten Teilnehmer oder Dienst kann Bestandteil des Auskunftsdienstes sein;

2b. "Baudenkmäler" nach Landesrecht geschützte Gebäude oder Gebäudemehrheiten;

3. "Bestandsdaten" Daten eines Teilnehmers, die für die Begründung, inhaltliche Ausgestaltung, Änderung oder Beendigung eines Vertragsverhältnisses über Telekommunikationsdienste erhoben werden;

1. 연방망관리청이 적절한 심사기간을 통하여 통일적 규제개념(ein einheitliches Regulierungskonzept)을 보유함으로써 규제의 예견가능성을 제고하는 것,
2. 전기통신망운영자들과 전기통신역무제공자들이 유사한 사정 아래에서(unter vergleichbaren Umständen) 차별을 받지 않도록 보장하는 것,
3. 소비자의 이용에 관한 경쟁을 보호하는 것과, 적절한 범위 내에서(soweit sachgerecht) 기반시설에 기반한 경쟁을 제고하는 것
4. 연방망관리청이, 투자기업의 위험이 진입허용의무에서 적절하게 고려되도록 보장하고, 동시에 시장에서의 경쟁과 비차별의 원칙이 보호되도록 보장하는 동안에(während sie gleichzeitig gewährleistet, dass der Wettbewerb auf dem Markt und der Grundsatz der Nichtdiskriminierung gewahrt werden), 투자자와 진입요구자 간의 투자위험의 분배에 관한 여러 협력약정을 허용하도록 보장함으로써 그러한 효율적 투자 및 혁신을 진흥하는 것을 포함하여, 새롭고 개선된 기반시설의 영역 내에서의 효율적 투자 및 혁신을 촉진하는 것,
5. 경쟁과 소비자와 관련한 다양한 조건으로, 독일연방공화국 내의 여러 지역[120](地域)에서(in den verschiedenen geografischen Gebieten innerhalb der Bundesrepublik Deutschland) 지배적인 조건을 적절하게 고려하는 것,
6. 지속적인 유효경쟁(有效競爭)이 없는 경우에 예비적 규제의무(regulatorische Vorabverpflichtungen)를 부과하고 그러한 경쟁이 있자마자(sobald es einen solchen Wettbewerb gibt) 이러한 의무를 완화하거나 소멸시키는 것.

④ 경쟁제한금지법의 규정은, 본 법률에서 명시적 배제 규율이 적용되지 않는 범위 내에서 적용될 수 있다. 카르텔청의 임무와 책임(Die Aufgaben und Zuständigkeiten der Kartellbehörden)은 영향을 받지 아니한다.

⑤ 연방국방부의 고권적 권한(權限)은 영향을 받지 아니한다.

⑥ 방송과 이에 유사한 전기정보통신서비스의 이익은, 전송의 성질을 불문하고 고려해야 한다. 주(州)의 미디어법상의 규정은 영향을 받지 아니한다.

제3조 정의규정

본 법률에서 사용된 의미는 다음과 같다,

1. "통화"는 공중이 이용 가능한 전기통신역무를 통해 이뤄진 연결로, 양방향 음성통신(eine zweiseitige Sprachkommunikation)을 가능하게 하는 연결을 말한다;
2. "응용 프로그램 인터페이스"는, 방송국 또는 서비스제공자에 의해 제공되는 애플리케이션(Anwendungen)과, 디지털 텔레비전·라디오방송서비스를 위한 디지털증강 텔레비전수신장치의 접속 간의 소프트웨어 인터페이스[121]를 말한다.

2a. "정보제공서비스"는, 연방차원에서 언제든지 전화로 연결되는 서비스를 말하고, 특히 118 전화번호대 그러한 서비스를 말하고, 그 서비스는 전기통신이용자의 전화번호, 이름, 주소 및 추가 정보의 객관적 제공만(ausschließlich der neutralen Weitergabe)을 위한 서비스를 말한다. 문의(問議)한 가입자 또는 서비스로의 재전달(Die Weitervermittlung zu einem erfragten Teilnehmer oder Dienst)은 정보제공서비스의 구성부분이 될 수 있다.

2b. "기념물"은 주법(州法)에 따라 보호되는 건물 또는 건물군(建物群)을 말한다;

3. "가입자신상정보"는 전기통신역무에 관한 계약관계(Vertragsverhältnisses über Telekommunikationsdienste)의 성립(Begründung), 내용 형성, 변경 또는 종료를 위하여 수집된 어느 가입자의 정보(Daten eines Teilnehmers)를 말한다;

4. "beträchtliche Marktmacht" eines oder mehrerer Unternehmen gegeben, wenn die Voraussetzungen nach § 11 Absatz 1 Satz 3 und 4 vorliegen;

4a. "Betreiberauswahl" der Zugang eines Teilnehmers zu den Diensten aller unmittelbar zusammengeschalteten Anbieter von öffentlich zugänglichen Telekommunikationsdiensten im Einzelwahlverfahren durch Wählen einer Kennzahl;

4b. "Betreibervorauswahl" der Zugang eines Teilnehmers zu den Diensten aller unmittelbar zusammengeschalteten Anbieter von öffentlich zugänglichen Telekommunikationsdiensten durch festgelegte Vorauswahl, wobei der Teilnehmer unterschiedliche Voreinstellungen für Orts- und Fernverbindungen vornehmen kann und bei jedem Anruf die festgelegte Vorauswahl durch Wählen einer Betreiberkennzahl übergehen kann;

5. "Dienst mit Zusatznutzen" jeder Dienst, der die Erhebung und Verwendung von Verkehrsdaten oder Standortdaten in einem Maße erfordert, das über das für die Übermittlung einer Nachricht oder die Entgeltabrechnung dieses Vorganges erforderliche Maß hinausgeht;

6. "Diensteanbieter" jeder, der ganz oder teilweise geschäftsmäßig
   a) Telekommunikationsdienste erbringt oder
   b) an der Erbringung solcher Dienste mitwirkt;

7. "digitales Fernsehempfangsgerät" ein Fernsehgerät mit integriertem digitalem Decoder oder ein an ein Fernsehgerät anschließbarer digitaler Decoder zur Nutzung digital übertragener Fernsehsignale, die mit Zusatzsignalen, einschließlich einer Zugangsberechtigung, angereichert sein können;

7a. "digitales Hochgeschwindigkeitsnetz" ein Telekommunikationsnetz, das die Möglichkeit bietet, Datendienste mit Geschwindigkeiten von mindestens 50 Megabit pro Sekunde bereitzustellen;

7b. "Einzelrichtlinien"

a) die Richtlinie 2002/20/EG des Europäischen Parlaments und des Rates vom 7. März 2002 über die Genehmigung elektronischer Kommunikationsnetze und -dienste (Genehmigungsrichtlinie) (ABl. L 108 vom 24.4.2002, S. 21), die zuletzt durch die Richtlinie 2009/140/EG (ABl. L 337 vom 18.12.2009, S. 37) geändert worden ist;

b) die Richtlinie 2002/19/EG des Europäischen Parlaments und des Rates vom 7. März 2002 über den Zugang zu elektronischen Kommunikationsnetzen und zugehörigen Einrichtungen sowie deren Zusammenschaltung (Zugangsrichtlinie) (ABl. L 108 vom 24.4.2002, S. 7), die zuletzt durch die Richtlinie 2009/140/EG (ABl. L 337 vom 18.12.2009, S. 37) geändert worden ist;

c) die Richtlinie 2002/22/EG des Europäischen Parlaments und des Rates vom 7. März 2002 über den Universaldienst und Nutzerrechte bei elektronischen Kommunikationsnetzen und -diensten (Universaldienstrichtlinie) (ABl. L 108 vom 24.4.2002, S. 51), die zuletzt durch die Richtlinie 2009/136/EG (ABl. L 337 vom 18.12.2009, S. 11) geändert worden ist;

d) die Richtlinie 2002/58/EG des Europäischen Parlaments und des Rates vom 12. Juli 2002 über die Verarbeitung personenbezogener Daten und den Schutz der Privatsphäre in der elektronischen Kommunikation (Datenschutzrichtlinie für elektronische Kommunikation) (ABl. L 201 vom 31.7.2002, S. 37), die zuletzt durch die Richtlinie 2009/136/EG (ABl. L 337 vom 18.12.2009, S. 11) geändert worden ist, und

e) die Richtlinie 2014/61/EU des Europäischen Parlaments und des Rates vom 15. Mai 2014 über Maßnahmen zur Reduzierung der Kosten des Ausbaus von Hochgeschwindigkeitsnetzen für die

4. 한 또는 여러 기업의 “상당한 시장지배력”은, 제11조 제1항 제3문, 제4문에 따른 요건이 존재하는 경우에 인정된다.

4a. “운영자 선택”은, 식별번호의 선택에 의한 개별선택절차에서(im Einzelwahlverfahren durch Wählen einer Kennzahl), 직접적으로 상호간에 연결된, 공중이 이용 가능한 모든 전기통신역무제공자의 서비스에 대한 어느 가입자의 접근을 말한다;

4b. “운영자 사전선택”은, 정해진 사전선택에 의하여, 직접적으로 상호간에 연결된 사업자로, 공중이 이용 가능한 모든 전기통신역무제공자의 서비스에 대한 어느 가입자의 접근을 말하고, 이 겨우 가입자가 다른 장소연결 및 원격연결에 대한 다른 사전설정을 할 수 있고 각 통화시 정해진 사전선택이 운영자식별번호의 선택에 의하여(bei jedem Anruf die festgelegte Vorauswahl durch Wählen einer Betreiberkennzahl übergehen kann) 우회(迂廻)될 수 있다;

5. “부가서비스”는, 통신데이터 또는 위치정보의 수집 및 이용(Verkehrsdaten oder Standortdaten)이, 메시지(Nachricht[122])의 전송에 필요한 정도나 이러한 과정에 대한 요금결제에 필요한 정도를 넘어서는 정도로 요구되는 일체의 서비스를 말한다.

6. “서비스제공자”는,

a) 전기통신역무의 전부 또는 일부를 영업적으로 제공하는 일체의 자 또는,

b) 전기통신역무의 전부 또는 일부의 제공에 영업적으로 협력하는 일체의 자를 말한다;

7. “디지털 텔레비전수신장치”, 접근권한을 포함하여 디지털로 전송되는 텔레비전신호로, 부가신호로 그 질이 향상될 수 있는 텔레비전신호를 이용하기 위한, 통합 디지털 디코더[123]가 장착된 텔레비전장치나 텔레비전장치에 연결된 디지털 해독기를 말한다;

7a. “디지털 고속통신망”은, 분당 50메가바이트 이상의 속도로 정보서비스를 공급할 수 있는 가능성을 제공하는 전기통신망을 말한다;

7b. “개별입법지침”은 다음 각 목의 지침을 말한다,

a) 「전기통신망 및 전기통신역무(elektronischer Kommunikationsnetze und -dienste)의 승인에 관한 2002년 3월 7일 유럽연합 의회 및 이사회 2002/20/EG호 지침」(‘승인지침’; Genehmigungsrichtlinie)(ABl. L 108 vom 24.4.2002, S. 21)으로, 최근 2009/140/EG호로 개정된 지침(ABl. L 337 vom 18.12.2009, S. 37)에 의해 개정된 지침;

b) 「전기통신망 및 부속설비에 대한 접근(den Zugang zu elektronischen Kommunikationsnetzen und zugehörigen Einrichtungen)과 그 상호접속에 관한 2002년 3월 7일의 유럽연합 의회 및 이사회 2002/19/EG호 지침」(‘접근지침’; Zugangsrichtlinie)(ABl. L 108 vom 24.4.2002, S. 7)으로, 최근 2009/140/EG호 지침(ABl. L 337 vom 18.12.2009, S. 37)에 의해 개정된 지침;

c) 「전기통신망 및 전기통신서비스에서의 보편적 역무와 이용권(den Universaldienst und Nutzerrechte)에 관한 2002년 3월 7일의 유럽연합 의회 및 이사회 2002/22/EG호 지침」(‘보편적 역무지침’; Universaldienstrichtlinie)(ABl. L 108 vom 24.4.2002, S. 51), 최근에 2009/136/EG호 지침(ABl. L 337 vom 18.12.2009, S. 11)으로 개정된 지침;

d) 「전기통신에서의 개인정보 처리(die Verarbeitung personenbezogener Daten)와 사생활의 보호(den Schutz der Privatsphäre)에 관한 2002년 7월 12일 유럽연합 의회 및 이사회 2002/58/EG호 지침」(‘전기통신에 대한 정보보호지침’; Datenschutzrichtlinie für elektronische Kommunikation)(ABl. L 201 vom 31.7.2002, S. 37)으로, 최근에 2009/136/EG호 지침(ABl. L 337 vom 18.12.2009, S. 11)으로 개정된 지침(指針);

e) 「전기통신에 대한 고속통신망의 확대 비용의 감축(Reduzierung der Kosten des Ausbaus von Hochgeschwindigkeitsnetzen für die elektronische Kommunikation)을 위한 조치에 관한 2014년 5월 15일

elektronische Kommunikation (Kostensenkungsrichtlinie) (ABl. L 155 vom 23.5.2014, S. 1);

8. “Endnutzer” ein Nutzer, der weder öffentliche Telekommunikationsnetze betreibt noch öffentlich zugängliche Telekommunikationsdienste erbringt;

8a. “entgeltfreie Telefondienste” Dienste, insbesondere des Rufnummernbereichs (0)800, bei deren Inanspruchnahme der Anrufende kein Entgelt zu entrichten hat;

8b. “Service-Dienste” Dienste, insbesondere des Rufnummernbereichs (0)180, die bundesweit zu einem einheitlichen Entgelt zu erreichen sind;

9. “Frequenznutzung” jede gewollte Aussendung oder Abstrahlung elektromagnetischer Wellen zwischen 9 kHz und 3 000 GHz zur Nutzung durch Funkdienste und andere Anwendungen elektromagnetischer Wellen;

9a. “Frequenzzuweisung” die Benennung eines bestimmten Frequenzbereichs für die Nutzung durch einen oder mehrere Funkdienste oder durch andere Anwendungen elektromagnetischer Wellen, falls erforderlich mit weiteren Festlegungen;

9b. “gemeinsamer Zugang zum Teilnehmeranschluss” die Bereitstellung des Zugangs zum Teilnehmeranschluss oder zum Teilabschnitt in der Weise, dass die Nutzung eines bestimmten Teils der Kapazität der Netzinfrastruktur, wie etwa eines Teils der Frequenz oder Gleichwertiges, ermöglicht wird;

9c. “GEREK” das Gremium Europäischer Regulierungsstellen für elektronische Kommunikation;

9d. “Gerät” eine Funkanlage, eine Telekommunikationsendeinrichtung oder eine Kombination von beiden;

10. “geschäftsmäßiges Erbringen von Telekommunikationsdiensten” das nachhaltige Angebot von Telekommunikation für Dritte mit oder ohne Gewinnerzielungsabsicht;

10a. (weggefallen)

11. “Kundenkarten” Karten, mit deren Hilfe Telekommunikationsverbindungen hergestellt und personenbezogene Daten erhoben werden können;

11a. “Kurzwahl-Datendienste” Kurzwahldienste, die der Übermittlung von nichtsprachgestützten Inhalten mittels Telekommunikation dienen und die keine Telemedien sind;

11b. “Kurzwahldienste” Dienste, die die Merkmale eines Premium-Dienstes haben, jedoch eine spezielle Nummernart mit kurzen Nummern nutzen;

11c. “Kurzwahl-Sprachdienste” Kurzwahldienste, bei denen die Kommunikation sprachgestützt erfolgt;

11d. “Massenverkehrs-Dienste” Dienste, insbesondere des Rufnummernbereichs (0)137, die charakterisiert sind durch ein hohes Verkehrsaufkommen in einem oder mehreren kurzen Zeitintervallen mit kurzer Belegungsdauer zu einem Ziel mit begrenzter Abfragekapazität;

12. “nachhaltig wettbewerbsorientierter Markt” ein Markt, auf dem der Wettbewerb so abgesichert ist, dass er ohne sektorspezifische Regulierung besteht;

12a. “Netzabschlusspunkt” der physische Punkt, an dem einem Teilnehmer der Zugang zu einem Telekommunikationsnetz bereitgestellt wird; in Netzen, in denen eine Vermittlung oder Leitwegebestimmung erfolgt, wird der Netzabschlusspunkt anhand einer bestimmten Netzadresse bezeichnet, die mit der Nummer oder dem Namen eines Teilnehmers verknüpft sein kann;

12b. “Neuartige Dienste” Dienste, insbesondere des Rufnummernbereichs (0)12, bei denen Nummern für einen Zweck verwendet werden, für den kein anderer Rufnummernraum zur Verfügung steht;

유럽연합 의회 및 이사회 2014/61/EU 지침」(ABl. L 155 vom 23.5.2014, S. 1);

8. “최종이용자”는 공중전기통신망을 운영하지도, 공중이 이용 가능한 통신서비스를 제공하지도 않는 이용자를 말한다;

8a. “무료 전화서비스”는 특히 (0)800 전화번호대의 서비스로, 그 발신인의 그 이용시 요금을 지급할 필요가 없는 서비스를 말한다;

8b. “서비스제공역무”는 특히 (0)180 전화번호대의 서비스로 연방전역에서 단일한 요금으로 연결될 수 있는 서비스를 말한다.

9. “주파수이용”은, 무선서비스 및 그 밖의 전자파의 적용에 의한(durch Funkdienste und andere Anwendungen elektromagnetischer Wellen) 이용을 위하여 9kHz ~ 3,000 GHz 대의 전자파(電磁波)의 의도적 모든 방사(放射) 또는 복사(輻射)를 말한다;

9a. “주파수할당”은, 한 또는 여러 무선서비스에 의한 이용 또는 그 밖의 전자파의 적용에 의한 이용을 위한 특정 주파수대의 지정을 말하고, 필요할 경우 추가 결정에 의한 지정을 말한다(falls erforderlich mit weiteren Festlegungen).

9b. “가입자회선의 공동 이용”은, 가령, 주파수 또는 그 등가물의 일부와 같은(wie etwa eines Teils der Frequenz oder Gleichwertiges), 통신망기반시설(通信網基盤施設) 용량의 특정한 일부의 이용을 가능하게 하는 방식으로 가입자회선(加入者回線) 또는 하위가입자회선(下位加入者回線)의 이용 제공을 말한다;

9c. “GEREK”는 유럽연합전기통신규제위원회를 말한다;

9d. “장치”는, 무선설비, 전기통신단말기(電氣通信端末機; Telekommunikationsendeinrichtung) 또는 양자의 결합물을 말한다;

10. “전기통신역무의 영업적 제공”은, 영리목적으로 또는 비영리목적으로(mit oder ohne Gewinnerzielungsabsicht), 제3자에 대한 전기통신의 지속적 제공을 말한다;

10a. 삭제;

11. “고객카드”는, 그 도움에 의해 전기통신연락이 이뤄질 수 있거나 개인정보가 수집될 수 있는 카드를 말한다.

11a. “단축다이얼 정보제공서비스”는, 비언어(非言語)에 기반한 콘텐츠의 전달을 위한 것으로 전기정보통신서비스를 제외한 단축다이얼서비스를 말한다;

11b. “단축다이얼서비스”는, 고급서비스의 특성을 가지고 서비스로, 다만 단축번호에 의한 특수한 번호유형을 이용하는 서비스를 말한다;

11c. “단축다이얼호출 언어서비스”는 통신이 언어에 기반하여 행해지는 단축다이얼서비스(Kurzwahldienste)를 말한다;

11d. “대량통신서비스”는 특히 (0)137 전화번호대의 서비스로, 제한된 검색능력이 있는 목표를 위하여(zu einem Ziel mit begrenzter Abfragekapazität) 단기의 사용기간에 의한, 한 또는 여러 단기의 시간간격 동안의 높은 통신량에 의해 특징지워지는 서비스를 말한다.

12. “지속적인 경쟁이 있는 시장”은 해당 부문 특유의 규제 없이도 경쟁이 존재할 정도로 경쟁이 확보되는 시장을 말한다;

12a. “통신망종료지점”은, 어느 가입자에게 어느 전기통신망에 대한 접속(接續)이 이뤄지는 물리적 지점(physische Punkt)을 말한다; 중계(中繼) 또는 경로설정이 이뤄지는 통신망에서 통신망종료지점은, 가입자의 번호 또는 이름으로 연결될 수 있는 특정한 통신망주소(通信網住所)에 의해 표시된다;

12b. “신유형서비스”는 특히 (0)12 전화번호대(電話番號帶)의 서비스로, 다른 번호군(電話番號群)이 제공되지 않는 목적을 위하여 번호가 사용되는 서비스를 말한다;

13. “Nummern” Zeichenfolgen, die in Telekommunikationsnetzen Zwecken der Adressierung dienen;
13a. “Nummernart” die Gesamtheit aller Nummern eines Nummernraums für einen bestimmten Dienst oder eine bestimmte technische Adressierung;
13b. “Nummernbereich” eine für eine Nummernart bereitgestellte Teilmenge des Nummernraums;
13c. “Nummernraum” die Gesamtheit aller Nummern, die für eine bestimmte Art der Adressierung verwendet werden;
13d. “Nummernteilbereich” eine Teilmenge eines Nummernbereichs;
14. “Nutzer” jede natürliche oder juristische Person, die einen öffentlich zugänglichen Telekommunikationsdienst für private oder geschäftliche Zwecke in Anspruch nimmt oder beantragt, ohne notwendigerweise Teilnehmer zu sein;
15. “öffentliches Münz- und Kartentelefon” ein der Allgemeinheit zur Verfügung stehendes Telefon, für dessen Nutzung als Zahlungsmittel unter anderem Münzen, Kredit- und Abbuchungskarten oder Guthabenkarten, auch solche mit Einwahlcode, verwendet werden können;
16. “öffentliches Telefonnetz” ein Telekommunikationsnetz, das zur Bereitstellung des öffentlich zugänglichen Telefondienstes genutzt wird und darüber hinaus weitere Dienste wie Telefax- oder Datenfernübertragung und einen funktionalen Internetzugang ermöglicht;
16a. “öffentliches Telekommunikationsnetz” ein Telekommunikationsnetz, das ganz oder überwiegend der Bereitstellung öffentlich zugänglicher Telekommunikationsdienste dient, die die Übertragung von Informationen zwischen Netzabschlusspunkten ermöglichen;
16b. “öffentliche Versorgungsnetze” entstehende, betriebene oder stillgelegte physische Infrastrukturen für die öffentliche Bereitstellung von
   a) Erzeugungs-, Leitungs- oder Verteilungsdiensten für
      aa) Telekommunikation,
      bb) Gas,
      cc) Elektrizität, einschließlich der Elektrizität für die öffentliche Straßenbeleuchtung,
      dd) Fernwärme oder
      ee) Wasser, ausgenommen Trinkwasser im Sinne des § 3 Nummer 1 der Trinkwasserverordnung in der Fassung der Bekanntmachung vom 10. März 2016 (BGBl. I S. 459), die durch Artikel 4 Absatz 21 des Gesetzes vom 18. Juli 2016 (BGBl. I S. 1666) geändert worden ist; zu den öffentlichen Versorgungsnetzen zählen auch physische Infrastrukturen zur Abwasserbehandlung und -entsorgung sowie die Kanalisationssysteme;
   b) Verkehrsdiensten; zu diesen Infrastrukturen gehören insbesondere Schienenwege, Straßen, Wasserstraßen, Brücken, Häfen und Flugplätze;
17. “öffentlich zugänglicher Telefondienst” ein der Öffentlichkeit zur Verfügung stehender Dienst, der direkt oder indirekt über eine oder mehrere Nummern eines nationalen oder internationalen Telefonnummernplans oder eines anderen Adressierungsschemas das Führen folgender Gespräche ermöglicht:
   a) aus- und eingehende Inlandsgespräche oder
   b) aus- und eingehende Inlands- und Auslandsgespräche;
17a. “öffentlich zugängliche Telekommunikationsdienste” der Öffentlichkeit zur Verfügung stehende Telekommunikationsdienste;

13. “번호”는 전기통신망에서 어드레싱[124]을 하기 위한 문자열[125](文字列)을 말한다;
13a. “번호유형”은 특정한 서비스나 특정한 기술적 어드레싱을 위한 어느 번호군(諸番號群)에 속한 모든 번호(諸番號) 전체(die Gesamtheit aller Nummern eines Nummernraums)를 말한다;
13b. “번호대(番號帶)”는 어느 번호유형에 배정된 일단(一團)의 번호군(番號群)을 말한다;
13c. “번호군(番號群)”은, 특정한 유형의 어드레싱에 사용되는 모든 번호(諸番號) 전체를 말한다;
13d. “부분번호대(部分番號帶)”는 일단(一團)의 어느 번호대를 말한다;
14. “이용자”는, 반드시 가입자(Teilnehmer)가 될 필요 없이, 공중이 이용 가능한 전기통신역무를 사적(私的) 목적 또는 업무(業務) 목적으로(für private oder geschäftliche Zwecke) 이용하거나 그 이용요구를 하는 일체의 자연인 또는 법인을 말한다;
15. “공중동전·카드전화기”는, 특히 동전, 신용카드 및 직불카드 또는 충전식전화카드가 그 이용에 대한 결제수단(지역번호가 있는 그러한 결제수단을 포한함)으로 사용될 수 있는, 공중에게 제공된 전화기를 말한다.
16. “공중전화망”은, 공중이 이용 가능한 전화서비스의 제공을 위하여 이용되고 더욱이 팩시밀리전송 또는 데이터원격전송과 같은 추가적 서비스와 기능적 인터넷접속(einen funktionalen Internetzugang)을 가능하게 하는 전기통신망을 말한다;
16a. “공중전기통신망”은, 통신망종료지점들 간의 정보의 전송을 가능하게 하는(die die Übertragung von Informationen zwischen Netzabschlusspunkten ermöglichen) 전기통신역무로, 전부 또는 주로 공중이 이용 가능한 전기통신역무의 제공을 위한 전기통신망을 말한다;
16b. “공중공급망”은, 다음 각 호의 공중에 대한 제공을 위하여 만들어지거나 운용되는 유형(有形)적 기반시설이나 폐쇄된 유형(有形)석 기반시설을 말한다,
  a) 다음의 생산서비스, 관리서비스 또는 분배서비스,
    aa) 전기통신,
    bb) 가스,
    cc) 공중(公衆) 가로조명(街路照明)을 위한 전기를 포함하여 전기,
    dd) 난방,
    ee) 2016년 3월 10일에 공고된 법형식(Fassung)의 식수명령(BGBl. I S. 459)으로, 2016년 7월 18일 법률(BGBl. I S. 1666) 제4조 제21항에 의하여 개정된 식수명령 제3조 제1항상의 ‘식수(Trinkwasser)’를 제외한 물; 하수처리 및 하수배출을 위한 유형적 기반시설(physische Infrastrukturen zur Abwasserbehandlung und -entsorgung sowie die Kanalisationssysteme)과, 하수도(下水道)도 공중공급망에 포함된다;
  b) 교통서비스; 특히 철도(鐵道), 도로(道路), 수로(水路), 교량(橋梁), 항구(港口) 및 공항(空港)이 이러한 기반시설에 포함된다.
17. “공중이 이용 가능한 전화서비스”는, 국내 또는 국제 전화번호할당계획 또는 그 밖의 어드레싱계획의 한 또는 여러 번호(eine oder mehrere Nummern eines nationalen oder internationalen Telefonnummernplans oder eines anderen Adressierungsschemas)를 통해 직접적 또는 간접적으로 다음 각 목의 통화를 하는 것을 가능하게 하는, 공중에 제공된 서비스를 말한다,
  a) 발신 및 착신 국내통화,
  b) 발신 및 착신 국내통화 및 국제통화;
17a. “공중이 이용 가능한 전기통신역무”는 공중에게 제공된 전기통신역무(Telekommunikationsdienste)를 말한다;

17b. “passive Netzinfrastrukturen” Komponenten eines Netzes, die andere Netzkomponenten aufnehmen sollen, selbst jedoch nicht zu aktiven Netzkomponenten werden; hierzu zählen zum Beispiel Fernleitungen, Leer- und Leitungsrohre, Kabelkanäle, Kontrollkammern, Einstiegsschächte, Verteilerkästen, Gebäude und Gebäudeeingänge, Antennenanlagen und Trägerstrukturen wie Türme, Ampeln und Straßenlaternen, Masten und Pfähle; Kabel, einschließlich unbeschalteter Glasfaserkabel, sind keine passiven Netzinfrastrukturen;

17c. “Premium-Dienste” Dienste, insbesondere der Rufnummernbereiche (0)190 und (0)900, bei denen über die Telekommunikationsdienstleistung hinaus eine weitere Dienstleistung erbracht wird, die gegenüber dem Anrufer gemeinsam mit der Telekommunikationsdienstleistung abgerechnet wird und die nicht einer anderen Nummernart zuzurechnen ist;

18. “Rufnummer” eine Nummer, durch deren Wahl im öffentlich zugänglichen Telefondienst eine Verbindung zu einem bestimmten Ziel aufgebaut werden kann;

18a. “Rufnummernbereich” eine für eine Nummernart bereitgestellte Teilmenge des Nummernraums für das öffentliche Telefonnetz;

18b. “Schnittstelle” ein Netzabschlusspunkt, das heißt, der physische Anschlusspunkt, über den der Benutzer Zugang zu öffentlichen Telekommunikationsnetzen erhält;

19. “Standortdaten” Daten, die in einem Telekommunikationsnetz oder von einem Telekommunikationsdienst erhoben oder verwendet werden und die den Standort des Endgeräts eines Endnutzers eines öffentlich zugänglichen Telekommunikationsdienstes angeben;

19a. “Teilabschnitt” eine Teilkomponente des Teilnehmeranschlusses, die den Netzabschlusspunkt am Standort des Teilnehmers mit einem Konzentrationspunkt oder einem festgelegten zwischengeschalteten Zugangspunkt des öffentlichen Festnetzes verbindet;

20. “Teilnehmer” jede natürliche oder juristische Person, die mit einem Anbieter von öffentlich zugänglichen Telekommunikationsdiensten einen Vertrag über die Erbringung derartiger Dienste geschlossen hat;

21. “Teilnehmeranschluss” die physische Verbindung, mit dem der Netzabschlusspunkt in den Räumlichkeiten des Teilnehmers mit den Hauptverteilerknoten oder mit einer gleichwertigen Einrichtung in festen öffentlichen Telefonnetzen verbunden wird;

22. “Telekommunikation” der technische Vorgang des Aussendens, Übermittelns und Empfangens von Signalen mittels Telekommunikationsanlagen;

23. “Telekommunikationsanlagen” technische Einrichtungen oder Systeme, die als Nachrichten identifizierbare elektromagnetische oder optische Signale senden, übertragen, vermitteln, empfangen, steuern oder kontrollieren können;

24. “Telekommunikationsdienste” in der Regel gegen Entgelt erbrachte Dienste, die ganz oder überwiegend in der Übertragung von Signalen über Telekommunikationsnetze bestehen, einschließlich Übertragungsdienste in Rundfunknetzen;

24a. “Telekommunikationsendeinrichtung” eine direkt oder indirekt an die Schnittstelle eines öffentlichen Telekommunikationsnetzes angeschlossene Einrichtung zum Aussenden, Verarbeiten oder Empfangen von Nachrichten; sowohl bei direkten als auch bei indirekten Anschlüssen kann die Verbindung über elektrisch leitenden Draht, über optische Faser oder elektromagnetisch hergestellt werden; bei einem indirekten Anschluss ist zwischen der Telekommunikationsendeinrichtung und

17b. “수동형 통신망기반시설(通信網基盤施設)”은 다른 통신망구성요소를 받아들여야 하지만, 자체적으로는 능동형 통신망구성요소로 되지 않는 어느 통신망구성요소 말한다; 예컨대, 장거리회선(長距離回線), 빈 전선관, 전선관, 케이블덕트[126], 제어실, 맨홀, 배전기(配電器), 건물 및 건물출입구, 수신탑, 교통신호등, 가로등, 마스트[127], 안테나기둥과 같은 안테나설비 및 지지대(Antennenanlagen und Trägerstrukturen wie Türme, Ampeln und Straßenlaternen, Masten und Pfähle)이 이에 포함된다; 연결되지 않은 광학섬유전선을 포함하여 케이블은 수동 통신망기반시설이 아니다;

17c. “고급서비스”는, 특히 (0)190 und (0)900 전화번호대의 서비스로, 전기통신용역 이외에 전기통신용역과 함께 발신인(發信人)에 대하여 대금이 청구되는 추가적인 용역이 제공되고, 다른 번호유형에 속하지 않는 서비스를 말한다;

18. “전화번호”는 공중이 이용 가능한 전화서비스에서 그 선택으로 특정한 목적의 연결이 이뤄질 수 있는 번호를 말한다;

18a. “전화번호대(電話番號帶)”는 어느 번호유형(番號有形)에 배정된 번호군으로, 공중전화망에 대한 일단(一團)의 번호군(番號群)을 말한다;

18b. “인터페이스[128]”(Schnittstelle)는 통신망종료지점, 즉 이용자가 공중전기통신망에 접속(接續)할 수 있는 물리적 접속지점(physische Anschlusspunkt)을 말한다;

19. “위치정보”는 전기통신망에서 또는 전기통신역무에 의해 수집 또는 사용되는 것으로, 공중이 이용 가능한 전기통신역무(öffentlich zugänglichen Telekommunikationsdienste)의 최종이용자의 단말기(端末機; Endgerät)의 위치를 나타내는 정보를 말한다;

19a. “하위가입자회선(下位加入者回線)”은, 가입자 위치의 통신망종료지점을, 공중유선통신망의 집중시설에 연결하거나 공중유선통신망의 상호연결된 특정한 접속지점(einem festgelegten zwischengeschalteten Zugangspunkt des öffentlichen Festnetzes)에 연결하는, 가입자회선의 일부구성요소를 말한다;

20. “가입자”(Teilnehmer[129])는 공중이 이용 가능한 전기통신역무제공자와 그러한 종류의 서비스 제공에 관한 계약(Vertrag über die Erbringung derartiger Dienste)을 체결한 각 자연인(自然人) 또는 법인을 말한다;

21. “가입자회선”은, 가입자의 공간 내의 통신망종료지점이, 공중유선전화망(公衆有線電話網)의 주배전판(主配電板)에 연결되거나 공중유선전화망의 이와 동등한 설비(den Hauptverteilerknoten oder mit einer gleichwertigen Einrichtung)와 연결되는 물리적 연결을 말한다;

22. “전기통신”은 전기통신설비를 이용한, 신호의 송신(送信), 전송(電送) 및 수신(受信)이라는 기술적 과정을 말한다;

23. “전기통신설비”는, 메시지로 인식되는 전자기적 또는 광학적 신호(als Nachrichten identifizierbare elektromagnetische oder optische Signale)를 송신, 전송, 매개, 수신, 조정 또는 관리를 할 수 있는 기술적 설비 또는 시스템을 말한다;

24. “전기통신역무”는, 이동통신망에서의 전송서비스를 포함하여(einschließlich Übertragungsdienste in Rundfunknetzen), 통상적으로 유상(有償)으로 제공되는 서비스로, 전부 또는 주로 전기통신망을 통한 신호의 전송에 해당하는 서비스를 말한다.

24a “전기통신단말기”는 공중전기통신망의 인터페이스에 직접적으로 또는 간접적으로 접속되는 장치로, 통신의 송신, 처리 또는 수신을 위한(zum Aussenden, Verarbeiten oder Empfangen von Nachrichten) 장치를 말한다; 직접적인 접속(接續)뿐만 아니라 간접적 접속의 경우에 있어 그 연결은 전기도선(電氣導線) 또는 광섬유(光纖維)를 통해(über elektrisch leitenden Draht, über optische Faser) 이뤄지거나 전자기적으로 이뤄진다; 간접적 접속의 경우에 있어 장치에 의해 전기통신단말기기와

der Schnittstelle des öffentlichen Netzes ein Gerät geschaltet;

25. "telekommunikationsgestützte Dienste" Dienste, die keinen räumlich und zeitlich trennbaren Leistungsfluss auslösen, sondern bei denen die Inhaltsleistung noch während der Telekommunikationsverbindung erfüllt wird;

26. "Telekommunikationslinien" unter- oder oberirdisch geführte Telekommunikationskabelanlagen, einschließlich ihrer zugehörigen Schalt- und Verzweigungseinrichtungen, Masten und Unterstützungen, Kabelschächte und Kabelkanalrohre, sowie weitere technische Einrichtungen, die für das Erbringen von öffentlich zugänglichen Telekommunikationsdiensten erforderlich sind;

27. "Telekommunikationsnetz" die Gesamtheit von Übertragungssystemen und gegebenenfalls Vermittlungs- und Leitwegeinrichtungen sowie anderweitigen Ressourcen, einschließlich der nicht aktiven Netzbestandteile, die die Übertragung von Signalen über Kabel, Funk, optische und andere elektromagnetische Einrichtungen ermöglichen, einschließlich Satellitennetzen, festen, leitungs- und paketvermittelten Netzen, einschließlich des Internets, und mobilen terrestrischen Netzen, Stromleitungssystemen, soweit sie zur Signalübertragung genutzt werden, Netzen für Hör- und Fernsehfunk sowie Kabelfernsehnetzen, unabhängig von der Art der übertragenen Information;

27a. "Überbau" die nachträgliche Dopplung von Telekommunikationsinfrastrukturen durch parallele Errichtung, soweit damit dasselbe Versorgungsgebiet erschlossen werden soll;

28. "Übertragungsweg" Telekommunikationsanlagen in Form von Kabel- oder Funkverbindungen mit ihren übertragungstechnischen Einrichtungen als Punkt-zu-Punkt- oder Punkt-zu-Mehrpunktverbindungen mit einem bestimmten Informationsdurchsatzvermögen (Bandbreite oder Bitrate) einschließlich ihrer Abschlusseinrichtungen;

28a. "umfangreiche Renovierungen" Tief- oder Hochbauarbeiten am Standort des Endnutzers, die strukturelle Veränderungen an den gesamten gebäudeinternen passiven Netzinfrastrukturen oder einem wesentlichen Teil davon umfassen;

29. "Unternehmen" das Unternehmen selbst oder mit ihm im Sinne des § 36 Abs. 2 und § 37 Abs. 1 und 2 des Gesetzes gegen Wettbewerbsbeschränkungen verbundene Unternehmen;

30. "Verkehrsdaten" Daten, die bei der Erbringung eines Telekommunikationsdienstes erhoben, verarbeitet oder genutzt werden;

30a. "Verletzung des Schutzes personenbezogener Daten" eine Verletzung der Datensicherheit, die zum Verlust, zur unrechtmäßigen Löschung, Veränderung, Speicherung, Weitergabe oder sonstigen unrechtmäßigen Verwendung personenbezogener Daten führt, die übertragen, gespeichert oder auf andere Weise im Zusammenhang mit der Bereitstellung öffentlich zugänglicher Telekommunikationsdienste verarbeitet werden sowie der unrechtmäßige Zugang zu diesen;

30b. "vollständig entbündelter Zugang zum Teilnehmeranschluss" die Bereitstellung des Zugangs zum Teilnehmeranschluss oder zum Teilabschnitt in der Weise, dass die Nutzung der gesamten Kapazität der Netzinfrastruktur ermöglicht wird;

30c. "Warteschleife" jede vom Nutzer eines Telekommunikationsdienstes eingesetzte Vorrichtung oder Geschäftspraxis, über die Anrufe entgegengenommen oder aufrechterhalten werden, ohne dass das Anliegen des Anrufers bearbeitet wird. Dies umfasst die Zeitspanne ab Rufaufbau vom Anschluss des Anrufers bis zu dem Zeitpunkt, an dem mit der Bearbeitung des Anliegens des Anrufers begonnen wird, gleichgültig ob dies über einen automatisierten Dialog oder durch eine persönliche

공중통신망의 인터페이스의 사이에 연결된다.

25. "전기통신에 기반한 서비스"는, 공간적·시간적으로 분리될 수 있는 전기의 흐름(Leistungsfluss)을 발생시키는 것이 아니라 전기통신연결의 동안에만 콘텐츠급부(Inhaltsleistung)가 제공되는 서비스를 말한다;

26. "전기통신회선(Telekommunikationslinien)"는 지중(地中) 또는 지상(地上)으로 관리되는 전기통신케이블설비(unter- oder oberirdisch geführte Telekommunikationskabelanlagen)를 말하고, 이에 부속한, 개폐기장치 및 배전반(配電盤), 마스트, 지지대, 케이블샤프트[130] 및 케이블덕트관(管)과, 공중이 이용 가능한 전기통신역무의 제공에 필요한 기타 기술 설비가 이에 포함된다;

27. "전기통신망"은, 전송되는 정보성질을 불문하고, ① 전송시스템 전체와, ②- ⅰ) 케이블, 무선(無線), 광학적(光學的) 설비(設備) 및 기타 전자기적(電磁氣的) 설비를 통해 신호의 전송을 가능하게 하는 '수동형(受動形) 통신망구성요소', ②- ⅱ) '위성망(衛星網), 유선통신망·회선교환방식망(回線交換方式網)·패킷교환방식망'과, ②- ⅲ) '인터넷'을 포함하여, 해당할 경우 전환(轉換)설비·전송(電送)설비 및 다른 장치들 그리고 ③ 이것들이 신호전송(Signalübertragung)에 이용되는 범위 내에서의 이동지상파망(移動地上波網) 및 송전선(送電線)시스템, ④ 라디오·텔레비전방송망(放送網)과 ⑤ 종합유선방송망(綜合有線放送網)을 말한다;

27a. "상부동일구조(上部同一構造; Überbau)"는, 이를 통해 동일한 공급지역을 이용해야 하는 범위 내에서, 병렬 건설에 의한 전기통신기반시설의 사후적 2배 증설(增設)을 말한다;

28. "전송경로(電送經路)"는, 그 종단설비(終端設備)를 포함하여, 특정한 정보처리율['주파수대역폭(帶域幅) 또는 비트전송속도'; Bandbreite oder Bitrate]을 갖는 점대점연결(點對點連結) 또는 점대다점연결(點對多點連結)로서, 그 전송 설비(übertragungstechnischen Einrichtungen)와의 유선연결 또는 무선연결 형태의 전기통신설비를 말한다;

28a. "대수선(大修繕)"은, 건물 내부의 수동형 통신망기반시설(通信網基盤施設) 전체에 대한 구조 변경이나 수동형 통신망기반시설 중의 핵심적 부분의 구조 변경을 포함하는, 최종이용자 소재지에서의 토목공사(土木工事) 또는 건축공사(建築工事)(Tief- oder Hochbauarbeiten)를 말한다;

29. "기업"은 해당 기업 자체를 말하거나, 경쟁제한금지법 제36조 제2항 및 제37조 제1항, 제2항[131]에 따른 해당 기업의 결합기업을 말한다;

30. "통신데이터(Verkehrsdaten)"는, 전기통신역무의 제공시 수집되거나 처리되거나 또는 이용되는 데이터를 말한다;

30a. "개인정보 침해"는, 공중이 이용 가능한 전기통신역무의 제공과 관련하여 전송되거나, 저장되거나 또는 그 밖의 방법으로 처리되는 개인정보의 상실이나 그 개인정보의 불법적 삭제, 변경, 저장 또는 제공이나 기타 불법적 이용을 초래하는 정보보안의 침해(eine Verletzung der Datensicherheit)와, 이러한 개인정보(個人情報)에 대한 불법적 접근(der unrechtmäßige Zugang zu diesen)을 말한다;

30b. "가입자회선에 대한 완전한 통신망세분화한 이용"은, 통신망기반시설의 용량 전체의 이용(die Nutzung der gesamten Kapazität der Netzinfrastruktur)을 가능하게 하는 방식의, 가입자회선 또는 하위가입자회선에 대한 이용 제공을 말한다.

30c. "대기행렬(待機行列)"은, 전기통신역무의 이용자가 사용하는 것으로, 발신인의 요구를 처리하지 않고서 통화를 받거나 이를 유지하는 모든 기기(器機) 또는 업무관행(Vorrichtung oder Geschäftspraxis)을 말한다. 이는 발신인 요구에 대한 호설정[132](呼設定)시부터 발신인 요구의 처리가 개시되는 시점까지를 포함하고, 이것이 자동화된 대화를 통해 이뤄지는지 아니면 사람의 처리에 의해 이뤄지는 불문한다(die Zeitspanne ab Rufaufbau vom Anschluss des Anrufers bis zu dem Zeitpunkt, an dem mit der Bearbeitung des Anliegens des Anrufers begonnen wird, gleichgültig

Bearbeitung erfolgt. Ein automatisierter Dialog beginnt, sobald automatisiert Informationen abgefragt werden, die für die Bearbeitung des Anliegens erforderlich sind. Eine persönliche Bearbeitung des Anliegens beginnt, sobald eine natürliche Person den Anruf entgegennimmt und bearbeitet. Hierzu zählt auch die Abfrage von Informationen, die für die Bearbeitung des Anliegens erforderlich sind. Als Warteschleife ist ferner die Zeitspanne anzusehen, die anlässlich einer Weiterleitung zwischen Beendigung der vorhergehenden Bearbeitung des Anliegens und der weiteren Bearbeitung vergeht, ohne dass der Anruf technisch unterbrochen wird. Keine Warteschleife sind automatische Bandansagen, wenn die Dienstleistung für den Anrufer vor Herstellung der Verbindung erkennbar ausschließlich in einer Bandansage besteht;

31. "wirksamer Wettbewerb" die Abwesenheit von beträchtlicher Marktmacht im Sinne des § 11 Absatz 1 Satz 3 und 4;

32. "Zugang" die Bereitstellung von Einrichtungen oder Diensten für ein anderes Unternehmen unter bestimmten Bedingungen zum Zwecke der Erbringung von Telekommunikationsdiensten, auch bei deren Verwendung zur Erbringung von Diensten der Informationsgesellschaft oder Rundfunkinhaltediensten. Dies umfasst unter anderem Folgendes:

a) Zugang zu Netzkomponenten, einschließlich nicht aktiver Netzkomponenten, und zugehörigen Einrichtungen, wozu auch der feste oder nicht feste Anschluss von Geräten gehören kann. Dies beinhaltet insbesondere den Zugang zum Teilnehmeranschluss sowie zu Einrichtungen und Diensten, die erforderlich sind, um Dienste über den Teilnehmeranschluss zu erbringen, einschließlich des Zugangs zur Anschaltung und Ermöglichung des Anbieterwechsels des Teilnehmers und zu hierfür notwendigen Informationen und Daten und zur Entstörung;

b) Zugang zu physischen Infrastrukturen wie Gebäuden, Leitungsrohren und Masten;

c) Zugang zu einschlägigen Softwaresystemen, einschließlich Systemen für die Betriebsunterstützung;

d) Zugang zu informationstechnischen Systemen oder Datenbanken für Vorbestellung, Bereitstellung, Auftragserteilung, Anforderung von Wartungs- und Instandsetzungsarbeiten sowie Abrechnung;

e) Zugang zur Nummernumsetzung oder zu Systemen, die eine gleichwertige Funktion bieten;

f) Zugang zu Fest- und Mobilfunknetzen, insbesondere, um Roaming zu ermöglichen;

g) Zugang zu Zugangsberechtigungssystemen für Digitalfernsehdienste und

h) Zugang zu Diensten für virtuelle Netze;

33. "Zugangsberechtigungssysteme" technische Verfahren oder Vorrichtungen, welche die erlaubte Nutzung geschützter Rundfunkprogramme von einem Abonnement oder einer individuellen Erlaubnis abhängig machen;

33a. "Zugangspunkt zu passiven gebäudeinternen Netzkomponenten" ein physischer Punkt innerhalb oder außerhalb des Gebäudes, der für Eigentümer und Betreiber öffentlicher Telekommunikationsnetze zugänglich ist und den Anschluss an die hochgeschwindigkeitsfähigen gebäudeinternen passiven Netzinfrastrukturen ermöglicht;

33b. "zugehörige Dienste" diejenigen mit einem Telekommunikationsnetz oder einem Telekommunikationsdienst verbundenen Dienste, welche die Bereitstellung von Diensten über dieses Netz oder diesen Dienst ermöglichen, unterstützen oder dazu in der Lage sind. Darunter fallen unter anderem Systeme zur Nummernumsetzung oder Systeme, die eine gleichwertige Funktion bieten, Zugangsberechtigungssysteme und elektronische Programmführer sowie andere Dienste wie Dienste im Zusammenhang

ob dies über einen automatisierten Dialog oder durch eine persönliche Bearbeitung erfolgt). 자동화된 정보를 검색하자마자 자동화된 대화는 개시된다. 자연인이 통화를 받거나 처리를 하자마자 그 요구에 대한 사람의 처리는 개시된다. 그 요구를 처리하는 데 필요한 정보의 검색도 이에 포함된다. 또한 그 요구의 전술(前述)한 처리 종료와 추가적인 처리 종료 사이에 (정보)전달에 기하여 경과하는 시간적 간격도 대기행렬로 본다. 그 연결 완성 전의 발신인에 대한 서비스제공이 단지 녹음된 통신에 해당하는 것으로 인식할 수 있는 경우에(wenn die Dienstleistung für den Anrufer vor Herstellung der Verbindung erkennbar ausschließlich in einer Bandansage besteht) 자동화된 녹음된 통신는 대기행렬이 아니다.

31. "유효경쟁[133](有效競爭)"은 제11조 제1항 제3문, 제4문상의 상당한 시장지배력(beträchtlicher Marktmacht)의 부존재를 말한다;

32. "진입(進入)"은, 정해진 조건 하에서 전기통신역무의 제공 목적을 위하여 다른 기업에 대한 설비 또는 서비스의 제공을 말하고, 정보사회서비스 또는 방송콘텐츠서비스의 제공을 위하여(zur Erbringung von Diensten der Informationsgesellschaft oder Rundfunkinhaltediensten) 그 설비 또는 서비스 이용의 경우도 포함된다. 특히 이는 다음 각 호를 포함한다:

a) 수동형(受動形) 통신망구성요소(通信網構成要素)를 포함하여 통신망구성요소에 대한 진입과, 장치의 유선(有線)접속 또는 무선접속도 속할 수 있는 부속설비에 대한 진입. 가입자의 인터페이스접속에 대한 진입과 가입자에 대한 서비스제공자교체를 가능하게 하는 것에 대한 진입, 이에 필요한 정보·데이터에 대한 진입, 장애제거(Entstörung)에 대한 진입을 포함하여, 이는 특히 가입자회선에 대한 진입과, 가입자회선을 통해 서비스를 제공하는 데에 필요한 설비 및 서비스에 대한 진입을 포함한다;

b) 건물, 전신관, 마스트과 같은 유형적 기반시설에 대한 진입;

c) 운용지원시스템을 포함하여 관련 소프트웨어시스템에 대한 진입;

d) 유지보수·수리작업(Wartungs- und Instandsetzungsarbeiten)의 예약, 제공, 주문배정, 요구와 결제를 위한 정보기술시스템 또는 데이터뱅크에 대한 진입;

e) 번호처리방식(Nummernumsetzung)과 이와 동등한 기능을 제공하는 시스템에 대한 진입;

f) 유선통신망 및 이동통신망에 진입, 특히 로밍을 가능하게 해 주는 유선통신망 및 이동통신망에 진입;

g) 디지털텔레비전서비스의 이용권부여(進入權附與)시스템에 대한 진입;

h) 가상네트워크서비스에 대한 진입;

33. "접근권시스템"은, 보호되는 방송프로그램의 허용된 이용(die erlaubte Nutzung geschützter Rundfunkprogramme)이 가입(加入) 또는 개별적 허가에 의해 좌우되는 기술적 절차 또는 기기(機器)(technische Verfahren oder Vorrichtungen)를 말한다;

33a. "건물 내부의 수동형 통신망구성요소에 대한 접속지점"은, 건물 내외부 물리적 지점으로, 공중전기통신망의 소유자 또는 운영자에 접속할 수 있고(der für Eigentümer und Betreiber öffentlicher Telekommunikationsnetze zugänglich ist) 건물 내 초고속의 수동형 통신망기반시설에 대한 접속을 가능하게 하는 지점을 말한다;

33b. "연관서비스"는 전기통신망(電氣通信網) 또는 전기통신역무(電氣通信役務)와 결합된 서비스로, 그 전기통신망 또는 그 서비스를 통해 서비스 제공을 가능하게 하거나 지원하거나 또는 그 제공을 할 수 있게 해주는 서비스를 말한다. 특히 번호처리방식과, 이와 동등한 기능을 제공하는 시스템, 이용권부여시스템, 화면상의 프로그램가이드[134]와, 이용자의 신원확인서비스, 위치제공서비스 및 프레존스서비스[135]와 같은 그 밖의 서비스(andere Dienste wie Dienste im Zusammenhang mit Identität,

mit Identität, Standort und Präsenz des Nutzers;

33c. "zugehörige Einrichtungen" diejenigen mit einem Telekommunikationsnetz oder einem Telekommunikationsdienst verbundenen zugehörigen Dienste, physischen Infrastrukturen und sonstigen Einrichtungen und Komponenten, welche die Bereitstellung von Diensten über dieses Netz oder diesen Dienst ermöglichen, unterstützen oder dazu in der Lage sind. Darunter fallen unter anderem Gebäude, Gebäudezugänge, Verkabelungen in Gebäuden, Antennen, Türme und andere Trägerstrukturen, Leitungsrohre, Leerrohre, Masten, Einstiegsschächte und Verteilerkästen;

34. "Zusammenschaltung" derjenige Zugang, der die physische und logische Verbindung öffentlicher Telekommunikationsnetze herstellt, um Nutzern eines Unternehmens die Kommunikation mit Nutzern desselben oder eines anderen Unternehmens oder die Inanspruchnahme von Diensten eines anderen Unternehmens zu ermöglichen; Dienste können von den beteiligten Parteien erbracht werden oder von anderen Parteien, die Zugang zum Netz haben. Zusammenschaltung ist ein Sonderfall des Zugangs und wird zwischen Betreibern öffentlicher Telekommunikationsnetze hergestellt.

§ 4 Internationale Berichtspflichten

Die Betreiber von öffentlichen Telekommunikationsnetzen und die Anbieter von öffentlich zugänglichen Telekommunikationsdiensten müssen der Bundesnetzagentur auf Verlangen die Informationen zur Verfügung stellen, die diese benötigt, um Berichtspflichten gegenüber der Kommission und anderen internationalen Gremien erfüllen zu können.

§ 5 Medien der Veröffentlichung

Veröffentlichungen und Bekanntmachungen, zu denen die Bundesnetzagentur durch dieses Gesetz verpflichtet ist, erfolgen in deren Amtsblatt und auf deren Internetseite, soweit keine abweichende Regelung getroffen ist. Im Amtsblatt der Bundesnetzagentur sind auch technische Richtlinien bekannt zu machen.

§ 6 Meldepflicht

(1) Wer gewerblich öffentliche Telekommunikationsnetze betreibt oder gewerblich öffentlich zugängliche Telekommunikationsdienste erbringt, muss die Aufnahme, Änderung und Beendigung seiner Tätigkeit sowie Änderungen seiner Firma bei der Bundesnetzagentur unverzüglich melden. Die Erklärung bedarf der Schriftform.

(2) Die Meldung muss die Angaben enthalten, die für die Identifizierung des Betreibers oder Anbieters nach Absatz 1 erforderlich sind, insbesondere die Handelsregisternummer, die Anschrift, die Kurzbeschreibung des Netzes oder Dienstes sowie den voraussichtlichen Termin für die Aufnahme der Tätigkeit. Die Meldung hat nach einem von der Bundesnetzagentur vorgeschriebenen und veröffentlichten Formular zu erfolgen.

(3) Auf Antrag bestätigt die Bundesnetzagentur innerhalb von einer Woche die Vollständigkeit der Meldung nach Absatz 2 und bescheinigt, dass dem Unternehmen die durch dieses Gesetz oder auf Grund dieses Gesetzes eingeräumten Rechte zustehen.

(4) Die Bundesnetzagentur veröffentlicht regelmäßig ein Verzeichnis der gemeldeten Unternehmen.

(5) Steht die Einstellung der Geschäftstätigkeit eindeutig fest und ist die Beendigung der Tätigkeit der Bundesnetzagentur nicht innerhalb eines Zeitraums von sechs Monaten schriftlich gemeldet worden, kann

Standort und Präsenz des Nutzers)가 이에 속한다;

33c. "부속설비(附屬設備)"는, 전기통신망 또는 전기통신역무와 결합된 연관서비스와, 전기통신망 또는 그 서비스를 통한 서비스제공을 가능하게 하거나 지원하거나 또는 그 제공을 가능하게 해 주는, 유형적 기반시설, 기타 설비 및 구성요소를 말한다. 특히 건물, 건물출입구, 건물 내 케이블시스템, 안테나, 수신탑 및 그 밖의 안테나설비, 전선관, 빈 전선관, 마스트, 맨홀과 배전기(配電器)(Gebäude, Gebäudezugänge, Verkabelungen in Gebäuden, Antennen, Türme und andere Trägerstrukturen, Leitungsrohre, Leerrohre, Masten, Einstiegsschächte und Verteilerkästen)가 이에 속한다.

34. "상호접속"은, 어느 기업의 이용자에게, 동일한 기업의 이용자 또는 다른 기업의 이용자와의 의사소통이나 다른 기업의 서비스 이용을 가능하게 하기 위하여 공중전기통신망의 물리적 회로 연결을 해주는 접속을 말한다; 서비스는 참가한 당사자에 의해 또는 그 통신망에 접속한 다른 당사자에 의해 제공될 수 있다. 상호접속은 접속의 특수한 경우이고 공중전기통신망운영자들 간에 이뤄진다(Zusammenschaltung ist ein Sonderfall des Zugangs und wird zwischen Betreibern öffentlicher Telekommunikationsnetze hergestellt).

제4조 국제적 보고의무

공중전기통신망운영자와 공중이 이용 가능한 전기통신역무제공자는 연방망관리청에게 그 요구에 따라(der Bundesnetzagentur auf Verlangen) 그 연방망관리청이 유럽연합집행위원회와 그 밖의 국제기구에(gegenüber der Kommission und anderen internationalen Gremien) 보고의무를 이행하는 데 필요한 정보를 제공해야만 한다.

제5조 공표매체

연방망관리청이 본 법률에 기하여 행할 의무를 지는 공표(公表; Veröffentlichungen) 및 공고(公告; Bekanntmachungen)는 다른 규율이 없는 범위 내에서 연방망관리청의 관보 및 인터넷사이트에(in deren Amtsblatt und auf deren Internetseite) 행한다. 연방망관리청의 관보에 기술지침(auch technische Richtlinien)도 공고해야 한다.

제6조 신고의무

① 영업적으로 공중전기통신망을 운영하거나 영업적으로 공중이 이용 가능한 전기통신역무를 제공하는 자는 자신의 활동의 개시, 변경 및 종료와 자신의 상호의 변경(die Aufnahme, Änderung und Beendigung seiner Tätigkeit sowie Änderungen seiner Firma)을 연방망관리청에 지체 없이 신고해야만 한다. 그 의사표시는 서면이 요구된다.

② 그 신고는, 제1항에 따른 운영자 또는 제공자의 식별에 필요한 정보, 특히 상업등기번호, 주소, 통신망 또는 서비스의 요약기술(die Handelsregisternummer, die Anschrift, die Kurzbeschreibung des Netzes oder Dienstes)과 그 활동 개시의 예상 기일을 포함해야만 한다. 그 신고는 연방망관리청이 규정하고 공표한 서식에 따라(nach einem von der Bundesnetzagentur vorgeschriebenen und veröffentlichten Formular) 행한다.

③ 연방망관리청은 신청에 따라 1주일 이내에 제2항에 따른 신고의 완전성을 확인한 다음 본 법률에 의하거나 본 법률에 기하여 인정된 권리(die durch dieses Gesetz oder auf Grund dieses Gesetzes eingeräumten Rechte)가 그 기업에 귀속되도록 인증한다.

④ 연방망관리청은 신고된 기업의 목록을 정기적으로 공표한다.

⑤ 사업활동의 종료가 명백하게 결정되었는데(Steht die Einstellung der Geschäftstätigkeit eindeutig fest) 그 활동의 종료가 연방망관리청에 6개월 기간 이내에 신고되지 않은 경우에, 연방망관리청은 그 활동의

die Bundesnetzagentur die Beendigung der Tätigkeit von Amts wegen feststellen.

§ 7 Strukturelle Separierung

Unternehmen, die öffentliche Telekommunikationsnetze betreiben oder öffentlich zugängliche Telekommunikationsdienste anbieten und innerhalb der Europäischen Union besondere oder ausschließliche Rechte für die Erbringung von Diensten in anderen Sektoren besitzen, sind verpflichtet,

1. die Tätigkeiten im Zusammenhang mit der Bereitstellung von öffentlichen Telekommunikationsnetzen und der Erbringung von öffentlich zugänglichen Telekommunikationsdiensten strukturell auszugliedern oder
2. über die Tätigkeiten im Zusammenhang mit der Bereitstellung von öffentlichen Telekommunikationsnetzen oder der Erbringung von öffentlich zugänglichen Telekommunikationsdiensten in dem Umfang getrennt Buch zu führen, der erforderlich wäre, wenn sie von rechtlich unabhängigen Unternehmen ausgeführt würden, so dass alle Kosten und Einnahmebestandteile dieser Tätigkeiten mit den entsprechenden Berechnungsgrundlagen und detaillierten Zurechnungsmethoden einschließlich einer detaillierten Aufschlüsselung des Anlagevermögens und der strukturbedingten Kosten offen gelegt werden.

§ 8 Internationaler Status

(1) Unternehmen, die internationale Telekommunikationsdienste erbringen oder die im Rahmen ihres Angebots Funkanlagen betreiben, die schädliche Störungen bei Funkdiensten anderer Länder verursachen können, sind anerkannte Betriebsunternehmen im Sinne der Konstitution und der Konvention der Internationalen Fernmeldeunion. Diese Unternehmen unterliegen den sich aus der Konstitution der Internationalen Fernmeldeunion ergebenden Verpflichtungen.

(2) Unternehmen, die internationale Telekommunikationsdienste erbringen, müssen nach den Regelungen der Konstitution der Internationalen Fernmeldeunion

1. allen Nachrichten, welche die Sicherheit des menschlichen Lebens auf See, zu Lande, in der Luft und im Weltraum betreffen, sowie den außerordentlichen dringenden Seuchennachrichten der Weltgesundheitsorganisation unbedingten Vorrang einräumen,
2. den Staatstelekommunikationsverbindungen im Rahmen des Möglichen Vorrang vor dem übrigen Telekommunikationsverkehr einräumen, wenn dies von der Person, die die Verbindung anmeldet, ausdrücklich verlangt wird.

종료를 직권으로 확인한다.

제7조 구조적 분리

공중전기통신망을 운영하거나 공중이 이용 가능한 전기통신역무를 제공하고 유럽연합 내에서 다른 부문에서의 서비스의 제공에 대한 특별 권리 또는 독점적 권리를 보유하는 기업은, 다음 각 호의 의무를 진다,

1. 공중전기통신망의 제공(der Bereitstellung von öffentlichen Telekommunikationsnetzen)과 공중이 이용 가능한 전기통신역무의 제공(der Erbringung von öffentlich zugänglichen Telekommunikationsdiensten)과 관련한 활동을 구조적으로 외주화할 의무,
2. 회계가 법적으로 독립된 기업에 의해 경우에(wenn sie von rechtlich unabhängigen Unternehmen ausgeführt würden), 공중전기통신망의 제공 또는 공중이 이용 가능한 전기통신역무의 제공과 관련한 활동의 제반 비용 및 수입구성요소가, 투자자산의 상세한 항목별 기재와 구조비용을 포함하여(einschließlich einer detaillierten Aufschlüsselung des Anlagevermögens und der strukturbedingten Kosten) 관련 계산근거와 상세한 귀속방법(den entsprechenden Berechnungsgrundlagen und detaillierten Zurechnungsmethoden)에 의하여 공개되는 데 필요할 정도로, 그러한 활동에 관하여 분리하여 회계를 처리할 할 의무.

제8조 국제적 지위

① 국제적 전기통신역무를 제공하거나 그 제공 범위 내에서 다른 국가의 무선통신서비스에 있어 해로운 장애를 야기할 수 있는 무선설비를 운영하는 기업은, 국제전기통신연합[136]의 헌장 및 조약(der Konstitution und der Konvention der Internationalen Fernmeldeunion)상의 공인된 운영기업이 된다. 이러한 기업은 국제전기통신연합의 헌장에서 도출되는 의무(den sich aus der Konstitution der Internationalen Fernmeldeunion ergebenden Verpflichtungen)를 적용받는다.

② 국제적 전기통신역무를 제공하는 기업은 국제전기통신연합의 헌장의 규율에 따라,

1. 해상, 육상, 항공 및 우주에서 인간의 생명의 안전과 관련한(welche die Sicherheit des menschlichen Lebens auf See, zu Lande, in der Luft und im Weltraum betreffen) 일체의 통신과, 세계보건기구의 이례적으로 긴급한 전염병 통신을 무조건적 우선권을 부여해야만 하고,
2. 국가의 전기통신 연결을 신고하는 자에 의해 이것이 명시적으로 요구하는 경우(wenn dies von der Person, die die Verbindung anmeldet, ausdrücklich verlangt wird) 그러한 가능성의 범위 내에서 그 국가의 전기통신연결을 나머지 연결에 비하여 우선권을 부여해야만 한다.

Teil 2 Marktregulierung

Abschnitt 1 Verfahren der Marktregulierung

§ 9 Grundsatz

(1) Der Marktregulierung nach den Vorschriften dieses Teils unterliegen Märkte, auf denen die Voraussetzungen des § 10 vorliegen und für die eine Marktanalyse nach § 11 ergeben hat, dass kein wirksamer Wettbewerb vorliegt.

(2) Unternehmen, die auf Märkten im Sinne des § 11 über beträchtliche Marktmacht verfügen, werden durch die Bundesnetzagentur Maßnahmen nach diesem Teil auferlegt.

(3) § 18 bleibt unberührt.

§ 9a (weggefallen)

§ 10 Marktdefinition

(1) Die Bundesnetzagentur legt unter Berücksichtigung der Ziele des § 2 die sachlich und räumlich relevanten Telekommunikationsmärkte fest, die für eine Regulierung nach den Vorschriften dieses Teils in Betracht kommen.

(2) Für eine Regulierung nach diesem Teil kommen Märkte in Betracht, die durch beträchtliche und anhaltende strukturell oder rechtlich bedingte Marktzutrittsschranken gekennzeichnet sind, längerfristig nicht zu wirksamem Wettbewerb tendieren und auf denen die Anwendung des allgemeinen Wettbewerbsrechts allein nicht ausreicht, um dem betreffenden Marktversagen entgegenzuwirken. Diese Märkte werden von der Bundesnetzagentur im Rahmen des ihr zustehenden Beurteilungsspielraums bestimmt. Sie berücksichtigt dabei weitestgehend die Empfehlung in Bezug auf relevante Produkt- und Dienstmärkte, die die Kommission nach Artikel 15 Abs. 1 der Richtlinie 2002/21/EG des Europäischen Parlaments und des Rates vom 7. März 2002 über einen gemeinsamen Rahmen für elektronische Kommunikationsnetze und -dienste (Rahmenrichtlinie) (ABl. L 108 vom 24.4.2002, S. 33), die zuletzt durch die Richtlinie 2009/140/EG (ABl. L 337 vom 18.12.2009, S. 37) geändert worden ist, veröffentlicht, in ihrer jeweils geltenden Fassung sowie die Leitlinien zur Marktanalyse und zur Bewertung beträchtlicher Marktmacht, die die Kommission nach Artikel 15 Absatz 2 der Richtlinie 2002/21/EG veröffentlicht, in ihrer jeweils geltenden Fassung.

(3) Das Ergebnis der Marktdefinition hat die Bundesnetzagentur der Kommission im Verfahren nach § 12 in den Fällen vorzulegen, in denen die Marktdefinition Auswirkungen auf den Handel zwischen den Mitgliedstaaten hat.

§ 11 Marktanalyse

(1) Bei den nach § 10 festgelegten, für eine Regulierung nach diesem Teil in Betracht kommenden Märkten prüft die Bundesnetzagentur, ob auf dem untersuchten Markt wirksamer Wettbewerb besteht. Wirksamer Wettbewerb besteht nicht, wenn ein oder mehrere Unternehmen auf diesem Markt über beträchtliche Marktmacht verfügen. Ein Unternehmen gilt als Unternehmen mit beträchtlicher Marktmacht, wenn es entweder allein oder gemeinsam mit anderen eine der Beherrschung gleichkommende Stellung einnimmt, das heißt eine wirtschaftlich starke Stellung, die es ihm gestattet, sich in beträchtlichem Umfang unabhängig von Wettbewerbern und Endnutzern zu verhalten. Verfügt ein

제2편 시장규제

제1장 시장규제의 절차

제9조 원칙

① 본 편의 규정에 따른 시장규제는, 제10조의 요건이 있고, 제11조에 따른 시장분석에 의해 유효경쟁(有效競爭)이 없는 것으로 판명되는(für die eine Marktanalyse nach § 11 ergeben hat, dass kein wirksamer Wettbewerb vorliegt) 시장에 대해 적용한다.

② 제11조상의 시장에서 상당한 시장지배력을 보유하는 기업은 연방망관리청에 의해 본 법률에 따른 조치를 부과받는다.

③ 제18조는 영향을 받지 아니한다.

제9조a 삭제

제10조 시장획정

① 연방망관리청은 제2조의 목표를 고려하여 본 편의 규정에 따라 규제에 있어 문제되는 관련 상품전기통신시장[137]·지역전기통신시장[138](die sachlich und räumlich relevanten Telekommunikationsmärkte)을 획정(劃定)한다.

② 구조적 또는 법적으로 제약된 상당하고 지속적인 시장진입장벽의 특징이 있고, 장기적으로 유효경쟁(有效競爭)을 지향하지 않는 경향이 있으며, 일반 경쟁법의 적용만으로는 관련 시장실패에 대처하는 데 충분하지 않은(auf denen die Anwendung des allgemeinen Wettbewerbsrechts allein nicht ausreicht, um dem betreffenden Marktversagen entgegenzuwirken) 시장에 대하여 본 편에 따른 규제를 고려한다. 이러한 시장에 대해 연방망관리청이 자신에 귀속된 판단여지의 범위 내에서(im Rahmen des ihr zustehenden Beurteilungsspielraums) 결정한다. 이 경우 연방망관리청은, 「전기통신망 및 전기통신역무에 대한 공동의 법체계(einen gemeinsamen Rechtsrahmen für elektronische Kommunikationsnetze und -dienste)에 관한 2002년 3월 7일 유럽연합 의회 및 이사회 2002/21/EG호 입법지침」('법체계입법지침'; Rahmenrichtlinie) (ABl. L 108 vom 24.4.2002, S. 33)으로, 최근에 2009/140/EG호 입법지침(ABl. L 337 vom 18.12.2009, S. 37)에 의해 개정되고 수시로 개정된 동입법지침 지침 제15조 제1항에 따라 유럽연합집행위원회가 공표한 「관련 상품시장 및 서비스시장에 관한 권고」와, 수시로 개정된 「시장분석과 상당한 시장지배력 평가에 관한 가이드라인」[139]으로, 2002/21/EG호 입법지침 제15조 제2항에 따라 공표한 가이드라인을 폭넓게 고려한다.

③ 이러한 시장획정이 유럽연합회원국 간의 통상(通商)에 영향(Auswirkungen auf den Handel zwischen den Mitgliedstaaten)을 미치는 경우에는, 연방망관리청은 제12조에 따른 절차에서 유럽연합집행위원회에 시장획정의 결과를 제출한다.

제11조 시장분석

① 제10조에 따라 정해진, 본 편에 따른 규제가 문제되는 시장에 있어, 조사한 시장에서 유효경쟁(有效競爭)이 있는지 여부를 연방망관리청이 심사한다. 한 또는 여러 기업이 이러한 시장에서 상당한 시장지배력을 보유한다면 유효경쟁(有效競爭)은 존재하지 않는 것이다. 어느 기업이 단독으로 혹은 다른 기업과 공동으로 지배권에 버금가는 지위, 다시 말해 그 기업으로 하여금 경쟁사업자와 최종이용자에 상관없이 상당 정도로 행위를 하도록 허용해 주는 경제적(經濟的)으로 우월한 지위(das heißt eine wirtschaftlich starke Stellung, die es ihm gestattet, sich in beträchtlichem Umfang unabhängig von Wettbewerbern und Endnutzern zu Unternehmen auf einem relevanten Markt, dem ersten Markt, über beträchtliche

Unternehmen auf einem relevanten Markt, dem ersten Markt, über beträchtliche Marktmacht, so kann es auch auf einem benachbarten, nach § 10 Absatz 2 bestimmten relevanten Markt, dem zweiten Markt, als Unternehmen mit beträchtlicher Marktmacht benannt werden, wenn die Verbindungen zwischen beiden Märkten es gestatten, die Marktmacht von dem ersten auf den zweiten Markt zu übertragen und damit die gesamte Marktmacht des Unternehmens zu verstärken. Verfügt ein Unternehmen auf einem relevanten Markt über beträchtliche Marktmacht, so kann es auch auf einem benachbarten, nach § 10 Abs. 2 bestimmten relevanten Markt als Unternehmen mit beträchtlicher Marktmacht angesehen werden, wenn die Verbindungen zwischen beiden Märkten es gestatten, diese von dem einen auf den anderen Markt zu übertragen und damit die gesamte Marktmacht des Unternehmens zu verstärken.

(2) Im Falle länderübergreifender Märkte im Geltungsbereich der Richtlinie 2002/21/EG untersucht die Bundesnetzagentur die Frage, ob beträchtliche Marktmacht im Sinne von Absatz 1 vorliegt, gemeinsam mit den nationalen Regulierungsbehörden der Mitgliedstaaten, welche diese Märkte umfassen.

(3) Die Bundesnetzagentur berücksichtigt bei der Marktanalyse nach den Absätzen 1 und 2 weitestgehend die von der Kommission aufgestellten Kriterien, die niedergelegt sind in den Leitlinien der Kommission zur Marktanalyse und zur Bewertung beträchtlicher Marktmacht nach Artikel 15 Absatz 2 der Richtlinie 2002/21/EG in der jeweils geltenden Fassung. Die Bundesnetzagentur trägt im Rahmen der Marktanalyse nach Absatz 1 zudem den Märkten Rechnung, die die Kommission in der jeweils geltenden Fassung der Empfehlung in Bezug auf relevante Produkt- und Dienstmärkte nach Artikel 15 Absatz 1 der Richtlinie 2002/21/EG festlegt.

(4) Die Ergebnisse der Untersuchungen nach den Absätzen 1 bis 2 einschließlich der Feststellung, welche Unternehmen über beträchtliche Marktmacht verfügen, sind der Kommission im Verfahren nach § 12 vorzulegen, sofern sie Auswirkungen auf den Handel zwischen den Mitgliedstaaten haben.

§ 12 Konsultations- und Konsolidierungsverfahren

(1) Die Bundesnetzagentur gibt den interessierten Parteien Gelegenheit, innerhalb einer festgesetzten Frist zu dem Entwurf der Ergebnisse nach den §§ 10 und 11 Stellung zu nehmen. Die Konsultationsverfahren sowie deren Ergebnisse werden von der Bundesnetzagentur veröffentlicht. Hiervon unberührt ist die Wahrung von Betriebs- oder Geschäftsgeheimnissen der Beteiligten. Die Bundesnetzagentur richtet zu diesem Zweck eine einheitliche Informationsstelle ein, bei der eine Liste aller laufenden Konsultationen vorgehalten wird.

(2) Wenn § 10 Abs. 3 und § 11 Absatz 4 eine Vorlage nach dieser Norm vorsehen und keine Ausnahme nach einer Empfehlung oder Leitlinien vorliegt, die die Kommission nach Artikel 7b der Richtlinie 2002/21/EG erlässt, gilt folgendes Verfahren:

1. Nach Durchführung des Verfahrens nach Absatz 1 stellt die Bundesnetzagentur den Entwurf der Ergebnisse nach den §§ 10 und 11 zusammen mit einer Begründung gleichzeitig der Kommission, dem GEREK und den nationalen Regulierungsbehörden der anderen Mitgliedstaaten zur Verfügung und unterrichtet die Kommission, das GEREK und die übrigen nationalen Regulierungsbehörden hiervon. § 123b Absatz 3 und 4 gilt entsprechend. Vor Ablauf eines Monats darf die Bundesnetzagentur Ergebnisse nach den §§ 10 und 11 nicht festlegen.
2. Die Bundesnetzagentur hat den Stellungnahmen der Kommission, des GEREK und der anderen nationalen Regulierungsbehörden nach Nummer 1 weitestgehend Rechnung zu tragen. Den sich

verhalten)를 갖는다면, 그 기업은 상당한 시장지배력을 가진 기업으로 본다. 어느 기업이 관련시장(關聯市場), 즉 제1차 시장에서 상당한 시장지배력을 보유하는 경우에 있어, 양 시장 간의 결합으로 인해 제1차 시장에서 제2차 시장으로 시장지배력이 전이(轉移)되고 이로써 그 기업의 전체 시장지배력이 강화된다면 (wenn die Verbindungen zwischen beiden Märkten es gestatten, die Marktmacht von dem ersten auf den zweiten Markt zu übertragen und damit die gesamte Marktmacht des Unternehmens zu verstärken), 그 기업은 제10조 제2항에 따라 정해진 관련 인접시장, 즉 제2차 시장에서도 상당한 시장지배력을 가진 기업으로 볼 수 있다. 어느 기업이 관련시장에서 상당한 시장지배력을 보유하는 경우에 있어, 양 시장의 결합으로 인해 한 시장에서 다른 시장으로 지배력이 전이되고 이로써 그 기업의 전체 시장지배력이 강화된다면, 그 기업은 제10조 제2항에 따라 정해진 인접한 관련시장에서도 상당한 시장지배력을 가진 기업으로 볼 수 있다.

② 국가를 초월하는 시장의 경우에 연방망관리청은, 2002/21/EG호 입법지침의 적용 범위 내에서 상당한 시장지배력이 제1항에 따라 존재하는지 여부(ob beträchtliche Marktmacht im Sinne von Absatz 1 vorliegt)를 이러한 시장을 포함하는 유럽연합회원국의 국가규제관청과 공동으로 조사한다.

③ 연방망관리청은 제1항, 제2항에 따른 시장분석에 있어 유럽연합집행위원회가 마련한 기준으로, 수시로 개정된 「2002/21/EG호 입법지침 제15조 제2항에 따른, 시장 분석과 상당한 시장지배력의 평가에 관한 유럽연합집행위원회의 가이드라인」에서 규정된 기준을 폭넓게 고려한다. 또한 연방망관리청은 제1항에 따른 시장분석의 범위 내에서 유럽연합집행위원회가 2002/21/EG호 입법지침 제15조 제1항에 따른 관련 상품시장이나 관련 용역시장에 관하여 수시로 개정된 권고에서 정한(die die Kommission in der jeweils geltenden Fassung[140] der Empfehlung in Bezug auf relevante Produkt- und Dienstmärkte nach Artikel 15 Absatz 1 der Richtlinie 2002/21/EG festlegt) 시상을 고려한다.

④ 어느 기업이 시장지배력을 갖고 있는지에 관한 규율(規律; Feststellung)을 포함하여 제1항 내지 제2항에 따른 조사결과는, 그것이 유럽연합회원국들 간의 거래에 영향을 미치는 한 제12조에 따른 절차에서 유럽연합집행위원회에 제출한다.

제12조 협의절차 또는 강화된 협의절차

① 연방망관리청은 이해관계를 가진 당사자들에게 정한 기간 내에 제10조 및 제11조에 따른 결과의 시안(試案)에 관하여 의견을 진술할 기회를 부여한다. 협의절차와 그 절차의 결론은 연방망관리청이 공표한다. 당사자의 기업비밀 및 사업비밀의 보호(die Wahrung von Betriebs- oder Geschäftsgeheimnissen der Beteiligten)는 이에 의하여 영향을 받지 아니한다. 연방망관리청은 이러한 목적을 위하여 진행 중인 일체의 협의 목록을 이용할 수 있는 통일적 정보센터 1개소(個所)를 설치(設置)한다.

② 제10조 제3항, 제11조 제4항이 이러한 규정들에 따른 제출을 규정하고 있는데, 유럽연합집행위원회가 2002/21/EG호 입법지침 제7조b에 따라 발령한 권고 또는 가이드라인에 따른 예외가 없는 경우에, 다음의 절차를 적용한다:

1. 제1항에 따른 절차의 진행 후에 연방망관리청은, 제10조 및 제11조에 따른 결론의 시안을, 그 이유를 기재하여 '유럽연합집행위원회', '유럽연합전기통신규제위원회', '독일 이외의 유럽연합회원국의 국가규제관청'에 한꺼번에 제공하고, '유럽연합집행위원회', '유럽연합전기통신규제위원회'와 '독일 이외의 유럽연합회원국의 국가규제관청'에 이에 관하여 알린다. 제123조b 제3항, 제4항을 준용한다. 연방망관리청은 1개월이 경과하기 전에는 제10조 및 제11조에 따른 결론을 내리지 아니한다.
2. 연방망관리청은 제1호에 따른 '유럽연합집행위원회', '유럽연합전기통신규제위원회' 및 '독일 이외의 유럽연합국의 국가규제관청'(der Kommission, des GEREK und der anderen nationalen Regulierungsbehörden nach Nummer 1)의 의견을 폭넓게 고려해야 한다. 유럽연합망관리청은 이를 통

daraus ergebenden Entwurf übermittelt sie der Kommission.

3. Beinhaltet ein Entwurf nach den §§ 10 und 11

a) die Festlegung eines relevanten Marktes, der sich von jenen Märkten unterscheidet, die definiert sind in der jeweils geltenden Fassung der Empfehlung in Bezug auf relevante Produkt- und Dienstmärkte, die die Kommission nach Artikel 15 Absatz 1 der Richtlinie 2002/21/EG veröffentlicht, oder

b) die Festlegung, inwieweit ein oder mehrere Unternehmen auf diesem Markt über beträchtliche Marktmacht verfügen,

und erklärt die Kommission innerhalb der Frist nach Nummer 1 Satz 3, der Entwurf schaffe ein Hemmnis für den Binnenmarkt oder sie habe ernsthafte Zweifel an der Vereinbarkeit mit dem Recht der Europäischen Union und insbesondere den Zielen des Artikels 8 der Richtlinie 2002/21/EG, hat die Bundesnetzagentur die Festlegung der entsprechenden Ergebnisse um zwei weitere Monate aufzuschieben. Beschließt die Kommission innerhalb dieses Zeitraums, die Bundesnetzagentur aufzufordern, den Entwurf zurückzuziehen, so ändert die Bundesnetzagentur den Entwurf innerhalb von sechs Monaten ab dem Datum des Erlasses der Entscheidung der Kommission oder zieht ihn zurück. Ändert die Bundesnetzagentur den Entwurf, so führt sie hierzu das Konsultationsverfahren nach Absatz 1 durch und legt der Kommission den geänderten Entwurf nach Nummer 1 vor. Zieht die Bundesnetzagentur den Entwurf zurück, so unterrichtet sie das Bundesministerium für Wirtschaft und Energie und die weiteren betroffenen Ressorts über die Entscheidung der Kommission.

4. Die Bundesnetzagentur übermittelt der Kommission und dem GEREK alle angenommenen endgültigen Maßnahmen, die unter § 10 Absatz 3 und § 11 Absatz 4 fallen.

(3) Ist die Bundesnetzagentur bei Vorliegen außergewöhnlicher Umstände der Ansicht, dass dringend - ohne das Verfahren nach den Absätzen 1 und 2 einzuhalten - gehandelt werden muss, um den Wettbewerb zu gewährleisten und die Nutzerinteressen zu schützen, so kann sie umgehend angemessene vorläufige Maßnahmen erlassen. Sie teilt diese der Kommission, dem GEREK und den übrigen nationalen Regulierungsbehörden unverzüglich mit einer vollständigen Begründung mit. Ein Beschluss der Bundesnetzagentur, diese Maßnahmen dauerhaft zu machen oder ihre Geltungsdauer zu verlängern, unterliegt den Bestimmungen der Absätze 1 und 2.

§ 13 Rechtsfolgen der Marktanalyse

(1) Soweit die Bundesnetzagentur auf Grund einer Marktanalyse nach § 11 Verpflichtungen nach den §§ 19, 20, 21, 23, 24, 30, 39 oder § 42 Absatz 4 Satz 3 auferlegt, ändert, beibehält oder widerruft (Regulierungsverfügung), gilt das Verfahren nach § 12 Absatz 1 und Absatz 3 entsprechend, sofern die Maßnahme beträchtliche Auswirkungen auf den betreffenden Markt hat. Das Verfahren nach § 12 Absatz 2 Nummer 1, 2 und 4 sowie Absatz 3 gilt entsprechend, sofern die Maßnahme Auswirkungen auf den Handel zwischen den Mitgliedstaaten hat und keine Ausnahme nach einer Empfehlung oder Leitlinien vorliegt, die die Kommission nach Artikel 7b der Richtlinie 2002/21/EG erlässt. Der Widerruf von Verpflichtungen ist den betroffenen Unternehmen innerhalb einer angemessenen Frist vorher anzukündigen. Das Verfahren nach den Sätzen 1 und 2 kann die Bundesnetzagentur zusammen mit dem oder im Anschluss an das Verfahren nach § 12 durchführen. Die Sätze 1 bis 3 gelten auch für Verpflichtungen nach § 18.

해 도출된 시안을 유럽연합집행위원회에 제출한다.

3. 제10조 및 제11조에 따른 시안(試案)이,

a) 유럽연합집행위원회가 2002/21/EG호 입법지침 제15조 제1항에 따라 공표한 관련 상품시장 및 용역시장에 관한 수시로 개정된 권고에서 획정된(die definiert sind in der jeweils geltenden Fassung der Empfehlung in Bezug auf relevante Produkt- und Dienstmärkte) 그 시장과 구별되는 관련시장의 획정(劃定)을 포함하거나,

b) 한 또는 여러 기업이 어느 정도로 위와 같은 시장에서 상당한 시장지배력을 보유하고 있는지에 대한 획정(劃定)을 포함하는데,

유럽연합집행위원회가 제1호 제3문에 따른 기간 내에, 그 시안(試案)이 유럽연합단일시장에 대한 장애물을 조성하거나, 유럽연합집행위원회가 유럽연합법과의 합치(合致)에 대한 진지한 의심, 특히 2002/21/EG호 제8조의 목표에 대한 진지한 의심을 품은(sie habe ernsthafte Zweifel an der Vereinbarkeit mit dem Recht der Europäischen Union und insbesondere den Zielen des Artikels 8 der Richtlinie 2002/21/EG) 것으로 선언하는 경우에, 연방망관리청은 해당 결론을 정하는 것을 2개월 추가로 연기해야 한다. 유럽연합집행위원회가 이러한 기간 내에 연방망관리청에 그 시안을 철회하도록 요구할 것을 결정한 경우에, 연방망관리청은 유럽연합집행위원회의 결정 선언일로부터 6개월 이내에 그 시안을 수정하거나 이를 철회한다. 연방망관리청이 그 시안을 수정한 경우에 연방망관리청은 이에 관하여 제1항에 따른 협의절차를 진행하고, 제1호에 따라 수정한 시안을 유럽연합집행위원회에 제출한다. 그 시안을 철회한 경우에 연방망관리청은 연방경제·에너지부와 기타 소관 부서(所關 部署)(die weiteren betroffenen Ressorts)에 유럽연합집행위원회의 결정에 관하여(über die Entscheidung der Kommission) 알린다.

4. 연방망관리청은, 유럽연합집행위원회와 유럽연합전기통신규제위원회에 제10조 제3항, 제11조 제4항을 적용받는 채택한 최종적 제반조치를 제공한다.

③ 연방망관리청이, 이례적 사정이 발생한 경우에 있어, 경쟁을 보장하고 이용자이권익을 보호하기 위하여 제1항, 제2항에 따른 절차를 준수하지 않고서 긴급하게 행위를 해야만 하는 것으로 판단한 경우에, 연방망관리청은 적절한 즉각적 조치를 발령할 수 있다. 연방망관리청은 유럽연합집행위원회, 유럽연합전기통신규제위원회와 독일 이외의 국가규제관청에 지체 없이 충분한 이유를 기재하여 이러한 조치에 관하여 통지한다. 이러한 조치를 지속적으로 취하거나 그 조치의 유효기간을 연장하는 연방망관리청의 결정(Ein Beschluss der Bundesnetzagentur, diese Maßnahmen dauerhaft zu machen oder ihre Geltungsdauer zu verlängern)은 제1항, 제2항의 규정을 적용받는다.

제13조 시장분석의 법률효과

① 연방망관리청이 제11조에 따른 시장분석에 기하여, 제19조, 제20조, 제21조, 제23조, 제24조, 제30조, 제39조, 제42조 제4항 제3문에 따른 의무를 부과하거나 수정하거나 포함하거나 또는 철회하는 범위 내에서, 이러한 조치가 관련시장에 중대한 영향을 미치는 한, 제12조 제1항, 제3항에 따른 조치를 준용한다. 그 조치가 유럽연합회원국들 간의 통상(通商)에 영향을 미치고 유럽연합집행위원회가 2002/21/EG호 입법지침 제7조b에 따른 발령한 권고 또는 가이드라인에 따른 예외가 없는 경우에(sofern die Maßnahme Auswirkungen auf den Handel zwischen den Mitgliedstaaten hat und keine Ausnahme nach einer Empfehlung oder Leitlinien vorliegt, die die Kommission nach Artikel 7b der Richtlinie 2002/21/EG erlässt), 제12조 제2항 제1호, 제2호, 제4호, 제3항에 따른 절차를 준용한다. 의무의 철회는 당사자인 기업에 적절한 기간 내에 사전에 통지해야 한다. 연방망관리청은 제1문, 제2문에 따른 절차를 제12조에 따른 절차와 함께 또는 그 절차 후(mit dem oder im Anschluss an das Verfahren nach § 12)에 진행할 수 있다. 제1문 내지 제3문을 제18조에 따른 의무에도 적용한다.

(2) Im Fall des § 11 Absatz 1 Satz 4 können Abhilfemaßnahmen nach den §§ 19, 20, 21, 23, 24, 30, 39 und § 42 Absatz 4 Satz 3 auf dem zweiten Markt nur getroffen werden, um die Übertragung der Marktmacht zu unterbinden.

(3) Im Falle des § 11 Abs. 2 legt die Bundesnetzagentur einvernehmlich mit den betroffenen nationalen Regulierungsbehörden fest, welche Verpflichtungen das oder die Unternehmen mit beträchtlicher Marktmacht zu erfüllen haben. Das Verfahren nach § 12 Absatz 1 und 3 gilt entsprechend. Das Verfahren nach § 12 Absatz 2 Nummer 1, 2 und 4 sowie Absatz 3 gilt entsprechend, sofern keine Ausnahme nach einer Empfehlung oder Leitlinien vorliegt, die die Kommission nach Artikel 7b der Richtlinie 2002/21/EG erlässt.

(4) Teilt die Kommission innerhalb der Frist nach § 12 Absatz 2 Nummer 1 Satz 3 der Bundesnetzagentur und dem GEREK mit, warum sie der Auffassung ist, dass der Entwurf einer Maßnahme nach den Absätzen 1 bis 3, der nicht lediglich die Beibehaltung einer Verpflichtung beinhaltet, ein Hemmnis für den Binnenmarkt darstelle oder warum sie erhebliche Zweifel an dessen Vereinbarkeit mit dem Recht der Europäischen Union hat, so gilt folgendes Verfahren:

1. Vor Ablauf von drei weiteren Monaten nach der Mitteilung der Kommission darf die Bundesnetzagentur den Entwurf der Maßnahme nicht annehmen. Die Bundesnetzagentur kann den Entwurf jedoch in jeder Phase des Verfahrens nach diesem Absatz zurückziehen.
2. Innerhalb der Dreimonatsfrist nach Nummer 1 arbeitet die Bundesnetzagentur eng mit der Kommission und dem GEREK zusammen, um die am besten geeignete und wirksamste Maßnahme im Hinblick auf die Ziele des § 2 zu ermitteln. Dabei berücksichtigt sie die Ansichten der Marktteilnehmer und die Notwendigkeit, eine einheitliche Regulierungspraxis zu entwickeln.
3. Gibt das GEREK innerhalb von sechs Wochen nach Beginn der Dreimonatsfrist nach Nummer 1 eine von der Mehrheit der ihm angehörenden Mitglieder angenommene Stellungnahme zu der Mitteilung der Kommission ab, in der es die ernsten Bedenken der Kommission teilt, so kann die Bundesnetzagentur den Entwurf der Maßnahme vor Ablauf der Dreimonatsfrist nach Nummer 1 unter Berücksichtigung der Mitteilung der Kommission und der Stellungnahme des GEREK ändern und dadurch den geänderten Maßnahmenentwurf zum Gegenstand der weiteren Prüfung durch die Kommission machen.
4. Nach Ablauf der Dreimonatsfrist nach Nummer 1 gibt die Bundesnetzagentur der Kommission die Gelegenheit, innerhalb eines weiteren Monats eine Empfehlung abzugeben.
5. Innerhalb eines Monats, nachdem die Kommission gegenüber der Bundesnetzagentur eine Empfehlung nach Nummer 4 ausgesprochen oder ihre Vorbehalte zurückgezogen hat, teilt die Bundesnetzagentur der Kommission und dem GEREK mit, mit welchem Inhalt sie die Maßnahme erlassen hat oder ob sie den Entwurf der Maßnahme zurückgezogen hat. Beschließt die Bundesnetzagentur, der Empfehlung der Kommission nicht zu folgen, so begründet sie dies. Ist nach den Absätzen 1 und 3 oder nach § 15 erneut ein Konsultationsverfahren nach § 12 Absatz 1 durchzuführen, so verlängert sich die Frist nach Satz 1 entsprechend.
6. Ist die Einmonatsfrist nach Nummer 4 verstrichen, ohne dass die Kommission gegenüber der Bundesnetzagentur eine Empfehlung nach Nummer 4 ausgesprochen oder ihre Vorbehalte zurückgezogen hat, gilt das in Nummer 5 geregelte Verfahren entsprechend.

(5) Die Entscheidungen nach den §§ 19, 20, 21, 23, 24, 30, 39 oder § 42 Abs. 4 Satz 3 ergehen mit

② 시장지배력의 전이(轉移)를 방지하기 위하여(um die Übertragung der Marktmacht zu unterbinden) 제11조 제1항 제4문의 경우에 제19조, 제20조, 제21조, 제23조, 제24조, 제30조, 제39조, 제42조 제4항 제3문에 따른 시정조치를 제2차 시장에서 취할 수 있다.

③ 제11조 제2항의 경우에 연방망관리청은 회원국의 소관(所管)규제관청과 협의하여 상당한 시장지배력을 가진 기업이 어떤 의무를 이행해야 하는지에 관하여(welche Verpflichtungen das oder die Unternehmen mit beträchtlicher Marktmacht zu erfüllen haben) 정한다. 제12조 제1항, 제3항에 따른 절차를 준용한다. 유럽연합집행위원회가 2002/21/EG호 입법지침 제7조b에 따라 발령한 권고 또는 가이드라인에 따른 예외에 해당하지 않는 경우에(sofern keine Ausnahme nach einer Empfehlung oder Leitlinien vorliegt, die die Kommission nach Artikel 7b der Richtlinie 2002/21/EG erlässt), 제12조 제2항 제1문, 제2문, 제4문, 제3항에 따른 절차를 준용한다.

④ 유럽연합집행위원회가 제12조 제2항 제1호 제3문에 따른 기간 내에 연방망관리청과 유럽연합전기통신규제위원회에, 제1항 내지 제3항에 따른 조치의 시안(試案)으로, 의무의 유지만이 포함된 것이 아닌 시안(試案)에 대하여 자신이 어떤 이유에서 유럽연합단일시장에 장애물을 조성하는 것으로 봤는지 또는 어떤 이유에서 자신이 유럽연합법과의 합치(合致)에 대한 진지한 의심을 품었는지에 대하여 통지를 하는 경우에 다음 절차(節次)를 적용한다:

1. 연방망관리청은 유럽연합집행위원회에 대한 통지시로부터 추가적인 3개월이 경과하기 전에 그 조치의 시안(試案)을 수용해서는 아니된다. 그럼에도 연방망관리청은 본 항에 따른 절차의 각 단계에서(in jeder Phase des Verfahrens nach diesem Absatz) 그 시안을 철회할 수 있다.
2. 연방망관리청은, 제1호에 따른 3개월의 기간 내에 제2조의 목표에 관련하여 가장 최상의, 가장 효과적인 적절한 조치를 도출하기 위하여 유럽연합집행위원회와 유럽연합전기통신규제위원회와 긴밀하게 협력한다. 이 경우 연방망관리청은 시장참가자의 견해와 통일적 규제관행을 발전시킬 필요성(die Notwendigkeit, eine einheitliche Regulierungspraxis zu entwickeln)을 고려한다.
3. 유럽연합전기통신규제위원회가 제1호에 따른 3개월의 기간 개시시로부터 6주 이내에 자신에게 속한 구성원의 과반수가 채택한, 유럽연합집행위원회의 통지에 관한 의견진술로, 유럽연합전기통신규제위원회가 유럽연합집행위원회의 진지한 관심사를 공유한 의견진술을 표시한 경우에, 연방망관리청은 그 조치의 시안(試案)을 제1호에 따른 3개월의 기간의 경과 전에 유럽연합집행위원회의 통지와 유럽연합전기통신규제위원회의 의견진술을 고려하여 수정할 수 있고 이를 통해 수정된 조치시안을 유럽연합집행위원회의 추가적 심사의 대상으로 삼을 수 있다(dadurch den geänderten Maßnahmenentwurf zum Gegenstand der weiteren Prüfung durch die Kommission machen).
4. 제1호에 따른 3개월의 기간 경과 후에 연방망관리청은 유럽연합집행위원회에 추가적인 1개월의 기간 내에 권고를 표시할 기회를 부여한다.
5. 유럽연합집행위원회가 연방망관리청에 대하여 제4호에 따른 권고를 표시하거나 그 유보를 철회한 후 1개월 이내에 연방망관리청은, 유럽연합집행위원회와 유럽연합전기통신규제위원회에 자신이 어떤 내용으로 그 조치를 발령했는지에 대해 통지했는지 또는 그 조치의 시안을 철회했는지 여부에 관하여(mit welchem Inhalt sie die Maßnahme erlassen hat oder ob sie den Entwurf der Maßnahme zurückgezogen hat) 통지한다. 연방망관리청이 유럽연합집행위원회의 권고를 따르지 않기로 결정한 경우에 연방망관리청은 이에 대하여 이유를 제시한다. 제1항, 제3항 또는 제15조에 따라 새롭게 제12조 제1항에 따른 협의절차가 진행되는 경우에 제1문에 따른 기간은 이를 준용하여 연장된다.
6. 유럽연합집행위원회가 연방망관리청에 제4호에 따른 권고를 표시하거나 그 유보를 철회하지 않은 채 제4호에 따른 1개월의 기간이 경과한 경우에 제5호에서 규정된 절차를 준용한다.

⑤ 제19조, 제20조, 제21조, 제23조, 제24조, 제30조, 제39조 또는 제42조 제4항 제3문에 따른 판정은

den Ergebnissen der Verfahren nach den §§ 10 und 11 als einheitlicher Verwaltungsakt.

§ 14 Überprüfung von Marktdefinition, Marktanalyse und Regulierungsverfügung

(1) Werden der Bundesnetzagentur Tatsachen bekannt, die die Annahme rechtfertigen, dass die Ergebnisse auf Grund der §§ 10 bis 12 nicht mehr den tatsächlichen Marktgegebenheiten entsprechen, finden die Regelungen der §§ 10 bis 13 entsprechende Anwendung. Hat sich die Empfehlung nach Artikel 15 Absatz 1 der Richtlinie 2002/21/EG geändert, sind bei Märkten, zu denen die Kommission keine vorherige Vorlage nach § 12 Absatz 2 Nummer 1 erhalten hat, die Entwürfe der Marktdefinition nach § 10, der Marktanalyse nach § 11 und der Regulierungsverfügung innerhalb von zwei Jahren nach Verabschiedung der Änderung der Empfehlung im Konsolidierungsverfahren nach § 12 Absatz 2 Nummer 1 vorzulegen.

(2) Außer in den Fällen des Absatzes 1 legt die Bundesnetzagentur alle drei Jahre nach Erlass einer vorherigen Regulierungsverfügung im Zusammenhang mit diesem Markt die Entwürfe der Marktdefinition nach § 10, der Marktanalyse nach § 11 und der Regulierungsverfügung im Konsolidierungsverfahren nach § 12 Absatz 2 Nummer 1 vor. Die Bundesnetzagentur kann diese Frist ausnahmsweise um bis zu drei weitere Jahre verlängern. Hierzu meldet sie der Kommission einen mit Gründen versehenen Vorschlag zur Verlängerung. Wenn die Kommission innerhalb eines Monats nach der Meldung des Verlängerungsvorschlags durch die Bundesnetzagentur keine Einwände erhoben hat, gilt die beantragte verlängerte Überprüfungsfrist.

(3) Hat die Bundesnetzagentur die Marktanalyse im Hinblick auf einen relevanten Markt, der in der jeweils geltenden Fassung der Empfehlung in Bezug auf relevante Produkt- und Dienstmärkte, die die Kommission nach Artikel 15 Absatz 1 der Richtlinie 2002/21/EG veröffentlicht, festgelegt ist, nicht innerhalb der vorgeschriebenen Frist abgeschlossen, so kann die Bundesnetzagentur das GEREK um Unterstützung bei der Fertigstellung der Marktdefinition, der Marktanalyse und der Regulierungsverfügung ersuchen. Im Fall eines solchen Ersuchens legt die Bundesnetzagentur der Kommission die Entwürfe der Marktdefinition, der Marktanalyse und der Regulierungsverfügung im Konsolidierungsverfahren nach § 12 Absatz 2 Nummer 1 innerhalb von sechs Monaten vor, nachdem das GEREK mit seiner Unterstützung begonnen hat.

§ 15 Verfahren bei sonstigen marktrelevanten Maßnahmen

Außer in den Fällen der §§ 10, 11 und 13 hat die Bundesnetzagentur bei allen Maßnahmen, die beträchtliche Auswirkungen auf den betreffenden Markt haben, vor einer Entscheidung das Verfahren nach § 12 Abs. 1 durchzuführen, soweit dies gesetzlich nicht anders geregelt ist. § 12 Absatz 3 gilt entsprechend.

§ 15a Regulierungskonzepte und Antrag auf Auskunft über den Regulierungsrahmen für Netze der nächsten Generation

(1) Zur Verfolgung einheitlicher Regulierungskonzepte im Sinne von § 2 Absatz 3 Nummer 1 kann die Bundesnetzagentur in Form von Verwaltungsvorschriften ihre grundsätzlichen Herangehensweisen und Methoden für die Marktdefinition nach § 10, die Marktanalyse nach § 11 und die Regulierungsverfügungen für einen bestimmten, mehrere Marktregulierungszyklen nach § 14 Absatz 2 umfassenden Zeitraum beschreiben.

제10조, 제11조에 따른 절차의 결론과 함께 통일적 행정행위로서 행해진다.

제14조 시장획정, 시장분석 및 규제처분의 심사

① 연방망관리청이, 제10조 내지 제12조에 기한 결론이 더 이상 실제 시장상황에 부합하지 않다는 추정을 정당화하는 사실을 알게 된 경우에(Werden der Bundesnetzagentur Tatsachen bekannt, die die Annahme rechtfertigen, dass die Ergebnisse auf Grund der §§ 10 bis 12 nicht mehr den tatsächlichen Marktgegebenheiten entsprechen), 제10조 내지 제13조의 규정을 준용한다. 2002/21/EG호 입법지침 제15조 제1항에 따른 권고가 수정된 때에 유럽연합집행위원회가 제12조 제2항 제1문에 따른 사전 제출을 받지 못한 시장에 있어, 제10조에 따른 시장획정, 제11조에 따른 시장분석 및 규제처분의 시안을 그 권고의 수정의 가결시로부터 2년 이내에 제12조 제2항에 따른 강화된 협의절차에서(im Konsolidierungsverfahren nach § 12 Absatz 2 Nummer 1) 제출해야 한다.

② 제1항의 경우 이외의 경우에 연방망관리청은 이러한 시장과 관련한 사전적 규제처분의 발령 후 매 3년마다 제10조에 따른 시장획정 시안(試案), 제11조에 따른 시장분석의 시안(試案)과, 규제처분제의 시안(試案)을 제12조 제2항 제1호에 따른 강화된 협의절차에서(die Entwürfe der Marktdefinition nach § 10, der Marktanalyse nach § 11 und der Regulierungsverfügung im Konsolidierungsverfahren nach § 12 Absatz 2 Nummer 1) 제출한다. 연방망관리청은 이러한 기간을 예외적으로 3년까지 추가로 연장할 수 있다. 이를 위하여 연방망관리청은 유럽연합집행위원회에 이유가 기재된 연장 제안을 통보한다. 유럽연합집행위원회가 연방망관리청에 의한 연장 제안의 통보시로부터 1개월 이내에 이의를 제기하지 않은 경우에, 제안한 연장된 심사기간(die beantragte verlängerte Überprüfungsfrist)을 적용한다.

③ 연방망관리청이, 관련 상품시장이나 관련 용역시장에 관한 수시로 개정된 권고로, 유럽연합집행위원회가 2002/21/EG호 입법지침 제15조 제1항에 따라 공표한 권고에서 정한 관련시장에 관한 시장분석을 정해진 기간 내에 마치지 못한 경우에, 연방망관리청은 유럽연합전기통신규제위원회에 시장획정, 시장분석 및 규제처분의 완료(Fertigstellung)에 대한 지원을 요청할 수 있다(so kann die Bundesnetzagentur das GEREK um Unterstützung bei der Fertigstellung der Marktdefinition, der Marktanalyse und der Regulierungsverfügung ersuchen). 이러한 요청의 경우에 연방망관리청은, 유럽연합전기통신규제위원회가 그 지원을 개시한 후 6개월 이내에 제12조 제2항 제1호에 따른 강화된 협의절차에서 시장획정, 시장분석 및 규제처분의 시안(試案)(die Entwürfe der Marktdefinition, der Marktanalyse und der Regulierungsverfügung im Konsolidierungsverfahren nach § 12 Absatz 2 Nummer 1)을 제출한다.

제15조 기타 시장관련 조치시의 절차

제10조, 제11조, 제13조이 경우 이외의 경우에 연방방관리청은, 관련시장에 중대한 영향(beträchtliche Auswirkungen)을 미치는 제반 조치에 있어 이것이 법(法)에서 다르게 규정되지 않는 범위 내에서(soweit dies gesetzlich nicht anders geregelt ist) 판정(判定) 전(前)에 제12조 제1항에 따른 절차를 진행한다. 제12조 제3항을 준용한다.

제15조a 차세대통신망에 대한 규제틀(den Regulierungsrahmen für Netze der nächsten Generation)에 관한 규제개념 및 정보제공요구

① 제2조 제3항 제1호상의 통일적 규제개념의 추구를 위하여 연방망관리청은 행정규칙의 형식으로, 규제개념의 원칙적 접근방법, 제10조에 따른 시장획정의 방법, 제11조에 따른 시장분석의 방법과 제14조 제2항에 따른 여러 시장규제주기를 포괄하는 특정한 기간에 대한 규제처분(die Regulierungsverfügungen für einen bestimmten, mehrere Marktregulierungszyklen nach § 14 Absatz 2 umfassenden Zeitraum)의 방법을 상세하게 규정할 수 있다.

(2) Zur Förderung effizienter Investitionen und Innovationen im Bereich neuer und verbesserter Infrastrukturen im Sinne des § 2 Absatz 3 Nummer 4 kann die Bundesnetzagentur regelmäßig in Form von Verwaltungsvorschriften die grundsätzlichen regulatorischen Anforderungen an die Berücksichtigung von Investitionsrisiken sowie an Vereinbarungen zur Aufteilung des Investitionsrisikos zwischen Investoren untereinander und zwischen Investoren und Zugangsbegehrenden bei Projekten zur Errichtung von Netzen der nächsten Generation (Risikobeteiligungsmodelle) beschreiben. Dies umfasst insbesondere Anforderungen an die Methodik zur Bestimmung der Risiken und Anforderungen an die Ausgestaltung der Zugangs- und Entgeltkonditionen von Risikobeteiligungsmodellen sowie Beispiele für Risikobeteiligungsmodelle.

(3) Für den Erlass der Verwaltungsvorschriften nach den Absätzen 1 und 2 gilt das Konsultations- und Konsolidierungsverfahren nach § 12 Absatz 1 und 2 entsprechend.

(4) Auf Antrag eines Betreibers öffentlicher Telekommunikationsnetze erteilt die Bundesnetzagentur beim Auf- und Ausbau von Netzen der nächsten Generation für die in dem Antrag konkret bezeichnete Region des Bundesgebiets Auskunft über die zu erwartenden regulatorischen Rahmenbedingungen oder Maßnahmen nach diesem Teil. Für Festlegungen nach diesem Teil gilt das Konsultations- und Konsolidierungsverfahren nach § 12 Absatz 1 und Absatz 2 entsprechend.

Abschnitt 2 Zugangsregulierung

§ 16 Verträge über Zusammenschaltung

Jeder Betreiber eines öffentlichen Telekommunikationsnetzes ist verpflichtet, anderen Betreibern öffentlicher Telekommunikationsnetze auf Verlangen ein Angebot auf Zusammenschaltung zu unterbreiten, um die Kommunikation der Nutzer, die Bereitstellung von Telekommunikationsdiensten sowie deren Interoperabilität im gesamten Gebiet der Europäischen Union zu gewährleisten.

§ 17 Vertraulichkeit von Informationen

Informationen, die von Betreibern öffentlicher Netze vor, bei oder nach Verhandlungen oder Vereinbarungen über Zugänge oder Zusammenschaltungen gewonnen werden, dürfen nur für die Zwecke verwendet werden, für die sie bereitgestellt werden. Die Informationen dürfen nicht an Dritte, die aus solchen Informationen Wettbewerbsvorteile ziehen könnten, weitergegeben werden, insbesondere nicht an andere Abteilungen, Tochtergesellschaften oder Geschäftspartner der an den Verhandlungen Beteiligten.

§ 18 Kontrolle über Zugang zu Endnutzern

(1) Die Bundesnetzagentur kann Betreiber öffentlicher Telekommunikationsnetze, die den Zugang zu Endnutzern kontrollieren, in begründeten Fällen verpflichten, auf entsprechende Nachfrage ihre Netze mit denen von Betreibern anderer öffentlicher Telekommunikationsnetze zusammenzuschalten, soweit dies erforderlich ist, um die Kommunikation der Nutzer und die Bereitstellung von Diensten sowie deren Interoperabilität zu gewährleisten. Darüber hinaus kann die Bundesnetzagentur Betreibern öffentlicher Telekommunikationsnetze, die den Zugang zu Endnutzern kontrollieren, weitere Zugangsverpflichtungen auferlegen, soweit dies zur Gewährleistung des End-zu-End-Verbunds von Diensten erforderlich ist.

(2) Die Bundesnetzagentur kann Betreibern öffentlicher Telekommunikationsnetze, die den Zugang zu Endnutzern kontrollieren, im Hinblick auf die Entwicklung eines nachhaltig wettbewerbsorientierten

② 연방망관리청은, 제2조 제3항 제4호상의 개선된 새로운 기반시설의 영역에서의 효율적인 투자와 혁신을 진흥하기 위하여 정기적으로 행정규칙의 형식으로, 투자위험의 고려에 대한 원칙적인 규제 요구사항과, 차세대통신망의 설치에 관한 프로젝트에서의 투자자들 상호 간의 투자위험 및 투자자들과 진입요구자 간의 투자위험의 배분에 관한 약정('위험분산모델'; Risikobeteiligungsmodelle)에 대한 원칙적 규제 요구사항(an Vereinbarungen zur Aufteilung des Investitionsrisikos zwischen Investoren untereinander und zwischen Investoren und Zugangsbegehrenden bei Projekten zur Errichtung von Netzen der nächsten Generation)을 상세하게 규정할 수 있다. 이는 특히 위험의 설정에 관한 방법에 관한 요구사항과, 위험분산모델의 진입조건·보수조건의 구성(die Ausgestaltung der Zugangs- und Entgeltkonditionen von Risikobeteiligungsmodellen)에 대한 요구사항과, 위험분산모델의 예시에 대한 요구사항을 포함한다.

③ 제1항, 제2항에 따른 행정규칙의 제정에 대하여 제12조 제1항 및 제2항에 따른 협의절차 및 강화된 협의절차를 준용한다.

④ 연방망관리청은, 공중전기통신망운영자의 신청에 따라 그 사업자에게 그 신청에서 구체적으로 표시된, 연방영토 내 지역에 대한 차세대통신망의 설치 및 확대시(beim Auf- und Ausbau von Netzen der nächsten Generation für die in dem Antrag konkret bezeichnete Region des Bundesgebiets) 예상되는 규제의 기본조건이나 본 편에 따른 조치에 관한 정보를 제공한다. 본 편에 따른 정함에 대하여 제12조 제1항 및 제2항에 따른 협의절차 및 강화된 협의절차를 준용한다.

제2장 진입규제

제16조 상호접속에 관한 계약

어느 공중전기통신망의 각 운영자는, 유럽연합 영토 전체 내에서 이용자의 통신, 전기통신역무의 제공 및 그 상호운영성[141](die Kommunikation der Nutzer, die Bereitstellung von Telekommunikationsdiensten sowie deren Interoperabilität)을 보장하기 위하여, 다른 공중전기통신망운영자에게 그 요구에 따라 상호접속에 관하여 청약(請約)할(ein Angebot auf Zusammenschaltung zu unterbreiten) 의무를 진다.

제17조 정보의 기밀성(機密性)

진입 또는 상호접속에 관한 교섭 또는 계약의 전(前)·시(時)·후(後)에(vor, bei oder nach Verhandlungen oder Vereinbarungen) 공중통신망의 운영자가 얻은 정보는 이를 제공받은 목적을 위해서만 이용되어야 한다. 그 정보는, 이러한 정보에서 경쟁의 이익을 도출할 수 있는 제3자, 특히 교섭 당사자의 다른 부서, 자회사 또는 사업파트너(andere Abteilungen, Tochtergesellschaften oder Geschäftspartner der an den Verhandlungen Beteiligten)에게 제공되어서는 아니된다.

제18조 최종이용자의 이용에 관한 통제

① 연방망관리청은, 정당한 경우에(in begründeten Fällen) 그 상호접속이 이용자의 통신, 서비스 제공 및 상호운영성(Interoperabilität)을 보장하기 위하여 필요한 범위 내에서, 최종이용자의 이용을 통제하는 공중전기통신망운영자에게 수요에 따라(auf entsprechende Nachfrage) 그 사업자의 통신망과 다른 전기통신망의 운영자의 통신망을 상호접속을 하게 할 의무를 지울 수 있다. 또한 연방망관리청은 이것이 '서비스에 대한 종단(終端) 대 종단(終端)의 연결'을 보장하는 데 필요한 범위 내에서, 최종이용자의 이용을 통제하는 공중전기통신망운영자에게 추가적 진입허용의무를 부과할 수 있다.

② 연방망관리청은, 지속적인 경쟁이 있는 최종고객시장의 발전을 고려하여 최종이용자의 이용을 통제하는 공중전기통신망운영자에게, 전기통신역무, 제78조 제2항 제4호, 제5호에 따른 급부 및 전기통신

Endkundenmarktes auferlegen, einzelne nachfragende Betreiber öffentlicher Telekommunikationsnetze gegenüber anderen nachfragenden Betreibern öffentlicher Telekommunikationsnetze hinsichtlich der Erreichbarkeit und Abrechnung von Telekommunikationsdiensten, von Leistungen nach § 78 Absatz 2 Nummer 4 und 5 und von telekommunikationsgestützten Diensten nicht ohne sachlich gerechtfertigten Grund unmittelbar oder mittelbar unterschiedlich zu behandeln. Sofern die Bundesnetzagentur Verpflichtungen nach Satz 1 auferlegt hat, gilt § 42 Abs. 4 entsprechend.

(3) Die Maßnahmen nach Absatz 1 müssen objektiv, transparent und nichtdiskriminierend sein. § 21 Abs. 1 Satz 2 und Abs. 4 gilt entsprechend.

§ 19 Diskriminierungsverbot

(1) Die Bundesnetzagentur kann einen Betreiber eines öffentlichen Telekommunikationsnetzes mit beträchtlicher Marktmacht dazu verpflichten, dass Vereinbarungen über Zugänge auf objektiven Maßstäben beruhen, nachvollziehbar sein, einen gleichwertigen Zugang gewähren und den Geboten der Chancengleichheit und Billigkeit genügen müssen.

(2) Die Gleichbehandlungsverpflichtungen stellen insbesondere sicher, dass der betreffende Betreiber anderen Unternehmen, die gleichartige Dienste erbringen, unter den gleichen Umständen gleichwertige Bedingungen anbietet und Dienste und Informationen für Dritte zu den gleichen Bedingungen und mit der gleichen Qualität bereitstellt wie für seine eigenen Produkte oder die seiner Tochter- oder Partnerunternehmen.

§ 20 Transparenzverpflichtung

(1) Die Bundesnetzagentur kann einen Betreiber eines öffentlichen Telekommunikationsnetzes, der über beträchtliche Marktmacht verfügt, verpflichten, für die zum Zugang berechtigten Unternehmen alle für die Inanspruchnahme der entsprechenden Zugangsleistungen benötigten Informationen zu veröffentlichen, insbesondere Informationen zur Buchführung, zu technischen Spezifikationen, Netzmerkmalen, Bereitstellungs- und Nutzungsbedingungen, einschließlich aller Bedingungen, die den Zugang zu und die Nutzung von Diensten und Anwendungen beschränken, sowie über die zu zahlenden Entgelte.

(2) Die Bundesnetzagentur ist befugt, einem Betreiber mit beträchtlicher Marktmacht vorzuschreiben, welche Informationen in welcher Form zur Verfügung zu stellen sind, soweit dies verhältnismäßig ist.

(3) Die Bundesnetzagentur kann den Betreiber eines öffentlichen Telekommunikationsnetzes, der über beträchtliche Marktmacht verfügt, insbesondere verpflichten, ihr Vereinbarungen über von ihm gewährte Zugangsleistungen ohne gesonderte Aufforderung in einer öffentlichen und einer vertraulichen Fassung vorzulegen. Die Bundesnetzagentur veröffentlicht, wann und wo Nachfrager nach Zugangsleistungen eine öffentliche Vereinbarung nach Satz 1 einsehen können.

§ 21 Zugangsverpflichtungen

(1) Die Bundesnetzagentur kann auf Antrag oder von Amts wegen Betreiber öffentlicher Telekommunikationsnetze, die über beträchtliche Marktmacht verfügen, verpflichten, anderen Unternehmen Zugang nach Maßgabe dieser Vorschrift zu gewähren einschließlich einer nachfragegerechten Entbündelung, insbesondere wenn anderenfalls die Entwicklung eines nachhaltig wettbewerbsorientierten nachgelagerten Endnutzermarktes behindert oder diese Entwicklung den Interessen der Endnutzer zuwiderlaufen würde. Bei der Prüfung, ob und welche Zugangsverpflichtungen

에 기반한 서비스의 이용가능성 및 결제에 관련하여(hinsichtlich der Erreichbarkeit und Abrechnung), 수요자인 다른 공중전기통신망운영자에 비하여 수요자인 특정한 공중전기통신망운영자를(einzelne nachfragende Betreiber öffentlicher Telekommunikationsnetze gegenüber anderen nachfragenden Betreibern öffentlicher Telekommunikationsnetze)를 객관적 정당한 이유 없이 직접적으로 또는 간접적으로 차별적으로 대우하지 않도록 의무를 부과할 수 있다. 연방망관리청이 제1문에 따른 의무를 부과한 경우에 제42조 제4항을 준용한다.

③ 제1항에 따른 조치는 객관적이고도 명확하며 비차별적이어야만 한다. 제21조 제1항 제2문, 제4항을 준용한다.

제19조 차별금지

① 연방망관리청은, 상당한 시장지배력을 가진 공중전기통신망운영자(公衆電氣通信網運營者)에게, 진입(Zugänge)에 관한 약정(約定)이 객관적(客觀的) 기준(基準)에 근거(根據)해야만 하고 이해(理解)하기 쉬워야만 하고 동등(同等)한 이용(利用)을 보장(保障)해야만 하며 기회균등(機會均等)과 형평(衡平)의 요청을 반드시 충족시키도록 의무를 부과할 수 있다.

② 균등재하지우의무에 의해, 특히 관련 운영자가 동종의 서비스를 제공하는 다른 기업에게 동일한 사정하에서 동등한 조건으로 청약하고, 그 운영자의 고유한 상품을 위해 제공하거나 그 운영자의 자회사 또는 파트너회사에게 제공하는 것과(wie für seine eigenen Produkte oder die seiner Tochter- oder Partnerunternehmen), 동일한 조건 및 동일한 품질로(zu den gleichen Bedingungen und mit der gleichen Qualität) 서비스 및 정보를 제3자에게 제공하는 점이 보장된다.

제20조 투명성의무

① 연방망관리청은, 상당한 시장지배력을 보유한 공중전기통신망운영자에게, 진입할 권리를 가진 기업이 관련 진입급부의 이용을 위해 필요로 하는 일체의 정보, 특히 서비스 및 애플리케이션[142]에 대한 진입 및 이용을 제한하는 일체의 조건을 포함하여(einschließlich aller Bedingungen, die den Zugang zu und die Nutzung von Diensten und Anwendungen beschränken) 회계, 기술시방서(技術示方書; technischen Spezifikationen), 통신망특성(Netzmerkmalen), 제공·이용 조건에 관한 정보와 지급해야 하는 요금에 관한 정보를 공표하도록 의무를 부과할 수 있다.

② 연방망관리청은, 이것이 비례적인 범위 내에서 상당한 시장지배력을 가진 운영자에게 어느 정보가 어느 방식으로 제공되어야 하는지를 명령할 권한을 갖는다.

③ 연방망관리청은, 상당한 시장지배력을 보유한 공중전기통신망운영자에게 특히 별도의 요구가 없더라도 그 운영자가 제공하는 진입급부에 관한 그 약정을 공개적 형식 또는 비공개적 형식으로(in einer öffentlichen und einer vertraulichen Fassung) 제출하도록 의무를 부과할 있다. 연방망관리청은, 언제, 어디든지 진입급부의 수요자(Nachfrager nach Zugangsleistungen)가 제1문에 따른 공개된 약정을 열람할 수 있도록 공표한다.

제21조 진입허용의무

① 특히 그렇지 않으면[143] 지속적인 경쟁이 있는 2차적 최종이용자시장의 발전이 저해되거나(insbesondere wenn anderenfalls die Entwicklung eines nachhaltig wettbewerbsorientierten nachgelagerten Endnutzermarktes behindert) 이러한 발전이 최종이용자의 권익(權益)에 반하는 경우에, 연방망관리청은 신청에 기하여 또는 직권으로 상당한 시장지배력을 가진 공중전기통신망운영자에게, 수요에 기반한 통신망세분화(Entbündelung)를 포함하여 다른 기업이 본 규정의 기준에 따른 진입하도록 하는 의무를 부과할 수 있다. 연방망관리청은 진입허용의무(進入許容義務)가 정당화되는지 여부, 어떤 진입

gerechtfertigt sind und ob diese in einem angemessenen Verhältnis zu den Regulierungszielen nach § 2 stehen, hat die Bundesnetzagentur insbesondere zu berücksichtigen:

1. die technische und wirtschaftliche Tragfähigkeit der Nutzung oder Installation konkurrierender Einrichtungen angesichts des Tempos der Marktentwicklung, wobei die Art und der Typ der Zusammenschaltung und des Zugangs berücksichtigt werden einschließlich der Tragfähigkeit anderer vorgelagerter Zugangsprodukte, wie etwa der Zugang zu Leitungsrohren,
2. die Möglichkeit der Gewährung des vorgeschlagenen Zugangs angesichts der verfügbaren Kapazität,
3. die Anfangsinvestitionen des Eigentümers der Einrichtung unter Berücksichtigung etwaiger getätigter öffentlicher Investitionen und der Investitionsrisiken,
4. die Notwendigkeit zur langfristigen Sicherung des Wettbewerbs, unter besonderer Berücksichtigung eines wirtschaftlich effizienten Wettbewerbs im Bereich der Infrastruktur, unter anderem durch Anreize zu effizienten Investitionen in Infrastruktureinrichtungen, die langfristig einen stärkeren Wettbewerb sichern,
5. gewerbliche Schutzrechte oder Rechte an geistigem Eigentum,
6. die Bereitstellung europaweiter Dienste und
7. ob bereits auferlegte Verpflichtungen nach diesem Teil oder freiwillige Angebote am Markt, die von einem großen Teil des Marktes angenommen werden, zur Sicherstellung der in § 2 genannten Regulierungsziele ausreichen.

(2) Die Bundesnetzagentur kann Betreiber öffentlicher Telekommunikationsnetze, die über beträchtliche Marktmacht verfügen, unter Beachtung von Absatz 1 unter anderem verpflichten,

1. Zugang zu bestimmten Netzkomponenten oder -einrichtungen einschließlich des entbündelten Breitbandzugangs zu gewähren,
2. bereits gewährten Zugang zu Einrichtungen nicht nachträglich zu verweigern,
3. Zugang zu bestimmten vom Betreiber angebotenen Diensten, wie sie Endnutzern angeboten werden, zu Großhandelsbedingungen zu gewähren, um Dritten den Weitervertrieb im eigenen Namen und auf eigene Rechnung zu ermöglichen. Hierbei sind die getätigten und zukünftigen Investitionen für innovative Dienste zu berücksichtigen,
4. bestimmte für die Interoperabilität der Ende-zu-Ende-Kommunikation notwendige Voraussetzungen, einschließlich der Bereitstellung von Einrichtungen für intelligente Netzdienste oder Roaming (die Ermöglichung der Nutzung von Mobilfunknetzen anderer Betreiber auch außerhalb des Versorgungsbereichs des nachfragenden Mobilfunknetzbetreibers für dessen Endnutzer) zu schaffen,
5. Zugang zu Systemen für die Betriebsunterstützung oder ähnlichen Softwaresystemen, die zur Gewährleistung eines chancengleichen Wettbewerbs bei der Bereitstellung von Diensten notwendig sind, unter Sicherstellung der Effizienz bestehender Einrichtungen zu gewähren,
6. im Rahmen der Erfüllung der Zugangsverpflichtungen nach diesem Absatz oder Absatz 3 Nutzungsmöglichkeiten von Zugangsleistungen sowie Kooperationsmzwischen den zum Zugang berechtigten Unternehmen zuzulassen, es sei denn, ein Betreiber mit beträchtlicher Marktmacht weist im Einzelfall nach, dass eine Nutzungsmöglichkeit oder eine Kooperation aus technischen Gründen nicht oder nur eingeschränkt möglich ist,
7. Zugang zu Dienstleistungen im Bereich der einheitlichen Rechnungsstellung sowie zur Entgegennahme oder dem ersten Einzug von Zahlungen nach den nachfolgenden Maßgaben zu gewähren, soweit die

허용의무가 정당화되는지와, 그 진입허용의무가 제2조에 따른 규제목표에 적절한 관계에 있는지 여부의 심사시 특히 다음 각 호를 고려해야 한다:

1. 가령 전선관에 대한 진입과 같은, 1차 시장의 다른 진입상품의 수용능력을 포함하여(einschließlich der Tragfähigkeit anderer vorgelagerter Zugangsprodukte, wie etwa der Zugang zu Leitungsrohren) 상호접속 및 진입의 성질과 유형을 고려한 것으로, 시장발전의 속도를 고려한 경쟁 설비의 이용 또는 설치의 기술적·경제적 수용능력,
2. 이용 가능한 능력을 고려한 제안된 진입 허용의 필요성,
3. 있을 수 있는 행해진 공공투자 및 투자위험을 고려하여(unter Berücksichtigung etwaiger getätigter öffentlicher Investitionen und der Investitionsrisiken) 설비 소유자의 초기 투자,
4. 무엇보다도 장기적으로 보다 강화된 경쟁을 확보하는, 기반설비에 대한 효율적 투자의 유인책에 의한 경쟁의 장기간의 확보 필요성을 포함하여, 기반시설 영역에서 경제적으로 유효경쟁(有效競爭)에 대해 특별히 고려한, 경쟁의 장기간의 확보 필요성,
5. 상업적 보호권이나 지식재산권에 대한 권리,
6. 유럽전역에서의 서비스의 제공,
7. 본 편에 따라 이미 부과된 의무나, 시장의 대부분에서 승낙(承諾)이 이뤄진, 시장에서의 자율적 청약(freiwillige Angebote am Markt, die von einem großen Teil des Marktes angenommen werden)이 제2조상의 규제목표를 보장하는 데 충분한지 여부.

② 연방망관리청은, 상당한 시장지배력을 보유한 공중전기통신망운영자에게 제1항을 준수하여 특히 다음 각 호의 의무를 부과할 수 있다,

1. 분리 광대역접속(廣帶域接續)을 포함하여 특정한 통신망요소 또는 통신망설비에 대한 진입(Zugang zu bestimmten Netzkomponenten oder -einrichtungen)을 허용할 의무,
2. 이미 허용된 설비에 대한 진입을 사후적으로 거부하지 않을 의무,
3. 제3자에게 자신의 이름 또는 계산으로 재판매(再販賣)가 가능하도록 하기 위하여(um Dritten den Weitervertrieb im eigenen Namen und auf eigene Rechnung zu ermöglichen), 그 서비스에 대해 최종이용자에게 청약하는 것과 같이, 도매조건으로 그 운영자가 청약한 특정 서비스에 대한 진입을 허용할 의무, 이 경우 혁신적 서비스에 대한 행해진 투자 및 장래의 투자를 고려해야 한다,
4. 지능망(知能網)서비스 또는 로밍에 대한 설비의 제공(수요자인 이동통신망운영자의 공급범위 밖에서도 그 이동통신사업자의 최종소비자를 위하여 다른 운영자의 이동통신망의 이용을 가능하게 하는 것)을 포함하여, '종단(終端) 대 종단(終端)의 통신의 상호운영성(Interoperabilität)'을 위해 필요한 특정 요건을 마련할 의무,
5. 기존 설비의 효율성을 보장하에(unter Sicherstellung der Effizienz bestehender Einrichtungen), 서비스의 제공에 있어 기회균등한 경쟁의 보장에 필요한, 운영지원시스템 또는 이와 유사한 소프트웨어시스템(die Betriebsunterstützung oder ähnlichen Softwaresystemen)에 대한 진입(進入)을 허용(許容)할 의무(義務),
6. 본 항 또는 제3항에 따른 진입허용의무의 이행의 범위 내에서 진입급부의 이용가능성과, 진입할 권리를 가진 기업들 간의 협력가능성을 허용할 의무, 다만 상당한 시장지배력을 가진 운영자가 개별사안에서 이용가능성 또는 협력이 기술적 이유에서 가능하지 않거나 제한적으로만 가능하다는 점(dass eine Nutzungsmöglichkeit oder eine Kooperation aus technischen Gründen nicht oder nur eingeschränkt möglich ist)을 증명한 경우에는 그러하지 아니하다,
7. 청구서발행인이 자신의 접속고객(Anschlusskunden)이 선택할 수 있는 사업자(事業者)로, 공중이 이용가능한 전기통신역무제공자가 속한 관련시장의 대부분(dem überwiegenden Teil des insoweit

Rechnungsersteller nicht eine Vereinbarung mit dem überwiegenden Teil des insoweit relevanten Marktes der von ihren Anschlusskunden auswählbaren Anbietern von öffentlich zugänglichen Telekommunikationsdiensten abgeschlossen haben und auch anderen Anbietern, die nicht an einer solchen Vereinbarung beteiligt sind, diskriminierungsfreien Zugang zu diesen Dienstleistungen nach den in der Vereinbarung niedergelegten Bedingungen gewähren:

a) Soweit der Endnutzer mit anderen Anbietern von öffentlich zugänglichen Telekommunikationsdiensten nicht etwas anderes vereinbart, ist ihm eine Rechnung vom Rechnungsersteller zu erstellen, die unabhängig von der Tarifgestaltung auch die Entgelte für Telekommunikationsdienstleistungen, Leistungen nach § 78 Absatz 2 Nummer 4 und telekommunikationsgestützte Dienste anderer Anbieter ausweist, die über den Netzzugang des Endnutzers in Anspruch genommen werden. Dies gilt auch für Entgelte für während der Telefonverbindung übertragene Berechtigungscodes, wenn diese ausschließlich Dienstleistungen zum Gegenstand haben. Die Zahlung an den Rechnungsersteller für diese Entgelte erfolgt einheitlich für die gesamte in Anspruch genommene Leistung wie für dessen Forderungen.

b) Eine Verpflichtung zur Rechnungserstellung kann nicht auferlegt werden für zeitunabhängig tarifierte Leistungen im Sinne von Buchstabe a Satz 1 und 2 mit Entgelten über 30 Euro (ab dem 1. Januar 2008 über 10 Euro), zeitabhängig tarifierte telekommunikationsgestützte Dienste und Leistungen nach Buchstabe a Satz 2 jeweils mit Entgelten über 2 Euro pro Minute sowie für alle Dienste, für die ein Legitimationsverfahren erforderlich ist. Eine Verpflichtung zur Reklamationsbearbeitung der für Dritte abgerechneten Leistungen, zur Mahnung und zur Durchsetzung der Forderungen Dritter kann ebenfalls nicht auferlegt werden.

c) Zu Zwecken der Reklamationsbearbeitung, der Mahnung sowie der Durchsetzung von Forderungen für Leistungen im Sinne von Buchstabe a Satz 1 und 2 sind den Anbietern von öffentlich zugänglichen Telekommunikationsdiensten vom Rechnungsersteller die erforderlichen Bestandsdaten zu übermitteln. Soweit der Anbieter Leistungen im Sinne von Buchstabe a Satz 2 dem Kunden selbst in Rechnung stellt, sind ihm ab dem 1. April 2005 die erforderlichen Bestandsdaten vom Rechnungsersteller zu übermitteln.

d) Anbieter von öffentlich zugänglichen Telekommunikationsdiensten haben dem Rechnungsersteller gegenüber sicherzustellen, dass ihm keine Datensätze für Leistungen zur Abrechnung übermittelt werden, die nicht den gesetzlichen oder den verbraucherschutzrechtlichen Regelungen entsprechen. Der Rechnungsersteller trägt weder die Verantwortung noch haftet er für die für Dritte abgerechneten Leistungen.

e) Der Rechnungsersteller hat in seinen Mahnungen einen drucktechnisch deutlich hervorgehobenen Hinweis aufzunehmen, dass der Kunde nicht nur den Mahnbetrag, sondern auch den gegebenenfalls höheren, ursprünglichen Rechnungsbetrag mit befreiender Wirkung an den Rechnungsersteller zahlen kann.

8. Zugang zu zugehörigen Diensten wie einem Identitäts-, Standort- und Präsenzdienst zu gewähren.

(3) Die Bundesnetzagentur soll Betreibern öffentlicher Telekommunikationsnetze, die über beträchtliche Marktmacht verfügen, folgende Verpflichtungen nach Absatz 1 auferlegen:

1. Zugang zu nicht aktiven Netzkomponenten zu gewähren,

2. vollständig entbündelten Zugang zum Teilnehmeranschluss sowie gemeinsamen Zugang zum

relevanten Marktes der von ihren Anschlusskunden auswählbaren Anbietern von öffentlich zugänglichen Telekommunikationsdiensten)에 대하여 약정을 체결하지 않았고, 그러한 약정에 당사자로 참가하지 않은 다른 제공자에 대해서도 그 약정에서 정해진 조건에 따라 통일적 청구서발행의 영역 내의 용역(用役)에 대한 비차별적 진입을 허용하는 범위 내에서, 그 용역(用役)에 대한 진입과, 다음 각 목의 기준에 따라, 지급금의 수령 또는 제1회 수금(收金)에 대한 진입을 허용할 의무:

a) 최종이용자가 공중이 이용 가능한 다른 전기통신역무제공자와 다른 약정을 체결하지 않은 범위 내에서(Soweit der Endnutzer mit anderen Anbietern von öffentlich zugänglichen Telekommunikationsdiensten nicht etwas anderes vereinbart), 요금제(料金制) 불문하고 다른 제공자의 전기통신용역, 제78조 제2항 제4호에 따른 급부 및 전기통신에 기반한 서비스에 대한 요금으로, 최종이용자의 통신망이용을 통해 청구되는 요금도 명시된 청구서를, 청구서발행인이 최종이용자에게 발행해야 한다. 그 전화연결이 오로지 노무제공을 목적으로 하는 경우에는 전화연결 도중에 전송되는 수권(授權)코드에 대한 요금에 대해서도 또한 같다. 그 요금에 대하여 청구서발행인에게 지급하는 것은 그 발행인의 채권에 대해서 하는 것처럼 이용한 급부(給付) 전체(全體)에 대하여 통일적(統一的)으로 행해진다.

b) 30유로를 초과하는(2008년 1월 1일부터는 10유로 초과) 요금이 매겨진 급부로, a목 제1문, 제2문상의 시간에 무관하게 요금이 책정된 급부, 시간에 무관하게 요금이 책정된 전기통신에 기반한 서비스와, 분당 2유로를 초과하는 요금이 각각 매겨지는 a목 제2문에 따른 급부에 대하여, 그리고 정당화절차에 필요한 모든 서비스에 대하여는 청구서발행의무가 부과될 수 없다. 제3자에게 청구한 급부에 대한 불만처리에 관한 의무, 제3자의 채권에 대한 최고 및 실현에 관한 의무도(Eine Verpflichtung zur Reklamationsbearbeitung der für Dritte abgerechneten Leistungen, zur Mahnung und zur Durchsetzung der Forderungen) 마찬가지로 부과될 수 없다.

c) 불만처리의 목적, a목 제1문, 제2문상의 급부에 대한 채권의 최고 및 실현의 목적을 위하여(Zu Zwecken der Reklamationsbearbeitung, der Mahnung sowie der Durchsetzung von Forderungen für Leistungen) 필요한 가입자신상정보는 청구서발행인이 공중이 이용 가능한 전기통신역무제공자에게 이전해야 한다. 제공자가 a목 제2문상의 급부에 대하여 고객에게 직접 청구하지 않는 범위 내에서, 2005년 4월 1일부터 필요한 가입자신상정보(die erforderlichen Bestandsdaten)는 청구서발행인이 그 제공자에게 이전해야 한다.

d) 공중이 이용 가능한 전기통신역무제공자는 청구서발행인에게, 법(法)상 규정이나 소비자보호법상 규정에 부합하지 않는 급부에 대한 데이터세트가 결제를 위해 자신에게 이전되지 않는다는 점을 보장해야 한다. 청구서발행인은 제3자에게 청구한 급부에 대하여 책임도 부담하지 않고 이에 대해 책임지지도 아니한다(Der Rechnungsersteller trägt weder die Verantwortung noch haftet er für die für Dritte abgerechneten Leistungen).

e) 청구서발행인은 자신의 채권최고서(債權催告書)에서 고객이 최고금액(催告金額)뿐만 아니라 경우에 따라서는 청구서발행인에 대하여 채무소멸의 효과를 지닌, 보다 많은 당초 청구서금액(den gegebenenfalls höheren, ursprünglichen Rechnungsbetrag mit befreiender Wirkung an den Rechnungsersteller)을 지급할 수 있다는 점을 그 서류에 명확하게 나타나는 언급을 기재해야 한다.

8. 신원확인서비스, 위치제공서비스 및 프레존스서비스와 같은 연관서비스에 대한 진입.

③ 연방망관리청은, 상당한 시장지배력을 보유한 공중전기통신망운영자에게 제1항에 따른 다음 각 호의 의무를 부과해야 한다:

1. 수동형 통신망구성요소에 대한 진입을 허용할 의무,
2. 가입자회선에 대한 완전히 통신망세분화한(vollständig entbündelten) 이용과 가입자회선의 공동 이용

Teilnehmeranschluss zu gewähren,
3. Zusammenschaltung von Telekommunikationsnetzen zu ermöglichen,
4. offenen Zugang zu technischen Schnittstellen, Protokollen oder anderen Schlüsseltechnologien, die für die Interoperabilität von Diensten oder Dienste für virtuelle Netze unentbehrlich sind, zu gewähren,
5. Kollokation oder andere Formen der gemeinsamen Nutzung von Einrichtungen wie Gebäuden, Leitungen und Masten zu ermöglichen sowie den Nachfragern oder deren Beauftragten jederzeit Zutritt zu diesen Einrichtungen zu gewähren.
6. Zugang zu bestimmten Netzkomponenten, -einrichtungen und Diensten zu gewähren, um unter anderem die Betreiberauswahl oder die Betreibervorauswahl zu ermöglichen.

(4) Weist ein Betreiber nach, dass durch die Inanspruchnahme der Leistung die Aufrechterhaltung der Netzintegrität oder die Sicherheit des Netzbetriebs gefährdet würde, erlegt die Bundesnetzagentur die betreffende Zugangsverpflichtung nicht oder in anderer Form auf. Die Aufrechterhaltung der Netzintegrität und die Sicherheit des Netzbetriebs sind nach objektiven Maßstäben zu beurteilen.

(5) Wenn die Bundesnetzagentur einem Betreiber die Verpflichtung auferlegt, den Zugang bereitzustellen, kann sie technische oder betriebliche Bedingungen festlegen, die vom Betreiber oder von den Nutzern dieses Zugangs erfüllt werden müssen, soweit dies erforderlich ist, um den normalen Betrieb des Netzes sicherzustellen. Verpflichtungen, bestimmte technische Normen oder Spezifikationen zugrunde zu legen, müssen mit den nach Artikel 17 der Richtlinie 2002/21/EG festgelegten Normen und Spezifikationen übereinstimmen.

§ 22 Zugangsvereinbarungen

(1) Ein Betreiber eines öffentlichen Telekommunikationsnetzes, der über beträchtliche Marktmacht verfügt und dem eine Zugangsverpflichtung nach § 21 auferlegt worden ist, hat gegenüber anderen Unternehmen, die diese Leistung nachfragen, um Telekommunikationsdienste anbieten zu können, unverzüglich, spätestens aber drei Monate nach Auferlegung der Zugangsverpflichtung, ein Angebot auf einen entsprechenden Zugang abzugeben.

(2) Zugangsvereinbarungen, die ein Betreiber eines öffentlichen Telekommunikationsnetzes, der über beträchtliche Marktmacht verfügt, abschließt, bedürfen der Schriftform.

(3) (weggefallen)

§ 23 Standardangebot

(1) Die Bundesnetzagentur kann einen Betreiber eines öffentlichen Telekommunikationsnetzes, der über beträchtliche Marktmacht verfügt, verpflichten, in der Regel innerhalb von drei Monaten ein Standardangebot für die Zugangsleistung zu veröffentlichen, für die eine allgemeine Nachfrage besteht.

(2) Soweit ein Betreiber eines öffentlichen Telekommunikationsnetzes mit beträchtlicher Marktmacht kein oder ein nach Absatz 1 unzureichendes Standardangebot vorlegt, ermittelt die Bundesnetzagentur, für welche Zugangsleistungen eine allgemeine Nachfrage besteht. Zu diesem Zweck gibt die Bundesnetzagentur tatsächlichen oder potentiellen Nachfragern nach solchen Leistungen Gelegenheit zur Stellungnahme. Im Anschluss daran gibt sie dem Betreiber mit beträchtlicher Marktmacht Gelegenheit zur Stellungnahme dazu, welche der ermittelten Leistungen nach seiner Ansicht Bestandteil eines Standardangebots werden sollen.

(3) Die Bundesnetzagentur soll innerhalb einer Frist von vier Monaten unter Berücksichtigung der

을 허용할 의무,

3. 전기통신망의 상호접속을 가능하게 할 의무,
4. 기술적 인터페이스, 프로토콜[144)] 또는 서비스의 상호운영성이나 가상네트워크서비스에 필수적인 그 밖의 핵심적 과학기술에 대하여 개방된 진입을 허용할 의무,
5. 건물, 회선(回線), 마스트와 같은 설비의 병설(倂設) 또는 그 밖의 공동이용 방식을 가능하게 하고, 수요자 또는 그 대리인이 언제든지 이러한 설비에 진입할 수 있게 할(den Nachfragern oder deren Beauftragten jederzeit Zutritt zu diesen Einrichtungen zu gewähren) 의무,
6. 특히 운영자선택 또는 운영자사전선택을 가능하게 하기 위하여 특정한 통신망구성요소, 통신망설비 및 서비스에 대한 진입을 허용할 의무.

④ 어느 운영자가 급부의 이용으로 통신망중립성 유지이나 통신망운영의 안전성이 위태롭게 될 것이라는 점을 증명한 경우에, 연방망관리청은 문제가 되는 진입허용의무를 부과하지 않거나 다른 방식으로 부과한다. 통신망완전성 유지와 통신망운영의 안전성(Die Aufrechterhaltung der Netzintegrität und die Sicherheit des Netzbetriebs)은 객관적 기준에 따라 판단해야 한다.

⑤ 연방망관리청이 어느 운영자에게 진입을 제공할 의무를 부과한다면, 연방망관리청은, 이것이 통신망의 통상적 운용을 확보하는 데 필요한 범위 내에서 그 운영자 또는 이러한 진입의 이용자(vom Betreiber oder von den Nutzern dieses Zugangs)가 이행해야만 하는, 기술적 또는 운영상의 조건(technische oder betriebliche Bedingungen)을 정할 수 있다. 특정한 기술표준서 또는 기술시방서에 기반한 의무(erpflichtungen, bestimmte technische Normen oder Spezifikationen zugrunde zu legen)는 2002/21/EG호 입법지침 제17조에 따라 정해진 표준 및 내역과 일치해야만 한다.

제22조 진입약정

① 상당한 시장지배력을 보유하고 제21조에 따른 진입허용의무를 부과받은 공중전기통신망운영자는, 이러한 급부를 필요로 하는 다른 기업에게(gegenüber anderen Unternehmen, die diese Leistung nachfragen) 전기통신역무를 제공하기 위하여 지체 없이, 다만 늦어도 진입허용의무 부과시로부터 3개월이내(spätestens aber drei Monate nach Auferlegung der Zugangsverpflichtung)에 관련 진입에 대한 청약을 표시해야(ein Angebot auf einen entsprechenden Zugang abzugeben) 한다.

② 현저한 지배력을 보유한 공중전기통신망운영자가 체결한 진입약정(Zugangsvereinbarungen)은 서면방식이 요구된다.

③ 삭제

제23조 표준청약서

① 연방망관리청은 상당한 시장지배력을 보유한 공중전기통신망운영자에게, 일반적 수요가 있는 진입급부에 대한 표준청약서(ein Standardangebot für die Zugangsleistung)를 통상적으로 3개월간 공표할 의무를 부과할 수 있다.

② 상당한 시장지배력을 가진 공중전기통신망운영자가 표준청약서를 제출하지 않거나 제1항에 따른 불완전한 표준청약서를 제출하는 범위 내에서, 연방망관리청은 어느 진입급부에 대하여 일반적 수요가 있는지를 조사한다. 이러한 목적을 위하여 연방망관리청은 그러한 급부에 대한 실제 수요자나 잠재적 수요자에게 의견진술을 할 기회를 부여한다. 그 부여 후에 연방방관리청은 상당한 시장지배력을 가진 운영자에게, 조사한 급부 중 어느 급부가 그 운영자의 견해에 의할 때 표준청약서의 구성부분이 되어야 하는지(welche der ermittelten Leistungen nach seiner Ansicht Bestandteil eines Standardangebots werden sollen)에 관하여 의견진술을 할 기회를 부여한다.

③ 연방망관리청은 4개월의 기간 내에 제2항에 따른 의견진술을 고려하여 상당한 시장지배력을 가진

Stellungnahmen nach Absatz 2 die Zugangsleistungen festlegen, die der Betreiber mit beträchtlicher Marktmacht als Standardangebot anbieten muss. Die Bundesnetzagentur fordert den Betreiber auf, innerhalb einer bestimmten Frist ein entsprechendes Standardangebot mit Bereitstellungs- und Nutzungsbedingungen einschließlich der Entgelte vorzulegen. Sie kann diese Aufforderung verbinden mit bestimmten Vorgaben für einzelne Bedingungen, einschließlich Vertragsstrafen, insbesondere in Bezug auf Chancengleichheit, Billigkeit und Rechtzeitigkeit. Dieses Standardangebot muss so umfassend sein, dass es von den einzelnen Nachfragern ohne weitere Verhandlungen angenommen werden kann. Die vorgenannten Sätze gelten auch für den Fall, dass der Betreiber mit beträchtlicher Marktmacht ein unzureichendes Standardangebot vorgelegt hat.

(4) Die Bundesnetzagentur prüft die vorgelegten Standardangebote und nimmt Veränderungen vor, soweit Vorgaben für einzelne Bedingungen, einschließlich Vertragsstrafen, insbesondere in Bezug auf Chancengleichheit, Billigkeit und Rechtzeitigkeit nicht umgesetzt wurden. Die Bundesnetzagentur versieht Standardangebote in der Regel mit einer Mindestlaufzeit. Der Betreiber mit beträchtlicher Bedingungen, einschließlich Vertragsstrafen, insbesondere in Bezug auf Chancengleichheit, Billigkeit und Marktmacht muss beabsichtigte Änderungen oder eine Einstellung des Standardangebots drei Monate vor Ablauf der Mindestlaufzeit gegenüber der Bundesnetzagentur anzeigen. Die Entscheidungen nach Absatz 3 und 4 Satz 1 und 2 können nur insgesamt angegriffen werden. Für die Regulierung der Entgelte gelten die §§ 27 bis 37.

(5) Sofern eine Zugangsleistung bereits Gegenstand einer Zugangsvereinbarung nach § 22 ist, kann die Bundesnetzagentur den Betreiber eines öffentlichen Telekommunikationsnetzes, der über beträchtliche Marktmacht verfügt, verpflichten, diese Zugangsleistung als Standardangebot auch anderen Nachfragern diskriminierungsfrei anzubieten, wenn zu erwarten ist, dass für diese Zugangsleistung eine allgemeine Nachfrage entstehen wird. Dies gilt auch für Zugangsleistungen, zu deren Erbringung ein Betreiber eines öffentlichen Telekommunikationsnetzes, der über beträchtliche Marktmacht verfügt, im Rahmen einer Anordnung nach § 25 verpflichtet worden ist.

(6) Die Bundesnetzagentur kann einen Betreiber eines öffentlichen Telekommunikationsnetzes, der über beträchtliche Marktmacht verfügt, verpflichten, eine Änderung des Standardangebots vorzunehmen, wenn sich die allgemeine Nachfrage wesentlich geändert hat. Dies kann sich sowohl auf die Leistungen selbst als auch auf wesentliche Bedingungen für deren Erbringung beziehen. Für die Änderung des Standardangebots gelten die Absätze 2 bis 5 entsprechend.

(7) Hat die Bundesnetzagentur einem Betreiber eines öffentlichen Telekommunikationsnetzes, der über beträchtliche Marktmacht verfügt, Verpflichtungen nach § 21 hinsichtlich des Zugangs zur Netzinfrastruktur auf Vorleistungsebene auferlegt, so stellt sie sicher, dass der Betreiber ein Standardangebot veröffentlicht, das mindestens die in Anhang II der Richtlinie 2002/19/EG genannten Komponenten umfasst. § 20 bleibt unberührt.

(8) Der Betreiber ist verpflichtet, das Standardangebot in seine Allgemeinen Geschäftsbedingungen aufzunehmen.

§ 24 Getrennte Rechnungsführung

(1) Die Bundesnetzagentur kann einem Betreiber eines öffentlichen Telekommunikationsnetzes, der über

③ 연방망관리청은 4개월의 기간 내에 제2항에 따른 의견진술을 고려하여 상당한 시장지배력을 가진 운영자가 표준청약서로 청약해야만 하는 진입급부를 정해야 한다. 연방망관리청은 그 운영자에게 정해진 기간 내에 요금을 포함하여 제공조건 및 이용조건이 기재된 관련 표준청약서를 제출하도록(innerhalb einer bestimmten Frist ein entsprechendes Standardangebot mit Bereitstellungs- und Nutzungsbedingungen einschließlich der Entgelte vorzulegen) 요구할 수 있다. 연방망관리청은 이러한 요구와, 위약금을 포함하여 개별 조건에 대해 정한 조항(Vorgaben), 특히 기회균등, 형평, 적시성(適時性)에 관하여 정한 조항을 결부시킬 수 있다. 이러한 표준청약서는, 각각의 수요자가 이에 대해 추가적 교섭 없이 승낙할 수 정도로(dass es von den einzelnen Nachfragern ohne weitere Verhandlungen angenommen werden kann) 완비(完備)되어야만 한다. 전문(前文)들은 상당한 시장지배력을 가진 운영자가 불완전한 표준청약서(ein unzureichendes Standardangebot)를 제출한 경우에도 적용한다.
④ 연방망관리청은 제출된 표준청약서를 검토한 다음 위약금을 포함하여 개별 조건에 대한 조항, 특히 기회균등, 형평, 적시성(適時性)에 관한 규정이 변경되지 않는 범위 내에서(soweit Vorgaben für einzelne Rechtzeitigkeit nicht umgesetzt wurden) 수정을 가한다. 연방망관리청은 통상적으로 최소유효기간으로 하여 표준청약서를 규정한다. 상당한 시장지배력을 가진 운영자는, 표준청약서의 계획하는 수정 또는 사용중지(insbesondere in Bezug auf Chancengleichheit, Billigkeit und Marktmacht muss beabsichtigte Änderungen oder eine Einstellung des Standardangebots)를 최소유효기간의 만료 3개월 전(前)에 연방망관리청에 신고해야만 한다. 제3항, 제4항 제1문, 제2문에 따른 판정(判定)은 일괄적으로만(nur insgesamt) 취해질 수 있다. 요금에 대한 규제에 대하여(Für die Regulierung der Entgelte) 제27조 내지 제37조를 적용한다.
⑤ 진입급부가 제22조에 따른 진입약정의 목적인 경우에 그 진입급부에 대해 일반적 수요가 발생할 것으로 예상된다면(wenn zu erwarten ist, dass für diese Zugangsleistung eine allgemeine Nachfrage entstehen wird), 연방망관리청은 상당한 시장지배력을 보유한 공중전기통신망운영자에게 다른 수요자에 대해서도 그 진입급부에 대하여 차별 없이 표준청약서로 청약을 하도록(diese Zugangsleistung als Standardangebot auch anderen Nachfragern diskriminierungsfrei anzubieten) 의무를 부과할 수 있다. 상당한 시장지배력을 보유한 공중전기통신망운영자가 제25조에 따른 명령의 범위 내에서 그 제공을 할 의무를 지게 된 진입급부에 대해서도 또한 같다.
⑥ 일반적 수요가 현저하게 변경된 경우에(wenn sich die allgemeine Nachfrage wesentlich geändert hat), 연방망관리청은 상당한 시장지배력을 보유한 공중전기통신망운영자에게 표준청약서를 수정하도록 의무를 부과할 수 있다. 이는 급부 자체에 관련될 수 있을 뿐만 아니라 급부 제공에 대한 핵심적 조건(sowohl auf die Leistungen selbst als auch auf wesentliche Bedingungen für deren Erbringung)에 관련될 수 있다. 표준청약서의 수정에 대하여 제2항 내지 제5항을 준용한다.
⑦ 연방망관리청이, 상당한 시장지배력을 보유한 공중전기통신망운영자에게 통신망기반시설에 관한 진입에 관한 제21조에 따른 의무를 도매수준으로(auf Vorleistungsebene) 부과하는 경우에 연방망관리청은, 그 운영자가 최소한 '2002/19/EG호 입법지침 부록 Ⅱ'에서 언급된 요소를 포함하는(das mindestens die in Anhang II der Richtlinie 2002/19/EG genannten Komponenten umfasst) 표준청약서를 공표한다는 점을 보장한다. 제20조는 영향을 받지 아니한다.
⑧ 그 운영자는 표준청약서를 자신의 보통거래약관으로(in seine Allgemeinen Geschäftsbedingungen) 수용할 의무를 진다.

제24조 분리회계
① 연방망관리청은 상당한 시장지배력을 가진 공중전기통신망운영자에게 진입급부와 관련된 특정

beträchtliche Marktmacht verfügt, für bestimmte Tätigkeiten im Zusammenhang mit Zugangsleistungen eine getrennte Rechnungsführung vorschreiben. Die Bundesnetzagentur verlangt insbesondere von einem vertikal integrierten Unternehmen in der Regel, seine Vorleistungspreise und seine internen Verrechnungspreise transparent zu gestalten. Damit sollen unter anderem Verstöße gegen das Diskriminierungsverbot und unzulässige Quersubventionen verhindert werden. Die Bundesnetzagentur kann dabei konkrete Vorgaben zu dem zu verwendenden Format sowie zu der zu verwendenden Rechnungsführungsmethode machen.

(2) Die Bundesnetzagentur kann verlangen, dass ihr die Kostenrechnungs- und Buchungsunterlagen nach Absatz 1 einschließlich sämtlicher damit zusammenhängender Informationen und Dokumente auf Anforderung in vorgeschriebener Form vorgelegt werden. Die Bundesnetzagentur kann diese Informationen in geeigneter Form veröffentlichen, soweit dies zur Erreichung der in § 2 genannten Ziele beiträgt. Dabei sind die Bestimmungen zur Wahrung von Geschäfts- oder Betriebsgeheimnissen zu beachten.

§ 25 Anordnungen durch die Bundesnetzagentur

(1) Kommt eine Zugangsvereinbarung nach § 22 oder eine Vereinbarung über Zugangsleistungen nach § 18 ganz oder teilweise nicht zustande und liegen die nach diesem Gesetz erforderlichen Voraussetzungen für eine Verpflichtung zur Zugangsgewährung vor, ordnet die Bundesnetzagentur nach Anhörung der Beteiligten innerhalb einer Frist von zehn Wochen ab Anrufung durch einen der an der zu schließenden Zugangsvereinbarung Beteiligten den Zugang an. In besonders zu begründenden Fällen kann die Bundesnetzagentur innerhalb der in Satz 1 genannten Frist das Verfahren auf höchstens vier Monate verlängern.

(2) Eine Anordnung ist nur zulässig, soweit und solange die Beteiligten keine Zugangs- oder Zusammenschaltungsvereinbarung treffen.

(3) Die Anrufung nach Absatz 1 muss in Schriftform erfolgen; sie muss begründet werden. Insbesondere muss dargelegt werden,

1. welchen genauen Inhalt die Anordnung der Bundesnetzagentur haben soll,
2. wann der Zugang und welche konkreten Leistungen dabei nachgefragt worden sind,
3. dass ernsthafte Verhandlungen stattgefunden haben oder Verhandlungen vom Anrufungsgegner verweigert worden sind,
4. bei welchen Punkten keine Einigung erzielt worden ist und
5. im Falle des Begehrens bestimmter technischer Maßnahmen Erläuterungen zu deren technischer Ausführbarkeit.

Die Anrufung kann bis zum Erlass der Anordnung widerrufen werden.

(4) Zur Erreichung der in § 2 genannten Ziele kann die Bundesnetzagentur auch von Amts wegen ein Verfahren einleiten.

(5) Gegenstand einer Anordnung können alle Bedingungen einer Zugangsvereinbarung sowie die Entgelte sein. Die Bundesnetzagentur darf die Anordnung mit Bedingungen, einschließlich Vertragsstrafen, in Bezug auf Chancengleichheit, Billigkeit und Rechtzeitigkeit verknüpfen. Hinsichtlich der festzulegenden Entgelte gelten die §§ 27 bis 38.

한 활동에 대하여 분리회계를 명령할 수 있다. 연방망관리청은 특히 수직적으로 통합된 기업에 통상적으로 자신의 도매가(都賣價)과 내부이전가격[145] 명확하게 정하도록(seine Vorleistungspreise und seine internen Verrechnungspreise transparent zu gestalten) 요구한다. 이로써 무엇보다도 차별금지(差別禁止)와 불허된 교차보조금에 대한 위반(Verstöße gegen das Diskriminierungsverbot und unzulässige Quersubventionen)이 저지된다. 이 경우 연방망관리청은 사용해야 하는 양식(樣式) 및 회계방법에 대한 구체적 지침(konkrete Vorgaben zu dem zu verwendenden Format sowie zu der zu verwendenden Rechnungsführungsmethode)을 정할 수 있다.

② 연방망관리청은, 제1항에 따른 비용계산서류 및 회계서류(이와 연관된 정보 및 문서 일체가 포함됨; einschließlich sämtlicher damit zusammenhängender Informationen und Dokumente)가 자신에게, 그 요구가 있는 경우 규정된 방식으로 제출하도록 요구할 수 있다. 연방방관리청은, 이것이 제2조상의 목표의 달성에 기여하는 범위 내에서(soweit dies zur Erreichung der in § 2 genannten Ziele beiträgt) 이러한 자료들을 적절한 방식으로 공표한다. 이 경우 사업비밀 및 기업비밀의 보호에 관한 규정(die Bestimmungen zur Wahrung von Geschäfts- oder Betriebsgeheimnissen)을 준수해야 한다.

제25조 연방망관리청에 의한 요구

① 제22조에 따른 진입약정 또는 제18조에 따른 진입급부에 관한 약정이 전부 또는 부분적으로 체결되지 않고(Kommt eine Zugangsvereinbarung nach § 22 oder eine Vereinbarung über Zugangsleistungen nach § 18 ganz oder teilweise nicht zustande) 본 법률에 따라 필요한, 진입허용의무에 대한 요건이 존재하는 경우에, 연방망관리청은 당사자에 대한 청문을 거쳐(nach Anhörung der Beteiligten) 체결해야 하는 체결해야 하는 진입약정의 당사자 중 1인에 의한 이의제기시로부터 10주의 기간 내에 진입을 명한다. 특별히 정당한 이유가 있는 경우에(In besonders zu begründenden Fällen), 연방방관리청은 제1항상의 기간 내에 그 절차를 최대 4개월(auf höchstens vier Monate)로 연장할 수 있다.

② 당사자가 진입약정 또는 상호접속약정을 체결하지 않는 범위 내에서 그와 같은 동안에 한하여 명령은 허용된다.

③ 제1항에 따른 이의제기는 서면으로 해야만 한다: 그 이의제기는 이유를 기재해야 한다. 특히 다음 각 호가 기재되어야 한다,

1. 연방망관리청의 명령은 정확히 어떤 내용인지,
2. 이 경우 왜 그 진입이 필요하게 되었고 또 어떤 구체적 급부가 필요하게 된 것인지,
3. 진지한 교섭이 행해졌는지 여부(dass ernsthafte Verhandlungen stattgefunden haben) 또는 교섭이 이의제기인에 의해 거부되었는지,
4. 어느 사항에 대하여 합의가 성사되었는지,
5. 특정 기술적 조치의 요구의 경우에 기술적 그 조치의 기술적 실행가능성에 대한 설명(zu deren technischer Ausführbarkeit).

이의는 명령 발령시까지 철회할 수 있다.

④ 연방망관리청은 제2조상의 목표 달성을 위해(Zur Erreichung der in § 2 genannten Ziele) 직권으로도 절차를 개시할 수 있다.

⑤ 진입약정의 모든 조건과 요금(alle Bedingungen einer Zugangsvereinbarung sowie die Entgelte)이 명령의 대상(Gegenstand einer Anordnung)이 될 수 있다. 연방망관리청은 위약금을 포함하여 기회균등, 형평 및 적시성에 관한 조건을 결부시킬 수 있다. 정한 요금에 대하여(Hinsichtlich der festzulegenden Entgelte) 제27조 내지 제38조를 적용한다.

(6) Sind sowohl Bedingungen einer Zugangsvereinbarung streitig als auch die zu entrichtenden Entgelte für nachgefragte Leistungen, soll die Bundesnetzagentur hinsichtlich der Bedingungen und der Entgelte jeweils Teilentscheidungen treffen. Sofern die Bundesnetzagentur Teilentscheidungen trifft, gelten für diese jeweils die in Absatz 1 genannten Fristen. Die Anordnung der Bundesnetzagentur kann nur insgesamt angegriffen werden.

(7) Im Laufe des Verfahrens vorgelegte Unterlagen werden nur berücksichtigt, wenn dadurch die Einhaltung der nach Absatz 1 bestimmten Frist nicht gefährdet wird.

(8) Die betroffenen Betreiber müssen eine Anordnung der Bundesnetzagentur unverzüglich befolgen, es sei denn, die Bundesnetzagentur hat in der Anordnung eine Umsetzungsfrist bestimmt. Zur Durchsetzung der Anordnung kann die Bundesnetzagentur nach Maßgabe des Verwaltungsvollstreckungsgesetzes ein Zwangsgeld bis zu einer Million Euro festsetzen.

§ 26 Veröffentlichung

Die Bundesnetzagentur veröffentlicht die nach diesem Abschnitt getroffenen Maßnahmen unter Wahrung von Betriebs- oder Geschäftsgeheimnissen der betroffenen Unternehmen.

Abschnitt 3 Entgeltregulierung

Unterabschnitt 1 Allgemeine Vorschriften

§ 27 Ziel der Entgeltregulierung

(1) Ziel der Entgeltregulierung ist es, eine missbräuchliche Ausbeutung, Behinderung oder Diskriminierung von Endnutzern oder von Wettbewerbern durch preispolitische Maßnahmen von Unternehmen mit beträchtlicher Marktmacht zu verhindern.

(2) Die Bundesnetzagentur hat darauf zu achten, dass Entgeltregulierungsmaßnahmen in ihrer Gesamtheit aufeinander abgestimmt sind (Konsistenzgebot). Die Bundesnetzagentur nimmt insbesondere eine zeitliche und inhaltliche Abstimmung ihrer Entgeltregulierungsmaßnahmen vor, und sie prüft bei den jeweiligen Entgeltregulierungsmaßnahmen, ob diese in einem angemessenen Verhältnis zu den Zielen nach § 2 stehen.

(3) Die Bundesnetzagentur hat, soweit Belange von Rundfunk und vergleichbaren Telemedien nach § 2 Absatz 6 Satz 1 betroffen sind, die zuständige Landesmedienanstalt hierüber zu informieren und an eingeleiteten Verfahren zu beteiligen. Auf Antrag der zuständigen Landesmedienanstalt prüft die Bundesnetzagentur auf der Grundlage dieses Gesetzes die Einleitung eines Verfahrens und die Anordnung von Maßnahmen nach den folgenden Bestimmungen.

§ 28 Missbräuchliches Verhalten eines Unternehmens mit beträchtlicher Marktmacht bei der Forderung und Vereinbarung von Entgelten

(1) Ein Anbieter von Telekommunikationsdiensten, der über beträchtliche Marktmacht verfügt, oder ein Betreiber eines öffentlichen Telekommunikationsnetzes, der über beträchtliche Marktmacht verfügt, darf diese Stellung bei der Forderung und Vereinbarung von Entgelten nicht missbräuchlich ausnutzen. Ein Missbrauch liegt insbesondere vor, wenn das Unternehmen Entgelte fordert, die

1. nur auf Grund seiner beträchtlichen Marktmacht auf dem jeweiligen Markt der Telekommunikation

⑥ 진입약정의 조건뿐만 아니라 필요로 하는 서비스에 대한 지급해야 하는 요금에 대해서도 다툼이 있는 경우에는(Sind sowohl Bedingungen einer Zugangsvereinbarung streitig als auch die zu entrichtenden Entgelte für nachgefragte Leistungen), 연방망관리청은 그 조건 및 요금에 대하여 각각 일부판정(一部判定)을 해야 한다. 연방망관리청이 일부판정을 하는 경우에 그 일부판정에 대하여 제1항상의 기간을 각각 적용한다. 연방망관리청의 명령(Die Anordnung der Bundesnetzagentur)은 일괄적으로만 행해질 수 있다.
⑦ 그 절차 진행 도중에 제출된 서류는 이에 의하여 제1항에 따라 정해진 기간의 준수가 위태롭게 되지 않는 경우에 한하여 고려된다.
⑧ 해당 운영자는 연방망관리청의 명령을 지체 없이 준수해야만 하고, 다만 연방망관리청이 그 명령에서 이행기간을 정한 경우에는 그러하지 아니하다. 연방망관리청은 명령의 집행을 위하여(Zur Durchsetzung der Anordnung) 행정집행법의 기준에 좇아(nach Maßgabe des Verwaltungsvollstreckungsgesetzes) 1,000,000유로 이내의 강제금을 부과할 수 있다.

第26조 공표
연방망관리청은 해당 기업의 기업비밀 및 사업비밀의 보호하면서 본 장에 따라 취해진 조치(die nach diesem Abschnitt getroffenen Maßnahmen)를 공표한다.

제3장 요금규제

제1절 총칙

第27조 요금규제의 목표
① 요금규제의 목표는 상당한 시장지배력을 가진 기업의 가격정책상의 조치에 의한(durch preispolitische Maßnahmen von Unternehmen mit beträchtlicher Marktmacht) 최종이용자 또는 경쟁사업자에 대한 남용적 악용, 방해 또는 차별을 방지하는 데 있다.
② 연방망관리청은, 요금규제조치가 전체적으로 상호간에 일관성을 갖도록 유의해해야 한다('일관성요청'; Konsistenzgebot). 연방망관리청은 특히 자신의 요금규제조치가 시간적·내용상의 일관성(eine zeitliche und inhaltliche Abstimmung ihrer Entgeltregulierungsmaßnahmen)을 이루도록 하고, 또한 각각 요금규제조치에 있어 제2조에 따른 목표와 적절한 관계에 있는지 여부(ob diese in einem angemessenen Verhältnis zu den Zielen nach § 2 stehen)를 심사한다.
③ 연방망관리청은, 제2조 제6항 제1문에 따른 방송 또는 이와 유사한 전기정보통신서비스의 이익의 해당하는 범위 내에서 관할 주방송통신청[146](州通信放送廳)(die zuständige Landesmedienanstalt)에 이에 관하여 알리고 개시된 절차에 당사자로서 참여하게 해야 한다. 관할 주방송통신청의 요구가 있는 경우 연방망관리청은 본 법률에 근거하여(auf der Grundlage dieses Gesetzes) 절차의 개시와 다음의 규정들에 따른 조치의 명령(die Anordnung von Maßnahmen nach den folgenden Bestimmungen)을 심사한다.

第28조 상당한 시장지배력을 가진 어느 기업의 요금의 청구 및 약정에 있어(bei der Forderung und Vereinbarung von Entgelten) 남용행위(濫用行爲)
① 상당한 시장지배력을 보유한(der über beträchtliche Marktmacht verfügt) 전기통신역무제공자 또는 공중전기통신망운영자는 요금의 청구 및 약정에 있어 이러한 지위(diese Stellung bei der Forderung und Vereinbarung von Entgelten)를 남용해서는 아니된다. 특히 다음 각 호의 경우에 남용(濫用)이 있는 것이다,
1. 그 기업이 각각의 전기통신시장에서 자신의 시장지배력에 기하여만 시행될 수 있는 요금을 청구하는

durchsetzbar sind,

2. die Wettbewerbsmöglichkeiten anderer Unternehmen auf einem Telekommunikationsmarkt auf erhebliche Weise beeinträchtigen oder
3. einzelnen Nachfragern Vorteile gegenüber anderen Nachfragern gleichartiger oder ähnlicher Telekommunikationsdienste einräumen,

es sei denn, dass für die Verhaltensweisen nach den Nummern 2 und 3 eine sachliche Rechtfertigung nachgewiesen wird. Die Differenzierung von Entgelten im Rahmen von Risikobeteiligungsmodellen bei Projekten zur Errichtung von Netzen der nächsten Generation stellt in der Regel keine Verhaltensweise im Sinne von Satz 2 Nummer 3 dar, wenn sie der Aufteilung des Investitionsrisikos zwischen Investoren sowie zwischen Investoren und Zugangsbegehrenden dient und alle tatsächlichen und potenziellen Nachfrager bei Berücksichtigung des Risikos gleich behandelt werden.

(2) Ein Missbrauch im Sinne von Absatz 1 Satz 2 Nummer 2 wird vermutet, wenn

1. das Entgelt der betreffenden Leistung deren langfristige zusätzliche Kosten einschließlich einer angemessenen Verzinsung des eingesetzten Kapitals nicht deckt,
2. die Spanne zwischen dem Entgelt, das der Betreiber eines öffentlichen Telekommunikationsnetzes, der über beträchtliche Marktmacht verfügt, Wettbewerbern für eine Zugangsleistung in Rechnung stellt, und dem entsprechenden Endnutzerentgelt nicht ausreicht, um einem effizienten Unternehmen die Erzielung einer angemessenen Verzinsung des eingesetzten Kapitals auf dem Endnutzermarkt zu ermöglichen (Preis-Kosten-Schere) oder
3. ein Unternehmen bei seinem Produktangebot eine sachlich ungerechtfertigte Bündelung vornimmt. Bei der Frage, ob dies der Fall ist, hat die Bundesnetzagentur insbesondere zu prüfen, ob es effizienten Wettbewerbern des Unternehmens mit beträchtlicher Marktmacht möglich ist, das Bündelprodukt zu vergleichbaren Konditionen anzubieten.

§ 29 Anordnungen im Rahmen der Entgeltregulierung

(1) Die Bundesnetzagentur kann im Rahmen oder zur Vorbereitung von Verfahren der Entgeltregulierung anordnen, dass

1. ihr von einem Unternehmen mit beträchtlicher Marktmacht detaillierte Angaben zum Leistungsangebot, zum aktuellen und erwarteten Umsatz für Dienstleistungen, zu den aktuellen und erwarteten Absatzmengen und Kosten, zu den voraussehbaren Auswirkungen auf die Endnutzer sowie auf die Wettbewerber und sonstige Unterlagen und Angaben zur Verfügung gestellt werden, die sie zur sachgerechten Ausübung ihres Entgeltregulierungsrechts auf Grund dieses Gesetzes für erforderlich hält und
2. ein Unternehmen mit beträchtlicher Marktmacht die Kostenrechnung in einer Form ausgestaltet, die es der Bundesnetzagentur ermöglicht, die für die Entgeltregulierung auf Grund dieses Gesetzes notwendigen Daten zu erlangen.

Die Bundesnetzagentur kann zusätzlich die Übermittlung der Unterlagen nach den Nummern 1 und 2 auf Datenträgern anordnen. Das Unternehmen hat die Übereinstimmung mit den schriftlichen Unterlagen zu versichern.

(2) Die Bundesnetzagentur kann einem Unternehmen mit beträchtlicher Marktmacht Verpflichtungen in Bezug auf Kostenrechnungsmethoden erteilen. In diesem Fall kann sie das Unternehmen mit

경우,
2. 그 기업이 어느 전기통신시장에서 다른 기업의 경쟁기회(Wettbewerbsmöglichkeiten)을 중대한 방법으로 침해하는 요금을 청구하는 경우,
3. 그 기업이 동종 또는 유사한 전기통신역무의 다른 수요자에 비하여 특정한 (자신의) 수요자에게 (einzelnen Nachfragern) 혜택을 주는 요금을 청구하는 경우,

다만, 제2호, 제3호에 따른 행위(Verhaltensweisen)에 대하여 객관적 정당화사유가 증명된 경우에는 그러하지 아니하다. 그 차별이 투자자들 간의 투자위험의 배분과 투자자와 진입요구자 간의 투자위험의 배분을 위한 것이고 모든 실제 수요자 및 잠재적 수요자를 그 위험을 고려에서 동등하게 대우하는 경우에는, 차세대통신망의 건설을 위한 프로젝트에서의 위험분산모델의 범위 내의 요금의 차별(Die Differenzierung von Entgelten im Rahmen von Risikobeteiligungsmodellen bei Projekten zur Errichtung von Netzen der nächsten Generation)은 통상적으로 제2문 제3호상의 행위에 해당하지 아니한다.

② 다음 각 호의 경우에 제1항 제2문 제2호상의 남용은 추정된다,
1. 문제가 되는 급부의 요금이 투하자본에 대한 적절한 이자를 포함하여 그 급부의 장기적 추가비용을 충당하지 못하는 경우,
2. 상당한 시장지배력을 보유한 공중전기통신망운영자가 진입급부에 대하여 경쟁사업자에 청구하는 요금과 관련 최용이용자요금 간의 마진이, 최종이용시장에서 효율적인 기업으로 하여금 투하자본의 적절한 이자의 수취(收取; Erzielung)를 가능하게 할 정도로(um einem effizienten Unternehmen die Erzielung einer angemessenen Verzinsung des eingesetzten Kapitals auf dem Endnutzermarkt zu ermöglichen) 충분하지 않은 경우('마진부족'; Preis-Kosten-Schere),
3. 어느 기업이 자신의 상품공급시 객관적으로 정당화되지 않는 끼워팔기를 한 경우(ein Unternehmen bei seinem Produktangebot eine sachlich ungerechtfertigte Bündelung vornimmt). 이것이 그러한 경우에 해당하는지 여부의 문제에 있어 연방망관리청은, 특히 그 기업이 상당한 시장지배력을 가진 기업의 효율적 경쟁사업자에게 유사한 조건에 끼워 판 상품을 공급하는 것이 가능한지 여부를 심사한다.

제29조 요금규제 일환으로 하는 명령

① 연방망관리청은 요금규제 절차의 도중에서 또는 이를 준비하기 위하여(im Rahmen oder zur Vorbereitung von Verfahren der Entgeltregulierung),
1. 상당한 시장지배력을 가진 기업이 급부제공에 관한 상세한 정보, 용역(用役)에 대한 실제 매출액 및 예상매출액에 관한 상세한 정보, 예상한 판매량 및 비용과 실제의 그것에 관한 상세한 정보, 최종이용자 및 경쟁사업자에 대한 예상 가능한 영향에 관한 상세한 정보와, 연방망관리청이 본 법률에 기하여 자신의 적절한 요금규제권을 행사하는 데 필요한 것으로 본(die sie zur sachgerechten Ausübung ihres Entgeltregulierungsrechts auf Grund dieses Gesetzes für erforderlich hält) 기타 서류 및 정보가 연방망관리청에 제공되도록 명령한다,
2. 상당한 시장지배력을 가진 어느 기업이, 연방망관리청으로 하여금 본 법률에 기한 요금규제에 필요한 정보를 취득하는 것을 가능하도록 하는 방식으로 원가계산(die Kostenrechnung)을 구성하도록 명령(命令)한다.

연방망관리청은, 데이터저장매체[147]에 의한(auf Datenträgern), 제1호, 제2호에 따른 서류의 제공을 추가로 명령할 수 있다. 그 기업은 (정보저장매체에 의한 제공이) 서면에 의한 서류와 일치하도록(die Übereinstimmung mit den schriftlichen Unterlagen) 보장해야 한다.

② 연방망관리청은 상당한 시장지배력을 가진 어느 기업이 원가계산방법에 관련한 의무를 부과할 수 있다. 이러한 경우 연방망관리청, 자신이 직접 관련 공표를 하지 않는 한(sofern sie nicht selbst eine

beträchtlicher Marktmacht verpflichten, eine Beschreibung der den Auflagen entsprechenden Kostenrechnungsmethode öffentlich verfügbar zu machen, in der mindestens die wichtigsten Kostenarten und die Regeln der Kostenzuweisung aufgeführt werden, sofern sie nicht selbst eine entsprechende Veröffentlichung vornimmt. Die Anwendung der Kostenrechnungsmethode wird von der Bundesnetzagentur überprüft; diese kann auch eine unabhängige Stelle mit der Überprüfung beauftragen. Das Prüfergebnis wird einmal jährlich veröffentlicht.

(3) Die Bundesnetzagentur kann ein Unternehmen mit beträchtlicher Marktmacht durch gesonderte Entscheidung verpflichten, Zugang unter bestimmten Tarifsystemen anzubieten und bestimmte Kostendeckungsmechanismen anzuwenden, soweit dies erforderlich ist, um die Regulierungsziele nach § 2 zu erreichen. Die Bundesnetzagentur hat bei Auferlegung dieser Verpflichtungen sicherzustellen, dass die wirtschaftliche Effizienz und ein nachhaltiger Wettbewerb gefördert wird und die Verpflichtungen möglichst vorteilhaft für den Endnutzer sind. Trifft die Bundesnetzagentur eine Entscheidung nach Satz 1, hat der Anbieter mit beträchtlicher Marktmacht innerhalb von zwei Wochen einen entsprechenden Entgeltantrag vorzulegen. Die Bundesnetzagentur entscheidet nach Vorlage des Antrags oder nach Ablauf der Frist innerhalb von vier Wochen.

(4) Zur Durchsetzung der Anordnungen nach den Absätzen 1 und 2 kann nach Maßgabe des Verwaltungsvollstreckungsgesetzes ein Zwangsgeld bis zu einer Million Euro festgesetzt werden.

(5) Die Bundesnetzagentur kann vorschreiben, in welcher Form ein Entgelt oder eine Entgeltänderung einschließlich der Leistungsbeschreibung und sonstiger entgeltrelevanter Bestandteile zu veröffentlichen ist.

(6) Die Bundesnetzagentur kann auch von Unternehmen, die nicht über beträchtliche Marktmacht verfügen, Angaben nach Absatz 1 Nr. 1 verlangen sowie nach Absatz 4 vorgehen, wenn dies zur sachgerechten Ausübung der Entgeltregulierung nach diesem Teil erforderlich ist.

Unterabschnitt 2 Regulierung von Entgelten für Zugangsleistungen

§ 30 Entgeltregulierung

(1) Einer Genehmigung durch die Bundesnetzagentur nach Maßgabe des § 31 unterliegen Entgelte für nach § 21 auferlegte Zugangsleistungen von Betreibern öffentlicher Telekommunikationsnetze, die über beträchtliche Marktmacht verfügen. Abweichend von Satz 1 kann die Bundesnetzagentur solche Entgelte einer nachträglichen Regulierung nach § 38 oder nach § 38 Absatz 2 bis 4 unterwerfen, wenn dies ausreicht, um die Regulierungsziele nach § 2 zu erreichen.

(2) Einer nachträglichen Regulierung nach § 38 Absatz 2 bis 4 unterliegen:

1. Entgelte, die ein Betreiber im Rahmen von Verpflichtungen nach § 18 verlangt, sowie
2. Entgelte eines Betreibers, der über beträchtliche Marktmacht verfügt, für andere als in Absatz 1 Satz 1 genannte Zugangsleistungen.

Abweichend von Satz 1 kann die Bundesnetzagentur solche Entgelte einer nachträglichen Regulierung nach § 38 oder einer Genehmigung nach Maßgabe des § 31 unterwerfen, wenn dies erforderlich ist, um die Regulierungsziele nach § 2 zu erreichen oder im Fall von Satz 1 Nummer 1 den End-zu-End-Verbund von Diensten zu gewährleisten.

(3) Die Bundesnetzagentur stellt bei der Regulierung von Entgelten sicher, dass alle Entgelte die

entsprechende Veröffentlichung vornimmt), 상당한 시장지배력을 가진 기업에 대하여, 그 부담에 따른 원가계산방법의 설명서로, 최소한 가장 중요한 원가항목과 원가배정규칙이 기재된(in der mindestens die wichtigsten Kostenarten und die Regeln der Kostenzuweisung aufgeführt werden) 설명서(Beschreibung)를 공중이 접근할 수 있도록 의무를 부과한다. 원가산정방법의 적용은 연방망관리청이 검사한다; 연방망관리청은 독립된 기관에 대해서 검증을 위탁할 수도 있다(diese kann auch eine unabhängige Stelle mit der Überprüfung beauftragen). 검증결과는 매년 한 차례 공표된다.

③ 연방망관리청은, 이것이 제2조에 따른 규제목표를 달성하는 데 필요한 범위 내에서, 현저한 지배력을 가진 기업에 별도의 판정으로(durch gesonderte Entscheidung), 특정한 요금체계로 진입을 청약하고 또 특정한 원가회수(原價回收)메커니즘을 적용하도록 의무를 부과할 수 있다. 연방망관리청은 이러한 의무부과에 있어 경제적 효율성과 지속적 경쟁이 촉진되며 의무가 가능한 한 최종이용자에게 유리하도록(dass die wirtschaftliche Effizienz und ein nachhaltiger Wettbewerb gefördert wird und die Verpflichtungen möglichst vorteilhaft für den Endnutzer sind) 보장한다. 연방망관리청이 제1문에 따른 판정을 하는 경우에 상당한 시장지배력을 가진 제공자는 2주 이내에 관련 요금신청을 제출해야 한다. 연방방관리청은 그 신청의 제출 후에 또는 4주간 기간의 경과 후에(nach Ablauf der Frist innerhalb von vier Wochen) 결정을 한다.

④ 제1항, 제2항에 따른 명령의 집행을 위해 행정집행법상의 기준에 따라 1,000,000유로 이하의 강제금이 부과될 수 있다.

⑤ 연방방관리청은, 급부설명(給付說明)과 기타 요금관련 구성부분을 포함하여(einschließlich der Leistungsbeschreibung und sonstiger entgeltrelevanter Bestandteile) 요금 또는 요금변경이 어떤 방식으로 공표되어야 하는지에 대하여 규정할 수 있다.

⑥ 연방망관리청은 상당한 시장지배력을 보유하지 않은 기업애 대해서도 제1항 제1호에 따른 정보를 요구할 수 있고, 그 조치가 본 편(篇)에 따른, 적절한 요금규제를 행사하는 데 필요한 경우에 제4항에 따라 조치할 수 있다.

제2절 진입급부에 대한 요금의 규제

제30조 요금규제

① 상당한 시장지배력을 보유한 제21조에 따라 부과된, 공중전기통신망운영자의 진입급부에 대한 요금은 제31조의 기준에 따른, 연방망관리청의 인가를 적용받는다. 이것이 제2조에 따른 규제목표를 달성하는 데 충분한 경우에(wenn dies ausreicht, um die Regulierungsziele nach § 2 zu erreichen) 제1문과 달리, 연방망관리청은 그러한 요금에 대하여 제38조에 따른 사후규제 또는 제38조 제2항 내지 제4항에 따른 사후규제를 적용할 수 있다.

② 다음 각 호에 대하여 제38조 제2항 내지 제4항에 따른 사후규제를 적용한다:

1. 어느 운영자가 제18조의 의무의 범위 내에서 청구하는 요금,
2. 상당한 시장지배력을 보유한 운영자의 요금으로, 제1항 제1문상의 진입급부 이외의 진입급부에 대한(für andere als in Absatz 1 Satz 1 genannte Zugangsleistungen) 요금.

이것이 제2조의 규제목표를 달성하는 데 필요하거나 제1문 제1호의 경우에 서비스의 단말기 대 단말기의 연결을 보장하는(im Fall von Satz 1 Nummer 1 den End-zu-End-Verbund von Diensten zu gewährleisten) 데 필요한 경우에, 제1문과 달리 연방망관리청은 그러한 요금에 대하여 제38조에 따른 사후규제 또는 제31조상의 기준에 따른 인가를 적용할 수 있다.

③ 연방망관리청은 요금의 규제에 있어, 모든 요금이 경제적 효율성과 지속적 경쟁을 제고하고 소비자에

wirtschaftliche Effizienz und einen nachhaltigen Wettbewerb fördern und für die Verbraucher nicht nur kurzfristig, sondern auch mittel- und langfristig möglichst vorteilhaft sind. Sie berücksichtigt bei der Regulierung von Entgelten die zugrunde liegenden Investitionen und ermöglicht eine angemessene Verzinsung des eingesetzten Kapitals. Bei Netzen der nächsten Generation trägt sie dabei den etwaigen spezifischen Investitionsrisiken unter weitestgehender Beachtung vereinbarter Risikobeteiligungsmodelle Rechnung.

(4) (weggefallen)

(5) (weggefallen)

§ 31 Entgeltgenehmigung

(1) Die Bundesnetzagentur genehmigt Entgelte nach § 30 Absatz 1 Satz 1 oder Absatz 2 Satz 2

1. auf der Grundlage der auf die einzelnen Dienste entfallenden Kosten der effizienten Leistungsbereitstellung nach § 32 oder
2. auf der Grundlage der von ihr vorgegebenen Maßgrößen für die durchschnittlichen Änderungsraten der Entgelte für einen Korb zusammengefasster Dienste (Price-Cap-Verfahren) nach Maßgabe des § 33.

Genehmigte Entgelte dürfen die Summe der Kosten der effizienten Leistungsbereitstellung und der Aufwendungen nach § 32 Absatz 2 nicht überschreiten.

(2) Abweichend von Absatz 1 genehmigt die Bundesnetzagentur Entgelte

1. für Zugangsleistungen zu bestimmten, von einem Betreiber eines öffentlichen Telekommunikationsnetzes, der über beträchtliche Marktmacht verfügt, angebotenen Diensten zu Großhandelsbedingungen, die Dritten den Weitervertrieb im eigenen Namen und auf eigene Rechnung ermöglichen sollen, durch Gewährung eines Abschlags auf den Endnutzerpreis, der es einem effizienten Anbieter von Telekommunikationsdiensten ermöglicht, eine angemessene Verzinsung des eingesetzten Kapitals auf dem Endnutzermarkt zu erzielen; das Entgelt entspricht dabei mindestens den Kosten der effizienten Leistungsbereitstellung; oder
2. auf der Grundlage anderer Vorgehensweisen, sofern die Vorgehensweisen nach den Nummern 1 oder 2 besser als die in Absatz 1 genannten Vorgehensweisen geeignet sind, die Regulierungsziele nach § 2 zu erreichen. Im Fall von Satz 1 Nummer 2 gilt bei der Anwendung kostenorientierter Vorgehensweisen § 32 Absatz 2 und 3 entsprechend. Ein Vorgehen nach Satz 1 Nummer 2 ist besonders zu begründen.

(3) Genehmigungsbedürftige Entgelte für Zugangsleistungen des Betreibers eines öffentlichen Telekommunikationsnetzes, der über beträchtliche Marktmacht verfügt, sind der Bundesnetzagentur einschließlich aller für die Genehmigungserteilung erforderlichen Unterlagen vor dem beabsichtigten Inkrafttreten vorzulegen. Bei befristet erteilten Genehmigungen hat die Vorlage mindestens zehn Wochen vor Fristablauf zu erfolgen.

(4) Die Bundesnetzagentur kann dazu auffordern, Entgeltgenehmigungsanträge zu stellen. Wird der Aufforderung nicht innerhalb eines Monats nach Zugang Folge geleistet, leitet die Bundesnetzagentur ein Verfahren von Amts wegen ein. Die Bundesnetzagentur soll über Entgeltanträge in der Regel innerhalb von zehn Wochen nach Eingang der Entgeltvorlage oder nach Einleitung des Verfahrens von Amts wegen entscheiden. Abweichend von Satz 3 soll die Bundesnetzagentur über Entgeltanträge, die im

게 단기적으로도 중·장기적으로도 가능한 한 이익이 되도록(dass alle Entgelte die wirtschaftliche Effizienz und einen nachhaltigen Wettbewerb fördern und für die Verbraucher nicht nur kurzfristig, sondern auch mittel- und langfristig möglichst vorteilhaft sind) 보장한다. 연방망관리청은 요금의 규제에 있어 기초가 된 투자를 고려하고 투하자본의 적절한 이자 수취를 가능하게 한다. 이 경우 차세대통신망의 경우에 합의된 위험분산모델을 폭넓게 고려하여(unter weitestgehender Beachtung vereinbarter Risikobeteiligungsmodelle) 발생할 수 있는 특수한 투자위험을 고려한다.

④ 삭제

⑤ 삭제

제31조 요금인가

① 연방망관리청은 다음 각 호에 기하여 제30조 제1항 제1문 또는 제2항 제2문에 따른 요금을 인가한다,

1. 각각의 서비스에 배정된 비용으로, 제32조에 따른 효율적 급부제공(effizienten Leistungsbereitstellung)의 비용에 근거하여 또는,
2. 하나의 범주(範疇)로 결합된 서비스(der Entgelte für einen Korb zusammengefasster Dienste)의 요금으로, 제33조에 따른 기준('요금상한절차'; Price-Cap-Verfahren)에 따른 요금의 평균적 변화율에 대하여 연방망관리청이 정한 기준에 근거하여.

인가된 요금은 효율적 급부제공비용과 제32조 제2항에 따른 경비의 합계(die Summe)를 초과해서는 아니 된다.

② 제1항과 달리 연방망관리청은,

1. 효율적 전기통신역무제공자로 하여금 최종소비시장에서 투하자본에 대한 적절한 이자를 얻게 해주는 소비자가격으로 할인해 줌으로써(durch Gewährung eines Abschlags auf den Endnutzerpreis, der es einem effizienten Anbieter von Telekommunikationsdiensten ermöglicht, eine angemessene Verzinsung des eingesetzten Kapitals auf dem Endnutzermarkt zu erzielen), 제3자에게 자신의 이름 또는 계산으로 재판매(再販賣)를 가능하게 하는 도매조건으로, 상당한 시장지배력을 보유한 공중전기통신망운영자가 청약하는 특정 서비스에 관한 진입급부에 대한 요금에 대하여 인가한다; 이 경우 그 요금은 최소한 효율적인 급부제공비용에 상응한다. 또는,
2. 제1호 또는 제2호에 따른 방안(方案)이 제1항상의 방안보다 제2조에 따른 규제목표를 달성하는 데 더 적합한 경우에, 그 밖의 방안(方案)에 기하여(auf der Grundlage anderer Vorgehensweisen) 요금을 인가한다. 제1문 제2호의 경우에 비용에 기반한 방안의 적용시(bei der Anwendung kostenorientierter Vorgehensweisen) 제32조 제2항, 제3항을 준용한다. 제1문 제2호에 따른 조치(措置)에 대하여 특별히 이유를 기재해야 한다.

③ 상당한 시장지배력을 보유한 공중전기통신망운영자의 진입급부 대한, 인가를 필요로 하는 요금은, 계획하는 시행 전에 그 인가부여에 필요한 일체의 서류를 포함하여(einschließlich aller für die Genehmigungserteilung erforderlichen Unterlagen) 연방망관리청(der Bundesnetzagentur)에 제출해야 한다. 기한부인가(期限附認可)의 경우 최소한 기한 경과 2주 전까지(mindestens zehn Wochen vor Fristablauf) 그 제출이 이뤄져야 한다.

④ 연방망관리청은 요금인가신청을 하도록 요구할 수 있다. 그 요구가 도달 후 1개월 이내에 이행되지 않은 경우에 연방망관리청은 직권으로 그 절차를 개시한다. 연방망관리청은, 통상적으로 요금제출의 도달시로부터 또는 직권에 의한 절차 개시시로부터 10주 이내에(innerhalb von zehn Wochen nach Eingang der Entgeltvorlage oder nach Einleitung des Verfahrens von Amts wegen) 요금신청에 대하여 판정한다. 제3문과 달리 연방망관리청은, 제33조에 따른 절차의 범위 내에서 제출된 요금신청에 대하여는(über

Rahmen des Verfahrens nach § 33 vorgelegt worden sind, innerhalb von zwei Wochen entscheiden.

§ 32 Kosten der effizienten Leistungsbereitstellung

(1) Die Kosten der effizienten Leistungsbereitstellung ergeben sich aus den langfristigen zusätzlichen Kosten der Leistungsbereitstellung und einem angemessenen Zuschlag für leistungsmengenneutrale Gemeinkosten, einschließlich einer angemessenen Verzinsung des eingesetzten Kapitals, soweit diese Kosten jeweils für die Leistungsbereitstellung notwendig sind. § 79 bleibt unberührt.

(2) Aufwendungen, die nicht in den Kosten der effizienten Leistungsbereitstellung enthalten sind, werden zusätzlich zu Absatz 1 nur berücksichtigt, soweit und solange hierfür eine rechtliche Verpflichtung besteht oder das die Genehmigung beantragende Unternehmen eine sonstige sachliche Rechtfertigung nachweist. Hält die Bundesnetzagentur bei der Prüfung der Kostennachweise wesentliche Bestandteile der nachgewiesenen Kosten für nicht effizient, fordert sie den Betreiber unverzüglich auf, darzulegen, ob und inwieweit es sich bei diesen Kostenbestandteilen um Aufwendungen im Sinne des Satzes 1 handelt.

(3) Bei der Festlegung der angemessenen Verzinsung des eingesetzten Kapitals berücksichtigt die Bundesnetzagentur insbesondere

1. die Kapitalstruktur des regulierten Unternehmens,
2. die Verhältnisse auf den nationalen und internationalen Kapitalmärkten und die Bewertung des regulierten Unternehmens auf diesen Märkten,
3. die Erfordernisse hinsichtlich der Rendite für das eingesetzte Kapital, wobei auch die leistungsspezifischen Risiken des eingesetzten Kapitals gewürdigt werden sollen. Das kann auch etwaige spezifische Risiken im Zusammenhang mit der Errichtung von Netzen der nächsten Generation im Sinne des § 30 Absatz 3 umfassen,
4. die langfristige Stabilität der wirtschaftlichen Rahmenbedingungen, auch im Hinblick auf die Wettbewerbssituation auf den Telekommunikationsmärkten.

§ 33 Price-Cap-Verfahren

(1) Die Bundesnetzagentur bestimmt den Inhalt der Körbe. Dabei dürfen Zugangsdienste nur insoweit in einem Korb zusammengefasst werden, als sich die erwartete Stärke des Wettbewerbs bei diesen Diensten nicht wesentlich unterscheidet.

(2) Die Bundesnetzagentur stellt das Ausgangsentgeltniveau der in einem Korb zusammengefassten Zugangsleistungen fest. Sofern bereits genehmigte Entgelte vorliegen, ist von diesen auszugehen.

(3) Die Maßgrößen für die Genehmigung nach § 31 Absatz 1 Satz 1 Nummer 2 umfassen

1. eine gesamtwirtschaftliche Preissteigerungsrate,
2. die zu erwartende Produktivitätsfortschrittsrate des Betreibers mit beträchtlicher Marktmacht und
3. Nebenbedingungen, die geeignet sind, einen Missbrauch nach § 28 zu verhindern.

(4) Bei der Vorgabe der Maßgrößen, insbesondere bei der Festlegung der Produktivitätsfortschrittsrate, ist das Verhältnis des Ausgangsentgeltniveaus zu den Kosten der effizienten Leistungsbereitstellung nach § 32 Absatz 1 zu berücksichtigen.

(5) Bei der Vorgabe der Maßgrößen sind die Produktivitätsfortschrittsraten von Unternehmen auf vergleichbaren, dem Wettbewerb geöffneten Märkten zu berücksichtigen.

(6) Die Bundesnetzagentur bestimmt, für welchen Zeitraum die Maßgrößen unverändert bleiben, anhand welcher Referenzzeiträume der Vergangenheit die Einhaltung der Maßgrößen geprüft wird und unter

Entgeltanträge) 2주 이내에 판정해야 한다.

제32조 효율적 급부제공비용

① 효율적 급부제공비용은, 이러한 비용이 각각 급부제공에 필요한 범위 내에서, 투하자본에 대한 적절한 이자를 포함하여 '급부제공의 장기 추가비용'과 '급부량(給付量)에 무관한 간접비용에 대한 적절한 추가비용'(einem angemessenen Zuschlag für leistungsmengenneutrale Gemeinkosten)에서 산출(算出)된다. 제79조는 영향을 받지 아니한다.

② 효율적인 급부제공비용에 포함되지 않는 경비는, 이에 대하여 법적 의무가 성립하거나 인가를 신청한 기업이 기타 객관적 정당성을 증명한 범위 내에서만 또 그러한 동안에만(soweit und solange) 제1항에 추가적으로 고려된다. 연방망관리청이 원가계산표의 심사에 있어 증명된 비용의 핵심적 부분을 비효율적으로 본 경우에, 연방망관리청은 그 운영자에게 지체 없이 이러한 경비부분이 제1문상의 경비에 해당하는지 여부, 어느 정도 해당하는지(ob und inwieweit es sich bei diesen Kostenbestandteilen um Aufwendungen im Sinne des Satzes 1 handelt)를 밝히도록 요구한다.

③ 투하자본에 대한 적절한 이자(der angemessenen Verzinsung des eingesetzten Kapitals)를 정함에 있어, 연방망관리청은 특히 다음 각 호를 고려한다,

1. 규제받는 기업의 자본구조,
2. 국내적·국제적 자본시장의 상황과 규제받는 기업의 이러한 시장에서의 평가(die Bewertung des regulierten Unternehmens auf diesen Märkten),
3. 투하자본에 대한 수익률로, 투하자본에 대한 급부에 특유한 위험도 평가되어야 수익률에 관한 요건. 이는, 제30조 제3항상의 차세대통신망의 설치에 관련하여 특수한 발생 가능한 위험도(auch etwaige spezifische Risiken im Zusammenhang mit der Errichtung von Netzen der nächsten Generation im Sinne des § 30 Absatz 3) 포함된다.
4. 전기통신시장에서의 경쟁상황에 관한 것도 포함하여(auch im Hinblick auf die Wettbewerbssituation auf den Telekommunikationsmärkten) 경제적 기본조건에 대한 장기적 안정성.

제33조 가격상한설정절차

① 연방망관리청은 그 범주의 내용을 정한다. 이 경우 진입급부의 예상되는 경쟁 강도(die erwartete Stärke des Wettbewerbs)가 뚜렷하게 구별되지 않는 범위 내에서만 진입급부가 하나의 범주로(in einem Korb) 결합될 수 있다.

② 연방망관리청은 하나의 범주로 결합된 진입급부의 개시요금수준을 정한다. 이미 인가된 요금이 있는 경우에 이러한 요금에서 시작해야 한다.

③ 제31조 제1항 제1문 제2호에 따른 인가에 대한 기준은 다음 각 호를 포함한다,

1. 거시경제상의 물가인상률,
2. 상당한 시장지배력(市場支配力)을 가진 운영자의 예상되는 생산성증가율(Produktivitätsfortschrittsrate),
3. 제28조에 따른 남용을 방지하는 데 적합한 부대조건.

④ 기준의 설정시, 특히 생산성증가율을 정함에 있어 개시요금수준과 제32조 제1항에 따른 효율적 급부제공비용의 관계(das Verhältnis des Ausgangsentgeltniveaus zu den Kosten der effizienten Leistungsbereitstellung nach § 32 Absatz 1)를 고려해야 한다.

⑤ 기준의 설정시 유사한 경쟁시장(競爭市場)의 기업(Unternehmen auf vergleichbaren, dem Wettbewerb geöffneten Märkten)의 생산성증가율을 고려해야 한다.

⑥ 연방망관리청은, 어느 기간 동안에 그 기준이 변경되지 않고 유지되는지, 과거의 어느 기준기간에 의하여 기준의 준수가 심사되는지를 정하고 또한 어느 요건하에 범주의 내용이 개정될 수 있는지 또는 하나

welchen Voraussetzungen der Inhalt von Körben geändert oder Preisdifferenzierungen innerhalb eines Korbes durchgeführt werden können.

§ 34 Kostenunterlagen

(1) Mit einem Entgeltantrag nach § 31 Absatz 3 und 4 hat das beantragende Unternehmen die zur Prüfung des Antrags erforderlichen Unterlagen vorzulegen, insbesondere:

1. aktuelle Kostennachweise, die auch auf Datenträgern zur Verfügung zu stellen sind,
2. eine detaillierte Leistungsbeschreibung einschließlich Angaben zur Qualität der Leistung und einen Entwurf der Allgemeinen Geschäftsbedingungen sowie die Angabe, ob die Leistung Gegenstand einer Zugangsvereinbarung nach § 22, eines überprüften Standardangebots nach § 23 oder einer Zugangsanordnung nach § 25 ist,
3. Angaben über den Umsatz, Absatzmengen, die Höhe der einzelnen Kosten nach Absatz 2 und der Deckungsbeiträge sowie die Entwicklung der Nachfragerstrukturen bei der beantragten Dienstleistung für die zwei zurückliegenden Jahre sowie das Antragsjahr und die darauf folgenden zwei Jahre und
4. soweit für bestimmte Leistungen oder Leistungsbestandteile keine Pauschaltarife beantragt werden, eine Begründung dafür, weshalb eine solche Beantragung ausnahmsweise nicht möglich ist.

(2) Die Kostennachweise nach Absatz 1 Nr. 1 umfassen die Kosten, die sich unmittelbar zuordnen lassen (Einzelkosten) und die Kosten, die sich nicht unmittelbar zuordnen lassen (Gemeinkosten). Im Rahmen der Kostennachweise nach Satz 1 sind insbesondere darzulegen:

1. die der Kostenrechnung zugrunde liegenden Einsatzmengen, die dazu gehörenden Preise, jeweils einzeln und als Durchschnittswert, sowie die im Nachweiszeitraum erzielte und erwartete Kapazitätsauslastung und
2. die Ermittlungsmethode der Kosten und der Investitionswerte sowie die Angabe plausibler Mengenschlüssel für die Kostenzuordnung zu den einzelnen Diensten des Unternehmens.

(3) Darüber hinaus hat das beantragende Unternehmen regelmäßig zu Beginn eines jeden Geschäftsjahres die Gesamtkosten des Unternehmens sowie deren Aufteilung auf die Kostenstellen und auf die einzelnen Leistungen (Kostenträger) nach Einzel- und Gemeinkosten vorzulegen. Die Angaben für nicht regulierte Dienstleistungen können dabei zusammengefasst werden.

(4) Die Kostennachweise müssen im Hinblick auf ihre Transparenz und die Aufbereitung der Daten eine Prüfung durch die Bundesnetzagentur sowie eine Quantifizierung der Kosten der effizienten Leistungsbereitstellung und eine Entscheidung innerhalb der Frist nach § 31 Absatz 4 ermöglichen.

(5) Nicht mit dem Antrag vorgelegte Unterlagen werden nur berücksichtigt, wenn dadurch die Einhaltung der Verfahrensfristen nicht gefährdet wird. Sofern von der Bundesnetzagentur während des Verfahrens zusätzliche Unterlagen und Auskünfte angefordert werden, müssen diese nur dann berücksichtigt werden, wenn sie innerhalb einer von der Bundesnetzagentur gesetzten Frist vom beantragenden Unternehmen vorgelegt werden.

(6) Kostenrechnungsmethoden sind von dem beantragenden Unternehmen grundsätzlich antragsübergreifend einheitlich anzuwenden.

(7) Die Befugnisse nach § 29 bleiben unberührt.

§ 35 Verfahren der Entgeltgenehmigung

(1) Neben den der Bundesnetzagentur vorliegenden Kosteninformationen kann sie zusätzlich

의 범주 내의 가격차별화를 꾀할 수 있는지(unter welchen Voraussetzungen der Inhalt von Körben geändert oder Preisdifferenzierungen innerhalb eines Korbes durchgeführt werden können)를 정한다.

第34조 비용관련서류

① 신청 기업은 제31조 제3항, 제4항에 따른 요금신청과 함께 신청의 심사에 필요한 서류를 제출해야 하고, 특히 다음 각 호의 서류를 제출해야 한다:

1. 데이터저장매체로도 제공되어야 하는 최신 원가계산표,
2. 급부의 품질에 관한 정보를 포함하여 상세한 급부설명서(eine detaillierte Leistungsbeschreibung)와 보통거래약관의 시안(einen Entwurf der Allgemeinen Geschäftsbedingungen)과, 그 급부가 제22조에 따른 진입약정의 대상, 제23조에 따른 검사받은 표준청약서의 대상 혹은 제25조에 따른 진입명령의 대상이 되는지 여부에 관한 정보,
3. 매출액(賣出額), 판매량, 제2항에 따른 개별 비용액과 공헌이익[148]액(貢獻利益額)과, 지난 2년간 또 신청한 해와 신청한 해 다음의 2년간(für die zwei zurückliegenden Jahre sowie das Antragsjahr und die darauf folgenden zwei Jahre)의 신청한 용역(用役)의 수요자구조의 추이,
4. 특정 급부 또는 급부구성부분에 대하여 정액요금(定額料金; Pauschaltarife)이 신청되지 않는 범위 내에서 그러한 신청이 왜 예외적으로 가능하지 않은지에 대한 이유제시.

② 제1항 제1호에 따른 원가계산표는, 직접적으로 특정항목에 귀속되는 비용('직접비용'; Einzelkosten)과 직접적으로 특정항목에 귀속되지 않는 비용('간접비용';Gemeinkosten)를 포함한다. 제1문에 따른 원가계산표의 범위 내에서 특히 다음 각 호를 밝혀야 한다:

1. 원가계산의 기초가 되는 사용량(使用量), 각 개별적 가격 또 평균가(平均價)에 의한 원가계산에 속하는 가격(die dazu gehörenden Preise, jeweils einzeln und als Durchschnittswert)과, 검사기간에 달성하고 또 예상한 (설비)가동률[149],
2. 비용 및 투가가치의 평가방법(Ermittlungsmethode)과, 기업의 개별 서비스에 대한 비용귀속에 대한 타당한 수량적 척도법에 관한 정보(die Angabe plausibler Mengenschlüssel für die Kostenzuordnung).

③ 또한 신청 기업은 각 사업년도의 개시시에 정기적으로 기업의 총비용과, 직접비용 및 간접비용에 따른 배분으로, 총비용의 원가중심점[150](原價中心點)에 대한 배분 및 개별 급부에 대한 배분('비용부담자[151]'; Kostenträger)을 제출해야 한다. 이 경우 규제를 받지 않는 용역(用役)에 대한 정보(Die Angaben für nicht regulierte Dienstleistungen)가 합쳐질 수 있다.

④ 원가계산표는 그 목록의 명확성과 그 정보의 처리에 관련하여 연방망관리청에 의한 심사, 효율적 급부제공비용의 수량화(數量化)(eine Quantifizierung der Kosten der effizienten Leistungsbereitstellung)와, 제31조 제4항에 따른 기간 내에 판정이 가능하게 해야만 한다.

⑤ 신청과 함께 제출되지 않은 서류는 그 고려로 절차기간의 준수가 위태롭게 되지 않는 경우에 한하여 이를 고려한다. 연방망관리청이 절차 진행 중에 추가적 서류 및 정보를 요구하는 경우에(Sofern von der Bundesnetzagentur während des Verfahrens zusätzliche Unterlagen und Auskünfte angefordert werden), 이것들은 연방망관리청이 정한 기간 내에 신청 기업(beantragenden Unternehmen)이 제출한 경우에 한하여 고려해야만 한다.

⑥ 원가계산방법(Kostenrechnungsmethoden)은 신청 기업이 언제든지 모든 신청에 걸쳐 통일적으로 적용해야 한다.

⑦ 제29조에 따른 권한은 영향을 받지 아니한다.

第35조 요금인가 절차

① 연방망관리청은 제출된 비용정보 이외에 연방망관리청은 추가적으로,

1. Preise solcher Unternehmen als Vergleich heranziehen, die entsprechende Leistungen auf vergleichbaren, dem Wettbewerb geöffneten Märkten anbieten; dabei sind die Besonderheiten der Vergleichsmärkte zu berücksichtigen und
2. zur Ermittlung der Kosten der effizienten Leistungsbereitstellung auch eine von der Kostenberechnung des Unternehmens unabhängige Kostenrechnung anstellen und hierfür Kostenmodelle heranziehen.

Soweit die der Bundesnetzagentur vorliegenden Kosteninformationen für eine Prüfung der genehmigungspflichtigen Entgelte nach § 31 Absatz 1 Satz 1 Nummer 1 in Verbindung mit § 34 nicht ausreichen, kann die Entscheidung der Bundesnetzagentur auf einer Prüfung nach Satz 1 Nr. 1 oder 2 beruhen.

(2) Im Falle einer Genehmigung nach § 31 Absatz 1 Satz 1 Nummer 1 prüft die Bundesnetzagentur für jedes einzelne Entgelt die Einhaltung der Maßgaben nach den §§ 28 und 31 Absatz 1 Satz 2. Im Falle einer Genehmigung nach § 31 Absatz 1 Satz 1 Nummer 2 gelten bei Einhaltung der vorgegebenen Maßgrößen die Maßgaben nach § 28 und für den jeweiligen Korb nach § 31 Absatz 1 Satz 2 als erfüllt.

(3) Die Genehmigung ist ganz oder teilweise zu erteilen, soweit die Entgelte den Anforderungen des § 28 und im Fall einer Genehmigung nach § 31 Absatz 1 Satz 1 Nummer 1 und 2 den Anforderungen der §§ 28 und 31 Absatz 1 Satz 2 nach Maßgabe des Absatzes 2 entsprechen und keine Versagungsgründe nach Satz 2 oder 3 vorliegen. Die Genehmigung der Entgelte ist zu versagen, soweit die Entgelte mit diesem Gesetz, insbesondere mit § 28, oder anderen Rechtsvorschriften nicht in Einklang stehen. Die Bundesnetzagentur kann eine Genehmigung der Entgelte auch versagen, wenn das Unternehmen die in § 34 genannten Unterlagen nicht vollständig vorgelegt hat.

(4) Die Bundesnetzagentur soll die Genehmigung mit einer Befristung versehen.

(5) Beinhalten Entgeltgenehmigungen die vollständige oder teilweise Genehmigung eines vertraglich bereits vereinbarten Entgelts, so wirken sie zurück auf den Zeitpunkt der erstmaligen Leistungsbereitstellung durch das Unternehmen mit beträchtlicher Marktmacht. Das Gericht kann im Verfahren nach § 123 der Verwaltungsgerichtsordnung die vorläufige Zahlung eines beantragten höheren Entgelts anordnen, wenn überwiegend wahrscheinlich ist, dass der Anspruch auf die Genehmigung des höheren Entgelts besteht; der Darlegung eines Anordnungsgrundes bedarf es nicht. Verpflichtet das Gericht die Bundesnetzagentur zur Erteilung einer Genehmigung für ein höheres Entgelt, so entfaltet diese Genehmigung die Rückwirkung nach Satz 1 nur, wenn eine Anordnung nach Satz 2 ergangen ist. Der Antrag auf Erlass einer einstweiligen Anordnung nach § 123 Abs. 1 der Verwaltungsgerichtsordnung kann nur bis zum Ablauf von zwei Monaten nach Klageerhebung gestellt und begründet werden.

(5a) Werden Entgelte nach dem 31. Juli 2018 erstmalig genehmigt, findet Absatz 5 Satz 3 keine Anwendung, wenn der Vertragspartner gemäß Absatz 5 Satz 1 Zugangsleistungen nachfragt und dieses Unternehmen im letzten Geschäftsjahr vor der Klageerhebung, für das ein Jahresabschluss vorliegt, einen Jahresumsatz von mehr als 100 Millionen Euro erzielt hat. Umsätze verbundener Unternehmen im Sinne des § 3 Nummer 29 sind zu berücksichtigen, wenn die verbundenen Unternehmen ebenfalls Umsätze auf Telekommunikationsmärkten erzielen.

(6) In dem Verfahren nach Absatz 5 in Verbindung mit § 123 der Verwaltungsgerichtsordnung kann das Gericht durch Beschluss anordnen, dass nur solche Personen beigeladen werden, die dies innerhalb einer bestimmten Frist beantragen. Der Beschluss ist unanfechtbar. Er ist im elektronischen Bundesanzeiger bekannt zu machen. Er muss außerdem auf der Internetseite der Bundesnetzagentur veröffentlicht werden.

1. 유사한 경쟁시장에서(auf vergleichbaren, dem Wettbewerb geöffneten Märkten) 관련 급부를 제공하는 그러한 기업의 가격을 비교할 수 있다; 이 경우 비교시장의 특수성(die Besonderheiten der Vergleichsmärkte)을 고려해야 한다,
2. 효율적 급부제공비용을 산정하기 위하여 기업의 원가산정과 무관한 원가계산도 행하고, 이를 위하여 원가모델을 이용한다.

연방망관리청에 제출된 비용정보로, 제34조와 연결된 제31조 제1항 제1문 제1호에 따른 인가받을 의무가 있는 요금(genehmigungspflichtigen Entgelte)의 심사를 위한 비용정보가 충분하지 않은 범위 내에서 연방망관리청의 판정(die Entscheidung der Bundesnetzagentur)은 제1문 제1호 또는 제2호에 따른 심사에 근거할 수 있다.

② 제31조 제1항 제1문 제1호에 따른 인가의 경우에 연방관리청은 각 개별 요금에 대하여 제28조, 제31조 제1항 제2문에 따른 기준의 준수를 심사한다. 제31조 제1항 제1문 제2호에 따른 인가의 경우에 연방관리청은 규정된 기준의 준수에 있어 제29조에 따른 기준을 적용하고 제31조 제1항 제2문에 따른 각각의 범주에 대하여(für den jeweiligen Korb nach § 31 Absatz 1 Satz 2) 이행된 것으로 본다.

③ 그 요금이 제28조의 요구사항에 부합하고, 제31조 제1항 제1문 제1호, 제2호에 따른 인가의 경우에는 제28조, 제31조 제1항 제2문의 요구사항으로, 제2항의 기준에 따른 요구사항에 부합하며, 또 제2문, 제3문에 따른 거부사유가 없는 범위 내에서 인가는 전부 또는 일부에 대해 행해질 수 있다. 그 요금이 본 법률, 특히 제28조 또는 그 밖의 법규정에 부합하지 않는 범위 내에서(soweit die Entgelte mit diesem Gesetz, insbesondere mit § 28, oder anderen Rechtsvorschriften nicht in Einklang stehen) 요금의 인가를 거부해야 한다. 연방망관리청은, 그 기업이 제34조상의 서류를 완전하게 제출하지 않은 경우에도 요금의 인가를 거절할 수 있다.

④ 연방망관리청은 기한부(期限附)로 인가를 해야 한다.

⑤ 요금인가가 계약상 이미 약정된 요금의 전부 또는 부분적 인가를 포함하는 경우에, 요금인가는 상당한 시장지배력을 가진 기업에 의한 최초의 급부제공의 시점으로 소급하여 적용된다. 보다 높은 요금의 인가 청구권이 인정된다는 점에 대하여 고도의 개연성이 있는 경우에는(wenn überwiegend wahrscheinlich ist, dass der Anspruch auf die Genehmigung des höheren Entgelts besteht) 법원은 행정법원법 제123조에 따른 절차에서 보다 높은 신청 요금의 가지급을 명령할 수 있다; 명령이유의 제시는 요구되지 아니한다. 법원이 연방망관리청에 보다 높은 요금에 대한 인가 부여를 하도록 의무를 부과하는 경우에 제2문에 따른 명령이 발령되는 때에 한하여 이러한 인가에 의해 제1문에 따른 소급효가 발생한다(so entfaltet diese Genehmigung die Rückwirkung nach Satz 1 nur, wenn eine Anordnung nach Satz 2 ergangen ist). 행정법원법 제123조 제1항에 따른 잠정명령 발령 신청(Der Antrag auf Erlass einer einstweiligen Anordnung)은 제소시로부터 2개월 경과 전(前)까지만 할 수 있고 이에 이유를 제시해야 한다.

⑤a 2018년 7월 31일 후에 최초로 요금이 인가된 경우에 계약당사자가 제5항 제1문에 따른 진입급부를 필요로 하고, 이러한 기업이 제소 전(前)의 직전 사업년도로, 재무제표(財務諸表; Jahresabschluss[152]))가 제출된 사업년도에 1억 유로를 초과한 연간매출액을 달성한 때에는, 제5조 제3문을 적용하지 아니한다. 제3조 제29호상의 결합기업의 매출액(Umsätze verbundener Unternehmen)은, 결합기업이 전기통신시장에서의 매출액도 달성하는 경우에는(wenn die verbundenen Unternehmen ebenfalls Umsätze auf Telekommunikationsmärkten erzielen) 고려해야 한다.

⑥ 행정법원법 제123조와 연결된 제5항에 따른 절차에서 법원은 결정으로 일정한 기간 내에 이를 신청한 자(者)에 한하여 소환되도록(dass nur solche Personen beigeladen werden, die dies innerhalb einer bestimmten Frist beantragen) 명령한다. 그 결정은 불복할 수 없다. 그 결정은 연방전자관보에 공고해야 한다. 또한 그 결정은 연방망관리청의 인터넷사이트에 게재되어야만 한다. 그 공고는 법원이 그 공고에

Die Bekanntmachung kann zusätzlich in einem von dem Gericht für Bekanntmachungen bestimmten Informations- und Kommunikationssystem erfolgen. Die Frist muss mindestens einen Monat ab der Veröffentlichung im elektronischen Bundesanzeiger betragen. In der Veröffentlichung auf der Internetseite der Bundesnetzagentur ist mitzuteilen, an welchem Tag die Frist abläuft. Für die Wiedereinsetzung in den vorigen Stand bei Versäumung der Frist gilt § 60 der Verwaltungsgerichtsordnung entsprechend. Das Gericht soll Personen, die von der Entscheidung erkennbar in besonderem Maße betroffen werden, auch ohne Antrag beiladen. In den Fällen des § 35 Absatz 5a Satz 1 finden die Sätze 1 bis 9 auf sämtliche Rechtsbehelfsverfahren des Unternehmens mit beträchtlicher Marktmacht Anwendung, die auf die Genehmigung eines beantragten höheren Entgelts gerichtet sind.

(7) Die Bundesnetzagentur veröffentlicht genehmigte Entgelte.

Fußnote

§ 35 Abs. 5 Satz 2: Mit Art. 19 Abs. 4 Satz 1 GG unvereinbar gem. BVerfGE v. 22.11.2016 I 3452 - 1 BvL 6/14, 1 BvL 3/15, 1 BvL 4/15, 1 BvL 6/15 -; das bisherige Recht ist bis zu einer Neuregelung weiter anwendbar; der Gesetzgeber ist verpflichtet, eine Neuregelung bis zum 31.7.2018 zu schaffen, vgl. BVerfGE v. 22.11.2016 I 3452 - 1 BvL 6/14, 1 BvL 3/15, 1 BvL 4/15, 1 BvL 6/15 -

§ 35 Abs. 5 Satz 3: IdF d. Art. 2 Nr. 35 G v. 18.2.2007 I 106 mWv 24.2.2007; mit Art. 19 Abs. 4 Satz 1 GG unvereinbar gem. BVerfGE v. 22.11.2016 I 3452 - 1 BvL 6/14, 1 BvL 3/15, 1 BvL 4/15, 1 BvL 6/15 -; das bisherige Recht ist bis zu einer Neuregelung weiter anwendbar; der Gesetzgeber ist verpflichtet, eine Neuregelung bis zum 31.7.2018 zu schaffen, vgl. BVerfGE v. 22.11.2016 I 3452 - 1 BvL 6/14, 1 BvL 3/15, 1 BvL 4/15, 1 BvL 6/15 -

§ 36 Veröffentlichung

(1) Die Bundesnetzagentur veröffentlicht beabsichtigte Entscheidungen zur Zusammenfassung von Dienstleistungen sowie zur Vorgabe der jeweiligen Maßgrößen nach § 31 Absatz 1 Satz 1 Nummer 2 und § 33. Vor der Veröffentlichung gibt sie dem Unternehmen, an das sich die Entscheidung richtet, Gelegenheit zur Stellungnahme.

(2) Bei Anträgen auf Genehmigung von Entgelten nach § 31 Absatz 1 Satz 1 Nummer 1 sowie im Falle eines Vorgehens nach § 31 Absatz 4 Satz 1 und 2 veröffentlicht die Bundesnetzagentur die beantragten oder vorgesehenen Entgeltmaßnahmen.

§ 37 Abweichung von genehmigten Entgelten

(1) Ein Betreiber eines öffentlichen Telekommunikationsnetzes, der über beträchtliche Marktmacht verfügt, darf keine anderen als die von der Bundesnetzagentur genehmigten Entgelte verlangen.

(2) Verträge über Dienstleistungen, die andere als die genehmigten Entgelte enthalten, werden mit der Maßgabe wirksam, dass das genehmigte Entgelt an die Stelle des vereinbarten Entgelts tritt.

(3) Eine vertragliche oder gesetzliche Verpflichtung zur Erbringung der Leistung bleibt unabhängig vom Vorliegen einer Entgeltgenehmigung bestehen. Die Bundesnetzagentur kann die Werbung für ein Rechtsgeschäft, den Abschluss, die Vorbereitung und die Anbahnung eines Rechtsgeschäfts untersagen, das ein anderes als das genehmigte oder ein nicht genehmigtes, aber genehmigungsbedürftiges Entgelt enthält.

대해 정한 정보통신시스템으로(in einem von dem Gericht für Bekanntmachungen bestimmten Informations- und Kommunikationssystem) 추가로 행해질 수 있다. 그 기간은 최소한 연방전자관보를 통한 게재시로부터 1개월이어야만 한다. 연방망관리청의 인터넷사이트상에서의 게재에서(In der Veröffentlichung auf der Internetseite der Bundesnetzagentur) 어느 날에 그 기간이 경과하는지를 알려야 한다. 기간의 해태시 이전상태로의 원상복구에 대하여 행정법원법 제60조를 준용한다. 법원은 그 재판에 의하여 특별히 관련된 것으로 알 수 있는 자는 신청이 없더라도 소환해야 한다. 제35조 제5항a 제1문의 경우에 상당한 시장지배력을 가진 기업의 법적구제절차로, 신청한 보다 높은 요금의 인가를 목적으로 하는 법적구제절차 전체에 대하여(auf sämtliche Rechtsbehelfsverfahren des Unternehmens mit beträchtlicher Marktmacht Anwendung, die auf die Genehmigung eines beantragten höheren Entgelts gerichtet sind) 제1문 내지 제9문을 적용한다.
⑦ 연방망관리청은 인가된 요금을 공표한다.

각주
제35조 제2항 제2문: 2016년 11월 22일의 연방헌법재판소결정(I 3452 - 1 BvL 6/14, 1 BvL 3/15, 1 BvL 4/15, 1 BvL 6/15)에 따라 기본법 제19조 제4항 제1문에 합치하지 않는다; 현행법은 새로운 입법이 될 때까지 계속적으로 적용된다; 입법자는 2018년 7월 31일까지 새로운 입법을 할 의무를 진다. 2016년 11월 22일의 연방헌법재판소결정(I 3452 - 1 BvL 6/14, 1 BvL 3/15, 1 BvL 4/15, 1 BvL 6/15)을 참조하라.
2007년 2월 24일부터 효력을 지니는 2007년 2월 18일(I 106)의 제2조 제35호의 법률 형식의 본 법률 제35조 제5항 제3문; 2016년 11월 22일의 연방헌법재판소결정(I 3452 - 1 BvL 6/14, 1 BvL 3/15, 1 BvL 4/15, 1 BvL 6/15)에 따라 기본법 제19조 제4항 제1문에 합치하지 않는다; 현행법은 새로운 입법이 될 때까지 계속적으로 적용된다; 입법자는 2018년 7월 31일까지 새로운 입법을 할 의무를 진다. 2016년 11월 22일의 연방헌법재판소결정(I 3452 - 1 BvL 6/14, 1 BvL 3/15, 1 BvL 4/15, 1 BvL 6/15)을 참조하라.

제36조 공표
① 연방망관리청은 용역(用役) 결합에 관한 계획하는 판정(beabsichtigte Entscheidungen zur Zusammenfassung von Dienstleistungen)과, 제31조 제1항 제1문 제2호, 제33조에 따른 각각의 기준의 규정(規定)에 관한 계획하는 결정을 공표한다. 연방망관리청은 그 공표 전에 그 판정이 대상으로 하는(an das sich die Entscheidung richtet) 기업에 의견진술의 기회를 부여한다.
② 제31조 제1항 제1문 제1호에 따른 요금의 인가 신청의 경우와, 제31조 제4항 제1문, 제2문에 따른 조치의 경우에 연방망관리청은 신청한 요금조치나 정한 요금조치(die beantragten oder vorgesehenen Entgeltmaßnahmen)를 공표한다.

제37조 인가된 요금과 다른 요금
① 상당한 시장지배력을 보유한 공중전기통신망운영자는, 연방망관리청이 인가한 요금 이외의 요금을 청구해서는 아니된다.
② 인가된 요금 이외의 요금이 포함한, 용역(用役)에 관한 계약은 인가된 요금이 약정 요금을 대신한다는 기준하에 효력을 갖게 된다.
③ 계약상 또는 법(法)상의 급부제공의무는 요금인가의 존재와 상관없이 유지된다. 연방망관리청은, 인가된 요금 이외의 요금 또는 인가되지 않은 요금이지만, 그럼에도 인가받아야 할 의무가 있는 요금을 포함한(das ein anderes als das genehmigte oder ein nicht genehmigtes, aber genehmigungsbedürftiges Entgelt enthält) 어느 법률행위에 대한 광고, 그러한 법률행위의 체결, 준비 및 개시(den Abschluss, die Vorbereitung und die Anbahnung)를 금지할 수 있다.

§ 38 Nachträgliche Regulierung von Entgelten

(1) Unterliegen Entgelte einer nachträglichen Entgeltregulierung, sind sie der Bundesnetzagentur zwei Monate vor dem geplanten Inkrafttreten vorzulegen. Die Bundesnetzagentur untersagt innerhalb von zwei Wochen nach Zugang der Anzeige der Entgeltmaßnahme die Einführung des Entgelts bis zum Abschluss ihrer Prüfung, wenn die geplante Entgeltmaßnahme offenkundig nicht mit § 28 vereinbar wäre. Entgeltmaßnahmen bezüglich individuell vereinbarter Leistungen, die nicht ohne weiteres auf eine Vielzahl anderer Nachfrager übertragbar sind, sind der Bundesnetzagentur unmittelbar nach Vertragsabschluss zur Kenntnis zu geben.

(2) Wenn der Bundesnetzagentur Tatsachen bekannt werden, die die Annahme rechtfertigen, dass Entgelte für Zugangsleistungen von Unternehmen mit beträchtlicher Marktmacht nicht den Maßstäben des § 28 genügen, leitet die Bundesnetzagentur unverzüglich eine Überprüfung der Entgelte ein. Sie teilt die Einleitung der Überprüfung dem betroffenen Unternehmen schriftlich mit. Sollte der Bundesnetzagentur eine Überprüfung nach dem Vergleichsmarktprinzip entsprechend § 35 Abs. 1 Nr. 1 nicht möglich sein, kann sie auch nach § 34 vorgehen.

(3) Die Bundesnetzagentur entscheidet innerhalb von zwei Monaten nach Einleitung der Überprüfung.

(4) Sofern die Bundesnetzagentur feststellt, dass Entgelte nicht den Maßstäben des § 28 genügen, untersagt sie das nach diesem Gesetz verbotene Verhalten und erklärt die beanstandeten Entgelte ab dem Zeitpunkt der Feststellung für unwirksam. Gleichzeitig kann die Bundesnetzagentur Entgelte anordnen, die den Maßstäben des § 28 genügen. Sofern der Anbieter mit beträchtlicher Marktmacht danach eigene Entgeltvorschläge vorlegt, prüft die Bundesnetzagentur binnen eines Monats, ob diese Entgelte die festgestellten Verstöße gegen die Maßstäbe des § 28 abstellen. § 37 gilt entsprechend. Die Bundesnetzagentur ordnet im Falle eines festgestellten Missbrauchs einer Stellung mit beträchtlicher Marktmacht im Sinne des § 28 Abs. 2 Nr. 3 auch an, in welcher Weise das Unternehmen mit beträchtlicher Marktmacht eine Entbündelung vorzunehmen hat.

Unterabschnitt 3 Regulierung von Entgelten für Endnutzerleistungen

§ 39 Entgeltregulierung bei Endnutzerleistungen

(1) Rechtfertigen Tatsachen die Annahme, dass die Verpflichtungen im Zugangsbereich nicht zur Erreichung der Regulierungsziele nach § 2 führen würden, kann die Bundesnetzagentur Entgelte von Unternehmen mit beträchtlicher Marktmacht bezüglich des Angebots von Telekommunikationsdiensten für Endnutzer einer Entgeltgenehmigung unterwerfen. Die Bundesnetzagentur soll die Genehmigungspflicht auf solche Märkte beschränken, auf denen in absehbarer Zeit nicht mit der Entstehung eines nachhaltig wettbewerbsorientierten Marktes zu rechnen ist. Im Falle einer Genehmigungspflicht gelten die §§ 31 bis 37 entsprechend. Dabei dürfen Entgelte für Endnutzerleistungen nicht nach § 31 Absatz 1 Satz 1 Nummer 2 mit Entgelten für Zugangsleistungen in einem Korb zusammengefasst werden.

(2) Leistungen nach § 78 Absatz 2 Nummer 4 und 5 unterliegen der nachträglichen Regulierung; § 38 Abs. 2 bis 4 gilt entsprechend.

(3) Sofern Entgelte für Endnutzerleistungen von Anbietern von Telekommunikationsdiensten, die über beträchtliche Marktmacht verfügen, keiner Entgeltgenehmigung unterworfen worden sind, unterliegen sie

제38조 요금에 대한 사후규제(事後規制)

① 요금이 사후적 요금규제를 적용받는 경우에, 그 요금은 연방망관리청에 계획한 시행 2개월 전에 제출해야 한다. 계획한 조치가 제28조에 합치하지 않는 것이 명백한 경우에는(wenn die geplante Entgeltmaßnahme offenkundig nicht mit § 28 vereinbar wäre) 연방망관리청은 요금조치의 신고 도달시로부터 2주 이내에 요금 심사 종료시까지 요금의 시행을 금지한다. 개별적으로 약정된 급부로, 수많은 다른 수요자에게로 쉽게 이전할 수 없는 급부에 관한 요금조치(Entgeltmaßnahmen bezüglich individuell vereinbarter Leistungen, die nicht ohne weiteres auf eine Vielzahl anderer Nachfrager übertragbar sind)는 계약체결 직후에 연방망관리청에 통지해야 한다.

② 연방망관리청이, 상당한 시장지배력을 가진 기업의 진입급부에 대한 요금이 제28조의 기준을 충족하지 못한다는 추정을 정당화하는 사실을 알게 된 경우에, 연방망관리청은 지체 없이 요금심사를 개시한다. 연방방관리청은 그 심사의 개시를 당사자인 기업에 서면으로 통지한다. 제35조 제1항 제1호에 따른 비교시장원칙에 좇아 심사하는 것이 연방망관리청에 불가능할 수도 있는 경우에는(Sollte der Bundesnetzagentur eine Überprüfung nach dem Vergleichsmarktprinzip entsprechend § 35 Abs. 1 Nr. 1 nicht möglich sein) 연방망관리청은 제34조에 따른 조치도 취할 수 있다.

③ 연방망관리청은 심사 개시 후 2개월 이내에 판정한다.

④ 연방망관리청이 요금이 제28조의 기준을 충족하지 못한 것으로 확인한 경우에, 연방망관리청은 본 법률에 따라 금지된 행위를 금지하고 신청한 요금을 확인시로부터 무효로 선언한다(erklärt die beanstandeten Entgelte ab dem Zeitpunkt der Feststellung für unwirksam). 동시에 연방망관리청은 제28조의 기준을 충족하는 요금을 명령할 수 있다. 상당한 시장지배력을 가진 제공자가 이에 따라 자신의 요금제안을 제출하는 경우에, 연방망관리청은 1개월 이내에 이러한 요금이 제28조의 기준에 대해 확인한 위반을 시정했는지 여부를 심사한다. 제37조를 준용한다. 제28조 제2항 제3호상의 상당한 시장지배력을 가진 지위의 남용으로 결정한 경우에 연방망관리청은 상당한 시장지배력을 가진 그 기업이 어떤 방식으로 통신망세분화를 해야 하는지에 대하여도(in welcher Weise das Unternehmen mit beträchtlicher Marktmacht eine Entbündelung vorzunehmen hat) 명령한다.

제3절 최종이용자급부에 대한 요금의 규제

제39조 최종이용자급부에서의 요금규제

① 진입영역 내 의무가 제2조에 따른 규제목표의 달성을 가져오지 못할 것으로 보는 것을 정당화하는 사실이 있는 경우에 연방망관리청은, 최종이용자에 대한 전기통신역무의 제공에 관련하여 상당한 시장지배력을 가진 기업의 요금에 대하여 요금인가를 받게 할 수 있다. 연방망관리청은 지속적인 경쟁이 있는 시장의 발생을 가까운 장래에 예상할 수 없는(auf denen in absehbarer Zeit nicht mit der Entstehung eines nachhaltig wettbewerbsorientierten Marktes zu rechnen ist) 그러한 시장에서 인가의무를 제한해야 한다. 인가의무의 경우에 제31조 내지 제37조를 준용한다. 이 경우 제31조 제1항 제1문 제2호에 따른 최종이용자급부에 대한 요금과 진입급부에 대한 요금은 하나의 범주로 결합되어서는(Entgelte für Endnutzerleistungen nicht nach § 31 Absatz 1 Satz 1 Nummer 2 mit Entgelten für Zugangsleistungen in einem Korb zusammengefasst werden) 아니된다.

② 제78조 제2항 제4호, 제5호에 따른 급부는 사후규제를 적용받는다; 제38조 제2항 내지 제4항을 준용한다.

③ 상당한 시장지배력(市場支配力)을 보유한 전기통신역무제공자의 최종이용자급부에 대한 요금이 (사전적) 요금인가(料金認可)를 받지 않은 경우에(Sofern Entgelte für Endnutzerleistungen von Anbietern

der nachträglichen Regulierung; § 38 Abs. 2 bis 4 gilt entsprechend. Darüber hinaus kann die Bundesnetzagentur unter Beachtung von Absatz 1 Satz 1 Unternehmen mit beträchtlicher Marktmacht verpflichten, ihr Entgeltmaßnahmen zwei Monate vor dem geplanten Inkrafttreten zur Kenntnis zu geben. Die Bundesnetzagentur untersagt innerhalb von zwei Wochen nach Anzeige der Entgeltmaßnahme die Einführung des Entgelts bis zum Abschluss ihrer Prüfung, wenn die geplante Entgeltmaßnahme offenkundig nicht mit § 28 vereinbar wäre. Die Bundesnetzagentur kann Anbieter von Telekommunikationsdiensten, die über beträchtliche Marktmacht verfügen, verpflichten, ihr Entgeltmaßnahmen bezüglich individuell vereinbarter Leistungen, die nicht ohne weiteres auf eine Vielzahl von anderen Endnutzern übertragbar sind, unmittelbar nach Vertragsabschluss zur Kenntnis zu geben.

(4) Sofern ein Unternehmen, das auf einem Endkundenmarkt über beträchtliche Marktmacht verfügt, verpflichtet ist, Zugang zu einer entsprechenden Zugangsleistung nach § 21 zu gewähren, die Bestandteile enthält, die gleichermaßen für ein Angebot auf dem Endkundenmarkt wesentlich sind, ist das Unternehmen verpflichtet, gleichzeitig mit einer geplanten Entgeltmaßnahme im Endnutzerbereich ein Angebot für die Vorleistung vorzulegen, das insbesondere den Vorgaben des § 28 genügt. Sofern das Unternehmen mit beträchtlicher Marktmacht kein solches Vorleistungsangebot vorlegt, kann die Bundesnetzagentur die Forderung des Endkundenentgelts ohne weitere Prüfung untersagen.

Abschnitt 4 Sonstige Verpflichtungen

§ 40 Funktionelle Trennung

(1) Gelangt die Bundesnetzagentur zu dem Schluss, dass die nach den Abschnitten 2 und 3 auferlegten angemessenen Verpflichtungen nicht zu einem wirksamen Wettbewerb geführt haben und wichtige und andauernde Wettbewerbsprobleme oder Marktversagen auf den Märkten für bestimmte Zugangsprodukte auf Vorleistungsebene bestehen, so kann sie als außerordentliche Maßnahme vertikal integrierten Unternehmen die Verpflichtung auferlegen, ihre Tätigkeiten im Zusammenhang mit der Bereitstellung der betreffenden Zugangsprodukte auf Vorleistungsebene in einem unabhängig arbeitenden Geschäftsbereich unterzubringen. Dieser Geschäftsbereich stellt Zugangsprodukte und -dienste allen Unternehmen, einschließlich der anderen Geschäftsbereiche des eigenen Mutterunternehmens, mit den gleichen Fristen und zu den gleichen Bedingungen, auch im Hinblick auf Preise und Dienstumfang, sowie mittels der gleichen Systeme und Verfahren zur Verfügung.

(2) Beabsichtigt die Bundesnetzagentur, eine Verpflichtung nach Absatz 1 aufzuerlegen, so unterbreitet sie der Kommission einen entsprechenden Antrag, der Folgendes umfasst:

1. den Nachweis, dass die in Absatz 1 genannte Schlussfolgerung der Bundesnetzagentur begründet ist;
2. eine mit Gründen versehene Einschätzung, dass keine oder nur geringe Aussichten dafür bestehen, dass es innerhalb eines angemessenen Zeitrahmens einen wirksamen und nachhaltigen Wettbewerb im Bereich Infrastruktur gibt;
3. eine Analyse der erwarteten Auswirkungen auf die Bundesnetzagentur, auf das Unternehmen, insbesondere auf das Personal des getrennten Unternehmens und auf den Telekommunikationssektor insgesamt, auf die Anreize, in den Sektor insgesamt zu investieren, insbesondere im Hinblick auf die notwendige Wahrung des sozialen und territorialen Zusammenhalts, sowie auf sonstige Interessengruppen

von Telekommunikationsdiensten, die über beträchtliche Marktmacht verfügen), 그 요금은 사후규제를 적용받는다; 제38조 제2항 내지 제4항을 준용한다. 또한 연방망관리청은 제1항 제1문을 준수하여 상당한 시장지배력을 가진 기업에 대하여 계획한 시행 2개월 전에 자신의 요금조치를 통지하도록 의무를 부과할 수 있다. 예정된 요금조치가 제28조에 합치하지 않는 것이 명백한 경우에 연방망관리청은 그 통지시로부터 2주 내에 요금조치의 심사종료시까지 요금의 시행을(innerhalb von zwei Wochen nach Anzeige der Entgeltmaßnahme die Einführung des Entgelts bis zum Abschluss ihrer Prüfung) 금지한다. 연방망관리청은 상당한 시장지배력을 보유한 전기통신역무제공자에게, 개별적으로 약정된 급부로, 수많은 다른 수요자에게로 쉽게 이전할 수 없는 급부에 관한 자신의 요금조치(Entgeltmaßnahmen bezüglich individuell vereinbarter Leistungen, die nicht ohne weiteres auf eine Vielzahl anderer Nachfrager übertragbar sind)에 대하여 계약체결 직후에 통지하도록 의무를 부과할 수 있다.

④ 최종고객시장에서 상당한 시장지배력을 보유한 어느 기업이 제21조에 따른 관련 진입급부로, 최종고객시장에서의 청약에 있어 동일하게 핵심적 구성부분을 포함하는(die Bestandteile enthält, die gleichermaßen für ein Angebot auf dem Endkundenmarkt wesentlich sind) 진입급부에 대한 진입을 허용할 의무를 지는 경우에, 그 기업은 최종이용자영역 내 계획한 요금조치와 동시에, 특히 제28조의 요건을 충족하는, 도매에 대한 청약을 할 의무를 진다. 상당한 시장지배력을 가진 기업이 그러한 도매청약(solches Vorleistungsangebot)을 하지 않는 경우에 연방망관리청은 추가 심사 없이 최종고객요금의 청구를 금지할 수 있다.

제4장 기타 의무

제40조 기능적 분리

① 연방망관리청이, 제2장, 제3장에 따라 부과된 적절한 의무가 유효경쟁(有效競爭)을 발생시키지 못하고, 도매수준에 의한 특정한 진입상품 시장에서 중요하고도 지속적인 경쟁문제 또는 시장실패가 있다는 결론에 도달한 경우에, 연방망관리청은 예외적 조치로서 수직적 결합기업에, 도매수준으로 하는, 문제가 되는 진입상품의 제공에 관련한 자신의 활동을 독립적으로 운영하는 사업부문에서 중단하도록 하는(ihre Tätigkeiten im Zusammenhang mit der Bereitstellung der betreffenden Zugangsprodukte auf Vorleistungsebene in einem unabhängig arbeitenden Geschäftsbereich unterzubringen) 의무를 부과할 수 있다. 이러한 사업부문에서, 자신의 모기업의 다른 사업부문을 포함하여 모든 기업에 진입상품 및 진입급부를 가격 및 서비스범위를 포함하여 동일한 기간에 의해 동일한 이용조건으로 또 동일한 체계 및 절차에 의하여(mit den gleichen Fristen und zu den gleichen Bedingungen, auch im Hinblick auf Preise und Dienstumfang, sowie mittels der gleichen Systeme und Verfahren) 제공된다.

② 연방망관리청이 제1항에 따른 의무를 부과하고자 하는 경우에, 연방망관리청은 유럽연합집행위원회에 다음 각 호가 포함된 관련 신청을 제출한다:

1. 제1항상의 연방망관리청의 결론이 타당하다는 점에 대한 증명;
2. 적절한 기간 내에 지속적인 유효경쟁(有效競爭)이 기반시설 영역 내에서 존재한다는(dass es innerhalb eines angemessenen Zeitrahmens einen wirksamen und nachhaltigen Wettbewerb im Bereich Infrastruktur gibt) 전망이 없거나 그러한 전망이 거의 없다는 이유가 구비된 평가;
3. 특히 경쟁에 대한 예상되는 영향과 소비자들에 대한 있을 수 있는 영향 분석을 포함하여(insbesondere auch eine Analyse der erwarteten Auswirkungen auf den Wettbewerb und möglicher Folgen für die Verbraucher), 연방망관리청, 기업, 분리된 기업의 직원, 전기통신부문 전체 그리고 그 부문 전체에서 투자를 하는 유인에 대한 영향에 대한 예상되는 분석, 특히 사회적 및 영토적 결속의 필수적 보호(die

insbesondere auch eine Analyse der erwarteten Auswirkungen auf den Wettbewerb und möglicher Folgen für die Verbraucher;

4. eine Analyse der Gründe, die dafür sprechen, dass diese Verpflichtung das effizienteste Mittel zur Durchsetzung von Abhilfemaßnahmen wäre, mit denen auf festgestellte Wettbewerbsprobleme oder Fälle von Marktversagen reagiert werden soll.

(3) Der der Kommission mit dem Antrag nach Absatz 2 vorzulegende Maßnahmenentwurf umfasst Folgendes:

1. die genaue Angabe von Art und Ausmaß der Trennung, insbesondere die Angabe des rechtlichen Status des getrennten Geschäftsbereichs;
2. die Angabe der Vermögenswerte des getrennten Geschäftsbereichs sowie der von diesem bereitzustellenden Produkte und Dienstleistungen;
3. die organisatorischen Modalitäten zur Gewährleistung der Unabhängigkeit des Personals des getrennten Geschäftsbereichs sowie die entsprechenden Anreize;
4. die Vorschriften zur Gewährleistung der Einhaltung der Verpflichtungen;
5. die Vorschriften zur Gewährleistung der Transparenz der betrieblichen Verfahren, insbesondere gegenüber den anderen Interessengruppen;
6. ein Überwachungsprogramm, mit dem die Einhaltung der Verpflichtung sichergestellt wird und das unter anderem die Veröffentlichung eines jährlichen Berichts beinhaltet.

(4) Im Anschluss an die Entscheidung der Kommission über den Antrag führt die Bundesnetzagentur nach den §§ 10 und 11 eine koordinierte Analyse der Märkte durch, bei denen eine Verbindung zum Anschlussnetz besteht. Auf der Grundlage ihrer Bewertung erlegt die Bundesnetzagentur nach § 13 Verpflichtungen auf, behält Verpflichtungen bei, ändert sie oder hebt sie auf.

(5) Einem Unternehmen, dem die funktionelle Trennung auferlegt wurde, kann auf jedem Einzelmarkt, auf dem es als Unternehmen mit beträchtlicher Marktmacht nach § 11 eingestuft wurde, jede der Verpflichtungen nach den §§ 19, 20, 21, 23, 24, 30, 39 oder § 42 Absatz 4 Satz 3 auferlegt werden.

§ 41 Freiwillige Trennung durch ein vertikal integriertes Unternehmen

(1) Unternehmen, die nach § 11 auf einem oder mehreren relevanten Märkten als Unternehmen mit beträchtlicher Marktmacht eingestuft wurden, unterrichten die Bundesnetzagentur im Voraus und so rechtzeitig, dass sie die Wirkung der geplanten Transaktion einschätzen kann, von ihrer Absicht, die Anlagen ihres Ortsanschlussnetzes ganz oder zu einem großen Teil auf eine eigene Rechtsperson mit einem anderen Eigentümer zu übertragen oder einen getrennten Geschäftsbereich einzurichten, um allen Anbietern auf der Endkundenebene, einschließlich der eigenen im Endkundenbereich tätigen Unternehmensbereiche, völlig gleichwertige Zugangsprodukte zu liefern. Die Unternehmen unterrichten die Bundesnetzagentur auch über alle Änderungen dieser Absicht sowie über das Ergebnis des Trennungsprozesses.

(2) Die Bundesnetzagentur prüft die möglichen Folgen der beabsichtigten Transaktion auf die bestehenden Verpflichtungen nach den Abschnitten 2 und 3. Hierzu führt sie entsprechend dem Verfahren des § 11 eine koordinierte Analyse der Märkte durch, bei denen eine Verbindung zum Anschlussnetz besteht. Auf der Grundlage ihrer Bewertung erlegt die Bundesnetzagentur nach § 13 Verpflichtungen auf, behält Verpflichtungen bei, ändert sie oder hebt sie auf.

notwendige Wahrung des sozialen und territorialen Zusammenhalts)에 관련한 영향과, 기타 이익단체에 대한 영향에 관한 예상되는 분석;

4. 이러한 의무가, 확인된 경쟁문제 또는 시장실패의 사례에 대처해야 하는(mit denen auf festgestellte Wettbewerbsprobleme oder Fälle von Marktversagen reagiert werden soll) 시정조치의 집행에 관한 가장 효과적 수단될 것이라는 점을 옹호하는 근거의 분석.

③ 제2항에 따른 신청과 함께 유럽연합위원회에 제출되어야 하는 조치시안(Maßnahmenentwurf)은 다음 각 호를 포함해야 한다:

1. 분리의 유형 및 정도에 관한 정확한 정보, 특히 분리된 사업부문의 법적 지위에 관한 정확한 정보(die Angabe des rechtlichen Status des getrennten Geschäftsbereichs);
2. 분리된 사업부문의 자산가치에 관한 정보와 그 사업부문에 의해 제공되는 상품 및 용역(der von diesem bereitzustellenden Produkte und Dienstleistungen)의 정보;
3. 분리된 사업부문에 속한 직원들의 독립성 보장(Gewährleistung der Unabhängigkeit des Personals des getrennten Geschäftsbereichs)과, 관련 유인책에 관한 조직적 방안(方案);
4. 의무 준수 보장에 관한 규정;
5. 사업(事業) 내 절차의 투명성 보장(Gewährleistung der Transparenz der betrieblichen Verfahren)에 관한 규정, 특히 다른 이익단체에 대한 투명성 보장에 관한 규정;
6. 의무의 준수가 확보되고(mit dem die Einhaltung der Verpflichtung sichergestellt wird), 무엇보다도 연례보고서의 공표를 포함하는 감시프로그램.

④ 신청에 관한 유럽집행위원회의 결정 후에(Im Anschluss an die Entscheidung) 연방망관리청은 제10조, 제11조에 따라 접속망(接續網)에 관한 연결이 있는 시장에 대한 조정(調整)이 이뤄진 분석을 시행한다. 연방망관리청은 자신의 평가에 기초하여(Auf der Grundlage ihrer Bewertung) 제13조에 따라 의무를 부과하거나, 의무를 유지하거나 이를 변경하거나 소멸하게 한다.

⑤ 제19조, 제20조, 제21조, 제23조, 제24조, 제30조, 제39조, 제42조 제4항 제3문에 따른 각 의무가, 기능적 분리를 부과받은 어느 기업에 대하여 그 기업이 상당한 시장지배력을 가진 기업으로 등급이 매겨진 각 개별시장에서 부과될 수 있다.

제41조에 수직적 결합기업에 의한 자발적 분리

① 제11조에 따라 한 또는 여러 관련시장에서 상당한 시장지배력을 가진 기업으로 등급이 매겨진 기업은, 최종고객영역에서 활동하는 자신의 기업영역을 포함하여 소매(小賣) 수준의 모든 제공자에게(allen Anbietern auf der Endkundenebene) 완전히 동등한 이용상품을 공급하기 위하여, 연방관리청이 계획한 거래의 영향을 평가할 수 있도록 사전에 또 적시에 연방망관리청에, 자신의 지역접속망 시설의 전부 또는 대부분을 다른 소유자가 있는 별도의 법인으로 이전하거나, 분리된 사업부문을 설립하려는 그 의도에 관하여(von ihrer Absicht, die Anlagen ihres Ortsanschlussnetzes ganz oder zu einem großen Teil auf eine eigene Rechtsperson mit einem anderen Eigentümer zu übertragen oder einen getrennten Geschäftsbereich einzurichten) 알려야 한다. 그 기업은 연방망관리청에 이러한 의도의 일체의 변경과 분리과정의 결론에 관하여 알린다.

② 연방망관리청은, 계획하는 거래가 제2장, 제3장에 따라 성립하는 의무에 대하여 가질 수 영향(die möglichen Folgen der beabsichtigten Transaktion auf die bestehenden Verpflichtungen nach den Abschnitten 2 und 3)을 심사한다. 이를 위해 연방망관리청은 제11조의 절차에 따라 접속망(接續網)에 관한 연결이 있는 시장에 대한 조정(調整)이 이뤄진 분석을 시행한다. 연방망관리청은 자신의 평가에 기초하여 제13조에 따라 의무를 부과하거나, 의무를 유지하거나 이를 변경하거나 소멸하게 한다.

(3) Dem rechtlich oder betrieblich getrennten Geschäftsbereich kann auf jedem Einzelmarkt, auf dem er als Unternehmen mit beträchtlicher Marktmacht nach § 11 eingestuft wurde, jede der Verpflichtungen nach den §§ 19, 20, 21, 23, 24, 30, 39 oder § 42 Absatz 4 Satz 3 auferlegt werden.

§ 41a (weggefallen)

§ 41b Anschluss von Telekommunikationsendeinrichtungen

(1) Die Betreiber öffentlicher Telekommunikationsnetze und die Anbieter von öffentlich zugänglichen Telekommunikationsdiensten dürfen den Anschluss von Telekommunikationsendeinrichtungen an das öffentliche Telekommunikationsnetz nicht verweigern, wenn die Telekommunikationsendeinrichtungen die grundlegenden Anforderungen nach der Richtlinie 2014/30/EU des Europäischen Parlaments und des Rates vom 26. Februar 2014 zur Harmonisierung der Rechtsvorschriften der Mitgliedstaaten über die elektromagnetische Verträglichkeit (ABl. L 96 vom 29.3.2014, S. 79) erfüllen. Sie können dem Teilnehmer Telekommunikationsendeinrichtungen überlassen, dürfen aber deren Anschluss und Nutzung nicht zwingend vorschreiben. Notwendige Zugangsdaten und Informationen für den Anschluss von Telekommunikationsendeinrichtungen und die Nutzung der Telekommunikationsdienste haben sie dem Teilnehmer in Textform unaufgefordert und kostenfrei bei Vertragsschluss zur Verfügung zu stellen.
(2) Wer Telekommunikationsendeinrichtungen an öffentlichen Telekommunikationsnetzen betreiben will, hat für deren fachgerechten Anschluss Sorge zu tragen.
(3) Verursacht ein Gerät, dessen Konformität mit den Anforderungen des § 4 des Gesetzes über die elektromagnetische Verträglichkeit von Betriebsmitteln bescheinigt wurde, ernsthafte Schäden an einem Netz oder schädliche Störungen beim Netzbetrieb oder funktechnische Störungen, so kann die Bundesnetzagentur dem Betreiber öffentlicher Telekommunikationsnetze gestatten, für dieses Gerät den Anschluss zu verweigern, die Verbindung aufzuheben oder den Dienst einzustellen. Die Bundesnetzagentur teilt dem Bundesministerium für Wirtschaft und Energie die von ihr getroffenen Maßnahmen mit.
(4) Der Betreiber öffentlicher Telekommunikationsnetze kann eine Telekommunikationsendeinrichtung im Notfall ohne vorherige Erlaubnis nur dann vom Netz abtrennen, wenn
1. der Schutz des Netzes die unverzügliche Abschaltung des Geräts erfordert und
2. dem Benutzer unverzüglich und für ihn kostenfrei eine alternative Lösung angeboten werden kann.
(5) Der Betreiber öffentlicher Telekommunikationsnetze unterrichtet unverzüglich die Bundesnetzagentur über die Trennung einer Telekommunikationsendeinrichtung vom Netz.
(6) Die Bundesnetzagentur ergreift gegenüber Betreibern öffentlicher Telekommunikationsnetze, die
1. eine Anschaltung von Telekommunikationsendeinrichtungen an ihre Netze verweigern oder
2. angeschaltete Telekommunikationsendeinrichtungen vom Netz genommen haben, ohne dass die Voraussetzungen des Absatzes 3 oder 4 vorgelegen haben,

die erforderlichen Maßnahmen, um den Anschluss dieser Telekommunikationsendeinrichtungen zu gewährleisten.

§ 41c Schnittstellenbeschreibungen der Betreiber öffentlicher Telekommunikationsnetze

(1) Betreiber öffentlicher Telekommunikationsnetze sind verpflichtet,
1. angemessene und genaue technische Beschreibungen ihrer Netzzugangsschnittstellen bereitzustellen

③ 제19조, 제20조, 제21조, 제23조, 제24조, 제30조, 제39조, 제42조 제4항 제3문에 따른 각 의무가, 법적으로 또는 사업적으로 분리된 사업부문에 대하여 제11조에 따라 상당한 시장지배력을 가진 기업으로 등급이 매겨진 각 개별시장에서 부과될 수 있다.

제41조a 삭제

제41조b 전기통신단말기의 접속

① 해당 전기통신단말기가 「전자기적 호환성(互換性)에 관한 회원국의 법규정의 조화를 위한(zur Harmonisierung der Rechtsvorschriften der Mitgliedstaaten über die elektromagnetische Verträglichkeit) 2014년 2월 26일 유럽연합 의회 및 이사회 2014/30/EU호 입법지침」(ABl. L 96 vom 29.3.2014, S. 79)에 따른 기본적 요구사항을 충족한 경우에는, 공중전기통신망운영자와 공중이 이용 가능한 전기통신역무제공자는 전기통신단말기의 공중전기통신망에 대한 접속을 거부해서는 아니된다. 그들은 이용자에게 전기통신단말기를 양도할 수 있지만, 전기통신단말기의 접속과 이용을 의무적으로 규정해서는 아니된다. 그들은 전기통신단말기의 접속과 전기통신역무의 이용에 대한 필요한 접속데이터 및 정보(Notwendige Zugangsdaten und Informationen für den Anschluss von Telekommunikationsendeinrichtungen und die Nutzung der Telekommunikationsdienste)를 계약 체결시에 가입자에게 문명방식으로 그 요구가 없더라도 또 무료로(unaufgefordert und kostenfrei) 제공해야 한다.

② 전기통신단말기를 공중전기통신망에 가동(稼動)하고자 하는 자는 전기통신단말기의 정확한 접속보장을 해야 한다.

③ 기기의 전자기적 호환성에 관한 법률 제4조(des § 4 des Gesetzes über die elektromagnetische Verträglichkeit von Betriebsmitteln)의 요구사항에 의하여 그 부합성이 증명된 어느 장치가 통신망에 대한 중대한 손해나 통신망운영시의 해로운 교란이나 무선통신의 교란(ernsthafte Schäden an einem Netz oder schädliche Störungen beim Netzbetrieb oder funktechnische Störungen)을 야기한 경우에 연방망관리청은 공중전기통신망운영자에게 이러한 장치에 대한 접속을 거부하는 것, 그 연결을 차단하거나(die Verbindung aufzuheben) 그 서비스를 중단하는 것을 허용할 수 있다. 연방망관리청은 연방경제·에너지부에 자신이 취한 조치(die von ihr getroffenen Maßnahmen)를 통지한다.

④ 다음의 경우에 공중전기통신망운영자는 긴급한 때에 전기통신단말기를 사전 허가 없이도 통신망에서 분리할 수 있다,

1. 통신망 보호상 그 장치의 즉각적 차단이 요구되고,
2. 이용자에게 지체 없이 또 그에게 무료로 대안적 해결책이 제공될 수 있는 경우.

⑤ 공중전기통신망운영자는 지체 없이 연방망관리청에 통신망에서의 전기통신단말기의 분리에 관하여 알린다.

⑥ 연방망관리청은, 다음 각 호의 공중전기통신망운영자에게,

1. 전기통신단말기의 그 통신망에 대한 인터페이스접속을 거부한 공중전기통신망운영자,
2. 제3항 또는 제4항의 요건이 갖춰지지 않은 채 인터페이스접속이 된 전기통신단말기를 통신망에서 차단한 공중전기통신망운영자,

이러한 전기통신단말기(電氣通信端末機)의 접속(接續)을 보장(保障)하기 위해(um den Anschluss dieser Telekommunikationsendeinrichtungen zu gewährleisten) 필요한 조치를 취한다.

제41c 공중전기통신망운영자의 인터페이스해설서

① 공중전기통신망운영자는 다음의 의무를 진다,

1. 자신의 통신망접속인터페이스에 대한 적절하고도 정확한 기술설명서를 제공하고 이를 공표할 의무를

und zu veröffentlichen sowie der Bundesnetzagentur unmittelbar mitzuteilen und

2. regelmäßig alle aktualisierten Beschreibungen dieser Netzzugangsschnittstellen zu veröffentlichen und der Bundesnetzagentur unmittelbar mitzuteilen.

Die Verpflichtung des Satzes 1 Nummer 1 gilt auch für jede technische Änderung einer vorhandenen Schnittstelle.

(2) Die Schnittstellenbeschreibungen müssen hinreichend detailliert sein, um den Entwurf von Telekommunikationsendeinrichtungen zu ermöglichen, die zur Nutzung aller über die entsprechende Schnittstelle erbrachten Dienste in der Lage sind. Der Verwendungszweck der Schnittstellen muss angegeben werden. Die Schnittstellenbeschreibungen müssen alle Informationen enthalten, damit die Hersteller die jeweiligen Prüfungen in Bezug auf die schnittstellenrelevanten grundlegenden Anforderungen, die für die jeweilige Telekommunikationsendeinrichtung gelten, nach eigener Wahl durchführen können.

(3) Die Pflicht zur Veröffentlichung nach Absatz 1 ist erfüllt, wenn die Angaben im Amtsblatt der Bundesnetzagentur veröffentlicht werden. Erfolgt die Veröffentlichung an anderer Stelle, hat der Betreiber öffentlicher Telekommunikationsnetze die Fundstelle umgehend der Bundesnetzagentur mitzuteilen. In diesem Fall veröffentlicht die Bundesnetzagentur die Fundstelle in ihrem Amtsblatt.

(4) Ist die Veröffentlichung der gesamten Schnittstellenspezifikationen auf Grund des Umfangs nicht zumutbar, so ist es ausreichend, eine Mitteilung zu veröffentlichen, die zumindest über Art und Verwendungszweck der Schnittstelle Auskunft gibt und einen Hinweis auf Bezugsmöglichkeiten der umfassenden Schnittstellenspezifikationen enthält. Der Betreiber öffentlicher Telekommunikationsnetze stellt sicher, dass die Schnittstellenspezifikationen nach Anforderung unverzüglich an den Interessenten abgegeben werden und die Interessenten weder zeitlich noch inhaltlich noch hinsichtlich der Kosten für den Bezug der Schnittstellenspezifikation ungleich behandelt werden. Ein für den Bezug von Schnittstellenspezifikationen erhobenes Entgelt darf nur in Höhe der hierdurch verursachten besonderen Kosten erhoben werden.

(5) Der Betreiber öffentlicher Telekommunikationsnetze darf Leistungen, die über die nach Absatz 1 veröffentlichten Schnittstellen bereitgestellt werden sollen, nur anbieten, wenn zuvor die Schnittstellenbeschreibung oder die Fundstelle der Schnittstellenbeschreibung im Amtsblatt der Bundesnetzagentur veröffentlicht worden ist.

Abschnitt 5 Besondere Missbrauchsaufsicht

§ 42 Missbräuchliches Verhalten eines Unternehmens mit beträchtlicher Marktmacht

(1) Ein Anbieter von Telekommunikationsdiensten, von Leistungen nach § 78 Absatz 2 Nummer 4 und 5 oder von telekommunikationsgestützten Diensten, der über beträchtliche Marktmacht verfügt, oder ein Betreiber eines öffentlichen Telekommunikationsnetzes, der über beträchtliche Marktmacht verfügt, darf seine Stellung nicht missbräuchlich ausnutzen. Ein Missbrauch liegt insbesondere vor, wenn andere Unternehmen unmittelbar oder mittelbar unbillig behindert oder deren Wettbewerbsmöglichkeiten ohne sachlich gerechtfertigten Grund erheblich beeinträchtigt werden.

(2) Ein Missbrauch im Sinne des Absatzes 1 wird vermutet, wenn ein Unternehmen mit beträchtlicher Marktmacht sich selbst, seinen Tochter- oder Partnerunternehmen den Zugang zu seinen intern genutzten

지고, 연방망관리청에 직접적으로 통지할 의무를 지며,

2. 이러한 통신망접속인터페이스에 대한 최신의 정기적 모든 설명서를 공표할 의무를 지고 연방망관리청에 직접적으로 통지할 의무를 진다.

제1문 제1호의 의무는 기존 인터페이스의 각 기술적 변경에 대하여도(auch für jede technische Änderung einer vorhandenen Schnittstelle) 적용한다.

② 인터페이스설명서(Die Schnittstellenbeschreibungen)는 관련 인터페이스를 통해 제공된 모든 서비스를 이용할 수 있는 전기통신단말기의 설계를 가능하게 할 정도로(um den Entwurf von Telekommunikationsendeinrichtungen zu ermöglichen, die zur Nutzung aller über die entsprechende Schnittstelle erbrachten Dienste in der Lage sind) 충분히 상세해야만 한다. 인터페이스의 사용목적(Der Verwendungszweck der Schnittstellen)은 명시되어야만 한다. 인터페이스해설서는, 제조자가 각각의 전기통신단말기에 적용되는 인테페이스 관련 기본적 요구사항에 관한 각각의 검사를 자신의 선택에 좇아 수행하기 위하여 모든 정보를 포함해야만 한다.

③ 제1항에 따른 공표의무는 그 사항이 연방망관리청의 관보에 개재된다면 이행되는 경우에 이행되는 것이다. 공표가 다른 곳에 행해진다면 공중전기통신망운영자는 연방망관리청에 그 공표원(公表源)를 지체 없이 통지해야 한다. 이러한 경우에 연방망관리청은 자신의 관보에 그 공표원(die Fundstelle)을 공표한다.

④ 인터페이스설명서 전체의 공표가 그 범위로 인하여 기대될 수 없는 경우에는, 최소한 유형과 인터페이스 사용목적에 관하여 정보를 제공하고 포괄적 인터페이스설명서의 이용가능성에 대한 안내를 포함하는(einen Hinweis auf Bezugsmöglichkeiten der umfassenden Schnittstellenspezifikationen enthält) 통지를 공표하면 충분한 것이다. 공중전기통신망운영자는, 인터페이스설명서가 요구 후 지체 없이 이해당사자에게 표시되고 이해관계인이 시간적으로도 내용적으로도 또 인터페이스설명서 비용 관련해서도 차별적으로 대우받지 않도록(die Interessenten weder zeitlich noch inhaltlich noch hinsichtlich der Kosten für den Bezug der Schnittstellenspezifikation ungleich behandelt werden) 보장한다. 인터페이스설명서의 구입에 대해 징수된 요금(Ein für den Bezug von Schnittstellenspezifikationen erhobenes Entgelt)은 이로 인해 초래된 특별한 비용액 내에서만 징수될 수 있다.

⑤ 공중전기통신망운영자(Der Betreiber öffentlicher Telekommunikationsnetze)는, 인터페이스설명서 또는 인터페이스설명서 공표원(die Schnittstellenbeschreibung oder die Fundstelle der Schnittstellenbeschreibung)이 연방망관리청의 관보에 사전에 게재되는 경우에 한하여 제1항에 따라 공표한 인터페이스를 통하여 제공되어야 하는 급부를 청약할 수 있다.

제5장 특별 남용감독

제42조 상당한 시장지배력을 가진 기업의 남용행위

① 상당한 시장지배력을 보유한, 전기통신역무제공자, 제78조 제2항 제4호, 제5호에 따른 급부제공자 또는 전기통신에 기반한 서비스제공자나 상당한 시장지배력을 보유한 전기통신망운영자는 자신의 지위를 남용(濫用)해서는 아니된다. 특히 다른 기업이 직접적으로 또는 간접적으로 불합리하게 방해받거나 객관적으로 정당한 사유 없이 다른 기업의 경쟁기회가 중대하게 침해되는 경우에는(wenn andere Unternehmen unmittelbar oder mittelbar unbillig behindert oder deren Wettbewerbsmöglichkeiten ohne sachlich gerechtfertigten Grund erheblich beeinträchtigt werden) 남용이 있는 것이다.

② 상당한 시장지배력을 가진 어느 기업이 자신에게, 자신의 자회사 또는 파트너회사에게, 그 기업이 조건 또는 품질을 다른 기업에게 그 전기통신역무에 대한 급부의 이용시 인정하거나 전기통신역무와 관계

oder zu seinen am Markt angebotenen Leistungen zu günstigeren Bedingungen oder zu einer besseren Qualität ermöglicht, als es sie anderen Unternehmen bei der Nutzung der Leistung für deren Telekommunikationsdienste oder mit diesen in Zusammenhang stehenden Diensten einräumt, es sei denn, das Unternehmen weist Tatsachen nach, die die Einräumung ungünstigerer Bedingungen sachlich rechtfertigen.

(3) Ein Missbrauch im Sinne des Absatzes 1 wird auch dann vermutet, wenn ein Betreiber eines öffentlichen Telekommunikationsnetzes mit beträchtlicher Marktmacht seiner Verpflichtung aus § 22 Abs. 1 nicht nachkommt, indem die Bearbeitung von Zugangsanträgen ohne sachlichen Grund verzögert wird.

(4) Auf Antrag oder von Amts wegen trifft die Bundesnetzagentur eine Entscheidung, um die missbräuchliche Ausnutzung einer marktmächtigen Stellung zu beenden. Dazu kann sie dem Unternehmen, das seine marktmächtige Stellung missbräuchlich ausnutzt, ein Verhalten auferlegen oder untersagen oder Verträge ganz oder teilweise für unwirksam erklären. Die Sätze 1 und 2 gelten entsprechend, wenn Tatsachen vorliegen, die die Annahme rechtfertigen, dass ein Unternehmen seine marktmächtige Stellung auf Endkundenmärkten missbräuchlich auszunutzen droht. Eine solche Entscheidung soll in der Regel innerhalb einer Frist von vier Monaten nach Einleitung des Verfahrens getroffen werden. Bei einer Antragstellung nach Satz 1 ist der Eingang des Antrags der Fristbeginn. Den Antrag nach Satz 1 kann jeder Anbieter von Telekommunikationsdiensten stellen, der geltend macht, in eigenen Rechten verletzt zu sein.

§ 43 Vorteilsabschöpfung durch die Bundesnetzagentur

(1) Hat ein Unternehmen gegen eine Verfügung der Bundesnetzagentur nach § 42 Abs. 4 oder vorsätzlich oder fahrlässig gegen eine Vorschrift dieses Gesetzes verstoßen und dadurch einen wirtschaftlichen Vorteil erlangt, soll die Bundesnetzagentur die Abschöpfung des wirtschaftlichen Vorteils anordnen und dem Unternehmen die Zahlung eines entsprechenden Geldbetrags auferlegen.

(2) Absatz 1 gilt nicht, sofern der wirtschaftliche Vorteil durch Schadensersatzleistungen oder durch die Verhängung oder die Anordnung der Einziehung von Taterträgen ausgeglichen ist. Soweit das Unternehmen Leistungen nach Satz 1 erst nach der Vorteilsabschöpfung erbringt, ist der abgeführte Geldbetrag in Höhe der nachgewiesenen Zahlungen an das Unternehmen zurückzuerstatten.

(3) Wäre die Durchführung einer Vorteilsabschöpfung eine unbillige Härte, soll die Anordnung auf einen angemessenen Geldbetrag beschränkt werden oder ganz unterbleiben. Sie soll auch unterbleiben, wenn der wirtschaftliche Vorteil gering ist.

(4) Die Höhe des wirtschaftlichen Vorteils kann geschätzt werden. Der abzuführende Geldbetrag ist zahlenmäßig zu bestimmen.

(5) Die Vorteilsabschöpfung kann nur innerhalb einer Frist von fünf Jahren seit Beendigung der Zuwiderhandlung und längstens für einen Zeitraum von fünf Jahren angeordnet werden.

가 있는 서비스와 관련하여 인정하는 것보다 더 유리한 조건 또는 더 좋은 품질로(zu günstigeren Bedingungen oder zu einer besseren Qualität), 내부적으로 이용하는 자신의 급부 또는 시장에 제공되는 자신의 급부에 대한 진입을 가능하게 하는 경우에는 제1항상의 남용은 추정되고, 다만 그 기업이 보다 불리한 조건의 인정이 객관적으로 정당화되는(die die Einräumung ungünstigerer Bedingungen sachlich rechtfertigen) 사실을 증명한 경우에는 그러하지 아니하다.
③ 상당한 시장지배력을 가진 공중전기통신망운영자(ein Betreiber eines öffentlichen Telekommunikationsnetzes mit beträchtlicher Marktmacht)가 객관적 사유 없이 진입신청의 처리를 지체함으로써(indem die Bearbeitung von Zugangsanträgen ohne sachlichen Grund verzögert wird) 제22조에 기한 자신의 의무를 이행하지 않은 경우에도 제1항상의 남용은 추정된다.
④ 연방망관리청은 신청에 따라 또는 직권으로 시장지배적 지위의 남용을 종식시키기 위한 판정을 한다. 연방망관리청은 이를 위해 자신의 시장지배적 지위를 남용한 기업에게 작위를 부과하거나 이를 금지하거나 계약의 전부 또는 일부에 대해 무효로 선언할 수 있다(ein Verhalten auferlegen oder untersagen oder Verträge ganz oder teilweise für unwirksam erklären). 어느 기업이 자신의 시장지배적 지위를 최종고객시장에서 남용할 우려가 있다(dass ein Unternehmen seine marktmächtige Stellung auf Endkundenmärkten missbräuchlich auszunutzen droht)는 추정을 정당화하는 사실이 있는 경우에는 제1문, 제2문을 준용한다. 그러한 판정은 통상적으로 절차의 개시 후 4개월의 기간 내에 행해져야 한다. 제1문에 따른 신청의 제기의 경우에 기간 개시시점은 신청의 도달시이다. 자신의 권리가 침해된 것으로 주장하는 각 공중전기통신역무제공자(Anbieter von Telekommunikationsdiensten)는 제1문에 따른 신청을 제기할 수 있다.

제43조 연방망관리청에 의한 이익환수

① 어느 기업이 제42조 제4항에 따른 연방망관리청의 처분에 위반하거나 고의 또는 과실에 기하여 본 법률상의 규정을 위반하고 이로써 경제적 이익을 취득한 경우에, 연방망관리청은 그 경제적 이익의 환수(die Abschöpfung des wirtschaftlichen Vorteils)을 명령해야 하고 그 기업에 상응하는 금액의 지급(die Zahlung eines entsprechenden Geldbetrags을 부과해야 한다.
② 경제적 이익이 손해배상급부로 또는 범죄수익의 몰수의 선고 혹은 명령으로 조정된 경우에는 제1항은 적용하지 아니한다. 해당 기업이 제1문에 따른 급부를 이익환수 후에 비로소 이행한 경우에는 증명된 지급액 내의 금액(der abgeführte Geldbetrag in Höhe der nachgewiesenen Zahlungen)은 그 기업에 반환되어야 한다.
③ 이익환수의 집행이 부당하게 가혹할 경우에는 그 명령은 적절한 금액으로 제한되거나 명령 전체가 발령되지 아니한다. 경제적 이익이 사소한 경우(wenn der wirtschaftliche Vorteil gering ist)에도 그 명령은 발령되지 아니한다.
④ 경제적 이익액은 평가할 수 있다. 제외해야 할 금전(Der abzuführende Geldbetrag)은 수치적으로 정한다.
⑤ 이익환수는 위반행위의 종료시로부터 5년의 기간 내에만 또한 최대 5년의 기간 동안längstens für einen Zeitraum von fünf Jahren)에만 명령될 수 있다.

Teil 3 Kundenschutz

§ 43a Verträge

(1) Anbieter von öffentlich zugänglichen Telekommunikationsdiensten müssen dem Verbraucher und auf Verlangen anderen Endnutzern im Vertrag in klarer, umfassender und leicht zugänglicher Form folgende Informationen zur Verfügung stellen:

1. den Namen und die ladungsfähige Anschrift; ist der Anbieter eine juristische Person auch die Rechtsform, den Sitz und das zuständige Registergericht,
2. die Art und die wichtigsten technischen Leistungsdaten der angebotenen Telekommunikationsdienste, insbesondere diejenigen gemäß Absatz 2 und Absatz 3 Satz 1,
3. die voraussichtliche Dauer bis zur Bereitstellung eines Anschlusses,
4. die angebotenen Wartungs- und Kundendienste sowie die Möglichkeiten zur Kontaktaufnahme mit diesen Diensten,
5. Einzelheiten zu den Preisen der angebotenen Telekommunikationsdienste,
6. die Fundstelle eines allgemein zugänglichen, vollständigen und gültigen Preisverzeichnisses des Anbieters von öffentlich zugänglichen Telekommunikationsdiensten,
7. die Vertragslaufzeit, einschließlich des Mindestumfangs und der Mindestdauer der Nutzung, die gegebenenfalls erforderlich sind, um Angebote im Rahmen von Werbemaßnahmen nutzen zu können,
8. die Voraussetzungen für die Verlängerung und Beendigung des Bezuges einzelner Dienste und des gesamten Vertragsverhältnisses, einschließlich der Voraussetzungen für einen Anbieterwechsel nach § 46, die Entgelte für die Übertragung von Nummern und anderen Teilnehmerkennungen sowie die bei Beendigung des Vertragsverhältnisses fälligen Entgelte einschließlich einer Kostenanlastung für Endeinrichtungen,
9. etwaige Entschädigungs- und Erstattungsregelungen für den Fall, dass der Anbieter die wichtigsten technischen Leistungsdaten der zu erbringenden Dienste nicht eingehalten hat,
10. die erforderlichen Schritte zur Einleitung eines außergerichtlichen Streitbeilegungsverfahrens nach § 47a,
11. den Anspruch des Teilnehmers auf Aufnahme seiner Daten in ein öffentliches Teilnehmerverzeichnis nach § 45m,
12. die Arten von Maßnahmen, mit denen das Unternehmen auf Sicherheits- oder Integritätsverletzungen oder auf Bedrohungen und Schwachstellen reagieren kann,
13. den Anspruch auf Sperrung bestimmter Rufnummernbereiche nach § 45d Absatz 2 Satz 1 und
14. den Anspruch auf Sperrung der Inanspruchnahme und Abrechnung von neben der Verbindung erbrachten Leistungen über den Mobilfunkanschluss nach § 45d Absatz 3.

Anbieter öffentlicher Telekommunikationsnetze sind dazu verpflichtet, Anbietern öffentlich zugänglicher Telekommunikationsdienste die für die Sicherstellung der in Satz 1 genannten Informationspflichten benötigten Informationen zur Verfügung zu stellen, wenn ausschließlich die Anbieter von öffentlichen Telekommunikationsnetzen darüber verfügen.

(2) Zu den Informationen nach Absatz 1 Nummer 2 gehören

1. Informationen darüber, ob der Zugang zu Notdiensten mit Angaben zum Anruferstandort besteht oder nicht, und über alle Beschränkungen von Notdiensten,

제3편 고객보호

제43조a 계약

① 공중이 이용 가능한 전기통신역무제공자는 소비자에게 또 그 밖의 최종이용자의 요구가 있는 경우 그에게(dem Verbraucher und auf Verlangen anderen Endnutzern) 계약에서 명료하고 포괄적이며 쉽게 이용할 수 있는 양식으로 다음 각 호의 정보를 제공해야만 한다:

1. 이름, 송달 가능한 주소; 그 제공자가 법인인 경우에는 법형식(Rechtsform), 본점소재지 및 관할 등기법원(den Sitz und das zuständige Registergericht)도 포함한다,
2. 제공하는 전기통신역무의 성질 및 중요한 기술적 급부데이터, 특히 제2항, 제3항 제1문에 따른 그것들(insbesondere diejenigen gemäß Absatz 2 und Absatz 3 Satz 1),
3. 접속 제공시까지의 예상 기간,
4. 제공하는 유지보수서비스 및 고객서비스와 이러한 서비스에 대한 접근 가능성(die Möglichkeiten zur Kontaktaufnahme mit diesen Diensten),
5. 제공하는 전기통신역무에 관한 세부사항,
6. 공중이 이용 가능한 전기통신역무제공자의, 일반적으로 이용할 수 있고 완전하며 유효한 가격표의 출처,
7. 해당하는 경우 계약기간 판촉활동의 일환의 제공물을 이용하는 데에 필요한 최소이용기간 및 최소이용범위를 포함하여, 계약기간
8. 제46조에 따른 제공자교체에 대한 요건을 포함하여 개별 서비스 및 전체 계약관계의 이용의 연장 및 종료에 대한 요건과, 번호 및 그 밖의 단말기식별부호의 전송(die Übertragung von Nummern und anderen Teilnehmerkennungen)에 대한 요금과, 단말기(端末機)에 대한 비용부담을 포함하여 계약관계의 종료시에 발생하는 요금(die bei Beendigung des Vertragsverhältnisses fälligen Entgelte einschließlich einer Kostenanlastung für Endeinrichtungen),
9. 제공자가 제공해야 하는 서비스의 중요한 기술적 급부데이터를 준수하지 않은 경우를 대비한 수빌직 보상규정 또는 상환규정,
10. 제47조a에 따른 재판 이외 분쟁해결절차(außergerichtlichen Streitbeilegungsverfahrens)에 관한 필요한 조치,
11. 가입자의 제45조m에 따른 공식가입자명부 내의 가입자의 그 정보개시청구권(den Anspruch des Teilnehmers auf Aufnahme seiner Daten),
12. 기업이 보안침해 또는 완전성침해(Sicherheits- oder Integritätsverletzungen)나 위협 및 취약점(Bedrohungen und Schwachstellen)에 대응하기 위한 조치의 특징,
13. 제45조d 제2항 제1문에 따른 특정한 전화번호대(電話番號帶)에 대한 차단청구권,
14. 제45조d 제3항에 따른 이동통신접속을 통한, 연결과 동시에 제공되는 급부(von neben der Verbindung erbrachten Leistungen über den Mobilfunkanschluss)의 이용 및 결제의 차단청구권,

해당 전기통신망제공자만이 그에 관한 정보를 보유한 경우에는 그 공중전기통신망제공자는 공중이 이용 가능한 전기통신역무제공자에게 제1문상의 정보제공의무의 확보를 위해 필요한 정보(die für die Sicherstellung der in Satz 1 genannten Informationspflichten benötigten Informationen)를 제공할 의무를 진다.

② 다음 각 호의 정보는 제1항 제2호에 따른 정보에 속한다,

1. 발신인장소에 관한 정보가 제공되는 긴급서비스에 대한 이용이 있는지 여부에 관한 정보와, 긴급서비스의 일체의 제한에 관한 정보,

2. Informationen über alle Einschränkungen im Hinblick auf den Zugang zu und die Nutzung von Diensten und Anwendungen,
3. das angebotene Mindestniveau der Dienstqualität und gegebenenfalls anderer nach § 41a festgelegter Parameter für die Dienstqualität,
4. Informationen über alle vom Unternehmen zur Messung und Kontrolle des Datenverkehrs eingerichteten Verfahren, um eine Kapazitätsauslastung oder Überlastung einer Netzverbindung zu vermeiden, und Informationen über die möglichen Auswirkungen dieser Verfahren auf die Dienstqualität und
5. alle vom Anbieter auferlegten Beschränkungen für die Nutzung der von ihm zur Verfügung gestellten Endeinrichtungen.

(3) Die Einzelheiten darüber, welche Angaben in der Regel mindestens nach Absatz 2 erforderlich sind, kann die Bundesnetzagentur nach Beteiligung der betroffenen Verbände und der Unternehmen durch Verfügung im Amtsblatt festlegen. Hierzu kann die Bundesnetzagentur die Anbieter öffentlich zugänglicher Telekommunikationsdienste oder die Anbieter öffentlicher Telekommunikationsnetze verpflichten, Erhebungen zum tatsächlichen Mindestniveau der Dienstqualität anzustellen, eigene Messungen anstellen oder Hilfsmittel entwickeln, die es dem Teilnehmer ermöglichen, eigenständige Messungen anzustellen. Die Bundesnetzagentur veröffentlicht jährlich einen Bericht über ihre Erhebungen und Erkenntnisse, in dem insbesondere dargestellt wird,

1. inwiefern die Anbieter von öffentlich zugänglichen Telekommunikationsdiensten die Informationen zur Verfügung stellen, die nach Absatz 2 und nach Artikel 4 Absatz 1 der Verordnung (EU) 2015/2120 des Europäischen Parlaments und des Rates vom 25. November 2015 über Maßnahmen zum Zugang zum offenen Internet und zu Endkundenentgelten für regulierte intra-EU-Kommunikation sowie zur Änderung der Richtlinie 2002/22/EG und der Verordnung (EU) Nr. 531/2012 (ABl. L 310 vom 26.11.2015, S. 1), die zuletzt durch die Verordnung (EU) 2018/1971 (ABl. L 321 vom 17.12.2018, S. 1) geändert worden ist, in der jeweils geltenden Fassung erforderlich sind,
2. inwiefern erhebliche, kontinuierliche oder regelmäßig wiederkehrende Abweichungen zwischen der nach Satz 2 gemessenen Dienstqualität und den nach Artikel 4 Absatz 1 Unterabsatz 1 Buchstabe d der Verordnung (EU) 2015/2120 im Vertrag enthaltenen Angaben festgestellt wurden und
3. inwiefern Anforderungen und Maßnahmen nach Artikel 5 Absatz 1 Unterabsatz 1 Satz 2 der Verordnung (EU) 2015/2120 notwendig und wirksam sind.

Ferner kann die Bundesnetzagentur das Format der Mitteilung über Vertragsänderungen und die anzugebende Information über das Widerrufsrecht festlegen, soweit nicht bereits vergleichbare Regelungen bestehen.

§ 43b Vertragslaufzeit

Die anfängliche Mindestlaufzeit eines Vertrages zwischen einem Verbraucher und einem Anbieter von öffentlich zugänglichen Telekommunikationsdiensten darf 24 Monate nicht überschreiten. Anbieter von öffentlich zugänglichen Telekommunikationsdiensten sind verpflichtet, einem Teilnehmer zu ermöglichen, einen Vertrag mit einer Höchstlaufzeit von zwölf Monaten abzuschließen.

§ 44 Anspruch auf Schadensersatz und Unterlassung

(1) Ein Unternehmen, das gegen dieses Gesetz, eine auf Grund dieses Gesetzes erlassene Rechtsverordnung,

2. 서비스와 애플리케이션에 대한 접속 및 이용에 관한(im Hinblick auf den Zugang zu und die Nutzung von Diensten und Anwendungen) 일체의 제한에 관한 정보,
3. 서비스품질의 제공되는 최저수준과, 해당하는 경우 제41a에 따라 정해진, 서비스품질 한도에 대한 최저수준,
4. 통신망연결의 가동률(Kapazitätsauslastung)을 감소시키거나 과부하(Überlastung)를 회피하기 위하여 트래픽[153]의 측정과 제어를 위해 기업이 사용하는 일체의 절차에 관한 정보와, 이러한 절차의 서비스품질에 대한 있을 수 있는 영향에 관한 정보(Informationen über die möglichen Auswirkungen dieser Verfahren auf die Dienstqualität),
5. 제공자가 부과한 제한으로, 제공자가 제공한 단말기의 이용에 대한(die Nutzung der von ihm zur Verfügung gestellten Endeinrichtungen) 일체의 제한.

③ 어떤 정보가 통상적으로 제2항에 따라 필요한지에 대한 세부사항은, 연방망관리청이 해당 단체 및 기업의 참가를 거쳐 처분(處分)으로 관보에서 정한다. 연망망관리청은 이를 위해 공중이 이용 가능한 전기통신역무제공자 또는 공중전기통신망제공자에게, 품질의 실제 최저수준에 관한 조사를 시행할 의무를 부과하거나, 고유한 측정을 시행하거나, 가입자가 독자적 측정을 시행하는 것을 가능하게 해주는(die es dem Teilnehmer ermöglichen, eigenständige Messungen anzustellen) 보조장치를 개발할 의무를 부과할 수 있다. 연방망관리청은 특히 다음 각 호가 기술된, 조사 및 결론에 관한 보고서를 연례적(年例的)으로 공표한다,

1. 공중이 이용 가능한 전기통신역무제공자가 정보로, 본 조 제2항과, 개방된 인터넷의 이용에 관한 조치와, 「유럽연합 내의 규제되는 통신에 대한 최종고객요금에 관한 조치(Maßnahmen zum Zugang zum offenen Internet und zu Endkundenentgelten für regulierte intra-EU-Kommunikation) 그리고 2002/22/EG호 입법지침과 (EU) 531/2012호 법(法)의 개정에 관한 2015년 11월 25일 유럽연합 의회 및 이사회 2015/2120호 법(法)」(ABl. L 310 vom 26.11.2015, S. 1)으로, (EU) 2018/1971호 법(法)(ABl. L 321 vom 17.12.2018, S. 1)에 의해 개정되고, 수시로 개정된 동법(同法) 제4조 제1항에 따라 필요한 정보를 어느 정도로 제공해야 하는지,
2. 중대하거나 지속적이거나 정기적으로 반복하여 돌아오는 다름(erhebliche, kontinuierliche oder regelmäßig wiederkehrende Abweichungen)로, 제2문에 따라 측정된 서비스품질과 (EU) 2015/2120호 제4조 제1항 제1소항 d목에 따라 계약에 포함된 그 사항(Angaben) 간의 다름이 어느 정도로 확인되었는지,
3. (EU) 2015/2120호 제5조 제1항 제1소항 제2문에 따른 요구사항 및 조치가 어느 정도로 필요하고 유효한지.

또한 연방망관리청은 유사한 규정이 아직 존재하지 않는 범위 내에서, 계약수정에 관한 통지양식과, 철회권에 관하여 명시되어야 하는 정보(die anzugebende Information über das Widerrufsrecht)를 정할 수 있다.

제43조b 계약기간

소비자와 공중이 이용 가능한 전기통신역무제공자 간의 계약상의 최초 최소기간은 24개월을 초과해서는 아니된다. 공중이 이용 가능한 전기통신역무제공자는 가입자에게 최대기간 12개월이 있는 계약의 체결을 가능하게 할(einem Teilnehmer zu ermöglichen, einen Vertrag mit einer Höchstlaufzeit von zwölf Monaten abzuschließen) 의무를 진다.

제44조 손해배상청구권과 금지청구권

① 본 법률이나 본 법률에 기하여 제정된 법규명령에 위반하거나 본 법률에 기하여 주파수할당에서 부과

eine auf Grund dieses Gesetzes in einer Zuteilung auferlegte Verpflichtung oder eine Verfügung der Bundesnetzagentur verstößt, ist dem Betroffenen zur Beseitigung und bei Wiederholungsgefahr zur Unterlassung verpflichtet. Der Anspruch besteht bereits dann, wenn eine Zuwiderhandlung droht. Betroffen ist, wer als Endverbraucher oder Wettbewerber durch den Verstoß beeinträchtigt ist. Fällt dem Unternehmen Vorsatz oder Fahrlässigkeit zur Last, ist es einem Endverbraucher oder einem Wettbewerber auch zum Ersatz des Schadens verpflichtet, der ihm aus dem Verstoß entstanden ist. Geldschulden nach Satz 4 hat das Unternehmen ab Eintritt des Schadens zu verzinsen. Die §§ 288 und 289 Satz 1 des Bürgerlichen Gesetzbuchs finden entsprechende Anwendung.

(2) Wer in anderer Weise als durch Verwendung oder Empfehlung von Allgemeinen Geschäftsbedingungen gegen Vorschriften dieses Gesetzes oder Vorschriften einer auf Grund dieses Gesetzes erlassenen Rechtsverordnung verstößt, die dem Schutz der Verbraucher dienen, kann im Interesse des Verbraucherschutzes von den in § 3 des Unterlassungsklagengesetzes genannten Stellen in Anspruch genommen werden. Werden die Zuwiderhandlungen in einem geschäftlichen Betrieb von einem Angestellten oder einem Beauftragten begangen, so ist der Unterlassungsanspruch auch gegen den Inhaber des Betriebes begründet. Im Übrigen bleibt das Unterlassungsklagengesetz unberührt.

§ 44a Haftung

Soweit eine Verpflichtung des Anbieters von öffentlich zugänglichen Telekommunikationsdiensten zum Ersatz eines Vermögensschadens gegenüber einem Endnutzer besteht und nicht auf Vorsatz beruht, ist die Haftung auf höchstens 12 500 Euro je Endnutzer begrenzt. Entsteht die Schadenersatzpflicht durch eine einheitliche Handlung oder ein einheitliches Schaden verursachendes Ereignis gegenüber mehreren Endnutzern und beruht dies nicht auf Vorsatz, so ist die Schadenersatzpflicht unbeschadet der Begrenzung in Satz 1 in der Summe auf höchstens 10 Millionen Euro begrenzt. Übersteigen die Entschädigungen, die mehreren Geschädigten auf Grund desselben Ereignisses zu leisten sind, die Höchstgrenze, so wird der Schadenersatz in dem Verhältnis gekürzt, in dem die Summe aller Schadenersatzansprüche zur Höchstgrenze steht. Die Haftungsbegrenzung nach den Sätzen 1 bis 3 gilt nicht für Ansprüche auf Ersatz des Schadens, der durch den Verzug der Zahlung von Schadenersatz entsteht. Abweichend von den Sätzen 1 bis 3 kann die Höhe der Haftung gegenüber Endnutzern, die keine Verbraucher sind, durch einzelvertragliche Vereinbarung geregelt werden.

§ 45 Berücksichtigung der Interessen behinderter Endnutzer

(1) Die Interessen behinderter Endnutzer sind von den Anbietern öffentlich zugänglicher Telekommunikationsdienste bei der Planung und Erbringung der Dienste zu berücksichtigen. Es ist ein Zugang zu ermöglichen, der dem Zugang gleichwertig ist, über den die Mehrheit der Endnutzer verfügt. Der Zugang zu den Telekommunikationsdiensten muss behinderten Endnutzern jederzeit zur Verfügung stehen. Gleiches gilt für die Auswahl an Unternehmen und Diensten.

(2) Nach Anhörung der betroffenen Verbände und der Unternehmen kann die Bundesnetzagentur den allgemeinen Bedarf nach Absatz 1 feststellen, der sich aus den Bedürfnissen der behinderten Endnutzer ergibt. Zur Sicherstellung des Dienstes sowie der Dienstemerkmale ist die Bundesnetzagentur befugt, den Unternehmen Verpflichtungen aufzuerlegen. Die Bundesnetzagentur kann von solchen Verpflichtungen absehen, wenn eine Anhörung der betroffenen Kreise ergibt, dass diese Dienstemerkmale oder vergleichbare Dienste als weithin verfügbar erachtet werden.

(賦課)된 의무나 연방망관리청의 처분에 위반하는 기업은, 당사자에게 그 위반을 제거할 의무를 지고 반복위험시(bei Wiederholungsgefahr) 부작위를 할 의무를 진다. 위반행위가 임박한 경우에도 그 청구권이 인정된다. 당사자는 최종소비자 또는 경쟁사업자로서(als Endverbraucher oder Wettbewerber) 위반행위에 의해서 방해를 받은 자를 말한다. 해당 기업에 고의 또는 과실이 인정되는 경우에 그 기업은 최종소비자 또는 경쟁사업자에게 그 위반으로 그들에게 생긴 손해배상을 할 의무(auch zum Ersatz des Schadens verpflichtet)도 부담한다. 그 기업은 제4문에 따른 금전채무에 대하여 손해의 발생시부터 이자를 가산해야 한다(Geldschulden nach Satz 4 hat das Unternehmen ab Eintritt des Schadens zu verzinsen). 민법전 제288조, 제289조 제1문을 준용한다.

② 보통거래약관의 사용 또는 사용권장 이외의 방법으로 본 법률상의 규정 또는 본 법률에 기하여 제정된 법규명령상의 규정으로, 소비자 보호를 위한 규정에 위반하는 자에 대하여, 금지소송법 제3조상의 청구권자가 소비자보호 권익을 위해 행사할 수 있다(kann im Interesse des Verbraucherschutzes von den in § 3 des Unterlassungsklagengesetzes genannten Stellen in Anspruch genommen werden). 그 위반행위가 영리 사업에서 직원 또는 대리인에 의해 자행되는 경우에(Werden die Zuwiderhandlungen in einem geschäftlichen Betrieb von einem Angestellten oder einem Beauftragten begangen) 그 사업의 보유자에 대해서도 금지청구권이 인정된다. 그 밖의 경우에 금지소송법이 영향을 받지 아니한다.

제44조a 책임

최종이용자에 대한 재산상 손해에 대한 배상에 관한 공중이 이용 가능한 전기통신역무제공자의 의무가 인정되는 경우에, 그 책임은 각 최종이용자당 최대 12,500Euro로(auf höchstens 12 500 Euro je Endnutzer) 제한된다. 손해배상의무가 단일한 하나의 행위 또는 단일한 하나의 손해로 초래된 사건(eine einheitliche Handlung oder ein einheitliches Schaden verursachendes Ereignis)으로 인하여 다수의 최종이용자에 대하여 발생하고 이것이 고의에 기인하지 않은 경우에, 그 손해배상의무는 제1문상의 제한에도 불구하고 총액으로 최대 1,000만 유로로 제한된다. 수인의 피해자에게 동일한 사건에 기하여 이행해야 할 손해배상이 그 한도를 초과하는 경우에(Übersteigen die Entschädigungen, die mehreren Geschädigten auf Grund desselben Ereignisses zu leisten sind, die Höchstgrenze), 손해배상은 모든 손해배상청구권 총액의 상한액에 대한 비율로 감축된다. 제1문 내지 제3문에 따른 책임제한은 손해배상 지급 지체로 발생한(der durch den Verzug der Zahlung von Schadenersatz entsteht) 손해배상의 청구권에 대하여는 적용하지 아니한다. 제1문 내지 제2문과 달리 소비자가 아닌 최종이용자에 대한 책임액은 개별 약정으로(durch einzelvertragliche Vereinbarung) 규율될 수 있다.

제45조 장애가 있는 최종이용자 권익의 고려

① 장애가 있는 최종이용자의 권익은 공중이 이용 가능한 전기통신역무제공자에 의해 서비스의 설계 및 제공시 고려되어야 한다. 최종이용자의 대다수가 이용할 수 있는 접속과 동등한 접속을 가능하게 해야 한다(Es ist ein Zugang zu ermöglichen, der dem Zugang gleichwertig ist, über den die Mehrheit der Endnutzer verfügt). 전기통신역무에 대한 접속은 장애가 있는 최종이용자에게 언제든지 제공되어야만 한다. 기업 및 서비스의 선택에 대하여도 또한 같다.

② 연방망관리청은 해당 단체 및 기업의 청문을 거쳐 제1항에 따른 장애가 있는 최종이용자의 필요에서 생긴 일반적 수요를 확정한다. 연방망관리청은 그러한 서비스 및 서비스기능의 확보를 위해 기업에 의무를 부과할 수 있다. 이해당사자들의 청문 결과 이러한 서비스기능 또는 유사한 서비스가 널리 이용할 수 있는 것으로 여겨지는 경우에는(wenn eine Anhörung der betroffenen Kreise ergibt, dass diese Dienstemerkmale oder vergleichbare Dienste als weithin verfügbar erachtet werden) 연방망관리청은 그러한 의무를 면제할 수 있다.

(3) Die Anbieter öffentlich zugänglicher Telefondienste stellen jederzeit verfügbare Vermittlungsdienste für gehörlose und hörgeschädigte Endnutzer zu einem erschwinglichen Preis unter Berücksichtigung ihrer besonderen Bedürfnisse bereit. Die Bundesnetzagentur ermittelt den Bedarf für diese Vermittlungsdienste unter Beteiligung der betroffenen Verbände und der Unternehmen. Soweit Unternehmen keinen bedarfsgerechten Vermittlungsdienst bereitstellen, beauftragt die Bundesnetzagentur einen Leistungserbringer mit der Bereitstellung eines Vermittlungsdienstes zu einem erschwinglichen Preis. Die mit dieser Bereitstellung nicht durch die vom Nutzer zu zahlenden Entgelte gedeckten Kosten tragen die Unternehmen, die keinen bedarfsgerechten Vermittlungsdienst bereitstellen. Der jeweils von einem Unternehmen zu tragende Anteil an diesen Kosten bemisst sich nach dem Verhältnis des Anteils der vom jeweiligen Unternehmen erbrachten abgehenden Verbindungen zum Gesamtvolumen der von allen zahlungspflichtigen Unternehmen erbrachten abgehenden Verbindungen und wird von der Bundesnetzagentur festgesetzt. Die Zahlungspflicht entfällt für Unternehmen, die weniger als 0,5 Prozent des Gesamtvolumens der abgehenden Verbindungen erbracht haben; der auf diese Unternehmen entfallende Teil der Kosten wird von den übrigen Unternehmen nach Maßgabe des Satzes 5 getragen. Die Bundesnetzagentur legt die Einzelheiten des Verfahrens durch Verfügung fest.

§ 45a Nutzung von Grundstücken

(1) Ein Anbieter von öffentlich zugänglichen Telekommunikationsdiensten, der einen Zugang zu einem öffentlichen Telekommunikationsnetz anbietet, darf den Vertrag mit dem Teilnehmer ohne Einhaltung einer Frist kündigen, wenn der Teilnehmer auf Verlangen des Anbieters nicht innerhalb eines Monats den Antrag des dinglich Berechtigten auf Abschluss eines Vertrags zu einer Nutzung des Grundstücks nach der Anlage zu diesem Gesetz (Nutzungsvertrag) vorlegt oder der dinglich Berechtigte den Nutzungsvertrag kündigt.

(2) Sind der Antrag fristgerecht vorgelegt und ein früherer Nutzungsvertrag nicht gekündigt worden, darf der Teilnehmer den Vertrag ohne Einhaltung einer Frist kündigen, wenn der Anbieter von öffentlich zugänglichen Telekommunikationsdiensten den Antrag des Eigentümers auf Abschluss eines Nutzungsvertrags diesem gegenüber nicht innerhalb eines Monats durch Übersendung des von ihm unterschriebenen Vertrags annimmt.

(3) Sofern der Eigentümer keinen weiteren Nutzungsvertrag geschlossen hat und eine Mitbenutzung vorhandener Leitungen und Vorrichtungen des Anbieters von öffentlich zugänglichen Telekommunikationsdiensten durch einen weiteren Anbieter nicht die vertragsgemäße Erfüllung der Verpflichtungen des Anbieters gefährdet oder beeinträchtigt, hat der aus dem Nutzungsvertrag berechtigte Anbieter einem anderen Anbieter auf Verlangen die Mitbenutzung der auf dem Grundstück und in den darauf befindlichen Gebäuden verlegten Leitungen und angebrachten Vorrichtungen des Anbieters zu gewähren. Der Anbieter darf für die Mitbenutzung ein Entgelt erheben, das sich an den Kosten der effizienten Leistungsbereitstellung orientiert.

(4) Geht das Eigentum des Grundstücks auf einen Dritten über, gilt § 566 des Bürgerlichen Gesetzbuchs entsprechend.

§ 45b Entstörungsdienst

Der Teilnehmer kann von einem Anbieter eines öffentlich zugänglichen Telefondienstes verlangen, dass dieser einer Störung unverzüglich, auch nachts und an Sonn- und Feiertagen, nachgeht, wenn der

③ 공중이 이용 가능한 전화서비스제공자는, 농인이거나 청각장애를 가진 최종이용자에 대한 이용 가능한 의사소통(意思疏通)서비스(verfügbare Vermittlungsdienste für gehörlose und hörgeschädigte Endnutzer)를 그들의 특별한 필요를 고려하여 알맞은 가격에 언제든지 제공한다. 연방관리청은, 해당 단체 및 기업의 참여하에 이러한 의사소통서비스에 대한 수요를 조사한다. 기업이 수요에 기반한 의사소통서비스를 제공하지 않는 범위 내에서(Soweit Unternehmen keinen bedarfsgerechten Vermittlungsdienst bereitstellen) 연방망관리청은 급부제공자에게 알맞은 가격에 의사소통서비스의 제공을 위탁한다. 이러한 제공에 대해 이용자가 지급해야 하는 이용료에 의해 보전되지 않는 비용[154](Die mit dieser Bereitstellung nicht durch die vom Nutzer zu zahlenden Entgelte gedeckten Kosten)은 수요에 기반한 의사소통서비스를 제공하지 않는 기업들이 부담한다. 한 기업이 각각 부담해야 하는, 이러한 비용에 대한 비율은, 지급의무가 있는 모든 기업이 제공하는 발신 연결의 총량에 대하여 각 기업이 발신연결의 비율 관계에 따라(nach dem Verhältnis des Anteils der vom jeweiligen Unternehmen erbrachten abgehenden Verbindungen zum Gesamtvolumen der von allen zahlungspflichtigen Unternehmen erbrachten abgehenden Verbindungen) 산정되고, 연방망관리청에 의해 정해진다. 지급의무는 발신 연결의 총량의 0.5% 미만으로 제공하는 기업에 대하여는 소멸한다; 이러한 기업에 배정된 비용의 일부는 제5문에 따른 기준에 따라 나머지 기업들이 부담한다. 연방망관리청은 처분으로 그 절차의 세부사항을 정한다.

제45조a 토지의 이용

① 가입자가 그 제공자의 요구에 따라 1개월 이내에 본 법률 부록에 따른, 물권적 권리자의 토지이용에 관한 계약(이용계약; Nutzungsvertrag)체결에 청약(den Antrag des dinglich Berechtigten auf Abschluss eines Vertrags zu einer Nutzung des Grundstücks nach der Anlage zu diesem Gesetz)을 하지 않거나, 물권적 권리자가 용이계약을 해지한 경우에는 공중전기통신망에 대한 접속을 제공하는, 공중이 이용 가능한 전기통신역무제공자는 가입자와의 계약(契約)을 기간(其間)을 준수하지 않고서 해지(解止)할 수 있다.

② 청약이 기간 내에 제출되고 이전의 이용계약이 해지되지 않은 경우에(Sind der Antrag fristgerecht vorgelegt und ein früherer Nutzungsvertrag nicht gekündigt worden) 가입자는, 공중이 이용 가능한 전기통신역무제공자가 이용계약 체결에 대한 소유권자의 청약에 대하여 그 소유권자에게 그 제공자가 서명한 계약서의 송부에 의하여(durch Übersendung des von ihm unterschriebenen Vertrags) 승낙하지 않은 때에는 기간을 준수하지 않고서 그 계약을 해지할 수 있다.

③ 소유권자가 추가적 이용계약을 체결하지 않았는데, 다른 제공자가 공중이 이용 가능한 전기통신역무제공자의 기존 회선 및 기기(器機)을 공동이용함으로써 해당 제공자의 계약에 좇은 의무 이행을 위태롭게 하거나 방해하지 않은 경우에, 그 이용계약에 기하여 권리를 가진 제공자는 다른 제공자에게 그 요구에 따라 토지 및 토지에 정착한 건물에 가설(架設)하거나 설치(設置)한, 그 권리를 가진 제공자의 회선 및 기기(器機)의 공동이용(die Mitbenutzung der auf dem Grundstück und in den darauf befindlichen Gebäuden verlegten Leitungen und angebrachten Vorrichtungen des Anbieters)을 허용해야 한다. 그 권리를 가진 제공자는 그 공동이용에 대하여 효율적 급부제공의 비용에 지향(志向)된(das sich an den Kosten der effizienten Leistungsbereitstellung orientiert) 요금을 징수할 수 있다.

④ 토지의 소유권이 제3자에게 이전된 경우에(Geht das Eigentum des Grundstücks auf einen Dritten über), 민법전 제566조를 준용한다.

제45b 장애제거서비스

공중이 이용 가능한 전기통신역무제공자가 상당한 시장지배력을 보유한 경우에 가입자는 공중이 이용 가능한 전화서비스제공자에게 그 제공자가 야간, 휴일 및 축일을 포함하여 지체 없이

§ 45c Normgerechte technische Dienstleistung

(1) Der Anbieter von öffentlich zugänglichen Telekommunikationsdiensten ist gegenüber dem Teilnehmer verpflichtet, die nach Artikel 17 Absatz 4 der Richtlinie 2002/21/EG verbindlich geltenden Normen für und die technischen Anforderungen an die Bereitstellung von Telekommunikation für Endnutzer einzuhalten.

(2) Die Bundesnetzagentur soll auf die verbindlichen Normen und technischen Anforderungen in Veröffentlichungen hinweisen.

§ 45d Netzzugang

(1) Der Zugang zu öffentlichen Telekommunikationsnetzen an festen Standorten ist an einer mit dem Teilnehmer zu vereinbarenden, geeigneten Stelle zu installieren. Dieser Zugang ist ein passiver Netzabschlusspunkt; das öffentliche Telekommunikationsnetz endet am passiven Netzabschlusspunkt.

(2) Der Teilnehmer kann von dem Anbieter öffentlich zugänglicher Telefondienste und von dem Anbieter des Anschlusses an das öffentliche Telekommunikationsnetz verlangen, dass die Nutzung seines Netzzugangs für bestimmte Rufnummernbereiche im Sinne von § 3 Nummer 18a unentgeltlich netzseitig gesperrt wird, soweit dies technisch möglich ist. Die Freischaltung der gesperrten Rufnummernbereiche kann kostenpflichtig sein.

(3) Der Teilnehmer kann von dem Anbieter öffentlich zugänglicher Mobilfunkdienste und von dem Anbieter des Anschlusses an das öffentliche Mobilfunknetz verlangen, dass die Identifizierung seines Mobilfunkanschlusses zur Inanspruchnahme und Abrechnung einer neben der Verbindung erbrachten Leistung unentgeltlich netzseitig gesperrt wird.

(4) Die Bundesnetzagentur legt nach Anhörung der betroffenen Unternehmen, Fachkreise und Verbraucherverbände Verfahren fest, die die Anbieter öffentlich zugänglicher Mobilfunkdienste und die Anbieter des Anschlusses an das öffentliche Mobilfunknetz anwenden müssen, um die Identifizierung eines Mobilfunkanschlusses zur Inanspruchnahme und Abrechnung einer neben der Verbindung erbrachten Leistung zu nutzen. Diese Verfahren sollen den Teilnehmer wirksam davor schützen, dass eine neben der Verbindung erbrachte Leistung gegen seinen Willen in Anspruch genommen und abgerechnet wird. Die Bundesnetzagentur veröffentlicht die Verfahren und überprüft sie in regelmäßigen Abständen auf ihre Wirksamkeit.

Fußnote

(+++ § 45d Abs. 2: Gem. Art. 5 Abs. 2 Satz 2 G v. 3.5.2012 I 958 (1717) mit dem Inkrafttreten einer Rechtsverordnung nach § 45n Abs. 1 iVm Abs. 6 Nr. 1 (F. ab 3.5.2012) nicht mehr anzuwenden +++)

(+++ § 45d Abs. 3: Gem. Art. 5 Abs. 2 Satz 2 G v. 3.5.2012 I 958 (1717) mit dem Inkrafttreten einer Rechtsverordnung nach § 45n Abs. 1 iVm Abs. 6 Nr. 2 (F. ab 3.5.2012) nicht mehr anzuwenden +++)

§ 45e Anspruch auf Einzelverbindungsnachweis

(1) Der Teilnehmer kann von dem Anbieter von öffentlich zugänglichen Telekommunikationsdiensten jederzeit mit Wirkung für die Zukunft eine nach Einzelverbindungen aufgeschlüsselte Rechnung (Einzelverbindungsnachweis) verlangen, die zumindest die Angaben enthält, die für eine Nachprüfung der Teilbeträge der Rechnung erforderlich sind. Dies gilt nicht, soweit technische Hindernisse der Erteilung von Einzelverbindungsnachweisen entgegenstehen oder wegen der Art der Leistung eine Rechnung § 45c

제45c 규정에 맞는 기술용역

① 공중이 이용 가능한 전기통신역무제공자는, 2002/21/EG호 입법지침 제17조 제4항에 따라 최종이용자에 대해 구속력 있게 적용되는 규범(die nach Artikel 17 Absatz 4 der Richtlinie 2002/21/EG verbindlich geltenden Normen für)과 최종이용자에 대한 전기통신역무의 제공에 대한 기술적 요구사항을 준수할 의무를 부담한다.

② 연방망관리청은 구속력 있는 규범 및 기술적 요구사항(die verbindlichen Normen und technischen Anforderungen)을 공표에서 명시해야 한다.

제45조d 통신망이용

① 고정 위치에서 공중이 이용 가능한 통신망의 접속은 가입자와 약정한, 적절한 곳에서 이뤄져야 한다. 이러한 접속은 수동형 통신망종료지점이 된다; 공중전기통신망은 수동형 통신망종료지점에서(am passiven Netzabschlusspunkt) 종료된다.

② 가입자는, 이것이 기술적으로 가능한 범위 내에서, 공중이 이용 가능한 전화서비스제공자와 공중전기통신망에 대한 접속제공자(dem Anbieter öffentlich zugänglicher Telefondienste und von dem Anbieter des Anschlusses an das öffentliche Telekommunikationsnetz)에게 제3조 제18호a상의 특정한 전화번호대(電話番號帶)에 대한 자신의 통신망접속의 이용이 통신망쪽에서 차단되도록 요구할 있다. 차단된 전화번호대의 본격개시(本格開始; Freischaltung)에 대하여 요금이 청구될 수 있다.

③ 가입자는 공중이 이용 가능한 이동통신서비스제공자와 공중이동통신망에 대한 접속제공자에게 연결과 동시에 제공되는 급부의 이용 및 결제(Inanspruchnahme und Abrechnung einer neben der Verbindung erbrachten Leistung)를 위한 자신의 이동통신접속에 대한 신원확인을 통신망쪽에서 무료로 차단되도록 요구할 수 있다.

④ 연방망관리청은 당사자인 기업이나 해당 전문가그룹 및 소비자단체의 청문을 거쳐(nach Anhörung der betroffenen Unternehmen, Fachkreise und Verbraucherverbände Verfahren), 공중이 이용 가능한 이동통신서비스제공자와 공중이동통신망에 대한 접속제공자가 연결과 동시에 제공되는 급부의 이용 및 결제(Inanspruchnahme und Abrechnung einer neben der Verbindung erbrachten Leistung)를 위한 이동통신접속에 대한 신원확인을 이용하는 데 적용되는 절차를 정한다. 이러한 절차는 연결과 동시에 제공되는 급부가 가입자의 의사에 반하여 이용되고 결제가 이뤄지는 것으로부터 가입자를 효과적으로 보호해야 한다. 연방망관리청은 그 절차를 공표하고 정기적 간격으로 그 절차의 효과성을 점검한다(überprüft sie in regelmäßigen Abständen auf ihre Wirksamkeit).

각주

(제45조d 제2항: 2012년 5월 3일의 법률[I 958 (1717)] 제5조 제2항 제2문에 따라 제45조n 제6항 제1호와 연결된 동조 제1항에 따른 법규명령의 시행으로 더 이상 적용되지 않는다)

(제45조d 제3항: 2012년 5월 3일의 법률[I 958 (1717)] 제5조 제2항 제2문에 따라 제45조n 제6항 제2호와 연결된 동조 제1항에 따른 법규명령의 시행으로 더 이상 적용되지 않는다)

제45조e 개인별접속요금청구서에 기한 청구권

① 가입자는 공중전기통신역무제공자자에게 개인별 연결에 좇아 항목화된 청구서[155]로, 최소한 청구서의 일부금액의 사후심사에 필요한 정보가 포함된 청구서('개인별접속요금청구서'; Einzelverbindungsnachweis)를 언제든지 장래효로 청구할 수 있다. 기술적 장애로 개인별접속요금청구서의 발행이 불가능하거나 급부(給付)의 성질(性質)로 인하여 그 개인별접속요금청구서가 원칙적으로 발행될 수 없는(wegen der Art der Leistung eine Rechnung grundsätzlich nicht erteilt wird) 범위 내에서는

grundsätzlich nicht erteilt wird. Die Rechtsvorschriften zum Schutz personenbezogener Daten bleiben unberührt.

(2) Die Einzelheiten darüber, welche Angaben in der Regel mindestens für einen Einzelverbindungsnachweis nach Absatz 1 Satz 1 erforderlich und in welcher Form diese Angaben jeweils mindestens zu erteilen sind, kann die Bundesnetzagentur durch Verfügung im Amtsblatt festlegen. Der Teilnehmer kann einen auf diese Festlegungen beschränkten Einzelverbindungsnachweis verlangen, für den kein Entgelt erhoben werden darf.

§ 45f Vorausbezahlte Leistung

Der Teilnehmer muss die Möglichkeit haben, auf Vorauszahlungsbasis Zugang zum öffentlichen Telekommunikationsnetz zu erhalten oder öffentlich zugängliche Telefondienste in Anspruch nehmen zu können. Die Einzelheiten kann die Bundesnetzagentur durch Verfügung im Amtsblatt festlegen. Für den Fall, dass eine entsprechende Leistung nicht angeboten wird, schreibt die Bundesnetzagentur die Leistung aus. Für das Verfahren gilt § 81 Abs. 2, 4 und 5 entsprechend.

§ 45g Verbindungspreisberechnung

(1) Bei der Abrechnung ist der Anbieter von öffentlich zugänglichen Telekommunikationsdiensten verpflichtet,

1. die Dauer und den Zeitpunkt zeitabhängig tarifierter Verbindungen von öffentlich zugänglichen Telekommunikationsdiensten unter regelmäßiger Abgleichung mit einem amtlichen Zeitnormal zu ermitteln,
2. die für die Tarifierung relevanten Entfernungszonen zu ermitteln,
3. die übertragene Datenmenge bei volumenabhängig tarifierten Verbindungen von öffentlich zugänglichen Telekommunikationsdiensten nach einem nach Absatz 3 vorgegebenen Verfahren zu ermitteln und
4. die Systeme, Verfahren und technischen Einrichtungen, mit denen auf der Grundlage der ermittelten Verbindungsdaten die Entgeltforderungen berechnet werden, einer regelmäßigen Kontrolle auf Abrechnungsgenauigkeit und Übereinstimmung mit den vertraglich vereinbarten Entgelten zu unterziehen.

(2) Die Voraussetzungen nach Absatz 1 Nr. 1, 2 und 3 sowie Abrechnungsgenauigkeit und Entgeltrichtigkeit der Datenverarbeitungseinrichtungen nach Absatz 1 Nr. 4 sind durch ein Qualitätssicherungssystem sicherzustellen oder einmal jährlich durch öffentlich bestellte und vereidigte Sachverständige oder vergleichbare Stellen überprüfen zu lassen. Zum Nachweis der Einhaltung dieser Bestimmung ist der Bundesnetzagentur die Prüfbescheinigung einer akkreditierten Zertifizierungsstelle für Qualitätssicherungssysteme oder das Prüfergebnis eines öffentlich bestellten und vereidigten Sachverständigen vorzulegen.

(3) Die Bundesnetzagentur legt im Benehmen mit dem Bundesamt für Sicherheit in der Informationstechnik Anforderungen an die Systeme und Verfahren zur Ermittlung des Entgelts volumenabhängig tarifierter Verbindungen nach Absatz 1 Nr. 2, 3 und 4 nach Anhörung der betroffenen Unternehmen, Fachkreise und Verbraucherverbände durch Verfügung im Amtsblatt fest.

§ 45h Rechnungsinhalt, Teilzahlungen

이는 적용하지 아니한다. 개인정보보호를 위한 법규정(Die Rechtsvorschriften zum Schutz personenbezogener Daten)은 영향을 받지 아니한다.

② 통상적으로 최소한 제1항 제1문에 따른 개인별접속요금청구서에 대해 어느 정보가 필요하고 이러한 정보가 어느 방식으로 각각 최소한으로 발행되어야 하는지(in welcher Form diese Angaben jeweils mindestens zu erteilen sind)에 관한 세부사항은 연방망관리청이 처분으로 관보에서 정할 수 있다. 가입자는 이러한 규정에서 제한된 개인별접속요금청구서(einen auf diese Festlegungen beschränkten Einzelverbindungsnachweis)을 청구할 수 있고, 그 청구서에 대하여 요금을 징수해서는 아니된다.

제45조f 선불로 지급한 급부

가입자는 선불(先拂)로 공중전기통신망에 대한 접속을 할 가능성 또는 공중이 이용 가능한 전화서비스를 이용할 가능성을 가져야만 한다. 세부사항은 연방망관리청이 처분으로 관보에서(durch Verfügung im Amtsblatt) 정할 수 있다. 만일 관련 급부가 제공되지 않는 경우에(Für den Fall, dass eine entsprechende Leistung nicht angeboten wird) 연방망관리청은 그 급부를 제공한다. 그 절차에 대하여 제81조 제2항, 제4항, 제5항을 준용한다.

제45조g 연결요금산정

① 공중이 이용 가능한 전기통신역무제공자(der Anbieter von öffentlich zugänglichen Telekommunikationsdiensten)는, 그 결제(決濟)에 있어 다음 각 호의 의무(義務)를 진다,

1. 공식적 시간기준에 의한 정기적 조정을 고려하여(unter regelmäßiger Abgleichung mit einem amtlichen Zeitnormal), 공중이 이용 가능한 전기통신역무에 대하여 시간당 요금이 정해지는 연결의 길이 및 시간을 계산할 이무,
2. 요금책정(料金策定)에 관련된 거리구간을 계산할 의무,
3. 양당(量當) 요금이 정해지는, 공중이 이용 가능한 전기통신역무 연결에 있어(bei volumenabhängig tarifierten Verbindungen von öffentlich zugänglichen Telekommunikationsdiensten) 전송된 데이터양(量)을 제3항에 따라 정해진 절차에 따라 계산할 의무,
4. 요금채권이 계산된 연결데이터에 근거하여 산정되는 데 이용되는(mit denen auf der Grundlage der ermittelten Verbindungsdaten die Entgeltforderungen berechnet werden) 시스템, 절차 및 기술적 설비에 대하여 결제정확성과 계약상 약정된 요금과의 일치(Abrechnungsgenauigkeit und Übereinstimmung mit den vertraglich vereinbarten Entgelten)에 관련한 정기적 점검(點檢)을 받을 의무.

② 제1항 제1호, 제2호, 제3호에 따른 요건과, 제4호에 따른 데이터처리장치의 요금정확성 및 결제정확성(Abrechnungsgenauigkeit und Entgeltrichtigkeit der Datenverarbeitungseinrichtungen nach Absatz 1 Nr. 4)은 품질확보시스템에 의해 보장되어야 하거나 공식적으로 위촉하고 선서한 감정인 또는 이와 유사한 자에 의해 매년 1회 점검을 받아야 한다. 품질확보시스템에 대한 공인된 인증기관의 검사증명서(die Prüfbescheinigung einer akkreditierten Zertifizierungsstelle für Qualitätssicherungssysteme)나 공시적으로 위촉되고 선서한 감정인의 검사결과보고서가 이러한 규정의 준수에 대한 증명을 위하여 연방망관리청에 제출되어야 한다.

③ 연방망관리청은 연방정보통신기술보안청과 협의하여 당사자인 기업이나 해당 전문가그룹 및 소비자 단체의 청문을 거쳐 양당(量當) 요금이 정해지는, 제1항 제2호, 제3호, 제4호에 따른 연결의 요금의 산정에 관한 시스템 및 절차(die Systeme und Verfahren zur Ermittlung des Entgelts volumenabhängig tarifierter Verbindungen nach Absatz 1 Nr. 2, 3 und 4)에 대한 요구사항을 처분으로 관보에서 정한다.

제45조h 청구서내용 및 일부지급

(1) Soweit ein Anbieter von öffentlich zugänglichen Telekommunikationsdiensten dem Teilnehmer eine Rechnung stellt, die auch Entgelte für Leistungen Dritter ausweist, muss die Rechnung des Anbieters in einer hervorgehobenen und deutlich gestalteten Form Folgendes enthalten:
1. die konkrete Bezeichnung der in Rechnung gestellten Leistungen,
2. die Namen und ladungsfähigen Anschriften beteiligter Anbieter von Netzdienstleistungen,
3. einen Hinweis auf den Informationsanspruch des Teilnehmers nach § 45p,
4. die kostenfreien Kundendiensttelefonnummern der Anbieter von Netzdienstleistungen und des rechnungsstellenden Anbieters, unter denen der Teilnehmer die Informationen nach § 45p erlangen kann,
5. die Gesamthöhe der auf jeden Anbieter entfallenden Entgelte.
§ 45e bleibt unberührt. Zahlt der Teilnehmer den Gesamtbetrag der Rechnung an den rechnungsstellenden Anbieter, so befreit ihn diese Zahlung von der Zahlungsverpflichtung auch gegenüber den anderen auf der Rechnung aufgeführten Anbietern.
(2) Hat der Teilnehmer vor oder bei der Zahlung nichts Anderes bestimmt, so sind Teilzahlungen des Teilnehmers an den rechnungsstellenden Anbieter auf die in der Rechnung ausgewiesenen Forderungen nach ihrem Anteil an der Gesamtforderung der Rechnung zu verrechnen.
(3) Das rechnungsstellende Unternehmen muss den Rechnungsempfänger in der Rechnung darauf hinweisen, dass dieser berechtigt ist, begründete Einwendungen gegen einzelne in der Rechnung gestellte Forderungen zu erheben.
(4) (weggefallen)
(5) Die Einzelheiten darüber, welche Angaben nach Absatz 1 Satz 1 Nummer 3 auf der Rechnung mindestens für einen transparenten und nachvollziehbaren Hinweis auf den Informationsanspruch des Teilnehmers nach § 45p erforderlich sind, kann die Bundesnetzagentur durch Verfügung im Amtsblatt festlegen.

§ 45i Beanstandungen

(1) Der Teilnehmer kann eine ihm von dem Anbieter von Telekommunikationsdiensten erteilte Abrechnung innerhalb einer Frist von mindestens acht Wochen nach Zugang der Rechnung beanstanden. Im Falle der Beanstandung hat der Anbieter das in Rechnung gestellte Verbindungsaufkommen unter Wahrung der datenschutzrechtlichen Belange etwaiger weiterer Nutzer des Anschlusses als Entgeltnachweis nach den einzelnen Verbindungsdaten aufzuschlüsseln und eine technische Prüfung durchzuführen, es sei denn, die Beanstandung ist nachweislich nicht auf einen technischen Mangel zurückzuführen. Der Teilnehmer kann innerhalb der Beanstandungsfrist verlangen, dass ihm der Entgeltnachweis und die Ergebnisse der technischen Prüfung vorgelegt werden. Erfolgt eine nach Satz 3 verlangte Vorlage nicht binnen acht Wochen nach einer Beanstandung, erlöschen bis dahin entstandene Ansprüche aus Verzug; die mit der Abrechnung geltend gemachte Forderung wird mit der nach Satz 3 verlangten Vorlage fällig. Die Bundesnetzagentur veröffentlicht, welche Verfahren zur Durchführung der technischen Prüfung geeignet sind.
(2) Soweit aus technischen Gründen keine Verkehrsdaten gespeichert oder für den Fall, dass keine Beanstandungen erhoben wurden, gespeicherte Daten nach Verstreichen der in Absatz 1 Satz 1 geregelten oder mit dem Anbieter vereinbarten Frist oder auf Grund rechtlicher Verpflichtungen gelöscht worden sind, trifft den Anbieter weder eine Nachweispflicht für die erbrachten Verbindungsleistungen

① 공중이 이용 가능한 전기통신역무의 제공자가 가입자에게 급부에 대한 요금도 제3자에게 증명하는 청구서를 발행한 경우에, 눈에 띄고 분명하게 만들어진 형식의 그 제공자의 청구서는 다음 각 호를 포함해야 한다:

1. 청구서를 발행한 급부의 구체적 명칭,
2. 당사자인 통신망서비스제공자의 이름 및 도달 가능한 주소,
3. 제45조p에 따른 가입자의 청구권에 대한 안내,
4. 통신망서비스제공자와 청구서발행제공자의 무료 고객불만처리전화번호로, 가입자가 제45조p에 따른 정보를 요구할 수 있는 애프터서비스전화번호,
5. 각 제공자에 배정된 요금의 총액.

제45조e는 영향을 받지 아니한다. 가입자가 청구서발행제공자(rechnungsstellenden Anbieter)에 대하여 청구서상의 총액을 지급한 경우에, 지급의무에 대한 이러한 지급으로 가입자는 청구서에 기재된 다른 제공자에 대하여(auch gegenüber den anderen auf der Rechnung aufgeführten Anbietern) 면책된다.

② 가입자가 지급 전(前)에 또는 지급시(支給時)에 달리 정하지 않은 경우에, 해당 청구서발행제공자에 대한 가입자의 일부지급은, 전체채권에 대한, 해당 청구서에서 명시된 채권의 비율에 따라 해당 청구서에서 명시된 그 채권에 충당된다.[156)]

③ 청구서발행기업은, 청구서수령인이 청구서가 발행된 개별 채권에 대하여(gegen einzelne in der Rechnung gestellte Forderungen) 정당한 이의를 제기할 권리를 갖는다는 점을 청구서수령인에게 청구서에서 안내해야만 한다.

④ 삭제

⑤ 제1항 제1문 제3호에 따른 어떤 정보가, 제45조p에 따른 가입자의 정보청구권에 대한 명확하고 이해하기 쉬운 안내를 위해(für einen transparenten und nachvollziehbaren Hinweis auf den Informationsanspruch des Teilnehmers nach § 45p) 청구서에서 최소한으로 필요한지에 대한 세부사항은 연망망관리청이 처분으로 관보에서 정한다.

제45조i 이의제기

① 가입자는 전기통신역무제공자가 자신에게 행한 결제(決濟)에 대하여 청구서 도달시로부터 최소한 8주의 기간 내에(innerhalb einer Frist von mindestens acht Wochen nach Zugang der Rechnung) 이의를 제기할 수 있다. 이의가 제기된 경우에 그 제공자는, 추가적 이용자의 정보보호법의 이익을 고려하여, 대금이 청구된 연결량(連結量)에 대하여 개별 연결데이터에 따른 요금청구서로서 항목별로 작성한 다음 기술적 점검을 시행해야 하고(als Entgeltnachweis nach den einzelnen Verbindungsdaten aufzuschlüsseln und eine technische Prüfung durchzuführen), 다만 이의가 기술적 하자에 기인하지 않은 것으로 증명된 경우에는 그러하지 아니하다. 가입자는 이의제기 기간 내에 자신에게 요금청구서와 기술적 점검결과서를 제출하도록 요구할 수 있다. 제3문에 따른 제출이 이의제기시로부터 8주 이내에 이뤄지지 않는 경우에, 지체에서 기인한 그때까지 발생한 청구권(bis dahin entstandene Ansprüche aus Verzug)은 소멸한다; 결제에 의해 행사되는 채권은 제3문에 따른 제출로 이행기가 도래하게 된다. 연방망관리청은 어떤 절차가 기술적 점검을 진행하는 데에 적합한지를(welche Verfahren zur Durchführung der technischen Prüfung geeignet sind) 공표한다.

② 기술적 사유에서 통신데이터가 저장되지 않은 경우나, 이의가 제기되지 않거나 저장된 데이터가 제1항 제1문에 규정되거나 제공자와 약정한 기간의 경과에 따라 또는 법적 의무에 기하여 삭제된 (gespeicherte Daten nach Verstreichen der in Absatz 1 Satz 1 geregelten oder mit dem Anbieter vereinbarten Frist oder auf Grund rechtlicher Verpflichtungen gelöscht worden sind) 경우에, 그 제공사업

noch die Auskunftspflicht nach Absatz 1 für die Einzelverbindungen. Satz 1 gilt entsprechend, soweit der Teilnehmer nach einem deutlich erkennbaren Hinweis auf die Folgen nach Satz 1 verlangt hat, dass Verkehrsdaten gelöscht oder nicht gespeichert werden.

(3) Dem Anbieter von öffentlich zugänglichen Telekommunikationsdiensten obliegt der Nachweis, dass er den Telekommunikationsdienst oder den Zugang zum Telekommunikationsnetz bis zu dem Übergabepunkt, an dem dem Teilnehmer der Netzzugang bereitgestellt wird, technisch fehlerfrei erbracht hat. Ergibt die technische Prüfung nach Absatz 1 Mängel, die sich auf die Berechnung des beanstandeten Entgelts zu Lasten des Teilnehmers ausgewirkt haben können, oder wird die technische Prüfung später als zwei Monate nach der Beanstandung durch den Teilnehmer abgeschlossen, wird widerleglich vermutet, dass das in Rechnung gestellte Verbindungsaufkommen des jeweiligen Anbieters von öffentlich zugänglichen Telekommunikationsdiensten unrichtig ermittelt ist.

(4) Soweit der Teilnehmer nachweist, dass ihm die Inanspruchnahme von Leistungen des Anbieters nicht zugerechnet werden kann, hat der Anbieter keinen Anspruch auf Entgelt gegen den Teilnehmer. Der Anspruch entfällt auch, soweit Tatsachen die Annahme rechtfertigen, dass Dritte durch unbefugte Veränderungen an öffentlichen Telekommunikationsnetzen das in Rechnung gestellte Verbindungsentgelt beeinflusst haben.

§ 45j Entgeltpflicht bei unrichtiger Ermittlung des Verbindungsaufkommens

(1) Kann im Falle des § 45i Abs. 3 Satz 2 das tatsächliche Verbindungsaufkommen nicht festgestellt werden, hat der Anbieter von öffentlich zugänglichen Telekommunikationsdiensten gegen den Teilnehmer Anspruch auf den Betrag, den der Teilnehmer in den vorangegangenen sechs Abrechnungszeiträumen durchschnittlich als Entgelt für einen entsprechenden Zeitraum zu entrichten hatte. Dies gilt nicht, wenn der Teilnehmer nachweist, dass er in dem Abrechnungszeitraum den Netzzugang nicht oder in geringerem Umfang als nach der Durchschnittsberechnung genutzt hat. Die Sätze 1 und 2 gelten entsprechend, wenn nach den Umständen erhebliche Zweifel bleiben, ob dem Teilnehmer die Inanspruchnahme von Leistungen des Anbieters zugerechnet werden kann.

(2) Soweit in der Geschäftsbeziehung zwischen Anbieter und Teilnehmer weniger als sechs Abrechnungszeiträume unbeanstandet geblieben sind, wird die Durchschnittsberechnung nach Absatz 1 auf die verbleibenden Abrechnungszeiträume gestützt. Bestand in den entsprechenden Abrechnungszeiträumen eines Vorjahres bei vergleichbaren Umständen durchschnittlich eine niedrigere Entgeltforderung, tritt dieser Betrag an die Stelle des nach Satz 1 berechneten Durchschnittsbetrags.

(3) Fordert der Anbieter ein Entgelt auf der Grundlage einer Durchschnittsberechnung, so gilt das von dem Teilnehmer auf die beanstandete Forderung zu viel gezahlte Entgelt spätestens zwei Monate nach der Beanstandung als fällig.

§ 45k Sperre

(1) Der Anbieter öffentlich zugänglicher Telefondienste darf zu erbringende Leistungen an einen Teilnehmer unbeschadet anderer gesetzlicher Vorschriften nur nach Maßgabe der Absätze 2 bis 5 und nach § 45o Satz 3 ganz oder teilweise verweigern (Sperre). § 108 Abs. 1 bleibt unberührt.

(2) Wegen Zahlungsverzugs darf der Anbieter eine Sperre durchführen, wenn der Teilnehmer nach Abzug etwaiger Anzahlungen mit Zahlungsverpflichtungen von mindestens 75 Euro in Verzug ist und der Anbieter die Sperre mindestens zwei Wochen zuvor schriftlich angedroht und dabei auf die

자는 제공된 연결급부에 대한 증명의무도 개별 연결에 대한, 제1항에 따른 정보제공의무도 부담하지 아니한다. 가입자가 제1문에 따른 효과에 대한 명백하게 인식할 수 있는 안내에 따라 통신데이터가 삭제되거나 저장되지 않도록 요구한 범위 내에서 제1문을 준용한다.

③ 공중이 이용 가능한 전기통신역무제공자는, 가입자에게 통신망접속을 제공하는 인계시점(引繼時點)까지 전기통신역무나 전기통신망에 대한 접속을 기술적으로 결함 없이 제공했다는 증명할 의무를 진다. 제1항에 따른 기술적 점검에서 이의제기된 요금의 산정에 대하여 가입자에게 불리하게 영향을 미칠 수 있었던(die sich auf die Berechnung des beanstandeten Entgelts zu Lasten des Teilnehmers ausgewirkt haben können) 하자가 드러나거나, 기술적 점검이 가입자의 이의제기 후 2개월이 지난 후에 종료된 경우에는, 대금이 청구된, 공중이 이용 가능한 전기통신역무의 각각의 제공자의 연결량이 부정확하게 계산된 것으로(dass das in Rechnung gestellte Verbindungsaufkommen des jeweiligen Anbieters von öffentlich zugänglichen Telekommunikationsdiensten unrichtig ermittelt ist) 간주한다.

④ 가입자가 제공자의 급부의 이용이 자신에게 귀속될 수 없다는 점을 증명하는 범위 내에서, 제공자는 그 가입자에 대한 요금청구권을 갖지 못한다. 제3자가 공중통신망에 대한 무단 변경으로 대금이 청구된 연결요금에 대하여 영향을 끼쳤다는(dass Dritte durch unbefugte Veränderungen an öffentlichen Telekommunikationsnetzen das in Rechnung gestellte Verbindungsentgelt beeinflusst haben) 추정을 정당화하는 사실이 있는 범위 내에서도 그 청구권은 또한 소멸한다.

제45조j 연결량의 부정확한 산정시의 요금지급의무

① 제45조i 제3항 제2문의 경우에 실제 연결량을 확정할 수 없는 경우에, 공중이 이용 가능한 전기통신역무제공자는 가입자에 대하여 가입자가 지난 6개월의 결제기간 동안에 평균적으로 그 기간 동안에 요금으로(in den vorangegangenen sechs Abrechnungszeiträumen durchschnittlich als Entgelt für einen entsprechenden Zeitraum) 지급해야 했던 금액 청구권을 갖는다. 가입자가 자신이 그 결제기간 동안에 통신망접속을 이용하지 않았거나 평균적 계산에 따른 양보다 적은 양(in geringerem Umfang)을 이용한 것을 증명한 경우에는 그러하지 아니하다. 제시정에 의할 때 그 제공자의 급부의 이용이 가입자에 귀속될 수 있는지(ob dem Teilnehmer die Inanspruchnahme von Leistungen des Anbieters zugerechnet werden kann)에 대한 상당한 의문이 있는 경우에는 제1문, 제2문을 준용한다.

② 제공자와 가입자 간의 거래관계에서 6개월 미만의 결제기간 동안에 이의제기가 없는 경우에 제1문에 따른 평균적 계산은 그러한 결제기간을 기초로 한다. 유사한 사정이 있는 경우에 전년도의 상응하는 결제기간 동안을 평균하여 보다 적은 요금채권이 성립한 경우에(Bestand in den entsprechenden Abrechnungszeiträumen eines Vorjahres bei vergleichbaren Umständen durchschnittlich eine niedrigere Entgeltforderung), 이러한 금액이 제1문에 따라 산정한 평균금액을 대신한다.

③ 제공자가 평균적 계산에 기하여 요금을 청구하는 경우에, 가입자가 이의를 제기한 채권에 대하여 과다하게 지급한 요금(das von dem Teilnehmer auf die beanstandete Forderung zu viel gezahlte Entgelt)은 늦어도 이의제기시로부터 2개월 후에 이행기가 도래한 것으로 본다.

제45조k 차단

① 공중이 이용 가능한 전화통화서비스제공자는, 다른 법(法)상 규정에도 불구하고 제2항 내지 제5항의 기준과 제45조o 제3문에 좇아서만 가입자에 대하여 제공해야 하는 급부의 전부 또는 일부를 거부할 수 있다('차단'; Sperre). 제108조 제1항은 영향을 받지 아니한다.

② 가입자가 보증금이 지급된 경우 그 보증금의 공제 후에 75유로 이상의 지급의무가 지체에 빠졌는데(wenn der Teilnehmer nach Abzug etwaiger Anzahlungen mit Zahlungsverpflichtungen von mindestens 75 Euro in Verzug ist) 그 제공자가 차단에 대하여 최소 2주 전에 미리 서면으로 경고(警告)를 하고

Möglichkeit des Teilnehmers, Rechtsschutz vor den Gerichten zu suchen, hingewiesen hat. Bei der Berechnung der Höhe des Betrags nach Satz 1 bleiben nicht titulierte Forderungen, die der Teilnehmer form- und fristgerecht und schlüssig begründet beanstandet hat, außer Betracht. Ebenso bleiben nicht titulierte bestrittene Forderungen Dritter im Sinne des § 45h Absatz 1 Satz 1 außer Betracht. Dies gilt auch dann, wenn diese Forderungen abgetreten worden sind. Die Bestimmungen der Sätze 2 bis 4 gelten nicht, wenn der Anbieter den Teilnehmer zuvor zur vorläufigen Zahlung eines Durchschnittsbetrags nach § 45j aufgefordert und der Teilnehmer diesen nicht binnen zwei Wochen gezahlt hat.

(3) Der Anbieter darf seine Leistung einstellen, sobald die Kündigung des Vertragsverhältnisses wirksam wird.

(4) Der Anbieter darf eine Sperre durchführen, wenn wegen einer im Vergleich zu den vorangegangenen sechs Abrechnungszeiträumen besonderen Steigerung des Verbindungsaufkommens auch die Höhe der Entgeltforderung des Anbieters in besonderem Maße ansteigt und Tatsachen die Annahme rechtfertigen, dass der Teilnehmer diese Entgeltforderung beanstanden wird.

(5) Die Sperre ist, soweit technisch möglich und dem Anlass nach sinnvoll, auf bestimmte Leistungen zu beschränken. Sie darf nur aufrechterhalten werden, solange der Grund für die Sperre fortbesteht. Eine auch ankommende Telekommunikationsverbindung erfassende Vollsperrung des Netzzugangs darf frühestens eine Woche nach Sperrung abgehender Telekommunikationsverbindungen erfolgen.

§ 45l Dauerschuldverhältnisse bei Kurzwahldiensten

(1) Der Teilnehmer kann von dem Anbieter einer Dienstleistung, die zusätzlich zu einem öffentlich zugänglichen Telekommunikationsdienst erbracht wird, einen kostenlosen Hinweis verlangen, sobald dessen Entgeltansprüche aus Dauerschuldverhältnissen für Kurzwahldienste im jeweiligen Kalendermonat eine Summe von 20 Euro überschreiten. Der Anbieter ist nur zur unverzüglichen Absendung des Hinweises verpflichtet. Für Kalendermonate, vor deren Beginn der Teilnehmer einen Hinweis nach Satz 1 verlangt hat und in denen der Hinweis unterblieben ist, kann der Anbieter nach Satz 1 den 20 Euro überschreitenden Betrag nicht verlangen.

(2) Der Teilnehmer kann ein Dauerschuldverhältnis für Kurzwahldienste zum Ende eines Abrechnungszeitraumes mit einer Frist von einer Woche gegenüber dem Anbieter kündigen. Der Abrechnungszeitraum darf die Dauer eines Monats nicht überschreiten. Abweichend von Satz 1 kann der Teilnehmer ein Dauerschuldverhältnis für Kurzwahldienste, das ereignisbasiert ist, jederzeit und ohne Einhaltung einer Frist gegenüber dem Anbieter kündigen.

(3) Vor dem Abschluss von Dauerschuldverhältnissen für Kurzwahldienste, bei denen für die Entgeltansprüche des Anbieters jeweils der Eingang elektronischer Nachrichten beim Teilnehmer maßgeblich ist, hat der Anbieter dem Teilnehmer eine deutliche Information über die wesentlichen Vertragsbestandteile anzubieten. Zu den wesentlichen Vertragsbestandteilen gehören insbesondere der zu zahlende Preis einschließlich Steuern und Abgaben je eingehender Kurzwahlsendung, der Abrechnungszeitraum, die Höchstzahl der eingehenden Kurzwahlsendungen im Abrechnungszeitraum, sofern diese Angaben nach Art der Leistung möglich sind, das jederzeitige Kündigungsrecht sowie die notwendigen praktischen Schritte für eine Kündigung. Ein Dauerschuldverhältnis für Kurzwahldienste entsteht nicht, wenn der Teilnehmer den Erhalt der Informationen nach Satz 1 nicht bestätigt; dennoch geleistete Zahlungen des Teilnehmers an den Anbieter sind zurückzuzahlen.

이 경우 법원에 권리구제를 제기할 가입자의 가능성에 대해 안내한 경우에 지급지체로 인하여 그 제공자는 차단을 시행할 수 있다. 제1문에 따른 금액의 산정에 있어 가입자가 방식에 맞게 기한 내에 설득력 있고도 정당하게 이의를 제기한, 강제집행할 수 없는 채권(nicht titulierte Forderungen)은 고려되지 아니한다. 제3자에 대한 다툼이 있는, 제45조h 제1항상의 강제집행할 수 없는 채권도 마찬가지로 고려하지 아니한다. 제공자가 가입자에게 사전에 제45조j에 따른 평균금액의 가지급(假支給)을 요구했는데 가입자가 이를 2주 내에 지급하지 않을 때에는 제2문 내지 제4문의 규정은 적용하지 아니한다.

③ 제공자는 계약관계의 해지(die Kündigung des Vertragsverhältnisses)의 효력이 발생하자마자 자신의 급부를 중단할 수 있다.

④ 제공자는, 지난 6개월의 결제기간과 비교했을 때 연결량의 급증(急增)으로 인해 제공자의 요금채권의 액수도 특별히 상승했는데 가입자가 이러한 요금채권에 대하여 이의를 제기할 것이라는 추정을 정당화하는 사실이 있는(Tatsachen die Annahme rechtfertigen, dass der Teilnehmer diese Entgeltforderung beanstanden wird) 경우에 차단을 시행할 수 있다.

⑤ 그 차단은, 기술적으로 가능하고 근거가 타당한 범위 내에서(Soweit technisch möglich und dem Anlass nach sinnvoll) 정해진 급부에 대하여 제한되어야 한다. 그 차단은 차단에 대한 근거가 계속적으로 존재하는 동안에 한하여 유지될 수 있다. 착신(着信) 전기통신연결을 포함하는 통신망접속의 완전한 차단은 빨라도 발신(發信) 전기통신연결의 차단시로부터 1주일 후에(frühestens eine Woche nach Sperrung abgehender Telekommunikationsverbindungen) 행해질 수 있다.

제45조l 단축다이얼서비스에서의 계속적 채권관계

① 가입자는 공중이 이용 가능한 전기통신역무에 추가적으로 제공되는 용역의 제공자에게, 단출다이얼서비스라는 계속적 채권관계에서 기인한, 그 제공자의 요금채권(dessen Entgeltansprüche aus Dauerschuldverhältnissen für Kurzwahldienste)이 각각의 역월에서 총 20유로를 초과하자마자 무료의 안내를 청구할 수 있다. 가입자가 제1문에 따른 안내를 해당 역월의 초에 요구를 했는데 안내가 없는 해당 역월 전(前)의 역월에 대하여(Für Kalendermonate, vor deren Beginn der Teilnehmer einen Hinweis nach Satz 1 verlangt hat und in denen der Hinweis unterblieben ist) 제공자는 제1문에 따라 20유로를 초과하는 금액을 청구할 수 없다.

② 가입자는, 제공자에 대하여 1주일의 기간을 두고서 해지를 하면 결제기간의 종료시에 효력이 발생하도록(zum Ende eines Abrechnungszeitraumes mit einer Frist von einer Woche) 단축다이얼서비스라는 계속적 거래관계를 해지할 수 있다. 결제기간은 1월의 기간을 초과해서는 아니된다. 제1문과 달리 가입자는, 단축다이얼서비스라는, 사건에 기반하는(das ereignisbasiert ist) 계속적 채권관계를 언제든지 또 기간의 설정 없이 제공자에 대하여 해지할 수 있다.

③ 제공자의 요금채권에 대하여 전자적 통지(elektronischer Nachrichten)의 가입자에 대한 각각의 도달이 기준이 되는, 단축다이얼서비스라는 계속적 채권관계의 종료 전에, 제공자는 가입자에게 핵심적 계약구성부분에 관한 명확한 정보를 제공해야 한다. 특히 조세, 공과금을 포함하여 착신되는 단축다이얼호출전송당(呼出電送當) 지급해야 하는 대금(der zu zahlende Preis einschließlich Steuern und Abgaben je eingehender Kurzwahlsendung), 결제기간, 결제기간 동안에 착신(着信) 단축다이얼호출전송의 한도 수치, 이러한 정보가 급부의 성질상 가능한 한, 수시해지권과 해지를 위해 필요한 실행 조치(die notwendigen praktischen Schritte für eine Kündigung)가 이러한 중요한 계약구성부분에 속한다. 가입자가 제1문에 다른 정보를 수령을 확인하지 않은 경우에는 단축다이얼서비스라는 계속적 채권관계는 성립하지 아니한다; 그럼에도 가입자가 제공자에게 지급한 급부는 반환되어야 한다.

§ 45m Aufnahme in öffentliche Teilnehmerverzeichnisse

(1) Der Teilnehmer kann von seinem Anbieter eines öffentlichen Telefondienstes jederzeit verlangen, mit seiner Rufnummer, seinem Namen, seinem Vornamen und seiner Anschrift in ein allgemein zugängliches, nicht notwendig anbietereigenes Teilnehmerverzeichnis unentgeltlich eingetragen zu werden oder seinen Eintrag wieder löschen zu lassen. Einen unrichtigen Eintrag hat der Anbieter zu berichtigen. Der Teilnehmer kann weiterhin jederzeit verlangen, dass Mitbenutzer seines Zugangs mit Namen und Vornamen eingetragen werden, soweit Rechtsvorschriften zum Schutz personenbezogener Daten nicht entgegenstehen; für diesen Eintrag darf ein Entgelt erhoben werden.

(2) Die Ansprüche nach Absatz 1 stehen auch Wiederverkäufern von Sprachkommunikationsdienstleistungen für deren Teilnehmer zu.

(3) Die Absätze 1 und 2 gelten entsprechend für die Aufnahme in Verzeichnisse für Auskunftsdienste.

§ 45n Transparenz, Veröffentlichung von Informationen und zusätzliche Dienstemerkmale zur Kostenkontrolle

(1) Das Bundesministerium für Wirtschaft und Energie wird ermächtigt, im Einvernehmen mit dem Bundesministerium des Innern, für Bau und Heimat, dem Bundesministerium der Justiz und für Verbraucherschutz sowie dem Bundesministerium für Verkehr und digitale Infrastruktur durch Rechtsverordnung mit Zustimmung des Bundestages Rahmenvorschriften zur Förderung der Transparenz sowie zur Veröffentlichung von Informationen und zusätzlichen Dienstemerkmalen zur Kostenkontrolle auf dem Telekommunikationsmarkt zu erlassen.

(2) In der Rechtsverordnung nach Absatz 1 können Anbieter von öffentlichen Telekommunikationsnetzen und Anbieter öffentlich zugänglicher Telekommunikationsdienste verpflichtet werden, dem Verbraucher und auf Verlangen anderen Endnutzern transparente, vergleichbare, ausreichende und aktuelle Informationen bereitzustellen:

1. über geltende Preise und Tarife,
2. über den Vertragsbeginn, die noch verbleibende Vertragslaufzeit und die bei Vertragskündigung anf allenden Gebühren,
3. über Standardbedingungen für den Zugang zu den von ihnen für Endnutzer und Verbraucher bereitgestellten Diensten und deren Nutzung,
4. über die Dienstqualität einschließlich eines Angebotes zur Überprüfbarkeit der Datenübertragungsrate,
5. über die Maßnahmen, die zur Gewährleistung der Gleichwertigkeit beim Zugang für behinderte Endnutzer getroffen worden sind, und
6. über die tatsächliche, standortbezogene Mobilfunknetzabdeckung, einschließlich einer Kartendarstellung zur aktuellen Netzabdeckung.

(3) Im Rahmen des Absatzes 2 Nummer 3 können Anbieter von öffentlichen Telekommunikationsnetzen und Anbieter öffentlich zugänglicher Telekommunikationsdienste verpflichtet werden, dem Verbraucher und auf Verlangen anderen Endnutzern Folgendes bereitzustellen:

1. den Namen und die ladungsfähige Anschrift, bei juristischen Personen auch die Rechtsform, den Sitz und das zuständige Registergericht,
2. den Umfang der angebotenen Dienste einschließlich der Bedingungen für Datenvolumenbeschränkungen,

제45조m 공식가입자명부의 등재

① 가입자는 자신의 공중전화역무제공자에게 자신의 전화번호, 성씨, 이름 및 주소를 반드시 그 제공자의 소유가 아닌,157) 누구든지 접근할 수 있는 가입자명부에(in ein allgemein zugängliches, nicht notwendig anbietereigenes Teilnehmerverzeichnis) 무상으로 등재되도록 하거나 그 등재를 다시 삭제되도록 언제든지 청구할 수 있다. 부정확한 등재는 제공자가 정정해야 한다. 더욱이 가입자는, 개인정보보호에 관한 법규정에 반하지 않는 범위 내에서 자신의 접속의 공동이용자가 이름 및 성씨에 의해 등재되도록(dass Mitbenutzer seines Zugangs mit Namen und Vornamen eingetragen werden) 언제든지 청구할 수 있다. 이러한 등재에 대하여 요금을 징수할 수 있다.

② 제1항에 따른 청구권은 음성통신용역의 가입자와 관련하여 음성통신용역의 환매인(還賣人; Wiederverkäufern)에게도 귀속한다.

③ 제1항 또는 제2항은 정보제공서비스 목록에 대한 등재에 대해서도 준용한다.

제45조n 투명성, 정보의 공표와 비용관리에 관한 부수적 서비스기능(zusätzliche Dienstemerkmale zur Kostenkontrolle)

① 연방경제·에너지부(Das Bundesministerium für Wirtschaft und Energie)는, 연방내무·건설부, 연방법무소비자보호부와 연방교통·디지털기반부와 협의하여 연방의회를 동의를 얻은 법규명령으로, 전기통신시장에서의, 투명성 제고, 정보의 공표와 비용관리에 관한 부수적 서비스기능에 관한 기본규정(Rahmenvorschriften zur Förderung der Transparenz sowie zur Veröffentlichung von Informationen und zusätzlichen Dienstemerkmalen zur Kostenkontrolle auf dem Telekommunikationsmarkt)을 제정(制定)할 수 있다.

② 제1항에 따른 법규정에서 공중전기통신망제공자와 공중이 이용 가능한 전기통신역무제공자는, 소비자와 그 요구에 따라 그 밖의 최종이용자에게(dem Verbraucher und auf Verlangen anderen Endnutzern) 명확하고, 비교 가능하며 충분한 최신의, 다음 각 호에 관한 정보(transparente, vergleichbare, ausreichende und aktuelle Informationen)를 제공할 의무를 진다:

1. 현행 가격 및 요율,
2. 계약개시(契約開始), 남은 계약유효기간과 계약해지시 발생하는 수수료(die bei Vertragskündigung anfallenden Gebühren),
3. 그 사업자가 최종이용자와 소비자에게 제공한 서비스에 대한 접속(den Zugang zu den von ihnen für Endnutzer und Verbraucher bereitgestellten Diensten)과 그 서비스 이용에 대한 표준조건,
4. 데이터전송속도158)의 검증가능성에 관한 제공을 포함하여 서비스품질,
5. 장애가 있는 이용자를 위한 접속시 등가성(等價性) 보장(Gewährleistung der Gleichwertigkeit)을 위해 취한 조치,
6. 최신 통신망 적용범위에 관한 지도표시를 포함하여 위치와 관련한 실제 이동통신망적용범위(die tatsächliche, standortbezogene Mobilfunknetzabdeckung)

③ 제2항 제3호의 일환으로 공중전기통신망제공자와 공중이 이용 가능한 전기통신역무제공자는 소비자와 그 요구에 따라 그 밖의 최종이용자에게(dem Verbraucher und auf Verlangen anderen Endnutzern) 다음 각 호를 제공할 수 있다:

1. 이름, 도달 가능한 주소, 법인의 경우 법형식도 포함하여(bei juristischen Personen auch die Rechtsform) 본점소재지, 관할 등기법원,
2. 데이터량 제한에 대한 조건을 포함하여(einschließlich der Bedingungen für Datenvolumenbeschränkungen) 제공된 서비스의 범위,

3. Einzelheiten zu den Preisen der angebotenen Dienste, Dienstemerkmalen und Wartungsdiensten einschließlich etwaiger besonderer Preise für bestimmte Endnutzergruppen sowie Kosten für Endeinrichtungen,
4. Einzelheiten zu ihren Entschädigungs- und Erstattungsregelungen und deren Handhabung,
5. ihre Allgemeinen Geschäftsbedingungen und die von ihnen angebotenen Mindestvertragslaufzeiten, die Voraussetzungen für einen Anbieterwechsel nach § 46, Kündigungsbedingungen sowie Verfahren und direkte Entgelte im Zusammenhang mit der Übertragung von Rufnummern oder anderen Kennungen,
6. allgemeine und anbieterbezogene Informationen über die Verfahren zur Streitbeilegung und
7. Informationen über grundlegende Rechte der Endnutzer von Telekommunikationsdiensten, insbesondere
   a) zu Einzelverbindungsnachweisen,
   b) zu beschränkten und für den Endnutzer kostenlosen Sperren abgehender Verbindungen oder von Kurzwahl-Datendiensten oder, soweit technisch möglich, anderer Arten ähnlicher Anwendungen,
   c) zur Nutzung öffentlicher Telekommunikationsnetze gegen Vorauszahlung,
   d) zur Verteilung der Kosten für einen Netzanschluss auf einen längeren Zeitraum,
   e) zu den Folgen von Zahlungsverzug für mögliche Sperren und
   f) zu den Dienstemerkmalen Tonwahl- und Mehrfrequenzwahlverfahren und Anzeige der Rufnummer des Anrufers.

(4) In der Rechtsverordnung nach Absatz 1 können Anbieter von öffentlichen Telekommunikationsnetzen und Anbieter öffentlich zugänglicher Telekommunikationsdienste unter anderem verpflichtet werden,
1. bei Nummern oder Diensten, für die eine besondere Preisgestaltung gilt, den Teilnehmern die dafür geltenden Tarife anzugeben; für einzelne Kategorien von Diensten kann verlangt werden, diese Informationen unmittelbar vor Herstellung der Verbindung bereitzustellen,
2. die Teilnehmer über jede Änderung des Zugangs zu Notdiensten oder der Angaben zum Anruferstandort bei dem Dienst, bei dem sie angemeldet sind, zu informieren,
3. die Teilnehmer über jede Änderung der Einschränkungen im Hinblick auf den Zugang zu und die Nutzung von Diensten und Anwendungen zu informieren,
4. Informationen bereitzustellen über alle vom Betreiber zur Messung und Kontrolle des Datenverkehrs eingerichteten Verfahren, um eine Kapazitätsauslastung oder Überlastung einer Netzverbindung zu vermeiden, und über die möglichen Auswirkungen dieser Verfahren auf die Dienstqualität,
5. nach Artikel 12 der Richtlinie 2002/58/EG die Teilnehmer über ihr Recht auf eine Entscheidung über Aufnahme oder Nichtaufnahme ihrer personenbezogenen Daten in ein Teilnehmerverzeichnis und über die Art der betreffenden Daten zu informieren sowie
6. behinderte Teilnehmer regelmäßig über Einzelheiten der für sie bestimmten Produkte und Dienste zu informieren.

Falls dies als zweckdienlich erachtet wird, können in der Verordnung auch Verfahren zur Selbst- oder Koregulierung vorgesehen werden.

(5) Die Informationen sind in klarer, verständlicher und leicht zugänglicher Form dem Verbraucher und auf Verlangen anderen Endnutzern bereitzustellen. In der Rechtsverordnung nach Absatz 1 können hinsichtlich Ort und Form der Bereitstellung weitere Anforderungen festgelegt werden.

(6) In der Rechtsverordnung nach Absatz 1 können Anbieter öffentlich zugänglicher Telefondienste und

3. 특정한 최종이용자집단에 대한 특별한 가격이 있는 경우 그 가격을 포함하여(einschließlich etwaiger besonderer Preise für bestimmte Endnutzergruppen) 제공된 서비스, 서비스기능, 유지보수서비스와 단말기(端末機)에 대한 세부사항,
4. 보상규정 및 상환규정과 그 운영에 관한 세부사항,
5. 자신의 보통거래약관과, 자신이 제안한 최소계약기간, 제46조에 따른 제공자교체의 요건, 해지조건과, 전화번호 또는 그 밖의 식별자(識別子)의 전송에 관련된 절차 및 직통(直通) 요금(Verfahren und direkte Entgelte im Zusammenhang mit der Übertragung von Rufnummern oder anderen Kennungen),
6. 분쟁해결에 관한 절차에 대한 일반적·제공자관련 정보,
7. 전기통신역무 이용자의 기본적 권리에 관한 정보, 특히 다음 각 목의 정보,
   a) 개인별접속요금청구서,
   b) 발신(發信) 연결 또는 단축다이얼정보제공서비스에 대한, 최종이용자를 위한 제한된 무료 차단이나 기술적으로 가능한 범위 내에서 다른 성질의 유사한 애플리케이션에 대한 최종이용자를 위한 제한된 무료 차단,
   c) 선불을 대가로 하는 공중전기통신망의 이용,
   d) 통신망접속 비용의 장기간 배분,
   e) 차단이 있는 경우 차단과 관련한 지급지체의 효과,
   f) 터치톤다이얼링[159](touch-tone dialing) 및 복합주파수부호[160](複合周波數符號)의 서비스기능과 발신인의 전환번호의 표시.

④ 제1항에 따른 법규명령으로 공중전기통신망제공자와 공중이 이용 가능한 전기통신역무제공자는 무엇보다도 다음 각 호의 의무를 지게 된다,

1. 특별한 요금제(料金制)를 적용되는 번호 또는 서비스의 경우 가입자에게 이에 대하여 적용하는 요금(料金)을 명시할 의무; 서비스의 개별적 범주에 대하여 이러한 정보가 연결 하기 직전에 제공되도록 요구할 수 있다.
2. 그것들이 신고된 서비스의 경우 가입자에게 긴급서비스에 대한 접속의 각 변경이나 발신인위치의 정보의 각 변경에 관하여 알릴 의무,
3. 가입자에게 서비스 및 애플리케이션의 접속(接續) 및 이용(利用)에 관한 제한의 각 변경(變更)에 관하여 알릴 의무,
4. 운영자가 트래픽(Datenverkehr)의 측정 및 통제를 위해 설치한 모든 절차로, 통신망연결의 (설비)가동률 또는 과부하를 낮추기 위한 절차에 관하여 정보를 제공하고 이러한 절차의 서비스품질에 대해 있을 수 있는 영향에 관한 정보를 제공할 의무,
5. 2002/58/EG호 입법지침 제12조에 따라 가입자에게 가입자의 개인정보의 가입자명부에 등재 또는 부등재(不登載)에 관한 결정에 대한 권리나 문제가 되는 정보의 성질(die Art der betreffenden Daten)에 관하여 알릴 의무,
6. 장애가 있는 가입자에게 그를 위해 제공된 상품 또는 서비스(Einzelheiten der für sie bestimmten Produkte und Dienste)의 세부사항에 관하여 정기적으로 알릴 의무.

만일 이것이 적절한 것으로 판단한다면 자율규제 또는 공동규제에 관한 절차(Verfahren zur Selbst- oder Koregulierung)도 명령으로 규율될 수 있다.

⑤ 정보는, 소비자와 그 요구가 있는 경우 그 밖의 최종이용자에게 명료하고 이해가 쉬우며 쉽게 접근할 수 있는 형식으로 제공해야 한다. 제1항에 따른 법규명령으로 제공의 장소 및 방식에 관련하여 그 밖의 요구사항을 정할 수 있다.

⑥ 제1항에 따른 법규명령으로 공중전기통신망제공자와 공중이 이용 가능한 전기통신역무제공사

Anbieter öffentlicher Telekommunikationsnetze verpflichtet werden,

1. eine Einrichtung anzubieten, mit der der Teilnehmer auf Antrag bei den Anbietern abgehende Verbindungen oder Kurzwahl-Datendienste oder andere Arten ähnlicher Anwendungen oder bestimmte Arten von Nummern kostenlos sperren lassen kann,
2. eine Einrichtung anzubieten, mit der der Teilnehmer bei seinem Anbieter die Identifizierung eines Mobilfunkanschlusses zur Inanspruchnahme und Abrechnung einer neben der Verbindung erbrachten Leistung unentgeltlich netzseitig sperren lassen kann,
3. Verbrauchern einen Anschluss an das öffentliche Telekommunikationsnetz auf der Grundlage zeitlich gestreckter Zahlungen zu gewähren,
4. eine Einrichtung anzubieten, mit der der Teilnehmer vom Anbieter Informationen über etwaige preisgünstigere alternative Tarife des jeweiligen Unternehmens anfordern kann, oder
5. eine geeignete Einrichtung anzubieten, um die Kosten öffentlich zugänglicher Telekommunikationsdienste zu kontrollieren, einschließlich unentgeltlicher Warnhinweise für die Verbraucher bei anormalem oder übermäßigem Verbraucherverhalten, die sich an Artikel 6a Absatz 1 bis 3 der Verordnung (EG) Nr. 717/2007 des Europäischen Parlaments und des Rates vom 27. Juni 2007 über das Roaming in öffentlichen Mobilfunknetzen in der Gemeinschaft und zur Änderung der Richtlinie 2002/21/EG (ABl. L 171 vom 29.6.2007, S. 32), die zuletzt durch die Verordnung (EG) Nr. 544/2009 (ABl. L 167 vom 29.6.2009, S. 12) geändert worden ist, orientiert.

Eine Verpflichtung zum Angebot der zusätzlichen Dienstemerkmale nach Satz 1 kommt nach Berücksichtigung der Ansichten der Betroffenen nicht in Betracht, wenn bereits in ausreichendem Umfang Zugang zu diesen Dienstemerkmalen besteht.

(7) Das Bundesministerium für Wirtschaft und Energie kann im Einvernehmen mit dem Bundesministerium für Verkehr und digitale Infrastruktur die Ermächtigung nach Absatz 1 durch Rechtsverordnung an die Bundesnetzagentur übertragen. Eine Rechtsverordnung der Bundesnetzagentur bedarf des Einvernehmens mit dem Bundesministerium für Wirtschaft und Energie, dem Bundesministerium des Innern, für Bau und Heimat, dem Bundesministerium der Justiz und für Verbraucherschutz, dem Bundesministerium für Verkehr und digitale Infrastruktur und dem Bundestag.

(8) Die Bundesnetzagentur kann in ihrem Amtsblatt oder auf ihrer Internetseite jegliche Information veröffentlichen, die für Endnutzer Bedeutung haben kann. Die Bundesnetzagentur veröffentlicht auf ihrer Internetseite die von den Mobilfunknetzbetreibern übermittelten Informationen über die tatsächliche, standortbezogene Mobilfunknetzabdeckung einschließlich lokaler Schwerpunkte für Verbindungsabbrüche bei der Sprachtelefonie. Sonstige Rechtsvorschriften, namentlich zum Schutz personenbezogener Daten und zum Presserecht, bleiben unberührt. Die Bundesnetzagentur kann zur Bereitstellung von vergleichbaren Informationen nach Absatz 1 interaktive Führer oder ähnliche Techniken selbst oder über Dritte bereitstellen, wenn diese auf dem Markt nicht kostenlos oder zu einem angemessenen Preis zur Verfügung stehen. Zur Bereitstellung nach Satz 3 ist die Nutzung der von Anbietern von Telekommunikationsnetzen und von Anbietern öffentlich zugänglicher Telekommunikationsdienste veröffentlichten Informationen für die Bundesnetzagentur oder für Dritte kostenlos.

§ 45o Rufnummernmissbrauch

Wer Rufnummern in seinem Telekommunikationsnetz einrichtet, hat den Zuteilungsnehmer schriftlich

업자는 다음 각 호의 의무를 지게 된다,

1. 가입자가 제공자에게 신청하여 발신(發信) 연결, 단축다이얼제공서비스, 그 밖의 유형의 유사한 애플리케이션 또는 특정한 유형의 번호(andere Arten ähnlicher Anwendungen oder bestimmte Arten von Nummern)를 차단할 수 있게 하는 기기(器機)를 제공할 의무,
2. 가입자가 자신의 제공자로 하여금 연결과 동시에 제공되는 급부의 이용 및 결제(Inanspruchnahme und Abrechnung einer neben der Verbindung erbrachten Leistung)를 위한 이동통신접속의 신원확인을 무료로 통신망쪽에서 차단하게 할 수 있게 해 주는 기기를 제공할 의무,
3. 소비자에게 시간(時間)으로 정해진 요금에 기하여(auf der Grundlage zeitlich gestreckter Zahlungen) 공중전기통신망에 대한 접속을 허용할 의무,
4. 가입자가 제공자에게 각각의 기업의 있을 수 있는, 보다 저렴한 대안적 요금에 관한 정보를 요구할 수 있게 해 주는 기기(器機)를 제공할 의무,
5. 「유럽공동체 내 공중이동통신망에서의 로밍과 2002/21/EG호 입법지침의 변경에 관한 2007년 6월 27일 유럽연합 의회 및 이사회 (EG) 717/2007호 법(法)」(ABl. L 171 vom 29.6.2007, S. 32)으로, 최근에 (EG) 544/2009호 법(法)(ABl. L 167 vom 29.6.2009, S. 12)에 의해 개정된 법(法) 제6조a 제1항 내지 제3항상의 비정상적 또는 과도한 소비자행태의 경우 소비자에 대한 무료 경고메시지를 포함하여(einschließlich unentgeltlicher Warnhinweise für die Verbraucher bei anormalem oder übermäßigem Verbraucherverhalten), 공중이 이용 가능한 전기통신역무의 비용을 관리하기 위한 적합한 기기(機器)를 제공할 의무.

제1문에 따른 부수적 서비스기능의 제공의무는, 이러한 서비스기능에 대한 접근이 이미 충분하게 이뤄진 경우에는(wenn bereits in ausreichendem Umfang Zugang zu diesen Dienstemerkmalen besteht) 당사자의 의견을 참작하여 고려하지 아니한다.

⑦ 연방경제·에너지부는 연방교통·디지털기반부와 협의하여 제1항에 따른 권한을 법규명령으로 연방망관리청에 이양할 수 있다(die Ermächtigung nach Absatz 1 durch Rechtsverordnung an die Bundesnetzagentur übertragen). 연방망관리청의 법규명령은 연방경제·에너지부, 연방내무·건설부, 연방법무소비자보호부, 연방교통·디지털기반부와 협의 그리고 의회와 협의(dem Bundesministerium der Justiz und für Verbraucherschutz, dem Bundesministerium für Verkehr und digitale Infrastruktur und dem Bundestag)를 필요로 한다.

⑧ 연방망관리청은 자신의 관보에 또는 자신의 인터넷사이트에 최종이용자에게 중요할 수 있는 각 정보를 공표한다. 연방망관리청은 음성통화의 차단에 대한 지역적 중심(中心)을 포함하여(einschließlich lokaler Schwerpunkte für Verbindungsabbrüche bei der Sprachtelefonie) 이동통신망운영자가 전송한 정보로, 실제 위치관련 이동통신망적용범위에 관한 정보를 자신의 인터넷사이트에 게재한다. 기타 법규명령, 특히 개인정보보호에 관한 법규명령과 언론권(言論權)에 관한 법규명령은 영향을 받지 아니한다. 이것들이 시장에서 무료로 또는 적절한 가격으로 제공되지 않는 경우에 연방망관리청은 제1항에 따른 비교 가능한 정보의 제공을 위하여 양방향의 가이드 또는 이와 유시한 기술을 직접 제공하거나 이를 제3자를 통하여 제공할 수 있다. 제3문에 따른 제공을 위하여 공중전기통신망제공자와 공중이 이용 가능한 전기통신역무제공자가 공표한 정보의 이용(die Nutzung der von Anbietern von Telekommunikationsnetzen und von Anbietern öffentlich zugänglicher Telekommunikationsdienste veröffentlichten Informationen)은 연방망관리청 또는 제3자에 대하여는 무료이다.

제45조o 전화번호악용

전화번호를 자신의 전기통신망에서 설정하는 자(Wer Rufnummern in seinem Telekommunikationsnetz

darauf hinzuweisen, dass die Übersendung und Übermittlung von Informationen, Sachen oder sonstige Leistungen unter bestimmten Umständen gesetzlich verboten ist. Hat er gesicherte Kenntnis davon, dass eine in seinem Telekommunikationsnetz eingerichtete Rufnummer unter Verstoß gegen Satz 1 genutzt wird, ist er verpflichtet, unverzüglich Maßnahmen zu ergreifen, die geeignet sind, eine Wiederholung zu verhindern. Bei wiederholten oder schwerwiegenden Verstößen gegen gesetzliche Verbote ist der Anbieter nach erfolgloser Abmahnung unter kurzer Fristsetzung verpflichtet, die Rufnummer zu sperren.

§ 45p Auskunftsanspruch über zusätzliche Leistungen

(1) Stellt der Anbieter von öffentlich zugänglichen Telekommunikationsdiensten dem Teilnehmer eine Rechnung, die auch Entgelte für Leistungen Dritter ausweist, so muss er dem Teilnehmer auf Verlangen unverzüglich kostenfrei folgende Informationen zur Verfügung stellen:

1. die Namen und ladungsfähigen Anschriften der Dritten,
2. bei Diensteanbietern mit Sitz im Ausland zusätzlich die ladungsfähige Anschrift eines allgemeinen Zustellungsbevollmächtigten im Inland.

Die gleiche Verpflichtung trifft auch den beteiligten Anbieter von Netzdienstleistungen.

(2) Der verantwortliche Anbieter einer neben der Verbindung erbrachten Leistung muss auf Verlangen des Teilnehmers diesen über den Grund und Gegenstand des Entgeltanspruchs, der nicht ausschließlich Gegenleistung einer Verbindungsleistung ist, insbesondere über die Art der erbrachten Leistung, unterrichten.

§ 46 Anbieterwechsel und Umzug

(1) Die Anbieter von öffentlich zugänglichen Telekommunikationsdiensten und die Betreiber öffentlicher Telekommunikationsnetze müssen bei einem Anbieterwechsel sicherstellen, dass die Leistung des abgebenden Unternehmens gegenüber dem Teilnehmer nicht unterbrochen wird, bevor die vertraglichen und technischen Voraussetzungen für einen Anbieterwechsel vorliegen, es sei denn, der Teilnehmer verlangt dieses. Bei einem Anbieterwechsel darf der Dienst des Teilnehmers nicht länger als einen Kalendertag unterbrochen werden. Schlägt der Wechsel innerhalb dieser Frist fehl, gilt Satz 1 entsprechend.

(2) Das abgebende Unternehmen hat ab Beendigung der vertraglich vereinbarten Leistung bis zum Ende der Leistungspflicht nach Absatz 1 Satz 1 gegenüber dem Teilnehmer einen Anspruch auf Entgeltzahlung. Die Höhe des Entgelts richtet sich nach den ursprünglich vereinbarten Vertragsbedingungen mit der Maßgabe, dass sich die vereinbarten Anschlussentgelte um 50 Prozent reduzieren, es sei denn, das abgebende Unternehmen weist nach, dass der Teilnehmer das Scheitern des Anbieterwechsels zu vertreten hat. Das abgebende Unternehmen hat im Fall des Absatzes 1 Satz 1 gegenüber dem Teilnehmer eine taggenaue Abrechnung vorzunehmen. Der Anspruch des aufnehmenden Unternehmens auf Entgeltzahlung gegenüber dem Teilnehmer entsteht nicht vor erfolgreichem Abschluss des Anbieterwechsels.

(3) Um den Anbieterwechsel nach Absatz 1 zu gewährleisten, müssen Betreiber öffentlicher Telekommunikationsnetze in ihren Netzen insbesondere sicherstellen, dass Teilnehmer ihre Rufnummer unabhängig von dem Unternehmen, das den Telefondienst erbringt, wie folgt beibehalten können:

1. im Fall geografisch gebundener Rufnummern an einem bestimmten Standort und
2. im Fall nicht geografisch gebundener Rufnummern an jedem Standort.

einrichtet)는 피배정자(皮配定者; Zuteilungsnehmer)에게 서면으로 정보, 물건, 또는 기타 급부의 발신 또는 전송이 일정한 사정에서는 법(法)상 금지된다는 점을 안내한다. 자신의 전기통신망에서 설정된 전화번호가 제1문에 위반하여 이용되는 것을 명확하게 알게 된 자는, 반복을 방지하는 데 적합한 조치를 지체 없이 취할 의무를 진다. 법(法)상 금지에 대한 반복된 위반이나 심각한 위반의 경우에 그 제공자는 경고가 무익하게 된 후에 단기의 기간설정을 하여(nach erfolgloser Abmahnung unter kurzer Fristsetzung) 번호를 차단할 의무를 진다.

제45조p 부가급부에 관한 정보제공청구권

① 공중이 이용 가능한 전기통신역무제공자는 가입자에게, 급부에 대한 요금도 제3자에게 증명하는 청구서를 발행하는 경우에 그는 그 가입자에게 그 요구에 따라 지체 없이 다음 각 호의 정보를 제공해야만 한다:

1. 제3자의 이름, 도달 가능한 주소,
2. 본점소재지가 외국에 있는 서비스제공자의 경우에 추가적으로 독일 내에 있는 일반 송달대리인(allgemeinen Zustellungsbevollmächtigten)의 주소도.

동일한 의무가 당사자인 통신망서비스제공자에 대해서도 성립한다.

② 연결과 동시에 제공되는, 급부제공책임업자(Der verantwortliche Anbieter einer neben der Verbindung erbrachten Leistung)는 가입자의 요구에 따라 그 가입자에게, 단지 연결급부의 반대급부만이 아닌(der nicht ausschließlich Gegenleistung einer Verbindungsleistung ist) 요금청구권의 근거 및 대상, 제공된 급부의 성질에 관하여 정보를 알려야만 한다.

제46조이 제공자교체 및 주소이전(住所移轉)

① 공중이 이용 가능한 전기통신역무제공자와 공중전기통신망운영자는 제공자교체에 있어 제공자교체에 대한 계약적·기술적 요건이 충족되기 전에(bevor die vertraglichen und technischen Voraussetzungen für einen Anbieterwechsel vorliegen) 양도기업(讓渡企業)의 급부(die Leistung des abgebenden Unternehmens)가 가입자에게 중단되지 않도록 보장하고, 다만 가입자가 이를 요구하는 경우에는 그러하지 아니하다. 사업자교체시 가입자에 대한 서비스가 1개월을 초과하여 중단되어서는 아니된다. 그 교체(交替)가 이러한 기간 내에 이뤄지지 않은 경우에(Schlägt der Wechsel innerhalb dieser Frist fehl) 제1문을 준용한다.

② 양도기업(讓渡企業)은 계약상 약정된 급부의 종료시부터 제1항 제1문에 따른 급부의무의 종료시까지(ab Beendigung der vertraglich vereinbarten Leistung bis zum Ende der Leistungspflicht nach Absatz 1 Satz 1) 가입자에 대하여 요금지급청구권을 갖는다. 요금액은 약정한 접속요금의 50%가 감축된다는 기준하에 당초 약정된 계약조건에 따르고, 다만 양도기업(讓渡企業)이 가입자가 사업자교체의 실패에 책임이 있다는 점을 증명한 경우에는 그러하지 아니하다(es sei denn, dass der Teilnehmer das Scheitern des Anbieterwechsels zu vertreten hat). 공급기업이 제1항 제1문의 경우에 가입자에 대하여 날짜당(當) 정확한 대금청구를 해야 한다. 양수기업(讓受企業)의 가입자에 대한 요금지급청구권(Der Anspruch des aufnehmenden Unternehmens auf Entgeltzahlung gegenüber dem Teilnehmer)은 사업자교체의 성공적 완료 전에는 발생하지 아니한다.

③ 제1항에 따른 사업자체교체를 위해 공중전기통신망운영자는 자신의 통신망에서 특히 가입자가 전화서비스를 제공하는 기업에 관계없이 자신의 전화번호를 다음과 같이(wie folgt) 유지할 수 있도록 보장한다:

1. 지리적으로 결부된 전화번호의 경우에는 어느 특정한 위치에 대하여,
2. 지리적으로 결부되지 않은 전화번호의 경우에는 각 위치에 대하여.

Die Regelung in Satz 1 gilt nur innerhalb der Nummernräume oder Nummerteilräume, die für einen Telefondienst festgelegt wurden. Insbesondere ist die Übertragung von Rufnummern für Telefondienste an festen Standorten zu solchen ohne festen Standort und umgekehrt unzulässig.

(4) Um den Anbieterwechsel nach Absatz 1 zu gewährleisten, müssen Anbieter von öffentlich zugänglichen Telekommunikationsdiensten insbesondere sicherstellen, dass ihre Endnutzer ihnen zugeteilte Rufnummern bei einem Wechsel des Anbieters von öffentlich zugänglichen Telekommunikationsdiensten entsprechend Absatz 3 beibehalten können. Die technische Aktivierung der Rufnummer hat in jedem Fall innerhalb eines Kalendertages zu erfolgen. Für die Anbieter öffentlich zugänglicher Mobilfunkdienste gilt Satz 1 mit der Maßgabe, dass der Endnutzer jederzeit die Übertragung der zugeteilten Rufnummer verlangen kann. Der bestehende Vertrag zwischen Endnutzer und abgebendem Anbieter öffentlich zugänglicher Mobilfunkdienste bleibt davon unberührt; hierauf hat der aufnehmende Anbieter den Endnutzer vor Vertragsschluss in Textform hinzuweisen. Der abgebende Anbieter ist in diesem Fall verpflichtet, den Endnutzer zuvor über alle anfallenden Kosten zu informieren. Auf Verlangen hat der abgebende Anbieter dem Endnutzer eine neue Rufnummer zuzuteilen.

(5) Dem Teilnehmer können nur die Kosten in Rechnung gestellt werden, die einmalig beim Wechsel entstehen. Das Gleiche gilt für die Kosten, die ein Netzbetreiber einem Anbieter von öffentlich zugänglichen Telekommunikationsdiensten in Rechnung stellt. Etwaige Entgelte unterliegen einer nachträglichen Regulierung nach Maßgabe des § 38 Absatz 2 bis 4.

(6) Betreiber öffentlicher Telekommunikationsnetze haben in ihren Netzen sicherzustellen, dass alle Anrufe in den europäischen Telefonnummernraum ausgeführt werden.

(7) Die Erklärung des Teilnehmers zur Einrichtung oder Änderung der Betreibervorauswahl oder die von ihm erteilte Vollmacht zur Abgabe dieser Erklärung bedarf der Textform.

(8) Der Anbieter von öffentlich zugänglichen Telekommunikationsdiensten, der mit einem Verbraucher einen Vertrag über öffentlich zugängliche Telekommunikationsdienste geschlossen hat, ist verpflichtet, wenn der Verbraucher seinen Wohnsitz wechselt, die vertraglich geschuldete Leistung an dem neuen Wohnsitz des Verbrauchers ohne Änderung der vereinbarten Vertragslaufzeit und der sonstigen Vertragsinhalte zu erbringen, soweit diese dort angeboten wird. Der Anbieter kann ein angemessenes Entgelt für den durch den Umzug entstandenen Aufwand verlangen, das jedoch nicht höher sein darf als das für die Schaltung eines Neuanschlusses vorgesehene Entgelt. Wird die Leistung am neuen Wohnsitz nicht angeboten, ist der Verbraucher zur Kündigung des Vertrages unter Einhaltung einer Kündigungsfrist von drei Monaten zum Ende eines Kalendermonats berechtigt. In jedem Fall ist der Anbieter des öffentlich zugänglichen Telekommunikationsdienstes verpflichtet, den Anbieter des öffentlichen Telekommunikationsnetzes über den Auszug des Verbrauchers unverzüglich zu informieren, wenn der Anbieter des öffentlich zugänglichen Telekommunikationsdienstes Kenntnis vom Umzug des Verbrauchers erlangt hat.

(9) Die Bundesnetzagentur kann die Einzelheiten des Verfahrens für den Anbieterwechsel und die Informationsverpflichtung nach Absatz 8 Satz 4 festlegen. Dabei ist insbesondere Folgendes zu berücksichtigen:

1. das Vertragsrecht,
2. die technische Entwicklung,

제1문에 따른 규율은, 어느 전화서비스에 대하여 정해진 번호군(番號群) 또는 일부번호군(一部番號群)에 내에서만 적용된다. 특히 고정된 위치에서의 전화서비스에 대한 전화번호를 고정된 위치가 없는 전화서비스에 대한 전화번호로 바꾸는 것과 그 반대의 경우는 허용되지 아니한다.

④ 제1항에 따른 제공자교체를 위하여 공중이 이용 가능한 전기통신역무제공자는 특히 자신의 최종이용자가 공중이 이용 가능한 전기통신역무제공자의 교체하는 경우(bei einem Wechsel des Anbieters von öffentlich zugänglichen Telekommunikationsdiensten)에 배정받은 그 전화번호를 제3항에 따라 유지할 수 있도록 보장해야만 한다. 전화번호의 기술적 운용(運用)(Die technische Aktivierung der Rufnummer)은 어느 경우에도 1개월 이내에 행해져 한다. 공중이 이용 가능한 이동통신서비스제공자에 대하여 최종이용자가 언제든지 배정받은 전화번호의 이전을 요구할 수 있다(dass der Endnutzer jederzeit die Übertragung der zugeteilten Rufnummer verlangen kann)는 기준하여 제1문을 적용한다. 최종이용자와 공중이 이용 가능한 양도하는 이동통신서비스제공자 간의 성립한 계약(Der bestehende Vertrag zwischen Endnutzer und abgebendem Anbieter öffentlich zugänglicher Mobilfunkdienste)은 이에 영향을 받지 아니한다; 양수받는 제공자는 최종이용자에게 계약체결 전에 문면방식으로 이에 대하여 안내해야 한다. 양도하는 제공자(Der abgebende Anbieter)는 이러한 경우에 최종이용자에게 사전에 발생한 일체의 비용에 관하여 알릴 의무를 진다. 양도하는 제공자는 최종이용자에게 그 요구가 있는 경우 따라 새로운 전화번호를 배정해야 한다.

⑤ 사업자교체시 최초로 발생하는(die einmalig beim Wechsel entstehen) 비용은 가입자에게 청구될 수 있다. 통신망운영자가 공중이 이용 가능한 전기통신역무제공자에게 청구하는 비용에 대하여도 또한 같다. 요금이 있는 경우 그 요금(Etwaige Entgelte)은 제38조 제2항 내지 제4항의 기준에 따른 사후적 규제를 적용받는다.

⑥ 공중전기통신망운영자는 자신의 통신망에서 일체의 통화가 유럽연합의 전화번호군(電話番號群)에서 이뤄지도록 보장한다.

⑦ 운영자사전선택이 설정 또는 변경에 관한 의사표시나 가입자가 부여한 이러한 의사표시에 관한 임의대리권은 문면방식이 요구된다.

⑧ 소비자와 공중이 이용 가능한 전기통신역무에 관하여 계약을 체결한, 공중이 이용 가능한 전기통신역무제공자는 소비자가 자신의 주소를 변경하는 경우에(wenn der Verbraucher seinen Wohnsitz wechselt), 약정한 계약기간 및 기타 계약내용의 변경 없이 계약상 의무를 지는 급부 대하여, 이것이 그곳에서 제공되는 범위 내에서 소비자의 새로운 주소에서 제공할 의무를 진다. 제공자는 그 주소이전으로 발생한 경비에 대한 적절한 대가를 청구할 수 있지만, 그 대가는 새로운 접속의 연결에 대하여 규정된 요금보다 많아서는 아니된다(das jedoch nicht höher sein darf als das für die Schaltung eines Neuanschlusses vorgesehene Entgelt). 새로운 주소에서 그 급부가 제공되지 않은 경우에 소비자는 3개월의 해지기간을 두고서 해지를 하면 어느 역월의 말일에 해지의 효력이 발생하도록 그 계약을 해지할 권리를 갖는다. 공중이 이용 가능한 전기통신역무제공자가 소비자의 주소이전을 알게 된 경우에는(wenn der Anbieter des öffentlich zugänglichen Telekommunikationsdienstes Kenntnis vom Umzug des Verbrauchers erlangt hat) 어느 경우에도 공중이 이용 가능한 전기통신역무제공자는 공중전기통신망제공자에게 소비자의 그 전출(轉出)에 관하여(über den Auszug des Verbrauchers) 지체 없이 알릴 의무를 진다.

⑨ 연방망관리청은 사업자교체의 절차의 세부사항(die Einzelheiten des Verfahrens für den Anbieterwechsel)과 제8항에 따른 정보제공의무를 정할 수 있다. 이 경우 특히 다음 각 호를 고려해야 한다:

1. 계약법,
2. 기술의 발전,

3. die Notwendigkeit, dem Teilnehmer die Kontinuität der Dienstleistung zu gewährleisten, und
4. erforderlichenfalls Maßnahmen, die sicherstellen, dass Teilnehmer während des gesamten Übertragungsverfahrens geschützt sind und nicht gegen ihren Willen auf einen anderen Anbieter umgestellt werden.

Für Teilnehmer, die keine Verbraucher sind und mit denen der Anbieter von öffentlich zugänglichen Telekommunikationsdiensten eine Individualvereinbarung getroffen hat, kann die Bundesnetzagentur von Absatz 1 und 2 abweichende Regelungen treffen. Die Befugnisse nach Teil 2 dieses Gesetzes und nach § 77a Absatz 1 und Absatz 2 bleiben unberührt.

§ 47 Bereitstellen von Teilnehmerdaten

(1) Jedes Unternehmen, das öffentlich zugängliche Telekommunikationsdienste erbringt und Rufnummern an Endnutzer vergibt, ist verpflichtet, unter Beachtung der anzuwendenden datenschutzrechtlichen Regelungen, jedem Unternehmen auf Antrag Teilnehmerdaten nach Absatz 2 Satz 4 zum Zwecke der Bereitstellung von öffentlich zugänglichen Auskunftsdiensten, Diensten zur Unterrichtung über einen individuellen Gesprächswunsch eines anderen Nutzers nach § 95 Absatz 2 Satz 1 und Teilnehmerverzeichnissen zur Verfügung zu stellen. Die Überlassung der Daten hat unverzüglich und in nichtdiskriminierender Weise zu erfolgen.

(2) Teilnehmerdaten sind die nach Maßgabe des § 104 in Teilnehmerverzeichnissen veröffentlichten Daten. Hierzu gehören neben der Nummer sowohl die zu veröffentlichenden Daten selbst wie Name, Anschrift und zusätzliche Angaben wie Beruf, Branche, Art des Anschlusses und Mitbenutzer, soweit sie dem Unternehmen vorliegen. Dazu gehören auch alle nach dem jeweiligen Stand der Technik unter Beachtung der anzuwendenden datenschutzrechtlichen Regelungen in kundengerechter Form aufbereiteten Informationen, Verknüpfungen, Zuordnungen und Klassifizierungen, die zur Veröffentlichung dieser Daten in öffentlich zugänglichen Auskunftsdiensten und Teilnehmerverzeichnissen nach Satz 1 notwendig sind. Die Daten müssen vollständig und inhaltlich sowie technisch so aufbereitet sein, dass sie nach dem jeweiligen Stand der Technik ohne Schwierigkeiten in ein kundenfreundlich gestaltetes Teilnehmerverzeichnis oder eine entsprechende Auskunftsdienstedatenbank aufgenommen werden können.

(3) Ergeben sich Streitigkeiten zwischen Unternehmen über die Rechte und Verpflichtungen aus den Absätzen 1 und 2, gilt § 133 entsprechend.

(4) Für die Überlassung der Teilnehmerdaten kann ein Entgelt erhoben werden; dieses unterliegt in der Regel einer nachträglichen Regulierung nach Maßgabe des § 38 Abs. 2 bis 4. Ein solches Entgelt soll nur dann einer Genehmigungspflicht nach § 31 unterworfen werden, wenn das Unternehmen auf dem Markt für Endnutzerleistungen über eine beträchtliche Marktmacht verfügt.

§ 47a Schlichtung

(1) Kommt es zwischen dem Teilnehmer und einem Betreiber von öffentlichen Telekommunikationsnetzen oder einem Anbieter von öffentlich zugänglichen Telekommunikationsdiensten zum Streit darüber, ob der Betreiber oder Anbieter dem Teilnehmer gegenüber eine Verpflichtung erfüllt hat, die sich auf die Bedingungen oder die Ausführung der Verträge über die Bereitstellung dieser Netze oder Dienste bezieht und mit folgenden Regelungen zusammenhängt:

1. §§ 43a, 43b, 45 bis 46 oder den auf Grund dieser Regelungen erlassenen Rechtsverordnungen und

3. 가입자에 대한 용역의 지속성을 확보할 필요성,
4. 필요하면 가입자가 전체 전송과정 도중에 보호되고(dass Teilnehmer während des gesamten Übertragungsverfahrens geschützt sind) 자신의 의사에 반하여 다른 제공자에게 이전되지 않는다는 점을 보장하는 조치.

연방망관리청은 가입자가 소비자가 아니고 공중이 이용 가능한 전기통신역무제공자가 개별약정 (eine Individualvereinbarung)을 체결한 가입자에 대하여 제1항, 제2항과 다른 규정(von Absatz 1 und 2 abweichende Regelungen)을 정할 수 있다. 본 편, 제77조a 제1항, 제2항에 따른 권한은 영향을 받지 아니한다.

제47조 가입자정보의 제공

① 공중이 이용 가능한 전기통신역무를 제공하고 최종이용자에게 전화번호를 배정한 모든 기업은, 적용되는 정보보호법의 규정을 준수하여, 공중이 이용 가능한 정보제공서비스의 제공, 제95조 제2항 제1문에 따른 다른 이용자의 개별적 통화요구에 관한 알림서비스의 제공의 목적으로(zum Zwecke der Bereitstellung von öffentlich zugänglichen Auskunftsdiensten, Diensten zur Unterrichtung über einen individuellen Gesprächswunsch eines anderen Nutzers nach § 95 Absatz 2 Satz 1) 각 기업에 그 신청에 따라 제2항 제4문에 따른 가입자정보와, 가입자명부를 제공할 의무를 진다. 정보의 이전은 지체 없이 비차별적 방법으로 행해져야 한다.

② 가입자정보는 제104조의 기준에 따라 가입자명부로 공표된 정보를 말한다. 이에는 번호 이외에도 주소, 이름과, 직업, 업종, 접속 유형, 공동이용자 등 추가 정보와 같이 공표되어야 할 정보 자체도(die zu veröffentlichenden Daten selbst), 이것들이 기업에 제출되어 있는 범위 내에서(soweit sie dem Unternehmen vorliegen) 포함된다. 적용되는 정보보호법의 규정을 준수한 각각의 기술수준에 따라 고객지향적 형태로 처리된 것으로, 공중이 이용 가능한 정보제공서비스와 제1문에 따른 가입자명부에서 가입자정보를 공표하는 데 필요한, 모든 정보, 결합, 귀속 및 분류(Informationen, Verknüpfungen, Zuordnungen und Klassifizierungen)도 이에 포함된다. 이러한 정보는, 그것들이 각각의 기술수준에 따라 어려움 없이 고객친화적으로 마련된 가입자명부 또는 관련 정보제공서비스데이터뱅크에 담길 수 있도록(dass sie nach dem jeweiligen Stand der Technik ohne Schwierigkeiten in ein kundenfreundlich gestaltetes Teilnehmerverzeichnis oder eine entsprechende Auskunftsdienstedatenbank aufgenommen werden können) 완전하고도 내용적으로 · 기술적으로 처리되어야만 한다.

③ 제1항, 제2항에 기한 권리의무(die Rechte und Verpflichtungen aus den Absätzen 1 und 2)에 관하여 기업들 간의 분쟁이 발생한 경우에 제133조를 준용한다.

④ 가입자정보의 이전에 대하여 요금이 징수될 수 있다; 이 요금에 대하여 통상적으로 제38조 제2항 내지 제4항의 기준에 따른 사후적 규제가 적용된다. 이러한 요금은, 그 기업이 최종이용자급부시장에서 상당한 시장지배력을 보유한 경우에(wenn das Unternehmen auf dem Markt für Endnutzerleistungen über eine beträchtliche Marktmacht verfügt) 한하여 제31조에 따른 허가의무를 적용받는다.

제47조a 조정(調停)

① 가입자와 공중전기통신망운영자 또는 공중이 이용 가능한 전기통신역무제공자 간에 그 운영자 또는 제공자가 가입자에 대하여 공중전기통신망의 제공에 관한 계약의 조건 또는 이행에 관련되고 다음 각 호의 규정과 관련한(die sich auf die Bedingungen oder die Ausführung der Verträge über die Bereitstellung dieser Netze oder Dienste bezieht und mit folgenden Regelungen zusammenhängt) 의무를 이행했는지 여부에 관한 분쟁이 발생하는 경우에,

1. 제43조a, 제43조b, 제45조 내지 제46조 또는 이러한 조항들에 기하여 제정된 법규명령(den auf Grund

§ 84 oder

2. der Verordnung (EU) Nr. 531/2012 des Europäischen Parlaments und des Rates vom 13. Juni 2012 über das Roaming in öffentlichen Mobilfunknetzen in der Union (ABl. L 172 vom 30.6.2012, S. 10), die zuletzt durch die Verordnung (EU) 2015/2120 (ABl. L 310 vom 26.11.2015, S. 1) geändert worden ist,
3. Artikel 4 Absatz 1, 2 und 4 und Artikel 5a der Verordnung (EU) 2015/2120,

kann der Teilnehmer bei der Verbraucherschlichtungsstelle der Bundesnetzagentur durch einen Antrag ein Schlichtungsverfahren einleiten.

(2) Das Schlichtungsverfahren endet, wenn

1. der Schlichtungsantrag zurückgenommen wird,
2. der Teilnehmer und der Anbieter sich geeinigt und dies der Bundesnetzagentur mitgeteilt haben,
3. der Teilnehmer und der Anbieter übereinstimmend erklären, dass sich der Streit erledigt hat,
4. die Verbraucherschlichtungsstelle der Bundesnetzagentur dem Teilnehmer und dem Anbieter schriftlich mitteilt, dass eine Einigung im Schlichtungsverfahren nicht erreicht werden konnte, oder
5. die Verbraucherschlichtungsstelle der Bundesnetzagentur feststellt, dass Belange nach Absatz 1 nicht mehr berührt sind.

(3) Die Bundesnetzagentur regelt die weiteren Einzelheiten über das Schlichtungsverfahren in einer Schlichtungsordnung, die sie veröffentlicht. Die Verbraucherschlichtungsstelle der Bundesnetzagentur muss die Anforderungen nach dem Verbraucherstreitbeilegungsgesetz vom 19. Februar 2016 (BGBl. I S. 254), das durch Artikel 1 des Gesetzes vom 30. November 2019 (BGBl. I S. 1942) geändert worden ist, erfüllen. Das Bundesministerium für Wirtschaft und Energie übermittelt der Zentralen Anlaufstelle für Verbraucherschlichtung die Mitteilungen nach § 32 Absatz 3 und 4 des Verbraucherstreitbeilegungsgesetzes.

§ 47b Abweichende Vereinbarungen

Von den Vorschriften dieses Teils oder der auf Grund dieses Teils erlassenen Rechtsverordnungen darf, soweit nicht ein Anderes bestimmt ist, nicht zum Nachteil des Teilnehmers abgewichen werden.

dieser Regelungen erlassenen Rechtsverordnungen)과, 제84조

2. 「유럽연합 내 이동통신망에서의 로밍에 관한(über das Roaming in öffentlichen Mobilfunknetzen in der Union) 2012년 6월 13일 유럽연합 의회 및 이사회 (EU) 531/2012호 법(法)」(ABl. L 172 vom 30.6.2012, S. 10)으로, 최근에 (EU) 2015/2120호 법(法)(ABl. L 310 vom 26.11.2015, S. 1) 으로 개정된 법(法),
3. (EU) 2015/2120호 법(法) 제4조 제1항, 제2항, 제4항, 제5조a,

가입자는 연방망관리청 소속의 소비자분쟁조정기구(Verbraucherschlichtungsstelle der Bundesnetzagentur)에 신청에 의하여 조정절차를 개시할 수 있다.

② 조정절차는 다음 각 호의 때에 종료된다,

1. 조정신청을 철회한 경우,
2. 가입자와 제공자가 합의를 하고 이를 연방망관리청에 통지한 경우,
3. 가입자와 제공자가 그 분쟁이 해결된 것으로 일치하여 의사표시를 한 경우,
4. 연방망관리청 소속의 소비자분쟁조정기구가 가입자와 제공자에게 서면으로 조정절차 내 합의가 달성될 수 없다는 점을 통지한 경우,
5. 연방망관리청 소속의 소비자분쟁조정기구가 제1항에 따른 문제가 더 이상 영향을 받지 않는 것으로 점을 결정한 경우.

③ 연방망관리청은 자신이 공표한 조정규칙에 의한 조정절차에 관한(über das Schlichtungsverfahren in einer Schlichtungsordnung) 그 밖의 세부사항(die weiteren Einzelheiten)을 규정한다. 연방망관리청 소속의 소비자분쟁조정기구는 2016년 2월 19일의 소비자분쟁해결법(BGBl. I S. 254)으로, 2019년 11월 30의 법률 제1조에 따라 개정된 소비자분쟁해결법에 따른 요구사항을 충족해야만 한다. 연방경제·에너지부는 소비자분쟁을 위한 중앙연락담당기관(der Zentralen Anlaufstelle für Verbraucherschlichtung)에 소비자분쟁해결법 제32조 제3항, 제4항에 따른 통지(die Mitteilungen nach § 32 Absatz 3 und 4 des Verbraucherstreitbeilegungsgesetzes)를 전달한다.

제47조 다른 약정

본 편의 규정 또는 본 편에 기하여 제정된 법규명령의 규정과 다르게, 다른 정함이 없는 범위 내에서 다르게 가입자의 불이익으로 약정되어서는 아니된다.

Teil 4 Rundfunkübertragung

§ 48 Interoperabilität von Fernseh- und Radiogeräten

(1) Jedes zum Verkauf, zur Miete oder anderweitig angebotene analoge Fernsehgerät mit integriertem Bildschirm, dessen sichtbare Diagonale 42 Zentimeter überschreitet, muss mit mindestens einer von einer anerkannten europäischen Normenorganisation angenommenen Schnittstellenbuchse ausgestattet sein, die den Anschluss digitaler Fernsehempfangsgeräte ermöglicht.

(2) Jedes zum Verkauf, zur Miete oder anderweitig angebotene digitale Fernsehempfangsgerät muss,

1. soweit es einen integrierten Bildschirm enthält, dessen sichtbare Diagonale 30 Zentimeter überschreitet, mit mindestens einer Schnittstellenbuchse ausgestattet sein, die von einer anerkannten europäischen Normenorganisation angenommen wurde oder einer gemeinsamen, branchenweiten, offenen Spezifikation entspricht und den Anschluss digitaler Fernsehempfangsgeräte sowie die Möglichkeit einer Zugangsberechtigung erlaubt,
2. soweit es eine Anwendungs-Programmierschnittstelle enthält, die Mindestanforderungen einer solchen Schnittstelle erfüllen, die von einer anerkannten europäischen Normenorganisation angenommen wurde oder einer gemeinsamen, branchenweiten, offenen Schnittstellenspezifikation entspricht und die Dritten unabhängig vom Übertragungsverfahren Herstellung und Betrieb eigener Anwendungen erlaubt.

(3) Jedes zum Verkauf, zur Miete oder anderweitig angebotene digitale Fernsehempfangsgerät, das für den Empfang von konventionellen Fernsehsignalen und für eine Zugangsberechtigung vorgesehen ist, muss Signale darstellen können,

1. die einem einheitlichen europäischen Verschlüsselungsalgorithmus entsprechen, wie er von einer anerkannten europäischen Normenorganisation verwaltet wird,
2. die keine Zugangsberechtigung erfordern; bei Mietgeräten gilt dies nur, sofern die mietvertraglichen Bestimmungen vom Mieter eingehalten werden.

(4) Jedes Autoradio, das in ein neues für die Personenbeförderung ausgelegtes und gebautes Kraftfahrzeug mit mindestens vier Rädern eingebaut wird, muss einen Empfänger nach dem jeweiligen Stand der Technik enthalten, der zumindest den Empfang und die Wiedergabe von Hörfunkdiensten unmittelbar ermöglicht, die über digitalen terrestrischen Rundfunk ausgestrahlt werden. Bei Empfängern, die den harmonisierten Normen oder Teilen davon entsprechen, deren Fundstellen im Amtsblatt der Europäischen Union veröffentlicht worden sind, wird die Konformität mit der Anforderung in Satz 1, die mit den betreffenden Normen oder Teilen davon übereinstimmt, angenommen.

(5) Jedes für Verbraucher bestimmte, erstmalig zum Verkauf, zur Miete oder anderweitig auf dem Markt bereitgestellte, überwiegend für den Empfang von Ton-Rundfunk bestimmte Radiogerät, das den Programmnamen anzeigen kann und nicht Absatz 4 unterfällt, muss einen Empfänger enthalten, der zumindest den Empfang und die Wiedergabe digitaler Hörfunkdienste ermöglicht. Davon ausgenommen sind Bausätze für Funkanlagen, Geräte, die Teil einer Funkanlage des Amateurfunkdienstes sind und Geräte, bei denen der Hörfunkempfänger eine reine Nebenfunktion hat.

§ 49 Interoperabilität der Übertragung digitaler Fernsehsignale

(1) Betreiber öffentlicher Telekommunikationsnetze, die digitale Fernsehsignale übertragen, müssen solche Signale, die ganz oder teilweise zur Darstellung im 16:9-Bildschirmformat gesendet werden, auch in diesem Format weiterverbreiten.

제4편 방송

제48조 텔레비전수상기와 라디오수신기의 상호운영성

① 판매, 임대 또는 그 밖의 방식으로 공급된, 시청할 수 있는 대각선 길이가 42센티미터를 초과하는 통합 화면(畵面)이 장착된 모든 아날로그 텔레비전수상기에, 최소한 공인 유럽표준화위원회[161]가 인정한 인터페이스연결기로, 디지털 텔레비전수신장치의 접속을 가능하게 하는 인터페이스연결기(Schnittstellenbuchse)가 장착되어야만 한다.

② 판매, 임대 또는 그 밖의 방식으로 공급된 모든 디지털 텔레비전수신장치는,

1. 그 텔레비전수신장치가 시청할 수 있는 대각선 길이가 42센티미터를 초과하는 통합 화면을 포함하는 한, 최소한 인터페이스연결기로, 공인 유럽표준화위원회가 인정하거나 산업전체의 공동 개방형 표준에 부합하고 디지털 텔레비전수신장치의 접속과 접속권한의 가능성을 허용하는(den Anschluss digitaler Fernsehempfangsgeräte sowie die Möglichkeit einer Zugangsberechtigung erlaubt) 인터페이스연결기를 장착해야만 하고,
2. 그 텔레비전수신장치가 응용 프로그래밍 인터페이스를 포함하는 한, 공인 유럽표준화위원회가 인정하거나 산업전체의 공동 개방형 인터페이스표준에 부합하고, 전송과정에 상관없이(unabhängig vom Übertragungsverfahren) 제3자에게 고유한 애플리케이션의 생산 및 운영을 허용하는 그러한 인터페이스의 최소요구사항을 충족해야만 한다.

② 판매, 임대 또는 그 밖의 방식으로 공급된 모든 디지털 텔레비전수신장치로, 전통적 텔레비전신호의 수신과 접근권을 위해 고안(考案)된 디지털 텔레비전수신장치는 다음 각 호의 신호를 재생할 수 있어야만 한다

1. 그 디지털 수신장치가 공인 유럽표준화위원회에 의해 관리되는 것처럼 유럽연합의 통일적 부호매김풀이법[162]에 부합하는 신호,
2. 접근권을 필요로 하지 않는 신호; 임대장치의 경우 임대계약의 규정이 임차인에 의해 준수되는 경우에 한하여 이를 적용한다.

④ 여객운송을 위해 고안되고 제작된 새로운 4륜(輪) 차량에 장착된 모든 차량라디오는, 각각의 기술수준에 따른 수신장치로, 최소한 디지털 지상파 라디오방송을 통해 송출되는 라디오서비스의 수신 및 재생(den Empfang und die Wiedergabe von Hörfunkdiensten)을 직접적으로 가능하게 하는 수신장치가 포함해야만 한다. 그 출처가 유럽연합관보에 개재되는 통일표준[163] 또는 그 통일표준의 일부에 부합하는 수신장치의 경우 제1문상의 요구사항으로, 당해 표준 또는 표준 일부와 일치하는 요구사항에 부합하는 것으로 본다(wird die Konformität mit der Anforderung in Satz 1, die mit den betreffenden Normen oder Teilen davon übereinstimmt, angenommen).

⑤ 소비자에게 제공하는 것으로, 판매, 임대 또는 그 밖의 방식으로 시장에서 처음으로 제공된, 주로 라디오방송의 수신을 위한 라디오장치(überwiegend für den Empfang von Ton-Rundfunk bestimmte Radiogerät)로, 프로그램을 재생할 수 있는 있고 제4항에 포함되지 아니하는 라디오장치는, 최소한 디지털 라디오서비스의 수신 및 재생을 가능하게 하는 장치가 포함해야만 한다. 무선설비를 위한 조립세트, 아마추어무선통신서비스의 무선설비의 일부인 장치, 라디오방송수신인에게 순전히 부수적 기능을 제공해 주는 장치(Geräte, bei denen der Hörfunkempfänger eine reine Nebenfunktion hat)는 이에서 제외된다.

제49조 디지털 텔레비전신호의 전송의 상호운영성

① 디지털 텔레비전신호를 전송하는(die digitale Fernsehsignale übertragen) 공중전기통신망운영자는, 전부 또는 일부가 16:9의 화면규격(畵面規格)의 표현으로 방송되는 그러한 신호를 이러한 규격으로도(auch in diesem Format) 재전송해야만 한다.

(2) Rechteinhaber von Anwendungs-Programmierschnittstellen sind verpflichtet, Herstellern digitaler Fernsehempfangsgeräte sowie Dritten, die ein berechtigtes Interesse geltend machen, auf angemessene, chancengleiche und nichtdiskriminierende Weise und gegen angemessene Vergütung alle Informationen zur Verfügung zu stellen, die es ermöglichen, sämtliche durch die Anwendungs-Programmierschnittstellen unterstützten Dienste voll funktionsfähig anzubieten. Es gelten die Kriterien der §§ 28 und 42.

(3) Entsteht zwischen den Beteiligten Streit über die Einhaltung der Vorschriften der Absätze 1 und 2, kann jeder der Beteiligten die Bundesnetzagentur anrufen. Die Bundesnetzagentur trifft nach Anhörung der Beteiligten innerhalb von zwei Monaten eine Entscheidung. Im Rahmen dieses Verfahrens gibt die Bundesnetzagentur der zuständigen Stelle nach Landesrecht Gelegenheit zur Stellungnahme. Sofern die zuständige Stelle nach Landesrecht medienrechtliche Einwendungen erhebt, trifft sie innerhalb des vorgegebenen Zeitrahmens eine entsprechende Entscheidung. Die beiden Entscheidungen können in einem zusammengefassten Verfahren erfolgen.

(4) Die Beteiligten müssen eine Anordnung der Bundesnetzagentur nach Absatz 3 unverzüglich befolgen, es sei denn, die Bundesnetzagentur hat eine andere Umsetzungsfrist bestimmt. Zur Durchsetzung der Anordnung kann die Bundesnetzagentur nach Maßgabe des Verwaltungsvollstreckungsgesetzes ein Zwangsgeld bis zu 500.000 Euro festsetzen.

§ 50 Zugangsberechtigungssysteme

(1) Anbieter von Zugangsberechtigungssystemen müssen diese technisch so auslegen, dass sie die kostengünstige Übergabe der Kontrollfunktionen gestatten und damit Betreibern öffentlicher Telekommunikationsnetze auf lokaler oder regionaler Ebene die vollständige Kontrolle der Dienste ermöglichen, die solche Zugangsberechtigungssysteme nutzen.

(2) Entschließen sich Inhaber gewerblicher Schutzrechte an Zugangsberechtigungssystemen, Lizenzen an Hersteller digitaler Fernsehempfangsgeräte zu vergeben oder an Dritte, die ein berechtigtes Interesse nachweisen, so muss dies zu chancengleichen, angemessenen und nichtdiskriminierenden Bedingungen geschehen. Es gelten die Kriterien der §§ 28 und 42. Die Inhaber dürfen dabei technische und wirtschaftliche Faktoren in angemessener Weise berücksichtigen. Die Lizenzvergabe darf jedoch nicht von Bedingungen abhängig gemacht werden, die den Einbau

1. einer gemeinsamen Schnittstelle zum Anschluss anderer Zugangsberechtigungssysteme oder
2. spezifischer Komponenten eines anderen Zugangsberechtigungssystems aus Gründen der Transaktionssicherheit der zu schützenden Inhalte

beeinträchtigen.

(3) Anbieter und Verwender von Zugangsberechtigungssystemen müssen

1. allen Rundfunkveranstaltern die Nutzung ihrer benötigten technischen Dienste zur Nutzung ihrer Systeme sowie die dafür erforderlichen Auskünfte zu chancengleichen, angemessenen und nichtdiskriminierenden Bedingungen ermöglichen,
2. soweit sie auch für das Abrechnungssystem mit den Endnutzern verantwortlich sind, vor Abschluss eines entgeltpflichtigen Vertrages mit einem Endnutzer diesem eine Entgeltliste aushändigen,
3. über ihre Tätigkeit als Anbieter dieser Systeme eine getrennte Rechnungsführung haben,
4. vor Aufnahme sowie einer Änderung ihres Angebots die Angaben zu den Nummern 1 bis 3 sowie

② 응용 프로그래밍 인터페이스의 권리보유자는, 정당한 이익을 주장하는, 디지털 텔레비전수신장치 제조자 및 제3자에게, 비차별적이고 적절한 기회균등한 방법으로 또 적절한 대가와 상환으로(auf angemessene, chancengleiche und nichtdiskriminierende Weise und gegen angemessene Vergütung) 응용 프로그래밍 인터페이스로 지원되는 제반 서비스(sämtliche durch die Anwendungs-Programmierschnittstellen unterstützten Dienste)를 완전히 가동하여 제공하게 해주는 일체의 정보를 제공할 의무를 진다. 제28조, 제42조의 기준을 적용한다.

③ 당사자들 간에 제1항, 제2항의 규정의 준수에 관한 분쟁이 발생한 경우에 연방망관리청은 각 당사자를 호출할 수 있다. 연방망관리청은 당사자의 청문을 거쳐 2개월 이내에 판정을 한다. 연방망관리청은 이러한 절차 도중에 주법에 따른 관할 기관에 의견진술의 기회를 부여한다(Im Rahmen dieses Verfahrens gibt die Bundesnetzagentur der zuständigen Stelle nach Landesrecht Gelegenheit zur Stellungnahme). 주법에 따른 관할 기관이 미디어법상의 이의를 제기하는 경우에, 연방망관리청은 규정된 기간 내에 관련 판정을 한다. 양 판정(Die beiden Entscheidungen)은 통합된 절차에서(in einem zusammengefassten Verfahren) 행해질 수 있다.

④ 당사자들은 제3항에 따른 연방망관리청의 명령을 지체 없이 이행해야 하고, 다만 연방망관리청이 (그에 대하여) 다른 이행기간을 정한 경우에는 그러하지 아니하다(es sei denn, die Bundesnetzagentur hat eine andere Umsetzungsfrist bestimmt). 연방망관리청은 명령의 집행을 위하여 행정집행법상의 기준에 따라 500,000유로 이내의 강제금을 부과할 수 있다.

제50조 접근권시스템

① 접근권시스템제공자는, 그 접근권시스템이 저렴한 통제기능의 이전(移轉)을 가능하게 하고(dass sie die kostengünstige Übergabe der Kontrollfunktionen gestatten) 이로써 공중전기통신망운영자가 지역수준 또는 지방수준에서 그러한 접근권시스템을 이용하는 서비스에 대한 완전한 통제를 가능하게 해주도록 이를 기술적으로 설치해야만 한다.

② 접근권시스템에 대한 상업적 보호권의 소유자가, 디지털 텔레비전수신장치의 제조자 또는 정당한 이익을 증명한 제3자에게 라이선스를 부여하기로 결정하는 경우에 이는 기회균등하고 적절하며 비차별적인 조건으로(zu chancengleichen, angemessenen und nichtdiskriminierenden Bedingungen) 행해져야만 한다. 제28조, 제42조의 기준을 적용한다. 이 경우 그 소유자는 기술적·경제적 요소를 적절한 방법으로(technische und wirtschaftliche Faktoren in angemessener Weise) 고려(考慮)해도 된다. 그럼에도 라이선스부여는,

1. 다른 접근권시스템의 접속을 위한 공동의 인터페이스의 장착 또는,
2. 보호되는 콘텐츠의 거래안전상의 이유에서(aus Gründen der Transaktionssicherheit der zu schützenden Inhalte) 다른 접근권시스템의 특수한 요소의 장착을,

방해하는 조건에 의해 좌우되어서는 아니된다.

③ 접근권시스템의 제공자 및 이용업자는,

1. 모든 방송업자에게 그들이 필요로 하는, 자신의 시스템의 이용을 위한 기술적 서비스의 이용(die Nutzung ihrer benötigten technischen Dienste zur Nutzung ihrer Systeme)과, 이를 위해 필요한 정보(의 이용)를 기회균등하고 적절하며 비차별적인 조건으로 가능하게 해야만 하고,
2. 그 업자들이 최종이용자와의 결제시스템에 책임을 지는 범위 내에서 요금지급의무가 있는 최종이용자와의 계약의 체결 전에, 최종이용자들에게 요금목록을 교부해야만 하고,
3. 이러한 시스템의 제공자로서의 자신의 활동에 관하여 분리된 회계처리를 해야만 하고,
4. 자신의 제공의 개시 및 변경 전에 제1호 내지 제3호의 사항, 최종이용자에 대해 제공되는 개별적 용역

die einzelnen angebotenen Dienstleistungen für Endnutzer und die dafür geforderten Entgelte der Bundesnetzagentur anzeigen.

(4) Die Bundesnetzagentur unterrichtet die zuständige Stelle nach Landesrecht unverzüglich über die Anzeige nach Absatz 3 Nr. 4. Kommen Bundesnetzagentur oder zuständige Stelle nach Landesrecht jeweils für ihren Zuständigkeitsbereich auf Grund der Anzeige innerhalb einer Frist von zwei Monaten zu dem Ergebnis, dass das Angebot den Anforderungen nach Absatz 3 Nr. 1 bis 4 nicht entspricht, verlangen sie Änderungen des Angebots. Können die Vorgaben trotz Änderungen nicht erreicht werden oder werden die Änderungen trotz Aufforderung nicht erfüllt, untersagen sie das Angebot.

(5) Verfügen ein oder mehrere Anbieter oder Verwender von Zugangsberechtigungssystemen nicht über beträchtliche Marktmacht, so kann die Bundesnetzagentur die Bedingungen nach den Absätzen 1 bis 3 in Bezug auf die oder den Betroffenen ändern oder aufheben, wenn

1. die Aussichten für einen wirksamen Wettbewerb auf den Endnutzermärkten für die Übertragung von Rundfunksignalen sowie für Zugangsberechtigungssysteme und andere zugehörige Einrichtungen dadurch nicht negativ beeinflusst werden und
2. die zuständige Stelle nach Landesrecht festgestellt hat, dass die Kapazitätsfestlegungen und Übertragungspflichten nach Landesrecht dadurch nicht negativ beeinflusst werden.

Für das Verfahren nach Satz 1 gelten die §§ 11 bis 14 Abs. 1 entsprechend. Die Entscheidung nach Satz 1 überprüft die Bundesnetzagentur alle zwei Jahre.

§ 51 Streitschlichtung

(1) Die durch die Bestimmungen dieses Teils Berechtigten oder Verpflichteten können zur Beilegung ungelöster Streitfragen in Bezug auf die Anwendung dieser Vorschriften die Schlichtungsstelle gemeinsam anrufen. Die Anrufung erfolgt in Schriftform. Die Bundesnetzagentur entscheidet innerhalb einer Frist von höchstens zwei Monaten.

(2) Die Schlichtungsstelle wird bei der Bundesnetzagentur errichtet. Sie besteht aus einem vorsitzenden Mitglied und zwei beisitzenden Mitgliedern. Die Bundesnetzagentur regelt Errichtung und Besetzung der Schlichtungsstelle und erlässt eine Verfahrensordnung. Errichtung und Besetzung der Schlichtungsstelle sowie die Verfahrensordnung sind von der Bundesnetzagentur zu veröffentlichen.

(3) Die Schlichtungsstelle gibt der zuständigen Stelle nach Landesrecht im Rahmen dieses Verfahrens Gelegenheit zur Stellungnahme. Sofern die zuständige Stelle nach Landesrecht medienrechtliche Einwendungen erhebt, trifft sie innerhalb des vorgegebenen Zeitrahmens eine entsprechende Entscheidung. Die beiden Entscheidungen können in einem zusammengefassten Verfahren erfolgen.

과, 이러한 용역에 청구된 요금(die einzelnen angebotenen Dienstleistungen für Endnutzer und die dafür geforderten Entgelte)을 연방망관리청에 통지해야만 한다.

④ 연방망관리청은 주법에 따른 관할 기관에 지체 없이 제3항 제4호에 따른 알림을 전달한다. 연방망관리청 또는 주법에 따른 관할 기관이 자신의 관할영역에 대하여 각각 그 통지에 기하여 2개월의 기간 내에 그 제공이 제3항 제1호 내지 제4호에 따른 요구사항이 부합하지 않는다는 결론에 이른 경우에, 그들은 그 제공의 변경을 요구할 수 있다. 변경에도 불구하고 그 요구사항을 충족할 수 없거나 그 요구에도 불구하고 변경이 이뤄지지 않은 경우에는(Können die Vorgaben trotz Änderungen nicht erreicht werden oder werden die Änderungen trotz Aufforderung nicht erfüllt) 그들은 그 제공을 금지한다.

⑤ 한 또는 여러 접근권시스템의 제공자 또는 이용업자가 현저한 시장지배력을 보유하지 못한 경우에 있어, 연방망관리청은 다음 각 호의 때에, 당사자에 관한 제1항 내지 제3항에 따른 조건을 수정하거나 소멸시킬 수 있다,

1. 방송신호의 전송과 접근권시스템 및 부속설비(für Zugangsberechtigungssysteme und andere zugehörige Einrichtungen)와 관련하여 최종이용자시장에서의 유효경쟁에 대한 전망이 그 조건에 의하여 부정적으로 영향을 받고,
2. 주법에 따른 관할 기관이 주법에 따른 용량결정(容量決定) 및 전송의무가 그 조건에 의하여 부정적으로 영향을 받는 것으로 결정을 한 때.

제1문에 따른 절차에 대하여 제11조 내지 제14조 제1항을 준용한다. 제1문에 따른 판정은 연방망관리청이 2년마다 심사한다.

제51조 조정기구

① 본 편의 규정에 의하여 권리자 또는 의무자는, 본 규정의 적용에 관련한 미해결의 사안(事案)의 해결을 위하여(zur Beilegung ungelöster Streitfragen in Bezug auf die Anwendung dieser Vorschriften) 조정기구에 공동으로 신청을 제기할 수 있다. 그 신청은 서면으로 한다. 연방관리청이 최대 2개월의 기간 내에 결정을 한다.

② 조정기구는 연방망관리청에 설치된다. 그 조정기구는 1명의 조정장과 2명의 조정위원으로 구성된다. 연방망관리청은 조정기구 설치 및 충원에 대하여 규율하고 절차규정을 제정한다. 조정기구의 설치 및 충원과 절차규정(Errichtung und Besetzung der Schlichtungsstelle sowie die Verfahrensordnung)은 연방망관리청이 공표해야 한다.

③ 조정기구는 주법에 따른 관할 기관에 위와 같은 절차 도중에 의견진술의 기회를 부여한다. 주법에 따른 관할 기관이 미디어법상의 이의를 제기하는 경우에(Sofern die zuständige Stelle nach Landesrecht medienrechtliche Einwendungen erhebt), 조정기구는 규정된 기간 내에 관련 결정을 한다. 양 결정은 통합된 절차에서 행해질 수 있다.

Teil 5 Universaldienst

§ 78 Universaldienstleistungen

(1) Universaldienstleistungen sind ein Mindestangebot an Diensten für die Öffentlichkeit, für die eine bestimmte Qualität festgelegt ist und zu denen alle Endnutzer unabhängig von ihrem Wohn- oder Geschäftsort zu einem erschwinglichen Preis Zugang haben müssen und deren Erbringung für die Öffentlichkeit als Grundversorgung unabdingbar geworden ist.

(2) Als Universaldienstleistungen werden bestimmt:

1. der Anschluss an ein öffentliches Telekommunikationsnetz an einem festen Standort, der Gespräche, Telefaxübertragungen und die Datenkommunikation mit Übertragungsraten ermöglicht, die für einen funktionalen Internetzugang ausreichen,
2. der Zugang zu öffentlich zugänglichen Telefondiensten über den in Nummer 1 genannten Netzanschluss,
3. die Verfügbarkeit mindestens eines von der Bundesnetzagentur gebilligten gedruckten öffentlichen Teilnehmerverzeichnisses (§ 104), das dem allgemeinen Bedarf entspricht und regelmäßig mindestens einmal jährlich aktualisiert wird,
4. die Verfügbarkeit mindestens eines umfassenden, öffentlichen Telefonauskunftsdienstes, auch für Nutzer öffentlicher Münz- und Kartentelefone, einschließlich der Netzkennzahlen von Teilnehmern und ausländischer Anschlussinhaber, soweit die Teilnehmerdaten zur Verfügung stehen und unter Berücksichtigung datenschutzrechtlicher Vorschriften,
5. die flächendeckende Bereitstellung von öffentlichen Münz- oder Kartentelefonen oder anderer Zugangspunkte für den öffentlichen Sprachtelefondienst an allgemeinen und jederzeit für jedermann zugänglichen Standorten entsprechend dem allgemeinen Bedarf; die öffentlichen Telefonstellen sind in betriebsbereitem Zustand zu halten, und
6. die Möglichkeit, von allen öffentlichen Münz- oder Kartentelefonen unentgeltlich und ohne Verwendung eines Zahlungsmittels Notrufe durch einfache Handhabung mit den Notrufnummern 110 und 112 durchzuführen.

(3) Unternehmen, die Universaldienstleistungen nach Absatz 2 Nr. 2 und 3 erbringen, haben bei der Verarbeitung der ihnen von anderen Unternehmen bereitgestellten Informationen den Grundsatz der Nichtdiskriminierung zu beachten.

(4) Nach Anhörung des Universaldienstverpflichteten kann die Bundesnetzagentur den allgemeinen Bedarf der Universaldienstleistungen nach Absatz 2 hinsichtlich der Bedürfnisse der Endnutzer feststellen, insbesondere hinsichtlich der geographischen Versorgung, der Zahl der Telefone, der Zugänglichkeit und der Dienstequalität. Zur Sicherstellung des Dienstes sowie der Dienstemerkmale ist die Bundesnetzagentur befugt, den Unternehmen Verpflichtungen aufzuerlegen. Die Bundesnetzagentur kann von solchen Verpflichtungen für Teile oder das gesamte Hoheitsgebiet absehen, wenn eine Anhörung der betroffenen Kreise ergibt, dass diese Dienstemerkmale oder vergleichbare Dienste als weithin verfügbar erachtet werden.

§ 79 Erschwinglichkeit der Entgelte

(1) Der Preis für die Universaldienstleistung nach § 78 Absatz 2 Nummer 1 und 2 gilt als erschwinglich, wenn er den realen Preis der Telefondienstleistungen nicht übersteigt, die von einem Privathaushalt

第5편 보편적(普遍的) 역무(役務)

第78조 보편적 서비스

① 보편적 서비스는, 특정한 품질이 정해져 있고 모든 최종이용자가 자신의 주소지(住所地) 또는 영업소와 상관없이 알맞은 가격으로 접속할 수 있어야만 하며, 공중에 대한 그 제공이 기본공급으로서 필요불가결한 것이 된(deren Erbringung für die Öffentlichkeit als Grundversorgung unabdingbar geworden ist), 공중에 대한 서비스의 최소한의 제공을 말한다.

② 다음 각 호가 보편적 서비스로서 제공된다:

1. 고정 위치에서의 공중전기통신망으로, 편리한 인터넷접속을 가능하게 하는 데 충분한 통신속도[164]로 전화, 팩시밀리 및 데이터통신(die Datenkommunikation mit Übertragungsraten ermöglicht, die für einen funktionalen Internetzugang ausreichen)을 가능하게 하는 공중전기통신망 대한 접속,
2. 제1호상의 통신망접속을 통한, 공중이 이용 가능한 전화서비스에 대한 접속(der Zugang zu öffentlich zugänglichen Telefondiensten),
3. 연방망관리청이 인가하여 인쇄한 공식가입자명부(제104조)으로, 일반인의 수요를 충족하고 정기적으로 최소 매년 1차례 업데이트한(das dem allgemeinen Bedarf entspricht und regelmäßig mindestens einmal jährlich aktualisiert wird) 최소 1개의 공식가입자명부의 이용가능성,
4. (국내) 가입자와 외국의 접속주체의 통신망접속코드를 비롯하여, 동전·카드공중전화기의 이용자를 위한 것도 포함한, 최소 1개의 포괄적 공공 전화번호안내서비스로, 가입자정보가 제공되고 정보보호법의 규정이 고려되는 공공 전화번호안내서비스(soweit die Teilnehmerdaten zur Verfügung stehen und unter Berücksichtigung datenschutzrechtlicher Vorschriften)의 이용가능성,
5. 동전·카드공중전화기의 광범위한 제공이나, 보편적 수요에 따른, 누구나 언제든지, 보편적으로 이용할 수 있는 지점에서(an allgemeinen und jederzeit für jedermann zugänglichen Standorten entsprechend dem allgemeinen Bedarf)의 공중음성전화서비스에 대한 그 밖의 접속지점의 광범위한 제공; 그 공중전화기는 작동이 준비된 상태로 유지되어야 한나,
6. 모든 동전·카드공중전화기에 의하여 요금을 지급하지 않고서 또 지급수단을 이용하지 않고서(unentgeltlich und ohne Verwendung eines Zahlungsmittels), 110 및 112의 긴급전화번호에 의한 간단한 조작으로 긴급전화를 걸 수 있는 가능성.

③ 제2항 제2호, 제3호에 따른 보편적 서비스를 제공하는 기업은, 다른 기업이 자신에게 제공한 정보의 처리에 있어(bei der Verarbeitung der ihnen von anderen Unternehmen bereitgestellten Informationen) 비차별의 원칙을 준수해야 한다.

④ 연방망관리청은 보편적 역무의 제공의무에 대한 청문을 거쳐, 최종이용자의 필요, 특히 지리적 공급, 전화기(電話機) 숫자, 접근가능성 및 서비스품질(hinsichtlich der geographischen Versorgung, der Zahl der Telefone, der Zugänglichkeit und der Dienstequalität)에 관한 수요로, 제2항에 따른 보편적 서비스에 대한 일반적 수요를 확정한다. 연방망관리청은 서비스 및 서비스기능의 확보를 위하여 기업에게 의무를 부과할 권한을 갖는다. 이해당사자들의 청문 결과 이러한 서비스기능 또는 유사한 서비스에 대해 널리 이용할 수 있는 것으로 보는 경우에(wenn eine Anhörung der betroffenen Kreise ergibt, dass diese Dienstemerkmale oder vergleichbare Dienste als weithin verfügbar erachtet werden) 연망관리청은, 전체 영토 또는 일부 영토에 있어서의 그러한 의무를 면제할 수 있다.

第79조 요금의 적절성

① 第78조 제2항 제1호, 제2호에 따른 보편적 서비스에 대한 가격(Der Preis für die Universaldienstleistung nach § 78 Absatz 2 Nummer 1 und 2)은, 이것이 100,000명을 초과하는 주민이

außerhalb von Städten mit mehr als 100 000 Einwohnern zum 1. Januar 1998 durchschnittlich nachgefragt wurden. Dabei werden die zu diesem Zeitpunkt erzielten Leistungsqualitäten einschließlich der Lieferfristen und die bis zum 31. Dezember des jeweiligen Vor-Vorjahres festgestellte Produktivitätsfortschrittsrate berücksichtigt.

(2) Universaldienstleistungen nach § 78 Absatz 2 Nummer 3 bis 5 gelten als erschwinglich, wenn die Entgelte den Maßstäben des § 28 entsprechen.

§ 80 Verpflichtung zur Erbringung des Universaldienstes

Wird eine Universaldienstleistung nach § 78 durch den Markt nicht ausreichend und angemessen erbracht oder ist zu besorgen, dass eine solche Versorgung nicht gewährleistet sein wird, ist jeder Anbieter, der auf dem jeweiligen sachlich relevanten Markt tätig ist und einen Anteil von mindestens 4 Prozent des Gesamtumsatzes dieses Marktes im Geltungsbereich dieses Gesetzes auf sich vereint oder auf dem räumlich relevanten Markt über eine beträchtliche Marktmacht verfügt, verpflichtet, dazu beizutragen, dass der Universaldienst erbracht werden kann. Die Verpflichtung nach Satz 1 ist nach Maßgabe der Bestimmungen dieses Abschnitts zu erfüllen.

§ 81 Auferlegung von Universaldienstverpflichtungen

(1) Die Bundesnetzagentur veröffentlicht die Feststellung, auf welchem sachlich und räumlich relevanten Markt oder an welchem Ort eine Universaldienstleistung nach § 78 Abs. 2 nicht angemessen oder ausreichend erbracht wird oder zu besorgen ist, dass eine solche Versorgung nicht gewährleistet sein wird. Sie kündigt an, nach den Vorschriften der §§ 81 bis 87 vorzugehen, sofern sich kein Unternehmen innerhalb von einem Monat nach Bekanntgabe dieser Veröffentlichung bereit erklärt, diese Universaldienstleistung ohne Ausgleich nach § 82 zu erbringen.

(2) Die Bundesnetzagentur kann nach Anhörung der in Betracht kommenden Unternehmen entscheiden, ob und inwieweit sie eines oder mehrere dieser Unternehmen verpflichten will, die Universaldienstleistung zu erbringen. Eine solche Verpflichtung darf die verpflichteten Unternehmen im Verhältnis zu den anderen Unternehmen nicht unbillig benachteiligen.

(3) Macht ein Unternehmen, das nach Absatz 2 zur Erbringung einer Universaldienstleistung verpflichtet werden soll, glaubhaft, dass es im Falle der Verpflichtung einen Ausgleich nach § 82 verlangen kann, schreibt die Bundesnetzagentur anstelle der Entscheidung, einen oder mehrere Unternehmen zu verpflichten, die Universaldienstleistung aus und vergibt sie an denjenigen Bewerber, der sich als geeignet erweist und den geringsten finanziellen Ausgleich dafür verlangt, die Universaldienstleistung nach Maßgabe der in den Vorschriften dieses Gesetzes festgelegten Bedingungen zu erbringen. Die Bundesnetzagentur kann unter Berücksichtigung der Kriterien des Satzes 1 verschiedene Unternehmen oder Unternehmensgruppen für die Erbringung verschiedener Bestandteile des Universaldienstes sowie zur Versorgung verschiedener Teile des Bundesgebietes verpflichten.

(4) Vor der Ausschreibung der Universaldienstleistung hat die Bundesnetzagentur festzulegen, nach welchen Kriterien die erforderliche Eignung des Universaldienstleisters bewertet wird. Sie hat ferner die Regeln für die Durchführung des Ausschreibungsverfahrens im Einzelnen festzulegen; diese müssen objektiv, nachvollziehbar und diskriminierungsfrei sein.

(5) Wird durch das Ausschreibungsverfahren kein geeigneter Bewerber ermittelt, verpflichtet die Bundesnetzagentur das nach Absatz 2 ermittelte Unternehmen, die Universaldienstleistung nach Maßgabe

초과하지 않는 경우에 적절한 것으로 본다. 이 경우 인도기간을 포함하여 이러한 시기에 달성한 급부품질(die zu diesem Zeitpunkt erzielten Leistungsqualitäten)과, 각각의 2년 전(前) 12월 31일까지 확인된 생산성증가율(die bis zum 31. Dezember des jeweiligen Vor-Vorjahres festgestellte Produktivitätsfortschrittsrate)을 고려한다.

② 제78조 제2항 제호 내지 제5호에 따른 보편적 서비스는, 그 요금이 제28조의 기준에 부합하는 경우에 적절한 것으로 본다.

제80조 보편적 역무의 제공의무

제78조에 따른 어느 보편적 서비스가 시장에 의해 충분하고 적절하게 제공되지 않거나, 그러한 공급이 보장되지 않을 우려가 있는 경우에, 각각의 '관련상품시장'에서 활동을 하고 본 법률의 적용범위 내의 이러한 시장의 총매출액의 최소 4%의 비중을 차지하거나 '관련지역시장'에서 상당한 시장지배력을 보유한(einen Anteil von mindestens 4 Prozent des Gesamtumsatzes dieses Marktes im Geltungsbereich dieses Gesetzes auf sich vereint oder auf dem räumlich relevanten Markt über eine beträchtliche Marktmacht verfügt) 각 제공자는, 보편적 역무를 제공할 수 있도록 기여할 의무를 진다. 제1문에 따른 의무는 본 장의 규정의 기준을 좇아 이행되어야 한다.

제81조 보편적 역무제공의무의 부과

① 연방망관리청은, 어느 관련상품시장 및 관련지역시장에서 또는 어떤 지역에서 제78조 제2항에 따른 보편적 서비스가 적절하게 또는 충분하게 제공되지 않거나, 그러한 공급이 보장되지 않을 우려가 있는지(zu besorgen ist, dass eine solche Versorgung nicht gewährleistet sein wird)에 관한 결정을 공표한다. 어느 기업도 이러한 공표의 공고 후 1개월 이내에 보상 없이 제82조에 따라 보편적 서비스를 제공하는데 동의하지 않는 경우에, 연방망관리청은 제81조 내지 제87조의 규정에 좇아 대처할 것(nach den Vorschriften der §§ 81 bis 87 vorzugehen)을 예고한다.

② 연방망관리청은 문제가 되고 있는 기업들의 청문을 거쳐, 연방망관리청이 이러한 기업들 중 한 또는 여러 기업에게 보편적 서비스를 제공하는 의무를 부과하려 하는지 여부, 어느 성노 이를 부과하려고 하는지 여부를 판정한다. 그러한 의무로 인해 의무를 부과받은 기업들은 다른 기업들과의 관계에서(im Verhältnis zu den anderen Unternehmen) 불공평하게 불이익취급을 받아서는 아니된다.

③ 제2항에 따라 보편적 서비스를 제공할 의무를 부담하게 된 기업이, 그러한 의무의 경우에 그 기업이 제82조에 따른 보상을 청구할 수 있다는 점을 증명하는 경우에, 연방망관리청은 그 판정에 갈음하여, 한 또는 여러 기업에게 보편적 서비스를 부담하도록 의무를 부과하고, 그러한 기업들로 하여금 자신에 대해 적절한 것으로 증명하고 그에 대하여 가장 적은 금전적 보상을 청구하는 지원자에게 본 법률의 규정에서 정해진 조건의 기준에 좇아 보편적 서비스를 제공하도록 위탁한다. 연망관리청은 제1문의 기준을 고려하여 여러 기업들 또는 기업집단에게 보편적 역무의 다양한 구성요소 제공을 하고 연방영토의 여러 지역에 대한 공급을 하도록(verschiedene Unternehmen oder Unternehmensgruppen für die Erbringung verschiedener Bestandteile des Universaldienstes sowie zur Versorgung verschiedener Teile des Bundesgebietes verpflichten) 의무를 부과할 수 있다.

④ 보편적 서비스에 대한 입찰을 시행하기 전에 연방망관리청은, 보편적역무제공자의 적합성이 어느 기준에 따라 평가되는지를 정한다. 연방망관리청은 또한 입찰절차의 진행에 대한 규정을 상세하게(die Regeln für die Durchführung des Ausschreibungsverfahrens im Einzelnen) 정한다; 그 규정은 객관적이고 이해하기 쉬우며 비차별적이어야만 한다.

⑤ 그 입찰절차에 의해 적절한 낙찰자를 결정하지 못한 경우에, 연방망관리청은 제2항에 따라 결정한 기업(die Bundesnetzagentur das nach Absatz 2 ermittelte Unternehmen)에게 본 법률의 기준에 좇아

dieses Gesetzes zu erbringen.

§ 82 Ausgleich für Universaldienstleistungen

(1) Wird ein Unternehmen nach § 81 Abs. 3 verpflichtet, eine Universaldienstleistung zu erbringen, gewährt die Bundesnetzagentur den im Ausschreibungsverfahren anerkannten finanziellen Ausgleich für die Erbringung der Universaldienstleistung.

(2) Wird ein Unternehmen nach § 81 Abs. 5 verpflichtet, eine Universaldienstleistung zu erbringen, ermittelt die Bundesnetzagentur den zu leistenden Ausgleich für die Bereitstellung des Universaldienstes aus der Differenz der Kosten eines verpflichteten Unternehmens für den Betrieb ohne Universaldienstverpflichtung und den Kosten für den Betrieb unter Einhaltung der Universaldienstverpflichtung. Außerdem sind Vorteile und Erträge des Universaldienstbetreibers, einschließlich immaterieller Vorteile, zu berücksichtigen.

(3) Die Bundesnetzagentur stellt fest, ob die ermittelten Kosten eine unzumutbare Belastung darstellen. In diesem Fall gewährt die Bundesnetzagentur dem Unternehmen auf Antrag den berechneten finanziellen Ausgleich.

(4) Zur Berechnung des Ausgleichs kann die Bundesnetzagentur die erforderlichen Unterlagen von dem universaldienstverpflichteten Unternehmen fordern. Die eingereichten Unterlagen sind von der Bundesnetzagentur insbesondere auf die Notwendigkeit zur Leistungsbereitstellung zu prüfen. Die Ergebnisse der Kostenberechnung wie auch der Prüfung sind, unter Berücksichtigung der Wahrung von Betriebs- oder Geschäftsgeheimnissen der betroffenen Unternehmen, zu veröffentlichen.

(5) Der Ausgleich wird nach Ablauf des Kalenderjahres, in dem ein Defizit bei der Erbringung der Universaldienstleistung entsteht, gewährt.

§ 83 Universaldienstleistungsabgabe

(1) Gewährt die Bundesnetzagentur einen Ausgleich nach § 82 für die Erbringung einer Universaldienstleistung, trägt jedes Unternehmen, das zur Erbringung des Universaldienstes nach § 80 verpflichtet ist, zu diesem Ausgleich durch eine Universaldienstleistungsabgabe bei. Der Anteil bemisst sich nach dem Verhältnis des Umsatzes des jeweiligen Unternehmens zu der Summe des Umsatzes aller auf dem sachlich relevanten Markt nach Satz 1 Verpflichteten. Kann von einem abgabenpflichtigen Unternehmen die auf ihn entfallende Abgabe nicht erlangt werden, so ist der Ausfall von den übrigen Verpflichteten nach dem Verhältnis ihrer Anteile zueinander zu leisten.

(2) Nach Ablauf des Kalenderjahres, für das ein Ausgleich nach § 82 Abs. 1 oder 3 gewährt wird, setzt die Bundesnetzagentur die Höhe des Ausgleichs sowie die Anteile der zu diesem Ausgleich beitragenden Unternehmen fest und teilt dies den betroffenen Unternehmen mit. Die Höhe des Ausgleichs ergibt sich aus dem von der Bundesnetzagentur errechneten Ausgleichsbetrag zuzüglich einer marktüblichen Verzinsung. Die Verzinsung beginnt mit dem Tag, der dem Ablauf des in Satz 1 genannten Kalenderjahres folgt.

(3) Die zum Ausgleich nach Absatz 1 beitragenden Unternehmen sind verpflichtet, die von der Bundesnetzagentur festgesetzten auf sie entfallenden Anteile innerhalb eines Monats ab Zugang des Festsetzungsbescheides an die Bundesnetzagentur zu entrichten.

(4) Ist ein zum Ausgleich verpflichtetes Unternehmen mit der Zahlung der Abgabe mehr als drei Monate im Rückstand, erlässt die Bundesnetzagentur einen Feststellungsbescheid über die rückständigen Beträge

보편적 서비스를 제공하도록 의무를 부과한다.

제82조 보편적 서비스에 대한 보상

① 어느 기업이 제81조 제3항에 따라 보편적 서비스를 제공할 의무를 지는 경우에, 연방망관리청은 낙찰절차에서 보편적 서비스에 대한 승인된 금전적 보상(anerkannten finanziellen Ausgleich für die Erbringung der Universaldienstleistung)을 허용한다.

② 어느 기업이 제81조 제5항에 따라 보편적 서비스를 제공하도록 의무를 지는 경우에, 연방망관리청은, 보편적 역무제공의무 없는 운영시의 의무를 지는 기업의 비용(der Kosten eines verpflichteten Unternehmens für den Betrieb ohne Universaldienstverpflichtung)과 보편적 역무제공의무의 준수하의 운영시의 비용의 차액에 기하여 보편적 서비스의 제공에 대하여 지급해야 할 보상(den zu leistenden Ausgleich für die Bereitstellung des Universaldienstes)을 결정한다. 또한 비재산적 이익을 포함하여(einschließlich immaterieller Vorteile) 보편적역무제공자의 이익과 수익을 고려해야 한다.

③ 연방망관리청은 결정한 비용이 불합리한 부담(eine unzumutbare Belastung)이 되는지 여부를 결정한다. 이러한 경우에 연방망관리청은 기업에게 그 신청에 따라 산정한 금전적 보상(den berechneten finanziellen Ausgleich)을 허용한다.

④ 연방망관리청은 보상을 산정하기 위하여 보편적 역무제공의무를 지는 기업에게(von dem universaldienstverpflichteten Unternehmen) 필요한 서류를 요구할 수 있다. 제출된 서류에 대하여(Die eingereichten Unterlagen) 연방망관리청이 특히 급부제공의 필요성을 심사한다. 심사의 결과뿐만 아니라 비용산정의 결과(Die Ergebnisse der Kostenberechnung wie auch der Prüfung)는, 당사자인 기업의 기업비밀 및 사업비밀의 보호를 고려하여 공표한다.

⑤ 위 보상은 보편적 서비스 제공에 있어 적자가 발생한(in dem ein Defizit bei der Erbringung der Universaldienstleistung entsteht) 역년의 경과 후에 허용된다.

제83조 보편적 서비스분담금

① 연방망관리청이, 보편적 서비스 제공에 대한 제82조에 따른 보상을 허용한 경우에, 제80조에 따라 보편적 역무를 제공할 의무를 부담하는 각 기업은, 이러한 보상에 대하여 보편적 서비스분담금을 납부한다. 그 몫은, 각각 기업의 매출액의 제1문에 따른 '관련상품시장'에서 의무를 지는 모든 자의 매출총액에 대한 비율(Verhältnis des Umsatzes des jeweiligen Unternehmens zu der Summe des Umsatzes aller auf dem sachlich relevanten Markt nach Satz 1 Verpflichteten)에 따라 산정된다. 어느 분담금납부의무가 있는 기업이 자신에 배정된 그 부담금을 납부하지 못한 경우에, 나머지 의무자들이 그 손실액(Ausfall)을 자신의 몫의 비율에 따라 분담해야 한다.

② 보상이 제82조 제1항 또는 제3항에 따라 허용되는 역년(曆年)의 경과 후에 연방망관리청은 보상액과, 이러한 보상액에 대해 납부해야 할 기업의 몫을 정하고 당사자인 기업에 이를 통지한다. 보상액수는 연방망관리청이 산정한 보상분담액에 시장이율을 가산하여(aus dem von der Bundesnetzagentur errechneten Ausgleichsbetrag zuzüglich einer marktüblichen Verzinsung) 산정된다. 그 이자가산은 제1문상의 역년의 경과 후의 다음날 기산한다(Die Verzinsung beginnt mit dem Tag, der dem Ablauf des in Satz 1 genannten Kalenderjahres folgt).

③ 제1항에 따른 보상에 대해 납부해야 할 기업은, 산정통지서(算定通知書) 송달시로부터 1개월 이내에 연방망관리청에 연방망관리청이 정한, 자신에 대해 배정한 몫(die von der Bundesnetzagentur festgesetzten auf sie entfallenden Anteile)을 지급해야 한다.

④ 보상액에 대해 납부의무를 지는 기업이 3개월을 초과하여 그 분담금 지급을 연체하는 경우에 연방망관리청은 연체된 분담액에 관한 결정통지서(einen Feststellungsbescheid über die rückständigen Beträge der Abgabe und betreibt die Einziehung.

§ 84 Verfügbarkeit, Entbündelung und Qualität von Universaldienstleistungen

(1) Soweit Unternehmen Universaldienstleistungen erbringen, haben Endnutzer im Rahmen der Gesetze und der Allgemeinen Geschäftsbedingungen einen Anspruch darauf, dass diese Leistungen erbracht werden.

(2) Soweit Unternehmen Universaldienstleistungen erbringen, haben sie Leistungen so anzubieten, dass Endnutzer nicht für Einrichtungen oder Dienste zu zahlen haben, die nicht notwendig oder für den beantragten Dienst nicht erforderlich sind.

(3) Soweit Unternehmen Universaldienstleistungen erbringen, haben sie der Bundesnetzagentur auf Anfrage angemessene und aktuelle Informationen über ihre Leistungen bei der Bereitstellung des Universaldienstes mitzuteilen und zu veröffentlichen. Dabei werden die Parameter, Definitionen und Messverfahren für die Dienstqualität zugrunde gelegt, die in Anhang III der Richtlinie 2002/22/EG dargelegt sind.

§ 85 Leistungseinstellungen

(1) Ein Unternehmen, das nach § 81 zur Erbringung von Universaldienstleistungen verpflichtet ist oder das Leistungen nach § 150 Abs. 9 erbringt, darf diese Leistungen nur vorübergehend auf Grund grundlegender, in Übereinstimmung mit dem Recht der Europäischen Union stehender Anforderungen einstellen und beschränken. Es hat auf die Belange der Endnutzer Rücksicht zu nehmen und die Leistungseinstellungen oder -beschränkungen im Rahmen der technischen Möglichkeiten auf den betroffenen Dienst zu beschränken.

(2) Grundlegende Anforderungen, die eine Beschränkung von Universaldienstleistungen rechtfertigen, sind

1. die Sicherheit des Netzbetriebes,
2. die Aufrechterhaltung der Netzintegrität, insbesondere die Vermeidung schwerwiegender Störungen des Netzes, der Software oder gespeicherter Daten,
3. die Interoperabilität der Dienste und
4. der Datenschutz.

§ 86 Sicherheitsleistungen

(1) Anbieter von öffentlich zugänglichen Telekommunikationsdiensten, die nach § 81 zur Erbringung von Universaldienstleistungen verpflichtet sind oder das Unternehmen, das Leistungen nach § 150 Abs. 9 erbringt, sind berechtigt, Universaldienstleistungen an den Endnutzer von einer Sicherheitsleistung in angemessener Höhe abhängig zu machen, wenn Tatsachen die Annahme rechtfertigen, dass der Endnutzer seinen vertraglichen Verpflichtungen nicht oder nicht rechtzeitig nachkommt. Die Sicherheitsleistung kann durch Bürgschaftserklärung eines im Europäischen Wirtschaftsraum zugelassenen Kreditinstituts erfolgen. Der Anbieter ist berechtigt, die Sicherheitsleistung auf eine solche Bürgschaftserklärung und die Hinterlegung von Geld zu beschränken. Die Sicherheitsleistung ist unverzüglich zurückzugeben oder zu verrechnen, sobald die Voraussetzungen für die Erbringung weggefallen sind.

(2) Als angemessen im Sinne des Absatzes 1 Satz 1 ist in der Regel ein Betrag in Höhe des

를 발부하여 납부를 독촉(督促)한다.

제84조 보편적 서비스의 이용가능성, 통신망세분화 및 품질

① 기업이 보편적 서비스를 제공하는 경우에, 최종이용자는 본 법률 및 보통거래약관의 범위 내에서(im Rahmen der Gesetze und der Allgemeinen Geschäftsbedingungen) 이러한 급부가 제공되도록 하는 청구권을 갖는다.

② 기업이 보편적 서비스를 제공하는 경우에, 그 기업은 최종이용자가, 필요하지 않거나 신청한 서비스에 대하여 필요하지 않는(die nicht notwendig oder für den beantragten Dienst nicht erforderlich sind) 설비 또는 서비스에 대하여 요금을 지급할 필요가 없도록 급부를 제공해야 한다.

③ 기업이 보편적 서비스를 제공하는 경우에(Soweit Unternehmen Universaldienstleistungen erbringen), 그 기업은 연방망관리청에게 그 요구에 따라 적절하고 최신의 정보로, 보편적 서비스 제공시의 자신의 급부에 관한 정보를 통지하고 이를 공표해야 한다. 이 경우 2002/22/EG 입법지침 부록 Ⅲ에 명시된 품질에 대한 한도, 정의 및 측정절차(測定節次)(die Parameter, Definitionen und Messverfahren für die Dienstqualität)가 기초가 된다.

제85조 급부중단

① 제81조에 따라 보편적 서비스를 제공할 의무를 지거나 제150조 제9항에 따른 급부를 제공하는 기업은, 유럽연합법과 부합하는 기본적 요구사항에 기하여(auf Grund grundlegender, in Übereinstimmung mit dem Recht der Europäischen Union stehender Anforderungen) 오직 일시적으로 이러한 급부를 중단하거나 제한할 수 있다. 그 기업은 최종이용자의 이익을 고려해야 하고 해당 서비스에 대한 기술적 가능성의 범위 내에서(im Rahmen der technischen Möglichkeiten auf den betroffenen Dienst) 급부중단 또는 급부제한(die Leistungseinstellungen oder -beschränkungen)에 한정해야 한다.

② 보편적 서비스의 제한을 정당화하는 기본적 요구사항(Grundlegende Anforderungen)은 다음 각 호를 말한다,

1. 통신망운영의 안전,
2. 통신망완전성의 유지, 특히 통신망, 소프트웨어 또는 저장데이터에 대한(Netzes, der Software oder gespeicherter Daten) 중대한 교란의 방지,
3. 서비스의 상호운영성,
4. 개인정보보호.

제86조 담보제공

① 최종이용자가, 자신의 계약상 의무를 이행하지 않고 있거나 적시에 이행하지 않고 있다는 추정을 정당화하는 사실이 있는 경우에(wenn Tatsachen die Annahme rechtfertigen, dass der Endnutzer seinen vertraglichen Verpflichtungen nicht oder nicht rechtzeitig nachkommt), 제81조에 따라 보편적 서비스를 제공할 의무를 지는, 공중이 이용 가능한 전기통신역무제공자 또는 제150조 제9항에 따른 급부를 제공하는 기업은, 최종이용자에 대한 보편적 서비스를 적절한 금액의 담보제공에 좌우되게 할 권리를 갖는다. 그 담보제공은 유럽경제권에서 허용되는 금융기관의 보증의사표시로(durch Bürgschaftserklärung eines im Europäischen Wirtschaftsraum zugelassenen Kreditinstituts) 이뤄질 수 있다. 그 제공자는 담보제공을 그러한 보증의사표시와 금전의 공탁으로 제한할(die Sicherheitsleistung auf eine solche Bürgschaftserklärung und die Hinterlegung von Geld zu beschränken) 권리를 갖는다. 그 제공의 요건이 소멸하자마자 담보제공은 지체 없이 반환되거나 정산(精算)되어야 한다.

② 통상적으로 제공가격금액에 기본가격의 6배를 가산한 금액(ein Betrag in Höhe des

Bereitstellungspreises zuzüglich des sechsfachen Grundpreises anzusehen. Eine Anforderung höherer Beiträge ist gegenüber dem Endnutzer anhand der Umstände seines Einzelfalles zu begründen.

§ 87 Umsatzmeldungen

(1) Ist eine Universaldienstleistung nach § 81 Abs. 3 oder 5 auferlegt, haben alle Unternehmen, die in dem jeweiligen sachlich relevanten Markt der betreffenden Telekommunikationsdienste tätig sind, der Bundesnetzagentur ihre Umsätze auf diesem Markt jeweils auf Verlangen jährlich mitzuteilen. Anderenfalls kann die Bundesnetzagentur eine Schätzung vornehmen.

(2) Bei der Ermittlung der Umsätze nach Absatz 1 gelten § 36 Abs. 2 und § 38 des Gesetzes gegen Wettbewerbsbeschränkungen entsprechend.

(3) Die Bundesnetzagentur veröffentlicht unter Berücksichtigung von Betriebs- oder Geschäftsgeheimnissen der betroffenen Unternehmen jährlich einen Bericht, in dem die berechneten Kosten der Universaldienstverpflichtung und die Beiträge aller Unternehmen aufgeführt sind und in dem die etwaigen Marktvorteile des benannten Unternehmens dargelegt werden.

Bereitstellungspreises zuzüglich des sechsfachen Grundpreises)은 제1항 제1문상의 적절한 것으로 본다. 보다 많은 금액의 요구사항은 최종이용자의 개별사안의 사정에 기하여 최종이용자에게 이유를 기재해야 한다.

제87조 매출액신고

① 제81조 제3항 또는 제5항에 따른 보편적 서비스가 부고되는 경우에, 각각의 관련통신역무시장에서 활동하는 기업은 연방망관리청에게 이러한 시장에서의 자신의 매출액에 대하여 그 요구에 따라 각각 매년 신고해야 한다. 그렇지 않으면 연방망관리청이 개산(槪算)을 한다(Anderenfalls kann die Bundesnetzagentur eine Schätzung vornehmen).

② 제1항에 따른 매출액의 산정시(Bei der Ermittlung der Umsätze nach Absatz 1) 경쟁재한금지법 제36조 제2항, 제38조를 준용한다.

③ 연방망관리청은, 당사자인 기업의 기업비밀 또는 사업비밀을 고려하여 보편적 역무제공의무의 산정비용과 모든 기업의 분담금(die Beiträge aller Unternehmen)이 기재되고 해당 기업의 시장이익이 있는 경우 그 이익이 명시된(in dem die etwaigen Marktvorteile des benannten Unternehmens dargelegt werden) 보고서를 매년 공표한다.

Teil 6 Fernmeldegeheimnis, Datenschutz, Öffentliche Sicherheit

Abschnitt 1 Fernmeldegeheimnis

§ 88 Fernmeldegeheimnis

(1) Dem Fernmeldegeheimnis unterliegen der Inhalt der Telekommunikation und ihre näheren Umstände, insbesondere die Tatsache, ob jemand an einem Telekommunikationsvorgang beteiligt ist oder war. Das Fernmeldegeheimnis erstreckt sich auch auf die näheren Umstände erfolgloser Verbindungsversuche.

(2) Zur Wahrung des Fernmeldegeheimnisses ist jeder Diensteanbieter verpflichtet. Die Pflicht zur Geheimhaltung besteht auch nach dem Ende der Tätigkeit fort, durch die sie begründet worden ist.

(3) Den nach Absatz 2 Verpflichteten ist es untersagt, sich oder anderen über das für die geschäftsmäßige Erbringung der Telekommunikationsdienste einschließlich des Schutzes ihrer technischen Systeme erforderliche Maß hinaus Kenntnis vom Inhalt oder den näheren Umständen der Telekommunikation zu verschaffen. Sie dürfen Kenntnisse über Tatsachen, die dem Fernmeldegeheimnis unterliegen, nur für den in Satz 1 genannten Zweck verwenden. Eine Verwendung dieser Kenntnisse für andere Zwecke, insbesondere die Weitergabe an andere, ist nur zulässig, soweit dieses Gesetz oder eine andere gesetzliche Vorschrift dies vorsieht und sich dabei ausdrücklich auf Telekommunikationsvorgänge bezieht. Die Anzeigepflicht nach § 138 des Strafgesetzbuches hat Vorrang.

(4) Befindet sich die Telekommunikationsanlage an Bord eines Wasser- oder Luftfahrzeugs, so besteht die Pflicht zur Wahrung des Geheimnisses nicht gegenüber der Person, die das Fahrzeug führt oder gegenüber ihrer Stellvertretung.

§ 89 Abhörverbot, Geheimhaltungspflicht der Betreiber von Empfangsanlagen

Mit einer Funkanlage dürfen nur Nachrichten, die für den Betreiber der Funkanlage, Funkamateure im Sinne des Gesetzes über den Amateurfunk vom 23. Juni 1997 (BGBl. I S. 1494), die Allgemeinheit oder einen unbestimmten Personenkreis bestimmt sind, abgehört oder in vergleichbarer Weise zur Kenntnis genommen werden. Der Inhalt anderer als in Satz 1 genannter Nachrichten sowie die Tatsache ihres Empfangs dürfen, auch wenn der Empfang unbeabsichtigt geschieht, auch von Personen, für die eine Pflicht zur Geheimhaltung nicht schon nach § 88 besteht, anderen nicht mitgeteilt werden. § 88 Abs. 4 gilt entsprechend. Das Abhören oder die in vergleichbarer Weise erfolgende Kenntnisnahme und die Weitergabe von Nachrichten auf Grund besonderer gesetzlicher Ermächtigung bleiben unberührt.

§ 90 Missbrauch von Sende- oder sonstigen Telekommunikationsanlagen

(1) Es ist verboten, Sendeanlagen oder sonstige Telekommunikationsanlagen zu besitzen, herzustellen, zu vertreiben, einzuführen oder sonst in den Geltungsbereich dieses Gesetzes zu verbringen, die ihrer Form nach einen anderen Gegenstand vortäuschen oder die mit Gegenständen des täglichen Gebrauchs verkleidet sind und auf Grund dieser Umstände oder auf Grund ihrer Funktionsweise in besonderer Weise geeignet und dazu bestimmt sind, das nicht öffentlich gesprochene Wort eines anderen von diesem unbemerkt abzuhören oder das Bild eines anderen von diesem unbemerkt aufzunehmen. Das Verbot, solche Anlagen zu besitzen, gilt nicht für denjenigen, der die tatsächliche Gewalt über eine solche Anlage

1. als Organ, als Mitglied eines Organs, als gesetzlicher Vertreter oder als vertretungsberechtigter

제6편 통신비밀, 정보보호, 공공의 안녕

제1장 통신비밀

第88조 통신비밀

① 전기통신 내용, 전기통신의 상세한 사정, 특히 누가 전기통신과정에 참가하고 있는지 또는 참가했는지 여부(ob jemand an einem Telekommunikationsvorgang beteiligt ist oder war)에 관한 사실은 통신비밀을 적용받는다. 이러한 통신비밀은 실패한 연결시도[165)]의 상세한 사정에도 미친다.

② 모든 서비스제공자는 통신비밀을 보장할 의무를 진다. 비밀유지의무(Die Pflicht zur Geheimhaltung)는 그 의무를 성립시킨 활동의 종료 후에도 계속하여 성립된다.

③ 제2항에 따라 의무를 지는 자에게, 전기통신역무의 기술시스템의 보호를 포함하여 전기통신역무의 영업적 제공을 위해 필요한 기준 이외에 전기통신의 내용 및 상세한 사정에 관하여 자신 또는 타인이 지득하는 것(Kenntnis vom Inhalt oder den näheren Umständen der Telekommunikation zu verschaffen)을 금지해야 한다. 그 의무를 지는 자는 통신비밀을 적용받은 사실에 관한 지득을 제1문상의 목적을 위해서만 사용할 수 있다. 다른 목적 위한 이러한 지득의 사용은, 특히 타인에 대한 제공은, 본 법률 또는 그 밖의 법(法)상 규정이 이에 대하여 규정하고 이 경우 명시적으로 전기통신과정에 관련된 (sich dabei ausdrücklich auf Telekommunikationsvorgänge bezieht)범위 내에서만 허용된다. 형법전 제138조에 따른 신고의무가 우선한다.

④ 전기통신설비가 선박 또는 항공기에 탑재되어 있는 경우에 비밀유지의무는 그 선박 또는 항공기를 운전하는 자 또는 그 대리인에 대하여는(gegenüber der Person, die das Fahrzeug führt oder gegenüber ihrer Stellvertretung) 성립하지 아니한다.

第89조 무선설비운영자의 도청금지, 비밀유지의무

무선설비운영자, 1997년 6월 23일의 「아마추어무선(無線)에 관한 법률」(BGBl. I S. 1494)상의 아무추어 무선통신자(die für den Betreiber der Funkanlage, Funkamateure im Sinne des Gesetzes über den Amateurfunk vom 23. Juni 1997), 공중 또는 불특정 사람들을 위한 용도로 정해진 통신만을 무선설비로 도청하거나 이와 유사한 방법으로 지득할 수 있다. 제1문상의 통신 이외의 다른 통신 내용과 그 통신의 수신 사실은, 그 수신이 비계획적으로 행해진 경우일지라도, 비밀유지의무가 제88조에 따라 성립하지 않는 사람에 의해서도 타인에게 알려져서는 아니된다. 제88조 제2항을 준용한다. 도청 또는 이와 유사한 방식으로 행해진 지득과 통신의 제공(Das Abhören oder die in vergleichbarer Weise erfolgende Kenntnisnahme und die Weitergabe von Nachrichten)은 특별한 법(法)상의 수권(授權)에 기해서만 영향을 받지 아니한다.

第90조 방송설비 또는 기타 전기통신설비의 오용

① 그 형태상 다른 물건으로 속이고 일상용품(日常用品; Gegenständen des täglichen Gebrauchs)으로 위장하고, 이러한 사정으로 인하여 또는 그 기능에 기하여 비공식적으로 말해진 타인의 말을 타인 몰래 도청하거나 타인의 영상을 타인 몰래 촬영하는(das nicht öffentlich gesprochene Wort eines anderen von diesem unbemerkt abzuhören oder das Bild eines anderen von diesem unbemerkt aufzunehmen) 데에 특히 적합하고 또 그런 용도로 고안된 방송설비 또는 기타 전기통신설비를 보유하거나 제조하거나 판매하거나 수입하거나 본 법률의 적용범위로 이를 반입하는 것은 금지된다. 그러한 설비를 보유하는 것의 금지는, 그러한 설비에 대한 실질적 지배력에 관련하여 다음 각 호의 자에 대해서는 적용하지 아니한다,

1. 제2항에 따른 권리자의 기관으로서, 기관의 구성원으로서, 법정대리인으로서 또는 대표권이 있는 사원

Gesellschafter eines Berechtigten nach Absatz 2 erlangt,

2. von einem anderen oder für einen anderen Berechtigten nach Absatz 2 erlangt, sofern und solange er die Weisungen des anderen über die Ausübung der tatsächlichen Gewalt über die Anlage auf Grund eines Dienst- oder Arbeitsverhältnisses zu befolgen hat oder die tatsächliche Gewalt auf Grund gerichtlichen oder behördlichen Auftrags ausübt,
3. als Gerichtsvollzieher oder Vollzugsbeamter in einem Vollstreckungsverfahren erwirbt,
4. von einem Berechtigten nach Absatz 2 vorübergehend zum Zwecke der sicheren Verwahrung oder der nicht gewerbsmäßigen Beförderung zu einem Berechtigten erlangt,
5. lediglich zur gewerbsmäßigen Beförderung oder gewerbsmäßigen Lagerung erlangt,
6. durch Fund erlangt, sofern er die Anlage unverzüglich dem Verlierer, dem Eigentümer, einem sonstigen Erwerbsberechtigten oder der für die Entgegennahme der Fundanzeige zuständigen Stelle abliefert,
7. von Todes wegen erwirbt, sofern er die Anlage unverzüglich einem Berechtigten überlässt oder sie für dauernd unbrauchbar macht,
8. erlangt, die durch Entfernen eines wesentlichen Bauteils dauernd unbrauchbar gemacht worden ist, sofern er den Erwerb unverzüglich der Bundesnetzagentur schriftlich anzeigt, dabei seine Personalien, die Art der Anlage, deren Hersteller- oder Warenzeichen und, wenn die Anlage eine Herstellungsnummer hat, auch diese angibt sowie glaubhaft macht, dass er die Anlage ausschließlich zu Sammlerzwecken erworben hat.

(2) Die zuständigen obersten Bundes- oder Landesbehörden lassen Ausnahmen zu, wenn es im öffentlichen Interesse, insbesondere aus Gründen der öffentlichen Sicherheit, erforderlich ist. Absatz 1 Satz 1 gilt nicht, soweit das Bundesamt für Wirtschaft und Ausfuhrkontrolle (BAFA) die Ausfuhr der Sendeanlagen oder sonstigen Telekommunikationsanlagen genehmigt hat.

(3) Es ist verboten, öffentlich oder in Mitteilungen, die für einen größeren Personenkreis bestimmt sind, für Sendeanlagen oder sonstige Telekommunikationsanlagen mit dem Hinweis zu werben, dass sie geeignet sind, das nicht öffentlich gesprochene Wort eines anderen von diesem unbemerkt abzuhören oder dessen Bild von diesem unbemerkt aufzunehmen.

Abschnitt 2 Datenschutz

§ 91 Anwendungsbereich

(1) Dieser Abschnitt regelt den Schutz personenbezogener Daten der Teilnehmer und Nutzer von Telekommunikation bei der Erhebung und Verwendung dieser Daten durch Unternehmen und Personen, die geschäftsmäßig Telekommunikationsdienste in Telekommunikationsnetzen, einschließlich Telekommunikationsnetzen, die Datenerfassungs- und Identifizierungsgeräte unterstützen, erbringen oder an deren Erbringung mitwirken. Dem Fernmeldegeheimnis unterliegende Einzelangaben über Verhältnisse einer bestimmten oder bestimmbaren juristischen Person oder Personengesellschaft, sofern sie mit der Fähigkeit ausgestattet ist, Rechte zu erwerben oder Verbindlichkeiten einzugehen, stehen den personenbezogenen Daten gleich.

(2) Für geschlossene Benutzergruppen öffentlicher Stellen der Länder gilt dieser Abschnitt mit der Maßgabe, dass an die Stelle des Bundesdatenschutzgesetzes die jeweiligen Landesdatenschutzgesetze

으로 취득한 자,

2. 제2항에 따른 다른 권리자에게서 취득하거나 그 권리자를 위하여 취득한 자, 다만 그 자가 그 설비에 관한 실질적 지배력의 행사에 관한 타인의 지시를 고용관계 또는 근로관계(Dienst- oder Arbeitsverhältnis)에 기하여 이행해야 하거나 법원 또는 행정관청의 위임에 기하여 실질적 지배력(die tatsächliche Gewalt)을 행사하는 경우에 그러한 동안에 한정됨,
3. 강제집행절차의 집행관 또는 집행공무원으로서 취득한 자,
4. 제2항에 따른 어느 권리자에게서, 보호예치(保護預置; sicheren Verwahrung)의 목적으로 또는 어느 권리자에 대한 비영업적 운송의 목적으로 임시로 취득한 자,
5. 단지 영업적 운송 또는 영업적 보관을 위해 취득한 자,
6. 유실물습득으로 취득 한 자, 다만, 그 자가 해당 설비를 지체 없이 잃어버진 자, 소유권자, 기타 권리자 또는 유실물신고를 수령하는 관할 기관(der für die Entgegennahme der Fundanzeige zuständigen Stelle)에 인도한 경우에 한함,
7. 사망으로 취득한 자, 다만, 그 자가 해당 설비를 지체 없이 권리자에게 인도하거나 이를 영구적으로 쓸모없게 만든 경우에 한함,
8. 핵심적 부품의 분리로 영구적으로 쓸모가 없게 된 설비를 취득한 자, 다만, 그 자가 그 취득에 대하여 연방망관리청에 지체 없이 서면으로 신고를 하는데, 이 경우 자신의 신상정보, 해당 설비의 유형, 그 설비의 제조자표시 또는 상표(商標)와, 해당 설비에 제조번호가 있는 경우에 이러한 제조번호도 명시하면서 그 자가 오로지 수집목적으로 해당 설비를 취득했다는 점을 소명한(glaubhaft macht, dass er die Anlage ausschließlich zu Sammlerzwecken erworben hat) 경우에 한함.

② 공익을 위해, 특히 공공의 안녕상의 이유에서 이것이 필요한 경우에, 관할 최상급연방행정관청 또는 최상급주행정관청이 예외를 허용한다. 제1항 제1문은, 연방경제·수출통제청(das Bundesamt für Wirtschaft und Ausfuhrkontrolle; BAFA)이 방송장비 또는 기타 전기통신설비의 수출을 허가한 범위 내에서는 적용하지 아니한다. .

③ 방송설비 또는 기타 전기통신설비에 대하여, 그것들이 비공식적으로 말해진 타인의 말을 타인 몰래 도청하거나 타인의 영상을 타인 몰래 촬영하는 데 적합하다는 언급으로, 공공연하게 광고하거나 다수의 사람들에 대하여 행해지는(die für einen größeren Personenkreis bestimmt sind) 통신에서 광고(廣告)하는 것은 금지된다.

제2장 개인정보보호

제91조 적용범위

① 본 장은, 데이터수집장치(收集裝置) 또는 데이터식별장치(識別裝置)를 지원하는 전기통신망을 포함하여(einschließlich Telekommunikationsnetzen, die Datenerfassungs- und Identifizierungsgeräte unterstützen) 전기통신망으로 영업적으로 전기통신역무를 제공하거나 전기통신역무의 제공에 협력하는 기업 또는 자의 개인정보의 수집 또는 사용에 있어 전기통신의 가입자 또는 이용자의 개인정보보호에 대하여 규율한다. 통신비밀을 적용받는 개별정보로, 특정되었거나 특정될 수 있는 법인이나, 권리를 취득하거나 의무를 부담하는 능력을 갖춘(sofern sie mit der Fähigkeit ausgestattet ist, Rechte zu erwerben oder Verbindlichkeiten einzugehen) 그러한 인적회사의 사정에 관한 개별정보(Einzelangaben)는, 개인정보와 동일시된다.

② 주의 공공기관(公共機關)의 폐쇄사용자집단에 대하여(Für geschlossene Benutzergruppen öffentlicher Stellen der Länder), 각각의 주의 개인정보보호법이 연방개인정보보호법을 대신한다는 기준하에

treten

§ 92 (weggefallen)

§ 93 Informationspflichten

(1) Diensteanbieter haben ihre Teilnehmer bei Vertragsabschluss über Art, Umfang, Ort und Zweck der Erhebung und Verwendung personenbezogener Daten so zu unterrichten, dass die Teilnehmer in allgemein verständlicher Form Kenntnis von den grundlegenden Verarbeitungstatbeständen der Daten erhalten. Dabei sind die Teilnehmer auch auf die zulässigen Wahl- und Gestaltungsmöglichkeiten hinzuweisen. Die Nutzer sind vom Diensteanbieter durch allgemein zugängliche Informationen über die Erhebung und Verwendung personenbezogener Daten zu unterrichten. Das Auskunftsrecht nach dem Bundesdatenschutzgesetz bleibt davon unberührt.

(2) Unbeschadet des Absatzes 1 hat der Diensteanbieter in den Fällen, in denen ein besonderes Risiko der Verletzung der Netzsicherheit besteht, die Teilnehmer über dieses Risiko und, wenn das Risiko außerhalb des Anwendungsbereichs der vom Diensteanbieter zu treffenden Maßnahme liegt, über mögliche Abhilfen, einschließlich der für sie voraussichtlich entstehenden Kosten, zu unterrichten.

(3) Im Fall einer Verletzung des Schutzes personenbezogener Daten haben die betroffenen Teilnehmer oder Personen die Rechte aus § 109a Absatz 1 Satz 2 in Verbindung mit Absatz 2.

§ 94 Einwilligung im elektronischen Verfahren

Die Einwilligung kann auch elektronisch erklärt werden, wenn der Diensteanbieter sicherstellt, dass

1. der Teilnehmer oder Nutzer seine Einwilligung bewusst und eindeutig erteilt hat,
2. die Einwilligung protokolliert wird,
3. der Teilnehmer oder Nutzer den Inhalt der Einwilligung jederzeit abrufen kann und
4. der Teilnehmer oder Nutzer die Einwilligung jederzeit mit Wirkung für die Zukunft widerrufen kann.

§ 95 Vertragsverhältnisse

(1) Der Diensteanbieter darf Bestandsdaten erheben und verwenden, soweit dieses zur Erreichung des in § 3 Nr. 3 genannten Zweckes erforderlich ist. Im Rahmen eines Vertragsverhältnisses mit einem anderen Diensteanbieter darf der Diensteanbieter Bestandsdaten seiner Teilnehmer und der Teilnehmer des anderen Diensteanbieters erheben und verwenden, soweit dies zur Erfüllung des Vertrages zwischen den Diensteanbietern erforderlich ist. Eine Übermittlung der Bestandsdaten an Dritte erfolgt, soweit nicht dieser Teil oder ein anderes Gesetz sie zulässt, nur mit Einwilligung des Teilnehmers.

(2) Der Diensteanbieter darf die Bestandsdaten der in Absatz 1 Satz 2 genannten Teilnehmer zur Beratung der Teilnehmer, zur Werbung für eigene Angebote, zur Marktforschung und zur Unterrichtung über einen individuellen Gesprächswunsch eines anderen Nutzers nur verwenden, soweit dies für diese Zwecke erforderlich ist und der Teilnehmer eingewilligt hat. Ein Diensteanbieter, der im Rahmen einer bestehenden Kundenbeziehung rechtmäßig Kenntnis von der Rufnummer oder der Postadresse, auch der elektronischen, eines Teilnehmers erhalten hat, darf diese für die Versendung von Text- oder Bildmitteilungen an ein Telefon oder an eine Postadresse zu den in Satz 1 genannten Zwecken verwenden, es sei denn, dass der Teilnehmer einer solchen Verwendung widersprochen hat. Die Verwendung der Rufnummer oder Adresse nach Satz 2 ist nur zulässig, wenn der Teilnehmer bei der Erhebung oder der erstmaligen Speicherung der Rufnummer oder Adresse und bei jeder Versendung

본장을 적용한다.

제92조 삭제

제93조 정보제공의무

① 서비스제공자는, 가입자가 보편적으로 이해할 수 있는 형식으로 기본적 개인정보 처리상황에 대하여 알 수 있도록(dass die Teilnehmer in allgemein verständlicher Form Kenntnis von den grundlegenden Verarbeitungstatbeständen der Daten erhalten) 자신의 가입자에게 계약체결시 개인정보 수집 및 사용의 성질, 범위 장소 및 목적에 관하여 알려야만 한다. 이 경우 가입자는 허용된 선택가능성(選擇可能性) 및 구성가능성(構成可能性)(Wahl- und Gestaltungsmöglichkeiten)에 대해서도 안내받아야 한다. 서비스제공자는 이용자에게 보편적으로 접근할 수 있는 정보에 의하여 개인정보의 수집 및 사용에 관하여 알려야 한다. 연방개인정보호법상의 접근권은 이에 의하여 영향을 받지 아니한다.

② 제1항에도 불구하고 통신망안전의 침해에 대한 특별한 위험이 있는 경우에 서비스제공자는, 가입자에게 이러한 위험과, 만일 위험이 서비스제공자가 취하는 조치의 적용범위 밖에서 있는 경우에는 그 시정에 대하여 발생할 것으로 예상되는 비용을 포함하여(einschließlich der für sie voraussichtlich entstehenden Kosten) 가능한 시정에 관하여 알려야 한다.

③ 개인정보 침해의 경우에 정보주체나 당사자인 가입자(die betroffenen Teilnehmer oder Personen)는 제2항에 연결된 제109조a 제1항 제2문에 기한 권리를 갖는다.

제94조 전자절차에서의 동의

서비스제공자가 다음 각 호 모두를 보장하는 경우에, 동의는 전자적 방법으로 표시될 수 있다.

1. 가입자 또는 이용자가 신중하고도 명확하게 자신의 동의를 했을 것,
2. 동의를 기록할 것,
3. 가입자 또는 이용자가 동의의 내용을 언제든지 검색할 수 있을 것,
4. 가입자 또는 이용자가 동의를 언제든지 장효래로(mit Wirkung für die Zukunft) 철회할 수 있을 것.

제95조 계약관계

① 서비스제공자는, 이것이 제3조 제3호상의 목적의 달성에 필요한 범위 내에서 가입자신상정보를 수집하고 사용할 수 있다. 서비스제공자는 다른 서비스제공자와의 계약관계 도중에, 그것이 서비스제공자들 간의 계약의 이행에 필요한 범위 내에서 자신의 가입자신상정보와 다른 서비스제공자의 가입자신상정보를 수집하고 사용할 수 있다. 제3자에 대한 가입자신상정보의 이전은, 본 편 또는 다른 법률이 이를 허용하지 않는 범위 내에서는 가입자의 동의를 얻는 경우에 한하여 행해진다.

② 서비스제공자는, 이것이 이러한 목적에 필요하고 가입자가 동의를 한 범위 내에서만(soweit dies für diese Zwecke erforderlich ist und der Teilnehmer eingewilligt hat), 가입자에 대한 상담, 자신의 제공에 대한 광고, 시장조사와, 다른 이용자의 개별적 통화요구에 관한 알림을 위하여 제1항 제2문상의 가입자신상정보를 사용할 수 있다. 기존 고객관계의 범위 내에서 적법하게 어느 가입자의 전화번호, 이메일주소도 포함하여 우편주소를 알게 된 어느 서비스제공자(Ein Diensteanbieter, der im Rahmen einer bestehenden Kundenbeziehung rechtmäßig Kenntnis von der Rufnummer oder der Postadresse, auch der elektronischen, eines Teilnehmers erhalten hat)는, 제1문상의 목적에 의한, 문자메시지 또는 화상메시지의 어느 전화 또는 우편주소로의 송부를 위해 이를 사용할 수 있고, 다만 가입자가 그러한 사용에 대하여 이의를 제기한 경우에는 그러하지 아니하다(es sei denn, dass der Teilnehmer einer solchen Verwendung widersprochen hat). 제2문에 따른 전화번호 또는 주소의 사용은, 가입자가 전화번호 또는 주소의 수집시 또는 최초의 저장시와, 제1문상의 목적에 의한, 이러한 메시지의 이러한 전화번호 또는 주소로의 송부시

einer Nachricht an diese Rufnummer oder Adresse zu einem der in Satz 1 genannten Zwecke deutlich sichtbar und gut lesbar darauf hingewiesen wird, dass er der Versendung weiterer Nachrichten jederzeit schriftlich oder elektronisch widersprechen kann.

(3) Endet das Vertragsverhältnis, sind die Bestandsdaten vom Diensteanbieter mit Ablauf des auf die Beendigung folgenden Kalenderjahres zu löschen. § 35 Abs. 3 des Bundesdatenschutzgesetzes gilt entsprechend.

(4) Der Diensteanbieter kann im Zusammenhang mit dem Begründen und dem Ändern des Vertragsverhältnisses sowie dem Erbringen von Telekommunikationsdiensten die Vorlage eines amtlichen Ausweises verlangen, wenn dies zur Überprüfung der Angaben des Teilnehmers erforderlich ist. Die Pflicht nach § 111 Absatz 1 Satz 3 bleibt unberührt. Er kann von dem Ausweis eine Kopie erstellen. Die Kopie ist vom Diensteanbieter unverzüglich nach Feststellung der für den Vertragsabschluss erforderlichen Angaben des Teilnehmers zu vernichten. Andere als die nach Absatz 1 zulässigen Daten darf der Diensteanbieter dabei nicht verwenden.

(5) Die Erbringung von Telekommunikationsdiensten darf nicht von einer Einwilligung des Teilnehmers in eine Verwendung seiner Daten für andere Zwecke abhängig gemacht werden, wenn dem Teilnehmer ein anderer Zugang zu diesen Telekommunikationsdiensten ohne die Einwilligung nicht oder in nicht zumutbarer Weise möglich ist. Eine unter solchen Umständen erteilte Einwilligung ist unwirksam.

§ 96 Verkehrsdaten

(1) Der Diensteanbieter darf folgende Verkehrsdaten erheben, soweit dies für die in diesem Abschnitt genannten Zwecke erforderlich ist:

1. die Nummer oder Kennung der beteiligten Anschlüsse oder der Endeinrichtung, personenbezogene Berechtigungskennungen, bei Verwendung von Kundenkarten auch die Kartennummer, bei mobilen Anschlüssen auch die Standortdaten,
2. den Beginn und das Ende der jeweiligen Verbindung nach Datum und Uhrzeit und, soweit die Entgelte davon abhängen, die übermittelten Datenmengen,
3. den vom Nutzer in Anspruch genommenen Telekommunikationsdienst,
4. die Endpunkte von festgeschalteten Verbindungen, ihren Beginn und ihr Ende nach Datum und Uhrzeit und, soweit die Entgelte davon abhängen, die übermittelten Datenmengen,
5. sonstige zum Aufbau und zur Aufrechterhaltung der Telekommunikation sowie zur Entgeltabrechnung notwendige Verkehrsdaten.

Diese Verkehrsdaten dürfen nur verwendet werden, soweit dies für die in Satz 1 genannten oder durch andere gesetzliche Vorschriften begründeten Zwecke oder zum Aufbau weiterer Verbindungen erforderlich ist. Im Übrigen sind Verkehrsdaten vom Diensteanbieter nach Beendigung der Verbindung unverzüglich zu löschen.

(2) Eine über Absatz 1 hinausgehende Erhebung oder Verwendung der Verkehrsdaten ist unzulässig.

(3) Der Diensteanbieter darf teilnehmerbezogene Verkehrsdaten, die vom Anbieter eines öffentlich zugänglichen Telekommunikationsdienstes verwendet werden, zum Zwecke der Vermarktung von Telekommunikationsdiensten, zur bedarfsgerechten Gestaltung von Telekommunikationsdiensten oder zur Bereitstellung von Diensten mit Zusatznutzen im dazu erforderlichen Maß und im dazu erforderlichen Zeitraum nur verwenden, sofern der Betroffene in diese Verwendung eingewilligt hat. Die Daten der

에, 분명하게 눈에 띄고 잘 읽을 수 있게 그 가입자가 추가적 메시지의 송부에 대해 언제든지 서면으로 이의를 제기할 수 있거나 전자적 방법으로 이의(異議)를 제기할 수 있다는 점을 안내받은 경우에 한하여 허용된다.

③ 계약관계가 종료되는 경우에 가입자신상정보는 서비스제공자가 그 종료 다음 역년의 경과시에(mit Ablauf des auf die Beendigung folgenden Kalenderjahres) 삭제해야 한다. 연방개인정보보호법 제35조 제3항을 준용한다.

④ 서비스가입업자는, 이것이 가입자의 정보심사에 필요한 경우에는 계약관계의 성립 또는 변경과, 전기통신역무의 제공과 관련하여 관청발행의 신분증의 제시(die Vorlage eines amtlichen Ausweises)를 요구할 수 있다. 제111조 제1항 제3문에 따른 의무는 영향을 받지 아니한다. 서비스제공자는 그 신분증의 사본을 만들 수 있다. 그 사본은 서비스제공자가 계약체결에 필요한 가입자 정보의 확인 후 지체 없이(unverzüglich nach Feststellung der für den Vertragsabschluss erforderlichen Angaben des Teilnehmers) 폐기해야 한다. 이 경우 제1항에 따라 허용된 정보 외의 정보는 서비스제공자가 사용해서는 아니된다.

⑤ 이러한 전기통신역무에 대한 다른 접속이 가입자에게 동의를 얻지 않아 불가능하거나 합리적 방법으로 불가능한 경우에는, 전기통신역무의 제공은, 다른 목적을 위한 가입자 정보의 사용에 대한 가입자의 동의에 좌우되어서는(von einer Einwilligung des Teilnehmers in eine Verwendung seiner Daten für andere Zwecke abhängig gemacht werden) 아니된다. 그러한 사정하에서 한 동의는 무효이다.

제96조 통신데이터

① 서비스제공자는, 이것이 본 장(章)상의 목적에 필요한 범위 내에서 다음 각 호의 통신데이터를 수집할 수 있다:

1. 통신에 참가한 접속 또는 단말기의 번호 또는 식별자(識別子), 개별수권식별자[166](個別授權識別子), 고객카드 사용시에는 그 카드번호도 포함(bei Verwendung von Kundenkarten auch die Kartennummer)하고, 이동접속의 경우에는 위치정보도 포함함,
2. 날짜 및 시각별 각각의 연결의 개시 및 종료와, 요금이 이전된 데이터량에 좌우되는 범위 내에서 그 이전된 데이터량(量)(die übermittelten Datenmengen),
3. 이용자가 이용한 전기통신역무,
4. 비교환접속[167](非交換接續)의 종점(終點), 날짜 및 시각별 그러한 접속의 개시 및 종료, 요금이 이전된 데이터량에 좌우되는 범위 내에서 그 이전된 데이터량(die übermittelten Datenmengen),
5. 전기통신의 설정(設定)과 유지(Aufbau und zur Aufrechterhaltung der Telekommunikation)와, 요금결제에 필요한 기타 통신데이터.

이러한 통신데이터는, 제1문상 목적을 위하거나 그 밖의 법(法)상 규정에 의한 정당한 목적에 필요하거나 추가적 연결의 설정에 필요한(zum Aufbau weiterer Verbindungen erforderlich ist) 경우에 한하여 사용될 수 있다. 그 밖의 경우에는 통신데이터는 서비스제공자가 연결 종료 후에 지체 없이 삭제해야 한다.

② 제1항을 넘어서는 통신데이터의 수집 및 사용은 허용되지 아니한다.

③ 서비스제공자(Der Diensteanbieter)는 당사자가 그 사용에 동의를 한 경우에 한하여(sofern der Betroffene in diese Verwendung eingewilligt hat), 전기통신역무의 마케팅 목적을 위하거나, 수요에 기반한 전기통신역무의 구성 또는 연관서비스의 제공을 위하여(zum Zwecke der Vermarktung von Telekommunikationsdiensten, zur bedarfsgerechten Gestaltung von Telekommunikationsdiensten oder zur Bereitstellung von Diensten mit Zusatznutzen), 이에 필요한 정도 그리고 이에 필요한 시간 내에서 공중이 이용 가능한 전기통신역무제공자가 사용한 가입자관련 통신데이터(teilnehmerbezogene Verkehrsdaten)를

Angerufenen sind unverzüglich zu anonymisieren. Eine zielnummernbezogene Verwendung der Verkehrsdaten durch den Diensteanbieter zu den in Satz 1 genannten Zwecken ist nur mit Einwilligung der Angerufenen zulässig. Hierbei sind die Daten der Anrufenden unverzüglich zu anonymisieren.
(4) Bei der Einholung der Einwilligung ist dem Teilnehmer mitzuteilen, welche Datenarten für die in Absatz 3 Satz 1 genannten Zwecke verarbeitet werden sollen und wie lange sie gespeichert werden sollen. Außerdem ist der Teilnehmer darauf hinzuweisen, dass er die Einwilligung jederzeit widerrufen kann.

§ 97 Entgeltermittlung und Entgeltabrechnung

(1) Diensteanbieter dürfen die in § 96 Abs. 1 aufgeführten Verkehrsdaten verwenden, soweit die Daten zur Ermittlung des Entgelts und zur Abrechnung mit ihren Teilnehmern benötigt werden. Erbringt ein Diensteanbieter seine Dienste über ein öffentliches Telekommunikationsnetz eines fremden Betreibers, darf der Betreiber des öffentlichen Telekommunikationsnetzes dem Diensteanbieter die für die Erbringung von dessen Diensten erhobenen Verkehrsdaten übermitteln. Hat der Diensteanbieter mit einem Dritten einen Vertrag über den Einzug des Entgelts geschlossen, so darf er dem Dritten die in Absatz 2 genannten Daten übermitteln, soweit es zum Einzug des Entgelts und der Erstellung einer detaillierten Rechnung erforderlich ist. Der Dritte ist vertraglich zur Wahrung des Fernmeldegeheimnisses nach § 88 und des Datenschutzes nach den §§ 93 und 95 bis 97, 99 und 100 zu verpflichten. § 11 des Bundesdatenschutzgesetzes bleibt unberührt.
(2) Der Diensteanbieter darf zur ordnungsgemäßen Ermittlung und Abrechnung der Entgelte für Telekommunikationsdienste und zum Nachweis der Richtigkeit derselben folgende personenbezogene Daten nach Maßgabe der Absätze 3 bis 6 erheben und verwenden:
1. die Verkehrsdaten nach § 96 Abs. 1,
2. die Anschrift des Teilnehmers oder Rechnungsempfängers, die Art des Anschlusses, die Zahl der im Abrechnungszeitraum einer planmäßigen Entgeltabrechnung insgesamt aufgekommenen Entgelteinheiten, die übermittelten Datenmengen, das insgesamt zu entrichtende Entgelt,
3. sonstige für die Entgeltabrechnung erhebliche Umstände wie Vorschusszahlungen, Zahlungen mit Buchungsdatum, Zahlungsrückstände, Mahnungen, durchgeführte und aufgehobene Anschlusssperren, eingereichte und bearbeitete Reklamationen, beantragte und genehmigte Stundungen, Ratenzahlungen und Sicherheitsleistungen.

(3) Der Diensteanbieter hat nach Beendigung der Verbindung aus den Verkehrsdaten nach § 96 Abs. 1 Nr. 1 bis 3 und 5 unverzüglich die für die Berechnung des Entgelts erforderlichen Daten zu ermitteln. Diese Daten dürfen bis zu sechs Monate nach Versendung der Rechnung gespeichert werden. Für die Abrechnung nicht erforderliche Daten sind unverzüglich zu löschen. Hat der Teilnehmer gegen die Höhe der in Rechnung gestellten Verbindungsentgelte vor Ablauf der Frist nach Satz 2 Einwendungen erhoben, dürfen die Daten gespeichert werden, bis die Einwendungen abschließend geklärt sind.
(4) Soweit es für die Abrechnung des Diensteanbieters mit anderen Diensteanbietern oder mit deren Teilnehmern sowie anderer Diensteanbieter mit ihren Teilnehmern erforderlich ist, darf der Diensteanbieter Verkehrsdaten verwenden.
(5) Zieht der Diensteanbieter mit der Rechnung Entgelte für Leistungen eines Dritten ein, die dieser im Zusammenhang mit der Erbringung von Telekommunikationsdiensten erbracht hat, so darf er dem Dritten

통신데이터를 사용할 수 있다. 수신인의 그 데이터는 지체 없이 익명처리되어야 한다. 제1문상의 목적을 위한, 서비스제공자의 통신데이터의 수신인번호와 관련한(zielnummernbezogene) 사용은 수신인의 동의가 있어야만 허용된다. 이 경우 발신인의 그 데이터는 지체 없이 익명처리되어야 한다.

④ 동의를 받음에 있어 가입자에게 어떤 데이터유형이 제3항 제1문상의 목적으로 처리되어야 하고(welche Datenarten für die in Absatz 3 Satz 1 genannten Zwecke verarbeitet werden sollen) 얼마 동안에 그 데이터유형이 저장되어야 하는지에 대해 알려야 한다. 또한 가입자는 자신의 동의를 언제든지 철회할 수 있다는 점에 대하여 안내를 받아야 한다.

제97조 요금산정과 요금결제

① 서비스제공자는, 그 데이터가 요금산정과 자신의 가입자에 대한 결제를 위하여(zur Ermittlung des Entgelts und zur Abrechnung mit ihren Teilnehmern) 필요한 범위 내에서 제96조 제1항에 기재된 통신데이터를 사용할 수 있다. 어느 서비스제공자가 제3자인 운영자의 공중전기통신망을 통하여 자신의 서비스를 제공하는 경우에, 그 공중전기통신망운영자는 그 서비스제공자에게 그 서비스 제공을 위하여 수집한 통신데이터를 이전할 수 있다. 그 서비스제공자가 요금의 수금(收金)에 관한 계약을 제3자와 체결한 경우에 그 서비스제공자는, 이것이 요금의 수금과 상세한 청구서의 작성을 위해 필요한 범위 내에서(soweit es zum Einzug des Entgelts und der Erstellung einer detaillierten Rechnung erforderlich ist) 제3자에게 제2항상의 데이터를 이전할 수 있다. 제3자는 계약상 제88조 따른 통신비밀 보장과, 제93조, 제95조 내지 제97조, 제99조, 100조에 따른 정보보호 보장을 할 계약상 의무를 진다. 연방개인정보보호법 제11조는 영향을 받지 아니한다.

② 서비스제공자는, 전기통신역무 요금에 대한 적절한 산정 및 결제와, 그것의 정확성의 증명을 위하여(zum Nachweis der Richtigkeit derselben) 다음의 개인정보를 세3항 내지 제6항의 기준에 따라 수집하고 사용할 수 있다:

1. 제96조 제1항에 따른 통신데이터,
2. 가입자 또는 청구서수령인의 주소, 접속 유형, 계획한 요금결제의 결제기간에 발생한 총 요금단위(Entgelteinheiten)의 수, 이전한 데이터량, 지급해야 하는 총요금(das insgesamt zu entrichtende Entgelt),
3. 선불(先拂), 예정기일의 지급(ahlungen mit Buchungsdatum), 지급연체, 최고, 시행되거나 연기된 접속차단, 제기되거나 처리된 고객불만(eingereichte und bearbeitete Reklamationen), 신청되거나 승인된 지급연기(beantragte und genehmigte Stundungen), 할부(Ratenzahlungen), 담보제공(Sicherheitsleistungen) 등과 같은 요금결제에 중요한 기타 사정.

③ 서비스제공자는 제96조 제1항 제1호 내지 제3호, 제5호에 따른 통신데이터에 기한 연결의 종료 후에 지체 없이 요금의 산정에 필요한 데이터를 조사해야 한다. 이러한 데이터는 청구서 발송시로부터 6개월까지 저장할 수 있다. 결제에 필요하지 않은 데이터는 지체 없이 삭제되어야 한다. 가입자가 제2문에 따른 기간 경과 전에 청구된 연결요금액에 대하여 이의를 제기하는 경우에(Hat der Teilnehmer gegen die Höhe der in Rechnung gestellten Verbindungsentgelte vor Ablauf der Frist nach Satz 2 Einwendungen erhoben), 그 이의가 종료된 것으로 선언될 때까지 데이터가 저장되어도 된다.

④ 이것이 해당 서비스제공자와 다른 서비스제공자 간의 결제나 해당 서비스제공자와 다른 서비스제공자의 가입자 또는 다른 서비스제공자의 그 가입자 간의 결제에 필요한 범위 내에서 그 서비스제공자[168]는 통신데이터(Verkehrsdaten)를 사용할 수 있다.

⑤ 서비스제공자가, 자신이 전기통신역무의 제공과 관련하여 제공한 제3자의 급부에 대한 요금을 청구서로 징수하는 경우에 그 서비스제공자는, 이것이 개별사안에서 제3의 자신의 가입자에 대한 채권의

Bestands- und Verkehrsdaten übermitteln, soweit diese im Einzelfall für die Durchsetzung der Forderungen des Dritten gegenüber seinem Teilnehmer erforderlich sind.

§ 98 Standortdaten

(1) Standortdaten, die in Bezug auf die Nutzer von öffentlichen Telekommunikationsnetzen oder öffentlich zugänglichen Telekommunikationsdiensten verwendet werden, dürfen nur im zur Bereitstellung von Diensten mit Zusatznutzen erforderlichen Umfang und innerhalb des dafür erforderlichen Zeitraums verarbeitet werden, wenn sie anonymisiert wurden oder wenn der Teilnehmer dem Anbieter des Dienstes mit Zusatznutzen seine Einwilligung erteilt hat. In diesen Fällen hat der Anbieter des Dienstes mit Zusatznutzen bei jeder Feststellung des Standortes des Mobilfunkendgerätes den Nutzer durch eine Textmitteilung an das Endgerät, dessen Standortdaten ermittelt wurden, zu informieren. Dies gilt nicht, wenn der Standort nur auf dem Endgerät angezeigt wird, dessen Standortdaten ermittelt wurden. Werden die Standortdaten für einen Dienst mit Zusatznutzen verarbeitet, der die Übermittlungen von Standortdaten eines Mobilfunkendgerätes an einen anderen Teilnehmer oder Dritte, die nicht Anbieter des Dienstes mit Zusatznutzen sind, zum Gegenstand hat, muss der Teilnehmer abweichend von § 94 seine Einwilligung ausdrücklich, gesondert und schriftlich gegenüber dem Anbieter des Dienstes mit Zusatznutzen erteilen. In diesem Fall gilt die Verpflichtung nach Satz 2 entsprechend für den Anbieter des Dienstes mit Zusatznutzen. Der Anbieter des Dienstes mit Zusatznutzen darf die erforderlichen Bestandsdaten zur Erfüllung seiner Verpflichtung aus Satz 2 nutzen. Der Teilnehmer muss Mitbenutzer über eine erteilte Einwilligung unterrichten. Eine Einwilligung kann jederzeit widerrufen werden.

(2) Haben die Teilnehmer ihre Einwilligung zur Verarbeitung von Standortdaten gegeben, müssen sie auch weiterhin die Möglichkeit haben, die Verarbeitung solcher Daten für jede Verbindung zum Netz oder für jede Übertragung einer Nachricht auf einfache Weise und unentgeltlich zeitweise zu untersagen.

(3) Bei Verbindungen zu Anschlüssen, die unter den Notrufnummern 112 oder 110 oder der Rufnummer 124 124 oder 116 117 erreicht werden, hat der Diensteanbieter sicherzustellen, dass nicht im Einzelfall oder dauernd die Übermittlung von Standortdaten ausgeschlossen wird.

(4) Die Verarbeitung von Standortdaten nach den Absätzen 1 und 2 muss auf das für die Bereitstellung des Dienstes mit Zusatznutzen erforderliche Maß sowie auf Personen beschränkt werden, die im Auftrag des Betreibers des öffentlichen Telekommunikationsnetzes oder öffentlich zugänglichen Telekommunikationsdienstes oder des Dritten, der den Dienst mit Zusatznutzen anbietet, handeln.

§ 99 Einzelverbindungsnachweis

(1) Dem Teilnehmer sind die gespeicherten Daten derjenigen Verbindungen, für die er entgeltpflichtig ist, nur dann mitzuteilen, wenn er vor dem maßgeblichen Abrechnungszeitraum in Textform einen Einzelverbindungsnachweis verlangt hat; auf Wunsch dürfen ihm auch die Daten pauschal abgegoltener Verbindungen mitgeteilt werden. Dabei entscheidet der Teilnehmer, ob ihm die von ihm gewählten Rufnummern ungekürzt oder unter Kürzung um die letzten drei Ziffern mitgeteilt werden. Bei Anschlüssen im Haushalt ist die Mitteilung nur zulässig, wenn der Teilnehmer in Textform erklärt hat, dass er alle zum Haushalt gehörenden Mitbenutzer des Anschlusses darüber informiert hat und künftige Mitbenutzer unverzüglich darüber informieren wird, dass ihm die Verkehrsdaten zur Erteilung des Nachweises bekannt gegeben werden. Bei Anschlüssen in Betrieben und Behörden ist die Mitteilung nur zulässig, wenn der Teilnehmer in Textform erklärt hat, dass die Mitarbeiter informiert worden sind und

실현(die Durchsetzung der Forderungen des Dritten gegenüber seinem Teilnehmer)에 필요한 범위 내에서 제3자에게 가입자신상정보 및 통신데이터를 이전할 수 있다.

제98조 위치정보

① 공중전기통신망 또는 공중이 이용 가능한 전기통신역무의 이용자에 관하여 사용되는 위치정보는, 그것이 익명처리된 경우 또는 가입자가 부가서비스제공자에게 자신의 동의를 한 경우에(wenn sie anonymisiert wurden oder wenn der Teilnehmer dem Anbieter des Dienstes mit Zusatznutzen seine Einwilligung erteilt hat) 한하여 부가서비스의 제공을 위해 필요한 범위 내에서 또 이를 위해 필요한 기간에 처리될 수 있다. 이러한 경우에 부가서비스제공자는, 이동통신단말기의 위치 확인시마다 이용자에게 그 위치가 확인된 단말기에 대한 문자메시지로(durch eine Textmitteilung an das Endgerät, dessen Standortdaten ermittelt wurden) (그에 관하여) 알려야 한다. 위치정보(位置情報)가, 다른 가입자나 부가서비스제공자가 아닌 제3자에 대한 이동통신단말기의 위치정보 제공(die Übermittlung von Standortdaten eines Mobilfunkendgerätes)을 목적으로 하는 부가서비스를 위해 처리되는 경우에, 그 가입자는 제94조와 달리 명시적으로 또 별도로 서면으로(abweichend von § 94 seine Einwilligung ausdrücklich, gesondert und schriftlich) 해당 부가서비스제공자에게 자신의 동의를 해야만 한다. 이러한 경우에 제2문에 따른 의무는 그 부가서비스제공자에 대하여 준용한다. 그 부가서비스제공자는 제2문에 기한 자신의 의무 이행에 필요한 가입자정보를 이용할 수 있다(Der Anbieter des Dienstes mit Zusatznutzen darf die erforderlichen Bestandsdaten zur Erfüllung seiner Verpflichtung aus Satz 2 nutzen). 가입자(加入者)는 공동이용자(Mitbenutzer)에게 부여한 동의(同意)에 관하여 알린다. 그 동의(同意)는 언제든지 철회(撤回)할 수 있다.
② 가입자는 위치정보의 처리에 관한 자신의 동의를 한 경우에 가입자는, 통신망에 대한 각 연결 또는 메시지의 각 전송에 대한 위치정보의 처리를 간단한 방법으로 또 무료로 가끔(auf einfache Weise und unentgeltlich zeitweise) 금지할 수 있는 가능성을 여전히 보유해야만 한다.
③ 112 또는 110의 긴급전화번호에 연결되거나 124 124 또는 116 117의 전화번호에 연결되는 접속에 의한 연결의 경우에, 서비스제공자는 개별사안별로 또는 지속적으로(im Einzelfall oder dauernd) 위치정보의 제공이 배제되지 않도록 보장한다.
④ 제1항 또는 제2항에 따른 위치정보의 처리는, 부가서비스 제공에 필요한 한도 내에서(auf das für die Bereitstellung des Dienstes mit Zusatznutzen erforderliche Maß), 또 부가서비스를 제공하는(der den Dienst mit Zusatznutzen anbietet), 공중전기통신망운영자, 공중이 이용 가능한 전기통신역무제공자 또는 제3자의 위임에 기하여 행위하는 자로 제한되어야만 한다.

제99조 개인별접속요금청구서

① 가입자가 요금지급의무가 있는 연결에 대한 저장정보는, 가입자가 해당 결제기간 전에 문면방식으로 개인별접속요금청구서를 요구하는 경우에 한하여 가입자에게 통지한다; 요구가 있는 경우 정액으로 지급하는 연결 정보(auch die Daten pauschal abgegoltener Verbindungen)도 가입자에게 통지할 수 있다. 이 경우 가입자는 자신에게 그가 선택한 전화번호가 전부 통지될 것인지 아니면 마지막 세자리 수로 단축되어(ungekürzt oder unter Kürzung um die letzten drei Ziffern) 통지될 것인지를 결정한다. 세대 내 접속의 경우에는 가입자가, 해당 세대(世帶)에 속하는 접속의 모든 공동이용자들에게 그 청구서 발급을 위하여 통신데이터가 자신에게 제공된다는 점에 관하여 알렸고(dass er alle zum Haushalt gehörenden Mitbenutzer des Anschlusses darüber informiert hat), 또한 장래의 공동이용자들에게 그러한 점에 관하여 지체 없이 정보를 알릴 것이라는 사실을 그 가입자가 문면방식으로 진술한 경우에 한하여 그 통지가 허용된다. 사업체와 관청(官廳) 내의 접속(接續)의 경우에는, 가입자가, 직원들이 그 정보를 제공(提供)받았고

zulässig, wenn der Teilnehmer in Textform erklärt hat, dass die Mitarbeiter informiert worden sind und künftige Mitarbeiter unverzüglich informiert werden und dass der Betriebsrat oder die Personalvertretung entsprechend den gesetzlichen Vorschriften beteiligt worden ist oder eine solche Beteiligung nicht erforderlich ist. Soweit die öffentlich-rechtlichen Religionsgesellschaften für ihren Bereich eigene Mitarbeitervertreterregelungen erlassen haben, findet Satz 4 mit der Maßgabe Anwendung, dass an die Stelle des Betriebsrates oder der Personalvertretung die jeweilige Mitarbeitervertretung tritt. Dem Teilnehmer dürfen darüber hinaus die gespeicherten Daten mitgeteilt werden, wenn er Einwendungen gegen die Höhe der Verbindungsentgelte erhoben hat. Soweit ein Teilnehmer zur vollständigen oder teilweisen Übernahme der Entgelte für Verbindungen verpflichtet ist, die bei seinem Anschluss ankommen, dürfen ihm in dem für ihn bestimmten Einzelverbindungsnachweis die Nummern der Anschlüsse, von denen die Anrufe ausgehen, nur unter Kürzung um die letzten drei Ziffern mitgeteilt werden. Die Sätze 2 und 7 gelten nicht für Diensteanbieter, die als Anbieter für geschlossene Benutzergruppen ihre Dienste nur ihren Teilnehmern anbieten.

(2) Der Einzelverbindungsnachweis nach Absatz 1 Satz 1 darf nicht Verbindungen zu Anschlüssen von Personen, Behörden und Organisationen in sozialen oder kirchlichen Bereichen erkennen lassen, die grundsätzlich anonym bleibenden Anrufern ganz oder überwiegend telefonische Beratung in seelischen oder sozialen Notlagen anbieten und die selbst oder deren Mitarbeiter insoweit besonderen Verschwiegenheitsverpflichtungen unterliegen. Dies gilt nur, soweit die Bundesnetzagentur die angerufenen Anschlüsse in eine Liste aufgenommen hat. Der Beratung im Sinne des Satzes 1 dienen neben den in § 203 Absatz 1 Nummer 4 und 5 des Strafgesetzbuches genannten Personengruppen insbesondere die Telefonseelsorge und die Gesundheitsberatung. Die Bundesnetzagentur nimmt die Inhaber der Anschlüsse auf Antrag in die Liste auf, wenn sie ihre Aufgabenbestimmung nach Satz 1 durch Bescheinigung einer Behörde oder Körperschaft, Anstalt oder Stiftung des öffentlichen Rechts nachgewiesen haben. Die Liste wird zum Abruf im automatisierten Verfahren bereitgestellt. Der Diensteanbieter hat die Liste quartalsweise abzufragen und Änderungen unverzüglich in seinen Abrechnungsverfahren anzuwenden. Die Sätze 1 bis 6 gelten nicht für Diensteanbieter, die als Anbieter für geschlossene Benutzergruppen ihre Dienste nur ihren Teilnehmern anbieten.

(3) Bei Verwendung einer Kundenkarte muss auch auf der Karte ein deutlicher Hinweis auf die mögliche Mitteilung der gespeicherten Verkehrsdaten ersichtlich sein. Sofern ein solcher Hinweis auf der Karte aus technischen Gründen nicht möglich oder für den Kartenemittenten unzumutbar ist, muss der Teilnehmer eine Erklärung nach Absatz 1 Satz 3 oder Satz 4 abgegeben haben.

§ 100 Störungen von Telekommunikationsanlagen und Missbrauch von Telekommunikationsdiensten

(1) Soweit erforderlich, darf der Diensteanbieter die Bestandsdaten und Verkehrsdaten der Teilnehmer und Nutzer sowie die Steuerdaten eines informationstechnischen Protokolls zur Datenübertragung, die unabhängig vom Inhalt eines Kommunikationsvorgangs übertragen oder auf den am Kommunikationsvorgang beteiligten Servern gespeichert werden und zur Gewährleistung der Kommunikation zwischen Empfänger und Sender notwendig sind, erheben und verwenden, um Störungen oder Fehler an Telekommunikationsanlagen zu erkennen, einzugrenzen oder zu beseitigen. Die Kommunikationsinhalte sind nicht Bestandteil der Steuerdaten eines informationstechnischen Protokolls zur Datenübertragung. Dies gilt auch für Störungen, die zu einer Einschränkung der Verfügbarkeit von

장래의 직원들이 지체 없이 그 정보를 제공받을 것이라는 점과, 근로자평의회 또는 직원평의회가 법(法)상 규정에 따라 의사결정참가를 했거나 그러한 의사결정참가가 필요하지 않다는 점(dass der Betriebsrat oder die Personalvertretung entsprechend den gesetzlichen Vorschriften beteiligt worden ist oder eine solche Beteiligung nicht erforderlich ist)을 문면방식으로 표시한 경우에 한하여 그 통지는 허용된다. 공법상 종교단체가 자신의 영역에 대하여 고유한 직원대표기구규정을 제정한 범위 내에서(Soweit die öffentlich-rechtlichen Religionsgesellschaften für ihren Bereich eigene Mitarbeitervertreterregelungen erlassen haben), 각각의 직원대표기구가 근로자평의회 또는 직원평의회를 대신한다는 기준하에 제4문을 적용한다. 또한 가입자가 연결요금액(Höhe der Verbindungsentgelte)에 대해 이의를 제기한 경우에 그는 저장된 정보를 통지받는다. 어느 가입자가 자신의 접속에서 발생한 연결 요금을 전부 또는 부분적으로 인수할 의무를 지는 범위 내에서, 통화가 시작된 접속의 번호가 그 가입자를 위한 개인별접속요금청구서에서 마지막 세자리 수로 단축되어서만 그에게 통지될 수 있다. 폐쇄사용자집단에 대한 제공자로서(als Anbieter für geschlossene Benutzergruppen) 자신의 가입자에게만 자신의 서비스를 제공하는 서비스제공자에 대하여는 제2문, 제7문은 적용하지 아니한다.

② 제1항 제1문에 따른 개인별접속요금청구서에 의해, 원칙적으로 익명처리된 발신인에게 전부 또는 주로 정신적 또는 사회적 긴급상황에서 전화상담을 제공하고(telefonische Beratung in seelischen oder sozialen Notlagen anbieten) 직접 또는 그 직원이 그 범위 내에서 특별한 비밀유지의무(besonderen Verschwiegenheitsverpflichtungen)를 적용받는 자(者) 또는 관청의 접속에 의한 연결이나 사회 또는 교회의 영역 내의 그러한 조직(組織)의 접속에 의한 연결이 알려져서는 아니된다. 이는, 연방망관리청인이 착신접속[169](接續)을 목록에 기재[170]한 범위 내에서만 적용한다. 형법전 제203조 제1항 제4호, 제5[171]호상의 인적집단에 속하는 자뿐만 아니라 그 이외의 자(者)[172]도 제1문상의 상담에 종사하고 특히 선화정신상담, 긴깅싱담에 종사한다. 연방망관리청이 관청의 증명서나 공법상 사단(社團), 영조물(營造物) 또는 재단(財團)의 증명서로 제1문에 따른 자신의 임무목적(ihre Aufgabenbestimmung nach Satz 1)을 증명한 경우에는, 연방망관리청은 접속주체(接續主體; die Inhaber der Anschlüsse)를 신청에 따라 그 목록에 기재한다. 그 목록은 자동화된 절차에서 검색으로 제공된다. 서비스제공자는 그 목록에 대하여 분기별로 (연방망관리청에) 문의(問議)한 다음, 수정사항을 지체 없이 자신의 결제절차에 적용해야 한다. 제1문 내지 제6문은 폐쇄사용자집단에 대한 제공자로서(als Anbieter für geschlossene Benutzergruppen) 자신의 가입자에게만 자신의 서비스를 제공하는 서비스제공자에 대하여는 적용하지 아니한다.

③ 고객카드의 사용의 경우에 저장된 통신데이터의 있을 수 있는 통지에 대한 명확한 안내가 그 카드에도 명백하게 있어야만 한다. 그 카드에서의 그러한 언급이 기술적 이유에서 불가능하거나 카드발행인에게 기대할 수 없는 한, 가입자는 제1항 제3문 또는 제4문에 따른 의사표시를 별도로 해야만 한다(muss der Teilnehmer eine Erklärung nach Absatz 1 Satz 3 oder Satz 4 abgegeben haben).

제100조 전기통신설비의 장애(障碍)와 전기통신역무의 오용

① 필요하면 서비스제공자는, 전기통신설비에 대한 장애 또는 오류를 인지, 국한 또는 제거하기 위하여(um Störungen oder Fehler an Telekommunikationsanlagen zu erkennen, einzugrenzen oder zu beseitigen)가입자 및 이용자의 가입자신상정보 및 가입자통신데이터와, 데이터전송을 위한 정보기술 프로토콜에 대한 제어데이터로, 통신과정의 내용과 무관하게 전송되거나 통신과정에 참가한 서버에 저장되고 수신인과 발신인 간의 통신을 보장하는 데 필요한(zur Gewährleistung der Kommunikation zwischen Empfänger und Sender notwendig sind) 제어데이터를 수집하고 사용할 수 있다. 통신내용은 데이터전송을 위한 정보기술 프로토콜의 제어정보의 구성부분이 아니다. 정보제공서비스 및 통신서비스(Verfügbarkeit von Informations- und Kommunikationsdiensten)의 이용가능성의 제한을 초래하거나 이용

Informations- und Kommunikationsdiensten oder zu einem unerlaubten Zugriff auf Telekommunikations- und Datenverarbeitungssysteme der Nutzer führen können. Die Daten sind unverzüglich zu löschen, sobald sie für die Beseitigung der Störung nicht mehr erforderlich sind. Eine Nutzung der Daten zu anderen Zwecken ist unzulässig. Soweit die Daten nicht automatisiert erhoben und verwendet werden, muss der betriebliche Datenschutzbeauftragte unverzüglich über die Verfahren und Umstände der Maßnahme informiert werden. Der Diensteanbieter muss dem betrieblichen Datenschutzbeauftragten, der Bundesnetzagentur und der Bundesbeauftragten für den Datenschutz und die Informationsfreiheit am Ende eines Quartals detailliert über die Verfahren und Umstände von Maßnahmen nach Satz 6 in diesem Zeitraum schriftlich berichten. Die Bundesnetzagentur leitet diese Informationen unverzüglich an das Bundesamt für Sicherheit in der Informationstechnik weiter. Der Betroffene ist von dem Diensteanbieter zu benachrichtigen, sofern dieser ermittelt werden kann. Wurden im Rahmen einer Maßnahme nach Satz 1 auch Steuerdaten eines informationstechnischen Protokolls zur Datenübertragung erhoben und verwendet, müssen die Berichte mindestens auch Angaben zum Umfang und zur Erforderlichkeit der Erhebung und Verwendung der Steuerdaten eines informationstechnischen Protokolls zur Datenübertragung enthalten.

(2) Zur Durchführung von Umschaltungen sowie zum Erkennen und Eingrenzen von Störungen im Netz ist dem Betreiber der Telekommunikationsanlage oder seinem Beauftragten das Aufschalten auf bestehende Verbindungen erlaubt, soweit dies betrieblich erforderlich ist. Eventuelle bei der Aufschaltung erstellte Aufzeichnungen sind unverzüglich zu löschen. Das Aufschalten muss den betroffenen Kommunikationsteilnehmern durch ein akustisches oder sonstiges Signal zeitgleich angezeigt und ausdrücklich mitgeteilt werden. Sofern dies technisch nicht möglich ist, muss der betriebliche Datenschutzbeauftragte unverzüglich detailliert über die Verfahren und Umstände jeder einzelnen Maßnahme informiert werden. Diese Informationen sind beim betrieblichen Datenschutzbeauftragten für zwei Jahre aufzubewahren.

(3) Wenn zu dokumentierende tatsächliche Anhaltspunkte für die rechtswidrige Inanspruchnahme eines Telekommunikationsnetzes oder -dienstes vorliegen, insbesondere für eine Leistungserschleichung oder einen Betrug, darf der Diensteanbieter zur Sicherung seines Entgeltanspruchs die Bestandsdaten und Verkehrsdaten verwenden, die erforderlich sind, um die rechtswidrige Inanspruchnahme des Telekommunikationsnetzes oder -dienstes aufzudecken und zu unterbinden. Der Diensteanbieter darf die nach § 96 erhobenen Verkehrsdaten in der Weise verwenden, dass aus dem Gesamtbestand aller Verkehrsdaten, die nicht älter als sechs Monate sind, die Daten derjenigen Verbindungen des Netzes ermittelt werden, für die tatsächliche Anhaltspunkte den Verdacht der rechtswidrigen Inanspruchnahme von Telekommunikationsnetzen und -diensten begründen. Der Diensteanbieter darf aus den Verkehrsdaten und Bestandsdaten nach Satz 1 einen pseudonymisierten Gesamtdatenbestand bilden, der Aufschluss über die von einzelnen Teilnehmern erzielten Umsätze gibt und unter Zugrundelegung geeigneter Kriterien das Auffinden solcher Verbindungen des Netzes ermöglicht, bei denen der Verdacht einer rechtswidrigen Inanspruchnahme besteht. Die Daten anderer Verbindungen sind unverzüglich zu löschen. Die Bundesnetzagentur und der Bundesbeauftragte für den Datenschutz sind über Einführung und Änderung eines Verfahrens nach Satz 1 unverzüglich in Kenntnis zu setzen.

(4) Unter den Voraussetzungen des Absatzes 3 Satz 1 darf der Diensteanbieter im Einzelfall Steuersignale erheben und verwenden, soweit dies zum Aufklären und Unterbinden der dort genannten

자(利用者) 전기통신시스템 및 데이터처리시스템(Telekommunikations- und Datenverarbeitungssysteme der Nutzer)에 대한 무단 접근을 초래하는 장애에 대해서도 또한 같다. 위 데이터(또는 정보)는, 그것이 장애의 제거에 더 이상 필요하지 않게 되자마자(sobald sie für die Beseitigung der Störung nicht mehr erforderlich sind) 지체 없이 삭제해야 한다. 다른 목적을 위한 그 데이터의 이용은 허용되지 아니한다. 그 데이터가 수동으로 수집되고 사용되는 범위 내에서 기업의 정보보호책임자(der betriebliche Datenschutzbeauftragte)는 지체 없이 처분의 절차 및 사정에 관하여 정보를 제공받아야만 한다. 서비스제공자는 분기말(分期末)에 기업의 정보보호책임자, 연방망관리청, 연방개인정보보호·정보자유책임관에게 분기의, 제6문에 따른 조치의 절차 및 사정에 관하여(über die Verfahren und Umstände von Maßnahmen nach Satz 6 in diesem Zeitraum) 서면으로 상세하게 보고해야만 한다. 연방망관리청은 이러한 정보를 지체 없이 연방정보통신기술보안청에 전달한다. 서비스제공자는 그 당사자를 확인할 있는 한 당사자에게 통지해야 한다. 제1문에 따른 조치의 범위 내에서 데이터전송을 위한 정보기술 프로토콜에 대한 제어데이터도 수집되고 사용된 경우에, 그 보고서에 데이터전송을 위한 정보기술 프로토콜에 대한 제어데이터의 수집 및 사용의 범위 및 필요성에 관한 정보도 포함되어야만(die Berichte mindestens auch Angaben zum Umfang und zur Erforderlichkeit der Erhebung und Verwendung der Steuerdaten eines informationstechnischen Protokolls zur Datenübertragung enthalten) 한다.

② 이것이 사업상 필요한 범위 내에서(soweit dies betrieblich erforderlich ist), 전환의 시행과, 통신망 내 장애의 인식(認識) 또는 국한(局限)을 위하여 전기통신설비운영자 또는 그 대리인에게 진행 중인 연결에 대한 침입(侵入)(das Aufschalten auf bestehende Verbindungen)이 허용된다. 침입시 생성된 우연한 기록(Eventuelle bei der Aufschaltung erstellte Aufzeichnungen)는 지체 없이 삭제되어야 한다. 그 침입은 해당 통신참여자에 가청신호(可聽信號) 또는 기타 신호로 동시에 알려져야만 하고, 구체적으로 통지되어야만 한다(Das Aufschalten muss den betroffenen Kommunikationsteilnehmern durch ein akustisches oder sonstiges Signal zeitgleich angezeigt und ausdrücklich mitgeteilt werden). 이것이 기술적으로 가능하지 않은 경우에, 기업의 정보보호책임자는 지체 없이 각 개별 처분의 절차 및 사정에 관하여 상세하게 정보를 제공받아야 한다. 이러한 정보는 기업의 정보보책임자가 2년간 보관해야 한다.

③ 전기통신망 또는 전기통신역무의 위법한 이용, 특히 급부편취 또는 사기에 대한 증명할 수 있는 사실적 판단근거가 있는 경우에, 서비스제공자는 자신의 요금청구권의 보전을 위하여 전기통신망 또는 전기통신역무의 위법한 이용을 적발하고 방지하는 데 필요한 가입자신상정보 및 통신데이터를 사용해도 된다. 서비스제공자는, 생성시(生成時)로부터 6개월이 경과하지 않은 모든 통신데이터의 전체데이터베이스를 이용하여, 그 사실적 판단근거에 의하여 전기통신망 또는 전기통신역무의 위법한 혐의가 인정되는 통신망 연결의 데이터를 확인하는(dass aus dem Gesamtbestand aller Verkehrsdaten, die nicht älter als sechs Monate sind, die Daten derjenigen Verbindungen des Netzes ermittelt werden, für die tatsächliche Anhaltspunkte den Verdacht der rechtswidrigen Inanspruchnahme von Telekommunikationsnetzen und -diensten begründen) 방법으로 제96조에 따라 수집한 통신데이터를 사용해도 된다. 그 서비스제공자는 제1문에 따른 통신데이터 및 가입자신상정보에서 개별 가입자가 달성한 매출에 관한 정보를 제공해 주고, 적절한 기준을 기초로 해서 위법한 이용의 혐의가 인정되는, 통신망 연결의 적발을 가능하게 해 주는(unter Zugrundelegung geeigneter Kriterien das Auffinden solcher Verbindungen des Netzes ermöglicht, bei denen der Verdacht einer rechtswidrigen Inanspruchnahme besteht) 가명처리된 전체데이터베이스를 만들 수 있다. 그 밖의 연결 데이터는 지체 없이 삭제되어야 한다. 연방망관리청과 연방개인정보보호책임관에게 제1문에 따른 절차의 시행과 변경에 관하여 알려야 한다.

④ 서비스제공자는, 제3항 제1문에 따른 요건하에 이것이 제3항 제1문에서의 행위의 규명(糾明)과 방지에 필요불가결한 범위 내에서(soweit dies zum Aufklären und Unterbinden der dort genannten

Handlungen unerlässlich ist. Die Erhebung und Verwendung von anderen Nachrichteninhalten ist unzulässig. Über Einzelmaßnahmen nach Satz 1 ist die Bundesnetzagentur in Kenntnis zu setzen. Die Betroffenen sind zu benachrichtigen, sobald dies ohne Gefährdung des Zwecks der Maßnahmen möglich ist.

§ 101 Mitteilen ankommender Verbindungen

(1) Trägt ein Teilnehmer in einem zu dokumentierenden Verfahren schlüssig vor, dass bei seinem Anschluss bedrohende oder belästigende Anrufe ankommen, hat der Diensteanbieter auf schriftlichen Antrag auch netzübergreifend Auskunft über die Inhaber der Anschlüsse zu erteilen, von denen die Anrufe ausgehen. Die Auskunft darf sich nur auf Anrufe beziehen, die nach Stellung des Antrags durchgeführt werden. Der Diensteanbieter darf die Rufnummern, Namen und Anschriften der Inhaber dieser Anschlüsse sowie Datum und Uhrzeit des Beginns der Verbindungen und der Verbindungsversuche erheben und verwenden sowie diese Daten seinem Teilnehmer mitteilen. Die Sätze 1 und 2 gelten nicht für Diensteanbieter, die ihre Dienste nur den Teilnehmern geschlossener Benutzergruppen anbieten.

(2) Die Bekanntgabe nach Absatz 1 Satz 3 darf nur erfolgen, wenn der Teilnehmer zuvor die Verbindungen nach Datum, Uhrzeit oder anderen geeigneten Kriterien eingrenzt, soweit ein Missbrauch dieses Verfahrens nicht auf andere Weise ausgeschlossen werden kann.

(3) Im Falle einer netzübergreifenden Auskunft sind die an der Verbindung mitwirkenden anderen Diensteanbieter verpflichtet, dem Diensteanbieter des bedrohten oder belästigten Teilnehmers die erforderlichen Auskünfte zu erteilen, sofern sie über diese Daten verfügen.

(4) Der Inhaber des Anschlusses, von dem die festgestellten Verbindungen ausgegangen sind, ist zu unterrichten, dass über diese Auskunft erteilt wurde. Davon kann abgesehen werden, wenn der Antragsteller schriftlich schlüssig vorgetragen hat, dass ihm aus dieser Mitteilung wesentliche Nachteile entstehen können, und diese Nachteile bei Abwägung mit den schutzwürdigen Interessen der Anrufenden als wesentlich schwerwiegender erscheinen. Erhält der Teilnehmer, von dessen Anschluss die als bedrohend oder belästigend bezeichneten Anrufe ausgegangen sind, auf andere Weise Kenntnis von der Auskunftserteilung, so ist er auf Verlangen über die Auskunftserteilung zu unterrichten.

(5) Die Bundesnetzagentur sowie der oder die Bundesbeauftragte für den Datenschutz sind über die Einführung und Änderung des Verfahrens zur Sicherstellung der Absätze 1 bis 4 unverzüglich in Kenntnis zu setzen.

§ 102 Rufnummernanzeige und -unterdrückung

(1) Bietet der Diensteanbieter die Anzeige der Rufnummer der Anrufenden an, so müssen Anrufende und Angerufene die Möglichkeit haben, die Rufnummernanzeige dauernd oder für jeden Anruf einzeln auf einfache Weise und unentgeltlich zu unterdrücken. Angerufene müssen die Möglichkeit haben, eingehende Anrufe, bei denen die Rufnummernanzeige durch den Anrufenden unterdrückt wurde, auf einfache Weise und unentgeltlich abzuweisen.

(2) Abweichend von Absatz 1 Satz 1 dürfen Anrufende bei Werbung mit einem Telefonanruf ihre Rufnummernanzeige nicht unterdrücken oder bei dem Diensteanbieter veranlassen, dass diese unterdrückt wird; der Anrufer hat sicherzustellen, dass dem Angerufenen die dem Anrufer zugeteilte Rufnummer übermittelt wird.

Handlungen unerlässlich ist) 개별사안별로 제어데이터를 수집하고 사용할 수 있다. 그 밖의 통신내용의 수집과 이용은 허용되지 아니한다. 제1문에 따른 개별조치에 관하여 연방망관리청에 알려야 한다. 당사자는 그 조치 목적을 위태롭게 하지 않은 채 이것이 가능하자마자(sobald dies ohne Gefährdung des Zwecks der Maßnahmen möglich ist) 통지받아야 한다.

제101조 착신연결에 대한 정보제공

① 가입자가 기록되어야 하는 절차에서 자신의 접속시 위협적이거나 성가신 통화가 착신된다는 점을 진술하는 경우에, 서비스제공자는 서면 신청이 있는 경우 해당 통화가 발신(發信)되는 접속의 주체에 관한 정보를 해당 회선(回線)을 통해서도[173] 제공해야(auch netzübergreifend Auskunft über die Inhaber der Anschlüsse zu erteilen, von denen die Anrufe ausgehen) 한다. 그 정보제공은 신청의 제기 후에 이뤄진 통화에 한하여 적용될 수 있다. 서비스제공자는 그 접속주체의 전화번호, 이름 및 주소와, 연결 또는 연결 시도의 개시의 날짜 및 시각(die Rufnummern, Namen und Anschriften der Inhaber dieser Anschlüsse sowie Datum und Uhrzeit des Beginns der Verbindungen und der Verbindungsversuche)을 수집해서 사용할 수 있고 이러한 정보들을 자신의 가입자에게 통지할 수 있다. 제1문, 제2문은, 폐쇄사용자집단의 가입자에게만 자신의 서비스를 제공하는 서비스제공자에 대하여는 적용하지 아니한다.

② 제1항 제3문에 따른 정보제공은, 가입자가 미리 날짜, 시각 또는 그 밖의 적절한 기준에 따라 연결을 국한(局限)한 경우에 한하여 이러한 절차의 남용이 다른 방법으로(auf andere Weise) 배제될 수 없는 범위 내에서 행해진다.

③ 통신망을 통한 정보의 경우에 그 연결에 협력하는 다른 서비스제공자는, 자신이 이러한 정보를 보유하는 한, 협박을 받거나 성가심 피해를 당한 가입자의 서비스제공자(dem Diensteanbieter des bedrohten oder belästigten Teilnehmers)에게 필요한 그 정보를 제공할 의무를 진다.

④ 설정된 연결을 시작한 접속 주체[174]에게 그 연결에 관하여 정보가 제공되었다는 점을 알려야 한다. 신청인[175]이 자신에게 이러한 통지로 본질적 불이익 발생할 수 있다는 점을 서면으로 설득력 있게 진술했고, 이러한 불이익이 보호받을 만한 발신인[176]의 이익과의 형량(衡量)에 있어 상당히 중대한 것으로 보이는(diese Nachteile bei Abwägung mit den schutzwürdigen Interessen der Anrufenden als wesentlich schwerwiegender erscheinen) 경우에는, 그와 같이 알리지 않는다. 위협적이거나 성가신 것으로 여긴 통화가 그 접속에서 시작된 가입자[177]가 다른 방법으로 그 정보제공에 대해 알게 된 경우에는 그 가입자의 요구가 있는 경우 그에게 그 정보제공에 관하여 알려야 한다.

⑤ 연방망관리청과 연방개인정보보호책임관에게 제1항 내지 제4항의 보장을 위한 절차의 시행 및 변경에 관하여(über die Einführung und Änderung des Verfahrens zur Sicherstellung der Absätze 1 bis 4) 지체 없이 알려야 한다.

제102조 전화번호표시와 전화번호은폐

① 서비스제공자가 발신인의 전화번호표시를 제공하는 경우에 발신인과 수신인은, 그 전화번호표시를 지속적으로 또는 각 통화에 대하여 개별적으로 간단한 방법으로 또 무료로(dauernd oder für jeden Anruf einzeln auf einfache Weise und unentgeltlich) 숨길 가능성을 보유해야만 한다. 수신인은, 발신인이 전화번호표시(die Rufnummernanzeige)를 숨긴 착신통화를 간단한 방법으로 또 무료로 거절할 가능성을 보유해야만 한다.

② 제1항 제1문과 달리 발신인은 전화걸기(Telefonanruf)에 의한 광고의 경우에 자신의 발신번호표시를 숨겨서는 아니되고 서비스제공자에게 전화번호표시를 숨기도록 유발해서는 아니된다; 그 발신인은 자신에게 배정된 전화번호가 수신인에게 제공된다는 점(dass dem Angerufenen die dem Anrufer zugeteilte Rufnummer übermittelt wird)을 보장해야 한다.

(3) Die Absätze 1 und 2 gelten nicht für Diensteanbieter, die ihre Dienste nur den Teilnehmern geschlossener Benutzergruppen anbieten.

(4) Auf Antrag des Teilnehmers muss der Diensteanbieter Anschlüsse bereitstellen, bei denen die Übermittlung der Rufnummer des Anschlusses, von dem der Anruf ausgeht, an den angerufenen Anschluss unentgeltlich ausgeschlossen ist. Die Anschlüsse sind auf Antrag des Teilnehmers in dem öffentlichen Teilnehmerverzeichnis (§ 104) seines Diensteanbieters zu kennzeichnen. Ist eine Kennzeichnung nach Satz 2 erfolgt, so darf an den so gekennzeichneten Anschluss eine Übermittlung der Rufnummer des Anschlusses, von dem der Anruf ausgeht, erst dann erfolgen, wenn zuvor die Kennzeichnung in der aktualisierten Fassung des Teilnehmerverzeichnisses nicht mehr enthalten ist.

(5) Hat der Teilnehmer die Eintragung in das Teilnehmerverzeichnis nicht nach § 104 beantragt, unterbleibt die Anzeige seiner Rufnummer bei dem angerufenen Anschluss, es sei denn, dass der Teilnehmer die Übermittlung seiner Rufnummer ausdrücklich wünscht.

(6) Wird die Anzeige der Rufnummer von Angerufenen angeboten, so müssen Angerufene die Möglichkeit haben, die Anzeige ihrer Rufnummer beim Anrufenden auf einfache Weise und unentgeltlich zu unterdrücken. Absatz 3 gilt entsprechend.

(7) Die Absätze 1 bis 3 und 6 gelten auch für Anrufe in das Ausland und für aus dem Ausland kommende Anrufe, soweit sie Anrufende oder Angerufene im Inland betreffen.

(8) Bei Verbindungen zu Anschlüssen, die unter den Notrufnummern 112 oder 110 oder der Rufnummer 124 124 oder 116 117 erreicht werden, hat der Diensteanbieter sicherzustellen, dass nicht im Einzelfall oder dauernd die Anzeige von Nummern der Anrufenden ausgeschlossen wird.

§ 103 Automatische Anrufweiterschaltung

Der Diensteanbieter ist verpflichtet, seinen Teilnehmern die Möglichkeit einzuräumen, eine von einem Dritten veranlasste automatische Weiterschaltung auf sein Endgerät auf einfache Weise und unentgeltlich abzustellen, soweit dies technisch möglich ist. Satz 1 gilt nicht für Diensteanbieter, die als Anbieter für geschlossene Benutzergruppen ihre Dienste nur ihren Teilnehmern anbieten.

§ 104 Teilnehmerverzeichnisse

Teilnehmer können mit ihrem Namen, ihrer Anschrift und zusätzlichen Angaben wie Beruf, Branche und Art des Anschlusses in öffentliche gedruckte oder elektronische Verzeichnisse eingetragen werden, soweit sie dies beantragen. Dabei können die Teilnehmer bestimmen, welche Angaben in den Verzeichnissen veröffentlicht werden sollen. Auf Verlangen des Teilnehmers dürfen Mitbenutzer eingetragen werden, soweit diese damit einverstanden sind.

§ 105 Auskunftserteilung

(1) Über die in Teilnehmerverzeichnissen enthaltenen Rufnummern dürfen Auskünfte unter Beachtung der Beschränkungen des § 104 und der Absätze 2 und 3 erteilt werden.

(2) Die Telefonauskunft über Rufnummern von Teilnehmern darf nur erteilt werden, wenn diese in angemessener Weise darüber informiert worden sind, dass sie der Weitergabe ihrer Rufnummer widersprechen können und von ihrem Widerspruchsrecht keinen Gebrauch gemacht haben. Über Rufnummern hinausgehende Auskünfte über nach § 104 veröffentlichte Daten dürfen nur erteilt werden, wenn der Teilnehmer in eine weitergehende Auskunftserteilung eingewilligt hat.

③ 제1항, 제2항은 폐쇄사용자집단의 가입자에게만 자신의 서비스를 제공하는 서비스제공자에 대하여는 적용하지 아니한다.
④ 가입자의 신청이 있는 경우 서비스제공자는 통화가 발신되는 접속의 전화번호의 전송(die Übermittlung der Rufnummer des Anschlusses, von dem der Anruf ausgeht)이 수신된 접속에 대하여 무료로 배제되는 접속을 제공해야만 한다. 그 접속은 가입자의 신청에 따라 가입자의 서비스제공자의 공식 가입자명부(제104조)에서 표시되어야 한다. 제2문에 따른 표시가 행해진 경우에, 통화가 발신되는 접속의 전화번호의 전송은, 그 표시가 가입자명부의 최신판에 더 이상 미리 포함되지 않은 경우에 비로소 (erst dann erfolgen, wenn zuvor die Kennzeichnung in der aktualisierten Fassung des Teilnehmerverzeichnisses nicht mehr enthalten ist) 그와 같이 표시된 접속에 대하여 행해진다.
⑤ 가입자가 제104조에 따른 가입자명부에 등재를 신청하지 않은 경우에, 수신된 접속에 있어 가입자의 발신번호표시가 행해지지 않고, 다만 가입자가 자신의 전화번호의 전송을 명시적으로 원하는 경우에는 그러하지 아니하다.
⑥ 발신번호표시가 수신인에 의해 제공되는 경우에, 수신인은 자신의 발신번호표시를 발신인에 대하여 간단한 방법으로 또 무료로 숨길(die Anzeige ihrer Rufnummer beim Anrufenden auf einfache Weise und unentgeltlich zu unterdrücken) 가능성을 보유해야만 한다. 제3항을 준용한다.
⑦ 제1항 내지 제3항, 제6항은, 그 통화가 독일 내에 있는 발신인 또는 수신인에 관련되는 한, 외국으로 발신되는 통화 또는 외국에서 발신되는 통화에 대해서도 적용한다.
⑧ 112 또는 110의 긴급전화로 연결되거나 124 124 또는 116 117의 전화번호에 연결되는 접속에 의한 연결의 경우에, 서비스제공자는 개별사안별로 또는 지속적으로 발신인의 번호표시가 배제되지 않도록 보장해야 한다.

제103조 자동통화전달

서비스제공자는, 이것이 기술적으로 가능한 범위 내에서 자신의 가입자에게, 간단한 방법으로 또 무료로, 제3자가 개시한 자동전달을 가입자의 단말기로 연결할 가능성을 부여할 의무를 진다. 폐쇄사용자집단에 대한 제공자로서(als Anbieter für geschlossene Benutzergruppen) 자신의 가입자에게만 자신의 서비스를 제공하는 서비스제공자에 대하여는 제2문, 제7문은 적용하지 아니한다.

제104조 가입자명부

가입자는, 이를 신청하는 범위 내에서 자신의 이름, 주소와, 직업, 업종, 접속 유형과 같은 추가 정보가 공식적으로 인쇄된 명부 또는 전자명부(in öffentliche gedruckte oder elektronische Verzeichnisse)에 등재되도록 할 수 있다. 이 경우 가입자는 그 명부 중 어떤 정보가 공표되어야 하는지(welche Angaben in den Verzeichnissen veröffentlicht werden sollen)를 정할 수 있다. 가입자의 요구가 있는 경우 공동이용자가 이에 대하여 동의를 하는 범위 내에서 그 공동이용자가 등재되도록 할 수 있다.

제105조 정보제공

① 가입자명부에 포함된 전화번호를 통해 정보가 제104조 제2항, 제3항의 제한을 준수하여(unter Beachtung der Beschränkungen) 제공할 수 있다.
② 가입자가 자신의 전화번호 제공에 반대할 수 있다는 점에 대하여 적절한 방법으로 정보를 제공받았는데 자신의 반대권을 행사하지 않은 경우에 한하여 가입자의 전화번호에 관한 전화번호안내는 제공된다. 제104조에 따라 공표된 데이터에 관한, 전화번호 이외의 정보(Über Rufnummern hinausgehende Auskünfte über nach § 104 veröffentlichte Daten)는, 가입자가 추가적 정보제공에 대해 동의를 한 경우에 한하여 제공된다.

(3) Die Telefonauskunft von Namen oder Namen und Anschrift eines Teilnehmers, von dem nur die Rufnummer bekannt ist, ist zulässig, wenn der Teilnehmer, der in ein Teilnehmerverzeichnis eingetragen ist, nach einem Hinweis seines Diensteanbieters auf seine Widerspruchsmöglichkeit nicht widersprochen hat.

(4) Ein Widerspruch nach Absatz 2 Satz 1 oder Absatz 3 oder eine Einwilligung nach Absatz 2 Satz 2 sind in den Kundendateien des Diensteanbieters und des Anbieters nach Absatz 1, die den Verzeichnissen zugrunde liegen, unverzüglich zu vermerken. Sie sind auch von den anderen Diensteanbietern zu beachten, sobald diese in zumutbarer Weise Kenntnis darüber erlangen konnten, dass der Widerspruch oder die Einwilligung in den Verzeichnissen des Diensteanbieters und des Anbieters nach Absatz 1 vermerkt ist.

§ 106 Telegrammdienst

(1) Daten und Belege über die betriebliche Bearbeitung und Zustellung von Telegrammen dürfen gespeichert werden, soweit es zum Nachweis einer ordnungsgemäßen Erbringung der Telegrammdienstleistung nach Maßgabe des mit dem Teilnehmer geschlossenen Vertrags erforderlich ist. Die Daten und Belege sind spätestens nach sechs Monaten vom Diensteanbieter zu löschen.

(2) Daten und Belege über den Inhalt von Telegrammen dürfen über den Zeitpunkt der Zustellung hinaus nur gespeichert werden, soweit der Diensteanbieter nach Maßgabe des mit dem Teilnehmer geschlossenen Vertrags für Übermittlungsfehler einzustehen hat. Bei Inlandstelegrammen sind die Daten und Belege spätestens nach drei Monaten, bei Auslandstelegrammen spätestens nach sechs Monaten vom Diensteanbieter zu löschen.

(3) Die Löschungsfristen beginnen mit dem ersten Tag des Monats, der auf den Monat der Telegrammaufgabe folgt. Die Löschung darf unterbleiben, solange die Verfolgung von Ansprüchen oder eine internationale Vereinbarung eine längere Speicherung erfordert.

§ 107 Nachrichtenübermittlungssysteme mit Zwischenspeicherung

(1) Der Diensteanbieter darf bei Diensten, für deren Durchführung eine Zwischenspeicherung erforderlich ist, Nachrichteninhalte, insbesondere Sprach-, Ton-, Text- und Grafikmitteilungen von Teilnehmern, im Rahmen eines hierauf gerichteten Diensteangebots unter folgenden Voraussetzungen verarbeiten:

1. Die Verarbeitung erfolgt ausschließlich in Telekommunikationsanlagen des zwischenspeichernden Diensteanbieters, es sei denn, die Nachrichteninhalte werden im Auftrag des Teilnehmers oder durch Eingabe des Teilnehmers in Telekommunikationsanlagen anderer Diensteanbieter weitergeleitet.
2. Ausschließlich der Teilnehmer bestimmt durch seine Eingabe Inhalt, Umfang und Art der Verarbeitung.
3. Ausschließlich der Teilnehmer bestimmt, wer Nachrichteninhalte eingeben und darauf zugreifen darf (Zugriffsberechtigter).
4. Der Diensteanbieter darf dem Teilnehmer mitteilen, dass der Empfänger auf die Nachricht zugegriffen hat.
5. Der Diensteanbieter darf Nachrichteninhalte nur entsprechend dem mit dem Teilnehmer geschlossenen Vertrag löschen.

(2) Der Diensteanbieter hat die erforderlichen technischen und organisatorischen Maßnahmen zu treffen, um Fehlübermittlungen und das unbefugte Offenbaren von Nachrichteninhalten innerhalb seines

③ 가입자명부에 등재된 그 가입자가 자신의 반대가능성에 대한 서비스제공자의 안내에 좇아(nach einem Hinweis seines Diensteanbieters auf seine Widerspruchsmöglichkeit) 반대를 하지 않은 경우에, 전화번호만 알려진 가입자의 이름 혹은 가입자의 이름 및 주소에 대한 전화번호안내(Die Telefonauskunft)가 허용된다.

④ 제2항 제1문 또는 제3항에 따른 반대(Ein Widerspruch)나 제2항 제2문에 따른 동의(eine Einwilligung)는, 제1항에 따른 서비스제공자 및 제공자의 고객데이터베이스(den Kundendateien des Diensteanbieters und des Anbieters), 가입자명부의 기반이 된 고객데이터베이스에 지체 없이 표기(表記)를 해야 한다. 다른 서비스제공자가 그 반대 또는 동의가 제1항에 따른 서비스제공자 또는 제공자의 가입자명부에 표기된 점을 적당한 방법으로(in zumutbarer Weise) 알 수 있었던 때에는 그 반대 또는 동의는 다른 서비스제공자도 준수해야 한다.

제106조 전보(電報)서비스

① 전보(電報)의 운영상의 취급 및 전달에 관한 데이터 및 문서(Daten und Belege über die betriebliche Bearbeitung und Zustellung von Telegrammen)는, 가입자와 체결한 계약의 기준에 따라 전보용역의 적절한 제공의 증명하는 데 필요한 범위 내에서 저장될 수 있다. 그 데이터 및 문서는 늦어도 6개월 후에는 서비스제공자가 폐기해야 한다.

② 전보(電報) 내용에 관한 정보 및 문서(Daten und Belege über den Inhalt von Telegrammen)는, 서비스제공자가 가입자와 체결한 계약의 기준에 좇아 전달하자에 대해 책임을 부담해야(für Übermittlungsfehler einzustehen hat) 하는 범위 내에서만 전달 기간을 초과하여 저장될 수 있다. 국내전보의 경우 늦어도 3개월 후에, 국외전보의 경우 늦어도 6개월 후에 그 정보(情報) 및 문서(文書)는 서비스제공자가 폐기해야 한다.

③ 폐기기간은 전보임무의 달의 다음달의 첫째 날에 기산한다. 권리추구나 국제협약에 의해 보다 긴 저장이 필요한 동안에는(solange die Verfolgung von Ansprüchen oder eine internationale Vereinbarung eine längere Speicherung erfordert) 폐기를 하지 않아도 된다.

제107조 임시저장에 의한 메시지전송시스템

① 서비스제공자는, 임시저장이 그 이행에 의하여 필요한 서비스에 있어, 통신내용, 특히 가입자의 음성메시지, 음향메시지, 문자메시지 및 화상(畵像)메시지(Sprach-, Ton-, Text- und Grafikmitteilungen von Teilnehmern)를 이를 목적으로 한 서비스제공의 범위 내에서 다음 요건하에 처리할 수 있다:

1. 그 처리가 오로지 임시저장하는 서비스제공자의 전기통신설비에서만 행해질 것, 다만 통신내용이 가입자의 위임 또는 입력(入力)으로(im Auftrag des Teilnehmers oder durch Eingabe des Teilnehmers) 다른 서비스제공자의 전기통신설비로(in Telekommunikationsanlagen anderer Diensteanbieter) 전달되는 경우에는 그러하지 아니하다.
2. 오로지 기입자가 자신의 입력(入力)으로 그 처리의 내용, 범위 및 성질(Inhalt, Umfang und Art der Verarbeitung)을 정할 것,
3. 오로지 가입자가 누가 통신내용을 입력할 수 있고 그 통신내용에 접근할 수 있을 것인지를 정할 것('접근권자'; Zugriffsberechtigter),
4. 그 서비스제공자가 가입자에게 수령자가 메시지에 접근했다는 점(dass der Empfänger auf die Nachricht zugegriffen hat)을 통지할 수 있을 것,
5. 서비스제공자가 가입자와 체결한 계약에 따라서만 통신내용을 삭제할 수 있을 것.

② 서비스제공자는, 자신의 기업 내에서 또는 제3자에 대한, 통신내용의 잘못된 전송 및 무단공개(Fehlübermittlungen und das unbefugte Offenbaren von Nachrichteninhalten)를 배제하기 위하여 필요한

Unternehmens oder an Dritte auszuschließen. Erforderlich sind Maßnahmen nur, wenn ihr Aufwand in einem angemessenen Verhältnis zu dem angestrebten Schutzzweck steht. Soweit es im Hinblick auf den angestrebten Schutzzweck erforderlich ist, sind die Maßnahmen dem jeweiligen Stand der Technik anzupassen.

Abschnitt 3 Öffentliche Sicherheit

§ 108 Notruf

(1) Wer öffentlich zugängliche Telekommunikationsdienste für das Führen von ausgehenden Inlandsgesprächen zu einer oder mehreren Nummern des nationalen Telefonnummernplanes bereitstellt, hat Vorkehrungen zu treffen, damit Endnutzern unentgeltliche Verbindungen möglich sind, die entweder durch die Wahl der europaeinheitlichen Notrufnummer 112 oder der zusätzlichen nationalen Notrufnummer 110 oder durch das Aussenden entsprechender Signalisierungen eingeleitet werden (Notrufverbindungen). Wer derartige öffentlich zugängliche Telekommunikationsdienste erbringt, den Zugang zu solchen Diensten ermöglicht oder Telekommunikationsnetze betreibt, die für diese Dienste einschließlich der Durchleitung von Anrufen genutzt werden, hat gemäß Satz 4 sicherzustellen oder im notwendigen Umfang daran mitzuwirken, dass Notrufverbindungen unverzüglich zu der örtlich zuständigen Notrufabfragestelle hergestellt werden, und er hat alle erforderlichen Maßnahmen zu treffen, damit Notrufverbindungen jederzeit möglich sind. Die Diensteanbieter nach den Sätzen 1 und 2 haben gemäß Satz 6 sicherzustellen, dass der Notrufabfragestelle auch Folgendes mit der Notrufverbindung übermittelt wird:

1. die Rufnummer des Anschlusses, von dem die Notrufverbindung ausgeht, und
2. die Daten, die zur Ermittlung des Standortes erforderlich sind, von dem die Notrufverbindung ausgeht.

Notrufverbindungen sind vorrangig vor anderen Verbindungen herzustellen, sie stehen vorrangigen Verbindungen nach dem Post- und Telekommunikationssicherstellungsgesetz gleich. Daten, die nach Maßgabe der Rechtsverordnung nach Absatz 3 zur Verfolgung von Missbrauch des Notrufs erforderlich sind, dürfen auch verzögert an die Notrufabfragestelle übermittelt werden. Die Übermittlung der Daten nach den Sätzen 3 und 5 erfolgt unentgeltlich. Die für Notrufverbindungen entstehenden Kosten trägt jeder Diensteanbieter selbst; die Entgeltlichkeit von Vorleistungen bleibt unberührt.

(2) Im Hinblick auf Notrufverbindungen, die durch sprach- oder hörbehinderte Endnutzer unter Verwendung eines Telefaxgerätes eingeleitet werden, gilt Absatz 1 entsprechend.

(3) Das Bundesministerium für Wirtschaft und Energie wird ermächtigt, im Einvernehmen mit dem Bundesministerium des Innern, für Bau und Heimat, dem Bundesministerium für Verkehr und digitale Infrastruktur und dem Bundesministerium für Arbeit und Soziales durch Rechtsverordnung mit Zustimmung des Bundesrates Regelungen zu treffen

1. zu den Grundsätzen der Festlegung von Einzugsgebieten von Notrufabfragestellen und deren Unterteilungen durch die für den Notruf zuständigen Landes- und Kommunalbehörden sowie zu den Grundsätzen des Abstimmungsverfahrens zwischen diesen Behörden und den betroffenen Teilnehmernetzbetreibern und Mobilfunknetzbetreibern, soweit diese Grundsätze für die Herstellung von Notrufverbindungen erforderlich sind,
2. zur Herstellung von Notrufverbindungen zur jeweils örtlich zuständigen Notrufabfragestelle oder

기술적·관리적 조치[178]를 취해야 한다. 서비스제공자의 경비가 추구하는 보호목적과 적절한 관계(einem angemessenen Verhältnis zu dem angestrebten Schutzzweck)에 있는 경우에 한하여 그 조치가 필요한 것이다. 그것이 추구하는 보호목적에 관하여 필요한 범위 내에서 그 조치는 그 당시의 기술 수준에 맞춰져야 한다.

제3장 공공의 안녕

제108조 긴급전화

① 국내 전화번화할당계획상의 한 또는 여러 번호에 대한 발신 국내통화의 관리에 대하여 공중이 이용 가능한 전기통신역무를 제공하는 자는, 최종이용자에게 유럽단일의 112의 긴급전화 또는 110의 다른 국내 긴급전화의 전화번호를 누름으로써, 아니면 상응하는 신호(信號)의 송신(送信)에 의하여(entweder durch die Wahl der europaeinheitlichen Notrufnummer 112 oder der zusätzlichen nationalen Notrufnummer 110 oder durch das Aussenden entsprechender Signalisierungen) 개시되는 무료 연결이 가능하도록 조치를 취해야 한다('긴급전화연결'; Notrufverbindungen). 공중이 이용 가능한 그러한 전기통신역무를 제공하거나, 공중이 이용 가능한 서비스에 대한 접속을 가능하게 하거나, 통화의 단순전달을 포함하여 공중이 이용 가능한 서비스에 사용되는 전기통신망을 운영하는 자는, 제1문에 따라 지역의 관할 공공의 안녕응답소(公共安全應答所; Notrufabfragestelle)에 대한 긴급전화연결이 지체 없이 이뤄지도록 보장해야 하거나, 필요한 범위 내에서 그러한 긴급전화연결이 지체 없이 이뤄지도록 협력해야 하고, 또한 긴급전화연결이 언제든지 가능하도록 필요한 조치를 취해야만 한다. 제1문, 제2문에 따른 서비스제공자는 제6문에 따라 공공안전응답소(公共安全應答所)에 다음 각 호도 긴급전화연결에 의해 전달(傳達)되도록 보장해야 한다:

1. 긴급전화연결기 발신되는 접속 번호,
2. 긴급연결이 발신되는 위치를 확인하는 데에 필요한 데이터.

긴급전화연결은 다른 연결보다 우선적으로 이뤄져야 하며, 긴급전화연결은 우편서비스 및 전기통신서비스 보장법에 따른 우선적 연결(vorrangigen Verbindungen nach dem Post- und Telekommunikationssicherstellungsgesetz)과 동일시된다. 제3항에 따른 법규명령의 기준에 따라 긴급전화의 남용의 추적을 위해 필요한 데이터는 지체되더라도 공공안전응답소에 이전되어도 된다. 제3문, 제5문에 따른 그 데이터의 이전은 무료로 행해진다. 긴급전화연결로 발생한 비용은 각 해당 서비스제공자 부담한다; 선급부(先給付)의 유상성(有償性; die Entgeltlichkeit)은 영향을 받지 아니한다.

② 모사전송기(模寫電送機)를 사용하여 언어장애 또는 청각장애가 있는 최종이용자에 의해 개시되는 긴급전화연결에 대하여 제1항을 준용한다.

③ 연방경제·에너지부는 연방내무·건설부, 연방교통·디지털기반부와 연방노동사회부(dem Bundesministerium für Verkehr und digitale Infrastruktur und dem Bundesministerium für Arbeit und Soziales)와 협의하여 연방참사원의 동의가 필요한 법규명령으로 다음 각 호에 관하여 규율할 권한을 갖는다,

1. 긴급전화를 관할하는 주행정관청 및 코뮨행정관청에 의한(durch die für den Notruf zuständigen Landes- und Kommunalbehörden) 공공안전응답소의 관할구역과 그 관할구역의 하위배분을 정하는 원칙과, 이러한 행정관청과 해당 가입자통신망운영자과 해당 이동통신망운영자 간의 조정(調整)절차(Abstimmungsverfahren)에 대한 원칙, 다만 이러한 원칙이 긴급전화연결의 시행에 필요한 경우에 한함,
2. 각각의 지역(地域)의 관할(管轄) 공공안전응답소 또는 대체공공안전응답소(代替公共安全應答所;

Ersatznotrufabfragestelle,

3. zum Umfang der für Notrufverbindungen zu erbringenden Leistungsmerkmale, einschließlich
   a) der Übermittlung der Daten nach Absatz 1 Satz 3 und
   b) zulässiger Abweichungen hinsichtlich der nach Absatz 1 Satz 3 Nummer 1 zu übermittelnden Daten in unausweichlichen technisch bedingten Sonderfällen,
4. zur Bereitstellung und Übermittlung von Daten, die geeignet sind, der Notrufabfragestelle die Verfolgung von Missbrauch des Notrufs zu ermöglichen,
5. zum Herstellen von Notrufverbindungen mittels automatischer Wählgeräte und
6. zu den Aufgaben der Bundesnetzagentur auf den in den Nummern 1 bis 5 aufgeführten Gebieten, insbesondere im Hinblick auf die Festlegung von Kriterien für die Genauigkeit und Zuverlässigkeit der Daten, die zur Ermittlung des Standortes erforderlich sind, von dem die Notrufverbindung ausgeht.

Landesrechtliche Regelungen über Notrufabfragestellen bleiben von den Vorschriften dieses Absatzes insofern unberührt, als sie nicht Verpflichtungen im Sinne von Absatz 1 betreffen.

(4) Die technischen Einzelheiten zu den in Absatz 3 Satz 1 Nummer 1 bis 5 aufgeführten Gegenständen, insbesondere die Kriterien für die Genauigkeit und Zuverlässigkeit der Angaben zu dem Standort, von dem die Notrufverbindung ausgeht, legt die Bundesnetzagentur in einer Technischen Richtlinie fest; dabei berücksichtigt sie die Vorschriften der Verordnung nach Absatz 3. Die Bundesnetzagentur erstellt die Richtlinie unter Beteiligung

1. der Verbände der durch Absatz 1 Satz 1 und 2 und Absatz 2 betroffenen Diensteanbieter und Betreiber von Telekommunikationsnetzen,
2. der vom Bundesministerium des Innern, für Bau und Heimat benannten Vertreter der Betreiber von Notrufabfragestellen und
3. der Hersteller der in den Telekommunikationsnetzen und Notrufabfragestellen eingesetzten technischen Einrichtungen.

Bei den Festlegungen in der Technischen Richtlinie sind internationale Standards zu berücksichtigen; Abweichungen von den Standards sind zu begründen. Die Technische Richtlinie ist von der Bundesnetzagentur auf ihrer Internetseite zu veröffentlichen; die Veröffentlichung hat die Bundesnetzagentur in ihrem Amtsblatt bekannt zu machen. Die Verpflichteten nach Absatz 1 Satz 1 bis 3 und Absatz 2 haben die Anforderungen der Technischen Richtlinie spätestens ein Jahr nach deren Bekanntmachung zu erfüllen, sofern dort für bestimmte Verpflichtungen kein längerer Übergangszeitraum festgelegt ist. Nach dieser Richtlinie gestaltete mängelfreie technische Einrichtungen müssen im Falle einer Änderung der Richtlinie spätestens drei Jahre nach deren Inkrafttreten die geänderten Anforderungen erfüllen.

§ 109 Technische und organisatorische Schutzmaßnahmen

(1) Jeder Diensteanbieter hat erforderliche technische Vorkehrungen und sonstige Maßnahmen zu treffen

1. zum Schutz des Fernmeldegeheimnisses und
2. gegen die Verletzung des Schutzes personenbezogener Daten.

Dabei ist der Stand der Technik zu berücksichtigen.

(2) Wer ein öffentliches Telekommunikationsnetz betreibt oder öffentlich zugängliche Telekommunikationsdienste erbringt, hat bei den hierfür betriebenen Telekommunikations- und

Ersatznotrufabfragestelle)에 대한 긴급전화연결의 시행,

3. 다음 목을 포함하여 긴급전화연결에 대하여 제공해야 하는 특성(特性)의 범위,

a) 제1항 제3문에 따른 데이터 이전,

b) 기술적으로 조건이 붙은 불가피한 특별한 경우에 제1항 제3문 제1호에 따라 이전해야 하는 데이터에 관련한 허용된 다름(zulässiger Abweichungen),

4. 공공안전응답소로 하여금 긴급전화의 남용의 추적을 가능하게 하는 데 적합한 데이터의 제공 및 이전(Bereitstellung und Übermittlung),

5. 자동다이얼장치에 의한 긴급전화연결의 시행,

6. 제1호 내지 제5호에 기재된 분야, 특히 긴급전화연결을 발신하는 위치 확인을 위해 필요한(die zur Ermittlung des Standortes erforderlich sind, von dem die Notrufverbindung ausgeht) 데이터 정확성 및 신뢰성에 대한 기준의 설정에 대한 연방망관리청의 임무.

공공안전응답소에 관한 주법의 규정은, 이것이 제1항상의 의무와 관련되지 않는 범위 내에서 위 조항의 규정에 의해 영향을 받지 아니한다.

④ 제3항 제1문 제1호 내지 제5호에 기재된 대상(對象; Gegenständen)에 대한 기술적 세부사항(Die technischen Einzelheiten), 특히 긴급전화연결을 발신하는 위치에 대한 정보의 정확성 및 신뢰성에 대한 기준(die Kriterien für die Genauigkeit und Zuverlässigkeit der Angaben zu dem Standort, von dem die Notrufverbindung ausgeht)은 연방망관리청이 기술지침으로 정한다; 연방망관리청은 다음 각 호 자의 참가하에 그 지침을 마련한다,

1. 제1항 제1문, 제2문, 제2항에 의해 관련된 서비스제공자 및 전기통신망운영자(Betreiber von Telekommunikationsnetzen)의 협회,

2. 연방내무·건실부에서 지정(指定)한, 공공안전응답소운영자의 대리인(代理人; Vertreter der Betreiber von Notrufabfragestellen),

3. 전기통신망과 공공안전응답소에 사용된(in den Telekommunikationsnetzen und Notrufabfragestellen eingesetzten) 기술적 설비의 제조자.

기술지침에 규정함에 있어(Bei den Festlegungen in der Technischen Richtlinie) 국제표준을 고려해야 한다; 그 표준과 다른 규율은 이유를 제시해야 한다. 기술지침은 연방망관리청이 인터넷사이트에 게재한다; 그 게재는 연방망관리청이 자신의 관보(官報)에 공고해야(in ihrem Amtsblatt bekannt zu machen) 한다. 제1항 제1문 내지 제3문, 제2항에 따른 의무는, 기술지침에서 특정한 의무에 대하여 보다 장기의 경과기간을 정하지 않은 한(sofern dort für bestimmte Verpflichtungen kein längerer Übergangszeitraumfestgelegt ist) 늦어도 기술지침의 공고시로부터 1년까지 기술지침의 요구사항을 충족해야 한다. 지침의 수정의 경우에 있어 이러한 지침에 따라 고안(考案)한 하자 없는 기술적 설비(Nach dieser Richtlinie gestaltete mängelfreie technische Einrichtungen)는 그 지침의 늦어도 시행시로부터 3년까지 수정된 요구사항을 충족해야만 한다.

제109조 기술적·관리적 보호조치

① 모든 서비스제공자는, 다음 각 호에 필요한 기술적 조처(措處)와 기타 조치를 취해야 한다,

1. 통신비밀의 보호를 위하여,

2. 개인정보 침해에 대한.

이 경우 기술 수준을 고려해야 한다.

② 공중전기통신망을 운영하거나 공중이 이용하는 전기통신역무를 제공하는 자는, 이에 대한 사업상의 전기통신시스템 및 데이터처리시스템에 있어 다음 각 호를 위하여 적절한 기술적 조처(措處)와 기타 조치

Datenverarbeitungssystemen angemessene technische Vorkehrungen und sonstige Maßnahmen zu treffen

1. zum Schutz gegen Störungen, die zu erheblichen Beeinträchtigungen von Telekommunikationsnetzen und -diensten führen, auch soweit sie durch äußere Angriffe und Einwirkungen von Katastrophen bedingt sein können, und
2. zur Beherrschung der Risiken für die Sicherheit von Telekommunikationsnetzen und -diensten.

Insbesondere sind Maßnahmen zu treffen, um Telekommunikations- und Datenverarbeitungssysteme gegen unerlaubte Zugriffe zu sichern und Auswirkungen von Sicherheitsverletzungen für Nutzer, für Dienste oder für zusammengeschaltete Netze so gering wie möglich zu halten. Bei Maßnahmen nach Satz 2 ist der Stand der Technik zu berücksichtigen. Wer ein öffentliches Telekommunikationsnetz betreibt, hat Maßnahmen zu treffen, um den ordnungsgemäßen Betrieb seiner Netze zu gewährleisten und dadurch die fortlaufende Verfügbarkeit der über diese Netze erbrachten Dienste sicherzustellen. Kritische Komponenten im Sinne von § 2 Absatz 13 des BSI-Gesetzes dürfen von einem Betreiber öffentlicher Telekommunikationsnetze mit erhöhtem Gefährdungspotential nur eingesetzt werden, wenn sie vor dem erstmaligen Einsatz von einer anerkannten Zertifizierungsstelle überprüft und zertifiziert wurden. Wer ein öffentliches Telekommunikationsnetz betreibt, hat Maßnahmen zu treffen, um den ordnungsgemäßen Betrieb seiner Netze zu gewährleisten und dadurch die fortlaufende Verfügbarkeit der über diese Netze erbrachten Dienste sicherzustellen. Technische Vorkehrungen und sonstige Schutzmaßnahmen sind angemessen, wenn der dafür erforderliche technische und wirtschaftliche Aufwand nicht außer Verhältnis zur Bedeutung der zu schützenden Telekommunikationsnetze oder -dienste steht. § 62 Absatz 1 des Bundesdatenschutzgesetzes gilt entsprechend.

(3) Bei gemeinsamer Nutzung eines Standortes oder technischer Einrichtungen hat jeder Beteiligte die Verpflichtungen nach den Absätzen 1 und 2 zu erfüllen, soweit bestimmte Verpflichtungen nicht einem bestimmten Beteiligten zugeordnet werden können.

(4) Wer ein öffentliches Telekommunikationsnetz betreibt oder öffentlich zugängliche Telekommunikationsdienste erbringt, hat einen Sicherheitsbeauftragten zu benennen und ein Sicherheitskonzept zu erstellen, aus dem hervorgeht,

1. welches öffentliche Telekommunikationsnetz betrieben und welche öffentlich zugänglichen Telekommunikationsdienste erbracht werden,
2. von welchen Gefährdungen auszugehen ist und
3. welche technischen Vorkehrungen oder sonstigen Schutzmaßnahmen zur Erfüllung der durch die Vorgaben des Katalogs von Sicherheitsanforderungen nach Absatz 6 konkretisierten Verpflichtungen aus den Absätzen 1 und 2 getroffen oder geplant sind; sofern der Katalog lediglich Sicherheitsziele vorgibt, ist darzulegen, dass mit den ergriffenen Maßnahmen das jeweilige Sicherheitsziel vollumfänglich erreicht wird.

Wer ein öffentliches Telekommunikationsnetz betreibt, hat der Bundesnetzagentur das Sicherheitskonzept unverzüglich nach der Aufnahme des Netzbetriebs vorzulegen. Wer öffentlich zugängliche Telekommunikationsdienste erbringt, kann nach der Bereitstellung des Telekommunikationsdienstes von der Bundesnetzagentur verpflichtet werden, das Sicherheitskonzept vorzulegen. Mit dem Sicherheitskonzept ist eine Erklärung vorzulegen, dass die darin aufgezeigten technischen Vorkehrungen und sonstigen Schutzmaßnahmen umgesetzt sind oder unverzüglich umgesetzt werden. Stellt die Bundesnetzagentur im Sicherheitskonzept oder bei dessen Umsetzung Sicherheitsmängel fest, so kann sie

를 취해야만 한다,

1. 그 장애가 외부의 침입(侵入)과 재난(災難)의 영향으로(durch äußere Angriffe und Einwirkungen von Katastrophen) 우연히 발생할 수 있는 경우도 포함하여, 전기통신망 및 전기통신역무에 대한 중대한 피해를 초래하는 장애(障礙)로부터 보호,
2. 전기통신망 및 전기통신역무에 대한 위험의 통제.

특히 전기통신시스템 및 정보처리시스템을 무단접근으로부터(gegen unerlaubte Zugriffe) 보호하고 이용자, 서비스 또는 상호간에 연결된 통신망에 대한 보안침해의 영향을 가능한 한 줄이기 위한 기술적 조치를 취해야 한다. 제2문에 따른 조치에 있어 기술 수준을 고려해야 한다. 공중전기통신망을 운영하는 자는, 자신의 통신망의 적절한 운영을 확보하고 이로써 이러한 통신망을 통해 제공되는 서비스의 지속적 이용가능성을 보장하기(dadurch die fortlaufende Verfügbarkeit der über diese Netze erbrachten Dienste sicherzustellen) 위한 조치를 취해야 한다. 연방정보기술보안청법 제2조 제13항상의 핵심부품(Kritische Komponenten)은, 최초 사용 전에 공인된 인증기관이 검사한 다음 인증한 경우에 한하여 증가된 잠재적 위험이 있는 어느 공중전기통신망운영자(Betreiber öffentlicher Telekommunikationsnetze mit erhöhtem Gefährdungspotential)에 의하여 사용되어도 된다. 공중전기통신망은 운영하는 자는 자신의 통신망의 원활한 운영을 보장하고 이로써 그 통신망을 통해 제공된 서비스의 지속적 이용가능성(die fortlaufende Verfügbarkeit der über diese Netze erbrachten Dienste)을 확보하기 위한 조치를 취해야 한다. 기술적 조처와 기타 보호조치는, 이를 위해 필요한 기술적·경제적 경비가 보호되는 전기통신망 또는 전기통신역무의 중요성에 상응하는 관계에 있는 때에는(wenn der dafür erforderliche technische und wirtschaftliche Aufwand nicht außer Verhältnis zur Bedeutung der zu schützenden Telekommunikationsnetze oder -dienste steht) 적절한 것이다. 연방개인정보보호법 제62조 제1항을 준용한다.

③ 위치 또는 기술적 설비의 공동이용의 경우에 각 당사자는, 특정한 의무가 특정한 당사자에게 귀속될 수 없는 경우에(soweit bestimmte Verpflichtungen nicht einem bestimmten Beteiligten zugeordnet werden können) 제1항, 제2항에 따른 의무(전부)를 이행해야 한다.

④ 공중전기통신망을 운영하거나 공중이 이용하는 전기통신역무를 제공하는 자는, 보안책임자 1명을 지정하고(einen Sicherheitsbeauftragten zu benennen) 다음 각 호가 나타나는 보안구상(Sicherheitskonzept)을 수립해야 한다,

1. 어떤 전기통신망을 운영하고 어느 공중이 이용 가능한 전기통신역무를 제공할 것인지(welche öffentlich zugänglichen Telekommunikationsdienste erbracht werden),
2. 어떤 위험(危險)가 인정되는지,
3. 제6항에 따른 보안요건에 관한 편람상의 요구사항에 의하여 구체화되는, 제1항 또는 제2항에 기한 의무의 이행을 위한, 어떤 기술적 조처 또는 기타 보호조치가 취해지거나 계획되는지; 그 편람(便覽)이 보안목표만을 기술하는 경우(sofern der Katalog lediglich Sicherheitsziele vorgibt)에, 각각의 보안목표가 취해진 조치에 의해 완전히 달성될 수 있도록(dass mit den ergriffenen Maßnahmen das jeweilige Sicherheitsziel vollumfänglich erreicht wird) 명시되어야 한다.

공중전기통신망을 운영하는 자는 연방망관리청에 그 보안구상을 통신망운영의 개시 후 지체 없이(unverzüglich nach der Aufnahme des Netzbetriebs) 제출해야 한다. 전기통신역무를 제공하는 자는 전기통신역무 제공 후(nach der Bereitstellung des Telekommunikationsdienstes) 연방망관리청에 그 보안구상을 제출할 의무를 지게 된다. 보안구상에 담긴 기술적 조처(措處)와 기타 보호조치가 시행되었거나 지체 없이 시행될 것이라는(dass die darin aufgezeigten technischen Vorkehrungen und sonstigen Schutzmaßnahmen umgesetzt sind oder unverzüglich umgesetzt werden) 진술이 그 보안구상과 함께 제출되어야 한다. 연방망관리청이 보안개념에서 또는 보안개념의 실행(Umsetzung)에서 보안하자를 확인한

deren unverzügliche Beseitigung verlangen. Sofern sich die dem Sicherheitskonzept zugrunde liegenden Gegebenheiten ändern, hat der nach Satz 2 oder 3 Verpflichtete das Konzept anzupassen und der Bundesnetzagentur unter Hinweis auf die Änderungen erneut vorzulegen. Die Bundesnetzagentur überprüft regelmäßig die Umsetzung des Sicherheitskonzepts. Die Überprüfung soll mindestens alle zwei Jahre erfolgen.

(5) Wer ein öffentliches Telekommunikationsnetz betreibt oder öffentlich zugängliche Telekommunikationsdienste erbringt, hat der Bundesnetzagentur und dem Bundesamt für Sicherheit in der Informationstechnik unverzüglich Beeinträchtigungen von Telekommunikationsnetzen und -diensten mitzuteilen, die

1. zu beträchtlichen Sicherheitsverletzungen führen oder
2. zu beträchtlichen Sicherheitsverletzungen führen können.

Dies schließt Störungen ein, die zu einer Einschränkung der Verfügbarkeit der über diese Netze erbrachten Dienste oder einem unerlaubten Zugriff auf Telekommunikations- und Datenverarbeitungssysteme der Nutzer führen können. Die Meldung muss Angaben zu der Störung sowie zu den technischen Rahmenbedingungen, insbesondere der vermuteten oder tatsächlichen Ursache und zu der betroffenen Informationstechnik enthalten. Kommt es zu einer beträchtlichen Sicherheitsverletzung, kann die Bundesnetzagentur einen detaillierten Bericht über die Sicherheitsverletzung und die ergriffenen Abhilfemaßnahmen verlangen. Erforderlichenfalls unterrichtet die Bundesnetzagentur die nationalen Regulierungsbehörden der anderen Mitgliedstaaten der Europäischen Union und die Agentur der Europäischen Union für Cybersicherheit über die Sicherheitsverletzungen. Die Bundesnetzagentur kann die Öffentlichkeit unterrichten oder die nach Satz 1 Verpflichteten zu dieser Unterrichtung auffordern, wenn sie zu dem Schluss gelangt, dass die Bekanntgabe der Sicherheitsverletzung im öffentlichen Interesse liegt. § 8e des BSI-Gesetzes gilt entsprechend. Die Bundesnetzagentur legt der Europäischen Kommission, der Agentur der Europäischen Union für Cybersicherheit und dem Bundesamt für Sicherheit in der Informationstechnik einmal pro Jahr einen zusammenfassenden Bericht über die eingegangenen Meldungen und die ergriffenen Abhilfemaßnahmen vor.

(6) Die Bundesnetzagentur legt im Einvernehmen mit dem Bundesamt für Sicherheit in der Informationstechnik und der oder dem Bundesbeauftragten für den Datenschutz und die Informationsfreiheit durch Verfügung in einem Katalog von Sicherheitsanforderungen für das Betreiben von Telekommunikations- und Datenverarbeitungssystemen sowie für die Verarbeitung personenbezogener Daten fest:

1. Einzelheiten der nach den Absätzen 1 und 2 zu treffenden technischen Vorkehrungen und sonstigen Maßnahmen unter Beachtung der verschiedenen Gefährdungspotenziale der öffentlichen Telekommunikationsnetze und öffentlich zugänglichen Telekommunikationsdienste,
2. welche Funktionen kritische Funktionen im Sinne von § 2 Absatz 13 Satz 1 Nummer 3 Buchstabe b des BSI-Gesetzes sind, die von kritischen Komponenten im Sinne von § 2 Absatz 13 des BSI-Gesetzes realisiert werden, und
3. wer als Betreiber öffentlicher Telekommunikationsnetze mit erhöhtem Gefährdungspotenzial einzustufen ist.

Sie gibt den Herstellern, den Verbänden der Betreiber öffentlicher Telekommunikationsnetze und den Verbänden der Anbieter öffentlich zugänglicher Telekommunikationsdienste Gelegenheit zur

경우에 연방망관리청은 지체 없는 그 하자의 제거를 요구할 수 있다. 보안개념의 기초를 이루는 여건(Gegebenheiten)이 변경된 경우에 제2문 또는 제3문에 따른 의무를 지는 자는 보안개념을 조정해야 하고, 연방망관리청에 변경사항을 언급하면서 다시 이를 제출해야 한다. 연방망관리청은 보안구상의 실행(die Umsetzung des Sicherheitskonzepts)을 정기적으로 재심사해야 한다. 그 재심사는 최소한 2년마다 행해져야 한다.

⑤ 공중전기통신망을 운영하거나 공중이 이용 가능한 전기통신역무를 제공하는 자는, 연방망관리청과 연방정보통신기술보안청(dem Bundesamt für Sicherheit in der Informationstechnik)에, 다음 각 호의 전기통신망 또는 전기통신역무에 대한 피해(Beeinträchtigungen von Telekommunikationsnetzen und -diensten mitzuteilen)에 대해 지체 없이 통보해야 한다,

1. 중대한 보안침해를 야기하는 침해,
2. 중대한 보안침해를 야기할 수 있는 침해,

이러한 통신망을 통해 제공된 서비스의 이용가능성의 제한이나 이용자의 전기통신망시스템 및 정보처리시스템에 대한 무단접근(einem unerlaubten Zugriff auf Telekommunikations- und Datenverarbeitungssysteme der Nutzer)을 야기할 수 있는 장애가 이에 포함된다. 장애 및 기술적 기본조건(den technischen Rahmenbedingungen)에 관한 정보, 특히 추정 원인이나 실제 원인(der vermuteten oder tatsächlichen Ursache)과, 해당 정보기술에 대한 정보가 통보에 포함되어야만 한다. 그것이 중대한 보안위반이 이르게 된 경우에 연방망관리청은, 보안위반과 취한 시정조치에 관한 상세한 보고(einen detaillierten Bericht über die Sicherheitsverletzung und die ergriffenen Abhilfemaßnahmen)를 요구할 수 있다. 필요하면 연방망관리청은 독일 이외의 유럽연합회원국의 국가 규제관청과, 유럽연합사이버보안국에 해당 보안위반에 관하여 알린다. 연방망관리청은 보안침해의 공개가 공익에 속하는다는(dass die Bekanntgabe der Sicherheitsverletzung im öffentlichen Interesse liegt)는 결론에 이른 경우에, 공중에게 알리거나 제1문에 따른 의무자에게 이러한 알림을 요구할 수 있다. 연방정보기술보안청법[179] 제8조e를 준용한다. 연방망관리청은 행한 통보와 취한 시정조치에 관한 요약보고서(einen zusammenfassenden Bericht über die eingegangenen Meldungen und die ergriffenen Abhilfemaßnahmen)를 유럽연합집행위원회, 유럽연합사이버보안국(der Agentur der Europäischen Union für Cybersicherheit)과 연방정보기술보안청에 매년 1차례 제출한다.

⑥ 연방망관리청은 연방정보통신기술보안청 및 연방개인정보보호·정보자유책임관과 협의하여 전기통신시스템 및 정보처리시스템의 운영과 개인정보 처리에 대한 보안요구사항에 관한 편람상의 처분(durch Verfügung in einem Katalog von Sicherheitsanforderungen für das Betreiben von Telekommunikations- und Datenverarbeitungssystemen sowie für die Verarbeitung personenbezogener Daten)으로 다음 각 호를 정한다:

1. 전기통신망 및 공중이 이용 가능한 전기통신역무의 다양한 잠재적 위험을 고려한, 제1항 및 제2항에 따라 취해야 하는 기술적 조처 및 기타 조치의 세부사항(Einzelheiten der nach den Absätzen 1 und 2 zu treffenden technischen Vorkehrungen und sonstigen Maßnahmen),
2. 어떤 기능(welche Funktionen)이 연방정보기술보안청법 제2조 제13항 제1문 제3호상의 중요 기능으로, 동법 제2조 제13항상의 중요부품(kritischen Komponenten)에 의해 구현되는 중요기능(kritische Funktionen)인지,
3. 누가 증가된 잠재적(潛在的) 위험(危險)이 있는 공중전기통신망운영자(Betreiber öffentlicher Telekommunikationsnetze)로 분류되어야 하는지.

연방망관리청은 제조자, 전기통신망운영자단체(den Verbänden der Betreiber öffentlicher Telekommunikationsnetze) 그리고 공중이 이용 가능한 전기통신역무제공자단체에 의견진술의 기회를 부

Stellungnahme. Die nach den Absätzen 1, 2 und 4 Verpflichteten haben die Vorgaben des Katalogs spätestens ein Jahr nach dessen Inkrafttreten zu erfüllen, es sei denn, in dem Katalog ist eine davon abweichende Umsetzungsfrist festgelegt worden. Der Katalog wird von der Bundesnetzagentur veröffentlicht.

(7) Die Bundesnetzagentur kann anordnen, dass sich die Betreiber öffentlicher Telekommunikationsnetze oder die Anbieter öffentlich zugänglicher Telekommunikationsdienste einer Überprüfung durch eine qualifizierte unabhängige Stelle oder eine zuständige nationale Behörde unterziehen, in der festgestellt wird, ob die Anforderungen nach den Absätzen 1 bis 3 erfüllt sind. Unbeschadet von Satz 1 haben sich Betreiber öffentlicher Telekommunikationsnetze mit erhöhtem Gefährdungspotenzial alle zwei Jahre einer Überprüfung durch eine qualifizierte unabhängige Stelle oder eine zuständige nationale Behörde zu unterziehen, in der festgestellt wird, ob die Anforderungen nach den Absätzen 1 bis 3 erfüllt sind. Die Bundesnetzagentur legt den Zeitpunkt der erstmaligen Überprüfung nach Satz 2 fest. Der nach den Sätzen 1 und 2 Verpflichtete hat eine Kopie des Überprüfungsberichts unverzüglich an die Bundesnetzagentur und an das Bundesamt für Sicherheit in der Informationstechnik, sofern dieses die Überprüfung nicht vorgenommen hat, zu übermitteln. Er trägt die Kosten dieser Überprüfung. Die Bewertung der Überprüfung sowie eine diesbezügliche Feststellung von Sicherheitsmängeln im Sicherheitskonzept erfolgt durch die Bundesnetzagentur im Einvernehmen mit dem Bundesamt für Sicherheit in der Informationstechnik.

(8) Über aufgedeckte Mängel bei der Erfüllung der Sicherheitsanforderungen in der Informationstechnik sowie die in diesem Zusammenhang von der Bundesnetzagentur geforderten Abhilfemaßnahmen unterrichtet die Bundesnetzagentur unverzüglich das Bundesamt für Sicherheit in der Informationstechnik.

§ 109a Daten- und Informationssicherheit

(1) Wer öffentlich zugängliche Telekommunikationsdienste erbringt, hat im Fall einer Verletzung des Schutzes personenbezogener Daten unverzüglich die Bundesnetzagentur und den Bundesbeauftragten für den Datenschutz und die Informationsfreiheit von der Verletzung zu benachrichtigen. Ist anzunehmen, dass durch die Verletzung des Schutzes personenbezogener Daten Teilnehmer oder andere Personen schwerwiegend in ihren Rechten oder schutzwürdigen Interessen beeinträchtigt werden, hat der Anbieter des Telekommunikationsdienstes zusätzlich die Betroffenen unverzüglich von dieser Verletzung zu benachrichtigen. In Fällen, in denen in dem Sicherheitskonzept nachgewiesen wurde, dass die von der Verletzung betroffenen personenbezogenen Daten durch geeignete technische Vorkehrungen gesichert, insbesondere unter Anwendung eines als sicher anerkannten Verschlüsselungsverfahrens gespeichert wurden, ist eine Benachrichtigung nicht erforderlich. Unabhängig von Satz 3 kann die Bundesnetzagentur den Anbieter des Telekommunikationsdienstes unter Berücksichtigung der wahrscheinlichen nachteiligen Auswirkungen der Verletzung des Schutzes personenbezogener Daten zu einer Benachrichtigung der Betroffenen verpflichten. Im Übrigen gilt § 42a Satz 6 des Bundesdatenschutzgesetzes entsprechend.

(2) Die Benachrichtigung an die Betroffenen muss mindestens enthalten:

1. die Art der Verletzung des Schutzes personenbezogener Daten,
2. Angaben zu den Kontaktstellen, bei denen weitere Informationen erhältlich sind, und
3. Empfehlungen zu Maßnahmen, die mögliche nachteilige Auswirkungen der Verletzung des Schutzes

여한다. 제1항, 제2항 및 제4항에 따른 의무자는 편람상의 요구사항을 늦어도 본 법의 시행 후 1년까지 이행해야 하고, 다만 목록에 그와 다른 이행기간이 규정된 경우에는 그러하지 아니하다 (es sei denn, in dem Katalog ist eine davon abweichende Umsetzungsfrist festgelegt worden) 그 목록은 연방망관리청이 공표한다.

⑦ 연방망관리청은, 공중전기통신망운영자 또는 공중이 이용 가능한 전기통신역무제공자가 제1항 내지 제3항에 따른 명령이 이행되었는지 여부를 확인하는(in der festgestellt wird, ob die Anforderungen nach den Absätzen 1 bis 3 erfüllt sind), 공인 독립기관 또는 관할 국가 관청에 의한 검사(einer Überprüfung durch eine qualifizierte unabhängige Stelle oder eine zuständige nationale Behörde)를 받도록 명령할 수 있다. 제1문에도 불구하고 증가된 잠재적 위험이 있는 공중전기통신망운영자는 매 2년마다 자격이 있는 독립된 기관이나 관할 국가 관청에 의한 검사로, 제1항 내지 제3항에 따른 요구사항이 충족되었는지가 결정되는(in der festgestellt wird, ob die Anforderungen nach den Absätzen 1 bis 3 erfüllt sind) 검사를 받아야 한다. 연방망관리청은 제2문에 따른 최초 검사 시기(den Zeitpunkt der erstmaligen Überprüfung nach Satz 2)를 정한다. 제1항 및 제2항에 따른 의무자는 검사보고서의 사본은 지체 없이 연방망관리청과 연방정보통신기술보안청에 제출해야 하는데, 이는 그 기관들이 그 심사를 시행하지 않는 경우에 그렇다 (sofern dieses die Überprüfung nicht vorgenommen hat). 그 의무자는 이러한 검사 비용을 부담한다. 검사의 평가와 관련 보안구상상의 보안하자의 결정(Die Bewertung der Überprüfung sowie eine diesbezügliche Feststellung von Sicherheitsmängeln im Sicherheitskonzept)은 연방망관리청이 연방정보통신기술보안청과 협의(協議)하여 행한다.

⑧ 연방망관리청은 지체 없이, 정보기술에 대한 보안요구사항의 이행에서 발견한 하자(aufgedeckte Mängel)와 그 하자에 관하여 연방망관리청이 요구한 시정조치(die in diesem Zusammenhang von der Bundesnetzagentur geforderten Abhilfemaßnahmen)에 관하여 연방정보기술보안청(das Bundesamt für Sicherheit in der Informationstechnik)에 알린다.

제109조a 데이터보안 및 정보보안

① 공중이 이용 가능한 전기통신역무를 제공하는 자는, 개인정보 침해의 경우에 지체 없이 연방망관리청과 연방개인정보보호·정보자유책임관에 그 침해에 대해 통지해야(von der Verletzung zu benachrichtigen)한다. 개인정보 침해로 가입자 또는 다른 자가 심각하게 자신의 권리 또는 보호받을 만한 이익을 침해될 것으로 보는 경우에(Ist anzunehmen, dass durch die Verletzung des Schutzes personenbezogener Daten Teilnehmer oder andere Personen schwerwiegend in ihren Rechten oder schutzwürdigen Interessen beeinträchtigt werden), 전기통신역무제공자는 추가적으로 당사자에게 그러한 침해에 대해 지체 없이 통지해야 한다. 침해에 관련된 개인정보가 적절한 기술적 조처(措處)로 보호되었고, 특히 안전한 것으로 인정된 암호화절차를 적용하여 저장된(insbesondere unter Anwendung eines als sicher anerkannten Verschlüsselungsverfahrens gespeichert wurden) 것으로 보안구상에서 증명된 경우에, 그 통지는 요구되지 않는다. 제3문에 상관없이 연방망관리청은 전기통신역무제공자로 하여금 개인정보 침해의 개연성 있는 악영향(惡影響)을 고려하여(unter Berücksichtigung der wahrscheinlichen nachteiligen Auswirkungen der Verletzung des Schutzes personenbezogener Daten) 당사자에게 통지하도록 의무를 부과할 수 있다. 그 밖의 경우에 연방개인정보보법 제42조a 제6문을 준용한다.

② 당사자에 대한 그 통지는 최소한 다음 각 호사항을 포함해야 한다:

1. 개인정보 침해의 성질,
2. 추가 정보를 입수할 수 있는 연락담당기관에 관한 정보,
3. 개인정보 침해의 가능한 악영향(惡影響)(mögliche nachteilige Auswirkungen)을 제한하는 조치(措置)의

personenbezogener Daten begrenzen.

In der Benachrichtigung an die Bundesnetzagentur und den Bundesbeauftragten für den Datenschutz und die Informationsfreiheit hat der Anbieter des Telekommunikationsdienstes zusätzlich zu den Angaben nach Satz 1 die Folgen der Verletzung des Schutzes personenbezogener Daten und die beabsichtigten oder ergriffenen Maßnahmen darzulegen.

(3) Die Anbieter der Telekommunikationsdienste haben ein Verzeichnis der Verletzungen des Schutzes personenbezogener Daten zu führen, das Angaben zu Folgendem enthält:

1. zu den Umständen der Verletzungen,
2. zu den Auswirkungen der Verletzungen und
3. zu den ergriffenen Abhilfemaßnahmen.

Diese Angaben müssen ausreichend sein, um der Bundesnetzagentur und dem Bundesbeauftragten für den Datenschutz und die Informationsfreiheit die Prüfung zu ermöglichen, ob die Bestimmungen der Absätze 1 und 2 eingehalten wurden. Das Verzeichnis enthält nur die zu diesem Zweck erforderlichen Informationen und muss nicht Verletzungen berücksichtigen, die mehr als fünf Jahre zurückliegen.

(4) Werden dem Diensteanbieter nach Absatz 1 Störungen bekannt, die von Datenverarbeitungssystemen der Nutzer ausgehen, so hat er die Nutzer, soweit ihm diese bereits bekannt sind, unverzüglich darüber zu benachrichtigen. Soweit technisch möglich und zumutbar, hat er die Nutzer auf angemessene, wirksame und zugängliche technische Mittel hinzuweisen, mit denen sie diese Störungen erkennen und beseitigen können. Der Diensteanbieter darf die Teile des Datenverkehrs von und zu einem Nutzer, von denen eine Störung ausgeht, umleiten, soweit dies erforderlich ist, um den Nutzer über die Störungen benachrichtigen zu können.

(5) Der Diensteanbieter darf im Falle einer Störung die Nutzung des Telekommunikationsdienstes bis zur Beendigung der Störung einschränken, umleiten oder unterbinden, soweit dies erforderlich ist, um die Beeinträchtigung der Telekommunikations- und Datenverarbeitungssysteme des Diensteanbieters, eines Nutzers im Sinne des Absatzes 4 oder anderer Nutzer zu beseitigen oder zu verhindern und der Nutzer die Störung nicht unverzüglich selbst beseitigt oder zu erwarten ist, dass der Nutzer die Störung selbst nicht unverzüglich beseitigt.

(6) Der Diensteanbieter darf den Datenverkehr zu Störungsquellen einschränken oder unterbinden, soweit dies zur Vermeidung von Störungen in den Telekommunikations-und Datenverarbeitungssystemen der Nutzer erforderlich ist.

(7) Vorbehaltlich technischer Durchführungsmaßnahmen der Europäischen Kommission nach Artikel 4 Absatz 5 der Richtlinie 2002/58/EG kann die Bundesnetzagentur Leitlinien vorgeben bezüglich des Formats, der Verfahrensweise und der Umstände, unter denen eine Benachrichtigung über eine Verletzung des Schutzes personenbezogener Daten erforderlich ist.

§ 110 Umsetzung von Überwachungsmaßnahmen, Erteilung von Auskünften

(1) Wer eine Telekommunikationsanlage betreibt, mit der öffentlich zugängliche Telekommunikationsdienste erbracht werden, hat

1. ab dem Zeitpunkt der Betriebsaufnahme auf eigene Kosten technische Einrichtungen zur Umsetzung gesetzlich vorgesehener Maßnahmen zur Überwachung der Telekommunikation vorzuhalten und organisatorische Vorkehrungen für deren unverzügliche Umsetzung zu treffen,

권고.

전기통신역무제공자는 연방망관리청과 연방개인정보보호·정보자유책임관에 대한 통지에서 제1문에 따른 정보에 추가적으로 개인정보 침해의 영향과 계획하거나 취한 조치(die Folgen der Verletzung des Schutzes personenbezogener Daten und die beabsichtigten oder ergriffenen Maßnahmen)를 명시(明示)해야 한다.

③ 전기통신역무제공자는 개인정보 침해의 기록으로, 다음 각 호에 관한 정보가 포함된 기록을 관리해야 한다:

1. 침해의 사정,
2. 침해의 영향,
3. 취한 시정조치.

위와 같은 정보는, 연방망관리청과 연방개인정보보호·정보자유책임관으로 하여금 제1항, 제2항의 규정이 준수되었는지 여부(ob die Bestimmungen der Absätze 1 und 2 eingehalten wurden)에 관한 심사를 가능하게 할 정도로 충분해야만 한다. 그 기록은 이러한 목적에 필요한 정보만을 포함하고, 5년이 지난(die mehr als fünf Jahre zurückliegen) 침해는 그 기록에서 고려할 필요가 없다.

④ 제1항에 따른 서비스제공자가 이용자의 정보처리시스템에서 발생한 장애(障礙)를 알게 된 경우에, 그는 그 장애가 자신에게 이미 알려진 범위 내에서(soweit ihm diese bereits bekannt sind) 이용자에게 그에 관하여 통지를 해야 한다. 그 서비스제공자는 기술적으로 가능하고 적절한 범위 내에서 적절하고 효과적이며 이용 가능한 기술적 수단으로, 이용자가 이러한 장애를 인식하고 제거할 수 있는 그 수단을 안내해야 한다. 그 서비스제공자는, 이것이 이용자에게 그 장애에 관하여 통지할 수 있는 데 필요한 범위 내에서 장애가 시작된 이용자의 트래픽 또는 그러한 이용자에 대한 트래픽[180]의 일부(die Teile des Datenverkehrs von und zu einem Nutzer)를 우회시킬 수 있다.

⑤ 그 서비스제공자는, 이것이 그 서비스제공자, 제4항상의 이용자 또는 그 밖의 이용자의 전기통신시스템 및 데이터처리시스템의 피해(die Beeinträchtigung der Telekommunikations- und Datenverarbeitungssysteme)를 제거하거나 방지하는 데 필요하고 그 이용자가 그 장애를 지체 없이 직접 제거하지 않거나, 그 이용자가 그 장애를 지체 없이 직접 제거하지 않을 것으로 예상되는 (erwarten ist, dass der Nutzer die Störung selbst nicht unverzüglich beseitigt) 범위 내에서, 장애의 종료시까지 장애가 발생한 경우에 전기통신역무의 이용을, 제한하거나 우회시키거나 중단할 수 있다.

⑥ 그 서비스제공자는, 이것이 이용자의 전기통신스시스템 및 데이터처리시스템에서의 장애를 회피하는 데 필요한 범위 내에서 장애원(障礙源)에 대한 트래픽(den Datenverkehr zu Störungsquellen)을 제한하거나 중단할 수 있다.

⑦ 2002/58/EG호 입법지침 제4조 제5항에 기한 유럽연합집행위원회의 기술적 집행조치에 따라, 연방망관리청은 해당 양식, 해당 절차와 개인정보 침해에 관한 통지가 필요한(unter denen eine Benachrichtigung über eine Verletzung des Schutzes personenbezogener Daten erforderlich ist) 사정에 관한 가이드라인을 제정할 수 있다.

제110조 감청[181]조치의 집행, 정보 제공

① 공중이 이용 가능한 전기통신역무를 제공해 주는(mit der öffentlich zugängliche Telekommunikationsdienste erbracht werden) 전기통신설비를 운영하는 자는,

1. 그 운영 개시시부터 자신의 비용으로 법에 규정된, 전기통신 감청에 관한 조치의 집행을 위한 기술적 설비를 유지해야 하고 그 즉각적 집행을 위한 관리적 조처(措處)를 취해야(organisatorische Vorkehrungen für deren unverzügliche Umsetzung zu treffen) 한다,

1a. in Fällen, in denen die Überwachbarkeit nur durch das Zusammenwirken von zwei oder mehreren Telekommunikationsanlagen sichergestellt werden kann, die dazu erforderlichen automatischen Steuerungsmöglichkeiten zur Erfassung und Ausleitung der zu überwachenden Telekommunikation in seiner Telekommunikationsanlage bereitzustellen sowie eine derartige Steuerung zu ermöglichen,

2. der Bundesnetzagentur unverzüglich nach der Betriebsaufnahme

a) zu erklären, dass er die Vorkehrungen nach Nummer 1 getroffen hat sowie

b) eine im Inland gelegene Stelle zu benennen, die für ihn bestimmte Anordnungen zur Überwachung der Telekommunikation entgegennimmt,

3. der Bundesnetzagentur den unentgeltlichen Nachweis zu erbringen, dass seine technischen Einrichtungen und organisatorischen Vorkehrungen nach Nummer 1 mit den Vorschriften der Rechtsverordnung nach Absatz 2 und der Technischen Richtlinie nach Absatz 3 übereinstimmen; dazu hat er unverzüglich, spätestens nach einem Monat nach Betriebsaufnahme,

a) der Bundesnetzagentur die Unterlagen zu übersenden, die dort für die Vorbereitung der im Rahmen des Nachweises von der Bundesnetzagentur durchzuführenden Prüfungen erforderlich sind, und

b) mit der Bundesnetzagentur einen Prüftermin für die Erbringung dieses Nachweises zu vereinbaren;

bei den für den Nachweis erforderlichen Prüfungen hat er die Bundesnetzagentur zu unterstützen,

4. der Bundesnetzagentur auf deren besondere Aufforderung im begründeten Einzelfall eine erneute unentgeltliche Prüfung seiner technischen und organisatorischen Vorkehrungen zu gestatten sowie

5. die Aufstellung und den Betrieb von Geräten für die Durchführung von Maßnahmen nach den §§ 5 und 8 des Artikel 10-Gesetzes oder nach den §§ 19, 24 und 26 des BND-Gesetzes in seinen Räumen zu dulden und Bediensteten der für diese Maßnahmen zuständigen Stelle sowie bei Maßnahmen nach den §§ 5 und 8 des Artikel 10-Gesetzes den Mitgliedern und Mitarbeitern der G 10-Kommission (§ 1 Abs. 2 des Artikel 10-Gesetzes) Zugang zu diesen Geräten zur Erfüllung ihrer gesetzlichen Aufgaben zu gewähren.

Wer öffentlich zugängliche Telekommunikationsdienste erbringt, ohne hierfür eine Telekommunikationsanlage zu betreiben, hat sich bei der Auswahl des Betreibers der dafür genutzten Telekommunikationsanlage zu vergewissern, dass dieser Anordnungen zur Überwachung der Telekommunikation unverzüglich nach Maßgabe der Rechtsverordnung nach Absatz 2 und der Technischen Richtlinie nach Absatz 3 umsetzen kann und der Bundesnetzagentur unverzüglich nach Aufnahme seines Dienstes mitzuteilen, welche Telekommunikationsdienste er erbringt, durch wen Überwachungsanordnungen, die seine Teilnehmer betreffen, umgesetzt werden und an welche im Inland gelegene Stelle Anordnungen zur Überwachung der Telekommunikation zu richten sind. Änderungen der den Mitteilungen nach Satz 1 Nr. 2 Buchstabe b und Satz 2 zugrunde liegenden Daten sind der Bundesnetzagentur unverzüglich mitzuteilen. In Fällen, in denen noch keine Vorschriften nach Absatz 3 vorhanden sind, hat der Verpflichtete die technischen Einrichtungen nach Satz 1 Nr. 1 und 1a in Absprache mit der Bundesnetzagentur zu gestalten, die entsprechende Festlegungen im Benehmen mit den berechtigten Stellen trifft. Die Sätze 1 bis 4 gelten nicht, soweit die Rechtsverordnung nach Absatz 2 Ausnahmen für die Telekommunikationsanlage vorsieht. § 100b Abs. 3 Satz 1 der Strafprozessordnung, § 2 Abs. 1 Satz 3[182] des Artikel 10-Gesetzes, § 51 Absatz 6 Satz 1 des Bundeskriminalamtgesetzes, § 25 Absatz 1 Satz 1 des BND-Gesetzes sowie entsprechende landesgesetzliche Regelungen zur polizeilich-präventiven Telekommunikationsüberwachung bleiben unberührt.

1a. 감청가능성이 2개 또는 다수의 전기통신설비의 상호작용에 의해서만 보장될 수 있는 경우에, 이를 위해 필요한, 자신의 전기통신설비에서 감청해야 하는 전기통신의 탐지 및 제거에 관한 자동제어가능성(die dazu erforderlichen automatischen Steuerungsmöglichkeiten zur Erfassung und Ausleitung der zu überwachenden Telekommunikation)을 마련해야 하고, 그러한 제어를 가능하게 해야 한다,

2. 그 운영개시 후 지체 없이,

a) 자신이 제1에 따른 조처(措處)를 취했다는 점을 연방망관리청에 표시해야 하고,

b) 독일에서 있는 자(者)로, 자신에 대해 정해진 명령으로, 전기통신의 감청에 관한 명령을 수령할 자를 연방망관리청에 대하여 지정해야 한다,

3. 연방망관리청에 제1호에 따른 자신의 기술적 장치 및 관리적 조처(措處)(seine technischen Einrichtungen und organisatorischen Vorkehrungen nach Nummer 1)가 제2항에 따른 법규명령의 규정과 제3항에 따른 기술지침에 부합한다는 증거를 무료로 제공해야 한다; 이를 위해 그 자는 지체 없이, 늦어도 그 운영개시시로부터 1개월 후까지,

a) 연방망관리청에, 연방망관리청이 증명의 일환으로 시행해야 하는 검사의 준비를 위해 제1호에서 필요한 서류를 송부해야 하며,

b) 연방망관리청과 이러한 증거의 제출을 위한 검사일(einen Prüftermin)을 약정해야 한다; 이러한 증거에 필요한 검사에 있어 그 자는 연방망관리청에 도움을 제공해야 한다,

4. 연망방관리청에 대하여 그 특별한 요구에 있는 경우 정당한 개별사안에서 자신의 기술적·관리적 조처(措處)의 무료 검사를 허용해야 한다.

5. 기본법 제10조 법률[183] 제5조, 제8조나 연방해외정보국법[184] 제19조, 제24조, 제26조[185]에 따른 조치의 집행을 위한 장비의 설치 및 운영(die Aufstellung und den Betrieb von Geräten für die Durchführung von Maßnahmen)을 자신의 공간에서 수인해야 하고, 이러한 조치를 관할하는 기관의 직원과 기본법 제10조 법률 제5조, 제8조에 따른 조치의 경우 '기본법10조위원회[186]'(기본법 제10조 법률 제1조 제2항)의 직원에게 법(法)상 자신의 임무수행을 위하여 이러한 장비에 대한 접근(Zugang zu diesen Geräten zur Erfüllung ihrer gesetzlichen Aufgaben)을 허용해야 한다.

이를 위해 전기통신설비를 운용하지 않은 채 공중이 이용 가능한 전기통신역무를 제공하는 자는, 그 역무의 제공을 위해 이용한 전기통신설비의 운영자의 선택에 있어 그 자가 전기통신의 감청에 관한 명령을 제2항에 따른 법규명령과 제3항에 따른 기술지침의 기준에 따라 지체 없이 시행할 수 있는 점을 확인해야 하고, 또한 연방망관리청에 그 자의 서비스 개시 후에 지체 없이, 그 자가 어떤 전기통신역무를 제공하는지, 누구에 의해 그 자의 가입자에 관련된 감청명령이 시행되는지, 전기통신감청을 위한 명령이 독일에 있는 어느 자에게 향해져야 하는지(durch wen Überwachungsanordnungen, die seine Teilnehmer betreffen, umgesetzt werden und an welche im Inland gelegene Stelle Anordnungen zur Überwachung der Telekommunikation zu richten sind)를 통지해야 한다. 제1문 제2호 b목, 제2문에 따른 통지의 기초가 되는 데이터의 변경은 연방방관리청에 통지되어야 한다. 제2항에 다른 규정이 아직 마련되지 않은 경우에 그 의무자는, 권한을 가진 기관과 협의하여 관련 규정을 마련하는(die entsprechende Festlegungen im Benehmen mit den berechtigten Stellen trifft) 연방망관리청과 협의하여(in Absprache mit) 제1문 제1호, 제1호a에 따른 기술적 장치를 고안(考案)해야 한다. 제1문 내지 제4문은, 제2항에 따른 법규명령이 전기통신설비에 대한 예외를 규정하는 범위 내에서는 적용하지 아니한다. 형사소송법 제100조b 제3항 제1문, 기본법 제10조법 제2조 제1항 제3문, 연방범죄수사청법 제51조 제6항 제1문, 연방범죄수사청[187]법[188], 연방해외정보국법 제25조[189] 제1항 제1문과 경찰예방적 전기통신감청에 관한 주법의 관련 규정(entsprechende landesgesetzliche Regelungen zur polizeilich-präventiven Telekommunikationsüberwachung)은 영향을 받지 아니한다.

(2) Die Bundesregierung wird ermächtigt, durch Rechtsverordnung mit Zustimmung des Bundesrates

1. Regelungen zu treffen

a) über die grundlegenden technischen Anforderungen und die organisatorischen Eckpunkte für die Umsetzung von Überwachungsmaßnahmen und die Erteilung von Auskünften einschließlich der Umsetzung von Überwachungsmaßnahmen und der Erteilung von Auskünften durch einen von dem Verpflichteten beauftragten Erfüllungsgehilfen,

b) über den Regelungsrahmen für die Technische Richtlinie nach Absatz 3,

c) für den Nachweis nach Absatz 1 Satz 1 Nr. 3 und 4 und

d) für die nähere Ausgestaltung der Duldungsverpflichtung nach Absatz 1 Satz 1 Nr. 5 sowie

2. zu bestimmen,

a) in welchen Fällen und unter welchen Bedingungen vorübergehend auf die Einhaltung bestimmter technischer Vorgaben verzichtet werden kann,

b) dass die Bundesnetzagentur aus technischen Gründen Ausnahmen von der Erfüllung einzelner technischer Anforderungen zulassen kann und

c) bei welchen Telekommunikationsanlagen und damit erbrachten Diensteangeboten aus grundlegenden technischen Erwägungen oder aus Gründen der Verhältnismäßigkeit abweichend von Absatz 1 Satz 1 Nr. 1 keine technischen Einrichtungen vorgehalten und keine organisatorischen Vorkehrungen getroffen werden müssen.

(3) Die Bundesnetzagentur legt technische Einzelheiten, die zur Sicherstellung einer vollständigen Erfassung der zu überwachenden Telekommunikation und zur Auskunftserteilung sowie zur Gestaltung des Übergabepunktes zu den berechtigten Stellen erforderlich sind, in einer im Benehmen mit den berechtigten Stellen und unter Beteiligung der Verbände und der Hersteller zu erstellenden Technischen Richtlinie fest. Dabei sind internationale technische Standards zu berücksichtigen; Abweichungen von den Standards sind zu begründen. Die Technische Richtlinie ist von der Bundesnetzagentur auf ihrer Internetseite zu veröffentlichen; die Veröffentlichung hat die Bundesnetzagentur in ihrem Amtsblatt bekannt zu machen.

(4) Wer technische Einrichtungen zur Umsetzung von Überwachungsmaßnahmen herstellt oder vertreibt, kann von der Bundesnetzagentur verlangen, dass sie diese Einrichtungen im Rahmen einer Typmusterprüfung im Zusammenwirken mit bestimmten Telekommunikationsanlagen daraufhin prüft, ob die rechtlichen und technischen Vorschriften der Rechtsverordnung nach Absatz 2 und der Technischen Richtlinie nach Absatz 3 erfüllt werden. Die Bundesnetzagentur kann nach pflichtgemäßem Ermessen vorübergehend Abweichungen von den technischen Vorgaben zulassen, sofern die Umsetzung von Überwachungsmaßnahmen grundsätzlich sichergestellt ist und sich ein nur unwesentlicher Anpassungsbedarf bei den Einrichtungen der berechtigten Stellen ergibt. Die Bundesnetzagentur hat dem Hersteller oder Vertreiber das Prüfergebnis schriftlich mitzuteilen. Die Prüfergebnisse werden von der Bundesnetzagentur bei dem Nachweis der Übereinstimmung der technischen Einrichtungen mit den anzuwendenden technischen Vorschriften beachtet, den der Verpflichtete nach Absatz 1 Satz 1 Nr. 3 oder 4 zu erbringen hat. Die vom Bundesministerium für Wirtschaft und Technologie vor Inkrafttreten dieser Vorschrift ausgesprochenen Zustimmungen zu den von Herstellern vorgestellten Rahmenkonzepten gelten als Mitteilungen im Sinne des Satzes 3.

(5) Wer nach Absatz 1 in Verbindung mit der Rechtsverordnung nach Absatz 2 verpflichtet ist,

② 연방정부는 연방참사원의 동의를 얻은 법규명령으로 다음 각 호의 권한을 갖는다,

1. 다음 각 목에 관하여 규율할 권한,

   a) 감청조치의 집행에 대한 기본적 기술상 요구사항 및 조직적 초석(礎石)(die grundlegenden technischen Anforderungen und die organisatorischen Eckpunkte für die Umsetzung von Überwachungsmaßnahmen)과, 감청조치의 집행, 의무를 지는 자가 위임한 이행보조자에 의한 정보 제공을 포함하여 정보 제공,

   b) 제3항에 따른 기술지침의 규제기본틀(Regelungsrahmen),

   c) 제1항 제1문 제3호, 제4호,

   d) 제1항 제1문 제5호에 따른 수인의무의 보다 상세한 구성,

2. 다음 각 목에 관하여 정할 권한,

   a) 어느 경우에 또한 어떠한 조건 하에 일시적으로 특정한 기술지침의 준수(die Einhaltung bestimmter technischer Vorgaben)를 포기할 수 있는지,

   b) 연방망관리청이 기술적 이유에서 각 기술적 요구사항의 이행(Ausnahmen von der Erfüllung einzelner technischer Anforderungen)에 대한 예외를 허용할 수 있는지,

   c) 어떤 전기통신설비 또한 어떤 전기통신설비에 의한 서비스제공의 경우에 있어(bei welchen Telekommunikationsanlagen und damit erbrachten Diensteangeboten), 기본적인 기술적 고려에서 또는 비례성의 이유에서 제1항 제1호와 달리 기술적 장비를 마련할 필요가 없고 또 관리적 조처(措處)를 취할 필요가 없는지.

③ 연방망관리청은, 감청해야 하는 통신에 대한 완벽한 탐지의 보장, 정보제공과, 권리를 가진 자에 대한 인계시점(引繼時點)의 형성을 위해 필요한 기술적 세부사항으로, 권한을 가진 기관과 협의하고 해당 협회 및 해당 제조자의 참여하에 마련해야 하는 기술지침상(in einer im Benehmen mit den berechtigten Stellen und unter Beteiligung der Verbände und der Hersteller zu erstellenden Technischen Richtlinie)의 세부사항을 확정한다. 이 경우 국제 기술표준을 고려해야 한다; 그 표준과 다른 규율은 이유를 제시해야 한다(Abweichungen von den Standards sind zu begründen). 기술지침은 연방망관리청이 자신의 인터넷사이트에 게재한다; 연방망관리청은 그 게재를 자신의 관보에 공고해야(in ihrem Amtsblatt bekannt zu machen) 한다.

④ 감청조치의 집행을 위한 기술적 장치를 제조하거나 유통하는 자는, 제2항에 따른 법규명령의 법적·기술적 규정과, 제3항에 따른 기술지침이 충족되었는지와 관련하여(ob die rechtlichen und technischen Vorschriften der Rechtsverordnung nach Absatz 2 und der Technischen Richtlinie nach Absatz 3 erfüllt werden) 자신이 이러한 장치를 특정한 전기통신설비와의 관련한 대표견본검사(代表見本檢査)의 일환으로(im Rahmen einer Typmusterprüfung im Zusammenwirken mit bestimmten Telekommunikationsanlagen) 검사하도록 연방망관리청에 요구할 수 있다. 감청조치의 집행이 기본적으로 확보되었고, 사소한 조정수요만이 권한이 있는 기관의 그 장치에서 생긴 경우에, 연방망관리청은 기속재량에 좇아(nach pflichtgemäßem Ermessen) 기술지침과 일시적으로 다르게 정하는 것을 허용할 수 있다. 연방망관리청은 해당 제조자 또는 해당 유통업자에게 검사결과를 서면으로 통지한다. 검사결과는 기술적 장치의 적용해야 하는 기술적 규정과의 부합에 대한 증명(bei dem Nachweis der Übereinstimmung der technischen Einrichtungen mit den anzuwendenden technischen Vorschriften)으로, 의무자가 제1항 제1문 제3호 또는 제4호에 따라 제공해야 하는 증명에 있어 연방망관리청에 의해 존중된다. 연방경제·기술부가 본 규정의 시행 전에 표시한 동의로, 제조자가 제출한 기본구상에 대한 동의(zu den von Herstellern vorgestellten Rahmenkonzepten)는 제3문상의 통지로서 간주한다.

⑤ 제2항에 따른 법규명령과 연결된 제1항에 따라 조처(措處)를 취할 의무를 지는 자는, 거기서 특정한

Vorkehrungen zu treffen, hat die Anforderungen der Rechtsverordnung und der Technischen Richtlinie nach Absatz 3 spätestens ein Jahr nach deren Bekanntmachung zu erfüllen, sofern dort für bestimmte Verpflichtungen kein längerer Zeitraum festgelegt ist. Nach dieser Richtlinie gestaltete mängelfreie technische Einrichtungen für bereits vom Verpflichteten angebotene Telekommunikationsdienste müssen im Falle einer Änderung der Richtlinie spätestens drei Jahre nach deren Inkrafttreten die geänderten Anforderungen erfüllen. Stellt sich bei dem Nachweis nach Absatz 1 Satz 1 Nr. 3 oder einer erneuten Prüfung nach Absatz 1 Satz 1 Nr. 4 ein Mangel bei den von dem Verpflichteten getroffenen technischen oder organisatorischen Vorkehrungen heraus, hat er diesen Mangel nach Vorgaben der Bundesnetzagentur in angemessener Frist zu beseitigen; stellt sich im Betrieb, insbesondere anlässlich durchzuführender Überwachungsmaßnahmen, ein Mangel heraus, hat er diesen unverzüglich zu beseitigen. Sofern für die technische Einrichtung eine Typmusterprüfung nach Absatz 4 durchgeführt worden ist und dabei Fristen für die Beseitigung von Mängeln festgelegt worden sind, hat die Bundesnetzagentur diese Fristen bei ihren Vorgaben zur Mängelbeseitigung nach Satz 3 zu berücksichtigen.

(6) Jeder Betreiber einer Telekommunikationsanlage, der anderen im Rahmen seines Angebotes für die Öffentlichkeit Netzabschlusspunkte seiner Telekommunikationsanlage überlässt, ist verpflichtet, den gesetzlich zur Überwachung der Telekommunikation berechtigten Stellen auf deren Anforderung Netzabschlusspunkte für die Übertragung der im Rahmen einer Überwachungsmaßnahme anfallenden Informationen unverzüglich und vorrangig bereitzustellen. Die technische Ausgestaltung derartiger Netzabschlusspunkte kann in einer Rechtsverordnung nach Absatz 2 geregelt werden. Für die Bereitstellung und Nutzung gelten mit Ausnahme besonderer Tarife oder Zuschläge für vorrangige oder vorzeitige Bereitstellung oder Entstörung die jeweils für die Allgemeinheit anzuwendenden Tarife. Besondere vertraglich vereinbarte Rabatte bleiben von Satz 3 unberührt.

(7) Telekommunikationsanlagen, die von den gesetzlich berechtigten Stellen betrieben werden und mittels derer in das Fernmeldegeheimnis oder in den Netzbetrieb eingegriffen werden soll, sind im Einvernehmen mit der Bundesnetzagentur technisch zu gestalten. Die Bundesnetzagentur hat sich zu der technischen Gestaltung innerhalb angemessener Frist zu äußern.

(8) (weggefallen)

(9) (weggefallen)

Fußnote

(+++ § 110 Abs. 8: Zur letztmaligen Anwendung für das Berichtsjahr 2007 vgl. § 12 StPOEG +++)

§ 111 Daten für Auskunftsersuchen der Sicherheitsbehörden

(1) Wer geschäftsmäßig Telekommunikationsdienste erbringt oder daran mitwirkt und dabei Rufnummern oder andere Anschlusskennungen vergibt oder Telekommunikationsanschlüsse für von anderen vergebene Rufnummern oder andere Anschlusskennungen bereitstellt, hat für die Auskunftsverfahren nach den §§ 112 und 113

1. die Rufnummern und anderen Anschlusskennungen,
2. den Namen und die Anschrift des Anschlussinhabers,
3. bei natürlichen Personen deren Geburtsdatum,
4. bei Festnetzanschlüssen auch die Anschrift des Anschlusses,

의무에 대하여 보다 장기의 기간을 규정하지 않는 한(sofern dort für bestimmte Verpflichtungen kein längerer Zeitraum festgelegt ist), 그 법규명령과 제3항에 따른 기술지침의 요구사항을 그 공고시로부터 늦어도 1년 내에 이행해야 한다. 이러한 지침에 따라 고안된 하자 없는 기술적 장치로, 이미 의무자가 제공한 전기통신역무에 대한 기술적 장치(Nach dieser Richtlinie gestaltete mängelfreie technische Einrichtungen für bereits vom Verpflichteten angebotene Telekommunikationsdienste)는, 해당 지침의 개정의 경우에는 늦어도 그 지침의 시행시로부터 3년 내에 개정된 요구사항을 충족해야만 한다. 제1항 제1문 제3호에 따른 증명에 있어 또는 제1항 제1문 제4호에 따른 재심사의 경우에 의무자가 취한 기술적·관리적 조처(措處)에서 하자가 드러난 경우에, 그 의무자는 이러한 하자를 연방망관리청의 지침(Vorgaben)에 좇아 적절한 기간 내에 제거해야 한다; 운영에서, 특히 시행해야 하는 감청조치를 계기로 하자가 드러난 경우에(stellt sich im Betrieb, insbesondere anlässlich durchzuführender Überwachungsmaßnahmen, ein Mangel heraus), 그 의무자는 이를 지체 없이 제거해야 한다. 기술적 장치에 대하여 제4항에 따른 대표표본검사가 실시되었는데(Sofern für die technische Einrichtung eine Typmusterprüfung nach Absatz 4 durchgeführt worden ist) 이 경우 하자의 제거에 대한 기간이 정해진 경우에 연방망관리청은, 제3문에 따른 하자제거에 관한 자신의 지침에 있어서 그 기간을 고려해야 한다.

⑥ 공중에 대한 자신의 제공 범위 내에서 자신의 전기통신설비의 통신망종료지점을 타인에게 넘겨주는 모든 전기통신설비운영자(Jeder Betreiber einer Telekommunikationsanlage, der anderen im Rahmen seines Angebotes für die Öffentlichkeit Netzabschlusspunkte seiner Telekommunikationsanlage überlässt)는, 법(法)상 전기통신 감청할 권한이 있는 기관에게 그 요구에 따라 감청조치의 도중에 발생한 정보의 이전에 대한 통신망종료지점을 지체 없이 또 우선적으로 제공할 의무를 진다. 이러한 통신망종료지점의 기술적 구성은 제2항에 따른 법규명령에서 규율된다. 그 제공 및 이용에 대하여 특별요금제나 우선적 또는 시전적 제공 또는 장애제거에 대한 추가요금을 제외하고(mit Ausnahme besonderer Tarife oder Zuschläge für vorrangige oder vorzeitige Bereitstellung oder Entstörung) 각각 일반인에 대해 적용해야 하는 요금제를 적용한다. 특별히 계약으로 약정한 할인은 제3문에 의해 영향을 받지 아니한다.

⑦ 법(法)상 권한을 가진 기관이 운영하고 전기통신설비로, 그 통신비밀 또는 통신망운영에 침입하는 데 쓰이는(mittels derer in das Fernmeldegeheimnis oder in den Netzbetrieb eingegriffen werden soll) 전기통신설비는 연방망관리청과 협의하여 기술적으로 고안되어야 한다. 연방망관리청은 적절한 기간 내에 그 기술적 고안에 대하여 언급해야 한다.

⑧ 삭제

⑨ 삭제

각주

(제110조 제8항: 2007년의 보고연도에 대한 최종 적용에 대하여 형사소송법시행법 제12조를 참조하라)

제111조 안전행정관청(安全行政官廳)의 정보제공요구의 데이터

① 영업적으로 전기통신역무를 제공하거나 이에 협력하면서 전화번호 또는 그 밖의 접속식별자(接續識別子; Anschlusskennungen)를 배정하거나 타인이 배정한 전화번호 또는 그 밖의 접속식별자에 대한 전기통신접속(Telekommunikationsanschlüsse für von anderen vergebene Rufnummern oder andere Anschlusskennungen)을 제공하는 자는, 제112조, 제113조에 따른 정보제공절차를 위하여, 다음 각 호를,

1. 전화번호 및 그 밖의 접속식별자,
2. 접속주체의 이름 및 주소,
3. 자연인의 경우 자연인의 생년월일,
4. 유선통신망접속의 경우 접속된 곳의 주소도 포함,

5. in Fällen, in denen neben einem Mobilfunkanschluss auch ein Mobilfunkendgerät überlassen wird, die Gerätenummer dieses Gerätes sowie
6. das Datum des Vertragsbeginns

vor der Freischaltung zu erheben und unverzüglich zu speichern, auch soweit diese Daten für betriebliche Zwecke nicht erforderlich sind; das Datum des Vertragsendes ist bei Bekanntwerden ebenfalls zu speichern. Satz 1 gilt auch, soweit die Daten nicht in Teilnehmerverzeichnisse (§ 104) eingetragen werden. Bei im Voraus bezahlten Mobilfunkdiensten ist die Richtigkeit der nach Satz 1 erhobenen Daten vor der Freischaltung zu überprüfen durch

1. Vorlage eines Ausweises im Sinne des § 2 Absatz 1 des Personalausweisgesetzes,
2. Vorlage eines Passes im Sinne des § 1 Absatz 2 des Passgesetzes,
3. Vorlage eines sonstigen gültigen amtlichen Ausweises, der ein Lichtbild des Inhabers enthält und mit dem die Pass- und Ausweispflicht im Inland erfüllt wird, wozu insbesondere auch ein nach ausländerrechtlichen Bestimmungen anerkannter oder zugelassener Pass, Personalausweis oder Pass- oder Ausweisersatz zählt,
4. Vorlage eines Aufenthaltstitels,
5. Vorlage eines Ankunftsnachweises nach § 63a Absatz 1 des Asylgesetzes oder einer Bescheinigung über die Aufenthaltsgestattung nach § 63 Absatz 1 des Asylgesetzes,
6. Vorlage einer Bescheinigung über die Aussetzung der Abschiebung nach § 60a Absatz 4 des Aufenthaltsgesetzes oder
7. Vorlage eines Auszugs aus dem Handels- oder Genossenschaftsregister oder einem vergleichbaren amtlichen Register oder Verzeichnis, der Gründungsdokumente oder gleichwertiger beweiskräftiger Dokumente oder durch Einsichtnahme in diese Register oder Verzeichnisse und Abgleich mit den darin enthaltenen Daten, sofern es sich bei dem Anschlussinhaber um eine juristische Person oder Personengesellschaft handelt, soweit die Daten in den vorgelegten Dokumenten oder eingesehenen Registern oder Verzeichnissen enthalten sind.

Die Überprüfung kann auch durch andere geeignete Verfahren erfolgen; die Bundesnetzagentur legt nach Anhörung der betroffenen Kreise durch Verfügung im Amtsblatt fest, welche anderen Verfahren zur Überprüfung geeignet sind, wobei jeweils zum Zwecke der Identifikation vor Freischaltung der vertraglich vereinbarten Mobilfunkdienstleistung ein Dokument im Sinne des Satzes 3 genutzt werden muss. Bei der Überprüfung ist die Art des eingesetzten Verfahrens zu speichern; bei Überprüfung mittels eines Dokumentes im Sinne des Satzes 3 Nummer 1 bis 6 sind ferner Angaben zu Art, Nummer und ausstellender Stelle zu speichern. Für die Identifizierung anhand eines elektronischen Identitätsnachweises nach § 18 des Personalausweisgesetzes, nach § 12 des eID-Karte-Gesetzes oder nach § 78 Absatz 5 des Aufenthaltsgesetzes gilt § 8 Absatz 2 Satz 4 des Geldwäschegesetzes entsprechend. Für das Auskunftsverfahren nach § 113 ist die Form der Datenspeicherung freigestellt.

(2) Die Verpflichtung zur unverzüglichen Speicherung nach Absatz 1 Satz 1 gilt hinsichtlich der Daten nach Absatz 1 Satz 1 Nummer 1 und 2 entsprechend für denjenigen, der geschäftsmäßig einen öffentlich zugänglichen Dienst der elektronischen Post erbringt und dabei Daten nach Absatz 1 Satz 1 Nummer 1 und 2 erhebt, wobei an die Stelle der Daten nach Absatz 1 Satz 1 Nummer 1 die Kennungen der elektronischen Postfächer und an die Stelle des Anschlussinhabers nach Absatz 1 Satz 1 Nummer 2 der Inhaber des elektronischen Postfachs tritt.

5. 이동통신접속과 함께 이동통신단말기(auch ein Mobilfunkendgerät)도 양도되는 경우에는 이러한 단말기의 기기식별번호[190],
6. 계약개시일자,

본격개시(本格開始; Freischaltung) 전에 이러한 데이터가 사업 목적에 필요하지 않은 경우에도 수집해야 하고 지체 없이 저장해야 한다; 계약종료일자도 알게 된 경우에 저장해야 한다. 이러한 데이터가 가입자 명부(제104조)에 등재하지 않은 범위 내에서도 제1문을 적용한다. 선불로 지급하는 이동통신서비스의 경우에(Bei im Voraus bezahlten Mobilfunkdiensten) 제1문에 따라 수집된 데이터의 정확성은 본격개시 전에 다음 각 호에 의하여 검사해야 한다,

1. 신분증법[191] 제2조 제1항상의 신분증의 제시,
2. 여권법 제1조 제2항상의 여권의 제시,
3. 기타 유효한 관청이 발급한 신분증으로, 소지인의 신분증명용사진을 포함하고 여권제시의무 및 신분증 제시의무가 독일에서 이행하게 해 주는 신분의 제시, 특히 외국법의 규정에 따라 공인되거나 허가된 여권(Pass), 신분증(Personalausweis) 또는 대체여권(代替旅券; Passersatz) 또는 대체신분증(代替身分證; Ausweisersatz)도 이에 속한다,
4. 거주허가증,
5. 망명법(亡命法) 제63조a 제1항에 따른 접수증명서 또는 동법 제63조 제1항에 따른 임시체류허가에 증명서의 제시,
6. 체류법[192] 제60조a 제4항에 따른 추방유예에 관한 증명서(Bescheinigung über die Aussetzung der Abschiebung)의 제시,
7. 접속주체가 법인 또는 인적회사에 해당하는 경우에는, 상업등기부, 조합등기부, 이와 유사한 관청의 등기부 또는 명부, 설립문서 또는 이와 동등한 증명력이 있는 문서에서 기인한 발췌물(拔萃物)의 제시나, 이러한 등기부 또는 명부에 대한 열람에 의하거나 이에 포함된 정보에 기한 비교에 의한(durch Einsichtnahme in diese Register oder Verzeichnisse und Abgleich mit den darin enthaltenen Daten) 발췌물(拔萃物)의 제시, 다만 이러한 정보가 제출된 문서 또는 열람된 등기부 또는 명부에 포함되어 범위 내에서 한함.

연방망관리청이 이해당사자들에 대한 청문을 거쳐(nach Anhörung der betroffenen Kreise) 처분으로, 계약으로 약정한 이동통신서비스의 본격개시(本格開始) 전에 신원확인의 목적(目的)을 위하여 제3문상의 문서를 각각 이용해야만 하는(wobei jeweils zum Zwecke der Identifikation vor Freischaltung der vertraglich vereinbarten Mobilfunkdienstleistung ein Dokument im Sinne des Satzes 3 genutzt werden muss) 그 밖의 어떤 절차가 그 검사에 적절한지를 관보에서 정한다. 그 검사의 경우에 이용한 절차의 성질을 저장해야 한다; 또한 제3문 제1호 내지 제6문상의 문서에 의한 검사의 경우에 성질, 번호, 발급기관에 관한 정보(Angaben zu Art, Nummer und ausstellender Stelle)를 저장해야 한다. 신분증법 제18조, 전자신분증법(eID-Karte-Gesetze)[193] 제12조 또는 체류법 제78조 제5항에 따른 전자신분증명에 의한 신원확인에 대하여 자금세탁방지법(Geldwäschegesetz)[194] 제8조 제2항 제4문을 준용한다. 제113조에 따른 정보제공절차에 있어 정보저장방식은 면제한다.

② 제1항 제1문에 따른 즉시저장의무(卽時貯藏義務)(Die Verpflichtung zur unverzüglichen Speicherung nach Absatz 1 Satz 1)는, 제1항 제1문 제1호, 제2호에 따른 데이터에 관련하여 영업적으로 공중이 이용가능한 서비스 또는 전자우편을 제공하면서 제1항 제1문 제1호, 제2호에 따른 데이터를 수집하는 자에 대하여 준용하고, 이에 따라 전자우편함의 식별자(die Kennungen der elektronischen Postfächer)가 제1항 제1문 제1호에 따른 데이터, 전자우편함 소유주(Inhaber des elektronischen Postfachs)가 제1항 제1문 제2호에 따른 접속주체를 각각 대신한다.

(3) Wird dem Verpflichteten nach Absatz 1 Satz 1 oder Absatz 2 eine Änderung bekannt, hat er die Daten unverzüglich zu berichtigen. In diesem Zusammenhang hat der nach Absatz 1 Satz 1 Verpflichtete bisher noch nicht erhobene Daten zu erheben und zu speichern, sofern ihm eine Erhebung der Daten ohne besonderen Aufwand möglich ist.

(4) Bedient sich ein Diensteanbieter zur Erhebung der Daten nach Absatz 1 Satz 1 und Absatz 2 eines Dritten, bleibt er für die Erfüllung der Pflichten nach Absatz 1 Satz 1 und Absatz 2 verantwortlich. Werden dem Dritten im Rahmen des üblichen Geschäftsablaufes Änderungen der Daten nach Absatz 1 Satz 1 und Absatz 2 bekannt, hat er diese dem Diensteanbieter unverzüglich zu übermitteln.

(5) Die Daten nach den Absätzen 1 und 2 sind mit Ablauf des auf die Beendigung des Vertragsverhältnisses folgenden Kalenderjahres zu löschen.

(6) Eine Entschädigung für die Datenerhebung und -speicherung wird nicht gewährt.

§ 112 Automatisiertes Auskunftsverfahren

(1) Wer öffentlich zugängliche Telekommunikationsdienste erbringt, hat die nach § 111 Absatz 1 Satz 1, Absatz 2, 3 und 4 erhobenen Daten unverzüglich in Kundendateien zu speichern, in die auch Rufnummern und Rufnummernkontingente, die zur weiteren Vermarktung oder sonstigen Nutzung an andere Anbieter von Telekommunikationsdiensten vergeben werden, sowie bei portierten Rufnummern die aktuelle Portierungskennung aufzunehmen sind. Der Verpflichtete kann auch eine andere Stelle nach Maßgabe des § 11 des Bundesdatenschutzgesetzes beauftragen, die Kundendateien zu führen. Für die Berichtigung und Löschung der in den Kundendateien gespeicherten Daten gilt § 111 Absatz 3 und 5 entsprechend. In Fällen portierter Rufnummern sind die Rufnummer und die zugehörige Portierungskennung erst nach Ablauf des Jahres zu löschen, das dem Zeitpunkt folgt, zu dem die Rufnummer wieder an den Netzbetreiber zurückgegeben wurde, dem sie ursprünglich zugeteilt worden war. Der Verpflichtete hat zu gewährleisten, dass

1. die Bundesnetzagentur jederzeit Daten aus den Kundendateien automatisiert im Inland abrufen kann,
2. der Abruf von Daten unter Verwendung unvollständiger Abfragedaten oder die Suche mittels einer Ähnlichenfunktion erfolgen kann.

Der Verpflichtete und sein Beauftragter haben durch technische und organisatorische Maßnahmen sicherzustellen, dass ihnen Abrufe nicht zur Kenntnis gelangen können. Die Bundesnetzagentur darf Daten aus den Kundendateien nur abrufen, soweit die Kenntnis der Daten erforderlich ist

1. für die Verfolgung von Ordnungswidrigkeiten nach diesem Gesetz oder nach dem Gesetz gegen den unlauteren Wettbewerb,
2. für die Erledigung von Auskunftsersuchen der in Absatz 2 genannten Stellen.

Die ersuchende Stelle prüft unverzüglich, inwieweit sie die als Antwort übermittelten Daten benötigt, nicht benötigte Daten löscht sie unverzüglich; dies gilt auch für die Bundesnetzagentur für den Abruf von Daten nach Satz 7 Nummer 1.

(2) Auskünfte aus den Kundendateien nach Absatz 1 werden

1. den Gerichten und Strafverfolgungsbehörden,
2. den Polizeivollzugsbehörden des Bundes und der Länder für Zwecke der Gefahrenabwehr,
3. dem Zollkriminalamt und den Zollfahndungsämtern für Zwecke eines Strafverfahrens sowie dem Zollkriminalamt zur Vorbereitung und Durchführung von Maßnahmen nach § 23a des

③ 제1항 제1문, 제2문에 따라 의무를 지는 자가 수정사항을 알게 되는 경우에 그는 그 데이터를 지체 없이 통지해야 한다. 이와 관련하여 제1항 제1문에 따라 의무를 지는 자는, 그 데이터의 수집이 특별한 경비를 들이지 않더라도(ohne besonderen Aufwand) 그에게 가능한 경우에, 지금까지 수집되지 않은 데이터를 수집하고 저장해야 한다.

④ 서비스제공자가 제1항 제1문, 제2항에 따른 데이터를 수집하기 위하여 제3자를 고용한 경우에, 그 서비스제공자가 제1항 제1문, 제2항에 따른 의무의 이행에 대해 책임을 진다. 제3자가 통상적 업무과정 중에(im Rahmen des üblichen Geschäftsablaufes) 제1항 제1문, 제2항에 따른 데이터의 수정사항을 알게 되는 경우에 제3자는 그 서비스제공자에게 이를 지체 없이 제공해야 한다.

⑤ 제1항, 제2항에 따른 데이터는 계약관계의 종료된 해의 다음역년이 경과시에(mit Ablauf des auf die Beendigung des Vertragsverhältnisses folgenden Kalenderjahres) 삭제해야 한다.

⑥ 데이터수집 및 데이터저장에 대한 보상은 행해지지 않는다.

제112조 자동정보제공절차

① 공중이 이용 가능한 전기통신역무를 제공하는 자는, 제111조 제1항 제1문, 제2항, 제3항, 제4항에 따라 수집한 데이터를 지체 없이, 다른 전기통신역무제공자에 대한 추가적 마케팅 또는 기타 이용을 위하여 배정된 전화번호 및 전화번호할당(Rufnummern und Rufnummernkontingente)과, 복사한 전화번호의 경우 최신 복제식별자(bei portierten Rufnummern die aktuelle Portierungskennung)도 저장되는 고객데이터베이스에 저장해야 한다. 그 의무자는 연방개인정보보호법 제11조의 기준에 따라 다른 기관에도 그 고객데이터베이스의 작성을 위임할 수 있다. 고객데이터베이스에 저장된 데이터의 정정 및 삭제에 대하여(Für die Berichtigung und Löschung der in den Kundendateien gespeicherten Daten) 제111조 제3항, 제5항을 준용한다. 복제된 전화번호의 경우에는 그 전화번호와 관련 복세식별자(die Rufnummer und die zugehörige Portierungskennung)를 그 전화번호가 당초 이를 분배한 통신망이용자에 게 다시 반환된 시기의 다음해 경과 후에 비로소 삭제해야 한다. 그 의무자(Der Verpflichtete)는 다음 각 호를 보장(保障)해야 한다,

1. 연방망관리청이 언제든지 독일에서 그 데이터베이스에서 데이터를 자동으로 검색할 수 있을 것,
2. 자료의 검색은 불충분한 검색데이터를 사용하거나 유사기능(類似機能; Ähnlichenfunktion)에 의한 검색에 의해 이뤄질 수 있을 것.

그 의무자와 그 대리인은 기술적·관리적 조치에 의하여 자신들이 그 검색을 인식할 수 없도록 보장해야 한다. 연방망관리청은, 데이터 지식이 다음 각 호에 필요한 범위 내에서만 그 고객데이터베이스에서 데이터를 검색할 수 있다.

1. 본 법률 또는 부정경쟁방지법(dem Gesetz gegen den unlauteren Wettbewerb)에 따른 질서위반행위 대한 소추[195](Verfolgung),
2. 제2항상의 기관의 정보제공요구의 처리.

그 요구하는 기관은 지체 없이 자신이 응답으로서 어느 정도 이전된 데이터를 필요로 하는지(inwieweit sie die als Antwort übermittelten Daten benötigt)를 점검하고, 필요하지 않은 데이터는 삭제한다; 이는 연방망관리청의 제7문 제1호에 따른 검색에도 적용한다.

② 제1항에 따른 고객데이터베이스에 기한 정보는, 다음 각 호 기관에,

1. 법원, 형사관청[196](刑事官廳),
2. 위험방지를 목적으로 하는 연방 및 주의 위험방지관청,
3. 형사소송절차를 목적으로 하는 관세범죄수사청 및 관세범죄수사사무소와, 관세범죄수사법 제23조a에 따른 조치의 준비 및 집행을 관세범죄수사청(dem Zollkriminalamt zur Vorbereitung und

Zollfahndungsdienstgesetzes,

4. den Verfassungsschutzbehörden des Bundes und der Länder, dem Militärischen Abschirmdienst, dem Bundesnachrichtendienst,
5. den Notrufabfragestellen nach § 108 sowie der Abfragestelle für die Rufnummer 124 124,
6. der Bundesanstalt für Finanzdienstleistungsaufsicht,
7. den Behörden der Zollverwaltung für die in § 2 Abs. 1 des Schwarzarbeitsbekämpfungsgesetzes genannten Zwecke über zentrale Abfragestellen sowie
8. den nach Landesrecht für die Verfolgung und Ahndung von Ordnungswidrigkeiten zuständigen Behörden für die in § 2 Absatz 3 des Schwarzarbeitsbekämpfungsgesetzes genannten Zwecke über zentrale Abfragestellen

nach Absatz 4 jederzeit erteilt, soweit die Auskünfte zur Erfüllung ihrer gesetzlichen Aufgaben erforderlich sind und die Ersuchen an die Bundesnetzagentur im automatisierten Verfahren vorgelegt werden.

(3) Das Bundesministerium für Wirtschaft und Energie wird ermächtigt, im Einvernehmen mit dem Bundeskanzleramt, dem Bundesministerium des Innern, für Bau und Heimat, dem Bundesministerium der Justiz und für Verbraucherschutz, dem Bundesministerium der Finanzen, dem Bundesministerium für Verkehr und digitale Infrastruktur sowie dem Bundesministerium der Verteidigung eine Rechtsverordnung mit Zustimmung des Bundesrates zu erlassen, in der geregelt werden

1. die wesentlichen Anforderungen an die technischen Verfahren
   a) zur Übermittlung der Ersuchen an die Bundesnetzagentur,
   b) zum Abruf der Daten durch die Bundesnetzagentur von den Verpflichteten einschließlich der für die Abfrage zu verwendenden Datenarten und
   c) zur Übermittlung der Ergebnisse des Abrufs von der Bundesnetzagentur an die ersuchenden Stellen,
2. die zu beachtenden Sicherheitsanforderungen,
3. für Abrufe mit unvollständigen Abfragedaten und für die Suche mittels einer Ähnlichenfunktion
   a) die Mindestanforderungen an den Umfang der einzugebenden Daten zur möglichst genauen Bestimmung der gesuchten Person,
   b) die Zeichen, die in der Abfrage verwendet werden dürfen,
   c) Anforderungen an den Einsatz sprachwissenschaftlicher Verfahren, die gewährleisten, dass unterschiedliche Schreibweisen eines Personen-, Straßen- oder Ortsnamens sowie Abweichungen, die sich aus der Vertauschung, Auslassung oder Hinzufügung von Namensbestandteilen ergeben, in die Suche und das Suchergebnis einbezogen werden,
   d) die zulässige Menge der an die Bundesnetzagentur zu übermittelnden Antwortdatensätze sowie
4. wer abweichend von Absatz 1 Satz 1 aus Gründen der Verhältnismäßigkeit keine Kundendateien für das automatisierte Auskunftsverfahren vorhalten muss; in diesen Fällen gilt § 111 Absatz 1 Satz 7 entsprechend.

Im Übrigen können in der Verordnung auch Einschränkungen der Abfragemöglichkeit für die in Absatz 2 Nr. 5 bis 8 genannten Stellen auf den für diese Stellen erforderlichen Umfang geregelt werden. Die technischen Einzelheiten des automatisierten Abrufverfahrens gibt die Bundesnetzagentur in einer unter Beteiligung der betroffenen Verbände und der berechtigten Stellen zu erarbeitenden Technischen Richtlinie vor, die bei Bedarf an den Stand der Technik anzupassen und von der Bundesnetzagentur in

Durchführung von Maßnahmen nach § 23a des Zollfahndungsdienstgesetzes),

4. 연방 및 주의 헌법수호청(Verfassungsschutzbehörden), 군사정보국(Militärischen Abschirmdienst), 연방해외정보국,
5. 제108조에 따른 공공안전응답소와 124 124의 전화번호 문의응답소(問議應答所)
6. 연방금융서비스감독원[197](der Bundesanstalt für Finanzdienstleistungsaufsicht),
7. 불법노동대처법(Schwarzarbeitsbekämpfungsgesetz) 제2조 제1항상의 중앙 문의응답소에 관한 목적을 위한 관세행정관청,
8. 주법에 따라 질서위반행위의 소추 및 처벌을 관할하는 관청으로, 불법노동대처법 제2조 제1항상의 중앙 문의응답소에 관한 목적(die in § 2 Absatz 3 des Schwarzarbeitsbekämpfungsgesetzes genannten Zwecke über zentrale Abfragestellen)을 위한 관청,

제4항에 따라 언제든지 그 정보가 그 기관의 법(法)상 임무 수행에 필요하고 연방정부에 대한 그 요구가 자동절차로 제출되는(die Ersuchen an die Bundesnetzagentur im automatisierten Verfahren vorgelegt werden) 범위 내에서 제공된다.

③ 연방경제·에너지부(Das Bundesministerium für Wirtschaft und Energie)는 연방수상청(Bundeskanzleramt), 연방내무·건설부(dem Bundesministerium des Innern, für Bau und Heimat), 연방법무소비자보호부, 연방재무부, 연방교통·디지털기반부, 연방국방부(dem Bundesministerium der Verteidigung)와 협의하여 연방참사원의 동의를 얻은 법규명령으로 다음 각 호를 규율하는 법규명령(eine Rechtsverordnung)을 제정할 권한이 있다,

1. 다음 각 목의 기술적 절차에 대한 핵심적 요구사항,
   a) 연방망관리청에 대한 요구의 전달,
   b) 검색에 대해 사용하는 데이터유형을 포함하여 연방망관리청에 의한 의무자에 대한 데이터의 검색(檢索),
   c) 연방망관리청의 검색 결과를 요구하는 기관에 대한 전달,
2. 준수되어야 할 보안요구사항,
3. 불충분한 검색데이터에 의한 검색과 유사기능에 의한 검색에 대하여,
   a) 검색 대상자에 대한 가능한 한 정확한 규정을 위해 입력해야 하는 데이터 범위(範圍)에 대한 최소요구사항,
   b) 검색에 사용되어도 되는 표시,
   c) 인명(人名), 거리명(距離名) 또는 장소명(場所名)의 다양한 철자(綴字)(unterschiedliche Schreibweisen eines Personen-, Straßen- oder Ortsnamens)와, 그러한 이름구성요소의 교체, 생략 또는 추가(der Vertauschung, Auslassung oder Hinzufügung von Namensbestandteilen)로 생기는 다름이 검색과 검색결과에 포함되도록 보장하는 언어학적 절차사용에 대한 요구사항,
   d) 연망방관리청에 전달되어야 하는 응답데이터세트의 허용량,
4. 제1항 제1호와 달리 비례성 이유에서 자동정보제공절차에 대한 고객데이터베이스(Kundendateien für das automatisierte Auskunftsverfahren)를 마련할 필요가 없는 자; 이러한 경우 제111조 제1항 제7문을 준용한다.

그 밖의 경우에 제2항 제5호 내지 제8호상의 기관을 위한 검색가능성의 제한(auch Einschränkungen der Abfragemöglichkeit für die in Absatz 2 Nr. 5 bis 8 genannten Stellen)도 이러한 기관을 위해 필요한 범위에서 그 명령에 규율될 수 있다. 연망망관리청은 자동검색절차의 기술적 세부사항을 해당 협회 및 권한을 가진 기관의 참여하에 마련해야 하는 것으로, 기술 수준에 대한 수요에 맞춰져야 하고 연망망관리청이 자신의 관보에 공고해야 하는(die bei Bedarf an den Stand der Technik anzupassen und von der

ihrem Amtsblatt bekannt zu machen ist. Der Verpflichtete nach Absatz 1 und die berechtigten Stellen haben die Anforderungen der Technischen Richtlinie spätestens ein Jahr nach deren Bekanntmachung zu erfüllen. Nach dieser Richtlinie gestaltete mängelfreie technische Einrichtungen müssen im Falle einer Änderung der Richtlinie spätestens drei Jahre nach deren Inkrafttreten die geänderten Anforderungen erfüllen.

(4) Auf Ersuchen der in Absatz 2 genannten Stellen hat die Bundesnetzagentur die entsprechenden Datensätze aus den Kundendateien nach Absatz 1 abzurufen und an die ersuchende Stelle zu übermitteln. Sie prüft die Zulässigkeit der Übermittlung nur, soweit hierzu ein besonderer Anlass besteht. Die Verantwortung für die Zulässigkeit der Übermittlung tragen

1. in den Fällen des Absatzes 1 Satz 7 Nummer 1 die Bundesnetzagentur und
2. in den Fällen des Absatzes 1 Satz 7 Nummer 2 die in Absatz 2 genannten Stellen.

Die Bundesnetzagentur protokolliert für Zwecke der Datenschutzkontrolle durch die jeweils zuständige Stelle bei jedem Abruf den Zeitpunkt, die bei der Durchführung des Abrufs verwendeten Daten, die abgerufenen Daten, ein die abrufende Person eindeutig bezeichnendes Datum sowie die ersuchende Stelle, deren Aktenzeichen und ein die ersuchende Person eindeutig bezeichnendes Datum. Eine Verwendung der Protokolldaten für andere Zwecke ist unzulässig. Die Protokolldaten sind nach einem Jahr zu löschen.

(5) Der Verpflichtete nach Absatz 1 hat alle technischen Vorkehrungen in seinem Verantwortungsbereich auf seine Kosten zu treffen, die für die Erteilung der Auskünfte nach dieser Vorschrift erforderlich sind. Dazu gehören auch die Anschaffung der zur Sicherstellung der Vertraulichkeit und des Schutzes vor unberechtigten Zugriffen erforderlichen Geräte, die Einrichtung eines geeigneten Telekommunikationsanschlusses und die Teilnahme an dem geschlossenen Benutzersystem sowie die laufende Bereitstellung dieser Vorkehrungen nach Maßgaben der Rechtsverordnung und der Technischen Richtlinie nach Absatz 3. Eine Entschädigung für im automatisierten Verfahren erteilte Auskünfte wird den Verpflichteten nicht gewährt.

§ 113 Manuelles Auskunftsverfahren

(1) Wer geschäftsmäßig Telekommunikationsdienste erbringt oder daran mitwirkt, darf 2 die nach den §§ 95 und 111 erhobenen Daten nach Maßgabe dieser Vorschrift zur Erfüllung von Auskunftspflichten gegenüber den in Absatz 3 genannten Stellen verwenden. Dies gilt auch für Daten, mittels derer der Zugriff auf Endgeräte oder auf Speichereinrichtungen, die in diesen Endgeräten oder hiervon räumlich getrennt eingesetzt werden, geschützt wird. Die in eine Auskunft aufzunehmenden Daten dürfen auch anhand einer zu einem bestimmten Zeitpunkt zugewiesenen Internetprotokoll-Adresse bestimmt werden; hierfür dürfen Verkehrsdaten auch automatisiert ausgewertet werden. Für die Auskunftserteilung nach Satz 3 sind sämtliche unternehmensinternen Datenquellen zu berücksichtigen.

(2) Die Auskunft darf nur erteilt werden nach Maßgabe der nachfolgenden Absätze und soweit die um die Auskunft ersuchende Stelle dies im Einzelfall unter Angabe einer gesetzlichen Bestimmung verlangt, die ihr eine Erhebung der in Absatz 1 in Bezug genommenen Daten erlaubt. Das Auskunftsverlangen ist schriftlich oder elektronisch zu stellen. Bei Gefahr im Verzug darf die Auskunft auch erteilt werden, wenn das Verlangen in anderer Form gestellt wird. In diesem Fall ist das Verlangen unverzüglich nachträglich schriftlich oder elektronisch zu bestätigen. Die Verantwortung für die Zulässigkeit der

Bundesnetzagentur in ihrem Amtsblatt bekannt zu machen ist) 기술지침에서 규정한다. 제1항에 따른 의무자와 권한을 가진 기관은 기술지침상의 요구사항을 늦어도 그 지침공고시로부터 1년 이내에 충족해야 한다. 그 지침이 수정된 경우에 이러한 지침에 따라 고안된 하자 없는 기술적 장치는 늦어도 그 수정된 지침의 시행시로부터 3년 이내에 수정된 요구사항을 충족해야 한다.

④ 제2항상의 기관의 요구가 있는 경우 연방망관리청은 제1항에 따른 고객데이터베이스에서 기한 관련 데이터세트를 불러와야 하고 요구하는 기관에 이를 제공해야 한다. 연망망관리청은 이에 관한 특별한 계기가 있는 범위 경우에 한하여 제공의 허용요건을 심사한다. 그 제공의 허용요건에 대한 책임은 다음 각 호와 같이 부담한다,

1. 제1항 제7문 제1호의 경우에 연방망관리청,
2. 제1항 제7문 제2호의 경우에 제2항상의 기관.

연망망관리청은 각 검색시에 각각 관할 기관에 의한 데이터보호감시의 목적을 위하여 검색 실행시에 사용된 데이터, 검색된 데이터, 검색하는 자를 명확하게 표기한 날짜(ein die abrufende Person eindeutig bezeichnendes Datum)와, 요구하는 기관, 요구하는 기관의 서류번호 그리고 요구하는 자를 명확하게 표기한 날짜(ein die ersuchende Person eindeutig bezeichnendes Datum)를 기록한다. 다른 목적을 위한 기록데이터의 사용(Eine Verwendung der Protokolldaten für andere Zwecke)은 허용되지 아니한다. 그 기록데이터는 1년 후에 삭제해야 한다.

⑤ 제1항에 따른 의무자는 자신의 책임영역에서 자신의 비용부담으로(in seinem Verantwortungsbereich auf seine Kosten) 본 규정에 따른 정보제공에 필요한 모든 기술적 조처(措處)를 취해야 한다. 기밀성과 무단침입으로부터 보호를 확보[198]하기 위해 필요한 장치의 구입(die Anschaffung der zur Sicherstellung der Vertraulichkeit und des Schutzes vor unberechtigten Zugriffen erforderlichen Geräte), 적절한 전기통신섭속의 설정, 폐쇄이용시스템에 대한 참가와, 법규명령 및 제3항에 따른 기술지침의 기준에 따른 그 조처(措處)의 지속적 제공(die Teilnahme an dem geschlossenen Benutzersystem sowie die laufende Bereitstellung dieser Vorkehrungen nach Maßgaben der Rechtsverordnung und der Technischen Richtlinie nach Absatz 3)도 이에 포함된다. 자동절차에서 제공된 정보에 대한 보상은 의무자에게 행해지지 않는다.

제113조 수동정보제공절차

① 영업적으로 전기통신역무를 제공하거나 이에 협력하는 자는, 제95조, 제111조에 따라 수집된 데이터를 이러한 기준에 좇아 제3항상의 기관에 대하여 정보제공의 이행을 위하여 사용할 수 있다. 단말기(Endgeräte)나, 이러한 단말기에서 사용되거나 그 단말기와 공간적으로 분리되어 사용되는 저장장치(Speichereinrichtungen)에 대한 접근을 보호해 주는 데이터에 대하여도 또한 같다. 어느 정보제공에 포함되는 데이터는 '특정한 시점(時點)에 배정된 IP주소[199]'에 의하여도 정해져도 된다(Die in eine Auskunft aufzunehmenden Daten dürfen auch anhand einer zu einem bestimmten Zeitpunkt zugewiesenen Internetprotokoll-Adresse bestimmt werden); 이를 위해 통신데이터는 자동적으로도 평가된다. 제3문에 따른 정보제공을 위하여 기업내부의 데이터원(源) 전체를 고려해야 한다.

② 그 정보는 다음 항의 기준에 좇아 또 제1항에서 언급된 데이터의 수집을 허용받은, 그 정보를 요구하는 기관이 개별사안에서 법(法)상 규정을 명시하여(unter Angabe einer gesetzlichen Bestimmung) 이를 요구하는 범위 내에서 제공되어도 된다. 그 정보제공요구는 서면 또는 전자적 방법으로 행해진다. 급박한 위험이 있는 경우(Bei Gefahr im Verzug)에 다른 방식으로 그 요구가 행해지더라도 정보가 제공된다. 이러한 경우 그 요구는 서면 또는 전자적 방법으로 지체 없이 사후적으로(unverzüglich nachträglich schriftlich oder elektronisch) 확인해야 한다. 정보제공 허용에 대한 책임은 해당 정보를 요구하는 기관이

Auskunft tragen die um Auskunft ersuchenden Stellen.

(3) Die Auskunft nach Absatz 1 Satz 1 darf nur erteilt werden

1. an die für die Verfolgung von Straftaten und Ordnungswidrigkeiten zuständigen Behörden, soweit zureichende tatsächliche Anhaltspunkte für eine Straftat oder eine Ordnungswidrigkeit vorliegen und die in die Auskunft aufzunehmenden Daten erforderlich sind, um den Sachverhalt zu erforschen, den Aufenthaltsort eines Beschuldigten oder Betroffenen zu ermitteln oder eine Strafe zu vollstrecken,
2. an die für die Abwehr von Gefahren für die öffentliche Sicherheit oder Ordnung zuständigen Behörden, wenn die in die Auskunft aufzunehmenden Daten im Einzelfall erforderlich sind
   a) zur Abwehr einer Gefahr für die öffentliche Sicherheit oder
   b) zum Schutz von Leib, Leben, Freiheit der Person, sexueller Selbstbestimmung, dem Bestand und der Sicherheit des Bundes und der Länder, der freiheitlich demokratischen Grundordnung, Gütern der Allgemeinheit, deren Bedrohung die Grundlagen der Existenz der Menschen berührt sowie nicht unerheblichen Sachwerten, wenn Tatsachen den Schluss auf ein wenigstens seiner Art nach konkretisiertes sowie zeitlich absehbares Geschehen zulassen, an dem bestimmte Personen beteiligt sein werden, oder
   c) zum Schutz von Leib, Leben, Freiheit der Person, sexueller Selbstbestimmung, dem Bestand und der Sicherheit des Bundes und der Länder, der freiheitlich demokratischen Grundordnung sowie Gütern der Allgemeinheit, deren Bedrohung die Grundlagen der Existenz der Menschen berührt, wenn das individuelle Verhalten einer Person die konkrete Wahrscheinlichkeit begründet, dass sie in einem übersehbaren Zeitraum eine gegen ein solches Rechtsgut gerichtete Straftat begehen wird, oder
   d) zur Verhütung einer Straftat von erheblicher Bedeutung, sofern Tatsachen die Annahme rechtfertigen, dass eine Person innerhalb eines übersehbaren Zeitraums auf eine ihrer Art nach konkretisierten Weise als Täter oder Teilnehmer an der Begehung einer Tat beteiligt ist, oder
   e) zur Verhütung einer schweren Straftat nach § 100a Absatz 2 der Strafprozessordnung, sofern das individuelle Verhalten einer Person die konkrete Wahrscheinlichkeit begründet, dass die Person innerhalb eines übersehbaren Zeitraums die Tat begehen wird,
3. an das Bundeskriminalamt als Zentralstelle nach § 2 des Bundeskriminalamtgesetzes,
   a) sofern zureichende tatsächliche Anhaltspunkte für eine Straftat im Sinne des § 2 Absatz 1 des Bundeskriminalamtgesetzes vorliegen und die in die Auskunft aufzunehmenden Daten erforderlich sind,
      aa) um die zuständige Strafverfolgungsbehörde zu ermitteln, oder
      bb) um ein Auskunftsersuchen einer ausländischen Strafverfolgungsbehörde im Rahmen des internationalen polizeilichen Dienstverkehrs, das nach Maßgabe der Vorschriften über die internationale Rechtshilfe in Strafsachen bearbeitet wird, zu erledigen, oder
   b) sofern die in die Auskunft aufzunehmenden Daten im Rahmen der Strafvollstreckung erforderlich sind, um ein Auskunftsersuchen einer ausländischen Strafverfolgungsbehörde im Rahmen des polizeilichen Dienstverkehrs, das nach Maßgabe der Vorschriften über die internationale Rechtshilfe in Strafsachen bearbeitet wird, zu erledigen, oder
   c) sofern die Gefahr besteht, dass eine Person an der Begehung einer Straftat im Sinne des § 2 Absatz 1 des Bundeskriminalamtgesetzes beteiligt sein wird, und die in die Auskunft aufzunehmenden Daten erforderlich sind,
      aa) um die für die Verhütung der Straftat zuständige Polizeibehörde zu ermitteln, oder

부담한다.[200]

③ 제1항 제1문에 따른 정보는 다음 각 호와 같이 제공된다,

1. 범죄 또는 질서위반행위의 소추를 관할하는 관청에, 어느 범죄 또는 질서위반행위에 대한 '충분한 사실적(事實的) 판단근거'(zureichende tatsächliche Anhaltspunkte)가 있고 그 정보제공에 포함되는 데이터가 사실관계를 규명하거나 피의자 또는 당사자의 체류지를 확인하거나 또는 형벌을 집행하는 데 필요한 범위 내에서만,
2. 공공의 안녕[201] 또는 공공질서[202]에 대한 위험[203](危險)의 방지를 관할하는 관청에, 그 정보제공에 포함되는 데이터(die in die Auskunft aufzunehmenden Daten)가 개별사안에서,
 a) 개별사안에서 공공의 안녕에 대한 위험의 방지에 필요한 범위 내에서만,
 b) 사실에 의하여, 그 유형에 따라 최소한 구체화되고 시간적으로 예측할 수 있는, 특정한 사람이 관련된(an dem bestimmte Personen beteiligt sein werden) 사건에 대한 결론을 내릴 수 있는 경우에, 그 정보제공에 포함되는 데이터(die in die Auskunft aufzunehmenden Daten)가, 사람의 신체, 생명 및 자유의 보호(Schutz von Leib, Leben, Freiheit der Person), 성적 자기결정권의 보호, 연방 및 주의 존립 및 안전의 보호, 자유민주적 기본질서의 보호, 그 위협이 인간의 생존의 기초에 영향을 미치는 공중생존재화[204](Gütern der Allgemeinheit)의 보호 그리고 중요한 물건가치의 보호에 필요한 범위 내에서만,
 c) 어느 사람의 개별적 행위에 의할 때 그 사람이 가까운 장래에 그러한 법익에 대한 한 범죄(eine gegen ein solches Rechtsgut gerichtete Straftat)를 자행할 것이라는 확실한 개연성이 인정되는 경우에, 사람의 신체, 생명 및 자유의 보호, 성적 자기결정권의 보호, 연방 및 주의 존립 및 안전의 보호, 자유민주적 기본질서의 보호와, 그 위협이 인간의 생존의 기초에 영향을 미치는 공중생존재화(Gütern der Allgemeinheit)의 보호를 위해 필요한 범위 내에서만,
 d) 어느 사람이 그 유형에 따라 구체화된 방법으로(auf eine ihrer Art nach konkretisierten Weise) 근접한 시간 내에 정범(正犯) 또는 공범자로 가담한 것이라는 추정을 정당화하는 사실이 있는 경우에, 어느 중범죄(einer Straftat von erheblicher Bedeutung[205]))의 예방을 위해 필요한 범위 내에서만, 또는
 e) 어느 사람의 개별적 행위에 의할 때 그 사람이 가까운 장래에 그 범죄를 자행할 것이라는 확실한 개연성이 인정되는 경우에, 형사소송법 제100조a 제2항에 따른 한 중범죄의 예방을 위해 필요한 범위 내에서만,
3. 연방범죄수사청법에 따른 중앙기관으로서의 연방범죄수사청에,
 a) 연방범죄수사청법 제2조 제1항상의 한 범죄에 대한 충분한 사실적 판단근거가 있고(zureichende tatsächliche Anhaltspunkte für eine Straftat im Sinne des § 2 Absatz 1 des Bundeskriminalamtgesetzes vorliegen), 그 정보제공에 포함되는 데이터가,
  aa) 관할 형사관청이 이를 수사하는 데 필요한 범위 내에서만, 또는
  bb) 국제형사사법공조에 관한 규정 기준에 따라 처리되는 국제적 경찰직무공조의 일환으로 하는(im Rahmen des internationalen polizeilichen Dienstverkehrs) 외국의 형사관청의 정보제공요구를 처리하
  b) 형집행의 일환으로 하는 정보제공에 포함되는 데이터(die in die Auskunft aufzunehmenden Daten im Rahmen der Strafvollstreckung)가, 국제형사사법공조에 관한 규정 기준에 따라 처리되는 경찰직무공조의 일환으로 하는(im Rahmen des polizeilichen Dienstverkehrs) 외국 형사관청의 정보제공요구를 처리하는 데 필요한 범위 내에서만,
 c) 어느 사람이 연방범죄수사청법 제2조 제1항상의 한 범죄의 자행에 가담할 것(dass eine Person an der Begehung einer Straftat im Sinne des § 2 Absatz 1 des Bundeskriminalamtgesetzes beteiligt sein wird)이라는 위험이 있고 그 정보제공에 포함되는 데이터가,
  aa) 해당 범죄의 예방을 관할하는 경찰당국이 이를 수사하는 데 필요한 범위 내에서만, 또는

bb) um ein Auskunftsersuchen einer ausländischen Polizeibehörde im Rahmen des polizeilichen Dienstverkehrs zur Verhütung der Straftat zu erledigen, oder

d) sofern Tatsachen die Annahme rechtfertigen, dass eine Person innerhalb eines übersehbaren Zeitraums auf eine zumindest ihrer Art nach konkretisierte Weise an einer Straftat von erheblicher Bedeutung beteiligt sein wird und die in die Auskunft aufzunehmenden Daten erforderlich sind,

aa) um die für die Verhütung der Straftat zuständige Polizeibehörde zu ermitteln, oder

bb) um ein Auskunftsersuchen einer ausländischen Polizeibehörde im Rahmen des polizeilichen Dienstverkehrs zur Verhütung der Straftat zu erledigen, oder

e) sofern das individuelle Verhalten einer Person die konkrete Wahrscheinlichkeit begründet, dass sie innerhalb eines übersehbaren Zeitraums eine schwere Straftat nach § 100a Absatz 2 der Strafprozessordnung begehen wird, und die in die Auskunft aufzunehmenden Daten erforderlich sind,

aa) um die für die Verhütung der Straftat zuständige Polizeibehörde zu ermitteln, oder

bb) um ein Auskunftsersuchen einer ausländischen Polizeibehörde im Rahmen des polizeilichen Dienstverkehrs zur Verhütung der Straftat zu erledigen,

4. an das Zollkriminalamt als Zentralstelle nach § 3 des Zollfahndungsdienstgesetzes,

a) sofern zureichende tatsächliche Anhaltspunkte für eine Straftat vorliegen und die in die Auskunft aufzunehmenden Daten erforderlich sind, um

aa) die zuständige Strafverfolgungsbehörde zu ermitteln, oder

bb) ein Auskunftsersuchen einer ausländischen Strafverfolgungsbehörde im Rahmen des internationalen polizeilichen Dienstverkehrs, das nach Maßgabe der Vorschriften über die internationale Rechtshilfe in Strafsachen bearbeitet wird, auch im Rahmen der Strafvollstreckung, zu bearbeiten, oder

b) sofern dies im Einzelfall erforderlich ist

aa) zur Abwehr einer Gefahr für die öffentliche Sicherheit,

bb) zum Schutz von Leib, Leben, Freiheit der Person, sexueller Selbstbestimmung, dem Bestand und der Sicherheit des Bundes und der Länder, der freiheitlich demokratischen Grundordnung, Gütern der Allgemeinheit, deren Bedrohung die Grundlagen der Existenz der Menschen berührt, sowie nicht unerheblichen Sachwerten, wenn Tatsachen den Schluss auf ein wenigstens seiner Art nach konkretisiertes und zeitlich absehbares Geschehen zulassen, an dem bestimmte Personen beteiligt sein werden, oder

cc) zum Schutz von Leib, Leben, Freiheit der Person, sexueller Selbstbestimmung, dem Bestand und der Sicherheit des Bundes und der Länder, der freiheitlich demokratischen Grundordnung sowie Gütern der Allgemeinheit, deren Bedrohung die Grundlagen der Existenz der Menschen berührt, wenn das individuelle Verhalten einer Person die konkrete Wahrscheinlichkeit begründet, dass die Gefährdung eines solchen Rechtsgutes in einem übersehbaren Zeitraum eintreten wird, oder

dd) zur Erledigung eines Auskunftsersuchens einer ausländischen Polizeibehörde im Rahmen des polizeilichen Dienstverkehrs zur Verhütung einer Straftat oder

ee) zur Verhütung einer Straftat von erheblicher Bedeutung, sofern Tatsachen die Annahme rechtfertigen, dass eine Person innerhalb eines übersehbaren Zeitraums auf eine ihrer Art nach konkretisierte Weise als Täter oder Teilnehmer an der Begehung der Tat beteiligt ist, oder

bb) 해당 범죄예방을 위한 경찰직무공조의 일환으로 하는 외국 경찰당국의 정보제공요구를 처리하는 데 필요한 범위 내에서만,

d) 어느 사람이 가까운 장래에 최소한 그 유형에 따라 구체화된 방법으로(auf eine zumindest ihrer Art nach konkretisierte Weise) 한 중범죄에 가담할 것이라는 추정을 정당화하는 사실이 있고, 그 정보제공에 포함된 데이터가,

aa) 해당 범죄의 예방을 관할하는 경찰당국이 이를 수사하는 데 필요한 범위 내에서만, 또는

bb) 해당 범죄예방을 위한 경찰직무공조의 일환으로 하는 외국 경찰당국의 정보제공요구를 처리하는 데 필요한 범위 내에서만, 또는

e) 어느 사람의 개별적 행위에 의할 때 그 사람이 가까운 장래에 형사소송법 제100조a 제2에 따른 한 중대범죄를 자행할 것(dass sie innerhalb eines übersehbaren Zeitraums eine schwere Straftat nach § 100a Absatz 2 der Strafprozessordnung begehen wird)이라는 확실한 개연성(die konkrete Wahrscheinlichkeit)이 인정되고, 그 정보제공에 필요한 데이터가,

aa) 해당 범죄의 예방을 관할하는 경찰당국이 이를 수사하는 데 필요한 범위 내에서만, 또는

bb) 해당 범죄예방을 위한 경찰직무공조의 일환으로 하는 외국 경찰당국의 정보제공요구를 처리하는 데 필요한 범위 내에서만,

4. 관세범죄수사법 제3조에 따른 중앙기관으로서의 관세수사청에,

a) 개별사안에서 어느 범죄에 대한 충분한 사실적 판단근거가 있고(im Einzelfall zureichende tatsächliche Anhaltspunkte für eine Straftat vorliegen), 그 정보제공에 필요한 데이터가,

aa) 관할 형사관청이 이를 수사하는 데에 필요한 범위 내에서만, 또는

bb) 형집행 일환으로 하는 경우를 포함하여, 국제형사사법공조에 관한 규정 기준에 따라 처리되는(das nach Maßgabe der Vorschriften über die internationale Rechtshilfe in Strafsachen bearbeitet wird, auch im Rahmen der Strafvollstreckung, zu erledigen) 국제적 경찰직무공조의 일환으로 하는 외국 형사관청의 정보제공요구를 처리하는 데에 필요한 범위 내에서만,

b) 이것이 개별사안에서,

aa) 공공의 안녕에 대한 위험(危險)의 방지를 위해 필요한 범위 내에서만,

bb) 사실에 의하여, 그 유형에 따라 최소한 구체화되고 시간적으로 예측할 수 있는, 특정한 사람이 관련된(an dem bestimmte Personen beteiligt sein werden) 사건에 대한 결론을 내릴 수 있는 경우에, 사람의 신체, 생명 및 자유의 보호, 성적 자기결정권의 보호, 연방 및 주의 존립 및 안전의 보호, 자유민주적 기본질서의 보호와 그 위협이 인간의 생존의 기초에 영향을 미치는 공중생존재화(Gütern der Allgemeinheit)의 보호 그리고 중요한 물건가치(nicht unerheblichen Sachwerten)의 보호(保護)에 필요한 범위 내에서만,

cc) 어느 사람의 개별적 행위에 의할 때 그러한 법익에 대한 위태화가 가까운 장래에 발생할 것(dass die Gefährdung eines solchen Rechtsgutes in einem übersehbaren Zeitraum eintreten wird)이라는 확실한 개연성이 인정되는 경우에, 사람의 신체, 생명 및 자유의 보호, 성적 자기결정권의 보호, 연방 및 주의 존립 및 안전의 보호, 자유민주적 기본질서의 보호와, 그 위협이 인간의 생존의 기초에 영향을 미치는 공중생존재화의 보호를 위해 필요한 범위 내에서만,

dd) 어느 범죄의 예방을 위한 경찰직무공조로 하는 외국 경찰당국의 정보제공요구에 대한 처리를 위해 필요한 범위 내에서만,

ee) 어느 사람이 그 유형에 따라 구체화된 방법으로(auf eine ihrer Art nach konkretisierten Weise) 근접한 시간 내에 정범(正犯) 또는 공범자로 가담한 것이라는 추정을 정당화하는 사실이 있는 경우에, 한 중범죄의 예방을 위해 필요한 범위 내에서만,

ff) zur Verhütung einer schweren Straftat nach § 100a Absatz 2 der Strafprozessordnung, sofern das individuelle Verhalten einer Person die konkrete Wahrscheinlichkeit begründet, dass die Person innerhalb eines übersehbaren Zeitraums die Tat begehen wird,

5. an die Verfassungsschutzbehörden des Bundes und der Länder, soweit dies aufgrund tatsächlicher Anhaltspunkte im Einzelfall erforderlich ist zur Aufklärung bestimmter Bestrebungen oder Tätigkeiten nach

   a) § 3 Absatz 1 des Bundesverfassungsschutzgesetzes oder

   b) einem zum Verfassungsschutz (§ 1 Absatz 1 des Bundesverfassungsschutzgesetzes) landesgesetzlich begründeten Beobachtungsauftrag der Landesbehörde, insbesondere zum Schutz der verfassungsmäßigen Ordnung vor Bestrebungen und Tätigkeiten der organisierten Kriminalität,

6. an den Militärischen Abschirmdienst, soweit dies aufgrund tatsächlicher Anhaltspunkte im Einzelfall zur Aufklärung bestimmter Bestrebungen oder Tätigkeiten nach § 1 Absatz 1 des Gesetzes über den militärischen Abschirmdienst oder zur Sicherung der Einsatzbereitschaft der Truppe oder zum Schutz der Angehörigen, der Dienststellen oder Einrichtungen des Geschäftsbereichs des Bundesministeriums der Verteidigung nach § 14 Absatz 1 des Gesetzes über den militärischen Abschirmdienst erforderlich ist,

7. an den Bundesnachrichtendienst, soweit dies erforderlich ist

   a) zur politischen Unterrichtung der Bundesregierung, wenn im Einzelfall tatsächliche Anhaltspunkte dafür vorliegen, dass durch die Auskunft Informationen über das Ausland gewonnen werden können, die von außen- und sicherheitspolitischer Bedeutung für die Bundesrepublik Deutschland sind und zu deren Aufklärung das Bundeskanzleramt den Bundesnachrichtendienst beauftragt hat, oder

   b) zur Früherkennung von aus dem Ausland drohenden Gefahren von internationaler Bedeutung, wenn im Einzelfall tatsächliche Anhaltspunkte dafür vorliegen, dass durch die Auskunft Erkenntnisse gewonnen werden können mit Bezug zu den in § 4 Absatz 3 Nummer 1 des Bundesnachrichtendienstgesetzes genannten Gefahrenbereichen oder zum Schutz der in § 4 Absatz 3 Nummer 2 und 3 des Bundesnachrichtendienstgesetzes genannten Rechtsgüter,

8. an das Bundesamt für Sicherheit in der Informationstechnik zum Schutz der Versorgung der Bevölkerung in den Bereichen des § 2 Absatz 10 Satz 1 Nummer 1 des BSI-Gesetzes oder der öffentlichen Sicherheit, um damit eine Beeinträchtigung der Sicherheit oder Funktionsfähigkeit informationstechnischer Systeme einer Kritischen Infrastruktur oder eines Unternehmens im besonderen öffentlichen Interesse abzuwenden, wenn Tatsachen den Schluss auf ein wenigstens seiner Art nach konkretisiertes und zeitlich absehbares Geschehen zulassen, das auf die informationstechnischen Systeme bestimmbarer Infrastrukturen oder Unternehmen abzielen wird, und die in die Auskunft aufzunehmenden Daten im Einzelfall erforderlich sind, um den Betreiber der betroffenen Kritischen Infrastruktur oder das betroffene Unternehmen im besonderen öffentlichen Interesse vor dieser Beeinträchtigung zu warnen, über diese zu informieren oder bei deren Beseitigung zu beraten oder zu unterstützen.

(4) Die Auskunft nach Absatz 1 Satz 2 darf nur unter den Voraussetzungen des Absatzes 3 und nur erteilt werden, wenn die Auskunft verlangende Stelle auch zur Nutzung der zu beauskunftenden Daten im Einzelfall berechtigt ist. Die Verantwortung für die Berechtigung zur Nutzung der zu beauskunftenden Daten tragen die um Auskunft ersuchenden Stellen.

ff) 어느 사람의 개별적 행위에 의할 때 그 사람이 가까운 장래에 그 범죄를 자행할 것이라는 확실한 개연성이 인정되는 경우에, 형사소송법 제100조a 제2항에 따른 어느 중대범죄의 예방을 위해 필요한 범위 내에서만,

5. 연방 및 주의 헌법수호청에, 이것이 개별사안에서 사실적 판단근거에 기하여,

a) 연방헌법수호법 제3조 제1항에 따른 특정한 기도 또는 활동을 적발하는 데(zur Aufklärung bestimmter Bestrebungen oder Tätigkeiten)에 필요한 범위 내에서만, 또는

b) 헌법수호를 위하여(헌법수호법 제1조 제1항) 주법에 따라 설치된 주행정관청 소속의 감시임무단, 특히 조직범죄의 기도 및 활동으로부터 헌법질서를 수호하기 위한(zum Schutz der verfassungsmäßigen Ordnung vor Bestrebungen und Tätigkeiten der organisierten Kriminalität) 그러한 감시임무단에 따른 특정한 기도(企圖) 또는 활동을 적발하는 데에 필요한 범위 내에서만,

6. 군사정보국(den Militärischen Abschirmdienst)에, 이것이 개별사안에서 사실적 판단근거에 기하여 군사정보국법 제1조 제1항에 따른 특정한 기도 또는 활동의 적발을 위해 필요하거나 군대의 출동을 확보하는 데(zur Sicherung der Einsatzbereitschaft der Truppe) 필요하거나 군사정보국법 제14조 제1항에 따른 연방국방부의 직무범위에 속하는 직원, 부서(部署) 및 시설(Schutz der Angehörigen, der Dienststellen und Einrichtungen des Geschäftsbereichs des Bundesministeriums der Verteidigung)의 보호를 위해 필요한 범위 내에서만,

7. 연방해외정보국에, 이것이,

a) 개별사안에서 독일연방공화국에 대하여 대외정책적·안보정책적으로 중요하고 연방수상청이 그 탐지(探知)에 관하여 연방해외정보국에 위임한, 외국에 관한 정보가 해당 정보제공으로 획득될 수 있다는 점에 대한 사실적 판단근거(Anhaltspunkte)가 있는 경우에, 연방정부에 대한 정책적 알림에 필요한 범위 내에서만,

b) 그 정보제공으로, 연방해외정보국법 제4조 제3항 제1호상의 위험범위에 관하여(mit Bezug zu den in § 4 Absatz 3 Nummer 1 des BND-Gesetzes genannten Gefahrenbereichen) 또는 동법 제1조 제3항 제2호, 제3호상의 법익 보호를 위하여 지식을 얻을 수 있는 경우에, 국제적 중요성을 갖는, 외국에서 유래하는 임박한 위험의 조기탐지(早期探知)(Früherkennung von aus dem Ausland drohenden Gefahren von internationaler Bedeutung)를 위해 필요한 범위 내에서만,

8. 연방정보통신기술보안청법 제2조 제10항 제1문 제1호의 영역이나 공공의 안녕의 영역에서 주민에 대한 공급 보호를 위한 연방정보통신기술보안청(an das Bundesamt für Sicherheit in der Informationstechnik zum Schutz der Versorgung der Bevölkerung in den Bereichen des § 2 Absatz 10 Satz 1 Nummer 1[206] des BSI-Gesetzes oder der öffentlichen Sicherheit)에, 사실에 의하여, 그 유형에 따라 최소한 구체화되고 시간적으로 예측할 수 있는 사건으로, 특정한 인프라 또는 기업의 정보통신시스템을 대상으로 할(das auf die informationstechnischen Systeme bestimmbarer Infrastrukturen oder Unternehmen abzielen wird) 사건에 대한 결론을 내릴 수 있는 있고, 또한 정보제공에 포함된 정보가 개별사안에서 관련 중요 인프라의 운영자나 특별한 공익을 위한 관련 기업에 이러한 침해에 대해 경고하거나 이에 관하여 알리거나 그 침해 제거시에 협의하거나 지원하는 데 필요한 경우에, 중요 인프라의 정보통신시스템이나 특별한 공익을 위한 기업의 정보통신시스템의 보안 또는 운영(Sicherheit oder Funktionsfähigkeit)의 침해를 회피하기 위한 범위 내에서.

④ 제1항 제2문에 따른 정보제공은 제3항의 요건하에서만 또한 그 정보제공을 요구하는 기관이 제공하는 데이터의 이용도 개별사안에서 권한을 가진 경우에 한하여 이뤄질 수 있다. 제공하는 데이터의 이용 권한에 대한 책임(Die Verantwortung für die Berechtigung zur Nutzung der zu beauskunftenden Daten)은 정보를 요구하는 기관이 부담한다.

(5) Die Auskunft nach Absatz 1 Satz 3 darf nur erteilt werden an

1. die für die Verfolgung von Straftaten zuständigen Behörden, soweit zureichende tatsächliche Anhaltspunkte für eine Straftat vorliegen und die in die Auskunft aufzunehmenden Daten erforderlich sind, um den Sachverhalt zu erforschen, den Aufenthaltsort eines Beschuldigten zu ermitteln oder eine Strafe zu vollstrecken,
2. die für die Abwehr von Gefahren für die öffentliche Sicherheit oder Ordnung zuständigen Behörden, wenn die in die Auskunft aufzunehmenden Daten im Einzelfall erforderlich sind
   a) zum Schutz von Leib, Leben, Freiheit der Person, sexueller Selbstbestimmung, dem Bestand und der Sicherheit des Bundes oder eines Landes, der freiheitlich demokratischen Grundordnung, Gütern der Allgemeinheit, deren Bedrohung die Grundlagen der Existenz der Menschen berührt, sowie nicht unerheblicher Sachwerte oder zur Verhütung einer Straftat oder
   b) zum Schutz von Leib, Leben, Freiheit der Person, sexueller Selbstbestimmung, dem Bestand und der Sicherheit des Bundes oder eines Landes, der freiheitlich demokratischen Grundordnung sowie Gütern der Allgemeinheit, deren Bedrohung die Grundlagen der Existenz der Menschen berührt, wenn Tatsachen den Schluss auf ein wenigstens seiner Art nach konkretisiertes sowie zeitlich absehbares Geschehen zulassen, an dem bestimmte Personen beteiligt sein werden, oder
   c) zum Schutz von Leib, Leben, Freiheit der Person, sexueller Selbstbestimmung, dem Bestand und der Sicherheit des Bundes oder eines Landes, der freiheitlich demokratischen Grundordnung sowie Gütern der Allgemeinheit, deren Bedrohung die Grundlagen der Existenz der Menschen berührt, wenn das individuelle Verhalten einer Person die konkrete Wahrscheinlichkeit begründet, dass sie in einem übersehbaren Zeitraum eine gegen ein solches Rechtsgut gerichtete Straftat begehen wird, oder
   d) zur Verhütung einer schweren Straftat nach § 100a Absatz 2 der Strafprozessordnung, sofern Tatsachen die Annahme rechtfertigen, dass eine Person innerhalb eines übersehbaren Zeitraums auf eine ihrer Art nach konkretisierten Weise als Täter oder Teilnehmer an der Begehung einer Tat beteiligt ist, oder
   e) zur Verhütung einer schweren Straftat nach § 100a Absatz 2 der Strafprozessordnung, sofern das individuelle Verhalten einer Person die konkrete Wahrscheinlichkeit begründet, dass die Person innerhalb eines übersehbaren Zeitraums die Tat begehen wird,
3. das Bundeskriminalamt als Zentralstelle nach § 2 des Bundeskriminalamtgesetzes, sofern
   a) zureichende tatsächliche Anhaltspunkte für eine Straftat im Sinne des § 2 Absatz 1 des Bundeskriminalamtgesetzes vorliegen und die in die Auskunft aufzunehmenden Daten erforderlich sind, um
      aa) die zuständige Strafverfolgungsbehörde zu ermitteln, oder
      bb) ein Auskunftsersuchen einer ausländischen Strafverfolgungsbehörde im Rahmen des internationalen polizeilichen Dienstverkehrs, das nach Maßgabe der Vorschriften über die internationale Rechtshilfe in Strafsachen bearbeitet wird, zu erledigen, oder
   b) die in die Auskunft aufzunehmenden Daten im Rahmen der Strafvollstreckung erforderlich sind, um ein Auskunftsersuchen einer ausländischen Strafverfolgungsbehörde im Rahmen des polizeilichen polizeilichen Dienstverkehrs, das nach Maßgabe der Vorschriften über die internationale Rechtshilfe in Strafsachen bearbeitet wird, zu erledigen,
   c) die Gefahr besteht, dass eine Person an der Begehung einer schweren Straftat nach § 100a Absatz

⑤ 제1항 제3문에 따른 정보는 다음 각 호와 같이 제공된다,

1. 범죄의 소추를 관할하는 관청에, 어느 범죄에 대한 '충분한 사실적(事實的) 판단근거'(zureichende tatsächliche Anhaltspunkte[207])가 있고 그 정보제공에 포함되는 데이터가 사실관계를 규명하거나 피의자의 체류지(den Aufenthaltsort eines Beschuldigten)를 확인하거나 또는 형벌을 집행하는 데 필요한 범위 내에서만,
2. 공공의 안녕 또는 공공질서에 대한 위험(危險)의 방지를 관할하는 관청에, 그 정보제공에 포함되는 데이터(die in die Auskunft aufzunehmenden Daten)가 개별 사안에서,

a) 사람의 신체, 생명 및 자유의 보호, 성적 자기결정권의 보호, 연방 및 어느 주의 존립 및 안전의 보호, 자유민주적 기본질서의 보호와, 그 위협이 인간의 생존의 기초에 영향을 미치는(deren Bedrohung die Grundlagen der Existenz der Menschen berührt) 공중생존재화의 보호 그리고 중대한 물건가치의 보호에 필요하거나 어느 범죄의 예방을 위해 필요한 범위 내에서만,

b) 사실에 의하여, 그 유형에 따라 최소한 구체화되고 시간적으로 예측할 수 있는, 특정한 사람이 관련된(an dem bestimmte Personen beteiligt sein werden) 사건에 대한 결론을 내릴 수 있는 경우에, 사람의 신체, 생명 및 자유의 보호, 성적 자기결정권의 보호, 연방 및 어느 주의 존립 및 안전의 보호, 자유민주적 기본질서의 보호와, 그 위협이 인간의 생존의 기초에 영향을 미치는 공중생존재화의 보호에 필요한 범위 내에서만,

c) 어느 사람의 개별적 행위에 의할 때 그 사람이 가까운 장래에 그러한 법익에 대한 범죄를 자행할 것(dass sie in einem übersehbaren Zeitraum eine gegen ein solches Rechtsgut gerichtete Straftat begehen wird)이라는 확실한 개연성이 인정되는 경우에, 사람의 신체, 생명 및 자유의 보호, 성적 자기결정권의 보호, 연방 및 어느 주의 존립 및 안전의 보호, 자유민주적 기본질서의 보호와, 그 위협이 인간의 생존의 기초에 영향을 미치는 공중생존재화의 보호에 필요한 범위 내에서만,

d) 어느 사람이 근접한 시간 내에 그 유형에 따라 구체화된 방법으로(auf eine ihrer Art nach konkretisierten Weise) 정범(正犯) 또는 공범자로 가담할 것이는 추정을 정당화하는 사실이 있는 경우에, 형사소송법 제100조a 제2항에 따른 한 중대범죄의 예방(Verhütung einer schweren Straftat)을 위해 필요한 범위 내에서만,

e) 어느 사람의 개별적 행위에 의할 때 그 사람이 가까운 장래에 그 범죄를 자행할 것이라는 확실한 개연성이 인정되는 경우에, 형사소송법 제100조a 제2항에 따른 한 중대범죄의 예방(Verhütung einer schweren Straftat)을 위해 필요한 범위 내에서만,

3. 연방범죄수사청법에 따른 중앙기관으로서의 연방범죄수사청에,

a) 연방범죄수사청법 제2조 제1항상의 범죄에 대한 충분한 사실적 판단근거가 있고(zureichende tatsächliche Anhaltspunkte für eine Straftat im Sinne des § 2 Absatz 1 des Bundeskriminalamtgesetzes vorliegen), 그 정보제공에 포함되는 데이터가,

aa) 관할 형사관청이 이를 수사하는 데 필요한 범위 내에서만, 또는

bb) 국제형사사법공조에 관한 규정 기준에 따라 처리되는 국제적 경찰직무공조의 일환으로 하는(im Rahmen des internationalen polizeilichen Dienstverkehrs) 외국의 형사관청의 정보제공요구를 처리하는 데 필요한 범위 내에서만,

b) 형집행의 일환으로 하는 정보제공에 포함되는 데이터(die in die Auskunft aufzunehmenden Daten im Rahmen der Strafvollstreckung)가, 국제형사사법공조에 관한 규정 기준에 따라 처리되는 경찰업무공조의 일환으로 하는(im Rahmen des polizeilichen Dienstverkehrs) 외국 형사관청의 정보제공요구를 처리하는 데 필요한 범위 내에서만,

c) 어느 사람이 연방범죄수사청법 제2조 제1항상의 한 중대범죄의 자행에 가담할 것(dass eine Person

2 der Strafprozessordnung beteiligt sein wird und die in die Auskunft aufzunehmenden Daten erforderlich sind, um

aa) die für die Verhütung der Straftat zuständigen Polizeibehörde zu ermitteln, oder

bb) ein Auskunftsersuchen einer ausländischen Polizeibehörde im Rahmen des polizeilichen Dienstverkehrs zur Verhütung der Straftat zu erledigen, oder

d) Tatsachen die Annahme rechtfertigen, dass eine Person innerhalb eines übersehbaren Zeitraums auf eine zumindest ihrer Art nach konkretisierte Weise an einer schweren Straftat nach § 100a Absatz 2 der Strafprozessordnung beteiligt sein wird und die in die Auskunft aufzunehmenden Daten erforderlich sind, um

aa) die für die Verhütung der Straftat zuständige Polizeibehörde zu ermitteln, oder

bb) ein Auskunftsersuchen einer ausländischen Polizeibehörde im Rahmen des polizeilichen Dienstverkehrs zur Verhütung der Straftat zu erledigen, oder

e) das individuelle Verhalten einer Person die konkrete Wahrscheinlichkeit begründet, dass sie innerhalb eines übersehbaren Zeitraums eine schwere Straftat nach § 100a Absatz 2 der Strafprozessordnung begehen wird, und die in die Auskunft aufzunehmenden Daten erforderlich sind, um

aa) die für die Verhütung der Straftat zuständige Polizeibehörde zu ermitteln, oder

bb) ein Auskunftsersuchen einer ausländischen Polizeibehörde im Rahmen des polizeilichen Dienstverkehrs zur Verhütung der Straftat zu erledigen,

4. das Zollkriminalamt als Zentralstelle nach § 3 des Zollfahndungsdienstgesetzes, sofern

a) im Einzelfall zureichende tatsächliche Anhaltspunkte für eine Straftat vorliegen und die in die Auskunft aufzunehmenden Daten erforderlich sind, um

aa) die zuständige Strafverfolgungsbehörde zu ermitteln, oder

bb) ein Auskunftsersuchen einer ausländischen Strafverfolgungsbehörde im Rahmen des internationalen polizeilichen Dienstverkehrs, das nach Maßgabe der Vorschriften über die internationale Rechtshilfe in Strafsachen bearbeitet wird, auch im Rahmen der Strafvollstreckung, zu erledigen, oder

b) dies im Einzelfall erforderlich ist

aa) zum Schutz von Leib, Leben, Freiheit der Person, sexueller Selbstbestimmung, dem Bestand und der Sicherheit des Bundes oder eines Landes, der freiheitlich demokratischen Grundordnung, Gütern der Allgemeinheit, deren Bedrohung die Grundlagen der Existenz der Menschen berührt, sowie nicht unerheblicher Sachwerte oder zur Verhütung einer Straftat oder

bb) zum Schutz von Leib, Leben, Freiheit der Person, sexueller Selbstbestimmung, dem Bestand und der Sicherheit des Bundes oder eines Landes, der freiheitlich demokratischen Grundordnung sowie Gütern der Allgemeinheit, deren Bedrohung die Grundlagen der Existenz der Menschen berührt, wenn Tatsachen den Schluss auf ein wenigstens seiner Art nach konkretisiertes und zeitlich absehbares Geschehen zulassen, an dem bestimmte Personen beteiligt sein werden, oder

cc) zum Schutz von Leib, Leben, Freiheit der Person, sexueller Selbstbestimmung, dem Bestand und der Sicherheit des Bundes oder eines Landes, der freiheitlich demokratischen Grundordnung sowie Gütern der Allgemeinheit, deren Bedrohung die Grundlagen der Existenz der Menschen berührt, wenn das individuelle Verhalten einer Person die konkrete Wahrscheinlichkeit begründet, an der Begehung einer Straftat im Sinne des § 2 Absatz 1 des Bundeskriminalamtgesetzes beteiligt sein wird)이라는 위험이 있고, 그 정보제공에 포함되는 데이터가,

aa) 해당 범죄의 예방을 관할하는 경찰당국이 이를 수사하는 데 필요한 범위 내에서만, 또는

bb) 해당 범죄예방을 위한 경찰직무공조의 일환으로 하는 외국 경찰당국의 정보제공요구를 처리하는 데 필요한 범위 내에서만,

d) 어느 사람이 가까운 장래에 최소한 그 유형에 따라 구체화된 방법으로(auf eine zumindest ihrer Art nach konkretisierte Weise) 형사소송법 제100조a 제2항에 따른 중대범죄에 가담(加擔)할 것이라는 추정을 정당화하는 사실이 있고, 그 정보제공에 포함된 데이터(die in die Auskunft aufzunehmenden Daten)가,

aa) 해당 범죄의 예방을 관할하는 경찰당국이 이를 수사하는 데 필요한 범위 내에서만, 또는

bb) 해당 범죄예방을 위한 경찰직무공조의 일환으로 하는 외국 경찰당국의 정보제공요구를 처리하는 데 필요한 범위 내에서만, 또는

e) 어느 사람의 개별적 행위에 의할 때 그 사람이 가까운 장래에 형사소송법 제100조a 제2에 따른 어느 중대범죄를 자행할 것(dass sie innerhalb eines übersehbaren Zeitraums eine schwere Straftat nach § 100a Absatz 2 der Strafprozessordnung begehen wird)이라는 확실한 개연성(die konkrete Wahrscheinlichkeit)이 인정되고, 그 정보제공에 필요한 데이터가,

aa) 해당 범죄의 예방을 관할하는 경찰당국이 이를 수사하는 데 필요한 범위 내에서만, 또는

bb) 해당 범죄예방을 위한 경찰직무공조의 일환으로 하는 외국 경찰당국의 정보제공요구를 처리하는 데 필요한 범위 내에서만,

4. 관세범죄수사법 제3조에 따른 중앙기관으로서의 관세수사청에,

a) 개별사인에서 어느 범죄에 대한 충분한 사실적 판단근거(zureichende tatsächliche Anhaltspunkte für eine Straftat)가 있고, 그 정보제공에 필요한 데이터가,

aa) 관할 형사관청이 이를 수사하는 데 필요한 범위 내에서만, 또는

bb) 형집행 일환으로 하는 경우를 포함하여, 국세형사사법공조에 관한 규정 기준에 따라 처리되는 wird, auch im Rahmen der Strafvollstreckung, zu erledigen) 국제적 경찰직무공조의 일환으로 하는 외국 형사관청의 정보제공요구를 처리하는 데 필요한 범위 내에서만,

b) 이것이 개별사안에서,

aa) 사람의 신체, 생명 및 자유의 보호, 성적 자기결정권의 보호, 연방 및 어느 주의 존립 및 안전의 보호, 자유민주적 기본질서의 보호와, 그 위협이 인간의 생존의 기초에 영향을 미치는(deren Bedrohung die Grundlagen der Existenz der Menschen berührt) 공중생존재화의 보호 그리고 중요한 물건가치의 보호에 필요하거나 어느 범죄의 예방을 위해 필요한 범위 내에서만,

bb) 사실에 의하여, 그 유형에 따라 최소한 구체화되고 시간적으로 예측할 수 있는, 특정한 사람이 관련된(an dem bestimmte Personen beteiligt sein werden) 사건에 대한 결론을 내릴 수 있는 경우에, 사람의 신체, 생명 및 자유의 보호, 성적 자기결정권의 보호, 연방 및 어느 주의 존립 및 안전의 보호, 자유민주적 기본질서의 보호와, 그 위협이 인간의 생존의 기초에 영향을 미치는(deren Bedrohung die Grundlagen der Existenz der Menschen berührt) 공중생존재화의 보호에 필요한 범위 내에서만,

cc) 어느 사람의 개별적 행위에 의할 때 그러한 법익에 대한 위태화가 가까운 장래에 발생할 것(dass die Gefährdung eines solchen Rechtsgutes in einem übersehbaren Zeitraum eintreten wird)이라는 확실한 개연성이 인정되는 경우에, 사람의 신체, 생명 및 자유의 보호, 성적 자기결정권의 보호, 연방 및 어느 주의 존립 및 안전이 보호, 자유민주적 기본질서의 보호와, 그 위협이 인간의 생존

dass die Gefährdung eines solchen Rechtsgutes in einem übersehbaren Zeitraum eintreten wird, oder

dd) zur Erledigung eines Auskunftsersuchens einer ausländischen Polizeibehörde im Rahmen des polizeilichen Dienstverkehrs zur Verhütung einer schweren Straftat nach § 100a Absatz 2 der Strafprozessordnung, oder

ee) zur Verhütung einer schweren Straftat nach § 100a Absatz 2 der Strafprozessordnung, sofern Tatsachen die Annahme rechtfertigen, dass eine Person innerhalb eines übersehbaren Zeitraums auf eine ihrer Art nach konkretisierte Weise als Täter oder Teilnehmer an der Begehung der Tat beteiligt ist, oder

ff) zur Verhütung einer schweren Straftat nach § 100a Absatz 2 der Strafprozessordnung, sofern das individuelle Verhalten einer Person, die konkrete Wahrscheinlichkeit begründet, dass die Person innerhalb eines übersehbaren Zeitraums die Tat begehen wird,

5. die Behörden der Zollverwaltung und die nach Landesrecht zuständigen Behörden zur Verhütung einer Straftat nach den §§ 10, 10a oder 11 des Schwarzarbeitsbekämpfungsgesetzes oder § 266a des Strafgesetzbuches,
6. die Verfassungsschutzbehörden des Bundes und der Länder, soweit dies aufgrund tatsächlicher Anhaltspunkte im Einzelfall erforderlich ist zur Aufklärung bestimmter Bestrebungen oder Tätigkeiten nach

   a) § 3 Absatz 1 des Bundesverfassungsschutzgesetzes oder

   b) einem zum Verfassungsschutz (§ 1 Absatz 1 des Bundesverfassungsschutzgesetzes) landesgesetzlich begründeten Beobachtungsauftrag der Landesbehörde, insbesondere zum Schutz der verfassungsmäßigen Ordnung vor Bestrebungen und Tätigkeiten der Organisierten Kriminalität,
7. den Militärischen Abschirmdienst, soweit dies aufgrund tatsächlicher Anhaltspunkte im Einzelfall zur Aufklärung bestimmter Bestrebungen oder Tätigkeiten nach § 1 Absatz 1 des MAD-Gesetzes oder zur Sicherung der Einsatzbereitschaft der Truppe oder zum Schutz der Angehörigen, der Dienststellen und Einrichtungen des Geschäftsbereichs des Bundesministeriums der Verteidigung nach § 14 Absatz 1 MAD-Gesetzes erforderlich ist,
8. den Bundesnachrichtendienst, soweit dies erforderlich ist

   a) zur politischen Unterrichtung der Bundesregierung, wenn im Einzelfall tatsächliche Anhaltspunkte dafür vorliegen, dass durch die Auskunft Informationen über das Ausland gewonnen werden können, die von außen- und sicherheitspolitischer Bedeutung für die Bundesrepublik Deutschland sind und zu deren Aufklärung das Bundeskanzleramt den Bundesnachrichtendienst beauftragt hat, oder

   b) zur Früherkennung von aus dem Ausland drohenden Gefahren von internationaler Bedeutung, wenn im Einzelfall tatsächliche Anhaltspunkte dafür vorliegen, dass durch die Auskunft Erkenntnisse gewonnen werden können mit Bezug zu den in § 4 Absatz 3 Nummer 1 des BND-Gesetzes genannten Gefahrenbereichen oder zum Schutz der in § 4 Absatz 3 Nummer 2 und 3 des BND-Gesetzes genannten Rechtsgüter,
9. das Bundesamt für Sicherheit in der Informationstechnik zum Schutz der Versorgung der Bevölkerung in den Bereichen des § 2 Absatz 10 Satz 1 Nummer 1 des BSI-Gesetzes oder der öffentlichen Sicherheit, um damit eine Beeinträchtigung der Sicherheit oder Funktionsfähigkeit informationstechnischer Systeme einer Kritischen Infrastruktur oder eines Unternehmens im besonderen öffentlichen Interesse abzuwenden, wenn Tatsachen den Schluss auf ein wenigstens seiner

의 기초에 영향을 미치는 공중생존재화의 보호를 위해 필요한 범위 내에서만,

dd) 형사소송법 제100조a 제2항에 따른 어느 중대범죄의 예방(Verhütung einer schweren Straftat nach § 100a Absatz 2 der Strafprozessordnung)을 위한 경찰직무공조로 하는 외국 경찰당국의 정보제공요구에 대한 처리를 위해 필요한 범위 내에서만,

ee) 어느 사람이 그 유형에 따라 구체화된 방법으로(auf eine ihrer Art nach konkretisierten Weise) 근접한 시간 내에 정범(正犯) 또는 공범자로 가담할 것이라는 추정을 정당화하는 사실이 있는 경우에, 형사소송법 제100조a 제2항에 따른 어느 중대범죄의 예방을 위해 필요한 범위 내에서만,

ff) 어느 사람의 개별적 행위에 의할 때 그 사람이 가까운 장래에 그 범죄를 자행할 것이라는 확실한 개연성이 인정되는 경우에, 형사소송법 제100조a 제2항에 따른 어느 중대범죄의 예방을 위해 필요한 범위 내에서만,

5. 관세행정관청과 주법에 따른 관할 그 관청(die Behörden der Zollverwaltung und die nach Landesrecht zuständigen Behörden)에, 불법노동대처법 제10조, 제10조a 또는 제11조에 따른 한 범죄나 형법전 제266조a조에 따른 한 범죄의 예방에 필요한 범위 내에서만,

6. 연방 및 주의 헌법수호청(die Verfassungsschutzbehörden des Bundes und der Länder)에, 이것이 개별사안에서 사실적 판단근거에 기하여,

a) 연방헌법수호법 제3조 제1항에 따른 특정한 기도(企圖) 또는 활동을 적발하는 데(zur Aufklärung bestimmter Bestrebungen oder Tätigkeiten)에 필요한 범위에서만, 또는

b) 헌법수호를 위하여(헌법수호법 제1조 제1항) 주법에 따라 설치된 주행정관청 소속의 어느 감시임무단, 특히 조직범죄의 기도 및 활동으로부터 헌법질서를 수호하기 위한(zum Schutz der verfassungsmäßigen Ordnung vor Bestrebungen und Tätigkeiten der organisierten Kriminalitat) 그러한 감시임무단에 따른 특정한 기도 또는 활동을 적발하는 데 필요한 범위 내에서만,

7. 군사정보국에, 이것이 개별사안에서 사실적 판단근거에 기하여 군사정보국법 제1조 제1항에 따른 특정한 기도 또는 활동의 적발을 위해 필요하거나 군대의 출동을 확보하는 데 필요하거나 군사정보국법 제14조 제1항에 따른 연방국방부의 직무범위에 속하는 직원(職員), 부서(部署) 및 시설(Schutz der Angehörigen, der Dienststellen und Einrichtungen des Geschäftsbereichs des Bundesministeriums der Verteidigung)의 보호를 위해 필요한 범위 내에서만,

8. 연방해외정보국에, 이것이,

a) 개별사안에서 독일연방공화국에 대하여 대외정책적·안보정책적으로 중요하고 연방수상청이 그 탐지(探知)에 관하여 연방해외정보국에 위임한, 외국에 관한 정보가 해당 정보제공으로 획득될 수 있다는 점에 대한 사실적 판단근거(Anhaltspunkte)가 있는 경우에, 연방정부에 대한 정책적 알림에 필요한 범위 내에서만,

b) 그 정보제공으로, 연방해외정보국법 제4조 제3항 제1호상의 위험범위에 관하여(mit Bezug zu den in § 4 Absatz 3 Nummer 1 des BND-Gesetzes genannten Gefahrenbereichen) 또는 동법 제4조 제3항 제2호, 제3호상의 법익 보호를 위하여 지식을 얻을 수 있는 경우에, 국제적 중요성을 갖는, 외국에서 유래하는 임박한 위험의 조기탐지(Früherkennung von aus dem Ausland drohenden Gefahren von internationaler Bedeutung)를 위해 필요한 범위 내에서만,

9. 연방정보통신기술보안청법 제2조 제10항 제1문 제1호의 영역이나 공공의 안녕의 영역에서 주민에 대한 공급 보호를 위한 연방정보통신기술보안청(an das Bundesamt für Sicherheit in der Informationstechnik zum Schutz der Versorgung der Bevölkerung in den Bereichen des § 2 Absatz 10 Satz 1 Nummer 1 des BSI-Gesetzes oder der öffentlichen Sicherheit)에, 사실에 의하여, 그 유형에 따라 최소한 구체화되고 시간적으로 예측할 수 있는 사건으로, 특정한 인프라 또는 기업의 정보통신시

Art nach konkretisiertes und zeitlich absehbares Geschehen zulassen, das auf die informationstechnischen Systeme bestimmbarer Infrastrukturen oder Unternehmen abzielen wird, und die in die Auskunft aufzunehmenden Daten im Einzelfall erforderlich sind, um den Betreiber der betroffenen Kritischen Infrastruktur oder das betroffene Unternehmen im besonderen öffentlichen Interesse vor dieser Beeinträchtigung zu warnen, über diese zu informieren oder bei deren Beseitigung zu beraten oder zu unterstützen.

(6) Derjenige, der geschäftsmäßig Telekommunikationsdienste erbringt oder daran mitwirkt, hat die zu beauskunftenden Daten unverzüglich und vollständig zu übermitteln. Über das Auskunftsersuchen und die Auskunftserteilung haben die Verpflichteten gegenüber den Betroffenen sowie Dritten Stillschweigen zu wahren.

(7) Wer geschäftsmäßig Telekommunikationsdienste erbringt oder daran mitwirkt, hat die in seinem Verantwortungsbereich für die Auskunftserteilung erforderlichen Vorkehrungen auf seine Kosten zu treffen. Wer mehr als 100 000 Kunden hat, hat für die Entgegennahme der Auskunftsverlangen sowie für die Erteilung der zugehörigen Auskünfte eine gesicherte elektronische Schnittstelle nach Maßgabe der Technischen Richtlinie nach § 110 Absatz 3 bereitzuhalten, durch die auch die gegen die Kenntnisnahme der Daten durch Unbefugte gesicherte Übertragung gewährleistet ist. Dabei ist dafür Sorge zu tragen, dass jedes Auskunftsverlangen durch eine verantwortliche Fachkraft auf Einhaltung der in Absatz 2 genannten formalen Voraussetzungen geprüft und die weitere Bearbeitung des Verlangens erst nach einem positiven Prüfergebnis freigegeben wird.

§ 113a Verpflichtete; Entschädigung

(1) Die Verpflichtungen zur Speicherung von Verkehrsdaten, zur Verwendung der Daten und zur Datensicherheit nach den §§ 113b bis 113g beziehen sich auf Erbringer öffentlich zugänglicher Telekommunikationsdienste für Endnutzer. Wer öffentlich zugängliche Telekommunikationsdienste für Endnutzer erbringt, aber nicht alle der nach Maßgabe der §§ 113b bis 113g zu speichernden Daten selbst erzeugt oder verarbeitet, hat

1. sicherzustellen, dass die nicht von ihm selbst bei der Erbringung seines Dienstes erzeugten oder verarbeiteten Daten gemäß § 113b Absatz 1 gespeichert werden, und
2. der Bundesnetzagentur auf deren Verlangen unverzüglich mitzuteilen, wer diese Daten speichert.

(2) Für notwendige Aufwendungen, die den Verpflichteten durch die Umsetzung der Vorgaben aus den §§ 113b, 113d bis 113g entstehen, ist eine angemessene Entschädigung zu zahlen, soweit dies zur Abwendung oder zum Ausgleich unbilliger Härten geboten erscheint. Für die Bemessung der Entschädigung sind die tatsächlich entstandenen Kosten maßgebend. Über Anträge auf Entschädigung entscheidet die Bundesnetzagentur.

§ 113b Pflichten zur Speicherung von Verkehrsdaten

(1) Die in § 113a Absatz 1 Genannten sind verpflichtet, Daten wie folgt im Inland zu speichern:

1. Daten nach den Absätzen 2 und 3 für zehn Wochen,
2. Standortdaten nach Absatz 4 für vier Wochen.

(2) Die Erbringer öffentlich zugänglicher Telefondienste speichern

1. die Rufnummer oder eine andere Kennung des anrufenden und des angerufenen Anschlusses sowie bei Um- oder Weiterschaltungen jedes weiteren beteiligten Anschlusses,

스템을 대상으로 할(das auf die informationstechnischen Systeme bestimmbarer Infrastrukturen oder Unternehmen abzielen wird) 사건에 대한 결론을 내릴 수 있는 있고, 또한 정보제공에 포함된 정보가 개별사안에서 관련 중요 인프라의 운영자나 특별한 공익을 위한 관련 기업에 이러한 침해에 대해 경고하거나 이에 관하여 알리거나 그 침해 제거시에 협의하거나 지원하는 데 필요한 경우에, 중요 인프라의 정보통신시스템이나 특별한 공익을 위한 기업의 정보통신시스템의 보안 또는 운영의 침해를 회피하기 위한 범위 내에서.

⑥ 영업적으로 전기통신역무를 제공하거나 이에 협력(協力)하는 자는, 제공해야 하는 데이터를 지체 없이 완전하게 제공해야 한다. 정보제공요구와 정보제공에 관하여(Über das Auskunftsersuchen und die Auskunftserteilung) 의무자는 당사자 또는 제3자(den Betroffenen sowie Dritten)에 대하여 비밀을 유지해야 한다.

⑦ 영업적으로 전기통신역무를 제공하거나 이에 협력하는 자는, 자신의 책임영역에서 정보제공에 필요한 조처(措處)를 자신의 비용으로 취해야 한다. 100,000을 초과하여 고객이 가진 자는, 정보제공요구의 수령과 관련 정보의 제공을 위하여 제110조 제3항에 좇은 기술지침의 기준에 따라 권한 없는 자의 데이터 지득으로부터 안전한 전송도 확보해 주는 안전한 전자인터페이스를 유지해야 한다. 이 경우 책임 있는 전문인력에 의한 각 정보제공요구가 제2상의 공식적 요건을 준수했는지를 심사한 다음, 긍정적 심사결과가 나온 후에 비로소 그 요구에 대한 추가 작업을 행한다는 점(dass jedes Auskunftsverlangen durch eine verantwortliche Fachkraft auf Einhaltung der in Absatz 2 genannten formalen Voraussetzungen geprüft und die weitere Bearbeitung des Verlangens erst nach einem positiven Prüfergebnis freigegeben wird)을 보장해야 한다.

제113조a 의무자; 보상

① 제113조b 내지 제113조g에 따른 통신데이터의 저장의무, 통신데이터의 사용의무 및 통신데이터보안의무는, 최종이용자에 대한 공중이 이용 가능한 전기통신역무제공자에 적용된다. 그러나 최종이용자에 대한 공중이 이용 가능한 전기통신역무를 제공하나, 제113조b 내지 제113조g의 기준에 따라 서상해야 할 그 일체의 데이터를 직접 생성하거나 처리하지 않는(aber nicht alle der nach Maßgabe der §§ 113b bis 113g zu speichernden Daten selbst erzeugt oder verarbeitet) 자는,

1. 자신이 직접 자신의 서비스 제공시에 생성하거나 처리하지 않은 그 데이터가 제113조b에 제1항에 따라 저장되도록 보장해야 하고,
2. 연방망관리청에 그 요구에 따라 누가 이러한 데이터를 저장했는지를 지체 없이 통지해야 한다.

② 이것이 부당한 가혹함의 방지 또는 조정(Abwendung oder zum Ausgleich unbilliger Härten)을 위해 필요한 것으로 보는 범위 내에서, 제113조b, 제113조d 내지 제113조g상의 요건(Vorgaben)의 시행으로 인하여 의무자에게 생긴 필요경비에 대하여 적절한 보상금을 지급해야 한다. 보상금의 산정은 실제 발생한 비용(die tatsächlich entstandenen Kosten)을 기준으로 한다. 연방망관리청이 보상금 신청(Anträge auf Entschädigung)에 관하여 판정한다.

제113조b 통신데이터의 저장의무

① 제113조a 제1항상의 자는 독일에서 다음과 같이 그 데이터를 저장할 의무를 진다:

1. 제2항, 제3항에 따른 데이터의 경우 제10주간,
2. 제4항에 따른 위치데이터의 경우 제4주간.

② 공중이 이용 가능한 전화서비스제공자는 다음 각 호를 저장한다,

1. 전화번호와, 발신접속 또는 착신접속의 그 밖의 식별자, 그리고 기타 교환 또는 전달의 경우에 추가로 통신에 참여한 각 접속의 그 밖의 식별자,

2. Datum und Uhrzeit von Beginn und Ende der Verbindung unter Angabe der zugrunde liegenden Zeitzone,
3.Angaben zu dem genutzten Dienst, wenn im Rahmen des Telefondienstes unterschiedliche Dienste genutzt werden können,
4. im Fall mobiler Telefondienste ferner
   a) die internationale Kennung mobiler Teilnehmer für den anrufenden und den angerufenen Anschluss,
   b) die internationale Kennung des anrufenden und des angerufenen Endgerätes,
   c) Datum und Uhrzeit der ersten Aktivierung des Dienstes unter Angabe der zugrunde liegende Zeitzone, wenn Dienste im Voraus bezahlt wurden,
5. im Fall von Internet-Telefondiensten auch die Internetprotokoll-Adressen des anrufenden und des angerufenen Anschlusses und zugewiesene Benutzerkennungen.

Satz 1 gilt entsprechend
1. bei der Übermittlung einer Kurz-, Multimedia- oder ähnlichen Nachricht; hierbei treten an die Stelle der Angaben nach Satz 1 Nummer 2 die Zeitpunkte der Versendung und des Empfangs der Nachricht;
2. für unbeantwortete oder wegen eines Eingriffs des Netzwerkmanagements erfolglose Anrufe, soweit der Erbringer öffentlich zugänglicher Telefondienste die in Satz 1 genannten Verkehrsdaten für die in § 96 Absatz 1 Satz 2 genannten Zwecke speichert oder protokolliert.

(3) Die Erbringer öffentlich zugänglicher Internetzugangsdienste speichern
1. die dem Teilnehmer für eine Internetnutzung zugewiesene Internetprotokoll-Adresse,
2. eine eindeutige Kennung des Anschlusses, über den die Internetnutzung erfolgt, sowie eine zugewiesene Benutzerkennung,
3. Datum und Uhrzeit von Beginn und Ende der Internetnutzung unter der zugewiesenen Internetprotokoll-Adresse unter Angabe der zugrunde liegenden Zeitzone.

(4) Im Fall der Nutzung mobiler Telefondienste sind die Bezeichnungen der Funkzellen zu speichern, die durch den anrufenden und den angerufenen Anschluss bei Beginn der Verbindung genutzt wurden. Bei öffentlich zugänglichen Internetzugangsdiensten ist im Fall der mobilen Nutzung die Bezeichnung der bei Beginn der Internetverbindung genutzten Funkzelle zu speichern. Zusätzlich sind die Daten vorzuhalten, aus denen sich die geografische Lage und die Hauptstrahlrichtungen der die jeweilige Funkzelle versorgenden Funkantennen ergeben.

(5) Der Inhalt der Kommunikation, Daten über aufgerufene Internetseiten und Daten von Diensten der elektronischen Post dürfen auf Grund dieser Vorschrift nicht gespeichert werden.

(6) Daten, die den in § 99 Absatz 2 genannten Verbindungen zugrunde liegen, dürfen auf Grund dieser Vorschrift nicht gespeichert werden. Dies gilt entsprechend für Telefonverbindungen, die von den in § 99 Absatz 2 genannten Stellen ausgehen. § 99 Absatz 2 Satz 2 bis 7 gilt entsprechend.

(7) Die Speicherung der Daten hat so zu erfolgen, dass Auskunftsersuchen der berechtigten Stellen unverzüglich beantwortet werden können.

(8) Der nach § 113a Absatz 1 Verpflichtete hat die auf Grund des Absatzes 1 gespeicherten Daten unverzüglich, spätestens jedoch binnen einer Woche nach Ablauf der Speicherfristen nach Absatz 1, irreversibel zu löschen oder die irreversible Löschung sicherzustellen.

§ 113c Verwendung der Daten

2. 기초가 된 표준시간대를 명시한(unter Angabe der zugrunde liegenden Zeitzone) 연결의 개시·종료의 날짜 및 시각,
3. 전화서비스의 일환으로 다른 서비스가 이용될 수 있는 경우 이용된 서비스에 대한 정보(Angaben zu dem genutzten Dienst),
4. 또한 이동전화번호서비스의 경우에는,
   a) 발신접속 및 착신접속에 대한 이동통신가입자의 국제식별자,
   b) 발신단말기 및 수신단말기의 국제식별자,
   c) 그 서비스에 선불로 지급된 경우에, 기초가 된 표준시간대를 명시한(unter Angabe der zugrunde liegenden Zeitzone)서비스의 최초 개시의 날짜 및 시각,
5. 인터넷전화서비스의 경우에 발신접속 및 착신접속의 IP주소와 배정된 이용자식별자(zugewiesene Benutzerkennungen).

다음 각 호에 제1문을 준용한다.

1. 단문문자(短文文字)메시지, 멀티미디어메시지[208] 또는 이와 유사한 메시지[209]의 전송의 경우; 이 경우 그 메시지의 송신 및 수신 시기가 제1문 제2호에 따른 사항을 대신한다;
2. 공중이 이용 가능한 전화서비스제공자가 제96조 제1항 제2문상의 목적을 위하여 제1문상의 통신데이터를 저장하거나 기록하는 범위 내의 통화로, 응답하자 않아 실패한 통화나 통신망관리에 대한 침입으로 인한 실패한 통화에 대하여.

③ 공중이 이용가능한 인터넷접속서비스제공자는, 다음 각 호를 저장한다,

1. 인터넷접속을 위해 가입자에게 배정된 IP주소,
2. 인터넷접속을 이뤄지게 해 주는 접속고유식별자(eine eindeutige Kennung des Anschlusses)와, 배정된 이용자식별자,
3. 기초가 된 표준시간대(標準時間帶)를 명시한 것으로, 배정(配定)된 IP주소에 의한(unter der zugewiesenen Internetprotokoll-Adresse) 인터넷접속의 개시·종료의 날짜 및 시각.

④ 이동전화서비스의 이용의 경우에 연결 개시시에 발신접속 또는 착신접속에 의해 이용되는 무선셀[210](Funkzellen)의 식별자(die Bezeichnungen)을 저장해야 한다. 공중이 이용할 수 있는 인터넷접속서비스의 경우에 있어, 이동 이용의 경우에는 인터넷접속의 개시시에 이용된 무선셀의 식별자를 저장해야 한다. 추가적으로, 지리적 위치와 각 무선셀을 공급하는 무선안테나의 주요방출방향(主要放出方向)(die geografische Lage und die Hauptstrahlrichtungen der die jeweilige Funkzelle versorgenden Funkantennen)을 생기게 해주는 데이터를 저장해야 한다.

⑤ '통신내용', '착신된 인터넷사이트에 관한 데이터[211]'(Daten über aufgerufene Internetseiten)와, '전자우편서비스에 관한 데이터'는 본 규정에 기하여 저장되어서는 아니된다.

⑥ 제99조 제2항상의 연결의 기초가 되는 데이터는 본 규정에 기하여 저장되어서는 아니된다. 제99조 제2항상의 기관에서 발신되는 전화연결(Telefonverbindungen)에 대하여도 또한 같다. 제99조 제2항 제2문 내지 제7문을 준용한다.

⑦ 데이터저장은, 권한을 가진 기관(der berechtigten Stellen)의 정보제공요구에 대하여 지체 없이 응답할 수 있도록 행해져야 한다.

⑧ 제113조a 제1항에 따라 의무를 지는 자는 제1항에 기하여 저장된 데이터를 지체 없이, 다만 늦어도 제1항에따른 저장 기간 경과시로부터 1주일 이내에 복구 불가능하게 삭제해야 하거나 복구 불가능한 삭제를 보장해야한다.

제113조c 데이터의 사용

(1) Die auf Grund des § 113b gespeicherten Daten dürfen

1. an eine Strafverfolgungsbehörde übermittelt werden, soweit diese die Übermittlung unter Berufung auf eine gesetzliche Bestimmung, die ihr eine Erhebung der in § 113b genannten Daten zur Verfolgung besonders schwerer Straftaten erlaubt, verlangt;
2. an eine Gefahrenabwehrbehörde der Länder übermittelt werden, soweit diese die Übermittlung unter Berufung auf eine gesetzliche Bestimmung, die ihr eine Erhebung der in § 113b genannten Daten zur Abwehr einer konkreten Gefahr für Leib, Leben oder Freiheit einer Person oder für den Bestand des Bundes oder eines Landes erlaubt, verlangt;
3. durch den Erbringer öffentlich zugänglicher Telekommunikationsdienste für eine Auskunft nach § 113 Absatz 1 Satz 3 verwendet werden.

(2) Für andere Zwecke als die in Absatz 1 genannten dürfen die auf Grund des § 113b gespeicherten Daten von den nach § 113a Absatz 1 Verpflichteten nicht verwendet werden.

(3) Die Übermittlung der Daten erfolgt nach Maßgabe der Rechtsverordnung nach § 110 Absatz 2 und der Technischen Richtlinie nach § 110 Absatz 3. Die Daten sind so zu kennzeichnen, dass erkennbar ist, dass es sich um Daten handelt, die nach § 113b gespeichert waren. Nach Übermittlung an eine andere Stelle ist die Kennzeichnung durch diese aufrechtzuerhalten.

§ 113d Gewährleistung der Sicherheit der Daten

Der nach § 113a Absatz 1 Verpflichtete hat sicherzustellen, dass die auf Grund der Speicherpflicht nach § 113b Absatz 1 gespeicherten Daten durch technische und organisatorische Maßnahmen nach dem Stand der Technik gegen unbefugte Kenntnisnahme und Verwendung geschützt werden. Die Maßnahmen umfassen insbesondere

1. den Einsatz eines besonders sicheren Verschlüsselungsverfahrens,
2. die Speicherung in gesonderten, von den für die üblichen betrieblichen Aufgaben getrennten Speichereinrichtungen,
3. die Speicherung mit einem hohen Schutz vor dem Zugriff aus dem Internet auf vom Internet entkoppelten Datenverarbeitungssystemen,
4. die Beschränkung des Zutritts zu den Datenverarbeitungsanlagen auf Personen, die durch den Verpflichteten besonders ermächtigt sind, und
5. die notwendige Mitwirkung von mindestens zwei Personen beim Zugriff auf die Daten, die dazu durch den Verpflichteten besonders ermächtigt worden sind.

§ 113e Protokollierung

(1) Der nach § 113a Absatz 1 Verpflichtete hat sicherzustellen, dass für Zwecke der Datenschutzkontrolle jeder Zugriff, insbesondere das Lesen, Kopieren, Ändern, Löschen und Sperren der auf Grund der Speicherpflicht nach § 113b Absatz 1 gespeicherten Daten protokolliert wird. Zu protokollieren sind

1. der Zeitpunkt des Zugriffs,
2. die auf die Daten zugreifenden Personen,
3. Zweck und Art des Zugriffs.

(2) Für andere Zwecke als die der Datenschutzkontrolle dürfen die Protokolldaten nicht verwendet werden.

① 제113조b에 기하여 저장된 데이터는,

1. 어느 형사관청(刑事官廳; Strafverfolgungsbehörde)이 '특히 중대한 범죄'의 기소를 위하여 제113조b상의 데이터의 수집을 그 형사관청에 허용해 주는 법(法)상 규정을 언급하면서(unter Berufung auf) 그 제공을 요구하는 범위 내에서, 그 형사관청에 제공해도 된다;
2. 주(州)의 어느 위험방지관청(危險防止官廳; Gefahrenabwehrbehörde)이 사람의 신체, 생명(Abwehr einer konkreten Gefahr für Leib, Leben oder Freiheit einer Person)이나 연방 또는 어느 주의 존립에 대한 구체적 위험의 방지를 위하여 제113조b상의 데이터의 수집을 그 위험방지관청에 허용해 주는 법(法)상 규정을 언급하면서 그 제공을 요구하는 범위 내에서, 그 위험방지관청에 제공해도 된다;
3. 공중이 이용 가능한 전기통신역무제공자가 제113조 제1항 제3문에 따른 정보[212]를 위하여 사용해도 된다.

② 제113조b에 기하여 저장된 데이터는 제113조a 제1항에 따른 의무자에 의하여 제1항상의 목적 이외의 다른 목적으로 사용되어서는 아니된다.

③ 데이터의 전달은 제110조 제2항에 따른 법규명령 및 제110조 제3항에 따른 기술지침의 기준에 좇아 행해진다. 그 데이터는, 제113조b에 따라 저장된 데이터에 해당한다는 점을 인식하도록(dass erkennbar ist, dass es sich um Daten handelt, die nach § 113b gespeichert waren) 표시되어야 한다. 다른 기관에 제공 후에도 그 표시는 이러한 기관에 의하여 유지되어야 한다.

제113조d 데이터 보안의 보장

제113조a 제1항에 따른 의무자는, 제113조b 제1항에 다른 저장의무에 기하여 저장된 데이터가 기술 수준에 따른 기술적·관리적 조치에 의하여(durch technische und organisatorische Maßnahmen nach dem Stand der Technik) 무단 지득(知得) 및 사용으로부터(gegen unbefugte Kenntnisnahme und Verwendung) 보호되도록 보장해야 한다. 그 조치는 특히 다음 각 호를 포함한다,

1. 특별히 안전한 암호화절차의 사용,
2. 통상적 사업상 임무와 분리된(von den für die üblichen betrieblichen Aufgaben getrennten Speichereinrichtungen) 별도 저장장치에 저장,
3. 인터넷과 완전 분리된 데이터처리시스템상에서의 저장으로(auf vom Internet entkoppelten Datenverarbeitungssystemen), 인터넷에 기한 접속으로부터의 강력한 보호를 제공하는 저장,
4. 데이터처리설비에 대한 접근을 의무자에 의해 특별히 수권을 받은 자로 한정(die Beschränkung des Zutritts zu den Datenverarbeitungsanlagen),
5. 데이터에 대한 접속시(beim Zugriff auf die Daten) 의무자에게서 이에 관하여 특별히 수권을 받게 된 2명 이상의 필수적 협력.

제113조e 기록

① 제113조a 제1항에 다른 의무자는, 각 접근에 대한 데이터보호감시의 목적을 위하여(für Zwecke der Datenschutzkontrolle jeder Zugriff), 특히 제113조b 제1항에 따른 저장의무에 기한 데이터 읽기, 복제, 수정, 삭제 및 차단(das Lesen, Kopieren, Ändern, Löschen und Sperren)은 기록된다는 점을 보장해야 한다. 다음 각 호가 기록되어야 한다,

1. 접근 시기,
2. 데이터에 접근하는 자,
3. 접근의 목적 및 성질.

② 데이터보호감시의 목적 이외의 다른 목적을 위하여(Für andere Zwecke als die der Datenschutzkontrolle) 기록데이터는 사용되어서는 아니된다.

(3) Der nach § 113a Absatz 1 Verpflichtete hat sicherzustellen, dass die Protokolldaten nach einem Jahr gelöscht werden.

§ 113f Anforderungskatalog

(1) Bei der Umsetzung der Verpflichtungen gemäß den §§ 113b bis 113e ist ein besonders hoher Standard der Datensicherheit und Datenqualität zu gewährleisten. Die Einhaltung dieses Standards wird vermutet, wenn alle Anforderungen des Katalogs der technischen Vorkehrungen und sonstigen Maßnahmen erfüllt werden, den die Bundesnetzagentur im Benehmen mit dem Bundesamt für Sicherheit Bundesamt für Sicherheit in der Informationstechnik und der oder dem Bundesbeauftragten für den in der Informationstechnik und der oder dem Bundesbeauftragten für den Datenschutz und die Informationsfreiheit erstellt.

(2) Die Bundesnetzagentur überprüft fortlaufend die im Katalog nach Absatz 1 Satz 2 enthaltenen Anforderungen; hierbei berücksichtigt sie den Stand der Technik und der Fachdiskussion. Stellt die Bundesnetzagentur Änderungsbedarf fest, ist der Katalog im Benehmen mit dem Bundesamt für Sicherheit in der Informationstechnik und der oder dem Bundesbeauftragten für den Datenschutz und die Informationsfreiheit unverzüglich anzupassen.

(3) § 109 Absatz 6 Satz 2 und 3 gilt entsprechend. § 109 Absatz 7 gilt mit der Maßgabe, dass an die Stelle der Anforderungen nach § 109 Absatz 1 bis 3 die Anforderungen nach Absatz 1 Satz 1, § 113b Absatz 7 und 8, § 113d und nach § 113e Absatz 1 und 3 treten.

§ 113g Sicherheitskonzept

Der nach § 113a Absatz 1 Verpflichtete hat in das Sicherheitskonzept nach § 109 Absatz 4 zusätzlich aufzunehmen,

1. welche Systeme zur Erfüllung der Verpflichtungen aus den §§ 113b bis 113e betrieben werden,
2. von welchen Gefährdungen für diese Systeme auszugehen ist und
3. welche technischen Vorkehrungen oder sonstigen Maßnahmen getroffen oder geplant sind, um diesen Gefährdungen entgegenzuwirken und die Verpflichtungen aus den §§ 113b bis 113e zu erfüllen.

Der nach § 113a Absatz 1 Verpflichtete hat der Bundesnetzagentur das Sicherheitskonzept unverzüglich nach dem Beginn der Speicherung nach § 113b und unverzüglich bei jeder Änderung des Konzepts vorzulegen. Bleibt das Sicherheitskonzept unverändert, hat der nach § 113a Absatz 1 Verpflichtete dies gegenüber der Bundesnetzagentur im Abstand von jeweils zwei Jahren schriftlich zu erklären.

§ 114 Auskunftsersuchen des Bundesnachrichtendienstes

(1) Wer öffentlich zugängliche Telekommunikationsdienste erbringt oder Übertragungswege betreibt, die für öffentlich zugängliche Telekommunikationsdienste genutzt werden, hat dem Bundesministerium für Wirtschaft und Technologie auf Anfrage entgeltfrei Auskünfte über die Strukturen der Telekommunikationsdienste und -netze sowie bevorstehende Änderungen zu erteilen. Einzelne Telekommunikationsvorgänge und Bestandsdaten von Teilnehmern dürfen nicht Gegenstand einer Auskunft nach dieser Vorschrift sein.

(2) Anfragen nach Absatz 1 sind nur zulässig, wenn ein entsprechendes Ersuchen des Bundesnachrichtendienstes vorliegt und soweit die Auskunft zur Erfüllung der Aufgaben nach den §§ 5 und 8 des Artikel 10-Gesetzes oder den §§ 19, 24 und 26 des BND-Gesetzes erforderlich ist. Die

③ 제113조a 제1항에 따른 의무자는 기록데이터(die Protokolldaten)가 1년 후에 삭제(削除)된다는 점을 보장해야 한다.

제113조f 요구사항목록

① 제113조b 내지 제113조e에 따른 의무의 이행에 있어, 특별히 높은 수준의 데이터보안 및 데이터품질을 보장해야 한다. 기술적 조처(措處) 및 기타 조치의 목록으로, 연방망관리청이 연방정보통신기술보안청, 연방정보통신기술책임관, 연방개인정보보호·정보자유책임관과 협의하여 마련한(den die Bundesnetzagentur im Benehmen mit dem Bundesamt für Sicherheit Bundesamt für Sicherheit in der Informationstechnik und der oder dem Bundesbeauftragten für den in der Informationstechnik und der oder dem Bundesbeauftragten für den Datenschutz und die Informationsfreiheit erstellt) 목록상의 일체의 요구사항이 충족되는 때에는 이러한 수준의 준수(遵守)는 추정된다.

② 연방망관리청은 제1항 제2문에 따른 목록 포함된 요구사항을 지속적으로 점검한다; 이 경우 연방망관리청은 기술 수준과 전문가 토론 수준(den Stand der Technik und der Fachdiskussion)을 고려한다. 연방망관리청이 수정필요성을 확인하는 경우에는 (Stellt die Bundesnetzagentur Änderungsbedarf fest) 그 목록은 연방정보기술보안청과 연방개인정보보호·정보자유책임관과 협의하여(im Benehmen mit) 지체 없이 수정되어야 한다.

③ 제109조 제6항 제2문, 제3문을 준용한다. 제1항 제1문, 제113조b 제7항, 제8항, 제113조, 제113조e 제1항, 제3항에 따른 요구사항이 제109조 제1항 내지 제3항에 따른 요구사항을 대신한다는 기준하에 제109조 제7항을 적용한다.

제113조g 보안구상

제113조a 제1항에 따라 의무를 지는 자는, 제109조 제4항에 따른 보안구상에 추가적으로 다음 각 호 사항을 담아야 한다,

1. 제113조b 내지 제113조e에 기한 의무 이행을 위하여 어떤 시스템이 운영되는지,
2. 그러한 시스템에 대하여 어떤 위해가 인정되는지,
3. 이러한 위해에 대처하고 제113조b 내지 제113조e에 기한 의무를 이행하기 위하여 어떤 기술적 조처(措處) 또는 기타 조치를 취하기로 한 것인지 또는 계획한 것인지.

제113조a 제1항에 따라 의무를 지는 자는, 제113조b에 따른 저장 개시 후 지체 없이, 또 보안구상의 각 변경시에 지체 없이 연방망관리청에 이러한 보안구상을 제출해야 한다. 보안구상이 변경되지 않는 경우에, 제113조a 제1항에 따라 의무를 지는 자는 매 2년의 간격으로(im Abstand von jeweils zwei Jahren) 이를 연방망관리청에 서면으로 이를 진술해야 한다.

제114조 연방해외정보국의 정보제공요구

① 공중이 이용 가능한 전기통신역무를 제공하거나, 공중이 이용 가능한 전기통신역무에 이용되는 전송경로를 운영하는 자는, 연방경제·기술부에 그 요구에 따라 무료로 전기통신역무 및 전기통신망의 구조와 장래의 그 변경에 관한 정보(Auskünfte über die Strukturen der Telekommunikationsdienste und -netze sowie bevorstehende Änderungen)를 제공해야 한다. 각각의 전기통신과정 및 가입자신상정보(Einzelne Telekommunikationsvorgänge und Bestandsdaten von Teilnehmern)는 본 규정에 따른 정보제공의 대상이 되어서는 아니된다.

② 연방해외정보국의 관련 요구가 제출된 경우에 한하여 또 기본법 제10조 법률 제5조, 제8조, 연방해외정보국법 제19조, 제24조, 제26에 따른 임무 수행을 위하여 그 정보가 필요한 범위 내에서만 제1항에 따른 요구가 허용된다. 다른 목적을 위한, 본 규정에 따라 취득한 정보의 사용(Die Verwendung einer

Verwendung einer nach dieser Vorschrift erlangten Auskunft zu anderen Zwecken ist ausgeschlossen.

§ 115 Kontrolle und Durchsetzung von Verpflichtungen

(1) Die Bundesnetzagentur kann Anordnungen und andere Maßnahmen treffen, um die Einhaltung der Vorschriften des Teils 7 und der auf Grund dieses Teils ergangenen Rechtsverordnungen sowie der jeweils anzuwendenden Technischen Richtlinien sicherzustellen. Der Verpflichtete muss auf Anforderung der Bundesnetzagentur die hierzu erforderlichen Auskünfte erteilen. Die Bundesnetzagentur ist zur Überprüfung der Einhaltung der Verpflichtungen befugt, die Geschäfts- und Betriebsräume während der üblichen Betriebs- oder Geschäftszeiten zu betreten und zu besichtigen.

(2) Die Bundesnetzagentur kann nach Maßgabe des Verwaltungsvollstreckungsgesetzes Zwangsgelder wie folgt festsetzen:

1. bis zu 500 000 Euro zur Durchsetzung der Verpflichtungen nach § 108 Abs. 1, § 110 Abs. 1, 5 oder Abs. 6, einer Rechtsverordnung nach § 108 Absatz 3, einer Rechtsverordnung nach § 110 Abs. 2, einer Rechtsverordnung nach § 112 Abs. 3 Satz 1, der Technischen Richtlinie nach § 108 Absatz 4, der Technischen Richtlinie nach § 110 Abs. 3 oder der Technischen Richtlinie nach § 112 Abs. 3 Satz 3,
2. bis zu 100 000 Euro zur Durchsetzung der Verpflichtungen nach den §§ 109, 109a, 112 Absatz 1, 3 Satz 4, Absatz 5 Satz 1 und 2, § 113 Absatz 7 Satz 2 und 3 oder § 114 Absatz 1 und
3. bis zu 20 000 Euro zur Durchsetzung der Verpflichtungen nach § 111 Absatz 1, 4 und 5 oder § 113 Absatz 6 und 7 Satz 1.

Bei wiederholten Verstößen gegen § 111 Absatz 1 bis 5, § 112 Abs. 1, 3 Satz 4, Abs. 5 Satz 1 und 2 oder § 113 Absatz 6 und 7 Satz 1 kann die Tätigkeit des Verpflichteten durch Anordnung der Bundesnetzagentur dahin gehend eingeschränkt werden, dass der Kundenstamm bis zur Erfüllung der sich aus diesen Vorschriften ergebenden Verpflichtungen außer durch Vertragsablauf oder Kündigung nicht verändert werden darf.

(3) Darüber hinaus kann die Bundesnetzagentur bei Nichterfüllung von Verpflichtungen des Teils 7 den Betrieb der betreffenden Telekommunikationsanlage oder das geschäftsmäßige Erbringen des betreffenden Telekommunikationsdienstes ganz oder teilweise untersagen, wenn mildere Eingriffe zur Durchsetzung rechtmäßigen Verhaltens nicht ausreichen.

(4) Soweit für die geschäftsmäßige Erbringung von Telekommunikationsdiensten Daten von natürlichen oder juristischen Personen erhoben, verarbeitet oder genutzt werden, tritt bei den Unternehmen an die Stelle der Kontrolle nach § 38 des Bundesdatenschutzgesetzes eine Kontrolle durch den Bundesbeauftragten für den Datenschutz entsprechend den §§ 21 und 24 bis 26 Abs. 1 bis 4 des Bundesdatenschutzgesetzes. Der Bundesbeauftragte für den Datenschutz richtet seine Beanstandungen an die Bundesnetzagentur und übermittelt dieser nach pflichtgemäßem Ermessen weitere Ergebnisse seiner Kontrolle.

(5) Das Fernmeldegeheimnis des Artikels 10 des Grundgesetzes wird eingeschränkt, soweit dies die Kontrollen nach Absatz 1 oder 4 erfordern

nach dieser Vorschrift erlangten Auskunft zu anderen Zwecken)은 배제된다.

제115조 의무의 통제 및 관철

① 연방망관리청은, 본 편의 규정의 준수와 본 편에 기하여 발령된 법규명령과 각 적용되어야 할 기술지침의 준수의 확보를 위하여 명령 및 그 밖의 조치를 취할 수 있다. 의무자는 연방망관리청의 요구가 있는 경우 그 요구에 필요한 정보를 제공해야만 한다. 연방망관리청은, 의무자의 준수에 대한 검사를 위하여 통상의 영업시간 또는 업무시간 중에 사무소 및 영업소에 출입하고 시찰할(die Geschäfts- und Betriebsräume während der üblichen Betriebs- oder Geschäftszeiten zu betreten und zu besichtigen) 권한을 갖는다.

② 연방망관리청은 행정집행법의 기준에 좇아(nach Maßgabe des Verwaltungsvollstreckungsgesetzes) 다음과 같이 강제금을 부과할 수 있다:

1. 제108조 제1항에 따르거나 제110조 제1항, 제5항 또는 제6항에 따른 의무의 관철(Durchsetzung der Verpflichtungen)이나 제108조 제3항에 따른 법규명령(Rechtsverordnung), 제110조 제2항에 따른 법규명령, 제112조 제3항 제1문에 따른 법규명령의 관철이나 제108조 제4항에 따른 기술지침(Technischen Richtlinie), 제110조 제3항에 따른 기술지침 또는 제112조 제3항 제3문에 따른 기술지침의 관철을 위하여 500,00유로 이하의 강제금,
2. 제109조, 제109조a, 제112조 제1항, 제3항 제4문, 제5항 제1문, 제2문, 제113조 제7항 제2문, 제3문 또는 제114조 제1항에 다른 의무의 관철을 위하여 20,000유로 이하의 강제금,
3. 제111조 제1항, 제4항, 제5항 또는 제113조 제6항, 제7항 제1문에 따른 의무의 관철을 위해 20,000유로 이하의 강제금.

제111조 제1항 내지 제5항, 제112조 제1항, 제3항 제4문, 제5항 제1문, 제2문 또는 제113조 제6항, 제7항 제1문에 대한 반복된 위반의 경우에, 본 규정에서 발생하는 의무의 이행시까지(bis zur Erfüllung der sich aus diesen Vorschriften ergebenden Verpflichtungen) 계약기간만료 또는 해지에 의한 경우를 제외하고(außer durch Vertragsablauf oder Kündigung) 고객층을 변경해서는 아니되도록 연방망관리청의 명령에 의하여 의무자의 활동(die Tätigkeit des Verpflichteten)은 제한될 수 있다.

③ 또한 합법적 행위의 관철을 위해 보다 온건한 개입으로 충분하지 않은 때에는(wenn mildere Eingriffe zur Durchsetzung rechtmäßigen Verhaltens nicht ausreichen), 연방망관리청은 제7편의 의무의 불이행시 문제가 되는 전기통신설비의 운영이나 문제가 되는 전기통신역무의 영업적 제공의 전부 또는 일부를 금지할 수 있다.

④ 전기통신역무의 영업적 제공을 위해 자연인 또는 법인의 데이터를 수집하거나 처리하거나 이용하는 범위 내에서, 기업의 경우에 연방개인정보보법 제21조, 제24조 내지 제26조 제1항 내지 제4항에 따른 연방개인정보보호책임관에 의한 통제(eine Kontrolle durch den Bundesbeauftragten für den Datenschutz entsprechend den §§ 21 und 24 bis 26 Abs. 1 bis 4 des Bundesdatenschutzgesetzes)가 연방개인정보보법 제38조에 따른 통제를 대신한다. 연방개인정보보호책임관은 자신의 이의제기를 연방망관리청에 보내고 기속재량에 따라 자신의 통제의 추가 결과(nach pflichtgemäßem Ermessen weitere Ergebnisse seiner Kontrolle)를 제공한다.

⑤ 기본법 제10조상의 통신비밀(Das Fernmeldegeheimnis des Artikels 10 des Grundgesetzes)은 제1항 또는 제4항에 따른 감청이 그 제한을 필요로 하는 범위 내에서 제한된다.

Teil 7 Bundesnetzagentur

Abschnitt 1 Organisation

§ 116 Aufgaben und Befugnisse

Die Bundesnetzagentur für Elektrizität, Gas, Telekommunikation, Post und Eisenbahnen nimmt die ihr nach diesem Gesetz sowie nach den Artikeln 5 und 5a der Verordnung (EU) 2015/2120 und nach Artikel 7 Absatz 1 und Artikel 8 der Verordnung (EU) 2018/302 zugewiesenen Aufgaben und Befugnisse wahr.

§ 117 Veröffentlichung von Weisungen

Soweit das Bundesministerium für Wirtschaft und Energie oder das Bundesministerium für Verkehr und digitale Infrastruktur Weisungen erteilt, sind diese Weisungen im Bundesanzeiger zu veröffentlichen. Dies gilt nicht für Aufgaben, die von diesen Bundesministerien aufgrund dieses Gesetzes oder anderer Gesetze in eigener Zuständigkeit wahrzunehmen sind und mit deren Erfüllung sie die Bundesnetzagentur beauftragt haben.

§ 118

(weggefallen)

§ 119

(weggefallen)

§ 120 Aufgaben des Beirates

Der Beirat nach § 5 des Gesetzes über die Bundesnetzagentur für Elektrizität, Gas, Telekommunikation, Post und Eisenbahnen hat folgende Aufgaben:

1. (weggefallen)
2. Der Beirat wirkt mit bei den Entscheidungen der Bundesnetzagentur in den Fällen des § 61 Absatz 3 Nummer 2 und 4 und des § 81.
3. Der Beirat ist berechtigt, Maßnahmen zur Umsetzung der Regulierungsziele und zur Sicherstellung des Universaldienstes zu beantragen. Die Bundesnetzagentur ist verpflichtet, den Antrag innerhalb von sechs Wochen zu bescheiden.
4. Der Beirat ist gegenüber der Bundesnetzagentur berechtigt, Auskünfte und Stellungnahmen einzuholen. Die Bundesnetzagentur ist gegenüber dem Beirat auskunftspflichtig.
5. Der Beirat berät die Bundesnetzagentur bei der Erstellung des Vorhabenplanes nach § 122 Abs. 2, insbesondere auch bei den grundsätzlichen marktrelevanten Entscheidungen.
6. Der Beirat ist bei der Aufstellung des Frequenzplanes nach § 54 anzuhören.

§ 121 Tätigkeitsbericht

(1) Die Bundesnetzagentur legt den gesetzgebenden Körperschaften des Bundes gemeinsam mit dem Bericht nach Absatz 2 einen Bericht über ihre Tätigkeit sowie über die Lage und die Entwicklung auf dem Gebiet der Telekommunikation vor. In diesem Bericht ist auch zu der Frage Stellung zu nehmen, ob sich eine Änderung der Festlegung, welche Telekommunikationsdienste als Universaldienstleistungen im Sinne des § 78 gelten, empfiehlt. Ferner teilt die Bundesnetzagentur in dem Bericht mit,

1. in welchem Umfang und mit welchen Ergebnissen sie Sicherheitskonzepte nach § 113g und deren

제7편 연방망관리청

제1장 조직

제116조 임무와 권한

「전기, 가스, 전기통신, 우편 및 철도를 관할하는 연방망관리청」은 본 법, (EU) 2015/2120호 법(法) 제5조, 제5조a, (EU) 2018/302호 제7조 제1항, 제8조에 따라 자신에게 부여된 임무(任務)를 수행(遂行)하고 권한(權限)을 행사(行使)한다.

제117조 지시의 게재

연방경제·에너지부 또는 연방교통·디지털기반부(das Bundesministerium für Wirtschaft und Energie oder das Bundesministerium für Verkehr und digitale Infrastruktur Weisungen)가 지시를 발령하는 경우에 이러한 지시는 연방관보에 게재해야 한다. 이러한 연방부처가 본 법률 또는 다른 법률에 기하여 자신의 관할 내에서 수행해야 하는데 그 연방부처가 연망망관리청에 그 이행을 위임한(mit deren Erfüllung sie die Bundesnetzagentur beauftragt haben) 임무에 대해서는 그러하지 아니하다.

제118조

삭제

제119조

삭제

제120조 자무위원회

「본 법률 전기, 가스, 전기통신, 우편 및 철도를 관할하는 연방망관리청」에 관한 법률 제5조에 따른 자문위원회는 다음 각 호의 임무를 갖는다:

1. 삭제
2. 그 자문위원회는 제61조 제3항 제2호, 제4호, 제81조의 경우에 대한 연방망관리청의 결정에 협력한다.
3. 그 자문위원회는 규제목표의 달성과 보편적 역무의 확보를 위한 조치(Maßnahmen zur Umsetzung der Regulierungsziele und zur Sicherstellung des Universaldienstes)를 신청할 권리를 갖는다. 연망망관리청은 그 신청을 6주 이내에 결정할 의무를 진다.
4. 그 자문위원회는 연방망관리청에게서 정보와 의견(Auskünfte und Stellungnahmen)을 받을 권리를 갖는다.
5. 그 자문위원회는 제122조 제2항에 따른 사업계획의 마련시 자문하고, 특히 기본적 시장관련 결정에 있어서도 자문한다.
6. 제54조에 따른 주파수할당계획의 수립시에도 그 자문위원회의 그 의견을 청취해야 한다.

제121조 활동보고서

① 연방방관리청은, 연방의 입법부[213](gesetzgebenden Körperschaften des Bund)에 제2항에 따른 보고서와 함께 자신의 활동에 관한 보고서와 전기통신영역의 상황 및 발전양상에 관한 보고서를 제출한다. 이러한 보고서에서 어떤 전기통신역무가 제78조상의 보편적 역무로서 적용되는지에 관한 정함의 변경이 바람직한지 여부(ob sich eine Änderung der Festlegung, welche Telekommunikationsdienste als Universaldienstleistungen im Sinne des § 78 gelten, empfiehlt)에 문제에 대해서도 의견을 밝혀야 한다. 또한 연방망관리청은 그 보고서에서 다음 각 호를 보고한다,

1. 연방망관리청이 제113조g에 따른 보안개념과 그 준수를 점검한 범위가 어느 정도이고, 그 결과 어떤

Einhaltung überprüft hat und

2. ob und welche Beanstandungen und weiteren Ergebnisse die oder der Bundesbeauftragte für den Datenschutz und die Informationsfreiheit an die Bundesnetzagentur übermittelt hat (§ 115 Absatz 4 Satz 2).

(2) Die Monopolkommission erstellt alle zwei Jahre ein Gutachten, in dem sie den Stand und die absehbare Entwicklung des Wettbewerbs und die Frage, ob nachhaltig wettbewerbsorientierte Telekommunikationsmärkte in der Bundesrepublik Deutschland bestehen, beurteilt, die Anwendung der Vorschriften dieses Gesetzes über die Regulierung und Wettbewerbsaufsicht würdigt und zu sonstigen aktuellen wettbewerbspolitischen Fragen Stellung nimmt, insbesondere zu der Frage, ob die Regelung in § 21 Abs. 2 Nr. 3 im Hinblick auf die Wettbewerbsentwicklung anzupassen ist. Das Gutachten soll bis zum 30. November eines Jahres abgeschlossen sein, in dem kein Hauptgutachten nach § 44 des Gesetzes gegen Wettbewerbsbeschränkungen vorgelegt wird. Die Monopolkommission kann Einsicht nehmen in die bei der Bundesnetzagentur geführten Akten einschließlich der Betriebs- und Geschäftsgeheimnisse, soweit dies zur ordnungsgemäßen Erfüllung ihrer Aufgaben erforderlich ist. Für den vertraulichen Umgang mit den Akten gilt § 46 Abs. 3 des Gesetzes gegen Wettbewerbsbeschränkungen entsprechend.

(3) Die Bundesregierung nimmt zu dem Bericht gegenüber den gesetzgebenden Körperschaften des Bundes in angemessener Frist Stellung.

§ 122 Jahresbericht

(1) Die Bundesnetzagentur veröffentlicht einmal jährlich einen Bericht über die Entwicklung des Telekommunikationsmarktes, der wesentliche Marktdaten einschließlich der Entwicklung und Höhe der Endnutzertarife der Dienste nach § 78 Absatz 2, die entweder von nach den §§ 81 bis 87 verpflichteten Unternehmen oder auf dem Markt erbracht werden, und deren Verhältnis zu den nationalen Verbraucherpreisen und Einkommen, sowie Fragen des Verbraucherschutzes enthält.

(2) In den Jahresbericht ist nach öffentlicher Anhörung auch ein Vorhabenplan aufzunehmen, in dem die im laufenden Jahr von der Bundesnetzagentur zu begutachtenden grundsätzlichen rechtlichen und ökonomischen Fragestellungen enthalten sind. Das Ergebnis ist in dem darauf folgenden Jahresbericht zu veröffentlichen.

(3) Die Bundesnetzagentur veröffentlicht fortlaufend ihre Verwaltungsgrundsätze.

§ 123 Zusammenarbeit mit anderen Behörden auf nationaler Ebene

(1) In den Fällen der §§ 10, 11, 40, 41 und § 62 Absatz 2 Nummer 3 entscheidet die Bundesnetzagentur im Einvernehmen mit dem Bundeskartellamt. Trifft die Bundesnetzagentur Entscheidungen nach Teil 2 Abschnitt 2 bis 5 oder § 77a Absatz 1 und 2, gibt sie dem Bundeskartellamt rechtzeitig vor Abschluss des Verfahrens Gelegenheit zur Stellungnahme. Führt das Bundeskartellamt im Bereich der Telekommunikation Verfahren nach den §§ 19 und 20 Abs. 1 und 2 des Gesetzes gegen Wettbewerbsbeschränkungen, Artikel 102 des Vertrages über die Arbeitsweise der Europäischen Union oder nach § 40 Abs. 2 des Gesetzes gegen Wettbewerbsbeschränkungen durch, gibt es der Bundesnetzagentur rechtzeitig vor Abschluss des Verfahrens Gelegenheit zur Stellungnahme. Beide Behörden wirken auf eine einheitliche und den Zusammenhang mit dem Gesetz gegen Wettbewerbsbeschränkungen wahrende Auslegung dieses Gesetzes, auch beim Erlass von Verwaltungsvorschriften, hin. Sie haben einander Beobachtungen und Feststellungen mitzuteilen, die für

결론이 도출되었는지(in welchem Umfang und mit welchen Ergebnissen) ,

2. 연방개인정보보호·정보자유책임관(die oder der Bundesbeauftragte für den Datenschutz und die Informationsfreiheit)이 연방망관리청에, 이의제기와 다른 결론을 전달했는지 여부, 어떤 이의제기와 다른 결론을 전달했는지(제115조 제4항 제2문).

② 독점위원회는 자신이 경쟁의 상황 및 예상한 추이와, 독일연방공화국에서 지속적 경쟁이 있는 전기통신시장이 존재하는지(ob nachhaltig wettbewerbsorientierte Telekommunikationsmärkte in der Bundesrepublik Deutschland bestehen) 여부에 관한 문제를 판단한 감정서를 2년마다 작성하고, 독점위원회는 규제 및 경쟁감독에 관한 본 법률 규정의 적용을 평가하고 경쟁정책적 최신 기타 문제, 특히 제21조 제2항 제3호의 규정이 경쟁발전에 관하여 조정되어야 하는지 여부(ob die Regelung in § 21 Abs. 2 Nr. 3 im Hinblick auf die Wettbewerbsentwicklung anzupassen ist)에 관한 문제에 대해 의견을 밝힌다. 그 감정서는 경쟁제한금지법에 따른 주감정서(主鑑定書)가 제출되지 않는 해의 11월 30일까지 완성되어야 한다. 독점위원회는, 이것이 독점위원회의 적절한 임무 수행에 필요한 범위 내에서 기업비밀 및 사업비밀을 포함하여 연방망관리청에서 관리하는 서류에 대하여(in die bei der Bundesnetzagentur geführten Akten einschließlich der Betriebs- und Geschäftsgeheimnisse) 열람할 수 있다. 서류의 기밀취급에 대하여 경쟁제한법 제46조 제3항을 준용한다.

③ 연방정부는 연방의 입법부(gegenüber den gesetzgebenden Körperschaften des Bundes)에 적절한 기간 내에 그 보고서에 관한 의견을 밝힌다.

제122조 연례보고서

① 연방망관리청은 전기통신시장의 추이에 관한 보고서로, 제78조 제2항에 따른 서비스로, 제81조 내지 제87조에 따라 의무를 지는 기업이 제공하거나 시장에서 제공되는 서비스의 최종이용자요금액과 그 추이를 포함하여 핵심적 시장정보, 그 전국적 소비자가격 및 소득에 대한 그 요금의 관계(deren Verhältnis zu den nationalen Verbraucherpreisen und Einkommen), 소비자가격보호 문제(Fragen des Verbraucherschutzes)가 포함된 보고서를 매년 1차례 발간한다.

② 그 연례보고서에 공중의 청문을 거쳐 금년에 연방망관리청이 조사해야 하는 기본적 법적·경제적 문제제기(von der Bundesnetzagentur zu begutachtenden grundsätzlichen rechtlichen und ökonomischen Fragestellungen)가 포함된 사업계획도 포함되어야만 한다. 그 결과는 다음해 연례보고서에 공표되어야 한다.

③ 연방망관리청은 자신의 관리원칙을 계속적으로 공표한다.

제123조 국가적 수준에서 다른 행정관청과의 협력

① 제10조, 제11조, 제40조, 제41조, 제62조 제2항 제3호의 경우에, 연방망관리청은 연방카르텔청과 협의하여 판정한다. 연방망관리청이 제2편 제2장 내지 제5장 또는 제77조a 제1항, 제2항에 따른 판정을 하는 경우에 연방망관리청은 연방카르텔청에 그 절차 종료 전의 적시에(rechtzeitig vor Abschluss des Verfahrens) 의견진술의 기회를 부여한다. 연방카르텔청이 전기통신영역에서 경쟁제한금지법 제19조, 제20조 제1항 제2항, 「유럽연합 운영조약」 제102조 또는 경쟁제한금지법 제40조 제2항에 따른 절차를 진행하는 경우에, 연방카르텔청은 연방망관리청에 그 절차 종료 전의 적시에 의견진술의 기회를 부여한다. 양 기관은, 행정규칙의 제정시를 포함하여 경쟁제한금지법과 관련성을 유지하는, 통일적 본 법의 해석에 있어(auf eine einheitliche und den Zusammenhang mit dem Gesetz gegen Wettbewerbsbeschränkungen wahrende Auslegung dieses Gesetzes) 협력한다. 연방망관리청과 연방카르텔청은, 양측의 임무의 이행에 있어 중요할 수 있는 관찰결과 및 확인사항을 상호 간에 통지한다(Sie haben einander Beobachtungen und Feststellungen mitzuteilen, die für die Erfüllung der beiderseitigen

die Erfüllung der beiderseitigen Aufgaben von Bedeutung sein können.

(2) Die Bundesnetzagentur arbeitet mit den Landesmedienanstalten zusammen. Auf Anfrage übermittelt sie den Landesmedienanstalten Erkenntnisse, die für die Erfüllung von deren Aufgaben erforderlich sind. Bei der Wahrnehmung ihrer Aufgaben und Befugnisse nach Artikel 5 der Verordnung (EU) 2015/2120 arbeitet die Bundesnetzagentur, soweit Belange des Rundfunks und vergleichbarer Telemedien nach § 2 Absatz 6 Satz 1 betroffen sind, mit der nach dem jeweiligen Landesrecht zuständigen Stelle zusammen.

§ 123a Zusammenarbeit mit anderen Behörden auf der Ebene der Europäischen Union

(1) Die Bundesnetzagentur arbeitet mit den nationalen Regulierungsbehörden anderer Mitgliedstaaten, der Kommission und dem GEREK auf transparente Weise zusammen, um eine einheitliche Anwendung der Bestimmungen der Richtlinie 2002/21/EG und der Einzelrichtlinien zu gewährleisten. Sie arbeitet insbesondere mit der Kommission und dem GEREK bei der Ermittlung der Maßnahmen zusammen, die zur Bewältigung bestimmter Situationen auf dem Markt am besten geeignet sind.

(2) Die Bundesnetzagentur unterstützt die Ziele des GEREK in Bezug auf bessere regulatorische Koordinierung und mehr Kohärenz.

(3) Die Bundesnetzagentur trägt bei der Wahrnehmung ihrer Aufgaben weitestgehend den Empfehlungen Rechnung, die die Kommission nach Artikel 19 Absatz 1 und 2 der Richtlinie 2002/21/EG erlässt. Beschließt die Bundesnetzagentur, sich nicht an eine solche Empfehlung zu halten, so teilt sie dies der Kommission unter Angabe ihrer Gründe mit.

§ 123b Bereitstellung von Informationen

(1) Die Bundesnetzagentur stellt der Kommission auf deren begründeten Antrag nach Artikel 5 Absatz 2 der Richtlinie 2002/21/EG hin die Informationen zur Verfügung, die die Kommission benötigt, um ihre Aufgaben auf Grund des Vertrags über die Arbeitsweise der Europäischen Union wahrzunehmen. Beziehen sich die bereitgestellten Informationen auf Informationen, die zuvor von Unternehmen auf Anforderung der Bundesnetzagentur bereitgestellt wurden, so werden die Unternehmen hiervon unterrichtet.

(2) Die Bundesnetzagentur kann ihr übermittelte Informationen der nationalen Regulierungsbehörde eines anderen Mitgliedstaats auf deren begründeten Antrag hin zur Verfügung stellen, soweit dies erforderlich ist, damit diese nationale Regulierungsbehörde ihre Verpflichtungen aus dem Recht der Europäischen Union erfüllen kann.

(3) Im Rahmen des Informationsaustausches nach den Absätzen 1 und 2 stellt die Bundesnetzagentur eine vertrauliche Behandlung aller Informationen sicher, die von der nationalen Regulierungsbehörde eines anderen Mitgliedstaats oder von dem Unternehmen, das die Informationen an die Bundesnetzagentur übermittelt hat, nach den Vorschriften des Rechts der Europäischen Union und den einzelstaatlichen Vorschriften über das Geschäftsgeheimnis als vertraulich angesehen werden.

(4) Die Bundesnetzagentur kennzeichnet im Rahmen der Bereitstellung von Informationen an die Kommission, an nationale Regulierungsbehörden anderer Mitgliedstaaten, an das GEREK und an das Büro des GEREK vertrauliche Informationen. Sie kann bei der Kommission beantragen, dass die Informationen, die sie der Kommission bereitstellt, Behörden anderer Mitgliedstaaten nicht zur Verfügung gestellt werden. Der Antrag ist zu begründen.

Aufgaben von Bedeutung sein können).

② 연방망관리청은 주미디어청과 협력한다. 연방망관리청은 주미디어청에 그 요구가 있는 경우 주미디어청의 임무수행에 필요한 지식을 제공한다. (EU) 2015/2120호 법(法) 제5조에 따른 연방망관리청의 임무 및 권한 행사에 있어, 연방망관리청은 제2조 제6항 제1문에 따라 방송과 이와 유사한 전기정보통신서비스의 이익(Belange des Rundfunks und vergleichbarer Telemedien)에 관련되는 범위 내에서 각각의 주법에 따른 관할 기관과 협력한다.

제123조a 유럽연합 수준에서의 독일 이외의 행정관청과의 협력

① 연방망관리청은, 2002/21/EG호 입법지침 및 개별입법지침의 규정의 통일적 적용을 보장하기 위하여 독일 이외의 유럽연합회원국의 국가 규제관청과, 유럽연합집행위원회, 유럽연합전기통신규제위원회과 명확한 방식으로 협력한다. 연방망관리청은 특히 시장에서의 특정한 상황을 극복하는 데 가장 적합한(die zur Bewältigung bestimmter Situationen auf dem Markt am besten geeignet sind) 조치의 결정(Ermittlung)을 함에 있어 유럽연합집행위원회, 유럽연합전기통신규제위원회와 협력한다.

② 연방망관리청은 규제 조정(調整)의 개선과 법적용통일성[214] 제고(bessere regulatorische Koordinierung und mehr Kohärenz)에 관한 유럽연합전기통신위원회 목표를 지원한다.

③ 연방망관리청은 자신의 임무수행에 있어 유럽연합집행위원회가 2002/21/EG호 입법지침의 제19조 제1항, 제2항에 따라 제정한 권고를 폭넓게 고려한다. 연방망관리청이 그러한 권고를 따르지 않기로 결정을 하는 경우에(Beschließt die Bundesnetzagentur, sich nicht an eine solche Empfehlung zu halten), 연방관리청은 이를 그 이유를 기재하여 유럽연합집행위원회에 통지한다.

제123조b 정보의 제공

① 연방망관리청은 유럽연합집행위원회에, 2002/21/EG호 입법지침 제5조 제2항에 따른 정당한 신청이 있으면(auf deren begründeten Antrag nach Artikel 5 Absatz 2 der Richtlinie 2002/21/EG hin) 유럽연합집행위원회가 「유럽연합 운영조약」에 기한 자신의 임무를 수행하는 데 필요한 정보를 제공한다. 제공된 정보가 연방망관리청의 요구에 따라 기업이 이미 제공한 정보에 관련된 경우에는(Beziehen sich die bereitgestellten Informationen auf Informationen, die zuvor von Unternehmen auf Anforderung der Bundesnetzagentur bereitgestellt wurden), 그 기업은 이에 관하여 정보제공을 받는다.

② 연방망관리청은 국가 규제관청에 그 정당한 신청이 있으면(auf deren begründeten Antrag hin), 이것이 이러한 국가 규제관청이 유럽연합법에 기한 자신의 의무를 이행할 수 있도록 하기 위하여 필요한 범위 내에서, 독일 이외의 유럽연합회원국의 국가 규제관청의 제공받은 정보(übermittelte Informationen der nationalen Regulierungsbehörde eines anderen Mitgliedstaats)를 제공한다.

③ 제1항, 제2항에 따른 정보교환의 도중에 연방망관리청은, 독일 이외의 유럽연합회원국의 국가 규제관청 또는 해당 정보를 연방망관리청에 이전한 기업이 사업비밀에 관한 유럽연합법 및 개별국가의 규정에 따라(nach den Vorschriften des Rechts der Europäischen Union und den einzelstaatlichen Vorschriften über das Geschäftsgeheimnis) 비밀로 간주한 일체의 정보의 기밀취급(eine vertrauliche Behandlung aller Informationen)을 보장한다.

④ 연방망관리청은 유럽집행위원회, 독일 이외의 유럽연합회원국의 국가 규제관청, 유럽연합전기통신규제위원회 및 유럽연합연합전기통신위원회 사무국에 대한 정보의 제공의 범위 내에서 기밀정보로 표시한다. 연방망관리청은 유럽연합집행위원회에 자신이 유럽연합집행위원회에 제공한 정보가 독일 이외의 유럽연합회원국의 다른 행정관청에 제공되지 않도록 요구할 수 있다. 그 요구는 이유를 기재한다(Der Antrag ist zu begründen).

§ 124 Mediation

Die Bundesnetzagentur kann in geeigneten Fällen zur Beilegung telekommunikationsrechtlicher Streitigkeiten den Parteien einen einvernehmlichen Einigungsversuch vor einer Gütestelle (Mediationsverfahren) vorschlagen.

§ 125 Wissenschaftliche Beratung

(1) Die Bundesnetzagentur kann zur Vorbereitung ihrer Entscheidungen oder zur Begutachtung von Fragen der Regulierung wissenschaftliche Kommissionen einsetzen. Ihre Mitglieder müssen auf dem Gebiet von Telekommunikation oder Post über besondere volkswirtschaftliche, betriebswirtschaftliche, sozialpolitische, technologische oder rechtliche Erfahrungen und über ausgewiesene wissenschaftliche Kenntnisse verfügen.

(2) Die Bundesnetzagentur erhält bei der Erfüllung ihrer Aufgaben fortlaufend wissenschaftliche Unterstützung. Diese betrifft insbesondere

1. die regelmäßige Begutachtung der volkswirtschaftlichen, betriebswirtschaftlichen, rechtlichen und sozialen Entwicklung der Telekommunikation und des Postwesens im Inland und Ausland,
2. die Aufbereitung und Weiterentwicklung der wissenschaftlichen Grundlagen für die Gestaltung des Universaldienstes, die Regulierung von Anbietern mit beträchtlicher Marktmacht, die Regeln über den offenen Netzzugang und die Zusammenschaltung sowie die Nummerierung und den Kundenschutz.

Abschnitt 2 Befugnisse

§ 126 Untersagung

(1) Stellt die Bundesnetzagentur fest, dass ein Unternehmen seine Verpflichtungen nach diesem Gesetz, auf Grund dieses Gesetzes, nach der Verordnung (EU) Nr. 531/2012 oder nach der Verordnung (EU) 2015/2120 nicht erfüllt, fordert sie das Unternehmen zur Stellungnahme und Abhilfe auf. Sie setzt dem Unternehmen für die Abhilfe eine Frist.

(2) Kommt das Unternehmen innerhalb der gesetzten Frist seinen Verpflichtungen nicht nach, kann die Bundesnetzagentur die zur Einhaltung der Verpflichtung erforderlichen Maßnahmen anordnen. Hierbei ist dem Unternehmen eine angemessene Frist zu setzen, um den Maßnahmen entsprechen zu können.

(3) Verletzt das Unternehmen seine Verpflichtungen in schwerer oder wiederholter Weise oder kommt es den von der Bundesnetzagentur zur Abhilfe angeordneten Maßnahmen nach Absatz 2 nicht nach, so kann die Bundesnetzagentur ihm die Tätigkeit als Betreiber von Telekommunikationsnetzen oder Anbieter von Telekommunikationsdiensten untersagen.

(4) Wird durch die Verletzung von Verpflichtungen die öffentliche Sicherheit und Ordnung unmittelbar und erheblich gefährdet oder führt die Pflichtverletzung bei anderen Anbietern oder Nutzern von Telekommunikationsnetzen und -diensten zu erheblichen wirtschaftlichen oder betrieblichen Problemen, kann die Bundesnetzagentur in Abweichung von den Verfahren nach den Absätzen 1 bis 3 vorläufige Maßnahmen ergreifen. Die Bundesnetzagentur entscheidet, nachdem sie dem betreffenden Unternehmen Gelegenheit zur Stellungnahme innerhalb einer angemessenen Frist eingeräumt hat, ob die vorläufige Maßnahme bestätigt, aufgehoben oder abgeändert wird.

(5) Zur Durchsetzung der Anordnungen nach Absatz 2 kann nach Maßgabe des Verwaltungsvollstreckungsgesetzes ein Zwangsgeld von mindestens 1 000 Euro bis höchstens 10 Millionen

제124조 조정

연방망관리청은 전기통신법상의 분쟁의 해결을 위하여 적절한 경우에 당사자들에게 조정기구에서의 원만한 합의시도(einen einvernehmlichen Einigungsversuch vor einer Gütestelle)('조정절차'; Mediationsverfahren)를 제안할 수 있다.

제125조 학술적 자문

① 연방망관리청은 자신의 판정(判定)의 준비 또는 규제 문제의 평가를 위하여 학술위원회(wissenschaftliche Kommissionen)를 설치할 수 있다. 그 위원은 전기통신 또는 우편의 분야와 관련하여 거시경제, 경영학, 사회정책, 과학기술 또는 법학의 특별한 경험과 증명된 학문적 지식(besondere volkswirtschaftliche, betriebswirtschaftliche, sozialpolitische, technologische oder rechtliche Erfahrungen und über ausgewiesene wissenschaftliche Kenntnisse)을 보유해야만 한다.

② 연방망관리청은 자신의 임무 수행에 있어 학술적 지원을 지속적으로 받는다. 이는 특히 다음 각 호에 관한 것이다,

1. 독일과 외국에서의 전기통신 및 우편제도의 국민경제적, 경영학적, 법학적 및 사회적 발전에 대한 정기적 평가,
2. 보편적 역무과 상당한 시장지배력을 가진 제공자에 대한 규제의 형성(形成)과, 개방적 통신망접속, 상호접속, 번호부여 및 고객보호에 관한 규율의 형성(形成)에 대한 학술적 기반의 준비 및 심화발전(die Aufbereitung und Weiterentwicklung).

제2장 권한

제126조 금시

① 연방망관리청이, 어느 기업이 본 법률에 따르거나 본 법률에 기한 자신의 의무나 또는 (EU) 531/2012호 법(法) 또는 (EU) 2015/2120호 법(法)에 다른 자신의 의무를 이행하지 않는 것으로 결정한 경우에, 연방망관리청은 그 기업에 의견진술과 시정을 하도록 요구할 수 있다. 연방망관리청은 그 기업에 시정을 위한 기간을 설정한다.

② 그 기업이 정해진 기간 내에 자신의 의무를 이행하지 않는 경우에, 연방망관리청은 그 의무의 이행에 필요한 조치를 명령한다. 이 경우 그 기업에 그 조치를 따를 수 있는 적절한 기간(eine angemessene Frist)을 설정받는다.

③ 그 기업이 자신의 의무를 중대하게 또는 반복적으로 위반하거나 연방망관리청이 제2항에 따라 그 시정을 위해 명령한 조치를 이행하지 않은 경우에 연방망관리청은 그 기업에 전기통신망운영자 또는 전기통신역무제공자로서의 활동(die Tätigkeit als Betreiber von Telekommunikationsnetzen oder Anbieter von Telekommunikationsdiensten)을 금지할 수 있다.

④ 의무위반으로 공공안녕질서가 직접적이고도 중대하게 위태롭게 되거나, 의무위반으로 전기통신망 및 전기통신역무의 다른 제공자 또는 이용자(die Pflichtverletzung bei anderen Anbietern oder Nutzern von Telekommunikationsnetzen und -diensten)에 대하여 중대한 경제적 또는 사업적 문제가 초래하는 경우에, 연방망관리청은 제1항 내지 제3항에 따른 절차와 달리(in Abweichung von den Verfahren nach den Absätzen1 bis 3) 임시처분을 발령할 수 있다. 연방망관리청은, 문제가 되는 기업에 적절한 기간 내에 의견진술의 기회를 부여한 다음, 임시처분의 인가(認可), 소멸 또는 변경 여부(ob die vorläufige Maßnahme bestätigt, aufgehoben oder abgeändert wird)를 판정한다.

⑤ 제2항에 따른 명령의 집행을 위하여 행정집행법상의 기준에 따라 최소 1,000유로 ~ 최대 1,000만 유로의 강제금(ein Zwangsgeld von mindestens 1 000 Euro bis höchstens 10 Millionen Euro)을 부과(賦課)

Euro festgesetzt werden.

(6) Die Absätze 1, 2, 4 und 5 gelten für die Durchsetzung von Verpflichtungen von Eigentümern und Betreibern öffentlicher Versorgungsnetze, die keine Unternehmen sind, entsprechend.

(7) Stellt die Bundesnetzagentur fest, dass ein Anbieter seine Verpflichtungen nach der Verordnung (EU) 2018/302 nicht erfüllt, gelten die Absätze 1, 2 und 5 entsprechend.

§ 127 Auskunftsverlangen

(1) Unbeschadet anderer nationaler oder auf unmittelbar vollziehbarem Recht der Europäischen Union beruhender Berichts- und Informationspflichten sind die Betreiber von öffentlichen Telekommunikationsnetzen und die Anbieter von öffentlich zugänglichen Telekommunikationsdiensten verpflichtet, im Rahmen der Rechte und Pflichten aus diesem Gesetz und aus der Verordnung (EU) 2015/2120 der Bundesnetzagentur auf Verlangen Auskünfte zu erteilen, die für den Vollzug dieses Gesetzes erforderlich sind. Die Bundesnetzagentur kann insbesondere Auskünfte verlangen, die erforderlich sind für

1. die systematische oder einzelfallbezogene Überprüfung der Verpflichtungen, die sich aus diesem Gesetz oder auf Grund dieses Gesetzes ergeben,
2. die einzelfallbezogene Überprüfung von Verpflichtungen, wenn der Bundesnetzagentur eine Beschwerde vorliegt oder sie aus anderen Gründen eine Verletzung von Pflichten annimmt oder sie von sich aus Ermittlungen durchführt,
3. die Veröffentlichung von Qualitäts- und Preisvergleichen für Dienste zum Nutzen der Endnutzer, einschließlich Informationen über die tatsächliche, standortbezogene Netzabdeckung nach § 45n Absatz 8 Satz 2,
4. genau angegebene statistische Zwecke,
5. ein Marktdefinitions- und Marktanalyseverfahren nach den §§ 10 und 11,
6. Verfahren auf Erteilung von Nutzungsrechten und zur Überprüfung der entsprechenden Anträge sowie
7. die Nutzung von Nummern.

Auskünfte nach Satz 3 Nr. 1 bis 5 dürfen nicht vor dem Zugang zum Markt oder als Bedingung für den Zugang verlangt werden.

(2) Soweit es zur Erfüllung der in diesem Gesetz der Bundesnetzagentur übertragenen Aufgaben erforderlich ist, kann die Bundesnetzagentur von den nach Absatz 1 in der Telekommunikation tätigen Unternehmen

1. Auskunft über ihre wirtschaftlichen Verhältnisse, insbesondere über Umsatzzahlen, verlangen,
2. innerhalb der üblichen Betriebs- oder Geschäftszeiten die geschäftlichen Unterlagen einsehen und prüfen.

Die Bundesnetzagentur kann von den nach Absatz 1 in der Telekommunikation tätigen Unternehmen insbesondere Auskünfte über künftige Netz- und Diensteentwicklungen verlangen, wenn diese Entwicklungen sich auf Dienste auf Vorleistungsebene auswirken können, die die Unternehmen Wettbewerbern zugänglich machen. Die Bundesnetzagentur kann ferner von Unternehmen mit beträchtlicher Marktmacht auf Vorleistungsmärkten verlangen, Rechnungslegungsdaten zu den mit diesen Vorleistungsmärkten verbundenen Endnutzermärkten vorzulegen.

(2a) Soweit es zur Erfüllung der Aufgaben erforderlich ist, die der Bundesnetzagentur in diesem Gesetz

할 수 있다.

⑥ 제1항, 제4항, 제5항은, 기업이 아닌 공공공급망의 소유권자 및 운영자(Eigentümern und Betreibern öffentlicher Versorgungsnetze)의 의무의 관철에 대하여 준용한다.

⑦ 연방망관리청이 어느 제공자가 (EU) 2018/302호 법(法)에 다른 자신의 의무를 이행하지 않은 것으로 결정한 경우에, 제1항, 제2항, 제5항을 준용한다.

제127조 정보제공요구

① 다른 국가법상의 보고의무 및 정보제공의무나 직접적으로 적용되는 유럽연합법에 기한 보고의무 및 정보제공의무에 상관없이(Unbeschadet anderer nationaler oder auf unmittelbar vollziehbarem Recht der Europäischen Union beruhender Berichts- und Informationspflichten), 공중전기통신망운영자와 공중이 이용 가능한 전기통신역무의 제공자는, 본 법률 및 (EU) 2015/2120호 법(法)에 기한 권리의무의 범위 내에서 2015/2120 연방망관리청에게 그 요구에 따라 본 법률의 집행에 필요한(die für den Vollzug dieses Gesetzes erforderlich sind) 정보를 제공할 의무를 진다. 연방망관리청은 특히 다음 각 호에 필요한 정보를 요구할 수 있다,

1. 본 법률에서 도출되거나 본 법률에 기하여 도출되는 의무의 체계적 또는 개별사안관련 심사(Überprüfung der Verpflichtungen),
2. 연방망관리청에 이의가 제출되거나 다른 이유에 기하여 의무위반을 수용하거나 자발적으로 조사를 시행하는 경우에 있어, 의무(義務)의 개별사안관련 심사(審査)(die einzelfallbezogene Überprüfung von Verpflichtungen),
3. 제45조n 제8항 제2문에 따른 실제 위치관련 통신망적용범위(die tatsächliche, standortbezogene Netzabdeckung nach § 45n Absatz 8 Satz 2)에 관한 정보를 포함하여 최종이용자의 이용 서비스에 대한 품질비교 및 가격비교의 공표,
5. 정확하게 명시한 통계목적,
5. 제10조, 제11조에 따른 시장획정절차와 시장분석절차,
6. 이용권의 부여와 관련 신청의 심사에 관한 절차,
7. 번호 이용.

제3문 제1호 내지 제5호에 따른 정보는 시장에 대한 접근 전(前)에 요구되거나 그 접근에 대한 조건으로 요구되서는 아니된다.

② 연방망관리청은, 그것이 본 법률에 따라 연방망관리청에 이양된 임무의 수행에 필요한 범위 내에서 전기통신분야에서 활동하는 제1항에 따른 기업에게(von den nach Absatz 1 in der Telekommunikation tätigen Unternehmen),

1. 경제적 상태에 관한 정보, 특히 매상액에 관한 정보를 요구할 수 있고,
2. 통상적 영업시간 또는 업무시간 내에 사업서류(die geschäftlichen Unterlagen)를 열람하고 검사할 수 있다.

장래의 통신망추이 및 서비스추이가 기업이 경쟁사업자에게 이용하게 하는, 도매수준의 서비스에 대하여 영향을 미칠 수 있는 경우에, 연방망관리청은 전기통신분야에서 활동하는 제1항에 따른 기업에게, 특히 그 통신망추이 및 서비스추이에 관한 정보(Auskünfte über künftige Netz- und Diensteentwicklungen)를 요구할 수 있다. 또한 연방망관리청은 도매시장에서 상당한 시장지배력을 가진 기업에게 이러한 도매시장과 결합된 최종이용자시장에 대한 회계정보(Rechnungslegungsdaten zu den mit diesen Vorleistungsmärkten verbundenen Endnutzermärkten)를 제출하도록 요구할 수 있다.

②a 연방망관리청은, 이것이 법률에 따라 연방망관리청에 이양된 임무수행이 필요한 범위 내에서 분쟁

übertragen werden, kann die Bundesnetzagentur im Streitfall

1. passive Netzinfrastrukturen öffentlicher Versorgungsnetze vor Ort untersuchen,
2. von den Eigentümern und Betreibern öffentlicher Versorgungsnetze Auskünfte über künftige Entwicklungen der Netze und Dienste verlangen, soweit sich diese Entwicklungen auf die Mitnutzung der passiven Netzinfrastrukturen der Eigentümer und Betreiber öffentlicher Versorgungsnetze auswirken können, und
3. in den Fällen von § 77a Absatz 4, § 77b Absatz 4, § 77c Absatz 3, § 77g Absatz 2, § 77h Absatz 4 und § 77i Absatz 5 Einsicht nehmen in die von den Betreibern öffentlicher Versorgungsnetze erstellten Sicherheitskonzepte, sonstigen Konzepte, Nachweisdokumente oder in Teile davon.

(2b) Die Bundesnetzagentur stellt dem Bundesministerium für Wirtschaft und Energie und dem Bundesministerium für Verkehr und digitale Infrastruktur Daten zum tatsächlichen, standortbezogenen Ausbau der Mobilfunknetze nach Absatz 1 Satz 2 Nummer 3 in Verbindung mit § 45n Absatz 8 Satz 2, insbesondere Daten zu lokalen Schwerpunkten für Verbindungsabbrüche bei der Sprachtelefonie, einschließlich unternehmensbezogener Daten und der Betriebs- und Geschäftsgeheimnisse, in einem weiterverarbeitungsfähigen Format zur Verfügung, soweit dies zur Erfüllung ihrer jeweiligen gesetzlichen Aufgaben erforderlich ist. Zu den gesetzlichen Aufgaben zählt auch die Erstellung von Netzabdeckungskarten unter Wahrung von Betriebs- und Geschäftsgeheimnissen.

(3) Die Bundesnetzagentur fordert die Auskünfte nach den Absätzen 1, 2 und 2a und ordnet die Prüfung nach Absatz 2 Nummer 2 und 2a durch schriftliche Verfügung an. In der Verfügung sind die Rechtsgrundlagen, der Gegenstand und der Zweck des Auskunftsverlangens anzugeben. Bei einem Auskunftsverlangen ist eine angemessene Frist zur Erteilung der Auskunft zu bestimmen.

(4) Die Inhaber der Unternehmen oder die diese vertretenden Personen, bei juristischen Personen, Gesellschaften oder nicht rechtsfähigen Vereinen die nach Gesetz oder Satzung zur Vertretung berufenen Personen, sind verpflichtet, die verlangten Auskünfte nach den Absätzen 1, 2 und 2a zu erteilen, die geschäftlichen Unterlagen vorzulegen und die Prüfung dieser geschäftlichen Unterlagen sowie das Betreten von Geschäftsräumen und -grundstücken während der üblichen Betriebs- oder Geschäftszeiten zu dulden.

(5) Personen, die von der Bundesnetzagentur mit der Vornahme von Prüfungen beauftragt werden, dürfen die Büro- und Geschäftsräume der Unternehmen und Vereinigungen von Unternehmen während der üblichen Betriebs- oder Geschäftszeiten betreten.

(6) Durchsuchungen können nur auf Anordnung des Amtsgerichts, in dessen Bezirk die Durchsuchung erfolgen soll, vorgenommen werden. Auf die Anfechtung dieser Anordnung finden die §§ 306 bis 310 und 311a der Strafprozessordnung entsprechende Anwendung. Bei Gefahr im Verzug können die in Absatz 5 bezeichneten Personen während der Geschäftszeit die erforderlichen Durchsuchungen ohne richterliche Anordnung vornehmen. An Ort und Stelle ist eine Niederschrift über die Durchsuchung und ihr wesentliches Ergebnis aufzunehmen, aus der sich, falls keine richterliche Anordnung ergangen ist, auch die Tatsachen ergeben, die zur Annahme einer Gefahr im Verzug geführt haben.

(7) Gegenstände oder geschäftliche Unterlagen können im erforderlichen Umfang in Verwahrung genommen werden oder, wenn sie nicht freiwillig herausgegeben werden, beschlagnahmt werden. Auf die Beschlagnahme findet Absatz 6 entsprechende Anwendung.

(8) Zur Auskunft nach Absatz 4 Verpflichtete können die Auskunft auf solche Fragen verweigern, deren

(分爭)에서,

1. 공공공급망의 수동형 통신망기반시설에 대하여 현지 조사를 할 수 있고,
2. 그 통신망 및 서비스의 장래 추이가 공공공급망의 소유권자 및 운영자의 수동형 통신망기반시설의 공동이용(die Mitnutzung der passiven Netzinfrastrukturen der Eigentümer und Betreiber öffentlicher Versorgungsnetze)에 대하여 영향을 미칠 수 있는 범위 내에서 공공공급망의 소유권자 및 운영자에게 그 통신망 및 서비스의 장래 추이에 관한 정보를 요구할 수 있고,
3. 제77조a 제4항, 제77조b 제4항, 제77조c 제3항, 제77조g 제2항, 제77조h 제4항, 제77조i 제5항의 경우에 공공공급망의 운영자가 마련한 안전개념(die von den Betreibern öffentlicher Versorgungsnetze erstellten Sicherheitskonzepte), 기타 개념, 증빙서류 또는 그 일부를 열람할 수 있다.

②b 연방망관리청은, 이것이 그 부처의 각각의 법(法)상 임무수행에 필요한 범위 내에서(soweit dies zur Erfüllung ihrer jeweiligen gesetzlichen Aufgaben erforderlich ist), 연방경제·에너지부, 연방교통·디지털기반부에, 기업관련 정보와 기업비밀 및 사업비밀을 포함하여(einschließlich unternehmensbezogener Daten und der Betriebs- und Geschäftsgeheimnisse) 제45조n 제8항 제2문과 연결된 제1항 제2문 제3호에 따른 실제 위치관련 통신망의 건설에 관한 정보, 특히 음성통화의 차단에 대한 지역적 중심(中心)에 관한 정보(Daten zu lokalen Schwerpunkte für Verbindungsabbrüche bei der Sprachtelefonie)를 다시 처리할 수 있는 양식으로(in einem weiterverarbeitungsfähigen Format) 제공한다. 기업비밀 및 사업비밀의 보호하여 한, 통신망적용범위의 지도의 작성도 그 법(法)상 의무에 속한다.

③ 연방망관리청은 제1항, 제2항, 제2항a에 따른 정보를 요구하고 제2항 제2호, 제2항a에 따른 심사를 서면처분으로(durch schriftliche Verfügung) 명한다. 그 처분에서 정보제공절차의 법적 근거, 대상 및 목적(die Rechtsgrundlagen, der Gegenstand und der Zweck des Auskunftsverlangens)이 명시되어야 한다. 정보제공절차의 경우 정보제공에 관한 적절한 기간을 정해야 한다.

④ 기업의 소유주 또는 기업을 대리하는 자나, 법인, 회사 또는 권리능력 없는 사단의 경우 법률 또는 정관에 따라 대표권을 부여받은 자(die nach Gesetz oder Satzung zur Vertretung berufenen Personen)는, 제1항, 제2항, 제2항a에 따라 요구받은 정보를 제공할 의무를 지고, 사업서류를 제출할 의무를 지며, 이러한 사업서류의 심사와 통상적 영업시간 또는 업무시간 중에 사무소 또는 사업장부지의 출입을 수인할(das Betreten von Geschäftsräumen und -grundstücken während der üblichen Betriebs- oder Geschäftszeiten zu dulden) 의무를 진다.

⑤ 연방망관리청에게서 심사의 실시를 위탁받은 자는, 통상적 업무시간 또는 영업시간 중에 기업과 기업들연합회의 사무실 및 사무소(die Büro- und Geschäftsräume der Unternehmen und Vereinigungen von Unternehmen)에 출입할 수 있다.

⑥ 수색은 그 관할구역의 수색을 실시해야 하는 일반구법원(一半區法院)의 명령에 기해서만 실시될 수 있다. 이러한 명령에 대한 취소(Auf die Anfechtung dieser Anordnung)는 형사소송법 제306조 내지 제310조를 준용한다. 급박한 위험이 있는 경우에 제5항에서 기재된 자는, 영업시간 중에 필요한 수색을 법원의 명령 없이도 실시할 수 있다. 현장에서 수색과 그 핵심적 결과에 관한 조서로, 법원의 명령이 발령되지 않았다면 급박한 위험이 발생할 것이라는 사실도 그 조서에서 나타나는(aus der sich, falls keine richterliche Anordnung ergangen ist, auch die Tatsachen ergeben, die zur Annahme einer Gefahr im Verzug geführt haben) 조서를 작성해야 한다.

⑦ 물건 또는 사업서류는 필요한 범위 내에서 보관할 수 있고, 이것들을 임의로 인도하는 경우에(wenn sie nicht freiwillig herausgegeben werden) 압수할 수 있다. 이러한 압수에 대하여(Auf die Beschlagnahme) 제6항을 준용한다.

⑧ 제4항에 따라 정보제공의 의무를 지는 자는, 그 답변으로 자기 자신 또는 민사소송법 제383조 제1항

Beantwortung sie selbst oder in § 383 Abs. 1 Nr. 1 bis 3 der Zivilprozessordnung bezeichnete Angehörige der Gefahr strafgerichtlicher Verfolgung oder eines Verfahrens nach dem Gesetz über Ordnungswidrigkeiten aussetzen würde. Die durch Auskünfte oder Maßnahmen nach den Absätzen 1 und 2 erlangten Kenntnisse und Unterlagen dürfen für ein Besteuerungsverfahren oder ein Bußgeldverfahren wegen einer Steuerordnungswidrigkeit oder einer Devisenzuwiderhandlung sowie für ein Verfahren wegen einer Steuerstraftat oder einer Devisenstraftat nicht verwendet werden; die §§ 93, 97, 105 Abs. 1, § 111 Abs. 5 in Verbindung mit § 105 Abs. 1 sowie § 116 Abs. 1 der Abgabenordnung sind insoweit nicht anzuwenden. Satz 1 gilt nicht für Verfahren wegen einer Steuerstraftat sowie eines damit zusammenhängenden Besteuerungsverfahrens, wenn an deren Durchführung ein zwingendes öffentliches Interesse besteht, oder bei vorsätzlich falschen Angaben der Auskunftspflichtigen oder der für sie tätigen Personen.

(9) Soweit Prüfungen einen Verstoß gegen Auflagen, Anordnungen oder Verfügungen der Bundesnetzagentur ergeben haben, hat das Unternehmen der Bundesnetzagentur die Aufwendungen für diese Prüfungen einschließlich ihrer Auslagen für Sachverständige zu erstatten.

(10) Zur Durchsetzung dieser Anordnungen kann nach Maßgabe des Verwaltungsvollstreckungsgesetzes ein Zwangsgeld bis zu 500 000 Euro festgesetzt werden.

§ 128 Ermittlungen

(1) Die Bundesnetzagentur kann alle Ermittlungen führen und alle Beweise erheben, die erforderlich sind.

(2) Für den Beweis durch Augenschein, Zeugen und Sachverständige sind § 372 Abs. 1, die §§ 376, 377, 380 bis 387, 390, 395 bis 397, 398 Abs. 1 und die §§ 401, 402, 404, 406 bis 409, 411 bis 414 der Zivilprozessordnung entsprechend anzuwenden; Haft darf nicht verhängt werden. Für die Entscheidung über die Beschwerde ist das Oberlandesgericht zuständig.

(3) Über die Aussagen der Zeuginnen oder Zeugen soll eine Niederschrift aufgenommen werden, die von dem ermittelnden Mitglied der Bundesnetzagentur und, wenn ein Urkundsbeamter zugezogen ist, auch von diesem zu unterschreiben ist. Die Niederschrift soll Ort und Tag der Verhandlung sowie die Namen der Mitwirkenden und Beteiligten ersehen lassen.

(4) Die Niederschrift ist den Zeuginnen oder Zeugen zur Genehmigung vorzulesen oder zur eigenen Durchsicht vorzulegen. Die erteilte Genehmigung ist zu vermerken und von den Betreffenden zu unterschreiben. Unterbleibt die Unterschrift, so ist der Grund hierfür anzugeben.

(5) Bei der Vernehmung von Sachverständigen sind die Absätze 3 und 4 entsprechend anzuwenden.

(6) Die Bundesnetzagentur kann das Amtsgericht um die Beeidigung von Zeugen ersuchen, wenn sie die Beeidigung zur Herbeiführung einer wahrheitsgemäßen Aussage für notwendig erachtet. Über die Beeidigung entscheidet das Gericht.

§ 129 Beschlagnahme

(1) Die Bundesnetzagentur kann Gegenstände, die als Beweismittel für die Ermittlung von Bedeutung sein können, beschlagnahmen. Die Beschlagnahme ist den davon Betroffenen unverzüglich bekannt zu geben.

(2) Die Bundesnetzagentur hat binnen drei Tagen um die richterliche Bestätigung des Amtsgerichts, in dessen Bezirk die Beschlagnahme vorgenommen ist, nachzusuchen, wenn bei der Beschlagnahme weder die davon Betroffenen noch erwachsene Angehörige anwesend waren oder wenn die Betroffenen und im

제1호 내지 제3호에 기재된 가족(家族)이 형사기소(刑事訴追) 위험(危險)이나 질서위반행위에 관한 법률상의 절차의 위험에 노출될 수 있는 질문에 대한 정보제공은 거절(拒絶)할 수 있다. 제1항, 제2항에 따른 정보제공 또는 조치로 획득한 지식 및 서류는, 조세법령위반 또는 외환위반행위(外換違反行爲)으로 인한 과세절차(課稅節次) 또는 범칙금절차와, 조세범죄 또는 외환범죄로 인한 절차에서(für ein Besteuerungsverfahren oder ein Bußgeldverfahren wegen einer Steuerordnungswidrigkeit oder einer Devisenzuwiderhandlung sowie für ein Verfahren wegen einer Steuerstraftat oder einer Devisenstraftat) 사용해서는 아니된다; 조세기본법 제93조, 제97조, 제105조 제1항, 제105조 제1항과 연결된 제111조 제5항, 제116조 제1항은 그 범위 내에서 적용되지 아니한다. 그 절차의 진행에 우월한 공익이 인정되거나(wenn an deren Durchführung ein zwingendes öffentliches Interesse besteht), 정보제공의무자 또는 이를 위해 활동하는 자의 고의에 의한 허위 정보의 경우에는 조세범죄로 인한 절차와 조세범죄와 관련된 과세절차(課稅節次)에 대해서는 제1문을 적용하지 아니한다.

⑨ 기업은, 심사가 연방망관리청의 부담, 명령 또는 처분에 위반하는 것으로 드러나는 범위 내에서 연방망관리청에 감정인에 대한 심사 경비를 포함하여 이러한 심사에 대한 경비의 상환(die Aufwendungen für diese Prüfungen einschließlich ihrer Auslagen für Sachverständige)을 요구해야 한다.

⑩ 위와 같은 명령의 집행을 위하여 행정집행법의 기준에 따라 500,000유로 이하의 강제금(强制金)을 부과할 수 있다.

제128조 증거조사(Ermittlung)

① 연방망관리청은 일체의 조사를 진행하고 필요한 일체의 증거를 수집한다.

② 검증(Augenschein), 증인(Zeugen), 감정인(Sachverständige)에 의한 증명(Beweis)에 대하여 민사소송법 제372조 제1항, 제376조, 제377조, 제380조 내지 제387조, 제390조, 제395조 내지 제397조, 제398조 제1항, 제401조, 제402조, 제40조4, 제406조 내지 제409조, 제411조 내지 제414조를 준용한다; 구인(拘引; Haft)은 행해져서는 아니된다. 이의에 관한 재판은 주일반고등법원이 관할한다.

③ 증인의 진술에 관하여 조사하는 연방망관리청이 지원이, 만일 공증공무원(公證公務員)이 참가한 경우에는(wenn ein Urkundsbeamter zugezogen ist) 그 공증공무원도 서명을 한 조서를 작성해야 한다. 그 조서에 심리(Verhandlung)의 장소 및 일시와 참가자 및 당사자의 이름(die Namen der Mitwirkenden und Beteiligten)을 기재해야 한다.

④ 그 조서는 증인에게 동의(同意)를 위해 낭독해야 하거나 증인의 대조를 위해 제시해야 한다(den Zeuginnen oder Zeugen zur Genehmigung vorzulesen oder zur eigenen Durchsicht vorzulegen). 동의를 하는 것은 표시되어야 하고 관계인들이 서명해야 한다. 서명을 하지 않은 경우에 이에 대한 이유를 명시해야 한다.

⑤ 감정인에 대한 심문의 경우 제3항, 제4항을 준용한다.

⑥ 연방망관리청은, 진실한 진술을 하도록 하기 위해 선서실시(宣誓實施)가 필요한 것으로 보는 경우에 증인의 선서실시(um die Beeidigung von Zeugen)를 일반구법원에 요청할 수 있다. 선서실시에 관하여 법원이 결정한다.

제129조 압수

① 연방망관리청은 증거조사의 증거방법으로서 중요할 수 있는 물건(Gegenstände)을 압수할 수 있다. 그 압수의 당사자들에게(den davon Betroffenen) 지체 없이(이에 관하여) 알려야 한다.

② 당사자도 성인(成人)인 가족도 그 압수에 참석하지 않은 경우 또는 그 당사자 또는 당사자가 없는 경우 성인인 당사자 가족이 압수에 대해 명시적으로 이의를 제기한 경우에는(im Falle ihrer Abwesenheit erwachsene Angehörige der Betroffenen gegen die Beschlagnahme ausdrücklich Widerspruch erhoben

Falle ihrer Abwesenheit erwachsene Angehörige der Betroffenen gegen die Beschlagnahme ausdrücklich Widerspruch erhoben haben.
(3) Die Betroffenen können gegen die Beschlagnahme jederzeit um die richterliche Entscheidung nachsuchen. Hierüber sind sie zu belehren. Über den Antrag entscheidet das nach Absatz 2 zuständige Gericht.
(4) Gegen die richterliche Entscheidung ist die Beschwerde zulässig. Die §§ 306 bis 310 und 311a der Strafprozessordnung gelten entsprechend.

§ 130 Vorläufige Anordnungen
Die Bundesnetzagentur kann bis zur endgültigen Entscheidung vorläufige Anordnungen treffen.

§ 131 Abschluss des Verfahrens
(1) Entscheidungen der Bundesnetzagentur sind zu begründen. Sie sind mit der Begründung und einer Belehrung über das zulässige Rechtsmittel den Beteiligten nach den Vorschriften des Verwaltungszustellungsgesetzes zuzustellen. Entscheidungen, die gegenüber einem Unternehmen mit Sitz außerhalb des Geltungsbereiches dieses Gesetzes ergehen, stellt die Bundesnetzagentur denjenigen zu, die das Unternehmen der Bundesnetzagentur als Zustellungsbevollmächtigte benannt hat. Hat das Unternehmen keine Zustellungsbeauftragten benannt, so stellt die Bundesnetzagentur die Entscheidung durch Bekanntmachung im Bundesanzeiger zu.
(2) Soweit ein Verfahren nicht mit einer Entscheidung abgeschlossen wird, die den Beteiligten nach Absatz 1 Satz 2 bis 4 zugestellt wird, ist seine Beendigung den Beteiligten schriftlich mitzuteilen.
(3) Die Bundesnetzagentur kann die Kosten einer Beweiserhebung den Beteiligten nach billigem Ermessen auferlegen.

Abschnitt 3 Verfahren

Unterabschnitt 1 Beschlusskammern

§ 132 Beschlusskammerentscheidungen
(1) Die Bundesnetzagentur entscheidet durch Beschlusskammern in den Fällen des Teils 2, des § 55 Absatz 10, der §§ 61 und 62 sowie des § 81. Absatz 4 Satz 1 bleibt unberührt. Die Entscheidung ergeht durch Verwaltungsakt. Die Beschlusskammern werden mit Ausnahme der Absätze 2 und 4 nach Bestimmung des Bundesministeriums für Wirtschaft und Energie im Benehmen mit dem Bundesministerium für Verkehr und digitale Infrastruktur gebildet.
(2) Die Bundesnetzagentur entscheidet durch Beschlusskammern als nationale Streitbeilegungsstelle in den Fällen des § 77n. Die Entscheidung ergeht durch Verwaltungsakt. Nationale Streitbeilegungsstellen werden nach Bestimmung des Bundesministeriums für Verkehr und digitale Infrastruktur gebildet.
(3) Die Beschlusskammern entscheiden in der Besetzung mit einem Vorsitzenden oder einer Vorsitzenden und zwei beisitzenden Mitgliedern. Der oder die Vorsitzende und die beisitzenden Mitglieder müssen die Befähigung für eine Laufbahn des höheren Dienstes erworben haben. Mindestens ein Mitglied der Beschlusskammer muss die Befähigung zum Richteramt haben.
(4) In den Fällen des § 55 Absatz 10, der §§ 61, 62 und 81 entscheidet die Beschlusskammer in der

haben) 연방망관리청은 3일 이내에 그 관할구역에서 압수가 실시된 일반구법원의 법관의 확인(die richterliche Bestätigung)을 구해야 한다.

③ 당사자는 언제든지 그 압수에 대하여 법원의 재판을 구할 수 있다. 당사자는 이에 관하여 안내받아야 한다(Hierüber sind sie zu belehren). 그 신청에 대하여 제2항에 따른 관할 법원(das nach Absatz 2 zuständige Gericht)이 재판한다.

④ 법원의 재판에 대하여 이의(die Beschwerde)를 제기할 수 있다. 형사소송법 제306조 내지 제310조, 제311조a를 준용한다.

제130조 임시명령

연방망관리청은 최종적 재판시까지(bis zur endgültigen Entscheidung) 임시명령을 발령할 수 있다.

제131조 절차의 종결

① 연방망관리청의 판정에 이유를 기재해야 한다. 그 판정은 이유와, 허용된 불복수단(zulässige Rechtsmittel[215]))에 관한 안내를 기재하여(mit der Begründung und einer Belehrung über das zulässige Rechtsmittel) 행정집행법상의 규정에 좇아 당사자들에게 송달해야 한다. 연방망관리청은, 본 법률의 적용범위 밖에 본점소재지를 둔 기업에 대하여 행해진 판정서(Entscheidungen, die gegenüber einem Unternehmen mit Sitz außerhalb des Geltungsbereiches dieses Gesetzes ergehen)를 그 기업이 송달대리인으로 연방망관리청에 지정한 자에게 송달한다. 그 기업이 송달대리인을 지정하지 않은 경우에 연방망관리청은 연방관보에 대한 공고로 그 판정서를 송달한다.

② 절차는 당사자에게 제1항 제2문 내지 제4문에 따라 송달된 판정으로 종결되지 않은 경우에 그 절차의 종료에 대하여 당사자들에게 서면으로 통지해야 한다.

③ 연방망관리청은 증거수집의 비용(die Kosten einer Beweiserhebung)을 형평에 좇아 당사자들에게 부과(賦課)할 수 있다.

제3장 절차

제1절 심결부(審決部)

제132조 심결부의 판정(判定)

① 연방망관리청은 제2편, 제55조 제10항, 제61조, 제62조, 제81조 경우에 심결부(審決部)를 통해 결정한다. 제4항 제1문은 영향을 받지 아니한다. 그 판정은 행정행위가 된다(Die Entscheidung ergeht durch Verwaltungsakt). 심결부는 제2항, 제4항을 제외하고 연방경제·에너지부의 규정에 좇아 연방교통·디지털기반부와 협의하여(im Benehmen mit dem Bundesministerium für Verkehr und digitale Infrastruktur) 설치된다.

② 연방망관리청은 제77조n의 경우에 분쟁해결기구로서의 심결부를 통해 판정한다. 그 판정(判定)은 행정행위가 된다. 국가적 분쟁해결기구(Nationale Streitbeilegungsstellen)는 연방교통·디지털기반부의 규정에 따라 설치된다.

③ 심결부는 1명의 의장과 2명의 위원으로 구성되어(in der Besetzung mit einem Vorsitzenden oder einer Vorsitzenden und zwei beisitzenden Mitgliedern) 판정한다.[216)] 의장 및 위원은 고등업무의 경력에 대한 자격 (Befähigung für eine Laufbahn des höheren Dienstes)을 갖추어야만 한다. 위와 같은 심결부구성원의 1명 이상은 법관의 자격을 갖추어야만 한다.

④ 제55조 제10항, 제61조, 제62조, 제81조의 경우에 심결부는 의장으로서 연방망관리청장과 위원으로서

Besetzung mit dem Präsidenten als Vorsitzendem oder der Präsidentin als Vorsitzender und den beiden Vizepräsidenten oder Vizepräsidentinnen als beisitzende Mitglieder; Absatz 2 Satz 2 und 3 findet insoweit keine Anwendung. Die Vertretung in Verhinderungsfällen wird in der Geschäftsordnung nach § 3 Abs. 1 des Gesetzes über die Bundesnetzagentur für Elektrizität, Gas, Telekommunikation, Post und Eisenbahnen geregelt. Die Entscheidung in den Fällen des § 61 Absatz 3 Nummer 2 und 4 und des § 81 erfolgt im Benehmen mit dem Beirat.

(5) Zur Wahrung einer einheitlichen Spruchpraxis in Fällen vergleichbarer oder zusammenhängender Sachverhalte und zur Sicherstellung des Konsistenzgebotes nach § 27 Abs. 2 sind in der Geschäftsordnung der Bundesnetzagentur Verfahren vorzusehen, die vor Erlass von Entscheidungen umfassende Abstimmungs-, Auskunfts- und Informationspflichten der jeweiligen Beschlusskammern und der Abteilungen vorsehen. Soweit Entscheidungen der Beschlusskammern nach den §§ 19, 20, 21, 23, 24, 30, 39, 40, 41 Absatz 2 oder § 42 Abs. 4 Satz 3 betroffen sind, ist in der Geschäftsordnung sicherzustellen, dass Festlegungen nach den §§ 10 und 11 durch die Präsidentenkammer erfolgen.

§ 133 Sonstige Streitigkeiten zwischen Unternehmen

(1) Ergeben sich im Zusammenhang mit Verpflichtungen aus diesem Gesetz oder auf Grund dieses Gesetzes Streitigkeiten zwischen Unternehmen, die öffentliche Telekommunikationsnetze betreiben oder öffentlich zugängliche Telekommunikationsdienste anbieten, oder zwischen diesen und anderen Unternehmen, denen Zugangs- oder Zusammenschaltungsverpflichtungen aus diesem Gesetz oder auf Grund dieses Gesetzes zugute kommen, trifft die Beschlusskammer, soweit dies gesetzlich nicht anders geregelt ist, auf Antrag einer Partei nach Anhörung der Beteiligten eine verbindliche Entscheidung. Sie hat innerhalb einer Frist von höchstens vier Monaten, beginnend mit der Anrufung durch einen der an dem Streitfall Beteiligten, über die Streitigkeit zu entscheiden.

(2) Bei einer Streitigkeit in einem unter dieses Gesetz fallenden Bereich zwischen Unternehmen in verschiedenen Mitgliedstaaten, die in die Zuständigkeit der nationalen Regulierungsbehörden von mehr als einem Mitgliedstaat fällt, kann jede Partei die Streitigkeit der betreffenden nationalen Regulierungsbehörde vorlegen. Fällt die Streitigkeit in den Zuständigkeitsbereich der Bundesnetzagentur, so koordiniert sie ihre Maßnahmen mit den zuständigen nationalen Regulierungsbehörden der anderen betroffenen Mitgliedstaaten. Die Beschlusskammer trifft ihre Entscheidung im Benehmen mit der betreffenden nationalen Regulierungsbehörde innerhalb der in Absatz 1 genannten Fristen.

(3) Bei Streitigkeiten nach Absatz 2 kann die Bundesnetzagentur das GEREK beratend hinzuziehen, um die Streitigkeit im Einklang mit den in § 2 genannten Zielen dauerhaft beizulegen. Sie kann das GEREK um eine Stellungnahme zu der Frage ersuchen, welche Maßnahmen zur Streitbeilegung zu ergreifen sind. Hat die Bundesnetzagentur oder die zuständige nationale Regulierungsbehörde eines anderen betroffenen Mitgliedstaats das GEREK um eine Stellungnahme ersucht, so trifft die Beschlusskammer ihre Entscheidung nicht, bevor das GEREK seine Stellungnahme abgegeben hat. § 130 bleibt hiervon unberührt.

(4) Die §§ 126 bis 132 und 134 bis 137 gelten entsprechend.

§ 134 Einleitung, Beteiligte

(1) Die Beschlusskammer leitet ein Verfahren von Amts wegen oder auf Antrag ein.

(2) An dem Verfahren vor der Beschlusskammer sind beteiligt

2명의 연방망관리청부청장으로 구성되어(in der Besetzung mit dem Präsidenten als Vorsitzendem oder der Präsidentin als Vorsitzender und den beiden Vizepräsidenten oder Vizepräsidentinnen als beisitzende Mitglieder) 판정한다; 제2항 제2문은 그 범위 내에서 적용하지 아니한다. 직무수행장애시의 직무대리(Die Vertretung in Verhinderungsfällen)가, 「전기, 가스 통신, 우편, 철도를 위한 연방망관리청에 관한 법률」 제3조 제1항에 따른 사무규정에 규정된다. 제61조 제3항 제2호, 제4호, 제81조의 경우에 대한 판정은 자문위원회와 협의하여 행해진다.

⑤ 유사하거나 연관된 사안(事案; Sachverhalte)의 경우에 대한 통일적 판정관행의 형성과, 제27조 제2항에 따른 일관성요청의 확보를 위하여 연방망관리청의 사무규정으로, 판정을 하기 전의, 각각의 심결부 및 부서의 포괄적 조정의무·정보공개의무·정보제공의무(umfassende Abstimmungs-, Auskunfts- und Informationspflichten der jeweiligen Beschlusskammern und der Abteilungen)를 규정한 사무규정에서 그 절차를 규율해야 한다. 제19조, 제20조, 제21조, 제23조, 제24조, 제30조, 제39조, 제40조, 제41조 제2항 또는 제42조 제4항 제3문에 따른 심결부의 판정에 관련된 경우에, 사무규정에서 제10조, 제11조에 따른 획정(劃定)은 청장심결부[217]를 통해(durch die Präsidentenkammer) 행해진다는 점이 보장된다.

제133조 기업들 간의 기타 분쟁

① 본 법률에서 파생하는 의무 또는 법률에 기한 의무와 관련하여 공중전기통신망을 운영하거나 공중이 이용 가능한 전기통신역무를 제공하는 기업들 간의 분쟁이나, 이러한 기업과, 본 법률에서 파생하거나 법률에 기한 진입의무 또는 상호접속의무가 도움이 되는 다른 기업 간의 분쟁(zwischen diesen und anderen Unternehmen, denen Zugangs- oder Zusammenschaltungsverpflichtungen aus diesem Gesetz oder auf Grund dieses Gesetzes zugute kommen)이 발생하는 경우에, 심결부가, 이를 달리 법률에서 규정하지 않은 범위 내에서 어느 당사자이 신청에 따라 참가당사자의 심문을 거쳐 구속력 있는 판정(判定)을 한다. 그 심결부는 사안의 참가당사자 중 어느 참가당사자에 의한 이의(Anrufung durch einen der an dem Streitfall Beteiligten)에 의해 개시된 때로부터 최대 4개월의 기간 이내에 분쟁에 대하여 판정한다.

② 본 법률이 적용되는 영역에서 발생한 것으로 여러 유럽연합회원국 내의 기업들 간의 분쟁으로, 2개 이상 회원국의 국가 규제관청의 관할에 속하는 분쟁의 경우에, 각 당사자는 그 분쟁을 관할 국가 규제관청에 제기한다. 그 분쟁이 연방망관리청의 관할범위 내에 속하는 경우에, 연방망관리청은 자신의 처분에 대하여 독일 이외의 해당 유럽연합회원국의 관할 국가규제관청과 조정(調整)한다(so koordiniert sie ihre Maßnahmen mit den zuständigen nationalen Regulierungsbehörden der anderen betroffenen Mitgliedstaaten). 심결부는 관할 국가 규제관청(im Benehmen mit der betreffenden nationalen Regulierungsbehörde)과 협의하여 제1항상의 기간 내에 자신의 판정을 한다.

③ 제2항에 따른 분쟁의 경우에 연방망관리청은, 제2조상의 목표와 일치하게 분쟁을 계속적으로 해결하기 위하여(um die Streitigkeit im Einklang mit den in § 2 genannten Zielen dauerhaft beizulegen) 유럽연합전기통신규제위원회를 업저버로 참석하게 한다. 연방망관리청은, 유럽연합전기통신규제위원회에 분쟁해결을 위해 어떤 조치를 취할 것인지에 관한 문제에 대한 의견진술을 요청할 수 있다. 연방망관리청 또는 독일 이외의 해당 유럽연합회원국의 관할 국가규제관청이 유럽연합전기통신규제위원회에 의견진술을 요청하는 경우에, 심결부는 유럽연합전기통신규제위원회가 자신의 의견을 표시하기 전에 자신의 판정을 하지 않는다. 제130조는 이에 의하여 영향을 받지 아니한다.

④ 제126조 내지 제132조, 제134조 내지 제137조를 준용한다.

제134조 절차개시, 참가당사자[218](Beteiligte)

① 심결부는 직권으로 또는 신청에 따라 절차를 개시한다.

② 다음 각 호의 자가 심결부 절차의 참가당사자가 된다,

1 der Antragsteller,

2. die Betreiber von öffentlichen Telekommunikationsnetzen und die Anbieter von öffentlich zugänglichen Telekommunikationsdiensten, gegen die sich das Verfahren richtet,

3. die Personen und Personenvereinigungen, deren Interessen durch die Entscheidung berührt werden und die die Bundesnetzagentur auf ihren Antrag zu dem Verfahren beigeladen hat.

§ 134a Verfahren der nationalen Streitbeilegung

(1) Die nationale Streitbeilegungsstelle leitet ein Verfahren auf Antrag ein.

(2) An Verfahren vor der nationalen Streitbeilegungsstelle sind beteiligt:

1. bei einem Verfahren nach § 77n Absatz 1 bis 5 der Antragsteller und die Eigentümer oder Betreiber öffentlicher Versorgungsnetze, gegen die sich das Verfahren richtet,

2. bei einem Verfahren nach § 77n Absatz 6 der Antragsteller und der Verfügungsberechtigte über Netzinfrastrukturen in Gebäuden oder bis zum ersten Konzentrations- oder Verteilerpunkt eines öffentlichen Telekommunikationsnetzes, gegen den sich das Verfahren richtet,

3. die Personen und Personenvereinigungen, deren Interessen durch die Entscheidung berührt werden und die die Bundesnetzagentur auf ihren Antrag zu dem Verfahren beigeladen hat,

4. bei einer Inanspruchnahme von Eisenbahninfrastrukturunternehmen die zuständige Eisenbahnaufsichtsbehörde.

(3) Sind bei Streitigkeiten über das Vorliegen eines Ablehnungsgrundes nach § 77b Absatz 4 Nummer 3, § 77c Absatz 3 Nummer 3, § 77g Absatz 2 Nummer 4, § 77h Absatz 4 Nummer 4 oder § 77i Absatz 5 kritische Infrastrukturen im Sinne des § 2 Absatz 10 des Gesetzes über das Bundesamt für Sicherheit in der Informationstechnik betroffen, so entscheidet die Bundesnetzagentur im Benehmen mit dem Bundesamt für Sicherheit in der Informationstechnik.

§ 135 Anhörung, mündliche Verhandlung

(1) Die Beschlusskammer hat den Beteiligten Gelegenheit zur Stellungnahme zu geben.

(2) Den Personen, die von dem Verfahren berührte Wirtschaftskreise vertreten, kann die Beschlusskammer in geeigneten Fällen Gelegenheit zur Stellungnahme geben.

(3) Die Beschlusskammer entscheidet auf Grund öffentlicher mündlicher Verhandlung; mit Einverständnis der Beteiligten kann ohne mündliche Verhandlung entschieden werden. Auf Antrag eines Beteiligten oder von Amts wegen ist für die Verhandlung oder für einen Teil davon die Öffentlichkeit auszuschließen, wenn sie eine Gefährdung der öffentlichen Ordnung, insbesondere der Staatssicherheit, oder die Gefährdung eines wichtigen Betriebs- oder Geschäftsgeheimnisses besorgen lässt.

§ 136 Betriebs- oder Geschäftsgeheimnisse

Unverzüglich nach der Vorlage von Unterlagen im Rahmen des Beschlusskammerverfahrens haben alle Beteiligten diejenigen Teile zu kennzeichnen, die Betriebs- oder Geschäftsgeheimnisse enthalten. In diesem Fall müssen sie zusätzlich eine Fassung vorlegen, die aus ihrer Sicht ohne Preisgabe von Betriebs- oder Geschäftsgeheimnissen eingesehen werden kann. Erfolgt dies nicht, kann die Beschlusskammer von ihrer Zustimmung zur Einsicht ausgehen, es sei denn, ihr sind besondere Umstände bekannt, die eine solche Vermutung nicht rechtfertigen. Hält die Beschlusskammer die Kennzeichnung der Unterlagen als Betriebs- oder Geschäftsgeheimnisse für unberechtigt, so muss sie vor

1. 신청인,
2. 그 절차의 대상이 된(gegen die sich das Verfahren richtet), 공중전기통신망 운영자 및 공중이 이용 가능한 전기통신역무제공자,
3. 해당 판정(判定)으로 자신의 이익이 영향을 받고 연방망관리청이 그 신청에 따라 절차에 소환한 자 또는 인적결사체[219](die Personen und Personenvereinigungen).

제134조a 국가적 분쟁해결절차

① 국가적 분쟁해결기구는 신청에 따라 절차를 개신한다.

② 다음 각 호의 자가 국가적 분쟁해결절차의 당사자가 된다:

1. 제77조n 제1항 내지 제5항에 따른 절차의 경우에는 신청인과, 해당 절차의 대상이 된 공공공급망의 소유권자 또는 운영자,
2. 제77조n 제6항에 따른 절차의 경우에는 신청인과, 건물 내 통신망기반시설에 대한 처분권리자나, 해당 절차의 대상인 된 공중전기통신망의 최초의 집중점 또는 분배점까지(bis zum ersten Konzentrations- oder Verteilerpunkt)의 통신망기반시설에 대한 처분권리자,
3. 해당 판정으로 자신의 이익이 영향을 받고 연방망관리청이 그 신청에 따라 절차에 소환한 자 또는 인적결사체(die Personen und Personenvereinigungen),
4. 철도기반시설기업(鐵道基盤施設企業)에 대한 권리행사의 경우(bei einer Inanspruchnahme von Eisenbahninfrastrukturunternehmen) 관할 철도감독청.

③ 제77조b 제4항 제3호, 제77조c 제3항 제3호, 제77조g 제2항 제4호, 제77조h 제4항 제4호 또는 제77조i 제5항에 따른 거절사유의 존재에 관한 분쟁이 연방정보통신기술보안청에 관한 법률 제2조 제10항상의 중요기반시설(kritische Infrastrukturen im Sinne des § 2 Absatz 10 des Gesetzes über das Bundesamt für Sicherheit in der Informationstechnik)에 관련된 경우에, 연방망관리청은 연방정보통신기술보안청과 협의하여 결정한다.

제135조 심리, 구술변론

① 심결부는 참가당사자에게 의견진술의 기회를 부여한다.

② 심결부는 해당 절차에 의해 영향을 받는 경제계를 대표하는 자에게 적절한 경우에(in geeigneten Fällen) 의견진술의 기회를 부여할 수 있다.

③ 심결부는 공개구술변론에 기하여 판정한다: 참가당사자들의 합의가 있는 경우 구술변론 없이 결정할 수 있다. 그 변론으로 인해 공공질서에 대한 위해, 특히 국가안보에 대한 위해나 중요한 기업비밀 또는 사업비밀의 위해가 염려된다면, 어느 참가당사자의 신청에 기하여 또는 직권으로 변론 또는 변론일부에 대하여 공중(의 방청)을 배제할 수 있다.

제136조 기업비밀 또는 사업비밀

모든 당사자들은 심결부절차의 도중에 서류의 제출 후 지체 없이 기업비밀 또는 사업비밀을 포함하는 부분을 표시해야 한다. 이러한 경우에 모든 참가당사자들은, 자신들의 견해에 따라 기업비밀 또는 사업비밀의 공개 없이 열람할 수 있는 판형을 추가적으로 제출해야만 한다. 이를 하지 않은 경우에 심결부는 열람에 관한 당사자들의 동의가 있는 것으로 추정할 수 있고(kann die Beschlusskammer von ihrer Zustimmung zur Einsicht ausgehen), 다만 심결부가 그러한 추정이 정당화되지 않는 특별한 사정을 알게 된 경우에는 그러하지 아니하다. 심결부가 기업비밀 또는 사업비밀로서의 서류에 대한 표시(Kennzeichnung der Unterlagen als Betriebs- oder Geschäftsgeheimnisse)를 부당한 것으로 보는 경우에, 심결부는 제3자에 대한 열람의 허용에 관한 판정 전에(vor der Entscheidung über die Gewährung

der Entscheidung über die Gewährung von Einsichtnahme an Dritte die vorlegenden Personen hören.

Unterabschnitt 2 Gerichtsverfahren

§ 137 Rechtsmittel

(1) Widerspruch und Klage gegen Entscheidungen der Bundesnetzagentur haben keine aufschiebende Wirkung.

(2) Im Falle des § 132 findet ein Vorverfahren nicht statt.

(3) Im Falle des § 132 sind die Berufung gegen ein Urteil und die Beschwerde nach der Verwaltungsgerichtsordnung oder nach dem Gerichtsverfassungsgesetz gegen eine andere Entscheidung des Verwaltungsgerichts ausgeschlossen. Das gilt nicht für die Beschwerde gegen den Beschluss nach § 138 Absatz 4, die Beschwerde gegen die Nichtzulassung der Revision nach § 135 in Verbindung mit § 133 der Verwaltungsgerichtsordnung und die Beschwerde gegen Beschlüsse über den Rechtsweg nach § 17a Abs. 2 und 3 des Gerichtsverfassungsgesetzes. Auf die Beschwerde gegen die Beschlüsse über den Rechtsweg findet § 17a Abs. 4 Satz 4 bis 6 des Gerichtsverfassungsgesetzes entsprechende Anwendung.

§ 138 Vorlage- und Auskunftspflicht der Bundesnetzagentur

(1) Für die Vorlage von Urkunden oder Akten, die Übermittlung elektronischer Dokumente oder die Erteilung von Auskünften (Vorlage von Unterlagen) durch die Bundesnetzagentur ist § 99 Absatz 1 der Verwaltungsgerichtsordnung mit der Maßgabe anzuwenden, dass anstelle des Rechts der obersten Aufsichtsbehörde nach § 99 Absatz 1 Satz 2 der Verwaltungsgerichtsordnung, die Vorlage zu verweigern, das Recht der Bundesnetzagentur tritt, die Unterlagen als geheimhaltungsbedürftig zu kennzeichnen. Das Gericht der Hauptsache unterrichtet die Beteiligten, deren Geheimhaltungsinteresse durch die Offenlegung der Unterlagen im Hauptsacheverfahren berührt werden könnte, darüber, dass die Unterlagen vorgelegt worden sind.

(2) Das Gericht der Hauptsache entscheidet auf Antrag eines Beteiligten, der ein Geheimhaltungsinteresse an den vorgelegten Unterlagen geltend macht, durch Beschluss, inwieweit die §§ 100 und 108 Absatz 1 Satz 2 sowie Absatz 2 der Verwaltungsgerichtsordnung auf die Entscheidung in der Hauptsache anzuwenden sind. Die Beteiligtenrechte nach den §§ 100 und 108 Absatz 1 Satz 2 sowie Absatz 2 der Verwaltungsgerichtsordnung sind auszuschließen, soweit nach Abwägung aller Umstände das Geheimhaltungsinteresse das Interesse der Beteiligten auf rechtliches Gehör auch unter Beachtung des Rechts auf effektiven Rechtsschutz überwiegt. Insoweit dürfen die Entscheidungsgründe im Hauptsacheverfahren die Art und den Inhalt der geheim gehaltenen Unterlagen nicht erkennen lassen. Die Mitglieder des Gerichts sind zur Geheimhaltung verpflichtet.

(3) Der Antrag nach Absatz 2 Satz 1 ist innerhalb eines Monats zu stellen, nachdem das Gericht die Beteiligten, deren Geheimhaltungsinteressen durch die Offenlegung der Unterlagen berührt werden könnten, über die Vorlage der Unterlagen durch die Bundesnetzagentur unterrichtet hat. In diesem Verfahren ist § 100 der Verwaltungsgerichtsordnung nicht anzuwenden. Absatz 2 Satz 3 und 4 gilt sinngemäß.

(4) Gegen die Entscheidung nach Absatz 2 Satz 1 ist die Beschwerde zum Bundesverwaltungsgericht gegeben. Über die Beschwerde entscheidet der für die Hauptsache zuständige Revisionssenat. Absatz 2

von Einsichtnahme an Dritte) 제출하는 당사자를 심문해야만 한다.

제2절 재판절차

제137조 불복수단(不服手段)

① 연방망관리청의 판정(判定)에 대한 행정심판 및 소송은 집행정지적 효력(aufschiebende Wirkung)을 갖지 아니한다.

② 제132조의 경우에 전심절차가 실시되지 아니한다.

③ 제132조의 경우에 '판결'에 대한 항소와, 행정법원의 판결 이외의 재판에 대한, 행정법원법 또는 법원조직법에 따른 항고(die Berufung gegen ein Urteil und die Beschwerde nach der Verwaltungsgerichtsordnung oder nach dem Gerichtsverfassungsgesetz gegen eine andere Entscheidung des Verwaltungsgerichts)는 배제된다. 제138조 제4항에 따른 결정에 대한 항고, 행정법원법 제133조와 연결된 동법 제135조에 따른 상고불허가에 대한 이의(die Beschwerde gegen die Nichtzulassung der Revision nach § 135 in Verbindung mit § 133 der Verwaltungsgerichtsordnung), 그리고 법원조직법 제17조a 제2항 또는 제3항에 따른 제소(提訴; Rechtsweg)에 관한 결정에 대한 항고에 대하여 그러하지 아니하다. 그 제소에 관한 결정에 대한 이의에 대하여 법원조직법 제17조a 제4항 제4문 내지 제6문을 준용한다.

제138조 연방망관리청의 제출의무 또는 정보제공의무

① 연방망관리청의 서증 또는 문서의 제출(die Vorlage von Urkunden oder Akten)이나 연방망관리청의 전자문서의 제공 또는 정보의 제공(die Übermittlung elektronischer Dokumente oder die Erteilung von Auskünften)('서류의 제출'; Vorlage von Unterlagen)에 대하여 서류에 대하여 비밀로 유지될 필요성이 있는 것으로 표시할 연방망관리청의 권리가 행정법원법 제99조 제1항 제2문에 따른 최상급감독청의 권리로, 제출을 거부할 수 있는 권리를 대신한다는 기준하에 행정법원법 제99조 제1항을 적용한다. 본안 법원은, 그 비밀유지이익이 해당 서류의 공개로 본안절차에서 영향을 받을 수 있는 참가당사자들에게(die Beteiligten, deren Geheimhaltungsinteresse durch die Offenlegung der Unterlagen im Hauptsacheverfahren berührt werden könnte) 그 서류가 제출되어 있다는 점에 관하여 알린다.

② 본안 법원은, 제출된 서류에 대한 비밀유지이익을 주장하는 어느 참가당사자의 신청에 따라, 행정법원법 제110조, 제108조 제1항 제2문, 제2항이 어느 정도로 본안의 재판에서 적용될 것인지를 결정으로 재판한다. 행정법원법 제110조, 제108조 제1항 제2문 또는 제2항에 따른 참가당사자의 권리는, 제반사정을 형량했을 때 효과적 권리구제에 대한 권리를 고려하더라도 비밀유지이익이 참가당사자의 법적 심문에 대한 이익보다 우월한 범위 내에서(soweit nach Abwägung aller Umstände das Geheimhaltungsinteresse das Interesse der Beteiligten auf rechtliches Gehör[220] auch unter Beachtung des Rechts auf effektiven Rechtsschutz überwiegt) 배제된다. 그러한 범위 내에서 본안절차의 재판이유에서(die Entscheidungsgründe im Hauptsacheverfahren) 비밀로 유지된 서류의 성질 및 내용이 알려져서는 아니된다. 법원의 구성원은 비밀을 유지할 의무를 진다.

③ 제2항 제1문에 따른 신청은, 법원이 해당 서류의 공개로 그 비밀유지이익(deren Geheimhaltungsinteressen) 영향을 받을 수 있는 참가당사자들에게 연방망관리청의 서류 제출에 관하여(über die Vorlage der Unterlagen durch die Bundesnetzagentur) 알린 때로부터 1개월의 기간 내에 제기되어야 한다. 이러한 절차(節次)에서 행정법원법 제100조를 적용하지 아니한다. 제2항 제3문, 제4문을 준용(準用)한다.

④ 제2항 제1문에 따른 재판에 대하여 연방행정대법원에 항고를 제기할 수 있다. 그 항고에 대하여 본안을 관할하는 상고심재판부(der für die Hauptsache zuständige Revisionssenat)가 재판한다. 제2항 제3문,

Satz 3 und 4 und Absatz 3 Satz 2 gelten sinngemäß.

§ 138a Informationssystem zu eingelegten Rechtsbehelfen
Die Bundesnetzagentur erhebt zu den gegen ihre Entscheidungen eingelegten Rechtsbehelfen die folgenden Informationen:
1. die Anzahl und den allgemeinen Inhalt der eingelegten Rechtsbehelfe,
2. die Dauer der Verfahren und
3. die Anzahl der Entscheidungen im vorläufigen Rechtsschutz.
Sie stellt diese Informationen der Kommission und dem GEREK auf deren begründete Anfrage zur Verfügung.

§ 139 Beteiligung der Bundesnetzagentur bei bürgerlichen Rechtsstreitigkeiten
Für bürgerliche Rechtsstreitigkeiten, die sich aus diesem Gesetz ergeben, gilt § 90 Abs. 1 und 2 des Gesetzes gegen Wettbewerbsbeschränkungen entsprechend. In diesen Fällen treten an die Stelle des Bundeskartellamtes und seines Präsidenten oder seiner Präsidentin die Bundesnetzagentur und ihr Präsident oder ihre Präsidentin.

Unterabschnitt 3 Internationale Aufgaben

§ 140 Internationale Aufgaben
(1) Im Bereich der europäischen und internationalen Telekommunikationspolitik, insbesondere bei der Mitarbeit in europäischen und internationalen Institutionen und Organisationen, wird die Bundesnetzagentur im Auftrag des Bundesministeriums für Wirtschaft und Energie oder des Bundesministeriums für Verkehr und digitale Infrastruktur tätig. Dies gilt nicht für Aufgaben, die die Bundesnetzagentur auf Grund dieses Gesetzes oder anderer Gesetze sowie auf Grund von Verordnungen der Europäischen Union in eigener Zuständigkeit wahrnimmt.
(2) Die Bundesnetzagentur unterrichtet das Bundesministerium für Wirtschaft und Energie oder das Bundesministerium für Verkehr und digitale Infrastruktur vorab über die wesentlichen Inhalte geplanter Sitzungen in europäischen und internationalen Gremien. Sie fasst die wesentlichen Ergebnisse und Schlussfolgerungen der Sitzungen zusammen und übermittelt sie unverzüglich an das Bundesministerium für Wirtschaft und Energie oder das Bundesministerium für Verkehr und digitale Infrastruktur. Bei Aufgaben, die die Bundesnetzagentur nach Absatz 1 Satz 2 in eigener Zuständigkeit wahrnimmt, finden die Sätze 1 und 2 keine Anwendung, soweit zwingende Vorschriften die vertrauliche Behandlung von Informationen fordern.

§ 141 Anerkannte Abrechnungsstelle für den Seefunkverkehr
Zuständige Behörde für die Anerkennung von Abrechnungsstellen für den internationalen Seefunkverkehr nach den Anforderungen der Internationalen Fernmeldeunion im Geltungsbereich dieses Gesetzes ist die Bundesnetzagentur.

제4문, 제3항 제2문을 준용한다.

제138조a 제기된 법적구제에 대한 정보제공시스템

연방망관리청은 자신의 판정에 대하여 제기된 법적구제[221](den gegen ihre Entscheidungen eingelegten Rechtsbehelfen)에 대하여 다음 각 호의 정보를 수집할 수 있다:

1. 제기된 법적구제수(數)와 그 일반적 내용,
2. 절차의 기간,
3. 가구제(假救濟) 재판의 수(數).

연방망관리청은 유럽연합집행위원회와 유럽연합전기통신규제위원회에 정당한 요구에 따라 이러한 정보를 제공한다.

제139조 민사소송사건에 대한 연방망관리청의 참가

본 법률에서 생겨난 민사소송사건에 대하여(Für bürgerliche Rechtsstreitigkeiten, die sich aus diesem Gesetz ergeben) 경쟁제한금지법 제90조 제1항, 제2항을 준용한다. 이러한 사건에서 연방망관리청과 연방망관리청장(廳長)(die Bundesnetzagentur und ihr Präsident oder ihre Präsidentin)이 연방카르텔청과 연방카르텔청장(廳長)을 대신(代身)한다.

제3절 국제적 임무

제140조 국제적 임무

① 유럽연합의 전기통신정책 및 국제적 전기통신정책의 영역, 특히 유럽연합의 조직 및 기구와 국제적 조직 및 기구에서의 협력에 있어, 연방망관리청은 연방경제·에너지부 또는 연방교통·디지털기반부의 위탁에 기하여 활동한다. 연방망관리청이 본 법률 또는 다른 법률에 기하여 또는 유럽연합의 법(法)에 기하여 고유한 관할에서 수행하는(die die Bundesnetzagentur auf Grund dieses Gesetzes oder anderer Gesetze sowie auf Grund von Verordnungen der Europäischen Union in eigener Zuständigkeit wahrnimmt) 임무에 대하여는 그러하지 아니하다.

② 연방망관리청은 연방경제·에너지부 또는 연방교통·디지털기반부에 계획한 유럽연합기구 및 국제기구 회의의 핵심적 내용에 관하여(über die wesentlichen Inhalte geplanter Sitzungen in europäischen und internationalen Gremien) 미리 알린다. 연방망관리청은 그 회의의 핵심적 결과 및 결론(die wesentlichen Ergebnisse und Schlussfolgerungen der Sitzungen)을 요약한 다음 지체 없이 연방경제·에너지부 또는 연방교통·디지털기반부에 제공한다. 연방망관리청이 제1항 제2문에 따라 고유한 관할에서 수행하는 임무의 경우에 있어, 강행적(强行的) 규정에 따라 정보(情報)의 기밀취급이 요구되는 범위 내에서(soweit zwingende Vorschriften die vertrauliche Behandlung von Informationen fordern) 제1문, 제2문을 적용하지 아니한다.

제141조 해상무선통신에 대한 공인된 결제기관

본 법률의 적용범위 내에서 국제전기통신연합의 요구사항에 따른 국제적 해상교통에 대한 결제기관(Zuständige Behörde für die Anerkennung Abrechnungsstellen für den internationalen Seefunkverkehr)의 공인의 관할 행정관청은 연방망관리청이다.

Teil 8 Abgaben

§ 142 Gebühren und Auslagen

(1) Die Bundesnetzagentur erhebt für die folgenden individuell zurechenbaren öffentlichen Leistungen Gebühren und Auslagen:

1. Entscheidungen über die Zuteilung eines Nutzungsrechts an Frequenzen nach § 55,
2. Entscheidungen über die Zuteilung eines Nutzungsrechts an Nummern auf Grund einer Rechtsverordnung nach § 66 Abs. 4,
3. Bearbeitung von Anträgen auf Registrierung von Anwählprogrammen über Mehrwertdienste-Rufnummern,
4. einzelfallbezogene Koordinierung, Anmeldung, Übertragung und Notifizierung von Satellitensystemen nach § 56,
5. sonstige individuell zurechenbare öffentliche Leistungen, die in einem engen Zusammenhang mit einer Entscheidung nach den Nummern 1 bis 4 stehen,
6. Maßnahmen auf Grund von Verstößen gegen dieses Gesetz oder die darauf beruhenden Rechtsverordnungen,
7. Entscheidungen über die Übertragung von Wegerechten nach § 69,
8. Entscheidungen der Zugangsregulierung nach § 18 Abs. 1 und 2, den §§ 19, 20, 21 Abs. 2 und 3, § 23 und den §§ 24 und 25,
9. Entscheidungen der Entgeltregulierung nach den §§ 29, 35 Abs. 3, §§ 38 und 39,
10. Entscheidungen im Rahmen der Missbrauchsaufsicht nach § 42 Abs. 4,
11. Entscheidungen über sonstige Streitigkeiten zwischen Unternehmen nach § 133,
12. Entscheidungen der Streitbeilegung nach § 77n.

Gebühren und Auslagen werden auch erhoben, wenn ein Antrag auf Vornahme einer in Satz 1 bezeichneten individuell zurechenbaren öffentlichen Leistung

1. aus anderen Gründen als wegen Unzuständigkeit der Behörde abgelehnt oder
2. nach Beginn der sachlichen Bearbeitung, jedoch vor deren Beendigung, zurückgenommen wird.

(2) Die Gebühren nach Absatz 1 werden vorbehaltlich der Regelung in Absatz 4 zur Deckung des Verwaltungsaufwands erhoben.

(3) Das Bundesministerium für Wirtschaft und Energie wird ermächtigt, im Einvernehmen mit dem Bundesministerium der Finanzen und dem Bundesministerium für Verkehr und digitale Infrastruktur durch Rechtsverordnung, die nicht der Zustimmung des Bundesrates bedarf,

1. die gebührenpflichtigen Tatbestände nach Absatz 1 sowie die Höhe der hierfür zu erhebenden Gebühren näher zu bestimmen und dabei feste Sätze, auch in Form von Gebühren nach Zeitaufwand, oder Rahmensätze vorzusehen,
2. eine bestimmte Zahlungsweise der Gebühren anzuordnen und
3. das Nähere zur Ermittlung des Verwaltungsaufwands nach Absatz 2 zu bestimmen.

Das Bundesministerium für Wirtschaft und Energie kann die Ermächtigung nach Satz 1 durch Rechtsverordnung unter Sicherstellung der Einvernehmensregelung auf die Bundesnetzagentur übertragen. Eine Rechtsverordnung der Bundesnetzagentur, ihre Änderung und ihre Aufhebung bedürfen des Einvernehmens mit dem Bundesministerium für Wirtschaft und Energie, dem Bundesministerium der

제8편 공과금

제142조 수수료와 경비

① 연방망관리청은 개별적으로 귀속되는 다음의 공공서비스(die folgenden individuell zurechenbaren öffentlichen Leistungen)에 대하여 수수료 및 경비를 징수한다:

1. 제55조에 따른 주파수의 이용권의 배정에 관한 판정,
2. 제66조 제4항에 따른 법규명령에 기한 번호의 이용권의 배정(die Zuteilung eines Nutzungsrechts an Nummern)에 관한 판정,
3. 부가가치서비스전화번호에 관한 자동다이얼장치프로그램의 등록(Registrierung von Anwählprogrammen)에 관한 신청에 대한 심리(Bearbeitung[222]),
4. 제56조에 따른 위성시스템의 개별사안별 조정(調整), 신고, 전송 및 통보(Koordinierung, Anmeldung, Übertragung und Notifizierung),
5. 제1호 내지 제4호에 따른 판정과 밀접한 관련이 있는, 개별적으로 귀속되는 기타 공공서비스(sonstige individuell zurechenbare öffentliche Leistungen),
6. 본 법률 또는 이에 근거한 법규명령에 대한 위반으로 인한 처분(Maßnahmen auf Grund von Verstößen),
7. 제69조에 따른 통행권 이전에 관한 판정,
8. 제18조 제1항, 제2항, 제19조, 제20조, 제21조 제2항, 제3항, 제23조, 제24조 및 제25조에 따른 접근규제에 관한 판정
9. 제29조, 제35조 제3항, 제38조 및 제39조에 따른 판정,
10. 제42조 제4항에 따른 남용감독의 일환으로 하는 판정,
11. 제133조에 따른 기업 간 기타 분쟁에 관한 판정,
12. 제77조n에 따른 분쟁해결 판정.

제1문에 기재된, 개별적으로 귀속되는 공공서비스의 실행에 대한 신청이, 다음 각 호와 같이 된 경우에도 수수료와 경비는 징수된다,

1. 해당 관청의 관할권 없음 이외의 기타 사유에 기하여 거부된 경우,
2. 실질적 심리(審理) 개시 후 종료 전에 취하된 경우.

② 제1항에 따른 수수료는, 제4항에서의 규율을 조건으로 하여, 행정비용의 충당을 위하여(zur Deckung des Verwaltungsaufwands) 징수된다.

③ 연방경제·에너지부는, 연방재무부, 연방교통·디지털기반부과 협의하여(im Einvernehmen mit dem Bundesministerium der Finanzen und dem Bundesministerium für Verkehr und digitale Infrastruktur) 연방참사원의 동의가 요구되지 아니하는 법규명령으로 다음 각 호를 할 권한은 갖는다,

1. 제1항에 따라 수수료를 부담해야 하는 요건, 이와 관련하여 징수되어야 하는 수수료액수에 대해 보다 상세하게 정하고, 이 경우 시간당 수수료의 방식을 포함하여 고정요율 또는 기본요율(feste Sätze, auch in Form von Gebühren nach Zeitaufwand, oder Rahmensätze vorzusehen)을 규정할 권한,
2. 수수료의 특정한 지급방식을 명령할 권한,
3. 제2항에 따른 행정비용의 산정을 위해 상세한 사항을 정할 권한.

연방경제·에너지부는 법규명령으로 협의규정의 준수하에 제1문에 따른 권한을 연방망관리청에 이양할 수 있다. 연방망관리청의 법규명령, 그 개정(改定) 및 폐지(廢止)는 연방경제·에너지부, 연방재무부 및 연방교통·디지털기반부(Einvernehmens mit dem Bundesministerium für Wirtschaft und Energie, dem Bundesministerium der Finanzen und dem Bundesministerium für Verkehr und digitale Infrastruktur)과의

Finanzen und dem Bundesministerium für Verkehr und digitale Infrastruktur.

(4) Abweichend von Absatz 2 Satz 1 kann die Gebühr für Entscheidungen über die Zuteilungen nach Absatz 1 Nummer 1 und 2 so festgesetzt werden, dass sie als Lenkungszweck die optimale Nutzung und eine den Zielen dieses Gesetzes verpflichtete effiziente Verwendung dieser Güter sicherstellt. Absatz 2 Satz 1 und 2 findet keine Anwendung, wenn Nummern oder Frequenzen von außerordentlichem wirtschaftlichem Wert durch wettbewerbsorientierte oder vergleichende Auswahlverfahren vergeben werden.

(5) In Rechtsverordnungen nach Absatz 2 Satz 1 kann abweichend von den Vorschriften des Bundesgebührengesetzes geregelt werden:

1. der Umfang der zu erstattenden Auslagen und
2. die Gebühr in den Fällen des Widerrufs oder der Rücknahme einer Zuteilung nach Absatz 1 Nr. 1 und 2 oder einer Übertragung von Wegerechten nach Absatz 1 Nr. 7, sofern die Betroffenen dies zu vertreten haben.

(6) Eine Festsetzung von Gebühren und Auslagen ist bis zum Ablauf des vierten Kalenderjahres nach Entstehung der Schuld zulässig (Festsetzungsverjährung). Wird vor Ablauf der Frist ein Antrag auf Aufhebung oder Änderung der Festsetzung gestellt, ist die Festsetzungsfrist so lange gehemmt, bis über den Antrag unanfechtbar entschieden wurde. Der Anspruch auf Zahlung von Gebühren und Auslagen verjährt mit Ablauf des fünften Kalenderjahres nach der Festsetzung (Zahlungsverjährung). Im Übrigen gelten § 13 Absatz 3 und die §§ 18 und 19 des Bundesgebührengesetzes.

(7) Im Falle des Versteigerungsverfahrens nach § 61 Absatz 4 wird eine Zuteilungsgebühr nach Absatz 1 Nr. 1 nur erhoben, soweit sie den Erlös des Versteigerungsverfahrens übersteigt.

(8) Die Wegebaulastträger können in ihrem Zuständigkeitsbereich Regelungen erlassen, nach denen lediglich die Verwaltungskosten abdeckende Gebühren und Auslagen für die Erteilung von Zustimmungsbescheiden nach § 68 Abs. 3 zur Nutzung öffentlicher Wege erhoben werden können. Eine Pauschalierung ist zulässig.

§ 143 Frequenznutzungsbeitrag

(1) Die Bundesnetzagentur erhebt jährliche Beiträge zur Deckung ihrer Kosten für die Verwaltung, Kontrolle und Durchsetzung von Allgemeinzuteilungen und Nutzungsrechten im Bereich der Frequenz- und Orbitnutzungen nach diesem Gesetz oder den darauf beruhenden Rechtsverordnungen. Dies umfasst insbesondere auch die Kosten der Bundesnetzagentur für:

1. die Planung und Fortschreibung von Frequenznutzungen einschließlich der notwendigen Messungen, Prüfungen und Verträglichkeitsuntersuchungen zur Gewährleistung einer effizienten und störungsfreien Frequenznutzung,
2. internationale Zusammenarbeit, Harmonisierung und Normung.

(2) Beitragspflichtig sind diejenigen, denen Frequenzen zugeteilt sind. Die Anteile an den Kosten werden den einzelnen Nutzergruppen, die sich aus der Frequenzzuweisung ergeben, so weit wie möglich aufwandsbezogen zugeordnet. Eine Beitragspflicht ist auch dann gegeben, wenn eine Frequenz auf Grund sonstiger Verwaltungsakte oder dauerhaft ohne Zuteilung genutzt wird. Dies gilt insbesondere für die bis zum 1. August 1996 erteilten Rechte, soweit sie Festlegungen über die Nutzung von Frequenzen enthalten.

협의를 필요로 한다.

④ 제1항 제1호, 제2호에 따른 배정에 관한 판정에 대한 수수료는, 이것에 대하여 적절한 이용과 본 법률의 목적에 구속되는, 이러한 수수료의 효율적인 사용이 지도목표로서(als Lenkungszweck) 기능하도록 제2항 제1문과 달리 규정될 수 있다. 이례적 경제적 가치가 있는 번호 또는 주파수가 경쟁적 또는 이와 유사한 선택절차에 의해 부여되는 경우에는(wenn Nummern oder Frequenzen von außerordentlichem wirtschaftlichem Wert durch wettbewerbsorientierte oder vergleichende Auswahlverfahren vergeben werden) 제2항 제1문, 제2문을 적용하지 아니한다.

⑤ 제3항 제1문에 따른 법규명령에서 다음 각 호는 연방수수료법(den Vorschriften des Bundesgebührengesetzes)의 규정과 다르게 규정될 수 있다:

1. 상환해야 하는 비용의 범위,
2. 제1항 제1호, 제2호에 따른 배정 또는 제1항 제7호에 따른 통행권의 이전의 철회 또는 취하의 경우의 수수료, 당사자가 이에 대한 귀책사유가 있는 경우에 한함(sofern die Betroffenen dies zu vertreten haben).

⑥ 수수료 및 경비의 규율은 채무발생시로부터 4역년(曆年) 경과시까지 허용된다('규율의 시효'; Festsetzungsverjährung). 그 기간 경과 전에 그 규율의 폐지 또는 개정에 대한 신청이 제기된 경우에, 그 규율의 시효기간(die Festsetzungsfrist)은 그 신청에 관한 재판에 불복할 수 없게 될 때까지 정지된다. 수수료 및 경비의 지급에 관한 청구권은, 그 규율시로부터 5역년(曆年)의 경과로 소멸시효가 완성한다('지급소멸시효'; Zahlungsverjährung). 그 밖의 경우에 연방수수료법(Bundesgebührengesetz) 제13조 제3항, 제18조, 제19조를 적용한다.

⑦ 제61조 제4하에 따른 경매절차의 경우에 제1항 제1호에 따른 배정수수료는, 경매절차이 매가대금을 초과하는 범위 내에서만 징수된다.

⑧ 도로건설책임주체는 자신의 관할범위 내에서 규정을 제정할 수 있고, 그 규정에 따라 공공도로의 이용에 관한 제68조 제3항에 따른 동의통지 발급에 대한 수수료 및 경비를 충당하는(abdeckende Gebühren und Auslagen für die Erteilung von Zustimmungsbescheiden nach § 68 Abs. 3 zur Nutzung öffentlicher Wege) 행정비용만이 징수될 수 있다. 정액부과(Pauschalierung)가 허용된다.

제143조 주파수이용료

① 연방망관리청은, 법률 또는 이에 근거한 법규명령에 따른 주파수이용 및 인공위성궤도이용의 영역에서(im Bereich der Frequenz- und Orbitnutzungen nach diesem Gesetz oder den darauf beruhenden Rechtsverordnungen) 일반주파수할당 및 이용권의 관리, 통제 및 실현에 대한 자신의 비용을 충당하기 위하여 연간이용료를 징수한다. 이는 특히 다음 각 호의 연방망관리청의 비용도 포함한다:

1. 효율적이고도 장애 없는 주파수이용을 보장하기 위한 필요한 측정, 시험 및 호환성조사(Verträglichkeitsuntersuchungen)를 포함하여 주파수이용의 계획 및 갱신(更新)(die Planung und Fortschreibung von Frequenznutzungen)
2. 국제적 협력, 통일 및 표준화.

② 주파수를 할당받은 자가 이용료 납부의무를 진다. 그 비용에 대한 몫(Die Anteile an den Kosten)은 각각 주파수할당으로 생기는 이용자집단에게 비용과 관련하여 가능한 광범위하게(so weit wie möglich aufwandsbezogen) 배정한다. 주파수가 기타 행정행위에 기하여 이용되거나 주파수할당 없이 지속적으로 이용되는 경우에도 이용료납부의무가 발생한다. 그 권리가 주파수 이용에 관한 정함을 포함하는 경우에(soweit sie Festlegungen über die Nutzung von Frequenzen enthalten) 특히 1996년 8월 1일까지 부여된 권리에 대하여 이를 적용한다.

(3) In die nach Absatz 1 abzugeltenden Kosten sind solche nicht einzubeziehen, für die bereits eine Gebühr nach § 142 oder eine Gebühr nach § 16 des Gesetzes über Funkanlagen und Telekommunikationsendeinrichtungen vom 31. Januar 2001 (BGBl. I S. 170) oder Gebühren nach der Besonderen Gebührenverordnung des Bundesministeriums für Wirtschaft und Energie nach § 22 Absatz 4 des Bundesgebührengesetzes oder Beiträge nach § 31 des Elektromagnetische-Verträglichkeit-Gesetzes in der jeweils gültigen Fassung und den auf diesen Vorschriften beruhenden Rechtsverordnungen erhoben wird.

(4) Das Bundesministerium für Wirtschaft und Energie wird ermächtigt, im Einvernehmen mit dem Bundesministerium der Finanzen und dem Bundesministerium für Verkehr und digitale Infrastruktur durch Rechtsverordnung, die nicht der Zustimmung des Bundesrates bedarf, nach Maßgabe der vorstehenden Absätze das Nähere über den Kreis der Beitragspflichtigen, die Beitragssätze, die Beitragskalkulation und das Verfahren der Beitragserhebung einschließlich der Zahlungsweise festzulegen. Der auf das Allgemeininteresse entfallende Kostenanteil ist beitragsmindernd zu berücksichtigen. Das Bundesministerium für Wirtschaft und Energie kann die Ermächtigung nach Satz 1 durch Rechtsverordnung unter Sicherstellung der Einvernehmensregelung auf die Bundesnetzagentur übertragen. Eine Rechtsverordnung der Bundesnetzagentur, ihre Änderung und ihre Aufhebung bedürfen des Einvernehmens mit dem Bundesministerium für Wirtschaft und Energie, dem Bundesministerium der Finanzen und dem Bundesministerium für Verkehr und digitale Infrastruktur.

§ 144

(weggefallen)

§ 145 Kosten von außergerichtlichen Streitbeilegungsverfahren

Für die außergerichtlichen Streitbeilegungsverfahren nach § 47a werden Gebühren und Auslagen nicht erhoben. Jede Partei trägt die ihr durch die Teilnahme am Verfahren entstehenden Kosten selbst.

§ 146 Kosten des Vorverfahrens

Für ein Vorverfahren werden Gebühren und Auslagen erhoben. Für die vollständige oder teilweise Zurückweisung eines Widerspruchs wird eine Gebühr bis zur Höhe der für die angefochtene Amtshandlung festgesetzten Gebühr erhoben. In den Fällen, in denen für die angefochtene Amtshandlung der Bundesnetzagentur keine Gebühr anfällt, bestimmt sich die Gebühr nach Maßgabe des § 34 Abs. 1 des Gerichtskostengesetzes; auf die Bestimmung des Wertes der Streitfrage finden die §§ 3 bis 9 der Zivilprozessordnung entsprechende Anwendung. Wird ein Widerspruch nach Beginn seiner sachlichen Bearbeitung, jedoch vor deren Beendigung zurückgenommen, beträgt die Gebühr höchstens 75 Prozent der Widerspruchsgebühr. Über die Kosten nach den Sätzen 2 und 4 entscheidet die Widerspruchsstelle nach billigem Ermessen.

§ 147 Mitteilung der Bundesnetzagentur

Die Bundesnetzagentur veröffentlicht einen jährlichen Überblick über ihre Verwaltungskosten und die insgesamt eingenommenen Abgaben. Soweit erforderlich werden Gebühren und Beitragssätze in den betroffenen Verordnungen für die Zukunft angepasst.

③ 제142조에 따른 수수료나 2001년 1월 31일의 무선설비 및 전기통신단말기에 관한 법률(BGBl. I S. 170)(Gesetzes über Funkanlagen und Telekommunikationsendeinrichtungen vom 31. Januar 2001) 제16조에 따른 수수료, 연방수수료법 제22조 제4항에 따른, 연방경제·에너지부의 수수료특별명령(der Besonderen Gebührenverordnung des Bundesministeriums für Wirtschaft und Energie)에 따른 수수료나 기기(器機)의 전자기적 호환성에 관한 법률(Elektromagnetische-Verträglichkeit-Gesetz) 제31조에 따른 수수료로, 수시로 개정된 그러한 법률상의 그 각 조항과 이러한 조항에 근거한 법규명령에 기하여 수수료가 이미 징수된 비용은, 제1항에 따라 분담된 비용에 포함되지 아니한다.

④ 연방경제·에너지부는, 연방재무부, 연방교통·디지털기반부와 협의하여, 연방참사원의 동의가 필요하지 않는 법규명령으로 전항(前項)의 기준에 좇아, 이용료납부의무자의 범위, 이용료납부요율, 이용료산정과, 지급방법을 포함하여 이용료징수절차에 관한 상세한 사항(das Nähere über den Kreis der Beitragspflichtigen, die Beitragssätze, die Beitragskalkulation und das Verfahren der Beitragserhebung einschließlich der Zahlungsweise)을 규정할 수 있다. 공중의 이익에 배정된 비용몫은 이용료를 경감하도록 고려해야 한다(Der auf das Allgemeininteresse entfallende Kostenanteil ist beitragsmindernd zu berücksichtigen). 연방경제·에너지부는 제1문에 따른 권한을 법규명령으로 협의규율의 준수하에 연방망관리청에 이양할 수 있다. 연방망관리청의 법규명령, 그 개정(改定) 및 폐지(廢止)는 연방경제·에너지부, 연방재무부 및 연방교통·디지털기반부(Einvernehmens mit dem Bundesministerium für Wirtschaft und Energie, dem Bundesministerium der Finanzen und dem Bundesministerium für Verkehr und digitale Infrastruktur)과의 협의를 필요로 한다.

제144조

삭제

제145조 재판 외 분쟁해결절차의 비용

제47조a에 따른 재판 외 분쟁해결절차에 대하여 수수료와 경비는 징수되지 아니한다. 각 당사자는 절차의 참가로 인하여 발생하는 자신의 비용은 각자 부담한다.

제146조 전심절차의 비용

전심절차에 대하여 수수료와 경비가 징수되지 아니한다. 행정심판의 전부 또는 일부의 기각에 있어서 수수료는 불복할 수 있는 직무행위(Amtshandlung)에 대해 정해진 수수료액수 한도 내에서 징수된다. 불복할 수 있는 직무행위에 대하여 연방망관리청에 수수료가 귀속되지 않는 경우에, 수수료는 법원소송비용법 제34조 제1항의기준에 따라 정해진다; 계쟁가액(係爭價額)의 정함에 대하여(auf die Bestimmung des Wertes der Streitfrage) 민사소송법 제3조 내지 제9조를 준용한다. 행정심판이 실질적 심리 개시 후 종료 전에 취하된 경우에는(Wird ein Widerspruch nach Beginn seiner sachlichen Bearbeitung, jedoch vor deren Beendigung zurückgenommen) 그 수수료는 해당 행정심판수수료의 최대 75퍼센트이다. 제2문, 제4문에 따른 비용에 관하여 행정심판담당기관에서 공평한 재량에 따라 정한다(Über die Kosten nach den Sätzen 2 und 4 entscheidet die Widerspruchsstelle nach billigem Ermessen).

제147조 연방망관리청의 통지

연방망관리청은 자신의 행정비용과 수입한 전체 공과금에 관한 연도 개관(einen jährlichen Überblick über ihre Verwaltungskosten und die insgesamt eingenommenen Abgaben)을 공표한다. 필요하면, 수수료와 이용료요율은 해당 명령에서 장래효(將來效)로 조정된다.

Teil 9 Straf- und Bußgeldvorschriften

§ 148 Strafvorschriften

(1) Mit Freiheitsstrafe bis zu zwei Jahren oder mit Geldstrafe wird bestraft, wer

1. entgegen § 89 Satz 1 oder 2 eine Nachricht abhört oder in vergleichbarer Weise zur Kenntnis nimmt oder den Inhalt einer Nachricht oder die Tatsache ihres Empfangs einem anderen mitteilt oder
2. entgegen § 90 Abs. 1 Satz 1 eine dort genannte Sendeanlage oder eine sonstige Telekommunikationsanlage
   a) besitzt oder
   b) herstellt, vertreibt, einführt oder sonst in den Geltungsbereich dieses Gesetzes verbringt.

(2) Handelt der Täter in den Fällen des Absatzes 1 Nr. 2 Buchstabe b fahrlässig, so ist die Strafe Freiheitsstrafe bis zu einem Jahr oder Geldstrafe.

§ 149 Bußgeldvorschriften

(1) Ordnungswidrig handelt, wer vorsätzlich oder fahrlässig

1. entgegen § 4 eine Information nicht, nicht richtig, nicht vollständig oder nicht rechtzeitig zur Verfügung stellt,
2. entgegen § 6 Abs. 1 eine Meldung nicht, nicht richtig, nicht vollständig, nicht in der vorgeschriebenen Weise oder nicht rechtzeitig macht,
3. entgegen § 17 Satz 2 eine Information weitergibt,
4. einer vollziehbaren Anordnung nach
   a) § 20 Absatz 1, 2 oder Absatz 3 Satz 1, § 23 Abs. 3 Satz 2, § 29 Abs. 1 Satz 1 Nr. 1 oder Abs. 2 Satz 1 oder 2, § 37 Abs. 3 Satz 2, auch in Verbindung mit § 38 Abs. 4 Satz 4, § 38 Abs. 4 Satz 2, auch in Verbindung mit § 39 Abs. 3 Satz 1 oder § 42 Abs. 4 Satz 1, auch in Verbindung mit § 18 Abs. 2 Satz 2,
   b) § 46 Absatz 9 Satz 1, § 67 Absatz 1 Satz 1, 2, 6 oder 7, § 77n Absatz 1 Satz 2, Absatz 4 Satz 2, Absatz 5 Satz 2 oder Absatz 6 Satz 2 oder § 109 Absatz 4 Satz 3 oder Satz 5,
   c) § 29 Abs. 1 Satz 2, § 39 Abs. 3 Satz 2, § 65 oder § 127 Absatz 2 Satz 1 Nummer 1, Satz 2 und 3

   zuwiderhandelt,
5. (weggefallen)
6. ohne Genehmigung nach § 30 Absatz 1 Satz 1, Absatz 2 Satz 2 zweiter Fall oder § 39 Abs. 1 Satz 1 ein Entgelt erhebt,
7. entgegen § 38 Abs. 1 Satz 1 oder 3 oder § 39 Abs. 3 Satz 4 ein Entgelt oder eine Entgeltmaßnahme nicht, nicht richtig, nicht vollständig oder nicht rechtzeitig zur Kenntnis gibt,

7a. einer Rechtsverordnung nach § 41a Absatz 1 oder einer vollziehbaren Anordnung auf Grund einer solchen Rechtsverordnung zuwiderhandelt, soweit die Rechtsverordnung für einen bestimmten Tatbestand auf diese Bußgeldvorschrift verweist,

7b. entgegen § 41b Absatz 1 Satz 1 den Anschluss einer Telekommunikationsendeinrichtung verweigert,

7c. entgegen § 41b Absatz 1 Satz 3 die notwendigen Zugangsdaten und Informationen nicht, nicht richtig, nicht in der vorgeschriebenen Weise oder nicht rechtzeitig zur Verfügung stellt,

7d. entgegen § 41c Absatz 5 eine Leistung anbietet,

제9편 형벌규정 및 범칙금규정

제148조 형벌규정

① 다음 각 호의 자는 2년 이하의 자유형 또는 벌금형 처한다,

1. 제89조 제1문 또는 제2문에 위반하여 통신을 도청하거나 이와 유사한 방법으로 지득하거나 통신 내용 또는 통신 수신의 사실을 타인에게 알린 자,
2. 제90조 제1항 제1문에 위반하여 그 조항상의 방송설비 또는 기타 전기통신설비를,
   a) 보유하거나,
   b) 제조(製造)하거나 유통(流通)하거나 수입(輸入)하거나 또는 그 밖에 본 법률의 적용범위로 반입(搬入)하는 자.

② 제1항 제2호의 경우에 행위자가 과실로 행위하는 경우에 형벌은 1년 이내의 자유형 또는 벌금(bis zu einem Jahr oder Geldstrafe)이다.

제149조 범칙금규정

① 고의(故意) 또는 과실(過失)에 기한 다음 각 호의 자는 질서위반행위를 범한 자이다,

1. 제4조에 위반하여 정보를 제공하지 않거나 부정확하게 제공하거나 불완전하게 제공하거나 적시에 제공하지 않는 자,
2. 제6조 제1항에 위반하여 신고를 하지 않거나 부정확하게 하거나 불완전하게 하거나 규정된 방식으로 하지 않거나 적시에 하지 않은 자,
3. 제17조 제2문에 위반하여 정보를 제공한 자,
4. 다음 각 목에 따른 집행명령(einer vollziehbaren Anordnung)에 위반한 자,
   a) 제20조 제1항, 제2항 또는 제3항 제1문, 제23조 제3항 제2문, 제29조 제1항 제1문 제1호 또는 제2항 제1문 또는 제2문, 제38조 제4항 제4문과 연결된 경우도 포함하여(auch in Verbindung mit § 38 Abs. 4 Satz 4) 제37조 제3항 제2문, 제39조 제3항 제1문과 연결된 경우도 포함하여(auch in Verbindung mit § 39 Abs. 3 Satz 1) 제38조 제4항 제2문 또는 제18조 제2항 제2문과 연결된 경우도 포함하여(auch in Verbindung mit § 18 Abs. 2 Satz 2) 제42조 제4항 제1문,
   b) 제46조 제9항 제1문, 제67조 제1항 제1문, 제2문, 제6문 또는 제7문, 제77조n 제1항 제2문, 제4항 제2문, 제5항 제2문 또는 제6항 제2문 또는 제109조 제4항 제3문 또는 제5문,
   c) 제29조(條) 제1항 제2문, 제39조(條) 제3항 제2문, 제65조(條) 또는 제127조(條) 제2항 제1문 제1호, 제2문, 제3문
5. 삭제
6. 제30조 제1항 제1문, 제2항 제2문 둘째 경우 또는 제39조 제1항 제1문에 따른 인가 없이 요금을 징수한 자,
7. 제38조 제1항 제1문 또는 제3문 또는 제39조 제3항 제4문에 위반하여 요금 또는 요금조치를 통지하지 않거나 부정확하게 통지하거나 불완전하게 통지하거나 적시에 통지하지 않은 자,

7a. 제41조a 제1항에 따른 법규명령이나 그러한 법규명령에 기한 집행명령에 위반하는 자, 다만 그 법규명령이 특정한 요건에 대하여 이러한 범칙금규정을 언급한 경우에 한함(soweit die Rechtsverordnung für einen bestimmten Tatbestand auf diese Bußgeldvorschrift verweist),

7b. 제41조b 제1항 제1문에 위반하여 전기통신단말기의 접속을 거부한 자,

7c. 제41조b 제1항 제3문에 위반하여 필요한 접속데이터 및 정보를 제공하지 않거나 부정확하게 제공하거나 규정된 방식으로 제공하거나 적시에 제공하지 않은 자,

7d. 제41조c 제5항에 위반하여 급부를 제공한 자,

7e. entgegen § 43a Absatz 1 Satz 1 eine Information nicht, nicht richtig oder nicht vollständig zur Verfügung stellt,

7f. entgegen § 45k Absatz 1 Satz 1 eine Leistung ganz oder teilweise verweigert,

7g. einer Rechtsverordnung nach § 45n Absatz 1 oder einer vollziehbaren Anordnung auf Grund einer solchen Rechtsverordnung zuwiderhandelt, soweit die Rechtsverordnung für einen bestimmten Tatbestand auf diese Bußgeldvorschrift verweist,

7h. entgegen § 45p Absatz 1 Satz 1, auch in Verbindung mit Satz 2, eine Information nicht, nicht richtig, nicht vollständig oder nicht rechtzeitig zur Verfügung stellt,

7i. entgegen § 45p Absatz 2 den Teilnehmer nicht, nicht richtig oder nicht vollständig unterrichtet,

7j. entgegen § 46 Absatz 1 Satz 1, auch in Verbindung mit Satz 3, nicht sicherstellt, dass die Leistung beim Anbieterwechsel gegenüber dem Teilnehmer nicht unterbrochen wird,

7k. entgegen § 46 Absatz 1 Satz 2 den Telekommunikationsdienst unterbricht,

8. entgegen § 47 Abs. 1 Teilnehmerdaten nicht, nicht richtig, nicht vollständig oder nicht rechtzeitig zur Verfügung stellt,

9. entgegen § 50 Abs. 3 Nr. 4 eine Anzeige nicht, nicht richtig, nicht vollständig oder nicht rechtzeitig erstattet,

10. ohne Frequenzzuteilung nach § 55 Abs. 1 Satz 1 eine Frequenz nutzt,

11. ohne Übertragung nach § 56 Absatz 2 Satz 1 ein deutsches Orbit- oder Frequenznutzungsrecht ausübt,

12. einer vollziehbaren Anordnung nach § 60 Absatz 2 Satz 1, die

a) der Gewährleistung flächendeckend angemessener und ausreichender Telekommunikationsdienstleistungen dient, oder

b) einen anderen als unter Buchstabe a genannten Inhalt aufweist,

zuwiderhandelt,

13. einer Rechtsverordnung nach § 66 Abs. 4 Satz 1 oder einer vollziehbaren Anordnung auf Grund einer solchen Rechtsverordnung zuwiderhandelt, soweit die Rechtsverordnung für einen bestimmten Tatbestand auf diese Bußgeldvorschrift verweist,

13a. entgegen § 66a Satz 1, 2, 5, 6, 7 oder 8 eine Angabe nicht, nicht richtig oder nicht vollständig macht,

13b. entgegen § 66a Satz 3 die Preisangabe zeitlich kürzer anzeigt,

13c. entgegen § 66a Satz 4 einen Hinweis nicht, nicht richtig, nicht vollständig oder nicht rechtzeitig gibt,

13d. entgegen § 66b Abs. 1 Satz 1, auch in Verbindung mit Abs. 1 Satz 4 oder 5 oder Abs. 3 Satz 1, § 66b Abs. 1 Satz 3, auch in Verbindung mit Abs. 1 Satz 4 oder 5 oder § 66b Abs. 2 oder 3 Satz 2 einen dort genannten Preis nicht, nicht richtig, nicht vollständig oder nicht rechtzeitig ansagt,

13e. entgegen § 66c Abs. 1 Satz 1, auch in Verbindung mit Satz 2, den dort genannten Preis nicht, nicht richtig, nicht vollständig oder nicht rechtzeitig anzeigt,

13f. entgegen § 66d Abs. 1 oder 2 die dort genannte Preishöchstgrenze nicht einhält,

13g. entgegen § 66e Abs. 1 Satz 1, auch in Verbindung mit Satz 2, eine Verbindung nicht oder nicht rechtzeitig trennt,

7e. 제43조a 제1항 제1문에 위반하여 정보(情報)를 제공하지 않거나 부정확하게 제공하거나 불완전하게 제공한자,
7f. 제45조k 제1항 제1문에 위반하여 급부의 전부 또는 일부를 거부한 자,
7g. 제45조n 제1항에 따른 법규명령이나 그러한 법규명령에 기한 집행명령에 위반한 자, 다만 그 법규명령이 이러한 범칙금규정에 대한 특정한 요건을 언급한 경우에 한함(soweit die Rechtsverordnung für einen bestimmten Tatbestand auf diese Bußgeldvorschrift verweist),
7h. 제45조p 제2항에 연결된 경우도 포함하여 동조 제1항 제1문에 위반하여 정보를 제공하지 않거나 부정확하게 제공하거나 적시에 제공하지 않은 자,
7i. 제45조p 제2항에 위반하여 가입자에게 알리지 않거나 부정확(不正確)하게 알리거나 불완전하게 알린 자,
7j. 제46조 제1항 제3문에 연결된 경우를 포함하여 동조 제1항 제1문 제공자교체시 가입자에 대한 급부가 중단되지 않도록 보장하지 않은 자,
7k. 제46조 제1항 제2문에 위반하여 전기통신역무를 중단한 자,
8. 제47조 제1항에 위반하여 가입자명부를 제공하지 않거나 부정확하게 제공하거나 불완전하게 제공하거나 적시에 제공하지 않은 자,
9. 제50조 제3항 제4호에 위반하여 신고를 하지 않거나 부정확하게 하거나 불완전하게 하거나 적시에 하지 않은 자,
10. 제55조 제1항 제1문에 따른 주파수할당을 받지 아니하고 주파수를 이용한 자,
11. 제56조 제2항 제1문에 따른 이전을 받지 아니하고 독일의 인공위성궤도이용권 또는 주파수이용권을 행사한 자,
12. 제60조 제2항 제1문에 따른 것으로, 다음 각 목의 집행명령(einer vollziehbaren Anordnung 에 위반한 자),
  a) 적절하고 충분한 전기통신용역의 광범위한 보장에 기여하는 명령 또는
  b) a목에서 언급된 내용 이외의 다른 내용이 기재된 명령,
13. 제66조 제4항 제1문에 따른 법규명령이나 그러면 법규명령에 기한 집행명령에 위반한 자, 다만 그 법규명령이 이러한 범칙금규정에 대한 특정한 요건을 언급한 경우에 한함(soweit die Rechtsverordnung für einen bestimmten Tatbestand auf diese Bußgeldvorschrift verweist),
13a. 제66조a 제1문, 제2문, 제5문, 제6문, 제7문 또는 제8문에 위반하여 진술하지 않거나 부정확하게 진술하거나 불완전하게 진술한 자,
13b. 제66조a 제3문에 위반하여 가격표를 시간상 보다 짧게 공고한 자,
13c. 제66조a 제4문에 위반하여 언급하지 않거나 부정확하게 언급하거나 불완전하게 언급하거나 적시에 언급하지 않은 자,
13d. 제66조b 제1항 제4문, 제5문 또는 제3항 제1문에 연결된 경우도 포함하여 동조 제1항 제1문, 제66조b 제1항 제4문, 제5문, 제2항 제1문 또는 제3항 제2문에 연결된 경우도 포함하여 동조 제1항 제3문에 위반하여 그러한 조항들에서 언급된 가격을 고지하지 않거나 부정확하게 고지하거나 불완전하게 고지하거나 적시에 고지하지 않은 자,
13e. 제66c 제1항 제2문에 연결된 경우를 포함하여 동조 제1항 제1문에 위반하여 그 조항들에서 언급된 가격을 공고하지 않거나 부정확하게 공고하거나 불완전하게 공고하거나 적시에 공고하지 않은 자,
13f. 제66조d 제1항 또는 제2항에 위반하여 그 조항들에서 언급된 가격한도를 준수하지 않은 자,
13g. 제66조e 제1항 제2문에 연결된 경우를 포함하여 동조 제1항 제1문에 위반하여 연결을 분할하지 않거나 적시에 분할하지 않은 자,

13h. entgegen § 66f Abs. 1 Satz 1 einen Dialer einsetzt,

13i. entgegen § 66g Absatz 1 eine Warteschleife einsetzt,

13j. entgegen § 66g Absatz 2 nicht sicherstellt, dass der Anrufende informiert wird,

13k. entgegen § 66j Absatz 1 Satz 2 R-Gesprächsdienste anbietet,

13l. entgegen § 66k Absatz 1 Satz 1 nicht sicherstellt, dass eine vollständige Rufnummer übermittelt und gekennzeichnet wird,

13m. entgegen § 66k Absatz 1 Satz 3 eine Rufnummer oder eine Nummer für Kurzwahl-Sprachdienste übermittelt,

13n. entgegen § 66k Absatz 1 Satz 4 eine übermittelte Rufnummer verändert,

13o. entgegen § 66k Absatz 2 eine Rufnummer oder eine Nummer für Kurzwahl-Sprachdienste aufsetzt oder übermittelt,

14. entgegen § 87 Abs. 1 Satz 1 oder § 110 Abs. 1 Satz 2 oder 3 eine Mitteilung nicht, nicht richtig, nicht vollständig oder nicht rechtzeitig macht,

15. entgegen § 90 Abs. 3 für eine Sendeanlage oder eine sonstige Telekommunikationsanlage wirbt,

16. entgegen § 95 Abs. 2 oder § 96 Abs. 2 oder Abs. 3 Satz 1 Daten erhebt oder verwendet,

17. entgegen § 96 Abs. 1 Satz 3 oder § 97 Abs. 3 Satz 2 Daten nicht oder nicht rechtzeitig löscht,

17a. ohne Einwilligung nach § 98 Abs. 1 Satz 2 in Verbindung mit Satz 1 Daten verarbeitet,

17b. entgegen § 98 Absatz 1 Satz 2, auch in Verbindung mit Satz 5, eine Information nicht, nicht richtig, nicht vollständig oder nicht rechtzeitig gibt,

17c. entgegen § 100 Absatz 1 Satz 3 die Daten nicht oder nicht rechtzeitig löscht,

17d. entgegen § 100 Absatz 1 Satz 4 die Daten zu anderen Zwecken genutzt werden,

17e. entgegen § 102 Abs. 2 die Rufnummernanzeige unterdrückt oder veranlasst, dass diese unterdrückt wird,

18. entgegen § 106 Abs. 2 Satz 2 Daten oder Belege nicht oder nicht rechtzeitig löscht,

19. entgegen § 108 Absatz 1 Satz 1, auch in Verbindung mit Absatz 2, nicht sicherstellt, dass eine unentgeltliche Notrufverbindung möglich ist,

19a. entgegen § 108 Absatz 1 Satz 2, auch in Verbindung mit Absatz 2, oder einer Rechtsverordnung nach Absatz 3 Satz 1 Nummer 2, nicht sicherstellt, dass eine Notrufverbindung hergestellt wird,

20. entgegen § 108 Absatz 1 Satz 3, auch in Verbindung mit Absatz 2, oder einer Rechtsverordnung nach Absatz 3 Satz 1 Nummer 3, nicht sicherstellt, dass die Rufnummer des Anschlusses übermittelt wird, oder die dort genannten Daten übermittelt oder bereitgestellt werden,

21. entgegen § 109 Absatz 4 Satz 2 oder Satz 6 ein Sicherheitskonzept nicht oder nicht rechtzeitig vorlegt,

21a. entgegen § 109 Absatz 5 Satz 1 Nummer 1 eine Mitteilung nicht, nicht richtig, nicht vollständig oder nicht rechtzeitig macht,

21b. entgegen § 109a Absatz 1 Satz 1 oder Satz 2 die Bundesnetzagentur, den Bundesbeauftragten für den Datenschutz und die Informationsfreiheit oder einen Betroffenen nicht, nicht richtig, nicht vollständig oder nicht rechtzeitig benachrichtigt,

21c. entgegen § 109a Absatz 3 Satz 1 das dort genannte Verzeichnis nicht, nicht richtig oder nicht vollständig führt,

22. entgegen § 110 Abs. 1 Satz 1 Nr. 1 oder 1a in Verbindung mit einer Rechtsverordnung nach § 110

13h. 제66조f 제1항 제1문에 위반하여 자동다이얼장치를 사용한 자,
13i. 제66조g 제1항에 위반하여 대기행렬을 사용한 자,
13j. 제66조g 제2항에 위반하여 발신인에게 알리도록 보장하지 않은 자,
13k. 제66조j 제1항 제2문에 위반하여 R통화서비스 제공한 자,
13l. 제66조k 제1항 제1문에 위반하여 전화번호 전체(eine vollständige Rufnummer)가 전송되어 표시되도록 보장하지 않은 자,
13m. 제66조k 제1항 제3문에 위반하여 단축다이얼 언어서비스에 대한 전화번호(電話番號) 또는 번호(番號)를 전송한 자,
13n. 제66조k 제1항 제4문에 위반하여 전송된 전화번호를 변경한 자,
13o. 제66조k 제2항에 위반하여 단축다이얼 언어서비스에 대한 전화번호(電話番號) 또는 번호(番號)를 작성하거나 전송한 자,
14. 제87조 제1항 제1문 또는 제110조 제1항 제2문 또는 제3문에 위반하여 신고하지 않거나 부정확하게 신고하거나 불완전하게 신고하거나 적시에 신고하지 않은 자,
15. 제90조 제3항에 위반하여 방송설비 또는 기타 전기통신설비를 광고한 자,
16. 제95조 제2항 또는 제96조 제2항 또는 제3항 제1문에 위반하여 정보를 수집하거나 사용한 자,
17. 제96조 제1항 제3문 또는 제97조 제3항 제2문에 위반하여 정보를 삭제하지 않거나 적시에 삭제하지 않은 자,
17a. 제98조 제1항 제1문과 연결된 동조 제1항 제2문에 따른 동의를 얻지 아니하고 정보를 처리한 자,
17b. 제98조 제1항 제5문과 연결된 경우도 포함하여 동조 제1항 제2문에 위반하여 정보를 제공하지 않거나 부정확하게 제공하거나 불완전하게 제공하거나 적시에 제공하지 않은 자,
17c. 제100조 제1항 제3문에 위반하여 정보를 삭제하지 않거나 적시에 삭제하지 않은 자,
17d. 제100조 제1항 제4문에 위반하여 정보를 다른 목적으로 이용한 자,
17e. 제102조 제2항에 위반하여 전화번호표시(die Rufnummernanzeige)를 숨기거나 이를 숨기도록 유발(誘發)한 자,
18. 제106조 제2항 제2문에 위반하여 정보 또는 문서를 삭제하지 않거나 적시에 삭제하지 않은 자,
19. 제108조 제1항에 연결된 경우도 포함하여 동조 제1항 제1문에 위반하여 무료 긴급전화연결이 가능하도록 보장하지 않은 자,
19a. 제108조 제2항에 연결된 경우를 포함하여 동조 제1항 제2문 또는 동조 제3항 제1문 제2호에 따른 법규명령에 위반하여 긴급전화연결이 이뤄지도록 보장하지 않은 자,
20. 제108조 제2항에 연결된 경우를 포함하여 동조 제1항 제3문 또는 동조 제3항 제1문 제3호에 따른 법규명령에 위반하여 긴급전화연결전화번호가 전송되도록 보장하지 않거나 그 조항들에서 언급된 정보가 전송되거나 마련되도록 보장하지 않은 자,
21. 제109조 제4항 제2문 또는 제6문에 위반하여 보안개념을 제출(提出)하지 않거나 적시에 제출하지 않은 자,
21a. 제109조 제5항 제1문 제1호에 위반하여 통지를 하지 않거나 부정확하게 통지하거나 불완전하게 통지를 하거나 적시에 통지를 하지 않은 자,,
21b. 제109조a 제1항 제1문 제2문에 위반하여 연방망관리청, 연방개인정보보호·정보자유책임관(den Bundesbeauftragten für den Datenschutz und die Informationsfreiheit) 또는 당사자에게 통지하지 않거나 부정확하게 통지하거나 불완전하게 통지하거나 적시에 통지하지 않은 자,
21c. 제109조a 제3항 제1문에 위반하여 그 조항에서 언급된 목록을 작성하지 않거나 부정확하게 작성하거나 불완전하게 작성한 자,

22. entgegen § 110 Abs. 1 Satz 1 Nr. 1 oder 1a in Verbindung mit einer Rechtsverordnung nach § 110 Abs. 2 Nr. 1 Buchstabe a eine technische Einrichtung nicht vorhält oder eine organisatorische Maßnahme nicht trifft,
23. entgegen § 110 Abs. 1 Satz 1 Nr. 2 Buchstabe b eine dort genannte Stelle nicht oder nicht rechtzeitig benennt,
24. entgegen § 110 Abs. 1 Satz 1 Nr. 3 einen Nachweis nicht oder nicht rechtzeitig erbringt,
25. entgegen § 110 Abs. 1 Satz 1 Nr. 4 eine Prüfung nicht gestattet,
26. entgegen § 110 Abs. 1 Satz 1 Nr. 5 die Aufstellung oder den Betrieb eines dort genannten Gerätes nicht duldet oder den Zugang zu einem solchen Gerät nicht gewährt,
27. entgegen § 110 Abs. 5 Satz 3 einen Mangel nicht oder nicht rechtzeitig beseitigt,
28. entgegen § 110 Abs. 6 Satz 1 einen Netzabschlusspunkt nicht, nicht in der vorgeschriebenen Weise oder nicht rechtzeitig bereitstellt,
29. entgegen § 111 Absatz 1 Satz 1, auch in Verbindung mit Absatz 1 Satz 2 oder Absatz 2, oder entgegen § 111 Absatz 1 Satz 3 oder 5 oder Absatz 3 dort genannte Daten nicht, nicht richtig, nicht vollständig oder nicht rechtzeitig erhebt, nicht, nicht richtig, nicht vollständig oder nicht rechtzeitig speichert oder nicht, nicht richtig, nicht vollständig oder nicht rechtzeitig berichtigt oder die Richtigkeit dort genannter Daten nicht, nicht richtig, nicht vollständig oder nicht rechtzeitig überprüft,
30. entgegen § 111 Absatz 4 Satz 2 eine Änderung nicht, nicht richtig, nicht vollständig oder nicht rechtzeitig übermittelt,
30a. entgegen § 111 Absatz 5 Daten nicht oder nicht rechtzeitig löscht,
31. entgegen § 112 Abs. 1 Satz 5 nicht gewährleistet, dass die Bundesnetzagentur Daten aus den Kundendateien abrufen kann,
32. entgegen § 112 Abs. 1 Satz 6 nicht sicherstellt, dass ihm Abrufe nicht zur Kenntnis gelangen können,
33. entgegen § 113 Absatz 2 Satz 1 zweiter Halbsatz Daten nach § 113 Absatz 1 Satz 2 übermittelt,
34. entgegen § 113 Absatz 6 Satz 1 dort genannte Daten nicht, nicht richtig, nicht vollständig oder nicht rechtzeitig übermittelt,
35. entgegen § 113 Absatz 6 Satz 2 Stillschweigen nicht wahrt,
36. entgegen § 113b Absatz 1, auch in Verbindung mit § 113b Absatz 7, Daten nicht, nicht richtig, nicht vollständig, nicht in der vorgeschriebenen Weise, nicht für die vorgeschriebene Dauer oder nicht rechtzeitig speichert,
37. entgegen § 113b Absatz 1 in Verbindung mit § 113a Absatz 1 Satz 2 nicht sicherstellt, dass die dort genannten Daten gespeichert werden, oder eine Mitteilung nicht, nicht richtig, nicht vollständig oder nicht rechtzeitig macht,
38. entgegen § 113b Absatz 8 Daten nicht oder nicht rechtzeitig löscht oder nicht sicherstellt, dass die Daten rechtzeitig gelöscht werden,
39. entgegen § 113c Absatz 2 Daten für andere als die genannten Zwecke verwendet,
40. entgegen § 113d Satz 1 nicht sicherstellt, dass Daten gegen unbefugte Kenntnisnahme und Verwendung geschützt werden,
41. entgegen § 113e Absatz 1 nicht sicherstellt, dass jeder Zugriff protokolliert wird,
42. entgegen § 113e Absatz 2 Protokolldaten für andere als die genannten Zwecke verwendet,

22. 제110조 제1항 제1문 제1호나 동조 제110조 제2항 제1호 a목과 연결된 제1호에 위반하여 기술적 장치를 마련하지 않거나 관리적 조치를 취하지 않은(eine technische Einrichtung nicht vorhält oder eine organisatorische Maßnahme nicht trifft) 자,
23. 제110조 제2항 제2호 b목에 위반하여 그 조항에서 언급된 자(者)를 지정하지 않거나 적시에 지정하지 않은 자,
24. 제110조 제1항 제1문 제3호에 위반하여 증거를 제출하지 않거나 적시에 제출하지 않은 자,
25. 제110조 제1항 제1문 제4호에 위반하여 검사를 허용하지 않은 자,
26. 제110조 제1항 제1문 제5호에 위반하여 그 조항에서 언급된 장치의 설치 또는 운영을 수인하지 않거나 그러한 장치에 대한 접근(den Zugang zu einem solchen Gerät)을 허용하지 않은 자,
27. 제110조 제5항 제3문에 위반하여 하자를 제거하지 않거나 적시에 제거하지 않은 자,
28. 제110조 제6항 제1문에 위반하여 통신망종료지점을 제공하지 않거나 규정된 방식으로 제공하지 않거나 적시에 제공하지 않은 자,
29. 제111조 제1항 제2문 또는 제2항에 연결된 경우도 포함하여 동조 제1항 제1문이나 동조 제1항 제3문, 제5문, 제3항에 위반하여 그 조항들에서 언급된 정보를, 수집하지 않거나 부정확하게 수집하거나 불완전하게 수집하거나 적시에 수집하지 않거나 또는 저장하지 않거나 부정확하게 저장하거나 불완전하게 저장하거나 적시에 저장하지 않거나 또는 정정하지 않거나 부정확하게 정정하거나 불완전하게 정정하거나 적시에 정정하지 않은 자나, 그 조항들에서 언급된 정보의 정확성을 심사하지 않거나 부정확하게 심사하거나 불완전하게 심사하거나 적시에 심사하지 않은 자,
30. 제111조 제4항 제2문에 위반하여 수정사항을 제공하지 않거나 부정확하게 제공하거나 불완전하게 제공하거나 적시에 제공하지 않은 자,
30a. 제111조 제5항에 위반하여 정보를 삭제하지 않거나 적시에 삭제하지 않은 자,
31. 제112조 제1항 제5문에 위반하여 연방망관리청이 고객데이터베이스에서 정보를 검색할 수 있도록 보장하지 않은 자,
32. 제112조 제1항 제6문에 위반하여 그 의무자와 그 대리인이 그 검색을 인식할 수 없도록 보장하지 않은 자,
33. 제113조 제2항 제1문 후단에 위반하여 제113조 제1항 제2문에 따른 정보를 제공한 자,
34. 제113조 제6항 제1문에 위반하여 그 조항에서 언급한 정보를 제공하지 않거나, 부정확하게 제공하거나 불완전하게 제공하거나 적시에 제공하지 않은 자,
35. 제113조 제6항 제2문에 위반하여 비밀을 유지하지 않은 자,
36. 제113조b 제7항에 연결된 경우도 포함하여 동조 제1항에 위반하여 정보를 저장하지 않거나 부정확하게 저장하거나 불완전하게 저장하거나 규정된 방식으로 저장하지 않거나 규정된 기간동안 저장하지 않거나 또는 적시에 저장하지 않은 자,
37. 제113조b 제1항 제2문에 연결된 동조 제1항에 위반하여 그 조항에서 언급된 정보를 저장하도록 보장하지 않거나 통지하지 않거나 부정확하게 통지(通知)하거나 불완전하게 통지하거나 적시에 통지하지 않은 자,
38. 제113조b 제8항에 위반하여 정보를 삭제하지 않거나 적시에 삭제하지 않거나 정보가 적시에 삭제되도록 보장하지 않은 자,
39. 제113조c 제2항에 위반하여 그 조항에서 언급된 목적 이외의 다른 목적으로 정보를 사용한 자,
40. 제113조d 제1문에 위반하여 정보가 무단 지득 및 사용으로부터 보호되도록 보장하지 않은 자,
41. 제113조e 제1항에 위반하여 각 접근이 기록되도록 보장하지 않은 자,
42. 제113조e 제2항에 위반하여 그 조항에서 언급한 목적 외의 목적을 위하여 기록데이터를 사용한 자,

43. entgegen § 113e Absatz 3 nicht sicherstellt, dass Protokolldaten rechtzeitig gelöscht werden,
44. entgegen § 113g Satz 2 das Sicherheitskonzept nicht oder nicht rechtzeitig vorlegt oder
45. entgegen § 114 Abs. 1 Satz 1 oder § 127 Abs. 1 Satz 1 eine Auskunft nicht, nicht richtig, nicht vollständig oder nicht rechtzeitig erteilt.

(1a) Ordnungswidrig handelt, wer gegen die Verordnung (EU) Nr. 531/2012 des Europäischen Parlaments und des Rates vom 13. Juni 2012 über das Roaming in öffentlichen Mobilfunknetzen in der Union (ABl. L 172 vom 30.6.2012, S. 10), die zuletzt durch die Verordnung (EU) 2015/2120 (ABl. L 310 vom 26.11.2015, S. 1) geändert worden ist, verstößt, indem er vorsätzlich oder fahrlässig

1. entgegen Artikel 3 Absatz 5 Satz 2 einen Vertrag nicht oder nicht rechtzeitig vorlegt,
2. entgegen Artikel 5 Absatz 1 Satz 2 einem dort genannten Antrag nicht oder nicht unverzüglich nachkommt,
3. entgegen Artikel 6a ein dort genanntes Entgelt berechnet,
4. entgegen Artikel 6e Absatz 1 Unterabsatz 2 Satz 1 einen Aufschlag erhebt,
5. entgegen Artikel 6e Absatz 1 Unterabsatz 3 Satz 1 oder 3 ein Entgelt nicht richtig abrechnet,
6. entgegen Artikel 6e Absatz 1 Unterabsatz 3 Satz 2 eine andere Mindestabrechnungsdauer zugrunde legt,
7. entgegen Artikel 11 ein technisches Merkmal verändert,
8. entgegen Artikel 15 Absatz 2a Satz 1 in Verbindung mit Satz 2 eine Mitteilung nicht oder nicht rechtzeitig versendet,
9. entgegen Artikel 15 Absatz 3 Unterabsatz 6 Satz 1 nicht sicherstellt, dass eine dort genannte Meldung übermittelt wird,
10. entgegen Artikel 15 Absatz 3 Unterabsatz 7 Satz 3 die Erbringung oder Inrechnungstellung eines dort genannten Dienstes nicht oder nicht rechtzeitig einstellt,
11. entgegen Artikel 15 Absatz 3 Unterabsatz 8 eine dort genannte Änderung nicht oder nicht rechtzeitig vornimmt oder
12. entgegen Artikel 16 Absatz 4 Satz 2 eine Information nicht, nicht richtig, nicht vollständig oder nicht rechtzeitig übermittelt.

(1b) Ordnungswidrig handelt, wer gegen die Verordnung (EU) 2015/2120 des Europäischen Parlaments und des Rates vom 25. November 2015 über Maßnahmen zum Zugang zum offenen Internet und zu Endkundenentgelten für regulierte intra-EU-Kommunikation sowie zur Änderung der Richtlinie 2002/22/EG und der Verordnung (EU) Nr. 531/2012 (ABl. L 310 vom 26.11.2015, S. 1), die zuletzt durch die Verordnung (EU) 2018/1971 (ABl. L 321 vom 17.12.2018, S. 1) geändert worden ist, verstößt, indem er vorsätzlich oder fahrlässig

1. entgegen Artikel 3 Absatz 3 Unterabsatz 3 erster Halbsatz eine dort genannte Verkehrsmanagementmaßnahme anwendet,
2. entgegen Artikel 4 Absatz 1 Unterabsatz 1 Satz 1 nicht sicherstellt, dass ein dort genannter Vertrag die dort genannten Angaben enthält,
3. einer vollziehbaren Anordnung nach Artikel 5 Absatz 1 Unterabsatz 1 Satz 2 zuwiderhandelt,
4. entgegen Artikel 5 Absatz 2 eine dort genannte Information nicht, nicht richtig, nicht vollständig oder nicht rechtzeitig vorlegt oder nicht, nicht richtig, nicht vollständig oder nicht rechtzeitig übermittelt oder

43. 제113조e 제3항에 위반하여 기록데이터가 적시에 삭제되도록 보장하지 않은 자,
44. 제113조g 제2문에 위반하여 보안개념을 제출하지 않거나 적시에 제출하지 않은 자,
45. 제114조 제1항 제1문 또는 제127조 제1항 제1문에 위반하여 정보를 제공하지 않거나 부정확하게 제공하거나 불완전하게 제공하거나 적시에 제공하지 않은 자.

①a 고의 또는 과실에 기하여 다음 각 행위를 함으로써, 「유럽연합 내 공중이동통신망 내 로밍에 관한 2012년 6월 13일의 유럽연합 의회 및 이사회 (EU) 531/2012호 법(法)」(ABl. L 172 vom 30.6.2012, S. 10)으로, 최근에 (EU) 2015/2120호 법(法)(ABl. L 310 vom 26.11.2015, S. 1)에 의해 개정된 법(法)에 위반한 자는 질서위반행위를 범한 자이다,

1. 제3조 제5항 제2문에 위반하여 계약서를 제출하지 않거나 적시에 제출하지 않는 행위,
2. 제5조 제1항 제2문에 위반하여 그 조항에서 언급된 청약(dort genannten Antrag)에 따르지 않거나 지체없이 따르지 않는 행위,
3. 제6조a에 위반하여 그 조항에서 언급한 요금을 청구한 행위,
4. 제6조e 제1항 제2소항 제1문에 위반하여 요금인상을 한 행위,
5. 제6조e 제1항 제3소항 제1문 또는 제3문에 위반하여 요금을 정확하게 결제하지 않는 행위,
6. 제6조e 제1항 제3소항 제2문에 반하여 다른 최소결제기간(Mindestabrechnungsdauer)에 기반하는 행위,
7. 제11조에 위반하여 기술적 표지를 변경한 행위,
8. 제15조 제2항a 제2문에 연결된 동조 제2항a에 위반하여 통지를 발송하지 않거나 적시에 발송하지 않는 행위,
9. 제15조 제3항 제6소항 제1문에 위반하여 그 조항에서 언급된 통보(eine dort genannte Meldung)가 전송되도록 보장하지 않는 행위,
10. 제15조 제3항 제7소항 제3문에 위반하여 그 조항에서 언급된 서비스의 제공 또는 청구서작성을 하지 않거나 적시에 하지 않는 행위,
11. 제15조 제3항 제8소항에 위반하여 그 조항에서 언급된 수정사항을 시행하지 않거나 적시에 시행하지 않는 행위,
12. 제16조 제4항 제2문에 위반하여 정보를 제공하지 않거나 부정확하게 제공하거나 불완전하게 제공하거나 적시에 제공하지 않는 행위.

①b 고의 또는 과실에 기하여 다음 각 호를 함으로써(indem er vorsätzlich oder fahrlässig), 「개방 인터넷에 대한 접근에 조치와 규제된 유럽연합 내 통신에 대한 소비자요금(Endkundenentgelten für regulierte intra-EU-Kommunikation)에 관한 조치 그리고 2002/22/EG호 입법지침과 (EU) 531/2012호 법(法)의 개정에 대한 2015년 11월 25일 유럽연합 의회 및 이사회 (EU) 2015/2120호 법(法)」(ABl. L 310 vom 26.11.2015, S. 1)으로, 최근에 (EU) 2018/1971호 법(法)(ABl. L 321 vom 17.12.2018, S. 1)에 위반한 자는 질서위반행를 범한 자이다,

1. 제3조 제3항 제3소항 전단에 위반하여 그 조항에서 언급한 교신관리조치(Verkehrsmanagementmaßnahme)를 적용하는 행위
2. 제4조 제1항 제1소항 제1문에 위반하여 그 조항에서 언급된 계약이 그 조항상의 정보를 포함하도록 보장하지 않는 행위,
3. 제5조 제1소항 제2문에 따른 집행명령에 위반하는 행위,
4. 제5조 제2항에 위반하여 그 조항에서 언급된 정보를 제출하지 않거나 부정확하게 제출하거나 불완전하게 제출하거나 적시에 제출하지 않거나 또는 제공하지 않거나 부정확하게 제공하거나 불완전하게 제공하거나 적시에 제출하지 않는 행위,

5. entgegen Artikel 5a Absatz 2 Satz 2 einen Verbraucher nicht, nicht richtig, nicht vollständig oder nicht rechtzeitig unterrichtet oder
6. entgegen Artikel 5a Absatz 5 Satz 1 als Anbieter regulierter intra-EU-Kommunikation eine dort genannte Obergrenze nicht oder nicht richtig festlegt.

(1c) Ordnungswidrig handelt, wer als Anbieter regulierter intra-EU-Kommunikation nach Artikel 2 Absatz 2 Nummer 3 der Verordnung (EU) 2015/2120 vorsätzlich oder fahrlässig
1. gegenüber einem Verbraucher einen Endkundenpreis berechnet, der den in Artikel 5a Absatz 1 der Verordnung (EU) 2015/2120 genannten Endkundenpreis überschreitet,
2. nicht sicherstellt, dass ein in Artikel 5a Absatz 3 der Verordnung (EU) 2015/2120 genannter Tarifwechsel durchgeführt wird oder
3. nicht sicherstellt, dass ein Verbraucher gemäß Artikel 5a Absatz 4 der Verordnung (EU) 2015/2120 aus einem oder in einen dort genannten Tarif kostenfrei wechseln kann.

(1d) Ordnungswidrig handelt, wer gegen die Verordnung (EU) 2018/302 des Europäischen Parlaments und des Rates vom 28. Februar 2018 über Maßnahmen gegen ungerechtfertigtes Geoblocking und andere Formen der Diskriminierung aufgrund der Staatsangehörigkeit, des Wohnsitzes oder des Ortes der Niederlassung des Kunden innerhalb des Binnenmarkts und zur Änderung der Verordnungen (EG) Nr. 2006/2004 und (EU) 2017/2394 sowie der Richtlinie 2009/22/EG (ABl. L 60 I vom 2.3.2018, S. 1) verstößt, indem er vorsätzlich oder fahrlässig
1. entgegen Artikel 3 Absatz 1 einen Zugang zur Online-Benutzeroberfläche sperrt oder beschränkt,
2. entgegen Artikel 3 Absatz 2 einen Kunden zu einer dort genannten Version der Online-Benutzeroberfläche weiterleitet,
3. entgegen Artikel 4 Absatz 1 unterschiedliche allgemeine Geschäftsbedingungen anwendet oder
4. entgegen Artikel 5 Absatz 1 unterschiedliche Bedingungen für einen Zahlungsvorgang anwendet.

(2) Die Ordnungswidrigkeit kann wie folgt geahndet werden:
1. in den Fällen des Absatzes 1 Nummer 12 Buchstabe a mit einer Geldbuße bis zu einer Million Euro, abweichend hiervon bei einer juristischen Person oder Personenvereinigung mit einem durchschnittlichen Jahresumsatz von mehr als 50 Millionen Euro mit einer Geldbuße bis zu 2 Prozent des durchschnittlichen Jahresumsatzes; bei der Ermittlung des durchschnittlichen Jahresumsatzes ist der weltweit erzielte Umsatz aller Unternehmen im Sinne des § 3 Nummer 29 der letzten drei Geschäftsjahre, die der Behördenentscheidung vorausgehen, zugrunde zu legen; der durchschnittliche Jahresumsatz kann geschätzt werden,
2. in den Fällen des Absatzes 1 Nummer 4 Buchstabe a, Nummer 6, 10, 22, 27, 31 und 36 bis 40 und des Absatzes 1b Nummer 1 und 3 mit einer Geldbuße bis zu fünfhunderttausend Euro,
3. in den Fällen des Absatzes 1 Nummer 7a, 16 bis 17a, 18, 26, 29, 30a, 33, 41 bis 43 und des Absatzes 1d mit einer Geldbuße bis zu dreihunderttausend Euro,
4. in den Fällen des Absatzes 1 Nummer 4 Buchstabe b, Nummer 7b bis 7d, 7g, 7h, 12 bis 13b, 13d bis 13o, 15, 17c, 19 bis 21, 21b, 30 und 44, des Absatzes 1a Nummer 1 bis 4, des Absatzes 1b Nummer 2 und 5 und des Absatzes 1c mit einer Geldbuße bis zu hunderttausend Euro,
5. in den Fällen des Absatzes 1 Nummer 7, 8, 9, 11, 17b, 21a, 21c, 23 und 24 mit einer Geldbuße bis zu fünfzigtausend Euro und
6. in den übrigen Fällen der Absätze 1 bis 1b mit einer Geldbuße bis zu zehntausend Euro.

5. 제5조a 제2항 제2문에 위반하여 소비자에게 알리지 않거나 부정확하게 알리거나 불완전하게 알리거나 적시에 알리지 않는 행위,
6. 제5조a 제5항 제1문에 위반하여 규제된 유럽연합 내 통신제공자로서 그 조항상의 한도를 정하지 않거나 정확하게 정하지 않는 행위.

①c (EU) 2015/2120호 법(法) 제2조 제2항 제3호에 따른 규제된 유럽연합 내 통신제공자로서 고의 또는 과실에 기하여 다음 각 호를 행위를 한 자는 질서위반행위를 범한 자이다,

1. 소비자에게 (EU) 2015/2120호 법(法) 제5조a 제1항상의 소비자가격을 초과하는 소비자가격(Endkundenpreis)을 청구한 자,
2. (EU) 2015/2120호 제5조a 제3항상의 요금제변경(Tarifwechsel)이 시행(施行)되도록 보장(保障)하지 않은 자,
3. 소비자가 (EU) 2015/2120호 제5조a 제4항에 따라 그 조항상의 어느 요금제에서 무료로 변경할 수 있거나 그 조항상의 어느 요금제로 무료로 변경할 수 있도록 보장하지 않은 자.

④d 고의 또는 과실에 기하여 다음 각 호의 행위를 함으로써, 「부당한 지역차별적 접근차단(ungerechtfertigtes Geoblocking[223])과 그 밖의 국적이나 유럽연합역내 시장 내의 고객의 주소 또는 주거지에 기한(aufgrund der Staatsangehörigkeit, des Wohnsitzes oder des Ortes der Niederlassung des Kunden innerhalb des Binnenmarkts) 차별형태에 대한 조치와 (EG) 2006/2004호 법(法), 2017/2394호 법(法) 및 2009/22/EG호 입법지침의 변경에 관한 2018년 월 28일 유럽연합 의회 및 이사회 (EU) 2018/302호 법(法)」(ABl. L 60 I vom 2.3.2018, S. 1)에 위반한 자는 질서위반행위를 범한 자이다,

1. 제3조 제1항에 위반하여 온라인인터페이스에 대한 접근을 차단하거나 제한하는 행위,
2. 제3조 제2항에 위반하여 고객에게 그 조항상의 온라인인터페이스버전 중 한 버전으로(zu einer dort genannten Version der Online-Benutzeroberfläche) 전달하는 행위,
3. 제4조 제1항에 위반하여 다른 보통거래약관을 적용하는 행위,
4. 제5조 제1항에 위반하여 지급처리에 대한 다른 조건을 적용하는 행위.

② 질서범위반행위에 대하여 다음 각 호와 같이 부과한다:

1. 제1항 제12호 a목의 경우에는 1,000,000유로 이하의 범칙금, 50,000,000유로를 초과하는 연간평균매출액을 달성하는 법인 또는 인적결사체의 경우에는 이와 달리 연간평균매출액 의 2% 이하의 범칙금[224](Geldbuße); 연간평균매출액의 산정에 있어, 최근 3개년 사업연도에 제3조 제29호상의 모든 기업이 달성한 전 세계적 매출액으로 관청결정의 근거가 되는 매출액을 기반으로 한다(der weltweit erzielte Umsatz aller Unternehmen im Sinne des § 3 Nummer 29 der letzten drei Geschäftsjahre, die der Behördenentscheidung vorausgehen, zugrunde zu legen); 연간평균매출은 개산(概算)할 수 있다.
2. 제1항 제4호 a목, 제6호, 제10호, 제22호, 제27호, 제31호, 제36호 내지 제40호, 제1항b 제호, 제3호의 경우에는 500,000유로 이하의 범칙금,
3. 제1항 제7호a, 제16호 내지 제17호a, 제18호, 제26호, 제29호, 제30호a, 제33호, 제41호 내지 제43호, 제1항d의 경우에는 300,000유로 이하의 범칙금,
4. 제1항 제4호 b목, 제7호b 내지 제7호d, 제7호g, 제7호h, 제12호 내지 제13호b, 제13호d 내지 제13호o, 제15호, 제17호c, 제19호 내지 제21호, 제21호b, 제30호, 제44호, 제1항a 제1호 내지 제4호, 제1항b 제2호, 제5호, 제1항c의 경우에는 100,000유로 이하의 범칙금,
5. 제1항 제7호, 제8호, 제9호, 제11호, 제17호b, 제21호a, 제21호c, 제23호, 제24호의 경우에는 50,000유로 이하의 범칙금
6. 제1항 내지 제1항b의 그 밖의 경우에는 10,000유로 이하의 범칙금.

Die Geldbuße soll den wirtschaftlichen Vorteil, den der Täter aus der Ordnungswidrigkeit gezogen hat, übersteigen. Reichen die in Satz 1 genannten Beträge hierfür nicht aus, so können sie überschritten werden.

(3) Verwaltungsbehörde im Sinne des § 36 Abs. 1 Nr. 1 des Gesetzes über Ordnungswidrigkeiten ist die Bundesnetzagentur.

범칙금은 위반자가 범칙행위로부터 얻은 경제적 이익을 초과해야 한다. 제1문상의 금액이 이를 위해 충분하지 않은 경우에(Reichen die in Satz 1 genannten Beträge hierfür nicht aus) 그 금액을 초과(超過)할 수 있다.

③ 질서위반행위에 관한 법률 제36조 제1항 제1호상의 행정관청은 연방망관리청이다.

Teil 10 Übergangs- und Schlussvorschriften

§ 150 Übergangsvorschriften

(1) Die von der Bundesnetzagentur vor Inkrafttreten dieses Gesetzes getroffenen Feststellungen marktbeherrschender Stellungen sowie die daran anknüpfenden Verpflichtungen bleiben wirksam, bis sie durch neue Entscheidungen nach Teil 2 ersetzt werden. Dies gilt auch dann, wenn die Feststellungen marktbeherrschender Stellungen lediglich Bestandteil der Begründung eines Verwaltungsaktes sind. Satz 1 gilt entsprechend für Verpflichtungen nach den §§ 36, 37 und 39 Alternative 2 des Telekommunikationsgesetzes vom 25. Juli 1996 (BGBl. I S. 1120).

(2) Unternehmen, die auf Grund des Telekommunikationsgesetzes vom 25. Juli 1996 (BGBl. I S. 1120) angezeigt haben, dass sie Telekommunikationsdienstleistungen erbringen oder Lizenznehmer sind, sind unbeschadet der Verpflichtung nach § 144 Abs. 1 Satz 1 nicht meldepflichtig nach § 6.

(3) Bestehende Frequenz- und Nummernzuteilungen sowie Wegerechte, die im Rahmen des § 8 des Telekommunikationsgesetzes vom 25. Juli 1996 (BGBl. I S. 1120) erteilt wurden, bleiben wirksam. Das Gleiche gilt auch für vorher erworbene Rechte, die eine Frequenznutzung gewähren.

(4) Soweit Frequenznutzungs- und Lizenzrechte auf Märkten vergeben sind, für die auf Wettbewerb oder Vergleich beruhende Auswahlverfahren durchgeführt wurden, gelten die damit erteilten Rechte und eingegangenen Verpflichtungen fort. Dies gilt insbesondere auch für die im Zeitpunkt der Erteilung der Mobilfunklizenzen geltende Verpflichtung, Diensteanbieter zuzulassen.

(5) Soweit nach den Bestimmungen in den Absätzen 1 bis 4 Rechte und Verpflichtungen wirksam bleiben oder fortgelten, gelten diese als Rechte und Verpflichtungen nach diesem Gesetz im Sinne der §§ 126 und 133.

(6) § 48 Abs. 2 Nr. 2 gilt für Geräte, die ab dem 1. Januar 2005 in Verkehr gebracht werden. § 48 Absatz 4 und 5 gilt für Geräte, die ab dem 21. Dezember 2020 in Verkehr gebracht werden.

(7) Warteschleifen dürfen bis zum Inkrafttreten von § 66g nur eingesetzt werden, wenn eine der folgenden Voraussetzungen erfüllt ist:

1. der Anruf erfolgt zu einer entgeltfreien Rufnummer,
2. der Anruf erfolgt zu einer ortsgebundenen Rufnummer oder einer Rufnummer, die die Bundesnetzagentur den ortsgebundenen Rufnummern nach § 66g Absatz 3 gleichgestellt hat,
3. der Anruf erfolgt zu einer Rufnummer für mobile Dienste (015, 016 oder 017),
4. für den Anruf gilt ein Festpreis pro Verbindung,
5. der Anruf ist für die Dauer der Warteschleife für den Anrufer kostenfrei, soweit es sich nicht um Kosten handelt, die, bei Anrufen aus dem Ausland, für die Herstellung der Verbindung im Ausland entstehen, oder
6. unabhängig von der vom Angerufenen verwendeten Rufnummer oder der grundsätzlichen Tarifierung des Anrufs sind mindestens zwei Minuten der Verbindung ab Rufaufbau für den Anrufer kostenfrei; wird die Warteschleife innerhalb dieser Zeit durch Bearbeitung beendet, endet die Kostenfreiheit ab dem Zeitpunkt der Bearbeitung.

Ordnungswidrig handelt, wer vorsätzlich oder fahrlässig entgegen Satz 1 Warteschleifen einsetzt. Die Ordnungswidrigkeit kann mit einer Geldbuße bis zu hunderttausend Euro geahndet werden. Die Geldbuße soll den wirtschaftlichen Vorteil, den der Täter aus der Ordnungswidrigkeit gezogen hat,

제10편 경과규정 및 종결규정

제150조 경과규정

① 연방망관리청인 본 법률의 시행 전에 행한 시장지배적 지위의 결정과 이와 결부된 의무(Die von der Bundesnetzagentur vor Inkrafttreten dieses Gesetzes getroffenen Feststellungen marktbeherrschender Stellungen sowie die daran anknüpfenden Verpflichtungen)는, 그것이 제2편에 따른 새로운 판정에 의해 대체될 때까지 효력을 갖는다. 시장지배적 지위의 결정이 행정행위의 이유의 구성부분만이 되는 경우에도 또한 같다. 1996년 7월 25일의 전기통신법(BGBl. I S. 1120) 제36조, 제37조 및 제39조 둘째 사항에 따른 의무에 대해 제1문을 준용한다.

② 1996년 7월 25일의 전기통신법(BGBl. I S. 1120)에 기하여 자신이 전기통신용역을 제공하거나 면허(免許)를 받은 자라고 신고한 기업은 제144조 제1항 제1문에 따른 의무에도 불구하고 제6조에 따른 신고의무를 부담하지 아니한다.

③ 1996년 7월 25일의 전기통신법(BGBl. I S. 1120) 제8조의 범위 내에서 부여된, 기존의 주파수할당 · 번호할당 및 통행권은 효력을 갖는다. 주파수이용권을 부여하는, 종전에 취득한 권리(vorher erworbene Rechte)에도 또한 같다.

④ 경쟁 또는 이와 유사한 것에 기한 선택절차에 실시된(für die auf Wettbewerb oder Vergleich beruhende Auswahlverfahren durchgeführt wurden) 주파수이용권 및 면허권이 시장에서 처분되는 범위 내에서 이를 통해 부여된 권리와 발생한 의무는 계속 적용된다. 특히 이동통신면허의 부여의 당시에 적용된, 서비스제공자를 인가할 의무에 대해서도 또한 같다.

⑤ 제1항 내지 제4항의 권리 및 의무의 규정에 따라 효력을 갖거나 계속 적용되는 범위 내에서 그 권리 및 의무는 제126조, 제133조상 본 법률에 따른 권리 및 의무로(als Rechte und Verpflichtungen nach diesem Gesetz im Sinne der §§ 126 und 133) 본다.

⑥ 제48조 제2항 제2호는 2005년 1월 1일부터 유통된 장치에 대하여 적용한다. 제48조 제4항, 제5항은 2020년 12월 21일부터 유통된 장치에 대하여 적용한다.

⑦ 대기행렬은 제66조g의 시행시까지(bis zum Inkrafttreten von § 66g) 다음 요건이 충족된 경우에 한하여 사용되어도 된다:

1. 통화가 요금이 없는 전화번호로 이뤄질 것,
2. 통화가 장소구속적 전화번호나 연방망관리청이 제66g조 제3항에 따른 장소구속적 전화번호와 동일시한 전화번호로 행해질 것,
3. 통화가 이동전화서비스(015, 016 oder 017) 전화번호로 이뤄질 것,
4. 통화에 대하여 연결당 고정요금이 적용될 것,
5. 외국에서 걸려오는 통화의 경우에 외국에서 연결이 이뤄지는 동안(die Herstellung der Verbindung im Ausland) 발생하는 비용에 해당하지 않는 범위 내에서 통화가 발신인(發信人)에 대한 대기행렬 시간 동안에 대하여 무료일 것,
6. 수신인이 사용하는 전화번호나 원칙적 통화의 기본요금의 설정에 상관없이(unabhängig von der vom Angerufenen verwendeten Rufnummer oder der grundsätzlichen Tarifierung) 최소한 발신인의 호설정 시부터 연결 2분은 무료일 것; 이러한 시간 동안에 대기행렬이 처리에 의해 종료되는 경우에 무료는 그 처리 시점부터 종료한다.

고의 또는 과실에 기하여 1문에 위반하여 대기행령을 사용하는 자는 질서위반행위를 범한 것이다. 질서위반행위는 100,000유로 이내의 범칙금에 처할 수 있다. 범칙금은 위반자가 질서위반행위로부터 얻은 경제적 이익을 초과해야 한다. 제3문상의 금액이 이를 위해 충분하지 않은 경우에(Reicht Reicht der in Satz

3 genannte Betrag hierfür nicht aus, so kann er überschritten werden.

(8) Auf Verleihungen nach § 2 Abs. 1 des Gesetzes über Fernmeldeanlagen in der Fassung der Bekanntmachung vom 3. Juli 1989 (BGBl. I S. 1455) und auf Lizenzen oder Frequenzen, die nach den §§ 10, 11 und 47 Abs. 5 des Telekommunikationsgesetzes vom 25. Juli 1996 (BGBl. I S. 1120) zugeteilt wurden, findet § 62 Abs. 1 bis 3 für den in diesen Lizenzen und Frequenzen festgelegten Geltungszeitraum keine Anwendung. Die Bundesnetzagentur überprüft auf Antrag der Inhaber von Frequenznutzungsrechten, die vor dem 26. Mai 2011 zugeteilt und für einen Zeitraum von mindestens fünf Jahren ab diesem Zeitpunkt ihre Gültigkeit behalten, ob Beschränkungen der Nutzungsrechte, die über die in § 53 Absatz 2 Satz 2 genannten Beschränkungen hinausgehen, aufrechterhalten oder aufgehoben werden. Dem Antragsteller ist vor der Entscheidung Gelegenheit zu geben, den Antrag zurückzuziehen.

(9) Beabsichtigt die Deutsche Telekom AG die in § 78 Abs. 2 genannten Universaldienstleistungen nicht in vollem Umfang oder zu schlechteren als in dem Telekommunikationsgesetz vom 22. Juni 2004 (BGBl. I S. 1190) genannten Bedingungen anzubieten, hat sie dieses der Bundesnetzagentur ein Jahr vor Wirksamwerden anzuzeigen.

(9a) (weggefallen)

(10) Für Vertragsverhältnisse, die am Tag des Inkrafttretens dieser Vorschrift bereits bestehen, hat der nach § 112 Abs. 1 Verpflichtete Daten, über die er auf Grund zurückliegender Datenerhebungen verfügt, unverzüglich in die Kundendatei nach § 112 Abs. 1 zu übernehmen. Für Verträge, die nach Inkrafttreten des § 112 geschlossen werden, sind die Daten, soweit sie infolge der bisherigen Dateistruktur noch nicht in die Kundendatei eingestellt werden können, unverzüglich nach Anpassung der Kundendatei einzustellen. An die Stelle der Technischen Richtlinie nach § 112 Abs. 3 Satz 3 tritt bis zur Herausgabe einer entsprechenden Richtlinie die von der Bundesnetzagentur auf der Grundlage des § 90 Abs. 2 und 6 des Telekommunikationsgesetzes vom 25. Juli 1996 (BGBl. I S. 1120) bekannt gegebene Schnittstellenbeschreibung in der zum Zeitpunkt des Inkrafttretens des § 112 gültigen Fassung.

(11) Die Zulässigkeit des Rechtsmittels gegen eine gerichtliche Entscheidung richtet sich nach den bisher geltenden Vorschriften, wenn die gerichtliche Entscheidung vor dem Inkrafttreten dieses Gesetzes verkündet oder von Amts wegen anstelle einer Verkündung zugestellt worden ist.

(12) Auf vor dem Inkrafttreten dieses Gesetzes gestellte Anträge nach § 99 Abs. 2 der Verwaltungsgerichtsordnung sind die bisherigen Vorschriften anwendbar.

(13) Die Speicherverpflichtung und die damit verbundenen Verpflichtungen nach den §§ 113b bis 113e und 113g sind spätestens ab dem 1. Juli 2017 zu erfüllen. Die Bundesnetzagentur veröffentlicht den nach § 113f Absatz 1 Satz 2 zu erstellenden Anforderungskatalog spätestens am 1. Januar 2017.

(14) Für Vertragsverhältnisse, die am 22. Juni 2004 bereits bestanden, müssen Daten nach § 111 Absatz 1 Satz 1 oder Absatz 2 außer in Fällen des § 111 Absatz 3 nicht nachträglich erhoben werden.

(15) Die Bundesnetzagentur veröffentlicht die Verfügung nach § 111 Absatz 1 Satz 4 spätestens am 1. Januar 2017 im Amtsblatt. Die Pflichten zur Überprüfung der Richtigkeit der erhobenen Daten nach § 111 Absatz 1 Satz 3 und zur Speicherung der Angaben nach § 111 Absatz 1 Satz 5 sind spätestens ab dem 1. Juli 2017 zu erfüllen.

§ 151 Änderung anderer Rechtsvorschriften

der in Satz 3 genannte Betrag hierfür nicht aus) 그 금액을 초과할 수 있다.

⑧ 1989년 7월 3일의 공고 형식의 「전기통신설비에 관한 법률(Gesetz über Fernmeldeanlagen in der Fassung der Bekanntmachung vom 3. Juli 1989) 제2조 제1항에 따른 특허(特許)나 1996년 7월 25일의 전기통신법(BGBl. I S. 1120) 제10조, 제11조, 제47조 제5항에 따라 배정된 면허(免許) 또는 주파수(周波數)에 대하여, 이러한 면허(免許) 및 주파수(周波數)에서 정해진 유효기간(für den in diesen Lizenzen und Frequenzen festgelegten Geltungszeitraum)에 대하여 제62조 제1항 내지 제3항을 적용하지 아니한다. 연방망관리청은, 2011년 5월 16일 전에 할당되고 이러한 시점부터 최소 5년의 기간 동안 유효한 주파수이용권의 보유자의 신청에 따라 제53조 제2항 제2문상의 제한을 넘어서는 이용권의 제한이 유지되거나 소멸할 것인지 여부(ob Beschränkungen der Nutzungsrechte, die über die in § 53 Absatz 2 Satz 2 genannten Beschränkungen hinausgehen, aufrechterhalten oder aufgehoben werden)를 심사한다. 판정 전에 신청인에게 그 신청을 취하할 기회를 부여해야 한다

⑨ 독일텔레콤 주식회사가 제78조 제2항상의 보편적 역무를 전부 제공하려고 하지 않거나 2004년 6월 22일의전기통신법상의 조건보다 불리하게(zu schlechteren als in dem Telekommunikationsgesetz vom 22. Juni 2004 (BGBl. I S. 1190) genannten Bedingungen) 제공하려고 하지 않은 경우에, 그 회사는 시행 1년 전에 연방망관리청에 이를 신고해야 한다.

(9a) 삭제

⑩ 본 조의 발효 날에 이미 성립한 계약관계와 관련하여, 제112조 제1항에 따른 의무자가 자신이 과거로 행해지는 정보수집에 기하여(auf Grund zurückliegender Datenerhebungen) 보유한 정보를 제112조 제2항에 따른 고객데이터베이스로 지체 없이 인수해야 한다. 제112조 발효 후에 체결된 계약과 관련하여, 정보가 이전의 파일구조로 인하여 고객데이터베이스에서 더 이상 입력될 수 없는 경우에(soweit sie infolge der bisherigen Dateistruktur noch nicht in die Kundendatei eingestellt werden können) 그 정보는 고객데이터베이스 조정 후 지체 없이 입력해야 한다. 1996년 7월 25일의 전기통신법(BGBl. I S. 1120) 제90조 제2항, 제6항에 기하여 연방망관리청이 공고한 것으로, 제112조의 발효시까지 적용된 형식의 인터페이스 설명서(Schnittstellenbeschreibung)가 제112조 제3항 제3문에 따른 기술지침을 관련 지침의 발간시까지 대신한다.

⑪ 법원의 재판이 본 법률의 시행 전에 고지(告知)되거나 직권으로 고지(Verkündung)에 갈음하여 법원의 재판서를 송달한 경우에, 법원의 재판에 대한 상소(上訴)의 적법요건(Die Zulässigkeit des Rechtsmittels gegen eine gerichtliche Entscheidung)은 종전까지 적용된 규정에 따른다.

⑫ 본 법률의 시행 전에 행정법원법 제99조 제2항에 따라 제기된 신청은 종전의 규정(die bisherigen Vorschriften)을 적용한다.

⑬ 저장의무와 이와 결부된, 제113조b 내지 제113조e, 제113조g에 따른 의무는 늦어도 2017년 7월 1일부터 이행되어야 한다. 연방망관리청은 제113조f 제1항 제2문에 따라 마련되어야 하는 요구사항목록을 늦어도 2017년 1월 1일에 공표한다.

⑭ 2004년 6월 22일에 이미 성립한 계약관계에 관련하여, 제111조 제3항 경우 이외에는 제111조 제1항 제1문 또는 제2항에 따른 정보를 사후적으로 수집해야만 한다.

⑮ 연방망관리청은 제111조 제1항 제4문에 따른 처분을 관보에 개재한다. 제111조 제1항 제3문에 따른 수집된 정보의 정확성의 심사의무(Die Pflichten zur Überprüfung der Richtigkeit der erhobenen Daten nach § 111 Absatz 1 Satz 3)와 제111조 제1항 제5문에 따른 정보의 저장의무는 늦어도 2017년 7월 1일부터 이행되어야 한다.

제151조 기타 법규정의 개정

-

§ 152 Inkrafttreten, Außerkrafttreten

(1) Dieses Gesetz tritt vorbehaltlich des Satzes 2 am Tag nach der Verkündung in Kraft. §§ 43a und 43b, 96 Abs. 1 Nr. 9a bis 9f in Verbindung mit Abs. 2 Satz 1 und § 97 Abs. 6 und 7 des Telekommunikationsgesetzes vom 25. Juli 1996 (BGBl. I S. 1120), das zuletzt durch Artikel 4 Abs. 73 des Gesetzes vom 5. Mai 2004 (BGBl. I S. 718) geändert worden ist, in der bis zum Inkrafttreten dieses Gesetzes geltenden Fassung finden bis zum Inkrafttreten der in Artikel 3 Nr. 3 des Gesetzes zur Änderung telekommunikationsrechtlicher Vorschriften vom 18. Februar 2007 (BGBl. I S. 106) genannten Regelungen der §§ 66a bis 66l weiter Anwendung. Für § 43b Abs. 2 gilt dies mit der Maßgabe, dass ab dem 1. August 2004 die Preisansagepflicht nicht mehr auf Anrufe aus dem Festnetz beschränkt ist.

(2) (Aufhebungsvorschriften)

-

제152조 시행, 실효(失效)

① 본 법률은 제2문을 조건으로 하여, 공포한 날의 다음날 시행된다. 본 법률의 시행시까지 적용된 형식의, 1996년 7월 25일의 전기통신법(BGBl. I S. 1120)으로, 2004년 5월 5일의 법률 제4조 제73항에 의해 최근에 개정된 전기통신법 제43조a, 제43조b, 제96조 제2항 제1문과 연결된 제96조 제1항 제9호a 내지 제9호f, 제97조 제6항, 제7항은, 2007년 2월 18일의 전기통신법(BGBl. I S. 106) 규정의 개정에 관한 법률 제3조 제3호상의 제66조a 내지 제66조l의 규정의 시행시까지 계속적으로 적용된다. 제43조b 제2항에 대하여 2004년 8월 1일부터 가격신고의무가 유선통신망의 통화에 대하여 더 이상 제한되지 않는다(dass ab dem 1. August 2004 die Preisansagepflicht nicht mehr auf Anrufe aus dem Festnetz beschränkt ist)는 기준하에 이를 적용한다.

② 폐지규정

전기정보통신서비스법

(BGBl. I S. 2099)

Telemediengesetz

(TMG)

Telemediengesetz (TMG)

https://www.gesetze-im-internet.de/tmg/BJNR017910007.html

Abschnitt 1 Allgemeine Bestimmungen

§ 1 Anwendungsbereich

(1) Dieses Gesetz gilt für alle elektronischen Informations- und Kommunikationsdienste, soweit sie nicht Telekommunikationsdienste nach § 3 Nr. 24 des Telekommunikationsgesetzes, die ganz in der Übertragung von Signalen über Telekommunikationsnetze bestehen, telekommunikationsgestützte Dienste nach § 3 Nr. 25 des Telekommunikationsgesetzes[225] oder Rundfunk nach § 2 des Rundfunkstaatsvertrages sind (Telemedien). Dieses Gesetz gilt für alle Anbieter einschließlich der öffentlichen Stellen unabhängig davon, ob für die Nutzung ein Entgelt erhoben wird.

(2) Dieses Gesetz gilt nicht für den Bereich der Besteuerung.

(3) Das Telekommunikationsgesetz und die Pressegesetze bleiben unberührt.

(4) Die an die Inhalte von Telemedien zu richtenden besonderen Anforderungen ergeben sich aus dem Staatsvertrag für Rundfunk und Telemedien (Rundfunkstaatsvertrag).

(5) Dieses Gesetz trifft weder Regelungen im Bereich des internationalen Privatrechts noch regelt es die Zuständigkeit der Gerichte.

(6) Die besonderen Bestimmungen dieses Gesetzes für audiovisuelle Mediendienste gelten nicht für Dienste, die

1. ausschließlich zum Empfang in Drittstaaten bestimmt sind und
2. weder unmittelbar noch mittelbar von der Allgemeinheit mit handelsüblichen Verbraucherendgeräten in einem Mitgliedstaat empfangen werden.

§ 2 Begriffsbestimmungen

Im Sinne dieses Gesetzes

1. ist Diensteanbieter jede natürliche oder juristische Person, die eigene oder fremde Telemedien zur Nutzung bereithält oder den Zugang zur Nutzung vermittelt,
2. ist niedergelassener Diensteanbieter jeder Anbieter, der mittels einer festen Einrichtung auf unbestimmte Zeit Telemedien geschäftsmäßig anbietet oder erbringt; der Standort der technischen Einrichtung allein begründet keine Niederlassung des Anbieters,

2a. ist drahtloses lokales Netzwerk ein Drahtloszugangssystem mit geringer Leistung und geringer Reichweite sowie mit geringem Störungsrisiko für weitere, von anderen Nutzern in unmittelbarer Nähe installierte Systeme dieser Art, welches nicht exklusive Grundfrequenzen nutzt,

3. ist Nutzer jede natürliche oder juristische Person, die Telemedien nutzt, insbesondere um Informationen zu erlangen oder zugänglich zu machen,
4. sind Verteildienste Telemedien, die im Wege einer Übertragung von Daten ohne individuelle Anforderung gleichzeitig für eine unbegrenzte Anzahl von Nutzern erbracht werden,
5. ist kommerzielle Kommunikation jede Form der Kommunikation, die der unmittelbaren oder mittelbaren Förderung des Absatzes von Waren, Dienstleistungen oder des Erscheinungsbilds eines

전기정보통신서비스법[226](BGBl. I S. 2099)

법률공포일: 2007년 2월 26일
법률 최근 개정일: 2021년 6월 25일(BGBl. I S. 2099).

제1장 총칙

제1조 적용범위

① 본 법률은, 전기통신법 제3조 제24호[227]에 따른 전기통신역무(Telekommunikationsdienste)로, 전적으로 전기통신망을 통한 신호의 전송에 해당하는 '전기통신역무', 전기통신법 제3조 제25호[228]에 따른 '전기통신에 기반한 서비스'(telekommunikationsgestützte Dienste)나 주간방송협약(Rundfunkstaatsvertrag[229]; 州間放送協約)에 따른 제2조[230]에 따른 '방송'(Rundfunk)을 제외한, 일체의 전기적[231] 정보서비스 및 통신서비스(elektronischen Informations- und Kommunikationsdienste)('전기정보통신서비스[232]'; Telemedien)에 적용한다. 본 법률은 그 이용에 대한 대가가 징수되는지를 불문하고 공공기관을 포함하여 일체의 제공자에 대하여 적용한다.

② 본 법률은 과세영역에는 적용하지 아니한다.

③ 전기통신법과 언론법은 영향을 받지 아니한다.

④ 전기정보통신서비스의 내용에 대한 특별한 요구사항은 방송 및 전기정보통신서비스에 대한 주간협약('주간방송협약'; 州間放送協約; Rundfunkstaatsvertrag)에 따른다.

⑤ 본 법률은 국제사법(國際私法)의 범위에 대하여 규율하지도 않고 법원의 관할에도 규율하지 아니한다.

⑥ 시청각미디어서비스에 대한 본 법률의 특칙은 다음 서비스에 대하여(für audiovisuelle Mediendienste auf Abruf) 적용하지 아니한다,

1. 전적으로 제3국에서의 수신(受信)만을 위한 것이고,
2. 어느 회원국에서 표준 소비자단말기(消費者端末機)(Verbraucherendgeräten)을 가진 공중(公衆)이 직접적으로도 간접적으로도 수신 못하는 서비스.

제2조 정의규정

본 법률에서 사용된 의미는 다음과 같다,

1. "서비스제공자"는, 자신의 또는 타인의 전기정보통신서비스를 이용에 제공하거나 그 이용에 대한 접근을 중개하는 일체의 자연인 또는 법인을 말한다,
2. "영업소를 둔 서비스제공자(niedergelassener Diensteanbieter)"는 고정된 설비(設備)에 의하여 기간을 정하지 않고서 전기정보통신서비스를 영업적으로 공급하거나 제공하는 일체의 제공자를 말한다; 기술적 설비의 설치장소로만 제공자의 영업소가 성립되지 아니한다,

2a. "무선지역네트워크"(drahtloses lokales Netzwerk)는 짧은 접수거리를 가진 저출력(低出力) 무선접속시스템으로, 다른 이용자가 바로 근처에 설치한 이러한 유형의 다른 시스템에 대한 교란위험이 적은, 독점적 기본주파수를 이용하지 않는 무선접속시스템을 말한다,

3. "이용자"는, 특히 정보를 얻거나 정보에 접근하기 위하여 전기정보통신서비스를 이용하는 모든 자연인 또는 법인을 말한다,
4. "배급서비스(Verteildienste)"는 개별적 요구가 없더라도[233] 무제한 수의 이용자들에게 데이터의 전송방식으로 동시에 제공되는 전기정보통신서비스를 말한다,
5. "상업통신"은 물품 혹은 용역의 판매의 직접적 또는 간접적 제고나, 상업, 공업 또는 수공업의 활동이나 규제받는 직업에 종사하는(die[234] eine Tätigkeit im Handel, Gewerbe oder Handwerk oder einen

Unternehmens, einer sonstigen Organisation oder einer natürlichen Person dient, die eine Tätigkeit im Handel, Gewerbe oder Handwerk oder einen freien Beruf ausübt; die Übermittlung der folgenden Angaben stellt als solche keine Form der kommerziellen Kommunikation dar:

a) Angaben, die unmittelbaren Zugang zur Tätigkeit des Unternehmens oder der Organisation oder Person ermöglichen, wie insbesondere ein Domain-Name oder eine Adresse der elektronischen Post,

b) Angaben in Bezug auf Waren und Dienstleistungen oder das Erscheinungsbild eines Unternehmens, einer Organisation oder Person, die unabhängig und insbesondere ohne finanzielle Gegenleistung gemacht werden; dies umfasst auch solche unabhängig und insbesondere ohne finanzielle Gegenleistung oder sonstige Vorteile von natürlichen Personen gemachten Angaben, die eine unmittelbare Verbindung zu einem Nutzerkonto von weiteren natürlichen Personen bei Diensteanbietern ermöglichen.

6. sind audiovisuelle Mediendienste
   a) audiovisuelle Mediendienste auf Abruf und
   b) die audiovisuelle kommerzielle Kommunikation,
7. ist audiovisueller Mediendiensteanbieter ein Anbieter von audiovisuellen Mediendiensten,
8. sind audiovisuelle Mediendienste auf Abruf nichtlineare audiovisuelle Mediendienste, bei denen der Hauptzweck des Dienstes oder eines trennbaren Teils des Dienstes darin besteht, unter der redaktionellen Verantwortung eines audiovisuellen Mediendiensteanbieters der Allgemeinheit Sendungen zur Information, Unterhaltung oder Bildung zum individuellen Abruf zu einem vom Nutzer gewählten Zeitpunkt bereitzustellen,
9. ist audiovisuelle kommerzielle Kommunikation jede Form der Kommunikation mit Bildern mit oder ohne Ton, die einer Sendung oder einem nutzergenerierten Video gegen Entgelt oder gegen eine ähnliche Gegenleistung oder als Eigenwerbung beigefügt oder darin enthalten ist, wenn die Kommunikation der unmittelbaren oder mittelbaren Förderung des Absatzes von Waren und Dienstleistungen oder der Förderung des Erscheinungsbilds natürlicher oder juristischer Personen, die einer wirtschaftlichen Tätigkeit nachgehen, dient, einschließlich Sponsoring und Produktplatzierung,
10. sind Videosharingplattform-Dienste
    a) Telemedien, bei denen der Hauptzweck oder eine wesentliche Funktion darin besteht, Sendungen oder nutzergenerierte Videos, für die der Diensteanbieter keine redaktionelle Verantwortung trägt, der Allgemeinheit bereitzustellen, wobei der Diensteanbieter die Organisation der Sendungen und der nutzergenerierten Videos, auch mit automatischen Mitteln, bestimmt,
    b) trennbare Teile von Telemedien, wenn für den trennbaren Teil der in Buchstabe a genannte Hauptzweck vorliegt,
11. ist Videosharingplattform-Anbieter ein Diensteanbieter, der Videosharingplattform-Dienste betreibt,
12. ist redaktionelle Verantwortung die Ausübung einer wirksamen Kontrolle hinsichtlich der Zusammenstellung der Sendungen und ihrer Bereitstellung mittels eines Katalogs,
13. ist Sendung eine Abfolge von bewegten Bildern mit oder ohne Ton, die unabhängig von ihrer Länge Einzelbestandteil eines von einem Diensteanbieter erstellten Sendeplans oder Katalogs ist,
14. ist nutzergeneriertes Video eine von einem Nutzer erstellte Abfolge von bewegten Bildern mit oder ohne Ton, die unabhängig von ihrer Länge einen Einzelbestandteil darstellt und die von diesem oder

freien Beruf ausübt) 어느 기업(企業), 조직(組織) 또는 자연인(自然人)의 이미지의 직접적 또는 간접적 제고(提高)를 위한 모든 형태의 통신을 말한다; 다음 정보는 그 자체로는 상업통신에 해당하지 아니한다:

a) 특히 도메인 또는 전자우편주소와 같이, 기업, 조직 또는 사람의 활동에 대한 직접적 접근(unmittelbaren Zugang zur Tätigkeit des Unternehmens oder der Organisation oder Person)을 가능하게 하는 정보,

b) 물품, 용역에 관한 정보나 기업, 조직, 또는 사람의 이미지에 관한 정보로, 독립적으로 또 특히 금전적 반대급부 없이 수집된(die unabhängig und insbesondere ohne finanzielle Gegenleistung gemacht werden) 정보; 이는 독립적으로 또 특히 자연인에 대한 금전적 반대급부 또는 기타 이익제공 없이 수집된 정보로, 서비스제공자의 다른 자연인의 이용자계정(利用者計定)에 대한 직접적 연결을 가능하게 해 주는(die eine unmittelbare Verbindung zu einem Nutzerkonto von weiteren natürlichen Personen bei Diensteanbietern ermöglichen)정보를 포함한다,

6. "시청각미디어서비스"는,

a) 주문형 시청각미디어버스 또는

b) 시청각 상업통신(die audiovisuelle kommerzielle Kommunikation)을 말한다,

7. "시청각미디어서비스제공자"는 시청각미디어를 제공하는 업자를 말한다,

8. "주문형 시청각미디어서비스"는, 그 서비스의 주된 목적이나 그 서비스의 분할 가능한 부분의 주된 목적이, 시청각미디어서비스제공자의 편집 책임하에 이용자가 선택한 시기에 그 개별적 주문에 따라 정보, 오락 또는 교육에 관한 방송을 공중에게 제공하는(der Allgemeinheit Sendungen zur Information, Unterhaltung oder Bildung zum individuellen Abruf zu einem vom Nutzer gewählten Zeitpunkt bereitzustellen) 데에 있는 비선형(非線型) 시청각미디어서비스를 말한다,

9. "시청각 상업통신"은, 음성이 있거나 없는 영상이 있는 모든 형태의 통신으로, 대가 또는 이와 유사한 반대급부를 지급받기로 하거나 또는 자기광고로서, 방송프로그램(Sendung) 또는 이용자가 제작한 동영상에 부가되거나 그에 포함되는 통신을 말하되, 그러한 통신이 협찬 및 간접광고(einschließlich Sponsoring und Produktplatzierung)를 포함하여, 물품 또는 용역의 판매의 직접적(直接的) 또는 간접적 제고(提高)이나 자연인 또는 법인의 이미지의 직접적 또는 간접적 제고(提高)를 위한 것에 한한다,

10. "비디오공유플랫폼서비스"는,

a) 주된 목적이나 핵심적 기능이 서비스제공자가 편집책임을 지지 아니하는 방송프로그램 또는 이용자가 제작한 동영상을 공중에 제공하는 데 있는 전기정보통신서비스를 말하는데, 이 경우 그 서비스제공자가 자동적 수단에 의한 경우를 포함하여, 방송프로그램과 이용자가 제작한 동영상의 편성(編成)(die Organisation der Sendungen und der nutzergenerierten Videos)을 결정한다,

a) 전기정보통신서비스의 분할 가능한 일부를 말하되, 그 분할 가능한 일부에 대하여 a목상의 주된 목적이 있는 경우에 한한다,

11. "비디오공유플랫폼서비스제공자"는 비디오공유플랫폼서비스를 행하는 서비스제공자를 말한다.

12. "편집책임"은 방송 편성과 방송편성표에 의한 그 편성 제공(der Zusammenstellung der Sendungen und ihrer Bereitstellung mittels eines Katalogs)에 관련한 효과적인 통제의 수행을 말한다.

13. "방송프로그램"은, 음성이 있거나 없는 연속된 동영상으로, 그 길이에 상관없이 서비스제공자가 마련한 방송스케줄 또는 방송편성표(放送編成表)의 개별적 구성요소가 되는 동영상을 말한다.

14. "이용자가 제작한 동영상"은 이용자가 만든, 음성이 있거나 없는 연속된 동영상으로, 그 길이에 상관없이 개별적 구성요소를 이루고 해당 이용자나 다른 이용자가 비디오공유플랫폼서비스에 업로드한

einem anderen Nutzer auf einen Videosharingplattform-Dienst hochgeladen wird,

15. ist Mitgliedstaat jeder Mitgliedstaat der Europäischen Union und jeder andere Vertragsstaat des Abkommens über den Europäischen Wirtschaftsraum, für den die Richtlinie 2010/13/EU des Europäischen Parlaments und des Rates vom 10. März 2010 zur Koordinierung bestimmter Rechts- und Verwaltungsvorschriften der Mitgliedstaaten über die Bereitstellung audiovisueller Mediendienste (Richtlinie über audiovisuelle Mediendienste) (ABl. L 95 vom 15.4.2010, S. 1; L 263 vom 6.10.2010, S. 15), die durch die Richtlinie (EU) 2018/1808 (ABl. L 303 vom 28.11.2018, S. 69) geändert worden ist, gilt,
16. ist Drittstaat jeder Staat, der nicht Mitgliedstaat ist,
17. ist Mutterunternehmen ein Unternehmen, das ein oder mehrere Tochterunternehmen kontrolliert,
18. ist Tochterunternehmen ein Unternehmen, das unmittelbar oder mittelbar von einem Mutterunternehmen kontrolliert wird,
19. ist Gruppe die Gesamtheit von Mutterunternehmen, allen seinen Tochterunternehmen und allen anderen mit dem Mutterunternehmen und seinen Tochterunternehmen wirtschaftlich und rechtlich verbundenen Unternehmen.

Einer juristischen Person steht eine Personengesellschaft gleich, die mit der Fähigkeit ausgestattet ist, Rechte zu erwerben und Verbindlichkeiten einzugehen.

** § 2a Europäisches Sitzland

(1) Sitzland des Diensteanbieters im Sinne dieses Gesetzes ist der Mitgliedstaat, in dessen Hoheitsgebiet der Diensteanbieter niedergelassen ist.

(2) Abweichend von Absatz 1 gilt bei audiovisuellen Mediendiensten ein Mitgliedstaat als Sitzland des Diensteanbieters, in dem die Hauptverwaltung des Diensteanbieters liegt und die redaktionellen Entscheidungen über den audiovisuellen Mediendienst getroffen werden. Werden die redaktionellen Entscheidungen über den audiovisuellen Mediendienst in einem anderen Mitgliedstaat als dem Sitz der Hauptverwaltung getroffen, so gilt als Sitzland des Diensteanbieters

1. derjenige dieser beiden Mitgliedstaaten, in dem ein erheblicher Teil des Personals des Diensteanbieters, das mit der Durchführung der programmbezogenen Tätigkeiten des audiovisuellen Mediendienstes betraut ist, tätig ist,
2. der Mitgliedstaat, in dem die Hauptverwaltung des Diensteanbieters liegt, wenn ein erheblicher Teil des Personals des audiovisuellen Mediendiensteanbieters, das mit der Ausübung der sendungsbezogenen Tätigkeiten betraut ist, in jedem dieser Mitgliedstaaten tätig ist oder
3. der Mitgliedstaat, in dem der Diensteanbieter zuerst mit seiner Tätigkeit nach Maßgabe des Rechts dieses Mitgliedstaats begonnen hat, sofern eine dauerhafte und tatsächliche Verbindung mit der Wirtschaft dieses Mitgliedstaats fortbesteht, wenn ein erheblicher Teil des Personals des audiovisuellen Mediendiensteanbieters, das mit der Ausübung der sendungsbezogenen Tätigkeiten betraut ist, in keinem dieser Mitgliedstaaten tätig ist.

Werden die redaktionellen Entscheidungen über den audiovisuellen Mediendienst in einem Drittstaat getroffen, gilt der Mitgliedstaat als Sitzland, in dem die Hauptverwaltung des Diensteanbieters liegt. Liegt die Hauptverwaltung des Diensteanbieters in einem Drittstaat und werden die redaktionellen Entscheidungen über den audiovisuellen Mediendienst in einem Mitgliedstaat getroffen, gilt der

동영상을 말한다.

15. “회원국”은, 「시청각미디어서비스의 제공(die Bereitstellung audiovisueller Mediendienste)에 관한 회원국의 특정한 법규(法規) 및 행정규칙의 조정(調整)(Koordinierung)에 관한 2010년 3월 10일 유럽연합 의회 및 이사회 2010/13/EU호 입법지침」(「시청각미디어서비스에 관한 지침」; Richtlinie über audiovisuelle Mediendienste」)(ABl. L 95 vom 15.4.2010, S. 1; L 263 vom 6.10.2010, S. 15)으로, (EU) 2018/1808호 입법지침(ABl. L 303 vom 28.11.2018, S. 69)에 의해 개정된 그 입법지침을 적용받는, 각 유럽연합회원국 및 각 「유럽경제권에 관한 협약」의 유럽연합회원국 이외의 각 조인국(調印國)을 말한다,
16. “제3국”은 회원국이 아닌 각 국가를 말한다,
17. “모기업”은 한 또는 여러 자회사(子會社)를 통제하는 기업을 말한다,
18. “자회사”는 어느 모기업의 직접적으로 또는 간접적(unmittelbar oder mittelbar) 통제를 받는 기업을 말한다,
19. “기업집단”은 모기업, 모기업의 모든 자회사들(allen seinen Tochterunternehmen)과, 모기업 및 모기업의 자회사와 경제적·법적으로 결합된(wirtschaftlich und rechtlich verbundenen) 그 밖의 모든 기업들 전체를 말한다.

인적회사는 권리를 취득하고 의무를 부담하는(Rechte zu erwerben und Verbindlichkeiten einzugehen) 능력을 가진 법인과 동일시된다.

** 제2조a 유럽연합의 본점소재지국

① 본 법률상의 서비스제공자의 본점소재지국은 그 서비스제공자가 설립된 영토가 속한 회원국을 말한다.

② 시청각미디어서비스의 경우 제1항과 달리, 서비스제공자의 주사무소(Hauptverwaltung)가 있고 시청각미디어서비스에 관한 편집상 결정이 이뤄지는 회원국을 본점소재지국으로 본다. 시청각미디어서비스에 관한 편집상 결정이 주사무소소재지국 이외의 다른 회원국에서 행해지는 경우(Werden die redaktionellen Entscheidungen über den audiovisuellen Mediendienst in einem anderen Mitgliedstaat als dem Sitz der Hauptverwaltung getroffen)에는 다음과 같이,

1. 이러한 양 회원국들 중, 시청각미디어서비스의 방송프로그램 관련 활동의 수행(der Durchführung der programmbezogenen Tätigkeiten des audiovisuellen Mediendienstes)을 담당하는 해당 서비스제공자 인력의 중요한 부분이 활동하는 회원국을 그 서비스제공자의 본점소재지국으로 본다,
2. 방송프로그램 관련 활동의 수행을 담당하는 시청각서비스제공자의 인력의 중요한 부분이 이러한 회원국들 중에서 각각의 회원국에서 활동하는 때에는 해당 서비스제공자의 주사무소가 있는 회원국을 그 서비스제공자의 본점소재지국으로 본다,
3. 방송프로그램 관련 활동의 수행을 담당하는 시청각서비스제공자의 인력의 중요한 부분이 이러한 회원국들 중 어느 회원국에서도 활동하지 않는 때에는 이러한 회원국과 지속적이고 실질적인 관련성이 계속되는 한(sofern eine dauerhafte und tatsächliche Verbindung mit der Wirtschaft dieses Mitgliedstaats fortbesteht), 해당 서비스제공자가 이러한 회원국법의 기준에 좇아 최초로 자신의 활동을 개시한 회원국을 그 서비스제공자의 본점소재지국으로 본다.[235]

시청각미디어서비스에 관한 편집상 결정(die redaktionellen Entscheidungen über den audiovisuellen Mediendienst)이 어느 제3국에서(in einem Drittstaat) 행해지는 경우에는 해당 서비스제공자의 주사무소(Hauptverwaltung)가 있는 회원국을 본점소재지국으로 본다. 서비스제공자의 주사무소가 어느 제3국에 있고 시청각미디어서비스에 관한 편집상 결정이 어느 회원국에서 행해지는 경우에는 시청각미디어

Mitgliedstaat als Sitzland, in dem ein erheblicher Teil des mit der Bereitstellung des audiovisuellen Mediendienstes betrauten Personals tätig ist.

(3) Für audiovisuelle Mediendiensteanbieter, die nicht bereits aufgrund ihrer Niederlassung der Rechtshoheit eines Mitgliedstaats unterliegen, gilt ein Mitgliedstaat als Sitzland, wenn sie

1. eine in diesem Mitgliedstaat gelegene Satelliten-Bodenstation für die Aufwärtsstrecke nutzen oder
2. zwar keine in diesem Mitgliedstaat gelegene Satelliten-Bodenstation für die Aufwärtsstrecke, aber eine diesem Mitgliedstaat zugewiesene Übertragungskapazität eines Satelliten nutzen.

Liegt keines dieser beiden Kriterien vor, gilt der Mitgliedstaat auch als Sitzland für einen audiovisuellen Diensteanbieter, in dem dieser gemäß den Artikeln 49 bis 55 des Vertrages über die Arbeitsweise der Europäischen Union niedergelassen ist.

(4) Ist ein Videosharingplattform-Anbieter nicht im Hoheitsgebiet eines Mitgliedstaats niedergelassen, so gilt derjenige Mitgliedstaat abweichend von Absatz 1 als Sitzland, in dessen Hoheitsgebiet

1. ein Mutterunternehmen oder ein Tochterunternehmen des Videosharingplattform-Anbieters oder
2. ein anderes Unternehmen einer Gruppe, von welcher der Videosharingplattform-Anbieter ein Teil ist,

niedergelassen ist.

(5) Sind in den Fällen des Absatzes 4 das Mutterunternehmen, das Tochterunternehmen oder die anderen Unternehmen der Gruppe jeweils in verschiedenen Mitgliedstaaten niedergelassen, so gilt der Videosharingplattform-Anbieter als in dem Mitgliedstaat niedergelassen,

1. in dem sein Mutterunternehmen niedergelassen ist oder
2. mangels einer solchen Niederlassung in dem sein Tochterunternehmen niedergelassen ist, oder
3. mangels einer solchen Niederlassung in dem das oder die anderen Unternehmen der Gruppe niedergelassen ist oder sind.

(6) Gibt es mehrere Tochterunternehmen und ist jedes dieser Tochterunternehmen in einem anderen Mitgliedstaat niedergelassen, so gilt der Videosharingplattform-Anbieter als in dem Mitgliedstaat niedergelassen, in dem eines der Tochterunternehmen zuerst seine Tätigkeit aufgenommen hat, sofern eine dauerhafte und tatsächliche Verbindung mit der Wirtschaft dieses Mitgliedstaats besteht.

(7) Gibt es mehrere andere Unternehmen, die Teil der Gruppe sind und von denen jedes in einem anderen Mitgliedstaat niedergelassen ist, so gilt der Videosharingplattform-Anbieter als in dem Mitgliedstaat niedergelassen, in dem eines dieser Unternehmen zuerst seine Tätigkeit aufgenommen hat, sofern eine dauerhafte und tatsächliche Verbindung mit der Wirtschaft dieses Mitgliedstaats besteht.

(8) Treten zwischen der zuständigen Behörde und einer Behörde eines anderen Mitgliedstaats Meinungsverschiedenheiten darüber auf, welcher Mitgliedstaat Sitzland des Diensteanbieters nach den Absätzen 2 bis 7 ist oder als solcher gilt, so bringt die zuständige Behörde dies der Europäischen Kommission unverzüglich zur Kenntnis.

§ 3 Herkunftslandprinzip

(1) In Deutschland nach § 2a niedergelassene Diensteanbieter und ihre Telemedien unterliegen den Anforderungen des deutschen Rechts auch dann, wenn die Telemedien innerhalb des Geltungsbereichs der Richtlinie 2000/31/EG des Europäischen Parlaments und des Rates vom 8. Juni 2000 über bestimmte rechtliche Aspekte der Dienste der Informationsgesellschaft, insbesondere des elektronischen Geschäftsverkehrs, im Binnenmarkt (Richtlinie über den elektronischen Geschäftsverkehr) (ABl. L 178

서비스 제공을 담당하는 인력의 중요한 부분(ein erheblicher Teil des mit der Bereitstellung des audiovisuellen Mediendienstes betrauten Personals)이 활동하는 회원국을 본점소재지국으로 본다.

③ 자신의 설립으로 인하여 이미 어느 회원국의 재판권을 적용받는 시청각미디어서비스제공자와 관련하여, 다음 각 호의 경우에 그 회원국을 본점소재지국으로 본다,

1. 그 미디어서비스제공자가 그 회원국에 둔, 업링크[236]를 위한 인공위성지상관제소를 이용하는 경우,
2. 그 미디어서비스제공자가 그 회원국에 둔, 업링크를 위한 인공위성지상관제소(人工衛星地上管制所)(Satelliten-Bodenstation für die Aufwärtsstrecke)를 이용하지는 않지만, 그 회원국에 할당된 어느 인공위성의 전송능력을 이용하는 경우.

위와 같은 양 기준이 충족되지 않는 경우에 어느 시청각미디어서비스제공자와 관련하여, 그가 「유럽연합의 기능에 관한 조약」제49조 내지 제55조에 따라 설립된 회원국을 본점소재지국으로 본다.

④ 비디오공유플랫폼서비스제공자가 어느 회원국의 영토에서 설립되지 않은 경우에 제1항과 달리,

1. 비디오공유플랫폼서비스제공자 모기업 또는 자회사가 설립된 영토가 있는 회원국을 본점소재지국으로 보거나,
2. 그 비디오공유플랫폼서비스제공자가 속한 기업집단 중 그 밖의 기업이 설립된 영토가 있는 회원국을 본점소재지국으로 본다.

⑤ 제4항의 경우 모기업, 자회사나 기업집단 중 그 밖의 기업이 여러 회원국에서 각각(jeweils in verschiedenen Mitgliedstaaten) 설립된 경우에,

1. 비디오공유플랫폼서비스제공자는 자신의 모기업이 설립된 회원국에서 설립된 것으로 보거나,
2. 그러한 설립(제1호의 설립)이 없는 때에는(mangels einer solchen Niederlassung) 비디오공유플랫폼서비스제공자는 자신의 자회사가 설립된 회원국에서 설립된 것으로 보거나,
3. 그러한 설립(제1호 및 제2호의 설립)이 없는 때에는 기업집단 중 그 밖의 기업이 설립된 회원국에서 설립된 것으로 본다.

⑥ 수개의 자회사들이 있고 그 자회사들 중 각각의 자회사가 다른 회원국에서 설립된 경우에, 비디오공유플랫폼서비스제공자는 이러한 회원국의 경제와 지속적이고도 실질적인 관련성을 있는 한(sofern eine dauerhafte und tatsächliche Verbindung mit der Wirtschaft dieses Mitgliedstaats besteht), 자회사들 중 어느 자회사가 자신의 활동을 최초로 개시한 회원국에서 설립된 것으로 본다.

⑦ 기업집단의 일부인 수개의 다른 기업들이 있고, 그 다른 기업들 중 각각의 기업이 다른 회원국에서 설립된 경우에, 비디오공유플랫폼서비스제공자는 이러한 회원국의 경제와 지속적이고도 실질적인 관련성이 있는 한, 이러한 다른 기업들 중 어느 기업이 자신의 활동을 최초로 개시한 회원국에서 설립된 것으로 본다.

⑧ 관할 관청과 다른 회원국의 관청 간(zwischen der zuständigen Behörde und einer Behörde eines anderen Mitgliedstaats)에 어느 회원국이 제2항 내지 제7항에 따라 서비스제공자의 본점소재지국인지 또는 그러한 본점소재지국으로 볼 수 있는지에 관한 의견상충(Meinungsverschiedenheiten)이 발생하는 경우 관할 관청은 이를 유럽연합집행위원회에 지체 없이 알린다.

제3조 용역출처국원칙(用役出處國原則)

① 「유럽연합단일시장 내의 정보사회서비스, 특히 그 전자상거래에 대한 몇 가지 법적 사항(bestimmte rechtliche Aspekte der Dienste der Informationsgesellschaft)에 관한 2000년 6월 8일 유럽연합 의회 및 이사회 2000/31/EG호 입법지침」(“「전자상거래에 관한 입법지침」”; Richtlinie über den elektronischen Geschäftsverkehr)(ABl. L 178 vom 17.7.2000, S. 1)과 2010/13/EU호 입법지침의 적용범위 내의 전기정보통신서비스가 다른 회원국에서 영업적으로 제공되거나 유통되는 경우에도, 제2조a에 좇아 독일에서 설

vom 17.7.2000, S. 1) und der Richtlinie 2010/13/EU in einem anderen Mitgliedstaat geschäftsmäßig angeboten oder verbreitet werden.

(2) Der freie Dienstleistungsverkehr von Telemedien, die innerhalb des Geltungsbereichs der Richtlinie 2000/31/EG und der Richtlinie 2010/13/EU in Deutschland von Diensteanbietern, die in einem anderen Mitgliedstaat niedergelassen sind, geschäftsmäßig angeboten oder verbreitet werden, wird vorbehaltlich der Absätze 5 und 6 nicht eingeschränkt.

(3) Von den Absätzen 1 und 2 bleiben unberührt

1. die Freiheit der Rechtswahl,
2. die Vorschriften für vertragliche Schuldverhältnisse in Bezug auf Verbraucherverträge,
3. gesetzliche Vorschriften über die Form des Erwerbs von Grundstücken und grundstücksgleichen Rechten sowie der Begründung, Übertragung, Änderung oder Aufhebung von dinglichen Rechten an Grundstücken und grundstücksgleichen Rechten,
4. das für den Schutz personenbezogener Daten geltende Recht.

(4) Die Absätze 1 und 2 gelten nicht für

1. die Tätigkeit von Notaren sowie von Angehörigen anderer Berufe, soweit diese ebenfalls hoheitlich tätig sind,
2. die Vertretung von Mandanten und die Wahrnehmung ihrer Interessen vor Gericht,
3. die Zulässigkeit nicht angeforderter kommerzieller Kommunikationen durch elektronische Post,
4. Gewinnspiele mit einem einen Geldwert darstellenden Einsatz bei Glücksspielen, einschließlich Lotterien und Wetten,
5. die Anforderungen an Verteildienste,
6. das Urheberrecht, verwandte Schutzrechte, Rechte im Sinne der Richtlinie 87/54/EWG des Rates vom 16. Dezember 1986 über den Rechtsschutz der Topographien von Halbleitererzeugnissen (ABl. EG Nr. L 24 S. 36) und der Richtlinie 96/9/EG des Europäischen Parlaments und des Rates vom 11. März 1996 über den rechtlichen Schutz von Datenbanken (ABl. EG Nr. L 77 S. 20) sowie für gewerbliche Schutzrechte,
7. die Ausgabe elektronischen Geldes durch Institute, die gemäß Artikel 8 Abs. 1 der Richtlinie 2000/46/EG des Europäischen Parlaments und des Rates vom 18. September 2000 über die Aufnahme, Ausübung und Beaufsichtigung der Tätigkeit von E-Geld-Instituten (ABl. EG Nr. L 275 S. 39) von der Anwendung einiger oder aller Vorschriften dieser Richtlinie und von der Anwendung der Richtlinie 2000/12/EG des Europäischen Parlaments und des Rates vom 20. März 2000 über die Aufnahme und Ausübung der Tätigkeit der Kreditinstitute (ABl. EG Nr. L 126 S. 1) freigestellt sind,
8. Vereinbarungen oder Verhaltensweisen, die dem Kartellrecht unterliegen,
9. Bereiche, die erfasst sind von den §§ 39, 57 bis 59, 61 bis 65, 146, 241 bis 243b, 305 und 306 des Versicherungsaufsichtsgesetzes vom 1. April 2015 (BGBl. I S. 434), das zuletzt durch Artikel 6 des Gesetzes vom 19. März 2020 (BGBl. I S. 529) geändert worden ist, und von der Versicherungsberichterstattungs-Verordnung vom 19. Juli 2017 (BGBl. I S. 2858), die durch Artikel 7 des Gesetzes vom 17. August 2017 (BGBl. I S. 3214) geändert worden ist, für die Regelungen über das auf Versicherungsverträge anwendbare Recht sowie für Pflichtversicherungen.

(5) Das Angebot und die Verbreitung von Telemedien, bei denen es sich nicht um audiovisuelle Mediendienste handelt, durch einen Diensteanbieter, der in einem anderen Mitgliedstaat niedergelassen

립된 서비스제공자와 그 전기정보통신서비스는 독일법의 요구사항(den Anforderungen des deutschen Rechts)을 적용받는다.

② 2000/31/EG호 입법지침과 2010/13/EU호 입법지침의 적용범위 내에서 어느 다른 회원국에서 설립된(die in einem anderen Mitgliedstaat niedergelassen sind) 서비스제공자에 의해 독일에서 영업적으로 제공되거나 유통되는 전기전보통신서비스의 자유로운 이동은 제5항 및 제6항을 조건으로(vorbehaltlich der Absätze 5 und 6) 제한받지 아니한다.

③ 다음 각 호는 제1항 및 제2항에 의하여 영향을 받지 아니한다,

1. 준거법선택의 자유,
2. 소비자계약에 관련된 계약상 채무에 대한 규정,
3. 토지와 이와 동일시되는 권리의 취득의 방식에 관한 법(法)상 규정과, 토지 및 토지와 동일시되는 물권에 관한 설정, 이전, 변경 또는 소멸(Begründung, Übertragung, Änderung oder Aufhebung)의 방식에 관한 법(法)상 규정,
4. 개인정보보호에 적용되는 법.

④ 제1항, 제2항은 다음 각 호에 대하여는 적용하지 아니한다,

1. 공증인의 활동(die Tätigkeit von Notaren)과, 기타 직업에 속하는 자의 활동, 다만 이들이 공식적으로 활동하는 경우에 한함,
2. 의뢰인의 대변(die Vertretung von Mandanten)과, 법원에서의 의뢰인 이익의 행사,
3. 전자우편에 의한 요구하지 않은 상업적 통신의 허용요건,
4. 복권 및 내기거래를 포함하여 운에 좌우되는 게임에서 금전적 가치는 나타내는 것을 걸고 하는 시합,
5. 배급서비스에 대한 요구사항,
6. 「반도체 회로도의 법적 보호(den Rechtsschutz der Topographien von Halbleitererzeugnissen)에 관한 1986년 12월 16일의 유럽경제공동체이사회 87/54/EWG호 입법지침」(ABl. EG Nr. L 24 S. 36)과, 「데이터뱅크의 법적 보호에 관한 1996년 3월 11일의 유럽연합 의회 및 이사회 96/9/EG호 입법지침」(ABl. EG Nr. L 77 S. 20)상의 저작권, 저작인접권 및 권리와, 산업재산권(gewerbliche Schutzrechte),
7. 「전자화폐기관의 활동의 개시, 수행 및 감독(die Aufnahme, Ausübung und Beaufsichtigung der Tätigkeit von E-Geld-Instituten)에 관한 2000년 9월 18일의 유럽연합 의회 및 이사회 2000/46/EG호 입법지침」(ABl. EG Nr. L 275 S. 39) 제8조 제1항에 따라, 이러한 입법지침의 몇몇 또는 일체의 규정의 적용과, 「금융기관 활동의 개시 및 수행(die Aufnahme und Ausübung der Tätigkeit der Kreditinstitute)에 관한 2000년 3월 20일의 유럽연합 의회 및 이사회 2000/12/EG호 입법지침」(ABl. EG Nr. L 126 S. 1)의 적용이 면제되는, 기관에 의한 전자화폐에 발행(die Ausgabe elektronischen Geldes durch Institute)
8. 반독점법의 적용을 받는 약정 또는 행태(行態),
9. 보험계약에 대한 준거법에 관한 규정과 책임보험과 관련하여(für die Regelungen über das auf Versicherungsverträge anwendbare Recht sowie für Pflichtversicherungen), 2015년 4월 1일의 보험감독법 (BGBl. I S. 434)으로, 최근에 2020년 3월 19일의 법률(BGBl. I S. 529) 제6조에 의하여 개정된 동법 제39조, 제57조 내지 제59조, 제61조 내지 제65조, 제146조, 제241조 내지 제243조b, 제305조, 제306조에 의하여 포함된 분야와, 2017년 7월 19일의 '보험보고실시명령'(BGBl. I S. 2858)으로, 최근에 2017년 8월 17일의 법률(BGBl. I S. 3214) 제7조에 의하여 개정된 동명령에 의하여 포함된 분야.

⑤ 시청각미디어서비스에 해당하지 않는 전기통신미디어시버스의 다른 회원국에서 설립된 어느 서비스제공자에 의한 제공 및 유통은, 다음의 범위(範圍) 내에서 독일법의 제한(den Einschränkungen des

ist, unterliegen den Einschränkungen des deutschen Rechts, soweit

1. dies dem Schutz folgender Schutzziele vor Beeinträchtigungen oder ernsthaften und schwerwiegenden Gefahren dient:
   a) der öffentlichen Sicherheit und Ordnung, insbesondere
      aa) im Hinblick auf die Verhütung, Ermittlung, Aufklärung, Verfolgung und Vollstreckung
         aaa) von Straftaten und Ordnungswidrigkeiten, einschließlich des Jugendschutzes und der Bekämpfung der Verunglimpfung aus Gründen der Rasse, des Geschlechts, des Glaubens oder der Nationalität,
         bbb) von Verletzungen der Menschenwürde einzelner Personen oder
      bb) im Hinblick auf die Wahrung nationaler Sicherheits- und Verteidigungsinteressen,
   b) der öffentlichen Gesundheit oder
   c) der Interessen der Verbraucher und der Interessen der Anleger und
2. die Maßnahmen, die auf der Grundlage des deutschen Rechts in Betracht kommen, in einem angemessenen Verhältnis zu diesen Schutzzielen stehen.

Maßnahmen nach Satz 1 Nummer 2 sind nur zulässig, wenn die gemäß Artikel 3 Absatz 4 Buchstabe b und Absatz 5 der Richtlinie 2000/31/EG erforderlichen Verfahren eingehalten werden; davon unberührt bleiben gerichtliche Verfahren einschließlich etwaiger Vorverfahren und die Verfolgung von Straftaten einschließlich der Strafvollstreckung und von Ordnungswidrigkeiten.

(6) Der freie Empfang und die Weiterverbreitung von audiovisuellen Mediendiensten aus anderen Mitgliedstaaten darf abweichend von Absatz 2 vorübergehend beeinträchtigt werden, wenn diese audiovisuellen Mediendienste

1. in offensichtlicher, ernster und schwerwiegender Weise Folgendes enthalten:
   a) eine Aufstachelung zu Gewalt oder Hass gegen eine Gruppe von Personen oder gegen ein Mitglied einer Gruppe von Personen aus einem der in Artikel 21 der Charta der Grundrechte der Europäischen Union (ABl. C 364 vom 18.12.2000, S. 1) genannten Gründe,
   b) eine öffentliche Aufforderung zur Begehung einer terroristischen Straftat gemäß Artikel 5 der Richtlinie (EU) 2017/541 des Europäischen Parlaments und des Rates vom 15. März 2017 zur Terrorismusbekämpfung und zur Ersetzung des Rahmenbeschlusses 2002/475/Jl des Rates und zur Änderung des Beschlusses 2005/671/Jl des Rates (ABl. L 88 vom 31.3.2017, S. 6),
   c) einen Verstoß gegen die Vorgaben zum Schutz von Minderjährigen nach Artikel 6a Absatz 1 der Richtlinie 2010/13/EU oder
2. eine Beeinträchtigung oder eine ernsthafte und schwerwiegende Gefahr der Beeinträchtigung darstellen für
   a) die öffentliche Gesundheit,
   b) die öffentliche Sicherheit oder
   c) die Wahrung nationaler Sicherheits- und Verteidigungsinteressen.

Maßnahmen nach Satz 1 sind nur zulässig, wenn die Voraussetzungen des Artikels 3 Absatz 2 bis 5 der Richtlinie 2010/13/EU erfüllt sind.

Abschnitt 2 Zulassungsfreiheit, Informationspflichten

deutschen Rechts)을 적용받는다,

1. 이것이 다음 각 목의 보호목표(folgender Schutzziele)의 침해 또는 중대하고 심각한 위험으로부터 보호를 위한 것이고,
   a) 공공안녕질서, 특히
      aa) 다음의 예방, 수사, 적발, 소추 및 집행에 관련한 공공안녕질서,
         aaa) 특히 청소년보호와, 인종, 성, 신앙 또는 국적상의 이유에 기한 모독(冒瀆)에 대한 대처(Bekämpfung der Verunglimpfung)를 포함하여, 범죄와 질서위반행위(von Straftaten und Ordnungswidrigkeiten) 또는,
         bbb) 개인(einzelner Personen)에 대한 인간존엄의 침해,
      bb) 국가안보이익(國家安保利益)과 국방이익(國防利益)의 수호에 관련한 공공안녕질서,
   b) 공중보건,
   c) 소비자 및 투자자의 권익(權益),
2. 독일법에 기하여 고려되는(die auf der Grundlage des deutschen Rechts in Betracht kommen) 조치가, 이러한 보호목표와 비례적 관계에 있는 범위 내에서,

제1문 제2호에 따른 조치는, 2000/31/EG호 입법지침 제3조 제4항 b목, 제5항에 따라 필요한 절차가 준수되는 경우에 한하여 허용된다; 있을 수 있는 전심절차를 포함하여 재판절차(gerichtliche Verfahren einschließlich etwaiger Vorverfahren)와 형집행을 포함하여 범죄행위의 소추와 질서위반행위의 소추는 이에 영향을 받지 아니한다.

⑥ 다른 회원국에서 나오는 시청각미디어서비스의 자유로운 수신 및 재유통(Der freie Empfang und die Weiterverbreitung von audiovisuellen Mediendiensten)은, 다음 각 호의 경우에 제2항과 달리, 일시적으로 제한을 받는다,

1. 이러한 시청각미디어서비스가 명백하고 중대하고 심각한 방법으로 다음 각 목을 포함하는 경우:
   a)「유럽연합 기본권헌장」(ABl. C 364 vom 18.12.2000, S. 1) 제21조상의 한 이유[237]에 기한 사람들 집단이나 사람들 진단의 구성원(gegen eine Gruppe von Personen oder gegen ein Mitglied einer Gruppe von Personen)에 대한 폭력 또는 혐오에 관한 선동,
   b) 테러대응과 유럽연합이사회의 2002/475/JI호 결정의 대체 그리고 유럽연합이사회의 2005/671/JI호 결정의 변경에 관한 2917년 3월 15일 유럽연합 의회 및 이사회 (EU) 2017/541호 입법지침(ABl. L 88 vom 31.3.2017, S. 6) 제5조에 따른 테러범죄 자행의 공공연한 권유(eine öffentliche Aufforderung zur Begehung einer terroristischen Straftat),
   c) 2010/13/EU호 입법지침 제6조a 제1항에 따른 미성년자의 보호에 관한 요구사항에 대한 위반(einen Verstoß gegen die Vorgaben zum Schutz von Minderjährigen),
2. 다음 각 목에 대한 침해 또는 중대하고도 심각한 침해 위험(eine ernsthafte und schwerwiegende Gefahr der Beeinträchtigung)이 되는 경우,
   a) 공중보건,
   b) 공공안녕
   c) 국가안보이익(國家安保利益)과 국방이익(國防利益)의 수호.

제1문에 따른 조치는 2010/13/EU호 입법지침 제3조 제2항 내지 제5항의 요건이 충족된 경우에 한하여 허용된다.

제2장 허가면제, 정보제공의무

§ 4 Zulassungsfreiheit

Telemedien sind im Rahmen der Gesetze zulassungs- und anmeldefrei.

§ 5 Allgemeine Informationspflichten

(1) Diensteanbieter haben für geschäftsmäßige, in der Regel gegen Entgelt angebotene Telemedien folgende Informationen leicht erkennbar, unmittelbar erreichbar und ständig verfügbar zu halten:

1. den Namen und die Anschrift, unter der sie niedergelassen sind, bei juristischen Personen zusätzlich die Rechtsform, den Vertretungsberechtigten und, sofern Angaben über das Kapital der Gesellschaft gemacht werden, das Stamm- oder Grundkapital sowie, wenn nicht alle in Geld zu leistenden Einlagen eingezahlt sind, der Gesamtbetrag der ausstehenden Einlagen,
2. Angaben, die eine schnelle elektronische Kontaktaufnahme und unmittelbare Kommunikation mit ihnen ermöglichen, einschließlich der Adresse der elektronischen Post,
3. soweit der Dienst im Rahmen einer Tätigkeit angeboten oder erbracht wird, die der behördlichen Zulassung bedarf, Angaben zur zuständigen Aufsichtsbehörde,
4. das Handelsregister, Vereinsregister, Partnerschaftsregister oder Genossenschaftsregister, in das sie eingetragen sind, und die entsprechende Registernummer,
5. soweit der Dienst in Ausübung eines Berufs im Sinne von Artikel 1 Buchstabe d der Richtlinie 89/48/EWG des Rates vom 21. Dezember 1988 über eine allgemeine Regelung zur Anerkennung der Hochschuldiplome, die eine mindestens dreijährige Berufsausbildung abschließen (ABl. EG Nr. L 19 S. 16), oder im Sinne von Artikel 1 Buchstabe f der Richtlinie 92/51/EWG des Rates vom 18. Juni 1992 über eine zweite allgemeine Regelung zur Anerkennung beruflicher Befähigungsnachweise in Ergänzung zur Richtlinie 89/48/EWG (ABl. EG Nr. L 209 S. 25, 1995 Nr. L 17 S. 20), zuletzt geändert durch die Richtlinie 97/38/EG der Kommission vom 20. Juni 1997 (ABl. EG Nr. L 184 S. 31), angeboten oder erbracht wird, Angaben über

   a) die Kammer, welcher die Diensteanbieter angehören,

   b) die gesetzliche Berufsbezeichnung und den Staat, in dem die Berufsbezeichnung verliehen worden ist,

   c) die Bezeichnung der berufsrechtlichen Regelungen und dazu, wie diese zugänglich sind,
6. in Fällen, in denen sie eine Umsatzsteueridentifikationsnummer nach § 27a des Umsatzsteuergesetzes oder eine Wirtschafts-Identifikationsnummer nach § 139c der Abgabenordnung besitzen, die Angabe dieser Nummer,
7. bei Aktiengesellschaften, Kommanditgesellschaften auf Aktien und Gesellschaften mit beschränkter Haftung, die sich in Abwicklung oder Liquidation befinden, die Angabe hierüber,
8. bei audiovisuellen Mediendiensteanbietern die Angabe

   a) des Mitgliedstaats, der für sie Sitzland ist oder als Sitzland gilt sowie

   b) der zuständigen Regulierungs- und Aufsichtsbehörden.

(2) Weitergehende Informationspflichten nach anderen Rechtsvorschriften bleiben unberührt.

§ 6 Besondere Pflichten bei kommerziellen Kommunikationen

(1) Diensteanbieter haben bei kommerziellen Kommunikationen, die Telemedien oder Bestandteile von Telemedien sind, mindestens die folgenden Voraussetzungen zu beachten:

1. Kommerzielle Kommunikationen müssen klar als solche zu erkennen sein.

제4조 허가면제

전기정보통신서비스는 본 법률의 범위 내에서 허가 또는 신고가 면제된다.

제5조 일반적 정보제공의무

① 서비스제공자는 영업적으로, 통상적으로 유상(有償)으로 제공되는 전기정보통신서비스에 대하여 다음 각 호의 정보를 쉽게 알아볼 수 있어야 하고, 직접적으로 이를 얻을 수 있도록 또한 이에 언제라도 접근할 수 있게 해야 한다:

1. 설립되면서 사용된 이름 및 주소, 법인의 경우 추가적으로 법형식(Rechtsform), 대표권자와, 회사의 자본에 관한 정보가 제공되는 경우에 있어, 수권자본(授權資本) 또는 기초자본(Stamm- oder Grundkapital)과, 금전으로 납입해야 할 출자금이 전액 납입되지 않은 경우에 그 미납출자금 총액(der Gesamtbetrag der ausstehenden Einlagen),
2. 전자우편의 주소를 포함하여 신속한 전자적 방법에 의한 접촉과 직접 통신(通信)을 그 서비스제공자와 가능하게 하는 정보,
3. 행정관청의 허가를 필요로 하는 활동의 일환으로 서비스가 공급되거나 제공되는 범위 내의 관할 행정관청에 관한 정보,
4. 서비스제공자가 등재(登載)된, 상업등기부, 단체등기부, 조합등기부 또는 협동조합등기부와, 관련 등기번호,
5. 「최소한 3년간 직업교육을 이수한(die eine mindestens dreijährige Berufsausbildung abschließen) 대학졸업증의 공인에 관한 일반적 규율에 관한 1988년 12월 21일 유럽공동체이사회 89/48/EWG호 입법지침」(ABl. EG Nr. L 19 S. 16) 제1조 d목상의 직업의 수행이나, 「89/48/EWG의 보충에 있어 직업자격증명의 공인에 관한 제2차 일반적 규율에 관한 1992년 6월 18일의 92/51/EWG호 입법지침」 ABl. EG Nr. L 209 S. 25, 1995 Nr. L 17 S. 20)으로, 최근 1997년 6월 20일 유럽연합집행위원회의 97/38/EG호 입법지침(ABl. EG Nr. L 184 S. 31)으로 개정된 입법지침 제1조 f목상의 직업의 수행 내에서 서비스가 공급되거나 제공되는 범위 내에서, 다음 각 목(目)에 관한 정보(情報),
   a) 서비스제공자가 속하는 상공회의소,
   b) 법률상의 직업명과, 이 직업명을 부여한(in dem die Berufsbezeichnung verliehen worden ist) 국가(國家),
   c) 직업규칙의 표시, 이러한 규칙에 어떻게 접근할 수 있는지에 관한 것,
6. 서비스제공자가 부가치세법 제27조a에 따른 부가가치세식별번호 또는 조세법 제139조c에 따른 사업자등록번호를 보유하는 경우 이러한 번호에 관한 정보,
7. 해산 또는 청산 중에 있는(die sich in Abwicklung oder Liquidation befinden) 주식회사, 주식합자회사 및 유한회사의 경우에 이에 관한 정보.
8. 시청각미디어서비스제공자의 경우,
   a) 그 시청각미디어서비스 제공자에 대하여 본점소재지국이거나 본점소재지국으로 간주되는 회원국의 정보와,
   b) 관할 규제관청 및 감독관청.

② 다른 법규정에 따른 추가적 정보제공의무는 영향을 받지 아니한다.

제6조 상업통신에서의 특별한 정보제공의무

① 전기정보통신서비스인 상업통신이나 전기정보통신서비스의 구성부분인 상업통신의 경우 서비스제공자는 최소한 다음 각 호의 요건을 준수해야 한다:

1. 상업통신은 상업통신으로 분명하게 인식할 수 있어야만 한다.

2. Die natürliche oder juristische Person, in deren Auftrag kommerzielle Kommunikationen erfolgen, muss klar identifizierbar sein.
3. Angebote zur Verkaufsförderung wie Preisnachlässe, Zugaben und Geschenke müssen klar als solche erkennbar sein, und die Bedingungen für ihre Inanspruchnahme müssen leicht zugänglich sein sowie klar und unzweideutig angegeben werden.
4. Preisausschreiben oder Gewinnspiele mit Werbecharakter müssen klar als solche erkennbar und die Teilnahmebedingungen leicht zugänglich sein sowie klar und unzweideutig angegeben werden.

(2) Werden kommerzielle Kommunikationen per elektronischer Post versandt, darf in der Kopf- und Betreffzeile weder der Absender noch der kommerzielle Charakter der Nachricht verschleiert oder verheimlicht werden. Ein Verschleiern oder Verheimlichen liegt dann vor, wenn die Kopf- und Betreffzeile absichtlich so gestaltet sind, dass der Empfänger vor Einsichtnahme in den Inhalt der Kommunikation keine oder irreführende Informationen über die tatsächliche Identität des Absenders oder den kommerziellen Charakter der Nachricht erhält.

(3) Videosharingplattform-Anbieter müssen eine Funktion bereitstellen, mit der Nutzer, die nutzergenerierte Videos hochladen, erklären können, ob diese Videos audiovisuelle kommerzielle Kommunikation enthalten.

(4) Videosharingplattform-Anbieter sind verpflichtet, audiovisuelle kommerzielle Kommunikation, die Nutzer auf den Videosharingplattform-Dienst hochgeladen haben, als solche zu kennzeichnen, soweit sie nach Absatz 3 oder anderweitig Kenntnis von dieser erlangt haben.

(5) Die Vorschriften des Gesetzes gegen den unlauteren Wettbewerb bleiben unberührt.

Abschnitt 3 Verantwortlichkeit

§ 7 Allgemeine Grundsätze

(1) Diensteanbieter sind für eigene Informationen, die sie zur Nutzung bereithalten, nach den allgemeinen Gesetzen verantwortlich.

(2) Diensteanbieter im Sinne der §§ 8 bis 10 sind nicht verpflichtet, die von ihnen übermittelten oder gespeicherten Informationen zu überwachen oder nach Umständen zu forschen, die auf eine rechtswidrige Tätigkeit hinweisen.

(3) Verpflichtungen zur Entfernung von Informationen oder zur Sperrung der Nutzung von Informationen nach den allgemeinen Gesetzen aufgrund von gerichtlichen oder behördlichen Anordnungen bleiben auch im Falle der Nichtverantwortlichkeit des Diensteanbieters nach den §§ 8 bis 10 unberührt. Das Fernmeldegeheimnis nach § 88 des Telekommunikationsgesetzes[238] ist zu wahren.

(4) Wurde ein Telemediendienst von einem Nutzer in Anspruch genommen, um das Recht am geistigen Eigentum eines anderen zu verletzen und besteht für den Inhaber dieses Rechts keine andere Möglichkeit, der Verletzung seines Rechts abzuhelfen, so kann der Inhaber des Rechts von dem betroffenen Diensteanbieter nach § 8 Absatz 3 die Sperrung der Nutzung von Informationen verlangen, um die Wiederholung der Rechtsverletzung zu verhindern. Die Sperrung muss zumutbar und verhältnismäßig sein. Ein Anspruch gegen den Diensteanbieter auf Erstattung der vor- und außergerichtlichen Kosten für die Geltendmachung und Durchsetzung des Anspruchs nach Satz 1 besteht außer in den Fällen des § 8 Absatz 1 Satz 3 nicht.

2. 상업통신이 행해지도록 위임하는(in deren Auftrag kommerzielle Kommunikationen erfolgen) 자연인 또는 법인을 분명하게 알아볼 수 있어야만 한다.
3. 가격할인, 경품, 사은품과 같은 판매제고를 위한 제공은 그러한 제공으로 분명하게 인식할 수 있어야만 하고, 그 이용 조건에 쉽게 접근할 수 있어야만 하고(die Bedingungen für ihre Inanspruchnahme müssen leicht zugänglich sein) 또한 그 조건은 분명하고 명확하게 명시되어야만 한다.
4. 판촉행사 또는 판촉시합은 판촉행사 또는 판촉시합으로 분명하게 인식할 수 있어야만 하고, 그 참가조건에 쉽게 접근할 수 있어야만 하고 또한 이는 분명하고 명확하게 명시되어야만 한다.

② 상업통신이 전자우편으로 전송되는 경우에 페이지표제 및 주제목(主題目)에서 통신의 발신인은 물론 통신의 상업적 특성이 은폐되거나 감춰져서는 아니된다. 페이지표제 및 주제목에서, 수신인이 그 통신의 내용을 열람하기 전에 통신의 발신인의 실제 신원이나 통신의 상업적 성질에 관한 정보(die tatsächliche Identität des Absenders oder den kommerziellen Charakter der Nachricht)를 받지 못하거나 그에 관한 오인유발적 정보를 받도록 의도적으로 만들어진 경우에는 은폐 또는 숨기기(Ein Verschleiern oder Verheimlichen)가 있는 것이다.

③ 비디오공유플랫폼서비스제공자는, 이용자가 제작한 동영상을 업로드하는 이용자가 이러한 비디오에 시청각 상업통신이 포함되어 있는지 여부(ob diese Videos audiovisuelle kommerzielle Kommunikation enthalten)를 진술할 수 있게 해 주는 기능을 제공해야만 한다.

④ 비디오공유플랫폼서비스제공자는, 자신이 상업통신임을 제3항에 따라 알았거나 그 밖의 방법으로 안 범위 내에서, 이용자가 비디오공유플랫폼서비스에 업로드한 시청각 상업통신에 대하여 시청각 상업통신으로 표시할 의무를 진다.

③ 부정경쟁방지법의 규정은 영향을 받지 아니한다.

제3장 책임

제7조 일반 원칙

① 서비스제공자는, 자신이 이용하도록 제공하는 자신의 정보에 대하여 일반 법률[239](nach den allgemeinen Gesetzen)에 따라 책임을 부담한다.

② 제8조 내지 제10조상의 서비스제공자는, 자신이 전송하거나 저장한 정보를 감시하거나 위법한 활동을 징표하는(die auf eine rechtswidrige Tätigkeit hinweisen) 사정(Umständen; 事情)을 조사할 의무를 부담하지 아니한다.

③ 제8조 내지 제10조에 따라 서비스제공자의 책임이 없는 경우에도, 법원 또는 행정관청의 명령에 기한, 일반 법률에 따른, 정보의 삭제의무 또는 정보이용의 차단의무(Verpflichtungen zur Entfernung von Informationen oder zur Sperrung der Nutzung von Informationen)는 영향을 받지 아니한다. 전기통신법 제88조의 통신비밀은 준수되어야 한다.

④ 어느 이용자가 타인의 지식재산권을 침해할 목적으로 전기정보통신서비스를 이용하였는데, 이러한 권리의 보유자에게 자신의 권리 침해를 시정할 다른 가능성이 없는 경우에는, 그 권리의 보유자는 권리침해의 반복을 방지하기 위하여(um die Wiederholung der Rechtsverletzung zu verhindern) 제8조 제3항에 따른 해당 서비스제공자에 대하여 정보 이용의 차단(die Sperrung der Nutzung von Informationen)을 청구할 수 있다. 그 차단은 기대할 수 있고 비례적이어야만 한다. 제1문의 청구권의 행사 및 실현을 위한, 재판 전 또는 재판 외 비용에 관련된(der vor- und außergerichtlichen Kosten für die Geltendmachung und Durchsetzung des Anspruchs nach Satz 1), 서비스제공자에 대한 상환청구권은 제8조 제1항 제3문의 경우를 제외하고 인정되지 아니한다.

§ 8 Durchleitung von Informationen

(1) Diensteanbieter sind für fremde Informationen, die sie in einem Kommunikationsnetz übermitteln oder zu denen sie den Zugang zur Nutzung vermitteln, nicht verantwortlich, sofern sie

1. die Übermittlung nicht veranlasst,
2. den Adressaten der übermittelten Informationen nicht ausgewählt und
3. die übermittelten Informationen nicht ausgewählt oder verändert haben.

Sofern diese Diensteanbieter nicht verantwortlich sind, können sie insbesondere nicht wegen einer rechtswidrigen Handlung eines Nutzers auf Schadensersatz oder Beseitigung oder Unterlassung einer Rechtsverletzung in Anspruch genommen werden; dasselbe gilt hinsichtlich aller Kosten für die Geltendmachung und Durchsetzung dieser Ansprüche. Die Sätze 1 und 2 finden keine Anwendung, wenn der Diensteanbieter absichtlich mit einem Nutzer seines Dienstes zusammenarbeitet, um rechtswidrige Handlungen zu begehen.

(2) Die Übermittlung von Informationen nach Absatz 1 und die Vermittlung des Zugangs zu ihnen umfasst auch die automatische kurzzeitige Zwischenspeicherung dieser Informationen, soweit dies nur zur Durchführung der Übermittlung im Kommunikationsnetz geschieht und die Informationen nicht länger gespeichert werden, als für die Übermittlung üblicherweise erforderlich ist.

(3) Die Absätze 1 und 2 gelten auch für Diensteanbieter nach Absatz 1, die Nutzern einen Internetzugang über ein drahtloses lokales Netzwerk zur Verfügung stellen.

(4) Diensteanbieter nach § 8 Absatz 3 dürfen von einer Behörde nicht verpflichtet werden,

1. vor Gewährung des Zugangs
   a) die persönlichen Daten von Nutzern zu erheben und zu speichern (Registrierung) oder
   b) die Eingabe eines Passworts zu verlangen oder
2. das Anbieten des Dienstes dauerhaft einzustellen.

Davon unberührt bleibt, wenn ein Diensteanbieter auf freiwilliger Basis die Nutzer identifiziert, eine Passworteingabe verlangt oder andere freiwillige Maßnahmen ergreift.

§ 9 Zwischenspeicherung zur beschleunigten Übermittlung von Informationen

Diensteanbieter sind für eine automatische, zeitlich begrenzte Zwischenspeicherung, die allein dem Zweck dient, die Übermittlung fremder Informationen an andere Nutzer auf deren Anfrage effizienter zu gestalten, nicht verantwortlich, sofern sie

1. die Informationen nicht verändern,
2. die Bedingungen für den Zugang zu den Informationen beachten,
3. die Regeln für die Aktualisierung der Informationen, die in weithin anerkannten und verwendeten Industriestandards festgelegt sind, beachten,
4. die erlaubte Anwendung von Technologien zur Sammlung von Daten über die Nutzung der Informationen, die in weithin anerkannten und verwendeten Industriestandards festgelegt sind, nicht beeinträchtigen und
5. unverzüglich handeln, um im Sinne dieser Vorschrift gespeicherte Informationen zu entfernen oder den Zugang zu ihnen zu sperren, sobald sie Kenntnis davon erhalten haben, dass die Informationen am ursprünglichen Ausgangsort der Übertragung aus dem Netz entfernt wurden oder der Zugang zu ihnen gesperrt wurde oder ein Gericht oder eine Verwaltungsbehörde die Entfernung oder Sperrung

제8조 정보의 단순 전달(傳達)

① 서비스제공자는, 다음에 해당하는 한, 자신이 통신망 내에서 전송한 타인의 정보나 그 이용에 대한 접근을 매개(媒介)한 타인의 정보에 대하여는 책임을 지지 아니한다,

1. 그 서비스제공자가 그 전송을 개시하지 않았을 것,
2. 그 서비스제공자가 전송된 정보의 수신인을 선택하지 않았을 것 그리고,
3. 그 서비스제공자가 전송된 정보를 선택하거나 변경하지 않았을 것.

이러한 서비스제공자가 책임을 부담하지 않는 한(Sofern diese Diensteanbieter nicht verantwortlich sind), 그 서비스제공자에 대하여 특히 이용자의 위법한 행위를 원인으로 한 손해배상청구권이나 권리침해에 대한 제거청구권 또는 금지청구권이 행사될 수 없다; 이러한 청구권의 행사 및 실현을 위한 일체의 비용에 대하여(hinsichtlich aller Kosten für die Geltendmachung und Durchsetzung dieser Ansprüche) 또한 같다. 그 서비스제공자가 위법한 행위를 자행하는 데에 자신의 서비스 이용자와 의도적으로 협력하는 경우에는 제1문, 제2문을 적용하지 아니한다.

② 제1항에 따른 정보의 전송과 그 정보에 대한 접근의 매개에는, 이것이 통신망 내 전송의 수행만을 위하여 행해지고(dies nur zur Durchführung der Übermittlung im Kommunikationsnetz geschieht) 해당 정보가 통상적으로 그 전송에 필요한 것보다 장기간 동안 저장되지 않는 범위 내에서, 그 정보의 단시간 자동임시저장(die automatische kurzzeitige Zwischenspeicherung)도 포함된다.

③ 제1항 및 제2항은 이용자에게 '무선지역네트워크'를 통한 인터넷접근을 제공하는, 제1항에 따른 서비스제공자에 대하여도 적용한다.

④ 제8조 제3항에 따른 서비스제공자는 행정관청에 의하여 다음 각 호의 의무를 부담해서는 아니된다,

1. 접근의 허용 전에,
   a) 이용자의 개인정보를 수집하고 저장할 의무('등록'; Registrierung)
   b) 비밀번호의 입력을 요구할 의무,
2. 서비스 제공을 지속적으로 중단할 의무.

서비스제공자가 임의로, 이용자를 식별하거나 비밀번호 입력을 요구하거나 그 밖의 임의적 조치를 취하는 경우에, 이는 위와 같은 내용에 의해 영향을 받지 아니한다.

제9조 정보의 전송 촉진을 위한 임시저장

서비스제공자는, 다음에 해당하는 한, 타인의 정보를 다른 이용자의 요구에 의해 그 다른 이용자에게 전송하는 것을 보다 효율적으로 하기 위한 목적만을 갖는, 시간을 한정한 자동임시저장에 대하여(für eine automatische, zeitlich begrenzte Zwischenspeicherung) 책임을 부담하지 아니한다,

1. 그 서비스제공자가 정보를 변경하지 않을 것,
2. 그 서비스제공자가 그 정보에 대한 접근 조건을 준수할 것,
3. 그 서비스제공자가 널리 인정되고 사용된 산업표준으로 정해진, 정보의 업데이트(Aktualisierung)을 위한 규정을 준수할 것,
4. 그 서비스제공자가, 널리 인정되고 사용된 산업표준으로(in weithin anerkannten und verwendeten Industriestandards) 정해진 것으로, 정보 이용에 관한 데이터 수집을 위한 과학기술의 허용된 적용(die erlaubte Anwendung von Technologien)을 저해하지 않을 것 그리고,
5. 그 서비스제공자가, 당초의 전송출발지점의 정보가 통신망(通信網)에서 삭제되었거나(dass die Informationen am ursprünglichen Ausgangsort der Übertragung aus dem Netz entfernt wurden) 그 정보에 대한 접근이 차단되거나, 법원 또는 행정관청이 그 삭제 또는 차단을 명한 점을 알게 되자마자(sobald sie Kenntnis davon erhalten haben), 본 규정의 의미에서 저장된 정보(情報)를 삭제하거나 그

angeordnet hat.

§ 10 Speicherung von Informationen

Diensteanbieter sind für fremde Informationen, die sie für einen Nutzer speichern, nicht verantwortlich, sofern

1. sie keine Kenntnis von der rechtswidrigen Handlung oder der Information haben und ihnen im Falle von Schadensersatzansprüchen auch keine Tatsachen oder Umstände bekannt sind, aus denen die rechtswidrige Handlung oder die Information offensichtlich wird, oder
2. sie unverzüglich tätig geworden sind, um die Information zu entfernen oder den Zugang zu ihr zu sperren, sobald sie diese Kenntnis erlangt haben.

Satz 1 findet keine Anwendung, wenn der Nutzer dem Diensteanbieter untersteht oder von ihm beaufsichtigt wird.

Abschnitt 4 Melde- und Abhilfeverfahren der Videosharingplattform-Anbieter

§ 10a Verfahren zur Meldung von Nutzerbeschwerden

(1) Wenn eine Rechtsvorschrift des Bundes oder der Länder auf diese Vorschrift Bezug nimmt und soweit sich eine entsprechende Verpflichtung nicht bereits aus dem Netzwerkdurchsetzungsgesetz vom 1. September 2017 (BGBl. I S. 3352), das zuletzt durch Artikel 274 der Verordnung vom 19. Juni 2020 (BGBl. I S. 1328) geändert worden ist, in der jeweils geltenden Fassung ergibt, sind Videosharingplattform-Anbieter verpflichtet, ein Verfahren vorzuhalten, mit dem die Nutzer Beschwerden (Nutzerbeschwerden) über rechtswidrige audiovisuelle Inhalte, die auf dem Videosharingplattform-Dienst des Videosharingplattform-Anbieters bereitgestellt werden, elektronisch melden können.

(2) Das Meldeverfahren muss

1. bei der Wahrnehmung des Inhalts leicht erkennbar und bedienbar, unmittelbar erreichbar und ständig verfügbar sein,
2. dem Beschwerdeführer die Möglichkeit geben, die Nutzerbeschwerde näher zu begründen und
3. gewährleisten, dass der Videosharingplattform-Anbieter Nutzerbeschwerden unverzüglich zur Kenntnis nehmen und prüfen kann.

§ 10b Verfahren zur Abhilfe von Nutzerbeschwerden

Wenn eine Rechtsvorschrift des Bundes oder der Länder auf diese Vorschrift Bezug nimmt und soweit sich eine entsprechende Verpflichtung nicht bereits aus dem Netzwerkdurchsetzungsgesetz ergibt, müssen Videosharingplattform-Anbieter ein wirksames und transparentes Verfahren nach Satz 2 zur Prüfung und Abhilfe der nach § 10a Absatz 1 gemeldeten Nutzerbeschwerden vorhalten. Das Verfahren muss gewährleisten, dass der Videosharingplattform-Anbieter

1. unverzüglich nach Eingang der Nutzerbeschwerde prüft, ob ein rechtswidriger Inhalt vorliegt,
2. unverzüglich nach Eingang der Nutzerbeschwerde einen rechtswidrigen Inhalt entfernt oder den Zugang zu diesem Inhalt sperrt,
3. im Falle der Entfernung eines rechtswidrigen Inhalts den Inhalt zu Beweiszwecken sichert und für die Dauer von zehn Wochen speichert,
4. den Beschwerdeführer und den Nutzer, für den der beanstandete Inhalt gespeichert wurde,

정보에 대한 접근(接近)을 차단하기 위하여 지체 없이 행동할 것.

제10조 정보의 저장

서비스제공자는, 다음의 경우에, 자신이 이용자를 위해 저장한 타인의 정보에 대하여 책임을 부담하지 아니한다,

1. 서비스제공자가, 위법한 행위나 해당 정보를 알지 못했고, 손해배상청구권의 경우에 있어 위법한 행위나 정보임을 명백하게 드러내게 해 주는 사실 또는 사정(Tatsachen oder Umstände)도 알지 못한 경우, 또는
2. 서비스제공자가 이[240]를 알게 되자마자, 그 정보를 삭제하거나 그 정보에 대한 접근을 차단하기 위하여 지체 없이 조치를 취한 경우.

이용자가 서비스제공자에 종속되어 있거나 서비스제공자의 감독을 받는 경우(wenn der Nutzer dem Diensteanbieter untersteht oder von ihm beaufsichtigt wird)에는 제1문은 적용하지 아니한다.

제4장 비디오공유플랫폼서비스제공자의 신고 및 시정 절차

제10조a 이용자이의의 신고절차

① 연방 또는 주의 법규정이 이러한 규정[241]을 언급하고 또 관련 의무[242]가 2017년 9월 1일의 네트워크법집행법(BGBl. I S. 3352)으로, 최근에 2020년 6월 19일의 명령 제274조에 의하여 개정되고 수시로 개정된 네트워크법집행법에서 도출되지 아니하는 범위 내에서, 비디오공유플랫폼서비스제공자는 이용자가 해당 비디오공유플랫폼서비스제공자의 비디오공유플랫폼서비스에서 제공된(die auf dem Videosharingplattform-Dienst des Videosharingplattform-Anbieters bereitgestellt werden) 위법한 시청각 콘텐츠에 관한 이의('이용자이의'; Nutzerbeschwerden)를 전자적 방법으로 신고할 수 있게 해 주는 절차를 마련할 의무를 진다.

② 그 신고절차는,

1. 그 내용의 인식에 있어 쉽게 알아볼 수 있고, 이용할 수 있으며 직접 접근할 수 있고 언제든지 이용할 수 있어야만 한다.
2. 신고자에게 이용자이의에 대하여 상세하게 이유를 기재할 가능성을 제공해야만 한다,
3. 비디오공유플랫폼서비스제공자가 이용자이의를 지체 없이 인지하고 심사할 수 있다는 점을 보장해야 한다.

제10조b 이용자이의의 시정절차

연방 또는 주의 법규정이 이러한 규정[243]을 언급하고 또 관련 의무[244]가 네트워크법집행법에서 도출되지 아니하는 범위 내에서, 비디오공유플랫폼서비스제공자는 제10조a에 따라 신고된 이용자이의의 심사 및 시정에 관한, 제2문에 따른 효율적이며 투명한 절차(ein wirksames und transparentes Verfahren nach Satz 2 zur Prüfung und Abhilfe der nach § 10a Absatz 1 gemeldeten Nutzerbeschwerden)를 마련해야만 한다. 그 절차는 비디오공유플랫폼서비스제공자가 다음 각 호를 하도록 보장한다,

1. 이용자이의 접수 후 지체 없이 위법한 내용이 있는지 여부를 심사하는 것,
2. 이용자이의 접수 후 지체 없이 위법한 내용(einen rechtswidrigen Inhalt)을 삭제하거나 그 내용에 대한 접근을 차단하는 것,
3. 위법한 내용의 삭제의 경우에 증명목적(zu Beweiszwecken)으로 그 내용을 백업한 다음 10주 기간 동안 이를 저장하는 것,
4. 이의제기인과, 이의가 제기된 콘텐츠가 저장된 이용자에게 지체 없이 자신의 결정에 대하여 알리고

unverzüglich über seine Entscheidung informiert und diese begründet,

5. den Beschwerdeführer und den Nutzer, für den der beanstandete Inhalt gespeichert wurde, über die Möglichkeit der Teilnahme an einem unparteiischen Schlichtungsverfahren informiert,
6. dem Beschwerdeführer und dem Nutzer, für den der beanstandete Inhalt gespeichert wurde, die Gelegenheit gibt, unter Angabe von Gründen eine Überprüfung der ursprünglichen Entscheidung zu verlangen, wenn der Antrag auf Überprüfung (Gegenvorstellung) innerhalb von zwei Wochen nach Information über die Entscheidung gestellt wird,
7. darauf hinweist, dass der Inhalt einer Stellungnahme des Nutzers, für den der beanstandete Inhalt gespeichert wurde, an den Beschwerdeführer sowie der Inhalt einer Stellungnahme des Beschwerdeführers an den Nutzer, für den der beanstandete Inhalt gespeichert wurde, weitergegeben werden kann,
8. im Falle einer Gegenvorstellung des Beschwerdeführers den Nutzer, für den der beanstandete Inhalt gespeichert wurde, und im Falle einer Gegenvorstellung des Nutzers, für den der beanstandete Inhalt gespeichert wurde, den Beschwerdeführer im Falle der Abhilfe über den Inhalt der Gegenvorstellung unverzüglich informiert und ihm Gelegenheit zur Stellungnahme innerhalb einer angemessenen Frist gibt,
9. seine ursprüngliche Entscheidung unverzüglich einer Überprüfung unterzieht, das Ergebnis dem Beschwerdeführer und dem Nutzer, für den der beanstandete Inhalt gespeichert wurde, unverzüglich übermittelt und einzelfallbezogen begründet,
10. sicherstellt, dass eine Offenlegung der Identität des Beschwerdeführers und des Nutzers, für den der beanstandete Inhalt gespeichert wurde, nicht erfolgt und
11. jede Beschwerde, das Ergebnis ihrer Prüfung, die zu ihrer Abhilfe getroffene Maßnahme sowie jede verlangte Überprüfung der Entscheidung und deren Ergebnis dokumentiert.

§ 10c Allgemeine Geschäftsbedingungen

(1) Videosharingplattform-Anbieter sind verpflichtet, mit ihren Nutzern wirksam zu vereinbaren, dass diesen die Verbreitung unzulässiger audiovisueller kommerzieller Kommunikation verboten ist.

(2) Unzulässige audiovisuelle kommerzielle Kommunikation im Sinne dieser Vorschrift ist audiovisuelle kommerzielle Kommunikation, die gegen folgende Vorschriften verstößt:

1. § 20 des Tabakerzeugnisgesetzes vom 4. April 2016 (BGBl. I S. 569), das zuletzt durch Artikel 96 der Verordnung vom 19. Juni 2020 (BGBl. I S. 1328) geändert worden ist, oder
2. § 10 des Heilmittelwerbegesetzes in der Fassung der Bekanntmachung vom 19. Oktober 1994 (BGBl. I S. 3068), das zuletzt durch Artikel 6 des Gesetzes vom 28. April 2020 (BGBl. I S. 960) geändert worden ist.

Abschnitt 5 Datenschutz

§ 11 Anbieter-Nutzer-Verhältnis

(1) Die Vorschriften dieses Abschnitts gelten nicht für die Erhebung und Verwendung personenbezogener Daten der Nutzer von Telemedien, soweit die Bereitstellung solcher Dienste

1. im Dienst- und Arbeitsverhältnis zu ausschließlich beruflichen oder dienstlichen Zwecken oder
2. innerhalb von oder zwischen nicht öffentlichen Stellen oder öffentlichen Stellen ausschließlich zur

그 결정에 대하여 이유를 제시하는 것,

5. 이의제기인과 이의가 제기된 콘텐츠가 저장된 이용자에게 공정한 조정절차에 참가의 가능성(Möglichkeit der Teilnahme an einem unparteiischen Schlichtungsverfahren)에 관하여 알리는 것,
6. 이의제기인과 이의가 제기된 콘텐츠가 저장된 이용자에게 이유를 기재하여 원결정(原決定)의 재심사를 요구할 수 있는(unter Angabe von Gründen eine Überprüfung der ursprünglichen Entscheidung zu verlangen) 기회를 제공하는 것, 다만, 재심사 신청['불복신청(不服申請)'; Gegenvorstellung]이 결정에 관한 통지 후 2주 이내에 제기되는 경우에 한함,
7. 이의가 제기된 콘텐츠가 저장된 이용자의 의견진술 내용(der Inhalt einer Stellungnahme des Nutzers)이 이의제기인에게 제공될 수 있고 또한 이의제기인의 의견진술 내용(der Inhalt einer Stellungnahme des Beschwerdeführers)이 이의가 제기된 콘텐츠가 저장된 이용자에게 제공될 수 있다는 점을 안내하는 것,
8. 이의제기인의 불복신청의 경우에는(im Falle einer Gegenvorstellung des Beschwerdeführers) 이의가 제기된 콘텐츠가 저장된 이용자에게, 이의가 제기된 콘텐츠가 저장된 이용자의 불복신청의 경우에는 시정의 경우의 이의제기인에게, 불복신청의 내용에 관하여 지체 없이 알리고(über den Inhalt der Gegenvorstellung unverzüglich informiert) 그에게 적절한 기간 내에 의견진술을 할 기회(Gelegenheit zur Stellungnahme innerhalb einer angemessenen Frist)를 부여하는 것,
9. 자신의 원결정(原決定)에 대하여 지체 없이 재심사를 받게 하고(seine ursprüngliche Entscheidung unverzüglich einer Überprüfung unterzieht), 그 결과를 이의제기인과 이의가 제기된 콘텐츠가 저장된 이용자에게 지체 없이 통지하며, 개별사안별로 이유를 제시하는 것,
10. 이의제기인과 이의가 제기된 콘텐츠가 저장된 이용자의 신원의 공개(eine Offenlegung der Identität)가 이뤄지지 않도록 보장하는 것,
11. 각 이의, 그 심사 결과와 그 시정을 위해 취해진 조치와, 그 결정에 대한 요구된 각 재심사 그리고 재심사결과를 기록하는 것.

제10조c 보통거래약관

① 비디오공유플랫폼서비스제공자는, 이용자에게 허용되지 않는 시청각 상업통신의 유통이 금지되는 것으로 자신의 이용자와 효과적으로 약정할 의무를 진다.

② 위와 같은 규정상의 허용되지 않는 시청각 상업통신은 다음 각 호의 규정에 위반하는 시청각 상업통신을 말한다:

1. 2016년 4월 4일의 담배제품법(BGBl. I S. 569)으로, 최근에 2020년 6월 19일의 명령(BGBl. I S. 1328) 제96조에 의하여 개정된 동법 제20조,
2. 1994년 10월 19일에 공고된 법형식(in der Fassung der Bekanntmachung)의 의약품광고법(Heilmittelwerbegesetz)(BGBl. I S. 3068)으로, 최근에 2020년 4월 28일의 법률(BGBl. I S. 960) 제6조에 의하여 개정된 동법 제10조.

제5장 정보보호[245)]

제11조 서비스제공자·이용자관계

① 본 장(章)의 규정은, 다음 각 호의 범위 내에서 전기정보통신서비스이용자의 개인정보의 수집 또는 이용에 대하여 적용하지 아니한다.

1. 서비스의 제공이 고용관계나 근로관계에서 오로지 직업적 목적이나 근무 목적으로 행해지는 경우나,
2. 서비스의 제공이 민간기관(民間機關)들 또는 공공기관[246)]들 내에서 또는 그러한 기관들 간에 오로지

Steuerung von Arbeits- oder Geschäftsprozessen erfolgt.

(2) Nutzer im Sinne dieses Abschnitts ist jede natürliche Person, die Telemedien nutzt, insbesondere um Informationen zu erlangen oder zugänglich zu machen.

(3) Bei Telemedien, die überwiegend in der Übertragung von Signalen über Telekommunikationsnetze bestehen, gelten für die Erhebung und Verwendung personenbezogener Daten der Nutzer nur § 15 Absatz 8 und § 16 Absatz 2 Nummer 4.

§ 12 Grundsätze

(1) Der Diensteanbieter darf personenbezogene Daten zur Bereitstellung von Telemedien nur erheben und verwenden, soweit dieses Gesetz oder eine andere Rechtsvorschrift, die sich ausdrücklich auf Telemedien bezieht, es erlaubt oder der Nutzer eingewilligt hat.

(2) Der Diensteanbieter darf für die Bereitstellung von Telemedien erhobene personenbezogene Daten für andere Zwecke nur verwenden, soweit dieses Gesetz oder eine andere Rechtsvorschrift, die sich ausdrücklich auf Telemedien bezieht, es erlaubt oder der Nutzer eingewilligt hat.

(3) Soweit nichts anderes bestimmt ist, sind die jeweils geltenden Vorschriften für den Schutz personenbezogener Daten anzuwenden, auch wenn die Daten nicht automatisiert verarbeitet werden.

§ 13 Pflichten des Diensteanbieters

(1) Der Diensteanbieter hat den Nutzer zu Beginn des Nutzungsvorgangs über Art, Umfang und Zwecke der Erhebung und Verwendung personenbezogener Daten sowie über die Verarbeitung seiner Daten in Staaten außerhalb des Anwendungsbereichs der Richtlinie 95/46/EG des Europäischen Parlaments und des Rates vom 24. Oktober 1995 zum Schutz natürlicher Personen bei der Verarbeitung personenbezogener Daten und zum freien Datenverkehr (ABl. EG Nr. L 281 S. 31) in allgemein verständlicher Form zu unterrichten, sofern eine solche Unterrichtung nicht bereits erfolgt ist. Bei einem automatisierten Verfahren, das eine spätere Identifizierung des Nutzers ermöglicht und eine Erhebung oder Verwendung personenbezogener Daten vorbereitet, ist der Nutzer zu Beginn dieses Verfahrens zu unterrichten. Der Inhalt der Unterrichtung muss für den Nutzer jederzeit abrufbar sein.

(2) Die Einwilligung kann elektronisch erklärt werden, wenn der Diensteanbieter sicherstellt, dass

1. der Nutzer seine Einwilligung bewusst und eindeutig erteilt hat,
2. die Einwilligung protokolliert wird,
3. der Nutzer den Inhalt der Einwilligung jederzeit abrufen kann und
4. der Nutzer die Einwilligung jederzeit mit Wirkung für die Zukunft widerrufen kann.

(3) Der Diensteanbieter hat den Nutzer vor Erklärung der Einwilligung auf das Recht nach Absatz 2 Nr. 4 hinzuweisen. Absatz 1 Satz 3 gilt entsprechend.

(4) Der Diensteanbieter hat durch technische und organisatorische Vorkehrungen sicherzustellen, dass

1. der Nutzer die Nutzung des Dienstes jederzeit beenden kann,
2. die anfallenden personenbezogenen Daten über den Ablauf des Zugriffs oder der sonstigen Nutzung unmittelbar nach deren Beendigung gelöscht oder in den Fällen des Satzes 2 gesperrt werden,
3. der Nutzer Telemedien gegen Kenntnisnahme Dritter geschützt in Anspruch nehmen kann,
4. die personenbezogenen Daten über die Nutzung verschiedener Telemedien durch denselben Nutzer getrennt verwendet werden können,
5. Daten nach § 15 Abs. 2 nur für Abrechnungszwecke zusammengeführt werden können und

업무과정 또는 사업과정의 관리를 위하여 행해지는 경우.

② 본 장의 이용자는, 특히 정보를 취득하거나 이에 접근하기 위하여 전기정보통신서비스를 이용하는 모든 자연인(自然人)이다.

③ 주로 전기통신망을 통한 신호의 전송(轉送)에 해당하는 전기정보통신서비스의 경우에, 이용자의 개인정보의 수집 또는 이용에 대하여(für die Erhebung und Verwendung personenbezogener Daten der Nutzer) 제15조 제8항, 제16조 제2항 제4호만을 적용한다.

제12조 원칙

① 서비스제공자는, 본법이나 전기정보통신서비스에 명시적으로 적용되는 그 밖의 법규정이 이를 허용하거나 이용자가 동의한 범위 내에서만, 전기정보통신서비스를 제공하기 위하여(zur Bereitstellung von Telemedien) 개인정보를 수집하고 이용할 수 있다.

② 서비스제공자는, 본법이나 전기정보통신서비스에 명시적으로 적용되는 그 밖의 법규정이 이를 허가하거나 이용자가 동의한 범위 내에서만, 전기정보통신서비스 제공을 위하여 수집된 개인정보(für die Bereitstellung von Telemedien erhobene personenbezogene Daten)를 다른 목적으로 이용할 수 있다.

③ 달리 정함이 없는 범위 한, 그 정보가 비(非)자동으로 처리될지라도 개인정보의 보호를 위하여 각각 적용되는 규정을 적용한다.

제13조 서비스제공자의 의무

① 서비스제공자는, 그 통지가 이미 행해지지 않는 한, 그 이용과정의 개시시에(zu Beginn des Nutzungsvorgangs) 개인정보 수집 또는 이용의 성질, 범위 및 목적(Art, Umfang und Zwecke der Erhebung und Verwendung personenbezogener Daten)과, 「개인정보 처리시 자연인의 보호와 자유로운 정보이동에 관한 1995년 10월 24일 유럽연합 의회 및 이사회 95/46/EG 입법지침」(ABl. EG Nr. L 281 S. 31)의 적용범위 내의 국가에서 행하는 자신의 정보의 처리에 관하여 보편적으로 이해하기 쉬운 형식으로 이용자에게 알려야 한다. 이용자의 사후적 식별(eine spätere Identifizierung des Nutzers)을 가능하게 하고 개인정보의 수집 또는 사용을 준비하는 자동화된 절차의 경우 이러한 절차의 개시시에 이용자에게 알려야 한다. 알리는 내용은 이용자가 언제든지 검색할 수 있어야만 한다(Der Inhalt der Unterrichtung muss für den Nutzer jederzeit abrufbar sein).

② 서비스제공자가 다음을 모두 보장하는 경우에는 동의는 전자적 방법으로 표시될 수 있다,

1. 이용자가 자신의 동의를 인식한 다음 명확하게 동의를 할 것,
2. 동의가 기록될 것,
3. 이용자가 동의 내용을 언제든지 검색할 수 있을 것,
4. 이용자가 장래효(將來效; Wirkung für die Zukunft)로 언제든지 그 동의를 철회할 수 있을 것.

③ 서비스제공자는 그 동의의 의사표시 전에 이용자에게 제2항 제4호에 따른 권리를 안내해야 한다. 제1항 제3문을 준용한다.

④ 서비스제공자가 기술적·관리적 조처(措處)로 다음 각 호를 보장해야 한다,

1. 이용자가 서비스의 이용을 언제든지 종료할 수 있을 것,
2. 그 접근 또는 기타 이용의 과정을 통해 생성된 개인정보가 그 개인정보 처리 직후에 삭제되거나 제2문의 경우에 차단될 것,
3. 이용자가 제3자의 그에 대한 지득으로부터 보호되어 전기정보통신서비스를 이용할 수 있을 것,
4. 동일한 이용자의 여러 전기정보통신서비스의 이용(die Nutzung verschiedener Telemedien durch denselben Nutzer)에 관한 개인정보가 분리되어 사용될 수 있을 것,
5. 정보가 제15조 제2항에 따른 결제(決濟)목적으로만 결합될 수 있을 것,

6. Nutzungsprofile nach § 15 Abs. 3 nicht mit Angaben zur Identifikation des Trägers des Pseudonyms zusammengeführt werden können.

An die Stelle der Löschung nach Satz 1 Nr. 2 tritt eine Sperrung, soweit einer Löschung gesetzliche, satzungsmäßige oder vertragliche Aufbewahrungsfristen entgegenstehen.

(5) Die Weitervermittlung zu einem anderen Diensteanbieter ist dem Nutzer anzuzeigen.

(6) Der Diensteanbieter hat die Nutzung von Telemedien und ihre Bezahlung anonym oder unter Pseudonym zu ermöglichen, soweit dies technisch möglich und zumutbar ist. Der Nutzer ist über diese Möglichkeit zu informieren.

(7) Diensteanbieter haben, soweit dies technisch möglich und wirtschaftlich zumutbar ist, im Rahmen ihrer jeweiligen Verantwortlichkeit für geschäftsmäßig angebotene Telemedien durch technische und organisatorische Vorkehrungen sicherzustellen, dass

1. ein unerlaubter Zugriff auf die für ihre Telemedienangebote genutzten technischen Einrichtungen möglich ist und
2. diese
   a) gegen Verletzungen des Schutzes personenbezogener Daten und
   b) gegen Störungen, auch soweit sie durch äußere Angriffe bedingt sind,

gesichert sind. Vorkehrungen nach Satz 1 müssen den Stand der Technik berücksichtigen. Eine Maßnahme nach Satz 1 ist insbesondere die Anwendung eines als sicher anerkannten Verschlüsselungsverfahrens.

(8) Der Diensteanbieter hat dem Nutzer nach Maßgabe von § 34 des Bundesdatenschutzgesetzes auf Verlangen Auskunft über die zu seiner Person oder zu seinem Pseudonym gespeicherten Daten zu erteilen. Die Auskunft kann auf Verlangen des Nutzers auch elektronisch erteilt werden.

§ 14 Bestandsdaten

(1) Der Diensteanbieter darf personenbezogene Daten eines Nutzers nur erheben und verwenden, soweit sie für die Begründung, inhaltliche Ausgestaltung oder Änderung eines Vertragsverhältnisses zwischen dem Diensteanbieter und dem Nutzer über die Nutzung von Telemedien erforderlich sind (Bestandsdaten).

(2) Auf Anordnung der zuständigen Stellen darf der Diensteanbieter im Einzelfall Auskunft über Bestandsdaten erteilen, soweit dies zur Durchsetzung der Rechte am geistigen Eigentum erforderlich ist.

(3) Der Diensteanbieter darf darüber hinaus im Einzelfall Auskunft über bei ihm vorhandene Bestandsdaten erteilen, soweit dies zur Durchsetzung zivilrechtlicher Ansprüche wegen der Verletzung absolut geschützter Rechte aufgrund rechtswidriger Inhalte, die von § 10a Absatz 1 dieses Gesetzes oder § 1 Absatz 3 des Netzwerkdurchsetzungsgesetzes erfasst werden, erforderlich ist. In diesem Umfang ist er gegenuber dem Verletzten zur Auskunft verpflichtet.

(4) Für die Erteilung der Auskunft nach Absatz 3 ist eine vorherige gerichtliche Anordnung über die Zulässigkeit der Auskunftserteilung erforderlich, die vom Verletzten zu beantragen ist. Das Gericht entscheidet zugleich über die Verpflichtung zur Auskunftserteilung, sofern der Antrag nicht ausdrucklich auf die Anordnung der Zulassigkeit der Auskunftserteilung beschrankt ist. Für den Erlass dieser Anordnung ist das Landgericht ohne Rücksicht auf den Streitwert zuständig. Örtlich zuständig ist das Gericht, in dessen Bezirk der Verletzte seinen Wohnsitz, seinen Sitz oder eine Niederlassung hat. Die

6. 제15조 제3항에 따른 이용자분석프로필이 가명의 주체 식별(識別)을 위한 정보와 결합(結合)될 수 없을 것.

삭제가 법(法)상, 정관상 또는 계약상 보관기간에 배치되는 범위 내에서 차단(eine Sperrung)이 제1문 제2호에 따른 삭제를 대신한다.

⑤ (정보의) 다른 서비스제공자에 대한 재전달(Weitervermittlung)은 이용자에게 통보되어야 한다.

⑥ 서비스제공자는, 이것이 기술적으로 가능하고 또 감당할 수 있는 범위 내에서 전기정보통신서비스의 이용과 그에 대한 결제가 익명으로 또는 가명으로(anonym oder unter Pseudonym) 되도록 해야 한다.[247] 이용자에게 이러한 가능성에 관하여 알려야 한다.

⑦ 서비스제공자는, 이것이 기술적으로 가능하고 경제적으로 감당할 수 있는 내에서, 영업적으로 제공한 전기정보통신서비스에 대한 자신의 각각의 책임의 범위 내에서(im Rahmen ihrer jeweiligen Verantwortlichkeit für geschäftsmäßig angebotene Telemedien), 기술적·관리적 조처(措處)로(durch technische und organisatorische Vorkehrungen) 다음 각 호를 보장해야 한다,

1. 자신의 전기정보통신서비스의 제공에 대하여 이용된 기술적 설비(設備)에 대한 무단접근(ein unerlaubter Zugriff)이 시도(試圖)될 수 있지만,
2. 그 설비가, 다음 각 목으로부터 안전하다는 점,
   a) 개인정보 침해(侵害; Verletzungen),
   b) 외부의 공격으로 발생하는 경우도 포함하여 교란(攪亂; Störungen).

제1문에 따른 조처(措處)는 기술적 수준(水準)(den Stand der Technik)을 고려해야만 한다. 제1문에 따른 한 조치는, 특히 안전한 것으로 인정된 암호화 방법의 적용을 말한다.

⑧ 서비스제공자는, 연방개인정보보호법 제34조의 기준에 좇아 이용자에게 그 요구에 따라 이용자의 신원에 관하여 저장(貯藏)한 데이터나 가명(假名)으로 저장한 데이터에 관한 정보(Auskunft)를 제공해야 한다. 그 정보제공은 이용자의 요구에 따라 전자적 방법으로 행해질 수 있다.

제14조 가입자신상정보

① 서비스제공자는, 이것이 전기정보통신서비스 이용에 관한, 서비스제공자와 이용자 간의 계약관계의 성립, 내용 형성 또는 변경(die Begründung, inhaltliche Ausgestaltung oder Änderung eines Vertragsverhältnisses zwischen dem Diensteanbieter und dem Nutzer)에 필요한 범위 내에서, 어느 이용자의 개인정보('가입자신상정보'[248]; Bestandsdaten)를 수집하고 이용할 수 있다.

② 서비스제공자는, 이것이 지식재산권의 실현(Durchsetzung)에 필요한 범위 내에서, 개별사안에서 관할기관의 명령에 따라 가입자신상정보를 제공해도 된다.

③ 또한 서비스제공자는, 이것이, 본 법률 제10조a 제1항 또는 네트워크법집행법 제1조 제3항에 의한 적용을 받는 '위법한 콘텐츠'(rechtswidriger Inhalte)로 인한, 절대권[249](absolut geschützter Rechte)의 침해를 원인으로 하는 민사청구권의 실현에 필요한 범위 내에서, 자신이 보유하고 있는 가입자신상정보를 개별사안에서 제공할 수 있다. 이러한 범위 내에서 서비스제공자는 피해자에게(gegenuber dem Verletzten) 정보제공을 할 의무를 진다.

④ 제3항에 따른 정보의 제공에 대하여, 정보제공의 허가에 관한 법원의 사전 명령(eine vorherige gerichtliche Anordnung über die Zulässigkeit der Auskunftserteilung)으로, 피해자가 신청해야 하는 명령이 필요하다. 법원은, 신청이 정보제공의 허가 명령에 명시적으로 제한되어 있지 않는 한, 정보제공의무(die Verpflichtung zur Auskunftserteilung)에 관해서도 재판한다. 주일반지방법원이 소가를 불문하고(ohne Rücksicht auf den Streitwert) 이러한 명령의 발령을 관할한다. 피해자가 자신의 주소 또는 피해자가 자신의 주소 또는 본점이나 어느 영업소를 둔 관할구역을 관할하는(in dessen Bezirk der Verletzte

Entscheidung trifft die Zivilkammer. Für das Verfahren gelten die Vorschriften des Gesetzes über das Verfahren in Familiensachen und in den Angelegenheiten der freiwilligen Gerichtsbarkeit entsprechend. Die Kosten der richterlichen Anordnung trägt der Verletzte. Gegen die Entscheidung des Landgerichts ist die Beschwerde statthaft.

(5) Der Diensteanbieter ist als Beteiligter zu dem Verfahren nach Absatz 4 hinzuzuziehen. Er darf den Nutzer über die Einleitung des Verfahrens unterrichten.

§ 14a Verarbeitung personenbezogener Daten Minderjähriger

Hat ein Diensteanbieter zur Wahrung des Jugendschutzes personenbezogene Daten von Minderjährigen erhoben, etwa durch Mittel zur Altersverifikation oder andere technische Maßnahmen, oder anderweitig gewonnen, so darf er diese Daten nicht für kommerzielle Zwecke verarbeiten.

§ 15 Nutzungsdaten

(1) Der Diensteanbieter darf personenbezogene Daten eines Nutzers nur erheben und verwenden, soweit dies erforderlich ist, um die Inanspruchnahme von Telemedien zu ermöglichen und abzurechnen (Nutzungsdaten). Nutzungsdaten sind insbesondere

1. Merkmale zur Identifikation des Nutzers,
2. Angaben über Beginn und Ende sowie des Umfangs der jeweiligen Nutzung und
3. Angaben über die vom Nutzer in Anspruch genommenen Telemedien.

(2) Der Diensteanbieter darf Nutzungsdaten eines Nutzers über die Inanspruchnahme verschiedener Telemedien zusammenführen, soweit dies für Abrechnungszwecke mit dem Nutzer erforderlich ist.

(3) Der Diensteanbieter darf für Zwecke der Werbung, der Marktforschung oder zur bedarfsgerechten Gestaltung der Telemedien Nutzungsprofile bei Verwendung von Pseudonymen erstellen, sofern der Nutzer dem nicht widerspricht. Der Diensteanbieter hat den Nutzer auf sein Widerspruchsrecht im Rahmen der Unterrichtung nach § 13 Abs. 1 hinzuweisen. Diese Nutzungsprofile dürfen nicht mit Daten über den Träger des Pseudonyms zusammengeführt werden.

(4) Der Diensteanbieter darf Nutzungsdaten über das Ende des Nutzungsvorgangs hinaus verwenden, soweit sie für Zwecke der Abrechnung mit dem Nutzer erforderlich sind (Abrechnungsdaten). Zur Erfüllung bestehender gesetzlicher, satzungsmäßiger oder vertraglicher Aufbewahrungsfristen darf der Diensteanbieter die Daten sperren.

(5) Der Diensteanbieter darf an andere Diensteanbieter oder Dritte Abrechnungsdaten übermitteln, soweit dies zur Ermittlung des Entgelts und zur Abrechnung mit dem Nutzer erforderlich ist. Hat der Diensteanbieter mit einem Dritten einen Vertrag über den Einzug des Entgelts geschlossen, so darf er diesem Dritten Abrechnungsdaten übermitteln, soweit es für diesen Zweck erforderlich ist. Zum Zwecke der Marktforschung anderer Diensteanbieter dürfen anonymisierte Nutzungsdaten übermittelt werden. § 14 Absatz 2 bis 5 findet entsprechende Anwendung.

(6) Die Abrechnung über die Inanspruchnahme von Telemedien darf Anbieter, Zeitpunkt, Dauer, Art, Inhalt und Häufigkeit bestimmter von einem Nutzer in Anspruch genommener Telemedien nicht erkennen lassen, es sei denn, der Nutzer verlangt einen Einzelnachweis.

(7) Der Diensteanbieter darf Abrechnungsdaten, die für die Erstellung von Einzelnachweisen über die Inanspruchnahme bestimmter Angebote auf Verlangen des Nutzers verarbeitet werden, höchstens bis zum Ablauf des sechsten Monats nach Versendung der Rechnung speichern. Werden gegen die seinen

Wohnsitz, seinen Sitz oder eine Niederlassung hat) 법원이 토지관할을 갖는다. 재판은 민사부에서 행한다. 그 절차에 대하여 「가사사건 및 비송사건의 절차에 관한 법률」을 준용한다. 법원의 명령의 비용(Die Kosten der richterlichen Anordnung)은 피해자가 부담한다. 주일반지방법원의 재판에 대하여(Gegen die Entscheidung des Landgerichts) 이의를 제기할 수 있다.

⑤ 서비스제공자는 제4항에 따른 절차에 참가당사자로서 참가해야 한다. 그 서비스제공자는 그 절차의 개시를 이용자에게 알려도 된다.

재14조a 미성년자 개인정보의 처리

서비스제공자가 청소년보호를 위하여, 가령 연령확인 수단 또는 그 밖의 기술적 수단을 통하여 미성년자 개인정보를 수집했거나 그 밖의 방법으로 이를 취득한 경우에 그 서비스제공자는 이러한 정보를 상업적 목적으로 처리해서는 아니된다.

제15조 이용정보

① 서비스제공자는, 이것이 전기정보통신서비스의 이용을 가능하게 하고 그에 대하여 결제를 하는 데 필요한 범위 내에서만, 어느 이용자의 개인정보('이용정보'; Nutzungsdaten)를 수집하고 사용할 수 있다. 이용정보는 특히 다음 각 호를 말한다,

1. 이용자의 식별을 위한 표지(標識),
2. 각각의 이용의 개시 및 종료와 그 범위에 관한 정보,
3. 이용자가 이용하는 전기정보통신서비스에 관한 정보.

② 서비스제공자는, 이것이 이용자에 대한 결제목적(決濟目的; Abrechnungszwecke)에 필요한 범위 내에서, 다른 전기정보통신서비스의 이용에 관한 어느 이용자의 이용정보를 결합할 수 있다.

③ 서비스제공자는 이용자가 그에 대하여 이의를 제기하지 않는 한, 광고나 시장조사의 목적을 위하여 또는 필요에 기반한 전기정보통신서비스의 형성을 위하여 가명을 사용한 이용자분석프로필을 만들어도 된다. 서비스제공자는 이용자에게 제13조 제1항에 따른 알림의 일환으로 이용자의 이의제기권(sein Widerspruchsrecht)에 대하여 안내해야 한다. 이러한 이용자분석프로필은 가명 주체에 관한 데이터와 결합되어서는 아니된다.

④ 서비스제공자는, 이것이 이용자에 대한 결제목적(決濟目的)에 필요한 범위 내에서, 그 이용과정의 종료 후에도 이용정보('결제정보'; Abrechnungsdaten)를 이용해도 된다. 기존의 법(法)상, 정관상 또는 계약상의 보관기간 준수를 위하여(Zur Erfüllung bestehender gesetzlicher, satzungsmäßiger oder vertraglicher Aufbewahrungsfristen) 서비스제공자는 그 정보를 차단해도 된다.

⑤ 서비스제공자는, 이것이 이용료를 조사하고 이용자에 대한 결제를 하는 데 필요한 범위 내에서, 다른 서비스제공자 또는 제3자에게 결제정보를 제공해도 된다. 서비스제공자가 제3자와 이용료의 수금(收金)에 관한 계약을 체결한 경우에, 그 서비스제공자는 이것이 이러한 목적에 필요한 범위 내에서(soweit es für diesen Zweck erforderlich ist) 이러한 제3자에게 결제정보를 제공해도 된다. 다른 서비스제공자의 시장조사의 목적을 위하여 익명의 이용정보(anonymisierte Nutzungsdaten)가 제공되어도 된다. 제14조 제2항 내지 제5항을 준용한다.

⑥ 전기정보통신서비스의 이용에 대한 결제에서, 서비스제공자가 어느 이용자가 이용한 특정한 전기정보통신서비스의 시기(時期), 기간(其間), 성질(性質), 내용(內容) 및 빈도(頻度)를 알아볼 수 없어야 하고, 다만 이용자가 항목별 증명(einen Einzelnachweis)을 요구하는 경우는 그러하지 아니하다.

⑦ 서비스제공자는, 이용자의 요구에 따라 특정한 제공에 관한 항목별 증명서의 작성을 위해 처리되는 결제정보를 청구서의 발송시로부터 최대 6월의 경과시까지(höchstens bis zum Ablauf des sechsten Monats nach Versendung der Rechnung) 저장할 수 있다. 이러한 기간 내에, 이용료청구에 대하여 항변이

Entgeltforderung innerhalb dieser Frist Einwendungen erhoben oder diese trotz Zahlungsaufforderung nicht beglichen, dürfen die Abrechnungsdaten weiter gespeichert werden, bis die Einwendungen abschließend geklärt sind oder die Entgeltforderung beglichen ist.

(8) Liegen dem Diensteanbieter zu dokumentierende tatsächliche Anhaltspunkte vor, dass seine Dienste von bestimmten Nutzern in der Absicht in Anspruch genommen werden, das Entgelt nicht oder nicht vollständig zu entrichten, darf er die personenbezogenen Daten dieser Nutzer über das Ende des Nutzungsvorgangs sowie die in Absatz 7 genannte Speicherfrist hinaus nur verwenden, soweit dies für Zwecke der Rechtsverfolgung erforderlich ist. Der Diensteanbieter hat die Daten unverzüglich zu löschen, wenn die Voraussetzungen nach Satz 1 nicht mehr vorliegen oder die Daten für die Rechtsverfolgung nicht mehr benötigt werden. Der betroffene Nutzer ist zu unterrichten, sobald dies ohne Gefährdung des mit der Maßnahme verfolgten Zweckes möglich ist.

§ 15a Auskunftsverfahren bei Bestandsdaten

(1) Wer geschäftsmäßig Telemediendienste erbringt, daran mitwirkt oder den Zugang zur Nutzung daran vermittelt, darf die nach § 14 Absatz 1 erhobenen Bestandsdaten nach Maßgabe dieser Vorschrift zur Erfüllung von Auskunftspflichten gegenüber den in Absatz 3 genannten Stellen verwenden. Dies gilt nicht für Passwörter oder andere Daten, mittels derer der Zugriff auf Endgeräte oder auf Speichereinrichtungen, die in diesen Endgeräten oder hiervon räumlich getrennt eingesetzt werden, geschützt wird. Die in eine Auskunft aufzunehmenden Bestandsdaten dürfen auch anhand einer zu einem bestimmten Zeitpunkt zugewiesenen Internetprotokoll-Adresse bestimmt werden; hierfür dürfen nach § 15 Absatz 1 erhobene Nutzungsdaten auch automatisiert ausgewertet werden. Für die Auskunftserteilung sind sämtliche unternehmensinternen Datenquellen zu berücksichtigen.

(2) Die Auskunft darf nur erteilt werden nach Maßgabe der nachfolgenden Absätze und soweit die um die Auskunft ersuchende Stelle dies im Einzelfall unter Angabe einer gesetzlichen Bestimmung verlangt, die ihr eine Erhebung der in Absatz 1 in Bezug genommenen Daten erlaubt. Das Auskunftsverlangen ist schriftlich oder elektronisch zu stellen. Bei Gefahr im Verzug darf die Auskunft auch erteilt werden, wenn das Verlangen in anderer Form gestellt wird. In diesem Fall ist das Verlangen unverzüglich nachträglich schriftlich oder elektronisch zu bestätigen. Die Verantwortung für die Zulässigkeit der Auskunft tragen die um Auskunft ersuchenden Stellen.

(3) Die Auskunft nach Absatz 1 Satz 1 darf nur erteilt werden an

1. die für die Verfolgung von Straftaten und Ordnungswidrigkeiten zuständigen Behörden, soweit zureichende tatsächliche Anhaltspunkte für eine Straftat oder Ordnungswidrigkeit, die gegenüber einer natürlichen Person mit Geldbuße im Höchstmaß von mehr als fünfzehntausend Euro bedroht ist, vorliegen und die in die Auskunft aufzunehmenden Daten erforderlich sind, um den Sachverhalt zu erforschen, den Aufenthaltsort eines Beschuldigten oder Betroffenen zu ermitteln oder eine Strafe zu vollstrecken,
2. die für die Abwehr von Gefahren für die öffentliche Sicherheit oder Ordnung zuständigen Behörden, soweit die in die Auskunft aufzunehmenden Daten im Einzelfall erforderlich sind
   a) zur Abwehr einer Gefahr für die öffentliche Sicherheit oder
   b) zum Schutz von Leib, Leben, Freiheit der Person, sexueller Selbstbestimmung, dem Bestand und der Sicherheit des Bundes und der Länder, der freiheitlich demokratischen Grundordnung sowie nicht

제기되거나 지급요구에도 불구하고 그 이용료청구에 대하여 결제가 이뤄지지 않은 경우에는, 그 항변에 대하여 최종적으로 의사가 표시되거나 그 이용료청구에 대하여 결제될 때까지 결제정보는 계속적으로 저장되어도 된다.

⑧ 특정한 이용자가 이용료를 지급하지 않거나 완불(完拂)하지 않을 의도로 자신의 서비스를 이용한다는 점을 증명할 수 있는 사실적 판단근거(zu dokumentierende tatsächliche Anhaltspunkte)가 서비스제공자에게 있는 경우에, 그 서비스제공자는 이용과정 종료 후에도 또 제7항상의 기간 후에도, 이것이 권리추구의 목적에 필요한 범위 내에서만, 이러한 이용자의 개인정보를 사용해도 된다. 그 서비스제공자는, 제1문의 요건이 더 이상 존재하지 않거나 그 정보가 권리추구에 더 이상 필요하지 않게 된 때에는(wenn die Voraussetzungen nach Satz 1 nicht mehr vorliegen oder die Daten für die Rechtsverfolgung nicht mehr benötigt werden) 이러한 정보를 지체 없이 삭제해야 한다. 이것이 그 조치로 달성하려는 목적의 위태화 없이 가능하자마자 해당 이용자에게 알려야 한다.

제15조a 가입자신상정보 제공절차

① 영업적으로, 전기전보통신서비스를 제공하거나 이에 협력하거나 또는 그 이용에 대한 접근을 매개하는 자(Wer geschäftsmäßig Telemediendienste erbringt, daran mitwirkt oder den Zugang zur Nutzung daran vermittelt)는, 제14조 제1항에 따라 수집한 가입자신상정보를 제3항상의 기관에 대한 정보제공의무 이행을 위하여 제14조 제1항의 기준에 좇아 사용해도 된다. 이는, 단말기 또는 이러한 단말기에서 사용되거나 이와 공간적으로 분리되어 사용되는 저장장치에 대한 접근을 보호해 주는 암호 또는 그 밖의 데이터에 대하여는 적용하지 아니한다. 어느 정보제공 포함되는 가입자신상정보는 특정한 시기에 배정된 IP주소에 의하여도 정해져도 된다; 이를 위해 제15조 제1항에 따라 수집된 이용데이터는 자동적으로도 평가될 수 있다. 이러한 정보제공을 위하여 기업내부의 데이터원(源) 전체(sämtliche unternehmensinternen Datenquellen)를 고려해야 한다.

② 그 정보는, 다음 항의 기준에 좇아 또 제1항에서 안내된 데이터의 수집을 허가받은, 그 정보를 요구하는 기관이 개별사안에서 법(法)상 규정을 명시하여(unter Angabe einer gesetzlichen Bestimmung) 이를 요구하는 범위 내에서만 제공될 수 있다. 그 정보제공요구는 서면 또는 전자적 방법으로 행해진다. 급박한 위험이 있는 경우(Bei Gefahr im Verzug)에 다른 방식으로 그 요구가 행해지더라도 정보가 제공될 수 있다. 이러한 경우 그 요구는 서면 또는 전자적 방법으로 지체 없이 사후적으로(unverzüglich nachträglich schriftlich oder elektronisch) 확인해야 한다. 정보제공 허가요건에 대한 책임은 해당 정보를 요구하는 기관이 부담한다.

③ 제1항 제1문에 따른 정보는 다음 각 호와 같이 제공된다,

1. 범죄 또는 질서위반행위의 소추를 관할하는 관청(die für die Verfolgung von Straftaten und Ordnungswidrigkeiten zuständigen Behörden)에, 자연인에 대하여 법정형 상한 기준으로 15,000유로를 초과하는 범칙금(Geldbuße im Höchstmaß von mehr als fünfzehntausend Euro)에 처할 수 있는 범죄 또는 질서위반행위에 대한 '충분한 사실적(事實的) 판단근거'(zureichende tatsächliche Anhaltspunkte)가 있고 그 정보제공에 포함되는 데이터가 사실관계를 규명하거나 피의자 또는 당사자의 체류지를 확인하거나 또는 형벌을 집행하는 데 필요한 범위 내에서만,
2. 공공의 안녕 또는 공공질서에 대한 위험(危險)의 방지를 관할하는 관청에, 그 정보제공에 포함되는 데이터(die in die Auskunft aufzunehmenden Daten)가 개별사안에서,
   a) 공공의 안녕에 대한 위험(危險)의 방지에 필요한 범위 내에서만,
   b) 사실에 의하여, 그 유형에 따라 최소한 구체화되고 시간적으로 예측할 수 있는, 특정한 사람이 관련된 사건에 대한 결론을 내릴 수 있는 경우(wenn Tatsachen den Schluss auf ein wenigstens seiner Art

unerheblichen Sachwerten, wenn Tatsachen den Schluss auf ein wenigstens seiner Art nach konkretisiertes sowie zeitlich absehbares Geschehen zulassen, an dem bestimmte Personen beteiligt sein werden, oder

c) zum Schutz von Leib, Leben, Freiheit der Person, sexueller Selbstbestimmung, dem Bestand und der Sicherheit des Bundes und der Länder, der freiheitlich demokratischen Grundordnung sowie Gütern der Allgemeinheit, deren Bedrohung die Grundlagen der Existenz der Menschen berührt, wenn das individuelle Verhalten einer Person die konkrete Wahrscheinlichkeit begründet, dass sie in einem übersehbaren Zeitraum eine gegen ein solches Rechtsgut gerichtete Straftat begehen wird, oder

d) zur Verhütung einer Straftat von erheblicher Bedeutung, sofern Tatsachen die Annahme rechtfertigen, dass eine Person innerhalb eines übersehbaren Zeitraums auf eine ihrer Art nach konkretisierten Weise als Täter oder Teilnehmer an der Begehung einer Tat beteiligt ist, oder

e) zur Verhütung einer schweren Straftat nach § 100a Absatz 2 der Strafprozessordnung, sofern das individuelle Verhalten einer Person die konkrete Wahrscheinlichkeit begründet, dass die Person innerhalb eines übersehbaren Zeitraums die Tat begehen wird,

3. das Bundeskriminalamt als Zentralstelle nach § 2 des Bundeskriminalamtgesetzes, sofern

a) zureichende tatsächliche Anhaltspunkte für eine Straftat im Sinne des § 2 Absatz 1 des Bundeskriminalamtgesetzes vorliegen, und die in die Auskunft aufzunehmenden Daten erforderlich sind, um

aa) die zuständige Strafverfolgungsbehörde zu ermitteln, oder

bb) ein Auskunftsersuchen einer ausländischen Strafverfolgungsbehörde im Rahmen des internationalen polizeilichen Dienstverkehrs, das nach Maßgabe der Vorschriften über die internationale Rechtshilfe in Strafsachen bearbeitet wird, zu erledigen, oder

b) die in die Auskunft aufzunehmenden Daten im Rahmen der Strafvollstreckung erforderlich sind, um ein Auskunftsersuchen einer ausländischen Strafverfolgungsbehörde im Rahmen des polizeilichen Dienstverkehrs, das nach Maßgabe der Vorschriften über die internationale Rechtshilfe in Strafsachen bearbeitet wird, zu erledigen,

c) die Gefahr besteht, dass eine Person an der Begehung einer Straftat im Sinne des § 2 Absatz 1 des Bundeskriminalamtgesetzes beteiligt sein wird, und die in die Auskunft aufzunehmenden Daten erforderlich sind, um

aa) die für die Verhütung der Straftat zuständige Polizeibehörde zu ermitteln, oder

bb) ein Auskunftsersuchen einer ausländischen Polizeibehörde im Rahmen des polizeilichen Dienstverkehrs zur Verhütung der Straftat zu erledigen, oder

d) Tatsachen die Annahme rechtfertigen, dass eine Person innerhalb eines übersehbaren Zeitraums auf eine zumindest ihrer Art nach konkretisierte Weise an einer Straftat von erheblicher Bedeutung beteiligt sein wird, und die in die Auskunft aufzunehmenden Daten erforderlich sind, um

aa) die für die Verhütung der Straftat zuständige Polizeibehörde zu ermitteln, oder

bb) ein Auskunftsersuchen einer ausländischen Polizeibehörde im Rahmen des polizeilichen Dienstverkehrs zur Verhütung der Straftat zu erledigen, oder

e) das individuelle Verhalten einer Person die konkrete Wahrscheinlichkeit begründet, dass sie innerhalb eines übersehbaren Zeitraums eine schwere Straftat nach § 100a Absatz 2 der Strafprozessordnung begehen wird, und die in die Auskunft aufzunehmenden Daten erforderlich sind, um

nach konkretisiertes sowie zeitlich absehbares Geschehen zulassen, an dem bestimmte Personen beteiligt sein werden)에, 사람의 신체, 생명 및 자유의 보호, 성적 자기결정권의 보호, 연방 및 주의 존립 및 안전의 보호, 자유민주적 기본질서의 보호와 중요한 물건가치의 보호에 필요한 범위 내에서만,

c) 사람의 신체, 생명 및 자유의 보호, 성적 자기결정권의 보호, 연방 및 주의 존립 및 안전의 보호, 자유민주적 기본질서의 보호와, 그 위협이 인간의 생존의 기초에 영향을 미치는 공중생존재화(Gütern der Allgemeinheit)의 보호를 위해 필요한 범위 내에서만, 어느 사람의 개별적 행위에 의할 때 그 사람이 가까운 장래에 그러한 법익에 대한 한 범죄(eine gegen ein solches Rechtsgut gerichtete Straftat)를 자행할 것이라는 확실한 개연성이 인정되는 경우에 한함,

d) 어느 사람이 그 유형에 따라 구체화된 방법으로(auf eine ihrer Art nach konkretisierten Weise) 근접한 시간 내에 정범(正犯) 또는 공범자로 가담할 것이라는 추정을 정당화하는 사실이 있는 경우에, 어느 중범죄(einer Straftat von erheblicher Bedeutung)의 예방을 위해 필요한 범위 내에서만, 또는

e) 어느 사람의 개별적 행위에 의할 때 그 사람이 가까운 장래에 그 범죄를 자행할 것이라는 확실한 개연성이 인정되는 경우에, 형사소송법 제100조a 제2항에 따른 한 중범죄의 예방을 위해 필요한 범위 내에서만,

3. 연방범죄수사청법에 따른 중앙기관으로서의 연방범죄수사청에,

a) 연방범죄수사청법 제2조 제1항상의 한 범죄에 대한 충분한 사실적 판단근거가 있고(zureichende tatsächliche Anhaltspunkte für eine Straftat im Sinne des § 2 Absatz 1 des Bundeskriminalamtgesetzes vorliegen), 그 정보제공에 포함되는 데이터가,

aa) 관할 형사관청이 이를 수사하는 데 필요한 범위 내에서만, 또는

bb) 국제형사사법공조에 관한 규정 기준에 따라 처리되는 국제적 경찰직무공조의 일환으로 하는(im Rahmen des internationalen polizeilichen Dienstverkehrs) 외국의 형사관청의 정보제공요구를 처리하는 데 필요한 범위 내에서만,

b) 형집행의 일환으로 하는 정보제공에 포함되는 데이터(die in die Auskunft aufzunehmenden Daten im Rahmen der Strafvollstreckung)가, 국제형사사법공조에 관한 규정 기준에 따라 처리되는 경찰직무공조의 일환으로 하는(im Rahmen des polizeilichen Dienstverkehrs) 외국 형사관청의 정보제공요구를 처리하는 데 필요한 범위 내에서만,

c) 어느 사람이 연방범죄수사청법 제2조 제1항상의 한 범죄의 자행에 가담할 것(dass eine Person an der Begehung einer Straftat im Sinne des § 2 Absatz 1 des Bundeskriminalamtgesetzes beteiligt sein wird)이라는 위험(危險)이 있고 그 정보제공에 포함되는 데이터가,

aa) 해당 범죄의 예방을 관할하는 경찰당국이 이를 수사하는 데 필요한 범위 내에서만, 또는

bb) 해당 범죄예방을 위한 경찰직무공조의 일환으로 하는 외국 경찰당국의 정보제공요구를 처리하는 데 필요한 범위 내에서만,

d) 어느 사람이 가까운 장래에 최소한 그 유형에 따라 구체화된 방법으로(auf eine zumindest ihrer Art nach konkretisierte Weise) 한 중범죄에 가담할 것이라는 추정을 정당화하는 사실이 있고, 그 정보제공에 포함된 데이터가,

aa) 해당 범죄의 예방을 관할하는 경찰당국이 이를 수사하는 데 필요한 범위 내에서만, 또는

bb) 해당 범죄예방을 위한 경찰직무공조의 일환으로 하는 외국 경찰당국의 정보제공요구를 처리하는 데 필요한 범위 내에서만, 또는

e) 어느 사람의 개별적 행위에 의할 때 그 사람이 가까운 장래에 형사소송법 제100조a 제2에 따른 한 중대범죄를 자행할 것이라는 확실한 개연성(die konkrete Wahrscheinlichkeit)이 인정되고, 그 정보제공에 필요한 데이터가,

aa) die für die Verhütung der Straftat zuständige Polizeibehörde zu ermitteln, oder

bb) ein Auskunftsersuchen einer ausländischen Polizeibehörde im Rahmen des polizeilichen Dienstverkehrs zur Verhütung der Straftat zu erledigen,

4. das Zollkriminalamt als Zentralstelle nach § 3 des Zollfahndungsdienstgesetzes, sofern

a) im Einzelfall zureichende tatsächliche Anhaltspunkte für eine Straftat vorliegen und die in die Auskunft aufzunehmenden Daten erforderlich sind, um

aa) die zuständige Strafverfolgungsbehörde zu ermitteln, oder

bb) ein Auskunftsersuchen einer ausländischen Strafverfolgungsbehörde im Rahmen des internationalen polizeilichen Dienstverkehrs, das nach Maßgabe der Vorschriften über die internationale Rechtshilfe in Strafsachen bearbeitet wird, auch im Rahmen der Strafvollstreckung, zu erledigen, oder

b) dies im Einzelfall erforderlich ist

aa) zur Abwehr einer Gefahr für die öffentliche Sicherheit oder

bb) zum Schutz von Leib, Leben, Freiheit der Person, sexueller Selbstbestimmung, dem Bestand und der Sicherheit des Bundes und der Länder, der freiheitlich demokratischen Grundordnung sowie nicht unerheblichen Sachwerten, wenn Tatsachen den Schluss auf ein wenigstens seiner Art nach konkretisiertes und zeitlich absehbares Geschehen zulassen, an dem bestimmte Personen beteiligt sein werden, oder

cc) zum Schutz von Leib, Leben, Freiheit der Person, sexueller Selbstbestimmung, dem Bestand und der Sicherheit des Bundes und der Länder, der freiheitlich demokratischen Grundordnung sowie Gütern der Allgemeinheit, deren Bedrohung die Grundlagen der Existenz der Menschen berührt, wenn das individuelle Verhalten einer Person die konkrete Wahrscheinlichkeit begründet, dass die Gefährdung eines solchen Rechtsgutes in einem übersehbaren Zeitraum eintreten wird, oder

dd) zur Erledigung eines Auskunftsersuchens einer ausländischen Polizeibehörde im Rahmen des polizeilichen Dienstverkehrs zur Verhütung einer Straftat oder

ee) zur Verhütung einer Straftat von erheblicher Bedeutung, sofern Tatsachen die Annahme rechtfertigen, dass eine Person innerhalb eines übersehbaren Zeitraums auf eine ihrer Art nach konkretisierte Weise als Täter oder Teilnehmer an der Begehung der Tat beteiligt ist, oder

ff) zur Verhütung einer schweren Straftat nach § 100a Absatz 2 der Strafprozessordnung, sofern das individuelle Verhalten einer Person, die konkrete Wahrscheinlichkeit begründet, dass die Person innerhalb eines übersehbaren Zeitraums die Tat begehen wird,

5. die Behörden der Zollverwaltung und die nach Landesrecht zuständigen Behörden, sofern im Einzelfall bei der Veröffentlichung von Angeboten oder Werbemaßnahmen ohne Angabe von Name und Anschrift tatsächliche Anhaltspunkte für Schwarzarbeit oder illegale Beschäftigung nach § 1 des Schwarzarbeitsbekämpfungsgesetzes vorliegen und die in die Auskunft aufzunehmenden Daten zur Identifizierung des Auftraggebers erforderlich sind, um Schwarzarbeit oder illegale Beschäftigung aufzudecken,

6. die Verfassungsschutzbehörden des Bundes und der Länder, soweit dies aufgrund tatsächlicher Anhaltspunkte im Einzelfall zur Aufklärung bestimmter Bestrebungen oder Tätigkeiten nach

a) § 3 Absatz 1 des Bundesverfassungsschutzgesetzes oder

b) einem zum Verfassungsschutz (§ 1 Absatz 1 des Bundesverfassungsschutzgesetzes) landesgesetzlich

aa) 해당 범죄의 예방을 관할하는 경찰당국이 이를 수사하는 데 필요한 범위 내에서만, 또는

bb) 해당 범죄예방을 위한 경찰직무공조의 일환으로 하는 외국 경찰당국의 정보제공요구를 처리하는 데 필요한 범위 내에서만,

4. 관세범죄수사법 제3조에 따른 중앙기관으로서의 관세수사청에,

a) 개별사안에서 어느 범죄에 대한 충분한 사실적 판단근거가 있고(im Einzelfall zureichende tatsächliche Anhaltspunkte für eine Straftat vorliegen), 그 정보제공에 필요한 데이터가,

aa) 관할 형사관청이 이를 수사하는 데에 필요한 범위 내에서만, 또는

bb) 형집행 일환으로 하는 경우를 포함하여, 국제형사사법공조에 관한 규정 기준에 따라 처리되는(das nach Maßgabe der Vorschriften über die internationale Rechtshilfe in Strafsachen bearbeitet wird, auch im Rahmen der Strafvollstreckung, zu erledigen) 국제적 경찰직무공조의 일환으로 하는 외국 형사관청의 정보제공요구를 처리하는 데에 필요한 범위 내에서만,

b) 이것이 개별사안에서,

aa) 공공의 안녕에 대한 위험(危險)의 방지를 위해 필요한 범위 내에서만,

bb) 사실에 의하여, 그 유형에 따라 최소한 구체화되고 시간적으로 예측할 수 있는, 특정한 사람이 관련된(an dem bestimmte Personen beteiligt sein werden) 사건에 대한 결론을 내릴 수 있는 경우에, 사람의 신체, 생명 및 자유의 보호, 성적 자기결정권의 보호, 연방 및 주의 존립 및 안전의 보호, 자유민주적 기본질서의 보호와 중요한 물건가치(nicht unerheblichen Sachwerten)의 보호에 필요한 범위 내에서만,

cc) 사람의 신체, 생명 및 자유의 보호, 성적 자기결정권의 보호, 연방 및 주의 존립 및 안전의 보호, 자유민주적 기본질서의 보호와, 그 위협이 인간의 생존의 기초에 영향을 미치는 공중생존재화의 보호를 위해 필요한 범위 내에서만, 어느 사람의 개별적 행위에 의할 때 그러한 법익에 대한 위태화가 가까운 장래에 발생할 것(dass die Gefährdung eines solchen Rechtsgutes in einem übersehbaren Zeitraum eintreten wird)이라는 확실한 개연성이 인정되는 경우에 한함,

dd) 어느 범죄의 예방을 위한 경찰직무공조로 하는 외국 경찰당국의 정보제공요구에 대한 처리를 위해 필요한 범위 내에서만,

ee) 어느 사람이 그 유형에 따라 구체화된 방법으로(auf eine ihrer Art nach konkretisierten Weise) 근접한 시간 내에 정범(正犯) 또는 공범자로 가담할 것이라는 추정을 정당화하는 사실이 있는 경우에, 한 중범죄의 예방을 위해 필요한 범위 내에서만,

ff) 어느 사람의 개별적 행위에 의할 때 그 사람이 가까운 장래에 그 범죄를 자행할 것이라는 확실한 개연성이 인정되는 경우에, 형사소송법 제100조a 제2항에 따른 어느 중범죄의 예방을 위해 필요한 범위 내에서만,

5. 관세행정관청과 주법에 따른 관할 그 관청에, 개별사안에서 이름 및 주소를 기재하지 않은 (불법노동 또는 불법고용의) 제안(提案) 또는 광고(廣告)의 공표의 경우(bei der Veröffentlichung von Angeboten oder Werbemaßnahmen ohne Angabe von Name und Anschrift) 불법노동대처법 제1조에 따른 불법노동 또는 불법고용에 대한 사실적 판단근거가 있고, 그 위임인의 신원확인을 위한 그 정보제공에 포함되는 데이터(die in die Auskunft aufzunehmenden Daten zur Identifizierung des Auftraggebers)가 불법노동 또는 불법고용을 적발하는 데에 필요한 범위 내에서만,

6. 연방 및 주의 헌법수호청에, 이것이 개별사안에서 사실적 판단근거에 기하여,

a) 연방헌법수호법 제3조 제1항에 따른 특정한 기도 또는 활동을 적발하는 데(zur Aufklärung bestimmter Bestrebungen oder Tätigkeiten)에 필요한 범위 내에서만, 또는

b) 헌법수호를 위하여(헌법수호법 제1조 제1항) 주법에 따라 설치된 주행정관청 소속의 감시임무단,

begründeten Beobachtungsauftrag der Landesbehörde, insbesondere zum Schutz der verfassungsmäßigen Ordnung vor Bestrebungen und Tätigkeiten der organisierten Kriminalität,

erforderlich ist,

7. den Militärischen Abschirmdienst, soweit dies aufgrund tatsächlicher Anhaltspunkte im Einzelfall zur Aufklärung bestimmter Bestrebungen oder Tätigkeiten nach § 1 Absatz 1 des MAD-Gesetzes oder zur Sicherung der Einsatzbereitschaft der Truppe oder zum Schutz der Angehörigen, der Dienststellen und Einrichtungen des Geschäftsbereichs des Bundesministeriums der Verteidigung nach § 14 Absatz 1 des MAD-Gesetzes erforderlich ist,

8. den Bundesnachrichtendienst, soweit dies erforderlich ist

a) zur politischen Unterrichtung der Bundesregierung, wenn im Einzelfall tatsächliche Anhaltspunkte dafür vorliegen, dass durch die Auskunft Informationen über das Ausland gewonnen werden können, die von außen- und sicherheitspolitischer Bedeutung für die Bundesrepublik Deutschland sind und zu deren Aufklärung das Bundeskanzleramt den Bundesnachrichtendienst beauftragt hat, oder

b) zur Früherkennung von aus dem Ausland drohenden Gefahren von internationaler Bedeutung, wenn im Einzelfall tatsächliche Anhaltspunkte dafür vorliegen, dass durch die Auskunft Erkenntnisse gewonnen werden können mit Bezug zu den in § 4 Absatz 3 Nummer 1 des BND-Gesetzes genannten Gefahrenbereichen oder zum Schutz der in § 4 Absatz 3 Nummer 2 und 3 des BDN-Gesetzes genannten Rechtsgüter.

(4) Die Auskunft nach Absatz 1 Satz 3 darf nur erteilt werden an

1. die für die Verfolgung von Straftaten zuständigen Behörden, soweit zureichende tatsächliche Anhaltspunkte für eine Straftat vorliegen und die in die Auskunft aufzunehmenden Daten erforderlich sind, um den Sachverhalt zu erforschen, den Aufenthaltsort eines Beschuldigten zu ermitteln oder eine Strafe zu vollstrecken,

2. die für die Abwehr von Gefahren für die öffentliche Sicherheit oder Ordnung zuständigen Behörden, wenn die in die Auskunft aufzunehmenden Daten im Einzelfall erforderlich sind

a) zum Schutz von Leib, Leben, Freiheit der Person, sexueller Selbstbestimmung, dem Bestand und der Sicherheit des Bundes oder eines Landes, der freiheitlich demokratischen Grundordnung, Gütern der Allgemeinheit, deren Bedrohung die Grundlagen der Existenz der Menschen berührt, sowie nicht unerheblicher Sachwerte oder zur Verhütung einer Straftat oder

b) zum Schutz von Leib, Leben, Freiheit der Person, sexueller Selbstbestimmung dem Bestand und der Sicherheit des Bundes oder eines Landes, der freiheitlich demokratischen Grundordnung sowie Gütern der Allgemeinheit, deren Bedrohung die Grundlagen der Existenz der Menschen berührt, sowie nicht unerheblicher Sachwerte, wenn Tatsachen den Schluss auf ein wenigstens seiner Art nach konkretisiertes sowie zeitlich absehbares Geschehen zulassen, an dem bestimmte Personen beteiligt sein werden, oder

c) zum Schutz von Leib, Leben, Freiheit der Person, sexueller Selbstbestimmung, dem Bestand und der Sicherheit des Bundes oder eines Landes, der freiheitlich demokratischen Grundordnung sowie Gütern der Allgemeinheit, deren Bedrohung die Grundlagen der Existenz der Menschen berührt, wenn das individuelle Verhalten einer Person die konkrete Wahrscheinlichkeit begründet, dass sie in einem übersehbaren Zeitraum eine gegen ein solches Rechtsgut gerichtete Straftat begehen wird, oder

d) zur Verhütung einer schweren Straftat nach § 100a Absatz 2 der Strafprozessordnung, sofern

특히 조직범죄의 기도 및 활동으로부터 헌법질서를 수호하기 위한(zum Schutz der verfassungsmäßigen Ordnung vor Bestrebungen und Tätigkeiten der organisierten Kriminalität) 그러한 감시임무단에 따른 특정한 기도(企圖) 또는 활동을 적발하는 데에 필요한 범위 내에서만,

7. 군사정보국에, 이것이 개별사안에서 사실적 판단근거에 기하여 군사정보국법 제1조 제1항에 따른 특정한 기도 또는 활동의 적발을 위해 필요하거나 군대의 출동을 확보하는 데 필요하거나 군사정보국법 제14조 제1항에 따른 연방국방부의 직무범위에 속하는 직원, 부서(部署) 및 시설(Schutz der Angehörigen, der Dienststellen und Einrichtungen des Geschäftsbereichs des Bundesministeriums der Verteidigung)의 보호를 위해 필요한 범위 내에서만,

8. 연방해외정보국에, 이것이,

a) 개별사안에서 독일연방공화국에 대하여 대외정책적·안보정책적으로 중요하고 연방수상청이 그 탐지(探知)에 관하여 연방해외정보국에 위임한, 외국에 관한 정보가 해당 정보제공으로 획득될 수 있다는 점에 대한 사실적 판단근거(Anhaltspunkte)가 있는 경우에, 연방정부에 대한 정책적 알림에 필요한 범위 내에서만,

b) 그 정보제공으로, 연방해외정보국법 제4조 제3항 제1호상의 위험범위에 관하여(mit Bezug zu den in § 4 Absatz 3 Nummer 1 des BND-Gesetzes genannten Gefahrenbereichen) 또는 동법 제4조 제3항 제2호, 제3호상의 법익 보호를 위하여 지식을 얻을 수 있는 경우에, 국제적 중요성을 갖는, 외국에서 유래하는 임박한 위험의 조기탐지(早期探知)(Früherkennung von aus dem Ausland drohenden Gefahren von internationaler Bedeutung)를 위해 필요한 범위 내에서만.

④ 제1항 제3문에 따른 정보제공은 다음 각 호와 같이 행해진다,

1. 범죄의 기소를 관할하는 관청에, 어느 범죄에 대한 충분한 사실적 판단근거가 있고 그 정보제공에 포함되는 데이터가 사실관계를 규명하거나 피의자의 체류지를 확인하거나 형벌을 집행하는(den Aufenthaltsort eines Beschuldigten zu ermitteln oder eine Strafe zu vollstrecken) 데 필요한 범위 내에서만,

2. 공공의 안녕 또는 공공질서에 대한 위험(危險)의 방지를 관할하는 관청에, 그 정보제공에 포함되는 데이터(die in die Auskunft aufzunehmenden Daten)가 개별사안에서,

a) 사람의 신체, 생명 및 자유의 보호, 성적 자기결정권의 보호, 연방 및 어느 주의 존립 및 안전의 보호, 자유민주적 기본질서의 보호와, 그 위협이 인간의 생존의 기초에 영향을 미치는(deren Bedrohung die Grundlagen der Existenz der Menschen berührt) 공중생존재화의 보호 그리고 중대한 물건가치의 보호에 필요하거나 어느 범죄의 예방을 위해 필요한 범위 내에서만,

b) 사실에 의하여, 그 유형에 따라 최소한 구체화되고 시간적으로 예측할 수 있는, 특정한 사람이 관련된(an dem bestimmte Personen beteiligt sein werden) 사건에 대한 결론을 내릴 수 있는 경우에, 사람의 신체, 생명 및 자유의 보호, 성적 자기결정권의 보호, 연방 및 어느 주의 존립 및 안전의 보호, 자유민주적 기본질서의 보호와, 그 위협이 인간의 생존의 기초에 영향을 미치는 공중생존재화의 보호 그리고 중요한 물건가치의 보호에 필요한 범위 내에서만,

c) 어느 사람의 개별적 행위에 의할 때 그 사람이 가까운 장래에 그러한 법익에 대한 범죄를 자행할 것(dass sie in einem übersehbaren Zeitraum eine gegen ein solches Rechtsgut gerichtete Straftat begehen wird)이라는 확실한 개연성이 인정되는 경우에, 사람의 신체, 생명 및 자유의 보호, 성적 자기결정권의 보호, 연방 및 어느 주의 존립 및 안전의 보호, 자유민주적 기본질서의 보호와, 그 위협이 인간의 생존의 기초에 영향을 미치는 공중생존재화의 보호에 필요한 범위 내에서만,

d) 어느 사람이 근접한 시간 내에 그 유형에 따라 구체화된 방법으로(auf eine ihrer Art nach

Tatsachen die Annahme rechtfertigen, dass eine Person innerhalb eines übersehbaren Zeitraums auf eine ihrer Art nach konkretisierten Weise als Täter oder Teilnehmer an der Begehung einer Tat beteiligt ist, oder

e) zur Verhütung einer schweren Straftat nach § 100a Absatz 2 der Strafprozessordnung, sofern das individuelle Verhalten einer Person die konkrete Wahrscheinlichkeit begründet, dass die Person innerhalb eines übersehbaren Zeitraums die Tat begehen wird,

3. das Bundeskriminalamt als Zentralstelle nach § 2 des Bundeskriminalamtgesetzes, sofern

a) zureichende tatsächliche Anhaltspunkte für eine Straftat im Sinne des § 2 Absatz 1 des Bundeskriminalamtgesetzes vorliegen und die in die Auskunft aufzunehmenden Daten erforderlich sind, um

aa) die zuständige Strafverfolgungsbehörde zu ermitteln, oder

bb) ein Auskunftsersuchen einer ausländischen Strafverfolgungsbehörde im Rahmen des internationalen polizeilichen Dienstverkehrs, das nach Maßgabe der Vorschriften über die internationale Rechtshilfe in Strafsachen bearbeitet wird, zu erledigen, oder

b) die in die Auskunft aufzunehmenden Daten im Rahmen der Strafvollstreckung erforderlich sind, um ein Auskunftsersuchen einer ausländischen Strafverfolgungsbehörde im Rahmen des polizeilichen Dienstverkehrs, das nach Maßgabe der Vorschriften über die internationale Rechtshilfe in Strafsachen bearbeitet wird, zu erledigen,

c) die Gefahr besteht, dass eine Person an der Begehung einer schweren Straftat nach § 100a Absatz 2 der Strafprozessordnung beteiligt sein wird und die in die Auskunft aufzunehmenden Daten erforderlich sind, um

aa) die für die Verhütung der Straftat zuständigen Polizeibehörde zu ermitteln, oder

bb) ein Auskunftsersuchen einer ausländischen Polizeibehörde im Rahmen des polizeilichen Dienstverkehrs zur Verhütung der Straftat zu erledigen, oder

d) Tatsachen die Annahme rechtfertigen, dass eine Person innerhalb eines übersehbaren Zeitraums auf eine zumindest ihrer Art nach konkretisierte Weise an einer schweren Straftat nach § 100a Absatz 2 der Strafprozessordnung beteiligt sein wird, und die in die Auskunft aufzunehmenden Daten erforderlich sind, um

aa) die für die Verhütung der Straftat zuständige Polizeibehörde zu ermitteln, oder

bb) ein Auskunftsersuchen einer ausländischen Polizeibehörde im Rahmen des polizeilichen Dienstverkehrs zur Verhütung der Straftat zu erledigen, oder

e) das individuelle Verhalten einer Person die konkrete Wahrscheinlichkeit begründet, dass sie innerhalb eines übersehbaren Zeitraums eine schwere Straftat nach § 100a Absatz 2 der Strafprozessordnung begehen wird, und die in die Auskunft aufzunehmenden Daten erforderlich sind, um

aa) die für die Verhütung der Straftat zuständige Polizeibehörde zu ermitteln, oder

bb) ein Auskunftsersuchen einer ausländischen Polizeibehörde im Rahmen des polizeilichen Dienstverkehrs zur Verhütung der Straftat zu erledigen,

4. das Zollkriminalamt als Zentralstelle nach § 3 des Zollfahndungsdienstgesetzes, sofern

a) im Einzelfall zureichende tatsächliche Anhaltspunkte für eine Straftat vorliegen, und die in die Auskunft aufzunehmenden Daten erforderlich sind, um

konkretisierten Weise) 정범(正犯) 또는 공범자로 가담한 것이라는 추정을 정당화하는 사실이 있는 경우에, 형사소송법 제100조a 제2항에 따른 한 중대범죄의 예방(Verhütung einer schweren Straftat)을 위해 필요한 범위 내에서만,

e) 어느 사람의 개별적 행위에 의할 때 그 사람이 가까운 장래에 그 범죄를 자행할 것이라는 확실한 개연성이 인정되는 경우에, 형사소송법 제100조a 제2항에 따른 한 중대범죄의 예방(Verhütung einer schweren Straftat)을 위해 필요한 범위 내에서만,

3. 연방범죄수사청법에 따른 중앙기관으로서의 연방범죄수사청에,

a) 연방범죄수사청법 제2조 제1항상의 범죄에 대한 충분한 사실적 판단근거가 있고(zureichende tatsächliche Anhaltspunkte für eine Straftat im Sinne des § 2 Absatz 1 des Bundeskriminalamtgesetzes vorliegen), 그 정보제공에 포함되는 데이터가,

aa) 관할 형사관청이 이를 수사하는 데 필요한 범위 내에서만, 또는

bb) 국제형사사법공조에 관한 규정 기준에 따라 처리되는 국제적 경찰직무공조의 일환으로 하는(im Rahmen des internationalen polizeilichen Dienstverkehrs) 외국의 형사관청의 정보제공요구를 처리하는 데 필요한 범위 내에서만,

b) 형집행의 일환으로 하는 정보제공에 포함되는 데이터(die in die Auskunft aufzunehmenden Daten im Rahmen der Strafvollstreckung)가, 국제형사사법공조에 관한 규정 기준에 따라 처리되는 경찰직무공조의 일환으로 하는(im Rahmen des polizeilichen Dienstverkehrs) 외국 형사관청의 정보제공요구를 처리하는 데 필요한 범위 내에서만,

c) 어느 사람이 연방범죄수사청법 제2조 제1항상의 한 범죄의 자행에 가담할 것(dass eine Person an der Begehung einer Straftat im Sinne des § 2 Absatz 1 des Bundeskriminalamtgesetzes beteiligt sein wird)이라는 위험(危險)이 있고, 그 정보제공에 포함되는 데이터가,

aa) 해당 범죄의 예방을 관할하는 경찰당국이 이를 수사하는 데 필요한 범위 내에서만, 또는

bb) 해당 범죄예방을 위한 경찰직무공조의 일환으로 하는 외국 경찰당국의 정보제공요구를 처리하는 데 필요한 범위 내에서만,

d) 어느 사람이 가까운 장래에 최소한 그 유형에 따라 구체화된 방법으로(auf eine zumindest ihrer Art nach konkretisierte Weise) 형사소송법 제100조a 제2항에 따른 중범죄에 가담(加擔)할 것이라는 추정을 정당화하는 사실이 있고, 그 정보제공에 포함된 데이터(die in die Auskunft aufzunehmenden Daten)가,

aa) 해당 범죄의 예방을 관할하는 경찰당국이 이를 수사하는 데 필요한 범위 내에서만, 또는

bb) 해당 범죄예방을 위한 경찰직무공조의 일환으로 하는 외국 경찰당국의 정보제공요구를 처리하는 데 필요한 범위 내에서만, 또는

e) 어느 사람의 개별적 행위에 의할 때 그 사람이 가까운 장래에 형사소송법 제100조a 제2에 따른 어느 중대범죄를 자행할 것(dass sie innerhalb eines übersehbaren Zeitraums eine schwere Straftat nach § 100a Absatz 2 der Strafprozessordnung begehen wird)이라는 확실한 개연성(die konkrete Wahrscheinlichkeit)이 인정되고, 그 정보제공에 필요한 데이터가,

aa) 해당 범죄의 예방을 관할하는 경찰당국이 이를 수사하는 데 필요한 범위 내에서만, 또는

bb) 해당 범죄예방을 위한 경찰직무공조의 일환으로 하는 외국 경찰당국의 정보제공요구를 처리하는 데 필요한 범위 내에서만,

4. 관세범죄수사법 제3조에 따른 중앙기관으로서의 관세수사청에,

a) 개별사안에서 어느 범죄에 대한 충분한 사실적 판단근거(zureichende tatsächliche Anhaltspunkte für eine Straftat)가 있고, 그 정보제공에 필요한 데이터가,

aa) die zuständige Strafverfolgungsbehörde zu ermitteln, oder

bb) ein Auskunftsersuchen einer ausländischen Strafverfolgungsbehörde im Rahmen des internationalen polizeilichen Dienstverkehrs, das nach Maßgabe der Vorschriften über die internationale Rechtshilfe in Strafsachen bearbeitet wird, auch im Rahmen der Strafvollstreckung, zu erledigen, oder

b) dies im Einzelfall erforderlich ist

aa) zum Schutz von Leib, Leben, Freiheit der Person, sexueller Selbstbestimmung, dem Bestand und der Sicherheit des Bundes oder eines Landes, der freiheitlich demokratischen Grundordnung, Gütern der Allgemeinheit, deren Bedrohung die Grundlagen der Existenz der Menschen berührt, sowie nicht unerheblicher Sachwerte oder zur Verhütung einer Straftat oder

bb) zum Schutz von Leib, Leben, Freiheit der Person, sexueller Selbstbestimmung, dem Bestand und der Sicherheit des Bundes oder eines Landes, der freiheitlich demokratischen Grundordnung sowie Gütern der Allgemeinheit, deren Bedrohung die Grundlagen der Existenz der Menschen berührt, wenn Tatsachen den Schluss auf ein wenigstens seiner Art nach konkretisiertes und zeitlich absehbares Geschehen zulassen, an dem bestimmte Personen beteiligt sein werden, oder

cc) zum Schutz von Leib, Leben, Freiheit der Person, sexueller Selbstbestimmung, dem Bestand und der Sicherheit des Bundes oder eines Landes, der freiheitlich demokratischen Grundordnung sowie Gütern der Allgemeinheit, deren Bedrohung die Grundlagen der Existenz der Menschen berührt, wenn das individuelle Verhalten einer Person die konkrete Wahrscheinlichkeit begründet, dass die Gefährdung eines solchen Rechtsgutes in einem übersehbaren Zeitraum eintreten wird, oder

dd) zur Erledigung eines Auskunftsersuchens einer ausländischen Polizeibehörde im Rahmen des polizeilichen Dienstverkehrs zur Verhütung einer schweren Straftat nach § 100a Absatz 2 der Strafprozessordnung, oder

ee) zur Verhütung einer schweren Straftat nach § 100a Absatz 2 der Strafprozessordnung, sofern Tatsachen die Annahme rechtfertigen, dass eine Person innerhalb eines übersehbaren Zeitraums auf eine ihrer Art nach konkretisierte Weise als Täter oder Teilnehmer an der Begehung der Tat beteiligt ist, oder

ff) zur Verhütung einer schweren Straftat nach § 100a Absatz 2 der Strafprozessordnung, sofern das individuelle Verhalten einer Person, die konkrete Wahrscheinlichkeit begründet, dass die Person innerhalb eines übersehbaren Zeitraums die Tat begehen wird,

5. die Behörden der Zollverwaltung und die nach Landesrecht zuständigen Behörden zur Verhütung einer Straftat nach den §§ 10, 10a oder 11 des Schwarzarbeitsbekämpfungsgesetzes oder § 266a des Strafgesetzbuches,

6. die Verfassungsschutzbehörden des Bundes und der Länder, soweit dies aufgrund tatsächlicher Anhaltspunkte im Einzelfall erforderlich ist zur Aufklärung bestimmter Bestrebungen oder Tätigkeiten nach

a) § 3 Absatz 1 des Bundesverfassungsschutzgesetzes, oder

b) einem zum Verfassungsschutz (§ 1 Absatz 1 des Bundesverfassungsschutzgesetzes) landesgesetzlich begründeten Beobachtungsauftrag der Landesbehörde, insbesondere zum Schutz der verfassungsmäßigen Ordnung vor Bestrebungen und Tätigkeiten der Organisierten Kriminalität,

7. den Militärischen Abschirmdienst, soweit dies aufgrund tatsächlicher Anhaltspunkte im Einzelfall zur

aa) 관할 형사관청이 이를 수사하는 데 필요한 범위 내에서만, 또는

bb) 형집행 일환으로 하는 경우를 포함하여, 국제형사사법공조에 관한 규정 기준에 따라 처리되는(das nach Maßgabe der Vorschriften über die internationale Rechtshilfe in Strafsachen bearbeitet wird, auch im Rahmen der Strafvollstreckung, zu erledigen) 국제적 경찰직무공조의 일환으로 하는 외국 형사관청의 정보제공요구를 처리하는 데 필요한 범위 내에서만,

b) 이것이 개별사안에서,

aa) 사람의 신체, 생명 및 자유의 보호, 성적 자기결정권의 보호, 연방 및 어느 주의 존립 및 안전의 보호, 자유민주적 기본질서의 보호와, 그 위협이 인간의 생존의 기초에 영향을 미치는(deren Bedrohung die Grundlagen der Existenz der Menschen berührt) 공중생존재화의 보호 그리고 중요한 물건가치의 보호에 필요하거나 어느 범죄의 예방을 위해 필요한 범위 내에서만,

bb) 사실에 의하여, 그 유형에 따라 최소한 구체화되고 시간적으로 예측할 수 있는, 특정한 사람이 관련된(an dem bestimmte Personen beteiligt sein werden) 사건에 대한 결론을 내릴 수 있는 경우에, 사람의 신체, 생명 및 자유의 보호, 성적 자기결정권의 보호, 연방 및 어느 주의 존립 및 안전의 보호, 자유민주적 기본질서의 보호와, 그 위협이 인간의 생존의 기초에 영향을 미치는(deren Bedrohung die Grundlagen der Existenz der Menschen berührt) 공중생존재화의 보호에 필요한 범위 내에서만,

cc) 어느 사람의 개별적 행위에 의할 때 그러한 법익에 대한 위태화가 가까운 장래에 발생할 것(dass die Gefährdung eines solchen Rechtsgutes in einem übersehbaren Zeitraum eintreten wird)이라는 확실한 개연성이 인정되는 경우에, 사람의 신체, 생명 및 자유의 보호, 성적 자기결정권의 보호, 연방 및 어느 주의 존립 및 안전의 보호, 자유민주적 기본질서의 보호와, 그 위협이 인간의 생존의 기초에 영향을 미치는 공중생존재화의 보호를 위해 필요한 범위 내에서만,

dd) 형사소송법 제100조a 제2항에 따른 어느 중범죄의 예방(Verhütung einer schweren Straftat nach § 100a Absatz 2 der Strafprozessordnung)을 위한 경찰직무공조로 하는 외국 경찰당국의 정보제공요구에 대한 처리를 위해 필요한 범위 내에서만,

ee) 어느 사람이 그 유형에 따라 구체화된 방법으로(auf eine ihrer Art nach konkretisierten Weise) 근접한 시간 내에 정범(正犯) 또는 공범자로 가담한 것이라는 추정을 정당화하는 사실이 있는 경우에, 형사소송법 제100조a 제2항에 따른 어느 중범죄의 예방을 위해 필요한 범위 내에서만,

ff) 어느 사람의 개별적 행위에 의할 때 그 사람이 가까운 장래에 그 범죄를 자행할 것이라는 확실한 개연성이 인정되는 경우에, 형사소송법 제100조a 제2항에 따른 어느 중범죄의 예방을 위해 필요한 범위 내에서만,

5. 관세행정관청과 주법에 따른 관할 그 관청(die Behörden der Zollverwaltung und die nach Landesrecht zuständigen Behörden)에, 불법노동대처법 제10조, 제10조a 또는 제11조에 따른 한 범죄나 형법전 제266조a조에 따른 한 범죄의 예방에 필요한 범위 내에서만,

6. 연방 및 주의 헌법수호청(die Verfassungsschutzbehörden des Bundes und der Länder)에, 이것이 개별사안에서 사실적 판단근거에 기하여,

a) 연방헌법수호법 제3조 제1항에 따른 특정한 기도(企圖) 또는 활동을 적발하는 데(zur Aufklärung bestimmter Bestrebungen oder Tätigkeiten)에 필요한 범위에서만, 또는

b) 헌법수호를 위하여(헌법수호법 제1조 제1항) 주법에 따라 설치된 주행정관청 소속의 어느 감시임무단, 특히 조직범죄의 기도 및 활동으로부터 헌법질서를 수호하기 위한(zum Schutz der verfassungsmäßigen Ordnung vor Bestrebungen und Tätigkeiten der organisierten Kriminalität) 그러한 감시임무단에 따른 특정한 기도 또는 활동을 적발하는 데 필요한 범위 내에서만,

7. 군사정보국에, 이것이 개별사안에서 사실적 판단근거에 기하여 군사정보국법 제1조 제1항에 따른 특

Aufklärung bestimmter Bestrebungen oder Tätigkeiten nach § 1 Absatz 1 des MAD-Gesetzes oder zur Sicherung der Einsatzbereitschaft der Truppe oder zum Schutz der Angehörigen, der Dienststellen und Einrichtungen des Geschäftsbereichs des Bundesministeriums der Verteidigung nach § 14 Absatz 1 des MAD-Gesetzes erforderlich ist,

8. den Bundesnachrichtendienst, soweit dies erforderlich ist

a) zur politischen Unterrichtung der Bundesregierung, wenn im Einzelfall tatsächliche Anhaltspunkte dafür vorliegen, dass durch die Auskunft Informationen über das Ausland gewonnen werden können, die von außen- und sicherheitspolitischer Bedeutung für die Bundesrepublik Deutschland sind und zu deren Aufklärung das Bundeskanzleramt den Bundesnachrichtendienst beauftragt hat, oder

b) zur Früherkennung von aus dem Ausland drohenden Gefahren von internationaler Bedeutung, wenn im Einzelfall tatsächliche Anhaltspunkte dafür vorliegen, dass durch die Auskunft Erkenntnisse gewonnen werden können mit Bezug zu den in § 4 Absatz 3 Nummer 1 des BND-Gesetzes genannten Gefahrenbereichen oder zum Schutz der in § 4 Absatz 3 Nummer 2 und 3 des BND-Gesetzes genannten Rechtsgüter.

(5) Derjenige, der geschäftsmäßig Telemediendienste erbringt, daran mitwirkt oder den Zugang zur Nutzung daran vermittelt, hat die zu beauskunftenden Daten unverzüglich und vollständig zu übermitteln. Eine Verschlüsselung der Daten bleibt unberührt. Über das Auskunftsersuchen und die Auskunftserteilung haben die Verpflichteten gegenüber den Betroffenen sowie Dritten Stillschweigen zu wahren.

(6) Wer geschäftsmäßig Telemediendienste erbringt oder daran mitwirkt, hat die in seinem Verantwortungsbereich für die Auskunftserteilung erforderlichen Vorkehrungen auf seine Kosten zu treffen. Jedes Auskunftsverlangen ist durch eine verantwortliche Fachkraft auf Einhaltung der in Absatz 2 genannten formalen Voraussetzungen zu prüfen. Die weitere Bearbeitung des Auskunftsverlangens darf erst nach einem positiven Prüfergebnis freigegeben werden.

§ 15b Auskunftsverfahren bei Passwörtern und anderen Zugangsdaten

(1) Abweichend von § 15a darf derjenige, der geschäftsmäßig Telemediendienste erbringt, daran mitwirkt oder den Zugang zur Nutzung daran vermittelt, die nach § 14 Absatz 1 erhobenen Passwörter oder andere Daten, mittels derer der Zugriff auf Endgeräte oder auf Speichereinrichtungen, die in diesen Endgeräten oder hiervon räumlich getrennt eingesetzt werden, geschützt wird, nach Maßgabe dieser Vorschrift zur Erfüllung von Auskunftspflichten gegenüber den in Absatz 2 genannten Stellen verwenden. Für die Auskunftserteilung sind sämtliche unternehmensinternen Datenquellen zu berücksichtigen.

(2) Die Auskunft nach Absatz 1 Satz 1 darf nur erteilt werden an

1. zur Verfolgung von Straftaten zuständige Behörden, soweit diese im Einzelfall die Übermittlung unter Angabe einer gesetzlichen Bestimmung, die ihnen eine Erhebung und Nutzung der in Absatz 1 genannten Daten zur Verfolgung besonders schwerer Straftaten nach § 100b Absatz 2 Nummer 1 Buchstabe a, b, d, e, f, g oder l, Nummer 3 Buchstabe b erste Alternative, Nummer 5, 6, 9 oder 10 der Strafprozessordnung erlauben, nach Anordnung durch ein Gericht verlangen, oder
2. für die Abwehr von Gefahren für die öffentliche Sicherheit oder Ordnung zuständige Behörden, soweit diese im Einzelfall die Übermittlung unter Angabe einer gesetzlichen Bestimmung, die ihnen eine

정한 기도 또는 활동의 적발을 위해 필요하거나 군대의 출동을 확보하는 데 필요하거나 군사정보국법 14조 제1항에 따른 연방국방부의 직무범위에 속하는 직원(職員), 부서(部署) 및 시설(Schutz der Angehörigen, der Dienststellen und Einrichtungen des Geschäftsbereichs des Bundesministeriums der Verteidigung)의 보호를 위해 필요한 범위 내에서만,

8. 연방해외정보국에, 이것이,

a) 개별사안에서 독일연방공화국에 대하여 대외정책적·안보정책적으로 중요하고 연방수상청이 그 탐지(探知)에 관하여 연방해외정보국에 위임한, 외국에 관한 정보가 해당 정보제공으로 획득될 수 있다는 점에 대한 사실적 판단근거(Anhaltspunkte)가 있는 경우에, 연방정부에 대한 정책적 알림에 필요한 범위 내에서만,

b) 그 정보제공으로, 연방해외정보국법 제4조 제3항 제1호상의 위험범위에 관하여(mit Bezug zu den in § 4 Absatz 3 Nummer 1 des BND-Gesetzes genannten Gefahrenbereichen) 또는 동법 제4조 제3항 제2호, 제3호상의 법익 보호를 위하여 지식을 얻을 수 있는 경우에, 국제적 중요성을 갖는, 외국에서 유래하는 임박한 위험의 조기탐지(Früherkennung von aus dem Ausland drohenden Gefahren von internationaler Bedeutung)를 위해 필요한 범위 내에서만.

⑤ 영업적으로, 전기정보통신서비스를 제공하거나 이에 협력하거나 또는 그 이용에 대한 접근을 매개하는 자는, 요구받은 데이터를 지체 없이 또 완전하게(die zu beauskunftenden Daten unverzüglich und vollständig) 제공해야 한다. 데이터의 암호화는 영향을 받지 아니한다. 그 의무자는 정보제공요구와 정보제공에 관하여(Über das Auskunftsersuchen und die Auskunftserteilung) 당사자와 제3자에 대하여 비밀을 유지해야 한다.

⑥ 영업적으로 전기정보통신서비스를 제공하거나 이에 협력하는 자는, 자신의 책임영역에서 정보제공에 필요한 조처(措處)를 자신의 비용으로 취해야 한다. 각 정보제공요구는 제2항상의 공식적 요건을 준수하였는지에 대하여(auf Einhaltung der in Absatz 2 genannten formalen Voraussetzungen) 담당 전문인력에 의한 심사를 받아야 한다. 정보제공요구의 추가적 처리(Die weitere Bearbeitung des Auskunftsverlangens)는 긍정적 심사결과 후에 비로소 행해질 수 있다.

제15조b 암호와 기타 접근데이터의 정보제공절차

① 제15조a와 달리, 영업적으로, 전기정보통신서비스를 제공하거나 이에 협력하거나 또는 그 이용에 대한 접근을 매개하는 자는, 제14조 제1항에 따라 수집한 것으로, 단말기나 그 단말기에서 사용되거나 이와 공간적으로 분리되어 사용되는 저장장치에 대한 접근을 보호해 주는(mittels derer der Zugriff auf Endgeräte oder auf Speichereinrichtungen, die in diesen Endgeräten oder hiervon räumlich getrennt eingesetzt werden, geschützt wird) 암호 또는 그 밖의 데이터를 그 규정이 기준에 좇아 제2항상의 기관에 대한 정보제공의무 이행을 위하여 사용해도 된다. 이러한 정보제공을 위하여 기업내부의 데이터원(源) 전체(sämtliche unternehmensinternen Datenquellen)를 고려해야 한다.

② 제1항 제1문에 따른 정보제공은 다음 각 호와 같이 행해진다,

1. 범죄의 기소를 관할하는 관청(zur Verfolgung von Straftaten zuständige Behörden)에, 그 관청이 개별사안에서 자신에게, 형사소송법 제100조b 제2항 제1호 a목, b목, d목, e목, f목, g목 또는 l목, 제3호 b목 첫째 사항, 제5호, 제6호, 제9호 또는 제10호[250]에 따른 '특히 중대한 범죄'의 기소를 위하여 그 기관에 제1항상의 데이터의 수집 및 이용을 허가해 주는 법(法)상 규정을 명시하여 그 제공을 법원의 명령에 따라 요구하는 범위 내에서만,
2. 공공의 안녕 또는 공공질서에 대한 위험(危險)의 방지를 관할하는 관청(für die Abwehr von Gefahren für die öffentliche Sicherheit oder Ordnung zuständige Behörden)에, 그 관청이 개별사안에서 자신에

Erhebung und Nutzung der in Absatz 1 genannten Daten zur Abwehr einer konkreten Gefahr für Leib, Leben oder Freiheit der Person, für die sexuelle Selbstbestimmung, für den Bestand des Bundes oder eines Landes, die freiheitlich demokratische Grundordnung sowie Güter der Allgemeinheit, deren Bedrohung die Grundlagen der Existenz der Menschen berührt, erlauben, nach Anordnung durch ein Gericht verlangen.

An andere öffentliche und nichtöffentliche Stellen dürfen Daten nach Absatz 1 nicht übermittelt werden. Die Verantwortung für die Zulässigkeit der Auskunft tragen die um Auskunft ersuchenden Stellen.

(3) Derjenige, der geschäftsmäßig Telemediendienste erbringt, daran mitwirkt oder den Zugang zur Nutzung daran vermittelt, hat die zu beauskunftenden Daten unverzüglich und vollständig zu übermitteln. Eine Verschlüsselung der Daten bleibt unberührt. Über das Auskunftsersuchen und die Auskunftserteilung haben die Verpflichteten gegenüber den Betroffenen sowie Dritten Stillschweigen zu wahren.

(4) Wer geschäftsmäßig Telemediendienste erbringt oder daran mitwirkt, hat die in seinem Verantwortungsbereich für die Auskunftserteilung erforderlichen Vorkehrungen auf seine Kosten zu treffen. Jedes Auskunftsverlangen ist durch eine verantwortliche Fachkraft auf Einhaltung der in Absatz 2 genannten formalen Voraussetzungen zu prüfen. Die weitere Bearbeitung des Auskunftsverlangens darf erst nach einem positiven Prüfergebnis freigegeben werden.

§ 15c Auskunftsverfahren bei Nutzungsdaten

(1) Wer geschäftsmäßig Telemediendienste erbringt, daran mitwirkt oder den Zugang zur Nutzung daran vermittelt, darf die nach § 15 Absatz 1 erhobenen Nutzungsdaten nach Maßgabe dieser Vorschrift zur Erfüllung von Auskunftspflichten gegenüber den in Absatz 3 genannten Stellen verwenden. Für die Auskunftserteilung sind sämtliche unternehmensinternen Datenquellen zu berücksichtigen.

(2) Die Auskunft darf nur erteilt werden nach Maßgabe der nachfolgenden Absätze und soweit die um die Auskunft ersuchende Stelle dies im Einzelfall unter Angabe einer gesetzlichen Bestimmung verlangt, die ihr eine Erhebung der in Absatz 1 in Bezug genommenen Daten erlaubt. Das Auskunftsverlangen ist schriftlich oder elektronisch zu stellen. Bei Gefahr im Verzug darf die Auskunft auch erteilt werden, wenn das Verlangen in anderer Form gestellt wird. In diesem Fall ist das Verlangen unverzüglich nachträglich schriftlich oder elektronisch zu bestätigen. Die Verantwortung für die Zulässigkeit der Auskunft tragen die um Auskunft ersuchenden Stellen.

(3) Die Auskunft nach Absatz 1 Satz 1 darf nur erteilt werden an

1. die für die Verfolgung von Straftaten zuständigen Behörden, soweit zureichende tatsächliche für eine Straftat vorliegen und die zu erhebenden Daten erforderlich sind, um den Sachverhalt zu erforschen, den Aufenthaltsort eines Beschuldigten zu ermitteln oder eine Strafe zu vollstrecken,
2. die für die Abwehr von Gefahren für die öffentliche Sicherheit oder Ordnung zuständigen Behörden, soweit dies im Einzelfall erforderlich ist,
   a) zur Abwehr einer Gefahr für
      aa) die öffentliche Sicherheit; wobei die Auskunft auf die nach § 15 Absatz 1 Satz 2 Nummer 1 des Telemediengesetzes erhobenen Daten beschränkt ist, oder
      bb) Leib, Leben, Freiheit der Person, die sexuelle Selbstbestimmung, den Bestand und die Sicherheit des Bundes oder eines Landes, die freiheitlich demokratische Grundordnung, Güter der Allgemeinheit,

게, 사람의 신체, 생명 및 자유, 성적 자기결정권, 연방 또는 어느 주의 존립과 자유민주적 기본질서에 대한 구체적 위험이나 그 위협이 인간의 생존의 기초에 영향을 미치는 공중생존재화에 대한 구체적 위험의 방지를 위해 이러한 관청에게 제1항상의 데이터의 수집(收集) 및 이용(利用)을 허가해 주는 법(法)상 규정을 기재하여(unter Angabe einer gesetzlichen Bestimmung) 법원의 명령에 따라 그 제공을 요구하는 범위 내에서만.

그 밖의 공공기관 또는 민간기관은 제1항에 따른 데이터를 제공받을 수 없다. 정보제공의 허가요건에 대한 책임은 정보제공을 요구하는 기관이 부담한다.

③ 영업적으로, 전기정보통신서비스를 제공하거나 이에 협력하거나 또는 그 이용에 대한 접근을 매개하는 자는, 요구받은 데이터를 지체 없이 또 완전하게(die zu beauskunftenden Daten unverzüglich und vollständig) 제공해야 한다. 데이터의 암호화는 영향을 받지 아니한다. 그 의무자는 정보제공요구와 정보제공에 관하여(Über das Auskunftsersuchen und die Auskunftserteilung) 당사자와 제3자에 대하여 비밀을 유지해야 한다.

④ 영업적으로 전기정보통신서비스를 제공하거나 이에 협력하는 자는, 자신의 책임영역에서 정보제공에 필요한 조처(措處)를 자신의 비용으로 취해야 한다. 각 정보제공요구는 제2항상의 공식적 요건을 준수하였는지에 대하여(auf Einhaltung der in Absatz 2 genannten formalen Voraussetzungen) 담당 전문인력에 의한 심사를 받아야 한다. 정보제공요구의 추가적 처리(Die weitere Bearbeitung des Auskunftsverlangens)는 긍정적 심사결과 후에 비로소 행해질 수 있다.

제15조c 이용정보 제공절차

① 영업적으로, 전기정보통신서비스를 제공하거나 이에 협력하거나 또는 그 이용에 대한 접근을 매개하는 자는, 제15조 제1항에 따른 수집한 이용정보(die nach § 15 Absatz 1 erhobenen Nutzungsdaten)를 본 규정의 기준에 좇아 제3항상의 기관에 대한 정보제공의무의 이행을 위하여 사용해도 된다. 이러한 정보제공을 위하여 기업내부의 데이터원(源) 전체를 고려해야 한다.

② 정보제공은 다음 조항의 기준에 좇아서만 또한 정보제공을 요구하는 기관이 개별사안에서 자신에게 제1항에서 언급된 데이터의 수집을 허가해 주는 법(法)상 규정을 기재하여(unter Angabe einer gesetzlichen Bestimmung) 이를 요구하는 범위 내에서 행해질 수 있다. 정보제공요구는 서면 또는 전자적 방법으로 해야 한다. 급박한 위험이 있는 경우(Bei Gefahr im Verzug) 정보제공은 다른 방식의 요구가 행해지더라도(wenn das Verlangen in anderer Form gestellt wird) 이뤄질 수 있다. 이러한 경우 정보제공요구는 지체 없이 사후적으로 서면 또는 전자적 방법으로 확인해야 한다. 정보제공 허가요건에 대한 책임은 정보제공을 요구하는 기관이 부담한다.

③ 제1항 제1문에 따른 정보제공은 다음 각 호와 같이 행해진다,

1. 범죄의 기소를 관할하는 관청에, 어느 범죄에 대한 충분한 사실적 판단근거가 있고 수집하는 정보가 사실관계를 규명하거나 피의자의 체류지를 확인하거나 형벌을 집행하는 데 필요한 범위 내에서만(um den Sachverhalt zu erforschen, den Aufenthaltsort eines Beschuldigten zu ermitteln oder eine Strafe zu vollstrecken),
2. 공공의 안녕 또는 공공질서에 대한 위험(危險)의 방지를 관할하는 관청에, 이것이 개별사안에서,
   a) 다음에 대한 위험(危險)을 방지하는 데 필요한 범위 내에서만,
      aa) 공공의 안녕; 이 경우 전기정보통신서비스법 제15조 제1항 제2문 제1호에 따라 수집한 데이터의 정보제공에 한정됨, 또는
      bb) 사람의 신체, 생명 및 자유, 성적 자기결정권, 연방 및 어느 주의 존립 및 안전, 자유민주적 기본질서, 자유민주적 기본질서, 그 위협이 인간의 생존의 기초에 영향을 미치는 공중생존재화(Güter der

deren Bedrohung die Grundlagen der Existenz der Menschen bedroht, sowie nicht unerhebliche Sachwerte, oder

b) zum Schutz von Leib, Leben, Freiheit der Person, sexueller Selbstbestimmung, dem Bestand und der Sicherheit des Bundes und der Länder, der freiheitlich demokratischen Grundordnung, Gütern der Allgemeinheit, deren Bedrohung die Grundlagen der Existenz der Menschen berührt, sowie nicht unerheblichen Sachwerten, wenn Tatsachen den Schluss auf ein wenigstens seiner Art nach konkretisiertes sowie zeitlich absehbares Geschehen zulassen, an dem bestimmte Personen beteiligt sein werden, oder

c) zum Schutz von Leib, Leben Freiheit der Person, sexueller Selbstbestimmung, dem Bestand und der Sicherheit des Bundes und der Länder, der freiheitlich demokratischen Grundordnung sowie Gütern der Allgemeinheit, deren Bedrohung die Grundlagen der Existenz der Menschen berührt, wenn das individuelle Verhalten einer Person die konkrete Wahrscheinlichkeit begründet, dass sie in einem übersehbaren Zeitraum eine gegen ein solches Rechtsgut gerichtete Straftat begehen wird, oder

d) zur Verhütung einer Straftat von erheblicher Bedeutung, sofern Tatsachen die Annahme rechtfertigen, dass eine Person innerhalb eines übersehbaren Zeitraums auf eine ihrer Art nach konkretisierten Weise als Täter oder Teilnehmer an der Begehung einer Tat beteiligt ist, oder

e) zur Verhütung einer schweren Straftat nach § 100a Absatz 2 der Strafprozessordnung, sofern das individuelle Verhalten einer Person die konkrete Wahrscheinlichkeit begründet, dass die Person innerhalb eines übersehbaren Zeitraums die Tat begehen wird,

3. das Bundeskriminalamt als Zentralstelle nach § 2 des Bundeskriminalamtgesetzes, sofern im Einzelfall eine erhebliche Gefahr für die öffentliche Sicherheit vorliegt oder zureichende tatsächliche Anhaltspunkte für eine Straftat im Sinne des § 2 Absatz 1 des Bundeskriminalamtgesetzes vorliegen und die Daten erforderlich sind, um die zuständige Strafverfolgungsbehörde oder zuständige Polizeibehörde zu ermitteln; die Auskunft ist beschränkt auf die nach § 15 Absatz 1 Satz 2 Nummer 1 des Telemediengesetzes erhobenen Daten,

4. das Zollkriminalamt, soweit dies im Einzelfall erforderlich ist, zum Schutz der in § 4 Absatz 1, auch in Verbindung mit Absatz 2, des Außenwirtschaftsgesetzes genannten Rechtsgüter, wenn

a) Tatsachen den Schluss auf ein wenigstens seiner Art nach konkretisiertes sowie zeitlich absehbares Geschehen zulassen, an dem bestimmte Personen beteiligt sein werden, oder

b) wenn das individuelle Verhalten einer Person die konkrete Wahrscheinlichkeit begründet, dass sie in einem übersehbaren Zeitraum eine gegen ein solches Rechtsgut gerichtete Straftat begehen wird,

5. die Verfassungsschutzbehörden des Bundes und der Länder, soweit dies aufgrund tatsächlicher Anhaltspunkte im Einzelfall erforderlich ist zur Aufklärung bestimmter Bestrebungen oder Tätigkeiten nach

a) § 3 Absatz 1 des Bundesverfassungsschutzgesetzes oder

b) einem zum Verfassungsschutz (§ 1 Absatz 1 des Bundesverfassungsschutzgesetzes) landesgesetzlich begründeten Beobachtungsauftrag der Landesbehörde, insbesondere zum Schutz der verfassungsmäßigen Ordnung vor Bestrebungen und Tätigkeiten der Organisierten Kriminalität,

6. den Militärischen Abschirmdienst, soweit dies aufgrund tatsächlicher Anhaltspunkte im Einzelfall zur Aufklärung bestimmter Bestrebungen oder Tätigkeiten nach § 1 Absatz 1 des MAD-Gesetzes oder zur Sicherung der Einsatzbereitschaft der Truppe oder zum Schutz der Angehörigen, der Dienststellen und

Allgemeinheit, deren Bedrohung die Grundlagen der Existenz der Menschen bedroht) 그리고 중요한 물건가치,

b) 사실에 의하여, 그 유형에 따라 최소한 구체화되고 시간적으로 예측할 수 있는, 특정한 사람이 관된(an dem bestimmte Personen beteiligt sein werden) 사건에 대한 결론을 내릴 수 있는 경우에, 사람의 신체, 생명 및 자유의 보호, 성적 자기결정권의 보호, 연방 및 주의 존립 및 안전의 보호, 자유민주적 기본질서(der freiheitlich demokratischen Grundordnung)의 보호와, 그 위협이 인간의 생존의 기초에 영향을 미치는 공중생존재화(Gütern der Allgemeinheit)의 보호 그리고 중요한 물건가치의 보호에 필요한 범위 내에서만,

c) 사람의 신체, 생명 및 자유의 보호, 성적 자기결정권의 보호, 연방 및 주의 존립 및 안전의 보호, 자유민주적 기본질서의 보호와, 그 위협이 인간의 생존의 기초에 영향을 미치는 공중생존재화의 보호를 위해 필요한 범위 내에서만, 어느 사람의 개별적 행위에 의할 때 그 사람이 가까운 장래에 그러한 법익에 대한 범죄를 자행할 것(dass die Gefährdung eines solchen Rechtsgutes in einem übersehbaren Zeitraum eintreten wird)이라는 확실한 개연성이 인정되는 경우에 한함,

d) 어느 사람이 그 유형에 따라 구체화된 방법으로(auf eine ihrer Art nach konkretisierten Weise) 근접한 시간 내에 정범(正犯) 또는 공범자로 가담한 것이라는 추정을 정당화하는 사실이 있는 경우에, 어느 중범죄의 예방을 위해 필요한 범위 내에서만,

e) 어느 사람의 개별적 행위에 의할 때 그 사람이 가까운 장래에 그 범죄를 자행할 것이라는 확실한 개연성이 인정되는 경우에, 형사소송법 제100조a 제2항에 따른 어느 중범죄의 예방을 위해 필요한 범위 내에서만,

3. 연방범죄수사청법에 따른 중앙기관으로서의 연방범죄수사청에, 개별사안에서 공공의 안녕에 대한 중대한 위험이 있거나 연방범죄수사청법 제2조 제1항상의 범죄에 대한 충분한 사실적 판단근거가 있고(zureichende tatsächliche Anhaltspunkte für eine Straftat im Sinne des § 2 Absatz 1 des Bundeskriminalamtgesetzes vorliegen), 해당 데이터가 관할 형사관청 또는 경찰당국이 이를 수사하는 데 필요한 범위 내에서; 그 정보제공은 전기정보통신서비스법 제15조 제1항 제2문 제1호에 따라 수집한 데이터의 정보제공에 한정된다,

4. 관세수사청에, 다음 각 목의 경우에, 이것이 개별사안에서 대외무역법 제4조 제2항과 연결된 경우를 포함하여 동법 제4조 제1항상의 법익 보호에 필요한 범위 내에서만,

a) 사실에 의하여, 그 유형에 따라 최소한 구체화되고 시간적으로 예측할 수 있는, 특정한 사람이 관련된(an dem bestimmte Personen beteiligt sein werden) 사건에 대한 결론을 내릴 수 있는 경우, 또는

b) 어느 사람의 개별적 행위에 의할 때 그 사람이 가까운 장래에 그 범죄를 자행할 것이라는 확실한 개연성이 인정되는 경우,

5. 연방 또는 주의 헌법수호청에, 이것이 개별사안에서 충분한 사실적 판단근거에 기하여,

a) 연방헌법수호청법 제3조 제1항에 따른 특정한 기도 또는 활동을 적발하는 데 필요한 범위 내에서만, 또는

b) 헌법수호를 위하여(헌법수호법 제1조 제1항) 주법에 따라 설치된 주행정관청 소속의 어느 감시임무단, 특히 조직범죄의 기도 및 활동으로부터 헌법질서를 수호하기 위한(zum Schutz der verfassungsmäßigen Ordnung vor Bestrebungen und Tätigkeiten der organisierten Kriminalität) 그러한 감시임무단에 따른 특정한 기도 또는 활동을 적발하는 데 필요한 범위 내에서만,

6. 군사정보국에, 이것이 개별사안에서 사실적 판단근거에 기하여 군사정보국법 제1조 제1항에 따른 특정한 기도 또는 활동의 적발을 위해 필요하거나 군대의 출동을 확보하는 데 필요하거나 군사정보국법 제14조 제1항에 따른 연방국방부의 직무범위에 속하는 직원(職員), 부서(部署) 및 시설(Schutz der

Einrichtungen des Geschäftsbereichs des Bundesministeriums der Verteidigung nach § 14 Absatz 1 des MAD-Gesetzes erforderlich ist,

7. den Bundesnachrichtendienst zur Gewinnung von Erkenntnissen über das Ausland von außen- und sicherheitspolitischer Bedeutung für die Bundesrepublik Deutschland, sofern

a) tatsächliche Anhaltspunkte dafür vorliegen, dass ein wenigstens seiner Art nach konkretisiertes sowie zeitlich absehbares Geschehen besteht, an dem bestimmte Personen beteiligt sein werden, und das

aa) einem der in § 4 Absatz 3 Satz 1 des BND-Gesetzes genannten Gefahrenbereiche unterfällt, oder

bb) das eines der in § 4 Absatz 3 Nummer 2 und 3 des BND-Gesetzes genannten Rechtsgüter beeinträchtigen wird, oder

b) eine Auskunftserteilung über bestimmte Nutzungsdaten im Sinne von § 15 Absatz 1 Satz 2 Nummer 1 erforderlich ist, um einen Nutzer zu identifizieren, von dem ein bestimmter, dem Bundesnachrichtendienst bereits bekannter Inhalt der Nutzung des Telemediendienstes herrührt, zum Zweck

aa) der politischen Unterrichtung der Bundesregierung, wenn im Einzelfall tatsächliche Anhaltspunkte für bestimmte Vorgänge im Ausland vorliegen, die von außen- und sicherheitspolitischer Bedeutung für die Bundesrepublik Deutschland sind und zu deren Aufklärung das Bundeskanzleramt den Bundesnachrichtendienst beauftragt hat, oder

bb) der Früherkennung von aus dem Ausland drohenden Gefahren von internationaler Bedeutung, wenn im Einzelfall tatsächliche Anhaltspunkte für Vorgänge im Ausland bestehen, die einen Bezug zu den in § 4 Absatz 3 Nummer 1 des BND-Gesetzes genannten Gefahrenbereichen aufweisen oder darauf abzielen oder geeignet sind, die in § 4 Absatz 3 Nummer 2 des BND-Gesetzes genannten Rechtsgüter zu schädigen.

(4) Derjenige, der geschäftsmäßig Telemediendienste erbringt, daran mitwirkt oder den Zugang zur Nutzung daran vermittelt, hat die zu beauskunftenden Daten unverzüglich und vollständig zu übermitteln. Eine Verschlüsselung der Daten bleibt unberührt. Über das Auskunftsersuchen und die Auskunftserteilung haben die Verpflichteten gegenüber den Betroffenen sowie Dritten Stillschweigen zu wahren.

(5) Wer geschäftsmäßig Telemediendienste erbringt oder daran mitwirkt, hat die in seinem Verantwortungsbereich für die Auskunftserteilung erforderlichen Vorkehrungen auf seine Kosten zu treffen. Jedes Auskunftsverlangen ist durch eine verantwortliche Fachkraft auf Einhaltung der in Absatz 2 genannten formalen Voraussetzungen zu prüfen. Die weitere Bearbeitung des Auskunftsverlangens darf erst nach einem positiven Prüfergebnis freigegeben werden.

§ 15d Informationspflicht bei unrechtmäßiger Kenntniserlangung von Daten

Stellt der Diensteanbieter fest, dass bei ihm gespeicherte Bestands- oder Nutzungsdaten unrechtmäßig übermittelt worden oder auf sonstige Weise Dritten unrechtmäßig zur Kenntnis gelangt sind, und drohen schwerwiegende Beeinträchtigungen für die Rechte oder schutzwürdigen Interessen des betroffenen Nutzers, gilt § 42a des Bundesdatenschutzgesetzes entsprechend.

Angehörigen, der Dienststellen und Einrichtungen des Geschäftsbereichs des Bundesministeriums der Verteidigung)의 보호에 필요한 범위 내에서만,

7. 개별사안에서 독일연방공화국에 대하여 대외정책적·안보정책적으로 중요한 외국에 관한 지식을 얻기 위한 연방해외정보국에,

a) 그 유형에 따라 최소한 구체화되고 시간적으로 예측할 수 있는, 특정한 사람이 관련된(an dem bestimmte Personen beteiligt sein werden) 사건으로, 다음의 사건이 존재한다는 점에 대한 사실적 판단근거가 있는 범위 내에서만,

aa) 연방해외정보국법 제4조 제3항 제1문상의 어느 위험영역(Gefahrenbereiche)에 포함되는 사건, 또는

bb) 연방해외정보국법(BND-Gesetz) 제4조 제3항 제2호, 제3호상의 어느 법익(法益)을 침해(侵害)하는 사건(事件),

b) 본 법 제15조 제1항 제2문 제1호상의 특정한 이용정보에 관한 정보제공이, 다음 목적을 위하여, 전기정보통신서비스의 이용 내용으로, 연방해외정보국에 이미 알려진 특정한 내용이 유래한 당사자인(dem Bundesnachrichtendienst bereits bekannter Inhalt der Nutzung des Telemediendienstes herrührt) 이용자를 확인하는 데 필요한 범위 내에서만,

aa) 연방정부에 대한 정책적 알림 목적, 다만 개별사안에서 독일연방공화국에 대하여 대외정책적·안보정책적으로 중요하고 연방수상청이 그 탐지(探知)에 관하여 연방해외정보국에 위임한, 외국에서의 특정한 사건에 대한 사실적 판단근거(tatsächliche Anhaltspunkte für bestimmte Vorgänge im Ausland)가 있는 경우에 한함, 또는

bb) 국제적 중요성을 갖는, 외국에서 유래하는 임박한 위험의 조기탐지(Früherkennung von aus dem Ausland drohenden Gefahren von internationaler Bedeutung)의 목적, 다만 개별사안에서 연방해외정보국법 제4조 제3항 제1호상의 위험영역과의 관련성을 나타내거나 연방해외정보국법 제4조 제3항 제2호상의 법익을 해치는 것을 목적으로 하거나 그에 적합한, 외국에서의 사건에 대한 사실적 판단근거가 있는 경우에 한함.

④ 영업적으로, 전기정보통신서비스를 제공하거나 이에 협력하거나 또는 그 이용에 대한 접근을 매개하는 자는, 요구받은 데이터를 지체 없이 또 완전하게(die zu beauskunftenden Daten unverzüglich und vollständig) 제공해야 한다. 데이터의 암호화는 영향을 받지 아니한다. 그 의무자는 정보제공요구와 정보제공에 관하여(Über das Auskunftsersuchen und die Auskunftserteilung) 당사자와 제3자에 대하여 비밀을 유지해야 한다.

⑤ 영업적으로 전기정보통신서비스를 제공하거나 이에 협력하는 자는, 자신의 책임영역에서 정보제공에 필요한 조처(措處)를 자신의 비용으로 취해야 한다. 각 정보제공요구는 제2항상의 공식적 요건을 준수하였는지에 대하여(auf Einhaltung der in Absatz 2 genannten formalen Voraussetzungen) 담당 전문인력에 의한 심사를 받아야 한다. 정보제공요구의 추가적 처리(Die weitere Bearbeitung des Auskunftsverlangens)는 긍정적 심사결과 후에 비로소 행해질 수 있다.

제15조d 불법적인 정보에 대해 지득시의 의무

서비스제공자가, 자신이 저장한 존속정보 및 이용정보를 불법적으로 이전받거나 그 밖의 방법으로 제3자가 불법적으로 지득하게 되고 또 당사자인 이용자의 권리 또는 보호받을 만한 이익에 대한 중대한 피해(schwerwiegende Beeinträchtigungen für die Rechte oder schutzwürdigen Interessen)가 예상되는 것으로 결정한 경우에 연방개인정보보호법 제42조a를 준용한다.

Abschnitt 6 Bußgeldvorschriften

§ 16 Bußgeldvorschriften

(1) Ordnungswidrig handelt, wer absichtlich entgegen § 6 Abs. 2 Satz 1 den Absender oder den kommerziellen Charakter der Nachricht verschleiert oder verheimlicht.

(2) Ordnungswidrig handelt, wer vorsätzlich oder fahrlässig

1. entgegen § 2c Absatz 1 in Verbindung mit § 2b Absatz 1 Satz 2 und Absatz 2 eine Auskunft nicht, nicht richtig, nicht vollständig oder nicht rechtzeitig erteilt,
2. entgegen § 5 Abs. 1 eine Information nicht, nicht richtig oder nicht vollständig verfügbar hält,
2a. entgegen § 10a Absatz 1 oder § 10b Satz 1 ein dort genanntes Verfahren nicht, nicht richtig oder nicht vollständig vorhält,
3. entgegen § 13 Abs. 1 Satz 1 oder 2 den Nutzer nicht, nicht richtig, nicht vollständig oder nicht rechtzeitig unterrichtet,
4. einer Vorschrift des § 13 Abs. 4 Satz 1 Nr. 1 bis 4 oder 5 oder Absatz 7 Satz 1 Nummer 1 oder Nummer 2 Buchstabe a über eine dort genannte Pflicht zur Sicherstellung zuwiderhandelt,
5. entgegen § 14 Abs. 1 oder § 15 Abs. 1 Satz 1 oder Abs. 8 Satz 1 oder 2 personenbezogene Daten erhebt oder verwendet oder nicht oder nicht rechtzeitig löscht,
6. entgegen § 15 Abs. 3 Satz 3 ein Nutzungsprofil mit Daten über den Träger des Pseudonyms zusammenführt oder
7. entgegen § 15a Absatz 5 Satz 1 oder § 15b Absatz 3 Satz 1 oder § 15c Absatz 4 Satz 1 die dort genannten Daten nicht, nicht richtig, nicht vollständig oder nicht rechtzeitig übermittelt.

(3) Die Ordnungswidrigkeit kann mit einer Geldbuße bis zu fünfzigtausend Euro geahndet werden.

제6장 범칙금규정

제16조 범칙금규정

① 의도적으로 제6조 제2항 제1문에 위반하여 통신의 발신인 또는 상업적 성질을 은폐하거나 숨긴 자는 질서위반행위를 한 것이다.

② 고의 또는 과실에 기하여 다음 각 호를 한 자는 질서위반행위를 한 것이다,

1. 제2조b 제1항 제2문, 제2항에 연결된 제2조c 제1항에 위반하여 정보를 제공하지 않거나, 올바르게 제공하지 않거나 불완전하게 제공하거나 적시에 제공하지 않은 자,
2. 제5조 제1항에 위반하여 정보를 제공하지 않거나, 적시에 제공하지 않거나 이에 불완전하게 접근하게 한 자,

2a. 제10조a 제1항 또는 제10조b 제1문에 위반하여 그 조항상의 절차를 유지하지 않거나, 올바르게 유지하지 않거나 불완전하게 유지한 자,

3. 제13조 제1항 제1문 또는 제2문에 위반하여 이용자에게 알리지 않거나 제대로 알리지 않거나 불완전하게 알리거나 적시에 알리지 않은 자,
4. 제13조 제4항 제1문 제1호 내지 제4호, 제5호, 제7항 제1무 제1호의 규정 또는 그러한 조항들에서 안내된 보장의무에 관한 제2호 a목의 규정에 위반하는 자,
5. 제14조 제1항, 제15조 제1항 제1문 또는 제8항 제1문 또는 제2문에 위반하여 개인정보를 수집하거나 활용하거나 삭제하지 않거나 적시에 삭제하지 않은 자,
6. 제15조 제3항 제3문에 위반하여 가명의 주체에 관한 정보에 의한 이용자분석프로필을 합친 자,
7. 제15조a 제5항 제1문, 제15조b 제3항 제1문, 또는 제15조c 제4항 제1문에 위반하여 그 조항상의 데이터를 제공하지 않거나, 올바르게 제공하지 않거나 불완전하게 제공하거나 적시에 제공하지 않은 자.

③ 위와 같은 위반행위에 대하여 50,000유로 이하의 범칙금에 처할 수 있다.

전기통신 및 전기정보통신서비스에서의 정보보호 및 사생활보호에 관한 법률

(전기통신·전기정보통신서비스 정보보호법; BGBl. I S. 2099)

Gesetz über den Datenschutz und den Schutz der Privatsphäre in der Telekommunikation und bei Telemedien

(Telekommunikation-Telemedien-Datenschutz-Gesetz - TTDSG)

Gesetz über den Datenschutz und den Schutz der Privatsphäre in der Telekommunikation und bei Telemedien (Telekommunikation-Telemedien-Datenschutz-Gesetz - TTDSG)

https://www.buzer.de/s1.htm?g=TTDSG&f=1

Teil 1 Allgemeine Bestimmungen

§ 1 Anwendungsbereich des Gesetzes

(1) Dieses Gesetz regelt

1. das Fernmeldegeheimnis, einschließlich des Abhörverbotes und der Geheimhaltungspflicht der Betreiber von Funkanlagen,
2. besondere Vorschriften zum Schutz personenbezogener Daten bei der Nutzung von Telekommunikationsdiensten und Telemedien,
3. die Anforderungen an den Schutz der Privatsphäre im Hinblick auf die Mitteilung ankommender Verbindungen, die Rufnummernunterdrückung und -anzeige und die automatische Anrufweiterschaltung,
4. die Anforderungen an die Aufnahme in Endnutzerverzeichnisse und die Bereitstellung von Endnutzerdaten an Auskunftsdienste, Dienste zur Unterrichtung über einen individuellen Gesprächswunsch eines anderen Nutzers und Anbieter von Endnutzerverzeichnissen,
5. die von Anbietern von Telemedien zu beachtenden technischen und organisatorischen Vorkehrungen,
6. die Anforderungen an die Erteilung von Auskünften über Bestands- und Nutzungsdaten durch Anbieter von Telemedien,
7. den Schutz der Privatsphäre bei Endeinrichtungen hinsichtlich der Anforderungen an die Speicherung von Informationen in Endeinrichtungen der Endnutzer und den Zugriff auf Informationen, die bereits in Endeinrichtungen der Endnutzer gespeichert sind, und
8. die Aufsichtsbehörden und die Aufsicht im Hinblick auf den Datenschutz und den Schutz der Privatsphäre in der Telekommunikation; bei Telemedien bleiben die Aufsicht durch die nach Landesrecht zuständigen Behörden und § 40 Bundesdatenschutzgesetz unberührt.

(2) Dem Fernmeldegeheimnis unterliegende Einzelangaben über Verhältnisse einer bestimmten oder bestimmbaren juristischen Person oder Personengesellschaft, die mit der Fähigkeit ausgestattet ist, Rechte zu erwerben oder Verbindlichkeiten einzugehen, stehen den personenbezogenen Daten gleich.

(3) Diesem Gesetz unterliegen alle Unternehmen und Personen, die im Geltungsbereich dieses Gesetzes eine Niederlassung haben oder Dienstleistungen erbringen oder daran mitwirken oder Waren auf dem Markt bereitstellen. § 3 des Telemediengesetzes bleibt unberührt.

§ 2 Begriffsbestimmungen

(1) Die Begriffsbestimmungen des Telekommunikationsgesetzes, des Telemediengesetzes und der Verordnung (EU) 2016/679 des Europäischen Parlaments und des Rates vom 27. April 2016 zum Schutz natürlicher Personen bei der Verarbeitung personenbezogener Daten, zum freien Datenverkehr und zur

전기통신 및 전기정보통신서비스에서의 정보보호 및 사생활보호에 관한 법률 (전기통신·전기정보통신서비스 정보보호법[251]); BGBl. I S. 2099)

법률공포일: 2021년 6월 23일

법률 최근개정일: 2021년 6월 25일(BGBl. I S. 2099).

제1편 총칙

제1조 본 법률의 적용범위

① 본 법률은 다음 각 호를 규율한다,

1. 도청금지와 무선설비운영자의 비밀유지의무(der Geheimhaltungspflicht der Betreiber von Funkanlagen)를 포함하여 통신비밀,
2. 전기통신역무 및 전기정보통신서비스의 이용시(bei der Nutzung von Telekommunikationsdiensten und Telemedien)의 개인정보보호에 관한 특칙,
3. 착신연결에 대한 정보제공, 전화번호은폐·전화번호표시 및 자동통화전달(die Mitteilung ankommender Verbindungen, die Rufnummernunterdrückung und -anzeige und die automatische Anrufweiterschaltung)에 관련한 사생활보호에 대한 요구사항,
4. 최종이용자목록 등재 요구사항(die Anforderungen an die Aufnahme in Endnutzerverzeichnisse), 정보제공서비스 관련 최종이용자정보의 제공에 대한 요구사항이나, 다른 이용자의 개별적 통화요구에 관한 알림을 위한 서비스에 대한 요구사항, 그리고 최종이용자목록제공자에 대한 요구사항,
5. 전기정보통신서비스제공자가 준수해야 할 기술적·관리적 조처,
6. 전기정보통선서비스제공자에 의한 가입자신상정보 및 이용자정보(Bestands- und Nutzungsdaten)에 관한 정보제공에 대한 요구사항
7. 최종이용자의 단말기에 정보를 저장하는 것에 대항 요구사항과 이미 최종이용자의 단말기에 저장된 정보에 대한 접근에 대한 요구사항에 관련한, 단말기에서의 사생활보호(den Schutz der Privatsphäre bei Endeinrichtungen),
8. 감독관청과, 전기통신에서의 정보보호 및 사생활보호에 관한 감독(die Aufsicht im Hinblick auf den Datenschutz und den Schutz der Privatsphäre in der Telekommunikation); 전기정보통신서비스에 있어 주법에 따른 관할 관청의 감독과 연방개인정보보호법 제40조는 영향을 받지 아니한다.

② 특정되었거나 특정할 수 있는 법인이나, 권리를 취득하고 의무를 부담할 능력이 있는(die mit der Fähigkeit ausgestattet ist, Rechte zu erwerben oder Verbindlichkeiten einzugehen) 그러한 인적결사체에 관한 사정에 관한, 통신비밀을 적용받는 개별정보는 개인정보와 동일시된다.

③ 본 법률의 적용범위 내에 영업소(eine Niederlassung)를 두거나 용역을 제공하거나 이에 협력하거나 시장에 물품을 제공하는 일체의 기업 및 자는 본 법률을 적용받는다. 전기정보통신서비스 제3조는 영향을 받지 아니한다.

제2조 정의규정

① 전기통신법, 전기정보통신법의 정의규정과, 「개인정보 처리시 자연인의 보호(Schutz natürlicher Personen bei der Verarbeitung), 자유로운 정보이동(freien Datenverkehr)과, 95/46/EG호 입법지침의 폐지에 관한 2016년 4월 27일 유럽연합 의회 및 이사회 (EU) 2016/679호 법(法)」(개인정보보호기본법)상의 정의규정은,

Aufhebung der Richtlinie 95/46/EG (Datenschutz-Grundverordnung) gelten auch für dieses Gesetz, soweit in Absatz 2 keine abweichende Begriffsbestimmung getroffen wird.

(2) Im Sinne dieses Gesetzes ist oder sind

1. "Anbieter von Telemedien" jede natürliche oder juristische Person, die eigene oder fremde Telemedien erbringt, an der Erbringung mitwirkt oder den Zugang zur Nutzung von eigenen oder fremden Telemedien vermittelt,
2. "Bestandsdaten" im Sinne des Teils 3 dieses Gesetzes die personenbezogenen Daten, deren Verarbeitung zum Zweck der Begründung, inhaltlichen Ausgestaltung oder Änderung eines Vertragsverhältnisses zwischen dem Anbieter von Telemedien und dem Nutzer über die Nutzung von Telemedien erforderlich ist,
3. "Nutzungsdaten" die personenbezogenen Daten eines Nutzers von Telemedien, deren Verarbeitung erforderlich ist, um die Inanspruchnahme von Telemedien zu ermöglichen und abzurechnen; dazu gehören insbesondere
   a) Merkmale zur Identifikation des Nutzers,
   b) Angaben über Beginn und Ende sowie Umfang der jeweiligen Nutzung und
   c) Angaben über die vom Nutzer in Anspruch genommenen Telemedien,
4. "Nachricht" jede Information, die zwischen einer endlichen Zahl von Beteiligten über einen Telekommunikationsdienst ausgetauscht oder weitergeleitet wird; davon ausgenommen sind Informationen, die als Teil eines Rundfunkdienstes über ein öffentliches Telekommunikationsnetz an die Öffentlichkeit weitergeleitet werden, soweit die Informationen nicht mit dem identifizierbaren Nutzer, der sie erhält, in Verbindung gebracht werden können,
5. "Dienst mit Zusatznutzen" jeder von einem Anbieter eines Telekommunikationsdienstes bereitgehaltene zusätzliche Dienst, der die Verarbeitung von Verkehrsdaten oder anderen Standortdaten als Verkehrsdaten in einem Maße erfordert, das über das für die Übermittlung einer Nachricht oder für die Entgeltabrechnung des Telekommunikationsdienstes erforderliche Maß hinausgeht,
6. "Endeinrichtung" jede direkt oder indirekt an die Schnittstelle eines öffentlichen Telekommunikationsnetzes angeschlossene Einrichtung zum Aussenden, Verarbeiten oder Empfangen von Nachrichten; sowohl bei direkten als auch bei indirekten Anschlüssen kann die Verbindung über Draht, optische Faser oder elektromagnetisch hergestellt werden; bei einem indirekten Anschluss ist zwischen der Endeinrichtung und der Schnittstelle des öffentlichen Netzes ein Gerät geschaltet.

Teil 2 Datenschutz und Schutz der Privatsphäre in der Telekommunikation

Kapitel 1 Vertraulichkeit der Kommunikation

§ 3 Vertraulichkeit der Kommunikation - Fernmeldegeheimnis

(1) Dem Fernmeldegeheimnis unterliegen der Inhalt der Telekommunikation und ihre näheren Umstände, insbesondere die Tatsache, ob jemand an einem Telekommunikationsvorgang beteiligt ist oder war. Das Fernmeldegeheimnis erstreckt sich auch auf die näheren Umstände erfolgloser Verbindungsversuche.

제2항에서 다르게 규율한 정의규정이 없는 범위 내에서(soweit in Absatz 2 keine abweichende Begriffsbestimmung getroffen wird), 본 법률에도 적용한다.

② 본 법률에서 사용된 의미는 다음과 같다,

1. "전기정보통신서비스제공자"는, 자신의 또는 타인의 전기정보통신서비스를 제공하거나 그 제공에 협력하거, 자신의 또는 타인의 전기정보통신서비스의 이용에 대한 접근을 매개하는 일체의 자연인 또는 법인을 말한다,
2. 본 법률 제3편의 "가입자신상정보"는, 전기정보통신서비스 이용에 관한, 전기정보통신서비스제공자와 이용자 간의 어느 계약관계의 성립, 내용 형성 또는 변경의 목적(zum Zweck der Begründung, inhaltlichen Ausgestaltung oder Änderung eines Vertragsverhältnisses)으로 그 처리가 필요한 개인정보를 말한다.
3. "이용정보"는, 전기정보통신서비스의 이용을 가능하게 하고 그에 대하여 결제를 하기 위하여 그 처리가 필요한, 어느 전기정보통신서비스이용자의 개인정보를 말한다: 다음 각 목의 정보가 특히 이에 속한다,
   a) 이용자의 식별을 위한 표지[252](標識),
   b) 각각의 이용의 개시 및 종료와 그 범위에 관한 정보,
   c) 이용자가 이용하는 전기정보통신서비스에 관한 정보.
4. "메시지"는, 한정된 수의 당사자들 간에 전기통신역무를 통하여 교환되거나 전달되는 일체의 정보를 말한다; 그 정보가 이를 수령하는 식별할 수 있는 이용자와 연결될 수 없는 범위 내에서(soweit die Informationen nicht mit dem identifizierbaren Nutzer, der sie erhält, in Verbindung gebracht werden können), 공중전기통신망을 통하여 방송서비스의 일부(als Teil eines Rundfunkdienstes)로 공중에 전달되는 정보는 이에서 제외한다.
5. "부가서비스"는, 통신데이터나 통신데이터로서의 기타 위치정보(anderen Standortdaten als Verkehrsdaten)의 처리가, 통신의 전송에 필요한 정도나 전기통신역무에 대한 요금결제에 필요한 정도를 넘어서는(das über das für die Übermittlung einer Nachricht oder für die Entgeltabrechnung des Telekommunikationsdienstes erforderliche Maß hinausgeht) 정도로 요구되는, 어느 전기통신역무제공자가 제공하는 일체의 부가적 서비스를 말한다.
6. "단말기(端末機)"는, 공중전기통신망의 인터페이스에 직접적 또는 간접적으로 접속되는 장치로, 메시지의 송신, 처리 또는 수신을 위한(zum Aussenden, Verarbeiten oder Empfangen von Nachrichten) 장치를 말한다; 직접적인 접속(接續)뿐만 아니라 간접적 접속의 경우에 있어 그 연결은 전기도선(電氣導線) 또는 광섬유(光纖維)를 통해(über elektrisch leitenden Draht, über optische Faser) 이뤄지거나 전자기적으로 이뤄진다; 간접적 접속의 경우에 있어 장치에 의해 전기통신단말기기와 공중통신망의 인터페이스의 사이에 연결된다.

제2편 전기통신에서의 정보보호 및 사생활보호

제1장 통신의 기밀성

제3조 통신의 기밀성 - 통신비밀

① 전기통신 내용, 전기통신의 상세한 사정, 특히 누가 전기통신과정에 참가하고 있는지 또는 참가했는지 여부에 관한 사실은 통신비밀을 적용받는다. 이러한 통신비밀은 실패한 연결시도(erfolgloser Verbindungsversuche[253]))의 상세한 사정에도 미친다.

(2) Zur Wahrung des Fernmeldegeheimnisses sind verpflichtet

1. Anbieter von öffentlich zugänglichen Telekommunikationsdiensten sowie natürliche und juristische Personen, die an der Erbringung solcher Dienste mitwirken,
2. Anbieter von ganz oder teilweise geschäftsmäßig angebotenen Telekommunikationsdiensten sowie natürliche und juristische Personen, die an der Erbringung solcher Dienste mitwirken,
3. Betreiber öffentlicher Telekommunikationsnetze und
4. Betreiber von Telekommunikationsanlagen, mit denen geschäftsmäßig Telekommunikationsdienste erbracht werden.

Die Pflicht zur Geheimhaltung besteht auch nach dem Ende der Tätigkeit fort, durch die sie begründet worden ist.

(3) Den nach Absatz 2 Satz 1 Verpflichteten ist es untersagt, sich oder anderen über das für die Erbringung der Telekommunikationsdienste oder für den Betrieb ihrer Telekommunikationsnetze oder ihrer Telekommunikationsanlagen einschließlich des Schutzes ihrer technischen Systeme erforderliche Maß hinaus Kenntnis vom Inhalt oder von den näheren Umständen der Telekommunikation zu verschaffen. Sie dürfen Kenntnisse über Tatsachen, die dem Fernmeldegeheimnis unterliegen, nur für den in Satz 1 genannten Zweck verwenden. Eine Verwendung dieser Kenntnisse für andere Zwecke, insbesondere die Weitergabe an andere, ist nur zulässig, soweit dieses Gesetz oder eine andere gesetzliche Vorschrift dies vorsieht und sich dabei ausdrücklich auf Telekommunikationsvorgänge bezieht. Die Anzeigepflicht nach § 138 des Strafgesetzbuches hat Vorrang.

(4) Befindet sich die Telekommunikationsanlage an Bord eines Wasser- oder Luftfahrzeugs, so besteht die Pflicht zur Wahrung des Fernmeldegeheimnisses nicht gegenüber der Person, die das Fahrzeug führt, und ihrer Stellvertretung.

§ 4 Rechte des Erben des Endnutzers und anderer berechtigter Personen

Das Fernmeldegeheimnis steht der Wahrnehmung von Rechten gegenüber dem Anbieter des Telekommunikationsdienstes nicht entgegen, wenn diese Rechte statt durch den betroffenen Endnutzer durch seinen Erben oder eine andere berechtigte Person, die zur Wahrnehmung der Rechte des Endnutzers befugt ist, wahrgenommen werden.

§ 5 Abhörverbot, Geheimhaltungspflicht der Betreiber von Funkanlagen

(1) Mit einer Funkanlage (§ 1 Absatz 1 des Funkanlagengesetzes) dürfen nur solche Nachrichten abgehört oder in vergleichbarer Weise zur Kenntnis genommen werden, die für den Betreiber der Funkanlage, für Funkamateure im Sinne des § 2 Nummer 1 des Amateurfunkgesetzes, für die Allgemeinheit oder für einen unbestimmten Personenkreis bestimmt sind.

(2) Der Inhalt anderer als in Absatz 1 genannter Nachrichten sowie die Tatsache ihres Empfangs dürfen, auch wenn der Empfang unbeabsichtigt geschieht, auch von Personen, für die eine Pflicht zur Geheimhaltung nicht schon nach § 3 besteht, anderen nicht mitgeteilt werden. § 3 Absatz 4 gilt entsprechend.

(3) Das Abhören oder die in vergleichbarer Weise erfolgende Kenntnisnahme und die Weitergabe von Nachrichten aufgrund besonderer gesetzlicher Ermächtigung bleiben unberührt.

§ 6 Nachrichtenübermittlung mit Zwischenspeicherung

② 다음 각 호의 자는 통신비밀을 보장할 의무를 진다,

1. 공중이 이용 가능한 전기통신역무의 제공자(Anbieter von öffentlich zugänglichen Telekommunikationsdiensten) 와 그러한 역무의 제공에 협력하는 자연인 및 법인,
2. 전부 또는 일부를 영업적으로 제공하는 전기통신역무의 제공자와 그러한 역무 제공에 협력하는 자연인 및 법인,
3. 공중전기통신망운영자, 그리고
4. 영업적으로 전기통신역무를 제공하는(mit denen geschäftsmäßig Telekommunikationsdienste erbracht werden) 전기통신설비의 운영자.

비밀유지의무(Die Pflicht zur Geheimhaltung)를 성립시킨 활동의 종료 후(auch nach dem Ende der Tätigkeit)에도 그 의무는 계속적으로 성립한다.

③ 제2항 제1문에 따라 의무를 지는 자에게, 전기통신역무의 기술시스템의 보호를 포함하여 (einschließlich des Schutzes ihrer technischen Systeme) 전기통신역무의 제공, 자신의 전기통신망의 운영 또는 자신의 전기통신설비를 위해 필요한 기준 이외에 전기통신의 내용 및 상세한 사정에 관하여 자신 또는 타인이 지득하는 것(Kenntnis vom Inhalt oder den näheren Umständen der Telekommunikation zu verschaffen)을 금지해야 한다. 그 의무를 지는 자는 통신비밀을 적용받은 사실에 관한 지득을 제1문상의 목적을 위해서만 사용할 수 있다. 다른 목적 위한 이러한 지득의 사용은, 특히 타인에 대한 제공은, 본 법률 또는 그 밖의 법(法)상 규정이 이에 대하여 규정하고 이 경우 명시적으로 전기통신과정에 관련된 (sich dabei ausdrücklich auf Telekommunikationsvorgänge bezieht) 범위 내에서만 허용된다. 형법전 제138조에 따른 신고의무가 우선한다.

④ 전기통신설비가 선박 또는 항공기에 탑재되어 있는 경우에 통신비밀 보장에 관한 의무는 그 선박 또는 항공기를 운전하는 자 또는 그 대리인에 대하여는(gegenüber der Person, die das Fahrzeug führt oder gegenüber ihrer Stellvertretung) 성립하지 아니한다.

제4조 최종이용자의 상속인 및 기타 권한자의 권리

전기통신역무제공자에 대한 권리가 해당 최종이용자 대신에 최종이용자의 상속인이나 최종이용자의 권리의 행사할 권한을 갖는(die zur Wahrnehmung der Rechte des Endnutzers befugt ist) 기타 권한자에 의하여 행사되는 경우에 통신비밀은 전기통신역무제공자에 대한 권리의 행사(行使)에 배치(配置)되지 아니한다.

제5조 무선설비운영자의 도청금지, 비밀유지의무

① 무선설비운영자, 아마추어무선(無線)에 관한 법률 제2조 제1호상의 아무추어무선통신자, 공중 또는 불특정 사람들을 위한 용도로 정해진(für die Allgemeinheit oder für einen unbestimmten Personenkreis bestimmt sind) 통신은, 무선설비법 제1조 제1항상의 무선설비로 도청하거나 이와 유사한 방법으로 지득할 수 있다.

② 제1항상의 통신 이외의 다른 통신의 내용과 그 수신 사실(Der Inhalt anderer als in Absatz 1 genannter Nachrichten sowie die Tatsache ihres Empfangs)은, 그 수신을 의도하지 않았더라(auch wenn der Empfang unbeabsichtigt geschieht)도, 비밀유지의무가 제3조에 따라 이미 성립하지 않은 자에 의하여도 타인에게 통지되어서는 아니된다. 제3조 제4항을 준용한다.

③ 특별한 법(法)상의 수권에 기한, 감청(Das Abhören) 또는 이와 유사한 방법에 의한 지득과 그러한 통신제공은 영향을 받지 아니한다.

제6조 임시저장에 의한 메시지전송

(1) Nach § 3 Absatz 2 Satz 1 Nummer 1 und 2 Verpflichtete dürfen bei Diensten, für deren Durchführung eine Zwischenspeicherung erforderlich ist, Nachrichteninhalte, insbesondere Sprach-, Ton-, Text- und Grafikmitteilungen von Endnutzern, im Rahmen eines hierauf gerichteten Diensteangebots verarbeiten, wenn

1. die Verarbeitung ausschließlich in Telekommunikationsanlagen des zwischenspeichernden Anbieters erfolgt, es sei denn, die Nachrichteninhalte werden im Auftrag des Endnutzers oder durch Eingabe des Endnutzers in Telekommunikationsanlagen anderer Anbieter weitergeleitet;
2. ausschließlich der Endnutzer
   a) durch seine Eingabe Inhalt, Umfang und Art der Verarbeitung bestimmt und
   b) bestimmt, wer Nachrichteninhalte eingeben und darauf zugreifen darf, und
3. der Verpflichtete
   a) dem Endnutzer mitteilen darf, dass der Empfänger auf die Nachricht zugegriffen hat, und
   b) Nachrichteninhalte nur entsprechend dem mit dem Endnutzer geschlossenen Vertrag löschen darf.

(2) Nach § 3 Absatz 2 Satz 1 Nummer 1 und 2 Verpflichtete haben die erforderlichen technischen und organisatorischen Maßnahmen zu treffen, um Fehlübermittlungen und das unbefugte Offenbaren von Nachrichteninhalten innerhalb des Unternehmens des Anbieters und an Dritte auszuschließen. Erforderlich sind Maßnahmen nur, wenn ihr Aufwand in einem angemessenen Verhältnis zu dem angestrebten Schutzzweck steht. Soweit es im Hinblick auf den angestrebten Schutzzweck erforderlich ist, sind die Maßnahmen dem jeweiligen Stand der Technik anzupassen.

§ 7 Verlangen eines amtlichen Ausweises

(1) Anbieter und mitwirkende Personen nach § 3 Absatz 2 Satz 1 Nummer 1 und 2 können im Zusammenhang mit dem Begründen und dem Ändern eines Vertragsverhältnisses mit einem Endnutzer über das Erbringen von Telekommunikationsdiensten die Vorlage eines amtlichen Ausweises verlangen, wenn dies zur Überprüfung der Angaben des Endnutzers erforderlich ist. Die Pflicht nach § 172 des Telekommunikationsgesetzes bleibt unberührt.

(2) Um dem Verlangen nach Vorlage eines amtlichen Ausweises zu entsprechen, kann der Endnutzer den elektronischen Identitätsnachweis gemäß § 18 des Personalausweisgesetzes, gemäß § 12 des eID-Karte-Gesetzes oder gemäß § 78 Absatz 5 des Aufenthaltsgesetzes nutzen.

(3) Von dem Ausweis darf eine Kopie erstellt werden. Die Kopie ist unverzüglich nach Feststellung der für den Vertragsabschluss erforderlichen Angaben des Endnutzers zu vernichten. Andere als die für den Vertragsabschluss erforderlichen Daten dürfen dabei nicht verarbeitet werden.

§ 8 Missbrauch von Telekommunikationsanlagen

(1) Es ist verboten, Telekommunikationsanlagen zu besitzen, herzustellen, auf dem Markt bereitzustellen, einzuführen oder sonst in den Geltungsbereich dieses Gesetzes zu verbringen, die ihrer Form nach einen anderen Gegenstand vortäuschen oder die mit Gegenständen des täglichen Gebrauchs verkleidet sind und aufgrund dieser Umstände oder aufgrund ihrer sweise in besonderer Weise geeignet und dazu bestimmt sind, das nicht öffentlich gesprochene Wort eines anderen von diesem unbemerkt abzuhören oder das Bild eines anderen von diesem unbemerkt aufzunehmen.

(2) Als zum unbemerkten Abhören oder Aufnehmen eines Bildes bestimmt gilt eine Telekommunikationsanlage insbesondere, wenn ihre Abhör- oder Aufnahmefunktion beim bestimmungsgemäßen Gebrauch des

① 제3조 제2항 제1문 제1호 또는 제2호에 따른 의무자는 그 이행을 위해 임시저장이 필요한 서비스에 있어, 다음 각 호가 모두 갖춰진 경우에, 통신내용, 특히 최종이용자의 음성메시지, 음향메시지, 문자메시지 및 화상(畵像)메시지(Sprach-, Ton-, Text- und Grafikmitteilungen von Teilnehmern)를 이를 목적으로 한 서비스제공의 범위 내에서 처리할 수 있다,

1. 그 처리가 오로지 임시저장하는 제공자의 전기통신설비에서만 행해질 것, 다만 통신내용이 최종이용자의 위임 또는 입력(入力)으로(im Auftrag des Teilnehmers oder durch Eingabe des Teilnehmers) 다른 서비스제공자의 전기통신설비로 전달되는 경우에는 그러하지 아니하다;
2. 오로지 기입자가,
   a) 자신의 입력(入力)으로 그 처리의 내용, 범위 및 성질(Inhalt, Umfang und Art der Verarbeitung)을 정할 것, 그리고
   b) 누가 통신 내용을 입력하고 이에 접근할 수 있는지를 정할 것,
3. 그 의무자가,
   a) 최종이용자에게 수신인이 메시지에 접근했다는 것을 통지할 수 있을 것, 그리고
   b) 통신내용을 최종이용자와 체결한 계약에 따라서만 삭제할 수 있을 것.

② 제3조 제2항 제1문 제1호 또는 제2호에 따른 의무자, 제공자의 기업 내에서 또는 제3자에 대한, 통신내용의 잘못된 전달 및 무단공개를 배제하기 위한 기술적·관리적 조치를 취해야 한다. 그 의무자의 경비가 추구하는 보호목적과 적절한 관계(einem angemessenen Verhältnis zu dem angestrebten Schutzzweck)에 있는 경우에 한하여 그 조치가 필요한 것이다. 그것이 추구하는 보호목적에 관하여 필요한 범위 내에서 그 조치는 그 당시의 기술 수준에 맞춰져야 한다.

제7조 관청이 발급한 신분증의 요구

① 제3조 제2항 제1문 또는 제2문에 따른 제공자 및 자(者)는, 이것이 최종이용자의 정보의 심사에 필요한 경우에, 전기통신역무의 제공에 관한, 최종이용자와의 계약관계의 성립 또는 변경과 관련하여(im Zusammenhang mit dem Begründen und dem Ändern eines Vertragsverhältnisses) 관청이 발급한 신분증의 제시(die Vorlage eines amtlichen Ausweises)를 요구할 수 있다. 전기통신법 제172조에 따른 의무는 영향을 받지 아니한다.

② 최종이용자는 관청이 발급한 증명서의 제시 요구를 응하는 데(Um dem Verlangen nach Vorlage eines amtlichen Ausweises zu entsprechen)에 신분증법 제18조, 전자신분증법(eID-Karte-Gesetze) 제12조 또는 체류법 제78조 제5항에 따른 전자신분증명을 이용할 수 있다.

③ 신분증에 대하여 사본이 제작될 수 있다. 그 사본은 계약체결에 필요한 최종이용자의 정보의 확인 후 지체 없이(unverzüglich nach Feststellung der für den Vertragsabschluss erforderlichen Angaben des Endnutzers) 폐기해야 한다. 이 경우 계약체결에 필요한 정보 이외의 정보는 처리되어서는 아니된다.

제8조 전기통신설비의 오용

① 그 형태상 다른 목적물로 속이거나 일상용품(die mit Gegenständen des täglichen Gebrauchs)으로 위장한 전기통신설비로, 이러한 사정 또는 그 기능으로 인하여, 비공개적으로 말해진 타인의 말을 타인 몰래 도청하거나 타인의 사진을 타인 몰래 촬영하는(das nicht öffentlich gesprochene Wort eines anderen von diesem unbemerkt abzuhören oder das Bild eines anderen von diesem unbemerkt aufzunehmen) 데에 특히 적합하고 그런 용도로 고안된 전기통신설비를 보유하거나 제조하거나 시장에 제공하거나 수입하거나 그 밖에 본 법률의 적용범위 내로 반입하는 것이 금지된다.

② 특히 의도적 그 제품의 사용시 피해자가 그 도청기능 또는 촬영기능을 명확하게 인식할 수 없는 경우에는 그 전기통신설비는 몰래 도청 또는 영상 촬영을 하기 위한 것(Als zum unbemerkten Abhören oder

Gegenstandes für den Betroffenen nicht eindeutig erkennbar ist.

(3) Das Verbot, Telekommunikationsanlagen nach Absatz 1 zu besitzen, gilt nicht für denjenigen, der die tatsächliche Gewalt über eine solche Telekommunikationsanlage

1. als Organ, als Mitglied eines Organs, als gesetzlicher Vertreter oder als vertretungsberechtigter Gesellschafter eines Berechtigten nach Absatz 5 erlangt,
2. von einem anderen oder für einen anderen Berechtigten nach Absatz 5 erlangt, sofern und solange er die Weisungen des anderen Berechtigten über die Ausübung der tatsächlichen Gewalt über die Telekommunikationsanlage aufgrund eines Dienst- oder Arbeitsverhältnisses zu befolgen hat oder die tatsächliche Gewalt aufgrund gerichtlichen oder behördlichen Auftrags ausübt,
3. als Gerichtsvollzieher oder Vollzugsbeamter in einem Vollstreckungsverfahren erwirbt,
4. von einem Berechtigten nach Absatz 5 vorübergehend zum Zweck der sicheren Verwahrung oder der nicht gewerbsmäßigen Beförderung zu einem Berechtigten erlangt,
5. lediglich zur gewerbsmäßigen Beförderung oder gewerbsmäßigen Lagerung erlangt,
6. durch Fund erlangt, sofern er die Telekommunikationsanlage unverzüglich abliefert an den Verlierer, den Eigentümer, einen sonstigen Berechtigten nach Absatz 5 oder die für die Entgegennahme der Fundanzeige zuständige Stelle,
7. von Todes wegen erwirbt, sofern er die Telekommunikationsanlage unverzüglich einem Berechtigten nach Absatz 5 überlässt oder sie für dauernd unbrauchbar macht.

(4) Das Verbot, Telekommunikationsanlagen nach Absatz 1 zu besitzen, gilt ferner nicht für eine Telekommunikationsanlage, die durch Entfernen eines wesentlichen Bauteils dauernd unbrauchbar gemacht worden ist, sofern derjenige, der die tatsächliche Gewalt über eine solche Telekommunikationsanlage erlangt, den Erwerb unverzüglich der Bundesnetzagentur schriftlich anzeigt. Die Anzeige muss folgende Angaben enthalten:

1. Name, Vornamen und Anschrift des Erwerbers,
2. die Art der Telekommunikationsanlage, deren Hersteller- oder Warenzeichen und, wenn die Telekommunikationsanlage eine Herstellungsnummer hat, auch diese,
3. die glaubhafte Darlegung, dass der Erwerber die Telekommunikationsanlage ausschließlich zu Sammlerzwecken erworben hat.

(5) Die zuständigen obersten Bundes- oder Landesbehörden lassen Ausnahmen von Absatz 1 zu, wenn es im öffentlichen Interesse, insbesondere aus Gründen der öffentlichen Sicherheit oder zum Zweck der Lehre über oder der Forschung an entsprechenden Telekommunikationsanlagen erforderlich ist. Absatz 1 gilt ferner nicht, soweit das Bundesamt für Wirtschaft und Ausfuhrkontrolle die Ausfuhr der Telekommunikationsanlagen genehmigt hat, und nicht für technische Mittel von Behörden, die diese in den Grenzen ihrer gesetzlichen Befugnisse zur Durchführung von technischen Ermittlungsmaßnahmen einsetzen.

(6) Es ist verboten, öffentlich oder in Mitteilungen, die für einen größeren Personenkreis bestimmt sind, für Telekommunikationsanlagen mit dem Hinweis zu werben, dass sie geeignet sind, das nicht öffentlich gesprochene Wort eines anderen von diesem unbemerkt abzuhören oder das Bild eines anderen von diesem unbemerkt aufzunehmen.

Kapitel 2 Verkehrsdaten, Standortdaten

Aufnehmen eines Bildes bestimmt)으로 본다.

③ 제1항에 따른 전기통신설비를 보유하는 것의 금지는, 다음 각 호의 자로서, 그러한 설비에 대한 실질적 지배력을 취득한 자에 대하여는 적용하지 아니한다,

1. 제5항에 따른 권리자의 기관으로서, 기관의 구성원으로서, 법정대리인으로서 또는 대표권이 있는 사원으로 취득한 자,
2. 제5항에 따른 다른 권리자에게서 취득하거나 그 권리자를 위하여 취득한 자, 다만 그 자가 그 전기통신설비에 관한 실질적 지배력의 행사에 관한 타인의 지시를 고용관계 또는 근로관계(Dienst- oder Arbeitsverhältnis)에 기하여 이행해야 하거나 법원 또는 행정관청의 위임에 기하여 실질적 지배력(die tatsächliche Gewalt)을 행사하는 경우에 그러한 동안에 한정됨,
3. 강제집행절차의 집행관 또는 집행공무원으로서 취득한 자,
4. 제5항에 따른 어느 권리자에게서, 보호예치(保護預置; sicheren Verwahrung)의 목적으로 또는 어느 권리자에 대한 비영업적 운송의 목적으로 임시로 취득한 자,
5. 단지 영업적 운송 또는 영업적 보관을 위해 취득한 자,
6. 유실물습득으로 취득 한 자, 다만 그 자가 그 전기통신설비를 지체 없이 잃어버린 자, 소유권자, 제5항에 따른 기타 권리자 또는 유실물신고를 수령하는 관할 기관(der für die Entgegennahme der Fundanzeige zuständigen Stelle)에 인도한 경우에 한함,
7. 사망으로 취득한 자, 다만, 그 자가 그 전기통신설비를 지체 없이 제5항에 따른 권리자에게 인도하거나 이를 영구적으로 쓸모없게 만든 경우에 한함.

④ 또한, 그러한 전기통신설비에 대한 실질적 지배력을 취득한 자가 연방망관리청에 지체 없이 그 취득을 서면으로 신고하는 경우에는, 제1항에 따른 전기통신설비를 보유하는 것의 금지는, 핵심적 부품의 분리로 영구적으로 쓸모없게 된(die durch Entfernen eines wesentlichen Bauteils dauernd unbrauchbar gemacht worden ist) 전기통신설비에 대하여는 적용하지 아니한다. 그 신고에는 다음 각 호 사항이 포함되어야만 한다:

1. 취득자의 성씨, 이름 및 주소,
2. 전기통신설비의 유형, 그 전기통신설비가 제조번호가 있는 경우에 그 제조번호도 포함하여, 그 전기통신설비의 제조자표시 또는 상표,
3. 취득지가 그 전기통신설비를 오로지 수집목적으로 취득했다는 점에 대한 신뢰할 만한 설명(die glaubhafte Darlegung).

⑤ 이것이 공익을 위하여, 특히 공공의 안녕의 이유에서 관련 전기통신설비에 대한 강의 또는 연구 목적에 필요한 경우에는 관할 최상급 연방행정관청 또는 주행정관청은 제1항의 예외를 허용한다. 또한 연방경제·수출통제청이 해당 전기통신설비의 수출을 허가한 범위 내에서 제1항을 적용하지 아니하고, 또한 이를 기술적 조사조치의 실행에 관한 법(法)상 필요의 한도 내에서 사용하는 행정관청의 기술적 수단에 대하여도(nicht für technische Mittel von Behörden, die diese in den Grenzen ihrer gesetzlichen Befugnisse zur Durchführung von technischen Ermittlungsmaßnahmen einsetzen) 제1항을 적용하지 아니한다.

⑥ 방송설비 또는 기타 전기통신설비에 대하여, 그것들이 비공식적으로 말해진 타인의 말을 타인 몰래 도청하거나 타인의 영상을 타인 몰래 촬영하는 데 적합하다는 언급으로, 공공연하게 광고하거나 다수의 사람들에 대하여 행해지는(die für einen größeren Personenkreis bestimmt sind) 통신에서 광고(廣告)하는 것은 금지된다.

제2장 통신데이터, 위치정보

§ 9 Verarbeitung von Verkehrsdaten

(1) Nach § 3 Absatz 2 Satz 1 Verpflichtete dürfen folgende Verkehrsdaten nur verarbeiten, soweit dies zum Aufbau und zur Aufrechterhaltung der Telekommunikation, zur Entgeltabrechnung oder zum Aufbau weiterer Verbindungen erforderlich ist:

1. die Nummer oder Kennung der beteiligten Anschlüsse oder der Endeinrichtung, personenbezogene Berechtigungskennungen, bei Verwendung von Kundenkarten auch die Kartennummer, bei mobilen Anschlüssen auch die Standortdaten,
2. den Beginn und das Ende der jeweiligen Verbindung nach Datum und Uhrzeit und, soweit die Entgelte davon abhängen, die übermittelten Datenmengen,
3. den vom Nutzer in Anspruch genommenen Telekommunikationsdienst,
4. die Endpunkte von festgeschalteten Verbindungen, ihren Beginn und ihr Ende nach Datum und Uhrzeit und, soweit die Entgelte davon abhängen, die übermittelten Datenmengen und
5. sonstige zum Aufbau und zur Aufrechterhaltung der Telekommunikation sowie zur Entgeltabrechnung notwendige Verkehrsdaten.

Im Übrigen sind Verkehrsdaten von den nach § 3 Absatz 2 Satz 1 Verpflichteten nach Beendigung der Verbindung unverzüglich zu löschen. Eine über Satz 1 hinausgehende Verarbeitung der Verkehrsdaten ist unzulässig. Die Pflicht zur Verarbeitung von Verkehrsdaten aufgrund von anderen Rechtsvorschriften bleibt unberührt.

(2) Teilnehmerbezogene Verkehrsdaten nach Absatz 1 dürfen vom Anbieter des Telekommunikationsdienstes zum Zweck der Vermarktung von Telekommunikationsdiensten, zur bedarfsgerechten Gestaltung von Telekommunikationsdiensten oder zur Bereitstellung von Diensten mit Zusatznutzen im dazu erforderlichen Maß und im dazu erforderlichen Zeitraum nur verwendet werden, wenn der Endnutzer in diese Verwendung gemäß der Verordnung (EU) 2016/679 eingewilligt hat. Die Daten anderer Endnutzer sind unverzüglich zu anonymisieren. Eine zielnummernbezogene Verwendung der Verkehrsdaten zu den in Satz 1 genannten Zwecken ist nur zulässig, wenn der Endnutzer gemäß der Verordnung (EU) 2016/679 informiert wurde und er eingewilligt hat. Hierbei sind die Daten anderer Endnutzer unverzüglich zu anonymisieren. Außerdem ist der Endnutzer darauf hinzuweisen, dass er die Einwilligung nach den Sätzen 1 und 3 jederzeit widerrufen kann.

§ 10 Entgeltermittlung und Entgeltabrechnung

(1) Die Verarbeitung der Verkehrsdaten nach § 9 Absatz 1 Satz 1 durch nach § 3 Absatz 2 Satz 1 Nummer 1 und 2 Verpflichtete zur Ermittlung des Entgelts und zur Abrechnung mit den Endnutzern darf nur nach Maßgabe der Absätze 2 bis 4 erfolgen. Erbringt ein Anbieter eines Telekommunikationsdienstes seine Dienste über ein öffentliches Telekommunikationsnetz eines anderen Betreibers, darf dieser Betreiber dem Anbieter des Telekommunikationsdienstes die für die Erbringung von dessen Diensten erhobenen Verkehrsdaten übermitteln. Hat der Anbieter eines Telekommunikationsdienstes mit einem Dritten einen Vertrag über den Einzug des Entgelts geschlossen, so darf er dem Dritten die Verkehrsdaten nach § 9 Absatz 1 Satz 1 Nummer 1 bis 3 und 5 nur übermitteln, soweit es zum Einzug des Entgelts und der Erstellung einer detaillierten Rechnung erforderlich ist. Der Dritte darf die Daten nur zu diesem Zweck verarbeiten. Der Dritte ist vertraglich zur Wahrung des Fernmeldegeheimnisses und des dem Anbieter des Telekommunikationsdienstes obliegenden Datenschutzes zu verpflichten.

제9조 통신데이터의 처리

① 제3조 제2항 제1문에 따른 의무자는, 이것이 전기통신의 설정 또는 유지를 위하여 필요하거나 요금결제를 위하여 필요하거나 또는 추가적 연결의 설정에 필요한(zum Aufbau weiterer Verbindungen erforderlich ist) 범위 내에서만 다음 각 호의 통신데이터를 처리할 수 있다:

1. 통신에 참가한 접속 또는 단말기의 번호 또는 식별자(識別子), 개별수권식별자(個別授權識識別子), 고객카드 사용시에는 그 카드번호도 포함(bei Verwendung von Kundenkarten auch die Kartennummer)하고, 이동접속의 경우에는 위치정보도 포함함,
2. 날짜 및 시각별 각각의 연결의 개시 및 종료와, 요금이 이전된 데이터량에 좌우되는 범위 내에서 그 이전된 데이터량(量)(die übermittelten Datenmengen),
3. 이용자가 이용한 전기통신역무,
4. 비교환접속(非交換接續)의 종점(終點), 날짜 및 시각별 그러한 접속의 개시 및 종료, 요금이 이전된 데이터량에 좌우되는 범위 내에서 그 이전된 데이터량(die übermittelten Datenmengen),
5. 전기통신의 설정(設定)과 유지(Aufbau und zur Aufrechterhaltung der Telekommunikation)와 요금결제에 필요한 기타 통신데이터.

그 밖의 경우에는 통신데이터는 제3조 제2항 제1문에 따른 의무자에 의하여 서비스제공자가 연결 종료 후에 지체 없이 삭제되어야 한다. 제1문을 넘어서는 통신데이터의 처리(Eine über Satz 1 hinausgehende Verarbeitung der Verkehrsdaten)는 허용되지 아니한다. 그 밖의 법규정에 기한 통신데이터의 처리에 관한 의무는 영향을 받지 아니한다.

② 제1항에 따른 가입자관련 통신데이터는, 최종이용자가 그 사용에 (EU) 2016/679호 법(法)에 따라 동의를 한 경우[wenn der Endnutzer in diese Verwendung gemäß der Verordnung (EU) 2016/679 eingewilligt hat]에 한하여, 전기통신역무의 마케팅 목적을 위하거나, 수요에 기반한 전기통신역무의 구성 또는 부가서비스의 제공을 위하여, 이에 필요한 정도 그리고 이에 필요한 시간 내에서 전기통신역무제공자에 의하여 사용될 수 있다. 수신인의 그 데이터는 지체 없이 익명처리되어야 한다. 다른 최종이용자의 통신데이터는 지체 없이 익명처리되어야 한다. 제1문상의 목적을 위한, 통신데이터의 수신인번호와 관련한(zielnummernbezogene) 사용은, 최종이용자가 (EU) 2016/679호 법(法)에 따라 정보를 제공받고 동의를 한 경우에 한하여 허용된다. 이 경우 다른 최종이용자의 통신데이터는 지체 없이 익명처리되어야 한다. 게다가 최종이용자는 자신이 제1문 또는 제3문에 따른 동의를 언제든지 철회할 수 있다는 점을 안내받아야 한다.

제10조 요금산정과 요금결제

① 요금산정과 최종이용자에 대한 결제를 위한 처리로, 제3조 제2항 제1문 제1호 또는 제2호에 따른 의무자에 의한 제9조 제1항 제1문에 따른 통신데이터의 처리는, 제2항 내지 제4항의 기준에 좇아서만 행해질 수 있다. 어느 전기통신역무제공자가 제3자인 운영자의 공중전기통신망을 통한 자신의 서비스를 제공하는 경우에, 그 운영자는 그 전기통신역무제공자에게 자신의 서비스 제공을 위하여 수집한 통신데이터를 이전할 수 있다. 전기통신역무제공자가 요금의 수금(收金)에 관한 계약을 제3자와 체결한 경우에 그 전기통신역무제공자는, 이것이 요금의 수금과 상세한 청구서의 작성을 위해 필요한 범위 내에서(soweit es zum Einzug des Entgelts und der Erstellung einer detaillierten Rechnung erforderlich ist)만 제3자에게 제9조 제1항 제1문 제1호 내지 제3호와, 제5호에 따른 통신데이터를 이전할 수 있다. 제3자는 이러한 목적을 위해서만 그 데이터를 처리할 수 있다. 제3자는 통신비밀 보장과, 전기통신역무제공자가 부담하는 정보보호 보장을 할 계약상(契約上) 의무(zur Wahrung des Fernmeldegeheimnisses und des dem Anbieter des Telekommunikationsdienstes obliegenden Datenschutzes)를 진다.

(2) Nach § 3 Absatz 2 Satz 1 Nummer 1 und 2 Verpflichtete haben nach Beendigung der Verbindung aus den Verkehrsdaten nach § 9 Absatz 1 Satz 1 Nummer 1 bis 3 und 5 unverzüglich die für die Berechnung des Entgelts erforderlichen Daten zu ermitteln. Diese Daten dürfen bis zu sechs Monate nach Versendung der Rechnung gespeichert werden. Für die Abrechnung nicht erforderliche Daten sind unverzüglich zu löschen. Hat der Endnutzer gegen die Höhe der in Rechnung gestellten Verbindungsentgelte vor Ablauf der Frist nach Satz 2 Einwendungen erhoben, dürfen die Daten gespeichert werden, bis die Einwendungen abschließend geklärt sind.

(3) Soweit es für die Abrechnung des Anbieters eines Telekommunikationsdienstes mit anderen Anbietern von Telekommunikationsdiensten oder mit deren Endnutzern sowie für die Abrechnung anderer Anbieter mit ihren Endnutzern erforderlich ist, dürfen der Anbieter und mitwirkende Personen nach § 3 Absatz 2 Satz 1 Nummer 1 und 2 die für die Berechnung des Entgelts erforderlichen Verkehrsdaten nach § 9 Absatz 1 Satz 1 Nummer 1 bis 3 und 5 verarbeiten.

(4) Ziehen der Anbieter und mitwirkende Personen nach § 3 Absatz 2 Satz 1 Nummer 1 und 2 mit der Rechnung Entgelte für Leistungen eines Dritten ein, die dieser im Zusammenhang mit der Erbringung von Telekommunikationsdiensten erbracht hat, so dürfen dem Dritten Verkehrsdaten nach § 9 Absatz 1 Satz 1 Nummer 1 bis 3 und 5 übermittelt werden, soweit diese im Einzelfall für die Durchsetzung der Forderungen des Dritten gegenüber seinem Endnutzer erforderlich sind.

§ 11 Einzelverbindungsnachweis

(1) Dem Endnutzer sind die Verkehrsdaten nach § 9 Absatz 1 Satz 1 Nummer 1 bis 3 derjenigen Verbindungen, für die er entgeltpflichtig ist, durch Anbieter und mitwirkende Personen nach § 3 Absatz 2 Satz 1 Nummer 1 und 2 mitzuteilen, wenn er vor dem maßgeblichen Abrechnungszeitraum einen Einzelverbindungsnachweis verlangt hat. Auf Wunsch dürfen ihm auch die Daten pauschal abgegoltener Verbindungen mitgeteilt werden. Dabei entscheidet der Endnutzer, ob ihm die von ihm gewählten Rufnummern ungekürzt oder unter Kürzung um die letzten drei Ziffern mitgeteilt werden. Bei einem Teilnehmeranschluss im Haushalt ist die Mitteilung nur zulässig, wenn der Anschlussinhaber in Textform erklärt hat, dass er alle zum Haushalt gehörenden Personen, die den Teilnehmeranschluss nutzen, darüber informiert hat und künftige Mitnutzer des Teilnehmeranschlusses unverzüglich darüber informieren wird, dass dem Inhaber des Teilnehmeranschlusses die Verkehrsdaten nach Satz 1 zur Erteilung des Einzelverbindungsnachweises bekannt gegeben werden.

(2) Unbeschadet des Absatzes 1 dürfen dem Endnutzer die Verkehrsdaten nach Absatz 1 Satz 1 mitgeteilt werden, wenn er Einwendungen gegen die Höhe der Verbindungsentgelte erhoben hat. Das gilt auch für einen Mobilfunkanschluss.

(3) Bei Teilnehmeranschlüssen in Betrieben und Behörden ist die Mitteilung nur zulässig, wenn der Inhaber des Teilnehmeranschlusses in Textform erklärt hat, dass die Mitarbeiter informiert worden sind und künftige Mitarbeiter unverzüglich informiert werden und dass der Betriebsrat oder die Personalvertretung entsprechend den gesetzlichen Vorschriften beteiligt worden ist oder eine solche Beteiligung nicht erforderlich ist. Soweit die öffentlich-rechtlichen Religionsgesellschaften für ihren Bereich eigene Mitarbeitervertreterregelungen erlassen haben, findet Satz 1 mit der Maßgabe Anwendung, dass an die Stelle des Betriebsrates oder der Personalvertretung die jeweilige Mitarbeitervertretung tritt.

② 제3조 제2항 제1문 제1호 또는 제2호에 따른 의무자, 제9조 제1항 제1호 내지 제3호와 제5호에 따른 통신데이터에 기한 연결의 종료 후에 지체 없이 요금의 산정에 필요한 데이터를 조사한다. 이러한 데이터는 청구서 발송시로부터 6개월까지 저장할 수 있다. 결제에 필요하지 않은 데이터는 지체 없이 삭제되어야 한다. 최종이용자가 제2문에 따른 기간 경과 전에 청구된 연결요금액에 대하여 이의를 제기하는 경우에(Hat der Endnutzer gegen die Höhe der in Rechnung gestellten Verbindungsentgelte vor Ablauf der Frist nach Satz 2 Einwendungen erhoben), 그 이의가 종료된 것으로 선언될 때까지 그 데이터는 저장되어도 된다.

③ 이것이 해당 전기통신역무제공자와 다른 전기통신역무제공자 간의 결제나 해당 전기통신역무제공자와 그 다른 전기통신역무제공자의 최종이용자 간의 결제 또는 그 다른 전기통신역무제공자와 그의 최종이용자 간의 결제에 필요한 범위 내에서 그 제공자와 제3조 제2항 제1문 제1호 또는 제2호에 따른 협력하는 자는, 요금산정에 필요한, 제9조 제1항 제1문 제1호 내지 제3호 또는 제5호에 따른 통신데이터를 처리할 수 있다.

④ 그 제공자와 제3조 제2항 제1문 제1호 또는 제2호에 따른 협력하는 자가, 전기통신역무의 제공과 관련하여 제공한, 제3자의 급부에 대한 요금을 청구서로 징수하는 경우에 제9조 제1항 제1문 제1호 내지 제3호와 제5호에 따른 통신데이터는, 이것이 개별사안에서 제3자의 자신의 최종이용자에 대한 채권의 실현(die Durchsetzung der Forderungen des Dritten gegenüber seinem Teilnehmer)에 필요한 범위 내에서, 그 제3자에게 이전되어도 된다.

제11조 개인별접속요금청구서

① 제9조 제1항 제1문 제1호 내지 제3호에 따른, 최종이용자가 요금지급의무가 있는 연결 통신데이터는, 최종이용자가 해당 결제기간 전에 개인별접속요금청구서를 요구하는 경우에, 그 제공자와 제3조 제2항 제1문 제1호 또는 제2호 협력하는 자에 의하여 통지되어야 한다; 요구가 있는 경우 정액으로 지급하는 연결 정보(auch die Daten pauschal abgegoltener Verbindungen)도 최종이용자에게 통지할 수 있다. 이 경우 최종이용자는 자신에게 그가 선택한 전화번호가 전부 통지될 것인지 아니면 마지막 세자리 수로 단축되어(ungekürzt oder unter Kürzung um die letzten drei Ziffern) 통지될 것인지를 결정한다. 세대 가입자회선 경우에는 가입자회선보유자(Anschlussinhaber[254])가, 그 가입자회선을 이용하는 해당 세대(世帶)에 속하는 모든 자들에게 그 개인별접속청구서 발급을 위하여 제1문에 따른 통신데이터가 자신(dem Inhaber des Teilnehmeranschlusses)에게 제공된다는 점에 관하여 알렸고, 또한 장래의 가입자회선의 공동이용자들에게 그러한 점에 관하여 지체 없이 알릴 것이라는 사실을 문면방식으로 진술한 경우에 한하여 그 통지가 허용된다.

② 최종이용자가 연결요금액에 대한 이의(異議)를 제기한 경우에는 제1항에도 불구하고 제1항 제1문에 따른 통신데이터는 최종이용자에게 통지되어도 된다. 이동통신접속(Mobilfunkanschluss)의 경우에도 또한 같다.

③ 사업체와 관청(官廳) 내의 가입자회선의 경우에는, 가입자회선보유자가, 직원들이 그 정보를 제공(提供)받았고 또 장래의 직원들이 지체 없이 그 정보를 제공받을 것이라는 점과, 근로자평의회 또는 직원평의회가 법(法)상 규정에 따라 의사결정참가를 했거나 그러한 의사결정참가가 필요하지 않다(eine solche Beteiligung nicht erforderlich ist)는 점을 문면방식으로 진술한 경우에 한하여 그 통지는 허용된다. 공법상 종교단체가 자신의 영역에 대하여 고유한 직원대표기구규정을 제정한 범위 내에서(Soweit die öffentlich-rechtlichen Religionsgesellschaften für ihren Bereich eigene Mitarbeitervertreterregelungen erlassen haben), 각각의 직원대표기구가 근로자평의회 또는 직원평의회를 대신한다는 기준하에 제4문을 적용한다.

(4) Soweit ein Anschlussinhaber zur vollständigen oder teilweisen Übernahme der Entgelte für Verbindungen verpflichtet ist, die bei seinem Anschluss ankommen, dürfen ihm in dem für ihn bestimmten Einzelverbindungsnachweis die Nummern der Anschlüsse, von denen die Anrufe ausgingen, nur unter Kürzung um die letzten drei Ziffern mitgeteilt werden.

(5) Der Einzelverbindungsnachweis nach Absatz 1 Satz 1 darf nicht Verbindungen zu Anschlüssen erkennen lassen,

1. deren Inhaber Personen, Behörden oder Organisationen in sozialen oder kirchlichen Bereichen sind, die grundsätzlich anonym bleibenden Endnutzern ganz oder überwiegend telefonische Beratung in seelischen oder sozialen Notlagen anbieten und die selbst oder deren Mitarbeiter insoweit besonderen Verpflichtungen zur Verschwiegenheit unterliegen, und
2. die die Bundesnetzagentur für Elektrizität, Gas, Telekommunikation, Post und Eisenbahnen (Bundesnetzagentur) in eine Liste aufgenommen hat.

(6) Der Beratung im Sinne des Absatzes 5 Nummer 1 dienen neben den in § 203 Absatz 1 Nummer 4 und 5 des Strafgesetzbuches genannten Personengruppen insbesondere die Telefonseelsorge und die Gesundheitsberatung. Die Bundesnetzagentur nimmt die Inhaber der Anschlüsse auf Antrag in die Liste auf, wenn sie die Aufgabenbestimmung nach Absatz 5 Nummer 1 durch Bescheinigung einer Behörde oder Körperschaft, Anstalt oder Stiftung des öffentlichen Rechts nachgewiesen haben. Die Liste wird zum Abruf im automatisierten Verfahren bereitgestellt. Die Verpflichteten nach § 3 Absatz 2 Satz 1, die Einzelverbindungsnachweise erstellen, haben die Liste quartalsweise abzufragen und Änderungen unverzüglich in ihren Abrechnungsverfahren anzuwenden.

§ 12 Störungen von Telekommunikationsanlagen und Missbrauch von Telekommunikationsdiensten

(1) Soweit erforderlich, dürfen Verpflichtete nach § 3 Absatz 2 Satz 1 Verkehrsdaten der Endnutzer sowie die Steuerdaten eines informationstechnischen Protokolls zur Datenübertragung, die unabhängig vom Inhalt eines Kommunikationsvorgangs übertragen oder auf den am Kommunikationsvorgang beteiligten Servern gespeichert werden und zur Gewährleistung der Kommunikation zwischen Empfänger und Sender notwendig sind, verarbeiten, um Störungen oder Fehler an Telekommunikationsanlagen zu erkennen, einzugrenzen oder zu beseitigen. Dies gilt auch für Störungen, die zu einer Einschränkung der Verfügbarkeit von Informations- und Telekommunikationsdiensten oder zu einem unerlaubten Zugriff auf Telekommunikations- und Datenverarbeitungssysteme der Nutzer führen können. Eine Verarbeitung der Verkehrsdaten und Steuerdaten zu anderen Zwecken ist unzulässig. Soweit die Verkehrsdaten nicht automatisiert erhoben und verwendet werden, muss der Datenschutzbeauftragte des Verpflichteten nach § 3 Absatz 2 Satz 1 unverzüglich über die Verfahren und Umstände der Maßnahme informiert werden. Betroffene Endnutzer sind von dem nach § 3 Absatz 2 Satz 1 Verpflichteten zu benachrichtigen, sofern sie ermittelt werden können.

(2) Die Verkehrsdaten und Steuerdaten sind unverzüglich zu löschen, sobald sie für die Beseitigung der Störung nicht mehr erforderlich sind.

(3) Zur Durchführung von Umschaltungen sowie zum Erkennen und Eingrenzen von Störungen im Netz ist dem Betreiber von Telekommunikationsnetzen oder seinem Beauftragten das Aufschalten auf bestehende Verbindungen erlaubt, soweit dies betrieblich erforderlich ist. Eventuelle bei der Aufschaltung erstellte Aufzeichnungen sind unverzüglich zu löschen. Das Aufschalten muss den betroffenen

④ 어느 접속주체가 자신의 접속에서 발생한 연결 요금을 전부 또는 부분적으로 인수할 의무를 지는 범위 내에서, 통화가 시작된 접속의 번호가 그 접속주체를 위한 개인별접속요금청구서에서(in dem für ihn bestimmten Einzelverbindungsnachweis) 마지막 세자리 수로 단축되어서(nur unter Kürzung um die letzten drei Ziffern)만 그 접속주체에게 통지될 수 있다.

⑤ 제1항 제1문에 따른 개인별접속요금청구서에 의해, 다음의 접속에 의한 연결(Verbindungen zu Anschlüssen)이 알려져서는 아니된다,

1. 그 접속의 주체가, 원칙적으로 익명처리된 최종이용자에게 전부 또는 주로 정신적 또는 사회적 긴급상황에서 전화상담을 제공하고, 또한 직접 또는 그 직원이 그 범위 내에서 특별한 비밀유지의무(besonderen Verschwiegenheitsverpflichtungen)를 적용받는 자(者) 또는 관청이거나 사회 또는 교회 영역 내의 그러한 조직(組織)이고, 그리고
2. 「전기, 가스, 전기통신, 우편 및 철도를 관할하는 연방망관리청」(‘연방망관리청’)이 목록(目錄)에 등재한 접속.

⑥ 형법전 제203조 제1항 제4호, 제5호상의 인적집단에 속하는 자뿐만 아니라 그 이외의 자(者)도 제5항 제1호문상의 상담에 종사하고 특히 전화정신상담, 건강상담에 종사한다. 연방망관리청이 관청의 증명서나 공법상 사단(社團), 영조물(營造物) 또는 재단(財團)의 증명서로 제5항 제1문에 따른 자신의 임무목적을 증명한 경우에는, 연방망관리청은 접속주체(接續主體; die Inhaber der Anschlüsse)를 신청에 따라 그 목록에 기재한다. 그 목록은 자동화된 절차에서 검색으로 제공된다. 개인별접속요금청구서를 작성하는, 제3조 제2항 제1문에 따른 의무자는 그 목록에 대하여 분기별로 (연방망관리청에) 문의(問議)한 다음, 수정사항을 지체 없이 자신의 결제절차에서 적용해야 한다(haben die Liste quartalsweise abzufragen und Änderungen unverzüglich in ihren Abrechnungsverfahren anzuwenden).

제12조 전기통신설비의 장애(障礙)와 전기통신역무의 오용

① 필요하면, 제3조 제2항 제1호에 따른 의무자는 전기통신설비에 대한 장애 또는 오류를 인지, 국한 또는 제거하기 위하여(um Störungen oder Fehler an Telekommunikationsanlagen zu erkennen, einzugrenzen oder zu beseitigen), 최종이용자이 가입자통신데이터와, 데이터전송을 위한 정보기술 프로토콜의 제어데이터로, 통신과정의 내용과 무관하게 전송되거나 통신과정에 참가한 서버에 저장되고 수신인과 발신인 간의 통신을 보장하는 데 필요한(zur Gewährleistung der Kommunikation zwischen Empfänger und Sender notwendig sind) 제어데이터를 처리할 수 있다. 서비스제공자는, 정보제공서비스 및 전기통신역무의 이용가능성(Verfügbarkeit von Informations- und Kommunikationsdiensten) 제한을 초래하거나 이용자(利用者) 전기통신시스템 및 데이터처리시스템(Telekommunikations- und Datenverarbeitungssysteme der Nutzer)에 대한 무단 접근을 초래하는 장애에 대해서도 또한 같다. 다른 목적을 위한 통신데이터 및 제어데이터의 처리는 허용되지 아니한다. 통신데이터가 수동으로 수집되고 사용되는 범위 내에서 제3조 제2항 제1문의 의무자에 속한 정보보호책임자는 지체 없이 처분의 절차 및 사정에 관하여 정보를 제공받아야만 한다. 제3조 제2항 제1문의 의무자는, 해당 최종이용자를 확인할 수 있는 한(sie ermittelt werden können) 그에게 통지해야 한다.

② 통신데이터 및 제어데이터는, 그것이 장애의 제거에 더 이상 필요하지 않게 되자마자(sobald sie für die Beseitigung der Störung nicht mehr erforderlich sind) 지체 없이 삭제해야 한다.

③ 이것이 사업상 필요한 범위 내에서(soweit dies betrieblich erforderlich ist), 전환의 시행과, 통신망 내 장애의 인지(認知) 또는 국한(局限)을 위하여 전기통신망운영자 또는 그 대리인에게 진행 중인 연결에 대한 침입(侵入)(das Aufschalten auf bestehende Verbindungen)이 허용된다. 침입시 생성된 우연한 기록(Eventuelle bei der Aufschaltung erstellte Aufzeichnungen)는 지체 없이 삭제되어야 한다. 그 침입은 해

Kommunikationsteilnehmern durch ein akustisches oder sonstiges Signal zeitgleich angezeigt und ausdrücklich mitgeteilt werden. Sofern dies technisch nicht möglich ist, muss der betriebliche Datenschutzbeauftragte des Betreibers des Telekommunikationsnetzes unverzüglich detailliert über die Verfahren und Umstände der Maßnahme informiert werden. Diese Informationen hat der betriebliche Datenschutzbeauftragte für zwei Jahre aufzubewahren.

(4) Wenn tatsächliche Anhaltspunkte für die rechtswidrige Inanspruchnahme eines Telekommunikationsnetzes oder Telekommunikationsdienstes vorliegen, insbesondere für eine Leistungserschleichung oder einen Betrug oder eine unzumutbare Belästigung nach § 7 des Gesetzes gegen den unlauteren Wettbewerb, darf der Verpflichtete nach § 3 Absatz 2 Satz 1 zur Sicherung seines Entgeltanspruchs sowie zum Schutz der Endnutzer vor der rechtswidrigen Inanspruchnahme des Telekommunikationsdienstes oder des Telekommunikationsnetzes Verkehrsdaten verarbeiten, die erforderlich sind, um die rechtswidrige Inanspruchnahme des Telekommunikationsnetzes oder Telekommunikationsdienstes aufzudecken und zu unterbinden. Die Anhaltspunkte für die rechtwidrige Inanspruchnahme des Telekommunikationsnetzes oder Telekommunikationsdienstes hat der nach § 3 Absatz 2 Satz 1 Verpflichtete zu dokumentieren. Der nach § 3 Absatz 2 Satz 1 Verpflichtete darf aus den Verkehrsdaten nach Satz 1 einen pseudonymisierten Gesamtdatenbestand bilden, der Aufschluss über die von einzelnen Endnutzern erzielten Umsätze gibt und unter Zugrundelegung geeigneter Kriterien das Auffinden solcher Verbindungen des Netzes ermöglicht, bei denen der Verdacht einer rechtswidrigen Inanspruchnahme besteht. Die Verkehrsdaten anderer Verbindungen sind unverzüglich zu löschen. Die Aufsichtsbehörde ist über Einführung und Änderung eines Verfahrens nach Satz 1 unverzüglich in Kenntnis zu setzen.

§ 13 Standortdaten

(1) Standortdaten, die in Bezug auf die Nutzer von öffentlichen Telekommunikationsnetzen oder Telekommunikationsdiensten verarbeitet werden, dürfen nur in dem zur Bereitstellung von Diensten mit Zusatznutzen erforderlichen Umfang und innerhalb des dafür erforderlichen Zeitraums verarbeitet werden, wenn sie anonymisiert wurden oder wenn der Nutzer vom Anbieter des Dienstes mit Zusatznutzen gemäß der Verordnung (EU) 2016/679 informiert wurde und eingewilligt hat. Der Anbieter des Dienstes mit Zusatznutzen hat bei jeder Feststellung des Standortes des Mobilfunkendgerätes den Endnutzer durch eine Textmitteilung an das Endgerät, dessen Standortdaten ermittelt wurden, über die Feststellung des Standortes zu informieren. Dies gilt nicht, wenn der Standort nur auf dem Endgerät angezeigt wird, dessen Standortdaten ermittelt wurden. Werden die Standortdaten für einen Dienst mit Zusatznutzen verarbeitet, der die Übermittlung von Standortdaten eines Mobilfunkendgerätes an einen anderen Nutzer oder Dritte, die nicht Anbieter des Dienstes mit Zusatznutzen sind, zum Gegenstand hat, muss der Nutzer seine Einwilligung ausdrücklich, gesondert und schriftlich gegenüber dem Anbieter des Dienstes mit Zusatznutzen erteilen. In diesem Fall gilt die Verpflichtung nach Satz 2 entsprechend für den Anbieter des Dienstes mit Zusatznutzen. Der Anschlussinhaber muss weitere Nutzer seines Mobilfunkanschlusses über eine erteilte Einwilligung unterrichten.

(2) Haben die Nutzer ihre Einwilligung zur Verarbeitung von Standortdaten gegeben, müssen sie auch weiterhin die Möglichkeit haben, die Verarbeitung dieser Daten für jede Verbindung zum Netz oder für jede Übertragung einer Nachricht auf einfache Weise und unentgeltlich zeitweise zu untersagen.

당 통신참여자(den betroffenen Kommunikationsteilnehmern)에 가청신호(可聽信號) 또는 기타 신호(ein akustisches oder sonstiges Signal)로 동시에 알려져야만 하고, 구체적으로 통지되어야만 한다. 이것이 기술적으로 가능하지 않은 경우에, 전기통신망운영자에 속한 기업의 정보보호책임자는 지체 없이 각 개별 처분의 절차 및 사정에 관하여 상세하게 정보를 제공받아야 한다. 이러한 정보는 기업의 정보보책임자가 2년간 보관해야 한다.

④ 전기통신망 또는 전기통신역무의 위법한 이용, 특히 급부편취, 사기 또는 부당경쟁방지법 제7조상의 부당하게 성가시게 하는 행위(insbesondere für eine Leistungserschleichung oder einen Betrug oder eine unzumutbare Belästigung nach § 7 des Gesetzes gegen den unlauteren Wettbewerb)에 대한 증명할 수 있는 사실적 판단근거가 있는 경우에, 제3조 제2항 제1문에 따른 의무자는, 자신의 요금청구권의 보전하거나 전기통신망 또는 전기통신역무의 위법한 이용으로부터 최종이용자를 보호하기 위하여(zur Sicherung seines Entgeltanspruchs sowie zum Schutz der Endnutzer vor der rechtswidrigen Inanspruchnahme des Telekommunikationsdienstes oder des Telekommunikationsnetzes) 전기통신망 또는 전기통신역무의 위법한 이용을 적발하고 방지하는 데 필요한 통신데이터를 처리해도 된다. 제3조 제2항 제1문에 따른 의무자는, 전기통신망 또는 전기통신역무의 위법한 이용에 대한 사실적 판단근거를 증명해야 한다. 제3조 제2항 제1문에 따른 의무자는, 제1문에 따른 통신데이터를 이용하여, 개별 최종이용자가 달성한 매출에 관한 정보(Aufschluss)를 제공해 주고, 적절한 기준을 기초로 해서 위법한 이용의 혐의가 인정되는 통신망 연결의 적발을 가능하게 해 주는(unter Zugrundelegung geeigneter Kriterien das Auffinden solcher Verbindungen des Netzes ermöglicht, bei denen der Verdacht einer rechtswidrigen Inanspruchnahme besteht) 가명처리된 전체데이터베이스를 만들 수 있다. 그 밖의 연결 통신데이터는 지체 없이 삭제되어야 한다. 연방망관리청에게 제1문에 따른 절차의 시행과 변경(Einführung und Änderung eines Verfahrens)에 관하여 알려야 한다.

제13조 위치정보

① 공중전기통신망 또는 전기통신역무의 이용자에 관하여 처리되는 위치정보는, 그것이 익명처리된 경우나, 이용사가 부가서비스제공자에게 (EU) 2016/679호 법(法)에 따라 정보를 제공받고 동의를 한 경우[wenn sie anonymisiert wurden oder wenn der Nutzer vom Anbieter des Dienstes mit Zusatznutzen gemäß der Verordnung (EU) 2016/679 informiert wurde und eingewilligt hat]에 한하여 부가서비스의 제공을 위해 필요한 범위 내에서 또 이를 위해 필요한 기간 내에 처리될 수 있다. 부가서비스제공자는, 이동통신단말기의 위치 확인시마다(bei jeder Feststellung des Standortes des Mobilfunkendgerätes) 최종이용자에게 그 위치가 확인된 단말기에 대한 문자메시지로(durch eine Textmitteilung an das Endgerät, dessen Standortdaten ermittelt wurden) 그 위치 확인에 관하여 알려야 한다. 그 위치가 그 위치정보가 확인된 단말기에만 통지되는 경우에는 그러하지 아니하다. 위치정보(位置情報)가, 다른 이용자나 부가서비스제공자가 아닌 제3자에 대한 이동통신단말기의 위치정보 제공(die Übermittlung von Standortdaten eines Mobilfunkendgerätes)을 목적으로 하는 부가서비스를 위해 처리되는 경우에, 그 이용자는 명시적으로 또 별도로 서면으로(seine Einwilligung ausdrücklich, gesondert und schriftlich) 해당 부가서비스제공자에게 자신의 동의를 해야만 한다. 이러한 경우에 제2문에 따른 의무는 그 부가서비스제공자에 대하여 준용한다. 그 접속주체는 자신의 이동통신접속의 다른 이용자(weitere Nutzer seines Mobilfunkanschlusses)에게 부여된 동의에 관하여 알려야만 한다.

② 이용자가 위치정보의 처리에 관한 자신의 동의를 한 경우에 그 이용자는, 통신망에 대한 각 연결 또는 메시지의 각 전송에 대한 위치정보의 처리를 간단한 방법으로 또 무료로 가끔(auf einfache Weise und unentgeltlich zeitweise) 금지할 수 있는 가능성을 여전히 보유해야만 한다.

(3) Bei Verbindungen zu Anschlüssen, die unter den Notrufnummern 112 oder 110 oder den Rufnummern 124 124 oder 116 117 erreicht werden, haben der Anbieter und mitwirkende Personen nach § 3 Absatz 2 Satz 1 Nummer 1 und 2 sicherzustellen, dass nicht im Einzelfall oder dauernd die Übermittlung von Standortdaten ausgeschlossen wird.

(4) Die Verarbeitung von Standortdaten nach den Absätzen 1 und 2 muss auf das für die Bereitstellung des Dienstes mit Zusatznutzen erforderliche Maß sowie auf Personen beschränkt werden, die im Auftrag des Betreibers des Telekommunikationsnetzes oder des Anbieters des Telekommunikationsdienstes oder des Dritten, der den Dienst mit Zusatznutzen anbietet, handeln.

Kapitel 3 Mitteilen ankommender Verbindungen, Rufnummernanzeige und -unterdrückung, automatische Anrufweiterschaltung

§ 14 Mitteilen ankommender Verbindungen

(1) Trägt ein Anschlussinhaber in einem Verfahren schlüssig vor, dass bei seinem Anschluss bedrohende oder belästigende Anrufe ankommen, hat der Anbieter des Telekommunikationsdienstes auf schriftlichen Antrag auch netzübergreifend Auskunft über die Inhaber der Anschlusskennungen zu erteilen, von denen die Verbindungen ausgehen; das Verfahren ist zu dokumentieren. Die Auskunft darf sich nur auf Verbindungen und Verbindungsversuche beziehen, die nach Stellung des Antrags stattgefunden haben. Der Anbieter des Telekommunikationsdienstes darf die Anschlusskennungen, Namen und Anschriften der Inhaber dieser Anschlusskennungen sowie Datum und Uhrzeit des Beginns der Verbindungen und der Verbindungsversuche verarbeiten sowie diese Daten dem betroffenen Anschlussinhaber mitteilen.

(2) Die Bekanntgabe nach Absatz 1 Satz 3 darf nur erfolgen, wenn der betroffene Anschlussinhaber des betroffenen Anschlusses zuvor die Verbindungen nach Datum, Uhrzeit oder anderen geeigneten Kriterien eingrenzt, soweit ein Missbrauch dieses Verfahrens nicht auf andere Weise ausgeschlossen werden kann.

(3) Im Fall einer netzübergreifenden Auskunft sind die an der Verbindung mitwirkenden anderen Anbieter und Betreiber nach § 3 Absatz 2 Satz 1 verpflichtet, dem Anbieter des Telekommunikationsdienstes des bedrohten oder belästigten Anschlussinhabers die erforderlichen Auskünfte zu erteilen, sofern sie über diese Daten verfügen.

(4) Der Inhaber der Anschlusskennung, von der die festgestellten Verbindungen ausgegangen sind, ist darüber zu unterrichten, dass über diese Verbindungen Auskunft erteilt wurde. Davon kann abgesehen werden, wenn der Antragsteller schriftlich schlüssig vorgetragen hat, dass ihm aus dieser Mitteilung wesentliche Nachteile entstehen können, und diese Nachteile bei Abwägung mit den schutzwürdigen Interessen der Anrufenden als wesentlich schwerwiegender erscheinen. Erhält der Inhaber der Anschlusskennung, von der die als bedrohend oder belästigend bezeichneten Anrufe ausgegangen sind, auf andere Weise Kenntnis von der Auskunftserteilung nach Absatz 1 Satz 3, so ist er auf Verlangen über die Auskunftserteilung zu unterrichten.

(5) Die Aufsichtsbehörde ist über die Einführung und Änderungen des Verfahrens zur Einhaltung der Anforderungen der Absätze 1 bis 4 unverzüglich in Kenntnis zu setzen.

§ 15 Rufnummernanzeige und -unterdrückung

(1) Bietet der Anbieter eines Sprachkommunikationsdienstes bei Anrufen die Anzeige der Rufnummer der anrufenden Endnutzer an, so müssen anrufende und angerufene Endnutzer die Möglichkeit haben,

③ 112 또는 110의 긴급전화번호에 연결되거나 124 124 또는 116 117의 전화번호에 연결되는 접속에 의한 연결의 경우에, 그 제공자와 제3조 제2항 제1문 제1호 또는 제2호에 따른 협력하는 자는 개별사안별로 또는 지속적으로(im Einzelfall oder dauernd) 위치정보의 제공(die Übermittlung von Standortdaten)이 배제되지 않도록 보장한다.

④ 제1항 또는 제2항에 따른 위치정보의 처리는, 부가서비스 제공에 필요한 한도 내에서(auf das für die Bereitstellung des Dienstes mit Zusatznutzen erforderliche Maß), 또 부가서비스를 제공하는(der den Dienst mit Zusatznutzen anbietet), 전기통신망운영자, 전기통신역무제공자 또는 제3자의 위임에 기하여 행위하는 자로 제한되어야만 한다.

제3장 착신연결에 대한 정보제공, 전화번호표시 및 전화번호은폐, 자동통화전달(automatische Anrufweiterschaltung)

제14조 착신연결에 대한 정보제공

① 접속주체가 절차에서 자신의 접속에 있어 위협적이거나 성가신 통화가 착신된다는 것을 진술하는 경우에, 전기통신역무제공자는 서면 신청이 있는 경우 해당 통화가 발신(發信)되는 접속식별자의 주체에 관한 정보를 해당 회선(回線)을 통해서(auch netzübergreifend)도 제공해야 한다; 그 절차는 기록되어야 한다. 그 정보제공은 신청의 제기 후에 이뤄진 연결 또는 연결시도에 한하여 적용될 수 있다. 전기통신역무제공자는, 해당 접속식별자, 그 접속식별자의 주체의 이름, 주소와, 연결 또는 연결시도의 개시의 날짜 및 시각(die Anschlusskennungen, Namen und Anschriften der Inhaber dieser Anschlusskennungen sowie Datum und Uhrzeit des Beginns der Verbindungen und der Verbindungsversuche)을 처리할 수 있고 이러한 정보들을 해당 접속주체에 통지할 수 있다.

② 제1항 제3문에 따른 정보제공은, 그 접속의 해당 접속보유자가 사전에 날짜, 시각 또는 그 밖의 적절한 기준에 따라 연결을 국한(局限)한 경우에 한하여 이러한 절차의 남용이 다른 방법으로(auf andere Weise) 배제될 수 없는 범위 내에서 행해진다.

③ 통신망을 통한 정보의 경우에 그 연결에 협력하는 다른 그 제공자와, 제3조 제2항 제1문에 따른 운영자는, 이러한 정보를 보유하는 한, 위협을 받거나 성가심 피해를 당한 접속주체의 전기통신역무제공자(dem Anbieter des Telekommunikationsdienstes des bedrohten oder belästigten Anschlussinhabers)에게 필요한 위 정보를 제공할 의무를 진다.

④ 설정된 연결을 시작한(von der die festgestellten Verbindungen ausgegangen sind) 접속식별자의 주체[255]에게 그러한 연결에 관하여 정보가 제공되었다는 점을 알려야 한다. 신청인[256]이 자신에게 이러한 통지로 중대한 불이익이 발생할 수 있다는 점을 서면으로 설득력 있게 진술했고, 이러한 불이익이 보호받을 만한 발신인의 이익과의 형량(衡量)에 있어 상당히 중대한 것으로 보이는(diese Nachteile bei Abwägung mit den schutzwürdigen Interessen der Anrufenden als wesentlich schwerwiegender erscheinen) 경우에는, 그러한 통지를 하지 않는다. 위협적이거나 성가신 것으로 여긴 통화가 시작된 접속식별자의 주체가 다른 방법으로 제1항 제3문에 따른 알림을 알게 된 경우에는 그 주체의 요구가 있는 경우 그에게 그 정보제공에 관하여 알려야 한다.

⑤ 감독관청에 제1항 내지 제4항의 요구사항의 준수를 위한 절차의 시행 및 변경에 관하여(über die Einführung und Änderung des Verfahrens zur Sicherstellung der Absätze 1 bis 4) 지체 없이 알려야 한다.

제15조 전화번호표시와 전화번호은폐

① 음성통신서비스제공자가 통화에 있어 발신인인 최종이용자의 전화번화표시를 제공하는 경우에, 발신인인 최종이용자와 수신인인 최종이용자는, 그 전화번호표시를 지속적으로 또는 각 통화에 대하여 개별

die Rufnummernanzeige dauernd oder für jeden Anruf einzeln auf einfache Weise und unentgeltlich zu unterdrücken. Angerufene Endnutzer müssen die Möglichkeit haben, eingehende Anrufe, bei denen die Rufnummernanzeige durch den anrufenden Endnutzer unterdrückt wurde, auf einfache Weise und unentgeltlich abzuweisen. Wird die Anzeige der Rufnummer von angerufenen Endnutzern angeboten, so müssen angerufene Endnutzer die Möglichkeit haben, die Anzeige ihrer Rufnummer beim anrufenden Endnutzer auf einfache Weise und unentgeltlich zu unterdrücken. Die Anzeige von Rufnummern von anrufenden Endnutzern darf bei den Notrufnummern 112 und 110 sowie den Rufnummern 124 124 und 116 117 nicht ausgeschlossen werden.

(2) Bei Anrufen zum Zweck der Werbung dürfen anrufende Nutzer weder die Rufnummernanzeige unterdrücken noch bei dem Anbieter des Telekommunikationsdienstes veranlassen, dass diese unterdrückt wird; der anrufende Nutzer hat sicherzustellen, dass dem Angerufenen die dem anrufenden Nutzer zugeteilte Rufnummer übermittelt wird.

(3) Sofern Anschlussinhaber es beantragen, müssen Anbieter von Sprachkommunikationsdiensten einen Anschluss bereitstellen, bei dem die Übermittlung der Rufnummer unentgeltlich ausgeschlossen ist. Auf Antrag des Anschlussinhabers sind solche Anschlüsse im Endnutzerverzeichnis (§ 17) zu kennzeichnen. Ist eine Kennzeichnung nach Satz 2 erfolgt, so darf an den gekennzeichneten Anschluss eine Übermittlung der Rufnummer des Anschlusses, von dem der Anruf ausgeht, erst dann erfolgen, wenn die Kennzeichnung in der aktualisierten Fassung des Endnutzerverzeichnisses nicht mehr enthalten ist.

(4) Hat der Anschlussinhaber die Eintragung in das Endnutzerverzeichnis nicht nach § 17 beantragt, unterbleibt die Anzeige seiner Rufnummer bei dem angerufenen Anschluss, es sei denn, dass der Anschlussinhaber die Übermittlung seiner Rufnummer ausdrücklich wünscht.

(5) Die Absätze 1 bis 4 gelten auch für Anrufe in das Ausland und für aus dem Ausland kommende Anrufe, soweit sie Anrufende oder Angerufene im Inland betreffen.

§ 16 Automatische Anrufweiterschaltung

Anbieter von Sprachkommunikationsdiensten sind verpflichtet, ihren Endnutzern die Möglichkeit einzuräumen, eine von einem Dritten veranlasste automatische Weiterschaltung auf das Endgerät des Endnutzers auf einfache Weise und unentgeltlich abzustellen, soweit dies technisch möglich ist.

Kapitel 4 Endnutzerverzeichnisse, Bereitstellen von Endnutzerdaten

§ 17 Endnutzerverzeichnisse

(1) Anschlussinhaber können mit ihrer Rufnummer, ihrem Namen und ihrer Anschrift in gedruckte oder elektronische Endnutzerverzeichnisse, die der Öffentlichkeit unmittelbar oder über Auskunftsdienste zugänglich sind, eingetragen werden, soweit sie dies beantragen. Vor ihrem Antrag sind die Anschlussinhaber über weitere Nutzungsmöglichkeiten aufgrund der in elektronischen Fassungen der Verzeichnisse eingebetteten Suchfunktionen zu informieren. Auf Antrag können zusätzliche Angaben wie Beruf und Branche eingetragen werden. Dabei können die Antragsteller bestimmen, welche Angaben in den Verzeichnissen veröffentlicht werden sollen. Auf Verlangen des Antragstellers dürfen weitere Nutzer des Anschlusses mit Namen und Vornamen eingetragen werden, soweit diese damit einverstanden sind. Für die Einträge nach Satz 1 darf ein Entgelt nicht erhoben werden.

(2) Der Anbieter eines nummerngebundenen interpersonellen Telekommunikationsdienstes hat

적으로 간단한 방법으로 또 무료로(dauernd oder für jeden Anruf einzeln auf einfache Weise und unentgeltlich) 숨길 가능성을 보유해야만 한다. 수신인인 최종이용자는 전화번호표시가 발신인인 최종이용자에 의해 숨겨진 착신통화를 간단한 방법으로 또 무료로 거절할 가능성을 보유해야만 한다. 수신인인 최종이용자의 전화번호의 표시가 제공되는 경우에 수신인인 최종이용자는, 자신의 전화번호표시를 발신인인 최종이용자에 대하여 또 무료로 숨길(die Anzeige ihrer Rufnummer beim anrufenden Endnutzer auf einfache Weise und unentgeltlich zu unterdrücken) 가능성을 보유해야만 한다. 발신인인 최종이용자의 전화번호표시는, 112 또는 110의 긴급전화번호와 124 124 또는 116 117의 전화번호의 경우에 배제되어서는 아니된다.

② 광고목적의 통화의 경우에 발신인인 이용자는 전화번호표시를 숨겨서도, 전기통신역무제공자에게 그 표시를 숨기도록 유발해서도 아니된다; 그 발신인인 이용자는 자신에게 배정된 전화번호가 수신인에게 전송된다는 점(dass dem Angerufenen die dem Anrufer zugeteilte Rufnummer übermittelt wird)을 보장해야 한다.

③ 접속주체가 이를 신청한 경우에, 전화통신서비스제공자는 전화번호 제공이 무료로 배제된 접속을 제공해야만 한다. 접속주체의 신청이 있는 경우 그러한 접속은 최종이용자목록(제17조)에 표기해야 한다. 제2문에 따른 표기가 행해지는 경우에, 그 통화가 발신접속의 전화번호의 제공은, 그 표기가 최종이용자목록의 최신버전에 더 이상 포함되지 않게 된 경우(wenn die Kennzeichnung in der aktualisierten Fassung des Endnutzerverzeichnisses nicht mehr enthalten ist)에 비로소 그 표기된 접속(接續)에 대하여 행해진다.

④ 접속주체가 최종이용자목록에 대한 등재를 제17조에 따라 신청하지 않은 경우에, 그 접속주체의 전화번호표시는 수신인의 접속에 대하여 행해지지 않고, 다만 그 접속주체가 자신의 전화번호 제공을 구체적으로 원하는 경우에는 그러하지 아니하다.

⑤ 제1항 내지 제4항은, 그러한 통화가 독일 내에 있는 발신인 또는 수신인에 관련되는 한, 외국으로 발신되는 통화 또는 외국에서 발신되는 통화에 대해서도 적용한다.

제16조 자동통화전달

전화통신서비스제공자는, 이것이 기술적으로 가능한 범위 내에서, 자신의 최종이용자에게, 간단한 방법으로 또 무료로, 제3자가 개시한 자동전달(eine von einem Dritten veranlasste automatische Weiterschaltung)을 최종이용자의 단말기로 연결할 의무를 진다.

제4장 최종이용자목록, 최종이용자정보 제공

제17조 최종이용자목록

① 접속주체는, 자신이 이를 신청하는 범위 내에서(soweit sie dies beantragen), 자신의 전화번호, 이름 및 주소를 공중이 직접 접근할 수 있거나 정보제공서비스를 통하여 접근할 수 있는 인쇄된 또는 전자적 최종이용자목록에 등재되게 할 수 있다. 접속주체는 그 신청 전에 전자적 형식의 목록에 내장된 검색기능에 기한 추가적 이용가능성(weitere Nutzungsmöglichkeiten aufgrund der in elektronischen Fassungen der Verzeichnisse eingebetteten Suchfunktionen)에 관한 정보를 제공받아야 한다. 신청이 있는 경우 직업, 업종과 같은 추가적 정보가 등재될 수 있다. 이 경우 신청인이 그 목록에 있는 어떤 정보가 공표되어야 하는지를 결정한다. 신청인의 요구가 있는 경우 그 이용자가 이에 대하여 동의를 한 범위 내에서, 접속의 추가 이용자의 성씨, 이름를 등재할 수 있다. 제1문에 따른 등재(Für die Einträge nach Satz 1)에 대하여 이용료를 징수해서는 아니된다.

② 숫자에 기반한 대인적 전기통신역무제공자(Der Anbieter eines nummerngebundenen interpersonellen

Anschlussinhaber bei der Begründung des Vertragsverhältnisses über die Möglichkeit zu informieren, ihre Rufnummer, ihren Namen, ihren Vornamen und ihre Anschrift in Endnutzerverzeichnisse nach Absatz 1 Satz 1 aufzunehmen.

(3) Der Anschlussinhaber kann von seinem Anbieter des nummerngebundenen interpersonellen Telekommunikationsdienstes jederzeit verlangen, dass seine Rufnummer, sein Name, sein Vorname und seine Anschrift in Auskunfts- und Verzeichnismedien unentgeltlich eingetragen, gespeichert, berichtigt oder gelöscht werden.

(4) Anbieter von Auskunfts- und Verzeichnismedien sind verpflichtet, die gemäß § 18 Absatz 1 übermittelten Daten zu veröffentlichen sowie unrichtige oder gelöschte Daten aus den Verzeichnissen zu entfernen und Berichtigungen vorzunehmen.

§ 18 Bereitstellen von Endnutzerdaten

(1) Jeder Anbieter eines nummerngebundenen interpersonellen Telekommunikationsdienstes hat unter Beachtung der anzuwendenden datenschutzrechtlichen Regelungen jedem Unternehmen Endnutzerdaten nach § 17 Absatz 1 auf Antrag zum Zweck der Bereitstellung von öffentlich zugänglichen Auskunftsdiensten, Diensten zur Unterrichtung über einen individuellen Gesprächswunsch eines anderen Nutzers und von Endnutzerverzeichnissen bereitzustellen.

(2) Für die Bereitstellung der Daten kann ein Entgelt verlangt werden. Das Entgelt unterliegt in der Regel einer nachträglichen Missbrauchsprüfung durch die Bundesnetzagentur nach Maßgabe der Bestimmungen des Telekommunikationsgesetzes zur Missbrauchsprüfung von Entgelten. Ein Entgelt kann nur dann der Entgeltgenehmigungspflicht nach dem Telekommunikationsgesetz unterworfen werden, wenn das Unternehmen, von dem die Endnutzerdaten bereitgestellt werden, auf dem Markt für Endnutzerdaten über eine beträchtliche Marktmacht verfügt.

(3) Die Bereitstellung der Daten nach Absatz 1 hat unverzüglich nach einem Antrag nach Absatz 1 und in nichtdiskriminierender Weise zu erfolgen.

(4) Die nach Absatz 1 bereitgestellten Daten müssen vollständig sein und inhaltlich sowie technisch so aufbereitet sein, dass sie nach dem jeweiligen Stand der Technik ohne Schwierigkeiten in ein kundenfreundlich gestaltetes Endnutzerverzeichnis oder in eine entsprechende Auskunftsdienste-Datenbank aufgenommen werden können.

Teil 3 Telemediendatenschutz, Endeinrichtungen

Kapitel 1 Technische und organisatorische Vorkehrungen, Verarbeitung von Daten zum Zweck des Jugendschutzes und zur Auskunftserteilung

§ 19 Technische und organisatorische Vorkehrungen

(1) Anbieter von Telemedien haben durch technische und organisatorische Vorkehrungen sicherzustellen, dass der Nutzer von Telemedien die Nutzung des Dienstes jederzeit beenden kann und er Telemedien gegen Kenntnisnahme Dritter geschützt in Anspruch nehmen kann.

(2) Anbieter von Telemedien haben die Nutzung von Telemedien und ihre Bezahlung anonym oder unter Pseudonym zu ermöglichen, soweit dies technisch möglich und zumutbar ist. Der Nutzer von Telemedien ist über diese Möglichkeit zu informieren.

Telekommunikationsdienstes)는, 계약관계의 성립시(bei der Begründung des Vertragsverhältnisses)에 접속주체에게 제1항 제1문에 따른 최종이용자 목록에 접속주체의 전화번호, 성씨, 이름 및 주소를 등재할 가능성에 관하여 알려야 한다.
③ 접속주체는, 자신의 숫자에 기반한 대인적 전기통신역무제공자에게 언제든지 정보매체·디렉토리매체에 있는(in Auskunfts- und Verzeichnismedien) 자신의 전화번호, 성씨, 이름 및 주소(seine Rufnummer, sein Name, sein Vorname und seine Anschrift)가 무료로 등재, 저장, 정정 또는 삭제가 되도록 요구할 수 있다.
④ 정보매체·디렉토리매체의 제공자는 제18조 제1항에 따라 제공받은 정보를 공표하고 부정확하거나 삭제된 정보를 그 목록에서 차단하거나 정정할(unrichtige oder gelöschte Daten aus den Verzeichnissen zu entfernen und Berichtigungen vorzunehmen) 의무를 진다.

제18조 최종이용자정보의 제공
① 모든 숫자에 기반한 대인적 전기통신역무제공자는, 각 기업의 신청이 있는 경우, 공중이 이용 가능한 정보제공서비스의 제공 목적이나 개인의 다른 이용자의 통화요구에 관한 알림을 위한 서비스의 제공 목적을 위하여 또는 최종이용자목록의 제공 목적을 위하여, 적용되는 개인정보보호법의 규정을 준수하여(unter Beachtung der anzuwendenden datenschutzrechtlichen Regelungen) 제17조 제1항에 따른 최종이용자정보를 그 기업에 제공해야 한다.
② 정보의 제공에 대하여 이용료를 청구할 수 있다. 그 이용료는, 통상적으로 이용료에 대한 남용심사에 관한 전기통신법의 규정(規定)의 기준에 좇아(nach Maßgabe der Bestimmungen des Telekommunikationsgesetzes zur Missbrauchsprüfung von Entgelten) 연방망관리청의 사후적 남용심사를 적용받는다. 최종이용자정보를 제공한 그 기업이 최종이용자에 대한 시장에서 상당한 시장지배력을 보유한 경우에 한하여 이용료는 전기통신법에 따라 이용료인가의무(der Entgeltgenehmigungspflicht)를 적용받을 수 있다.
③ 제1항에 따른 정보의 제공(提供)은 제1항에 따른 신청(申請) 후 지체 없이 또 비차별적 방법(in nichtdiskriminierender Weise)으로 행해져야 한다.
④ 제1항에 따라 제공된 정보는, 그것이 당시의 기술적 수준에 따라 곤란함이 없이 고객친화적으로 구성된 최종이용자목록 또는 관련 정보제공서비스데이터뱅크(in ein kundenfreundlich gestaltetes Endnutzerverzeichnis oder in eine entsprechende Auskunftsdienste-Datenbank)에 수록될 수 있도록 완전해야만하고 또 내용적으로나 기술적으로 처리되어야만 한다.

제3편 전기정보통신정보보호, 단말기

제1장 기술적·관리적 조처, 청소년보호 목적을 위한 정보처리와 정보제공을 위한(zur Auskunftserteilung) 정보처리

제19조 기술적·관리적 조처
① 전기정보통신서비스제공자는 기술적·관리적 조처로, 전기정보통신서비스의 이용자가 그 서비스 이용을 언제든지 종료할 수 있고, 또한 제3자의 지득으로부터 보호되어 전기정보통신서비스를 이용할 수 있도록 보장해야 한다.
② 전기정보통신서비스제공자는, 이것이 기술적으로 가능하고 감당할 수 있는 범위 내에서, 전기정보통신서비스 이용과 그 결제가 익명으로 또는 가명으로 될 수 있게 해야 한다. 전기정보통신서비스제공자는 이러한 가능성에 관하여 정보를 제공받아야 한다.

(3) Die Weitervermittlung zu einem anderen Anbieter von Telemedien ist dem Nutzer anzuzeigen.

(4) Anbieter von Telemedien haben, soweit dies technisch möglich und wirtschaftlich zumutbar ist, im Rahmen ihrer jeweiligen Verantwortlichkeit für geschäftsmäßig angebotene Telemedien durch technische und organisatorische Vorkehrungen sicherzustellen, dass

1. kein unerlaubter Zugriff auf die für ihre Telemedienangebote genutzten technischen Einrichtungen möglich ist und
2. diese gesichert sind gegen Störungen, auch soweit sie durch äußere Angriffe bedingt sind.

Vorkehrungen nach Satz 1 müssen den Stand der Technik berücksichtigen. Eine Vorkehrung nach Satz 1 ist insbesondere die Anwendung eines als sicher anerkannten Verschlüsselungsverfahrens. Anordnungen des Bundesamtes für Sicherheit in der Informationstechnik nach § 7d Satz 1 BSI-Gesetz bleiben unberührt.

§ 20 Verarbeitung personenbezogener Daten Minderjähriger

Hat ein Telemedienanbieter zur Wahrung des Jugendschutzes personenbezogene Daten von Minderjährigen erhoben, etwa durch Mittel zur Altersverifikation oder andere technische Maßnahmen, oder anderweitig gewonnen, so darf er diese Daten nicht für kommerzielle Zwecke verarbeiten.

§ 21 Bestandsdaten

(1) Auf Anordnung der zuständigen Stellen dürfen Anbieter von Telemedien im Einzelfall Auskunft über Bestandsdaten erteilen, soweit dies zur Durchsetzung der Rechte am geistigen Eigentum erforderlich ist.

(2) Der Anbieter von Telemedien darf darüber hinaus im Einzelfall Auskunft über bei ihm vorhandene Bestandsdaten erteilen, soweit dies zur Durchsetzung zivilrechtlicher Ansprüche wegen der Verletzung absolut geschützter Rechte aufgrund rechtswidriger Inhalte, die von § 10a Absatz 1 des Telemediengesetzes oder § 1 Absatz 3 des Netzwerkdurchsetzungsgesetzes erfasst werden, erforderlich ist. In diesem Umfang ist er gegenüber dem Verletzten zur Auskunft verpflichtet.

(3) Für die Erteilung der Auskunft nach Absatz 2 ist eine vorherige gerichtliche Anordnung über die Zulässigkeit der Auskunftserteilung erforderlich, die vom Verletzten zu beantragen ist. Das Gericht entscheidet zugleich über die Verpflichtung zur Auskunftserteilung, sofern der Antrag nicht ausdrücklich auf die Anordnung der Zulässigkeit der Auskunftserteilung beschränkt ist. Für den Erlass dieser Anordnung ist das Landgericht ohne Rücksicht auf den Streitwert zuständig. Örtlich zuständig ist das Gericht, in dessen Bezirk der Verletzte seinen Wohnsitz, seinen Sitz oder eine Niederlassung hat. Die Entscheidung trifft die Zivilkammer. Für das Verfahren gelten die Vorschriften des Gesetzes über das Verfahren in Familiensachen und in den Angelegenheiten der freiwilligen Gerichtsbarkeit entsprechend. Die Kosten der richterlichen Anordnung trägt der Verletzte. Gegen die Entscheidung des Landgerichts ist die Beschwerde statthaft.

(4) Der Anbieter von Telemedien ist als Beteiligter zu dem Verfahren nach Absatz 3 hinzuzuziehen. Er darf den Nutzer über die Einleitung des Verfahrens unterrichten.

§ 22 Auskunftsverfahren bei Bestandsdaten

(1) Wer geschäftsmäßig Telemediendienste erbringt, daran mitwirkt oder den Zugang zur Nutzung daran vermittelt, darf die Bestandsdaten nach Maßgabe dieser Vorschrift zur Erfüllung von Auskunftspflichten gegenüber den in Absatz 3 genannten Stellen verwenden. Dies gilt nicht für Passwörter oder andere

③ (정보의) 다른 전기정보통신서비스제공자에 대한 재전달은 이용자에게 통보되어야 한다.

④ 전기정보통신서비스제공자는, 이것이 기술적으로 가능하고 경제적으로 감당할 수 있는 내에서, 영업적으로 제공한 전기정보통신서비스에 대한 자신의 각각의 책임의 범위 내에서, 기술적·관리적 조처(措處)로 다음 각 호를 보장해야 한다,

1. 자신의 전기정보통신서비스의 제공에 대하여 이용된 기술적 설비(設備)에 대한 무단접근(ein unerlaubter Zugriff)이 불가능하다는 점,
2. 그 설비가, 외부의 공격으로 발생하는 경우도 포함하여 교란(Störungen)으로부터 안전하다는 점,

제1문에 따른 조처(措處)는 기술적 수준(水準)(den Stand der Technik)을 고려해야만 한다. 제1문에 따른 한 조치는, 특히 안전한 것으로 인정된 암호화방법의 적용을 말한다. 연방정보통신보안청법 제7조d 제1문에 따른 연방정보통신기술보안청의 명령(Anordnungen des Bundesamtes für Sicherheit in der Informationstechnik)은 영향을 받지 아니한다.

제20조 미성년자 개인정보의 처리

전기정보통신서비스제공자가 청소년보호를 위하여, 가령 연령확인 수단 또는 그 밖의 기술적 수단을 통하여 미성년자 개인정보를 수집했거나 그 밖의 방법으로 이를 취득한 경우에 그 서비스제공자는 이러한 정보를 상업적 목적으로 처리해서는 아니된다.

제21조 가입자신상정보

① 전기정보통신서비스제공자는, 이것이 지식재산권의 실현을 위해 필요한 범위 내에서, 개별사안에서 관할 기관의 명령에 따라 가입자신상정보를 제공할 수 있다.

② 또한 전기정보통신서비스제공자는, 이것이, 전기정보통신서비스법 제10조a 제1항 또는 네트워크법집행법 제1조 제3항에 의한 적용을 받는 '위법한 콘텐츠'(rechtswidriger Inhalte)로 인한, 절대권(absolut geschützter Rechte)의 침해를 원인으로 하는 민사청구권의 실현을 위해 필요한 범위 내에서, 자신이 보유하고 있는 가입자신상정보를 개별사안에서 제공할 수 있다. 이러한 범위 내에서 그 서비스제공자는 피해자에게(gegenuber dem Verletzten) 정보제공을 할 의무를 진다.

③ 제2항에 따른 정보의 제공에 대하여, 정보제공의 허가에 관한 법원의 사전 명령(eine vorherige gerichtliche Anordnung über die Zulässigkeit der Auskunftserteilung)으로, 피해자가 신청해야 하는 명령이 필요하다. 법원은, 신청이 정보제공의 허가 명령에 명시적으로 제한되어 있지 않는 한, 정보제공의무(die Verpflichtung zur Auskunftserteilung)에 관해서도 재판한다. 주일반지방법원이 소가를 불문하고(ohne Rücksicht auf den Streitwert) 이러한 명령의 발령을 관할한다. 피해자가 자신의 주소 또는 피해자가 자신의 주소 또는 본점이나 어느 영업소를 둔 관할구역을 관할하는(in dessen Bezirk der Verletzte Wohnsitz, seinen Sitz oder eine Niederlassung hat) 법원이 토지관할을 갖는다. 재판은 민사부에서 행한다. 그 절차에 대하여「가사사건 및 비송사건의 절차에 관한 법률」을 준용한다. 법원의 명령의 비용(Die Kosten der richterlichen Anordnung)은 피해자가 부담한다. 주일반지방법원의 재판에 대하여(Gegen die Entscheidung des Landgerichts) 이의를 제기할 수 있다.

④ 전기정보통신서비스제공자는 제3항에 따른 절차에 참가당사자로서 참가해야 한다. 그 제공자는 그 절차의 개시를 이용자에게 알려도 된다.

제22조 가입자신상정보 제공절차

① 영업적으로, 전기전보통신서비스를 제공하거나 이에 협력하거나 또는 그 이용에 대한 접근을 매개하는 자(Wer geschäftsmäßig Telemediendienste erbringt, daran mitwirkt oder den Zugang zur Nutzung daran vermittelt)는, 가입자신상정보를 제3항상의 기관에 대한 정보제공의무 이행을 위하여 본 규정에 좇

Daten, mittels derer der Zugriff auf Endgeräte oder auf Speichereinrichtungen, die in diesen Endgeräten oder hiervon räumlich getrennt eingesetzt werden, geschützt wird. Die in eine Auskunft aufzunehmenden Bestandsdaten dürfen auch anhand einer zu einem bestimmten Zeitpunkt zugewiesenen Internetprotokoll-Adresse bestimmt werden; hierfür dürfen Nutzungsdaten auch automatisiert ausgewertet werden. Für die Auskunftserteilung sind sämtliche unternehmensinternen Datenquellen zu berücksichtigen.

(2) Die Auskunft darf nur erteilt werden nach Maßgabe der nachfolgenden Absätze und soweit die um die Auskunft ersuchende Stelle dies im Einzelfall unter Angabe einer gesetzlichen Bestimmung verlangt, die ihr eine Erhebung der in Absatz 1 in Bezug genommenen Daten erlaubt. Das Auskunftsverlangen ist schriftlich oder elektronisch zu stellen. Bei Gefahr im Verzug darf die Auskunft auch erteilt werden, wenn das Verlangen in anderer Form gestellt wird. In diesem Fall ist das Verlangen unverzüglich nachträglich schriftlich oder elektronisch zu bestätigen. Die Verantwortung für die Zulässigkeit der Auskunft tragen die um Auskunft ersuchenden Stellen.

(3) Die Auskunft nach Absatz 1 Satz 1 darf nur erteilt werden an

1. die für die Verfolgung von Straftaten und Ordnungswidrigkeiten zuständigen Behörden, soweit zureichende tatsächliche Anhaltspunkte für eine Straftat oder Ordnungswidrigkeit, die gegenüber einer natürlichen Person mit Geldbuße im Höchstmaß von mehr als fünfzehntausend Euro bedroht ist, vorliegen und die in die Auskunft aufzunehmenden Daten erforderlich sind, um den Sachverhalt zu erforschen, den Aufenthaltsort eines Beschuldigten oder Betroffenen zu ermitteln oder eine Strafe zu vollstrecken,
2. die für die Abwehr von Gefahren für die öffentliche Sicherheit oder Ordnung zuständigen Behörden, soweit die in die Auskunft aufzunehmenden Daten im Einzelfall erforderlich sind,
   a) zur Abwehr einer Gefahr für die öffentliche Sicherheit, oder
   b) zum Schutz von Leib, Leben, Freiheit der Person, sexueller Selbstbestimmung, dem Bestand und der Sicherheit des Bundes oder eines Landes, der freiheitlich demokratischen Grundordnung, Gütern der Allgemeinheit, deren Bedrohung die Grundlagen der Existenz der Menschen berührt, sowie nicht unerheblichen Sachwerten, wenn Tatsachen den Schluss auf ein wenigstens seiner Art nach konkretisiertes sowie zeitlich absehbares Geschehen zulassen, an dem bestimmte Personen beteiligt sein werden, oder
   c) zum Schutz von Leib, Leben, Freiheit der Person, sexueller Selbstbestimmung, dem Bestand und der Sicherheit des Bundes oder eines Landes, der freiheitlich demokratischen Grundordnung sowie Gütern der Allgemeinheit, deren Bedrohung die Grundlagen der Existenz der Menschen berührt, wenn das individuelle Verhalten einer Person die konkrete Wahrscheinlichkeit begründet, dass sie in einem übersehbaren Zeitraum eine gegen ein solches Rechtsgut gerichtete Straftat begehen wird, oder
   d) zur Verhütung einer Straftat von erheblicher Bedeutung, sofern Tatsachen die Annahme rechtfertigen, dass eine Person innerhalb eines übersehbaren Zeitraums auf eine ihrer Art nach konkretisierte Weise als Täter oder Teilnehmer an der Begehung einer Tat beteiligt ist, oder
   e) zur Verhütung einer schweren Straftat im Sinne von § 100a Absatz 2 der Strafprozessordnung, sofern das individuelle Verhalten einer Person die konkrete Wahrscheinlichkeit begründet, dass die Person innerhalb eines übersehbaren Zeitraums die Tat begehen wird,
3. das Bundeskriminalamt als Zentralstelle nach § 2 des Bundeskriminalamtgesetzes, sofern

아 사용해도 된다. 이는, 단말기 또는 이러한 단말기에서 사용되거나 이와 공간적으로 분리되어 사용되는 저장장치에 대한 접근을 보호해 주는 암호 또는 그 밖의 데이터에 대하여는 적용하지 아니한다. 어느 정보제공 포함되는 가입자신상정보는 특정한 시기에 배정된 IP주소에 의하여(auch anhand einer zu einem bestimmten Zeitpunkt zugewiesenen Internetprotokoll-Adresse)도 정해져도 된다; 이를 위해 이용데이터는 자동적으로도 평가될 수 있다. 이러한 정보제공을 위하여 기업내부의 데이터원(源) 전체(sämtliche unternehmensinternen Datenquellen)를 고려해야 한다.

② 그 정보는, 다음 항의 기준에 좇아 또 제1항에서 언급된 데이터의 수집을 허가받은, 그 정보를 요구하는 기관이 개별사안에서 법(法)상 규정을 명시하여(unter Angabe einer gesetzlichen Bestimmung) 이를 요구하는 범위 내에서만 제공될 수 있다. 그 정보제공요구는 서면 또는 전자적 방법으로 행해진다. 급박한 위험이 있는 경우(Bei Gefahr im Verzug)에 다른 방식으로 그 요구가 행해지더라도 정보가 제공될 수 있다. 이러한 경우 그 요구는 서면 또는 전자적 방법으로 지체 없이 사후적으로(unverzüglich nachträglich schriftlich oder elektronisch) 확인해야 한다. 정보제공의 허가요건에 대한 책임은 해당 정보를 요구하는 기관이 부담한다.

③ 제1항 제1문에 따른 정보는 다음 각 호와 같이 제공된다,

1. 범죄 또는 질서위반행위의 소추를 관할하는 관청(die für die Verfolgung von Straftaten und Ordnungswidrigkeiten zuständigen Behörden)에, 자연인에 대하여 법정형 상한 기준으로 15,000유로를 초과하는 범칙금(Geldbuße im Höchstmaß von mehr als fünfzehntausend Euro)에 처할 수 있는 범죄 또는 질서위반행위에 대한 '충분한 사실적(事實的) 판단근거'(zureichende tatsächliche Anhaltspunkte)가 있고 그 정보제공에 포함되는 데이터가 사실관계를 규명하거나 피의자 또는 당사자의 체류지를 확인하거나 또는 형벌을 집행하는 데 필요한 범위 내에서만,
2. 공공의 안녕 또는 공공질서에 대한 위험(危險)의 방지를 관할하는 관청에, 그 정보제공에 포함되는 데이터(die in die Auskunft aufzunehmenden Daten)가 개별사안에서,
   a) 공공의 안녕에 대한 위험(危險)의 방지에 필요한 범위 내에서만,
   b) 사실에 의하여, 그 유형에 따라 최소한 구체화되고 시간적으로 예측할 수 있는, 특정한 사람이 관련된 사건에 대한 결론을 내릴 수 있는 경우(wenn Tatsachen den Schluss auf ein wenigstens seiner Art nach konkretisiertes sowie zeitlich absehbares Geschehen zulassen, an dem bestimmte Personen beteiligt sein werden)에, 사람의 신체, 생명 및 자유의 보호(Schutz von Leib, Leben, Freiheit der Person), 성적 자기결정권의 보호, 연방 및 주의 존립 및 안전의 보호, 자유민주적 기본질서의 보호와 중요한 물건가치의 보호에 필요한 범위 내에서만,
   c) 사람의 신체, 생명 및 자유의 보호, 성적 자기결정권의 보호, 연방 및 주의 존립 및 안전의 보호, 자유민주적 기본질서의 보호와, 그 위협이 인간의 생존의 기초에 영향을 미치는 공중생존재화(Gütern der Allgemeinheit)의 보호를 위해 필요한 범위 내에서만, 어느 사람의 개별적 행위에 의할 때 그 사람이 가까운 장래에 그러한 법익에 대한 한 범죄(eine gegen ein solches Rechtsgut gerichtete Straftat)를 자행할 것이라는 확실한 개연성이 인정되는 경우에 한함,
   d) 어느 사람이 그 유형에 따라 구체화된 방법으로(auf eine ihrer Art nach konkretisierten Weise) 근접한 시간 내에 정범(正犯) 또는 공범자로 가담한 것이라는 추정을 정당화하는 사실이 있는 경우에, 어느 중범죄(einer Straftat von erheblicher Bedeutung)의 예방을 위해 필요한 범위 내에서만, 또는
   e) 어느 사람의 개별적 행위에 의할 때 그 사람이 가까운 장래에 그 범죄를 자행할 것이라는 확실한 개연성이 인정되는 경우에, 형사소송법 제100조a 제2항에 따른 한 중범죄의 예방을 위해 필요한 범위 내에서만,
3. 연방범죄수사청법에 따른 중앙기관으로서의 연방범죄수사청에,

a) zureichende tatsächliche Anhaltspunkte für eine Straftat im Sinne des § 2 Absatz 1 des Bundeskriminalamtgesetzes vorliegen und die in die Auskunft aufzunehmenden Daten erforderlich sind, um

aa) die zuständige Strafverfolgungsbehörde zu ermitteln oder

bb) ein Auskunftsersuchen einer ausländischen Strafverfolgungsbehörde im Rahmen des internationalen polizeilichen Dienstverkehrs, das nach Maßgabe der Vorschriften über die internationale Rechtshilfe in Strafsachen bearbeitet wird, zu erledigen, oder

b) die in die Auskunft aufzunehmenden Daten im Rahmen der Strafvollstreckung erforderlich sind, um ein Auskunftsersuchen einer ausländischen Strafverfolgungsbehörde im Rahmen des polizeilichen Dienstverkehrs, das nach Maßgabe der Vorschriften über die internationale Rechtshilfe in Strafsachen bearbeitet wird, zu erledigen, oder

c) die Gefahr besteht, dass eine Person an der Begehung einer Straftat im Sinne des § 2 Absatz 1 des Bundeskriminalamtgesetzes beteiligt sein wird, und die in die Auskunft aufzunehmenden Daten erforderlich sind, um

aa) die für die Verhütung der Straftat zuständige Polizeibehörde zu ermitteln oder

bb) ein Auskunftsersuchen einer ausländischen Polizeibehörde im Rahmen des polizeilichen Dienstverkehrs zur Verhütung der Straftat zu erledigen, oder

d) Tatsachen die Annahme rechtfertigen, dass eine Person innerhalb eines übersehbaren Zeitraums auf eine zumindest ihrer Art nach konkretisierte Weise an einer Straftat von erheblicher Bedeutung beteiligt sein wird und die in die Auskunft aufzunehmenden Daten erforderlich sind, um

aa) die für die Verhütung der Straftat zuständige Polizeibehörde zu ermitteln oder

bb) ein Auskunftsersuchen einer ausländischen Polizeibehörde im Rahmen des polizeilichen Dienstverkehrs zur Verhütung der Straftat zu erledigen, oder

e) das individuelle Verhalten einer Person die konkrete Wahrscheinlichkeit begründet, dass sie innerhalb eines übersehbaren Zeitraums eine schwere Straftat nach § 100a Absatz 2 der Strafprozessordnung begehen wird, und die in die Auskunft aufzunehmenden Daten erforderlich sind, um

aa) die für die Verhütung der Straftat zuständige Polizeibehörde zu ermitteln oder

bb) ein Auskunftsersuchen einer ausländischen Polizeibehörde im Rahmen des polizeilichen Dienstverkehrs zur Verhütung der Straftat zu erledigen,

4. das Zollkriminalamt als Zentralstelle nach § 3 des Zollfahndungsdienstgesetzes, sofern

a) im Einzelfall zureichende tatsächliche Anhaltspunkte für eine Straftat vorliegen und die in die Auskunft aufzunehmenden Daten erforderlich sind, um

aa) die zuständige Strafverfolgungsbehörde zu ermitteln oder

bb) ein Auskunftsersuchen einer ausländischen Strafverfolgungsbehörde im Rahmen des internationalen polizeilichen Dienstverkehrs, das nach Maßgabe der Vorschriften über die internationale Rechtshilfe in Strafsachen bearbeitet wird, auch im Rahmen der Strafvollstreckung, zu erledigen, oder

b) dies im Einzelfall erforderlich ist

aa) zur Abwehr einer Gefahr für die öffentliche Sicherheit, oder

bb) zum Schutz von Leib, Leben, Freiheit der Person, sexueller Selbstbestimmung, dem Bestand

a) 연방범죄수사청법 제2조 제1항상의 한 범죄에 대한 충분한 사실적 판단근거가 있고(zureichende tatsächliche Anhaltspunkte für eine Straftat im Sinne des § 2 Absatz 1 des Bundeskriminalamtgesetzes vorliegen), 그 정보제공에 포함되는 데이터가,

aa) 관할 형사관청이 이를 수사하는 데 필요한 범위 내에서만, 또는

bb) 국제형사사법공조에 관한 규정 기준에 따라 처리되는 국제적 경찰직무공조의 일환으로 하는(im Rahmen des internationalen polizeilichen Dienstverkehrs) 외국의 형사관청의 정보제공요구를 처리하는 데 필요한 범위 내에서만,

b) 형집행의 일환으로 하는 정보제공에 포함되는 데이터(die in die Auskunft aufzunehmenden Daten im Rahmen der Strafvollstreckung)가, 국제형사사법공조에 관한 규정 기준에 따라 처리되는 경찰직무공조의 일환으로 하는 외국 형사관청의 정보제공요구를 처리하는 데 필요한 범위 내에서만,

c) 어느 사람이 연방범죄수사청법 제2조 제1항상의 한 범죄의 자행에 가담할 것(dass eine Person an der Begehung einer Straftat im Sinne des § 2 Absatz 1 des Bundeskriminalamtgesetzes beteiligt sein wird)이라는 위험(危險)이 있고 그 정보제공에 포함되는 데이터가,

aa) 해당 범죄의 예방(豫防)을 관할하는 경찰당국이 이를 수사(搜査)하는 데 필요한 범위 내에서만, 또는

bb) 해당 범죄예방을 위한 경찰직무공조의 일환으로 하는 외국 경찰당국의 정보제공요구를 처리하는 데 필요한 범위 내에서만,

d) 어느 사람이 가까운 장래에 최소한 그 유형에 따라 구체화된 방법으로(auf eine zumindest ihrer Art nach konkretisierte Weise) 한 중범죄에 가담할 것이라는 추정을 정당화하는 사실이 있고, 그 정보제공에 포함된 데이터가,

aa) 해당 범죄의 예방을 관할하는 경찰당국이 이를 수사하는 데 필요한 범위 내에서만, 또는

bb) 해당 범죄예방을 위한 경찰직무공조의 일환으로 하는 외국 경찰당국의 정보제공요구를 처리하는 데 필요한 범위 내에서만, 또는

e) 어느 사람의 개별적 행위에 의할 때 그 사람이 가까운 장래에 형사소송법 제100조a 제2에 따른 한 중대범죄를 자행할 것(dass sie innerhalb eines übersehbaren Zeitraums eine schwere Straftat nach § 100a Absatz 2 der Strafprozessordnung begehen wird)이라는 확실한 개연성이 인정되고, 그 정보제공에 필요한 데이터가,

aa) 해당 범죄의 예방을 관할하는 경찰당국이 이를 수사하는 데 필요한 범위 내에서만, 또는

bb) 해당 범죄예방을 위한 경찰직무공조의 일환으로 하는 외국 경찰당국의 정보제공요구를 처리하하는 데 필요한 범위 내에서만,

4. 관세범죄수사법 제3조에 따른 중앙기관으로서의 관세수사청에,

a) 개별사안에서 어느 범죄에 대한 충분한 사실적 판단근거가 있고(im Einzelfall zureichende tatsächliche Anhaltspunkte für eine Straftat vorliegen), 그 정보제공에 필요한 데이터가,

aa) 관할 형사관청이 이를 수사하는 데에 필요한 범위 내에서만, 또는

bb) 형집행 일환으로 하는 경우를 포함하여, 국제형사사법공조에 관한 규정 기준에 따라 처리되는(das nach Maßgabe der Vorschriften über die internationale Rechtshilfe in Strafsachen bearbeitet wird, auch im Rahmen der Strafvollstreckung, zu erledigen) 국제적 경찰직무공조의 일환으로 하는 외국 형사관청의 정보제공요구를 처리하는 데에 필요한 범위 내에서만,

b) 이것이 개별사안에서,

aa) 공공의 안녕에 대한 위험(危險)의 방지를 위해 필요한 범위 내에서만,

bb) 사실에 의하여, 그 유형에 따라 최소한 구체화되고 시간적으로 예측할 수 있는, 특정한 사람이

und der Sicherheit des Bundes oder eines Landes, der freiheitlich demokratischen Grundordnung, Gütern der Allgemeinheit, deren Bedrohung die Grundlagen der Existenz der Menschen berührt, sowie nicht unerheblichen Sachwerten, wenn Tatsachen den Schluss auf ein wenigstens seiner Artnach konkretisiertes und zeitlich absehbares Geschehen zulassen, an dem bestimmte Personen beteiligt sein werden, oder

cc) zum Schutz von Leib, Leben, Freiheit der Person, sexueller Selbstbestimmung, dem Bestand und der Sicherheit des Bundes oder eines Landes, der freiheitlich demokratischen Grundordnung sowie Gütern der Allgemeinheit, deren Bedrohung die Grundlagen der Existenz der Menschen berührt, wenn das individuelle Verhalten einer Person die konkrete Wahrscheinlichkeit begründet, dass die Gefährdung eines solchen Rechtsgutes in einem übersehbaren Zeitraum eintreten wird, oder

dd) zur Erledigung eines Auskunftsersuchens einer ausländischen Polizeibehörde im Rahmen des polizeilichen Dienstverkehrs zur Verhütung einer Straftat, oder

ee) zur Verhütung einer Straftat von erheblicher Bedeutung, sofern Tatsachen die Annahme rechtfertigen, dass eine Person innerhalb eines übersehbaren Zeitraums auf eine ihrer Art nach konkretisierte Weise als Täter oder Teilnehmer an der Begehung der Tat beteiligt ist, oder

ff) zur Verhütung einer schweren Straftat nach § 100a Absatz 2 der Strafprozessordnung, sofern das individuelle Verhalten einer Person, die konkrete Wahrscheinlichkeit begründet, dass die Personinnerhalb eines übersehbaren Zeitraums die Tat begehen wird,

5. die Behörden der Zollverwaltung und die nach Landesrecht zuständigen Behörden, sofern im Einzelfall bei der Veröffentlichung von Angeboten oder Werbemaßnahmen ohne Angabe von Name und Anschrift tatsächliche Anhaltspunkten für Schwarzarbeit oder illegale Beschäftigung nach § 1 des Schwarzarbeitsbekämpfungsgesetzes vorliegen und die in die Auskunft aufzunehmenden Daten zur Identifizierung des Auftraggebers erforderlich sind, um Schwarzarbeit oder illegale Beschäftigung aufzudecken,

6. die Verfassungsschutzbehörden des Bundes und der Länder, soweit dies aufgrund tatsächlicher Anhaltspunkte im Einzelfall erforderlich ist zur Aufklärung bestimmter Bestrebungen oder Tätigkeiten nach

a) § 3 Absatz 1 des Bundesverfassungsschutzgesetzes oder

b) einem zum Verfassungsschutz (§ 1 Absatz 1 des Bundesverfassungsschutzgesetzes) landesgesetzlich begründeten Beobachtungsauftrag der Landesbehörde, insbesondere zum Schutz der verfassungsmäßigen Ordnung vor Bestrebungen und Tätigkeiten der organisierten Kriminalität,

7. den Militärischen Abschirmdienst, soweit dies aufgrund tatsächlicher Anhaltspunkte im Einzelfall zur Aufklärung bestimmter Bestrebungen oder Tätigkeiten nach § 1 Absatz 1 des MAD-Gesetzes oder zur Sicherung der Einsatzbereitschaft der Truppe oder zum Schutz der Angehörigen, der Dienststellen und Einrichtungen des Geschäftsbereichs des Bundesministeriums der Verteidigung nach § 14 Absatz 1 des MAD-Gesetzes erforderlich ist,

8. den Bundesnachrichtendienst, soweit dies erforderlich ist

a) zur politischen Unterrichtung der Bundesregierung, wenn im Einzelfall tatsächliche Anhaltspunkte dafür vorliegen, dass durch die Auskunft Informationen über das Ausland gewonnen werden können, die von außen- und sicherheitspolitischer Bedeutung für die Bundesrepublik Deutschland sind und zu deren Aufklärung das Bundeskanzleramt den Bundesnachrichtendienst beauftragt hat, oder

관련된(an dem bestimmte Personen beteiligt sein werden) 사건에 대한 결론을 내릴 수 있는 경우에, 사람의 신체, 생명 및 자유의 보호, 성적 자기결정권의 보호, 연방 및 주의 존립 및 안전의 보호, 자유민주적 기본질서의 보호, 그 위협이 인간의 생존의 기초에 영향을 미치는 공중생존재화(公衆生存財貨; Gütern der Allgemeinheit)와 중요한 물건가치(nicht unerheblichen Sachwerten)의 보호에 필요한 범위 내에서만,

cc) 사람의 신체, 생명 및 자유의 보호, 성적 자기결정권의 보호, 연방 및 주의 존립 및 안전의 보호, 자유민주적 기본질서의 보호와, 그 위협이 인간의 생존의 기초에 영향을 미치는 공중생존재화의 보호를 위해 필요한 범위 내에서만, 어느 사람의 개별적 행위에 의할 때 그러한 법익에 대한 위태화가 가까운 장래에 발생할 것(dass die Gefährdung eines solchen Rechtsgutes in einem übersehbaren Zeitraum eintreten wird)이라는 확실한 개연성이 인정되는 경우에 한함,

dd) 어느 범죄의 예방을 위한 경찰직무공조로 하는 외국 경찰당국의 정보제공요구에 대한 처리를 위해 필요한 범위 내에서만,

ee) 어느 사람이 그 유형에 따라 구체화된 방법으로(auf eine ihrer Art nach konkretisierten Weise) 근접한 시간 내에 범인 또는 범죄가담자로 가담할 것이라는 추정을 정당화하는 사실이 있는 경우에, 한 중범죄의 예방을 위해 필요한 범위 내에서만,

ff) 어느 사람의 개별적 행위에 의할 때 그 사람이 가까운 장래에 그 범죄를 자행할 것이라는 확실한 개연성이 인정되는 경우에, 형사소송법 제100조a 제2항에 따른 어느 중범죄의 예방을 위해 필요한 범위 내에서만,

5. 관세행정관청과 주법에 따른 관할 그 관청에, 개별사안에서 이름 및 주소를 기재하지 않은 (불법노동 또는 불법고용의) 제안(提案) 또는 광고(廣告)의 공표의 경우(bei der Veröffentlichung von Angeboten oder Werbemaßnahmen ohne Angabe von Name und Anschrift) 불법노동대처법 제1조에 따른 불법노동 또는 불법고용에 대한 사실적 판단근거가 있고, 그 위임인의 신원확인을 위한 그 정보제공에 포함되는 데이터(die in die Auskunft aufzunehmenden Daten zur Identifizierung des Auftraggebers)가 불법노동 또는 불법고용을 적발하는 데에 필요한 범위 내에서만,
6. 연방 및 주의 헌법수호청에, 이것이 개별사안에서 사실적 판단근거에 기하여,

a) 연방헌법수호법 제3조 제1항에 따른 특정한 기도 또는 활동을 적발하는 데(zur Aufklärung bestimmter Bestrebungen oder Tätigkeiten)에 필요한 범위 내에서만, 또는

b) 헌법수호를 위하여(헌법수호법 제1조 제1항) 주법에 따라 설치된 주행정관청 소속의 감시임무단, 특히 조직범죄의 기도 및 활동으로부터 헌법질서를 수호하기 위한(zum Schutz der verfassungsmäßigen Ordnung vor Bestrebungen und Tätigkeiten der organisierten Kriminalität) 그러한 감시임무단에 따른 특정한 기도(企圖) 또는 활동을 적발하는 데에 필요한 범위 내에서만,

7. 군사정보국에, 이것이 개별사안에서 사실적 판단근거에 기하여 군사정보국법 제1조 제1항에 따른 특정한 기도 또는 활동의 적발을 위해 필요하거나 군대의 출동을 확보하는 데 필요하거나 군사정보국법 제14조 제1항에 따른 연방국방부의 직무범위에 속하는 직원, 부서(部署) 및 시설(Schutz der Angehörigen, der Dienststellen und Einrichtungen des Geschäftsbereichs des Bundesministeriums der Verteidigung)의 보호를 위해 필요한 범위 내에서만,
8. 연방해외정보국에, 이것이,

a) 개별사안에서 독일연방공화국에 대하여 대외정책적·안보정책적으로 중요하고 연방수상청이 그 탐지(探知)에 관하여 연방해외정보국에 위임한, 외국에 관한 정보가 해당 정보제공으로 획득될 수 있다는 점에 대한 사실적 판단근거(Anhaltspunkte)가 있는 경우에, 연방정부에 대한 정책적 알림에 필요한 범위 내에서만,

b) zur Früherkennung von aus dem Ausland drohenden Gefahren von internationaler Bedeutung, wenn im Einzelfall tatsächliche Anhaltspunkte dafür vorliegen, dass durch die Auskunft Erkenntnisse gewonnen werden können mit Bezug zu den in § 4 Absatz 3 Nummer 1 des BND-Gesetzes genannten Gefahrenbereichen oder zum Schutz der in § 4 Absatz 3 Nummer 2 und 3 des BND-Gesetzes genannten Rechtsgüter.

(4) Die Auskunft nach Absatz 1 Satz 3 darf nur erteilt werden an

1. die für die Verfolgung von Straftaten zuständigen Behörden, soweit zureichende tatsächliche Anhaltspunkte für eine Straftat vorliegen und die in die Auskunft aufzunehmenden Daten erforderlich sind, um den Sachverhalt zu erforschen, den Aufenthaltsort eines Beschuldigten zu ermitteln oder eine Strafe zu vollstrecken,

2. die für die Abwehr von Gefahren für die öffentliche Sicherheit oder Ordnung zuständigen Behörden, wenn die in die Auskunft aufzunehmenden Daten im Einzelfall erforderlich sind

a) zum Schutz von Leib, Leben, Freiheit der Person, sexueller Selbstbestimmung, dem Bestand und der Sicherheit des Bundes oder eines Landes, der freiheitlich demokratischen Grundordnung, Gütern der Allgemeinheit, deren Bedrohung die Grundlagen der Existenz der Menschen berührt, sowie nicht unerheblicher Sachwerte oder zur Verhütung einer Straftat oder

b) zum Schutz von Leib, Leben, Freiheit der Person, sexueller Selbstbestimmung, dem Bestand und der Sicherheit des Bundes oder eines Landes, der freiheitlich demokratischen Grundordnung sowie Gütern der Allgemeinheit, deren Bedrohung die Grundlagen der Existenz der Menschen berührt, sowie nicht unerheblicher Sachwerte, wenn Tatsachen den Schluss auf ein wenigstens seiner Art nach konkretisiertes sowie zeitlich absehbares Geschehen zulassen, an dem bestimmte Personen beteiligt sein werden, oder

c) zum Schutz von Leib, Leben, Freiheit der Person, sexueller Selbstbestimmung, dem Bestand und der Sicherheit des Bundes oder eines Landes, der freiheitlich demokratischen Grundordnung sowie Gütern der Allgemeinheit, deren Bedrohung die Grundlagen der Existenz der Menschen berührt, wenn das individuelle Verhalten einer Person die konkrete Wahrscheinlichkeit begründet, dass sie in einem übersehbaren Zeitraum eine gegen ein solches Rechtsgut gerichtete Straftat begehen wird, oder

d) zur Verhütung einer schweren Straftat nach § 100a Absatz 2 der Strafprozessordnung, sofern Tatsachen die Annahme rechtfertigen, dass eine Person innerhalb eines übersehbaren Zeitraums auf eine ihrer Art nach konkretisierten Weise als Täter oder Teilnehmer an der Begehung einer Tat beteiligt ist, oder

e) zur Verhütung einer schweren Straftat nach § 100a Absatz 2 der Strafprozessordnung, sofern das individuelle Verhalten einer Person die konkrete Wahrscheinlichkeit begründet, dass die Person innerhalb eines übersehbaren Zeitraums die Tat begehen wird,

3. das Bundeskriminalamt als Zentralstelle nach § 2 des Bundeskriminalamtgesetzes, sofern

a) zureichende tatsächliche Anhaltspunkte für eine Straftat im Sinne des § 2 Absatz 1 des Bundeskriminalamtgesetzes vorliegen und die in die Auskunft aufzunehmenden Daten erforderlich sind, um

aa) die zuständige Strafverfolgungsbehörde zu ermitteln, oder

bb) ein Auskunftsersuchen einer ausländischen Strafverfolgungsbehörde im Rahmen des internationalen polizeilichen Dienstverkehrs, das nach Maßgabe der Vorschriften über die

b) 그 정보제공으로, 연방해외정보국법 제4조 제3항 제1호상의 위험범위에 관하여(mit Bezug zu den in § 4 Absatz 3 Nummer 1 des BND-Gesetzes genannten Gefahrenbereichen) 또는 동법 제4조 제3항 제2호, 제3호상의 법익 보호를 위하여 지식을 얻을 수 있는 경우에, 국제적 중요성을 갖는, 외국에서 유래하는 임박한 위험의 조기탐지(Früherkennung von aus dem Ausland drohenden Gefahren von genannten Rechtsgüter)를 위해 필요한 범위 내에서.

④ 제1항 제3문에 따른 정보제공은 다음 각 호와 같이 행해진다,

1. 범죄의 기소를 관할하는 관청에, 어느 범죄에 대한 충분한 사실적 판단근거가 있고 그 정보제공에 포함되는 데이터가 사실관계를 규명하거나 피의자의 체류지를 확인하거나 형벌을 집행하는(den Aufenthaltsort eines Beschuldigten zu ermitteln oder eine Strafe zu vollstrecken) 데 필요한 범위 내에서만,

2. 공공의 안녕 또는 공공질서에 대한 위험(危險)의 방지를 관할하는 관청에, 그 정보제공에 포함되는 데이터(die in die Auskunft aufzunehmenden Daten)가 개별사안에서,

a) 사람의 신체, 생명 및 자유의 보호, 성적 자기결정권의 보호, 연방 및 어느 주의 존립 및 안전의 보호, 자유민주적 기본질서의 보호와, 그 위협이 인간의 생존의 기초에 영향을 미치는(deren Bedrohung die Grundlagen der Existenz der Menschen berührt) 공중생존재화의 보호 그리고 중대한 물건가치의 보호에 필요하거나 어느 범죄의 예방을 위해 필요한 범위 내에서만,

b) 사실에 의하여, 그 유형에 따라 최소한 구체화되고 시간적으로 예측할 수 있는, 특정한 사람이 관련된(an dem bestimmte Personen beteiligt sein werden) 사건에 대한 결론을 내릴 수 있는 경우에, 사람의 신체, 생명 및 자유의 보호, 성적 자기결정권의 보호, 연방 및 어느 주의 존립 및 안전의 보호, 자유민주적 기본질서의 보호와, 그 위협이 인간의 생존의 기초에 영향을 미치는 공중생존재화의 보호(Gütern der Allgemeinheit, deren Bedrohung die Grundlagen der Existenz der Menschen berührt) 그리고 중요한 물건가치의 보호에 필요한 범위 내에서만,

c) 사람의 신체, 생명 및 자유의 보호, 성적 자기결정권의 보호, 연방 및 어느 주의 존립 및 안전의 보호, 자유민주적 기본질서의 보호와, 그 위협이 인간의 생존의 기초에 영향을 미치는 공중생존재화의 보호에 필요한 범위 내에서만, 어느 사람의 개별적 행위에 의할 때 그 사람이 가까운 장래에 그러한 법익에 대한 범죄를 자행할 것(dass sie in einem übersehbaren Zeitraum eine gegen ein solches Rechtsgut gerichtete Straftat begehen wird)이라는 확실한 개연성이 인정되는 경우에 한함,

d) 어느 사람이 근접한 시간 내에 그 유형에 따라 구체화된 방법으로(auf eine ihrer Art nach konkretisierten Weise) 범인 또는 범죄가담자로 가담한 것이라는 추정을 정당화하는 사실이 있는 경우에, 형사소송법 제100조a 제2항에 따른 한 중대범죄의 예방(Verhütung einer schweren Straftat)을 위해 필요한 범위 내에서만,

e) 어느 사람의 개별적 행위에 의할 때 그 사람이 가까운 장래에 그 범죄를 자행할 것이라는 확실한 개연성이 인정되는 경우에, 형사소송법 제100조a 제2항에 따른 한 중대범죄의 예방(Verhütung einer schweren Straftat)을 위해 필요한 범위 내에서만,

3. 연방범죄수사청법에 따른 중앙기관으로서의 연방범죄수사청에,

a) 연방범죄수사청법 제2조 제1항상의 범죄에 대한 충분한 사실적 판단근거가 있고(zureichende tatsächliche Anhaltspunkte für eine Straftat im Sinne des § 2 Absatz 1 des Bundeskriminalamtgesetzes vorliegen), 그 정보제공에 포함되는 데이터가,

aa) 관할 형사관청이 이를 수사하는 데 필요한 범위 내에서만, 또는

bb) 국제형사사법공조에 관한 규정 기준에 따라 처리되는 국제적 경찰직무공조의 일환으로 하는(im Rahmen des internationalen polizeilichen Dienstverkehrs) 외국의 형사관청의 정보제공요구를 처리하

internationale Rechtshilfe in Strafsachen bearbeitet wird, zu erledigen, oder

b) die in die Auskunft aufzunehmenden Daten im Rahmen der Strafvollstreckung erforderlich sind, um ein Auskunftsersuchen einer ausländischen Strafverfolgungsbehörde im Rahmen des polizeilichenDienstverkehrs, das nach Maßgabe der Vorschriften über die internationale Rechtshilfe in Strafsachen bearbeitet wird, zu erledigen,

c) die Gefahr besteht, dass eine Person an der Begehung einer Straftat im Sinne des § 2 Absatz 1 des Bundeskriminalamtgesetzes beteiligt sein wird und die in die Auskunft aufzunehmenden Daten erforderlich sind, um

aa) die für die Verhütung der Straftat zuständige Polizeibehörde zu ermitteln, oder

bb) ein Auskunftsersuchen einer ausländischen Polizeibehörde im Rahmen des polizeilichen Dienstverkehrs zur Verhütung der Straftat zu erledigen, oder

d) Tatsachen die Annahme rechtfertigen, dass eine Person innerhalb eines übersehbaren Zeitraums auf eine zumindest ihrer Art nach konkretisierte Weise an einer schweren Straftat nach § 100a Absatz 2 der Strafprozessordnung beteiligt sein wird, und die in die Auskunft aufzunehmenden Daten erforderlich sind, um

aa) die für die Verhütung der Straftat zuständige Polizeibehördc zu crmitteln, oder

bb) ein Auskunftsersuchen einer ausländischen Polizeibehörde im Rahmen des polizeilichen Dienstverkehrs zur Verhütung der Straftat zu erledigen, oder

e) das individuelle Verhalten einer Person die konkrete Wahrscheinlichkeit begründet, dass sie innerhalb eines übersehbaren Zeitraums eine schwere Straftat nach § 100a Absatz 2 der Strafprozessordnung begehen wird, und die in die Auskunft aufzunehmenden Daten erforderlich sind, um

aa) die für die Verhütung der Straftat zuständige Polizeibehörde zu ermitteln, oder

bb) ein Auskunftsersuchen einer ausländischen Polizeibehörde im Rahmen des polizeilichen Dienstverkehrs zur Verhütung der Straftat zu erledigen,

4. das Zollkriminalamt als Zentralstelle nach § 3 des Zollfahndungsdienstgesetzes, sofern

a) im Einzelfall zureichende tatsächliche Anhaltspunkte für eine Straftat vorliegen, und die in die Auskunft aufzunehmenden Daten erforderlich sind, um

aa) die zuständige Strafverfolgungsbehörde zu ermitteln, oder

bb) ein Auskunftsersuchen einer ausländischen Strafverfolgungsbehörde im Rahmen des internationalen polizeilichen Dienstverkehrs, das nach Maßgabe der Vorschriften über die internationale Rechtshilfe in Strafsachen bearbeitet wird, auch im Rahmen der Strafvollstreckung, zu erledigen, oder

b) dies im Einzelfall erforderlich ist

aa) zum Schutz von Leib, Leben, Freiheit der Person, sexueller Selbstbestimmung, dem Bestand und der Sicherheit des Bundes oder eines Landes, der freiheitlich demokratischen Grundordnung, Gütern der Allgemeinheit, deren Bedrohung die Grundlagen der Existenz der Menschen berührt, sowie nicht unerheblicher Sachwerte oder zur Verhütung einer Straftat, oder

bb) zum Schutz von Leib, Leben, Freiheit der Person, sexueller Selbstbestimmung, dem Bestand und der Sicherheit des Bundes oder eines Landes, der freiheitlich demokratischen Grundordnung sowie Gütern der Allgemeinheit, deren Bedrohung die Grundlagen der Existenz der Menschen

는 데 필요한 범위 내에서만,

b) 형집행의 일환으로 하는 정보제공에 포함되는 데이터(die in die Auskunft aufzunehmenden Daten im Rahmen der Strafvollstreckung)가, 국제형사사법공조에 관한 규정 기준에 따라 처리되는 경찰직무공조의 일환으로 하는(im Rahmen des polizeilichen Dienstverkehrs) 외국 형사관청의 정보제공요구를 처리하는 데 필요한 범위 내에서만,

c) 어느 사람이 연방범죄수사청법 제2조 제1항상의 한 범죄의 자행에 가담할 것(dass eine Person an der Begehung einer Straftat im Sinne des § 2 Absatz 1 des Bundeskriminalamtgesetzes beteiligt sein wird)이라는 위험(危險)이 있고, 그 정보제공에 포함되는 데이터가,

aa) 해당 범죄의 예방을 관할하는 경찰당국이 이를 수사하는 데 필요한 범위 내에서만, 또는

bb) 해당 범죄예방을 위한 경찰직무공조의 일환으로 하는 외국 경찰당국의 정보제공요구를 처리하는 데 필요한 범위 내에서만,

d) 어느 사람이 가까운 장래에 최소한 그 유형에 따라 구체화된 방법으로(auf eine zumindest ihrer Art nach konkretisierte Weise) 형사소송법 제100조a 제2항에 따른 중범죄에 가담(加擔)할 것이라는 추정을 정당화하는 사실이 있고, 그 정보제공에 포함된 데이터(die in die Auskunft aufzunehmenden Daten)가,

aa) 해당 범죄의 예방을 관할하는 경찰당국이 이를 수사하는 데 필요한 범위 내에서만, 또는

bb) 해당 범죄예방을 위한 경찰직무공조의 일환으로 하는 외국 경찰당국의 정보제공요구를 처리하는 데 필요한 범위 내에서만, 또는

e) 어느 사람의 개별적 행위에 의할 때 그 사람이 가까운 장래에 형사소송법 제100조a 제2에 따른 어느 중대범죄를 자행할 것(dass sie innerhalb eines übersehbaren Zeitraums eine schwere Straftat nach § 100a Absatz 2 der Strafprozessordnung begehen wird)이라는 확실한 개연성(die konkrete Wahrscheinlichkeit)이 인정되고, 그 정보제공에 필요한 데이터가,

aa) 해당 범죄의 예방을 관할하는 경찰당국이 이를 수사하는 데 필요한 범위 내에서만, 또는

bb) 해당 범죄예방을 위한 경찰직무공조의 일환으로 하는 외국 경찰당국의 정보제공요구를 처리하는 데 필요한 범위 내에서만,

4. 관세범죄수사법 제3조에 따른 중앙기관으로서의 관세수사청에,

a) 개별사안에서 어느 범죄에 대한 충분한 사실적 판단근거(zureichende tatsächliche Anhaltspunkte für eine Straftat)가 있고, 그 정보제공에 필요한 데이터가,

aa) 관할 형사관청이 이를 수사하는 데 필요한 범위 내에서만, 또는

bb) 형집행 일환으로 하는 경우를 포함하여, 국제형사사법공조에 관한 규정 기준에 따라 처리되는(das nach Maßgabe der Vorschriften über die internationale Rechtshilfe in Strafsachen bearbeitet wird, auch im Rahmen der Strafvollstreckung, zu erledigen) 국제적 경찰직무공조의 일환으로 하는 외국 형사관청의 정보제공요구를 처리하는 데 필요한 범위 내에서만,

b) 이것이 개별사안에서,

aa) 사람의 신체, 생명 및 자유의 보호, 성적 자기결정권의 보호, 연방 및 어느 주의 존립 및 안전의 보호, 자유민주적 기본질서의 보호와, 그 위협이 인간의 생존의 기초에 영향을 미치는(deren Bedrohung die Grundlagen der Existenz der Menschen berührt) 공중생존재화의 보호 그리고 중요한 물건가치의 보호에 필요하거나 어느 범죄의 예방을 위해 필요한 범위 내에서만,

bb) 사실에 의하여, 그 유형에 따라 최소한 구체화되고 시간적으로 예측할 수 있는, 특정한 사람이 관련된(an dem bestimmte Personen beteiligt sein werden) 사건에 대한 결론을 내릴 수 있는 경우에, 사람의 신체, 생명 및 자유의 보호, 성적 자기결정권의 보호, 연방 및 어느 주의 존립 및 안전의 보호,

berührt, wenn Tatsachen den Schluss auf ein wenigstens seiner Art nach konkretisiertes und zeitlich absehbares Geschehen zulassen, an dem bestimmte Personen beteiligt sein werden, oder

cc) zum Schutz von Leib, Leben, Freiheit der Person, sexueller Selbstbestimmung, dem Bestand und der Sicherheit des Bundes oder eines Landes, der freiheitlich demokratischen Grundordnun sowie Gütern der Allgemeinheit, deren Bedrohung die Grundlagen der Existenz der Menschen berührt, wenn das individuelle Verhalten einer Person die konkrete Wahrscheinlichkeit begründet, dass die Gefährdung eines solchen Rechtsgutes in einem übersehbaren Zeitraum eintreten wird, oder

dd) zur Erledigung eines Auskunftsersuchens einer ausländischen Polizeibehörde im Rahmen des polizeilichen Dienstverkehrs zur Verhütung einer schweren Straftat nach § 100a Absatz 2 der Strafprozessordnung, oder

ee) zur Verhütung einer schweren Straftat nach § 100a Absatz 2 der Strafprozessordnung, sofern Tatsachen die Annahme rechtfertigen, dass eine Person innerhalb eines übersehbaren Zeitraums auf eine ihrer Art nach konkretisierte Weise als Täter oder Teilnehmer an der Begehung der Tat beteiligt ist, oder

ff) zur Verhütung einer schweren Straftat nach § 100a Absatz 2 der Strafprozessordnung, sofern das individuelle Verhalten einer Person die konkrete Wahrscheinlichkeit begründet, dass die Person innerhalb eines übersehbaren Zeitraums die Tat begehen wird,

5. die Behörden der Zollverwaltung und die nach Landesrecht zuständigen Behörden zur Verhütung einer Straftat nach den §§ 10, 10a oder 11 des Schwarzarbeitsbekämpfungsgesetzes oder § 266a des Strafgesetzbuches,
6. die Verfassungsschutzbehörden des Bundes und der Länder, soweit dies aufgrund tatsächlicher Anhaltspunkte im Einzelfall erforderlich ist zur Aufklärung bestimmter Bestrebungen oder Tätigkeiten nach

   a) § 3 Absatz 1 des Bundesverfassungsschutzgesetzes, oder

   b) einem zum Verfassungsschutz (§ 1 Absatz 1 des Bundesverfassungsschutzgesetzes) landesgesetzlich begründeten Beobachtungsauftrag der Landesbehörde, insbesondere zum Schutz der verfassungsmäßigen Ordnung vor Bestrebungen und Tätigkeiten der organisierten Kriminalität,
7. den Militärischen Abschirmdienst, soweit dies aufgrund tatsächlicher Anhaltspunkte im Einzelfall zur Aufklärung bestimmter Bestrebungen oder Tätigkeiten nach § 1 Absatz 1 des MAD-Gesetzes oder zur Sicherung der Einsatzbereitschaft der Truppe oder zum Schutz der Angehörigen, der Dienststellen und Einrichtungen des Geschäftsbereichs des Bundesministeriums der Verteidigung nach § 14 Absatz 1 des MAD-Gesetzes erforderlich ist,
8. den Bundesnachrichtendienst, soweit dies erforderlich ist

   a) zur politischen Unterrichtung der Bundesregierung, wenn im Einzelfall tatsächliche Anhaltspunkte dafür vorliegen, dass durch die Auskunft Informationen über das Ausland gewonnen werden können, die von außen- und sicherheitspolitischer Bedeutung für die Bundesrepublik Deutschland sind und zu deren Aufklärung das Bundeskanzleramt den Bundesnachrichtendienst beauftragt hat, oder

   b) zur Früherkennung von aus dem Ausland drohenden Gefahren von internationaler Bedeutung, wenn im Einzelfall tatsächliche Anhaltspunkte dafür vorliegen, dass durch die Auskunft Erkenntnisse gewonnen werden können mit Bezug zu den in § 4 Absatz 3 Nummer 1 des BND-Gesetzes genannten Gefahrenbereichen oder zum Schutz der in § 4 Absatz 3 Nummer 2 und 3 des BND-Gesetzes

자유민주적 기본질서의 보호와, 그 위협이 인간의 생존의 기초에 영향을 미치는(deren Bedrohung die Grundlagen der Existenz der Menschen berührt) 공중생존재화의 보호에 필요한 범위 내에서만,

cc) 어느 사람의 개별적 행위에 의할 때 그러한 법익에 대한 위태화가 가까운 장래에 발생할 것(dass die Gefährdung eines solchen Rechtsgutes in einem übersehbaren Zeitraum eintreten wird)이라는 확실한 개연성이 인정되는 경우에, 사람의 신체, 생명 및 자유의 보호, 성적 자기결정권의 보호, 연방 및 어느 주의 존립 및 안전의 보호, 자유민주적 기본질서의 보호와, 그 위협이 인간의 생존의 기초에 영향을 미치는 공중생존재화의 보호를 위해 필요한 범위 내에서만,

dd) 형사소송법 제100조a 제2항에 따른 어느 중범죄의 예방(Verhütung einer schweren Straftat nach § 100a Absatz 2 der Strafprozessordnung)을 위한 경찰직무공조로 하는 외국 경찰당국의 정보제공요구에 대한 처리를 위해 필요한 범위 내에서만,

ee) 어느 사람이 그 유형에 따라 구체화된 방법으로(auf eine ihrer Art nach konkretisierten Weise) 근접한 시간 내에 정범(正犯) 또는 공범자(als Täter oder Teilnehmer)로 가담한 것이라는 추정을 정당화하는 사실이 있는 경우에, 형사소송법 제100조a 제2항에 따른 어느 중범죄의 예방을 위해 필요한 범위 내에서만,

ff) 어느 사람의 개별적 행위에 의할 때 그 사람이 가까운 장래에 그 범죄를 자행할 것이라는 확실한 개연성이 인정되는 경우에, 형사소송법 제100조a 제2항에 따른 어느 중범죄의 예방을 위해 필요한 범위 내에서만,

5. 관세행정관청과 주법에 따른 관할 그 관청(die Behörden der Zollverwaltung und die nach Landesrecht zuständigen Behörden)에, 불법노동대처법 제10조, 제10조a 또는 제11조에 따른 한 범죄나 형법전 제266조a조에 따른 한 범죄의 예방에 필요한 범위 내에서만,

6. 연방 및 주의 헌법수호청에, 이것이 개별사안에서 사실적 판단근거에 기하여,

a) 연방헌법수호법 제3조 제1항에 따른 특정한 기도(企圖) 또는 활동을 적발하는 데(zur Aufklärung bestimmter Bestrebungen oder Tätigkeiten)에 필요한 범위에서만, 또는

b) 헌법수호를 위하여(헌법수호법 제1조 제1항) 주법에 따라 설치된 주행정관청 소속의 어느 감시임무단, 특히 조직범죄의 기도 및 활동으로부터 헌법질서를 수호하기 위한(zum Schutz der verfassungsmäßigen Ordnung vor Bestrebungen und Tätigkeiten der organisierten Kriminalität) 그러한 감시임무단에 따른 특정한 기도 또는 활동을 적발하는 데 필요한 범위 내에서만,

7. 군사정보국에, 이것이 개별사안에서 사실적 판단근거에 기하여 군사정보국법 제1조 제1항에 따른 특정한 기도 또는 활동의 적발을 위해 필요하거나 군대의 출동을 확보하는 데 필요하거나 군사정보국법 14조 제1항에 따른 연방국방부의 직무범위에 속하는 직원(職員), 부서(部署) 및 시설(Schutz der Angehörigen, der Dienststellen und Einrichtungen des Geschäftsbereichs des Bundesministeriums der Verteidigung)의 보호를 위해 필요한 범위 내에서만,

8. 연방해외정보국에, 이것이,

a) 개별사안에서 독일연방공화국에 대하여 대외정책적·안보정책적으로 중요하고 연방수상청이 그 탐지(探知)에 관하여 연방해외정보국에 위임한, 외국에 관한 정보가 해당 정보제공으로 획득될 수 있다는 점에 대한 사실적 판단근거(Anhaltspunkte)가 있는 경우에, 연방정부에 대한 정책적 알림에 필요한 범위 내에서만,

b) 그 정보제공으로, 연방해외정보국법 제4조 제3항 제1호상의 위험범위에 관하여(mit Bezug zu den in § 4 Absatz 3 Nummer 1 des BND-Gesetzes genannten Gefahrenbereichen) 또는 동법 제4조 제3항 제2호, 제3호상의 법익 보호를 위하여 지식을 얻을 수 있는 경우에, 국제적 중요성을 갖는, 외국에서 유래하는 임박한 위험의 조기탐지(Früherkennung von aus dem Ausland drohenden Gefahren von

genannten Rechtsgüter.

(5) Derjenige, der geschäftsmäßig Telemediendienste erbringt, daran mitwirkt oder den Zugang zur Nutzung daran vermittelt, hat die zu beauskunftenden Daten unverzüglich und vollständig zu übermitteln. Eine Verschlüsselung der Daten bleibt unberührt. Über das Auskunftsersuchen und die Auskunftserteilung haben die Verpflichteten gegenüber den Betroffenen sowie Dritten Stillschweigen zu wahren.

(6) Wer geschäftsmäßig Telemediendienste erbringt oder daran mitwirkt, hat die in seinem Verantwortungsbereich für die Auskunftserteilung erforderlichen Vorkehrungen auf seine Kosten zu treffen. Jedes Auskunftsverlangen ist durch eine verantwortliche Fachkraft auf Einhaltung der in Absatz 2 genannten formalen Voraussetzungen zu prüfen. Die weitere Bearbeitung des Auskunftsverlangens darf erst nach einem positiven Prüfergebnis freigegeben werden.

§ 23 Auskunftsverfahren bei Passwörtern und anderen Zugangsdaten

(1) Abweichend von § 22 darf derjenige, der geschäftsmäßig Telemediendienste erbringt, daran mitwirkt oder den Zugang zur Nutzung daran vermittelt, die als Bestandsdaten erhobenen Passwörter oder andere Daten, mittels derer der Zugriff auf Endgeräte oder auf Speichereinrichtungen, die in diesen Endgeräten oder hiervon räumlich getrennt eingesetzt werden, geschützt wird, nach Maßgabe dieser Vorschrift zur Erfüllung von Auskunftspflichten gegenüber den in Absatz 2 genannten Stellen verwenden. Für die Auskunftserteilung sind sämtliche unternehmensinternen Datenquellen zu berücksichtigen.

(2) Die Auskunft nach Absatz 1 Satz 1 darf nur erteilt werden an

1. zur Verfolgung von Straftaten zuständige Behörden, soweit diese im Einzelfall die Übermittlung unter Angabe einer gesetzlichen Bestimmung, die ihnen eine Erhebung und Nutzung der in Absatz 1 genannten Daten zur Verfolgung besonders schwerer Straftaten nach § 100b Absatz 2 Nummer 1 Buchstabe a, b, d, e, f, g oder l, Nummer 3 Buchstabe b erste Alternative, Nummer 5, 6, 9 oder 10 der Strafprozessordnung erlauben, nach Anordnung durch ein Gericht verlangen, oder
2. für die Abwehr von Gefahren für die öffentliche Sicherheit oder Ordnung zuständige Behörden, soweit diese im Einzelfall die Übermittlung unter Angabe einer gesetzlichen Bestimmung, die ihnen eine Erhebung und Nutzung der in Absatz 1 genannten Daten zur Abwehr einer konkreten Gefahr für Leib, Leben oder Freiheit der Person, für die sexuelle Selbstbestimmung, für den Bestand des Bundes oder eines Landes, die freiheitlich demokratische Grundordnung sowie Güter der Allgemeinheit, deren Bedrohung die Grundlagen der Existenz der Menschen berührt, erlauben, nach Anordnung durch ein Gericht verlangen.

An andere öffentliche und nichtöffentliche Stellen dürfen Daten nach Absatz 1 nicht übermittelt werden. Die Verantwortung für die Zulässigkeit der Auskunft tragen die um Auskunft ersuchenden Stellen.

(3) Derjenige, der geschäftsmäßig Telemediendienste erbringt, daran mitwirkt oder den Zugang zur Nutzung daran vermittelt, hat die zu beauskunftenden Daten unverzüglich und vollständig zu übermitteln. Eine Verschlüsselung der Daten bleibt unberührt. Über das Auskunftsersuchen und die Auskunftserteilung haben die Verpflichteten gegenüber den Betroffenen sowie Dritten Stillschweigen zu wahren.

(4) Wer geschäftsmäßig Telemediendienste erbringt oder daran mitwirkt, hat die in seinem Verantwortungsbereich für die Auskunftserteilung erforderlichen Vorkehrungen auf seine Kosten zu

internationaler Bedeutung)를 위해 필요한 범위 내에서만.

⑤ 영업적으로, 전기정보통신서비스를 제공하거나 이에 협력하거나 또는 그 이용에 대한 접근을 매개하는 자는, 요구받은 데이터를 지체 없이 또 완전하게(die zu beauskunftenden Daten unverzüglich und vollständig) 제공해야 한다. 데이터의 암호화는 영향을 받지 아니한다. 그 의무자는 정보제공요구와 정보제공에 관하여(Über das Auskunftsersuchen und die Auskunftserteilung) 당사자와 제3자에 대하여 비밀을 유지해야 한다.

⑥ 영업적으로 전기정보통신서비스를 제공하거나 이에 협력하는 자는, 자신의 책임영역에서 정보제공에 필요한 조처(措處)를 자신의 비용으로 취해야 한다. 각 정보제공요구는 제2항상의 공식적 요건을 준수하였는지에 대하여(auf Einhaltung der in Absatz 2 genannten formalen Voraussetzungen) 담당 전문인력에 의한 심사를 받아야 한다. 정보제공요구의 추가적 처리(Die weitere Bearbeitung des Auskunftsverlangens)는 긍정적 심사결과 후에 비로소 행해질 수 있다.

제23조 암호와 기타 접근데이터의 정보제공절차

① 제22조와 달리, 영업적으로, 전기정보통신서비스를 제공하거나 이에 협력하거나 또는 그 이용에 대한 접근을 매개하는 자는, 단말기나 그 단말기에서 사용되거나 이와 공간적으로 분리되어 사용되는(die in diesen Endgeräten oder hiervon räumlich getrennt eingesetzt werden) 저장장치에 대한 접근을 보호해 주는, 가입자신상정보로 수집된 암호 또는 그 밖의 데이터를 본 규정의 기준에 좇아 제2항상의 기관에 대한 정보제공의무 이행을 위하여 사용해도 된다. 이러한 정보제공을 위하여 기업내부의 데이터원(源) 전체를 고려해야 한다.

② 제1항 제1문에 따른 정보제공은 다음 각 호와 같이 행해진다,

1. 범죄의 기소를 관할하는 관청(zur Verfolgung von Straftaten zuständige Behörden)에, 그 관청이 개별 사안에서 자신에게, 형사소송법 제100조b 제2항 제1호 a목, b목, d목, e목, f목, g목 또는 l목, 제3호 b목 첫째 사항, 제5호, 제6호, 제9호 또는 제10호[257]에 따른 '특히 중대한 범죄'의 기소를 위하여 그 기관에 제1항상의 데이터의 수집 및 이용을 허가해 주는 법(法)상 규정을 명시하여 그 제공을 법원의 명령에 따라 요구하는 범위 내에서만,
2. 공공의 안녕 또는 공공질서에 대한 위험(危險)의 방지를 관할하는 관청(für die Abwehr von Gefahren für die öffentliche Sicherheit oder Ordnung zuständige Behörden)에, 그 관청이 개별사안에서 자신에게, 사람의 신체, 생명 및 자유, 성적 자기결정권, 연방 또는 어느 주의 존립과 자유민주적 기본질서에 대한 구체적 위험이나 그 위협이 인간의 생존의 기초에 영향을 미치는 공중생존재화에 대한 구체적 위험의 방지를 위해 이러한 관청에게 제1항상의 데이터의 수집(收集) 및 이용(利用)을 허가해 주는 법(法)상 규정을 기재하여(unter Angabe einer gesetzlichen Bestimmung) 법원의 명령에 따라 그 제공을 요구하는 범위 내에서만.

그 밖의 공공기관 또는 민간기관은 제1항에 따른 데이터를 제공받을 수 없다. 정보제공의 허가요건에 대한 책임은 정보제공을 요구하는 기관이 부담한다.

③ 영업적으로, 전기정보통신서비스를 제공하거나 이에 협력하거나 또는 그 이용에 대한 접근을 매개하는 자는, 요구받은 데이터를 지체 없이 또 완전하게(die zu beauskunftenden Daten unverzüglich und vollständig) 제공해야 한다. 데이터의 암호화는 영향을 받지 아니한다. 그 의무자는 정보제공요구와 정보제공에 관하여(Über das Auskunftsersuchen und die Auskunftserteilung) 당사자와 제3자에 대하여 비밀을 유지해야 한다.

④ 영업적으로 전기정보통신서비스를 제공하거나 이에 협력하는 자는, 자신의 책임영역에서 정보제공에 필요한 조처(措處)를 자신의 비용으로 취해야 한다. 각 정보제공요구는 제2항상의 공식적 요건을 준수하

treffen. Jedes Auskunftsverlangen ist durch eine verantwortliche Fachkraft auf Einhaltung der in Absatz 2 genannten formalen Voraussetzungen zu prüfen. Die weitere Bearbeitung des Auskunftsverlangens darf erst nach einem positiven Prüfergebnis freigegeben werden.

§ 24 Auskunftsverfahren bei Nutzungsdaten

(1) Wer geschäftsmäßig Telemediendienste erbringt, daran mitwirkt oder den Zugang zur Nutzung daran vermittelt, darf die Nutzungsdaten nach Maßgabe dieser Vorschrift zur Erfüllung von Auskunftspflichten gegenüber den in Absatz 3 genannten Stellen verwenden. Für die Auskunftserteilung sind sämtliche unternehmensinternen Datenquellen zu berücksichtigen.

(2) Die Auskunft darf nur erteilt werden nach Maßgabe der nachfolgenden Absätze und soweit die um die Auskunft ersuchende Stelle dies im Einzelfall unter Angabe einer gesetzlichen Bestimmung verlangt, die ihr eine Erhebung der in Absatz 1 in Bezug genommenen Daten erlaubt. Das Auskunftsverlangen ist schriftlich oder elektronisch zu stellen. Bei Gefahr im Verzug darf die Auskunft auch erteilt werden, wenn das Verlangen in anderer Form gestellt wird. In diesem Fall ist das Verlangen unverzüglich nachträglich schriftlich oder elektronisch zu bestätigen. Die Verantwortung für die Zulässigkeit der Auskunft tragen die um Auskunft ersuchenden Stellen.

(3) Die Auskunft nach Absatz 1 Satz 1 darf nur erteilt werden an

1. die für die Verfolgung von Straftaten zuständigen Behörden, soweit zureichende tatsächliche Anhaltspunkte für eine Straftat vorliegen und die zu erhebenden Daten erforderlich sind, um den Sachverhalt zu erforschen, den Aufenthaltsort eines Beschuldigten zu ermitteln,
2. die für die Abwehr von Gefahren für die öffentliche Sicherheit oder Ordnung zuständigen Behörden, soweit dies im Einzelfall erforderlich ist,
   a) zur Abwehr einer Gefahr für
      aa) die öffentliche Sicherheit, wobei die Auskunft auf Nutzungsdaten nach § 2 Absatz 2 Nummer 3 Buchstabe a beschränkt ist, oder
      bb) Leib, Leben, Freiheit der Person, die sexuelle Selbstbestimmung, den Bestand und die Sicherheit des Bundes oder eines Landes, die freiheitlich demokratische Grundordnung, Güter der Allgemeinheit, deren Bedrohung die Grundlagen der Existenz der Menschen berührt, sowie nicht unerhebliche Sachwerte, oder
   b) zum Schutz von Leib, Leben, Freiheit der Person, sexueller Selbstbestimmung, dem Bestand und der Sicherheit des Bundes oder eines Landes, der freiheitlich demokratischen Grundordnung, Gütern der Allgemeinheit, deren Bedrohung die Grundlagen der Existenz der Menschen berührt, sowie nicht unerheblichen Sachwerten, wenn Tatsachen den Schluss auf ein wenigstens seiner Art nach konkretisiertes sowie zeitlich absehbares Geschehen zulassen, an dem bestimmte Personen beteiligt sein werden, oder
   c) zum Schutz von Leib, Leben Freiheit der Person, sexueller Selbstbestimmung, dem Bestand und der Sicherheit des Bundes oder eines Landes, der freiheitlich demokratischen Grundordnung sowie Gütern der Allgemeinheit, deren Bedrohung die Grundlagen der Existenz der Menschen berührt, wenn das individuelle Verhalten einer Person die konkrete Wahrscheinlichkeit begründet, dass sie in einem übersehbaren Zeitraum eine gegen ein solches Rechtsgut gerichtete Straftat begehen wird, oder
   d) zur Verhütung einer Straftat von erheblicher Bedeutung, sofern Tatsachen die Annahme

였는지에 대하여(auf Einhaltung der in Absatz 2 genannten formalen Voraussetzungen) 담당 전문인력에 의한 심사를 받아야 한다. 정보제공요구의 추가적 처리(Die weitere Bearbeitung des Auskunftsverlangens)는 긍정적 심사결과 후에 비로소 행해질 수 있다.

제24조 이용정보 제공절차

① 영업적으로, 전기정보통신서비스를 제공하거나 이에 협력하거나 또는 그 이용에 대한 접근을 매개하는 자는, 이용정보를 본 규정의 기준에 좇아 제3항상의 기관에 대한 정보제공의무의 이행을 위하여 사용해도 된다. 이러한 정보제공을 위하여 기업내부의 데이터원(源) 전체(sämtliche unternehmensinternen Datenquellen)를 고려해야 한다.

② 정보제공은 다음 조항의 기준에 좇아서만 또한 정보제공을 요구하는 기관이 개별사안에서 자신에게 제1항에서 언급된 데이터의 수집을 허가해 주는 법(法)상 규정을 기재하여(unter Angabe einer gesetzlichen Bestimmung) 이를 요구하는 범위 내에서 행해질 수 있다. 정보제공요구는 서면 또는 전자적 방법으로 해야 한다. 급박한 위험이 있는 경우(Bei Gefahr im Verzug) 정보제공은 다른 방식의 요구가 행해지더라도(wenn das Verlangen in anderer Form gestellt wird) 이뤄질 수 있다. 이러한 경우 정보제공요구는 지체 없이 사후적으로 서면 또는 전자적 방법으로 확인해야 한다. 정보제공의 허가요건에 대한 책임은 정보제공을 요구하는 기관이 부담한다.

③ 제1항 제1문에 따른 정보제공은 다음 각 호와 같이 행해진다,

1. 범죄의 기소를 관할하는 관청에, 어느 범죄에 대한 충분한 사실적 판단근거가 있고 수집하는 정보가 사실관계를 규명하거나 피의자의 체류지를 확인하거나 형벌을 집행하는 데 필요한 범위 내에서만(um den Sachverhalt zu erforschen, den Aufenthaltsort eines Beschuldigten zu ermitteln oder eine Strafe zu vollstrecken),
2. 공공의 안녕 또는 공공질서에 대한 위험(危險)의 방지를 관할하는 관청에, 이것이 개별사안에서,
   a) 다음에 대한 위험(危險)을 방지하는 데 필요한 범위 내에서만,
      aa) 공공의 안녕, 이 경우 제2조 제2항 제3호 a목에 따른 이용정보(Nutzungsdaten)의 정보제공에 한정됨, 또는
      bb) 사람의 신체, 생명 및 자유, 성적 자기결정권, 연방 및 어느 주의 존립 및 안전, 자유민주적 기본질서, 자유민주적 기본질서, 그 위협이 인간의 생존의 기초에 영향을 미치는 공중생존재화(Güter der Allgemeinheit, deren Bedrohung die Grundlagen der Existenz der Menschen bedroht) 그리고 중요한 물건가치,
   b) 사실에 의하여, 그 유형에 따라 최소한 구체화되고 시간적으로 예측할 수 있는, 특정한 사람이 관된(an dem bestimmte Personen beteiligt sein werden) 사건에 대한 결론을 내릴 수 있는 경우에, 사람의 신체, 생명 및 자유의 보호, 성적 자기결정권의 보호, 연방 및 주의 존립 및 안전의 보호, 자유민주적 기본질서(der freiheitlich demokratischen Grundordnung)의 보호와, 그 위협이 인간의 생존의 기초에 영향을 미치는 공중생존재화(Gütern der Allgemeinheit)의 보호 그리고 중요한 물건가치의 보호에 필요한 범위 내에서만,
   c) 사람의 신체, 생명 및 자유의 보호, 성적 자기결정권의 보호, 연방 및 주의 존립 및 안전의 보호, 자유민주적 기본질서의 보호와, 그 위협이 인간의 생존의 기초에 영향을 미치는 공중생존재화의 보호를 위해 필요한 범위 내에서만, 어느 사람의 개별적 행위에 의할 때 그 사람이 가까운 장래에 그러한 법익에 대한 범죄를 자행할 것(dass die Gefährdung eines solchen Rechtsgutes in einem übersehbaren Zeitraum eintreten wird)이라는 확실한 개연성이 인정되는 경우에 한함,
   d) 어느 사람이 그 유형에 따라 구체화된 방법으로(auf eine ihrer Art nach konkretisierten Weise) 근접

rechtfertigen, dass eine Person innerhalb eines übersehbaren Zeitraums auf eine ihrer Art nach konkretisierten Weise als Täter oder Teilnehmer an der Begehung einer Tat beteiligt ist, oder

e) zur Verhütung einer schweren Straftat nach § 100a Absatz 2 der Strafprozessordnung, sofern das individuelle Verhalten einer Person die konkrete Wahrscheinlichkeit begründet, dass die Person innerhalb eines übersehbaren Zeitraums die Tat begehen wird,

3. das Bundeskriminalamt als Zentralstelle nach § 2 des Bundeskriminalamtgesetzes, sofern im Einzelfall eine erhebliche Gefahr für die öffentliche Sicherheit vorliegt oder zureichende tatsächliche Anhaltspunkte für eine Straftat im Sinne des § 2 Absatz 1 des Bundeskriminalamtgesetzes vorliegen und die Daten erforderlich sind, um die zuständige Strafverfolgungsbehörde oder zuständige Polizeibehörde zu ermitteln, wobei die Auskunft auf Nutzungsdaten nach § 2 Absatz 2 Nummer 3 Buchstabe a beschränkt ist,

4. das Zollkriminalamt, soweit dies im Einzelfall erforderlich ist zum Schutz der in § 4 Absatz 1, auch in Verbindung mit Absatz 2, des Außenwirtschaftsgesetzes genannten Rechtsgüter, wenn

a) Tatsachen den Schluss auf ein wenigstens seiner Art nach konkretisiertes sowie zeitlich absehbaresGeschehen zulassen, an dem bestimmte Personen beteiligt sein werden, oder

b) das individuelle Verhalten einer Person die konkrete Wahrscheinlichkeit begründet, dass sie in einem übersehbaren Zeitraum eine gegen ein solches Rechtsgut gerichtete Straftat begehen wird,

5. die Verfassungsschutzbehörden des Bundes und der Länder, soweit dies aufgrund tatsächlicher Anhaltspunkte im Einzelfall erforderlich ist zur Aufklärung bestimmter Bestrebungen oder Tätigkeiten nach

a) § 3 Absatz 1 des Bundesverfassungsschutzgesetzes oder

b) einem zum Verfassungsschutz (§ 1 Absatz 1 des Bundesverfassungsschutzgesetzes) landesgesetzlich begründeten Beobachtungsauftrag der Landesbehörde, insbesondere zum Schutz der verfassungsmäßigen Ordnung vor Bestrebungen und Tätigkeiten der organisierten Kriminalität,

6. den Militärischen Abschirmdienst, soweit dies aufgrund tatsächlicher Anhaltspunkte im Einzelfall zur Aufklärung bestimmter Bestrebungen oder Tätigkeiten nach § 1 Absatz 1 des MAD-Gesetzes oder zur Sicherung der Einsatzbereitschaft der Truppe oder zum Schutz der Angehörigen, der Dienststellen und Einrichtungen des Geschäftsbereichs des Bundesministeriums der Verteidigung nach § 14 Absatz 1 des MAD-Gesetzes erforderlich ist,

7. den Bundesnachrichtendienst zur Gewinnung von Erkenntnissen über das Ausland von außen- und sicherheitspolitischer Bedeutung für die Bundesrepublik Deutschland, sofern

a) tatsächliche Anhaltspunkte dafür vorliegen, dass ein wenigstens seiner Art nach konkretisiertes sowie zeitlich absehbares Geschehen besteht, an dem bestimmte Personen beteiligt sein werden, und das

aa) einem der in § 4 Absatz 3 Nummer 1 des BND-Gesetzes genannten Gefahrenbereiche unterfällt, oder

bb) eines der in § 4 Absatz 3 Nummer 2 und 3 des BND-Gesetzes genannten Rechtsgüter beeinträchtigen wird, oder

b) eine Auskunftserteilung über bestimmte Nutzungsdaten im Sinne von § 2 Absatz 2 Nummer 3 Buchstabe a erforderlich ist, um einen Nutzer zu identifizieren, von dem ein bestimmter, dem Bundesnachrichtendienst bereits bekannter Inhalt der Nutzung des Telemediendienstes herrührt, zum

한 시간 내에 정범(正犯) 또는 공범자로 가담한 것으로 보는 것을 정당화하는 사실이 있는 경우에, 어느 중범죄의 예방을 위해 필요한 범위 내에서만,

e) 어느 사람의 개별적 행위에 의할 때 그 사람이 가까운 장래에 그 범죄를 자행할 것이라는 확실한 개연성이 인정되는 경우에, 형사소송법 제100조a 제2항에 따른 어느 중범죄의 예방을 위해 필요한 범위 내에서만,

3. 연방범죄수사청법에 따른 중앙기관으로서의 연방범죄수사청에, 개별사안에서 공공의 안녕에 대한 중대한 위험이 있거나 연방범죄수사청법 제2조 제1항상의 범죄에 대한 충분한 사실적 판단근거가 있고 (zureichende tatsächliche Anhaltspunkte für eine Straftat im Sinne des § 2 Absatz 1 des Bundeskriminalamtgesetzes vorliegen), 해당 데이터가 관할 형사관청 또는 경찰당국이 이를 수사하는 데 필요한 범위 내에서, 이 경우 그 정보제공은 제2조 제2항 제2호 a목에 따른 이용정보의 정보제공에 한정된다,

4. 관세수사청에, 다음 각 목의 경우에, 이것이 개별사안에서 대외무역법 제4조 제2항과 연결된 경우를 포함하여 동법 제4조 제1항상의 법익 보호에 필요한 범위 내에서만,

a) 사실에 의하여, 그 유형에 따라 최소한 구체화되고 시간적으로 예측할 수 있는, 특정한 사람이 관련된(an dem bestimmte Personen beteiligt sein werden) 사건에 대한 결론을 내릴 수 있는 경우, 또는

b) 어느 사람의 개별적 행위에 의할 때 그 사람이 가까운 장래에 그 범죄를 자행할 것이라는 확실한 개연성이 인정되는 경우,

5. 연방 또는 주의 헌법수호청에, 이것이 개별사안에서 충분한 사실적 판단근거에 기하여,

a) 연방헌법수호청법 제3조 제1항에 따른 특정한 기도 또는 활동을 적발하는 데 필요한 범위 내에서만, 또는

b) 헌법수호를 위하여(헌법수호법 제1조 제1항) 주법에 따라 설치된 주행정관청 소속의 어느 감시임무단, 특히 조직범죄의 기도 및 활동으로부터 헌법질서를 수호하기 위한(zum Schutz der verfassungsmäßigen Ordnung vor Bestrebungen und Tätigkeiten der organisierten Kriminalität) 그러한 감시임무단에 따른 특정한 기도 또는 활동을 적발하는 데 필요한 범위 내에서만,

6. 군사정보국에, 이것이 개별사안에서 사실적 판단근거에 기하여 군사정보국법 제1조 제1항에 따른 특정한 기도 또는 활동의 적발을 위해 필요하거나 군대의 출동을 확보하는 데 필요하거나 군사정보국법 제14조 제1항에 따른 연방국방부의 직무범위에 속하는 직원(職員), 부서(部署) 및 시설(Angehörigen, der Dienststellen und Einrichtungen des Geschäftsbereichs des Bundesministeriums der Verteidigung)의 보호에 필요한 범위 내에서만,

7. 개별사안에서 독일연방공화국에 대하여 대외정책적·안보정책적으로 중요한 외국에 관한 지식을 얻기 위한 연방해외정보국에,

a) 그 유형에 따라 최소한 구체화되고 시간적으로 예측할 수 있는, 특정한 사람이 관련된(an dem bestimmte Personen beteiligt sein werden) 사건으로, 다음의 사건이 존재한다는 점에 대한 사실적 판단근거가 있는 범위 내에서만,

aa) 연방해외정보국법 제4조 제3항 제1문상의 어느 위험영역(Gefahrenbereiche)에 포함되는 사건, 또는

bb) 연방해외정보국법(BND-Gesetz) 제4조 제3항 제2호, 제3호상의 어느 법익(法益)을 침해(侵害)하는 사건(事件),

b) 본 법 제15조 제1항 제2문 제1호상의 특정한 이용정보에 관한 정보제공이, 다음 목적을 위하여, 전기정보통신서비스의 이용 내용으로, 연방해외정보국에 이미 알려진 특정한 내용이 유래한 당사자인 (dem Bundesnachrichtendienst bereits bekannter Inhalt der Nutzung des Telemediendienstes herrührt)

Zweck

aa) der politischen Unterrichtung der Bundesregierung, wenn im Einzelfall tatsächliche Anhaltspunkte für bestimmte Vorgänge im Ausland vorliegen, die von außen- und sicherheitspolitischer Bedeutung für die Bundesrepublik Deutschland sind und zu deren Aufklärung das Bundeskanzleramt den Bundesnachrichtendienst beauftragt hat, oder

bb) der Früherkennung von aus dem Ausland drohenden Gefahren von internationaler Bedeutung, wenn im Einzelfall tatsächliche Anhaltspunkte für Vorgänge im Ausland bestehen, die einen Bezug zu den in § 4 Absatz 3 Nummer 1 des BND-Gesetzes genannten Gefahrenbereichen aufweisen oder darauf abzielen oder geeignet sind, die in § 4 Absatz 3 Nummer 2 und 3 des BND-Gesetzes genannten Rechtsgüter zu schädigen.

(4) Derjenige, der geschäftsmäßig Telemediendienste erbringt, daran mitwirkt oder den Zugang zur Nutzung daran vermittelt, hat die zu beauskunftenden Daten unverzüglich und vollständig zu übermitteln. Eine Verschlüsselung der Daten bleibt unberührt. Über das Auskunftsersuchen und die Auskunftserteilung haben die Verpflichteten gegenüber den Betroffenen sowie Dritten Stillschweigen zu wahren.

(5) Wer geschäftsmäßig Telemediendienste erbringt oder daran mitwirkt, hat die in seinem Verantwortungsbereich für die Auskunftserteilung erforderlichen Vorkehrungen auf seine Kosten zu treffen. Jedes Auskunftsverlangen ist durch eine verantwortliche Fachkraft auf Einhaltung der in Absatz 2 genannten formalen Voraussetzungen zu prüfen. Die weitere Bearbeitung des Auskunftsverlangens darf erst nach einem positiven Prüfergebnis freigegeben werden.

Kapitel 2 Endeinrichtungen

§ 25 Schutz der Privatsphäre bei Endeinrichtungen

(1) Die Speicherung von Informationen in der Endeinrichtung des Endnutzers oder der Zugriff auf Informationen, die bereits in der Endeinrichtung gespeichert sind, sind nur zulässig, wenn der Endnutzer auf der Grundlage von klaren und umfassenden Informationen eingewilligt hat. Die Information des Endnutzers und die Einwilligung haben gemäß der Verordnung (EU) 2016/679 zu erfolgen.

(2) Die Einwilligung nach Absatz 1 ist nicht erforderlich,

1. wenn der alleinige Zweck der Speicherung von Informationen in der Endeinrichtung des Endnutzers oder der alleinige Zweck des Zugriffs auf bereits in der Endeinrichtung des Endnutzers gespeicherte Informationen die Durchführung der Übertragung einer Nachricht über ein öffentliches Telekommunikationsnetz ist oder
2. wenn die Speicherung von Informationen in der Endeinrichtung des Endnutzers oder der Zugriff auf bereits in der Endeinrichtung des Endnutzers gespeicherte Informationen unbedingt erforderlich ist, damit der Anbieter eines Telemediendienstes einen vom Nutzer ausdrücklich gewünschten Telemediendienst zur Verfügung stellen kann.

§ 26 Anerkannte Dienste zur Einwilligungsverwaltung, Endnutzereinstellungen

(1) Dienste zur Verwaltung von nach § 25 Absatz 1 erteilten Einwilligungen, die

1. nutzerfreundliche und wettbewerbskonforme Verfahren und technische Anwendungen zur Einholung und Verwaltung der Einwilligung haben,

이용자를 확인하는 데 필요한 범위 내에서만,

aa) 연방정부에 대한 정책적 알림 목적, 다만 개별사안에서 독일연방공화국에 대하여 대외정책적·안보정책적으로 중요하고 연방수상청이 그 탐지(探知)에 관하여 연방해외정보국에 위임한, 외국에서의 특정한 사건에 대한 사실적 판단근거(tatsächliche Anhaltspunkte für bestimmte Vorgänge im Ausland)가 있는 경우에 한함, 또는

bb) 국제적 중요성을 갖는, 외국에서 유래하는 임박한 위험의 조기탐지(Früherkennung von aus dem Ausland drohenden Gefahren von internationaler Bedeutung)의 목적, 다만 개별사안에서 연방해외정보국법 제4조 제3항 제1호상의 위험영역과의 관련성을 나타내거나 연방해외정보국법 제4조 제3항 제2호상의 법익을 해치는 것을 목적으로 하거나 그에 적합한, 외국에서의 사건에 대한 사실적 판단근거가 있는 경우에 한함.

④ 영업적으로, 전기정보통신서비스를 제공하거나 이에 협력하거나 또는 그 이용에 대한 접근을 매개하는 자는, 요구받은 데이터를 지체 없이 또 완전하게(die zu beauskunftenden Daten unverzüglich und vollständig) 제공해야 한다. 데이터의 암호화는 영향을 받지 아니한다. 그 의무자는 정보제공요구와 정보제공에 관하여(Über das Auskunftsersuchen und die Auskunftserteilung) 당사자와 제3자에 대하여 비밀을 유지해야 한다.

⑤ 영업적으로 전기정보통신서비스를 제공하거나 이에 협력하는 자는, 자신의 책임영역에서 정보제공에 필요한 조처(措處)를 자신의 비용으로 취해야 한다. 각 정보제공요구는 제2항상의 공식적 요건을 준수하였는지에 대하여(auf Einhaltung der in Absatz 2 genannten formalen Voraussetzungen) 담당 전문인력에 의한 심사를 받아야 한다. 정보제공요구의 추가적 처리(Die weitere Bearbeitung des Auskunftsverlangens)는 긍정적 심사결과 후에 비로소 행해질 수 있다.

제2장 단말기

제25조 단말기에 있어 사생활보호

① 최종이용자의 단말기에 정보를 저장하는 것이나 이미 단말기에 저장되어 있는 정보에 대한 접근은, 최종이용자가 명확하고 포괄적인 정보제공에 기하여 동의를 한 경우(wenn der Endnutzer auf der Grundlage von klaren und umfassenden Informationen eingewilligt hat)에 한하여 허용된다. 최종이용자의 정보제공과, 동의는 (EU) 2016/679호 법(法)에 따라 행해져야 한다.

② 제1항에 따른 동의는 다음 각 호의 경우에는 요구되지 아니한다,

1. 최종이용자의 단말기에 정보를 저장하는 것의 유일한 목적(der alleinige Zweck)이나 이미 단말기에 저장되어 있는 정보에 대한 접근의 유일한 목적이 공중전기통신망을 통한 메시지의 전송의 시행(die Durchführung der Übertragung einer Nachricht über ein öffentliches Telekommunikationsnetz)에 있는 경우,
2. 최종이용자의 단말기에 정보를 저장하는 것이나 이미 단말기에 저장되어 있는 정보에 대한 접근이, 전기정보통신서비스제공자(der Anbieter eines Telemediendienstes)가 이용자가 명시적으로 원하는 전기정보통신서비스(einen vom Nutzer ausdrücklich gewünschten Telemediendienst)를 제공할 수 있게 하기 위하여 반드시 필요한 경우

제26조 동의관리를 위한 공인된 서비스, 최종이용자의 설정

① 제25조 제1항에 따라 부여된 동의의 관리를 위한 서비스로, 다음 각 호를 충족하는 서비스는,

1. 동의의 징구와 관리를 위한, 이용자친화적이고 경쟁친화적인 절차(nutzerfreundliche und wettbewerbskonforme Verfahre)와 그러한 기술적 애플리케이션을 가질 것,

2. kein wirtschaftliches Eigeninteresse an der Erteilung der Einwilligung und an den verwalteten Daten haben und unabhängig von Unternehmen sind, die ein solches Interesse haben können,
3. die personenbezogenen Daten und die Informationen über die Einwilligungsentscheidungen für keine anderen Zwecke als die Einwilligungsverwaltung verarbeiten und
4. ein Sicherheitskonzept vorlegen, das eine Bewertung der Qualität und Zuverlässigkeit des Dienstes und der technischen Anwendungen ermöglicht und aus dem sich ergibt, dass der Dienst sowohl technisch als auch organisatorisch die rechtlichen Anforderungen an den Datenschutz und die Datensicherheit, die sich insbesondere aus der Verordnung (EU) 2016/679 ergeben, erfüllt,

können von einer unabhängigen Stelle nach Maßgabe der Rechtsverordnung nach Absatz 2 anerkannt werden.

(2) Die Bundesregierung bestimmt durch Rechtsverordnung mit Zustimmung des Bundestages und des Bundesrates die Anforderungen

1. an das nutzerfreundliche und wettbewerbskonforme Verfahren und technische Anwendungen nach Absatz 1 Nummer 1 und
2. an das Verfahren der Anerkennung, insbesondere
   a) den erforderlichen Inhalt des Antrags auf Anerkennung,
   b) den Inhalt des Sicherheitskonzepts nach Absatz 1 Nummer 4 und
   c) die für die Anerkennung zuständige unabhängige Stelle, und
3. die technischen und organisatorischen Maßnahmen, dass
   a) Software zum Abrufen und Darstellen von Informationen aus dem Internet,
      aa) Einstellungen der Endnutzer hinsichtlich der Einwilligung nach § 25 Absatz 1 befolgt und
      bb) die Einbindung von anerkannten Diensten zur Einwilligungsverwaltung berücksichtigt und
   b) Anbieter von Telemedien bei der Verwaltung der von Endnutzern erteilten Einwilligung die Einbindung von anerkannten Diensten zur Einwilligungsverwaltung und Einstellungen durch die Endnutzer berücksichtigen.

(3) Die Bundesregierung bewertet innerhalb von zwei Jahren nach Inkrafttreten einer Rechtsverordnung nach Absatz 1 die Wirksamkeit der getroffenen Maßnahmen im Hinblick auf die Errichtung nutzerfreundlicher und wettbewerbskonformer Einwilligungsverfahren und legt dazu einen Bericht an den Bundestag und den Bundesrat vor.

Teil 4 Straf- und Bußgeldvorschriften und Aufsicht

§ 27 Strafvorschriften

(1) Mit Freiheitsstrafe bis zu zwei Jahren oder mit Geldstrafe wird bestraft, wer

1. entgegen § 5 Absatz 1 eine Nachricht abhört oder in vergleichbarer Weise zur Kenntnis nimmt,
2. entgegen § 5 Absatz 2 Satz 1 eine Mitteilung macht oder
3. entgegen § 8 Absatz 1 eine dort genannte Telekommunikationsanlage herstellt oder auf dem Markt bereitstellt.

(2) Handelt der Täter in den Fällen des Absatzes 1 Nummer 3 fahrlässig, so ist die Strafe Freiheitsstrafe bis zu einem Jahr oder Geldstrafe.

2. 동의 부여와 관리하는 정보에 대한 고유한 경제적 이익을 가지지 않고 그러한 이익을 가질 수 있는 기업으로부터 독립할 것,
3. 동의결정에 관한 개인정보 및 정보(die personenbezogenen Daten und die Informationen)를 동의 관리 이외의 다른 목적으로 처리하지 못할 것,
4. 그 서비스와 기술적 애플리케이션의 품질 및 신뢰성의 평가(eine Bewertung der Qualität und Zuverlässigkeit des Dienstes und der technischen Anwendungen)를 가능하게 해 주는 보안구상이 있고, 그 보안구상에서, 해당 서비스가 기술적으로도 관리적으로도 특히 (EU) 2016/679호 법(法)에서 도출된 개인정보 및 정보보안에 대한 법적 요구사항을 충족한다는 점이 나타나는 것,

제2항에 따른 법규명령의 기준에 좇아(nach Maßgabe der Rechtsverordnung nach Absatz 2) 독립한 기관에 의하여 공인될 수 있다.

② 연방정부는, 연방의회 및 연방참사원의 동의를 얻은 법규명령(Rechtsverordnung)으로 다음 각 호의 요구사항을 정한다,

1. 제1항 제1호에 따른, 이용자친회적이고 경쟁친화적인(nutzerfreundliche und wettbewerbskonforme) 절차와 그러한 기술적 애플리케이션에 대한 요구사항,
2. 공인 절차에 대한 요구사항, 특히 각 목에 대한 요구사항,
   a) 공인 신청에 대한 필요한 내용,
   b) 제1항 제4호에 따른 보안구상의 내용,
   c) 공인을 관할하는 독립적 기관,
3. 다음의 기술적·관리적 조치,
   a) 인터넷에서 정보의 검색과 기술(記述)을 위한 소프트웨어가,
      aa) 제25조 제1항에 따른 동의에 관한, 최종이용자의 설정을 준수하고,
      bb) 동의관리를 위한 공인된 서비스의 통합을 고려하는 조치, 또는
   b) 전기정보통신서비스제공자가 최종이용자가 한 동의의 관리에 있어(bei der Verwaltung der von Endnutzern erteilten Einwilligung) 동의관리를 위한 공인된 서비스의 통합과 최종이용자에 의한 설정을 고려하는 하는 조치.

③ 연방정부는, 제1항에 따른 법규명령의 시행시로부터 2년 이내에 이용자친화적이고 경쟁친화적인 동의절차의 수립에 관하여 취해진 조치의 효과성(die Wirksamkeit der getroffenen Maßnahmen im Hinblick auf die Errichtung nutzerfreundlicher und wettbewerbskonformer Einwilligungsverfahren)을 평가한 다음, 이에 관한 보고서를 연방의회와 연방참사원에 제출한다.

제4편 형벌규정 및 범칙금규정과, 감독

제27조 형벌규정

① 다음 각 목의 자에 대하여 2년 이하의 자유형 또는 벌금에 처한다,

1. 제5조 제1항에 위반하여 통신을 도청(盜聽)하거나 이와 유사한 방법(in vergleichbarer Weise)으로 지득한 자,
2. 제5조 제2항 제1문에 위반하여 통지한 자
3. 제8조 제1항에 위반하여 그 조항상의 한 전기통신설비(eine dort genannte Telekommunikationsanlage)를 제조하거나 시장에 제공한 자.

② 제1항 제3호의 경우에 행위자가 과실(fahrlässig)로 행위를 한 경우에는 1년 이하의 자유형 또는 벌금에 처한다.

§ 28 Bußgeldvorschriften

(1) Ordnungswidrig handelt, wer vorsätzlich oder fahrlässig

1. entgegen § 8 Absatz 6 für eine Telekommunikationsanlage wirbt,
2. entgegen § 9 Absatz 1 Satz 1 oder Absatz 2 Satz 1 Verkehrsdaten verarbeitet,
3. entgegen § 10 Absatz 2 Satz 3 dort genannte Daten nicht oder nicht rechtzeitig löscht,
4. entgegen § 12 Absatz 1 Satz 3 Verkehrsdaten verarbeitet,
5. entgegen § 12 Absatz 2 Verkehrsdaten nicht oder nicht rechtzeitig löscht,
6. entgegen § 12 Absatz 3 Satz 2 eine dort genannte Aufzeichnung nicht oder nicht rechtzeitig löscht,
7. entgegen § 12 Absatz 4 Satz 5 oder § 14 Absatz 5 die Aufsichtsbehörde nicht oder nicht rechtzeitig in Kenntnis setzt,
8. entgegen § 13 Absatz 1 Satz 2 den Endnutzer nicht, nicht richtig oder nicht rechtzeitig informiert,
9. entgegen § 15 Absatz 2 erster Halbsatz die Rufnummernanzeige unterdrückt oder veranlasst, dass diese unterdrückt wird,
10. entgegen § 19 Absatz 1 nicht sicherstellt, dass der Nutzer einen dort genannten Dienst beenden oder in Anspruch nehmen kann,
11. entgegen § 20 personenbezogene Daten verarbeitet,
12. entgegen § 22 Absatz 5 Satz 1, § 23 Absatz 3 Satz 1 oder § 24 Absatz 4 Satz 1 die dort genannten Daten nicht, nicht richtig, nicht vollständig oder nicht rechtzeitig übermittelt oder
13. entgegen § 25 Absatz 1 Satz 1 eine Information speichert oder auf eine Information zugreift.

(2) Die Ordnungswidrigkeit kann in den Fällen des Absatzes 1 Nummer 2, 3, 9, 11, 12 und 13 mit einer Geldbuße bis zu dreihunderttausend Euro, in den Fällen des Absatzes 1 Nummer 4 und 5 mit einer Geldbuße bis zu hunderttausend Euro, in den Fällen des Absatzes 1 Nummer 8 mit einer Geldbuße bis zu fünfzigtausend Euro und in den übrigen Fällen mit einer Geldbuße bis zu zehntausend Euro geahndet werden.

(3) Verwaltungsbehörde im Sinne des § 36 Absatz 1 Nummer 1 des Gesetzes über Ordnungswidrigkeiten ist

1. die Bundesnetzagentur in den Fällen des Absatzes 1 Nummer 1 und 9,
2. der Bundesbeauftragte oder die Bundesbeauftragte für den Datenschutz und die Informationsfreiheit in den Fällen des Absatzes 1 Nummer 2 bis 8 und im Fall des Absatzes 1 Nummer 13, soweit die Speicherung von oder der Zugriff auf Informationen durch Anbieter von Telekommunikationsdiensten oder durch Bundesbehörden erfolgt.

(4) Gegen Behörden und sonstige öffentliche Stellen im Sinne des § 2 Absatz 1 oder Absatz 2 des Bundesdatenschutzgesetzes werden keine Geldbußen verhängt.

§ 29 Zuständigkeit, Aufgaben und Befugnisse der oder des Bundesbeauftragten für den Datenschutz und die Informationsfreiheit

(1) Soweit für die geschäftsmäßige Erbringung von Telekommunikationsdiensten Daten von natürlichen oder juristischen Personen verarbeitet werden, ist der oder die Bundesbeauftragte für den Datenschutz und die Informationsfreiheit die zuständige Aufsichtsbehörde.

(2) Erfolgt die Speicherung von Informationen in der Endeinrichtung des Endnutzers oder der Zugriff auf Informationen, die bereits in der Endeinrichtung gespeichert sind, durch Anbieter von

제28조 범칙금규정

① 고의 또는 과실에 기하여 다음 각 호를 한 자는 질서위반행위를 범한 자이다,

1. 제8조 제6항에 위반하여 전기통신설비를 광고한 자,
2. 제9조 제1항 제1문 또는 제2항 제1문에 위반하여 통신데이터를 처리한 자,
3. 제10조 제2항 제3문에 위반하여 그 조항상의 정보를 삭제하지 않거나 적시에 삭제하지 않은 자,
4. 제12조 제1항 제3문에 위반하여 통신데이터를 처리한 자,
5. 제12조 제2항에 위반하여 통신데이터를 삭제하지 않거나 적시에 삭제하지 않은 자,
6. 제12조 제3항 제2문에 위반하여 그 조항상의 기록을 삭제하지 않거나 적시에 삭제하지 않은 자,
7. 제12조 제4항 제5문 또는 제14조 제5항에 위반하여 감독관청(die Aufsichtsbehörde)에 알리지 않거나 적시에 알리지 않은 자,
8. 제13조 제1항 제2문에 위반하여 최종이용자에게 알리지 않거나 제대로 알리지 않거나, 적시에 알리지 않은 자,
9. 제15조 제2항 전문(前文)에 위반하여 전화번호표시를 숨기거나 이를 숨기도록 유발 한 자,
10. 제19조 제1항에 위반하여 이용자 그 조항상의 서비스를 종료할 수 있거나 이용할 수 있도록 보장하지 않은 자,
11. 제20조에 위반하여 개인정보를 처리한 자,
12. 제22조 제5항 제1문, 제23조 제3항 제1문 또는 제24조 제4항 제1문에 위반하여 그 조항들상의 정보를 제공하지 않거나 제대로 제공하지 않거나 완전하게 제공하지 않거나 또는 적시에 제공하지 않은 자,
13. 제25조 제1항 제1문에 위반하여 정보를 저장하거나 정보에 접근한 자.

② 제1항 제2호, 제3호, 제9호, 제11호, 제12호 또는 제13호의 경우에 질서위반행위에 대하여 300,000유로 이하의 범칙금에, 제1항 제4호 또는 제5호의 경우에는 100,000유로 이하의 범칙금에, 제1항 제8호의 경우에는 50,000유로 이하의 범칙금에, 나머지의 경우(in den übrigen Fällen) 에는 10,000유로 이하의 범칙금에 각 처한다.

③ 다음 각 호에 해당하는 자가, 질서위반행위에 관한 법률 제36조 제1항 제1호상의 행정관청(Verwaltungsbehörde)이 된다,

1. 제1항 제1호, 제9호의 경우에는 연방망관리청,
2. 그 저장 또는 정보에 대한 접근이 전기통신역무제공자 또는 연방관청에 의하여 행해진 경우(soweit die Speicherung von oder der Zugriff auf Informationen durch Anbieter von Telekommunikationsdiensten oder durch Bundesbehörden erfolgt)에, 제1항 제2호 내지 제8호와, 제1항 제13호의 경우에는 연방개인정보보호·정보자유책임관.

④ 연방정보보호법 제3조 제1항 또는 제2항상의 관청 또는 기타 공공기관에 대하여 범칙금을 부과할 수 없다.

제29조 연방개인정보보호 · 정보자유책임관(der oder des Bundesbeauftragten für den Datenschutz)의 관할, 임무 및 권한

① 전기통신역무의 영업적 제공을 위하여 자연인 또는 법인의 정보가 처리되는 범위 내에서(Soweit für die geschäftsmäßige Erbringung von Telekommunikationsdiensten Daten von natürlichen oder juristischen Personen verarbeitet werden), 연방개인정보보호·정보자유책임관이 관할 감독관청이 된다.

② 최종이용자의 단말기에 대한 정보저장이나 이미 단말기에 저장된 정보에 대한 접근이 전기통신역무제공자 또는 연방에 속한 공공기관에 의하여(durch Anbieter von Telekommunikationsdiensten oder durch

Telekommunikationsdiensten oder durch öffentliche Stellen des Bundes, ist der oder die Bundesbeauftragte für den Datenschutz und die Informationsfreiheit zuständige Aufsichtsbehörde für die Einhaltung des § 24.

(3) Im Hinblick auf die Befugnisse des oder der Bundesbeauftragten für den Datenschutz und die Informationsfreiheit im Rahmen seiner oder ihrer Aufsichtstätigkeit über die Einhaltung der Bestimmungen nach diesem Gesetz findet Artikel 58 der Verordnung (EU) 2016/679 entsprechende Anwendung.

(4) Das Fernmeldegeheimnis des Artikels 10 des Grundgesetzes wird eingeschränkt, soweit die Wahrnehmung der Befugnisse nach Absatz 3 dies erfordert.

§ 30 Zuständigkeit, Aufgaben und Befugnisse der Bundesnetzagentur

(1) Die Bundesnetzagentur ist zuständige Aufsichtsbehörde für die Einhaltung der Vorschriften in Teil 2, soweit nicht gemäß § 27 die Zuständigkeit des oder der Bundesbeauftragten für den Datenschutz und die Informationsfreiheit gegeben ist.

(2) Die Bundesnetzagentur kann Anordnungen und andere Maßnahmen treffen, um die Einhaltung der Vorschriften des Teils 2 sicherzustellen. Der nach den Vorschriften des Teils 2 Verpflichtete muss auf Anforderung der Bundesnetzagentur die hierzu erforderlichen Auskünfte erteilen. Die Bundesnetzagentur ist zur Überprüfung der Einhaltung der Verpflichtungen befugt, die Geschäfts- und Betriebsräume während der üblichen Betriebs oder Geschäftszeiten zu betreten und zu besichtigen.

(3) Über die Befugnis zu Anordnungen nach Absatz 2 hinaus kann die Bundesnetzagentur bei Nichterfüllung von Verpflichtungen des Teils 2 den Betrieb von betroffenen Telekommunikationsanlagen oder das Erbringen des betreffenden Telekommunikationsdienstes ganz oder teilweise untersagen, wenn mildere Eingriffe zur Durchsetzung rechtmäßigen Verhaltens nicht ausreichen.

(4) Zur Durchsetzung von Maßnahmen und Anordnungen nach den Absätzen 2 und 3 kann nach Maßgabe des Verwaltungsvollstreckungsgesetzes ein Zwangsgeld bis zu 1 Million Euro festgesetzt werden.

(5) Das Fernmeldegeheimnis des Artikels 10 des Grundgesetzes wird eingeschränkt, soweit die Wahrnehmung der Befugnisse nach Absatz 2 Satz 1 und 3 dies erfordert.

öffentliche Stellen des Bundes) 행해지는 경우에, 연방개인정보보호·정보자유책임관(der oder die Bundesbeauftragte für den Datenschutz und die Informationsfreiheit)이 제24조 준수에 대한 감독관청이 된다.

③ 연방개인정보보호·정보자유책임관의 권한과 관련(Im Hinblick auf die Befugnisse)하여 본 법률에 따른 규정의 준수에 관한 연방개인정보보호·정보자유책임관 감독활동의 범위 내에서(im Rahmen seiner oder ihrer Aufsichtstätigkeit über die Einhaltung der Bestimmungen nach diesem Gesetz) (EU) 2016/679 호 법(法) 제58조를 준용한다.

제30조 연방망관리청의 관할, 임무 및 권한

① 연방망관리청은, 연방개인정보보호·정보자유책임관의 관할이 제27조에 따라 성립되지 않은 범위 내에서(soweit nicht gemäß § 27 die Zuständigkeit des oder der Bundesbeauftragten für den Datenschutz und die Informationsfreiheit gegeben ist) 제2장의 규정의 준수에 대하여 감독관청이 된다.

② 연방망관리청은, 제2편의 규정의 준수를 보장하기 위한 명령 또는 기타 조치를 취할 수 있다. 제2편의 규정에 따른 의무자는, 연방망관리청의 명령이 있는 경우에 그에 필요한 정보(die hierzu erforderlichen Auskünfte)를 제공해야만 한다. 연방망관리청은, 의무의 준수의 검사를 위하여 통상적인 영업시간 또는 업무시간에 사무소 및 영업소 출입해서 시찰할(die Geschäfts- und Betriebsräume während der üblichen Betriebs oder Geschäftszeiten zu betreten und zu besichtigen) 권한을 갖는다.

③ 적법한 행위의 관철을 위하여 보다 온건한 개입으로 충분하지 않은 경우(wenn mildere Eingriffe zur Durchsetzung rechtmäßigen Verhaltens nicht ausreichen)에 연방망관리청은, 제2편의 의무의 불이행에 있어 제2항에 따른 명령에 관한 권한을 넘어서 해당 전기통신설비의 운영이나 당해 전기통신역무의 제공의 전부 또는 일부를 금지할 수 있다.

④ 제2항 또는 제3항에 따른 조치 또는 명령의 관철을 위하여(Zur Durchsetzung von Maßnahmen und Anordnungen nach den Absätzen 2 und 3) 행정집행법의 기준에 좇아 100백만 유로 이하의 강제금을 부과할 수 있다.

⑤ 기본법 제10조상의 통신비밀은, 제2항 제1문 또는 제3문에 따른 권한의 행사에 의하여 이것이 요구되는 범위 내에서 제한된다.

사회연결망에서의 법집행 개선에 관한 법률

(네트워크법집행법; BGBl. I S. 1436)

Gesetz zur Verbesserung der Rechtsdurchsetzung in sozialen Netzwerken

(Netzwerkdurchsetzungsgesetz - NetzDG)

Gesetz zur Verbesserung der Rechtsdurchsetzung in sozialen Netzwerken (Netzwerkdurchsetzungsgesetz - NetzDG)

https://www.gesetze-im-internet.de/netzdg/BJNR335210017.html

§ 1 Anwendungsbereich, Begriffsbestimmungen

(1) Dieses Gesetz gilt für Telemediendiensteanbieter, die mit Gewinnerzielungsabsicht Plattformen im Internet betreiben, die dazu bestimmt sind, dass Nutzer beliebige Inhalte mit anderen Nutzern teilen oder der Öffentlichkeit zugänglich machen (soziale Netzwerke). Plattformen mit journalistisch-redaktionell gestalteten Angeboten, die vom Diensteanbieter selbst verantwortet werden, gelten nicht als soziale Netzwerke im Sinne dieses Gesetzes. Das Gleiche gilt für Plattformen, die zur Individualkommunikation oder zur Verbreitung spezifischer Inhalte bestimmt sind.

(2) Der Anbieter eines sozialen Netzwerks ist von den Pflichten nach den §§ 2 bis 3b befreit, wenn das soziale Netzwerk im Inland weniger als zwei Millionen registrierte Nutzer hat.

(3) Rechtswidrige Inhalte sind Inhalte im Sinne des Absatzes 1, die den Tatbestand der §§ 86, 86a, 89a, 91, 100a, 111, 126, 129 bis 129b, 130, 131, 140, 166, 184b in Verbindung mit 184d, 185 bis 187, 189, 201a, 241 oder 269 des Strafgesetzbuchs erfüllen und nicht gerechtfertigt sind.

(4) Eine Beschwerde über rechtswidrige Inhalte ist jede Beanstandung eines Inhaltes mit dem Begehren der Entfernung des Inhaltes oder der Sperrung des Zugangs zum Inhalt, es sei denn, dass mit der Beanstandung erkennbar nicht geltend gemacht wird, dass ein rechtswidriger Inhalt vorliegt.

§ 2 Berichtspflicht

(1) Anbieter sozialer Netzwerke, die im Kalenderjahr mehr als 100 Beschwerden über rechtswidrige Inhalte erhalten, sind verpflichtet, einen deutschsprachigen Bericht über den Umgang mit Beschwerden über rechtswidrige Inhalte auf ihren Plattformen mit den Angaben nach Absatz 2 halbjährlich zu erstellen und im Bundesanzeiger sowie auf der eigenen Homepage spätestens einen Monat nach Ende eines Halbjahres zu veröffentlichen. Der auf der eigenen Homepage veröffentlichte Bericht muss leicht erkennbar, unmittelbar erreichbar und ständig verfügbar sein.

(2) Der Bericht hat mindestens auf folgende Aspekte einzugehen:

1. Allgemeine Ausführungen, welche Anstrengungen der Anbieter des sozialen Netzwerks unternimmt, um strafbare Handlungen auf den Plattformen zu unterbinden,
2. Art, Grundzüge der Funktionsweise und Reichweite von gegebenenfalls eingesetzten Verfahren zur automatisierten Erkennung von Inhalten, die entfernt oder gesperrt werden sollen, einschließlich allgemeiner Angaben zu verwendeten Trainingsdaten und zu der Überprüfung der Ergebnisse dieser Verfahren durch den Anbieter, sowie Angaben darüber, inwieweit Kreise der Wissenschaft und Forschung bei der Auswertung dieser Verfahren unterstützt werden,
3. Darstellung der Mechanismen zur Übermittlung von Beschwerden über rechtswidrige Inhalte, Darstellung der Entscheidungskriterien für die Entfernung und Sperrung von rechtswidrigen Inhalten und Darstellung des Prüfungsverfahrens einschließlich der Reihenfolge der Prüfung, ob ein rechtswidriger Inhalt vorliegt oder ob gegen vertragliche Regelungen zwischen Anbieter und Nutzer

사회연결망에서의 법집행 개선(改善)에 관한 법률 (네트워크법집행법; BGBl. I S. 1436)

법률공포일: 2017년 9월 1일
최근 법률개정일: 2021년 6월 3일(BGBl. I S. 1436).

제1조 적용범위, 정의규정

① 본 법률은, 인터넷에서 이용자가 어떤 콘텐츠[258](beliebige Inhalte)을 다른 이용자에게 공유하거나 공중(公衆)이 이용할 수 있도록 하기 위한 플랫폼('사회연결망'; soziale Netzwerke[259]))을 영리목적(Gewinnerzielungsabsicht)으로 운영하는 전기정보통신서비스제공자에 대하여 적용한다. 그 서비스제공자 직접 책임을 부담하는 플랫폼으로, 보도(報道)·편집(編輯) 기능을 가진 제공을 하는 플랫폼은 본 법률상의 사회연결망으로 간주하지 않는다. 개인통신 또는 특정한 내용의 전파를 위한 플랫폼도 또한 같다.

② 해당 사회연결망에 독일 내에서 2백만 명 미만의 등록이용자[260](registrierte Nutzer)가 있는 경우에는 사회연결망운영자[261](Der Anbieter eines sozialen Netzwerks)는 제2조 내지 제3조b에 따른 의무에서 면제된다.

③ 위법한 콘텐츠는, 형법전 제86조, 제86조a, 제89조a, 제91조, 제100조a, 제111조, 제126조, 제129조 내지 제129조b, 제130조, 제131조, 제140조, 제166조, 제184조d와 연결된 제184조b, 제185조 내지 제187조, 제189조, 제201조a, 제241 또는 제269조의 구성요건에 해당하고 위법성조각사유가 없는, 제1항상의 내용을 말한다.

④ '위법한 콘텐츠에 대한 이의'는, 내용의 삭제나 내용 접근에 대한 차단을 요구하는, 어느 콘텐츠에 대한 모든 이의제기를 말하고, 다만 이의제기에 의하여 위법한 콘텐츠가 있다는 점이 명확하게 주장되지 않는 경우에는 그러하지 아니하다.

제2조 보고의무

① 역년에 위법한 콘텐츠에 관한, 100건을 초과하는 이의를 접수받는 사회연결망운영자(Anbieter sozialer Netzwerke, die im Kalenderjahr mehr als 100 Beschwerden über rechtswidrige Inhalte erhalten)는, 제2항에 따른 정보가 있는 자신의 플랫폼에서의 위법한 콘텐츠에 관한 이의 처리에 관한 독일어로 된 보고서를 반년마다 발간하고 연방관보와 자신의 홈페이지에 늦어도 반년 경과 후 1개월 내에 이를 게재할 의무를 진다. 자신의 홈페이지에 게재되는 보고서는 쉽게 인지할 수 있고, 직접 접근[262]할 수 있으며 언제든지 이용할 수 있어야만 한다.

② 위 보고서에는 최소한 다음 각 호 사항이 다뤄져야 한다:

1. 사회연결망운영자가 해당 플랫폼에서 가벌적(可罰的) 행위를 차단하기 위하여 어떤 노력을 기울였는지 하는 개설(槪說; Allgemeine Ausführungen),
2. 해당하는 경우, 사용된 연습데이터와, 삭제되거나 차단되어야 하는 콘텐츠의 자동인식을 위한 이용된 시스템의 결론의 검증에 관한 일반적 정보를 포함하여 그러한 시스템의 성질, 작동의 주요특징 및 이용범위 그리고 이러한 시스템의 평가에 있어 학계 및 연구계가 어느 정도로 지원을 할 것인지에 관한 정보),
3. 위법한 콘텐츠에 관한 이의의 전달을 위한 메커니즘에 관한 기술(記述)과 위법한 콘텐츠의 삭제 및 차단을 결정기준(Entscheidungskriterien)에 관한 기술(記述), 심사절차, 위법한 콘텐츠가 있는지 여부 또는 위법한 콘텐츠가 사회연결망운영자와 이용자 간의 계약상 규율에 위반되는지 여부를 포함하여 심사절차의 기술(einschließlich der Reihenfolge der Prüfung, ob ein rechtswidriger Inhalt vorliegt oder

verstoßen wird,

4. Anzahl der im Berichtszeitraum eingegangenen Beschwerden über rechtswidrige Inhalte, aufgeschlüsselt nach Beschwerden von Beschwerdestellen und Beschwerden von Nutzern und nach
5. Organisation, personelle Ausstattung, fachliche und sprachliche Kompetenz der für die Bearbeitung von Beschwerden zuständigen Arbeitseinheiten und Schulung und Betreuung der für die Bearbeitung von Beschwerden zuständigen Personen,
6. Mitgliedschaft in Branchenverbänden mit Hinweis darauf, ob in diesen Branchenverbänden eine Beschwerdestelle existiert,
7. Anzahl der Beschwerden, bei denen eine externe Stelle konsultiert wurde, um die Entscheidung vorzubereiten,
8. Anzahl der Beschwerden, die im Berichtszeitraum zur Löschung oder Sperrung des beanstandeten Inhalts führten, nach der Gesamtzahl sowie aufgeschlüsselt nach Beschwerden von Beschwerdestellen und von Nutzern, nach dem Beschwerdegrund, ob ein Fall des § 3 Absatz 2 Nummer 3 Buchstabe a vorlag, ob in diesem Fall eine Weiterleitung an den Nutzer erfolgte, welcher Schritt der Prüfungsreihenfolge nach Nummer 3 zur Entfernung oder Sperrung geführt hat sowie ob eine Übertragung an eine anerkannte Einrichtung der Regulierten Selbstregulierung nach § 3 Absatz 2 Nummer 3 Buchstabe b erfolgte,
9. jeweils die Anzahl der Beschwerden über rechtswidrige Inhalte, die nach ihrem Eingang innerhalb von 24 Stunden, innerhalb von 48 Stunden, innerhalb einer Woche oder zu einem späteren Zeitpunkt zur Entfernung oder Sperrung des rechtswidrigen Inhalts geführt haben, zusätzlich aufgeschlüsselt nach Beschwerden von Beschwerdestellen und von Nutzern sowie jeweils aufgeschlüsselt nach dem Beschwerdegrund,
10. Maßnahmen zur Unterrichtung des Beschwerdeführers sowie des Nutzers, für den der beanstandete Inhalt gespeichert wurde, über die Entscheidung über die Beschwerde,
11. Anzahl der im Berichtszeitraum eingegangenen Gegenvorstellungen nach § 3b Absatz 1 Satz 2, nach der Gesamtzahl sowie aufgeschlüsselt nach Gegenvorstellungen von Beschwerdeführern und von Nutzern, für die der beanstandete Inhalt gespeichert wurde, jeweils mit Angaben, in wie vielen Fällen der Gegenvorstellung abgeholfen wurde,
12. Angaben darüber, ob und inwieweit Kreisen der Wissenschaft und Forschung im Berichtszeitraum Zugang zu Informationen des Anbieters gewährt wurde, um ihnen eine anonymisierte Auswertung zu ermöglichen, inwieweit

    a) entfernte oder gesperrte rechtswidrige Inhalte an Eigenschaften im Sinne des § 1 des Allgemeinen Gleichbehandlungsgesetzes vom 14. August 2006 (BGBl. I S. 1897), das zuletzt durch Artikel 8 des Gesetzes vom 3. April 2013 (BGBl. I S. 610) geändert worden ist, in der jeweils geltenden Fassung anknüpfen,

    b) die Verbreitung von rechtswidrigen Inhalten zu spezifischer Betroffenheit bestimmter Nutzerkreise führt und

    c) organisierte Strukturen oder abgestimmte Verhaltensweisen der Verbreitung zugrunde liegen,
13. sonstige Maßnahmen des Anbieters zum Schutz und zur Unterstützung der von rechtswidrigen Inhalten Betroffenen,
14. eine Zusammenfassung mit einer tabellarischen Übersicht, die die Gesamtzahl der eingegangenen

ob gegen vertragliche Regelungen zwischen Anbieter und Nutzer verstoßen wird),

4. 보고서작성기간 동안에 접수된, 위법한 콘텐츠에 관한 이의수(數)로, 이의처리기구의 이의별 및 이용자의 이의별, 이의사유별로(nach Beschwerden von Beschwerdestellen und Beschwerden von Nutzern und nach dem Beschwerdegrund) 구분한 이의수(數),
5. 이의심리를 관할하는 업무단위의 조직, 인력 배치 및 전문적 능력 · 언어능력(Organisation, personelle Ausstattung, fachliche und sprachliche Kompetenz)과 이의심리를 관할하는 자에 대한 교육 및 지도,
6. 이러한 업계협회에 이의처리기구가 존재하는지 여부(ob in diesen Branchenverbänden eine Beschwerdestelle existiert)에 대해 언급을 하는, 업계협회 회원인지 여부에 관한 정보,
7. 그에 판단을 준비하기 위하여 외부 기관의 자문을 받은(bei denen eine externe Stelle konsultiert wurde, um die Entscheidung vorzubereiten) 이의(異議)의 수,
8. 보고서작성기간 동안에 이의 제기된 콘텐츠의 삭제 또는 차단이 시행된(die im Berichtszeitraum zur Löschung oder Sperrung des beanstandeten Inhalts führten) 이의수(數), 총건수 대비 그러한 이의의 수, 이의처리기구별 및 이용자별, 이의사유별로 구분한 그러한 이의수(數), 제3조 제2항 제3호 a목의 경우가 존재하는지 여부, 이러한 경우에 이용자에 대한 전달이 이뤄졌는지 여부, 제3호에 따른 심사절차의 어느 단계에서 삭제 또는 차단이 시행되었는지, 그리고 제3조 제2항 제3호 b목에 따른, 공인된 자율규제기관으로의 이첩(移牒)이 이뤄졌는지 여부에 관한 이의수(數),
9. 위법한 콘텐츠의 접수 후, 24시간 이내에, 48시간 이내에, 1주일 이내에 또는 1주일을 초과하는 시간에 그 위법한 콘텐츠의 삭제 또는 차단이 시행된, 위법한 콘텐츠에 관한 각각의 이의수(數), 추가적으로 이의처리기구별 및 이용자별, 이의사유별로 구분한 그러한 각각의 이의수(數)(zusätzlich aufgeschlüsselt nach Beschwerden von Beschwerdestellen und von Nutzern sowie jeweils aufgeschlüsselt nach dem Beschwerdegrund),
10. 이의 제기된 콘텐츠가 저장된 이의제기자(Beschwerdeführer) 및 이용자에 대하여 이의에 관한 결정(die Entscheidung über die Beschwerde)을 알리기 위한 조치,
11. 보고기간 동안에 접수된, 제3조b 제1항 제2문에 따른 불복신청의 수, 총건수 대비 그러한 수 그리고 불복신청이 시정된 경우의 각각의 수를 포함하여(jeweils mit Angaben, in wie vielen Fällen der Gegenvorstellung abgeholfen wurde) 이의제기인과, 이의가 제기된 콘텐츠가 저장된 이용자로 구분한 불복신청의 수,
12. 학계 · 연구계 사람들이, 다음 각 목의 익명처리된 평가를 가능하게 하기 위하여 보고기간 동안에 사회연결망운영자의 정보에 대한 접근이 허용되었는지 여부, 그러한 접근이 어느 정도로 허용되었는지 여부에 관한 정보,

    a) 삭제되거나 차단된 위법한 콘텐츠(entfernte oder gesperrte rechtswidrige Inhalte)이 006년 8월 14일의 보편적 균등대우법(Allgemeines Gleichbehandlungsgesetz)(BGBl. I S. 1897)으로, 2013년 4월 3일의 법률 제8조에 의해 개정되고 수시로 개정된 동법(BGBl. I S. 610)의 제1조상의 특성에 어느 정도로 연관되는지,

    b) 위법한 콘텐츠의 처리가 특정한 이용자그룹의 특별한 관련성(spezifischer Betroffenheit bestimmter Nutzerkreise)을 어느 정도로 야기하는지, 그리고

    c) 조직된 구성 또는 동조행위(同調行爲)(organisierte Strukturen oder abgestimmte Verhaltensweisen)가 어느 정도로 그 처리에 기반하는지.
13. 위법한 콘텐츠의 피해자에 대한 보호 및 지원을 위한(zum Schutz und zur Unterstützung der von rechtswidrigen Inhalten Betroffenen) 사회연결망운영자의 기타 조치,
14. 위법한 콘텐츠에 관한 접수된 이의 총수, 이러한 이의에 대하여 삭제되거나 차단된 콘텐츠의 백분율,

Beschwerden über rechtswidrige Inhalte, den prozentualen Anteil der auf diese Beschwerden hin entfernten oder gesperrten Inhalte, die Anzahl der Gegenvorstellungen sowie des prozentualen Anteils der auf diese Gegenvorstellungen hin abgeänderten Entscheidungen den entsprechenden Zahlen für die beiden vorangegangenen Berichtszeiträume gegenüberstellt, verbunden mit einer Erläuterung erheblicher Unterschiede und ihrer möglichen Gründe.

§ 3 Umgang mit Beschwerden über rechtswidrige Inhalte

(1) Der Anbieter eines sozialen Netzwerks muss ein wirksames und transparentes Verfahren nach Absatz 2 und 3 für den Umgang mit Beschwerden über rechtswidrige Inhalte vorhalten. Der Anbieter muss Nutzern ein bei der Wahrnehmung des Inhalts leicht erkennbares, unmittelbar erreichbares, leicht bedienbares und ständig verfügbares Verfahren zur Übermittlung von Beschwerden über rechtswidrige Inhalte zur Verfügung stellen.

(2) Das Verfahren muss gewährleisten, dass der Anbieter des sozialen Netzwerks

1. unverzüglich von der Beschwerde Kenntnis nimmt und prüft, ob der in der Beschwerde gemeldete Inhalt rechtswidrig und zu entfernen oder der Zugang zu ihm zu sperren ist,
2. einen offensichtlich rechtswidrigen Inhalt innerhalb von 24 Stunden nach Eingang der Beschwerde entfernt oder den Zugang zu ihm sperrt; dies gilt nicht, wenn das soziale Netzwerk mit der zuständigen Strafverfolgungsbehörde einen längeren Zeitraum für die Löschung oder Sperrung des offensichtlich rechtswidrigen Inhalts vereinbart hat,
3. jeden rechtswidrigen Inhalt unverzüglich, in der Regel innerhalb von sieben Tagen nach Eingang der Beschwerde entfernt oder den Zugang zu ihm sperrt; die Frist von sieben Tagen kann überschritten werden, wenn

   a) die Entscheidung über die Rechtswidrigkeit des Inhalts von der Unwahrheit einer Tatsachenbehauptung oder erkennbar von anderen tatsächlichen Umständen abhängt; das soziale Netzwerk kann in diesen Fällen dem Nutzer vor der Entscheidung Gelegenheit zur Stellungnahme zu der Beschwerde geben,

   b) der Anbieter des sozialen Netzwerks die Entscheidung über die Rechtswidrigkeit innerhalb von sieben Tagen nach Eingang der Beschwerde einer nach den Absätzen 6 bis 8 anerkannten Einrichtung der Regulierten Selbstregulierung überträgt und sich deren Entscheidung unterwirft,
4. im Falle der Entfernung den Inhalt zu Beweiszwecken sichert und zu diesem Zweck für die Dauer von zehn Wochen innerhalb des Geltungsbereichs der Richtlinie 2000/31/EG des Europäischen Parlaments und des Rates vom 8. Juni 2000 über bestimmte rechtliche Aspekte der Dienste der Informationsgesellschaft, insbesondere des elektronischen Geschäftsverkehrs, im Binnenmarkt ("Richtlinie über den elektronischen Geschäftsverkehr") (ABl. L 178 vom 17.7.2000, S. 1) und der Richtlinie 2010/13/EU des Europäischen Parlaments und des Rates vom 10. März 2010 zur Koordinierung bestimmter Rechts-und Verwaltungsvorschriften der Mitgliedstaaten über die Bereitstellung audiovisueller Mediendienste (Richtlinie über audiovisuelle Mediendienste) (ABl. L 95 vom 15.4.2010, S. 1; L 263 vom 6.10.2010, S. 15), die durch die Richtlinie (EU) 2018/1808 (ABl. L 303 vom 28.11.2018, S.69) geändert worden ist, speichert,
5. den Beschwerdeführer und den Nutzer, für den der beanstandete Inhalt gespeichert wurde, über jede Entscheidung unverzüglich informiert und dabei

불복신청의 수와, 이러한 불복신청에 대하여 변경된 결정의 백분율의 수치(die Anzahl der Gegenvorstellungen sowie des prozentualen Anteils der auf diese Gegenvorstellungen hin abgeänderten Entscheidungen)를, 직전(直前) 2기의 보고기간 동안의 그러한 수 및 수치와 비교하는 표로 작성한 개관이 있는 요약으로, 중요한 차이에 대한 설명과 그 차이에 대한 잠정적 이유가 포함된(verbunden mit einer Erläuterung erheblicher Unterschiede und ihrer möglichen Gründe) 요약.

제3조 위법한 콘텐츠에 관한 이의의 처리

① 사회연결망운영자는 효율적이고도 투명한, 제2항 및 제3항에 따른 절차로, 위법한 콘텐츠에 관한 이의를 처리하기 위한 절차를 마련해야만 한다. 사회연결망운영자는 이용자들에게 위법한 콘텐츠를 인지하면 쉽게 알아볼 수 있고 직접 접근할 수 있으며 쉽게 이용할 수 있고 언제든지 이용할 수 있는 절차(ein bei der Wahrnehmung des Inhalts leicht erkennbares, unmittelbar erreichbares, leicht bedienbares und ständig verfügbares Verfahren)로, 위법한 콘텐츠에 관한 이의의 전달을 위한 절차를 제공해야만 한다.

② 위 절차는 사회연결망운영자가 다음 각 호를 하도록 보장해야만 한다,

1. 해당 이의를 인지 후 지체 없이 이의에서 신고된 콘텐츠가 위법하고 이것이 삭제되어야 하는지 또는 이에 대한 접근이 차단되어야 하는지를 심사하는 것,
2. 위법함이 명백한[263] 콘텐츠는 이의 접수 후 24시간 이내에(innerhalb von 24 Stunden nach Eingang der Beschwerde) 삭제하거나 그에 대한 접근을 차단하는 것; 사회연결망이 관할 형사관청(刑事官廳; Strafverfolgungsbehörde)과 명백한 위법한 콘텐츠의 삭제 또는 차단에 대한 그보다 긴 시간을 약정한 경우에는 그러하지 아니하다,
3. 위법한 각각의 콘텐츠를 지체 없이, 즉 통상적으로 이의 접수 후 7일 이내에(unverzüglich, in der Regel innerhalb von sieben Tagen nach Eingang der Beschwerde) 삭제하거나 이에 대한 차단하는 것; 다음 각 목의 경우에 7일의 기간을 경과할 수 있다,
   a) 해당 콘텐츠의 위법성에 관한 결정이 사실주장의 허위성에 좌우되거나 그 밖의 사실적 사정에 좌우됨이 명백한(von der Unwahrheit einer Tatsachenbehauptung oder erkennbar von anderen tatsächlichen Umständen abhängt) 경우; 이러한 경우에 사회연결망이 결정 전에 해당 이용자에게 그 이의에 대한 의견진술의 기회를 제공할 수 있다,
   b) 사회연결망운영자가 위법성에 관한 결정을 이의 접수 후 7일 이내에(innerhalb von sieben Tagen nach Eingang der Beschwerde) 제6항 내지 제8항에 따라 공인된 자율규제기관으로 이첩(移牒)하고 그 기관의 결정을 적용받는 경우,
4. 삭제의 경우, 그 콘텐츠를 증명목적으로 백업하고 이러한 목적으로, 「유럽연합단일시장 내의 정보사회서비스, 특히 그 전자상거래에 대한 몇 가지 법적 사항(bestimmte rechtliche Aspekte der Dienste der Informationsgesellschaft)에 관한 2000년 6월 8일 유럽연합 의회 및 이사회 2000/31/EG호 입법지침」(“전자상거래에 관한 입법지침”; Richtlinie über den elektronischen Geschäftsverkehr)(ABl. L 178 vom 17.7.2000, S. 1)과, 「시청각미디어서비스의 제공(die Bereitstellung audiovisueller Mediendienste)에 관한 회원국의 특정한 법규(法規) 및 행정규칙의 조정(調整)(Koordinierung)에 관한 2010년 3월 10일 유럽연합 의회 및 이사회 2010/13/EU호 입법지침」(「시청각미디어서비스에 관한 지침」; Richtlinie über audiovisuelle Mediendienste」)(ABl. L 95 vom 15.4.2010, S. 1; L 263 vom 6.10.2010, S. 15)으로 (EU) 2018/1808호 입법지침에 의하여 개정된 그 입법지침(ABl. L 303 vom 28.11.2018, S.69)의 적용범위 내에서 10주의 기간 동안 저장하는 것,
5. 이의제기인과, 이의가 제기된 콘텐츠가 저장된(für den der beanstandete Inhalt gespeichert wurde) 이용자에게 각 결정에 관하여 지체 없이 알리고 이 때,

a) seine Entscheidung begründet,

b) hinweist auf die Möglichkeit der Gegenvorstellung nach § 3b Absatz 1 Satz 2, das hierfür zur Verfügung gestellte Verfahren nach § 3b Absatz 1 Satz 3, die Frist nach § 3b Absatz 1 Satz 2 sowie darauf, dass der Inhalt der Gegenvorstellung im Rahmen des Verfahrens nach § 3b Absatz 2 Nummer 1 weitergegeben werden kann, und

c) den Beschwerdeführer darauf hinweist, dass er gegen den Nutzer, für den der beanstandete Inhalt gespeichert wurde, Strafanzeige und erforderlichenfalls Strafantrag stellen kann und auf welchen Internetseiten er hierüber weitere Informationen erhält.

In den Fällen des Satzes 1 Nummer 3 Buchstabe b darf der Anbieter des sozialen Netzwerks der anerkannten Einrichtung der Regulierten Selbstregulierung den beanstandeten Inhalt, Angaben zum Zeitpunkt des Teilens oder der Zugänglichmachung des Inhalts und zum Umfang der Verbreitung sowie mit dem Inhalt in erkennbarem Zusammenhang stehende Inhalte übermitteln, soweit dies zum Zwecke der Entscheidung erforderlich ist. Die Einrichtung der Regulierten Selbstregulierung ist befugt, die betreffenden personenbezogenen Daten in dem für die Prüfung erforderlichen Umfang zu verarbeiten. Eine etwaige Unrichtigkeit der von der anerkannten Einrichtung der Regulierten Selbstregulierung in den Fällen des Satzes 1 Nummer 3 Buchstabe b getroffenen Entscheidung begründet keinen Verstoß des Anbieters des sozialen Netzwerks gegen Absatz 1 Satz 1.

(3) Das Verfahren muss vorsehen, dass jede Beschwerde und die zu ihrer Abhilfe getroffene Maßnahme innerhalb des Geltungsbereichs der Richtlinien 2000/31/EG und 2010/13/EU dokumentiert wird.

(4) Der Umgang mit Beschwerden muss von der Leitung des sozialen Netzwerks durch monatliche Kontrollen überwacht werden. Organisatorische Unzulänglichkeiten im Umgang mit eingegangenen Beschwerden müssen unverzüglich beseitigt werden. Den mit der Bearbeitung von Beschwerden beauftragten Personen müssen von der Leitung des sozialen Netzwerks regelmäßig, mindestens aber halbjährlich deutschsprachige Schulungs- und Betreuungsangebote gemacht werden.

(5) Die Verfahren nach Absatz 1 können durch eine von der in § 4 genannten Verwaltungsbehörde beauftragten Stelle überwacht werden.

(6) Eine Einrichtung ist als Einrichtung der Regulierten Selbstregulierung im Sinne dieses Gesetzes anzuerkennen, wenn

1. die Unabhängigkeit und Sachkunde ihrer Prüfer gewährleistet ist,
2. eine sachgerechte Ausstattung und zügige Prüfung innerhalb von sieben Tagen sichergestellt sind,
3. eine Verfahrensordnung besteht, die den Umfang und Ablauf der Prüfung sowie Vorlagepflichten der angeschlossenen sozialen Netzwerke regelt und die Möglichkeit der Überprüfung von Entscheidungen auf Antrag des Beschwerdeführers und auf Antrag des Nutzers, für den der beanstandete Inhalt gespeichert wurde, vorsieht, und,
4. die Einrichtung von mehreren Anbietern sozialer Netzwerke oder Institutionen getragen wird, die eine sachgerechte Ausstattung sicherstellen. Außerdem muss sie für den Beitritt weiterer Anbieter insbesondere sozialer Netzwerke offenstehen.

(7) Die Entscheidung über die Anerkennung einer Einrichtung der Regulierten Selbstregulierung trifft die in § 4 genannte Verwaltungsbehörde. Die Entscheidung kann mit Nebenbestimmungen versehen werden. Eine Befristung soll den Zeitraum von fünf Jahren nicht unterschreiten.

(8) Die anerkannte Einrichtung der Regulierten Selbstregulierung hat die in § 4 genannte

a) 그 결정에 대해 이유를 제시하고,

b) 제3조b 제1항 제2문에 따른 불복신청의 가능성, 이를 위해 제공된, 제3조b 제1항 제3문에 따른 절차와, 제3조b 제1항 제2문에 따른 기간을 안내하고, 불복신청의 내용이 제3조b 제2항 제1호에 따른 절차의 범위 내에서 제공될 수 있다는 점을 안내하며(darauf, dass der Inhalt der Gegenvorstellung im Rahmen des Verfahrens nach § 3b Absatz 2 Nummer 1 weitergegeben werden),

c) 이의제기인에게 사회연결망운영자가 이의가 제기된 콘텐츠가 저장된 이용자를 고발(Strafanzeige)을 할 수 있고 필요하면 고소(Strafantrag)를 할 수 있다는 점을 안내하고, 또한 어느 인터넷사이트에서 이의제기인이 그에 관한 추가적 정보를 얻는 것.

제1문 제3호의 경우에 사회연결망운영자는, 그 제공이 결정의 목적을 필요한 범위 내에서(soweit dies zum Zwecke der Entscheidung erforderlich ist), 공인된 자율규제기관(der anerkannten Einrichtung der Regulierten Selbstregulierung)에, 이의가 제기된 내용, 공유시기나 콘텐츠에 대한 접근가능한 시기에 관한 정보(Angaben zum Zeitpunkt des Teilens oder der Zugänglichmachung des Inhalts), 전파의 범위에 관한 정보와, 그 콘텐츠과 명백하게 연관이 있는 콘텐츠를 제공할 수 있다. 자율규제기관은, 당해 개인정보를 심사를 위해 필요한 범위 내에서 처리할 권한(die betreffenden personenbezogenen Daten in dem für die Prüfung erforderlichen Umfang zu verarbeiten)을 갖는다. 공인된 자율규제기관이 제1문 제3호 b목의 경우에 행한 결정의 어떤 부적확성은 사회연결만운영자의 제1항 제1문 위반(違反)을 정당화하지 못한다.

③ 각 이의와 그 시정을 위해 취한 조치가 2000/31/EG호 및 2010/13/EU호 입법지침의 적용범위 내에서 기록되도록 그 절차는 규율되어야만 한다.

④ 이의에 대한 심리는 매월 점검(點檢)을 통한 사회연결망의 운영진(von der Leitung des sozialen Netzwerks durch monatliche Kontrollen)에 의해 감독되어야만 한다. 접수된 이의를 처리하는 데 있어 조직적 결함(缺陷)(Organisatorische Unzulänglichkeiten)은 지체 없이 제거되어야만 한다. 이의처리를 수임받은 자는 해당 사회연결망의 운영진에게서 정기적으로 다만 최소한 반년마다, 독일어로 된 교육 및 지도(deutschsprachige Schulungs- und Betreuungsangebote)를 제공받아야만 한다.

⑤ 제1항에 따른 절차는 제4조상의 행정관청의 수탁을 받은 자에 의해(durch eine von der in § 4 genannten Verwaltungsbehörde beauftragten Stelle) 감독을 받을 수 있다.

⑥ 다음 각 호를 모두 갖춘 경우에 어느 기관을 본 법률상의 자율규제기관(Einrichtung der Regulierten Selbstregulierung)으로 공인(公認)해야 한다,

1. 그 심사인의 독립성 및 전문지식이 보장될 것,
2. 적절한 시설과 7일 이내의 신속한 심사가 보장될 것,
3. 심사의 범위 및 경과와, 연결된 사회연결망의 제시의무(Vorlagepflichten der angeschlossenen sozialen Netzwerke)를 규정하고, 이의제기인의 신청 또는 이의가 제기된 콘텐츠가 저장된 이용자의 신청에 따른 결정의 재심사 가능성(die Möglichkeit der Überprüfung von Entscheidungen)을 규정하는 절차규정이 있을 것,
4. 적절한 시설을 보장하는, 다수의 사회연결망운영자 또는 기관(mehreren Anbietern sozialer Netzwerke oder Institutionen)이 그 설치를 담당할 것. 또한 특히 그 밖의 사회연결망운영자의 그 설치에 대한 참가가 열려 있어야만 할 것.

⑦ 자율규제기관의 공인에 관한 결정은 제4조상의 행정관청(die in § 4 genannte Verwaltungsbehörde)이 담당한다. 그 결정에 부관(Nebenbestimmungen)이 부가될 수 있다. 기한(Eine Befristung)은 5년을 초과하지 못한다.

⑧ 공인된 자율규제기관은, 제4항상의 행정관청에 지체 없이 그 공인에 관련된 사정의 변경과 공인신청

Verwaltungsbehörde unverzüglich über Änderungen der für die Anerkennung relevanten Umstände und sonstiger im Antrag auf Anerkennung mitgeteilter Angaben zu unterrichten.

(9) Die anerkannte Einrichtung der Regulierten Selbstregulierung hat bis zum 31. Juli eines jeden Jahres einen Tätigkeitsbericht über das vorangegangene Kalenderjahr auf ihrer Internetseite zu veröffentlichen und der in § 4 genannten Verwaltungsbehörde zu übermitteln.

(10) Die Anerkennung kann ganz oder teilweise widerrufen oder mit Nebenbestimmungen versehen werden, wenn Voraussetzungen für die Anerkennung nachträglich entfallen sind.

(11) Die Verwaltungsbehörde nach § 4 kann auch bestimmen, dass für einen Anbieter von sozialen Netzwerken die Möglichkeit zur Übertragung von Entscheidungen nach Absatz 2 Nummer 3 Buchstabe b für einen zeitlich befristeten Zeitraum entfällt, wenn zu erwarten ist, dass bei diesem Anbieter die Erfüllung der Pflichten des Absatzes 2 Nummer 3 durch einen Anschluss an die Regulierte Selbstregulierung nicht gewährleistet wird.

§ 3a Meldepflicht

(1) Der Anbieter eines sozialen Netzwerks muss ein wirksames Verfahren für Meldungen nach den Absätzen 2 bis 5 vorhalten.

(2) Der Anbieter eines sozialen Netzwerks muss dem Bundeskriminalamt als Zentralstelle zum Zwecke der Ermöglichung der Verfolgung von Straftaten Inhalte übermitteln,

1. die dem Anbieter in einer Beschwerde über rechtswidrige Inhalte gemeldet worden sind,
2. die der Anbieter entfernt oder zu denen er den Zugang gesperrt hat und
3. bei denen konkrete Anhaltspunkte dafür bestehen, dass sie mindestens einen der Tatbestände
   a) der §§ 86, 86a, 89a, 91, 126, 129 bis 129b, 130, 131 oder 140 des Strafgesetzbuches,
   b) des § 184b des Strafgesetzbuches oder
   c) des § 241 des Strafgesetzbuches in Form der Bedrohung mit einem Verbrechen gegen das Leben, die sexuelle Selbstbestimmung, die körperliche Unversehrtheit oder die persönliche Freiheit erfüllen und nicht gerechtfertigt sind.

(3) Der Anbieter des sozialen Netzwerks muss unverzüglich, nachdem er einen Inhalt entfernt oder den Zugang zu diesem gesperrt hat, prüfen, ob die Voraussetzungen des Absatzes 2 Nummer 3 vorliegen, und unverzüglich danach den Inhalt gemäß Absatz 4 übermitteln.

(4) Die Übermittlung an das Bundeskriminalamt muss enthalten:

1. den Inhalt,
2. sofern vorhanden, die IP-Adresse einschließlich der Portnummer, die als letztes dem Nutzer, der den Inhalt mit anderen Nutzern geteilt oder der Öffentlichkeit zugänglich gemacht hat, zugeteilt war.

(5) Die Übermittlung an das Bundeskriminalamt hat elektronisch an eine vom Bundeskriminalamt zur Verfügung gestellte Schnittstelle zu erfolgen.

(6) Der Anbieter des sozialen Netzwerks informiert den Nutzer, für den der Inhalt gespeichert wurde, vier Wochen nach der Übermittlung an das Bundeskriminalamt über die Übermittlung nach Absatz 4. Satz 1 gilt nicht, wenn das Bundeskriminalamt binnen vier Wochen anordnet, dass die Information wegen der Gefährdung des Untersuchungszwecks, des Lebens, der körperlichen Unversehrtheit oder der persönlichen Freiheit einer Person oder von bedeutenden Vermögenswerten zurückzustellen ist. Im Fall der Anordnung nach Satz 2 informiert das Bundeskriminalamt den Nutzer über die Übermittlung nach

을 위해 통지한 기타 정보의 변경(Änderungen der für die Anerkennung relevanten Umstände und sonstiger im Antrag auf Anerkennung mitgeteilter Angaben)에 관하여 알린다.

⑨ 공인된 자율규제기관은, 매년 7월 31일까지 직전 역년의 활동보고서(einen Tätigkeitsbericht über das vorangegangene Kalenderjahr)를 자신의 인터넷사이트에 공표해야 하고, 또 제4항의 행정관청에 제출해야 한다.

⑩ 공인(公認)에 대한 요건이 사후적으로 소멸한 경우에 그 공인의 전부 또는 일부가 철회되거나 부관(附款)으로 규율될 수 있다.

⑪ 어느 사회연결망운영자에 있어 제2항 제3호상의 의무 이행이 자율규제로의 연결(連結)로 인해 보장되지 않을 것(dass bei diesem Anbieter die Erfüllung der Pflichten des Absatzes 2 Nummer 3 durch einen Anschluss an die Regulierte Selbstregulierung nicht gewährleistet wird)으로 예상되는 경우 제4조에 따른 행정관청은, 그 사회연결망운영자에 대하여 제2항 제3호에 b목에 따른 결정의 이첩(移牒) 가능성이 어느 기간으로 정해진 기간 동안에 소멸하는 것으로 정할 수 있다.

제3조a 신고의무

① 사회연결망운영자는 본 조 제2항 내지 제5항에 따른 신고를 위한 효율적 절차를 마련해야만 한다.

② 사회연결망운영자는, 범죄의 기소를 가능하게 할 목적을 위하여 중앙기관인 연방범죄수사청에 다음의 콘텐츠를 제공한다,

1. 사회연결망운영자에게 위법한 콘텐츠에 관한 이의에서 신고되었고,
2. 그 사회연결망운영자가 삭제했거나 그에 대한 접근을 차단했으며,
3. 다음 각 목의 구성요건 중 어느 구성요건에 해당하고 위법성조각사유가 없다는 점에 대한 구체적 사실적 판단근거가 존재하는 콘텐츠,
   a) 형법전 제86조, 제86조a, 제89조a, 제91조, 제126조, 제129조 내지 제129조b, 제130조, 제131조 또는 제140조의 구성요건,
   b) 형법전 제184조b의 구성요건 또는,
   c) 생명, 성적자기결정권, 신체의 완전성이나 개인적 자유(die körperliche Unversehrtheit oder die persönliche Freiheit)에 대한 범죄로 협박하는 형태의, 형법전 제241조의 구성요건.

③ 사회연결망운영자는, 자신이 어느 콘텐츠를 차단하거나 그에 대한 접근을 차단한 후 지체 없이 제2항 제3호의 요건이 갖춰졌는지 여부를 심사한 다음, 지체 없이 제4항에 따른 콘텐츠를 (연방범죄수사청에) 제공해야 한다.

④ 연방범죄수사청에 대한 제공은 다음 각 호를 포함해야만 한다:

1. 그 콘텐츠,
2. 가능하다면, 다른 이용자와 콘텐츠를 공유했거나 공중이 접근하도록 한 이용자에게 최종적으로 할당된 포트번호[264]를 포함하여 IP주소.

⑤ 연방범죄수사청에 대한 제공은, 연방범죄수사청이 제공한 인터페이스에 대하여 전자적 방법으로 행해져야 한다.

⑥ 사회연결망운영자는, 그 콘텐츠가 저장된 이용자에게 연방범죄수사청에 대한 제공 후 4주후 이내에 제4항에 따른 제공에 관하여 알린다. 연방범죄수사청이 4주 이내에 그 정보제공이 수사목적의 위태화나 어느 사람의 생명, 신체의 완전성 또는 개인의 자유의 위태화나 중대한 재산가치의 위태화로 인하여 (wegen der Gefährdung des Untersuchungszwecks, des Lebens, der körperlichen Unversehrtheit oder der persönlichen Freiheit einer Person oder von bedeutenden Vermögenswerten) 보류된다는 명령을 한 경우에는 제1문은 적용하지 아니한다. 제2문에 따른 명령의 경우에 연방범죄수사청은 이용자에게, 이것이 제

Absatz 4, sobald dies ohne Gefährdung im Sinne des Satzes 2 möglich ist.

(7) Der Anbieter eines sozialen Netzwerks hat der in § 4 genannten Verwaltungsbehörde auf deren Verlangen Auskünfte darüber zu erteilen, wie die Verfahren zur Übermittlung von Inhalten nach Absatz 1 gestaltet sind und wie sie angewendet werden.

§ 3b Gegenvorstellungsverfahren

(1) Der Anbieter eines sozialen Netzwerks muss ein wirksames und transparentes Verfahren nach Absatz 2 vorhalten, mit dem sowohl der Beschwerdeführer als auch der Nutzer, für den der beanstandete Inhaltgespeichert wurde, eine Überprüfung einer nach § 3 Absatz 2 Satz 1 Nummer 1 bis 3 Buchstabe a getroffenen Entscheidung (ursprünglichen Entscheidung) herbeiführen kann. Der Überprüfung bedarf es nur, wenn der Beschwerdeführer oder der Nutzer, für den der beanstandete Inhalt gespeichert wurde, unter Angabe vonGründen einen Antrag auf Überprüfung innerhalb von zwei Wochen nach der Information über die ursprüngliche Entscheidung stellt (Gegenvorstellung). Der Anbieter des sozialen Netzwerks muss zu diesem Zweck ein leicht erkennbares Verfahren zur Verfügung stellen, das eine einfache elektronische Kontaktaufnahme und eine unmittelbare Kommunikation mit ihm ermöglicht. Die Möglichkeit der Kontaktaufnahme muss auch im Rahmen der Unterrichtung nach § 3 Absatz 2 Satz 1 Nummer 5 Buchstabe b eröffnet werden.

(2) Das Verfahren nach Absatz 1 Satz 1 muss gewährleisten, dass der Anbieter des sozialen Netzwerks

1. für den Fall, dass er der Gegenvorstellung abhelfen möchte, im Fall einer Gegenvorstellung des Beschwerdeführers den Nutzer und im Falle einer Gegenvorstellung des Nutzers den Beschwerdeführer über den Inhalt der Gegenvorstellung unverzüglich informiert sowie im ersten Fall dem Nutzer und im zweiten Fall dem Beschwerdeführer Gelegenheit zur Stellungnahme innerhalb einer angemessenen Frist gibt,
2. darauf hinweist, dass der Inhalt einer Stellungnahme des Nutzers an den Beschwerdeführer sowie der Inhalt einer Stellungnahme des Beschwerdeführers an den Nutzer weitergegeben werden kann,
3. seine ursprüngliche Entscheidung unverzüglich einer Überprüfung durch eine mit der ursprünglichen Entscheidung nicht befasste Person unterzieht,
4. seine Überprüfungsentscheidung dem Beschwerdeführer und dem Nutzer unverzüglich übermittelt und einzelfallbezogen begründet und
5. sicherstellt, dass eine Offenlegung der Identität des Beschwerdeführers und des Nutzers in dem Verfahren nicht erfolgt.

§ 3c Schlichtung

(1) Die in § 4 genannte Verwaltungsbehörde kann privatrechtlich organisierte Einrichtungen als Schlichtungsstellen zur außergerichtlichen Beilegung von Streitigkeiten zwischen Beschwerdeführern oder Nutzern, für die der beanstandete Inhalt gespeichert wurde, und Anbietern sozialer Netzwerke über nach § 3 Absatz 2 Satz 1 Nummer 1 bis 3 getroffene Entscheidungen anerkennen.

(2) Eine privatrechtlich organisierte Einrichtung ist als Schlichtungsstelle nach Absatz 1 anzuerkennen, wenn

1. ihr Träger eine juristische Person mit Sitz im Inland ist, die auf Dauer angelegt ist und deren Finanzierung gesichert ist,
2. die Unabhängigkeit, die Unparteilichkeit und die Sachkunde derjenigen Personen gewährleistet sind,

2문상의 위태화 없이 가능하게 되자마자 제4항에 따른 제공에 관하여 알린다.

⑦ 사회연결망운영자는 제4항상의 행정관청에 그 요구에 따라, 제1항에 따른 콘텐츠의 제공에 관한 절차가 어떻게 구성되었고 그 절차가 어떻게 적용되는지에 관한(wie die Verfahren zur Übermittlung von Inhalten nach Absatz 1 gestaltet sind und wie sie angewendet werden) 정보를 제공해야 한다.

제3조b 불복신청절차

① 사회연결망운영자는 제2항에 따른 효율적이고 투명한 절차로, 이의제기인뿐만 아니라 이의가 제기된 콘텐츠가 저장된 이용자가 제3조 제2항 제1문 제1호 내지 제3호 a목에 따라 행해진 결정[원결정(原決定; ursprünglichen Entscheidung)에 대한 재심사 실현을 가능해 줄 수 있는 절차를 마련해야만 한다. 이의제기인이나 이의가 제기된 콘텐츠가 저장된 이용자가 이유를 기재하여(unter Angabe von Gründen) 원결정에 관한 통지시로부터 2주 이내에 재심사 신청(einen Antrag auf Überprüfung)을 제기한 경우(불복신청; Gegenvorstellung)에만 그 재심사는 요구된다. 사회연결망운영자는 이러한 목적을 위하여 쉽게 알 수 있는 절차로, 간단한 전자적 접촉과 자신과의 직접적 통신을 가능하게 하는 절차(das eine einfache elektronische Kontaktaufnahme und eine unmittelbare Kommunikation mit ihm ermöglicht)를 제공해야만 한다. 그 접촉의 가능성은 제3조 제2항 제1문 제5호 b목의 알림 과정에서도 제공되어야만 한다(Die Möglichkeit der Kontaktaufnahme muss auch im Rahmen der Unterrichtung nach § 3 Absatz 2 Satz 1 Nummer 5 Buchstabe b eröffnet werden).

② 제1항 제1문에 따른 절차는 다음 각 호를 보장해야만 한다,

1. 사회연결망운영자가, 자신이 불복신청을 수용하기를 원하는 때(für den Fall, dass er der Gegenvorstellung abhelfen möchte)에는, 이의제기인의 불복신청의 경우에는 이용자에게 또한 이용자의 불복신청의 경우에는 이의제기인에게 지체 없이 그 불복신청의 내용을 알리고, 전자의 경우에 이용자에게 또한 후자의 경우에는 이의제기인에게 적절한 기간 내의 의견진술의 기회(機會)를 부여하도록 하는 것,
2. 사회연결망운영자가, 이용자의 의견진술 내용이 이의제기인에게 제공될 수 있고, 이의제기인의 의견진술 내용이 이용자에게 제공될 수 있다는 점을 안내하는 것,
3. 사회연결망운영자가 자신의 원결정에 대하여 원결정을 심리하지 않은 자에 의한 재심사를 받도록 하는 것,
4. 사회연결망운영자가 자신의 재심사결정을 이의제기인과 이용자에게 지체 없이 통지한 다음 개별사안별로 이유를 제시하는 것,
5. 이의제기인 및 이용자의 신원의 공개(eine Offenlegung der Identität des Beschwerdeführers und des Nutzers)가 그 절차에서 이뤄지지 않도록 보장하는 것.

제3조c 조정

① 제4항상의 행정관청은 사법(私法)상 조직된 기관을, 제3조 제2항 제1문 제1호 내지 제3호에 따라 행해진 결정에 관한(über nach § 3 Absatz 2 Satz 1 Nummer 1 bis 3 getroffene Entscheidungen), 이의제기인 또는 이의가 제기된 콘텐츠가 저장된 이용자와 사회연결망운영자 간의 분쟁의 재판 외 해결을 위한 조정기관으로 공인할 수 있다.

② 사법상 조직된 기관(Eine privatrechtlich organisierte Einrichtung)은 다음 각 호가 모두 갖춰진 경우에 제1항에 따른 조정기관으로 공인된다,

1. 그 기관이 속한 주체가 독일 내 주소를 둔 법인으로, 지속적으로 활동하고 그 자금이 확보된(die auf Dauer angelegt ist und deren Finanzierung gesichert ist) 법인일 것,
2. 조정을 심리해야 하는 사람들의 독립성, 공정성 및 전문지식(die Unabhängigkeit, die Unparteilichkeit

die mit der Schlichtung befasst werden sollen,

3. ihre sachgerechte Ausstattung und die zügige Bearbeitung der Schlichtungsverfahren sichergestellt sind,
4. sie eine Schlichtungsordnung hat, welche die Einzelheiten des Schlichtungsverfahrens und ihre Zuständigkeit regelt und welche ein einfaches, kostengünstiges, unverbindliches und faires Schlichtungsverfahren ermöglicht, an dem der Anbieter des sozialen Netzwerks, der Beschwerdeführer und der Nutzer, für den der beanstandete Inhalt gespeichert wurde, teilnehmen können,
5. sichergestellt ist, dass die Öffentlichkeit dauerhaft über Erreichbarkeit und Zuständigkeit der Schlichtungsstelle und über den Ablauf des Schlichtungsverfahrens, einschließlich der Schlichtungsordnung, informiert wird.

§ 3 Absatz 7 Satz 2 und 3 und Absatz 8 bis 10 gilt entsprechend.

(3) Beschwerdeführer und Nutzer, für die der beanstandete Inhalt gespeichert wurde, können eine Schlichtungsstelle im Rahmen ihrer Zuständigkeit anrufen, wenn zuvor ein Gegenvorstellungsverfahren nach § 3b durchgeführt wurde oder eine Überprüfung der Entscheidung im Sinne des § 3 Absatz 6 Nummer 3 stattgefunden hat und der Anbieter des sozialen Netzwerks allgemein oder im Einzelfall an der Schlichtung durch diese Schlichtungsstelle teilnimmt. Nimmt der Anbieter an der Schlichtung teil, darf er der Schlichtungsstelle den beanstandeten Inhalt, Angaben zum Zeitpunkt des Teilens oder der Zugänglichmachung des Inhalts und zum Umfang der Verbreitung sowie mit dem Inhalt in erkennbarem Zusammenhang stehende Inhalte übermitteln, soweit dies für das Schlichtungsverfahren erforderlich ist; übermittelt werden dürfen auch, im Falle einer Anrufung der Schlichtungsstelle durch den Beschwerdeführer, die Kontaktdaten des Nutzers, für den der beanstandete Inhalt gespeichert wurde, sowie, im Falle einer Anrufung der Schlichtungsstelle durch den Nutzer, für den der beanstandete Inhalt gespeichert wurde, die Kontaktdaten des Beschwerdeführers. Die Schlichtungsstelle ist befugt, die betreffenden personenbezogenen Daten zu verarbeiten, soweit dies für das Schlichtungsverfahren erforderlich ist; eine Offenlegung der personenbezogenen Daten des Beschwerdeführers und des Nutzers, für den der beanstandete Inhalt gespeichert wurde, ist ausgenommen.

(4) Die Teilnahme an den Schlichtungsverfahren ist freiwillig. Das Recht, die Gerichte anzurufen, bleibt unberührt. Das Verbraucherstreitbeilegungsgesetz vom 19. Februar 2016 (BGBl. I S. 254, 1039), das durch Artikel 1 des Gesetzes vom 30. November 2019 (BGBl. I S. 1942) geändert worden ist, ist nicht anzuwenden.

§ 3d Begriffsbestimmungen für Videosharingplattform-Dienste

(1) Im Sinne dieses Gesetzes

1. sind Videosharingplattform-Dienste

a) Telemedien, bei denen der Hauptzweck oder eine wesentliche Funktion darin besteht, Sendungen oder nutzergenerierte Videos, für die der Diensteanbieter keine redaktionelle Verantwortung trägt, der Allgemeinheit bereitzustellen, wobei der Diensteanbieter die Organisation der Sendungen oder der nutzergenerierten Videos, auch mit automatischen Mitteln, bestimmt,

b) trennbare Teile von Telemedien, wenn für den trennbaren Teil der in Buchstabe a genannte Hauptzweck vorliegt,

die Sachkunde)이 확보될 것,

3. 그 적절한 시설과 조정절차의 신속한 진행(die zügige Bearbeitung der Schlichtungsverfahren)이 확보될 것,
4. 그 기관이, 조절절차의 세부사항(die Einzelheiten des Schlichtungsverfahrens)과 자신의 관할을 규정하고, 간편하고 비용상 유리하며 비구속적이며 공정한 절차(welche ein einfaches, kostengünstiges, unverbindliches und faires Schlichtungsverfahren)로, 사회연결망운영자, 이의제기인과, 이의가 제기된 콘텐츠가 저장된 이용자가 참여할 수 있는 절차를 가능하게 해 주는 조정사무규칙(eine Schlichtungsordnung)을 가지고 있을 것,
5. 공중이 지속적으로 조정기관의 이용가능성과 관할(Erreichbarkeit und Zuständigkeit der Schlichtungsstelle)과, 조정사무규칙을 포함하여 조정절차의 진행에 관하여 정보를 제공받는다는 점이 보장될 것.

제3조 제7항 제2문, 제3문, 제8항 내지 제10항을 준용한다. .

③ 제3조b에 따른 불복신청절차가 그 전에 진행되었거나 제3조 제6항상의 결정에 대한 재심사가 이뤄지고 사회연결망운영자가 일반적으로 또는 개별적으로 그 조정기관에 의한 조정에 참여할 수 있는 경우에는 이의제기인과, 이의가 제기된 내용이 저장된 이용자(Beschwerdeführer und Nutzer, für die der beanstandete Inhalt gespeichert wurde)는 어느 조정기관에 그 조정기관의 관할 범위 내에서(im Rahmen ihrer Zuständigkeit) 조정을 신청할 수 있다. 사회연결망제공자가 조정에 참가하는 경우 그는, 이것이 조정절차를 위해 필요한 범위 내에서(soweit dies für das Schlichtungsverfahren erforderlich ist), 이의가 제기된 콘텐츠, 공유시기에 관한 정보나 콘텐츠에 대한 접근가능한 시기에 관한 정보, 전파 범위에 관한 정보와, 그 콘텐츠과 명백하게 연관이 있는 콘텐츠(mit dem Inhalt in erkennbarem Zusammenhang stehende Inhalte)을 제공해도 된다; 이의제기인에 의한 조정기관에 대한 조정신청의 경우(im Falle einer Anrufung der Schlichtungsstelle durch den Beschwerdeführer)에는 이의가 제기된 콘텐츠가 저장된 이용자의 연락정보와, 이의가 제기된 콘텐츠가 저장된 이용자에 의한 조정기관의 조정신청의 경우에는 이의제기인의 연락정보도 제공되어도 된다. 조정기관은, 이것이 조정절차를 위해 필요한 범위 내에서 그러한 개인정보(die betreffenden personenbezogenen Daten)를 처리할 권한을 갖는다; 이용자와, 이의가 제기된 콘텐츠가 저장된 이용자의 개인정보의 공개(eine Offenlegung der personenbezogenen Daten)는 배제(排除)된다.

④ 조정절차의 참여 여부(Die Teilnahme an den Schlichtungsverfahren)는 임의적(任意的)이다. 법원에 소송을 제기할 권리는 영향(影響)을 받지 아니한다. 2016년의 2월 19일의 소비자분쟁해결법(BGBl. I S. 254, 1039)으로, 2019년 11월 30일의 법률 제1조에 의하여 개정된 소비자분쟁해결법은 적용하지 아니한다.

제3조d 비디오공유플랫폼서비스에 대한 정의규정

① 본 법률에서 사용된 의미는 다음과 같다,

1. "비디오공유플랫폼서비스"는,

a) 주된 목적이나 핵심적 기능이 서비스제공자가 편집책임을 지지 아니하는 방송프로그램 또는 이용자가 제작한 동영상을 공중에 제공하는 데 있는 전기정보통신서비스를 말하는데, 이 경우 그 서비스제공자가 자동적 수단에 의한 경우를 포함하여, 방송프로그램과 이용자가 제작한 동영상의 편성(編成)(die Organisation der Sendungen und der nutzergenerierten Videos)을 결정한다,

a) 전기정보통신서비스의 분할 가능한 일부를 말하되, 그 분할 가능한 일부에 대하여 a목상의 주된 목적이 있는 경우에 한한다,

2. ist ein nutzergeneriertes Video eine von einem Nutzer erstellte Abfolge von bewegten Bildern mit oder ohne Ton, die unabhängig von ihrer Länge einen Einzelbestandteil darstellt und die von diesem oder einem anderen Nutzer auf einen Videosharingplattform-Dienst hochgeladen wird,
3. ist eine Sendung eine Abfolge von bewegten Bildern mit oder ohne Ton, die unabhängig von ihrer Länge Einzelbestandteil eines von einem Diensteanbieter erstellten Sendeplans oder Katalogs ist,
4. ist Mitgliedstaat jeder Mitgliedstaat der Europäischen Union und jeder andere Vertragsstaat des Abkommens über den Europäischen Wirtschaftsraum, für den die Richtlinie 2010/13/EU gilt,
5. ist Mutterunternehmen ein Unternehmen, das ein oder mehrere Tochterunternehmen kontrolliert,
6. ist Tochterunternehmen ein Unternehmen, das unmittelbar oder mittelbar von einem Mutterunternehmen kontrolliert wird,
7. ist Gruppe die Gesamtheit von Mutterunternehmen, allen seinen Tochterunternehmen und allen anderen mit dem Mutterunternehmen und seinen Tochterunternehmen wirtschaftlich und rechtlich verbundenen Unternehmen.

(2) Im Sinne dieses Gesetzes ist Sitzland eines Anbieters von Videosharingplattform-Diensten derjenige Mitgliedstaat, in dessen Hoheitsgebiet der Anbieter niedergelassen ist. Ist ein Anbieter von Videosharingplattform-Diensten nicht im Hoheitsgebiet eines Mitgliedstaats niedergelassen, so gilt derjenige Mitgliedstaat als Sitzland, in dessen Hoheitsgebiet

1. ein Mutterunternehmen oder ein Tochterunternehmen des Anbieters oder
2. ein anderes Unternehmen einer Gruppe, von welcher der Anbieter ein Teil ist,

niedergelassen ist.

(3) Sind in den Fällen des Absatzes 2 Satz 2 das Mutterunternehmen, das Tochterunternehmen oder die anderen Unternehmen der Gruppe jeweils in verschiedenen Mitgliedstaaten niedergelassen, so gilt der Anbieter als in dem Mitgliedstaat niedergelassen, in dem sein Mutterunternehmen niedergelassen ist, oder, mangels einer solchen Niederlassung, als in dem Mitgliedstaat niedergelassen, in dem sein Tochterunternehmen niedergelassen ist, oder, mangels einer solchen Niederlassung, als in dem Mitgliedstaat niedergelassen, in dem das andere Unternehmen der Gruppe niedergelassen ist. Gibt es mehrere Tochterunternehmen und ist jedes dieser Tochterunternehmen in einem anderen Mitgliedstaat niedergelassen, so gilt der Anbieter als in dem Mitgliedstaat niedergelassen, in dem eines der Tochterunternehmen zuerst seine Tätigkeit aufgenommen hat, sofern eine dauerhafte und tatsächliche Verbindung des Tochterunternehmens mit der Wirtschaft dieses Mitgliedstaats besteht. Gibt es mehrere andere Unternehmen, die Teil der Gruppe sind und von denen jedes in einem anderen Mitgliedstaat niedergelassen ist, so gilt der Anbieter als in dem Mitgliedstaat niedergelassen, in dem eines dieser Unternehmen zuerst seine Tätigkeit aufgenommen hat, sofern eine dauerhafte und tatsächliche Verbindung mit der Wirtschaft dieses Mitgliedstaats besteht.

(4) Treten zwischen der in § 4 genannten Verwaltungsbehörde und einer Behörde eines anderen Mitgliedstaats Meinungsverschiedenheiten darüber auf, welcher Mitgliedstaat Sitzland eines Anbieters von Videosharingplattform-Diensten ist oder als solcher gilt, so bringt die in § 4 genannte Verwaltungsbehörde dies der Europäischen Kommission unverzüglich zur Kenntnis.

§ 3e Für Videosharingplattform-Dienste geltende Vorschriften

(1) Für Anbieter von Videosharingplattform-Diensten gilt dieses Gesetz, sofern sich aus den Absätzen

2. “이용자가 제작한 동영상”은 이용자가 만든, 음성이 있거나 없는 연속된 동영상으로, 그 길이에 상관없이 개별적 구성요소가 되고 해당 이용자나 다른 이용자가 비디오공유플랫폼서비스에 업로드한 동영상을 말한다,
3. “방송프로그램”은, 음성이 있거나 없는 연속된 동영상으로, 그 길이에 상관없이 서비스제공자가 마련한 방송스케줄 또는 방송편성표(放送編成表)의 개별적 구성요소가 되는 동영상을 말한다,
4. “회원국”은, 각 유럽연합회원국 및 각 「유럽경제권에 관한 협약」의 유럽연합회원국 이외의 각 조인국(調印國)으로, 2010/13/EU호 입법지침이 적용되는 국가를 말한다,
5. “모기업”은 한 또는 여러 자회사를 통제하는 기업을 말한다,
6. “자회사”는 어느 모기업의 직접적 또는 간접적(unmittelbar oder mittelbar) 통제(統制)를 받는 기업(企業)을 말한다,
7. “기업집단”은 모기업, 모기업의 모든 자회사들(allen seinen Tochterunternehmen)과, 모기업 및 모기업의 자회사와 경제적·법적으로 결합된(wirtschaftlich und rechtlich verbundenen) 그 밖의 모든 기업들 전체를 말한다.

② 본 법률에서 비디오공유플랫폼서비스제공자의 본점소재지국(Sitzland eines Anbieters von Videosharingplattform-Diensten)은 그 제공자가 그 영토 내에서 설립한 회원국을 말한다. 어느 비디오공유플랫폼서비스제공자(ein Anbieter von Videosharingplattform-Diensten)가 어느 회원국의 영토 내에서 설립하지 않은 경우(Ist ein Anbieter von Videosharingplattform-Diensten nicht im Hoheitsgebiet eines Mitgliedstaats niedergelassen)에, 그 영토 내에서,

1. 그 제공자의 모기업 또는 자회사가 설립하거나,
2. 그 제공자가 그 일부로 속한 어느 기업집단 중 다른 기업이 설립한

회원국을 본점소재지국으로 본다.

③ 제2항 제2문의 경우에 모기업, 자회사나 기업집단 중 다른 기업(das Mutterunternehmen, das Tochterunternehmen oder die anderen Unternehmen der Gruppe)이 각각 여러 회원국에서 설립한 경우에 비디오공유플랫폼서비스제공자는 그 모기업이 설립한 회원국에서 설립한 것으로 보거나, 그러한 설립이 없는 경우에 그 자회사가 설립한 회원국에서 설립한 것으로 보거나, 그러한 설립도 없는 경우에 기업집단 중 다른 기업이 설립한 회원국에서 설립한 것으로 본다(mangels einer solchen Niederlassung, als in dem Mitgliedstaat niedergelassen, in dem das andere Unternehmen der Gruppe niedergelassen ist). 수개의 자회사가 있고 이러한 자회사 각각이 다른 회원국에서 설립한 경우에 비디오공유플랫폼서비스제공자는, 이러한 자회사의 지속적이고도 실질적인 관련성이 그러한 회원국의 경제와 있는 한(sofern eine dauerhafte und tatsächliche Verbindung mit der Wirtschaft dieses Mitgliedstaats besteht), 자회사들 중 어느 자회사가 자신의 활동을 최초로 개시한 회원국에서 설립된 것으로 본다. 기업집단의 일부인 수개의 다른 기업들이 있고, 그 다른 기업들 중 각각의 기업이 다른 회원국에서 설립된 경우에, 비디오공유플랫폼서비스제공자는 이러한 회원국의 경제와 지속적이고도 실질적인 관련성이 있는 한, 이러한 다른 기업들 중 어느 기업이 자신의 활동을 최초로 개시한 회원국에서 설립된 것으로 본다.

④ 제4항의 관청과 다른 회원국의 관청 간(zwischen der in § 4 genannten Verwaltungsbehörde und einer Behörde eines anderen Mitgliedstaats)에 어느 회원국이 비디오공유플랫폼서비스제공자의 본점소재지국인지 또는 그러한 본점소재지국으로 볼 수 있는지에 관한 의견상충(Meinungsverschiedenheiten)이 발생하는 경우 제4항의 관청은 이를 유럽연합집행위원회에 지체 없이 알린다.

제3조e 비디오공유플랫폼서비스에 적용되는 규정

① 제2항 또는 제3항에서 달리 정하지 않는 한, 비디오공유플랫폼서비스제공자에 대하여 본 법률을 적용

2 und 3 nichts Abweichendes ergibt.

(2) Für Anbieter von Videosharingplattform-Diensten, die im Inland weniger als zwei Millionen registrierte Nutzer haben, gilt dieses Gesetz nur, wenn die Bundesrepublik Deutschland nach § 3d Absatz 2 und 3 Sitzland ist oder als Sitzland gilt. Dieses Gesetz gilt für sie nur im Hinblick auf nutzergenerierte Videos und Sendungen nach § 3d Absatz 1 Nummer 2 und 3, welche Inhalte haben, die den Tatbestand der §§ 111, 130 Absatz 1 oder 2, der §§ 131, 140, 166 oder 184b in Verbindung mit § 184d des Strafgesetzbuches erfüllen und nicht gerechtfertigt sind. Abweichend von § 1 Absatz 2 sind diese Anbieter von Videosharingplattform-Diensten von den Pflichten nach den §§ 2, 3 Absatz 2 Satz 1 Nummer 3 und 4 sowie Absatz 4 und § 3a befreit.

(3) Für Anbieter von Videosharingplattform-Diensten, bei denen gemäß § 3d Absatz 2 und 3 ein anderer Mitgliedstaat als die Bundesrepublik Deutschland Sitzland ist oder als Sitzland gilt, gelten im Hinblick auf die in Absatz 2 Satz 2 genannten nutzergenerierten Videos und Sendungen die Pflichten nach den §§ 2, 3 und 3b nur auf der Grundlage und im Umfang einer Anordnung der in § 4 genannten Behörde. Die Anordnung darf nur ergehen, soweit die Voraussetzungen des § 3 Absatz 5 des Telemediengesetzes vom 26. Februar 2007 (BGBl. I S. 179), das zuletzt durch ··· [Artikel 5 des Entwurfs eines Gesetzes zur Bekämpfung des Rechtsextremismus und der Hasskriminalität, Bundestagsdrucksache 19/18470] geändert worden ist, in der jeweils geltenden Fassung erfüllt sind und unter Beachtung der danach erforderlichen Verfahrensschritte. Die in § 4 genannte Verwaltungsbehörde kann eine Stelle mit der Prüfung beauftragen, ob die Voraussetzungen des § 3 Absatz 5 Satz 1 des Telemediengesetzes vorliegen.

(4) Soweit nach den Absätzen 1 bis 3 für den Anbieter eines Videosharingplattform-Dienstes dieses Gesetz im Hinblick auf die in Absatz 2 Satz 2 genannten nutzergenerierten Videos und Sendungen gilt, ist er verpflichtet, mit seinen Nutzern wirksam zu vereinbaren, dass diesen die Verbreitung der in Absatz 2 Satz 2 genannten nutzergenerierten Videos und Sendungen verboten ist.

§ 3f Behördliche Schlichtung für Streitigkeiten mit Videosharingplattform-Diensten

(1) Bei der in § 4 genannten Verwaltungsbehörde wird eine behördliche Schlichtungsstelle eingerichtet. Die behördliche Schlichtungsstelle besteht zur außergerichtlichen Beilegung von Streitigkeiten mit Anbietern von Videosharingplattform-Diensten über Entscheidungen nach § 3 Absatz 2 Satz 1 Nummer 1 bis 3 im Hinblick auf das Vorliegen von nutzergenerierten Videos und Sendungen, welche Inhalte haben, die einen in § 3e Absatz 2 Satz 2 genannten Tatbestand erfüllen und nicht gerechtfertigt sind. Die behördliche Schlichtungsstelle ist nur zuständig für Streitigkeiten mit Anbietern von Videosharingplattform-Diensten, bei denen die Bundesrepublik Deutschland nach § 3d Absatz 2 Sitzland ist oder als Sitzland gilt, und nur, wenn der Anbieter nicht an einem Schlichtungsverfahren einer anerkannten Schlichtungsstelle nach § 3c Absatz 1 teilnimmt oder wenn keine privatrechtlich organisierte Einrichtung als Schlichtungsstelle nach § 3c Absatz 1 anerkannt ist.

(2) Die Anforderungen von § 3c Absatz 2 Satz 1 Nummer 2 bis 5 sowie § 3 Absatz 9 und § 3c Absatz 3 und 4 gelten für die behördliche Schlichtungsstelle entsprechend.

(3) Die behördliche Schlichtungsstelle kann für die Durchführung des Schlichtungsverfahrens Gebühren erheben, die in ihrer Schlichtungsordnung anzugeben sind."

§ 4 Bußgeldvorschriften

(1) Ordnungswidrig handelt, wer vorsätzlich oder fahrlässig

한다.

② 독일 내에서 200백 만 미만의 등록이용자를 가진 비디오공유플랫폼서비스제공자에 대하여 독일연방공화국이 제3조d 제2항 또는 제3항에 따라 본점소재지국이거나 본점소재지국으로 간주되는 경우에 한하여 본 법률을 적용한다. 형법전 제111조, 제130조 제1항 또는 제2항, 제131조, 제140조, 제166조 또는 제184조d와 연결된 제184조b의 구성요건에 해당하고 위법성조각사유가 없는 콘텐츠가 있는 제3조d 제1항 제2호 또는 제3호에 따른, 방송프로그램 및 이용자가 제작한 동영상과 관련해서(im Hinblick auf nutzergenerierte Videos und Sendungen nach § 3d Absatz 1 Nummer 2 und 3) 본 법률은 그 비디오공유플랫폼서비스제공자에 대하여만 적용한다. 제1조 제1항과 달리 이러한 비디오공유플랫폼서비스제공자는 제2조, 제3조 제2항 제1문 제3호, 제4호, 제4항 또는 제3조a에 따른 의무에서 면제된다.

③ 독일 이외의 다른 회원국이 제3조d 제2항 또는 제3항에 따라 본점소재지국이거나 본점소재지국으로 간주되는 비디오공유플랫폼서비스제공자에 대하여 제2항 제2문상의 방송프로그램 및 이용자가 제작한 동영상과 관련해서 제2조, 제3조 또는 제3조b에 따른 의무는 제4조상의 관청의 명령에 기하여만 또 그러한 명령에 범위 내에서(nur auf der Grundlage und im Umfang einer Anordnung der in § 4 genannten Behörde)만 적용된다. 그 명령은, 2007년 2월 26일의 전기정보통신서비스법(BGBl. I S. 179)으로, …[극우주의와 혐오범죄에 대한 대처(Bekämpfung des Rechtsextremismus und der Hasskriminalität)에 관한 법률안 제5조, 연방의회관보 19/18470]에 의하여 개정되고, 수시로 변경된 동 법률의 제3조 제5항상의 요건이 충족되고 이에 따라 필요한 절차조치를 준수해서(unter Beachtung der danach erforderlichen Verfahrensschritte)만 발령된다. 제4조상의 행정관청은 전기정보통신서비스법 제3조 제5항 제1문상의 요건이 존재하는지 여부에 관한 심사를 어느 기관에 위임할 수 있다.

④ 제2항 제2문상의 방송프로그램 및 이용자가 제작한 동영상과 관련하여 본 법률이 제1항 내지 제3항에 따라 비디오공유플랫폼서비스제공자에 대하여 적용되는 범위 내에서, 그는 자신의 이용자에게 제2항 제2문상의 방송프로그램 및 이용자가 제작한 동영상의 전파가 금지되도록 그 이용자와 효과적으로 약정할 의무를 진다.

제3조f 비디오공유플랫폼서비스제공자와의 분쟁에 대한 관청의 조정

① 관청의 조정기관이 제4항상의 행정관청의 경우에 설치된다. 관청의 조정기관은, 제3조e 제2항 제2문상의 구성요건에 해당하고 위법성조각사유가 없는 콘텐츠가 있는, 방송프로그램의 존재 및 이용자가 제작한 동영상과 관련한(im Hinblick auf das Vorliegen von nutzergenerierten Videos und Sendungen), 제3조 제2항 제1문 제1호 내지 제3호에 따른 결정에 관한 비디오공유플랫폼서비스제공자와의 분쟁의 재판외 해결을 위하여 존재한다. 관청의 조정기관은, 독일연방공화국이 제3조d 제2항에 따라 본점소재지국이거나 본점소재지국으로 간주되는 비디오공유플랫폼서비스제공자와의 분쟁만을 관할하고, 이는 그 제공자가 제3조c 제1항에 따른 공인 조정기관의 조정절차에 참여하지 않거나 사법상 조직된 기관이 제3조c 제1항에 따른 조정기관으로 공인되지 못한 경우에 한한다(wenn der Anbieter nicht an einem Schlichtungsverfahren einer anerkannten Schlichtungsstelle nach § 3c Absatz 1 teilnimmt oder wenn keine privatrechtlich organisierte Einrichtung als Schlichtungsstelle nach § 3c Absatz 1 anerkannt ist).

② 제3조c 제2항 제1문 제2호 내지 제5호 또는 제3조 제9항, 제3조c 제3항 또는 제4항에 따른 명령은 관청의 조정기관에 대하여 준용한다.

③ 관철의 조정기관은 조정절차의 진행을 위하여 조정명령에 기재된(die in ihrer Schlichtungsordnung anzugeben sind) 수수료를 징수할 수 있다.

제4조 범칙금규정

① 고의 또는 과실에 기하여 다음 각 호를 한 자는 질서위반행위를 범한 자이다,

1. entgegen § 2 Absatz 1 Satz 1 einen Bericht nicht, nicht richtig, nicht vollständig oder nicht rechtzeitig erstellt oder nicht, nicht richtig, nicht vollständig, nicht in der vorgeschriebenen Weise oder nicht rechtzeitig veröffentlicht,
2. entgegen § 3 Absatz 1 Satz 1 oder § 3b Absatz 1 Satz 1 ein dort genanntes Verfahren für den Umgang mit Beschwerden von Beschwerdestellen oder Nutzern, die im Inland wohnhaft sind oder ihren Sitz haben oder für eine Überprüfung einer Entscheidung, nicht, nicht richtig oder nicht vollständig vorhält,
3. entgegen § 3 Absatz 1 Satz 2 oder § 3b Absatz 1 Satz 3 ein dort genanntes Verfahren nicht oder nicht richtig zur Verfügung stellt,
4. entgegen § 3 Absatz 4 Satz 1 den Umgang mit Beschwerden nicht oder nicht richtig überwacht,
5. entgegen § 3 Absatz 4 Satz 2 eine organisatorische Unzulänglichkeit nicht oder nicht rechtzeitig beseitigt,
6. entgegen § 3 Absatz 4 Satz 3 eine Schulung oder eine Betreuung nicht oder nicht rechtzeitig anbietet,
7. entgegen § 3a Absatz 1 ein dort genanntes Verfahren nicht oder nicht richtig vorhält,
8. entgegen § 5 einen inländischen Zustellungsbevollmächtigten oder einen inländischen Empfangsberechtigten nicht benennt, oder
9. entgegen § 5 Absatz 2 Satz 2 als Empfangsberechtigter auf Auskunftsersuchen nicht reagiert.

(2) Die Ordnungswidrigkeit kann in den Fällen des Absatzes 1 Nummer 8 und 9 mit einer Geldbuße bis zu fünfhunderttausend Euro, in den übrigen Fällen des Absatzes 1 mit einer Geldbuße bis zu fünf Millionen Euro geahndet werden. § 30 Absatz 2 Satz 3 des Gesetzes über Ordnungswidrigkeiten ist anzuwenden.

(3) Die Ordnungswidrigkeit kann auch dann geahndet werden, wenn sie nicht im Inland begangen wird.

(4) Verwaltungsbehörde im Sinne des § 36 Absatz 1 Nummer 1 des Gesetzes über Ordnungswidrigkeiten ist das Bundesamt für Justiz. Das Bundesministerium der Justiz und für Verbraucherschutz erlässt im Einvernehmen mit dem Bundesministerium des Innern, für Bau und Heimat, dem Bundesministerium für Wirtschaft und Energie und dem Bundesministerium für Verkehr und digitale Infrastruktur allgemeine Verwaltungsgrundsätze über die Ausübung des Ermessens der Bußgeldbehörde bei der Einleitung eines Bußgeldverfahrens und bei der Bemessung der Geldbuße.

(5) Will die Verwaltungsbehörde ihre Entscheidung darauf stützen, dass nicht entfernte oder nicht gesperrte Inhalte rechtswidrig im Sinne des § 1 Absatz 3 sind, so soll sie über die Rechtswidrigkeit vorab eine gerichtliche Entscheidung herbeiführen. Zuständig ist das Gericht, das über den Einspruch gegen den Bußgeldbescheid entscheidet. Der Antrag auf Vorabentscheidung ist dem Gericht zusammen mit der Stellungnahme des sozialen Netzwerks zuzuleiten. Über den Antrag kann ohne mündliche Verhandlung entschieden werden. Die Entscheidung ist nicht anfechtbar und für die Verwaltungsbehörde bindend.

§ 4a Aufsicht

(1) Die in § 4 genannte Verwaltungsbehörde überwacht die Einhaltung der Vorschriften dieses Gesetzes.

(2) Stellt die in § 4 genannte Verwaltungsbehörde fest, dass ein Anbieter eines sozialen Netzwerks gegen die Vorschriften dieses Gesetzes verstoßen hat oder verstößt, so trifft sie die erforderlichen Maßnahmen gegenüber dem Anbieter. Sie kann den Anbieter insbesondere verpflichten, die Zuwiderhandlung

1. 제2조 제1항 제1문에 위반하여 보고를 하지 않거나 부정확하게 또는 불완전하게 하거나 적시에 하지 않은 자나, 보고서를 게재하지 않거나 부정확하게 또는 불완전하게 하거나 규정된 방식으로 하지 않거나 적시에 하지 않은 자,
2. 제3조 제1항 제1문 또는 제3조b 제1항 제1문에 위반하여, 이의처리기구에 대한 이의 처리나 독일에서 거주하거나 그 주소를 둔(die im Inland wohnhaft sind oder ihren Sitz haben) 이용자의 이의 처리를 위한 그 조항상의 절차를 마련하지 않거나 올바르지 않게 또는 불완전하게 마련하거나 또는 결정에 대한 재심사를 위한 그 조항상의 절차를 마련하지 않거나 올바르지 않게 또는 불완전하게 마련한 자,
3. 제3조 제1항 제2문 또는 제3조b 제1항 제3문에 위반하여 그 조항상의 절차(節次)를 제공하지 않거나 올바르게 제공하지 않은 자,
4. 제3조 제4항 제1문에 위반하여 이의처리를 감독하지 않거나 올바르게 감독하지 않은 자,
5. 제3조 제4항 제2문에 위반하여 조직적 결함(eine organisatorische Unzulänglichkeit)을 제거하지 않거나 적시에 제거하지 않은 자,
6. 제3조 제4항 제3문에 위반하여 교육 또는 지도를 하지 않거나 적시에 하지 않은 자,
7. 제조3a 제1항에 위반하여 그 조항상의 절차를 마련하지 않거나 적시에 마련하지 않은 자,
8. 제5조에 위반하여 국내송달대리인(einen inländischen Zustellungsbevollmächtigten) 또는 국내송달수령권자를 지정하지 않은 자,
9. 제5조 제2항 제2문에 위반하여 정보제공요구에 대하여 송달수령권자로서 답변을 하지 않은 자.

② 제1항 제8호 또는 제9호의 경우에 질서위반행위(秩序違反行爲)에 대하여 500,000유로 이하의 범칙금을, 제1항의 그 밖의 경우에 5,000,000유로의 범칙금(過怠料)에 처할 수 있다. 질서위반행위에 관한 법률 제30조 제2항 제3문을 적용한다.

③ 질서위반행위가 독일 내에서 자행되지 않더라도 그 질서위반행위에 대하여 범칙금(犯則金)에 처할 수 있다.

④ 질서위반행위에 관한 법률 제36조 제1항 제1호상의 행정관청은 연방법무청(das Bundesamt für Justiz)이다. 연방법무소비자보호부(Das Bundesministerium der Justiz und für Verbraucherschutz)는, 연방내무·건설부, 연방경제·에너지부 및 연방교통·디지털기반부와 협의하여, 범칙금절차의 개시와 범칙금 산정에 있어 범칙금부과관청의 재량의 행사에 관한 일반적 행정원칙(allgemeine Verwaltungsgrundsätze über die Ausübung des Ermessens der Bußgeldbehörde bei der Einleitung eines Bußgeldverfahrens und bei der Bemessung der Geldbuße)을 제정할 수 있다.

⑤ 행정관청이 삭제되지 않거나 차단되지 않은 콘텐츠가 제1조 제3항상의 위법한 것으로 자신의 판정에 대하여 이유를 대고자 하는 경우에, 행정관청은 그 위법성에 관하여 법원의 선결적(先決的) 재판을 촉탁해야 한다(so soll sie über die Rechtswidrigkeit vorab eine gerichtliche Entscheidung herbeiführen). 범칙금통지에 대한 이의에 대해 재판하는 법원이 이에 대하여 관할한다. 선결적(先決的) 재판에 대한 신청(Der Antrag auf Vorabentscheidung)은 사회연결망의 의견진술과 함께 법원에 송부되어야 한다. 그 신청에 대하여 구술변론 없이 재판할 수 있다. 해당 재판은 불복할 수 없고 행정관청을 기속한다(Die Entscheidung ist nicht anfechtbar und für die Verwaltungsbehörde bindend).

제4조a 감독

① 제4조상의 행정관청은 본 법률 규정의 준수를 감독한다.

② 제4조상의 행정관청이 사회연결망운영자가 본 법률 규정에 위반했거나 위반한 것으로 결정한 경우에 그 행정관청은 그 운영자에 대해 필요한 조치(die erforderlichen Maßnahmen)를 취한다. 그 행정관청은 그 운영자에게 특히 위반행위를 시정하도록(die Zuwiderhandlung abzustellen) 의무를 지울 수 있다. 제

4abzustellen. § 4 Absatz 5 gilt entsprechend.

(3) In dem Verwaltungsverfahren nach Absatz 2 erteilt der Anbieter eines sozialen Netzwerks der in § 4 genannten Verwaltungsbehörde auf deren Verlangen Auskunft über die zur Umsetzung dieses Gesetzes ergriffenen Maßnahmen, über die Anzahl der registrierten Nutzer im Inland sowie über die im vergangenen Kalenderjahr eingegangenen Beschwerden über rechtswidrige Inhalte; die Vertretung des Anbieters sowie bei juristischen Personen, Gesellschaften und nicht rechtsfähigen Vereinen die nach Gesetz oder Satzung zur Vertretung berufenen Personen sind verpflichtet, die verlangten Auskünfte im Namen des Unternehmens zu erteilen. Das Auskunftsverlangen muss verhältnismäßig sein. Soweit natürliche Personen nach Satz 1 zur Mitwirkung verpflichtet sind, müssen sie, falls die Informationserlangung auf andere Weise wesentlich erschwert oder nicht zu erwarten ist, auch Tatsachen offenbaren, die geeignet sind, eine Verfolgung wegen einer Straftat oder einer Ordnungswidrigkeit herbeizuführen. Jedoch darf eine Auskunft, die eine natürliche Person nach Satz 1 erteilt, in einem Strafverfahren oder in einem Verfahren nach dem Gesetz über Ordnungswidrigkeiten nur mit ihrer Zustimmung gegen diese Person oder einen der in § 383 Absatz 1 Nummer 1 bis 3 der Zivilprozessordnung bezeichneten Angehörigen verwendet werden. Gemäß Satz 1 erteilte Auskünfte dürfen in einem Verfahren zur Festsetzung einer Geldbuße nach § 30 des Gesetzes über Ordnungswidrigkeiten gegen den Anbieter nur mit Zustimmung des Anbieters oder derjenigen Person, die infolge ihrer Verpflichtung nach Satz 1 die Auskunft erteilt hat, verwendet werden.

(4) Zeugen sind in dem Verwaltungsverfahren nach Absatz 2 zur Aussage verpflichtet. Ein Zeuge kann die Aussage auf solche Fragen verweigern, deren Beantwortung ihn selbst oder einen der in § 383 Absatz 1 Nummer 1 bis 3 der Zivilprozessordnung bezeichneten Angehörigen der Gefahr strafgerichtlicher Verfolgung oder eines Verfahrens nach dem Gesetz über Ordnungswidrigkeiten aussetzen würde. Im Übrigen gelten die Vorschriften der Zivilprozessordnung über die Pflicht, als Zeuge auszusagen, entsprechend. Die in § 4 genannte Verwaltungsbehörde hat den Zeugen vor der Vernehmung über sein Recht zur Verweigerung des Zeugnisses zu belehren.

§ 5 Inländischer Zustellungsbevollmächtigter

(1) Anbieter sozialer Netzwerke haben im Inland einen Zustellungsbevollmächtigten zu benennen und auf ihrer Plattform in leicht erkennbarer und unmittelbar erreichbarer Weise auf ihn aufmerksam zu machen. An ihn können Zustellungen in Bußgeldverfahren und in aufsichtsrechtlichen Verfahren nach den §§ 4 und 4a oder in Gerichtsverfahren vor deutschen Gerichten wegen der Verbreitung oder wegen der unbegründeten Annahme der Verbreitung rechtswidriger Inhalte, insbesondere in Fällen, in denen die Wiederherstellung entfernter oder gesperrter Inhalte begehrt wird, bewirkt werden. Das gilt auch für die Zustellung von Schriftstücken, die solche Verfahren einleiten, für Zustellungen von gerichtlichen Endentscheidungen sowie für Zustellungen im Vollstreckungs-oder Vollziehungsverfahren.

(2) Für Auskunftsersuchen einer inländischen Strafverfolgungsbehörde ist eine empfangsberechtigte Person im Inland gegenüber der in § 4 genannten Verwaltungsbehörde zu benennen. Die empfangsberechtigte Person ist verpflichtet, auf Auskunftsersuchen nach Satz 1 48 Stunden nach Zugang zu antworten. Soweit das Auskunftsersuchen nicht mit einer das Ersuchen erschöpfenden Auskunft beantwortet wird, ist dies in der Antwort zu begründen. Die in § 4 genannte Verwaltungsbehörde führt eine Liste der empfangsberechtigten Personen. Sie gibt inländischen Strafverfolgungsbehörden hierüber

조 제5할을 준용한다.

③ 제2항에 따른 행정절차에서 사회연결망운영자는 제4조상의 행정관청에 그 요구가 있는 경우 본 법률의 시행을 위해 취한 조치에 관한 정보, 독일 내 등록이용자수와 직전 역년에 행해진, 위법한 콘텐츠에 관한 이의의 정보(über die Anzahl der registrierten Nutzer im Inland sowie über die im vergangenen Kalenderjahr eingegangenen Beschwerden über rechtswidrige Inhalte)를 제공할 수 있다; 그 연결망의 대표자 그리고, 법인, 조합 및 권리능력 없는 사단의 경우 법률 또는 규약에 따른 대표권자(bei juristischen Personen, Gesellschaften und nicht rechtsfähigen Vereinen die nach Gesetz oder Satzung zur Vertretung berufenen Personen)는 요구받은 정보를 기업의 이름으로 제공할 의무를 진다. 정보제공요구는 적절해야만 한다. 만일 다른 방법에 의한 정보제공요구가 현저히 어렵거나 이를 기대할 수 없는 경우에 제1문에 따른 법인은, 자신이 협력할 의무를 지는 범위 내에서, 범죄 또는 질서위반행위에 대한 소추를 가져오는 데(die geeignet sind, eine Verfolgung wegen einer Straftat oder einer Ordnungswidrigkeit herbeizuführen) 적합한 사실도 포함하여 제공해야만 한다. 하지만 제1문에 따른 법인이 제공한 정보는, 형사소송 또는 질서위반행위에 관한 법률에 따른 절차에서 이러한 자 또는 민사소송법 제383조 제1항 제1호 내지 제3호에 기재된 가족 중 어느 사람(einen der in § 383 Absatz 1 Nummer 1 bis 3 der Zivilprozessordnung bezeichneten Angehörigen)의 동의가 있어야만 사용될 수 있다. 제1문에 따라 제공된 정보는, 사회연결망제공자에 대한 질서행위에 관한 법률 제30조에 따른 범칙금의 부과 절차에서 그 제공자 또는 제1문에 따른 의무에 기하여 정보제공을 한(die infolge ihrer Verpflichtung nach Satz 1 die Auskunft erteilt hat) 자의 동의가 있어야만 사용될 수 있다.

④ 증인은 제2항에 따른 행정절차에서 증언할 의무를 진다. 증인은 그 답변으로 자기 자신 또는 민사소송법 제383조 제1항 제1호 내지 제3호에 기재된 가족 중 어느 사람이 형사기소 위험(危險)이나 질서위반행위에 관한 법률상의 절차의 위험(der Gefahr strafgerichtlicher Verfolgung oder eines Verfahrens nach dem Gesetz über Ordnungswidrigkeiten)에 노출될 수 있는 질문에 대한 증언을 거부할 수 있다. 그 밖에 증인으로서 증언할 의무에 관한 민사소송법 규정을 준용한다. 제4조상의 행정관청은 증인신문 전(vor der Vernehmung)에 증인에게 그 증언거부권에 관하여(über sein Recht zur Verweigerung des Zeugnisses) 안내해야 한다.

제5조 국내송달대리인

① 사회연결망운영자는 독일 내에서 송달대리인 1인(einen Zustellungsbevollmächtigten)을 지정해야 하고 자신의 플랫폼에서 쉽게 알아볼 수 있고 직접 접근할 수 방법으로 그에 대하여 주의를 환기시켜야 한다. 위법한 콘텐츠의 전파나 그 콘텐츠의 전파에 대한 이유가 기재되지 않은 추정으로 인한(wegen der Verbreitung oder wegen der unbegründeten Annahme der Verbreitung rechtswidriger Inhalte), 제4조 또는 제4조a에 따른 범칙금절차 및 감독법상 절차에서의 송달이나 독일 법원의 재판절차에서의 송달, 특히 삭제되거나 차단된 콘텐츠의 원상복구를 요구하는 경우의 송달은 그 국내송달대리인에 행해질 수 있다. 그러한 절차를 개시하는 서류의 송달, 법원의 재판의 송달과 집행절차 또는 형집행절차에서의 송달(für für Zustellungen im Vollstreckungs-oder Vollziehungsverfahren)에 대하여도 또한 같다.

② 독일 내 형사관청의 정보제공요구를 위하여 제4조상의 행정관청에 대한 독일 내 송달수령권자 1인을 지정해야 한다. 그 송달수령권자는 제1문에 따른 정보제공요구가 있는 경우에는 해당 접수 후 48시간 내에 답변을 할 의무를 진다. 그 정보제공요구에 대하여 과도(過度)한 정보요구로 대답을 하지 않는 경우에(Soweit das Auskunftsersuchen nicht mit einer das Ersuchen erschöpfenden Auskunft beantwortet wird) 그 답변에서 이에 대하여 이유를 제시해야 한다. 제4조상의 행정관청은 수령권자의 목록(eine Liste der empfangsberechtigten Personen)을 관리한다 그 행정관청은 독일의 형사관청에 그 요구가 있는 경우

auf Anfrage Auskunft

§ 6 Übergangsvorschriften

(1) Der Bericht nach § 2 wird erstmals für das erste Halbjahr 2018 fällig.

(2) Die Verfahren nach § 3 müssen innerhalb von drei Monaten nach Inkrafttreten dieses Gesetzes eingeführt sein. Erfüllt der Anbieter eines sozialen Netzwerkes die Voraussetzungen des § 1 erst zu einem späteren Zeitpunkt, so müssen die Verfahren nach § 3 drei Monate nach diesem Zeitpunkt eingeführt sein.

(3) Für Berichte, die sich auf Zeiträume bis einschließlich 31. Dezember 2021 beziehen, ist § 2 in der Fassung des Gesetzes vom 1. September 2017 (BGBl. I S. 3352) anzuwenden.

(4) Der Bericht nach § 3 Absatz 9 ist erstmals zum 31. Juli 2022 vorzulegen.

(5) Für Einrichtungen der Regulierten Selbstregulierung, die am 28. Juni 2021 bereits anerkannt waren, gilt § 3 Absatz 6 Nummer 3 bis zum Ablauf des Jahres 2022 in der Fassung des Gesetzes zur Verbesserung der Rechtsdurchsetzung in sozialen Netzwerken vom 1. September 2017 (BGBl. I S. 3352) anzuwenden.

(6) Auf Anbieter, die nicht Anbieter von Videosharingplattform-Diensten sind, ist § 3b erst ab dem 1. Oktober 2021 anzuwenden. Bei Anbietern von Videosharingplattform-Diensten ist § 3b im Hinblick auf lntalte, die keine nutzergenerierten Videos oder Sendungen sind, erst ab dem 1. Oktober 2021 anzuwenden.

그 목록에 관하여 정보를 제공한다.

제6조 경과규정

① 제2조에 따른 보고는 2018년 상반기 동안에 최초로 그 이행기가 도래한다.

② 제3조에 따른 절차는 본 법률의 시행 후 3개월 이내에 도입되어야만 한다. 사회연결망운영자(der Anbieter eines sozialen Netzwerkes)가 제1조상의 요건을 그 보다 늦은 시기에 비로소(erst zu einem späteren Zeitpunkt) 충족하는 경우에는 제3조의 절차는 이러한 시기로부터 3개월 이내에 도입되어야 한다.

③ 2021년 12월 31일까지의 기간에 적용되는 보고서에 대하여 2017년 9월 1일의 법률(BGBl. I S. 3352)의 형식의 제2조를 적용한다.

④ 제3조 제9항에 따른 보고서는 2022년 7월 31일에 최초로 제출한다.

⑤ 2021년 6월 28일에 이미 공인된 자율규제기관에 대하여, 2022년의 경과시까지 2017년 9월 1일의 「사회연결망에서의 법집행 개선에 관한 법률」(BGBl. I S. 3352) 형식에 있는 제3조 제5항 제3호를 적용한다.

⑥ 비디오공유플랫폼서비스제공자가 아닌 제공자에 대하여 2021년 10월 1일부터 비로소 제3조b를 적용한다. 비디오공유플랫폼서비스제공자의 경우(Bei Anbietern von Videosharingplattform-Diensten) 2021년 10월 1일부터 비로소, 방송프로그램 또는 이용자가 제작한 동영상이 아닌 내용과 관련하여 제3조b를 적용한다.

안심메일법

(BGBl. I S. 1858)

De-Mail-Gesetz

De-Mail-Gesetz

https://www.gesetze-im-internet.de/de-mail-g/BJNR066610011.html

Abschnitt 1 Allgemeine Vorschriften

§ 1 De-Mail-Dienste

(1) De-Mail-Dienste sind Dienste auf einer elektronischen Kommunikationsplattform, die einen sicheren, vertraulichen und nachweisbaren Geschäftsverkehr für jedermann im Internet sicherstellen sollen.

(2) Ein De-Mail-Dienst muss eine sichere Anmeldung, die Nutzung eines Postfach- und Versanddienstes für sichere elektronische Post sowie die Nutzung eines Verzeichnisdienstes und kann zusätzlich auch Identitätsbestätigungs- und Dokumentenablagedienste ermöglichen. Ein De-Mail-Dienst wird von einem nach diesem Gesetz akkreditierten Diensteanbieter betrieben.

(3) Elektronische Kommunikationsinfrastrukturen und sonstige Anwendungen, die der sicheren Übermittlung von Nachrichten und Daten dienen, bleiben unberührt.

§ 2 Zuständige Behörde

Zuständige Behörde nach diesem Gesetz ist das Bundesamt für Sicherheit in der Informationstechnik.

Abschnitt 2 Pflichtangebote und optionale Angebote des Diensteanbieters

§ 3 Eröffnung eines De-Mail-Kontos

(1) Durch einen De-Mail-Konto-Vertrag verpflichtet sich ein akkreditierter Diensteanbieter, einem Nutzer ein De-Mail-Konto zur Verfügung zu stellen. Ein De-Mail-Konto ist ein Bereich in einem De-Mail-Dienst, der einem Nutzer so zugeordnet ist, dass er nur von ihm genutzt werden kann. Der akkreditierte Diensteanbieter hat durch technische Mittel sicherzustellen, dass nur der diesem De-Mail-Konto zugeordnete Nutzer Zugang zu dem ihm zugeordneten De-Mail-Konto erlangen kann.

(2) Der akkreditierte Diensteanbieter hat die Identität des Nutzers und bei juristischen Personen, Personengesellschaften oder öffentlichen Stellen zusätzlich die Identität ihrer gesetzlichen Vertreter oder Organmitglieder zuverlässig festzustellen. Dazu erhebt und speichert er folgende Angaben:

1. bei einer natürlichen Person Name, Geburtsort, Geburtsdatum und Anschrift;
2. bei einer juristischen Person oder Personengesellschaft oder öffentlichen Stelle Firma, Name oder Bezeichnung, Rechtsform, Registernummer, soweit vorhanden, Anschrift des Sitzes oder der Hauptniederlassung und Namen der Mitglieder des Vertretungsorgans oder der gesetzlichen Vertreter; ist ein Mitglied des Vertretungsorgans oder der gesetzliche Vertreter eine juristische Person, so wird deren Firma, Name oder Bezeichnung, Rechtsform, Registernummer, soweit vorhanden, und Anschrift des Sitzes oder der Hauptniederlassung erhoben.

(3) Der akkreditierte Diensteanbieter hat die Angaben nach Absatz 2 vor Freischaltung des De-Mail-Kontos des Nutzers zu überprüfen:

1. bei natürlichen Personen

안심메일법(BGBl. I S. 1858).

법률공포일: 2011년 4월 28일
최근 법률개정일: 2021년 6월 23일(BGBl. I S. 1858).

제1장 총칙

제1조 안심메일서비스

① 안심메일[265]서비스는, 인터넷에서 누구에게나 안전하고 기밀이 유지되며 증명(證明)할 수 있는 상거래를 보장하는 전기통신플랫폼에 기반한 서비스를 말한다.

② 안심메일서비스로, 보안로그인, 안전한 전자우편을 위한 전자사서함(電子私書函)서비스 및 발신서비스의 이용(die Nutzung eines Postfach- und Versanddienstes für sichere elektronische Post)과, 디렉토리제공서비스의 이용이 가능해져야만 하고, 추가적으로 신원확인서비스 및 전자문서보관서비스가 가능해질 수 있다. 안심메일서비스는 본 법률에 좇아 공인된 서비스제공자가 운영한다.

③ 메시지와 정보의 안전한 전송을 위한 전기통신인프라 및 그 밖의 애플리케이션은 영향을 받지 아니한다.

제2조 관할 관청

본 법률에 따른 관할 관청은 연방정보통신기술보안청이다.

제2장 서비스제공자의 의무적 제공과 선택적 제공

제3조 안심메일계정의 개설

① 공인된 서비스제공자는 안심메일계약에 의하여 이용자에게 안심메일계정을 제공할 의무를 진다. 안심메일계정은, 이용자만이 이를 이용할 수 있도록 이용자에게 배정된 안심메일서비스의 도메인(ein Bereich[266] in einem De-Mail-Dienst)를 말한다. 공인된 서비스제공자는, 기술적 수단으로 안심메일계정을 배성받은 이용자만이 자신에게 배정된 안심메일계정에 접근할 수 있도록(dass nur der diesem De-Mail-Konto zugeordnete Nutzer Zugang zu dem ihm zugeordneten De-Mail-Konto erlangen kann) 보장한다.

② 공인된 서비스제공자는, 이용자의 신원을, 자연인, 인적결사체 또는 공공기관의 경우 추가로 그 법정대리인 또는 업무집행자의 신원(die Identität ihrer gesetzlichen Vertreter oder Organmitglieder)을 확실하게 확인해야 한다. 그는 이를 위하여 다음 정보를 수집하고 저장할 수 있다:

1. 자연인의 경우 이름, 출생지, 생년월일 및 주소;
2. 법인, 인적결사체 또는 공공기관의 경우 상호, 이름 또는 명칭, 법형식, 등기번호와, 해당하는 경우 본점 또는 주사무소의 주소, 대표기관 구성원이나 법정대리인의 이름(soweit vorhanden, Anschrift des Sitzes oder der Hauptniederlassung und Namen der Mitglieder des Vertretungsorgans oder der gesetzlichen Vertreter); 대표기관 구성원 또는 법정대리인이 법인인 경우(ist ein Mitglied des Vertretungsorgans oder der gesetzliche Vertreter eine juristische Person)에, 그 상호, 이름 또는 명칭, 법형식, 등기번호와, 해당하는 경우 본점 또는 주사무소의 주소가 수집된다.

③ 공인된 서비스제공자는 이용자의 안심메일계정의 활성화 전(vor Freischaltung des De-Mail-Kontos des Nutzers)에 제2항에 따른 정보를 다음 각 호에 의하여 검사(檢査)해야 한다:

1. 자연인의 경우,

a) anhand eines gültigen amtlichen Ausweises, der ein Lichtbild des Inhabers enthält und mit dem die Pass- und Ausweispflicht im Inland erfüllt wird, insbesondere anhand eines inländischen oder nach ausländerrechtlichen Bestimmungen anerkannten oder zugelassenen Passes, Personalausweises oder Pass- oder Ausweisersatzes,

b) anhand von Dokumenten, die bezüglich ihrer Sicherheit einem Dokument nach Buchstabe a gleichwertig sind,

c) anhand eines elektronischen Identitätsnachweises nach § 18 des Personalausweisgesetzes, nach § 12 des eID-Karte-Gesetzes oder nach § 78 Absatz 5 des Aufenthaltsgesetzes,

d) anhand einer qualifizierten elektronischen Signatur oder

e) anhand sonstiger geeigneter technischer Verfahren mit gleichwertiger Sicherheit zu einer Identifizierung anhand der Dokumente nach Buchstabe a;

2. bei juristischen Personen oder Personengesellschaften oder bei öffentlichen Stellen

a) anhand eines Auszugs aus dem Handels- oder Genossenschaftsregister oder aus einem vergleichbaren amtlichen Register oder Verzeichnis,

b) anhand der Gründungsdokumente,

c) anhand von Dokumenten, die bezüglich ihrer Beweiskraft den Dokumenten nach den Buchstaben a oder b gleichwertig sind, oder

d) durch Einsichtnahme in die Register- oder Verzeichnisdaten.

Soweit die Anschrift von natürlichen Personen nicht durch Verfahren nach Satz 1 Nummer 1 Buchstabe a bis e überprüft werden kann, ist sie anhand behördlicher Dokumente zu überprüfen, die zum Zweck der Anschriftsbescheinigung ausgestellt worden sind; sofern keine behördlichen Dokumente beigebracht werden können, ist die Anschrift anhand sonstiger geeigneter Verfahren zur Überprüfung der postalischen Erreichbarkeit zu überprüfen. Der akkreditierte Diensteanbieter kann von dem amtlichen Ausweis eine Kopie erstellen. Er hat die Kopie unverzüglich nach Feststellung der für die Identität erforderlichen Angaben des Teilnehmers zu vernichten. Der akkreditierte Diensteanbieter darf zur Identitätsfeststellung und -überprüfung mit Einwilligung des Nutzers auch personenbezogene Daten verarbeiten, die er zu einem früheren Zeitpunkt erhoben hat, sofern diese Daten die zuverlässige Identitätsfeststellung des Nutzers gewährleisten.

(4) Eine Nutzung der De-Mail-Dienste ist erst möglich, nachdem der akkreditierte Diensteanbieter das De-Mail-Konto des Nutzers freigeschaltet hat. Die Freischaltung erfolgt, sobald

1. der akkreditierte Diensteanbieter den Nutzer eindeutig identifiziert hat und die Identitätsdaten des Nutzers und bei Absatz 2 Nummer 2 auch dessen gesetzlichen Vertreters oder der Organmitglieder erhoben und erfolgreich überprüft worden sind,
2. der akkreditierte Diensteanbieter dem Nutzer dessen für die Erstanmeldung notwendigen Anmeldedaten auf geeignetem Wege übermittelt hat,
3. der Nutzer die Bestätigung nach § 9 Absatz 2 vorgenommen hat,
4. der Nutzer in die Prüfung seiner Nachrichten auf Schadsoftware durch den akkreditierten Diensteanbieter eingewilligt hat und
5. der Nutzer im Rahmen einer Erstanmeldung nachgewiesen hat, dass er die Anmeldedaten erfolgreich nutzen konnte.

(5) Der akkreditierte Diensteanbieter hat nach der Freischaltung des De-Mail-Kontos eines Nutzers die

a) 소지인의 사진이 포함되고(der ein Lichtbild des Inhabers enthält) 독일 내의 여권소지의무 또는 신분증소지의무(die Pass- und Ausweispflicht im Inland)를 이행되게 해 주는, 관청이 발급한 유효한 신분증명서에 의하여, 특히 독일법 규정이나 외국법규정에 좇아 승인되거나 허가된 여권, 신분증이나 대체여권 또는 대체신분증(Pass- oder Ausweisersatz)에 의하여,

b) 그 보장성과 관련하여 a목에 따른 문서와 동등한(die bezüglich ihrer Sicherheit einem Dokument nach Buchstabe a gleichwertig sind) 문서에 의하여,

c) 신분증법 제18조, 전자신분증법(eID-Karte-Gesetz) 제12조 또는 체류법 제78조 제6항에 따른 전자신분증에 의하여,

d) 공인전자서명에 의하여, 또는

e) a목에 따른 문서에 의한 신원확인에 관한 동등한 보장성을 지니는(mit gleichwertiger Sicherheit zu einer Identifizierung anhand der Dokumente nach Buchstabe a) 적절한 기타 기술적 방법에 의하여;

2. 법인, 인적결사체 또는 공공기관의 경우,

a) 상업등기부 또는 협동조합등기부나 이와 유사한 관청의 등기부 또는 등록부(einem vergleichbaren amtlichen Register oder Verzeichnis)에서 유래한 일부등록사항[267](Auszug)에 의하여,

b) 설립문서에 의하여,

c) 그 증명과 관련하여 a목 또는 b목과 동등한(die bezüglich ihrer Beweiskraft den Dokumenten nach den Buchstaben a oder b gleichwertig sind) 문서에 의하여, 또는

d) 등기부 또는 등록부의 열람에 의하여.

자연인의 주소를 제1문 제1호 a목 내지 e목에 따른 절차에 의하여 검사할 수 없는 범위 내에서, 주소증명의 목적으로 발급된 관청의 문서에 의하여 이를 검사해야 한다; 관청의 문서가 제공될 수 없는 경우(sofern keine behördlichen Dokumente beigebracht werden können)에, 그 주소는 우편 도달의 검사를 위한 적절한 기타 방법에 의하여 검사해야 한다. 공인된 서비스제공자는 관청이 발급한 증명서의 사본을 만들 수 있다. 그는 신원확인에 필요한 가입자 정보의 확인 후 지체 없이(unverzüglich nach Feststellung der für die Identität erforderlichen Angaben des Teilnehmers) 이러한 사본을 폐기해야 한다. 공인된 서비스제공자는, 이러한 개인정보가 이용자의 확실한 신원확인을 보장하는 경우(sofern diese Daten die zuverlässige Identitätsfeststellung des Nutzers gewährleisten)에, 신원확인 및 신원검사를 위하여(zur Identitätsfeststellung und -überprüfung) 이용자의 동의(同議)를 얻어 사전(事前)에 수집한 개인정보(auch personenbezogene Daten)도 처리해도 된다.

④ 안심메일의 이용은, 공인된 서비스제공자가 이용자의 안심메일계정을 활성화를 한 후 비로소 가능한다. 그 활성화는, 다음 각 호를 모두 마치자마자 행해진다,

1. 공인된 서비스제공자가 이용자에 대하여 명확하게 신원확인을 한 다음, 이용자의 신원정보(die Identitätsdaten des Nutzers)와, 제2항 제2호의 경우에 그 법정대리인 또는 업무집행자의 신원정보를 수집해서 이의 검사를 성공적으로 마칠 것,
2. 공인된 서비스제공자가 이용자에게 최초 로그인에 필요한 그의 로그인정보(dessen für die Erstanmeldung notwendigen Anmeldedaten)를 적절한 방법으로 전송할 것,
3. 이용자가 제9조 제2항에 따른 확인을 할 것,
4. 이용자가 공인된 서비스제공자가 행하는, 악성코드에 의한 메시지에 대한 검사(in die Prüfung seiner Nachrichten auf Schadsoftware durch den akkreditierten Diensteanbieter)에 동의를 할 것, 그리고
5. 이용자가 최초 로그인 과정에서 자신이 로그인정보를 성공적으로 이용할 수 있었다(dass er die Anmeldedaten erfolgreich nutzen konnte)는 점을 증명할 것.

⑤ 공인된 서비스제공자는, 이용자의 안심메일계정의 활성화 후(nach der Freischaltung des Richtigkeit der zu dem Nutzer gespeicherten Identitätsdaten sicherzustellen. Er hat die gespeicherten Identitätsdaten in angemessenen zeitlichen Abständen auf ihre Richtigkeit zu prüfen und soweit erforderlich zu berichtigen.

Fußnote

(+++ Hinweis: Die Änderung d. Art. 6 Abs. 1 G v. 21.6.2019 I 846 durch Art. 154a Nr. 3 Buchst. a G v. 20.11.2019 I 1626 (Verschiebung d. Inkrafttretens zum 1.11.2020) ist nicht ausführbar, da Art. 5 d. G v. 21.6.2019 I 846 zum Zeitpunkt d. Inkrafttretens d. G v. 20.11.2019 I 1626 bereits mWv 1.11.2019 in Kraft getreten war +++)

§ 4 Anmeldung zu einem De-Mail-Konto

(1) Der akkreditierte Diensteanbieter muss dem Nutzer den Zugang zu seinem De-Mail-Konto und den einzelnen Diensten mit einer sicheren Anmeldung oder auf Verlangen des Nutzers auch ohne eine solche sichere Anmeldung ermöglichen. Für die sichere Anmeldung hat der akkreditierte Diensteanbieter sicherzustellen, dass zum Schutz gegen eine unberechtigte Nutzung der Zugang zum De-Mail-Konto nur möglich ist, wenn zwei geeignete und voneinander unabhängige Sicherungsmittel eingesetzt werden; soweit bei den Sicherungsmitteln Geheimnisse verwendet werden, ist deren Einmaligkeit und Geheimhaltung sicherzustellen. Der Zugang zum De-Mail-Konto erfolgt ohne eine sichere Anmeldung, wenn nur ein Sicherungsmittel, in der Regel Benutzername und Passwort, verwendet wird. Der Nutzer kann verlangen, dass der Zugang zu seinem De-Mail-Konto ausschließlich mit einer sicheren Anmeldung möglich sein soll.
(2) Der akkreditierte Diensteanbieter hat zu gewährleisten, dass der Nutzer zwischen mindestens zwei Verfahren zur sicheren Anmeldung nach Absatz 1 Satz 2 wählen kann. Als ein Verfahren zur sicheren Anmeldung muss durch den Nutzer, soweit er eine natürliche Person ist, der elektronische Identitätsnachweis nach § 18 des Personalausweisgesetzes, nach § 12 des eID-Karte-Gesetzes oder nach § 78 Absatz 5 des Aufenthaltsgesetzes genutzt werden können.
(3) Der akkreditierte Diensteanbieter hat sicherzustellen, dass die Kommunikationsverbindung zwischen dem Nutzer und seinem De-Mail-Konto verschlüsselt erfolgt.

Fußnote

(+++ Hinweis: Die Änderung d. Art. 6 Abs. 1 G v. 21.6.2019 I 846 durch Art. 154a Nr. 3 Buchst. a G v. 20.11.2019 I 1626 (Verschiebung d. Inkrafttretens zum 1.11.2020) ist nicht ausführbar, da Art. 5 d. G v. 21.6.2019 I 846 zum Zeitpunkt d. Inkrafttretens d. G v. 20.11.2019 I 1626 bereits mWv 1.11.2019 in Kraft getreten war +++)

§ 5 Postfach- und Versanddienst

(1) Die Bereitstellung eines De-Mail-Kontos umfasst die Nutzung eines sicheren elektronischen Postfach- und Versanddienstes für elektronische Nachrichten. Hierzu wird dem Nutzer eine De-Mail-Adresse für elektronische Post zugewiesen, welche folgende Angaben enthalten muss:

1. im Domänenteil der De-Mail-Adresse eine Kennzeichnung, die ausschließlich für De-Mail-Dienste genutzt werden darf;
2. bei natürlichen Personen im lokalen Teil deren Nachnamen und einen oder mehrere Vornamen oder einen Teil des oder der Vornamen (Hauptadresse);

De-Mail-Kontos eines Nutzers) 이용자에 대하여 저장한 신원정보의 정확성을 보장해야 한다. 그는 저장된 신원정보를 적절한 시간 간격(in angemessenen zeitlichen Abständen)으로 그 정확성을 점검한 다음 필요한 경우 이를 정정해야 한다.

각주
[언급: 2019면 6월 21일 법률(I 846)에 의한 제5조가 2019년 11월 20일 법률(I 1626)에 의한 시행 당시에 이미 2019년 11월 1일부로 이미 발효가 되었기 때문에, 2019년 6월 21일 법률(I 846) 제6조 제1항에 의한 개정은, 2019년 11월 20일 법률(I 1626)(2020년 11월 1일 시행으로 연기됨) 제154조a 제3호 a목에 의하여 시행되지 않는다]

제4조 안심메일계정에 대한 로그인

① 공인된 서비스제공자는, 이용자에게 보안로그인에 의하여 또는 이용자의 요구가 있는 경우 보안로그인 없이도(mit einer sicheren Anmeldung oder auf Verlangen des Nutzers auch ohne eine solche sichere Anmeldung) 자신의 안심메일계정 및 개별 서비스에 대한 접근을 가능하도록 해 주어야만 한다. 공인된 서비스제공자는, 보안로그인과 관련하여 무권한자의 이용으로부터 보호를 위하여 상호 독립적인 두 개의 적절한 보안방식(Sicherungsmittel)이 사용된 경우에 한하여 안심메일계정에 대한 접근이 가능하도록 보장해야 한다; 그 보안방식에 비밀을 적용한 경우에 그 유일성(唯一性; Einmaligkeit)과 비밀유지를 보장해야 한다. 하나의 보안방식만이, 즉 통상적으로 사용자이름[268]와 비밀번호가 사용된 경우에는 안심메일계정에 대한 접근은 보안로그인을 하지 않고서도 행해진다. 이용자는 자신의 안심메일계정에 대한 접근이 오로지 보안로그인만으로 가능하도록(dass der Zugang zu seinem De-Mail-Konto ausschließlich mit einer sicheren Anmeldung möglich sein soll) 요구할 수 있다.

② 공인된 서비스제공자는, 이용자가 제1조 제2문에 따른 보안로그인을 위한 2가시 이싱의 방식들 중에서 이를 선택할 수 있도록(dass der Nutzer zwischen mindestens zwei Verfahren zur sicheren Anmeldung nach Absatz 1 Satz 2 wählen kann) 보장해야 한다. 이용자가 자연인인 경우에, 신분증법 제18조, 전자신분증법 제12조 또는 체류법 제78조 제5항에 따른 전자신분증이 이용자에 의하여 보안로그인을 위한 방식으로 이용될 수 있다.

③ 공인된 서비스제공자는 이용자와 이용자의 안심메일 간의 통신연결이 암호화되어 이뤄지도록 보장해야 한다.

각주
[언급: 2019면 6월 21일 법률(I 846)에 의한 제5조가 2019년 11월 20일 법률(I 1626)에 의한 시행 당시에 이미 2019년 11월 1일부로 이미 발효가 되었기 때문에, 2019년 6월 21일 법률(I 846) 제6조 제1항에 의한 개정은, 2019년 11월 20일 법률(I 1626)(2020년 11월 1일 시행으로 연기됨) 제154조a 제3호 a목에 의하여 시행되지 않는다]

제5조 전자사서함(電子私書函)서비스 및 발신서비스

① 안심메일계정의 제공은 전자메시지에 대한 안전한 전자적 전자사서함서비스 및 발신서비스의 이용을 포함한다. 이를 위해 이용자에게 전자우편을 위한 안심메일주소가 배정되고, 이 안심메일주소는 다음 각 호의 정보를 포함해야만 한다:

1. 안심메일의 도메인의 일부에서는 오로지 안심메일서비스에 대해서만 이용될 수 있는 표시(eine Kennzeichnung),
2. 자연인의 경우 로컬[269]의 일부에서(im lokalen Teil)는 그 자연인의 성씨와, 한 또는 여러 이름이나 이름의 일부(‘주된 주소“; Hauptadresse)

3. bei juristischen Personen, Personengesellschaften oder öffentlichen Stellen im Domänenteil eine Bezeichnung, welche in direktem Bezug zu ihrer Firma, Namen oder sonstiger Bezeichnung steht.

(2) Der akkreditierte Diensteanbieter kann Nutzern auf Verlangen auch pseudonyme De-Mail-Adressen zur Verfügung stellen, soweit es sich bei dem Nutzer um eine natürliche Person handelt. Die Inanspruchnahme eines Dienstes durch den Nutzer unter Pseudonym ist für Dritte erkennbar zu kennzeichnen.

(3) Der Postfach- und Versanddienst hat die Vertraulichkeit, die Integrität und die Authentizität der Nachrichten zu gewährleisten. Hierzu gewährleistet der akkreditierte Diensteanbieter, dass

1. die Kommunikation von einem akkreditierten Diensteanbieter zu jedem anderen akkreditierten Diensteanbieter über einen verschlüsselten gegenseitig authentisierten Kanal erfolgt (Transportverschlüsselung) und
2. der Inhalt einer De-Mail-Nachricht vom akkreditierten Diensteanbieter des Senders zum akkreditierten Diensteanbieter des Empfängers verschlüsselt übertragen wird.

Der Einsatz einer durchgängigen Verschlüsselung zwischen Sender und Empfänger (Ende-zu-Ende-Verschlüsselung) bleibt hiervon unberührt.

(4) Der Sender kann eine sichere Anmeldung nach § 4 für den Abruf der Nachricht durch den Empfänger bestimmen.

(5) Der akkreditierte Diensteanbieter muss dem Nutzer ermöglichen, seine sichere Anmeldung im Sinne von § 4 in der Nachricht so bestätigen zu lassen, dass die Unverfälschtheit der Bestätigung jederzeit nachprüfbar ist. Um dieses dem Empfänger der Nachricht kenntlich zu machen, bestätigt der akkreditierte Diensteanbieter des Senders die Verwendung der sicheren Anmeldung nach § 4. Hierzu versieht er im Auftrag des Senders die Nachricht mit einer dauerhaft überprüfbaren qualifizierten elektronischen Signatur; sind der Nachricht eine oder mehrere Dateien beigefügt, bezieht sich die qualifizierte elektronische Signatur auch auf diese. Die Bestätigung enthält bei natürlichen Personen den Namen und die Vornamen, bei juristischen Personen, Personengesellschaften oder öffentlichen Stellen die Firma, den Namen oder die Bezeichnung des Senders in der Form, in der diese nach § 3 Absatz 2 hinterlegt sind. Die Tatsache, dass der Absender diese Versandart genutzt hat, muss sich aus der Nachricht in der Form, wie sie beim Empfänger ankommt, ergeben. Die Bestätigung nach Satz 1 ist nicht zulässig bei Verwendung einer pseudonymen De-Mail-Adresse nach Absatz 2.

(6) Der akkreditierte Diensteanbieter mit Ausnahme der Diensteanbieter nach § 19 ist verpflichtet, elektronische Nachrichten nach den Vorschriften der Prozessordnungen und der Gesetze, die die Verwaltungszustellung regeln, förmlich zuzustellen. Im Umfang dieser Verpflichtung ist der akkreditierte Diensteanbieter mit Hoheitsbefugnissen ausgestattet (beliehener Unternehmer).

(7) Der akkreditierte Diensteanbieter bestätigt auf Antrag des Senders den Versand einer Nachricht. Die Versandbestätigung muss folgende Angaben enthalten:

1. die De-Mail-Adresse des Absenders und des Empfängers;
2. das Datum und die Uhrzeit des Versands der Nachricht vom De-Mail-Postfach des Senders;
3. den Namen und Vornamen oder die Firma des akkreditierten Diensteanbieters, der die Versandbestätigung erzeugt und
4. die Prüfsumme der zu bestätigenden Nachricht.

Der akkreditierte Diensteanbieter des Senders hat die Versandbestätigung mit einer qualifizierten

3. 법인, 인적결사체 또는 공공기관의 경우 도메인의 일부에서 그 상호, 이름 또는 기타 명칭과 직접적 관계가 있는 명칭.

② 이용자가 자연인인 경우에 공인된 서비스제공자는 그 이용자에게 그 요구에 따라 가명의 안심메일주소(auch pseudonyme De-Mail-Adressen)도 제공할 수 있다. 이용자의 가명처리한, 서비스 이용(Die Inanspruchnahme eines Dienstes durch den Nutzer unter Pseudonym)은 제3에게 명확하게 표시(表示)해야 한다.

③ 전자사서함서비스 및 발신서비스는 메시지의 기밀성(Vertraulichkeit), 무결성(Integrität) 및 진정성(眞正性; Authentizität)을 보장해야 한다. 이를 위해 공인된 서비스제공자는, 다음 각 호를 보장한다,

1. 어느 공인된 서비스제공자에서 각각의 다른 공인된 서비스제공자로의 통신이 상호 인증된 암호화된 통신회선(einen verschlüsselten gegenseitig authentisierten Kanal)를 통하여 행해질 것('전송암호화': Transportverschlüsselung),
2. 발신인의 공인된 서비스제공자에서 수신인의 공인된 서비스제공자로의 안심메일메시지의 내용이 암호화되어 전송될 것.

발신인과 수신인 간의 통상적인 암호화의 사용['종단(終端) 대(對) 종단(終端) 암호화[270)]'; Ende-zu-Ende-Verschlüsselung)는 이에 영향을 받지 아니한다.

④ 발신인은, 수신인의 메시지 호출(呼出)에 대하여 제4조에 따른 보안로그인(eine sichere Anmeldung nach § 4)을 하도록 지정할 수 있다.

⑤ 공인된 서비스제공자는, 이용자가 그 메시지에서 제4조상의 자신의 보안로그인을 확인받도록 해서 그 확인의 진정성(die Unverfälschtheit der Bestätigung)이 언제든지 검증될 수 있도록 해야만 한다. 발신인의 공인된 서비스제공자는 제4조에 따른 보안로그인의 사용을 확인하는데, 이는 메시지의 수신인이 이를 알아보도록 하기 위함(Um dieses dem Empfänger der Nachricht kenntlich zu machen)이다. 이를 위해 발신인의 공인된 서비스제공자는, 그 발신인의 위임에 기하여 그 메시지에 언제든지 확인할 수 있는 공인전자서명을 갖춘다; 그 메시지에 한 또는 여러 파일이 첨부되는 경우에, 공인전자서명이 이러한 파일에도 적용된다. 그 확인은, 이것들이 제3조 제2항에 따라 저장된 형태에 의한(in der Form, in der diese nach § 3 Absatz 2 hinterlegt sind,) 자연인의 경우는 성씨 및 이름을, 법인, 인적결사체 또는 공공기관의 경우 발신인의 상호, 이름 또는 명칭을 포함한다. 발신인(Die Tatsache, dass der Absender diese Versandart genutzt hat)이 이러한 발신방식을 이용했다는 사실은, 메시지가 수신인에 도달하는 형태에 의하여, 그 메시지에서 드러나야만 한다. 제1문에 따른 확인은, 제2항에 따른, 가명처리한 안심메일주소의 사용의 경우(bei Verwendung einer pseudonymen De-Mail-Adresse nach Absatz 2)에 허용되지 아니한다.

⑥ 제19조에 따른 서비스제공자를 제외한 공인된 서비스제공자(Der akkreditierte Diensteanbieter mit Ausnahme der Diensteanbieter nach § 19)는, 행정송달을 규율하는 절차법 및 법률의 규정에 좇아 전자메시지(elektronische Nachrichten)를 공식적으로 송달할 의무를 진다. 이러한 의무의 범위 내에서 공인된 서비스제공자는 고권적(高權的) 권한을 갖는다('공무수탁사인[271)]인 기업': beliehener Unternehmer).

⑦ 공인된 서비스제공자는 송신인의 요구가 있는 경우 메시지의 발신을 확인한다. 발신확인[272)]에는 다음 각 정보가 포함되어야 한다:

1. 발송인 및 수신인의 안심메일주소;
2. 송신인의 안심메일전자사서함에서의 메시지 발신의 날짜 및 시각;
3. 발신확인을 생성(生成)하는(der die Versandbestätigung erzeugt) 공인된 서비스제공자의 성씨 및 이름 또는 상호;
4. 확인해야 하는 메시지의 검사총계[273)]

발신인의 공인된 서비스제공자는, 발신확인에 공인전자서명(einer qualifizierten elektronischen Signatur)

elektronischen Signatur zu versehen.

(8) Auf Antrag des Senders wird der Eingang einer Nachricht im De-Mail-Postfach des Empfängers bestätigt. Hierbei wirken der akkreditierte Diensteanbieter des Senders und der akkreditierte Diensteanbieter des Empfängers zusammen. Der akkreditierte Diensteanbieter des Empfängers erstellt eine Eingangsbestätigung. Die Eingangsbestätigung enthält folgende Angaben:

1. die De-Mail-Adresse des Absenders und des Empfängers;
2. das Datum und die Uhrzeit des Eingangs der Nachricht im De-Mail-Postfach des Empfängers;
3. den Namen und Vornamen oder die Firma des akkreditierten Diensteanbieters, der die Eingangsbestätigung erzeugt und
4. die Prüfsumme der zu bestätigenden Nachricht.

(9) Eine öffentliche Stelle, welche zur förmlichen Zustellung nach den Vorschriften der Prozessordnungen und der Gesetze, die die Verwaltungszustellung regeln, berechtigt ist, kann eine Abholbestätigung verlangen. Aus der Abholbestätigung ergibt sich, dass sich der Empfänger nach dem Eingang der Nachricht im Postfach an seinem De-Mail-Konto sicher im Sinne des § 4 angemeldet hat. Hierbei wirken der akkreditierte Diensteanbieter der öffentlichen Stelle als Senderin und der akkreditierte Diensteanbieter des Empfängers zusammen. Der akkreditierte Diensteanbieter des Empfängers erzeugt die Abholbestätigung. Die Abholbestätigung muss folgende Angaben enthalten:

1. die De-Mail-Adresse des Absenders und des Empfängers;
2. das Datum und die Uhrzeit des Eingangs der Nachricht im De-Mail-Postfach des Empfängers;
3. das Datum und die Uhrzeit der sicheren Anmeldung des Empfängers an seinem De-Mail-Konto im Sinne des § 4;
4. den Namen und Vornamen oder die Firma des akkreditierten Diensteanbieters, der die Abholbestätigung erzeugt und
5. die Prüfsumme der zu bestätigenden Nachricht.

Der akkreditierte Diensteanbieter des Empfängers hat die Abholbestätigung mit einer qualifizierten elektronischen Signatur zu versehen. Der akkreditierte Diensteanbieter des Empfängers sendet diesem ebenfalls die Abholbestätigung zu. Die in Satz 5 genannten Daten dürfen ausschließlich zum Nachweis der förmlichen Zustellung im Sinne von § 5 Absatz 6 verarbeitet und genutzt werden.

(10) Der akkreditierte Diensteanbieter stellt sicher, dass Nachrichten, für die eine Eingangsbestätigung nach Absatz 8 oder eine Abholbestätigung nach Absatz 9 erteilt worden ist, durch den Empfänger ohne eine sichere Anmeldung an seinem De-Mail-Konto erst 90 Tage nach ihrem Eingang gelöscht werden können.

(11) Nutzern, die natürliche Personen sind, bietet der akkreditierte Diensteanbieter an, von allen an ihre De-Mail-Adresse adressierten Nachrichten eine Kopie an eine zuvor vom Nutzer angegebene De-Mail-Adresse (Weiterleitungsadresse) weiterzuleiten, ohne dass der Nutzer an seinem De-Mail-Konto angemeldet sein muss (automatische Weiterleitung). Der Nutzer kann ausschließen, dass im Sinne des Absatzes 4 an ihn gesendete Nachrichten weitergeleitet werden. Der Nutzer kann den Dienst der automatischen Weiterleitung jederzeit zurücknehmen. Um den Dienst der automatischen Weiterleitung nutzen zu können, muss der Nutzer sicher an seinem De-Mail-Konto angemeldet sein.

§ 6 Identitätsbestätigungsdienst

을 갖춰야 한다.

⑧ 발신인의 요구가 있는 경우 메시지가 수신인의 안심메일전자사서함에 수신된 것(der Eingang einer Nachricht im De-Mail-Postfach des Empfängers)을 확인한다. 이 경우 발신인의 공인된 서비스제공자와 수신인의 서비스제공자는 협력한다. 수신인의 공인된 서비스제공자는 수신확인(eine Eingangsbestätigung)을 생성한다. 수신확인에는 다음 각 호의 정보가 포함되어야만 한다:

1. 발신인 및 수신인의 안심메일주소;
2. 수신인의 안심메일전자사서함에 메시지가 도달한 날짜 및 시각;
3. 발신확인을 생성(生成)하는(der die Versandbestätigung erzeugt) 공인된 서비스제공자의 성씨 및 이름 또는 상호;
4. 확인해야 하는 메시지의 검사총계.

⑨ 행정송달을 규율하는 절차법 및 법률의 규정에 좇아 공식송달(förmliche Zustellung)을 할 권한이 있는 공공기관은, 송달확인(送達確認; Abholbestätigung)을 요구할 수 있다. 이러한 송달확인에서, 수신인이 메시지의 도달 후 자신의 안심메일계정의 전자사서함에 제4조상의 보안로그인을 직접 했다는 점(dass sich der Empfänger nach dem Eingang der Nachricht im Postfach an seinem De-Mail-Konto sicher im Sinne des § 4 angemeldet hat)이 나타난다. 이 경우 발신인인 공공기관의 공인된 서비스제공자와 수신인의 공인된 서비스제공자는 협력한다. 발신인의 공인된 서비스제공자는 송달확인을 생성(生成)한다. 이 송달확인에는 다음 각 호의 정보가 포함되어야만 한다:

1. 발신인 및 수신인의 안심메일주소;
2. 수신인의 안심메일전자사서함에 메시지가 도달한 날짜 및 시각;
3. 수신인이 제4조상의 자신의 안심메일계정에 보안로그인을 한(der sicheren Anmeldung des Empfängers an seinem De-Mail-Konto im Sinne des § 4) 날짜 및 시각;
4. 송달확인을 생성하는(der die Versandbestätigung erzeugt) 공인된 서비스제공자의 성씨 및 이름 또는 상호;
5. 확인해야 하는 메시지의 점검총계.

수신인의 공인된 서비스제공자는 송달확인에 공인전자서명을 갖춰야만 한다. 수신인의 공인된 서비스제공자는 마찬가지로 수신인에게 송달확인을 발송한다. 제5문상의 정보가 제5조 제6항상의 공식송달에 대한 증명만을 위하여(zum Nachweis der förmlichen Zustellung im Sinne von § 5 Absatz 6) 처리되고 이용될 수 있다.

⑩ 공인된 서비스제공자는, 제8항에 따른 수신확인이나 제9항에 따른 송달확인이 이뤄진 메시지가, 수신인에 의하여 그 안심메일계정에 대한 보안로그인을 하지 않더라도(ohne eine sichere Anmeldung an seinem De-Mail-Konto) 그 메시지의 수신 후 90일 경과하고 나서 비로소(erst 90 Tage nach ihrem Eingang) 삭제될 수 있다는 점을 보장한다.

⑪ 공인된 서비스제공자는 자연인인 이용자에게, 그 이용자의 안심메일주소에 도달한 일체의 메시지 중에서 사본을 이용자가 자신의 안심메일계정에 로그인을 할 필요 없이(ohne dass der Nutzer an seinem De-Mail-Konto angemeldet sein muss) 그가 이전(以前)에 진술(陳述)한 안심메일주소('전달주소': Weiterleitungsadresse)로 전달하는 서비스('자동 전달'; automatische Weiterleitung)를 제공한다. 그 이용자는, 자신에 발송된 메시지가 제4항의 목적을 위하여 전송되는 것을 배제할 수 있다. 이용자는 자동전송서비스를 언제든지 철회할 수 있다. 그 이용자는 자동전송서비스를 이용하기 위하여 자신의 안심메일계정에 보안로그인을 해야만 한다.

제6조 신원확인서비스

(1) Der akkreditierte Diensteanbieter kann einen Identitätsbestätigungsdienst anbieten. Ein solcher liegt vor, wenn sich der Nutzer der nach § 3 hinterlegten Identitätsdaten bedienen kann, um seine Identität gegenüber einem Dritten, der ebenfalls Nutzer eines De-Mail-Kontos ist, sicher elektronisch bestätigen zu lassen. Die Übermittlung der Identitätsdaten erfolgt mittels einer De-Mail-Nachricht, die der akkreditierte Diensteanbieter im Auftrag des Nutzers an den Dritten, welchem gegenüber er seine Identitätsdaten mitteilen möchte, sendet. Die De-Mail-Nachricht wird durch den akkreditierten Diensteanbieter mit einer qualifizierten elektronischen Signatur versehen.

(2) Der akkreditierte Diensteanbieter hat Vorkehrungen dafür zu treffen, dass Identitätsdaten nicht unbemerkt gefälscht oder verfälscht werden können.

(3) Die zuständige Behörde kann die Einschränkung der Verarbeitung eines Identitätsdatums anordnen, wenn Tatsachen die Annahme rechtfertigen, dass das Identitätsdatum auf Grund falscher Angaben ausgestellt wurde oder nicht ausreichend fälschungssicher ist.

§ 7 Verzeichnisdienst

(1) Der akkreditierte Diensteanbieter hat auf ausdrückliches Verlangen des Nutzers die De-Mail-Adressen, die nach § 3 hinterlegten Identitätsdaten Name und Anschrift, die für die Verschlüsselung von Nachrichten an den Nutzer notwendigen Informationen und die Information über die Möglichkeit der sicheren Anmeldung nach § 4 des Nutzers in einem Verzeichnisdienst zu veröffentlichen. Der akkreditierte Diensteanbieter darf die Eröffnung eines De-Mail-Kontos für den Nutzer nicht von dem Verlangen des Nutzers nach Satz 1 abhängig machen.

(2) Der akkreditierte Diensteanbieter hat eine De-Mail-Adresse, ein Identitätsdatum oder die für die Verschlüsselung von Nachrichten an den Nutzer notwendigen Informationen unverzüglich aus dem Verzeichnisdienst zu löschen, wenn

1. der Nutzer dies verlangt,
2. die Daten aufgrund falscher Angaben ausgestellt wurden,
3. der Diensteanbieter seine Tätigkeit beendet und diese nicht von einem anderen akkreditierten Diensteanbieter fortgeführt wird oder
4. die zuständige Behörde die Löschung aus dem Verzeichnisdienst anordnet.

Weitere Gründe für eine Löschung können vertraglich vereinbart werden.

(3) Die Veröffentlichung der De-Mail-Adresse im Verzeichnisdienst auf ein Verlangen des Nutzers als Verbraucher nach Absatz 1 allein gilt nicht als Eröffnung des Zugangs im Sinne von § 3a Absatz 1 des Verwaltungsverfahrensgesetzes, § 36a Absatz 1 des Ersten Buches Sozialgesetzbuch oder des § 87a Absatz 1 Satz 1 der Abgabenordnung. Auf Verlangen des Nutzers muss der akkreditierte Diensteanbieter durch einen geeigneten Zusatz die Erklärung des Nutzers im Verzeichnisdienst veröffentlichen, den Zugang im Sinne von § 3a des Verwaltungsverfahrensgesetzes, § 36a Absatz 1 des Ersten Buches Sozialgesetzbuch und des § 87a Absatz 1 Satz 1 der Abgabenordnung eröffnen zu wollen. Die Veröffentlichung der De-Mail-Adresse des Nutzers als Verbraucher mit diesem Zusatz im Verzeichnisdienst gilt als Zugangseröffnung. Satz 2 gilt entsprechend für die Entscheidung des Nutzers, die Zugangseröffnung zurückzunehmen.

(4) § 18 des Telekommunikation-Telemedien-Datenschutz-Gesetzes gilt entsprechend.

① 공인된 서비스제공자는 신원확인서비스를 제공할 수 있다. 이용자가, 마찬가지로 안심메일계정의 이용자인 제3자에 대하여 자신의 신원을 안전하게 전자적 방법으로 확인시키기 위하여, 제3조에 따라 저장된 신원정보(der nach § 3 hinterlegten Identitätsdaten)를 이용할 수 있는 경우에 그러한 서비스가 존재하는 것이다. 신원정보의 전송은, 이용자가 자신의 신원정보를 통지해 주기를 원하는 대상인 제3자에게 공인된 서비스제공자가 이용자의 위임에 기하여 발신하는(die der akkreditierte Diensteanbieter im Auftrag des Nutzers an den Dritten, welchem gegenüber er seine Identitätsdaten mitteilen möchte, sendet) 안심메일메시지에 의하여 행해진다. 공인된 서비스제공자가 안심메일메시지에 공인전자서명을 갖춘다.
② 공인된 서비스제공자는 신원정보가 몰래 위조(僞造) 또는 변조(變造)가 될 수 없도록 하는 조처를 취해야 한다.
③ 신원정보가 잘못된 정보에 기하여 발급되거나 위조로부터 충분히 안전하지 않다(dass das Identitätsdatum auf Grund falscher Angaben ausgestellt wurde oder nicht ausreichend fälschungssicher ist)는 추정을 정당화하는 사실이 있는 경우에, 관할 관청은 신원정보 처리의 제한을 명령할 수 있다.

제7조 디렉토리제공서비스
① 공인된 서비스제공자는, 이용자의 명시적 요구가 있는 경우 안심메일주소, 제3조에 따라 저장된 신원정보 중 이름 및 주소, 이용자에게 전송되는 메시지의 암호화에 필요한 정보와, 제4조에 따른 이용자의 보안로그인의 가능성에 관한 정보(die für die Verschlüsselung von Nachrichten an den Nutzer notwendigen Informationen und die Information über die Möglichkeit der sicheren Anmeldung nach § 4 des Nutzers)를 디렉토리제공서비스로 공개해야 한다. 공인된 제공서비스 제공자는, 이용자를 위한 안심메일계정의 개시를 제1문에 따른 이용자의 요구에 좌우되게 해서는 아니된다.
② 다음 각 호의 경우에 공인된 서비스제공자는, 디렉토리제공서비스에서 '안심메일주소', '신원정보나 이용자에게 전송된 메시지의 암호화에 필요한 정보'(die für die Verschlüsselung von Nachrichten an den Nutzer notwendigen Informationen)를 지체 없이 삭제해야 한다,
1. 이용자가 이를 요구하는 경우,
2. 위 정보가 잘못된 정보에 기하여 발급된 경우,
3. 서비스제공자가 자신의 활동을 종료하고 그 활동이 다른 공인된 서비스제공자에 의하여 계속되지 않은 경우,
4. 관할 관청이 디렉토리제공서비스에서 삭제를 명령한 경우.
삭제의 기타 이유에 대하여 계약으로 약정할 수 있다.
③ 제1항에 따른 소비자인 이용자의 요구에 기한, 안심메일주소의 디렉토리제공서비스에 수록만으로는 행정절차법 제3조a 제1항, 사회법전 제1권 제36조a 제1항 또는 조세기본법 제87조a 제1항 제1문상의 이용의 개시로 보지 아니한다. 이용자의 요구가 있는 경우에 공인된 서비스제공자는, 행정절차법 제3조a, 사회법전 제1권 제36조a 제1항 또는 조세기본법 제87조a 제1항 제1문상의 이용을 개시하고자 하기 위하여(den Zugang im Sinne von § 3a des Verwaltungsverfahrensgesetzes, § 36a Absatz 1 des Ersten Buches Sozialgesetzbuch und des § 87a Absatz 1 Satz 1 der Abgabenordnung eröffnen zu wollen) 적절한 첨언(添言)으로(durch einen geeigneten Zusatz) 이용자의 의사표시를 디렉토리제공서비스에서 공표해야만 한다. 이러한 첨언(添言)에 의한, 소비자인 이용자의 안심메일주소의 디렉토리제공서비스에 수록은 이용개시 (Zugangseröffnung)로 본다. 이용개시를 철회하는 이용자의 결정에 대하여(für die Entscheidung des Nutzers, die Zugangseröffnung zurückzunehmen) 제2문을 준용한다.
(4) 전기통신·전기정보통신서비스 정보보호법 제18조를 준용한다.

§ 8 Dokumentenablage

Der akkreditierte Diensteanbieter kann dem Nutzer eine Dokumentenablage zur sicheren Ablage von Dokumenten anbieten. Bietet er die Dokumentenablage an, so hat er dafür Sorge zu tragen, dass die Dokumente sicher abgelegt werden; Vertraulichkeit, Integrität und ständige Verfügbarkeit der abgelegten Dokumente sind zu gewährleisten. Der akkreditierte Diensteanbieter ist verpflichtet, alle Dokumente verschlüsselt abzulegen. Der Nutzer kann für jede einzelne Datei eine für den Zugriff erforderliche sichere Anmeldung nach § 4 festlegen. Auf Verlangen des Nutzers hat der akkreditierte Diensteanbieter ein Protokoll über die Einstellung und Herausnahme von Dokumenten bereitzustellen, das mit einer qualifizierten elektronischen Signatur gesichert ist.

Abschnitt 3 De-Mail-Dienste-Nutzung

§ 9 Aufklärungs- und Informationspflichten

(1) Der akkreditierte Diensteanbieter hat den Nutzer vor der erstmaligen Nutzung des De-Mail-Kontos über die Rechtsfolgen und Kosten der Nutzung von De-Mail-Diensten, insbesondere der Nutzung des Postfach- und Versanddienstes nach § 5, des Verzeichnisdienstes nach § 7 und der Dokumentenablage nach § 8, über die Rechtsfolgen und Kosten der Sperrung und Auflösung des De-Mail-Kontos nach § 10, der Einstellung der Tätigkeit nach § 11 und der Vertragsbeendigung nach § 12 sowie über die Maßnahmen zu informieren, die notwendig sind, um einen unbefugten Zugang zum De-Mail-Konto zu verhindern. Dies umfasst insbesondere auch Informationen

1. über die Möglichkeit und Bedeutung einer sicheren Anmeldung nach § 4 Absatz 1 Satz 2 sowie einen Hinweis dazu, dass ein Zugang zum De-Mail-Konto ohne sichere Anmeldung nicht den gleichen Schutz bietet wie mit einer sicheren Anmeldung und
2. über den Inhalt und die Bedeutung der Transportverschlüsselung nach § 5 Absatz 3 Satz 2 sowie der Verschlüsselung nach § 4 Absatz 3 sowie über die Unterschiede dieser Verschlüsselungen zu einer Ende-zu-Ende-Verschlüsselung nach § 5 Absatz 3 Satz 3.

Der akkreditierte Diensteanbieter muss den Nutzer außerdem darüber informieren, wie mit schadsoftwarebehafteten De-Mail-Nachrichten umgegangen wird.

(2) Der akkreditierte Diensteanbieter darf die erstmalige Nutzung des De-Mail-Kontos nur zulassen, wenn der Nutzer die erforderlichen Informationen in Textform erhalten und in Textform bestätigt hat, dass er die Informationen nach Absatz 1 erhalten und zur Kenntnis genommen hat.

(3) Informationspflichten nach anderen Gesetzen bleiben unberührt.

§ 10 Sperrung und Auflösung des De-Mail-Kontos

(1) Der akkreditierte Diensteanbieter hat den Zugang zu einem De-Mail-Konto unverzüglich zu sperren, wenn

1. der Nutzer es verlangt,
2. Tatsachen die Annahme rechtfertigen, dass die zur eindeutigen Identifizierung des Nutzers beim akkreditierten Diensteanbieter gespeicherten Daten nicht ausreichend fälschungssicher sind oder dass die sichere Anmeldung gemäß § 4 Mängel aufweist, die eine unbemerkte Fälschung oder Kompromittierung des Anmeldevorgangs zulassen,
3. die zuständige Behörde die Sperrung gemäß Absatz 2 anordnet oder

제8조 전자문서보관소

공인된 서비스제공자는 이용자에게 문서의 안전한 저장을 위한 전자문서보관소를 제공할 수 있다. 공인된 서비스제공자가 전자문서보관소를 제공하는 경우에 그는 문서가 안전하게 보관되도록 보장해야 한다; 보관한 문서의 기밀성, 무결성 및 지속적 효용성은 보장되어야 한다. 공인된 서비스제공자는 모든 문서를 암호화하여 저장할 의무를 진다. 이용자는, 각 개별적 파일에 대하여 그 접근에 필요한, 제4조에 따른 보안로그인(eine für den Zugriff erforderliche sichere Anmeldung nach § 4)을 하도록 지정할 수 있다. 이용자의 요구가 있는 경우 공인된 서비스제공자는 문서의 정렬 및 삭제에 관한 기록(ein Protokoll über die Einstellung und Herausnahme von Dokumenten)으로, 공인전자서명에 의하여 안전성이 확보되는 기록을 제공해야 한다.

제3장 안심메일서비스 이용

제9조 알릴 의무와 정보제공의무

① 공인된 서비스제공자는, 안심메일계정의 최초의 이용 전에 이용자에게, 안심메일서비스 이용, 특히 제5조에 따른 전자사서함서비스 및 발신서비스의 이용, 제7조에 따른 디렉토리제공서비스의 이용과 제8조에 따른 전자문서보관소의 이용의 법률효과 및 비용, 제10조에 따른 안심메일계정의 차단 및 해지, 제11조에 따른 활동의 종료와 제12조에 따른 계약종료의 법률효과 및 비용(die Rechtsfolgen und Kosten), 그리고 안심메일계정에 대한 무단접근을 방지하는 데 필요한(die notwendig sind, um einen unbefugten Zugang zum De-Mail-Konto zu verhindern) 조치에 관하여 알려야 한다. 이는 특히 다음 각 호의 정보도 포함한다,

1. 제4조 제1항 제2문에 따른 보안로그인의 가능성 및 중요성과, 안심메일계정에 대한 접근이 보안로그인 없이는 보안로그인에 의한 것과 동등한 보호를 제공하지 못한다는(dass ein Zugang zum De-Mail-Konto ohne sichere Anmeldung nicht den gleichen Schutz bietet wie mit einer sicheren Anmeldung) 안내,
2. 제5조 제3항 제2문에 따른 전송암호화의 내용 및 중요성과, 제4조 제3항에 따른 암호화 그리고 이러한 암호화와 제5조 제3항 제3문에 따른 종단 대 종단 암호화의 차이.

게다가 공인된 서비스제공자는 악성코드에 감염된 안심메일메시지가 어떻게 처리되는지에 관하여도 알려야만 한다.

② 이용자가 필요한 정보를 문면방식으로 수령한 다음 문면방식으로, 자신이 제1항에 따른 정보를 받은 후 이에 관하여 알게 되었다는 점을 확인한 경우에 한하여 공인된 서비스제공자는 안심메일계정의 최초 사용을 허용할 수 있다.

③ 다른 법률에 의한 정보제공의무는 영향을 받지 아니한다.

제10조 안심메일계정의 차단 및 해지

① 다음 각 호의 경우에, 공인된 서비스제공자는 안심메일계정에 대한 접근(接近)을 지체 없이 차단해야 한다,

1. 이용자가 이를 요구하는 경우,
2. 이용자의 명확한 신원확인을 위하여 공인된 서비스제공자가 저장한 정보가 위조로부터 충분히 안전하지 않거나, 인지하기 어려운 위조나 로그인과정의 신뢰훼손을 초래하는(die eine unbemerkte Fälschung oder Kompromittierung des Anmeldevorgangs zulassen) 하자가 제4조에 따른 보안로그인에 있다는 추정을 정당화하는 사실이 있는 경우,
3. 관할 관청이 제2항에 따른 차단을 명령한 경우,

4. die Voraussetzungen eines vertraglich zwischen dem akkreditierten Diensteanbieter und dem Nutzer vereinbarten Sperrgrundes vorliegen.

Im Fall des Satzes 1 Nummer 4 hat der akkreditierte Diensteanbieter die Sperrung so vorzunehmen, dass der Abruf von Nachrichten möglich bleibt; dies gilt nicht, soweit der vertraglich vereinbarte Sperrgrund den Abruf von Nachrichten ausschließt. Der akkreditierte Diensteanbieter hat den zur Sperrung berechtigten Nutzern eine Rufnummer bekannt zu geben, unter der diese unverzüglich eine Sperrung des Zugangs veranlassen können.

(2) Die zuständige Behörde kann die Sperrung eines De-Mail-Kontos anordnen, wenn Tatsachen die Annahme rechtfertigen, dass das De-Mail-Konto auf Grund falscher Angaben eröffnet wurde oder die zur eindeutigen Identifizierung des Nutzers beim akkreditierten Diensteanbieter vorgehaltenen Daten nicht ausreichend fälschungssicher sind oder die sichere Anmeldung gemäß § 4 Absatz 1 Mängel aufweist, die eine unbemerkte Fälschung oder Kompromittierung des Anmeldevorgangs zulassen.

(3) Der akkreditierte Diensteanbieter hat dem Nutzer nach Wegfall des Sperrgrundes den Zugang zum De-Mail-Konto erneut zu gewähren.

(4) Der akkreditierte Diensteanbieter hat ein De-Mail-Konto unverzüglich aufzulösen, wenn

1. der Nutzer dies verlangt oder
2. die zuständige Behörde die Auflösung anordnet.

Die zuständige Behörde kann die Auflösung anordnen, wenn die Voraussetzungen des Absatzes 2 vorliegen und eine Sperrung nicht ausreichend ist. Eine Vereinbarung über weitere Auflösungsgründe ist unwirksam.

(5) Der akkreditierte Diensteanbieter hat sich vor einer Sperrung nach Absatz 1 oder einer Auflösung nach Absatz 4 auf geeignete Weise von der Identität des zur Sperrung oder Auflösung berechtigten Nutzers zu überzeugen.

(6) Im Fall einer Sperrung nach Absatz 1 Satz 1 Nummer 1 bis 3 oder Absatz 1 Satz 1 Nummer 4 in Verbindung mit Absatz 1 Satz 2 zweiter Halbsatz sowie einer Auflösung nach Absatz 4 hat der akkreditierte Diensteanbieter den Eingang von Nachrichten in das Postfach eines gesperrten oder aufgelösten De-Mail-Kontos zu unterbinden und den Absender unverzüglich davon zu informieren.

(7) Sofern die Sperrung oder Auflösung des De-Mail-Kontos auf Veranlassung des akkreditierten Diensteanbieters oder der zuständigen Behörde erfolgt, ist der Nutzer über die Sperrung oder Auflösung zu informieren. In den Fällen des Absatzes 1 Satz 2 erster Halbsatz ist der akkreditierte Diensteanbieter verpflichtet, den Nutzer darüber zu informieren, dass er trotz Sperrung Nachrichten empfangen und abrufen kann.

§ 11 Einstellung der Tätigkeit

(1) Der akkreditierte Diensteanbieter hat die Einstellung seiner Tätigkeit unverzüglich der zuständigen Behörde anzuzeigen. Er hat dafür zu sorgen, dass das De-Mail-Konto von einem anderen akkreditierten Diensteanbieter übernommen werden kann. Er hat die betroffenen Nutzer unverzüglich über die Einstellung seiner Tätigkeit zu benachrichtigen und deren Zustimmung zur Übernahme des De-Mail-Kontos durch einen anderen akkreditierten Diensteanbieter einzuholen.

(2) Übernimmt kein anderer akkreditierter Diensteanbieter das De-Mail-Konto, muss der akkreditierte Diensteanbieter sicherstellen, dass die im Postfach und in der Dokumentenablage gespeicherten Daten

4. 공인된 서비스제공자와 이용자 간에 계약상 약정된 차단사유의 요건(die Voraussetzungen)이 존재하는 경우.

제1문 제4호의 경우에 공인된 서비스제공자는, 메시지의 호출(呼出)이 가능하도록 차단을 시행해야 한다; 계약상 약정된 차단사유가 메시지의 호출을 배제하는 범위 경우(soweit der vertraglich vereinbarte Sperrgrund den Abruf von Nachrichten ausschließt)에는 그러하지 아니하다. 공인된 서비스제공자는, 차단 권리를 가진 이용자가 지체 없이 접근차단을 촉탁하는 하는 데 쓰이는(unter der diese unverzüglich eine Sperrung des Zugangs veranlassen können) 전화번호를 그 이용자에게 알려야 한다.

② 안심메일계정이 잘못된 정보에 기하여 개설되거나 이용자의 명확한 신원확인을 위하여 공인된 서비스제공자가 보유하고 있는 정보가 위조로부터 충분히 안전하지 않거나, 인지하기 어려운 위조나 로그인과정의 신뢰훼손을 초래하는(die eine unbemerkte Fälschung oder Kompromittierung des Anmeldevorgangs zulassen) 하자가 제4조에 따른 보안로그인에 있다는 추정을 정당화하는 사실이 있는 경우에는 관할 관청은 안심메일계정의 차단을 명령할 수 있다.

③ 공인된 서비스제공자는, 차단사유의 소멸 후에 이용자가 안심메일계정의 이용을 다시 할 수 있도록 해야 한다.

④ 다음 각 호의 경우에 공인된 서비스제공자는 안심메일계정을 지체 없이 해지해야 한다,

1. 이용자가 이를 요구하는 경우,
2. 관할 관청이 명령한 경우.

관할 관청(Die zuständige Behörde)은, 제2항에 따른 요건이 존재하고 차단으로 충분하지 않은 경우에 그 해지를 명령할 수 있다. 추가적 해지사유에 관한 약정(Eine Vereinbarung über weitere Auflösungsgründe)은 무효이다.

⑤ 공인된 서비스제공자는, 제1항에 따른 차단 전(前)이나 제4항에 따른 해시 전(前)에 적절한 방법으로 그 차단 또는 해지의 권리를 가진 이용자의 신원을 확인해야(von der Identität des zur Sperrung oder Auflösung berechtigten Nutzers zu überzeugen) 한다.

⑥ 제1항 제1문 제1호 내지 제3호 또는 제1항 제2문 후단(後段)과 연결된, 제1항 제1문 제4호에 따른 차단의 경우와, 제4항에 따른 해지의 경우에, 공인된 서비스제공자는, 차단되거나 해지된 안심메일계정의 전자사서함에 대한 메시지의 수신(den Eingang von Nachrichten in das Postfach eines gesperrten oder aufgelösten De-Mail-Kontos)을 금지한 다음 발신인에게 지체 없이 이에 관하여 알려야 한다.

⑦ 안심메일계정의 차단 또는 해지가, 공인된 서비스제공자 또는 관할 관청의 촉탁에 기하여 행해지는 경우에, 이용자에게 그 차단 또는 해지(die Sperrung oder Auflösung)에 관하여 알려야 한다. 제1항 제2문 전단(前段)의 경우에 공인된 서비스제공자는, 자신이 그 차단에도 불구하고 메시지를 수령 및 호출(呼出)을 할 수 있다는 점(dass er trotz Sperrung Nachrichten empfangen und abrufen kann)을 이용자에게 알릴 의무를 진다.

제11조 활동의 종료

① 공인된 서비스제공자는 자신의 활동의 종료에 대하여 지체 없이 관할 관청에 신고해야 한다. 그 서비스제공자는, 안심메일계정이 다른 공인된 서비스제공자가 인수할 수 있도록 보장해야 한다. 그 서비스제공자는 해당 이용자에게 지체 없이 자신의 활동의 종료에 관하여 통지를 한 다음, 다른 공인된 서비스제공자가 안심메일계정을 인수하는 데에 대한 그 이용자의 동의를 얻어야(deren Zustimmung zur Übernahme des De-Mail-Kontos durch einen anderen akkreditierten Diensteanbieter einzuholen) 한다.

② 다른 공인된 서비스제공자가 안심메일계정을 인수하는 경우에, 그 공인된 서비스제공자는, 전자사서함과 전자문서보관소에 저장된 정보가 이용자에 대한 통지시로부터 최소 3개월간(für wenigstens drei

für wenigstens drei Monate ab dem Zeitpunkt der Benachrichtigung des Nutzers abrufbar bleiben.
(3) Der akkreditierte Diensteanbieter hat die Dokumentation nach § 13 an den akkreditierten Diensteanbieter, der das De-Mail-Konto nach Absatz 1 übernimmt, zu übergeben. Übernimmt kein anderer akkreditierter Diensteanbieter das De-Mail-Konto, übernimmt die zuständige Behörde die Dokumentation. In diesem Fall erteilt die zuständige Behörde bei Vorliegen eines berechtigten Interesses Auskunft daraus, soweit dies ohne unverhältnismäßigen Aufwand möglich ist.
(4) Der akkreditierte Diensteanbieter hat einen Antrag auf Eröffnung eines Insolvenzverfahrens der zuständigen Behörde unverzüglich anzuzeigen.

§ 12 Vertragsbeendigung
Der akkreditierte Diensteanbieter ist verpflichtet, dem Nutzer für einen Zeitraum von drei Monaten nach Vertragsende den Zugriff auf die im Postfach und in der Dokumentenablage abgelegten Daten zu ermöglichen und ihn auf ihre Löschung mindestens einen Monat vor dieser in Textform hinzuweisen.

§ 13 Dokumentation
(1) Der akkreditierte Diensteanbieter hat alle Maßnahmen zur Sicherstellung der Voraussetzungen der Akkreditierung und zur Erfüllung der in §§ 3 bis 12 genannten Pflichten so zu dokumentieren, dass die Daten und ihre Unverfälschtheit jederzeit nachprüfbar sind. Die Dokumentationspflicht umfasst den Vorgang der Eröffnung eines De-Mail-Kontos, jede Änderung von Daten, die hinsichtlich der Führung eines De-Mail-Kontos relevant sind, sowie jede Änderung hinsichtlich des Status eines De-Mail-Kontos. Für angefertigte Kopien von amtlichen Ausweisen gilt § 3 Absatz 3 Satz 3.
(2) Der akkreditierte Diensteanbieter hat die Dokumentation nach Absatz 1 während der Dauer des zwischen ihm und dem Nutzer bestehenden Vertragsverhältnisses sowie zehn weitere Jahre ab dem Schluss des Jahres aufzubewahren, in dem das Vertragsverhältnis endet.
(3) (weggefallen)

§ 14 Jugend- und Verbraucherschutz
Der akkreditierte Diensteanbieter hat bei Gestaltung und Betrieb der De-Mail-Dienste die Belange des Jugendschutzes und des Verbraucherschutzes zu beachten.

§ 15 Datenschutz
Der akkreditierte Diensteanbieter darf personenbezogene Daten des Nutzers eines De-Mail-Kontos nur verarbeiten, soweit dies zur Bereitstellung der De-Mail-Dienste und deren Durchführung erforderlich ist; im Übrigen gelten die Regelungen des Telemediengesetzes, des Telekommunikation-Telemedien-Datenschutz-Gesetzes und des Bundesdatenschutzgesetzes. Die datenschutzrechtlichen Regelungen dieser Gesetze gelten ergänzend zu der Verordnung (EU) 2016/679 des Europäischen Parlaments und des Rates vom 27. April 2016 zum Schutz natürlicher Personen bei der Verarbeitung personenbezogener Daten, zum freien Datenverkehr und zur Aufhebung der Richtlinie 95/46/EG (Datenschutz-Grundverordnung) (ABl. L 119 vom 4.5.2016, S. 1; L 314 vom 22.11.2016, S. 72; L 127 vom 23.5.2018, S. 2) in der jeweils geltenden Fassung.

§ 16 Auskunftsanspruch
(1) Ein akkreditierter Diensteanbieter erteilt Dritten Auskunft über Namen und Anschrift eines Nutzers,

Monate ab dem Zeitpunkt der Benachrichtigung des Nutzers) 호출될 수 있도록 보장한다.

③ 공인된 서비스제공자가 제13조에 따른 기록을 제1항에 따라 안심메일계정을 인수하는 공인된 서비스제공자에게 넘겨야 한다. 다른 공인된 서비스제공자가 안심메일계정을 인수하지 않는 경우에 관할 관청이 그 기록을 넘겨받는다. 이러한 경우 관할 관청은, 이것이 과도한 경비의 지출 없이도 가능한 범위 내에서(soweit dies ohne unverhältnismäßigen Aufwand möglich ist), 정당한 이익이 있는 때에 그 기록에서 얻은 정보를 제공한다.

④ 공인된 서비스제공자는, 관할 관청에 도산절차 개시의 신청(einen Antrag auf Eröffnung eines Insolvenzverfahrens)을 지체 없이 신고해야 한다.

제12조 계약종료

공인된 서비스제공자는, 이용자에게 계약종료시부터 3개월의 기간 동안에 전자사서함과 전자문서보관소에 보관된 정보에 대한 접근을 가능하게 할 의무를 지고, 또 이용자에게 최소한 그 삭제로부터 3개월 전에 그 삭제에 대하여 문면방식으로 안내할 의무를 진다.

제13조 기록

① 공인된 서비스제공자는, 그 정보와 정보의 진정성을 언제든지 검증할 수 있도록(dass die Daten und ihre Unverfälschtheit jederzeit nachprüfbar sind) 공인 요건의 보장과 제3조 내지 제12조상의 의무의 이행을 위한 일체의 조치에 대하여 기록해야 한다. 기록의무는 안심메일계정의 개설 과정, 안심메일계정의 관리와 관련된(die hinsichtlich der Führung eines De-Mail-Kontos relevant sind) 정보의 모든 변경 그리고 안심메일계정의 지위(Status)에 관한 모든 변경을 포함한다. 관청이 발급한 신분증의 사본 제작에 대하여는 제3조 제3조 세3문을 적용한다.

② 공인된 서비스제공자는, 자신과 이용자 간에 성립한 계약관계가 존속하는 동안과, 계약관계가 종료한(in dem das Vertragsverhältnis endet) 해의 경과시로부터 추가적 10년 동안에 제1항에 따른 기록을 보관해야 한다.

③ 삭제

제14조 청소년보호 및 소비자보호

공인된 서비스제공자는 안심메일서비스의 구성과 운영(bei Gestaltung und Betrieb der De-Mail-Dienste)에 있어 청소년 및 소비자의 이익을 존중해야 한다.

제15조 정보보호

공인된 서비스제공자는, 이것이 안심메일서비스의 제공과 그 서비스의 이행에 필요한 범위 내에서(soweit dies zur Bereitstellung der De-Mail-Dienste und deren Durchführung erforderlich ist), 안심메일계정 이용자의 개인정보를 처리할 수 있다; 그 밖의 경우에 '전기정보통신서비스법', '전기통신·전기정보통신서비스 정보보호법(Telekommunikation-Telemedien-Datenschutz-Gesetz)' 및 '연방개인정보보호법(Bundesdatenschutzgesetz)'의 규정을 적용한다. 이러한 법률들상의 정보보호법적 규정은, 수시로 개정된「개인정보 처리시 자연인의 보호(Schutz natürlicher Personen bei der Verarbeitung), 자유로운 정보이동(freien Datenverkehr)과, 95/46/EG호 입법지침의 폐지에 관한 2016년 4월 27일 유럽연합 의회 및 이사회 (EU) 2016/679호 법(法)」(개인정보보호기본법)(ABl. L 119 vom 4.5.2016, S. 1; L 314 vom 22.11.2016, S. 72; L 127 vom 23.5.2018, S. 2)에 추가적으로 적용된다.

제16조 정보제공청구권

① 공인된 서비스제공자는 다음 각 호를 모두 갖춘 경우에 어느 이용자의 이름 및 주소에 관한 정보를

wenn

1. der Dritte glaubhaft macht, die Auskunft zur Verfolgung eines Rechtsanspruches gegen den Nutzer zu benötigen,
2. sich die Auskunft auf ein Rechtsverhältnis zwischen dem Dritten und dem Nutzer bezieht, das unter Nutzung von De-Mail zustande gekommen ist,
3. der Dritte die zur Feststellung seiner Identität notwendigen Angaben im Sinne von § 3 Absatz 2 macht,
4. der akkreditierte Diensteanbieter die Richtigkeit der Angaben nach § 3 Absatz 3 überprüft hat,
5. das Verlangen nicht rechtsmissbräuchlich ist, insbesondere nicht allein dem Zweck dient, ein Pseudonym aufzudecken, und
6. die schutzwürdigen Interessen des Nutzers im Einzelfall nicht überwiegen.

(2) Der Dritte hat dem akkreditierten Diensteanbieter zur Glaubhaftmachung nach Absatz 1 Nummer 1 elektronische Nachrichten oder Schriftstücke zu übermitteln, aus denen sich das Rechtsverhältnis zum Nutzer ergibt, sofern diese angefallen sind. Der akkreditierte Diensteanbieter hat den Nutzer von dem Auskunftsersuchen unverzüglich und unter Benennung des Dritten zu informieren und ihm Gelegenheit zur Stellungnahme zum Auskunftsersuchen zu gewähren, soweit dies die Verfolgung des Rechtsanspruchs des Dritten nicht im Einzelfall gefährdet.

(3) Der akkreditierte Diensteanbieter kann den Ersatz der für die Auskunftserteilung erforderlichen Aufwendungen verlangen.

(4) Die durch die Auskunftserteilung erlangten Daten dürfen nur zu dem bei dem Ersuchen angegebenen Zweck verwendet werden.

(5) Der akkreditierte Diensteanbieter hat die Auskunftserteilung nach Absatz 1 zu dokumentieren und den Nutzer von der Erteilung der Auskunft zu informieren. Die Dokumentationspflicht nach Satz 1 umfasst den Antrag zur Auskunftserteilung samt Angabe des Dritten nach Absatz 1, die Entscheidung des akkreditierten Diensteanbieters, die Identifizierungsdaten des bearbeitenden Mitarbeiters des akkreditierten Diensteanbieters, die Mitteilung des Ergebnisses an den auskunftsersuchenden Dritten, die Mitteilung über die Auskunftserteilung an den Nutzer und die jeweilige gesetzliche Zeit bei einzelnen Prozessen innerhalb der Auskunftserteilung. Die Dokumentation ist drei Jahre aufzubewahren.

(6) Die §§ 13 und 13a des Gesetzes über Unterlassungsklagen bei Verbraucherrechts- und anderen Verstößen bleiben unberührt.

(7) Die nach anderen Rechtsvorschriften bestehenden Regelungen zu Auskünften gegenüber öffentlichen Stellen bleiben unberührt.

Abschnitt 4 Akkreditierung

§ 17 Akkreditierung von Diensteanbietern

(1) Diensteanbieter, die De-Mail-Dienste anbieten wollen, müssen sich auf schriftlichen Antrag von der zuständigen Behörde akkreditieren lassen. Die Akkreditierung ist zu erteilen, wenn der Diensteanbieter nachweist, dass er die Voraussetzungen nach § 18 erfüllt und wenn die Ausübung der Aufsicht über den Diensteanbieter durch die zuständige Behörde gewährleistet ist. Akkreditierte Diensteanbieter erhalten ein Gütezeichen der zuständigen Behörde. Das Gütezeichen dient als Nachweis für die umfassend geprüfte

제3자에게 제공한다,

1. 제3자가 이용자를 상대로 한 권리의 추구(Verfolgung eines Rechtsanspruch)를 위하여 해당 정보를 필요로 한다는 점을 소명할 것,
2. 해당 정보가 제3자와 이용자 간의 법률관계로, 안심메일의 이용하에 성립된(das unter Nutzung von De-Mail zustande gekommen ist) 법률관계에 관련될 것,
3. 제3자가 자신의 신원을 확인하는 데 필요한, 제3조 제2항상의 정보(die zur Feststellung seiner Identität notwendigen Angaben im Sinne von § 3 Absatz 2)를 생성할 것,
4. 공인된 서비스제공자가 정보의 정확성을 제3조 제3항에 따라 검사할 것,
5. 그 요구가 권리남용이 아니고, 특히 단지 가명(假名)을 규명하기 위한 목적이 아닐 것(insbesondere nicht allein dem Zweck dient, ein Pseudonym aufzudecken), 그리고
6. 개별사안에서 이용자의 보호할 만한 이익이 우월하지 않을 것.

② 제3자는, 공인된 서비스제공자에게 제1항 제1호에 따른 소명을 위하여, 이용자와의 법률관계의 성립의 근거가 되는 전자메시지 또는 서류를 제공해야 하는데, 이것들이 작성된 경우에 한한다(sofern diese angefallen sind). 공인된 서비스제공자는, 이것이 개별사안에서 제3자의 권리 추구를 위태롭게 하지 않은 범위 내에서(soweit dies die Verfolgung des Rechtsanspruchs des Dritten nicht im Einzelfall gefährdet), 이용자에게 지체 없이 또 제3자의 명칭을 밝혀 위와 같은 정보제공요구를 알린 다음, 그 이용자에게 정보제공요구에 관한 의견진술의 기회를 부여해야 한다.

③ 공인된 서비스제공자는 정보제공에 필요한 경비의 상환(den Ersatz der für die Auskunftserteilung erforderlichen Aufwendungen)을 청구할 수 있다.

④ 그 정보제공으로 취득한 정보는 그 요구시에 밝힌 목적만을 위하여(zu dem bei dem Ersuchen angegebenen Zweck) 사용될 수 있다.

⑤ 공인된 서비스제공자는 제1항에 따른 정보제공을 기록해야 하고 이용자에게 그 정보제공에 관하여 알려야 한다. 제1문에 따른 기록의무는, 제1항에 따른 제3자의 진술을 갖춘, 제3자의 정보제공요구(den Antrag zur Auskunftserteilung samt Angabe des Dritten nach Absatz 1[774]), 공인된 서비스제공자의 결정, 공인된 서비스제공자에 속한 담당하는 직원의 신원확인정보(die Identifizierungsdaten des bearbeitenden Mitarbeiters des akkreditierten Diensteanbieters), 정보제공을 요구한 제3자에 대한 결과의 통지, 이용자에 대한 그 정보제공에 관한 통지와, 정보제공 내의 개별 절차에서의 각각의 법정 시간(die jeweilige gesetzliche Zeit bei einzelnen Prozessen innerhalb der Auskunftserteilung)을 포함한다.

⑥「소비자법 및 기타 법 위반시 금지소송에 관한 법률」 제13조 또는 제13조a는 영향을 받지 아니한다.

⑦ 그 밖의 법규정에 따른 현행 규정으로, 공공기관에 대한 정보제공에 관한 규정은 영향을 받지 아니하다.

제4장 공인(公認)

제17조 서비스제공자에 대한 공인

① 안심메일서비스를 제공하고자 하는 서비스제공자는, 관할 관청에 대한 서면신청에 의하여 공인을 받아야만 한다. 그 서비스제공자가 제18조에 따른 요건을 충족한 것을 증명한 경우로, 관할 관청에 의한 서비스제공자에 관한 감독의 행사가 보장된 경우(wenn die Ausübung der Aufsicht über den Diensteanbieter durch die zuständige Behörde gewährleistet ist)에는 공인을 부여한다. 공인된 서비스제공자는 관할 관청의 공인마크(Gütezeichen)를 받는다. 그 공인마크는, 포괄적이고 검증된 기술적·관리적인,

technische und administrative Sicherheit der De-Mail-Dienste. Sie dürfen sich als akkreditierte Diensteanbieter bezeichnen. Nur akkreditierte Diensteanbieter dürfen sich im Geschäftsverkehr auf die nachgewiesene Sicherheit berufen und das Gütezeichen führen. Weitere Kennzeichnungen können akkreditierten Diensteanbietern vorbehalten sein.

(2) Über den Antrag nach § 17 Absatz 1 Satz 1 ist innerhalb einer Frist von drei Monaten zu entscheiden; § 42a Absatz 2 Satz 2 bis 4 des Verwaltungsverfahrensgesetzes findet Anwendung.

(3) Die Akkreditierung ist nach wesentlichen Veränderungen, spätestens jedoch nach drei Jahren zu erneuern.

§ 18 Voraussetzungen der Akkreditierung; Nachweis

(1) Als Diensteanbieter kann nur akkreditiert werden, wer

1. die für den Betrieb von De-Mail-Diensten erforderliche Zuverlässigkeit und Fachkunde besitzt,
2. eine geeignete Deckungsvorsorge trifft, um seinen gesetzlichen Verpflichtungen zum Ersatz von Schäden nachzukommen,
3. die technischen und organisatorischen Anforderungen an die Pflichten nach den §§ 3 bis 13 sowie nach § 16 in der Weise erfüllt, dass er die Dienste zuverlässig und sicher erbringt, er mit den anderen akkreditierten Diensteanbietern zusammenwirkt und für die Erbringung der Dienste ausschließlich technische Geräte verwendet, die sich im Gebiet der Mitgliedstaaten der Europäischen Union oder eines anderen Vertragsstaates des Abkommens über den Europäischen Wirtschaftsraum befinden,
4. bei der Gestaltung und dem Betrieb der De-Mail-Dienste die datenschutzrechtlichen Anforderungen erfüllt.

(2) Die Diensteanbieter haben die technischen und organisatorischen Anforderungen nach den §§ 3 bis 13 sowie nach § 16 nach dem Stand der Technik zu erfüllen. Die Einhaltung des Standes der Technik wird vermutet, wenn die Technische Richtlinie 01201 De-Mail des Bundesamtes für Sicherheit in der Informationstechnik vom 23. März 2011 (eBAnz AT40 2011 B1) in der jeweils im Bundesanzeiger veröffentlichten Fassung eingehalten wird. Bevor das Bundesamt für Sicherheit in der Informationstechnik wesentliche Änderungen an der Technischen Richtlinie vornimmt, hört es den Ausschuss De-Mail-Standardisierung im Sinne des § 22 an, und dem oder der Bundesbeauftragten für den Datenschutz und die Informationsfreiheit wird hierbei Gelegenheit zur Stellungnahme gegeben, sofern Fragen des Datenschutzes berührt sind.

(3) Die Voraussetzungen nach Absatz 1 werden wie folgt nachgewiesen:

1. die erforderliche Zuverlässigkeit und Fachkunde durch Nachweise über die persönlichen Eigenschaften, das Verhalten und die entsprechenden Fähigkeiten seiner oder der in seinem Betrieb tätigen Personen; als Nachweis der erforderlichen Fachkunde ist es in der Regel ausreichend, wenn für die jeweilige Aufgabe im Betrieb entsprechende Zeugnisse oder Nachweise über die dafür notwendigen Kenntnisse, Erfahrungen und Fertigkeiten vorgelegt werden;
2. eine ausreichende Deckungsvorsorge durch den Abschluss einer Versicherung oder die Freistellungs- oder Gewährleistungsverpflichtung eines Kreditunternehmens mit einer Mindestdeckungssumme von jeweils 250 000 Euro für einen verursachten Schaden. Die Deckungsvorsorge kann erbracht werden durch

   a) eine Haftpflichtversicherung bei einem innerhalb der Mitgliedstaaten der Europäischen Union oder

안심메일서비스의 안전성에 대한 증명으로 기능한다. 그 서비스제공자는 자신을 공인된 서비스제공자로 표시해도 된다. 공인된 서비스제공자만이 상거래에서 안전성이 증명된 것으로 언급할 수 있고(dürfen sich im Geschäftsverkehr auf die nachgewiesene Sicherheit berufen) 또한 공인마크를 사용할 수 있다. 공인된 서비스제공자는 그 밖의 표시(Weitere Kennzeichnungen)를 보유할 수 있다.

② 제17조 제1항 제1문에 따른 신청에 관하여 3개월의 기간 내에 결정한다; 행정절차법 제42조a 제2항 제2문 내지 제4문을 적용한다.

③ 공인은 핵심적 변경 후에 갱신되어야 하고, 늦어도 공인시로부터 3년 경과 후에(spätestens jedoch nach drei Jahren)에는 갱신되어야 한다.

제18조 공인 요건; 증명

① 다음 각 호를 모두 갖춘 자만이 서비스제공자로 공인될 수 있다,

1. 안심메일서비스의 운영에 필요한 신용(Zuverlässigkeit)과 전문지식(Fachkunde)을 보유할 것,
2. 자신의 법(法)상 손해배상의무를 이행하기 위하여 적절한 보상대책(補償對策)(eine geeignete Deckungsvorsorge)을 마련할 것,
3. 자신이 해당 서비스를 신뢰성 있게 또 안전하게 제공하고, 다른 공인된 서비스제공자와 협력하며 그 서비스 제공을 위하여 유럽연합회원국의 영토나 「유럽경제권에 관한 협약」의 유럽연합회원국 이외의 조인국의 영토에 있는 기술적 장치만을 사용하는 방법으로 제3조 내지 제13조 또는 제16조에 따른 의무에 대한, 조직적·관리적 요구사항(die technischen und organisatorischen Anforderungen an die Pflichten)을 충족할 것,
4. 안심메일서비스의 구성 및 운영에 있어(bei der Gestaltung und dem Betrieb der De-Mail-Dienste) 정보보호법상의 요구사항을 충족할 것.

② 서비스제공자는, 제3조 내지 제13조 또는 제16조에 기술적·관리적 요구사항과, 과학기술 수준에 따른 그러한 요구사항을 충족해야 한다.「2011년 3월 23일 연방정보통신기술보안청의 01201 안심메일 기술지침」(eBAnz AT40 2011 B1)으로, 수시로 연방관보에 게재된 형식의 동 기술지침이 준수되는 경우[wenn die Technische Richtlinie 01201 De-Mail des Bundesamtes für Sicherheit in der Informationstechnik vom 23. März 2011 (eBAnz AT40 2011 B1) in der jeweils im Bundesanzeiger veröffentlichten Fassung eingehalten wird]에는 과학기술 수준의 준수가 추정된다. 연방정보통신기술보안청이 기술지침에 대한 핵심적 요구사항을 시행하기 전에 연방정보통신기술보안청은 제22조상의 안심메일표준화위원회 의견을 청취하고 이 경우 연방개인정보보호·정보자유책임관은 정보보호 문제가 관련되는 한 의견진술의 기회를 부여받는다.

③ 제1항에 따른 요건은 다음과 같이 증명된다:

1. 필요한 신용 및 전문지식은, 해당 사업체에서 근무하는 사람의 인적 특성, 행태 및 관련 능력에 관한 증명으로; 해당 사업체에서의 각각의 임무에 대한 관련 증명서나 그 임무에 필요한 지식, 경험 및 기능에 관한 증빙이 제출되는 경우(wenn für die jeweilige Aufgabe im Betrieb entsprechende Zeugnisse oder Nachweise über die dafür notwendigen Kenntnisse, Erfahrungen und Fertigkeiten vorgelegt werden)에 통상적으로 필요한 전문지식의 증명으로 충분한 것이다.
2. 충분한 보상대책은, 보험계약의 체결이나, 야기된 손해에 대한 각각 250,000유로의 최소보상금액에 의한, 금융사의 보상의무 또는 보장의무(die Freistellungs- oder Gewährleistungsverpflichtung eines Kreditunternehmens mit einer Mindestdeckungssumme von jeweils 250 000 Euro für einen verursachten Schaden)로. 이러한 보상대책은 다음 각 목에 의하여 제공될 수 있다,
   a) 유럽연합회원국이나 유럽연합회원국 이외의 「유럽경제권에 관한 협약」 조인국 내에서 사업운

in einem anderen Vertragsstaat des Abkommens über den Europäischen Wirtschaftsraum zum Geschäftsbetrieb befugten Versicherungsunternehmen oder

b) eine Freistellungs- oder Gewährleistungsverpflichtung eines in einem der Mitgliedstaaten der Europäischen Union oder in einem anderen Vertragsstaat des Abkommens über den Europäischen Wirtschaftsraum zum Geschäftsbetrieb befugten Kreditinstituts, wenn gewährleistet ist, dass sie einer Haftpflichtversicherung vergleichbare Sicherheit bietet.

Soweit die Deckungsvorsorge durch eine Versicherung erbracht wird, gilt Folgendes:

a) Auf diese Versicherung finden § 113 Absatz 2 und 3 und die §§ 114 bis 124 des Versicherungsvertragsgesetzes Anwendung.

b) Die Mindestversicherungssumme muss 2,5 Millionen Euro für den einzelnen Versicherungsfall betragen. Versicherungsfall ist jede Pflichtverletzung des Diensteanbieters, unabhängig von der Anzahl der dadurch ausgelösten Schadensfälle. Wird eine Jahreshöchstleistung für alle in einem Versicherungsjahr verursachten Schäden vereinbart, muss sie mindestens das Vierfache der Mindestversicherungssumme betragen.

c) Von der Versicherung kann die Leistung nur ausgeschlossen werden für Ersatzansprüche aus vorsätzlich begangener Pflichtverletzung des akkreditierten Diensteanbieters oder der Personen, für die er einzustehen hat.

d) Die Vereinbarung eines Selbstbehaltes bis zu 1 Prozent der Mindestversicherungssumme ist zulässig;

3. die Erfüllung der technischen und organisatorischen Anforderungen an die Pflichten im Sinne des Absatzes 1 Nummer 3 durch vom Bundesamt für Sicherheit in der Informationstechnik nach § 9 Absatz 2 Satz 1 des Gesetzes über das Bundesamt für Sicherheit in der Informationstechnik zertifizierten IT-Sicherheitsdienstleistern erteilte Testate; das Zusammenwirken mit den anderen akkreditierten Diensteanbietern kann nur nach ausreichenden Prüfungen bestätigt werden; die Sicherheit der Dienste kann nur nach einer umfassenden im Rahmen der Vergabe der Testate stattfindenden Prüfung des Sicherheitskonzepts und der eingesetzten IT-Infrastrukturen bestätigt werden; zum Zeitpunkt des Inkrafttretens des Gesetzes erteilte Zertifikate können berücksichtigt werden;
4. die Erfüllung der datenschutzrechtlichen Anforderungen an das Datenschutzkonzept für die eingesetzten Verfahren und die eingesetzten informationstechnischen Einrichtungen durch Vorlage geeigneter Nachweise; der Nachweis wird dadurch geführt, dass der antragstellende Diensteanbieter ein Zertifikat des oder der Bundesbeauftragten für den Datenschutz und die Informationsfreiheit vorlegt; der oder die Bundesbeauftragte für den Datenschutz und die Informationsfreiheit erteilt auf schriftlichen Antrag des Diensteanbieters ein Zertifikat, wenn die datenschutzrechtlichen Kriterien erfüllt sind; die Erfüllung der datenschutzrechtlichen Kriterien wird nachgewiesen durch ein Gutachten, welches von einer vom Bund oder einem Land anerkannten oder öffentlich bestellten oder beliehenen sachverständigen Stelle für Datenschutz erstellt wurde; der oder die Bundesbeauftragte für den Datenschutz und die Informationsfreiheit kann ergänzende Angaben anfordern; die datenschutzrechtlichen Kriterien sind in einem Kriterienkatalog definiert, der in der Verantwortung des oder der Bundesbeauftragten für den Datenschutz und die Informationsfreiheit liegt und durch ihn oder sie im Bundesanzeiger und zusätzlich im Internet oder in sonstiger geeigneter Weise

영을 할 권리가 있는 한 보험사(zum Geschäftsbetrieb befugten Versicherungsunternehmen)의 책임보험(eine Haftpflichtversicherung)에 의하여, 또는

b) 유럽연합회원국이나 유럽연합회원국 이외의「유럽경제권에 관한 협약」 조인국 내에서 사업운영을 할 권리가 있는 어느 금융사의 보상의무 또는 보장의무에 의하여, 다만 그 금융사가 책임보험에 유사한 보장을 제공하는 것(dass sie einer Haftpflichtversicherung vergleichbare Sicherheit bietet)이 보장된 경우에 한함.

보상대책이 보험에 의하여 제공되는 범위 내에서 다음 각 목이 적용된다:

a) 이러한 보험에 대하여 보험계약법(Versicherungsvertragsgesetz) 제113조 제2항, 제3항, 제114조 내지 제124조를 적용한다.

b) 각 보험사고에 대하여 2,500,000유로가 최소보험금이 되어야만 한다. 의무위반으로 야기된 손해건수와 상관없이(unabhängig von der Anzahl der dadurch ausgelösten Schadensfälle), 서비스제공자의 각 의무위반이 보험사고가 된다. 보험사업연도 1년에 야기된 모든 손해에 대하여 연간상한급부(eine Jahreshöchstleistung für alle in einem Versicherungsjahr verursachten Schäden)가 약정된 경우에 그 연간상한급부는 최소보험금의 4배가 되어야만 한다.

c) 고의로 자행한, 공인된 서비스제공자의 의무위반이나 그 서비스제공자가 보증인이 되어야 하는(für die er einzustehen hat) 사람의 그러한 의무위반으로 기인한 보상청구권에 대한 급부만이 보험에서 배제될 수 있다.

d) 최소보험금(Mindestversicherungssumme)의 1% 이내의 '자기부담금'의 약정(Die Vereinbarung eines Selbstbehaltes)이 허용된다;

3. 제1항 제3호상의 의무에 대한 기술적·관리적 요구사항의 충족은, 연방정보통신기술보안청법 제9조 제2항 제1문에 따른 연방정보통신기술보안청이 인증(認證)한 정보통신보안서비스제공자(IT-Sicherheitsdienstleistern)가 발급한 증명서로; 다른 공인된 서비스제공자와의 협력(das Zusammenwirken mit den anderen akkreditierten Diensteanbietern)은 충분한 검사를 거친 후에만 확인될 수 있다; 그 서비스의 안전성은 증명서의 규율의 범위 내에서 행해진, 안전구상과 사용된 정보통신 인프라에 대한 포괄적 검사를 거친 후에(nur nach einer umfassenden im Rahmen der Vergabe der Testate stattfindenden Prüfung des Sicherheitskonzepts und der eingesetzten IT-Infrastrukturen)만 확인될 수 있다; 본 법률의 시행 당시에 발급받은 인증서(zum Zeitpunkt des Inkrafttretens des Gesetzes erteilte Zertifikate)를 고려할 수 있다;

4. 사용된 절차와 사용된 정보통신설비에 대한 정보보호구상에 대한 정보보호법상의 요구사항의 충족은, 적절한 증명의 제출로; 그 증명은, 신청을 제기하는 서비스제공자가 연방개인정보보호·정보자유책임관의 증명서를 제시함으로써(dass der antragstellende Diensteanbieter ein Zertifikat des oder der Bundesbeauftragten für den Datenschutz und die Informationsfreiheit vorlegt) 행해진다; 연방개인정보보호·정보자유책임관은 서비스제공자의 서면신청이 있는 경우 정보보호법상의 기준이 충족된 때(wenn die datenschutzrechtlichen Kriterien erfüllt sind)에는 증명서를 발급한다. 정보보호법상의 기준의 충족은, 연방정부 또는 주정부가 공인하거나 공적으로 위촉 또는 지정받은 어느 감정기관이 작성한(welches von einer vom Bund oder einem Land anerkannten oder öffentlich bestellten oder beliehenen sachverständigen Stelle für Datenschutz erstellt wurde) 감정서에 의하여 증명된다; 연방개인정보보호·정보자유책임관은 추가적 정보를 요구할 수 있다: 정보보호법상의 기준은, 연방개인정보보호·정보자유책임관의 책임에 속하고(der in der Verantwortung des oder der Bundesbeauftragten für den Datenschutz und die Informationsfreiheit liegt) 그에 의하여 연방관보에 공표되고 추가적으로 인터넷에 공표되거나 적절한 기타 방법으로 공표되는 기준목록(in einem Kriterienkatalog)에 규정되어 있다;

veröffentlicht wird; dem Bundesamt für Sicherheit in der Informationstechnik wird Gelegenheit zur Stellungnahme gegeben, sofern Fragen der IT-Sicherheit berührt sind.

(4) Der Diensteanbieter kann, unter Einbeziehung in seine Konzepte zur Umsetzung der Anforderungen des Absatzes 1, zur Erfüllung von Pflichten nach diesem Gesetz Dritte beauftragen.

§ 19 Gleichstellung ausländischer Dienste

(1) Vergleichbare Dienste aus einem anderen Mitgliedstaat der Europäischen Union oder aus einem anderen Vertragsstaat des Abkommens über den Europäischen Wirtschaftsraum sind den Diensten eines akkreditierten Diensteanbieters, mit Ausnahme solcher Dienste, die mit der Ausübung hoheitlicher Tätigkeit verbunden sind, gleichgestellt, wenn ihre Anbieter dem § 18 gleichwertige Voraussetzungen erfüllen, diese gegenüber einer zuständige Stelle nachgewiesen sind und das Fortbestehen der Erfüllung dieser Voraussetzungen durch eine in diesem Mitglied- oder Vertragsstaat bestehende Kontrolle gewährleistet wird.

(2) Die Prüfung der Gleichwertigkeit des ausländischen Diensteanbieters nach Absatz 1 obliegt der zuständigen Behörde. Die Gleichwertigkeit ausländischer Diensteanbieter ist gegeben, wenn die zuständige Behörde festgestellt hat, dass im Herkunftsland des jeweiligen Diensteanbieters

1. die Sicherheitsanforderungen an Diensteanbieter,
2. die Prüfungsmodalitäten für Diensteanbieter sowie die Anforderungen an die für die Prüfung der Dienste zuständigen Stellen und
3. das Kontrollsystem

eine gleichwertige Sicherheit bieten.

Abschnitt 5 Aufsicht

§ 20 Aufsichtsmaßnahmen

(1) Die Aufsicht über die Einhaltung dieses Gesetzes obliegt der zuständigen Behörde. Mit der Akkreditierung unterliegen Diensteanbieter der Aufsicht der zuständigen Behörde.

(2) Die zuständige Behörde kann gegenüber Diensteanbietern Maßnahmen treffen, um die Einhaltung dieses Gesetzes sicherzustellen.

(3) Ungeachtet des Vorliegens von Testaten im Sinne des § 18 Absatz 3 Nummer 3 kann die zuständige Behörde einem akkreditierten Diensteanbieter den Betrieb vorübergehend ganz oder teilweise untersagen, wenn Tatsachen die Annahme rechtfertigen, dass

1. eine Voraussetzung für die Akkreditierung nach § 17 Absatz 1 weggefallen ist,
2. ungültige Einzelnachweise für das Angebot von De-Mail-Diensten verwendet oder bestätigt werden,
3. nachhaltig, erheblich oder dauerhaft gegen Pflichten verstoßen wird oder
4. sonstige Voraussetzungen für die Akkreditierung oder für die Anerkennung nach diesem Gesetz nicht erfüllt werden.

(4) Die Gültigkeit der von einem akkreditierten Diensteanbieter im Rahmen des Postfach- und Versanddienstes ausgestellten Eingangsbestätigungen und Abholbestätigungen bleibt von der Untersagung des Betriebs, der Einstellung der Tätigkeit, der Rücknahme oder dem Widerruf einer Akkreditierung unberührt.

연방정보통신기술보안청은, 정보통신기술보안 문제와 관련되는 한 의견진술의 기회(Gelegenheit zur Stellungnahme)를 부여받는다.

④ 서비스제공자는, 제1항의 요구사항의 시행을 위한 자신의 구상을 포함하여 본 법률에 따른 의무의 이행에 관하여 제3자에게 위임할 수 있다.

제19조 외국의 서비스의 동등취급

① 독일 이외의 어느 유럽연합회원국이나 독일 이외의 「유럽경제권에 관한 협약」의 어느 조인국에서 유래하는 유사한 서비스는, 그 서비스제공자가 제18조와 동등한 요건을 충족하고, 이것이 어느 관할 기관에 증명되며 이러한 회원국 또는 조인국에서 성립한 관리에 의하여 이러한 요건의 충족의 지속이 보장되는(das Fortbestehen der Erfüllung dieser Voraussetzungen durch eine in diesem Mitglied- oder Vertragsstaat bestehende Kontrolle gewährleistet wird) 경우에는, 고권적 활동의 수행으로 발생한 서비스를 제외하고(mit Ausnahme solcher Dienste, die mit der Ausübung hoheitlicher Tätigkeit verbunden sind), 공인된 서비스제공자의 서비스와 동일시된다.

② 관할 관청은 제1항에 따른 외국의 서비스제공자의 동등성 심사를 책임진다. 각각의 서비스제공자의 출처국에서,

1. 서비스제공자에 대한 보안요구사항,
2. 서비스제공자에 대한 심사방안과, 그 서비스 평가를 관할하는 기관에 대한 요구사항(die Anforderungen an die für die Prüfung der Dienste zuständigen Stellen), 그리고,
3. 통제시스템이

동등한 안전성을 제공하는 것으로 관할 관청이 확인하는 경우에는 외국의 서비스제공자의 동등성은 존재하는 것이다.

제5장 감독

제20조 감독조치

① 관할 관청은 본 법률이 준수에 관한 감독을 책임진다. 서비스제공자는 공인으로써 관할 관청의 감독을 받는다.

② 관할 관청(Die zuständige Behörde)은, 본 법률의 준수를 보장하기 위하여 서비스제공자에 대하여 조치를 취할 수 있다.

③ 다음 각 호의 추정을 정당화하는 사실이 있는 경우에는, 제18조 제3항 제3호상의 증명서에 상관없이 관할 관청은 어느 공인된 서비스제공자에 대하여(einem akkreditierten Diensteanbieter) 그 운영의 전부 또는 일부를 임시로 금지할 수 있다,

1. 제17조 제1항에 따른 공인의 요건이 소멸했다는 점,
2. 안심메일서비스의 제공에 대하여 무효인 항목별 청구서가 사용되거나 확인된 점,
3. 의무에 대한 위반이 지속적이거나 중대하거나 계속된 점,
4. 본 법률에 따른 공인(Akkreditierung) 또는 승인(Anerkennung)에 대한 그 밖의 요건이 충족(充足)되지 않은 점.

④ 공인된 서비스제공자가 전자사서함서비스 및 발신서비스 내에서 발급한 수신확인 및 송달확인의 효력(Gültigkeit)은 운영의 금지, 활동의 종료나 공인의 취소 또는 철회(der Untersagung des Betriebs, der Einstellung der Tätigkeit, der Rücknahme oder dem Widerruf einer Akkreditierung)에 의하여 영향을 받지 아니한다.

(5) Soweit es zur Erfüllung der der zuständigen Behörde als Aufsichtsbehörde übertragenen Aufgaben erforderlich ist, haben die akkreditierten Diensteanbieter und die für diese nach § 18 Absatz 4 tätigen Dritten der zuständigen Behörde und den in ihrem Auftrag handelnden Personen das Betreten der Geschäftsräume während der üblichen Betriebszeiten zu gestatten, auf Verlangen die in Betracht kommenden Bücher, Aufzeichnungen, Belege, Schriftstücke und sonstigen Unterlagen in geeigneter Weise zur Einsicht vorzulegen, auch soweit sie elektronisch geführt werden, Auskunft zu erteilen und die erforderliche Unterstützung zu gewähren. Ein Zugriff auf De-Mail-Nachrichten von Nutzern durch die zuständige Behörde als Aufsichtsbehörde findet nicht statt. Der zur Erteilung einer Auskunft Verpflichtete kann die Auskunft verweigern, wenn er sich damit selbst oder einen der in § 383 Absatz 1 Nummer 1 bis 3 der Zivilprozessordnung bezeichneten Angehörigen der Gefahr der Verfolgung wegen einer Straftat oder eines Verfahrens nach dem Gesetz über Ordnungswidrigkeiten aussetzen würde. Er ist auf dieses Recht hinzuweisen.

§ 21 Informationspflicht

Die zuständige Behörde hat die Namen der akkreditierten Diensteanbieter sowie der ausländischen Diensteanbieter nach § 19 jeweils unter Angabe der ausschließlich für die De-Mail-Dienste verwendeten Kennzeichnungen gemäß § 5 Absatz 1 Satz 2 Nummer 1 für jeden über öffentlich erreichbare Kommunikationsverbindungen abrufbar zu halten.

Abschnitt 6 Schlussbestimmungen

§ 22 Ausschuss De-Mail-Standardisierung

Die technischen und organisatorischen Anforderungen an die Pflichten nach den §§ 3 bis 13 sowie nach § 16 werden unter Beteiligung der akkreditierten Diensteanbieter weiterentwickelt; dies gilt nicht für Anforderungen, die das Zusammenwirken zwischen den akkreditierten Diensteanbietern als solches oder die Sicherheit betreffen. Zu diesem Zweck wird ein Ausschuss De-Mail-Standardisierung gegründet, dem mindestens alle akkreditierten Diensteanbieter, je ein Vertreter von zwei auf Bundesebene bestehenden Gesamtverbänden, deren Belange berührt sind, das Bundesamt für Sicherheit in der Informationstechnik, der oder die Bundesbeauftragte für den Datenschutz und die Informationsfreiheit, ein vom IT-Planungsrat beauftragter Vertreter der Länder sowie ein Vertreter des Rates der IT-Beauftragten der Bundesregierung angehören. Die Entscheidung, welche beiden Verbände dem Ausschuss angehören sollen, liegt im Ermessen der zuständigen Behörde. Wird der Rat der IT-Beauftragten der Bundesregierung aufgelöst, tritt an dessen Stelle die von der Bundesregierung bestimmte Nachfolgeorganisation. Der Ausschuss tagt mindestens einmal im Jahr.

§ 23 Bußgeldvorschriften

(1) Ordnungswidrig handelt, wer vorsätzlich oder fahrlässig

1. entgegen § 3 Absatz 1 Satz 3 nicht sicherstellt, dass nur der Nutzer Zugang erlangen kann,
2. entgegen § 3 Absatz 3 Satz 1 Nummer 1 erster Halbsatz oder Nummer 2 eine dort genannte Angabe nicht oder nicht rechtzeitig überprüft,
3. entgegen § 4 Absatz 1 Satz 2 nicht sicherstellt, dass eine sichere Anmeldung nur in den dort genannten Fällen erfolgt,

⑤ 공인된 서비스제공자와 제18조 제4항에 따라 그를 대리하는 제3자는, 감독관청으로서의 관할 관청에 부여된 임무의 수행에 필요한 범위 내에서, 관할 관청이나 그 관할 관청의 위임을 받아 행위하는 자에게, 통상적 영업시간 중에 사업장의 출입을 허용해야 하고, 그들의 요구가 있는 경우, 전자적 방법으로 관리되는 것을 포함하여, 문제가 되는 장부, 기록, 영수증, 문서 또는 기타 서류(die in Betracht kommenden Bücher, Aufzeichnungen, Belege, Schriftstücke und sonstigen Unterlagen)를 적절한 방법으로 열람하도록 제출해야 하고, 정보를 제공해야 하며 필요한 지원을 해야 한다. 이용자의 안심메일메시지에 대한 접근(Ein Zugriff auf De-Mail-Nachrichten von Nutzern durch die zuständige Behörde als Aufsichtsbehörde)은 감독관청으로서의 관할관청에 의하여 행해지지 않는다. 정보제공의무자는, 그 정보제공으로 자기 자신 또는 민사소송법 제383조 제1항 제1호 내지 제3호에 기재된 가족 중 어느 사람이 범죄 또는 질서위반행위에 관한 법률상의 절차로 인한 소추 위험(der Gefahr der Verfolgung wegen einer Straftat oder eines Verfahrens nach dem Gesetz über Ordnungswidrigkeiten)에 노출될 수 있는 경우에, 그 정보제공을 거부할 수 있다. 그는 이러한 권리에 관하여 안내받는다.

제21조 정보제공의무

관할 관청은, 공중이 이용할 수 있는 전기통신연결을 통하여 누구든지, 오로지 안심메일서비스에 대하여 사용된, 제5조 제1항 제2문 제1호에 따른 표시를 각각 기입하여 공인된 서비스제공자의 이름(die Namen der akkreditierten Diensteanbieter)과, 제19조에 따른 외국의 서비스제공자의 이름을 호출(呼出)할 수 있도록 해 줘야 한다.

제6장 종결규정

제22조 안심메일표준화위원회

제3조 내지 제13조에 따른 의무에 대한 기술적·관리적 요구사항은 공인된 서비스제공자의 참가하에 지속적으로 발전시킨다; 공인된 서비스제공자들 간의 협력 또는 보안에 관한(die das Zusammenwirken zwischen den akkreditierten Diensteanbietern als solches oder die Sicherheit betreffen) 요구사항에 대하여는 그러하지 아니하다. 이러한 목적을 위하여 안심메일표준화위원회가 설치되고, 그 위원회는 적어도, 모든 공인된 서비스제공자, 연방수준에서 성립한, 공인된 서비스제공자의 이익에 관계하는 두 개의 총연합회의 대표자 각 1명(je ein Vertreter von zwei auf Bundesebene bestehenden Gesamtverbänden, deren Belange berührt sind), 연방정보통신기술보안청, 연방개인정보보호·정보자유책임관, 정보통신계획위원회의 위임을 받은 주의 대리인 1명(ein vom IT-Planungsrat beauftragter Vertreter der Länder), 연방정부의 정보통신수임인위원회의 대리인 1명으로 구성된다. 어느 두 개의 총연합회가 위원회에 참가할 것인지에 관한 결정은 관할 관청의 재량으로 이뤄진다. 연방정부의 정보통신수임인위원회가 해산된 경우에 연방정부가 정한 후임조직(die von der Bundesregierung bestimmte Nachfolgeorganisation)이 대신한다. 그 위원회는 해마다 1회 이상 회의를 개최한다.

제23조 범칙금규정

① 고의 또는 과실에 기하여 다음 각 호를 한 자는 질서위반행위를 범한 자이다,

1. 제3조 제1항 제3문에 위반하여 이용자만이 접근할 수 있도록 보장하지 않은 자,
2. 제3조 제3항 제1문 제1호 전단(前段)에 위반하여 그 조항에서 언급된 정보를 검사하지 아니하거나 적시에 검사하지 않은 자,
3. 제4조 제1항 제2문에 위반하여 그 조항상의 사안에(nur in den dort genannten Fällen)만 보안로그인이 행해지도록 보장하지 않은 자,

4. entgegen § 4 Absatz 3 nicht sicherstellt, dass eine Kommunikationsverbindung verschlüsselt erfolgt,
5. entgegen § 7 Absatz 2 Satz 1 Nummer 2 oder 4 dort genannte Daten nicht oder nicht rechtzeitig löscht,
6. entgegen § 10 Absatz 1 Satz 1 oder Absatz 4 Satz 1 Nummer 2 den Zugang zu einem De-Mail-Konto nicht oder nicht rechtzeitig sperrt oder das De-Mail-Konto nicht oder nicht rechtzeitig auflöst,
7. entgegen § 11 Absatz 1 Satz 1 eine Anzeige nicht, nicht richtig oder nicht rechtzeitig erstattet,
8. entgegen § 11 Absatz 1 Satz 3 einen Nutzer nicht, nicht richtig oder nicht rechtzeitig benachrichtigt,
9. entgegen § 11 Absatz 2 nicht sicherstellt, dass die dort genannten Daten abrufbar bleiben,
10. entgegen § 12 den Zugriff auf dort genannte Daten nicht ermöglicht oder einen Hinweis nicht, nicht richtig oder nicht rechtzeitig gibt,
11. entgegen § 13 Absatz 1 eine Dokumentation nicht oder nicht richtig erstellt,
12. entgegen § 13 Absatz 2 eine Dokumentation nicht oder nicht mindestens zehn Jahre aufbewahrt oder
13. entgegen § 17 Absatz 1 Satz 6 sich auf die nachgewiesene Sicherheit beruft oder das Gütezeichen führt.

(2) Die Ordnungswidrigkeit kann in den Fällen des Absatzes 1 Nummer 5 und 6 mit einer Geldbuße bis zu dreihunderttausend Euro und in den übrigen Fällen mit einer Geldbuße bis zu fünfzigtausend Euro geahndet werden.

(3) Verwaltungsbehörde im Sinne des § 36 Absatz 1 Nummer 1 des Gesetzes über Ordnungswidrigkeiten ist das Bundesamt für Sicherheit in der Informationstechnik.

§ 24 (weggefallen)

§ 25 Verfahren über eine einheitliche Stelle

Verwaltungsverfahren nach diesem Gesetz können über eine einheitliche Stelle abgewickelt werden

4. 제4조 제3항에 위반하여 전기통신연결이 암호화하여 행해지도록 보장하지 않은 자,
5. 제7조 제2항 제1문 제2호 또는 제4호에 위반하여 그 조항상의 정보를 삭제하지 않거나 적시에 삭제하지 않은 자,
6. 제10조 제1항 제1문 또는 제4항 제1문 제2호에 위반하여 안심메일계정에 대한 접근을 차단하지 않거나 적시에 차단하지 않거나, 또는 안심메일계정을 해지 하지 않거나 적시에 해지 않은 자,
7. 제11조 제1항 제1문에 위반하여 신고를 하지 않거나 적시에 하지 않은 자,
8. 제11조 제1항 제3문에 위반하여 이용자에게 통지하지 않거나 제대로 통지하지 않거나 적시에 통지하지 않은 자,
9. 제11조 제2항에 위반하여 그 조항상의 정보가 호출(呼出)되도록 보장하지 않은 자,
10. 제12조에 위반하여 그 조항상의 정보에 대한 접근을 가능하게 하지 않거나 안내를 하지 않거나 제대로 하지 않거나 적시에 하지 않은 자,
11. 제13조 제1항에 위반하여 기록을 하지 않거나 적시에 하지 않은 자,
12. 제13조 제2항에 위반하여 기록은 보관하지 않거나 최소 10년간 보관하지 않은 자,
13. 제17조 제1항 제6문에 위반하여 안전성이 증명된 것으로 언급하거나 공인마크를 사용한 자.

② 질서위반행위에 대하여 제1항 제5호 또는 제6호의 경우에 300,000유로 이하의 범칙금에, 나머지의 경우에 50,000유로 이하의 범칙금에 각 처할 수 있다.

③ 연방정보통신기술보안청이 질서위반행위에 관한 법률 제36조 제1항 제1호상의 행정관청(Verwaltungsbehörde)이 된다.

제24조 삭제

제25조 단일 기관을 통한 절차

본 법률에 다른 행정절차는 1개의 단일 기관을 통하여 처리될 수 있다.

<독일·EU 정보소비자 법전> 미주

1) 본 번역은 '독문을 기본'으로 하여 필요한 경우 '영문의 해당 부분'을 참조하여 했다.

2) 'regulation'(독문의 'Verordnung')은 종종 '규칙(規則)' 혹은 '규정(規定)'으로 번역되기도 하지만, 실제로는 한 국가의 '법률(法律)'과 동등한 혹은 우선적 효력이 있는 규범이다("본 법률의 규정은, 유럽연합법이 적용되는 범위 내에서, 특히 수시로 개정된 (EU) 2016/679호 법(法)이 직접적으로 적용되는 범위 내에서 적용하지 아니한다"; 연방개인정보보호법 제1조 제5항 참조). 규범의 우선순위를 말하는 '법단계설(法段階設)'에 따르면 '명령, 규칙'은 '법률'보다 열위인 규범이므로, 여기서 '규칙'으로 번역하는 것은 법단계설에 따른 규범간의 우열관계에 배치되는 측면이 있어 다소 부적절하다는 점을 고려하면 "**법**(法)"로 번역하는 것이 타당하다. 한편, 'Verordnung'은 '유럽연합법'이 아닌 '독일법'에서는 '명령'(우리나라의 '시행령'에 해당)으로 번역된다.

3) 'General Data Protection Regulation'(GDPR)의 번역어인 '일반개인정보보호규칙(혹은 규정)'이라는 용어가 이미 통용되다시피 하고 있지만, 원문에 충실하고 우리식의 법명(法名)에 가까운 '개인정보보호기본법'이라는 용어를 사용하기로 한다.

4) 'regulation'(독문의 Verordnung)은 유럽연합의 2차적 법원(法源)의 하나로, 모든 회원국에 대하여 일반적 적용성을 가지며 이해해야 하는 결과 및 방법의 선택에 있어 모두 구속력을 가진다. 여기서 '일반적 적용성'은 '수범자'가 '불특정 다수'를 의미하고, 이로써 이러한 수범자들(주로 회원국의 국민들)에게 권리를 부여하거나 의무를 부과함을 의미한다. 또한 'regulation'은 '직접적용성'을 갖는데, 이는 규칙이 공포됨과 동시에 자동적으로 회원국의 법질서의 일부를 형성하여 특별한 국내적 편입절차가 요구되지 아니한다(김두수, EU법, 2020, 박영사, 58-59면 참조).

5) 본 법의 효력범위가 '유럽경제권(Der Europäische Wirtschaftsraum)'임을, 즉 유럽경제권에 본 법이 적용됨을 나타내는 내용임. 여기서 유럽경제권은 독일 등 유럽연합 회원국 27개국에 '아이슬란드(Island)', '리히텐슈타인(Liechtenstein'; 스위스와 오스트리아 사이의 작은 국가)과 '노르웨이(Norwegen)' 3개국이 추가된다(https://de.wikipedia.org/wiki/Europ%C3%A4ischer_Wirtschaftsraum).

6) 유럽연합이사회, 유럽연합집행위원회 등 유럽연합 기관들의 관계도(https://en.wikipedia.org/wiki/European_Union)를 보면 다음과 같다. 한 국가로 치면 '유럽연합집행위원회'는 '정부'의 역할, '유럽연합의회'는 '의회 중 일종의 하원', '유럽연합이사회'는 '의회 중 상원'의 역할을 담당하는 것으로 보면 될 것으로

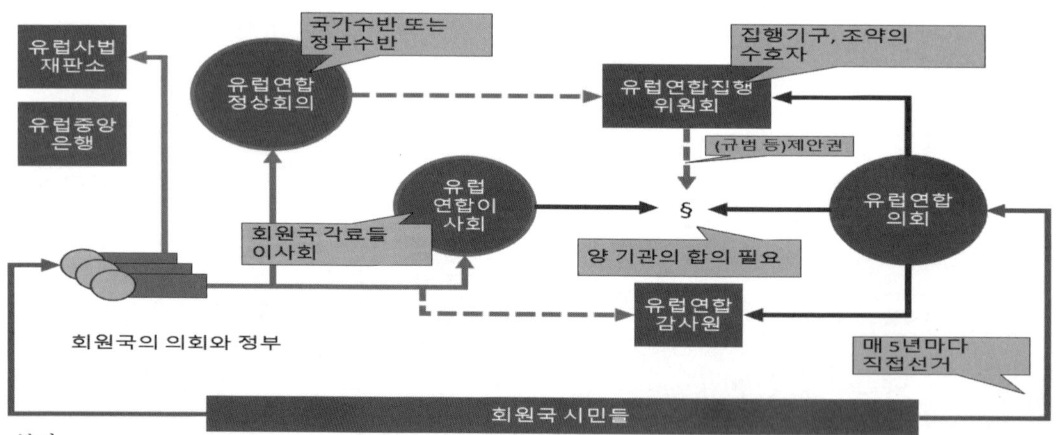

본다.

7) 「유럽연합 운영조약('Der Vertrag über die Arbeitsweise der Europäischen Union'; 약칭 'AEUV oder AEU-Vertrag'; 영어 'TFEU')」은, 「유럽연합에 관한 조약('Der Vertrag über die Europäische Union'; 약칭 'EUV oder EU-Vertrag'; 영어 'TEU'; 일명 '마스트리히트조약'이라 함)과 더불어 유럽연합(EU)의 헌법적 토대를 이루는 두 조약 중 하나로, 1958년 1월 1일 발효된 '로마조약(정식명칭 「유럽경제공동체 설립에 관한 조약」; Vertrag zur Gründung der Europäischen Wirtschaftsgemeinschaft)'으로 시작되었다. 「유럽경제공동체 설립에 관한 조약」은, 1993년 11월 1일 발효된 '마스트리히트조약'에 의하여 「유럽공동체 설립에 관한 조약」(Vertrag zur Gründung der Europäischen Gemeinschaft; EG-Vertrag)으로 개칭된 후, 2009년 12월 1일 발효된 '리스본조약'에 의하여 현재의 이름인 「유럽연합 운영조약」으로 되었다(https://de.wikipedia.org/wiki/Vertrag_%C3%BCber_die_Arbeitsweise_der_Europ%C3%A4ischen_Union).

8) 지역위원회는 「유럽연합에 관한 조약」에 의해 설립되어 지역대표자들로 구성되어 자문역할을 수행하는

데, 그 구성원은 4년 임기이고, 각 회원국의 제안에 대한 유럽연합이사회의 만장일치에 의해 임명된다(김두수, 앞의 책, 54면 참조).

9) '데이터'와 '정보'는 구분된다고 하면서, '정보의 의미'에 관하여, ⅰ) 내용/의미론적 정보, ⅱ) 그 표시·기호/구문론적 정보, ⅲ) 물리적·유형적 실현물/구조적 정보로 구분하기도 하는데, 가령, 책, 그림 또는 건축물 등이 '구조적 정보'라면, '책, 그림 또는 건축물'에 담긴 '문자열, 음률, 화상 또는 구조설계' 등이 '구문론적 정보'이며, 이들의 감상(感想) 또는 해석(解釋)으로부터 얻을 수 있는 의미(意味) 또는 심상(心想)이 '의미론적 정보'라고 소개하기도 한다(이동진. "데이터 소유권, 그 개념과 비판", 『데이터 오너십』, 박영사, 2019, 122면). 여기서 '구조적 정보'는 특정한 정보가 담긴 '유형물(有形物) 내지 매체(媒體)'를 지칭하는 것으로 볼 수 있으므로, 이를 굳이 정보로 구분하는 것이 타당한지는 의문이다. 한편, '데이터' 존재양식을 불문하고 다른 데이터와 상관관계가 없는 가공하기 전의 순수한 '수치나 기호'를 의미(가령, A마트는 100원에, B마트는 200원에 연필을 판매)하고, '정보'는 데이터 가공 및 상관관계 간 이해를 통해 패턴을 인식하고 그 이미를 부여한 데이터(가령, A마트의 연필 가격이 더 싸다)라고 구분하기도 한다(이성엽, "데이터법의 의미와 체계", 『데이터와 법』, 박영사, 2021, 6면). 이와 같이 '데이터(data)'와 '정보(information)'는 구분되는 것으로 보는 것이 옳을 것이다. 즉 '데이터'는 '코딩(coding)한 것'이고, '정보'는 여기에 '의미와 해석'이 더해진 것이다. 이와 같이 본다면, 'personenbezogene Daten'는 '개인데이터'로 번역하는 것이 옳을 수 있을 것이다, 하지만, '개인정보'라는 말이 너무 강력하게 의미를 획득하여 우리 사회에서 통용되고 있는 관계로 '개인정보'로 번역한다. 이하에서 'Daten'는 주로 '정보' 또는 '데이터'로, 간혹 '자료'로 번역한다.

10) 이는 'regulation'과 달리, 달성될 '결과'에 대해서만 구속력이 있으며 '형식과 방법'의 선택은 회원국에 위임되어 있고, 따라서 지침에서는 목표만을 수립하고 정당하다고 생각하는 형식과 방법은 회원국에 위임되어 있다. 입법지침은 회원국의 입법절차를 통해 '국내법으로 수용하는 절차'를 밟을 의무가 회원국에게 있다. 그러므로 회원국은 이러한 입법지침을 위반해서는 아니되는데, 입법지침을 불완전하게 이행하거나 불이행하는 경우 유럽사법재판소의 판결을 통하여 해당 회원국에 막대한 벌금을 부과할 수 있게 된다(김두수, 앞의 책, 59-60면 참조).

11) 독일 기본법 제5조 제1항은 "누구든지 자신의 의사를 말, 글 및 그림으로 자유로이 표현·전파하고, 일반적으로 접근할 수 있는 정보원(情報源)으로부터 방해받지 않고 알 권리를 가진다"(Jeder hat das Recht, seine Meinung in Wort, Schrift und Bild frei zu äußern und zu verbreiten und sich aus allgemein zugänglichen Quellen ungehindert zu unterrichten)고 규정하고 있는데, '정보의 자유'는 이러한 기본권에서 도출되는 것으로 그 핵심적 권리는, 의사를 형성하기 위하여 타인 또는 국가의 간섭 또는 방해 없이 스스로 원하는 정보에 접근할 수 있는 권리인 '정보접근권'이라 할 수 있다.

12) 'Behörde'는 주로 '행정관청(行政官廳) 또는 행정당국(當局)을 의미하나 개인정보 처리는 입법부, 사법부, 행정부에서 모두 행해지기에 '관청(영문 public authority)'으로 번역하는 것이 적절하다.

13) 여기서 감독관청(監督官廳)은 행정기관 내부 상하관계에서 '하급기관'을 감독하는 '상급기관'을 의미하는 것이 아니라, 자신이 본 법(法)에 따라 관할하는 개인정보보호의 시행 또는 위반 등을 감시하거나 감독한다는 의미로서의 감독관청을 말한다. 한편, 소관감독관청은 'a) 개인정보처리자 또는 수탁처리자(der Verantwortliche oder der Auftragsverarbeiter)가 그 감독관청이 속한 회원국의 영토에 영업소를 두었다는 이유, b) 그 처리가 그 감독관청이 속한 회원국에 주소를 둔 정보주체에 중대한 영향을 미치거나 미칠 수 있는 이유, c) 그 감독관청에 이의가 접수되었다는 이유'로 감독관청 중 해당 업무를 관할하는 감독관청을 말한다(개인정보보호기본법 제4조 제22호).

14) Artikel 2 Mitarbeiterzahlen und finanzielle Schwellenwerte zur Definition der Unternehmensklassen

(1) Die Größenklasse der Kleinstunternehmen sowie der kleinen und mittleren Unternehmen (KMU) setzt sich aus Unternehmen zusammen, die weniger als 250 Personen beschäftigen und die entweder einen Jahresumsatz von höchstens 50 Mio. EUR erzielen oder deren Jahresbilanzsumme sich auf höchstens 43 Mio. EUR beläuft.

(2) Innerhalb der Kategorie der KMU wird ein kleines Unternehmen als ein Unternehmen definiert, das weniger als 50 Personen beschäftigt und dessen Jahresumsatz bzw. Jahresbilanz 10 Mio. EUR nicht übersteigt.

(3) Innerhalb der Kategorie der KMU wird ein Kleinstunternehmen als ein Unternehmen definiert, das weniger als 10 Personen beschäftigt und dessen Jahresumsatz bzw. Jahresbilanz 2 Mio. EUR nicht überschreitet.

제2조 기업분류의 정의를 위한 직원수 및 재정 상한선

① 소기업 및 중소기업(KMU)의 범주는 250명 미만을 고용하고 최대 5,000만 유로의 연간매출을 달성하거나 그 연간대차대조표총액이 최대 4,300만 유로에 달하는 기업들로 구성된다.

② 소기업 및 중소기업의 범주 내에서 소규모기업(小規模企業)은, 50명 미만을 고용하고 그 연간매출 또는 연간대차대조표상금액이 1,000만 유로를 초과하지 않는 기업으로 정의된다.

③ 소기업 및 중소기업의 범주 내에서 소기업(小企業)은, 10명 미만을 고용하고 그 연간매출 또는 연간대차대조표상금액이 200만 유로(한화 약 26억 8천 9백만 원)를 초과하지 않는 기업으로 정의된다.

15) 'Ermittlung'는 '조사/수사(investigation)', '(위험 등의) 평가(estimation)', '(요금 등의) 산정(calculation)', '(위치 등의) 확인(ascertainment)' 또는 '(처분 등의) 결정(determination)'을 의미한다.

16) 가명처리와 익명처리의 관계를 보면 다음과 같다.
'식별데이터(identifying data)'를 '일치표(concordance table)'를 만들어 가명처리를 하여 '가명처리데이터(Pseudonymizned data)'로 만든 다음 이를 다시 익명처리함으로써 '익명데이터(Anonymized data)'로 만드는 것이다.

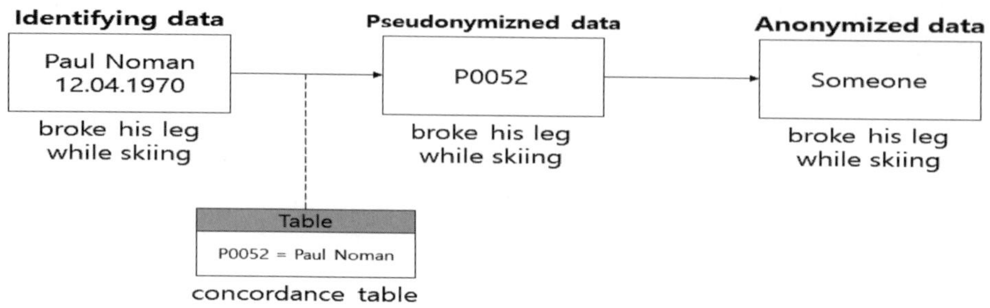

17) 문서·그림·동화상 등을 제작하기 위한 프로그램.

18) 의료기기(醫療機器)나 의료용품(醫療用品) 또는 의료제품(醫療製品)으로 번역할 수 있겠으나, 'Arzneimittel'의 영문 번역어가 'medicinal products'이고, 'Medizinprodukte'의 영문 번역어가'medical devices'인 점을 고려하면, 'Medizinprodukte'는 '의료기기'로 번역함이 적절해 보인다. 한편 우리나라의 의료기기법 제2조 제1호는 "이 법에서 '의료기기'란 사람이나 동물에게 단독 또는 조합하여 사용되는 기구·기계·장치·재료·소프트웨어 또는 이와 유사한 제품으로서 다음 각 호의 어느 하나에 해당하는 제품을 말한다. 다만,「약사법」에 따른 의약품과 의약외품 및「장애인복지법」제65조에 따른 장애인보조기구 중 의지(義肢)·보조기(補助器)는 제외한다"고 규정하고 있는 점도 참작하였다.

19) 'Gesundheitsfürsorge'에 대하여 영문본의 표현은 'health care services'으로 표현되어 있고, 이러한 영문본의 표현은 'Gesundheitsdienstleistungen'의 영어 표현(health care services)과 동일한바, 그 구분을 위하여 'Gesundheitsfürsorge'는 '보건의료급부'로, 'Gesundheitsdienstleistungen''은 '보건의료서비스'로 번역한다.

20) 이 용어는 보통은 '근로자(employees)', '직원(personnel; staff)', '피용인(persons employed; employees in employment)'으로 사용되나 여기서는 공공기관 및 민간기업 등의 고용된 자를 포괄하는 의미의 '직원'으로 번역하기로 한다.

21) 'Übermittlung'은 '이전'(移轉; 권리 따위를 남에게 넘겨주거나 또는 넘겨받음), '전달'(傳達; 지시, 명령, 물품 따위를 다른 사람이나 기관에 전하여 이르게 함), '제공'(提供; 무엇을 내주거나 갖다 바침) 등을 의미하나, 우리의 개인정보보호법에는 이에 대응하는 용어로 '제공'이라는 용어를 사용하고 있으나, 독일 개인정보보호법에서는 'übermittelt oder zur Verfügung gestellt wurden'를 동시에 사용하기에(제64조 제3항 제6호, 제78조 제3항), 'Verfügung gestellt wurden'는 '제공'으로 번역하는 것이 적절해서, 'Übermittlung'는 '전달(傳達)' 또는 '이전(移轉)'으로 번역하는 것이 적당하다고 할 것이다. 다만 정보가 개인의 '인격적 속성'을 기본으로 하지만 '빅데이터 시대'를 맞이하여 그 '재산적 성격'도 점차 부각되는 추세이므로 재산권(財産權)의 이전(移轉)을 내포하는 의미에서의 **'이전(移轉)'**으로 번역하기로 한다.

22) 그 성질상 기본권 및 자유에 대하여 특히 민감한 개인정보를 말함.

23) 'Gesundheitsversorgung'의 영문본의 표현도 'health care'으로 표현되어 있는데, 의료서비스로 번역하기로 한다. 'health care services'와 'health care'는 실질적으로 같은 의미로 보인다.

24) 'maschinenlesbar'는 영어의 'machine-readable'에 상응하는 말로, '기계로 해독할 수 있는', **'기계 해독이 가능한'**, 혹은 '컴퓨터로 읽을 수 있는'으로 번역되나, '기계 해독(解讀)이 가능한'으로 번역한다. 여기서 '기계'는 컴퓨터 등 '(정보)정보처리장치'를 의미하는 것이다.

25) 'Auskunftsrecht'는 보통 'right to information'(정보제공권)의 의미로 사용되나, 여기서는 'right of access'(접근권)의 의미로 사용된다.

26) 영문본에는 'in the online environment'(온라인 환경에서)으로 되어 있다.
27) 여기서 '자동화된 수단'은 '전자적 방법'으로 정보가 처리되는 경우를 의미한다(박훤일, "정보이동권의 국내도입방안; EU GDPR의 관련 규정을 중심으로", 경희법학 제52권 제3호 2017. 10., 215면).
28) 여기서 포맷(Format; 영어 'format')은 '양식(樣式) 또는 형식(形式)'으로 번역될 수도 있으나, **포맷**으로 그대로 쓰기로 한다.
29) 영문본에는 'context'(배경; 맥락, 환경, 정황)으로 되어 있다.
30) 'organisatorische Maßnahmen'는 직역하면 '조직적 조치'라는 의미인데, '관리적 조치'로 다소 의역하였다. '기술적 조치'(technische Maßnahmen)'는 '해당 기기 및 네트워크 자체'에 대하여 기술적으로 조치를 취하는 것이고, '관리적 조치'는 해당 기기(機器) 및 네트워크를 둘러싼 '인적 조직 등 제반 환경'에 관하여 조치를 취하거나 '그 이용자'에 대하여 조치를 취하는 것을 말한다. 뒤에서 볼 전기통신법 제110조 제1항 제4호, 동조 제5항 등에서 사용되고 있는 '**관리적 조처(措處)(organisatorische Vorkehrungen)**' 및 '기술적 조처(措處)'(technische Vorkehrungen)도 비슷한 맥락의 용어이다.
31) 'Europäischer Datenschutzausschuss'의 전신 조직은 '제29조작업반'(일명 Article 29 Working Party; 정식명 The Working Party on the Protection of Individuals with regard to the Processing of Personal Data; 개인정보 처리에 관한 개인 보호에 관한 작업반)이다. 이 작업반은 '각 회원국의 정보보호관청의 대표자. 유럽연합개인정보보호책임관, 유럽연합집행위원회의 대표자로 구성된 자문기구이다(https://en.wikipedia.org/wiki/Article_29_Data_Protection_Working_Party).
32) 영어로 'rights of information'(정보를 제공받을 권리; 통지권)로 되어 있다.
33) 영어로는 'code of conducts'인데, '행동강령(行動綱領)', '행위수칙(行爲守則)', '행위준칙(行爲準則)', '행동준칙(行動準則)', '행동규약(行動規約)' 등으로 번역되는데, 이것이 개인정보 처리에 관하여 '개인정보처리자 또는 수탁처리자'가 준수해야 할 내용을 일반적으로 정하고 있다는 점(개인정보보호기본법 제40조 제2항 참조)에서 '개인정보준칙(個人情報準則)'이라고 번역하기로 한다.
34) 영어의 'processor'를 의미하고 컴퓨터에서 명령을 해독하고 실행하는 기능 단위라는 뜻으로, '중앙 처리 장치'를 의미한다(https://ko.dict.naver.com/#/entry/koko/6a8720de90f143ba8abe3f25d7948403).
35) 'öffentliche Stelle'는 'public body'(공공기관; 공공단체; 공공기구), 'public authority'(관청), 'public entity[공공법주체(公共法主體)]'의 의미이나, 영문에서 'public body'를 사용하고 있어, '**공공기관**'이라는 용어를 채택하기로 한다.
36) 개인정보주체의 동의를 말하는 것으로 보인다.
37) 적합성결정처럼, 유럽연합의 2차 법원으로서 '결정'은 하나 또는 둘 이상의 회원국이나 그러한 회원국 내의 하나 혹은 둘 이상의 개인을 대상으로 하는 전부 구속력이 있는 것을 말한다. 이는 유럽연합집행위원회 또는 유럽연합이사회가 개별 문제를 다루는 수단이 되는데 국내 행정법상 행정행위에 비유되기도 한다(김두수, 앞의 책, 60-61면 참조).
38) 영문에는 'data protection requirements'(개인정보보호 요건)로 되어 있다.
39) 영어로 '(legal) remedy'로 '법률상 구제'나 '<u>법적 구제</u>'를 말한다.
40) 'Amtshilfe'를 '직무원조(職務援助)', '직무지원(職務支援)' 또는 '직무공조(職務共助)'로도 번역할 수 있으나, 국제간의 행정에 있어 공조를 의미하므로 '**행정공조**(行政共助)'로 번역하기로 한다.
41) 영문에는 'law mechanisms'로 표현되어 있다.
42) 구성원은, 바로 아래에서 '직원(staff)'이라는 용어를 사용하고 있는 점을 고려하면, 감독관청의 모든 구성원을 의미하는 것이 아니라, 독임제행정기관의 경우 감독관청의 '수장(首長)'을, 위원회와 같은 합의제행정기관의 경우 '위원장과 위원'을 말하는 것으로 해석된다. 우리나라의 개인정보보호위원회는 합의제행정관청인데, 우리나라의 경우 그 위원장과 (상임/비상임)위원을 말하는 것이다.
43) 양원제 국가에서 상원/하원 또는 민의원(民議院)/참의원(參議院) 등 어느 한 의원(議院)을 말한다.
44) 여기서 '주무소관감독관청'은 여러 개의 관할감독관청들 중 '주된 관할감독청'인 '관할 주무감독관청(zuständige federführende Aufsichtsbehörde)'을 의미하는 것으로 보인다.
45) 파리에 주사무소를, 독일의 프랑크푸르트 및 뮌헨, 이탈리아 로마, 스위스 제네바에 각각 영업소를 두고 있는 '다모아 기업'이 소비자 관련 정보를 수집하고 처리하면서 본 법(法)을 위반하여 수집 후 처리했는데, 독일 뮌헨에 거주하는 소비자로 정보주체인 A도 '다모아 기업'이 수집·처리한 정보의 피해자라고 가정하자. 이 경우 파리 주사무소를 관할하는 감독관청은 '주무소관감독관청'이 되고, 각 영업소를 관할하는 독일, 이탈리아 및 스위스의 감독관청은 '소관감독관청'이 된다. 만일 A가 자신이 거주하는 독일 뮌헨

(이나 기타 독일)의 감독관청에 피해 관련 접수를 하지 아니하고, 오스트리아 빈을 여행 중일 때 그곳에 있는 감독관청에 접수를 했다고 하면 접수를 받은 오스트리아의 '감독관청'은 '소관감독관청'이 된다고 할 것이다.

46) 'Arbeitnehmer'는 사용자에 대응하는 용어로 독일 노동법에서 보통 '근로자'로 쓰이는 말이지만, 여기서는 '관청 또는 공공기관에서 고용관계가 성립되어 있는 자'도 포괄하는 의미이므로 '직원으로 번역하는 것이 적절하다. 영문본에서는 'employees'라는 용어를 사용하고 있다.

47) 'abweisen'는 '기각(棄却)하다'(rejects), 'ablehnen'는 '각하(却下)하다'(dismiss)를 의미한다. 아래 참조.
ZPO
§ 597 Klageabweisung
(1) Insoweit der in der Klage geltend gemachte Anspruch an sich oder infolge einer Einrede des Beklagten als unbegründet sich darstellt, ist der Kläger mit dem Anspruch abzuweisen.
독일 민사소송법
제597조 청구기각
① 소에서 주장된 청구권이 그 자체로 또는 피고의 항변으로 이유 없는 것으로 밝혀진 범위 내에서, 원고의 청구를 기각한다.

48) Artikel 267
Der Gerichtshof der Europäischen Union entscheidet im Wege der Vorabentscheidung
a) über die Auslegung der Verträge,
b) über die Gültigkeit und die Auslegung der Handlungen der Organe, Einrichtungen oder sonstigen Stellen der Union,
Wird eine derartige Frage einem Gericht eines Mitgliedstaats gestellt und hält dieses Gericht eine Entscheidung darüber zum Erlass seines Urteils für erforderlich, so kann es diese Frage dem Gerichtshof zur Entscheidung vorlegen.
Wird eine derartige Frage in einem schwebenden Verfahren bei einem einzelstaatlichen Gericht gestellt, dessen Entscheidungen selbst nicht mehr mit Rechtsmitteln des innerstaatlichen Rechts angefochten werden können, so ist dieses Gericht zur Anrufung des Gerichtshofs verpflichtet.
Wird eine derartige Frage in einem schwebenden Verfahren, das eine inhaftierte Person betrifft, bei einem einzelstaatlichen Gericht gestellt, so entscheidet der Gerichtshof innerhalb kürzester Zeit.
제267조
유럽사법재판소는 다음 각 호에 관하여 선결적 재판의 방식으로 재판한다,
a) 조약들(「유럽연합에 관한 조약」과 「유럽연합 운영조약」을 말함; 「유럽연합 운영조약」 제1조 제2항 참조)의 해석,
b) 유럽연합의 기구, 조직 또는 기타 기관의 행위(주로 '입법행위'를 의미함)의 유효성 또는 해석.
위와 같은 문제가 회원국의 법원에 제기되고 그 법원이 판결 선고를 위해 그에 관한 재판이 필요한 것으로 본 경우에, 그 법원은 이러한 문제를 유럽사법재판소가 재판하도록 회부할 수 있다.
그러한 문제가 개별국가 법원에 계속 중인 소송절차에 제기되었고, 그 재판에 대하여 더 이상 국내법에 의한 상소(上訴)로 취소할 수 없는 경우에, 그 법원은 유럽사법재판소의 사법심사절차(Anrufung des Gerichtshofs)에 회부할 의무를 진다.
위와 같은 문제가 구금된 자에 관련된, 개별국가 법원에 계속 중인 소송절차에 제기된 경우 유럽사법재판소가 최대한 빠른 기간 내에 재판한다.

49) 위 제267조에서 보는 바와 같이, "그러한 문제가 개별국가 법원에 계속 중인 소송절차에 제기되었고, 그 재판에 대하여 더 이상 국내법에 의한 상소(上訴)로 취소할 수 없는 경우"에 회원국의 국내법원은 선결적 재판절차를 구할 의무를 지는데, 여기서 그러한 의무를 지는 경우는 해당 재판이 최종심(最終審)인 경우를 말한다(연방개인정보보호법 제21조 제6항 참조).

50) 영어로 'legal protection'(법적 보호) 또는 **'relief'(권리구제**; 구제책)을 말한다.

51) 'Beschäftigungsverhältnis'는 보통 고용관계(雇用關係; employment relationship)를 의미하는고, 이 고용관계는 '고용계약에 기한 고용관계'(Dienstverhältnis)와는 다른 것이다. 'Beschäftigungsverhältnis'는 '취업관계'나 '피용인관계'(皮用人關係; 직원이 되는 '직원관계'에 '노무제공계약에 기한 관계'도 포함하는 관계; 여기서 '피용인' 우리 민법 제756조상의 '피용자'와 동일한 의미로 사용한 것이다)로 번역할 수도 있겠으나(제26조 제8항에서 직원이 유사근로자, 봉사자 등을 포함하는 광의로 쓰이고 있다는 점을 고려하면 더욱 그러

하다), 직원관계를 기반으로 해서 제26조 제8항에서 그 범위가 확대된 것으로 파악하는 것이 보다 적절하기에, '직원관계'로 번역하기로 한다.

52) '통지'를 말하고, 정보주체의 입장에서는 정보를 제공받은 것을 말함.

53) 윈도 시스템에서 사용하는 모든 프로그램의 시스템 구성 정보를 저장한 데이터베이스(https://ko.dict.naver.com/#/entry/koko/3e417d359bd541d690b60e5d4c02ffc8)임.

54) 기록을 만들게 된 직접적인 목적에 의한 상황이 종료된 후에도 해당 기록의 계속적인 보존을 정당화할 수 있는 유용함에 기반한 가치를 말함(https://en.dict.naver.com/#/entry/enko/ccd1cc4276184edc8e59495766a2dcb9.

55) '유럽연합연구지역'은 유럽연합 전역에 걸쳐 연구, 혁신 및 기술을 위한 국경없는 단일시장을 창출하려는 계획으로, 2000년에 시작되어 2018년에 재활성화가 추진되었다.

56) 「유럽연합에 관한 조약」은, 법적으로 동등하며 서로를 보완하는 조약인 '「유럽연합 운영조약」'과 더불어 유럽연합의 토대를 이루는 기본조약으로 이른바 '마스트리히트조약'(the maastricht treaty)이라고도 하며, 1992년 2월 7일에 마스트리히트에서 체결되어, 1993년 11월 1일부터 발효되었다. 본 조약은 이른바 세 가지 기둥(Säulen)인, '유럽공동체', '공동의 대외·안보정책' 및 '경찰·사법분야 협력'을 지향한다. 동 조약은, 전문과 55개 조항으로 구성되어 있는데, 그 대강은 다음과 같다(https://de.wikipedia.org/wiki/Vertrag_%C3%BCber_die_Europ%C3%A4ische_Union).

전문(Präambel)

Ⅰ. 공동규정(Gemeinsame Bestimmungen; 제1조 ~ 8조),

Ⅱ. 민주주의 원칙에 관한 규정(Bestimmungen über die demokratischen Grundsätze; 제9조 ~ 제12조),

Ⅲ. 기관에 관한 규정(Bestimmungen über die Organe; 제13조 ~ 제19조),

Ⅳ. 협력 강화에 관한 규정(Bestimmungen über eine verstärkte Zusammenarbeit; 제20조),

Ⅴ. 유럽연합의 외교조치에 관한 일반규정과 공동의 대외·안보정책에 관한 특칙(Allgemeine Bestimmungen über das auswärtige Handeln der Union und besondere Bestimmungen über die Gemeinsame Außen- und Sicherheitspolitik; 제21조 ~ 제46조),

Ⅵ. 종결규정(Schlussbestimmungen, 제47조 ~ 제55조).

57) 프로파일링에 대하여 다음과 같이 설명되기도 하는데, 즉, 프로파일(Profil; profile)은 이는 '개인'에게 적용되도록 의도된 한 범주의 '개인들'을 특징짓는 '일련의 데이터'를 의미하고, 프로파일링(Profiling; profiling)은 '프로파일'을 개인에게 적용하는 것으로 구성되는 자동적 개인정보 처리 기법을 말한다(박노형·정명현, "EU GDPR상 프로파일링 규정의 법적 분석", 안암법학 제56권, 2018. 5., 288-289면). 프로파일링이 이용될 수 있는 경우는 ⅰ) 일반적 프로파일링, ⅱ) 프로파일링에 기초한 의사결정(예컨대, 은행 직원이 자동화된 수단으로 생성된 프로파일에 기초하여 대출 허용 여부를 결정하는 것), ⅲ) 프로파일링을 포함하여 '오로지 자동화된 의사결정'을 말하고, 세 번째 경우는 사람의 개입 없이 기술적 수단으로만 의사결정을 하는 것을 말한다.

58) 영문본에 'agency'[**단체**; 대행(회)사; 대행업자 등]으로 되어 있다.

59) 영문본에 'body[**기관**, 단체, 조직(체)]'로 되어 있다.

60) '가명처리된 정보', 정보주체가 의식적으로 개인정보처리자에게 제공한 정보(예, 이름, 나이, 주소 등), 정보주체의 활동을 관찰하여 얻을 수 있는 원자료(이른바 '관찰정보'; 접속로그정보, 검색이력, 위치정보, 스마트워치에 의한 심장박동 등)는 포함되지만, '익명처리된 정보', 개인정보처리자의 '추가적 노력과 가공'에 의하여 작성된 정보(프로파일링, 신용평가정보 등)는 포함되지 않는다고 한다(정찬모, "데이터이동성을 위한 유럽연합의 입법동향과 쟁점, 과학기술연구 제24집 제3호, 2018, 11., 214면). 개인정보처리자의 추가적 노력과 가공에 의하여 작성된 정보에는 이른바 '파생정보'(derived data), '추론정보'(inferred data)가 있다.

61) 'XML', 'JSON', 'CSV' 등이 '메타데이터'와 함께 제공되는 경우는 적절한 포맷에 해당하지만, 'PDF'는 재활용이 어려우므로 적절치 않은 포맷이라고 한다(정찬모, 앞의 논문, 216면).

62) 'übermitteln'을 '전송(電送)하도록'으로 번역하는 경우가 있으나, 해당 정보를 '이동식 저장매체'에 담아 이전하는 경우도 상정이 가능하므로 '전송(電送)'에 한정할 것은 아니라고 본다. 한편, 우리나라의 신용정보의 이용 및 보호에 관한 법률은 다음과 같이 신용정보의 이동권을 규정하였고, 여기서는 '전송의 형태'로 규율하고 있다.

제33조의2(개인신용정보의 전송요구) ① 개인인 신용정보주체는 신용정보제공·이용자등에 대하여 그가 보유하고 있는 본인에 관한 개인신용정보를 다음 각 호의 어느 하나에 해당하는 자에게 전송하여 줄 것

을 요구할 수 있다.
1. 해당 신용정보주체 본인
2. 본인신용정보관리회사
3. 대통령령으로 정하는 신용정보제공·이용자
4. 개인신용평가회사
5. 그 밖에 제1호부터 제4호까지의 규정에서 정한 자와 유사한 자로서 대통령령으로 정하는 자

② 제1항에 따라 개인인 신용정보주체가 전송을 요구할 수 있는 본인에 관한 개인신용정보의 범위는 다음 각 호의 요소를 모두 고려하여 대통령령으로 정한다.
1. 해당 신용정보주체(법령 등에 따라 그 신용정보주체의 신용정보를 처리하는 자를 포함한다. 이하 이 호에서 같다)와 신용정보제공·이용자등 사이에서 처리된 신용정보로서 다음 각 목의 어느 하나에 해당하는 정보일 것
   가. 신용정보제공·이용자등이 신용정보주체로부터 수집한 정보
   나. 신용정보주체가 신용정보제공·이용자등에게 제공한 정보
   다. 신용정보주체와 신용정보제공·이용자등 간의 권리·의무 관계에서 생성된 정보
2. 컴퓨터 등 정보처리장치로 처리된 신용정보일 것
3. 신용정보제공·이용자등이 개인신용정보를 기초로 별도로 생성하거나 가공한 신용정보가 아닐 것

③ 제1항에 따라 본인으로부터 개인신용정보의 전송요구를 받은 신용정보제공·이용자등은 제32조 및 다음 각 호의 어느 하나에 해당하는 법률의 관련 규정에도 불구하고 지체 없이 본인에 관한 개인신용정보를 컴퓨터 등 정보처리장치로 처리가 가능한 형태로 전송하여야 한다.
1. 「금융실명거래 및 비밀보장에 관한 법률」 제4조
2. 「국세기본법」 제81조의13
3. 「지방세기본법」 제86조
4. 「개인정보 보호법」 제18조
5. 그 밖에 제1호부터 제4호까지의 규정에서 정한 규정과 유사한 규정으로서 대통령령으로 정하는 법률의 관련 규정

- 제4항 내지 제9항 생략 -

63) 여기서 '법적 효과를 발생시킨다는 것'은 개인의 '법적 권리'나 그의 '법적 지위'에 부정적 영향을 미치는 것을 말하고, '법적 권리'는 결사의 자유, 선거권 또는 법적 조치를 취할 권리를 말하고, '법적 지위에 부정적 영향'의 예로는 어떤 사람이 육아나 주택수당과 같이 법으로 주어지는 '사회보장혜택의 거부', '입국 거부', 소관 당국에 의한 '보다 엄격한 보안조치' 또는 '감시 집행' 등이 있다(박노형·정명현, 앞의 논문, 296면).

64) 자동화된 의사결정으로 차등적 가격이 부과되는 경우, 특정 상품 또는 서비스를 구매하지 못하도록 극심하게 높은 가격을 요구하는 경우와 같이(박노형·정명현, 앞의 논분, 296면), 법적 효과를 발생시키는 경우에 준할 정도로 정보주체에게 영향을 미치는 경우를 말한다.

65) 'Dienstleistungsvertrag'은 영어로는 'service contract'로 번역되는데, 여기서의 'service contract'은 민법전 제611조상의 고용계약(Dienstvertrag)을 의미하는 것이 아니라, '노무제공계약[Dienstleistungsvertrag; 이는 용역계약(用役契約)으로 번역할 수도 있음]'을 의미한다고 할 것이다. 개인정보보호책임자가 공공기관의 직원(즉 구성원; a staff member)인 경우에는 독일 민법전상 근로계약 또는 고용계약 등을 체결하여 '직원관계'를 형성하는 경우인데, 이러한 관계 이외의 경우를 본조 후단에서 '공공기관의 구성원이 아닌' 경우로서 규율하고 있는바, 이런 경우에 체결되는 계약이 노무제공계약(Dienstleistungsvertrag; service contract)'일 것이다.

66) 개인정보보호책임자는 '공공기관과 직원관계에 있는 직원'일 수도 있지만, 직원이 아닌 자에 대해서도 지정이 가능한데 이러한 경우에는 '노무제공계약에 기한 비직원(非職員) 프리랜서'가 되는 것이다.

67) 개인정보준칙의 (개정/ 확대 /수정) 안이 다수의 회원국에서의 정보처리활동에 관련되지 않은 경우에는 소관감독관청이 제40조 제5항에 따라 승인하고, 그 안이 '다수의 회원국에서의 정보처리활동에 관련된 경우'에는 동조 제7항에 따른 유럽정보보호위원회의 소관감독관청에 대한 의견 제시를 거쳐, 소관감독관청이 제7항, 제5항에 따라, 그 의견이 '부적합 의견'인 경우에는 승인하지 않을 것이고, '적합 의견'인 경우에는 승인하게 된다.

68) 이는 바로 뒤에 나오는 '그러한 국가 또는 국제기구에서 일반적으로 또는 부문적으로 적용되는 법규정'을 의미한다.

69) 유럽연합은 3가지 종류의 표준계약서를 마련해 두고 있는데 그중 2개는 국내 개인정보처리자가 해외 개

인정보처치라에게 개인정보를 이전할 때 이용되는 것이고, 나머지 하나는 국내 개인정보처리자가 해외 수탁처리자에게 개인정보를 이전할 때 이용되는 것이라고 한다. 표준계약서에 약간의 차이는 있으나, ⅰ) 용어의 정의, ⅱ) 이전하는 자(exporter)의 의무, ⅲ) 이전받은 자(importer)의 의무, ⅳ) 당사자의 책임(liability) 및 제3자를 위한 계약조항, ⅴ) 준거법, ⅵ) 중재 및 재판관할, ⅶ) 분쟁해결 방법, ⅷ) 정보주체 및 감독기관의 요구에 대한 협력의무, ⅸ) 계약의 변경, ⅹ) 위탁 또는 재위탁 제한에 관한 사항, ⅺ) 계약의 해지 및 해지 후 의무, ⅻ) 부록으로 구성되어 있다고 한다(차상육, "세이프하버협정 무효판결 이후 EU 일반개인정보보호규정(GDPR)의 내용과 우리 개인정보보호법제상 시사점; 개인정보의 국외이전에 관한 비교법적 연구를 중심으로", 법학논총 제36집 제1호, 2019. 10,, 222면).

70) 이 부분 영문은, "Without prejudice to Article 55, the supervisory authority of the main establishment or of the single establishment of the controller or processor shall be competent to act as lead supervisory authority for the cross-border processing carried out by that controller or processor in accordance with the procedure provided in Article 60"으로 되어 있다(제55조에도 불구하고, 개인처리자 또는 수탁처리자의 본점 또는 유일한 영업소가 있는 감독관청은, 제60조에 좇은 절차에 따라, 그 개인정보처리자 또는 수탁처리자에 의해 행해지는 국경을 초월하는 정보처리(die von diesem Verantwortlichen oder diesem Auftragsverarbeiter durchgeführte grenzüberschreitende Verarbeitung)에 대한 주무소관감독관청으로서 행위할 권한을 갖는다).

71) 영문으로는 'seconding supervisory authority'으로 표현되어 있다.

72) 영문으로는 'the host supervisory authority'으로 표현되어 있고, 독문으로는 'der einladenden Aufsichtsbehörde'으로 되어 있는데, 독문을 그 참가요청한 감독관청으로 번역할 수 있겠으나, 보조(輔助)감독관청에 대응하고, '주무(主務)감독관청'과는 구별하여, '주무(主務)인 감독관청'으로 번역하기로 한다.

73) (EU) 2016/680호 입법지침의 독문본은 세 차례 정정이 이뤄졌는데 그러한 정정이 이뤄지기 전의 최초본은 'https://eur-lex.europa.eu/legal-content/DE/ALL/?uri=celex:32016L0680'에서 볼 수 있다. 번역은 2016년 5년 4일의 통합본(All consolidated versions)을 기준으로 하였다.

74) 'Garantien'는 영문상의 'safeguards'에 해당하는 말인데, 'safeguards'는 보통 '안전장치' 또는 '안전조치' 내지 '보호책(수단)'으로 번역될 수 있으나, '장치'라는 용어는 '기술적 보호수단'으로 한정하는 의미가 있고, '보호책(수단)'은 지나치게 추상화된 용어이다. 이와 관련하여 우리나라 개인정보보호법에서 다수 조문에서 **'안전성확보에 필요한 조치'**라 용어를 사용하고 있는데(동법 제15조 제3항 등), 이러한 용어가 'safeguards'라는 용어에 상응하는 것으로 판단된다. 다만 그 용어는 지나치게 길어 **'안전성확보조치'**(「개인정보의 안전성 확보조치 기준」 참조)라는 용어를 채택한다. 다만 '안전조치'도 적절한 번역으로 본다.

75) 영문에는 'consultation'(참고, 참조, 조사)이 있으나, 이에 해당하는 용어가 독문에는 없다. 반면 독문에는 'Auslesen(판독; 判讀)'이 있으나 이에 해당하는 용어가 영문에는 없다.

76) 영문은 "'filing system' means any structured set of personal data which are accessible according to specific criteria, whether centralised, decentralised or dispersed on a functional or geographical basis"으로 되어 있다.

77) 우리나라 개인정보보호법은 이에 상응하는 용어로 '개인정보파일'을 규정하고 있는데, 이는 "개인정보파일"이란 개인정보를 쉽게 검색할 수 있도록 일정한 규칙에 따라 체계적으로 배열하거나 구성한 개인정보의 집합물(集合物)을 말한다"고 규정되어 있다(동법 제2조 제4호).

78) 영문본에는 'entity'(**법주체**; 실체)로 되어 있다.

79) 영문본에 'agencies, offices and bodies'로 되어 있다.

80) 영문본에는 "Member States shall provide for the controller to inform the data subject of the possibility of exercising his or her rights through the supervisory authority pursuant to paragraph 1.(회원국은, 개인정보처리자가 정보주체에게 제1항에 따라 감독관청을 통하여 자신의 권리를 행사할 가능성에 관하여 알리도록 규정한다"로 되어 있다.

81) 영문본에는 "Member States may provide for the exercise of the rights referred to in Articles 13, 14 and 16 to be carried out in accordance with Member State law where the personal data are contained in a judicial decision or record or case file processed in the course of criminal investigations and proceedings"으로 되어 있고, 'in the course of' 이하가 'a judicial decision or record or case file'를 모두를 수식하는 것으로 해석된다.

82) 영문본은 "where applicable, transfers of personal data to a third country or an international organisation where explicitly instructed to do so by the controller, including the identification of that third country or international organisation"으로 되어 있다.

83) 이는 바로 뒤에 나오는 '그러한 국가 또는 국제기구에서 일반적으로 또는 부문적으로 적용되는 규정'을

의미한다.

84) ‘정보주체의 정당한 이익의 보호를 위한 개인정보이전’을 말함.

85) ‘본 조 제2항상의 기간의 경과 후 일정한 기간 내에 제25조 제1항에 부합되게 하지 않으면’

86) 여기서의 ‘법규(法規; Rechtsvorschrift)’는 ‘법률, 명령(위임명령/집행명령), 규칙, 조례’의 형식으로 제정된 것으로 국민의 권리 또는 의무에 영향을 미치는 대외적 구속력을 갖는 법규범을 말하고, 그러한 구속력이 없는 ‘행정규칙’(Verwaltungsvorschriften)에 대비된다.

87) 영문은 ‘laws, regulations, and administrative provisions’(법률, 규칙, 행정규칙)으로 되어 있다.

88) 이 부분은 영문은 “(8) ‘professional user’ means a natural or legal person, including a public authority or a body governed by public law, using or requesting a data processing service <u>for purposes</u> related to its trade, business, craft, profession or task”으로 되어 있는데, 특히 ‘할 목적으로(for purposes~)’가 명시되어 있다.

89) 본 법률에서 법인의 정보를 포함하거나 개인정보가 아닌 것이 분명한 경우(비디오감시의 경우) 등 특별한 경우를 제외하고 ‘Daten’은 ‘개인정보’로 번역하였고, 따라서 ‘Datenschutz’은 ‘개인정보보호’, ‘Datenschutzbeauftragte’은 ‘개인정보보호책임자’로 번역하였다. ‘Bundesdatenschutzgesetz’를 ‘연방정보보호법’ 또는 ‘연방데이터보호법’으로 번역하기도 하지만 개인정보보호가 그 법의 핵심이기에 **‘연방개인정보보호법’**으로 번역하는 것이 적절하다.

90) 여기서 ‘민간기관’은 단체, 법인, 기관만을 말하는 것이 개인도 포함하는 넓은 개념으로, 사인(私人)을 말한다.

91) 여기서는 ‘professional confidentiality(직업상 비밀; 직무상 비밀)’이 아닌 ‘공무상 비밀’로 번역된다.

92) 개인정보보호기본법의 경우 2021 4. 25. 현재 독문본 기준으로 할 때 세 차례 정정(訂正)[32016R0679R(01), 32016R0679R(02), 32016R0679R(03); https://eur-lex.europa.eu/legal-content/EN/ALL/?uri=CELEX:32016R0679)만이 단행된 상태이다.

93) ‘개인정보보호기본법’을 말한다.

94) 「유럽경제권에 관한 협약」의 가입국이 유럽연합회원국과 동일시되는 점, 즉 「유럽경제권에 관한 협약」의 가입국은 ‘제3국’으로 취급되지 않는다는 점을 고려하여 제3국의 범위가 정해진다는 의미임.

95) 연방개인정보보호법의 영문본에서 ‘institutions’로 번역되어 있는데 이를 ‘기관’ 또는 ‘시설’로 번역할 수 있겠으나, 보다 적확하다고 판단되는 ‘기관’로 번역하기로 한다.

96) 이는 ‘공법상 사단’, ‘공법상 영조물’, ‘공법상 재단’을 의미한다.

97) 독일의 행정주체는 다음과 같은바, 법인/자연인으로 구분되고, 법인은 공법상/사법상(공무수탁사인)으로 구별되며, 또 공법상은 ‘직접적 공행정’의 주체와 ‘간접적 공행정’의 주체로 구분되며, 후자에는 연방과 주에 속한 ‘사단, 영조물, 재단’이 있으며, 전자에는 연방 및 주에 ‘최상급행정관청’, ‘차상급행정관청’, ‘중급행정관청’ 및 ‘하급행정관청’이 있다(https://de.wikipedia.org/wiki/%C3%96ffentliche_Verwaltung).

98) 이 자본참가(資本參加; Beteiligung; participation)는 자본출자(資本出資)에 상응하는 용어이다.

99) 여기서 설비(設備)로 번역할 수도 있겠으나, 영문본이 ‘optical-electronic devices’로 된 점을 고려하여 **‘장치(裝置)’**로 번역하기로 한다.

100) ‘가택권(家宅權)’이라고도 하는데, 가택(家宅)이라는 의미가 주로 집, 주택을 의미하여 그 의미가 협소하

여 '시설관리권'으로 번역하기로 한다.

101) 차량, 배를 의미함

102) 이는 개인정보보호기본법 제36조 제4항에서 본 노무제공계약과 동일한 의미이다.

103) 이는 개인정보보호책임자의 지정(指定)에 반대되는 말이고, 해촉(解囑)에 상응하는 말이다. 다만 위촉(委囑)이라는 용어 대신에 지정(指定)이라는 용어를 사용했으므로 해촉을 사용하지 않고 지정해제라는 말을 사용한다.

104) 현행 독일 민법전에는 직원관계를 형성하는 대표적인 고용계약(Dienstvertrag)과 근로계약(Arbeitsvertrag)이 있는데, '고용계약에 기한 관계'가 '고용관계(Dienstverhältnis)'이고, '근로계약에 기한 관계'가 '근로관계(Arbeitsverhältnis)'이다. 다만 본 조가 개인정보보호책임자로서의 직원관계를 함부로 해지해서는 안 된다는 것을 규정함으로써 개인정보보호책임자의 지위를 보장하기 위해서 규율된 조항이라는 점을 고려하면, 여기서 'Arbeitsverhältnis'는 '고용관계 및 근로관계'를 모두 아우르는 것으로 봄이 타당하다고 본다.

105) 그 지정해지가 있더라도 직원인 경우에는 노무제공관계(직원관계)가 자동으로 해지되는 것이 아니라 별도의 해지를 필요로 한다는 점이, 이 부분에서 드러나고 있다.

106) 독일의 연방개인정보보호책임관은 이른바 각료급 '독임제(獨任制)' 관청이다. 우리나라의 경우 장관급 '합의제행정기관'으로서 유럽정보보호위원회가 설치되어 있다.

107) 여기서 정보는 자연인의 개인정보만을 의미하는 것이 아니라 법인에 관한 전화번호, 상호, 등기번호 등 법인 정보도 포함한다.

108) 여기서의 'Amtshilfe'는 국가 간의 행정공조(行政共助)를 의미하는 것이 아니라, 독일 내의 관청 간의 협력 및 협조를 의미하는 것으로 보이는바, 우리 행정절차법 제8조에서 '행정응원(行政應援)'이라는 용어를 사용하고 있어, '행정응원(行政應援)'으로 번역한다. 이에 비하여 '사법공조(司法共助; Rechtshilfe; mutual judicial assistance)'는 '관할 법원 상호간에 필요한 사법적 지원을 하는 것을 의미하고, 이에 관한 협정을 미리 체결하는 경우 그 협정을 사법공조협정이라고 한다.

109) 여기서 'Einrichtung'은 '설치 또는 설립'(establishment')을 의미한다.

110) 여기서의 의미는 주들 간에 통일적 법적용의 통일성을 확보하기 위한 절차를 의미하는데, 이는 '개인정보보호기본법'에서 유럽연합 차원에서 법적용을 통일성을 기하고자 하기 위해 인정된 '법적용통일성추구절차'와 그 맥락은 동일하다. 후자의 법적용통일성 확보절차에 대하여는 '개인정보보호기본규정' 입법설시 135번, 136번 참조.

111) 개인정보보호기본법상의 관련 조항에서 있는 'möglicherweise'이 없다.

112) 이른바 '민감정보(sensible Informationen)'를 의미한다.

113) 통지를 연기하거나, 제한하거나 이를 하지 않는 것을 말한다.

114) 컴퓨터에서, 명시적으로 지정되지 않은 경우 기본값으로 인식하는 것.

115) 영문본에 'agencies, offices and bodies'(단체, 사무실 또는 기관)으로 되어 있다.

116) '제5편 주파수, 번호 및 도로권의 부여'(Vergabe von Frequenzen, Nummern und Wegerechten) 부분은 기술에 관한 전문적 내용이 많아, '제5편 전체'를 번역을 하지 않았다.

117) 전기통신법은, 2021년 6월 23일 「전기 통신에 대한 유럽연합 법전에 관한 2018년 12월 11일 유럽연합 의회 및 이사회 (EU) 2018/1972호 입법지침(개정판)의 시행과, 전기통신 현대화에 관한 법률」(일명 '전기통신현대화법')[Gesetz zur Umsetzung der Richtlinie (EU) 2018/1972 des Europäischen Parlaments und des Rates vom 11. Dezember 2018 über den europäischen Kodex für die elektronische Kommunikation (Neufassung) und zur Modernisierung des Telekommunikationsrechts vom 23.06.2021]에 의하여 전부개정되는데, 특히 번역하지 않은 '제5편 주파수, 번호 및 도로권의 부여'을 중심으로 하여 대폭 개정되었으며, 그 개정법(BGBl. I S. 1858)은 2021년 12월 1일부터 시행되게 된다. 본 전기통신법 번역은 그와 같은 개정법 이전의 법을 번역한 것이다.

118) 'Fernmeldegeheimnis'는 'secrecy of telecommunications'에 상응하는 말로 '전기통신비밀'이나 '통신비밀'을 의미한다.

119) 유럽연합단일시장[Single European Market 혹은 (European) Single Market]은 유럽연합회원국들이 자본, 노동, 상품 또는 서비스의 자유로운 교역 또는 이동을 막는 장벽을 제거함으로써 하나의 국가처럼 형성된 거대한 '단일 시장을 말한다.

120) 직역하면 '지리적 영역'이다.

121) 소프트웨어 인터페이스는 소프트웨어를 연결해주는 접속장치를 의미한다.

122) 'Nachricht'는 'message'나 '정보(information)', '통신(communication)', '통지(notification)' 또는 '뉴스(news)'에 상응하는 말인데, '언어나 기호에 의하여 전달되는 정보 내용'을 의미하는(https://ko.dict.naver.com/#/entry/koko/7ce163dd59374de2b685f5867533200a) '메시지'로 주로 번역하고, 때에 따라서는 '통신'으로(주로 통신비밀 등과 관련해서), 드물게 '통지'로 번역한다.

123) 암호화된 정보를 복원하거나 다른 형태로 변환하거나 하는 장치(https://ko.dict.naver.com/#/entry/koko/f25cd17ebb2f40a59ba001f1c2863584).

124) 국간(局間), 단말과의 통신에서 교신 상대와 접속 또는 선택하기를 말한다(https://en.dict.naver.com/#/entry/enko/c40f6e88035d44b9b0de0d7a206de185).

125) 데이터로 다루는 일련의 문자. 숫자를 포함하는 것이어도 계산하는 숫자로서가 아니라 코드의 일부로 쓰는 것이면 문자열이라 할 수 있다.

126) 전선, 케이블 따위를 외상, 습기, 열기로부터 보호하기 위하여 이용하는 전폐(全閉) 구조의 전선로(https://ko.dict.naver.com/#/entry/koko/3d92e54b1ebf4fb383da6bc0e5899c2d).

127) 배 등에서 통신 등을 하기 세운 기둥.

128) 인터페이스는 우리말로는 '접속장치'로 의미한다. 인터페이스는 보통 두 가지 시스템 또는 장치(equipment)가 결합해 있는 경계(boundary)이며, 하드웨어적으로도 소프트웨어적으로도 사용되는 용어를 말한다. 하드웨어적인 것만을 가리킨다든지 소프트웨어적인 것만을 가리킨다든지 또는 그들 모두를 규정하고 있는 것이 있다. 여기서 말하는 '하드웨어적인 것'이란 '물리적 조건, 회로의 조건, 전기적 조건' 등을 말하며, '소프트웨어적인 것'이란 논리적 혹은 프로그램 간의 조건을 말한다(https://terms.naver.com/entry.nhn?docId=826278&cid=42344&categoryId=42344). 여기서는 하드웨어적인 인터페이스의 의미로 사용된 것으로 보인다.

129) 여기서 '가입자'는 '계약당사자'를 말한다.

130) 전기용과 통신용으로 배선과 배관을 하는 전용 공간. 건물의 배선을 상하로 인출하기 위한 공간이다(https://ko.dict.naver.com/#/entry/koko/462854b6dcc44bf7b14abd5036eb5ce0).

131) § 36 Grundsätze für die Beurteilung von Zusammenschlüssen

(1) Ein Zusammenschluss, durch den wirksamer Wettbewerb erheblich behindert würde, insbesondere von dem zu erwarten ist, dass er eine marktbeherrschende Stellung begründet oder verstärkt, ist vom Bundeskartellamt zu untersagen. Dies gilt nicht, wenn

1. die beteiligten Unternehmen nachweisen, dass durch den Zusammenschluss auch Verbesserungen der Wettbewerbsbedingungen eintreten und diese Verbesserungen die Behinderung des Wettbewerbs überwiegen, oder
2. die Untersagungsvoraussetzungen des Satzes 1 auf einem Markt vorliegen, auf dem seit mindestens fünf Jahren Waren oder gewerbliche Leistungen angeboten werden und auf dem im letzten Kalenderjahr weniger als 15 Millionen Euro umgesetzt wurden, es sei denn, es handelt sich um einen Markt im Sinne von § 18 Absatz 2a oder einen Fall des § 35 Absatz 1a, oder
3. die marktbeherrschende Stellung eines Zeitungs- oder Zeitschriftenverlags verstärkt wird, der einen kleinen oder mittleren Zeitungs- oder Zeitschriftenverlag übernimmt, falls nachgewiesen wird, dass der übernommene Verlag in den letzten drei Jahren jeweils in der Gewinn- und Verlustrechnung nach § 275 des Handelsgesetzbuchs einen erheblichen Jahresfehlbetrag auszuweisen hatte und er ohne den Zusammenschluss in seiner Existenz gefährdet wäre. Ferner muss nachgewiesen werden, dass vor dem Zusammenschluss kein anderer Erwerber gefunden wurde, der eine wettbewerbskonformere Lösung sichergestellt hätte.

(2) Ist ein beteiligtes Unternehmen ein abhängiges oder herrschendes Unternehmen im Sinne des § 17 des Aktiengesetzes oder ein Konzernunternehmen im Sinne des § 18 des Aktiengesetzes, sind die so verbundenen Unternehmen als einheitliches Unternehmen anzusehen. Wirken mehrere Unternehmen derart zusammen, dass sie gemeinsam einen beherrschenden Einfluss auf ein anderes Unternehmen ausüben können, gilt jedes von ihnen als herrschendes.

(3) Steht einer Person oder Personenvereinigung, die nicht Unternehmen ist, die Mehrheitsbeteiligung an einem Unternehmen zu, gilt sie als Unternehmen.

제36조 기업결합의 판단에 대한 원칙

① 유효경쟁(有效競爭)을 중대하게 저해하는 기업결합, 특히 시장지배적 지위가 성립하거나 강화될 것이

라는 예상되는 기업결합은 카르텔청이 금지해야 한다. 다음 각 호의 경우에는 이를 적용하지 아니한다,

1. 당사자인 기업이 기업결합으로 경쟁조건의 개선도 이뤄지고 이러한 개선이 경쟁의 저해보다 우월하다는 점을 증명한 경우,
2. 최소 5년 전부터 물품 또는 영업적 급부가 제공되어 왔고 직전(直前) 역년(曆年) 동안에 1,500만 유로 미만의 매출이 달성된 시장에서 제1문의 금지요건이 시장에서 존재하는 경우, 다만 제18조 제2항a상의 시장에 해당하거나 제35조 제1항a의 경우에 해당하는 경우에는 그러하지 아니하다.
3. 소기업(小企業)이거나 중기업(中企業)인 신문사 또는 잡지사를 인수하는 신문사 또는 잡지사의 시장지배적 지위가 강화되는 경우, 인수된 회사가 최근 3년간 각각 상법전 제275에 따른 손익계산에서 중대한 연간적자를 기록했고 기업결합이 없었더라면 그 기업의 생존이 위태로웠을 것이라는 점이 증명되는 경우로 한다, 또한 기업결합 전에 경쟁친화적 해결책을 보장했을 다른 인수인을 찾을 수 없었던 점이 증명되어야만 한다.

② 당사자인 기업이 주식법 제17조상의 종속기업 또는 지배기업이거나 동법 제18조상의 콘체른기업인 경우에는 그러한 결합기업은 하나의 기업으로 본다. 여러 기업이 다른 기업에 대한 공동의 지배적 영향력을 행사할 수 있는 방식으로 제휴(提携)한다면, 그 여러 기업 중 각 기업을 지배기업으로 본다.

③ 어느 기업에 대한 과반수지분참가가 기업이 아닌 자 또는 인적결사체에 귀속되는 경우에 그러한 자 또는 인적결사체는 기업으로 본다.

§ 37 Zusammenschluss

(1) Ein Zusammenschluss liegt in folgenden Fällen vor:

1. Erwerb des Vermögens eines anderen Unternehmens ganz oder zu einem wesentlichen Teil; das gilt auch, wenn ein im Inland tätiges Unternehmen, dessen Vermögen erworben wird, noch keine Umsatzerlöse erzielt hat;
2. Erwerb der unmittelbaren oder mittelbaren Kontrolle durch ein oder mehrere Unternehmen über die Gesamtheit oder Teile eines oder mehrerer anderer Unternehmen. Die Kontrolle wird durch Rechte, Verträge oder andere Mittel begründet, die einzeln oder zusammen unter Berücksichtigung aller tatsächlichen und rechtlichen Umstände die Möglichkeit gewähren, einen bestimmenden Einfluss auf die Tätigkeit eines Unternehmens auszuüben, insbesondere durch
   a) Eigentums- oder Nutzungsrechte an einer Gesamtheit oder an Teilen des Vermögens des Unternehmens,
   b) Rechte oder Verträge, die einen bestimmenden Einfluss auf die Zusammensetzung, die Beratungen oder Beschlüsse der Organe des Unternehmens gewähren;

   das gilt auch, wenn ein im Inland tätiges Unternehmen noch keine Umsatzerlöse erzielt hat,
3. Erwerb von Anteilen an einem anderen Unternehmen, wenn die Anteile allein oder zusammen mit sonstigen, dem Unternehmen bereits gehörenden Anteilen
   a) 50 vom Hundert oder
   b) 25 vom Hundert

   des Kapitals oder der Stimmrechte des anderen Unternehmens erreichen. Zu den Anteilen, die dem Unternehmen gehören, rechnen auch die Anteile, die einem anderen für Rechnung dieses Unternehmens gehören und, wenn der Inhaber des Unternehmens ein Einzelkaufmann ist, auch die Anteile, die sonstiges Vermögen des Inhabers sind. Erwerben mehrere Unternehmen gleichzeitig oder nacheinander Anteile im vorbezeichneten Umfang an einem anderen Unternehmen, gilt dies hinsichtlich der Märkte, auf denen das andere Unternehmen tätig ist, auch als Zusammenschluss der sich beteiligenden Unternehmen untereinander;
4. jede sonstige Verbindung von Unternehmen, auf Grund deren ein oder mehrere Unternehmen unmittelbar oder mittelbar einen wettbewerblich erheblichen Einfluss auf ein anderes Unternehmen ausüben können.

(2) Ein Zusammenschluss liegt auch dann vor, wenn die beteiligten Unternehmen bereits vorher zusammengeschlossen waren, es sei denn, der Zusammenschluss führt nicht zu einer wesentlichen Verstärkung der bestehenden Unternehmensverbindung.

(3) Erwerben Kreditinstitute, Finanzinstitute oder Versicherungsunternehmen Anteile an einem anderen Unternehmen zum Zwecke der Veräußerung, gilt dies nicht als Zusammenschluss, solange sie das Stimmrecht aus den Anteilen nicht ausüben und sofern die Veräußerung innerhalb eines Jahres erfolgt. Diese Frist kann vom Bundeskartellamt auf Antrag verlängert werden, wenn glaubhaft gemacht wird, dass die Veräußerung

innerhalb der Frist unzumutbar war.

제37조 기업결합

① 기업결합은 다음 각 호의 경우에 성립한다:

1. 다른 기업의 자산의 전부 또는 핵심적 부분의 취득; 독일에서 활동하는 기업의 자산을 취득하는 그 기업이 전혀 매출을 올리지 못한 경우에도 또한 같다;
2. 한 또는 여러 다른 기업의 전체 또는 일부에 관한 한 또는 여러 기업의 직접적 또는 간접적 지배의 취득. 그 통제는 사실적·법적 제반사정을 고려하여 단독으로 또는 공동으로 어느 기업의 활동에 대한 결정적 영향력을 행사할 가능성을 제공하는, 특히 다음 각 목에 의하여 이를 제공하는, 법, 계약 또는 그 밖의 수단에 의해 성립된다,
   a) 기업자신의 전부 또는 일부에 대한 소유권 또는 사용수익권,
   b) 기업의 기관의 편성, 협의 또는 결정에 대한 결정적 영향력을 미치는 권리 또는 계약;
   독일에서 활동하는 기업이 전혀 매출을 올리지 못한 경우에도 또한 같다;
3. 단독으로 하거나 이미 지분이 속하는 그 밖의 기업과 공동으로 하여 다음 각 목에 달하는, 다른 기업에 대한 지분의 취득,
   a) 그 다른 기업의 자본 또는 의결권의 50% 또는
   b) 그 다른 기업의 자본 또는 의결권의 25%.
   다른 기업의 회계에 있어 다른 기업에 속하는 지분과, 기업의 소유주가 단독상인인 경우에 그 보유자의 그 밖의 자산이 되는 지분도 그 다른 기업에 속하는 지분에 산입한다. 여러 기업이 동시에 또는 상호간에 다른 기업에 대한 전술(前述)한 범위의 지분을 취득하는 경우에, 이것은 그 다른 기업이 활동하는 시장과 관련해서는 상호간에 자본참가하는 기업의 결합으로도 본다.
4. 한 또는 여러 기업이 직접적으로 또는 간접적으로 다른 기업에 대하여 경쟁상의 중대한 영향을 미칠 수 있는, 기업의 그 밖의 각 결합.

② 자본참가한 기업이 이미 사전에 기업결합을 한 경우에는 기업결합이 성립하고, 다만 그 기업결합이 기존의 기업집단의 뚜렷한 강화를 가져오지 않는 경우에는 그러하지 아니하다.

③ 은행, 금융기관, 보험사가 다른 기업의 지분을 양도의 목적으로 취득하는 경우에, 그들이 지분에 기한 의결권을 행하지 아니하는 동안에 또 그 양도가 1년 내애 행해지는 경우에는 이는 기업결합으로 보지 아니한다. 그 양도를 1년 내에 기대할 수 없다는 점을 증명하는 경우에 이러한 기간은 연방가르텔청이 신청이 있는 경우 연장한다.

132) 데이터 연결의 설정을 위한 사건의 연속(https://ko.dict.naver.com/#/search?range=all&query=%ED%98%B8%EC%84%A4%EC%A0%95)

133) 경제학에서 유효경쟁은, '완전 경쟁의 조건을 갖추고 있지 않더라도 충분히 많은 기업이 존재하고 기업 간 담합이 존재하지 않아 기업 간 실질적인 경쟁이 이루어져 시장 가격이 한계 비용으로부터 크게 높지 않은 시장 상태'를 말한다(https://ko.dict.naver.com/#/entry/koko/c0f45bb1671e464b9ad3c8cb689985c5).

134) 디지털텔레비전 시청자가 휴대용장치를 사용함으로써 프로그램을 선택할 수 있게 해 주는 화면상의 안내를 말한다(https://en.dict.naver.com/#/entry/enen/4c660b7b6200428b9c6052fb1bc670ae).

135) 통신의 가능성을 표현하는 프레즌스 정보를 수신하여 저장하고 있다가 버디로 등록한 사용자로부터 요구가 들어오면 해당 프레즌스 정보를 전달하는 서비스(https://terms.naver.com/entry.nhn?docId=860263&cid=42346&categoryId=42346).

136) 전기통신 개선과 합리적 이용을 위한 회원국간 국제적인 협력 유지·증진, 개발도상국에 대한 전기통신분야 기술지원 장려·제공, 전기통신업무 효율 증진과 유용성 증대 및 기술설비 개발의 설립 목적을 가지고서 1865년에 설립된, 전기통신, 전파통신, 위성통신, 방송 등의 국제정보통신 분야를 총괄하는 국제연합(UN) 산하의 표준화 전문기구이다(https://terms.naver.com/entry.nhn?docId=1067397&cid=40942&categoryId=40213).

137) '시장지배력 판단에 있어 관련시장'은 일정한 거래의 집합들로, 그 거래들이 만일 하나의 독점적 사업자에 의해 모두 이루어질 경우 수요와 공급의 탄력성이 모두 낮아서 한계비용이상으로 가격을 인상하면서도 그 이윤을 증가시킬 수 있는 거래의 집합으로서 가장 규모가 작은 것을 말한다(최승재, "양면시장이론과 한국 경쟁법상 역할에 대한 연구; 구글의 더블클릭 인수 사건을 포함하여", 경쟁법연구 참조). 이와 관련하여 우리 공정거래법 제2조 제8호는 관련시장을 '일정한 거래분야'로 칭하면서 "거래의 객체별·단계별 또는 지역별로 경쟁관계에 있거나 경쟁관계가 성립될 수 있는 분야"로 정의하고 있다. '관련 상품시장'은 수요의 탄력성과 공급의 탄력성이 충분히 낮아 그 시장을 100% 지배하는 사업자가 있다면 경쟁가격 수준을 상당한 초과하는 수준의 가격을 부과하면서도 이윤을 증가시킬 수 있는 가장 좁

은 범위의 상품들로 구성된 시장을 말하는바, 이를 판단하는 방법 중 하나가 SSNIP(small but Significant and Non-transitory Increase in Price)심사인데, 이는 가상적 독점 공급기업이 당해 상품의 작지만 실질적이고 지속적인 가격인상을 통해 그 이윤을 증가시킬 수 있는지를 확인하여 만일 그렇다면 당해 상품으로 관련시장이 획정되며, 만일 그렇지 않다면 당해 상품보다 보다 넓게 획정하는 관련시장의 일부로 보는 것을 말한다(최승재, 앞의 논문, 242면). 예컨대 소주시장에서 시장점유율이 60%인 사업자의 시장지배력을 판단함에 있어서, 맥주시장까지, 위스키시장까지 아니면 전체 주류시장으로 볼 것인지의 문제로, 그 범위가 넓어지면 분모(分母)가 커지므로 시장지배력이 떨어지게, 즉 시장점유율이 내려갈 수밖에 없다.

138) 시장지배력 판단에 있어 '관련 지역시장'은, 수요의 탄력성이 낮아서 당해 상품의 가격이 상승해도 많은 소비자들이 즉시 다른 지역에서 공급되는 제품으로 이를 대체하지 않으며 동시에 공급의 탄력성이 낮아서 그 지역의 밖의 생산자들이 이를 대체할 상품을 가지고 그 지역 내로 신속히 유입될 수 없는 지역으로 이루어진 시장을 말하는데(최승재, 앞의 논문, 244면), 이러한 판단을 위해 제시되는 기준으로는 SSNIP 심사 이외에 임계매출감소분석에 의한 지역시장 획정방법이 SSNIP 실천적 방법으로 제시되고 있으며, 이에 대하여는 임계교차탄력성Critical Cross Esticity)과 임계전환비율(Cross Diversion Ratio)에 의한 관련 지역시장 획정방법과 EH(Elzina-Hogarty) 테스트에 의한 지역시장 획정방법도 제시된다고 한다.

139) 이에 대한 내용은 다음의 URL 참조. https://eur-lex.europa.eu/LexUriServ/LexUriServ.do?uri=OJ:C:2002:165:0006:0031:DE:PDF.

140) Fassung(영문의 'version')은 '판(版)', '이형(異形)'을 의미하는 것인데, 우리말에 상응하는 번역어를 찾기가 쉽지 않은바, '법판(法版)' 또는 '법형식(法形式)'이라는 용어를 사용할 수도 있을 것이다. 다만, 'in der jeweils geltenden Fassung'이라는 어구는 '각각 적용되는 법형식'으로 번역할 수도 있겠지만, 영문의 'as amended from time to time'이라는 어구에 상응하기도 하여, '**수시로 개정된**'으로 번역한다. 여기서 개정은 법(法)의 내용을 실질적으로 고치는 개정(改正)과, 실질적 내용의 변경 없이 종전의 내용을 바로 잡는 정정(訂正)을 포괄하는 개념이다.

141) 전기통신망운영자 또는 전기통신역무제공자 간에 상호 협력적으로 신호의 전송이나 데이터를 처리하기 위한 업무처리 능력 또는 그 가능성을 말한다.

142) 스마트폰이나 태블릿 피시 등의 운영 체제에서 사용자의 편의를 위해 개발된 다양한 응용 프로그램(https://ko.dict.naver.com/#/entry/koko/56313b30a79d43418d43f0fe67768ae8).

143) '통신망세부화를 하지 않거나 본 규정의 기준에 따른 진입을 허용하지 않으면'을 의미함.

144) 정보기기 사이 즉 컴퓨터끼리 또는 컴퓨터와 단말기 사이 등에서 정보교환이 필요한 경우, 이를 원활하게 하기 위하여 정한 여러 가지 통신규칙과 방법에 대한 약속 즉, 통신의 규약을 말한다(https://terms.naver.com/entry.nhn?docId=1167759&cid=40942&categoryId=32851).

145) 기업 내부 등 내부거래에서 적용되는 가격.

146) 주방송통신청은, 민간 라디오·텔레비전프로그램과 전기정보통신서비스에 대한 감독관청으로, 기본법에 따라 정해진 주의 방송관할에 따라 각 주에 의해 설립된 관청이다. 각 주는 1개의 주방송통신청을 설립했으나, Berlin주, Brandenburg주, Hamburg주 및 Schleswig-Holstein주는 주간협약으로 공동의 주방송통신청을 설립했다(https://de.wikipedia.org/wiki/Landesmedienanstalt).

147) 이는 '정보저장매체(storage medium)'나 '데이터기억매체(data carrier)'로도 번역할 수 있겠으나, '자료 또는 정보를 저장하거나 전달하는 데 사용하는 선택된 매체'(https://ko.dict.naver.com/#/entry/koko/687da77841494e8d98dcd78e453e614e)라는 의미로 '데이터저장매체'가 사용되므로 이를 사용하기로 한다.

148) 기업의 손익을 분석할 때, 단위당 판매 가격에서 단위당 가변 비용을 뺀 금액을 말한다(https://ko.dict.naver.com/#/entry/koko/f8d8600c4e844c15aabe4a6c4f07ca54).

149) 생산 설비가 가동될 수 있는 최대 시간과 실제로 가동한 시간의 비율(https://ko.dict.naver.com/#/entry/koko/b8714fdad53f4bf9933ba3c34bd1c084).

150) 원가를 계산할 때 각 원가 요소를 집계하고 그 합계액을 원가 부담자에 직접 대립시키는 부분(https://ko. dict.naver.com/#/entry/koko/422c73be41d54c2785fc4382cc2f9617).

151) 비용을 발생시키는 각각의 요인을 말한다.

152) 'Jahresabschluss'는 연차결산(서)(annual accounts), 재무제표(財務諸表; financial statement), (연간)재무제표(annual financial statement)로 사용되는데, '재무제표'로 번역하기로 한다. 재무제표에는 재무상태표(Darstellung der Vermögenslage; Statement of financial position= 대차대조표; Bilanz; balance sheet), 손익계

산서(Gewinn- und Verlustrechnung; profit and loss statement) 등이 있다.

153) 트래픽은 전화 또는 컴퓨터 통신의 특정 전송로에서 일정 시간 내에 흐르는 정보의 이동량을 말한다(https://ko.dict.naver.com/#/entry/koko/12fd8840601e4d6a9fa99a3fcf881e60).

154) 그 이용료에 의해 그 서비스 제공원가가 보전되지 않음을 알 수 있는데, 이는 의사소통서비스가 사회적 취약계층인 농아 또는 청각장애가 있는 사람에게 제공되는 서비스인 점이 반영된 것으로 보인다.

155) 'eine nach Einzelverbindungen aufgeschlüsselte Rechnung'에서 'Einzelverbindungen'은 '각각의 연결'을 의미한다라기보다는 '개인당연결 또는 개인별연결'를 의미하는 것으로 해석하는 것이 타당하다. 건건이 이뤄지는 연결마다 항목화하여 요금이 얼마인지를 나타내는 것이라기보다는 사람별로 이뤄진 접속에 대한 요금을 의미하는 것으로 제99조의 법문을 고려할 때 타당하다고 본다.

156) 가령 전체채권이 3,000만원, '갑'이 발행한 해당 청구서상의 채권이 1,000만원, '을'이 발행한 다른 청구서상의 채권이 2,000만원인데, '갑'에게 900만원을 지급하면서 아무런 의사를 표시하지 않은 경우에, 그 900만원은 '갑'에 대한 청구서상의 채권 1,000만원에 대하여 1/3의 비율(해당 청구서상 채권/전체채권)로 충당되어, 결국 300만원(= 900만원×1/3)이 '갑'의 해당 청구서상의 채권에 충당된다.

157) 대개는 그 제공자의 소유이지만, 꼭 그럴 필요가 없다는 의미임.

158) 데이터 통신에서의 데이터 전송 능력을 나타내는 것으로, 단위 시간당 데이터 전송량으로 나타내며, 다음과 같은 표현법이 있는데, ① 데이터 신호 속도[단위는 비트/초(bps)]. ② 데이터 변조 속도[단위는 보(baud)]. ③ 데이터 전송 속도[단위는 문자/초(cps)]가 있으며. 다만, 데이터 전송은 비트 직렬로 수행되기 때문에 데이터 통신 속도는 일반적으로 데이터 신호 속도가 쓰인다(https://en.dict.naver.com/#/entry/enko/17c425ab334a477fa43fa66ef7fbf107).

159) 전화기의 숫자 버튼을 누르면, 주파수의 조합 신호가 발신되어 교환기에 접속되는 전화 교환 방식(https://ko.dict.naver.com/#/entry/koko/e7b890fed05c48dda070ed446a45e40e).

160) 전화기의 해당 번호를 눌러서 전화기에서 송출하는 부호로, 교환기에서는 이 부호를 해독하여 디지트(digit) 정보로 변환한다(https://ko.dict.naver.com/#/entry/koko/37e8e0eb15c24ef786d7273b1d878f4a).

161) 유럽표준화위원회(CEN, 프랑스어: Comité Européen de Normalization)는, 일관된 일련의 표준 및 사양의 개발, 유지 및 배포를 위하여 이해당사자들에게 효율적인 기반시설을 제공함으로써 국제무역, 유럽 시민의 복지와 환경에 있어 유럽연합(EU)의 경제를 육성하는 것을 임무로 하는, 1996년에 설립된, 34개국 회원국이 참여하고 있는 공공 표준기구로, 유럽연합에 의해 유럽 공식표준기구로 공식적으로 인정된 기구이다(https://en.wikipedia.org/wiki/European_Committee_for_Standardization).

162) 정보 해독 불능에 대비해 수학적으로 기술된 법칙의 모음(https://en.dict.naver.com/#/entry/enko/db745b799140497092fec1299cd404fc).

163) '통일표준'(harmonised standards)은 공인 유럽표준화기구가 개발한 유럽 표준으로, 이에 대한 입법지침은 라디오장치가 이러한 산업 항목에 대한 통일표준을 충족하기 위해 충족해야 하는 요구사항을 기술하고 있는데, 통일표준목록은 유럽연합의 공식 저널에 정기적으로 게시된다(https://en.wikipedia.org/wiki/Radio_Equipment_Directive#Harmonized_standards).

164) 1초간에 전송되는 정보량을 나타내는 척도로, 단위는 bps(bits per second)로 나타내어진다(https://en.dict.naver.com/#/entry/enko/a8a0f75770674e749542ca298b8f2bd6).

165) 발신(發信)은 되었으나 착신(着信)이 안 된 경우를 말하고, 발신조차 안 된 경우는 제외한다.

166) '사용자식별기호'(User Identification; 使用者識別記號)를 말한다. 이는 여러 명이 동시에 사용하는 시스템에서 개별 사용자를 구별하기 위한 고유의 이름 체계. 몇 개의 영문자와 숫자로 구성되며, 로그인 시 사용한다(https://ko.dict.naver.com/#/entry/koko/c25d64e7643c4926addb577554bd157b).

167) 비교환접속(non-switched connection)은 교환을 거치지 않고 설정되는 접속으로, 하드 와이어 연결 또는 전용선에 의한 접속이 있음(https://terms.naver.com/entry.nhn?docId=851609&cid=50373&categoryId=50373).

168) '해당 서비스제공자'와 '다른 서비스제공자'를 모두 지칭하는 말이다.

169) 상담을 해주는 관청, 조직 등이 상담자에게서 걸려오는 전화 등 통신을 받는 것을 말한다.

170) 이를 위해서는 상담을 제공하는 관청, 조직 등이 연방망관리청에 그 착신을 신고하는 절차가 필요할 것이다.

171) § 203 Verletzung von Privatgeheimnissen

(1) Wer unbefugt ein fremdes Geheimnis, namentlich ein zum persönlichen Lebensbereich gehörendes Geheimnis oder ein Betriebs- oder Geschäftsgeheimnis, offenbart, das ihm als

1. Arzt, Zahnarzt, Tierarzt, Apotheker oder Angehörigen eines anderen Heilberufs, der für die Berufsausübung oder die Führung der Berufsbezeichnung eine staatlich geregelte Ausbildung erfordert,
2. Berufspsychologen mit staatlich anerkannter wissenschaftlicher Abschlußprüfung,
3. Rechtsanwalt, Kammerrechtsbeistand, Patentanwalt, Notar, Verteidiger in einem gesetzlich geordneten Verfahren, Wirtschaftsprüfer, vereidigtem Buchprüfer, Steuerberater, Steuerbevollmächtigten oder Organ oder Mitglied eines Organs einer Rechtsanwalts-, Patentanwalts-, Wirtschaftsprüfungs-, Buchprüfungs- oder Steuerberatungsgesellschaft,
4. Ehe-, Familien-, Erziehungs- oder Jugendberater sowie Berater für Suchtfragen in einer Beratungsstelle, die von einer Behörde oder Körperschaft, Anstalt oder Stiftung des öffentlichen Rechts anerkannt ist,
5. Mitglied oder Beauftragten einer anerkannten Beratungsstelle nach den §§ 3 und 8 des Schwangerschaftskonfliktgesetzes,
6. staatlich anerkanntem Sozialarbeiter oder staatlich anerkanntem Sozialpädagogen oder
7. Angehörigen eines Unternehmens der privaten Kranken-, Unfall- oder Lebensversicherung oder einer privatärztlichen, steuerberaterlichen oder anwaltlichen Verrechnungsstelle

anvertraut worden oder sonst bekanntgeworden ist, wird mit Freiheitsstrafe bis zu einem Jahr oder mit Geldstrafe bestraft.

제203조 사적비밀의 침해

① 타인의 비밀, 즉 사생활영역에 속하는 비밀 또는 기업비밀 또는 사업비밀로, 다음 각 호의 지위에서, 위탁받거나 그 밖에 지득하게 된 비밀을 권한 없이 공개한 자는 1년 이하의 자유형이나 벌금에 처한다.

1. 의사, 치과의사, 수의사, 약사나 직업수행이나 직업명(職業名)의 사용에 대하여 국가가 규율하는 교육을 필요로 하는 그 밖의 의료업종사자,
2. 국가가 공인한 학업 졸업시험을 통과한 전문심리상담사,
3. 변호사, 회의소(會議所)법률고문, 변리사, 공증인, 법(法)상 조직된 절차의 변호인, 회계감사인, 공인회계사, 세무사, 세무대리인, 변호사회사·변리사회사·회계감사회사·회계회사 또는 세무사회사의 기관 또는 사원(社員),
4. **관청이 공인하거나 공법상의 사단, 영조물 또는 재단이 공인한 상담기관에서 근무하는, 결혼상담사, 가족상담사, 교육상담사 또는 청소년상담사와, 그러한 약물중독문제 상담사,**
5. **임신갈등극복법 제3조나 제8조에 따른 공인 상담기관의 구성원 또는 대리인,**
6. 국가가 공인한 사회복지사 또는 사회교육자,
7. 민간질병보험사, 민간재해보험사, 민간생명보험사의 직원이나 민간의사보상기관, 세무사보상기관 또는 변호사보상기관의 일원.

172) 형법전 제203조 제1항 제4호, 제5호상의 인적집단에 속하는 자뿐만 아니라 그 이외의 자도, 착신접속이 알려져서는 안 되는 상담을 제공하는 자에 속한다.

173) 예컨대, 협박하는 문자를 이동통신회선으로 보내는 경우 그 회선의 주체를 해당 회선(가령 전화번호회선)을 통해서도 제공해야 한다는 의미다.

174) 발신인을 말한다.

175) 역시 발신인이 될 것이다.

176) 신청인과 동일한 자이다.

177) '발신인 측의 가입자'를 말한다. 발신인과 가입자가 동일한 자(者)일 수도 있고, 발신인과 가입자가 다른 자일 수도 있다.

178) 여기서 **'관리적 조치'**는 **'조직적 조치(organisatorische Maßnahmen)'**를 다소 의역한 번역이다.

179) 정식 이름은 '연방정보통신기술보안청에 관한 법률'(Gesetz über das Bundesamt für Sicherheit in der Informationstechnik; BSI-Gesetz)이다

180) '이용자의 트래픽'은 이용자가 발생시키는 트래픽을 말하고, '이용자에 대한 트래픽'은 이용자에게 들어오는 트래픽으로, 여기서는 후자를 말하는 것으로 보인다.

181) '감청(監聽)'은 합법적으로 엿듣는 행위를 말하는 것이고, '감시(監視)'는 주의 깊게 보는 것을 말하는바, 여기서 감청(監聽; Überwachung)은 양자를 포괄하는 의미로 사용하는 것이다. 전기통신 중에 '듣는 것의 대상'이 있을 수 있고, '보는 것(가령 문자의 송수신, 이메일의 송수신)의 대상'이 있을 수 있기 때문이다. 한편 우리나라 통신비밀보호법은 "'감청'이라 함은 전기통신에 대하여 당사자의 동의없이 전자장치·

기계장치등을 사용하여 통신의 음향·문언·부호·영상을 청취·공독하여 그 내용을 지득 또는 채록하거나 전기통신의 송·수신을 방해하는 것을 말한다"고 하여 감청(監聽)이 감시(監視)도 포함하는 의미로 규정하고 있다. 그러므로 독일 전기통신법의 감청(監聽)은 특별한 언급이 없는 한, 보는 것도 포함하는 의미로 사용하는 번역어이다.

182) 「소비자법의 조정에 관한 법률」(Gesetz zur Anpassung des Verfassungsschutzrechts; BGBl. I S. 2274) 제6조 제2항에 따라, '§ 2 Abs. 1 Satz 3'은 '§ 2 Absatz 1a Satz 1 Nummer 1 bis 3'으로 개정되었고, 이는 2021년 7월 9일부터 시행된다.

183) 정식이름은 「서신·우편·통신비밀의 제한에 관한 법률」이다. 기본법 제10조에 그러한 비밀을 규정한 데서 유래한 법명이다.

184) 연방해외정보국의 임무와 조직 등에 관하여 규율하는 법률로, 연방해외정보국은 우리나라의 국정원에 해당하는 기관으로서 다만 수사를 담당하지 않고, 대외정책 및 안보정책에 있어 독일에 중요한 외국에 관한 정보를 수집하는 연방수상청 산하의 연방차상급행정관청(Bundesoberbehörde)이다(아래와 같은 연방해외정보국법 제1조 참조).

§ 1 Organisation und Aufgaben

(1) Der Bundesnachrichtendienst ist eine Bundesoberbehörde im Geschäftsbereich des Bundeskanzleramtes. Einer polizeilichen Dienststelle darf er nicht angegliedert werden.

(2) Der Bundesnachrichtendienst sammelt zur Gewinnung von Erkenntnissen über das Ausland, die von außen- und sicherheitspolitischer Bedeutung für die Bundesrepublik Deutschland sind, die erforderlichen Informationen und wertet sie aus. Werden dafür im Geltungsbereich dieses Gesetzes Informationen einschließlich personenbezogener Daten erhoben, so richtet sich ihre Verarbeitung nach den §§ 2 bis 15, 19 bis 21 sowie 23 bis 32.

① 연방해외정보국은 연방수상청의 직무범위 내에 있는 연방차상급행정관청이다. 연방해외정보국에 경찰기관은 통합되어서는 아니된다.

② 연방해외정보국은 외교 및 안보정책에서 독일연방공화국에 중요한 외국에 관한 지식을 습득하기 위하여 필요한 정보를 수집하고 이를 평가한다. 이를 위해 본 법률의 적용범위 내에서 개인정보를 포함하여 정보가 수집되는 경우에 그 정보의 처리는 제2조 내지 제15조, 제19조 내지 제21조, 제23조 내지 제32조에 따른다.

185) 이 부분(제19조, 제24조, 제26조)에 관하여 보면, '2021년 4월 19일의 연방헌법재판소법 및 연방행정대법원법의 요구사항의 시행을 위한 연방해외정보국법 개정에 관한 법률'에 따라 그와 같이 개정되었으나, 동 법률 부칙에 따라 2022. 1. 1.부터 시행된다. 따라서 그 이전에는 구 전기통신법(BGBl. I S. 448)에 따라 이 부분은 '제6조, 제12조, 제14조'이다. 이러한 설명은, 제114조 제2항 제1문상의 '제19조, 제24조, 제26조' 부분 관련해서도 동일하다.

186) 이 위원회는 서신·우편·통신비밀의 제한에 관한 법률 제1조 제2항에 따라 설치된 기구로서, 서신·우편·통신비밀의 제한 조치를 감독하는 기구를 말하는데, 이는 연방해외정보국(Bundesnachrichtendienst), 군사정보국(der Militärische Abschirmdienst) 및 연방헌법수호청(Bundesamt für Verfassungsschutz)을 감독하는 연방의회의 통제위원회(Kontrollgremium)와 1개의 특별위원회로 구성된다.

187) '연방범죄수사청'(Das Bundeskriminalamt; BKA)는, 1951년 설립되어 비스바덴(Wiesbaden)에 본청사무소를 둔, 연방내무·건설부에 소속된 연방차상급행정관청이다. 연방범죄수사청은, 연방경찰(Bundespolizei), 연방의회경찰대(der Polizei beim Deutschen Bundestag)와 더불어 연방경찰조직 중 하나인데, 독일의 수사경찰에 대한 중앙기관으로서 주의 범죄수사청들과 긴밀히 협력하여 국가의 범죄대응을 조정하는 임무를 가지고 있다. 또한 연방범죄수사청은 특정한 중대 범죄영역에서 고유한 수사권을 보유하고 있으며, 특히 주초월적(州超越的)·국제적 관련성이 있는 범죄분야에서도 수사권을 보유하며, 연방검찰총장이 관련 위임을 하는 경우 또는 주행정관청(州行政官廳)이 수사권을 가진 활동을 요구하거나 연방내무·건설부 이를 명령하는 경우에도 수사권을 가지고 활동할 수 있다. 위 내용은 https://de.wikipedia.org/wiki/Bundeskriminalamt_(Deutschland) 참조.

188) 정식 법명은 「연방범죄수사청과 수사경찰직무에서의 연방과 주의 협력에 관한 법률」(Gesetz über das Bundeskriminalamt und die Zusammenarbeit des Bundes und der Länder in kriminalpolizeilichen Angelegenheiten)이다.

189) 이 부분(제25조)에 관하여 보면, 2021. 12. 31.까지는 2021년 4월 19일의 연방헌법재판소법 및 연방행정대법원법의 개정내용의 시행을 위한 연방해외정보국법 개정에 관한 법률' 부칙에 따라 구 전기통신법

(BGBl. I S. 448)상의 해당 부분인 '제8조'이다(위 각주 참조).

190) 국제이동단말기식별번호(International Mobile Equipement Identity)를 말한다. 그 번호는 전 지구적 이동통신시스템(GSM) 이동통신단말기가 서로를 고유하게 식별할 수 있도록 이동통신단말기에 할당된 식별번호로, 이 번호는 형식 승인 코드, 최종 조합 코드 및 일련번호를 포함하여 15자리로 구성된다(https://en.dict.naver.com/#/entry/enko/e161da74c6b94460a5e84b99676d5592).

191) 정식 법명은 「신분증과 전자신분증명에 관한 법률」(Gesetz über Personalausweise und den elektronischen Identitätsnachweis)이다.

192) 정식 법명은 「연방영토 내에서 외국인의 체류, 생계활동 및 통합에 관한 법률」(Gesetz über den Aufenthalt, die Erwerbstätigkeit und die Integration von Ausländern im Bundesgebiet)이다.

193) 정식 법명은 「유럽연합시민과 유럽경제권에 속한 자에 대한, 전자신분증명 기능이 있는 카드에 관한 법률」(Gesetz über eine Karte für Unionsbürger und Angehörige des Europäischen Wirtschaftsraums mit Funktion zum elektronischen Identitätsnachweis)이다.

194) 정식 법명은 「중대범죄에서 기인한 수익의 추적에 관한 법률」(Gesetz über das Aufspüren von Gewinnen aus schweren Straftaten)이다.

195) 'Verfolgung'는 '소추' 또는 '기소'로 번역할 수 있겠으나, '기소'는 '검사가 특정한 형사 사건에 대하여 법원에 심판을 요구하는 일'을 의미한다는 점(https://ko.dict.naver.com/#/entry/koko/13b31f34e3cb48d88578ef19d892ff7a)을 고려했을 때, '질서위반행위'나 그 외 '직업규범 위반' 등을 그 대상으로 삼고 있는 곳에서는 '소추'('탄핵소추'와 같이, 소추가 보다 광의로 쓰임)로, '범죄'만을 그 대상으로 삼는 경우에는 '기소'로 번역하기로 한다. 또한 뒤에서 나오는 'Strafverfolgung(영어로는 criminal prosecution)'는 형사기소로 번역하기로 한다.

196) '형사관청'(刑事官廳)은 범죄에 대한 '수사 또는 기소'를 하는 것이 그 임무 및 의무인 행정관청을 말한다(https://de.wikipedia.org/wiki/Strafverfolgungsbeh%C3%B6rde). 'Strafverfolgungsbehörde'은 흔히 '형사기소관청, 형사기소기관 또는 형사소추기관'으로 번역되는데, 이렇게 번역하는 경우 '검찰조직'만을 말하는 것으로 오해 소지가 있어, 수사도 담당하는 경찰, 기타 기관을 포괄하기 위하여 '형사관청'으로 번역하기로 한다. '기소를 담당하는 관청'을 의미하는 용어로는 '기소기관'(Anklagebehörde: 검찰; 독일 형사소송법 제152조)을 사용하고 있고, 수사를 담당하는 관청을 의미하는 용어로 수사기관(Ermittlungsbehörde)을 사용하고 있다. 한편, 독일에서 형사관청의 대표적 기관으로 법원에 부치(附置)된 기관으로 '검찰'이 있고, 경찰조직(독일에서 주경찰, 연방경찰, 연방범죄수사청이 있음)이 있고, 특히 우리의 사법경찰관리의 직무를 수행한다고 볼 수 있는, 관세행정(Zollverwaltung)의 해당 기관과 조세행정(Finanzverwaltung)의 세무조사기관(Steuerfahndungsdienststellen)도 이러한 형사관청에 포함된다(위 URL 참조).

197) 우리나라 금융감독원에 상응하는 독일 금융감독기관으로, 연방행정관청이 아닌 '공법상 영조물'이다.

198) 독일 연방헌법재판소는, 2008. 2. 27. 판결에서 '정보기술시스템의 기밀성과 무결성(또는 완전성)의 보장에 관한 기본권'인 이른바 컴퓨터기본권(Computer-Grundrecht)을 창설한 바 있다(Urteil vom 27. Februar 2008 - 1 BvR 370/07.; https://www.bundesverfassungsgericht.de/entscheidungen/rs20080227_1bvr037007.html), 이러한 새로운 기본권은 창설은, 한 개인의 중요한 모든 정보가 정보기술시스템에 포괄적으로 저장되는 현대 정보사회에서, 이 시스템이 기밀성과 무결성에 대한 보장 없이는 인격에 대한 특별한 위험으로부터의 보호도 불가능하다는 점에 대한 인식에서 비롯된 것이다(박중욱, "전자정보의 포괄적 압수수색에 대한 절차법적 통제장치; 한국과 동일의 논의의 비교", 형사법의 신동향 통권 제67호, 2020. 7., 23면). 이에 대한 상세한 논의는 온라인압수수색에 대한 헌법상의 요건(Verfassungsrechtliche Vorgaben für die Online-Durchsuchung; https://www.bundestag.de/resource/blob/648418/ff6ad403a2e7bcf4cb20abdc8ffd314b/WD-3-088-19-pdf-data.pdf) 참조.

199) 유동IP주소를 말한다.

200) 구 전기통신법 제113조 제2항 및 제3항은 다음과 같이 규정되어 있었는데, 2020년 5월 27일의 헌법재판소결정(I 1931; 1 BvR 1873/13 등)의 주문 제1항 a에 따라 기본법 제1조 제1항, 제10조 제1항과 연결된 제2조 제1항에 합치하지 아니하는 것으로 선언되어, 「2021년 3월 30일의 2020년 5월 27일 헌법재판소결정 내용에 따른 가입자신상정보제공에 관한 규정의 개정에 관한 법률」 제13조에 따라 위와 같이 개정된 것이다. 한편, 위 결정 요지를 소개하면 아래와 같다.

○ 구 전기통신법 제113조(수동정보제공절차)

(2) Die Auskunft darf nur erteilt werden, soweit eine in Absatz 3 genannte Stelle dies in Textform im

Einzelfall zum Zweck der Verfolgung von Straftaten oder Ordnungswidrigkeiten, zur Abwehr von Gefahren für die öffentliche Sicherheit oder Ordnung oder für die Erfüllung der gesetzlichen Aufgaben der in Absatz 3 Nummer 3 genannten Stellen unter Angabe einer gesetzlichen Bestimmung verlangt, die ihr eine Erhebung der in Absatz 1 in Bezug genommenen Daten erlaubt; an andere öffentliche und nichtöffentliche Stellen dürfen Daten nach Absatz 1 nicht übermittelt werden. Bei Gefahr im Verzug darf die Auskunft auch erteilt werden, wenn das Verlangen in anderer Form gestellt wird. In diesem Fall ist das Verlangen unverzüglich nachträglich in Textform zu bestätigen. Die Verantwortung für die Zulässigkeit des Auskunftsverlangens tragen die in Absatz 3 genannten Stellen.

(3) Stellen im Sinne des Absatzes 1 sind

1. die für die Verfolgung von Straftaten oder Ordnungswidrigkeiten zuständigen Behörden;
2. die für die Abwehr von Gefahren für die öffentliche Sicherheit oder Ordnung zuständigen Behörden;
3. die Verfassungsschutzbehörden des Bundes und der Länder, der Militärische Abschirmdienst und der Bundesnachrichtendienst.

② 제3항상의 어느 기관이 개별사안에서 이를 문면방식으로, 범죄 또는 질서위반행위에 대한 소추목적을 위하여 또는 공공의 안녕 또는 공공질서에 대한 위험의 방지나 제3항 제3호상의 기관의 법(法)상 임무의 이행을 위하여(zur Abwehr von Gefahren für die öffentliche Sicherheit oder Ordnung oder für die Erfüllung der gesetzlichen Aufgaben der in Absatz 3 Nummer 3 genannten Stellen) 그 기관에 대하여 제1항에서 언급된 데이터의 수집을 허용하게 해 주는 법(法)상 규정을 명시하여(unter Angabe einer gesetzlichen Bestimmung) 요구하는 범위 내에서만, 그 정보제공는 행해진다; 다른 공공공기관 또는 비공공기관에 대하여 제1항에 따른 데이터는 제공되어서는 아니된다. 급박한 위험의 경우에는 그 요구가 다른 방식으로 행해지는 경우라도 그 정보제공은 행해진다. 이러한 경우에 그 요구는 지체 없이 사후적으로 문면방식으로 확인해야 한다. 정보제공요구의 허용요건에 대한 책임은 제3항에 따른 기관이 부담한다.

③ 제1항상의 기관은 다음 각 호를 말한다,

1. 범죄 또는 질서위반행위에 대한 소추를 관할하는 행정관청,
2. 공공의 안녕 또는 공공질서에 대한 위험의 방지를 관할하는 행정관청,
3. 연방 및 주의 헌법수호청(die Verfassungsschutzbehörden des Bundes und der Länder), 군사정보국, 연방해외정보국.

○ **2020년 5월 27일의 헌법재판소결정(I 1931; 1 BvR 1873/13 등)의 판지(判旨; Leitsätze: https://www.bundesverfassungsgericht.de/SharedDocs/Entscheidungen/DE/2020/05/rs20200527_1bvr187313.html)**

1. Der Gesetzgeber muss bei der Einrichtung eines Auskunftsverfahrens auf Grundlage jeweils eigener Kompetenzen für sich genommen verhältnismäßige Rechtsgrundlagen sowohl für die Übermittlung als auch für den Abruf der Daten schaffen.
   Übermittlungs- und Abrufregelungen für Bestandsdaten von Telekommunikationsdiensteanbietern müssen die Verwendungszwecke der Daten hinreichend begrenzen, mithin die Datenverwendung an bestimmte Zwecke, tatbestandliche Eingriffsschwellen und einen hinreichend gewichtigen Rechtsgüterschutz binden.
2. Schon dem Gesetzgeber der Übermittlungsregelung obliegt die normenklare Begrenzung der Zwecke der möglichen Datenverwendung. Eine Begrenzung der Verwendungszwecke erst zusammen mit der Abrufregelung kommt nur in Betracht, wenn die Übermittlungsregelung Materien betrifft, die allein im Kompetenzbereich des Bundes liegen und die Regelungen eine in ihrem Zusammenwirken normenklare und abschließende Zweckbestimmung der Datenverwendung enthalten.
3. Die Befugnis zum Datenabruf muss nicht nur für sich genommen verhältnismäßig sein, sondern ist – auch aus Gründen der Normenklarheit – zudem an die in der Übermittlungsregelung begrenzten Verwendungszwecke gebunden. Dabei steht es dem Gesetzgeber der Abrufregelung frei, den Abruf der Daten an weitergehende Anforderungen zu binden.
4. Trotz ihres gemäßigten Eingriffsgewichts bedürfen die allgemeinen Befugnisse zur Übermittlung und zum Abruf von Bestandsdaten für die Gefahrenabwehr und die Tätigkeit der Nachrichtendienste grundsätzlich einer im Einzelfall vorliegenden konkreten Gefahr und für die Strafverfolgung eines Anfangsverdachts.
   Die Zuordnung dynamischer IP-Adressen muss im Hinblick auf ihr erhöhtes Eingriffsgewicht darüber hinaus auch dem Schutz oder der Bewehrung von Rechtsgütern von hervorgehobenem Gewicht dienen. Es bedarf ferner einer nachvollziehbaren und überprüfbaren Dokumentation der Entscheidungsgrundlagen.

Als Eingriffsschwelle kann im Bereich der Gefahrenabwehr und der nachrichtendienstlichen Tätigkeit das Vorliegen einer konkretisierten Gefahr ausreichen, soweit es um den Schutz von Rechtsgütern oder die Verhütung von Straftaten von zumindest erheblichem Gewicht (allgemeine Bestandsdatenauskunft) oder besonderem Gewicht (Zuordnung dynamischer IP-Adressen) geht.

1. 입법자는 정보제공절차의 규율시 각각의 고유한 관할에 근거하여 자신의 권한으로 데이터의 제공뿐 만 아니라 그 검색에 대한 합법적인 법적 근거를 만들어야만 한다.
   전기통신역무제공자의 가입자신상정보에 대한 제공규정 및 검색규정은 데이터의 사용목적(die Verwendungszwecke der Daten)을 충분하게 한정(限定)해야만 하고, 따라서 데이터사용을 특정한 목적, 구성요건적 침해요건(tatbestandliche Eingriffsschwellen), 충분한 중요한 법익보호(einen hinreichend gewichtigen Rechtsgüterschutz)에 구속해야만 한다.
2. 정말로 제공규정의 입법자는 있을 수 있는 데이터사용의 목적의 명확한 제한(die normenklare Begrenzung der Zwecke der möglichen Datenverwendung)해야 할 의무를 진다. 제공규정이, 독자적으로 연방의 관할범위에 속하고 그 제공규정이 그 규정의 상호작용에 있어 그 명확하고도 최종적인, 데이터사용의 목적(eine in ihrem Zusammenwirken normenklare und abschließende Zweckbestimmung der D8atenverwendung)을 포함하는 문제와 관련된 경우에 한하여 사용목적의 제한은 검색규정과 함께 문제가 된다.
3. 데이터검색권한(Die Befugnis zum Datenabruf)은 그 자체로 비례적이어야만 해야 하고, 명확성 이유에 기하여도 제공규정에서 한정된 사용목적에 구속되어야만 한다. 이 경우 데이터검색을 추가적 요구사항에 구속하는 것은 검색규정을 규율하는 입법자의 재량이다.
4. 중간의 (기본권)침해강도에 상관없이(Trotz ihres gemäßigten Eingriffsgewichts), '위험방지'(die Gefahrenabwehr), '원칙적으로 개별사안에서 존재하는 구체적 위험에 대한 정보기관활동'(die Tätigkeit der Nachrichtendienste grundsätzlich einer im Einzelfall vorliegenden konkreten Gefahr)과 초기혐의에 기한 형사기소(die Strafverfolgung eines Anfangsverdachts)를 위한 가입자신상정보의 제공 및 검색에 관한 일반적 권한은 필요하다.
   게다가 유동(流動)IP주소의 귀속(Die Zuordnung dynamischer IP-Adressen)은 높아진 (기본권)침해강도에 관련하여 '중대한 의미를 갖는 법익(法益)의 보호(保護) 또는 보강(補强)'을 위한 것이어야만 한다. 또한 결정근거에 대한 쉽게 이해할 수 있고 확인할 수 있는 문서작성이 요구된다.
   '최소한 중대한 의미를 갖는 법익보호 또는 범죄예방(일반적 가입자신상정보제공)'이 문제되거나 '특별히 중대한 의미를 갖는 법익보호 또는 범죄예방(유동IP주소의 귀속)'이 문제되는 경우에, 위험방지와 정보기관활동의 영역에서 침해요건으로서 구체적 위험의 존재는 충분할 수 있다.

201) 독일법상 '공공(公共)의 안녕(安寧)'은 국가의 법질서와 공공시설 및 개인의 생명·신체·재산·자유·명예 등에 어떠한 침해도 없는 상태를 말한다고 한다(홍준형, 행정법 제2판, 박영사, 2017, 1384면).

202) 독일법상 '공공(公共)의 질서(秩序)'는 통상적인 사회·윤리개념상 그 준수가 사회에서의 공동생활을 위하여 불가결한 것으로 인정되는 불문규범(不文規範)의 총체를 말한다고 한다(홍준형, 앞의 책, 1384면).

203) 독일 경찰법상 위험(危險; Gefahr)이란 공공의 안녕 또는 질서에 대한 '침해가 발생할 가능성', 즉 통상적인 사태 진전(進展)시 가까운 장래에 위에서 설명한 일반조항의 보호법익들(국가의 법질서와 공공시설 및 개인의 생명·신체·재산·자유·명예 등)에 대한 침해가 발생할 것으로 예상되는 충분한 개연성이 있는 상황을 말한다고 한다(홍준형, 앞의 책, 1385면).

204) 공중의 생존을 위해 제공되는 재화로, 전기, 물, 가스, 난방, 식량 등 일반인의 생존에 없어서는 안 되거나 생존을 위해 상당히 필요한 재화를 말하는 것으로 보인다. 이러한 재화는, '배제성'(이는 재화의 소비를 막을 수 있는 성질임)과 '경합성'(이는 한 사람의 소비로 인해 다른 사람의 소비에 제약이 생기는 성질임)에 의한 재화(財貨)의 구분에서, 배제성과 경합성이 모두 없는 공공재(öffentliche Güter; public goods)와는 다른 개념이다.

205) 중범죄(Straftat von erheblicher Bedeutung)는, 형사관청의 개입권한을 형사소송법의 여러 규정(예컨대, 동법 제81조g 제1항 제1문, 제98조a 제1항, 제110조a 제1항, 제131조 제3항, 제131조a 제3항, 제131조b 제1항, 제163조e 제1항, 제2항, 제163조f)에 연결해 주는 불확정 법개념이다. 지배적 견해에 따르면, 이러한 중대범죄는 최소한 '중급범죄(中級犯罪)'의 영역(dem Bereich der mittleren Kriminalität)에 속해야만 하고, 법적 평화를 심하게 교란해야 하며, 국민의 법적안정성의 감정을 중대하게 침해하는 데 적합해야만 한다. 형사소송법상의 다음의 법개념 간에 위계적(位階的) 관계가 존재한다.
- 중범죄(Straftat von erheblicher Bedeutung)

- 중대범죄(schwere Straftat), 예컨대 제100조a 제1항 제1호: 형사소송법 제100조a 제2항의 목록에 의하여 구체화되는데, 형벌의 법정형상한(Strafobergrenze)이 통상적으로 5년 이상인 범죄이다.
- 특히 중대한 범죄(besonders schwere Straftat), 예컨대 형사소송법 제100조b 제1항 제1호: 형사소송법 제100조b 제2항의 목록에 의하여 구체화되는데, 형벌의 법정형상한이 5년을 초과하는 범죄이다(http://www.rechtslexikon.net/d/straftat-von-erheblicher-bedeutung/straftat-von-erheblicher-bedeutung.htm).

한편, 독일 형법 제12조는 중죄(重罪)와 경죄(輕罪)를 다음과 같이 구분하여 규율하고 있는데, 이는 위와 같은 중범죄, 중대범죄 등과는 다른 개념이다.

§ 12 Verbrechen und Vergehen

(1) Verbrechen sind rechtswidrige Taten, die im Mindestmaß mit Freiheitsstrafe von einem Jahr oder darüber bedroht sind.

(2) Vergehen sind rechtswidrige Taten, die im Mindestmaß mit einer geringeren Freiheitsstrafe oder die mit Geldstrafe bedroht sind.

제12조 중죄와 경죄

① 중죄는 법정형 하한을 기준으로 1년의 자유형이나 1년을 초과하는 자유형에 처할 수 있는 위법행위를 말한다.

② 경죄는 법정형 하한을 기준으로 1년 미만의 자유형이나 벌금형에 처할 수 있는 위법행위를 말한다.

206) 연방정보통신보안청법(BSI-Gesetz)

(10) Kritische Infrastrukturen im Sinne dieses Gesetzes sind Einrichtungen, Anlagen oder Teile davon, die

1. den Sektoren Energie, Informationstechnik und Telekommunikation, Transport und Verkehr, Gesundheit, Wasser, Ernährung, Finanz- und Versicherungswesen sowie Siedlungsabfallentsorgung angehören und
2. von hoher Bedeutung für das Funktionieren des Gemeinwesens sind, weil durch ihren Ausfall oder ihre Beeinträchtigung erhebliche Versorgungsengpässe oder Gefährdungen für die öffentliche Sicherheit eintreten würden.

본 법률상의 핵심적 인프라는 다음에 해당하는 설비, 시설 또는 그 일부를 말한다,

1. 지역 에너지, 정보통신기술·전기통신, 운송 및 교통, 보건, 수도, 식량, 금융·보험제도 또는 폐기물관리에 부속한 것으로,
2. 그 공급중단 또는 방해로 중대한 공급장애 또는 공공의 안녕에 대한 위협이 발생하게 되어 공동체의 운영(das Funktionieren des Gemeinwesens)에 매우 중요한 것.

207) 'Anhaltspunkte'는 영문의, 'evidence(증거)', 'indications(징후, 표시)', 'clues(단서, 실마리), '판단근거(reference points)', 'criteria(기준)' 등으로 사용되는 말이다. 여기서는 **'판단근거'**로 번역하기로 한다.

208) 단문문자메시지서비스(SMS)가 한글 40자 이하의 단문(短文)만 전송할 수 있는 것과 달리 장문(長文), 사진, 동영상 등 멀티미디어 정보도 보낼 수 있게 개선된 서비스이다(https://en.dict.naver.com/#/entry/enko/aa4c4c4bcaba4b0ca4613012ffb0d0cc).

209) 전자전송시스템(EMS; electronic messaging system)이 이에 포함된다.

210) 기억 장치로서의 기능을 갖는 위치를 나타내는 단위. 즉 한 비트, 한 바이트, 또는 한 워드 같은 정보의 한 단위에 대한 기억 장소이다(https://ko.dict.naver.com/#/entry/koko/911f840b1f8c4d45b593fe50e78d6485).

211) 대표적으로 URL(uniform resource locator; 인터넷에서 홈페이지나 사이트의 위치를 나타내는 방법; https://ko.dict.naver.com/#/entry/koko/98940ca9c4034aa58d6e474adf9cae3d)이 있다.

212) '유동IP주소'에 관한 정보를 말한다.

213) 연방참사원(Bundesrat)과 연방의회(Bundestag)를 말한다.

214) 'Kohärenz'는 '일관성 또는 일치성'을 의미하나 유럽연합차원의 법적용의 통일성을 확보하기 위한 맥락에서 '법적용통일성'으로 의역하기로 한다.

215) 'Rechtsmittel'이 'legal remedies'(법적구제; 권리구제), 'appeals'(항소), 'means of legal redress'(불복수단; 권리구제수단)을 의미하는데, **'불복수단(不服手段)' 또는 '항소 내지 제소(提訴)'**으로 번역하가로 한다.

216) 현재 총 10개의 심결부가 설치되어 있는데, 청장심결부(廳長審決部)로서 '제1심결부'가, '전기통신'을 담당하는 심결부로서 '제2심결부', '제3심결부' 및 '제11심결부'가, '전기 및 가스'를 담당하는 심결부로서 '제4심결부', '제6심결부', '제7심결부', '제8심결부' 및 '제9심결부'가, '우편'을 담당하는 심결부로서 '제5심결부'가, '철도'를 담당하는 심결부로서 '제10심결부'가 각각 설치되어 있다(https://www.bundesnetzagentur.de/DE/Service-Funktionen/Beschlusskammern/Beschlusskammern_node.html).

217) 연방망관리청장 1명이 의장으로, 연방망관리부청장 2명이 위원으로 참여하는 심결부를 말한다(제132조 제4항 제1문 참조).

218) 실체법상 권리의무의 당사자는 아니나 행정심판 또는 행정소송에서 권리의무의 당사사가 된 당사자를 말한다.

219) '인적결사체'는, 공동의 목적을 추구하는 2이상의 자연인과(또는) 법인의 결합이다. 이에는 '완전한 권리능력이 있는 인적결사체'(공법상 사단법인, 사법상 사단법인), '부분적 권리능력이 있는 인적결사체', '권리능력이 없는 인적결사체'가 있다(https://de.wikipedia.org/wiki/Personenvereinigung).

220) 'rechtliches Gehör'는 'fair hearing'(공정한 심문) 이나 'hearing in accordance with the law'(법적 심문)에 상응하는 말인데, 법적 심문으로 번역하기로 한다.

221) 'Rechtsbehelf'는 영어로는 'legal remedy'(법적구제; 법률상 구제; 권리구제), 'remedy'[구제(책)]을 의미하는데, '**법적구제(수단)**'로 번역하기로 한다.

222) 여기서의 'Bearbeitung'는 'processing'(처리), 'treatment' 또는 'handling'(취급)을 의미하는 말이나, 여기서는 '어느 사실 또는 사건을 자세히 조사하여 처리함'(https://ko.dict.naver.com/#/entry/koko/c4e21628cbc84e5b8b33505ccc20e7e8)이라는 의미를 지니는 심리(審理)로 번역하기로 한다.

223) '지역위치인식 소프트웨어'를 사용하여 특정한 지역 또는 국가의 이용자에 대하여 콘텐츠 접근을 거부하는 하는 것을 말한다(https://en.wiktionary.org/wiki/geo-blocking).

224) 'Geldbuße' 또는 'Bußgeld'는 그 이외 '질서위반금' 또는 '질서금(秩序金)'으로 번역할 수도 있겠으나 '범칙금'으로 번역하는 것이 유력하다. 한편, 우리나라의 질서위반행위규제법 제2조 제1호에 따르면, ""질서위반행위'란 법률(지방자치단체의 조례를 포함한다. 이하 같다)상의 의무를 위반하여 과태료를 부과하는 행위를 말한다. 다만, 다음 각 목의 어느 하나에 해당하는 행위를 제외한다"로 규정한다고 되어 있다는 점을 고려하면, 이를 '과태료'로 번역할 여지도 상당하다. 그럼에도 'Geldbuße' 또는 'Bußgeld'는 '형사적(刑事的) 불법(不法)'에 대한 제재를 의미한다는 점(이러한 점에서 곳곳에서 '질서위반행위'에 대하여 '소추'라는 용어를 사용하고 있음; 전기통신법 제112조 제2항 제8호 등 참조)에서 '과태료' 보다는 '범칙금'으로 번역하기로 한다.

225) '§ 3 Nr. 24 des Telekommunikationsgesetzes, die ganz in der Übertragung von Signalen über Telekommunikationsnetze bestehen, telekommunikationsgestützte Dienste nach § 3 Nr. 25 des Telekommunikationsgesetzes' 부분이, 앞서 본 전기통신현대화법에 의하여, '§ 3 Nummer 61 des Telekommunikationsgesetzes, telekommunikationsgestützte Dienste nach § 3 Nummer 63 des Telekommunikationsgesetzes'으로 개정되었다(2021년 12월 1일 시행).

226) 이러한 점은 참작하여 'Telemedien'라는 용어는 직역하자면, '원격통신매체'인데, '원격미디어법', '전자정보 및 통신서비스법', '통신서비스법', '통신미디어법', '전자정보법' 등으로 다양하게 번역되고 있으나, '**전기정보통신서비스**'로 번역한 것이 적절하다고 본다(아래 이어지는 미주 두 개 등 참조).

227) 24. **전기통신역무**는 통상적으로 유상(有償)으로 제공되는 서비스로, 방송망을 통한 전송서비스를 포함하여 전적으로 또는 거의 전기통신망을 통한 신호(信號)의 전송(電送)에 해당하는 서비스를 말한다(24. "Telekommunikationsdienste" in der Regel gegen Entgelt erbrachte Dienste, die ganz oder überwiegend in der Übertragung von Signalen über Telekommunikationsnetze bestehen, einschließlich Übertragungsdienste in Rundfunknetzenund).

228) 25. **전기통신에 기반한 서비스**는 공간적·시간적으로 분리될 수 있는 전기의 흐름을 발생시키는 것이 아니라, 전기통신연결의 동안에만 그 콘텐츠급부가 제공되는 서비스를 말한다(25. "telekommunikationsgestützte Dienste" Dienste, die keinen räumlich und zeitlich trennbaren Leistungsfluss auslösen, sondern bei denen die Inhaltsleistung noch während der Telekommunikationsverbindung erfüllt wird). 이에는 전화를 이용한 통신판매가 있다고 한다(박신욱, "온라인서비스제공자의 책임 및 그 제한과 관련된 독일 전자정보법률(TMG)", 비교사법 제13권 제1호, 2016. 2., 281면).

229) 정식명칭은 「Der Staatsvertrag für Rundfunk Telemedien」이고, 약어는 'Rundfunkstaatsvertrag' oder 'RStV'이다. 방송에 관한 연방차원의 통일적 규율을 마련하기 위한 16개 주 간의 협약으로(https://de.wikipedia.org/wiki/Rundfunkstaatsvertrag), 우리나라의 방송법에 상응하는 것으로 보인다. 현재는 2019년 5. 1.부터 주간방송협약이 시행되고 있는데, 그 전문은 다음 사이트에서 볼 수 있다, https://www.die-medienanstalten.de/fileadmin/user_upload/Rechtsgrundlagen/Gesetze_Staatsvertraege/Rundfunkstaatsvertrag_RStV.pdf

230) 방송은, 선형(線形)의 정보통신서비스를 말한다. 방송은 공중의 동시 시청(視聽)을 위해 제공된 활동과,

전자기적 진동(電磁氣的震動)을 이용한 것으로, 방송스케줄에 따라서 행하는 영상 또는 음성의 제공물의 전파(Verbreitung von Angeboten in Bewegtbild oder Ton)를 말한다. 그 개념은 암화화되어 전파되거나 특별히 요금을 받고 시청할 수 있는 제공물을 포함한다. 전기정보통신서비스는, 전적으로 통신망(通信網)을 통한 신호의 전송에 해당하는, 전기통신법 제3조 제24호에 따른 전기통신역무(Telekommunikationsdienste), 전기통신법 제3조 제25호에 따른 전기통신에 기반한 서비스(telekommunikationsgestützte Dienste)를 제외한 일체의 전기적 정보통신서비스를 말한다(Rundfunk ist ein linearer Informations- und Kommunikationsdienst; er ist die für die Allgemeinheit und zum zeitgleichen Empfang bestimmte Veranstaltung und Verbreitung von Angeboten in Bewegtbild oder Ton entlang eines Sendeplans unter Benutzung elektromagnetischer Schwingungen. Der Begriff schließt Angebote ein, die verschlüsselt verbreitet werden oder gegen besonderes Entgelt empfangbar sind. Telemedien sind alle elektronischen Informations- und Kommunikationsdienste, soweit sie nicht Telekommunikationsdienste nach § 3 Nr. 24 des Telekommunikationsgesetzes sind, die ganz in der Übertragung von Signalen über Telekommunikationsnetze bestehen oder telekommunikationsgestützte Dienste nach § 3 Nr. 25 des Telekommunikationsgesetzes oder Rundfunk nach Satz 1 und 2 sind).

231) ‘영어의 electronic’으로 우리 말로는 ‘전자적’ 또는 ‘전기적’으로 번역될 수 있는데, 흔히 ‘전자적’이라는 의미로 사용되지만, 전기통신기본법상 등에서 ‘전기통신’에 대하여 유선·무선·광선 및 기타의 전자적 방식에 의하여 부호·문언·음향 또는 영상을 송신하거나 수신하는 것을 말한다고 정의하고 있거나(전기통신기본법 제2조 제1호, 전기통신사업법 제2조 제1호), 통신비밀보호법에서는 ‘전기통신’에 대하여 전화·전자우편·회원제정보서비스·모사전송·무선호출 등과 같이 유선·무선·광선 및 기타의 전자적 방식에 의하여 모든 종류의 음향·문언·부호 또는 영상을 송신하거나 수신하는 것을 말하는 것으로 정의(동법 제2조 제3호)하고 있는 점을 고려하면, ‘전기적’으로 번역하는 것이 타당하다.

232) ‘전기통신’과 ‘전기정보통신’의 구분과 관련해서 신문 잡지와 같이 편집되어진 내용이 존재하는지 여부가 기준이 되며, 후자에는 교통, 날씨, 환경 또는 증권시장 정보의 제공, 뉴스, 채팅, 전자저널, 쇼핑, 방송에 포함되지 않는 비디오영상, 검색엔진, 이메일이 포함된다고 한다(박신욱, 앞의 논문, 281-282면). 한편, 우리나라 ‘정보통신망 이용촉진 및 정보보호 등에 관한 법률’(정보통신망법)은 “‘정보통신서비스’란 「전기통신사업법」 제2조제6호에 따른 전기통신역무와 이를 이용하여 정보를 제공하거나 정보의 제공을 매개하는 것을 말한다”고 규정하고 있고, 전기통신사업법 제2조 제6호는 “‘전기통신역무’란 전기통신설비를 이용하여 타인의 통신을 매개하거나 전기통신설비를 타인의 통신용으로 제공하는 것을 말한다”고 규정하고 있다. 우리나라 정보통신망법은 ‘전기통신’과 ‘전기정보통신’을 구분하지 아니하고 양자를 아우르는 개념으로 정보통신서비스라는 용어를 사용하고 있는 것으로 판단된다.

233) ‘개별적 요구(= 주문 등)가 있는 경우’와 ‘개별적 요구’가 없는 경우가 있는데, 전자를 ‘상호작용형 서비스’(Dienste mit Interaktion; interaktive Dienste)라고 하고, 후자를 ‘비상호작용형 서비스’(Dienste ohne Interaktion)라 한다. 전자에는 주문형비디오와 같은 주문형서비스(On-Demand-Dienste wie Video-on-Demand), 주문형정보제공서비스(Information-on-Demand), 비디오게임(Video Games), 원격상거래(Tele-Commerce), 텔레비전상거래(Business-TV), 원격쇼핑(Teleshopping) 그리고 기타 주문형서비스(Service-on-Demand)가 포함된다. 후자에는 프로그램별 시청료 납부방식(Pay-per-View), 채널별 시청료 납부방식(Pay-per-Channel)과 같은 ‘선택형 비디오시청서비스’가 있다(이상 https://www.itwissen.info/Verteildienst-distribution-service.html. 참조).

234) 여기서 ‘die’는 ‘eines Unternehmens, einer sonstigen Organisation oder einer natürlichen Person’를 모두를 받은 관계대명사로 해석해야 한다.

235) **시청각미디어서비스의 경우 본점소재지국 결정**

주사무소소재지가 있는 회원국(= A), 편집상 결정이 이뤄지는 회원국(= B)라고 하고,

○ A=B인 경우 ⇒ 그 국가가 본점소재지국(**제2조a 제2항 제1문**)

○ A≠B인 경우(**제2조a 제2항 제2문**)

- 방송프로그램 활동 핵심 인력이 있는 A 혹은 B가 본점소재지국(**제2조a 제2항 제2문 제1호**)
- 방송프로그램 활동 핵심 인력이 있는 A와 B 모두에 있는 경우⇒ ‘A와 B 중 주사무소가 있는 회원국’이 본점소재지국(**제2조a 제2항 제2문 제2호**)
- 방송프로그램 활동 핵심 인력이 A와 B 모두에 없는 경우⇒ ‘A와 B 중 일정한 조건하의 최초 활동 개시국’이 본점소재지국(**제2조a 제2항 제2문 제3호**)

236) 지상에서 우주선·위성으로의 정보 송신(https://en.dict.naver.com/#/entry/enko/e591575deb6449fca822429d3595d356).

237) (1) Diskriminierungen, insbesondere wegen des Geschlechts, der Rasse, der Hautfarbe, der ethnischen oder

sozialen Herkunft, der genetischen Merkmale, der Sprache, der Religion oder der Weltanschauung, der politischen oder sonstigen Anschauung, der Zugehörigkeit zu einer nationalen Minderheit, des Vermögens, der Geburt, einer Behinderung, des Alters oder der sexuellen Ausrichtung, sind verboten.

(2) Im Anwendungsbereich des Vertrags zur Gründung der Europäischen Gemeinschaft und des Vertrags über die Europäische Union ist unbeschadet der besonderen Bestimmungen dieser Verträge jede Diskriminierung aus Gründen der Staatsangehörigkeit verboten.

① 차별, 특히 성, 인종, 피부색, 인종적 또는 사회적 출신, 유전적 형질(形質), 언어, 종교, 세계관, 정치적 견해 또는 기타 견해, 한 소수민족에 소속, 재산, 출생, 장애, 연령이나 성적지향(性的指向)을 이유로 한 차별은 금지된다.

② 「유럽공동체 설립에 관한 조약」(일명 '로마조약'이라 하고, 이 조약은 '리스본조약'에 의하여 「유럽연합 운영조약」으로 명치 변경됨)과 「유럽연합에 관한 조약」의 적용범위 내에서 이러한 조약들의 특별한 규정에도 불구하고, 국적을 이유로 한 모든 차별은 금지된다.

238) '§ 88 des Telekommunikationsgesetzes' 부분이, 앞서 본 전기통신현대화법에 의하여, '§ 3 des Telekommunikation-Telemedien-Datenschutz-Gesetzes'로 변경되었다(2021년 12월 1일 시행).

239) 대표적으로 민법전(Bürgerliches Gesetzbuch; BGB)이 있다.

240) 위법한 행위 또는 정보나, 손해배상청구권의 경우에는 위법한 행위 또는 정보임을 명백하게 추단할 수 있게 하는(aus denen die rechtswidrige Handlung oder die Information offensichtlich wird) 사실 또는 사정을 말한다.

241) 이용자이의 신고절차 규정을 말한다.

242) 이용자이의 신고절차를 마련할 의무를 말한다.

243) 이용자이의 시정절차 규정을 말한다.

244) 이용자이의 시정절차를 마련할 의무를 말한다.

245) 2021년 12월 1일부터 「전기통신·전기정보통신서비스 정보보호법」이 시행되면, 제5장 정보보호는 전체가 삭제되게 된다[전기통신·전기정보통신서비스에서의 정보보호 및 사생활보호의 규율에 관한 법률(Gesetz zur Regelung des Datenschutzes und des Schutzes der Privatsphäre in der Telekommunikation und bei Telemedien) 제3조 전기정보통신서비스법 개정].

246) 여기서 '공공기관'은, '비공무원 조직'만을 지칭하는 것이 아니라 우리나라의 개인정보보호법에서 사용된 것처럼 공무원 조직인 '관청'(원칙적으로 행정부, 입법부, 사법부 포괄함)도 포괄하는 용어이다.

247) 다수의 견해에 따르면 서비스를 이용하기 위한 등록의 경우 실명을 요구할 수 있는데, 만일 실명등록이 가능하지 않다고 해석된다면 모욕 또는 명예훼손 등의 상황에서 기소를 위한 어떠한 정보도 제공할 수 없기 때문이라고 한다(박신욱, 앞의 논문, 307면).

248) 이름, 생년월일, 주소, 이메일주소, 은행정보 등이 포함된다고 한다(박신욱, 앞의 논문, 308면). 'Bestandsdaten'은 직역하면 '존재정보 또는 성립정보'이나 이용자 개인신상에 관한 정보를 의미하므로 '가입자신상정보'로 의역하는 것이 적절하다고 본다. 여기서의 가입자신상정보는 '전기통신역무에 관한 계약관계(Vertragsverhältnisses über Telekommunikationsdienste)의 성립(Begründung), 내용 형성, 변경 또는 종료를 위하여 수집된 어느 가입자의 정보(Daten eines Teilnehmers)'를 말하고, 이는 전기통신법상의 가입자신상정보(제3조 제3호)와 동일한 의미이다.

249) 소유권, 인격권을 포함하여 계약관계에 있는 자 등 누구에게나 주장할 수 있는 대세적(對世的) 권리를 말함.

250) 기존 '제4호, 제5호, 제6호 또는 제7호'가 형사소송법의 지속적 발전과 다른 규정의 개정에 관한 법률(Gesetz zur Fortentwicklung der Strafprozessordnung und zur Änderung weiterer Vorschriften)에 의하여 '제5호, 제6호, 제9호 또는 제10호'로 개정되었고, 이는 2021년 7월 1일부터 시행된다.

251) 본 법률은 '2021년 12월 1일'에 비로소 시행되는 제정법[「전기통신·전기정보통신서비스에서의 정보보호 및 사생활보호의 규율에 관한 법률」(Gesetz zur Regelung des Datenschutzes und des Schutzes der Privatsphäre in der Telekommunikation und bei Telemedien) 제1조, 제14조 제1항 참조]이다.

252) 어느 인터넷 사이트 이용을 위한 '아이디(ID)'가 대표적으로 이에 포함될 것이다.

253) 발신(發信)은 되었으나 착신(着信)이 안 된 경우를 말하고, '발신조차 안 된 경우'는 제외한다.

254) 여기서 'Anschlussinhaber'는 '접속주체'로 번역되지만, 뒤에 바로 나오는 '가입자회선보유자(Inhaber des Teilnehmeranschlusses)'와 동일한 자로 판단되므로(전기통신법 제99조 제1항 제3문 참조), 'Anschlussinhaber'

의 번역을 '가입자회선보유자'로 하였다.

255) 여기서의 주체는 발신인, 신청인과 동이한 자이다.

256) 역시 발신인이 될 것이다.

257) 기존 '제4호, 제5호, 제6호 또는 제7호'가 형사소송법의 지속적 발전과 다른 규정의 개정에 관한 법률(Gesetz zur Fortentwicklung der Strafprozessordnung und zur Änderung weiterer Vorschriften)에 의하여 '제5호, 제6호, 제9호 또는 제10호'로 개정되었고, 이는 2021년 7월 1일부터 시행된다.

258) 'Inhalte'는 '콘텐츠(contents)'에 상응하는 용어인데, '콘텐츠'는 인터넷이나 컴퓨터 통신 등을 통하여 제공되는 각종 정보나 그 내용물. 유·무선 전기 통신망에서 사용하기 위하여 문자·부호·음성·음향·이미지·영상 등을 디지털 방식으로 제작해 처리·유통하는 각종 정보 또는 그 내용물을 통틀어 이르고 있고(https://ko.dict.naver.com/#/entry/koko/0d0f1ba4a8fc4166b4573e1c68436df9), 또한 우리나라의 「문화산업진흥 기본법」 제2조 제3호는 "'콘텐츠'란 부호·문자·도형·색채·음성·음향·이미지 및 영상 등(이들의 복합체를 포함한다)의 자료 또는 정보를 말한다"고 규정하고 있으므로, 'Inhalte'를 '콘텐츠'로 번역하기로 한다.

259) 'soziale Netzwerke'는 'social networks'으로, 우리말로는 '소셜 네크워크', '사회연결망', 또는 '**사회관계망**'인데, **사회연결망**으로 번역하기로 한다.

260) 등록이용자는 사회연결망에서 이용자명을 정하고 보통거래약관 형식으로 제시되는 특정한 이용규칙에 동의하는 등의 '등록절차를 거친 이용자'를 말하고, 웹사이트의 단순 이용자는 본 법에서 말하는 등록이용자에 포함되지 않는다(안수길, "가자뉴스에 맞서는 독일 '사회관계방집행법'의 내용과 쟁점", 법학논총 제36집 제1호, 2019. 4., 126면).

261) 'Anbieter'는 통상적으로 'provider'(제공자) 또는 'supplier'(공급자)를 의미하나, 네트워크법집행법 제1조 제1항을 참조하면, '플랫폼을 운영하는 자'를 의미하므로, 'Der Anbieter eines sozialen Netzwerks'는 '사회연결망제공자'가 아닌 '**사회연결망운영자**'로 번역한다.

262) '쉽게 인지할 수 있어야 한다는 것'은 이용자가 이의를 처리한 내용을 보고하는 문서임을 금방 이해할 수 있는 제목을 달고 접속화면에 별도의 스크롤 없이도 곧바로 찾아볼 수 있어야 한다는 뜻이며, '직접 접근할 수 있어야 한다는 것'은 보고서를 사회관계망 서비스의 홈페이지에서 여러 번 클릭하는 과정을 거치지 않고 곧바로 또 무료로 볼 수 있어야 한다는 것을 의미한다(안수길, 앞의 논문, 128면).

263) 이는 관련 교육을 받은 직원이라면 깊이 생각하지 않아도 즉각 그 위법성을 알아차릴 수 있는 콘텐츠 말한다고 한다(안수길, 앞의 논문, 136면).

264) 네트워크상에서 제공되는 서비스에 부가하는 고유 번호(https://en.dict.naver.com/#/entry/enko/db03fd31d2b7415899691efbe0be5f76).

265) 'De-mail'은 '보안메일'로 번역되기도 하나, 이것이 "안전하고 기밀이 유지되며 증명(證明)할 수 있는 상거래"를 위한 도구로 쓰이는데, '안전, 기밀유지 및 증명가능'을 모두 포괄할 수 있는 말로 안심(安心)을 사용해서 안심메일로 번역하기로 한다.

266) 여기서는 '영역, 분야' 등이 아닌 '**domain**'을 의미한다.

267) 'Auszug'는, 본래 발췌(물) 또는 추출(물)을 의미하나, 여기서는 예컨대, 등기부 또는 등록부에 있는 법인번호와 같이, 그에 기재된 일부사항을 말한다.

268) 통상적으로 'ID'라 칭한다.

269) 여기서의 '로컬'은 '통신 회선을 통하지 않고 직접 채널을 통하여 컴퓨터와 접속된 상태'를 말한다(https://en.dict.naver.com/#/entry/enko/7701b8c758e146c5ae8682f526785e65).

270) '종단간 암호화'라고도 하는데, '이는 데이터 통신을 할 때, 정보원에서 정보를 암호화한 뒤에 전송하고 최종 수신지에서 해독하는 일'을 말한다(https://ko.dict.naver.com/#/entry/koko/8b11668a589643c8a63505596f11e409).

271) 공인된 서비스제공자가 행정송달을 규율하는 절차법 및 법률의 규정에 좇아 전자메시지(elektronische Nachrichten)를 공식적으로 송달할 의무를 지는 범위 내에서 고권적 권한을 갖게 되고, 이로써 그는 행정법상의 행정주체인 '공무수탁사인'에 해당하게 된다.

272) 'delivery confirmation'(발신확인 또는 전송확인)에 상응하는 말이다.

273) 'checksum'에 상응하는 의미이고, '어떤 데이터에 적절한 알고리즘을 적용하여 도출한 숫자로, 전송, 저장 또는 데이터 입력에 오류가 발생했는지 여부를 확인하는 데 사용되는 수'를 말한다(https://en.wiktionary.org/wiki/checksum).

274) 직역하면, '제1항에 따른 제3자의 진술과 더불어 정보제공에 관한 요구'인데 다소 의역하였다.

사항색인

[ㄷ]

[ㅁ]

[ㅂ]

[ㅈ]

[ㅊ]

[저자 약력]

오 윤 식

한양대학교 법학과 졸업
고려대학교 노동대학원 졸업(노사관계학 석사)
제44회 사법시험 합격
대법원 산하 사법연수원 제34기 수료
현 변호사
한국소비자원 산하 소비자분쟁조정위원회 상임위원
서울교통공사 비상임이사(전)
서울지방변호사회 인권위원회 인권위원(전)
민주사회를 위한 변호사모임 대의원(전)
법무법인 공간 파트너변호사(전)
법률사무소 로정 대표변호사(전)

주요 저서 및 논문
2020. 11. '독일소비자권리법전'(피앤씨미디어, 단독 편역서)
2019. 9. '독일경영참가법전'(피앤씨미디어, 단독 편역서)
2016. 1. '후보자와 정당을 위한 공직선거법 해설'(피앤씨미디어, 단독 저서)
2009. 12. '쫄지마 형사절차'(분담 집필)
2018. 9. '근로자개념에 대한 새로운 접근', 사법(학술진흥재단 등재후보지)
2017. 3. '쟁의행위 개념에 대한 체계적 이해', 사법(학술진흥재단 등재지)
2016. 9. '독일 연방선거법상 비례대표의석배분의 실무적 이해와 그 수용방안의 모색', 사법(학술진흥재단 등재지)
2014. 3. '노동조합의 사용자에 대한 비재산적 손해배상청구권', 사법(학술진흥재단 등재지)
2014. 2. '업무상 재해 요건과 증명책임', 저스티스(학술진흥재단 등재후보지)
그 이외 '학술진흥재단 등재지' 4편, 등재후보지 2편, 기타 3편 등 총 14편 논문 발표

독일·EU 정보소비자 법전

초판발행 2022년 1월 10일
옮긴이 오윤식
펴낸이 박노일
총괄기획 김중용·최준규
편 집 심성보·김인숙
펴낸곳 pnc publishing and culture 피앤씨미디어
경기도 고양시 일산동구 강송로 153 310-1501
등록 제396-2012-000203호
전 화 070)7550-3758 팩 스 02)718-8554
홈페이지 www.pncmedia.co.kr 이메일 pnc@pncmedia.co.kr
ISBN 979-11-5730-803-3 93360

정 가 80,000원